# Langenscheidt

## Diccionario Moderno Inglés

**Español – Inglés
Inglés – Español**

Editado por la
Redacción Langenscheidt

**Langenscheidt**

Nueva York · Berlín · Múnich · Viena · Zúrich

# Langenscheidt

# Standard Spanish Dictionary

### Spanish – English
### English – Spanish

Edited by the
Langenscheidt Editorial Staff

**Langenscheidt**

New York · Berlin · Munich · Vienna · Zurich

Compiled by LEXUS with / Redactado por el equipo LEXUS:
Beatriz Membrado Dolz
José A. Gálvez · Jane Goldie
Tim Gutteridge · Jane Horwood
Roy Russell · Peter Terrell

on the basis of Langenscheidt's Pocket Spanish Dictionary revised by /
basado en el Diccionario Básico Inglés de Langenscheidt revisado por
José A. Gálvez · Roy Russell
Jane Goldie · Peter Terrell
Monica Tamariz-Martel Mirêlis · Rafael Alarcón Gaeta
Andrew Wilkes · Stephanie Parker
Mike Gonzalez

© 2004 Langenscheidt KG, Berlin and Munich
Printed in Germany — Impreso en Alemania
ISBN 1-58573-352-0 (USA, plain)
ISBN 1-58573-355-5 (USA, thumb-indexed)
ISBN 3-468-96053-0 (España)

3. 4. 5. 08 07 06 05

# Preface

This is a new dictionary of English and Spanish, a tool with well over 90,000 headwords, compounds and phrases for those who work with the English and Spanish languages at beginner's or intermediate level.

The dictionary offers a broad coverage of everyday language and includes vocabulary from areas such as computers, business and sport. American English is used as the standard, with rich coverage of British English too. Spanish is both European Spanish and Latin American, with an extensive range of country labels to identify the language of the Latin American continent.

Ease and speed of reference are facilitated by the clearly set out blue headwords and compounds. The use of paragraphed grammatical and sense categories avoids the occurrence of unwieldly or over-dense blocks of text. And within these categories there is a wealth of indicating words to guide you, the dictionary user, to whatever particular sense or usage you may be wanting to translate.

In this dictionary you'll also find the grammatical information that you need to be able to construct correct sentences in a foreign language. There are irregular verb forms, in both English and Spanish, irregular English plural forms, guidance on Spanish feminine endings and on prepositional usage with verbs.

And where a translation equivalent in English or Spanish requires a full context of usage in order to be meaningfully demonstrated, concise and idiomatic example phrases are given to show how the two languages correspond in specific contexts.

This dictionary will, we think, become a valuable part of your language toolkit.

# Prólogo

Éste es nuestro nuevo diccionario de inglés y español, una obra con más de 90.000 palabras, compuestos y locuciones, destinado a todos aquellos usuarios que trabajan con la lengua inglesa y española a nivel principiante o intermedio.

El diccionario cubre ampliamente el lenguaje cotidiano e incluye vocabulario especializado de áreas como la informática, los negocios y el deporte. Se ha tomado como lengua de referencia el inglés americano, aunque el inglés británico también está ricamente representado. En cuanto al español, incluye la variedad europea y la latinoamericana, y se utiliza un amplio abanico de marcas para identificar el país o países de procedencia de las palabras latinoamericanas.

Para facilitar y agilizar la consulta, las palabras y compuestos del diccionario aparecen en color azul. El uso de categorías gramaticales y de significado dispuestas en párrafos independientes evita que se formen farragosos bloques de texto, difíciles de manejar. Además, dentro de estas categorías abundan indicadores que ayudan a encontrar fácilmente las distintas acepciones y el uso de cualquier palabra que se quiera traducir.

En este diccionario encontrará la información gramatical necesaria para poder construir frases correctas en un idioma extranjero. También se señalan las formas verbales irregulares, tanto inglesas como españolas, las formas plurales irregulares en inglés, y se dan orientaciones sobre las terminaciones femeninas en español y el régimen preposicional de los verbos.

Cuando un vocablo español o inglés requiere ser bien contextualizado para que la traducción sea correcta, el diccionario ofrece valiosos y concisos ejemplos de construcciones idiomáticas que permiten establecer la equivalencia de los dos idiomas en contextos específicos.

Creemos que este diccionario puede ser una de las herramientas más útiles a su alcance para el aprendizaje del idioma.

# Contents
# Índice

# How to use the dictionary

To get the most out of your dictionary you should understand how and where to find the information you need. Whether you are yourself writing text in a foreign language or wanting to understand text that has been written in a foreign language, the following pages should help.

1. **How and where do I find a word?**

1.1 **Spanish and English headwords.** The word list for each language is arranged in alphabetical order and also gives irregular forms of verbs and nouns in their correct alphabetical order.

Sometimes you might want to look up terms made up of two separate words, for example **shooting star**, or hyphenated words, for example **absent-minded**. These words are treated as though they were a single word and their alphabetical ordering reflects this.

There are two exceptions to this strict alphabetical ordering. One is made for English phrasal verbs - words like **go off, go out, go up**. These are positioned in a block directly after their main verb (in this case **go**), rather than being split up and placed apart in strict alphabetical order. The other is for Spanish compounds. These are identified with a ◇ and grouped in a block directly after the entry for the first word of the compound.

Spanish words beginning with **ch** and **ll** are positioned in their alphabetical position in letters C and L. Words beginning with **ñ** are listed after N.

1.2 Spanish feminine headwords are shown as follows:

> **abogado** *m*, -a *f* lawyer
> **embajador** *m*, ~a *f* ambassador
> **danzarín** *m*, -ina *f* dancer
> **pibe** *m*, -a *f Rpl* F kid F
> **aprendiz** *m*, ~a *f* apprentice, trainee

The feminine forms of these headwords are: **abogada, fumadora, bailarina, piba** and **aprendiza**.

When a Spanish headword has a feminine form which translates differently from the masculine form, the feminine is entered as a separate headword in alphabetical order:

> **empresaria** *f* businesswoman; **empresario** *m* businessman

1.3 **Running heads**

If you are looking for a Spanish or English word you can use the **running heads** printed in bold in the top corner of each page. The running head on the left tells you the *first* headword on the left-hand page and the one on the right tells you the *last* headword on the right-hand page.

**2.    How do I split a word?**

The bold dots in English headwords show you where you can split a word at the end of a line but you should avoid having just one letter before or after the hyphen as in **a•mend** or **thirst•y**. In such cases it is better to take the entire word over to the next line.

**2.1**    If a word is split at the end of a line in the dictionary, a hyphen is used to indicate this split. So that you can tell which hyphens are really part of the way a word is written, we use the following system:

> **despampanante** *adj* F striking, eye-
> -catching

The repeated hyphen before '-catching' means that the word is written 'eye-catching'.
But in:

> **rebrote** *m* BOT new shoot; *fig* new out-
> break

the hyphen is a 'dictionary' hyphen only. The word is written 'outbreak'.

**3.    Swung dashes and long dashes**

**3.1**    A swung dash (~) replaces the entire headword when the headword is repeated within an entry:

> **face** [feɪs] **I** *n* **1** cara *f*; **~ to ~** cara a cara …

Here **~ to ~** means **face to face**.

> **rencor** *m* resentment; **guardar ~ a alguien** bear s.o. a grudge

Here **guardar ~ a alguien** means **guardar rencor a alguien**.

**3.2**    When a headword changes form in an entry, for example if it is put in the past tense or in the plural, then the past tense or plural ending is added to the swung dash – but only if the rest of the word doesn't change:

> **flame** [fleɪm] **1** llama *f*; **go up in ~s** ser pasto de las llamas …
> **parch** [pɑːrtʃ] *v/t* secar; **be ~ed** F *of person* estar muerto de sed F

But:

> **sur•vive** [sər'vaɪv] **I** *v/i* sobrevivir; **how are you? – I'm surviving** ¿cómo estás? – voy tirando
> **saltón** *adj*: **ojos saltones** bulging eyes

**3.3**    Double headwords are replaced by a single swung dash:

> **Pan•a•ma Ca'nal: the ~** el Canal de Panamá

one-track 'mind *hum*: **have a ~** ser un obseso

3.4 In the Spanish-English part of the dictionary, when a headword is repeated in a phrase or compound with an altered form, a long dash is used:

**escaso** *adj* ... **-as posibilidades de** not much chance of, little chance of

Here **-as posibilidades** means **escasas posibilidades**

4. **What do the different numbers mean?**

Roman numbers are used to identify different grammatical categories:

**sil•hou•ette** [sɪluː'et] **I** *n* silueta *f* **II** *v/t*: **be ~d against** perfilarse *or* recortarse sobre
**recluso I** *adj* reclusive; **población -a** prison population **II** *m*, -a *f* prisoner

Arabic numbers are used to identify distinct senses or uses of a word:

**let•ter** ['letər] **1** *of alphabet* letra *f* **2** *in mail* carta *f*
**enviado** *m*, -a *f* **1** POL envoy **2** *de periódico* reporter, correspondent

5. **What do the different typefaces mean?**

5.1 All Spanish and English headwords and the Roman and Arabic numbers appear in **bold**:

**neoyorquino I** *adj* New York *atr* **II** *m*, -a *f* New Yorker
◆ **go into** *v/t* **1** *room*, *building* entrar en **2** *profession* meterse en **3** (*discuss*) entrar en

5.2 *Italics* are used for:

a) abbreviated grammatical labels: *adj*, *adv*, *v/i*, *v/t* etc

b) gender labels: *m*, *f*, *mpl* etc

c) all the indicating words which are the signposts pointing to the correct translation for your needs:

**sport•y** ['spɔːrtɪ] *adj person* deportista; *clothes* deportivo

◆ **work out I** *v/t problem*, *puzzle* resolver; *solution* encontrar, hallar **II** *v/i* **1** *at gym* hacer ejercicios **2** *of relationship etc* funcionar, ir bien
**completo** *adj* complete; *autobús*, *teatro* full

5.3 All phrases (examples and idioms) are given in **secondary bold italics**:

**sym•pa•thet•ic** [sɪmpə'θetɪk] *adj* (*showing pity*) compasivo; (*understanding*) comprensivo; **be ~ toward a person / an idea** simpatizar con una persona / idea
**salsa 1** *f* GASTR sauce; **en su ~** *fig* in one's element **2** *baile* salsa

5.4 The normal typeface is used for the translations.

**5.5** If a translation is given in italics, and not in the normal typeface, this means that the translation is more of an *explanation* in the other language and that an explanation has to be given because there just is no real equivalent:

> '**walk-up** *apartamento en un edificio sin ascensor*
> **adobera** *f Méx type of mature cheese*

## 6. What do the various symbols and abbreviations tell you?

**6.1** A solid blue diamond is used to indicate a phrasal verb:

> ◆ **call off** *v/t* (*cancel*) cancelar; *strike* desconvocar

**6.2** A white diamond ◇ is used to indicate a Spanish compound:

> ◇**imagen de archivo** library photograph; *imágenes de archivo* archive footage *sg*
> ◇**imagen pública** public image

Where more than two Spanish compounds occur consecutively, they are put in a block and only the first is given the ◇.

**6.3** The abbreviation F tells you that the word or phrase is used colloquially rather than in formal contexts. The abbreviation V warns you that a word or phrase is vulgar or taboo. Words or phrases labeled P are slang. Be careful how you use these words.

These abbreviations, F, V and P, are used both for headwords and phrases (placed after) and for the translations of headwords and phrases (placed after). If there is no such label given, then the word or phrase is neutral.

**6.4** A colon before an English or Spanish word or phrase means that usage is restricted to this specific example (at least as far as this dictionary's translation is concerned):

> **catch-22** [kætʃtwentɪ'tuː]: *it's a ~ situation* es como la pescadilla que se muerde la cola
> **co-au•thor** ['koʊɒ:θər] … II *v/t*: *~ a book* escribir un libro conjuntamente
> **decantarse** *v/r*: *~ por* opt for

## 7. Does the dictionary deal with grammar too?

**7.1** All English headwords are given a part of speech label:

> **tooth•less** ['tuːθlɪs] *adj* desdentado
> **top•ple** ['tɑːpl] I *v/i* derrumbarse II *v/t government* derrocar

But if a headword can only be used as a noun (in ordinary English) then no part of speech is given, since none is needed and the Spanish gender label makes it clear that this is a noun:

> '**tooth•paste** pasta *f* de dientes, dentífrico *m*

**7.2**   Spanish headwords have part of speech labels. Spanish gender
markers are given:

> **barbacoa** *f* barbecue – feminine noun
> **bocazas** *m/f inv* F loudmouth F – masculine or feminine noun
>   with no distinct plural form
> **budista** *m/f & adj* Buddhist – masculine or feminine noun or
>   adjective

**7.3**   If an English translation of a Spanish adjective can only be used in
front of a noun, and not after it, this is marked with *atr*:

> **bursátil** *adj* stock market *atr*
> **campestre** *adj* rural, country *atr*

**7.4**   If an English translation of a Spanish adjective can only be used
after a noun, and not in front of it, this is marked with *pred*:

> **adormilado** *adj* asleep *pred*

**7.5**   If the Spanish, unlike the English, doesn't change form if used in the
plural, this is marked with *inv*:

> **cortacircuitos** *m inv* circuit breaker
> **microondas** *m inv* microwave

**7.6**   If the English, in spite of appearances, is not a plural form, this is
marked with *nsg*:

> **nu•cle•ar 'phys•ics** *nsg* física *f* nuclear
> **mea•sles** ['miːzlz] *nsg* sarampión *m*

English translations are given a *pl* or *sg* label (for plural or singular)
in cases where this does not match the Spanish:

> **... acciones** *pl* stock *sg*, *Br* shares
> **entarimado** *m* **1** (*suelo*) floorboards *pl* ...

**7.7**   Cross-references are given to the tables of Spanish conjugations at
the back of this dictionary:

> **gemir** ⟨3l⟩ *v/i* moan, groan
> **esconder** ⟨2a⟩ *v/t* hide, conceal

**7.8**   Grammatical information is provided on the prepositions you'll
need in order to create complete sentences:

> **'switch•o•ver** *to new system* cambio *m* (**to** a)
> **sneer** [sniːr] **I** *n* mueca *f* desdeñosa **II** *vi* burlarse (**at** de)
> **escindirse** *v/r* **1** (*fragmentarse*) split (**en** into) **2** (*segregarse*) break away
>   (**de** from)
> **enviciarse** *v/r* get addicted (**con** to), get hooked (**con** on)

# Cómo utilizar el diccionario

Para sacar el máximo partido al diccionario es necesario saber dónde y cómo buscar la información. En las próximas páginas encontrará información que le ayudará tanto si está escribiendo en el idioma extranjero como si quiere entender algo escrito en ese mismo idioma.

**1.    ¿Dónde encuentro las palabras?**

**1.1    Lemas españoles e ingleses.** La lista de lemas de cada idioma está ordenada alfabéticamente. Contiene las formas irregulares de verbos y nombres, ordenadas también alfabéticamente.

Habrá ocasiones en las que busque términos formados por dos palabras, por ejemplo **shooting star**, o palabras compuestas como **absent-minded**. Estas palabras reciben el mismo tratamiento que las palabras sencillas y aparecen por tanto en orden alfabético.

Hay dos excepciones a esta ordenación alfabética estricta. Una de ellas son los *phrasal verbs* ingleses, palabras como **go off**, **go out**, **go up**, que aparecen en un bloque, inmediatamente después del verbo principal (en este caso **go**), en vez de estar desperdigadas en su correspondiente posición alfabética.

La otra excepción la constituyen los compuestos españoles, que aparecen identificados con un ◇ y están agrupados en un bloque, inmediatamente después del lema de la primera palabra del compuesto.

Las palabras españolas que empiezan con **ch** y **ll** están colocadas en orden alfabético dentro de las letras C y L. Las palabras que empiezan con **ñ** aparecen después de N.

**1.2    Las formas femeninas del español aparecen así:**

> **abogado** *m*, **-a** *f* lawyer
> **embajador** *m*, **∼a** *f* ambassador
> **danzarín** *m*, **-ina** *f* dancer
> **pibe** *m*, **-a** *f Rpl* F kid F
> **aprendiz** *m*, **∼a** *f* apprentice, trainee

Cuando un lema español tiene una forma femenina cuya traducción es diferente a la de la masculina, la forma femenina aparece presentada como un lema aparte, en orden alfabético:

> **empresaria** *f* businesswoman; **empresario** *m* businessman

**1.3    Título de página**

Los **títulos de página** le permiten encontrar palabras españolas e inglesas. Éstos aparecen en negrita en la esquina superior de cada página. En el título de la izquierda aparece la *primera* palabra de la página izquierda mientras que en el de la derecha aparece la *última* palabra de la página derecha.

**1.4    ¿Cómo se escribe una palabra?**

Con este diccionario también podrá comprobar cómo se escriben correctamente las palabras. Las variantes del inglés británico aparecen marcadas con *Br.*

**2.    ¿Cómo se parte una palabra?**

La partición de palabras inglesas es muy difícil para los hablantes de español. En este diccionario no tiene más que buscar los círculos negros que aparecen entre las sílabas. Estos círculos muestran dónde se puede partir una palabra al final de una línea, aunque es mejor evitar dejar una sola letra colgada como en **a•mend** o **thirst•y**. En esos casos es mejor pasar toda la palabra a la línea siguiente.

**2.1**    Si una palabra queda partida al final de una línea del diccionario, se utiliza un guión. Para que estos guiones se puedan distinguir de los que forman parte de la propia palabra, utilizamos el siguiente sistema:

> **despampanante** *adj* F striking, eye-
> -catching

El guión repetido antes del lema '-catching' indica que la palabra se escribe 'eye-catching'.

Sin embargo, en:

> **rebrote** *m* BOT new shoot; *fig* new out-
> break

el guión que aparece es un guión propio del diccionario. La palabra se escribe 'outbreak'.

**3.    Tildes y rayas**

**3.1**    Una tilde (~) reemplaza al lema cuando éste aparece dentro de una entrada:

> **face** [feɪs] **I** *n* **1** cara *f*; ~ *to* ~ cara a cara …

En este caso ~ *to* ~ quiere decir *face to face*.

> **rencor** *m* resentment; *guardar* ~ *a alguien* bear s.o. a grudge

Aquí *guardar* ~ *a alguien* quiere decir *guardar rencor a alguien*.

**3.2**    En los casos en los que el lema cambia de forma en la entrada, por ejemplo si aparecen pasados o plurales, se le añade al lema la terminación del pasado o del plural, pero sólo si el resto de la palabra no cambia:

> **flame** [fleɪm] **1** llama *f*; *go up in* ~*s* ser pasto de las llamas …
> **parch** [pɑːrtʃ] *v/t* secar; *be* ~*ed* F *of person* estar muerto de sed F

En cambio:

**sur•vive** [sər'vaɪv] **I** *v/i* sobrevivir; ***how are you? – I'm surviving*** ¿cómo estás? – voy tirando ...

**saltón** *adj*: ***ojos saltones*** bulging eyes

**3.3**  A los lemas compuestos los sustituye una única tilde:

**Pan•a•ma Ca'nal**: ***the*** ~ el Canal de Panamá

**one-track 'mind** *hum*: ***have a*** ~ ser un obseso

**3.4**  En la parte Español-Inglés del diccionario se utiliza una raya para reemplazar el lema cuando éste aparece repetido en una frase:

**escaso** *adj* ... ***-as posibilidades de*** not much chance of, little chance of

Aquí ***-as posibilidades*** quiere decir ***escasas posibilidades***.

**4.**  **¿Qué significan los distintos números?**

Los números romanos se utilizan para identificar categorías gramaticales diferentes:

**sil•hou•ette** [sɪlu:'et] **I** *n* silueta *f* **II** *v/t*: ***be*** ~***d against*** perfilarse *or* recortarse sobre

**recluso I** *adj* reclusive; ***población -a*** prison population **II** *m*, **-a** *f* prisoner

Los números arábigos se utilizan para mostrar distintas acepciones o usos de una palabra:

**let•ter** ['letər] **1** *of alphabet* letra *f* **2** *in mail* carta *f*

**enviado** *m*, **-a** *f* **1** POL envoy **2** *de periódico* reporter, correspondent

**5.**  **¿Qué significan los diferentes tipos de letra?**

**5.1**  Todos los lemas españoles e ingleses, así como los números romanos y arábigos aparecen en **negrita**:

**neoyorquino I** *adj* New York *atr* **II** *m*, **-a** *f* New Yorker

♦ **go into** *v/t* **1** *room*, *building* entrar en **2** *profession* meterse en **3** (*discuss*) entrar en

**5.2**  *La cursiva* se utiliza para:

a) las abreviaturas de categorías gramaticales: *adj*, *adv*, *v/i*, *v/t*, etc.

b) marcas de género: *m*, *f*, *mpl*, etc.

c) todas las palabras que se utilizan para indicar cuál es la traducción correcta para cada contexto:

**sport•y** ['spɔːrtɪ] *adj person* deportista; *clothes* deportivo

♦ **work out I** *v/t problem*, *puzzle* resolver; *solution* encontrar, hallar **II** *v/i* **1** *at gym* hacer ejercicios **2** *of relationship etc* funcionar, ir bien

**completo** *adj* complete; *autobús*, *teatro* full

**grano** *m* **1** *de café* bean; *de cereales* grain ... **2** *en la piel* pimple, spot

**5.3** Todas las frases (ejemplos y expresiones idiomáticas) aparecen en **negrita y cursiva:**

> **sym•pa•thet•ic** [sɪmpə'θetɪk] *adj* (*showing pity*) compasivo; (*understanding*) comprensivo; **be ~ toward a person / an idea** simpatizar con una persona / idea
>
> **salsa** *f* **1** GASTR sauce; **en su ~** *fig* in one's element **2** *baile* salsa

**5.4** El tipo de letra normal se utiliza para las traducciones.

**5.5** Si una traducción aparece en cursiva y no en el tipo de letra normal, quiere decir que esta traducción es más una *explicación* en el otro idioma, explicación necesaria porque no hay un equivalente natural:

> **'walk-up** *apartamento en un edificio sin ascensor*
> **adobera** *f Méx type of mature cheese*

**6. Acento**

La marca de acento tónico ' aparece delante de la sílaba sobre la que recae el principal acento en las palabras inglesas:

> **mo•tif** [moʊ'tiːf] motivo *m*
> **rec•ord**[1] ['rekɔːrd] *n* **1** MUS disco *m* **2** SP *etc* récord *m* ...
> **re•cord**[2] [rɪ'kɔːrd] *v/t electronically* grabar; *in writing* anotar

El acento aparece en la transcripción fonética o, si ésta no aparece, en el mismo lema o palabra compuesta:

> **'rec•ord hold•er** plusmarquista *m/f*

**7. ¿Qué indican los diferentes símbolos y abreviaturas?**

**7.1** Un rombo azul identifica un *phrasal verb* (verbo con partícula):

> ◆ **call off** *v/t* (*cancel*) cancelar; *strike* desconvocar

**7.2** Un rombo blanco ◇ se utiliza para identificar un compuesto español:

> ◇**imagen de archivo** library photograph; **imágenes de archivo** archive footage *sg*
> ◇**imagen pública** public image

Cuando aparecen seguidos más de dos compuestos españoles, éstos se colocan en un bloque y sólo el primero está identificado con el ◇.

**7.3** La abreviatura F indica que la palabra o frase se utiliza más en contextos coloquiales que formales. La abreviatura V alerta sobre una palabra vulgar o tabú. Tenga cuidado al utilizar estas palabras. Las palabras con la abreviatura P son de argot.

Las abreviaturas F, V y P aparecen tanto con lemas y ejemplos (colocadas detrás) como con sus traducciones (colocadas detrás). Cuando no aparece ninguna abreviatura la palabra o frase es neutra.

7.4 Los dos puntos delante de una frase o ejemplo en inglés o español indican que el uso se restringe al ejemplo que aparece en el texto (por lo menos en lo que respecta a la traducción ofrecida en este diccionario):

**catch-22** [kætʃtwentɪ'tuː]: *it's a ~ situation* es como la pescadilla que se muerde la cola

**co-au•thor** ['koʊnːθər] … II *v/t*: *~ a book* escribir un libro conjuntamente

**decantarse** ⟨1a⟩ *v/r*: *~ por* opt for

## 8. ¿Este diccionario contiene también información gramatical?

8.1 Todos los lemas ingleses llevan una marca de categoría gramatical:

**tooth•less** ['tuːθlɪs] *adj* desdentado
**top•ple** ['tɑːpl] I *v/i* derrumbarse II *v/t government* derrocar

Pero si un lema sólo se puede utilizar como nombre (en inglés corriente), no aparece ninguna marca de categoría gramatical porque no hace falta y, además, la marca de género de la palabra española deja bien claro que se trata de un nombre.

**'tooth•paste** pasta *f* de dientes, dentífrico *m*

8.2 Todas los lemas españoles llevan abreviatura de categoría gramatical y, si corresponden, marcas de género:

**barbacoa** *f* barbecue
**bocazas** *m/f inv* F loudmouth F
**budista** *m/f & adj* Buddhist

8.3 Si la traducción al inglés de un adjetivo español sólo se puede utilizar delante de un nombre, y nunca detrás, se identifica con la marca *atr*:

**bursátil** *adj* stock market *atr*
**campestre** *adj* rural, country *atr*

8.4 Si la traducción al inglés de un adjetivo español sólo se puede utilizar detrás de un nombre, y nunca delante, se identifica con la marca *pred*:

**adormilado** *adj* asleep *pred*

8.5 Si la forma del plural del español es invariable, al contrario que la del inglés, se identifica con la marca *inv*:

**cortacircuitos** *m inv* circuit breaker
**microondas** *m inv* microwave

8.6 Cuando, a pesar de su apariencia, el inglés no es una forma plural, se identifica con *nsg*:

**nu•cle•ar 'phys•ics** *nsg* física *f* nuclear
**mea•sles** ['miːzlz] *nsg* sarampión *m*

Las traducciones inglesas reciben una marca *pl* o *sg* (para plural o singular) en los casos en los que no se corresponden con el español:

**... acciones** *pl* stock *sg*, *Br* shares
**entarimado** *m* **1** (*suelo*) floorboards *pl* ...

**8.7** Los plurales ingleses irregulares aparecen identificados:

**the•sis** ['θiːsɪs] (*pl* **theses** ['θiːsiːz]) tesis *f inv*
**thief** [θiːf] (*pl* **thieves** [θiːvz]) ladrón(-ona) *m(f)*
**trout** [traʊt] (*pl* **trout**) trucha *f*

**8.8** Si el plural de un nombre inglés que acaba en **-o** se forma simplemente añadiendo una **-s**, no se identifica con ninguna marca. En cambio, si el plural de un nombre inglés que acaba en **-s** se forma añadiendo **-es**, o bien añadiendo indistintamente **-es** o **-s**, esto aparece indicado:

**car•go** ['kɑːrgoʊ] (*pl* **-o(e)s**) cargamento *m*
**to•ma•to** [təˈmeɪtoʊ] (*pl* **-oes**) tomate *m*, *Mex* jitomate *m*

**8.9** Las formas irregulares y semi-irregulares de los verbos aparecen identificadas:

**sim•pli•fy** ['sɪmplɪfaɪ] *v/t* (*pret & pp* **-ied**) simplificar
**sing** [sɪŋ] *v/t & v/i* (*pret* **sang**, *pp* **sung**) cantar
**la•bel** ['leɪbl] **I** *n* etiqueta *f* ... **II** *v/t* (*pret & pp* **-ed**, *Br* **-led**) *bags* etiquetar

**8.10** Se incluyen remisiones a las conjugaciones verbales españolas que se encuentran al final del diccionario:

**gemir** ⟨3l⟩ *v/i* moan, groan
**esconder** ⟨2a⟩ *v/t* hide, conceal

**8.11** Se ofrece información gramatical sobre las preposiciones necesarias para formar frases:

**'switch•o•ver** *to new system* cambio *m* (**to** a)
**sneer** [sniːr] **I** *n* mueca *f* desdeñosa **II** *v/i* burlarse (**at** de)
**escindirse** *v/r* **1** (*fragmentarse*) split (**en** into) **2** (*segregarse*) break away (**de** from)
**enviciarse** *v/r* get addicted (**con** to), get hooked (**con** on)

# The pronunciation of Spanish

## Stress

1. If a word ends in a vowel, or in *n* or *s*, the penultimate syllable is stressed: **espada**, **biblioteca**, **hablan**, **telefonean**, **edificios**.

2. If a word ends in a consonant other than *n* or *s*, the last syllable is stressed: **dificultad**, **hablar**, **laurel**, **niñez**.

3. If a word is to be stressed in any way contrary to rules 1 and 2, an acute accent is written over the stressed vowel: **rubí**, **máquina**, **crímenes**, **carácter**, **continúa**, **autobús**.

4. **Diphthongs and syllable division.** Of the 5 vowels *a, e, o* are considered "strong" and *i* and *u* "weak":

   **a)** A combination of weak + strong forms a diphthong, the stress falling on the stronger element: **reina**, **baile**, **cosmonauta**, **tiene**, **bueno**.

   **b)** A combination of weak + weak forms a diphthong, the stress falling on the second element: **viuda**, **ruido**.

   **c)** Two strong vowels together remain two distinct syllables, the stress falling according to rules 1 and 2: **ma/estro**, **atra/er**.

   **d)** Any word having a vowel combination not stressed according to these rules has an accent: **traído**, **oído**, **baúl**, **río**.

## Sounds

Since the pronunciation of Spanish is (unlike English) adequately represented by the spelling of words, Spanish headwords have not been given a phonetic transcription. The sounds of Spanish are described below.

The pronunciation described is primarily that of a Spaniard. But the main features of Latin American pronunciation are also covered.

### Vowels

a   As in English *father*: **paz**, **pata**.

e   Like *e* in English *they* (but without the following sound of *y*): **grande**, **pelo**. A shorter sound when followed by a consonant in the same syllable, like *e* in English *get*: **España**, **renta**.

i   Like *i* in English *machine*, though somewhat shorter: **pila**, **rubí**.

o   As in English *November, token*: **solo**, **esposa**. A shorter sound when followed by a consonant in the same syllable, like *au* in English *fault* or the *a* in *fall*: **costra**, **bomba**.

u   Like *oo* in English *food*: **pura**, **luna**. Silent after **q** and in **gue**, **gui**, unless marked with a dieresis (**antigüedad**, **argüir**).

y   when occurring as a vowel (in the conjunction **y** or at the end of a word), is pronounced like *i*.

## Diphthongs

ai    like *i* in English *right*: **baile**, **vaina**.

ei    like *ey* in English *they*: **reina**, **peine**.

oi    like *oy* in English *boy*: **boina**, **oigo**.

au    like *ou* in English *bout*: **causa**, **audacia**.

eu    like the vowel sounds in English *may-you*, without the sound of the *y*: **deuda**, **reuma**.

## Semiconsonants

i, y    like *y* in English *yes*: **yerno**, **tiene**; in some cases in *L.Am.* this *y* is pronounced like the *s* in English *measure*: **mayo**, **yo**.

u    like *w* in English *water*: **huevo**, **agua**.

## Consonants

b, v    These two letters represent the same value in Spanish. There are two distinct pronunciations:

     1. At the start of a word and after *m* and *n* the sound is like English *b*: **batalla**, **ventaja**; **tromba**, **invierno**.

     2. In all other positions the sound is what is technically a "bilabial fricative". This sound does not exist in English. Go to say a *b* but do not quite bring your lips together: **estaba**, **cueva**, **de Vigo**.

c    1. *c* before *a*, *o*, *u* or a consonant is like English *k*: **café**, **cobre**.

     2. *c* before *e*, *i* is like English *th* in *thin*: **cédula**, **cinco**. In *L.Am.* this is pronounced like an English *s* in *chase*.

ch    like English *ch* in *church*: **mucho**, **chocho**.

d    Three distinct pronunciations:

     1. At the start of a word and after *l* and *n*, the sound is like English *d*: **doy**, **aldea**, **conde**.

     2. Between vowels and after consonants other than *l* and *n* the sound is relaxed and approaches English *th* in *this*: **codo**, **guardar**; in parts of Spain it is further relaxed and even disappears, particularly in the **-ado** ending.

     3. In final position, this type 2 is further relaxed or omitted altogether: **usted**, **Madrid**.

f    like English *f*: **fuero**, **flor**.

g    Three distinct pronunciations:

     1. Before *e* and *i* it is the same as the Spanish j (below): **coger**, **general**.

     2. At the start of a word and after *n*, the sound is that of English *g* in *get*: **granada**, **rango**.

     3. In other positions the sound is like 2 above, but much softer, the *g* almost disappearing: **agua**, **guerra**. N.B. In the group **gue**, **gui** the **u** is silent (**guerra**, **guindar**) unless marked with a dieresis (**antigüedad**, **argüir**). In the group **gua** all letters are sounded.

h     always silent: **honor**, **búho**.

j     A strong guttural sound not found in English, but like the *ch* in Scots *loch*, German *Achtung*: **jota**, **ejercer**.

k     like English *k*: **kilogramo**, **ketchup**.

l     like English *l*: **león**, **pala**.

ll     approximating to English *lli* in *million*: **millón**, **calle**. In *L.Am.* like the *s* in English *measure*.

m     like English *m*: **mano**, **como**.

n     like English *n*: **nono**, **pan**; except before **v**, when the group is pronounced like *mb*: **enviar**, **invadir**.

ñ     approximating to English *ni* in *onion*: **paño**, **ñoño**.

p     like English *p*: **Pepe**, **copa**.

q     like English *k*; always in combination with **u**, which is silent: **que**, **quiosco**.

r     a single trill stronger than any *r* in English, but like Scots *r*: **caro**, **querer**. Somewhat relaxed in final position. Pronounced like **rr** at the start of a word and after **l**, **n**, **s**: **rata**.

rr     strongly trilled: **carro**, **hierro**.

s     like *s* in English *chase*: **rosa**, **soso**. But before **b**, **d**, hard **g**, **l**, **m** and **n** it is like English *s* in *rose*: **desde**, **mismo**, **asno**. Before "impure **s**" in loan-words, an extra *e*-sound is inserted in pronunciation: **e-sprint**, **e-stand**.

t     like English *t*: **patata**, **tope**.

v     see *b*.

w     found in a few recent loan-words only and pronounced pretty much as the English *w*, but sometimes with a very slight *g* sound before it: **whisky**, **windsurf**. In one exceptional case it is pronounced like an English *v* or like Spanish **b** and **v**: **wáter**.

x     like English *gs* in *big sock*: **máximo**, **examen**. Before a consonant like English *s* in *chase*: **extraño**, **mixto**.

z     like English *th* in *thin*: **zote**, **zumbar**. In *L.Am.* like English *s* in *chase*.

## The Spanish Alphabet

| | | | | |
|---|---|---|---|---|
| a [ah] | f ['ef-feh] | l ['eleh] | p [peh] | u [oo] |
| b [beh] | g [Heh] | ll ['el-yeh] | q [koo] | v ['ooveh] |
| c [theh] | h ['acheh] | m ['emeh] | r ['ereh] | w ['oovehdoh-bleh] |
| ch [cheh] | i [ee] | n ['eneh] | rr ['erreh] | x ['ekees] |
| d [deh] | j ['Hota] | ñ ['en-yeh] | s ['eseh] | y [eegree-'eh-ga] |
| e [eh] | k [ka] | o [oh] | t [teh] | z ['theh-ta] |

H *is pronounced as in the Scottish way of saying loch*

# Written Spanish

## I. Capitalization

The rules for capitalization in Spanish largely correspond to those for the English language. In contrast to English, however, adjectives derived from proper nouns are not capitalized (*americano* American, *español* Spanish).

## II. Word division

Spanish words are divided according to the following rules:

1. If there is a **single consonant** between two vowels, the division is made between the first vowel and the consonant (*di-ne-ro*, *Gra-na-da*).

2. **Two consecutive consonants** may be divided (*miér-co-les*, *dis-cur-so*). If the second consonant is an *l* or *r*, however, the division comes before the two consonants (*re-gla*, *nie-bla*; *po-bre*, *ca-bra*). This also goes for ch, ll and rr (*te-cho*, *ca-lle*, *pe-rro*).

3. In the case of **three consecutive consonants** (usually including an *l* or *r*), the division comes after the first consonant (*ejem-plo*, *siem-pre*). If the second consonant is an *s*, however, the division comes after the *s* (*cons-tan-te*, *ins-ti-tu-to*).

4. In the case of **four consecutive consonants** (the second of these is usually an *s*), the division is made between the second and third consonants (*ins-tru-men-to*).

5. **Diphthongs** and **triphthongs** may not be divided (*bien*, *buey*). Vowels which are part of different syllables, however, may be divided (*frí-o*, *acre-e-dor*).

6. **Compounds**, including those formed with prefixes, can also be divided morphologically (*nos-otros*, *des-ali-ño*, *dis-cul-pa*).

## III. Punctuation

In Spanish a comma is often placed after an adverbial phrase introducing a sentence (*sin embargo, todos los esfuerzos fueron inútiles* however, all efforts were in vain). A subsidiary clause beginning a sentence is also followed by a comma (*si tengo tiempo, lo haré* if I have time, I'll do it, **but**: *lo haré si tengo tiempo* I'll do it if I have time).

Questions and exclamations are introduced by an inverted question mark and exclamation point respectively, which immediately precedes the question or exclamation (*Perdone, ¿está en casa el señor Pérez?* Excuse me, is Mr. Pérez at home?; *¡Que lástima!* What a shame!).

# La pronunciación del inglés

## A. Vocales y diptongos

[ɑː] sonido largo parecido al de *a* en *raro*: *far* [fɑːr], *father* ['fɑːðər].

[ʌ] *a* abierta, breve y oscura, que se pronuncia en la parte anterior de la boca sin redondear los labios: *butter* ['bʌtər], *come* [kʌm], *color* ['kʌlər], *blood* [blʌd], *flourish* ['flʌrɪʃ].

[æ] sonido breve, bastante abierto y distinto, algo parecido al de *a* en *parra*: *fat* [fæt], *ran* [ræn], *after* ['æftər].

[ɒː] vocal larga, bastante cerrada, entre *a* y *o*; más cercana a la *a* que a la *o*: *fall* [fɒːl], *fault* [fɒːlt], *inaudible* [ɪn'ɒːdəbl].

[e] sonido breve, medio abierto, parecido al de *e* en *perro*: *bed* [bed], *less* [les], *hairy* ['herɪ].

[aɪ] sonido parecido al de *ai* en *estáis*, *baile*: *I* [aɪ], *lie* [laɪ], *dry* [draɪ].

[aʊ] sonido parecido al de *au* en *causa*, *sauce*: *house* [haʊs], *now* [naʊ].

[eɪ] *e* medio abierta, pero más cerrada que la *e* de *hablé*; suena como si la siguiese una [ɪ] débil, sobre todo en sílaba acentuada: *date* [deɪt], *play* [pleɪ], *obey* [oʊ'beɪ].

[ə] 'vocal neutra', siempre átona; parecida al sonido de la *a* final de *cada*: *about* [ə'baʊt], *butter* ['bʌtər], *connect* [kə'nekt].

[iː] sonido largo, parecido al de *i* en *misa*, *vino*: *scene* [siːn], *sea* [siː], *feet* [fiːt], *ceiling* ['siːlɪŋ].

[ɪ] sonido breve, abierto, parecido al de *i* en *silba*, *tirria*, pero más abierto: *big* [bɪg], *city* ['sɪtɪ].

[oʊ] *o* larga, más bien cerrada, sin redondear los labios ni levantar la lengua: *note* [noʊt], *boat* [boʊt], *below* [bɪ'loʊ].

[ɔː] vocal larga, bastante cerrada; es algo parecida a la *o* de *por*: *abnormal* [æb'nɔːrml], *before* [bɪ'fɔːr].

[ɔɪ] diptongo cuyo primer elemento es una *o* abierta, seguido de una *i* abierta pero débil; parecido al sonido de *oy* en *doy*: *voice* [vɔɪs], *boy* [bɔɪ], *annoy* [ə'nɔɪ].

[ɜː] forma larga de la 'vocal neutra' [ə], algo parecida al sonido de *eu* en la palabra francesa *leur*: *word* [wɜːrd], *girl* [gɜːrl].

[uː] sonido largo, parecido al de *u* en *cuna*, *duda*: *fool* [fuːl], *shoe* [ʃuː], *you* [juː], *rule* [ruːl].

[ʊ] *u* pura pero muy rápida, más cerrada que la *u* de *burra*: *put* [pʊt], *look* [lʊk].

## B. Consonantes

[b]   como la *b* de *cambiar*: *bay* [beɪ], *brave* [breɪv].

[d]   como la *d* de *andar*: *did* [dɪd], *ladder* ['lædər].

[f]   como la *f* de *filo*: *face* [feɪs], *baffle* ['bæfl].

[g]   como la *g* de *golpe*: *go* [goʊ], *haggle* ['hægl].

[h]   se pronuncia con aspiración fuerte, sin la aspereza gutural de la *j* en *Gijón*: *who* [huː], *ahead* [ə'hed].

[j]   como la *y* de *cuyo*: *you* [juː], *million* ['mɪljən].

[k]   como la *c* de *casa*: *cat* [kæt], *kill* [kɪl].

[l]   como la *l* de *loco*: *love* [lʌv], *goal* [goʊl].

[m]   como la *m* de *madre*: *mouth* [maʊθ], *come* [kʌm].

[n]   como la *n* de *nada*: *not* [nɑːt], *banner* ['bænər].

[p]   como la *p* de *padre*: *pot* [pɑːt], *top* [tɑːp].

[r]   Cuando se pronuncia, es un sonido muy débil, más bien semivocal, que no tiene nada de la vibración fuerte que caracteriza la *r* española; se articula elevando la punta de la lengua hacia el paladar duro: *rose* [roʊz], *pride* [praɪd], *there* [ðer]. (v. también 'Diferencias entre la pronunciación del inglés americano y la del inglés británico').

[s]   como la *s* de *casa*: *sit* [sɪt], *scent* [sent].

[t]   como la *t* de *pata*: *take* [teɪk], *patter* ['pætər].

[v]   inexistente en español; a diferencia de *b*, *v* en español, se pronuncia juntando el labio inferior con los dientes superiores: *vein* [veɪn], *velvet* ['velvɪt].

[w]   como la *u* de *huevo*: *water* ['wɒːtər], *will* [wɪl].

[z]   como la *s* de *mismo*: *zeal* [ziːl], *hers* [hɜːrz].

[ʒ]   inexistente en español; como la *j* en la palabra francesa *jour*: *measure* ['meʒər], *leisure* ['liːʒər]. Aparece a menudo en el grupo [dʒ], que se pronuncia como el grupo *dj* de la palabra francesa *adjacent*: *edge* [edʒ], *gem* [dʒem].

[ʃ]   inexistente en español; como *ch* en la palabra francesa *chose*: *shake* [ʃeɪk], *washing* ['wɑːʃɪŋ]. Aparece a menudo en el grupo [ʧ], que se pronuncia como la *ch* en *mucho*: *match* [mæʧ], *natural* ['næʧrəl].

[θ]   como la *z* de *zapato* en castellano: *thin* [θɪn], *path* [pæθ].

[ð]   forma sonorizada del anterior, algo como la *d* de *todo*: *there* [ðer], *breathe* [briːð].

[ŋ]   como la *n* de *banco*: *singer* ['sɪŋər], *tinker* ['tɪŋkər].

### El alfabeto inglés

| | | | | | | |
|---|---|---|---|---|---|---|
| a [eɪ] | e [iː] | i [aɪ] | m [em] | q [kjuː] | u [juː] | y [waɪ] |
| b [biː] | f [ef] | j [dʒeɪ] | n [en] | r [ɑːr] | v [viː] | z [ziː], |
| c [siː] | g [dʒiː] | k [keɪ] | o [oʊ] | s [es] | w ['dʌbljuː] | *Br* [zed] |
| d [diː] | h [eɪʧ] | l [el] | p [piː] | t [tiː] | x [eks] | |

# Diferencias entre la pronunciación del inglés americano y la del inglés británico

Entre la pronunciación del inglés en Gran Bretaña (British English, BE) y la del inglés en Estados Unidos (American English, AE) existen múltiples diferencias que es imposible tratar aquí en forma adecuada. Señalamos únicamente las diferencias más notables:

1. Las palabras que tienen dos sílabas o más después del acento principal ['] llevan en AE un acento secundario que no tienen en BE, p.ej. *dictionary* [AE ''dɪkʃə'nerɪ = BE 'dɪkʃənrɪ], *secretary* [AE ''sekrə'terɪ = BE 'sekrətrɪ].

2. La **r** en posición final después de una vocal o entre vocal y consonante es normalmente muda en BE, pero se pronuncia claramente en AE, p.ej. *car* [AE kɑːr = BE kɑː], *care* [AE ker = BE keə], *border* [AE 'bɔːrdər = BE 'bɔːdə].

3. Una de las peculiaridades más notables del AE es la **nasalización** de las vocales antes y después de las consonantes nasales [m, n, ŋ].

4. La **o** [BE ɒ] suele pronunciarse en AE casi como una **a** oscura [AE ɑː], p.ej. *dollar* [AE 'dɑːlər = BE 'dɒlə], *college* [AE 'kɑːlɪdʒ = BE 'kɒlɪdʒ], *lot* [AE lɑːt = BE lɒt], *problem* [AE 'prɑːbləm = BE 'prɒbləm].

5. La **a** [BE ɑː] se pronuncia en AE como [æ] en palabras del tipo *pass* [AE pæs = BE pɑːs], *answer* [AE 'ænsər = BE 'ɑːnsə], *dance* [AE dæns = BE dɑːns], *laugh* [AE læf = BE lɑːf].

6. La **u** [BE juː] en sílaba acentuada se pronuncia en AE como [uː], p.ej. *Tuesday* [AE 'tuːzdeɪ = BE 'tjuːzdeɪ], *student* [AE 'stuːdnt = BE 'stjuːdnt], pero no en *music* [AE, BE = 'mjuːzɪk], *fuel* [AE, BE = 'fjʊəl].

7. La sílaba final **-ile** (BE generalmente [-aɪl]) se pronuncia a menudo en AE como [-əl] o bien [-ɪl], p.ej. *missile* [AE 'mɪs(ə)l, 'mɪsɪl = BE 'mɪsaɪl].

8. Hay otras palabras que se pronuncian de distinto modo en BE y AE, p.ej. *lever* [AE 'levər = BE 'liːvə], *lieutenant* [AE luˈtenənt = BE lefˈtenənt], *tomato* [AE təˈmeɪtoʊ = BE təˈmɑːtəʊ], *clerk* [AE klɜːrk = BE klɑːk], *vase* [AE veɪz = BE vɑːz], leisure [AE 'liːʒər = BE 'leʒə].

# Diferencias entre la ortografía del inglés americano y la del inglés británico

Existen ciertas diferencias entre el inglés escrito de Gran Bretaña (British English, BE) y el inglés escrito de Estados Unidos (American English, AE).

Son las principales:

1. La **u** que se escribe en BE en las palabras que terminan en **-our** (p.ej. col*our*) se suprime en AE: col*o*r, hum*o*r, hon*o*rable.

2. Muchas palabras que en BE terminan en **-re** (p.ej. cent*re*) se escriben en AE **-er**, p.ej. cent*er*, met*er*, theat*er* (pero no massacre).

3. En muchos casos, las palabras que en BE tienen **ll** en posición media en sílabas no acentuadas se escriben en AE con una **l**, p.ej. counci*l*or, quarre*l*ed, trave*l*ed. Sin embargo, hay palabras que en BE se escriben con una **l** que en AE se escriben con **ll**, p.ej. enro*ll*(s), ski*ll*ful, insta*ll*ment.

4. En ciertos casos, las palabras que en BE terminan en **-ence** se escriben en AE con **-ense**, p.ej. def*ense*, off*ense*.

5. Ciertas vocales finales, que no tienen valor en la pronunciación, se escriben en BE (p.ej. catalog*ue*) pero no en AE: catalog, dialog, prolog, program.

6. Se ha extendido más en AE que en BE la costumbre de escribir **e** en lugar de **ae** y **oe**, p.ej. an(a)emia, an(a)esthetic.

7. Algunas consonantes que en BE se escriben dobles pueden en AE escribirse sencillas, p.ej. kidna(p)*p*ed, worshi(p)*p*ed.

8. En AE se suprime a veces la **u** del grupo **ou** que tiene BE, p.ej. m*o*(*u*)ld, sm*o*(*u*)lder, y se escribe en AE pl*o*w en lugar del BE pl*ough*.

9. En AE suele suprimirse la **e** muda en las palabras como judg(*e*)ment, acknowledg(*e*)ment.

10. Hay otras palabras que se escriben de distinto modo en BE y AE, p.ej. BE cosy = AE *cozy*, BE moustache = AE *mustache*, BE sceptical = AE *skeptical*, BE grey = AE *gray*.

# English pronunciation

## Vowels

[ɑː] *father* ['fɑːðər]
[æ] *man* [mæn]
[e] *get* [get]
[ə] *about* [ə'baut]
[ɜː] *absurd* [əb'sɜːrd]
[ɪ] *stick* [stɪk]
[iː] *need* [niːd]
[ɒ] *in-laws* ['ɪnlɒːz]
[ɔː] *more* [mɔːr]
[ʌ] *mother* ['mʌðər]
[ʊ] *book* [bʊk]
[uː] *fruit* [fruːt]

## Diphthongs

[aɪ] *time* [taɪm]
[au] *cloud* [klaud]
[eɪ] *name* [neɪm]
[ɔɪ] *point* [pɔɪnt]
[ou] *oath* [ouθ]

## Consonants

[b] *bag* [bæg]
[d] *dear* [dɪr]
[f] *fall* [fɒːl]
[g] *give* [gɪv]
[h] *hole* [houl]
[j] *yes* [jes]
[k] *come* [kʌm]
[l] *land* [lænd]
[m] *mean* [miːn]
[n] *night* [naɪt]
[p] *pot* [pɑːt]
[r] *right* [raɪt]
[s] *sun* [sʌn]
[t] *take* [teɪk]
[v] *vain* [veɪn]
[w] *wait* [weɪt]
[z] *rose* [rouz]
[ŋ] *bring* [brɪŋ]
[ʃ] *she* [ʃiː]
[tʃ] *chair* [tʃer]
[dʒ] *join* [dʒɔɪn]
[ʒ] *leisure* ['liːʒər]
[θ] *think* [θɪŋk]
[ð] *the* [ðə]
['] means that the following syllable is stressed: *ability* [ə'bɪlətɪ]

# Vocabulario Español-Inglés
## Spanish-English Dictionary

# A

**a** *prp* **1** *dirección* to; **al este de** to the east of; **~ casa** home; **ir ~ la cama / al cine** go to bed / to the movies; **¡~ trabajar!** get to work!; **vamos ~ Buenos Aires** we're going to Buenos Aires; **voy ~ casa de Marta** I'm going to Marta's (house) **2** *situación* at; **~ la mesa** at the table; **al lado de** next to; **~ la derecha** on the right; **al sol** in the sun; **~ treinta kilómetros de Cuzco** thirty kilometers from Cuzco; **está ~ cinco kilómetros** it's five kilometers away **3** *tiempo*: **¿~ qué hora llegas?** what time do you arrive?; **~ las tres** at three o'clock; **de once ~ doce** from eleven (o'clock) to twelve; **estamos ~ quince de febrero** it's February fifteenth; **~ los treinta años** at the age of thirty; **~ la llegada del tren** when the train arrives **4** *modo*: **~ la española** the Spanish way; **~ mano** by hand; **~ pie** on foot; **~ 50 kilómetros por hora** at fifty kilometers an hour **5** *precio*: **¿~ cómo** o **cuánto está?** how much is it?; **están ~ dos pesos el kilo** they are two pesos a kilo **6** *objeto indirecto*: **dáselo ~ tu hermano** give it to your brother **7** *objeto directo*: **vi ~ mi padre** I saw my father **8** *en perífrasis verbal*: **empezar ~** begin to; **jugar ~ las cartas** play cards; **decidirse ~ hacer algo** decide to do sth; **voy ~ comprarlo** I'm going to buy it; **~ decir verdad** to tell the truth **9** *para introducir pregunta*: **¿~ que no lo sabes?** I bet you don't know; **~ ver** OK, right; **~ ver lo que pasa ahora** let's see what happens now

**(a)** *abr* (= **alias**) aka (= also known as)
**AA.EE.** *abr* (= **Asuntos Exteriores**) foreign affairs

**abacería** *f* grocery store, *Br* grocer's
**abacero** *m*, **-a** *f* grocer
**abacial** *adj*: **iglesia ~** abbey (church)
**ábaco** *m* abacus
**abad** *m* abbot
**abadejo** *m pez* pollack
**abadía** *f* abbey
**abajeño** *m*, **-a** *f L.Am.* lowlander
**abajo I** *adv* **1** *situación* below, underneath; *en edificio* downstairs; **ponlo ahí ~** put it down there; **el ~ firmante** the undersigned; **el cajón de ~** *siguiente* the drawer underneath o below; *último* the bottom drawer **2** *dirección* down; *en edificio* downstairs; **cuesta ~** downhill; **empuja hacia ~** push down; **ir para ~** *fig* drop, go down **3** *con cantidades*: **de diez para ~** ten or under, ten or below **II** *prp*: **~ de** *L.Am.* under **III** *int*: **¡~ los traidores!** down with the traitors!
**abalanzarse** ⟨1f⟩ *v/r* rush o surge forward; **~ sobre algo / alguien** leap o pounce on sth / s.o.
**abalaustrado** *adj*: **columna -a** ARQUI baluster
**abalear** ⟨1a⟩ *v/t S.Am.* shoot
**abaleo** *m Andes, C.Am., Ven* shootout
**abalón** *m* ZO abalone
**abalorio** *m* bead
**abanderado I** *m*, **-a** *f* standard-bearer **II** *part* ☞ **abanderar**
**abanderar** ⟨1a⟩ *v/t* register
**abandonado I** *adj* abandoned **II** *part* ☞ **abandonar**
**abandonar** ⟨1a⟩ **I** *v/t* **1** *lugar* leave; *a alguien* abandon; *a esposa, hijos* desert; *objeto* abandon, dump **2** *idea* give up, abandon; *actividad* give up, drop **II** *v/i* DEP pull out; **abandonarse** *v/r* let o.s. go; **~ a** abandon o.s. to
**abandono** *m* **1** abandonment; **~ del do-**

**micilio conyugal** desertion; **~ de la energía nuclear** abandonment of nuclear power **2** DEP *de carrera* retirement **3: en un estado de ~** in a state of neglect

**abanicar** ⟨1g⟩ *v/t* fan; **abanicarse** *v/r* fan o.s.

**abanico** *m* **1** fan **2** *fig* range
◇ **abanico eléctrico** *Méx* electric fan

**abaratar** ⟨1a⟩ *v/t* reduce *o* lower the price of; *precio* reduce, lower; **abaratarse** *v/r* become cheaper; *de precio* drop, go down

**abarca** *f* sandal

**abarcable** *adj pormenores, historia, vista* which can be taken in; *la historia del país no es ~ en una hora* the history of the country cannot be dealt with *o* covered in one hour

**abarcar** ⟨1g⟩ *v/t* **1** *territorio* cover; *fig* comprise, cover **2** *L.Am.* (*acaparar*) hoard, stockpile **3: ~ con la vista** take in

**abarrotado I** *adj* packed **II** *part* ☞ **abarrotar**

**abarrotar** ⟨1a⟩ *v/t* **1** *lugar* pack **2** *L.Am.* COM buy up, stockpile; **abarrotarse** *v/r* *L.Am. del mercado* become glutted

**abarrotería** *f Méx, C.Am.* grocery store, *Br* grocer's

**abarrotero** *m*, **-a** *f Méx, C.Am.* storekeeper, *Br* shopkeeper

**abarrotes** *mpl L.Am.* (*mercancías*) groceries; (*tienda de*) **~s** grocery store, *Br* grocer's

**abastecer** ⟨2d⟩ *v/t* supply (*de* with); **abastecerse** *v/r* stock up (*de* on *o* with)

**abastecimiento** *m* supply

**abasto** *m*: **no dan ~** (*con*) they can't cope (with)

**abatí** *m* **1** *Rpl* corn, *Br* maize **2** *Parag: fermented maize drink*

**abatible** *adj* collapsible, folding *atr*

**abatido I** *adj* depressed **II** *part* ☞ **abatir**

**abatimiento** *m* depression

**abatir** ⟨3a⟩ *v/t* **1** *edificio* knock *o* pull down; *árbol* cut down, fell; AVIA shoot *o* bring down **2** *fig* kill; (*deprimir*) depress; **abatirse** *v/r*: **~ sobre** swoop down on

**abdicación** *f* abdication

**abdicar** ⟨1g⟩ *v/t* abdicate; **~ en alguien** abdicate in favor *o Br* favour of s.o.

**abdomen** *m* abdomen

**abdominal** *adj* abdominal

**abdominales** *mpl* sit-ups *pl*

**abecé** *m fig* ABCs *pl*, *Br* ABC, basics *pl*

**abecedario** *m* alphabet

**abedul** *m* birch

**abeja** *f* ZO bee
◇ **abeja obrera** worker bee
◇ **abeja reina** queen bee

**abejarrón** *m* bumblebee

**abejaruco** *m* bee eater

**abejón** *m* drone

**abejorro** *m* bumblebee

**aberración** *f* aberration

**aberrante** *adj* aberrant

**abertura** *f* opening

**abeto** *m* fir (tree)
◇ **abeto blanco** silver fir
◇ **abeto rojo** spruce

**abiertamente** *adv* openly

**abierto I** *part* ☞ **abrir II** *adj tb persona* open; **está ~ a nuevas ideas** *fig* he's open to new ideas

**abigarrado** *adj* multicolored, *Br* multicoloured

**abisal** *adj* deep-sea *atr*; *fauna ~* creatures of the deep

**abismal** *adj diferencias* deep, huge

**abismarse** ⟨1a⟩ *v/r fig*: **~ en** become engrossed in

**abismo** *m* abyss; *fig* gulf; *estar al borde del ~* be staring into the abyss

**abjurar** ⟨1a⟩ **I** *v/t* foreswear, renounce **II** *v/i*: **~ de** foreswear, renounce

**ablación** *f* MED removal

**ablandamiento** *m tb fig* softening

**ablandar** ⟨1a⟩ *v/t* **1** *tb fig* soften **2** *CSur, Cuba* AUTO run in; **ablandarse** *v/r* soften, get softer; *fig* relent

**ablución** *f* REL ablution, cleansing

**abnegación** *f* self-denial

**abnegado** *adj* selfless

**abobado** *adj* dim-witted

**abocado I** *adj* doomed; **~ al fracaso** doomed to failure, destined to fail **II** *part* ☞ **abocar**

**abocar** ⟨1g⟩ *v/i* **1: ~ en un puerto** enter port **2: ~ a una calle** lead to a street; **abocarse** *v/r* **1** head (*hacia* for) **2** *CSur*: **~ a algo** face up to sth; *verse abocado a algo* be faced with sth

**abochornado I** *adj* embarrassed **II** *part* ☞ **abochornar**

**abochornante** *adj* embarrassing

**abochornar** ⟨1a⟩ *v/t* embarrass; **abochornarse** *v/r* feel embarrassed

**abofetear** ⟨1a⟩ *v/t* slap

**abogacía** *f* law

**abogado** *m*,-*a f* lawyer, *Br* solicitor; *en tribunal superior* attorney, *Br* barrister; **no le faltaron ~s** *fig* there were plenty of people who defended him
◇ **abogado del Estado** attorney general
◇ **abogado de oficio** court-appointed lawyer

**abogar** ⟨1h⟩ *v/i*: **~ por alguien** defend s.o., plead for s.o.; **~ por algo** advocate sth

**abolengo** *m* ancestry; **de rancio ~** of noble ancestry

**abolición** *f* abolition

**abolir** ⟨3a⟩ *v/t* abolish

**abolladura** *f* dent

**abollar** ⟨1a⟩ *v/t* dent

**abombado** I *adj S.Am.* **1** (*tonto*) dopey **2** *comida* rotten, bad II *part* ☞ **abombar**

**abombar** ⟨1a⟩ *v/t*: **~ algo** make sth sag, warp sth; **abombarse** *v/r* **1** sag, warp **2** *S.Am. de comida* go off, go bad

**abominable** *adj* abominable

**abominación** *f* abomination

**abominar** ⟨1a⟩ I *v/t* detest, loathe II *v/i*: **~ de** detest, loathe

**abonable** *adj* COM payable

**abonado** I *adj* **1**: **campo o terreno ~** *fig* fertile ground **2**: **estar ~** TEA have a season ticket II *m*,-*a f a revista* subscriber; *a teléfono, gas, electricidad* customer; *a ópera, teatro* season-ticket holder

**abonar** ⟨1a⟩ *v/t* **1** COM pay; **~ en cuenta a alguien** credit s.o.'s account with **2** *Méx* pay on account **3** AGR fertilize; **~ el terreno** *fig* sow the seeds; **abonarse** *v/r*: **~ a espectáculo** buy a season ticket for; *revista* take out a subscription to

**abono** *m* **1** COM payment; **pagar en ~s** *Méx* pay in installments *o Br* instalments **2** AGR fertilizer **3** *para espectáculo, transporte* season ticket
◇ **abono mensual** monthly season ticket; **abono orgánico** organic fertilizer; **abono químico** chemical fertilizer; **abono semanal** weekly season ticket

**abordable** *adj fig* approachable

**abordaje** *m* MAR boarding

**abordar** ⟨1a⟩ *v/t* **1** MAR board **2** *tema, asunto* broach, raise **3** *problema* tackle, deal with **4** *a una persona* approach

**aborigen** I *adj* native *atr*, indigenous II *m/f* native

**aborrascado** *adj tiempo* stormy

**aborrascarse** ⟨1g⟩ *v/r* become stormy

**aborrecer** ⟨2d⟩ *v/t* loathe, detest

**aborrecible** *adj* detestable

**aborrecido** *adj* detested, loathed

**aborrecimiento** *m* loathing

**aborregarse** ⟨1h⟩ *v/r* lose one's individuality

**abortar** ⟨1a⟩ I *v/i* MED *espontáneamente* miscarry; *de forma provocada* have an abortion II *v/t plan* foil

**abortista** *m/f* abortionist

**abortivo** *adj* abortion *atr*; **píldora -a** abortion pill; **clínica -a** abortion clinic

**aborto** *m espontáneo* miscarriage; *provocado* abortion; *fig* F freak F; **tener un ~** have a miscarriage

**abota(r)garse** ⟨1h⟩ *v/r fig* become bloated

**abota(r)gado** *adj por gordura* bloated, swollen; *por hinchazón* swollen

**abotonar** ⟨1a⟩ *v/t* button up

**abovedado** *adj* ARQUI vaulted, arched

**abra** *f L.Am.* clearing

**abrasador** *adj* scorching, burning

**abrasar** ⟨1a⟩ I *v/t* burn II *v/i* **1** *del sol* be scorching **2** *de bebida, comida* be boiling hot; **abrasarse** *v/r*: **~ de calor** F be sweltering; **~ de pasión** *lit* be aflame with passion *lit*

**abrasión** *f* abrasion

**abrasivo** *m* TÉC abrasive; **~ líquido** abrasive fluid

**abrazadera** *f* TÉC (hose) clamp

**abrazar** ⟨1f⟩ *v/t* hug, embrace; *fig* embrace; **abrazarse** *v/r* hug (each other), embrace (each other)

**abrazo** *m* hug, embrace; **dar un ~ a alguien** hug s.o., embrace s.o.; **un ~ en carta** best wishes; *más íntimo* love

**abrebotellas** *m inv* bottle opener

**abrecartas** *m inv* letter opener

**abrelatas** *m inv* can opener, *Br tb* tin opener

**abrevadero** *m* watering hole

**abrevar** ⟨1a⟩ *v/t* water

**abreviación** *f* shortening

**abreviadamente** *adv* in brief
**abreviar** ⟨1b⟩ *v/t* shorten; *palabra tb* abbreviate; *texto tb* abridge
**abreviatura** *f* abbreviation
**abridor** *m* bottle opener
**abrigado I** *adj* sheltered **II** *part* ☞ **abrigar**
**abrigar** ⟨1h⟩ *v/t* **1** wrap up **2** *esperanzas* hold out; *duda* entertain; **abrigarse** *v/r* **1** wrap up warmly **2**: ~ *del frío* (take) shelter from the cold
**abrigo** *m* **1** coat; ~ *de entretiempo* light coat **2** (*protección*) shelter; *ropa de* ~ warm clothes; *al* ~ *de* in the shelter of **3**: *de* ~ F real; *un proyecto de* ~ a huge project
◇ **abrigo de pieles** fur coat
**abril** *m* April; *de quince* ~*es* 15 fifteen years old
**abrillantado** *adj Rpl* (*esarchado*) glacé
**abrillantador** *m* polish
**abrillantar** ⟨1a⟩ *v/t* polish
**abrir** ⟨3a; abierto⟩ **I** *v/t* **1** open; *nuevos mercados* open (up); ~ *los ojos* open one's eyes; ~ *al tráfico* open to traffic; ~ *camino fig* pave the way; *le abrió el apetito* it gave him an appetite **2** *túnel* dig **3** *grifo* turn on
**II** *v/i de persona* open up; *de ventana, puerta* open (*a* onto); *a medio* ~ half-open; *en un* ~ *y cerrar de ojos* in the twinkling of an eye
**abrirse** *v/r* open; ~ *la cabeza* split one's head open; ~ *paso* get through; ~ *paso entre* make one's way through; ~ *a algo fig* open up to sth
**abrochador** *m*, ~*a f Rpl* stapler
**abrochar** ⟨1a⟩ *v/t* **1** do up; *cinturón de seguridad* fasten **2** *Rpl* (*grapar*) staple; **abrocharse** *v/r* do up; *de cinturón de seguridad* fasten; *tendremos que abrocharnos el cinturón fig* we'll have to tighten our belts
**abrogación** *f* repeal
**abrogar** ⟨1h⟩ *v/t* repeal
**abroncar** ⟨1g⟩ *v/t* F tell off
**abrumador** *adj* overwhelming
**abrumar** ⟨1a⟩ *v/t* overwhelm (*con o de* with); *abrumado de o con trabajo* snowed under with work; **abrumarse** *v/r* be overwhelmed
**abrupto** *adj* **1** *terreno* rough; *pendiente* steep **2** *tono, respuesta* abrupt; *cambio* sudden

**absceso** *m* MED abscess
**absenta** *f* absinthe
**absentismo** *m* absenteeism
◇ **absentismo escolar** truancy
**absentista I** *adj* absentee *atr* **II** *m/f* absentee
**ábside** *m* ARQUI apse
**absolución** *f* **1** JUR acquittal; *el juez anunció la* ~ *por falta de pruebas* the judge acquitted the accused for lack of evidence **2** REL absolution; *dar la* ~ *a alguien* give s.o. absolution
**absolutamente** *adv* absolutely; *no entendió* ~ *nada* he didn't understand a thing, he understood absolutely nothing
**absolutismo** *m* absolutism
**absoluto** *adj* absolute; *en* ~ not at all; *nada en* ~ absolutely nothing; *la casa no ha cambiado nada en* ~ the house hasn't changed at all, the house hasn't changed in the slightest; *se negó en* ~ he refused outright
**absolutorio** *adj*: *sentencia -a* JUR not-guilty verdict
**absolver** ⟨2h; absuelto⟩ *v/t* **1** JUR acquit **2** REL absolve
**absorbente** *adj* absorbent; *ser muy* ~ *papel de cocina* be highly absorbent; *libro* be engrossing; *persona* demand a great deal of attention
**absorber** ⟨2a⟩ *v/t* **1** absorb **2** (*consumir*) take (up) **3** (*cautivar*) absorb **4** COM take over; **absorberse** *v/r* become absorbed (*en* in)
**absorción** *f* **1** absorption **2** COM takeover
**absorto I** *adj* absorbed (*en* in), engrossed (*en* in); ~ *en sus pensamientos* absorbed *o* engrossed in his thoughts **II** *part* ☞ **absorber**
**abstemio I** *adj* teetotal **II** *m*, -a *f* teetotaler, *Br* teetotaller
**abstención** *f* abstention
**abstencionismo** *m* abstentionism
**abstenerse** ⟨2l⟩ *v/r* **1** refrain (*de* from) **2** POL abstain; ~ *de votar* abstain (from voting)
**abstinencia** *f* abstinence; *síndrome de* ~ MED withdrawal symptoms *pl*
**abstracción** *f* abstraction; *hacer* ~ *de* leave aside, exclude
**abstracto** *adj* abstract
**abstraer** ⟨2p⟩ *v/t* abstract; **abstraerse**

*v/r* shut o.s. off (*de* from)

**abstraído** *adj* preoccupied; *~ en algo* engrossed in sth

**abstruso** *adj* abstruse

**absuelto** *part* ☞ **absolver**

**absurdo I** *adj* absurd **II** *m* **1** absurdity; *es un ~ que* it's absurd that **2**: *teatro del ~* theater *o Br* theatre of the absurd

**abubilla** *f* ZO hoopoe

**abuchear** ⟨1a⟩ *v/t* boo

**abucheo** *m* booing, boos *pl*; *~s* booing, boos *pl*

**abuela** *f* **1** grandmother; *¡cuéntaselo a tu ~!* F tell me another one F, *Br* pull the other one! F; *no tener ~, no necesitar ~* F be good at blowing one's own trumpet **2** F *persona mayor* old lady

**abuelo** *m* **1** grandfather **2** F *persona mayor* old man **3**: *~s* grandparents

**abulia** *f* apathy, lack of energy

**abúlico** *adj* apathetic, lacking in energy

**abultado** *adj* **1** bulging **2** *derrota* heavy

**abultar** ⟨1a⟩ **I** *v/t* **1** swell **2** (*aumentar*) increase **II** *v/i* be bulky; *no abulta casi nada* it takes up almost no room at all

**abundamiento** *m* **1** abundance **2**: *a mayor ~* moreover

**abundancia** *f* abundance; *había comida en ~* there was plenty of food; *nadar en la ~* be rich

**abundante** *adj* plentiful, abundant

**abundantemente** *adv* **1** abundantly; *estar ~ plagado de faltas de ortografía* be absolutely riddled with spelling mistakes; *una zona ~ habitada por liebres* an area with an abundance of hares *o* an abundant population of hares **2** *llover* heavily

**abundar** ⟨1a⟩ *v/i* be plentiful *o* abundant; *~ en* abound in

**abundoso** *adj C. Am., Méx* abundant, plentiful

**aburguesado** *adj desp* bourgeois

**aburguesarse** ⟨1a⟩ *v/r desp* become bourgeois *o* middle class

**aburrido** *adj que aburre* boring; *que se aburre* bored; *~ de algo* bored *o* fed up F with sth

**aburrimiento** *m* boredom

**aburrir** ⟨3a⟩ *v/t* bore; *aburrirse v/r* get bored *~ de algo* get bored *o* fed up F with sth; *~ como una ostra* F get bored stiff F

**abusado** *adj Méx* **1** smart, clever **2**: *¡~!*

look out!

**abusador** *adj L.Am.* bullying

**abusar** ⟨1a⟩ *v/i*: *~ de poder, confianza* abuse; *persona* take advantage of; *~ sexualmente de alguien* sexually abuse s.o.; *~ del alcohol* drink too much

**abusivo** *adj* **1** JUR unfair **2** *precio* exorbitant

**abuso** *m* abuse; *estos precios son un ~* these prices are outrageous *o* an outrage

◇ **abuso de autoridad** abuse of one's authority; **abuso de confianza** breach of trust; **abuso sexual** sexual abuse; **abusos deshonestos** indecent assault

**abusón** *m*, **-ona** *f* F bully

**abyecto** *adj* despicable

**a.C.** *abr* (= *antes de Cristo*) BC (= before Christ)

**a/c** *abr* (= *a cuenta*) on account

**acá** *adv* **1** here; *~ y allá* here and there; *de ~ para allá* from here to there; *¡ven ~!* come here! **2**: *de entonces para ~* since then

**acabado I** *adj persona* finished; *producto ~* finished product **II** *m* TÉC finish

**acabar** ⟨1a⟩ **I** *v/t* **1** finish **2**: *acabé haciéndolo yo* I ended up doing it myself **II** *v/i* **1** *de persona* finish; *de función, acontecimiento* finish, end; *~ con* put an end to; *caramelos* finish off; *persona* destroy; *~ en* end in; *~ en punta* end in a point; *~ bien / mal* end well / badly; *va a ~ mal* F this is going to end badly; *persona* he'll come to no good *o* to a bad end; *acabó por comprender* in the end he understood; *no acabo de comprender* I still don't understand; *~ con sus huesos en* end up in; *es cosa de nunca ~* it's never-ending; *¡acabáramos!* now I get it!; *¡acaba ya!* hurry up and finish!; *la cosa no acaba aquí* and that's not all, and there's worse

**2**: *~ de hacer algo* have just done sth; *acabo de escribirlo* I've just written it **acabarse** *v/r de actividad* finish, end; *de pan, dinero* run out; *se nos ha acabado el azúcar* we've run out of sugar; *¡se acabó!* that's it!, that's that!

**acabóse** *m* F: *¡es el ~!* it's the limit!

**acacia** *f* acacia

◇ **acacia blanca, acacia falsa** locust tree, false acacia

**academia** *f* academy
◊ **academia de idiomas** language school
◊ **academia militar** military academy
**académico I** *adj* academic **II** *m,-a f* academician, *member of an academy*
**acaecer** ⟨2d⟩ *v/i* occur
**acalenturarse** ⟨1a⟩ *v/r L.Am.* (*afiebrarse*) get a temperature *o* fever
**acallar** ⟨1a⟩ *v/t tb fig* silence
**acalorado** *adj fig* heated; *estar ~* be agitated
**acaloramiento** *m fig* heat, passion; *de persona* agitation
**acalorar** ⟨1a⟩ *v/t fig* inflame; **acalorarse** *v/r* **1** (*enfadarse*) get agitated **2** (*sofocarse*) get embarrassed
**acampada** *f* camp; *ir de ~* go camping
**acampanado** *adj* bell-shaped; *falda -a* flared skirt
**acampar** ⟨1a⟩ *v/i* camp
**acanalado** *adj* **1** grooved, corrugated **2** ARQUI fluted
**acanaladura** *f* ARQUI flute; *diseño* fluting
**acantilado** *m* cliff
**acanto** *m* BOT acanthus
**acantonamiento** *m* MIL quarters *pl*
**acantonar** ⟨1a⟩ *v/t* MIL quarter
**acaparador** *adj* greedy
**acaparar** ⟨1a⟩ *v/t* **1** hoard, stockpile **2** *tiempo* take up **3** *interés* capture **4** F (*monopolizar*) monopolize, hog F
**acápite** *m L.Am.* **1** section **2** (*párrafo*) paragraph
**acaramelado** *adj fig* F lovey-dovey F
**acaramelarse** ⟨1a⟩ *v/r* whisper sweet nothings to each other, bill and coo
**acariciar** ⟨1b⟩ *v/t* **1** caress; *perro* stroke **2**: *~ una idea fig* contemplate an idea
**ácaro** *m* mite
**acarrear** ⟨1a⟩ *v/t* **1** carry **2** *fig* give rise to, cause
**acarreo** *m* transportation
**acartonado** *adj piel, persona* wizened
**acartonarse** ⟨1a⟩ *v/r de piel* become wizened
**acaso** *adv* by any chance, perhaps; *por si ~* just in case; *si ~* maybe; *¿~ crees que ...?* do you really think that ...?
**acatamiento** *m* compliance (*de* with)
**acatar** ⟨1a⟩ *v/t* comply with, obey
**acatarrado** *adj*: *estar ~* have a cold
**acatarrarse** ⟨1a⟩ *v/r* catch a cold

**acaudalado** *adj* wealthy, well-off
**acaudillar** ⟨1a⟩ *v/t* lead
**acceder** ⟨2a⟩ *v/i* **1** (*ceder*) agree (*a* to), *fml* accede (*a* to); *~ a un ruego* agree to a request; *~ a los deseos de alguien* bow to s.o.'s wishes **2**: *~ a lugar* gain access to, access; *cargo* accede to
**accesibilidad** *f* accessibility
**accesible** *adj* accessible
**accésit** *m* second prize
**acceso** *m* **1** *a un lugar* access; *de difícil ~* inaccessible, difficult to get to **2** INFOR access; *~ a Internet* Internet access **3** *de fiebre* attack, bout; *de tos* fit; *~ de rabia* fit of anger
**accesorio I** *adj* incidental **II** *m* accessory
**accidentado I** *adj* **1** *terreno, camino* uneven, rough **2** *viaje* eventful **3**: *personas -as* people who have had an accident; *el vehículo ~* the vehicle involved in the accident **II** *m,-a f* casualty
**accidental** *adj* **1** (*no esencial*) incidental **2** (*casual*) chance
**accidentalidad** *f*: *nivel de ~ de tráfico* accident rate
**accidentarse** ⟨1a⟩ *v/r* have an accident, be involved in an accident
**accidente** *m* **1** accident; *sufrir un ~* have an accident, be involved in an accident **2** (*casualidad*) chance **3** GEOG feature
◊ **accidente aéreo** plane crash; **accidente en cadena** multiple vehicle pile-up; **accidente de circulación** road (traffic) accident; **accidente laboral** accident in the workplace; **accidente de trabajo** accident in the workplace; **accidente de tráfico** road (traffic) accident
**acción** *f* **1** action; *entrar en ~* come into action; *poner en ~* put into action **2** COM share; *acciones pl* stock *sg, Br* shares
◊ **acción civil** JUR civil action; **acción popular** JUR class action; **acciones nominativas** registered stock; **acciones al portador** bearer stock; **acciones preferentes** preference stock
**accionamiento** *m* TÉC activation
**accionar** ⟨1a⟩ *v/t* activate
**accionariado** *m* stockholders *pl*, shareholders *pl*
**accionarial** *adj* stock *atr, Br* share *atr*
**accionista** *m/f* stockholder, share-

holder
◇ **accionista mayoritario** majority stockholder o shareholder
◇ **accionista principal** main stockholder o shareholder
**acebo** *m* BOT holly
**acebuche** *m* BOT wild olive (tree)
**acechar** ⟨1a⟩ *v/t* lie in wait for
**acecho** *m*: **al ~** lying in wait
**acedera** *f* BOT sorrel
◇ **acedera menor** ☞ **acederilla**
**acederilla** *f* BOT sheep sorrel
**acéfalo** *adj* headless
**aceite** *m* oil; **echar ~ al fuego** add fuel to the fire
◇ **aceite de girasol** sunflower oil; **aceite de hígado de bacalao** cod-liver oil; **aceite de linaza** linseed oil; **aceite lubricante** lubricating oil; **aceite de oliva** olive oil; **aceite de oliva virgen** virgin olive oil; **aceite vegetal** vegetable oil
**aceitera** *f* 1 TÉC oilcan 2 GASTR cruet
**aceitero** *adj* oil *atr*; **molino ~** oil mill
**aceitoso** *adj* oily
**aceituna** *f* olive
**aceitunado** *adj* olive *atr*
**aceitunero** *m*, **-a** *f* 1 olive seller 2 *peón* olive picker
**aceleración** *f* acceleration
**acelerado** I *adj* 1 nervous, het-up 2: **curso ~** intensive course II *part* ☞ **acelerar**
**acelerador** *m* gas pedal, accelerator; **pisar el ~ a fondo** step on the gas, *Br* put one's foot down
**acelerar** ⟨1a⟩ I *v/t motor* rev up; *fig* speed up; **aceleró el coche** she accelerated; **~ el paso** walk faster II *v/i* accelerate; **acelerarse** *v/r L.Am.* (*enojarse*) lose one's cool
**acelerón** *m*: **dar un ~** step on the gas, *Br* put one's foot down; **dio semejante ~ con el coche que ...** he accelerated so hard that ...
**acelgas** *fpl* BOT Swiss chard *sg*
**acémila** *f* mule
**acendrado** *adj* pure
**acendrar** ⟨1a⟩ *v/t fig* purify
**acento** *m* 1 *en ortografía, pronunciación* accent; **hablar sin ~** speak without an accent 2 *énfasis* stress, emphasis; **poner el ~ en** *fig* stress, emphasize
**acentuación** *f* accentuation
**acentuado** *adj* pronounced, distinct

**acentuar** ⟨1e⟩ *v/t* stress; *fig* accentuate, emphasize; **acentuarse** *v/r* become more pronounced
**acepción** *f* sense, meaning
**aceptable** *adj* acceptable
**aceptación** *f* 1 acceptance; **encontrar buena ~ de plan** receive a warm welcome, be welcomed; *de producto, novela* be successful (**entre** with) 2 *éxito* success
**aceptar** ⟨1a⟩ *v/t* accept
**acequia** *f* irrigation ditch
**acera** *f* sidewalk, *Br* pavement; **ser de la otra ~, ser de la ~ de enfrente** F be gay
**acerbo** *adj* 1 *sabor* sour, sharp 2 *comentario* sharp, acerbic
**acerca** *adv*: **~ de** about
**acercamiento** *m tb fig* approach
**acercar** ⟨1g⟩ *v/t* 1 bring closer 2: **~ a alguien a un lugar** give s.o. a ride o lift somewhere 3 (*pasar*): **acércame el pan** pass me the bread
**acercarse** *v/r* 1 approach; *de fecha* draw near; **se acercó a mí** she came up to me o approached me; **no te acerques a la pared** don't get close to the wall; **¡acércate!** come closer! 2 *ir* go; **me acercaré a tu casa** I'll drop by 3 *de grupos, países* develop closer ties
**acería** *f* steel mill
**acerico** *m* 1 cushion 2 *costura* pin cushion
**acero** *m* steel; **tener nervios de ~** have nerves of steel
◇ **acero dulce** mild steel
◇ **acero inoxidable** stainless steel
**acérrimo** *adj* staunch
**acertado** I *adj* 1 *comentario* apt 2 *elección* good, wise; **estar ~** F be right; **estar muy ~** F be dead right F II *part* ☞ **acertar**
**acertante** *m/f de apuesta* winner
**acertar** ⟨1k⟩ I *v/t respuesta* get right; **al hacer una conjetura** guess; **~ el blanco, ~ en la diana** *fig* hit the nail on the head II *v/i* 1 be right; **~ con algo** get sth right 2: **no acierto a hacerlo** I don't seem to be able to do it
**acertijo** *m* riddle, puzzle
**acervo** *m fig* heritage
◇ **acervo cultural** cultural heritage
**acetato** *m* acetate
**acético** *adj* acetic

**acetileno** *m* acetylene
**acetilsalicílico** *adj:* **ácido ~** aspirin
**acetona** *f* acetone
**achacar** ⟨1g⟩ *v/t* attribute (**a** to); **~ la culpa a alguien** blame s.o., put the blame on s.o.
**achacoso** *adj* ailing
**achampanado, achampañado** *adj* sparkling
**achantarse** ⟨1a⟩ *v/r* F keep quiet, keep one's mouth shut F
**achaparrado** *adj persona* squat
**achaque** *m* ailment; **~s de la edad** ailments typical of old age
**achatado** *adj* flattened
**achatar** ⟨1a⟩ *v/t* flatten; **achatarse** *v/r* be flattened
**achicar** ⟨1g⟩ *v/t* **1** make smaller **2** MAR bail out; **achicarse** *v/r* get smaller; *fig* feel intimidated
**achicharrar** ⟨1a⟩ *v/t* burn; **achicharrarse** *v/r fig* F roast F
**achicoria** *f* BOT chicory
**achinado** *adj* L.Am. oriental-looking
**achinero** *m* C.Am. *vendedor* peddler
**achique** *m* MAR bailing; **bomba de ~** bilge pump
**achiquitarse** ⟨1a⟩ *v/r* L.Am. become frightened *o* scared
**¡achís!** *onomatopeya* atchoo!
**achisparse** ⟨1a⟩ *v/r* F get tipsy
**acholar** ⟨1a⟩ *v/t* S.Am. embarrass
**achuchado** *adj* F tough
**achuchar** ⟨1a⟩ *v/t fig* F pester, nag
**achuchón** *m* F **1** squeeze, hug **2** (*empujón*) push **3**: **le dio un ~ desmayo** she felt faint
**achurar** ⟨1a⟩ *v/t Arg animal* gut; *persona* knife, kill
**achuras** *fpl* S.Am. variety meat *sg*, *Br* offal *sg*
**aciago** *adj* fateful; **día ~** fateful day
**acíbar** *m* BOT aloes *pl*
**acicalarse** ⟨1a⟩ *v/r* get dressed up
**acicate** *m fig* incentive, stimulus
**acicatear** ⟨1a⟩ *v/t* spur on
**acidez** *f* acidity
◇ **acidez de estómago** heartburn
**acidificar** ⟨1g⟩ *v/t* acidify
**ácido I** *adj* **1** *sabor* sour, sharp **2** *comentario* caustic, acid **II** *m* acid
◇ **ácido acético** acetic acid; **ácido ascórbico** ascorbic acid; **ácido butírico** butyric acid; **ácido carbónico** carbonic

acid; **ácido clorhídrico** hydrochloric acid; **ácido fólico** folic acid; **ácido fórmico** formic acid; **ácido graso** fatty acid; **ácido láctico** lactic acid; **ácido sulfhídrico** hydrogen sulfide; **ácido sulfúrico** sulfuric *o Br* sulphuric acid; **ácido úrico** uric acid
**acídulo** *adj* acidic
**acierto** *m* **1** (*idea*) good idea; **fue un ~** it was a wise decision *o* good move **2** (*respuesta*) correct answer **3** (*habilidad*) skill
**aclamación** *f* acclaim
**aclamado I** *adj* acclaimed **II** *part* ☞ **aclamar**
**aclamar** ⟨1a⟩ *v/t* acclaim
**aclaración** *f* clarification
**aclarar** ⟨1a⟩ **I** *v/t* **1** *duda, problema* clarify, clear up **2** *ropa, vajilla* rinse **II** *v/i* **1** *de día* break, dawn **2** *de tiempo* clear up; **aclararse** *v/r* **1**: **~ la voz** clear one's throat **2**: **no me aclaro** F I can't decide, I can't make my mind up; (*no entiendo*) I don't understand; *por cansancio, ruido etc* I can't think straight
**aclimatación** *f* acclimatization
**aclimatar** ⟨1a⟩ *v/t* acclimatize; **aclimatarse** *v/r* acclimatize, become acclimatized
**acné** *m* acne
**acobardar** ⟨1a⟩ *v/t* intimidate; **acobardarse** *v/r* get frightened, lose one's nerve
**acodado I** *adj* elbow *atr*, offset **II** *part* ☞ **acodar**
**acodar** ⟨1a⟩ *v/t* **1** bend **2** AGR layer; **acodarse** *v/r* lean (one's elbows) (**en** on)
**acodo** *m* AGR layer
**acogedor** *adj* welcoming; *lugar* cozy, *Br* cosy
**acoger** ⟨2c⟩ *v/t* **1** receive; **~ con satisfacción** welcome **2** *en casa* take in, put up; **acogerse** *v/r:* **~ a algo** have recourse to sth
**acogida** *f* **1** reception; **una calurosa ~** a warm reception; **tener buena ~** get a good reception, be well received **2**: **centro de ~** reception center *o Br* centre; **casa de ~** (*para mujeres maltratadas*) women's shelter
**acogotar** ⟨1a⟩ *v/t* F **1** intimidate **2** (*matar*): **~ a alguien** break s.o.'s neck
**acojonado** *adj:* **está ~** V he's scared

shitless V

**acojonante** *adj* V terrifying F

**acojonar** ⟨1a⟩ V *v/t* **1** (*asustar*) scare the shit out of V **2** (*asombrar*) knock out F, blow away P; **acojonarse** *v/r* be scared shitless V

**acolchado** *Rpl* **I** *adj* quilted **II** *m* bedspread

**acolchar** ⟨1a⟩ *v/t* quilt, pad

**acolchonar** ⟨1a⟩ *v/t Rpl* quilt

**acólito** *m tb fig* acolyte

**acomedido** *L.Am.* **I** *adj* obliging, helpful **II** *part* ☞ **acomedirse**

**acomedirse** ⟨3l⟩ *v/r Méx* offer to help

**acometer** ⟨2a⟩ **I** *v/t* **1** attack **2** *tarea, proyecto* undertake, tackle **II** *v/i* attack; **~ contra algo** attack sth

**acometida** *f* **1** attack **2** TÉC supply

**acometimiento** *m* **1** undertaking **2** (*ataque*) attack

**acometividad** *f* commitment

**acomodable** *adj* adaptable

**acomodación** *f* **1** accommodation **2** (*acuerdo*) agreement, accommodation

**acomodadizo** *adj* accommodating, adaptable

**acomodado** **I** *adj* well-off **II** *part* ☞ **acomodar**

**acomodador** *m*, **~a** *f* usher; *mujer* usherette

**acomodamiento** *m* agreement

**acomodar** ⟨1a⟩ *v/t* **1** (*adaptar*) adapt **2** *a alguien* accommodate; **acomodarse** *v/r* **1** make o.s. comfortable **2** (*adaptarse*) adapt (**a** to)

**acomodaticio** *adj* accommodating; *desp* weak

**acomodo** *m* lodgings *pl*

**acompañamiento** *m* accompaniment

**acompañante** *m/f* **1** companion **2** MÚS accompanist

**acompañar** ⟨1a⟩ *v/t* **1** (*ir con*) go with, accompany **2** (*permanecer con*): **~ a alguien** keep s.o. company **3** MÚS accompany **4** GASTR accompany, go with

**acompaño** *m C.Am.* (*reunión*) meeting

**acompasado** *adj* regular, rythmic

**acompasar** ⟨1a⟩ *v/t* keep in time

**acomplejado** **I** *adj*: **un niño ~** a child with a complex **II** *part* ☞ **acomplejar**

**acomplejar** ⟨1a⟩ *v/t*: **~ a alguien** give s.o. a complex; **estar acomplejado** have a complex; **acomplejarse** *v/r* get a complex

**acondicionado** *adj*: **aire ~** air conditioning

**acondicionador** *m* conditioner

**acondicionamiento** *m* equipping, fitting-out

◇ **acondicionamiento de aire** air conditioning

**acondicionar** ⟨1a⟩ *v/t* **1** *un lugar* equip, fit out **2** *pelo* condition

**aconfesional** *adj* non-confessional

**acongojar** ⟨1a⟩ *v/t lit* grieve *lit*, distress

**acónito** *m* BOT aconite

**aconsejable** *adj* advisable

**aconsejado** *adj*: **mal ~** badly advised

**aconsejar** ⟨1a⟩ *v/t* advise

**acontecer** ⟨2d⟩ *v/i* take place, occur

**acontecimiento** *m* event

**acopiar** ⟨1b⟩ *v/t* gather, stockpile

**acopio** *m* stockpile; **hacer ~ de** gather, stockpile; **hacer ~ de valor** pluck up courage

**acoplado** *m Rpl* trailer

**acoplamiento** *m* TÉC, EL connection

**acoplar** ⟨1a⟩ *v/t piezas* fit together; **acoplarse** *v/r* **1** *de persona* fit in (**a** with) **2** *de nave espacial* dock (**a** with); *de piezas* fit together

**acoquinar** ⟨1a⟩ *v/t* intimidate; **acoquinarse** *v/r* feel intimidated

**acorazado** **I** *adj* armored, *Br* armoured; **división -a** armored division **II** *m* MAR battleship

**acorazar** ⟨1f⟩ *v/t* armor-plate, *Br* armour-plate; **acorazarse** *v/r fig* protect o.s. (**contra** against)

**acorazonado** *adj* heart-shaped

**acordado** **I** *adj* agreed **II** *part* ☞ **acordar**

**acordar** ⟨1m⟩ *v/t* agree; **lo acordado** what was agreed; **acordarse** *v/r* remember; **¿te acuerdas de él?** do you remember him?; **si mal no me acuerdo** if I remember right

**acorde** **I** *adj*: **~ con** in keeping with; **estar ~ con** *con alguien* be in agreement with; *de reglamento, principios, creencias etc* be in keeping with **II** *m* MÚS chord

**acordeón** *m* **1** accordion **2** *Méx* F *en examen* cheat sheet, *Br* crib

**acordeonista** *m/f* accordionist

**acordonamiento** *m* cordoning off

**acordonar** ⟨1a⟩ *v/t* cordon off

**acorralar** ⟨1a⟩ *v/t tb fig* corner

**acortar** ⟨1a⟩ **I** *v/t* shorten **II** *v/i* take a

short cut; **acortarse** *v/r* get shorter

**acosar** ⟨1a⟩ *v/t* hound, pursue; *me acosaron a preguntas* they bombarded me with questions

**acosijar** ⟨1a⟩ *v/t Méx* badger, pester

**acoso** *m fig* hounding, harassment
◇ **acoso sexual** sexual harassment

**acostar** ⟨1m⟩ *v/t* put to bed; *estar acostado* be in bed; **acostarse** *v/r* **1** go to bed; (*tumbarse*) lie down; **~ con las gallinas** go to bed very early **2**: **~ con alguien** go to bed with s.o., sleep with s.o.

**acostumbrado** *adj* **1** (*habitual*) usual **2**: *estar ~ a algo* be used to sth

**acostumbrar** ⟨1a⟩ **I** *v/t* get used (*a* to) **II** *v/i*: *acostumbraba a venir a este café todas las mañanas* he used to come to this café every morning; **acostumbrarse** *v/r* get used (*a* to); *se acostumbró a levantarse temprano* he got used to getting up early

**acotación** *f* **1** *en texto* note, annotation **2** *de terreno* fencing-off

**acotamiento** *m* **1** fencing-off **2** *Méx* AUTO hard shoulder

**acotar** ⟨1a⟩ *v/t* **1** *terreno* fence off **2** *texto* annotate

**ácrata I** *adj* anarchist *atr* **II** *m/f* anarchist

**acre I** *adj* **1** *olor* acrid **2** *crítica* biting **II** *m* acre

**acrecentamiento** *m* increase, growth

**acrecentar** ⟨1k⟩ *v/t* increase; **acrecentarse** *v/r* increase, grow

**acreditación** *f documento* credentials *pl*

**acreditado I** *adj* well-known, reputable **II** *part* ☞ **acreditar**

**acreditar** ⟨1a⟩ *v/t* **1** *diplomático, etc* accredit (*como* as) **2** (*avalar*) prove; *un documento que lo acredita como el propietario* a document that proves his ownership **3** FIN: **~ en cuenta** credit an account; **acreditarse** *v/r* gain a good reputation, achieve fame

**acreditativo** *adj* supporting; *documento ~* supporting document

**acreedor I** *adj fig* worthy (*de* of), deserving (*de* of) **II** *m*, *~a f* **1** creditor; *junta de ~es* creditors' meeting **2**: *hacerse ~ de la confianza de alguien* gain s.o.'s confidence

**acreencia** *f L.Am.* credit

**acribillar** ⟨1a⟩ *v/t*: **~ a alguien a balazos** riddle s.o. with bullets; *me acribillaron a preguntas* they bombarded me with questions

**acrílico** *m/adj* acrylic

**acrimonia** *f fig* bitterness, acrimony

**acristalamiento** *f* glazing

**acristalar** ⟨1a⟩ *v/t* glaze

**acrítico** *adj* uncritical, non-critical

**acritud** *f* harshness

**acrobacia** *f* acrobatics *pl*

**acróbata** *m/f* acrobat

**acrobático** *adj* acrobatic; *vuelo ~* stunt flight

**acrofobia** *f* fear of heights

**acrónimo** *m* acronym

**acta(s)** *f(pl)* **1** minutes *pl*; **~ de una sesión** minutes of a meeting; *hacer constar algo en ~* include sth in the minutes, minute sth; *levantar ~* take the minutes **2**: *~s pl* JUR proceedings
◇ **acta judicial** record of proceedings
◇ **acta notarial** notarial deed

**actitud** *f* **1** (*disposición*) attitude **2** (*posición*) position

**activación** *f* **1** *de economía* boosting, stimulation **2** *de bomba*, activation, setting off; *de sistema de seguridad tb* triggering

**activar** ⟨1a⟩ *v/t* **1** (*estimular*) stimulate **2** *bomba* activate, set off; *sistema de seguridad tb* trigger

**actividad** *f* activity; **~ comercial** trade

**activista** *m/f* POL activist

**activo I** *adj* **1** active; *en ~* on active service **2** LING: *voz -a* active voice **II** *m* COM assets *pl*

**acto** *m* **1** TEA act **2** (*ceremonia*) ceremony **3** (*acción*): *~ violento* act of violence; *en ~ de servicio* on active service; *hacer ~ de presencia* put in an appearance **4**: *~ seguido* immediately afterward(s); *en el ~* instantly, there and then
◇ **acto de clausura** closing ceremony; **acto inaugural** opening ceremony; **acto oficial** official ceremony; **acto reflejo** reflex action; **acto sexual** sexual intercourse, sex act

**actor** *m* actor
◇ **actor de cine** movie *o* film actor
◇ **actor de reparto**, **actor secundario** supporting actor

**actriz** *f* actress, actor

**actuación** *f* **1** TEA performance **2** (*inter-*

*vención*) intervention **3**: *actuaciones pl* JUR proceedings

**actual** *adj* **1** present, current **2**: *un tema muy ~* a very topical issue

**actualidad** *f* **1** current situation; *en la ~* at present, presently; (*hoy en día*) nowadays **2**: *de gran ~* very topical **3**: *~es pl* current affairs

**actualización** *f* updating

**actualizar** ⟨1f⟩ *v/t* bring up to date, update

**actualmente** *adv* at the moment

**actuar** ⟨1e⟩ *v/i* **1** (*obrar, ejercer*), TEA act; *~ de* act as **2** MED work, act

**actuario** *m* JUR clerk of the court
◇ **actuario de seguros** actuary

**acuarela** *f* watercolor, *Br* watercolour

**acuarelista** *m/f* watercolorist, *Br* watercolourist

**acuariano** *L.Am* **I** *adj* Aquarian; *ser ~* be (an) Aquarius, be (an) Aquarian **II** *m*, **-a** *f* Aquarian

**acuario** *m* aquarium

**Acuario** ASTR **I** *adj* Aquarian; *soy ~* I'm (an) Aquarian, I'm (an) Aquarius **II** *m/f inv* Aquarius

**acuartelamiento** *m* **1** quartering **2** *lugar* barracks *pl*

**acuartelar** ⟨1a⟩ *v/t* quarter; *en casas particulares* billet

**acuático** *adj* aquatic, water *atr*; *deporte ~* water sport

**acuchillar** ⟨1a⟩ *v/t* stab

**acuciante** *adj* pressing, urgent

**acuciar** ⟨1b⟩ *v/t* pester, hassle

**acuclillarse** ⟨1a⟩ *v/r* squat, crouch down

**acudir** ⟨3a⟩ *v/i* come; *~ a alguien* turn to s.o.; *~ al médico* go to the doctor; *~ a las urnas* go to the polls; *~ al trabajo* go to work

**acueducto** *m* aqueduct

**acuerdo** *m* **1** agreement; *~ comercial* trade agreement; *estar de ~ con* agree with, be in agreement with; *llegar a un ~*, *ponerse de ~* come to *o* reach an agreement (*con* with); *tomar un ~* reach an agreement; *de común ~* by mutual agreement; *¡de ~!* all right!, OK! **2**: *de ~ con algo* in accordance with sth
◇ **Acuerdo General sobre Aranceles y Comercio** General Agreement on Tariffs and Trade (GATT)

◇ **acuerdo marco** enabling agreement

**acuicultura** *f* aquaculture

**acuífero** *m* aquifer

**acullá** elsewhere; *acá y ~* here and there

**acumulación** *f* accumulation

**acumulador** *m* EL accumulator, storage battery

**acumular** ⟨1a⟩ *v/t* accumulate; **acumularse** *v/r* accumulate

**acunar** ⟨1a⟩ *v/t* rock

**acuñación** *f* minting

**acuñar** ⟨1a⟩ *v/t* **1** *monedas* mint **2** *término, expresión* coin

**acuoso** *adj* watery

**acupuntor** *m*, *~a f* acupuncturist

**acupuntura** *f* acupuncture

**acupunturista** *m/f* acupuncturist

**acurrucarse** ⟨1g⟩ *v/r* curl up

**acusación** *f* accusation
◇ **acusación particular**, **acusación privada** private prosecution

**acusado I** *adj fig* marked, pronounced **II** *m*, **-a** *f* accused, defendant

**acusador** *m* **1** accuser **2** JUR prosecuting attorney
◇ **acusador privado** *person bringing a private law suit*

**acusar** ⟨1a⟩ *v/t* **1** accuse (*de* of) **2** JUR charge (*de* with) **3** (*manifestar*) show **4**: *~ recibo de* acknowledge receipt of

**acusativo** *m* GRAM accusative

**acusatorio** *adj* accusing

**acuse** *m*: *~ de recibo* acknowledgement of receipt

**acusetas** *m/f inv S.Am.* F tattletale F, *Br* tell-tale F

**acusica** *m/f* F tattletale F, *Br* tell-tale F

**acusón** *m* tattletale F, *Br* tell-tale F

**acústica** *f* acoustics *pl*

**acústico** acoustic

**adagio** *m* MÚS adagio

**adalid** *m fig* champion (*of* de)

**Adán** *m* **1** ANAT: *bocado o nuez de ~* Adam's apple **2**: *ir hecho un ~* look a mess

**adaptabilidad** *f* adaptability

**adaptable** *adj* adaptable

**adaptación** *f* adaptation
◇ **adaptación cinematográfica** movie *o* screen version
◇ **adaptación escénica** stage version

**adaptado** *adj* adapted (*a* for)

**adaptador** *m* adaptor

**adaptar** ⟨1a⟩ *v/t* adapt; **adaptarse** *v/r*

adapt (**a** to)

**adarme** *m*: (**ni**) **un ~ de** de compasión, *verdad* an ounce of; *de comida, pintura* a little bit of; **no hizo** (**ni**) **un ~ de frío** it wasn't the slightest bit cold

**adecentar** ⟨1a⟩ *v/t* straighten up, tidy up; **adecentarse** *v/r* F clean o.s. up, tidy o.s. up

**adecuación** *f* suitability, appropriateness; **... gracias a la ~ de los servicios a las necesidades de la clientela ...** because services have been adapted to customer requirements

**adecuado** *adj* suitable, appropriate

**adecuar** ⟨1d⟩ *v/t* adapt (**a** to); **adecuarse** *v/r* fit in (**a** with)

**adefesio** *m fig* F **1** monstrosity, hideous thing **2** *persona* freak F; **estar hecho un ~** look a sight

**adelantado** I *adj* **1** advanced; **estar muy ~** be very well advanced **2**: **ir ~ de reloj** be fast **3**: **por ~** in advance; **pagar por ~** pay in advance II *part* ☞ **adelantar**

**adelantamiento** *m* AUTO passing maneuver, *Br* overtaking manoeuvre

**adelantar** ⟨1a⟩ I *v/t* **1** (*mover*) move forward; *reloj* put forward **2** AUTO pass, *Br* overtake **3** *dinero* advance **4** (*conseguir*) achieve, gain II *v/i* **1** *de reloj* be fast **2** (*avanzar*) make progress **3** AUTO pass, *Br* overtake; **adelantarse** *v/r* **1** (*mover*) move forward; (*ir delante*) go on ahead; **se me adelantó** she beat me to it, she got there first **2** *de estación, cosecha* come early **3** *de reloj* gain

**adelante** I *adv* **1** *en espacio* forward; **un paso ~** *tb fig* a step forward; **llevar o sacar ~** *familia* bring up; **salir ~** *fig de persona* succeed; *de proyecto* go ahead; **seguir ~** carry on, keep going; **¡~!** come in! **2** *en tiempo*: **más ~** later on; **de ahora o aquí en ~** from now on II *prp*: **~ de** *L.Am.* in front of

**adelanto** *m tb* COM advance; **~s** advances

**adelfa** *f* BOT oleander

**adelgazamiento** *m* slimming; **cura de ~** controlled weight loss; **dieta de ~** (weight-loss) diet

**adelgazante** *adj* weight-reducing, slimming *atr*

**adelgazar** ⟨1f⟩ I *v/t* lose II *v/i* lose weight

**ademán** *m* **1** gesture; **en ~ de** in a ges-

ture of; **hacer ~ de** make as if to **2**: **ademanes** *pl* manners *pl*

**además** I *adv* as well, besides II *prp*: **~ de** as well as

**ADENA** *f abr Esp* (= **Asociación para la Defensa de la Naturaleza**) *wildlife and habitat conservancy organization*

**adenoma** *m* MED adenoma

**adentrarse** ⟨1a⟩ *v/r tb fig* go deep (**en** into); *en tema* go into (in depth)

**adentro** I *adv* **1** inside; **¡~!** get inside!; **mar ~** out to sea; **tierra ~** inland **2** *L.Am.* **~ de** inside II *mpl*: **para sus ~s** to o.s.; **decir para sus ~s** say to o.s.

**adepto** *m* follower; *fig* supporter

**aderezar** ⟨1f⟩ *v/t con especias* season; *ensalada* dress; *fig* liven up; **aderezarse** *v/r* F dress up

**aderezo** *m* GASTR *con especias* seasoning; *para ensalada* dressing

**adeudar** ⟨1a⟩ *v/t* owe; **~ en cuenta** debit an account; **adeudarse** *v/r* get into debt

**adeudo** *m* **1** debit **2** *Méx* (*deuda*) debt ◇ **adeudo en cuenta** debit from an account

**adherencia** *f* MED adhesion ◇ **adherencia al suelo** AUTO road-holding

**adherente** *adj* adhesive

**adherir** ⟨3i⟩ *v/t* stick; **adherirse** *v/r* **1** *a superficie* stick (**a** to), adhere (**a** to) *fml* **2**: **~ a una organización** become a member of *o* join an organization **3**: **~ a una idea** support an idea

**adhesión** *f* FÍS adhesion

**adhesivo** I *adj* adhesive II *m* adhesive

**adicción** *f* addiction; **~ a las drogas** drug addiction

**adición** *f* **1** MAT addition **2** *Rpl en restaurante* check, *Br* bill

**adicional** *adj* additional

**adicionar** ⟨1a⟩ *v/t* MAT add, add up

**adictivo** *adj* addictive

**adicto** I *adj* **1** addicted (**a** to); **ser ~ al trabajo** be a workaholic **2**: **ser ~ al régimen** be a supporter of the regime, support the regime II *m*, **-a** *f* addict

**adiestramiento** *m* training

**adiestrar** ⟨1a⟩ *v/t* train; **adiestrarse** *v/r*: **~** (**en**) train (in)

**adinerado** *adj* wealthy

**adiós** I *int* **1** goodbye, bye; *al cruzarse* hi, hello **2**: **¡~!** F *sorpresa* good heavens!;

*disgusto* oh no!, oh god! **II** *m* goodbye; **decir ~ (a)** say goodbye (to)

**adiposo** *adj* adipose; **tejido ~** adipose tissue

**aditamento** *m* accessory

**aditivo** *m* additive

**adivinación** *f* **1** guessing **2** *de adivino* prediction

**adivinanza** *f* riddle

**adivinar** ⟨1a⟩ *v/t* **1** guess **2** *de adivino* foretell

**adivino** *m*, **-a** *f* fortune teller

**adjetivo** *m* adjective

**adjudicación** *f* awarding; **~ de una obra** award of a contract

**adjudicar** ⟨1g⟩ *v/t* award; **adjudicarse** *v/r* win

**adjudicatorio** *m*, **-a** *f* successful bidder *o* tenderer

**adjuntar** ⟨1a⟩ *v/t* enclose

**adjunto I** *adj* deputy *atr*; **profesor ~** assistant teacher; *en universidad* associate professor, *Br* lecturer **II** *m*, **-a** *f* assistant **III** *adv*: **~ le remitimos ...** please find enclosed ...

**adlátere** *m* crony

**adminículo** *m* accessory

**administración** *f* **1** management, administration; *de empresa* management **2** *(gobierno)* administration, government

◇ **administración de bienes** asset management; **administración de fincas** property management; **administración de justicia** justice system; **administración de lotería** lottery outlet; **administración municipal** local council; **administración pública** government, administration

**administrador** *m*, **~a** *f* administrator; *de empresa* manager

**administrar** ⟨1a⟩ *v/t* **1** *medicamento, sacramentos* administer, give **2** *empresa* run, manage; *bienes* manage

**administrativo I** *adj* administrative **II** *m*, **-a** *f* administrative assistant

**admirable** *adj* admirable

**admiración** *f* **1** admiration **2** TIP: **signo de ~** exclamation mark

**admirado I** *adj*: **quedarse ~** be amazed **II** *part* ☞ **admirar**

**admirador** *m*, **~a** *f* admirer

**admirar** ⟨1a⟩ *v/t* admire; **admirarse** *v/r* be amazed (**de** at *o* by)

**admisible** *adj* admissible, acceptable

**admisión** *f* admission; **derecho de ~** right of admission

**admitir** ⟨3a⟩ *v/t* **1** *(aceptar)* accept; **~ en pago** accept as payment **2** *(reconocer)* admit **3** *(permitir)*: **el poema admite varias interpretaciones** the poem can be interpreted in different ways, the poem admits of various interpretations *fml*; **no admite duda** there's no doubt about it

**admonición** *f* reprimand

**ADN** *m abr* (= **ácido desoxirribonucleico**) DNA (= deoxyribonucleic acid)

**adobar** ⟨1a⟩ *v/t* GASTR marinate

**adobe** *m* adobe

**adobera** *f Méx* type of mature cheese

**adobo** *m* GASTR marinade

**adoctrinar** ⟨1a⟩ *v/t* indoctrinate

**adolecer** ⟨2d⟩ *v/i* suffer (**de** from)

**adolescencia** *f* adolescence, teens *pl*

**adolescente I** *adj* teenage *atr*, adolescent *atr* **II** *m/f* teenager, adolescent

**adonde** *adv* where

**adónde** *interr* where; **¿~ vas?** where are you going?

**adondequiera** *adv* wherever

**adopción** *f* adoption

**adoptar** ⟨1a⟩ *v/t* adopt

**adoptivo** *adj* adoptive; **hijo ~** adopted child; **patria -a** adopted country

**adoquín** *m* paving stone

**adoquinado** *m* paving

**adoquinar** ⟨1a⟩ *v/t* pave

**adorable** *adj* adorable

**adoración** *f* adoration, worship

**adorador** *m* **1** admirer **2** REL worshipper

**adorar** ⟨1a⟩ *v/t* **1** adore **2** REL worship

**adormecedor** *adj* soporific

**adormecer** ⟨2d⟩ *v/t* make sleepy; **adormecerse** *v/r* doze off

**adormecido** *adj* **1** asleep *pred* **2** *extremidades* numb

**adormecimiento** *m* **1** sleepiness **2** *de extremidades* numbness

**adormidera** *f* BOT poppy

**adormilado** *adj* asleep *pred*

**adormilarse** ⟨1a⟩ *v/r* doze off

**adornar** ⟨1a⟩ *v/t* decorate; **adornarse** *v/r* dress up

**adorno** *m* ornament; *de Navidad* decoration

**adosar** ⟨1a⟩ v/t: ~ *algo a algo* put sth (up) against sth

**adquirir** ⟨3i⟩ v/t 1 acquire 2 (*comprar*) buy, purchase *fml*

**adquisición** f acquisition; *hacer una buena* ~ make a good purchase; *gastos de* ~ acquisition costs; ~ *de clientes* client acquisition

**adquisidor** m,-a f buyer, purchaser *fml*

**adquisitivo** adj: *poder* ~ purchasing power

**adrede** adv on purpose, deliberately

**adrenalina** f adrenaline; *descarga de* ~ adrenaline rush

**Adriático** m Adriatic; *mar* ~ Adriatic Sea

**adscribir** ⟨3a; adscrito⟩ v/t assign; **adscribirse** v/r POL join

**aduana** f customs; *derechos de* ~ customs duty sg; *exento de* ~ duty-free

**aduanero** I adj customs atr II m,-a f customs officer

**aducir** ⟨3o⟩ v/t 1 *razones, argumentos* give, put forward 2 (*alegar*) claim

**adueñarse** ⟨1a⟩ v/r: ~ *de* take possession of

**adulación** f flattery

**adulador** adj flattering atr, sycophantic

**adular** ⟨1a⟩ v/t flatter

**adulón** I adj S.Am. fawning II m,-ona f flatterer

**adulteración** f adulteration

**adulterador** adj adulterating

**adulterar** ⟨1a⟩ v/t adulterate; **adulterarse** v/r become adulterated

**adulterino** adj adulterous

**adulterio** m adultery; *cometer* ~ commit adultery

**adúltero** I adj adulterous II m,-a f adulterer; *mujer* adulteress

**adultez** f adulthood

**adulto** I adj persona adult atr; *opinión, comportamiento* adult; *edad* ~a adulthood II m,-a f adult

**adusto** adj 1 *paisaje* harsh 2 *persona* stern, severe 3 L.Am. (*inflexible*) stubborn

**advenedizo** I adj upstart, parvenu atr II m,-a f upstart, parvenu

**advenimiento** m advent

**adventicio** adj adventitious

**adventista** I adj Adventist atr II m/f Adventist

**adverbio** m adverb

**adversario** m,-a f adversary, opponent

**adversidad** f adversity, hard times pl

**adverso** adj adverse; *suerte* ~a bad luck

**advertencia** f warning

**advertido** part ☞ *advertir*

**advertir** ⟨3i⟩ v/t 1 warn (*de* about, of); *quedas o estás advertido* you have been warned 2 (*notar*) notice

**adviento** m REL Advent

**advierto** vb ☞ *advertir*

**adyacente** adj adjacent

**AENA** f abr (= *Aeropuertos Españoles y Navegación Aérea*) Spanish civil aviation organization

**AENOR** f abr (= *Asociación Española de Normalización y Certificación*) Spanish standardization association

**aéreo** adj 1 air atr; *compañía* ~a airline; *navegación* ~a flying, flight 2 *vista, fotografía* aerial atr

**aerobic, aeróbic** m aerobics sg

**aeróbica** f L.Am. aerobics sg

**aerobús** m airbus

**aeroclub** m flying club

**aerodeslizador** m hovercraft

**aerodinámico** adj aerodynamic

**aeródromo** m airfield, aerodrome

**aeroespacial** adj aerospace atr

**aerofagia** f MED wind, aerophagia *fml*

**aerofaro** m AVIA beacon, runway marker

**aerograma** m air mail letter, air letter

**aerolínea** f airline

**aeromodelismo** m model airplane making

**aeromodelo** m model aircraft

**aeromozo** m, -a f L.Am. flight attendant

**aeronáutica** f aeronautics sg

**aeronáutico** adj aeronautical; *industria* ~a aviation industry

**aeronaval** adj MIL, MAR air and sea atr; *fuerzas* ~es naval and air forces

**aeronave** f airplane, Br aeroplane

**aeroplano** m airplane, Br aeroplane

**aeroportuario** adj airport atr

**aeropuerto** m airport

**aerosilla** f Arg, Chi chair lift

**aerosol** m aerosol

**aerostático** adj aerostatic

**aeróstato, aerostato** m balloon

**aerotaxi** m air taxi

**aerotransportado** adj: *tropas* ~as airborne troops

**aerovía** *f* air route

**afabilidad** *f* affability, pleasantness

**afable** *adj* affable, pleasant

**afamado** *adj* famous

**afán** *m* **1** (*esfuerzo*) effort **2** (*deseo*) eagerness; ~ **de aprender** eagerness to learn; ~ **de saber** hunger *o* thirst for knowledge; ~ **de poder** hunger for power; **sin** ~ **de lucro** *organización* not-for-profit, non-profit; **con** ~ enthusiastically

**afanador** *m*, ~**a** *f Méx* cleaner

**afanar** ⟨1a⟩ **I** *v/i C.Am.* (*ganar dinero*) make money **II** *v/t* **1** *C.Am. dinero* make **2** *Rpl* F (*robar*) swipe F, *Br tb* pinch F; **afanarse** *v/r* F make a real effort

**afanoso** *adj* painstaking, industrious

**afasia** *f* aphasia

**afear** ⟨1a⟩ *v/t*: ~ **algo** / **a alguien** make sth / s.o. look ugly

**afección** *f* MED complaint, condition

**afectación** *f* affectation

**afectado I** *adj* **1** (*afligido*) upset (**por** by) **2** (*amanerado*) affected **II** *m*, -a *f*: **es un** ~ he is so affected

**afectar** ⟨1a⟩ *v/t* **1** (*producir efecto en*) affect **2** (*conmover*) upset, affect **3** (*fingir*) feign

**afectividad** *f* affectivity

**afectivo** *adj* emotional

**afecto I** *adj*: ~ **a algo** keen on sth; POL sympathetic to sth **II** *m* affection; **tener** ~ **a alguien** be fond of s.o.

**afectuosidad** *f* affection

**afectuoso** *adj* affectionate

**afeitada** *f* shave

**afeitado** *m* shave

**afeitadora** *f* electric razor

**afeitar** ⟨1a⟩ *v/t* shave; *barba* shave off; **afeitarse** *v/r* shave, have a shave

**afelpado** *adj* velvety

**afeminado I** *adj* effeminate **II** *m*: **es un** ~ he is very effeminate

**afeminar** ⟨1a⟩ *v/t* soften, feminize; ~ **sus cualidades varoniles** get in touch with one's feminine side

**aferrado** *part* ☞ **aferrar**

**aferramiento** *m* clinging (**a** to)

**aferrar** ⟨1k⟩ *v/i* cling to; **aferrado a** clinging to; **aferrarse** *v/r fig* cling (**a** to)

**Afganistán** *m* Afghanistan

**afgano I** *adj* Afghan **II** *m*, -a Afghan

**afianzamiento** *m* strengthening

**afianzar** ⟨1f⟩ *v/t fig* strengthen; **afianzarse** *v/r* become stronger

**afiche** *m L.Am.* poster

**afición** *f* **1** love (**por** of); **tener** ~ **por algo** like sth; **tomar** ~ **a algo** take a liking to sth **2** *pasatiempo* pastime, hobby; **por** ~ as a hobby **3**: **la** ~ the fans *pl*

**aficionado I** *adj*: **ser** ~ **a** be interested in, *Br tb* be keen on **II** *m*, -a *f* **1** enthusiast; ~ **a la música** music enthusiast *o* buff; ~ **al deporte** sports fan **2** *no profesional* amateur; **un partido de** ~**s** an amateur game

**aficionar** ⟨1a⟩ *v/t* get interested (**a** in); **aficionarse** *v/r* become interested (**a** in)

**afiebrarse** ⟨1a⟩ *v/r L.Am.* develop a fever

**afilado I** *adj* sharp **II** *m* sharpening

**afilador** *m* sharpener; *Chi* pencil sharpener

**afiladora** *f* **1** sharpener **2** *L.Am.* (*piedra*) whetstone

**afilalápices** *m inv* pencil sharpener

**afilar** ⟨1a⟩ *v/t* sharpen **2** *L.Am.* F (*halagar*) flatter, butter up F **3** *S.Am* (*seducir*) seduce; **afilarse** *v/r S.Am.* F (*prepararse*) get ready

**afiliación** *f* affiliation (**a** to), becoming a member (**a** of)

**afiliado** *m*, -a *f* member; ~ **a un sindicato** member of a union, union member

**afiliar** ⟨1b⟩ *v/t* enroll (**a** in); **afiliarse** *v/r* become a member, join; ~ **a un partido** become a member of a party, join a party

**afín** *adj* related, common

**afinación** *f* MÚS tuning

**afinador** *m*, ~**a** *f* MÚS (piano) tuner

**afinar** ⟨1a⟩ **I** *v/t* **1** MÚS tune; *fig* fine-tune **2** *punta* sharpen **II** *v/i* play in tune; **afinarse** *v/r* become thinner

**afincarse** ⟨1g⟩ *v/r* settle

**afinidad** *f* affinity

**afirmación** *f* **1** statement **2** *declaración positiva* affirmation

**afirmar** ⟨1a⟩ *v/t* state, declare; ~ **con la cabeza** nod; **afirmarse** *v/r*: ~ **en algo** repeat sth

**afirmativa** *f* affirmative answer

**afirmativo** *adj* affirmative; **en caso** ~ if so, if that turns out to be the case

**aflicción** *f* grief, sorrow

**aflictivo** *adj* very sad

**afligido** *adj* upset

**afligir** ⟨3c⟩ *v/t* **1** afflict **2** (*apenar*) upset **3** *L.Am. F* (*golpear*) beat up; **afligirse** *v/r* get upset

**aflojamiento** *m* loosening

**aflojar** ⟨1a⟩ **I** *v/t* **1** *nudo, tornillo* loosen **2** F *dinero* hand over **3**: **~ el paso** slow down **II** *v/i de tormenta* abate; *de viento, fiebre* drop; **aflojarse** *v/r* come *o* work loose

**afloramiento** *m* appearance, coming to the surface

**aflorar** ⟨1a⟩ *v/t* surface, come to the surface

**afluencia** *f fig* influx, flow; **horas de ~** peak times

**afluente I** *adj* **1** *calle* adjoining; *río* tributary *atr* **2** *persona* vociferous **II** *m* tributary

**afluir** ⟨3g⟩ *v/i* flock, flow

**afonía** *f* loss of voice, aphonia *fml*

**afónico** *adj*: **está ~** he has lost his voice

**aforado** *adj which holds a royal charter*

**aforismo** *m* aphorism

**aforo** *m* capacity; **el teatro tiene un ~ de mil personas** the theater has a capacity of *o* holds a thousand people

**afortunadamente** *adv* fortunately, luckily

**afortunado** *adj* fortunate, lucky

**afrancesado** *adj* Frenchified

**afrancesarse** ⟨1a⟩ *v/r* become Frenchified

**afrecho** *m Arg* bran

**afrenta** *f* insult, affront

**afrentar** ⟨1a⟩ *v/t* insult, affront

**África** *f* Africa

◇ **África del Sur** South Africa

**africano I** *adj* African **II** *m*, *-a f* African

**afroantillano, afrocaribeño** *adj* Afro-Caribbean

**afrodisíaco** *m* aphrodisiac

**afrontar** ⟨1a⟩ *v/t* face (up to); *desafío* face; **~ un peligro** face up to a danger

**afrutado** *adj* fruity

**afta** *f* MED sore, ulceration

**aftoso** *adj*: **fiebre -a** foot-and-mouth disease

**afuera I** *adv* outside; **de ~** from the outside; **¡~!** get out! **II** *prp*: **~ de** *L.Am.* outside

**afueras** *fpl* outskirts *pl*

**agachadiza** *f* ZO snipe

**agachar** ⟨1a⟩ *v/i* duck; **agacharse** *v/r* **1**

bend down **2** (*acuclillarse*) crouch down **3** *L.Am.* (*rendirse*) give in

**agalla** *f* **1** ZO gill **2**: **tener ~s** F have guts F

**ágape** *m* banquet

**agarrada** *f* F run-in F, fight

**agarradera** *f L.Am.* handle

**agarrado** *adj* **1** F mean, stingy F **2**: **bailar ~** dance close together

**agarrador** *m* oven mitt

**agarrar** ⟨1a⟩ **I** *v/t* **1** (*asir*) grab **2** (*atrapar, pescar*), *resfriado* catch **3** *L.Am.* (*tomar*) take **4** *L.Am. velocidad* gather, pick up **5** *L.Am.* **~ una calle** go up *o* along a street **II** *v/i* **1** (*asirse*) hold on **2** *de planta* take **3** *L.Am. por un lugar* go; **agarró y se fue** he upped and went; **agarrarse** *v/r* **1** (*asirse*) hold on **2** *L.Am. a golpes* get into a fight

**agarrón** *m* **1** *Rpl* (*pleito*) fight, argument **2** *L.Am.* (*tirón*) pull, tug

**agarrotar** ⟨1a⟩ *v/t* make stiff; **agarrotarse** *v/r* **1** *de músculo* stiffen up **2** TÉC seize up

**agasajado** *adj* acclaimed

**agasajar** ⟨1a⟩ *v/t* fête

**agasajo** *m*: **en ~ de** in honor *o Br* honour of

**ágata** *f* MIN agate

**agave** *f* agave

**agavilladora** *f* AGR reaper

**agazaparse** ⟨1a⟩ *v/r* **1** crouch (down) **2** (*ocultarse*) hide

**agencia** *f* agency

◇ **agencia de colocación** recruitment agency; **agencia inmobiliaria** real estate office, *Br* estate agency; **agencia de marketing** marketing agency; **agencia matrimonial** marriage bureau; **agencia de noticias** news agency; **agencia de prensa** press agency; **agencia de publicidad** advertising agency; **agencia de transportes** freight company; **Agencia Tributaria** *Esp* IRS office, tax office; **agencia de viajes** travel agency

**agenciar** ⟨1b⟩ *v/t* F wangle F, get hold of; **agenciarse** *v/r* F wangle F, get hold of; **agenciárselas para ...** F manage to ...

**agenda** *f* **1** (*diario*) diary **2** (*programa*) schedule; **tener una ~ muy apretada** have a very busy schedule **3** *de mitin* agenda

**agente I** *m* agent **II** *m/f* agent
◇ **agente de aduanas** customs officer; **agente de cambio y bolsa** stockbroker; **agente comercial** sales representative, sales rep; **agente forestal** (forest) ranger; **agente patógeno** MED pathogen; **agente de policía** police officer; **agente de la propiedad inmobiliaria** realtor, *Br* estate agent; **agente de publicidad** advertising agent; **agente secreto** secret agent; **agente de seguridad** security man; **agente de seguros** insurance agent; **agente de tráfico** traffic officer; **agente de transportes** freight forwarder, shipping agent; **agentes sociales** POL social partners

**agigantado** *adj* gigantic; **a pasos ~s** by leaps and bounds

**ágil** *adj* agile

**agilidad** *f* agility

**agilizar** ⟨1f⟩ *v/t* speed up; **agilizarse** *v/r* be speeded up; **si no se agiliza lo del visado...** if the visa doesn't come through quickly ...

**agio** *m* COM speculation

**agiotaje** *m* speculation

**agiotista** *m/f* speculator

**agitación** *f* POL unrest

**agitado** *adj* **1** *mar* rough, choppy **2** *día* hectic

**agitador** *m*, **~a** *f* agitator

**agitanado** *adj* gypsy-like

**agitar** ⟨1a⟩ *v/t* **1** shake; *fig* stir up **2** *brazos, pañuelo* wave; **agitarse** *v/r* become agitated *o* worked up

**aglomeración** *f de gente* crowd
◇ **aglomeración urbana** built-up area

**aglomerado** *m* particle board
◇ **aglomerado de madera** chipboard

**aglomerar** ⟨1a⟩ *v/t* pile up; **aglomerarse** *v/r* crowd together

**aglutinante I** *adj* agglutinating *atr* **II** *m* agglutinating agent

**aglutinar** ⟨1a⟩ *v/t fig* bring together

**agobiado** *adj* stressed out; **~ de trabajo** snowed under with work

**agobiante** *adj* **1** *trabajo* exhausting **2** *calor* stifling

**agobiar** ⟨1b⟩ *v/t* **1** *de calor* stifle **2** *de problemas* get on top of, overwhelm; **~ de trabajo** overload with work; **agobiarse** *v/r* F get stressed out

**agobio** *m*: **es un ~** it's unbearable, it's a nightmare F

**agolparse** ⟨1a⟩ *v/r* crowd together

**agonía** *f* agony; **la espera fue una ~** the wait was unbearable

**agónico** *adj* dying

**agonizante** *adj* dying

**agonizar** ⟨1f⟩ *v/i* **1** *de persona* be dying **2** *de régimen* be crumbling, be in its death throes

**agorafobia** *f* MED agoraphobia

**agorero I** *adj* ominous; **ave ~a** bird of ill omen **II** *m*, **-a** *f* prophet of doom

**agosto** *m* August; **hacer su ~** F make a fortune *o* F a killing

**agotado** *adj* **1** (*cansado*) exhausted, worn out **2** (*terminado*) exhausted **3** (*vendido*) sold out; **-as las localidades** TEA sold out

**agotador** *adj* exhausting

**agotamiento** *m* exhaustion

**agotar** ⟨1a⟩ *v/t* **1** (*cansar*) wear out, exhaust **2** (*terminar*) use up, exhaust; **agotarse** *v/r* **1** (*cansarse*) get worn out, exhaust o.s. **2** (*terminarse*) run out, become exhausted **3** (*venderse*) sell out; **la primera edición se ha agotado** the first edition has sold out

**agracejo** *m* BOT West Indian box

**agraciado** *adj* **1** *persona* attractive **2**: **salir ~** be a winner; **número ~** winning number

**agraciar** ⟨1b⟩ *v/t* suit

**agradable** *adj* pleasant, nice; **~ a la vista** good-looking

**agradar** ⟨1a⟩ *v/i fml*: **me agrada la idea** I like the idea; **nos ~ía mucho que ...** we would be delighted *o* very pleased if ...

**agradecer** ⟨2d⟩ *v/t*: **~ algo a alguien** thank s.o. for sth; **te lo agradezco** I appreciate it; **se agradece** *como respuesta* I really appreciate it

**agradecido** *adj* grateful, appreciative; **le estaría muy ~ si** (+*subj*) I would be very grateful if

**agradecimiento** *m* gratitude, appreciation

**agrado** *m*: **ser del ~ de alguien** be to s.o.'s liking; **recibió la invitación con ~** he was delighted to receive the invitation

**agrandamiento** *m* enlargement

**agrandar** ⟨1a⟩ *v/t* make bigger, enlarge; **agrandarse** *v/r* get bigger

**agrario** *adj* land *atr*, agrarian; *política* agricultural; **reforma -a** agrarian reform

**agravación** *f* MED worsening

**agravante I** *adj* JUR aggravating *atr*; **circunstancia ~** aggravating circumstance **II** *f* aggravating factor *o* circumstance

**agravar** ⟨1a⟩ *v/t* make worse, aggravate; **agravarse** *v/r* get worse, deteriorate

**agraviar** ⟨1b⟩ *v/t* offend, affront

**agravio** *m* offense, *Br* offence

**agredir** ⟨3a⟩ *v/t* attack, assault

**agregado** *m*, **-a** *f* **1** *en universidad* senior lecturer; *en colegio* senior teacher **2** POL attaché

◇ **agregado cultural** cultural attaché

**agregar** ⟨1h⟩ *v/t* add; **agregarse** *v/r*: **~ a algo** join sth

**agresión** *f* aggression; **una ~** an assault, an attack

◇ **agresión sexual** sexual assault

**agresividad** *f* aggression, aggressiveness

**agresivo** *adj* aggressive

**agresor** *m*, **~a** *f* aggressor; **no pudo identificar a su ~** she could not identify her attacker

◇ **agresor sexual** sex attacker

**agreste** *adj terreno* rough; *paisaje* wild

**agriar** ⟨1b *o* 1c⟩ *v/t fig* sour, turn sour; **agriarse** *v/r* **1** *de vino* go sour **2** *de carácter* become bitter

**agrícola** *adj* agricultural, farming *atr*

**agricultor** *m*, **~a** *f* farmer

**agricultura** *f* agriculture

**agridulce** *adj* bittersweet

**agriera** *f L.Am.* heartburn

**agrietado** *adj jarrón de barro, pared* cracked; *labios, manos* chapped

**agrietarse** ⟨1a⟩ *v/r* crack; *de manos, labios* chap

**agrimensor** *m*, **~a** *f* surveyor

**agrimensura** *f* surveying

**agringarse** ⟨1h⟩ *v/r L.Am.* become Americanized

**agrio** *adj* **1** *fruta* sour **2** *disputa, carácter* bitter

**agrios** *mpl* BOT citrus fruit *sg*

**agriparse** ⟨1a⟩ *v/r Méx* catch the flu

**agro** *m* field

**agronomía** *f* agronomy

**agrónomo** *adj*: **ingeniero ~** agronomist

**agropecuario** *adj* farming *atr*, agricul-

tural

**agroturismo** *m* agrotourism, rural tourism

**agrupación** *f* group, association

**agrupar** ⟨1a⟩ *v/t* group, put into groups; **agruparse** *v/r* form a group, gather

**agua** *f* **1** water; **claro como el ~** obvious, as plain as day; **como ~ de mayo** a godsend; **te ha estado esperando como ~ de mayo** he's been longing to see you; **es ~ pasada** it's water under the bridge; **está con el ~ al cuello** *fig con problemas* he's up to his neck in problems F; *con deudas* he's up to his neck in debt F; **ha corrido mucha ~** a lot of water has flowed under the bridge since then; **estar como ~ para el chocolate** *Méx* F be fuming, be hopping mad F; **hacer ~** MAR take in water, have a leak; **pasado por ~** *huevo* soft-boiled; *(muy lluvioso)* very wet; **llevar ~ al mar** be a waste of time, *Br tb* carry coals to Newcastle; **se me hace la boca ~** it makes my mouth water **2**: **~s** *pl* waters; **~s abajo** downstream; **~s arriba** upstream; **hacer ~s mayores** defecate, move one's bowels; **hacer ~s menores** urinate, pass water; **las ~s vuelven a su cauce** *fig* things are getting back to normal; **estar entre dos ~s** *para satisfacer a otros* be caught in the middle; **rompió ~s** her waters broke; **tomar las ~s** take the waters

◇ **agua bendita** holy water; **agua de la canilla** *Rpl* branch water, *Br* tap water; **agua de Colonia** eau de cologne; **agua corriente** running water; **agua destilada** distilled water; **agua dulce** fresh water; **agua fuerte** nitric acid; **agua del grifo** branch water, *Br* tap water; **agua de la llave** *L.Am.* branch water, *Br* tap water; **agua de mar** seawater; **agua mineral** mineral water; **agua oxigenada** (hydrogen) peroxide; **agua potable** drinking water; **agua salada** salt water; **agua de Seltz** soda water, seltzer (water); **aguas bravas** rough waters, white water *sg*; **aguas freáticas** water table *sg*; **aguas jurisdiccionales** territorial waters; **aguas residuales** effluent *sg*, sewage *sg*; **aguas subterráneas** underground water *sg*; **aguas termales** thermal waters

**aguacate** *m* BOT avocado

**aguacero** *m* downpour
**aguachento** *adj CSur* watery
**aguachirle** *f* F dishwater F
**aguacil** *m Rpl* dragonfly
**aguada** *f* **1** MAR water supply **2** PINT wash drawing
**aguado** *adj* **1** watered-down, weak **2** *C.Am., Méx, Ven* F boring
**aguafiestas** *m/f inv* partypooper, killjoy
**aguafuerte** *m* PINT etching
**aguaitar** ⟨1a⟩ *v/t S.Am.* spy on
**aguamala** *f S.Am.* jellyfish
**aguamanil** *m* **1** pitcher, *Br* jug **2** *lavamanos* wash basin; *palangana* wash bowl
**aguamarina** *f* MIN aquamarine
**aguamiel** *f* **1** *L.Am.* water and honey **2** *Méx (jugo de maguey)* agave sap
**aguanieve** *f* sleet
**aguantable** *adj* bearable
**aguantar** ⟨1a⟩ **I** *v/t* **1** *un peso* bear, support **2** *respiración* hold **3** *(soportar)* put up with; **no lo puedo ~** I can't stand *o* bear it **II** *v/i*: **no aguanto más** I can't take (it) any more, I can't bear it any longer; **aguantarse** *v/r* **1** *(contenerse)* keep quiet **2** *(conformarse)*: **me tuve que aguantar** I had to put up with it
**aguante** *m* **1** patience; **tener mucho ~** be very patient, have a lot of patience **2** *física* stamina, endurance
**aguar** ⟨1a⟩ *v/t* spoil; **~ la fiesta** spoil the fun
**aguardar** ⟨1a⟩ **I** *v/t* wait for, await *fml* **II** *v/i* wait
**aguardiente** *m* *fruit-based alcoholic spirit*
**aguarrás** *m* turpentine, turps F
**aguatero** *m*, **-a** *f S.Am.* water-seller
**aguatinta** *f* PINT aquatint
**aguaturma** *f* BOT Jerusalem artichoke
**aguaviva** *f Rpl* jellyfish
**agudeza** *f* **1** *de voz, sonido* high pitch **2** MED intensity **3** *(perspicacia)* sharpness
◇ **agudeza visual** sharp-sightedness
**agudizar** ⟨1f⟩ *v/t* **1** *sentido* sharpen **2**: **~ un problema** make a problem worse; **agudizarse** *v/r* **1** MED get worse **2** *de sentido* become sharper
**agudo** *adj* **1** acute **2** *(afilado)* sharp **3** *sonido* high-pitched **4** *(perspicaz)* sharp **5** LING: **acento ~** acute accent

**agüero** *m* omen; **ser de mal ~** be a bad omen; **pájaro de mal ~** prophet of doom
**aguerrido** *adj* brave, valiant
**aguijada** *f* goad
**aguijón** *m* ZO sting; *fig* spur
**aguijonear** ⟨1a⟩ *v/t* ZO goad; *fig* drive
**águila** *f* **1** eagle; **ser un ~** *fig* be very sharp **2** *Méx*: **¿~ o sol?** heads or tails?
◇ **águila bicéfala** two-headed eagle; **águila caudal** golden eagle; **águila imperial** imperial eagle; **águila pescadora** fish eagle, *Br* osprey; **aguila ratonera** buzzard; **águila real** golden eagle
**aguileño** *adj*: **nariz -a** aquiline nose
**aguilucho** *m* eaglet
**aguinaldo** *m* **1** *Esp* tip *given at Christmas* **2** *L.Am.* month's salary paid as a bonus at Christmas
**agüita** *f L.Am.* F **1** *(agua)* water **2** *(infusión)* infusion
**aguja** *f* **1** needle; **buscar una ~ en un pajar** *fig* look for a needle in a haystack **2** *de reloj* hand **3** FERR switch, *Br* point **4** GASTR rib roast
◇ **aguja de coser** (sewing) needle; **aguja de hacer media, aguja de hacer punto** knitting needle; **aguja de zurcir** darning needle
**agujerear** ⟨1a⟩ *v/t* make holes in; *billete* punch; **agujerearse** *v/r* develop holes
**agujeta** *f Méx* shoelace
**agujero** *m* hole
◇ **agujero en la capa de ozono** hole in the ozone layer
◇ **agujero negro** AST black hole
**agujetas** *fpl* stiffness *sg*; **tener ~** be stiff
**agutí** *m* agouti
**aguzanieves** *f* ZO pied wagtail
**aguzar** ⟨1f⟩ *v/t* sharpen; **~ el ingenio** sharpen one's wits; **~ el oído** prick up one's ears
**ah** *interj* ah!
**ahí** *adv* there; **~ mismo** right there; **está por ~** it's (somewhere) over there; *dando direcciones* it's that way; **irse por ~** go out; **por ~ voy** that's what I'm getting at; **~ me las den todas** F I couldn't *o* could care less, *Br* I couldn't care less; **¡~ va!** F there you go! F; **de ~ que** that is why
**ahijado** *m*, **-a** *f* **1** *en bautizo* godchild **2** *(adoptado)* adopted child
**ahijar** ⟨1a⟩ *v/t* adopt

**ahínco** *m* effort; **trabajar con ~** work hard; **poner ~ en** put a lot of effort into

**ahíto** *adj* sated

**ahogado I** *adj* **1** *en agua* drowned; **~ en lágrimas** in floods of tears **2** (*asfixiado*) suffocated **II** *m*, **-a** *f* drowned person, victim of drowning

**ahogar** ⟨1h⟩ *v/t* **1** *en agua* drown **2** (*asfixiar*) suffocate; *protestas* stifle **3** AUTO flood; **ahogarse** *v/r* **1** *en agua* drown; **~ en un vaso de agua** *fig* F get in a state over nothing, make a mountain out of a molehill **2** *con comida* choke **3** (*asfixiarse*) suffocate **4** AUTO flood

**ahogo** *m* breathlessness

**ahondar** ⟨1a⟩ **I** *v/i*: **~ en algo** go into sth in depth **II** *v/t* make … deeper; **ahondarse** *v/r* go deeper (**en** into)

**ahora** *adv* **1** (*pronto*) in a moment; **¡hasta ~!** see you soon! **2** (*en este momento*) now; **~ mismo** right now; **por ~** for the present, for the time being; **desde ~**, **de ~ en adelante** from now on; **~ que** now that; **es ~ o nunca** it's now or never **3**: **~ bien** however; **y ¿~ qué?, esperas que …** and then you expect …

**ahorcado** *m*, **-a** *f* hanged person; **jugar al ~** play hangman

**ahorcar** ⟨1g⟩ *v/t* hang; **ahorcarse** *v/r* hang o.s.

**ahorita** *adv* **1** *L.Am.* (*en este momento*) (right) now **2** *Méx, C.Am.* (*pronto*) in a moment **3** *Méx, C.Am.* (*hace poco*) just now

**ahorrador I** *adj* thrifty **II** *m*, **~a** *f* saver, investor; **pequeño ~** small saver, small investor

**ahorrar** ⟨1a⟩ **I** *v/t* save; **~ algo a alguien** save s.o. (from) sth; **no ~ sacrificios** make all sorts of sacrifices **II** *v/i* save (up); **ahorrarse** *v/r dinero* save; *fig* spare o.s., save o.s.

**ahorrativo** *adj* thrifty

**ahorro** *m* **1** saving; **~ energético**, **~ de energía** energy saving **2**: **~s** *pl* savings *pl*; **caja de ~s** savings bank

**ahuecar** ⟨1g⟩ *v/t* **1** hollow out **2** *pelo* give volume to **3**: **~ la voz** deepen one's voice **4**: **~ el ala** F beat it F; **ahuecarse** *v/r* F get bigheaded, get a swollen head

**ahulado** *m C.Am., Méx* oilskin

**ahumado** *adj* **1** smoked **2**: **cristal ~** tinted glass

**ahumar** ⟨1a⟩ *v/t* smoke; **ahumarse** *v/r* get blackened by smoke

**ahuyentar** ⟨1a⟩ *v/t* scare off *o* away; **ahuyentarse** *v/r L.Am.* run away

**AI** *abr* (= **Amnistía Internacional**) AI (= Amnesty International)

**airado** *adj* angry

**airbag** *m* AUTO airbag

◇ **airbag lateral** side airbag

**airbus** *m* AVIA airbus

**aire** *m* **1** air; **al ~ libre** in the open air; **traer ~ fresco a algo** bring a breath of fresh air to sth; **estar en el ~** *fig* F be up in the air F; **dejar en el ~** *fig* leave … up in the air; **vivir del ~** F live on thin air; **a mi ~** in my own way **2** MÚS tune **3** (*viento*): **hace mucho ~** it is very windy; **corre mucho ~** it is very windy; **cambiar de ~s** have a change of scene **4**: **darse ~s** F give o.s. airs, put on airs and graces

◇ **aire acondicionado** air-conditioning; **aire comprimido** compressed air; **aire enrarecido** stuffy atmosphere; **aire popular** MÚS traditional tune; **aire viciado** stuffy atmosphere

**airear** ⟨1a⟩ *v/t tb fig* air; **airearse** *v/r* get some air

**airoso** *adj*: **salir ~ de algo** do well in sth

**aislacionismo** *m* POL isolationism

**aislado** *adj* isolated

**aislador** *m* insulator

**aislamiento** *m* TÉC, EL insulation; *fig* isolation

◇ **aislamiento acústico** soundproofing

◇ **aislamiento térmico** thermal insulation

**aislante I** *adj* insulating *atr*, insulation *atr* **II** *m* insulator

**aislar** ⟨1a⟩ *v/t* **1** isolate **2** EL insulate; **aislarse** *v/r* cut o.s. off

**ajá** *int* aha

**ajado** *adj* **1** *flores* withered **2** (*desgastado*) worn

**ajar** ⟨1a⟩ *v/t* **1** *flores* wither **2** (*desgastar*) wear; **ajarse** *v/r* **1** *de flores* wither **2** (*desgastarse*) wear

**ajardinado** *adj* landscaped; **zona -a** area with parks and gardens

**ajardinar** ⟨1a⟩ *v/t* landscape

**a.J.C.** *abr* (= **antes de Jesucristo**) BC (= before Christ)

**ajedrea** f BOT savory
**ajedrecista** m/f chess player
**ajedrez** m chess
**ajedrezado** adj checked
**ajenjo** m **1** BOT wormwood **2** bebida absinthe
**ajeno** adj **1** propiedad, problemas etc someone else's; **me era totalmente ~** it was completely alien to me; **lo ~** fig other people's property **2**: **por razones -as a nuestra voluntad** for reasons beyond our control **3**: **estar ~ a** be unaware of, be oblivious to
**ajete** m BOT garlic shoot
**ajetrearse** ⟨1a⟩ v/r F get het up F
**ajetreo** m bustle
**ají** m S.Am. chili, Br chilli
**ajiaceite** m GASTR garlic dressing; mayonesa garlic mayonnaise, aïoli
**ajiaco** m Col: spicy potato stew
**ajilimoje, ajilimójili** m **1** GASTR spicy garlic sauce **2**: **~s** pl fig F trimmings F
**ajillo** m: **al ~** with garlic
**ajo** m BOT garlic; **estar** o **andar en el ~** F be in the know F
**ajoaceite** m GASTR garlic dressing; mayonesa garlic mayonnaise, aïoli
**ajoarriero** m GASTR Basque dish containing salt cod, garlic, and eggs
**ajonjolí** m BOT sesame
**ajuar** m de novia trousseau
**ajuntarse** ⟨1a⟩ v/r start living together
**ajustable** adj adjustable
**ajustado** I adj tight II part ☞ **ajustar**
**ajustador** m Cu bra
**ajustar** ⟨1a⟩ I v/t **1** máquina etc adjust; tornillo tighten **2** precio set; **~(le) las cuentas a alguien** fig have a settling of accounts with s.o., settle accounts with s.o. II v/i fit; **ajustarse** v/r **1** el cinturón tighten **2**: **~ a algo** fig keep within sth; **~ a la ley** comply with the law, keep within the law
**ajuste** m adjustment; **~ de cuentas** settling of scores
**ajusticiamiento** m execution
**ajusticiar** ⟨1b⟩ v/t execute
**al** prp **a** y art **el**, **~ entrar** on coming in, when we / they etc came in
**ala** f **1** wing; **cortar las ~s a alguien** clip s.o.'s wings; **dar ~s a alguien** encourage s.o. **2** MIL flank; DEP wing; en baloncesto forward **3** Esp: **está tocado del ~** he's mad, he's not right in the head F
◇ **ala delta** hang glider; **ala pivot** en baloncesto power forward; **ala del sombrero** hat brim
**Alá** m Allah
**alabanza** f acclaim
**alabar** ⟨1a⟩ v/t praise, acclaim
**alabastro** m alabaster
**alacena** f larder
**alacrán** m ZO scorpion
**alacridad** f lit alacrity
**alado** adj winged
**alambicado** adj **1** (inteligente) sharp, ingenious **2** (complicado) complicated, complex
**alambique** m still
**alambrada** f wire fence
**alambrar** ⟨1a⟩ v/t fence
**alambre** m wire
◇ **alambre de espino, alambre de púas** barbed wire
**alameda** f **1** boulevard **2** de álamos poplar grove
**álamo** m BOT poplar
◇ **álamo blanco** white poplar
◇ **álamo temblón** aspen
**alarde** m show, display; **hacer ~ de** make a show of
**alardear** ⟨1a⟩ v/i show off (**de** about)
**alargado** adj cuello, nariz long and thin; habitación, mesa long and narrow
**alargador** m TÉC extension cord, Br extension lead
**alargamiento** m lengthening, extension
**alargar** ⟨1h⟩ v/t **1** lengthen; prenda let down **2** en tiempo prolong **3** mano, brazo stretch out; **alargarse** v/r de sombra, día get longer, lengthen
**alargue** m Rpl extension cord, Br extension lead
**alarido** m shriek; **dar ~s** shriek
**alarma** f (mecanismo, miedo) alarm; **dar la voz** o **el grito de ~** raise the alarm; **falsa ~** false alarm; **dispositivo de ~** alarm; **hacer saltar la ~** set off o trigger the alarm; **señal de ~** alarm (signal)
◇ **alarma social** public disquiet; **para evitar la ~** so as not to alarm people
**alarmante** adj alarming
**alarmar** ⟨1a⟩ v/t alarm; **alarmarse** v/r become alarmed
**alarmismo** m alarmism
**alarmista** m/f alarmist

**alazán** *m* sorrel

**alba** *f* dawn; *al rayar el ~* at first light; *levantarse con el ~* get up at the crack of dawn

**albacea** *m/f* executor

**albahaca** *f* BOT basil

**Albania** *f* Albania

**albañil** *m* bricklayer

**albano** I *adj* Albanian II *m*, *-a f* Albanian

**albanés** *f* I *adj* Albanian II *m*, *-esa f* Albanian III *m idioma* Albanian

**albarán** *m* delivery note

**albarda** *f* packsaddle

**albardear** ⟨1a⟩ *v/t C.Am.* F bug F, pester

**albardilla** *f* light saddle

**albaricoque** *m* BOT apricot

**albaricoquero** *m* apricot tree

**albatros** *m inv* ZO albatross

**albedrío** *m*: *libre ~* free will; *a su ~* of his own free will

**alberca** *f* 1 reservoir 2 *Méx* (swimming) pool

**albergar** ⟨1h⟩ *v/t* 1 (*hospedar*) put up 2 (*contener*) house 3 *esperanzas* hold out 4 INFOR host; *albergarse v/r* to lodge

**albergue** *m* hostel; *benéfico* refuge, shelter; *dar ~ a alguien* take s.o. in

◇ **albergue de carreteras** motel

◇ **albergue juvenil** youth hostel

**albino** *m*, *-a f* albino

**albis**: *me quedé en ~* I didn't understand a thing; *estupefacto* I was speechless; *en blanco* my mind was a complete blank

**albo** *adj lit* white

**albóndiga** *f* meatball

**albor** *m lit* dawn, daybreak; *~es fig* dawn *sg*; *en los ~es de la vida* in one's youth

**alborada** *f* dawn

**alborear** ⟨1a⟩ *v/i*: *alboreaba* day was breaking

**albornoz** *m* (bath)robe

**alborotado** I *adj* 1 rowdy 2 (*imprudente*) reckless II *part* ☞ **alborotar**

**alborotador** I *adj* rowdy, noisy II *m*, *~a f* rioter

**alborotar** ⟨1a⟩ I *v/t* 1 stir up 2 (*desordenar*) disturb II *v/i* make a racket; *alborotarse v/r* 1 get excited 2 (*inquietarse*) get worked up

**alboroto** *m* commotion

**alborozado** *adj* delighted, overjoyed

**alborozar** ⟨1f⟩ *v/t* fill with joy; *alborozarse v/r* be overjoyed, rejoice

**alborozo** *m* rejoicing

**albricias** *fpl* congratulations; *¡~!* hooray!

**albufera** *f* lagoon

**álbum** *m* album

◇ **álbum de fotos** photo album

◇ **álbum de sellos** stamp album

**albúmina** *f* albumin

**albuminoso** *adj* albuminous

**albur** *m* 1 fate, chance 2 ZO dace

**albura** *f lit* whiteness

**alcachofa** *f* 1 BOT artichoke 2 *de ducha* shower head 3 F mike

**alcahuete** *m*, *-a f* 1 go-between 2 *Rpl* (*chivato*) snitch F, tattletale F, telltale F; *entre delincuentes* stool pigeon, *Br tb* grass F

**alcahuetear** ⟨1a⟩ *v/i* act as a go-between

**alcaide** *m* 1 warden, *Br* governor 2 HIST keeper

**alcaldable** *m* mayoral hopeful, *potential future mayor*

**alcaldada** *f* abuse of authority

**alcalde** *m*, *-esa f* mayor

◇ **alcalde de barrio** district mayor

**alcaldía** *f* mayor's office, city hall, *Br* town hall

**álcali** *m* alkali

**alcalino** *adj* alkaline

**alcaloide** *m* alkaloid

**alcance** *m* 1 reach; *al ~ de la mano* within reach; *poner algo al ~ de alguien* put sth within s.o.'s reach; *dar ~ a alguien* catch up with s.o.; *al ~ de la vista* visible, in view; *¿está al ~ de tu bolsillo?* can you afford it? 2 *de arma etc* range; *de largo ~* long-range 3 *de medida* scope 4 *de tragedia* extent, scale 5 *fig*: *un hombre de mucho ~* a talented *o* gifted man; *de pocos ~s* F untalented

**alcancía** *f L.Am.* piggy bank

**alcanfor** *m* camphor

**alcantarilla** *f* 1 sewer 2 (*sumidero*) drain

**alcantarillado** *m* 1 sewer system 2 *de sumideros* drainage system

**alcanzar** ⟨1f⟩ I *v/t a alguien* catch up with; *lugar* reach, get to; *en nivel* reach; *objetivo* achieve; *cantidad* amount to; *~ la cifra de* amount to, stand at II *v/i* 1 *en altura* reach 2 *en cantidad* be enough; *el* *dinero no alcanza* I / we *etc* can't afford it **3**: ~ *a oír / ver* manage to hear / see

**alcaparra** *f* BOT caper

**alcatraz** *f* ZO gannet

**alcaucil** *f Rpl* artichoke

**alcaudón** *m* ZO shrike

**alcayata** *f* hook

**alcazaba** *f* citadel, castle

**alcázar** *m* fortress

**alce** *m* ZO elk

**alcista** *adj en bolsa* rising, bull *atr*; *tendencia* ~ upward trend

**alcoba** *f S.Am.* bedroom

**alcohol** *m* **1** alcohol; *prueba / test de* ~ breath test; *la policía le sometió a la prueba de* ~ the police breathalyzed him; *bajo la influencia o los efectos del* ~ under the influence of alcohol **2** MED rubbing alcohol, *Br* surgical spirit

◇ **alcohol etílico** ethyl alcohol; **alcohol metílico** methyl alcohol; **alcohol de quemar** denatured alcohol, *Br* methylated spirits *sg*

**alcoholemia** *f* blood alcohol level; *prueba de* ~ drunkometer test, *Br* Breathalyser® test

**alcohólico** I *adj* alcoholic II *m*, *-a f* alcoholic

**alcoholímetro** *m* Breathalyzer®, *Br* Breathalyser®; *soplar en el* ~ F blow into the bag

**alcoholismo** *m* alcoholism

**alcoholizado** *adj*: *persona -a* drunk, alcoholic; *estar* ~ be a drunk *o* an alcoholic

**alcoholizarse** ⟨1f⟩ *v/r* become an alcoholic

**alcornoque** *m* BOT cork oak; *pedazo de* ~ F blockhead F

**alcotán** *m* ZO hobby

**alcurnia** *f* ancestry; *de noble* ~ of noble birth *o* ancestry

**aldaba** *f* doorknocker

**aldabón** *m* doorknocker

**aldea** *f* (small) village

◇ **aldea global** global village

**aldeanismo** *m desp* parochialism

**aldeano** I *adj* village *atr* II *m*, *-a f* villager

**aldehído** *m* QUÍM aldehyde

**¡ale!** ☞ *¡hala!*

**aleación** *f* alloy

**alear** ⟨1a⟩ *v/t* alloy

**aleatorio** *adj* random

**aleccionador** *adj* instructive

**aleccionamiento** *m* **1** instruction **2** (*reprimenda*) lecture

**aleccionar** ⟨1a⟩ *v/t* **1** instruct **2** (*regañar*) lecture

**aledaño** *adj* bordering, neighboring, *Br* neighbouring

**aledaños** *mpl* surrounding area *sg*; *de ciudad* outskirts

**alegación** *f* JUR declaration, statement

**alegador** *adj* L.Am. argumentative

**alegar** ⟨1h⟩ I *v/t motivo, razón* cite; ~ *que* claim *o* allege that II *v/i* L.Am. **1** (*discutir*) argue **2** (*quejarse*) complain, gripe F

**alegato** *m* JUR *fig* speech; *Andes* argument

**alegoría** *f* allegory

**alegórico** *adj* allegorical

**alegrar** ⟨1a⟩ *v/t* **1** make happy **2** (*animar*) cheer up; **alegrarse** *v/r* **1** cheer up; *¡alegra esa cara!* cheer up! **2** F *bebiendo* get tipsy **3**: *me alegro* I am pleased; *me alegro de que hayas venido* I'm pleased you could make it; ~ *por alguien* be pleased *o* happy for s.o. (*de* about)

**alegre** *adj* **1** (*contento*) happy; *por naturaleza* happy, cheerful **2** F (*bebido*) tipsy

**alegría** *f* happiness; *me has dado una gran* ~ you've made me very happy

◇ **alegría de vivir** joie de vivre, ebullience

**alegrón** *m* thrill; *llevarse un* ~ be thrilled

**alejado** *adj* remote, far away

**alejamiento** *m* removal, separation; *fig* distancing

**alejar** ⟨1a⟩ *v/t* **1** move away **2** *pensamiento* banish; *debes tratar de* ~ *de ti esa idea absurda* you must try to get that absurd idea out of your head; **alejarse** *v/r* move away (*de* from); *de situación, ámbito* get away (*de* from); *¡no te alejes mucho!* don't go too far away!

**alelado** *adj*: *estar* ~ be in a daze

**alelar** ⟨1a⟩ *v/t* stupefy

**aleluya** *m & interj* hallelujah

**alemán** I *adj* German II *m*, *-ana f persona* German III *m idioma* German

**Alemania** *f* Germany

**alentado** *adj L.Am.* encouraged
**alentador** *adj* encouraging
**alentar** ⟨1k⟩ *v/t* **1** (*animar*) encourage **2** *esperanzas* cherish; **alentarse** *v/r L.Am.* get better
**aleonado** *adj*: *melena -a* mane
**alerce** *m* BOT larch
**alergénico I** *adj* allergenic **II** *m* allergen
**alergia** *f* allergy
**alérgico** *adj* allergic (*a* to)
**alergólogo** *m*, *-a f* MED allergist
**alero** *m* **1** *de tejado* eave; *estar en el ~ fig* F be up in the air **2** *en baloncesto* forward
**alerón** *m* **1** AVIA aileron **2** AUTO spoiler
**alerta I** *adv*: *estar~* be on the alert; *estar ojo ~* keep an eye out; *¡~!* watch out!, be careful! **II** *f* alert; *dar la ~* raise the alarm; *poner en~* alert; *en estado de~* on alert, in a state of alert
◇ **alerta roja** red alert
◇ **alerta por vibración** TELEC vibration mode
**alertar** ⟨1a⟩ *v/t* alert (*de* to)
**aleta** *f* **1** ZO fin **2** *de buzo* flipper **3** *de la nariz* wing
**aletargar** ⟨1h⟩ *v/t* make feel lethargic; **aletargarse** *v/r* feel lethargic
**aletear** ⟨1a⟩ *v/i* flap one's wings
**alevín** *m* **1** ZO young fish **2** *fig* beginner; DEP junior
**alevosía** *f* treachery; *con ~* treacherously
**alevoso** *adj* treacherous
**alfa** *f* alpha
**alfabético** *adj* alphabetical; *por orden ~* in alphabetical order
**alfabetización** *f* teaching of basic literacy
**alfabetizar** ⟨1f⟩ *v/t* **1** *lista etc* put into alphabetical order **2**: *~ a alguien* teach s.o. to read and write
**alfabeto** *m* alphabet
**alfajor** *m* almond sweet, traditionally associated with Christmas
**alfalfa** *f* BOT alfalfa
**alfanumérico** *adj* alphanumeric
**alfar** *m*, **alfarería** *f* pottery
**alfarero** *m*, *-a f* potter
**alféizar** *m* sill, windowsill
**alfeñique** *m* F wimp F
**alférez** *m* second lieutenant
◇ **alférez de fragata** ensign
◇ **alférez de navío** second lieutenant

**alfil** *m* bishop
**alfiler** *m* pin; *no cabe un ~ fig* F there's no room for anything else; *prendido con ~ fig* held together with spit
◇ **alfiler de corbata** tiepin
◇ **alfiler de gancho** *Arg* safety pin
**alfiletero** *m* **1** (*cojín*) pincushion **2** (*estuche*) needlecase
**alfombra** *f* carpet; *más pequeña* rug
◇ **alfombra persa** Persian carpet *o* rug
**alfombrado** *m L.Am.* carpeting, carpets *pl*
**alfombrar** ⟨1a⟩ *v/t* carpet
**alfombrilla** *f* **1** mat **2** MED *illness similar to measles*
◇ **alfombrilla de baño** bathmat
◇ **alfombrilla de ratón** INFOR mouse pad, mouse mat
**alfóncigo, alfónsigo** *m* BOT pistachio
**alforfón** *m* BOT buckwheat
**alforja** *f* saddlebag
**alga** *f* BOT alga; *marina* seaweed
**algalia** *f* civet
**algarabía** *f fig* rejoicing, jubilation
**algarada** *f* HIST incursion; *fig* brawl, commotion
**algarroba** *f* BOT carob, carob bean
**algarrobo** *m* BOT carob, carob tree
**álgebra** *f* algebra
**algebraico** *adj* algebraic
**álgido** *adj fig* decisive; *punto ~* climax, high point
**algo I** *pron* **1** *en frases afirmativas* something; *~ es ~* it's something, it's better than nothing; *o ~ así* or something like that; *unas 5.000 personas o ~ así* 5,000 or so people, 5,000 people more or less; *por ~ será* there must be a reason **2** *en frases interrogativas o condicionales* anything **II** *adv* rather, somewhat
**algodón** *m* cotton; *criado entre algodones* F mollycoddled, pampered
◇ **algodón hidrófilo** absorbent cotton, *Br* cotton wool
◇ **algodón en rama** raw cotton
**algodonero I** *adj* cotton *atr* **II** *m*, *-a f* cotton farmer
**algorítmico** *adj* algorithmic
**algoritmo** *m* algorithm
**alguacil** *m*, *~esa f* bailiff
**alguacilillo** *m* TAUR (bullfight) official
**alguien** *pron* **1** *en frases afirmativas* somebody, someone; *en su empresa*

**es** ~ he's a somebody in his company **2** *en frases interrogativas o condicionales* anybody, anyone

**algún** *adj* **1** *en frases afirmativas* some; ~ **día** some day **2** *en frases interrogativas o condicionales* any

**alguno I** *adj* **1** *en frases afirmativas* some; ~ **que otro de sus libros** a few of his books; ~ **que otro jueves** occasionally on a Thursday; **fumo** ~ **que otro cigarrillo de vez en cuando** I smoke the odd cigarette, I have a cigarette from time to time; **de modo** ~ in the slightest, at all; **de -a manera** somehow; **en -a parte** somewhere **2** *en frases negativas, interrogativas o condicionales* any; **no la influyó de modo** ~ it didn't influence her in any way; **si -a vez …** if at any time … **II** *pron: persona* someone, somebody; ~**s opinan que** some people think that; ~ **se podrá usar** *objeto* we'll be able to use some of them; **si** ~ **de vosotros / aquéllos …** if one of you / them …

**alhaja** *f* piece of jewelry *o Br* jewellery; *fig* gem; ~**s** jewelry *sg*; **¡buena** ~**!** F he's / she's a real so-and-so! F

**alhelí** *m* BOT wallflower

**alheña** *f* BOT henna

**alhucema** *f* BOT lavender

**aliado I** *adj* allied **II** *m, -a f* ally

**alianza** *f* **1** POL alliance **2** *anillo* wedding band, wedding ring

**aliar** ⟨1c⟩ *v/t conocimientos* pool, combine; ~ **fuerzas** join forces; **aliarse** *v/r* form an alliance (**con** with)

**alias I** *m inv* alias **II** *adv* alias

**alicaído** *adj* F down *pred*

**alicatado** *m* tiling, tiles *pl*

**alicatar** ⟨1a⟩ *v/t* tile

**alicates** *mpl* **1** pliers **2** *L.Am.* (*cortau-ñas*) nail clippers

**aliciente** *m* **1** (*estímulo*) incentive **2** (*atractivo*) attraction

**alienación** *f* JUR alienation
◇ **alienación mental** insanity

**alienado I** *adj* alienated **II** *part* ☞ **alienar**

**alienar** ⟨1a⟩ *v/t* alienate

**alienígena I** *adj* alien **II** *m/f* alien

**aliento** *m* **1** breath; **mal** ~ bad breath; **cobrar** ~ catch one's breath, get one's breath back; **perder el** ~ be out of breath, be breathless; **cortar el** ~ **a alguien** take s.o.'s breath away; **sin** ~

breathless, out of breath; **que quita el** ~ breathtaking; **hasta el último** ~ to his / her dying day **2** *fig* encouragement

**aligátor** *m* ZO alligator

**aligerar** ⟨1a⟩ *v/t* **1** *carga* lighten **2:** ~ **el paso** quicken one's pace; **aligerarse** *v/r:* ~ **de ropa** take off some of one's clothes, shed a layer or two

**aligustre** *m* BOT privet

**alijo** *m* MAR consignment

**alimaña** *f* pest; ~**s** *pl* vermin *pl*

**alimentación** *f* **1** (*dieta*) diet **2** *acción* feeding; ~ **de papel** INFOR paper feed **3** EL power supply

**alimentador** *m* TÉC feed, feeder

**alimentar** ⟨1a⟩ **I** *v/t tb* TÉC, *fig* feed; EL power **II** *v/i* be nourishing; **alimentarse** *v/r* feed o.s.; ~ **de algo** *de persona, animal* live on sth; *de máquina* run on sth

**alimentario, alimenticio** *adj* food *atr;* **industria -a** food industry; **producto** ~ foodstuff

**alimento** *m* **1** (*comida*) food **2: tiene poco** ~ it has little nutritional value
◇ **alimentos básicos** basic foods; **alimentos congelados** frozen foods; **alimentos dietéticos** (**de régimen**) slimming aids; **alimentos infantiles** baby foods

**alimón** *m:* **al** ~ in chorus

**alineación** *f* DEP line-up

**alinear** ⟨1a⟩ *v/t* **1** line up, align **2** DEP select **3: países no alineados** POL non-aligned countries; **alinearse** *v/r* **1** (*ponerse en fila*) line up **2** POL align o.s. (**con** with)

**aliñar** ⟨1a⟩ *v/t* dress; **aliñarse** *v/r* get dressed up

**aliño** *m* dressing

**alioli** *m* GASTR garlic mayonnaise, aïoli

**alirón** *m* DEP: **cantar** *o* **entonar el** ~ sing a victory song

**alisar** ⟨1a⟩ *v/t* smooth

**aliscafo** *m* Rpl hydrofoil

**alisios** *mpl* trade winds

**aliso** *m* BOT alder

**alistamiento** *m* MIL enlistment

**alistar** ⟨1a⟩ MIL *v/t* draft; **alistarse** *v/r* **1** enlist **2** *L.Am.* (*prepararse*) get ready

**aliteración** *f* alliteration

**aliviar** ⟨1b⟩ *v/t* alleviate, relieve; **aliviarse** *v/r* **de dolor** ease (off); **¡que se alivie!** get well soon!

**alivio** *m* **1** relief **2**: *de ~* F horrendous; *me he dado un golpe de ~* I gave myself a helluva knock F

**aljibe** *m* cistern, tank

**allá** *adv* **1** *de lugar* (over) there; *~ abajo* down there; *~ arriba* up there; *más ~* further on; *más ~ de* beyond; *muy ~* a long way off; *el más ~* the hereafter; *¡~ voy!* here I come! **2** *de tiempo*: *~ por los años veinte* back in the twenties **3** F: *~ él / ella* that's up to him / her; *~ se las arregle* that's his problem

**allanamiento** *m*: *~ de morada* JUR breaking and entering

**allanar** ⟨1a⟩ *v/t* **1** (*alisar*) smooth **2** (*aplanar*) level (out) **3** *obstáculos* overcome

**allegado I** *adj* close **II** *m*, *-a f* relation, relative

**allende** *prep* beyond, on the other side of

**allí** *adv* there; *por ~* over there; *dando direcciones* that way; *¡~ está!* there it is! *~ mismo* right there; *de ~* from there; *hasta ~* that far

**alma** *f* soul; *se me cayó el ~ a los pies* F my heart sank; *llegar al ~ conmover* move deeply; *herir* hurt deeply; *lo siento en el ~* I am truly sorry; *¡~ mía!* my love!; *arrancarle a uno el ~, destrozar o partir el ~ a uno* break s.o.'s heart; *como ~ que lleva el diablo* like a bat out of hell; *con el ~ en un hilo* worried sick; *con toda el ~* with all one's heart; *me duele en el ~* it hurts me deeply; *romperle a uno el ~* F beat the living daylights out of s.o. F; *no se ve un ~* there isn't a soul to be seen ◇ **alma de cántaro** kind soul; **alma de Dios** kind-hearted person; **alma en pena** lost soul

**almacén** *m* **1** warehouse **2** (*tienda*) store, *Br* shop; *grandes almacenes pl* department store *sg* **3** *Andes, Rpl* grocery store, *Br* grocer's

**almacenaje** *m* storage; *derechos de ~* storage charges

**almacenamiento** *m* storage ◇ **almacenamiento de datos** data storage

**almacenar** ⟨1a⟩ *v/t tb* INFOR store; *~ en disquete* save to disk

**almacenero** *m*, *-a f* storekeeper, shopkeeper

**almacenista** *m/f* wholesaler

**almagre** *m* MIN red ocher *o Br* ochre

**almanaque** *m* almanac

**almazara** *f* olive press

**almeja** *f* ZO clam

**almenas** *fpl* battlements

**almendra** *f* almond ◇ **almendra amarga** bitter almond ◇ **almendra garrapiñada** caramel--coated almond

**almendrado I** *adj* almond-shaped **II** *m* almond candy

**almendro** *m* almond tree

**almendruco** *m* unripe almond

**almíbar** *m* syrup; *en ~* in syrup

**almibarado** *adj fig* syrupy

**almibarar** ⟨1a⟩ *v/t fruta* preserve in syrup

**almidón** *m* starch

**almidonado** *adj fig* stuffy, starchy

**almidonar** ⟨1a⟩ *v/t* starch

**alminar** *m* minaret

**almirantazgo** *m* admiralty

**almirante** *m* admiral

**almirez** *m* mortar

**almizcle** *m* ZO musk

**almizclero** *m* ZO musk deer

**almohada** *f* pillow; *consultarlo con la ~* sleep on it

**almohadilla** *f* **1** small cushion **2** TÉC pad **3** *en béisbol* bag

**almohadillado** *adj codera, hombrera* padded

**almohadón** *m* large cushion

**almoneda** *f* auction

**almorranas** *fpl* piles

**almorta** *f* BOT vetch

**almorzada** *f Méx* lunch

**almorzar** ⟨1f & 1m⟩ **I** *v/i al mediodía* have lunch; *a media mañana* have a mid-morning snack **II** *v/t*: *~ algo al mediodía* have sth for lunch; *a media mañana* have sth as a mid-morning snack; *vengo almorzado* I've already eaten

**almuerzo** *m al mediodía* lunch; *a media mañana* mid-morning snack ◇ **almuerzo de trabajo** working lunch

**¿alo?** *L.Am. por teléfono* hello?

**alocado I** *adj* crazy **II** *m*, *-a f* crazy fool

**alocución** *f* speech, address

**aloe, áloe** *m* BOT aloe

**alojamiento** *m* accommodations *pl*, *Br* accommodation

**alojar** ⟨1a⟩ *v/t* accommodate; *alojarse v/r* **1** stay (*en* in) **2** (*colocarse*) lodge (**en** in); *la bala se alojó en el pulmón* the bullet lodged in the lung

**alojo** *m L.Am.* ☞ **alojamiento**

**alondra** *f* ZO lark

**alopatía** *f* MED allopathy

**alopecia** *f* MED alopecia

**alpaca** *f animal, lana* alpaca

**alpargata** *f Esp* espadrille

**alpargatería** *f Esp shop where espadrilles are sold*

**alpinismo** *m* mountaineering, climbing

**alpinista** *m/f* mountaineer, climber

**alpino** *adj* Alpine

**alpiste** *m* **1** birdseed **2**: *le gusta mucho el* ~ F he likes a drink, he's very fond of the bottle F

**alquería** *f* farm

**alquilar** ⟨1a⟩ *v/t de usuario* rent; *de dueño* rent out; **alquilarse** *v/r* **1** *de casa* be for rent; *se alquila* for rent, *Br tb* to let **2** *de persona* hire o.s. out

**alquiler** *m* **1** *acción: de coche etc* rental; *de casa* renting; *de* ~ rental *atr*, *Br tb* hire *atr* **2** *dinero* rental, *Br tb* rent
◇ **alquiler de bicicletas** bicycle rental, *Br tb* bicycle hire
◇ **alquiler de coches** car rental, *Br tb* car hire

**alquimia** *f* alchemy

**alquimista** *m* alchemist

**alquitrán** *m* tar

**alquitranado** *m* tarring

**alquitranar** ⟨1a⟩ *v/t* tar

**alrededor** **I** *adv* around; *a mi* ~ around me **II** *prp*: ~ *de* around

**alrededores** *mpl* surrounding area *sg*

**alta** *f* **1** MED discharge; *dar de* ~ *a alguien*, *dar el* ~ *a alguien* discharge s.o.; *recibir el* ~ be allowed to go back to work **2**: *darse de* ~ *en organismo* register
◇ **alta médica** discharge

**altamente** *adv* highly

**altanería** *f* arrogance

**altanero** *adj* arrogant

**altar** *m* altar; *llevar al* ~ marry, lead to the altar; *elevar a los* ~*es* canonize
◇ **altar mayor** high altar

**altavoz** *m* loudspeaker

**alterable** *adj* changeable, volatile

**alteración** *f* alteration

**alterado** *adj* **1** *persona* upset **2** (*modificado*): ~ *genéticamente* genetically altered *o* modified

**alterar** ⟨1a⟩ *v/t* **1** (*cambiar*) alter **2** *a alguien* upset **3**: ~ *el orden público* cause a breach of the peace; **alterarse** *v/r* **1** (*cambiarse*) change, alter **2** get upset (*por* because of)

**altercado** *m* argument, altercation *fml*

**altercar** ⟨1g⟩ *v/i* argue

**alternador** *m* EL alternator

**alternancia** *f* alternation

**alternar** ⟨1a⟩ **I** *v/t* alternate; ~ *el trabajo con el descanso* alternate work and relaxation **II** *v/i* **1** *de persona* mix **2**: ~ *con* alternate with; **alternarse** *v/r* alternate, take turns

**alternativa** *f* **1** alternative **2** TAUR: *dar la* ~ *a alguien* confirm s.o. as a fully--fledged bullfighter; *tomar la* ~ become a fully-fledged bullfighter

**alternativamente** *adv* alternately, turn and turn about; ~ *rojo y verde* now red, now green

**alternativo** *adj* alternative

**alterne** *m* F hospitality *in hostess bars*; *bar de* ~ hostess bar; *chica de* ~ hostess

**alterno** *adj* **1** alternate; *en días* ~*s* on alternate days **2** EL: *corriente* -*a* alternating current

**Alteza** *f título* Highness
◇ **Alteza Real** Royal Highness

**altibajos** *mpl* ups and downs

**altillo** *m* **1** (*desván*) attic **2** *en armario* top (part) of the closet

**altímetro** *m* altimeter

**altiplanicie** *f*, **altiplano** *m* high plateau; *El Altiplano* the Bolivian plateau, the Bolivian Altiplano

**altísimo** *adj* **1** very high **2** REL: *el Altísimo* the Almighty

**altisonante** *adj* high-flown

**altitud** *f* altitude; ~ *sobre el nivel del mar* height above sea level

**altivez** *f* pride, haughtiness

**altivo** *adj* proud, haughty

**alto**[1] **I** *adj persona* tall; *precio, número, montaña* high; *en* -*a mar* on the high seas; *el* ~ *Salado* the upper (reaches of the) Salado; *los pisos* ~*s* the top floors; *en voz* -*a* out loud; *a* -*as horas de la noche* in the small hours; *clase* -*a* high class; -*a calidad* high quality **II** *adv volar, saltar* high; *hablar* ~ speak loudly; *pasar por* ~ overlook; *poner más* ~ TV, RAD turn up; *por todo lo* ~ F lavishly; *en* ~ on high ground, high up; **llegar ~** go far

**III** *m* **1** (*altura*) height; **dos metros de ~** two meters high **2** *Chi* pile **3**: *los altos de Golán* GEOG the Golan Heights

◇ **alta sociedad** high society; **altas presiones** high pressure *sg*; **alto horno** blast furnace

**alto**[2] *m* **1** halt; *¡~!* halt!; **dar el ~ a alguien** order s.o. to stop; *¡~ ahí!* stop right there! **2** (*pausa*) pause; **hacer un ~** stop

◇ **alto el fuego** ceasefire

**altoparlante** *m L.Am.* loudspeaker

**altorrelieve** *m* high relief

**altozano** *m* hillock

**altramuz** *m planta* lupin; *semilla* lupin seed

**altruismo** *m* altruism

**altruista** I *adj* altruistic II *m/f* altruist

**altura** *f* **1** height; **de diez metros de ~** 10 meters in height, 10 meters high; **a la ~ de** on a par with; **estar a la ~ de algo** be up to sth; **a estas ~s** by this time, by now **2** MÚS pitch **3** AVIA altitude; **tomar ~** gain altitude **4** GEOG latitude

◇ **altura de vuelo** cruising altitude

**alubia** *f* BOT kidney bean

**alucinación** *f* hallucination

**alucinado** *adj* F blown away P, *Br tb* gobsmacked F

**alucinante** *adj* F incredible

**alucinar** ⟨1a⟩ I *v/i* hallucinate II *v/t* F amaze

**alucine** *m*: **de ~** F amazing

**alucinógeno** *m* hallucinogen

**alud** *m* avalanche

**aludido**: **darse por ~** take it personally; **no darse por ~** take no notice

**aludir** ⟨3a⟩ *v/i*: **~ a algo** allude to sth

**alumbrado** I *adj* lit II *m* lighting

◇ **alumbrado público** street lighting

**alumbramiento** *m* birth

**alumbrar** ⟨1a⟩ I *v/t* (*dar luz a*) light (up) II *v/i* give off light

**alúmina** *f* QUÍM aluminum oxide, *Br* aluminium oxide

**aluminio** *m* aluminum, *Br* aluminium; **papel de ~** aluminum foil

**alumnado** *m* students *pl*, student body

**alumno** *m*, **-a** *f* student

**alunizaje** *m* moon landing

**alunizar** ⟨1f⟩ *v/i* land on the moon

**alusión** *f* allusion (**a** to); **hacer ~ a** refer to, allude to; **en ~ a** with reference to

**alusivo** *adj*: **~ a** regarding

**aluvión** *m* **1** flood *tb fig* **2** GEOL alluvium

**alvéolo, alveolo** *m* ANAT, TÉC alveolus

**alverja** *f* ☞ **arveja**

**alza** *f* rise; **~ de precios** price rise; **en ~** *en bolsa* rising; **jugar al ~** *en bolsa* gamble on a bull market; **revisar al ~** *precios* revise upward

**alzacuellos** *m inv* clerical collar, dog collar F

**alzada** *f* JUR appeal

**alzado** I *adj* **1** (*elevado*) high, raised **2** (*rebelde*) rebel *atr* **3** (*soberbio*) arrogant **4** *L.Am.* **un animal ~** an animal that has escaped into the wild **5**: **precio ~** fixed building cost II *m*, **-a** *f L.Am.* insurgent III *m* **1** ARQUI elevation **2** TIP pagination

**alzamiento** *m* MIL, POL uprising

◇ **alzamiento de bienes** JUR concealment of assets

**alzapaño** *m* tieback

**alzar** ⟨1f⟩ *v/t barrera, brazo* lift, raise; *precios* raise; **~ velas** hoist the sails; **~ la vista** raise one's eyes, look up; **~ el vuelo** take off; **alzarse** *v/r* rise; *en armas* rise up; **~ con el triunfo** win; **~ con el dinero** run off with the money

**alzo** *m C.Am.* theft

**a.m.** *abr* (= *ante meridiem*) a.m. (= ante meridiem)

**ama** *f* (*dueña*) owner

◇ **ama de casa** housewife, homemaker; **ama de cría, ama de leche** *L.Am.* wetnurse; **ama de llaves** housekeeper

**amabilidad** *f* kindness; **tener la ~ de hacer algo** be kind enough to do sth

**amable** *adj* kind (**con** to); **¿sería tan ~ de ayudarme?** would you be so kind as to help me?; **muy ~, es Vd muy ~** it's very good *o* kind of you

**amado** *m*, **-a** *f* love, sweetheart

**amaestrado** *adj* trained

**amaestrar** ⟨1a⟩ *v/t* train

**amagar** ⟨1h⟩ I *v/t* **1**: **la tarde amaga lluvia** it looks like rain this afternoon **2** *enfermedad* show symptoms of **3**: **una sonrisa** try to smile II *v/i* **1** fake **2** DEP dummy

**amago** *m* **1** threat **2**: **hizo ~ de levantarse** she made as if to get up **3** DEP dummy

◇ **amago de infarto** minor heart attack

**amainar** ⟨1a⟩ v/i *de lluvia, viento* ease up, slacken off

**amalgama** f amalgam, mixture

**amalgamar** ⟨1a⟩ v/t *fig* combine; **amalgamarse** v/r amalgamate

**amamantar** ⟨1a⟩ v/t *bebé* breastfeed; *cría* feed

**amancebamiento** m living together

**amancebarse** ⟨1a⟩ v/r move in together

**amanecer** ⟨2d⟩ **I** v/i **1** get light **2** *de persona* wake up **II** m dawn; **al ~** at dawn, at daybreak; **amanecerse** v/r *Andes, Carib, Méx* stay up all night

**amanerado** adj affected

**amaneramiento** m affectation

**amanerarse** ⟨1a⟩ v/r become affected

**amanita** f BOT amanita

**amansar** ⟨1a⟩ v/t break in, tame; **amansarse** v/r become tame, become quieter

**amante I** adj loving; **es ~ de la buena vida** he's fond of good living; **ser ~ de los animales** be an animal lover **II** m/f *en una relación* lover; **los ~s de la naturaleza** nature lovers

**amanuense** m/f scribe

**amañar** ⟨1a⟩ v/t F rig F; *partido* fix F; **amañarse** v/r manage

**amaño** m cunning trick

**amapola** f BOT poppy

**amar** ⟨1a⟩ v/t love; **hacerse ~** be lovable

**amarrado** adj *Méx* F mean, stingy F

**amaraje** m AVIA landing *on water*

**amarar** ⟨1a⟩ v/i AVIA land *on water*

**amargado** adj *fig* bitter, embittered

**amargamente** adv *fig* bitterly

**amargar** ⟨1h⟩ v/t **1** *día, ocasión* spoil **2**: **~ a alguien** make s.o. bitter; **amargarse** v/r **1** get bitter **2**: **~ la vida** get upset

**amargo** adj tb *fig* bitter

**amargor** m bitterness

**amargura** f tb *fig* bitterness

**amariconado** adj P *fig* effeminate, camp

**amarilis** f BOT amaryllis

**amarillear** ⟨1a⟩ v/t go yellow, turn yellow

**amarillento** adj yellowish

**amarillez** f yellowness

**amarillismo** m muckraking journalism

**amarillo** m/adj yellow

**amarizaje** m splashdown

**amarizar** ⟨1f⟩ v/i splash down

**amarra** f MAR mooring rope; **soltar o largar las ~s** cast off her moorings; **tener buenas ~s** *fig* have contacts; **cortar o romper las ~s** *fig* strike out on one's own; **cortar las ~s del hogar familiar** leave home

**amarradero** m MAR bollard

**amarraje** m MAR wharfage

**amarrar** ⟨1a⟩ v/t (*atar*) tie

**amarre** m MAR mooring, berth

**amasar** ⟨1a⟩ v/t **1** *pan* knead **2** *fortuna* amass

**amasijo** m jumble

**amateur I** adj amateur *atr* **II** m/f amateur

**amatista** f amethyst

**amatorio** adj love *atr*, love-making *atr*

**amazacotado** adj sticky, stodgy

**amazona** f horsewoman

**Amazonas: el ~** the Amazon

**amazónico** adj GEOG Amazonian

**ambages** mpl: **decirlo sin ~** say it straight out, come straight out with it

**ámbar I** adj amber; *luz* yellow, *Br* amber **II** m amber; **el semáforo está en ~** the lights are yellow, *Br* the lights are at amber

**ambición** f ambition; **sin ambiciones** unambitious

**ambicionar** ⟨1a⟩ v/t aspire to

**ambicioso** adj ambitious

**ambidextro, ambidiestro** adj ambidextrous

**ambientación** f *de película, obra de teatro* setting

**ambientado** part ☞ **ambientar**

**ambientador** m air freshener

**ambiental** adj environmental

**ambientar** ⟨1a⟩ v/t *película, novela* set; **estar ambientado en** be set in; **ambientarse** v/r be set

**ambiente I** adj: **medio ~** environment; **temperatura ~** room temperature **II** m **1** (*entorno*) environment **2** (*situación*) atmosphere; **crear ~** create an atmosphere **3** *Andes, Rpl* (*habitación*) room

◇ **ambiente laboral, ambiente de trabajo** work environment

**ambigú** m buffet

**ambigüedad** f ambiguity

**ambiguo** adj ambiguous

**ámbito** m **1** area **2** (*límite*) scope

**ambivalencia** *f* ambivalence
**ambivalente** *adj* ambivalent
**ambo** *m Arg* two-piece suit
**ambos, ambas I** *adj* both **II** *pron* both (of us / you / them)
**ambrosía** *f* MYTH ambrosia
**ambulancia** *f* ambulance
**ambulante I** *adj* traveling, *Br* travelling; ***venta*** ~ peddling, hawking; ***vendedor*** ~ hawker, street seller **II** *m/f L.Am.* vendedor hawker, street seller
**ambulatorio I** *adj* MED out-patient *atr* **II** *m* out-patient clinic
**ameba** *f* ameba, *Br* amoeba
**amebiano** *adj* amebic, *Br* amoebic
**amedrentar** ⟨1a⟩ *v/t* terrify; **amedrentarse** *v/r* be terrified, feel terrified
**amén I** *m* amen; ***en un decir*** ~ in a flash; ***decir a todo*** ~ agree to everything **II** *prp:* ~ *de* as well as
**amenaza** *f* threat
◊ **amenaza de bomba** bomb scare
**amenazador** *adj* threatening
**amenazante** *adj* threatening
**amenazar** ⟨1f⟩ **I** *v/t* threaten (**con, de** with); ~ *a alguien de muerte* threaten to kill s.o.; ~ *ruina* threaten to collapse, be on the verge of collapse; ***amenaza tempestad*** there's a storm brewing **II** *v/i:* ~ *con* threaten to
**amenidad** *f* interest, enjoyment
**amenizar** ⟨1f⟩ *v/t:* ~ *algo* make sth more entertaining *o* enjoyable
**ameno** *adj* enjoyable
**amento** *m* BOT catkin
**América** *f* America; ***hacer las*** ~*s* make a fortune
◊ **América Central** Central America; **América Latina** Latin America; **América del Norte** North America; **América del Sur** South America
**americana** *f* **1** American woman **2** *prenda* jacket
**americanismo** *m* Americanism
**americanizar** ⟨1f⟩ *v/t* Americanize
**americano** *m/adj* American
**amerindio I** *adj* Amerindian **II** *m*, -a *f* Amerindian
**ameritar** ⟨1a⟩ *v/t L.Am.* deserve, merit
**amerizaje** *m de avión* landing *on water*; *de nave espacial* splashdown
**amerizar** ⟨1f⟩ *v/i de avión* land *on water*; *de nave espacial* splash down
**ametralladora** *f* machine gun

**ametrallar** ⟨1a⟩ *v/t* machine-gun, fire at … with a machine gun
**amianto** *m* MIN asbestos
**amiba** *f* ☞ *ameba*
**amigable** *adj* friendly
**amígdala** *f* ANAT tonsil
◊ **amígdala faríngea** adenoids *pl*, pharyngeal tonsil *fml*
**amigdalitis** *f* MED tonsillitis *sg*
**amigo I** *adj* friendly; ***ser*** ~ *de algo* be fond of sth; ***no soy*** ~ *de esquiar* I'm not a big skier, I'm not fond of skiing; ***ser*** ~ *de lo ajeno* be light-fingered F **II** *m*, -a *f* friend; ***hacerse*** ~*s* make friends; ***somos muy*** ~*s* we're very close, we're very good friends; ~ *de la naturaleza* nature lover
**amigote** *m* F buddy F, pal F
**amiguete** *m* F crony F
**amiguismo** *m* nepotism, cronyism F
**amilanar** ⟨1a⟩ *v/t* daunt; **amilanarse** *v/r* be daunted
**amina** *f* QUÍM amine
**aminoácido** *m* QUÍM amino acid
**aminorar** ⟨1a⟩ *v/t* reduce; ~ *la marcha* slow down
**amistad** *f* **1** friendship; ***hacer*** *o* ***trabar*** ~ ***con alguien*** strike up a friendship with s.o.; ***hacer las*** ~*es* make it up **2**: ~*es pl* friends
**amistosamente** *adv* amicably
**amistoso I** *adj* friendly; ***partido*** ~ DEP friendly (game) **II** *m* DEP friendly
**amnesia** *f* amnesia
**amniocentesis** *f* MED amniocentesis
**amniótico** *adj:* ***bolsa*** -*a* amniotic sac; ***líquido*** ~ amniotic fluid
**amnistía** *f* amnesty
◊ **Amnistía Internacional** Amnesty International
**amnistiar** ⟨1c⟩ *v/t* grant an amnesty to, amnesty
**amo** *m* **1** (*dueño*) owner **2** HIST master; ***ser el*** ~ *del cotarro* be the leader of the pack
**amoblado** *S.Am.* **I** *adj* furnished **II** *m* furniture
**amoblar** ⟨1a⟩ *v/t S.Am.* furnish
**amodorramiento** *m* drowsiness
**amodorrarse** ⟨1a⟩ *v/r* feel sleepy
**amolar** ⟨1a⟩ *v/t:* ~ *a alguien* F get on s.o.'s nerves, *Br* get up s.o.'s nose F; *de muelas, artritis etc* bother s.o., give s.o. trouble; ***¡no amueles!*** F you're jok-

ing!, you're kidding (me)! F; **amolarse**
*v/r* grin and bear it
**amoldar** ⟨1a⟩ *v/t* adapt (*a* to); **amol-**
**darse** *v/r* adapt (*a* to)
**amonestación** *f* **1** warning; DEP *tb* caution **2**: *amonestaciones pl* REL banns
**amonestar** ⟨1a⟩ *v/t* **1** *reñir* reprimand **2**
DEP caution
**amoniacal** *adj* ammoniac(al)
**amoníaco, amoniaco** *m* ammonia
**amonio** *m* ammonium
**amontillado** *m* amontillado
**amontonamiento** *m* stack, pile; *de gen-*
*te* crowd
**amontonar** ⟨1a⟩ *v/t* pile up; **amonto-**
**narse** *v/r de objetos, problemas* pile
up; *de gente* crowd together
**amor** *m* **1** love; ~ *mío* my love, darling; ~
*al prójimo* love for one's fellow man;
*por ~ a alguien* for the love of s.o.;
*por ~ al arte* fig just for the fun of it;
*por ~ de Dios* for God's sake; *hacer*
*el ~ a alguien uso antiguo* court *o*
woo s.o.
**2** (*acto sexual*): *hacer el ~* make love;
*hacer el ~ con alguien* make love to
*o* with s.o.
**3**: *de o con mil ~es* with the greatest of
pleasure
**4**: *al ~ de la lumbre* around the fire
◇ **amor brujo** true love
◇ **amor propio** self-respect
**amoral** *adj* amoral
**amoratado** *adj* bruised; ~ *de frío* blue
with cold
**amordazar** ⟨1f⟩ *v/t* gag; *animal, prensa*
muzzle
**amorfo** *adj* shapeless
**amorío** *m* affair
**amoroso** *adj* amorous
**amortajar** ⟨1a⟩ *v/t* shroud
**amortiguador** *m* AUTO shock absorber
**amortiguar** ⟨1i⟩ *v/t impacto* cushion;
*sonido* muffle
**amortizable** *adj* redeemable
**amortización** *f* repayment, redemption
**amortizar** ⟨1f⟩ *v/t* **1** pay off **2** COM *bie-*
*nes* charge off, *Br* write off
**amotinado I** *adj* rebel *atr*, insurgent *atr*
**II** *m*, **-a** *f* rebel, insurgent
**amotinamiento** *m* mutiny, uprising
**amotinar** ⟨1a⟩ *v/t* incite to rebellion *o*
mutiny; **amotinarse** *v/r* rebel, mutiny
**amp.** *abr* (= *amperios*) amp (= am-

peres)
**amparar** ⟨1a⟩ *v/t* protect; (*ayudar*) help;
**ampararse** *v/r* seek shelter (*de* from); ~
*en algo* seek protection in sth
**amparo** *m* protection; (*cobijo*) shelter;
*al ~ de* under the protection of
**amperímetro** *m* EL ammeter
**amperio** *m* EL ampere, amp
**ampliable** *adj contrato de trabajo, alqui-*
*ler* renewable; *es ~* it can be extended
**ampliación** *f* **1** increase; *de negocio* expansion; *de plazo, edificio* extension **2**
FOT enlargement, blow-up
◇ **ampliación de capital** COM increase in capital
**ampliadora** *f* FOT enlarger
**ampliamente** *adv* widely
**ampliar** ⟨1c⟩ *v/t* **1** *plantilla* increase; *ne-*
*gocio* expand; *plazo, edificio* extend; ~
*estudios* continue one's education; ~
*sus horizontes* broaden one's horizons **2** FOT enlarge, blow up; **ampliarse**
*v/r* broaden
**amplificación** *f* amplification
**amplificador** *m* amplifier
**amplificar** ⟨1g⟩ *v/t* amplify
**amplio** *adj casa* spacious; *gama, margen*
wide; *falda* full
**amplitud** *f* **1** breadth; ~ *de miras* broad-
mindedness; ~ *de surtido* COM range,
choice **2** FÍS amplitude
**ampolla** *f* **1** MED blister; *levantar ~s* fig
get people's backs up **2** (*botellita*) vial,
ampoule, *Br* phial
**ampollarse** ⟨1a⟩ *v/r* blister
**ampolleta** *f Arg, Chi* light bulb
**ampulosidad** *f* pomposity, pompous-
ness
**ampuloso** *adj* pompous
**amputación** *f* amputation
**amputar** ⟨1a⟩ *v/t brazo, pierna* ampu-
tate
**amueblar** ⟨1a⟩ *v/t* furnish
**amuermar** ⟨1a⟩ F *v/t* bore; **amuer-**
**marse** *v/r* be bored
**amuleto** *m* charm
**amurallar** ⟨1a⟩ *v/t* wall, build a wall
around
**anabaptista** *m/f* REL Anabaptist
**anabolizante** *m* anabolic steroid
**anacarado** *adj* mother-of-pearl *atr*
**anacardo** *m* BOT cashew
**anaconda** *f* ZO anaconda
**anacoreta** *m/f* hermit

**anacrónico** *adj* anachronistic
**anacronismo** *m* anachronism
**ánade** *m* ZO duck
◇ **ánade real** mallard
◇ **ánade silbón** wigeon
**anadón** *m* duckling
**anaerobio** I *adj* anaerobic II *m* anaerobe
**anagrama** *m* anagram
**anal** *adj* anal
**anales** *mpl* annals
**analfabetismo** *m* illiteracy
**analfabeto** I *adj* illiterate II *m*, -a *f* illiterate
**analgesia** *f* MED analgesia
**analgésico** I *adj* painkilling, analgesic II *m* painkiller, analgesic
**análisis** *m inv* analysis
◇ **análisis de mercado** market research; **análisis de sangre** blood test; **análisis de sistemas** INFOR systems analysis
**analista** *m/f* analyst
◇ **analista programador** INFOR programmer-analyst
**analítico** *adj* analytic
**analizar** ⟨1f⟩ *v/t* analyze
**analogía** *f* analogy
**analógico** *adj* analog, *Br* analogue
**análogo** *adj* analogous
**ananá(s)** *m S.Am.* BOT pineapple
**anaquel** *m* shelf
**anaranjado** *adj* orangish
**anarco** *m/f* F anarchist
**anarquía** *f* anarchy
**anárquico** *adj* anarchic
**anarquismo** *m* anarchism
**anarquista** I *adj* anarchist *atr* II *m/f* anarchist
**anatema** *m* anathema
**anatematizar** ⟨1f⟩ *v/t* anathematize, condemn
**anatomía** *f* anatomy
**anatómico** *adj* anatomical; **asiento ~** AUTO ergonomically designed seat
**anca** *f* haunch
◇ **ancas de rana** GASTR frogs' legs
**ancestral** *adj* ancestral
**ancestro** *m* ancestor
**ancho** I *adj* **1** wide, broad **2** (*cómodo, tranquilo*): **a sus -as** at ease, relaxed; **quedarse tan ~** F carry on as if nothing had happened **3** (*orgulloso*): **ponerse muy ~** be very proud **4**: **venir ~ a** be too much for; **le viene ~ el cargo** the

job is too much for her II *m* width; **dos metros de ~** two meters wide
◇ **ancho de banda** bandwidth
◇ **ancho de vía** FERR gauge
**anchoa** *f* anchovy
**anchura** *f* width, breadth
**anciana** *f* old woman
**ancianidad** *f* old age
**anciano** I *adj* old II *m* old man
**ancla** *f* MAR anchor; **echar ~s** drop anchor; **levar ~s** weigh anchor
**anclado** *adj*: **estar ~** MAR be at anchor; *fig* be rooted (**en** in)
**anclaje** *m* **1** TÉC anchoring, fixing **2** MAR anchorage
**anclar** ⟨1a⟩ I *v/i* MAR anchor II *v/t* **1** TÉC anchor, fix **2** MAR anchor
**áncora** *f* anchor
**andadas** *fpl*: **volver a las ~** F fall back into one's old ways
**andaderas** *fpl* baby harness *sg*, reins *pl*
**andador** I *adj*: **una persona ~a** (*que anda mucho*) a person who walks a lot; (*que le gusta andar*) a person who is fond of walking II *m para bebé* baby walker; *para anciano* walker, Zimmer®
**andadura** *f* journey
**andamiaje** *m* (*conjunto de andamios*) scaffolding
**andamio** *m* scaffolding
◇ **andamio colgante** cradle
**andante** I *adj*: **caballero ~** knight errant II *m* MÚS andante
**andanzas** *fpl* adventures
**andar** ⟨1q⟩ I *v/i* **1** (*caminar*) walk; **andando** on foot; **¡andando!** come on!, move it! F
**2** (*funcionar*) work
**3**: **~ alegre / triste** be happy / sad; **~ bien / mal** do well / badly; **~ bien / mal de algo** have a lot of / be short of sth; **~ con cuidado** be careful; **~ con alguien** mix with s.o., hang out with s.o. F; **~ en algo** (*buscar*) rummage in sth; **~ en el cajón** rummage around in the drawer; **~ en o por los 30 años** be around 30; **~ tras algo** be after sth F; **~ haciendo algo** be doing sth; **~ a golpes, ~ a palos** be always fighting; **~ a una** work together; **¡anda! sorpresa** wow!; *incredulidad* come on!
II *v/t* walk
III *m*: **~es** gait, walk

**andarse** *v/r.* ~ **con bromas** kid around F; *todo se andará* F all will become clear

**andariego** *adj* fond of walking

**andarín** *adj* fond of walking

**andarivel** *m* *Rpl* DEP lane

**andarríos** *m* ZO sandpiper

**andas** *fpl*: **llevar en** ~ carry on one's shoulders

**andén** *m* **1** platform **2** *L.Am.* sidewalk, *Br* pavement

**Andes** *mpl* Andes

**andinismo** *m* *L.Am.* mountaineering, climbing

**andinista** *m/f* *L.Am.* mountaineer, climber

**andino** *adj* Andean

**Andorra** *f* Andorra

**andrajoso** *adj* ragged

**andrógino** BIO **I** *adj* androgynous **II** *m*, -a *f* hermaphrodite

**andurriales** *mpl*: **por estos** ~ F around here, in this neck of the woods F

**anea** *f* BOT cattail

**anécdota** *f* anecdote

**anecdótico** *adj* anecdotal

**anegar** ⟨1h⟩ *v/t* flood; **anegarse** *v/r de campo, terreno* be flooded; ~ **en llanto** dissolve into tears

**anejo I** *adj* attached **II** *m* annex, *Br* annexe

**anélidos** *mpl* ZO annelids

**anemia** *f* MED anemia, *Br* anaemia

**anémico** *adj* anemic, *Br* anaemic

**anemómetro** *m* anemometer, wind gauge

**anemona, anémona** *f* BOT anemone
◇ **anemona de mar** ZO sea anemone

**anestesia** *f* MED anesthesia, *Br* anaesthesia
◇ **anestesia general** general anesthetic *o Br* anaesthetic
◇ **anestesia local** local anesthetic *o Br* anaesthetic

**anestesiado** *adj* anesthetized, *Br* anaesthetized, under F

**anestesiar** ⟨1b⟩ *v/t* anesthetize, *Br* anaesthetize

**anestésico** *m* anesthetic, *Br* anaesthetic

**anestesista** *m/f* anesthesiologist, *Br* anaesthetist

**aneurisma** *m* MED aneurism, aneurysm

**anexar** ⟨1a⟩ *v/t territorio* annex; *comentario* append

**anexión** *f* POL annexation

**anexionar** ⟨1a⟩ *v/t* POL annex

**anexo I** *adj* attached **II** *m edificio* annex, *Br* annexe

**anfeta** F, **anfetamina** *f* MED amphetamine, speed F

**anfibio I** *adj* amphibious; *vehículo* ~ amphibious vehicle **II** *m* amphibian

**anfiteatro** *m* amphitheater, *Br* amphitheatre; *de teatro* dress circle

**anfitrión** *m* host

**anfitriona** *f* hostess

**ánfora** *f* **1** *L.Am.* POL ballot box **2** HIST amphora

**anfractuoso** *adj* rough, uneven

**ángel** *m* angel; **tener** ~ *(tener gracia)* be witty; *(tener encanto)* have charm
◇ **ángel custodio** guardian angel; **ángel exterminador** *en Biblia* angel of death; **ángel de la guarda** guardian angel

**angélica** *f* BOT angelica

**angelical** *adj* angelic

**angélico** *adj* REL angelic

**angelino I** *adj* of / from Los Angeles, Los Angeles *atr* **II** *m*, -a *f* Angelino

**angelito** *m* little angel

**angelote** *m* angel

**ángelus** *m* angelus

**angina** *f* MED: ~**s** *pl* sore throat *sg*, strep throat *sg*
◇ **angina de pecho** angina

**angioma** *m* MED angioma

**anglicanismo** *m* Anglicanism

**anglicano I** *adj* Anglican **II** *m*, -a *f* Anglican

**anglicismo** *m* Anglicism

**angloamericano** *adj* Anglo-American

**anglófono** *adj* English-speaking

**angloparlante** *adj* English-speaking

**anglosajón I** *adj* Anglo-Saxon **II** *m*, -ona *f* Anglo-Saxon

**angoleño I** *adj* Angolan **II** *m*, -a *f* Angolan

**angora** *f* angora; *gato / conejo de Angora* Angora cat / rabbit

**angosto** *adj* narrow

**angostura** *f* angostura

**anguila** *f* ZO eel

**angula** *f* ZO, GASTR elver

**angular I** *adj* angular; *piedra* ~ cornerstone **II** *m* **1** TÉC angle iron **2** FOT: *gran* ~ wide-angle lens *sg*

**ángulo** *m* MAT, *fig* angle
◇ **ángulo agudo** acute angle; **ángulo complementario** complementary angle; **ángulo obtuso** obtuse angle; **ángulo recto** right angle
**anguloso** *adj* angular
**angustia** *f* anguish
**angustiado** *adj* distraught
**angustiante** *adj* distressing
**angustiar** ⟨1b⟩ *v/t* distress; **angustiarse** *v/r* agonize (**por** over)
**angustioso** *adj* agonizing
**anhelante** *adj* longing (**de** for)
**anhelar** ⟨1a⟩ *v/t* long for
**anhelo** *m* longing, desire (**de** for)
**anheloso** *adj* ☞ **anhelante**
**anhídrido** *m* QUÍM anhydride
◇ **anhídrido carbónico** carbon dioxide
◇ **anhídrido sulfuroso** sulfur *o Br* sulphur dioxide
**anidación** *f* 1 nesting 2 MED implanting
**anidar** ⟨1a⟩ *v/i* nest; **anidarse** *v/r* MED implant
**anilina** *f* QUÍM aniline
**anilla** *f* 1 ring; **cuaderno de ~s** ring binder 2: **~s** *pl* DEP rings
**anillar** ⟨1a⟩ *v/t* ring
**anillo** *m* ring; **te viene como ~ al dedo** F it suits you perfectly; **no se te caerán los ~s** it won't kill you
◇ **anillo de boda** wedding ring *o* band
**ánima** *f* 1 REL soul; **~ en pena** *fig* soul in torment 2 TÉC bore
◇ **ánima bendita, ánima del purgatorio** soul in purgatory
**animación** *f* 1 liveliness; **hay mucha ~** it's very lively 2 *en películas* animation
**animado** *adj* lively
**animador** *m* TV host
◇ **animador turístico** events organizer
**animadora** *f* 1 TV hostess 2 DEP cheerleader
**animadversión** *f* antagonism, hostility
**animal** I *adj* 1 animal *atr*; **reino ~** animal kingdom 2 *fig* stupid II *m tb fig* animal
◇ **animal de carga** beast of burden; **animal de compañía** pet; **animal de costumbres** *fig* creature of habit; **animal doméstico** *mascota* pet; *de granja* domestic animal; **animal experimental, animal de experimentación** laboratory animal; **animal de presa** predator

**animalada** *f*: **decir / hacer una ~** F say / do something nasty
**animar** ⟨1a⟩ *v/t* 1 cheer up 2 (*alentar*) encourage; **animarse** *v/r* cheer up; **¿te animas?** do you feel like it?, are you interested?
**anímico** *adj* mental; **estado ~** state of mind
**ánimo** *m* 1 spirit; **tener ~s de** *o* **para** feel up to 2 (*coraje*) encouragement; **dar** *o* **infundir ~ a alguien** give s.o. encouragement; **¡~!** cheer up! 3 (*mente*): **presencia de ~** presence of mind; **estado de ~** state of mind 4 (*intención*): **con ~ de** with the intention of
**animosidad** *f* animosity
**animoso** *adj* spirited
**aniñado** *adj* childlike
**anión** *m* anion
**aniquilación** *f*, **aniquilamiento** *m* annihilation
**aniquilar** ⟨1a⟩ *v/t* annihilate
**anís** *m* 1 BOT aniseed 2 *bebida* anisette
◇ **anís estrellado** star anis
**anisado** I *adj* aniseed-flavored, *Br* aniseed-flavoured II *m* anisette
**anisete** *m* anisette
**aniversario** *m* anniversary; **~ de muerte** anniversary of s.o.'s death; **el quinto ~ de muerte del abuelo** the fifth anniversary of grandfather's death
◇ **aniversario de boda** wedding anniversary
**ano** *m* ANAT anus
◇ **ano artificial, ano contra natura** colostomy
**anoche** *adv* last night; **antes de ~** the night before last
**anochecer** I ⟨2d⟩ *v/i* get dark; **anocheció** night fell, it got dark II *m* dusk; **al ~** at dusk, at nightfall
**anodino** *adj* anodyne; *fig* bland
**ánodo** *m* EL anode
**anomalía** *f* anomaly
**anómalo** *adj* anomalous
**anonadar** ⟨1a⟩ *v/t*: **~ a alguien** take s.o. aback
**anonimato** *m* anonymity; **guardar** *o* **mantener el ~** remain anonymous; **salir del ~** reveal one's identity; (*sobresalir*) emerge from obscurity
**anónimo** I *adj* anonymous II *m* poison pen letter
**anorak** *m* anorak

**anorexia** *f* MED anorexia
**anoréxico** *adj* anorexic
**anormal** *adj* abnormal
**anormalidad** *f* abnormality
**anotación** *f* note
**anotado** *adj* annotated
**anotador** *m*, **~a** *f* DEP scorer
**anotar** ⟨1a⟩ *v/t* note down; **anotarse** *v/r tanto, victoria* notch *o* rack up
**anovulatorio** *m* MED anovulant
**anquilosarse** ⟨1a⟩ *v/r* **1** get stiff, stiffen up **2** *fig: de planes, creación de empleo* grind to a halt
**ánsar** *m* ZO goose
**ansia** *f* **1** yearning; **~ de saber** thirst for knowledge; **~ de poder** desire *o* yearning for power **2** (*inquietud*) anxiety, anxiousness **3**: **~s** *pl* nausea *sg*
**ansiar** ⟨1b⟩ *v/t* yearn for, long for
**ansiedad** *f* anxiety
**ansioso** *adj* **1** anxious **2**: **está ~ por verlos** he's longing to see them; **~ de placer** anxious *o* eager to please
**anta** *f* L.Am. ZO tapir
**antagónico** *adj* conflicting
**antagonismo** *m* antagonism
**antagonista** *m/f* antagonist
**antaño** *adv* long ago
**antártico** *adj paisaje, fauna* Antarctic
**Antártico** *m* Antarctic
**Antártida** *f* Antarctica
**anteanoche** *adv* the night before last
**anteayer** *adv* the day before yesterday
**antebrazo** *m* forearm
**antecámara** *f* anteroom
**antecedente I** *adj* previous; **~ a** prior to **II** *m* **1** precedent; **sin ~s** unprecedented **2**: *poner a alguien en ~s* put s.o. in the picture, bring s.o. up to speed; *estar en ~s* be up to speed **3** JUR: *sin ~s* without precedent; *tener ~s* have a criminal record
◇ **antecedentes penales** previous convictions; *sin ~* without a criminal record
**anteceder** ⟨2a⟩ *v/t* precede, come before
**antecesor** *m*, **~a** *f* **1** predecessor **2** *familia* ancestor
**antedatar** ⟨1a⟩ *v/t* backdate
**antedicho** *adj* aforesaid, aforementioned
**antediluviano** *adj* prehistoric *hum*
**antefechar** ⟨1a⟩ *v/t* backdate

**ante I** *m* **1** suede **2** ZO moose **3** *Méx* (*postre*) egg and coconut dessert **II** *prp posición* before; *dificultad* faced with; **~ todo** above all
**antelación** *f*: **con ~** in advance; **con la debida ~** with plenty of notice; **con la mayor ~ posible** in plenty of time
**antemano**: **de ~** beforehand
**antena** *f* **1** TV, RAD antenna, *Br* aerial; *estar en ~* be on the air **2** ZO antenna
◇ **antena colectiva** communal antenna, *Br* communal aerial
◇ **antena parabólica** satellite dish
**antenista** *m/f* antenna *o Br* aerial installer
**anteojeras** *fpl inv* blinders, *Br* blinkers
**antojitos** *mpl Méx* snacks, appetizers
**anteojos** *mpl inv* **1** binoculars **2** L.Am. (*gafas*) glasses, eyeglasses
**antepasado** *m*, **-a** *f* ancestor; **~s** ancestors, forefathers
**antepecho** *m* **1** *de ventana* sill **2** (*barandilla*) parapet
**antepenúltimo** *adj* third last
**anteponer** ⟨2r⟩ *v/t*: **~ algo a algo** put sth before sth
**anteproyecto** *m* draft
**anterior** *adj* previous, former
**anterioridad** *f*: **con ~** before, previously; **con ~ a** before
**anteriormente** *adv* **1** previously, before; *sus amigos habían acudido ~ a la casa* his friends had gone to the house earlier *o* beforehand **2**: **~ a** prior to
**antes I** *adv* before; *cuanto ~, lo ~ posible* as soon as possible; *poco ~* shortly before; **~ que nada** first of all; **~ bien** on the contrary; **de ~** old **II** *prp*: **~ de** before; **~ de hora**, **~ de tiempo** early, ahead of time; **~ de llegar el tren** before the train arrived **III** *conj*: **~ de que** *subj* before
**antesala** *f* lobby; *hacer ~* hang around
**antiabortista** *m/f* right-to-lifer, anti-abortionist
**antiadherente** *adj* non-stick
**antiaéreo I** *adj* anti-aircraft *atr* **II** *m* anti--aircraft gun
**antialérgico** *adj* anti-allergy *atr*
**antiarrugas** *adj* antiwrinkle *atr*
**antiautoritario** *adj* antiauthoritarian
**antibala(s)** *adj* bulletproof; *cristal ~* bulletproof glass
**antibelicista** *adj* anti-war *atr*

**antibiótico** *m* antibiotic

**antibloqueo** *adj*: *sistema ~ de frenos* AUTO ABS

**antichoque(s)** *adj* shock-resistant

**anticiclón** *m* anticyclone

**anticiclónico** *adj* anticyclonic

**anticipación** *f* anticipation; *con ~* in advance

**anticipadamente** *adv pagar* in advance; *presentarse, reunirse* ahead of time

**anticipado** *adj pago* advance *atr*; *elecciones* early; *por ~* in advance

**anticipar** ⟨1a⟩ *v/t* **1** *sueldo* advance **2** *fecha, viaje* move up, *Br* bring forward **3** *información, noticias* give a preview of; **anticiparse** *v/r* **1** *de suceso* come early **2**: *~ a alguien* get there ahead of s.o.

**anticipo** *m* advance

**anticlericalismo** *m* anticlericalism

**anticoncepción** *f* contraception

**anticonceptivo I** *adj* contraceptive *atr* **II** *m* contraceptive

**anticongelante** *m* antifreeze

**anticonstitucional** *adj* unconstitutional

**anticontaminante** *adj* non-polluting, which does not harm the environment; *energía* clean

**anticorrosivo** *m/adj* anticorrosive

**anticristo** *m* Antichrist

**anticuado** *adj* antiquated

**anticuario** *m* antique dealer

**anticuarse** ⟨1d⟩ *v/r* become old-fashioned

**anticuerpo** *m* BIO antibody

**antideportivo** *adj* unsporting, unsportsmanlike

**antidepresivo** *m* antidepressant

**antideslizante** *adj* non-slip

**antideslumbrante** *adj* anti-glare

**antidetonante** AUTO **I** *adj* anti-knock *atr* **II** *m* anti-knock agent

**antidisturbios** *adj*: *policía ~* riot police

**antidopaje, antidoping** *adj*: *control o prueba ~* dope test, drugs test; *dar positivo en el test ~* fail the drugs test

**antídoto** *m* MED antidote; *fig* cure

**antidroga** *adj* drug *atr*; *campaña, proyecto* anti-drug

**antieconómico** *adj* uneconomic

**antiespasmódico** *adj* MED antispasmodic

**antiestético** *adj* unattractive, unesthetic, *Br* unaesthetic

**antifascista** *m/f* & *adj* anti-Fascist

**antifaz** *m* mask

**antígeno** *m* BIO antigen

**antigripal** *adj* influenza *atr*, flu *atr*

**antigualla** *f* F piece of old junk F; *~s pl* old junk F *sg*

**antiguamente** *adv* in the past

**antigubernamental** *adj* antigovernment

**antigüedad** *f* **1** age **2** *en el trabajo* length of service, seniority **3**: *~es pl* antiques

**antiguo** *adj* old; *del pasado remoto* ancient; *su ~ novio* her old *o* former boyfriend; *a la -a* in the old-fashioned way; *edad -a* ancient times *pl*

**antihéroe** *m* antihero

**antihigiénico** *adj* unhygienic

**antiincendios** *adj*: *sistema ~* fire detection and alarm system

**antiinflacionista** *adj* anti-inflation *atr*

**antiinflamatorio** *adj* MED anti-inflammatory

**antillano** *adj* West Indian

**Antillas** *fpl* West Indies; *Grandes / Pequeñas Antillas* Greater / Lesser Antilles

**antílope** *m* ZO antelope

**antimateria** *f* antimatter

**antimilitarista** *adj* antimilitarist

**antimisil** *m* antimissile

**antimonio** *m* QUÍM antimony

**antinatural** *adj* unnatural

**antinuclear** *adj* anti-nuclear *atr*

**antioxidante** *m/adj* antioxidant

**antiparasitario I** *adj*: *producto ~* antiparasitic product **II** *m* antiparasitic

**antiparras** *fpl* F specs F

**antipatía** *f* antipathy, dislike

**antipático** *adj* disagreeable, unpleasant

**antipirético** *m* MED antipyretic

**antípodas** *mpl* antipodes

**antiquísimo** *adj* incredibly ancient *o* old

**antirreglamentario** *adj* DEP *posición* offside; *una jugada -a* a foul

**antirrobo** *m* AUTO antitheft device

**antisemita** *m/f* anti-Semite

**antisemítico** *adj* anti-Semitic

**antisemitismo** *m* anti-Semitism

**antiséptico** *m/adj* antiseptic

**antisida** *adj* Aids *atr*; *vacuna ~* Aids vaccine

**antisísmico** *adj* earthquake-proof

**antisocial** *adj* antisocial
**antitabaco** *adj*: **campaña** ~ anti-smoking campaign
**antitérmico** *m* MED antifebrile
**antiterrorista** *adj*: **brigada** antiterrorist; **la lucha** ~ the fight against terrorism
**antítesis** *f inv* antithesis
**antivirus** *adj*: **programa** ~ INFOR virus program
**antojadizo** *adj*: **ser** ~ want everything one sees
**antojarse** ⟨1a⟩ *v/r* **1** (*apetecer*): **se le antojó salir** he felt like going out **2** (*parecer*): **se me antoja que ...** it seems to me that ...; **se me antoja que va a llover** it looks like rain to me
**antojo** *m* whim; *de embarazada* craving; **a mi** ~ as I please
**antología** *f* anthology; **de** ~ *fig* F fantastic, incredible F
**antónimo** *m* antonym
**antonomasia** *f*: **por** ~ par excellence
**antorcha** *f* torch
**antracita** *f* MIN anthracite
**ántrax** *m* MED anthrax
**antro** *m* F dive F, dump F
**antropofagia** *f* cannibalism
**antropófago** *m*, -a *f* cannibal
**antropología** *f* anthropology
**antropólogo** *m*, -a *f* anthropologist
**antropomorfo** *adj* anthropomorphic
**anual** *adj* annual
**anualidad** *f* annual payment
**anualmente** *adv* yearly
**anuario** *m* yearbook
**anubarrado** *adj* cloudy, overcast
**anudar** ⟨1a⟩ *v/t* knot; *corbata* knot, tie; **anudado a mano** *alfombra, moqueta* hand-knotted; **anudarse** *v/r* *fig*: **se le anudaba la garganta** he got a lump in his throat; *de miedo* he found it difficult to swallow
**anulación** *f* cancellation; *de matrimonio* annulment
**anular¹** ⟨1a⟩ *v/t* cancel; *matrimonio* annul; *gol* disallow; *ley* repeal
**anular²** *adj* ring-shaped; **dedo** ~ ring finger
**anunciación** *f* **1** announcement **2** REL: **Anunciación** Annunciation
**anunciante** *m/f* COM advertiser
**anunciar** ⟨1b⟩ *v/t* **1** announce **2** COM advertise; **anunciarse** *v/r* **1** take out a newspaper advertisement, advertise

**2** *en forma de comunicado* be announced
**anuncio** *m* **1** announcement **2** (*presagio*) sign **3** COM advertisement; **sección de** ~**s** advertisement section; ~ **luminoso** illuminated sign
◊ **anuncios clasificados** classified advertisements *o* ads, *Br* small ads F
◊ **anuncios por palabras** classified advertisements *o* ads, *Br* small ads F
**anverso** *m* obverse
**anzuelo** *m* (fish) hook; **echar el** ~ cast; **morder** *o* **tragar el** ~ *fig* F take the bait
**añada** *f* year
**añadido** **I** *adj* added **II** *m* extra piece
**añadidura** *f*: **por** ~ in addition
**añadir** ⟨3a⟩ *v/t* add
**añejo** *adj* mature
**añicos** *mpl*: **hacer** ~ F smash to smithereens; **estar hecho** ~ *fig* be shattered
**añil** *m* indigo
**año** *m* **1** year; ~ **tras** ~ year after year; **el** ~ **que viene** next year; **el** ~ **pasado** last year; **los** ~**s veinte** the twenties; **¡por muchos** ~**s!** long may it last!; **ser del** ~ **de la nanita** *o* **de la pera** F be as old as the hills
**2** *de edad*: **cumplir diez** ~**s** be ten (years old), turn ten; **¿cuándo cumples** ~**s?** when's your birthday?; **¿cuántos** ~**s tienes?** how old are you?; **a los diez** ~**s** at the age of ten; **a mis** ~**s** at my age; **entrado** *o* **metido en** ~**s** elderly; **quitarse** ~**s** claim to be younger than one is; **por ti no pasan los** ~**s** you don't seem to age at all
◊ **año bisiesto** leap year; **año civil** calendar year; **año eclesiástico** ecclesiastic year; **año fiscal** fiscal year, *Br* tax year; **año litúrgico** ecclesiastic year; **año luz** light year; **estar a años luz** be light years ahead; **año nuevo** New Year; **día de Año Nuevo** New Year's Day; **año sabático** sabbatical
**añoranza** *f* yearning, longing (**de** for)
**añorar** ⟨1a⟩ *v/t* miss
**añublo** *m* AGR rust
**aorta** *f* ANAT aorta
**aovar** ⟨1a⟩ *v/i* lay eggs
**apabullante** *adj* overwhelming
**apabullar** ⟨1a⟩ *v/t* overwhelm
**apacentar** ⟨1k⟩ *v/t* graze
**apache** *m/f* & *adj* Apache
**apacible** *adj* mild-mannered

**apaciguador** *adj* pacifying
**apaciguar** ⟨1i⟩ *v/t* pacify, calm down; **apaciguarse** *v/r* calm down
**apadrinar** ⟨1a⟩ *v/t* **1** be godparent to **2**: **~ a la novia** give the bride away **3** *político* support, back **4** *artista etc* sponsor
**apagado** *adj* **1** *fuego* out; *luz* off **2** *persona* dull **3** *color* subdued
**apagador** *m* **1** snuffer **2** *Méx* EL switch
**apagar** ⟨1h⟩ *v/t televisor, luz* turn off; *fuego* put out; *vela* snuff, put out; **apaga y vámonos** we may as well call it a day; **apagarse** *v/r de luz* go off; *de fuego* go out
**apagón** *m* blackout
**apaisado** *adj* landscape *atr*
**apalabrar** ⟨1a⟩ *v/t* agree (verbally); **apalabrarse** *v/r* reach an agreement
**apalancar** ⟨1g⟩ *v/t* lever; **apalancarse** *v/r* F settle
**apaleamiento** *m* beating
**apalear** ⟨1a⟩ *v/t* beat; **ha sido apaleada por la vida** she's had a hard life
**apañado** **I** *adj* F resourceful **II** *part* ☞ **apañar**
**apañar** ⟨1a⟩ *v/t* **1** tidy up **2** *aparato* repair **3** *resultado* rig F, fix F **4**: **estamos apañados** F we've had it F; **apañarse** *v/r* manage; **apañárselas** manage, get by
**apaño** *m fig* F makeshift repair
**aparador** *m* **1** sideboard **2** *Méx* (*escaparate*) store window, *Br* shop window
**aparato** *m* **1** piece of equipment; *doméstico* appliance; **al ~** TELEC speaking **2** BIO, ANAT system **3** *de partido político* machine
◇ **aparato administrativo** state machinery; **aparato circulatorio** ANAT circulatory system; **aparato digestivo** digestive system; **aparato respiratorio** respiratory system; **aparato locomotor** ANAT skeletomuscular system
**aparatosidad** *f* **1** *de vestido, collar* fanciness **2** *de caída* spectacular nature **3** *de vendaje, armazón* bulkiness
**aparatoso** *adj* **1** *vestido, collar* fancy **2** *caída* spectacular **3** *vendaje, armazón* bulky
**aparcacoches** *m inv* valet
**aparcamiento** *m* parking lot, *Br* car park
◇ **aparcamiento subterráneo** underground parking garage, *Br* under-ground car park
**aparcar** ⟨1g⟩ **I** *v/t* **1** park; **~ en batería** angle park; **~ en línea** parallel park; **~ en doble fila** double park **2** *tema, proyecto* shelve **II** *v/i* park
**aparcería** *f* AGR sharecropping
**aparcero** *m*, **-a** *f* AGR sharecropper
**apareamiento** *m* zo mating
**aparear** ⟨1a⟩ ZO *v/t* mate; **aparearse** *v/r* mate
**aparecer** ⟨2d⟩ *v/i* appear; **aparecerse** *v/r* turn up
**aparecido** *m* ghost
**aparejado** *part* ☞ **aparejar**
**aparejador** *m*, **~a** *f* architectural technician, *Br* quantity surveyor
**aparejar** ⟨1a⟩ *v/t* **1** prepare **2** *caballo* saddle **3** MAR rig **4**: **traer** *o* **llevar aparejado** entail, bring with it
**aparejo** *m* **1** preparation **2** MAR rigging **3**: **~s** *pl* tack *sg*
◇ **aparejos de pesca** fishing gear *sg*
**aparentar** ⟨1a⟩ *v/t* **1** pretend; **~ hacer algo** pretend to do sth **2**: **no aparenta la edad que tiene** she doesn't look her age
**aparente** *adj* **1** (*evidente*) apparent **2** *L.Am.* (*fingido*) feigned
**aparentemente** *adv* apparently
**aparición** *f* **1** appearance; **hacer su ~** make one's appearance **2** (*fantasma*) apparition
**apariencia** *f* appearance; **en ~** outwardly; **las ~s engañan** appearances can be deceptive; **salvar las ~s** keep up appearances; **según todas las ~s** judging by appearances
**apart(h)otel** *m* apartment hotel
**apartadero** *m* FERR siding
**apartado** **I** *adj* isolated **II** *m* section
◇ **apartado de correos** P.O. Box
**apartamento** *m Esp* apartment, *Br* flat
**apartamiento** *m* **1** separation **2** *L.Am.* (*apartamento*) apartment, *Br* flat
**apartar** ⟨1a⟩ *v/t* **1** separate; *para después* set *o* put aside; *de un sitio* move away (**de** from) **2**: **~ a alguien de hacer algo** dissuade s.o. from doing sth; **apartarse** *v/r* move aside (**de** from); **~ del camino** leave the main road; **~ del tema** stray from the subject; **no se aparta de mi lado** he won't move from my side, F he sticks like glue; **¡apártate!** move!
**aparte** **I** *adv* **1** to one side; **llevar a al-**

**guien** ~ take s.o. aside *o* to one side **2** (*por separado*) separately **3**: ~ **de** aside from, *Br* apart from; ~ **de guapa, es rica** she's not only pretty, she's rich too, she's rich as well as pretty; ~ **de que** apart from the fact that **II** *m* **1** TEA aside **2** TIP new line; **punto y** ~ new paragraph

**apasionado I** *adj* passionate **II** *m/f* enthusiast

**apasionamiento** *m* passion

**apasionante** *adj* fascinating

**apasionar** ⟨1a⟩ *v/t* fascinate; **apasionarse** *v/r* develop a passion (**por** for)

**apatía** *f* apathy

**apático** *adj* apathetic

**apátrida** *adj* stateless

**apdo.** *abr* (= **apartado** (**de correos**)) P.O. Box (= Post Office Box)

**apeadero** *m* FERR halt

**apear** ⟨1a⟩ *v/t* **1** get ... off **2**: ~ **a alguien del cargo** remove s.o. from their position; **apearse** *v/r* get off, alight *fml*; ~ **de algo** get off sth, alight from sth *fml*

**apechar** *vb* ☞ **apechugar**

**apechugar** ⟨1h⟩ *v/i*: ~ **con algo** cope with sth

**apedrear** ⟨1a⟩ *v/t* throw stones at; *matar* stone (to death)

**apegado** *adj*: ~ **a alguien / algo** be attached to s.o. / sth

**apego** *m* attachment

**apelable** *adj* JUR appealable

**apelación** *f* JUR, DEP appeal; **interponer** ~ appeal

**apelar** ⟨1a⟩ *v/t tb* JUR appeal (**a** to)

**apelativo** *m* form of address; ~ **cariñoso** pet name

**apellidarse** ⟨1a⟩ *v/r*: **¿cómo se apellida?** what's your / his / her surname?; **se apellida Ocaña** his / her surname is Ocaña

**apellido** *m* surname

◇ **apellido de soltera** maiden name

**apelmazado** *adj lana* matted; *arroz* stodgy

**apelmazarse** ⟨1f⟩ *v/r de lana* get matted; *de arroz* stick together

**apelotonarse** ⟨1a⟩ *v/r* crowd together

**apenado** *adj* **1** sad **2** *L.Am.* (*avergonzado*) ashamed **3** *L.Am.* (*incómodo*) embarrassed **4** *L.Am.* (*tímido*) shy

**apenar** ⟨1a⟩ *v/t* sadden; **apenarse** *v/r* **1** be upset *o* distressed **2** *L.Am.* (*avergonzarse*) be ashamed **3** *L.Am.* (*sentirse incómodo*) be embarrassed **4** *L.Am.* (*ser tímido*) be shy

**apenas I** *adv* hardly, scarcely; **falta** ~ **una hora** there's barely an hour left; **la película ha comenzado hace** ~ **unos minutos** the movie started just a few minutes ago, the movie has only just started; ~ **nada** hardly anything **II** *conj* as soon as

**apéndice** *m* appendix

◇ **apéndice cecal, apéndice vermiforme** vermiform appendix

**apendicitis** *f* MED appendicitis

**apercibimiento** *m* warning

**apercibir** ⟨3a⟩ *v/t* warn (**de** of); **apercibirse** *v/r*: ~ **de algo** notice sth

**apergaminado** *adj fig* wrinkled

**aperitivo** *m* **1** *comida* appetizer **2** *bebida* aperitif

**apero** *m* **1** *utensilio* implement **2** *L.Am.* (*arneses*) harness

◇ **aperos de labranza** farming implements

**apertura** *f* **1** opening **2** FOT aperture **3** POL opening up

**apesadumbrado** *adj* heavy-hearted

**apesadumbrar** ⟨1a⟩ *v/t* sadden; **apesadumbrarse** *v/r* be saddened

**apestado** *part* ☞ **apestar**

**apestar** ⟨1a⟩ **I** *v/t* stink out **F II** *v/i* reek, stink (**a** of); **huele que apesta** it stinks

**apestoso** *adj* smelly

**apetecer** ⟨2d⟩ **I** *v/i*: **me apetece ir a dar un paseo** I feel like going for a walk; **¿qué te apetece?** what do you feel like? **II** *v/t*: **me apetece una cerveza** I feel like a beer

**apetecible** *adj* appetizing

**apetito** *m* appetite; **falta de** ~ lack of appetite

**apetitoso** *adj* appetizing

**API** *m/f abr* (= **agente de la propiedad inmobiliaria**) realtor, real estate agent, *Br* estate agent

**apiadarse** ⟨1a⟩ *v/r* take pity (**de** on)

**ápice** *m*: **ni un** ~ *fig* not an ounce; **no ceder ni un** ~ *fig* not give an inch; **no falta un** ~ not a thing is *o* absolutely nothing is missing

**apícola** *adj* beekeeping *atr*

**apicultor** *m*, ~**a** *f* beekeeper

**apicultura** *f* beekeeping

apilar ⟨1a⟩ v/t pile up; apilarse v/r pile up

apiñado adj packed, squashed

apiñar ⟨1a⟩ v/t pack, squash; apiñarse v/r crowd together, squash together

apio m BOT celery

apiolar ⟨1a⟩ v/t F bump off F

apisonadora f steamroller

apisonar ⟨1a⟩ v/t roll

aplacar ⟨1g⟩ v/t 1 hambre satisfy; sed quench 2 a alguien calm down, placate fml; aplacarse v/r calm down, die down

aplanado part ☞ aplanar

aplanadora f L.Am. steamroller

aplanar ⟨1a⟩ v/t 1 level, flatten 2 C.Am., Pe: ~ las calles hang around the streets; aplanarse v/r fig (descorazonarse) lose heart

aplastante adj overwhelming; calor suffocating; una mayoría ~ an overwhelming majority

aplastar ⟨1a⟩ v/t tb fig crush

aplaudida f L.Am. applause

aplaudir ⟨3a⟩ I v/i applaud, clap II v/t tb fig applaud

aplauso m round of applause

aplazable adj which can be postponed

aplazamiento m de visita, viaje postponement

◊ aplazamiento de pago deferred terms pl

aplazar ⟨1f⟩ v/t 1 visita, viaje put off, postpone 2 Arg fail

aplicable adj applicable

aplicación f application

aplicado adj hard-working

aplicar ⟨1g⟩ v/t apply; sanciones impose; aplicarse v/r apply o.s.

aplique m wall light

aplomado adj self-assured, composed

aplomo m composure, aplomb

apnea f MED apnea, Br tb apnoea; ~ del sueño sleep apnea

apocado adj timid

Apocalipsis f Apocalypse

apocalíptico adj apocalyptic

apocar ⟨1g⟩ v/t daunt; apocarse v/r be intimidated, be daunted

apócrifo adj apocryphal

apodado part ☞ apodar

apodar ⟨1a⟩ v/t nickname, call; apodarse v/r be nicknamed o called

apoderado m, -a f COM agent

apoderamiento m authorization

apoderar ⟨1a⟩ v/t authorize; apoderarse v/r take possession o control (de of); se apoderó de todo el dinero he took all the money

apodo m nickname

apogeo m fig height, peak; estar en su ~ be at its height

apolillado adj moth-eaten

apolillarse ⟨1a⟩ v/r get moth-eaten

apolíneo adj fig handsome

apolítico adj apolitical

apolo m fig Greek god

apologético adj apologetic

apología f defense, Br defence

apologista m/f apologist

apoltronarse ⟨1a⟩ v/r en asiento settle down; en trabajo, rutina get into a rut

apoplejía f MED apoplexy; ataque de ~ stroke; ~ cerebral stroke

apoquinar ⟨1a⟩ v/t & v/i F cough up F

aporrear ⟨1a⟩ v/t pound on

aportación f 1 contribution 2 COM investment

aportar ⟨1a⟩ v/t contribute; ~ pruebas JUR provide evidence; ~ al matrimonio JUR bring to the marriage

aposentar ⟨1a⟩ v/t settle; aposentarse v/r settle in

aposento m room, chamber

aposición f GRAM apposition

apósito m dressing

aposta adv on purpose, deliberately

apostante m person who places a bet, Br punter

apostar ⟨1m⟩ I v/t bet (por on); ~ doble contra sencillo bet double or quits; ¿qué apostamos? do you want to bet? II v/i 1 bet 2: ~ por algo opt for sth; ~ fuerte por be firmly in favor of; apostarse v/r MIL position o.s.

apostasía f apostasy

apóstata m/f apostasy

a posteriori adj & adv a posteriori

apostilla f comment, note

apostillar ⟨1a⟩ v/t comment

apóstol m 1 apostle 2 fig: de la paz, la solidaridad etc advocate

apostolado m ministry

apostólico adj apostolic

apóstrofe, apóstrofo m apostrophe

apoteósico adj spectacular

apoteosis f fig climax, apotheosis fml

apoyabrazos m inv armrest

**apoyacabezas** *m inv* headrest

**apoyar** ⟨1a⟩ *v/t* **1** lean (**en** against), rest (**en** against) **2** (*respaldar, confirmar*) support; **apoyarse** *v/r* **1** lean (**en** on; **contra** against) **2** *en persona* rely (**en** on) **3**: *¿en qué te apoyas para decir eso?* what are you basing that comment on?

**apoyatura** *f* MÚS appoggiatura

**apoyo** *m fig* support; *en ~ de* in support of

**apreciable** *adj* **1** (*visible*) appreciable, noticeable **2** (*considerable*) considerable, substantial

**apreciación** *f* appreciation

**apreciado** *adj* valued

**apreciar** ⟨1b⟩ *v/t* **1** appreciate **2** (*sentir afecto por*) be fond of, think highly of; **apreciarse** *v/r* FIN appreciate

**apreciativo** *adj* appreciative

**aprecio** *m* respect; *tener un gran ~ por alguien* have a great deal of respect for s.o.

**aprehender** ⟨2a⟩ *v/t* apprehend, capture

**aprehensión** *f* capture, seizure

**apremiante** *adj* pressing, urgent

**apremiar** ⟨1b⟩ **I** *v/t* pressure, put pressure on **II** *v/i*: *el tiempo apremia* time is pressing

**apremio** *m* pressure, harassment; *~ de tiempo* pressure of time

**aprender** ⟨2a⟩ *v/t* learn; *~ a leer / conducir* learn to read / drive; *~ de la experiencia* learn from experience; **aprenderse** *v/r* learn; *se aprendió la lección* he learned his lesson; *~ algo de memoria* learn sth (off) by heart

**aprendiz** *m*, *~a f* apprentice, trainee; *estar de ~* be a trainee

**aprendizaje** *m* **1** apprenticeship; *puesto o plaza de ~* apprenticeship **2**: *capacidad de ~* ability to learn

**aprensión** *f* **1** (*miedo*) apprehension **2** (*asco*) squeamishness; *me da ~ hacerlo* I don't like the thought of doing it

**aprensivo** *adj* apprehensive

**apresamiento** *m* **1** MAR seizure **2** *de ladrón, animal* capture

**apresar** ⟨1a⟩ *v/t* **1** *nave* seize **2** *ladrón, animal* catch, capture

**aprestarse** ⟨1a⟩ *v/r*: *~ a* get ready to

**apresurado** *adj* quick, rushed

**apresuramiento** *m* hurry, haste

**apresurar** ⟨1a⟩ *v/t* hurry; **apresurarse** *v/r* hurry up; *~ a hacer algo* hurry *o* rush to do sth

**apretado** *adj* **1** tight **2**: *iban muy ~s en el coche* they were very cramped *o* squashed in the car

**apretar** ⟨1k⟩ **I** *v/t* **1** *botón* press; *apretó contra el pecho la fotografía / el niño* she held the photograph / the child close, she pressed the photograph / the child to her breast; *~ los puños* clench one's fists; *~ los dientes* grit one's teeth

**2** (*pellizcar, pinzar*) squeeze

**3** *tuerca* tighten

**4**: *~ el paso* quicken one's pace **II** *v/i* **1** *de ropa, zapato* be too tight **2**: *~ a correr* start to run, start running

**apretarse** *v/r* **1** squeeze *o* squash together **2**: *~ el cinturón fig* tighten one's belt

**apretón** *m* squeeze

◇ **apretón de manos** handshake

**apretujar** ⟨1a⟩ *v/t* F squeeze, squash; **apretujarse** *v/r* F squash *o* squeeze together

**apretujón** *m* F hug

**apretura** *f* crush

**aprieto** *m* predicament; *poner a alguien en un ~* put *o* place s.o. in a predicament

**a priori** *adj & adv* a priori

**aprisa** *adv* quickly

**aprisco** *m* fold, pen

**aprisionar** ⟨1a⟩ *v/t fig* trap

**aprobación** *f* approval; *de ley* passing

**aprobado** **I** *adj* passed **II** *m* EDU pass

**aprobar** ⟨1m⟩ *v/t* **1** approve; *comportamiento, idea* approve of; *ley* pass **2** *examen* pass

**aprobatorio** *adj* approving *atr*

**aprontar** ⟨1a⟩ *Rpl v/t* get ready; **aprontarse** *v/r* get ready

**apropiación** *f* appropriation

◇ **apropiación indebida** JUR misappropriation

**apropiado** *adj* appropriate, suitable

**apropiarse** ⟨1b⟩ *v/r*: *~ de algo* take sth

**aprovechable** *adj* usable

**aprovechado I** *adj desp* opportunistic **II** *m*, *-a f desp* opportunist

**aprovechamiento** *m* exploitation, use; *~ de residuos* waste recycling

**aprovechar** ⟨1a⟩ **I** *v/t* **1** take advantage

of **2** *tiempo, espacio* make good use of; *quiero ~ la ocasión para ...* I would like to take this opportunity to ... **II** *v/i* **1** take the opportunity (*para* to) **2**: *¡que aproveche!* enjoy your meal!; aprovecharse *v/r* take advantage (*de* of)

**aprovisionamiento** *m* provisioning, supply

**aprovisionar** ⟨1a⟩ *v/t* provision, supply; **aprovisionarse** *v/r* stock up (*de* on)

**aproximación** *f* **1** approximation **2** (*acercamiento*) approach **3** *en lotería* consolation prize (*won by those with numbers immediately before and after the winning number*)

**aproximadamente** *adv* approximately

**aproximado** *adj* approximate

**aproximar** ⟨1a⟩ *v/t* bring closer; **aproximarse** *v/r* approach; *~ a la verdad* get close to the truth; *~ a los setenta* be approaching seventy; *se aproxima el invierno* winter is coming

**aproximativo** *adj* approximate, rough

**aptitud** *f* aptitude (*para* for), flair (*para* for)

**apto** *adj* **1** suitable (*para* for); *~ para menores* película suitable for under-age children; *~ para todos los públicos* G (general audiences), *Br* universal **2** *para servicio militar* fit **3** EDU pass

**apuesta** *f* bet

**apuesto** *adj* handsome

**apunado** *adj Andes* suffering from altitude sickness

**apunamiento** *m Andes* altitude sickness

**apunarse** ⟨1a⟩ *v/r Andes* get altitude sickness

**apuntado** *part* ☞ **apuntar**

**apuntador** *m*, *~a f* TEA prompter

**apuntalar** ⟨1a⟩ *v/t edificio* shore up; *fig* prop up

**apuntar** ⟨1a⟩ **I** *v/t* **1** (*escribir*) note down, make a note of **2** TEA prompt **3** *en curso, para viaje etc* put one's name down (*en, a* on; *para* for); **4**: *~ con el dedo* point at *o* to

**II** *v/i* **1** *con arma* aim; *~ alto fig* aim high, have big ambitions **2**: *apunta el día lit* day is breaking

**apuntarse** *v/r* **1** put one's name down (*en, a* on; *para* for); *~ a la victoria* take all the credit; *¡me apunto!* count me

in! **2**: *~ un tanto* score a point

**apunte** *m* note; *~s pl* EDU notes; *tomar ~s* take notes

**apuñalar** ⟨1a⟩ *v/t* stab

**apurado** *adj* **1** *L.Am.* (*con prisa*) in a hurry; *ir ~ de tiempo* be pressed for time, be short of time **2** (*pobre*) short (of cash); *ir ~ de dinero* be short of cash, be strapped for cash; *estoy ~ F* I'm struggling

**apurar** ⟨1a⟩ **I** *v/t* **1** *vaso* finish off **2** *a alguien* pressure, put pressure on **II** *v/i Chi*: *no me apura* I'm not in a hurry for it; **apurarse** *v/r* **1** worry; *¡no te apures!* don't worry! **2** *L.Am.* (*darse prisa*) hurry (up); *¡no te apures!* there's no rush

**apuro** *m* **1** predicament, tight spot F; *sacar a alguien de un ~ F* get s.o. out of trouble *o* a jam F; *en caso de ~* in case of trouble **2** (*estrechez, necesidad*): *pasar ~s* suffer hardship **3** (*compromiso*): *poner a alguien en un ~* put s.o. in an awkward situation **4** (*vergüenza*) embarrassment; *me da ~* I'm embarrassed **3** *L.Am.* (*prisa*) rush

**aquaplaning** *m* hydroplaning, *Br* aquaplaning

**aquejado** *adj*: *estar ~ de* be suffering from

**aquejar** ⟨1a⟩ *v/t* afflict; *le aqueja una rara enfermedad* he suffers from *o* is afflicted with a rare disease

**aquél, aquélla, aquéllos, aquéllas** *pron singular* that (one); *plural* those (ones)

**aquel, aquella, aquellos, aquellas** *det singular* that; *plural* those

**aquelarre** *m* witches' sabbath

**aquello** *pron* that

**aquí** *adv* **1** *en el espacio* here; *desde ~* from here; *por ~* here; *¡ven ~!* come here!; *ir de ~ para allá* go backwards and forwards; *ociosamente* wander around; *he ~* this / that is **2** *en el tiempo* now; *de ~ adelante* from now on; *de ~ que ocurra* by the time it happens; *de ~ a ocho días* within the next week, by next week

**aquiescente** *adj* acquiescent

**aquietarse** ⟨1a⟩ *v/r* calm down

**ara** *f* **1** altar **2**: *en ~s de* in the interests of

**árabe** **I** *m/f & adj* Arab **II** *m idioma* Arabic

**arabesco I** *adj* Arabic **II** *m* arabesque

**Arabia Saudí** *f* Saudi Arabia

**arábico, arábigo** *adj* Arabic

**arabista** *m/f* Arabist

**arable** *adj* arable; ***suelo*** ~ arable land

**arácnidos** *mpl* ZO arachnids

**arado** *m* plow, *Br* plough

**arador** *m* ZO mite

**arancel** *m* tariff

**arancelario** *adj* tariff *atr*; ***barreras -as*** tariff barriers

**arándano** *m* blueberry

**arandela** *f* washer

**araña** *f* **1** ZO spider **2** *lámpara* chandelier

◇ **araña de mar** ZO spider crab

**arañar** ⟨1a⟩ *v/t* scratch; **arañarse** *v/r* scratch (***con*** on); ***se arañó los brazos con las ramas*** he scratched his arms on the branches

**arañazo** *m* scratch

**arar** ⟨1a⟩ *v/t* plow, *Br* plough

**arbitraje** *m* **1** arbitration **2** DEP refereeing

**arbitral** *adj* arbitration *atr*

**arbitrar** ⟨1a⟩ *v/t* **1** *en conflicto* arbitrate **2** *en fútbol, boxeo* referee; *en tenis, béisbol* umpire

**arbitrariedad** *f* arbitrariness

**arbitrario** *adj* arbitrary

**árbitro** *m* **1** *en fútbol, boxeo* referee; *en tenis, béisbol* umpire **2** *en conflicto* arbitrator

◇ **árbitro asistente** DEP assistant referee

**árbol** *m* **1** tree **2** TÉC shaft

◇ **árbol caducifolio** deciduous tree; **árbol de la ciencia** tree of knowledge; **árbol de hoja caduca** deciduous tree; **árbol de levas** camshaft; **árbol de Navidad** Christmas tree; **árbol genealógico** family tree

**arbolado I** *adj* wooded **II** *m* woodland

**arboladura** *f* MAR spars *pl*

**arbolar** ⟨1a⟩ *v/t* MAR mast, fit the mast on

**arboleda** *f* grove

**arbóreo** *adj* **1** tree *atr*, arboreal **2** *zona* wooded

**arboricultor** *m*, ~**a** *f* forest worker

**arboricultura** *f* forestry

**arbotante** *m* ARQUI flying buttress

**arbusto** *m* shrub, bush

**arca** *f* chest

◇ **arca de la alianza** REL Ark of the Covenant

◇ **arca de Noé** Noah's Ark

**arcada** *f* MED: ***me provocó*** ~**s** it made me retch *o* heave F

**arcaico** *adj* archaic

**arcaísmo** *m* archaism

**arcángel** *m* archangel

**arce** *m* BOT maple

**arcén** *m* shoulder, *Br* hard shoulder

**archiconocido** *adj* extremely well known

**archidiócesis** *f inv* archdiocese

**archifamoso** *adj* super famous

**archipiélago** *m* archipelago

**archisabido** *adj* very well known

**archivador** *m* file cabinet, *Br* filing cabinet

**archivar** ⟨1a⟩ *v/t* **1** *papeles, documentos* file **2** *asunto* shelve

**archivero** *m*, **-a** *f* archivist

**archivo** *m* **1** archive **2** INFOR file

**arcilla** *f* clay

**arcilloso** *adj* clayey

**arcipreste** *m* archpriest

**arco** *m* **1** ARQUI arch **2** MÚS bow **3** *para tirar flechas* bow **4** *L.Am.* DEP goal

◇ **arco iris** rainbow; **arco de medio punto** round arch; **arco ojival** gothic arch; **arco triunfal** triumphal arch; **arco voltaico** electrical arc

**arcón** *m* chest

**arder** ⟨2a⟩ *v/i* **1** burn; ~ ***de*** *o* ***en*** be burning with **2** *estar muy caliente* be exceedingly hot; ***la reunión está que arde*** F the meeting is about to erupt F

**ardid** *m* trick, ruse

**ardiente** *adj* **1** *persona, amor* passionate; *defensor* ardent **2** *bebida* scalding

**ardilla** *f* ZO squirrel

**ardor** *m* entusiasmo fervor, *Br* fervour; ***en el*** ~ ***de la batalla*** *o* ***disputa*** in the heat of battle

◇ **ardor de estómago** heartburn

**ardoroso** *adj* ardent, passionate

**arduo** *adj* arduous

**área** *f* area; ~ ***de influencia*** area of influence

◇ **área de castigo** DEP penalty area; **área de descanso** rest area, *Br* lay-by; **área de embarque** AVIA departure lounge; **área grande** *en fútbol* eighteen-yard box; **área metropolitana** metropolitan area; **área de no fumar** no-smoking area; **área operativa** *de policía* area, *Br* F patch; **área de penalty** DEP penalty area; **área pequeña** *en fútbol* six-yard box; **área de servicio** service area

**arena** *f* **1** sand **2** TAUR, *de gladiadores* arena

◊ **arenas movedizas** quicksand *sg*

**arenal** *m* sandy area

**arenga** *f* morale-boosting speech; (*sermón*) harangue

**arengar** ⟨1h⟩ *v/i* harangue

**arenilla** *f* **1** grit, sand **2**: **~s** *pl* MED gravel *sg*

**arenisca** *f* MIN sandstone

**arenoso** *adj* sandy

**arenque** *m* herring

◊ **arenque ahumado** kipper

**aréola** *f*, **areola** *f* ANAT, MED areola

**arepa** *f* C.Am., Ven cornmeal roll

**arete** *m* L.Am. *joya* earring

**argamasa** *f* mortar

**Argel** *m* Algiers

**Argelia** *f* Algeria

**argelino I** *adj* Algerian **II** *m*, **-a** *f* Algerian

**argénteo** *adj* silver *atr*

**argentífero** *adj* silver-bearing

**Argentina** *f* Argentina

**argentino I** *adj* Argentinian **II** *m*, **-a** *f* Argentinian

**argolla** *f* L.Am. ring

**argón** *m* QUÍM argon

**argot** *m* slang

**argucia** *f* clever argument

**argüir** ⟨3g⟩ *v/t & v/i* argue

**argumentación** *f* argumentation

**argumentar** ⟨1a⟩ *v/t* argue

**argumento** *m* **1** *razón* argument **2** *de libro, película etc* plot

**aria** *f* aria

**ariano** L.Am. **I** *adj* Arian; **ser ~** be (an) Aries, be (an) Arian **II** *m*, **-a** *f* Aries, Arian

**aridez** *f* aridity, dryness

**árido** *adj* arid, dry; *fig* dry

**Aries** ASTR **I** *adj* Arian; **soy ~** I'm (an) Arian, I'm (an) Aries **II** *m/f inv* Aries

**ariete** *m* **1** HIST battering ram **2** DEP striker

**arisco** *adj* unfriendly

**arista** *f* **1** MAT edge **2** BOT beard

**aristocracia** *f* aristocracy

**aristócrata** *m/f* aristocrat

**aristocrático** *adj* aristocratic

**aritmética** *f* arithmetic

**arma** *f* weapon; **alzarse en ~s** rise up in arms; **tomar las ~s** take up arms; **llamar a las ~** call to arms; **pasar por las ~s** shoot; **presentar ~** present arms; **de ~s tomar** *fig* F formidable

◊ **arma blanca** knife; **armas de destrucción masiva** weapons of mass destruction, WMDs; **arma de doble filo, arma de dos filos** *fig* two-edged sword; **arma de fuego** firearm; **arma punzante** sharp weapon; **armas nucleares** nuclear weapons

**armada** *f* **1** navy **2** HIST: **la Armada** the (Spanish) Armada

**armadillo** *m* ZO armadillo

**armado** *adj* armed

**armador** *m*, **-a** *f* MAR shipowner

**armadura** *f* **1** armor, *Br* armour **2** TÉC framework

**armamentista, armamentístico** *adj* armaments *atr*, arms *atr*

**armamento** *m* armaments *pl*

**armar** ⟨1a⟩ *v/t* **1** MIL arm **2** TÉC assemble, put together **3**: **~ un escándalo** F kick up a fuss F, make a scene F; **~la** cause trouble; **armarse** *v/r* **1** arm o.s. **2**: **~ de valor** pluck up courage; **~ de paciencia** be patient **3**: **la que se va a armar** F all hell will break loose F, the shit will really hit the fan P

**armario** *m* closet, wardrobe; *de cocina* cabinet, *Br* cupboard

◊ **armario de luna** closet *o Br* wardrobe with mirrors

◊ **armario ropero** closet, *Br* wardrobe

**armatoste** *m* F huge thing

**armazón** *f* skeleton, framework; *Rpl* (*de gafas*) frame

**armería** *f* gunstore

**armero** *m* gunsmith

**armiño** *m* **1** ZO stoat **2** *piel* ermine

**armisticio** *m* armistice

**armonía** *f* harmony

**armónica** *f* harmonica, mouth organ

**armónico I** *adj* harmonic **II** *m* MÚS harmonic

**armonio** *m* MÚS harmonium

**armonioso** *adj* harmonious

**armonizar** ⟨1f⟩ **I** *v/t* harmonize; *diferencias* reconcile **II** *v/i* **1** *de color, estilo* blend (**con** with) **2** *de persona* get on

(**con** with)

**arnés** *m* **1** harness **2** *para niños* leading strings *pl*, *Br* leading reins *pl* **3**: *arneses pl* tack *sg*

**árnica** *f* BOT arnica

**aro** *m* **1** hoop; *entrar o pasar por el ~ fig* F bite the bullet, knuckle under; *hacer pasar a alguien por el ~* make s.o. knuckle under *o* toe the line **2** *L.Am.* (*pendiente*) earring

**aroma** *m* aroma; *de flor* scent

**aromaterapia** *f* aromatherapy

**aromático** *adj* aromatic

**aromatizar** ⟨1f⟩ *v/t* perfume

**arpa** *f* harp

**arpegiar** ⟨1a⟩ *v/i* MÚS play an arpeggio

**arpegio** *m* MÚS arpeggio

**arpía** *f* harpy

**arpista** *m/f* harpist

**arpón** *m* harpoon

**arponear** ⟨1a⟩ *v/t* harpoon

**arponero** *m* harpooner

**arqueado** *adj* curved; *tener las piernas -as* be bowlegged

**arquear** ⟨1a⟩ *v/t espalda* arch; *cejas* raise; *~ el lomo de gato* arch its back; *arquearse v/r de balda* bend, sag; *se le está arqueando la espalda* he's becoming stooped *o* hunched

**arqueo** *m* **1** MAR capacity **2** COM: *~ (de caja)* cashing up

**arqueología** *f* archeology, *Br tb* archaeology

**arqueológico** *adj* archeological, *Br tb* archaeological

**arqueólogo** *m*, *-a f* archeologist, *Br tb* archaeologist

**arquería** *f* ARQUI arcade

**arquero** *m* **1** archer **2** *L.Am. en fútbol* goalkeeper

**arqueta** *f* small chest

**arquetipo** ☞ archetype

**arquitecto** *m*, *-a f* architect

**arquitectónico** *adj* architectural

**arquitectura** *f* architecture

**arquitrabe** *m* ARQUI architrave

**arrabal** *m* poor outlying area

**arrabalero** *adj* of / from a poor outlying area

**arraigado** *adj* entrenched

**arraigar** ⟨1h⟩ *v/i* take root; *arraigarse v/r de persona* settle (*en* in); *de costumbre*, *idea* take root

**arraigo** *m*: *tener ~* be deep-rooted

**arramblar** ⟨1a⟩ *v/t* (*destruir*) destroy

**arrancada** *f*: *pegar una ~, salir en una ~* pull away quickly

**arrancado** *part* ☞ **arrancar**

**arrancar** ⟨1g⟩ **I** *v/t* **1** *planta*, *página* pull out **2** *vehículo* start (up) **3** (*quitar*) snatch; *le ~on el bolso* they snatched her purse **II** *v/i* **1** *de vehículo*, *máquina* start (up) **2** INFOR boot (up) **3**: *~ a hacer algo* start to do sth, start doing sth **4** *Chi* (*huir*) run away; *arrancarse v/r* **1** *Chi* run away **2**: *~ por sevillanas* start dancing a *sevillana*

**arranque** *m* **1** AUTO starter (motor); *no hay ningún problema con el ~* there's no problem starting it **2** INFOR start (-up), boot **3** (*energía*) drive **4** (*ataque*) fit

◇ **arranque en frío** INFOR cold start *o* boot

**arras** *fpl* **1** *en una boda* coins (*given by the bridegroom to the bride*) **2** (*depósito*) deposit

**arrasar** ⟨1a⟩ **I** *v/t* devastate **II** *v/i* F be a big hit

**arrastrado** **I** *adj* wretched, miserable **II** *part* ☞ **arrastrar**

**arrastrar** ⟨1a⟩ **I** *v/t* **1** *por el suelo*, INFOR drag (*por* along) **2** (*llevarse*) carry away **II** *v/i* **1** *por el suelo* trail on the ground **2** *en juegos de cartas* draw trumps; *arrastrarse v/r* crawl; *fig* (*humillarse*) grovel, crawl (*delante de* to)

**arrastre** *m*: *estar para el ~ fig* F be fit to drop F

**arrayán** *m* BOT myrtle

**arre** *int* gee up!

**arreada** *f Rpl* round-up

**arrear** ⟨1a⟩ **I** *v/t* **1**: *~ una bofetada a alguien* thump s.o. F, hit s.o. **2** *el ganado* drive **II** *v/i*: *¡arrea!* F get on with it!

**arrebatado** *part* ☞ **arrebatar**

**arrebatador** *adj* breathtaking, dazzling

**arrebatamiento** *m* anger

**arrebatar** ⟨1a⟩ *v/t* snatch (*a* from); *el ladrón le arrebató el bolso* the thief snatched her purse

**arrebato** *m* fit; *~ de cólera* fit of rage

**arrebujarse** ⟨1a⟩ *v/r* F wrap o.s. up; *en cama* snuggle up

**arrechucho** *m* F **1** (*ataque*) fit **2**: *me dio un ~ indisposición* I felt strange

**arreciar** ⟨1b⟩ *v/i de tormenta* get worse; *de viento* get stronger

**arrecife** *m* reef

◇ **arrecife de coral** coral reef

**arredrar** ⟨1a⟩ *v/t* intimidate; **arredrarse** *v/r* be intimidated (*ante* by)

**arreglado I** *adj* **1** *casa, escritorio etc* neat **2** (*bien vestido*) well-groomed **3**: *si empieza a llover estamos ~s* irón if it starts to rain, that'll be just dandy **II** *part* ☞ **arreglar**

**arreglar** ⟨1a⟩ *v/t* **1** (*reparar*) fix, repair **2** (*ordenar*) tidy (up) **3** (*solucionar*) sort out; ~ *cuentas* settle up; *fig* settle scores **4** MÚS arrange **5**: *¡ya te arreglaré yo! amenaza* I'll show you!, I'll soon settle your hash! **F**

**arreglarse** *v/r* **1** get (o.s.) ready **2** *de problema* get sorted out; *¡todo se arreglará!* everything will work out **3**: *el tiempo se arregla* it's clearing up **4** (*apañarse*) manage; *arreglárselas* manage; *¡arréglate como puedas!* you'll just have to manage!, you'll just have to sort something out!; ~ *con algo* get by with sth, make do with sth

**arreglista** *m/f* MÚS arranger

**arreglo** *m* **1** (*reparación*) repair **2** (*solución*) solution; *esto no tiene ~* there's nothing to be done; *no tienes ~* you're the limit, you're impossible **3** (*acuerdo*) arrangement, agreement **4** MÚS arrangement **5**: *con ~ a* in accordance with **6 F** *amoroso* affair

◇ **arreglo de cuentas** settling of scores

**arrejuntarse** ⟨1a⟩ *v/r* **F** shack up (together) **F**

**arrellanarse** ⟨1a⟩ *v/r* settle

**arremangarse** ⟨1h⟩ *v/r* roll up one's sleeves

**arremeter** ⟨2a⟩ *v/i*: ~ *contra* charge (at); *fig* (*criticar*) attack

**arremetida** *f* MIL charge

**arremolinarse** ⟨1a⟩ *v/r* mill around

**arrendajo** *m* ZO (blue) jay

**arrendamiento** *m* renting; *dar en ~* rent (out); *tomar en ~* rent

**arrendar** ⟨1k⟩ *v/t L.Am.* **1** (*dar en alquiler*) rent (out), let; *se arrienda* for rent **2** (*tomar en alquiler*) rent

**arrendatario** *m*, -a *f* tenant

**arreo** *m* **1** *Rpl* driving, herding **2** *Rpl* (*manada*) herd **3**: ~*s pl* tack *sg*

**arrepentido** *part* ☞ **arrepentirse**

**arrepentimiento** *m* **1** repentance **2**

(*cambio de opinión*) change of heart

**arrepentirse** ⟨3i⟩ *v/r* **1** be sorry; ~ *de algo* regret sth; *estar arrepentido de algo* regret sth, be sorry for sth **2** (*cambiar de opinión*) change one's mind, have a change of heart

**arrestado I** *adj* arrested, under arrest **II** *part* ☞ **arrestar**

**arrestar** ⟨1a⟩ *v/t* arrest

**arresto** *m* **1** arrest; *orden de ~* arrest warrant **2**: ~*s pl* spirit *sg*, daring *sg*

◇ **arresto domiciliario** house arrest

**arriar** ⟨1c⟩ *v/t* lower, strike; ~ *velas* lower *o* strike the sails

**arriba I** *adv* **1** *situación* up; *ponlo ahí ~* put it up there; *el cajón de ~ siguiente* the next drawer up, the drawer above; *último* the top drawer; *más ~* higher (up), further up; ~ *del todo* right at the top; *las plantas de ~* the top floors; *los de ~* the ones on top; ~ *mencionado* above-mentioned; *véase ~* see above; *de o desde ~* from above; ~ *de* above; (*encima de*) on top of; *volver lo de ~ abajo* turn everything upside down

**2** *en edificio* upstairs; *vete ~* go upstairs **3** *dirección* up; *sigan hacia ~* keep going up; *me miró de ~ abajo fig* she looked me up and down

**4** *con cantidades*: *de diez para ~* ten or above; *de cincuenta* (*años*) *para ~* over 50, 50 and over

**II** *prp*: ~ *de L.Am.* on, on top of

**III** *interj*: *¡~! long live …!*

**arribada** *f*, **arribaje** *m* MAR arrival

**arribar** ⟨1a⟩ *v/i* MAR arrive, put in

**arribeño** *m*, -a *f L.Am.* uplander, highlander

**arribismo** *m* social climbing

**arribista** *m/f* social climber, arriviste

**arriesgado** *adj* risky

**arriesgar** ⟨1h⟩ *v/t* risk; **arriesgarse** *v/r* take a risk; ~ *a hacer algo* risk doing sth

**arrimar** ⟨1a⟩ *v/t* move closer; ~ *el hombro* **F** pull one's weight; **arrimarse** *v/r* move closer (*a* to); ~ *al sol que más calienta* swim with the tide

**arrinconar** ⟨1a⟩ *v/t* **1** (*acorralar*) corner **2** *libros etc* put away **3** *persona* cold--shoulder

**arritmia** *f* MED arrhythmia

**arroba** *f* INFOR at sign, @; *josé ~ … josé*

at …

**arrocero** I *adj* rice-growing *atr* II *m*, -a *f* rice grower

**arrodillarse** ⟨1a⟩ *v/r* kneel (down)

**arrogancia** *f* arrogance

**arrogante** *adj* arrogant

**arrogarse** ⟨1h⟩ *v/r* assume

**arrojadizo** *adj*: **arma -a** throwing weapon

**arrojado** I *adj* brave, daring II *part* ☞ **arrojar**

**arrojar** ⟨1a⟩ *v/t* **1** (*lanzar*) throw **2** *resultado* produce **3** (*vomitar*) throw up; arrojarse *v/r* throw o.s.; **~ por la ventana** throw o.s. out of the window

**arrojo** *m* bravery, daring

**arrolladito** *m Rpl*: **~ de primavera** spring roll

**arrollador** *adj* overwhelming

**arrollar** ⟨1a⟩ *v/t* **1** AUTO run over **2** *fig* crush, overwhelm

**arropar** ⟨1a⟩ *v/t* wrap up; *fig* protect; **arropado por** protected by; arroparse *v/r* cover o.s. up, wrap up

**arrope** *m Rpl*, *Chi*, *Pe* fruit syrup

**arroyo** *m* stream; **sacar a alguien del ~** *fig* pull s.o. out of the gutter

**arroz** *m* rice

◇ **arroz integral** brown rice; **arroz largo** long-grain rice; **arroz con leche** rice pudding

**arrozal** *m* ricefield, paddy

**arruga** *f* wrinkle

**arrugado** *adj* wrinkled

**arrugar** ⟨1h⟩ *v/t* wrinkle; **~ el ceño o la frente** frown; arrugarse *v/r de piel*, *ropa* get wrinkled

**arruinado** *adj* ruined, broke F

**arruinar** ⟨1a⟩ *v/t* ruin; arruinarse *v/r* be ruined

**arrullar** ⟨1a⟩ I *v/t* (*adormecer*) to lull to sleep II *v/i de paloma* coo

**arrullo** *m* **1** *de paloma* cooing **2** *para niño* lullaby

**arrumaco** *m* F: **~s** kissing and cuddling; **hacer ~s** bill and coo

**arrumbar** ⟨1a⟩ I *v/t* put away II *v/i* MAR: **~ hacia el norte** steer a course north

**arsenal** *m* arsenal

**arsénico** *m* arsenic

**art** *abr* (= **artículo**) art. (= article)

**arte** *m* (*pl f*) **1** art; **bellas ~s** *pl* fine art *sg*; **el séptimo ~** cinema, the movies *pl*; (**como**) **por ~ de magia** as if by magic;

**no tener ~ ni parte** have absolutely no say **2** (*argucia*): **malas ~s** *pl* guile *sg*

◇ **arte dramático** dramatic art; **artes de pesca** fishing tackle *sg*; **artes plásticas** plastic arts

**artefacto** *m* (*dispositivo*) device

**artemisa** *f* BOT artemisia

**arteria** *f* artery

**arterial** *adj* arterial; **tensión ~** blood pressure

**arterio(e)sclerosis** *f* arteriosclerosis

**artero** *adj* artful, cunning

**artesa** *f* trough

**artesana** *f* craftswoman

**artesanado** *m* craftspeople *pl*

**artesanal** *adj* craft *atr*

**artesanía** *f* (handi)crafts *pl*

**artesano** *m* craftsman

**artesiano** *adj*: **pozo ~** artesian well

**artesonado** I *adj* coffered II *m* coffering

**ártico** *adj paisaje*, *fauna* Arctic

**Ártico** *m zona*, *océano* Arctic

**articulación** *f* **1** ANAT, TÉC joint **2** *de sonidos* articulation

**articulado** I *adj* **1** *lenguaje* articulated **2** TÉC: **tren ~** articulated train II *mpl*: **~s** ZO articulate animals

**articular** I *adj* ANAT of the joint II ⟨1a⟩ *v/t* **1** TÉC articulate **2** *palabras* articulate, say

**articulista** *m/f* columnist

**artículo** *m* **1** *de periódico*, GRAM, JUR article **2** COM product, item; **~s de escritorio** stationery *sg*

◇ **artículo de consumo** consumer item; **artículo de fe** article of faith; **artículo de fondo** editorial; **artículo de lujo** luxury item; **artículo de primera necesidad** essential (item); **artículos de marca** brand goods

**artífice** *m/f* author

**artificial** *adj* artificial

**artificio** *m* **1** trick **2** (*artefacto*) device

**artificioso** *adj* **1** sly **2** (*falto de naturalidad*) affected, contrived

**artillería** *f* artillery

◇ **artillería antiaérea** antiaircraft guns *pl*; **artillería ligera** light artillery; **artillería pesada** heavy artillery

**artillero** *m* artillery gunner

**artilugio** *m aparato* gadget

**artimaña** *f* trick

**artista** *m/f* artist; **~ de circo** circus performer

artístico *adj* artistic
artritis *f* MED arthritis
artrópodos *mpl* ZO arthropods
artroscopia *f* MED arthroscopy
artrosis *f* MED rheumatoid arthritis
arveja *f* *Rpl, Chi, Pe* BOT pea
arzobispado *m* archbishopric
arzobispal *adj* archbishop's, archiepiscopal
arzobispo *m* archbishop
as *m* *tb* *fig* ace; **~ del volante** ace driver
asa *f* handle
asadera *f* *CSur* roasting dish
asadero *m* griddle; *fig* F oven F
asado **I** *adj* roast *atr* **II** *m* **1** roast **2** *Rpl* (*barbacoa*) barbecue
asador *m* rotisserie
asadura *f* offal
asaetear ⟨1a⟩ *v/t:* **~ a o con preguntas** bombard with questions
asalariado *m*, -a *f* **1** wage earner **2** *de empresa* employee
asaltante *m/f* assailant
asaltar ⟨1a⟩ *v/t* **1** *persona* attack; *banco* rob **2** *fig:* **le asaltó una duda** he was suddenly struck by doubt
asalto *m* **1** *a persona* attack (**a** on); *robo* robbery, raid; **tomar por ~** take by storm **2** *en boxeo* round
asamblea *f* **1** *reunión* meeting **2** *ente* assembly
◇ asamblea general general meeting; asamblea general anual COM stockholders' meeting, *Br* annual general meeting; asamblea plenaria plenary session; asamblea de trabajadores employees' meeting, *Br* works meeting
asambleísta *m/f* assembly member
asar ⟨1a⟩ *v/t* roast; **~ a la parrilla** broil, *Br* grill; **asarse** *v/r* *fig* F be roasting F
asaz *adv* *lit* extremely
asbesto *m* MIN asbestos
ascendencia *f* ancestry
ascendente **I** *adj* rising, upward **II** *m* ASTR ascendant
ascender ⟨2g⟩ **I** *v/t a empleado* promote **II** *v/i* **1** *de precios, temperatura etc* rise **2** *de montañero* climb **3** DEP, *en trabajo* be promoted (**a** to)
ascendiente *m/f* ancestor
ascensión *f* ascent
◇ ascensión al trono ascent to the throne
Ascensión *f* REL Ascension

ascenso *m* **1** *de temperatura, precios* rise (**de** in) **2** *de montaña* ascent **3** DEP, *en trabajo* promotion
ascensor *m* elevator, *Br* lift
ascensorista *m/f* elevator operator, *Br* lift operator
asceta *m/f* ascetic
ascético *adj* ascetic
ascetismo *m* asceticism
asco *m* disgust; **me da ~** I find it disgusting; **¡qué ~!** how revolting *o* disgusting!; **estar hecho un ~** be a real mess; **morirse de ~** be bored to death; **no hacer ~s a** not turn one's nose up at
ascua *f* ember; **estar en *o* sobre ~s** be on tenterhooks; **tener a alguien sobre ~s** keep s.o. in suspense *o* on tenterhooks; **arrimar el ~ a su sardina** *fig* work things to one's own advantage
aseado *adj* clean
asear ⟨1a⟩ *v/t* clean; **asearse** *v/r* wash up, *Br* have a wash
asechanza *f* trap
asediar ⟨1b⟩ *v/t* *tb* *fig* besiege
asedio *m* **1** MIL siege, blockade **2** *a alguien* hounding
asegurado **I** *adj* insured **II** *m*, -a *f* insured
asegurador **I** *adj* insurance *atr* **II** *m* insurer
aseguradora *f* **1** insurance company **2** *persona* insurer
asegurar ⟨1a⟩ *v/t* **1** (*afianzar*) secure **2** (*prometer*) assure; **te lo aseguro** I assure you **3** (*garantizar*) guarantee **4** COM insure; **~ algo contra incendios** insure sth against fire, take out fire insurance on sth; **asegurarse** *v/r* make sure
asemejarse ⟨1a⟩ *v/r:* **~ a** look like
asentaderas *fpl* F behind, rear end F
asentado *adj* **1** located, situated **2** (*establecido*) settled
asentamiento *m* settlement
asentar ⟨1k⟩ *v/t* **1** *refugiados* place, settle **2** *objeto* place; **asentarse** *v/r* settle
asentimiento *m* approval, agreement
asentir ⟨3i⟩ *v/i* **1** agree (**a** to), consent (**a** to) **2** *con la cabeza* nod
aseo *m* **1** cleanliness **2** (*baño*) restroom, *Br* toilet
◇ aseo personal personal hygiene
asepsia *f* asepsis
aséptico *adj* aseptic

**asequible** *adj* **1** *precio* affordable **2** *obra* accessible

**aserción** *f* assertion

**aserradero** *m* sawmill

**aserrar** ⟨1k⟩ *v/t* saw

**aserrín** *m L.Am.* sawdust

**asesinar** ⟨1a⟩ *v/t* murder; POL assassinate

**asesinato** *m* murder; POL assassination

**asesino** *m*, **-a** *f* murderer; POL assassin
◇ **asesino en serie** serial killer
◇ **asesino a sueldo** hired killer, hitman

**asesor I** *adj* advisory **II** *m*, **~a** *f* consultant, advisor, *Br* adviser
◇ **asesor financiero** financial advisor *o Br* adviser; **asesor fiscal** tax advisor *o Br* adviser; **asesor de imagen** public relations consultant, image consultant; **asesor jurídico** legal advisor *o Br* adviser

**asesoramiento** *m* advice; **~ de empresas** management consultancy

**asesorar** ⟨1a⟩ *v/t* advise; **asesorarse: ~ con alguien** consult s.o.

**asesoría** *f* consultancy

**asestar** ⟨1a⟩ *v/t golpe* deal (**a** to); **me asestó una puñalada** he stabbed me

**asexual** *adj* asexual

**asfaltado I** *adj* asphalted **II** *m* asphalting

**asfaltadora** *f* asphalting machine

**asfaltar** ⟨1a⟩ *v/t* asphalt

**asfalto** *m* asphalt

**asfixia** *f* asphyxiation, suffocation

**asfixiante** *adj* asphyxiating, suffocating

**asfixiar** ⟨1b⟩ *v/t* asphyxiate, suffocate; **asfixiarse** *v/r* asphyxiate, suffocate

**así I** *adv* **1** (*de este modo*) like this; **~ de grande** this big; **~ o asá** this way or that (way)
**2** (*de ese modo*) like that; **una cosa ~** a thing like that, something like that; **soy ~ (yo)** that's how I am; **una casa ~** a house like that; **~ es** that's right; **~ no más** *S.Am.* just like that; **~ como ~** just like that; **~ ~** so-so
**II** *conj*: **~ como al igual que** while, whereas; **~ y todo** even so; **~ pues** so; **~ que** so; **~ (es) que** so that's how, so that's why; **¿~ que no vienes?** so you're not coming?; **tanto es ~, que ... ** and (as a result) ...; **... tanto es ~, que varias estaciones han cerrado** ... and (as a result) a number of sta-

tions are closed

**Asia** *f* Asia
◇ **Asia Menor** Asia Minor

**asiático I** *adj* Asian **II** *m*, **-a** *f* Asian

**asidero** *m* handle

**asiduidad** *f* frequency; **con ~** *con frecuencia* regularly

**asiduo** *adj* regular; **cliente ~** regular customer

**asiento** *m* **1** seat; **tomar ~** take a seat **2** COM entry
◇ **asiento del acompañante** front passenger seat; **asiento abatible** folding seat; **asiento catapulta** AVIA ejector seat; **asiento del conductor** driver's seat; **asiento delantero** front seat; **asiento eyectable** AVIA ejector seat; **asiento de pasillo** aisle seat; **asiento trasero** back seat; **asiento de ventanilla** window seat

**asignación** *f* **1** *acción* allocation **2** *dinero* allowance

**asignar** ⟨1a⟩ *v/t* allocate; *persona, papel* assign

**asignatura** *f* EDU subject
◇ **asignatura facultativa** elective *o* optional subject; **asignatura obligatoria** compulsory *o* required subject; **asignatura optativa** elective *o* optional subject; **asignatura pendiente** EDU failed subject; *asunto* unfinished business, unresolved matter

**asilado** *m*, **-a** *f* POL asylum seeker

**asilarse** ⟨1a⟩ *v/r* POL seek asylum

**asilo** *m* **1** home, institution **2** POL asylum; **derecho de ~** right to asylum; **solicitante de ~** asylum seeker
◇ **asilo de ancianos** retirement home, old people's home

**asilvestrarse** ⟨1a⟩ *v/r* go wild

**asimetría** *f* assymetry

**asimétrico** *adj* asymmetrical

**asimilable** *adj* which can be assimilated, assimilable

**asimilación** *f* assimilation

**asimilar** ⟨1a⟩ *v/t* assimilate; **asimilarse** *v/r*: **~** resemble

**asimismo** *adv* **1** (*también*) also **2** (*igualmente*) in the same way, likewise

**asintomático** *adj* MED asymptomatic

**asir** ⟨3a; asgo, ases⟩ *v/t* grab (hold of); **asirse** *v/r*: **~ de** grab onto, grab hold of

**asistemático** *adj* unsystematic

**asistencia** *f* **1** (*ayuda*) assistance; **~ a**

*(los) ancianos* home help (for the elderly) **2** *a lugar* attendance (*a* at); *récord de ~* attendance record; *~ a las urnas* voter turnout **3** DEP assist
◇ **asistencia en carretera** AUTO roadside assistance; **asistencia a domicilio** home help; **asistencia jurídica** legal aid; **asistencia médica** medical care; **asistencia social** social work; **asistencia técnica** technical support

**asistenta** *f* cleaner, cleaning woman

**asistente** *m/f* **1** (*ayudante*) assistant **2**: *los ~s pl* those present
◇ **asistente social** social worker

**asistir** ⟨3a⟩ **I** *v/t* help, assist **II** *v/i* be present; *~ a una boda* go to a wedding; *~ a clase* attend class, go to class

**asma** *m o f* asthma

**asmático** *adj* asthmatic

**asno** *m* **1** ZO donkey **2** *persona* idiot

**asociación** *f* association; *~ de ideas* association of ideas
◇ **asociación de consumidores** consumer association; **asociación empresarial** employers' association; **asociación de padres de alumnos** parent-teacher association, PTA; **asociación profesional** professional association; **asociación de vecinos** residents' association

**asociado** *m*, **-a** *f* member

**asocial** *adj* antisocial

**asociar** ⟨1b⟩ *v/t* associate; *~ a alguien con algo* associate s.o. with sth; *asociarse* *v/r* **1** team up (*con* with), go into partnership (*con* with) **2**: *~ a grupo, club* become a member of, join

**asolador** *adj* devastating

**asolar** ⟨1m⟩ *v/t* devastate

**asoleada** *f*: *pegarse una ~ Bol, Pe* sunbathe

**asolearse** ⟨1a⟩ *v/r L.Am.* sunbathe

**asomar** ⟨1a⟩ **I** *v/t* put o stick out **II** *v/i* show; *asomarse* *v/r* lean out; *~ a o por la ventana* lean out of the window

**asombrado** *adj* amazed

**asombrar** ⟨1a⟩ *v/t* amaze, astonish; *asombrarse* *v/r* be amazed o astonished

**asombro** *m* amazement, astonishment; *no salía de su ~* he couldn't get over his amazement o astonishment

**asombroso** *adj* amazing, astonishing

**asomo** *m*: *ni por ~* no way

**asonante** *adj rima* assonant

**asorocharse** ⟨1a⟩ *v/r Pe, Bol* get altitude sickness

**aspa** *f de molino* sail; *de ventilador* blade

**aspavientos** *mpl* waving *sg*, flapping *sg*; *hacer muchos ~* wave o flap one's arms wildly

**aspecto** *m* **1** *de persona, cosa* look, appearance; *tener buen ~* look good; *tener ~ de ser / estar* seem (to be); *tenía ~ de ser una persona simpática* he seemed (to be) o he looked a nice guy **2** (*faceta*) aspect

**aspereza** *f* roughness, unevenness; *limar ~s* knock the rough edges off

**áspero** *adj* **1** *superficie* rough **2** *sonido* harsh **3** *persona* abrupt

**aspersión** *f* **1** AGR sprinkler system **2** REL sprinkling with holy water

**aspersor** *m* sprinkler
◇ **aspersor para césped** lawn sprinkler
◇ **aspersor circular** rotary sprinkler

**áspid** *m* ZO asp

**aspiración** *f* **1** TÉC draft, aspiration **2** GRAM aspiration

**aspiraciones** *fpl* aspirations

**aspirado I** *adj*: *sonido ~* GRAM aspirated sound **II** *part* ☞ *aspirar*

**aspirador** *m*, *~a f* vacuum cleaner; *pasar la ~* vacuum

**aspirante I** *adj* aspiring **II** *m/f a cargo* candidate (*a* for); *a título* contender (*a* for)

**aspirar** ⟨1a⟩ **I** *v/t* **1** suck up **2** *al respirar* inhale, breathe in **II** *v/i*: *~ a* aspire to

**aspirina** *f* aspirin

**asqueado** *adj* disgusted

**asquear** ⟨1a⟩ *v/t* disgust

**asquerosidad** *f* **1** filthiness **2**: *es una ~* it is disgusting

**asqueroso I** *adj* **1** (*sucio*) filthy **2** (*repugnante*) revolting, disgusting **II** *m*, **-a** *f* creep

**asta** *f* **1** flagpole, flagstaff; *a media ~* at half-staff, *Br* at half-mast **2** (*pitón*) horn; *dejar a alguien en las ~s del toro* drop s.o. right in it F

**astenia** *f* asthenia

**aster** *m* BOT aster

**asterisco** *m* asterisk

**astigmatismo** *m* astigmatism

**astilla** *f* **1** splinter **2**: *~s pl para fuego*

kindling *sg*; *hacer ~s algo fig* smash
sth to pieces 3: *~s pl fig* F bribe *sg*, kick-
back F *sg*
**astillar** ⟨1a⟩ *v/t* splinter; **astillarse** *v/r*
splinter
**astillero** *m* shipyard
**astracán** *m* astrakhan
**astrágalo** *m* ANAT astragalus, ankle-
bone
**astral** *adj* astral
**astringente** *m/adj* astringent
**astro** *m* AST, *fig* star; *~ de la pantalla*
movie star, film star
◇ **astro rey** sun
**astrofísica** *f* astrophysics *sg*
**astrofísico** *m*, **-a** *f* astrophysicist
**astrología** *f* astrology
**astrólogo** *m*, **-a** *f* astrologer
**astronauta** *m/f* astronaut
**astronáutica** *f* space travel, astronau-
tics *sg fml*
**astronave** *f* spaceship
**astronomía** *f* astronomy
**astronómico** *adj* astronomical
**astrónomo** *m*, **-a** *f* astronomer
**astucia** *f* shrewdness, astuteness
**Asturias:** *el Príncipe de ~ title conferred
on the king of Spain's eldest son*
**astuto** *adj* shrewd, astute
**asueto** *m* time off; *día de ~* day off, rest
day
**asumir** ⟨3a⟩ *v/t* **1** assume **2** (*aceptar*) accept, come to terms with
**asunceno I** *adj* of / from Asunción,
Asunción *atr* **II** *m*, **-a** *f* native of Asunción
**Asunción** *f* **1** REL Assumption **2** GEOG
Asunción
**asunción** *f* assumption; *bajo la ~ de
que* on the assumption that
**asunto** *m* **1** matter; *mal ~* that's bad
(news); *no es ~ tuyo* it's none of your
business **2** F (*relación*) affair
◇ **asunto de Estado** matter of State
◇ **asuntos exteriores** foreign affairs
**asustadizo** *adj* easily frightened
**asustar** ⟨1a⟩ *v/t* frighten, scare; **asustarse** *v/r* be frightened *o* scared
**atacante** *m/f* **1** attacker, assailant **2** DEP
forward
**atacar** ⟨1g⟩ **I** *v/t* **1** attack; *le atacó un
fuerte lumbago* he had a severe attack
of lumbago; *me atacaron ganas de …*
I was seized *o* gripped by a desire to …

**2** *fig: tarta* attack, tackle; *tema* address,
tackle **II** *v/i* attack
**atadijo** *m* bundle
**atado** *m Arg* packet
**atadura** *f* tie
**atajar** ⟨1a⟩ **I** *v/t* **1** check the spread of,
contain **2** *L.Am. pelota* catch **II** *v/i* take
a short cut
**atajo** *m* short cut
**atalaya I** *f* watchtower **II** *m/f* sentinel
**atañer** ⟨2f⟩ *v/t* concern; *eso no me ata-
ñe* that's no concern of mine, that
doesn't concern me
**ataque** *m* **1** (*agresión*), DEP attack **2** (*acceso*) fit; *le dio un ~ de risa* she burst
out laughing
◇ **ataque cardíaco, ataque al corazón** MED heart attack
**atar** ⟨1a⟩ *v/t* **1** tie (up); *~ a alguien de
pies y manos* tie s.o.'s hands and feet,
truss s.o. up; *loco de ~* mad as a hatter
**2** *fig* tie down; *los niños atan mucho*
kids really tie you down; *~ corto a alguien fig* keep s.o. on a tight leash;
*atarse v/r fig* tie o.s. down
**atardecer I** ⟨2d⟩ *v/i* get dark **II** *m* dusk;
*al ~* at sunset
**atareado** *adj* busy
**atarearse** ⟨1a⟩ *v/r* busy o.s.
**atascar** ⟨1g⟩ *v/t* block; **atascarse** *v/r* **1**
*de mecanismo* jam, stick; *de cañería*
get blocked; *se ha atascado el tubo*
the pipe's blocked **2** *al hablar* dry up
**atasco** *m* AUTO traffic jam; *~ de papel
de impresora* paper jam
**ataúd** *m* coffin, casket
**ataviar** ⟨1c⟩ *v/t* dress s.o. up; **ataviarse**
*v/r* dress up
**ate** *m Méx* quince jelly
**ateísmo** *m* atheism
**atemorizar** ⟨1f⟩ *v/t* frighten; **atemori-
zarse** *v/r* be frightened (*de* of)
**atemperar** ⟨1a⟩ *v/t* temper
**atenazar** ⟨1f⟩ *v/t* grip
**atención** *f* **1** attention; *¡~!* your attention, please!; *falta de ~* lack of attention, inattentiveness; *prestar ~* pay attention (*a* to); *llamar la ~ a alguien* reñir tell s.o. off; *por ser llamativo* attract
s.o.'s attention; *llamar la ~ de alguien
sobre algo* call s.o.'s attention to sth;
*dar un toque de ~ a alguien* pull s.o.
up
**2** (*cortesía*) courtesy; *atenciones pl* at-

tentiveness *sg*; **nos han tratado con mil atenciones** they were extremely attentive
**3**: *a la ~ de carta* for the attention of; *en ~ a fml* with regard to
◇ **atención a domicilio**, **atención domiciliaria** home help
◇ **atención médica** medical attention
**atender** ⟨2g⟩ **I** *v/t* **1** *a enfermo* look after **2** *en tienda* attend to, serve **II** *v/i* **1** pay attention (*a* to) **2**: *que atiende por el nombre de ...* whose name is ...; who answers to the name of ...
**ateneo** *m Esp* atheneum, *Br* athenaeum
**atenerse** ⟨2l⟩ *v/r*: *~ a normas* abide by; *consecuencias* face, accept; *me atengo a lo dicho* I'm sticking to what I said; *saber a qué ~* know where one stands
**atentado** *m* attack (*contra*, *a* on)
◇ **atentado con bomba** bomb attack
◇ **atentado terrorista** terrorist attack
**atentamente** *adv* **1** attentively **2** *en carta* sincerely, Yours truly, *Br* Yours sincerely
**atentar** ⟨1k⟩ *v/i*: *~ contra vida* make an attempt on; *moral etc* be contrary to
**atento** *adj* attentive; *estar ~ a algo* pay attention to sth
**atenuación** *f* lessening
**atenuante** *adj* JUR extenuating; *circunstancia ~* extenuating circumstance
**atenuar** ⟨1e⟩ *v/t* lessen, reduce; atenuarse *v/r* **1** *de violencia*, *dolor* lessen, die down **2**: *se atenuan los castigos por ...* the penalties for ... are being made less severe; *se han atenuado las medidas de seguridad* security has been scaled down
**ateo I** *adj* atheistic **II** *m*, -a *f* atheist
**aterciopelado** *adj tb fig* velvety
**aterido** *adj*: *~ (de frío)* frozen
**atero(e)sclerosis** *f* MED arteriosclerosis
**aterrador** *adj* frightening, terrifying
**aterrar**[1] ⟨1a⟩ *v/t persona* frighten, terrify
**aterrar**[2] ⟨1k⟩ *v/t con tierra* fill with earth
**aterrizaje** *m* AVIA landing
◇ **aterrizaje de emergencia**, **aterrizaje forzoso** emergency landing
**aterrizar** ⟨1f⟩ *v/i* land
**aterrorizado** *adj* terrified, petrified
**aterrorizar** ⟨1f⟩ *v/t* **1** terrify, petrify **2**

(*amenazar*) terrorize; **aterrorizarse** *v/r* be terrified *o* petrified
**atesorar** ⟨1a⟩ *v/t* amass
**atestado** *adj* overcrowded
**atestiguar** ⟨1i⟩ *v/t* JUR testify; *fig* bear witness to
**atiborrar** ⟨1a⟩ *v/t* cram; **atiborrarse** *v/r* F stuff o.s. F (*de* with)
**ático** *m piso* top floor; *apartamento* top floor apartment *o Br* flat; (*desván*) attic
**atinado** *part* ☞ **atinar**
**atinar** ⟨1a⟩ *v/i* **1** manage (*a* to) **2**: *no atinó con la respuesta correcta* she couldn't come up with the right answer; *~ en el blanco* hit the bull's eye
**atiparse** ⟨1a⟩ *v/r* eat one's fill
**atípico** *adj* atypical
**atirantar** ⟨1a⟩ *v/t* tighten; **atirantarse** *v/r de situación* become more tense
**atisbar** ⟨1a⟩ *v/t* see, make out
**atisbo** *m* sign
**atizador** *m* poker
**atizar** ⟨1f⟩ *v/t* **1** *fuego* poke **2** *pasiones* stir up **3**: *le atizó un golpe* she hit him **4**: *¡atiza!* wow!; **atizarse** *v/r bebida*, *comida* put away; *~ un trago* F knock back a drink F; *se atizó un trago de coñac* he took a gulp of brandy; *me he atizado tres horas de gimnasio* I put in a solid three hours at the gym
**Atlántico** *m/adj* Atlantic
**atlas** *m inv* atlas
**atleta** *m/f* athlete
**atlético** *adj* athletic
**atletismo** *m* athletics *sg*
**atmo.** *abr* (= *atentísimo*): *su ~* Yours truly
**atmósfera** *f* atmosphere
**atmosférico** *adj* atmospheric; *presión -a* atmospheric pressure
**atn** *abr* (= *atención*) attn (= for the attention of)
**atoar** ⟨1a⟩ *v/t* MAR *barco* tow
**atole** *m Méx flavored hot drink made with maize flour*
**atolladero** *m fig*: *sacar a alguien del ~* F get s.o. out of a jam *o* a tight spot; *estar en un ~* F be in a jam *o* a tight spot
**atollarse** ⟨1a⟩ *v/r* get stuck
**atolón** *m* atoll
**atolondrado** *adj* scatterbrained
**atolondramiento** *m* bewilderment
**atolondrar** ⟨1a⟩ *v/t* **1** *de golpe*, *noticia*

stun, daze **2** (*confundir*) bewilder, confuse; **atolondrarse** *v/r* **1** be stunned, be dazed **2** (*confundirse*) be bewildered, be confused

**atómico** *adj* atomic

**atomización** *f* **1** spraying **2** TÉC atomization

**atomizador** *m* spray

**atomizar** ⟨1f⟩ *v/t* **1** spray **2** TÉC atomize

**átomo** *m* atom; **ni un ~ de** *fig* not an iota of

**atonal** *adj* MÚS atonal

**atonía** *f* MED, *fig* sluggishness

**atónito** *adj* astonished, amazed; **me dejas ~** you astonish *o* amaze me

**átono** *adj* GRAM unstressed

**atontado** *adj* dazed, stunned

**atontamiento** *m* dazed state

**atontar** ⟨1a⟩ *v/t* **1** make groggy *o* dopey; (*volver tonto*) turn into a zombie **2** *de golpe* stun, daze; **atontarse** *v/r* go into a daze

**atontolinar** ⟨1a⟩ *v/t* F ☞ **atontar**

**atorar** ⟨1a⟩ *L.Am. v/t cañería etc* block (up); **atorarse** *v/r* **1** choke **2** *de cañería etc* get blocked (up)

**atormentar** ⟨1a⟩ *v/t* torment; **atormentarse** *v/r* torment o.s.

**atornillador** *m* CSur screwdriver

**atornillar** ⟨1a⟩ *v/t* screw on

**atorrante** *m* Rpl, Chi F **1** bum F, Br tramp **2** (*holgazán*) bum F, Br layabout F

**atosigar** ⟨1h⟩ *v/t* pester

**atrabancado** *adj* Méx clumsy

**atracadero** *m* MAR mooring

**atracador** *m*, **~a** *f* robber

**atracar** ⟨1g⟩ **I** *v/t* **1** *banco, tienda* hold up; *a alguien* mug **2** Chi F make out with F, neck with Br F **II** *v/i* MAR dock; **atracarse** *v/r* stuff o.s. (**de** with), pig out (**de** on) F

**atracción** *f* **1** attraction; **fuerza de ~** force of attraction **2**: **parque de atracciones** amusement park

**atraco** *m de banco, tienda* robbery; *de persona* mugging

◇ **atraco a mano armada** armed robbery

**atracón** *m*: **darse un ~ de** stuff o.s. with F; **hoy me he dado un ~ de trabajar** F I've done more than enough work for the day

**atractivo I** *adj* attractive **II** *m* appeal, attraction

**atraer** ⟨2p⟩ *v/t* attract; **~ todas las miradas** be the center *o* Br centre of attention; **atraerse** *v/r* **1** be attracted (to each other) **2** *simpatía etc* draw, attract; **~ el odio de la gente** be greatly disliked

**atragantarse** ⟨1a⟩ *v/r* choke (**con** on); **se le ha atragantado** *fig* she can't stand *o* stomach him

**atrajo** *vb* ☞ **atraer**

**atrancar** ⟨1g⟩ *v/t puerta* barricade; **atrancarse** *v/r fig* get stuck

**atrapada** *f en béisbol* catch

**atrapar** ⟨1a⟩ *v/t* catch, trap

**atraque** *m* MAR mooring

**atrás I** *adv* **1** *para indicar posición* at the back, behind; **sentarse ~** sit at the back; *en coche* sit in back, Br sit at the back; **de** *o* **por ~** behind, in back of; **quedarse ~** get left behind; **dejar ~** leave behind; **años ~** years ago *o* back

**2** *para indicar movimiento* back; **hacia ~** back, backwards; **echar ~ el asiento** push one's seat back; **¡~!** get back!; **venir de ~** come from behind; *fig* go back a long way; **mi amistad con Carlos viene de ~** *fig* Carlos and I go back a long way; **venir por ~** come from behind; **volverse** *o* **echarse ~** *fig* F back out

**II** *prp*: **~ de** *L.Am.* behind

**atrasado** *adj* **1** *en estudios, pago* behind (**en** in *o* with) **2** *reloj* slow; **ir ~** be slow **3** *pueblo* backward

**atrasar** ⟨1a⟩ **I** *v/t reloj* put back; *fecha* postpone, put back **II** *v/i de reloj* lose time; **atrasarse** *v/r* fall behind

**atraso** *m* **1** backwardness **2** COM: **~s** *pl* arrears

**atravesado** *adj*: **~ en algo** stuck across sth; **tener a alguien ~** *fig* F not be able to stand s.o.

**atravesar** ⟨1k⟩ *v/t* **1** cross; **~ el lago nadando** swim across the lake **2** (*perforar*) go through, pierce **3** *crisis* go through; **atravesarse** *v/r* **1** (*cruzar*) cross **2** (*atascarse*) get stuck **3**: **se me ha atravesado la física** I can't stand physics

**atrayente** *adj* appealing

**atreverse** ⟨2a⟩ *v/r* **1** dare; **~ a hacer algo** dare (to) do sth; **¿cómo te atreves?**

how dare you? **2:** ~ *a algo* take sth on; ~
*con alguien* take s.o. on

**atrevido** *adj* **1** (*insolente*) sassy F, *Br*
cheeky F **2** (*valiente*) brave, daring

**atrevimiento** *m* nerve

**atrez(z)o** *m* TEA props *pl*

**atribución** *f* attribution

**atribuible** *adj*: *ser* ~ *a algo* be attributable to sth

**atribuir** ⟨3g⟩ *v/t* attribute (*a* to); **atri-
buirse** *v/r* claim

**atributo** *m* attribute

**atril** *m* lectern

**atrincherarse** ⟨1a⟩ *v/r* MIL dig o.s. in,
entrench o.s.; *se atrincheró en su postura fig* he dug his heels in

**atrio** *m* atrium

**atrocidad** *f* **1** atrocity **2** (*disparate*): *decir* / *hacer* ~*es* say / do stupid things
**3:** *una* ~ *de película* / *libro* F an atrocious movie / book

**atrofia** *f* atrophy, degeneration

**atrofiado** *adj* atrophied

**atrofiarse** ⟨1b⟩ *v/r* atrophy

**atronador** *adj* deafening

**atropellado** *adj* in a rush

**atropellamiento** *m* running over

**atropellar** ⟨1a⟩ *v/t* knock down; *le atro-
pelló un coche* he was knocked down
by a car; **atropellarse** *v/r* rush

**atropello** *m* **1** running over **2** *escándalo*
outrage

**atroz** *adj* **1** appalling, atrocious **2:** *un
éxito* ~ a smash hit

**ATS** *m/f abr* (= *ayudante técnico sanitario*) registered nurse

**atte.** *abr* (= *atentamente*) sincerely
(yours), *Br* Yours sincerely

**atuendo** *m* outfit

**atufar** ⟨1a⟩ F **I** *v/t* stink out F **II** *v/i*
(*apestar*) stink to high heaven F

**atún** *m* tuna (fish)

**atunero** *m* tuna boat

**aturdido** *adj* dazed, in a daze

**aturdimiento** *m* bewilderment

**aturdir** ⟨3a⟩ *v/t* **1** *de golpe, noticia* stun,
daze **2** (*confundir*) bewilder, confuse;
**aturdirse** *v/r* **1** be stunned, be dazed
**2** (*confundirse*) be bewildered, be confused

**aturullar** ⟨1a⟩ *v/t* confuse; **aturullarse**
*v/r* get confused

**atusar** ⟨1a⟩ *v/t* smooth (down); **atu-
sarse** *v/r* smooth (down)

**audacia** *f* audacity

**audaz** *adj* daring, bold, audacious

**audible** *adj* audible

**audición** *f* **1** hearing **2** *Rpl* RAD program, *Br* programme **3** TEA audition
**4** JUR hearing

**audiencia** *f* **1** audience; ~ *pontificia*
audience with the Pope **2** TV: *índice
de* ~ ratings *pl* **3** JUR court

**audífono I** *m para sordos* hearing aid **II**
~*s mpl L.Am.* (*cascos*) headphones

**audímetro, audiómetro** *m* MED, TÉC
audiometer

**audiovisual** *adj* audiovisual; *medios*
~*es* audiovisual equipment *sg*, audiovisual aids

**auditar** ⟨1a⟩ *v/t* audit

**auditivo** *adj* auditory; *problema* hearing
*atr*; *conducto* ~ auditory canal

**auditor** *m*, ~*a f* auditor

**auditoría** *f* audit

**auditorio** *m* (*público*) audience; *sala*
auditorium

**auge** *m* peak; *estar en* ~ *aumento* be en-
joying a boom

**augurar** ⟨1a⟩ *v/t de persona* predict,
foretell; *de indicio* augur

**augurio** *m* omen, sign; *un buen* / *mal* ~
a good / bad omen

**augusto** *adj* august

**aula** *f* classroom; *en universidad* lecture
hall, *Br* lecture theatre

◇ **aula magna** main lecture hall

**aulaga** *f* BOT gorse

**aullar** ⟨1a⟩ *v/i* howl

**aullido** *m* howl

**aumentable** *adj* which may be increased; *la dosis es* ~ the dose may
be increased

**aumentar** ⟨1a⟩ **I** *v/t* increase; *precio* increase, raise, put up **II** *v/i de precio, temperatura* rise, increase, go up

**aumentativo** *m* GRAM augmentative

**aumento** *m de precios, temperaturas etc*
rise (*de* in), increase (*de* in); ~ *salarial
o de sueldo* raise, *Br* (pay) rise; *ir en* ~
be increasing

**aún** *adv* **1** *en oraciones no negativas* still
**2** *en oraciones negativas* yet; ~ *no* not
yet **3** *en comparaciones* even

**aun** *adv* even; ~ *así* even so; ~ *cuando*
even if, even when; *ni* ~ not even

**aunar** ⟨1a⟩ *v/t* combine; ~ *esfuerzos*
join forces; *si aunamos ideas* if we

put our heads together
**aunque** *conj* **1** although, even though **2** + *subj* even if
**aúpa** *int* F **1** up you get! **2**: *de ~* tremendous; *comida* enormous, *Br* F slap-up *atr*; *una borrachera / un follón de ~* one hell of a hangover / a fight F
**au pair** *m/f* au pair
**aupar** ⟨1a⟩ *v/t* lift up; **auparse** *v/r* stand on something; *~ encima de una silla* stand on a chair
**aura** *f* **1** aura **2** *L.Am.* ZO turkey buzzard
**áureo** *adj lit* golden
**aureola** *f* halo
**aurícula** *f* ANAT auricle
**auricular** *m* **1** *de teléfono* receiver; *descolgar el ~* take the phone off the hook **2**: *~es pl* headphones, earphones
**aurífero** *adj* gold-bearing
**aurora** *f* dawn
◇ **aurora austral** southern lights *pl*; **aurora boreal** northern lights *pl*; **aurora polar** polar lights *pl*
**auscultación** *f* MED auscultation
**auscultar** ⟨1a⟩ *v/t*: *~ a alguien* listen to s.o.'s chest
**ausencia** *f* **1** *de persona* absence; *en ~ de* in the absence of; *brillaba por su ~* he was conspicuous by his absence **2** *no existencia* lack (*de* of)
**ausentarse** ⟨1a⟩ *v/r* leave, go away
**ausente** *adj* absent; *últimamente está siempre ~ fig* his mind has been elsewhere lately
**auspiciar** ⟨1b⟩ *v/t* sponsor
**auspicio** *m* sponsorship; *bajo los ~s de* under the auspices of
**austeridad** *f* austerity; *programa de ~* POL austerity program
**austero** *adj* austere
**austral** *adj* southern
**Australia** *f* Australia
**australiano I** *adj* Australian **II** *m, -a f* Australian
**Austria** *f* Austria
**austríaco, austriaco I** *adj* Austrian **II** *m* -a *f* Austrian
**austriano I** *adj* Austrian **II** *m, -a f* Austrian
**autarquía** *f* self-sufficiency
**autárquico** *adj* self-sufficient
**autenticar** ⟨1g⟩ *v/t* authenticate
**autenticidad** *f* authenticity
**auténtico** *adj* authentic

**autentificar** ⟨1g⟩ *v/t* authenticate
**autillo** *m* ZO tawny owl
**autismo** *m* autism
**autista I** *adj* autistic **II** *m/f* autistic person
**autito** *m* *CSur* bumper car
**auto**[1] *m* **1** JUR order; *dictar ~ de detención* issue an arrest warrant **2**: *~s pl* JUR proceedings; *consta en ~s* it is a matter of record **3**: *lugar de ~s* crime scene **4** *L.Am.* AUTO car
◇ **auto de choque** *L.Am.* AUTO bumper car; **auto de fe** HIST auto-da-fé; **auto de procesamiento** JUR committal proceedings *pl*; **auto sacramental** TEA mystery play
**auto**[2] *pref* self
**autoabastecerse** ⟨2d⟩ *v/r* be self-sufficient (*de* in)
**autoabastecimiento** *m* self-sufficiency
**autoadhesivo** *adj* self-adhesive
**autoafirmación** *f* self-affirmation
**autoayuda** *f* self-help
**autobanco** *m* ATM, cash machine
**autobiografía** *f* autobiography
**autobiográfico** *adj* autobiographical
**autobombo** *m* F self-glorification
**autobronceador** *m* artificial tanning lotion
**autobús** *m* bus
◇ **autobús escolar** school bus; **autobús interurbano** (long-distance) bus, *Br tb* coach; **autobús de línea** (long--distance) bus, *Br tb* coach
**autocar** *m* *Esp* bus, *Br tb* coach
**autocaravana** *f* camper van
**autocine** *m* drive-in (movie theater)
**autoclave** *m o f* autoclave
**autocompadecerse** ⟨2d⟩ *v/r* feel sorry for o.s.
**autocomplacencia** *f* smugness
**autoconfianza** *f* self-confidence
**autocontrol** *m* self-control
**autocrítica** *f* self-criticism
**autocross** *m* autocross
**autóctono I** *adj* indigenous, native **II** *m* indigenous person, native
**autodefensa** *f* self-defense, *Br* self-defence
**autodenominarse** ⟨1a⟩ call o.s., refer to o.s. as
**autodeterminación** *f* self-determination
**autodidacta I** *adj* self-taught **II** *m/f* self--taught person

**autodisciplina** *f* self-discipline
**autodisparador** *m* FOT automatic shutter release
**autodominio** *m* self-control
**autódromo** *m* racetrack
**autoedición** *f* desktop publishing, DTP
**autoescuela** *f* driving school; **profesor de** ~ driving school instructor
**autoestima** *f* self-esteem
**autoestop** *m* hitchhiking
**autoestopista** *m/f* hitchhiker
**autofinanciación** *f* self-financing
**autofinanciarse** ⟨1b⟩ *v/r* finance o.s.
**autofoco** *m* FOT autofocus
**autoformato** *m* INFOR automatic formatting
**autógeno** *adj* autogenous; **soldadura -a** welding
**autogestión** *f* self-management
**autogobierno** *m* POL self-government
**autogol** *m* own goal
**autógrafo** *m* autograph
**autómata** *m* automaton, automatic system
**automático** I *adj* automatic II *m L.Am.* AUTO automatic
**automatización** *f* automation
**automatizar** ⟨1f⟩ *v/t* automate
**automedicación** *f* self-medication
**automoción** *f* self-propulsion
**automotor** I *adj* self-propelled II *m* motor vehicle
**automóvil** *m* car, automobile
**automovilismo** *m* driving
**automovilista** *m/f* motorist
**automovilístico** *adj* automobile *atr*
**automutilación** *f* self-mutilation
**autonomía** *f* 1 autonomy 2 *en España* autonomous region
**autonómico** *adj* autonomous; **elecciones -as** *Esp* elections in the autonomous regions
**autónomo** I *adj* autonomous; *trabajador* self-employed II *m*, -a *f* self-employed person
**autopista** *f* freeway, *Br* motorway
◇ **autopista de la comunicación** INFOR information (super)highway; autopista de cuota *Méx* turnpike, *Br* toll motorway; autopista de la información INFOR information (super)highway; autopista de peaje turnpike, *Br* toll motorway
**autopropulsión** *f* TÉC self-propulsion

**autopsia** *f* post mortem, autopsy
**autor** *m*, ~a *f* author; *de crimen* perpetrator; **los** ~**es del atentado** those who carried out the attack; **con bomba** the bombers
◇ **autor material** JUR actual perpetrator
◇ **autor teatral** playwright
**autoría** *f de un acto* responsibility; *de un libro* authorship
**autoridad** *f* authority; **hacer valer toda su** ~ *fig* assert one's authority, bring the full weight of one's authority to bear
**autoritario** *adj* authoritarian
**autoritarismo** *m* authoritarianism
**autorización** *f* authority
**autorizado** *adj* authorized; ~ **a firmar** authorized to sign; **no** ~ unauthorized
**autorizar** ⟨1f⟩ *v/t* authorize
**autorradio** *m* car radio
**autorretrato** *m* self-portrait
**autoservicio** *m* 1 supermarket 2 *restaurante* self-service restaurant
**autostop** *m* hitchhiking; **hacer** ~ hitch (-hike)
**autostopista** *m/f* hitchhiker
**autosuficiencia** *f* self-sufficiency; *desp* smugness
**autosuficiente** *adj* self-sufficient; *desp* smug
**autosugestión** *f* autosuggestion
**autovía** *f* divided highway, *Br* dual carriageway
**auxiliar** I *adj* 1 auxiliary; **verbo** ~ auxiliary verb 2 *profesor* assistant *atr* II *m/f* assistant III *f Rpl* AUTO spare wheel IV ⟨1b⟩ *v/t* help
◇ **auxiliar administrativo** administrative assistant; **auxiliar de clínica** nurses' aide, *Br* nursing auxiliary; auxiliar de geriatría geriatric nurse; auxiliar de vuelo stewardess, flight attendant
**auxilio** *m* help; **primeros** ~**s** *pl* first aid *sg*
◇ **auxilio en carretera** AUTO breakdown assistance
**Avda** *abr* (= **Avenida**) Ave (= Avenue)
**aval** *m* guarantee
◇ **aval bancario** bank guarantee
**avalancha** *f* avalanche; ~ **de coches** stream of cars
**avalar** ⟨1a⟩ *v/t* guarantee; *fig* back
**avalista** *m/f* guarantor

avalúo *m L.Am.* valuation

avance *m* **1** advance; **~ de papel** *en impresora* paper advance **2** *en cine* trailer ◇ **avance informativo** newsflash ◇ **avance de programas** (program) preview

avanzada *f* MIL scouting party

avanzadilla *f* MIL scouting party; *fig* vanguard

avanzado *adj* advanced

avanzar ⟨1f⟩ I *v/t* **1** move forward, advance; **~ un pie** take a step forward **2** *dinero* advance II *v/i* **1** advance, move forward; MIL advance (**hacia** on) **2** *en trabajo* make progress

avaricia *f* greed, avarice

avaricioso *adj* greedy, avaricious

avaro I *adj* miserly; **ser ~ de algo** be sparing with sth; **es muy ~ de su vida personal** he gives very little away about his private life II *m*, **-a** *f* miser

avasallador *adj* domineering

avasallar ⟨1a⟩ *v/t* subjugate; **no dejes que te avasallen** *fig* don't let them push you around

avatares *mpl* changes

ave *f* **1** bird **2** *S.Am.* (*pollo*) chicken ◇ **ave migratoria** migratory bird; **ave del paraíso** bird of paradise; **ave de paso** migratory bird; **ave de presa, ave de rapiña** bird of prey; **aves de corral** poultry

AVE *m abr* (= **alta velocidad española**) high speed train

avechucho *m* **1** *desp* ugly bird **2** *fig* ugly customer

avecinarse ⟨1a⟩ *v/r* approach

avefría *f* ZO lapwing

avejentado *adj* aged

avejentar ⟨1a⟩ *v/t* age; avejentarse *v/r* age

avellana *f* BOT hazelnut

avellano *m* BOT hazel

avemaría *f* REL Hail Mary

avena *f* oats *pl*

avenamiento *m* draining

avenar ⟨1a⟩ *v/t terreno* drain

avenida *f* avenue

avenido *adj*: **bien ~** well-matched; **mal ~** badly-matched

avenirse ⟨3s⟩ *v/r* agree (**a** to)

aventajado *adj* outstanding

aventajar ⟨1a⟩ *v/t* be ahead of

aventar ⟨1k⟩ *L.Am v/t* **1** throw **2** (*empujar*) push; aventarse *v/r* **1** F throw o.s. **2**: **~ a hacer algo** dare to do sth

aventón *m Andes*, *C.Am.*, *Méx* F: **dar ~ a alguien** give s.o. a ride *o* lift

aventura *f* **1** adventure **2** (*riesgo*) venture **3** *amorosa* affair

aventurado *adj* risky, hazardous

aventurar ⟨1a⟩ *v/t* **1** risk **2** *opinión* venture; aventurarse *v/r* venture; **~ a hacer algo** dare (to) do sth

aventurero I *adj* adventurous; **espíritu ~** sense *o* spirit of adventure II *m*, **-a** *f* adventurer

avergonzado *adj* **1** embarrassed **2** *de algo reprensible* ashamed

avergonzar ⟨1n & 1f⟩ *v/t* **1** (*abochornar*) embarrass **2**: **le avergüenza** *de algo reprensible* she's ashamed of it; avergonzarse *v/r* be ashamed (**de** of)

avería *f* **1** TÉC fault **2** AUTO breakdown

averiado *adj* broken down

averiarse ⟨1c⟩ *v/r* break down

averiguar ⟨1i⟩ I *v/t* find out II *v/i C.Am.*, *Méx* (*discutir*) argue

aversión *f* aversion

avestruz *m* ZO ostrich; **del ~** *política*, *táctica* head-in-the-sand *atr*

avetoro *m* ZO bittern

aviación *f* **1** aviation; **campo de ~** airfield **2** MIL air force ◇ **aviación deportiva** flying (*as a hobby*), leisure flying

aviador *m*, **~a** *f* pilot, aviator

avícola *adj* poultry *atr*; **granja ~** poultry farm

avicultor *m*, **~a** *f* poultry farmer

avicultura *f* poultry farming

avidez *f* eagerness

ávido *adj* eager (**de** for), avid (**de** for)

avifauna *f* birds *pl*

avinagrado *adj* vinegary

avinagrar ⟨1a⟩ *v/t* turn vinegary; *fig* make bitter; avinagrarse *v/r de vino* turn vinegary; *fig* become bitter *o* sour

avío *m* useful item; **~s de coser** *pl* sewing kit *sg*

avión *m* airplane, plane; **por ~** *mandar una carta* (by) airmail; **ir en ~** fly ◇ **avión de carga** cargo airplane; **avión chárter** chartered airplane; **avión a chorro** jet (plane); **avión cisterna** tanker aircraft; **avión de combate** fighter (plane); **avión comercial** commercial airplane; **avión de hélice** propeller aircraft; **avión nodriza** tanker aircraft; **avión a reacción** jet (plane); **avión de reconocimiento** reconnaissance airplane; **avión supersónico** supersonic airplane

**avionazo** *m Méx* airplane crash, plane crash

**avioneta** *f* light plane, light aircraft

**avisador** *m* **1** warning light; *sonoro* alarm **2** *L.Am.* (*anunciante*) advertiser

**avisar** ⟨1a⟩ *v/t* **1** (*notificar*) tell, inform; *de peligro* warn, inform; *sin ~* without warning **2** (*llamar*) call, send for

**aviso** *m* **1** (*comunicación*) notice; *hasta nuevo ~* until further notice; *sin previo ~* without any notice *o* warning; *último ~* AVIA final call; *~ de llamada por vibración* TELEC vibration mode **2** (*advertencia*) warning; *estar sobre ~* have been warned; *poner a alguien sobre ~* give s.o. a warning, warn s.o. **3** *L.Am.* (*anuncio*) advertisement

◇ **aviso de recibo** *de correos* acknowledgement of receipt

**avispa** *f* ZO wasp

**avispado** *adj* bright, sharp

**avisparse** ⟨1a⟩ *v/r* wake up, become more alert; *se ha avispado mucho* he's a lot more on the ball F

**avispero** *m* wasps' nest; *meterse en un ~ fig* get o.s. into trouble

**avispón** *m* ZO hornet

**avistar** ⟨1a⟩ *v/t* sight, spot

**avitaminosis** *f* MED vitamin deficiency

**avituallamiento** *m*: *nos hicimos con un ~ de vino* we stocked up on wine

**avivar** ⟨1a⟩ *v/t* **1** *fuego* revive **2** *interés* arouse **3**: *~ el paso* speed up; *avivarse v/r* **1** *de fuego* flare up **2** *de persona* get one's act together

**avizor** *adj*: *estar ojo ~* be alert

**avutarda** *f* ZO bustard

**axial** *adj* axial

**axil** *adj* axial

**axila** *f* armpit

**axioma** *m* axiom

**axiomático** *adj* axiomatic

**ay** *interj de dolor* ow!, ouch!; *de susto* oh!; *¡~ de mí!* *lit* woe is me! *lit*

**ayer** *adv* yesterday; *~ por la mañana* yesterday morning; *de ~* yesterday's; *parece que fue ~* it seems like yesterday

**ayuda** **I** *f* help, assistance; *~ financiera* financial help *o* aid *o* assistance; *con*

*la ~ de* with the help of; *prestar ~* help; *pedir ~ a alguien* ask s.o. for help; *venir en ~ de* come to the aid *o* help of **II** *m* aide

◇ **ayuda de cámara** valet

◇ **ayuda al desarrollo** development aid *o* assistance

**ayudante** *m/f* assistant

◇ **ayudante técnico sanitario** registered nurse

**ayudar** ⟨1a⟩ *v/t* help; *¿le ayudo?* can I help?, would you like some help?; *le ayudó a ponerse el abrigo* he helped her put on her coat

**ayudarse** *v/r* help o.s.; *~ con las manos para hacer algo* use one's hands to do sth; *se ayudó con las manos para levantarse del sofá* he levered himself up off the sofa

**ayunar** ⟨1a⟩ *v/i* fast

**ayunas**: *estoy en ~* I haven't eaten anything; *quedarse en ~ fig* be left completely in the dark

**ayuno** *m* fast

**ayuntamiento** *m* city council, town council; *edificio* city hall, town hall

◇ **ayuntamiento carnal** carnal knowledge

**azabache** *m* MIN jet

**azada** *f* hoe

**azadón** *m* mattock

**azafata** *f* flight attendant

◇ **azafata de congresos** hostess

**azafato** *m* flight attendant

◇ **azafato de congresos** steward

**azafrán** *m* BOT saffron

**azahar** *m* BOT orange *o* lemon blossom

**azalea** *f* BOT azalea

**azar** *m* fate, chance; *al ~* at random; *por ~* by chance

**azarar** *vb* ☞ **azorar**

**azaroso** *adj* **1** risky, daring **2**: *una vida -a* an eventful life

**Azerbaiján, Azerbaiyán** *m* Azerbaijan

**ázimo** *adj* unleavened

**azogue** *m* mercury

**azor** *m* ZO hawk

**azorar** ⟨1a⟩ *v/t* embarrass; *azorarse v/r* be embarrassed

**azotador** *m Méx* caterpillar

**azotaina** *f* F spanking

**azotar** ⟨1a⟩ *v/t* **1** *con látigo* whip, flog; *con mano* smack **2** *de enfermedad, hambre* grip **3** *Méx puerta* slam

**azote** *m* **1** *con látigo* lash; *con mano* smack; **dar un ~ a alguien** smack s.o. **2** *fig* scourge

**azotea** *f* flat roof; **estar mal de la ~** *fig* F be crazy

**azteca** *m/f & adj* Aztec

**azúcar** *m* (*also f*) sugar
◊ **azúcar cande, azúcar candi** candy cane; **azúcar de caña** cane sugar; **azúcar de cortadillo** sugar lumps *pl o* cubes *pl*; **azúcar glas** confectioners' sugar, *Br* icing sugar; **azúcar impalpable** *Rpl* confectioners' sugar, *Br* icing sugar; **azúcar lustre** superfine sugar, *Br* castor sugar; **azúcar moreno** brown sugar; **azúcar en terrones** sugar lumps *pl o* cubes *pl*

**azucarado** *adj* sweetened, *fig* sugary

**azucarar** ⟨1a⟩ *v/t* add sugar to, sugar

**azucarera** *f* sugar bowl

**azucarero I** *adj* sugar *atr* **II** *m* sugar bowl

**azucarillo** *m* sugar cube, lump of sugar

**azucena** *f* BOT Madonna lily

**azufre** *m* sulfur, *Br* sulphur

**azul I** *adj* blue **II** *m* blue
◊ **azul celeste** sky-blue; **azul claro** light blue; **azul marino** navy(-blue); **azul turquesa** turquoise

**azulado** *adj* bluish

**azulejo** *m* **1** tile **2** BOT cornflower **3** ZO bee-eater

**azulete** *m* bluing

**azulino** *adj* bluish

**azulón** *adj* dark-bluish

**azuzar** ⟨1f⟩ *v/t*: **~ los perros a alguien** set the dogs on s.o.; *fig* egg s.o. on

# B

**B.A.** *abr* (= **Buenos Aires**) Buenos Aires

**baba** *f* drool, dribble; **se le caía la ~** F he was drooling F (**con** over); **tener mala ~** be mean

**babear** ⟨1a⟩ *v/i* dribble

**babel** *m* (*also f*) chaos

**babero** *m* bib

**babi** *m* smock, overall

**Babia** *f*: **estar en ~** be miles away

**bable** *m* *dialect of Asturias*

**babor** *m* MAR port

**babosa** *f* ZO slug

**babosada** *f* *L.Am.* F stupid thing to do / say

**baboso** *L.Am.* F **I** *adj* stupid **II** *m*, **-a** *f* idiot

**babucha** *f* slipper

**babuino** *m* ZO baboon

**baca** *f* AUTO roof rack

**bacaladilla** *f pescado* blue whiting

**bacalao** *m* cod; **cortar el ~** F call the shots F
◊ **bacalao seco** salt cod

**bacán** *m* *Arg* F big shot F

**bacanal** *f* **1** MYTH bacchanal **2** *fig* orgy

**bacante** *f* MYTH bacchante

**bacar(r)á** *m* *juego de naipes* baccarat

**bache** *m* **1** *en carretera* pothole **2** *fig* rough patch

**bachicha I** *m/f Rpl*, *Chi desp* wop *desp* **II** *f Méx* cigarette stub

**bachiller** *m/f* high school graduate

**bachillerato** *m Esp* high school leaver's certificate; **estudiar el ~** be in high school, *Br* be at secondary school

**bacía** *f* shaving bowl

**bacilar** *adj* bacillary

**bacilo** *m* bacillus

**bacín** *m* chamber pot

**backup** *m* INFOR backup

**Baco** *m* MYTH Bacchus

**bacón** *m* bacon

**bacteria** *f* bacteria

**bacteriano** *adj* bacterial

**bactericida I** *adj* bactericidal, antibacterial **II** *m* bactericide

**bacteriología** *f* bacteriology

**bacteriológico** *adj* bacteriological

**bacteriólogo** *m*, **-a** *f* bacteriologist

**báculo** *m* staff; *fig* support

**badajo** *m* clapper

**badana** *f* F: **zurrar a alguien la ~** give s.o. a good hiding

**badén** *m* dip

**badil** *m*, **badila** *f* fire shovel

**bádminton** *m* badminton

**badulaque** *m/f* F idiot F, fool

**bafle** *m* loudspeaker

**bagaje** *m* *fig* heritage

**bagatela** f trinket
**baguette** f baguette, French stick
**¡bah!** int bah
**bahía** f bay
**bailable** adj: **música** ~ dance music
**bailador** I adj: **ser muy** ~ love dancing II m, ~a f dancer
**bailaor** m, ~a f flamenco dancer
**bailar** ⟨1a⟩ I v/i 1 dance; ~ **al son que le tocan** toe the line; ~ **con la más fea** draw the short straw 2 de zapato be loose II v/t dance; **se lo bailó** Méx F he swiped it F; ~**le a alguien el agua** suck up to s.o.; **¡que me quiten lo bailado!** nobody can take away the good times I've had
**bailarín** I adj: **es muy** ~ he loves dancing II m, -ina f dancer
**baile** m 1 dance 2 fiesta formal ball
◇ **baile de disfraces** costume ball, fancy dress ball; **baile de máscaras** masked ball; **baile de salón** ballroom dancing; **baile de San Vito** St. Vitus's dance
**bailón** I adj F: **ser muy** ~ love dancing II m, -ona f F big dancer F
**bailongo** m F dance
**bailotear** ⟨1a⟩ v/i dance
**bailoteo** m dancing
**baja** f 1 descenso fall, drop; **jugar a la** ~ FIN gamble on a bear market 2 persona casualty; ~**s** pl MIL casualties 3 (dimisión, cese): **causar** ~ resign, leave; **dar de** ~ dismiss; **darse de** ~ resign, leave (**por** because of); **estar de** ~ (**por enfermedad**) be off sick, be on sick leave
◇ **Baja California** Baja, Lower California; **baja por enfermedad** sick leave; **darse de** ~ resign for health reasons; **baja por maternidad** maternity leave
**bajá** m pasha
**bajada** f fall, drop
◇ **bajada de tipos** drop in interest rates
**bajamar** f low tide
**bajante** m drainpipe, downspout, Br downpipe
**bajar** ⟨1a⟩ I v/t 1 voz, precio lower; ~ **la mirada** lower one's eyes o gaze, look down; ~ **algo de arriba** get sth down 2 TV, radio turn down 3 escalera go down 4 INFOR download II v/i 1 go down 2 de intereses fall, drop; **bajarse**

v/r 1 get down 2 de automóvil get out (**de** of); de tren, autobús get off (**de** sth) 3: ~ **los pantalones** drop one's pants o Br trousers
**bajel** m lit ship
**bajeza** f 1 (calidad) baseness 2 (acto) despicable thing to do
**bajinis**: **por lo** ~ F under one's breath
**bajío** m L.Am. lowland
**bajista** I adj: **tendencia** ~ downward trend II m/f 1 FIN bear 2 MÚS bass player, bassist
**bajo** I adj 1 low; ~ **en sal** low in salt 2 persona short II m 1 MÚS bass 2 piso first floor, Br ground floor; de edificio first floor apartment, Br ground floor flat 3 de vestido, pantalón hem 4: **por lo** ~ at least III adv 1 cantar, hablar quietly, softly 2 volar low IV prp under; **tres grados** ~ **cero** three degrees below zero; ~ **juramento** o **palabra** on o under oath
◇ **bajo continuo** MÚS continuo
**bajón** m sharp decline; **dar un** ~ decline sharply, slump; **tener un** ~ **de salud** take a turn for the worse
**bajorrelieve** m bas-relief
**bakalao** m MÚS F techno
**bala** f bullet; **como una** ~ like lightning; **ni a** ~ L.Am. F no way F
◇ **bala de fogueo** blank
**balacear** ⟨1a⟩ v/t L.Am. shoot
**balaceo** m L.Am., **balacera** f L.Am. shooting
**balada** f ballad
**baladí** adj trivial
**baladronada** f boast
**baladronear** ⟨1a⟩ v/i boast, brag
**balance** m COM balance; **hacer** ~ do the books; **hacer el** ~ fig: de situación take stock
**balancear** ⟨1a⟩ v/t caderas swing, sway; **balancearse** v/r 1 swing, sway 2 MAR rock
**balanceo** m 1 swinging, swaying 2 MAR rocking
**balancín** m 1 TÉC rocker 2 (mecedora) rocking chair
**bálano** m ANAT glans penis
**balanza** f scales pl; ~ **para cartas** letter scales pl; **inclinar la** ~ fig tip the balance o scales
◇ **balanza comercial** balance of trade; **balanza de pagos** balance of pay-

ments; **balanza de precisión** precision scales *pl*

**balar** ⟨1a⟩ *v/i de oveja, cabra* bleat

**balasto** *m* ballast

**balaustrada** *f* balustrade

**balaustre** *m* spindle

**balazo** *m* shot

**balboa** *m* FIN balboa

**balbucear** ⟨1a⟩ **I** *v/i* **1** stammer **2** *de niño* babble **II** *v/t* stammer

**balbuceo** *m* stammer

**balbucir** ⟨3f; *defective*⟩ *v/t & v/i* ☞ *balbucear*

**Balcanes** *mpl* Balkans

**balcánico** *adj* Balkan

**balcón** *m* balcony

◇ **balcón corrido** ☞ *balconada*

**balconada** *f* continuous balcony

**balda** *f* shelf

**baldado** *adj fig* F bushed F

**baldaquín** *m* canopy

**balde I** *m* bucket **II** *adv*: *de* ~ for nothing; *en* ~ in vain

**baldear** ⟨1a⟩ *v/t* MAR wash down, sluice

**baldío I** *adj terreno* uncultivated; *fig* useless **II** *m* uncultivated land

**baldón** *m* dishonor, *Br* dishonour

**baldosa** *f* floor tile

**baldosín** *m* tile

**baldragas** *m* F wimp F

**balear**[1] **I** *adj* Balearic; *las islas Baleares* the Balearic Islands **II** *m/f* native of the Balearic Islands

**balear**[2] ⟨1a⟩ *v/t L.Am.* shoot

**Baleares** *fpl* Balearics

**baleárico** *adj* Balearic

**baleo** *m L.Am.* shooting

**balido** *m* bleat

**balín** *m* pellet

**balística** *f* ballistics *sg*

**balístico** *adj* ballistic

**baliza** *f* **1** MAR buoy **2** AVIA runway light

**balizamiento** *m* AVIA runway lights *pl*; ~ *luminoso en carretera* warning lights *pl*

**balizar** ⟨1f⟩ *v/t carretera* mark with warning lights

**ballena** *f* ZO whale

**ballenato** *m* ZO whale calf

**ballenero I** *adj* whaling *atr*; *barco* ~ whaler **II** *m persona, barco* whaler

**ballesta** *f* **1** crossbow **2** TÉC spring

**ballestero** *m* crossbowman

**ballet** *m* ballet

**balneario** *m* spa

**balneoterapia** *f* balneotherapy

**balompédico** *adj* soccer *atr*, *Br tb* football *atr*

**balompié** *m* soccer, *Br tb* football

**balón** *m* ball; *echar balones fuera* avoid the issue; *recibir un* ~ *de oxígeno fig* get a boost

◇ **balón muerto** *en baloncesto* dead ball

**balonazo** *m* DEP: *recibir un* ~ get hit by the ball

**baloncestista** *m/f* basketball player

**baloncestístico** *adj* basketball *atr*

**baloncesto** *m* basketball

**balonmano** *m* handball

**balonvolea** *m* volleyball

**balotaje** *m L.Am.* POL ballot(t)ing

**balsa** *f* raft; *como una* ~ *de aceite fig* like a mill pond

**balsámico** *adj* soothing

**bálsamo** *m* balsam

**balsera** *f* **1** ferrywoman **2** *inmigrante* illegal Cuban immigrant

**balsero** *m* **1** ferryman **2** *inmigrante* illegal Cuban immigrant

**báltico I** *adj* Baltic; *el mar Báltico* the Baltic Sea **II** *m*: *el Báltico* the Baltic

**baluarte** *m* **1** MIL stronghold **2** *persona* pillar, stalwart

**balumba** *f* **1** *L.Am.* F heap, pile **2** (*ruido*) noise, racket F

**bambolearse** ⟨1a⟩ *v/r* **1** *de persona* sway **2** (*oscilar*) swing, rock

**bamboleo** *m* **1** *de persona* swaying **2** (*oscilación*) swinging, rocking

**bambolla** *f L.Am.* F fuss

**bambú** *m* BOT bamboo

**banal** *adj* banal

**banalidad** *f* banality

**banana** *f L.Am.* banana

**bananero I** *adj* banana *atr* **II** *m* banana tree

**banano** *m* banana tree

**banasta** *f* basket

**banasto** *m* round-bottomed basket

**banca** *f* **1** *actividad* banking; *conjunto de bancos* banks *pl* **3** *en juego* bank; *saltar la* ~ break the bank **4** *Méx* DEP (*asiento*) bench

◇ **banca electrónica** electronic banking

**bancal** *m* **1** *en pendiente* terrace **2** *divi-*

*sión de terreno* plot

**bancario** *adj* bank *atr*

**bancarrota** *f* bankruptcy; ***estar en* ~** be bankrupt; ***hacer* ~** go bankrupt

**banco** *m* **1** COM bank **2** *para sentarse* bench

◇ **banco de arena** sand bank; **banco de carpintero** carpenter's bench; **banco en casa** home banking; **Banco Central Europeo** Central European Bank; **banco de crédito** credit bank; **banco de datos** data bank; **banco emisor** issuing bank; **Banco Europeo de Inversiones** European Investment Bank; **Banco Europeo de Reconstrucción y Desarrollo** European Bank for Reconstruction and Development; **banco de genes** gene bank; **banco de hielo** ice floe; **Banco Mundial** World Bank; **banco de niebla** bank of fog, fog bank; **banco de órganos** organ bank; **banco de peces** shoal of fish; **banco de pruebas** test bed; **banco de sangre** blood bank; **banco de semen** sperm bank; **banco de trabajo** workbench

**banda** *f* **1** MÚS (*grupo*) band **2** *de delincuentes* gang **3** (*cinta*) sash **4** *en fútbol* touchline **5** *de billar* cushion **6**: ***cerrarse en* ~** F stand firm, dig one's heels in F

◇ **banda de frecuencia** frequency band; **banda magnética** INFOR magnetic strip *o* stripe; **banda de rodadura de ruedas** tread; **banda sonora** soundtrack; **banda terrorista** terrorist group

**bandada** *f de pájaros* flock; ***a* ~s** *fig* in hordes

**bandazo** *m*: ***dar* ~s** *de coche* swerve

**bandeja** *f* **1** tray; ***servir en* ~** hand on a plate; ***pasar la* ~** pass the plate around **2** *en balconcesto* lay-up

**bandera** *f* flag; (*lleno*) ***hasta la* ~** packed (out); ***bajar la* ~** *de taxi* start the meter running; ***de* ~** F great F, fantastic F; ***jurar la* ~** swear allegiance to the flag

**banderilla** *f* **1** TAUR banderilla (*dart stuck into bull's neck during bullfight*) **2** GASTR *tapa on a cocktail stick*

**banderillear** ⟨1a⟩ *v/t* TAUR stick the *banderilla* in

**banderillero** *m* TAUR banderillero (*person who wields the banderillas*)

**banderín** *m* pennant; *en fútbol* flag

◇ **banderín de córner** *en fútbol* (corner) flag

**bandido** *m*, **-a** *f* bandit

**bando** *m* **1** (*aviso*) edict **2** *en disputa* side

**bandolera** *f* **1** MIL bandoleer; ***en* ~** across one's chest **2** *mujer* bandit

**bandolerismo** *m* banditry

**bandolero** *m* bandit

**bandoneón** *m Rpl* MÚS *large accordion*

**bandurria** *f* MÚS mandolin

**banjo** *m* MÚS banjo

**banquero** *m*, **-a** *f* banker

**banqueta** *f* **1** (*taburete*) stool **2** AUTO: ~ **trasera** back seat **3** *L.Am.* (*acera*) sidewalk, *Br* pavement

**banquete** *m* banquet

◇ **banquete de bodas** wedding reception

**banquetear** ⟨1a⟩ *v/i* feast

**banquillo** *m* **1** JUR dock **2** DEP bench; ***estar en el* ~** DEP be on the bench

◇ **banquillo de los acusados** dock

◇ **banquillo de suplentes** DEP bench

**banquina** *f Rpl* AUTO shoulder, *Br* hard shoulder

**banquisa** *f* ice field

**bañadera** *f Rpl* (*baño*) bath

**bañador** *m* swimsuit

**bañar** ⟨1a⟩ *v/t* **1** *de sol, mar* bathe **2** *a un niño, un enfermo* bathe, *Br* bath; ***bañado en lágrimas** bathed in tears **3** GASTR coat (*con* with, *en* in); **bañarse** *v/r* **1** have a bath **2** *en el mar* go for a swim

**bañera** *f* (bath)tub, bath

◇ **bañera de hidromasaje** whirlpool, Jacuzzi®

**bañero** *m*, **-a** *f Rpl* lifeguard

**bañista** *m/f* swimmer

**baño** *m* **1** *en la bañera* bath; ***celebraron su victoria con un* ~ *de masas o de multitudes** *fig* a huge crowd celebrated their victory **2** *en el mar* swim **3** *esp L.Am.* bathroom; (*ducha*) shower **4** TÉC plating **5**: ~**s** *pl* spa *sg*

◇ **baño de asiento** hip bath; **baño de azúcar** sugar coating; **baño fijador** FOT fixing bath; **baño María** bain-marie; **baño de sangre** blood bath; **baño de sol** sunbathing session; **baño termal** (thermal) baths *pl*; **baño de vapor** steam bath; **baños de sol** sunbathing *sg*; **baños termales** thermal baths, thermal spa *sg*

**baobab** *m* BOT baobab, monkey bread tree

**baptista** *m/f* REL Baptist

**baptisterio** *m* baptistry

**baqueta** *f* **1** MIL ramrod; ***correr ~s*** run the gauntlet **2** MÚS drumstick

**baqueteado** *adj fig* experienced

**baquetear** ⟨1a⟩ *v/t fig*: **~ *a alguien*** give s.o. a hard time

**baquiano** *L.Am.* **I** *adj* expert *atr* **II** *m*, **-a** *f* guide

**báquico** *adj* drunken; MYTH Bacchanalian

**bar** *m* bar

◇ **bar de copas** nightclub

**barahúnda** *f* commotion

**baraja** *f* deck of cards; ***jugar con dos ~s*** *fig* not play straight; ***se rompe la ~*** *fig* the whole deal's off

**barajar** ⟨1a⟩ **I** *v/t* **1** *naipes* shuffle **2** *fig* consider **II** *v/i* quarrel

**baranda** *f en billar* cushion

**barandilla** *f* handrail, banister

**barata** *f* **1** *Méx* (*engaño*) bargain counter **2** *Méx* (*saldo*) sale **3** *Chi* (*cucaracha*) cockroach

**baratear** ⟨1a⟩ *v/t* sell off

**baratero** *m*, **-a** *f Chi tendero* junk-shop owner

**baratija** *f* trinket

**baratillo** *m* **1** *tienda* cut-price store **2** (*mercadillo*) street market

**barato** *adj* cheap

**baratura** *f* cheapness

**baraúnda** *f* ☞ **barahúnda**

**barba** *f tb* BOT beard; ***dejarse (la) ~*** grow a beard; ***en las ~s de alguien*** under s.o.'s nose; ***subirse a las ~s de alguien*** get fresh with s.o. F, *Br* be cheeky to s.o. F; ***por ~*** F a head, per person

◇ **barba de chivo, barba en punta** goatee (beard)

**barbacana** *f* MIL barbican

**barbacoa** *f* barbecue

**barbado I** *adj fml* bearded **II** *m* BOT rooted cutting

**Barbados** *m* Barbados

**barbaridad** *f* **1** barbarity **2** (*disparate*): ***decir ~es*** say outrageous things; ***¡qué ~!*** what a thing to say / do! **3**: ***una ~ de*** F a load of F, loads of F; ***costar una ~*** cost a fortune

**barbarie** *f* barbarism

**barbarismo** *m* **1** GRAM (*extranjerismo*) loan word **2** (*incorrección*) barbarism

**bárbaro I** *adj* F tremendous, awesome F; ***¡qué ~!*** amazing!, wicked! F; ***lo pasamos ~*** F we had a whale of a time **II** *m*, **-a** *f* F punk F

**barbechar** ⟨1a⟩ *v/t* AGR plow, *Br* plough

**barbecho** *m* AGR fallow land; ***estar de ~*** be lying fallow

**barbería** *f* barber's shop

**barbero** *m* barber

**barbilampiño** *adj* beardless

**barbilla** *f* chin

**barbitúrico** *m* barbiturate

**barbo** *m pescado* barbel

**barbotar** ⟨1a⟩, **barbotear** ⟨1a⟩ *v/t* & *v/i* mutter

**barbudo** *adj* bearded

**barca** *f* boat; ***dar un paseo en ~*** go on a boat trip

◇ **barca de pesca** fishing boat

**barcada** *f* boatload

**barcaza** *f* MAR barge

**barcelonés** *adj* of / from Barcelona, Barcelona *atr*

**barco** *m* boat; *más grande* ship; ***estar en el mismo ~*** *fig* be in the same boat

◇ **barco ballenero** whaler; **barco de escolta** escort ship; **barco pesquero** fishing boat; **barco salvador** *L.Am.* lifeboat; **barco de vela** sailing ship

**barda** *f Méx* wall

**bardana** *f* BOT burdock

**bardo** *m* bard

**baremo** *m* (*tabla*) scale; *fig* scale of values

**bargueño** *m* bureau (*furniture*)

**bario** *m* QUÍM barium

**barítono** *m* MÚS baritone

**barlovento** *m* MAR windward

**barman** *m* bartender, barman

**barniz** *m para madera* varnish

**barnizado** *m* varnishing

**barnizar** ⟨1f⟩ *v/t* varnish

**barómetro** *m* barometer

**barón** *m* baron

**baronesa** *f* baroness

**barquero** *m* boatman

**barquillo** *m* **1** (*galleta crujiente*) wafer **2** *Méx, C.Am.* ice-cream cone

**barra** *f* **1** *de metal, en bar* bar; ***en la ~*** at the bar; ***no te fíes de ellos, que no se paran en ~s*** *fig* don't trust them, they'll stop at nothing **2** *de cortinas* rod **3** MÚS bar; *doble ~* double bar

◇ **barra adhesiva** glue stick; **barra americana** hostess bar; **barra de comandos** INFOR command bar; **barra desodorante** deodorant stick; **barra de equilibrio** DEP beam; **barra diagonal** INFOR slash; **barra diagonal inversa** INFOR backslash; **barra espaciadora** space-bar; **barra fija** DEP horizontal bar; **barra de herramientas** INFOR tool bar; **barra invertida** backslash; **barra de labios** lipstick; **barra libre** free bar; **barra de menús** INFOR menu bar; **barra de pan** baguette; **barra de protección lateral** AUTO side protection bar, side impact bar; **barras asimétricas** DEP asymmetric bars; **barras paralelas** DEP parallel bars

**barrabasada** *f* F mean trick

**barraca** *f* **1** (*chabola*) shack **2** *de tiro* stand; *de feria* stall **3** *L.Am.* (*depósito*) shed **4**: *~s pl L.Am.* shanty town *sg*

**barracón** *f* MIL barrack room

**barracuda** *m* barracuda

**barranco** *m* ravine

**barredera I** *f* street sweeper **II** *adj*: **red ~** trawl net

**barredora** *f* ☞ **barredera**

**barredura** *f* sweeping; **~s** *pl* sweepings

**barrena** *f* **1** gimlet **2** AVIA: **entrar en ~** go into a spin

**barrenar** ⟨1a⟩ *v/t* drill

**barrendero** *m*, -a *f* street sweeper

**barreno** *m* drill hole

**barreño** *m* washing up bowl

**barrer** ⟨2a⟩ *v/t* sweep; **~ hacia dentro** *o* **para casa** look after number one; **~ algo bajo la alfombra** *fig* sweep sth under the carpet

**barrera** *f* **1** barrier; **sin ~s** (**arquitectónicas**) readily accessible (to the disabled), with easy disabled access; **~s comerciales** *pl* trade barriers **2** DEP jump; *de carreras* hurdle; *en fútbol* wall

◇ **barrera del sonido** sound barrier

◇ **barreras aduaneras, barreras arancelarias** tariff barriers

**barretina** *f* traditional Catalan cap

**barriada** *f* C.Am. (*barrio marginal*) slum, shanty town

**barrial** *m* L.Am. bog

**barrica** *f* barrel

**barricada** *f* barricade

**barrida** *f* L.Am. **1** sweep **2** (*redada*) police raid

**barrido** *m* sweep; **servir lo mismo para un ~ que para un fregado** F be able to turn one's hand to anything

**barriga** *f* belly; **echar ~** *fig* F get a belly *o* paunch; **rascarse la ~** *fig* F sit on one's butt F

**barrigudo F I** *adj* pot-bellied, paunchy **II** *m*, -a *f*: **es un ~** he has a pot belly, he has a paunch

**barril** *m* barrel

**barrilero** *m*, -a *f* cooper

**barrilete** *m* **1** cask **2** *Arg* (*cometa*) kite

**barrio** *m* neighborhood, *Br* neighbourhood, area; **irse al otro ~** *fig* F kick the bucket P

◇ **barrio de chabolas** *Esp* shanty town; **barrio chino** red-light district; **barrio obrero** working-class area; **barrio residencial** residential area; **barrios bajos** poor areas

**barriobajero I** *adj* slum *atr* **2** *desp* common **II** *m*, -a *f* **1** slum dweller **2** *desp* common person

**barritar** ⟨1a⟩ *v/i de elefante* trumpet

**barrizal** *m* mire

**barro** *m* mud

**barroco** *m*/*adj tb fig* baroque

**barroquismo** *m* **1** ARQUI, PINT Baroque **2** *fig: de diseño, lenguaje* extravagance

**barroso** *adj* muddy

**barrote** *m* bar; **entre ~s** *fig* F behind bars

**barruntar** ⟨1a⟩ *v/t* suspect

**barrunto** *m* suspicion, feeling

**bartola**: **tumbarse a la ~** F take it easy

**bártulos** *mpl* F things, gear *sg* F; **liar los ~** pack one's bags

**barullero I** *adj* careless **II** *m*, -a *f* shoddy worker

**barullo** *m* uproar, racket

**basa** *f* ARQUI base

**basal** *adj* basal

**basalto** *m* MIN basalt

**basamento** *m* ARQUI pedestal

**basar** ⟨1a⟩ *v/t* base (**en** on); **basarse** *v/r* be based (**en** on)

**basca** *f* crowd, gang

**báscula** *f* scales *pl*

**bascular** ⟨1a⟩ *v/i* swing

**base I** *f* **1** QUÍM, MAT, MIL, DEP base **2**: **~s** *pl de concurso etc* conditions **3**: **una**

*dieta a ~ de frutas* a diet based on fruit, a fruit-based diet; *consiguió comprarse una casa a ~ de ahorrar* he managed to buy a house by (dint of) saving; *nos divertimos a ~ de bien* we had a really *o* F a real good time **II** *m/f en baloncesto* guard

◇ **base aérea** MIL air base; **base por bolas** *en béisbol* base on balls, walk; **base de datos** INFOR database; **base imponible** tax base; **base de maquillaje** foundation (cream); **base naval** MIL naval base; **base robada** *en béisbol* stolen base

**básicamente** *adv* basically

**básico** *adj* basic

**basílica** *f* basilica

**basilisco** *m* MYTH basilisk; *estar hecho un ~* *fig* F be furious

**basket** *m* basketball

**básquet** *m L.Am.* basketball

**basquetbol, básquetbol** *m L.Am.* basketball

**basquetbolista** *m/f L.Am.* basketball player

**basta** *f* basting stitch, *Br* tacking stitch

**bastante I** *adj* **1** enough **2** *número o cantidad considerable* plenty of; *quedan ~s plazas* there are plenty of seats left **II** *adv con adjetivos* quite, fairly; *bebe ~* she drinks quite a lot

**bastar** ⟨1a⟩ *v/i* be enough; *basta con uno* one is enough; *¡basta!* that's enough!; *basta y sobra* I've / you've etc got more than enough; *bastarse v/r: ~ solo para hacer algo* be perfectly able to do sth on one's own

**bastardilla** *f* italics *pl*

**bastardo I** *adj* bastard *atr* **II** *m* bastard

**bastedad, basteza** *f* roughness, coarseness

**bastidor** *m* **1** (*armazón*) frame **2** TEA wing; *entre ~es tb fig* behind the scenes

**bastión** *m* bastion

**basto I** *adj* rough, coarse **II** *mpl: ~s* (*en naipes*) suit in Spanish deck of cards; *pintar ~s de situación* get rough

**bastón** *m* **1** (*vara*) stick; *empuñar el ~ fig* take charge *o* command **2** ANAT rod

◇ **bastón de esquí** ski pole *o* stick

**bastonazo** *m* blow with a stick

**bastoncillo** *m* ANAT (retinal) rod

◇ **bastoncillo de algodón** Q-Tip®, *Br*

cotton bud

**basura** *f tb fig* trash, *Br* rubbish; *cubo de la ~* garbage *o* trash can, *Br* rubbish bin

◇ **basura doméstica** domestic waste

◇ **basura orgánica** organic waste

**basural** *m L.Am.* dump, *Br tb* tip

**basurero** *m* garbage collector, *Br* dustman

**bat** *m Méx* DEP bat

**bata** *f* **1** *de estar por casa* robe, *Br* dressing gown **2** MED (white) coat **3** TÉC lab coat

◇ **bata de cola** dress with a train, *as worn by flamenco dancer*

**batacazo** *m* F bang; *darse o pegarse un ~* give o.s. a bang, bang o.s.; *fig* fail

**batahola** *f* F racket, din

**batalla** *f* battle; *de ~ ropa* everyday

◇ **batalla campal** *fig* pitched battle

**batallar** ⟨1a⟩ *v/i* battle

**batallita** *f* F story, anecdote

**batallón** *m* battalion

**batán** *m* TÉC fulling machine

**batata** *f* BOT sweet potato

**batazo** *m en béisbol* hit

◇ **batazo de línea** *en béisbol* line drive; **batazo de sacrificio** *en béisbol* sacrifice hit

**bate** *m* DEP bat

◇ **bate de béisbol** baseball bat

**batea** *f* **1** (*bandeja*) tray **2** MAR flat-bottomed boat

**bateador** *m, ~a f* batter

◇ **bateador corredor** *en béisbol* hitter runner

◇ **bateador designado** *en béisbol* designated hitter

**batear** ⟨1a⟩ **I** *v/t* hit **II** *v/i* bat

**bateo** *m* DEP batting

**batería I** *f* **1** MIL, EL, AUTO *en béisbol* battery; *aparcar en ~* AUTO angle park **2** MÚS drums *pl*, drum kit **II** *m/f* MÚS drummer

◇ **batería de cocina** set of pans

**baterista** *m/f* MÚS *L.Am.* drummer

**batiborrillo** *m*, **batiburrillo** *m* F jumble

**batida** *f* **1** *de caza* beating **2** *de policía* search

**batido I** *adj camino* well-trodden **II** *m* GASTR milkshake

**batidor I** *m* GASTR *manual* whisk; *eléctrico* hand mixer **II** *m, ~a f* **1** *de caza* beater **2** MIL scout

**batidora** *f* mixer

**batiente** *m* jamb

**batín** *m* robe, *Br* dressing gown

**batir** ⟨3a⟩ *v/t* **1** *huevos* beat; *nata* whip **2** *récord* break **3** *territorio* comb **4** *monedas* mint; **batirse** *v/r* beat a retreat; **~ en duelo** fight a duel

**batiscafo** *m* bathyscaph(e)

**Batuecas: estar en las ~** F be in a world of one's own

**baturro I** *adj* **1** Aragonese **2** *fig* dumb **II** *m*, **-a** *f* Aragonese

**batuta** *f* MÚS baton; **bajo la ~ de** MÚS under the baton of; **llevar la ~** *fig* F be the boss F, rule the roost F

**baúl** *m* **1** *mueble* chest, trunk; **salir del ~ de los recuerdos** *fig* F come flooding back; **henchir** *o* **llenar el ~** *fig* P fill one's belly F, stuff one's face F **2** *L.Am.* AUTO trunk, *Br* boot

**bauprés** *m* MAR bowsprit

**bautismal** *adj* baptismal

**bautismo** *m* baptism, christening; **partida de ~** certificate of baptism

◇ **bautismo de fuego** baptism of fire

**bautizar** ⟨1f⟩ *v/t* baptize, christen; *barco* name; *vino* F water down

**bautizo** *m* baptism, christening

**bauxita** *f* MIN bauxite

**baya** *f* berry

**bayeta** *f* cloth

**bayo I** *adj horse* cream-colored, *Br* cream-coloured **II** *m*, **-a** *f* cream-colored *o Br* cream-coloured horse

**bayoneta** *f* bayonet

**bayunco** *adj C.Am.* P dumb F, stupid

**baza** *f* **1** *en naipes* trick; *fig* trump card; **jugar sus ~s** *fig* play one's cards right **2: meter ~** F interfere; **no dejar a alguien meter ~** F not let s.o. get a word in edgewise

**bazar** *m* **1** *tienda* hardware and fancy goods store **2** *mercado* bazaar

**bazo** *m* ANAT spleen

**bazofia** *f fig* F load of trash F

**bazoka** *f*, **bazuca** *f* MIL bazooka

**BCE** *m abr* (= *Banco Central Europeo*) CEB (= Central European Bank)

**be** *f* letter 'b'

**beatería** *f desp* exaggerated piety

**beatificación** *f* REL beatification

**beatificar** ⟨1g⟩ *v/t* REL beatify

**beatífico** *adj* REL beatific

**beatitud** *f* REL beatitude

**beato I** *adj* pious; *desp* over-pious **II** *m*, **-a** *f* pious person; *desp* Holy Joe F

**bebé** *m* baby

**bebedero** *m para pájaros* water bowl

**bebedizo I** *adj* drinkable **II** *m* magic potion; *del amor* love potion

**bebedor** *m*, **~a** *f* **1** *de café, té* drinker **2** *de alcohol* (heavy) drinker

**bebé-probeta** *m* test-tube baby

**beber** ⟨2a⟩ **I** *v/i* drink; **~ a** *o* **por** drink to; **~ en exceso** drink too much, drink to excess; **~ en un vaso** drink from a glass; **~ de la botella** drink straight from the bottle **II** *v/t* drink; **~ los vientos por alguien** *fig* be crazy about s.o.; **~ las palabras de alguien** *fig* hang on *o* drink in s.o.'s every word; **beberse** *v/r* drink up

**bebestible, bebible** *adj* drinkable

**bebida** *f* drink

◇ **bebida energética** energy drink

◇ **bebida refrescante** soft drink

**bebido I** *pp* ☞ **beber II** *adj* drunk

**bebistrajo** *m* F vile concoction

**beca** *f* **1** *de organización* scholarship **2** *del estado* grant

**becada** *f* ZO woodcock

**becado** *m*, **-a** *f* **1** *de organización* scholarship holder **2** *del estado* grant holder

**becar** ⟨1g⟩ *v/t* **1** *de organización* award a scholarship to **2** *del estado* award a grant to

**becario** *m*, **-a** *f* ☞ **becado**

**becerrada** *f* bullfight featuring young bulls

**becerrillo** *m* calfskin

**becerro** *m*, **-a** *f* calf

◇ **becerro de oro** golden calf

**béchamel** *f* GASTR béchamel (sauce)

**becuadro** *m* MÚS natural sign

**bedel** *m* porter

**beduino I** *adj* Bedouin **II** *m*, **-a** *f* Bedouin

**befa** *f* mockery; **hacer ~ de** mock, make fun of

**befar** ⟨1a⟩ *v/t* mock, make fun of; **befarse de** *v/r* mock, make fun of

**befo** *adj* thick-lipped

**begonia** *f* BOT begonia

**BEI** *m abr* (= *Banco Europeo de Inversiones*) EIB (= European Investment Bank)

**beicon** *m* bacon

**beige** *adj* beige

**Beijing** *m* Beijing
**beisbol** *m Cu, Méx* baseball
**béisbol** *m* baseball
**beisbolero** *m*, **-a** *f L.Am.* baseball player
**beisbolista** *m/f L.Am.* baseball player
**Belcebú** *m* Beelzebub
**beldad** *f lit* beauty
**belén** *m* crèche, *Br tb* nativity scene
**beleño** *m* BOT henbane
**belfo** I *adj* thick-lipped II *m de animal* lip
**belga** *m/f & adj* Belgian
**Bélgica** *f* Belgium
**Belice** *m* Belize
**beliceño** I *adj* Belizean II *m*, **-a** *f* Belizean
**belicismo** *m* warmongering
**belicista** I *adj* warmongering II *m/f* warmonger
**bélico** *adj* war *atr*
**belicosidad** *f* bellicosity, aggressiveness
**belicoso** *adj* **1** warlike, bellicose **2** *fig persona* belligerent
**beligerancia** *f* belligerence
**beligerante** *adj nación, pueblo etc* belligerent
**bellaco** I *adj* rascally, roguish II *m*, **-a** *f* rascal, rogue
**belladona** *f* BOT deadly nightshade, belladonna
**bellaquería** *f* rascally trick
**belleza** *f* beauty
**bellísimo** *adj* extremely beautiful; *una* **-a persona** a lovely person
**bello** *adj* beautiful
**bellota** *f* BOT acorn
**bemba** *f L.Am.* thick lips *pl*
**bemol** *m* MÚS flat; *mi ~* E flat; *tener ~es fig* F be tricky F
**benceno** *m* QUÍM benzene
**bencina** *f* **1** QUÍM benzine **2** *Pe, Bol* (*gasolina*) gas, *Br* petrol
**bendecir** ⟨3p⟩ *v/t* bless; *~ la mesa* say grace
**bendición** *f* blessing; *con la ~ de* F with the blessing of; *ser una ~ (de Dios / del cielo) fig* be a godsend
◇ **bendición de la mesa** grace
◇ **bendiciones nupciales** wedding ceremony *sg*
**bendigo** *vb* ☞ **bendecir**
**bendijo** *vb* ☞ **bendecir**
**bendito** I *adj* blessed II *m*, **-a** *f* simple

soul; *dormir como un ~* sleep like a baby, sleep the sleep of the just
**benedictino** I *adj* Benedictine II *m*, **-a** *f* Benedictine
**benefactor** *adj* charitable
**beneficencia** *f* charity
**beneficiar** ⟨1b⟩ *v/t* **1** benefit; *~ a alguien* benefit s.o. **2** *Rpl ganado* slaughter; **beneficiarse** *v/r* benefit (*de*, *con* from)
**beneficiario** I *adj*: *la persona -a de* the recipient of; *la parte -a* the beneficiary / beneficiaries II *m*, **-a** *f* beneficiary
**beneficio** *m* **1** (*ventaja*) benefit; *en ~ de* in aid of **2** COM profit **2** *Rpl para ganado* slaughterhouse **3** *C.Am.* coffee-processing plant
**beneficioso** *adj* beneficial
**benéfico** *adj* charity *atr*; *función -a* charity function *o* event; *para fines ~s* for charity
**Benemérita** *f Esp*: *la ~* the Civil Guard
**benemérito** *adj* distinguished
**beneplácito** *m* approval; *dar su ~* give one's approval
**benevolencia** *f* benevolence
**benevolente** *adj* ☞ **benévolo**
**benévolo** *adj* **1** (*bondadoso*) benevolent, kind **2** (*indulgente*) lenient
**bengala** *f* flare
**bengalí** I *adj* Bengali II *m/f* Bengali III *m idioma* Bengali
**benigno** *adj* **1** MED benign **2** *clima* mild **3** *persona* benevolent
**benito** *m*, **-a** *f* Benedictine
**benjamín** *m* youngest son
**benjamina** *f* youngest daughter
**beodez** *f fml* drunkenness
**beodo** *fml* I *adj* drunk, inebriated *fml* II *m*, **-a** *f* drunkard, drunk
**berberecho** *m* ZO cockle
**berbiquí** *m* brace
**BERD** *m abr* (= *Banco Europeo de Reconstrucción y Desarrollo*) EBRD (= European Bank for Reconstruction and Development)
**beréber, bereber** *m/f* Berber
**berenjena** *f* BOT eggplant, *Br* aubergine
**berenjenal** *m*: *meterse en un ~ fig* F get o.s. into a jam F
**bergamota** *f* BOT bergamot
**bergante** *m* scoundrel
**bergantín** *m* MAR brigantine, brig

**berilio** *m* QUÍM beryllium
**berilo** *m* MIN beryl
**Berlín** *m* Berlin
**berlina** *f* AUTO four-door sedan, *Br* four-door saloon
**berlinés I** *adj* of / from Berlin, Berlin *atr* **II** *m*, **-esa** *f* Berliner
**berma** *f Andes* (hard) shoulder
**bermejo** *adj* reddish; *Mar Bermejo* Gulf of California
**bermellón** *m* vermilion, *Br* vermillion
**bermudas** *mpl, fpl* Bermuda shorts
**berrear** ⟨1a⟩ *v/i* **1** *de animal, persona* bellow **2** *de niño* bawl, yell
**berrido** *m* **1** *de animal, persona* bellow **2** *de niño* yell
**berrinche** *m* F tantrum; *agarrar un ~* F throw a tantrum
**berro** *m* BOT watercress
**berrueco** *m* granite rock *o* crag
**berza** *f* BOT cabbage
**berzas, berzotas** *m/f inv* F dope F
**besamel** *f* GASTR béchamel (sauce)
**besar** ⟨1a⟩ *v/t* kiss; *~ el suelo* fig F fall flat on one's face; *lo suyo fue llegar y ~ el santo, quedó primero en su primera carrera* he was incredibly lucky and won his first race; *besarse* *v/r* kiss
**besito** *m* little kiss
**beso** *m* kiss; *comerse a alguien a ~s* smother s.o. in kisses
◇ *beso de tornillo* French kiss
**bestia I** *f* beast; *trabajar como una ~* work like a dog **II** *m/f* **1** (*zopenco*) F brute; *antipático* swine F; *mujer* bitch; *ser un ~* be a brute **2**: *conducir a lo ~* F drive like a madman
◇ *bestia de carga* *tb* fig beast of burden
◇ *bestia negra* bête noire
**bestial** *adj* F tremendous F
**bestialidad** *f* act of cruelty
**bestiario** *m* bestiary
**best-seller** *m* best-seller
**besugo** *m* **1** ZO bream; *ojos de ~* bulging eyes **2** fig F idiot; *no seas ~* F don't be stupid
**besuquear** ⟨1a⟩ *v/t* F smother with kisses
**besuqueo** *m* F necking, *Br* F snogging
**betabel** *m Méx* red beet, *Br* beetroot
**betabloqueador** *m* MED beta-blocker
**betarraga** *f Andes* red beet, *Br* beetroot
**betún** *m* shoe polish

**BEX** *m abr* (= *Banco Exterior de España*) *Overseas Bank of Spain*
**bianual** *adj* biannual, twice-yearly
**biatleta** *m/f* biathlete
**biatlón** *m* biathlon
**biberón** *m* baby's bottle
**Biblia** *f* Bible
**bíblico** *adj* biblical
**bibliobús** *m* bookmobile, *Br* mobile library
**bibliófilo** *m*, **-a** *f* bibliophile
**bibliografía** *f* bibliography
**bibliográfico** *adj* bibliographic
**biblioteca** *f* **1** library **2** *mueble* bookcase
◇ *biblioteca de consulta (directa)*, *biblioteca presencial* reference library
**bibliotecario** *m*, **-a** *f* librarian
**biblioteconomía** *f* librarianship, library science
**bicameralismo** *m* POL two-chamber system
**bicampeón** *m*, **-ona** *f* DEP two-times champion
**bicarbonato** *m*: *~ (de sodio)* bicarbonate of soda, bicarb F
**bicéfalo** *adj* two-headed
**bicentenario** *m* bicentennial, *Br* bicentenary
**bíceps** *mpl* biceps *sg*
**bicha** *f* F snake
**bicharraco** *m*, **-a** *f fig* F nasty piece of work
**bicherío** *m L.Am.* bugs *pl*, *Br tb* creepy-crawlies *pl*
**bichero** *m* MAR boat hook
**bicho** *m* **1** (*insecto*) bug, *Br tb* creepy-crawly; *¿qué ~ te ha picado?* what's eating you?; *no hay ~ viviente* F there isn't a living soul **2** (*animal*) creature; (*mal*) *~ fig* F nasty piece of work; *~ raro* weirdo F
**bici** *f* F bike
**bicicleta** *f* bicycle; *ir o montar en ~* go cycling
◇ *bicicleta de carreras* racing bicycle; *bicicleta de ejercicio, bicicleta estática* exercise bicycle; *bicicleta de montaña* mountain bike; *bicicleta plegable* folding bicycle
**bicicross** *m* cyclocross
**bicoca** *f* F bargain
**bicolor** *adj* two-colored, *Br* two-col-

oured

**BID** *m abr* (= *Banco Interamericano de Desarollo*) IADB (= Inter-American Development Bank)

**bidé** *m* bidet

**bidón** *m* drum

**biela** *f* TÉC connecting rod

**Bielorrusia** *f* Belarus

**bielorruso I** *adj* Belarussian **II** *m*, -a *f* Belarussian

**bien I** *m* good; **por tu ~** for your own good; **~es** *pl* goods, property *sg*; **hombre de ~** good man; **estar por encima del ~ y del mal** be above the law **II** *adj*: **¡está ~!** it's OK!, it's alright!; **estoy ~** I'm fine, I'm OK; **¿estás ~ aquí?** are you comfortable here?; **la gente ~** well-to-do people **III** *adv* **1** well; (*muy*) very; **¡~ hecho!** well done!; **~ está lo que ~ acaba** all's well that ends well **2** (*correctamente*) well, properly **3** *en locuciones*: **más ~** rather; **tener a ~ hacer algo** see fit to do sth; **hicieron ~ en reservar los billetes con tanta antelación** they did the right thing booking the tickets so far ahead; **haces ~ en llevarte el paraguas** it's a good idea to take your umbrella; **estar (a) ~ con alguien** be on good terms with s.o. **IV** *conj*: **o ~ ... o ...** either ... or ...; **si ~**, **~ que** although; **no ~** as soon as **V** *int*: **¡ya está ~!** that's it!, that's enough!; **pues ~** well

◇ **bienes de capital** capital goods; **bienes de consumo** consumer goods, consumer durables; **bienes de equipo** capital goods; **bienes immuebles** real estate *sg*; **bienes muebles** moveable items, personal property *sg*

**bienal I** *adj* biennial **II** *f* biennial event

**bienaventurado** *adj* REL blessed

**bienaventuranza** *f* REL eternal life; **las Bienaventuranzas** the Beatitudes

**bienestar** *m* well-being

**bienhablado** *adj* well-spoken

**bienhechor I** *adj* beneficent **II** *m*, **~a** *f* benefactor

**bienintencionado** *adj* well-meant

**bienio** *m* period of two years

**bienquerencia** *f* **1** affection **2** (*buena voluntad*) good will

**bienquisto** *adj* fml well-liked

**bienvenida** *f* welcome; **dar la ~ a alguien** welcome s.o.

**bienvenido** *adj* welcome

**bienvivir** ⟨3a⟩ *v/i* live comfortably

**bies** *m en costura* bias; **al ~** on the cross

**bifásico** *adj* EL two-phase

**bife** *m* Rpl steak

**bifocal** *adj* bifocal

**biftec** *m* steak

**bifurcación** *f de camino, río etc* fork; *de línea férrea* junction

**bifurcado** *adj* forked

**bifurcarse** ⟨1g⟩ *v/r de camino, río etc* fork

**bigamia** *f* bigamy

**bígamo I** *adj* bigamous **II** *m*, -a *f* bigamist

**bigardo** *m* F bruiser F, beefy type

**bígaro** *m* ZO winkle

**bigote** *m* mustache, *Br* moustache; **tener ~s** have a mustache; **~s** *pl de gato etc* whiskers; **de ~s** F fantastic, amazing

**bigotudo** *adj* with a big mustache *o Br* moustache

**bikini** *m* bikini

**bilateral** *adj* bilateral

**bilbaíno I** *adj* of / from Bilbao **II** *m*, -a *f* native of Bilbao

**bilet** *m* Méx lipstick

**biliar** *adj* ANAT bile *atr*

**bilingüe** *adj* bilingual

**bilingüismo** *m* bilingualism

**bilioso** *adj* tb fig bilious

**bilis** *f* **1** bile **2** *fig* spleen; **tragar ~** put up with it, grin and bear it

**billar** *m* billiards *sg*; **jugar al ~** play billiards

◇ **billar americano** pool

**billete** *m* ticket

◇ **billete abierto** open ticket; **billete de autobús** bus ticket; **billete de avión** plane ticket; **billete de banco bill**, *Br* banknote; **billete de ida** one-way ticket, *Br* single (ticket); **billete de ida y vuelta** round-trip ticket, *Br* return (ticket); **billete infantil** child's ticket; **billete de lotería** lottery ticket; **billete premiado** *lotería* winning ticket; **billete sencillo** one-way ticket, *Br* single (ticket)

**billetera** *f* L.Am., **billetero** *m* billfold, *Br* wallet

**billón** *m* trillion

**bimensual** *adj* twice-monthly, *Br tb* fortnightly

**bimestral** *adj* bimonthly, two-monthly

**bimotor I** *adj* twin-engined **II** *m* twin-engined plane

**binar** ⟨1a⟩ *v/t* dig over

**binario** *adj* binary

**bingo** *m* **1** *juego* bingo **2** *lugar* bingo hall

**binocular** *adj* binocular

**binóculo** *m* pince-nez

**binóculos** *mpl L.Am.* binoculars, pair of binoculars *sg*

**binomio** *m* MAT binomial

**bioactivo** *adj* bioactive

**biodegradable** *adj* biodegradable

**biodinámico** *adj* biodynamic

**biodiversidad** *f* biodiversity

**biofísica** *f* biophysics *sg*

**biogás** *m* biogas

**biogenético** *adj* biogenetic

**biografía** *f* biography

**biográfico** *adj* biographical

**biógrafo** *m*, **-a** *f* biographer

**biología** *f* biology

**biológico** *adj* biological; AGR organic

**biólogo** *m*, **-a** *f* biologist

**biomasa** *f* biomass

**biombo** *m* folding screen

**biopsia** *f* MED biopsy

**bioquímica** *f* biochemistry

**bioquímico I** *adj* biochemical **II** *m*, **-a** *f* biochemist

**biorritmo** *m* biorhythm

**biosfera** *f* biosphere

**biotecnología** *f* biotechnology

**biotopo** *m* biotope

**bipartidismo** *m* POL two-party system

**bipartidista** *adj* POL two-party

**bípedo I** *adj* bipedal, biped **II** *m* biped

**biplano** *m* AVIA biplane

**biplaza** *m/adj* two-seater *atr*

**bipolar** *adj* bipolar

**biquini** *m* bikini

**BIRD** *m abr* (= *Banco Internacional de Reconstrucción y Desarrollo*) IBRD (= International Bank for Reconstruction and Development)

**birlar** ⟨1a⟩ *v/t* F lift F, swipe F

**birlibirloque** *m* F: *por arte de* ~ as if by magic

**Birmania** *f* Burma

**birmano I** *adj* Burmese **II** *m*, **-a** *f* Burmese **III** *m idioma* Burmese

**birome** *m Rpl* ballpoint (pen)

**birra** *f* F beer

**birreta** *f de cardenal* biretta

**birrete** *m de catedrático* mortarboard

**birria** *f* F piece of junk F; *va hecha una* ~ F she looks a real mess F

**bis** *m* encore; *9* ~ 9A

**bisabuela** *f* great-grandmother

**bisabuelo** *m* great-grandfather

**bisagra** *f* hinge

**bisbisar, bisbisear** ⟨1a⟩ *v/t* whisper

**biscocho** *m* ☞ *bizcocho*

**biscote** *m* rusk

**bisecar** ⟨1g⟩ *v/t* bisect

**bisección** *f* MAT bisection

**bisector** *adj* MAT bisecting

**bisel** *m* bevel

**biselado** *adj* beveled, *Br* bevelled

**biselar** ⟨1a⟩ *v/t* bevel

**bisemanal** *adj* twice-weekly

**bisexual** *m/f & adj* bisexual

**bisiesto** *adj*: *año* ~ leap year

**bisílabo** *adj* with two syllables, two-syllable

**bismuto** *m* QUÍM bismuth

**bisnieta** *f* great-granddaughter

**bisnieto** *m* great-grandson

**bisojo** *adj* cross-eyed

**bisonte** *m* ZO bison

**bisoñé** *m* hairpiece, toupee

**bisoño I** *adj* **1** *en un oficio* inexperienced, green F **2** MIL inexperienced, raw **II** *m*, **-a** *f* **1** F (*novato*) greenhorn F **2** MIL rookie F

**bisté, bistec** *m* steak

**bisturí** *m* MED scalpel

**bisutería** *f* costume jewelry *o Br* jewellery

**bit** *m* INFOR bit

**bitácora** *f* MAR binnacle; *cuaderno de* ~ logbook

**bíter** *m aperitivo* bitters *pl*

**bituminoso** *adj* bituminous

**Bizancio** *m* Byzantium

**bizantino** *adj fig* pointless

**bizarría** *f lit* valor, *Br* valour, bravery

**bizarro** *adj lit* valiant, brave

**bizcar** ⟨1g⟩ *v/i* squint, be cross-eyed

**bizco** *adj* cross-eyed

**bizcocho** *m* sponge (cake)

**biznieta** *f* great-granddaughter

**biznieto** *m* great-grandson

**bizquear** ⟨1a⟩ *v/i* F squint, be cross-eyed

**bizquera** *f* F squint

**blanca** *f* **1** *persona* white **2** MÚS half note, *Br* minim **3**: *estar sin* ~ *fig* F be broke F

**Blancanieves** *f* Snow White

**blanco** I *adj* 1 white; *no distinguir lo ~ de lo negro* not know what's what; *ponerse o quedarse ~* go white 2 (*sin escrito*) blank; *en ~* COM blank; *me quedé en ~, me quedé con la mente en ~* my mind went blank; *pasar la noche en ~* have a sleepless night 3: *arma -a* knife

II *m* 1 *persona* white 2 (*diana*), *fig* target; *dar en el ~* hit the nail on the head; *errar el ~* miss the target; *hacer ~* hit the target; *ser el ~ de todas las miradas* be the center *o Br* centre of attention

◇ **blanco de España** whiting; **blanco de plomo** white lead; **blanco y negro** GASTR *iced coffee with cream*

**blancor** *m*, **blancura** *f* whiteness

**blancuzco** *adj* whitish

**blandengue** F *desp* I *adj* soft F II *m/f* softy F

**blandir** ⟨3a⟩ *v/t arma* brandish

**blando** I *adj* soft II *m*, -a *f*: *ser un ~* be too soft

**blanducho** *adj desp* soft

**blandura** *f* softness

**blanquear** ⟨1a⟩ I *v/t* 1 whiten; *pared* whitewash; *ropa* bleach 2 *dinero* launder 3 GASTR blanch II *v/i* go white

**blanquecino** *adj* off-white

**blanqueo** *m de pared* whitewashing; *con lejía* bleaching

◇ **blanqueo de dinero** money laundering

**blanquillo** I *adj* whitish II *m Méx* egg

**blanquinegro** *adj* black-and-white

**blasfemar** ⟨1a⟩ *v/i* 1 (*maldecir*) curse, swear 2 REL blaspheme

**blasfemia** *f* REL blasphemy

**blasfemo** I *adj* blasphemous II *m*, -a *f* blasphemer

**blasón** *m* coat of arms

**blasonar** ⟨1a⟩ I *v/t* emblazon II *v/i*: *~ de lit* boast about

**blazer** *m* blazer

**bledo** *m* F: *me importa un ~* I don't give a damn F

**blenorragia** *f* MED gonorrhea, *Br tb* gonorrhoea

**blindado** *adj* I 1 *vehículo* armored, *Br* armoured 2 *puerta* reinforced 3 EL shielded II *m* armored *o Br* armoured

vehicle

**blindaje** *m* 1 *de vehículo* armor *o Br* armour plating 2 EL shield

**blindar** ⟨1a⟩ *v/t* 1 *vehículo* armor-plate, *Br* armour-plate 2 EL shield

**blíster** *m* (*envase*) blister pack, bubble pack

**bloc** *m* pad

◇ **bloc de cartas** writing pad

◇ **bloc de notas** notepad

**blocao** *m* MIL blockhouse

**blocar** ⟨1g⟩ *v/t* DEP *balón* stop; *jugador* bodycheck

**blof** *m L.Am.* bluff

**blofear** ⟨1a⟩ *v/i L.Am.* bluff

**blondo** *adj lit* flaxen *lit*

**bloomer** *m Cu* panties *pl*

**bloque** *m* 1 *de piedra* block 2 POL bloc; *en ~* en masse

◇ **bloque de apartamentos** apartment building, *Br* block of flats

**bloquear** ⟨1a⟩ *v/t* 1 block 2 DEP obstruct; *en baloncesto* screen 3 (*atascar*) jam 4 MIL blockade 5 COM freeze

**bloqueo** *m* 1 MIL blockade 2 *en baloncesto* screen

**bluf(f)** *m L.Am.* bluff

**blusa** *f* blouse

**blusón** *m* loose blouse *o* shirt

**BM** *m abr* (= *Banco Mundial*) World Bank

**B.o** *abr* (= *visto bueno*) approved, OK

**boa** *f* ZO boa constrictor

**boato** *m* ostentation

**bob** *m* DEP bob

**bobada** *f* piece of nonsense

**bobalicón** *m*, -ona *f* F dope F, *Br tb* twit F

**bobear** ⟨1a⟩ *v/i* fool around, act the fool

**bobería** *f*: *hacer / decir una ~* do / say something silly

**bóbilis**: *de ~ ~* F (*sin esfuerzo*) just like that F; (*gratis*) for nothing

**bobina** *f* 1 *de hilo* bobbin 2 FOT reel, spool 3 EL coil

**bobinado** *m* EL winding

**bobinar** ⟨1a⟩ *v/t* wind

**bobo** I *adj* silly, foolish II *m*, -a *f* fool; *pájaro ~* penguin

**bobsleigh** *m* bob(sled), *Br* bob(sleigh)

**boca** *f* 1 mouth; *~ a ~* mouth to mouth; *hacer el ~ a ~ a alguien* MED give s.o. mouth-to-mouth resuscitation; *~ abajo* upside down; *persona, cartas, libro* face

down; ~ **arriba** right way up; *persona, cartas, libro* face up; **dejar con la ~ abierta** leave open-mouthed; **quedarse con la ~ abierta** be dumbfounded, be open-mouthed with astonishment; **se me hace la ~ agua** my mouth is watering; **abrir** *o* **hacer ~** whet one's appetite; **a pedir de ~** perfectly; **andar** *o* **ir** *o* **correr de ~ en ~** circulate, go around; **callar la ~** shut up; **estar en ~ de todos** be on everybody's lips; **hablar por ~ de ganso** *o* **de otro** F parrot someone else's views; **no decir esta ~ es mía** not say a word; **meterse en la ~ del lobo** put one's head in the lion's mouth; **taparle la ~ a alguien** *fig* keep s.o. quiet, F shut s.o. up; **con la ~ chica** without much conviction; **partirle la ~ a alguien** P smash s.o.'s face in F; **poner algo en ~ de alguien** attribute sth to s.o.; **quitarle a alguien la palabra de la ~** take the words right out of s.o.'s mouth; **llenarse la ~ (hablando) de** *fig* talk of nothing but; **quitarse algo de la ~** *fig* go *o* do without sth, deny o.s. sth
**2** ZO crab claw

◇ **boca de incendios** fireplug, *Br* fire hydrant; **boca de metro** subway entrance; **boca de riego** fireplug, *Br* fire hydrant; **boca de subte** *CSur* subway entrance; **Bocas del Amazonas** Amazon estuary
**bocacalle** *f* side street
**bocadillería** *f* sandwich shop
**bocadillo** *m* sandwich
**bocado** *m* **1** mouthful, bite; **no probar ~** not have a bite to eat, not eat a thing **2** *para caballos* bit

◇ **bocado de Adán** ANAT Adam's apple
**bocajarro** *m*: **a ~** at point-blank range; *fig decir* point-blank, straight out
**bocallave** *f* keyhole
**bocamanga** *f* cuff
**bocamina** *f* MIN pithead
**bocana** *f* river mouth
**bocanada** *f* **1** mouthful **2** *de viento* gust
**bocata** *m* F ☞ **bocadillo**
**bocazas** *m/f inv* F loudmouth F
**bocera** *f* mustache, *Br* moustache (*left by food or drink*)
**boceras** *m/f inv* loudmouth
**boceto** *m* sketch

**bocha** *f* bowl; **~s** *pl juego* bowls *sg*
**bochar** ⟨1a⟩ *v/t* **1** *Rpl* F *en examen* fail, flunk F **2** *Méx* (*rechazar*) cold-shoulder, rebuff
**boche** *m* *Ven, Chi* brawl, fight
**bochinche** *m* *Méx* uproar
**bochorno** *m* **1** sultry weather **2** *fig* embarrassment
**bochornoso** *adj* **1** *tiempo* sultry **2** *fig* embarrassing
**bocina** *f* MAR, AUTO horn; **tocar la ~** blow *o* toot one's horn
**bocinazo** *m* MAR, AUTO toot
**bocio** *m* MED goiter, *Br* goitre
**boda** *f* wedding

◇ **bodas de oro** golden wedding *sg*; **bodas de diamante** diamond wedding *sg*; **bodas de plata** silver wedding *sg*
**bodega** *f* **1** wine cellar **2** MAR, AVIA: **~ (de carga)** hold **3** *L.Am.* bar **4** *C.Am., Pe, Bol* grocery store, *Br* grocer's
**bodegón** *m* PINT still life
**bodeguero** *m*, **-a** *f C.Am., Pe, Ven* storekeeper, *Br* shopkeeper
**bodrio** *m* *fig* piece of garbage
**body** *m* *prenda* body
**BOE** *m abr* (= **Boletín Oficial del Estado**) Official Gazette of Spain
**bofe** *m* ZO lights *pl*; **echar los ~s** work one's butt off F, *Br* slog one's guts out F
**bofetada** *f* slap
**bofetear** ⟨1a⟩ *v/t L.Am.* slap
**bofetón** *m* hard slap (in the face)
**bofia** *f* F cops *pl* F
**boga** *f*: **estar en ~** *fig* be in fashion
**bogador** *m*, **~a** *f* rower
**bogar** ⟨1h⟩ *v/i* row
**bogavante** *m* ZO lobster
**Bogotá** *m* Bogota
**bogotano I** *adj* of / from Bogota, Bogota *atr* **II** *m*, **-a** *f* native of Bogota
**bohemio I** *adj* bohemian **II** *m*, **-a** *f* bohemian
**bohío** *m* *Cu, Ven* hut
**boicot** *m* boycott
**boicotear** ⟨1a⟩ *v/t* boycott
**boicoteo** *m* boycotting
**boiler** *m* *Méx* boiler
**boina** *f* beret
**boj** *m* BOT box
**bojote** *m* *L.Am. fig* bundle
**bol** *m* bowl
**bola** *f* **1** ball; **no dar pie con ~** get every-

thing wrong; **dejar que ruede la** ~ *fig* let things take their course **2** TÉC ball bearing **3** *de helado* scoop **4** F *(mentira)* fib F **5:** ~*s pl* P balls P, nuts P; **en** ~*s* F stark naked

◇ **bola de billar** billiard ball; **bola buena** *en béisbol* fair ball; **bola con curva** *en béisbol* curve ball; **bola de fuego** fireball; **bola mala** *en béisbol* foul ball; **bola muerta** *en béisbol* dead ball; **bola del mundo** globe; **bola de nieve** snowball; **bola rápida** *en béisbol* fast ball

**bolada** *f* **1** *L.Am. (tiro)* throw **2** *(suerte)* piece of luck

**bolado** *m* **1** *S.Am.* deal **2** *L.Am.* F *(mentira)* fib F

**bolchevique** *m/f & adj* Bolshevik

**bolchevismo** *m* Bolshevism

**boleada** *f Arg* hunt

**boleador** *m*, ~**a** *f Méx (limpiabotas)* bootblack

**boleadoras** *fpl L.Am. para cazar* bolas

**bolear** ⟨1a⟩ **I** *v/i L.Am.* DEP have a knockabout **II** *v/t* **1** *L.Am.* DEP bowl **2** *Rpl con boleadoras* bring down **3** *Méx zapatos* shine; **bolearse** *v/r* **1** *Rpl* fall **2** *(apenarse)* get embarrassed

**bolera** *f* bowling alley

**bolero I** *m* MÚS bolero **II** *m*, ~**a** *f Méx* F bootblack

**boleta** *f* **1** *L.Am. de tren, cine* ticket **2** *L.Am. (pase)* pass, permit **3** *L.Am. (voto)* ballot paper; **dar (la)** ~ **a alguien** F break with s.o.

**boletería** *f L.Am.* **1** *en estación* ticket office **2** *en cine, teatro* box office

**boletero** *m*, ~**a** *f L.Am.* **1** *en estación* ticket clerk **2** *en cine, teatro* box office employee

**boletín** *m* bulletin, report

◇ **boletín de evaluación** report card;- **boletín informativo** news bulletin; **boletín meteorológico** weather report; **boletín oficial** official bulletin; **boletín de pedido** order form

**boleto** *m L.Am.* ticket

◇ **boleto de autobús** *L.Am.* bus ticket

◇ **boleto de ida y vuelta** *L.Am.*, **boleto redondo** *Méx* round-trip ticket, *Br* return

**boli** *m* ballpoint (pen)

**boliche** *m* **1** AUTO jack **2** *(bolera)* bowling alley **3** *CSur (tienda)* grocery store, *Br* grocer's **4** *CSur (bar)* bar **5** *L.Am.*

*juego* cup and ball game

**bólido** *m* **1** racing car **2** AST meteor; **como un** ~ *fig* F like greased lightning

**bolígrafo** *m* ballpoint pen

**bolillo** *m* **1** *para labores* bobbin; **encaje de** ~*s* (handmade) lace **2** *Méx* bread roll

**bolina** *f* MAR bowline; **ir** *o* **navegar de** ~ sail close to the wind

**bolita** *f CSur (canica)* marble

**bolívar** *m* bolivar *(currency unit of Venezuela)*

**Bolivia** *f* Bolivia

**boliviano I** *adj* Bolivian **II** *m*, -**a** *f* Bolivian

**bollería** *f* bakery

**bollo** *m* **1** *de repostería* bun **2** *(abolladura)* bump

**bolo** *m* **1** *para el juego* pin **2** *C.Am., Méx regalo* christening present

**bolos** *mpl* **1** bowling *sg, Br* tenpin bowling *sg;* **jugar a los** ~ go bowling, *Br* play tenpin bowls **2** TEA: **hacer** ~ tour

**bolsa** *f* **1** bag **2** COM stock exchange; **salida a** ~ flotation **3** *L.Am. (bolsillo)* pocket **4** *C.Am., Méx de mujeres* purse, pocketbook, *Br* handbag **5** *(dinero)*: **aflojar la** ~ F fork out F **6** ANAT: ~*s bajo los ojos* bags under the eyes

◇ **bolsa de agua caliente** hot-water bottle; **bolsa de aseo** toilet kit, *Br* sponge bag; **bolsa de la basura** garbage bag, *Br* bin bag; **bolsa de la compra** shopping bag; **bolsa de deporte** sport bag; **bolsa de estudios** (study) grant; **bolsa isotérmica** cool bag; **bolsa nevera** cool bag; **bolsa de trabajo** employment exchange; **bolsa de valores** stock exchange; **bolsa de viaje** travel bag

**bolsero** *m*, -**a** *f Méx* F scrounger

**bolsillo** *m* pocket; **de** ~ pocket *atr;* **meterse a alguien en el** ~ F win s.o. over; **rascarse el** ~ F fork out F; **llenarse los** ~*s fig* make a fortune; **los tuvo a todos en el** ~ **en seguida** he soon had them all eating out of his hand; **el Boca Juniors tiene la liga en el** ~ the league is in the bag for Boca Juniors

◇ **bolsillo trasero** back pocket

**bolsín** *m* COM small stock exchange

**bolsista** *m/f* stockbroker

**bolso** *m* purse, *Br* handbag

◇ **bolso de bandolera** shoulder bag

**bolsón** *m Arg, Pe* travel bag

**bomba** *f* **1** (*explosivo*) bomb; *caer como una* ~ *fig* F come as a bombshell **2** TÉC pump **3** *S.Am.* gas station, *Br* petrol station **4** *Esp*: *pasarlo* ~ F have a great time

◇ **bomba de aire** pump; **bomba aspiradora** suction pump; **bomba atómica** atomic bomb; **bomba de calor** heat pump; **bomba de cobalto** MED cobalt bomb; **bomba fétida** stink bomb; **bomba de fragmentación** fragmentation bomb; **bomba de gasolina** gas pump, *Br* petrol pump; **bomba de hidrógeno** hydrogen bomb; **bomba de humo** smoke bomb; **bomba incendiaria** incendiary bomb; **bomba de inyección** injection pump; **bomba lacrimógena** tear gas canister; **bomba de mano** hand grenade; **bomba de neutrones, bomba neutrónica** neutron bomb; **bomba de presión** pressure pump; **bomba de relojería** time bomb; **bomba de vacío** vacuum pump

**bombacha** *f Arg* panties *pl*, *Br tb* knickers *pl*

**bombacho** *m*: ~*s pl*, *pantalón* ~ baggy pants *pl*

**bombardear** ⟨1a⟩ *v/t desde el aire* bomb; *con artillería* bombard

**bombardeo** *m desde el aire* bombing; *con artillería* bombardment

**bombardero** *m* bomber

**bombástico** *adj* bombastic

**bombazo** *m* **1** explosion **2** *fig* F bombshell

**bombear** ⟨1a⟩ *v/t* **1** *líquido* pump **2** *balón* lob

**bombeo** *m de líquido* pumping

**bombero** *m*, **-a** *f* firefighter; ~*s pl* fire department *sg*, *Br* fire brigade *sg*; *llamar a los* ~*s* call the fire department

**bombilla** *f* **1** light bulb; *se me encendió la* ~ *fig* I had a brainstorm *o Br* brainwave **2** *Rpl* metal drinking tube for maté **3** *en baloncesto* key

**bombillo** *m C.Am., Pe, Bol* light bulb

**bombín** *m* derby, *Br* bowler hat

**bombita** *f Arg* light bulb

**bombo** *m* **1** MÚS bass drum; *persona* bass drummer; *dar* ~ *a algo* F hype sth up F; *darse* ~ F blow one's own trumpet F; *a* ~ *y platillo* F with a great song and dance F, with a lot of hoo-ha

F; *tengo la cabeza como un* ~ *fig* my head is splitting **2** TÉC drum **3** *fig* F *de embarazada* bump

**bombón** *m* **1** *dulce* chocolate **2** *fig* F *persona* babe F

◇ **bombón helado** ice-cream bomb

**bombona** *f de oxígeno, líquido etc* cylinder

◇ **bombona de gas** gas cylinder

**bombonera** *f* candy box, *Br* sweet box

**bombonería** *f* candy store, *Br* sweet shop

**bonachón** *adj* good-natured

**bonaerense I** *adj* of / from Buenos Aires, Buenos Aires *atr* **II** *m/f* native of Buenos Aires

**bonanza** *f fig* boom, bonanza

**bondad** *f* goodness, kindness; *tenga la* ~ *de* please be so kind as to

**bondadoso** *adj* caring

**bonete** *m* **1** *sombrero* mortarboard **2** ZO reticulum

**bongo** *m L.Am.* bongo

**boniato** *m* BOT sweet potato

**bonificación** *f* **1** (*gratificación*) bonus **2** (*descuento*) discount

**bonificar** ⟨1g⟩ *v/t* **1** (*gratificar*) give a bonus to **2** (*descontar*) give a discount of

**bonísimo** *adj sup* (*bueno*) very good

**bonito I** *adj* pretty **II** *m* ZO tuna **III** *adv L.Am.* well

**bono** *m* **1** (*vale*) voucher **2** COM bond

◇ **bono del Tesoro** Treasury bond

**bonsái** *m* bonsai

**boñiga** *f* dung

**bookmark** *m* INFOR bookmark

**boom** *m* boom

**boqueada** *f por sorpresa, dolor etc* gasp; *dar la última* ~ breathe one's last

**boquear** ⟨1a⟩ **I** *v/i* **1** *por sorpresa, dolor etc* gasp **2** *fig* be at death's door **II** *v/t palabra* utter

**boquera** *f* cold sore

**boquerón** *m* ZO anchovy

**boquete** *m* hole

**boquiabierto** *adj fig* F speechless; *quedarse* ~ be speechless

**boquilla** *f* **1** MÚS mouthpiece **2** TÉC *de manguera* nozzle **3**: *lo dice de* ~ he doesn't mean a word of it; *promete mucho de* ~ *pero luego no hace nada* he's all talk and no action

**boquirroto** *adj* garrulous

**borbollar** ⟨1a⟩ *v/i* bubble
**borbollón** *m* ☞ **borbotón**
**Borbones** *mpl*: **los ~** the Bourbons
**borborigmo(s)** *m(pl)* rumbling *sg*
**borbotar** ⟨1a⟩ *v/i* bubble
**borbotón** *m*: **salir a borbotones** *de agua* gush out; **hablaba a borbotones** *fig* it all came out in a rush
**borceguí** *m* ankle boot
**borda** *f* MAR gunwale; **echar** *o* **tirar por la ~** throw overboard
**bordado I** *adj* embroidered; **~ a mano** hand-embroidered **II** *m* embroidery
**bordador** *m*, **~a** *f* embroiderer
**bordar** ⟨1a⟩ *v/t* embroider; **~ algo** *fig* do sth brilliantly
**borde**[1] *adj* F *persona* rude, uncouth
**borde**[2] *m* edge; **al ~ de** *fig* on the verge *o* brink of
**bordear** ⟨1a⟩ *v/t* (*rodear*) border
**bordillo** *m* curb, *Br* kerb
**bordo** *m*: **a ~** MAR, AVIA on board; **ir** *o* **subir a ~** go on board
**bordó** *m Rpl* burgundy
**bordón** *m* **1** (*bastón*) staff **2** MÚS bass string
**boreal** *adj* northern
**borgoña** *m* Burgundy (wine)
**bórico** *adj* QUÍM boric; **ácido ~** boric acid
**borla** *f en cojín, cortina etc* tassel
**borne** *m* TÉC, EL terminal
**boro** *m* QUÍM boron
**borona** *f* corn, *Br* maize
**borrachera** *f* drunkenness; **agarrar una ~** get drunk; **~ de poder** excitement that power brings
**borrachería** *f Méx, Rpl* ☞ **borrachera**
**borrachín** *m*, **-ina** *f* F boozer F
**borracho I** *adj* drunk; **~ de poder** drunk with power **II** *m*, **-a** *f* drunk
**borrador** *m* **1** *para pizarra* eraser **2** *de texto* draft **3** (*boceto*) sketch
**borraja** *f* BOT borage
**borrajear** ⟨1a⟩ *v/t* & *v/i* scribble
**borrar** ⟨1a⟩ *v/t* **1** erase **2** INFOR delete **3** *pizarra* clean **4** *recuerdo* blot out **5** *huellas* wipe off; **borrarse** *v/r* **1** *de imagen, rótulo* fade **2** *de club* resign
**borrasca** *f* area of low pressure
**borrascoso** *adj* **1** *tiempo* stormy; *viento* squally **2** *fig: vida* tempestuous
**borrego** *m* **1** ZO lamb **2** *fig persona* sheep; **~s** *pl* fluffy white clouds

**borreguillo** *m* sheepskin
**borricada** *f fig* F stupid thing, dumb thing F
**borrico**[1] *m* TÉC ☞ **borriqueta**
**borrico**[2] *m*, **-a** *f* **1** ZO donkey **2** *fig* F (*torpe*) dummy F
**borriqueta** *f*, **borriquete** *m* TÉC saw-horse
**borrón** *m* **1** (*tachón*) blot; **hacer ~ y cuenta nueva** *fig* wipe the slate clean; **¡~ y cuenta nueva!** let's wipe the slate clean! **2** *mancha* smudge
**borronear** ⟨1a⟩ *v/t* scribble on
**borroso** *adj escritura, perfil, foto* blurred, fuzzy
**boscaje** *m* thicket
**boscoso** *adj* wooded
**Bósforo** *m* Bosphorus
**Bosnia** *f* Bosnia
**Bosnia-Herzegovina** *f* Bosnia-Herze-govina
**bosnio I** *adj* Bosnian **II** *m*, **-a** *f* Bosnian
**bosque** *m* wood; *grande* forest
**bosquejar** ⟨1a⟩ *v/t* **1** *dibujo* sketch **2** *fig concepto, plan* outline
**bosquejo** *m* **1** *de dibujo* sketch **2** *fig de concepto, plan* outline
**bosta** *f de caballo* dropping, roadapple F; *de vaca* cowpat
**bostezar** ⟨1f⟩ *v/i* yawn
**bostezo** *m* yawn
**bota**[1] *f de vino* wineskin
**bota**[2] *f* boot; **ponerse las ~s** *fig* F coin it F, rake it in F; (*comer mucho*) make a pig of o.s. F; **morir con las ~s puestas** *fig* die with one's boots on; **colgar las ~s** DEP hang up one's boots
◇ **bota campera** cowboy boot; **bota de caña alta** knee-high boot; **bota de esquiar** ski boot; **bota de fútbol** football boot; **bota de media caña** calf-length boot; **bota de montar** riding boot
**botado** *L.Am.* F **I** *adj* (*barato*) dirt cheap F **II** *m*, **-a** *f* abandoned child
**botador** *m* MAR punt pole
**botadura** *f* MAR launching
**botalón** *m* MAR boom
**botana** *f Méx* snack
**botánica** *f* botany
**botánico I** *adj* botanical **II** *m*, **-a** *f* bota-nist
**botar** ⟨1a⟩ **I** *v/t* **1** MAR launch **2** *pelota* bounce; **está que bota** F he's seething **3** *L.Am.* (*echar*) throw **4** *L.Am.* (*dese-*

*char*) throw out **5** *L.Am.* (*despedir*) fire
‖ *v/i de pelota* bounce
**botavara** *f* MAR boom
**bote** *m* **1** (*barco*) boat **2** *de pelota*
bounce; *pegar un ~ de persona* jump;
*a ~ pronto* off the top of one's head;
*darse el ~ Esp* F take off **3** *L.Am.* (*lata*)
can, *Br tb* tin **4** (*tarro*) jar; *tener a alguien en el ~* F have s.o. in one's pocket F; *chupar del ~ fig* F line one's pockets F; *de ~ en ~* packed out **5** *para pro-
pinas* kitty **6** *Méx* F (*cárcel*) slammer P
◇ **bote de la basura** *Méx* trash can, *Br*
rubbish bin; **bote neumático** rubber
dinghy; **bote salvavidas** lifeboat
**botella** *f* **1** bottle; *verde ~ color* bottle-
-green; *~ de vino con viño* bottle of
wine; *envase* wine bottle **2** *en baloncesto* key
◇ **botella no retornable** non-returnable bottle
◇ **botella retornable** returnable bottle
**botellero** *m* wine rack
**botellín** *m* small bottle (*esp of beer*)
**botepronto** *m* DEP drop kick; *a ~* off
the top of one's head
**botica** *f* pharmacy, *Br* chemist's (shop)
**boticario** *m*, *-a f* pharmacist, *Br tb* chemist
**botija** *f* earthenware pitcher
**botijo** *m* *container with a spout for
drinking water*
**botín** *m* **1** *de dinero, provisiones etc* loot
**2** *calzado* ankle boot
**botiquín** *m* **1** *armario* medicine chest **2**
*estuche* first-aid kit
**botón** *m* **1** *en prenda*, TÉC button; *dar al
~* press the button **2** BOT bud
◇ **botón de muestra** *fig* example; **botón de oro** BOT buttercup; **botón de
presión** F snap fastener, *Br* press stud
**botonadura** *f* buttons *pl*
**botones** *m inv en hotel* bellhop, bellboy
**botulismo** *m* MED botulism
**boutique** *f* boutique
**bóveda** *f* ARQUI vault
◇ **bóveda celeste** firmament, vault of
heaven
◇ **bóveda craneal** ANAT cranial cavity
**bovino** I *adj* bovine ‖ *mpl*: *~s* cattle *pl*
**box** *m* **1** DEP pit **2** *Méx* (*boxeo*) boxing
**boxeador** *m*, *~a f* boxer
**boxear** ⟨1a⟩ *v/i* box
**boxeo** *m* boxing

**bóxer** *m* boxer (dog)
**boya** *f* **1** MAR buoy **2** *de caña* float
**boyada** *f* drove of oxen
**boyante** *adj fig* buoyant
**boyera** *f*, **boyeriza** *f* cattle shed
**boyero** *m* drover
**bozal** *m para perro* muzzle
**bozo** *m* fuzz (*on a boy's face*)
**BPI** *m abr* (= *Banco de Pagos Internacionales*) BIS (= Bank for International Settlements)
**bracear** ⟨1a⟩ *v/i* wave one's arms
around, flail one's arms
**bracero** *m*, *-a f* agricultural laborer, *Br*
farm labourer
**bracete** *m*: *de ~* F arm in arm
**bracista** *m/f* breaststroke swimmer
**braga-pañal** *m* pull-up diaper, *Br* pull-
-up nappy
**bragas** *fpl* panties, *Br tb* knickers;
*estar / quedarse en ~s fig* not have
a cent *o Br* penny / be left without a
cent *o Br* penny
**bragazas** *m inv* F henpecked husband
**braguero** *m* MED truss
**bragueta** *f* fly
**braguetazo** *m* P: *dar un o el ~* marry
for money
**brahmán** *m* Brahmin
**braille** *m* braille
**brama** *f* bream
**bramante** *m* twine
**bramar** ⟨1a⟩ *v/i* **1** *de animal* bellow, roar
**2** *del viento* howl; *del mar* roar
**bramido** *m* roar, bellow
**brandy** *m* brandy
**branquia** *f* ZO gill
**branquial** *adj* ZO branchial, gill *atr*
**braquial** *adj* brachial
**brasa** *f* ember; *a la ~* GASTR char-
-broiled, *Br* char-grilled
**brasero** *m* **1** *de carbón* brazier **2** *eléctrico* electric heater
**brasier** *m C.Am.*, *Méx* bra
**Brasil** *m* Brazil
**brasileño** I *adj* Brazilian ‖ *m*, *-a f* Brazilian
**brasilero** *L.Am.* I *adj* Brazilian ‖ *m*, *-a f*
Brazilian
**bravata** *f* **1** (*fanfarronada*) boast **2** (*amenaza*) threat
**braveza** *f* **1** *de animal* ferocity **2** *de persona* bravery **3** *de mar* wildness
**bravío** *adj* **1** *animal* fierce **2** *persona*

brave **3** *mar* wild
bravo **I** *adj* **1** *animal* fierce **2** *mar* rough, choppy **3** *persona* brave **4** *L.Am.* (*furioso*) angry **5**: *a o por las -as* forcibly, by force **II** *int* well done!; *en concierto etc* bravo!
bravucón **I** *adj* boastful **II** *m*, -ona *f* boaster, braggart
bravuconada *f* boast
bravura *f* **1** *de animal* ferocity **2** *de persona* bravery
braza *f* **1** *en natación* breaststroke **2** MAR fathom
brazada *f* **1** *en natación* stroke **2** *cantidad* armful
brazado *m* armful
brazal *m* *distintivo* armband
brazalete *m* **1** (*pulsera*) bracelet **2** (*banda*) armband
brazo *m* **1** arm; (*cogidos*) *del* ~ arm in arm; *con los* ~*s abiertos* with open arms; *dar su* ~ *a torcer* give in; *no dar su* ~ *a torcer* hold out, not give in; *luchar a* ~ *partido* fight tooth and nail; *cruzarse de* ~*s, quedarse con los* ~*s cruzados* sit back and do nothing; *echarse en los* ~*s de alguien* fig put o.s. in s.o.'s hands; *ser el* ~ *derecho de alguien*; be s.o.'s right-hand man / woman **2** TÉC: *de tres* ~*s lámpara* three-arm *atr* **3**: ~*s pl* (*trabajadores*) hands *pl*
◇ *brazo armado* fig armed wing; *brazo de gitano* GASTR jelly roll, *Br* Swiss roll; *brazo de mar* inlet; *estar hecho un* ~ F be smartly dressed
brea *f* tar, pitch
brear ⟨1a⟩ *v/t* F: ~ *a alguien a preguntas* bombard s.o. with questions; ~ *a alguien a palos* give s.o. a hiding
brebaje *m* *desp* concoction
brecha *f* **1** *en pared, valla etc* breach; *abrir* ~ break through; *seguir en la* ~ F hang on in there F; *estar siempre en la* ~ be always in the thick of things **2** *fig* F gap **3** MED gash
brécol *m* broccoli
brega *f* **1** (*lucha*) struggle **2** (*trabajo*) hard work; *andar a la* ~ work hard, toil
bregar ⟨1h⟩ *v/i* **1** (*luchar*) struggle **2** (*trabajar*) work hard
breque *m* *C.Am.* brake
bresca *f* honeycomb
Bretaña *f* Brittany

brete *m* fig F: *poner a alguien en un* ~ put s.o. on the spot; *estar en un* ~ be in a jam F
bretel *m* CSur strap
breva *f* BOT early fig; *no caerá esa* ~ fig F no such luck!
breve *adj* brief, short; *en* ~ shortly; *ser* ~ be brief
brevedad *f* briefness, shortness; *a la mayor* ~ *posible* as soon as possible
brevemente *adv* briefly
breviario *m* breviary
brezal *m* heathland
brezo *m* BOT heather
bribón **I** *adj* rascally **II** *m*, -ona *f* rascal
bribonada *f* trick
bricolador *m*, ~*a f* do-it-yourself enthusiast, DIY enthusiast
bricolaje *m* do-it-yourself, DIY
brida *f* **1** *de caballo* bridle; *a toda* ~ at top speed **2** TÉC clamp
bridge *m* bridge
brigada **I** *f* **1** MIL brigade **2** *en policía* squad **II** *m* MIL warrant officer
brillante **I** *adj* **1** (*luminoso*) bright **2** *fig* brilliant **II** *m* diamond
brillantez *f* **1** (*luminosidad*) brightness, brilliance **2** *fig* brilliance
brillantina *f* brilliantine
brillar ⟨1a⟩ *v/i* fig shine
brillo *m* *de ojos, madera* shine; *de estrella, luz* brightness; *dar o sacar* ~ *a algo* polish sth
brincar ⟨1g⟩ *v/i* jump up and down
brinco *m* F leap, bound; *dar* ~*s* jump up and down; *dar o pegar un* ~ fig start jump, start
brindar ⟨1a⟩ **I** *v/t* **1** *oportunidad, ayuda* offer **2** TAUR dedicate (*a* to) **II** *v/i* drink a toast (*por* to); *brindarse* *v/r* offer, volunteer
brindis *m inv* toast; *hacer un* ~ drink a toast (*por* to)
brío *m* fig F verve, spirit
brioche *m* brioche
brioso *adj* F spirited, lively
brisa *f* MAR breeze
brisca *f* *Esp*: popular card game
brisera *f* *L.Am.* windshield, *Br* windscreen
británico **I** *adj* British **II** *m*, -a *f* Briton, Brit F
brizna *f* **1** *de hierba* blade **2**: *una* ~ *de pan, tela* a tiny bit of; *verdad* a grain

of; *esperanza* a gleam *o* ray of; *viento* a breath of

**broca** *f* TÉC (drill) bit

**brocado** *m* brocade

**brocal** *m* *de pozo* parapet

**brocha** *f* brush

◇ **brocha de afeitar** shaving brush

**brochazo** *m* brush stroke

**broche** *m* **1** (*prendedor*) brooch **2** (*cierre*) fastener **3** *L.Am.* (*pinza*) clothes pin

◇ **broche de oro** *fig* perfect end (*de* to)

**brocheta** *f* skewer

**brócoli** *m* broccoli

**broma** *f* joke; *en* ~ as a joke; *entre* ~*s y veras* half joking; ~*s aparte* joking apart; *gastar* ~*s* play jokes; *estaba de* ~ he was joking; *tomar algo a* ~ take sth as a joke; *no estoy para* ~*s* I'm not in the mood for jokes

◇ **broma de mal gusto** joke in bad taste

◇ **broma pesada** bad joke

**bromatología** *f* food science, nutrition

**bromatólogo** *m*, **-a** *f* nutritionist

**bromear** ⟨1a⟩ *v/i* joke

**bromista** **I** *adj*: *es muy* ~ he loves a joke **II** *m/f* joker

**bromo** *m* QUÍM bromine

**bromuro** *m* QUÍM bromide

**bronca** *f* **1** F telling off F; *echar la* ~ *a alguien* F give s.o. a telling-off, tell s.o. off **2** *Méx* P fight; *armar una* ~ P get into a fight **3**: *armar* ~ (*hacer ruido*) cause a rumpus; *se armó* ~ *tras anunciarse la subida de los impuestos* there was an outcry *o* a rumpus when the tax increase was announced

**broncazo** *m* F: *un* ~ a real telling-off

**bronce** *m* bronze; *edad del* ~ Bronze Age

**bronceado** **I** *adj* tanned **II** *m* suntan; *centro de* ~ solarium

**bronceador** *m* suntan lotion

**broncearse** ⟨1a⟩ *v/r* get a tan

**bronco** *adj* *voz* harsh, gruff

**bronconeumonía** *f* MED bronchopneumonia

**broncoscopia** *f* MED bronchoscope

**bronquedad** *f* harshness, gruffness

**bronquial** *adj* bronchial

**bronquios** *mpl* bronchial tubes, bronchi

**bronquitis** *f* MED bronchitis

**broquel** *m* *tb* *fig* shield

**broqueta** *f* skewer

**brotar** ⟨1a⟩ *v/i* **1** BOT sprout, bud **2** *fig de sospecha, chispa* appear, arise; *de epidemia* break out

**brote** *m* **1** BOT shoot **2** MED, *fig* outbreak

◇ **brotes de bambú** bamboo shoots

◇ **brotes de soja** beansprouts

**broza** *f* **1** dead leaves *pl* **2** *en artículo* padding

**bruces**: *de* ~ face down; *caer de* ~ F fall flat on one's face; *darse de* ~ *con alguien* bump into s.o.

**bruja** *f* **1** witch; *caza de* ~*s* *tb* *fig* witch hunt **2** *Méx*: *andar* *o* *estar* ~ F be broke F

**brujería** *f* witchcraft

**brujo** **I** *adj* bewitching **II** *m* wizard

**brújula** *f* compass; *perder la* ~ *fig* lose one's bearings

**bruma** *f* mist

**brumoso** *adj* misty

**bruñido** *m* burnishing, polishing

**bruñir** ⟨3h⟩ *v/t* **1** burnish, polish **2** *C.Am.* F (*molestar*) annoy

**brusco** *adj* **1** *cambio* abrupt, sudden **2** *respuesta, persona* brusque, curt

**Bruselas** *f* Brussels

**brusquedad** *f* **1** *de cambio* sharpness, abruptness **2** *de respuesta, persona* brusqueness, curtness; *con* ~ curtly, brusquely

**brut** *adj* dry

**brutal** *adj* **1** *procedimiento, lenguaje* brutal **2** P *fiesta* incredible F, terrific

**brutalidad** *f* brutality

**brutalizar** ⟨1f⟩ *v/t* harden, brutalize

**bruto** **I** *adj* **1** brutish; *a lo* ~ using brute force **2** (*inculto*) ignorant **3** (*torpe*) clumsy **4** COM gross; *peso* ~ gross weight **5** *diamante* uncut; *en* ~ *petróleo* crude; **II** *m*, **-a** *f* brute; (*idiota*) idiot

**bu** *m* F boogeyman, bogeyman

**buba** *f*, **bubón** *m* MED bubo

**bucal** *adj* oral

**buceador** *m*, ~**a** *f* diver

**bucear** ⟨1a⟩ *v/i* **1** dive **2** *fig* (*investigar*) delve (*en* into)

**buceo** *m* diving

◇ **buceo deportivo** diving

**buche** *m* **1** *de ave* crop; *guardar algo en el* ~ *fig* F keep sth under one's hat F **2** *de persona* F belly F

**bucle** *m* **1** (*rizo*) curl **2** INFOR loop
**bucólica** *f* pastoral poem
**bucólico** *adj* bucolic
**Buda** *m* Buddha
**budín** *m* pudding
**budismo** *m* Buddhism
**budista** *m/f* & *adj* Buddhist
**buen** *adj* ☞ *bueno*
**buenamente** *adv* **1** (*fácilmente*) easily **2** (*voluntariamente*) willingly
**buenaventura** *f* fortune; *decir la ~ a alguien* tell s.o.'s fortune
**buenazo I** *adj* kind-hearted **II** *m*,-a *f*: *ser un ~* F be a softy F
**buenísimo** *sup* very good
**bueno I** *adj* **1** good; *-a voluntad* goodwill; *lo ~ es que ...* the best thing about it is that ...; *estar de -as* be in a good mood; *ponerse ~* get well; *dar algo por ~* approve sth; *ahora viene lo ~* irón here comes the good bit; *¡ésta sí que es -a!* irón F that's a good one!; *¡estaría ~!* irón F oh, terrific!; *lo ~, si breve, dos veces ~* brevity is the soul of wit
**2** (*bondadoso*) kind; *ser -a gente* be nice
**3** (*sabroso*) nice
**4**: *por las -as* willingly; *por las -as o por las malas* whether we / they / etc like it or not; *de -as a primeras* without warning; *a la -a de Dios* any which way, *Br* any old how **II** *int*: *¡~!* well!; *¿~?* *Méx* hello; *¡-as!* hello!; *~s días*, *Rpl ~ día* good morning; *-as noches* good evening; *-as tardes* good evening
**Buenos Aires** *m* Buenos Aires
**buey** *m* ZO ox
**búfalo** *m* ZO buffalo
**bufanda** *f* **1** scarf **2** *f* F (*gratificación*) perk F
**bufar** ⟨1a⟩ *v/i* **1** *de gato* spit; *de caballo, toro* snort **2**: *está que bufa* *fig* F he's seething
**bufé** *m* buffet
**búfer** *m* INFOR buffer
**bufete** *m* lawyer's office; *abrir ~* start up a law practice, F put up one's shingle
**buffet** *m* GASTR buffet
◇ **buffet de desayuno** breakfast buffet
◇ **buffet frío** cold buffet
**bufido** *m* **1** *de gato* spit; *de caballo, toro*

snort **2** *fig*: *por enfado* snort
**bufo** *adj* comic; *ópera -a* comic opera
**bufón** *m* buffoon, fool
**bufonada** *f* silly joke
**buganvilla** *f* BOT bougainvillea
**bugle** *m* MÚS bugle
**buhardilla** *f* attic, *Br tb* loft
**búho** *m* ZO owl
**buhonero** *m* peddler, *Br* pedlar
**buitre** *m* ZO vulture
◇ **buitre negro** black buzzard
**bujía** *f* AUTO spark plug
**bula** *f* REL bull; *tiene ~* *fig* F he's got pull F *o* connections
**bulbo** *m* BOT bulb
**bulboso** *adj* bulbous
**buldog** *m* ZO bulldog
**bulevar** *m* boulevard
**Bulgaria** *f* Bulgaria
**búlgaro I** *adj* Bulgarian **II** *m*,-a *f* Bulgarian **III** *m idioma* Bulgarian
**bulimia** *f* MED bulimia
**bulla** *f* din, racket; *meter o armar ~* make a din *o* racket
**bullabesa** *f* GASTR fish soup, bouillabaisse
**bullanguero** F **I** *adj* rowdy **II** *m*, -a *f* troublemaker
**bulldog** *m* ☞ *buldog*
**bullicio** *m* **1** (*ruido*) hubbub, din **2** (*actividad*) bustle
**bullicioso** *adj* bustling
**bullir** ⟨3h⟩ *v/i* *fig* **1** *de sangre* boil **2** *de lugar* swarm, teem (*de* with)
**bulo** *m* F rumor, *Br* rumour
**bulto** *m* **1** (*paquete*) package; *escurrir el ~* F duck out F **2** MED lump **3** *en superficie* bulge **4** (*silueta*) (*vague*) shape **5** (*pieza de equipaje*) piece of baggage; *~s pl* baggage *sg*, *Br tb* luggage *sg*; *~s de mano* hand baggage *sg*, *Br tb* hand luggage *sg* **6** (*volumen*): *hacer ~* swell the numbers; *de ~ error* glaring; *a ~* roughly, at a guess
**bumerán** *m* boomerang
**búnker** *m* MIL bunker
**buñuelo** *m* *Esp* fritter
◇ **buñuelo de viento** GASTR *cream donut*
**buqué** *m* bouquet (*of wine*)
**buque** *m* ship
◇ **buque almirante** flagship; **buque de carga** freighter; **buque cisterna** tanker; **buque escuela** training ship;

**buque frigorífico** refrigerated vessel, reefer F; **buque de guerra** warship; **buque insignia** flagship; **buque mercante** merchant ship; **buque nodriza (de aviones)** mother ship; **buque de pasajeros** passenger ship; **buque portacontenedores** container ship; **buque de vapor** steamship

**burbuja** f bubble

**burbujear** ⟨1a⟩ v/i **1** (*bullir*) bubble **2** *de champán* fizz

**burdel** m brothel

**Burdeos** m Bordeaux

**burdo** *adj* rough

**bureta** f buret, *Br* burette

**burgalés** *adj* of / from Burgos

**burgo** m **1** fortified town **2** (*pueblo*) village

**burgués I** *adj* middle-class, bourgeois **II** m, -esa f middle-class person, member of the bourgeoisie

**burguesía** f middle class, bourgeoisie; **alta / pequeña~** upper / lower middle class

**buril** m burin, graver

**burilar** ⟨1a⟩ v/t engrave

**burla** f **1** (*mofa*) joke; **hacer ~ de alguien** F make fun of s.o. **2** (*engaño*) trick

**burladero** m TAUR *barrier behind which a bullfighter can hide*

**burlador** m Don Juan

**burlar** ⟨1a⟩ **I** v/t **1** *riesgo, dificultad* get round **2** (*engañar*) trick, take in **II** v/i mock; **burlarse** v/r make fun (**de** of)

**burlesco** *adj* **1** *tono* joking **2** *gesto* rude

**burlete** m *L.Am.* draft excluder, *Br* draught excluder

**burlón I** *adj* mocking **II** m, -ona f mocker

**buró** m bureau

**burocracia** f bureaucracy

**burócrata** m/f bureaucrat

**burocrático** *adj* bureaucratic

**burocratizar** ⟨1f⟩ v/t bureaucratize

**burrada** f *fig* F piece of nonsense; **hay una~** F there's loads F; **costar una~** F

cost a packet F

**burro** m, -a f **1** ZO donkey; **caer** o **bajarse** o **apearse del ~** F back down; **no ver tres en un ~** be as blind as a bat **2** F *persona* idiot **3** *Méx* (*tabla de planchar*) ironing board

**bursátil** *adj* stock market *atr*

**bus** m **1** (*autobús*) bus **2** INFOR bus

**busca I** f search; **en ~ de** in search of; **encontrarse en ~ y captura** have a warrant out for one's arrest **II** m F pager

◇ **busca de tesoros** treasure hunt

**buscador I** m, ~a f searcher **II** m INFOR search engine

**buscapersonas** m inv pager

**buscapiés** m inv *type of firecracker, Br* jumping jack

**buscapleitos** m/f inv F troublemaker

**buscar** ⟨1a⟩ v/t search for, look for; **ir /** **venir a ~** fetch; **se la estaba buscando** he was asking for trouble o for it

**buscón** m rogue

**buscona** f prostitute

**busilis** m F snag, problem; **ahí está el ~** F that's the problem

**búsqueda** f search; **~ en el texto** INFOR search o find in the text

◇ **búsqueda automática** TV, RAD automatic channel search

**bustier** m bustier

**busto** m bust

**butaca** f **1** (*sillón*) armchair **2** TEA seat

**butano** m butane

**butén: de ~** F terrific, fantastic F

**butifarra** f *type of sausage*

**butrón** m *hole made by robbers in order to break into a building*

**buzo** m **1** *persona* diver **2** *CSur prenda* tracksuit **3** *Urug* (*jersey*) sweater

**buzón** m mailbox, *Br* postbox

◇ **buzón electrónico** INFOR mailbox

◇ **buzón de voz** TELEC voicemail

**buzoneo** m direct mailing

**bypass** m bypass

**byte** m INFOR byte

# C

**C** *abr* **1** (= *centígrado*) C (= centigrade) **2** (= *compañía*) Co. (= company) **3** c (= *calle*) St. (= street) **4** (= *capítulo*) ch. (= chapter)

**cabal** *adj*: **no estar en sus ~es** not be in one's right mind; **un hombre ~** a man of integrity

**cábala** *f fig* intrigue; **hacer ~s** speculate

**cabalgadura** *f* mount

**cabalgar** ⟨1h⟩ *v/i* ride

**cabalgata** *f* procession

**caballa** *f* ZO mackerel

**caballada** *f Rpl*: **decir / hacer una ~** say / do sth stupid

**caballar** *adj* horse *atr*; **cría ~** horse breeding

**caballeresco** *adj* chivalrous

**caballerete** *m desp* youth

**caballería** *f* **1** MIL cavalry **2** (*caballo*) horse

**caballeriza** *f* stable

**caballerizo** *m*, **-a** *f* groom

**caballero I** *adj* gentlemanly, chivalrous **II** *m* **1** *hombre educado* gentleman; *hombre* gentleman, man; (*servicio de*) **~s** *pl* men's room *sg*, *Br* gents *sg*; *en tienda de ropa* menswear *sg* **2** HIST knight; **armar a alguien ~** HIST knight s.o. **3** *trato* sir

◇ **caballero blanco** COM white knight

**caballerosidad** *f* chivalry

**caballeroso** *adj* gentlemanly, chivalrous

**caballete** *m* **1** PINT easel **2** TÉC trestle

**caballista I** *m* horseman **II** *f* horsewoman

◇ **caballito del diablo** ZO dragonfly

◇ **caballito de mar** ZO seahorse

**caballitos** *mpl* carousel *sg*, merry-go--round *sg*

**caballo** *m* **1** horse; **a ~** on horseback; **montar** *o* **andar** *Rpl* **a ~** ride (a horse); **me gusta montar a ~** I like riding; **ir a ~** go on horseback; **a ~ entre** halfway between; **a mata ~** at breakneck speed; **a ~ regalado no le mires el diente** don't look a gift horse in the mouth **2** *en ajedrez* knight

◇ **caballo con arcos** *en gimnasia* (pommel) horse; **caballo balancín** rocking horse; **caballo de carreras** racehorse; **caballo de montar** saddle horse; **caballo de saltos** *en gimnasia* vaulting horse; **caballo de Troya** MYTH Trojan horse; **caballo de vapor** horsepower

**cabaña** *f* **1** cabin **2** *Méx en fútbol* goal

**cabaret** *m* cabaret

**cabaretero I** *adj* cabaret *atr* **II** *m*, **-a** *f* cabaret artist

**cabeceada** *f L.Am.* **1** nod **2** *en fútbol* header

**cabecear** ⟨1a⟩ **I** *v/i* nod **II** *v/t* **el balón** head

**cabeceo** *m* nod

**cabecera** *f* **1** *de mesa, cama* head **2** *de periódico* masthead **3** *de texto* top **4** INFOR header

**cabecero** *m de cama* headboard

**cabecilla** *m/f* ringleader

**cabellera** *f* **1** hair; **le cortaron la ~** they cut his hair; **con la ~ a lo Sid Vicious** with a Sid Vicious hairstyle **2** *de cometa* tail

**cabello** *m* hair

◇ **cabello de ángel** GASTR confectionery made from pumpkin

**cabelludo** *adj* hairy

**caber** ⟨2m⟩ *v/i* **1** fit; **ya no me cabe el vestido** the dress doesn't fit me anymore
**2** *en un sitio*: **caben tres litros** it holds three liters *o Br* litres; **cabemos todos** there's room for all of us; **aquí no cabe nadie más** there's no room here for anyone else; **no me cabe en la cabeza** I just don't understand, I just can't get my head around it; **no ~ en sí de alegría** *o* **de gozo** be beside o.s. with joy **3** (*ser posible*): **no cabe duda** *fig* there's no doubt; **cabe preguntarse si** I wonder if; **no cabe / cabe esperar que ...** there's no hope that... / it is to be hoped that ...; **si cabe** if that's possible

**cabestrillo** *m* MED sling; **tener el brazo en ~** have one's arm in a sling

**cabestro** *m* halter

**cabeza I** *f* **1** ANAT head; **de ~ caerse, ti-**

*rarse etc* headlong; **estar mal** *o* **no estar bien de la** ~ F not be right in the head F; **írsele la** ~ feel giddy *o* dizzy; **con la** ~ **alta** with one's head held high; **subírsele a alguien a la** ~ *fig* go to s.o.'s head; **llevarse las manos a la** ~ *fig* throw one's hands up (in the air); **andar** *o* **ir de** ~ be snowed under; **sentar la** ~ settle down; **levantar** ~ (*recuperarse*) pick up; **no levantar** ~ *fig* be knocked sideways; **tras la derrota, el equipo no consiguió levantar** ~ the team was knocked sideways by the defeat
**2** (*razón*): **perder la** ~ *fig* lose one's head; **llevar** *o* **traer a alguien de** ~ drive s.o. crazy;
**3** (*memoria*): **tener mala** ~ have a bad memory
**4** (*pensamiento*): **pasarle a alguien por la** ~ occur to s.o.; **se me viene a la** ~ ... it occurs to me ...; **meterse algo en la** ~ get sth into one's head; **quitarse algo de la** ~ get sth out of one's head; **calentarle la** ~ **a alguien** *fig* fill s.o.'s head with ideas; **calentarse la** ~ get worked up; **mantener la** ~ **fría** keep a cool head; **romperse la** ~ *fig* rack one's brains
**5** (*persona*): **por** ~ per head, per person
**6**: **el equipo a la** ~ *o* **en** ~ the team at the top; **estar a la** ~ be out in front, be the leader
**II** *m/f* **de familia, grupo** head
◇ **cabeza de ajo** head of garlic; **cabeza cuadrada** F bigot; **cabeza de familia** head of the family; **cabeza de ganado** head of cattle; **cabeza lectora** INFOR read head; **cabeza de lista** POL *candidate heading an electoral list*; **cabeza loca** fool, *Br tb* thickhead F; **cabeza nuclear** nuclear warhead; **cabeza de partido** major town, county town; **cabeza de puente** MIL bridgehead; **cabeza rapada** skinhead; **cabeza de turco** scapegoat
**cabezada** *f* **1**: **echar una** ~ have a nap **2** (*golpe*) bang on the head
**cabezal** *m* TÉC head
**cabezazo** *m* **1** *con la cabeza* head butt; *en la cabeza* bang on the head; **darse un** ~ hit one's head **2** *en fútbol* header; ~ **en plancha** diving header
**cabezo** *m* **1** hillock **2** *de montaña* peak

**cabezón I** *adj*: **mi hermana es muy cabezona** my sister has a very large head; *fig* my sister is very pigheaded **II** *m* large head **III** *m*, **-ona** *f*: **es un** ~ he's so pigheaded
**cabezonada** *f* pigheaded thing to do
**cabezonería** *f* pigheadedness; *acto* pigheaded thing to do
**cabezota I** *adj* pigheaded **II** *m/f* pigheaded person
**cabezudo I** *adj*: **es** ~ he has a very large head **II** *m* large-headed carnival figure
**cabida** *f* capacity; **dar** ~ **a** hold; **tener** ~ **en** have room in
**cabildo** *m* POL council
**cabina** *f* cabin
◇ **cabina del piloto** AVIA cockpit
◇ **cabina telefónica** phone booth
**cabizbajo** *adj* dejected, downhearted
**cable** *m* **1** EL cable; **se le cruzaron los** ~**s** F he got mixed up **2** MAR line, rope; **echar un** ~ **a alguien** give s.o. a hand
◇ **cable de fibra óptica** fiber-optic cable, *Br* fibre-optic cable
◇ **cable de remolque** tow rope
**cableado** *m* wiring
**cablear** ⟨1a⟩ *v/t* wire up
**cablegrafiar** ⟨1c⟩ *v/t* cable
**cabo** *m* **1** end; **al** ~ **de** after; **de** ~ **a rabo** F from start to finish; **estar al** ~ **de la calle** know the score F, be clued up F; **llevar a** ~ carry out **2** GEOG cape **3** MAR rope; **quedan muchos** ~**s sueltos** *fig* there are still a lot of loose ends; **atar** ~**s** F put two and two together F **4** MIL corporal
◇ **Cabo de Buena Esperanza** Cape of Good Hope
◇ **Cabo de Hornos** Cape Horn
**cabra** *f* ZO goat; **estar como una** ~ F be nuts F; **la** ~ **siempre tira al monte** a leopard never changes its spots
◇ **cabra montesa** *Esp* mountain goat, Spanish ibex
**cabracho** *m* ZO scorpion fish
**cabreado** *adj*: **estar** ~ F be annoyed *o* furious
**cabrear** ⟨1a⟩ *v/t* P bug F; **cabrearse** *v/r* P get mad F
**cabreo** *m* P: **tener un** ~ be in a foul mood
**cabrerizo** *m*, **-a** *f*, **cabrero** *m*, **-a** *f* goatherd
**cabrestante** *m* **1** TÉC winch **2** MAR

**capstan**

**cabria** f hoist

**cabrillas** fpl MAR whitecaps, white horses

**cabrillear** ⟨1a⟩ v/i MAR form whitecaps o white horses

**cabrío** adj goat atr; **macho** ~ billy goat

**cabrío** m rafter

**cabriola** f: **hacer** ~**s de niño** jump around

**cabritas** fpl Chi popcorn sg

**cabritilla** f kid(skin)

**cabrito** m kid

**cabro** m Chi boy; ~ **chico** Chi baby

**cabrón** m V bastard P, son of a bitch P

**cabronada** f P dirty trick

**cabruno** adj goat atr

**caca** f F **1** poop F, Br pooh F; **hacer** ~ F poop F, Br do a pooh F **2** cosa mala piece of trash F

**cacahuate** m Méx peanut

**cacahuete** m peanut

**cacalote** m C.Am., Cuba, Méx crow

**cacao** m **1** cocoa; **no valer un** ~ L.Am. fig F not be worth a bean F **2** de labios lip salve

**cacaotal** m cocoa plantation

**cacarear** ⟨1a⟩ **I** v/i de gallo crow; de gallina cluck **II** v/t F crow about F, boast about

**cacareo** m de gallo crowing; de gallina clucking; fig F crowing F, boasting

**cacatúa** f ZO cockatoo

**cacería** f hunt

**cacerola** f pan

**cacha** f: **estar metido hasta las** ~**s en algo** F be up to one's neck in sth F

**cachalote** m ZO sperm whale

**cachar** ⟨1a⟩ v/t **1** L.Am. (engañar) trick **2** L.Am. (sorprender) catch out **3**: ¿**me cachas?** Chi get it?

**cacharrería** f kitchenware store

**cacharro** m **1** pot; **lavar los** ~**s** Méx, C.Am. wash the dishes **2** Méx, C.Am. (trasto) piece of junk **3** Méx, C.Am. coche junkheap

**cachas** adj: **estar** ~ F be a real hunk F

**cachaza** f F: **la gente de hoy tiene mucha** ~ people today are very laidback F

**cachazudo** adj F laidback F

**caché** m cachet

**cachear** ⟨1a⟩ v/t frisk

**cachemira** f cashmere

**cacheo** m frisking

**cácher** m/f en béisbol catcher

**cachería** f L.Am. small business

**cachet** m cachet

**cachetada** f slap

**cachete** m cheek

**cachetear** ⟨1a⟩ v/t L.Am. slap

**cachetudo** adj chubby-cheeked

**cachilo** m Rpl old jalopy F, Br tb old banger F

**cachimba** f pipe

**cachimbo** m L.Am. pipe

**cachipolla** f ZO mayfly

**cachiporra** f billy club, Br truncheon

**cachivache** m thing; ~**s** pl (cosas) things, stuff sg F; (basura) junk sg

**cacho** m **1** F bit **2** Rpl (cuerno) horn **3** Ven, Col F (marijuana) joint F **4**: **jugar al** ~ Bol, Pe play dice **5**: **ponerle** ~**s a alguien** cheat on s.o. **6** Rpl de bananas bunch

**cachondearse** ⟨1a⟩ v/r F make fun (**de** of)

**cachondeo** m: **estar de** ~ F be joking; **tomar a** ~ F take as a joke; ¡**vaya** ~! F what a laugh! F

**cachondo** adj F **1** (caliente) horny F; **poner** ~ **a alguien** F make s.o. horny F **2** (gracioso) funny

**cachorro** m ZO pup

**cachucha** f Andes, C.Am., Méx cap

**cacillo** m (small) saucepan

**cacique** m **1** chief **2** POL local political boss **3** fig F tyrant

**caciquismo** m system of rule by a local political boss

**cacle** m Méx shoe

**caco** m F thief

**cacofonía** f cacophony

**cacto, cactus** m inv BOT cactus

**cacumen** m F brains pl F; **qué poco** ~ **tienes** you don't have any brains

**cada** adj **1** considerado por separado each; con énfasis en la totalidad every; ~ **cosa en su sitio** everything in its place; ~ **uno**, ~ **cual** each one; ~ **vez** every time, each time; ~ **tres días** every three days; **uno de** ~ **tres** one out of every three; **uno de** ~ one of each **2**: ~ **vez más** more and more, increasingly

**cadalso** m scaffold

**cadáver** m (dead) body, corpse

**cadavérico** adj cadaverous

**cadena** f **1** chain; ~ **humana** human chain; ~ **de tiendas** chain of stores; ~

***hotelera*** hotel chain **2** *de perro* leash, *Br tb* lead **3** TV channel **4**: **~s** *pl* AUTO snow chains

◊ **cadena alimentaria** BIO food chain; **cadena de montaje** assembly line; **cadena de montañas** mountain range; **cadena perpetua** life sentence; **cadena de producción** TÉC production line; **cadena de música, cadena de sonido** hi-fi, sound system

**cadencia** *f* MÚS rhythm, cadence

**cadencioso** *adj* rhythmic

**cadeneta** *f de decoración* chain stitch

**cadera** *f* hip

**cadete** *m* **1** MIL cadet **2** *Rpl, Chi* office junior, errand boy

**cadí** *m* caddy

**cadmio** *m* QUÍM cadmium

**caducado** *adj documento* out of date, expired; *alimento* past its sell-by date / use-by date; *está ~ de tarjeta* it is out of date

**caducar** ⟨1g⟩ *v/i* expire

**caducidad** *f:* **fecha de ~** expiration date, *Br* expiry date; *de alimentos, medicinas* use-by date

**caducifolio** *adj* BOT deciduous

**caduco** *adj* **1** BOT deciduous **2** *persona* senile **3** *belleza* faded

**caer** ⟨2o⟩ **I** *v/i* **1** fall; **~ sobre** fall on; ***dejar ~ algo*** drop sth; **~ enfermo** fall ill; **~ en lunes** fall on a Monday; ***al ~ la noche*** at sunset *o* nightfall; ***caiga quien caiga*** no matter whose head has to roll; **~ muy bajo** *fig* stoop very low; ***dejarse ~*** F flop down

**2**: ***me cae bien / mal*** *fig* I like / don't like him

**3** *de un lugar:* ***cae cerca*** it's not far; ***¿por dónde cae este pueblo?*** whereabouts is this village?

**4**: ***estar al ~*** be about to arrive; ***¡ahora caigo!*** *fig* now I get it!

**caerse** *v/r* fall (down); **~ de risa** fall about laughing; **~ de sueño** be ready to drop; **~ de viejo** be falling apart with age; ***este coche se cae de viejo*** the car is so old it's falling apart; ***no tener dónde ~ muerto*** not have a penny to one's name

**café** *m* **1** coffee **2** *(bar)* café

◊ **café cantante** *café with live entertainment;* **café descafeinado** decaffeinated coffee, decaf F; **café exprés** espresso; **café instantáneo** instant coffee; **café irlandés** Irish coffee; **café con leche** white coffee; **café solo** black coffee; **café soluble** instant coffee; **café torrefacto, café tostado** high-roast coffee

**cafeína** *f* caffeine

**cafetal** *m* coffee plantation

**cafetalero** *m, -a f* *L.Am.* coffee grower

**cafetera** *f* coffee maker *o* pot; *para servir* coffee pot

◊ **cafetera automática** coffee machine

◊ **cafetera exprés** espresso coffee pot

**cafetería** *f* coffee shop

**cafetero I** *adj* coffee *atr*; **ser muy ~** F be very fond of coffee, be a big coffee drinker **II** *m, -a f* coffee grower

**cafeto** *m* coffee bush

**cafre** *m/f & adj* savage

**caftán** *m* caftan

**cafúa** *f Rpl* F *(cárcel)* slammer P

**cagada** *f* P *tb fig* shit V, crap P

**cagado I** *adj* P scared shitless V; **estar ~ de miedo** P be scared shitless V **II** *m, -a f* P coward

**cagalera** *f* P: **tener una ~** have the runs F

**cagar** ⟨1h⟩ **V I** *v/i* have a shit V **II** *v/t:* **~la** screw up P, *Br tb* cock up F; **¡ya la hemos cagado!** F now we've really screwed up! F; **cagarse** *v/r* shit o.s. V; **~ de miedo** shit o.s. V; **me cago en diez** *o* **en tu tía** P shit! V

**cagarruta** *f* dropping, pellet

**cagón** F **I** *adj:* **es muy ~** *bebé* he's always pooping in his diaper F, *Br* he's always poohing in his nappy F **II** *m, -ona f* wimp F

**caguama** *f Méx (tortuga)* turtle

**cagueta** *m/f* F chicken F

**caída** *f* fall; **a la ~ del sol** at sunset; **a la ~ de la tarde** at sunset; **~ del gobierno** fall of the government; **~ del pelo** hair loss

◊ **caída libre** free fall

**caído I** *adj* **1** fallen; **~ de ánimo** downhearted, dispirited **2** *hombros* sagging **II** *mpl:* **los ~s** MIL the fallen, the (war) dead

**caigo** *vb* ☞ **caer**

**caimán** *m* **1** ZO alligator **2** *Méx, C.Am. útil* monkey wrench

**Caín** *m* Cain; **pasar las de ~** *fig* go

through hell F

**Cairo:** *El* ~ Cairo

**cairota** *adj* of / from Cairo, Cairo *atr*

**caja** *f* **1** box; *la* ~ *tonta* F the idiot box F, *Br* the goggle-box F; *echar a alguien con* ~*s destempladas* F send s.o. packing **2** *de reloj, ordenador* case, casing **3** COM cash desk; *en supermercado* checkout; *hacer* ~ COM cash up **4**: *entrar en* ~ MIL enlist, *Br* join up

◇ **caja de ahorros** savings bank; **caja de cambios** gearbox; **caja de cambios automática** AUTO automatic gearbox; **caja de cartón** cardboard box; **caja de caudales** safe, strongbox; **caja de cerillas** matchbox; **caja de colores** box of crayons; **caja de la escalera** stairwell; **caja fuerte** safe, strongbox; **caja de herramientas** tool box; **caja de música** music box; **caja negra** AVIA black box; **caja nido** nesting box; **caja de pinturas** paint box; **caja postal** post office savings bank; **caja de reclutamiento** MIL recruiting office; **caja registradora** cash register; **caja de resonancia** sound box; **caja de seguridad** safe-deposit box; **caja torácica** rib cage; **caja de zapatos** shoe box

**cajero** *m*, **-a** *f* cashier; *de banco* teller

◇ **cajero automático** ATM, *Br tb* cash point

**cajeta** *f Méx* caramel spread

**cajetilla** *f* pack, packet

**cajilla** *f Rpl de tabaco* packet

**cajista** *m/f* compositor, typesetter

**cajita** *f* (small) box

**cajón** *m* **1** drawer **2** *L.Am.* casket, coffin **3**: *ser de* ~ F be obvious **4** *Méx* AUTO parking space

◇ **cajón del bateador** *en béisbol* batter's box; **cajón del receptor** *en béisbol* catcher's box; **cajón de sastre** F hodgepodge F, *Br* hotchpotch F

**cajuela** *f Méx* AUTO trunk, *Br* boot

**cajuelita** *f C.Am., Méx* glove compartment

**cal** *f* lime; *una de* ~ *y otra de arena* F mixed fortunes; *cerrar algo a* ~ *y canto* *fig* shut sth tight

◇ **cal viva** quicklime

**cala** *f* cove

**calabacín** *m* BOT zucchini, *Br* courgette

**calabacita** *f Méx* zucchini, *Br* courgette

**calabaza** *f* pumpkin; *dar* ~*s a alguien* F

*en examen* fail s.o., flunk s.o. F; *en relación* give s.o. the brush off F

**calabobos** *m* F drizzle

**calabozo** *m* cell

**calada** *f* puff, drag F

**caladero** *m* fishing ground

**calado I** *adj* soaked; ~ *hasta los huesos* soaked to the skin **II** *m* **1** MAR draft, *Br* draught; *de gran* ~ *fig* important, significant **2** AUTO stall

**calamar** *m* ZO squid

**calambre** *m* **1** EL shock **2** MED cramp

**calambur** *m* play on words

**calamidad** *f* calamity

**calamina** *f* MIN calamine

**calamita** *f* MIN lodestone

**calamitoso** *adj* catastrophic

**cálamo** *m* BOT stem

**calandria** *f* **1** ZO lark **2** *Méx* (*carroza*) carriage

**calaña** *f desp* sort, type; *de mala* ~ *gente* nasty; *son de la misma* ~ they're as bad as each other

**calar** ⟨1a⟩ **I** *v/t* **1** (*mojar*) soak; *techo, tela* soak through **2** *persona, conjura* see through **II** *v/i* **1** *de zapato* leak **2** *de ideas, costumbres* take root; ~ *hondo en* make a big impression on; **calarse** *v/r* **1** *de motor* stall **2**: ~ *hasta los huesos* get soaked to the skin

**calato** *adj Chi, Pe* naked

**calavera I** *f* skull **II** *m fig* F rake, libertine

**calcáneo** *m* ANAT heel bone

**calcañar** *m* heel

**calcar** ⟨1g⟩ *v/t* trace

**calcáreo** *adj* limy

**calce** *m* wedge

**calceta** *f*: *hacer* ~ knit

**calcetín** *m* sock

**calcificación** *f* MED calcification

**calcificarse** ⟨1g⟩ *v/r* calcify

**calcinación** *f* calcination

**calcinado** *adj* burned, burnt

**calcinar** ⟨1a⟩ *v/t* burn; **calcinarse** *v/r* be reduced to ashes

**calcio** *m* calcium

**calco** *m* tracing; *fig* copy

**calcomanía** *f* decal, *Br* transfer

**calculable** *adj* calculable

**calculador** *adj fig* calculating

**calculadora** *f* calculator

◇ **calculadora de bolsillo** pocket calculator

**calcular** ⟨1a⟩ *v/t tb fig* calculate

**cálculo** *m* **1** calculation **2** MED stone
◇ **cálculo biliar** MED gallstone; **cálculo de costes** estimate of costs; **cálculo diferencial** differential calculus; **cálculo integral** integral calculus; **cálculo mental** mental arithmetic; **cálculo de probabilidades** calculation of probabilities; **cálculo renal** MED kidney stone
**caldas** *fpl* hot springs
**caldear** ⟨1a⟩ *v/t* **1** warm up **2** *ánimos* inflame; **caldearse** *v/r* heat up, warm up
**caldera** *f* **1** boiler **2** *Rpl, Chi* kettle
◇ **caldera de vapor** steam boiler
**calderero** *m* boilermaker
**caldereta** *f* GASTR *de carne* lamb stew; *de pescado* fish stew
**calderilla** *f* small change
**caldero** *m* (small) boiler
**calderón** *m* MÚS *tb signo* pause
**caldillo** *m* *Méx* GASTR stock
**caldo** *m* GASTR stock; **hacer el ~ gordo a alguien** F make things easy for s.o.; **poner a ~ alguien** F tell s.o. off
◇ **caldo de carne** meat stock; **caldo de cultivo** *fig* breeding ground; **caldo de verduras** vegetable stock
**caldoso** *adj* watery
**calé** **I** *adj* gypsy *atr* **II** *m/f* gypsy
**calefacción** *f* heating
◇ **calefacción central** central heating
◇ **calefacción individual** individually controlled central heating
**calefactor** **I** *m* heater **II** *m*, **~a** *f* heating engineer
**calefón** *m* *Rpl* (water) heater
**caleidoscopio** *m* ☞ **calidoscopio**
**calendario** *m* **1** calendar **2** (*programa*) schedule
◇ **calendario escolar** school year; **calendario de pared** wall calendar; **calendario de taco** tear-off calendar
**caléndula** *f* BOT marigold
**calentador** *m* heater; **~ de agua** water heater
**calentamiento** *m* **1** heating **2** DEP warm-up
◇ **calentamiento global** global warming
**calentar** ⟨1k⟩ **I** *v/t* **1** heat (up) **2**: **~ a alguien** *fig* provoke s.o.; P *sexualmente* get s.o. hot F **II** *v/i* DEP warm up; **calentarse** *v/r* warm up, have a warm-up; *fig*: *de discusión, disputa* become heated

**calentito** *adj* F *noticia* hot F
**calentón** *m* F: **darse un ~** feel horny F
**calentura** *f* fever; **estar con ~** have a temperature
**calenturiento** *adj* feverish
**calenturón** *m* fever
**calera** *f* quarry
**calero** *adj* lime *atr*
**calesita** *f* *Rpl* merry-go-round
**caleta** *f* cove
**caletre** *m* F gumption F
**calibración** *f* calibration
**calibrador** *m* TÉC gauge
**calibrar** ⟨1a⟩ *v/t* gauge, calibrate; *fig* gauge, weigh up
**calibre** *m* *tb fig* caliber, *Br* calibre
**calidad** *f* **1** quality; **de primera ~** top--quality *atr*; **de ~ inferior**, **de baja ~** poor-quality *atr*; **de ~ superior** superior-quality *atr*, high-quality *atr* **2**: **en ~ de médico** as a doctor
◇ **calidad de vida** quality of life
**cálido** *adj tb fig* warm
**calidoscopio** *m* kaleidoscope
**calientapiernas** *m inv* legwarmers *pl*
**calientapiés** *m inv* foot warmer
**calientaplatos** *m inv* plate warmer
**caliente** *adj* **1** hot; **en ~** in the heat of the moment **2** F (*cachondo*) horny F
**calificable** *adj* gradable
**calificación** *f* **1** description **2** EDU grade, *Br* mark
**calificado** *adj* qualified; *trabajador* skilled
**calificar** ⟨1g⟩ *v/t* **1** describe, label (**de** as) **2** EDU grade, *Br* mark; **calificarse** *v/r*: **con esa actitud se califica él solo** *fig* that attitude sums him up
**calificativo** **I** *adj* qualifying **II** *m* description
**California** *f* California
**caligrafía** *f* calligraphy
**caligráfico** *adj* handwriting *atr*
**calígrafo** *m* calligrapher; (**perito**) **~** handwriting expert
**calima, calina** *f* haze
**calimocho** *m* red wine and cola
**cáliz** *m* BOT calyx
**caliza** *f* limestone
**calizo** *adj* limy
**callada** *f*: **dar la ~ por respuesta** not reply, remain silent; **de ~** secretly
**callado** *adj* quiet
**callampas** *fpl* *Chi* shanty town *sg*

**callar** ⟨1a⟩ **I** *v/i* (*dejar de hablar*) go quiet; (*guardar silencio*) be quiet, keep quiet; **¡calla!** be quiet!, shut up! **II** *v/t* silence; **callarse** *v/r* (*dejar de hablar*) go quiet; (*guardar silencio*) be quiet, keep quiet; **~ algo** keep sth quiet

**calle** *f* **1** street; **echar a alguien a la ~** *fig* throw s.o out on the street; **quedarse en la ~** *fig* fall on hard times; **llevarse a alguien de ~** have s.o. chasing after one; **traer** *o* **llevar a alguien por la ~ de la amargura** make s.o.'s life a misery; **hacer la ~** F *de prostituta* turn tricks F, *Br* walk the streets **2** DEP lane

◇ **calle comercial** shopping street; **calle de dirección única** one-way street; **calle lateral** side street; **calle mayor** main street, *Br* high street; **calle peatonal** pedestrian street; **calle principal** main street, *Br* high street

**calleja** *f* narrow street, side street

**callejear** ⟨1a⟩ *v/i* stroll (around the streets)

**callejero I** *adj* street *atr* **II** *m* street directory

**callejón** *m* alley

◇ **callejón sin salida** blind alley; *fig* dead end

**callejuela** *f* narrow street, side street

**callicida** *m* corn remover

**callista** *m/f* podiatrist, *Br* chiropodist

**callo** *m* **1** callus; **dar el ~** *fig* F slog away F **2** *fig* F ugly man / woman; **ser un ~** be plug ugly F, be as ugly as sin **3**: **~s** *pl* GASTR tripe *sg*

**callosidad** *f* callus

**calloso** *adj* callused, rough

**calma** *f* calm; **¡~!** calm down!; **tómatelo con ~** take it easy; **la ~ que precede a la tormenta** the calm before the storm

◇ **calma chicha** dead calm

**calmante I** *adj* soothing **II** *m* MED sedative

**calmar** ⟨1a⟩ *v/t* **1** calm (down) **2** *sed* quench; **calmarse** *v/r* calm down

**calmoso** *adj* calm; *desp* slow

**caló** *m* **1** *language spoken by Spanish gypsies* **2** *Méx* criminal slang

**calor** *m* **1** heat; **hace mucho ~** it's very hot; **tengo ~** I'm hot **2** *fig* warmth; **entrar en ~** get warm **3**: **al ~ de** *fig*: *ayuda económica, contactos* thanks to

**caloría** *f* calorie; **comida baja / rica en ~s** low- / high-calorie food

**calorífero** *adj* heat-producing

**calorífico** *adj* calorific

**calostro** *m* BIO colostrum

**calumnia** *f oral* slander; *por escrito* libel

**calumniador I** *adj oral* slanderous; *por escrito* libelous, *Br* libellous **II** *m*, **~a** *f oral* slanderer; *por escrito* libeler, *Br* libeller

**calumniar** ⟨1b⟩ *v/t oralmente* slander; *por escrito* libel

**calumnioso** *adj oral* slanderous; *por escrito* libelous, *Br* libellous

**caluroso** *adj* hot; *fig* warm; **una acogida -a** a warm welcome

**calva** *f* bald patch

**calvario** *m fig* torment

**calvero** *m* clearing

**calvicie** *f* baldness

**calvo I** *adj* **1** bald; **estar ~** be bald; **ni tanto ni tan ~** *fig* F there's no need to go to extremes **2** *región* bare, barren **II** *m* bald man

**calza** *f* **1** wedge **2**: **~s** *fpl* HIST hose *pl*

**calzada** *f* road (surface), pavement; **salirse de la ~** go off the road

**calzado I** *adj* with shoes on; **iba ~ de botas** he had boots on, he was wearing boots **II** *m* footwear

**calzador** *m* shoe horn; **entrar con ~** F squeeze in

**calzar** ⟨1f⟩ *v/t* **1** *zapato, bota etc* put on; **¿qué número calza?** what size (shoe) do you take? **2** *mueble, rueda* wedge; **calzarse** *v/r zapato, bota etc* put on

**calzo** *m* chock

**calzón** *m* **1** DEP shorts *pl* **2** *L.Am. de hombre* shorts *pl*, *Br* (under)pants *pl*; *L.Am. de mujer* panties *pl*, *Br tb* knickers *pl* **3**: **calzones** *pl L.Am.* shorts, *Br* (under)pants

**calzonazos** *m inv* F *marido* henpecked husband

**calzoncillos** *mpl* shorts, *Br* (under-)pants

**cama** *f* bed; **hacer la ~** make the bed; **irse a la ~** go to bed; **estar en ~** be in bed; **guardar ~** be confined to bed

◇ **cama de agua** water bed; **cama camera** three-quarter bed; **cama de campaña** cot, *Br* camp bed; **cama con dosel** four-poster bed; **cama elástica** trampoline; **cama individual** single bed; **cama de matrimonio** double bed; **cama nido** truckle bed, trundle bed; **cama plegable** folding bed; **cama turca** divan (bed)

**camachuelo** *m* ZO: ~ **común** common bullfinch

**camada** *f* ZO litter; *fig desp* gang; **ser de la misma** ~ be as bad as each other

**camafeo** *m* cameo

**camaleón** *m* chameleon

**camaleónico** *adj* chameleon-like

**camama** *f* F lie

**camandulero** *m*, **-a** *f* hypocrite

**cámara I** *f* **1** FOT, TV camera; **chupar** ~ F TV hog the limelight F; **a** ~ **lenta** in slow motion **2** (*sala*) chamber; **de** ~ MÚS chamber *atr* **II** *m/f* cameraman; *mujer* camerawoman

◇ **cámara acorazada** strong room; **cámara de aire** AUTO inner tube; **cámara alta** POL upper house, upper chamber; **cámara baja** POL lower house, lower chamber; **cámara de comercio e industria** chamber of commerce and industry; **cámara de diputados** chamber of deputies (*Spanish lower house*); **cámara fotográfica** camera; **cámara frigorífica** cold room; **cámara de gas** gas chamber; **cámara oscura** camera obscura; **cámara de televisión** television camera; **cámara de video**, *Esp* **cámara de vídeo** video camera

**camarada** *m/f* **1** comrade **2** *de trabajo* colleague, co-worker

**camaradería** *f* camaraderie, comradeship

**camarera** *f* waitress

**camarero** *m* waiter

**camarilla** *f* POL inner circle; *fig* clique

**camarín** *m* **1** dressing room **2** REL chapel

**camarógrafo** *m*, **-a** *f* *L.Am.* camera operator

**camarón** *m* *L.Am.* ZO shrimp, *Br* prawn

**camarote** *m* MAR cabin

**camarotero** *m* *L.Am.* steward

**camastro** *m* uncomfortable old bed

**cambalache** *m* *Arg* F second-hand store

**cambalachear** ⟨1a⟩ *v/t* F swap F

**cambiable** *adj* changeable

**cambiador** *m* money changer

◇ **cambiador de calor** heat exchanger

**cambiante** *adj* changing; *tiempo* changeable

**cambiar** ⟨1b⟩ **I** *v/t* change (**por** for); *compra* exchange (**por** for) **II** *v/i* change; ~ **de lugar** change places; ~ **de marcha** AUTO shift gear, *Br* change gear; ~ **de domicilio** move house; ~ **de tren** change trains; ~ **de coche** get a new car; ~ **de opinión** *o* **parecer** change one's mind; **cambiarse** *v/r* change; ~ **de ropa** change (one's clothes)

**cambiario** *adj* COM exchange *atr*

**cambiazo** *m* F switch; **dar el** ~ (**a alguien**) F pull a switch (on s.o.) F

**cambio** *m* **1** change; ~ **de domicilio** change of address; ~ **de aires** change of scene; ~ **de turno** change of shift; ~ **de aceite** AUTO oil change; *¡~! al hablar por radio* over!

**2** COM exchange rate; **el** ~ **del día** the day's (exchange) rate; **libre** ~ COM free trade

**3** (*suelto*): *¿tiene* ~? do you have change?

**4**: *no se admiten* ~**s** goods will not be exchanged

**5** *en locuciones*: **a** ~ **de** in exchange for; **en** ~ on the other hand

◇ **cambio automático** (**de marchas**) automatic transmission; **cambio climático** climate change; **cambio de marchas** AUTO gear shift, *Br* gear change; **cambio de sentido** U-turn; *señal de tráfico* exit here to join opposite highway; **cambio del tiempo** change in the weather

**cambista** *m/f* money changer

**cambriano, cámbrico** *adj* GEOL Cambrian

**camelar** ⟨1a⟩ *v/t* F sweet-talk F; ~ **a alguien para que haga algo** F sweet-talk s.o. into doing sth F

**camelia** *f* BOT camellia

**camella** *f* (female) camel

**camello I** *m* ZO camel **II** *m/f* F (*vendedor de drogas*) pusher F, dealer

**camellón** *m* *Méx* median strip, *Br* central reservation

**camelo** *m* F con F; (*broma*) joke; **dar el** ~ **a alguien** F pull s.o.'s leg F

**camerino** *m* TEA dressing room

**camilla** *f* **1** stretcher **2**: **mesa** ~ small round table

**camillero** *m*, **-a** *f* stretcher bearer

**caminante** *m/f* traveler, *Br* traveller
**caminar** ⟨1a⟩ **I** *v/i* **1** walk; *fig* move; *caminando* on foot **2** *L.Am.* (*funcionar*) work **II** *v/t* walk
**caminata** *f* long walk
**caminero** *adj*: *peón* ~ road mender, *Br* navvy
**camino** *m* **1** (*senda*) path; *no es (todo) un* ~ *de rosas* it isn't all a bed of roses **2** INFOR path **3** (*ruta*) way; *a medio* ~ halfway; *de* ~ *a* on the way to; *por el* ~ on the way; ~ *de* on the way to; *abrirse* ~ *fig* make one's way; *estar en* ~ be on the way; *ponerse en* ~ set out; *abrirse* ~ *en la vida* get on; *ir por buen / mal* ~ *fig* be on the right / wrong track; *abrir* ~ *hacia algo fig* pave the way for sth; *quedarse a medio o mitad de* ~ *fig* leave sth half finished
◇ **camino forestal** forest track; **camino de herradura** bridle path; **camino rural** country road; **camino vecinal** minor road
**camión** *m* **1** truck, *Br tb* lorry **2** *Méx* bus
◇ **camión de la basura** garbage truck; **camión cisterna** tanker; **camión frigorífico** refrigerated truck; **camión de mudanzas** moving van, *Br* removal van; **camión pesado** heavy truck, *Br* heavy goods vehicle
**camionero** *m*, *-a f* **1** truck driver, *Br tb* lorry driver **2** *Méx* bus driver
**camioneta** *f* van; ~ (*de reparto*) delivery van
**camisa** *f* shirt; *dejar a alguien sin* ~ *fig* F leave s.o. without a cent; *meterse en* ~ *de once varas* F stick one's nose in (s.o. else's business); *fig*; *no le llegaba la* ~ *al cuerpo* he was petrified; *cambiar de* ~ *fig* POL switch allegiance
◇ **camisa de fuerza** straitjacket
**camisería** *f* men's outfitters
**camisero I** *adj*: *blusa -a* woman's shirt; *vestido* ~ shirt dress **II** *m*, *-a f* shirt-maker
**camiseta** *f* **1** T-shirt **2** DEP jersey, *Br* shirt
**camisola** *f* sport shirt
**camisón** *m* nightdress
**camomila** *f* BOT camomile
**camorra** *f* F fight; *armar* ~ F cause trouble; *buscar* ~ F look for a fight *o* for trouble

**camorrista** *m/f* F troublemaker
**camote** *m* Andes, *C.Am.*, *Méx* sweet potato
**campal** *adj*: *batalla* ~ pitched battle
**campamento** *m* camp
**campana** *f* **1** bell; *doblar las* ~*s* toll the bells; *echar las* ~*s al vuelo fig* get excited, get carried away; *dar una vuelta de* ~ AUTO flip over **2** *de chimenea* hood
◇ **campana de buzo** diving bell
◇ **campana extractora** extractor hood
**campanada** *f* chime; *dar la* ~ cause a stir; *la noticia fue una* ~ F the news came as a bombshell
**campanario** *m* bell tower; *política de* ~ local politics, *Br* parish-pump politics
**campanazo** *m* *L.Am.* warning
**campaneo** *m* pealing
**campanero** *m*, *-a f* bell ringer
**campaniforme** *adj* bell-shaped
**campanil** *m* bell tower
**campanilla** *f* **1** small bell; *de muchas* ~*s* high-class **2** ANAT uvula **3** BOT bell flower, campanilla
**campante** *adj*: *tan* ~ F as calm as anything F
**campanudo** *adj* **1** *voz* resonant **2** *persona* pompous
**campánula** *f* BOT campanula
**campaña** *f* campaign; ~ *antitabaco* anti-smoking campaign
◇ **campaña electoral** election campaign
◇ **campaña publicitaria** advertising campaign
**campar** ⟨1a⟩ *v/i* **1** *fig* stand out **2**: ~ *por sus respetos* do as one likes; ~ *a sus anchas* do as one pleases
**campear** ⟨1a⟩ *v/i* stand out
**campechanía** *f* down-to-earth nature
**campechano** *adj* down-to-earth
**campeón** *m*, *-ona f* champion
**campeonato** *m* championship; *de* ~ F terrific F
◇ **campeonato mundial, campeonato del mundo** world championship
**campera** *f* **1** *L.Am.* jacket **2**: ~*s pl botas* cowboy boots
**campero** *adj* country *atr*, rural
**campesinado** *m* peasantry, peasants *pl*
**campesino I** *adj* peasant *atr* **II** *m*, *-a f* peasant
**campestre** *adj* rural, country *atr*

**camping** *m* campground, *Br tb* camp-site; **ir de ~** go camping
**campiña** *f* countryside
**campista** *m/f* camper
**campo** *m* **1** field
  **2**: **el ~** (*área rural*) the country; **en el ~** in the country(side); **ir al ~** go to the country; **a ~ abierto** *o* **raso** in (the) open country; **a ~ traviesa, ~ a través** cross-country
  **3** DEP field, *Br tb* pitch; (*estadio*) stadium, *Br tb* ground
  **4**: **en el ~ de la técnica** in the technical field; **dejar el ~ libre** leave the field free (**a** for), make way (**a** for); **tener ~ libre para hacer algo** have a free hand to do sth
  ◇ **campo de acción** scope; **la empresa está ampliando su ~** the firm is expanding (the scope of) its operations; **campo de acogida** reception camp; **campo de aplicación** scope; **campo atrás** *en baloncesto* backcourt violation; **campo de aviación** airfield; **campo de batalla** battlefield; **campo de concentración** concentration camp; **campo de deportes** sports field; **campo para entradas** INFOR entry field; **campo de exterminio** death camp; **campo de golf** golf course; **campo magnético** magnetic field; **campo de opción** INFOR optional field; **campo de refugiados** refugee camp; **campo de tiro** firing range; **campo visual** field of vision
**camposanto** *m* cemetery
**campus** *m inv*: **~ universitario** university campus
**camuflaje** *m* camouflage
**camuflar** ⟨1a⟩ *v/t* camouflage
**can** *m lit, hum* dog
**cana** *f* **1** (*pelo gris*) gray *o Br* grey hair; (*pelo blanco*) white hair; **echar una ~ al aire** F let one's hair down F; **peinar ~s** be getting on, be getting old **2** *Cu, Rpl* F (*cárcel*) can F **3** *Rpl* F (*policía*): **la ~** the cops F *pl*
**Canadá** *m* Canada
**canadiense** *m/f & adj* Canadian
**canal** *m* **1** channel **2** TRANSP canal **3**: **abrir en ~** cut open (from top to bottom)
**canalete** *m* paddle
**canalización** *f* **1** *de río* canalization **2** *de ideas* channeling, *Br* channelling
**canalizar** ⟨1f⟩ *v/t* **1** channel **2** *río* canalize
**canalla** **I** *m/f* swine F, rat F **II** *f* riff-raff
**canallada** *f* rotten trick
**canallesco** *adj* rotten, mean
**canalón** *m* gutter
**canana** *f* cartridge belt
**canapé** *m* **1** (*sofá*) couch **2** *para cama* base **3** GASTR canapé
**Canarias** *fpl* Canaries; **Islas ~** Canary Islands
**canario** **I** *adj* Canary *atr* **II** *m* ZO canary
**canasta** *f* **1** basket **2** *juego* canasta
  ◇ **canasta de dos puntos** *en baloncesto* two-pointer
  ◇ **canasta de tres puntos** *en baloncesto* three-pointer
**canastero** *m*, **-a** *f* basket maker; *vendedor* basket seller
**canastilla** *f*, **canastillo** *m* (small) basket
**canasto** *m* basket
**cáncamo** *m* TÉC eyebolt
**cancel** *m* inner door
**cancela** *f* (wrought-iron) gate
**cancelación** *f* **1** cancellation; *de billetes* punching **2** *de deuda, cuenta* settlement, payment
**cancelar** ⟨1a⟩ *v/t* **1** *tb* INFOR cancel **2** *deuda, cuenta* settle, pay
**cáncer** *m* MED, *fig* cancer
  ◇ **cáncer de mama** breast cancer
  ◇ **cáncer hepático** liver cancer
**Cáncer** **I** *adj* Cancerian; **soy ~** I'm (a) Cancer, I'm (a) Cancerian **II** *m/f inv* Cancer
**cancerbero** *m* **1** DEP goalkeeper **2**: **el Cancerbero** MYTH Cerberus
**canceriano** *L.Am.* ASTR **I** *adj* Cancerian; **soy ~** I'm (a) Cancer, I'm (a) Cancerian **II** *m*, **-a** *f* Cancerian, Cancer
**cancerígeno** *adj* carcinogenic
**cancerología** *f* MED oncology
**cancerólogo** *m*, **-a** *f* cancer specialist, oncologist
**canceroso** *adj* cancerous
**cancha** *f* **1** DEP court; *L.Am. de fútbol* field, *Br tb* pitch; **~ de tenis** tennis court **2** *Rpl*: **¡~!** gangway!; **abrir** *o* **hacer ~** make room
**canchear** ⟨1a⟩ *v/i L.Am.* climb
**canciller** *m* **1** Chancellor **2** *S.Am. de asuntos exteriores* Secretary of State, *Br* Foreign Minister

**cancillería** f **1** *de gobierno* chancellorship **2** *de embajada* chancellery

**canción** f song; *esa o eso es otra ~ fig* F that's another story F; *siempre la misma ~* F the same old story F

◇ **canción de cuna** lullaby; **canción popular** folk song; **canción de protesta** protest song

**cancionero** m song book

**candado** m padlock

**candeal** *adj*: *trigo ~* durum wheat

**candela** f *L.Am.* fire; *¿me das ~?* do you have a light?; *dar o arrear ~ a alguien* beat s.o. up

**candelabro** m candelabra

**Candelaria** f REL Candlemas

**candelero** m candlestick; *estar en el ~ de persona* be in the limelight

**candente** *adj* **1** red-hot **2** *tema* topical

**candidato** m, **-a** f candidate

**candidatura** f candidacy; *presentar su ~ para* apply for

**candidez** f naivety

**cándido** *adj* naïve

**candil** m oil lamp

**candileja** f **1** small oil lamp **2**: *~s pl* TEA footlights

**candor** m innocence; *(franqueza)* candor, *Br* candour

**candoroso** *adj* innocent; *(franco)* candid

**canear** ⟨1a⟩ *v/i* go gray *o Br* grey

**canela** f cinnamon; *ser ~ fina fig* F be very fine, be wonderful

◇ **canela en rama** stick cinnamon

**canelo I** *adj* cinnamon *atr*; *color -a* cinnamon-colored, *Br* cinnamon-coloured **II** m cinnamon tree; *hacer el ~* F make a fool of o.s.

**canelón** m *de tejado* gutter

**canelones** *mpl* GASTR cannelloni *sg*

**canesú** m bodice

**cangilón** m scoop, bucket

**cangreja** f MAR gaff sail

**cangrejo** m ZO crab

◇ **cangrejo de mar** crab

◇ **cangrejo de río** crawfish, *Br* crayfish

**canguelo** m F: *tener ~* be scared stiff F; *entrarle a alguien el ~* get jittery F

**canguro I** m ZO kangaroo **II** m/f F babysitter

**caníbal I** *adj* cannibal *atr* **II** m/f cannibal

**canibalismo** m cannibalism

**canica** f marble

**caniche** m poodle

**canícula** f dog days *pl*

**canijo** *adj* F puny

**canilla** f *L.Am.* faucet, *Br* tap

**canillita** m/f *CSur* newspaper vendor

**canino I** *adj* dog *atr*, canine; *diente ~* canine (tooth); *tener un hambre -a* be ravenous **II** m canine (tooth)

**canje** m exchange

**canjeable** *adj* exchangeable (*por* for)

**canjear** ⟨1a⟩ *v/t* exchange (*por* for)

**cano** *adj* (*pelo: blanco*) white; (*gris*) gray, *Br* grey

**canoa** f canoe

**canódromo** m dog track

**canon** m MÚS, REL canon; *como mandan los cánones fig* in accordance with the rules

**canónico** *adj* canonical; *derecho ~* canon law

**canónigo** m canon

**canonización** f canonization

**canonizar** ⟨1f⟩ *v/t* canonize

**canoro** *adj* tuneful; *aves -as* songbirds

**canoso** *adj* (*gris: pelo*) gray, *Br* grey; *persona* gray-haired, *Br* grey-haired; (*blanco: pelo*) white; *persona* white-haired

**canotier** m straw hat, boater

**cansado** *adj* tired; *vista -a* farsightedness, *Br* longsightedness

**cansancio** m tiredness

**cansar** ⟨1a⟩ *v/t* **1** tire **2** (*aburrir*) bore; *cansarse* *v/r* **1** get tired; *~ de algo* get tired of sth **2** (*aburrirse*) get bored

**cansino** *adj* weary

**cantable** *adj* singable

**Cantabria** f Cantabria

**cantábrico** m/adj: *el (mar) Cantábrico* the Bay of Biscay

**cantada** f F *en fútbol* (goalkeeping) error

**cantado** *adj*: *estaba ~* F it was a foregone conclusion

**cantamañanas** m/f *inv* F: *ser un ~* be all talk

**cantante** m/f singer

**cantaor** m, **-a** f flamenco singer

**cantar** ⟨1a⟩ **I** *v/i* **1** sing **2** P *de delincuente* squeal P **II** *v/t* sing **III** m: *ése es otro ~ fig* that's a different story

**cántara** f pitcher

**cantárida** f ZO Spanish fly

**cantarín** *adj* **1** *persona* fond of singing **2**

*voz* singsong

**cántaro** *m* pitcher; **llover a ~s** F pour (down); **alma de ~** F simple soul

**cantata** *f* cantata

**cantautor** *m*, **~a** *f* singer-songwriter

**cante** *m*: **dar el ~** *fig* F make an exhibition of o.s.

◇ **cante flamenco, cante hondo, cante jondo** flamenco singing

**cantegril** *m Urug* shanty town

**cantera** *f* **1** quarry; *fig* source **2** DEP youth squad

**cantero** *m* **1** quarryman **2** *S.Am.* (*parterre*) flowerbed

**cántico** *m* canticle

**cantidad I** *f* quantity, amount; **había ~ de** there was (*pl* were) a lot of; **en ~** in large amounts; **tenemos seda en ~** we have lots of *o* plenty of silk **II** *adv*: **es ~ de barato** it's really cheap; **nos divertimos ~** we had a really great time

**cantil** *m* **1** coastal shelf **2** (*acantilado*) cliff

**cantilena** *f* ☞ **cantinela**

**cantimplora** *f* water bottle

**cantina** *f* canteen

**cantinela** *f fig* F: **la misma ~** the same old story

**canto**[1] *m* **1** singing **2** *de pájaro* song

◇ **canto coral** choral singing

◇ **canto del gallo** cockcrow

**canto**[2] *m* **1** edge; **de ~** on its side (*pl* on their sides); **por el ~ de un duro** *fig* F by the skin of one's teeth F **2** (*roca*) stone; **darse con un ~ en los dientes** count o.s. lucky

◇ **canto rodado** boulder

**cantón** *m* **1** POL canton **2** MIL cantonment

**cantonera** *f* corner piece

**cantor I** *adj* singing; **niño ~** choirboy; **pájaro ~** songbird **II** *m*, **~a** *f* singer

**canturrear** ⟨1a⟩ *v/t* sing softly

**canutas**: **las pasé ~** F it was really tough F

**canutillo** *m*: **paño de ~** needlecord

**canuto** *m* **1** tube **2** F *de marihuana* joint F

**caña** *f* **1** BOT reed **2** *L.Am.* straw **3** (*tallo*) stalk **4** *bambú* cane; **muebles de ~** cane furniture **5** *Esp cerveza* small glass of beer **6**: **dar** *o* **meter ~ a alguien** F pull s.o.'s leg, *Br tb* wind s.o. up F; **¡dale ~!** F

get off your butt! F; *no tengas compasión* give him hell! F; *animando* go for it!, come on! **7** *L.Am. type of rum*

◇ **caña de azúcar** sugar cane

◇ **caña de pescar** fishing rod

**cañada** *f* **1** ravine **2** *L.Am.* (*arroyo*) stream

**cañadilla** *f* ZO whelk

**cáñamo** *m* **1** hemp **2** *L.Am.* marijuana plant

**cañamón** *m* hemp seed

**cañaveral** *m* **1** reedbed **2** *L.Am.* sugar-cane plantation

**cañazo** *m L.Am.* cane liquor

**cañería** *f* pipe; **~ de agua** water pipe

**cañero I** *adj L.Am.* sugar-cane *atr* **II** *m*, **-a** *f* plantation worker

**cañí I** *adj* gypsy *atr* **II** *m/f* gypsy

**cañizal** *m*, **cañizar** *m* reedbed

**cañizo** *m* wattle

**caño** *m* **1** pipe **2** *de fuente* spout

◇ **caño de escape** *Rpl* AUTO exhaust (pipe)

**cañón I** *adj* F great, fantastic F; **lo pasamos ~** we had a great time **II** *m* **1** HIST cannon **2** *antiaéreo, antitanque etc* gun **3** *de fusil* barrel **4** GEOG canyon

◇ **cañón de agua** water cannon

**cañonazo** *m* **1** gunshot **2**: **lanzar un ~ en** *fútbol* hit a powerful shot, fire off a tremendous kick

**cañonear** ⟨1a⟩ *v/t* shell, bombard

**cañoneo** *m* shelling, bombardment

**cañonera** *f* gunboat

**cañonero I** *adj*: **lancha -a** gunboat **II** *m* gunboat

**caoba I** *adj* mahogany *atr* **II** *f* mahogany

**caolín** *m* MIN china clay, kaolin

**caos** *m* chaos; **~ circulatorio** traffic chaos

**caótico** *adj* chaotic

**cap** *abr* (= **capítulo**) ch. (= chapter)

**CAP** *m abr* (= **Centro de Atención Primaria**) Primary Care Center *o Br* Centre

**capa** *f* **1** layer; **~ de nieve** layer of snow; **~ social** social stratum **2** *prenda* cloak; **andar** *o* **ir de ~ caída** F *de persona* be down F; *de negocio* not be doing well, be on the skids F; **defender algo a ~ y espada** fight tooth and nail for something; **hacer de su ~ un sayo** do as one likes; **bajo la ~ de hacer algo** on the pretext of doing sth

**3** TAUR cape

◇ **capa de ozono** ozone layer

◇ **capa de pintura** coat of paint

**capacho** *m* basket

**capacidad** *f* **1** capacity; *medida de* ~ cubic measure **2** (*aptitud*) competence

◇ **capacidad de almacenamiento** INFOR storage capacity; **capacidad de carga** freight capacity; **capacidad competitiva** competitiveness; *un sector con una alta* ~ a highly competitive industry; **capacidad jurídica** legal authority; *el magistrado no tiene* ~ *alguna para actuar en ese caso* the case is outside the judge's jurisdiction, the judge has no jurisdiction over the case; **capacidad de memoria** INFOR memory capacity; **capacidad organizativa** organizational ability

**capacitación** *f* training; *curso de* ~ training course

**capacitado** *adj* trained, qualified

**capacitar** ⟨1a⟩ *v/t* train, prepare; ~ *a alguien para hacer algo* qualify s.o. to do sth; **capacitarse** *v/r* train, qualify

**capadura** *f* castration

**capar** ⟨1a⟩ *v/t* castrate

**caparazón** *m* ZO shell

**capataz** *m* foreman

**capataza** *f* forewoman

**capaz** *adj* able (*de* to); *ser* ~ *de* be capable of; *ser* ~ *de todo* be capable of anything

**capazo** *m* basket

**capcioso** *adj*: *pregunta -a* trick question

**capea** *f* TAUR *bullfight featuring young bulls*

**capear** ⟨1a⟩ *v/t* **1** *temporal* weather **2** TAUR make passes at with one's cape

**capacete** *m* *Méx* bonnet

**capellán** *m* chaplain

**capellanía** *f* chaplaincy

**capelo** *m* cardinal's hat

**Caperucita** *f*: ~ *Roja* Little Red Riding Hood

**caperuza** *f* **1** *tb* TÉC hood **2** *de bolígrafo* top

**capicúa** *adj*: *número* ~ reversible number

**capilar** **I** *adj* capillary *atr*; *loción* hair *atr* **II** *m* capillary; *vaso* ~ ANAT capillary

**capilla** *f* chapel; *estar en* ~ be on tenterhooks

◇ **capilla ardiente** chapel of rest

**capirotada** *f* *Méx*: *type of French toast with honey, cheese, raisins etc*

**capirotazo** *m* F flick

**capirote** *m* F hood; *ser tonto de* ~ F be dumb F, be a complete idiot

**capitación** *f* HIST capitation, poll tax

**capital** **I** *adj importancia* prime; *pena* ~ capital punishment **II** *f de país* capital **III** *m* COM capital

◇ **capital circulante** circulating capital; **capital de explotación** working capital; **capital fijo, capital inmovilizado** fixed capital; **capital de inversión** investment capital; **capital líquido** liquid assets *pl*; **capital (de) riesgo** venture capital; **capital social** share capital

**capitalidad** *f* capital city status

**capitalino** **I** *adj* of / from the capital city, capital *atr* **II** *m*, *-a* *f* native of the capital city

**capitalismo** *m* capitalism

**capitalista** **I** *adj* capitalist *atr* **II** *m/f* capitalist

**capitalización** *f* capitalization

**capitalizar** ⟨1f⟩ *v/t* capitalize; *fig* capitalize on

**capitán** *m*, *-ana* *f* captain

◇ **capitán de fragata** lieutenant commander; **capitán general** *Esp* field marshal; **capitán de navío** captain, sea captain

**capitanear** ⟨1a⟩ *v/t* captain

**capitanía** *f* **1** captaincy **2** *edificio* headquarters *sg o pl*

**capitel** *m* ARQUI capital

**Capitolio** *m* Capitol

**capitoste** *m* F bigwig F

**capitulación** *f* **1** capitulation, surrender **2** (*pacto*) agreement; *capitulaciones matrimoniales* marriage settlement *sg*

**capitular** ⟨1a⟩ **I** *v/i* surrender, capitulate **II** *adj* REL: *sala* ~ chapterhouse

**capítulo** *m* chapter; *ser* ~ *aparte* F be a separate issue; *llamar a alguien a* ~ call s.o. to account

**capo** *m*, *-a* *f* **1** *de mafia* capo, don **2** *CSur* star

**capó** *m* AUTO hood, *Br* bonnet

**capón** *m* **I** *adj* castrated **II** *Rpl* mutton

**caporal** *m* foreman

**capot** *m* ☞ *capó*

**capota** *f* AUTO top, *Br* hood

**capotar** ⟨1a⟩ *v/i* AUTO, AVIA overturn

**capote** *m* cloak; MIL greatcoat; *decir algo para su ~* say sth to o.s.; *echar un ~ a alguien* *fig* F give s.o. a hand F

**capotear** ⟨1a⟩ *v/t* TAUR make passes at with one's cape

**capotera** *f L.Am.* coat stand

**capricho** *m* 1 whim; *a ~* at the drop of a hat; *sin orden aparente* willy-nilly, at random 2 MÚS capriccio

**caprichoso** *adj* capricious

**capricorniano** *L.Am.* ASTR I *adj* *soy ~* I'm (a) Capricorn II *m*, *-a f* Capricornian, Capricorn

**Capricornio** ASTR I *adj* Capricornian; *soy ~* I'm (a) Capricorn, I'm (a) Capricornian II *m/f inv* Capricorn

**cápsula** *f* capsule

◇ **cápsula espacial** space capsule

**capsular** *adj* capsular

**captación** *f* 1 (*percepción*) understanding 2 RAD reception 3 *de aguas* channeling, *Br* channelling 4 *de clientes* gaining, acquiring; *la ~ de clientes* expansion of the customer base

**captar** ⟨1a⟩ *v/t* 1 understand 2 RAD pick up 3 *aguas* channel 4 *clientes* acquire, win 5 *negocio* take 6 FOT, *datos* capture

**captor** *m*, *~a f de personas, animales* captor

**captura** *f* capture; *en pesca* catch; *tasa de ~s* fishing quota

**capturar** ⟨1a⟩ *v/t* capture; *peces* catch

**capturista** *m/f Méx* keyboarder

**capucha** *f* hood

**capuchina** *f* BOT nasturtium

**capuchino** *m* 1 GASTR cappuccino 2 REL Capuchin

**capuchón** *m de bolígrafo* top; *de ropa* hood

**capullo** *m* 1 ZO cocoon 2 BOT bud 3 P *persona* jerk F, *Br* dickhead P

**caqui** I *adj* khaki II *m* 1 BOT persimmon 2 (*tela*) khaki

**cara** *f* 1 face; *a ~ descubierta* not wearing a mask; *~ a algo* facing sth; *~ a ~* face to face; *en el ~ a ~* face to face; *de ~ a* facing; *fig* with regard to; *de ~ al exterior* on the surface, outwardly; *hacer ~ a* face up to; *dar la ~* face the consequences; *sacar la ~ por alguien* stick one's neck out for s.o.; *plantar ~ a* stand up to; *echar algo en ~ a alguien* remind s.o. of sth; *decir algo en o a la ~ de alguien* say sth to

s.o.'s face; *lo hizo por su ~ bonita o por su linda ~* *fig* he did it just because he felt like it; *cruzar la ~ a alguien* slap s.o. in the face, slap s.o.'s face; *romper o partir la ~ a alguien* P smash s.o.'s face in; *¡nos veremos las ~s!* you haven't heard the last of this!; *tenían el viento / el sol de ~* they had the wind in their faces / the sun in their eyes; *todo le sale de ~* everything goes right for him

2 (*expresión*) look; *tiene ~ de pocos amigos* he doesn't look very friendly; *tiene ~ de preocupación / alegría* he looks worried / happy; *~ larga* long face; *tener buena / mala ~ de comida* look good / bad; *de persona* look well / sick; *poner buena ~ a mal tiempo* look on the bright side

3 *fig* nerve; *tener ~ dura* have a nerve 4: *la otra ~ de la moneda* *fig* the other side of the coin

◇ **cara o cruz** heads or tails

**carabina** *f* carbine; *fig* F chaperone

**carabinero** *m* 1 GASTR (large) shrimp, *Br* prawn 2 (*agente de aduana*) border guard

**cárabo** *m* ZO tawny owl

**Caracas** *m* Caracas

**caracol** *m* 1 snail 2: *¡~es!* wow! F; *enfado* damn! F

**caracola** *f* ZO conch

**caracolear** ⟨1a⟩ *v/i de caballo* prance

**carácter** *m* 1 character 2 INFOR, TIP character; *caracteres de imprenta* block letters 3 (*naturaleza*) nature

**característica** *f* 1 characteristic 2 *L.Am.* TELEC area code

**característico** *adj* characteristic (*de* of)

**caracterización** *f* characterization; TEA portrayal

**caracterizar** ⟨1f⟩ *v/t* characterize; TEA play (the part of); *caracterizarse* *v/r* be characterized (*por* by)

**caradura** *m/f* F guy / woman with a nerve, *Br* cheeky devil F

**carajillo** *m* coffee with a shot of liquor

**carajo** *m*: *irse al ~* F go down the tubes F; *¡~!* F damn! F

**¡caramba!** *int* wow! F; *enfado* damn! F

**carámbano** *m* icicle

**carambola** *f billar* carom, *Br* cannon; *por o de ~* F by sheer chance

**caramelizar** ⟨1f⟩ *v/t* coat in caramel

caramelo *m* 1 *dulce* candy, *Br* sweet 2 (*azúcar derretido*) caramel
◇ **caramelo de palo** lollipop
caramillo *m* MÚS flageolet
carantoña *f* caress; *hacer ~s a alguien* caress s.o.
carapacho *m* ZO shell
caraqueño I *adj* of / from Caracas, Caracas *atr* II *m*, -a *f* native of Caracas
carátula *f* 1 *de disco* jacket, *Br tb* sleeve 2 *L.Am. de reloj* face
caravana *f* 1 (*remolque*) trailer, *Br* caravan 2 *de tráfico* traffic jam, *Br* queue of traffic 3 *Méx* (*reverencia*) bow 4 *Urug* (*pendiente*) earring
caravaning *m touring with car and trailer*, *Br* caravanning
caray *int* F wow! F; *enfado* damn! F
carbohidrato *m* carbohydrate
carbón *m* coal
◇ **carbón de leña** charcoal; **carbón mineral, carbón de piedra** coal; **carbón vegetal** charcoal
carbonato *m* carbonate
carboncillo *m* charcoal; *dibujo al ~* charcoal drawing
carbonera *f* 1 coal cellar 2 MAR collier
carbonería *f* coalyard
carbonero I *adj* coal *atr* II *m* 1 ZO coal tit 2 (*vendedor*) coal merchant
carbonífero I *adj* carboniferous II *m* GEOL Carboniferous period
carbonilla *f* coal dust
carbonizar ⟨1f⟩ *v/t* 1 char 2 QUÍM carbonize; **carbonizarse** *v/r* be reduced to ashes
carbono *m* QUÍM carbon
carbunco *m* MED anthrax
carburador *m* AUTO carburet(t)or
carburante *m* fuel
carburo *m* carbide
carca *m/f & adj* F reactionary
carcacha *f Méx* F old jalopy F, *Br tb* old banger F
carcaj *m* quiver
carcajada *f* laugh, guffaw; *reír a ~s* roar with laughter; *estallar en ~s* burst out laughing; *soltar una ~* burst out laughing
carcajear ⟨1a⟩ *v/i* roar with laughter; **carcajearse** *v/r* have a good laugh (*de* at)
carcamal *m/f* F old crock F
carcasa *f* TÉC casing

cárcava *f* gully
cárcel *f* prison
carcelero I *adj* prison *atr* II *m*, -a *f* guard, *Br* warder
carcinógeno *adj* ☞ *cancerígeno*
carcinoma *f* MED carcinoma
carcoma *f* ZO woodworm
carcomer ⟨2a⟩ *v/t* eat away; *fig: de envidia* eat away at, consume; **carcomerse** *v/r* be eaten away; *~ de fig* be consumed with
carcomido *adj* worm-eaten; *~ de envidia fig* eaten up with envy
carda *f* TÉC carding; *máquina* carding machine
cardamomo *m* BOT cardamom
cardán *m* TÉC universal joint
cardar ⟨1a⟩ *v/t lana* card; *pelo* backcomb
cardenal *m* 1 REL cardinal 2 (*hematoma*) bruise
cardenillo *m* verdigris
cárdeno *adj* purple
cardiaco, cardíaco I *adj* cardiac II *m*, -a *f* heart patient
cárdigan *m* cardigan
cardinal *adj* cardinal; *número ~* cardinal number; *puntos ~es* points of the compass, cardinal points; *virtudes ~es* cardinal virtues
cardiocirujano *m*, -a *f* heart surgeon
cardiograma *m* MED cardiogram
cardiología *f* cardiology
cardiólogo *m*, -a *f* cardiologist
cardiópata I *adj: ser ~* have heart trouble II *m/f* heart patient
cardiopatía *f* heart disease
cardiovascular *adj* cardiovascular
cardo *m* BOT thistle
cardumen *m* shoal
carear ⟨1a⟩ *v/t* bring face to face
carecer ⟨2d⟩ *v/i: ~ de algo* lack sth; *~ de interés* not be interesting, be lacking in interest
carena *f* MAR careening
carenar ⟨1a⟩ *v/i* MAR careen
carencia *f* lack (*de* of)
carencial *adj* dieta deficient; *enfermedad ~* wasting disease
carente *adj: ~ de* lacking in
careo *m* confrontation
carestía *f* high cost
◇ **carestía de la vida** high cost of living

**careta** *f* mask; *quitar la ~ a alguien* *fig* unmask s.o.

◇ **careta antigás** gas mask

**carey** *m* ZO turtle

**carga** *f* **1** load; *de buque* cargo **2** MIL, EL charge **3**: *volver a la ~* return to the attack **4** (*responsabilidad*) burden; *llevar la ~* take responsibility; *ser una ~ para alguien* be a burden to s.o.

◇ **carga explosiva** explosive charge; **carga fiscal**, **carga impositiva** tax burden; **carga de profundidad** MIL depth charge; **cargas sociales** social security contributions; **carga útil** payload

**cargadero** *m* loading bay

**cargado** *adj* **1** loaded (*de* with) **2**: *~ de años* bowed with old age; *~ de espaldas o hombros* bowed **3** *aire* stuffy **4** *ambiente* tense **5** *café* strong

**cargador** **I** *m* **1** *de arma* magazine **2** EL (battery) charger **II** *m*, *~a* *f* loader; *~ (de muelle)* MAR longshoreman, *Br* docker

**cargadores** *mpl* *Col* suspenders, *Br* braces

**cargamento** *m* load

**cargante** *adj* F annoying

**cargar** ⟨1h⟩ **I** *v/t* **1** *arma, camión* load **2** *batería, acusado* charge **3** COM charge (*en* to); *~ algo en cuenta a alguien* charge sth to s.o.'s account **4** *L.Am.* (*traer*) carry **5**: *esto me carga* *L.Am.* I can't stand this
**II** *v/i* **1** (*apoyarse*) rest (*sobre* on) **2** (*fastidiar*) be annoying **3**: *~ con algo* carry sth; *~ con la culpa* *fig* shoulder the blame; *tuvo que ~ con toda la familia durante las vacaciones* I had the whole family to contend with during the vacation **4**: *~ contra alguien* MIL, DEP charge (at) s.o.

**cargarse** *v/r* **1** *con peso, responsabilidad* weigh o.s. down **2** F (*matar*) bump off F **3** F (*romper*) wreck F **4** INFOR load

**cargazón** *f* heaviness

**cargo** *m* **1** position; *alto ~* high-ranking position; *persona* high-ranking official; *~ ministerial* ministerial post **2** JUR charge **3**: *a ~ de la madre* in the mother's care; *tener algo a su ~*, *estar a ~ de algo* be in charge of sth; *está a ~ de Gómez* Gómez is in charge of it; *hacerse ~*

*de algo* take charge of sth; *tomar a su ~* take charge of **4** COM: *con ~ a nosotros* on our account **5**: *me da ~ de conciencia* it makes me feel guilty

**carguero** *m* MAR cargo ship, freighter

**cariacontecido** *adj* crestfallen

**cariado** *adj* decayed

**cariarse** ⟨1b⟩ *v/r* decay

**cariátide** *f* ARQUI caryatid

**caribe** *adj* Carib

**Caribe** *m* Caribbean

**caribeño** *adj* Caribbean

**caricato** *m* *fig* comedian, impressionist

**caricatura** *f* **1** caricature **2** *Méx* (*dibujos animados*) cartoon

**caricaturista** *m/f* caricaturist

**caricaturizar** ⟨1f⟩ *v/t* caricature

**caricia** *f* caress; *hacer~s a* caress, stroke

**caridad** *f* charity

**caries** *f* MED caries *sg*

**carilla** *f* *de papel* side

**cariño** *m* **1** affection, fondness; *con ~* with love; *tener ~ a alguien* be fond of s.o.; *tomar ~ a* become fond of **2**: *hacer ~ a alguien* *L.Am.* (*acariciar*) caress s.o.; (*abrazar*) hug s.o. **3**: *¡~!* darling! **4** *Rpl*: *~s* (*en carta*) love

**cariñoso** *adj* affectionate

**carioca** *adj* of / from Rio de Janeiro, Rio de Janeiro *atr*

**carisma** *m* charisma

**carismático** *adj* charismatic

**caritativo** *adj* charitable

**cariz** *m* look; *tomar mal ~* start to look bad

**carlinga** *f* AVIA cockpit

**carmelita** REL **I** *adj* Carmelite **II** *m/f* Carmelite

**carmen** *m*: (*orden del*) *Carmen* Carmelite order

**carmesí** *m/adj* crimson

**carmín** *m* *de labios* lipstick

**carnada** *f* bait

**carnal** **I** *adj* **1** carnal; *acto ~* sex, sex act **2** *primo* first; *sobrino, tío*: related by blood, as opposed to marriage; *mi sobrino ~* my brother's / sister's boy; *mi tío ~* my mother's / father's brother **II** *m* *Méx* F (*amigo*) chum F, pal F

**carnaval** *m* carnival

**carnavalesco** *adj* carnival *atr*

**carnaza** *f* bait

**carne** *f* 1 meat; *echar o poner toda la ~ en el asador* pull out all the stops; *ni ~ ni pescado fig* neither fish, flesh, nor fowl 2 *de persona* flesh; *de ~ y hueso* flesh and blood; *de color ~* flesh-colored, *Br* flesh-coloured; *tenía la rodilla en ~ viva* his knee was raw; *sufrir algo en sus propias ~s fig* go through sth o.s.; *echar ~s* put on weight

◇ **carne adobada** marinaded meat; **carne ahumada** smoked meat; **carne de ave** poultry; **carne de cañón** *fig* cannon fodder; **carne de cerdo** pork; **carne congelada** frozen meat; **carne en conserva** canned meat, *Br* tinned meat; **carne de gallina** *fig* goose bumps *pl*, *Br* goose pimples *pl*; **carne de lata** canned meat, *Br* tinned meat; **carne de membrillo** quince jelly; **carne molida** *L.Am.* ground meat, *Br* mince; **carne picada** ground meat, *Br* mince; **carne de vacuno** beef

**carné** *m* ☞ **carnet**

**carnear** ⟨1a⟩ *v/t L.Am.* slaughter

**carnero** *m* ram

**carnet** *m* card

◇ **carnet de conducir** driver's license, *Br* driving licence; **carnet de identidad** identity card; **carnet de socio** membership card

**carnicería** *f* butcher's; *fig* carnage

**carnicero I** *m*, *-a f* butcher **II** *adj animal* carnivorous

**cárnico** *adj* meat *atr*; *industria -a* meat industry

**carnívoro I** *adj* carnivorous **II** *m* carnivore

**carnoso** *adj* fleshy

**caro** *adj* expensive, dear; *costar ~ fig* cost dear

**carota** *m/f* F guy / woman with a nerve, *Br* cheeky devil F; *es un ~* he's got a nerve

**caroteno** *m* QUÍM carotene

**carótida** *f* ANAT carotid (artery)

**carotina** *f* QUÍM carotene

**carozo** *m* Chi, Rpl pit

**carpa** *f* 1 *de circo* big top 2 ZO carp 3 *L.Am. para acampar* tent 4 *L.Am. de mercado* stall

**carpanta** *f* F: *tener ~* be starving F

**carpeta** *f* 1 file; *~ portadocumentos* briefcase 2 INFOR folder 3 *Cu en hotel* reception

◇ **carpeta de anillas** ring binder

**carpetazo**: *dar ~ a algo* F shelve sth

**carpintería** *f* 1 carpentry 2 *de obra* joinery

**carpintero I** *adj* ZO: *pájaro ~* woodpecker **II** *m*, *-a f* 1 carpenter 2 *de obra* joiner

**carpir** ⟨3a⟩ *v/t L.Am.* hoe

**carpo** *m* ANAT carpus

**carraca** *f* 1 rattle 2 *persona* wreck 3 ZO common roller

**carraspear** ⟨1a⟩ *v/i* clear one's throat

**carraspeo** *m*: *los ~s del público la distrajeron* the sound of people in the audience clearing their throats distracted her

**carraspera** *f* hoarseness

**carrasposo** *adj voz* rough, gravelly

**carrera** *f* 1 race; *a las ~s* at top speed; *con prisas* in a rush; *hacer la ~* F *de prostituta* turn tricks F, *Br* be on the game F 2 EDU degree course; *dar ~ a alguien* put s.o. through college, *Br* put s.o. through university 3 *profesional* career; *hacer ~* pursue a career; *militar de ~* professional soldier 4 *en béisbol* run 5 *Méx en el pelo* part, *Br* parting

◇ **carrera de armamento** arms race; **carrera de caballos** horse race; **carrera de coches** motor race; **carrera completa** *en béisbol* home run; **carrera de fondo** long-distance race; **carrera del émbolo** AUTO piston stroke; **carrera de medio fondo** middle-distance race; **carreras de caballos** horse racing *sg*, races; **carreras de coches** motor racing *sg*

**carrerilla** *f*: *tomar ~* take a run up; *decir algo de ~* reel sth off

**carreta** *f* cart

**carretada** *f* cartload; *a ~s* F by the cartload F

**carrete** *m* FOT (roll of) film

◇ **carrete de hilo** reel of thread

**carretear** ⟨1a⟩ *v/t L.Am. avión* taxi

**carretera** *f* highway, (main) road

◇ **carretera de circunvalación** beltway, *Br* ring road

**carretero I** *m*: *fumar como un ~ fig* F smoke like a chimney F; *jurar o blasfemar como un ~* swear like a trooper **II** *adj* road *atr*; road-traffic *atr*

**carretilla** *f* wheelbarrow

◇ **carretilla elevadora, carretilla de horquilla** forklift (truck)

**carretón** m small cart

**carricoche** m **1** covered wagon **2** AUTO F old jalopy F, Br tb old banger F

**carril** m lane

◇ **carril-bici** cycle lane; **carril-bus** bus lane; **carril de adelantamiento** fast lane, passing lane

**carrillo** m cheek; **comer a dos ~s** F stuff o.s. F

**carrilludo** adj chubby-cheeked

**carrito** m cart, Br trolley

◇ **carrito de bebé** buggy, Br pushchair; **carrito de la compra** shopping cart, Br shopping trolley; **carrito para equipajes** baggage cart, Br luggage trolley; **carrito de servicio, carrito de té** hostess cart, Br tea trolley

**carrizal** m reedbed

**carrizo** m reed

**carro** m **1** cart; **subirse al ~** fig jump on the bandwagon; **¡para el ~!** F hold your horses! F; **poner el ~ delante de los bueyes** fig put the cart before the horse; **untar el ~ a alguien** F grease s.o.'s palm F **2**: **el Carro** AST the Charioteer **3** L.Am. (coche) car **4** L.Am. (taxi) taxi, cab **5** Méx FERR car

◇ **carro de combate** tank; **carro comedor** Méx FERR dining car; **carro de compra** shopping cart, Br supermarket trolley; **carro-patrulla** L.Am. F patrol car

**carrocería** f AUTO bodywork

**carrocero** m, **-a** f bodybuilder, Br coachbuilder

**carromato** m covered wagon

**carroña** f carrion

**carroñero** adj **1** ZO carrion atr **2** persona scavenging

**carroza** **I** adj old **II** f carriage **III** m/f F old fog(e)y F

**carruaje** m carriage

**carrusel** m merry-go-round, carousel

**carta** f **1** letter

**2** GASTR menu; **a la ~** à la carte

**3** (naipe) playing card; **jugar a las ~s** play cards; **jugar a ~s vistas** play straight; **jugarse todo a una ~** risk everything on one throw; **tomar ~s en el asunto** intervene in the matter; **poner las ~s boca arriba** fig put one's cards on the table; **honrado a ~ cabal**

utterly honest; **no saber a qué ~ quedarse** not know what to do; **echar las ~s a alguien** tell s.o.'s fortune

**4** (mapa) chart

◇ **carta abierta** open letter; **carta de agradecimiento** thank-you letter; **carta de ajuste** TV test card; **carta blanca** fig free hand, carte blanche; **dar ~ a alguien** give s.o. carte blanche o a free hand; **carta-bomba** letter bomb; **carta certificada** registered letter; **carta comercial** business letter; **carta de crédito** letter of credit; **carta de despido** dismissal letter; **Carta Magna** POL Magna Carta; **carta de naturaleza** naturalization papers pl; **tomar ~** be naturalized; **carta pastoral** pastoral letter; **carta de pésame** letter of condolence; **carta de portes** bill of lading; **carta de presentación** letter of introduction; **carta de recomendación** letter of recommendation; **carta registrada** registered letter; **carta de solicitud** application letter; **carta de vinos** wine list; **carta urgente** special-delivery letter; **carta verde** green card; **cartas al director** letters to the editor

**cartabón** m set square

**cartapacio** m folder

**cartearse** ⟨1a⟩ v/r write to each other

**cártel** m cartel

**cartel** m **1** poster; **estar en ~ de película, espectáculo** be on **2**: **de ~** famous; **tener buen ~** be well known

◇ **cartel publicitario** advertising poster

**cartelera** f **1** billboard **2** de periódico listings pl, entertainments section

◇ **cartelera cinematográfica** billboard

**cartelero** m, **-a** f billposter, billsticker

**cartelista** m/f poster designer

**carteo** m correspondence

**cárter** m **1** TÉC housing **2**: **~(de aceite)** AUTO crankcase, sump

**cartera** f **1** wallet **2** L.Am. purse, Br handbag **3** (maletín) briefcase; de colegio knapsack, Br satchel **4** COM, POL portfolio **5** mujer mailwoman, Br postwoman

◇ **cartera de clientes** client portfolio; **cartera de pedidos** order book; **cartera de valores** de banco securities portfolio

**cartería** *f* sorting office
**carterista** *m/f* pickpocket
**cartero** *m* mailman, *Br* postman
**cartilaginoso** *adj* ANAT cartilaginous
**cartílago** *m* cartilage
**cartilla** *f* 1 reader; *leerle a alguien la ~* F give s.o. a telling off 2 *Méx* identity card
◇ **cartilla de ahorros** savings book
◇ **cartilla sanitaria** health card
**cartografía** *f* cartography
**cartografiar** ⟨1a⟩ *v/t* chart
**cartógrafo** *m*, **-a** *f* cartographer
**cartomancia** *f* fortune-telling (*using cards*)
**cartomántico** *m*, **-a** *f* fortune-teller
**cartón** *m* 1 cardboard 2 *de tabaco* carton 3 *Méx* DEP scoreboard
◇ **cartón ondulado** corrugated cardboard
◇ **cartón piedra** pap(i)er-mâché
**cartoné** *m*: *en ~* hardback
**cartuchera** *f* 1 cartridge belt 2: *~s pl* F flabby hips
**cartucho** *m* 1 *de arma* cartridge; *quemar el último ~* *fig* make a last-ditch attempt
◇ **cartucho sin bala** blank (cartridge)
◇ **cartucho de tinta** ink cartridge
**cartuja** *f* monastery
**cartulina** *f* sheet of card
◇ **cartulina roja** DEP red card
**casa** *f* 1 house; *como una ~* F huge F; *comenzar la ~ por el tejado* *fig* put the cart before the horse; *echar o tirar la ~ por la ventana* spare no expense; *se me cayó la ~ encima* *fig* the bottom fell out of my world
2 DEP: *jugar en ~* play at home; *jugar fuera de ~* play away, play on the road
3 (*hogar*) home; *en ~* at home; *estás en tu ~* make yourself at home; *de andar por ~ ropa* for (wearing) around the house; *fig: arreglo* makeshift; *llevar la ~* run the home; *ser muy de su ~* be a real home-lover; *todo queda en ~* everything stays in the family
◇ **casa adosada** *house sharing one or more walls with other houses*; **casa de campo** country house; **casa de citas** brothel; **casa cuna** children's home; **casa de empeño** pawnshop; **casa de huéspedes** rooming house, *Br* board-

ing house; **casa de locos** madhouse; **casa matriz** head office; **casa mortuoria** funeral home; **casa pareada** semi-detached house; **casa de pisos** apartment house, *Br* block of flats; **casa prefabricada** prefab; **casa pública** brothel; **casa de putas** brothel; **casa real** royal household; **casa rodante** *Rpl* trailer, mobile home; **casa de socorro** first aid post; **casa de vecindad** tenement
**casaca** *f* cassock
**casación** *f* JUR cassation, annulment
**casadero** *adj* marriageable
**casado** *adj* married; *recién ~* newly-wed
**casamentero** *m*, **-a** *f* matchmaker
**casamiento** *m* marriage
**casar** ⟨1a⟩ I *v/i* *fig* match (up); *~ con* go with II *v/t* 1 *de sacerdote* marry; *de padres* marry off 2 JUR *sentencia* quash; *casarse* *v/r* get married; *~ con alguien* marry s.o.; *no ~ con nadie* *fig* refuse to compromise
**cascabel** *m* small bell; *poner el ~ al gato* bell the cat
**cascada** *f* waterfall; *fig* flood, avalanche
**cascado** *adj* 1 *voz* hoarse 2 F *persona* worn out
**cascajo** *m* *fig* F: *estar hecho un ~* be a wreck F
**cascanueces** *m inv* nutcracker
**cascar** ⟨1g⟩ I *v/t* 1 crack; *algo quebradizo* break 2 F whack F 3: *~la* peg out F II *v/i* F chat; *cascarse* *v/r* crack, chip
**cáscara** *f* *de huevo* shell; *de naranja, limón* peel
**cascarón** *m* shell; *salir del ~* hatch (out)
◇ **cascarón de nuez** MAR, *fig* cockleshell
**cascarrabias** *m/f inv* F grouch F
**casco** *m* 1 helmet 2 *de barco* hull 3 (*botella vacía*) empty (bottle) 4 *edificio* shell 5 *de caballo* hoof 6 *de vasija* fragment 7: *~s pl* (*auriculares*) headphones 8: *ligero de ~s* reckless; *calentarse o romperse los ~s* *fig* agonize (*por* over)
◇ **casco antiguo** old quarter; **casco retornable** returnable bottle; **casco urbano** urban area; **cascos azules** MIL blue berets, UN peace-keeping troops
**cascote** *m* piece of rubble
**caseína** *f* QUÍM casein

**casera** f landlady

**caserío** m country house

**casero I** adj home-made; **comida -a** home cooking **II** m landlord

**caserón** m big old barn

**caseta** f **1** hut; *de feria* stall; **~ de baño** beach hut; **~ de(l) perro** doghouse, kennel **2** (*vestuario*) locker room, *Br tb* changing room

**casete I** f cassette **II** m cassette player

**casetón** m ARQUI caisson

**casi** adv almost, nearly; *en frases negativas* hardly

**casilla** f **1** *en formulario* box; *en tablero* square; **sacar a alguien de sus ~s** drive s.o. crazy **2** *de correspondencia* pigeon hole **3** *S.Am.* post office box, P.O. Box

**casillero** m *mueble* pigeonholes *pl*

**casino** m casino

**caso** m **1** case; **en ese ~** in that case; **en tal ~** in such a case; **en ~ contrario** otherwise, if not; **en ~ de que, ~ de** in the event that, in case of; **en todo ~** in any case, in any event; **en el peor de los ~s** if the worst comes to the worst; **en el mejor de los ~s** at best; **en último ~** as a last resort; **en ningún ~** never, under no circumstances; **dado o llegado el ~** if it comes to it; **dado el ~ que** in the event that; **si se da el ~** if the situation arises; **el ~ es que ...** the thing is that ...; **no venir al ~** be irrelevant; **¡vamos al ~!** let's get to the point; **en su ~** in his / her case; **ponerse en el ~ de alguien** put o.s. in s.o.'s shoes **2**: **~ aislado** isolated case; **~ perdido** *fig* hopeless case; **ser un ~** F be a real case F

**3** (*atención*): **hacer ~** take notice; **hacer ~ de algo** pay attention to sth; **hacer ~ a alguien** pay attention to s.o.; **¡no le hagas ~!** take no notice of him!

**casorio** m *desp* wedding

**caspa** f dandruff

**caspiroleta** f *S.Am.* eggnog

**¡cáspita!** *int* F goodness me!

**casquería** f *butcher's shop specializing in offal*

**casquete** m skullcap

◊ **casquete polar** polar icecap

**casquijo** m gravel

**casquillo** m **1** *de cartucho* case **2** EL socket, bulb holder **3** *L.Am. de caballo* horseshoe

**casquivano** adj F flighty

**cassette** m (*also* f) cassette

◊ **cassette de vídeo**, *Esp* **cassette de vídeo** video cassette

◊ **cassette virgen** blank cassette

**casta** f caste; **de ~** thoroughbred

**castaña** f chestnut; **~ asada** roasted chestnut; **sacar las ~s del fuego a alguien** *fig* F pull s.o.'s chestnuts out of the fire F; **a toda ~** F hell for leather F; **¡toma ~!** F how about that! F

◊ **castaña de Indias** horse chestnut

**castañazo** m F thump, bump

**castañero** m, **-a** f roast chestnut seller

**castañeta** f *de dedos* snap

**castañetear** ⟨1a⟩ **I** v/i *de dientes* chatter **II** v/t: **~ los dedos** snap one's fingers

**castaño I** adj *color* chestnut, brown **II** m **1** chestnut (tree) **2** *color* chestnut, brown; **ya pasa de ~ oscuro** F it's gone too far, it's beyond a joke

◊ **castaño de Indias** horse chestnut (tree)

**castañuela** f castanet; **estar como unas ~s** F be over the moon F

**castellano I** adj Castilian **II** m (Castilian) Spanish **III** m, **-a** f Castilian

**castellanohablante** adj Spanish--speaking

**casticidad** f, **casticismo** m purity

**castidad** f chastity

**castigar** ⟨1h⟩ v/t punish

**castigo** m punishment

◊ **castigo físico** corporal punishment

**Castilla** f Castile

◊ **Castilla la Nueva** HIST New Castile

◊ **Castilla la Vieja** HIST Old Castile

**castillo** m castle; **hacer ~s en el aire** *fig* build castles in the air

◊ **castillo de arena** sandcastle; **castillo de fuegos artificiales** firework display; **castillo de naipes** house of cards; **castillo de popa** MAR afterdeck; **castillo de proa** MAR forecastle, fo'c'sle

**casting** m TEA, *cine* casting

**castizo** adj pure

**casto** adj chaste

**castor** m ZO beaver

**castración** f castration

**castrar** ⟨1a⟩ v/t castrate; *fig* emasculate

**castrense** adj army *atr*; **capellán ~** army chaplain

**casual** adj chance *atr*

casualidad f chance, coincidence; **por o de ~** by chance; **da la ~ que** it just so happens that

casualmente *adv* by chance

cata f tasting

◇ **cata de vinos** wine tasting

cataclismo m cataclysm, catastrophe

catacumbas *fpl* catacombs

catador m, **~a** f taster

catadura f tasting; **de mala ~** nasty--looking

catafalco m catafalque

catafaro, catafoto m AUTO cat's eye, reflector

catalán I *adj* Catalan II m, -ana f Catalan III m *idioma* Catalan

catalejo m telescope

catalepsia f MED catalepsy

cataléptico *adj* MED cateleptic

catalizador m 1 catalyst 2 AUTO catalytic converter

catalizar ⟨1f⟩ *v/t* catalyze

catalogación f cataloging, *Br* cataloguing

catalogar ⟨1h⟩ *v/t* catalog, *Br* catalogue; *fig* class

catálogo m catalog, *Br* catalogue

Cataluña f Catalonia

catamarán m MAR catamaran

cataplasma f 1 MED poultice 2 *fig: persona* bore

cataplines *mpl* P nuts P

¡cataplum! *int* crash!

catapulta f slingshot, *Br* catapult

catapultar ⟨1a⟩ *v/t* catapult

catar ⟨1a⟩ *v/t* taste

catarata f 1 GEOG waterfall 2 MED cataract

catarral *adj* catarrhal, catarrh *atr*

catarro m 1 cold 2 *inflamación* catarrh

catarsis f catharsis

catastral *adj* land registry *atr*

catastro m land registry

catástrofe f catastrophe

◇ **catástrofe ambiental** environmental disaster; **catástrofe ecológica** ecological disaster; **catástrofe natural** natural disaster

catastrófico *adj* catastrophic

catastrofismo m doom and gloom

catastrofista I *adj* catastrophist II *m/f* prophet of doom

catavinos *m/f inv* wine taster

catchup m ketchup

cate m EDU F fail, flunk F

catear ⟨1a⟩ *v/t* F fail, flunk F

catecismo m catechism

catecúmeno m, -a f catechumen

cátedra f EDU chair; **sentar o poner ~** pontificate, sound off

catedral f cathedral; **una mentira como una ~** F a whopping great lie F

catedrático m, -a f *en universidad* professor; *en colegio* head of department

categoría f category; *social* class; (*estatus*) standing; *fig: de local, restaurante* class; DEP division; **de ~** first-rate, top-class; **de segunda ~** second rate, second class; **actor de primera ~** first-rate actor

categórico *adj* categorical

categorizar ⟨1f⟩ *v/t* classify, categorize

catenaria f EL overhead power cable

catequesis f catechism

catequista *m/f* catechist

catequizar ⟨1f⟩ *v/t* catechize

caterva f load

catéter m MED catheter

cateterizar ⟨1f⟩ *v/t* MED catheterize

cateto I m MAT leg II m, -a f P hick F, yokel F

cátodo m cathode

catolicismo m (Roman) Catholicism

católico I *adj* (Roman) Catholic; **no estar muy ~** *fig* F be under the weather F II m, -a f (Roman) Catholic

catorce *adj* fourteen

catre m bed

caucásico *adj* Caucasian

Cáucaso m: **el ~** the Caucasus

cauce m riverbed; *fig* channel; **volver a su ~** *fig* get back to normal

caucho m 1 rubber 2 *L.Am.* (*neumático*) tire, *Br* tyre

caución f guarantee, security

cauda f *L.Am. de cometa* tail

caudal m **de río** volume of flow; *fig* wealth

caudaloso *adj río* with a great volume of flow

caudillaje, caudillismo m rule, leadership

caudillo m leader

causa f 1 cause; **hacer ~ común con** make common cause with; **~ perdida** *fig* lost cause 2 (*motivo*) reason; **a ~ de** because of; **por mi ~** on my account 3 JUR lawsuit

◇ **causa civil** lawsuit
◇ **causa penal** criminal proceedings *pl*
**causal** *adj* causal
**causalidad** *f* causality
**causante I** *adj* causal **II** *m* cause
**causar** ⟨1a⟩ *v/t daño* cause; *placer* provide, give
**causticidad** *f tb fig* causticity
**cáustico** *adj tb fig* caustic
**cautela** *f* caution; **con ~** cautiously
**cautelar** *adj* precautionary; **medida ~** precautionary measure, precaution
**cautelarmente** *adv* as a precaution
**cauteloso** *adj* cautious
**cauterizar** ⟨1f⟩ *v/t* cauterize
**cautivador** *adj* captivating
**cautivar** ⟨1a⟩ *v/t fig* captivate
**cautiverio** *m*, **cautividad** *f* captivity
**cautivo I** *adj* captive **II** *m*,-a *f* captive; **es ~ a la droga** he's a drug addict
**cauto** *adj* cautious
**cava I** *m* cava (*sparkling wine*) **II** *f* (wine) cellar
**cavar** ⟨1a⟩ *v/t* dig
**caverna** *f* cavern
**cavernícola I** *adj* cave-dwelling **II** *m* caveman **III** *f* cavewoman
**caviar** *m* caviar
**cavidad** *f* cavity
◇ **cavidad abdominal** abdominal cavity
◇ **cavidad torácica** thoracic cavity
**cavilaciones** *fpl* deliberation *sg*
**cavilar** ⟨1a⟩ *v/t* meditate on
**caviloso** *adj* suspicious
**cayado** *m* AGR crook
**cayo** *m* cay, key
**cayó** *vb* ☞ **caer**
**caza I** *f* hunt; *actividad* hunting; **andar a la ~ de algo / alguien** be after sth / s.o.; **dar ~ a** give chase to **II** *m* AVIA fighter
◇ **caza mayor** big game
◇ **caza menor** small game
**cazabombardero** *m* fighter-bomber
**cazacerebros** *m/f inv* headhunter
**cazador** *m* hunter
◇ **cazador furtivo** poacher
**cazadora** *f* **1** hunter **2** *prenda* jacket
**cazadotes** *m inv* fortune-hunter
**cazaminas** *m inv* MAR minesweeper
**cazar** ⟨1f⟩ **I** *v/t* **1** *animal* hunt; *fig: información* track down **2** (*pillar, captar*) catch; **~ un buen trabajo** get o.s. a good

job **II** *v/i* hunt; **ir a ~** go hunting
**cazarrecompensas** *m/f inv* bounty hunter
**cazasubmarinos** *m inv* MIL submarine chaser
**cazatalentos** *m/f inv* talent scout
**cazatesoros** *m/f inv* treasure hunter
**cazatorpedero** *m* MIL torpedo patrol boat
**cazo** *m* saucepan
**cazoleta** *f* small saucepan
**cazón** *m* ZO dogfish
**cazuela** *f* pan; *de barro, vidrio* casserole
**cazurro** *adj* **1** stubborn **2** (*basto*) coarse **3** (*lento de entender*) dense F, *Br tb* thick F
**c.c.** *abr* (= **centímetro cúbico**) c.c. (= cubic centimeter)
**c/c** *abr* (= **cuenta corriente**) C/A (= checking account)
**CC.AA.** *fpl abr* (= **Comunidades Autónomas**) Autonomous Regions
**CC.OO.** *fpl abr* (= **Comisiones Obreras**) *Spanish labor union*
**CD** *m* (= **disco compacto**) **1** CD (= compact disc) **2** *reproductor* CD-player
**CD-ROM** *m* CD-Rom
**CE** *f abr* **1** (= **Comisión Europea**) European Commission **2** (= **Comunidad Europea**) HIST EC (= European Community)
**ce** *f letra* C; **~ por be** F in minute detail; **por ~ o por be** somehow or other
**cebada** *f* barley
**cebador** *m Rpl* AUTO choke
**cebar** ⟨1a⟩ *v/t* **1** fatten **2** *anzuelo* bait **3** TÉC prime **4** *L.Am.* mate prepare; **cebarse** *v/r* **1** feed (**en** on) **2**: **~ con alguien** vent one's fury on s.o.
**cebo** *m* bait
**cebolla** *f* onion
**cebolleta** *f*, **cebollino** *m planta* scallion, *Br* spring onion; **¡vete a escardar ~s!** F scram! F, get lost! F
**cebón I** *adj* fat
**cebra** *f* zebra; **paso de ~** crosswalk, *Br* zebra crossing
**Ceca** *f*: **ir de la ~ a la Meca** rush around
**cecear** ⟨1a⟩ *v/i* **1** *en acento regional* pronounce Spanish "s" as "th" **2** *como defecto* lisp
**ceceo** *m* **1** *en acento regional* pronunciation of Spanish "s" as "th" **2** *como defecto* lisp

**cecina** *f* cured meat

**cedazo** *m* sieve

**cedente** *m/f* JUR assignor

**ceder** ⟨2a⟩ **I** *v/t* **1** give up; (*traspasar*) transfer, cede; **~ el paso** AUTO yield, *Br* give way **II** *v/i* **1** give way, yield **2** *de viento, lluvia* ease off

**cederrón** *m* CD-Rom

**cedro** *m* BOT cedar

**cédula** *f L.Am.* identity document
◇ **cédula hipotecaria** mortgage title; **cédula de identidad** *L.Am.* identity document; **cédula personal** *Esp* identity document

**cefalea** *f* MED migraine

**cefalópodos** *mpl* ZO cephalopods

**cefalorraquideo** *adj:* **líquido ~** ANAT cerebrospinal fluid

**céfiro** *m* zephyr

**cegador** *adj* blinding

**cegar** ⟨1h & 1k⟩ **I** *v/t* **1** blind **2** *tubería* block **II** *v/i* go blind; **cegarse** *v/r* **1** *fig* become blinded **2** (*obstruirse*) get blocked

**cegato** *adj* F *fig* nearsighted, short-sighted

**ceguedad, ceguera** *f tb fig* blindness
◇ **ceguedad nocturna** MED night blindness

**ceja** *f* eyebrow; **arquear las ~s** raise one's eyebrows; **lo tiene entre ~ y ~** F she can't stand him F; **estar hasta las ~s de alguien** have had it up to here with s.o. F; **estar entrampado hasta las ~s** be up to one's eyes in debt; **quemarse las ~s** F burn the midnight oil

**cejar** ⟨1a⟩ *v/i fml* give up; **no ~ en** not let up in

**cejijunto** *adj:* **es ~** his eyebrows meet in the middle

**cejilla** *f* MÚS bridge

**cejudo** *adj* with bushy eyebrows

**celada** *f* ambush; *fig* trap

**celador** *m,* **~a** *f* **1** *de hospital* orderly **2** *de cárcel* guard **3** *de museo* attendant

**celar** ⟨1a⟩ *v/t* **1** watch over **2** (*ocultar*) conceal

**celda** *f* cell
◇ **celda de castigo** punishment cell

**celdilla** *f* cell

**celebérrimo** *adj* very famous, celebrated

**celebración** *f* celebration

**celebrante** *m* REL celebrant

**celebrar** ⟨1a⟩ *v/t* **1** *misa* celebrate; *reunión, acto oficial* hold; *fiesta* have, hold **2**: **lo celebro mucho** I'm extremely pleased

**célebre** *adj* famous

**celebridad** *f* **1** fame **2** (*persona*) celebrity

**celentéreos** *mpl* ZO coelenterates

**celeridad** *f* speed

**celeste** *adj* light blue, sky blue; **azul ~** sky blue

**celestial** *adj* celestial; *fig* heavenly

**celestina** *f* matchmaker

**celibato** *m* celibacy

**célibe** *m/f & adj* celibate

**cellisca** *f* sleet

**celo** *m* **1** zeal **2** (*cinta adhesiva*) Scotch® tape, *Br* Sellotape® **3**: **~s** *pl* jealousy *sg*; **tener ~s de** be jealous of; **dar ~s a alguien** make s.o. jealous **4**: **en ~** ZO in heat

**celofán** *m* cellophane

**celosía** *f* lattice

**celoso** *adj* jealous (**de** of)

**celtibérico** *adj* Celtiberian

**célula** *f* cell
◇ **célula fotoeléctrica** photoelectric cell
◇ **célula solar** solar cell

**celular I** *adj* cellular **II** *m L.Am.* cellular *o* cell phone, *Br* mobile (phone)

**celulitis** *f* cellulite

**celuloide** *m* celluloid

**celulosa** *f* cellulose

**cementar** ⟨1a⟩ *v/t* **1** TÉC case-harden **2** *L.Am. suelo* cement

**cementerio** *m* cemetery
◇ **cementerio de coches** wrecker's yard, *Br* scrapyard
◇ **cementerio nuclear** nuclear waste dump

**cemento** *m* **1** cement **2** *L.Am.* (*pegamento*) glue
◇ **cemento armado** reinforced concrete

**cena** *f* dinner; *más tarde* supper; **la Última Cena** the Last Supper

**cenáculo** *m fig* circle, group

**cenador** *m* arbor, *Br* arbour

**cenagal** *m* **1** bog **2** *fig* mess

**cenagoso** *adj* boggy

**cenar** ⟨1a⟩ **I** *v/t:* **~ algo** have sth for dinner **II** *v/i* have dinner cenceño *adj* very thin

cencerro *m* cowbell; *estar como un ~* F be as nutty as a fruit cake F

cenefa *f* border

cenicero *m* ashtray

Cenicienta *f* Cinderella

ceniciento *adj* ash-gray, *Br* ash-grey

cenit *m* AST zenith; *fig* peak

cenital *adj* zenithal

ceniza *f* ash; *~s* ashes; *reducir a ~s* reduce to ashes

cenizo I *adj* ash-gray, *Br* ash-grey; *de color ~* gray, *Br* grey II *m* 1 F jinx 2 BOT goosefoot

cenobio *m* monastery

cenozoico *m* Cenozoic

censar ⟨1a⟩ *v/t* take a census of

censo *m* census

◇ **censo electoral** voting register, electoral roll

censor *m*, *~a f* censor

◇ **censor jurado de cuentas** certified public accountant, *Br* chartered accountant

censual *adj* census *atr*

censura *f* censorship

censurable *adj* reprehensible

censurar ⟨1a⟩ *v/t* 1 censor 2 *tratamiento* condemn

cent *abr* (= *céntimo*) cent

centauro *m* MYTH centaur

centavo *m* cent

centella *f* 1 spark 2 (*rayo*) flash of lightning

centelleante *adj* sparkling; *estrella* twinkling

centellear ⟨1a⟩ *v/i* sparkle; *de estrella* twinkle

centelleo *m* sparkle; *de estrella* twinkle

centena *f* hundred; *una ~ de ...* about a hundred ...

centenar *m* hundred; *un ~ de* a hundred; *regalos a ~es* hundreds of gifts

centenario I *adj* hundred-year-old *atr* II *m* centennial, *Br* centenary

centeno *m* BOT rye

centesimal *adj* MAT centesimal

centésimo I *adj* hundredth II *m*, *-a f* hundredth

centígrado *adj* centigrade; *dos grados ~s* two degrees centigrade

centigramo *m* centigram

centilitro *m* centiliter, *Br* centilitre

centímetro *m* centimeter, *Br* centimetre

◇ **centímetro cuadrado** square centimeter *o Br* centimetre

◇ **centímetro cúbico** cubic centimeter *o Br* centimetre

céntimo *m* cent; *estar sin un ~* not have a red cent F, *Br* be flat broke F

◇ **céntimo de euro** euro cent

centinela *m/f* 1 MIL sentry 2 *de banda criminal* lookout

centolla *f*, centollo *m* ZO spider crab

centrado *adj* stable, well-balanced

central I *adj* central; (*principal*) main, central II *f* head office III *m/f en fútbol* central defender, center-back, *Br* centre-back

◇ **central atómica** atomic power station; **central de correos** main post office; **central eléctrica** power station; **central eólica** wind generated power station; **central hidroeléctrica** hydroelectric power station; **central maremotriz** tidal power station; **central nuclear** nuclear power station; **central telefónica** telephone exchange; **central térmica** coal-fired / oil-fired power station

centralismo *m* POL centralism

centralita *f* TELEC switchboard

centralizar ⟨1f⟩ *v/t* centralize

centrar ⟨1a⟩ *v/t* 1 center, *Br* centre; DEP *tb* cross 2 *esfuerzos* focus (*en* on); *~ la atención* focus, center, *Br* centre (*en* on); *centrarse v/r* concentrate (*en* on)

céntrico *adj* central

centrifugación *f*, centrifugado *m* spin

centrifugadora *f* 1 centrifuge 2 *para ropa* spin-dryer

centrifugar ⟨1h⟩ *v/t* spin

centrífugo *adj* centrifugal; *fuerza -a* centrifugal force

centrípeto *adj* centripetal; *fuerza -a* centripetal force

centrista I *adj* POL center *atr*, *Br* centre *atr*, of the center *o Br* centre II *m/f* POL centrist

centro *m* 1 center, *Br* centre 2 DEP cross 3 *Méx* (*traje*) suit (and shirt and tie)

◇ **centro de atención** *fig* center *o Br* centre of attention; **centro de atención primaria** primary care center *o Br* centre; **centro de cálculo** computer center *o Br* centre; **centro comercial** (shopping) mall, *Br tb* shopping centre;

**centro de día** day center *o Br* centre, daycare center *o Br* centre; **centro de estética** beauty parlor *o Br* parlour, beauty salon; **centro de gravedad** center *o Br* centre of gravity; **centro hospitalario** health *o* medical center *o Br* centre; **centro de investigación** research center *o Br* centre; **centro de mesa** centerpiece, *Br* centrepiece; **centro sanitario** health *o* medical center *o Br* centre; **centro urbano** *en señal* town center *o Br* centre

**centroafricano** *adj*: **República Centroafricana** Central African Republic

**Centroamérica** *f* Central America

**centroamericano** *adj* Central American

**centrocampista** *m/f* DEP midfield player, midfielder

**Centroeuropa** Central Europe

**centroeuropeo** *adj* Central European

**centuplicar** ⟨1g⟩ *v/t* multiply by a hundred

**céntuplo I** *adj* centuple, hundredfold **II** *m* centuple

**centuria** *f* century

**ceñido** *adj* tight

**ceñidor** *m* sash

**ceñir** ⟨3h & 3l⟩ *v/t fig*: **las fábricas ciñen la ciudad** the plants surround the city; **la ciñó con los brazos** he wrapped his arms around her; **ceñirse** *v/r*: **~ a algo** *fig* stick to sth

**ceño** *m* forehead; **fruncir el ~** frown

**ceñudo** *adj* frowning

**CEOE** *f abr* (= **Confederación Española de Organizaciones Empresariales**) Confederation of Spanish Industry and Trade

**cepa** *f de vid* stock; **peruano de pura ~** Peruvian through and through

**cepellón** *m* AGR root ball

**cepilladora** *f* plane

**cepillar** ⟨1a⟩ *v/t* brush; **cepillarse** *v/r* **1** brush **2** F (*comerse*) polish off F **3** F (*matar*) kill, knock off F

**cepillo** *m* brush; **con el pelo cortado a ~** with a crew cut

◇ **cepillo de dientes** toothbrush; **cepillo para limosnas** poor box; **cepillo de uñas** nailbrush

**cepo** *m* **1** trap; **caer en el ~** fall into the trap **2** AUTO Denver boot F, (wheel) clamp

**ceporro** *m*, **-a** *f* **1** *fig* idiot **2**: **dormir como un ~** sleep like a log

**cera** *f* **1** wax; **museo de ~** waxworks *sg*, wax museum; **no hay más ~ que la que arde** F that's it, that's all there is to it; **ser (como) una ~** *fig* be very quiet and pleasant **2** *de los oídos* (ear) wax **3** *para pisos* wax (floor) polish **4** *Méx* (*vela*) candle

◇ **cera depilatoria** hair-removing wax, depilatory wax

**cerámica** *f* ceramics *sg*

**cerámico** *adj* ceramic

**ceramista** *m/f* potter

**cerbatana** *f* blowpipe

**cerca**[1] *f* fence

**cerca**[2] *adv* **1** near, close; **de ~** close up; **seguir de ~** follow closely; **vivo muy ~**, **me coge muy ~** I live very close by; **~ de** near, close to **2** (*casi*) nearly

**cercado** *m* fence

**cercanías** *fpl* **1** surrounding area *sg*, vicinity *sg* **2** (*suburbios*) outskirts, suburbs; **tren de ~** suburban train

**cercano** *adj* nearby; **~ a** close to, near to

**cercar** ⟨1g⟩ *v/t* **1** surround **2** *con valla* fence in

**cercenar** ⟨1a⟩ *v/t* **1** cut off **2** *libertades, derechos* curtail

**cerceta** *f* ZO teal

**cerciorarse** ⟨1a⟩ *v/r* make sure (**de** of)

**cerco** *m* **1** *de mancha* ring **2**: **poner ~ a** lay siege to **3** *de puerta* frame **4** *L.Am.* fence **5** AST ring

**cerda** *f* **1** *animal* sow; *fig* F *persona* pig F **2** *de brocha* bristle

**cerdada** *f fig* dirty trick

**Cerdeña** *f* Sardinia

**cerdo** *m* hog, *Br* pig; *fig* F *persona* pig F

**cerdoso** *adj* bristly

**cereal I** *adj* cereal *atr* **II** *m* cereal; **~es** *pl* (breakfast) cereal *sg*

**cerebelo** *m* ANAT cerebellum

**cerebral** *adj* cerebral

**cerebro** *m* ANAT brain; *fig*: *persona* brains *sg*

**ceremonia** *f* ceremony; **sin ~s** without ceremony

**ceremonial** *m/adj* ceremonial

**ceremonioso** *adj* ceremonious

**céreo** *adj* waxen

**cereza** *f* **1** cherry **2** *L.Am.* (*grano*) bean

**cerezo** *m* cherry (tree)

**cerilla** *f* match

**cerillo** *m* C.Am., Méx match
**cerner** ⟨2g⟩ *v/t* sieve, sift; **cernerse** *v/r:* ~ **sobre** *fig* hang over
**cernícalo** *m* ZO kestrel; *fig* F lout
**cero** *m* 1 zero; **bajo / sobre** ~ below / above zero; **empezar desde** ~ *fig* start from scratch; **quedarse a** ~ *fig* be left with nothing; **ser un** ~ **a la izquierda** F be a nonentity; **pelado al** ~ with one's head shaven 2 EDU zero, *Br tb* nought 3 DEP zero, *Br* nil; *en tenis* love; **vencer por tres a** ~ win three-zero
◇ **cero absoluto** absolute zero
**cerquillo** *m* L.Am. bangs *pl*, *Br* fringe
**cerquita** *adv* F close by
**cerrado** *adj* 1 closed; **oler a** ~ smell stuffy 2 *persona* narrow-minded 3 (*tímido*) introverted 4 *cielo* overcast 5 *acento* broad 6: *curva* -a tight curve
**cerradura** *f* lock; **ojo de la** ~ keyhole
◇ **cerradura de dirección** AUTO steering lock
◇ **cerradura de seguridad** safety lock
**cerrajería** *f* locksmith's
**cerrajero** *m*, -a *f* locksmith
**cerramiento** *m* 1 *de acuerdo* closure 2 *de terreno, finca* enclosure
**cerrar** ⟨1k⟩ I *v/t* 1 close; *para siempre* close down; ~ **con llave** lock; ~ **de golpe** slam; ~ **al tráfico** close to traffic 2 *tubería* block 3 *grifo* turn off 4 *terreno, finca* enclose; *frontera* close 5 *acuerdo* close
II *v/i* close; *para siempre* close down; **la puerta no cierra bien** the door doesn't shut properly; **al** ~ **el día** at the end of the day
**cerrarse** *v/r* 1 close; ~ **de golpe** slam shut 2 *de cielo* cloud over 3 *de persona* shut o.s. off (**a** from)
**cerrazón** *f fig* narrow-mindedness
**cerrero** *adj* L.Am. *persona* rough
**cerril** *adj animal* wild; (*terco*) stubborn, pig-headed F; (*torpe*) F dense F
**cerro** *m* hill; **irse por los** ~**s de Úbeda** *fig* stray from the point
**cerrojazo** *m:* **dar el** ~ **a algo** bring sth to a (sudden) close
**cerrojo** *m* bolt; **echar el** ~ bolt the door
**certamen** *m* competition
**certero** *adj* accurate
**certeza** *f* certainty; **saber algo con** ~ know sth for sure
**certidumbre** *f* certainty

**certificación** *f* certification
**certificado** I *adj carta* registered II *m* certificate
◇ **certificado de aptitud** certificate of attainment; **certificado de defunción** death certificate; **certificado de estudios** high school diploma, *Br* school leaving certificate; **certificado de origen** certificate of origin; **certificado médico** medical certificate
**certificar** ⟨1g⟩ *v/t* 1 certify 2 *carta* register
**cerumen** *m* earwax
**cerval** *adj:* **miedo** ~ terrible fear
**cervato** *m* fawn
**cervecería** *f* bar
**cervecero** I *adj* **empresa** -a brewery II *m*, -a *f* brewer
**cerveza** *f* beer; **fábrica de** ~ brewery
◇ **cerveza de barril** draft, *Br* draught (beer); **cerveza negra** stout; **cerveza de presión** draft, *Br* draught (beer); **cerveza rubia** lager
**cervical** *adj* 1 neck; **vértebras** ~**es** cervical vertebrae 2 (*del útero*) cervical
**cérvidos** *mpl* ZO cervids *fml*, deer *pl*
**cerviz** *f* nape of the neck; **doblar la** ~ give in, submit
**cesación** *f* cessation; ~ **de pagos** *Rpl* suspension of payments
**cesante** Chi I *adj* unemployed, jobless; **dejar** ~ **a alguien** let s.o. go II *m/f* unemployed person
**cesantía** *f* Chi unemployment
**cesar** ⟨1a⟩ I *v/i* 1 stop; **no** ~ **de hacer algo** keep on doing sth; **sin** ~ non-stop 2: ~ **en sus funciones** resign II *v/t* dismiss
**cesárea** *f* MED Cesarean *o Br* Caesarean (section)
**cese** *m* cessation; ~ **de las hostilidades** MIL ceasefire, cessation of hostilities; **liquidación por** ~ **de negocio** closing up sale, *Br* closing down sale
◇ **cese el fuego** L.Am. ceasefire
**cesio** *m* QUÍM cesium, *Br* caesium
**cesión** *f* transfer; ~ **al portero** DEP backpass
**cesionario** *m*, -a *f* grantee, assignee
**cesionista** *m/f* grantor, assignor
**césped** *m* lawn; **prohibido pisar el** ~ keep off the grass
**cesta** *f* basket
◇ **cesta de la compra** shopping basket
**cestería** *f* 1 basketwork 2 (*tienda*) bas-

ketwork store
**cestero** *m*, **-a** *f* basket maker
**cesto** *m* large basket; *en baloncesto* basket
**cesura** *f* caesura
**ceta** *f* letter 'z'
**cetáceos** *mpl* ZO cetaceans
**cetona** *f* QUÍM ketone
**cetrería** *f* falconry
**cetrero** *m*, **-a** *f* falconer
**cetrino** *adj* sallow
**cetro** *m*: **empuñar el ~** ascend to the throne
**C.F.** *abr* (= *club de fútbol*) FC (= football club)
**cfc** *m abr* (= *clorofluorocarbono*) CFC (= chlorofluorocarbon)
**cg.** *abr* (= *centigramo*) centigram
**CGPJ** *abr* (= *Consejo General del Poder Judicial*) Spanish Judiciary Council
**CGT** *f abr* (= *Confederación General del Trabajo*) Spanish labor union
**ch** *abr* (= *cheque*) check, *Br* cheque
**chabacanería** *f* vulgarity, tackiness F
**chabacano** **I** *adj* vulgar, tacky F **II** *m Méx* apricot
**chabola** *f* shack; *barrio de ~s* shanty town
**chabolismo** *m* shanty towns *pl*
**chacal** *m* ZO jackal
**chacarero** *m*, **-a** *f Rpl, Chi* smallholder, farmer
**chacha** *f* **1** F girl, kid F **2** (*criada*) maid
**cháchara** *f* chatter
**chácharas** *fpl L.Am.* junk *sg*, bits and pieces
**chacharear** ⟨1a⟩ *v/i* F chatter
**chacharero** *m*, **-a** *f* chatterbox
**chachi** *adj* F great F; *pasarlo ~* have a great time F
**chacho** *m* F boy, kid F
**chacinería** *f* pork butcher's
**chacinero** *m*, **-a** *f* sausage producer, pork butcher
**chacolí** *m* light, *sharp wine*
**chacota** *f* F joke; *hacer ~ de* make fun of; *tomarse algo a ~* treat sth as a joke
**chacotear** ⟨1a⟩ *v/i* have fun
**chacotero** *adj*: *es ~* he likes a joke
**chacra** *f L.Am.* AGR smallholding
**Chad** *m* Chad
**chafar** ⟨1a⟩ *v/t* **1** squash; *cosa erguida* flatten **2** F *planes etc* ruin

**chaflán** *m* corner
**chaira** *f* steel
**chal** *m* shawl
**chalado** *adj* F crazy F (*por* about)
**chaladura** *f* F crazy idea F
**chalán** *m*, **-ana** *f* horse dealer
**chalaneo** *m* wheeling and dealing
**chalanería** *f* trick, con F
**chalarse** ⟨1a⟩ *v/r* F go crazy F (*por* about)
**chalé** *m* ☞ **chalet**
**chaleco** *m de traje* vest, *Br* waistcoat; *de sport* gilet, bodywarmer
◇ **chaleco antibalas** bulletproof vest
◇ **chaleco salvavidas** life preserver, life jacket
**chalet** *m* chalet
◇ **chalet adosado** *house sharing one or more walls with other houses*
◇ **chalet pareado** semi-detached house
**chalina** *f* cravat
**chalote** *m* BOT shallot
**chalupa** *f* **1** MAR small boat **2** *Méx* stuffed tortilla
**chamaca** *f C.Am.*, *Méx* girl
**chamaco** *m C.Am.*, *Méx* boy
**chamán** *m* shaman
**chamarilería** *f* junk shop
**chamarilero** *m*, **-a** *f* secondhand dealer
**chamarra** *f Méx* (*saco*) (short) jacket
**chamba** *f* **1** *Méx* F job **2**: *de ~* F by sheer luck
**chambelán** *m* HIST chamberlain
**chambergo** *m* broad-brimmed hat
**chambón** *m*, **-ona** *f Méx* F klutz F, clumsy idiot F
**champán, champaña** *m* champagne
**champiñón** *m* BOT mushroom
**champión** *m Urug* sneaker, *Br* trainer
**champú** *m* shampoo; *~ colorante* tint shampoo
**chamullar** ⟨1a⟩ **I** *v/i* P jabber F **II** *v/t idioma* P have a smattering of F
**chamuscar** ⟨1g⟩ *v/t* **1** scorch; *pelo* singe **2** *Méx* (*vender*) sell cheap
**chamusquina** *f*: *oler a ~* F smell fishy F
**chance** **I** *m L.Am.* chance; *dame ~* let me have a go **II** *conj Méx* perhaps, maybe
**chancear** ⟨1a⟩ *v/i* joke, make wisecracks; **chancearse** *v/r*: *~ de alguien* make fun of s.o.
**chanchería** *f L.Am.* pork butcher's

**chancero** *adj*: **es ~** he likes a joke
**chanchita** *f CSur* piggy bank
**chancho** *m* **1** *L.Am.* hog, *Br* pig **2** *carne* pork
**chanchullero** *m*, **-a** *f* F crook F
**chanchullo** *m* F trick, scam F; **hacer un ~** do a dodgy deal F, do some shady business
**chancla** *f* **1** thong, *Br* flip-flop **2** *Méx*, *C.Am.* (*zapato*) slipper
**chancleta** *f* **1** thong, *Br* flip-flop **2** *S.Am.* F baby girl
**chancletear** ⟨1a⟩ *v/i* wear thongs; **ir chancleteando** walk around in thongs
**chanclo** *m* clog
**chancro** *m* MED chancre
**chándal** *m* sweats *pl*, *Br* tracksuit
**chanfaina** *f* GASTR *lamb casserole*
**changa** *f Rpl* odd job
**changarse** ⟨1o⟩ *v/r* F break, bust F
**chango** *Méx* **I** *adj* sharp, smart **II** *m*, -a *f* monkey
**chanquetes** *mpl* GASTR whitebait *sg*
**chantaje** *m* blackmail; **hacer ~ a alguien** blackmail s.o.
**chantajear** ⟨1a⟩ *v/t* blackmail
**chantajista** *m/f* blackmailer
**chanza** *f* wisecrack
**chao** *int* bye
**chapa** *f* **1** (*tapón*) cap **2** (*plancha*) sheet (of metal) **3** *de madera* veneer **4** (*insignia*) badge **5** AUTO bodywork **6** *Rpl* AUTO license plate, *Br* number plate **7** *Méx* (*cerradura*) lock
**chapado** *adj* plated; *con madera* veneered; **~ en oro** gold-plated; **~ a la antigua** old-fashioned
**chapalear** ☞ **chapotear**
**chapar** ⟨1a⟩ *v/t* **1** plate **2** *con madera* veneer **3** *Arg*, *Pe* catch
**chaparro** **I** *adj Méx* small **II** *m* BOT kermes oak
**chaparrón** *m* downpour; *fig* F *de insultos* barrage; **aguantar el ~** F weather the storm
**chapear** ⟨1a⟩ *v/t* **1** plate **2** *con madera* veneer
**chapero** *m* F male prostitute, rent boy F
**chapín** *C.Am.*, *Méx* **I** *adj* Guatemalan **II** *m*, -ina *f* Guatemalan
**chapista** *m* body shop worker, *Br* panel beater
**chapistería** *f* AUTO body shop
**chapitel** *m* ARQUI **1** spire **2** *de columna* capital

**¡chapó!** *int* well done!, bravo!
**chapopote** *m Méx* tar
**chapotear** ⟨1a⟩ *v/i* splash
**chapucear** ⟨1a⟩ *v/t* botch
**chapucería** *f* botched job
**chapucero** **I** *adj* shoddy, slapdash **II** *m*, -a *f* shoddy worker
**chapulín** *m C.Am.*, *Méx* **1** grasshopper **2** (*niño*) kid F
**chapurr(e)ar** ⟨1a⟩ *v/t*: **~ el francés** speak poor French
**chapuza** *f* **1** (*trabajo mal hecho*) shoddy piece of work **2** (*trabajo menor*) odd job; **hacer ~s** do odd jobs
**chapuzar** ⟨1f⟩ *v/t* duck; **chapuzarse** *v/r* dive in
**chapuzón** *m* dip; **darse un ~** go for a dip
**chaqué** *m* morning coat
**chaqueta** *f* jacket; **cambiar de ~** F POL change sides
◇ **chaqueta de punto** cardigan
**chaquetear** ⟨1a⟩ *v/i* POL switch allegiance
**chaquetero** *m*, -a *f* F turncoat
**chaquetilla** *f* bolero
**chaquetón** *m* three-quarter length coat
**charada** *f* charade
**charanga** *f* brass band
**charango** *m Pe*, *Bol* five-string guitar
**charca** *f* pond
**charco** *m* puddle; **pasar** *o* **cruzar el ~** cross the Atlantic, cross the pond F
**charcutería** *f* delicatessen
**charcutero** *m*, -a *f* **1** pork butcher **2** *propietario* deli owner
**charla** *f* **1** chat **2** *organizada* talk
**charlar** ⟨1a⟩ *v/i* chat
**charlatán** **I** *adj* talkative **II** *m*, -ana *f* chatterbox
**charlatanería** *f* talkativeness
**charlestón** *m* charleston
**charlotada** *f* farce
**charnela** *f* hinge
**charol** *m* patent leather; **zapatos de ~** patent leather shoes
**charola** *f C.Am.*, *Méx* tray
**charqui** *m L.Am.* beef jerky
**charrán** *m* rascal
**charranada** *f* dirty trick
**charrar** ⟨1a⟩ *v/i* F chat
**charretera** *f* MIL epaulette
**charro** **I** *adj desp* garish, gaudy **II** *m Méx*

(Mexican) cowboy

**chárter** *adj* charter *atr*

**¡chas!** *int* smack!

**chascar** ⟨1g⟩ ☞ **chasquear**

**chascarrillo** *m* funny story

**chasco** *m* joke; **llevarse un ~** be disappointed

**chasis** *m inv* AUTO chassis

**chasquear** ⟨1a⟩ *v/t* **1** click; **~ la lengua** click one's tongue, make a clicking noise with one's tongue **2** *látigo* crack

**chasquido** *m* **1** click; *de lengua* click, clicking noise **2** *de látigo* crack

**chasquilla** *f* Chi bangs *pl*, *Br* fringe

**chat** *m* INFOR chatroom

**chata** *f* **1** bedpan **2** *Rpl* truck, *Br tb* lorry

**chatarra** *f* scrap

**chatarrería** *f* scrap metal business

**chatarrero** *m*, **-a** *f* scrap merchant

**chatear** ⟨1a⟩ *v/i* INFOR chat

**chato I** *adj* **1** *nariz* snub **2** *L.Am. nivel* low **II** *m* wine glass

**chau** *int* Rpl bye

**chaucha** *f* Rpl French bean

**chaval** *m* F kid F, boy

**chavala** *f* F kid F, girl

**chavalo** *m* C.Am. F kid F, boy

**chavea** *m* F kid F, boy

**chaveta** *f* TÉC (cotter) pin; **estar ~** F be crazy F, be nuts F; **perder la ~** F go off one's rocker F

**chavo** *m*, **-a** *f* Méx F **1** (*chico*) kid F **2** *novio etc* partner

**che** *int* Rpl hey!, look!

**checar** ⟨1g⟩ *v/t* Méx check

**Chechenia** *f* Chechnya

**checheno I** *adj* Chechen **II** *m*, **-a** *f* Chechen

**checo I** *adj* Czech **II** *m idioma* Czech **III** *m*, **-a** *f* Czech

**chef** *m* chef

**cheli** *m* Madrid slang

**chelista** *m/f* cellist

**chelo** *m* MÚS cello

**chepa I** *f* F hump; **subírsele a la ~** get too familiar **II** *m/f* (*persona jorobada*) humpback, hunchback

**cheposo I** *adj* humped **II** *m*, **-a** *f* humpback, hunchback

**cheque** *m* check, *Br* cheque; **cobrar un ~** cash a check

◇ **cheque abierto** open check *o Br* cheque; **cheque en blanco** blank check *o Br* cheque; *fig* carte blanche;

**cheque cruzado** check for deposit only, *Br* crossed cheque; **cheque sin fondos** bad check *o Br* cheque; **cheque al portador** check *o Br* cheque made payable to bearer; **cheque-regalo** gift certificate, *Br* gift token, *Br* gift voucher; **cheque de viaje** traveler's check, *Br* traveller's cheque

**chequear** ⟨1a⟩ *v/t* **1** check **2** *C.Am. equipaje* check in

**chequeo** *m* MED check-up; **~ oncológico** cancer check-up

**chequera** *f* checkbook, *Br* chequebook

**cherna** *f*, **cherne** *m pez* stone bass

**chévere** *adj* L.Am. F cool F

**chic** *m* chic

**chica** *f* girl

**chicarrón** *m* F big strapping fellow

**chicha** *f* L.Am. corn liquor; **no ser ni ~ ni limonada** F be neither one thing nor the other

**chícharo** *m* Méx pea

**chicharra** *f* **1** ZO cicada **2** *Méx* (*timbre*) buzzer

**chicharro** *m* ☞ **jurel**

**chicharrones** *mpl* cracklings, *Br* pork scratchings

**chiche I** *adj* C.Am. F (*fácil*) easy **II** *m* **1** *S.Am.* (*juguete*) toy **2** (*adorno*) trinket

**chichera** *f* C.Am. F slammer, jail

**chichería** *f* L.Am. bar selling corn liquor

**chichi** *f* Méx F breast, boob F

**chichón** *m* bump

**chicle** *m* chewing gum

**chico I** *adj* small, little; **dejar ~ a alguien** *fig* F put s.o. to shame F **II** *m* boy; **peinado a lo ~** with short hair, with a boyish haircut

**chicota** *f* great big girl

**chicote** *m* **1** great big boy **2** *L.Am.* (*látigo*) whip

**chifa** *m* Pe **1** Chinese restaurant **2** (*comida china*) Chinese food

**chifla** *f* Méx whistling

**chiflado** *adj* F crazy F (**por** about), nuts F (**por** about) **II** *m*, **-a** *f* nutcase F, basketcase F

**chifladura** *f* **1** whistling **2** F (*locura*) craziness F **3** F (*idea*) crazy idea F

**chiflar** ⟨1a⟩ **I** *v/t* boo **II** *v/i* whistle; **chiflarse** *v/r* F be crazy F (**por** about)

**chifón** *m tejido* chiffon

**chiísmo** *m* REL Shiite religion

**chiíta I** *adj* Shiite **II** *m/f* Shiite

**Chile** *m* Chile

**chile** *m* chilli (pepper)

**chilena** *f en fútbol* scissors kick, overhead kick

**chileno I** *adj* Chilean **II** *m*, **-a** *f* Chilean

**chilindrón** *m* GASTR: **al ~** cooked in a tomato and pepper sauce

**chillar** ⟨1a⟩ *v/i* scream, shriek; *de cerdo* squeal

**chillería** *f* screaming, shrieking

**chillido** *m* scream, shriek; *de cerdo* squeal

**chillón I** *adj* **1** *voz* shrill **2** *color* loud **II** *m*, **-ona** *f* loudmouth

**chilmol(e)** *m* C.Am., *Méx* GASTR tomato and chilli sauce

**chilote** *m* C.Am. baby corn

**chimenea** *f* **1** chimney **2** *de salón* fireplace

**chimichurri** *m* Rpl hot sauce

**chimpancé** *m* ZO chimpanzee

**China** *f* China

**china**[1] *f* **1** Chinese woman **2** Rpl (*criada*) waitress **3** Rpl (*niñera*) nursemaid

**china**[2] *f piedra* small stone; *me ha tocado la ~ fig* I've drawn the short straw

**chinchar** ⟨1a⟩ *v/t* F pester; **chincharse** *v/r* put up with it; *¡que se chinche!* tough!

**chinche** *f* **1** ZO bedbug **2** L.Am. (*chincheta*) thumbtack, *Br* drawing pin

**chincheta** *f* thumbtack, *Br* drawing pin

**chinchilla** *f* chinchilla

**¡chinchín!** *int* bottoms up!, chinchin!

**chinchorrero** *adj* annoying, irritating

**chinchorro** *m* hammock

**chinchoso** *adj* F annoying, irritating

**chinear** ⟨1a⟩ *v/t* C.Am. *niños* look after

**chinela** *f* slipper

**chinesco** *adj* Chinese

**chingar** ⟨1h⟩ *v/t Méx* V screw V, fuck V; *¡chinga tu madre!* screw you! V, fuck you! V; *no chingues* don't screw me around V; **chingarse** *v/r* put up with it

**chino I** *adj* **1** Chinese **2** *Méx* (*rizado*) curly **II** *m* **1** Chinese man; *trabajo de ~s* F hard work **2** *idioma* Chinese; *me suena a ~* F it's all Chinese *o* double Dutch to me F **3** L.Am. *desp* half-breed *desp* **4** *Méx* (*rulo*) curler

**chip** *m* INFOR chip

**chipirón** *m* baby squid

**Chipre** *f* Cyprus

**chipriota** *m/f & adj* Cypriot

**chiquero** *m* TAUR bull pen

**chiquilla** *f* girl, kid F

**chiquillada** *f* childish trick

**chiquillería** *f* kids *pl* F

**chiquillo** *m* boy, kid F

**chiquito** *adj* little; *no andarse con -as* F not beat about the bush

**chiribita** *f* spark; *los ojos me hacen ~s* I'm seeing spots before my eyes; *está que echa ~s* F he's fuming

**chirigota** *f* joke

**chirimbolo** *m* F doodad F, *Br* doodah F

**chirimoya** *f* BOT custard apple

**chiringuito** *m* beach bar

**chiripa** *f*: *de ~* F by sheer luck

**chirivía** *f* BOT parsnip

**chirla** *f* baby clam

**chirona** *f*: *en ~* F in the can F, inside F; *meter a alguien en ~* put s.o. in the can F *o* inside F

**chirriar** ⟨1c⟩ *v/i* squeak

**chirrido** *m* squeak

**¡chis!** *int* ssh!, hush!

**chisgarabís** *m/f inv* F waste of space F

**chisme** *m* F **1** bit of gossip; *~s pl* (*cotilleos*) gossip *sg* **2** *objeto* doodad F, *Br* doodah F

**chismear** ⟨1a⟩ *v/i* gossip

**chismografía** *f* F gossip

**chismorrear** ⟨1a⟩ *v/i* F gossip

**chismorreo** *m* F gossip

**chismoso I** *adj* gossipy **II** *m*, **-a** *f* F gossip

**chispa I** *adj*: *estar ~* F be tipsy F **II** *f* **1** spark; *echar ~s* be fuming F **2** *fig* wit **3** (*cantidad pequeña*) spot; *ni ~* not one iota; *una ~ de ...* a touch of ...; *eres una ~ revolucionario* you're a bit of a revolutionary

**chispazo** *m* spark

**chispeante** *adj* **1** sparking; *fig* sparkling **2** *lluvia* spitting

**chispear** ⟨1a⟩ *v/i* **1** spark; *fig* sparkle **2** *de lluvia* spit

**chisporrotear** ⟨1a⟩ *v/i* **1** *de leña* crackle **2** *de aceite* spit

**¡chist!** *int* ssh!

**chistar** ⟨1a⟩ *v/i*: *sin ~* without saying a word

**chiste** *m* joke; *tener ~ L.Am.* F be funny

**chistera** *f* top hat

**chistorra** *f* spicy sausage

**chistoso** *adj* funny

**chita** *f*: *a la ~ callando* F on the quiet

¡**chitón**! *int* ssh!, hush!

**chiva** *f* **1** *L.Am.* goat; *estar como una* ~ F be nuts F **2** *C.Am.*, *Col* bus

**chivarse** ⟨1a⟩ *v/r* F rat F (*a* to); ~ *de alguien* rat on s.o. F

**chivatazo** *m* F tip-off F; *dar el* ~ *a alguien* F tip s.o. off F, rat to s.o. F

**chivato** *m*, *-a* *f* F stool pigeon F

**chivo** *m* **1** ZO kid **2** *C.Am.*, *Méx* wages *pl*

◇ **chivo expiatorio** scapegoat

**chocante** *adj* **1** (*sorprendente*) startling **2** *que ofende* shocking **3** (*extraño*) odd **4** *L.Am.* (*antipático*) unpleasant

**chocar** ⟨1g⟩ **I** *v/t*: ¡*choca esos cinco!* give me five!, put it there! **II** *v/i* **1** crash (*con*, *contra* into), collide (*con* with); ~ *frontalmente* crash head on; ~ *con un problema* come up against a problem **2**: ~*le a alguien* (*sorprender*) surprise s.o.; (*ofender*) shock s.o **3**: *me choca ese hombre* that guy disgusts me

**chocarrería** *f* coarseness

**chocarrero** *adj* coarse

**chocha** *f* ZO woodcock

**chochear** ⟨1a⟩ *v/i* F be senile

**chochera** *f*, **chochez** *f* F senility

**chochín** *m* ZO wren

**chocho** **I** *adj* F senile; *estar* ~ *con* dote on **II** *m* P beaver P, cunt V

**choclo** *m* *Rpl* corn, *Br* corn on the cob

**choco** *m* ZO cuttlefish

**chocolate** *m* **1** chocolate **2** F (*hachís*) hashish, hash F

**chocolatería** *f* chocolate factory

**chocolatero** **I** *adj* **1** chocolate *atr* **2** *persona* fond of chocolate **II** *m*, *-a* *f* chocolate maker

**chocolatina** *f* chocolate bar

**chofer** *L.Am.*, **chófer** *m* driver

**chollo** *m* F bargain

**cholo** *m* *L.Am.* half-caste *desp*

**chomba** *f* sweater, *Br tb* jumper; *Arg* polo shirt

**chompa** *f* *S.Am.* sweater, *Br tb* jumper

**chongo** *m* *Méx* (*moño*) bun

**chop** *m* *L.Am.* large beer

**chopera** *f* poplar grove

**chopo** *m* BOT poplar

**choque** *m* **1** collision, crash **2** DEP, MIL clash **3** MED shock

◇ **choque en cadena** pile-up; **choque frontal** head-on collision; **choque múltiple** pile-up

**chorar** ⟨1a⟩ *v/t* P rip off F

**chorbo** *m* P guy F

**choricear** ⟨1a⟩, **chorizar** ⟨1f⟩ *v/t* P swipe F

**chorizo** **I** *m* **1** chorizo (*spicy cured sausage*) **2** *Rpl* (*filete*) rump steak **II** *m*, *-a* *f* F thief

**chorlito** *m* plover; *cabeza de* ~ F featherbrain F

**chorra** **I** *f* luck **II** *m/f* idiot

**chorrada** *f* F piece of junk; *decir* ~*s* F talk garbage, *Br* talk rubbish

**chorrear** ⟨1a⟩ *v/i* **1** gush out, stream out **2** (*gotear*) drip

**chorreo** *m* gushing

**chorrera** *f* *de líquido* stream; *de gas* jet

**chorro** *m* **1** *líquido* jet, stream; *fig* stream; *sangraba* / *sudaba a* ~*s* he was bleeding / sweating heavily; *como los* ~*s del oro* F clean as a new pin; *un* ~ *de Méx* F loads of F **2** *C.Am.* faucet, *Br* tap

◇ **chorro de voz** strong voice

**chota** *f* ZO kid; *estar como una* ~ *fig* F be nuts F

**chotearse** ⟨1a⟩ *v/r* F: ~ *de* make fun of

**choteo** *m* F joking

**choto** *m* ZO *de vaca* calf; *de cabra* kid

**chova** *f* ZO chough

**chovinismo** *m* chauvinism

**chovinista** **I** *adj* chauvinist(ic) **II** *m/f* chauvinist

**choza** *f* hut

**christmas** *m* Christmas card

**chubasco** *m* shower

**chubasquero** *m* raincoat

**chuchería** *f* **1** knick-knack **2** (*golosina*) candy, *Br* sweet

**chucho** **I** *adj* *C.Am.* mean **II** *m* F **1** (*perro*) mutt F, mongrel **2** *Chi* (*cárcel*) can F, *Br* nick F

**chucrut** *m* GASTR sauerkraut

**chueco** *adj* *L.Am.* (*torcido*) twisted

**chufa** *f* BOT tiger nut

**chufla** *f* joke; *estar de* ~ be joking

**chulada** *f*: ¡*qué* ~ *de ...!* what a lovely ...!

**chulapo** *m* ☞ **chulo**

**chulearse** ⟨1a⟩ *v/r* brag; ~ *de que* brag that

**chulería** *f* bragging

**chuleta** *f* GASTR chop

**chulo** F **I** *adj* **1** fantastic F, great F **2** *Méx* (*guapo*) attractive **3** (*presuntuoso*) cocky F; **ponerse** ~ get cocky II *m* pimp

**chumbera** *f* prickly pear

**chumbo** *adj*: **higo** ~ prickly pear

**chumpipe** *m* C.Am. turkey

**chunga** *f* F joke; **tomar algo a** ~ treat sth as a joke

**chungo** *adj* F **1** terrible, crap V **2** *persona* mean F, nasty

**chungón** *m*, **-ona** *f* joker

**chunguearse** ⟨1a⟩ *v/r* F: ~ **de** make fun of

**chupa** *f* **1** jacket; **poner a alguien como** ~ **de dómine** lay into s.o. F, *Br* tear s.o. off a strip F **2** *L.Am.* (*ebriedad*) drunkenness

**chupada** *f* **1** suck; **dar una** ~ **a** suck **2** *de cigarrillo* puff

**chupado** *adj* **1** F (*delgado*) skinny F **2** F (*fácil*) dead easy F **3** *L.Am.* F (*borracho*) drunk

**chupaflor** *m* L.Am. hummingbird

**chupar** ⟨1a⟩ I *v/t* **1** suck **2** (*absorber*) soak up; ~ **rueda** *en ciclismo* tuck in, follow II *v/i*: ~ **del bote** F line one's pockets; **chuparse** *v/r*: ~ **algo** suck sth; *fig* F put up with sth; ~ **los dedos** F lick one's fingers; **estar para** ~ **los dedos** *de comida* be delicious, be finger-licking good F

**chuparrueda(s)** *m/f* (*inv*) hanger-on

**chupasangre** *m fig* F bloodsucker

**chupatintas** *m inv* F pencil pusher, pen pusher

**chupete** *m* **1** *de bebé* pacifier, *Br* dummy **2** (*sorbete*) Popsicle®, *Br* ice lolly

**chupetear** ⟨1a⟩ *v/t* lick, suck

**chupetín** *m Rpl* Popsicle®, *Br* ice lolly

**chupi** *adj* F great F, fantastic F

**chupito** *m* F shot

**chupón** *m* **1** BOT sucker **2** *L.Am. de bebé* pacifier, *Br* dummy II *m*, **-ona** *f* sponger F

**chupóptero** *m*, **-a** *f* F sponger F

**churrasco** *m Rpl* steak

**churre** *m* F grease

**churrería** *f* fritter stall

**churrete** *m* F mark, stain

**churro** *m* **1** fritter **2** (*chapuza*) botched job

**churruscarse** ⟨1g⟩ *v/r* crisp

**churumbel** *m* F kid F

**chusco** I *adj* funny II *m* piece of bread

**chusma** *f desp* rabble *desp*

**chutar** ⟨1a⟩ *v/i* **1** DEP shoot **2**: **esto va que chuta** F this is working out fine; **y vas que chutas** F and that's your lot! F; **chutarse** *v/r* F *con drogas* shoot up F

**chute** *m* F fix F

**chuzo** *m* **1** *Chi* F *persona* dead loss F **2**: **caer** ~**s de punta** F pelt down F

**Cía.** *abr* (= **compañía**) Co. (= company)

**cianuro** *m* cyanide

◇ **cianuro de potasio** potassium cyanide

**ciática** *f* MED sciatica

**ciático** *adj* sciatic; **nervio** ~ sciatic nerve

**cibercafé** *m* Internet café, cyber café

**ciberespacio** *m* cyberspace

**cibernauta** *m/f* Internet surfer

**cibernética** *f* cybernetics *sg*

**cibernético** *adj* cybernetic

**cicatear** ⟨1a⟩ *v/i* be stingy

**cicatería** *f* stinginess

**cicatero** I *adj* stingy II *m*, **-a** *f* miser, tightwad F

**cicatriz** *f* scar

**cicatrización** *f* healing, formation of scar tissue

**cicatrizar** ⟨1f⟩ *v/i* & *v/t* heal; **cicatrizarse** *v/r* heal

**cicerone** *m/f* guide

**ciclamen** *m* BOT cyclamen

**cíclico** *adj* cyclical

**ciclismo** *m* cycling

**ciclista** I *adj* cycling *atr*; **carrera** ~ cycle race II *m/f* cyclist

**ciclo** *m* **1** cycle **2** *de cine* season; *de conferencias* series *sg*

**ciclocross** *m* DEP cyclo-cross

**ciclomotor** *m* moped

**ciclón** *m* cyclone

**ciclópeo** *adj fig* gigantic

**ciclotrón** *m* cyclotron

**cicloturismo** *m* bicycle touring

**cicloturista** *m/f* touring cyclist

**ciclovía** *f L.Am.* cycle lane

**cicuta** *f* BOT hemlock

**cidra** *f* BOT citron

**ciega** *f* blind woman

**ciego** I *adj* **1** blind; **quedar(se)** ~ go blind; ~ **de ira** blind with rage; **a -as** blindly **2** ANAT: **intestino** ~ cecum, *Br* caecum II *m* **1** blind man; **¡eso lo ve un** ~**!** even a blind man can see that! **2** ANAT cecum, *Br* caecum

**cielito** *m Rpl* folk dance

**cielo** *m* **1** sky; **minería a** ~ **abierto** MIN

strip mining, *Br* opencast mining; **po-ner a alguien por los ~s** F praise s.o. to the skies; **llovido del ~** out of the blue; **remover ~ y tierra** F move heaven and earth **2** REL heaven; **estar en el séptimo ~** *fig* be in seventh heaven; **ver el ~ abierto** F see one's chance; **ser un ~** F be an angel F; **¡~s!** good heavens!

◇ **cielo raso** ceiling

**ciempiés** *m inv* ZO centipede

**cien** *adj* a o one hundred; **poner a al-guien a ~** F irritate s.o., get on s.o.'s nerves; **~ por ~** *fig* F a hundred per cent, totally

**ciénaga** *f* marsh

**ciencia** *f* **1** science; **a ~ cierta** for certain, for sure; **ser un pozo de ~** F be a fount of knowledge **2**: **~s** *pl* EDU science *sg*; **~s (naturales)** natural sciences

◇ **ciencia ficción** science fiction; **cien-cias de la comunicación** communication sciences; **ciencias económicas** economics *sg*

**cieno** *m* silt

**científico I** *adj* scientific **II** *m*, **-a** *f* scientist

**cientista** *m/f* *L.Am.* scientist

**ciento** *pron* **1** a o one hundred; **~s de** hundreds of; **~ y la madre** F the world and his wife F **2**: **el cinco por ~** five percent; **cien por ~** one hundred per cent, totally

**cierne(s)**: **en ~** *fig* potential, in the making; **estar en ~** be in its infancy

**cierre** *m* **1** *de prenda, maleta etc* fastener **2** *de negocio: permanente* closure; *a diario* closing; **~ de la Bolsa** close of the stock exchange; **al ~ de la edición** at the time of going to press

◇ **cierre centralizado** AUTO central locking; **cierre de las emisiones** TV close, closedown; **cierre metálico** metal shutter; **cierre patronal** lockout; **cierre relámpago** *L.Am.* zipper, *Br* zip

**ciertamente** *adv* certainly

**cierto** *adj* **1** (*seguro*) certain **2** (*verdade-ro*): **es ~** it's true; **lo ~ es que ...** the fact is that ...; **estar en lo ~** be right **3**: **hasta ~ punto** up to a point; **un ~ encanto** a certain charm; **~ día** one day **4**: **por ~** incidentally

**cierva** *f* ZO doe

**ciervo** *m* ZO buck

◇ **ciervo volante** stag beetle

**cierzo** *m* north wind

**c.i.f.** *abr* (= **costo, seguro y flete**) cif (= cost, insurance, freight)

**cifra** *f* **1** figure **2**: **en ~** in code

◇ **cifra de negocios, cifra de ventas** sales figures *pl*, turnover

**cifrado** *adj* coded

**cifrar** ⟨1a⟩ *v/t* write in code; **~ su espe-ranza en** pin one's hopes on; **cifrarse** *v/r*: **~ en** come to, amount to

**cigala** *f* ZO crawfish, *Br* crayfish

**cigarra** *f* ZO cicada

**cigarrera** *f* cigar / cigarette box, cigar / cigarette case

**cigarrería** *f* *L.Am.* shop selling ciga-rettes etc

**cigarrillo** *m* cigarette

**cigarro** *m* **1** cigar **2** *L.Am.* (*cigarillo*) ci-garette

**cigüeña** *f* ZO stork

**cigüeñal** *m* AUTO crankshaft

**cigüeñuela** *f* ZO black-winged stilt

**cilantro** *m* BOT coriander

**cilicio** *m* hair shirt

**cilindrada** *f* AUTO cubic capacity

**cilíndrico** *adj* cylindrical

**cilindro** *m* cylinder

**cilio** *m* BIO cilium

**cima** *f* summit; *fig* peak; **dar ~ a** com-plete successfully

**cimarrón I** *adj* **1** *L.Am. animal* wild **2** *L.Am. esclavo* runaway **3** *Arg*: **mate ~** unsweetened maté **II** *L.Am. m*, **-ona** *f* **1** wild animal **2** *esclavo* runaway slave

**címbalo** *m* MÚS cymbal

**cimborio** *m* ARQUI dome

**cimbr(e)ar** ⟨1a⟩ *v/t* swing; **cimbr(e)arse** *v/r* sway

**cimbreante** *adj* swaying

**cimentación** *f* **1** foundation laying **2** (*ci-mientos*) foundations *pl*

**cimentar** ⟨1k⟩ *v/t* lay the foundations of; *fig* base (**en** on)

**cimero** *adj* highest; *fig* finest

**cimientos** *mpl* foundations

**cimitarra** *f* scimitar

**cinabrio** *m* cinnabar

**cinc** *m* zinc

**cincel** *m* chisel

**cincelado** *m* **1** *de metal* engraving **2** *de piedra* chiseling, *Br* chiselling

**cincelar** ⟨1a⟩ *v/t* **1** *metal* engrave **2** *pie-*

*dra* chisel

**cincha** *f* girth, cinch

**cinchar** ⟨1a⟩ *v/t* girth, do up the girth of

**cincho** *m* **1** belt **2** (*aro*) hoop

**cinco I** *adj* five **II** *m* five; **no tener ni ~** F not have a red cent F

**cincuenta** *adj* fifty

**cincuentena** *f* fifty; **una ~ de ...** about fifty ...

**cincuentenario** *m* fiftieth anniversary

**cincuentón I** *adj* in one's fifties **II** *m*, **-ona** *f* person in his / her fifties

**cine** *m* **1** movies *pl*, cinema; **llevar al ~** make into a movie; **de ~** *fig* F magnificent **2** *edificio* movie theater, *Br* cinema

◇ **cine de barrio** local movie theater, *Br* local cinema; **cine club** film club *o* society; **cine de estreno** *movie house showing new releases*; **cine mudo** silent movies *pl*; **cine sonoro** talkies *pl*

**cineasta** *m/f* film-maker

**cinéfilo** *m*, **-a** *f* movie buff

**cinegética** *f* (art of) hunting

**cinegético** *adj* hunting *atr*

**cinemateca** *f* movie library, *Br* film library

**cinematografía** *f* cinematography

**cinematográfico** *adj* movie *atr*

**cinematógrafo** *m* projector

**cinerario** *adj*: **urna -a** funerary urn

**cinética** *f* kinetics *sg*

**cinético** *adj* kinetic

**cíngaro I** *adj* gypsy **II** *m*, **-a** *f* gypsy

**cínico I** *adj* cynical **II** *m*, **-a** *f* cynic

**cinismo** *m* cynicism

**cinta** *f* **1** ribbon **2** *de música, vídeo* tape **3** BOT spider plant

◇ **cinta adhesiva** adhesive tape; **cinta aislante** electrical tape, friction tape, *Br* insulating tape; **cinta de audio** audio tape; **cinta correctora** correction ribbon; **cinta magnética** magnetic tape; **cinta métrica** tape measure; **cinta transportadora** conveyor belt; **cinta de video**, *Esp* **cinta de vídeo** video tape

**cinto** *m* belt

**cintura** *f* waist; **meter a alguien en ~** *fig* F take s.o. in hand

**cinturón** *m* **1** belt; **apretarse el ~** *fig* tighten one's belt **2** AUTO: **llevar el ~** (**abrochado**) have one's seatbelt on

◇ **cinturón de castidad** HIST chastity belt; **cinturón con pretensor** AUTO inertia-reel seatbelt; **cinturón de ronda** beltway, *Br* ring road; **cinturón de seguridad** AUTO seatbelt; **cinturón de tres puntos (de anclaje)** AUTO three-point seatbelt

**cíper** *m* *Méx* zipper, *Br* zip

**ciprés** *m* BOT cypress

**circense** *adj* circus *atr*

**circo** *m* circus

**circón** *m* MIN zircon

**circuito** *m* circuit; **corto ~** EL short circuit

◇ **circuito cerrado** EL closed circuit

**circulación** *f* **1** movement; **libre ~** POL freedom of movement **2** FIN, MED circulation; **poner en ~** put into circulation; **retirar de la ~** withdraw from circulation **fuera de ~** out of circulation **3** AUTO traffic

◇ **circulación sanguínea** circulation (of the blood)

**circular I** *adj* circular **II** *f* circular **III** ⟨1a⟩ *v/i* **1** circulate **2** AUTO drive, travel **3** *de persona* move (along); **¡circulen!** move along!

**circulatorio** *adj* MED circulatory; **trastornos ~s** circulation problems

**círculo** *m* **1** MAT circle **2**: **en ~s artísticos** in artistic circles

◇ **Círculo Polar Antártico** Antarctic Circle; **Círculo Polar Ártico** Arctic Circle; **círculo vicioso** vicious circle

**circuncidar** ⟨1a⟩ *v/t* circumcise

**circuncisión** *f* circumcision

**circunciso** *adj* circumcised

**circundante** *adj* surrounding

**circundar** ⟨1a⟩ *v/t* surround

**circunferencia** *f* circumference

**circunloquio** *m* circumlocution

**circunnavegación** *f* circumnavigation

**circunnavegar** ⟨1h⟩ *v/t* circumnavigate

**circunscribir** ⟨3a⟩ *v/t* limit (**a** to)

**circunscripción** *f* POL electoral district, *Br* constituency

**circunscrito I** *part* ☞ **circunscribir II** *adj* limited (**a** to)

**circunspección** *f* circumspection, caution

**circunspecto** *adj* circumspect, cautious

**circunstancia** *f* **1** circumstance; **dadas la ~s** in view of the circumstances; **en estas ~s** in these circumstances **2**: **de ~s** (*provisional*) temporary circunstanciado *adj* detailed

circunstancial *adj* circumstantial

circunstante I *adj* present II *mpl*: **los ~s** those present

circunvalación *f*: (**carretera de**) ~ beltway, *Br* ring road

circunvalar ⟨1a⟩ *v/t* go around

circunvolución *f* circumvolution

cirio *m* candle; **armar** *o* **montar un** ~ F kick up a fuss F

cirro *m* cirrus

cirrosis *f* MED cirrhosis

◇ **cirrosis hepática** cirrhosis of the liver

ciruela *f* plum

◇ **ciruela claudia** greengage

◇ **ciruela pasa** prune

ciruelo *m* plum tree

cirugía *f* surgery

◇ **cirugía estética** cosmetic surgery

◇ **cirugía plástica** plastic surgery

cirujano *m*, -a *f* surgeon

ciscar ⟨1g⟩ *v/t* soil, dirty; **ciscarse** *v/r* F do a poop F, *Br* do a pooh F

cisco *m*: **hacer** ~ smash; **armar** ~ kick up a fuss

Cisjordania *f* the West Bank

cisma *m* REL schism; *fig* split

cisne *m* ZO swan; **canto del** ~ swansong; **jersey de cuello** ~ turtleneck (sweater)

Císter *m* Cistercian order

cisterciense *adj* Cistercian

cisterna *f* de WC cistern

cístico *adj* ANAT: **conducto** ~ bile duct

cistitis *f* MED cystitis

cisura *f* crack

cita *f* 1 appointment; ~ **previa** prior appointment, previous engagement; **concertar una** ~ arrange an appointment; **darse** ~ arrange to meet 2 *de texto* quote, quotation

citación *f* JUR summons *sg*, subpoena

citadino *L.Am.* I *adj* city *atr*, urban II *m*, -a *f* city dweller, person from the city

citar ⟨1a⟩ *v/t* 1 *a reunión* arrange to meet 2 *a juicio* summon 3 (*mencionar*) mention 4 *de texto* quote; **citarse** *v/r* arrange to meet

cítara *f* MÚS zither

citología *f* Pap test, *Br* smear test

cítrico I *adj* citric; **ácido** ~ citric acid II *m* citrus fruit; **~s** *pl* citrus fruit *sg*

citricultura *f* citrus fruit growing

ciudad *f* town; *más grande* city

◇ **Ciudad del Cabo** Cape Town; **Ciudad Condal**: **la** ~ Barcelona; **ciudad dormitorio** bedroom community, *Br* dormitory town; **ciudad-estado** city state; **Ciudad Eterna**: **la** ~ the Eternal City; **Ciudad de Guatemala** Guatemala City; **ciudad jardín** garden city; **Ciudad de México** Mexico City; **ciudad universitaria** university campus; **Ciudad del Vaticano** Vatican City

ciudadanía *f* citizenship

ciudadano I *adj* civic; **seguridad -a** public safety II *m*, -a *f* citizen; **el** ~ **de a pie** the man in the street

ciudadela *f* citadel

civeta *f* ZO civet

cívico *adj* civic; **deber** ~ civic duty, public duty

civil I *adj* civil; **casarse por lo** ~ have a civil wedding II *m/f* civilian III *m* civil guard

civilidad *f* civility

civilista *m/f* JUR civil lawyer

civilización *f* civilization

civilizado *adj* civilized

civilizar ⟨1f⟩ *v/t* civilize; **civilizarse** *v/r* become civilized

civismo *m* civility

cizalla *f* metal shears *pl*

cizaña *f*: **sembrar** *o* **meter** ~ cause trouble

cizañero *m*, -a *f* F troublemaker

cl. *abr* (= **centilitro**) cl. (= centiliter)

clamar ⟨1a⟩ *v/i*: ~ **por algo** clamor for sth, *Br* clamour for sth, cry out for sth; ~ **al cielo** *fig* be an outrage

clamor *m* roar; *fig* clamor, *Br* clamour

clamoroso *adj* clamorous; *ovación* rapturous; *éxito, fracaso* resounding

clan *m* clan

clandestinidad *f* POL clandestine nature

clandestino *adj* POL clandestine, underground; **movimiento** ~ underground movement

claque *f* TEA claque

claqué *m* tap dancing; **bailar** ~ tap-dance

claqueta *f* clapperboard

clara *f* 1 *de huevo* white 2 *bebida* shandy-gaff, *Br* shandy

claraboya *f* skylight

claramente *adv* clearly

clarear ⟨1a⟩ *v/i del cielo* get light; **al** ~ **el**

*día* at daybreak
**clarete** *m* claret
**claridad** *f* light; *fig* clarity
**clarificación** *f* explanation, clarification
**clarificar** ⟨1g⟩ *v/t* clarify
**clarín** *m* bugle
**clarinazo** *m* bugle call
**clarinete** *m* clarinet
**clarinetista** *m/f* clarinetist
**clarividencia** *f* clairvoyance
**clarividente I** *adj* clairvoyant **II** *m/f* clairvoyant
**claro I** *adj* **1** *tb fig* clear; **poner en ~** make clear; **dejar ~** make plain; **quedar ~** be clear; **tener algo ~** be sure *o* clear about sth; **pasar la noche en ~** lie awake all night, not sleep a wink; **a las -as** clearly **2** *color* light **3** (*luminoso*) bright **4** *salsa* thin
**II** *adv*: **hablar ~** speak plainly; **¡~!** of course!; **~ está** of course
**III** *m* **1** METEO clear spell **2** *en bosque* clearing
◇ **claro de luna** moonlight
**claroscuro** *m* chiaroscuro
**clase** *f* **1** EDU class; **dar ~(s)** teach **2** (*variedad*) kind, sort **3** *social* class; **la ~ obrera** the working class **4**: **tener ~** have class; **una mujer con ~** a classy woman
◇ **clase media** middle class; **clase particular** private lesson; **clase turista** AVIA tourist class; **clases altas** upper classes; **clases bajas** lower classes; **clases pasivas** *people in receipt of state pensions*
**clasemediero** *adj Méx* middle-class
**clasicismo** *m* classicism
**clásico I** *adj* classical **II** *m* classic
**clasificable** *adj* classifiable
**clasificación** *f* **1** DEP *en competición* qualification **2** *de liga* league table **3**: **hacer la ~ de los documentos** sort the documents out
**clasificado** *m L.Am.* classified ad
**clasificador** *m* file cabinet, *Br* filing cabinet
**clasificadora** *f* sorter
**clasificar** ⟨1g⟩ *v/t* classify; **clasificarse** *v/r* DEP qualify; **~ tercero** come in *o* place third
**clasismo** *m* classism
**clasista** *adj* classist; **sociedad ~** class-

-conscious society
**claudia** *f* BOT greengage
**claudicación** *f* capitulation
**claudicar** ⟨1g⟩ *v/i* give in, capitulate
**claustro** *m* **1** ARQUI cloister **2** *de profesores* staff
**claustrofobia** *f* claustrophobia
**cláusula** *f* clause
◇ **cláusula penal** penalty clause
**clausura** *f* **1** *de acto* closing ceremony **2** *de bar, local* closure **3** REL cloister
**clausurar** ⟨1a⟩ *v/t* **1** *acto oficial* close **2** *por orden oficial* close down
**clavadista** *m/f Méx* diver
**clavado I** *adj*: **ser ~ a alguien** be the spitting image of s.o. F; **dejar a alguien ~** *fig* F dumbfound s.o. **II** *m Méx* (*salto*) dive
**clavar** ⟨1a⟩ *v/t* **1** stick (**en** into) **2** *clavos, estaca* drive (**en** into); *uñas* sink (**en** into) **3**: **~ los ojos en alguien** fix one's eyes on s.o. **4**: **~ a alguien por algo** F overcharge s.o. for sth; **clavarse** *v/r*: **~ un cuchillo en la mano** stick a knife into one's hand
**clave I** *f* **1** *de problema* key **2** (*código*) code; **en ~** in code **II** *adj importante* key; **figura ~** key figure; **puesto ~** key post **III** *m* MÚS harpsichord
◇ **clave de fa** bass clef
◇ **clave de sol** treble clef
**clavecín** *m* harpsichord
**clavecinista** *m/f* harpsichord player
**clavel** *m* BOT carnation
**clavellina** *f* BOT pink
**clavetear** ⟨1a⟩ *v/t* adorn with studs, stud
**clavicémbalo** *m* harpsichord
**clavicordio** *m* clavichord
**clavícula** *f* ANAT collarbone
**clavija** *f* EL pin; **apretarle a alguien las ~s** put the screws on s.o. F
**clavo** *m* **1** *de metal* nail; **dar en el ~** hit the nail on the head; **como un ~** on the dot; **está tan desesperado que se agarraría a un ~ ardiendo** he's so desperate he'd do anything; **remachar el ~** make matters worse **2** GASTR clove **3** *CSur* F *persona* dead loss F
**claxon** *m* AUTO horn; **tocar el ~** sound one's horn
**clemátide** *f* BOT clematis
**clemencia** *f* clemency, mercy
**clemente** *adj lit* clement, merciful
**clementina** *f* BOT clementine

cleptómano I *adj* kleptomaniac II *m*, -a
  *f* kleptomaniac
clerical *adj* clerical
clericalismo *m* clericalism
clérigo *m* priest, clergyman
◇ clérigo secular lay preacher
clero *m* clergy
clic *m* INFOR click; *hacer ~ en* click on;
  *doble ~* double click; *hacer doble ~*
  double click
clicar ⟨1g⟩ *v/i* click
cliché *m* 1 TIP plate 2 (*tópico*) cliché
clienta *f* ☞ *cliente*
cliente *m/f de tienda* customer; *de empresa* client
◇ cliente fijo, cliente habitual regular
  (customer)
clientela *f* clientele, customers *pl*
clima *m* climate
◇ clima continental continental climate
climaterio *m* MED climacteric *fml*, menopause
climático *adj* climatic
climatización *f* air conditioning
climatizado *adj* air-conditioned
climatizador *m* air conditioner
climatizar ⟨1f⟩ *v/t* air-condition
climatología *f* climatology
clímax *m fig* climax
clínic *m en baloncesto* clinic
clínica *f* clinic
◇ clínica abortiva abortion clinic;
  clínica dental dental clinic; clínica ginecológica gynecological clinic; clínica veterinaria veterinary clinic
clínico *adj* clinical
clip *m* 1 *para papeles* paperclip 2 *para el
  pelo* bobby pin, *Br* hairgrip
clisé *m* 1 TIP plate 2 (*tópico*) cliché
clítoris *m* ANAT clitoris
cloaca *f tb fig* sewer
clon *m* BIO clone
clonación *f* BIO cloning
clonar ⟨1a⟩ *v/t* clone
clónico *adj* BIO clonal, clone *atr*
cloquear ⟨1a⟩ *v/i* cluck
clorar ⟨1a⟩ *v/t* chlorinate
cloro *m* 1 QUÍM chlorine 2 *Méx* (*lejía*)
  bleach
clorofila *f* chlorophyll
clorofluorocarbono *m* chlorofluorocarbon
cloroformizar ⟨1f⟩ *v/t* chloroform

cloroformo *m* QUÍM chloroform
cloruro *m* QUÍM chloride
◇ cloruro sódico, cloruro de sodio
  sodium chloride
clóset *m L.Am.* closet, *Br* wardrobe
club *m* club
◇ club deportivo sports club; club
  náutico yacht club; club nocturno
  nightclub
clueca *f* broody hen
cm *abr* (= *centímetro*) cm (= centimeter)
CNI *m abr* (= *Centro Nacional de Inteligencia*) Spanish Intelligence Service
CNT *f abr* (= *Confederación Nacional
  de Trabajo*) *Spanish labor union*
coacción *f* coercion
coaccionar ⟨1a⟩ *v/t* coerce
coactivo *adj* coercive
coadyuvante *adj*: *factor ~* contributing
  factor
coadyuvar ⟨1a⟩ *v/i* contribute (*a* to)
coagulación *f* coagulation; *de sangre*
  clotting
coagular ⟨1a⟩ *v/t* coagulate; *sangre* clot;
  coagularse *v/r* coagulate; *de sangre*
  clot
coágulo *m* clot
coala *m* ZO koala
coalición *f* coalition
coaligarse ⟨1h⟩ *v/r tb* POL work together, join forces
coartada *f* JUR alibi
coartar ⟨1a⟩ *v/t* restrict
coautor *m*, ~a *f* co-author
coba *f*: *dar ~ a alguien* F soft-soap s.o. F
cobalto *m* cobalt
cobarde I *adj* cowardly II *m/f* coward
cobardía *f* cowardice
cobaya *m/f* guinea pig
cobertera *f* lid
cobertizo *m* shed
cobertor *m* (*manta*) blanket
cobertura *f* 1 *de seguro* cover 2 TV *etc*
  coverage 3: ~ *de chocolate* covering
  of chocolate, chocolate coating
cobija *f L.Am.* blanket
cobijar ⟨1a⟩ *v/t* 1 give shelter to 2 (*acoger*) take in; cobijarse *v/r* take shelter
cobijo *m* shelter, refuge
cobista *m/f* F con artist F
cobra *f* ZO cobra
cobrable *adj dinero* recoverable
cobrador *m*, ~a *f a domicilio* collector

**cobranza** f collection

**cobrar** ⟨1a⟩ **I** v/t **1** charge **2** *subsidio, pensión* receive; *deuda* collect; *cheque* cash **3** *salud, fuerzas* recover **4** *importancia* acquire **II** v/i **1** be paid, get paid **2**: *vas a ~* F (*recibir un palo*) you're going to get it! F; **cobrarse** v/r **1**: *cóbrese por favor* can I pay, please? **2**: *el huracán se cobró diez víctimas mortales* the hurricane claimed ten lives

**cobre** m copper

**cobrizo** adj copper-colored, Br copper-coloured

**cobro** m **1** charging; *llamar a ~ revertido* call collect, Br tb reverse the charges **2** de subsidio receipt; de deuda collection; de cheque cashing

**coca** f **1** BOT coca **2** F *droga* coke F **3**: *de ~ Méx* free

**cocacho** m S.Am. F whack on the head F

**cocada** f L.Am. coconut cookie

**cocaína** f cocaine

**cocainómano I** adj addicted to cocaine **II** m, -a f cocaine addict

**cocción** f cooking; *en agua* boiling; *al horno* baking

**cóccix** m ANAT coccyx

**cocear** ⟨1a⟩ v/i kick

**cocer** ⟨2b & 2h⟩ **I** v/t cook; *en agua* boil; *al horno* bake **II** v/i cook; *en agua* boil; *a medio ~* half done, half cooked; *sin ~* uncooked; **cocerse** v/r cook; *en agua* boil; *al horno* bake; *fig* F *de persona* be roasting F

**coces** ☞ **coz**

**cochambre** m/f F **1** filth **2** (*basura*) trash, Br rubbish

**cochambroso** adj F filthy

**coche** m **1** car **2** Méx (*taxi*) cab, taxi **3** FERR car, Br carriage

◇ **coche de alquiler** rental car, Br hire car; **coche bomba** car bomb; **coche de caballos** horse-drawn carriage; **coche cama** sleeping car; **coche de carreras** racing car; **coche celular** patrol wagon, Br police van; **coche de choque** bumper car, Br tb dodgem; **coche deportivo** sports car; **coche comedor** L.Am. dining car; **coche de época** vintage car; **coche fúnebre** hearse; **coche de línea** (long-distance) bus; **coche de ocasión** used car, second-hand car;

**coche oficial** official car; **coche patrulla** police car, patrol car; **coche restaurante** restaurant car; **coche usado** used car, second-hand car

**cochecito** m: *~ de niño* stroller, Br pushchair

**cochera** f **1** garage **2** de trenes locomotive shed

**cochero I** adj: *puerta -a* carriage entrance **II** m coachman

**cochifrito** m GASTR dish made with goat and lamb

**cochina** f sow; F *persona* pig F

**cochinada** f F filth

**cochinilla** f ZO woodlouse

◇ **cochinilla de (la) humedad** woodlouse

**cochinillo** m suckling pig, sucking pig

**cochino I** adj **1** fig filthy, dirty **2** (*asqueroso*) disgusting **II** m hog, Br pig; F *persona* pig F

**cochiquera** f tb fig pigpen, Br pig sty

**cocido I** adj boiled **II** m stew

**cociente** m quotient

◇ **cociente intelectual** intelligence quotient, IQ

**cocina** f **1** *habitación* kitchen **2** *aparato* stove, cooker **3** *actividad* cooking **4**: *la ~ francesa* French cuisine

◇ **cocina eléctrica** electric stove o cooker

◇ **cocina de gas** gas stove o cooker

**cocinar** ⟨1a⟩ **I** v/t **1** cook **2** fig F plot **II** v/i cook

**cocinero** m, -a f cook

**cocinilla** f camp stove, Br camping stove

**coclearia** f scurvy grass

**coco** m **1** BOT coconut **2** *monstruo* bogeyman F **3**: *comer el ~ a alguien* F softsoap s.o.; *más fuerte* brainwash s.o.; *comerse el ~* F worry; *estar hasta el ~* F be fed up

**cococha** f GASTR cheek of cod, hake etc

**cocodrilo** m crocodile; *lágrimas de ~* fig crocodile tears

**cocoliche** m Arg pidgin Spanish

**cocorota** f F head, nut F

**cocotazo** m L.Am. F whack on the head F

**cocotero** m coconut palm

**cóctel** m cocktail

◇ **cóctel de gambas** shrimp cocktail, Br prawn cocktail

◇ **cóctel Molotov** Molotov cocktail
**coctelera** f cocktail shaker
**coctelería** f cocktail bar
**cód** abr (= **código**) code
**coda** f MÚS coda
**codazo** m: **dar a alguien un ~** elbow s.o.
**codear** ⟨1a⟩ v/t & v/i nudge; con fuerza elbow; **codearse** v/r: **~ con alguien** rub shoulders with s.o.
**codeína** f codeine
**codera** f elbow patch
**codeso** m BOT laburnum
**códice** m HIST codex
**codicia** f greed
**codiciable** adj desirable
**codiciar** ⟨1b⟩ v/t covet
**codicilo** m codicil
**codicioso** adj greedy, covetous
**codificación** f codification, encoding
**codificado** adj TV encrypted
**codificar** ⟨1g⟩ v/t 1 JUR codify 2 (cifrar) encode; TV encrypt
**código** m code
◇ **código de barras** COM barcode; **código de la circulación** drivers' manual, Br highway code; **código civil** civil code; **código de honor** code of honor o Br honour; **código penal** penal code; **código postal** zip code, Br postcode
**codillo** m 1 ZO elbow 2 TÉC elbow (joint) 3 GASTR knuckle
**codo** m ANAT elbow; **~ con ~** fig F side by side; **hablar por los ~s** talk nineteen to the dozen F; **romperse los ~s** F bust a gut F
◇ **codo de tenista** MED tennis elbow
**codorniz** f ZO quail
**coeducación** f coeducation
**coeficiente** m coefficient
**coerción** f coercion
**coercitivo** adj coercive
**coetáneo** I adj contemporary II m, -a f contemporary
**coexistencia** f coexistence
**coexistente** adj coexistent
**coexistir** ⟨3a⟩ v/i coexist (**con** with)
**cofia** f cap
**cofrade** m member of a **cofradía**
**cofradía** f 1 fraternity 2 (gremio) guild
**cofre** m 1 de tesoro chest 2 para alhajas jewelry box, Br jewellery box
**cofundador** m, **~a** f co-founder
**cogedor** m dustpan
**coger** ⟨2c⟩ I v/t 1 (asir) take (hold of);

del suelo pick up 2 L.Am. V screw V 3 ladrón, enfermedad catch 4 TRANSP catch, take; **~ el tren / bus** catch the train / bus 5 (entender) get 6 emisora de radio pick up
II v/i 1 en un espacio fit 2 L.Am. V screw V 3 de una planta take, take root 4: **~ por la primera a la derecha** take the first right
**cogerse** v/r hold on (tight); **~ de algo** hold on to sth
**cogestión** f joint management
**cogida** f TAUR goring
**cognición** f cognition
**cognitivo** adj cognitive
**cogollo** m de lechuga, fig heart
**cogorza** f: **agarrar una ~** F get plastered F
**cogotazo** m rabbit punch
**cogote** m F nape of the neck; **estar hasta el ~ de algo** F have had it up to here with sth
**cogulla** f cowl
**cohabitación** f cohabitation, living together
**cohabitar** ⟨1a⟩ v/i live together, cohabit
**cohechar** ⟨1a⟩ v/t bribe
**cohecho** m JUR bribery
**coheredero** m, **-a** f joint heir
**coherencia** f coherence
**coherente** adj coherent; **ser ~ con** be consistent with
**cohesión** f cohesion
**cohesionar** ⟨1a⟩ v/t unite
**cohete** m rocket
**cohibición** f inhibition
**cohibido** adj inhibited
**cohibir** ⟨3a⟩ v/t inhibit; **cohibirse** v/r feel shy
**cohombro** m BOT cucumber
◇ **cohombro de mar** ZO sea cucumber
**cohonestar** ⟨1a⟩ v/t cover up
**COI** abr (= **Comité Olímpico Internacional**) IOC (= International Olympic Committee)
**coima** f L.Am. bribe
**coimear** ⟨1a⟩ v/t L.Am. bribe
**coincidencia** f coincidence
**coincidente** adj coincident
**coincidir** ⟨3a⟩ v/i coincide
**coito** m intercourse
**cojear** ⟨1a⟩ v/i 1 de persona limp, hobble 2 de mesa, silla wobble
**cojera** f limp

**cojín** *m* cushion
**cojinete** *m* TÉC bearing
◇ **cojinete de bolas** ball bearing
**cojo** *adj* **1** *persona* lame; **es ~** he walks with a limp; **andar a la pata -a** hop **2** *mesa, silla* wobbly
**cojón** *m* V ball V; **tener cojones** P have balls V, have guts F; **estar hasta los cojones** V be pissed off V; **¡cojones!** V fuck! V, shit! P
**cojonudo** *adj* P awesome F, brilliant
**col** *f* cabbage; **entre ~ y ~, lechuga** variety is the spice of life
◇ **col blanca** white cabbage
◇ **col de Bruselas** Brussels sprout
**col.** *abr* (= **columna**) col. (= column)
**cola**[1] *f* (*pegamento*) glue
**cola**[2] *f* **1** AVIA, *de animal* tail; **traer ~** have repercussions; **estar a la ~** be in last place **2** *de gente* line, *Br* queue; **hacer ~** stand in line, *Br* queue (up) **3** *L.Am.* F *de persona* butt F, *Br* bum F
◇ **cola de caballo 1** ponytail **2** BOT horsetail
**cola**[3] *f* BOT cola, kola; **nuez de ~** cola nut, kola nut
**colaboración** *f* collaboration
**colaboracionista** *m/f* POL collaborator, collaborationist
**colaborador** *m*, **~a** *f* collaborator; *en periódico* contributor
**colaborar** ⟨1a⟩ *v/i* collaborate
**colación** *f*: **traer** *o* **sacar a ~** bring up
**colada** *f*: **hacer la ~** do the laundry *o* washing
**coladero** *m* ☞ **colador**
**colado** *adj*: **estar ~ por alguien** F be nuts about s.o. F
**colador** *m* colander; *para té etc* strainer
**coladura** *f* **1** straining **2** (*error*) blunder
**colágeno** *m* BIO collagen
**colapsar** ⟨1a⟩ **I** *v/t* paralyze; **~ el tráfico** bring traffic to a standstill **II** *v/i L.Am.* collapse; **colapsarse** *v/r* **1** grind to a halt **2** *de edificio* collapse
**colapso** *m* collapse; **provocar un ~ en la ciudad** bring the city to a standstill
**colar** ⟨1m⟩ **I** *v/t* **1** *líquido* strain **2** *billete falso* pass; **~ algo por la aduana** F smuggle sth through customs **II** *v/i fig* F: **no cuela** I'm not buying it F; **colarse** *v/r* F **1** *en un lugar* get in **2** *en una fiesta* gatecrash; *en una cola* cut in line, *Br* push in **3**: **~ por alguien** F

fall for s.o.
**colcha** *f L.Am.* bedspread
**colchón** *m* mattress; *fig* buffer
◇ **colchón de muelles** spring mattress
◇ **colchón neumático** air mattress, *Br* air bed
**colchoneta** *f* **1** DEP mat **2** *hinchable* air mattress, *Br* air bed
**cole** *m* F school
**colear** ⟨1a⟩ **I** *v/i*: **todavía colea la polémica** the controversy is still dragging on **II** *v/t toro* pull the tail of
**colección** *f* collection
**coleccionable** *adj* collectable
**coleccionar** ⟨1a⟩ *v/t* collect
**coleccionista** *m/f* collector
**colecta** *f* collection
**colectar** ⟨1a⟩ *v/t dinero* collect
**colectivero** *m*, **-a** *f Arg* bus driver
**colectividad** *f* community
**colectivizar** ⟨1f⟩ *v/t* collectivize
**colectivo I** *adj* collective **II** *m* **1** *L.Am.* bus **2** *Méx, C.Am.* taxi **3** *para regalo* collection, *Br tb* whip-round
**colector** *m* **1** TÉC manifold **2** EL collector
◇ **colector solar** solar panel
**colega** *m/f* **1** *de trabajo* colleague **2** F pal F
**colegiado I** *adj* belonging to a professional body **II** *m*, **-a** *f* **1** schoolchild **2** DEP referee **3** *member of a professional body*
**colegial I** *adj* school *atr* **II** *m* student, *Br tb* schoolboy
**colegiala** *f* student, *Br tb* schoolgirl
**colegiarse** ⟨1b⟩ *v/r* join a professional body
**colegio** *m* school
◇ **colegio electoral** electoral college; *lugar* polling place; **colegio de médicos** *professional medical body*; **colegio mayor** dormitory, dorm F, *Br* hall of residence; **colegio profesional** professional institute
**colegir** ⟨3l & 3c⟩ *v/t* deduce (**de, por** from)
**colegui** *m/f* F buddy F, pal F
**coleóptero** *m* ZO coleopteran
**cólera I** *f* anger; **montar en ~** get in a rage **II** *m* MED cholera
**colérico** *adj* angry
**colesterol** *m* cholesterol
**coleta** *f* **1** ponytail; **~s** *pl de pelo*

bunches 2: *cortarse la* ~ *de torero* retire
coletazo *m* swish of the tail
coletilla *f* tag
coleto *m*: *decir para su* ~ *fig* say to o.s.;
  *echarse al* ~ F *comida, bebida* put
  away; *libro* get through
colgado *adj* 1: *dejar* ~ *a alguien* F let
  s.o. down; *estar o quedarse* ~ be (left)
  on one's own 2: *estar* ~ *por alguien* F
  be nuts about s.o. F
colgador *m* *L.Am.* hanger
colgaduras *fpl* hangings
colgajo *m* 1 *de tela* shred 2 *de frutas*:
  *bunch of fruit hung up to dry*
colgante I *adj* hanging II *m* pendant
colgar ⟨1h & 1m⟩ I *v/t* 1 hang 2 TELEC
  put down 3: ~ *los estudios* give up
  one's studies II *v/i* 1 hang (*de* from) 2
  TELEC hang up; *¡no cuelgue!* hold
  the line!; colgarse *v/r* 1 hang o.s. 2:
  ~ *de algo* hang from sth; ~ *de alguien*
  hang onto s.o. 3 INFOR F freeze 4 *a tele-*
  *comedia, pasatiempo etc* get hooked
colibrí *m* ZO hummingbird
cólico *m* MED colic
◇ cólico gástrico gastric colic; cólico
  hepático hepatic colic; cólico nefríti-
  co renal colic
coliflor *f* cauliflower
coligarse ⟨1h⟩ *v/r* ☞ *coaligarse*
colilla *f* cigarette butt *o Br tb* end
colín *m* GASTR bread stick
colina *f* hill
colinabo *m* kohlrabi
colindante *adj* adjoining
colindar ⟨1a⟩ *v/i* be adjacent (*con* to)
colirio *m* MED eyedrops *pl*
coliseo *m* HIST colosseum, coliseum
colisión *f* collision; *fig* clash
◇ colisión en cadena multiple vehicle
  pile-up; colisión frontal head-on collision; colisión múltiple multiple vehicle pile-up
colisionar ⟨1a⟩ *v/i* collide (*con* with); ~
  *frontalmente* collide head-on
colista *m* DEP bottom team in the
  league
colitis *f* MED colitis
collado *m* hill
collage *m* collage
collar *m* 1 necklace 2 *para animal* collar
collarín *m* MED surgical collar
colleras *fpl* *Chi* cuff links
colmado I *adj* overflowing (*de* with);

*una cucharada* -a a heaped spoonful
  II *m* grocery store, *Br* grocer's (shop)
colmar ⟨1a⟩ *v/t deseos, ambición etc* fulfill, *Br* fulfil; ~ *un vaso* fill a glass to the
  brim; ~ *a alguien de elogios* heap
  praise on s.o.
colmena *f* beehive
colmenar *m* apiary
colmenero *m*, -a *f* beekeeper
colmillo *m* ANAT eye tooth; *de perro*
  fang; *de elefante* tusk; *de rinoceronte*
  horn; *escupir por el* ~ F brag; *enseñar*
  *los* ~*s* F show one's teeth
colmo *m*: *¡es el* ~*!* this is the last straw!;
  *para* ~ to cap it all; *para* ~ *de desgra-*
  *cias o de males* to make matters worse
colocación *f* 1 positioning, placing 2
  (*trabajo*) position
colocar ⟨1g⟩ *v/t* put, place; ~ *a alguien*
  *en un trabajo* get s.o. a job; colocarse
  *v/r* 1 *de persona* position o.s.; *se colo-*
  *có a mi lado* he stood next to me; *se*
  *colocaron en primer lugar* they
  moved into first place 2 F get plastered
  F; *con droga* get stoned F
colocón *m* F bender F; *con droga* high F
colofón *m fig* culmination; *como* ~ to
  finish
coloide *m* QUÍM colloid
Colombia *f* Colombia
colombiano I *adj* Colombian II *m*, -a *f*
  Colombian
colombicultor *m*, ~a *f* pigeon breeder
colombicultura *f* pigeon breeding
colombino *adj* of Columbus, Colum-
  bian
colombofilia *f* pigeon keeping
colombófilo *m*, -a *f* pigeon enthusiast,
  *Br* pigeon fancier
Colón Columbus
colón *m* FIN colon
colon *m* ANAT colon
colonia *f* 1 colony; *la* ~ *venezolana en*
  *Washington* the Venezuelan community in Washington 2 *perfume* cologne
  3 *Méx* (*barrio*) district
◇ colonia de verano summer camp
colonial *adj* colonial; *estilo* ~ colonial
  style
colonialismo *m* colonialism
colonialista *m/f* colonialist
colonización *f* colonization
colonizador *m*, ~a *f* colonizer
colonizar ⟨1f⟩ *v/t* colonize

**colono** *m*, **-a** *f* **1** colonist **2** AGR tenant farmer

**coloquial** *adj* colloquial

**coloquio** *m* talk

**color** *m* color, *Br* colour; **de ~** black, colored, *Br* coloured; **sacarle a alguien los ~es** embarrass s.o., make s.o. blush; **salirle a alguien los ~** flush, blush; **se puso de mil ~es** he turned bright red; **subido de ~** risqué; **mudar o cambiar de ~** *fig* change color, go pale ◊ **color café** coffee-colored, *Br* coffee--coloured; *L.Am.* brown; **color complementario** complementary color *o Br* colour; **color local** local color, *Br* local colour

**coloración** *f* coloration

**colorado** *adj* red; **ponerse ~** blush

**colorante** *m* coloring, *Br* colouring

**colorar** ⟨1a⟩ *v/t* color, *Br* colour

**coloratura** *f* MÚS coloratura

**colorear** ⟨1a⟩ *v/t* color, *Br* colour; **libro para ~** coloring book, *Br* colouring book

**colorete** *m* blusher

**colorido** *m* colors *pl*, *Br* colours *pl*

**colorín** *m* **1** ZO goldfinch **2** (*color*) bright color *o Br* colour

**colorterapia** *f* color therapy, *Br* colour therapy

**colosal** *adj* colossal

**coloso** *m* colossus

**columbrar** ⟨1a⟩ *v/t* (*ver*) make out, glimpse; *fig* perceive

**columna** *f* column ◊ **columna de dirección** AUTO steering column ◊ **columna vertebral** ANAT spinal column

**columnata** *f* colonnade

**columnista** *m/f* columnist

**columpiar** ⟨1b⟩ *v/t* push; **columpiarse** *v/r* swing

**columpio** *m* swing

**colutorio** *m* MED mouthwash

**colza** *f* BOT rape

**coma I** *f* GRAM comma **II** *m* MED coma

**comadre** *f L.Am.* godmother

**comadrear** ⟨1a⟩ *v/i* F gossip

**comadreja** *f* **1** ZO weasel **2** *Arg* opossum

**comadreo** *m* gossip

**comadrona** *f* midwife

**comandancia** *f* **1** *distrito* command **2** (*cuartel*) command headquarters *sg o pl* **3** *Méx* police station

**comandante** *m* **1** MIL commander **2** *rango* major **3** AVIA captain **4** *Méx de policía* captain, *Br* superintendent ◊ **comandante en jefe** commander--in-chief

**comandar** ⟨1a⟩ *v/t* command

**comanditario** *adj* COM: **socio ~** silent partner, *Br* sleeping partner

**comando** *m* **1** commando **2** INFOR command

**comarca** *f* area

**comarcal** *adj* local

**comarcano** *adj* neighboring, *Br* neighbouring

**comba** *f* jump rope, *Br* skipping rope; **jugar o saltar a la ~** jump rope, *Br* skip; **no perder ~** not miss a trick

**combar** ⟨1a⟩ *v/t* bend; **combarse** *v/r* bend

**combate** *m* **1** *acción* combat; MIL engagement **2** DEP fight; **fuera de ~** out of action

**combatiente** *m* combatant

**combatir** ⟨3a⟩ *v/t* & *v/i* fight

**combatividad** *f* fighting spirit

**combativo** *adj* combative

**combi** *m Méx* minibus

**combinación** *f* **1** combination; **~ numérica** combination of numbers **2** *prenda* slip **3**: **hacer ~** TRANSP change

**combinada** *f* DEP combined (event)

**combinado** *m* **1** cocktail **2** GASTR ☞ **plato**

**combinar** ⟨1a⟩ *v/t* combine; **combinarse** *v/r* get together

**combinatorio** *adj* combinatorial

**combo** *adj* bent

**combustibilidad** *f* combustibility

**combustible I** *adj* combustible **II** *m* fuel ◊ **combustible fósil** fossil fuel

**combustión** *f* combustion

**comecocos** *m/f inv* F con artist F

**comedero** *m* trough

**comedia** *f* **1** comedy; **hacer ~** *fig* put on an act **2** *L.Am.* (*telenovela*) soap ◊ **comedia de capa y espada** cloak--and-dagger drama (*seventeenth-century Spanish dramatic genre*); **comedia de costumbres** comedy of manners; **comedia de enredo** comedy of intrigue; **comedia musical** musical

**comedianta** *f* actress

**comediante** *m* actor
**comedido** *adj* moderate
**comedimiento** *m* moderation
**comediógrafo** *m*, **-a** *f* playwright
**comedirse** ⟨3l⟩ *v/r* show restraint (**en** in)
**comedón** *m* MED blackhead
**comedor I** *adj*: **es muy ~** he's a big eater **II** *m* dining room
◇ **comedor universitario** refectory
**comején** *m* termite
**comendador** *m* HIST commander
**comensal** *m/f* diner
**comentador** *m*, **~a** *f* commentator
**comentar** ⟨1a⟩ *v/t* **1** *libro* comment on **2** (*mencionar*) comment, remark
**comentario** *m* **1** comment; **¡sin ~s!** no comment! **2**: **~s** *pl* gossip *sg*
◇ **comentario de texto** textual analysis
**comentarista** *m/f* commentator
**comenzar** ⟨1f & 1k⟩ *v/t* begin
**comer** ⟨2a⟩ **I** *v/t* eat; *a mediodía* have for lunch **II** *v/i* eat; *a mediodía* have lunch; **dar de ~ a alguien** feed s.o.; **no tienen qué ~** they haven't a thing to eat; **sin ~lo ni beberlo** F all of a sudden
**comerse** *v/r* **1** *tb fig* eat up; **~ de envidia** be consumed with envy; **está para comértela** F she's really tasty F **2** *de color* fade **3**: **se comió una palabra** she missed out a word
**comerciable** *adj* marketable, saleable
**comercial I** *adj* commercial; *de negocios* business *atr*; **el déficit ~** the trade deficit **II** *m/f* representative **III** *m L.Am.* (*anuncio*) commercial
**comercialización** *f* marketing; *desp* commercialization
**comercializar** ⟨1f⟩ *v/t* market, sell; *desp* commercialize
**comerciante** *m/f* trader
◇ **comerciante al por mayor** wholesaler
◇ **comerciante al por menor** retailer
**comerciar** ⟨1b⟩ *v/i* trade (**con** with; **en** in), do business (**con** with)
**comercio** *m* **1** *actividad* trade; *fig* dealings *pl*; **libre ~** free trade **2** *local* store, shop
◇ **comercio al detalle** retail trade; **comercio electrónico** INFOR e-commerce; **comercio exterior** foreign

trade; **comercio interior** domestic trade; **comercio al por mayor** wholesale trade; **comercio al por menor** retail trade; **comercio de ultramar** overseas trade
**comestible I** *adj* eatable, edible **II** *m* foodstuff; **~s** *pl* food *sg*
**cometa 1** *m* comet **II** *f* kite
**cometer** ⟨2a⟩ *v/t* commit; *error* make
**cometido** *m* task
**comezón** *f* itch; **sentir ~ por hacer algo** F be itching to do sth F
**comible** *adj* F eatable
**cómic** *m* comic
**comicastra** *f* ham actress
**comicastro** *m* ham actor
**comicidad** *f* humor, *Br* humour, comic nature
**comicios** *mpl* elections *pl*
**cómico I** *adj* comical **II** *m*, **-a** *f* comedian
**comida** *f* **1** (*comestibles*) food **2** *ocasión* meal
◇ **comida basura** junk food; **comida de negocios** business lunch; **comida rápida** fast food; **comida de trabajo** working lunch
**comidilla** *f*: **ser la ~ de** be the talk of
**comido I** *part ☞* **comer II** *adj*: **estoy ~** I've already eaten; **llegó ~** he had eaten before he arrived
**comienzo** *m* beginning; **al ~**, **en un ~** at first, in the beginning; **desde el** *o* **un ~** from the start; **a ~s de junio** at the beginning of June
**comillas** *fpl* quotation marks, *Br* inverted commas; **poner entre ~** put in quotation marks *o Br* in inverted commas
**comilón I** *adj* greedy **II** *m*, **-ona** *f* big eater
**comilona** *f* F feast, blowout F
**comino** *m* BOT cumin; **me importa un ~** F I don't give a damn F; **no vale un ~** F it isn't worth anything
**comisaría** *f* precinct (house), *Br* police station
**comisariado** *m* POL commission
**comisario** *m* **1** commissioner; **~ europeo** European Commissioner **2** *de policía* captain, *Br* superintendent
**comisión** *f* **1** committee; *de gobierno* commission; **~ parlamentaria** parliamentary committee **2** (*recompensa*) commission; **trabajar a ~** work on com-

mission

◇ **Comisión Europea** European Commission

**comisionado** *m*, **-a** *f* commissioner

**comisionar** ⟨1a⟩ *v/t* commission

**comisionista** *m/f* commission agent

**comiso** *m* confiscation

**comistrajo** *m desp* terrible meal

**comisura** *f* ANAT: **~ de los labios** corner of the mouth

**comité** *m* committee

◇ **comité de empresa** *committee of workers that discusses industrial relations*, *Br* works council

**comitiva** *f* retinue

◇ **comitiva fúnebre** cortège, funeral procession

**como I** *adv* **1** as; **~ amigo** as a friend **2** (*aproximadamente*): **había ~ cincuenta** there were about fifty; **hace~ una hora** about an hour ago **3**: **así ~** as well as **II** *conj* **1** if; **~ si** as if; **~ si fuera tonto** as if he were *o* was an idiot; **~ no bebas vas a enfermar** if you don't drink you'll get sick **2** *expresando causa* as, since; **~ no llegó, me fui solo** as *o* since she didn't arrive, I went by myself **3**: **me gusta ~ habla** I like the way he talks; **~ quiera** any way you want

**cómo** *adv* **1** how; **¿cómo estás?** how are you?; **¿a ~?** how much?; **¿~ dice?** what did you say?; **no voy a ir - ¿~ que no?** I'm not going – what do you mean, you're not going? **2** *en exclamaciones:* **¡~ me gusta!** I really like it; **¡~ no!** *L.Am.* of course!

**cómoda** *f* chest of drawers

**comodidad** *f* **1** comfort **2**: **~es** *pl* home comforts

**comodín** *m* **1** *en naipes* joker **2** INFOR wild card **3** *palabra* stand-in word

**cómodo** *adj* comfortable; **¡póngase ~!** make yourself at home, make yourself comfortable

**comodón** *adj* F **1** comfort-loving **2** (*perezoso*) idle

**comodoro** *m* MAR commodore

**comoquiera** *adv:* **~ que** however, in whatever way

**comp.** *abr* (= **compárese**) cf (= confer)

**compacidad** *f* compactness

**compactar** ⟨1a⟩ *v/t* compact, compress

**compacto** *adj* compact

**compadecer** ⟨2d⟩ *v/t* feel sorry for;

**compadecerse** *v/r* feel sorry (**de** for)

**compadre** *m L.Am.* F buddy F

**compadrear** ⟨1a⟩ *v/i Arg* F brag

**compadreo** *m desp* nepotism, *Br* old-boy network

**compadrito** *m Arg* F show-off

**compaginable** *adj* compatible

**compaginación** *f* **1** combination **2** TIP makeup

**compaginar** ⟨1a⟩ *v/t* **1** *fig* combine (**con** with) **2** TIP make up; **compaginarse** *v/r* tally (**con** with)

**compañerismo** *m* comradeship

**compañero** *m*, **-a** *f* companion; *en una relación, un juego* partner

◇ **compañero de clase** classmate; **compañero de fatigas** fellow sufferer; **compañero de trabajo** coworker, colleague; **compañero de viaje** traveling companion, *Br* travelling companion

**compañía** *f* company; **en ~ de** with, in the company of; **hacer ~ a alguien** keep s.o. company; **malas ~s** *pl* bad company *sg*

◇ **compañía aérea** airline; **compañía chárter** charter airline; **compañía matriz** COM parent company; **compañía de navegación, compañía naviera** shipping line; **compañía de seguros** insurance company

**comparable** *adj* comparable

**comparación** *f* comparison; **en ~ con** in comparison with; **no tiene (ni punto de) ~ con** there's no comparison with

**comparado** *adj:* **~ con** compared with

**comparar** ⟨1a⟩ *v/t* compare (**con** with, to)

**comparativo I** *adj* comparative **II** *m* GRAM comparative

**comparecencia** *f* JUR appearance

**comparecer** ⟨2d⟩ *v/i* appear

**comparsa I** *f* TEA: **la ~** the extras *pl* **II** *m/f* TEA extra; *fig* rank outsider

**comparsería** *f* TEA extras *pl*

**compartimentar** ⟨1a⟩ *v/t* compartmentalize

**compartimento** *m* FERR car, *Br* compartment

**compartir** ⟨3a⟩ *v/t* share (**con** with)

**compás** *m* **1** MAT compass **2** MÚS rhythm; **al ~** to the beat; **llevar el ~** MÚS keep time; **perder el ~** lose the beat

◇ **compás de espera** MÚS bar rest; *fig*

temporary interruption; **estar en un ~** be on hold

**compasión** f compassion; **sin ~** without compassion

**compasivo** adj compassionate

**compatibilidad** f compatibility

**compatibilizar** ⟨1f⟩ v/t **1** reconcile; **~ el negocio con el placer** combine business with pleasure **2** INFOR make compatible

**compatible** adj INFOR compatible

**compatriota** m/f compatriot

**compeler** ⟨2a⟩ v/t compel

**compendiar** ⟨1b⟩ v/t summarize

**compendio** m summary

**compendioso** adj summarized

**compenetración** f understanding

**compenetrado** adj: **están muy ~s** they are very much in tune with each other

**compenetrarse** ⟨1a⟩ v/r: **~ con alguien** reach a good understanding with s.o.

**compensación** f compensation

**compensador** adj compensatory

**compensar** ⟨1a⟩ I v/t compensate (**por** for) II v/i fig be worthwhile

**competencia** f **1** (habilidad) competence **2** entre rivales competition; **hacer la ~ a alguien / algo** compete with s.o. / sth **3** (incumbencia) area of responsibility, competency; **eso no es de mi ~** that's not my department **4** L.Am. DEP competition

◊ **competencia desleal** unfair competition

**competente** adj competent

**competer** ⟨2a⟩ v/i: **~ a** be the responsibility of

**competición** f DEP competition

**competidor** I adj rival II m, **~a** f competitor

**competir** ⟨3l⟩ v/i compete (**con** with)

**competitividad** f competitiveness

**competitivo** adj competitive

**compilación** f compilation

**compilador** m INFOR compiler

**compilar** ⟨1a⟩ v/t compile

**compincharse** ⟨1a⟩ v/r F work together

**compinche** m/f F buddy F; desp crony F

**compinchería** f: **hay ~ entre ellos** they are planning o plotting something together

**compite** vb ☞ **competir**

**compito** vb ☞ **competir**

**complacencia** f **1** (placer) pleasure **2** (tolerancia) indulgence

**complacer** ⟨2x⟩ v/t please; **complacerse** v/r take pleasure (**en** in)

**complacido** adj pleased

**complaciente** adj obliging, helpful

**complejidad** f complexity

**complejo** I adj complex II m PSI, industrial etc complex

◊ **complejo de Edipo** Oedipus complex; **complejo de inferioridad** inferiority complex; **complejo industrial** industrial complex; **complejo turístico** tourist resort

**complementar** ⟨1a⟩ v/t complement

**complementario** adj complementary

**complemento** m **1** complement **2** GRAM complement, object

◊ **complemento circunstancial** GRAM adverbial complement

◊ **complementos de moda** fashion accessories

**completamente** adv completely, totally

**completar** ⟨1a⟩ v/t complete

**completo** adj complete; autobús, teatro full; **por ~** completely; **al ~** whole, entire

**complexión** f constitution

**complicación** f complication

**complicado** adj complicated

**complicar** ⟨1g⟩ v/t **1** complicate **2**: **~ a alguien en algo** involve s.o. in sth; **complicarse** v/r get complicated; **~ la vida** make life o things difficult for o.s.

**cómplice** m/f accomplice

**complicidad** f complicity

**complot** m plot

**complotar** ⟨1a⟩ v/i L.Am. plot

**componedor** m, **~a** f mediator; **amigable ~** JUR arbitrator

**componenda** f shady deal

**componente** m component; **~s de automóviles** vehicle parts o components

**componer** ⟨2r⟩ v/t **1** make up, comprise **2** sinfonía, poema etc compose **3** algo roto fix, mend; **componerse** v/r **1** be made up (**de** of) **2** L.Am. MED get better **3**: **componérselas** manage

**comportamiento** m behavior, Br behaviour

**comportar** ⟨1a⟩ v/t involve, entail; **comportarse** v/r behave

**composición** f composition

**compositor** m, **~a** f composer
**compost** m compost
**compostura** f fig composure
**compota** f compote
**compotera** f serving dish (for dessert)
**compra** f **1** acción purchase; **hacer la ~**, **ir a la ~** do the shopping; **ir de ~s** go shopping **2** (cosa comprada) purchase, buy
◇ **compra a plazos** installment plan, Br hire purchase
**comprador** m, **~a** f buyer, purchaser
**comprar** ⟨1a⟩ v/t buy, purchase
**compraventa** f buying and selling; **contrato de ~** bill o deed of sale
**comprender** ⟨2a⟩ v/t **1** understand; **hacerse ~** make o.s. understood; **~ mal** misunderstand **2** (abarcar) include
**comprensible** adj understandable
**comprensión** f **1** understanding **2** de texto, auditiva comprehension
**comprensivo** adj understanding
**compresa (higiénica)** f sanitary napkin, Br sanitary towel
**compresible** adj compressible
**compresión** f tb INFOR compression
**compresor** m compressor
**comprimido** m MED pill
**comprimir** ⟨3a⟩ v/t compress; fig summarize
**comprobable** adj verifiable
**comprobación** f check
**comprobador** m TÉC tester
**comprobante** m **1** proof **2** (recibo) receipt
**comprobar** ⟨1m⟩ v/t **1** check **2** (darse cuenta de) realize
**comprometer** ⟨2a⟩ v/t **1** compromise **2** (obligar) commit; **comprometerse** v/r **1** promise (**a** to) **2** a una causa commit o.s. **3** de novios get engaged
**comprometido** adj **1** committed **2**: **estar ~ en algo** be implicated in sth **3**: **estar ~ de novios** be engaged
**compromisario** m, **-a** f delegate
**compromiso** m **1** commitment **2** (obligación) obligation; **sin ~** COM without commitment; **soltero y sin ~** F footloose and fancy-free **3** (acuerdo) agreement **4** (apuro) awkward situation **5**: **~ (matrimonial)** engagement
**compuerta** f sluice gate
**compuesto** **I** adj composed; **estar ~ de** be composed of **II** m compound

**compulsa** f **1** certification **2** (copia) certified copy
**compulsar** ⟨1a⟩ v/t certify
**compulsión** f PSI compulsion
**compulsivo** adj PSI compulsive
**compunción** f remorse, compunction
**compungido** adj remorseful
**compungir** ⟨3c⟩ v/t make sorry o sad; **compungirse** v/r feel sorry o sad
**computable** adj: **ser ~ para algo** count toward sth
**computación** f L.Am. **1** calculation **2** INFOR computer science
**computador** m, **computadora** f L.Am. computer
◇ **computadora de a bordo** AUTO on-board computer; **computadora de escritorio** desktop (computer); **computadora de mano** palmtop; **computadora personal** personal computer; **computadora portátil** laptop
**computar** ⟨1a⟩ v/t count; (calcular) calculate
**computarizar** ⟨1f⟩ v/t computerize
**cómputo** m **1** count **2** (cálculo) calculation
**comulgante** m/f REL communicant
**comulgar** ⟨1h⟩ v/i REL take communion; **~ con alguien (en algo)** fig F think the same way as s.o. (on sth); **~ con ruedas de molino** F swallow anything
**común** **I** adj common; **poco ~** unusual, rare; **por lo ~** generally; **en ~** in common; **tener algo en ~** have sth in common **II** m: **el ~ de las gentes** the common man
**comuna** f **1** commune **2** L.Am. (población) town
**comunal** adj **1** communal **2**: **elecciones ~es** pl L.Am. municipal elections
**comunicación** f **1** communication **2** TRANSP link; TELEC connection, link; **comunicaciones** pl communications **3**: **estar en ~ con alguien** be in touch with s.o.
**comunicado** **I** adj connected; **el lugar está bien ~** the place has good transport links **II** m POL press release, communiqué
**comunicante** m/f informant
**comunicar** ⟨1g⟩ **I** v/t **1** TRANSP connect, link **2**: **~ algo a alguien** inform s.o. of sth **II** v/i **1** communicate **2** TELEC be

busy, *Br tb* be engaged; **está comunicando** it's busy, *Br* it's engaged; **comunicarse** *v/r* communicate

**comunicativo** *adj* communicative

**comunicología** *f* communication(s) theory

**comunidad** *f* community; **~ sucesoria** *o* **hereditaria** heirs *pl*
◇ **comunidad autónoma** autonomous region

**comunión** *f* **1** REL communion; **hacer la primera ~** make one's first communion **2**: **~ de ideología** common ideology

**comunismo** *m* Communism

**comunista** *m/f* & *adj* Communist

**comunitario** *adj* POL EU *atr*, Community *atr*

**comúnmente** *adv* commonly

**con** *prp* **1** with; **voy ~ ellos** I'm going with them; **pan ~ mantequilla** bread and butter; **estar ~ alguien** *tb fig* be with s.o. **2**: **~ todo eso** in spite of all that; **~ tal de que** provided that, as long as; **~ hacer eso** by doing that; **para ~ alguien** to s.o., toward s.o.; **~ este calor** in this heat; **¡~ lo que he hecho por él!** after all I've done for him! **3**: **ser amable ~ alguien** be kind to s.o.

**conato** *m*: **~ de violencia** minor outbreak of violence; **~ de incendio** small fire

**concatenación** *f* linking

**concatenar** ⟨1a⟩ *v/t* link together; **concatenarse** *v/r fig* come together, coincide

**concavidad** *f* concavity

**cóncavo** *adj* concave

**concebible** *adj* conceivable

**concebir** ⟨3l⟩ *v/t* conceive

**conceder** ⟨2a⟩ *v/t* concede; *entrevista, permiso* give; *premio* award; *importancia* attach

**concejal** *m*, **~a** *f* councilor, *Br* councillor

**concejalía** *f* council seat *o* post

**concejo** *m* council

**concentración** *f* concentration; *de personas* gathering
◇ **concentración de masas** mass gathering

**concentrado I** *m* concentrate **II** *adj*: **estar ~ en algo** be concentrating on sth

**concentrar** ⟨1a⟩ *v/t* concentrate; **con-**

**centrarse** *v/r* **1** concentrate (**en** on) **2** *de gente* gather

**concéntrico** *adj* concentric

**concepción** *f* BIO, *fig* conception; **la Inmaculada Concepción** REL the Immaculate Conception

**concepto** *m* **1** concept **2** (*opinión*): **tener un alto ~ de alguien** think highly of s.o. **3** (*condición*): **bajo ningún ~** on no account; **bajo todos los ~s** in every way, in every respect **4**: **en ~ de algo** COM (in payment) for sth

**conceptual** *adj* conceptual

**conceptuar** ⟨1e⟩ *v/t* regard; **~ a alguien de** regard s.o. as

**concerniente** *adj*: **~ a** concerning, regarding; **en lo ~ a** with regard to

**concernir** ⟨3i⟩ *v/i* concern; **en lo que concierne a X** as far as X is concerned

**concertación** *f* POL agreement

**concertar** ⟨1k⟩ **I** *v/t* **1** *cita* arrange **2** *precio* agree **3** *esfuerzos* coordinate **II** *v/i* agree; **concertarse** *v/r* work together

**concertino** *m/f* MÚS concertmaster, *Br* leader (of the orchestra)

**concertista** *m/f* MÚS soloist

**concesión** *f* **1** concession; **hacer concesiones** make concessions **2** COM dealership

**concesionario** *m*, **-a** *f* dealer

**concha** *f* ZO shell; **meterse en su ~** *fig* withdraw into one's shell

**conchabar** ⟨1a⟩ *v/t L.Am. trabajador* hire; **conchabarse** *v/r* F plot

**conciencia** *f* conscience; **a ~** conscientiously; **con plena ~ de** fully conscious of; **en ~** in all conscience; **tener la ~ tranquila** have a clear conscience; **tener buena / mala ~** have a clear / guilty conscience; **tener** *o* **tomar ~ de algo** be / become aware of sth

**concienciación** *f* consciousness-raising

**concienciar** ⟨1b⟩ *v/t*: **~ a alguien de algo** make s.o. aware of sth; **concienciarse** *v/r* realize (**de** sth)

**concientizar** ⟨1f⟩ *L.Am.* ☞ **concienciar**

**concienzudo** *adj* conscientious

**concierto** *m* MÚS concert; *fig* agreement; **sin orden ni ~** without rhyme or reason

**conciliable** *adj* reconcilable

**conciliábulo** *m* secret meeting

**conciliación** *f* JUR conciliation, reconciliation

**conciliador** *adj* conciliatory

**conciliar** ⟨1b⟩ *v/t* **1** reconcile **2**: **~ el sueño** get to sleep

**concilio** *m* council

**concisión** *f* conciseness

**conciso** *adj* concise

**concitar** ⟨1a⟩ *v/t* arouse, incite; **concitarse** *v/r* gain

**conciudadano** *m*, **-a** *f* fellow citizen

**cónclave** *m* **1** REL conclave **2** (*reunión*) meeting, *hum* conclave

**concluir** ⟨3g⟩ *v/t & v/i* conclude

**conclusión** *f* conclusion; **en ~** in short; **llegar a la ~ de que ...** come to the conclusion that ...

**concluso** *part* ☞ **concluir**

**concluyente** *adj* conclusive

**concomerse** ⟨2a⟩ *v/r fig*: **se concome de envidia** he is consumed with *o* eaten up with envy

**concomitante** *adj* concomitant

**concordancia** *f* agreement

**concordar** ⟨1m⟩ **I** *v/t* reconcile **II** *v/i* agree (**con** with)

**concordato** *m* concordat

**concorde** *adj*: **estar ~s** agree, be in agreement

**concordia** *f* harmony, concord

**concreción** *f* **1** precision **2** GEOL concretion **3** MED stone

**concretamente** *adv* specifically, precisely

**concretar** ⟨1a⟩ *v/t* **1** specify **2** (*hacer concreto*) realize; **concretarse** *v/r* **1** materialize; *de esperanzas* be fulfilled **2**: **~ a** limit o.s. to

**concretizar** ⟨1f⟩ *v/t* fix, set

**concreto I** *adj* **1** specific; **en ~** specifically; **nada en ~** nothing specific **2** (*no abstracto*) concrete **II** *m L.Am.* concrete

**concubina** *f* concubine

**conculcar** ⟨1g⟩ *v/t derecho etc* infringe

**concupiscencia** *f* lust

**concupiscente** *adj* lustful

**concurrencia** *f* **1** audience **2** *de circunstancias* combination

**concurrente I** *adj* concurrent **II** *m/f*: **los ~s** the audience

**concurrido** *adj* crowded

**concurrir** ⟨3a⟩ *v/i*: **~ a** attend

**concursante** *m/f* competitor

**concursar** ⟨1a⟩ *v/i* compete

**concurso** *m* **1** competition **2** COM tender; **sacar a ~** put out to tender

◇ **concurso de acreedores** JUR creditors' meeting

◇ **concurso-oposición** competitive exam

**condado** *m* county

**condal** *adj* ☞ **ciudad**

**conde** *m* count

**condecoración** *f* decoration

**condecorar** ⟨1a⟩ *v/t* decorate

**condena** *f* **1** JUR sentence **2** (*desaprobación*) condemnation

**condenable** *adj* reprehensible

**condenación** *f* REL damnation

**condenado I** *adj* **1** destined, doomed (*a* to) **2** JUR convicted; **~ a muerte** condemned to death **3** REL damned **4** (*maldito*) F damn **II** *m*, **-a** *f* **1** prisoner **2** REL one of the damned; **los ~s** the damned *pl*; **como un ~** *fig* F like a maniac *o* lunatic F

**condenar** ⟨1a⟩ *v/t* **1** JUR sentence (*a* to) **2** (*desaprobar*) condemn; **condenarse** *v/r* REL be damned

**condenatorio** *adj* condemnatory

**condensación** *f* condensation

**condensado** *adj* condensed

**condensador** *m* condenser

**condensar** ⟨1a⟩ *v/t* **1** condense **2** *libro* abridge; **condensarse** *v/r* condense

**condesa** *f* countess

**condescendencia** *f* condescension

**condescender** ⟨2g⟩ *v/i* condescend (*a* to); **~ en hacer algo** agree to do sth

**condescendiente** *adj actitud* accommodating; *desp* condescending

**condición** *f* **1** condition; **a ~ de que** on condition that; **~ previa** precondition; **sin condiciones** with no conditions attached **2** (*situación, estado*): **estar en condiciones de** be in a position to; **~ física** physical condition; **estar en buenas / malas condiciones** be in good / bad condition; **estar en condiciones** be fit

**condicional I** *adj* conditional **II** *m* GRAM conditional

**condicionante I** *adj* determining **II** *m* determinant, determining factor

**condicionar** ⟨1a⟩ *v/t*: **~ algo en** make sth conditional on

**condimentar** ⟨1a⟩ *v/t* flavor, *Br* flavour

**condimento** *m* seasoning

**condiscípulo** *m*, **-a** *f en universidad* fellow student; *en colegio* fellow student, *Br* fellow pupil

**condolencia** *f*: **una carta de** ~ a letter of condolence; **expresar sus** ~**s** express one's condolences

**condolerse** ⟨2h⟩ *v/r* sympathize (*de* with)

**condominio** *m* **1** JUR joint ownership **2** *L.Am.* apartment building, *Br* block of flats

**condón** *m* condom

**condonación** *f* writing off, cancellation

**condonar** ⟨1a⟩ *v/t* condone

**cóndor** *m* ZO condor

**conducción** *f* **1** AUTO driving **2** *de calor, electricidad* conduction **3** (*tuberías*) piping; (*cables*) cables *pl*, cabling

**conducir** ⟨3o⟩ **I** *v/t* **1** *vehículo* drive **2** (*dirigir*) lead (*a* to); **esto no conduce a nada** this is getting us nowhere **3** EL, TÉC conduct **4** *programa de TV, radio* host **5** MÚS conduct **II** *v/i* **1** drive **2** *de camino* lead (*a* to); **conducirse** *v/r* conduct o.s. *fml*, behave (o.s.)

**conducta** *f* conduct, behavior, *Br* behaviour

**conductibilidad** *f* FÍS conductivity

**conducto** *m* pipe; *fig* channel; **por** ~ **de** through

◇ **conducto biliar** bile duct

**conductor I** *adj* **1** guiding **2** FÍS conductive **II** *m*, ~**a** *f* driver **III** *m* FÍS conductor

◇ **conductor de orquesta** *L.Am.* conductor

**condujo** *vb* ☞ **conducir**

**conectador** *m* EL connector

**conectar** ⟨1a⟩ **I** *v/t* **1** connect, link **2** EL connect; ~ **a tierra** ground, *Br* earth **II** *v/i* connect; **conectarse** *v/r* INFOR connect (to the Internet), go on line (to the Internet)

**conejera** *f* burrow

**conejillo** *m*: ~ **de Indias** *tb fig* guinea pig

**conejo** *m* rabbit

**conexión** *f tb* EL connection; ~ **a Internet** Internet connection; ~ **telefónica** INFOR dial-up connection

◇ **conexión a la red** EL mains connection

**conexo** *adj* connected

**confabulación** *f* plot, conspiracy

**confabularse** ⟨1a⟩ *v/r* plot, conspire

**confección** *f* **1** *de aparatos* making **2** *de vestidos* dressmaking; *de trajes* tailoring

**confeccionar** ⟨1a⟩ *v/t* **1** *aparatos* make **2** *plan* devise

**confeccionista** *m/f* clothes manufacturer

**confederación** *f* confederation

**confederarse** ⟨1a⟩ *v/r* form a confederation, confederate

**conferencia** *f* **1** lecture **2** (*reunión*) conference **3** TELEC long-distance call

◇ **conferencia de cobro revertido** TELEC collect call, *Br tb* reverse-charge call

◇ **conferencia de prensa** press conference

**conferenciante** *m/f* lecturer

**conferenciar** ⟨1b⟩ *v/i* hold talks

**conferencista** *m/f* *L.Am.* lecturer

**conferir** ⟨3i⟩ *v/t* award

**confesar** ⟨1k⟩ **I** *v/t* REL confess; *delito* confess to, admit **II** *v/i* JUR confess; **confesarse** *v/r* confess; (*declararse*) admit to being

**confesión** *f* confession

**confesional** *adj* denominational

**confes(i)onario** *m* confessional

**confeso** *adj* self-confessed

**confesor** *m* REL confessor

**confeti** *m* confetti

**confiabilidad** *f L.Am. esp* TÉC reliability

**confiable** *adj L.Am.* reliable

**confiado** *adj* trusting

**confianza** *f* **1** confidence; ~ **en sí mismo** self-confidence **2** (*amistad*): **de** ~ *persona* trustworthy; **amigo de** ~ good friend; **en** ~ in confidence **3**: **tomarse demasiadas** ~**s** take liberties

**confiar** ⟨1c⟩ **I** *v/t* **1** *secreto* confide (*a* to) **2**: ~ **algo a alguien** entrust s.o. with sth, entrust sth to s.o. **II** *v/i* **1** trust (*en* in) **2** (*estar seguro*) be confident (*en* of); **confiarse** *v/r*: ~ **a alguien** confide in s.o.

**confidencia** *f* confidence

**confidencial** *adj* confidential

**confidencialidad** *f* confidentiality

**confidente I** *m* **1** (*soplón*) informer **2** (*amigo*) confidant **II** *f* **1** (*soplón*) informer **2** (*amiga*) confidante

**configuración** *f* **1** configuration **2** IN-

FOR set-up, configuration

**configurar** ⟨1a⟩ *v/t* **1** shape **2** INFOR set up, configure; **configurarse** *v/r* form

**confín** *m lit*: *los confines de la tierra* the ends of the earth; *los confines del horizonte* the horizon

**confinamiento** *m* confinement

**confinar** ⟨1a⟩ **I** *v/t* confine **II** *v/i* border (*con* on); **confinarse** *v/r* shut o.s. away

**confirmación** *f* confirmation

**confirmar** ⟨1a⟩ *v/t* confirm; **confirmarse** *v/r* be confirmed

**confirmatorio** *adj* confirmatory

**confiscación** *f* confiscation

**confiscar** ⟨1g⟩ *v/t* confiscate

**confitar** ⟨1a⟩ *v/t* crystallize

**confite** *m* dragée

**confitería** *f* confectioner's

**confitero** *m*, **-a** *f* confectioner

**confitura** *f* preserve

**conflagración** *f* **1** conflagration **2** (*guerra*) war

◇ **conflagración mundial** world war

**conflictividad** *f* controversial nature

**conflictivo** *adj* **1** *época, zona* troubled **2** *persona* troublemaking

**conflicto** *m* conflict

**confluencia** *f de ríos* confluence; *de calles* intersection, *Br* junction

**confluente** *adj* confluent

**confluir** ⟨3g⟩ *v/i* meet, converge

**conformación** *f* shape

**conformar** ⟨1a⟩ **I** *v/t* **1** (*constituir*) make up **2** (*dar forma a*) shape **II** *v/i* agree (*con* with); **conformarse** *v/r* make do (*con* with)

**conforme I** *adj* **1** satisfied (*con* with) **2**: ¡*~*! agreed!; **estar ~ con** agree with **3**: **ser ~ a** comply with **II** *prp*: *~ a* in accordance with **III** *conj* as

**conformidad** *f* **1** (*acuerdo*) agreement; *de o en ~ con* in accordance with **2** (*consentimiento*) consent

**conformismo** *m* conformity

**conformista I** *adj* conformist **II** *m/f* conformist

**confort** *m* comfort

**confortabilidad** *f* comfort

**confortable** *adj* comfortable

**confortante** *adj* comforting

**confortar** ⟨1a⟩ *v/t*: *~ a alguien* comfort s.o.

**confraternidad** *f* fraternity

**confraternizar** ⟨1f⟩ *v/i* fraternize

**confrontación** *f* confrontation

**confrontar** ⟨1a⟩ *v/t* **1** compare **2** *a personas* bring face to face **3** *peligro, desafío* face up to; **confrontarse** *v/r*: *~ con* face up to

**confundido** *adj* confused

**confundir** ⟨3a⟩ *v/t* **1** confuse **2** (*equivocar*) mistake (*con* for); **confundirse** *v/r* **1** make a mistake; *~ de calle* get the wrong street **2** *fig* mingle with; *~ entre la gente* disappear into the crowd

**confusión** *f* confusion

**confuso** *adj* confused

**congelación** *f* **1** freezing; *~ de precios / de salarios* price / wage freeze **2** MED frostbite

**congelado** *adj* frozen; *alimentos ~s* frozen food *sg*

**congelador** *m* freezer

**congelar** ⟨1a⟩ *v/t* freeze; **congelarse** *v/r* freeze

**congénere** *m/f*: *este chico y sus ~s* this boy and others like him

**congeniar** ⟨1b⟩ *v/i* get on well (*con* with)

**congénito** *adj* congenital

**congestión** *f* MED congestion

◇ **congestión del tráfico** traffic congestion

**congestionar** ⟨1a⟩ *v/t* congest; **congestionarse** *v/r* MED become congested

**conglomerado** *m* GEOL conglomerate

**conglomerarse** ⟨1a⟩ *v/r* conglomerate

**Congo** *m* Congo

**congoja** *f* anguish

**congoleño, congolés I** *adj* Congolese **II** *m*, **-a** *f*, **-esa** *f* Congolese

**congraciarse** ⟨1b⟩ *v/r* ingratiate o.s. (*con* with)

**congratulaciones** *fpl* congratulations

**congratular** ⟨1a⟩ *v/t* congratulate; **congratularse** *v/r*: *~ de o por algo* congratulate o.s. on sth

**congregación** *f* REL congregation

**congregar** ⟨1h⟩ *v/t* bring together; **congregarse** *v/r* congregate, assemble

**congresal** *m/f L.Am.*, **congresista** *m/f* conference *o* convention delegate, conventioneer

**congreso** *m* **1** conference, convention **2**: *Congreso en EE.UU.* Congress

◇ **Congreso de los diputados** *lower house of Spanish parliament*

**congrio** *m* ZO conger eel
**congruencia** *f* **1** consistency **2** MAT congruence
**congruente** *adj* **1** consistent **2** MAT congruent
**cónico** *adj* conical; *sección -a* conic section
**conífera** *f* BOT conifer
**conjetura** *f* conjecture
**conjeturar** ⟨1a⟩ *v/t* conjecture
**conjugación** *f* **1** GRAM conjugation **2** *fig* combination
**conjugar** ⟨1h⟩ *v/t* **1** GRAM conjugate **2** *fig* combine
**conjunción** *f* GRAM conjunction
**conjuntado** *adj* coordinated, matching
**conjuntamente** *adv* jointly
**conjuntar** ⟨1a⟩ *v/t* coordinate
**conjuntiva** *f* ANAT conjunctiva
**conjuntivitis** *f* MED conjunctivitis
**conjuntivo** *adj* **1** GRAM conjunctive **2** ANAT connective
**conjunto I** *adj* joint **II** *m* **1** *de personas, objetos* collection; *en ~* as a whole **2** *de prendas* outfit **3** MAT set
**conjura** *f*, **conjuración** *f* plot, conspiracy
**conjurado** *m*, **-a** *f* plotter, conspirator
**conjurar** ⟨1a⟩ **I** *v/i* plot, conspire **II** *v/t* **1** *espíritu* exorcise **2** *peligro* ward off; **conjurarse** *v/r* plot, conspire
**conjuro** *m* spell
**conllevar** ⟨1a⟩ *v/t* entail
**conmemoración** *f* commemoration; *en ~ de algo* to commemorate sth, in commemoration of sth
**conmemorar** ⟨1a⟩ *v/t* commemorate
**conmemorativo** *adj* commemorative
**conmigo** *pron* with me
**conminar** ⟨1a⟩ *v/t*: *~ a alguien a hacer algo* order s.o. to do sth
**conminatorio** *adj* threatening
**conmiseración** *f* commiseration
**conmoción** *f* **1** shock **2** *(agitación)* upheaval
◊ **conmoción cerebral** concussion
**conmocionar** ⟨1a⟩ *v/t* shock
**conmovedor** *adj* moving
**conmover** ⟨2h⟩ *v/t* move; **conmoverse** *v/r* be moved
**conmutación** *f* **1** JUR commutation **2** EL, INFOR switching
**conmutador** *m* **1** EL switch **2** *L.Am.* TELEC switchboard

**conmutar** ⟨1a⟩ *v/t* **1** exchange **2** JUR commute **3** EL switch
**connatural** *adj* innate; *ser ~ a alguien* be inherent in s.o.
**connivencia** *f* JUR connivance, collusion; *en ~ con* in collusion with
**connotación** *f* connotation
**connotar** ⟨1a⟩ *v/t* connote, have connotations of
**cono** *m tb* GASTR cone
**conocedor I** *adj*: *ser ~ de* know about **II** *m*, *~a f* expert (*de* on)
**conocer** ⟨2d⟩ **I** *v/t* **1** know; *dar a ~* make known; *darse a ~* reveal one's identity; *de artista* become famous **2** *por primera vez* meet **3** *tristeza, amor etc* experience, know **4** *(reconocer)* recognize **II** *v/i*: *~ de* know about
**conocerse** *v/r* **1** know each other **2** *por primera vez* meet each other **3** *a sí mismo* know o.s. **4**: *se conoce que* it seems that
**conocido I** *adj* well-known **II** *m*, *-a f* acquaintance
**conocimiento** *m* **1** knowledge; *con ~ de causa hacer algo* fully aware of the consequences; *poner alguien en ~ de algo* inform s.o. of sth; *para su ~* for your information; *~s pl (nociones)* knowledge *sg* **2** MED consciousness; *perder el ~* lose consciousness; *sin ~* unconscious; *recobrar el ~* regain consciousness
◊ **conocimientos generales** general knowledge *sg*
**conque** *conj* so
**conquista** *f* conquest
**conquistador I** *adj* conquering **II** *m*, *~a f* conqueror **III** *m* HIST conquistador
**conquistar** ⟨1a⟩ *v/t* conquer; *persona* win over
**consabido** *adj* usual
**consagración** *f* REL consecration
**consagrado** *adj* REL consecrated; *fig* acclaimed
**consagrar** ⟨1a⟩ *v/t* **1** REL consecrate **2** *(hacer famoso)* make famous **3** *vida* devote; **consagrarse** *v/r* **1** devote o.s. (*a* to) **2** *como escritor etc* establish o.s.
**consanguíneo** *adj*: *pariente ~* blood relation
**consanguinidad** *f* blood relationship
**consciencia** *f* ☞ **conciencia**
**consciente** *adj* **1** MED conscious **2**: *~ de*

aware of, conscious of; **ser ~ de algo** be aware o conscious of sth

**conscripción** f MIL draft, Br conscription

**conscripto** m draftee, Br conscript

**consecución** f achievement, attainment

**consecuencia** f consequence; **a ~ de** as a result of; **en ~** consequently; **pagar las ~s** take o pay the consequences

**consecuente** adj consistent

**consecuentemente** adv consequently

**consecutivo** adj **1** consecutive; **tres años ~s** three years in a row **2** GRAM consecutive

**conseguido** adj successful

**conseguir** ⟨3l & 3d⟩ v/t **1** get; objetivo achieve **2**: **~ hacer algo** manage to do sth

**consejería** f Esp ministry, department; de ayuntamiento department

**consejero** m, -a f **1** adviser **2** COM, de ayuntamiento director **3** Esp minister ◇ **consejero matrimonial** marriage guidance counselor, Br marriage guidance counsellor

**consejo** m **1** piece of advice; **~s** pl advice sg **2**: **el Consejo de Seguridad de la ONU** the UN Security Council ◇ **consejo de administración** board of directors; **consejo de guerra** court-martial; **consejo de ministros** grupo cabinet; reunión cabinet meeting

**consenso** m consensus; **llegar a un ~** reach a consensus

**consensuar** ⟨1d⟩ v/t reach a consensus on

**consentido** adj spoiled, spoilt

**consentimiento** m consent

**consentir** ⟨3i⟩ I v/t **1** allow **2** a niño indulge II v/i: **~ en algo** agree to sth

**conserje** m/f superintendent, super F, Br caretaker

**conserjería** f superintendent's o super's F office, Br caretaker's office

**conserva** f: **en ~** canned, Br tinned; **~s** pl canned o Br tinned food sg

**conservación** f **1** de alimentos preservation **2** de edificios, especies conservation

**conservacionista** m/f conservationist

**conservado** adj: **bien ~** persona well preserved

**conservador** I adj conservative II m, -a

f **1** de museo curator **2** POL conservative

**conservadurismo** m conservatism

**conservante** m preservative

**conservar** ⟨1a⟩ v/t **1** conserve **2** alimento preserve; **conservarse** v/r **1** de costumbres, edificio etc survive, remain **2** de fruta keep

**conservatorio** m conservatory

**conservero** I adj canning atr; **industria -a** canning industry II m, -a f canner

**considerable** adj considerable

**consideración** f **1** consideration; **en ~ a** out of consideration for; **tener** o **tomar en ~** take into consideration; **falta de ~** lack of consideration **2**: **de ~** herida serious

**considerado** adj considerate

**considerar** ⟨1a⟩ v/t consider; **considerarse** v/r consider o.s.

**consigna** f **1** order **2** de equipaje baggage checkroom, Br left luggage ◇ **consigna automática** baggage lockers pl, Br left-luggage lockers pl

**consignación** f COM consignment

**consignar** ⟨1a⟩ v/t consign

**consignatario** m, -a f consignee

**consigo** pron (con el, con ella) with him / her; (con ellos, con ellas) with them; (con usted, con ustedes) with you; (con uno) with you, with one fml

**consiguiente** adj consequent; **por ~** and so, therefore

**consistencia** f consistency

**consistente** adj **1** consistent **2** (sólido) solid

**consistir** ⟨3a⟩ v/i consist (**en** of)

**consistorial** adj council; **casa ~** town hall

**consocio** m, -a f fellow member

**consola** f INFOR console ◇ **consola de mezclas** mixing panel o console

**consolación** f consolation

**consolador** I adj consoling II m dildo

**consolar** ⟨1m⟩ v/t console; **consolarse** v/r take comfort

**consolidación** f consolidation

**consolidar** ⟨1a⟩ v/t consolidate; **consolidarse** v/r strengthen

**consomé** m GASTR consommé

**consonancia** f: **en ~ con** in keeping with

**consonante** I adj: **~ con** in keeping with

**contado**

ll *f* consonant

**consorcio** *m* consortium

**consorte** *m/f* spouse

**conspicuo** *adj* eminent

**conspiración** *f* conspiracy

**conspirador** *m*, ~a *f* conspirator

**conspirar** ⟨1a⟩ *v/i* conspire

**constancia** *f* **1** constancy **2**: *dejar ~ de* leave a record of; *tengo ~ de que* I have evidence *o* proof that

**constante I** *adj* constant **II** *f* MAT constant

◇ **constantes vitales** MED vital signs

**constantemente** *adv* constantly

**constar** ⟨1a⟩ *v/i* **1** be recorded; *hacer ~* put on record; *para que conste* for the record **2**: *~ de* consist of **3**: *me consta que* I know for a fact that

**constatación** *f* verification

**constatar** ⟨1a⟩ *v/t* verify

**constelación** *f* AST constellation

**consternación** *f* consternation, dismay

**consternado** *adj* dismayed

**consternar** ⟨1a⟩ *v/t* dismay

**constipado I** *adj*: *estar ~* have a cold **II** *m* cold

**constiparse** ⟨1a⟩ *v/r* get a cold

**constitución** *f* constitution

**constitucional** *adj* constitutional

**constituir** ⟨3g⟩ *v/t* **1** constitute, make up **2** *empresa, organismo* set up; *constituirse v/r* **1** (*reunirse*) meet **2**: *~ en algo* (*convertirse*) become sth

**constitutivo** *adj* constituent

**constituyente** *adj* POL constituent

**constreñir** ⟨3h & 3l⟩ *v/t* **1** constrain, oblige **2** (*limitar*) restrict; **constreñirse** *v/r* restrict o.s.

**constricción** *f* constriction

**construcción** *f* **1** *actividad, sector* construction; *~ naval* shipbuilding **2** (*edificio*) building

◇ **construcción de la frase** sentence construction

**constructivo** *adj* constructive

**constructor** *m*, ~a *f* builder

**construir** ⟨3g⟩ *v/t* build, construct

**consuegra** *f* mother of one's son- / daughter-in-law

**consuegro** *m* father of one's son- / daughter-in-law

**consuelo** *m* consolation

**consuetudinario** *adj* **1** habitual, customary **2**: *derecho ~* common law

**cónsul** *m/f* consul

◇ **cónsul general** consul general

◇ **cónsul honorario** honorary consul

**consulado** *m* consulate

**consular** *adj* consular

**consulta** *f* **1** consultation **2** MED *local office*, *Br* surgery; *pasar ~* have office hours, *Br* have a surgery

**consultar** ⟨1a⟩ *v/t* consult; *~ algo en el diccionario* look sth up in the dictionary

**consultivo** *adj* consultative

**consultor I** *adj*: *empresa -a* consulting firm, consultancy **II** *m*, ~a *f* consultant

**consultoría** *f* consultancy

**consultorio** *m* MED office, *Br* surgery

**consumación** *f* **1** JUR commission **2** *de matrimonio* consummation

**consumado** *adj* consummate

**consumar** ⟨1a⟩ *v/t* **1** complete, finish **2** *crimen* carry out **3** *matrimonio* consummate

**consumición** *f* **1** consumption **2**: *pago yo la ~ en bar* I'll pay, I'll get the drinks

**consumido** *adj* drawn, haggard

**consumidor** *m*, ~a *f* COM consumer

**consumir** ⟨3a⟩ *v/t & v/i* consume; *~ preferentemente antes de ...* COM best before ...; *consumirse v/r por enfermedad* waste away **2** *por envidia* be consumed

**consumismo** *m* consumerism

**consumista** *adj* consumer *atr*

**consumo** *m* consumption; *de bajo ~* economical; *artículo de gran ~* high--volume item

**consunción** *f* MED consumption

**consustancial** *adj* REL consubstantial

**contabilidad** *f* accountancy; *llevar la ~* do the accounts

◇ **contabilidad por partida doble** double-entry bookkeeping

◇ **contabilidad por partida simple** single-entry bookkeeping

**contabilizar** ⟨1f⟩ *v/t* enter

**contable I** *adj* countable **II** *m/f* accountant

**contactar** ⟨1a⟩ *v/i*: *~ con alguien* contact s.o.

**contacto** *m* **1** *tb* EL contact **2** AUTO ignition **3**: *ponerse en ~* get in touch (*con* with)

**contado I** *m*: *al ~* in cash **II** *adj*: *~s* few; *-as veces* seldom

**contador I** *m* meter **II** *m*, ~a *f L.Am.* accountant

◇ **contador público** *L.Am.* certified public accountant, *Br* chartered accountant

**contaduría** *f L.Am.* accountancy

**contagiar** ⟨1b⟩ *v/t:* ~ *la gripe a alguien* give s.o. the flu; *nos contagió su entusiasmo* he infected us with his enthusiasm; **contagiarse** *v/r* become infected

**contagio** *m* contagion

**contagioso** *adj* contagious

**contaminación** *f de agua etc* contamination; *de río, medio ambiente* pollution; *residuos de baja* ~ low-level waste

◇ **contaminación acústica** noise pollution; **contaminación ambiental** environmental pollution; **contaminación atmosférica** air pollution; **contaminación radiactiva** radioactive contamination

**contaminante I** *adj* polluting; *no* ~ non-polluting, non-contaminating **II** *m* pollutant

**contaminar** ⟨1a⟩ *v/t agua etc* contaminate; *río, medio ambiente* pollute; *fig* corrupt; **contaminarse** *v/r* become contaminated

**contante** *adj:* *pagar en dinero* ~ *y sonante* pay hard cash

**contar** ⟨1m⟩ **I** *v/t* **1** count **2** (*narrar*) tell; *¡a quién se lo vas a* ~*!*, *¡me lo vas a* ~ *a mí!* you're telling me!; *¿qué (me) cuentas?* what's new? **II** *v/i* **1** count **2**: ~ *con* count on

**contemplación** *f:* *sin contemplaciones* without ceremony

**contemplar** ⟨1a⟩ *v/t* **1** (*mirar*) look at, contemplate **2** *posibilidad* consider

**contemplativo** *adj* contemplative

**contemporáneo I** *adj* contemporary **II** *m*, -a *f* contemporary

**contemporizador** *adj* accommodating

**contemporizar** ⟨1f⟩ *v/i:* ~ *con alguien* come to an arrangement with s.o., compromise with s.o.

**contención** *f* containment

**contencioso** *adj* JUR contentious; *asunto* ~ JUR subject of litigation

**contender** ⟨2g⟩ *v/i* **1** fight, struggle **2** DEP compete

**contendiente** *m/f* contender

**contenedor** *m* TRANSP container

◇ **contenedor de basura** dumpster, *Br* skip

◇ **contenedor de vidrio** bottle bank

**contener** ⟨2l⟩ *v/t* **1** contain **2** *respiración* hold; *muchedumbre* hold back; **contenerse** *v/r* control o.s.

**contenido** *m* content

**contentadizo** *adj* easy to please

**contentamiento** *m* contentment

**contentar** ⟨1a⟩ *v/t* please; **contentarse** *v/r* be satisfied (*con* with)

**contento I** *adj* **1** (*satisfecho*) pleased **2** (*feliz*) happy; *y tan* ~*s* F that is / was no problem F **II** *m* joy

**conteo** *m* count

**contertulio** *m*, -a *f fellow member of a tertulia*

**contestable** *adj* debatable

**contestación** *f* answer; *en* ~ *a su carta* in reply to your letter

**contestador** *m:* ~ *automático* TELEC answer machine

**contestar** ⟨1a⟩ **I** *v/t* answer, reply to **II** *v/i* **1** reply (*a* to), answer (*a* sth) **2** *de forma insolente* answer back

**contestatario I** *adj* anti-establishment **II** *m*, -a *f* rebel

**contestón** *adj* F argumentative, lippy F

**contexto** *m* context; *fuera de* ~ out of context; *sacar de* ~ take out of context

**contextura** *f de persona* build

**contienda** *f* **1** conflict **2** DEP contest

**contigo** *pron* with you

**contigüidad** *f* proximity

**contiguo** *adj* adjoining, adjacent

**continencia** *f* continence

**continental** *adj* continental

**continente**[1] *m* continent

**continente**[2] *adj* continent

**contingencia** *f* contingency

**contingente I** *adj* contingent **II** *m* **1** contingent **2** COM quota

**continuación** *f* continuation; *a* ~ (*ahora*) now; (*después*) then

**continuar** ⟨1e⟩ **I** *v/t* continue **II** *v/i* continue; *continuará* to be continued; ~ *haciendo algo* continue *o* carry on doing sth; *continuó nevando* it kept on snowing

**continuidad** *f* continuity; *sin solución de* ~ uninterrupted

**continuo** *adj* **1** (*sin parar*) continuous; *de* ~ constantly **2** (*frecuente*) continual

**contonearse** ⟨1a⟩ *v/r* wiggle one's hips

**contoneo** *m* swinging of the hips

**contorno** *m* **1** outline **2** GEOG contour **3**: ~s *pl* (*cercanías*) surrounding area *sg*

**contorsión** *f* contortion

**contorsionarse** ⟨1a⟩ *v/r* contort o.s.

**contorsionista** *m/f* contortionist

**contra I** *prp* against; **en ~ de** against; **en ~** against **II** *f fig*: **llevar** *o* **hacer la ~ a alguien** contradict s.o.

**contraatacar** ⟨1g⟩ *v/i* counterattack

**contraataque** *m* counterattack; **en baloncesto** *tb* fast break

**contrabajista** *m/f* MÚS double bass player

**contrabajo** *m* double bass

**contrabandista** *m/f* smuggler

**contrabando** *m* contraband, smuggled goods *pl*; *acción* smuggling; **hacer ~** smuggle; **pasar algo de ~** smuggle sth in

**contracarro(s)** *adj* MIL anti-tank *atr*

**contracción** *f tb* GRAM contraction

**contracepción** *f* contraception

**contraceptivo** *m/adj* contraceptive

**contrachapado I** *adj*: **madera -a** plywood **II** *m* plywood

**contracorriente** *f* crosscurrent; **ir a ~** *fig* swim against the tide

**contráctil** *adj* contractile

**contractual** *adj* contractual

**contractura** *f* MED contraction, spasm

**contracultura** *f* counterculture

**contradecir** ⟨3p⟩ *v/t* contradict

**contradicción** *f* contradiction; **estar en ~ con algo** contradict sth, be a contradiction of sth

**contradictorio** *adj* contradictory

**contraer** ⟨2p; *part* **contraido**⟩ *v/t* **1** contract **2** *músculo* tighten **3**: **~ matrimonio** marry; **contraerse** *v/r* contract

**contraespionaje** *m* counterespionage

**contrafuerte** *m* ARQUI buttress

**contrahacer** ⟨2s; *part* **contrahecho**⟩ *v/t* copy

**contrahecho I** *part* ☞ **contrahacer II** *adj* deformed

**contraindicación** *f* MED contraindication

**contraindicado** *adj* MED contraindicated

**contralto** MÚS **I** *m* countertenor **II** *f* contralto

**contraluz** *f*: **a ~** against the light

**contramaestre** *m* MAR boatswain

**contramanifestación** *f* counterdemonstration

**contramano** *adv*: **a ~** the wrong way, in the wrong direction

**contramedida** *f* countermeasure

**contraofensiva** *f* MIL counter-attack, counter-offensive

**contraoferta** *f* counteroffer

**contraorden** *f* countermand

**contrapartida** *f* COM balancing entry; **como ~** *fig* in contrast

**contrapelo**: **a ~** *fig* the wrong way

**contrapesar** ⟨1a⟩ *v/t* counterbalance

**contrapeso** *m* counterweight

**contrapie** *adv*: **a ~** *fig* off guard

**contraponer** ⟨2r; *part* **contrapuesto**⟩ *v/t* compare (**a** to); **contraponerse** *v/r* contrast (**a** with)

**contraportada** *f de libro* half-title

**contraposición** *f*: **en ~ a** in comparison to

**contraprestación** *f* consideration

**contraproducente** *adj* counterproductive

**contraprogramación** *f* TV competitive programming

**contraproposición** *f* counterproposal

**contrapuerta** *f portón* storm door

**contrapuesto** *part* ☞ **contraponer**

**contrapunto** *m* MÚS *fig* counterpoint

**contrariado** *adj* upset

**contrariamente** *adv*: **~ a** contrary to

**contrariar** ⟨1c⟩ *v/t* **1** (*obstaculizar*) oppose **2** (*enfadar*) annoy

**contrariedad** *f* **1** setback **2** (*disgusto*) annoyance

**contrario I** *adj* **1** contrary; *sentido* opposite; **al ~**, **por el ~** on the contrary; **todo lo ~** just the opposite; **de lo ~** otherwise; **ser ~ a algo** be opposed to sth; **llevar la -a a alguien** contradict s.o. **2** *equipo* opposing **II** *m*, **-a** *f* adversary, opponent

**contrarreloj** *f* DEP time trial

**contrarrestar** ⟨1a⟩ *v/t* counteract

**contrarrevolución** *f* counterrevolution

**contrasentido** *m* contradiction

**contraseña** *f tb* INFOR password

**contrastar** ⟨1a⟩ *v/t* & *v/i* contrast (**con** with)

**contraste** *m* **1** contrast; **en ~ con** in contrast to **2**: (*sustancia* / *medio de*) ~ MED contrast substance / medium

**contrata** *f* contract

**contratación** *f* 1 *de trabajadores* hiring, recruitment 2: **~ bursátil** trading
**contratar** ⟨1a⟩ *v/t trabajadores* hire, take on; *servicios* contract
**contratenor** *m* MÚS countertenor
**contratiempo** *m* setback, hitch
**contratista** *m/f* contractor; **~ de obras** main contractor
**contrato** *m* contract
◇ **contrato de alquiler** rental contract; **contrato indefinido** permanent contract; **contrato laboral** (work) contract; **contrato de obra** contract of employment, job contract; **contrato temporal** temporary contract
**contravalor** *m* exchange value
**contravención** *f* contravention
**contraveneno** *m* antidote
**contravenir** ⟨3s⟩ **I** *v/t* contravene **II** *v/i*: **~ a** contravene
**contraventana** *f* shutter
**contrayentes** *mpl*: **los ~** the bride and groom
**contribución** *f* 1 contribution 2 (*impuesto*) tax
◇ **contribuciones sociales** social security contributions
**contribuir** ⟨3g⟩ *v/t* contribute (**a** to)
**contribuyente** *m/f* taxpayer
**contrición** *f* contrition
**contrincante** *m/f* opponent
**contrito** *adj* contrite
**control** *m* 1 control; **perder el ~** lose control; **tenerlo todo bajo ~** have everything under control 2 (*inspección*) check
◇ **control de calidad** quality control; **control de divisas** exchange controls *pl*; **control fronterizo** border checkpoint; **control de pasaportes** passport control; **control remoto** remote control; **control de tráfico aéreo** air traffic control
**controlable** *adj* controllable
**controlador** *m*, **~a** *f*: **~ aéreo** air traffic controller
**controlar** ⟨1a⟩ *v/t* 1 control 2 (*vigilar*) check; **controlarse** *v/r* control o.s.
**controversia** *f* controversy
**controvertible** *adj* debatable
**controvertido** *adj* controversial
**controvertir** ⟨3i⟩ *v/i & v/t* debate
**contumacia** *f* obstinacy
**contumaz** *adj* obstinate

**contundencia** *f* forcefulness; **con ~** forcefully
**contundente** *adj arma* blunt; *fig: derrota* overwhelming
**conturbación** *f* dismay
**conturbar** ⟨1a⟩ *v/t* upset, perturb; **conturbarse** *v/r* get upset, become perturbed
**contusión** *f* MED bruise
**contusionar** ⟨1a⟩ *v/t* bruise
**contuso** *adj* bruised; **herida -a** bruise
**convalecencia** *f* convalescence
**convalecer** ⟨2d⟩ *v/i* convalesce; **~ de** recover from
**convaleciente** *m/f* convalescent
**convalidación** *f* validation
**convalidar** ⟨1a⟩ *v/t* validate
**convecino** *m*, **-a** *f* neighbor, *Br* neighbour
**convencer** ⟨2b⟩ *v/t* convince; **convencerse** *v/r* become convinced
**convencimiento** *m* conviction
**convención** *f* convention
**convencional** *adj* conventional
**conveniencia** *f* 1 *de hacer algo* advisability 2: **hacer algo por ~** to do sth in one's own interest; **matrimonio de ~** marriage of convenience
**conveniente** *adj* 1 convenient 2 (*útil*) useful 3 (*aconsejable*) advisable
**convenio** *m* agreement
◇ **convenio colectivo** collective agreement
**convenir** ⟨3s⟩ **I** *v/t* agree; **a ~** to be agreed **II** *v/i* 1 be advisable 2: **no te conviene** it's not in your interest; **~ a alguien hacer algo** be in s.o.'s interests to do sth 3: **~ en** agree on
**conventillo** *m CSur* tenement
**convento** *m de monjes* monastery; *de monjas* convent
**convergencia** *f* convergence
**convergente** *adj* convergent
**converger** ⟨2c⟩ *v/i*, **convergir** ⟨3c⟩ *v/i* converge (**en** on)
**conversa** *f L.Am.* chat
**conversación** *f* conversation; **~ telefónica** telephone conversation
**conversador I** *adj* good at making conversation **II** *m*, **~a** *f* conversationalist
**conversar** ⟨1a⟩ *v/i* make conversation
**conversión** *f* conversion
**converso** *m*, **-a** *f* REL convert
**conversor** *m* ☞ **convertidor**

**convertibilidad** f convertibility
**convertible I** adj COM convertible **II** m L.Am. convertible
**convertidor** m TÉC converter
**convertir** ⟨3i⟩ v/t convert; **convertirse** v/r **1**: ~ **en algo** turn into sth **2** REL be converted
**convexidad** f convexity
**convexo** adj convex
**convicción** f conviction
**convicto** adj JUR convicted
**convidado** m, -a f guest
**convidar** ⟨1a⟩ v/t invite (**a** to)
**convincente** adj convincing
**convite** m banquet
**convivencia** f living together
**convivir** ⟨3a⟩ v/i live together
**convocar** ⟨1g⟩ v/t a personas summon; oposiciones organize; huelga call; ~ **elecciones** call elections
**convocatoria** f de oposiciones announcement; de huelga call; ~ **electoral** calling of elections
**convoy** m convoy
**convulsión** f convulsion; fig upheaval
**convulsionar** ⟨1a⟩ v/t throw into confusion
**convulsivo** adj convulsive
**convulso** adj convulsed
**conyugal** adj conjugal
**cónyuge** m/f spouse; ~**s** pl married couple sg
**coña** f: **1**: **decir algo de** ~ F say sth as a joke; **¡ni de** ~ **!** F no way! F **2**: **darle la** ~ **a alguien** F bug s.o. F
**coñac** m (pl ~**s**) brandy, cognac
**coñazo** m V pain in the butt P, drag F; **dar el** ~ V be a pain in the butt P
**coño** m V cunt V; **¡~!** V shit! V, fuck! V; **¡qué** ~ **...!** V fuck! V; **en el quinto** ~ V out in the frigging boonies P
**cooperación** f cooperation
**cooperador** adj cooperative, helpful
**cooperar** ⟨1a⟩ v/i cooperate
**cooperativa** f cooperative
**cooperativista** m/f member of a cooperative
**cooperativo** adj cooperative
**coordenada** f MAT coordinate
**coordinación** f coordination
**coordinador I** adj coordinating **II** m, ~a f coordinator, organizer
**coordinar** ⟨1a⟩ v/t coordinate
**copa** f **1** de vino etc glass; **tomar una** ~

have a drink; **ir de** ~**s** go out for a drink; **beber unas** ~**s de más** F have one too many F; **levantar la** ~ raise one's glass **2** DEP cup **3**: ~**s** pl (en naipes) suit in Spanish deck of cards
◇ **copa balón** balloon glass, brandy glass; **copa de helado** bowl of ice cream; **Copa del Mundo** World Cup; **copa de la UEFA** UEFA cup
**copar** ⟨1a⟩ v/t **1** MIL take **2**: ~ **el mercado** corner the market
**coparticipación** f participation
**copartícipe** m/f collaborator
**copear** ⟨1a⟩ v/i F go out drinking
**Copenhague** m Copenhagen
**copeo** m F: **ir de** ~ go out drinking
**copete** m **1** de ave tuft; **de alto** ~ F dama aristocratic; fiesta, restaurante grand, ritzy F **2** de persona quiff
**copia** f copy
◇ **copia pirata** pirate copy
◇ **copia de seguridad** INFOR back-up (copy)
**copiadora** f (photo)copier
**copiar** ⟨1b⟩ v/t copy
**copiloto** m/f copilot
**copioso** adj copious
**copla** f **1** verse **2** (canción) popular song
**copo** m flake
◇ **copos de avena** rolled oats; **copos de maíz** cornflakes; **copos de nieve** snowflakes
**copra** f copra
**coproducción** f co-production
**coproductor** m, ~a f co-producer
**copropiedad** f co-ownership, joint ownership
**copropietario** m, -a f co-owner, joint owner
**cópula** f **1** BIO copulation **2** GRAM copula
**copulación** f copulation
**copular** ⟨1a⟩ v/i copulate
**copulativo** adj GRAM copulative
**coque** m coke
**coquetear** ⟨1a⟩ v/i flirt
**coqueteo** m flirting
**coquetería** f flirtatiousness
**coqueto** adj **1** flirtatious **2** lugar pretty **3** (presumido): **ser muy** ~ be very concerned about one's appearance
**coraje** m courage; **me da** ~ fig F it makes me mad F
**corajudo** adj L.Am. brave

**coral**¹ *m* ZO coral
**coral**² MÚS **I** *adj* choral **II** *f* choir
**Corán** *m* Koran
**coraza** *f* **1** cuirasse; *fig* shield **2** ZO shell
**corazón** *m* **1** heart; *a ~ abierto* MED *operación* open-heart *atr*; *ser todo ~* be all heart; *te digo, con el ~ en la mano, que* ... I can say, hand on heart, that ...; *de todo ~* with all one's heart; *de buen ~* good-hearted; *tener un ~ de oro* have a heart of gold; *con el ~ encogido* upset; *se me encoge el ~* I get upset; *se me parte o rompe el ~* my heart breaks; *no tener ~* be heartless; *¡(mi) ~!, ¡~ (mío)!* (my) darling!, sweetheart!
**2** *de fruta* core
**corazonada** *f* hunch
**corbata** *f* tie
◇ **corbata de moño** *Méx* bow tie
**corbatero** *m* tie rack
**corbatín** *m* bow tie
**corbeta** *f* MAR corvette
**Córcega** *f* Corsica
**corcel** *m lit* steed
**corchea** *f* MÚS eighth note, *Br* quaver
**corchero** *adj* cork *atr*
**corcheta** *f* eye (*of hook and eye*)
**corchete** *m* **1** hook and eye **2**: *~s pl* TIP brackets, *Br* square brackets **3** *Chi* (*grapa*) staple
**corchetera** *f Chi* stapler
**corcho** *m* cork
**¡córcholis!** *int* F wow! F
**corcova** *f* hump(back), hunchback
**corcovado** *adj* humpbacked, hunchbacked
**cordada** *f* roped team
**cordaje** *m* MAR rigging
**cordel** *m* string
**cordero** *m*, *-a f* lamb; (*carne de*) *~* lamb; (*piel de*) *~* sheepskin
◇ **Cordero de Dios** Lamb of God
**cordial I** *adj* cordial **II** *m* cordial, tonic
**cordialidad** *f* cordiality
**cordialmente** *adv* cordially
**cordillera** *f* mountain range; *la Cordillera de los Andes* the Andes
**córdoba** *m* FIN cordoba
**cordobés I** *adj* Cordovan **II** *m*, *-esa f* Cordovan
**cordón** *m* **1** cord; *de zapato* shoelace **2** *Cu, Rpl*: *de la acera* curb, *Br* kerb
◇ **cordón policial** police cordon; **cor-**

**dón sanitario** cordon sanitaire; **cordón umbilical** ANAT umbilical cord
**cordura** *f* **1** sanity **2** (*prudencia*) good sense
**Corea** *f* Korea
◇ **Corea del Norte** North Korea
◇ **Corea del Sur** South Korea
**coreano I** *adj* Korean **II** *m*, *-a f* Korean **III** *m idioma* Korean
**corear** ⟨1a⟩ *v/t palabras* chorus; *canto* sing together; *consigna* chant
**coreografía** *f* choreography
**coreografiar** ⟨1c⟩ *v/t* choreograph
**coreográfico** *adj* choreographic
**coreógrafo** *m*, *-a f* choreographer
**coriandro** *m* BOT coriander
**corindón** *m* MIN corundum
**corintio I** *adj* Corinthian **II** *m*, *-a f* Corinthian
**corista I** *m/f* chorister **II** *f* TEA chorus girl
**cormorán** *m* ZO cormorant
**cornada** *f* TAUR goring
**cornamenta** *f de toro* horns *pl*; *de ciervo* antlers *pl*
**cornamusa** *f* MÚS **1** (*gaita*) bagpipes *pl* **2** (*trompeta*) horn
**córnea** *f* cornea
**cornear** ⟨1a⟩ *v/t* gore
**corneja** *f* ZO crow
◇ **corneja negra** carrion crow, hooded crow
**córneo** *adj* horny, hornlike
**córner** *m en fútbol* corner (kick)
**corneta I** *f* MIL bugle **II** *m/f* bugler
**cornetín I** *m* cornet **II** *m/f* cornet player
**cornezuelo** *m* BOT ergot
**cornisa** *f* ARQUI cornice
**corno** *m* MÚS horn
◇ **corno inglés** English horn, *Br* cor anglais
**cornucopia** *f* cornucopia, horn of plenty
**cornudo I** *adj* horned **II** *m* cuckold
**coro** *m* MÚS choir; *de espectáculo, pieza musical* chorus; *a ~* together, in chorus; *hacer ~ con alguien* back s.o. up
**corola** *f* BOT corolla
**corolario** *m* corollary
**corona** *f* crown
◇ **corona de flores** garland
◇ **corona fúnebre** wreath
**coronación** *f* coronation
**coronar** ⟨1a⟩ *v/t* crown; *coronado por*

*el* **éxito** crowned with success

**coronario** *adj* MED coronary

**coronel** *m* MIL colonel

**coronilla** *f* ANAT crown; *estoy hasta la* ~ **F** I've had it up to here F

**corotos** *mpl L.Am.* bits and pieces

**corpachón** *m* hefty frame

**corpiño** *m* 1 bodice 2 *Arg* (*sujetador*) bra

**corporación** *f* corporation

**corporal** *adj placer, estética* physical; *fluido* body *atr*

**corporativo** *adj* corporate

**corpóreo** *adj* corporeal

**corpulencia** *f* burliness

**corpulento** *adj* solidly built, burly

**Corpus (Christi)** *m* Corpus Christi

**corpus** *m inv* corpus

**corpúsculo** *m* corpuscle

**corral** *m* 1 farmyard 2 *cercado* corral

**correa** *f de perro* leash, *Br* lead; *de reloj* strap; (*cinturón*) belt; *tener mucha* ~ *fig* be long-suffering

◊ **correa de transmisión** TÉC drive belt

◊ **correa del ventilador** AUTO fan belt

**corrección** *f* 1 *de error, test etc* correction 2 *en el trato* correctness

**correccional** I *adj* corrective II *m* reformatory

**corre-corre** *m en béisbol* rundown

**correctivo** I *adj* corrective II *m* punishment

**correcto** *adj* 1 correct; *políticamente* ~ politically correct 2 (*educado*) polite

**corrector** I *adj* correcting *atr* II *m*, ~a *f* TIP: ~ (*de pruebas*) proofreader

**corredera** *f* TÉC slide; *puerta* ~ sliding door

**corredizo** *adj* sliding

**corredor** I *adj* ZO flightless II *m*, ~a *f* 1 DEP runner 2 COM agent III *m* ARQUI corridor

◊ **corredor aéreo** air corridor; **corredor de apuestas** bookmaker, bookie **F**; **corredor de bolsa** stockbroker; **corredor de fincas** real estate broker, *Br* estate agent; **corredor de fondo** long-distance runner; **corredor de medio fondo** middle-distance runner

**correduría** *f* brokerage

**corregible** *adj* correctable

**corregidor** *m* HIST chief magistrate

**corregir** ⟨3c & 3l⟩ *v/t* correct; *corre-*

**girse** *v/r* correct o.s.

**correlación** *f* correlation

**correlativo** *adj* correlative

**correligionario** *m*, -a *f*: *sus* ~*s republicanos* his fellow republicans

**corremundos** *m/f inv* **F** globetrotter **F**

**correntada** *f L.Am.* current

**correntoso** *adj L.Am.* fast-flowing

**correo** *m* 1 mail, *Br tb* post; *por* ~ by mail; *por* ~ *aparte o separado* under separate cover; *echar al* ~ mail, *Br tb* post 2: ~*s pl* post office *sg*

◊ **correo aéreo** airmail; **correo electrónico** e-mail; *enviar algo por* ~ e--mail sth, send sth by e-mail; **correo de voz** INFOR voicemail

**correoso** *adj* leathery, tough

**correr** ⟨2a⟩ I *v/i* 1 run; *a todo* ~ at top speed 2 (*apresurarse*) rush 3 *de tiempo* pass 4 *de agua* run, flow 5 *fig*: ~ *con los gastos* pay the expenses; ~ *con algo* meet the cost of sth; ~ *a cargo de alguien* be s.o.'s responsibility, be down to s.o. **F**

II *v/t* 1 run 2 *cortinas* draw; *mueble* slide, move 3: ~ *la misma suerte* suffer the same fate

**correrse** *v/r* 1 move; *de tinta* run 2 **P** *en orgasmo* come **P**

**correría** *f* 1 MIL raid 2: ~*s pl* adventures

**correspondencia** *f* 1 correspondence 2 TRANSP connection (*con* with)

**corresponder** ⟨2a⟩ *v/i* 1: ~ *a alguien de bienes* be for s.o., be due to s.o.; *de responsabilidad* be up to s.o.; *de asunto* concern s.o.; *a un favor* repay s.o. (*con* with) 2: *actuar como corresponde* do the right thing; **corresponderse** *v/r.* ~ *con algo* match sth, tally with sth

**correspondiente** *adj* corresponding

**corresponsable** *adj* jointly responsible

**corresponsal** *m/f* correspondent

◊ **corresponsal de guerra** war correspondent

**corresponsalía** *f* post of correspondent

**corretaje** *m* brokerage

**corretear** ⟨1a⟩ *v/i* run around

**correveidile** *m/f* **F** snitch **F**, *Br* telltale

**corrida** *f* run; *decir algo de* ~ *fig* rattle sth off

◊ **corrida de toros** bullfight

**corrido** *adj*: *decir algo de* ~ *fig* say sth parrot-fashion

**corriente** I *adj* 1 (*actual*) current 2 (*co-*

*mún*) ordinary; **~ y moliente** F run-of-the-mill **3**: **estar al ~** be up to date; **poner alguien al ~ de algo** bring s.o. up to date on sth **II** *f* EL, *de agua* current; **~ de aire** draft, *Br* draught; **ir o nadar contra la ~** *fig* swim against the tide; **llevar o seguir a alguien la ~** play along with s.o.; **dejarse llevar por la ~** *fig* go with the flow

◇ **corriente alterna** alternating current; **corriente continua** direct current; **Corriente del Golfo** Gulf Stream

**corrientemente** *adv* normally, commonly

**corrillo** *m* small group

**corrimiento** *m*: **~ de tierras** landslide

**corro** *m* ring; **hacer ~** gather round; **hacer ~ aparte** form a separate group

**corroboración** *f* corroboration

**corroborar** ⟨1a⟩ *v/t* corroborate

**corroer** ⟨2a⟩ *v/t* corrode; *fig* eat up; **corroerse** *v/r* corrode

**corromper** ⟨2a⟩ *v/t* corrupt; **corromperse** *v/r* become corrupted

**corrompido** *adj* ☞ **corrupto**

**corrosión** *f* corrosion

**corrosivo** *adj* corrosive; *fig* caustic

**corrupción** *f* decay; *fig* corruption

◇ **corrupción de menores** corruption of minors

**corruptela** *f* corruption

**corruptibilidad** *f* corruptibility

**corruptible** *adj* corruptible

**corrupto** *adj* corrupt

**corruptor I** *adj* corruptive **II** *m*, **~a** *f* corrupter

**corsario** *m* HIST corsair, privateer

**corsé** *m* corset

**corsetería** *f* lingerie store

**cortaalambres** *m inv* wire cutters *pl*

**cortabordes** *m inv* edger

**cortacésped** *m* lawnmower

**cortacircuitos** *m inv* circuit breaker

**cortacristales** *m inv* glasscutter

**cortada** *f* L.Am. cut

**cortado I** *adj* **1** cut **2** *calle* closed **3** *leche* curdled **4** *persona* shy; **quedarse ~** be embarrassed **II** *m* coffee with a dash of milk

**cortador** *m*, **~a** *f de prendas de vestir*, *zapatos* cutter

**cortadura** *f* cut

**cortafrío** *m* cold chisel

**cortafuego** *m* firebreak; *muro* fire wall

**cortante** *adj* **1** *filo* sharp **2** *viento* cutting

**cortapapeles** *m inv* letter opener, *Br tb* paper knife

**cortapisa** *f* restriction; **poner ~s a** *fig* put obstacles in the way of, obstruct

**cortaplumas** *m inv* penknife

**cortar** ⟨1a⟩ **I** *v/t* **1** cut; *electricidad* cut off **2** *calle* close **3**: **~ la respiración** *fig* take one's breath away **II** *v/i* cut; **~ con alguien** split up with s.o.; **cortarse** *v/r* **1** cut o.s.; **~ el pelo** have one's hair cut **2**: **la línea se ha cortado** TELEC the line has gone dead **3** *fig* F get embarrassed

**cortaúñas** *m inv* nail clippers *pl*

**cortavidrios** *m inv* glasscutter

**cortavientos** *m inv* windbreak

**corte¹** *m* **1** *con cuchillo* cut **2**: **me da ~** F I'm embarrassed **3**: **hacerle un ~ de mangas a alguien** F give s.o. the finger F

◇ **corte de luz** power outage, power cut; **corte de pelo** haircut; **corte publicitario** TV commercial break; **corte de tráfico** F road closure

**corte²** *f* **1** *real* court; **hacer la ~ a alguien** woo s.o. **2** *L.Am.* JUR (law) court **3**: **las Cortes** Spanish parliament

**cortedad** *f* shortness; **~ de miras** short-sightedness

**cortejar** ⟨1a⟩ *v/t* court

**cortejo** *m* entourage

◇ **cortejo fúnebre** cortège, funeral procession

**cortés** *adj* courteous

**cortesana** *f* courtesan

**cortesano I** *adj* court *atr* **II** *m* courtier

**cortesía** *f* courtesy; **tener la ~ de hacer algo** be kind enough to do sth; **por ~ de ...** by courtesy of ...

**corteza** *f de árbol* bark; *de pan* crust; *de queso* rind

◇ **corteza cerebral** ANAT cerebral cortex

◇ **corteza terrestre** earth's crust

**cortijo** *m* farmhouse

**cortina** *f* curtain

◇ **cortina de baño** shower curtain

◇ **cortina de niebla** blanket of fog

**cortisona** *f* cortisone

**corto** *adj* short; **ir de ~** be wearing a short dress; **~ de vista** nearsighted; **de -a edad** young; **ni ~ ni perezoso** as bold as brass; **quedarse ~** fall short;

(*calcular mal*) underestimate; **a la -a o a la larga** sooner or later

**cortocircuito** *m* EL short circuit

**corva** *f* back of the knee

**corvejón** *m de caballo* hock

**corvina** *f* meager, *Br* meagre

**corvo** *adj* curved

**corzo** *m*, **-a** *f* ZO roe deer

**cosa** *f* thing; **¿sabes una ~?** do you know something?; **alguna ~** something; **ser ~ fina** be really something F, be something else F; **son ~s que pasan** these things happen; **son ~s de la vida** that's life; **entre otras ~s** among other things; **como si tal ~** as if nothing had happened; **decir a alguien cuatro ~s** give s.o. a piece of one's mind; **eso es otra ~** that's another matter; **¿qué pasa? - poca ~** what's new? - nothing much; **~ de** about; **hace ~ de un año** about a year ago; **le dijo que había ganado la lotería como quien no quiere la ~** he told her that he had won the lottery as though it happened to him every day; **este pintor no es gran ~** he's not much of a painter; **no hay tal ~** there's no such thing; **¡qué ~!** that's odd *o* strange!; **lo que son las ~s** well, well!, imagine that!; **~ rara** oddly enough, strangely enough; **son ~s de Juan** that's typical of Juan, that's Juan all over

**coscorrón** *m* bump on the head

**cosecha** *f* **1** harvest; *fig* tally, score **2**: **de ~ propia** one's own; **no ser de su ~** *fig* F not be one's own work

**cosechadora** *f* combine (harvester)

**cosechar** ⟨1a⟩ *v/t* harvest; *fig* gain, win

**cosedor** *m*, **~a** *f* machinist

**coseno** *m* MAT cosine

**coser** ⟨2a⟩ *v/t* sew; **ser ~ y cantar** F be dead easy F; **~ a tiros** riddle with bullets

**cosido** *m* sewing; **~ a mano** hand sewing

**cosmética** *f* cosmetics (industry)

**cosmético** *m/adj* cosmetic

**cósmico** *adj* cosmic

**cosmología** *f* cosmology

**cosmonauta** *m/f* cosmonaut

**cosmopolita** *m/f & adj* cosmopolitan

**cosmopolitismo** *m* cosmopolitanism

**cosmos** *m* cosmos

**cosmovisión** *f L.Am.* world view

**coso** *m* enclosure; TAUR bullring

**cosquillas** *fpl*: **hacer ~ a alguien** tickle s.o.; **tener ~** be ticklish; **buscarle las ~ a alguien** annoy s.o.

**cosquillear** ⟨1a⟩ *v/t* tickle

**cosquilleo** *m* tickle

**cosquilloso** *adj* ticklish; *fig* touchy

**costa**[1] *f*: **a ~ de** at the expense of; **a toda ~** at all costs

**costa**[2] *f* GEOG coast

◇ **Costa Azul** Côte d'Azur

**costado** *m* side; **por los cuatro ~s** *fig* throughout, through and through

**costal** *m* sack, bag

**costar** ⟨1m⟩ **I** *v/t* **1** *en dinero* cost; **¿cuánto cuesta?** how much does it cost? **2** *trabajo, esfuerzo etc* take **II** *v/i* **1** *en dinero* cost; **cueste lo que cueste** at all costs; **~ caro** *fig* cost dear **2**: **me costó** it was hard work

**Costa Rica** *f* Costa Rica

**costarricense** *m/f & adj* Costa Rican

**coste** *m* ☞ **costo**

**costear**[1] ⟨1a⟩ *v/t* pay for

**costear**[2] ⟨1a⟩ *v/i* MAR sail along the coast

**costeño, costero** *adj* coastal

**costilla** *f* **1** ANAT rib; **medirle a alguien las ~s** beat s.o. **2** GASTR sparerib

**costillar** *m* GASTR ribs *pl*; *de cordero* rack

**costo** *m* cost; **abaratar ~s** cut costs

◇ **costo de la vida** cost of living *sg*; **costos fijos** fixed costs; **costos procesales** JUR court costs

**costoso** *adj* costly; *fig* difficult

**costra** *f* MED scab

**costumbre** *f* **1** *de país* custom **2** *de una persona* habit; **mala ~** bad habit; **persona de ~s** creature of habit; **tengo la ~ de madrugar** I usually get up early; **de ~** usual; **como de ~** as usual

**costumbrismo** *m literary genre focusing on social customs*

**costura** *f* **1** sewing; **alta ~** haute couture **2**: **sin ~** seamless

**costurar** ⟨1a⟩ *v/t*, **costurear** ⟨1a⟩ *v/t L.Am.* sew

**costurera** *f* seamstress

**costurero** *m* sewing box

**cota** *f* height above sea level; **~ de nieve** snow level

**cotangente** *f* MAT cotangent

**cotarro** *m*: **manejar el ~** F be the boss F;

**animar el ~** F liven things up
**cotejar** ⟨1a⟩ v/t compare
**cotejo** m comparison
**cotidianidad** f daily life
**cotidiano** adj daily; **vida -a** daily life
**cotiledón** m BOT cotyledon
**cotilla** m/f F gossip
**cotillear** ⟨1a⟩ v/i F gossip
**cotizable** adj FIN listed; **~ en bolsa** quoted on the Stock Market
**cotización** f 1 (precio) price; **~ bursátil** stock price, share price; (valor) value; **la ~ del actor subió después de obtener el Óscar** the actor became more sought-after after winning the Oscar 2 (cuota) contribution
**cotizado** adj COM quoted; fig sought-after
**cotizante** m/f contributor
**cotizar** ⟨1f⟩ I v/i 1 de trabajador pay social security, Br pay National Insurance 2 de acciones, bonos be listed (**a** at); **~ en bolsa** be listed on the stock exchange II v/t 1 (pagar) pay 2 acciones, bonos quote; **cotizarse** v/r COM be quoted (**a** at); fig be valued (**a** at)
**coto**[1] m: **~ de caza** hunting reserve; **poner ~ a algo** fig put a stop to sth
**coto**[2] m S.Am., MED goiter, Br goitre
**cotonete** m Méx Q-Tip®, Br cotton bud
**cotorra** f ZO parrot; F persona motormouth F
**cotorrear** ⟨1a⟩ v/i F chatter
**cotorreo** m F chatter
**coturno** m sandal; **de alto ~** fig upscale, Br upmarket
**covacha** f small cave; casa hovel
**coxal** adj: **hueso ~** coccyx
**coxis** m ANAT coccyx
**coyote** m ZO coyote
**coyuntura** f 1 situation 2 ANAT joint
**coyuntural** adj interim, temporary
**coz** f kick; **dar coces** kick
**C.P.** abr (= **código postal**) zip code, Br post code
**crac** m 1 (crujido) snap, crack 2 COM crash
**crack** m DEP star, ace
**craneal** adj ANAT cranial
**cráneo** m ANAT skull, cranium
**craso** adj ignorancia crass; error, engaño terrible
**cráter** m crater
**crayón** m L.Am. crayon

**creación** f creation
◊ **creación de empleo** job creation
**creador** I adj creative II m, **~a** f creator
**crear** ⟨1a⟩ v/t create; empresa set up
**creatividad** f creativity
**creativo** adj creative
**crecer** ⟨2d⟩ v/i grow; **crecerse** v/r rise to the challenge o occasion
**creces** fpl: **con ~** superar by a comfortable margin; pagar with interest
**crecida** f rise in river level; (inundación) flooding
**crecido** adj persona big; número large; pelo long
**creciente** I adj cantidad growing; luna waxing II f: **~ (lunar)** crescent (of the moon)
**crecimiento** m growth; **~ demográfico** population growth
◊ **crecimiento cero** zero growth
**credencial** I f document II adj: **cartas ~es** credentials
**credibilidad** f credibility
**crediticio** adj credit atr
**crédito** m 1 COM credit; **a ~** on credit; **~ bancario** (bank) credit 2: **no dar ~ a sus oídos / ojos** F not believe one's ears / eyes; **dar ~ a algo** believe sth; **digno de ~** reliable, trustworthy
**credo** m REL, fig creed
**credulidad** f credulity
**crédulo** adj credulous
**creencia** f belief
**creer** ⟨2e⟩ I v/i believe (**en** in); **~ en Dios** believe in God
II v/t think; (dar por cierto) believe; **hacer ~ algo a alguien** make s.o. think o believe sth; **no creo que esté aquí** I don't think he's here; **eso no te lo crees ni tú** F you must be nuts! F; **¡quién iba a creerlo!** who would have believed it!; **¡ya lo creo!** F you bet! F **creerse** v/r: **~ que ...** believe that ...; **se cree muy lista** she thinks she's very clever; **¡qué te has creído!** you must be joking!
**creíble** adj credible
**creído** I part ☞ **creer** II adj conceited
**crema** I adj: **color ~** cream(-colored, Br -coloured) II f GASTR cream
◊ **crema solar** suntan lotion
**cremación** f cremation
**cremallera** I f 1 zipper, Br zip 2 TÉC rack II m cog railway, Br rack railway

**crematístico** *adj* financial
**crematorio I** *adj*: **horno** ~ crematory oven **II** *m* crematory, *Br* crematorium
**cremoso** *adj* creamy
**crep** *m* ☞ **crepé**
**crepe** *f* GASTR crêpe, pancake
**crepé** *m tela* crêpe
**crepitación** *f* crackling
**crepitar** ⟨1a⟩ *v/i* crackle
**crepuscular** *adj* twilight *atr*
**crepúsculo** *m tb fig* twilight
**crespo** *adj* curly
**crespón** *m* **1** *tela* crêpe **2** *en bandera* black armband
**cresta** *f* crest; **estar en la ~ de la ola** *fig* be riding high, be on the crest of a wave
**Creta** *f* Crete
**creta** *f* GEOL chalk
**cretáceo** GEOL **I** *adj* cretaceous **II** *m* Cretaceous (period)
**cretense** *m/f & adj* Cretan
**cretino I** *adj* **1** MED cretinous **2** F cretinous F, moronic F **II** *m*, **-a** *f* **1** MED cretin **2** F cretin F, moron F
**cretona** *f* cretonne
**creyente** REL **I** *adj*: **ser** ~ believe in God **II** *m/f* believer
**creyó** *vb* ☞ **creer**
**cría** *f* **1** *acción* breeding **2** *de zorro, león* cub; *de perro* puppy; *de gato* kitten; *de oveja* lamb; **sus** ~**s** her young
**criada** *f* maid
**criadero** *m* **1** *de animales* breeder's, breeding establishment; *de ratas* breeding ground **2** *de plantas* nursery
**criadilla** *f* GASTR testicle
◇ **criadilla de tierra** BOT truffle
**criado I** *part* ☞ **criar II** *adj* raised, brought up; **bien** ~ well-bred; **mal** ~ bad-mannered **III** *m*, **-a** *f* servant
**criador** *m* breeder
**crianza** *f* **1** *de niños* upbringing **2** *de animales* breeding
**criar** ⟨1c⟩ *v/t* **1** *niños* raise, bring up **2** *animales* breed; **criarse** *v/r* grow up
**criatura** *f* **1** creature **2** F (*niño*) baby, child
**criba** *f* sieve
**cribado** *m* sieving, sifting
**cribar** ⟨1a⟩ *v/t* sift, sieve; *fig* select
**cric** *m* TÉC jack
**crimen** *m* crime; ~ **sexual** sex crime
**criminal** *m/f & adj* criminal
◇ **criminal de guerra** war criminal

**criminalidad** *f* crime; ~ **informática** computer crime
**criminalista** *m/f* criminal lawyer
**criminología** *f* criminology
**crin** *f* mane; ~**es** *pl* mane *sg*
**crío** *m*, **-a** *f* F kid F
**criollo I** *adj* Creole **II** *m*, **-a** *f* Creole **III** *f idioma* Creole
**cripta** *f* crypt
**críptico** *adj* cryptic
**criptografía** *f* cryptography
**criptograma** *m* cryptogram
**críquet** *m* cricket
**crisálida** *f* ZO chrysalis
**crisantemo** *m* BOT chrysanthemum
**crisis** *f inv* crisis
◇ **crisis nerviosa** attack of hysteria
**crisma I** *f* F head, nut F; **romper la ~ a alguien** F smash s.o.'s face in F **II** *m* Christmas card
**crismas** *m inv* Christmas card
**crisol** *m* **1** crucible **2** *fig* melting pot
**crispación** *f* irritation
**crispado** *adj* irritated
**crispar** ⟨1a⟩ *v/t* irritate; ~**le a alguien los nervios** get on s.o.'s nerves; **crisparse** *v/r* get irritated
**cristal** *m* **1** crystal **2** (*vidrio*) glass **3** (*lente*) lens **4** *de ventana* pane
◇ **cristal líquido** liquid crystal
◇ **cristal de roca** MIN rock crystal
**cristalera** *f* **1** *puerta* glass door **2** (*ventana*) window **3** (*armario*) display cabinet
**cristalería** *f* **1** *fábrica* glassworks *sg* **2** *objetos* glassware
**cristalero** *m*, **-a** *f* glazier
**cristalino** *adj* crystal-clear
**cristalizar** ⟨1f⟩ *v/i* **1** FÍS, MIN crystallize **2** *de idea, proyecto* jell, gel
**cristianar** ⟨1a⟩ *v/t* christen, baptize
**cristiandad** *f* Christendom
**cristianismo** *m* Christianity
**cristianizar** ⟨1f⟩ *v/t* convert to Christianity
**cristiano I** *adj* Christian **II** *m*, **-a** *f* Christian **III** *m*: **hablar en** ~ use everyday language, talk plain English
**Cristo** Christ; **todo** ~ F everyone; **donde** ~ **dio las tres voces** F in the middle of nowhere F
**cristo** *m* crucifix
**criterio** *m* **1** criterion **2** (*juicio*) judg(e)ment

**crítica** *f* criticism; ***muchas ~s*** a lot of criticism

**criticable** *adj* reprehensible

**criticar** ⟨1g⟩ *v/t* criticize

**crítico I** *adj* critical **II** *m*, **-a** *f* critic

**criticón F I** *adj* nit-picking **II** *m*, **-ona** *f* nit-picker

**Croacia** *f* Croatia

**croar** ⟨1a⟩ *v/i* croak

**croata I** *adj* Croatian **II** *m/f* Croat

**crocante I** *adj Rpl* crunchy **II** *m* nougat

**croché** *m*, **crochet** *m* crochet

**crol** *m* crawl; ***nadar a ~*** do the crawl

**cromar** ⟨1a⟩ *v/t* chromium-plate

**cromático** *adj* chromatic

**crómico** *adj* chrome *atr*; ***ácido ~*** chromic acid

**cromo** *m* **1** QUÍM chromium, chrome **2** (*estampa*) picture card, trading card

**cromosoma** *m* BIO chromosome

**crónica** *f* chronicle; *en periódico* report

**crónico** *adj* MED chronic

**cronista** *m/f* reporter

**cronoescalada** *f* mountain time trial

**cronología** *f* chronology

**cronológico** *adj* chronological

**cronometrador** *m*, **~a** *f* DEP timekeeper

**cronometrar** ⟨1a⟩ *v/t* DEP time

**cronómetro** *m* stopwatch

**cróquet** *m* croquet

**croqueta** *f* GASTR croquette

**croquis** *m inv* sketch

**cross** *m* DEP cross-country (running); *con motocicletas* motocross

**crótalo** *m* ZO rattlesnake

**crotorar** ⟨1a⟩ *v/i* clatter its bill / their bills

**cruasán** *m* croissant

**cruce** *m* **1** *de especies* cross **2** *de carreteras* crossroads *sg* **3**: ***~ en las líneas*** TELEC crossed line **4** DEP crossfield pass, cross

**cruceiro** *m* FIN cruzeiro

**crucero** *m* **1** cruise **2** MIL cruiser **3** ARQUI transept

**cruceta** *f* crosspiece

**crucial** *adj* crucial

**crucíferas** *fpl* BOT Cruciferae

**crucificar** ⟨1g⟩ *v/t* crucify

**crucifijo** *m* crucifix

**crucifixión** *f* crucifixion

**crucigrama** *m* crossword

**crucis** *m* REL Stations *pl* of the Cross, Way of the Cross; ***pasar por un ~*** *fig* go through hell

**cruda** *f Méx* F hangover

**crudeza** *f de clima* harshness; *de enfrentamiento* severity; *de lenguaje, imágenes* crudeness, coarseness; *de descripción* harshness; ***con toda ~*** in all its gory detail

**crudo I** *adj alimento* raw; *fig* harsh; ***voy a tenerlo ~ para aprobar*** F I'm going to have a hard job passing the exam, passing the exam isn't going to be easy **II** *m* crude (oil)

**cruel** *adj* cruel

**crueldad** *f* cruelty

**cruento** *adj* bloody

**crujido** *m de tarima* creak; *al arder* crackle; *de grava* crunch

**crujiente** *adj* GASTR crunchy

**crujir** ⟨3a⟩ *v/i de tarima* creak; *al arder* crackle; *de grava* crunch

**crup** *m* MED croup

**crupier** *m/f* croupier

**crustáceos** *mpl* ZO crustaceans

**cruz** *f* cross; ***cargar con su ~*** *fig* have one's cross to bear; ***con los brazos en ~*** with one's arms outstretched; ***hacerse cruces*** F be astonished (***de cómo*** that)

◇ **cruz gamada** swastika

◇ **Cruz Roja** Red Cross

**cruza** *f L.Am.* cross

**cruzada** *f* HIST, *fig* crusade

**cruzado I** *adj* **1** *piernas, cheque* crossed **2** *chaqueta* double-breasted **3**: ***había un tronco ~ en el camino*** there was a tree trunk lying across the road **II** *m* HIST, *fig* crusader

**cruzamiento** *m* BIO crossing

**cruzar** ⟨1f⟩ *v/t* cross; **cruzarse** *v/r* **1** pass one another; ***~ con alguien*** pass s.o. **2**: ***~ de brazos*** cross one's arms

**c.s.f.** *abr* (= ***costo, seguro, flete***) cif (= cost, insurance, freight)

**cta** *abr* (= ***cuenta***) A/C (= account)

**cuaderna** *f* MAR rib

**cuaderno** *m* notebook; EDU exercise book

◇ **cuaderno de bitácora** log, logbook

**cuadra** *f* **1** stable **2** *L.Am.* (*manzana*) block

**cuadrado I** *adj* square; ***cabeza -a*** F bigot **II** *m* square; ***al ~*** MAT squared; ***elevar al ~*** MAT square

**cuadragésimo** *m* fortieth
**cuadrangular I** *adj* quadrangular **II** *m*
*L.Am. en béisbol* home run
**cuadrante** *m* MAT quadrant
**cuadrar** ⟨1a⟩ **I** *v/t* MAT square **II** *v/i* tally
(**con** with); **cuadrarse** *v/r* MIL stand to
attention
**cuadratura** *f*: **la ~ del círculo** squaring
the circle
**cuadrícula** *f* grid
**cuadriculado** *adj* **1** *persona* rigid, un-
bending **2**: **papel ~** graph *o* squared paper
**cuadricular** ⟨1a⟩ *v/t* draw a grid on
**cuadrilátero** *m/adj* quadrilateral
**cuadrilla** *f* squad, team
**cuadro** *m* **1** painting; (*grabado*) picture
**2** (*tabla*) table **3** DEP team; POL, MIL
staff, cadre; **~ de actores** TEA cast **4**:
**de** *o* **a ~s** checked; **estar** *o* **quedarse**
**a ~s** be short of staff
◇ **cuadro clínico** MED condition, man-
ifestations *pl*; **cuadro de diálogo** IN-
FOR dialog *o Br* dialogue box; **cuadro**
**de distribución** EL switchboard; **cua-**
**dro de instrumentos, cuadro de man-**
**dos** AUTO dashboard; **cuadro sinópti-**
**co** tree diagram
**cuadrúpedo** *m* quadruped
**cuádruple** *m/adj* quadruple
**cuadruplicar** ⟨1g⟩ *v/t* quadruple
**cuadruplo** ☞ **cuádruple**
**cuajada** *f* GASTR curd
**cuajado** *adj* **1** *leche* curdled **2** (*lleno*): **~**
**de algo** crammed with sth
**cuajaleche** *m* BOT bedstraw
**cuajar** ⟨1a⟩ **I** *v/i* de leche curdle; *de nie-*
*ve* settle; *fig: de idea, proyecto etc* come
together, jell, gel **2** F (*llenar*) cover **II** *v/t*
*leche* curdle; **cuajarse** *v/r de leche* curdle; *de nieve* settle
**cuajo** *m*: **de ~** by the roots
**cual I** *pron rel*: **el ~, la ~** *etc cosa* which;
*persona* who; **por lo ~** (and) so; **tiene**
**dos coches, a cuál más caro** he has
two cars, both (of them) equally expensive **II** *adv* like; **dejó la habitación tal ~**
**la encontró** she left the room just as
she found it
**cuál** *interr* which (one); **~ más, ~ menos**
to a certain extent, to a greater or lesser
extent; **¿~ de vosotros …?** which one
of you …?
**cualidad** *f* quality

**cualificación** *f* qualification
**cualificado** *adj*: (**altamente**) **~** (highly)
qualified
**cualificar** ⟨1g⟩ *v/t* qualify
**cualitativo** *adj* qualitative
**cualquier** *adj* any; **~ día** any day; **~ cosa**
anything; **de ~ modo** *o* **forma** anyway;
**en ~ caso** in any case
**cualquiera** *pron* **1** *persona* anyone, anybody; **un ~** a nobody; **¡~ lo comprende!**
nobody can understand it!; **¡así ~!** anyone can do it like that!; **~ diría …** you *o*
anyone would think … **2** *cosa* any
(one); **~ que sea** *o* **fuera** whichever it
is *o* was
**cuán** *adv* how
**cuando I** *conj* when; *condicional* if; **~**
**quieras** whenever you want **II** *adv*
when; **de ~ en ~** from time to time; **~**
**menos** at least; **~ más, ~ mucho** at
(the) most
**cuándo** *interr* when
**cuantía** *f* amount, quantity; *fig* importance
**cuántico** *adj* FÍS quantum *atr*; **mecáni-**
**ca -a** quantum mechanics *sg*; **teoría -a**
quantum theory
**cuantificar** ⟨1g⟩ *v/t* quantify
**cuantioso** *adj* substantial
**cuantitativo** *adj* quantitative
**cuanto**[1] **I** *adj*: **~ dinero quieras** as much
money as you want; **unos ~s chavales**
a few boys
**II** *pron* all, everything; **se llevó ~ podía**
she took all *o* everything she could; **le**
**dio ~ necesitaba** he gave her everything she needed; **unas -as** a few; **todo**
**~** everything
**III** *adv*: **~ antes, mejor** the sooner the
better; **en ~** as soon as; **en ~ a** as for;
**~ más** the more; **~ más, mejor** the
more the better; **~ más … más …** the
more …, the more …; **por ~** inas-
much as; **todos ~s** all those who
**cuanto**[2] *m* FÍS quantum; **teoría de los**
**~s** quantum theory
**cuánto I** *interr adj* how much; *pl* how
many; **¿~ café?** how much coffee?;
**¿~s huevos?** how many eggs?; **¿~**
**tiempo?** how long?
**II** *pron* how much; *pl* how many; **¿~ ne-**
**cesita Vd.?** how much do you need?;
**¿~s ha dicho?** how many did you
say?; **¿a ~ están?** how much are they?;

¿a ~s estamos? what's the date today?

III exclamaciones: ¡cuánta gente había! there were so many people!; ¡~ me alegro! I'm so pleased!; ¡~ lo siento! I can't tell you how sorry I am!

cuáquero m, -a f Quaker

cuarenta adj forty; cantar las ~ a alguien fig F give s.o. a piece of one's mind

cuarentena f quarantine; una ~ a quarantine period

cuarentón I adj in one's forties II m, -ona f person in his / her forties, forty-something F

Cuaresma f Lent

cuaresmal adj Lent atr

cuarta f MÚS fourth

cuartear ⟨1a⟩ v/t cut up, quarter; cuartearse v/r crack

cuartel m 1 barracks pl 2: lucha sin ~ fight to the death; no dar ~ give no quarter, show no mercy

◇ cuartel general headquarters sg o pl

cuartelazo m L.Am. military uprising

cuartelero adj barracks atr

cuarterón m, -ona f L.Am. quadroon

cuarteto m MÚS quartet; ~ de cuerda string quartet

cuartilla f sheet of paper

cuarto I adj fourth II m 1 (habitación) room 2 (parte), DEP quarter; ~ de hora quarter of an hour; ~ de kilo quarter of a kilo; las diez y ~ (a) quarter after o Br past ten; las tres menos ~ a quarter to three, quarter of three; de tres al ~ F third-rate; tres ~s prenda three-quarter length 3: ~s pl P dough sg F, Br tb dosh sg F; estar sin un ~ be broke F

◇ cuarto de baño bathroom; cuarto creciente de luna first quarter; cuarto de estar living room; cuartos de final DEP quarter finals; cuarto menguante de luna last quarter

cuartucho m desp horrible little room

cuarzo m quartz

cuate m Méx 1 (gemelo) twin 2 F (tío) guy F

cuaternario GEOL I adj quaternary II m Quaternary

cuatrero m rustler

cuatrienal adj quadrennial, four-year atr; plan ~ four-year plan

cuatrillizos mpl quad(ruplet)s

cuatrimestral adj four-monthly

cuatrimotor m AVIA four-engined plane

cuatripartito adj POL four-party atr

cuatro adj four; ~ gotas F a few drops

cuatrocientos adj four hundred

Cuba f Cuba

cuba f: estar como una ~ F be plastered F

cubalibre m rum and coke, cubalibre

cubano I adj Cuban II m, -a f Cuban

cubata m F ☞ cubalibre

cubero m cooper; a ojo de buen ~ roughly

cubertería f (set of) flatware, Br cutlery

cubeta f 1 rectangular tray 2 (cubo) bucket 3 (cubitera) ice tray

cubicaje m AUTO cubic capacity

cubicar ⟨1g⟩ v/t MAT cube

cúbico adj MAT cubic

cubículo m cubicle

cubierta f 1 MAR deck 2 AUTO tire, Br tyre 3 ARQUI roof

cubierto I part ☞ cubrir II adj covered (de with, in) III m 1 piece of flatware, Br piece of cutlery; ~s pl flatware sg, Br cutlery sg 2 en la mesa place setting 3: ponerse a ~ take cover (de from)

cubil m den

cubilete m cup (for dice)

cubismo m cubism

cubista m/f & adj cubist

cubitera f 1 bandeja ice tray 2 (cubo) ice bucket

cúbito m ANAT ulna

cubito m: ~ (de hielo) ice cube

◇ cubito de caldo bouillon cube, Br stock cube

cubo m 1 figura cube 2 recipiente bucket

◇ cubo de la basura dentro garbage can, Br rubbish bin; fuera garbage can, Br dustbin; cubo de hielo ice cube; cubo de pedal pedal bin

cubrecama f bedspread

cubreobjetos m inv slide cover

cubrir ⟨3a⟩ v/t cover (de with); cubrirse v/r cover o.s.

cucamonas fpl F: hacerle ~ a alguien get around s.o., sweet-talk s.o.

cucaña f greasy pole

cucaracha f ZO cockroach

cuchara f 1 spoon; meter su ~ L.Am. F stick one's oar in F 2 L.Am. (paleta) trowel

**cucharada** f spoonful
**cucharadita** f teaspoonful
**cucharilla** f teaspoon
**cucharón** m ladle
**cuchichear** ⟨1a⟩ v/i whisper
**cuchicheo** m whispering
**cuchilla** f razor blade
**cuchillada** f stab; *herida* stab wound
**cuchillo** m knife; **~ de monte** hunting knife; **pasar a ~** put to the sword
**cuchipanda** f F *comida* blow-out P, *Br tb* slap-up meal
**cuchitril** m *desp* hovel
**cuchufleta** f F joke
**cuclillas: en ~** squatting
**cuclillo** m ZO cuckoo
**cuco I** m ZO cuckoo; **reloj de ~** cuckoo clock **II** adj (*astuto*) sharp, crafty
**cucurucho** m **1** *de papel etc* cone **2** *sombrero* pointed hat
**cuece** vb ☞ **cocer**
**cuelgo** vb ☞ **colgar**
**cuelgue** m F high F
**cuello** m **1** ANAT neck; **estar metido hasta el ~ en algo** be up to one's neck in sth **2** *de camisa etc* collar; **~ postizo** detachable collar **3** *de botella* neck
◇ **cuello uterino** ANAT cervix, neck of the uterus
**cuelo** vb ☞ **colar**
**cuenca** f **1** GEOG basin; **~ hidrográfica** (river) basin **2**: **~ hullera** o **minera** coalfield **3** *del ojo* socket
**cuenco** m bowl; **el ~ de la mano** the hollow of one's hand
**cuenta** f **1** (*cálculo*) sum; **echar ~s de algo** work sth out; **perder la ~** lose count
**2** *de restaurante* check, *Br* bill; **pasar la ~ a alguien** send s.o. the bill; **no me gusta pedirle favores porque siempre te pasa la ~** *fig* I don't like asking him for favors because he always wants something in return; **tener una ~ pendiente con alguien** F have unfinished business with s.o.
**3** COM account; **a ~** on account; **póngamelo en la ~** put it on the slate
**4** (*justificación*): **dar ~ de** give an account of; **pedir ~s a alguien** ask s.o. for an explanation
**5** (*responsabilidad*): **corre por mi / su ~** I'll / he'll pay for it; **por su propia ~** off one's own bat; **trabajar por ~ aje-** na / **propia** be employed / self-employed
**6**: **más de la ~** too much; **caer en la ~** realize; **darse ~ de algo** realize sth; **tener** o **tomar en ~** take into account; **en resumidas ~s** in short; **dar buena ~ de** finish off, polish off F; **a fin de ~s** after all
◇ **cuenta de ahorros** savings account, *Br* deposit account; **cuenta atrás** countdown; **cuenta bancaria** bank account; **cuenta bloqueada** frozen account; **cuenta corriente** checking account, *Br* current account; **cuenta de gastos** expense account; **cuenta de pérdidas y ganancias** profit and loss account
**cuentagotas** m inv dropper; **a** o **con ~** *fig* F in dribs and drabs
**cuentakilómetros** m inv odometer, *Br* mileometer
**cuentapropista** m/f *L.Am.* self-employed person
**cuentarrevoluciones** m inv tachometer, *Br* rev counter
**cuentista** m/f *tb* F (*mentiroso*) storyteller
**cuento** m **1** (short) story; **~ de nunca acabar** *fig* never-ending story; **ir con el ~ a alguien** tell s.o. tales **2** (*pretexto*) excuse; **tener mucho ~** put it on F; **vivir del ~** F live off other people **3**: **venir a ~** be relevant; **eso no viene a ~** that's irrelevant; **traer a ~** bring up
◇ **cuento chino** F tall story F; **cuento de hadas** fairy tale; **cuento de viejas** old wives' tale
**cuerda** f **1** rope; **~ de trepar** climbing rope; **~ para tender la ropa** clothes line; **poner a alguien contra las ~s** get s.o. on the ropes; **bajo ~** on the side **2** *de guitarra, violín* string; **ser de la misma ~** be two of a kind
**3** *mecanismo*: **dar ~ al reloj** wind the clock up; **dar ~ a algo** *fig* F string sth out F; **dar ~ a alguien** encourage s.o.; **cuando cuenta historias, mi abuelo tiene ~ para rato** when he's telling stories, my grandfather can talk for hours
◇ **cuerda floja** tightrope; **andar** o **bailar en la ~** *fig* F be walking a tightrope; **cuerda de tripa** MÚS gut string; **cuerdas vocales** pl ANAT vocal chords

**cuerdo** *adj* **1** sane **2** (*sensato*) sensible

**cuerna** *f* horns *pl*; *de ciervo* antlers *pl*

**cuerno** *m* horn; *de caracol* feeler; *irse al ~* F fall through, be wrecked; *¡un ~!* F you must be joking!; *¡vete al ~!* F go to hell! F; *romperse los ~s* F break one's back F, slog one's guts out F; *poner los ~s a alguien* F be unfaithful to s.o.
◇ **cuerno de la abundancia** horn of plenty, cornucopia

**cuero** *m* **1** leather **2** *Rpl* (*fuete*) whip **3**: *en ~s* F naked; *dejar a alguien en ~s* fig leave s.o. broke F, leave s.o. penniless
◇ **cuero cabelludo** scalp

**cuerpo** *m* **1** body; *~ a ~* hand-to-hand; *retrato de ~ entero* / *de medio ~* full-length / half-length portrait; *a ~ de rey* like a king; *en ~ y alma* body and soul; *aún estaba de ~ presente* he had not yet been buried; *me lo pide el ~* I feel like it; *hacer del ~* euph do one's business **2** *de policía* force; *~ (de ejército)* corps **3**: *tomar ~* take shape
◇ **cuerpo de baile** corps de ballet *sg*; **cuerpo de bomberos** fire department, *Br* fire brigade; **cuerpo celeste** heavenly body; **cuerpo del delito** JUR corpus delicti; **cuerpo diplomático** diplomatic corps *sg*; **cuerpo docente** teachers *pl*, teaching staff *sg o pl*; **cuerpo extraño** MED foreign body

**cuervo** *m* ZO raven, crow

**cuesta** *f* slope; *~ abajo* downhill; *~ arriba* uphill; *se me hace ~ arriba levantarme a las 7 todos los días* I find it very hard to get up at 7am every day; *a ~s* on one's back

**cuestación** *f* collection for charity

**cuestión** *f* **1** question **2** (*asunto*) matter, question; *en ~ de dinero* as far as money is concerned; *no es ~ de dinero* it's not a question of money; *en ~ in question; *la ~ es que* the thing is

**cuestionable** *adj* questionable

**cuestionar** ⟨1a⟩ *v/t* question

**cuestionario** *m* questionnaire

**cuete** *adj Méx* F (*borracho*) blitzed F, plastered F

**cueva** *f* cave; *~ de ladrones* den of thieves

**cuévano** *m* large, deep basket

**cuezo** *m*: *meter el ~* (*meter la pata*) put one's foot in it; (*ser indiscreto*) poke one's nose in

**cuidado** *m* care; *¡~!* look out!; *andar con ~* tread carefully; *tener ~* be careful; *me tiene sin ~* I couldn't *o* could care less, *Br* I couldn't care less; *es un niño de ~* you really have to watch that boy; *¡pierda Vd. ~!* don't worry!

**cuidador** *m* **1** *de niños* childminder; *de ancianos* carer **2** *de animales* keeper

**cuidadora** *f* **1** *de niños* childminder; *de ancianos* carer **2** *de animales* keeper **3** *Méx* nursemaid

**cuidadoso** *adj* careful

**cuidar** ⟨1a⟩ **I** *v/t* look after, take care of **II** *v/i*: *~ de* look after, take care of; **cuidarse** *v/r* **1** look after o.s., take care of o.s. **2**: *~ de hacer algo* take care to do sth

**cuita** *f* trouble, worry

**cuitado** *adj* troubled, worried

**culantro** *m* cilantro, coriander

**culata** *f* butt

**culatazo** *m* kick, recoil

**culebra** *f* ZO snake

**culebrear** ⟨1a⟩ *v/i de persona, animal* wriggle; *de carretera, río* wind

**culebrilla** *f* MED F shingles *sg*

**culebrón** *m* TV soap

**culera** *f* seat

**culinario** *adj* cooking *atr*, culinary

**culminación** *f* culmination

**culminante** *adj*: *punto ~* peak, climax

**culminar** ⟨1a⟩ **I** *v/i* culminate (*en* in); *fig* reach a peak *o* climax **II** *v/t* finish

**culo** *m* V ass V, *Br* arse V; F butt F, *Br* bum F; *caer(se) de ~* fall on one's ass; *lamer el ~ a alguien* V brown-nose s.o. F; *ir de ~* fig F do badly; *ser ~ de mal asiento* fig F be restless, have ants in one's pants F; *en el ~ del mundo* fig in the boondocks F, in the middle of nowhere

**culpa** *f* fault; *echar la ~ de algo a alguien* blame s.o. for sth; *ser por ~ de alguien* be s.o.'s fault; *tener la ~* be to blame (*de* for); *sentimiento de ~* feeling of guilt

**culpabilidad** *f* guilt

**culpabilizar** ⟨1f⟩ *v/t* blame

**culpable** **I** *adj* guilty; *declarar ~ a alguien* find s.o. guilty; *ser ~ de algo* be guilty of sth **II** *m/f* culprit

**culpar** ⟨1a⟩ *v/t*: *~ a alguien de algo* blame s.o. for sth

**cultismo** *m* learned word / expression

**cultivable** *adj* cultivable

**cultivador** *m* grower

**cultivadora** *f* **1** *máquina* cultivator **2** *mujer* grower

**cultivar** ⟨1a⟩ *v/t* AGR grow; *tierra* farm; *fig* cultivate

**cultivo** *m* **1** AGR crop **2** AGR *acto* growing, cultivation **3** BIO culture

◇ **cultivo extensivo** AGR extensive farming

**culto** I *adj* educated II *m* worship; *rendir ~ a* worship; *~ a o de la personalidad* personality cult

**cultura** *f* culture

◇ **cultura general** general knowledge

**cultural** *adj* cultural; *un nivel ~ muy pobre* a very poor standard of education

**culturismo** *m* bodybuilding

**culturista** *m/f* bodybuilder

**culturizar** ⟨1f⟩ *v/t* enlighten, educate; **culturizarse** *v/r* get o.s. an education

**cumbre** *f tb* POL summit; *~ de la economía mundial* world economic summit

**cumpleaños** *m inv* birthday

**cumplido** I *part* ☞ **cumplir** II *adj* **1** (*cortés*) polite **2**: *tener 50 años ~s* be 50 years old III *m* compliment; *no andarse con ~s* not stand on ceremony; *por ~* out of politeness

**cumplidor** *adj* reliable

**cumplimentar** ⟨1k⟩ *v/t trámite* carry out

**cumplimiento** *m de promesa* fulfillment, *Br* fulfilment; *de ley* compliance (*de* with), observance (*de* of),

**cumplir** ⟨3a⟩ I *v/t* **1** *orden* carry out; *promesa* fulfill, *Br* fulfil **2** *condena* serve **3**: *~ diez años* reach the age of ten, turn ten II *v/i* **1**: *~ con algo* carry sth out; *~ con su deber* do one's duty **2**: *te invita sólo por ~* he's only inviting you out of politeness; **cumplirse** *v/r de plazo* expire

**cúmulo** *m* (*montón*) pile, heap

**cuna** *f cama* crib, *Br* cot; *con balancín*, *fig* cradle

**cundir** ⟨3a⟩ *v/i* **1** *de noticia* spread **2** (*dar mucho de sí*) go a long way; *me cunde el trabajo* I get a lot of work done; *nadie la conocía cuando llegó, pero con lo que cunde ...* nobody knew her when she got here, but the way she's going ...

**cuneiforme** *adj* cuneiform

**cuneta** *f* ditch; *dejar a alguien en la ~ fig* F leave s.o. way behind

**cunicultor** *m*, *~a f* rabbit breeder

**cunicultura** *f* rabbit breeding

**cuña** *f* wedge

◇ **cuña anticiclónica** ridge of high pressure

◇ **cuña publicitaria** commercial break

**cuñada** *f* sister-in-law

**cuñado** *m* brother-in-law

**cuño** *m* stamp; *de nuevo ~* brand new

**cuota** *f* **1** share **2** *de club*, *asociación* fee; *~ de abono* TELEC line rental **3** *L.Am.* (*plazo*) installment, *Br* instalment

◇ **cuota empresarial** employer's contribution; **cuota de mercado** COM market share; **cuota patronal** employer's contribution

**cupé** *m* AUTO coupe, *Br* coupé

**cuplé** *m* type of light cabaret song

**cupletista** *m/f singer of **cuplés***

**cupo**[1] *m* quota

**cupo**[2] *vb* ☞ **caber**

**cupón** *m* coupon

**cúprico** *adj* cupric, copper *atr*

**cuprífero** *adj* copper-bearing, cupriferous

**cúpula** *f* **1** dome, cupola **2** *esp* POL leadership; *~ directiva* board of directors

**cura** I *m* priest II *f* **1** cure; *tener ~* be curable **2** (*tratamiento*) treatment **3** *Méx*, *C.Am.* hangover

◇ **cura de reposo** rest cure

◇ **cura de urgencia** emergency treatment

**curable** *adj* curable

**curación** *f* **1** (*recuperación*) recovery **2** (*tratamiento*) treatment

**curado** *adj* **1** *Méx*, *C.Am.* drunk **2**: *~ de espanto fig* unshockable

**curador** *m*, *~a f* JUR guardian

**curaduría** *f* JUR guardianship

**curanderismo** *m* folk medicine

**curandero** *m*, *-a f* faith healer

**curar** ⟨1a⟩ I *v/t tb* GASTR cure **2** (*tratar*) treat; *herida* dress **3** *pieles* tan II *v/i* MED recover (*de* from); **curarse** *v/r* **1** MED recover; *~ en salud* F play safe **2** *Méx*, *C.Am.* get drunk

**curativo** *adj* curative; *poder ~* healing power

**curato** *m* parish

**curda** *f*: *agarrarse una ~* F get plastered F

**curdo** I *adj* Kurdish II *m*, -a *f* Kurd

**curia** *f* JUR legal profession

**curiosamente** *adv* strangely, oddly

**curiosear** ⟨1a⟩ I *v/t* 1 (*fisgonear*) pry into 2 (*mirar*) look around II *v/i* (*mirar*) look around

**curiosidad** *f* curiosity

**curioso** I *adj* 1 *persona* curious 2 (*raro*) curious, odd, strange II *m*, -a *f* onlooker

**curita** *f* L.Am. Band-Aid®, *Br* Elastoplast®

**currante** *m/f* F worker

**currar** ⟨1a⟩ *v/i* F work

**curre** *m* F work

**currelar** P *☞ currar*

**currículo** *m* curriculum

**currículum vitae** *m* résumé, *Br* CV, *Br* curriculum vitae

**curro** *m* P work

**curry** *m* GASTR curry

**cursar** ⟨1a⟩ *v/t* 1 *carrera* take 2 *orden*, *fax* send; *instancia* deal with

**cursi** F I *adj persona* affected II *m/f*: *es un ~* he is so affected

**cursilería** *f* affectation

**cursillo** *m* short course

**cursiva** *f* italics *pl*

**cursivo** *adj* italic

**curso** *m* 1 course; *en el ~ de* in the course of 2 COM: *moneda de ~ legal* legal tender 3 EDU: *pasar de ~* move up a grade; *perder el ~* miss the school year; *repetir ~* repeat a grade ◇ **curso acelerado** crash course; **curso por correspondencia** correspondence course; **curso a distancia** correspondence course; **curso escolar** academic year; **curso intensivo** crash course, intensive course

**cursor** *m* INFOR cursor

**curtido** I *adj* weather-beaten II *m* tanning; *~s pl* tanned hides

**curtidor** *m* tanner

**curtiduría** *f* tannery

**curtiente** *m* tanning agent

**curtir** ⟨3a⟩ *v/t* tan; *fig* harden; **curtirse** *v/r* become tanned

**curul** *m Méx* POL seat

**curva** *f* curve

**curvar** ⟨1a⟩ *v/t* bend; **curvarse** *v/r* bend; *de estante* sag

**curvatura** *f* curvature

**curvilíneo** *adj* curvilinear, curved

**curvo** *adj* curved

**cuscurro** *m* end, tip

**cuscús** *m* GASTR couscous

**cúspide** *f de montaña* summit; *de fama etc* height

**custodia** *f* JUR custody; *bajo la ~ de alguien* in s.o.'s custody

**custodiar** ⟨1b⟩ *v/t* guard

**custodio** *m*, -a *f* custodian

**cususa** *f* C.Am. corn liquor

**cutáneo** *adj* skin *atr*

**cúter** *m* MAR cutter

**cutis** *m* skin

**cutre** *adj* F shabby, dingy

**cutrez** *f* F shabbiness, dinginess

**cuyo, -a** *adj* whose

**CV**[1] *m abr* (= *caballo(s) de vapor*) HP (= horsepower)

**CV**[2] *m* resumé, *Br* CV

# D

**D.** *abr* (= *Don*) Mr.

**Da.** *abr* (= *Doña*) Mrs

**dabute(n), dabuti** *adj* F great F, fantastic F

**dactilar** *adj* finger *atr*

**dactilografía** *f* typing

**dadá, dadaísmo** *m* Dada, Dadaism

**dádiva** *f* gift

**dadivosidad** *f* generosity

**dadivoso** *adj* generous

**dado**[1] *m* dice; *jugar a los ~s* play dice

**dado**[2] I *part ☞ dar* II *adj* given; *ser ~ a algo* be given to sth III *conj*: *~ que* since, given that IV *prp* given

**dador** *m*, -a *f* COM drawer

**daga** *f* dagger

**dalia** *f* BOT dahlia

**dallar** ⟨1a⟩ *v/t hierba* scythe

**dálmata** *m perro* Dalmatian

**daltónico** *adj* color-blind, *Br* colour-blind

**daltonismo** *m* color-blindness, *Br* colour-blindness

**dama** *f* 1 lady; *primera ~* First Lady 2:

**(juego de)** **~s** checkers *sg*, *Br* draughts *sg*

◇ **dama de compañía** (lady's) companion

◇ **dama de honor** bridesmaid

**damajuana** *f* demijohn

**Damasco** *m* Damascus

**damasco** *m* **1** damask **2** *L.Am. fruta* apricot; *árbol* apricot tree

**damasquinado** *m* damascene

**damero** *m* checkerboard, *Br* draughtboard

**damisela** *f* damsel

**damnificado I** *adj* affected **II** *m*, -a *f* victim

**damnificar** ⟨1g⟩ *v/t persona* harm; *cosa* damage

**dandi** *m* dandy

**danés I** *adj* Danish **II** *m*, -esa *f* Dane **III** *m idioma* Danish

**danta** *f L.Am.* ZO tapir

**dantesco** *adj fig* nightmarish

**Danubio** *m* Danube

**danza** *f* dance; **estar en ~** *fig* be on the go; **meter a alguien en la ~** F involve s.o.

◇ **danza macabra** danse macabre, dance of death

◇ **danza del vientre** belly dance

**danzar** ⟨1f⟩ *v/i* dance

**danzarín** *m*, -ina *f* dancer

**dañado** *adj* damaged

**dañar** ⟨1a⟩ *v/t* harm; *cosa* damage; **dañarse** *v/r de persona* harm o.s.; *de objeto* get damaged

**dañino** *adj* harmful; *fig* malicious

**daño** *m* **1** harm; *a un objeto* damage; **hacer ~ a** hurt; **hacerse ~** hurt o.s. **2: ~s pl** damage *sg*; **~s ecológicos o ambientales** environmental damage, damage to the environment **3** *L.Am* F evil eye

◇ **daños materiales** damage *sg* to property; **daños personales** personal injury *sg*; **daños y perjuicios** damages

**dañoso** *adj* harmful

**dar** ⟨1r; *part* dado⟩ **I** *v/t* **1** give; *fiesta* give, have; **~ un salto / una patada** jump / kick, give a jump / kick; **~ miedo a** frighten; **el jamón me dio sed** the ham made me thirsty; **~ de comer / beber a alguien** give s.o. something to eat / drink

**2** *fruta* bear; *luz* give off; *beneficio* yield **3** *película* show, screen

**4: el reloj dio las tres** the clock struck three

**5: ¡dale (que dale)!** F don't keep on! F; **y siguió dale que te pego** F and he kept on and on

**II** *v/i* **1** give; *de cartas en juego* deal; **dame** give it to me, give me it

**2: ~ a de ventana** look onto

**3: ~ con algo / alguien** come across sth / s.o., find sth / s.o.; **no di con el nombre** I couldn't think of the name

**4: ~ de sí de material** stretch, give; **~ para** be enough for; **no da para más** it's past its best

**5: le dio por insultar a su madre** F she started insulting her mother

**6: ¡qué más da!** what does it matter!; **da igual** it doesn't matter

**7: ~ contra** *o* **en algo** hit sth; **el sol le daba en la cara** he had the sun in his eyes, the sun was in his eyes

**8: ~ por muerto a alguien** give s.o. up for dead

**9: ~ que hablar** give people something to talk about; **da que pensar** it makes you think, it gives you something to think about

**darse** *v/r* **1** *de situación* arise **2: ~ a algo** take to sth **3: esto se me da bien** I'm good at this **4: dárselas de algo** make o.s. out to be sth, claim to be sth **5: a mí no me las das** F you don't fool me

**dardo** *m* dart

**dársena** *f* dock

**datación** *f* dating

**datar** ⟨1a⟩ **I** *v/i:* **~ de** date from **II** *v/t* date

**dátil** *m* BOT date

**datilera** *f* date palm; **palmera ~** date palm

**dativo** *m* GRAM dative

**dato** *m* piece of information; **~s pl** information *sg*, data *sg*

◇ **datos personales** personal details

**D.C.** *abr* (= **después de Cristo**) AD (= Anno Domini)

**dcho., dcha.** *abr* (= **derecho, derecha**) r (= right)

**de** *prp* **1** *origen* from; **~ Nueva York** from New York; **~ ... a** from ... to

**2** *posesión* of; **el coche ~ mi amigo** my friend's car

**3** *material* (made) of; **un anillo ~ oro** a gold ring

**4** *contenido* of; **un vaso ~ agua** a glass

of water

**5** *cualidad*: **una mujer ~ 20 años** a 20 year old woman

**6** *causa* with; **temblaba ~ miedo** she was shaking with fear

**7** *hora*: **~ noche** at night, by night; **~ día** by day

**8** *en calidad de* as; **trabajar ~ albañil** work as a bricklayer; **~ niño** as a child

**9** *agente* by; **~ Goya** by Goya

**10** *condición* if; **~ haberlo sabido** if I'd known

**11** *en aposición*: **la ciudad ~ Lima** the city of Lima

**dé** *vb* ☞ **dar**

**d. de J.C.** *abr* (= *después de Jesucristo*) AD (= Anno Domini)

**deambular** ⟨1a⟩ *v/i* wander around

**deán** *m* REL dean

**debacle** *f* debacle

**debajo I** *adv* underneath **II** *prp*: **(por) ~ de** under; **un grado por ~ de lo normal** one degree below normal

**debate** *m* debate, discussion

**debatir** ⟨3a⟩ **I** *v/t* debate, discuss **II** *v/i* struggle; **debatirse** *v/r*: **~ entre la vida y la muerte** fight for one's life

**debe** *m* COM debit

**deber I** *m* **1** duty **2**: **~es** *pl* homework *sg* **II** ⟨2a⟩ *v/t* owe; **~ a alguien 500 pesos** owe s.o. 500 pesos

**III** ⟨2a⟩ *v/i* **1** *en presente* must, have to; **debo llegar a la hora** I must be on time, I have to be on time; **no debo llegar tarde** I mustn't be late

**2** *en pretérito* should have; **debería haberme callado** I should have kept quiet

**3** *en futuro* will have to; **deberán terminar imediatamente** they must finish *o* they will have to finish immediately

**4** *en condicional* should; **¿qué debería hacer?** what should I do?; **no deberías hacer eso** you shouldn't do that; **debería ser lo suficientemente largo** that should be long enough

**5** *como suposición*: **debe de hacer frío** it must be cold; **debe de tener quince años** he must be about 15; **debe de hacer poco que viven aquí** they can't have lived here for long; **ya deben de haber llegado** they must *o* should have arrived by now

**deberse** *v/r*: **~ a** be due to, be caused by

**debidamente** *adv* properly, correctly

**debido I** *part* ☞ **deber II** *adj* **1** due; **como es ~** properly; **a su ~ tiempo** in due course **2** *en locuciones*: **~ a** due to, owing to, on account of; **ser ~ a** be due to

**débil** *adj* weak

**debilidad** *f* weakness

**debilitación** *f*, **debilitamiento** *m* debilitation, weakening

**debilitar** ⟨1a⟩ *v/t* weaken; **debilitarse** *v/r* weaken, become weaker; **de salud** deteriorate

**debitar** ⟨1a⟩ *v/t* COM debit

**débito** *m* COM debit

◇ **débito bancario** *L.Am.* direct billing, *Br* direct debit

**debut** *m* debut

**debutante** *m/f* beginner

**debutar** ⟨1a⟩ *v/i* make one's debut

**década** *f* decade

**decadencia** *f* decadence; *de imperio* decline

**decadente** *adj* decadent

**decaer** ⟨2o; *part* **decaído**⟩ *v/i tb fig* decline; *de rendimiento* fall off, decline; *de salud* deteriorate

**decaído I** *part* ☞ **decaer II** *adj fig* depressed, down F

**decaimiento** *m* decline; *de salud* deterioration; **sufre un ~** she feels run down

**decálogo** *m* REL decalogue

**decanato** *m* deanship

**decano** *m*, **-a** *f* dean

**decantar** ⟨1a⟩ *v/t* decant; **decantarse** *v/r*: **~ por** opt for

**decapitar** ⟨1a⟩ *v/t* behead, decapitate

**decatleta** *m/f* DEP decathlete

**decatlón** *m* DEP decathlon

**deceleración** *f* deceleration

**decelerar** ⟨1a⟩ *v/i* decelerate

**decena** *f* ten; **una ~ de** about ten

**decenal** *adj* ten-yearly

**decencia** *f* decency

**decenio** *m* decade

**decente** *adj* decent

**decepción** *f* disappointment

**decepcionado** *adj* disappointed

**decepcionante** *adj* disappointing

**decepcionar** ⟨1a⟩ *v/t* disappoint

**deceso** *m* death

**dechado** *m fig* model

**decibel** *m L.Am.* decibel

**decibelio** *m* decibel

**decidido I** *part* ☞ **decidir II** *adj* decisive; **estar** ~ be determined (**a** to)

**decidir** ⟨3a⟩ **I** *v/t* decide, make up one's mind; **decidirse** *v/r* make up one's mind, decide

**decigramo** *m* decigram

**decilitro** *m* deciliter, *Br* decilitre

**décima** *f* **1** tenth **2**: **tener** ~**s** MED have a slight fever, *Br* have a slight temperature

**decimal I** *adj* decimal; **número** ~ decimal number; **sistema** ~ decimal system **II** *m* decimal

**decímetro** *m* decimeter, *Br* decimetre

**décimo I** *adj* tenth **II** *m* **de lotería**: share of a lottery ticket

**decimonónico** *adj fig* old-fashioned

**decir** ⟨3p; *part* **dicho**⟩ **I** *v/t* **1** say; (*contar*) tell; ~ **misa** say mass; ~ **que sí** say yes; ~ **que no** say no; **se dice que …** they say that …, it's said that …; **diga lo que diga** whatever he says; **¿qué quieres que te diga?** what do you expect me to say?; ~ **entre** *o* **para sí** say to o.s.
**2** *con infinitivo*: **querer** ~ mean; **es** ~ in other words; **dar que** ~ set people talking; **ni que** ~ **tiene (que)** it goes without saying (that); **por así** ~**lo** so to speak; **ya es** ~ that's saying something; **que ya es** ~ which is really something; **es mucho** ~ that's saying a lot
**3** *con participio*: **¡quién hubiera dicho que María se iba casar!** who would have thought that Maria would get married!; **dicho y hecho** no sooner said than done; **mejor dicho** or rather; **dicho sea de paso** incidentally; **está dicho, lo dicho** as I have already said **4**: **no es rico, que digamos** let's say he's not rich; **¡no me digas!** you're kidding!; **¡dímelo a mí!** tell me about it!, you're telling me!; **como quien dice** so to speak; **y que lo digas** you bet; **¿y qué me dices de …?** so what do you think of …?; **usted dirá** how can I help you?; **ya decía yo que iba a acabar mal** I knew it would end badly; **¡quién lo diría!** who would believe it!; **¡cualquiera diría que tiene setenta años!** who would have thought he was seventy!, you wouldn't think *o* believe he was seventy!
**II** *v/i*: **¡diga!, ¡dígame!** *Esp* TELEC hello **III** *m* saying; **es un** ~ it's just a figure of speech

**decisión** *f* **1** decision; **tomar una** ~ make *o* take a decision **2** *fig* decisiveness

**decisivo** *adj* critical, decisive

**declamación** *f* declamation

**declamar** ⟨1a⟩ *v/i* declaim

**declamatorio** *adj* declamatory

**declaración** *f* **1** declaration; *a la prensa, la policía* statement; **hacer una** ~ make a statement; **tomar** ~ **a alguien** take a statement from s.o. **2** JUR: **prestar** ~ testify, give evidence
◇ **declaración de aduana** customs declaration; **declaración de impuestos** tax return; **declaración jurada** sworn statement, affidavit; **declaración de quiebra** declaration of bankruptcy; **declaración de la renta** tax return; **declaración testimonial** witness statement

**declarado I** *part* ☞ **declarar II** *adj* self--confessed

**declarante** *m/f* JUR deponent

**declarar** ⟨1a⟩ **I** *v/t* **1** state **2** *bienes* declare **3**: ~ **culpable a alguien** find s.o. guilty **II** *v/i* JUR give evidence; **declararse** *v/r* **1** declare o.s.; ~ **inocente** JUR plead not guilty, plead innocent; ~ **a alguien** declare one's love for s.o. **2** *de incendio* break out

**declinación** *f* **1** GRAM declension **2** *fig* decline

**declinar** ⟨1a⟩ *v/t & v/i* decline

**declive** *m fig* decline; **en** ~ in decline; **ir en** ~ decline

**decocción** *f* decoction

**decodificación** *f* ☞ **descodificación**

**decodificador** *m* ☞ **descodificador**

**decodificar** ⟨1g⟩ *v/t* ☞ **descodificar**

**decolaje** *m L.Am.* takeoff

**decolar** ⟨1a⟩ *v/i L.Am.* take off

**decolorante** *m* bleaching agent

**decolorar** ⟨1a⟩ *v/t* bleach; **decolorarse** *v/r* bleach one's hair

**decomisar** ⟨1a⟩ *v/t* confiscate

**decomiso** *m* confiscation

**decompresión** *f* decompression

**decomprimir** ⟨3a⟩ *v/t* decompress

**decoración** *f* decoration

**decorado** *m* TEA set

**decorador** *m*, ~**a** *f*: ~ (**de interiores**) interior decorator; TEA set designer

**decorar** ⟨1a⟩ *v/t* decorate

**decorativo** *adj* decorative

**decoro** *m* decorum; *guardar el ~* maintain decorum

**decoroso** *adj* decorous

**decrecer** ⟨2d⟩ *v/i* decrease, diminish

**decreciente** *adj* decreasing, diminishing

**decremento** *m* decrease

**decrépito** *adj* decrepit

**decrepitud** *f* decrepitude

**decretar** ⟨1a⟩ *v/t* order, decree; *~ sanciones económicas* impose economic sanctions

**decreto** *m* decree

**decreto-ley** *m* government decree

**decúbito** *m* position; *~ prono / supino* prone / supine position

**décuplo** *adj* tenfold

**decurso** *m* course; *en el ~ de los años* over the years

**dedal** *m* thimble

**dedalera** *f* BOT foxglove

**dédalo** *m* labyrinth

**dedicación** *f* dedication

**dedicar** ⟨1g⟩ *v/t* dedicate; *esfuerzo* devote; **dedicarse** *v/r* **1** devote o.s. (*a* to) **2**: *¿a qué se dedica?* what do you do (for a living)?

**dedicatoria** *f* dedication

**dedillo** *m*: *conocer algo al ~* F know sth like the back of one's hand; *saber algo al ~* F know sth off by heart

**dedo** *m* finger; *a dos ~s* inches away; *se pueden contar con los ~s de la mano* they can be counted on the fingers of one hand; *a ~ viajar* hitchhike; *no tiene dos ~s de frente* F he doesn't have much commonsense; *no mover* (*ni*) *un ~ fig* F not lift a finger F; *pillarse los ~s fig* F get one's fingers burned
◇ **dedo anular** ring finger; **dedo del corazón** middle finger; **dedo gordo** thumb; **dedo índice** forefinger, index finger; **dedo del pie** toe; **dedo meñique** little finger; **dedo pulgar** thumb

**deducción** *f* deduction

**deducible** *adj* **1** *conclusión* deducible **2** COM deductible

**deducir** ⟨3o⟩ *v/t* **1** deduce **2** COM deduct

**defecación** *f* defecation

**defecar** ⟨1g⟩ *v/i* defecate

**defección** *f* defection

**defectivo** *adj* defective

**defecto** *m* **1** defect; *moral* fault **2** INFOR default **3**: *en ~ de* for lack of, for want

of; *en su ~* failing that
◇ **defecto de fabricación** manufacturing defect

**defectuoso** *adj* defective, faulty

**defender** ⟨2g⟩ **I** *v/t* **1** defend (*de* against) **2** *en fútbol* mark **II** *v/i en fútbol* mark; **defenderse** *v/r* **1** defend o.s. (*de* against); *~ del frío* ward off the cold **2** *fig* F manage, get by; *me voy defendiendo* I'm managing *o* coping

**defendible** *adj* defensible

**defenestración** *f fig* ousting

**defenestrar** ⟨1a⟩ *v/t fig* oust

**defensa I** *f* **1** JUR, DEP defense, *Br* defence; *legítima ~* self-defense, *Br* self-defence; *salir en ~ de alguien* come to s.o.'s defense **2** *L.Am.* AUTO fender, *Br* mudguard **3**: *~s pl* MED defenses, *Br* defences
**II** *m/f* DEP defender
◇ **defensa antiaérea** MIL anti-aircraft defenses *pl o Br* defences *pl*; **defensa central** *en fútbol* central defender, center-back, *Br tb* centre-back; **defensa al hombre** DEP man-to-man defense *o Br* defence; **defensa personal** self-defense, *Br* self-defence; **defensa en zona** *en baloncesto* zone defense *o Br* defence

**defensiva** *f* defensive; *estar / ponerse a la ~* be / go on the defensive; *¡no hace falta que te pongas tan a la ~!* stop being so defensive!; *jugar a la ~* DEP play defensively, play a defensive game

**defensivo** *adj* defensive

**defensor** *m*, **~a** *f* **1** defender, champion; *~ de la naturaleza* environmentalist **2** JUR defense lawyer, *Br* defending counsel
◇ **defensor de oficio** JUR court-appointed lawyer
◇ **defensor del pueblo** *en España* ombudsman

**deferencia** *f* deference; *por ~ a* in deference to

**deferente** *adj* deferential

**defeño** *m*, **-a** *f Méx* inhabitant of Mexico City, person from Mexico City

**deficiencia** *f* deficiency; *con ~ auditiva* with a hearing problem
◇ **deficiencia mental** mental handicap

**deficiente I** *adj* **1** *dieta* deficient **2** (*insatisfactorio*) inadequate **II** *m/f* mentally handicapped person

◇ **deficiente visual** visually impaired person; **los ~s visuales** the visually impaired

**déficit** *m* deficit

**deficitario** *adj* loss-making

**definible** *adj* definable

**definición** *f* definition; **de alta ~** TV high definition

**definido** *adj* GRAM definite

**definir** ⟨3a⟩ *v/t* define; **definirse** *v/r* come down (**por** in favor of)

**definitivo** *adj* *conclusión* definitive; *respuesta* definite; **en -a** all in all

**deflación** *f* COM deflation

**deflacionario** *adj* deflationary

**deflagrar** ⟨1a⟩ *v/i* QUÍM deflagrate *fml*, burst into flames

**defoliación** *f* defoliation

**defoliar** ⟨1b⟩ *v/i* defoliate

**deforestación** *f* deforestation

**deforestar** ⟨1a⟩ *v/t* deforest

**deformación** *f* deformation

**deformar** ⟨1a⟩ *v/t* **1** *forma, sonido* distort **2** MED deform

**deforme** *adj* **1** MED deformed **2** *zapatos* out of shape, misshapen

**deformidad** *f* deformity

**defraudación** *f* fraud

**defraudador** *m*, **~a** *f* fraudster

◇ **defraudador fiscal** tax evader

**defraudar** ⟨1a⟩ *v/t* **1** *expectativas* disappoint **2** (*estafar*) defraud; **~ a Hacienda** evade taxes

**defunción** *f* death, demise *fml*; **certificado de ~** death certificate

**degeneración** *f* degeneration

**degenerado I** *adj* degenerate **II** *m*, **-a** *f* degenerate

**degenerar** ⟨1a⟩ *v/i* degenerate (**en** into)

**deglución** *f* swallowing

**deglutir** ⟨3a⟩ *v/t* swallow

**degollar** ⟨1n⟩ *v/t* cut the throat of; *fig* F murder F

**degollina** *f* slaughter

**degradación** *f* **1** degradation **2** MIL demotion

**degradante** *adj* degrading

**degradar** ⟨1a⟩ *v/t* **1** degrade **2** MIL demote **3** PINT gradate; **degradarse** *v/r* demean o.s.

**degüello** *m* (*degollina*) slaughter

**degustación** *f* tasting

◇ **degustación de vino** wine tasting

**degustar** ⟨1a⟩ *v/t* taste

**dehesa** *f* meadow

**deidad** *f* deity

**deificar** ⟨1g⟩ *v/t* deify

**dejación** *f* JUR abandonment; *de derechos* relinquishment

**dejadez** *f* **1** slovenliness **2** (*negligencia*) neglect

**dejado I** *part* ☞ **dejar II** *adj* slovenly

**dejar** ⟨1a⟩ **I** *v/t* **1** leave; *estudios* give up, quit F; **~ mucho que desear** leave a lot to be desired; **~ algo para mañana** leave sth until tomorrow; **dejémoslo aquí** let's leave it here; **¡déjalo!** *persona* leave him alone!; *asunto* drop it!

**2** (*permitir*) let, allow; **déjale marcharse** let him go; **~ que algo ocurra** let sth happen, allow sth to happen

**3** (*prestar*) lend

**4** *beneficios* yield

**5: déjame en la esquina** drop me at the corner; **~ caer algo** drop sth

**II** *v/i* **1** (*parar*): **~ de hacer algo** stop doing sth; **~ de fumar** give up smoking, stop *o* quit smoking; **no deja de fastidiarme** he keeps (on) annoying me; **no puedo ~ de pensar en ellos** I can't stop thinking about them **2: no dejes de visitarnos** be sure to visit us

**dejarse** *v/r* **1** let o.s. go; **~ llevar** let o.s. be carried along **2: déjate de lloros / de quejas** stop crying / complaining **3: ya se deja sentir el invierno** it's getting a bit wintry; **¡qué poco te dejas ver!** we hardly ever see you!

**deje, dejo** *m* **1** *acento* slight accent **2** *gusto* aftertaste

**del** *prp* **de** *y art* **el**

**delación** *f* denunciation

**delantal** *m* apron

**delante** *adv* **1** in front; **lo tengo ~** I have it in front of me; **el asiento de ~** the front seat; **se abrocha por ~** it does up at the front; **tener algo por ~** have sth ahead of *o* in front of one **2** (*más avanzado*) ahead; **por ~** ahead; **¡pase usted ~!** you first!, after you! **3** (*enfrente*) opposite **4: ~ de** in front of

**delantera** *f* DEP forward line; **llevar la ~** be ahead, lead; **tomar la ~ a alguien** take the lead from s.o.

**delantero I** *adj* front *atr* **II** *m*, **-a** *f* DEP forward **III** *m de prenda* front

◇ **delantero centro** DEP center forward, *Br* centre forward

**delatar** ⟨1a⟩ *v/t:* **~ a alguien** inform on s.o.; *fig* give s.o. away; **delatarse** *v/r* give o.s. away

**delator** *m,* **~a** *f* informer

**delco** *m* AUTO distributor

**dele** *m* deletion mark, delete

**delectación** *f* delectation

**delegación** *f* **1** delegation **2** *oficina* local office

◇ **delegación de Hacienda** tax office

◇ **delegación de policía** *Méx* police station, station house

**delegado** *m,* **-a** *f* delegate; COM representative

**delegar** ⟨1h⟩ *v/t* delegate

**deleitable** *adj* delightful

**deleitar** ⟨1a⟩ *v/t* delight; **deleitarse** *v/r* take delight (**con, en** in)

**deleite** *m* delight

**deleitoso** *adj* delightful

**deletéreo** *adj* deleterious

**deletrear** ⟨1a⟩ *v/t* spell

**deleznable** *adj* contemptible

**delfín** *m* ZO dolphin

**delgadez** *f* **de cuerpo** slimness; (*esbeltez*) thinness

**delgado** *adj* slim; *lámina, placa* thin

**delgaducho** *adj* F skinny F

**deliberación** *f* deliberation

**deliberado** *adj* deliberate

**deliberar** ⟨1a⟩ **I** *v/i* deliberate (**sobre** on) **II** *v/t* discuss

**delicadeza** *f* **1** *de movimientos* gentleness **2** *de acabado, tallado* delicacy **3** (*tacto*) tact; **tener la ~ de hacer algo** be kind enough to do sth

**delicado** *adj* delicate

**delicia** *f* delight; **hacer las ~s de alguien** delight s.o.

**delicioso** *adj* delightful; *comida* delicious

**delictivo** *adj* criminal; **acto o hecho ~** criminal act

**delimitar** ⟨1a⟩ *v/t* delimit

**delincuencia** *f* crime

◇ **delincuencia informática** computer crime

◇ **delincuencia juvenil** juvenile delinquency

**delincuente** *m/f* criminal

◇ **delincuente habitual** habitual criminal, repeat offender; **delincuente juvenil** juvenile delinquent; **delincuente**

sexual sex offender

**delineador** *m* eyeliner

◇ **delineador de labios** lip pencil

**delineante** *m/f* D draftsman, *Br* draughtsman; *mujer* draftswoman, *Br* draughtswoman

**delinear** ⟨1a⟩ *v/t* draft; *fig* draw up

**delinquir** ⟨3e⟩ *v/i* offend

**delirante** *adj* delirious; *fig: idea* crazy

**delirar** ⟨1a⟩ *v/i* be delirious; **¡tú deliras!** *fig* you must be crazy!

**delirio** *m* MED delirium; **con ~** *fig* deliriously; **tener ~ por el fútbol** *fig* be mad about soccer

◇ **delirios de grandeza** delusions of grandeur

**delito** *m* offense, *Br* offence

◇ **delito ecológico** ecological crime, eco-crime; **delito fiscal** tax offense, *Br* tax offence; **delito informático** computer crime; **delito de sangre** violent crime; **delito sexual** sex crime

**delta** *m* GEOG delta

**demacrado** *adj* haggard

**demacrarse** ⟨1a⟩ *v/r* waste away

**demagogia** *f* demagogy

**demagógico** *adj* demagogic

**demagogo** *m,* **-a** *f* demagogue

**demanda** *f* **1** demand (**de** for); **en ~ de** (asking) for **2** COM demand; **tener mucha ~** be very popular; **tiene poca ~** there's not much demand for it, it's not very popular **3** JUR lawsuit, claim; **presentar o interponer una ~ contra alguien** take legal action against s.o.

◇ **demanda civil** JUR civil (law)suit; **demanda de divorcio** JUR divorce suit; **demanda de empleo** demand for work

**demandado** *m,* **-a** *f* JUR defendant

**demandante** *m/f* JUR plaintiff

◇ **demandante de trabajo** job seeker

**demandar** ⟨1a⟩ *v/t* JUR sue

**demarcación** *f* demarcation

**demarcar** ⟨1g⟩ *v/t* demarcate

**demás I** *adj* remaining **II** *pron:* **lo ~** the rest; **los ~** the rest, the others **III** *adv:* **por lo ~** apart from that; **y ~** and so on; **por ~** extremely

**demasía** *f* excess; **en ~** too much

**demasiado I** *adj* too much; *antes de pl* too many; **-a gente** too many people; **hace ~ calor** it's too hot **II** *adv antes de adj, adv* too; *con verbo* too much;

*¡esto es ~!* *fig* this is too much!
**demencia** *f* MED dementia; *fig* madness
◇ **demencia senil** MED senile dementia
**demencial** *adj fig* crazy, mad
**demente** **I** *adj* demented, crazy **II** *m/f* mad person
**democracia** *f* democracy
**demócrata** **I** *adj* democratic **II** *m/f* democrat
**democrático** *adj* democratic
**democratizar** ⟨1f⟩ *v/t* democratize
**democristiano** **I** *adj* Christian Democrat *atr* **II** *m*, *-a f* Christian Democrat
**demografía** *f* demographics *sg*
**demográfico** *adj* demographic
**demoledor** *adj* demolition *atr*; *fig* devastating
**demoler** ⟨2h⟩ *v/t* demolish
**demolición** *f* demolition
**demoniaco, demoníaco** *adj* demonic
**demonio** *m* demon; *¡~s!* F hell! F, damn! F; *a ~s* F *oler, saber* terrible, hellish F; *al ~ con …* F to hell with … F; *como un ~* F like a madman F; *tener el ~ en el cuerpo* be a handful
**demora** *f* delay; *sin ~* without delay
**demorar** ⟨1a⟩ **I** *v/i* **1** stay on **2** *L.Am.* (*tardar*) be late; *no demores* don't be long **II** *v/t* delay; **demorarse** *v/r* **1** be delayed **2**: *¿cuánto se demora de Concepción a Santiago?* how long does it take to get from Concepción to Santiago?
**demorón** *adj* *L.Am.* F: *es ~* he's always late
**demoscópico** *adj*: *instituto ~* opinion poll institute
**demostrable** *adj* demonstrable
**demostración** *f* **1** proof **2** *de método* demonstration **3** *de fuerza, sentimiento* show
**demostrar** ⟨1m⟩ *v/t* **1** prove **2** (*enseñar*) demonstrate **3** (*mostrar*) show
**demostrativo** *adj* demonstrative
**demudar** ⟨1a⟩ *v/t* change, alter; *fig: expresión de la cara* distort, contort; **demudarse** *v/r* change, alter
**denegación** *f* refusal
**denegar** ⟨1h & 1k⟩ *v/t* refuse
**dengue** *m* **1** *afectación* fussiness; *no le hace ~s a nada* he never makes a fuss about anything **2** MED dengue
**denigración** *f* denigration

**denigrante** *adj* **1** *trato* degrading **2** *artículo* denigrating
**denigrar** ⟨1a⟩ *v/t* **1** degrade **2** (*criticar*) denigrate
**denodado** *adj* tireless
**denominación** *f* name
◇ **denominación de origen** *guarantee of provenance and quality of a wine or other product*
**denominador** *m*: *~ común fig* common denominator
**denominar** ⟨1a⟩ *v/t* designate; **denominarse** *v/r* be called
**denostar** ⟨1m⟩ *v/t* insult
**denotación** *f* indication
**denotar** ⟨1a⟩ *v/t* indicate, denote
**densidad** *f* density
◇ **densidad de población** population density
**densificar** ⟨1g⟩ *v/t* make denser
**densitometría** *f*: *~ ósea* MED bone-mass measurement
**denso** *adj* *bosque* dense; *fig* weighty
**dentado** *adj* serrated; *rueda -a* cogwheel
**dentadura** *f*: *~ postiza* false teeth *pl*, dentures *pl*
**dental** *adj* dental
**dentellada** *f* **1** bite; *rompió la cuerda a ~s* he bit through the rope **2** *herida* teeth mark
**dentera** *f*: *darle ~ a alguien* set s.o.'s teeth on edge
**dentición** *f* **1** teething; *estar con la ~* be teething **2** (*dientes*) teeth *pl*
**dentífrico** **I** *adj*: *pasta -a* toothpaste **II** *m* toothpaste
**dentista** *m/f* dentist
**dentro** **I** *adv* inside; *por ~* inside; *fig* inside; *de ~* from inside **II** *prp*: *~ de en espacio* in, inside; *en tiempo* in, within
**denuedo** *m* valor, *Br* valour; *con ~* valiantly
**denuesto** *m* insult
**denuncia** *f* report; *poner una ~* make a formal complaint
**denunciante** *m/f* *person who reports a crime*
**denunciar** ⟨1b⟩ *v/t* report; *fig* condemn, denounce
**deontología** *f* professional ethics *pl*
**deontológico** *adj*: *código ~* code of ethics
**deparar** ⟨1a⟩ *v/t alegrías* bring; *¿qué*

***nos deparará el futuro?*** what does the future have in store *o* hold for us?

**departamento** *m* **1** department **2** *L.Am.* (*apartamento*) apartment, *Br* flat

◇ **departamento de comercio exterior** foreign trade department; **departamento de contabilidad** accounts *sg* (department); **departamento de ventas** sales *sg* (department)

**departir** ⟨3a⟩ *v/i* talk, converse *fml*

**depauperación** *f* impoverishment

**depauperar** ⟨1a⟩ *v/t* impoverish; **depauperarse** *v/r* become impoverished

**dependencia** *f* **1** dependence, dependency (**de** on) **2** COM department

**depender** ⟨2a⟩ *v/i* **1** depend (**de** on); ***eso depende*** that all depends **2**: ~ **de alguien** *en una jerarquía* report to s.o.

**dependiente I** *adj* dependent **II** *m*, -a *f* sales clerk, *Br* shop assistant

**depilación** *f* hair removal; *con cera* waxing; *con pinzas* plucking

**depilar** ⟨1a⟩ *v/t con cera* wax; *con pinzas* pluck

**depilatorio I** *adj* hair-removing, depilatory; ***crema -a*** hair-removing cream, depilatory **II** *m* hair remover, depilatory

**deplorable** *adj* deplorable

**deplorar** ⟨1a⟩ *v/t* deplore

**deponer** ⟨2r; *part* **depuesto**⟩ **I** *v/t* **1** *ministro, presidente* dismiss; *rey* depose **2** *armas* lay down **II** *v/i* JUR give evidence, testify

**deportación** *f* deportation

**deportar** ⟨1a⟩ *v/t* deport

**deporte** *m* sport; ***hacer*** ~ play sports; ~ ***en pista cubierta*** indoor sport

◇ **deporte de alta competición** high--level sport; **deporte de alto riesgo** high-risk sport; **deporte de aventura** adventure activity; **deporte blanco** winter sport; **deporte de invierno** winter sport; **deporte náutico** water sports *pl*; **deporte rey**: ***el*** ~ the beautiful game

**deportista I** *adj* sporting **II** *m* sportsman **III** *f* sportswoman

◇ **deportista náutico** sailor

**deportividad** *f* sportsmanship

**deportivo** *adj* sports *atr*; *actitud* sporting

**deposición** *f* deposition

**depositante** *m/f* COM depositor

**depositar** ⟨1a⟩ *v/t tb* fig put, place; *dinero* deposit (**en** in); **depositarse** *v/r* settle

**depositario** *m*, -a *f* COM depositor

**depósito** *m* **1** COM deposit; ***tomar algo en*** ~ take sth as a deposit **2** (*almacén*) store **3** *de agua*, AUTO tank

◇ **depósito de cadáveres** morgue, *Br* mortuary

**depravación** *f* depravity

**depravado** *adj* depraved

**depravar** ⟨1a⟩ *v/t* deprave

**depre F I** *adj* depressed, down **F II** *f* depression

**deprecación** *f* supplication, entreaty

**deprecar** ⟨1g⟩ *v/t* beg, entreat

**depreciación** *f* depreciation

**depreciar** ⟨1b⟩ *v/t* lower the value of; **depreciarse** *v/r* depreciate, lose value

**depredación** *f* depredation

**depredador I** *adj* predatory **II** *m*, ~a *f* ZO predator

**depredar** ⟨1a⟩ *v/t* ZO prey on

**depresión** *f* MED depression

◇ **depresión atmosférica** low pressure area, low, depression

**depresivo** *adj* depressive

**deprimente** *adj* depressing

**deprimido** *adj* depressed

**deprimir** ⟨3a⟩ *v/t* depress; **deprimirse** *v/r* get depressed

**deprisa** *adv* fast, quickly; ~ ***y corriendo*** in a rush

**depuesto** *part* ☞ **deponer**

**depuración** *f* **1** purification **2** POL purge

**depuradora** *f* purifier; ***planta*** ~ **de aguas residuales** sewage treatment plant

**depurar** ⟨1a⟩ *v/t* **1** purify **2** POL purge

**derbi** *m* derby

**derecha** *f tb* POL right; **de** ~**s** POL right--wing, of the right; ***la*** ~ the right(-hand); ***a la*** ~ *posición* on the right; *dirección* to the right; ***a*** ~**s** right

**derechazo** *m en boxeo* right

**derechista** POL **I** *adj* right-wing **II** *m/f* right-winger

**derecho I** *adj* **1** *lado* right **2** (*recto*) straight **3** *C.Am.* fig straight, honest **II** *adv* straight; ***siga*** ~ carry straight on; ***tenerse*** ~ stand up / sit up straight; ***poner*** ~ **algo** straighten sth; *vertical* right sth, set sth upright; ***vamos*** ~ **a casa**

we're going straight home
**III** *m* **1** (*privilegio*) right; **con ~ a** with a right to; **dar ~ a alguien a algo** entitle s.o. to sth; **la tarjeta da ~ a entrar gratuitamente** the card entitles you to free entry; **tener ~ a** have a right to, be entitled to; **tener el ~ de** have the right to, be entitled to; **estar en su ~** be within one's rights; **no hay ~** it's not fair, it's not right; **miembro de pleno ~** full member **2** JUR law; **estudiar ~** study law **3: del ~** *vestido, jersey* on the right side

**IV** *mpl*: **~s** fees; **~s de almacenaje** storage charges

◇ **derecho administrativo** administrative law; **derecho de asilo** right to asylum; **derecho civil** civil law; **derecho exclusivo de venta** exclusive sales rights *pl*; **derecho internacional** international law; **derecho del más fuerte** law of the jungle; **derecho mercantil** commercial law; **derecho penal** criminal law; **derecho procesal** law of procedure; **derecho de voto** right to vote; **derechos de aduana** customs duties; **derechos de autor** royalties; **derechos cívicos** civil rights; **derechos humanos** human rights; **derechos de inscripción** registration fee *sg*
**derechura** *f* **1** straightness; **en ~** straight away **2** *C.Am., Pe* luck
**deriva** *f*: **ir a la ~** MAR, *fig* drift
**derivación** *f* derivation
**derivado** *m* QUÍM, GRAM derivative
**derivar** ⟨1a⟩ *v/i* **1** derive (**de** from) **2** *de barco* drift; **derivarse** *v/r* be derived (**de** from)
**dermatitis** *f* MED dermatitis
**dermatología** *f* dermatology
**dermatólogo** *m*, **-a** *f* dermatologist
**dérmico** *adj* skin *atr*
**dermis** *f* ANAT dermis
**dermofarmacia** *f* cosmetology, cosmetic science
**derogación** *f* repeal
**derogar** ⟨1h⟩ *v/t* repeal
**derrama** *f* apportionment
**derramamiento** *m* spilling
◇ **derramamiento de sangre** bloodshed
**derramar** ⟨1a⟩ *v/t* **1** spill; *luz, sangre, lágrimas* shed; *fig* waste **2** (*esparcir*) scatter; **derramarse** *v/r* **1** spill **2** *de gen-*

*te* scatter
**derrame** *m* MED: **~ cerebral** stroke
**derrapar** ⟨1a⟩ *v/i* AUTO skid
**derredor** *m*: **en** *o* **al ~** around
**derrengado** *adj* exhausted
**derrengar** ⟨1h⟩ *v/t*: **~ a alguien** break s.o.'s back; *fig* exhaust s.o., wear s.o. out; **derrengarse** *v/r fig* collapse
**derretimiento** *m* melting
**derretir** ⟨3l⟩ *v/t* melt; **derretirse** *v/r* melt; *fig* be besotted (**por** with); **~ por alguien** be crazy about s.o. F
**derribar** ⟨1a⟩ *v/t* **1** *edificio, persona* knock down **2** *avión* shoot down **3** POL bring down
**derribo** *m* **1** *de edificio* demolition **2** *de persona* knocking down **3** *de avión* shooting down **4** POL overthrow
**derrocamiento** *m* POL overthrow
**derrocar** ⟨1g⟩ *v/t* POL overthrow
**derrochador I** *adj* wasteful **II** *m*, **~a** *f* spendthrift
**derrochar** ⟨1a⟩ *v/t* **1** *dinero* waste **2** *salud, felicidad* exude, be bursting with
**derroche** *m* waste
**derrota** *f* defeat; **~ electoral** election defeat; **sufrir una ~** be defeated, suffer a defeat
**derrotado** *adj fig* **1** (*cansado*) exhausted **2** (*deprimido*) depressed
**derrotar** ⟨1a⟩ *v/t* MIL defeat; DEP beat, defeat; *fig*: *salud* ruin
**derrotero** *m* MAR, *fig* course; **ir por otros ~s** *fig* change tack
**derrotismo** *m* defeatism
**derrotista** *m/f* defeatist
**derruir** ⟨3g⟩ *v/t* edificio demolish
**derrumbamiento** *m* *accidental* collapse; *intencionado* demolition
**derrumbar** ⟨1a⟩ *v/t* knock down; **derrumbarse** *v/r* **1** collapse, fall down **2** *de persona* go to pieces
**derrumbe** *m* ☞ **derrumbamiento**
**derviche** *m* dervish
**desabastecer** ⟨2d⟩ *v/t*: **~ a alguien de algo** stop s.o.'s supply of sth
**desabastecimiento** *m* shortage
**desabollar** ⟨1a⟩ *v/t* take the dents out of
**desaborido I** *adj* bland, insipid **II** *m*, **-a** *f* bore
**desabotonar** ⟨1a⟩ *v/t* unbutton; **desabotonarse** *v/r* unbutton
**desabrido** *adj* **1** (*soso*) bland, insipid **2** *persona* surly **3** *tiempo* unpleasant

**desabrigado** *adj:* **salir ~** go out without warm enough clothes on

**desabrigarse** ⟨1h⟩ *v/r* take off one's coat; **no te desabrigues** keep your coat on

**desabrimiento** *m* tastelessness, blandness

**desabrochar** ⟨1a⟩ *v/t* undo, unfasten; **~ el cinturón** AVIA unfasten one's safety belt

**desacatar** ⟨1a⟩ *v/t orden* disobey; *ley, regla* break

**desacato** *m* JUR contempt

**desaceleración** *f* deceleration

**desacelerar** ⟨1a⟩ *v/t & v/i* slow down

**desacertado** *adj* misguided

**desacertar** ⟨1k⟩ *v/i* be wrong

**desacierto** *m* mistake

**desacomplejarse** ⟨1a⟩ *v/r* get rid of one's complexes

**desaconsejable** *adj* inadvisable

**desaconsejado** *adj:* **esta ~ el consumo de bebidas alcohólicas durante el embarazo** drinking during pregnancy is not advised, it is not advisable to drink during pregnancy

**desaconsejar** ⟨1a⟩ *v/t* advise against

**desacoplar** ⟨1a⟩ *v/t* uncouple

**desacostumbrado** *adj:* **estar ~ a algo** be unaccustomed to sth, be unused to sth

**desacostumbrar** ⟨1a⟩ *v/t:* **~ a alguien de algo** get s.o. out of the habit of sth; **desacostumbrarse** *v/r:* **~ a algo** get out of the habit of sth

**desacreditado** *adj* discredited

**desacreditar** ⟨1a⟩ *v/t* discredit

**desactivación** *f* deactivation

**desactivar** ⟨1a⟩ *v/t bomba etc* deactivate

**desacuerdo** *m* disagreement; **estar en ~ con** disagree with

**desafecto** I *adj* hostile (**a** to) II *m* disaffection

**desafiador, desafiante** *adj* defiant

**desafiar** ⟨1c⟩ *v/t* challenge; *peligro* defy

**desafinado** *adj* MÚS out of tune

**desafinar** ⟨1a⟩ *v/i* MÚS be out of tune; *fig* speak out of turn

**desafío** *m* challenge; *al peligro* defiance

**desaforado** *adj* **1** *ambición* boundless **2** *grito* ear-splitting

**desafortunadamente** *adv* unfortunately

**desafortunado** *adj* unfortunate, unlucky

**desafuero** *m* outrage

**desagradable** *adj* unpleasant, disagreeable

**desagradar** ⟨1a⟩ *v/i:* **me desagrada tener que ...** I dislike having to ...; **les desagradó lo que hizo** they were unhappy with what he did; **no me desagradaría ...** I wouldn't mind ...

**desagradecido** *adj* ungrateful; **una tarea -a** a thankless task

**desagradecimiento** *m* ingratitude

**desagrado** *m* displeasure

**desagraviar** ⟨1b⟩ *v/t:* **~ a alguien (por algo)** make amends to s.o. (for sth)

**desagravio** *m* apology

**desaguadero** *m* drain

**desaguar** ⟨1i⟩ I *v/t* drain II *v/i* **1** *de agua* drain away **2** *de río* flow, drain (**en** into)

**desagüe** *m* **1** *orificio* drain; *(cañería)* drainpipe **2** *acción* drainage

**desaguisado** *m* crime

**desahogado** *adj* spacious

**desahogar** ⟨1h⟩ *v/t sentimiento* vent; **desahogarse** *v/r fig* F let off steam F, get it out of one's system F

**desahogo** *m* comfort; **con ~** comfortably

**desahuciar** ⟨1b⟩ *v/t* **1**: **~ a alguien** declare s.o. terminally ill **2** *inquilino* evict

**desahucio** *m* JUR eviction; **demanda de ~** eviction order

**desairar** ⟨1a⟩ *v/t* snub

**desaire** *m* snub; **hacer un ~ a alguien** snub s.o.

**desajustar** ⟨1a⟩ *v/t* **1** *tornillo, pieza* loosen **2** *mecanismo, instrumento* affect, throw out of balance; **desajustarse** *v/r* TÉC work loose

**desajuste** *m* **1** disruption **2** COM imbalance **3**: **existe un ~ en el engranaje** the gears are not adjusted correctly

**desalación** *f* **1** *de agua* desalination **2** GASTR soaking (*to remove salt*)

**desaladora** *f* desalination plant

**desalar** ⟨1a⟩ *v/t* **1** *agua* desalinate **2** GASTR soak (*to remove salt*)

**desalentador** *adj* disheartening

**desalentar** ⟨1k⟩ *v/t* discourage; **desalentarse** *v/r* become disheartened *o* discouraged

**desaliento** *m* discouragement

**desalinización** *f* desalination

**desalinizador** *adj*: **planta ~a** desalination plant

**desalinizar** ⟨1f⟩ *v/t* desalinate

**desaliñado** *adj* slovenly

**desaliño** *m* slovenliness

**desalmado I** *adj* heartless **II** *m*, -a *f*: **es un ~** he is heartless

**desalojar** ⟨1a⟩ **I** *v/t* **1** *ante peligro* evacuate **2** (*desahuciar*) evict **3** (*vaciar*) vacate **II** *v/i* move out

**desalojo** *m* **1** *ante peligro* evacuation **2** *de inquilinos* eviction **3** *de ocupantes* removal

**desamor** *m* coldness, lack of affection

**desamparado** *adj* defenseless, *Br* defenceless

**desamparar** ⟨1a⟩ *v/t*: **~ a alguien** abandon s.o., leave s.o. defenseless *o Br* defenceless

**desamparo** *m* neglect

**desamueblado** *adj* unfurnished

**desandar** ⟨1q⟩ *v/t*: **~ el camino** retrace one's steps; **~ lo andado** *fig* go back to square one

**desangelado** *adj lugar* soulless; *persona* dull, charmless

**desangrar** ⟨1a⟩ *v/t* bleed; **desangrarse** *v/r* bleed to death

**desanimado** *adj* discouraged, disheartened

**desanimar** ⟨1a⟩ *v/t* discourage, dishearten; **desanimarse** *v/r* become discouraged *o* disheartened

**desánimo** *m* discouragement

**desanudar** ⟨1a⟩ *v/t* untie, undo

**desapacible** *adj* nasty, unpleasant

**desaparecer** ⟨2d⟩ **I** *v/i* disappear, vanish **II** *v/t L.Am.* disappear F, make disappear

**desaparecido I** *adj* missing **II** *m*, -a *f* **1**: **el ~** the deceased **2** *L.Am.* **un ~** one of the disappeared

**desaparición** *f* disappearance

**desapasionado** *adj* dispassionate

**desapegarse** ⟨1h⟩ *v/r fig* lose touch, become distanced

**desapego** *m* indifference; (*distancia*) distance, coolness

**desapercibido** *adj* unnoticed; **pasar ~** go unnoticed; **pillar ~ a alguien** catch s.o. unawares

**desaplicación** *f* laziness, lack of application

**desaplicado** *adj* lazy

**desapoderar** ⟨1a⟩ *v/t*: **~ a alguien de algo** strip s.o. of sth

**desaprensión** *f* unscrupulousness

**desaprensivo** *adj* unscrupulous

**desaprobación** *f* disapproval

**desaprobar** ⟨1m⟩ *v/t* disapprove of

**desaprovechado** *adj oportunidad*, *talento* wasted

**desaprovechamiento** *m* waste

**desaprovechar** ⟨1a⟩ *v/t oportunidad* waste

**desarbolar** ⟨1a⟩ *v/t* MAR dismast

**desarmado** *adj* unarmed

**desarmador** *m Méx*, *tb F bebida* screwdriver

**desarmante** *adj fig* disarming

**desarmar** ⟨1a⟩ *v/t* **1** MIL disarm **2** TÉC take to pieces, dismantle

**desarme** *m* MIL disarmament

**desarraigar** ⟨1h⟩ *v/t tb fig* uproot

**desarraigo** *m fig* rootlessness

**desarreglado** *adj* **1** *habitación, aspecto* untidy **2** *vida* disorganized, chaotic

**desarreglar** ⟨1a⟩ *v/t* **1** *habitación* make untidy **2** *horario* disrupt

**desarreglo** *m* **1** *hormonal* disorder **2** *de horarios* disruption

**desarrollar** ⟨1a⟩ *v/t* **1** develop **2** *tema* explain **3** *trabajo* carry out; **desarrollarse** *v/r* **1** develop, evolve **2** (*ocurrir*) take place

**desarrollo** *m* development

**desarrugar** ⟨1h⟩ *v/t ropa* remove the creases from

**desarticular** ⟨1a⟩ *v/t* **1** *banda criminal* break up **2** MED dislocate

**desaseado** *adj F* scruffy, untidy

**desaseo** *m* scruffiness, untidiness

**desasirse** ⟨3a⟩ *v/r*: **~ de** get free of, free o.s. from

**desasnar** ⟨1a⟩ *v/t F* enlighten, educate

**desasosegar** ⟨1h & 1k⟩ *v/t* make uneasy; **desasosegarse** *v/r* become uneasy *o* restless

**desasosiego** *m* disquiet, unease

**desastrado** *adj* untidy

**desastre** *m tb fig* disaster; **ser un ~** *fig F* be a disaster F

◇ **desastre ecológico** environmental disaster

◇ **desastre natural** natural disaster

**desastroso** *adj* disastrous

**desatar** ⟨1a⟩ *v/t* untie; *fig* unleash; **desatarse** *v/r* **1** *de animal*, *persona* get free **2** *de cordón* come undone; *fig* be unleashed, break out; **~ en insultos** let fly a string of insults

**desatascar** ⟨1g⟩ *v/t* unblock

**desatención** *f* lack of attention, inattention

**desatender** ⟨2g⟩ *v/t* **1** *amigos, profesión etc* neglect **2** (*ignorar*) ignore

**desatento** *adj* **1** (*desconsiderado*) discourteous **2** (*distraído*) inattentive

**desatinado** *adj* foolish

**desatinar** ⟨1a⟩ *v/i* (*actuando*) act foolishly; (*hablando*) talk nonsense

**desatino** *m* mistake

**desatornillador** *m esp L.Am.* screwdriver

**desatornillar** ⟨1a⟩ *v/t* unscrew

**desatrancar** ⟨1g⟩ *v/t cañería* unblock

**desautorizado** *adj* unauthorized

**desautorizar** ⟨1f⟩ *v/t* **1** (*prohibir*) refuse permission for **2** (*desacreditar*) discredit

**desavenencia** *f* disagreement

**desavenir** ⟨3s⟩ *v/t* make trouble between; **desavenirse** *v/r* fall out (**con** with)

**desaventajado** *adj* unfavorable, *Br* unfavourable

**desayunar** ⟨1a⟩ **I** *v/i* have breakfast **II** *v/t:* **~ algo** have sth for breakfast; **desayunarse** *v/r* **1** have breakfast; **~ con algo** have sth for breakfast **2:** **~ de algo** hear about sth

**desayuno** *m* breakfast

**desazón** *f* (*ansiedad*) uneasiness, anxiety

**desazonado** *adj* worried, anxious

**desazonar** ⟨1a⟩ *v/t* worry, make anxious

**desbancar** ⟨1g⟩ *v/t fig* displace, take the place of; *a un alto cargo* oust

**desbandada** *f:* **a la ~** in all directions; **salir en ~** scatter

**desbandarse** ⟨1a⟩ *v/r* disband; *de grupo de personas* scatter

**desbarajuste** *m* mess

**desbaratar** ⟨1a⟩ *v/t* **1** *planes* ruin, spoil; *organización* disrupt **2** *dinero* squander; **desbaratarse** *v/r* be spoiled

**desbarrancar** ⟨1g⟩ *L.Am. v/t* push over the edge of a cliff; **desbarrancarse** *v/r* go over the edge of a cliff

**desbarrar** ⟨1a⟩ *v/i* talk nonsense

**desbastar** ⟨1a⟩ *v/t* smooth down

**desbloquear** ⟨1a⟩ *v/t* **1** *carretera* clear; *mecanismo* free up, unjam; *tubería etc* clear, unblock; *proceso de paz* break the logjam in **2** *cuenta bancaria* unfreeze

**desbloqueo** *m* **1** *de carretera* clearing; *de mecanismo* freeing up, unjamming; *de tubería etc* clearing, unblocking; **hasta el ~ del proceso de paz** until such time as the logjam in the peace process has been broken **2** *de cuenta bancaria* unfreezing

**desbocado** *adj* **1** *caballo* runaway **2** (*malhablado*) foulmouthed

**desbocarse** ⟨1g⟩ *v/r de caballo* bolt

**desbordamiento** *m* overflow

**desbordante** *adj energía, entusiasmo etc* boundless; **~ de** bursting with, overflowing with

**desbordar** ⟨1a⟩ **I** *v/t* **1** *de río* overflow, burst **2** *de multitud* break through **3** *de acontecimiento* overwhelm; *fig* exceed **II** *v/i* overflow; **desbordarse** *v/r de río* burst its banks, overflow; *fig* get out of control

**desbrozar** ⟨1f⟩ *v/t* clear

**descabalgar** ⟨1h⟩ *v/i* dismount

**descabellado** *adj:* **idea -a** F harebrained idea F

**descabellar** ⟨1a⟩ *v/t* TAUR *kill with a knife-thrust in the neck*

**descabello** *m knife thrust to the neck*

**descabezado** *adj persona* beheaded; *organización* leaderless; *fig* crazy

**descabezar** ⟨1f⟩ *v/t* **1** *persona* behead, decapitate; *cosa* take the top off; *organización* remove the leader of **2:** **~ un sueño** F have forty winks

**descacharrante** *adj* F hilarious

**descafeinado** *adj* decaffeinated; *fig* watered-down

**descalabrar** ⟨1a⟩ *v/t:* **~ a alguien** split s.o.'s head open

**descalabro** *m* calamity, disaster

**descalcificación** *f* calcium deficiency

**descalcificador** *m* water softener

**descalcificar** ⟨1g⟩ *v/t* **1** *water* soften **2** MED decalcify

**descalificación** *f* disqualification

**descalificar** ⟨1g⟩ *v/t* disqualify

**descalzar** ⟨1f⟩ *v/t:* **~ a alguien** take s.o.'s shoes off; **descalzarse** *v/r* take one's shoes off

**descalzo** *adj* barefoot

**descamar** ⟨1a⟩ *v/t pescado* scale; **descamarse** *v/r de piel* flake off

**descambiar** ⟨1a⟩ *v/t* F *artículo* exchange, swap

**descaminado** *adj fig* misguided; **andar o ir ~** be on the wrong track

**descamisado** *adj* shirtless; *fig* ragged

**descampado** *m* open ground

**descansado** *adj trabajo* light, undemanding

**descansar** ⟨1a⟩ I *v/i* rest, have a rest; **¡que descanses!** sleep well II *v/t* **1** rest (**sobre** on) **2**: **¡descansen armas!** MIL order arms!

**descansillo** *m* landing

**descanso** *m* **1** rest; **sin ~** without a break; **tomarse un ~** take a break, have a rest **2** DEP half-time; TEA interval **3** *L.Am.* (*descansillo*) landing

**descapitalización** *f* decapitalization

**descapotable** *m* AUTO convertible

**descarado** *adj* rude, impertinent

**descararse** ⟨1a⟩ *v/r* be rude *o* impertinent

**descarga** *f* **1** EL, MIL discharge **2** *de mercancías* unloading **3** INFOR downloading

◇ **descarga eléctrica** electric shock

**descargadero** *m* wharf

**descargar** ⟨1h⟩ I *v/t* **1** *arma*, EL discharge; *fig: ira etc* take out (**en**, **sobre** on) **2** *mercancías* unload **3** *de responsabilidad*, *culpa* clear (**de** of) **4** INFOR download II *v/i de tormenta etc* hit; **descargarse** *v/r de pila* go flat

**descargo** *m* defense, *Br* defence; **decir algo en ~ de alguien** say sth in s.o.'s defense

**descargue** *m* unloading

**descarnado** *adj* **1** *persona* emaciated **2** *relato* stark

**descaro** *m* nerve

**descarriado** *adj*: **ir ~** go astray

**descarriar** ⟨1c⟩ *v/t* misdirect; **descarriarse** *v/r* lose one's way

**descarrilamiento** *m* FERR derailment

**descarrilar** ⟨1a⟩ *v/t* derail

**descartable** *adj L.Am.* disposable

**descartar** ⟨1a⟩ *v/t* rule out; **descartarse** *v/r en naipes* discard

**descascarar** ⟨1a⟩ *v/t fruta* peel; *nuez* shell

**descascarillar** ⟨1a⟩ *v/t* chip

**descastado** *adj* cold, uncaring

**descendencia** *f* descendants *pl*

**descendente** *adj* downward; *escala* descending

**descender** ⟨2g⟩ I *v/i* **1** *para indicar alejamiento* go down, descend; *para indicar acercamiento* come down, descend; *fig* go down, decrease, diminish **2**: **~ de civilización** descend from II *v/t escalera* go down; *para indicar acercamiento* come down

**descendiente** *m/f* descendant

**descendimiento** *m* descent

**descenso** *m* **1** *de precio etc* drop; *de montaña*, AVIA descent; **la prueba de ~ en esquí** the downhill (race *o* competition) **2** DEP relegation

**descentralización** *f* decentralization

**descentralizar** ⟨1f⟩ *v/t* decentralize

**descentrar** ⟨1a⟩ *v/t fig* shake; **descentrarse** *v/r* lose one's concentration

**descerebrado** *adj* mindless

**descerrajar** ⟨1a⟩ *v/t* **1** *tiro* fire **2** *puerta* force

**descifrar** ⟨1a⟩ *v/t* decipher; *fig* work out

**desclasificar** ⟨1g⟩ *v/t* declassify

**desclavar** ⟨1a⟩ *v/t clavo*, *chincheta* take out, remove

**descocado** *adj* daring

**descodificación** *f* decoding

**descodificador** *m* decoder

**descodificar** ⟨1g⟩ *v/t* decode

**descolgar** ⟨1h & 1m⟩ *v/t* **1** take down **2** TELEC pick up; **descolgarse** *v/r* **1** *por una cuerda* lower o.s. **2** *de grupo* break away **3** *de póster*, *cortina* come down **4** *L.Am.* **~ con algo** come out with sth; **te descuelgas con que no quieres** F out of the blue you say you don't want to **5** *L.Am.* **~ por un sitio** F turn up somewhere unexpectedly

**descollante** *adj* outstanding

**descollar** ⟨1m⟩ *v/i* stand out (**sobre** among)

**descolonización** *f* decolonization

**descolonizar** ⟨1f⟩ *v/t* decolonize

**descolorar** ⟨1a⟩ *v/t* bleach; **descolorarse** *v/r* fade

**descolorido** *adj* faded; *fig* colorless, *Br* colourless

**descombrar** ⟨1a⟩ *v/t* clear (up)

**descomedido** *adj* **1** immoderate **2** (*descortés*) rude

**descomedirse** ⟨3l⟩ *v/r* be rude (**con** to)

**descompaginar** ⟨1a⟩ *v/t plan* upset

**descompasado** *adj*: **están ~s** MÚS they're not keeping time

**descompensar** ⟨1a⟩ *v/t* unbalance

**descomponer** ⟨2r; *part* **descompuesto**⟩ *v/t* **1** (*dividir*) break down **2** *L.Am.* (*romper*) break **3** (*pudrir*) cause to decompose **4** *plan* upset; **descomponerse** *v/r* **1** (*pudrirse*) decompose, rot **2** TÉC break down **3** *Rpl* (*emocionarse*) break down (in tears) **4**: **se le descompuso la cara** he turned pale

**descomposición** *f* **1** breaking down **2** (*putrefacción*) decomposition; **en avanzado estado de ~** in an advanced state of decay *o* decomposition **3** (*diarrea*) diarrhea, *Br* diarrhoea

**descompostura** *f L.Am.* (*avería*) breakdown, fault

**descompuesto I** *part* ☞ **descomponer II** *adj* **1** *alimento* rotten; *cadáver* decomposed **2** *persona* upset **3** *L.Am.* tipsy **4** *L.Am. máquina* broken down

**descomunal** *adj* huge, enormous

**desconcentrarse** ⟨1a⟩ *v/r* lose one's concentration

**desconcertado** *adj* disconcerted

**desconcertar** ⟨1k⟩ *v/t a persona* disconcert; **desconcertarse** *v/r* be disconcerted, be taken aback

**desconchado** *m* place where the paint is peeling; *en porcelana* chip

**desconcharse** ⟨1a⟩ *v/r de porcelana* chip; **se había desconchado la pared** the paint had peeled off the wall

**desconchón** *m* ☞ **desconchado**

**desconcierto** *m* uncertainty

**desconectar** ⟨1a⟩ **I** *v/t* EL disconnect **II** *v/i fig* switch off; **desconectarse** *v/r fig* lose touch (**de** with)

**desconexión** *f* disconnection

**desconfiado** *adj* mistrustful, suspicious

**desconfianza** *f* mistrust, suspicion

**desconfiar** ⟨1c⟩ *v/i* be mistrustful (**de** of), be suspicious (**de** of)

**descongelación** *f* **1** *de comida* thawing, defrosting **2** *de precios* unfreezing

**descongelar** ⟨1a⟩ *v/t* **1** *comida* thaw, defrost; *refrigerador* defrost **2** *precios* unfreeze; **descongelarse** *v/r* defrost, thaw

**descongestión** *f* decongestion

**descongestionar** ⟨1a⟩ *v/t* **1** MED clear **2**: **~ el tráfico** relieve traffic congestion

**desconocer** ⟨2d⟩ *v/t* not know

**desconocido I** *adj* unknown **II** *m*, **-a** *f* stranger

**desconocimiento** *m* ignorance

**desconsideración** *f* lack of consideration

**desconsiderado** *adj* inconsiderate

**desconsolado** *adj* inconsolable

**desconsolador** *adj* distressing

**desconsolar** ⟨1m⟩ *v/t* distress

**desconsuelo** *m* grief

**descontado I** *part* ☞ **descontar II** *adj*: **dar por ~** take for granted; **por ~** certainly

**descontaminación** *f* decontamination

**descontaminar** ⟨1a⟩ *v/t* decontaminate

**descontar** ⟨1m⟩ *v/t* COM deduct, take off; *fig* exclude

**descontentadizo** *adj* hard to please

**descontentar** ⟨1a⟩ *v/t* displease

**descontento I** *adj* dissatisfied **II** *m* dissatisfaction

**descontrol** *m* chaos

**descontrolado** *adj* out of control

**descontrolarse** ⟨1a⟩ *v/r* get out of control; (*enojarse*) lose control

**desconvocar** ⟨1g⟩ *v/t* call off

**descoordinación** *f* lack of coordination

**descorazonamiento** *m* discouragement

**descorazonar** ⟨1a⟩ *v/t* discourage; **descorazonarse** *v/r* get discouraged

**descorchador** *m Rpl* corkscrew

**descorchar** ⟨1a⟩ *v/t botella* uncork

**descorrer** ⟨2a⟩ *v/t cortina, pestillo* draw (back)

**descortés** *adj* impolite, rude

**descortesía** *f* discourtesy, impoliteness

**descortezar** ⟨1f⟩ *v/t* strip the bark from

**descoser** ⟨2a⟩ *v/t costura* unpick; **descoserse** *v/r de costura, dobladillo etc* come unstitched; *de prenda* come apart at the seams

**descosido I** *adj fig* disjointed **II** *m*, **-a** *f*: **como un ~** F like mad F; **hablar como un ~** F talk non-stop

**descoyuntamiento** *m* dislocation

**descoyuntar** ⟨1a⟩ *v/t* dislocate

**descrédito** *m* discredit; **caer en ~** be discredited

**descreído I** *adj* skeptical, *Br* sceptical **II** *m*, **-a** *f* skeptic, *Br* sceptic

**descreimiento** *m* skepticism, *Br* scepticism

**descremado** *adj* skimmed

**descremar** ⟨1a⟩ *v/t leche* skim

**describir** ⟨3a; *part* **descrito**⟩ *v/t* describe

**descripción** *f* description

**descriptivo** *adj* descriptive

**descriptor** *m* INFOR descriptor

**descrito** *part* ☞ **describir**

**descuajaringarse** ⟨1h⟩ *v/r* F fall apart, fall to bits; **~ (de risa)** split one's sides (with laughter)

**descuartizar** ⟨1f⟩ *v/t* quarter

**descubierta** *f* MIL reconnaissance

**descubierto I** *part* ☞ **descubrir II** *adj* **1** uncovered; *persona* bare-headed; **al ~** in the open; **dormir al ~** sleep outdoors *o* out in the open; **poner al ~** *fig* expose; **quedar al ~** *fig* be exposed; **dejar algo al ~** leave sth uncovered *o* exposed **2** *cielos* clear **3** *piscina* open-air **III** *m* COM overdraft; **en ~** *cuenta* overdrawn

**descubridor** *m*, **~a** *f* discoverer

**descubrimiento** *m* **1** *de territorio, cura etc* discovery **2** *(revelación)* revelation

**descubrir** ⟨3a; *part* **descubierto**⟩ *v/t* **1** *territorio, cura etc* discover **2** *(averiguar)* discover, find out **3** *poner de manifiesto* uncover, reveal; *estatua* unveil; **descubrirse** *v/r* take one's hat off; *fig* give o.s. away

**descuento** *m* **1** discount **2** DEP stoppage time

**descuerar** ⟨1a⟩ *v/t L.Am.* skin; **~ a alguien** *fig* tear s.o. to pieces

**descuidado** *adj* careless

**descuidar** ⟨1a⟩ **I** *v/t* neglect **II** *v/i:* **¡descuida!** don't worry!; **descuidarse** *v/r* **1** get careless **2** *en cuanto al aseo* let o.s. go **3** *(despistarse)* let one's concentration lapse

**descuidero** *m*, **-a** *f* sneak thief

**descuido** *m* **1** carelessness; **en un ~** *L.Am.* in a moment of carelessness; **por ~** through carelessness **2** *(error)* mistake **3** *(omisión)* oversight

**desde** *prp* **1** *en el tiempo* since; **~ 1993** since 1993; **~ que** since; **~ hace tres días** for three days; **~ hace mucho / poco** for a long / short time; **~ mañana** from tomorrow; **~ ya** *Rpl* right away **2** *en el espacio* from; **~ arriba / abajo** from above / below; **te veo ~ aquí** I can see you from here **3** *en escala* from; **~ ... hasta ...** from ... to ... **4: ~ luego**

of course

**desdecir** ⟨3p; *part* **desdicho**⟩ *v/i:* **la decoración desdice de un lugar tan formal** the decor is not in keeping with such formal surroundings; **la corbata desdice de la camisa** the tie does not go with the shirt; **desdecirse** *v/r:* **~ de algo** withdraw *o* retract sth

**desdén** *m* disdain, contempt

**desdentado** *adj* toothless

**desdeñable** *adj* contemptible; **nada ~** far from insignificant

**desdeñar** ⟨1a⟩ *v/t* scorn

**desdeñoso** *adj* disdainful, contemptuous

**desdibujado** *adj* blurred

**desdibujar** ⟨1a⟩ *v/t* blur; **desdibujarse** *v/r* become blurred

**desdicha** *f* **1** *(desgracia)* misfortune **2** *(infelicidad)* unhappiness

**desdichado I** *adj* **1** unhappy **2** *(sin suerte)* unlucky **II** *m*, **-a** *f* poor soul

**desdicho** *part* ☞ **desdecir**

**desdoblamiento** *m* **1** unfolding **2** *(división)* splitting; **~ de la personalidad** PSI split personality

**desdoblar** ⟨1a⟩ *v/t* **1** unfold **2** *(dividir)* split; **desdoblarse** *v/r* split in two, divide

**desdorar** ⟨1a⟩ *v/t fig* tarnish

**desdoro** *m* dishonor, *Br* dishonour

**desdramatizar** ⟨1f⟩ *v/t* take the drama out of; *situación* play down

**deseable** *adj* desirable

**deseado** *adj* desired; **niño ~** wanted child; **no ~** unwanted

**desear** ⟨1a⟩ *v/t* **1** wish for; *suerte etc* wish **2: ¿qué desea?** what would you like?; **¿desea algo más?** would you like anything else?

**desecación** *f de comestibles* drying; *de terreno* drainage

**desecar** ⟨1g⟩ *v/t comestibles* dry; *terreno* drain; **desecarse** *v/r* dry up, dry out

**desechable** *adj* disposable

**desechar** ⟨1a⟩ *v/t* **1** *(tirar)* throw away **2** *(rechazar)* reject

**desechos** *mpl* waste *sg*

◇ **desechos espaciales** space garbage *sg*; **desechos nucleares** nuclear waste *sg*; **desechos reciclables** recyclable waste *sg*; **desechos tóxicos** toxic waste *sg*

**desembalaje** *m* unpacking

**desembalar** ⟨1a⟩ *v/t* unpack

**desembarazar** ⟨1f⟩ *v/t* clear; **desembarazarse** *v/r*: **~ de** get rid of

**desembarazo** *m* ease

**desembarcadero** *m* MAR landing stage

**desembarcar** ⟨1g⟩ **I** *v/i* disembark **II** *v/t personas* land; *mercancías* unload

**desembarco** *m*, **desembarque** *m de personas* disembarkation; *de mercancías* landing

**desembarrancar** ⟨1g⟩ *v/t & v/i* refloat

**desembocadura** *f de calle* end; *de río* mouth

**desembocar** ⟨1g⟩ *v/i* **1** *de río* flow (**en** into); *de calle* come out (**en** into) **2** *de situación* end (**en** in)

**desembolsar** ⟨1a⟩ *v/t* pay out

**desembolso** *m* expenditure, outlay

**desembozar** ⟨1f⟩ *v/t* unmask

**desembragar** ⟨1h⟩ **I** *v/t embrague* release **II** *v/i* release the clutch, declutch

**desembrague** *m* declutching

**desembrollar** ⟨1a⟩ *v/t* untangle; *fig* sort out

**desembuchar** ⟨1a⟩ *v/i fig* F spill the beans F, come out with it F; **¡desembucha!** F out with it! F

**desemejante** *adj* dissimilar

**desemejanza** *f* dissimilarity, difference

**desempacar** ⟨1g⟩ *v/t* unpack

**desempacho** *m* ease

**desempapelar** ⟨1a⟩ *v/t pared* strip (the wallpaper from)

**desempaquetar** ⟨1a⟩ *v/t* unwrap

**desempatar** ⟨1a⟩ *v/i* DEP, POL decide the winner

**desempate** *m*: **fue necesaria una votación de ~** POL a vote was necessary to decide the winner; **(partido de) ~** DEP decider, deciding game

**desempeñar** ⟨1a⟩ *v/t* **1** *deber, tarea* carry out **2** *cargo* hold **3** *papel* play **4** *cosa empeñada* redeem

**desempeño** *m* **1** *de tarea, deber* execution, performance **2** *de papel* performance **3** *de cosa empeñada* redemption

**desempleado I** *adj* unemployed **II** *m*, **-a** *f* unemployed person; **los ~s** *pl* the unemployed

**desempleo** *m* unemployment; **~ de larga duración** long-term unemployment

**desempolvar** ⟨1a⟩ *v/t* **1** dust **2** *fig* dust off; *conocimientos teóricos* brush up

**desenamorarse** ⟨1a⟩ *v/r* fall out of love

**desencadenamiento** *m* setting off, triggering

**desencadenante I** *adj*: **factor ~** trigger **II** *m fig* trigger

**desencadenar** ⟨1a⟩ *v/t fig* set off, trigger; **desencadenarse** *v/r fig* be triggered

**desencajar** ⟨1a⟩ *v/t* **1** *mecanismo, puerta* remove **2** *mandíbula* dislocate; **desencajarse** *v/r* **1** *de pieza* come out **2**: **se le ha desencajado la mandíbula** he has dislocated his jaw

**desencallar** ⟨1a⟩ *v/t* MAR refloat

**desencaminar** ⟨1a⟩ *v/t* misdirect; **desencaminarse** *v/r* take the wrong road

**desencantado** *adj fig* disillusioned, disenchanted (**con** with)

**desencantar** ⟨1a⟩ *v/t fig* disillusion, disenchant

**desencanto** *m fig* disillusionment, disenchantment

**desenchufar** ⟨1a⟩ *v/t* EL unplug

**desencolarse** ⟨1a⟩ *v/r* come unstuck *o* unglued

**desencriptar** ⟨1a⟩ *v/t* INFOR decrypt, decode

**desencuentro** *m fig* mix-up

**desenfadado** *adj* **1** self-assured **2** *programa* light, undemanding

**desenfadarse** ⟨1a⟩ *v/r* calm down

**desenfado** *m* ease

**desenfocado** *adj* FOT out of focus

**desenfocar** ⟨1g⟩ *v/t* FOT: **~ algo** get sth out of focus

**desenfrenado** *adj* frenzied, hectic

**desenfrenarse** ⟨1a⟩ *v/r de persona* lose control

**desenfreno** *m* frenzy

**desenfundar** ⟨1a⟩ *v/t arma* take out, draw

**desenganchar** ⟨1a⟩ *v/t caballo* unhitch; *carro* uncouple; **desengancharse** *v/r* **1** get loose **2** *fig* F kick the habit F

**desengañar** ⟨1a⟩ *v/t* disillusion; **desengañarse** *v/r* **1** become disillusioned (**de** with) **2** (*dejar de engañarse*) stop kidding o.s.

**desengaño** *m* disappointment

**desengrasar** ⟨1a⟩ *v/t* clean the grease off

**desenlace** *m* outcome, ending

**desenlazar** ⟨1f⟩ *v/t* untie; **desenla-**

**zarse** v/r *de obra de teatro* end
**desenmarañar** ⟨1a⟩ v/t untangle
**desenmascarar** ⟨1a⟩ v/t fig unmask, expose
**desenredar** ⟨1a⟩ v/t **1** untangle **2** *situación confusa* straighten out, sort out; **desenredarse** v/r extricate o.s.
**desenredo** m disentanglement
**desenrollar** ⟨1a⟩ v/t *rollo de tela, papel etc* unroll; *cable* unwind
**desenroscar** ⟨1g⟩ v/t unscrew
**desensillar** ⟨1a⟩ v/t *caballo* unsaddle
**desentenderse** ⟨2g⟩ v/r not want to know (**de** about)
**desentendido** adj: **hacerse el ~** F pretend not to notice
**desenterramiento** m disinterment
**desenterrar** ⟨1k⟩ v/t disinter, dig up; fig: *viejo amor, odios* resurrect; *escándalo* dig up
**desentonar** ⟨1a⟩ v/i MÚS go off key; **~ con** fig clash with; **decir algo que desentona** say something out of place
**desentrañar** ⟨1a⟩ v/t fig unravel
**desentrenado** adj out of condition
**desentrenamiento, desentreno** m lack of training
**desentumecerse** ⟨2d⟩ v/r loosen up; **~ las piernas** stretch one's legs
**desenvainar** ⟨1a⟩ v/t *espada* draw, unsheathe
**desenvoltura** f ease
**desenvolver** ⟨2h; *part* **desenvuelto**⟩ v/t unwrap; **desenvolverse** v/r fig cope
**desenvuelto I** part ☞ **desenvolver II** adj self-confident
**deseo** m wish
**deseoso** adj: **~ de hacer algo** eager to do sth
**desequilibrado I** adj unbalanced **II** m, **-a** f: **ser un ~ mental** be mentally unbalanced
**desequilibrar** ⟨1a⟩ v/t unbalance; **~ a alguien** throw s.o. off balance; **desequilibrarse** v/r lose one's balance
**desequilibrio** m imbalance; **~ Norte-Sur** North-South divide
◇ **desequilibrio mental** mental instability
**deserción** f desertion
**desertar** ⟨1a⟩ v/i **1** MIL desert **2** POL defect
**desértico** adj desert atr
**desertización** f desertification

**desertizar** ⟨1f⟩ v/t desertify; **desertizarse** v/r become desertified, turn into a desert
**desertor** m, **~a** f **1** MIL deserter **2** POL defector
**desescombrar** ⟨1a⟩ v/t clear (up), remove the rubble from
**desescombro** m clearing (up), removal of rubble
**desesperación** f **1** despair **2**: **ser una ~ tener que hacer cola, esperar etc** be infuriating
**desesperado** adj in despair; **a la -a** out of desperation
**desesperante** adj infuriating, exasperating
**desesperanzador** adj gloomy
**desesperanzar** ⟨1f⟩ v/t make lose hope; **desesperanzarse** v/r give up hope, lose hope
**desesperar** ⟨1a⟩ **I** v/t infuriate, exasperate **II** v/i give up hope (**de** of), despair (**de** of); **desesperarse** v/r get exasperated
**desespero** m desperation
**desestabilizar** ⟨1f⟩ v/t POL destabilize
**desestatización** f L.Am. privatization
**desestatizar** ⟨1f⟩ v/t L.Am. privatize
**desestimar** ⟨1a⟩ v/t *queja, petición* reject
**desfachatez** f impertinence
**desfalcar** ⟨1g⟩ v/t *dinero* embezzle
**desfalco** m embezzlement
**desfallecer** ⟨2d⟩ v/i faint; **sus fuerzas desfallecieron** fig he lost heart
**desfallecimiento** m **1** (*debilidad*) weakness **2** (*desmayo*) fainting fit
**desfasado** adj fig old-fashioned
**desfasarse** ⟨1a⟩ v/r become old-fashioned
**desfase** m fig gap
**desfavorable** adj unfavorable, Br unfavourable
**desfavorecer** ⟨2d⟩ v/t **1** (*no ser favorable a*) not favor, Br not favour, be disadvantageous to **2** *de ropa etc* not suit
**desfiguración** f disfigurement
**desfigurar** ⟨1a⟩ v/t disfigure
**desfiladero** m ravine
**desfilar** ⟨1a⟩ v/i parade
**desfile** m parade
◇ **desfile de modas, desfile de modelos** fashion show
**desfloración** f defloration

**desflorar** ⟨1a⟩ v/t deflower

**desfogarse** ⟨1h⟩ v/r fig vent one's emotions

**desfoliación** f ☞ **defoliación**

**desfondar** ⟨1a⟩ v/t **1** recipiente knock the bottom out of **2** MAR stave in; **desfondarse** v/r **1**: **se desfondó la bolsa** the bottom fell out of the bag **2** fig: en competición run out of steam

**desforestación** f deforestation

**desgajar** ⟨1a⟩ v/t rama break off; **desgajarse** v/r de rama break off

**desgalichado** adj F slovenly

**desgana** f loss of appetite; **con ~** fig reluctantly, half-heartedly

**desganado** adj: **estar ~** not have an appetite

**desganarse** ⟨1a⟩ v/r lose one's appetite

**desgano** m L.Am. ☞ **desgana**

**desgañitarse** ⟨1a⟩ v/r F yell one's head off F

**desgarbado** adj F ungainly

**desgarrado** adj heart-rending

**desgarrador** adj heart-rending

**desgarrar** ⟨1a⟩ v/t tear up; fig: corazón break; **desgarrarse** v/r tear, rip; **se me desgarra el corazón** it breaks my heart

**desgarro** m MED tear

**desgarrón** m rip, tear

**desgastado** adj worn out

**desgastar** ⟨1a⟩ v/t **1** zapatos wear out **2** defensas wear down; **desgastarse** v/r fig wear o.s. out

**desgaste** m wear (and tear); **guerra de ~** war of attrition

**desglosar** ⟨1a⟩ v/t coste break down, itemize

**desglose** m breakdown, itemization

**desgobernar** ⟨1k⟩ v/t misgovern

**desgobierno** m misrule, misgovernment

**desgracia** f **1** misfortune; **por ~** unfortunately **2** suceso accident; **las ~s nunca vienen solas** when it rains, it pours **3** (vergüenza) disgrace; **caer en ~** fall from favor o Br favour o grace

◇ **desgracias personales** casualties

**desgraciadamente** adv unfortunately

**desgraciado I** adj **1** unfortunate **2** (miserable) wretched **II** m, -a f **1** (infeliz) wretch **2** (sinvergüenza) swine F

**desgraciar** ⟨1b⟩ v/t injure, hurt; **desgraciarse** v/r de máquina break down; de persona do o.s. an injury

**desgranar** ⟨1a⟩ v/t guisantes shell

**desgrapadora** f staple remover

**desgravable** adj tax-deductible

**desgravación** f deduction

◇ **desgravación fiscal** tax relief

**desgravar** ⟨1a⟩ **I** v/t deduct **II** v/i be tax-deductible

**desgreñado** adj disheveled, Br dishevelled

**desgreñar** ⟨1a⟩ v/t dishevel

**desguace** m MAR, AUTO scrapping; **estar para el ~** be ready for the scrapheap

**desguazar** ⟨1f⟩ v/t scrap

**deshabitado** adj uninhabited

**deshabitar** ⟨1a⟩ v/t desert

**deshabituar** ⟨1e⟩ v/t: **~ a alguien de la televisión / las drogas etc** get s.o. out of the habit of watching TV / taking drugs etc; **deshabituarse** v/r break the habit; **~ de fumar** break the smoking habit

**deshacer** ⟨2s; part **deshecho**⟩ v/t **1** undo; costura unpick **2** maleta unpack; cama strip **3** pastilla crush **4** nieve, mantequilla melt **5** tratado break; planes wreck, ruin; **eso los obligó a ~ todos sus planes** this forced them to cancel their plans

**deshacerse** v/r **1** de nudo de corbata, lazo etc come undone **2** de hielo melt; fig go to pieces **3**: **~ de** get rid of **4**: **~ en elogios** be full of praise; **~ en insultos** let fly a series of insults **5**: **~ por alguien** F bend over backward for s.o.

**desharrapado** adj ragged

**deshecho I** part ☞ **deshacer II** adj F **1** anímicamente devastated F **2** de cansancio beat F, exhausted

**deshelar** ⟨1k⟩ v/t thaw; **deshelarse** v/r thaw, melt

**desherbar** ⟨1k⟩ v/t weed

**desheredar** ⟨1a⟩ v/t disinherit

**deshice** vb ☞ **deshacer**

**deshidratación** f dehydration

**deshidratar** ⟨1a⟩ v/t dehydrate; **deshidratarse** v/r become dehydrated

**deshielo** m thaw

**deshilachar** ⟨1a⟩ v/t fray; **deshilacharse** v/r fray

**deshilar** ⟨1a⟩ v/t unpick; **deshilarse** v/r fray

**deshilvanado** adj fig disjointed

**deslinde**

**deshinchado** *adj* deflated
**deshinchar** ⟨1a⟩ *v/t globo* deflate, let down; **deshincharse** *v/r* deflate, go down; *fig* lose heart
**deshojar** ⟨1a⟩ *v/t* **1** *planta* pull the leaves off; *flor* pull the petals off **2** *libro* tear the pages out of; **deshojarse** *v/r de árbol* lose its leaves; *de flor* lose its petals
**deshollinador** *m*, **~a** *f* chimney sweep
**deshollinar** ⟨1a⟩ *v/t chimenea* sweep
**deshonestidad** *f* dishonesty
**deshonesto** *adj* dishonest
**deshonor** *m* dishonor, *Br* dishonour
**deshonra** *f* dishonor, *Br* dishonour
**deshonrar** ⟨1a⟩ *v/t* dishonor, *Br* dishonour
**deshonroso** *adj* dishonorable, *Br* dishonourable
**deshora** *f*: **a ~(s)** at the wrong time
**deshuesar** ⟨1a⟩ *v/t fruta* stone; *carne* bone
**deshumanizar** ⟨1f⟩ *v/t* dehumanize
**deshumidificación** *f* dehumidification
**deshumidificador** *m* dehumidifier
**deshumidificar** ⟨1g⟩ *v/t* dehumidify
**desidia** *f* apathy, lethargy
**desidioso** *adj* apathetic, lethargic
**desierto I** *adj* **1** *lugar* empty, deserted; *isla -a* desert island **2**: *el premio fue declarado ~* the prize was not awarded **II** *m* desert; *predicar o clamar en el ~* cry in the wilderness
**Desierto Atacama** *m* Atacama Desert
**designación** *f* appointment, naming; *de lugar* selection; *de candidato* designation
**designar** ⟨1a⟩ *v/t* appoint, name; *lugar* select; *candidato* designate
**designio** *m* plan
**desigual** *adj* **1** *reparto* unequal **2** *terreno* uneven, irregular
**desigualdad** *f* inequality
**desilusión** *f* disappointment; *llevarse una ~* be disappointed
**desilusionado** *adj* disappointed
**desilusionar** ⟨1a⟩ *v/t* **1** disappoint **2** *(quitar la ilusión a)* disillusion; **desilusionarse** *v/r* **1** be disappointed **2** *(perder la ilusión)* become disillusioned
**desinencia** *f* GRAM ending
**desinfección** *f* disinfection
**desinfectante** *m/adj* disinfectant
**desinfectar** ⟨1a⟩ *v/t* disinfect

**desinflado** *adj* deflated
**desinflar** ⟨1a⟩ *v/t globo, neumático* let the air out of, deflate; **desinflarse** *v/r* **1** *de neumático* deflate **2** *fig* lose heart
**desinformación** *f* disinformation
**desinformar** ⟨1a⟩ *v/t* misinform
**desinhibición** *f* lack of inhibition
**desinhibido** *adj* uninhibited
**desinhibir** ⟨3a⟩ *v/t*: **~ alguien** get rid of s.o.'s inhibitions; **desinhibirse** *v/r* lose one's inhibitions
**desinsectación** *f* fumigation
**desinstalar** ⟨1a⟩ *v/t* INFOR uninstall
**desintegración** *f tb* FÍS disintegration
**desintegrar** ⟨1a⟩ *v/t* **1** FÍS cause to disintegrate, disintegrate **2** *grupo de gente* break up; **desintegrarse** *v/r* **1** FÍS disintegrate **2** *de grupo de gente* break up
**desinterés** *m* **1** lack of interest **2** *(generosidad)* unselfishness, disinterestedness
**desinteresado** *adj* unselfish, disinterested
**desinteresarse** ⟨1a⟩ *v/r* lose interest
**desintoxicación** *f* detoxification; *hacer una cura de ~* go into detox F, have treatment for drug / alcohol abuse
**desintoxicar** ⟨1g⟩ *v/t* detoxify; **desintoxicarse** *v/r* undergo treatment for drug / alcohol abuse, go into detox F
**desistir** ⟨3a⟩ *v/i* give up; *tuvo que ~ de hacerlo* she had to stop doing it; *hacer ~ a alguien de algo* make s.o. stop sth
**deslavazado** *adj tela* limp; *fig* disjointed
**deslave** *m L.Am.* landslide
**desleal** *adj* disloyal
**deslealtad** *f* disloyalty
**deslegalizar** ⟨1f⟩ *v/t*: **~ algo** make sth illegal
**deslegitimar** ⟨1a⟩ *v/t (minar)* undermine
**desleír** ⟨3m⟩ *v/t* dissolve; **desleírse** *v/r* dissolve
**deslenguado I** *adj* foul-mouthed **II** *m*, **-a** *f* foul-mouthed person
**desliar** ⟨1c⟩ *v/t* untie, undo; **desliarse** *v/r* come undone
**desligar** ⟨1h⟩ *v/t* separate *(de* from); *fig: persona* cut off *(de* from); **desligarse** *v/r fig* cut o.s. off *(de* from)
**deslindar** ⟨1a⟩ *v/t* mark the boundaries of; *fig* define
**deslinde** *m* demarcation; *fig* definition

**desliz** *m fig* F slip-up F

**deslizadero** *m* **1** slide **2** *lugar* slippery place

**deslizamiento** *m* slip

◇ **deslizamiento de tierras** landslip, landslide

**deslizante** *adj* slippery; **puerta ~** sliding door

**deslizar** ⟨1f⟩ **I** *v/t* **1** slide, run (**por** along); **~ algo por debajo de la puerta** slip sth under the door **2** *idea, frase* slip in **II** *v/i* slide; **deslizarse** *v/r* **1** slide; **~ sobre el hielo** slide over the ice **2**: **se me ha deslizado un error** I've slipped up

**deslomarse** ⟨1a⟩ *v/r fig* kill o.s.

**deslucido** *adj* **1** *metal, espejo* tarnished **2** *colores* dull, drab

**deslucir** ⟨3f⟩ *v/t* tarnish; *fig* spoil; **deslucirse** *v/r* **1** *de colores* fade **2** *de persona* be discredited

**deslumbrador** *adj* dazzling

**deslumbramiento** *m* dazzle, glare

**deslumbrante** *adj* dazzling

**deslumbrar** ⟨1a⟩ *v/t fig* dazzle; **deslumbrarse** *v/r fig* be dazzled

**deslustrado** *adj* unpolished

**deslustrar** ⟨1a⟩ *v/t*: **~ algo** take the shine off sth

**desmadejado** *adj persona* tired, weak

**desmadrado** *adj* F unruly

**desmadrarse** ⟨1a⟩ *v/r* F run wild

**desmadre** *m* F chaos

**desmán** *m* outrage

**desmanchar** ⟨1a⟩ *v/t L.Am.* remove stains from

**desmandado** *adj* unruly, disobedient

**desmandarse** ⟨1a⟩ *v/r de animal* break loose

**desmano**: **a ~** out of the way

**desmantelamiento** *m* dismantling

**desmantelar** ⟨1a⟩ *v/t* **1** *fortificación, organización* dismantle **2** *barco* demast

**desmaña** *f* clumsiness

**desmañado** *adj* clumsy

**desmaquillador I** *adj*: **crema ~a** make-up remover; **leche ~a** cleansing milk; **discos ~es** make-up removal pads **II** *m* make-up remover

**desmaquillante** *m* make-up remover

**desmaquillar** ⟨1a⟩ *v/t* remove make-up from; **desmaquillarse** *v/r* remove one's make-up

**desmarcarse** ⟨1g⟩ *v/r* **1** DEP lose one's marker, shake off one's marker **2**: **~ de** distance o.s. from

**desmayado** *adj* **1** *persona* unconscious **2** *voz* weak; *color* pale

**desmayar** ⟨1a⟩ *v/i* lose heart; **desmayarse** *v/r* faint

**desmayo** *m* fainting fit; **sin ~** without flagging

**desmedido** *adj* excessive

**desmejorar** ⟨1a⟩ **I** *v/t* spoil **II** *v/i* MED get worse, go downhill; **ha desmejorado mucho con la edad** he's lost a lot of his good looks as he's got older; **desmejorarse** *v/r* MED get worse, go downhill

**desmelenar** ⟨1a⟩ *v/t*: **~ a alguien** muss s.o.'s hair; **desmelenarse** *v/r fig* F **1** let one's hair down F **2** (*enfurecerse*) hit the roof F

**desmembración** *f*, **desmembramiento** *m* dismemberment

**desmembrar** ⟨1k⟩ *v/t* dismember; **desmembrarse** *v/r* break up, fall apart

**desmemoriado** *adj* forgetful

**desmentido** *m* denial

**desmentir** ⟨3i⟩ *v/t* **1** *acusación* deny **2** *a alguien* contradict

**desmenuzar** ⟨1f⟩ *v/t* crumble up; *fig* break down; **desmenuzarse** *v/r* crumble

**desmerecedor** *adj* undeserving

**desmerecer** ⟨2d⟩ **I** *v/t* not do justice to **II** *v/i* **1** be unworthy (**con** of) **2**: **~ de** not stand comparison with; **no ~ de** be in no way inferior to

**desmesura** *f* lack of moderation

**desmesurado** *adj* excessive

**desmigajar** ⟨1a⟩ *v/t*, **desmigar** ⟨1h⟩ *v/t* crumble; **desmigajarse** *v/r* crumble

**desmilitarización** *f* demilitarization

**desmilitarizar** ⟨1f⟩ *v/t* demilitarize

**desmirriado** *adj* F skinny F, scrawny F

**desmitificar** ⟨1g⟩ *v/t* demystify, demythologize

**desmochar** ⟨1a⟩ *v/t* pollard

**desmoche** *m* pollarding

**desmontable** *adj* easily dismantled

**desmontaje** *m* dismantling

**desmontar** ⟨1a⟩ **I** *v/t* **1** dismantle, take apart; *tienda de campaña* take down **2** *terreno* level **II** *v/i* dismount; **desmontarse** *v/r*: **~ del caballo** dismount, get off one's horse

**desmonte** *m* leveling, *Br* levelling

**desmoralización** *f* demoralization
**desmoralizado** *adj* demoralized
**desmoralizador, desmoralizante** *adj* demoralizing
**desmoralizar** ⟨1f⟩ *v/t* demoralize
**desmoronamiento** *m tb fig* collapse
**desmoronar** ⟨1a⟩ *v/t* bring down, cause the collapse of; **desmoronarse** *v/r tb fig* collapse
**desmotivar** ⟨1a⟩ *v/t* demotivate, discourage
**desmovilizar** ⟨1f⟩ *v/t* MIL demobilize
**desnacionalizar** ⟨1f⟩ *v/t* denationalize, privatize
**desnatado** *adj* skim, skimmed
**desnatar** ⟨1a⟩ *v/t leche* skim
**desnaturalizado** *adj* QUÍM denatured
**desnaturalizar** ⟨1f⟩ *v/t* QUÍM denature; **desnaturalizarse** *v/r* give up one's nationality
**desnivel** *m* **1** *del terreno* unevenness **2** *entre personas* disparity
**desnivelar** ⟨1a⟩ *v/t* upset the balance of; **desnivelarse** *v/r fig* become one-sided, become unbalanced
**desnucar** ⟨1g⟩ *v/t*: **~ a alguien** break s.o.'s neck; **desnucarse** *v/r* break one's neck
**desnuclearizado** *adj* nuclear-free
**desnudar** ⟨1a⟩ *v/t* **1** undress **2** *fig: en el juego* fleece; **desnudarse** *v/r* **1** undress **2** *fig* bare one's soul
**desnudez** *f* nudity; *fig* nakedness
**desnudo I** *adj* **1** *persona* naked **2** (*sin decoración*) bare **II** *m* **1** PINT nude **2**: **al ~ realidad** harsh; *verdad* unvarnished, plain and simple; **poner al ~** lay bare
**desnutrición** *f* undernourishment
**desnutrido** *adj* undernourished
**desobedecer** ⟨2d⟩ *v/t* disobey
**desobediencia** *f* disobedience
**desobediente** *adj* disobedient
**desobstruir** ⟨3g⟩ *v/t poros* unblock, unclog
**desocupación** *f L.Am.* unemployment
**desocupado I** *adj* **1** *apartamento* vacant, empty **2** *L.Am. sin trabajo* unemployed **II** *m,* **-a** *f* unemployed person; **los ~s** the unemployed *pl*
**desocupar** ⟨1a⟩ *v/t* vacate; **desocuparse** *v/r de casa, piso* fall vacant; **espera a que se desocupe el baño** wait until the bathroom's free
**desodorante I** *adj* deodorant; **barra ~**

deodorant stick **II** *m* deodorant
◇ **desodorante de bola** roll-on deodorant
**desoído** *part* ☞ **desoír**
**desoír** ⟨3q; *part* **desoído**⟩ *v/t* ignore, turn a deaf ear to
**desolación** *f* desolation
**desolado** *adj* **1** *lugar* desolate **2** *fig* grief-stricken, devastated
**desolador** *adj* devastating
**desolar** ⟨1m⟩ *v/t tb fig* devastate
**desollar** ⟨1m⟩ *v/t* skin; **¡te voy a ~ vivo!** I'll skin you alive!; **~ a alguien / algo vivo** *fig* F *de crítica* pull s.o. / sth to pieces *o* shreds
**desorbitado** *adj* **1** *precio, cantidad etc* astronomical **2**: **con ojos ~s** pop-eyed
**desorbitar** ⟨1a⟩ *v/t fig* exaggerate; **desorbitarse** *v/r de precios* sky-rocket, go sky-high
**desorden** *m* **1** disorder; *de habitación* untidiness **2**: **desórdenes** *pl* disturbances
**desordenado** *adj* untidy, messy F; *fig* disorganized
**desordenar** ⟨1a⟩ *v/t* make untidy *o* messy; **desordenarse** *v/r* get untidy *o* messy
**desorganización** *f* lack of organization
**desorganizado** *adj* disorganized
**desorganizar** ⟨1f⟩ *v/t* disrupt; **desorganizarse** *v/r* become disorganized
**desorientación** *f* disorientation; *fig* confusion
**desorientador** *adj* disorienting
**desorientar** ⟨1a⟩ *v/t* disorient; (*confundir*) confuse; **desorientarse** *v/r* get disoriented, lose one's bearings; *fig* get confused
**desovar** ⟨1a⟩ *v/i de peces, anfibios* spawn; *de insectos* lay eggs
**desove** *m de peces, anfibios* spawning; *de insectos* egg laying
**desoxidar** ⟨1a⟩ *v/t* deoxidize
**despabilado** *adj fig* bright
**despabilar** ⟨1a⟩ **I** *v/t* wake up **II** *v/i* wake up; **¡despabila!** *fig* get your act together!; **despabilarse** *v/r fig* get one's act together
**despachar** ⟨1a⟩ **I** *v/t* **1** *a persona, cliente* attend to **2** *problema* sort out **3** (*vender*) sell **4** (*enviar*) send (off), dispatch **5** *L.Am.* (*facturar*) check in **II** *v/i* meet (*con* with); **despacharse** *v/r* **1** F polish

off F **2**: ~ *a su gusto* speak one's mind

**despacho** m **1** office **2** *diplomático, a periódico* dispatch

◇ **despacho de aduana** customs clearance

◇ **despacho de billetes** ticket office

**despachurrar** ⟨1a⟩ *v/t* F crush

**despacio** *adv* **1** slowly; *¡~!* slow down! **2** *L.Am.* (*en voz baja*) in a low voice

**despacioso** *adj* slow

**despacito** *adv* F slowly

**despampanante** *adj* F striking, eye-catching

**despanzurrar** ⟨1a⟩ *v/t* F rip apart

**desparejado, desparejo** *adj calcetín* odd

**desparpajo** m self-confidence; **con mucho ~** with great self-confidence, very self-confidently

**desparramado** *adj* scattered

**desparramar** ⟨1a⟩ *v/t* **1** scatter; *líquido* spill **2** *dinero* squander; **desparramarse** *v/r* spill; *fig* scatter

**despatarrado** *adj* sprawled out, spread out

**despatarrarse** ⟨1a⟩ *v/r* F sprawl

**despavorido** *adj* terrified

**despechado** *adj* offended; (*enfadado*) angry

**despecho** m spite; *a ~ de* in spite of

**despechugado** *adj* F *hombre* bare-chested; *mujer* topless

**despectivo** *adj* contemptuous; GRAM pejorative

**despedazar** ⟨1f⟩ *v/t* tear apart; *fig: honra* destroy; **despedazarse** *v/r* smash

**despedida** f **1** farewell; *carta de ~* goodbye letter; *función de ~* farewell performance **2** *en carta* close

◇ **despedida de soltera** wedding shower, *Br* hen party

◇ **despedida de soltero** stag party

**despedir** ⟨3l⟩ *v/t* **1** see off **2** *empleado* dismiss **3** *perfume* give off **4** *de jinete* throw; *salir despedido del coche* be thrown out of the car; **despedirse** *v/r* say goodbye (*de* to); ~ *a la francesa* F leave without saying goodbye; ~ *de algo fig* kiss sth goodbye

**despegado** *adj fig* distant

**despegar** ⟨1h⟩ **I** *v/t* remove, peel off **II** *v/i* AVIA, *fig* take off; **despegarse** *v/r* **1** come unstuck (*de* from), come off (*de* sth) **2** *de persona* distance o.s.

(*de* from)

**despego** m ☞ **desapego**

**despegue** m AVIA, *fig* take-off

**despeinado** *adj* disheveled, *Br* dishevelled; *está -a* her hair's a mess

**despeinar** ⟨1a⟩ *v/t*: ~ *a alguien* muss s.o.'s hair; **despeinarse** *v/r* mess one's hair up

**despejado** *adj cielo, cabeza* clear

**despejar** ⟨1a⟩ *v/t* **1** *calle, sala etc* clear **2** *persona* wake up **3** DEP *pelota* clear; **despejarse** *v/r* **1** *de cielo* clear up; ~ *la cabeza* clear one's head **2** *fig* wake o.s. up

**despeje** m DEP clearance

**despellejar** ⟨1a⟩ *v/t* skin; ~ *a alguien fig* tear s.o. to pieces

**despelotarse** ⟨1a⟩ *v/r* **1** (*desnudarse*) strip off **2** *de risa* split one's sides

**despenalización** f decriminalization

**despenalizar** ⟨1f⟩ *v/t* decriminalize

**despensa** f larder

**despeñadero** m cliff, precipice

**despeñar** ⟨1a⟩ *v/t*: ~ *a alguien* throw s.o. off a cliff; **despeñarse** *v/r* throw o.s. off a cliff

**despepitar** ⟨1a⟩ *v/t* remove the pips from; **despepitarse** *v/r* **1** yell **2**: ~ *por algo / hacer algo* F long for sth / to do sth

**desperdiciar** ⟨1b⟩ *v/t oportunidad* waste

**desperdicio** m waste; *~s pl* waste *sg*; *no tener ~* be worthwhile

◇ **desperdicios biológicos** biological waste *sg*

◇ **desperdicios industriales** industrial waste *sg*

**desperdigar** ⟨1h⟩ *v/t* scatter; **desperdigarse** *v/r* be scattered

**desperezarse** ⟨1f⟩ *v/r* stretch

**desperfecto** m **1** (*defecto*) flaw **2** (*daño*) damage

**despertador** m alarm (clock)

**despertar** ⟨1k⟩ **I** *v/t* **1** wake, waken **2** *apetito* whet; *sospecha* arouse; *recuerdo* reawaken, trigger **II** *v/i* wake up; **despertarse** *v/r* wake (up) **IV** m awakening

**despiadado** *adj* ruthless

**despido** m **1** dismissal **2** (*indemnización*) severance pay

◇ **despido colectivo, despido masivo** mass dismissal

**despiece** m carving up

**despierto** *adj* **1** awake; **soñar** ~ daydream **2** *fig* bright

**despiezar** ⟨1f⟩ *v/t* **1** *máquina* take apart **2** *animal* cut up

**despilfarrador I** *adj* wasteful **II** *m*, -a *f* spendthrift

**despilfarrar** ⟨1a⟩ *v/t* squander, waste

**despilfarro** *m* waste

**despintar** ⟨1a⟩ *v/t* take the paint off, remove the paint from; **despintarse** *v/r*: **la pared se estaba despintando** the paint was coming off the wall

**despiojar** ⟨1a⟩ *v/t* delouse

**despistado I** *adj* scatterbrained **II** *m*, -a *f* scatterbrain

**despistar** ⟨1a⟩ *v/t* **1**: ~ **alguien** *en persecución* lose s.o., shake s.o. off; *en investigación* throw s.o. off the scent **2** (*confundir*) confuse; **despistarse** *v/r* get distracted

**despiste** *m* distraction; **tener un** ~ become distracted

**desplantar** ⟨1a⟩ *v/t planta* uproot

**desplante** *m*: **dar** *o* **hacer un** ~ **a alguien** *fig* be rude to s.o.

**desplazado I** *adj fig* out of place **II** *m*, -a *f* displaced person

**desplazamiento** *m* **1** trip **2** (*movimiento*) movement

**desplazar** ⟨1f⟩ *v/t* **1** move **2** (*suplantar*) take over from; **desplazarse** *v/r* **1** (*moverse*) move **2** travel

**desplegable** *adj* folding

**desplegar** ⟨1h & 1k⟩ *v/t* **1** unfold, open out **2** MIL deploy; **desplegarse** *v/r* **1** unfold, open out **2** MIL deploy

**despliegue** *m* **1** MIL deployment **2** *fig*: **con gran** ~ **de** *astucia*, *riqueza* with a great show of

**desplomarse** ⟨1a⟩ *v/r* collapse

**desplome** *m* collapse

**desplumar** ⟨1a⟩ *v/t* **1** *ave* pluck **2** *fig* fleece

**despoblación** *f* depopulation

**despoblado I** *adj* uninhabited, deserted **II** *m* deserted place

**despoblar** ⟨1m⟩ *v/t* depopulate; **despoblarse** *v/r* become depopulated *o* deserted

**despojar** ⟨1a⟩ *v/t* strip (**de** of); **despojarse** *v/r*: ~ **de** *prenda* take off

**despojos** *mpl* **1** (*restos*) left-overs **2** (*desperdicios*) waste *sg*; *fig* spoils **3** *de animal* variety meat *sg*, *Br* offal *sg*

◇ **despojos mortales** *pl* mortal remains

**desportillar** ⟨1a⟩ *v/t plato* chip

**desposados** *mpl*: **los** ~ the bride and groom

**desposar** ⟨1a⟩ *v/t* marry; **desposarse** *v/r* **1** (*casarse*) get married **2** (*prometerse*) get engaged

**desposeer** ⟨2e⟩ *v/t de títulos*, *medalla* strip (**de** of); **desposeerse** *v/r* relinquish

**desposeídos** *mpl*: **los** ~ the dispossessed

**desposorios** *mpl* **1** *ceremonia* marriage *sg* **2** (*compromiso*) betrothal *sg*

**déspota** *m/f* despot

**despótico** *adj* despotic

**despotismo** *m* despotism

**despotricar** ⟨1g⟩ *v/i* F rant and rave F (**contra** about)

**despreciable** *adj* **1** *comportamiento* contemptible, despicable **2** *cantidad*, *coste etc* neglible; **nada** ~ *cantidad* large, not inconsiderable

**despreciar** ⟨1b⟩ *v/t* **1** look down on, despise **2** *propuesta* reject

**despreciativo** *adj* contemptuous

**desprecio** *m* **1** (*desdén*) contempt **2** *acto* slight **3** (*indiferencia*) disregard

**desprender** ⟨2a⟩ *v/t* **1** detach, separate **2** *olor* give off; **desprenderse** *v/r* **1** come off **2**: ~ **de** *fig*: *posesión* part with **3**: **de este estudio se desprende que** what emerges from the study is that

**desprendido** *adj* generous

**desprendimiento** *m* detachment

◇ **desprendimiento de retina** MED detached retina

◇ **desprendimiento de tierras** landslide

**despreocupación** *f* indifference

**despreocupado** *adj* **1** (*descuidado*) careless **2** (*sin preocupaciones*) carefree

**despreocuparse** ⟨1a⟩ *v/r* not worry (**de** about)

**desprestigiar** ⟨1b⟩ *v/t* discredit; **desprestigiarse** *v/r* be discredited

**desprestigio** *m* loss of prestige

**despresurización** *f* AVIA depressurization

**desprevenido** *adj* unprepared; **pillar** *o* *L.Am.* **agarrar** ~ catch unawares

**desproporción** *f* disproportion

**desproporcionado** *adj* disproportionate

**despropósito** *m* stupid thing

**desprotección** *f* vulnerability

**desprotegido** *adj* unprotected

**desproveer** ⟨2a⟩ **v/t**: **~ a alguien de algo** deprive s.o. of sth

**desprovisto** *adj*: **~ de** lacking in

**después** *adv* **1** (*más tarde*) afterward, later **2** *seguido en orden* next; **yo voy ~** I'm next; **~ de que se vaya** after he's gone **3** *en el espacio* after; **~ de** after; **~ de la parada** after the bus stop **4** *en locuciones*: **~ de todo** after all

**despuntar** ⟨1a⟩ **I** *v/t* blunt **II** *v/i* **1** *de planta* sprout **2** *de día* dawn; **al ~ el día** at daybreak **3** *de persona* excel (**en** in); **despuntarse** *v/r* be blunted

**desquiciado** *adj fig* crazed, unhinged

**desquiciamiento** *m fig* chaos (**de** in)

**desquiciar** ⟨1b⟩ *v/t* **1** *fig* drive crazy **2** *puerta* take off its hinges; **desquiciarse** *v/r fig* lose one's mind

**desquitar** ⟨1a⟩ *v/t* compensate (**de** for); **desquitarse** *v/r* get one's own back (**de** for)

**desquite** *m* compensation; **tomarse el ~** F get one's own back

**desratización** *f* rat catching

**desregulación** *f* deregulation

**desrielar** ⟨1a⟩ *v/t Chi* derail

**desrizar** ⟨1f⟩ *v/t cabello* straighten; **desrizarse** *v/r de cabello* go all straight

**destacable** *adj* noteworthy, notable

**destacado** *adj* outstanding

**destacamento** *m* **1** MIL detachment **2** *de policía* (rural) police station

**destacar** ⟨1g⟩ **I** *v/i* stand out **II** *v/t* emphasize; **destacarse** *v/r* stand out (**por** because of); (*ser excelente*) be outstanding (**por** because of)

**destajero** *m*, **-a** *f*, **destajista** *m/f* pieceworker

**destajo** *m*: **trabajar a ~** do piecework

**destapar** ⟨1a⟩ *v/t* open, take the lid off; *fig* uncover; **destaparse** *v/r* take one's coat off; *en cama* kick off the bedcovers; *fig* strip (off)

**destape** *m* nudity

**destaponar** ⟨1a⟩ *v/t* unblock

**destartalado** *adj vehículo*, *casa* dilapidated

**destellar** ⟨1a⟩ *v/i de estrella* twinkle; *de faros* gleam

**destello** *m de estrella* twinkling; *de faros* gleam; *fig* brief period, moment

**destemplado** *adj* out of tune

**destemplanza** *f* tunelessness

**destemplar** ⟨1a⟩ *v/t* **1** MÚS put out of tune **2** *persona* upset; **destemplarse** *v/r fig* become unwell

**destemple** *m* ☞ **destemplanza**

**desteñir** ⟨3h & 3l⟩ *v/t* discolor, *Br* discolour, fade; **desteñirse** *v/r* fade

**desternillante** *adj* F hilarious

**desternillarse** ⟨1a⟩ *v/r*: **~ (de risa)** F kill o.s. laughing F

**desterrar** ⟨1k⟩ *v/t* exile

**destetar** ⟨1a⟩ *v/t niño*, *cría* wean

**destete** *m* weaning

**destiempo** *m*: **a ~** at the wrong moment

**destierro** *m* exile

**destilación** *f* distillation

**destilador** *m* still

**destilar** ⟨1a⟩ *v/t* distill; *fig* exude

**destilería** *f* distillery

**destinado** *adj* **1**: **~ en** MIL stationed in **2**: **~ a dinero, comida, ayuda** intended for, meant for; *programa, producto* aimed at, targeted at **3**: **estar ~ a hacer algo** be destined to do sth

**destinar** ⟨1a⟩ *v/t* **1** *fondos* allocate (**para** for) **2** *a persona* post (**a** to)

**destinatario** *m*, **-a** *f* addressee

**destino** *m* **1** fate, destiny **2** *de viaje etc* destination; **el tren con ~ a** the train for **3** *en el ejército etc* posting

**destitución** *f* dismissal

**destituir** ⟨3g⟩ *v/t* dismiss; **~ del cargo** remove from one's post

**destornillado** *adj* F crazy F, screwy F

**destornillador** *m* screwdriver

**destornillar** ⟨1a⟩ *v/t* unscrew

**destreza** *f* skill

**destripar** ⟨1a⟩ *v/t* **1** *animal* gut **2** *cosa* tear open

**destronamiento** *m* dethronement, overthrow

**destronar** ⟨1a⟩ *v/t* depose

**destrozar** ⟨1f⟩ *v/t* **1** destroy **2** *emocionalmente* shatter, devastate; **destrozarse** *v/r* be destroyed

**destrozos** *mpl* damage *sg*

**destrucción** *f* destruction

**destructivo** *adj* destructive

**destructor** **I** *adj* destructive; **máquina ~a de documentos** document shredder **II** *m barco* destroyer

**destruir** ⟨3g⟩ *v/t* **1** destroy **2** (*estropear*)

ruin, wreck
**desunido** *adj* divided
**desunión** *f* lack of unity
**desunir** ⟨3a⟩ *v/t* divide
**desusado** *adj* obsolete
**desusarse** ⟨1a⟩ *v/r* become obsolete
**desuso** *m* disuse; **caer en ~** fall into disuse
**desvaído** *adj* **1** *color, pintura* faded **2** *fig* dull
**desvalido** *adj* helpless
**desvalijador** *m*, **~a** *f* burglar
**desvalijar** ⟨1a⟩ *v/t persona* rob; *apartamento* burglarize, burgle
**desvalimiento** *m* robbery
**desvalorización** *f* devaluation
**desvalorizar** ⟨1f⟩ *v/t* devalue
**desván** *m* attic
**desvanecer** ⟨2d⟩ *v/t sospechas, temores* dispel; **desvanecerse** *v/r* **1** *de niebla* disperse; **~ en el aire** vanish into thin air **2** MED faint
**desvanecimiento** *m* MED fainting fit
**desvariar** ⟨1c⟩ *v/i* **1** (*decir disparates*) rave **2** MED be delirious
**desvarío** *m* **1** delirium **2**: **~s** *pl* ravings
**desvelado** *adj* wide awake
**desvelar** ⟨1a⟩ *v/t* **1** keep awake **2** *secreto* reveal; **desvelarse** *v/r* **1** stay awake **2** *fig* do one's best (*por* for)
**desvelo** *m* **1** sleeplessness **2**: **~s** *pl* efforts
**desvencijado** *adj* rickety
**desvencijarse** ⟨1a⟩ *v/r* fall to pieces
**desventaja** *f* disadvantage
**desventajoso** *adj* disadvantageous
**desventura** *f* misfortune
**desventurado I** *adj* unfortunate **II** *m*, **-a** *f* unfortunate
**desvergonzado** *adj* shameless
**desvergüenza** *f* shamelessness
**desvestir** ⟨3l⟩ *v/t* undress; **desvestirse** *v/r* get undressed, undress
**desviación** *f* detour, *Br tb* diversion
**desviacionista** *m/f & adj* POL deviationist
**desviar** ⟨1c⟩ *v/t* **1** *golpe* deflect, parry; *pelota* deflect; *tráfico* divert; *río* divert, alter the course of; **~ la conversación** change the subject; **~ la mirada** look away **2**: **~ a alguien del buen camino** lead s.o. astray; **desviarse** *v/r* **1** (*girar*) turn off **2** (*bifurcarse*) branch off **3** (*apartarse*) stray (*de* from)

**desvincular** ⟨1a⟩ *v/t* dissociate (**de** from); **desvincularse** *v/r* dissociate o.s. (**de** from)
**desvío** *m* detour, *Br tb* diversion
**desvirgar** ⟨1h⟩ *v/t* deflower
**desvirtuar** ⟨1e⟩ *v/t* detract from; *fig* (*distorsionar*) distort; **desvirtuarse** *v/r* deteriorate
**desvivirse** ⟨3a⟩ *v/r*: **~ por alguien** *fig* F live for s.o., be devoted to s.o.
**detallado** *adj* detailed
**detallar** ⟨1a⟩ *v/t* **1** explain in detail, give details of **2** COM itemize
**detalle** *m* **1** detail; **en ~** in detail; **con todo lujo de ~s** in great detail; **entrar en ~s** go into details **2** *fig* thoughtful gesture **3**: **al ~** COM retail
**detallista** *m/f* COM retailer
**detección** *f* detection
◇ **detección precoz** MED early detection
**detectable** *adj* detectable
**detectar** ⟨1a⟩ *v/t* detect
**detective** *m/f* detective
◇ **detective privado** private detective
**detector** *m* detector
◇ **detector de humos** smoke detector; **detector de mentiras** lie detector; **detector de metales** metal detector; **detector de minas** mine detector; **detector de movimientos** motion detector
**detención** *f* detention, arrest; **orden de ~** arrest warrant
◇ **detención ilegal** unlawful arrest
◇ **detención preventiva** (police) custody
**detener** ⟨2l⟩ *v/t* **1** stop **2** *de policía* arrest, detain; **detenerse** *v/r* stop
**detenidamente** *adv* at length, thoroughly; **leer algo ~** read something through carefully
**detenido I** *adj* **1** *coche* held up, delayed **2** (*minucioso*) detailed **3**: **llevar ~** *delincuente* detain **II** *m*, **-a** *f* person under arrest
**detenimiento** *m*: **con ~** thoroughly
**detentar** ⟨1a⟩ *v/t* hold
**detergente I** *adj* detergent **II** *m* detergent
**deteriorado** *adj* damaged
**deteriorar** ⟨1a⟩ *v/t* damage; **deteriorarse** *v/r* deteriorate
**deterioro** *m* deterioration
**determinación** *f* **1** (*intrepidez*) determi-

nation 2 (*decisión*) decision
**determinado** *adj* certain
**determinante I** *adj* decisive **II** *f* MAT determinant
**determinar** ⟨1a⟩ *v/t* **1** (*establecer*) determine **2**: *eso me determinó a llamarlo* that made me decide to call him; **determinarse** *v/r* decide (*a* to)
**detestable** *adj* terrible
**detestar** ⟨1a⟩ *v/t* detest
**detonación** *f* detonation
**detonador** *m* detonator
**detonante I** *adj* explosive **II** *m* explosive; *fig* trigger
**detonar** ⟨1a⟩ **I** *v/i* detonate, go off **II** *v/t* detonate, set off
**detracción** *f* disparagement
**detractor I** *adj* critical **II** *m*, ~a *f* detractor, critic
**detrás** *adv* behind; *el que está* ~ the one behind; *por o de* ~ at the back; *fig* behind your / his etc back; *sentarse* ~ sit at the back; *en coche* sit in back, *Br* at the back; ~ *de* behind; *uno* ~ *de otro* one after the other; ~ *de algo fig* be behind sth; *ir / andar* ~ *de algo* be after sth; *venir por* ~ come from behind
**detrimento** *m*: *en* ~ *de* to the detriment of; *ir en* ~ *de algo* be at the expense of sth
**detrito, detritus** *m* detritus
**detuvo** *vb* ☞ **detener**
**deuda** *f* debt; *cargado de* ~*s* deep in debt; *libre de* ~*s* free of debts; *estar en* ~ *con alguien fig* be in s.o.'s debt, be indebted to s.o.
◇ **deuda externa** foreign debt
◇ **deuda pública** national debt
**deudo** *m*, -a *f* relative
**deudor I** *adj* debtor *atr* **II** *m*, ~a *f* debtor
**devaluación** *f* devaluation
**devaluar** ⟨1e⟩ *v/t* devalue
**devanadera** *f* spool
**devanar** ⟨1a⟩ *v/t* wind; **devanarse** *v/r*: ~ *los sesos* F rack one's brains F
**devaneo** *m* **1** (*lío amoroso*) affair **2**: *dejarse de* ~*s* stop wasting one's time
**devastación** *f* devastation
**devastar** ⟨1a⟩ *v/t* devastate
**devengar** ⟨1h⟩ *v/t* yield, pay
**devengo** *m* fee
**devenir** ⟨3s⟩ *v/i*: ~ *en* become
**devoción** *f tb fig* devotion; *hacer algo con* ~ do sth devoutly

**devocionario** *m* prayer book
**devolución** *f* return; *de dinero* refund
**devolver** ⟨2h; *part* **devuelto**⟩ *v/t* **1** give back, return; **devuélvase al remitente** return to sender **2**: ~ *el cambio* give change **3** *fig*: *visita, saludo* return **4** F (*vomitar*) throw up F; **devolverse** *v/r L.Am.* go back, return
**devorador** *adj hambre* ravenous; *fig* all--consuming
**devorar** ⟨1a⟩ *v/t* devour; ~ *a alguien con los ojos* devour s.o. with one's eyes; *el fuego devoró el bosque* the forest was consumed by the fire; *le devora la envidia* he is consumed with jealousy
**devoto I** *adj* devout **II** *m*, -a *f* devotee (*de* of)
**devuelto** *part* ☞ **devolver**
**deyección** *f* (*tb* **deyecciones**) **1** MED bowel movement, motion **2** GEOL ejecta *pl*, volcanic ash and lava
**D.F.** *abr Méx* (= **Distrito Federal**) Mexico City
**dg.** *abr* (= **decigramo**) decigram
**DGT** *f abr* (= **Dirección General de Tráfico**) *Spanish Road Transport Department*
**di** *vb* ☞ **dar**
**día** *m* **1** (*veinticuatro horas*) day; *¿qué es hoy?, ¿a qué* ~ *estamos?* what day is it today?; *al* ~ *siguiente* the following *o* next day, the day after; *el otro* ~ the other day; *un* ~ *sí y otro no* every other day; *un* ~ *sí y otro también* every day, day in day out; ~ *por medio* every other day; ~ *tras* ~ day after day; *de un* ~ *a o para otro* from one day to the next; *de* ~ *en* ~ from day to day; *todo el santo* ~ all day long; *todos los* ~*s* every day; *de hoy en ocho* ~*s* a week from today *o* from now; *a los pocos* ~*s* a few days later; *mañana será otro* ~ tomorrow's another day
**2** *actualidad*: *al* ~ up to date; *poner al* ~ update, bring up to date
**3**: *de* ~ by day, during the day; *ya es de* ~ it's light already; *se hizo de* ~ dawn *o* day broke; ~ *y noche* night and day; *¡buenos* ~*s!* good morning!
**4**: *hace mal* ~ *tiempo* it's a nasty day
**5**: *algún* ~, *un* ~ some day, one day; *un* ~ *de estos* one of these days; *un* ~ *es un* ~ this is a special occasion; *el* ~ *me-*

***nos pensado*** when you least expect it; ***el ~ de mañana*** in the future, one day; ***el ~ a ~*** the day-to-day routine; ***hoy en ~*** nowadays; ***en su ~*** in due course; ***tiene sus ~s contados*** his / her / its days are numbered; ***¡hasta otro ~!*** see you around!; ***del ~ pan*** fresh
◇ **día de clase** school day; **día feriado** *L.Am.* (public) holiday; **día de fiesta** holiday; **día de los fieles difuntos** All Souls' Day; **día festivo** holiday; **día hábil** work day; **día laborable** work day; **día de la madre** Mother's Day; **día de los Muertos** *L.Am.* All Souls' Day; **día de puertas abiertas** open house, *Br* open day; **día del santo** saint's day; **día útil** workday;

**diabetes** *f* diabetes *sg*

**diabético I** *adj* diabetic **II** *m*, -a *f* diabetic

**diabla, diablesa** *f* F she-devil

**diablillo** *m* F little devil F, little horror F

**diablo** *m* devil; ***un pobre ~*** *fig* a poor devil; ***el ~ anda suelto*** F it's a terrible mess; ***tener el ~ en el cuerpo*** be a handful; ***mandar a alguien al ~*** F tell s.o. to go to hell F; ***¡vete al ~!*** F go to hell! F; ***¡al ~ con ...!*** F to hell with ...! F; ***quema como un o el ~*** F it's really hot; ***de mil ~s, de (todos) los ~s*** F terrible; ***¿qué ~s pasa aquí?*** F what the hell is going on here? F

**diablura** *f* prank, lark

**diabólico** *adj* diabolical

**diácono** *m* deacon

**diadema** *f* tiara; *para el pelo* Alice band, hairband

**diafanidad** *f* clarity

**diáfano** *adj* clear

**diafragma** *m* diaphragm

**diagnosis** *f* diagnosis

**diagnosticar** ⟨1g⟩ *v/t* diagnose

**diagnóstico I** *adj* diagnostic **II** *m* diagnosis
◇ **diagnóstico precoz** early diagnosis

**diagonal I** *adj* diagonal **II** *f* diagonal (line); ***en ~*** diagonally

**diagrama** *m* diagram
◇ **diagrama de barras** bar chart
◇ **diagrama de flujo** flow chart

**dial** *m* TELEC, RAD dial

**dialectal** *adj* dialect *atr*

**dialéctica** *f* dialectics *pl*

**dialéctico** *adj* dialectical

**dialecto** *m* dialect

**diálisis** *f* MED dialysis

**dialogar** ⟨1h⟩ *v/i* **1** talk (***sobre*** about), discuss (***sobre*** sth) **2** (*negociar*) hold talks (***con*** with)

**diálogo** *m* dialog, *Br* dialogue; ***es un ~ de sordos*** it's a dialog of the deaf

**diamante** *m* tb en béisbol diamond; ***~ (en) bruto*** tb fig rough diamond

**diamantino** *adj* diamond-like

**diametral** *adj* diametrical

**diametralmente** *adv*: ***~ opuesto*** diametrically opposed

**diámetro** *m* diameter

**diana** *f* **1** MIL reveille **2** *para jugar a los dardos* dartboard **3** (*blanco*) target; (*centro de blanco*) bull's eye; ***dar en la ~*** hit the bull's eye; *fig* hit the nail on the head

**diantre** *int* F hell! F

**diapasón** *m* tuning fork; ***~ normal*** tuning fork

**diapositiva** *f* FOT slide, transparency

**diariero** *m*, -a *f* *Arg* newspaper vendor

**diario I** *adj* **1** daily **2**: ***a ~, de ~*** every day, daily **II** *m* **1** diary **2** (*periódico*) daily newspaper, daily

**diarrea** *f* MED diarrhea, *Br* diarrhoea

**diatriba** *f* diatribe

**dibujante I** *m* draftsman, *Br* draughtsman **II** *f* draftswoman, *Br* draughtswoman **III** *m/f de viñetas* cartoonist

**dibujar** ⟨1a⟩ *v/t* draw; *fig* describe; ***dibujarse*** *v/r* *fig* appear

**dibujo** *m* *arte* drawing; *ilustración* drawing, sketch; *estampado* pattern; ***con ~(s)*** with illustrations
◇ **dibujo lineal** technical drawing; **dibujo técnico** technical drawing; **dibujos animados** cartoons; ***película de ~*** animation

**dic.**ᵉ *abr* (= ***diciembre***) Dec. (= December)

**dicción** *f* diction

**diccionario** *m* dictionary

**dice** *vb* ☞ ***decir***

**díceres** *mpl* *L.Am.* sayings

**dicha** *f* **1** (*felicidad*) happiness **2** (*suerte*) good luck

**dicharachero I** *adj* **1** chatty **2** (*gracioso*) witty **II** *m*, -a *f* witty conversationalist

**dicho I** *part* ☞ ***decir*** **II** *adj* said **III** *m* saying; ***del ~ al hecho hay gran trecho*** easier said than done

**dichoso** *adj* **1** happy **2** F (*maldito*)

damn F

**diciembre** *m* December

**diciendo** *vb* ☞ **decir**

**dictado** *m* dictation; **al ~ de** dictated by

**dictador** *m*, **~a** *f* dictator

**dictadura** *f* dictatorship

**dictáfono** *m* dictaphone

**dictamen** *m* **1** (*informe*) report; **emitir un ~** publish a report **2** (*opinión*) opinion

◇ **dictamen facultativo, dictamen médico** medical report

**dictaminar** ⟨1a⟩ **I** *v/t* state **II** *v/i*: **~ sobre algo** report on sth

**dictar** ⟨1a⟩ *v/t* **1** *lección, texto* dictate **2** *ley* announce; **~ sentencia** JUR pass sentence **3** *L.Am. clase, conferencia* give

**dictatorial** *adj* dictatorial

**didáctica** *f* didactics *sg*

**didáctico** *adj* educational; **material ~** teaching aids *pl*; **método ~** teaching method

**diecinueve** *adj* nineteen

**dieciocho** *adj* eighteen

**dieciséis** *adj* sixteen

**diecisiete** *adj* seventeen

**diente** *m* tooth; **echar los ~s** teethe; **daba ~ con ~** his teeth were chattering; **enseñar los ~s** bare one's teeth; *fig* show one's teeth; **armado hasta los ~s** armed to the teeth; **hablar entre ~s** mutter under one's breath; **tener buen ~** have a hearty appetite; **poner los ~s largos a alguien** make s.o. jealous

◇ **diente de ajo** clove of garlic; **diente de leche** milk tooth; **diente de león** BOT dandelion

**diéresis** *f* GRAM dieresis *sg*, *Br* diaeresis *sg*

**diesel** *m* diesel

**diestra** *f* right hand

**diestro I** *adj*: **a ~ y siniestro**, *L.Am.* **a -a y siniestra** *fig* F left and right **II** *m* TAUR bullfighter

**dieta** *f* **1** diet; **estar a ~** be on a diet; **poner a alguien a ~** put s.o. on a diet **2**: **~s** *pl* travel expenses

**dietario** *m* ledger, account book

**dietética** *f* dietetics *sg*; **tienda de ~** health food store

**dietético** *adj* dietary

**dietista** *m/f* dietician, dietitian

**diez** *adj* ten

**diezmar** ⟨1a⟩ *v/t* decimate

**difamación** *f* defamation; *de palabra* slander; *por escrito* libel

**difamador I** *adj* defamatory; *de palabra* slanderous; *por escrito* libelous, *Br* libellous **II** *m*, **~a** *f de palabra* slanderer; *por escrito* libeler, *Br* libeller

**difamar** ⟨1a⟩ *v/t* defame; *de palabra* slander; *por escrito* libel

**difamatorio** *adj* defamatory; *de palabra* slanderous *por escrito* libelous, *Br* libellous

**diferencia** *f* **1** difference; **hay una ~ como del día a la noche** it's like the difference between night and day; **a ~ de** unlike; **con ~** *fig* by a long way **2**: **~s** *pl* (*desacuerdo*) differences

**diferenciable** *adj* distinguishable

**diferencial I** *adj* **1** distinguishing **2** MAT differential **II** *m* AUTO differential **III** *f* MAT differential

**diferenciar** ⟨1b⟩ *v/t* differentiate; **diferenciarse** *v/r* differ (**de** from); **no se diferencian en nada** there's no difference at all between them

**diferente** *adj* different

**diferido** *adj* TV: **en ~** prerecorded

**diferir** ⟨3i⟩ **I** *v/t* postpone **II** *v/i* differ (**de** from)

**difícil** *adj* **1** difficult; **ponerlo ~ a alguien** make it difficult for s.o.; **~ de decir** hard *o* difficult to say **2** (*poco probable*): **es ~ que venga** he's unlikely to come, it's unlikely that he'll come

**difícilmente** *adv* with difficulty

**dificultad** *f* difficulty; **sin ~** easily; **con ~es** with difficulty; **poner ~es** make it difficult

**dificultar** ⟨1a⟩ *v/t* hinder

**dificultoso** *adj* difficult, awkward

**difracción** *f* FÍS diffraction

**difteria** *f* MED diphtheria

**difuminar** ⟨1a⟩ *v/t* PINT, *fig* blur; **difuminarse** *v/r* fade

**difundir** ⟨3a⟩ *v/t* **1** spread **2** *programa* broadcast; **difundirse** *v/r* spread

**difunto I** *adj* late **II** *m*, **-a** *f* deceased

**difusión** *f* spread(ing)

**difuso** *adj* **1** *idea, conocimientos* vague, sketchy **2** *luz* diffuse

**digerible** *adj* digestible

**digerir** ⟨3i⟩ *v/t* **1** digest; **no puedo ~ a Juan** I can't stomach Juan **2** *ofensa*, *desgracia* accept; *noticia* take in, absorb

**digestibilidad** *f* digestibility

**digestible** *adj* digestible

**digestión** *f* digestion

**digestivo** *adj* digestive; **aparato ~** digestive system

**digitador** *m*, **~a** *f L.Am.* keyboarder

**digital I** *adj* digital **II** *f* BOT foxglove

**digitalizar** ⟨1f⟩ *v/t* INFOR digitalize

**digitar** ⟨1a⟩ *v/t L.Am* key

**dígito** *m* digit

**dignarse** ⟨1a⟩ *v/r* deign (**a** to)

**dignatario** *m*, **-a** *f* dignitary

**dignidad** *f* **1** dignity **2** (*cargo*) position

**dignificar** ⟨1g⟩ *v/t* dignify

**digno** *adj* **1** worthy; **~ de mención** worth mentioning; **~ de confianza** trustworthy **2** *trabajo* decent, respectable

**digo** *vb* ☞ **decir**

**digresión** *f* digression

**dije** *vb* ☞ **decir**

**dijo** *vb* ☞ **decir**

**dilación** *f*: **sin ~** without delay; **sin más dilaciones** without further delay

**dilapidación** *f* waste, squandering

**dilapidar** ⟨1a⟩ *v/t* waste, squander

**dilatación** *f* dilation

**dilatado** *adj* dilated

**dilatar** ⟨1a⟩ **I** *v/t* **1** *pupilas* dilate **2** (*prolongar*) prolong **3** (*aplazar*) postpone **II** *v/i Méx* (*tardar*) be late; **no me dilato** I won't be long

**dilatorio** *adj*: **táctica -a** delaying tactics *pl*

**dilema** *m* dilemma

**diletante** *m/f* dilettante

**diligencia** *f* **1** (*prontitud*) diligence **2** *vehículo* stagecoach **3**: **~s** *pl* JUR procedures, formalities **4**: **hacer ~s** do some business

**diligente** *adj* diligent

**dilucidación** *f* clarification

**dilucidar** ⟨1a⟩ *v/t* clarify

**dilución** *f* dilution

**diluir** ⟨3g⟩ *v/t* dilute; *fig* water down; **diluirse** *v/r fig* be watered down

**diluviar** ⟨1b⟩ *v/i* pour down

**diluvio** *m* downpour; *fig* deluge

**diluyente** *m* solvent

**dimanar** ⟨1a⟩ *v/i*: **~ de** *de situación, dificultades* arise from

**dimensión** *f* **1** dimension; *fig*: *de catástrofe* size, scale **2**: **dimensiones** *pl*

measurements, dimensions; **de grandes dimensiones** large

**dimes y diretes** *mpl* F **1** gossip *sg*, tittle-tattle *sg* **2**: **andar en ~ con alguien** squabble with s.o.

**diminutivo** *m/adj* diminutive

**diminuto** *adj* tiny, diminutive

**dimisión** *f* resignation; **presentar su ~** hand in one's resignation

**dimisionario** *adj* outgoing

**dimitir** ⟨3a⟩ *v/i* resign

**dimos** *vb* ☞ **dar**

**Dinamarca** *f* Denmark

**dinámica** *f* dynamics *sg*

◇ **dinámica de grupo** group dynamics *pl*

**dinámico** *adj fig* dynamic

**dinamismo** *m* dynamism

**dinamita** *f* dynamite

**dinamitar** ⟨1a⟩ *v/t* dynamite

**dinamizar** ⟨1f⟩ *v/t* invigorate

**dínamo, dinamo** *f o L.Am. m* dynamo

**dinastía** *f* dynasty

**dinástico** *adj* dynastic

**dineral** *m* F fortune

**dinero** *m* money; **andar** *o* **estar mal de ~** be short of money *o* cash; **el ~ no hace la felicidad** money doesn't bring happiness

◇ **dinero en efectivo** cash; **dinero fácil** easy money; **dinero en metálico** cash; **dinero negro** undeclared money; **dinero de plástico** plastic money; **dinero suelto** loose change

**dinosaurio** *m* dinosaur

**dintel** *m* lintel

**diñar** ⟨1a⟩ *v/t*: **~la** P kick the bucket F

**dio** *vb* ☞ **dar**

**diócesis** *f* diocese

**diodo** *m* diode

**dionisíaco, dionisiaco** *adj* MYTH Dionysian

**Dios** *m* God; **¡~ mío!** my God!; **¡por ~!** for God's sake!; **~ mediante** God willing; **si ~ quiere** God willing; **¡~ nos libre!** God forbid!; **¡válgame ~!** good God!; **¡vaya por ~!** oh dear!; **sabe ~ lo que dijo** God knows what he said; **hazlo como ~ manda** do it properly; **a la buena de ~** any old how; **costar ~ y ayuda** be very difficult; **vivir como ~** F live like a king; **armar la de ~** F raise hell F

**dios** *m tb fig* god

**diosa** f goddess

**dióxido** m dioxide

◇ **dióxido de azufre** sulfur dioxide, Br sulphur dioxide

◇ **dióxido de carbono** carbon dioxide

**dioxina** f QUÍM dioxin

**diploma** m diploma

**diplomacia** f diplomacy

**diplomado I** adj qualified **II** m, -a f person with a diploma

**diplomar** ⟨1a⟩ v/t: **~ a alguien** give s.o. a diploma; **diplomarse** v/r receive one's diploma; graduate

**diplomático I** adj diplomatic **II** m, -a f diplomat

**diplomatura** f diploma

**dipsomanía** f MED dipsomania

**dipsómano I** adj dipsomaniac **II** m, -a f dipsomaniac

**díptico** m PINT diptych

**diptongo** m GRAM diphthong

**diputación** f deputation

◇ **diputación provincial** Esp provincial authority o council

**diputado** m, -a f representative, Br Member of Parliament

**diputar** ⟨1a⟩ v/t depute, delegate

**dique** m dike, Br dyke

◇ **dique de contención** dam; **dique flotante** floating dock; **dique seco** dry dock

**dirá** vb ☞ **decir**

**diré** vb ☞ **decir**

**dirección** f **1** (sentido) direction; **en aquella ~** that way, in that direction; **~ obligatoria** one way only

**2** COM management; POL leadership **3** de coche steering **4** TEA, de película direction; **bajo la ~ de** under the direction of, directed by **5** en carta address **6** (rumbo): **con ~ a Lima** for Lima; **en ~ a** heading for; **en ~ sur** heading south **7**: **direcciones** pl (instrucciones) guidelines

◇ **dirección asistida** AUTO power steering

◇ **dirección de correo electrónico** e--mail address

**directa** f AUTO top (gear)

**directiva** f de empresa board of directors; POL executive committee

**directivo I** adj governing; COM managing **II** m, -a f COM manager; **alto ~**
top executive

**directo I** adj **1** direct; **tren ~** direct train, Br tb through train **2**: **en ~** TV, RAD live **3**: **ir ~ al asunto** get straight to the point **II** m en boxeo jab

**director I** adj leading **II** m, ~a f **1** de empresa manager **2** EDU principal, Br head (teacher) **3** TEA, de película director

◇ **director espiritual** spiritual director; **director de orquesta** conductor; **director de recursos humanos** director of human resources; **director técnico** en fútbol director of football; **director de ventas** sales manager

**directorio** m tb INFOR directory

**directriz** f guideline

**dirigente I** adj ruling **II** m/f leader

**dirigible I** adj steerable **II** m dirigible

**dirigir** ⟨3c⟩ v/t **1** TEA, película direct; MÚS conduct **2** COM manage, run **3**: **~ una carta a** address a letter to; **~ una pregunta a** direct a question to **4** (conducir) lead; **dirigirse** v/r make, head (**a**, **hacia** for)

**dirimir** ⟨3a⟩ v/t disputa settle

**discapacidad** f disability

**discapacitado I** adj disabled **II** m, -a f disabled person

**discar** ⟨1g⟩ v/t L.Am. TELEC dial

**discernimiento** m discernment

**discernir** ⟨3i⟩ v/t distinguish, discern

**disciplina** f discipline

◇ **disciplina de voto** POL party discipline

**disciplinado** adj disciplined

**disciplinar** ⟨1a⟩ v/t discipline

**disciplinario** adj disciplinary

**discípulo** m, -a f REL, fig disciple

**disco** m **1** disk, Br disc **2** DEP discus **3** MÚS record; **cambiar de ~** fig F change the record **4** (discoteca) disco

◇ **disco de algodón** cotton pad; **disco compacto** compact disc; **disco duro** INFOR hard disk; **disco magnético** INFOR magnetic disk; **disco rígido** L.Am. INFOR hard disk

**discóbolo** m HIST discus thrower

**discografía** f records pl

**discográfica** f record label o company

**discográfico** adj record atr; **industria -a** recording industry

**díscolo** adj unruly

**disconforme** adj: **estar ~** disagree (**de**

with)

**discontinuo** *adj* discontinuous; *línea -a* AUTO broken line

**discordancia** *f* discord

**discordante** *adj* discordant

**discordar** ⟨1m⟩ *v/i* **1** clash (*de* with) **2** MÚS be out of tune

**discorde** *adj* **1** clashing **2** MÚS discordant

**discordia** *f* **1** discord **2** (*colección de discos*) record collection

**discreción** *f* **1** (*sensatez*) discretion **2**: *a ~ de* at the discretion of **3**: *a ~ disparar* at will

**discrecional** *adj* **1** *potestad* discretionary **2**: *parada ~* flag stop, *Br* request stop; *servicio ~ autobús* private service

**discrepancia** *f* **1** discrepancy **2** (*desacuerdo*) disagreement

**discrepante** *adj* dissenting

**discrepar** ⟨1a⟩ *v/i* disagree

**discreto** *adj* discreet

**discriminación** *f* discrimination

**discriminante** *adj* discriminatory

**discriminar** ⟨1a⟩ *v/t* **1** discriminate against **2** (*diferenciar*) differentiate

**discriminatorio** *adj* discriminatory

**disculpa** *f* apology; *pedir ~s a alguien* apologize to s.o. (*por* for)

**disculpable** *adj* excusable

**disculpar** ⟨1a⟩ *v/t* excuse; **disculparse** *v/r* apologize

**discurrir** ⟨3a⟩ *v/i* **1** *de tiempo* pass; *acontecimiento* pass off **2** *de río* run **3** (*reflexionar*) reflect (*sobre* on)

**discursivo** *adj* discursive

**discurso** *m* **1** speech **2** *de tiempo* passage, passing

◇ **discurso electoral** election speech

◇ **discurso inaugural** inaugural address

**discusión** *f* **1** discussion **2** (*disputa*) argument

**discutible** *adj* debatable

**discutido** **I** *part* ☞ **discutir** **II** *adj* controversial

**discutir** ⟨3a⟩ **I** *v/t* discuss **II** *v/i* argue (*sobre* about)

**disecación** *f* **1** *de animal* stuffing **2** *de planta* drying

**disecar** ⟨1g⟩ *v/t* **1** *animal* stuff **2** *planta* dry

**disección** *f* dissection

**diseccionar** ⟨1a⟩ *v/t* dissect

**diseminación** *f* scattering; *fig* spreading

**diseminar** ⟨1a⟩ *v/t* scatter; *fig* spread; **diseminarse** *v/r situación* be scattered; *acción* scatter

**disensión** *f* disagreement; **disensiones** disagreements, dissension

**disentería** *f* MED dysentery

◇ **disentería amebiana** amebic *o Br* amoebic dysentery

**disentimiento** *m* disagreement, dissent

**disentir** ⟨3i⟩ *v/i* disagree (*de* with), dissent (*de* from); *disiento de tu opinión* I disagree with you

**diseñador** *m*, **~a** *f* designer

◇ **diseñador publicitario** commercial artist

**diseñar** ⟨1a⟩ *v/t* design

**diseño** *m* design

◇ **diseño gráfico** graphic design; **diseño industrial** industrial design; **diseño publicitario** commercial art

**disertación** *f* dissertation

**disertar** ⟨1a⟩ *v/i*: *~ sobre algo* lecture about sth, speak on sth

**disfraz** *m para ocultar* disguise; *para fiestas* costume, *Br* fancy dress

**disfrazar** ⟨1f⟩ *v/t para ocultar* disguise (*de* as); *para divertir* dress up (*de* as); **disfrazarse** *v/r para ocultarse* disguise o.s. (*de* as); *para divertirse* dress up (*de* as)

**disfrutar** ⟨1a⟩ **I** *v/t* enjoy **II** *v/i* **1** have fun, enjoy o.s. **2**: *~ de buena salud* be in *o* enjoy good health

**disfrute** *m* enjoyment

**disfunción** *f* MED dysfunction

**disgregación** *f* disintegration, breaking up

**disgregar** ⟨1h⟩ *v/t* break up; **disgregarse** *v/r* disintegrate

**disgustado** *adj* upset (*con* with); *estar ~ con alguien* be upset with s.o.

**disgustar** ⟨1a⟩ *v/t* upset; **disgustarse** *v/r* get upset; *~ con alguien* get upset with s.o.

**disgusto** *m* **1** (*pesar*): *me causó un gran ~* I was very upset; *llevarse un ~* get upset **2** (*enfado*): *tener un ~* have an argument; *tener un ~ con alguien* have an argument with s.o., fall out with s.o **3** (*accidente*): *tener un ~* have an accident **4**: *a ~* unwillingly; *sentirse a ~* feel uncomfortable, feel ill at ease

**disidencia** f dissidence
**disidente I** adj dissident **II** m/f dissident
**disimulación** f dissimulation
**disimulado** adj furtive, sly
**disimular** ⟨1a⟩ **I** v/t disguise **II** v/i pretend
**disimulo** m: **con ~** unobtrusively
**disipación** f dissipation
**disipado** adj dissipated
**disipador I** adj spendthrift **II** m, ~a f spendthrift
**disipar** ⟨1a⟩ v/t **1** duda dispel **2** dinero fritter away, squander; **disiparse** v/r **1** de niebla clear **2** de duda vanish
**diskette** m diskette, floppy (disk)
**dislate** m piece of nonsense
**dislexia** f dyslexia
**disléxico I** adj dyslexic **II** m, -a f dyslexic
**dislocación** f MED dislocation; fig distortion
**dislocar** ⟨1g⟩ v/t dislocate; fig distort; **dislocarse** v/r be dislocated
**disminución** f decrease
**disminuido I** adj handicapped **II** m, -a f handicapped person
◇ **disminuido físico** physically handicapped person
**disminuir** ⟨3g⟩ **I** v/t gastos, costos reduce, cut; velocidad reduce **II** v/i decrease, diminish
**disociación** f dissociation
**disociar** ⟨1b⟩ v/t dissociate; **disociarse** v/r fig: **~ de alguien / algo** dissociate o.s. from s.o. / sth
**disoluble** adj soluble
**disolución** f dissolution
**disoluto** adj dissolute
**disolvente** m solvent
**disolver** ⟨1h; part **disuelto**⟩ v/t **1** dissolve **2** manifestación break up; **disolverse** v/r **1** dissolve **2** de manifestación break up
**disonancia** f dissonance
**disonar** ⟨1m⟩ v/i be out of tune
**dispar** adj different
**disparada** f L.Am. **a la ~** in a rush
**disparadero** m de arma trigger; **poner a alguien en el ~** fig F drive s.o. to distraction
**disparado** adj: **salir ~** rush off; de un edificio etc rush out
**disparador** m FOT shutter release
**disparar** ⟨1a⟩ **I** v/t **1** tiro, arma fire **2** foto take **3** precios send (rocketing F) up **3**

en fútbol shoot **II** v/i **1** shoot, fire; **~ al aire** fire in the air **2** en fútbol shoot; **dispararse** v/r **1** de arma, alarma go off **2** de precios rise dramatically, rocket F
**disparatado** adj fig F absurd, crazy F
**disparatar** ⟨1a⟩ v/i talk nonsense
**disparate** m F **1** piece of nonsense; **es un ~ hacer eso** it's crazy to do that; **¡qué ~ !** what a stupid thing to say / do! **2**: **costar un ~** cost an arm and a leg F
**disparidad** f disparity
**disparo** m **1** con pistola shot; **~ al aire** shot in the air **2** en fútbol shot
**dispendio** m waste
**dispendioso** adj expensive, costly
**dispensa** f **1** por defecto físico exemption **2** REL dispensation
**dispensable** adj dispensable
**dispensador** m de recipiente dispenser
◇ **dispensador de jabón** soap dispenser
**dispensar** ⟨1a⟩ v/t **1** dispense; recibimiento give; ayuda, afford fml **2** (eximir) excuse (**de** from)
**dispensario** m MED clinic
**dispepsia** f MED dyspepsia
**dispersar** ⟨1a⟩ v/t disperse; **dispersarse** v/r disperse
**dispersión** f dispersion
**disperso** adj scattered
**display** m INFOR display
**displicencia** f disdain
**displicente** adj disdainful
**disponer** ⟨2r; part **dispuesto**⟩ **I** v/t **1** (arreglar) arrange **2** (preparar) prepare **3** (ordenar) stipulate **II** v/i: **~ de algo** have sth at one's disposal; **disponerse** v/r: **~ a hacer algo** get ready to do sth
**disponibilidad** f **1** COM availability **2**: **~es** pl (financial) resources
**disponible** adj available
**disposición** f **1** disposition; **estar en ~ de hacer algo** be prepared o willing to do sth **2**: **~ para** aptitude for **3**: **estar a ~ de alguien** be at s.o.'s disposal; **poner algo a ~ de alguien** put sth at s.o.'s disposal; **pasar a ~ judicial** come before the courts **4** de objetos arrangement
◇ **disposición de ánimo** state of mind
◇ **disposición legal** legal requirement
**dispositivo** m device
**dispuesto I** part ☞ **disponer II** adj para

*expresar preparación* ready (**a** to); *para expresar voluntad* willing, disposed (**a hacer algo** to do sth)

**disputa** *f* dispute; **sin ~** undoubtedly

**disputable** *adj* debatable, disputable

**disputar** ⟨1a⟩ **I** *v/t* **1** dispute; *premio* compete for **2** *partido* play **II** *v/i* argue (**sobre** about); **disputarse** *v/r* compete for

**disquera** *f* L.Am. record company

**disquería** *f* L.Am. record store

**disquete** *m* INFOR diskette, floppy (disk)

◊ **disquete de arranque** INFOR boot disk

◊ **disquete de seguridad** INFOR back-up disk

**disquetera** *f* disk drive

**distancia** *f tb fig* distance; **a ~** at a distance; **acortar ~s** *tb fig* bridge the gap, catch up; **guardar (las) ~s** *fig* keep one's distance

◊ **distancia de frenado** AUTO braking distance; **distancia focal** focal length *o* distance; **distancia de seguridad** AUTO safe distance

**distanciamiento** *m afectivo, de posturas* distancing

**distanciar** ⟨1b⟩ *v/t* space out; **distanciarse** *v/r* distance o.s. (**de** from)

**distante** *adj tb fig* distant

**distar** ⟨1a⟩ *v/i* be far (**de** from); **~ mucho de** be very far from

**distender** ⟨2g⟩ *v/t* **1** MED strain **2** *fig: relaciones, ambiente* ease

**distendido** *adj ambiente* relaxed

**distensible** *adj* MED distensible, distendible

**distensión** *f* **1** MED strain **2** *fig: de relaciones, ambiente* easing **3** POL détente

**distinción** *f* distinction; **sin ~** without distinction; **hacer una ~ entre** make a distinction between; **a ~ de** unlike

**distingo** *m* subtle distinction

**distinguible** *adj* distinguishable

**distinguido** *adj* distinguished

**distinguir** ⟨3d⟩ *v/t* **1** distinguish (**de** from) **2** (*divisar*) make out; **~ algo lejano** make out sth in the distance **3** *con un premio* honor, *Br* honour; **distinguirse** *v/r* distinguish o.s.

**distintivo I** *adj* distinctive **II** *m* emblem; MIL insignia

**distinto** *adj* **1** different; **ser ~ de** be dif-

ferent from **2**: **~s** (*varios*) several

**distorsión** *f* **1** distortion **2** MED sprain

**distorsionar** ⟨1a⟩ *v/t* **1** *verdad* distort **2** MED sprain

**distracción** *f* **1** distraction **2** (*descuido*) absent-mindedness; **por ~** out of absent-mindedness **3** (*diversión*) entertainment **4** (*pasatiempo*) pastime

**distraer** ⟨2p; *part* **distraído**⟩ *v/t* **1** distract **2**: **la radio la distrae** she enjoys listening to the radio; **distraerse** *v/r* **1** get distracted **2** (*disfrutar*) enjoy o.s.

**distraído I** *part* ☞ **distraer II** *adj* absent-minded; *temporalmente* distracted

**distribución** *f* TÉC, COM distribution

**distribuidor** *m* COM, EL, *de película* distributor

◊ **distribuidor automático** vending machine

**distribuidora** *f* distributor

**distribuir** ⟨3g⟩ *v/t* **1** distribute; *beneficio* share out **2**: **~ en grupos** divide into groups; **distribuirse** *v/r* be distributed

**distributivo** *adj* distributive

**distrito** *m* district

◊ **distrito electoral** (legislative) district, *Br* constituency

◊ **distrito postal** zip code, *Br* post code

**disturbio** *m* disturbance

**disuadir** ⟨3a⟩ *v/t* dissuade; POL deter; **~ a alguien de hacer algo** dissuade s.o. from doing sth

**disuasión** *f* dissuasion

**disuasivo, disuasorio** *adj* disuasive; POL deterrent *atr*

**disuelto** *part* ☞ **disolver**

**disyuntiva** *f* dilemma

**disyuntivo** *adj* GRAM disjunctive

**DIU** *m abr* (= **dispositivo intrauterino**) coil, IUD (= intra-uterine device)

**diurético** *adj* diuretic

**diurno** *adj* day *atr*; *servicio de trenes etc* daytime *atr*; **luz -a** daylight

**diva** *f* diva, prima donna

**divagación** *f* digression

**divagar** ⟨1h⟩ *v/i* digress

**diván** *m* couch

**divergencia** *f* divergence

**divergente** *adj* divergent

**divergir** ⟨3c⟩ *v/i* diverge

**diversidad** *f* diversity

**diversificar** ⟨1g⟩ *v/t* diversify; **diversificarse** *v/r* diversify

**diversión** *f* **1** fun **2** (*pasatiempo*) pastime; *aquí no hay muchas diversiones* there's not much to do around here

**diverso** *adj* diverse; *~s* several, various

**divertido** *adj* **1** funny **2** (*entretenido*) entertaining

**divertimiento** *m* fun

**divertir** ⟨3i⟩ *v/t* entertain; **divertirse** *v/r* have fun, enjoy o.s.; *¡que te diviertas!* have fun!, enjoy yourself!

**dividendo** *m* dividend

**dividir** ⟨3a⟩ *v/t* divide; **dividirse** *v/r* divide

**divinamente** *adv fig* wonderfully

**divinidad** *f* divinity

**divinizar** ⟨1f⟩ *v/t* deify

**divino** *adj tb fig* divine

**divisa** *f* currency; *~s pl* foreign currency *sg*

**divisar** ⟨1a⟩ *v/t* make out, see

**divisibilidad** *f* divisibility

**divisible** *adj* divisible

**división** *f* **1** MAT, MIL, DEP division **2**: *hubo ~ de opiniones* there were differences of opinion

◇ **división acorazada** MIL armored *o Br* armoured division

**divisor** *m* MAT divisor

**divisoria** *f*: *~ de aguas* watershed

**divisorio** *adj* dividing; *línea -a* dividing line

**divo** *m* star

**divorciado I** *adj* divorced **II** *m*, *-a f* divorcee

**divorciar** ⟨1b⟩ *v/t* divorce; **divorciarse** *v/r* get divorced

**divorcio** *m* divorce

**divulgación** *f* spread

**divulgar** ⟨1h⟩ *v/t* spread; **divulgarse** *v/r* spread

**divulgativo** *adj* informative

**dizque** *adv Méx* F apparently, supposedly

**d.J.C.** *abr* (= *después de Jesucristo*) A.D. (= Anño Domini)

**dl.** *abr* (= *decilitro*) deciliter, *Br* decilitre

**dm.** *abr* (= *decímetro*) decimeter, *Br* decimetre

**Dn.** *abr* (= *Don*) title of respect used before a man's first name

**DNI** *m abr* (= *documento nacional de identidad*) identity card, ID

**D.O.** *abr* (= *denominación de origen*) guarantee of origin

**do** *m*: *~ sostenido* C sharp

**dobladillo** *m* hem

**doblado** *adj película* dubbed

**doblador** *m*, *~a f de película* dubber

**dobladura** *f* dubbing

**doblaje** *m de película* dubbing; *actor / actriz de ~* dubber

**doblar** ⟨1a⟩ **I** *v/t* **1** fold; *pierna, brazo* bend **2** *cantidad* double; *me dobla la edad* he's twice my age **3** *película* dub **4** MAR round; *en una carrera* pass, *Br* overtake; *~ la esquina* go round *o* turn the corner **II** *v/i* **1** turn; *~ a la derecha* turn right **2** *de campana* toll; *~ a muerto* sound the death knell; **doblarse** *v/r* bend; *fig* give in

**doble I** *adj* double; *nacionalidad* dual **II** *m* **1**: *el ~* twice as much (*de* as); *el ~ de gente* twice as many people, double the number of people; *me ofrecieron el ~ que la otra gente* they offered me double what the others did **2**: *~s pl en tenis* doubles; *en baloncesto* double dribble; *un partido de ~s* a doubles (match); *hacer ~s en baloncesto* double dribble **3** *en béisbol* double **III** *m/f en película* double

◇ **doble barbilla** double chin; **doble clic** double click; *hacer ~ en* double-click on; **doble falta** double fault; **doble jugada** *en béisbol* double play

**doblegar** ⟨1h⟩ *v/t fig: voluntad* break; *orgullo* humble; **doblegarse** *v/r fig* yield

**doblete** *m*: *hacer ~* TEA double up, play two roles; DEP do the double

**doblez I** *m* fold **II** *f fig* deceit

**doce** *adj* twelve

**docena** *f* dozen; *a ~s* by the dozen

**docencia** *f* teaching

**docente I** *adj* teaching *atr*; *cuerpo ~* teaching staff; *centro ~* school **II** *m/f* teacher

**dócil** *adj* docile

**docilidad** *f* docility

**docto** *adj* learned

**doctor** *m*, *~a f* doctor

◇ **doctor honoris causa** honorary doctor

◇ **doctor de la Iglesia** Doctor of the Church

**doctorado** *m* doctorate

**doctoral** *adj* **1** doctoral **2** *desp* pompous

**doctorando** *m*, -a *f* PhD student
**doctorarse** ⟨1a⟩ *v/r* receive one's doctorate *o* PhD
**doctrina** *f* doctrine
**doctrinario I** *adj* doctrinaire **II** *m*, -a *f* doctrinarian
**documentación** *f* **1** documentation **2** *de persona* papers
**documentado** *adj persona* with papers
**documental** *m/adj* documentary
**documentalista** *m/f* documentary maker
**documentar** ⟨1a⟩ *v/t* document; **documentarse** *v/r* do research
**documento** *m* document
◇ **documento adjunto** INFOR attachment
◇ **documento nacional de identidad** national identity card
**dodecafonía** *f*, **dodecafonismo** *m* twelve-tone system
**dogal** *m para ahorcar* noose
**dogaut** *m Méx* DEP dugout
**dogma** *m* dogma
**dogmático I** *adj* dogmatic **II** *m*, -a *f* dogmatist
**dogo** *m* ZO mastiff
**dólar** *m* dollar
**dolencia** *f* ailment
**doler** ⟨2h⟩ *v/t tb fig* hurt; *me duele el brazo* my arm hurts; *le duele la tripa* he has a stomach-ache; *me duele la garganta* I have a sore throat, my throat hurts; *le dolió que le mintieran fig* she was hurt that they had lied to her; *ahí le duele fig* that's his problem **dolerse** *v/r* **1**: ~ *de* (*sentir tristeza por*) regret; (*estar disgustado por*) be upset about **2**: *se duele de la rodilla* his knee hurts
**dolido** *adj fig* hurt
**doliente** *adj* **1** sick, *Br* ill **2** (*apenado*) bereaved
**dolmen** *m* dolmen
**dolo** *m* JUR fraud
**dolor** *m tb fig* pain; *dar ~es de cabeza a alguien fig* cause s.o. problems
◇ **dolor de cabeza** headache; **dolor de estómago** stomach-ache; **dolor de muelas** toothache; **dolores de parto** labor pains, *Br* labour pains
**dolorido** *adj* sore, aching; *fig* hurt
**dolorosa** *f* F check, *Br* bill
**doloroso** *adj tb fig* painful

**doloso** *adj* JUR fraudulent
**doma** *f* taming; *de caballo* breaking in
**domador** *m*, ~a *f* tamer
◇ **domador de caballos** horse-breaker
**domar** ⟨1a⟩ *v/t tb fig* tame; *caballo* break in
**domesticable** *adj* which can be domesticated
**domesticar** ⟨1g⟩ *v/t* domesticate
**doméstico I** *adj* domestic, household *atr* **II** *m*, -a *f* servant
**domiciliación** *f de sueldo* credit transfer; *de pagos* direct billing, *Br* direct debit
**domiciliado** *adj* resident (*en* in)
**domiciliar** ⟨1b⟩ *v/t pago* pay by direct billing, *Br* pay by direct debit; *tengo la nómina domiciliada* my salary is paid directly into my bank account
**domiciliario** *adj* home *atr*; *arresto* ~ house arrest
**domicilio** *m* address; *sin* ~ *fijo* of no fixed abode; *repartir a* ~ do home deliveries; *una victoria a* ~ DEP away win
◇ **domicilio social** COM registered address
**dominación** *f* domination
**dominador** *adj* dominant
**dominancia** *f* BIO dominance
**dominante** *adj* dominant; *desp* domineering
**dominar** ⟨1a⟩ **I** *v/t* **1** *persona, mercado* dominate **2** *idioma* have a good command of **II** *v/i* dominate; **dominarse** *v/r* control o.s.
**domingas** *fpl* P tits P, boobs P
**domingo** *m* Sunday
◇ **domingo de Ramos** Palm Sunday
◇ **domingo de Resurrección** Easter Sunday
**dominguero I** *adj* Sunday *atr* **II** *m*, -a *f* F weekender, *Br tb* Sunday tripper
**dominical** *adj* Sunday *atr*; *suplemento* ~ Sunday supplement
**dominicano** GEOG **I** *adj* Dominican **II** *m*, -a *f* Dominican
**dominico** *m monje* Dominican
**dominio** *m* **1** control; ~ *de sí mismo* self-control **2** *fig: de idioma* command **3** INFOR domain **4**: *ser del* ~ *público* be in the public domain
**dominó** *m* dominoes *pl*

**domótica** *f* home automation

**don**[1] *m* gift; **~ de gentes** way with people; **~ de lenguas** gift for languages

**don**[2] *m* Mr.; **~ Enrique** Mr. Sanchez *English uses the surname while Spanish uses the first name*

**dona** *f Méx* donut, *Br* doughnut

**donación** *f* donation

◇ **donación de órganos** organ donation

◇ **donación de sangre** blood donation

**donaire** *m al hablar* wit; *al moverse* grace

**donante** *m/f* donor

◇ **donante de sangre** blood donor

**donar** ⟨1a⟩ *v/t sangre, órgano, dinero* donate

**donatario** *m*, **-a** *f* recipient (*of a donation*)

**donativo** *m* donation

**doncel** *m* **1** youth **2** HIST squire

**doncella** *f* maid

**donde I** *adv* where **II** *prp esp L.Am.* **fui~ el médico** I went to the doctor's

**dónde** *interr* where; **¿de ~ eres?** where are you from?; **¿hacia ~ vas?** where are you going?; **¿en ~?** where?

**dondequiera** *adv* wherever

**dondiego** *m*: **~ (de noche)** BOT marvel of Peru

**donjuán** *m fig* womanizer, Don Juan

**donoso** *adj al hablar* witty; *al moverse* graceful

**donostiarra** *adj* of / from San Sebastián, San Sebastián *atr*

**doña** *f* Mrs; **~ Estela** Mrs Sanchez *English uses the surname while Spanish uses the first name*

**dopaje, doping** *m* doping

**dopar** ⟨1a⟩ *v/t* dope; **doparse** *v/r* take drugs

**doquier(a)** *adv*: **por ~** *lit* everywhere

**dorada** *f* ZO gilthead

**dorado I** *adj* gold; *montura* gilt **II** *m* gilt

**dorar** ⟨1a⟩ *v/t* **1** TÉC gild **2** GASTR brown

**dórico** *adj* ARQUI Doric

**dorífora** *f* ZO potato beetle

**dormido** *adj* asleep; **quedarse ~** fall asleep

**dormilón** *m*, **-ona** *f* F sleepyhead F

**dormir** ⟨3k⟩ **I** *v/i* sleep; (*estar dormido*) be asleep **II** *v/t* **1** put to sleep; **dejar ~**

**algo** *fig* let sth lie **2**: **~ a alguien** MED give s.o. a general anesthetic; **dormirse** *v/r* **1** go to sleep; (*quedarse dormido*) fall asleep; **no podía dormirme** I couldn't get to sleep; **se me durmió la pierna** my leg has gone to sleep **2** (*no despertarse*) oversleep

**dormitar** ⟨1a⟩ *v/i* doze

**dormitorio** *m* bedroom

**dorsal I** *adj* dorsal **II** *m* DEP number

**dorso** *m* back; **al ~** on the back; **~ de la mano** back of the hand

**dos** *adj* **1** two; **de ~ en ~** in twos, two by two; **los ~** both; **conozco a los ~ hermanos** I know both (of the) brothers; **anda con ojo con los ~** watch out for both of *o* the pair of them; **~ contra uno** *en baloncesto* double team **2**: **cada ~ por tres** all the time, continually; **en un ~ por tres** in a flash

**doscientos** *adj* two hundred

**dosel** *m* canopy; **cama con ~** four-poster bed

**dosificación** *f* dosage

**dosificador** *m* dispenser

◇ **dosificador de jabón** soap dispenser

**dosificar** ⟨1g⟩ *v/t* cut down on

**dosis** *f inv* dose; **una buena ~ de** a good deal of

◇ **dosis de choque** MED large dose

◇ **dosis letal** lethal dose

**dotación** *f* **1**: **la ~ del premio es de 10 millones de dólares** the total amount of prize money is 10 million dollars; **una ayuda con una ~ de 10 millones de dólares** aid totaling 10 million dollars **2**: **la ~ de doctores es …** the number of doctors is …

**dotado** *adj* **1** gifted; **~ para las lenguas** with a gift for languages **2**: **~ de algo** equipped with sth

**dotar** ⟨1a⟩ *v/t*: **~ de** equip with; *fondos* provide with; *cualidades* endow with; **la organización fue dotada con el premio a …** the organization was awarded the prize for …

**dote** *f* **1** *a novia* dowry **2**: **tener ~s para algo** have a gift for sth

**doy** *vb* ☞ **dar**

**dpto.** *abr* (= **departamento**) dept (= department)

**Dr.** *abr* (= **doctor**) Dr (= doctor)

**Dra.** *abr* (= **doctora**) Dr (= doctor)

**draconiano** *adj* draconian; **medidas -as** draconian measures

**draga** *f máquina* dredge; *barco* dredger

**dragado** *m* dredging

**dragaminas** *m inv* minesweeper

**dragar** ⟨1h⟩ *v/t* dredge

**drago** *m* BOT dragon tree

**dragón** *m* **1** MYTH dragon **2** MIL dragoon

**drama** *m* drama; **hacer un ~ de algo** *fig* make a drama out of sth, make a big deal out of sth

**dramático** *adj* dramatic; **arte ~** dramatic art

**dramatismo** *m* dramatic quality, drama

**dramatizar** ⟨1f⟩ *v/t* dramatize

**dramaturgia** *f* drama

**dramaturgo** *m*, **-a** *f* playwright, dramatist

**dramón** *m desp* melodrama

**drástico** *adj* drastic

**drenaje** *m* drainage

**drenar** ⟨1a⟩ *v/t* drain

**driblar** ⟨1a⟩ DEP **I** *v/i* dribble **II** *v/t* dribble past

**dribling** *m* dribbling, dribble

**dril** *m* drill

**droga** *f* drug

◇ **droga blanda** soft drug; **droga de diseño** designer drug; **droga dura** hard drug

**drogadicción** *f* drug addiction

**drogadicto I** *adj*: **una mujer -a** a woman addicted to drugs **II** *m*, **-a** *f* drug addict

**drogarse** ⟨1h⟩ *v/r* take drugs, do drugs F

**drogata** *m/f* F junkie F

**drogodependencia** *f* drug dependency

**drogodependiente I** *adj* drug-dependent **II** *m/f* drug addict

**droguería** *f* hardware store (*selling cleaning and household products*)

**droguero** *m*, **-a** *f*, **droguista** *m/f owner of a* ***droguería***

**dromedario** *m* ZO dromedary

**d.to** *abr* (= ***descuento***) discount

**dubitativo** *adj* doubtful

**ducado** *m* dukedom

**ducal** *adj* ducal

**ducha** *f* shower; **ser una ~ de agua fría** *fig* come as a shock

**duchar** ⟨1a⟩ *v/t*: **~ a alguien** give s.o. a shower; (*mojar*) soak s.o.; **ducharse** *v/r* have a shower, shower

**ducho** *adj* knowledgeable

**dúctil** *adj* ductile

**ductilidad** *f* ductility

**duda** *f* doubt; **sin ~** without doubt; **poner en ~** call into question; **estar fuera de (toda) ~** be beyond (any) doubt; **no cabe la menor ~** there is absolutely no doubt; **salir de ~s** get things clear; **todavía tengo mis ~s** I still have (my) doubts, I'm still dubious

**dudar** ⟨1a⟩ **I** *v/t* doubt; **¡no lo dudes!** of course!, no problem! **II** *v/i* **1** hesitate (**en** to); **no ~ en hacer algo** not hesitate to do sth **2**: **~ de alguien** not trust s.o.

**dudoso** *adj* **1** (*incierto*) doubtful, dubious **2** (*indeciso*) hesitant

**duela** *f* **1** stave **2** *Méx parquet* parquet

**duele** *vb* ☞ **doler**

**duelista** *m* duelist, *Br* duellist

**duelo** *m* **1** grief **2** (*combate*) duel; **batirse en ~** fight a duel

**duende** *m* **1** imp **2** *cualidad* magic; **tener ~** have a magical quality

**dueño** *m*, **-a** *f* **1** COM owner; **de perro** owner, master **2**: **eres muy ~ de hacer lo que quieras** you are free to do as you wish, you are your own master; **hacerse ~ de la situación** take command o control of the situation; **no ser ~ de sí mismo** be out of control; **no ser ~ de sus actos** not be responsible for one's actions

**duermo** *vb* ☞ **dormir**

**dueto** *m* MÚS duet

**dulce I** *adj* sweet; *fig*: *carácter* gentle **II** *m* candy, *Br* sweet; **~s** sweet things

**dulcería** *f* candy store, *Br* sweetshop

**dulcificar** ⟨1g⟩ *v/t* GASTR sweeten; *fig* soften

**dulzaina** *f* MÚS *oboe-like instrument*

**dulzón** *adj* sickly sweet

**dulzor** *m*, **dulzura** *f tb fig* sweetness

**dumping** *m* dumping

**duna** *f* dune

**duo** *m* MÚS duo

**duodécimo** *adj* twelfth

**duodeno** *m* ANAT duodenum

**dúplex** *m* duplex (apartment)

**duplicación** *f* duplication

**duplicado I** *adj* duplicate; **por ~** in duplicate **II** *m* duplicate

**duplicar** ⟨1g⟩ *v/t* duplicate

**duplicidad** *f fig* duplicity

**duplo** *m*: **el ~ de tres es seis** two times

three is six, twice three is six

**duque** *m* **1** duke; *los ~s de* the Duke and Duchess of **2** ZO: *gran ~* eagle owl

**duquesa** *f* duchess

**durabilidad** *f* durability

**durable** *adj* durable

**duración** *f* duration; *de larga ~* long-life *atr*

**duradero** *adj* lasting; *ropa, calzado* hard-wearing

**durante** *prp indicando duración* during; *indicando período* for; *~ seis meses* for six months

**durar** ⟨1a⟩ *v/i* last

**duraznero** *m L.Am.* BOT peach (tree)

**durazno** *m L.Am.* BOT peach

**Durex**® *m Méx* Scotch tape®, *Br* Sellotape®

**dureza** *f* **1** *de material* hardness; *de carne* toughness **2** *de clima, fig* harshness

**durmiente I** *adj* sleeping **II** *m/f* sleeper; *la Bella Durmiente* Sleeping Beauty **III** *m* FERR tie, *Br* sleeper

**duro I** *adj* **1** *material* hard; *carne* tough **2** *clima, fig* harsh **3**: *~ de oído* F hard of hearing; *~ de corazón* hard-hearted; *ser ~ de pelar* be a tough nut to crack **II** *adv* hard **III** *m* five peseta coin

**DVD** *m abr* (= *disco de vídeo digital*) DVD (= digital versatile *o* video disc)

# E

**e** *conj* (*instead of* **y** *before words starting with* **i** *or* **hi**) and

**E** *abr* (= *este*) E (= East, Eastern)

**¡ea!** *int* come on!

**EAU** *abr* (= *Emiratos Árabes Unidos*) UAE *pl* (= United Arab Emirates)

**ebanista** *m/f* cabinetmaker

**ebanistería** *f* cabinetmaking

**ébano** *m* ebony

**ebriedad** *f* drunkenness; *fig* delirium; *en estado de ~* in a state of intoxication

**ebrio** *adj* drunk; *~ de éxito, felicidad* drunk with; *~ de amor* blinded by love; *~ de ira* blind with rage

**ebullición** *f*: *punto de ~* boiling point

**ebúrneo** *adj* ivory *atr*

**eccema** *m* eczema

**echado I** *part* ☞ **echar II** *adj* **1** lying down **2**: *~ para* (*a*) *delante* F self-reliant

**echadora** *f*: *~ de cartas* fortune-teller

**echar** ⟨1a⟩ **I** *v/t* **1** (*lanzar*) throw; *de un lugar* throw out; *lo han echado del trabajo* he's been fired; *~ abajo* pull down, destroy **2** *humo* give off **3** (*poner*) put **4** *carta* mail, *Br tb* post **5**: *la culpa a alguien* blame s.o., put the blame on s.o.; *me echó 40 años* he thought I was 40

**II** *v/i*: *~ a* start to, begin to; *~ a correr* start *o* begin to run, start running

**echarse** *v/r* **1** (*tirarse*) throw o.s.; *~ al agua* jump into the water; *~ al suelo* throw o.s. to the ground; *échate a un lado* move to one side; *~ sobre algo* throw o.s. on sth; *~ detrás de alguien* go after s.o. **2** (*tumbarse*) lie down **3** (*ponerse*) put on **4**: *~ a llorar / reír* start *o* begin to cry / laugh, start crying / laughing **5**: *echárselas de algo* make out that one is sth, make o.s. out to be sth **6** F *novia, coche etc* get

**echarpe** *m* scarf

**eclesiástico I** *adj* ecclesiastical, church *atr* **II** *m* clergyman

**eclipsar** ⟨1a⟩ *v/t* eclipse; **eclipsarse** *v/r* **1** *de persona* disappear, vanish **2**: *la luna se eclipsará a las diez* there will be a lunar eclipse at ten o'clock

**eclipse** *m* eclipse

◇ **eclipse de luna** lunar eclipse, eclipse of the moon

◇ **eclipse de sol** solar eclipse, eclipse of the sun

**eclosión** *f* **1** ZO hatching **2** *fig* sudden emergence *o* appearance

**eclosionar** ⟨1a⟩ *v/i* **1** ZO hatch **2** *fig* appear, emerge

**eco** *m* echo; *hacerse ~ de algo* echo sth; *tener ~ fig* make an impact

**ecografía** *f* (ultrasound) scan

**ecología** *f* ecology

**ecológico** *adj* ecological; *alimentos* organic

**ecologismo** *m* environmentalism, conservationism

**ecologista** *m/f* ecologist, environmentalist

**ecólogo** *m,-a f* ecologist

**economato** *m* co-operative (store)

**economía** *f* **1** economy; **hacer ~s** economize, make economies **2** *ciencia* economics *sg*

◇ **economía doméstica** home economics *sg*; **economía informal** *L.Am.* black economy; **economía de mercado** market economy; **economía planificada** planned economy; **economía política** political economy; **economía sumergida** black economy

**económico** *adj* **1** economic **2** (*barato*) economical

**economista** *m/f* economist

**economizar** ⟨1f⟩ *v/t* economize on, save; **~ esfuerzos** save one's energy; **no debemos ~ esfuerzos** we must spare no effort

**ecosistema** *m* ecosystem

**ecotest** *m* ecotest

**ecotienda** *f* ecostore, *Br tb* ecoshop

**ecoturismo** *m* ecotourism

**ectoplasma** *m* ectoplasm

**ecuación** *f* equation

**Ecuador** *m* Ecuador

**ecuador** *m* equator; **paso del ~** *fig* crossing the line

**ecualizador** *m* TÉC equalizer

**ecuánime** *adj* **1** (*sereno*) even-tempered **2** (*imparcial*) impartial

**ecuanimidad** *f* even temper, equanimity; (*imparcialidad*) impartiality

**ecuatorial** *adj* equatorial

**ecuatoriano I** *adj* Ecuadorean **II** *m,-a f* Ecuadorean

**ecuestre** *adj* equestrian; **estatua ~** equestrian statue

**ecuménico** *adj* ecumenical

**ecumenismo** *m* REL ecumenicalism

**eczema** *m* eczema

**ed.** *abr* (= **edición**) ed (= edition)

**edad** *f* **1** age; **a la ~ de** at the age of; **a mi ~** at my age; **¿qué ~ tienes?** how old are you?; **de corta ~** *niño* young; **en ~ escolar** school-age, of school age; **en ~ penal** old enough to be sent to prison; **de mediana ~** middle-aged; **la tercera ~** the over 60s; **una señora de ~** an elderly lady; **estar en la ~ del pavo** be at that awkward age **2** (*época*): **la Edad Media** the Middle Ages *pl*; **la ~ dorada** *o* **de oro** *fig* the golden age

◇ **edad de jubilación** retirement age; **edad moderna** modern era; **edad de piedra** Stone Age

**edecán** *m* MIL aide-de-camp

**edema** *m* MED edema, *Br tb* oedema

**edén** *m* Eden; *fig* paradise

**edición** *f* edition

◇ **edición de bolsillo** pocket edition

◇ **edición pirata** pirate edition

**edicto** *m* edict

**edificable** *adj* available for development; **zona ~** development area

**edificación** *f* construction, building

**edificante** *adj* edifying

**edificar** ⟨1g⟩ *v/t* construct, build

**edificio** *m* building

◇ **edificio de pisos, edificio de viviendas** apartment building, *Br* block of flats

**edil** *m* councilor, *Br* councillor, councilman

**edila** *f* councilor, *Br* councillor, councilwoman

**Edimburgo** *m* Edinburgh

**Edipo** Oedipus; **complejo de ~** Oedipus complex

**editar** ⟨1a⟩ *v/t* **1** edit **2** (*publicar*) publish

**editor I** *m,-a f* editor **II** *m* INFOR editor

**editorial I** *adj* publishing *atr* **II** *m* editorial, leading article **III** *f* publishing company *o* house, publisher

**editorialista** *m/f* editorialist, *Br* leader writer

**edredón** *m* eiderdown; *utilizado sin sábanas* duvet, *Br tb* continental quilt

**educación** *f* **1** (*crianza*) upbringing **2** (*modales*) manners *pl*; **con mucha ~** *persona* extremely polite; **pedir** extremely politely; **no tener ~** have no manners

◇ **educación de adultos** adult education; **educación cívica** civics *sg*; **educación especial** special-needs education; **educación física** physical education, PE; **educación preescolar** preschool education; **educación primaria** elementary education, *Br* primary education; **educación secundaria** secondary education; **educación sexual** sex education; **educación viaria** traffic safety classes *pl*

**educado I** *adj* polite, well-mannered;

**bien** ~ polite, well-mannered; **mal** ~ rude, ill-mannered **II** *part* ☞ **educar**

**educador** *m*, **~a** *f* teacher, educator

**educar** ⟨1g⟩ *v/t* **1** educate **2** (*criar*) bring up **3** *voz* train

**educativo** *adj* educational; **política -a** education(al) policy; **sistema** ~ education(al) system

**edulcorante** *m* sweetener

**edulcorar** ⟨1a⟩ *v/t* sweeten

**EE. UU.** *abr* (= **Estados Unidos**) US(A) (= United States (of America))

**EEB** *f abr* (= **encefalopatía espongiforme bovina**) BSE (= bovine spongiform encephalopathy)

**efebo** *m* youth

**efectismo** *m* theatricality

**efectista** *adj* theatrical, dramatic

**efectivamente** *adv* indeed

**efectividad** *f* effectiveness; **tener** ~ be effective

**efectivo I** *adj* **1** effective **2** COM: **hacer** ~ cash **II** *m* COM: **en** ~ (in) cash

**efecto** *m* **1** effect; **surtir** ~ take effect, work; ~ **a largo plazo** long-term effect; **aplicarse con** ~ **retroactivo** be applied retroactively; **la subida con** ~ **retroactivo de las pensiones** the retroactive increase in pensions; **llevar a** ~ carry out; **dejar sin** ~ negate, undo **2**: **hacer buen / mal** ~ give *o* create a good / bad impression **3**: **al** ~ for the purpose; **en** ~ indeed

◇ **efecto invernadero** greenhouse effect; **efectos especiales** *en película* special effects; **efectos personales** personal effects *o* belongings; **efectos secundarios** side effects

**efectuar** ⟨1e⟩ *v/t* carry out; **efectuarse** *v/r*: **la inauguración se efectuará …** the inauguration will take place …

**efeméride** *f* anniversary

**efervescencia** *f* effervescence

**efervescente** *adj* **1** effervescent; **tableta** ~ effervescent tablet **2** *bebida* carbonated, sparkling

**eficacia** *f* efficiency

**eficaz** *adj* **1** (*efectivo*) effective **2** (*eficiente*) efficient

**eficiencia** *f* efficiency

**eficiente** *adj* efficient

**efigie** *f* effigy

**efímera** *f* ZO mayfly

**efímero** *adj* ephemeral, short-lived

**eflorescente** *adj* efflorescent

**efluvio** *m* smell, scent

**efusión** *f* effusiveness; **con** ~ effusively

**efusivo** *adj* effusive

**Egeo** *m/adj*: **el** (**mar**) ~ the Aegean (Sea)

**égida** *f*: **bajo la** ~ **de** under the aegis of

**egipcio I** *adj* Egyptian **II** *m*, **-a** *f* Egyptian

**Egipto** *m* Egypt

**ego** *m* ego

**egocéntrico** *adj* egocentric, self-centered, *Br* self-centred

**egoísmo** *m* selfishness, egoism

**egoísta I** *adj* selfish, egoistic **II** *m/f* egoist

**egregio** *adj* distinguished, eminent

**egresado** *m*, **-a** *f* L.Am. graduate

**egresar** ⟨1a⟩ *v/i* L.Am. *de universidad* graduate; *de colegio* graduate from high school, *Br* leave school

**egreso** *m* **1** L.Am. graduation **2** *Méx* (*retirada*) withdrawal

**eh** *int para llamar atención* hey!; **¿~?** eh?

**eje** *m* **1** axis; **partir a alguien por el** ~ *fig* mess up s.o.'s plans **2** TÉC shaft; AUTO *de ruedas* axle; *fig* linchpin

**ejecución** *f* **1** (*realización*) implementation, carrying out, execution; **poner en** ~ execute, carry out **2** *de condenado* execution **3** INFOR running, execution **4** MÚS performance

◇ **ejecución forzosa** JUR enforced execution *o* implementation

**ejecutante** *m/f* MÚS performer

**ejecutar** ⟨1a⟩ *v/t* **1** (*realizar*) carry out, implement, execute **2** *condenado* execute **3** INFOR run, execute **4** MÚS play, perform

**ejecutiva** *f* executive

**ejecutivo I** *adj* executive; **el poder** ~ POL the executive **II** *m* **1** executive; **alto** ~ top executive **2**: **el Ejecutivo** the government

**ejecutor** *m* executor

**ejecutora** *f* executor, executrix

**ejecutorio** *adj* executory

**ejemplar I** *adj* *alumno, padre etc* model *atr*, exemplary **II** *m* **1** *de libro* copy; *de revista tb* issue **2** *animal, planta* specimen

◇ **ejemplar gratuito** *de publicación* free copy

**ejemplaridad** *f* exemplary nature; **la** ~ **de su comportamiento** his exemplary behavior

**ejemplarizar** ⟨1f⟩ *v/t* set a good example to

**ejemplificar** ⟨1g⟩ *v/t* exemplify

**ejemplo** *m* example; *dar buen* ~ set a good example; *por* ~ for example; *poner por* ~ quote as an example; *tomar* ~ *de alguien* follow s.o.'s example; *predicar con el* ~ practice what one preaches

**ejercer** ⟨2b⟩ **I** *v/t* **1** *cargo* practice, *Br* practise **2** *influencia* exert **II** *v/i de profesional* practice, *Br* practise; *ejerce de médico* he's a practicing doctor

**ejercicio** *m* **1** exercise; *hacer* ~ exercise **2** COM fiscal year, *Br* financial year **3** MIL: *en* ~ *(s)* on maneuvers, *Br* on manoeuvres

◇ **ejercicios espirituales** REL retreat *sg*

**ejercitado** *adj* experienced (*en* in)

**ejercitar** ⟨1a⟩ *v/t músculo, derecho* exercise; *ejercitarse* *v/r* train; ~ *en* practice, *Br* practise

**ejército** *m* army

◇ **ejército de(I) aire** air force

◇ **ejército profesional** professional army

**ejido** *m Méx* traditional communal farming unit

**ejote** *m L.Am.* green bean

**el** *art* the **II** *pron*: ~ *de ...* that of ...; ~ *de Juan* Juan's; ~ *más grande* the biggest (one); ~ *que está ...* the one that is ...

**él** *pron sujeto* he; *cosa* it; *complemento* him; *cosa* it; *de* ~ his; *esto es para* ~ this is for him

**elaboración** *f* production, making; *de metal etc* working; *de plan* drawing up

**elaborar** ⟨1a⟩ *v/t* produce, make; *metal etc* work; *plan* devise, draw up

**elasticidad** *f* elasticity

**elástico I** *adj* elastic **II** *m* **1** elastic **2** (*goma*) elastic band, *Br* rubber band

**eléboro** *m* BOT hellebore

**elección** *f* choice

**eleccionario** *adj L.Am.* election *atr*, electoral

**elecciones** *fpl* election *sg*, elections

◇ **elecciones generales** general election *sg*; **elecciones legislativas** parliamentary elections; **elecciones municipales** municipal elections; **elecciones presidenciales** presidential election *sg*

**electivo** *adj* elective

**electo** *adj* elect

**elector** *m*, ~*a f* voter

**electorado** *m* electorate

**electoral** *adj* election *atr*, electoral

**electricidad** *f* electricity

**electricista** *m/f* electrician

**eléctrico** *adj luz, motor* electric; *aparato* electrical

**electrificación** *f* electrification

**electrificar** ⟨1g⟩ *v/t* electrify

**electrizar** ⟨1f⟩ *v/t tb fig* electrify

**electrocardiograma** *m* electrocardiogram

**electrochoque** *m* electroshock therapy

**electrocución** *f* electrocution

**electrocutar** ⟨1a⟩ *v/t* electrocute; *electrocutarse* *v/r* be electrocuted, electrocute o.s

**electrodinámica** *f* electrodynamics *sg*

**electrodo** *m* electrode

**electrodoméstico** *m* electrical appliance

**electroencefalograma** *m* electroencephalogram

**electroimán** *m* electromagnet

**electrólisis** *f* electrolysis

**electrón** *m* electron

**electrónica** *f* electronics *sg*

◇ **electrónica de consumo** consumer electronics *sg o pl*

**electrónico** *adj* electronic

**electrotecnia** *f* electrical engineering

**electrotécnico** *adj* electrical; *el equipo* ~ the electricians *pl*

**electroterapia** *f* MED electrotherapy

**elefante** *m* ZO elephant; *como un* ~ *una cacharrería* like a bull in a china shop

◇ **elefante marino** elephant seal, sea elephant

**elegancia** *f* elegance, stylishness

**elegante** *adj* elegant, stylish

**elegantoso** *adj L.Am.* F stylish, classy F

**elegía** *f* elegy

**elegible** *adj* eligible

**elegir** ⟨3c & 3l⟩ *v/t* choose; *por votación* elect

**elemental** *adj* **1** (*esencial*) fundamental, essential **2** (*básico*) elementary, basic

**elemento** *m* element; *estar en su* ~ *fig* be in one's element

**elenco** *m* TEA cast

**elepé** *m* LP, album

**elevación** *f* GEOG elevation

**elevado** *adj* high; *fig* elevated

**elevador** *m* **1** hoist **2** *L.Am.* elevator, *Br* lift

**elevadorista** *m/f L.Am.* elevator operator, *Br* lift operator

**elevalunas** *m inv* AUTO: **~ eléctrico** electric window

**elevar** ⟨1a⟩ *v/t* **1** raise **2** MAT: **~ al cuadrado** raise to the power of four; **elevarse** *v/r* **1** rise **2** *de monumento* stand **3**: **~ a de cantidad, número etc** stand at, have reached

**elfo** *m* MYTH elf

**eliminación** *f* **1** elimination **2** *de desperdicios* disposal **3** INFOR deletion

◇ **eliminación de desechos, eliminación de residuos** waste disposal

**eliminado** *adj* DEP out *pred*

**eliminar** ⟨1a⟩ *v/t* **1** eliminate **2** *desperdicios* dispose of **3** INFOR delete

**eliminatoria** *f* DEP qualifying round, heat

**eliminatorio** *adj* DEP qualifying *atr*

**elipse** *f* ellipse

**elíptico** *adj* elliptical

**élite** *f* elite

**elitista** *adj* elitist

**elixir** *m* elixir

◇ **elixir bucal** mouthwash

**ella** *pron sujeto* she; *cosa* it; *complemento* her; *cosa* it; **de ~** her; *cosa* it's hers; **con / para ~** with / for her

**ellas** *pron sujeto* they; *complemento* them; **de ~** their; **es de ~** it's theirs

**ello** *pron* it; **por ~** for this reason; **¿has reparado la televisión? – estoy en ~** have you mended the television? – I'm working on it *o* I'm doing it

**ellos** *pron sujeto* they; *complemento* them; **de ~** their; **es de ~** it's theirs

**elocuencia** *f* eloquence

**elocuente** *adj* eloquent

**elogiable** *adj* praiseworthy

**elogiar** ⟨1b⟩ *v/t* praise

**elogio** *m* praise

**elogioso** *adj* full of praise, highly complimentary

**elote** *m L.Am.* **1** corncob **2** *granos* corn, *Br* sweetcorn

**El Salvador** *m* El Salvador

**elucidar** ⟨1a⟩ *v/t* elucidate

**elucubrar** ⟨1a⟩ *v/t* muse on, ponder

**eludir** ⟨3a⟩ *v/t* evade, avoid

**e-mail** *m* e-mail; **mandar un ~ a alguien** e-mail s.o., send s.o. an e-mail

**emanación** *f* emanation *fml*, emission

**emanar** ⟨1a⟩ **I** *v/i fml* emanate (**de** from) *fml*; *fig* stem (**de** from), derive (**de** from) **II** *v/t* exude, emit

**emancipación** *f* emancipation

**emancipar** ⟨1a⟩ *v/t* **I** emancipate; **emanciparse** *v/r* become emancipated

**emascular** ⟨1a⟩ *v/t* castrate

**embadurnar** ⟨1a⟩ *v/t* smear (**de** with)

**embajada** *f* embassy

**embajador** *m*, **~a** *f* ambassador

**embalador** *m*, **~a** *f* packer

**embalaje** *m* packing

**embalar** ⟨1a⟩ *v/t* pack; **embalarse** *v/r* **1** *de persona* get excited **2**: **el coche se embaló** the car went faster and faster; **no te embales** don't go so fast

**embaldosado** *m* **1** *suelo* tiled floor **2** *acto* tiling

**embaldosar** ⟨1a⟩ *v/t* tile

**embalsamar** ⟨1a⟩ *v/t* embalm

**embalsar** ⟨1a⟩ *v/t* dam up

**embalse** *m* reservoir

**embarazada I** *adj* pregnant **II** *f* pregnant woman

**embarazar** ⟨1f⟩ *v/t* **1** (*preñar*) get pregnant **2** (*obstaculizar*) hinder, hamper; **embarazarse** *v/r* get embarrassed

**embarazo** *m* pregnancy; **interrupción del ~** termination, abortion

**embarazoso** *adj* awkward, embarrassing

**embarcación** *f* vessel, craft

**embarcadero** *m* wharf

**embarcar** ⟨1g⟩ **I** *v/t* **1** *pasajeros* board, embark; *mercancías* load **2** *fig* involve (**en** in) **II** *v/i* board, embark; **embarcarse** *v/r en barco* board, embark; *en avión* board; **~ en** *fig* embark on

**embargar** ⟨1h⟩ *v/t* **1** JUR seize **2** *fig* overwhelm, overcome

**embargo** *m* **1** embargo **2** JUR seizure **3**: **sin ~** however

**embarque** *m* **1** AVIA boarding; **puerta de ~** gate; **zona de ~** departure area **2** *de mercancías* loading

**embarrancar** ⟨1g⟩ *v/i* MAR run aground; **embarrancarse** *v/r* MAR run aground

**embarrarse** ⟨1a⟩ *v/r* get covered in mud

**embarullar** ⟨1a⟩ *v/t* confuse, mix up

**embarullarse** ⟨1a⟩ *v/r* get mixed up

**embate** *m del mar, del viento* beating, battering; *de las olas* pounding, battering

**embaucador I** *adj* deceitful **II** *m*, ~a *f* trickster

**embaucar** ⟨1g⟩ *v/t* trick, deceive

**embeber** ⟨2a⟩ *v/t* soak up, absorb; **embeberse** *v/r* get absorbed *o* engrossed (**en** in)

**embelesar** ⟨1a⟩ *v/t* captivate; **embelesarse** *v/r* be captivated

**embeleso** *m* captivation

**embellecer** ⟨2d⟩ *v/t* make more beautiful, beautify; **embellecerse** *v/r* grow more beautiful

**embellecimiento** *m* beautification

**embestida** *f* charge

**embestir** ⟨3l⟩ **I** *v/t* charge **II** *v/i* charge (**contra** at)

**embetunar** ⟨1a⟩ *v/t zapatos* polish

**emblandecerse** ⟨2d⟩ *v/r* go soft

**emblema** *m* emblem

**emblemático** *adj* emblematic

**embobar** ⟨1a⟩ *v/t* fascinate

**embobarse** ⟨1a⟩ *v/r* be fascinated

**embocadura** *f* MÚS mouthpiece

**embolarse** ⟨1a⟩ *v/r C.Am., Méx* F get plastered F

**embole** *m Rpl* F bore

**embolia** *f* MED embolism

◇ **embolia pulmonar** MED pulmonary embolism

**émbolo** *m* TÉC piston

**embolsar** ⟨1a⟩ *v/t* pocket; **embolsarse** *v/r* pocket

**emboquillado I** *adj* tipped **II** *m* filter tip

**emborrachar** ⟨1a⟩ *v/t* make drunk, get drunk; **emborracharse** *v/r* get drunk

**emborronar** ⟨1a⟩ *v/t* blot, smudge

**emboscada** *f* ambush

**emboscar** ⟨1g⟩ *v/t* ambush; **emboscarse** *v/r* lie in ambush

**embotelladora** *f* bottling plant

**embotellamiento** *m* **1** traffic jam **2** *de bebidas* bottling

**embotellar** ⟨1a⟩ *v/t* bottle

**embozar** ⟨1f⟩ *v/t* **1** (*obstruir*) block **2** *cara* cover

**embozo** *m de sábana* turndown; **sin ~** openly

**embragar** ⟨1h⟩ AUTO **I** *v/t* engage **II** *v/i* engage the clutch

**embrague** *m* AUTO clutch

**embravecer** ⟨2d⟩ *v/t* enrage, infuriate; **embravecerse** *v/r* **1** *de mar* get rough **2** *de persona* become enraged *o* infuriated

**embriagador** *adj* intoxicating, heady

**embriagar** ⟨1h⟩ *v/t fig* intoxicate; **embriagarse** *v/r* become intoxicated

**embriaguez** *f* intoxication; **en estado de ~** *fig* delirious (with joy)

**embridar** ⟨1a⟩ *v/t caballo* put a bridle on, bridle

**embrión** *m* embryo; **en ~** in an embryonic state, in embryo

**embrionario** *adj* embryonic; **en estado ~** *fig* in embryo

**embrollar** ⟨1a⟩ *v/t* muddle, mix up; **embrollarse** *v/r* **1** get complicated; **la situación se embrolla cada vez más** the situation is getting more and more complicated **2** *de hilos* get tangled up

**embrollo** *m* tangle; *fig* mess, muddle

**embromar** ⟨1a⟩ *v/t Rpl* F (*molestar*) annoy

**embrujar** ⟨1a⟩ *v/t tb fig* bewitch

**embrujo** *m tb fig* enchantment

**embrutecer** ⟨2d⟩ *v/t* brutalize; **embrutecerse** *v/r* become brutalized

**embrutecimiento** *m* brutalization

**embuchado** *m* GASTR *type of dry sausage*

**embuchar** ⟨1a⟩ *v/t salchicha* stuff; *fig* wolf down

**embudo** *m* funnel

**embuste** *m* lie

**embustero I** *adj* deceitful **II** *m*, -a *f* liar

**embutido** *m* GASTR *type of dry sausage*

**embutir** ⟨3a⟩ *v/t salchicha, cojín, colchón* stuff; *fig* wolf down; **embutirse** *v/r*: **~ en una prenda** squeeze o.s. into

**emergencia** *f* emergency; **estado de ~** state of emergency

**emergente** *adj* emergent, emerging; **país ~** emergent nation

**emerger** ⟨2c⟩ *v/i* emerge

**emérito** *adj* emeritus

**emético** *m* MED emetic

**emigración** *f* emigration

**emigrante** *m* emigrant

**emigrar** ⟨1a⟩ *v/i* **1** emigrate **2** ZO migrate

**eminencia** *f* **1** *cualidad* eminence **2** *persona* eminent figure; **Su / Vuestra Eminencia** REL His / Your Eminence

◇ **eminencia gris** *fig* éminence grise

**eminente** *adj* eminent

**emir** *m* emir

**emirato** *m* emirate

**emisario** *m*, **-a** *f* emissary

**emisión** *f* **1** emission; **emisiones contaminantes** emissions of pollutants; **de baja ~ contaminante** low-emission **2** COM issue **3** RAD, TV broadcast

**emisor I** *adj* **1** *banco* issuing *atr* **2** *centro* broadcasting *atr* **3**: **una fuente ~a de luz / calor** a light- / heat-emitting source **II** *m* transmitter

**emisora** *f* radio station

◇ **emisora pirata** pirate radio station

**emitir** ⟨3a⟩ *v/t* **1** *calor, sonido* give out, emit **2** *moneda* issue **3** *opinión* express, give; *veredicto* deliver **4** RAD, TV broadcast **5** *voto* cast

**emoción** *f* emotion; **¡qué ~!** how exciting!

**emocionado** *adj* excited

**emocional** *adj* emotional

**emocionante** *adj* **1** (*excitante*) exciting **2** (*conmovedor*) moving

**emocionar** ⟨1a⟩ *v/t* **1** excite **2** (*conmover*) move; **emocionarse** *v/r* **1** get excited **2** (*conmoverse*) be moved

**emoliente** *adj* emollient

**emolumentos** *mpl* emoluments

**emoticón** *m* INFOR emoticon

**emotivo** *adj* **1** emotional **2** (*conmovedor*) moving

**empacar** ⟨1g⟩ *v/t & v/i* L.Am. pack; **empacarse** *v/r* L.Am. **1** (*ponerse tozudo*) dig one's heels in **2** *tragar* devour

**empachar** ⟨1a⟩ *v/t*: **el chocolate me empacha** chcolate gives me an upset stomach, chocolate upsets my stomach; **empacharse** *v/r* F **1** get an upset stomach (**de** from) **2**: **~ de** *fig* overdose on

**empacho** *m* F **1** upset stomach; *fig* bellyful F **2**: **sin ~** unashamedly; **no tener ~ en hacer algo** not be ashamed to do sth

**empadronamiento** *m* registration

**empadronar** ⟨1a⟩ *v/t* register; **empadronarse** *v/r* register

**empalagar** ⟨1h⟩ *v/t*: **el chocolate me empalaga** I find chocolate too cloying *o* sickly sweet; **me empalaga** *fig* I find it too much

**empalago** *m* sickliness; *fig* sickly sweetness, cloyingness

**empalagoso** *adj* sickly; *fig* sickly sweet, cloying

**empalizada** *f* palisade

**empalmar** ⟨1a⟩ **I** *v/t* connect, join **II** *v/i* **1** connect (**con** with), join up (**con** with) **2** *de idea, conversación* run *o* follow on (**con** from)

**empalme** *m* **1** TÉC connection **2** *de carreteras* intersection, *Br* junction

**empanada** *f* pie

**empanadilla** *f* turnover, *Br tb* pasty

**empanar** ⟨1a⟩ *v/t* coat in breadcrumbs

**empantanar** ⟨1a⟩ *v/t* **1** flood **2** *fig* bring to a halt; **empantanarse** *v/r* **1** become swamped *o* waterlogged **2** *fig* get bogged down

**empañado** *adj* misty

**empañar** ⟨1a⟩ *v/t* **1** steam up, mist up **2** *fig* tarnish, sully; **empañarse** *v/r de vidrio* steam up, mist up

**empapado** *adj* soaked, dripping wet

**empapar** ⟨1a⟩ *v/t* soak; (*absorber*) soak up; **empaparse** *v/r* **1** get soaked *o* drenched **2**: **~ de algo** immerse o.s. in sth

**empapelado** *m* papering, wallpaper hanging

**empapelador** *m*, **~a** *f* wallpaper hanger

**empapelar** ⟨1a⟩ *v/t* wallpaper

**empaque** *m* **1** presence **2** (*seriedad*) solemnity

**empaquetado** *m* packing

**empaquetador** *m*, **~a** *f* packer

**empaquetar** ⟨1a⟩ *v/t* pack

**emparedado** *m* sandwich

**emparedar** ⟨1a⟩ *v/t* wall up

**emparejar** ⟨1a⟩ *v/t personas* pair off; *calcetines* match up; **emparejarse** *v/r* **1** (*formar parejas*) pair up (**con** with) **2** (*igualarse*) catch up (**con** with)

**emparentado** *adj* related; **estar bien ~** be well connected

**emparentar** ⟨1k⟩ *v/i*: **~ con alguien** become related to s.o. by marriage

**empastador** *m*, **~a** *f* L.Am. bookbinder

**empastar** ⟨1a⟩ *v/t* **1** *muela* fill **2** *libro* bind

**empaste** *m* filling

**empatar** ⟨1a⟩ *v/i* tie, *Br* draw; (*igualar*) tie the game, *Br* equalize; **~ a cero** tie zero-zero, *Br* draw nil-nil

**empate** *m* tie, *Br* draw; **gol del ~ en** *fútbol* equalizer; **~ a cero** goalless tie *o Br* draw

**empecinado** *adj* stubborn; **estar ~ en**

(*hacer*) *algo* be set on (doing) sth

**empecinarse** ⟨1a⟩ *v/r* get an idea into one's head; ~ *en algo* insist on sth

**empedernido** *adj*: *fumador* ~ inveterate smoker; *solterón* ~ confirmed bachelor

**empedrado** *m* paving

**empedrar** ⟨1k⟩ *v/t* pave

**empeine** *m* instep

**empellón** *m* shove; *entró a empellones* he shoved his way in

**empelotarse** ⟨1a⟩ *v/r L.Am.* P take one's clothes off, strip off

**empeñado** *adj* **1** (*endeudado*) in debt **2**: *estar* ~ *en hacer algo* be determined to do sth

**empeñar** ⟨1a⟩ *v/t* pawn; **empeñarse** *v/r* **1** (*endeudarse*) get into debt **2** (*esforzarse*) strive (*en* to), make an effort (*en* to) **3**: ~ *en hacer obstinarse* insist on doing, be determined to do

**empeñero** *Méx* **I** *adj* determined **II** *m*, -a *f* determined person

**empeño** *m* **1** (*obstinación*) determination; *con* ~ insistently **2** (*esfuerzo*) effort **3** *Méx* pawn shop

**empeñoso** *adj L.Am.* hard-working

**empeoramiento** *m* deterioration, worsening

**empeorar** ⟨1a⟩ **I** *v/t* make worse **II** *v/i* deteriorate, get worse; **empeorarse** *v/r* deteriorate, get worse

**empequeñecer** ⟨2d⟩ *v/t fig* diminish; **empequeñecerse** *v/r fig* feel small *o* insignificant

**emperador** *m* **1** emperor **2** *pez* swordfish

**emperatriz** *f* empress

**emperejilarse, emperifollarse** ⟨1a⟩ *v/r* F doll o.s. up F, *Br* tart o.s. up

**empero** *adv lit* however, nevertheless

**emperramiento** *m* F stubbornness

**emperrarse** ⟨1a⟩ *v/r* F: ~ *en hacer algo* have one's heart set on doing sth; ~ *con algo* set one's heart on sth

**empezar** ⟨1f & 1k⟩ **I** *v/t* start, begin **II** *v/i* **1** start, begin; ~ *a hacer algo* start to do sth, start doing sth; ~ *por hacer algo* start *o* begin by doing sth; ~ *por alguien* start with s.o.; *para* ~ to begin with; *ya empezamos* F here we go again

**empiezo** *m S.Am.* start, beginning

**empinado** *adj* steep

**empinar** ⟨1a⟩ *v/t* raise; ~ *el codo* F raise one's elbow F; **empinarse** *v/r* stand on tiptoe

**empiparse** ⟨1a⟩ *v/r* F down F, knock back F

**empírico** *adj* empirical

**empitonar** ⟨1a⟩ *v/t* TAUR gore

**emplaste** *m* mess

**emplasto** *m* MED poultice; *fig* soggy mess

**emplazamiento** *m* **1** site, location **2** JUR subpoena, summons *sg*

**emplazar** ⟨1f⟩ *v/t* locate, situate

**empleada** *f* (female) employee

◇ **empleada del hogar** maid

**empleado I** *adj* **1**: *le está bien* ~ it serves him right **2**: *dar algo por bien* ~ consider sth well worthwhile; *doy el dinero / tiempo por bien* ~ I consider it money / time well spent **II** *m*, -a *f* employee; ~ *a tiempo parcial* part-time employee

**empleador** *m*, ~a *f* employer

**emplear** ⟨1a⟩ *v/t* **1** (*usar*) use **2** *persona* employ; **emplearse** *v/r* **1** spend one's time (*en hacer algo* doing sth) **2**: ~ *como* be employed as, have a job as

**empleo** *m* **1** employment; *crear* ~ create employment *o* jobs; *plan de* ~ employment plan; *pleno* ~ full employment **2** (*puesto*) job **3** (*uso*) use; *modo de* ~ instructions for use *pl*, directions *pl*

**emplomar** ⟨1a⟩ *v/t S.Am.* fill

**empobrecer** ⟨2d⟩ **I** *v/t* impoverish, make poor **II** *v/i* become impoverished, become poor; **empobrecerse** *v/r* become impoverished, become poor

**empobrecimiento** *m* impoverishment

**empollar** ⟨1a⟩ **I** *v/i* F cram F, *Br* swot F **II** *v/t* **1** ZO sit on, incubate **2** F (*estudiar*) cram F, *Br* swot up on F

**empollón** *m*, -ona *f* F grind F, *Br* swot F

**empolvar** ⟨1a⟩ *v/t* powder; **empolvarse** *v/r* get dusty

**emponzoñamiento** *m* poisoning

**emponzoñar** ⟨1a⟩ *v/t* poison

**emporio** *m L.Am. almacén* department store

**emporrarse** ⟨1a⟩ *v/r* F get high F

**empotrado** *adj* built-in, fitted

**empotrar** ⟨1a⟩ *v/t* build (*en* into); **empotrarse** *v/r* crash (*contra* into)

**emprendedor** *adj* enterprising; *espíritu* ~ entrepreneurship; *con espíritu* ~ *per-*

*sona* entrepreneurial

**emprender** ⟨2a⟩ *v/t* **1** embark on, undertake **2**: ~*la con alguien* F take it out on s.o.; ~*la a golpes con alguien* exchange blows with s.o.; ~*la a tiros con alguien* start shooting at s.o.

**emprendimiento** *m CSur* initiative

**empreñar** *vb* ☞ **preñar**

**empresa** *f* **1** company; *gran* ~ large company; *pequeña* ~ small business; *mediana* ~ medium-sized business **2** *fig* venture, undertaking

◇ **empresa fantasma** dummy corporation, front; **empresa de seguridad y vigilancia** security firm; **empresa de servicios públicos** public utility (company); **empresa de trabajo temporal** temping agency

**empresaria** *f* businesswoman

**empresariado** *m* employers *pl*

**empresarial** *adj* business *atr*; *ciencias* ~*es* business studies *sg*

**empresario** *m* businessman

**empréstito** *m* loan

**empujar** ⟨1a⟩ *v/t* push; *fig* urge on, spur on

**empuje** *m* push; *fig* drive

**empujón** *m* push, shove; *salían a empujones* F they were pushing and shoving their way out; *dar un* ~ *a algo* *fig* give sth a push

**empuñadura** *f de espada* hilt; *de daga, paraguas* handle

**empuñar** ⟨1a⟩ *v/t* grasp

**emú** *m* ZO emu

**emulación** *f* emulation

**emular** ⟨1a⟩ *v/t* emulate

**emulsión** *f* emulsion

**emulsionar** ⟨1a⟩ *v/t* emulsify

**en** *prp* **1** (*dentro de*) in; ~ *un mes* in a month; ~ *junio* in June; ~ *casa* at home; ~ *el cielo* in heaven **2** (*sobre*) on; ~ *la mesa* on the table; ~ *la calle* on the street, *Br tb* in the street **3** *con medios de transporte*: ~ *coche* / *tren* by car / train **4**: ~ *inglés* in English; *póngamelo* ~ *la cuenta* put it on my account; *aumentar* ~ *un 10 %* grow (by) 10%, increase (by) 10%

**enagua(s)** *f(pl)* petticoat *sg*

**enajenable** *adj* transferable

**enajenación** *f* JUR transfer

◇ **enajenación mental** insanity

**enajenado** *adj* insane, out of one's

mind

**enajenar** ⟨1a⟩ *v/t* **1** JUR transfer **2** (*trastornar*) drive insane **3**: ~ *algo* dispose of sth; **enajenarse** *v/r* go crazy, lose one's mind

**enaltecer** ⟨2d⟩ *v/t* **1** ennoble **2** (*alabar*) extol, praise

**enamoradizo** *adj*: *es muy* ~ he falls in love very easily, he falls in love at the drop of a hat

**enamorado** *adj* in love (*de* with)

**enamoramiento** *m* falling in love

**enamorar** ⟨1a⟩ *v/t*: *lo enamoró* she captivated him; **enamorarse** *v/r* fall in love (*de* with)

**enanismo** *m* MED dwarfism

**enano I** *adj* **1** tiny **2** *perro, árbol* miniature, dwarf *atr* **II** *m* dwarf; *trabajar como un* ~ *fig* F work like a dog F

**enarbolar** ⟨1a⟩ *v/t* hoist, raise

**enarcar** ⟨1g⟩ *v/t*: ~ *las cejas* raise one's eyebrows; **enarcarse** *v/r por edad* become hunched

**enardecer** ⟨2d⟩ *v/t fig* **1** *discusión* inflame; *lucha* intensify **2** *persona* excite, arouse; **enardecerse** *v/r* **1** *de discusión* become heated; *de lucha* intensify **2** *de persona* get excited, get aroused

**encabezado** *m* **1** INFOR header **2** *Méx* headline

**encabezamiento** *m* heading

**encabezar** ⟨1f⟩ *v/t* head; *movimiento, revolución* lead

**encabritarse** ⟨1a⟩ *v/r* **1** *de caballo* rear up **2** *de persona* F get mad F, blow one's stack F

**encabronar** ⟨1a⟩ *v/t*: ~ *a alguien* V make s.o. angry, piss s.o. off P; **encabronarse** *v/r* V get fucking angry V, get fucking pissed off V

**encadenamiento** *m* chaining

**encadenar** ⟨1a⟩ *v/t* chain (up); *fig* link *o* put together; **encadenarse** *v/r* chain o.s. (*a* to)

**encajar** ⟨1a⟩ **I** *v/t* **1** *piezas* fit **2** *golpe* take; *gol* concede **II** *v/i* fit (*en* in; *con* with); **encajarse** *v/r* **1** (*ponerse*) put on **2** (*atascarse*) get stuck

**encaje** *m* lace

**encajonar** ⟨1a⟩ *v/t fig* shut in

**encalado** *m* whitewashing

**encalar** ⟨1a⟩ *v/t* whitewash

**encallar** ⟨1a⟩ *v/i* **1** MAR run aground **2** *fig* grind to a halt

**encallecerse** ⟨2d⟩ *v/r:* **se me han enca-llecido las manos** I've got calluses on my hands

**encallecido** *adj* callused

**encamar** ⟨1a⟩ *v/t* confine to bed

**encaminar** ⟨1a⟩ *v/t* direct; **encami-narse** *v/r* (**a** for), head (**a** for); *fig* be aimed *o* directed (**a** at)

**encanar** *vt Cu, Rpl* F put in the slam-mer F

**encandilar** ⟨1a⟩ *v/t* dazzle

**encanecer** ⟨2d⟩ *v/i* go gray, *Br* go grey; **encanecerse** *v/r* go gray *o Br* grey

**encantado** *adj* **1** (*contento*) delighted; **~ de algo / de hacer algo** delighted with *o* at sth / to do sth; **¡~ (de conocerle)!** nice to meet you **2** *castillo* enchanted

**encantador I** *adj* charming **II** *m*, **~a** *f* magician; **~ de serpientes** snake char-mer

**encantamiento** *m* enchantment

**encantar** ⟨1a⟩ *v/t:* **me / le encanta** I love / he loves it; **me encanta el cho-colate** I love chocolate

**encanto** *m* **1** (*atractivo*) charm **2** (*hechi-zo*): **como por ~** as if by magic **3**: **eres un ~** you're an angel; **¡~!** love of my life!

**encañonar** ⟨1a⟩ *v/t* **1** point one's gun at **2** *agua* pipe

**encapotarse** ⟨1a⟩ *v/r del cielo* cloud over, become cloudy

**encapricharse** ⟨1a⟩ *v/r* fall in love (*de* with)

**encapuchada** *f* hooded woman

**encapuchado I** *adj* hooded **II** *m* hooded man

**encaramarse** ⟨1a⟩ *v/r* climb

**encarar** ⟨1a⟩ *v/t* **1** approach **2** *desgracia etc* face up to; **encararse** *v/r:* **~ con al-guien** confront s.o.

**encarcelamiento** *m* imprisonment

**encarcelar** ⟨1a⟩ *v/t* put in prison, im-prison

**encarecer** ⟨2d⟩ **I** *v/t* put up the price of, make more expensive **II** *v/i* become more expensive; *de precios* increase, rise; **encarecerse** *v/r* become more ex-pensive; *de precios* increase, rise

**encarecidamente** *adv:* **le ruego ~ que ...** I beg *o* urge you to ...

**encarecimiento** *m* **1** *de precios* in-crease, rise **2** (*alabanza*) (exaggerated) praise **3** (*empeño*) insistence

**encargado I** *adj* in charge (**de** of), re-

sponsible (**de** for) **II** *m*, **-a** *f* **1** person in charge **2** *de negocio* manager

◇ **encargado de negocios** chargé d'affaires

**encargar** ⟨1h⟩ *v/t* (*pedir*) order; **le en-cargué que me trajera ...** I asked him to bring me ...; **encargarse** *v/r* (*te-ner responsabilidad*) be in charge; (*asu-mir reponsabilidad*) take charge; **yo me encargo de la comida** I'll take care of *o* see to the food

**encargo** *m* **1** job, errand; **¿te puedo ha-cer un ~?** can I ask you to do some-thing for me? **2** COM order; **hecho por ~** made to order **3**: **por ~ de** at the request of

**encariñarse** ⟨1a⟩ *v/r:* **~ con alguien / algo** grow fond of s.o / sth, become at-tached to s.o. / sth

**encarnación** *f* **1** REL incarnation **2** *fig* embodiment

**encarnado** *adj* **1** red; **ponerse ~** blush **2**: **uña -a** ingrowing nail

**encarnar** ⟨1a⟩ **I** *v/t* **1** *cualidad etc* em-body **2** TEA play **II** *v/i de herida* heal up; **encarnarse** *v/r* **1** REL become in-carnate **2** *de uña* become ingrown

**encarnizado** *adj* bitter, fierce

**encarnizar** ⟨1f⟩ *v/t* make cruel; **encar-nizarse** *v/r* show no mercy (**con** to)

**encarrilar** ⟨1a⟩ *v/t fig* direct, guide; **en-carrilarse** *v/r* get on the right track

**encasillar** ⟨1a⟩ *v/t* **1** class, classify **2** (*es-tereotipar*) pigeonhole

**encasquetar** ⟨1a⟩ *v/t* **1** *gorro etc* pull down **2**: **me lo encasquetó** F he landed me with it F

**encasquillarse** ⟨1a⟩ *v/r de arma* jam

**encausar** ⟨1a⟩ *v/t* prosecute

**encauzar** ⟨1f⟩ *v/t tb fig* channel

**encefálico** *adj* brain *atr*, encephalic *fml*

**encéfalo** *m* brain

**encefalopatía** *f:* **~ espongiforme bovi-na** bovine spongiform encephalopathy, BSE

**encendedor** *m* lighter

**encender** ⟨2g⟩ *v/t* **1** *fuego* light; *luz, tele-visión* switch on, turn on **2** *fig* inflame, arouse, stir up; **encenderse** *v/r* **1** *de luz, televisión* come on **2** *fig:* **se le en-cendió la cara** her face went bright red; **se le encendió la sangre** his blood boiled; **~ de rabia** be furious, be incandescent with rage *lit*

**encendido** 224

**encendido** I *adj* **1** *luz, televisión* (switched) on; *fuego* lit **2** *cara* red II *m* AUTO ignition

**encerado** *m* blackboard

**enceradora** *f* polishing machine, polisher

**encerar** ⟨1a⟩ *v/t* polish, wax

**encerrar** ⟨1k⟩ *v/t* **1** lock up, shut up **2** (*contener*) contain; **encerrarse** *v/r* shut o.s. up

**encerrona** *f tb fig* trap

**encestador** *m*, **~a** *f en baloncesto* scorer

**encestar** ⟨1a⟩ *v/t* & *v/i en baloncesto* score

**enceste** *m en baloncesto* basket

**encharcado** *adj* flooded, waterlogged

**encharcar** ⟨1g⟩ *v/t* flood, waterlog; **encharcarse** *v/r* get flooded, get waterlogged

**enchicharse** ⟨1a⟩ *v/r* **1** *L.Am.* (*emborracharse*) get drunk **2** *Rpl* (*enojarse*) get angry, get mad F

**enchilada** *f Méx* GASTR enchilada (*tortilla with a meat or cheese filling*)

**enchilarse** ⟨1a⟩ *v/r C.Am.* get angry

**enchiloso** *adj C.Am., Méx* hot

**enchironar** ⟨1a⟩ *v/t* P put inside F, *Br* bang up F

**enchufado** *m*: **es un ~** F he has connections, he has friends in high places

**enchufar** ⟨1a⟩ *v/t* EL plug in

**enchufe** *m* **1** EL *macho* plug; *hembra* socket **2**: **tener ~** *fig* F have pull F, have connections

**enchufismo** *m* string-pulling

**enchufista** *m/f* F person with friends in high places

**encía** *f* gum

**enciclopedia** *f* encyclopedia, *Br tb* encyclopaedia; **ser una ~ viviente** *fig* be a walking encyclopedia

**enciclopédico** *adj* encyclopedic, *Br tb* encyclopaedic

**encierro** *m* **1** *protesta* sit-in **2** *de toros* bull running

**encima** *adv* **1** on top; **~ de** on top of, on; **por ~ de** over, above; **por ~ de todo** above all; **estar por ~ de** be above; **echarse ~ de alguien** *fig* pounce on s.o.; **estar ~ de alguien** *fig*: *para que haga algo* keep on top of s.o.; *hacerle caso* be all over s.o.; **la noche se nos echó ~** night overtook us
**2**: **hacer algo muy por ~** do sth very

quickly; **leí el artículo por ~** I skimmed (through) the article
**3**: **no lo llevo ~** I haven't got it on me; **ponerse algo ~** put sth on
**4** (*cercano*): **el final del curso ya está ~** we're nearly at the end of the course already
**5** (*además*): **lo ayudo, y ~ se queja** I help him and then he goes and complains

**encimera** *f* **1** *sábana* top sheet **2** *Esp mostrador* worktop

**encina** *f* BOT holm oak

**encinar** *m* (holm) oak wood

**encinta** *adj* pregnant

**enclaustrarse** ⟨1a⟩ *v/r fig* shut o.s. away

**enclave** *m* enclave

**enclavijar** ⟨1a⟩ *v/t* peg

**enclenque** I *adj* sickly, weak II *m/f* weakling

**encofrado** *m* formwork, *Br* shuttering

**encofrar** ⟨1a⟩ *v/t* put formwork around, *Br* put shuttering around

**encoger** ⟨2c⟩ I *v/t* **1** shrink; *las piernas* tuck in **2** *fig* intimidate II *v/i de material* shrink; **encogerse** *v/r* **1** *de material* shrink; **~ de hombros** shrug (one's shoulders) **2** *fig*: *de persona* be intimidated, cower

**encogido** *adj fig* shy

**encogimiento** *m* **1** *de material* shrinkage; **~ de hombros** shrug **2** *de persona* shyness

**encolado** I *adj L.Am.* sticky II *m* gluing, sticking

**encolar** ⟨1a⟩ *v/t* glue, stick

**encolerizar** ⟨1f⟩ *v/t* anger, make angry; **encolerizarse** *v/r* get angry

**encomendar** ⟨1k⟩ *v/t* entrust (**a** to); **~ algo a alguien** entrust sth to s.o., entrust s.o. with sth; **encomendarse** *v/r* commend o.s. (**a** to)

**encomiable** *adj* commendable

**encomiar** ⟨1b⟩ *v/t* praise

**encomienda** *f L.Am.* **1** (*paquete*) parcel **2** HIST *grant of land and labor by colonial authorities after the Conquest*

**encomio** *m* praise

**enconado** *adj* fierce, heated

**enconar** ⟨1a⟩ *v/t lucha* intensify; *discusión* inflame; **enconarse** *v/r de discusión, persona* get heated; *de lucha* intensify encono *m* rancor, *Br* rancour

encontradizo *adj*: **hacerse el ~** engineer a meeting

encontrado *adj* opposing

encontrar ⟨1m⟩ *v/t* find; **encontrarse** *v/r* 1 (*reunirse*) meet; **~ con alguien** meet s.o., run into s.o. 2 (*estar*) be; **me encuentro bien** I'm fine, I feel fine

encontronazo *m* smash, crash

encopetado *adj* grand, *Br tb* posh F

encorajinarse ⟨1a⟩ *v/r* get angry

encorbatado *adj* wearing a tie

encorsetar ⟨1a⟩ *v/t* confine, restrict

encorvado *adj* *persona*, *espalda* stooped

encorvadura *f*, encorvamiento *m* curve, curvature

encorvar ⟨1a⟩ *v/t* 1 hunch 2 *estantería* (cause to) buckle

encrespado *adj* 1 *pelo* curly 2 *mar* rough, choppy 3 *debate*, *ambiente* heated; *ánimos* inflamed, aroused

encrespar ⟨1a⟩ *v/t* 1 *pelo* curl 2 *mar* make rough *o* choppy 3 *fig ánimos* arouse, inflame; **su intervención encrespó el debate / el ambiente** her intervention made the debate / the atmosphere even more heated; **encresparse** *v/r* 1 *del mar* turn choppy 2 *fig de ánimos* become aroused *o* inflamed; *del pelo* curl; *de debate*, *ambiente* become more heated

encriptado *m* INFOR encrypted

encriptar ⟨1a⟩ *v/t* encrypt

encrucijada *f* crossroads *sg*; *fig* dilemma; **estar en una ~** be in a dilemma; **al tomar una decisión** be at a crossroads

encuadernación *f* 1 binding; **~ en piel** leather binding; **~ en tela** cloth binding 2 *acto* bookbinding

encuadernador I *m*, **~a** *f* bookbinder II *f* binder, binding machine

encuadernar ⟨1a⟩ *v/t* bind

encuadrar ⟨1a⟩ *v/t* 1 *en marco* frame 2 *en grupo* include, place

encuadre *m* 1 framing 2 FOT setting, background

encuartelar ⟨1a⟩ *v/t L.Am.* billet

encubierto *part* ☞ **encubrir**

encubridor *m*, **~a** *f* accessory after the fact

encubrimiento *m de delincuente* harboring, *Br* harbouring; *de delito* concealment

encubrir ⟨3a; *part* **encubierto**⟩ *v/t delincuente* harbor, *Br* harbour; *delito* cover up, conceal

encuentro *m* 1 meeting, encounter; **salir o ir al ~ de alguien** meet s.o., greet s.o. 2 DEP game

encuerado *adj L.Am.* naked

encuerar ⟨1a⟩ *L.Am. v/t* undress; **encuerarse** *v/r* get undressed, undress

encuesta *f* 1 survey 2 (*sondeo*) (opinion) poll

◇ **encuesta demoscópica, encuesta de opinión** opinion poll

encuestado *m*, **-a** *f*: **el 75% de los ~s** 75% of those surveyed *o* polled

encuestador *m*, **~a** *f* pollster

encuestar ⟨1a⟩ *v/t* poll

encumbrado *adj* 1 *árbol*, *edificio* lofty, tall 2 *persona* distinguished, important

encumbramiento *m* elevation

encumbrar ⟨1a⟩ *v/t* 1 elevate, raise 2 (*alabar*) praise, extol; **encumbrarse** *v/r fig* rise to the top

encurtidos *mpl* pickles

ende *adv*: **por ~** therefore, consequently

endeble *adj* weak, feeble

endemia *f* MED endemic disease

endémico *adj* endemic

endemoniado *adj* 1 possessed 2 *fig* F terrible, awful

enderezar ⟨1f⟩ *v/t* straighten out; **enderezarse** *v/r* straighten up, stand up straight; *fig* straighten o.s. out, sort o.s out

ENDESA *f abr Esp* (= **Empresa Nacional de Electricidad, Sociedad Anónima**) Spanish power company

endeudado *adj* in debt

endeudamiento *m* indebtedness

endeudarse ⟨1a⟩ *v/r* get (o.s.) into debt

endiablado *adj fig* 1 (*malo*) terrible, awful 2 (*difícil*) tough

endibia *f* BOT endive

endilgar ⟨1h⟩ *v/t* 1: **me lo endilgó a mí** F he landed me with it F 2: **~ un sermón a alguien** F lecture s.o., give s.o. a lecture

endiñar ⟨1a⟩ *v/t* F: **~ algo a alguien** foist sth on s.o.

endiosamiento *m fig* arrogance

endiosar ⟨1a⟩ *v/t* deify; *fig* treat like a god; **endiosarse** *v/r* become arrogant

endocardio *m* ANAT endocardium

endocrino *adj* endocrine

**endocrinología** f endocrinology
**endomingado** adj in one's Sunday best
**endomingarse** ⟨1h⟩ v/r put on one's Sunday best
**endosable** adj COM endorsable
**endosante** m/f COM endorser
**endosar** ⟨1a⟩ v/t COM endorse; *me lo endosó a mí* F she landed me with it F
**endosatario** m, *-a* f COM endorsee
**endoscopia** f MED endoscopy
**endoscopio** m endoscope
**endoso** m COM endorsement
**endrina** f BOT sloe
**endrino** m BOT blackthorn
**endrogarse** ⟨1h⟩ v/r Méx, C.Am. get into debt
**endulzar** ⟨1f⟩ v/t **1** sweeten **2** (*suavizar*) soften
**endurecer** ⟨2d⟩ v/t harden; *fig* toughen up; **endurecerse** v/r harden, become harder; *fig* become harder, toughen up
**endurecimiento** m hardening; *fig* toughening up
**ene.** abr (= *enero*) Jan. (= January)
**enea** f BOT bulrush
**enebrina** f BOT juniper berry
**enebro** m BOT juniper
**eneldo** m BOT dill
**enema** m MED enema
**enemigo I** adj enemy atr **II** m, *-a* f enemy; *ser ~ de* fig be opposed to, be against
**enemistad** f enmity
**enemistarse** ⟨1a⟩ v/r fall out
**energético** adj **1** *crisis* energy atr **2** *alimento* energy-giving; *bebida* energy atr
**energía** f energy; *sin ~ golpe* weak, feeble; *persona* listless, lacking in energy; *hacer algo* listlessly; *con ~ hacer algo* energetically; *chutar* hard; *abrir la puerta con ~* fling open the door
◊ **energía alternativa** alternative (form of) energy; **energía eólica** wind power; **energía nuclear** nuclear power *o* energy; **energía renovable** renewable form of energy; **energía solar** solar power *o* energy; **energía térmica** thermal power *o* energy
**enérgico** adj energetic; *fig* forceful, strong
**energúmeno** m lunatic; *ponerse hecho un ~* go crazy F, blow a fuse F; *como un ~* fig like a madman, like one possessed

**enero** m January
**enervante** adj fml **1** (*debilitador*) debilitating, enervating fml **2** (*irritante*) irritating
**enervar** ⟨1a⟩ v/t fml **1** (*debilitar*) weaken, enervate fml **2** (*irritar*) irritate, get on the nerves of; **enervarse** v/r get irritated
**enésimo** adj nth; *por -a vez* for the umpteenth time
**enfadadizo** adj irritable
**enfadado** adj **1** annoyed (*con* with) **2** (*encolerizado*) angry (*con* with)
**enfadar** ⟨1a⟩ v/t **1** (*molestar*) annoy **2** (*encolerizar*) make angry, anger; **enfadarse** v/r **1** (*molestarse*) get annoyed (*con* with) **2** (*encolerizarse*) get angry (*con* with)
**enfado** m **1** (*molestia*) annoyance **2** (*cólera*) anger
**enfadoso** adj annoying
**enfangar** ⟨1h⟩ v/t get muddy, cover with mud; **enfangarse** v/r **1** get muddy **2**: ~ *en* fig get (o.s.) mixed up in
**énfasis** m emphasis; *poner ~ en* emphasize, stress
**enfático** adj emphatic
**enfatizar** ⟨1f⟩ v/t emphasize
**enfermar** ⟨1a⟩ **I** v/t drive crazy **II** v/i get sick, Br tb get ill; **enfermarse** v/r Rpl F have one's period
**enfermedad** f illness, disease
◊ **enfermedad infecciosa** infectious disease; **enfermedad mental** mental illness; **enfermedad profesional** occupational disease *o* illness; **enfermedad del sueño** sleep disorder; **enfermedad tropical** tropical disease *o* illness; **enfermedad de las vacas locas** mad cow disease
**enfermería** f **1** *sala* infirmary, sickbay **2** *carrera* nursing
**enfermero** m, *-a* f nurse
◊ **enfermero jefe** head nurse, Br senior nursing officer
**enfermizo** adj unhealthy
**enfermo I** adj sick, ill; *gravemente ~* seriously ill; *ponerse ~* get sick, Br fall ill **II** m, *-a* f sick person; *~ mental* mentally ill person
◊ **enfermo terminal** terminally ill patient, terminal patient
**enfermoso** adj L.Am. sickly, unhealthy
**enfervorizar** ⟨1f⟩ v/t rouse; **enfervori-**

**zarse** *v/r* go wild

**enfiestarse** ⟨1a⟩ *v/r L.Am.* party F, live it up F

**enfilar** ⟨1a⟩ *v/t* **1** *camino* take **2** *perlas* thread, string

**enfisema** *m* MED emphysema

◇ **enfisema pulmonar** pulmonary emphysema

**enflaquecer** ⟨2d⟩ **I** *v/t* cause to lose weight **II** *v/i* lose weight

**enflaquecimiento** *m* weight loss

**enfocar** ⟨1g⟩ *v/t* **1** *cámara* focus; *imagen* get in focus **2** *fig: asunto* look at, consider

**enfoque** *m fig* approach

**enfrentamiento** *m* clash, confrontation; **~ verbal** heated argument

**enfrentar** ⟨1a⟩ *v/t* confront, face up to; **enfrentarse** *v/r* **1** DEP meet **2:** **~ con alguien** confront s.o. **3:** **~ a algo** face (up to) sth

**enfrente** *adv* opposite; **~ del colegio** opposite the school, across (the street) from the school; **la casa de ~** the house opposite, the house across the way; **tiene a todos los miembros del comité ~** *fig* all the committee members are against him *o* oppose him

**enfriamiento** *m* **1** chill **2** *acto* chilling; *fig* cooling

**enfriar** ⟨1c⟩ *v/t vino* chill; *algo caliente* cool (down); *fig* cool; **enfriarse** *v/r* **1** *(perder calor)* cool down; *(perder demasiado calor)* get cold, go cold; *fig* cool, cool off **2** MED catch a cold, catch a chill

**enfundar** ⟨1a⟩ *v/t espada* sheathe; *paraguas* put the cover on; **enfundó su pistola** he put his pistol (back) in its holster

**enfurecer** ⟨2d⟩ *v/t* infuriate, make furious; **enfurecerse** *v/r* get furious, get into a rage

**enfurecido** *adj* furious, enraged

**enfurruñado** *adj* F sulky

**enfurruñarse** ⟨1a⟩ *v/r* F go into a huff F

**engalanar** ⟨1a⟩ *v/t* decorate, deck; **engalanarse** *v/r* dress (o.s.) up

**enganchar** ⟨1a⟩ *v/t* **1** hook **2** *caballo* harness **3** F *novia, trabajo* land F; **engancharse** *v/r* **1** get caught (**en** on) **2** MIL sign up, enlist **3:** **~ a la droga** F get hooked on drugs F

**enganche** *m* **1** hooking (up) **2** *de caba-*

*llo* harnessing **3** *mecanismo* catch **4** FERR coupling

**engañabobos** *m inv* F **1** *persona* swindler, conman F **2** *cosa* swindle, con F

**engañadizo** *adj* gullible

**engañar** ⟨1a⟩ *v/t* **1** deceive, cheat; **~ el hambre** take the edge off one's appetite; **te han engañado** you've been had F **2** *(ser infiel a)* cheat on, be unfaithful to; **engañarse** *v/r* **1** *(mentirse)* deceive o.s., kid o.s. F **2** *(equivocarse)* be wrong

**engañifa** *f* F swindle, con F

**engaño** *m* **1** *(mentira)* deception, deceit **2** *(ardid)* trick; **llamarse a ~** claim to have been cheated

**engañoso** *adj persona, palabras* deceitful; *apariencias* deceptive

**engarce** *m* **1** setting, mount **2** *acción* setting, mounting

**engarzar** ⟨1f⟩ *v/t joya* set, mount

**engastar** ⟨1a⟩ *v/t joya* set, mount

**engaste** *m* **1** setting, mount **2** *acción* setting, mounting

**engatusar** ⟨1a⟩ *v/t* F sweet-talk F

**engendrar** ⟨1a⟩ *v/t* father; *fig* breed, engender

**engendro** *m* **1** *(persona fea)* freak, monster **2** *fig* eyesore; **esa estatua es un ~** that statue is a monstrosity

**englobado** *m L.Am. en béisbol* fly ball

**englobar** ⟨1a⟩ *v/t* include, embrace *fml*

**engolado** *adj* pompous

**engomar** ⟨1a⟩ *v/t* glue, put glue on

**engordar** ⟨1a⟩ **I** *v/t* put on, gain **II** *v/i* **1** *de persona* put on weight, gain weight **2** *de comida* be fattening

**engorde** *m* fattening (up); **ganado de ~** feeder cattle

**engorrar** ⟨1a⟩ *v/t Méx, Carib* annoy

**engorro** *m* F nuisance, hassle F

**engorroso** *adj* tricky

**engrampadora** *f Rpl* stapler

**engrampar** ⟨1a⟩ *v/t Rpl* staple

**engranaje** *m* TÉC gears *pl*; *fig* machinery

**engranar** ⟨1a⟩ *v/i* mesh, engage

**engrandecer** ⟨2d⟩ *v/t* **1** enlarge **2** *(ensalzar)* praise, extol; **engrandecerse** *v/r* grow in stature

**engrandecimiento** *m* **1** enlargement **2** *(ensalzamiento)* praise

**engrapadora** *f L.Am.* stapler

**engrapar** ⟨1a⟩ *v/t L.Am.* staple

**engrasar** ⟨1a⟩ *v/t* **1** grease, lubricate **2** *manchar* get grease on, make greasy; **engrasarse** *v/r* get greasy

**engrase** *m* greasing, lubrication

**engreído** *adj* conceited

**engreimento** *m* conceit

**engreírse** ⟨3m⟩ *v/r* become conceited

**engripado** *adj Rpl*: **estar ~** have the flu

**engriparse** ⟨1a⟩ *v/r Rpl* get the flu

**engrosar** ⟨1m⟩ **I** *v/t* swell, increase **II** *v/i* put on weight, gain weight

**engrudo** *m* (flour and water) paste

**engullir** ⟨3h⟩ *v/t* bolt (down)

**enharinar** ⟨1a⟩ *v/t* dip in flour, flour

**enhebrar** ⟨1a⟩ *v/t* thread, string

**enhiesto** *adj lit* **1** *persona* erect, upright **2** *torre, árbol* lofty

**enhorabuena** *f* congratulations *pl*; **dar la ~ a** congratulate (**por** on); **estar de ~** have good reason to celebrate

**enigma** *m* enigma

**enigmático** *adj* enigmatic

**enjabonar** ⟨1a⟩ *v/t* soap

**enjaezar** ⟨1f⟩ *v/t caballo* harness

**enjambre** *m tb fig* swarm

**enjaulado** *adj* caged; *fig* jailed, locked up

**enjaular** ⟨1a⟩ *v/t* cage, put in a cage; *fig* jail, lock up

**enjoyado** *adj* bejeweled, *Br* bejewelled

**enjuagar** ⟨1h⟩ *v/t* rinse; **enjuagarse** *v/r* rinse the soap off

**enjuague** *m* **1** *acto* rinsing **2** *líquido* mouthwash

**enjugar** ⟨1h⟩ *v/t* **1** *deuda etc* wipe out **2** *líquido* mop up; *lágrimas* wipe away

**enjuiciamiento** *m* **1** indictment; **ley de ~ civil / criminal** code of civil / criminal procedure **2** *fig* judg(e)ment

**enjuiciar** ⟨1b⟩ *v/t* **1** JUR institute proceedings against **2** *fig* judge

**enjundia** *f fig* substance

**enjuto** *adj* lean, thin

**enlace** *m* link, connection

◇ **enlace ferroviario** rail link

◇ **enlace matrimonial** marriage

**enlatar** ⟨1a⟩ *v/t* can, *Br tb* tin; **música enlatada** canned *o* piped music, Muzak®

**enlazar** ⟨1f⟩ **I** *v/t* **1** link (up), connect **2** *L.Am. con cuerda* rope, lasso **II** *v/i de carretera* link up (**con** with); AVIA, FERR connect (**con** with); **enlazarse** *v/r* link up (**con** with)

**enlentecer** ⟨2d⟩ *v/t* slow down; **enlentecerse** *v/r* slow down

**enlodar** ⟨1a⟩ *v/t*, **enlodazar** ⟨1f⟩ *v/t* cover in mud

**enloquecer** ⟨2d⟩ **I** *v/t* drive crazy *o* mad **II** *v/i* go crazy *o* mad; **me enloquece el chocolate** I'm mad about chocolate

**enloquecimiento** *m* madness

**enlosado** *m* flagstones *pl*

**enlosar** ⟨1a⟩ *v/t* pave (*with flagstones*)

**enlozado** *adj L.Am.* enameled, *Br* enamelled

**enlucido** *m* plaster

**enlucir** ⟨3f⟩ *v/t* plaster

**enlutado** *adj* (dressed) in mourning

**enlutar** ⟨1a⟩ *v/t* plunge into mourning; **enlutarse** *v/r* go into mourning

**enmadrado** *adj*: **niño ~** Mama's boy, *Br* Mummy's boy

**enmadrarse** ⟨1a⟩ *v/r* be tied to one's mother's apron strings

**enmarañar** ⟨1a⟩ *v/t* **1** *pelo* tangle **2** *asunto* complicate, muddle; **enmarañarse** *v/r* **1** *de pelo* get tangled **2**: **~ en algo** get entangled *o* embroiled in sth

**enmarcación** *f* framing

**enmarcar** ⟨1g⟩ *v/t* frame; **enmarcarse** *v/r*: **~ en algo** *o* **dentro de algo** *fig* be in line with sth, be in keeping with sth

**enmascaramiento** *m* **de la verdad** concealment

**enmascarar** ⟨1a⟩ *v/t* hide, disguise

**enmendar** ⟨1k⟩ *v/t* **1** *asunto* rectify, put right **2** JUR, POL amend **3**: **~le la plana a alguien** find fault with what s.o. has done; **enmendarse** *v/r* mend one's ways

**enmicado** *m L.Am.* laminating

**enmicar** ⟨1g⟩ *v/t L.Am.* laminate

**enmienda** *f* POL amendment

**enmohecer** ⟨2d⟩ *v/t*: **~ algo** turn sth moldy *o Br* mouldy; *metal* rust sth; **enmohecerse** *v/r* go moldy *o Br* mouldy; *de metal* rust

**enmoquetado** *adj* carpeted, with wall-to-wall carpeting

**enmoquetar** ⟨1a⟩ *v/t* carpet

**enmudecer** ⟨2d⟩ **I** *v/t* silence **II** *v/i* fall silent

**ennegrecer** ⟨2d⟩ *v/t* blacken; **ennegrecerse** *v/r* turn black, go black

**ennoblecer** ⟨2d⟩ *v/t* ennoble

**enojadizo** *adj* irritable

**enojado** *adj L.Am.* angry

**enojar** ⟨1a⟩ *v/t* **1** (*molestar*) annoy **2** *L.Am.* (*encolerizar*) make angry; **enojarse** *v/r L.Am.* **1** (*molestarse*) get annoyed **2** (*encolerizarse*) get angry

**enojo** *m L.Am.* anger; **con ~** angrily

**enojón** *adj L.Am.* irritable, touchy

**enojoso** *adj* **1** (*delicado*) awkward **2** (*aburrido*) tedious, tiresome

**enología** *f* enology, *Br tb* oenology

**enorgullecer** ⟨2d⟩ *v/t* make proud, fill with pride; **enorgullecerse** *v/r* be proud (*de* of)

**enorme** *adj* enormous, huge

**enormidad** *f* **1** (*barbaridad*) enormity **2** *cantidad* enormous *o* huge amount **3**: *eso que dijo es una ~* what an appalling thing for him to say

**enquistarse** ⟨1a⟩ *v/r* **1** MED form a cyst **2** *fig: de economía* stagnate

**enraizado** *adj fig* deep-rooted

**enraizar** ⟨1f⟩ *v/i* take root

**enrarecer** ⟨2d⟩ *v/t* **1** *aire* rarefy **2** *relaciones* strain; **enrarecerse** *v/r* **1** *de aire* become rarefied **2** *de relaciones* become strained

**enrarecido** *adj* **1** *aire* rarefied **2** *relaciones* strained

**enredadera** *f* BOT creeper, climbing plant

**enredador** *m*, **~a** *f* troublemaker

**enredar** ⟨1a⟩ **I** *v/t* **1** tangle, get tangled **2** *fig* complicate, make complicated **II** *v/i* make trouble; **enredarse** *v/r* **1** get tangled **2** *fig* get complicated **3**: **~ en algo** get mixed up *o* involved in sth; **~ con alguien** get involved with s.o.

**enredo** *m* **1** tangle **2** (*confusión*) mess, confusion **3** (*intriga*) intrigue **4** *amoroso* affair

**enrejar** ⟨1a⟩ *v/t ventana* put bars on

**enrevesado** *adj* complicated, involved

**enriquecer** ⟨2d⟩ *v/t* make rich; *fig* enrich; **enriquecerse** *v/r* get rich; *fig* be enriched

**enriquecimiento** *m* enrichment

**enrocar** ⟨1g⟩ *v/t & v/i en ajedrez* castle; **enrocarse** *v/r* castle

**enrojecer** ⟨2d⟩ **I** *v/t* turn red **II** *v/i* blush, go red; **enrojecerse** *v/r de persona* blush, go red; *de cosa* turn red

**enrolar** ⟨1a⟩ *v/t* MIL enlist; **enrolarse** *v/r*: **~ en** *partido* join; *el ejército, la marina* enlist in, join

**enrollar** ⟨1a⟩ *v/t* **1** roll up; *cable* coil; *hilo* wind **2**: *me enrolla* F I like it, I think it's great F; **enrollarse** *v/r* F **1** *hablar* go on and on F; *¡no te enrolles!* get to the point! **2**: *se enrolló mucho con nosotros* (*se portó bien*) he was great to us F **3**: **~ con alguien** *fig* F neck with s.o.

**enronquecer** ⟨2d⟩ **I** *v/t* make hoarse **II** *v/i* go hoarse

**enroque** *m en ajedrez* castling

**enroscar** ⟨1g⟩ *v/t* **1** *tornillo* screw in **2** *cable, cuerda* coil; **enroscarse** *v/r* coil up

**enrostrar** ⟨1a⟩ *v/t L.Am.* **~ algo a alguien** reproach s.o. for sth

**ensaimada** *f* GASTR *pastry in the form of a spiral*

**ensalada** *f* GASTR salad

**ensaladera** *f* salad bowl

**ensaladilla** *f*: **~ rusa** GASTR Russian salad

**ensalmo** *m*: *como por ~* as if by magic

**ensalzamiento** *m* extolling, praising

**ensalzar** ⟨1f⟩ *v/t* extol, praise

**ensamblador** *m* INFOR assembler

**ensambladura** *f*, **ensamblaje** *m* TÉC assembly

**ensamblar** ⟨1a⟩ *v/t* assemble

**ensanchamiento** *m de calle, avenida* broadening; *de falda, pantalón* letting out

**ensanchar** ⟨1a⟩ *v/t* widen; *prenda* let out; **ensancharse** *v/r* widen, get wider; *de prenda* stretch

**ensanche** *m* **1** *de carretera* widening **2** *de ciudad* new suburb

**ensangrentado** *adj* bloodstained

**ensangrentar** ⟨1k⟩ *v/t* stain with blood, cover with blood

**ensañamiento** *m* mercilessness, cruelty

**ensañarse** ⟨1a⟩ *v/r* show no mercy (**con** to)

**ensartar** ⟨1a⟩ *v/t* **1** *en hilo* string **2** *aguja* thread **3** *con espada* run through **4** *L.Am.* (*engañar*) trick, trap; **ensartarse** *v/r L.Am. en discusión* get involved, get caught up

**ensayar** ⟨1a⟩ *v/t* **1** test, try (out) **2** TEA rehearse

**ensayista** *m/f* essayist

**ensayo** *m* **1** test **2** TEA rehearsal **3** *escri-*

*to* essay

◇ **ensayo general** TEA dress rehearsal
**enseguida** *adv* immediately, right away
**ensenada** *f* inlet, cove
**enseña** *f* emblem
**enseñanza** *f* **1** teaching; *dedicarse a la ~* take up teaching, become a teacher **2**: *sacar una ~ de algo* learn a lesson from sth
◇ **enseñanza a distancia** distance learning; **enseñanza media** secondary education; **enseñanza primaria** elementary education, *Br* primary education; **enseñanza secundaria** secondary education; **enseñanza superior** higher education; **enseñanza universitaria** university education
**enseñar** ⟨1a⟩ *v/t* **1** (*dar clases*) teach; *~ a leer a alguien* teach s.o. to read **2** (*mostrar*) show
**enseñorearse** ⟨1a⟩ *v/r*: *~ de algo* take possession of sth
**enseres** *mpl de persona* tools and equipment; *de casa* fixtures and fittings; *de oficina* furniture and equipment *sg*
**ensillar** ⟨1a⟩ *v/t* saddle
**ensimismado** *adj* deep in thought
**ensimismarse** ⟨1a⟩ *v/r* **1** become lost in thought **2** *L.Am.* get conceited *o* big-headed F
**ensombrecer** ⟨2d⟩ *v/t* cast a shadow over
**ensoñar** ⟨1a⟩ *v/i* dream
**ensordecedor** *adj* deafening
**ensordecer** ⟨2d⟩ **I** *v/t* deafen **II** *v/i* go deaf
**ensortijado** *adj* in ringlets
**ensortijar** ⟨1a⟩ *v/t* curl; **ensortijarse** *v/r* form ringlets
**ensuciar** ⟨1b⟩ *v/t* (get) dirty; *fig* sully, tarnish; **ensuciarse** *v/r* get dirty; *fig* get one's hands dirty
**ensueño** *m*: *de ~ fig* fairy-tale *atr*, dream *atr*
**entablado** *m* floorboards *pl*
**entablar** ⟨1a⟩ **I** *v/t* strike up, start **II** *v/i* DEP tie, *Br* draw
**entablillar** ⟨1a⟩ *v/t* splint, put in a splint
**entallado** *adj* tailored, fitted
**entallar** ⟨1a⟩ *v/t* tailor
**entarimado** *m* **1** (*suelo*) floorboards *pl* **2** (*plataforma*) stage, platform
**entarimar** ⟨1a⟩ *v/t* put floorboards on,
floor

**ente** *m* **1** (*ser*) being, entity **2** F (*persona rara*) oddball F **3** (*organización*) body
**entejar** ⟨1a⟩ *v/t L.Am.* tile
**entendederas** *fpl*: *tener malas ~* F be dumb F, be thick F
**entender** ⟨2g⟩ **I** *v/t* **1** understand; *~ mal algo* misunderstand sth; *hacerse ~* make o.s. understood; *ya me entiendes* do you catch my drift?, do you know what I mean?; *dar a ~ a alguien* give s.o. to understand **2** (*creer*): *entendemos que sería mejor ...* we believe it would be better ...
**II** *v/i* **1** understand; *si entiendo bien* if I understand correctly **2**: *~ de algo* know about sth **3**: *~ en* JUR hear
**III** *m*: *a mi ~* in my opinion, to my mind
**entenderse** *v/r* **1** communicate; *a ver si nos entendemos* let's get this straight; *para entendernos, para que me entiendas* not to put too fine a point on it **2**: *yo me entiendo* I know what I'm doing **3**: *~ con alguien* get along with s.o., get on with s.o.
**entendido I** *adj* understood; *¿~?* do you understand?, understood?; *tengo ~ que* I gather *o* understand that **II** *m*, *-a f* expert, authority (*en* on)
**entendimiento** *m* **1** understanding **2** (*inteligencia*) mind
**enterado** *adj* **1** knowledgeable, well-informed; *estar ~ de* know about, have heard about **2**: *darse por ~* get the message, take the hint
**enteramente** *adv* entirely, wholly
**enterar** ⟨1a⟩ *v/t* **1** inform, notify (*de* of) **2** *Méx* (*pagar*) pay; **enterarse** *v/r* I find out, hear (*de* about) **2**: *¡para que te enteres!* F so there! F; *¡se va a enterar!* F he's in for it! F
**entereza** *f* fortitude
**entérico** *adj* enteric
**enteritis** *f* MED enteritis
**enterito** *m Rpl* coveralls *pl*, *Br* overalls *pl*
**enternecer** ⟨2d⟩ *v/t* move, touch; **enternecerse** *v/r* be moved, be touched
**entero I** *adj* **1** (*completo*) whole, entire; *por ~* completely, entirely; *10 años / días ~s* 10 whole years / days **2** (*no roto*) intact, undamaged **II** *m* **1** (*punto*) point **2** *Rpl* (*mono*) coveralls *pl*, *Br* overalls *pl*

**enteropostal** *m* aerogram, *Br tb* aerogramme

**enterrador** *m*, **~a** *f* gravedigger

**enterramiento** *m* burial

**enterrar** ⟨1k⟩ *v/t* bury; **~ a todos** *fig* outlive everybody; **enterrarse** *v/r:* **~ en vida** *fig* turn one's back on everything, drop out F

**entibiar** ⟨1b⟩ *v/t tb fig* cool down; **entibiarse** *v/r tb fig* cool down

**entidad** *f* entity, body
◇ **entidad bancaria** bank, banking institution

**entierro** *m* **1** burial **2** (*funeral*) funeral

**entlo.** *abr* (= **entresuelo**) mezzanine

**entoldado** *m de tienda* awning; *para fiesta* tent, *Br* marquee

**entoldar** ⟨1a⟩ *v/t* cover with an awning

**entomología** *f* entomology

**entomólogo** *m*, **-a** *f* entomologist

**entonación** *f* intonation

**entonado** *adj* in tune

**entonar** ⟨1a⟩ **I** *v/t* **1** intone, sing **2** *fig* F perk up **II** *v/i* sing in tune; **entonarse** *v/r con bebida* get tipsy

**entonces** *adv* then; **desde ~** since, since then; **por ~, en aquel ~** in those days, at that time; **hasta ~** until then; **¡pues ~ ...!** then ...!; **¿y ~ qué?** and then what?; *expresando irritación* so?, so what!

**entontecer** ⟨2d⟩ *v/t:* **la televisión entontece a los niños** television addles kids' brains, TV dumbs kids down; **entontecerse** *v/r* get stupid

**entorchado** *m* **1** MÚS string **2** MIL braid

**entornar** ⟨1a⟩ *v/t puerta* leave ajar; *ojos* half close

**entorno** *m tb* INFOR environment

**entorpecer** ⟨2d⟩ *v/t* **1** hold up, hinder; *paso* obstruct **2** *entendimiento* dull; **entorpecerse** *v/r* slow down

**entrada** *f* **1** *acción* entry; **se prohíbe la ~** no entry; **hacer su ~** make one's entrance
**2** *lugar* entrance; **~ a la autopista** on ramp, *Br* slip road
**3** *localidad* ticket
**4** *pago* deposit, downpayment
**5** (*comienzo*): **~ del año** start *o* beginning of the year; **de ~** from the outset, from the start
**6** *de comida* starter
**7**: **~s** *pl en frente* receding hairline *sg*
**8** *Cu, Méx en béisbol* inning

**9** *en fútbol* tackle; **hacer una ~ a alguien** tackle s.o., make a tackle on s.o.
◇ **entrada de artistas** TEA stage door; **entrada en escena** entrance, appearance on stage; **entrada libre** free admission; **entrada en plancha** *en fútbol* sliding tackle; **entrada en vigor** coming into effect

**entramado** *m* ARQUI framework; *fig* network

**entrampar** ⟨1a⟩ *v/t* **1** burden with debts **2** *animal* trap; **entramparse** *v/r* get into debt

**entrante I** *adj semana, mes* next, coming **II** *m* GASTR starter

**entrañable** *adj amistad* close, deep; *amigo* close, dear; *recuerdo* fond

**entrañar** ⟨1a⟩ *v/t* entail, involve

**entrañas** *fpl* entrails; **no tener ~** be cruel *o* hard-hearted

**entrar** ⟨1a⟩ **I** *v/i* **1** *para indicar acercamiento* come in, enter; **¡entre!** come in!; **yo en eso no entro ni salgo** that has nothing to do with me, I have nothing to do with that
**2** *para indicar alejamiento* go in, enter
**3** *caber* fit; **el pantalón no me entra** these pants don't fit me; **la llave no entra** the key doesn't fit; **no me entra en la cabeza** I can't understand it
**4**: **¿cuántos plátanos entran en un kilo?** how many bananas are there in a kilo?
**5**: **me entró frío / sueño** I got cold / sleepy, I began to feel cold / sleepy; **me entró miedo** I got scared, I began to feel scared
**6**: **~ en** go into; **~ en los 40 años** turn 40
**7** (*gustar*): **este tipo no me entra** I don't like the look of the guy, I don't like the guy's face
**8** (*empezar*): **~ (a trabajar) a las ocho** start (work) at eight o'clock
**II** *v/t* **1** *para indicar acercamiento* bring in **2** *para indicar alejamiento* take in **3** INFOR enter **4** *en fútbol* tackle

**entre** *prp* **1** *dos cosas, personas* between; **~ las dos y las tres** between two and three
**2** *más de dos* among(st), between; **~ nosotros** among *o* between us; **repartir algo ~ tres** split sth three ways
**3** *expresando cooperación* between; **lo pagamos ~ todos** we paid for it among

*o* between us; **lo hicieron ~ tres** they did it between the three of them; **la relación ~ ellos** the relationship between them; **te cuento ~ mis amigos** I regard you as a friend
**4** MAT: **ocho ~ cuatro son dos** eight divided by four is two, four into eight is two

**entreabierto I** *part* ☞ **entreabrir II** *adj* half-open; *puerta* ajar

**entreabrir** ⟨3a; *part* **entreabierto**⟩ *v/t* half-open

**entreacto** *m* TEA interval

**entrecano** *adj pelo* graying, *Br* greying

**entrecejo** *m*: **fruncir el ~** frown

**entrecerrar** ⟨1a⟩ *v/t ojos* narrow; *puerta* leave ajar

**entrechocar** ⟨1g⟩ *v/t espadas* clash; *vasos* clink

**entrecomillar** ⟨1a⟩ *v/t* put in quotation marks

**entrecortado** *adj respiración* difficult, labored; *habla* halting; **con la voz -a por lágrimas** in a voice choked with tears

**entrecortarse** ⟨1a⟩ *v/r*: **su voz se entrecortaba** his voice faltered, he spoke falteringly

**entrecot** *m* GASTR entrecote

**entrecubierta** *f* MAR between-decks

**entredicho** *m*: **poner en ~** call into question, question; **estar en ~** be in question *o* doubt

**entredós** *m* decorative trim

**entrega** *f* **1** handing over; **~ de premios** prize-giving, presentation; **hacer ~ de algo a alguien** present s.o. with sth **2** *de mercancías* delivery; **~ a domicilio** (home) delivery **3** (*dedicación*) dedication, devotion

◇ **entrega de equipajes** baggage reclaim

◇ **entrega contra reembolso** collect on delivery, *Br* cash on delivery, COD

**entregar** ⟨1h⟩ *v/t* **1** give, hand over **2** *trabajo*, *deberes* hand in **3** *mercancías* deliver **4** *premio* present; **entregarse** *v/r* **1** give o.s. up **2**: **~ a** *fig* devote o.s. to, dedicate o.s. to

**entrelazar** ⟨1f⟩ *v/t* interweave, intertwine; **entrelazarse** *v/r* interweave, intertwine; **sus manos se entrelazaron** their fingers intertwined

**entremedias** *adv* **1** (*en medio*) in between **2** (*entretanto*) meanwhile, in the meantime

**entremeses** *mpl* GASTR appetizers, hors d'oeuvres

**entremeter** ⟨2a⟩ *v/t* insert; **entremeterse** *v/r* ☞ **entrometerse**

**entremetido** ☞ **entrometido**

**entremezclar** ⟨1a⟩ *v/t* intermingle, mix; **entremezclarse** *v/r* intermingle, mix

**entrenador** *m*, **~a** *f* coach

**entrenamiento** *m* coaching

**entrenar** ⟨1a⟩ *v/t* train, coach; **entrenarse** *v/r* train

**entreoír** ⟨3q⟩ *v/t* half-hear

**entrepaño** *m* **1** shelf **2** ARQUI pier

**entrepierna** *f* **1** ANAT crotch **2** *medida* inside leg

**entresacar** ⟨1g⟩ *v/t* extract, select

**entresijos** *mpl fig* details, complexities; **tener muchos ~** be extremely complex

**entresuelo** *m* **1** mezzanine **2** TEA dress circle

**entretanto** *adv* meanwhile, in the meantime

**entretecho** *m Arg, Chi* attic

**entretejer** ⟨2a⟩ *v/t* interweave

**entretener** ⟨2l⟩ **I** *v/t* **1** (*divertir*) entertain, amuse **2** (*retrasar*) keep, detain **3** (*distraer*) distract **II** *v/i* be entertaining; **entretenerse** *v/r* **1** (*divertirse*) amuse o.s. (**en hacer algo** doing sth; **con algo** with sth) **2** (*distraerse*) keep o.s. busy (**en** with sth) **3** (*retrasarse*) linger (**en** over)

**entretenido** *adj* **1** (*divertido*) entertaining, enjoyable **2**: **estar ~** ocupado be busy

**entretenimiento** *m* entertainment, amusement

**entretiempo** *m* **1**: **de ~** *ropa* mid-season **2** *CSur* DEP half-time

**entrever** ⟨2v; *part* **entrevisto**⟩ *v/t* make out, see

**entreverar** ⟨1a⟩ *v/t* intersperse

**entrevero** *m* **1** *S.Am.* (*lío*) mix-up, mess **2** *Chi* (*discusión*) argument

**entrevía** *f* gage, *Br* gauge

**entrevista** *f* interview

◇ **entrevista de trabajo** job interview

**entrevistador** *m*, **~a** *f* interviewer

**entrevistar** ⟨1a⟩ *v/t* interview; **entrevistarse** *v/r*: **~ con alguien** meet (with) s.o.

**entrevisto** *part* ☞ **entrever**

**entristecer** ⟨2d⟩ *v/t* sadden; **entriste-**

cerse v/r grow sad

**entrometerse** ⟨2a; *part* **entrometido**⟩ v/r meddle (**en** in)

**entrometido I** *part* ☞ **entrometerse II** *adj* meddling *atr*, interfering **III** *m* meddler, busybody

**entromparse** ⟨1a⟩ v/r F get sloshed F, tie one on F

**entroncar** ⟨1g⟩ v/t establish a relationship between

**entronización** *f* enthronement

**entronizar** ⟨1f⟩ v/t **1** enthrone **2** *fig* install

**entronque** *m* **1** (*parentesco*) relationship **2** FERR junction

**entubar** ⟨1a⟩ v/t MED intubate

**entuerto** *m* F wrong, injustice; **deshacer un ~** right a wrong

**entumecer** ⟨2d⟩ v/t numb; **entumecerse** v/r go numb, get stiff

**entumecido** *adj* numb

**entumecimiento** *m* numbness

**enturbiar** ⟨1b⟩ v/t *tb fig* cloud

**entusiasmado** *adj* excited, delirious

**entusiasmar** ⟨1a⟩ v/t excite, make enthusiastic; **entusiasmarse** v/r get excited, get enthusiastic (**con** about)

**entusiasmo** *m* enthusiasm

**entusiasta I** *adj* enthusiastic **II** *m/f* enthusiast

**entusiástico** *adj* enthusiastic

**enumeración** *f* list, enumeration

**enumerar** ⟨1a⟩ v/t list, enumerate

**enunciación** *f*, **enunciado** *m* **1** GRAM statement **2** MAT formulation

**enunciar** ⟨1b⟩ v/t state

**enuresis** *f* MED enuresis

**envainar** ⟨1a⟩ v/t *espada* sheathe

**envalentonar** ⟨1a⟩ v/t make bolder *o* more daring; **envalentonarse** v/r **1** become bolder *o* more daring **2** (*insolentarse*) become defiant

**envanecer** ⟨2d⟩ v/t make conceited *o* vain; **envanecerse** v/r become conceited *o* vain

**envanecimiento** *m* conceit, vanity

**envarado** *adj* haughty

**envararse** ⟨1a⟩ v/r stiffen

**envasador I** *m*, **~a** *f* packer **II** *f*: **~a de latas / conservas** canning company, cannery

**envasar** ⟨1a⟩ v/t *en botella* bottle; *en lata* can; *en paquete* pack

**envase** *m* **1** container; **~ de cartón** carton; **~ ahorro** economy pack **2** *botella* (empty) bottle; **~ no retornable** nonreturnable bottle; **~ retornable** returnable bottle **3** *lata* can, *Br tb* tin **4** *caja* box

**envejecer** ⟨2d⟩ **I** v/t age, make look older **II** v/i age, grow old; **envejecerse** v/r age, grow old

**envejecido** *adj* old-looking; (*viejo*) aged

**envejecimiento** *m* ag(e)ing

**envenenamiento** *m* poisoning

**envenenar** ⟨1a⟩ v/t *tb fig* poison

**envergadura** *f* AVIA wingspan; MAR breadth; *fig* magnitude, importance; **de gran** *o* **mucha ~** *fig* of great importance

**envés** *m* *de hoja* underside; *de tela* wrong side

**enviado** *m*, **-a** *f* **1** POL envoy **2** *de periódico* reporter, correspondent

◇ **enviado especial 1** POL special envoy **2** *de periódico* special correspondent

**enviar** ⟨1c⟩ v/t send

**enviciar** ⟨1b⟩ v/t: **~ a alguien con la droga** get s.o. addicted to drugs; **enviciarse** v/r get addicted (**con** to), get hooked (**con** on)

**envidia** *f* envy, jealousy; **me da ~** I'm envious *o* jealous; **tener ~ a alguien de algo** envy s.o. sth

**envidiable** *adj* enviable

**envidiar** ⟨1b⟩ v/t envy; **~ a alguien por algo** envy s.o. sth; **no tiene nada que ~le** you have no reason to be envious of her; **los Rioja no tienen nada que ~les** Riojas can easily stand comparison with them

**envidioso** *adj* envious, jealous

**envilecer** ⟨2d⟩ v/t degrade, debase; **envilecerse** v/r degrade o.s., debase o.s.

**envilecimiento** *m* degradation, debasement

**envío** *m* shipment; *mercancías* shipment, consignment; **gastos de ~** shipping charges; **~ rehusado** delivery not accepted

◇ **envío contra reembolso** collect on delivery, *Br* cash on delivery, COD

**envite** *m* **1** *en naipes* stake **2**: **al primer ~** right from the start

**enviudar** ⟨1a⟩ v/i be widowed

**envoltorio** *m* wrapper

**envoltura** f cover, covering; *de regalo* wrapping; *de caramelo* wrapper

**envolvente** *adj* pervasive

**envolver** ⟨2h; *part* **envuelto**⟩ *v/t* **1** wrap (up) **2** (*rodear*) surround, envelop **3** (*involucrar*) involve; ~ *a alguien en algo* involve s.o. in sth; **envolverse** *v/r* **1** wrap o.s. up **2**: ~ *en fig* become involved in

**envuelto** *part* ☞ **envolver**

**enyesado** m plastering

**enyesar** ⟨1a⟩ *v/t* **1** *pared* plaster **2** MED put in plaster

**enzarzarse** ⟨1f⟩ *v/r* get involved (*en* in)

**enzima** f o m BIO enzyme

**eñe** f letter 'ñ'

**eoceno** m GEOL Eocene

**eólico** *adj* wind *atr*

**EPA** f *abr* (= **Encuesta de Población Activa**) labor o Br labour force survey, manpower report

**E.P.D.** *abr* (= **en paz descanse**) RIP (= requiescat in pace, rest in peace)

**épica** f epic poetry

**épico** *adj* epic

**epicúreo** **I** *adj* epicurean **II** m, -a f epicure

**epidemia** f epidemic

**epidémico** *adj* epidemic

**epidermis** f epidermis

**epidural** f/adj MED epidural

**Epifanía** f Epiphany

**epiglotis** f *inv* ANAT epiglottis

**epígrafe** m epigraph

**epigrama** m epigram

**epilepsia** f MED epilepsy

**epiléptico** **I** *adj* epileptic **II** m, -a f epileptic

**epílogo** m epilogue

**episcopado** m **1** *cargo* bishopric, episcopate **2** (*tiempo conjunto de obispos*) episcopate

**episcopal** *adj* episcopal; **sede** ~ bishopric

**episódico** *adj* episodic

**episodio** m episode

**epístola** f epistle

**epistolar** *adj* epistolary

**epistolario** m collected letters *pl*

**epitafio** m epitaph

**epitelio** m ANAT epithelium

**epíteto** m epithet

**época** f **1** time, period; **en aquella** ~ at that time; **hacer** ~ be epoch-making **2** *parte del año* time of year **3** GEOL epoch

**epopeya** f epic, epic poem

**equidad** f fairness

**equidistante** *adj* equidistant

**equidistar** ⟨1a⟩ *v/i*: ~ **de** be equidistant from

**equilátero** *adj* MAT equilateral

**equilibrado** *adj* well-balanced

**equilibrar** ⟨1a⟩ *v/t* balance; **equilibrarse** *v/r* *de balanza, barco* be balanced; *de efecto* be balanced out

**equilibrio** m **1** balance; **falta de** ~ imbalance; **mantener / perder el** ~ keep / lose one's balance ~ **ecológico** ecological balance **2** FÍS equilibrium

**equilibrista** m/f acrobat; *con cuerda* tightrope walker

**equino** **I** *adj* equine **II** m horse

**equinoccio** m equinox

**equipaje** m baggage

◇ **equipaje de mano** hand baggage

**equipamiento** m AUTO: ~ **de serie** standard features *pl*; ~ **base** entry-level equipment

**equipar** ⟨1a⟩ *v/t* equip (**con** with)

**equiparable** *adj* comparable (**a, con** with)

**equiparar** ⟨1a⟩ *v/t* put on a level (**a, con** with); ~ **algo con algo** *fig* compare o liken sth to sth

**equipo** m **1** DEP team **2**: ~ **investigador** investigating team **3** *accesorios* equipment; ~ **de esquiar** skiing equipment; **caerse con todo el** ~ *fig* F fall flat

◇ **equipo de alta fidelidad** hi-fi (system); **equipo local** local team; **equipo de música** sound system; **equipo de sonido** sound system; **equipo visitante** visiting team

**equis** f **1** letter 'x' **2**: **el señor** ~ Mr. So-and-so; **estar a** ~ **dólares** cost so many dollars

**equitación** f riding; **escuela de** ~ riding school

**equitativo** *adj* fair, equitable

**equivalencia** f equivalence

**equivalente** m/adj equivalent

**equivaler** ⟨2q⟩ *v/i* be equivalent (**a** to)

**equivocación** f mistake; **por** ~ by mistake

**equivocado** *adj* wrong; **estar** ~ be wrong, be mistaken

**equivocar** ⟨1g⟩ *v/t*: ~ **a alguien** make

s.o. make a mistake; **equivocarse** *v/r* make a mistake; *te has equivocado* you are wrong *o* mistaken; ~ *de número* TELEC get the wrong number; ~ *de camino* take the wrong road; *si no me equivoco* if I'm not mistaken

**equívoco I** *adj* ambiguous, equivocal **II** *m* **1** misunderstanding **2** (*error*) mistake

**era** *f* era

**erario** *m* treasury; *el* ~ *público* the treasury, the public purse

**erección** *f* erection

**erecto** *adj* erect

**eremita** *m/f* hermit

**eres** *vb* ☞ *ser*

**ergonomía** *f* ergonomics *sg*

**ergonómico** *adj* ergonomic

**erguido** *adj cuerpo, cabeza* erect; *espalda* straight

**erguir** ⟨3n⟩ *v/t* **1** raise, lift **2** (*poner derecho*) straighten; **erguirse** *v/r* **1** *de persona* stand up, rise **2** *de edificio* rise

**erial** *m* uncultivated land

**erigir** ⟨3c⟩ *v/t* **1** erect **2** *persona* set up (*en* as); **erigirse** *v/r.* ~ *en* set o.s. up as

**erisipela** *f* MED erysipelas *sg*

**eritema** *m* MED erythema

**erizado** *adj* bristling (*de* with)

**erizarse** ⟨1f⟩ *v/r de pelo* stand on end

**erizo** *m* ZO hedgehog

◇ **erizo de mar** ZO sea urchin

**ermita** *f* chapel

**ermitaño I** *m* ZO hermit crab **II** *m*, -a *f* hermit

**erogación** *f Méx, S.Am.* expenditure, outlay

**erogar** ⟨1h⟩ *v/t Méx, S.Am.* spend

**erógeno** *adj* erogenous

**erosión** *f* erosion

**erosionar** ⟨1a⟩ *v/t* GEOL erode; **erosionarse** *v/r* **1** GEOL erode, be eroded **2** *fig: de confianza, apoyo* crumble; *de relación* deteriorate

**erótica** *f* eroticism

**erótico** *adj* erotic

**erotismo** *m* eroticism

**erradicación** *f* eradication

**erradicar** ⟨1g⟩ *v/t* eradicate, wipe out

**errado** *adj* **1** *respuesta, decisión* wrong; *estar* ~ *persona* be wrong *o* mistaken **2** DEP: *un disparo* ~ a mishit

**errante** *adj* wandering

**errar** ⟨1l⟩ **I** *v/t* miss; ~ *el tiro / golpe* miss; ~ *el cálculo* miscalculate, make a mistake in one's figures **II** *v/i* miss; ~ *es humano* to err is human

**errata** *f* mistake, error; *de imprenta* misprint

**errático** *adj* erratic

**erre** *f*: ~ *que* ~ F doggedly, stubbornly

**erróneamente** *adv* wrongly

**erróneo** *adj* wrong, erroneous *fml*

**error** *m* mistake, error; *por* ~ by mistake; *caer en un* ~ make a mistake; *estar en un* ~ be wrong *o* mistaken

◇ **error de cálculo** error of judg(e)ment; **error humano** human error; **error judicial** miscarriage of justice; **error médico** medical error; **error de sistema** INFOR system error; **error tipográfico** misprint, typo; **error de transmisión** INFOR transmission error

**eructar** ⟨1a⟩ *v/i* belch, burp

**eructo** *m* belch, burp

**erudición** *f* learning, erudition

**erudito I** *adj* learned, erudite **II** *m*, -a *f* scholar

**erupción** *f* **1** GEOL eruption; *entrar en* ~ erupt; *estar en* ~ be erupting **2** MED: ~ (*cutánea*) rash

**es** *vb* ☞ *ser*

**esa** *det* ☞ *ese*

**ésa** *det* ☞ *ése*

**esbeltez** *f* slimness, slenderness

**esbelto** *adj* slim, slender

**esbirro** *m* henchman

**esbozar** ⟨1f⟩ *v/t* sketch; *idea, proyecto etc* outline

**esbozo** *m* sketch; *de idea, proyecto etc* outline

**escabechar** ⟨1a⟩ *v/t* **1** GASTR marinade ( in *escabeche*) **2** *fig* (*suspender a*) fail

**escabeche** *m* type of marinade

**escabechina** *f* **1** bloodbath, massacre; *hacer una* ~ *en la cocina* F leave the kitchen looking as if a bomb had hit it F **2**: *hacer una* ~ *fig* F *de profesor* pass very few people

**escabel** *m* footstool

**escabrosidad** *f* **1** *de terreno* roughness **2** *de problema* trickiness **3** *de relato* indecency

**escabroso** *adj* **1** *terreno* rough **2** *problema* tricky **3** *relato* indecent

**escabullirse** ⟨3h⟩ *v/r* escape, slip away

**escachar, escacharrar** ⟨1a⟩ F *v/t* bust F; **escacharse** *v/r* bust F, break down

**escafandra** f **1** diving suit **2** AST space suit

**escala** f **1** tb MÚS scale; **a ~** to scale, life-sized; **a ~ mundial** on a world scale; **en o a gran ~** large-scale atr, on a large scale **2** AVIA stopover; **hacer ~ en** stop over in

◇ **escala de cuerda** rope ladder
◇ **escala de valores** scale of values

**escalada** f **1** DEP climb, ascent **2**: **~ de los precios** increase in prices, escalation of prices

◇ **escalada libre** DEP free climbing

**escalador** m, **~a** f climber

**escalafón** m fig ladder

**escalar** ⟨1a⟩ I v/t climb, scale; **~ un alto puesto** rise to a high position II v/i climb

**escaldado** adj scalded; fig **salió ~ del proyecto** he got his fingers burned in the project

**escaldar** ⟨1a⟩ v/t **1** GASTR blanch **2** manos scald; **escaldarse** v/r scald o.s.

**escaleno** adj scalene

**escalera** f stairs pl, staircase

◇ **escalera de caracol** spiral staircase; **escalera de emergencia** fire escape; **escalera extensible** extension ladder; **escalera de incendios** fire escape; **escalera de mano** ladder; **escalera mecánica** escalator

**escalerilla** f de avión steps pl; en barco gangway

**escalfar** ⟨1a⟩ v/t poach

**escalinata** f (flight of) steps pl, staircase

**escalofriante** adj horrifying

**escalofrío** m shiver

**escalón** m step; de escalera de mano rung

**escalonado** adj **1** proceso gradual, cumulative **2** corte de pelo layered

**escalonar** ⟨1a⟩ v/t **1** en tiempo stagger **2** terreno terrace

**escalonia, escaloña** f BOT escallonia

**escalopa** f L.Am., **escalope** m escalope

**escalpelo** m scalpel

**escama** f **1** ZO scale **2** de jabón, piel flake

**escamar** ⟨1a⟩ v/t **1** scale, remove the scales from **2** fig make suspicious; **escamarse** v/r become suspicious

**escamoso** adj **1** ZO scaly **2** piel flaky

**escamotear** ⟨1a⟩ v/t **1** (ocultar) hide, conceal **2** (negar) withhold

**escamoteo** m **1** (ocultación) concealment **2** (negación) withholding

**escampada** f (claro) clear spell

**escampar** ⟨1a⟩ v/i clear up, stop raining

**escanciador** m wine waiter

**escanciar** ⟨1b⟩ v/t fml pour

**escandalizar** ⟨1f⟩ v/t shock, scandalize; **escandalizarse** v/r be shocked

**escandallo** m **1** MAR lead **2** COM pricing

**escándalo** m **1** (asunto vergonzoso) scandal **2** (jaleo) racket, ruckus; **armar un ~** make a scene

**escandaloso** adj **1** (vergonzoso) scandalous, shocking **2** (ruidoso) noisy, rowdy

**Escandinavia** f Scandinavia

**escandinavo** I adj Scandinavian II m, **-a** f Scandinavian

**escanear** ⟨1a⟩ v/t scan

**escáner** m scanner

◇ **escáner en color** color o Br colour scanner

**escaño** m POL seat

**escapada** f escape

**escapar** ⟨1a⟩ v/t **1** escape (de from) **2**: **dejar ~ oportunidad** pass up, let slip; **suspiro** let out, give; **escaparse** v/r **1** (huir) escape (de from); de casa run away (de from); **~ de situación** get out of **2** (dejar pasar): **se me ha escapado el tren** I missed the train **3**: **no se te escapa nada** nothing gets past you o escapes you

**escaparate** m store window, Br tb shop window

**escaparatismo** m window-dressing

**escaparatista** m/f window dresser

**escapatoria** f: **no tener ~** have no way out

**escape** m **1** de gas leak **2** AUTO exhaust **3**: **salir a ~** rush out

**escapista** m/f escape artist, escapologist

**escápula** f ANAT shoulder blade, scapula fml

**escapular** adj ANAT scapular

**escapulario** m REL scapular

**escaque** m square

**escara** f MED crust

**escarabajo** m ZO beetle

◇ **escarabajo de la patata** Colorado beetle, potato beetle

**escaramujo** *m flor* wild rose; *fruto* (rose) hip

**escaramuza** *f* skirmish

**escarapela** *f* rosette

**escarbadientes** *m inv* toothpick

**escarbar** ⟨1a⟩ I *v/i tb fig* dig around (**en** in) II *v/t* dig around in

**escarceo** *m* 1 white caps *pl*, white horses *pl* 2: **~s** *pl* (*incursiones*) forays (**en**, **con** into), dabbling *sg* (**en**, **con** in) ◇ **escarceos amorosos** romantic *o* amorous adventures

**escarcha** *f* frost

**escarchar** ⟨1a⟩ *v/t* GASTR crystallize

**escarda** *f* AGR 1 hoeing 2 (*azada*) hoe

**escardar** ⟨1a⟩ *v/t* hoe

**escarlata** *adj inv & m* scarlet

**escarlatina** *f* MED scarlet fever

**escarmentar** ⟨1k⟩ I *v/t* teach a lesson to II *v/i* learn one's lesson; **~ en cabeza ajena** learn from other people's mistakes

**escarmiento** *m* lesson; **le sirvió de ~** it taught him a lesson

**escarnecer** ⟨2d⟩ *v/t* ridicule, deride

**escarnio** *m* ridicule, derision

**escarola** *f* endive, escarole

**escarpa** *f* escarpment

**escarpado** *adj* sheer, steep

**escarpadura** *f* escarpment

**escarpia** *f* hook

**escarpín** *m zapato* pump, *Br* court shoe

**escasamente** *adv* barely, hardly

**escasear** ⟨1a⟩ I *v/i* be scarce, be in short supply II *v/t* use sparingly, be sparing with

**escasez** *f* shortage, scarcity

**escaso** *adj* 1 *recursos* limited; **-as posibilidades de** not much chance of, little chance of 2: **andar ~ de algo** *falto* be short of sth 3 (*justo*): **falta un mes ~** it's barely a month away; **un kilo ~** a scant kilo, barely a kilo

**escatimar** ⟨1a⟩ *v/t* be mean with, be very sparing with; **no ~ esfuerzos** be unstinting in one's efforts, spare no effort

**escayola** *f* (plaster) cast

**escayolar** ⟨1a⟩ *v/t* put in a (plaster) cast; **llevar el pie escayolado** have one's foot in a cast, *Br* have one's foot in plaster

**escayolista** *m/f* plasterer

**escena** *f* 1 scene; **hacer una ~** *fig* make a scene; **desaparecer de la ~** *fig* vanish from the scene; **robarle a alguien la ~** steal the show from s.o. 2 *escenario* stage; **entrar en ~, salir a ~** come on stage; **poner en ~** stage; **llevar a la ~** *obra de teatro* direct; (*adaptar*) adapt for the stage

**escenario** *m* stage; *fig* scene

**escénico** *adj* stage *atr*

**escenificación** *f* staging

**escenificar** ⟨1g⟩ *v/t* stage

**escenografía** *f* 1 *arte* set design 2 (*decorados*) scenery

**escenógrafo** *m*, **-a** *f* set designer

**escepticismo** *m* skepticism, *Br* scepticism

**escéptico** I *adj* skeptical, *Br* sceptical II *m*, **-a** *f* skeptic, *Br* sceptic

**escindible** *adj* separable, splittable

**escindir** ⟨3a⟩ *v/t* split; **escindirse** *v/r* 1 (*fragmentarse*) split (**en** into) 2 (*segregarse*) break away (**de** from)

**escisión** *f* 1 (*fragmentación*) split 2 (*segregación*) break

**esclarecer** ⟨2d⟩ I *v/t* 1 throw *o* shed light on 2 *misterio* clear up II *v/i* dawn

**esclarecido** *adj* illustrious

**esclarecimiento** *m* 1 clarification 2 *de misterio* solving

**esclava** *f* 1 (female) slave 2 (*pulsera*) bangle

**esclavina** *f* short cape

**esclavitud** *f* slavery

**esclavizar** ⟨1f⟩ *v/t* enslave; *fig* tie down

**esclavo** I *adj tb fig* slave *atr* II *m* slave

**esclerosis** *f* MED: **~ múltiple** multiple sclerosis; **~ arterial** arteriosclerosis

**esclusa** *f* lock

**escoba** *f* broom

**escobajo** *m* BOT stem

**escobazo** *m*: **dar un ~ a algo** give sth a sweep; **echar a alguien a ~s** *o* **a ~ limpio** F kick s.o. out F

**escobén** *m* MAR hawse (hole)

**escobilla** *f* 1 small brush 2 AUTO wiper blade

**escobón** *m* long-handled broom

**escocer** ⟨2b & 2h⟩ *v/i* 1 sting, smart 2 *fig*: **todavía le escuece la derrota** he's still smarting from the defeat; **escocerse** *v/r* 1 chafe 2 *fig* be irritated *o* irked

**escocés** I *adj* Scottish; **falda escocesa** kilt; **tela escocesa** tartan II *m* Scot,

Scotsman
**escocesa** f Scot, Scotswoman
**Escocia** f Scotland
**escofina** f rasp, file
**escoger** ⟨2c⟩ v/t choose, select
**escogido** adj select
**escolanía** f boys' choir
**escolar I** adj school atr **II** m/f student
**escolaridad** f schooling, education; **libro de** ~ school record
**escolarización** f education, schooling
◇ **escolarización obligatoria** compulsory education
**escolarizar** ⟨1f⟩ v/t educate, provide schooling for
**escolástica** f scholasticism
**escolástico** adj scholarly
**escoleta** f Méx rehearsal
**escoliosis** f MED scoliosis
**escollera** f breakwater
**escollo** m **1** MAR reef **2** (obstáculo) hurdle, obstacle
**escolta I** f escort **II** m/f **1** motorista outrider **2** (guardaespaldas) bodyguard **3** en baloncesto shooting guard
**escoltar** ⟨1a⟩ v/t escort
**escombrera** f dump
**escombros** mpl rubble sg
**esconder** ⟨2a⟩ v/t hide, conceal; esconderse v/r hide
**escondidas** fpl **1** S.Am. hide-and-seek sg **2**: a ~ in secret, secretly; **a ~ de alguien** behind s.o.'s back
**escondite** m **1** lugar hiding place **2** juego hide-and-seek
**escondrijo** m hiding place
**escopeta** f shotgun
◇ **escopeta de aire comprimido** air gun, air rifle
◇ **escopeta de caza** shotgun
**escopetado** adj: **salir** ~ F shoot o dash off F
**escopetazo** m gunshot
**escopetero** m hunter
**escoplo** m chisel
**escora** f MAR load line
**escorar** ⟨1a⟩ **I** v/t shore up **II** v/i MAR list, heel over
**escorbuto** m scurvy
**escoria** f slag; desp dregs pl
**Escorpio** m/f inv ASTR Scorpio
**escorpión** m ZO scorpion
**escorrentía** f torrent
**escorzo** m PINT foreshortening

**escota** f MAR sheet
**escotado** adj low-cut
**escotar** ⟨1a⟩ v/t **1** prenda cut low in the front **2** precio cut
**escote** m **1** neckline; de mujer cleavage **2**: ~ **en pico** V-neck **3**: **pagar a** ~ share the expenses, go Dutch F
**escotilla** f MAR hatch
**escotillón** m **1** MAR hatch **2** TEA trapdoor
**escozor** m **1** burning sensation, stinging **2** fig bitterness
**escriba** m scribe
**escribanía** f **1** set of writing materials **2** mueble writing desk, escritoire **3** L.Am. (notaría) notary's office
**escribano I** m HIST scribe **II** m, -a f L.Am. notary
**escribiente** m/f clerk
**escribir** ⟨3a; part **escrito**⟩ **I** v/t **1** write; ~ **a mano** hand-write, write by hand; ~ **a máquina** type **2** (deletrear) spell **II** v/i write; **escribirse** v/r **1** write to each other, correspond **2**: ¿**cómo se escribe?** how do you spell it?
**escrito I** part ☞ **escribir II** adj **1** written; **por** ~ in writing; ~ **a mano** handwritten **2**: **estaba** ~ it was inevitable **III** m **1** document **2**: ~**s** pl writings
**escritor** m, ~a f writer, author
**escritorio** m **1** desk; **artículos de** ~ stationery; **juego de** ~ desk set **2** INFOR desktop **3** L.Am. (oficina) office
**escritura** f **1** writing **2** JUR deed **3**: **Sagradas Escrituras** Holy Scripture sg
◇ **escritura pública** JUR public deed
**escriturar** ⟨1a⟩ v/t register
**escroto** m ANAT scrotum
**escrúpulo** m scruple; **sin** ~**s** unscrupulous
**escrupulosidad** f (cuidado) meticulousness
**escrupuloso** adj **1** (cuidadoso) meticulous **2** (honrado) scrupulous **3** (aprensivo) fastidious
**escrutador I** adj mirada penetrating **II** m, ~a f scrutineer, Br returning officer
**escrutar** ⟨1a⟩ v/t **1** scrutinize **2** votos count
**escrutinio** m **1** de votos count **2** (inspección) scrutiny
**escuadra** f **1** MAT set square; de carpintero square **2** MIL squad; MAR squadron **3** DEP: **el balón entró por la** ~

the ball went in the top corner

**escuadrilla** *f* MAR, AVIA squadron

**escuadrón** *m* squadron

**escualidez** *f* skinniness

**escuálido** *adj* skinny, emaciated

**escualo** *m* ZO dogfish

**escucha** *f*: ***estar a la ~*** be listening out ◇ **escuchas telefónicas** wire-tapping *sg*, *Br tb* phone-tapping *sg*

**escuchar** ⟨1a⟩ **I** *v/t* **1** listen to **2** *L.Am.* (*oír*) hear **II** *v/i* listen; **escucharse** *v/r* like the sound of one's own voice

**escuchimizado** *adj* F puny F, scrawny F

**escudar** ⟨1a⟩ *v/t* shield; **escudarse** *v/r* *fig* hide (**en** behind)

**escudería** *f* stable

**escudero** *m* HIST squire

**escudilla** *f* bowl

**escudo** *m* **1** *arma* shield **2** *insignia* badge **3** *moneda* escudo ◇ **escudo de armas** coat of arms

**escudriñar** ⟨1a⟩ *v/t* **1** (*mirar de lejos*) scan **2** (*examinar*) scrutinize

**escuela** *f* school; ***hacer o crear ~*** create a trend; ***de la vieja ~*** *fig* of the old school ◇ **escuela de arte dramático** drama school; **escuela de Bellas Artes** art school; **escuela de comercio** business school; **escuela de educación especial** special-needs school; **escuela de hostelería** hotel school; **escuela de idiomas** language school; **escuela primaria** elementary school, *Br* primary school; **escuela técnica superior** *Esp* technical college; **escuela universitaria** *Esp junior college, Br university college teaching three-year diploma courses*

**escuelero I** *adj L.Am.* school *atr* **II** *m*, -a *f* **1** *L.Am.* (*maestro*) teacher **2** *Pe, Bol* (*alumno*) student

**escueto** *adj* succinct, concise

**escuincle** *m/f Méx, C.Am.* kid

**esculpir** ⟨3a⟩ *v/t* sculpt

**escultismo** *m* scouting, scout movement

**escultor** *m*, ~a *f* sculptor

**escultura** *f* sculpture

**escultural** *adj* **1** sculptural **2** *persona, cuerpo* statuesque

**escupidera** *f* **1** spitoon **2** *L.Am.* chamber pot

**escupir** ⟨3a⟩ **I** *v/i* spit; ***~ a alguien a o en la cara*** spit in s.o.'s face **II** *v/t* spit out; ***~ fuego*** spew out flames

**escupitajo** *m* F gob of spit F

**escurreplatos** *m inv* plate rack

**escurrevasos** *m inv* drainer

**escurridizo** *adj* slippery; *fig* evasive

**escurrido I** *part* ☞ **escurrir II** *adj* skinny; ***~ de caderas*** with narrow hips, narrow-hipped

**escurridor** *m* **1** (*colador*) colander **2** (*escurreplatos*) plate rack

**escurrir** ⟨3a⟩ **I** *v/t* **1** *ropa* wring out **2** *platos, verduras* drain **II** *v/i* **1** *de platos* drain **2** *de ropa* drip-dry; **escurrirse** *v/r* **1** *de líquido* drain away **2** (*deslizarse*) slip; (*escaparse*) slip away

**escusado** *m* bathroom

**esdrújula** *f* word with the stress on the third syllable from the end (e.g. *teléfono*)

**esdrújulo** *adj* stressed on the third last syllable

**ese**[1] *f* letter 's'; ***ir haciendo ~s*** zigzag

**ese**[2], **esa, esos, esas** *det singular* that; *plural* those; ***eso mismo*** exactly that; ***aun con eso*** even then

**ése, ésa, ésos, ésas** *pron singular* that (one); *plural* those (ones); ***le ofrecí dinero pero ni por ésas*** I offered him money but even that wasn't enough; ***no soy de ésos que*** I'm not one of those who

**esencia** *f* essence; ***en ~*** essentially, in essence

**esencial** *adj* essential; ***lo ~ es que*** the main *o* essential thing is that

**esencialmente** *adv* essentially, in essence

**esfera** *f* sphere; ***~ de actividad*** *fig* field *o* sphere (of activity); ***las altas ~s*** *fig*: ***de la sociedad*** the upper echelons

**esférico I** *adj* spherical **II** *m* DEP F ball

**esfinge** *f* sphinx

**esfínter** *m* ANAT sphincter

**esforzar** ⟨1f & 1m⟩ *v/t* strain; **esforzarse** *v/r* make an effort, try hard

**esfuerzo** *m* effort; ***hacer un ~*** make an effort; ***sin ~*** effortlessly

**esfumar** ⟨1a⟩ *v/t* PINT blur; **esfumarse** *v/r* F *tb fig* disappear

**esfumino** *m* PINT stump

**esgrafiado** *m* PINT sgraffito

**esgrima** *f* fencing

**esgrimidor** *m*, **~a** *f* fencer
**esgrimir** ⟨3a⟩ *v/t* **1** *arma* wield **2** *fig*: *argumento* put forward, use
**esguín** *m* ZO young salmon
**esguince** *m* sprain
**eslabón** *m* link; **el ~ perdido** the missing link
**eslabonar** ⟨1a⟩ *v/t* link (together)
**eslalon** *m* ☞ **slalom**
**eslavo I** *adj* Slavic, Slav *atr* **II** *m*, **-a** *f* Slav
**eslogan** *m* slogan
**eslora** *f* length
**eslovaco I** *adj* Slovakian, Slovak **II** *m*, **-a** *f* Slovak **III** *m idioma* Slovak
**Eslovaquia** *f* Slovakia
**Eslovenia** *f* Slovenia
**esloveno I** *adj* Slovene, Slovenian **II** *m*, **-a** *f* Slovene, Slovenian **III** *m idioma* Slovene
**esmachar** ⟨1a⟩ *v/t* & *v/i* en baloncesto dunk, slam dunk
**esmaltado** *m* enamel
**esmaltar** ⟨1a⟩ *v/t* enamel; **~ las uñas** put nail polish on
**esmalte** *m* enamel; **~ (dental)** (tooth) enamel
◇ **esmalte de uñas** nail polish, *Br tb* nail varnish
**esmerado** *adj* meticulous
**esmeralda** *f* emerald
**esmerarse** ⟨1a⟩ *v/r* take great care (**en** over)
**esmeril** *m* emery
**esmerilado I** *adj*: **cristal ~** frosted glass **II** *m* grinding
**esmerilar** ⟨1a⟩ *v/t* grind
**esmero** *m* care; **con ~** carefully
**esmirriado** *adj* F skinny, scrawny F
**esmoquin** *m* tuxedo, *Br* dinner jacket
**esnifar** ⟨1a⟩ *v/t* F *pegamento* sniff F; *cocaína* snort F
**esnob I** *adj* snobbish **II** *m/f* snob
**esnobismo** *m* snobbishness
**ESO** *f abr Esp* (= **educación secundaria obligatoria**) compulsory secondary education
**eso** *pron* **1** that; **en ~** just then, just at that moment; **~ mismo**, **~ es** that's it, that's the why; **por ~** that's why; **¿y ~?** why's that?; **~ sí** yes of course **2** *en locuciones*: **y ~ que le dije que no se lo contara** and after I told him not to tell her; **a ~ de las dos** at around two

**esófago** *m* ANAT esophagus, *Br tb* oesophagus
**esotérico** *adj* esoteric
**esoterismo** *m* occult
**espabilado** *adj* **1** (*listo*) bright, smart **2** (*vivo*) sharp, on the ball F
**espabilar** ⟨1a⟩ **I** *v/t* **1** (*quitar el sueño*) wake up, revive **2**: **lo ha espabilado** (*lo ha avivado*) she's got him to wise up F **II** *v/i* **1** (*darse prisa*) hurry up, get a move on **2** (*avivarse*) wise up **3** *del sueño* wake up; **espabilarse** *v/r* **1** *del sueño* wake o.s. up **2** (*darse prisa*) hurry up, get a move on **3** (*avivarse*) wise up F
**espaciador** *m* space bar
**espacial** *adj* **1** *cohete, viaje* space *atr* **2** FÍS, MAT spatial
**espaciar** ⟨1a⟩ *v/t* **1** *en el espacio* space out **2**: **ha empezado a ~ las visitas a sus hijos** his visits to his children have started to become less frequent; **espaciarse** *v/r* become more (and more) infrequent
**espacio** *m* **1** space; **~ en blanco** (blank) space; **~ de tiempo** space of time; **no tengo suficiente ~** I don't have enough space *o* room; **en el ~ de tres meses** in the space of three months; **por ~ de una hora** for a full hour **2** TV program, *Br* programme
◇ **espacio aéreo** airspace; **espacio informativo** TV news program *o Br* programme; **espacio vital** living space; **espacios verdes** green spaces
**espaciosidad** *f* spaciousness, roominess
**espacioso** *adj* spacious, roomy
**espada I** *f* **1** sword; **estar entre la ~ y la pared** be between a rock and a hard place **2**: **~s** *pl* (*en naipes*) suit in Spanish deck of cards **II** *m* TAUR matador
◇ **espada de Damocles** *fig* sword of Damocles
**espadachín** *m* skilled swordsman
**espadaña** *f* BOT bulrush
**espaguetis** *mpl* spaghetti *sg*
**espalda** *f* back; **ancho de ~s** broad-shouldered; **de ~ a** with one's back to; **caerse de ~s** fall flat on one's back; **nadar a ~** swim backstroke; **por la ~** from behind; **a ~s de alguien** behind s.o.'s back; **no me des la ~** don't sit with your back to me; **tener cubiertas las**

**~s** *fig* keep one's back covered; **cubrirse las ~s** cover one's back; **volver la ~ a alguien** *fig* turn one's back on s.o.; **echarse algo sobre las ~s** *fig* take on sth, shoulder sth; **tiene muchos años sobre las ~s y sabe cómo ...** he has many years of experience behind him and knows how to ...; **echarse algo a la(s) ~(s)** *fig* stop worrying about sth, forget sth

**espaldarazo** *m* **1** slap on the back **2** (*reconocimiento*) recognition; **dar el ~ a alguien** *fig* give s.o. support

**espalderas** *fpl* wall bars

**espaldilla** *f* ANAT, ZO shoulder blade; **~ de cordero** shoulder of lamb

**espantadizo** *adj* nervous, easily frightened

**espantajo** *m* scarecrow; *fig* sight

**espantapájaros** *m inv* scarecrow

**espantasuegras** *m inv Méx* party blower

**espantar** ⟨1a⟩ *v/t* **1** (*asustar*) frighten, scare **2** (*ahuyentar*) frighten away, shoo away **3** F (*horrorizar*) horrify, appall; **espantarse** *v/r* **1** get frightened, get scared **2** F (*horrorizarse*) be horrified, be appalled

**espanto** *m* **1** (*susto*) fright **2** *L.Am.* (*fantasma*) ghost **3**: **nos llenó de ~** *desagrado* we were horrified; **¡qué ~!** how awful!; **de ~** terrible; **estar curado de ~(s)** F have seen it all before

**espantoso** *adj* **1** horrific, appalling **2** *para enfatizar* terrible, dreadful; **hace un calor ~** it's terribly *o* incredibly hot

**España** *f* Spain

**español I** *adj* Spanish **II** *m idioma* Spanish **III** *m*, **~a** *f* Spaniard; **los ~es** the Spanish

**españolada** *f* *old-fashioned Spanish movie*

**españolismo** *m* **1** (*afición*) love of Spain **2** *cualidad* Spanishness

**esparadrapo** *m* Band-Aid®, *Br* plaster

**esparceta** *f* BOT sainfoin

**esparcimiento** *m* (*ocio*) recreation

**esparcir** ⟨3b⟩ *v/t papeles* scatter; *rumor* spread; **esparcirse** *v/r de papeles* be scattered; *de rumor* spread

**espárrago** *m* BOT asparagus; **¡vete a freír ~s!** F get lost! F

◇ **espárrago triguero** wild asparagus

**Esparta** *f* HIST Sparta

**espartano** *adj* spartan

**esparto** *m* BOT esparto grass

**espasmo** *m* spasm

**espasmódico** *adj* spasmodic

**espatarrarse** *vb* ☞ **despatarrarse**

**espato** *m* MIN spar

**espátula** *f en cocina* spatula; *en pintura* palette knife

**especia** *f* spice

**especial** *adj* **1** special; **en ~** especially; **nada en ~** nothing special **2** (*difícil*) fussy

**especialidad** *f* specialty, *Br* speciality

**especialista** *m/f* **1** specialist, expert **2** *en cine* stuntman; *mujer* stuntwoman

**especialización** *f* specialization

**especializarse** ⟨1f⟩ *v/r* specialize (**en** in)

**especialmente** *adv* specially

**especie** *f* **1** BIO species **2** (*tipo*) kind, sort; **una ~ de** a kind *o* sort of **3**: **en ~** in kind

**especiero** *m* spice rack

**especificación** *f* specification

**especificar** ⟨1g⟩ *v/t* specify

**específico** *adj* specific

**espécimen** *m* specimen

**espectacular** *adj* spectacular

**espectacularidad** *f* spectacular nature

**espectáculo** *m* **1** TEA show; **dar el ~** *fig* make a spectacle of o.s. **2** (*escena*) sight; **dar un triste ~** be a sorry sight

**espectador** *m*, **~a** *f* **1** *en cine etc* member of the audience; DEP spectator **2** (*observador*) on-looker, observer

**espectral** *adj* FÍS spectral; **análisis ~** spectrum analysis

**espectro** *m* **1** FÍS spectrum; **un amplio ~** *fig* a wide range, a broad spectrum **2** (*fantasma*) ghost; **el ~ de la guerra** the specter *o Br* spectre of war

**especulación** *f* speculation

**especulador** *m*, **~a** *f* speculator

**especular** ⟨1a⟩ *v/i* speculate

**especulativo** *adj* speculative

**espéculo** *m* MED speculum

**espejismo** *m* mirage

**espejo** *m* mirror; (**limpio**) **como un ~** spotless, clean as a whistle; (**liso**) **como un ~** *mar* like a millpond; **lámina de madera** smooth as silk

◇ **espejo deformante** distorting mirror

◇ **espejo retrovisor** rear-view mirror

**espeleología** f spelunking, Br potholing

**espeleólogo** m, **-a** f spelunker, Br potholer

**espeluznante** adj horrific, horrifying

**espeluznar** ⟨1a⟩ v/t scare, frighten; **espeluznarse** v/r get scared o frightened

**espera** f wait; **sala de ~** waiting room; **en ~ de** pending; **estar a la ~ de** be waiting for

**esperanza** f hope; **estar en estado de (buena) ~** be pregnant, be expecting (a baby)

◇ **esperanza de vida** life expectancy

**esperanzador** adj hopeful, encouraging

**esperar** ⟨1a⟩ **I** v/t **1** (aguardar) wait for; **hacerse ~** keep people waiting **2** con esperanza hope; (así) **lo espero** I hope so, hopefully; **espero que no** I hope not, hopefully not; **es de ~ que** it is to be hoped that **3** (suponer, confiar en) expect **4**: **~ un hijo** be expecting a baby **5**: **de aquí te espero** F incredible F

**II** v/i (aguardar) wait; **puedes ~ sentado** you're in for a long wait

**esperma** f sperm

◇ **esperma de ballena** spermaceti

**espermatozoide** m spermatozoid

**espermatozoo** m BIO spermatozoon, sperm

**esperpento** m fig sight

**espesante** m thickener

**espesar** ⟨1a⟩ v/t thicken; **espesarse** v/r thicken, become thick

**espeso** adj thick; vegetación, niebla thick, dense

**espesor** m thickness

**espesura** f dense vegetation

**espetar** ⟨1a⟩ v/t **1** run through **2** GASTR put on a spit; **en pincho** skewer **3** decir come out with, blurt out

**espetón** m spit; (pincho) skewer

**espía** m/f spy

**espiar** ⟨1c⟩ **I** v/t spy on **II** v/i spy

**espichar** ⟨1a⟩ v/t P die, kick the bucket F

**espiga** f BOT ear, spike; **dibujo de ~** herringbone

**espigado** adj fig tall and slim

**espigarse** ⟨1h⟩ v/r shoot up

**espigón** m MAR breakwater

**espina** f de planta thorn; de pez bone; **dar mala ~ a alguien** F make s.o. feel uneasy; **por fin me he sacado la ~** F at last I have managed to do it

◇ **espina dorsal** spine, backbone

**espinacas** fpl BOT spinach sg

**espinal** adj spinal

**espinazo** m spine, backbone; **doblar el ~** fig (trabajar mucho) work o.s. into the ground; (humillarse) kowtow (**ante** to)

**espineta** f MÚS spinet

**espingarda** f fig F beanpole F

**espinilla** f **1** de la pierna shin **2** en la piel pimple, spot

**espinillera** f shinguard, shinpad

**espino** m BOT hawthorn

◇ **espino albar, espino blanco** BOT whitethorn

**espinoso** adj thorny, prickly; fig thorny, knotty

**espionaje** m spying, espionage

◇ **espionaje industrial** industrial espionage

**espira** f spiral; de concha whorl

**espiración** f exhalation

**espiral** **I** adj spiral atr **II** f spiral; **~ precios-salarios** wage-price spiral

**espirar** ⟨1a⟩ v/t & v/i exhale

**espiritismo** m spiritualism

**espiritista** m/f spiritualist

**espiritoso** adj ☞ **espirituoso**

**espíritu** m **1** spirit; **pobre de ~** timid; **ser el ~ de la contradicción** be very contrary, be a contrary old buzzard F **2** REL: **el Espíritu Santo** the Holy Ghost, the Holy Spirit

◇ **espíritu aventurero** sense o spirit of adventure; **espíritu de equipo** team spirit; **espíritu de vino** spirits pl of wine

**espiritual** adj spiritual

**espiritualidad** f spirituality

**espirituoso** adj: **bebidas -as** spirits

**esplendidez** f **1** splendor, Br splendour, magnificence **2** (generosidad) generosity

**espléndido** adj **1** splendid, magnificent **2** (generoso) generous

**esplendor** m splendor, Br splendour

**esplendoroso** adj splendid, magnificent

**esplénico** adj ANAT splenic

**espliego** m BOT lavender

**espolear** ⟨1a⟩ *v/t tb fig* spur on

**espoleta** *f* 1 MIL fuse 2 ZO wishbone

**espolón** *m* 1 *de ave* spur; *de caballo* fetlock 2 ARQUI buttress 3 MED: ~ *(calcáneo)* (bone) spur

**espolvorear** ⟨1a⟩ *v/t* sprinkle

**esponja** *f* sponge; *beber como una* ~ F drink like a fish

**esponjar** ⟨1a⟩ *v/t* make fluffy; **esponjarse** *v/r* 1 *de masa* rise 2 *fig* puff up, swell with pride

**esponjoso** *adj* 1 *bizcocho* spongy 2 *toalla* soft, fluffy

**esponsales** *mpl* betrothal *sg*

**espónsor** *m/f* sponsor

**esponsorizar** ⟨1f⟩ *v/t* sponsor

**espontáneamente** *adv* spontaneously

**espontaneidad** *f* spontaneity

**espontáneo** *adj* spontaneous

**espora** *f* BOT spore

**esporádico** *adj* sporadic

**esposa** *f* wife; ~*s pl* handcuffs

**esposar** ⟨1a⟩ *v/t* handcuff, cuff F

**esposo** *m* husband

**esprint** *m* sprint

**espuela** *f* spur

◇ **espuela de caballero** BOT larkspur

**espuerta** *f*: *ganar dinero a* ~*s* F make money hand over fist F

**espulgar** ⟨1h⟩ *v/t* delouse

**espuma** *f* foam; *de jabón* lather; *de cerveza* froth; *crecer o subir como la* ~ F shoot up

◇ **espuma de afeitar** shaving foam; **espuma de mar** meerschaum; **espuma moldeadora** styling mousse

**espumadera** *f* slotted spoon, skimmer

**espumarajo** *m* froth, foam

**espumilla** *f* C.Am. GASTR meringue

**espumillón** *m* tinsel

**espumoso** *adj* 1 frothy, foamy 2 *caldo* sparkling

**esqueje** *m* cutting

**esquela** *f aviso* death notice, obituary

**esquelético** *adj* skeletal

**esqueleto** *m* 1 ANAT skeleton; *ser un* ~, *estar en el* ~ be a walking skeleton; *mover o menear el* ~ *hum* shake a leg, dance 2: ~ *(arquitectónico)* framework 3 *Méx, C.Am., Pe, Bol fig* blank form

**esquema** *m* 1 *(croquis)* sketch, diagram; *en* ~ *mostrar* in diagrammatic form; *explicar* briefly 2 *(sinopsis)* outline, summary

**esquemático** *adj* 1 *dibujo* schematic, diagrammatic 2 *resumen* simplified, outline *atr*

**esquí** *m* 1 *tabla* ski 2 *deporte* skiing

◇ **esquí acuático** waterskiing; **esquí de fondo** cross-country skiing; **esquí náutico** waterskiing

**esquiador** *m*, ~*a f* skier

◇ **esquiador acuático** waterskier

◇ **esquiador de fondo** cross-country skier

**esquiar** ⟨1c⟩ *v/i* ski

**esquila** *f* 1 *de ovejas* shearing 2 *(cencerro)* cowbell

**esquilador** *m*, ~*a f* (sheep) shearer

**esquilar** ⟨1a⟩ *v/t* shear

**esquilmar** ⟨1a⟩ *v/t* 1 *fuente de riqueza* overexploit 2 *a alguien* suck dry

**esquina** *f* corner

**esquinado** *adj fig* awkward, difficult

**esquinar** ⟨1a⟩ *v/t fig* set at odds; **esquinarse** *v/r fig* fall out (*con* with), quarrel (*con* with)

**esquinazo** *m* 1 *Arg, Chi* serenade 2: *dar* ~ *a alguien* F give s.o. the slip F

**esquirla** *f* splinter

**esquirol** *m/f* strikebreaker, scab F

**esquisto** *m* schist

**esquite** *m* C.Am., Méx popcorn

**esquivar** ⟨1a⟩ *v/t* avoid, dodge F

**esquivo** *adj* 1 *(huraño)* unsociable 2 *(evasivo)* shifty, evasive

**esquizofrenia** *f* schizophrenia

**esquizofrénico** I *adj* schizophrenic II *m*, -a *f* schizophrenic

**esta** *det* this

**está** *vb* ☞ *estar*

**estabilidad** *f* stability; ~ *de precios* price stability

**estabilización** *f* stabilization

**estabilizador** *m* TÉC, MAR stabilizer

**estabilizante** *m* stabilizer

**estabilizar** ⟨1f⟩ *v/t* stabilize; **estabilizarse** *v/r* stabilize

**estable** *adj* stable

**establecer** ⟨2d⟩ *v/t* 1 establish 2 *negocio* set up; **establecerse** *v/r* 1 *en lugar* settle 2 *en profesión* set up

**establecimiento** *m* establishment

**establo** *m* stable

**estabulación** *f* stabling

**estaca** *f* stake

**estacada** *f*: *dejar a alguien en la* ~ F

leave s.o. in the lurch

**estación** f **1** station **2** *del año* season **3** *L.Am.* (*emisora*) station

◇ **estación de autobuses** bus station; **estación central** main station, central station; **estación climática** season; **estación espacial** space station; **estación de esquí** ski resort; **estación de invierno, estación invernal** winter resort; **estación de las lluvias** rainy season; **estación meteorológica** weather station; **estación de metro** subway station, *Br* underground station; **estación orbital** space station; **estación de servicio** service station; **estación termal** spa; **estación de trabajo** INFOR workstation

**estacional** *adj* seasonal

**estacionamiento** m AUTO **1** parking; ~ **indebido** illegal parking; ~ **prohibido** no parking **2** *L.Am.* parking lot, *Br* car park

◇ **estacionamiento en batería** angle parking

◇ **estacionamiento en línea** parallel parking

**estacionar** ⟨1a⟩ *v/t* AUTO park; **estacionarse** *v/r* stabilize

**estacionario** *adj* **1** *estado, situación* stable **2** *vehículo* stationary

**estacionómetro** m *Méx* parking meter

**estada** f *L.Am.* stay

**estadía** f *L.Am.* stay

**estadio** m DEP stadium

**estadista** I m statesman II f stateswoman

**estadística** f **1** *cifra* statistic **2** *ciencia* statistics *sg*

**estadístico** I *adj* statistical II m, -a f statistician

**estado** m **1** state **2** MED condition; **en buen / mal** ~ in good / bad condition **3**: **el Estado** the State

◇ **estado de alarma, estado de alerta** state of alert; **estado del bienestar** welfare state; **estado civil** marital status; **estado de la cuenta** bank statement; **estado de derecho** democracy; **estado de emergencia** state of emergency; **estado de excepción** state of emergency; **estado federal, estado federado** federal state; **estado de guerra** state of war; **Estado Mayor** MIL general staff; **estado satélite** satellite state; **estado de salud** state of health; **estado de sitio** state of siege

**Estados Unidos (de América)** the United States (of America)

**estadounidense** I *adj* American, US *atr* II *m/f* American

**estafa** f swindle, cheat

**estafador** m, ~a f con artist F, fraudster

**estafar** ⟨1a⟩ *v/t* swindle, cheat; ~ **algo a alguien** cheat s.o. out of sth, defraud s.o. of sth

**estafeta** f: ~ (**de correos**) mail office, *Br* sub-post office

**estalactita** f stalactite

**estalagmita** f stalagmite

**estallar** ⟨1a⟩ *v/i* **1** explode **2** *de guerra* break out; *de escándalo* break; **estalló en llanto** she burst into tears

**estallido** m **1** explosion **2** *de guerra* outbreak

**estambre** m BOT stamen

**Estambul** m Istanbul

**estamento** m stratum, class

◇ **estamento social** social class

**estampa** f **1** *de libro* illustration **2** (*aspecto*) appearance; **de buena** ~ good-looking, handsome; **ser la viva** ~ **de alguien** be the spitting image of s.o. **3** REL prayer card

**estampación** f printing

**estampado** I *adj tejido* patterned II m **1** *acción* printing **2** *diseño* pattern

**estampar** ⟨1a⟩ *v/t* **1** *sello* put **2** *tejido* print **3** *pasaporte* stamp **4**: **le estampó una bofetada en la cara** F she smacked him one F; **estamparse** *v/r* crash (**en, contra** into)

**estampida** f stampede; **salir de** ~ stampede out

**estampido** m bang

**estampilla** f *L.Am.* stamp

**estampillar** ⟨1a⟩ *v/t L.Am.* stamp

**estancado** *adj agua* stagnant; *fig* at a standstill

**estancamiento** m *tb fig,* stagnation

**estancar** ⟨1g⟩ *v/t río* dam up, block; *fig* bring to a standstill; **estancarse** *v/r* stagnate; *fig* come to a standstill

**estancia** f **1** stay **2** *Rpl* farm, ranch

**estanciero** m, -a f *Rpl* farmer, rancher

**estanco** I *adj* watertight II m tobacco store, *Br* tobacconist's (*also selling stamps*)

**estándar** m standard

**estandarización** *f* standardization
**estandarizar** ⟨1f⟩ *v/t* standardize
**estandarte** *m* standard, banner
**estanque** *m* pond
**estanquero** *m*, **-a** *f* tobacco store clerk, *Br* tobacconist
**estante** *m* shelf
**estantería** *f* shelves *pl*; *para libros* bookcase
**estaño** *m* tin; *hoja de* ~ tinfoil
**estar** ⟨1p⟩ *v/i* **1** *situación temporal* be; *¿cómo está Vd.?* how are you?; *estoy mejor* I'm (feeling) better; *estoy bien / mal* I'm fine / I'm not feeling too great; ~ *de tres meses* be three months pregnant; ~ *sin dinero* have no money; *¡ya estoy!* I'm ready!
**2** *situación espacial*: *¿está Javier?* is Javier in?; *mi padre no está* my father isn't here; *¡ahí está!* there it is!; *ahora estoy con Vd.* I'll be with you in just a moment; *¿dónde estábamos?* where were we?
**3**: ~ *haciendo algo* be doing sth; *estoy leyendo* I'm reading
**4** (*sentar*): *te está grande* it's too big for you; *el vestido te está bien* the dress suits you
**5**: ~ *de ocupación* work as, be; *está de camarero* he's working as a waiter
**6** (*padecer de*): ~ *del corazón / estómago* have heart / stomach problems
**7** *indicando fechas, precios*: *estamos a 3 de enero* it's January 3rd; *el kilo está a un peso* they're one peso a kilo
**8**: ~ *con alguien* agree with s.o.; (*apoyar*) support s.o.; ~ *a bien / mal con alguien* be on good / bad terms with s.o.; ~ *en algo* be working on sth; ~ *para hacer algo* be about to do sth; *no* ~ *para algo* not be in a mood for sth; ~ *por algo* be in favor of sth; *está por hacer* it hasn't been done yet; *¡ya está!* that's it!
**estarse** *v/r* stay; ~ *quieto* keep still; ~ *muriendo* be dying
**estárter** *m* choke
**estatal** *adj* state *atr*
**estático** *adj* static; *electricidad -a* static (electricity)
**estatización** *f L.Am.* nationalization
**estatizar** *vt L.Am.* nationalize
**estatua** *f* statue
**estatuilla** *f* statuette

**estatura** *f* height; *de baja* ~ short; *de mediana* ~ of medium height
**estatus** *m* status
**estatutario** *adj* statutory
**estatuto** *m* **1** statute **2**: ~*s pl* articles of association
**este**¹ *m* east
**este**², **esta, estos, estas** *det singular* this; *plural* these; *a todas estas* in the meanwhile
**éste, ésta, éstos, éstas** *pron singular* this (one); *plural* these (ones)
**estela** *f* MAR wake; AVIA, *fig* trail
**estelar** *adj* star *atr*; *figura* ~ *fig* star; *momento* ~ *fig* highlight
**estenotipia** *f* **1** stenotype **2** *máquina* stenotype machine
**estentóreo** *adj* stentorian, booming
**estepa** *f* **1** steppe **2** BOT white-leaded rock rose
**estepario** *adj* steppe *atr*
**éster** *m* QUÍM ester
**estera** *f* mat
**estercolero** *m* dunghill, dung heap
**estéreo I** *adj* stereo **II** *m* stereo
**estereofonía** *f* stereophony
**estereofónico** *adj* stereophonic
**estereotipado** *adj* stereotyped
**estereotipar** ⟨1a⟩ *v/t* stereotype
**estereotipo** *m* stereotype
**estéril** *adj* **1** MED sterile **2** *trabajo, esfuerzo etc* futile
**esterilidad** *f* sterility
**esterilización** *f* sterilization
**esterilizar** ⟨1f⟩ *v/t tb persona* sterilize
**esterilla** *f* mat
**esterlina** *adj*: *libra* ~ pound sterling
**esternón** *m* breastbone, sternum
**estero** *m Rpl* marsh
**estertor** *m* death rattle
**esteta** *m/f* esthete, *Br* aesthete
**estética** *f* **1** esthetics *sg*, *Br* aesthetics *sg*; *centro de* ~ beauty parlor *o Br* parlour *o* salon **2** MED cosmetic surgery
**esteticista** *m/f* beautician
**estético** *adj* esthetic, *Br* aesthetic
**estetoscopio** *m* MED stethoscope
**estiaje** *m* **1** low water level **2** *duración* low water
**estiba** *f* MAR stowage
**estibador** *m*, ~**a** *f* longshoreman, *Br* docker, *Br* stevedore
**estibar** ⟨1a⟩ *v/t* MAR stow
**estiércol** *m* **1** dung **2** (*abono*) manure

**estigma** *m* BOT, REL, *fig* stigma

**estigmatizar** ⟨1f⟩ *v/t* stigmatize

**estilarse** ⟨1a⟩ *v/r* be fashionable

**estilete** *m* **1** *arma* stiletto **2** HIST stylus

**estilista** *m/f* stylist; *de modas* designer

**estilístico** *adj* stylistic

**estilizado** *adj* stylized; *fig* slender

**estilizar** ⟨1f⟩ *v/t* stylize

**estilo** *m* style; *al ~ de* in the style of; *algo por el ~* something like that; *son todos por el ~* they're all the same
◇ **estilo directo** GRAM direct speech; **estilo indirecto** GRAM indirect speech; **estilo libre** DEP *en natación* freestyle

**estilográfica** *f* fountain pen

**estima** *f* esteem, respect; *tener a alguien en mucha o gran ~* hold s.o. in high regard *o* esteem

**estimable** *adj* estimable

**estimación** *f* **1** (*cálculo*) estimate **2** (*estima*) esteem, respect

**estimar** ⟨1a⟩ *v/t* **1** respect, hold in high regard; *~ (en) poco* not think much of **2** (*considerar*): *estimo conveniente que* I consider it advisable to **3** (*calcular*): *~ en* estimate at; *objeto* value at

**estimarse** *v/r* **1** (*calcularse*): *se estima que el 80% de ...* it is estimated that 80% of ... **2** (*considerarse*): *si se estima necesario* if it is thought *o* deemed necessary

**estimativo** *adj* estimated

**estimulante** I *adj* stimulating II *m* stimulant; *~ del apetito* appetite enhancer

**estimular** ⟨1a⟩ *v/t* **1** stimulate **2** (*animar*) encourage

**estímulo** *m* **1** stimulus **2** (*incentivo*) incentive

**estío** *m* *lit* summertime

**estipendio** *m* **1** (*sueldo*) salary **2** (*tarifa*) fee

**estipulación** *f* stipulation

**estipular** ⟨1a⟩ *v/t* stipulate

**estirada** *f* *en fútbol* flying save

**estirado** I *adj* snooty F, stuck-up F II *m* face-lift; *hacerse un ~* have a face-lift

**estiramiento** *m* **1** stretching **2** MED: *~ (facial)* face-lift

**estirar** ⟨1a⟩ *v/t* **1** stretch; *dinero* stretch, make go further; *~ las piernas* stretch one's legs; *~ la pata* F kick the bucket F **2** (*alisar*) smooth out; **estirarse** *v/r* stretch; *fig* last, go on

**estirón** *m* **1** (*tirón*) tug **2**: *dar un ~* F *de niño* shoot up

**estirpe** *f* stock

**estival** *adj* summer *atr*; *época ~* summertime

**esto** *pron* this; *~ es* that is to say; *por ~* this is why; *a todo ~* (*mientras tanto*) meanwhile; (*a propósito*) incidentally; *en ~* just then, at that moment; *hablar de ~ y aquello* talk of this and that

**estocada** *f* **1** sword thrust **2** *herida* sword wound **3** TAUR *thrust with the estoque that kills the bull*

**Estocolmo** *m* Stockholm

**estofa** *f*: *de baja ~* *desp* low-class *desp*

**estofado** I *adj* stewed II *m* stew

**estofar** ⟨1a⟩ *v/t* stew

**estoicismo** *m* stoicism

**estoico** I *adj* stoic(al) II *m*, *-a f* stoic

**estola** *f* stole

**estomacal** *adj* stomach *atr*

**estómago** *m* stomach; *estar enfermo del ~* have stomach problems; *tener ~ fig* have a strong stomach; *tengo el ~ en los talones fig* F I'm starving, my stomach thinks my throat's cut F

**estomatología** *f* MED stomatology

**Estonia** *f* Estonia

**estonio** I *adj* Estonian II *m*, *-a f* Estonian III *m idioma* Estonian

**estopa** *f* tow; *tela* burlap

**estoque** *m* (bullfighter's) sword

**estor** *m* shade, *Br* blind

**estorbar** ⟨1a⟩ I *v/t* (*dificultar*) hinder; *nos estorbaba* he was in our way II *v/i* get in the way

**estorbo** *m* hindrance, nuisance

**estornino** *m* ZO starling

**estornudar** ⟨1a⟩ *v/i* sneeze

**estornudo** *m* sneeze

**estos** ☞ **este²**

**estoy** *vb* ☞ **estar**

**estrábico** *adj* squinting

**estrabismo** *m* squint

**estrado** *m* platform
◇ **estrado de testigos** JUR witness stand, *Br* witness box

**estrafalario** *adj* F eccentric; *ropa* outlandish

**estragón** *m* BOT tarragon

**estragos** *mpl* devastation *sg*; *causar ~ entre* wreak havoc among

**estrambótico** *adj* F eccentric; *ropa* outlandish

**estrangulación** *f* strangulation

**estrangulador I** *m*, ~a *f* strangler **II** *m* TÉC: ~ (*de aire*) choke

**estrangular** ⟨1a⟩ *v/t* strangle; **estrangularse** *v/r* strangle o.s.

**estraperlo** *m* black market; **de** ~ on the black market

**Estrasburgo** *m* Strasbourg

**estratagema** *f* stratagem

**estratega** *m/f* strategist

**estrategia** *f* strategy

**estratégico** *adj* strategic

**estratificación** *f* GEOL stratification

**estrato** *m fig* stratum; ~ **social** social stratum

**estratosfera** *f* stratosphere

**estraza** *f* 1 rag 2: **papel de** ~ gray paper, *Br* grey paper

**estrechamiento** *m* narrowing

**estrechar** ⟨1a⟩ *v/t* 1 *ropa* take in 2 *mano* shake 3: ~ **entre los brazos** hug, embrace; **estrecharse** *v/r* narrow, get narrower

**estrechez** *f* 1 *fig* hardship; **pasar estrecheces** suffer hardship 2: ~ **de miras** narrow-mindedness

**estrecho I** *adj* 1 narrow; ~ **de miras** narrow-minded 2 (*apretado*) tight; **el vestido me queda** ~ the dress is too tight 3 *amistad* close 4: **estar** *o* **ir** ~**s** be cramped (for space) **II** *m* strait, straits *pl*; **el Estrecho de Gibraltar** the Strait(s) of Gibraltar; **Estrecho de Magallanes** Magellan Straits

**estregar** ⟨1h & 1k⟩ *v/t* rub; **estregarse** *v/r* rub

**estrella** *f tb de cine etc* star; **tener buena** / **mala** ~ be born lucky / unlucky; **nació con buena** ~ he was born under a lucky star; **ver las** ~**s** *fig* F see stars F; **hotel de tres** ~**s** three-star hotel ◇ **estrella de cine** movie star, *Br tb* film star; **estrella fugaz** falling star, *Br tb* shooting star; **estrella de mar** ZO starfish; **estrella de Navidad** BOT star-of-Bethlehem; **estrella polar** Pole star

**estrellado** *adj* 1 (*en forma de estrella*) star-shaped 2 (*que tiene estrellas*) starry; **cielo** ~ star-studded sky

**estrellar** ⟨1a⟩ *v/t* smash; ~ **algo contra algo** smash sth against sth; **estrelló el coche contra un muro** he smashed the car into a wall; **estrellarse** *v/r* crash (*contra* into)

**estrellato** *m* stardom

**estrellón** *m Pe, Bol* crash

**estremecedor** *adj* terrifying

**estremecer** ⟨2d⟩ *v/t* shock, shake F; **estremecerse** *v/r* shake, tremble; **de frío** shiver; **de horror** shudder

**estremecimiento** *m* shaking, trembling; **de frío** shiver; **de horror** shudder

**estrenar** ⟨1a⟩ *v/t* 1 *ropa* wear for the first time, christen F; *objeto* try out, christen F; **a** ~ brand new; **piso a** ~ new apartment 2 *obra de teatro, película* premiere; **estrenarse** *v/r* make one's debut

**estreno** *m* 1 *obra de teatro, película* premiere 2 *de persona* debut 3: **estar de** ~ be wearing new clothes

**estreñimiento** *m* constipation

**estreñir** ⟨3h & 3l⟩ *v/t* MED make constipated, constipate

**estrépito** *m* noise, racket

**estrepitoso** *adj* noisy

**estreptococo** *m* MED streptococcus

**estreptomicina** *f* MED streptomycin

**estrés** *m* stress

**estresado** *adj* under stress, stressed out

**estresante** *adj* stressful

**estresar** ⟨1a⟩ *v/t*: ~ **a alguien** cause s.o. stress, subject s.o. to stress

**estría** *f en piel* stretch mark

**estriado** *adj* 1 *músculo, fibra* striated 2 *madera, piedra* grooved

**estribación** *f* spur; **las estribaciones de los Pirineos** the foothills of the Pyrenees

**estribar** ⟨1a⟩ *v/i*: ~ **en** stem from, lie in

**estribillo** *m* chorus, refrain; *fig* frequently used word or expression

**estribo** *m* stirrup; **perder los** ~**s** *fig* fly off the handle F; **estar con un pie en el** ~ *fig* be on the point of leaving

**estribor** *m* MAR starboard

**estricnina** *f* strychnine

**estrictez** *f S.Am.* strictness

**estricto** *adj* strict

**estridencia** *f* shrillness, stridency

**estridente** *adj* shrill, strident

**estrofa** *f* stanza, verse

**estrógeno** *m* estrogen, *Br tb* oestrogen

**estroncio** *m* strontium

**estropajo** *m* scourer

**estropajoso** *adj* 1 *persona* wiry 2 *boca* dry 3 *camisa* scruffy

**estropeado** *adj* (*averiado*) broken; *está muy estropeada* *fig* she is really showing her age

**estropear** ⟨1a⟩ *v/t* **1** *aparato* break **2** *plan* ruin, spoil; **estropearse** *v/r* **1** break down **2** *de comida* go off, go bad **3** *de plan* go wrong **4**: **~ la vista** ruin one's eyesight

**estropicio** *m* mess

**estroquear** ⟨1a⟩ *v/i* L.Am. en béisbol be struck out

**estructura** *f* structure

**estructuración** *f* **1** structure **2** *acción* structuring

**estructural** *adj* structural

**estructurar** ⟨1a⟩ *v/t* structure, organize; **estructurarse** *v/r*: **~ en** *de poema, organismo* consist of, be made up of

**estruendo** *m* racket, din

**estruendoso** *adj* thunderous

**estrujar** ⟨1a⟩ *v/t* **1** F crumple up, scrunch up F **2** *trapo* wring out **3** *persona* squeeze, hold tightly; **estrujarse** *v/r* squeeze (**en** into)

**estuario** *m* estuary

**estucado** *m* stucco, plasterwork

**estucar** ⟨1g⟩ *v/t* stucco, plaster

**estuche** *m* case, box; **~ de violín** violin case

**estuco** *m* stuccowork

**estudiado** *adj fig sonrisa* affected; *gesto* studied

**estudiantado** *m* students *pl*, student body

**estudiante** *m/f* student

**estudiantil** *adj* student *atr*

**estudiar** ⟨1b⟩ *v/t & v/i* study

**estudio** *m* **1** *disciplina* study **2** *apartamento* studio, *Br* studio flat **3** *de cine, música* studio **4**: **~s** (**universitarios**) *pl* university education *sg*; **tener ~s** have a degree; **una persona sin ~s** a person with no formal education
◇ **estudio de mercado** market research; *resultado* market survey

**estudioso** *adj* studious

**estufa** *f* **1** heater **2** L.Am. (*cocina*) stove
◇ **estufa eléctrica** space heater, electric fire

**estulticia** *f* foolishness, folly

**estupa** *m* F narcotics cop F, *Br* member of the drug squad

**estupefacción** *f* amazement, stupefaction

**estupefaciente** *m* narcotic (drug)

**estupefacto** *adj* stupefied, speechless

**estupendo** *adj* fantastic, wonderful

**estupidez** *f* **1** *cualidad* stupidity **2** *acción* stupid thing

**estúpido I** *adj* stupid **II** *m*, **-a** *f* idiot

**estupor** *m* **1** astonishment, amazement **2** MED stupor

**esturión** *m* ZO sturgeon

**estuve** *vb* ☞ *estar*

**estuvo** *vb* ☞ *estar*

**esvástica** *f* swastika

**ETA** *f abr* (= *Euskadi Ta Askatasuna*) ETA, *Basque separatist movement*

**etano** *m* QUÍM ethane

**etapa** *f* **1** DEP stage, leg **2** stage; *por ~s* in stages; *quemar ~s* cut corners

**etarra** *m/f* member of ETA

**etc** *abr* (= *etcétera*) etc (= etcetera)

**etcétera** *m* etcetera, and so on; *y un largo ~ de ...* and a long list of ..., many other ...

**éter** *m* ether

**etéreo** *adj* ethereal

**eternidad** *f* eternity

**eternizarse** ⟨1f⟩ *v/r fig* drag on; *se eterniza arreglándose* she takes forever to get ready

**eterno** *adj* eternal; *la película se me hizo -a* the movie seemed to go on for ever

**ética** *f* **1** *en filosofía* ethics *sg* **2** *comportamiento* principles *pl*
◇ **ética profesional** professional ethics *pl*

**ético** *adj* ethical

**etílico** *adj* ethyl *atr*; *intoxicación -a* alcohol poisoning

**etimología** *f* etymology

**etimológico** *adj* etymological

**etíope** *m/f & adj* Ethiopian

**Etiopía** *f* Ethiopia

**etiqueta** *f* **1** label; **~ adhesiva** sticky label **2** (*protocolo*) etiquette; *traje de ~* formal wear; *ir o vestir de ~* wear evening dress

**etiquetado** *m* labeling, *Br* labelling

**etiquetar** ⟨1a⟩ *v/t tb fig* label

**etmoides** *m inv* ANAT ethmoid bone

**etnia** *f* ethnic group

**étnico** *adj* ethnic

**etnología** *f* ethnology

**etología** *f* ethology

**ETS** *abr* (= *escuela técnica superior*)

*technical university*
**ETT** *abr* (= *empresa de trabajo temporal*) temp agency
**eucalipto** *m* BOT eucalyptus
**eucaristía** *f* Eucharist
**eufemismo** *m* euphemism
**eufemístico** *adj* euphemistic
**eufonía** *f* euphony
**euforia** *f* euphoria
**eufórico** *adj* euphoric
**eunuco** *m* eunuch
**Eurasia** *f* Eurasia
**euro** *m* euro
**eurocheque** *m* Eurocheck, *Br* Eurocheque
**eurocomisario** *m*, **-a** *f* Commission member
**Eurocopa** *f* DEP European Cup
**Eurocuerpo** *m* MIL Euro-army, European army
**eurodiputado** *m*, **-a** *f* MEP, member of the European Parliament
**eurodólar** *m* eurodollar
**euroescéptico** *m*, **-a** *f* euroskeptic, *Br* euroscpetic
**euromercado** *m* euromarket
**Europa** *f* Europe
**europarlamentario** *m*, **-a** *f* Member of the European Parliament, MEP
**europeísmo** *m* Europeanism
**europeísta** *m/f* pro-European
**europeo** **I** *adj* European **II** *m*, **-a** *f* European
**eurotúnel** *m* Channel Tunnel
**eurozona** *f* Eurozone, Euroland
**Euskadi** *m* Basque Country
**eusquera** *m/adj* Basque
**eutanasia** *f* euthanasia
**evacuación** *f* evacuation
**evacuar** ⟨1d⟩ *v/t* **1** evacuate **2**: ~ *el vientre* have a bowel movement
**evadir** ⟨3a⟩ *v/t* avoid; (*impuestos*) evade; **evadirse** *v/r tb fig* escape
**evaluable** *adj* which can be assessed *o* evaluated
**evaluación** *f* **1** evaluation, assessment **2** (*prueba*) test
**evaluar** ⟨1e⟩ *v/t* assess, evaluate
**evanescente** *adj* fleeting, evanescent *fml*
**evangélico** *adj* evangelical
**evangelio** *m* gospel
**evangelista** *m* evangelist
**evangelizar** ⟨1f⟩ *v/t* evangelize

**evaporación** *f* evaporation
**evaporarse** ⟨1a⟩ *v/r* evaporate; *fig* **F** vanish into thin air
**evasión** *f tb fig* escape; *literatura de* ~ escapist literature
◇ **evasión de capitales** flight of capital
◇ **evasión fiscal** tax evasion
**evasiva** *f* evasive reply
**evasivo** *adj* evasive
**evento** *m* event
**eventual** *adj* **1** possible; *en el caso* ~ *de* in the event of **2** *trabajo* casual, temporary
**eventualidad** *f* eventuality
**eventualmente** *adv* **1** possibly **2** *trabajar* on a casual basis
**evidencia** *f* **1** evidence, proof; *poner en* ~ demonstrate **2**: *poner a alguien en* ~ show s.o. up
**evidenciar** ⟨1b⟩ *v/t* demonstrate; **evidenciarse** *v/r*: *se evidenciaba su nerviosismo* his nervousness was evident, he was clearly nervous
**evidente** *adj* evident, clear
**evitable** *adj* avoidable
**evitar** ⟨1a⟩ *v/t* **1** avoid; *no puedo* ~*lo* I can't help it **2** (*impedir*) prevent **3** *molestias* save
**evocación** *f* evocation
**evocar** ⟨1g⟩ *v/t* evoke
**evolución** *f* **1** BIO evolution **2** (*desarrollo*) development
**evolucionar** ⟨1a⟩ *v/i* **1** BIO evolve **2** (*desarrollar*) develop
**evolucionismo** *m* BIO evolutionism
**evolutivo** *adj* evolutionary
**ex I** *pref* ex-; *mi* ~ *marido* **F** my former husband, my ex **F II** *m/f* **F** ex **F**
**exabrupto** *m* sharp remark
**exacerbar** ⟨1a⟩ *v/t* **1** exacerbate, make worse **2** (*irritar*) exasperate; **exacerbarse** *v/r* **1** worsen, become exacerbated *fml* **2** *de deseo, hambre* become more acute
**exactamente** *adv* exactly; *más* ~ more precisely; *¡*~*!* exactly!, precisely!
**exactitud** *f* accuracy; *de medida* accuracy, precision
**exacto** *adj* **1** *medida* exact, precise; *informe* accurate **2**: *¡*~*!* exactly!, precisely!
**exageración** *f* exaggeration
**exagerado** *adj* exaggerated; *¡eres un* ~*!*

you always overdo things *o* go too far!; *al contar una anécdota* you do exaggerate!

**exagerar** ⟨1a⟩ *v/t* exaggerate

**exaltación** *f* **1** (*alabanza*) exaltation **2** (*entusiasmo*) agitation, excitement

**exaltado** *adj* excited, worked up

**exaltar** ⟨1a⟩ *v/t* excite, get worked up; **exaltarse** *v/r* get excited, get worked up (*por* about)

**examen** *m* **1** test, exam **2** MED examination **3** (*análisis*) study

◇ **examen de conducir** driving test

◇ **examen de ingreso** entrance exam

**examinador** *m*, ~a *f* examiner

**examinando** *m*, -a *f* examinee

**examinar** ⟨1a⟩ *v/t* examine; **examinarse** *v/r* take an exam

**exasperación** *f* exasperation

**exasperante** *adj* exasperating

**exasperar** ⟨1a⟩ *v/t* exasperate; **exasperarse** *v/r* get exasperated

**excarcelación** *f* release (from prison)

**excarcelar** ⟨1a⟩ *v/t* release (from prison)

**excavación** *f* excavation

**excavadora** *f* digger

**excavar** ⟨1a⟩ *v/t* excavate; *túnel* dig

**excedencia** *f* extended leave of absence

**excedentario** *adj* surplus

**excedente I** *adj* **1** surplus **2** *empleado* on extended leave of absence **II** *m* surplus

**exceder** ⟨2a⟩ *v/t* exceed; **excederse** *v/r* go too far, get carried away

**excelencia** *f* **1** excellence; *por* ~ par excellence **2**: *Su Excelencia la señora embajadora* Her Excellency the Ambassador

**excelente** *adj* excellent

**excelentísimo** *adj*: *el* ~ *señor presidente ...* the President, President ...

**excelso** *adj* lofty, sublime

**excentricidad** *f* eccentricity

**excéntrico I** *adj* eccentric **II** *m*, -a *f* eccentric

**excepción** *f* exception; *a* ~ *de* except for; *sin* ~ without exception; *de* ~ exceptional; *como* ~ as an exception, as a one-off

**excepcional** *adj* exceptional

**excepcionalmente** *adv* for once

**excepto** *prp* except

**exceptuar** ⟨1e⟩ *v/t* except; *exceptuan-*

*do* with the exception of, except for

**excesivo** *adj* excessive

**exceso** *m* excess; *en* ~ *beber, fumar* to excess; *preocuparse* in excess, too much; *ser amable en* ~ be extremely nice; *trabajar en* ~ overwork

◇ **exceso de equipaje** excess baggage; **exceso de peso** excess weight; **exceso de velocidad** speeding

**excipiente** *m* MED excipient

**excitable** *adj* excitable

**excitación** *f* excitement, agitation

**excitado** *adj* **1** excited **2** *sexualmente* aroused

**excitante I** *adj* **1** exciting **2**: *una bebida* ~ a stimulant **II** *m* stimulant

**excitar** ⟨1a⟩ *v/t* **1** excite **2** *sentimientos, sexualmente* arouse; **excitarse** *v/r* **1** get excited **2** *sexualmente* get aroused

**exclamación** *f* exclamation

**exclamar** ⟨1a⟩ *v/t* exclaim

**excluir** ⟨3g⟩ *v/t* **1** leave out (*de* of), exclude (*de* from) **2** *posibilidad* rule out, exclude

**exclusión** *f* exclusion; *con* ~ *de* with the exception of, except for

**exclusiva** *f* **1** *privilegio* exclusive rights *pl* (*de* to) **2** *reportaje* exclusive

**exclusivamente** *adv* exclusively

**exclusive** *adv* exclusively; *hasta junio* ~ up to but not including June

**exclusividad** *f* exclusiveness; *no ser una* ~ *de* not be exclusive to

**exclusivo** *adj* exclusive

**Excmo.** *abr* ☞ *excelentísimo*

**excombatiente** *m* (war) veteran, vet F, *Br* ex-serviceman

**excomulgar** ⟨1h⟩ *v/t* REL excommunicate

**excomunión** *f* excommunication

**excoriar** ⟨1a⟩ *v/t* chafe

**excremento** *m* excrement

**excretar** ⟨1a⟩ *v/t* & *v/i* excrete

**excretor(io)** *adj* ANAT excretory

**exculpación** *f* exoneration

**exculpar** ⟨1a⟩ *v/t* exonerate; **exculparse** *v/r* apologize

**excursión** *f* trip, excursion; ~ *a pie por ciudad* walk; *por montañas* hike

**excursionista** *m/f* excursionist; *por ciudad* walker; *por montañas* hiker

**excusa** *f* **1** excuse **2**: ~*s* *pl* apologies

**excusable** *adj* excusable

**excusado I** *adj* excused; ~ *es decir que*

... it goes without saying that ..., needless to say, ... ‖ *m* bathroom

**excusar** ⟨1a⟩ *v/t* **1** excuse; **~ *a alguien de hacer algo*** excuse s.o. from doing sth **2**: ***excuso decirte ...*** I need not remind you ...; **excusarse** *v/r* apologize (***por hacer algo*** for doing sth; ***por algo*** for sth)

**execrable** *adj* abominable, execrable *fml*

**execrar** ⟨1a⟩ *v/t* abhor

**exégesis** *f* exegesis

**exención** *f* exemption

◇ **exención fiscal** tax exemption

**exento** *adj* exempt (**de** from); **~ *de impuestos*** tax-exempt, tax-free

**exequias** *fpl* funeral *sg*

**exfoliación** *f* exfoliation

**exfoliante** *m* face scrub

**exfoliar** ⟨1b⟩ *v/t* exfoliate; **exfoliarse** *v/r* lose its leaves

**exhalación** *f*: ***salir como una ~*** *fig* rush *o* dash out

**exhalar** ⟨1a⟩ *v/t* **1** *olor* give off **2** *suspiro* heave, let out

**exhaustivo** *adj* exhaustive

**exhausto** *adj* exhausted

**exhibición** *f* **1** display, demonstration **2** *de película* screening, showing

**exhibicionista** *m/f* exhibitionist

**exhibir** ⟨3a⟩ *v/t* **1** show, display **2** *película* screen, show; *cuadro* exhibit **3** *Méx* (*pagar*) pay; **exhibirse** *v/r* **1** show o.s., let o.s. be seen **2** *de película* be showing

**exhortación** *f* exhortation

**exhortar** ⟨1a⟩ *v/t* exhort (**a** to)

**exhumación** *f* exhumation

**exhumar** ⟨1a⟩ *v/t* exhume

**exigencia** *f* demand

**exigente** *adj* demanding

**exigible** *adj* JUR enforceable

**exigir** ⟨3c⟩ *v/t* **1** demand **2** (*requirir*) call for, demand **3**: ***le exigen mucho*** they ask a lot of him

**exigüidad** *f* meagerness, *Br* meagreness

**exiguo** *adj* meager, *Br* meagre

**exilado** *L.Am.* ☞ **exiliado**

**exiliado I** *adj* exiled, in exile *pred* ‖ *m*, -a *f* exile

**exiliar** ⟨1a⟩ *v/t* exile; **exiliarse** *v/r* go into exile

**exilio** *m* exile; ***en el ~*** in exile

**eximente** *adj* JUR: ***circunstancias ~s***

mitigating *o* extenuating circumstances

**eximio** *adj* distinguished, eminent

**eximir** ⟨3a⟩ *v/t* exempt (**de** from)

**existencia** *f* **1** existence **2** (*vida*) life **3**: **~*s*** *pl* COM supplies, stocks; ***hasta que se agoten las ~s*** while stocks last

**existencial** *adj* existential

**existencialismo** *m* existentialism

**existencialista** *m/f* & *adj* existentialist

**existente** *adj* **1** existing **2** *problema, situación* current, present

**existir** ⟨3a⟩ *v/i* exist; ***existen muchos problemas*** there are a lot of problems

**exitazo** *m* F smash hit

**éxito** *m* success; **con ~** successfully; **sin ~** without success; **~** (*musical*) hit; **tener ~** be successful, be a success

◇ **éxito de taquilla** box office hit

◇ **éxito de ventas** best-seller

**exitoso** *adj* successful

**Exmo.** *abr* ☞ **excelentísimo**

**éxodo** *m* exodus; **~ *rural*** rural exodus, flight from the land

**exoneración** *f de culpa* exoneration; *de obligación* exemption

**exonerar** ⟨1a⟩ *v/t* **1** *de culpa* exonerate; *de obligación* exempt **2**: **~ *del cargo*** relieve of duty

**exorbitante** *adj* exorbitant

**exorcismo** *m* exorcism

**exorcista** *m/f* exorcist

**exorcizar** ⟨1f⟩ *v/t* exorcize

**exótico** *adj* exotic

**exotismo** *m* exoticism

**expandir** ⟨3a⟩ *v/t* expand; **expandirse** *v/r* **1** expand **2** *de noticia* spread

**expansión** *f* **1** expansion; **en ~** growing, expanding; ***estar en ~*** be growing *o* expanding; **~ *económica*** economic growth *o* expansion **2** (*recreo*) recreation

**expansionarse** ⟨1a⟩ *v/r* **1** *de empresa, país* expand **2** (*relajarse*) relax **3** (*desahogarse*) open one's heart (**con** to)

**expansivo** *adj* expansive

**expatriar** ⟨1b⟩ *v/t* expel; **expatriarse** *v/r* **1** (*emigrar*) leave one's country **2** (*exiliarse*) go into exile

**expectación** *f* sense of anticipation; ***causar mucha ~*** arouse a great deal of excitement

**expectante** *adj* expectant

**expectativa** *f* **1** (*esperanza*) expectation; ***responder a las ~s*** live up to expecta-

tions **2**: *estar a la ~ de algo* be waiting for sth **3**: *~s pl (perspectivas)* prospects
◇ **expectativa de vida** life expectancy
**expectoración** *f* MED expectoration
**expectorante I** *adj* expectorant *atr* **II** *m* expectorant
**expectorar** ⟨1a⟩ *v/t* expectorate, cough up
**expedición** *f* expedition
**expedicionario I** *adj* expeditionary **II** *m*, -a *f* expedition member
**expedidor** *m*, ~a *f* sender
**expedientar** ⟨1a⟩ *v/t*: *~ a alguien* take disciplinary action against s.o.
**expediente** *m* **1** file, dossier; *cubrir el ~* do only what is required **2** *(investigación)* investigation, inquiry; *abrir un ~ a alguien* take disciplinary action against s.o.
◇ **expediente académico** student record
◇ **expediente disciplinario** disciplinary proceedings *pl*
**expedir** ⟨3l⟩ *v/t* **1** *documento* issue **2** *mercancías* send, dispatch
**expeditar** ⟨1a⟩ *v/t* L.Am. **1** *(apresurar)* hurry **2** *(concluir)* finish, conclude
**expeditivo** *adj* expeditious
**expedito** *adj* camino clear
**expeler** ⟨2a⟩ *v/t* expel
**expendedor** *adj*: *máquina ~a* vending machine
◇ **expendedora de bebidas** drinks machine; **expendedora de billetes** ticket machine; **expendedora de tabaco** cigarette machine
**expendeduría** *f*: *~ de tabaco* shop selling cigarettes, *Br* tobacconist's (shop)
**expendio** *m* L.Am. store, shop
**expensas** *fpl*: *a ~ de* at the expense of
**experiencia** *f* experience; *por ~* from experience; *sin ~* inexperienced
**experimentación** *f* **1** *con drogas, nuevo método etc* experimentation **2** *en laboratorio* experiments *pl*
**experimentado** *adj* experienced; *no ~* inexperienced
**experimental** *adj* experimental
**experimentar** ⟨1a⟩ **I** *v/t* try out, experiment with **II** *v/i* experiment (*con* on)
**experimento** *m* experiment
**experto I** *adj* expert; *~ en hacer algo* expert *o* very good at doing sth **II** *m*, -a *f* expert (*en* on)

**expiación** *f* expiation, atonement
**expiar** ⟨1c⟩ *v/t* expiate, atone for
**expiatorio** *adj* expiatory
**expiración** *f* expiry, expiration
**expirar** ⟨1a⟩ *v/i* expire
**explanada** *f* open area; *junto al mar* esplanade
**explanar** ⟨1a⟩ *v/t* **1** *terreno* level **2** *fig* explain, set forth
**explayarse** ⟨1a⟩ *v/r* **1** speak at length; *~ sobre algo* expound on sth **2** *(desahogarse)* unburden o.s. **3** *(distraerse)* relax, unwind
**explicable** *adj* explainable, explicable
**explicación** *f* explanation; *pedir explicaciones a alguien* ask s.o. for an explanation; *no tengo que dar explicaciones* I don't need to explain myself; *dar explicaciones de* account for
**explicar** ⟨1g⟩ *v/t* explain; **explicarse** *v/r* **1** *(comprender)* understand; *no me lo explico* I can't understand it, I don't get it F **2** *(hacerse comprender)* express o.s.; *¿me explico?* any questions?, do you see what I'm getting at?
**explicativo** *adj* explanatory
**explícito** *adj* explicit
**exploración** *f* exploration
**explorador** *m*, ~a *f* **1** explorer **2** MIL scout
**explorar** ⟨1a⟩ *v/t* explore
**exploratorio** *adj* exploratory
**explosión** *f* explosion; *hacer ~* go off, explode; *~ de ira* outburst of anger
◇ **explosión demográfica** population explosion
**explosionar** ⟨1a⟩ *v/t & v/i* explode
**explosivo** *m/adj* explosive
**explotable** *adj* **1** MIN *terreno, mina* workable, exploitable **2** *bosque, fig* exploitable
**explotación** *f* **1** *de mina, tierra* exploitation, working **2** *de negocio* running, operation **3** *de trabajador* exploitation
◇ **explotación a cielo abierto** MIN *actividad* open-cast mining; *mina* open-cast mine
**explotador** *m*, ~a *f* **1** *de mina* operator **2** *desp* exploiter
**explotar** ⟨1a⟩ **I** *v/t* **1** *tierra, mina* work, exploit **2** *situación* take advantage of, exploit **3** *trabajador* exploit **II** *v/i* go off, explode; *fig* explode, blow a fuse F
**expoliación** *f* plunder, pillage

**expoliar** ⟨1b⟩ v/t plunder, pillage
**expolio** m plunder, pillage
**exponente** m exponent
**exponer** ⟨2r; *part* **expuesto**⟩ v/t **1** *idea, teoría* set out, put forward **2** (*revelar*) expose **3** *pintura, escultura* exhibit, show **4** (*arriesgar*) risk; **exponerse** v/r: **~ a algo** (*arriesgarse*) lay o.s. open to sth
**exportación** f export
**exportador** m, ~a f exporter
**exportar** ⟨1a⟩ v/t export
**exposición** f exhibition
◇ **exposición itinerante** traveling exhibition, *Br* travelling exhibition
◇ **exposición universal** world fair
**exposímetro** m FOT light meter
**expositor** m, ~a f exhibitor
**exprés** m ☞ **expreso**
**expresamente** adv specifically, expressly
**expresar** ⟨1a⟩ v/t express; **expresarse** v/r express o.s.
**expresión** f expression
**expresionismo** m expressionism
**expresionista** m/f & adj expressionist
**expresivo** adj expressive
**expreso** I adj express atr; **tren ~** express (train) II m **1** *tren* express (train) **2** *café* espresso
**exprimidor** m lemon squeezer; *eléctrico* juicer
**exprimir** ⟨3a⟩ v/t squeeze; (*explotar*) exploit
**expropiación** f expropriation
◇ **expropiación forzosa** compulsory purchase
**expropiar** ⟨1b⟩ v/t expropriate
**expuesto** I *part* ☞ **exponer** II adj **1** exposed **2** (*peligroso*) dangerous
**expugnar** ⟨1a⟩ v/t take by storm
**expulsar** ⟨1a⟩ v/t **1** expel, throw out F **2** DEP expel from the game, *Br* send off
**expulsión** f **1** expulsion **2** DEP expelling from the game, *Br* sending off
**expulsor** m TÉC ejector
**expurgar** ⟨1h⟩ v/t expurgate
**expuso** vb ☞ **exponer**
**exquisitez** f **1** *cualidad* exquisiteness **2** (*cosa exquisita*) delicacy
**exquisito** adj **1** *comida* delicious **2** (*bello*) exquisite **3** (*refinado*) refined
**extasiarse** ⟨1c⟩ v/r be enraptured, go

into raptures
**éxtasis** m tb *droga* ecstasy
**extender** ⟨2g⟩ v/t **1** *brazos* stretch out; *tela, papel* spread out; **me extendió la mano** she held out her hand to me **2** (*untar*) spread **3** (*ampliar*) extend; **extenderse** v/r **1** *de campos* stretch **2** *de influencia* extend **3** (*difundirse*) spread **4** (*durar*) last **5** (*explayarse*) go into detail
**extendido** I *part* ☞ **extender** II adj **1** *costumbre* widespread **2** *brazos* outstretched; *mapa* spread out
**extensamente** adv extensively
**extensible** adj extending
**extensión** f **1** tb TELEC extension; **por ~** by extension **2** *superficie* expanse, area; **en toda la ~ de la palabra** in the broadest sense of the word
**extensivo** adj extensive; **hacer algo ~ a** extend sth to, apply sth to; **ser ~ a** extend to, apply to
**extenso** adj **1** extensive, vast; *informe* lengthy, long **2**: **por ~** in full
**extensor** I adj extensor II m DEP chest expander
**extenuación** f exhaustion
**extenuante** adj exhausting
**extenuar** ⟨1e⟩ v/t exhaust, tire out; **extenuarse** v/r exhaust o.s., tire o.s. out
**exterior** I adj **1** *aspecto* external, outward; *capa* outer; **la parte ~ del edificio** the exterior o the outside of the building **2** *apartamento* overlooking the street **3** POL foreign; **deudas ~es** foreign debt sg
II m **1** (*fachada*) exterior, outside **2** *aspecto* exterior, outward appearance **3**: **viajar al ~** (*al extranjero*) travel abroad **4**: **~es** pl TV etc location shots; **rodar en ~es** film on location
◇ **exterior central** en *béisbol* center field
◇ **exterior centro** en *béisbol* center fielder
**exteriorizar** ⟨1f⟩ v/t externalize
**exteriormente** adv outwardly, on the outside, externally
**exterminación** f ☞ **exterminio**
**exterminar** ⟨1a⟩ v/t exterminate, wipe out
**exterminio** m extermination
**externalización** f **1** PSI externalization **2** COM outsourcing

**externalizar** ⟨1f⟩ v/t **1** PSI externalize **2** COM outsource

**externo I** adj **1** aspecto external, outward; influencia external, outside; capa outer **2** deuda foreign **II** m,-a f EDU student who attends a boarding school but returns home each evening, Br day boy / girl

**extinción** f: **en peligro de ~** threatened with extinction, facing extinction

**extinguidor** m L.Am. **~ (de incendios)** (fire) extinguisher

**extinguir** ⟨3d⟩ v/t **1** BIO, ZO wipe out **2** fuego extinguish, put out; **extinguirse** v/r **1** BIO, ZO become extinct, die out **2** de fuego go out **3** de plazo expire

**extinto** adj extinct

**extintor** m fire extinguisher

**extirpación** f **1** MED removal **2** de vicio eradication

**extirpar** ⟨1a⟩ v/t **1** MED remove **2** vicio eradicate, stamp out

**extorsión** f extortion

**extorsionar** ⟨1a⟩ v/t extort money from

**extorsionista** m/f extortionist

**extra I** adj **1** excelente top quality **2** adicional extra; **horas ~** pl overtime sg; **paga ~** extra month's pay **II** m/f de cine extra **III** m **1** gasto additional expense **2** AUTO extra

**extracción** f **1** extraction; **~ de sangre** taking blood **2**: **de baja ~** of lowly origins, of humble extraction

**extracomunitario** adj non-EU

**extraconyugal** adj extramarital

**extracto** m **1** extract **2** (resumen) summary **3** GASTR, QUÍM extract, essence; **~ de carne** beef extract

◇ **extracto de cuenta** bank statement

**extractor** m extractor

◇ **extractor de humos** extractor fan

**extradición** f extradition

**extraditar** ⟨1a⟩ v/t extradite

**extraer** ⟨2p⟩ v/t **1** extract, pull out **2** conclusión draw

**extraescolar** adj after-school

**extrafino** adj extra fine

**extraíble** adj removable

**extrajudicial** adj out-of-court

**extralimitarse** ⟨1a⟩ v/r go too far, exceed one's authority

**extramarital** adj extramarital

**extramatrimonial** adj extramarital

**extramuros** adv outside the city, out of town

**extranjería** f: **ley de ~** immigration laws pl; **oficina de ~** INS, Immigration and Naturalization Service

**extranjerismo** m LING loan word

**extranjero I** adj foreign **II** m,-a f foreigner **III** m: **en el ~** abroad

**extranjis**: **de ~** F on the quiet F, on the sly F

**extrañar** ⟨1a⟩ v/t L.Am. miss; **extrañarse** v/r be surprised (**de** at); **no me extrañaría** I wouldn't be surprised; **no es de ~ que** it's not surprising that

**extrañeza** f **1** strangeness, oddness **2** (sorpresa) surprise, astonishment

**extraño I** adj strange, odd **II** m,-a f stranger

**extraoficial** adj unofficial

**extraordinario I** adj extraordinary; **horas -as** overtime sg **II** m special issue

**extraparlamentario** adj extraparliamentary

**extrapolable** adj: **esta solución no es ~ a otras partes del mundo** this solution cannot be exported to other parts of the world

**extrapolación** f extrapolation

**extrapolar** ⟨1a⟩ v/t extrapolate

**extrarradio** m outlying districts pl, outskirts pl

**extrasensorial** adj extrasensory

**extraterrestre** adj extraterrestrial, alien

**extravagancia** f eccentric behavior o Br behaviour; **una de sus ~s** one of his eccentricities

**extravagante I** adj eccentric **II** m/f eccentric

**extravertido I** adj extrovert **II** m,-a f extrovert

**extraviado** adj **1** lugar out of the way **2** perro lost, stray

**extraviar** ⟨1c⟩ v/t lose, mislay; **extraviarse** v/r get lost, lose one's way

**extravío** m loss

**extremadamente** adv extremely

**extremado** adj extreme

**extremar** ⟨1a⟩ v/t maximize; **extremarse** v/r take great care (**en** over)

**extremaunción** f REL extreme unction

**extremeño I** adj Extremaduran **II** m,-a f Extremaduran

**extremidad** f **1** end **2**: **~es** pl ANAT extremities

**extremismo** *m* POL extremism
**extremista I** *adj* extreme **II** *m/f* POL extremist
**extremo I** *adj* **1** extreme **2** POL: *la -a derecha / izquierda* the far right / left **II** *m* **1** extreme; *ir o pasar de un ~ a otro* go from one extreme to another; *los ~s se tocan* opposites attract; *en ~* in the extreme **2** *parte primera o última* end **3** (*punto*) point; *llegar al ~ de* reach the point of **III** *m/f*: *~ derecho / izquierdo* DEP right / left wing
**extrínseco** *adj* extrinsic
**extrovertido I** *adj* extrovert **II** *m,-a f* extrovert

**exuberancia** *f* **1** exuberance **2** *de vegetación* lushness
**exuberante** *adj* **1** exuberant **2** *vegetación* lush
**exudación** *f* exudation
**exudar** ⟨1a⟩ *v/t* exude
**exultante** *adj* elated
**exultar** ⟨1a⟩ *v/i* exult, rejoice (*de* with)
**exvoto** *m* ex-voto, votive offering
**eyaculación** *f* ejaculation
**eyacular** ⟨1a⟩ *v/t & v/i* ejaculate
**eyección** *f* ejection
**eyectar** ⟨1a⟩ *v/t* eject

# F

**fa** *m* F; *~ sostenido* F sharp
**fabada** *f* GASTR *Asturian stew with pork sausage, bacon and beans*
**fábrica** *f* **1** plant, factory; *en ~* COM *de precio* ex works **2** ARQUI stonework; *de ~* stone *atr*
◇ **fábrica de sueños** *fig* dream factory
**fabricación** *f* manufacturing
◇ **fabricación en serie** mass production
**fabricante** *m/f* manufacturer, maker
**fabricar** ⟨1g⟩ *v/t* manufacture, make
**fabril** *adj* manufacturing *atr*
**fábula** *f* **1** fable; *de ~* F fabulous, terrific **2** (*mentira*) lie
**fabulador** *m,-a f fig* person with a vivid imagination; *es un ~* he has a vivid imagination, he lets his imagination run away with him
**fabular** ⟨1a⟩ *v/t* make up, invent
**fabulista** *m/f* fabulist, writer of fables
**fabuloso** *adj* fabulous, marvelous, *Br* marvellous
**facción** *f* **1** POL faction **2**: *facciones pl* (*rasgos*) features
**faccioso I** *adj* rebel *atr* **II** *m,-a f* rebel
**faceta** *f tb fig* facet
**facha I** *f* **1** look **2** (*cara*) face **II** *m/f desp* fascist
**fachada** *f tb fig* façade
**facho** *m,-a f L.Am. desp* fascist
**facial** *adj* facial
**fácil I** *adj* **1** easy; *~ de entender* easy to understand; *~ de manejar* easy to use,

user-friendly; *~ de usar* user-friendly; *eso se dice ~* that's easy for you / him etc to say, that's easily said; *ponerlo ~ a alguien* make things *o* life easy for s.o.; *sería lo más ~* that would be easiest *o* simplest
**2**: *mujer ~* loose woman
**3**: *es ~ que* it's likely that
**facilidad** *f* ease; *con ~* easily; *~ de manejo / uso* user-friendliness; *tener ~ para algo* have a gift for sth; *tener ~ de palabra* have a way with words
◇ **facilidades de pago** credit facilities, credit terms
**facilitar** ⟨1a⟩ *v/t* **1** facilitate, make easier **2** (*hacer factible*) make possible **3** *medios, dinero etc* provide
**fácilmente** *adv* easily
**facilón** *adj* F very easy, dead easy F
**facineroso I** *adj* criminal **II** *m,-a f* criminal
**facistol** *m* lectern
**facsímil(e)** *m* facsimile
**factible** *adj* feasible
**fáctico** *adj* factual
**factor** *m* factor
◇ **factor de protección** protection factor; **factor Rhesus** rhesus factor; **factor de riesgo** risk factor
**factoría** *f esp L.Am.* plant, factory
**factoring** *m* COM factoring
**factura** *f* COM invoice; *de luz, gas etc* bill; *seguro que luego te pasa la ~* I'm sure there'll be a price to pay; *to-*

***dos los excesos de su juventud le están empezando a pasar*** ~ he's starting to pay the price for all his youthful excesses, all his youthful excesses are starting to take their toll

**facturación** f **1** COM invoicing **2** (*volumen de negocio*) turnover **3** AVIA check-in

**facturar** ⟨1a⟩ v/t **1** COM invoice, bill **2** *volumen de negocio* turn over **3** AVIA check in

**facultad** f **1** EDU, *de la vista* faculty **2** (*autoridad*) authority **3**: ~*es* pl *mentales* faculties

**facultar** ⟨1a⟩ v/t: ~ *a alguien para hacer algo* authorize s.o. to do sth

**facultativo I** adj optional **II** m, -a f doctor, physician

**facundo** adj eloquent

**faena** f **1** task, job; ~*s agrícolas* farmwork sg; ~*s de la casa* household chores **2** TAUR *series of passes with the cape* **3**: *hacer una* ~ *a alguien* play a dirty trick on s.o. **4** Chi, Rpl *de ganado* slaughtering

**faenar** ⟨1a⟩ **I** v/t Chi, Rpl *ganado* slaughter **II** v/i fish

**fagot** MÚS **I** m *instrumento* bassoon **II** m/f *músico* bassoonist

**faisán** m ZO pheasant

**faja** f *prenda interior* girdle; (*banda*) sash

**fajar** ⟨1a⟩ **I** v/t *herida* dress; *brazo, pierna* bandage; *paquete* tie up **II** v/i Méx F (*enrollarse*) neck F; **fajarse** v/r Méx, Ven F **1** get into a fight **2** (*enrollarse*) neck F

**fajín** m sash

**fajo** m *de billetes* wad; *de periódicos* bundle

**falacia** f **1** fallacy **2** (*engaño*) fraud

**falange** f **1** ANAT phalange **2** MIL phalanx

**falaz** adj false

**falda** f **1** skirt; ***ser muy aficionado a las*** ~***s*** fig be a ladies' man; ***por un asunto de*** ~***s*** *dejar de hablarse* because of some woman or other; ***por un asunto de*** ~***s con una de las empleadas*** because of his affair with one of the employees **2** *de montaña* side
◇ **falda pantalón** divided skirt, culottes pl; **falda plisada** pleated skirt; **falda recta** straight skirt; **falda tableada** pleated skirt

**faldero** adj: *perro* ~ lap dog

**faldón** m tail

**falencia** f *L.Am.* bankruptcy

**falibilidad** f fallibility

**falible** adj fallible

**fálico** adj phallic; ***símbolo*** ~ phallic symbol

**falla** f **1** GEOL fault; ***la*** ~ ***de San Andrés*** the San Andreas Fault **2** *de fabricación* flaw **3**: ~*s* pl *celebrations held in Valencia to mark the feast day of St Joseph*

**fallar** ⟨1a⟩ **I** v/i **1** fail **2** (*no acertar*) miss **3** *de sistema etc* go wrong **4** JUR find (***en favor de*** for; ***en contra de*** against) **5**: ~ *a alguien* let s.o. down **II** v/t **1** JUR pronounce judg(e)ment in **2** *pregunta* get wrong **3**: ~ *el tiro* miss

**fallecer** ⟨2d⟩ v/i pass away

**fallecido** m, -a f deceased

**fallecimiento** m demise, passing

**fallero 1** adj relating to the Fallas **2** m, -a f person taking part in the Fallas

**fallido** adj **1** *esfuerzo* failed, unsuccessful **2**: *disparo* ~ DEP miss

**fallo** m **1** mistake; ~ ***del sistema*** INFOR system error **2** TÉC fault **3** JUR judg(e)ment
◇ **fallo cardíaco** heart failure
◇ **fallo humano** human error

**falo** m phallus

**falocracia** f male chauvinism

**falsamente** adv falsely

**falseador** m, ~a f ☞ **falsificador**

**falseamiento** m *de la verdad, los hechos* distortion

**falsear** ⟨1a⟩ v/t falsify

**falsedad** f **1** falseness **2** (*mentira*) lie

**falsete** m MÚS falsetto

**falsificación** f *de moneda* counterfeiting; *de documentos, firma* forgery

**falsificador** m, ~a f *de moneda* counterfeiter; *de documentos, firma* forger

**falsificar** ⟨1g⟩ v/t *moneda* counterfeit; *documento, firma* forge, falsify

**falso** adj **1** false **2** *joyas* fake; *documento, firma* forged; *monedas, billetes* counterfeit **3**: *jurar o declarar en* ~ commit perjury **4** *persona* false

**falta** f **1** (*escasez*) lack, want; ~ *de* lack of, shortage of; *a o por* ~ *de* due to o for lack of; *por* ~ *de tiempo* due to o for through lack of time; *por* ~ *de capital* for lack of capital
**2** (*error*) mistake; *sin* ~*s* perfect

**3** (*ausencia*) absence; **echar en ~ a alguien** miss s.o.

**4** *en tenis* fault; *en fútbol, baloncesto* foul; **hacer una ~** *en fútbol* commit a foul, foul; **hacerle ~ a alguien** foul s.o.; **doble ~** *en tenis* double fault; **cometer doble ~** double-fault

**5** DEP (*tiro libre*) free kick; **lanzar una ~** take a free kick; **marcar de ~** score from a free kick; **pitar ~** blow one's whistle for a free kick

**6**: **hacer ~** be necessary; **buena ~ le hace** it's about time; **no me hace ~** I don't need it; **ni ~ que hace** he / it won't be missed, he's / it's no great loss

**7**: **sin ~** without fail
◇ **falta antideportiva** *en baloncesto* unsportsmanlike foul; **falta en ataque** *en baloncesto* offensive foul; **falta libre** *en fútbol* free kick; **falta libre directa** *en fútbol* direct free kick; **falta libre indirecta** *en fútbol* indirect free kick; **falta personal** *en baloncesto* personal foul

**faltante** *m L.Am.* deficit

**faltar** ⟨1a⟩ *v/i* **1** be missing; **cuando falten mis padres** when my parents die **2** (*quedar*): **falta una hora** there's an hour to go; **faltan 10 kilómetros** there are 10 kilometers to go; **sólo falta hacer la salsa** there's only the sauce to do; **falta poco para las diez** it's almost *o* nearly ten o'clock; **falta poco para que empiece la película** it won't be long before the film starts, the film will be starting soon; **faltó poco para que me cayera** I almost *o* nearly fell; **y por si faltaba algo ...** and as if that wasn't enough ...

**3**: **~ a** be absent from; **~ a clase** miss class, be absent from class

**4**: **~ a alguien** be disrespectful to s.o.; **~ a su palabra** not keep one's word

**5**: **¡no faltaba *o* faltaría más!** (*por supuesto*) certainly!, of course!; (*de ninguna manera*) certainly not!; **¡lo que faltaba!** that's all I / we *etc* needed!

**falto** *adj*: **~ de** lacking in, devoid of; **~ de recursos** short of resources

**faltón** *adj* F nervy F, *Br* cheeky F; **es muy ~** he's got real nerve, *Br* he's got the cheek of the devil

**faltriquera** *f* pouch

**falúa** *f* MAR tender; **de vela** felucca

**fama** *f* **1** fame; **de ~ mundial** world-famous **2** (*reputación*) reputation; **tener mala ~** have a bad reputation

**famélico** *adj* starving

**familia** *f* family; **sentirse como en ~** feel at home; **ser de la ~** be one of the family; **de buena ~** from a good family
◇ **familia numerosa** large family

**familiar I** *adj* **1** family *atr*; **envase ~** family-size pack **2** (*conocido*) familiar; **su cara me es *o* resulta ~** his face is familiar **3** LING colloquial **II** *m/f* relation, relative

**familiaridad** *f* familiarity

**familiarizar** ⟨1f⟩ *v/t* familiarize (**con** with); **familiarizarse** *v/r* familiarize o.s. (**con** with)

**famoso I** *adj* famous **II** *m*, -a *f* celebrity; **los ~s** celebrities, famous people *pl*

**fan** *m/f* fan

**fanático I** *adj* fanatical **II** *m*, -a *f* fanatic

**fanatismo** *m* fanaticism

**fandango** *m* fandango

**faneca** *f* type of fish common in the Mediterranean

**fanfarria** *f* brass band

**fanfarrón I** *adj* boastful **II** *m*, -ona *f* boaster

**fanfarronada** *f* boast

**fanfarronear** ⟨1a⟩ *v/i* boast, brag

**fanfarronería** *f* boasting, bragging

**fango** *m tb fig* mud; **aplicación de ~** MED mud wrap; **arrastrar por el ~** *fig* drag through the mud; **cubrir de ~** *fig* cast slurs on, attack; **su nombre quedó cubierto de ~** his name was mud F

**fangoso** *adj* muddy

**fantasear** ⟨1a⟩ *v/i* fantasize

**fantasía** *f* **1** fantasy **2** (*imaginación*) imagination **3**: **joyas de ~** costume jewelry *o Br* jewellery

**fantasioso** *adj*: **es una -a** she tends to imagine things *o* to fantasize

**fantasma I** *m* ghost; *fig* specter, *Br* spectre **II** *m/f* F show-off F

**fantasmagórico** *adj* fantastical, dreamlike

**fantasmal** *adj* ghostly

**fantasmón** *adj* F bigheaded F

**fantástico** *adj* fantastic

**fantoche** *m* puppet; F sight F

**fanzine** *m* fanzine

**faquir** *m* fakir

**faralá** *m*: **traje de faralaes** flounced dress (*as worn by flamenco dancers*)

**farándula** *f* show business; **el mundo de la ~** show business, show biz F

**faraónico** *adj* **1** of the pharaohs, Pharaonic *fml* **2** *fig* massive, enormous

**fardar** ⟨1a⟩ *v/i*: **~ de algo** F boast about sth, show off about sth

**fardo** *m* bundle

**farero** *m* lighthouse-keeper

**farfullar** ⟨1a⟩ *v/t* & *v/i* gabble, jabber

**farfullero** *m*, **-a** *f* jabberer

**faringe** *f* ANAT pharynx

**faringitis** *f* MED inflammation of the pharynx, pharyngitis

**fariña** *f* S.Am. manioc flour, cassava

**fario** *m*: **mal ~** F bad luck; **le persigue el mal ~** he is plagued by bad luck

**farisaico** *adj* *fig* hypocritical

**fariseo** *m*, **-a** *f* *fig* hypocrite

**farmacéutico I** *adj* pharmaceutical; **industria -a** pharmaceutical industry, pharmaceuticals **II** *m*, **-a** *f* pharmacist, *Br* chemist

**farmacia** *f* **1** pharmacy, *Br tb* chemist's **2** *estudios* pharmacy
◇ **farmacia de guardia** 24-hour pharmacy, *Br tb* emergency chemist

**fármaco** *m* medicine

**farmacología** *f* pharmacology

**farmacólogo** *m*, **-a** *f* pharmacologist

**faro** *m* **1** MAR lighthouse **2** AUTO headlight, headlamp
◇ **faro antiniebla** fog light
◇ **faro halógeno** halogen headlight *o* headlamp

**farol** *m* **1** lantern **2** (*farola*) streetlight, streetlamp **3** *en juegos de cartas* bluff; **tirarse un ~** F (*presumir*) shoot a line F

**farola** *f* streetlight, streetlamp

**faroleo** *m* F shooting a line F

**farolero** *m*, **-a** *f* blowhard F, boaster

**farolillo** *m* **1** Chinese lantern **2** BOT Canterbury bell **3**: **ser el ~ rojo** *fig* F be bottom of the league

**farra** *f* L.Am. F partying; **irse de ~** go out on the town F

**fárrago** *m* jumble, farrago *fml*

**farragoso** *adj* *texto* dense

**farrear** ⟨1a⟩ *v/i* L.Am. F go out on the town F

**farrista** *adj* L.Am. hard-drinking

**farruco** *adj* F cocky F

**farsa** *f tb* *fig* farce

**farsante** *m/f* fraud, fake

**FAS** *fpl abr* (= **Fuerzas Armadas**) armed forces

**fas**: **por ~ o por nefas** for some reason or another

**fascículo** *m* installment, *Br* instalment

**fascinación** *f* fascination

**fascinante** *adj* fascinating

**fascinar** ⟨1a⟩ *v/t* fascinate

**fascismo** *m* fascism

**fascista** *m/f* & *adj* fascist

**fase** *f* phase

**faso** *m* *Rpl* F cigarette, *Br tb* fag F

**fastidiado** *adj*: **estoy ~** F I'm not feeling too great

**fastidiar** ⟨1b⟩ **I** *v/t* **1** annoy; **¿no te fastidia?** F would you believe *o* credit it! **2** F (*estropear*) spoil **II** *v/i*: **¡no fastidies!** F you're kidding! F; **fastidiarse** *v/r* **1** grin and bear it; **si no les gusta que se fastidien** if they don't like it they can lump it

**fastidio** *m* annoyance; **¡qué ~!** what a nuisance!

**fastidioso** *adj* annoying

**fasto** *m* splendor, *Br* splendour

**fastuosidad** *f* lavishness

**fastuoso** *adj* lavish

**fatal I** *adj* **1** fatal **2** (*muy malo*) dreadful, awful **II** *adv* very badly; **lo he pasado ~** F I had an awful time

**fatalidad** *f* misfortune

**fatalismo** *m* fatalism

**fatalista I** *adj* fatalistic **II** *m/f* fatalist

**fatídico** *adj* fateful

**fatiga** *f* tiredness, fatigue

**fatigado** *adj* tired

**fatigar** ⟨1h⟩ *v/t* tire; **fatigarse** *v/r* get tired

**fatuo** *adj* **1** conceited **2** (*necio*) fatuous

**fauces** *fpl* ZO jaws

**faul** *f* L.Am. foul

**faulear** ⟨1a⟩ *v/t* L.Am. foul

**fauna** *f* fauna

**fauno** *m* MYTH faun

**favor** *m* **1** favor, *Br* favour; **hacer un ~** do a favor; **¿me harías el ~ de echarme esta carta?** could you do me a favor and mail this letter for me?, could you (please) mail this letter for me?; **haz el ~ de callarte** would you please be quiet!; **pedir un ~ a alguien** ask s.o. for a favor **2** *en locuciones*: **a ~ de** in

favor *o Br* favour of; **por ~** please
**favorable** *adj* favorable, *Br* favourable
**favorecedor** *adj* flattering
**favorecer** ⟨2d⟩ *v/t* **1** favor, *Br* favour **2** *de ropa, color* suit
**favorecido** *m*, **-a** *f L.Am.* winner
**favoritismo** *m* favoritism, *Br* favouritism
**favorito I** *adj* favorite, *Br* favourite **II** *m*, **-a** *f* favorite, *Br* favourite
**fax** *m* fax; **enviar un ~ a alguien** send s.o. a fax, fax s.o.
**faxear** ⟨1a⟩ *v/t* fax, send by fax
**fayuca** *f Méx* smuggling
**fayuquear** ⟨1a⟩ *v/t Méx* smuggle
**fayuquero** *m*, **-a** *f Méx* dealer in smuggled goods
**faz** *f* face
**F.C.** *abr* (= **Fútbol Club**) FC (= Football Club)
**fdo.** *abr* (= **firmado**) signed
**fe** *f* **1** faith (**en** in); **tener ~ en** believe in, have faith in; **la ~ mueve montañas** faith moves mountains **2** (*intención*): **de buena / mala ~** in good / bad faith **3**: **dar ~ de** testify to; **dar ~ de que** vouch for the fact that; JUR testify that
◇ **fe de erratas** errata *pl*
**fealdad** *f* ugliness
**feb.** *abr* (= **febrero**) Feb. (= February)
**febrero** *m* February
**febrícula** *f* slight fever, *Br* slight temperature
**febril** *adj* feverish
**fecal** *adj* fecal, *Br tb* faecal
**fecha** *f* date; **hasta la ~** to date; **en estas ~s** at this time of year; **sin ~** undated
◇ **fecha de caducidad** *de medicamento* expiry date; *de alimento* use-by date; **fecha límite de consumo** best before date; **fecha de nacimiento** date of birth
**fechador** *m Chi, Méx* postmark
**fechar** ⟨1a⟩ *v/t* date; **fechado el ...** dated the ...
**fechoría** *f* misdemeanor, *Br* misdemeanour
**fécula** *f* starch
**fecundación** *f* fertilization
◇ **fecundación artificial** artificial insemination
◇ **fecundación in vitro** MED in vitro fertilization
**fecundar** ⟨1a⟩ *v/t* fertilize

**fecundidad** *f* fertility, fecundity *fml*
**fecundizar** ⟨1f⟩ *v/t* fertilize
**fecundo** *adj* fertile, fecund *fml*
**FEDER** *m abr* (= **Fondo Europeo de Desarrollo Regional**) ERDF (= European Regional Development Fund)
**federación** *f* federation
**federal** *adj* federal
**federalismo** *m* federalism
**federar** ⟨1a⟩ *v/t* form into a federation, federate; **federarse** *v/r* form a federation, federate
**féferes** *mpl L.Am.* junk *sg* F, bits and pieces F
**felación** *f* fellatio
**feldespato** *m* MIN feldspar
**felicidad** *f* **1** happiness **2**: **¡~es!** congratulations!
**felicitación** *f* **1** letter of congratulations **2**: **¡felicitaciones!** congratulations!
**felicitar** ⟨1a⟩ *v/t* congratulate (**por** on)
**feligrés** *m*, **-esa** *f* REL parishioner
**felino I** *adj tb fig* feline **II** *m*, **-a** *f* feline, cat
**feliz** *adj* happy; **¡~ Navidad!** Merry Christmas!; **¡~ Año Nuevo!** Happy New Year!
**felonía** *f* crime, felony
**felpa** *f* toweling, *Br* towelling
**felpudo I** *adj abrigo, tejido* plush; *pijama, sábanas* soft, downy **II** *m* doormat
**femenil** *adj Méx* women's *atr*
**femenino I** *adj* **1** feminine **2** *moda, equipo* women's *atr* **II** GRAM feminine
**femin(e)idad** *f* femininity
**feminismo** *m* feminism
**feminista** *m/f* & *adj* feminist
**fémur** *m* ANAT femur
**fenecer** ⟨2d⟩ *v/i* pass away
**fenecimiento** *m* passing, demise *fml*
**fenicio I** *adj* Phoenician **II** *m*, **-a** *f* Phoenician
**fénico** *adj*: **ácido ~** QUÍM phenol, carbolic acid
**fénix** *m* MYTH phenix, *Br* phoenix
**fenol** *m* QUÍM phenol, carbolic acid
**fenomenal I** *adj* F fantastic F, phenomenal F **II** *adv*: **lo pasé ~** F I had a fantastic time F
**fenómeno I** *m* **1** phenomenon **2** *persona* genius **II** *adj* F fantastic F, great F
**fenotipo** *m* BIO phenotype
**feo I** *adj* ugly; *fig* nasty; **la(s) cosa(s) se pone(n) ~(s)** *fig* things are looking

grim **II** *m*: **hacer un ~ a alguien** F snub s.o. **III** *adv Méx oler, saber* bad

**féretro** *m* casket, coffin

**feria** *f* **1** COM fair **2** *L.Am.* (*mercado*) market **3** *Méx* (*calderilla*) small change ◊ **feria de muestras** trade fair

**feriado I** *adj L.Am.* **día ~** (public) holiday **II** *m L.Am.* (public) holiday; **abierto ~s** open on public holidays

**ferial I** *adj*: **recinto ~** fairground **II** *m* fair

**feriante** *m/f* exhibitor

**fermentación** *f* fermentation

**fermentar** ⟨1a⟩ *v/t* ferment

**fermento** *m* ferment

**ferocidad** *f* ferocity

**feroz** *adj* fierce; (*cruel*) cruel

**férreo** *adj* **1** *tb fig* iron *atr* **2** *del ferrocarril* rail *atr*

**ferretería** *f* hardware store, *Br tb* ironmonger's

**ferretero** *m*, **-a** *f* hardware dealer, *Br tb* ironmonger

**ferrocarril** *m* **1** railroad, *Br* railway **2** *Urug en examen* cheat sheet, *Br* crib

**ferrocarrilero** *m L.Am.* railroad *o Br* railway worker

**ferroviario I** *adj* rail *atr* **II** *m*, **-a** *f* railroad *o Br* railway worker

**ferry** *m* ferry

**fértil** *adj* fertile; **en edad ~** of child-bearing age

**fertilidad** *f* fertility

**fertilización** *f* fertilization ◊ **fertilización in vitro** MED in vitro fertilization, IVF

**fertilizante** *m* fertilizer

**fertilizar** ⟨1f⟩ *v/t* fertilize

**ferviente** *adj fig* fervent

**fervor** *m* fervor, *Br* fervour

**fervoroso** *adj* fervent

**festejar** ⟨1a⟩ *v/t* **1** *persona* wine and dine **2** *L.Am.* celebrate

**festejo** *m* celebration; **~s** *pl* festivities

**festín** *m* banquet

**festival** *m* festival; **~ cinematográfico** film festival; **~ de música** music festival

**festividad** *f* feast; **~es** *pl* festivities

**festivo** *adj* festive

**feta** *f Rpl* slice

**fetal** *adj* fetal

**fetén I** *adj* F **1** (*auténtico*) real, genuine; **es ~** it's the real McCoy *o* the real thing F, it's the genuine article F **2** (*estupendo*) fantastic F, terrific F **II** *f* F truth; **es la pura ~** it's the pure and simple truth

**fetiche** *m* fetish

**fetichismo** *m* fetishism

**fetichista I** *adj* fetishistic **II** *m/f* fetishist

**fétido** *adj* fetid

**feto** *m* fetus, *Br tb* foetus

**feúcho** *adj* F homely, plain

**feudal** *adj* feudal

**feudalismo** *m* feudalism

**feudo** *m* **1** *fig* domain **2**: **jugar en su ~** DEP play at home

**fez** *m* fez

**FF. AA.** *abr* (= **Fuerzas Armadas**) armed forces

**FF. CC.** *abr* (= **ferrocarriles**) railroads, *Br* railways

**fiable** *adj* trustworthy; *datos, máquina etc* reliable

**fiado** *adj*: **al ~** F on credit

**fiador I** *m* TÉC safety catch **II** *m*, **-a** *f* JUR guarantor; **salir ~ de alguien** act as guarantor for s.o.

**fiambre** *m* **1** cold cut, *Br* cold meat **2** P (*cadáver*) stiff P

**fiambrera** *f* lunch pail, *Br* lunch box

**fiambrería** *f L.Am.* delicatessen

**fianza** *f* **1** deposit **2** JUR bail; **bajo ~** on bail

**fiar** ⟨1c⟩ **I** *v/i* **1** give credit **2**: **ser de ~** be trustworthy **II** *v/t* COM sell on credit; **fiarse** *v/r*: **~ de alguien** trust s.o.; **no me fío** I don't trust him / them *etc*

**fiasco** *m* fiasco

**fibra** *f* **1** *en tejido, alimento* fiber, *Br* fibre **2** *Méx* (*estropajo*) scourer ◊ **fibra de vidrio** fiberglass, *Br* fibreglass; **fibra muscular / nerviosa** ANAT muscle / nerve fiber *o Br* fibre; **fibra óptica** optical fiber *o Br* fibre; **fibra sintética** synthetic *o* man-made fiber *o Br* fibre

**fibrilación** *f* MED fibrillation

**fibroso** *adj* fibrous

**ficción** *f* fiction

**ficha** *f* **1** file card, index card **2** *en juegos de mesa* counter; *en un casino* chip; *en damas* checker, *Br* draught; *en ajedrez* man, piece **3** TELEC token **4** *L.Am.* **ser una ~** F be tough *o* formidable

**fichaje** *m* DEP signing

**fichar** ⟨1a⟩ **I** *v/t* **1** DEP *jugador* sign up **2** JUR open a file on; **la policía le tiene fichado** he's got a (criminal) record **II**

*v/i* DEP sign (up) (*por* for)

**fichero** *m* **1** file cabinet, *Br* filing cabinet **2** INFOR file

◇ **fichero adjunto** INFOR attachment

**ficticio** *adj* fictitious

**ficus** *m* BOT rubber plant

**fidedigno** *adj* reliable

**fideicomisario** *m*, **-a** *f* trustee

**fideicomiso** *m* trust

**fidelidad** *f* fidelity; *alta* ~ high fidelity, hi-fi

**fideo** *m* noodle

**fiduciario I** *adj* fiduciary; *circulación -a* fiduciary currency **II** *m*, **-a** *f* fiduciary, trustee

**fiebre** *f* fever; *tiene (mucha)* ~ he's got a (high) temperature

◇ **fiebre amarilla** yellow fever; **fiebre del heno** hay fever; **fiebre del oro** gold fever; *fenómeno* gold rush; **fiebre palúdica** malaria

**fiel I** *adj* faithful; (*leal*) loyal **II** *mpl*: *los ~es* REL the faithful *pl*

**fieltro** *m* felt; (*sombrero de*) ~ felt hat

**fiera** *f* wild animal; *ponerse hecho una* ~ F go wild

**fiero** *adj* fierce

**fierrero** *m*, **-a** *f* L.Am. weightlifter

**fierro** *m* L.Am. **1** iron **2** *en ganado* brand **3** F (*pistola*) gun

**fiesta** *f* **1** festival; *¡felices ~s! de pueblo* enjoy the fiesta!; *en Navidad* Happy Holidays!, Merry Christmas! **2** (*reunión social*) party; *estar de* ~ be in a party mood; *no estar para ~s* be in no mood for jokes; *¡se acabó la ~!* the party's over! **3** (*día festivo*) public holiday; *hacer* ~ have a day off

◇ **fiesta de guardar** REL day of obligation; **fiesta mayor** major festival; **fiesta nacional** public holiday; **fiesta de precepto** REL day of obligation

**FIFA** *f abr* (= *Fédération Internationale de Football Association*) FIFA

**fifar** ⟨1a⟩ *v/t & v/i Rpl* V fuck V, screw V

**fifí** *m* L.Am. P (*afeminado*) sissy F

**figura** *f* **1** figure; *tener buena* ~ have a good figure **2** (*estatuilla*) figurine **2** (*forma*) shape **3** *naipes* face card, *Br* picture card

◇ **figura paterna** father figure

**figuración** *f* **1** *de cine* extras *pl* **2**: *son figuraciones tuyas* it's a figment of your imagination, you're imagining

things

**figurado** *adj* figurative; *sentido* ~ figurative sense

**figurante** *m*, **-a** *f en película* extra; TEA walk-on

**figurar** ⟨1a⟩ **I** *v/i* appear (*en* in); *aquí figura como* ... she appears *o* is down here as ... **II** *v/t* **1** (*simular*) pretend **2** (*representar*) represent; **figurarse** *v/r* imagine; *¡figúrate!* just imagine!

**figurita** *f Rpl* picture card

**figurativo** *adj* figurative

**figurilla** *f* figurine

**figurín** *m* **1** design **2** *persona* fashion plate; *ir hecho un* ~ look like a fashion plate

**fijación** *f* **1** *acción* fixing **2** (*obsesión*) fixation

**fijado** *m* FOT fixing

**fijador** *m* **1** FOT, PINT fixative, fixer **2** *para el pelo* hairspray

**fijapelo** *m* hairspray, hair lacquer

**fijar** ⟨1a⟩ *v/t* **1** *espejo, balda* fix; *cartel* stick **2** *fecha, objetivo* set **3** *residencia* establish **4** *atención* focus; **fijarse** *v/r* **1** (*establecerse*) settle **2** (*prestar atención*) pay attention (*en* to); ~ *en algo* (*darse cuenta*) notice sth; *¡fíjate!* look!; *¡fíjate bien!* look closely!; *aviso* be careful!, mind now!

**fijativo** *m* PINT fixative

**fijeza** *f* **1** (*firmeza*) firmness **2** (*persistencia*) persistence

**fijo I** *adj* **1** *espejo, balda* fixed **2** *trabajo* permanent **3** *fecha* definite **4**: *idea -a* idée fixe, obsession **II** *adv*: *mirar* ~ stare at

**fila** *f* **1** line, *Br* queue; *en* ~ *india* in single file

**2** *de asientos* row; *de primera / segunda* ~ first- / second-rate; *en primera* ~ *fig*: *flores, fotos, medallas* prominently displayed; *siempre tiene que estar en primera* ~ he always has to be the center *o Br* centre of attention

**3**: ~*s pl* MIL ranks; *cerrar* ~*s fig* close ranks; *romper* ~*s* break ranks; *llamar a alguien a* ~*s* draft s.o., *Br* call s.o. up

**filamento** *m* **1** thread **2** EL, BOT filament

**filamentoso** *adj textura* stringy

**filantropía** *f* philanthropy

**filantrópico** *adj* philanthropic

**filántropo** *m*, **-a** *f* philanthropist

**filarmónica** *f* philharmonic (orchestra)
**filarmónico** *adj* philharmonic; **orquesta -a** philharmonic (orchestra)
**filatelia** *f* philately, stamp collecting
**filatélico I** *adj* stamp *atr*, philatelic **II** *m*, **-a** *f* ☞ **filatelista**
**filatelista** *m/f* philatelist, stamp collector
**fildeador** *m*, **~a** *f* L.Am. en béisbol fielder
**fildear** ⟨1a⟩ *v/t & v/i* L.Am en béisbol field
**filete** *m* GASTR fillet
**filfa** *f* fake
**filiación** *f* 1 *política* affiliation 2 *datos* personal details *pl*
**filial I** *adj* filial **II** *f* COM subsidiary
**filibustero** *m* HIST buccaneer
**filigrana** *f* filigree; **hacer ~s** *fig* F do marvels
**filípica** *f* diatribe
**Filipinas** *fpl* Philippines
**filipino I** *adj* Philippine, Filipino **II** *m*, **-a** *f* Filipino **III** *idioma* Philipino, Filipino
**filisteo** REL, *fig* **I** *adj* Philistine **II** *m*, **-a** *f* Philistine
**film(e)** *m* movie, film
**filmación** *f* filming, shooting
**filmadora** *f* movie camera, *Br* cine camera
**filmar** ⟨1a⟩ *v/t* film, shoot
**filmografía** *f* movies *pl*, *Br* films *pl*
**filmoteca** *f* film library
**filo** *m* 1 *de mesa* edge 2 *de navaja* cutting edge; **arma de dos ~s o de doble ~** double-edged sword; **estar en el ~ de la navaja** be on a knife edge; **sacar ~ a** sharpen, put an edge on 3: **al ~ de las siete** around 7 o'clock; **al ~ del mediodía** twelve o'clock on the dot, on the stroke of twelve
**filología** *f* philology; **~ hispánica** EDU Spanish language and literature; **~ clásica** EDU classics *sg*
**filológico** *adj* philological
**filólogo** *m*, **-a** *f* philologist
**filón** *m* vein, seam; *fig* goldmine
**filoso** *adj* L.Am. sharp
**filosofal** *adj* philosophical; **la piedra ~** the philosopher's stone
**filosofar** ⟨1a⟩ *v/i* philosophize
**filosofía** *f* philosophy
**filosófico** *adj* philosophical
**filósofo** *m*, **-a** *f* philosopher

**filtración** *f* 1 filtration, filtering 2 (*gotera*) leak
**filtrar** ⟨1a⟩ *v/t* 1 *agua* filter 2 *información* leak; **filtrarse** *v/r* filter (**por** through); *de agua, información* leak
**filtro** *m* filter; **~ (mágico)** *lit* love potion, philter *lit*, *Br* philtre *lit*
◇ **filtro solar** sun cream
**fin** *m* 1 end; **al o por ~** finally, at last; **a ~es de mayo** at the end of May; **sin ~** endless, never-ending; **dar o poner ~ a** *abuso, disputa* put an end to; **tocar a su ~** draw to a close, come to an end
2 (*objetivo*) aim, purpose; **a ~ o con el ~ de que acabemos a tiempo** in order to finish on time, to ensure that we finish on time; **el ~ justifica los medios** the end justifies the means; **a ~ de** in order to
3 *locuciones*: **al ~ y al cabo** at the end of the day, after all; **en ~** anyway
◇ **fin de semana** weekend; **el ~** on the weekend
**finado** *m*, **-a** *f* deceased
**final** *f & adj* final
**final** *m* end; **al ~** in the end; **a ~es de mayo** at the end of May
◇ **final a cuatro** *en baloncesto* final four
**finalidad** *f* purpose, aim
**finalista I** *adj*: **las dos selecciones ~s** the two teams that reached the final **II** *m/f* finalist
**finalización** *f* completion
**finalizado** *adj* complete
**finalizar** ⟨1f⟩ *v/t & v/i* end, finish
**finalmente** *adv* eventually
**financiación** *f*, **financiamiento** *L.Am. m* funding
**financiar** ⟨1b⟩ *v/t* finance, fund
**financiero I** *adj* financial; (*sociedad*) **-a** finance company **II** *m*, **-a** *f* financier
**financista** *m/f* L.Am. financier
**finanzas** *fpl* finances
**finca** *f* 1 (*bien inmueble*) property; **~ rústica / urbana** rural / urban property 2 *L.Am.* (*granja*) farm
**finés I** *adj* Finnish **II** *m*, **-esa** Finn **III** *m idioma* Finnish
**fineza** *f* 1 *cualidad* fineness; **un jarrón de una ~ excepcional** an exceptionally fine vase 2 *dicho* compliment
**fingido** *adj* false

**fingimiento** *m* pretense, *Br* pretence

**fingir** ⟨3c⟩ *v/t* feign *fml*; **fingió no haberlo oído** he pretended he hadn't heard; **fingió dormir** he pretended to be asleep; **fingirse** *v/r*: **~ enfermo** pretend to be ill, feign illness *fml*

**finiquitar** ⟨1a⟩ *v/t* COM settle; *fig: guerra, crisis, relación* put an end to, bring to an end

**finiquito** *m* COM settlement

**finisecular** *adj* turn-of-the-century, fin de siècle

**finito** *adj* finite

**finlandés I** *adj* Finnish **II** *m*, **-esa** *f* Finn **III** *m idioma* Finnish

**Finlandia** *f* Finland

**fino I** *adj* **1** *calidad* fine **2** *libro, tela* thin; (*esbelto*) slim **3** *modales, gusto* refined **4** *sentido de humor* subtle **II** *m* dry sherry, fino

**finolis F I** *adj* affected, precious **II** *m/f* affected *o* precious person

**finta** *f en baloncesto tb* feint

**fintar** ⟨1a⟩ *v/i* feint

**finura** *f* **1** *de calidad* fineness **2** *de tela* thinness; (*esbeltez*) slimness **3** *de modales, gusto* refinement, refined nature **4** *de sentido de humor* subtlety

**firma** *f* **1** signature; *acto* signing; **recoger ~s** collect signatures **2** COM firm

**firmamento** *m* firmament

**firmante** *m/f & adj* signatory

**firmar** ⟨1a⟩ *v/t* sign

**firme I** *adj* **1** firm; (*estable*) steady; (*sólido*) solid; **en ~** COM firm **2** MIL: **¡~s!** attention!; **poner ~ a alguien** *fig* F take a firm line with s.o. **II** *m* pavement, *Br* road surface **III** *adv*: **trabajar ~** work hard

**firmeza** *f* firmness

**fiscal I** *adj* tax *atr*, fiscal; **sistema ~** tax system **II** *m/f* district attorney, *Br* public prosecutor

◇ **fiscal general del Estado** *Spanish equivalent of Attorney General o Br Director of Public Prosecutions*

**fiscalía** *f* **1** *oficio* position of district attorney *o Br* public prosecutor **2** *oficina* district attorney's office, *Br* public prosecutor's office

**fiscalidad** *f* taxation; (*impuestos*) taxes *pl*, taxation

**fiscalización** *f* tax audit

**fiscalizar** ⟨1f⟩ *v/t* audit

**fisco** *m* Treasury, *Br* Exchequer

**fisgar** ⟨1h⟩ *v/i* F snoop F; **~ en algo** snoop around in sth

**fisgón I** *adj* nosy **II** *m*, **-ona** *f* snoop

**fisgonear** ⟨1a⟩ *v/i* F snoop around F (**en** in)

**fisgoneo** *m* F snooping F

**física** *f* physics *sg*

◇ **física cuántica** quantum physics *sg*

◇ **física nuclear** nuclear physics *sg*

**físico I** *adj* physical **II** *m*, **-a** *f* physicist **III** *m de una persona* physique

**fisiología** *f* physiology

**fisiológico** *adj* physiological

**fisiólogo** *m*, **-a** *f* physiologist

**fisión** *f* fission

◇ **fisión nuclear** nuclear fission

**fisionomía** *f* ☞ **fisonomía**

**fisioterapeuta** *m/f* physical therapist, *Br* physiotherapist

**fisioterapia** *f* physical therapy, *Br* physiotherapy

**fisonomía** *f* features *pl*

**fistol** *m Méx* tie pin

**fístula** *f* MED fistula

**fisura** *f* crack; MED fracture

**fitófago** *adj* plant-eating, phytophagous *fml*

**fitoterapia** *f* herbal medicine

**FIV** *f abr* (= **fecundación in vitro**) IVF (= in vitro fertilization)

**flac(c)idez** *f* flabbiness

**flác(c)ido** *adj* flabby

**flaco I** *adj* **1** (*delgado*) thin **2** (*débil*): **punto ~** weak point; **~ de memoria** forgetful **II** *m*, **-a** *f* thin person

**flacón** *adj L.Am.* skinny

**flacuchento** *adj L.Am.* F skinny

**flagelar** ⟨1a⟩ *v/t* flagellate

**flagrante** *adj* flagrant; **en ~ delito** red-handed, in flagrante delicto

**flama** *f Méx* flame

**flamable** *adj Méx* flammable

**flamante** *adj* (*nuevo*) brand-new

**flambear** ⟨1a⟩ *v/t* GASTR flambé

**flamear** ⟨1a⟩ **1** *v/i de vela* burn brightly **2** *de bandera* flutter

**flamenco I** *adj* MÚS flamenco *atr*; **ponerse ~** get smart *o* fresh; **estar muy ~ para su edad** F be in pretty good shape for one's age **II** *m* **1** MÚS flamenco **2** ZO flamingo

**flamígero** *adj lit* fiery

**flan** *m* crème caramel; **estar hecho un ~**

be shaking like a leaf

**flanco** *m* flank

**flanera** *f* ramekin

**flanquear** ⟨1a⟩ *v/t* flank

**flaquear** ⟨1a⟩ *v/i de fuerzas* weaken; *de entusiasmo* flag

**flaqueza** *f fig* weakness

**flash** *m* FOT flash

**flashback, flash-back** *m* flashback

**flato** *m* MED stitch

**flatulencia** *f* MED flatulence

**flauta** *f* 1 MÚS flute 2 *Méx* fried taco
◇ **flauta dulce** recorder; **flauta de pan** baguette, French loaf *o* stick; **flauta travesera** (transverse) flute

**flautín** I *m instrumento* piccolo II *m/f músico* piccolo player

**flautista** *m/f* flautist; **el ~ de Hamelin** the Pied Piper of Hamelin

**flebitis** *f* MED phlebitis

**flecha** *f* arrow; **fue al aeropuerto como una ~** he shot off *o* dashed off to the airport; **regresó al restaurante como una ~** he shot back *o* dashed back to the restaurant

**flechazo** *m fig* love at first sight

**fleco** *m del pelo* fringe, bangs *pl*

**flecos** *mpl de vestido, cortinas* fringe *sg*

**flema** *f tb fig* phlegm

**flemático** *adj* phlegmatic

**flemón** *m* MED gumboil

**flequillo** *m del pelo* fringe, bangs *pl*

**fletador** *m*, **~a** *f* charterer

**fletamiento** *m* chartering

**fletar** ⟨1a⟩ *v/t* 1 *avión* charter 2 *(embarcar)* load

**flete** *m L.Am.* freight, cost of transport

**fletero** *adj L.Am.* hire *atr*, charter *atr*

**flexibilidad** *f* flexibility

**flexible** I *adj* flexible II *m* EL cord, *Br tb* flex

**flexión** *f* 1 *en gimnasia* push-up, *Br* press-up; *de piernas* squat; **~ de rodillas** knee bend 2 *de la voz* inflection

**flexionar** ⟨1a⟩ *v/t* flex; **flexionarse** *v/r* bend

**flexo** *m* desk lamp

**flexor** *m/adj*: **(músculo) ~** flexor (muscle)

**flipado** *adj* P 1 *(asombrado)* blown away P, *Br* gobsmacked F 2 *(drogado)* stoned F

**flipar** ⟨1a⟩ P *v/i* 1: **le flipa el cine** he's mad about the movies F 2 *con sorpresa*

**flip** P: **yo flipé con …** … blew my mind F

**flirt** *m* 1 *relación* fling 2 *(novio)* boyfriend; *(novia)* girlfriend

**flirtear** ⟨1a⟩ *v/i* flirt **(con** with)

**flirteo** *m* flirting

**flojear** ⟨1a⟩ *v/i* weaken, become *o* get weak

**flojedad** *f* weakness

**flojera** *f L.Am.* laziness; **me da ~** I can't be bothered

**flojo** *adj* 1 *lazada* loose; **me la trae -a** P I couldn't give a damn F 2 *café, argumento* weak; *vino* without any body 3 COM *actividad* slack 4 *novela etc* weak, poor; *redacción, montaje* slack, sloppy 5 *L.Am. (perezoso)* lazy

**flor** *f* flower; **de ~es** *vestido, cortinas, papel* flower-patterned, flowery; **en ~** in bloom, in flower; **echar ~es** bloom, flower; *fig* flatter; **la ~ y nata de la sociedad** the cream of society; **tengo los nervios a ~ de piel** I'm *o* my nerves are all on edge
◇ **flor de Pascua** poinsettia
◇ **flores cortadas** cut flowers

**flora** *f* flora
◇ **flora intestinal** MED intestinal flora

**floración** *f* flowering

**floral** *adj* floral

**floreado** *adj tejido* flowery

**florear** ⟨1a⟩ I *v/t* 1 decorate with flowers 2 *Méx (halagar)* flatter, compliment II *v/i* flower, bloom

**florecer** ⟨2d⟩ *v/i* BOT flower, bloom; *de negocio, civilización etc* flourish; **florecerse** *v/r* 1 bloom, flower 2 *de pan, queso* go moldy *o Br* mouldy

**floreciente** *adj* flourishing

**florecimiento** *m tb fig* flowering

**Florencia** *f* Florence

**florero** *m* vase

**floresta** *f* grove

**florete** *m* foil

**floricultor** *m*, **~a** *f* flower grower

**floricultura** *f* flower growing

**florido** *adj* 1 *estilo* florid, flowery 2: **lo más ~ de la sociedad** the cream

**floripondio** *m desp* flowery monstrosity

**florista** *m/f* florist

**floristería** *f* florist's, flower shop

**florituras** *fpl* MÚS fiorituras; *fig* embellishments; **no se andó con ~** he didn't beat about the bush, he didn't mince his words; **se andaba con muchas ~** there was a lot of humming and hawing

**florón** *m* ARQUI fleuron

**flota** *f* fleet

◇ **flota de guerra** fleet; **flota mercante** merchant fleet; **flota pesquera** fishing fleet

**flotación** *f* flotation; **línea de ~** water line

**flotador** *m* 1 float; *para la cintura* (inflatable) ring; *salvavidas* life preserver 2 *Rpl* (*michelín*) spare tire *o Br* tyre

**flotante** *adj* floating

**flotar** ⟨1a⟩ *v/i* float

**flote** *m* MAR: **a ~** afloat; **mantenerse a ~** *fig* stay afloat; **poner** *o* **sacar algo a ~** refloat sth; *fig* get sth back on its feet; **salir a ~** *fig* get back on one's feet

**flotilla** *f* MAR flotilla

**fluctuación** *f* fluctuation

**fluctuante** *adj* fluctuating

**fluctuar** ⟨1e⟩ *v/i* fluctuate

**fluidez** *f* fluidity

**fluido I** *adj sustancia* fluid; *tráfico* free-flowing; *lenguaje* fluent **II** *m* fluid

**fluir** ⟨3g⟩ *v/i* flow

**flujo** *m* flow; **~ de información** flow of information

◇ **flujo de caja** cashflow

**flúor** *m* fluoride

**fluorescencia** *f* fluorescence

**fluorescente I** *adj* fluorescent **II** *m* strip light

**fluvial** *adj* river *atr*

**fly** *m en béisbol* fly ball

**FM** *f abr* (= **frecuencia modulada**) FM (= frequency modulation)

**FMI** *m abr* (= **Fondo Monetario Internacional**) IMF (= International Monetary Fund)

**fobia** *f* phobia; *fig* loathing; **les tengo ~ a las comidas familiares / le tengo ~ a ir de compras con ella** I hate *o* detest family meals / going shopping with her

**foca** *f* ZO seal

**focal** *adj* focal

**focalizar** ⟨1f⟩ *v/t cámara, atención* focus; *fig: gasto social, inversiones* concentrate, focus

**foco** *m* 1 MAT, FÍS focus 2 *de infección* center, *Br* centre, focus; *de incendio* seat 3 *de auto* headlight; *de calle* streetlight; TEA, TV spotlight; *L.Am.* (*bombilla*) lightbulb

**fofo** *adj* flabby

**fogata** *f* bonfire

**fogón** *m* 1 *de cocina* stove 2 TÉC burner 3 *L.Am. fuego* bonfire

**fogonazo** *m* flash

**fogosidad** *f* ardor, *Br* ardour

**fogoso** *adj* fiery, ardent

**foguear** ⟨1a⟩ *v/t* MIL, *fig* give a baptism of fire; **foguearse** *v/r fig* go through a baptism of fire

**folclore** *m* folklore

**folclórico** *adj* folk *atr*

**foliación** *f* BOT foliation

**foliar** ⟨1a⟩ *v/t* TIP *libro, cuaderno* paginate, number the pages of; *páginas* number

**fólico** *adj:* **ácido ~** folic acid

**folículo** *m* ANAT follicle

**folio** *m* sheet (of paper)

**folklore** *m* folklore

**folklórico** *adj* folk *atr*

**follaje** *m* foliage

**follar** ⟨1a⟩ *v/t & v/i* V fuck V, screw V

**folletín** *m* newspaper serial; *desp libro* trashy novel; TV (melodramatic) soap opera

**folleto** *m* pamphlet

◇ **folleto informativo** information leaflet

**follón** *m* 1 argument 2 (*lío*) mess 3: **armar un ~** kick up a fuss

**follonero** *m,* **-a** *f* F troublemaker

**fomentar** ⟨1a⟩ *v/t solidaridad* foster; COM promote; *rebelión* foment, incite

**fomento** *m* COM promotion

**fonazo** *m Méx* F call

**fonda** *f* 1 (*simple*) restaurant 2 (*pensión*) boarding house

**fondeadero** *m* MAR anchorage

**fondear** ⟨1a⟩ *v/t* MAR anchor; **fondearse** *v/r L.Am.* get rich

**fondeo** *m* MAR anchoring

**fondero** *m,* **-a** *f L.Am.* restaurant owner

**fondillos** *mpl:* **los ~ de los pantalones** the seat of the pants

**fondista** *m/f* DEP long-distance runner

**fondo** *m* 1 bottom; **doble ~** false bottom; **~ marino** seabed; **tocar ~** *fig* reach bottom; **los bajos ~s** the underworld *sg*

2 (*profundidad*) depth; **hacer una limpieza a ~ de algo** give sth a thorough clean, clean sth thoroughly; **emplearse a ~** *fig* give one's all; **ir al ~ de algo** look

at sth in depth; **en el ~** deep down
**3** *de sala, cuarto etc* back; *de pasillo* end
**4** PINT, FOT background; **música de ~** background music
**5** *de un museo etc* collection
**6** COM fund; **~s** *pl* money *sg*, funds; **a ~ perdido** non-refundable; **sin ~s** *cheque* dud
**7** DEP: **de medio ~** middle distance *atr*
**8** (*disposición*): **tiene buen ~** he's got a good heart

◇ **fondo de inversión** investment fund; **Fondo Monetario Internacional** International Monetary Fund; **fondo del ojo** ANAT funduscopy, ophthalmoscopy; **fondo de pensiones** pension fund; **fondos públicos** public funds; **fondos reservados** secret funds

**fondón** *adj* F broad in the beam F
**fonema** *m* phoneme
**fonética** *f* phonetics *sg*
**fonético** *adj* phonetic
**foniatra** *m/f* speech therapist
**foniatría** *f* speech therapy
**fono** *m L.Am.* F phone
**fontanería** *f* plumbing
**fontanero** *m* plumber
**footing** *m* DEP jogging; **hacer ~** go jogging, jog
**foque** *m* MAR jib
**forajido** *m, -a f* outlaw
**foral** *adj* charter *atr*
**foráneo** *adj* foreign
**forastero I** *adj* foreign **II** *m, -a f* outsider, stranger
**forcejear** ⟨1a⟩ *v/i* struggle
**forcejeo** *m* struggle
**fórceps** *m inv* forceps *pl*
**forense I** *adj* forensic **II** *m/f* forensic scientist
**forestación** *f* afforestation
**forestal** *adj* forest *atr*
**forestar** ⟨1a⟩ *v/t L.Am.* afforest
**forfait** *m* **1** COM fixed price; **viaje a ~** package tour **2** *para el cibercafé, el cine* pass
**forja** *f* **1** *taller* forge **2** *acción* forging
**forjador** *m, ~a f de metal* forger
**forjar** ⟨1a⟩ *v/t metal* forge; **forjarse** *v/r futuro* carve out; **~ ilusiones** get one's hopes up
**forma** *f* **1** form
**2** (*apariencia*) shape; **en ~ de** in the shape of; **dar ~ a algo** shape sth

**3** (*manera*) way; **de ~ que** in such a way that; **de todas ~s** in any case, anyway; **de alguna ~, en cierta ~** in a way; **de cualquier ~** anyway; **de ninguna ~** not in the slightest, F no way; **no hay ~ de que coma / estudie** nothing will make him eat / study, it's impossible to get him to eat / study
**4:** **~s** *pl* proprieties; **guardar las ~s** keep up appearances
**5:** **estar en ~** be fit; **mantenerse en ~** stay in shape
**6** *Méx* (*formulario*) form
**formación** *f* **1** *de palabras, asociación* formation **2** (*entrenamiento*) training; **alumno de ~ profesional** student doing a vocational course

◇ **formación de adultos** adult education; **formación continuada** in-service training; **formación profesional** vocational training; **formación universitaria** university education

**formal** *adj* **1** formal **2** *niño* well-behaved **3** (*responsable*) responsible
**formalidad** *f* formality
**formalismo** *m* formalism, excessive formality
**formalizar** ⟨1f⟩ *v/t* formalize; *relación* make official
**formar** ⟨1a⟩ *v/t* **1** form; *asociación* form, set up **2** (*educar*) educate; **formarse** *v/r* form
**formatear** ⟨1a⟩ *v/t* INFOR format
**formateo** *m* INFOR formatting
**formativo** *adj jornada, curso, materiales, centro* training *atr*
**formato** *m* format; **en gran / pequeño ~** *dibujo, mueble* large- / small-format, large- / small-size

◇ **formato de caracteres (de impresión)** INFOR character format; **formato horizontal** INFOR landscape; **formato vertical** INFOR portrait

**formidable** *adj* huge; (*estupendo*) tremendous
**formol** *m* QUÍM formalin
**fórmula** *f* **1** MAT formula **2:** **por pura ~** as a matter of form

◇ **fórmula de cortesía** *acción* polite custom; *en documento* polite phrase; *en carta* standard opening; *en la despedida* standard closure

◇ **fórmula magistral** prescription medicine

**formulación** f formulation
**formular** ⟨1a⟩ v/t teoría formulate; queja make, lodge
**formulario** m form
**fornicación** f fornication
**fornicar** ⟨1g⟩ v/i fornicate
**fornido** adj well-built
**foro** m forum; irse o desaparecer por el ~ slip out, slip away
**forofo** m, -a f F fan
**forrado** adj 1 prenda lined; libro covered 2 fig F (rico) loaded F
**forraje** m fodder
**forrajero** adj fodder atr; planta -a fodder plant
**forrar** ⟨1a⟩ v/t prenda line; libro, silla cover; forrarse v/r 1 F make a fortune F 2 L.Am. F (llenarse) stuff o.s. F, have a good feed
**forro** m 1 de prenda lining; de libro cover; no se le parece ni por el ~ he looks nothing like him; pasarse algo por el ~ F not give a damn about sth F 2 Méx F (bombón) good looker F 3 Rpl F (condón) rubber F
**fortachón** I adj F big and strong, burly II m, -ona f burly man; mujer woman
**fortalecedor** adj strengthening
**fortalecer** ⟨2d⟩ v/t tb fig strengthen; fortalecerse v/r strengthen
**fortalecimiento** m strengthening
**fortaleza** f 1 strength of character 2 MIL fortress
**fortificación** f fortification
**fortificar** ⟨1g⟩ v/t MIL fortify
**fortín** m MIL small fort
**fortísimo** sup ☞ fuerte
**fortuito** adj chance atr, accidental
**fortuna** f 1 fortune; hacer una ~ make a fortune 2 (suerte) luck; por ~ fortunately, luckily; probar ~ try one's luck
**forúnculo** m MED boil
**forzado** adj forced
**forzar** ⟨1f & 1m⟩ v/t 1 force; ~ la voz strain one's voice 2 (violar) rape; forzarse v/r force o.s. (a hacer algo to do sth)
**forzosamente** adv of necessity; tienes que pasar ~ por el centro de la ciudad you have no option but to go through the city center
**forzoso** adj aterrizaje forced
**forzudo** adj brawny
**fosa** f 1 pit 2 (tumba) grave 3 GEOL basin

◇ **fosa común** common grave
◇ **fosas nasales** nostrils
**fosfato** m phosphate
**fosforescencia** f phosphorescence
**fosforescente** adj phosphorescent
**fosfórico** adj: ácido ~ phosphoric acid
**fósforo** m 1 QUÍM phosphorus 2 L.Am. (cerilla) match
**fósil** I adj fossilized II m fossil
**fosilizarse** ⟨1f⟩ v/r fossilize, become fossilized
**foso** m 1 ditch; de castillo, DEP en campo moat; en béisbol dugout 2 TEA, MÚS pit
**foto** f photo
◇ **foto fija** still
**fotocomposición** f TIP photocomposition, Br filmsetting
**fotocopia** f photocopy
**fotocopiadora** f photocopier
**fotocopiar** ⟨1a⟩ v/t photocopy
**fotofobia** f photophobia
**fotogenia** f photogenic nature; gracias a su ~ because she is so photogenic
**fotogénico** adj photogenic
**fotograbado** m photogravure
**fotografía** f 1 técnica photography 2 imagen photograph
◇ **fotografía aérea** técnica aerial photography; imagen aerial photograph; **fotografía en blanco y negro** técnica black and white photography; imagen black and white photograph; **fotografía en color** técnica color o Br colour photography; imagen color o Br colour photograph
**fotografiar** ⟨1c⟩ v/t photograph
**fotográfico** adj photographic
**fotógrafo** m, -a f photographer
◇ **fotógrafo de prensa** press photographer
**fotómetro** m light meter
**fotomontaje** m photomontage
**fotosensible** adj photosensitive
**fotosíntesis** f BIO photosynthesis
**fototeca** f photo library
**foul** m L.Am. en béisbol foul ball
**foyer** m Rpl foyer
**FP** f abr (= formación profesional) vocational training
**frac** m tail coat
**fracasado** I adj unsuccessful II m, -a f loser
**fracasar** ⟨1a⟩ v/i fail

**fracaso** *m* failure

◇ **fracaso escolar** academic failure

**fracción** *f* fraction; POL faction

**fraccionador** *m*, ~a *f Méx* realtor, *Br* estate agent

**fraccionamiento** *m* **1** *L.Am.* (housing) project, *Br* (housing) estate **2** (*división*) division

**fraccionar** ⟨1a⟩ *v/t* **1** break up **2** FIN pay in installments *o Br* instalments; **fraccionarse** *v/r* break up (**en** into); *un metro se fracciona en 100 centímetros* a meter divides into 100 centimeters

**fraccionario** *adj* fractional

**fractura** *f* MED fracture; *tener una ~ craneal* have a fractured skull

**fracturar** ⟨1a⟩ *v/t* MED fracture; **fracturarse** *v/r costillas, fémur, pierna* break, fracture; *cráneo* fracture

**fragancia** *f* fragrance

**fraganti: *in ~ adv* F in the act F

**fragata** *f* MAR frigate

**frágil** *adj* fragile

**fragilidad** *f* fragility; *de condición física* frailty

**fragmentación** *f* fragmentation

**fragmentar** ⟨1a⟩ *v/t* fragment; **fragmentarse** *v/r* fragment

**fragmentario** *adj* fragmentary

**fragmento** *m* fragment; *extracto de novela, poema* excerpt, extract

**fragor** *m* clamor, *Br* clamour, din

**fragoroso** *adj* deafening

**fragoso** *adj terreno* rough, uneven; *montaña* rocky; *bosque* dense

**fragua** *f* forge

**fraguar** ⟨1i⟩ **I** *v/t* **1** forge **2** *plan* devise; *complot* hatch **II** *v/i de cemento* set; **fraguarse** *v/r de proyecto, sistema* take shape; *de revuelta, revolución* brew

**fraile** *m* friar, monk

**frambuesa** *f* raspberry

**frambueso** *m* raspberry cane

**francachela** *f* F binge F

**francamente** *adv* **1** (*sinceramente*) frankly **2** (*realmente*) really

**francés I** *adj* French **II** *m* **1** Frenchman **2** *idioma* French

**francesa** *f* Frenchwoman

**franchute** *m/f & adj desp* F Frog *desp* F

**Francia** *f* France

**franciscano** REL **I** *adj* Franciscan **II** *m*, -a *f* Franciscan

**francmasón** *m* freemason

**francmasonería** *f* freemasonry

**franco I** *adj* **1** (*sincero*) frank **2** (*evidente*) distinct, marked **3** COM free **4** *L.Am.* *estar* ~ have a day off (work) **II** *m moneda* franc

◇ **franco en almacén** ex warehouse; **franco en fábrica** ex works; **franco de porte** carriage free

**francófilo I** *adj* Francophile **II** *m*, -a *f* Francophile

**francófobo I** *adj* Francophobe **II** *m*, -a *f* Francophobe

**francófono I** *adj* French-speaking **II** *m*, -a *f* French-speaker

**francotirador** *m*, ~a *f* sniper

**franela** *f* **1** flannel **2** *Rpl* (*trapo del polvo*) duster

**franja** *f* **1** (*orilla*) fringe **2** *de tierra* strip

◇ **franja horaria** TV time slot

**franqueable** *adj* passable

**franquear** ⟨1a⟩ *v/t* **1** *carta* pay the postage on; *sin* ~ unstamped; *a ~ en destino* postage paid **2** *camino, obstáculo* clear; **franquearse** *v/r* open up, open one's heart (**con** to)

**franqueo** *m* postage; *sin gastos de* ~ postage paid

**franqueza** *f* frankness; *con toda* ~, ... quite frankly, ..., to be perfectly frank, ...

**franquicia** *f* **1** (*exención*) exemption **2** COM franchise

◇ **franquicia postal** free postage

**franquiciado** *m*, -a *f* COM franchisee

**franquiciador** *m*, ~a *f* COM franchisor

**franquismo** *m* HIST Francoism

**franquista** HIST **I** *adj* supporting Franco, pro-Franco **II** *m/f* Franco supporter

**frasco** *m* bottle

**frase** *f* phrase; (*oración*) sentence

◇ **frase hecha** set phrase

**fraseo** *m* MÚS phrasing

**fraseología** *f* phraseology

**fraternal** *adj* brotherly

**fraternidad** *f* brotherhood, fraternity

**fraternizar** ⟨1f⟩ *v/i* POL fraternize

**fratricida** *m/f* fratricide

**fratricidio** *m* fratricide

**fraude** *m* fraud

◇ **fraude electoral** election *o* electoral fraud

◇ **fraude fiscal** tax evasion, tax fraud

**fraudulento** *adj* fraudulent

**fray** *m* REL friar, brother; **Fray Juan** Brother Juan

**frazada** *f L.Am.* blanket

**freático** *adj*: **aguas -as** ground water; **capa -a** water table

**frecuencia** *f* frequency; **con ~** frequently

◇ **frecuencia modulada** RAD frequency modulation

**frecuentado** *adj* popular

**frecuentar** ⟨1a⟩ *v/t* frequent

**frecuente** *adj* frequent; *(común)* common

**frecuentemente** *adv* often, frequently

**freezer** *m L.Am.* freezer

**fregadero** *m* sink

**fregado** I *adj L.Am.* annoying II *m* 1 *de platos* washing; *del suelo* mopping; *frotando* scrubbing 2 F *(lío)* mess; **meterse en un buen ~** *fig* F get into a fine mess F

**fregaplatos** *m inv* ☞ **friegaplatos**

**fregar** ⟨1h & 1k⟩ *v/t* 1 *platos* wash; *suelo* mop; *frotando* scrub 2 *L.Am.* F *(molestar)* bug F

**fregasuelos** *m inv* ☞ **friegasuelos**

**fregón** I *adj* annoying II *m L.Am.* F nuisance, pain in the neck F

**fregona** *f* 1 mop 2 *L.Am.* F nuisance, pain in the neck F

**freidora** *f* deep fryer

**freidura** *f* frying

**freír** ⟨3m; *part frito*⟩ *v/t* 1 fry 2 F *(matar)* waste P

**frenada** *f esp L.Am.* **dar una ~** F slam the brakes on, hit the brakes F

**frenado** *m* braking

**frenar** ⟨1a⟩ I *v/i* AUTO brake; **~ en seco** brake sharply II *v/t fig* slow down; *impulsos* check; **frenarse** *v/r fig* control o.s.

**frenazo** *m*: **pegar** *o* **dar un ~** F slam the brakes on, hit the brakes F

**frenesí** *m* frenzy

**frenético** *adj* frenetic

**freno** *m* brake; **poner ~ a algo** *fig* curb sth, check sth

◇ **freno de disco** disc brake; **freno de mano** parking brake, *Br* handbrake; **freno de tambor** drum brake

**frente** I *f* forehead; **con la ~ alta / erguida** *fig* with (one's) head held high; **lo lleva escrito en la ~** *fig* it's written all over him

II *m* 1 MIL, METEO front 2 *en locuciones*: **de ~** *colisión* head-on; **de ~ al grupo** *L.Am.* facing the group; **foto de ~** head and shoulders photograph; **~ a ~** *fig* face to face; **estar al ~ de algo** head sth, lead sth; **hacer ~ a** *situación* face up to; *deudas* meet, be able to pay; **ponte más al ~** move further forward, move closer to the front; **ponerse al ~ de la situación** *fig* take charge (of the situation)

III *prp*: **~ a** opposite; **estar ~ a** *crisis* be faced with, be facing

◇ **frente cálido** warm front

◇ **frente frío** cold front

**fresa** *f* strawberry

**fresal** *m* strawberry field

**fresca** *f* 1 cool air; **la ~ de la mañana** the cool of the morning; *de la tarde* the cool of the evening 2: **soltar una ~ a alguien** F get fresh with s.o., *Br* be cheeky to s.o.

**frescales** *m/f inv*: **¡eres un ~!** F you have some nerve! F

**fresco** I *adj* 1 cool; **conservar en lugar ~** keep cool, keep in a cool place 2 *pescado etc* fresh 3 *persona* F fresh F, *Br* cheeky F; **quedarse tan ~** F stay calm, F keep one's cool

II *m, -a f*: **¡eres un ~!** F you've got some nerve! F, *Br* you've got a cheek! F

III *m* 1 fresh air; **tomar el ~** get some fresh air 2: **hace ~** it's cool; **me trae al ~** F I couldn't *o* could care less, *Br* I couldn't care less F 3 *C.Am. bebida* fruit drink

**frescor** *m* freshness

**frescura** *f* 1 freshness; *(frío)* coolness 2 *fig* nerve

**fresno** *m* BOT ash tree

**fresón** *m* strawberry

**fresquería** *f L.Am.* soda fountain, store selling soda *o* soft drinks

**friable** *adj* friable

**frialdad** *f tb fig* coldness

**fricasé** *m* fricassee

**fricativo** I *adj* fricative II *f* fricative

**fricción** *f* TÉC, *fig* friction

**friccionar** ⟨1a⟩ *v/t* rub

**friega** *f L.Am.* hassle F, drag F

**friegaplatos** *inv* I *m* dishwasher II *m/f* dishwasher

**friegasuelos** *m inv* 1 floor cleaner 2 *utensilio* floor mop

**frigider** *m Andes* icebox, fridge
**frigidez** *f* frigidity
**frígido** *adj* frigid
**frigorífico** **I** *adj* refrigerated **II** *m* fridge
**frigorista** *m/f* refrigeration engineer
**fríjol, frijol** *m L.Am.* bean
**frío** **I** *adj tb fig* cold; **quedarse** ~ get cold; *fig* be astonished **II** *m* cold; **hace** ~ it's cold; **tener** ~ be cold; **pillar** *o Esp tb* **coger** ~ catch cold
**friolento** *L.Am.* ☞ **friolero**
**friolera** *f irón:* **gana la** ~ **de 2 millones al mes** he earns a cool 2 million a month
**friolero** *adj:* **es** ~ he feels the cold
**frisar** ⟨1a⟩ *v/i:* ~ **en los setenta** *fig* be getting on for seventy
**friso** *m* ARQUI frieze
**fritada** *f:* **una** ~ **de cerdo para mí, por favor** (a piece of) fried pork for me, please
**fritanga** *f desp* fried food, greasy food
**fritar** ⟨1a⟩ *v/t L.Am.* fry
**frito** **I** *part* ☞ **freír** **II** *adj* **1** GASTR fried **2**: **estar** ~ F be dead to the world F; **quedarse** ~ F fall asleep, crash F; **3**: **los vecinos me traen** ~ F I'm sick to death of the people next door F **III** *mpl:* ~**s** fried food *sg*
**fritura** *f* ☞ **fritada**
**frivolidad** *f* frivolity
**frivolizar** ⟨1f⟩ *v/t tema* trivialize
**frívolo** *adj* frivolous
**fronda** *f* leaves *pl*, foliage; **de helecho** frond
**frondosidad** *f* leafiness
**frondoso** *adj* leafy
**frontal** **I** *adj* **1** frontal; *ataque etc* head-on **2** (*delantero*) front *atr* **II** *m* **1** ANAT frontal bone **2** *de coche* front end
**frontera** *f* border; *fig* boundary, dividing line; **no hay** ~**s para su ambición** his ambition knows no bounds
**fronterizo** *adj* border *atr*
**frontis** *m inv* façade
**frontispicio** *m* **1** ARQUI façade **2** *de libro* frontispiece
**frontón** *m* DEP **1** *pelota* **2** *cancha* pelota court; *pared* fronton
**frotar** ⟨1a⟩ *v/t* rub; **frotarse** *v/r* rub; ~ **las manos** rub one's hands; *fig* rub one's hands with glee
**frotis** *m* MED Pap test, smear
**fructífero** *adj* fruitful, productive

**fructificar** ⟨1a⟩ *v/i* bear fruit
**fructosa** *f* fructose
**fructuoso** *adj fig* fruitful
**frugal** *adj persona* frugal
**frugalidad** *f* frugality
**fruición** *f* delight; **con** ~ with delight, delightedly
**frunce** *m* gather
**fruncimiento** *m de material* gathering; ~ **del entrecejo** *o* **de ceño** frown; **a juzgar por el** ~ **de boca** judging by his pursed lips
**fruncir** ⟨3b⟩ *v/t material* gather; ~ **el ceño** frown
**fruslería** *f* knick-knack, trinket
**frustración** *f* frustration
**frustrante** *adj* frustrating
**frustrar** ⟨1a⟩ *v/t persona* frustrate; *plan* thwart; **frustrarse** *v/r* **1** get frustrated **2** *de plan* fail
**fruta** *f* fruit
◇ **fruta bomba** *Cu* papaya
◇ **fruta del tiempo** seasonal fruit
**frutal** **I** *adj* fruit *atr* **II** *m* fruit tree
**frutera** *f Rpl* fruit bowl
**frutería** *f* fruit store, *Br* greengrocer's
**frutero** **I** *adj* fruit *atr* **II** *m* fruit bowl
**frutícola** *adj* fruit-growing *atr*
**fruticultor** *m*, ~**a** *f* fruit grower
**fruticultura** *f* fruit growing
**frutilla** *f S.Am.* strawberry
**fruto** *m tb fig* fruit; *nuez, almendra etc* nut; **dar** ~(**s**) *tb fig* bear fruit
◇ **frutos del mar** seafood *sg*
◇ **frutos secos** nuts
**fu:** **ni** ~ **ni fa** F so-so
**fuagrás** *m* liver pâté
**fucsia** **I** *adj inv* fuchsia **II** *m* fuchsia **III** *f* BOT fuchsia
**fue** *vb* ☞ **ir, ser**
**fuego** *m* **1** fire; **pegar** *o* **prender** ~ **a** set fire to; **jugar con** ~ *fig* be playing with fire **2**: **a** ~ **lento** / **vivo** *cocinar* over a low / high heat *o* flame **3**: **¿tienes** ~? *para cigarro* do you have a light? **4**: **romper** *o* **abrir el** ~ MIL open fire; **estar entre dos** ~**s** *fig* be between a rock and a hard place
◇ **fuego cruzado** crossfire; **fuego fatuo** will-o'-the-wisp; **fuego de Santelmo** St Elmo's fire; **fuegos artificiales** fireworks
**fuel(-oil)** *m* fuel oil
**fuelle** *m* bellows *pl*; **perder** ~ *fig* F run

out of steam

**fuente** *f* **1** fountain; *fig* source **2** *recipiente* dish **3** INFOR font **4** *L.Am. bar* soda fountain

**fuera I** *vb* ☞ **ir, ser**

**II** *adv* outside; (*en otro lugar*) away; (*en otro país*) abroad; **por ~** on the outside; **de ~** *de otro departamento, cuerpo de policía etc* from outside, outside *atr*; *de otro lugar* strange; *persona* stranger; *de otro país* foreign; *persona* foreigner; *¡~!* get out!

**III** *prp*: **~ de** outside; *¡sal ~ de aquí!* get out of here!; *está ~ del país* he's abroad, he's out of the country; **~ de eso** aside from that, apart from that; *estar ~ de sí* be beside o.s.

◇ **fuera de juega** DEP offside; *estar en ~* be offside

**fueraborda** *m* outboard motor; *barca* boat with an outboard motor

**fuereño** *m*, **-a** *f Méx* stranger

**fuero** *m*: *en el ~ interno* deep down

**fuerte I** *adj* **1** strong **2** *dolor* intense; *lluvia* heavy **3** *aumento* sharp **4** *ruido* loud **5**: *estoy ~ en idiomas* I'm good at languages **6** *fig* P incredible F; *¡qué ~!*, *¡esto es muy ~!* F God, this is awful! F

**II** *adv* hard; *hablar ~* speak loudly; *jugar ~* bet heavily

**III** *m* MIL fort; *hacerse ~* dig o.s. in

**fuerza** *f* **1** strength; *hacer ~* try hard, make an effort; *hacer ~ a alguien fig* put pressure on s.o., pressure s.o.; *sacar ~s de flaqueza* make a superhuman effort; *cobrar ~ fig* gather *o* gain strength

**2** (*violencia*) force; *este domingo voy a tener que trabajar a la ~ o por ~* I have no choice *o* option but to work this Sunday

**3** EL power

**4**: *la ~ de la costumbre* force of habit; *a ~ de ...* by (dint of)

**5**: *~ es reconocer que ...* it has to be admitted that ...

◇ **fuerza aérea** air force; **fuerza bruta** brute force; **fuerza física** physical strength; **fuerza de gravedad** force of gravity; **fuerza mayor** JUR force majeure; *en seguro* act of God; **fuerza pública** police *pl*, police force; **fuerza de reacción rápida** rapid deployment force; **fuerza de voluntad** willpower;

**fuerzas armadas** armed forces; **fuerzas de orden público** police *pl*, police force; **fuerzas de seguridad** security forces

**fuese** *vb* ☞ **ir, ser**

**fuet** *m dried sausage from Catalonia*

**fuetazo** *m L.Am.* lash

**fuete** *m L.Am.* whip

**fuga** *f* **1** escape; *~ masiva* mass escape; *darse a la ~* flee **2** *de gas, agua* leak ◇ **fuga de capitales** flight of capital ◇ **fuga de cerebros** brain drain

**fugacidad** *f* fleetingness, fleeting nature

**fugarse** ⟨1h⟩ *v/r* run away; *de la cárcel* escape

**fugaz** *adj fig* fleeting

**fugitivo I** *adj* runaway *atr* **II** *m*, **-a** *f* fugitive

**fui** *vb* ☞ **ir, ser**

**fuimos** *vb* ☞ **ir, ser**

**fula** *f Cu* dollar, buck F

**fulana** *f* **1** so-and-so **2** F (*prostituta*) hooker P, whore P, *Br* tart F

**fulano** *m* so-and-so

**fular** *m* scarf

**fulero** *adj* shoddy, slapdash

**fulgor** *m* brightness

**fulgurante** *adj fig* dazzling

**fulgurar** ⟨1a⟩ *v/i* shine; *de foco, mirada* blaze

**fullería** *f* **1** (*trampa*) trick; *hacer ~s* cheat (*a alguien* s.o.) **2** (*astucia*) cunning

**fullero I** *adj* deceitful **II** *m*, **-a** *f* cheat

**fulminante I** *adj* **1** *enfermedad* sudden **2** *mirada* withering **II** *m* percussion cap

**fulminar** ⟨1a⟩ *v/t*: *lo fulminó un rayo* he was killed by lightning; *~ a alguien con la mirada* look daggers at s.o. F

**fumadero** *m*: *~ de opio* opium den

**fumador I** *adj*: *las personas ~as* smokers **II** *m*, *-a f* smoker; *no ~* non-smoker

**fumar** ⟨1a⟩ **I** *v/t* smoke **II** *v/i* smoke; *prohibido ~* no smoking; *~ en pipa* smoke a pipe; *fumarse v/r* **1** smoke **2** *dinero* F blow F **3**: *~ una clase* F skip a class

**fumigación** *f* fumigation

**fumigar** ⟨1h⟩ *v/t* fumigate

**fumo** *m Rpl* F (*maría*) dope F

**funámbulo** *m*, **-a** *f* tightrope walker

**función** *f* **1** purpose, function **2** *en el trabajo* duty **3**: *en funciones* acting; **en-**

***trar en funciones*** take office **4** TEA performance **5: en ~ de** according to ◇ **función matinal** TEA matinée

**funcional** *adj* functional

**funcionalidad** *f* functional nature; *de software* functionality; ***una lavadora de excelente~*** an extremely functional washing machine

**funcionamiento** *m* working; **en (perfecto) estado de~** in (perfect) working order

**funcionar** ⟨1a⟩ *v/i* work; **no funciona** out of order

**funcionariado** *m* government employees *pl*, civil servants *pl*

**funcionario** *m*, **-a** *f* **1** government employee, civil servant **2** *L.Am.* (*empleado*) employee

**funda** *f* cover; *de gafas* case; *de almohada* pillowcase; **~ portadocumentos** credit card holder

**fundación** *f* foundation; *acto* foundation, founding

**fundacional** *adj* founding *atr*

**fundador** *m*, **~a** *f* founder

**fundamental** *adj* fundamental

**fundamentalismo** *m* fundamentalism

**fundamentalista I** *adj* fundamentalist **II** *m/f* fundamentalist

**fundamentalmente** *adv* essentially

**fundamentar** ⟨1a⟩ *v/t* base (**en** on); **fundamentarse** *v/r de teoría, argumento, éxito* be based (**en** on)

**fundamento** *m* **1** foundation; **carecer de ~** lack foundation, be groundless **2: ~s** *pl* (*nociones*) fundamentals

**fundar** ⟨1a⟩ *v/t fig* base (**en** on); **fundarse** *v/r* be based (**en** on)

**fundición** *f* **1** *acción* smelting **2** *fábrica* foundry

**fundido I** *adj hierro, acero* molten **II** *m en TV, película* fade ◇ **fundido en negro** fade-out, fade (to black)

**fundir** ⟨3a⟩ *v/t* **1** *hielo* melt **2** *metal* smelt **3** COM merge **4** *en TV, película* fade; **fundirse** *v/r* **1** melt **2** *de bombilla* fuse; *de plomos* blow **3** COM merge **4** *L.Am. fig: de empresa* go under

**fúnebre** *adj* funeral *atr; fig: ambiente* gloomy

**funeral I** *adj* funeral *atr* **II** *m* funeral; (*honras fúnebres*) memorial service

**funerala** *f: a la~* MIL reversed; **ojo a la~** black eye

**funeraria** *f* funeral parlor, *Br* undertaker's

**funerario** *adj* funeral *atr*; **empresa -a** funeral director

**funesto** *adj* disastrous

**fungir** ⟨3c⟩ *v/i Méx:* **~ como** act as

**funicular** *m* funicular; (*teleférico*) cable car

**furcia** *f* P whore P

**furgón** *m* van; FERR boxcar, *Br* goods van ◇ **furgón de cola** caboose, *Br* guard's van; **ser el ~ de algo** be last in sth ◇ **furgón de equipajes** baggage car, *Br* luggage van

**furgoneta** *f* van

**furia** *f* fury; **ponerse hecho una ~** get into a fury *o* rage

**furibundo** *adj* furious

**furioso** *adj* furious

**furor** *m:* **hacer ~** *fig* be all the rage F ◇ **furor uterino** nymphomania

**furtivo** *adj* furtive

**furúnculo** *m* MED boil

**fusa** *f* MÚS thirty-second note, *Br* demisemiquaver

**fuselaje** *m* fuselage

**fusible** *m* EL fuse

**fusil** *m* rifle ◇ **fusil ametrallador** machine gun; **fusil de asalto** assault rifle; **fusil automático** automatic (rifle); **fusil de repetición** repeater

**fusilamiento** *m* execution (*by firing squad*)

**fusilar** ⟨1a⟩ *v/t* **1** shoot **2** *fig* F (*plagiar*) lift F

**fusilero** *m* HIST fusilier

**fusión** *f* **1** FÍS fusion **2** COM merger ◇ **fusión nuclear** nuclear fusion

**fusionar** ⟨1a⟩ *v/t* COM, *equipos, partidos políticos* merge; **~ fuerzas** join forces; **fusionarse** *v/r* merge

**fusta** *f* riding crop

**fuste** *m* **1** ARQUI shaft **2** *fig* importance, significance; **de~** *fig* important, of consequence

**fustigar** ⟨1h⟩ *v/t* whip

**futbito** *m* indoor five-a-side soccer, *Br tb* five-a-side football

**futbol** *m Méx* ☞ **fútbol**

**fútbol** *m* soccer, *Br tb* football ◇ **fútbol americano** football, *Br tb*

American football

◇ **fútbol sala** indoor five-a-side soccer *o Br tb* football

**futbolín** *m* Foosball®, table football

**futbolista** *m/f* soccer player, *Br tb* footballer, *Br tb* football player

**futbolístico** *adj* soccer *atr*, *Br tb* football *atr*

**fútil** *adj* trivial

**futilidad** *f* triviality

**futón** *m* futon

**futre** *m Chi* dandy

**futurible** *adj* possible

**futurismo** *m* futurism

**futuro I** *adj* future *atr* **II** *m* future; **en el ~** in (the) future

**futurología** *f* futurology

**futurólogo** *m*, **-a** *f* futurologist

## G

**g.** *abr* (= ***gramo(s)***) gr(s) (= gram(s))

**gabacho** *m*, **-a** *f* F *desp* **1** Frog F, Frenchie F **2** *Méx* (*yanqui*) Yank

**gabán** *m* overcoat

**gabardina** *f* **1** *prenda* raincoat **2** *material* gabardine

**gabarra** *f* MAR barge

**gabela** *f* tax

**gabinete** *m* **1** (*despacho*) office; **en una casa** study **2** POL cabinet **3** *L.Am. de médico* office, *Br* surgery

◇ **gabinete de crisis** POL crisis cabinet

◇ **gabinete en la sombra** POL shadow cabinet

**Gabón** *m* Gabon

**gacela** *f* ZO gazelle

**gaceta** *f* gazette

**gacetilla** *f* short news story

**gachas** *fpl* porridge *sg*

**gachí** *f* P chick F, *Br tb* bird F

**gacho** *adj* **1** turned downward; **con las orejas -as** ashamed; **con la cabeza -a** hanging one's head **2** *Méx* F (*cutre*) ugly, horrible

**gachó** *m* P guy F

**gachupín** *m Méx desp* Spaniard

**gacilla** *f C.Am.* safety pin

**gaditano** *adj* of / from Cadiz, Cadiz *atr*

**gaélico** *adj* Gaelic

**gafar** ⟨1a⟩ *v/t* F jinx

**gafas** *fpl* glasses; **llevar ~** wear glasses

◇ **gafas de alta graduación** strong glasses; **gafas de buceo** diving goggles; **gafas de lectura** reading glasses; **gafas de sol** sunglasses

**gafe I** *adj* jinxed **II** *m* jinx **III** *m/f*: **es un ~** he's jinxed

**gafotas** *m/f fig* four-eyes *sg* F

**gag** *m* gag

**gaita** *f* MÚS bagpipes *pl*; **templar ~s** F tread carefully; **estar de ~** be happy

**gaitero** *m*, **-a** *f* piper

**gajes** *mpl*: **~ del oficio** *irón* occupational hazards

**gajo** *m* segment

**GAL** *mpl abr* (= ***Grupos Antiterroristas de Liberación***) anti-ETA death squads

**gala**[1] *f* gala; **traje de ~** formal dress; **vestirse de ~** wear formal dress; **función de ~** gala event; **hacer ~ de** show off; **tener algo a ~** pride o.s. on sth

**gala**[2] *f* (*francesa*) Frenchwoman

**galán** *m* **1** *actor* leading man **2** F (*hombre guapo*) gorgeous *o* cute guy F

◇ **galán de noche** *mueble* valet

**galante** *adj* gallant

**galanteo** *m* wooing

**galápago** *m* ZO turtle

**galardón** *m* award

**galardonado I** *adj* prize-winning, award-winning **II** *m*, **-a** *f* prizewinner, award winner

**galardonar** ⟨1a⟩ *v/t*: **fue galardonado con ...** he was awarded ...

**galaxia** *f* galaxy

**galeno** *m* F doctor

**galeón** *m* HIST galleon

**galeote** *m* HIST galley slave

**galera** *f* HIST galley

**galerada** *f* TIP galley proof

**galería** *f* gallery; **para la ~, de cara a la ~** *fig* for *o* to the gallery

◇ **galería de arte** art gallery

◇ **galería comercial** shopping mall

**galerista** *m/f* gallery owner

**galerna** *f* strong north-west wind (*that blows on the north coast of Spain*)

**galés I** *adj* Welsh **II** *m* **1** Welshman; **los**

**galeses** the Welsh **2** *idioma* Welsh
**Gales** *m*: (*País de*) ~ Wales
**galesa** *f* Welshwoman
**galgo** *m*, **-a** *f* greyhound
**gálibo** *m* **1** gauge, gage **2**: *luces de ~* AUTO marker lamps, clearance lamps
**galimatías** *m* gibberish
**gallardía** *f* gallantry
**gallardo** *adj* gallant
**gallego I** *adj* **1** Galician **2** *Rpl* F Spanish **II** *m*, **-a** *f* **1** Galician **2** *Rpl* F Spaniard **III** *m idioma* Galician
**gallera** *f L.Am.* cockpit
**galleta** *f* **1** cookie, *Br* biscuit **2** *Méx* F strength
**gallina I** *f* hen; *matar la ~ de los huevos de oro* kill the goose that lays the golden eggs **II** *m/f* F chicken
◇ **gallina ciega** blind man's bluff *o Br* buff
**gallinazo** *m L.Am.* turkey buzzard
**gallinero** *m* henhouse
**gallo** *m* **1** ZO rooster, *Br* cock; *en menos que canta un ~* in an instant, in no time at all; *otro ~ le cantaría si* it would be different if; *alzar o levantar el ~ fig* get on one's high horse **2**: *soltó un ~* F his voice cracked
◇ **gallo de pelea** fighting cock, game cock
**galo** *m* (*francés*) Frenchman
**galón** *m* **1** *adorno* braid **2** MIL stripe **3** *medida* gallon
**galopada** *f* gallop
**galopante** *adj* galloping
**galopar** ⟨1a⟩ *v/i* gallop
**galope** *m* gallop; *a(l)* ~ at a gallop; *a ~ tendido* at full gallop; *fig* in a mad rush
**galpón** *m* **1** *L.Am.* large shed **2** *Carib* HIST slave quarters *pl*
**galvanizar** ⟨1f⟩ *v/t* galvanize
**galvanoplastia** *f* electroplating
**gama** *f* **1** *de tonalidades* range **2** MÚS scale
**gamba** *f* ZO, GASTR shrimp, *Br* prawn
**gamberrada** *f*: *las ~s de los vecinos* the neighbors' loutish behavior; *el accidente ferroviario pudo ser debido a una ~* the rail crash may be due to (an act of) vandalism
**gamberrear** ⟨1a⟩ *v/i* behave like a lout
**gamberrismo** *m* loutishness
**gamberro** *m*, **-a** *f* lout, troublemaker
**gambito** *m* gambit

**gameto** *m* BIO gamete
**gamín** *m*, **-ina** *f Col* street kid
**gamo** *m* ZO fallow deer
**gamonal** *m Pe, Bol desp* chief
**gamulán** *m Rpl* sheepskin coat
**gamuza** *f* ZO, *piel* chamois
**gana** *f* **1**: *no me da la ~* I don't want to; *hace lo que le da la ~* he does what he likes, he does as he pleases; *... me da ~s de ... ...* makes me want to ...; *tener ~s de algo / de hacer algo* feel like sth / like doing sth; *quedarse con las ~s* never get (the chance) to do sth **2** (*voluntad*): *de mala ~* unwillingly, grudgingly; *de buena ~* willingly
◇ **gana(s) de comer** appetite
**ganadería** *f* stockbreeding
**ganadero I** *adj* (*del ganado*) cattle *atr*; (*de la ganadería*) stockbreeding *atr* **II** *m*, **-a** *f* stockbreeder
**ganado** *m* cattle *pl*
◇ **ganado bovino** cattle *pl*; **ganado cabrío** goats *pl*; **ganado lanar** sheep *pl*; **ganado mayor** cattle or horses; **ganado menor** goats, pigs or sheep; **ganado ovino** sheep *pl*; **ganado porcino** hogs *pl*, pigs *pl*
**ganador I** *adj* winning **II** *m*, **~a** *f* winner
**ganancia** *f* profit
**ganancial** *adj* profit *atr*; *bienes ~es* JUR joint possessions, joint property *sg*; *sociedad de ~es* joint ownership *sg* (*on marriage*)
**ganar** ⟨1a⟩ **I** *v/t* **1** win; *le gané cincuenta dólares* I won fifty dollars off him; *~ a alguien* beat s.o. **2** *mediante el trabajo* earn
**II** *v/i* **1** *mediante el trabajo* earn **2** (*vencer*) win; *~ por dos sets a uno* win (by) two sets to one **3** (*mejorar*) improve; *salir ganando con algo* be better off with sth **4** (*aventajar*): *le gano en velocidad / inteligencia* I'm faster / more intelligent than him *o* than he is
**ganarse** *v/r* **1** earn; *te has ganado unas vacaciones* you've earned a vacation; *~ la vida* earn one's living **2** *a alguien* win over
**ganchillo** *m* crochet; *hacer ~* crochet
**gancho** *m* **1** hook **2** *L.Am.*, *Arg fig* F sex-appeal; *tener ~* F *de un grupo, una campaña* be popular; *de una persona* have that certain something **3** *L.Am.* *hacer ~* (*ayudar*) lend a hand

**4** *L.Am.* (*grapa*) staple **5** *L.Am.* (*percha*) coat hanger

**ganchudo** *adj* hook-shaped; *nariz -a* hook nose

**gandul I** *adj* idle **II** *m*, ~a *f* lazybones *sg*

**gandulear** ⟨1a⟩ *v/i* F loaf around F

**ganga** *f* bargain

**ganglio** *m* ANAT ganglion

**gangoso** *adj* nasal

**gangrena** *f* MED gangrene

**gangrenarse** ⟨1a⟩ *v/r* become gangrenous

**gángster** *m* gangster

**ganguear** ⟨1a⟩ *v/r* speak through one's nose

**ganoso** *adj*: *estar ~ de algo / de hacer algo* be dying for sth / to do sth; *estar ~ de poder* be hungry for power

**gansada** *f* F piece of nonsense; *decir ~s* talk nonsense

**ganso** *m* ZO goose; *macho* gander

**ganzúa** *f* picklock

**gañán** *m fig* oaf

**gañido** *m de perro* yelping; *de pájaro* cawing

**gañir** ⟨3h⟩ *v/i de perro* yelp; *de pájaro* caw

**garabatear** ⟨1a⟩ *v/i & v/t* doodle

**garabateo** *m* scrawl, scribble

**garabato** *m* doodle

**garage** *m L.Am.* garage

**garagista** *m/f L.Am.* garage attendant

**garaje** *m* garage; *~ de reparaciones* repair shop, garage

**garajista** *m/f* garage attendant

**garante** *m/f* FIN guarantor; *salir ~* stand surety (*de* for)

**garantía** *f* guarantee

◇ **garantía por defectos** warranty against defects

**garantizador** *m* guarantor

**garantizar** ⟨1f⟩ *v/t* guarantee

**garañón** *m L.Am.* stallion

**garapiña** *f Cuba, Méx* pineapple squash

**garbanzo** *m* BOT chickpea; *el ~ negro fig* F the black sheep F

**garbeo** *m* stroll; *darse un ~* go for a stroll

**garbo** *m al moverse* grace

**garboso** *adj* graceful

**garceta** *f* ZO egret

**gardenia** *f* BOT gardenia

**garete** *m*: *irse al ~ fig* F go to pot F

**garfio** *m* hook

**gargajo** *m* piece of phlegm

**garganta** *f* **1** ANAT throat **2** GEOG gorge

**gargantilla** *f* choker

**gárgaras** *fpl*: *hacer ~* gargle; *mandar a alguien a hacer ~* F tell s.o. to get lost F

**gárgola** *f* gargoyle

**garita** *f* sentry box

**garito** *m* gambling den

**garra** *f* **1** *de gato* claw; *de ave* talon; *caer en las ~s de alguien fig* fall into s.o.'s clutches **2**: *tener ~* F be compelling

**garrafa** *f* **1** carafe **2** *Rpl* (*bombona*) cylinder

**garrafal** *adj error etc* terrible

**garrafón** *m* demijohn

**garrapata** *f* ZO tick

**garrapiñar** ⟨1a⟩ *v/t almendras* coat in caramel

**garrocha** *f* **1** goad **2** *L.Am.* DEP pole; *deporte* pole-vault; *salto con ~* pole-vault

**garrochista** *m/f L.Am.* pole-vaulter

**garronear** ⟨1a⟩ *v/t & v/i Rpl* F scrounge F

**garronero** *m*, *-a f Rpl* F scrounger F

**garrotazo** *m* blow with a club, blow with a stick

**garrote** *m* **1** *tipo de ejecución* garrotte **2** *palo* club, stick

◇ **garrote vil** *tipo de ejecución* garrotte

**gárrulo** *adj persona* garrulous; *pájaro* twittering; *corriente* babbling

**garúa** *f L.Am.* drizzle

**garuar** ⟨1e⟩ *v/i L.Am.* drizzle

**garza** *f* ZO heron

◇ **garza real** gray *o Br* grey heron

**garzón** *m Rpl* (*mesero*) waiter

**gas** *m* **1** FÍS, QUÍM gas; *con ~* sparkling, carbonated; *sin ~* still **2**: *~es pl* MED gas *sg*, wind *sg* **3**: *a todo ~* flat out; *a medio ~ fig* at reduced capacity; *perder ~ fig* run out of steam

◇ **gas ciudad** town gas; **gas hilarante** laughing gas; **gas invernadero** greenhouse gas; **gas lacrimógeno** tear gas; **gas mostaza** mustard gas; **gas natural** natural gas; **gas nervioso** nerve gas; **gas noble** rare *o* noble gas; **gas propelente** propellant (gas); **gas tóxico** poison gas

**gasa** *f* gauze

**gasear** ⟨1a⟩ *v/t* gas

**gaseosa** *f* lemonade

**gaseoso** *adj* gaseous
**gasfitero** *m Pe, Bol* plumber
**gasificación** *f* QUÍM gasification
**gasificar** ⟨1g⟩ *v/t* QUÍM gasify
**gasoducto** *m* gas pipeline
**gasoil, gasóleo** *m* oil; *para motores* diesel
**gasolina** *f* gas, gasoline, *Br* petrol
◇ **gasolina con plomo** leaded gasoline, *Br* leaded petrol; **gasolina normal** regular (gasoline), *Br* two-star (petrol); **gasolina sin plomo** unleaded (gasoline *o Br* petrol); **gasolina súper** premium gasoline, *Br* four-star (petrol)
**gasolinera** *f* gas station, *Br* petrol station
**gasolinero** *m* gas station attendant, *Br* petrol station attendant
**gasómetro** *m* gasometer
**gastado** *adj* worn out
**gastador** *adj* spendthrift
**gastar** ⟨1a⟩ *v/t* **1** *dinero* spend; *energía, electricidad etc* use **2** (*llevar*) wear; *¿qué número gastas?* what size do you take?, what size are you? **3** (*desperdiciar*) waste **4** (*desgastar*) wear out; **gastarse** *v/r* **1** *dinero* spend **2** *de gasolina, agua* run out; *de pila* run down **3** *de ropa, zapatos* wear out
**gasto** *m* expense; **~s** expenses; **meterse en ~s** spend money; **cubrir ~s** cover one's costs, break even; **pagar los ~s de juicio** pay the costs; *de viaje* pay the expenses
◇ **gastos por desplazamiento** travel expenses; **gastos de mantenimiento** maintenance costs; **gastos de producción** production costs; **gastos de viaje** travel expenses
**gástrico** *adj* gastric; **jugos ~s** gastric juices
**gastritis** *f* gastritis
**gastroenteritis** *f* gastroenteritis
**gastrointestinal** *adj* gastrointestinal
**gastronomía** *f* gastronomy
**gastronómico** *adj* gastronomic
**gastrónomo** *m*, **-a** *f* gastronome
**gata** *f* **1** ZO (female) cat; *a ~s* F on all fours; **andar a ~s** F crawl **2** *Méx* servant, maid **3** *Chi para vehículo* jack
**gatear** ⟨1a⟩ *v/i* crawl
**gatillero** *m Méx* gunman; **~ a sueldo** hired gunman, hitman
**gatillo** *m* trigger; **apretar el ~** squeeze *o* pull the trigger

**gato** *m* **1** ZO cat; **aquí hay ~ encerrado** F there's something fishy going on here F; **cuatro ~s** a handful of people; **dar ~ por liebre a alguien** F con s.o. F; **llevarse el ~ al agua** *fig* F pull it off F; **~ escaldado del agua fría huye** once bitten, twice shy; **de noche todos los ~s son pardos** all cats look gray in the dark; **lavarse a lo ~** *fig* have a quick wash, have a cat lick **2** AUTO jack **3** *Méx* (*tres en raya*) tick-tack-toe, *Br* noughts and crosses *sg*
◇ **gato montés** ZO wild cat
**gatuno** *adj* feline, cat *atr*
**gaucho** *Rpl* **I** *adj* gaucho *atr* **II** *m* gaucho
**gaveta** *f* drawer
**gavia** *f* MAR topsail
**gavilán** *m* ZO sparrowhawk
**gaviota** *f* (sea)gull
**gay** **I** *adj* gay **II** *m* gay (man)
**gayola** *f Rpl* F slammer F
**gayuba** *f* BOT bearberry
**gayumbos** *mpl* F shorts, *Br* underpants
**gazapo** *m* **1** ZO young rabbit **2** F (*equivocación*) boo-boo F
**gazmoño** **I** *adj* **1** (*recatado*) prudish **2** (*santurrón*) sanctimonious **II** *m*, **-a** *f* **1** (*recatado*) prude **2** (*santurrón*) sanctimonious person
**gaznápiro** **I** *adj* dumb **II** *m*, **-a** *f* dimwit, dummy
**gaznate** *m* gullet
**gazpacho** *m* gazpacho (*cold soup made with tomatoes, peppers, garlic etc*)
**géiser** *m* geyser
**gel** *m* gel
◇ **gel de baño** bath gel
**gelatina** *f* **1** gelatin(e) **2** GASTR Jell-O®, *Br* jelly
**gelatinoso** *adj* gelatinous
**gélido** *adj* icy
**gelificar** ⟨1g⟩ *v/t* set; **gelificarse** *v/r* set
**gema** *f* gem
**gemebundo** *adj fml* groaning
**gemelo** **I** *adj* **1** twin *atr*; **hermano ~** twin brother **II** *mpl*: **~s 1** twins **2** *de camisa* cuff links **3** (*prismáticos*) binoculars
**gemido** *m* moan, groan
**Géminis** *m/f inv* ASTR Gemini
**geminiano** *L.Am.* ASTR **I** *adj* Gemini; **soy ~** I'm a(n) Gemini **II** *m*, **-a** *f* Gemini
**gemir** ⟨3l⟩ *v/i* moan, groan

**gemología** *f* gemology
**gen** *m* gene
**genciana** *f* BOT gentian
**gendarme** *m* gendarme
**gendarmería** *f* gendarmerie
**genealogía** *f* genealogy
**genealógico** *adj*: **árbol ~** family tree
**generación** *f* generation
**generacional** *adj* generation *atr*; **conflicto ~** generation gap; **cambio** *o* **relevo ~** passage from one generation to the next
**generador I** *adj*: **ser ~ de algo** generate sth **II** *m* EL generator
**general I** *adj* general; **en ~** in general; **por lo ~** usually, generally **II** *m* general
**generalidad** *f* **1** (*mayoría*) majority **2** (*vaguedad*) general nature
**generalización** *f* generalization
**generalizador** *adj* general; **afirmación** sweeping, general
**generalizar** ⟨1f⟩ **I** *v/t* spread **II** *v/i* generalize; **generalizarse** *v/r* spread
**generalmente** *adv* generally
**generar** ⟨1a⟩ *v/t* generate
**generativo** *adj* generative
**generatriz** *f* MAT generatrix
**genérico** *adj* generic; **nombre ~** BIO generic name
**género** *m* **1** (*tipo*) type **2** PINT, *de literatura* genre; **pintura de ~** genre painting **3** GRAM gender **4** COM goods *pl*, merchandise **4** BIO genus; **el ~ humano** the human race
◇ **géneros de punto** knitwear *sg*
**generosidad** *f* generosity
**generoso** *adj* **1** *persona* generous **2** *vino* full-bodied
**génesis** *f* genesis
**Génesis** *m* Genesis
**genética** *f* genetics *sg*
**genéticamente** *adv* genetically; **~ alterado** *o* **manipulado** *o* **modificado** genetically altered *o* engineered *o* modified
**genético** *adj* genetic
**genetista** *m/f* geneticist
**genial** *adj* brilliant; F (*estupendo*) fantastic F, great F; **lo pasamos ~** F we had a fantastic F *o* a great F time
**genialidad** *f* brilliance
**génico** *adj* BIO gene *atr*; **terapia -a** gene therapy
**geniecillo** *m* elf

**genio** *m* **1** *talento*, *persona* genius **2** (*carácter*) temper; **tener mal ~** be bad-tempered; **estar de buen / mal ~** be in a good / bad mood
**genital** *adj* genital; **órgano ~** genital organ
**genitales** *mpl* genitals
**genitivo** *m* GRAM genitive
**genocidio** *m* genocide
**genoma** *m* BIO genome
**Génova** *f* Genoa
**gente** *f* **1** people *pl*; **buena ~** good *o* respectable people *pl*; **ser buena ~** be nice; **la ~ mayor** grown-ups *pl*; **ancianos** elderly people *pl*, old people *pl*; **mi ~** my family **2** *L.Am.* (*persona*) person
◇ **gente bien** well-off *o* well-to-do people *pl*; **gente de bien** good *o* respectable people *pl*; **gente bonita** *Méx*, **gente guapa** beautiful people *pl*; **gente menuda** children *pl*
**gentil** *adj* **1** kind, courteous **2** REL Gentile
**gentileza** *f* kindness; **por ~ de** by courtesy of
**gentilhombre** *m* gentleman
**gentilicio** *m* *word used to indicate nationality or regional origin*
**gentilmente** *adv* kindly
**gentío** *m* crowd
**gentuza** *f* rabble
**genuflexión** *f* genuflection
**genuino** *adj* genuine, real
**GEO** *m abr* (= **Grupo Especial de Operaciones**) SWAT team
**geodesia** *f* geodesy
**geodésico** *adj* geodesic
**geofísica** *f* geophysics *sg*
**geografía** *f* geography; **en toda la ~ española** all over Spain
**geográfico** *adj* geographical
**geógrafo** *m*, **-a** *f* geographer
**geología** *f* geology
**geológico** *adj* geological
**geólogo** *m*, **-a** *f* geologist
**geometría** *f* geometry
**geométrico** *adj* geometric, geometrical
**geopolítica** *f* geopolitics *sg*
**geotérmico** *adj* geothermal
**geranio** *m* BOT geranium
**gerbera** *f* BOT gerbera
**gerencia** *f* **1** management **2** *oficina* manager's office **3** *tiempo* time as manager

**gerenciar** ⟨1b⟩ *v/t L.Am.* manage
**gerente** *m/f* manager
**geriatra** *m/f* geriatrician
**geriatría** *f* geriatrics *sg*
**geriátrico** *adj* geriatric; ***centro ~*** old people's home
**gerifalte** *m* ZO gyrfalcon; F bigwig F
**germánico** *adj* Germanic
**germano I** *adj* Germanic **II** *m*, **-a** *f* German
**germen** *m* germ
◇ **gérmenes de trigo** *pl* wheatgerm *sg*
**germinación** *f* germination
**germinal** *adj* germinal; ***célula ~*** germ cell
**germinar** ⟨1a⟩ *v/i tb fig* germinate
**gerontocracia** *f* POL gerontocracy
**gerontología** *f* gerontology
**gerontólogo** *m*, **-a** *f* gerontologist
**gerundense** *adj* of / from Gerona, Gerona *atr*
**gerundio** *m* GRAM gerund
**gesta** *f* heroic deed; ***cantar de ~*** chanson de geste, epic poem
**gestación** *f* gestation; ***en avanzado estado de ~*** heavily pregnant; ***en ~*** *fig* in gestation
**gestante** *f* expectant mother
**gestarse** ⟨1a⟩ *v/r*: ***se está gestando una rebelión*** a rebellion is brewing; ***se está gestando un nuevo plan*** a new plan is being developed
**gesticulación** *f* gesticulation
**gesticular** ⟨1a⟩ *v/i* gesticulate
**gestión** *f* **1** management; ***mala ~*** mismanagement, poor management **2**: ***gestiones*** *pl* (*trámites*) formalities, procedure *sg*; ***hacer gestiones*** attend to some business
◇ **gestión de empresa, gestión empresarial** business management; **gestión de patrimonios** asset management; **gestión de residuos** waste management; **gestión de sistemas** INFOR systems administration
**gestionar** ⟨1a⟩ *v/t* **1** *trámites* take care of **2** *negocio* manage
**gesto** *m* **1** *movimiento* gesture; ***hacer ~s*** gesture, make gestures **2** (*expresión*) expression; ***torcer el ~*** make a face, *Br* pull a face
**gestor** *m*, **~a** *f Esp person who works in a gestoría*
◇ **gestor de redes** INFOR network ad-

ministrator
**gestoría** *f Esp agency offering clients help with official documents*
**gestual** *adj*: ***lenguaje ~*** sign language
**giba** *f* hump, hunch
**gibar** ⟨1a⟩ *v/t* F bug F, pester F; ***¿no te giba?*** F would you believe it!; **gibarse** *v/r* F lump it F
**gibón** *m* ZO gibbon
**giboso** *adj* humpbacked, hunchbacked
**gibraltareño** *adj* Gibraltarian
**gigabyte** *m* gigabyte
**gigante I** *adj* giant *atr* **II** *m* giant
**gigantesco** *adj* gigantic
**gigantismo** *m* MED gigantism
**gigoló** *m* gigolo
**gilí** *adj* F dumb F, silly; ***no seas ~*** don't be so dumb F
**gilipollas** *m/f inv* P jerk P
**gilipollez** *f Esp* V bullshit V
**gilipuertas** *m/f inv* F ☞ **gilipollas**
**gimió** *vb* ☞ **gemir**
**gimnasia** *f* gymnastics *sg*; ***hacer ~*** do exercises
◇ **gimnasia correctiva** remedial exercises *pl*; **gimnasia preparto** antenatal exercises *pl*; **gimnasia rítmica** rhythmic gymnastics *sg*
**gimnasio** *m* gym
**gimnasta** *m/f* gymnast
**gimnástico** *adj* gymnastic
**gimo** *vb* ☞ **gemir**
**gimotear** ⟨1a⟩ *v/i* whine, whimper
**gimoteo** *m* whining, whimpering
**gincana** *f* gymkhana
**ginebra** *f* gin
**Ginebra** *f* Geneva
**ginebrino** *adj* Genevan
**ginecología** *f* gynecology, *Br tb* gynaecology
**ginecológico** *adj* gynecological, *Br tb* gynaecological
**ginecólogo** *m*, **-a** *f* gynecologist, *Br tb* gynaecologist
**gingivitis** *f* gingivitis
**gin-tonic** *m* gin and tonic, G and T F
**gira** *f* tour
**girador** *m*, **~a** *f* drawer
**girar** ⟨1a⟩ **I** *v/i* **1** (*dar vueltas, torcer*) turn; ***~ a la derecha / izquierda*** turn to the right / left; *de coche, persona* turn right / left, take a right / left **2** *alrededor de algo* revolve; ***~ en torno a algo*** *fig* revolve around sth **II** *v/t* COM

transfer
**girasol** *m* BOT sunflower
**giratorio** *adj* revolving
**giro** *m* **1** turn; *~ a la derecha / izquierda* right / left turn; POL shift to the right / left **2** GRAM idiom
◇ **giro postal** COM money order
**gis** *m L.Am.* chalk
**gitano I** *adj* gypsy *atr* **II** *m*, *-a f* gypsy
**glaciación** *f* GEOL glaciation
**glacial** *adj* icy; *período o época ~* Ice Age
**glaciar I** *adj*: *lago ~* glacier lake **II** *m* glacier
**gladiador** *m* HIST gladiator
**gladiola** *f Méx* BOT gladiolus
**gladíolo, gladiolo** *m* BOT gladiolus
**glamoroso** *adj* glamorous
**glamour** *m* glamor, *Br* glamour
**glamuroso** *adj* glamorous
**glande** *m* ANAT glans *sg*
**glándula** *f* ANAT gland
◇ **glándula lacrimal** tear gland
◇ **glándula pituitaria** pituitary gland
**glasé** *m* (*tela*) type of thick silk
**glasear** ⟨1a⟩ *v/t* GASTR, *papel* glaze
**glauco** *adj* glaucous
**glaucoma** *m* MED glaucoma
**glicerina** *f* glycerin, glycerine
**glicin(i)a** *f* BOT wisteria
**global** *adj* **1** (*de todo el mundo*) global **2** *visión, resultado* overall; *cantidad* total
**globalidad** *f*: *en su ~* in its entirety
**globalización** *f* globalization
**globalizar** ⟨1f⟩ *v/t* (*internacionalizar*) globalize
**globo** *m* **1** *aerostático, de niño* balloon **2** *terrestre* globe **3** DEP lob
◇ **globo aerostático** hot air balloon; **globo ocular** ANAT eyeball; **globo sonda** observation balloon; **globo terráqueo** globe
**globoso** *adj* globular
**globular** *adj* globular
**glóbulo** *m* globule; ANAT blood cell
**gloria** *f* **1** (*fama*) glory; *cubrirse de ~* cover o.s. in glory **2** (*delicia*) delight; *saber a ~* taste wonderful **3**: *estar en la ~* F be in seventh heaven F
**gloriado** *m Pe, Bol, Ecuad*: type of punch
**glorieta** *f* traffic circle, *Br* roundabout
**glorificación** *f* glorification
**glorificar** ⟨1g⟩ *v/t* glorify

**glorioso** *adj* glorious
**glosa** *f* gloss
**glosar** ⟨1a⟩ *v/t* gloss
**glosario** *m* glossary
**glosopeda** *f* foot-and-mouth (disease)
**glotis** *f* ANAT glottis
**glotón I** *adj* greedy, gluttonous **II** *m*, *-ona f* glutton
**glotonear** ⟨1a⟩ *v/i* stuff o.s.
**glotonería** *f* gluttony
**glucemia** *f* glycemia, *Br tb* glycaemia
**glúcido** *m* QUÍM glycide
**glucosa** *f* glucose
**gluten** *m* gluten
**glúteo** *m* gluteus
**gnomo** *m* gnome
**gobernabilidad** *f* governability
**gobernable** *adj* governable
**gobernación** *f* **1** government **2** *Méx*: *Gobernación* Department of the Interior, *Br* Home Office
**gobernador I** *adj* governing *atr* **II** *m*, *~a f* governor
**gobernanta** *f* **1** *de hotel* housekeeper **2** *L.Am.* (*institutriz*) governess
**gobernante** *m* leader
**gobernar** ⟨1k⟩ *v/t & v/i* rule, govern
**gobierno** *m* **1** POL government **2** MAR steering
◇ **gobierno de la casa** housekeeping
◇ **gobierno en la sombra** POL shadow cabinet
**gobio** *m pez* gudgeon
**goce** *m* pleasure, enjoyment
**godo I** *adj* Gothic **II** *m*, *-a f L.Am. desp* Spaniard
**gofre** *m* waffle
**gogó** *f* go-go; (*chica*) *~* go-go dancer
**gol** *m* DEP goal; *marcar o meter un ~* score (a goal); *meter un ~ a alguien fig* F put one over on s.o. F
◇ **gol del empate** tying goal, *Br* equalizer; **gol de oro** golden goal; **gol en propia meta, gol en propia puerta** own goal
**gola** *f* ruff
**golazo** *m* terrific *o* amazing goal
**goleada** *f* DEP F massacre F, crushing win / defeat
**goleador** *m*, *~a f* DEP (goal) scorer
**golear** ⟨1a⟩ *v/t* beat, thrash F
**golero** *m*, *-a f Rpl* goalkeeper
**goleta** *f* MAR schooner
**golf** *m* DEP golf; *campo de ~* golf course

**golfa** f P whore P

**golfante** m F ☞ **golfo** II

**golfear** ⟨1a⟩ v/i **1** loaf around **2** (*meterse en líos*) get up to no good

**golfillo** m (street) urchin

**golfista** m/f golfer

**golfito** m L.Am. mini-golf

**golfo** I m GEOG gulf II m,-a f good-for--nothing; *niño* little devil

◇ **Golfo de Arica** Chile-Peru Trench; **Golfo de California** Gulf of California; **Golfo de México** Gulf of Mexico

**golondrina** f ZO swallow; *una ~ no hace verano* one swallow doesn't make a summer

**golondrino** m MED *tumor in the armpit*

**golosina** f candy, Br sweet

**goloso** I adj sweet-toothed II m,-a f person with a sweet tooth

**golpazo** m thump

**golpe** m **1** knock, blow; *un duro ~ fig* a heavy blow; *no da ~* F she doesn't do a thing, she doesn't lift a finger **2**: *de ~* suddenly; *de ~ y porrazo* suddenly

◇ **golpe bajo** *en boxeo* low punch, blow below the belt; *no invitarla fue un ~ fig* not inviting her was a low blow *o* a bit below the belt; **golpe de calor** heatstroke; **golpe de Estado** coup d'état; *dar un ~* stage a coup (d'état); **golpe de fortuna** stroke of luck; **golpe franco** DEP free kick; **golpe de gracia** coup de grâce; **golpe de mar** huge wave; **golpe militar** military coup; **golpe de tos** coughing fit; **golpe de suerte** stroke of luck; **golpe de viento** gust of wind; **golpe de vista** glance

**golpear** ⟨1a⟩ v/t *cosa* bang, hit; *persona* hit; **golpearse** v/r: *se golpeó la cabeza* he hit his head

**golpismo** m: *el ~ es característico de la vida política en el país* coups (d'état) are a feature of the country's political life; *fue condenado por ~* he was convicted of involvement in the coup (d'état)

**golpista** I adj: *un militar ~* a participant in a military coup (d'état) II m/f coup participant, participant in a coup (d'état)

**golpiza** f L.Am. beating

**goma** f **1** (*caucho*) rubber **2** (*pegamento*) glue **3** (*banda elástica*) elastic band, Br rubber band **4** F (*preservativo*) condom, rubber P **5** C.Am. F hangover **6** BOT gum **7** *Méx en béisbol* home plate **8** CSur (*neumático*) tire, Br tyre

◇ **goma de borrar** eraser; **goma espuma** foam rubber; **goma de mascar** chewing gum

**gomina** f hair gel

**gominola** f jelly bean

**gomorresina** f gum resin

**gónada** f BIO gonad

**góndola** f Chi bus

**gong** m gong

**gonorrea** f gonorrhea, Br tb gonorrhoea

**gordezuelo** adj plump

**gordinflón** m, -ona f F fatso F

**gordo** I adj **1** fat **2**: *me cae ~* F I can't stand him; *se va a armar la -a* F all hell will break loose F; *¡ésta sí que es -a!* F this is a disaster!; *no veo ni -a* F I can't see a damn thing F II m, -a f fat person III m *premio* jackpot; *me ha caído o tocado el ~* I've won the jackpot; *fig* I've hit the jackpot

**gorgorito** m trill, warble

**gorgotear** ⟨1a⟩ v/i gurgle; *al hervir* bubble

**gorigori** m F wailing; *armar el ~* F make a racket

**gorila** m ZO gorilla

**gorjear** ⟨1a⟩ v/i *de pájaro* chirp, warble; *de niño* gurgle

**gorjeo** m *de pájaro* chirping, warbling; *de niño* gurgling

**gorra** f cap; *de ~* F for free F; *vivir de ~* scrounge F

◇ **gorra de béisbol** baseball cap

◇ **gorra de plato, gorra visera** peaked cap

**gorrinada, gorrinería** f fig dirty trick

**gorrinera** f pigpen, Br pigsty

**gorrino** m fig pig

**gorrión** m ZO sparrow

**gorro** m **1** cap; *estar hasta el ~ de algo* F be fed up to the back teeth with sth F **2** *en baloncesto* block

**gorrón** m, -ona f F scrounger F

**gorronear** ⟨1a⟩ v/t & v/i F scrounge F

**gota** I f drop; *ni ~* F *de cerveza, leche etc* not a drop; *de pan* not a scrap; *no ver ni ~* F not see a thing; *la ~ que colma o hace rebosar el vaso* the last straw; *parecerse como dos ~s de agua* be like two peas in a pod; *una ~ en el*

**mar** *fig* a drop in the ocean ‖ *m:* ~ **a** ~ MED drip

◇ **gota fría** cold front

**gotear** ⟨1a⟩ *v/i* drip; *filtrarse* leak

**goteo** *m* dripping

**gotera** *f* **1** leak **2** (*mancha*) stain

**gotero** *m* **1** MED drip **2** *L.Am.* (eye)-dropper

**gótico** **I** *adj* Gothic ‖ *m* ARQUI Gothic

**gouache** *m* gouache

**gozada** *f* F: **fue una** ~ it was fantastic, it was brilliant

**gozar** ⟨1f⟩ *v/i* **1** (*disfrutar*) enjoy o.s.; ~ **de** (*disfrutar de*) enjoy; ~**la** have a good time **2**: ~ **de** (*poseer*) have, enjoy

**gozne** *m* hinge

**gozo** *m* **1** (*alegría*) joy; **no caber en sí de** ~ be overjoyed; **mi** ~ **en un pozo** F that's the end of that!, so much for that idea! **2** (*placer*) pleasure

**gozoso** *adj* happy

**grabación** *f* recording

**grabado** *m* engraving

**grabador** *m* tape recorder

**grabadora** *f* tape recorder

**grabar** ⟨1a⟩ *v/t* **1** *en video, cinta* record **2** PINT, *fig* engrave; **el accidente quedó** ~ **en su memoria** the accident was engraved *o* etched on her memory; **grabarse** *v/r* be engraved (**en** on)

**gracejo** *m* wit

**gracia** *f* **1** (*humor*): **tener** ~ be funny; **me hace** ~ I think it's funny, it makes me laugh; **no le veo la** ~ I don't think it's funny, I don't see the joke; **tiene** ~ **que** ... it's funny that ...; **eso no tiene la menor** ~ that isn't the least *o* slightest bit funny; **¡qué** ~**!** *irón* well that's just great!

**2**: **dar las** ~**s a alguien** thank s.o., say thank you to s.o.; ~**s** thank you; **¡muchas** ~**s!** thank you very much, thanks very much; ~**s a** thanks to; **¡**~**s a Dios!** thank God, thank goodness; **con la entrada tienes derecho a una bebida, y** ~**s** F the ticket entitles you to one drink, and that's it

**3** (*simpatía*): **le has caído en** ~ he's taken a liking to you

**4**: **en estado de** ~ REL in a state of grace

**5** *de movimientos* gracefulness; **tener** ~ be graceful

**grácil** *adj* dainty

**gracilidad** *f* gracefulness

**gracioso** **I** *adj* funny; **¡muy** ~**!** *irón* very funny! ‖ *m* TEA comic character

**gradas** *fpl* DEP stands, grandstand *sg*

**gradería** *f* *L.Am.* stands *pl*

**graderío** *m* stands *pl*

**grado** *m* **1** degree; **de primer grado** *quemaduras* first-degree **2**: **de buen** ~ with good grace, readily; **de mal** ~ with bad grace, reluctantly

**graduable** *adj* adjustable

**graduación** *f* **1** TÉC *etc* adjustment **2** *de alcohol* alcohol content **3** EDU graduation **4** MIL rank; **de alta** ~ high-ranking

◇ **graduación de gafas** eyeglass prescription

**graduado** **I** *adj* **1** *aparato de medida* graduated **2** *lentes, gafas* prescription *atr* **3** EDU graduate *atr* ‖ *m*, **-a** *f* graduate

◇ **graduado escolar** *Esp* elementary school certificate; *persona* person with an elementary school certificate

**gradual** *adj* gradual

**gradualmente** *adv* gradually

**graduar** ⟨1e⟩ *v/t* **1** TÉC *etc* adjust **2**: ~ **las gafas** *o* **la vista** have one's eyes tested; **graduarse** *v/r* EDU graduate, get one's degree

**graffiti** *mpl* graffiti

**grafía** *f* spelling

**gráfica** *f* graph

**gráfico** **I** *adj* graphic; **artes** ~**as** graphic arts ‖ *m* **1** MAT graph **2** INFOR graphic

**grafismo** *m* graphic design, graphic art

**grafista** *m/f* graphic designer, graphic artist

**grafito** *m* MIN graphite

**grafología** *f* graphology

**grafólogo** *m*, **-a** *f* graphologist

**gragea** *f* tablet, pill

**grajo** *m* ZO rook

**Gral.** *abr* (= **general** ) Gen (= general)

**grama** *f* **1** BOT Bermuda grass **2** *L.Am.* (*césped*) lawn

**gramática** *f* grammar; **tener mucha** ~ **parda** be worldly-wise

**gramatical** *adj* grammatical

**gramático** **I** *adj* grammatical ‖ *m*, **-a** *f* grammarian

**gramíneas** *fpl* BOT grasses

**gramo** *m* gram

**gramófono** *m* phonograph, *Br* gramophone

**gran** *short form of* **grande** *before a noun*

**Gran Bretaña** *f* Great Britain

**grana** *f* / *adj* deep red

**granada** *f* **1** BOT pomegranate **2** MIL grenade

◇ **granada de carga hueca** MIL dummy grenade

◇ **granada de mano** MIL hand grenade

**granadilla** *f* **1** BOT passionflower **2** *fruta* passion fruit

**granadino I** *adj* of / from Granada, Granada *atr* **II** *m,*-a *f* native of Granada

**granado I** *adj* **1** (*destacado*) select; **lo más ~ de** *fig* the cream of **2** (*maduro*) mature **II** *m* BOT pomegranate tree

**granangular** *m* wide-angle lens

**granate** *adj inv* dark crimson

**grancanario** *adj* of / from Gran Canaria, Gran Canaria *atr*

**grande I** *adj* **1** big, large; **el vestido me está** *o* **me viene ~** the jacket is too big for me; **el cargo le viene ~** the job is too much for him **2**: **a lo ~** in style; **pasarlo en ~** have a great time **II** *m/f* **1** *L.Am.* (*adulto*) grown-up, adult; **~s y pequeños** young and old **2** (*mayor*) eldest

◇ **grande de España** (Spanish) nobleman *o* grandee

**grandeza** *f* greatness

◇ **grandeza de alma** nobility

**grandilocuencia** *f* grandiloquence

**grandilocuente** *adj* grandiloquent

**grandiosidad** *f* grandeur

**grandioso** *adj* impressive, magnificent

**grandullón** *m,*-ona *f* F big kid F

**granel** *m*: **vender a ~** COM sell in bulk; **había comida a ~** F there was loads of food F

**granero** *m* granary

**granítico** *adj* granite *atr*

**granito**[1] *m* MIN granite

**granito**[2] *m*: **aportar su ~ de arena** *fig* do one's bit

**granizada** *f* hailstorm

**granizado** *m* type of soft drink made with crushed ice

**granizar** ⟨1f⟩ *v/i* hail

**granizo** *m* hail

**granja** *f* farm

◇ **granja marina** fish farm

**granjearse** ⟨1a⟩ *v/r* win, earn

**granjero** *m,*-a *f* farmer

**grano** *m* **1** *de café* bean; *de cereales* grain; **separar** *o* **apartar el ~ de la paja** separate the wheat from the chaff; **ir al ~** get (straight) to the point **2** *en la piel* pimple, spot

◇ **grano de uva** grape

**granoso** *adj* grainy

**granuja** *m/f* rascal

**granujada** *f* dirty trick

**granulación** *f* granulation

**granuloma** *m* MED granuloma

**grapa** *f* staple

**grapadora** *f* stapler

**grapar** ⟨1a⟩ *v/t* staple

**grasa** *f* **1** BIO, GASTR fat; **bajo en ~** low in fat, low-fat *atr* **2** *lubricante, suciedad* grease **3** *Méx* (*betún*) shoe polish

◇ **grasa animal** animal fat

◇ **grasa vegetal** vegetable fat

**grasiento** *adj* greasy, oily

**graso** *adj* greasy; *carne* fatty

**gratén** *m*: **al ~** GASTR au gratin

**gratificación** *f* **1** *por satisfacción* gratification **2** *a un empleado* bonus

**gratificante** *adj* gratifying

**gratificar** ⟨1g⟩ *v/t* reward; *a un empleado* give a bonus to

**gratinar** ⟨1a⟩ *v/t* GASTR cook au gratin

**gratis** *adj & adv* free

**gratitud** *f* gratitude

**grato** *adj* pleasant

**gratuidad** *f*: **~ de la enseñanza / los medicamentos** free education / medicine

**gratuito** *adj* free; **ser ~** *fig* be gratuitous

**grava** *f* gravel

**gravable** *adj* taxable

**gravamen** *m* tax

**gravar** ⟨1a⟩ *v/t* tax; **la casa está gravada con una hipoteca** the house is mortgaged

**grave** *adj* **1** serious; *tono* grave, solemn; **estar ~** be seriously ill **2** *voz* deep; *nota* low **3** LING *acento* grave

**gravedad** *f* **1** seriousness, gravity; **herido de ~** seriously injured **2** FÍS gravity

**gravemente** *adv* seriously; **~ enfermo** seriously ill

**gravidez** *f* pregnancy

**grávido** *adj* pregnant; **el útero ~** the uterus during pregnancy

**gravilla** *f* gravel

**gravitación** *f* gravitation

**gravitar** ⟨1a⟩ *v/i* **1** FÍS gravitate; **~ alre-**

**dedor de** *fig* center round, *Br* centre around **2** (*recaer*) rest (**sobre** on)

**gravitatorio** *adj* gravitational

**gravoso** *adj* expensive, costly

**graznar** ⟨1a⟩ *v/i de cuervo* caw; *de pato* quack; *de ganso* honk

**graznido** *m de cuervo* cawing; *de pato* quacking; *de ganso* honking

**greca** *f* frieze

**Grecia** *f* Greece

**gregario** *adj* gregarious; **instinto ~** gregariousness

**gregoriano** *adj* Gregorian; **canto ~** Gregorian chant

**grelos** *mpl* GASTR turnip greens

**gremial** *adj* HIST guild *atr*

**gremio** *m* HIST guild; *fig* F (*oficio manual*) trade; (*profesión*) profession

**greña** *f* **1**: **andar a la ~** F quarrel, argue **2**: **~s** messy hair *sg*

**greñudo** *adj* unkempt, disheveled, *Br* dishevelled

**gres** *m* (*arcilla*) earthenware; *para artesano* potter's clay

**gresca** *f* **1** (*pelea*) fight; **armar ~** start a fight **2** (*escándalo*) din, uproar

**grey** *f* flock

**Grial** *m*: **el Santo ~** the Holy Grail

**griego** **I** *adj* Greek **II** *m*, -a *f* Greek **III** *m idioma* Greek

**grieta** *f* crack

**grifa** *f* F dope F

**grifería** *f* faucets *pl*, *Br* taps *pl*

**grifo** **I** *adj* *Méx* F high **II** *m* **1** faucet, *Br* tap **2** *Pe* (*gasolinera*) gas station, *Br* petrol station

**grifón** *m* griffon

**grillado** *adj* F crazy, loopy F

**grillarse** ⟨1a⟩ *v/r* F go crazy

**grillete** *m* shackle, fetter

**grillo** *m* **1** ZO cricket **2**: **~s** *pl* shackles, fetters

**grima** *f* **1** *Esp*: **me da ~** *de ruido, material etc* it sets my teeth on edge; *de algo asqueroso* it gives me the creeps F **2** *Pe*: **en ~** alone

**gringo** *m*, -a *f* *L.Am. desp* gringo *desp*, foreigner

**gripa** *f* *Méx* flu

**gripal** *adj* MED flu *atr*, influenza *atr*

**griparse** ⟨1a⟩ *v/r* TÉC seize (up)

**gripe** *f* flu, influenza

◇ **gripe intestinal** gastric flu

**griposo** *adj*: **estar ~** have flu

**gris** **I** *adj* gray, *Br* grey **II** *m*: **~ perla** pearl gray *o Br* grey

**grisáceo** *adj* grayish, *Br* greyish

**grisú** *m* firedamp

**gritar** ⟨1a⟩ *v/t & v/i* shout, yell

**griterío** *m* shouting

**grito** *m* cry, shout; **dar ~s** shout; **a ~ pelado** at the top of one's voice; **pedir algo a ~s** F be crying out for sth; **poner el ~ en el cielo** hit the roof F; **el último ~ en teléfonos móviles** the last word in cell phones

**grogui** *adj* groggy, dazed

**grosella** *f* redcurrant

◇ **grosella silvestre** gooseberry

**grosería** *f* rudeness

**grosero** **I** *adj* rude **II** *m*, -a *f* rude person

**grosor** *m* thickness

**grotesco** *adj* grotesque

**grúa** *f* **1** crane **2** AUTO wrecker, *Br* breakdown truck

◇ **grúa flotante** floating crane

**grueso** **I** *adj* **1** *muro, tela* thick **2** *persona* stout **3**: **mar -a** rough sea **II** *m* thickness

**grulla** *f* ZO crane

**grumete** *m* cabin boy

**grumo** *m* lump

**grumoso** *adj* lumpy

**gruñido** *m* grunt; *de perro* growl

**gruñir** ⟨3h⟩ *v/i* **1** (*quejarse*) grumble, moan F **2** *de perro* growl; *de cerdo* grunt

**gruñón** **I** *adj* F grumpy **II** *m*, -ona *f* F grouch F

**grupa** *f* hindquarters *pl*; **volver ~s** turn back

**grupo** *m* group; **en ~s** in groups

◇ **grupo electrógeno** generator; **grupo parlamentario** POL parliamentary group; **grupo de presión** POL pressure group, special interest group; **grupo sanguíneo** blood group

**grupúsculo** *m esp* POL splinter group

**gruta** *f* cave; *artificial* grotto

**guacamayo** *m ave* macaw

**guacamol, guacamole** *m* guacamole

**guache** *m* ☞ **gouache**

**guachimán** *m Chi* watchman

**guacho** *S.Am.* **I** *adj* **1** (*sin casa*) homeless **2** (*huérfano*) orphaned **II** *m*, -a *f* **1** *sin casa* homeless person **2** (*huérfano*) orphan

**guadaña** *f* scythe

**guadaño** *m Cuba, Méx* small boat

**guagua** f **1** Carib, Ven, Canaries bus **2** Pe, Bol, Chi (niño) baby

**guajiro** m, -a f Cu peasant

**guajolote** m Méx, C.Am. turkey

**guanábana** f BOT soursop (tree)

**guanaco I** adj L.Am. F dumb F, stupid **II** m ZO guanaco **III** m, -a f persona idiot

**guano** m guano

**guantazo** m slap

**guante** m glove; **echar el ~ a alguien** catch s.o., nab s.o. F; **arrojar el ~ a alguien** throw down the gauntlet to s.o.; **recoger el ~** take up the challenge; **sentar como un ~** F fit like a glove; **tratar a alguien con ~ de seda** fig handle s.o. with kid gloves

**guantera** f AUTO glove compartment

**guaperas** m/f F good-looker

**guapetón** adj F gorgeous F

**guapo I** adj **1** hombre handsome, good-looking; mujer beautiful **2** S.Am. gutsy **II** m handsome o good-looking man **III** -a f beautiful woman

**guapura** f good looks pl

**guaracha** f Carib street band

**guarache** ☞ **huarache**

**guaraní** m FIN guaraní

**guarapo** m L.Am. alcoholic drink made from sugar cane and herbs

**guarda** m/f keeper

◇ **guarda de campo** estate guard; **guarda forestal** forest ranger, warden; **guarda jurado** security guard; **guarda rural** estate guard

**guardabarrera** m FERR grade crossing keeper, Br level crossing keeper

**guardabarros** m inv AUTO fender, Br mudguard

**guardabosque(s)** m/f (inv) forest ranger, warden

**guardacoches** m/f inv parking lot attendant, Br car park attendant

**guardacostas I** m inv coastguard vessel **II** m/f inv coastguard

**guardaespaldas** m/f inv bodyguard

**guardafango** m L.Am. AUTO fender, Br mudguard

**guardagujas** FERR **I** m inv switchman, Br pointsman **II** f switchwoman, Br pointswoman

**guardameta** m/f DEP goalkeeper

**guardapolvo** m **1** (bata) overall **2** (funda) dust sheet, dust cover

**guardar** ⟨1a⟩ v/t **1** keep; **~ silencio** remain silent, keep silent **2** poner en un lugar put (away) **3** recuerdo have **4** apariencias keep up **5** INFOR save **6**: **~ cama** stay in bed; **guardarse** v/r **1** keep **2**: **~ de** refrain from; **me guardaré muy mucho** I'll be very careful

**guardarraíl** m safety barrier

**guardarropa** m **1** en lugar público checkroom, Br cloakroom **2** (ropa) wardrobe; armario closet, Br wardrobe

**guardarropía** f TEA wardrobe

**guardavallas** m/f inv L.Am. goalkeeper

**guardavida** m/f Rpl lifeguard

**guardería** f nursery

**guardia I** f **1** guard; **bajar la ~** fig lower one's guard; **poner a alguien en ~** put s.o. on their guard; **la vieja ~** fig the old guard **2**: **de~** on duty **II** m/f **1** MIL guard **2** (policía) police officer

◇ **guardia civil** Esp civil guard; **guardia de corps** bodyguard; **guardia de seguridad** security guard; **guardia de tráfico** traffic warden; **guardia urbano** city police officer

**guardián I** adj: **perro ~** guard dog **II** m, -ana f guard; fig guardian

**guarecer** ⟨2d⟩ v/t shelter; **guarecerse** v/r shelter (**de** from), take shelter (**de** from)

**guarida** f **1** ZO den **2** de personas hide-out

**guarismo** m figure

**guarnecer** ⟨2d⟩ v/t **1** adorn (**de** with) **2** GASTR garnish (**con** with)

**guarnición** f **1** GASTR accompaniment; **con ~** with garnish **2** MIL garrison

**guaro** m C.Am. sugar-cane liquor

**guarrada, guarrería** f F filth; **es una ~** it's disgusting

**guarrear** ⟨1a⟩ v/i F make a mess

**guarro I** adj F sucio filthy **II** m tb fig F pig

**guarura** m Méx **1** (guardaespaldas) bodyguard **2** (gamberro) thug

**guasa** f L.Am. joke; **de ~** as a joke

**guaso I** adj S.Am. rude **II** m, -a f Chi peasant

**guasón I** adj: **es muy ~** he treats everything as a joke **II** m, -ona f joker

**guata** f F paunch

**Guatemala** f Guatemala

**guatemalteco I** adj Guatemalan **II** m, -a f Guatemalan

**guateque** m party

**guatón** *adj* pot-bellied, big-bellied

**guau** *int* **1** *por asombro, sorpresa etc* wow **2**: ¡~!, ¡~! *de perro* bow-wow!

**guay** *int* *Esp* F cool F, neat F

**guayaba** *f* BOT guava

**guayabera** *f* *Méx*, *C.Am.*, *Carib* loose embroidered shirt

**guayabo** *m* BOT guava tree

**guayaco** *m* BOT guaiacum

**gubernamental** *adj* governmental, government *atr*

**gubernativo** *adj* government *atr*

**guepardo** *m* ZO cheetah

**güero I** *adj* *Méx*, *C.Am.* fair, light--skinned **II** *m*, **-a** *f* *Méx*, *C.Am.* blonde, blond

**guerra** *f* war; **dar ~ a alguien** F give s.o. trouble

◇ **guerra civil** civil war; **guerra fría** cold war; **guerra mundial** world war; **guerra de precios** price war; **guerra relámpago** blitzkrieg; **guerra de sucesión** HIST War of Spanish Succession

**guerrear** ⟨1a⟩ *v/i* wage war

**guerrera** *f* military jacket

**guerrero I** *adj* warlike **II** *m* warrior

**guerrilla** *f* **1** *organización* guerillas *pl* **2** *guerra* guerrilla warfare

**guerrillero** *m*, **-a** *f* guerilla

**gueto** *m* ghetto

**guevear** ☞ **huevear**

**guevón** ☞ **huevón**

**güey** *adj* *Méx* F stupid, dumb F

**guía I** *m/f* guide **II** *f* *libro* guide (book)

◇ **guía de montaña** mountain guide; **guía telefónica**, **guía de teléfonos** phone book; **guía turístico** tourist guide

**guiar** ⟨1c⟩ *v/t* guide; **guiarse** *v/r*: **~ por** follow

**guijarro** *m* pebble

**guillarse** ⟨1a⟩ *v/r* go crazy F

**guillotina** *f* guillotine; **ventana de ~** sash window

**guillotinar** ⟨1a⟩ *v/t* guillotine

**guinche**, **güinche** *m* *L.Am.* winch, pulley

**guinda I** *adj* *L.Am.* purple **II** *f* *fresca* morello cherry; *en dulce* glacé cherry

**guindar** ⟨1a⟩ *v/t* F lift F, *Br* nick F

**guindilla** *f* GASTR chil(l)i

**guindo** *m* BOT cherry tree

**guiñapo** *m* rag; **estar hecho un ~** F be a wreck; **poner a alguien como un ~** F

tear a strip off s.o.

**guiñar** ⟨1a⟩ **I** *v/t*: **le guiñó un ojo** she winked at him **II** *v/i* wink

**guiño** *m* wink; **hacer un ~ a alguien** wink at s.o.

**guiñol** *m* puppet show; **muñeco de ~** puppet

**guión** *m* **1** *de película* script **2** GRAM *corto* hyphen; *largo* dash

**guionista** *m/f* scriptwriter

**guiri** *m* *Esp* P (light-skinned) foreigner

**guirigay** *m* F jargon, gibberish

**guirnalda** *f* garland

**guisa** *f*: **a ~ de** as, like; **de esta ~** thus, in this way; **de tal ~ (que)** in such a way (that)

**guisado** *m* GASTR stew, casserole

**guisante** *m* pea

**guisar** ⟨1a⟩ *v/t* GASTR stew, casserole; **ellos se lo guisan y ellos se lo comen** *fig* they keep it all in the family

**guiso** *m* GASTR stew, casserole

**güisqui** *m* whiskey, *Br* whisky

**guita** *f* **1** string **2** P dough P, cash

**guitarra** *f* guitar

**guitarrista** *m/f* guitarist

**gula** *f* gluttony

**guripa** *m* F **1** *soldado* private, grunt P **2** *guardia* cop F

**gurú** *m* guru

**gusanillo** *m*: **me tomé una manzana para matar el ~** F I had an apple to keep myself going

**gusano** *m* worm; *de mosca* maggot

◇ **gusano de luz** glowworm

◇ **gusano de seda** silkworm

**gustar** ⟨1a⟩ *v/i*: **me gusta viajar**, *fml* **me gusta de viajar** I like to travel, I like *o* enjoy traveling; **¿te gusta el ajo?** do you like garlic?; **no me gusta** I don't like it; **me gusta Ana** I like Ana, *Br tb* I fancy Ana F; **me gustaría ...** I would like ...; **cuando guste** whenever you like; **¿Vd. gusta?** would you like some? **II** *v/t* taste

**gustativo** *adj* taste *atr*

**gustazo** *m* great pleasure

**gustillo** *m* (slight) taste; **tiene un ~ amargo** it has a slightly bitter taste

**gusto** *m* **1** (*preferencias*, *sabor*) taste; **sobre ~s no hay nada escrito** there's no accounting for taste; **de buen ~** in good taste, tasteful; **de mal ~** in bad taste, tasteless; **tomar el ~ a algo** get

to like sth, acquire a taste for sth
**2** (*placer*) pleasure; **con mucho ~** with
pleasure; **da ~ hacer negocios con usted** it's a pleasure doing business with
you; **dar ~ a alguien** please s.o.; **tener
el ~ de** have the pleasure of; **mucho** o
**tanto ~** how do you do
**3**: **a ~** at ease; **sentirse a ~** feel comfortable o at ease

**gustoso** *adj* gladly, with pleasure
**gutural** *adj* guttural
**Guyana** *f* Guyana
**Guyana Francesa** *f* French Guyana
**guyanés I** *adj* Guyanese **II** *m*, **-esa**
Guyanese
**gymkhana** *f* gymkhana

# H

**ha** *vb* ☞ **haber**
**haba** *f* broad bean; **en todas partes se
cuecen ~s** it's the same the world over;
**o vienes o te quedas, son ~s con-
tadas** either you come or you stay,
it's as simple as that
**Habana**: **La ~** Havana
**habanera** *f* habanera
**habanero I** *adj* of / from Havana, Havana *atr*; **II** *m*, **-a** *f* citizen of Havana
**habano I** *adj* of / from Havana, Havana
*atr* **II** *m*, **-a** *f* citizen of Havana **III** *m* Havana (cigar)
**haber** ⟨2k⟩ **I** *v/aux* **1** *en tiempos compuestos* have; **hemos llegado** we've arrived; **lo he oído** I've heard it; **¿la ha
visto?** has he seen her? **2** *expresando
obligación, deber*: **he de levantarme
pronto** I have to o I've got to get up
early **3**: **de ~lo sabido** if I'd known;
**has de ver** *Méx* you have o ought to
see it; **habérselas con alguien** have
it out with s.o.; **años ha** *lit* years ago
**II** *v/impers* **1** (*existir*): **hay** there is *sg*,
there are *pl*; **hubo un incendio** there
was a fire; **había mucha gente** there
were a lot of people; **hoy no hay clase**
there aren't any lessons today, school is
closed today; **ya no hay más** there's
none left; there are none left; **no hay
como ...** there's nothing like ...; **esto
es de lo que no hay** this is the limit!
**2** *expresando obligación, deber*: **hay
que hacerlo** it has to be done; **no
hay de qué** not at all, don't mention
it; **no hay más que decir** there's nothing more to be said; **no hay que pagar
para entrar** you don't have to pay to go
in; **no hay que hablar con la boca llena** you mustn't o shouldn't talk with

your mouth full
**3**: **¿qué hay?**, *Méx* **¿qué hubo?** how's
it going?, what's happening?; **es ingenioso donde los haya** he's as ingenious as they come
**III** *m* asset; *pago* fee; **tiene en su ~
50.000 pesos** she's 50,000 pesos in
credit; **~es** *pl* (*bienes*) assets; (*sueldo*)
salary *sg*
**habichuela** *f* kidney bean
**hábil** *adj* **1** skilled **2** (*capaz*) capable **3**
(*astuto*) clever, smart **4**: **día ~** working
day
**habilidad** *f* **1** skill **2** (*capacidad*) ability **3**
(*astucia*) cleverness
**habilidoso** *adj* **1** *con las manos* good
with one's hands, handy **2** (*inteligente*)
clever, skillful
**habilitación** *f* **1** *de lugar* fitting out **2**
(*autorización*) permission
**habilitado** *m*, **-a** *f* paymaster
**habilitar** ⟨1a⟩ *v/t* **1** *lugar* fit out **2** *persona* authorize
**habitable** *adj* habitable, fit for habita-
tion
**habitación** *f* room; (*dormitorio*) bedroom
◇ **habitación doble** double room; **habitación con dos camas** twin room;
**habitación individual** single room
**habitacional** *adj* *L.Am.* housing *atr*
**habitáculo** *m* **1** dwelling **2** AUTO passenger compartment
**habitante** *m/f* inhabitant
**habitar** ⟨1a⟩ **I** *v/i* live (**en** in) **II** *v/t* inha-
bit, live in
**hábitat** *m* habitat
**hábito** *m* **1** (*costumbre*) habit; **crear ~** be
addictive, be habit-forming **2** REL ha-
bit; **colgar los ~s** *fig de sacerdote* give

up the priesthood; **tomar el ~** REL *de hombre* become a monk, take holy orders; *de mujer* become a nun, take the veil **3** (*práctica*) knack

**habitual** I *adj* usual, regular II *m/f* regular

**habitualmente** *adv* usually

**habituar** ⟨1e⟩ *v/t:* **~ a alguien a algo** get s.o. used to sth; **habituarse** *v/r:* **~ a algo** get used to sth

**habla** *f* **1** speech; **quedarse sin ~** *fig* be speechless **2** (*idioma*): **de ~ española** Spanish-speaking **3**: **ponerse al ~ con alguien** contact s.o., get in touch with s.o.; **¡al ~!** TELEC speaking

**hablada** *f L.Am.* piece of gossip; **~s** *pl* gossip *sg*

**hablado** *adj* **1** *lengua* spoken **2**: **mal ~** foulmouthed; **bien ~** well-spoken

**hablador** I *adj* talkative; *Méx* boastful II *m*, **~a** *f* chatterbox

**habladurías** *fpl* gossip *sg*

**hablante** *m/f* speaker

**hablar** ⟨1a⟩ *v/i* **1** speak; **~ alto / bajo** speak loudly / softly; **~ claro** *fig* say what one means; **~ por sí solo** *fig* speak for o.s.

**2** (*conversar*) talk; **~ con alguien** talk to s.o., talk with s.o.

**3**: **~ de** *de libro etc* be about, deal with **4**: **¡ni ~!** no way!; **~ por ~** talk for the sake of it; **¡mira quién habla!** look who's talking!; **no me hagas ~ más** I don't want to have to say this again!; **no se hable más (del asunto)** I don't want to hear anything more about it; **por no ~ de ...** not to mention ...

**hablarse** *v/r* speak to one another; **no se hablan** they're not speaking (to each other)

**hablilla** *f* rumor, *Br* rumour

**habón** *m* MED bump (*on the skin*)

**hacedero** *adj* feasible, practicable

**hacedor** *m*, **~a** *f* maker

**hacendado** I *adj* land-owning II *m*, **-a** *f* land-owner

**hacendoso** *adj* hardworking

**hacer** ⟨2s; *part* **hecho**⟩ I *v/t* **1** (*realizar*) do; **¡haz algo!** do something!; **~ una pregunta** ask a question; **tengo que ~ los deberes** I have to do my homework; !; **no hace más que quejarse** all he does is complain; **no hay nada que ~** there's nothing we can do; **se hace lo**

**que se puede** one does one's best; **¡eso no se hace!** that's just not done! **2** (*elaborar, crear*) make; **~ la comida** make *o* cook a meal; **~ que algo ocurra** make sth happen

**3** (*obligar a*): **~ que alguien haga algo** make s.o. do sth; **le hicieron ir** they made him go

**4** (*cumplir*): **hoy hago veinte años** I am twenty today, today is my twentieth birthday

**5** (*equivaler a*): **esta botella hace un litro** this bottle holds a liter

**6**: **¡qué le vamos a ~!** that's life

II *v/i* **1**: **haces bien / mal en ir** you are doing the right / wrong thing by going **2** (*sentar*): **me hace mal** it's making me ill

**3** (*servir de*): **esto hará de mesa** *de objeto* this will do as a table

**4** (*fingir*): **~ como que** *o* **como si** act as if

**5** *L.Am.* **no le hace** it doesn't matter **6** *L.Am.* (*parecer*): **se me hace que** it seems to me that

**7** (*apetecer*): **¿hace?** F does that sound good?

**8**: **~ de malo** TEA play the villain

III *v/impers*: **hace calor / frío** it's hot / cold; **hace tres días** three days ago; **hace mucho (tiempo)** a long time ago, long ago; **desde hace un año** for a year **hacerse** *v/r* **1** *traje* make; *casa* build o.s. **2** (*cocinarse*) cook

**3** (*convertirse, volverse*) get, become; **~ viejo** get old; **~ de noche** get dark; **se hace tarde** it's getting late; **¿qué se hizo de aquello?** what happened with that?

**4**: **~ el sordo / el tonto** pretend to be deaf / stupid

**5**: **~ a algo** get used to sth

**6**: **~ con algo** get hold of sth

**hacha** *f* **1** ax, *Br* axe; **enterrar el ~ de guerra** *fig* bury the hatchet **2**: **ser un ~ para algo** F be brilliant at sth

**hachazo** *m* blow with an ax, *Br* blow with an axe

**hache** *f* letter 'h'; **por ~ o por be** for one reason or another

**hachís** *m* hashish

**hacia** *prp* **1** *en el espacio* toward; **~ adelante** forward; **~ abajo** down; **~ arriba** up; **~ atrás** back(ward); **~ aquí** in this direction, this way **2** *en el tiempo*: **~ las cuatro** about four (o'clock)

**hacienda** *f L.Am.* (*granja*) ranch, estate

**Hacienda** *f* **1** *ministerio* Treasury Department, *Br* Treasury **2** *oficina* Internal Revenue Service, *Br* Inland Revenue **3**: **la ~ pública** public funds *pl*, the public purse

**hacinamiento** *m* overcrowding

**hacinar** ⟨1a⟩ *v/t* stack; **hacinarse** *v/r* crowd together

**hacker** *m/f* INFOR hacker

**hada** *f* fairy

**hado** *m lit* fate, destiny

**haga** *vb* ☞ **hacer**

**hagiografía** *f* hagiography

**hago** *vb* ☞ **hacer**

**Haití** *m* Haiti

**haitiano I** *adj* Haitian **II** *m*, **-a** *f* Haitian

**¡hala!** *int animando* come on!; *sorpresa* wow!

**halagador** *adj* flattering

**halagar** ⟨1h⟩ *v/t* flatter

**halago** *m* flattery

**halagüeño** *adj* encouraging, promising

**halar** ⟨1a⟩ *v/t L.Am.* haul, pull

**halcón** *m* ZO falcon

◇ **halcón peregrino** peregrine falcon

**halconero** *m*, **-a** *f* falconer

**¡hale!** ☞ **¡hala!**

**halibut** *m* ZO halibut

**hálito** *m lit* breath

**halitosis** *f* MED halitosis, bad breath

**hall** *m* hall

**hallar** ⟨1a⟩ *v/t* **1** *objeto* find; *muerte, destino* meet **2** (*descubrir*) discover; **hallarse** *v/r* **1** be **2** (*sentirse*) feel

**hallazgo** *m* find; (*descubrimiento*) discovery

**halo** *m* AST, *de santo* halo; *fig* aura

**halógeno**[1] *adj* halogen

**halógeno**[2] *m* QUÍM halogen

**haltera** DEP **I** *f* barbell **II** *m/f* ☞ **halterófilo**

**halterofilia** *f* DEP weight lifting

**halterófilo** *m*, **-a** *f* weight lifter

**hamaca** *f* **1** hammock **2** (*tumbona*) deck chair **3** *L.Am.* (*mecedora*) rocking chair, rocker **4** *Rpl* (*columpio*) swing

**hamacar** ⟨1g⟩ *v/t L.Am.* swing; **hamacarse** *v/r Rpl* swing

**hamaquear** ⟨1a⟩ *v/t L.Am.* swing

**hambre** *f* hunger; **tener ~** be hungry; **tener un ~ canina** be ravenous; **pasar ~** be starving; **morirse de ~** *fig* be starving; **ser un muerto de ~** be on the bread line; *en relaciones* have no luck with the opposite sex

**hambreado** *adj L.Am.* starving

**hambriento** *adj tb fig* hungry (**de** for)

**hambrón** *adj* greedy

**hambruna** *f* **1** famine **2** *L.Am.* ravenous hunger

**hamburguesa** *f* GASTR hamburger

**hamburguesería** *f* hamburger joint

**hampa** *f* underworld; **gente del ~** criminals *pl*, underworld figures *pl*

**hampón** *m* criminal, underworld figure

**hámster** *m* ZO hamster

**handicap** *m* DEP *tb fig* handicap

**hangar** *m* hangar

**haragán** *m*, **-ana** *f* shirker

**haraganear** ⟨1a⟩ *v/i* laze around, idle

**haraganería** *f* laziness, idleness

**harapiento** *adj* ragged

**harapo** *m* rag

**hardware** *m* INFOR hardware

**haré** *vb* ☞ **hacer**

**harina** *f* flour; **eso es ~ de otro costal** *fig* F that's a different kettle of fish; **estar metido en ~** F be in the middle of things

◇ **harina integral** wholemeal flour

◇ **harina de trigo** wheat flour

**harinero** *adj* flour *atr*

**harinoso** *adj* floury

**harmonía** *f* ☞ **armonía**

**harnero** *m* sieve

**hartar** ⟨1a⟩ *v/t*: **~ a alguien con algo** tire s.o. with sth; **~ a alguien de algo** give s.o. too much of sth; **hartarse** *v/r* **1** get sick (**de** of) F, get tired (**de** of) **2** (*llenarse*) stuff o.s. (**de** with); **~ de dormir** sleep for hours on end

**hartazgo** *m* surfeit, excess; **nos dimos un ~ de pasteles** we stuffed ourselves with cake F; **me di un ~ de ver la televisión** I watched television until I was sick of it F

**harto I** *adj* **1** fed up F; **estar ~ de algo** be sick of sth F, be fed up with sth F **2** (*lleno*) full (up) **3**: **había ~s pasteles** there were cakes in abundance **II** *adv* very much; *delante del adjetivo* extremely; **me gusta ~** *L.Am.* I like it a lot; **hace ~ frío** *L.Am.* it's very cold

**hartón I** *adj L.Am.* greedy **II** *m*: **darse un ~ de algo** overdose on sth

**has** *vb* ☞ **haber**

**hasta I** *prp* until, till; ~ *que* until; *llegó ~ Bilbao* he went as far as Bilbao; ~ *aquí* up to here; ~ *ahora* so far; *¿~ cuándo?* how long?; *no se levanta ~ las diez* he doesn't get up until ten o'clock; *¡~ luego!* see you (later); *¡~ la vista!* see you (later)
**II** *adv* even; ~ *un niño podría hacerlo* even a child could do it

**hastial** *m* ARQUI gable, gable end

**hastiar** ⟨1c⟩ *v/t* bore; **hastiarse** *v/r* get tired (*de* of), get bored (*de* with)

**hastío** *m* boredom

**hatajo** *m* bunch

**hato** *m* L.Am. bundle

**hawaiana** *f Rpl* thong, *Br* flip-flop

**hay** *vb* ☞ **haber**

**Haya: La ~** The Hague

**haya I** *vb* ☞ **haber II** *f* BOT beech

**hayuco** *m* beechnut

**haz I** *m* **1** (*manojo*) bundle **2** *de luz* beam **II** *f de tela* right side **III** *vb* ☞ **hacer**

**hazaña** *f* achievement

**hazmerreír** *m* laughing stock

**HB** *m abr* (= *Herri Batasuna*) HIST *radical Basque nationalist party*

**he I** *vb* ☞ **haber II** *adv*: ~ *aquí sg* here is; *pl* here are; ~ *me aquí* here I am

**hebdomadario** *m/adj* weekly

**hebilla** *f* buckle

**hebra** *f* thread; *pegar la ~* F start a conversation, get talking F

**hecatombe** *f* **1** disaster, catastrophe **2** *muertes* loss of life

**heces** *fpl* ☞ **hez**

**hechicera** *f* sorceress

**hechicería** *f* sorcery, witchcraft

**hechicero I** *adj* bewitching, captivating **II** *m* **1** (*mago*) sorcerer **2** *de tribu* witchdoctor

**hechizado** *adj* spellbound

**hechizar** ⟨1f⟩ *v/t fig* bewitch, captivate

**hechizo I** *m* spell, charm; *romper el ~* break the spell **II** *adj Méx* makeshift

**hecho I** *part* ☞ **hacer**, (*confeccionado*): ~ *a mano* hand-made; *un traje* ~ an off--the-peg suit; *muy* ~ *carne* well-done; *¡bien ~!* well done!; *¡~!, ¡eso está ~ !* done!, it's a deal!; *a lo* ~, *pecho* what's done is done
**II** *adj* finished; *un hombre* ~ *y derecho* a fully grown man

**III** *m* **1** (*realidad*) fact; *de* ~ in fact; *el* ~ *es que* the fact is that **2** (*suceso*) event **3** (*obra*) action, deed; *un* ~ *consumado* a fait accompli

**hechura** *f de ropa* making

**hectárea** *f* hectare (*approx 2½ acres*)

**hectómetro** *m* hectometer, *Br* hectometre

**heder** ⟨2g⟩ *v/i* stink

**hediondo** *adj* stinking, foul-smelling

**hedonismo** *m* hedonism

**hedonista I** *adj* hedonistic **II** *m/f* hedonist

**hedor** *m* stink, stench

**hegemonía** *f* hegemony

**helada** *f* frost

**heladera** *f Rpl* fridge

**heladería** *f* ice-cream parlor *o Br* parlour

**helado I** *adj* frozen; *fig* icy; *quedarse* ~ be stunned **II** *m* ice cream

**heladora** *f* ice-cream maker

**helar** ⟨1k⟩ **I** *v/t* freeze **II** *v/i* freeze; *anoche heló* there was a frost last night; **helarse** *v/r tb fig* freeze

**helecho** *m* BOT fern

**helero** *m* ice pocket

**hélice** *f* propeller

**helicoidal** *adj* TÉC helicoidal

**helicóptero** *m* helicopter
◇ **helicóptero de rescate** rescue helicopter

**helio** *m* QUÍM helium

**heliograbado** *m* TIP photoengraving

**helipuerto** *m* heliport

**helvético I** *adj* Swiss **II** *m*, -a *f* Swiss

**hematoma** *m* bruise

**hembra** *f* ZO, TÉC female

**hembrilla** *f* TÉC ring, socket

**hemeroteca** *f* newspaper library

**hemiciclo** *m* (semicircular) chamber

**hemiplejía** *f* MED hemiplegia

**hemipléjico I** *adj* hemiplegic **II** *m*, -a *f* hemiplegic

**hemisférico** *adj* hemispherical

**hemisferio** *m* hemisphere

**hemodiálisis** *f* MED (kidney) dialysis

**hemofilia** *f* MED hemophilia, *Br tb* haemophilia

**hemofílico I** *adj* hemophiliac, *Br tb* haemophiliac **II** *m*, -a hemophiliac, *Br tb* haemophiliac

**hemoglobina** *f* hemoglobin, *Br tb* haemoglobin

**hemorragia** *f* MED hemorrhage, *Br* haemorrhage, bleeding
◇ **hemorragia nasal** nosebleed
**hemorroides** *fpl* MED hemorrhoids, *Br* haemorrhoids, piles
**henchir** ⟨3l & 3h⟩ *v/t* fill, fill up (*de* with); **henchirse** *v/r* swell (*de* with)
**hender** ⟨2g⟩ *v/t* crack; **henderse** *v/r* crack, split
**hendidura** *f* crack
**hendir** *vb* ☞ **hender**
**heno** *m* hay
**hepático** *adj* liver *atr*, hepatic
**hepatitis** *f* MED hepatitis
**heptágono** *m* heptagon
**heptatlón** *m* DEP heptathlon
**heráldica** *f* heraldry
**heráldico** *adj* heraldic
**heraldo** *m* herald
**herbáceo** *adj* herbaceous
**herbaje** *m* grass
**herbario** *m* herbarium
**herbicida** *m* herbicide, weedkiller
**herbívoro** I *adj* herbivorous II *m*, -a *f* herbivore
**herbolario** *m* health-food store
**herborista** *m* ☞ **herbolario**
**herboristería** *f* herbalist
**herboso** *adj* grassy
**hercio** *m* FÍS hertz
**hercúleo** *adj* Herculean
**heredable** *adj* that can be inherited, inheritable
**heredad** *f* estate
**heredar** ⟨1a⟩ *v/t* 1 inherit (*de* from) 2 *Méx* (*legar*) leave, bequeath
**heredera** *f* heiress
**heredero** *m* heir
◇ **heredero del trono** heir to the throne
**hereditario** *adj* hereditary
**hereje** *m/f* heretic
**herejía** *f* heresy
**herencia** *f* inheritance
**herético** *adj* heretical
**herida** *f* 1 *de arma* wound; (*lesión*) injury; **sufrir ~s de gravedad** be seriously wounded; *lesionado* be seriously injured 2 *mujer* wounded woman; *mujer lesionada* injured woman
**herido** I *adj de arma* wounded; (*lesionado*) injured II *m de arma* wounded man; (*lesionado*) injured man; **los ~s** the wounded; (*lesionados*) the injured; **el**

**atentado dejó cuatro heridos graves y dos leves** the attack left four people seriously injured and two slightly
**herir** ⟨3i⟩ *v/t con arma* wound; (*lesionar*) injure; *fig* (*ofender*) hurt
**hermafrodita** I *adj* hermaphroditic, hermaphrodite *atr* II *m/f* hermaphrodite
**hermana** *f* sister
**hermanado** *adj*: **dos ciudades -as** twinned cities
**hermanamiento** *m de ciudades* twinning
**hermanar** ⟨1a⟩ *v/t* 1 *personas* unite 2 *ciudades* twin; **hermanarse** *v/r* 1 (*combinar*) combine 2 *de ciudades* twin
**hermanastra** *f* stepsister
**hermanastro** *m* stepbrother
**hermandad** *f de hombres* brotherhood, fraternity; *de mujeres* sisterhood
**hermano** *m* brother; **~s** *pl sólo varones* brothers; *varones y mujeres* brothers and sisters, siblings
**hermético** *adj* 1 *al aire* airtight; *al agua* watertight; **con cierre ~** hermetically sealed 2 *fig: persona* inscrutable
**hermetismo** *m* 1 secretiveness 2 *de recipiente: al aire* airtightness; *al agua* watertightness
**hermetizar** ⟨1f⟩ *v/t* seal hermetically
**hermosear** ⟨1a⟩ *v/t* beautify
**hermoso** *adj* beautiful
**hermosura** *f* beauty
**hernia** *f* MED hernia
◇ **hernia discal** slipped disk, *Br* slipped disc; **hernia estrangulada** strangulated hernia; **hernia inguinal** inguinal hernia; **hernia umbilical** umbilical hernia
**herniado** *adj* suffering from a hernia
**herniarse** ⟨1a⟩ *v/r* 1 F get a hernia, rupture o.s. 2 *fig* F bust a gut F
**Herodes** *m*: Herod; **ir de ~ a Pilatos** go from pillar to post
**héroe** *m* hero
**heroicidad** *f* 1 *hecho* heroic deed, heroic act 2 *cualidad* heroism
**heroico** *adj* heroic
**heroína** *f* 1 *mujer* heroine 2 *droga* heroin
**heroinómano** I *adj* addicted to heroin II *m*, -a *f* heroin addict
**heroísmo** *m* heroism
**herpes** *m* MED herpes *sg*
◇ **herpes zoster** herpes zoster, shin-

gles *sg*

**herradura** *f* **1** horseshoe **2**: *camino de ~* bridle path

**herraje** *m* ironwork, iron fittings *pl*

**herramienta** *f* tool

**herrar** ⟨1k⟩ *v/t* **1** *caballo* shoe **2** *ganado* brand

**herrería** *f* smithy, blacksmith's shop

**herrerillo** *m* ZO great tit; *con manchas azules* blue tit

**herrero** *m*, **-a** *f* blacksmith

**herrumbrarse** ⟨1a⟩ *v/r* rust, get rusty

**herrumbre** *f* rust

**herrumbroso** *adj* rusty

**hertz(io)** *m* FÍS hertz

**hervidero** *m* *fig* hotbed; *un ~ de levantamientos* a hotbed of rebellion; *esto es un ~ de gente* the place is teeming with people

**hervido** *m* *S.Am.* stew

**hervidor** *m* kettle

**hervir** ⟨3i⟩ **I** *v/i* boil; *fig* swarm, seethe (*de* with) **II** *v/t* boil

**hervor** *m*: *dar un ~ a algo* boil sth

**heterodoxo** *adj* *método* unorthodox

**heterogeneidad** *f* heterogeneity

**heterogéneo** *adj* heterogeneous

**heterosexual** *adj* heterosexual

**hexágono** *m* hexagon

**hez** *f* **1** *de la sociedad* scum, dregs *pl* **2**: *heces pl* feces, *Br* faeces

**hibernación** *f* hibernation

**hibernal** *adj* winter *atr*

**hibernar** ⟨1a⟩ *v/i* hibernate

**hibisco** *m* BOT hibiscus

**hibridar** ⟨1a⟩ *v/t* BIO hybridize

**híbrido I** *adj* hybrid *atr* **II** *m* hybrid

**hice** *vb* ☞ *hacer*

**hicimos** *vb* ☞ *hacer*

**hidalgo** *m* nobleman

**hidratante** *adj* moisturizing; *crema ~* moisturizing cream

**hidratar** ⟨1a⟩ *v/t* hydrate; *piel* moisturize

**hidrato** *m*: *~ de carbono* carbohydrate

**hidráulica** *f* hydraulics *sg*

**hidráulico** *adj* hydraulic

**hídrico** *adj* water *atr*

**hidroala** *m* hydrofoil

**hidroavión** *m* seaplane

**hidrocarburo** *m* hydrocarbon

**hidrocefalia** *f* MED hydrocephalus, water on the brain

**hidrocultivo** *m* BOT hydroponics *sg*

**hidroeléctrico** *adj* hydroelectric

**hidrofobia** *f* MED hydrophobia

**hidrofoil** *m* hydrofoil

**hidrógeno** *m* hydrogen

**hidrografía** *f* hydrography

**hidrología** *f* hydrology

**hidropesía** *f* MED dropsy

**hidroplano** *m* *avión* seaplane

**hidrosfera** *f* hydrosphere

**hidrosoluble** *adj* water-soluble

**hidroterapia** *f* hydrotherapy

**hidróxido** *m* QUÍM hydroxide

**hiedra** *f* BOT ivy

**hiel** *f* bile

**hiela** *vb* ☞ *helar*

**hielo** *m* ice; *romper el ~ fig* break the ice
◇ **hielo seco** dry ice
◇ **hielos flotantes** pack ice *sg*

**hiena** *f* ZO hyena

**hierático** *adj* hieratical; *fig* severe, stern

**hierba** *f* **1** grass; *mala ~* weed; *mala ~ nunca muere* only the good die young; *sentir o ver crecer la ~ fig* be very sharp **2** *condimento* herb
◇ **hierba medicinal** medicinal herb

**hierbabuena** *f* BOT mint

**hierbaluisa** *f* BOT lemon verbena

**hiere** *vb* ☞ *herir*

**hierro** *m* iron; *de ~* iron *atr*; *salud de ~* iron constitution; *quitar ~ a algo fig* downplay sth, play sth down
◇ **hierro colado** cast iron; **hierro forjado** wrought iron; **hierro fundido** cast iron

**hierve** *vb* ☞ *hervir*

**higa** *f*: *me importe una ~* F I couldn't *o* could care less, *Br* I couldn't care less

**higadillo** *m* liver

**hígado** *m* liver; *ser un ~ C.Am., Méx* F be a pain in the butt F; *tener ~s* have guts

**higiene** *f* hygiene; *~ bucal / corporal* oral / personal hygiene

**higiénico** *adj* hygienic

**higienista** *m/f* hygienist
◇ **higienista dental** dental hygienist

**higienizar** ⟨1f⟩ *v/t* clean, sanitize

**higo** *m* BOT fig; *de ~s a brevas* F once in a blue moon F; *me importa un ~* F I couldn't care less F

**higrómetro** *m* hygrometer

**higuera** *f* BOT fig tree; *estar en la ~ fig* F be miles away F

**hija** *f* daughter

**hijastra** *f* stepdaughter

**hijastro** *m* stepson

**hijo** *m* **1** son; *como cada o cualquier o todo ~ de vecino* like everybody else **2**: *~s* children *pl*

◇ **hijo de mamá** F momma's boy F, *Br* mummy's boy F; **hijo de papá** spoilt rich kid; **hijo político** son-in-law; **hijo predilecto** favorite *o Br* favourite son; **hijo de puta** P son of a bitch V, bastard P; **hijo único** only child

**híjole** *interj Méx* F hell! F

**hilacha** *f* loose thread

**hilachos** *mpl Méx* rags

**hilada** *f* row, line

**hilado** I *adj* spun II *m* **1** *acción* spinning **2** *fibra* thread

**hilador** *m* spinner

**hiladora** *f* spinning machine

**hilandería** *f* **1** *arte* spinning **2** *lugar* spinning mill

**hilandero** *m*, **-a** *f* spinner

**hilar** ⟨1a⟩ I *v/t* spin II *v/i*: *~ delgado o fino* *fig* split hairs

**hilarante** *adj* hilarious

**hilaridad** *f* hilarity

**hilatura** *f* **1** *arte* spinning **2** *lugar* spinning mill

**hilera** *f* row, line

**hilo** *m* **1** *para coser* thread; *colgar o pender de un ~* *fig* hang by a thread; *mover los ~s* *fig* pull strings; *perder el ~* *fig* lose the thread **2**: *sin ~s* TELEC cordless **3**: *con un ~ de voz* *fig* in a barely audible voice

◇ **hilo conductor** conductor; *fig* central theme; **hilo de coser** thread; **hilo dental** dental floss; **hilo musical** piped music

**hilván** *m* **1** basting; *puntada* basting stitch **2** *hilo* basting thread

**hilvanar** ⟨1a⟩ *v/t* baste; *fig no podía ~ una frase* he couldn't string half a dozen words together

**himen** *m* ANAT hymen

**himno** *m* hymn

◇ **himno nacional** national anthem

**hincapié** *m*: *hacer ~* put special emphasis (*en* on)

**hincar** ⟨1g⟩ *v/t* thrust, stick (*en* into); *~ el diente* F sink one's teeth (*en* into); *~ el diente a algo* *fig* F get one's teeth into sth; **hincarse** *v/r*: *~ de rodillas* kneel down

**hincha** I *m/f* fan, supporter II *f*: *tener ~ a alguien* F have a grudge against s.o.

**hinchable** *adj* inflatable

**hinchada** *f* fans *pl*, supporters *pl*

**hinchado** *adj* swollen

**hinchar** ⟨1a⟩ *v/t* **1** inflate, blow up **2** *Rpl* annoy; **hincharse** *v/r* **1** MED swell **2** (*mostrarse orgulloso*) swell with pride **3** *fig* stuff o.s (*de* with)

**hinchazón** *f* swelling

**hinduismo** *m* Hinduism

**hinojo** *m* BOT fennel

**hipar** ⟨1a⟩ *v/i* hiccup, hiccough

**híper** *m* F supermarket, *Br tb* hypermarket

**hiperactividad** *f* hyperactivity

**hiperactivo** *adj* hyperactive

**hipérbola** *f* MAT hyperbola

**hipérbole** *f* hyperbole

**hipercrítico** *adj* hypercritical

**hiperenlace** *m* INFOR hyperlink

**hiperfunción** *f* MED hyperfunction

**hipermercado** *m* supermarket, *Br tb* hypermarket

**hipermétrope** *adj* MED far-sighted, *Br* long-sighted

**hipermetropía** *f* MED far-sightedness, *Br* long-sightedness

**hipersensibilidad** *f* hypersensitivity

**hipersensible** *adj* hypersensitive

**hipertensión** *f* MED high blood pressure, hypertension

**hipertenso** *adj* hypertensive, with high blood pressure

**hipertexto** *m* hypertext

**hipervínculo** *m* INFOR hyperlink

**hípica** *f* equestrian sports *pl*

**hípico** *adj* equestrian; *concurso ~* show-jumping event; *carrera -a* horse race

**hipismo** *m* horse racing

**hipnosis** *f* hypnosis

**hipnótico** *adj* hypnotic

**hipnotizador** *m*, **~a** *f* hypnotist

**hipnotizar** ⟨1f⟩ *v/t* hypnotize

**hipo** *m* hiccups *pl*, hiccoughs *pl*; *quitar el ~* F take one's breath away

**hipocalórico** *adj* low-calorie

**hipocampo** *m* ZO sea horse

**hipocondría** *f* MED hypochondria

**hipocondríaco** I *adj* hypochondriac II *m*, **-a** *f* hypochondriac

**hipocrático** *adj* Hippocratic

**hipocresía** *f* hypocrisy

**hipócrita I** *adj* hypocritical **II** *m/f* hypocrite

**hipodérmico** *adj* MED hypodermic

**hipódromo** *m* racetrack

**hipófisis** *f* ANAT pituitary gland

**hipopótamo** *m* ZO hippopotamus

**hipoteca** *f* COM mortgage

**hipotecar** ⟨1g⟩ *v/t* COM mortgage; *fig* compromise

**hipotecario** *adj* mortgage *atr*

**hipotensión** *f* MED low blood pressure

**hipotenusa** *f* MAT hypotenuse

**hipotermia** *f* MED hypothermia

**hipótesis** *f* hypothesis

**hipotético** *adj* hypothetical

**hiriente** *adj* wounding, hurtful

**hirsuto** *adj* **1** hairy, *fml* hirsute **2** *fig* surly, brusque

**hirviente** *adj* boiling

**hisopo** *m* **1** REL holy water sprinkler, aspergillum **2** BOT hyssop

**hispalense** *adj* of / from Seville, Seville *atr*

**hispánico** *adj* Hispanic

**hispanidad** *f*: *la ~* the Spanish-speaking world

**hispanista** *m/f* Hispanicist

**hispanizar** ⟨1f⟩ *v/t* Hispanicize

**hispano I** *adj* **1** (*español*) Spanish **2** (*hispanohablante*) Spanish-speaking **3** *en EE.UU.* Hispanic **II** *m*, *-a f* **1** (*español*) Spaniard **2** (*hispanohablante*) Spanish speaker **3** *en EE.UU.* Hispanic

**hispanoamericano I** *adj* Latin American, Latino **F II** *m*, *-a f* Latin American, Latino **F**

**hispanohablante** *adj* Spanish-speaking

**histeria** *f* hysteria

**histérico I** *adj* hysterical **II** *m*, *-a f* hysteric

**histerismo** *m* hysteria

**histología** *f* MED histology

**historia** *f* **1** history; *pasar a la ~* go down in history **2** (*cuento*) story; *una ~ de drogas* **F** some drugs business; *déjate de ~s* **F** stop making excuses

◇ **historia clínica** MED medical history

◇ **historia universal** world history

**historiador** *m*, *~a f* historian; *~ del arte* art historian

**historial** *m* record

◇ **historial delictivo** criminal record;

**historial médico** medical history; **historial profesional** career history

**historiar** ⟨1b⟩ *v/t*: *~ algo* write the history of sth

**histórico** *adj* **1** *de la historia* historical **2** (*importante*) historic

**historieta** *f* **1** anecdote **2** (*viñetas*) comic strip

**historiografía** *f* historiography

**historiógrafo** *m*, *-a f* historiographer

**histriónico** *adj* histrionic

**hito** *m tb fig* milestone; *marcar (un) ~* be o mark a milestone; *mirar a alguien de ~ en ~* stare at s.o.

**hizo** *vb* ☞ *hacer*

**Hnos.** *abr* (= *hermanos*) Bros (= brothers)

**hobby** *m* hobby

**hocico** *m* snout; *de perro* muzzle; *desp de persona* mouth, *Br tb* gob **P**; *dar o caer de ~s* fall flat on one's face

**hockey** *m* hockey

◇ **hockey sobre hielo** hockey, *Br* ice hockey; **hockey sobre hierba** field hockey, *Br* hockey; **hockey sobre patines** roller hockey

**hogar** *m fig* home

**hogareño** *adj* **1** home *atr* **2** *persona* home-loving

**hogaza** *f type of large loaf*

**hoguera** *f* bonfire

**hoja** *f* **1** BOT leaf **2** *de papel* sheet; *de libro* page **3** *de cuchillo* blade

◇ **hoja de afeitar** razor blade; **hoja de cálculo** INFOR spreadsheet; **hoja de lata** ☞ *hojalata*; **hoja de pedido** order form; **hoja de servicios** work record

**hojalata** *f* tin

**hojalatería** *f* **1** tinsmith's workshop **2** *Méx* (*chapistería*) body shop

**hojalatero** *m* **1** tinsmith **2** *Méx* (*chapista*) panel-beater

**hojaldre** *m* GASTR puff pastry

**hojarasca** *f* **1** fallen leaves *pl* **2** *fig* padding

**hojear** ⟨1a⟩ *v/t* leaf through, flip through

**hojuela** *f* pancake; *es miel sobre ~s* **F** that's the cherry on the cake

**hola** *int* hello, hi **F**; *Rpl* TELEC hello?

**Holanda** *f* Holland

**holandés I** *adj* Dutch **II** *m* Dutchman; *los holandeses* the Dutch **III** *m idioma* Dutch

**holandesa** f Dutchwoman

**holding** m holding company

**holgado** adj ropa loose, comfortable; **estar ~ de tiempo** have time to spare

**holganza** f idleness

**holgar** ⟨1h & 1m⟩ v/i **1** fml be idle **2**: **huelga decir que ...** needless to say, ..., it goes without saying that ...

**holgazán** m idler

**holgazanear** ⟨1a⟩ v/i laze around

**holgazanería** f laziness, idleness

**holgura** f **1** (sin dificultad) ease **2** de ropa looseness **3** TÉC play **4**: **vivir con ~** live comfortably

**hollar** ⟨1m⟩ v/t fml set foot on

**hollejo** m skin, peel

**hollín** m soot

**holocausto** m holocaust

**holograma** m hologram

**hombrada** f manly thing to do

**hombre** m **1** man; **de ~ a ~** man to man; **~ hecho a sí mismo** self-made man; **pobre ~** poor man o soul; **¡~ al agua!** man overboard! **2**: **el ~** (la humanidad) man, mankind **3**: **¡claro, ~!** you bet!, sure thing!; **¡~, qué alegría!** that's great!

◇ **hombre de acción** man of action; **hombre-anuncio** sandwich man; **hombre de bien** good man; **hombre de la calle** fig man in the street; **hombre de Estado** statesman; **hombre de letras** man of letters; **hombre lobo** werewolf; **hombre medio** Mr. Average, your average Joe F; **hombre de negocios** businessman; **hombre de paja** fig puppet; **hombre rana** frogman; **hombre del saco** bogeyman

**hombrera** f shoulder pad; MIL epaulette

**hombría** f manliness

**hombro** m shoulder; **~ con ~** shoulder to shoulder; **encogerse de ~s** shrug (one's shoulders); **mirar a alguien por encima del ~** fig look down on s.o.

**hombruno** adj mujer mannish, butch F

**homenaje** m homage; **rendir ~ a alguien** pay tribute to s.o.; **en ~ a alguien** in honor o Br honour of s.o.

**homenajeado** m, -a f guest of honor o Br honour

**homenajear** ⟨1a⟩ v/t honor, Br honour, pay homage to

**homeópata** m/f homeopath

**homeopatía** f homeopathy

**homeopático** adj homeopathic

**homérico** adj Homeric

**homicida I** adj homicidal; **el arma ~** the murder weapon **II** m/f murderer

**homicidio** m homicide

**homilía** f REL homily

**homo** m F gay (man)

**homofobia** f homophobia

**homogeneizar** ⟨1f⟩ v/t homogenize

**homogéneo** adj homogenous

**homologación** f approval; de título, diploma official recognition

**homologar** ⟨1h⟩ v/t certify

**homólogo I** adj equivalent **II** m, -a f counterpart, opposite number

**homónimo** m homonym

**homosexual** m/f & adj homosexual

**homosexualidad** f homosexuality; **hacer pública la ~ de alguien** out s.o.

**honda** f de cuero sling(shot); Rpl (tirachinas) slingshot, Br catapult

**hondo** adj deep

**hondonada** f hollow

**hondura** f depth; **meterse en ~s** fig F get into deep water

**Honduras** f Honduras

**hondureño I** adj Honduran **II** m, -a f Honduran

**honestidad** f honesty, decency

**honesto** adj honorable, Br honourable, decent

**hongo** m **1** fungus; **brotar como ~s** fig F mushroom **2** L.Am. (seta) mushroom

**honor** m **1** honor, Br honour; **en ~ a** in honor of; **en ~ a la verdad** to be honest; **palabra de ~** word of honor; **hacer ~ a** live up to **2**: **~es** pl (pompa) honors, Br honours

**honorabilidad** f honorableness, Br honourableness

**honorable** adj honorable, Br honourable

**honorario** adj honorary

**honorarios** mpl fees

**honorífico** adj honorary

**honra** f honor, Br honour; **¡a mucha ~!** I'm honored o Br honoured; **tener algo a mucha ~** be very proud of sth

◇ **honras fúnebres** funeral rites

**honradez** f honesty

**honrado** adj honest

**honrar** ⟨1a⟩ v/t honor, Br honour; **su humildad le honra** his humility does him credit; **honrarse** *v/r*: ~ **de hacer algo** be honored *o Br* honoured to do sth

**honroso** *adj* honorable, *Br* honourable

**hora** *f* **1** hour; ~ **y media** an hour and a half; ~**s muertas** hour after hour **2** (*momento indeterminado*): **a todas** ~**s** all the time; **a última** ~ at the last minute; **a última** ~ **de la tarde** late in the afternoon; **a altas** ~**s de la madrugada** in the (wee) small hours, in the early hours of the morning; **a primera** ~ **de la tarde** first thing in the afternoon; **¡ya era** ~**!** about time too!; **ya es** ~ **de que te pongas a estudiar** it's time you started studying; **comer entre** ~**s** eat between meals; **le ha llegado** *o* **tocado su** ~ his time has come; **a la** ~ **de ...** *fig* when it comes to ... **3** (*cita*): **pedir** ~ make an appointment; **tengo** ~ **con el dentista** I have an appointment with the dentist **4** (*momento justo*): **dar la** ~ **de reloj** strike (the hour); **poner en** ~ **reloj** set; **¿tiene** ~**?** do you have the time?, have you got the time?; **¿qué** ~ **es?** what time is it?; **llegó a la** ~ he arrived on time

◇ **hora de cierre** closing time; **hora feliz** happy hour; **hora lectiva** class time; **hora de llegada** arrival time; **hora local** local time; **hora pico** *L.Am.* rush hour; **hora punta** rush hour; **hora de salida** departure time; **horas extraordinarias** overtime *sg*; **horas de máxima audiencia** TV prime time *sg*, peak viewing time *sg*; **horas de oficina** office hours

**horadar** ⟨1a⟩ *v/t* bore through, drill through

**horario I** *adj* hourly **II** *m* schedule, *Br* timetable; **(con)** ~ **continuado** open all day

◇ **horario de apertura, horario de atención al público** hours (of business) *pl*, opening hours *pl*; **horario comercial** business hours *pl*; **horario flexible** flextime, *Br* flexitime; **horario de trabajo** (working) hours *pl*; **horario de trenes** train schedule, *Br* train timetable; **horario de visitas** visiting hours *pl*; **horario de vuelos** AVIA flight times *pl*

**horca** *f* gallows *pl*

**horcajadas** *fpl*: **a** ~ astride

**horchata** *f* drink made from tiger nuts

**horchatería** *f* bar selling horchata

**horda** *f* horde

**horizontal** *f* / *adj* horizontal

**horizonte** *m* horizon

**horma** *f* form, mold, *Br* mould; *de zapatos* last

**hormiga** *f* ant

◇ **hormiga blanca** white ant, termite

**hormigón** *m* concrete

◇ **hormigón armado** reinforced concrete

◇ **hormigón pretensado** prestressed concrete

**hormigonera** *f* cement mixer

**hormiguear** ⟨1a⟩ *v/i*: **me hormiguea la pierna** I have pins and needles in my leg

**hormigueo** *m* pins and needles *pl*

**hormiguero** *m* ant hill; **la sala era un** ~ **de gente** the hall was swarming with people

**hormona** *f* hormone

**hormonal** *adj* hormonal, hormone *atr*

**hornacina** *f* niche

**hornada** *f* batch

**hornear** ⟨1a⟩ *v/t* bake

**hornilla** *f* ring

**hornillo** *m* de fogón burner; *de gas* gas ring; *transportable* camping stove

**horno** *m* **1** oven; **recién sacado** *o* **salido del** ~ freshly baked; **no está el** ~ **para bollos** F this isn't a good time *o* the right moment **2** *de cerámica* kiln; **alto** ~ blast furnace

**horóscopo** *m* horoscope

**horqueta** *f* *L.Am.* de camino fork

**horquilla** *f* *para pelo* hairpin

**horrendo** *adj* horrendous

**hórreo** *m* granary

**horrible** *adj* horrible, dreadful

**horripilante** *adj* horrible

**horripilar** ⟨1a⟩ *v/t* horrify; **horripilarse** *v/r* be horrified

**horror** *m* **1** horror (**a** of); **tener** ~ **a** be terrified of; **me da** ~ **pensar en ...** I dread to think of ...; **¡qué** ~**!** how awful! **2**: **me gusta** ~**es** F I like it a lot

**horrorizar** ⟨1f⟩ *v/t* horrify; **horrorizarse** *v/r* be horrified (**de** at, by)

**horroroso** *adj* terrible; (*de mala calidad*) dreadful; (*feo*) hideous

**hortaliza** *f* vegetable

**hortelano** *m*, **-a** *f* truck farmer, *Br* market gardener

**hortensia** *f* BOT hydrangea

**hortera I** F *adj* tacky F **II** *m/f* F tacky person F

**horterada** *f* F tacky thing F; *es una~* it's tacky F

**hortícola** *adj* horticultural, garden *atr*

**horticultor** *m*, **~a** *f* horticulturist

**horticultura** *f* horticulture

**hortofrutícola** *adj* fruit and vegetable *atr*

**hortofruticultura** *f* fruit and vegetable growing

**hosco** *adj* sullen

**hospedaje** *m* accommodations *pl*, *Br* accommodation; *dar ~ a alguien* put s.o. up

**hospedar** ⟨1a⟩ *v/t* give accommodations *o Br* accommodation to; INFOR host; **hospedarse** *v/r* stay (*en* at)

**hospicio** *m* **1** *para niños* orphanage **2** HIST *para peregrinos* hospice

**hospital** *m* hospital
◇ **hospital militar** military hospital
◇ **hospital de sangre** field hospital

**hospitalario** *adj* **1** *gentes* hospitable **2** MED hospital *atr*

**hospitalidad** *f* hospitality

**hospitalización** *f* hospitalization

**hospitalizar** ⟨1f⟩ *v/t* hospitalize

**hosquedad** *f* surliness, brusqueness; *con ~* sullenly, brusquely

**hostal** *m* hostel

**hostelera** *f* landlady

**hostelería** *f* **1** hotel industry **2** *como curso* hotel management

**hostelero I** *adj* hotel *atr* **II** *m* landlord

**hostia** *f* **1** REL host **2** P (*golpe*) sock P, wallop F; *dar una ~ a alguien* P slap s.o. in the face F; *darse una ~* P bash o.s. F **3**: *¡~s!* P Christ! P; *es la ~* P it's amazing F; *a toda ~ conducir, moverse* P flat out F, balls out P

**hostigamiento** *m* harassment

**hostigar** ⟨1h⟩ *v/t* **1** pester **2** MIL harass **3** *caballo* whip

**hostil** *adj* hostile

**hostilidad** *f* hostility; *romper las ~es* MIL commence hostilities

**hostilizar** ⟨1f⟩ *v/t* harass

**hotel** *m* hotel

**hotelero I** *adj* hotel *atr*, *industria -a* hotel industry *o* trade **II** *m*, **-a** *f* hotelier

**hoy** *adv* today; *de ~* of today; *por ~* for today; *~ mismo* today, this very day; *los padres de ~* today's parents, parents today; *de ~ en adelante* from now on; *~ por ~* at the present time; *~ en día* nowadays; *de ~ a o para mañana* from one day to the next; *¡que es para ~!* F get a move on!

**hoya** *f* **1** hole **2** *de tumba* grave **3** GEOG plain **4** *S.Am.* river basin

**hoyo** *m* **1** hole **2** *de tumba* grave; *estar con un pie en el ~* *fig* have one foot in the grave F **3** (*depresión*) hollow **4** *de golf* hole
◇ **hoyo negro** *Méx* black hole

**hoyuelo** *m* dimple

**hoz** *f* sickle

**huachafo** *adj Pe* (*cursi*) affected, pretentious

**huarache** *m Méx* rough sandal

**huayno** *m Pe, Bol* Andean dance rhythm

**hubo** *vb* ☞ **haber**

**hucha** *f* money box

**hueco I** *adj* hollow; (*vacío*) empty; *fig: persona* shallow **II** *m* **1** *en pared, escrito* gap **2** (*agujero*) hole; *de ascensor* shaft

**huele** *vb* ☞ **oler**

**huelga** *f* strike; *declararse en ~, ir a la ~* go on strike; *estar en ~* be on strike
◇ **huelga de brazos caídos** sit-down strike; **huelga de celo** work-to-rule; **huelga general** general strike; **huelga de hambre** hunger strike

**huelguista** *m/f* striker

**huelguístico** *adj* strike *atr*

**huella** *f* mark; *de animal* track; *seguir las ~s de alguien* follow in s.o.'s footsteps
◇ **huellas dactilares** fingerprints

**huelo** *vb* ☞ **oler**

**huérfano I** *adj* orphan *atr*; *quedarse ~* be orphaned **II** *m*, **-a** *f* orphan

**huero** *adj* **1** *fig* empty **2** *L.Am.* blond

**huerta** *f* truck farm, *Br* market garden

**huerto** *m* kitchen garden; *llevar a alguien al ~* F put one over on s.o. F

**huesear** ⟨1a⟩ *v/t C.Am.* beg

**huesillo** *m S.Am.* sun-dried peach

**hueso** *m* **1** ANAT bone; *estar en los ~s* be all skin and bone; *moler / romper los ~s a alguien* beat s.o. up; *dar con sus ~s en la cárcel* end up in jail **2** *de fruta* pit, stone; *persona* tough guy;

**~ duro de roer** *fig* F hard nut to crack F **3** *Méx* F cushy number F **4** *Méx* F (*influencia*) influence, pull F

**huésped** *m/f* guest

**huestes** *fpl lit* host *sg lit*, army *sg*

**huesudo** *adj* bony

**huevada** *f* P stupid thing to say / do

**huevas** *fpl* roe *sg*

**huevear** ⟨1a⟩ *v/i Chi* P mess around

**huevera** *f para servir* eggcup; *para almacenar* egg box

**huevería** *f* egg store

**huevo** *m* **1** egg **2** P (*testículo*) ball F; **estar hasta los ~s** V be fucking fed up V; **me importa un ~** V I don't give a fuck V, I don't give a shit P; **¡y un ~!** P no way! F; **un ~ de** P a load of F; **costar un ~** P cost an arm and a leg F

◇ **huevo duro** hard-boiled egg; **huevo escalfado** poached egg; **huevo estrellado** *Méx* fried egg; **huevo frito** fried egg; **huevo pasado por agua** soft-boiled egg; **huevo tibio** *Méx* soft-boiled egg; **huevos revueltos** scrambled eggs

**huevón** *m*, **-ona** *f* **1** *Chi* P idiot **2** *L.Am.* F (*flojo*) idler F

**huida** *f* flight, escape

**huidizo** *adj persona* elusive

**huido** *adj* on the run

**huipil** *m C.Am., Méx* type of dress traditionally worn by Native American women

**huir** ⟨3g⟩ **I** *v/i* **1** flee, escape (*de* from) **2**: **~ de algo** avoid sth **II** *v/t* avoid

**huitlacoche** *m C.Am., Méx* corn smut

**hulado** *m C.Am., Méx* rubberized cloth

**hule** *m* **1** *para mesa* oilcloth **2** *L.Am.* (*caucho*) rubber

**hulla** *f* coal

**hullero** *adj* coal *atr*

**humanamente** *adv* **1** humanely **2**: **hacer lo ~ posible** do everything humanly possible

**humanidad** *f* **1** humanity **2**: **~es** *pl* EDU humanities

**humanismo** *m* humanism

**humanista** *m/f* humanist

**humanístico** *adj* humanistic

**humanitario** *adj* humanitarian

**humanización** *f* humanization

**humanizar** ⟨1f⟩ *v/t* humanize; **humanizarse** *v/r* become more human

**humano I** *adj* human **II** *m* human, human being

**humareda** *f* cloud of smoke

**humear** ⟨1a⟩ *v/i* **1** *con humo* smoke **2** *con vapor* steam

**humedad** *f* **1** humidity; **~ atmosférica** *o* **del aire** relative humidity **2** *de una casa* damp(ness)

**humedal** *m* wetland

**humedecer** ⟨2d⟩ *v/t* dampen; **humedecerse** *v/r* become wet *o* damp; *fig* fill with tears

**húmedo** *adj* **1** *clima, aire* humid **2** *toalla* damp

**húmero** *m* ANAT humerus

**humidificador** *m*: **~ (de aire)** humidifier

**humidificar** ⟨1g⟩ *v/t* humidify

**humildad** *f* humility

**humilde** *adj* **1** humble; (*sin orgullo*) modest **2** *clase social* lowly

**humillación** *f* humiliation

**humillante** *adj* humiliating

**humillar** ⟨1a⟩ *v/t* humiliate; **humillarse** *v/r* humiliate o.s.

**humita** *f S.Am.* meat and corn paste wrapped in leaves

**humo** *m* **1** *de fuego* smoke; **echar ~** *fig* be furious, be fuming; **me echa ~ la cabeza** *fig* F I'm fuming F **2** (*vapor*) steam **3**: **~s** *pl* fumes; **tener muchos ~s** F be a real bighead F; **bajarle los ~s a alguien** F take s.o. down a peg or two; **se le han subido los ~s** (**a la cabeza**) he's gotten really high and mighty

**humor** *m* **1** humor, *Br* humour; **sentido del ~** sense of humor *o Br* humour **2** (*estado de ánimo*) mood; **estar de buen / mal ~** be in a good / bad mood; **estar de ~ para hacer algo** be in the mood to do sth **3** (*genio*): **tener un ~ de perros** F be bad-tempered

**humorada** *f* joke, witty comment

**humorado** *adj*: **bien ~** good-tempered, good-humored, *Br* good-humoured; **mal ~** bad-tempered

**humorismo** *m* humor, *Br* humour

**humorista** *m/f* humorist; (*cómico*) comedian

**humorístico** *adj* humorous

**humoso** *adj* smoky

**humus** *m* GASTR hummus

**hundido** *adj fig: persona* devastated

**hundimiento** *m* sinking

**hundir** ⟨3a⟩ *v/t* sink; *fig: empresa* ruin,

bring down; *persona* devastate; **hundirse** *v/r* sink; *fig: de empresa* collapse, go under; *de persona* go to pieces

**húngaro I** *adj* Hungarian **II** *m*, *-a f* Hungarian **III** *m idioma* Hungarian

**Hungría** *f* Hungary

**huracán** *m* hurricane

**huracanado** *adj* hurricane-force, gale--force

**huraño** *adj* unsociable

**hurgar** ⟨1h⟩ *v/i* rummage (**en** in); **hurgarse** *v/r:* ~ **la nariz** pick one's nose

**hurgón** *m* poker

**hurón** *m* ZO ferret

**huronear** ⟨1a⟩ *v/i fig* pry, snoop

**hurtadillas** *fpl:* **a** ~ furtively

**hurtar** ⟨1a⟩ *v/t* steal; **hurtarse** *v/r:* ~ **a alguien** hide from s.o.

**hurto** *m* theft

**húsar** *m* MIL hussar

**husmear** ⟨1a⟩ **I** *v/i* **1** (*olfatear*) sniff around **2** F (*cotillear*) sniff o nose around F, snoop F (**en** in) **II** *v/t* sniff

**husmeo** *m* **1** (*olfateo*) sniffing **2** F (*cotilleo*) sniffing o nosing around F, snooping F

**huso** *m* spindle

◇ **huso horario** time zone

**¡huy!** *int sorpresa* wow!; *dolor* ouch!

**huyo** *vb* ☞ **huir**

# I

**I, i** *f* letter 'i'

**ib., ibid.** *abr* (= *ibídem*) ibid (= ibidem)

**iba** *vb* ☞ **ir**

**ibérico** *adj* Iberian; *la Península Ibérica* the Iberian Peninsula

**ibero, íbero** *m*, *-a f* Iberian

**Iberoamérica** *f* Latin America

**iberoamericano I** *adj* Latin American **II** *m*, *-a f* Latin American

**IBI** *m abr* (= *impuesto sobre bienes inmuebles*) property tax, *Br* rates *pl*

**ibicenco** *adj* Ibizan

**ibis** *m inv* ZO ibis

**iceberg** *m* iceberg; *la punta del* ~ *fig* the tip of the iceberg

**ICEX** *m abr* (= *Instituto Español de Comercio Exterior*) Spanish Overseas Trade Association

**icono** *m tb* INFOR icon

**ictericia** *f* MED jaundice

**I+D** *abr* (= *investigación y desarrollo*) R&D (= research and development)

**ida** *f* outward journey; (*billete de*) ~ *y vuelta* round trip (ticket), *Br* return (ticket); ~**s y venidas** comings and goings

**idea** *f* idea; *dar* (*una*) ~ *de algo* give an idea of sth; *hacerse a la* ~ *de que ...* get used to the idea that ...; *no tener ni* ~ not have a clue

**ideal** *m/adj* ideal

**idealismo** *m* idealism

**idealista I** *adj* idealistic **II** *m/f* idealist

**idealizar** ⟨1f⟩ *v/t* idealize

**idear** ⟨1a⟩ *v/t* think up, come up with

**ideario** *m* ideology

**ídem** *pron* ditto; *fml* idem

**idéntico** *adj* identical; *es* ~ *a su padre* he's the spitting image of his father

**identidad** *f* identity

**identificable** *adj* identifiable

**identificación** *f* **1** *acto* identification **2** INFOR user ID, user name

**identificar** ⟨1g⟩ *v/t* identify; **identificarse** *v/r* identify o.s.; ~ *con* identify with

**identikit** *m Rpl* identikit

**ideología** *f* ideology

**ideológico** *adj* ideological

**ideólogo** *m*, *-a f* ideologist

**idílico** *adj* idyllic

**idilio** *m* **1** idyll **2** (*relación amorosa*) romance

**idioma** *m* language

**idiomático** *adj* idiomatic

**idiosincrasia** *f* idiosyncrasy

**idiota I** *adj* idiotic **II** *m/f* idiot

**idiotez** *f* stupid thing to say / do; *es una* ~ *hacer eso* that's a stupid thing to do

**idiotismo** *m* **1** LING idiom **2** MED idiocy

**idiotizar** ⟨1f⟩ *v/t* turn into an idiot; **idiotizarse** *v/r* turn into an idiot

**ido I** *part* ☞ **ir II** *adj* F (*chiflado*) nuts F; *estar* ~ be miles away F

**idólatra I** *adj* idolatrous *tb fig* **II** *m/f* idolater; *fig* worshipper

**idolatrar** ⟨1a⟩ v/t tb fig worship
**idolatría** f idolatry
**ídolo** m tb fig idol
**idoneidad** f suitability
**idóneo** adj suitable
**IES** m abr (= **instituto de educación secundaria**) High School, Br Secondary School
**iglesia** f church; **casarse por la ~** have a church wedding, get married in church
**iglú** m igloo
**ígneo** adj igneous
**ignición** f 1 combustion 2 AUTO ignition
**ignífugo** adj fireproof, fire-resistant
**ignominia** f ignominy, disgrace
**ignominioso** adj ignominious, disgraceful
**ignorancia** f ignorance
**ignorante** I adj ignorant II m/f ignoramus
**ignorar** ⟨1a⟩ v/t not know, not be aware of; **ignoro cómo sucedió** I don't know how it happened
**ignoto** adj unknown
**igual** I adj 1 (idéntico) same (**a**, **que** as); **es ~ a su padre** he's just like his father; **al ~ que** like, the same as 2 (proporcionado) equal (**a** to) 3 (constante) constant
II m/f equal; **tratar de ~ a ~** treat as an equal; **no tener ~** have no equal; **sin ~** unequaled, Br unequalled
III m MAT equals sign
IV adv: **~ vengo mañana** I may come tomorrow; **me da ~** I don't mind
**igualación** f: **buscan la ~ de los derechos** they are trying to achieve equal rights
**igualado** adj even
**igualar** ⟨1a⟩ I v/t 1 precio, marca equal, match; **~ algo** MAT make sth equal (**con**, **a** to) 2 (nivelar) level off II v/i DEP tie the game, Br equalize; **~ a cero** tie o Br draw nil-nil; **igualarse** v/r match
**igualdad** f equality
◇ **igualdad de derechos** equal rights pl
◇ **igualdad de oportunidades** equal opportunities pl
**igualitario** adj egalitarian
**igualmente** adv equally
**iguana** f ZO iguana

**ijada** f, **ijar** m ANAT de persona side; de animal side, flank
**ilegal** adj illegal
**ilegalidad** f illegality
**ilegalizar** ⟨1f⟩ v/t make illegal, outlaw
**ilegible** adj illegible
**ilegitimar** ⟨1a⟩ v/t make illegal
**ilegitimidad** f illegitimacy
**ilegítimo** adj 1 (ilegal) unlawful 2 hijo illegitimate
**íleon** m ANAT ileum
**ilerdense** adj of / from Lerida, Lerida atr
**ileso** adj unhurt
**iletrado** adj (analfabeto) illiterate; (inculto) uneducated
**ilícito** adj illicit
**ilimitado** adj unlimited
**Ilmo.** abr (= **ilustrísimo**) His / Your Excellency
**ilocalizable** adj: **está ~** he cannot be found
**ilógico** adj illogical
**iluminación** f illumination
**iluminado** I m, -a f REL visionary II part ☞ **iluminar**
**iluminador** m, **~a** f TEA lighting technician
**iluminar** ⟨1a⟩ v/t edificio, calle etc light, illuminate; monumento light up, illuminate; fig light up
**ilusión** f 1 (ficción) illusion 2 (deseo, esperanza) hope; **hacerse ilusiones** get one's hopes up 3 (entusiasmo): **me hace mucha ~** I'm really looking forward to it
**ilusionar** ⟨1a⟩ v/t: **~ a alguien** get s.o.'s hopes up; **ilusionarse** v/r 1 get one's hopes up 2 (entusiasmarse) get excited (**con** about)
**ilusionismo** m magic, illusionism
**ilusionista** m/f conjurer, illusionist
**iluso** I adj gullible II m, -a f dreamer
**ilusorio** adj illusory
**ilustración** f 1 illustration 2 (saber) learning; **la Ilustración** HIST the Enlightenment
**ilustrado** adj 1 illustrated 2 (culto) learned
**ilustrador** m, **~a** f illustrator
**ilustrar** ⟨1a⟩ v/t 1 illustrate 2 (aclarar) explain; **ilustrarse** v/r learn, acquire knowledge
**ilustrativo** adj illustrative

**ilustre** *adj* illustrious

**imagen** *f tb fig* image; **ser la viva ~ de** be the spitting image of
◇ **imagen de archivo** library photograph; **imágenes de archivo** archive footage *sg*
◇ **imagen pública** public image

**imaginable** *adj* imaginable

**imaginación** *f* imagination; **ni me pasó por la ~** it never crossed my mind

**imaginar** ⟨1a⟩ *v/t* imagine; **imaginarse** *v/r* imagine; **¡ya me lo imagino!** I can just imagine it!; **¡imagínate!** just imagine!

**imaginario** *adj* imaginary

**imaginativo** *adj* imaginative

**imán** *m* magnet

**iman(t)ar** ⟨1a⟩ *v/t* magnetize

**imbatibilidad** *f* invincibility

**imbatible** *adj* unbeatable

**imbatido** *adj* unbeaten

**imbécil I** *adj* **1** stupid **2** MED imbecilic **II** *m/f* idiot, imbecile

**imbecilidad** *f* **1** stupidity; **¡qué ~ decir eso!** what a stupid thing to say! **2** MED imbecility

**imberbe** *adj*: **un joven ~** a beardless youth

**imborrable** *adj* indelible

**imbricar** ⟨1g⟩ *v/t* overlap; **imbricarse** *v/r* overlap

**imbuir** ⟨3g⟩ *v/t* imbue (**de** with)

**imitable** *adj* imitable

**imitación** *f* imitation; **de ~** imitation *atr*; **a ~ de** in imitation of, imitating

**imitador** *m*, **~a** *f* **de producto, técnica** imitator **2** (*cómico*) impressionist

**imitar** ⟨1a⟩ *v/t* imitate

**impaciencia** *f* impatience

**impacientar** ⟨1a⟩ *v/t* make impatient; **impacientarse** *v/r* lose (one's) patience

**impaciente** *adj* impatient

**impactante** *adj* **imagen, espectáculo** stunning; **belleza** striking

**impactar** ⟨1a⟩ *v/t* **1** hit **2** (*impresionar*) have an impact on

**impacto** *m tb fig* impact; **~ ecológico / medioambiental** ecological / environmental impact
◇ **impacto de bala** bullet hole

**impagable** *adj* unpayable

**impagado I** *adj* unpaid **II** *m* unpaid item, outstanding item

**impago** *m* non-payment

**impala** *m* ZO impala

**impalpable** *adj* impalpable

**impar** *adj* **número** odd

**imparable** *adj* unstoppable

**imparcial** *adj* impartial

**imparcialidad** *f* impartiality

**impartir** ⟨3a⟩ *v/t* impart; **clase, bendición** give

**impasibilidad** *f* impassivity

**impasible** *adj* impassive

**impavidez** *f* **1** (*valor*) fearlessness **2** (*impasibilidad*) impassivity

**impávido** *adj* **1** (*valiente*) fearless, undaunted **2** (*impasible*) impassive

**impecable** *adj* impeccable

**impedido** *adj* disabled

**impedimento** *m* impediment

**impedir** ⟨3l⟩ *v/t* prevent; (*estorbar*) impede

**impeler** ⟨2a⟩ *v/t* **1** (*impulsar*) propel, drive **2** (*incitar*) impel, drive

**impenetrable** *adj* impenetrable

**impenitente** *adj* unrepentant

**impensable** *adj* unthinkable

**impensado** *adj* unexpected

**impepinable** *adj* F certain

**imperante** *adj* ruling; *fig* prevailing

**imperar** ⟨1a⟩ *v/i* rule; *fig* prevail

**imperativo I** *adj* **1** GRAM imperative **2** *obligación* pressing **II** *m* imperative *also* GRAM

**imperceptible** *adj* imperceptible

**imperdible** *m* safety pin

**imperdonable** *adj* unpardonable, unforgivable

**imperecedero** *adj* perpetual, everlasting

**imperfección** *f* **1** (*defecto*) imperfection, flaw **2** (*cualidad*) imperfection

**imperfecto I** *adj* imperfect **II** *m* GRAM imperfect

**imperial** *adj* imperial

**imperialismo** *m* imperialism

**imperialista** *m/f & adj* imperialist

**impericia** *f* lack of skill

**imperio** *m* empire

**imperioso** *adj* **1** *necesidad* compelling, pressing **2** *persona* imperious

**impermeabilidad** *f* impermeability

**impermeabilizar** ⟨1f⟩ *v/t* waterproof, make waterproof

**impermeable I** *adj* waterproof **II** *m* raincoat

**impersonal** *adj* impersonal
**impertérrito** *adj* unperturbed, unmoved
**impertinencia** *f* impertinence; **una ~** an impertinent remark
**impertinente** I *adj* impertinent II *m/f*: **¡eres un ~!** you're so impertinent!
**imperturbable** *adj* imperturbable
**ímpetu** *m* impetus
**impetuosidad** *f* impetuosity, impetuousness
**impetuoso** *adj* impetuous
**impiedad** *f* impiety
**impío** *adj* 1 (*sin piedad*) impious 2 (*sin fe*) godless, heathen
**implacable** *adj* implacable
**implantación** *f* 1 *de programa, reforma* implementation; *de democracia* establishment; *de pena de muerte* introduction 2 MED implantation
**implantar** ⟨1a⟩ *v/t* 1 *programa, reforma* implement; *democracia* establish; *pena de muerte* introduce, bring in 2 MED implant; **implantarse** *v/r* be introduced
**implante** *m* MED implant
**implementación** *f* implementation
**implementar** ⟨1a⟩ *v/t* implement
**implemento** *m* implement
**implicación** *f* (*participación*) involvement; *en un delito* implication, involvement
**implicar** ⟨1g⟩ *v/t* 1 mean, imply; **eso no implica que ...** that does not mean that ... 2 (*involucrar*) involve (**en** in); *en un delito* implicate (**en** in); **implicarse** *v/r* get involved
**implícito** *adj* implicit
**implorar** ⟨1a⟩ *v/t* beg for
**impoluto** *adj* (*sin mancha*) unmarked, unstained; (*sin contaminar*) unpolluted, uncontaminated; *fig: expediente, trayectoria profesional* impeccable
**imponderable** *adj & m* imponderable
**imponente** I *adj* 1 impressive, imposing 2 F terrific II *m/f* FIN depositor
**imponer** ⟨2r; *part* **impuesto**⟩ I *v/t* 1 impose; *impuesto* impose, levy 2 *miedo, respeto* inspire II *v/i* be imposing *o* impressive; **imponerse** *v/r* 1 (*hacerse respetar*) assert o.s. 2 DEP win 3 (*prevalecer*) prevail 4 (*ser necesario*) be imperative 5: **~ una tarea** set o.s. a task
**imponible** *adj* taxable; **base ~** tax base
**impopular** *adj* unpopular

**impopularidad** *f* unpopularity
**importación** *f* 1 *acción* import, importation 2 *artículo* import
**importador** I *adj* importing *atr* II *m*, **~a** *f* importer
**importancia** *f* importance; **dar ~ a** attach importance to; **quitar** *o* **restar ~ a algo** make light of sth, play sth down; **tener ~** be important; **no tiene ~** it's not important, it doesn't matter; **sin ~** unimportant; **darse ~** give o.s. airs
**importante** *adj* important
**importar**[1] ⟨1a⟩ *v/i* 1 matter; **no importa** it doesn't matter; **¿qué importa?** what does it matter? 2: **eso a ti no te importa** that's none of your business 3: **¿le importa ...?** do you mind ...?; **¿te importaría que pase por tu casa?** would you mind if I dropped by?
**importar**[2] ⟨1a⟩ *v/t* COM import
**importe** *m* 1 *de factura, compra* amount 2 (*coste*) cost
**importunar** ⟨1a⟩ *v/t* bother
**importuno** *adj* inopportune
**imposibilidad** *f* impossibility
**imposibilitado** *adj* 1 disabled 2: **~ para hacer algo** unable to do sth
**imposibilitar** ⟨1a⟩ *v/t*: **~ algo** make sth impossible, prevent sth
**imposible** *adj* impossible; **hacer lo ~** do everything in one's power
**imposición** *f* 1 imposition 2 (*exigencia*) demand 3 COM deposit
◇ **imposición de manos** laying on of hands
**impositivo** *adj* tax *atr*; **tipo ~** rate of tax
**impositor** *m*, **~a** *f* depositor
**impostergable** *adj*: **es ~** it can't be put off
**impostor** *m*, **~a** *f* impostor
**impostura** *f* deception
**impotencia** *f* 1 helplessness, impotence 2 MED impotence
**impotente** *adj* 1 helpless, powerless, impotent 2 MED impotent
**impracticable** *adj* impracticable
**imprecación** *f* curse
**imprecar** ⟨1g⟩ *v/t* curse
**imprecisión** *f* lack of precision
**impreciso** *adj* imprecise
**impredecible** *adj* unpredictable
**impregnación** *f* 1 saturation (**de** with) 2 TÉC impregnation (**de** with)
**impregnar** ⟨1a⟩ *v/t* 1 *esponja* saturate

(*de* with); *fig* pervade **2** TÉC impregnate (*de* with); **impregnarse** *v/r*: *se impregna de ...* it is filled with ...
**impremeditado** *adj* unpremeditated
**imprenta** *f* **1** *taller* printer's **2** *arte, técnica* printing **3** *máquina* printing press; *dar a la* ~ send for printing
**imprescindible** *adj* essential; *persona* indispensable
**impresentable** *adj* unpresentable
**impresión** *f* **1** impression; *causar* ~ make an impression; *causar buena* ~ make a good impression **2**: *la sangre le da* ~ he can't stand the sight of blood **3** *acto* printing; ~ *en color* color printing, *Br* colour printing **4** (*tirada*) print run
**impresionable** *adj* impressionable
**impresionante** *adj* impressive
**impresionar** ⟨1a⟩ *v/t*: ~*le a alguien* impress s.o.; (*conmover*) move s.o.; (*alterar*) shock s.o.; **impresionarse** *v/r* be shocked
**impresionismo** *m* Impressionism
**impresionista I** *adj* impressionist, impresssionistic **II** *m/f* Impressionist
**impreso I** *part* ☞ **imprimir II** *m* **1** form **2**: ~*s pl* printed matter *sg*
**impresor** *m* printer
**impresora** *f* INFOR, *mujer* printer
◇ **impresora de chorro de tinta** inkjet (printer); **impresora en color** color printer, *Br* colour printer; **impresora de inyección de tinta** inkjet (printer); **impresora láser** laser (printer); **impresora matricial** dot-matrix printer
**imprevisible** *adj* unpredictable
**imprevisión** *f* lack of foresight
**imprevisor** *adj* shortsighted; *ser* ~ not plan ahead
**imprevisto I** *adj* unforeseen, unexpected **II** *m* unexpected event
**imprimación** *f* PINT primer
**imprimar** ⟨1a⟩ *v/t* PINT prime
**imprimir** ⟨3a; *part* **impreso**⟩ *v/t tb* INFOR print; *fig* transmit
**improbabilidad** *f* improbability
**improbable** *adj* unlikely, improbable
**ímprobo** *adj* massive, enormous
**improcedencia** *f* inadmissibility
**improcedente** *adj* improper
**improductividad** *f* unproductiveness
**improductivo** *adj* unproductive

**impronta** *f* mark
**impronunciable** *adj* unpronounceable
**improperio** *m* insult
**impropiedad** *f* inappropriateness
**impropio** *adj* inappropriate; *ser* ~ *de alguien* be inappropriate for s.o.
**improrrogable** *adj* non-extendable
**improvisación** *f* improvisation
**improvisado** *adj* improvised
**improvisar** ⟨1a⟩ *v/t* improvise
**improviso** *adj*: *de* ~ unexpectedly
**imprudencia** *f* recklessness, rashness
◇ **imprudencia temeraria** criminal negligence
**imprudente** *adj* reckless, rash
**impudicia** *f* shamelessness
**impúdico** *adj* shameless, immodest
**impudor** *m* shamelessness, immodesty
**impuesto I** *part* ☞ **imponer II** *m* tax
◇ **impuesto sobre bienes inmuebles** *Esp* property tax; **impuesto sobre el patrimonio** wealth tax; **impuesto sobre la renta** income tax; **impuesto sobre sociedades** corporate tax, *Br* corporation tax; **impuesto sobre sucesiones** inheritance tax; **impuesto sobre el valor añadido** *o L.Am.* agregado sales tax, *Br* value-added tax
**impugnable** *adj* challengeable, contestable
**impugnación** *f* challenge
**impugnar** ⟨1a⟩ *v/t* challenge, contest
**impulsar** ⟨1a⟩ *v/t* **1** TÉC propel **2** COM, *fig* boost
**impulsivo** *adj* impulsive
**impulso** *m* **1** (*arrebato*) impulse **2** (*empuje*) impetus; COM boost; *fig* urge, impulse; *tomar* ~ take a run up
**impulsor I** *adj* driving *atr* **II** *m*, ~*a f* driving force
**impune** *adj* unpunished
**impunidad** *f* impunity
**impuntual** *adj* unpunctual
**impuntualidad** *f* unpunctuality
**impureza** *f* impurity
**impuro** *adj* impure
**imputable** *adj* attributable
**imputación** *f* attribution
**imputar** ⟨1a⟩ *v/t* **1** attribute **2** COM assign
**IMSERSO** *m abr* (= *Instituto de Migraciones y Servicios Sociales*) Spanish Social Services and Immigration Department

**inabarcable** *adj* which cannot be dealt with

**inabordable** *adj* unapproachable, inaccessible

**inacabable** *adj* endless, never-ending

**inacabado** *adj* unfinished

**inaccesibilidad** *f* inaccessibility

**inaccesible** *adj* inaccessible; *persona* distant, inaccessible

**inacción** *f* inactivity, inaction

**inaceptable** *adj* unacceptable

**inactivar** ⟨1a⟩ *v/t* deactivate

**inactividad** *f* inactivity

**inactivo** *adj* inactive

**inadaptación** *f* maladjustment, failure to adapt

**inadaptado** *adj* maladjusted

**inadecuado** *adj* inadequate

**inadmisibilidad** *f* inadmissibility

**inadmisible** *adj* inadmissible

**inadvertencia** *f* oversight

**inadvertido** *adj*: **pasar ~** go unnoticed

**inagotable** *adj* inexhaustible

**inaguantable** *adj* unbearable

**inalámbrico** TELEC **I** *adj* cordless **II** *m* cordless (telephone)

**inalcanzable** *adj* unattainable, unachievable

**inalienable** *adj* inalienable

**inalterable** *adj* **1** *color* permanent, fast; *materiales ~s* materials that do not deteriorate **2** *principios* immutable **2** *carácter* impassive

**inalterado** *adj* unchanged, unaltered

**inamovible** *adj* immovable

**inane** *adj* pointless

**inanición** *f* starvation

**inanimado** *adj* inanimate

**inapelable** *adj* JUR unappealable; *fig* indisputable

**inapetencia** *f* lack of appetite

**inapetente** *adj*: **está ~** she has no appetite, she has lost her appetite

**inaplazable** *adj* impossible to postpone

**inaplicable** *adj* inapplicable

**inapreciable** *adj* **1** (*valioso*) priceless **2** (*insignificante*) negligible

**inaprensible** *adj*: **ser ~** be hard to get hold of

**inapropiado** *adj* inappropriate

**inaprovechado** *adj* unused, unexploited

**inaptitud** *f* unsuitability

**inapto** *adj* unsuitable

**inarrugable** *adj* crease-resistant

**inasequible** *adj* **1** *objetivo* unattainable **2** *precio* prohibitive

**inasistencia** *f* absence; **~ a clase** absence from class

**inastillable** *adj* shatterproof

**inatacable** *adj* unassailable

**inatención** *f* lack of attention

**inaudible** *adj* inaudible

**inaudito** *adj* unprecedented

**inauguración** *f* official opening

**inaugural** *adj* opening, inaugural

**inaugurar** ⟨1a⟩ *v/t* (officially) open

**inca** *m/f* & *adj* Inca

**incaico** *adj* Incan

**incalculable** *adj* incalculable

**incalificable** *adj* indescribable

**incandescencia** *f* incandescence

**incandescente** *adj* incandescent

**incansable** *adj* tireless

**incapacidad** *f* **1** disability **2** (*falta de capacidad*) inability; **~ mental** mental incapacity **3** (*ineptitud*) incompetence

◇ **incapacidad laboral** unfitness for work

**incapacitación** *f* JUR disqualification

**incapacitado** *adj* disabled, handicapped; **~ para el trabajo** unfit for work

**incapacitar** ⟨1a⟩ *v/t* JUR disqualify

**incapaz** *adj* incapable (**de** of)

**incautación** *f* seizure

**incautarse** ⟨1a⟩ *v/r*: **~ de** seize

**incauto** *adj* unwary

**incendiar** ⟨1b⟩ *v/t* set fire to; **incendiarse** *v/r* burn, catch fire

**incendiario I** *adj* incendiary; *fig* inflammatory **II** *m*, -a *f* arsonist

**incendio** *m* fire

◇ **incendio forestal** forest fire

◇ **incendio provocado** arson attack

**incentivación** *f* motivation

**incentivar** ⟨1a⟩ *v/t* motivate

**incentivo** *m* incentive

**incertidumbre** *f* uncertainty

**incesante** *adj* incessant

**incesto** *m* incest

**incestuoso** *adj* incestuous

**incidencia** *f* **1** (*efecto*) effect **2** (*frecuencia*) incidence **3** (*incidente*) incident

**incidental** *adj* incidental

**incidente** *m* incident

**incidir** ⟨3a⟩ **I** *v/i*: **~ en** (*afectar*) have an effect on, affect; (*recalcar*) stress; **~ en**

*un error* make a mistake **II** *v/t* incise
**incienso** *m* incense
**incierto** *m* uncertain
**incineración** *f de basuras* incineration; *de cadáver* cremation
◇ **incineración de basuras** waste incineration
**incinerador** *adj* incinerator *atr*; **planta ~a de basuras** *o* **residuos** waste incineration plant
**incinerar** ⟨1a⟩ *v/t basuras* incinerate; *cadáver* cremate
**incipiente** *adj* incipient
**incisión** *f* incision
**incisivo** *adj* cutting; *fig* incisive; **diente ~** incisor
**inciso** *m* **1** (*oración*) digression **2** (*comentario*) interruption
**incitación** *f* incitement (**a** to)
**incitador** *m*, **~a** *f* agitator
**incitante** *adj* provocative
**incitar** ⟨1a⟩ *v/t* incite
**incivil** *adj* uncivil
**incivilizado** *adj* uncivilized
**inclasificable** *adj* impossible to classify
**inclemencia** *f del tiempo* inclemency
**inclemente** *adj* inclement
**inclinación** *f* **1** inclination; **tener ~ a hacer algo** have an inclination to do sth **2** *fig: propensión* tendency **3** *de un terreno* slope **4** *muestra de respeto* bow
**inclinado** *adj* sloping
**inclinar** ⟨1a⟩ **I** *v/t* **1** tilt; **~ la cabeza** nod (one's head) **2**: *me inclina a creer que ...* it makes me think that ...; **inclinarse** *v/r* **1** *desde la horizontal* bend (down); *desde la vertical* lean; *de un terreno* slope **2** *en señal de respeto* bow: **3**: **~ a** *fig* tend to, be inclined to
**ínclito** *adj* illustrious
**incluido** *prp* inclusive
**incluir** ⟨3g⟩ *v/t* include; (*comprender*) comprise
**inclusa** *f* children's home
**inclusión** *f* inclusion
**inclusive** *adv* inclusive
**incluso** *adv*, *prp* & *conj* even
**incoar** ⟨1a⟩ *v/t* JUR *procedimiento, proceso* initiate
**incobrable** *adj deuda* irrecoverable, bad
**incógnita** *f* unknown factor; MAT unknown (quantity)
**incógnito** *adj*: **de ~** incognito

**incoherencia** *f* incoherence; **eso que has dicho es una ~** what you said makes no sense
**incoherente** *adj* incoherent
**incoloro** *adj* colorless, *Br* colourless
**incólume** *adj* unharmed, unscathed
**incombustible** *adj* fireproof; *fig* **ser ~** go on for ever
**incomible** *adj* inedible
**incomodar** ⟨1a⟩ *v/t* **1** inconvenience **2** (*enfadar*) annoy; **incomodarse** *v/r* **1** feel uncomfortable **2** (*enfadarse*) get annoyed (**por** about, over)
**incomodidad** *f* **1** uncomfortableness **2** (*fastidio*) inconvenience
**incómodo** *adj* **1** uncomfortable **2** (*fastidioso*) inconvenient
**incomodo** *m* inconvenience, trouble
**incomparable** *adj* incomparable
**incomparecencia** *f* JUR non-appearance, failure to appear
**incompatibilidad** *f* incompatibility
**incompatible** *adj tb* INFOR incompatible
**incompetencia** *f* incompetence
**incompetente** *adj* incompetent
**incompleto** *adj* incomplete
**incomprendido** *adj* misunderstood
**incomprensible** *adj* incomprehensible
**incomprensión** *f* lack of understanding, incomprehension
**incomprensivo** *adj* unsympathetic
**incomunicación** *f* **1** lack of communication **2** JUR solitary confinement
**incomunicado** *adj* **1** isolated, cut off **2** JUR in solitary confinement
**incomunicar** ⟨1g⟩ *v/t* **1** cut off **2** JUR put in solitary confinement
**inconcebible** *adj* inconceivable
**inconciliable** *adj* irreconcilable
**inconcluso** *adj* unfinished
**inconcreción** *f* imprecision
**inconcreto** *adj* imprecise
**incondicional I** *adj* unconditional **II** *m/f* staunch supporter, stalwart
**inconexo** *adj* unconnected
**inconfesable** *adj* shameful
**inconforme** *adj* nonconformist
**inconformismo** *m* non-conformism
**inconformista** *m/f* non-conformist
**inconfundible** *adj* unmistakable
**incongruencia** *f* incongruity
**incongruente** *adj* incongruous
**inconmensurable** *adj* immeasurable

**inconmovible** *adj* unmoved, implacable

**inconquistable** *adj* unconquerable

**inconsciencia** *f* **1** MED unconsciousness **2** (*desconocimiento*) lack of awareness, unawareness **3** (*irreflexión*) thoughtlessness

**inconsciente** *adj* **I 1** MED unconscious **2** (*ignorante*) unaware **3** (*irreflexivo*) thoughtless **II** *m* PSI: **el ~** the unconscious (mind)

**inconsecuencia** *f* inconsistency

**inconsecuente** *adj* inconsistent

**inconsideración** *f* lack of consideration, inconsiderateness

**inconsiderado** *adj* inconsiderate

**inconsistencia** *f* flimsiness, weakness

**inconsistente** *adj* flimsy, weak

**inconsolable** *adj* inconsolable

**inconstancia** *f* fickleness

**inconstante** *adj* fickle

**inconstitucional** *adj* unconstitutional

**inconstitucionalidad** *f* unconstitutionality

**incontable** *adj* uncountable

**incontenible** *adj* uncontainable, uncontrollable

**incontestable** *adj* indisputable

**incontestado** *adj* undisputed

**incontinencia** *f*: **~ (urinaria)** MED incontinence

**incontinente** *adj* MED incontinent

**incontrastable** *adj* que no se puede discutir incontrovertible

**incontrolable** *adj* uncontrollable

**incontrolado** *adj* uncontrolled

**incontrovertible** *adj* incontrovertible

**inconveniencia** *f* **1** inconvenience **2** (*impertinencia*) inappropriate remark

**inconveniente I** *adj* **1** (*inoportuno*) inconvenient **2** (*impropio*) inappropriate **II** *m* **1** (*desventaja*) drawback, disadvantage **2** (*estorbo*) problem; **no tengo ~** I don't mind

**incordiar** ⟨1b⟩ *v/t* annoy

**incordio** *m* nuisance

**incorporación** *f* incorporation

**incorporar** ⟨1a⟩ *v/t* incorporate; **incorporarse** *v/r* **1** sit up **2 ~ a** MIL join

**incorpóreo** *adj* incorporeal

**incorrección** *f* **1** error, mistake **2** (*descortesía*) discourtesy

**incorrecto** *adj* **1** incorrect, wrong **2** (*descortés*) impolite, discourteous

**incorregible** *adj* incorrigible

**incorruptible** *adj* incorruptible

**incredibilidad** *f* incredibility, incredible nature

**incredulidad** *f* disbelief, incredulity

**incrédulo** *adj* incredulous

**increíble** *adj* incredible

**incrementar** ⟨1a⟩ *v/t* increase; **incrementarse** *v/r* increase

**incremento** *m* growth

**increpación** *f* rebuke

**increpar** ⟨1a⟩ *v/t* **1** (*reprender*) reproach **2** (*insultar*) insult

**incriminación** *f* incrimination

**incriminar** ⟨1a⟩ *v/t* incriminate

**incruento** *adj* bloodless

**incrustación** *f* incrustation; **un collar con incrustaciones de marfil** a necklace inlaid with ivory

**incrustar** ⟨1a⟩ *v/t* incrust (**de** with); **incrustarse** *v/r de la suciedad* become ingrained

**incubación** *f* incubation; **período de ~** incubation period

**incubadora** *f* incubator

**incubar** ⟨1a⟩ *v/t* incubate; **incubarse** *v/r* incubate

**incuestionable** *adj* unquestionable

**inculcar** ⟨1g⟩ *v/t* instill, *Br* instil (**en** in)

**inculpación** *f* accusation

**inculpado** *m*, **-a** *f*: **el ~** the accused

**inculpar** ⟨1a⟩ *v/t* JUR accuse

**inculto** *adj* **1** ignorant, uneducated **2** AGR uncultivated

**incultura** *f* ignorance, lack of education

**incumbencia** *f* responsibility, duty; **no es de mi ~** it's not my responsibility

**incumbir** ⟨3a⟩ *v/i*: **~ a alguien (hacer algo)** be s.o.'s responsibility (to do sth)

**incumplimiento** *m* non-fulfillment (**de** of), *Br* non-fulfilment (**de** of), non-compliance (**de** with); **~ contractual** breach of contract

**incumplir** ⟨3a⟩ *v/t* break

**incurable** *adj* incurable

**incurrir** ⟨3a⟩ *v/i* **1**: **~ en un error** make a mistake **2**: **~ en gastos** incur costs

**incursión** *f* MIL raid; *fig* foray

**indagación** *f* investigation

**indagar** ⟨1h⟩ *v/i* investigate

**indebido** *adj* unjustified

**indecencia** *f* indecency; *de película* obscenity

**indecente** *adj* indecent; *película* obscene

**indecible** *adj* indescribable, unspeakable

**indecisión** *f* indecisiveness

**indeciso** *adj* undecided; *por naturaleza* indecisive

**indecoroso** *adj* indecorous

**indefectible** *adj* inevitable, unfailing

**indefendible** *adj* undefendable; *fig* indefensible

**indefensión** *f* defenselessness, *Br* defencelessness

**indefenso** *adj* defenseless, *Br* defenceless

**indefinible** *adj* indefinable

**indefinidamente** *adv* indefinitely

**indefinido** *adj* **1** (*impreciso*) vague **2** (*ilimitado*) indefinite; *contrato* permanent **3** GRAM indefinite

**indeformable** *adj material* that keeps its shape

**indeleble** *adj* indelible

**indelicadeza** *f* indelicacy, indiscretion

**indelicado** *adj* indelicate

**indemne** *adj* unhurt, unscathed; **salir ~** escape unscathed *o* unharmed

**indemnidad** *f* indemnity

**indemnización** *f* compensation

**indemnizar** ⟨1f⟩ *v/t* compensate (**por** for)

**indemostrable** *adj* impossible to demonstrate

**independencia** *f* independence; **con ~ de** independently of

**independentismo** *m* POL pro-independence movement

**independentista I** *adj* pro-independence *atr* **II** *m/f* supporter of independence

**independiente** *adj* independent

**independientemente** *adv* independently; **~ de** regardless of

**independizarse** ⟨1f⟩ *v/r* become independent

**indescifrable** *adj* indecipherable

**indescriptible** *adj* indescribable

**indeseable I** *adj* undesirable **II** *m/f* undesirable

**indeseado** *adj* unwanted

**indesmallable** *adj* run-resist, *Br* ladderproof

**indestructible** *adj* indestructible

**indeterminable** *adj* indeterminable

**indeterminación** *f* indecisiveness

**indeterminado** *adj* indeterminate; (*indefinido*) indefinite

**indexación** *f* indexing

**indexar** ⟨1a⟩ *v/t* index

**India:** (*la*) **~** India

**indiada** *f L.Am.* group of Indians

**indiano** *m* Spaniard who has returned from Latin America after making his fortune

**indicación** *f* **1** indication; **por ~ médica** on medical advice **2** (*señal*) sign **3**: **indicaciones** *para llegar* directions; (*instrucciones*) instructions

**indicado** *adj* **1** (*adecuado*) suitable; **lo más / menos ~** the best / worst thing **2**: **hora -a** specified time

**indicador** *m* indicator

◇ **indicador de dirección** AUTO indicator

**indicar** ⟨1g⟩ *v/t* **1** show, indicate **2** (*señalar*) point out **3** (*sugerir*) suggest

**indicativo I** *adj* indicative **II** *m* **1** GRAM indicative **2** TELEC code

**índice** *m* **1** index; **~ de precios al consumo** consumer price index, *Br tb* retail price index; **~ bursátil** stock market index, *Br* share index; **~ de desempleo** unemployment rate **2**: **dedo ~** index finger

**indicio** *m* indication, sign; (*vestigio*) trace

**índico** *adj* Indian; **Océano Índico** Indian Ocean

**indiferencia** *f* indifference

**indiferente** *adj* **1** indifferent **2** (*irrelevante*) immaterial

**indígena I** *adj* indigenous, native *atr* **II** *m/f* native

**indigencia** *f* destitution

**indigente I** *adj* destitute **II** *m/f* poor person; **los ~s** the poor *pl*

**indigerible** *adj* indigestible

**indigestarse** ⟨1a⟩ *v/r de persona* get indigestion; *de comida* cause indigestion

**indigestión** *f* indigestion

**indigesto** *adj* indigestible

**indignación** *f* indignation

**indignado** *adj* indignant

**indignante** *adj* infuriating

**indignar** ⟨1a⟩ *v/t*: **~ a alguien** make s.o. indignant; **indignarse** *v/r* become indignant

**indignidad** *f* unworthiness

**indigno** *adj* unworthy (**de** of)

**índigo** *adj* indigo; **azul ~** indigo
**indio I** *adj* Indian **II** *m*, **-a** *f* Indian; **hacer
el ~** F clown around F, play the fool F
**indirecta** *f* insinuation; (*sugerencia*) hint
**indirecto** *adj* indirect
**indisciplina** *f* lack of discipline, indiscipline
**indisciplinado** *adj* undisciplined
**indiscreción** *f* **1** indiscretion, lack of
discretion **2** (*declaración*) indiscreet remark
**indiscreto** *adj* indiscreet
**indiscriminado** *adj* indiscriminate
**indiscutible** *adj* indisputable
**indiscutido** *adj* undisputed
**indisoluble** *adj* **1** *sustancia* insoluble **2**
*matrimonio, amistad* indissoluble
**indispensable** *adj* indispensable
**indisponer** ⟨2r; *part* **indispuesto**⟩ *v/t* **1**
(*enfermar*) make unwell, upset **2**: **~ a alguien con alguien** (*enemistar*) set s.o.
against s.o.; **indisponerse** *v/r* **1** become unwell **2**: **~ con alguien** fall
out with s.o.
**indisposición** *f* indisposition
**indispuesto** *adj* indisposed, unwell
**indisputable** *adj* undeniable
**indistintamente** *adv* **1** (*sin claridad*) indistinctly **2** (*sin distinción*) without distinction
**indistinto** *adj forma* indistinct, vague;
*noción* vague; *sonido* faint
**individual** *adj* individual; *cama, habitación* single
**individualidad** *f* individuality
**individualismo** *m* individualism
**individualista I** *adj* individualistic **II** *m/f*
individualist
**individualizar** ⟨1f⟩ *v/t* set apart; *para
crítica, elogio* single out
**individuo** *m* individual
**indivisible** *adj* indivisible
**indiviso** *adj* undivided
**indócil** *adj* troublesome
**indocumentado** *adj*: **un hombre ~** a
man with no identity papers
**índole** *f* nature; **de esta ~** of this nature
**indolencia** *f* laziness, indolence
**indolente** *adj* lazy, indolent
**indoloro** *adj* painless
**indomable** *adj animal* untameable; *persona* indomitable
**indómito** *adj* indomitable
**Indonesia** *f* Indonesia

**inducción** *f* induction
**inducido** *m* EL armature
**inducir** ⟨3o⟩ *v/t* **1** (*persuadir*) lead, induce (**a** to) **2** EL induce
**inductivo** *adj* EL, *en lógica* inductive
**inductor** *m* EL inductor
**indudable** *adj* undoubted
**indudablemente** *adv* undoubtedly
**indulgencia** *f* indulgence
**indulgente** *adj* indulgent
**indultar** ⟨1a⟩ *v/t* pardon
**indulto** *m* pardon
**indumentaria** *f* clothing
**industria** *f* **1** *actividad, sector* industry **2**
(*esfuerzo*) industriousness, industry
◇ **industria automovilística** automobile industry; **industria electrónica**
electronics industry; **industria ligera**
light industry; **industria pesada** heavy
industry; **industria de transformación, industria transformadora** processing industry; **industria turística**
tourist industry
**industrial I** *adj* industrial; **cantidad ~** F
massive amount F **II** *m/f* industrialist
**industrialización** *f* industrialization
**industrializar** ⟨1f⟩ *v/t* industrialize; industrializarse *v/r* industrialize
**industrioso** *adj* industrious
**INE** *m abr* (= **Instituto Nacional de Estadística**) Spanish National Statistics
Office
**inédito** *adj* **1** unpublished **2** *fig* unprecedented
**ineducado** *adj* uneducated
**inefable** *adj* indescribable, ineffable *fml*
**inefectivo** *adj* ineffective
**ineficacia** *f* inefficiency; *de un procedimiento* ineffectiveness
**ineficaz** *adj* inefficient; *procedimiento*
ineffective
**ineficiencia** *f* inefficiency
**ineficiente** *adj* inefficient
**inelegible** *adj* ineligible
**ineludible** *adj* unavoidable
**INEM** *m abr* (= **Instituto Nacional de
Empleo**) Spanish Employment Office
**inenarrable** *adj* inexpressible, indescribable
**ineptitud** *f* ineptitude, incompetence
**inepto I** *adj* inept, incompetent **II** *m*, **-a** *f*
incompetent fool
**inequívoco** *adj* unequivocal
**inercia** *f* inertia

**inerme** *adj* **1** (*sin defensa*) defenseless, *Br* defenceless **2** (*sin armas*) unarmed

**inerte** *adj fig* lifeless; *Fís* inert

**inescrutable** *adj* inscrutable

**inesperado** *adj* unexpected

**inestabilidad** *f* instability

**inestable** *adj situación, persona* unstable; *tiempo* unsettled

**inestimable** *adj* invaluable

**inevitable** *adj* inevitable

**inexactitud** *f* inaccuracy

**inexacto** *adj* inaccurate

**inexcusable** *adj* inexcusable

**inexistencia** *f* lack

**inexistente** *adj* non-existent

**inexorable** *adj* inexorable

**inexperiencia** *f* lack of experience, inexperience

**inexperto** *adj* inexperienced

**inexplicable** *adj* inexplicable

**inexplorado** *adj* unexplored

**inexpresable** *adj* inexpressible

**inexpresividad** *f* lack of expression

**inexpresivo** *adj* inexpressive, expressionless

**inexpugnable** *adj* impregnable

**inextinguible** *adj* **1** *fuego* inextinguishable **2** *sed* unquenchable

**inextricable** *adj* inextricable

**infalibilidad** *f* infallibility

**infalible** *adj* infallible

**infalsificable** *adj documento etc* impossible to forge *o* fake

**infamante** *adj* defamatory

**infamatorio** *adj* defamatory

**infame** *adj* vile, loathsome; (*terrible*) dreadful, awful

**infamia** *f* **1** (*deshonra*) disgrace **2** (*acción infame*) dreadful *o* awful thing to do **3** (*dicho infame*) slander, slur

**infancia** *f* childhood; *fig* infancy

**infanta** *f* infanta, princess

**infante** *m* infante, prince

**infantería** *f* MIL infantry

**infanticida** *m/f* child killer, *fml* infanticide

**infanticidio** *m* infanticide

**infantil** *adj* **1** children's **2** *naturaleza* childlike; *desp* infantile, childish

**infarto** *m*: ~ (**de miocardio**) heart attack; **de** ~ *fig* F heart-stopping, incredible; **nos dio una alegría de** ~ we were incredibly happy

**infatigable** *adj* tireless, indefatigable

**infausto** *adj* unfortunate, unhappy

**infección** *f* MED infection; ~ **viral** viral infection

**infeccioso** *adj* infectious

**infectar** ⟨1a⟩ *v/t* infect; **infectarse** *v/r* become infected

**infecto** *adj* **1** revolting, disgusting **2** MED infected

**infecundidad** *f* infertility

**infecundo** *adj tb fig* infertile

**infelicidad** *f* unhappiness, misery

**infeliz** **I** *adj* **1** unhappy, miserable **2** (*inocente*) naive **II** *m/f* **1** poor devil **2** (*inocente*) naive person

**inferior** **I** *adj* inferior (**a** to); *en el espacio* lower (**a** than) **II** *m/f* inferior

**inferioridad** *f* inferiority

**inferir** ⟨3i⟩ *v/t* **1** infer (**de** from) **2** *daño* do, cause (**a** to)

**infernal** *adj* **1** *ruido, calor* infernal **2** (*muy malo*) diabolical

**infértil** *adj* infertile

**infertilidad** *f* infertility

**infestación** *f* infestation

**infestar** ⟨1a⟩ *v/t* **1** infest; *fig* corrupt **2** (*invadir*) overrun

**infición** *f Méx* pollution

**inficionar** ⟨1a⟩ *v/t* infect; *fig* corrupt

**infidelidad** *f* infidelity

**infiel** **I** *adj* **1** *amante* unfaithful **2** (*inexacto*) inaccurate **II** *m/f* unbeliever

**infiernillo** *m* portable stove

**infierno** *m* hell; **vivir en el quinto** ~ *fig* F live in the back of beyond F

**infiltración** *f* infiltration; **aguas de** ~ seepage water

**infiltrar** **I** ⟨1a⟩ *v/t* infiltrate; **infiltrarse** *v/r*: ~ **en** infiltrate; *de agua* seep into

**ínfimo** *adj* **1** *cantidad* very small **2** *calidad* very poor

**infinidad** *f*: ~ **de** countless

**infinitesimal** *adj* infinitesimal; **cálculo** ~ infinitesimal calculus

**infinitivo** *m* GRAM infinitive

**infinito** **I** *adj* infinite **II** *m* infinity

**infinitud** *f* infinite nature

**inflable** *adj* inflatable

**inflación** *f* COM inflation; **tasa de** ~ inflation rate

**inflacionista** *adj* inflationary

**inflador** *m Rpl* bicycle pump

**inflamable** *adj* flammable

**inflamación** *f* MED inflammation

**inflamar** ⟨1a⟩ *v/t tb fig* inflame; **infla-**

**marse** *v/r* MED become inflamed

**inflamatorio** *adj* MED inflammatory

**inflar** ⟨1a⟩ *v/t* inflate; **inflarse** *v/r* **1** swell (up) **2** *fig* F get a swollen head F

**inflexibilidad** *f* inflexibility

**inflexible** *adj fig* inflexible

**inflexión** *f* inflection; **~ de la tendencia** change in the trend

**infligir** ⟨3c⟩ *v/t* inflict (**a** on)

**influencia** *f* influence; **tener ~s** have contacts

**influenciable** *adj* easily influenced

**influenciar** ⟨1b⟩ *v/t* influence

**influir** ⟨3g⟩ *v/i*: **~ en alguien / algo** influence s.o. / sth, have an influence on s.o. / sth

**influjo** *m* influence

**influyente** *adj* influential

**infografía** *f* computer graphics *pl*

**información** *f* **1** information; **~ genética** BIO genetic information **2** (*noticias*) news *sg*

**informador** *m*, **~a** *f* **1** *de noticias* informant **2** (*chivato*) informer

**informal** *adj* **1** informal **2** *irresponsable* unreliable

**informalidad** *f* **1** informality **2** (*irresponsabilidad*) unreliability

**informante** *m/f* informer

**informar** ⟨1a⟩ *v/t* inform (**de**, **sobre** about); **informarse** *v/r* find out (**de**, **sobre** about)

**informática** *f* information technology

**informático** **I** *adj* computer *atr* **II** *m*, **-a** *f* IT specialist

**informativo** **I** *adj* **1** informative; **folleto ~** (information) leaflet **2** *programa* news *atr* **II** *m* TV, RAD news *sg*

**informatización** *f* computerization

**informatizar** ⟨1f⟩ *v/t* computerize

**informe** **I** *adj* shapeless **II** *m* **1** report **2**: **~s** *pl* (*referencias*) references

◇ **informe anual** annual report

◇ **informe médico** medical report

**infortunado** *adj* unfortunate, unlucky

**infortunio** *m* misfortune, ill fortune

**infracción** *f* offense, *Br* offence

**infractor** **I** *adj* offending *atr* **II** *m*, **~a** *f* offender

**infraestructura** *f* infrastructure

**infrahumano** *adj* subhuman

**infranqueable** *adj barrera*, *río* impassable; *obstáculo*, *diferencia* insurmountable

**infrarrojo** *adj* infrared

**infrautilización** *f* under-use

**infrautilizado** *adj* under-used

**infravaloración** *f* undervaluation

**infravalorar** ⟨1a⟩ *v/t* undervalue

**infrecuencia** *f* infrequency

**infrecuente** *adj* infrequent

**infringir** ⟨3c⟩ *v/t* JUR infringe, violate

**infructuoso** *adj* fruitless

**ínfulas** *fpl fig*: **tener o darse ~** give o.s. airs

**infumable** *adj* unsmokable; *fig* unbearable

**infundado** *adj* unfounded, groundless

**infundio** *m* unfounded rumor, *Br* unfounded rumour

**infundir** ⟨3a⟩ *v/t* inspire; *terror* instill, *Br* instil; *sospechas* arouse

**infusión** *f* infusion; *de tila, manzanilla* tea

**ingeniarse** ⟨1b⟩ *v/r*: **ingeniárselas para** manage to

**ingeniería** *f* engineering

◇ **ingeniería genética** genetic engineering

**ingeniero** *m*, **-a** *f* engineer

◇ **ingeniero aeronaútico** aeronautical engineer; **ingeniero agrónomo** agronomist; **ingeniero de minas** mining engineer; **ingeniero de montes** forestry expert; **ingeniero naval** naval architect; **ingeniero de redes** systems engineer; **ingeniero de sonido** sound engineer; **ingeniero técnico** engineer (*after three-year university course*)

**ingenio** *m* **1** ingenuity; **golpe de ~** flash of inspiration **2** (*aparato*) device

◇ **ingenio azucarero** *L.Am.* sugar refinery

**ingeniosidad** *f* ingenuity

**ingenioso** *adj* ingenious

**ingente** *adj* enormous, huge

**ingenuidad** *f* naivety

**ingenuo** **I** *adj* naive **II** *m*, **-a** *f* naive person, sucker F

**ingerir** ⟨3i⟩ *v/t* consume

**ingestión** *f* consumption

**Inglaterra** *f* England

**ingle** *f* groin

**inglés** **I** *adj* English **II** *m* **1** Englishman; **los ingleses** the English **2** *idioma* English

**inglesa** *f* Englishwoman

**ingobernable** *adj* ungovernable

**ingratitud** f ingratitude
**ingrato** adj persona ungrateful; tarea thankless
**ingravidez** f weightlessness
**ingrávido** adj weightless
**ingrediente** m ingredient
**ingresar** ⟨1a⟩ **I** v/i: ~ en en universidad go to; en asociación, cuerpo join; en hospital be admitted to **II** v/t cheque pay in, deposit
**ingreso** m **1** entry; en una asociación joining; examen de ~ entrance exam **2** en hospital admission **3** COM deposit **4**: ~s pl income sg
◇ **ingresos fiscales, ingresos impositivos** tax revenue sg
**inguinal** adj ANAT groin atr
**inhábil** adj **1** unskillful, Br unskilful **2**: día ~ non-working day
**inhabilidad** f lack of skill, ineptitude
**inhabilitación** f JUR disqualification
**inhabilitar** ⟨1a⟩ v/t disqualify (para from)
**inhabitable** adj uninhabitable
**inhabitado** adj uninhabited
**inhabitual** adj unusual
**inhalación** f inhalation
**inhalador** m inhaler
**inhalar** ⟨1a⟩ v/t inhale
**inherente** adj inherent
**inhibición** f **1** inhibition **2** JUR disqualification
**inhibir** ⟨3a⟩ v/t inhibit; inhibirse v/r keep one's distance (de from)
**inhibitorio** adj disqualifying atr
**inhospitalario, inhóspito** adj inhospitable
**inhumación** f interment, burial
**inhumanidad** f inhumanity
**inhumano** adj inhuman; (cruel) inhumane
**inhumar** ⟨1a⟩ v/t inter, bury
**iniciación** f initiation
**iniciador I** adj: la persona ~a de ... the person initiating ..., the initiator of ... **II** m, ~a f initiator
**inicial** f/adj initial
**inicialista** m/f en béisbol first base
**inicializar** ⟨1f⟩ v/t INFOR initialize
**iniciar** ⟨1b⟩ v/t initiate; curso start, begin; iniciarse v/r begin, commence; ~ en be initiated into
**iniciativa** f initiative; tomar la ~ take the initiative

**inicio** m start, beginning; estar todavía en los ~s be still in the early stages; ~ en caliente INFOR warm start
**inicuo** adj iniquitous, wicked
**inidentificable** adj unidentifiable
**inigualable** adj incomparable; precio unbeatable
**inigualado** adj unequaled, Br unequalled
**inimaginable** adj unimaginable
**inimitable** adj inimitable
**ininflamable** adj non-flammable
**ininteligible** adj unintelligible
**ininterrumpido** adj uninterrupted
**iniquidad** f iniquity, wickedness
**injerencia** f interference
**injerirse** ⟨3i⟩ v/r interfere (en in)
**injertar** ⟨1a⟩ v/t graft
**injerto** m graft
**injuria** f insult
**injuriar** ⟨1b⟩ v/t insult
**injurioso** adj insulting
**injusticia** f injustice
**injustificado** adj unjustified
**injusto** adj unjust
**INM** m abr (= Instituto Nacional de Meteorología) Spanish Meteorological Service
**inmaculado** adj immaculate
**inmadurez** f immaturity
**inmaduro** adj immature
**inmanente** adj immanent
**inmaterial** adj immaterial
**inmediaciones** fpl immediate area sg (de of), vicinity sg (de of)
**inmediatamente** adv immediately
**inmediato** adj immediate; de ~ immediately
**inmejorable** adj unbeatable
**inmemorial** adj age-old; desde tiempo ~ from time immemorial
**inmensidad** f immensity
**inmenso** adj immense
**inmerecido** adj undeserved; el equipo se llevó una victoria -a the team did not deserve to win
**inmersión** f immersion; de submarino dive
**inmerso** adj fig immersed (en in)
**inmigración** f immigration
**inmigrante** m/f immigrant
**inmigrar** ⟨1a⟩ v/i immigrate
**inmigratorio** adj immigrant atr
**inminencia** f imminence

**inminente** *adj* imminent
**inmiscuirse** ⟨3g⟩ *v/r* meddle (**en** in)
**inmisericorde** *adj* unmerciful
**inmobiliaria** *f* realtor's office, *Br* estate agent's
**inmobiliario** *adj* real estate *atr*, property *atr*; **agente** ~ realtor, *Br* estate agent
**inmoderación** *f* lack of moderation
**inmoderado** *adj* excessive, immoderate
**inmodestia** *f* immodesty, lack of modesty
**inmodesto** *adj* immodest
**inmolación** *f* sacrifice
**inmolar** ⟨1a⟩ *v/t* sacrifice; **inmolarse** *v/r* sacrifice o.s.
**inmoral** *adj* immoral
**inmoralidad** *f* immorality
**inmortal** *adj* immortal
**inmortalidad** *f* immortality
**inmortalizar** ⟨1f⟩ *v/t* immortalize
**inmotivado** *adj* motiveless
**inmóvil** *adj persona* motionless; *vehículo* stationary
**inmovilidad** *f* immobility
**inmovilización** *f* immobilization
**inmovilizador** *m* AUTO: ~ **antirrobo** (anti-theft) immobilizer
**inmovilizar** ⟨1f⟩ *v/t* immobilize; *fig* paralyze
**inmueble I** *adj* JUR: **bienes ~s** immovable assets **II** *m* building
**inmundicia** *f* filth
**inmundo** *adj* filthy
**inmune** *adj* immune
**inmunidad** *f* MED, POL immunity
**inmunitario** *adj* immune; **sistema ~** immune system
**inmunizar** ⟨1f⟩ *v/t* immunize
**inmunodeficiencia** *f* immunodeficiency
**inmunología** *f* immunology
**inmunoterapia** *f* immunotherapy
**inmutable** *adj* unchanging
**inmutarse** ⟨1a⟩ *v/r*: **no ~** not bat an eyelid; **sin ~** without batting an eyelid
**innato** *adj* innate, inborn
**innecesario** *adj* unnecessary
**innegable** *adj* undeniable
**innoble** *adj* ignoble
**innovación** *f* innovation
**innovador I** *adj* innovative **II** *m*, ~**a** *f* innovator
**innovar** ⟨1m⟩ *v/t*: ~ **algo** introduce innovations into sth
**innumerable** *adj* innumerable, countless
**inobservancia** *f* non-observance
**inocencia** *f* innocence
**inocentada** *f* practical joke (*played esp on December 28*)
**inocente** *adj* innocent
**inocuidad** *f* harmlessness, innocuousness
**inoculación** *f* inoculation
**inocular** ⟨1a⟩ *v/t* inoculate
**inocuo** *adj* **1** *comentario, materia* harmless, innocuous **2** *película* bland
**inodoro I** *adj* odorless, *Br* odourless **II** *m* toilet
**inofensivo** *adj* inoffensive, harmless
**inoficioso** *adj* L.Am. (*inútil*) useless
**inolvidable** *adj* unforgettable
**inoperable** *adj* MED inoperable
**inoperante** *adj* ineffective
**inopia** *f*: **estar en la ~** F (*distraído*) be miles away F; (*alejado de la realidad*) be on another planet F
**inopinado** *adj* unexpected
**inoportunidad** *f* inconvenience, *fml* inopportuneness
**inoportuno** *adj* inopportune; (*molesto*) inconvenient
**inorgánico** *adj* inorganic
**inoxidable** *adj*: **acero ~** stainless steel
**input** *m* INFOR input
**inquebrantable** *adj* unshak(e)able, unyielding
**inquietante** *adj* worrying
**inquietar** ⟨1a⟩ *v/t* worry; **inquietarse** *v/r* worry, get worried *o* anxious
**inquieto** *adj* worried, anxious
**inquietud** *f* **1** worry, anxiety **2** *intelectual* interest
**inquilino** *m*, -**a** *f* tenant
**inquina** *f* aversion, dislike; **tener ~ a alguien** have sth against s.o., have a grudge against s.o.
**inquirir** ⟨3i⟩ *v/t* investigate, inquire into
**inquisición** *f* **1** investigation, inquiry **2**: **la Inquisición** HIST the Inquisition
**inquisidor I** *adj* inquiring **II** *m* HIST inquisitor
**inquisitivo** *adj* inquisitive
**inquisitorial** *adj* inquisitorial
**inri** *m*: **para más ~** to cap it all, on top of all that
**insaciabilidad** *f* insatiability

**insaciable** *adj* insatiable

**insalubre** *adj* unhealthy

**insalubridad** *f* unhealthiness

**INSALUD** *m abr* (= *Instituto Nacional de la Salud*) Spanish Health Service

**insalvable** *adj obstáculo* insuperable

**insano** *adj* unhealthy

**insatisfacción** *f* dissatisfaction

**insatisfactorio** *adj* unsatisfactory

**insatisfecho** *adj* dissatisfied

**inscribir** ⟨3a; *part* **inscrito**⟩ *v/t* **1** (*grabar*) inscribe **2** *en lista, registro* register, enter; *en curso*, enroll, *Br* enrol, register; *en concurso* enter; **inscribirse** *v/r en curso* enroll, *Br* enrol, register; *en concurso* enter

**inscripción** *f* **1** inscription **2** *en lista, registro* registration, entry; *en curso* enrollment, *Br* enrolment, registration; *en concurso* entry

**inscrito** *part* ☞ **inscribir**

**insecticida** *m* insecticide

**insectívoro I** *adj* insectivorous **II** *m*, -a *f* insectivore

**insecto** *m* insect

**inseguridad** *f* **1** *de una persona* insecurity **2** *de estructura* unsteadiness **3** (*peligro*) lack of safety, danger; **está aumentando la ~ ciudadana** the coutry is becoming increasingly dangerous

**inseguro** *adj* **1** *persona* insecure **2** *estructura* unsteady **3** (*peligroso*) dangerous, unsafe

**inseminación** *f* insemination

◇ **inseminación artificial** artificial insemination

**inseminar** ⟨1a⟩ *v/t* inseminate

**insensatez** *f* foolishness

**insensato** *adj* foolish

**insensibilidad** *f* insensitivity

**insensibilizar** ⟨1f⟩ *v/t tb fig* desensitize; **insensibilizarse** *v/r* become desensitized

**insensible** *adj* insensitive (**a** to)

**insensiblemente** *adv* imperceptibly

**inseparable** *adj* inseparable

**insepulto** *adj* unburied

**inserción** *f* insertion

**insertar** ⟨1a⟩ *v/t* insert

**inservible** *adj* useless

**insidia** *f* treachery; **actuar con ~** act treacherously

**insidioso** *adj* insidious

**insigne** *adj* famous

**insignia** *f* insignia; *bandera, estandarte* standard

**insignificancia** *f* **1** insignificance **2** *cosa* trifle

**insignificante** *adj* insignificant

**insinceridad** *f* insincerity

**insincero** *adj* insincere

**insinuación** *f* insinuation

**insinuante** *adj* suggestive

**insinuar** ⟨1e⟩ *v/t* insinuate; **insinuarse** *v/r.* **~ a alguien** make advances to s.o.

**insipidez** *f* insipidness

**insípido** *adj* insipid

**insistencia** *f* insistence

**insistente** *adj* insistent

**insistir** ⟨3a⟩ *v/i* **1** insist; **~ en hacer algo** insist on doing sth **2**: **~ en algo** stress sth

**insobornable** *adj* incorruptible, impossible to bribe

**insociable** *adj* unsociable

**insolación** *f* MED sunstroke

**insolencia** *f* insolence

**insolentarse** ⟨1a⟩ *v/r* become insolent

**insolente** *adj* insolent

**insolidario** *adj* unsupportive

**insólito** *adj* unusual

**insoluble** *adj* insoluble

**insolvencia** *f* insolvency

**insolvente** *adj* insolvent

**insomne I** *adj* insomniac; **una noche ~** a sleepless night **II** *m/f* insomniac

**insomnio** *m* insomnia

**insondable** *adj* unfathomable

**insonorización** *f* soundproofing

**insonorizar** ⟨1f⟩ *v/t* soundproof

**insonoro** *adj* soundless, noiseless

**insoportable** *adj* unbearable, intolerable

**insoslayable** *adj* inevitable, unavoidable

**insospechable** *adj* unimaginable

**insospechado** *adj* unexpected

**insostenible** *adj* **1** *situación* unsustainable **2** *tesis* untenable

**inspección** *f* inspection

◇ **inspección fiscal** tax audit

◇ **inspección ocular** visual inspection

**inspeccionar** ⟨1a⟩ *v/t* inspect

**inspector** *m*, **~a** *f* inspector

◇ **inspector de Hacienda** tax inspector

**inspiración** *f* **1** inspiration **2** MED inhalation

**inspirar** ⟨1a⟩ **I** v/t **1** inspire **2** MED inhale **II** v/i inhale; **inspirarse** v/r draw inspiration, be inspired

**instalación** f acto installation

◇ **instalaciones deportivas** sports facilities

**instalador** m fitter

**instalar** ⟨1a⟩ v/t **1** install, Br instal; (colocar) put **2** un negocio set up; **instalarse** v/r en un sitio install o.s., Br instal o.s.

**instancia** f **1** JUR petition **2** (petición por escrito) application; **a ~s de** at the request of **3**: **en última ~** as a last resort

**instantánea** f FOT snapshot

**instantáneo** adj immediate, instantaneous

**instante** m moment, instant; **a cada ~** every moment; **al ~** right away, immediately; **en un ~** in a flash

**instar** ⟨1a⟩ v/t urge, press

**instauración** f establishment

**instaurar** ⟨1a⟩ v/t establish

**instigación** f instigation; **por ~ de** at the instigation of

**instigador** m, **~a** f instigator

**instigar** ⟨1h⟩ v/t incite (**a** to)

**instilar** ⟨1a⟩ v/t instill, Br instil

**instintivo** adj instinctive

**instinto** m instinct

◇ **instinto de conservación** survival instinct

◇ **instinto sexual** sex drive

**institución** f institution

◇ **institución benéfica** charitable organization, charity

**institucional** adj institutional

**instituir** ⟨3g⟩ v/t institute

**instituto** m **1** institute **2** Esp high school, Br secondary school

◇ **instituto de belleza** beauty salon

◇ **instituto de enseñanza media** Esp high school, Br secondary school

**institutriz** f governess

**instrucción** f **1** education; (formación) training **2** MIL drill **3** INFOR instruction **4** JUR hearing

◇ **instrucciones de uso** instructions, directions (for use)

**instructivo** adj educational

**instructor I** adj JUR: **juez ~** examining magistrate **II** m, **~a** f instructor

**instruido** adj educated

**instruir** ⟨3g⟩ v/t **1** educate; (formar) train **2** JUR pleito hear; **instruirse** v/r broaden one's mind, educate o.s.

**instrumentación** f MÚS scoring, orchestration

**instrumental I** adj instrumental **II** m MED instruments pl

**instrumentalizar** ⟨1f⟩ v/t exploit

**instrumentar** ⟨1a⟩ v/t MÚS score, orchestrate

**instrumentista** m/f MÚS instrumentalist

**instrumento** m instrument; (herramienta) tool, instrument; fig tool

◇ **instrumento de cuerda** string instrument; **instrumento didáctico** teaching aid; **instrumento musical** musical instrument; **instrumento de percusión** percussion instrument; **instrumento de viento** wind instrument

**insubordinación** f insubordination

**insubordinado** adj **1** con un superior insubordinate **2** (rebelde) rebellious

**insubordinarse** ⟨1a⟩ v/r **1** con un superior be insubordinate **2** (rebelarse) rebel

**insuficiencia** f **1** lack **2** MED failure

◇ **insuficiencia cardiaca** heart failure, fml cardiac insufficiency

**insuficiente I** adj insufficient, inadequate **II** m EDU nota fail

**insuflar** ⟨1a⟩ v/t MED blow; fig transmit

**insufrible** adj insufferable

**insular** adj island atr

**insulina** f insulin

**insulsez** f blandness, insipidness

**insulso** adj bland, insipid

**insultada** f L.Am. (insultos) string of insults

**insultante** adj insulting

**insultar** ⟨1a⟩ v/t insult

**insulto** m insult

**insumergible** adj unsinkable

**insumiso I** adj rebellious **II** m person who refuses to do military service or an alternative social service

**insuperable** adj insurmountable

**insurgente** m/f & adj insurgent

**insurrección** f insurrection

**insurreccionarse** ⟨1a⟩ v/r revolt

**insurrecto I** adj rebel atr, insurgent atr **II** m, **-a** f rebel, insurrectionist

**insustancial** adj **1** conferencia lightweight **2** estructura flimsy

**insustituible** *adj* irreplaceable

**intachable** *adj* faultless

**intacto** *adj* **1** (*íntegro*) intact **2** (*sin tocar*) untouched

**intangible** *adj* intangible

**integración** *f* integration

**integral I** *adj* **1** complete **2** *alimento* wholewheat, *Br* wholemeal **3** MAT integral; *cálculo* ~ integral calculus **II** *f* integral

**integrante I** *adj* integral **II** *m/f* member

**integrar** ⟨1a⟩ *v/t* integrate; *equipo* make up; **integrarse** *v/r* integrate

**integridad** *f* **1** entirety; *el texto en su* ~ the text in full, the text in its entirety **2** (*honradez*) integrity

**integrismo** *m* fundamentalism

**integrista** *m/f* fundamentalist

**íntegro** *adj* whole, entire; *un hombre* ~ *fig* a man of integrity

**intelecto** *m* intellect

**intelectual** *m/f & adj* intellectual

**inteligencia** *f* intelligence; *servicio de* ~ POL intelligence service
◇ **inteligencia artificial** artificial intelligence

**inteligente** *adj* intelligent

**inteligible** *adj* intelligible

**intemperancia** *f* **1** (*intolerancia*) intransigence **2** (*falta de moderación*) intemperance

**intemperie** *f*: *a la* ~ in the open air

**intempestivo** *adj* untimely

**intemporal** *adj* timeless

**intemporalidad** *f* timelessness

**intención** *f* intention; *con buena / mala* ~ with good / bad intentions, in good / bad faith; *doble o segunda* ~ ulterior motive; *con / sin* ~ intentionally / unintentionally; *tener la* ~ *de* intend to

**intencionado** *adj* deliberate

**intencional** *adj* intentional

**intencionalidad** *f* intent

**intendencia** *f* **1** quartermaster corps *sg* **2** *Rpl* city council; *edificio* city hall

**intendente** *m* **1** MIL quartermaster general **2** *Rpl* (*gobernador*) military governor; (*alcalde*) mayor

**intensidad** *f* **1** intensity **2** (*fuerza*) strength

**intensificación** *f* intensification

**intensificar** ⟨1g⟩ *v/t* intensify; **intensificarse** *v/r* intensify

**intensivo** *adj* intensive

**intenso** *adj* **1** intense **2** (*fuerte*) strong

**intentar** ⟨1a⟩ *v/t* try, attempt

**intento** *m* **1** attempt, try **2** *Méx* (*intención*) aim

**intentona** *f*: ~ (*golpista*) POL attempted putsch, attempted coup

**interacción** *f* interaction

**interactividad** *f* interaction

**interactivo** *adj* interactive

**interbancario** *adj* inter-bank *atr*

**intercalar** ⟨1a⟩ *v/t* insert

**intercambiable** *adj* interchangeable

**intercambiador** *m* interchange
◇ **intercambiador de calor** heat exchanger

**intercambiar** ⟨1a⟩ *v/t* exchange, swap

**intercambio** *m* exchange, swap; ~ *de datos / opiniones* exchange of information / ideas

**interceder** ⟨2a⟩ *v/i* intercede (*por* for)

**intercepción, interceptación** *f* interception

**interceptar** ⟨1a⟩ *v/t tb* DEP intercept

**interceptor** *m* MIL interceptor

**intercesión** *f* intercession

**intercesor** *m*, ~*a* *f* intercessor

**intercomunicador** *m* intercom

**intercomunicar** ⟨1g⟩ *v/t* interconnect; **intercomunicarse** *v/r* interconnect

**interconexión** *f* interconnection

**intercontinental** *adj* intercontinental

**intercostal** *adj* ANAT intercostal

**interdependencia** *f* interdependence

**interdependiente** *adj* interdependent

**interdicción** *f* prohibition
◇ **interdicción civil** JUR prohibition, banning order

**interdisciplinar(io)** *adj* interdisciplinary

**interés** *m* **1** interest **2** COM interest; *sin* ~ interest free **3** *desp* self-interest **4**: *intereses pl* (*bienes*) interests
◇ **interés compuesto** compound interest

**interesado I** *adj* interested **II** *m*, -a *f* interested party

**interesante** *adj* interesting; *hacerse el* ~ draw attention to o.s.

**interesar** ⟨1a⟩ *v/t* interest; **interesarse** *v/r*: ~ *por* take an interest in

**interestatal** *adj* interstate *atr*

**interface** *m*, **interfaz** *f* INFOR interface

**interfecto** *m*, -a *f* murder victim, deceased

**interferencia** f interference

**interferir** ⟨3i⟩ I v/t interfere with II v/i interfere (**en** in)

**interfono** m intercom, Br entryphone

**interglaciar** adj GEOL interglacial; **período ~** interglacial period

**intergubernamental** adj intergovernmental

**ínterin** m interim; **en el ~** in the interim

**interinidad** f temporary status

**interino** I adj 1 substitute atr, replacement atr 2 (provisional) provisional, acting; **médico ~** covering doctor, Br locum II m, -a f temporary worker

**interior** I adj 1 interior; bolsillo inside atr 2 COM, POL domestic II m 1 interior; **en su ~** fig inwardly 2 DEP inside-forward, central midfielder 3: **~es** pl TV etc indoor shots

◇ **interior izquierdo** DEP inside left

◇ **interior derecho** DEP inside right

**interioridades** fpl personal o private matters

**interiorismo** m interior design

**interiorista** m/f interior designer, interior decorator

**interiorizar** ⟨1f⟩ v/t internalize

**interiormente** adv inwardly

**interjección** f GRAM interjection

**interlínea** f TIP (inter)line spacing, leading

**interlineal** adj interlinear, between the lines

**interlocutor** m, **~a** f speaker; **mi ~** the person I was talking to

◇ **interlocutores sociales** social partners

**interludio** m tb fig interlude

**intermediario** I adj intermediary II m COM intermediary, middle man

**intermedio** I adj nivel intermediate; tamaño medium; calidad average, medium II m intermission

**interminable** adj interminable, endless

**intermitente** I adj intermittent II m AUTO turn signal, Br indicator

**internacional** I adj international II m/f DEP international III f POL himno Internationale

**internacionalizar** ⟨1f⟩ v/t internationalize

**internado** m boarding school

**internamiento** m 1 POL internment 2

MED admission (to hospital)

**internar** ⟨1a⟩ v/t 1 POL intern 2 MED admit (to hospital); **internarse** v/r: **~ en** go into

**internauta** m/f INFOR Internet user, Net surfer

**Internet** f INFOR Internet; **navegar por ~** surf the Net; **en ~** on the Net

**internista** m/f MED internist

**interno** I adj internal; POL domestic, internal II m, -a f 1 EDU boarder 2 (preso) inmate 3 MED intern, Br houseman

**interpelación** f POL question

**interpelar** ⟨1a⟩ v/t question

**interpersonal** adj interpersonal

**interplanetario** adj interplanetary

**interpolar** ⟨1a⟩ v/t insert, fml interpolate

**interponer** ⟨2r; part **interpuesto**⟩ v/t 1 interpose, place 2 JUR lodge; **interponerse** v/r intervene

**interposición** f 1 placing 2 JUR lodging

**interpretación** f 1 interpretation 2 TEA performance (**de** as)

**interpretar** ⟨1a⟩ v/t 1 interpret 2 TEA play

**interpretativo** adj interpretational

**intérprete** m/f interpreter

**interpuesto** part ☞ **interponer**

**interrelación** f interrelation

**interrelacionar** ⟨1a⟩ v/t interrelate; **interrelacionarse** v/r be interrelated

**interrogación** f interrogation; **signo de ~** question mark

**interrogador** I adj questioning II m, **~a** f interrogator

**interrogante** I adj questioning II m (also f) question; fig question mark, doubt

**interrogar** ⟨1h⟩ v/t question; de policía interrogate, question

**interrogativo** adj interrogative

**interrogatorio** m questioning, interrogation

**interrumpir** ⟨3a⟩ I v/t interrupt; servicio suspend; reunión, vacaciones cut short, curtail II v/i interrupt

**interrupción** f interruption; de servicio suspension; de reunión, vacaciones curtailment; **sin ~** non-stop

**interruptor** m EL switch

**intersección** f intersection; de carreteras intersection, Br junction

**intersticio** m gap

**interurbano** adj long-distance

**intervalo** *m* **1** *tb* MÚS interval; *a ~s* at intervals **2** (*espacio*) gap

**intervención** *f* **1** intervention; *en debate, congreso* participation; *en película, espectáculo* appearance **2** MED operation

**intervenir** ⟨3s⟩ **I** *v/i* intervene; *en debate, congreso* take part, participate; *en película, espectáculo* appear **II** *v/t* **1** TELEC tap **2** *contrabando* seize **3** MED operate on

**interventor** *m*, *~a f* **1** *de cuentas* auditor **2** (*revisor*) (ticket) inspector **3** *electoral* canvasser, *Br* scrutineer

**interviú** *f* interview

**intestado** *adj* intestate

**intestinal** *adj* intestinal

**intestino I** *adj* internal **II** *m* intestine; *~s* intestines

◇ **intestino delgado** small intestine

◇ **intestino grueso** large intestine

**intimar** ⟨1a⟩ *v/i* **1** (*hacerse amigos*) become friendly (*con* with) **2** (*tratar*) mix (*con* with)

**intimidación** *f* intimidation

**intimidad** *f* **1** intimacy **2** (*lo privado*) privacy; *en la ~* in private

**intimidar** ⟨1a⟩ *v/t* intimidate

**intimidatorio** *adj* intimidating

**íntimo** *adj* **1** intimate; *somos ~s amigos* we're close friends **2** (*privado*) private

**intocable** *adj* **1** (*sagrado*) sacrosanct **2** *tema* taboo

**intolerable** *adj* intolerable, unbearable

**intolerancia** *f* intolerance

**intolerante** *adj* intolerant

**intoxicación** *f* poisoning

◇ **intoxicación alimenticia** food poisoning

**intoxicar** ⟨1g⟩ *v/t* poison

**intracomunitario** *adj* POL intracommunitary

**intraducible** *adj* untranslatable

**intragable** *adj* unacceptable; *persona* unbearable

**intramuscular** *adj* MED intramuscular

**intranquilidad** *f* **1** *por preocupación* unease **2** (*nerviosismo*) restlessness

**intranquilizar** ⟨1f⟩ *v/t* make uneasy

**intranquilo** *adj* **1** (*preocupado*) uneasy **2** (*nervioso*) restless

**intransferible** *adj* non-transferable

**intransigencia** *f* intransigence

**intransigente** *adj* intransigent

**intransitable** *adj* impassable

**intransitivo** *adj* GRAM intransitive

**intrascendencia** *f* insignificance

**intrascendente** *adj* insignificant

**intratable** *adj*: *es ~* he is impossible (to deal with)

**intravenoso** *adj* MED intravenous

**intrepidez** *f* intrepidness

**intrépido** *adj* intrepid

**intriga** *f* intrigue; *de novela* plot

**intrigado** *adj* intrigued

**intrigante I** *adj* **1** scheming **2** (*curioso*) intriguing **II** *m/f* schemer

**intrigar** ⟨1h⟩ **I** *v/t* (*interesar*) intrigue **II** *v/i* plot, scheme

**intrincado** *adj* intricate

**intrincar** ⟨1g⟩ *v/t* complicate

**intríngulis** *m inv* F snag

**intrínseco** *adj* intrinsic

**introducción** *f* **1** introduction **2** *acción de meter* insertion **3** INFOR input

**introducir** ⟨3o⟩ *v/t* **1** introduce **2** (*meter*) insert **3** INFOR input; **introducirse** *v/r*: *~ en* get into; *~ en un mercado* gain access to *o* break into a market

**introductor** *adj* introductory

**introito** *m* **1** prolog, *Br* prologue **2** REL introit

**intromisión** *f* interference

**introspección** *f* introspection

**introvertido I** *adj* introverted **II** *m*, *-a f* introvert

**intrusión** *f* intrusion

**intrusismo** *m*: *~ profesional entry into a profession of people without appropriate qualifications*

**intruso** *m*, *-a f* intruder

**intubación** *f* MED intubation

**intubar** ⟨1a⟩ *v/t* intubate

**intuición** *f* intuition

**intuir** ⟨3g⟩ *v/t* sense

**intuitivo** *adj* intuitive

**inundación** *f* flood

**inundadizo** *adj* *L.Am.* prone to flooding

**inundar** ⟨1a⟩ *v/t* flood

**inusitado** *adj* unusual, uncommon

**inusual** *adj* unusual

**inútil I** *adj* **1** useless **2** MIL unfit **II** *m/f*: *es un ~* he's useless

**inutilidad** *f* uselessness

**inutilizar** ⟨1f⟩ *v/t*: *~ algo* render sth useless

**inútilmente** *adv* uselessly
**invadir** ⟨3a⟩ *v/t* **1** invade; **~ el carril contrario** go onto the wrong side of the road **2** *de un sentimiento* overcome
**invalidar** ⟨1a⟩ *v/t* invalidate
**invalidez** *f* disability
◊ **invalidez permanente** permanent disability *o* invalidity
**inválido I** *adj* **1** *persona* disabled **2** *documento, billete* invalid **II** *m*, **-a** *f* disabled person
◊ **inválido de guerra** disabled veteran, *Br* disabled ex-serviceman
**invariabilidad** *f* invariability
**invariable** *adj* invariable
**invasión** *f* MIL invasion
**invasivo** *adj* MED invasive
**invasor I** *adj* invading *atr* **II** *m*, **~a** *f* invader
**invectiva** *f* invective
**invencible** *adj* invincible; *miedo* insurmountable
**invención** *f* invention
**invendible** *adj* unsaleable, unsellable
**inventar** ⟨1a⟩ *v/t* invent
**inventariar** ⟨1b⟩ *v/t* inventory, make an inventory of
**inventario** *m* inventory
**inventiva** *f* inventiveness
**inventivo** *adj* inventive
**invento** *m* invention
**inventor** *m*, **~a** *f* inventor
**invernada** *f Rpl* winter pasture
**invernadero** *m* greenhouse
**invernal** *adj* winter *atr*
**invernar** ⟨1k⟩ *v/i* **1** winter, spend the winter **2** ZO hibernate
**inverosímil** *adj* unlikely
**inverosimilitud** *f* unlikeliness
**inversión** *f* **1** reversal **2** COM investment
**inversionista** *m/f* COM investor
**inverso** *adj* opposite; *orden* reverse; *a la -a* the other way round
**inversor** *m*, **~a** *f* investor
**invertebrado** *m/adj* ZO invertebrate
**invertido** *adj* inverted, upside down
**invertir** ⟨3i⟩ *v/t* **1** reverse **2** COM invest (**en** in) **3** INFOR invert
**investidura** *f* investiture
**investigación** *f* **1** *policial* investigation **2** EDU, TÉC research; **~ genética** genetic research
◊ **investigación y desarrollo** research and development

**investigador I** *adj* research *atr*; **comisión ~a** committee of inquiry **II** *m*, **~a** *f* researcher
◊ **investigador privado** private investigator
**investigar** ⟨1h⟩ *v/t* **1** *crimen* investigate **2** EDU, TÉC research
**investir** ⟨3l⟩ *v/t* **1**: **ser investido algo** be sworn in as sth **2**: **~ a alguien de algo** confer sth on s.o.
**inveterado** *adj* deep-rooted, deep-seated
**inviabilidad** *f* nonviability
**inviable** *adj* nonviable
**invicto** *adj* unconquered; *equipo* unbeaten, undefeated
**invidencia** *f* blindness
**invidente I** *adj* blind **II** *m/f* blind person
**invierno** *m* winter
**inviolabilidad** *f* inviolability
**inviolable** *adj* inviolable
**invisibilidad** *f* invisibility
**invisible** *adj* invisible
**invitación** *f* invitation
**invitado** *m*, **-a** *f* guest
**invitar** ⟨1a⟩ *v/t* **1** invite (*a* to) **2** (*convidar*) treat (*a* to)
**invocación** *f* invocation
**invocar** ⟨1g⟩ *v/t* invoke
**involución** *f* regression
**involucrar** ⟨1a⟩ *v/t* involve (*en* in)
**involuntario** *adj* involuntary
**involutivo** *adj* regressive
**invulnerabilidad** *f* invulnerability
**invulnerable** *adj* invulnerable
**inyección** *f* MED, AUTO injection; **motor de ~** fuel-injected engine
**inyectable** MED **I** *adj* injectable **II** *m* injection
**inyectar** ⟨1a⟩ *v/t* **1** *tb* TÉC inject **2** *fig*: *valor, fuerza* instill, *Br* instil
**inyector** *m* AUTO injector
**ion** *m* ion
**ionosfera** *f* ionosphere
**IPC** *m abr* (= **índice de precios al consumo**) CPI (= consumer price index), *Br* RPI (= retail price index)
**ir** ⟨3t; *part ido*⟩ **I** *v/i* **1** go (*a* to); **~ a pie** walk, go on foot; **~ en avión** fly; **~ en coche / en tren** go by car / train; **~ a por algo** go and fetch sth; **¡ya voy!** I'm coming!; **¿quién va?** who goes there?
**2** (*vestir*): **iba de amarillo / de unifor-**

**me** she was wearing yellow / a uniform
**3**: *van dos a dos* DEP the score is two all
**4** (*tratar*): *¿de qué va la película?* what's the movie about?; *el libro va de vampiros* the book's about vampires
**5** (*agradar*): *el clima no me va* the climate doesn't suit me, I don't like the climate; *ella no me va* she's not my kind of person; *no me va ni me viene* I'm not bothered, I don't care one way or the other
**6** (*marchar, evolucionar*) go; *~ bien / mal* go well / badly
**7** (*abarcar*): *va de la página 12 a la 16* it goes from page 12 to page 16
**8**: *¡qué va!* you must be joking!; *¡vamos!* come on!; *¡vaya!* well!; *¿ha dicho eso? – ¡vamos!* he said that? – no way!; *¡vaya una sorpresa! irón* what a surprise!; *a eso voy* I'm just getting to that; *eso va por ti también* that goes for you too
**II** *v/aux* **1** *con referencia al futuro*: *va a llover* it's going to rain; *va para abogado* he's going to be a lawyer
**2** *expresando proceso*: *ya voy comprendiendo* I'm beginning to understand; *~ para viejo* be getting old; *ya va anocheciendo* it's getting dark
**3** *con referencia al pasado*: *ya va para dos años* it's been almost two years now; *van tirados 3.000* 3,000 have been printed
**irse** *v/r* go (away), leave; *¡vete!* go away!; *¡vámonos!* let's go
**ira** *f* anger
**iracundia** *f* irascibility
**iracundo** *adj* irascible
**Irak** *m* Irak
**Irán** *m* Iran
**iraní** *m/f & adj* Iranian
**Iraq** *m* Iraq
**iraquí** *m/f & adj* Iraqi, Iraki
**irascible** *adj* irascible
**irguiendo** *vb* ☞ *erguir*
**iridio** *m* QUÍM iridium
**iridiscente** *adj* iridescent
**iris** *m inv* ANAT iris
**irisar** ⟨1a⟩ *v/i* be iridescent
**Irlanda** *f* Ireland
◇ **Irlanda del Norte** Northern Ireland
**irlandés I** *adj* Irish **II** *m* Irishman; *los ir-*

**landes** the Irish **III** *idioma* Irish
**irlandesa** *f* Irishwoman
**ironía** *f* irony
**irónico** *adj* ironic
**ironizar** ⟨1f⟩ **I** *v/i* speak ironically, be ironic (*sobre* about) **II** *v/t* ridicule
**IRPF** *m abr* (= *impuesto sobre la renta de las personas físicas*) Income Tax
**irracional** *adj tb* MAT irrational
**irracionalidad** *f* irrationality
**irradiación** *f* irradiation
**irradiar** ⟨1b⟩ *v/t* **1** FÍS, *fig* radiate **2** MED irradiate
**irrazonable** *adj* unreasonable
**irreal** *adj* unreal
**irrealizable** *adj* unattainable; *proyecto* unfeasible
**irrebatible** *adj* irrefutable
**irreconciliable** *adj* irreconcilable
**irreconocible** *adj* unrecognizable
**irrecuperable** *adj* irretrievable
**irrecusable** *adj* unchallengeable
**irreductible** *adj* uncompromising
**irreflexivo** *adj* rash
**irrefrenable** *adj* uncontrollable
**irrefutable** *adj* irrefutable
**irregular** *adj* **1** irregular **2** *superficie* uneven
**irregularidad** *f* **1** irregularity **2** *de superficie* unevenness
**irrelevante** *adj* irrelevant
**irreligioso** *adj* irreligious
**irremediable** *adj fig* irremediable
**irremisible** *adj* irremissible
**irrenunciable** *adj* inalienable
**irreparable** *adj* irreparable
**irrepetible** *adj* unrepeatable
**irreprimible** *adj* irrepressible
**irreprochable** *adj* irreproachable
**irreproducible** *adj* which cannot be reproduced, non-reproducible
**irresistible** *adj* irresistible
**irresoluble** *adj* unsolvable, unresolvable
**irresolución** *f* **1** *de problema* failure to resolve **2** *de persona* indecision, indecisiveness
**irresoluto** *adj* indecisive
**irrespetuoso** *adj* disrespectful
**irrespirable** *adj* unbreathable
**irresponsabilidad** *f* irresponsibility
**irresponsable** *adj* irresponsible
**irresuelto** *adj* ☞ *irresoluto*
**irreverencia** *f* irreverence

**irreverente** *adj* irreverent
**irreversible** *adj* irreversible
**irrevocable** *adj* irrevocable
**irrigación** *f* MED, AGR irrigation
◇ **irrigación sanguínea** blood supply
**irrigador** *m* MED, AGR irrigator
**irrigar** ⟨1h⟩ *v/t* MED, AGR irrigate
**irrisorio** *adj* laughable, derisory; *precio* ridiculously low
**irritabilidad** *f* irritability
**irritable** *adj* irritable
**irritación** *f tb* MED irritation
**irritante** *adj tb* MED irritating
**irritar** ⟨1a⟩ *v/t tb* MED irritate; **irritarse** *v/r tb* MED get irritated
**irrompible** *adj* unbreakable
**irrumpir** ⟨3a⟩ *v/i* burst in
**irrupción** *f*: **hacer ~ en** burst into
**isla** *f* island
**islam** *m* Islam
**islámico** *adj* Islamic
**islamismo** *m* Islam
**islamizar** ⟨1f⟩ *v/t* convert to Islam
**isleño I** *adj* island *atr* **II** *m*, **-a** *f* islander
**isleta** *f* islet
**islote** *m* islet, small island
**isobara** *f* isobar
**isósceles** *adj* MAT isosceles
**isoterma** *f* isotherm
**isotérmico, isotermo** *adj* isothermal; **camión ~** refrigerated truck

**isótopo** *m* isotope
**Israel** *m* Israel
**israelí** *m/f & adj* Israeli
**istmo** *m* isthmus
**Italia** *f* Italy
**italiano I** *adj* Italian **II** *m*, **-a** *f* Italian **III** *m idioma* Italian
**itálico** *adj* TIP italic
**iterar** ⟨1a⟩ *v/t* repeat
**iterativo** *adj* recurrent
**itinerante** *adj* traveling, *Br* travelling, itinerant
**itinerario** *m* itinerary
**ITV** *f abr Esp* (= **inspección técnica de vehículos**) *compulsory annual test of motor vehicles of a certain age, Br* MOT
**IU** *f abr* (= **Izquierda Unida**) Spanish Communist coalition
**IVA** *m abr* (= **impuesto sobre el valor añadido** *o* **L.Am. agregado**) sales tax, *Br* VAT (= value-added tax)
**izada** *f* hoisting, raising
**izar** ⟨1f⟩ *v/t* hoist, raise
**izdo., izda** *abr* (= **izquierdo, izquierda**) l (= left)
**izquierda** *f tb* POL left; **por la ~** on the left
**izquierdista** POL **I** *adj* left-wing **II** *m/f* left-winger
**izquierdo** *adj* left

# J

**ja** *int* ha!; **~, ~!** ha, ha!
**jabalí** *m* ZO wild boar
**jabalina** *f* **1** DEP javelin; **el lanzamiento de ~** the javelin **2** ZO wild sow
**jabalinista** *m/f* DEP javelin thrower
**jabato** *m* **1** ZO young wild boar **2** *fig* daredevil, tough guy F
**jabón** *m* soap; **dar ~ a alguien** F soft--soap s.o. F
◇ **jabón de afeitar** shaving soap; **jabón de sastre** tailor's chalk, French chalk; **jabón de tocador** toilet soap
**jabonar** ⟨1a⟩ *v/t* soap
**jaboncillo** *m* tailor's chalk, French chalk
**jabonera** *f* soap dish
**jabonero I** *adj* soap *atr* **II** *m*, **-a** *f* soap

maker
**jabonoso** *adj* soapy
**jaca** *f* pony
**jacal** *m Méx* hut
**jacarandá** *m* BOT jacaranda
**jacarandoso** *adj* F jaunty, jolly
**jacinto** *m* hyacinth
**jactancia** *f* boasting
**jactancioso I** *adj* boastful **II** *m*, **-a** *f* braggart
**jactarse** ⟨1a⟩ *v/r* boast (**de** about), brag (**de** about)
**jaculatoria** *f* short prayer
**jacuzzi** *m* jacuzzi®
**jade** *m* MIN jade
**jadear** ⟨1a⟩ *v/i* pant
**jadeo** *m* panting

**jaez** *m* **1** kind, sort; *de ese* ~ *desp* of that sort, like that **2**: *jaeces pl de caballo* trappings

**jaguar** *m* ZO jaguar

**jaiba** *f Méx* **1** crab **2**: *la* ~ F the cops *pl* F

**jalada** *f L.Am.* pull

**jalar** ⟨1a⟩ I *v/t* **1** *L.Am.* pull; *con esfuerzo* haul **2** *Méx (atraer)* attract; *¿te jala el arte?* do you feel drawn to art? **3** *Méx* F *(dar aventón a)* give a ride *o Br* a lift to **4** *Esp* F *(zampar)* wolf down II *v/i* **1** *L.Am.* pull **2** *(trabajar mucho)* work hard **3** *Méx* F *(tener influencia)* have pull F **4** F: ~ *hacia* head toward; ~ *para la casa* clear off home F

**jalarse** *v/r Méx* **1** *(irse)* go, leave **2** F *(emborracharse)* get plastered F

**jalea** *f* jelly

◇ **jalea real** royal jelly

**jalear** ⟨1a⟩ *v/t* cheer on, urge on

**jaleo** *m* **1** *(ruido)* racket, uproar; *armar* ~ F kick up a fuss F **2** *(lío)* mess, muddle

**jalón** *m L.Am.* pull; *dar un* ~ *a algo* pull sth; *de un* ~ *Méx fig* in one go

**jalonar** ⟨1a⟩ *v/t fig* mark out

**jamaica** *f Méx* F fair, street party

**Jamaica** *f* Jamaica

**jamaicano** I *adj* Jamaican II *m*, -a *f* Jamaican

**jamaiquino** *L.Am* I *adj* Jamaican II *m*, -a *f* Jamaican

**jamar** ⟨1a⟩ *v/t* & *v/i* scoff

**jamás** *adv* never; ~ *te olvidaré* I'll never forget you; *¿viste* ~ *algo así?* did you ever see anything like it?; *nunca* ~ never ever; *por siempre* ~ for ever and ever

**jamba** *f* jamb

**jamelgo** *m* hack, old nag

**jamón** *m* ham; *¡y un* ~*!* F *(¡no!)* no way! F; *(¡bromeas!)* come off it! F

◇ **jamón cocido, jamón en dulce** boiled ham; **jamón serrano** cured ham; **jamón de York** boiled ham

**jamona** *f* F big, busty woman

**jangada** *f S.Am.* F dirty trick

**Japón** *m* Japan

**japonés** I *adj* Japanese II *m*, -esa *f* Japanese III *m idioma* Japanese

**japuta** *f* ZO pomfret

**jaque** *m* check; *dar* ~ *a* checkmate; *tener en* ~ *a alguien* have s.o. scared, have s.o. sweating F

◇ **jaque mate** checkmate

**jaqueca** *f* MED migraine

**jara** *f* BOT rockrose, cistus

**jarabe** *m* **1** syrup; *dar a alguien* ~ *de palo fig* F wallop s.o. **2** *Méx: type of folk dance*

**jarana** *f* F **1** partying F; *irse de* ~ go out on the town F, go out partying F **2** *(alboroto)* racket

**jaranear** ⟨1a⟩ *v/i* F go out on the town F, go out partying F

**jaranero** *adj* F: *es muy* ~ he's a real party animal

**jarcias** *fpl* MAR rigging *sg*

**jardín** *m* garden; *jardines pl en béisbol* outfield *sg*

◇ **jardín botánico** botanic(al) gardens *pl*; **jardín central** *L.Am. en béisbol* center field; **jardín exterior** *L.Am. en béisbol* outfield; **jardín de infancia** kindergarten; **jardín de infantes** *Rpl* kindergarten; **jardín zoológico** zoo

**jardinear** ⟨1a⟩ *v/i Chi* do the gardening

**jardinera** *f* jardiniere

**jardinería** *f* gardening

**jardinero** *m*, -a *f* **1** gardener **2** *Cu, Méx en béisbol* outfielder **3** *Rpl (mono)* dungarees *pl*

**jarra** *f* pitcher, *Br* jug; *en* ~*s* with hands on hips

**jarro** *m* pitcher, *Br* jug; *un* ~ *de agua fría fig* a real blow, a kick in the stomach

**jarrón** *m* vase

**jaspe** *m* MIN jasper

**jauja** *f*: *¡esto es* ~*!* this is the life!

**jaula** *f* cage

**jauría** *f* pack

**jazmín** *m* BOT jasmine

**jazz** *m* jazz

**jazzero** *m*, -a *f*, **jazzista** *m/f* jazz musician

**jazzman** *m* jazz musician, jazzman

**J.C.** *abr* (= *Jesucristo*) J.C. (= Jesus Christ)

**jean** *m*, **jeans** *mpl L.Am.* jeans

**jefatura** *f* **1** *lugar* headquarters *sg o pl* **2** *(dirección)* leadership

◇ **jefatura del Estado** position of head of State

◇ **jefatura de policía** police headquarters *sg o pl*

**jefazo** *m* F big boss F

**jefe** *m*, -a *f de departamento, organización* head; *(superior)* boss; POL leader; *de tribu* chief **3** *Méx* F: *mi* ~ my dad F;

*mi -a* my mom F

◇ **jefe de cocina** (head) chef; **jefe de departamento** head of department; **jefe de estación** station manager; **jefe de estado** head of state; **jefe de gobierno** prime minister; **jefe de partido** party leader; **jefe de sección** section chief; **jefe de ventas** sales manager

**jején** *m L.Am.* mosquito

**jengibre** *m* BOT ginger

**jeque** *m* sheik

**jerarca** *m* leader

**jerarquía** *f* hierarchy

**jerárquico** *adj* hierarchic(al)

**jerarquizar** ⟨1f⟩ *v/t* organize into a hierarchy

**jerez** *m* sherry

**jerezano** *adj* of *o* from Jerez, Jerez *atr*

**jerga** *f* jargon; (*argot*) slang; **~ del hampa** underworld slang

**jergón** *m* straw mattress, palliasse

**jeribeque** *m* grimace; **hacer ~s** grimace

**jerigonza** *f* **1** gobbledygook **2** (*jerga*) jargon

**jeringa** *f* MED syringe

**jeringar** ⟨1h⟩ F *v/t* bug F; **jeringarse** *v/r*: **si no le gusta, que se jeringue** he can like it or lump it F

**jeringuilla** *f* MED syringe

◇ **jeringuilla desechable, jeringuilla de un solo uso** disposable syringe

**jeroglífico** *m* **1** hieroglyphic **2** *rompecabezas* puzzle

**jersey** *m* sweater

**Jesucristo** *m* Jesus Christ

**jesuita** *m/adj* Jesuit

**jesuítico** *adj* Jesuitic, Jesuitical

**Jesús** *m* Jesus; **¡~!** good grief!; *por estornudo* bless you!; **Compañía de ~** Society of Jesus

**jet I** *m* AVIA jet **II** *f o L.Am. m*: **~ (set)** jet set

**jeta** *f* F **1** face, mug F; **¡qué ~ tiene!** F he's got nerve! F, *Br* what a cheek! F **2** *Méx* (*siesta*) nap; **echar una ~** have a nap, grab some sleep

**ji** *int*: **¡~, ~!** hee, hee!

**jibia** *f* ZO cuttlefish

**jícara** *f Méx* drinking bowl

**jícaro** *m L.Am.* BOT calabash

**jilguero** *m* ZO goldfinch

**jilote** *m C.Am., Méx* young corn

**jineta** *f* ZO civet

**jinete** *m* rider; *en carrera* jockey

**jinetear** ⟨1a⟩ **I** *v/i* ride (on horseback) **II** *v/t L.Am.* break (in)

**jinetera** *f Cu* F prostitute

**jingle** *m* TV jingle

**jipijapa** *f* jipijapa (*strips of palm leaf used for making hats*)

**jirafa** *f* ZO giraffe

**jirón** *m* shred, rag

**jitomate** *m Méx* tomato

**JJ.OO.** *abr* (= **Juegos Olímpicos**) Olympic Games

**¡jo!** *int* F *expresando fastidio* darn! F, damn! F; *expresando sorpresa* wow! F, gee! F; *expresando protesta* oh!; **~, ~** *expresando risa* ho, ho!

**jockey** *m* jockey

**jocosidad** *f* **1** humor, *Br* humour **2** *dicho, hecho* joke

**jocoso** *adj* humorous, joking

**jocundo** *adj lit* jovial

**joder** ⟨2a⟩ **I** *v/i* V screw V, fuck V **II** *v/t* V **1** (*follar*) screw V, fuck V **2** (*estropear*) screw up V, fuck up V **3** *L.Am.* F (*fastidiar*) annoy, irritate; **¡~!** fuck! V; **¡que se joda!** V fuck him! V; **me jode un montón** V it really pisses me off P; **¡no me jodas!** V don't jerk me around! P; **¡no te jode!** V would you damn well believe it! F, would you fucking believe it! V

**jodido** *adj* V *persona, máquina etc* fucked V; *situación* fucked up V

**jodienda** *f* V fucking pain V

**jofaina** *f* washbowl, washbasin

**jol** *m L.Am.* hall

**jolgorio** *m* F partying F

**jolín** *int* F wow! F, jeez! F

**jolines** *int* F darn! F, heck! F

**jónico** *adj* ARQUI Ionic

**jonrón** *m L.Am. en béisbol* home run

**jornada** *f* **1** (working) day; **media ~** half-day **2** *distancia* day's journey **3** DEP round of games

◇ **jornada intensiva** working day with no lunch break in order to finish early; **jornada laboral** work day; **jornada partida** split shift

**jornal** *m* day's wage

**jornalero** *m*, **-a** *f* day laborer, *Br* day labourer

**joroba I** *f* hump; *fig* pain F, drag F **II** *int* F darn! F, heck! F

**jorobado I** *adj* **1** hump-backed **2** *fig* F in a bad way F **II** *m*, **-a** *f* humpback, hunchback

**jorobar** ⟨1a⟩ *v/t* F **1** (*molestar*) bug F **2** *planes* ruin; **jorobarse** *v/r* lump it F

**jorongo** *m Méx* poncho

**jota** *f* letter 'j'; **no saber ni ~** F not have a clue F; **no ver ni ~** F not see a thing F

**joven I** *adj* young **II** *m/f* young man; *mujer* young woman; **los jóvenes** young people *pl*

**jovial** *adj* cheerful

**jovialidad** *f* cheerfulness

**joya** *f* **1** jewel; **~s** *pl* jewelry *sg, Br* jewellery *sg*; **~ de la corona** jewel in the crown **2** *persona* gem

**joyería** *f* jewelry store, *Br* jeweller's

**joyero I** *m*, **-a** *f* jeweler, *Br* jeweller **II** *m* jewelry *o Br* jewellery box

**juanete** *m* MED bunion

**jubilación** *f* retirement

◇ **jubilación anticipada** early retirement

◇ **jubilación forzosa** compulsory retirement

**jubilado I** *adj* retired **II** *m*, **-a** *f* retiree, *Br* pensioner

**jubilar** ⟨1a⟩ *v/t* **1** retire **2** (*desechar*) get rid of; **jubilarse** *v/r* **1** retire **2** *C.Am.* play hooky F, be truant, *Br* play truant

**jubileo** *m* REL jubilee

**júbilo** *m* jubilation

**jubiloso** *adj* jubilant

**jubón** *m* doublet

**judaico** *adj* Jewish, Judaic

**judaísmo** *m* Judaism

**judería** *f* Jewish quarter

**judía** *f* BOT bean

◇ **judía verde** green bean, runner bean

**judicatura** *f* **1** *cargo* judgeship **2** (*jueces*) judiciary

**judicial** *adj* judicial; **recurrir a la vía ~** have recourse to law; **el asunto se resolverá por la vía ~** the matter will be settled in court

**judío I** *adj* Jewish **II** *m*, **-a** *f* Jew

**judo** *m* DEP judo

**judoka** *m* judoka

**juego** *m* **1** game; *acción* play; **fuera de ~** DEP offside; **entrar en ~** *de jugador* enter the game; *de factor* come into play; **en ~** *en baloncesto* alive; **hacer el ~ a alguien** play along with s.o., go along with s.o. **2** *por dinero* gambling; **estar en ~** *fig* be at stake; **poner en ~** put at risk **3** (*conjunto de objetos*) set; **hacer**

**cer ~ con** go with, match

◇ **juego aéreo** *en fútbol* aerial game; **juego de azar** game of chance; **juego de café** coffee set; **juego de cama** set of matching bed linen; **juego electrónico** computer game; **juego de manos** conjuring trick; **juego de mesa** board game; **juego de niños** *fig* child's play; **juego de palabras** play on words, pun; **juego de rol** role-playing game; **juego de sociedad** game; **juegos florales** *poetry contest with a flower as the first prize*; **Juegos Olímpicos** Olympic Games; **juegos parolímpicos** paralympic games, paralympics

**juerga** *f* F partying F; **irse de ~** go out on the town F, go out partying F; **correrse una ~** have a ball F

**juerguista** *m/f* F party animal F

**jueves** *m inv* Thursday; **no es cosa del otro ~** F it's nothing special, it's nothing to write home about F

**juez** *m/f* judge

◇ **juez de instrucción** examining magistrate; **juez instructor** examining magistrate; **juez de línea** *en fútbol* assistant referee, linesman; *en fútbol americano* line judge; **juez de paz** Justice of the Peace; **juez de silla** *en tenis* umpire

**jueza** *f* ☞ **juez**

**jugada** *f* play, *Br* move; *en ajedrez*, DEP move; **~ individual** *o* **personal** DEP solo effort; **hacerle una mala ~ a alguien** play a dirty trick on s.o.

◇ **jugada a balón parado** set piece; **jugada de cuatro puntos** *en baloncesto* four-point play; **jugada de elección** *en béisbol* fielder's choice

**jugador** *m*, **-a** *f* player

◇ **jugador internacional** international (player); **jugador de primera base** first baseman; **jugador profesional** professional (player *o* sportsperson); **jugador de segunda base** second baseman; **jugador titular** first-team player

**jugar** ⟨1o⟩ **I** *v/t* play

**II** *v/i* **1** play; **~ al baloncesto** play basketball; **~ a la bolsa** play the stock market; **~ con fuego** *fig* play with fire; **~ limpio / sucio** play clean / dirty **2** *con dinero* gamble

**jugarse** *v/r* **1** risk; **~ la vida** risk one's life; **¿qué te juegas?** what do you want to bet?; **~ el todo por el todo** *fig* go for broke **2**: **jugársela a alguien** F do the dirty on s.o. F

**jugarreta** *f* F dirty trick F

**juglar** *m* HIST minstrel, jongleur

**jugo** *m* juice; *de carne* gravy; **en su ~** GASTR in its own juices; **sacar ~ a algo** get the most out of sth; **sacar el ~ a alguien** bleed s.o. dry

**jugoso** *adj tb fig* juicy

**juguera** *f Rpl* juicer, juice extractor

**juguete** *m* toy

◇ **juguetes bélicos** war toys

**juguetear** ⟨1a⟩ *v/i* play

**juguetería** *f* toy store, *Br* toy shop

**juguetón** *adj* playful

**juicio** *m* **1** judg(e)ment; **a mi ~** in my opinion **2** JUR trial; **el ~ final** REL the Last Judg(e)ment **3** (*sensatez*) sense **4** (*cordura*) sanity; **estar en su ~** be in one's right mind; **perder el ~** lose one's mind

◇ **juicio oral** JUR trial

**juicioso** *adj* judicious, sensible

**julepe** *m C.Am. fig* F fright; **dar (un) ~ a alguien** F give s.o. a real fright

**juliana** *f* GASTR julienne; **cortar en ~** cut into julienne strips

**julio** *m* **1** July **2** FÍS joule

**jumento** *m* ZO donkey

**juncal** *m* BOT reed bed

**junco** *m* BOT reed

**jungla** *f* jungle

**junio** *m* June

**júnior** *tb* DEP **I** *adj* junior **II** *m/f* junior

**junta** *f* **1** POL (regional) government **2** *militar* junta **3** COM board **4** (*sesión*) meeting **5** TÉC joint

◇ **junta de accionistas** stockholders' *o* shareholders' meeting; **junta directiva** board of directors; **junta general** general meeting; **junta general anual** annual general meeting

**juntamente** *adv* together, jointly

**juntar** ⟨1a⟩ *v/t* **1** put together; *bienes* collect, accumulate **2** *gente* gather together; **juntarse** *v/r* **1** (*reunirse*) meet, assemble **2** *de pareja: empezar a salir* start going out; *empezar a vivir juntos* move in together **3**: **~ con alguien** *socialmente* mix with s.o. **4** *de caminos, ríos* meet, join

**junto I** *adj* together; **todo ~** altogether **II** *prp*: **~ a** next to, near; **~ con** together with

**juntura** *f* TÉC joint

**jupa** *f C.Am., Méx fig* F head, nut F

**jura** *f* **1** (*promesa*) oath **2** *ceremonia* swearing (of an oath)

◇ **jura de bandera** swearing allegiance to the flag

◇ **jura del cargo** swearing-in

**jurado I** *adj* sworn **II** *m* JUR jury

**juramentar** ⟨1a⟩ *v/t* swear in, administer the oath to

**juramento** *m* oath; **bajo ~** under oath; **tomar ~ a alguien** swear s.o. in, administer the oath to s.o.

◇ **juramento falso** perjury

◇ **juramento hipocrático** Hippocratic oath

**jurar** ⟨1a⟩ **I** *v/i* swear; **~ en falso** commit perjury **II** *v/t* swear; **te lo juro** I swear; **~ la bandera** swear allegiance to the flag; **~ el cargo** be sworn in; **tenérsela jurada a alguien** have it in for s.o.

**jurásico** GEOL **I** *adj* Jurassic **II** *m* Jurassic (period)

**jurel** *m* ZO jurel

**jurídico** *adj* legal

**jurisconsulto** *m*, **-a** *f* jurist

**jurisdicción** *f* jurisdiction

**jurisperito** *m*, **-a** *f* jurist, legal expert

**jurisprudencia** *f* jurisprudence

**jurista** *m/f* jurist

**justa** *f* HIST joust, tournament; *fig* competition, contest

**justamente** *adv* **1** fairly **2** (*precisamente*) precisely

**justicia** *f* **1** justice; **hacer ~ a** do justice to; **es de ~ que le devuelvan lo que le pertenenece** it is only right that they give him back what belongs to him **2**: **la ~** (*la ley*) the law; **tomarse la ~ por su mano** take the law into one's own hands

**justiciero** *adj*: **un héroe ~** a hero who metes out justice

**justificable** *adj* justifiable

**justificación** *f tb* TIP justification

**justificado** *adj tb* TIP justified

**justificante** *m* **1** *de pago* receipt; **hay que presentar un ~ de compra** you will have to present proof of purchase **2** *de ausencia, propiedad* certificate

**justificar** ⟨1g⟩ *v/t* **1** justify; *mala conducta* justify, excuse **2** TIP justify; **justificarse** *v/r* justify o.s.

**justificativo** *adj* justificatory; *documento* explaining the reasons, explanatory
**justipreciar** ⟨1b⟩ *v/t* value
**justiprecio** *m* valuation
**justo I** *adj* **1** just, fair **2** (*exacto*) right, exact; **3**: *este vestido me está muy ~* this dress is very tight
**II** *adv* **1** (*exactamente*): *~ a tiempo* just in time; *~ después* right after, just after; *~ en aquel momento* just at that moment; *¡~!* right!, exactly! **2**: *aprobó muy ~* he only just passed; *lo ~* just enough

**III** *m*, **-a** *f* just person; *los ~s* the just *pl*
**juvenil** *adj* youthful
**juventud** *f* youth
**juzgado I** *part* ☞ **juzgar II** *m* court
**juzgar** ⟨1h⟩ *v/t* **1** JUR try **2** (*valorar*) judge; *~ bien a alguien* judge s.o. fairly; *~ mal a alguien* judge s.o. unfairly, misjudge s.o.; *~ bien las intenciones de alguien* think that s.o.'s intentions are honest; *a ~ por* to judge by, judging by **3** *considerar* consider, judge; *~ a alguien capaz de hacer algo* consider s.o. capable of doing sth

# K

**kafkiano** *adj* Kafkaesque
**kantiano** *adj* Kantian
**karaoke** *m* karaoke
**kárate** *m* DEP karate
**karateca** *m/f* karate expert
**kart** *m* DEP kart, *Br* go-kart
**karting** *m* karting, *Br* go-kart racing
**kayak** *m* DEP kayak
**kéfir** *m* kefir
**keniano I** *adj* Kenyan **II** *m*, **-a** *f* Kenyan
**kermés** *f* charity fête
**keroseno** *m* kerosene
**ketchup** *m* ketchup
**kg.** *abr* (= *kilogramo*) kg (= kilogram)
**kib(b)utz** *m inv* kibbutz
**kikos** *mpl* toasted corn snack
**kilim** *m* kilim
**kilo** *m* **1** kilo **2** *fig* F million
**kilobyte** *m* INFOR kilobyte
**kilocaloría** *f* kilocalorie
**kilociclo** *m* EL kilocycle
**kilogramo** *m* kilogram, *Br* kilogramme
**kilometraje** *m number of kilometers covered*, mileage
**kilométrico** *adj* **1** *distancia* in kilometers, *Br* in kilometres **2** F very long
**kilómetro** *m* kilometer, *Br* kilometre
◇ **kilómetro cuadrado** square kilometer *o Br* kilometre
◇ **kilómetro cúbico** cubic kilometer *o Br* kilometre
**kilotón** *m* kiloton
**kilovatio** *m* kilowatt
◇ **kilovatio hora** kilowatt-hour
**kinesiterapia** *f* physiotherapy
**kiosco** *m* kiosk
**kit** *m* kit
**kiwi** *m* **1** BOT kiwi (fruit) **2** ZO kiwi
**kleenex®** *m inv* Kleenex®, tissue
**km.** *abr* (= *kilómetro*) km (= kilometer)
**km/h** *abr* (= *kilómetros por hora*) kph (= kilometers per hour)
**koala** *m* ZO koala (bear)
**kuwaití I** *adj* Kuwaiti **II** *m/f* Kuwaiti
**kv.** *abr* (= *kilovatio*) kw (= kilo-watt)

# L

**la¹ I** *art* the **II** *pron complemento directo sg* her; *a usted* you; *algo* it; *~ que está embarazada* the one who is pregnant; *~ más grande* the biggest (one); *dame ~ roja* give me the red one
**la²** *m* MÚS A; *~ bemol* A flat

**laberíntico** *adj fig* labyrinthine
**laberinto** *m* labyrinth, maze
**labia** *f*: *tener mucha ~* have the gift of the gab
**labial** *adj* labial
**labio** *m* lip; *~ inferior / superior*

upper / lower lip; **~s de vulva** labia *pl*;
**despegar los ~s** *fig* not say a word;
**morderse los ~s** *fig* bite one's lip
◇ **labio leperino** harelip
◇ **labios vulvares** labia *pl*
**labor** *f* work; (*tarea*) task, job; **hacer~es**
do needlework; **no estar por la ~** F not
be enthusiastic about the idea
◇ **labores agrícolas** AGR farmwork
*sg*; **labores de la casa, labores del hogar** housework *sg*; **labores de punto**
knitting *sg*
**laborable** *adj* **1** AGR cultivatable **2**: **día
~** workday
**laboral** *adj* labor *atr*, *Br* labour *atr*
**laboralista** *m/f* labor *o Br* labour relations lawyer
**laborar** ⟨1a⟩ **I** *v/t tierra* work **II** *v/i* work,
strive
**laboratorio** *m* laboratory, lab F
**laborear** ⟨1a⟩ *v/t* MIN, AGR work
**laboreo** *m* **1** AGR working, cultivation **2**
MIN working
**laboriosidad** *f* **1** *de tarea* laboriousness
**2** *de persona* industriousness
**laborioso** *adj* **1** *tarea* laborious **2** *persona* industrious, hard-working
**laborista** *adj* **I** *Br* POL Labor, *Br* Labour
**II** *m/f* Labor *o Br* Labour party supporter
**labrado** *m* **1** *de metal* working **2** *de piedra, madera* carving
**labrador** *m*, **-a** *f* farm worker
**labrantío** *adj* arable
**labranza** *f de la tierra* cultivation
**labrar** ⟨1a⟩ *v/t* **1** *tierra, metal* work **2** *piedra, madera* carve
**labriego** *m*, **-a** *f* farm worker
**laburante** *m/f Rpl* F worker
**laburar** ⟨1a⟩ *v/i Rpl* F work
**laburo** *m Rpl* F job
**laca** *f* **1** lacquer **2** *para el cabello* hairspray
◇ **laca de uñas** nail varnish *o* polish
**lacar** ⟨1g⟩ *v/t* lacquer
**lacayo** *m fig pej* lackey
**lacear** ⟨1a⟩ *v/t Rpl* lasso
**lacerante** *adj* **1** *dolor* shooting **2** *palabras* cutting
**lacerar** ⟨1a⟩ *v/t* **1** *herir* lacerate **2** *fig*
hurt, wound
**lacio** *adj* limp; *pelo* lank
**lacón** *m* GASTR ham
**lacónico** *adj lenguaje, persona* laconic

**laconismo** *m* laconic manner
**lacra** *f* **1** scar **2** *L.Am.* (*llaga*) sore **3**: **la
corrupción es una ~ social** corruption
is a blot on society
**lacrar** ⟨1a⟩ *v/t* seal (*with sealing wax*)
**lacre** *m* sealing wax
**lacrimal** *adj* tear *atr*; **glándula ~** tear
gland
**lacrimógeno** *adj fig*: **una novela / película -a** a tearjerker (of a novel / movie)
**lacrimoso** *adj* **1** *persona* tearful, lachry-
mose *fml* **2** *novela, película* tear-jerking
**lactancia** *f* lactation
**lactante** **I** *adj madre* nursing; **un bebé ~**
a baby who is still being breastfed **II** *m/f*
child who is still breast-feeding
**lácteo** *adj*: **Vía Láctea** Milky Way; **productos ~s** dairy products
**láctico** *adj* lactic; **ácido ~** lactic acid
**lactosa** *f* lactose
**lacustre** *adj* lake *atr*
**ladeado** *adj* tilted
**ladear** ⟨1a⟩ *v/t* **1** tilt **2** *fig*: **~ a alguien**
leave s.o. out
**ladera** *f* slope
**ladilla** *f* crab louse
**ladino** **I** *adj* cunning, sly **II** *m C.Am. Indian who has become absorbed into
white culture*
**lado** *m* side; (*lugar*) place; **al ~** nearby; **al
~ de** beside, next to; **al otro ~ de** on the
other side of; **de ~** sideways; **por todos
~s** everywhere; **ir por otro ~** go another
way; **mirar a otro ~** look the other way;
**andar de un ~ para otro** run around;
**por un ~ … por otro ~** on the one hand
… on the other hand; **dejar a un ~** leave
aside; **hacerse a un ~** *tb fig* stand aside;
**dar a alguien de ~** leave s.o. out; **estar
del ~ de alguien** be on s.o.'s side; **ponerse del ~ de alguien** take s.o.'s side;
**cada uno va por su ~** everyone goes
their own way; **mirar a alguien de (medio) ~** look sideways at s.o.; **por el ~ de
mi padre** on my father's side
**ladrar** ⟨1a⟩ *v/i* bark
**ladrido** *m* bark; **~s** *pl* barks, barking *sg*
**ladrillo** *m* brick
**ladrón**[1] *m* EL F adapter
**ladrón**[2] *m*, **-ona** *f* thief
**ladronzuelo** *m*, **-a** *f* petty thief
**lagaña** *f Rpl* ☞ **legaña**
**lagar** *m de vino* wine press; **de aceite** oil

press
**lagarta** *f fig* F bitch P
**lagartija** *f* ZO small lizard
**lagarto** I *m* **1** ZO lizard **2** *Méx caiman*
alligator II *int:* ¡~, ~! God help us!
**lago** *m* lake
**lágrima** *f* tear; *llorar a ~ viva* cry one's
eyes *o* heart out
**lagrimal** *m* ANAT tear duct
**laguna** *f* **1** lagoon **2** *fig* gap
**laica** *f* laywoman, layperson
**laico** I *adj* lay II *m* layman, layperson
**lama** *m* **1** REL lama **2** *Méx moho* moss **3**
*L.Am. musgo* slime
**lameculos** *m inv* V asslicker V, brown-
nose P, *Br* arselicker V
**lamentable** *adj* deplorable
**lamentablemente** *adv* regretfully
**lamentaciones** *fpl* **1** (*lamentos*) groans,
groaning *sg* **2** (*quejas*) complaints,
complaining *sg*
**lamentar** ⟨1a⟩ *v/t* **1** regret, be sorry
about; *lo lamento* I'm sorry **2** *muerte*
mourn; **lamentarse** *v/r* complain (*de*
about)
**lamento** *m* whimper; *por dolor* groan
**lamer** ⟨2a⟩ *v/t* lick
**lamido** *adj fig* sharp
**lámina** *f* **1** *de metal* sheet **2** (*grabado*)
print
**laminar** ⟨1a⟩ *v/t* laminate
**laminero** *adj* fond of sweet things; *ser*
*muy ~* have a sweet tooth
**lámpara** *f* lamp
◇ **lámpara de cabecera** bedside lamp
*o* light; **lámpara halógena** halogen
lamp; **lámpara de mesa** table lamp
**lámpara de minero** miner's lamp;
**lámpara de pared** wall lamp; **lámpara**
**de pie** floor lamp, *Br tb* standard lamp;
**lámpara solar** sun lamp; **lámpara de**
**techo** ceiling light
**lamparilla** *f* oil lamp
**lamparón** *m* F grease mark
**lampazo** *m* BOT burdock
**lampiño** *adj* (*sin barba*) smooth-faced,
beardless; (*sin vello*) smooth, hairless
**lampista** *m/f* plumber
**lamprea** *f* ZO lamprey
**lana** *f* **1** wool; *pura ~ virgen* pure new
wool **2** *Méx* P (*dinero*) dough F
**lanar** *adj* wool *atr*; *ganado ~* sheep *pl*
**lance** *m* incident, episode; *de ~* second-
-hand

◇ **lance de honor** duel
**lancero** *m* HIST lancer
**lanceta** *f* MED lancet
**lancha** *f* launch
◇ **lancha fueraborda** outboard; lancha motora motor launch; lancha
neumática inflatable (dinghy); lancha
rápida speedboat
**lanero** I *adj* wool *atr* II *m*, -a *f* wool merchant, wool trader
**langosta** *f* ZO *insecto* locust; *crustáceo*
spiny lobster
**langostino** *m* ZO king prawn
**languidecer** ⟨2d⟩ *v/i* languish
**lánguido** *adj* languid
**lanolina** *f* lanolin
**lanoso, lanudo** *adj oveja, cabra* wooly,
*Br* woolly; *perro* shaggy, long-haired
**lanza** *f* lance; *romper una ~ por alguien*
*fig* come to s.o.'s defense *o Br* defence,
stick up for s.o.
**lanzacohetes** *m inv* rocket launcher
**lanzadera** *f* shuttle
◇ **lanzadera espacial** space shuttle
**lanzado** I *adj fig* go-ahead; *es muy ~*
*con las chicas* he's not shy with girls
III *part* ☞ **lanzar**
**lanzador** *m*, **~a** *f en béisbol* pitcher
◇ **lanzador de cuchillos** knife
thrower; **lanzador de disco** discus
thrower; **lanzador de jabalina** javelin
thrower; **lanzador de martillo** hammer
thrower; **lanzador de peso** shot-putter
**lanzagranadas** *m inv* grenade launcher
**lanzallamas** *m inv* flamethrower
**lanzamiento** *m* **1** DEP throw; *en béisbol*
*tb* pitch **2** MIL, COM launch
◇ **lanzamiento de bala** *L.Am.* shot
(put); **lanzamiento de disco** discus;
**lanzamiento de dos puntos** *en balon-*
*cesto* two-pointer; **lanzamiento de ja-**
*balina* javelin; **lanzamiento malo** *en*
*béisbol* wild pitch; **lanzamiento de**
**martillo** hammer; **lanzamiento de**
**peso** shot (put); **lanzamiento de tres**
**puntos** *en baloncesto* three-pointer
**lanzamisiles** *m inv* missile launcher
**lanzar** ⟨1f⟩ *v/t* **1** throw; *bomba* drop; *en*
*béisbol* throw, pitch **2** *cohete, producto*
launch; **lanzarse** *v/r* throw o.s. (*en*
into); (*precipitarse*) pounce (*sobre*
on); *~ al agua* dive into the water; *~*
*en paracaídas* parachute; *~ a hacer al-*
*go* rush into doing sth

**lanzaroteño** *adj* of / from Lanzarote, Lanzarotean

**lanzatorpedos** *m inv* torpedo tube, torpedo launcher

**lapa** *f* ZO limpet; *pegarse como una ~ a alguien* fig F stick to s.o. like a limpet *o* like glue F; *bomba ~* limpet bomb

**lapicera** *f* Rpl, Chi (ballpoint) pen
◇ **lapicera fuente** L.Am. fountain pen

**lapicero** *m* L.Am. automatic pencil, Br propelling pencil

**lápida** *f* memorial stone
◇ **lápida funeraria** tombstone

**lapidación** *f* stoning

**lapidar** ⟨1a⟩ *v/t* stone

**lapidario** *adj* memorable

**lapislázuli** *m* MIN lapis lazuli

**lápiz** *m* pencil
◇ **lápiz de cejas** eyebrow pencil; **lápiz de cera** crayon; **lápiz de color** colored *o* Br coloured pencil; **lápiz fluorescente** highlighter; **lápiz labial, lápiz de labios** lipstick; **lápiz de ojos** eyeliner; **lápiz óptico** light pen

**lapón I** *adj* Lapp, of / from Lapland **II** *m*, **-ona** *f* Laplander **III** *m idioma* Lapp

**Laponia** *f* Lapland

**lapso** *m* *de tiempo* space, period; *(error)* ☞ **lapsus**

**lapsus** *m inv* slip; *tener un ~* have a momentary lapse
◇ **lapsus linguae** slip of the tongue

**laqueado** *m* lacquered

**laquear** ⟨1a⟩ *v/t* lacquer

**lar** *m* hearth; *~es pl* MYTH lares, household gods

**larga** *f*: *poner las ~s* put the headlights on full beam; *dar ~s a alguien* F put s.o. off

**largamente** *adv* at length

**largar** ⟨1h⟩ *v/t* drive away; *persona* get rid of; *~ un discurso* F make a speech; **largarse** *v/r* F clear off *o* out F; *¡lárgate!* beat it!, get lost!

**largavistas** *m inv* Rpl binoculars *pl*

**largo I** *adj* long; *persona* tall; *esto va para ~* this will take some time; *pasar de ~* go (straight) past; *tener setenta años ~s* be a good seventy years old
**II** *m* length; *tener tres metros de ~* be three meters long; *poner a alguien de ~* dress s.o. in a long dress
**III** *int*: *¡~ (de aquí)!* get out of here!; *¡~!* F scram! F

**IV**: *a la ~a* in the long run; *~ y tendido* at great length; *a lo ~ del día* throughout the day; *a lo ~ de muchos años* over the course of many years; *a lo ~ de la calle* along the street

**largometraje** *m* feature film

**larguero** *m* DEP crossbar

**larguirucho** *adj* F lanky, gangling

**largura** *f* length

**laringe** *f* larynx

**laringitis** *f* MED laryngitis

**larva** *f* ZO larva

**las I** *art fpl* the **II** *pron complemento directo pl* them; *a ustedes* you; *llévate ~ que quieras* take whichever ones you want; *~ de ...* those of ...; *~ de Juan* Juan's; *~ que llevan falda* the ones *o* those that are wearing dresses

**lasaña** *f* GASTR lasagne

**lasca** *f* chip, chipping

**lascivia** *f* lewdness, lasciviousness

**lascivo** *adj* lewd, lascivious

**láser** *m inv* laser; *rayo ~* laser beam

**laserterapia** *f* laser therapy

**lástima** *f* **1** pity, shame; *es una ~* it's a pity *o* shame; *¡qué ~!* what a pity *o* shame!; *me da ~ no usarlo* it's a shame *o* pity not to use it **2**: *estar hecho una ~* be in terrible shape

**lastimar** ⟨1a⟩ *v/t* *(herir)* hurt; **lastimarse** *v/r* hurt o.s.

**lastimero** *adj* pitiful

**lastimoso** *adj* pitiful; *(deplorable)* shameful

**lastrar** ⟨1a⟩ *v/t* MAR ballast; *fig* burden

**lastre** *m* ballast; *fig* burden; *soltar ~* drop ballast

**lata** *f* **1** can, Br tb tin **2** *fig* F nuisance, drag F, pain F; *dar la ~* F be a nuisance *o* a drag F *o* a pain F; *¡qué ~!* what a nuisance *o* a drag F *o* a pain F !; *es una ~* it's a nuisance *o* a drag F *o* a pain F

**latazo** *m* F pain in the neck F; *dar el ~* be a real pain in the neck F

**latencia** *f* **1** latency **2** *de enfermedad* incubation period

**latente** *adj* latent

**lateral I** *adj* side *atr*; *cuestiones ~es* side issues **II** *m* DEP back
◇ **lateral derecho** DEP right back
◇ **lateral izquierdo** DEP left back

**latería** *f* L.Am. tin works *sg*

**latero** *m*, **-a** *f* L.Am. tinsmith

**látex** *m* BOT, QUÍM latex
**latido** *m* beat
◇ **latido cardiaco** heartbeat
**latifundio** *m* large estate
**latifundista** *m/f* owner of a large estate
**latigazo** *m* **1** lash; (*chasquido*) crack **2** F *de whisky* shot F
**látigo** *m* whip
**latiguillo** *m* (*muletilla*) filler (word)
**latín** *m* Latin; *saber mucho* ~ be really sharp
**latinajo** *m* *palabra* Latin word; *frase* Latin phrase; (*latín incorrecto*) dog Latin
**latino** *adj* Latin
**Latinoamérica** Latin America
**latinoamericano I** *adj* Latin American **II** *m*, **-a** *f* Latin American
**latir** ⟨3a⟩ *v/i* beat
**latitud** *f* GEOG latitude
**lato** *adj* broad, wide; *en sentido* ~ in a broad sense, broadly
**latón** *m* brass
**latoso F I** *adj* annoying **II** *m*, **-a** *f* pain F, nuisance
**latrocinio** *m* larceny
**laucha** *f* *S.Am.* mouse
**laúd** *m* MÚS lute
**laudable** *adj* praiseworthy, laudable
**laudatorio** *adj* laudatory *fml*
**laudo** *m* JUR decision
**laureado** *adj* prize-winning
**laurear** ⟨1a⟩ *v/t:* ~ *a alguien con algo* *fml* award sth to s.o.
**laurel** *m* BOT laurel; *dormirse en los* ~*es* *fig* rest on one's laurels
**lava** *f* lava
**lavable** *adj* washable
**lavabo** *m* washbowl
**lavacoches** *m/f inv* carwash employee
**lavada** *f* *L.Am.* wash
**lavadero** *m* utility room, laundry room
**lavado** *m* wash; *de fácil* ~ easy wash
◇ **lavado de cerebro** *fig* brainwashing; **lavado de estómago, lavado gástrico** stomach pump; *hacer un* ~ *a alguien* MED pump s.o.'s stomach; **lavado en seco** dry cleaning
**lavadora** *f* washing machine
**lavamanos** *m inv* *L.Am.* ☞ **lavabo**
**lavanda** *f* BOT lavender
**lavandera** *f* washerwoman, laundress
**lavandería** *f* laundry
**lavandina** *f* *Arg* bleach

**lavándula** *f* BOT lavender
**lavaplatos** *m inv* **1** dishwasher **2** *L.Am.* sink
**lavar** ⟨1a⟩ **I** *v/t* wash; ~ *los platos* wash the dishes, *Br* do the washing-up; ~ *la ropa* do the laundry, *Br tb* do the washing; ~ *en seco* dry clean **II** *v/i* (*lavar los platos*) do the dishes; *de detergente* clean; **lavarse** *v/r* wash up, *Br* have a wash; ~ *los dientes* brush one's teeth; ~ *las manos* wash one's hands; *yo me lavo las manos* *fig* I wash my hands of it
**lavarropas** *m inv* *L.Am.* washing machine
**lavativa** *f* MED enema
**lavatorio** *m* *Rpl* washbasin
**lavavajillas** *m inv* **1** *líquido* dish-washing liquid, *Br* washing-up liquid **2** *electrodoméstico* dishwasher
**lavotear** ⟨1a⟩ F *v/t* wash quickly; **lavotearse** *v/r* wash up quickly, have a quick wash
**lavoteo** *m* F quick wash F
**laxante** *m/adj* MED laxative
**laxar** ⟨1a⟩ *v/t* MED give a laxative to, dose with a laxative
**laxativo** *m/adj* MED laxative
**laxitud** *f* laxness, laxity
**laxo** *adj* **1** relaxed **2** (*poco estricto*) lax
**lazada** *f* bow
**lazarillo** *m* guide; *perro* ~ seeing eye dog, *Br* guide dog
**lazo** *m* **1** knot **2** *de adorno* bow **3** *para atrapar animales* lasso; *caer en el* ~ *fig* fall into the trap **4**: ~*s pl* ties
**le** *pron sg complemento indirecto* (to) him; (*a ella*) (to) her; (*a usted*) (to) you; (*a algo*) (to) it; *complemento directo* him; (*a usted*) you
**leal** *adj* loyal
**lealtad** *f* loyalty
**leasing** *m* leasing
**lebrada** *f* GASTR hare stew
**lebrel** *m* coursing dog
**lección** *f* lesson; *dar una* ~ *a alguien* *fig* teach s.o. a lesson; *esto le servirá de* ~ that will teach him a lesson
◇ **lección inaugural** initial class *given by an eminent figure*
◇ **lección magistral** master class
**lechada** *f* **1** *de cal* whitewash **2** *de argamasa* grout **3** *de papel* pulp
**lechal I** *adj* sucking, suckling **II** *m* suck-

ler, suckling
**lechar** ⟨1a⟩ *v/t L.Am.* (*ordeñar*) milk
**leche** *f* milk; *es la ~* P (*bueno*) he's / it's the best; (*malo*) he's / it's the pits F; *estar de mala ~* P be in a foul mood; *tener mala ~* P be out to make trouble; *tener ~ L.Am.* F be lucky
◇ **leche condensada** condensed milk; **leche descremada** skim milk, *Br* skimmed milk; **leche desmaquillante** cleansing cream; **leche desnatada** skim milk, *Br* skimmed milk; **leche entera** whole milk; **leche limpiadora** cleansing cream; **leche en polvo** powdered milk; **leche semidescremada, leche semidesnatada** low-fat milk, *Br tb* semi-skimmed milk
**lechecillas** *fpl* sweetbreads
**lechera** *f para guardar* milk churn; *para hervir* milk pan; *para servir* creamer, *Br* milk jug; *es el cuento o las cuentas de la ~ fig* it's pie in the sky F, it's pure fantasy
**lechería** *f* dairy
**lechero I** *adj* dairy *atr* **II** *m* milkman
**lecho** *m tb de río* bed; *ser un ~ de rosas fig* be a bed of roses
◇ **lecho de muerte** deathbed
**lechón** *m* suckling pig, sucking pig
**lechoso** *adj* milky
**lechuga** *f* lettuce; *ser más fresco que una ~* F have a lot of nerve
◇ **lechuga iceberg** iceberg lettuce
**lechuza** *f* **1** ZO barn owl **2** *Cuba, Méx* (*prostituta*) hooker F
**lecitina** *f* BIO lecithin
**lectivo** *adj*: *día ~* school day; *día no ~* non-school day; *hora -a* class time
**lector** *m*, *~a f* **1** reader **2** EDU language assistant
◇ **lector de CD-ROM** CD ROM player
**lectorado** *m* assistantship
**lectura** *f* reading; *dar ~ a algo* read sth (out); *tener varias ~s fig* have several interpretations
**leer** ⟨2e⟩ *v/t & v/i* read; *~ en voz alta* read aloud, read out loud; *~ música* read music
**lega** *f* laywoman, layperson; *en orden religiosa* lay sister
**legación** *f* legation
**legado** *m* legacy; *persona* legate
**legajo** *m* file

**legal** *adj* **1** legal **2** F *persona* great F, terrific F
**legalidad** *f* legality
**legalización** *f* legalization
**legalizar** ⟨1f⟩ *v/t* legalize
**legaña** *f*: *tener ~s en los ojos* have sleep in one's eyes
**legañoso** *adj ojos* bleary, sleep-filled
**legar** ⟨1h⟩ *v/t* leave
**legatario** *m*, *-a f* legatee
**legendario** *adj* legendary
**legibilidad** *f* legibility
**legible** *adj* legible
**legión** *f* legion
**legionario** *m* **1** *en Roma* legionary **2** *en la actualidad* legionnaire; *enfermedad del ~* MED legionnaire's disease
**legionella** *f* legionnaire's disease
**legislación** *f* legislation
**legislador I** *adj* legislative **II** *m*, *~a f* legislator
**legislar** ⟨1a⟩ *v/i* legislate
**legislativo** *adj* legislative; *poder ~* legislature
**legislatura** *f cuerpo* legislature; *periodo* term of office
**legista** *m/f* jurist
**legitimación** *f* **1** legitimization **2** *de documento* authentication
**legitimar** ⟨1a⟩ *v/t* **1** justify **2** *documento* authenticate **2** *hijo* legitimize
**legitimidad** *f* **1** legitimacy **2** (*autenticidad*) authenticity
**legítimo** *adj* **1** legitimate **2** (*verdadero*) authentic
**lego** *adj* **1** lay *atr* **2** *fig* ignorant; *ser ~ en la materia* know little about the subject **II** *m* layman, layperson; *en orden religiosa* lay brother
**legrado** *m* MED D & C, dilation and curettage
**legrar** ⟨1a⟩ *v/t* curette, scrape
**legua** *f*: *se ve a la ~ fig* F you can see it a mile off F; *hecho* it's blindingly obvious F
**leguleyo** *m*, *-a f desp* shyster F
**legumbre** *f* BOT pulse, legume
**leguminosas** *fpl* BOT leguminous plants
**leída** *f L.Am.* reading
**leído** *adj libro* widely read; *persona* well-read
**lejanía** *f* distance; *en la ~* in the distance
**lejano** *adj* distant

**lejía** *f* bleach

**lejos I** *adv* far, far away; *Navidad queda ~* Christmas is a long way off; *a lo ~* in the distance; *sin ir más ~* to give you an example; *estar muy ~ de algo* *fig* be a long way from sth; *ir demasiado ~* *fig* go too far, overstep the mark; *llegar ~* *fig* go far; *nada más ~ de mi intención* nothing was further from my mind **II** *prp*: *~ de* far from; *desde ~* from afar, from far away

**lele** *adj* *C.Am.* stupid

**lelo** *adj* slow(-witted)

**lema** *m* 1 slogan 2 LING lemma

**lempira** *m* FIN lempira

**lencería** *f* lingerie

**lengua** *f* tongue; *darle a la ~* F chatter; *~ afilada o de doble filo* sharp tongue; *tirar a alguien de la ~* get information out of s.o.; *con la ~ fuera* *fig* with one's tongue hanging out; *irse de la ~* let the cat out of the bag; *morderse la ~* *fig* bite one's tongue; *sacar la ~ a alguien* stick one's tongue out at s.o.; *lo tengo en la punta de la ~* it's on the tip of my tongue

◇ **lengua de gato** GASTR langue de chat; **lengua materna** mother tongue; **lengua de signos** sign language; **lengua de tierra** strip of land

**lenguado** *m* ZO sole

**lenguaje** *m* language

◇ **lenguaje de programación** INFOR programming language

**lenguaraz** *adj* (*mal hablado*) foul-mouthed

**lengüeta I** *f* 1 *de zapato* tongue 2 (*pestaña*) tab 3 MÚS: *~ (de caña)* MÚS reed; *doble ~* double reed **II** *adj*: *ser ~* *S.Am.* be a gossip

**lengüetazo** *m* big lick

**lenidad** *f* *fml* lenience

**lenitivo** *m* balm

**lente** *f* lens

◇ **lente de aumento** magnifying glass
◇ **lentes de contacto** contact lenses, contacts

**lenteja** *f* BOT lentil

**lentejuela** *f* sequin

**lentes** *mpl* *LAm.* glasses

◇ **lentes de sol** *L.Am.* sunglasses

**lentillas** *fpl* contact lenses

**lentisco** *m* BOT mastic tree

**lentitud** *f* slowness

**lento** *adj* slow; *a fuego ~* on a low heat

**leña** *f* (fire)wood; *echar ~ al fuego* *fig* add fuel to the fire

**leñador** *m* woodcutter

**leñazo** *m* F wallop; *darse un ~* take a wallop

**¡leñe!** *int* P hey!

**leño** *m* log

**leñoso** *adj* woody

**Leo** *m/f* *inv* ASTR Leo

**león** *m* ZO lion; *L.Am.* puma

◇ **león marino** sealion

**leona** *f* lioness

**leonado** *adj* tawny

**leonera** *f* 1 lion's den; *jaula* lion's cage 2 *Rpl, Chi* *fig* F pigpen F, *Br* pigsty F 3 *L.Am.* F *para prisioneros* bullpen F, *Br* communal cell for holding prisoners temporarily

**leonino I** *adj* 1 leonine 2 *L.Am.* ASTR Leo; *soy ~* I'm a(a) Leo **II** *m*, -a *f* *L.Am.* ASTR Leo

**leopardo** *m* ZO leopard

**leotardo** *m* *de gimnasta* leotard; *~s pl* tights, *Br* heavy tights

**lépero** *adj* *C.Am.*, *Méx* coarse

**lepidópteros** *mpl* ZO lepidoptera *pl*

**leporino** *adj*: *labio ~* MED harelip

**lepra** *f* MED leprosy

**leprosería** *f* leper colony

**leproso I** *adj* leprous **II** *m*, -a *f* leper

**lerdo** *adj* (*torpe*) slow(-witted)

**les** *pron* *pl complemento indirecto* (to) them; (*a ustedes*) (to) you; *complemento directo* them; (*a ustedes*) you

**lesbiana** *f* lesbian

**lesbiano** *adj* lesbian

**lésbico** *adj* lesbian

**lesión** *f* injury

**lesionado** *adj* injured

**lesionar** ⟨1a⟩ *v/t* injure; **lesionarse** *v/r* hurt o.s.

**lesivo** *adj* harmful

**leso** *adj*: *delito de lesa majestad* lese-majesty, treason

**letal** *adj* lethal

**letanía** *f* *tb desp* litany

**letárgico** *adj* lethargic

**letargo** *m* 1 lethargy 2 ZO hibernation

◇ **letargo invernal** ZO hibernation

**letón I** *adj* Latvian **II** *m*, -ona *f* Latvian **III** *m idioma* Latvian, Lettish

**Letonia** *f* Latvia

**letra** *f* 1 letter; *escribir en ~s de molde*

print; **la ~ pequeña** o **menuda** *fig* the fine print, *Br* the small print; **al pie de la ~** word for word **2** *de canción* lyrics *pl* **3**: **~s** *pl* (*literatura*) literature *sg*; EDU arts **4**: **tener buena / mala ~** have good / bad handwriting

◇ **letra de cambio** COM bill of exchange; **letra de imprenta** block capital; **letra mayúscula** capital letter; **letra a la vista** COM sight draft, sight bill

**letrado I** *adj* learned **II** *m*, -a *f* lawyer

**letrero** *m* sign

**letrina** *f* latrine

**letrista** *m/f* MÚS lyricist

**leucemia** *f* MED leuk(a)emia

**leucocito** *m* ANAT leucocyte

**leva** *f* **1** MIL levy **2** TÉC cam **3**: **la ~ de la flota tendrá lugar cuando** … the fleet will weigh anchor when …

**levadura** *f* yeast

◇ **levadura de cerveza** brewer's yeast

◇ **levadura en polvo** baking powder

**levantador** *m*, **~a** *f*: **~ de pesas** DEP weightlifter

**levantamiento** *m* **1** raising **2** (*rebelión*) rising **3** *de embargo* lifting **4** *de cadáver* removal

◇ **levantamiento de peso, levantamiento de pesas** weightlifting

◇ **levantamiento topográfico** topographical survey

**levantar** ⟨1a⟩ *v/t* **1** raise; *bulto* lift (up); *del suelo* pick up; **~ los ojos** raise one's eyes, look up; **~ la voz** raise one's voice (**a** to); **¡levanta los ánimos!** cheer up!; **~ sospechas** arouse suspicion; **~ el vuelo** *de pájaro* fly away, fly off; *de avión* take off **2** *edificio, estatua* put up, erect **3** *embargo* lift **4** F (*robar*) lift F, *Br tb* pinch F

**levantarse** *v/r* **1** get up; (*ponerse de pie*) stand up **2** *de un edificio, una montaña* rise **3** *de un telón* go up, rise **4** *en rebelión* rise up

**levante** *m* east

**levar** ⟨1a⟩ *v/t*: **~ anclas** weigh anchor

**leve** *adj* slight; *sonrisa* faint

**levedad** *f* lightness

**levita** *f* frock coat

**levitación** *f* levitation

**levitar** ⟨1a⟩ *v/i* levitate

**lexema** *m* lexeme

**lexicalizar** ⟨1f⟩ *v/t* lexicalize

**léxico** *m* lexicon

**ley** *f* law; **es la ~ del más fuerte** might is right; **una ~ no escrita** an unwritten law; **con todas las de la ~** fairly and squarely

◇ **ley fundamental** constitutional law; **ley marcial** martial law; **ley seca** Prohibition; **ley de la selva** law of the jungle; **ley del Talión** principle of an eye for an eye; **ley de la ventaja** DEP advantage law; **aplicar la ~** play advantage

**leyenda** *f* legend

**leyendo** *vb* ☞ **leer**

**leyó** *vb* ☞ **leer**

**liana** *f* BOT liana, creeper

**liar** ⟨1c⟩ *v/t* **1** tie (up) **2** *en papel* wrap (up); *cigarillo* roll **3** *persona* confuse; **liarse** *v/r de una persona* get confused; **~ a hacer algo** get tied up doing sth; **~ con alguien** F get involved with s.o.; **~ a golpes** start fighting

**libanés I** *adj* Lebanese **II** *m*, -esa *f* Lebanese

**Líbano** *m* Lebanon

**libar** ⟨1a⟩ *v/t néctar* suck; *fml: licor* sip

**libelo** *m* libel

**libélula** *f* ZO dragonfly

**liberación** *f* release; *de un país* liberation

**liberal I** *adj* liberal **II** *m/f* liberal

**liberalidad** *f* generosity

**liberalismo** *m* liberalism

**liberalización** *f* liberalization

**liberalizar** ⟨1f⟩ *v/t* liberalize

**liberar** ⟨1a⟩ *v/t* (set) free, release; *país* liberate; *energía* release; **liberarse** *v/r*: **~ de algo** free o.s. of sth

**líbero** *m en fútbol* sweeper

**libérrimo** *adj fml* most free

**libertad** *f* freedom, liberty; **dejar a alguien en ~** release s.o., let s.o. go; **hablar con toda ~** speak freely; **tomarse ~es** take liberties; **tomarse la ~ de hacer algo** take the liberty of doing sth

◇ **libertad bajo fianza** JUR bail

◇ **libertad condicional** JUR probation

**libertador I** *adj* liberating **II** *m*, **~a** *f* liberator

**libertar** ⟨1a⟩ *v/t* (set) free, release

**libertario I** *adj* libertarian **II** *m*, -a *f* libertarian

**libertinaje** *m* licentiousness

**libertino I** *adj* dissolute, libertine **II** *m* libertine

**Libia** *f* Libya
**libidinoso** *adj* lustful, libidinous *fml*
**líbido** *f* libido
**libio I** *adj* Libyan **II** *m*, **-a** *f* Libyan
**libra** *f* pound; ~ **esterlina** pound (sterling)
**Libra** *m/f inv* ASTR Libra
**libraco** *m* **1** *desp* (*libro malo*) bad book **2** (*libro grueso*) thick book, brick F
**librado I** *part* ☞ **librar**, **salir bien / mal ~ de algo** come out of sth well / badly **II** *m*, **-a** *f* COM drawee
**librador** *m*, **~a** *f* COM drawer
**librano** *L.Am.* ASTR **I** *adj* Libran; **soy ~** I'm (a) Libra(n) **II** *m*, **-a** *f* Libra(n)
**libranza** *f* order to pay
**librar** ⟨1a⟩ **I** *v/t* free (**de** from); *cheque* draw; *batalla* fight **II** *v/i*: **libro los lunes** I have Mondays off; **librarse** *v/r*: **~ de algo** get out of sth; **de buena nos hemos librado** F that was lucky
**libre** *adj* free; *tiempo* spare, free; **eres ~ de** you're free to; **trabajar por ~** be self-employed; **~ de impuestos** tax free
**librea** *f* livery
**librecambio** *m* free trade
**librepensador I** *adj* freethinking **II** *m*, **~a** *f* freethinker
**librera** *f* bookseller
**librería** *f* bookstore
◇ **librería de lance, librería de viejo** second-hand bookstore
**librero** *m* bookseller; *L.Am. mueble* bookcase
**libreta** *f* notebook
◇ **libreta de ahorros** bankbook, passbook
◇ **libreta de cheques** *Rpl* checkbook, *Br* chequebook
**libretista** *m/f* **1** librettist **2** *L.Am. en cine etc* scriptwriter
**libreto** *m* **1** libretto **2** *en cine etc* script
**libriano** *L.Am.* ☞ **librano**
**libro** *m* book; **colgar los ~s** quit studying; **hablar como un ~** talk like a book, use highfalutin language
◇ **libro de bolsillo** paperback (book); **libro de cabecera** bedtime book; **¿cuál es tu ~ ahora mismo?** what's your bedtime reading at the moment?; **libro de caja** COM cash book; **libro de cocina** cookbook, *Br tb* cookery book; **libro de cuentos** book of short stories; **libro diario** COM day book; **libro elec-**

trónico e-book; **libro de escolaridad** school record; **libro de familia** *booklet recording family births, marriages and deaths*; **libro mayor** COM ledger; **libro de pedidos** order book; **libro de reclamaciones** complaints book; **libro de texto** textbook
**licencia** *f* **1** permit, license, *Br* licence **2** (*permiso*) permission **3** MIL leave **4**: **tomarse demasiadas ~s** take liberties **5** *L.Am.* AUTO license, *Br* licence
◇ **licencia absoluta** MIL absolute discharge; **licencia de armas** gun permit, *Br* gun licence; **licencia de caza** hunting permit; **licencia de conducir, licencia de manejar** *L.Am.* driver's license, *Br* driving licence; **licencia de obras** planning permission; **licencia de pesca** fishing permit; **licencia poética** poetic license *o Br* licence
**licenciado I** *adj* MIL: **está ~** he has completed his military service **II** *m*, **-a** *f* graduate
**licenciamiento** *m* MIL discharge
**licenciar** ⟨1b⟩ *v/t* MIL discharge; **licenciarse** *v/r* **1** graduate **2** MIL be discharged
**licenciatura** *f* EDU degree
**licencioso** *adj* licentious
**liceo** *m* *L.Am.* high school, *Br* secondary school
**licitación** *f* *L.Am.* bidding
**licitador** *m*, **~a** *f* *L.Am.* bidder
**licitar** ⟨1a⟩ *v/t* *L.Am. en subasta* bid for
**lícito** *adj* **1** legal **2** (*razonable*) fair, reasonable
**licitud** *f fml* legality
**licor** *m* liquor, *Br* spirits *pl*
**licorera** *f* decanter
**licorería** *f* liquor store, *Br* off-licence
**licorista** *m/f* liquor store clerk, *Br* off-licence assistant
**licuado** *m* *Méx* fruit milkshake
**licuadora** *f* blender
**licuar** ⟨1d⟩ *v/t* blend, liquidize
**licuefacción** *f* liquefaction
**lid** *f lit* battle
**líder I** *m/f* leader **II** *adj* leading
**liderar** ⟨1a⟩ *v/t* lead
**liderazgo** *m* leadership
**lidia** *f* bullfighting
**lidiar** ⟨1b⟩ **I** *v/i fig* do battle, struggle **II** *v/t toro* fight
**liebre** *f* ZO hare; **levantar la ~** *fig* let the

cat out of the bag, spill the beans

**liendre** *f* ZO nit

**lienzo** *m* canvas

**lifting** *m* facelift; **~ facial** facelift; **hacerse un ~** have a facelift

**liga** *f* **1** POL, DEP league; **la Liga de los Campeones** the Champions League **2** *de medias* garter

**ligado I** *adj* connected, linked **II** *m* MÚS slur

**ligadura** *f* MED ligature; **~s** *pl fig* ties

**ligamento** *m* ANAT ligament; **~ cruzado** cruciate ligament

**ligar** ⟨1h⟩ **I** *v/t* **1** bind **2** *(atar)* tie **3** GASTR blend **II** *v/i:* **~ con** F pick up; **ligarse** *v/r* pick up

**ligazón** *f* connection, link

**ligereza** *f* **1** lightness **2** *(rapidez)* speed **3** *de movimiento* agility, nimbleness **4** *de carácter* shallowness, superficiality

**ligero I** *adj* **1** light; **~ de ropa** scantily clad; **a la -a** *(sin pensar)* lightly, casually; **tomarse algo a la -a** not take sth seriously **2** *(rápido)* rapid, quick **3** *movimiento* agile, nimble **4** *(leve)* slight **II** *adv* quickly

**lignito** *m* lignite

**ligón** *m* F: **es un ~** he's a real Don Juan F

**ligue** *m/f* F *persona* pick-up F; **estar de ~** be on the pick-up F, *Br* be on the pull F

**liguero I** *m* garter belt, *Br* suspender belt **II** *adj* DEP: **partido ~** league game

**lija** *f:* **papel de ~** sandpaper

**lijar** ⟨1a⟩ *v/t* sand

**lila I** *adj inv* lilac **II** *f* BOT lilac **III** *m color* lilac **IV** *m/f* F dimwit F

**lima** *f* **1** file **2** BOT lime **3:** **comer como una ~** *fig* F eat like a horse F

◊ **lima de uñas** nail file

**limaco** *m* ZO ☞ **limaza**

**limadura** *f* filing

**limar** ⟨1a⟩ *v/t* file; *fig* polish

**limaza** *f* ZO slug

**limbo** *m* REL limbo; **estar en el ~** be miles away

**limeño I** *adj* of / from Lima, Lima *atr* **II** *m*, **-a** *f* native of Lima

**limitación** *f* limitation

**limitado I** *adj* limited **II** *part* ☞ **limitar**

**limitar** ⟨1a⟩ **I** *v/t* limit; *(restringir)* limit, restrict **II** *v/i:* **~ con** border on; **limitarse** *v/r* limit *o* restrict o.s. (**a** to)

**límite I** *m* **1** limit; **sin ~s** limitless **2** *(linea de separación)* boundary **II** *adj:* **situación ~** extreme situation; **caso ~** borderline case

◊ **límite de velocidad** speed limit

**limítrofe** *adj* neighboring, *Br* neighbouring; **país ~** neighboring country

**limo** *m* silt; **en el suelo** mud

**limón** *m* **1** lemon **2** *Méx lima* lime

◊ **limón francés** *Méx* lemon

**limonada** *f* lemonade

**limonero** *m* lemon tree

**limosna** *f:* **una ~, por favor** can you spare some change?

**limosnear** ⟨1a⟩ *v/i L.Am.* beg

**limosnero** *L.Am.* **I** *adj* beggar *atr*, begging *atr* **II** *m*, **-a** *f* beggar

**limpiabotas** *m/f inv* bootblack

**limpiacristales** *m inv* window cleaner

**limpiada** *f L.Am.* clean

**limpiador I** *adj* cleansing **II** *m*, **~a** *f* cleaner **III** *m Méx (limpiaparabrisas)* windshield wiper, *Br* windscreen wiper

**limpiahogar** *m* cleaning liquid

**limpiamanos** *m inv L.Am.* hand towel

**limpiamente** *adv* cleanly

**limpiametales** *m inv* metal cleaner

**limpiamuebles** *m inv* furniture polish

**limpiaparabrisas** *m inv* AUTO windshield wiper, *Br* windscreen wiper

◊ **limpiaparabrisas trasero** rear windshield wiper, *Br* rear windscreen wiper

**limpiar** ⟨1b⟩ *v/t* clean; *con un trapo* wipe; *fig* clean up; **~ a alguien** F clean s.o. out F; **~ en seco** dry-clean; **limpiarse** *v/r* clean o.s.

**limpiasuelos** *m inv* floor cleaner

**limpiavidrios** *m inv L.Am.* window cleaner

**límpido** *adj lit* limpid

**limpieza** *f* **estado** cleanliness; *acto* cleaning; **hacer la ~** do the cleaning; **~ en seco** dry-cleaning

◊ **limpieza de cutis** skin cleansing; **limpieza étnica** ethnic cleansing; **limpieza general** spring cleaning

**limpio** *adj* **1** clean; **poner algo en ~** make a fair copy of sth; **pasar a ~** copy out neatly; **gana $5.000 ~s al mes** he takes home $5,000 a month; **quedarse ~** *S.Am.* F be broke F; **sacar algo en ~** *fig* make sense of sth **2** *(ordenado)* neat, tidy **3** *político* honest

**limusina** *f* limousine

linaje *m* lineage

linaza *f* BOT linseed

lince *m* ZO lynx; *ojos o vista de ~ fig* eyes like a hawk; *ser un ~* be very sharp
◇ lince ibérico Iberian lynx, Spanish lynx

linchamiento *m* lynching

linchar ⟨1a⟩ *v/t* lynch

lindante *adj* adjacent (*con* to), bordering (*con* on)

lindar ⟨1a⟩ *v/i*: *~ con algo* adjoin sth; *fig* border on sth

linde *m o f* boundary

lindero I *adj*: *ser ~ con* border on II *m* boundary

lindeza *f* prettiness, loveliness; *~s pl irón* insults, offensive remarks

lindo *adj* lovely; *de lo ~* a lot, a great deal

línea *f* line; *mantener la ~* watch one's figure; *de primera ~ fig* first-rate; *tecnología de primera ~* state-of-the art technology; *perdieron en toda la ~* they were soundly beaten; *entre ~s fig* between the lines; *escribir o poner unas o dos o cuatro ~s a alguien* drop s.o. a line; *la ~ se ha cortado* TELEC the line's gone dead; *no hay ~* TELEC the line's dead
◇ línea aérea airline; línea de alta tensión EL high voltage cable; línea directa TELEC direct line; línea divisoria dividing line; línea eléctrica power cable o line; línea erótica sex phone line; línea férrea railroad, *Br* railway; línea de flotación water line; línea de fondo *en fútbol* goal line; *en baloncesto* end line; línea de gol *en fútbol* goal line; línea de llegada DEP finishing line, finish; línea marítima shipping line; línea media *en fútbol* midfield line, *Br* halfway line; línea de meta *en fútbol* goal line; línea de productos COM product line; línea de salida DEP starting line; línea de seis veinticinco *en baloncesto* three-point line; línea de tiros libres *en baloncesto* free throw line

lineal *adj* linear

linfa *f* lymph

linfático *adj* lymphatic

linfocito *m* ANAT lymphocyte

lingotazo *m* F *de vodka* shot F

lingote *m* ingot; *~ de oro* gold bar

lingual *adj* lingual

lingüista *m/f* linguist

lingüística *f* linguistics *sg*

lingüístico *adj* linguistic

linier *m* DEP assistant referee, linesman

linimento *m* MED liniment

lino *m* linen; BOT flax

linóleo *m* linoleum, lino

linotipia *f* TIP Linotype®

linotipista *m/f* TIP Linotype® operator

linterna *f* 1 flashlight, *Br* torch 2 *Méx* F *ojo* eye
◇ linterna mágica magic lantern

lío *m* 1 bundle 2 F (*desorden*) mess; *~ amoroso* F affair; *estar hecho un ~* be all confused; *hacerse un ~* get into a muddle; *meterse en ~s* get into trouble 3 F (*jaleo*) fuss; *armar un ~* F kick up a fuss F

liofilización *f* freeze-drying

liofilizado *adj* freeze-dried

liofilizar ⟨1f⟩ *v/t* freeze-dry

lioso *adj* confusing

liposucción *f* MED liposuction

lipotimia *f* MED blackout

liquen *m* BOT lichen

liquidación *f* 1 COM *de cuenta, deuda* settlement 2 *de negocio* liquidation
◇ liquidación de fin de temporada end of season sale
◇ liquidación total clearance sale

liquidador *m*, *~a f* liquidator

liquidar ⟨1a⟩ *v/t* 1 *cuenta, deuda* settle 2 COM *negocio* wind up, liquidate 3 *existencias* sell off 4 F (*matar*) liquidate F, bump off F

liquidez *f* COM liquidity

líquido I *adj* 1 liquid 2 COM net II *m* liquid

lira *f* 1 lira 2 MÚS lyre

lírica *f* lyric poetry

lírico *adj* lyrical

lirio *m* BOT lily
◇ lirio de los valles lily of the valley

lirismo *m* lyricism

lirón *m* ZO dormouse; *dormir como un ~ fig* F sleep like a log

lisa *f* ZO grey mullet

lisboeta *adj* Lisboan

lisiado I *adj* crippled II *m*, *-a f* cripple

lisiar ⟨1b⟩ *v/t* cripple

liso *adj* 1 smooth 2 *terreno* flat; *cien metros ~s* DEP one hundred meter sprint, one hundred meters 3 *pelo* straight 4 (*sin adornos*) plain; *-a y llanamente*

plainly and simply
**lisonja** *f* flattery
**lisonjear** ⟨1a⟩ *v/t* flatter
**lisonjero** *adj* flattering
**lista** *f* **1** list; *pasar ~* take the roll call, *Br* call the register **2** *en tela* stripe
◇ **lista de boda** wedding list; **lista civil** civil list; **lista de correos** general delivery, *Br* poste restante; **lista de espera** waiting list; *estar en ~* be on the waiting list, be waitlisted; **lista de precios** price list
**listado I** *adj* striped **II** *m* INFOR printout
**listar** ⟨1a⟩ *v/t* list
**listillo** F **I** *adj* smart **II** *m*, *-a f* smart alec F
**listín** *m*: *~* (*telefónico*) phone book
**listo** *adj* **1** (*inteligente*) clever; *pasarse de ~* F try to be too smart F; *ser más ~ que el hambre* F be a smart cookie **2** (*preparado*) ready; *estar ~ fig* be finished
**listón** *m* **1** *de madera* strip **2** DEP bar; *poner el ~ muy alto fig* set very high standards
**lisura** *f Rpl, Pe* curse, swearword
**litera** *f* bunk; *de tren* couchette
**literal** *adj* literal
**literario** *adj* literary
**literata** *f* woman of letters
**literato** *m* man of letters
**literatura** *f* literature
**litigante** *m/f & adj* JUR litigant
**litigar** ⟨1h⟩ *v/i* JUR go to litigation
**litigio** *m* lawsuit
**litigioso** *adj persona* litigious
**litio** *m* QUÍM lithium
**litografía** *f* lithography
**litoral I** *adj* coastal **II** *m* coast
**litro** *m* liter, *Br* litre
**litrona** *f* F *liter bottle of beer*
**Lituania** *f* Lithuania
**lituano I** *adj* Lithuanian **II** *m*, *-a f* Lithuanian **III** *m idioma* Lithuanian
**liturgia** *f* REL liturgy
**litúrgico** *adj* liturgical
**liviano** *adj* **1** light **2** (*de poca importancia*) trivial
**lividez** *f* paleness, pallor
**lívido** *adj* pale, pallid
**living** *m* living room
**liza** *f* HIST lists *pl*; *entrar en ~ fig* enter the fray
**llaga** *f* sore; *poner o meter el dedo en la ~ fig* put one's finger on it

**llagar** ⟨1h⟩ *v/t* cause *o* create a sore on
**llama** *f* **1** flame **2** ZO llama
◇ **llama piloto** pilot light
**llamada** *f* **1** call; *hacer una ~* make a call; *~ al orden* call to order; *última ~* AVIA last call **2** *en una puerta* knock; *en timbre* ring
◇ **llamada de auxilio** distress call; **llamada a cobro revertido** collect call; **llamada interurbana** long-distance call; **llamada urbana** local call
**llamado I** *adj* called, named **II** *m* L.Am. call
**llamador** *m* (door) knocker
**llamamiento** *m* call; *hacer un ~ a algo* call for sth
◇ **llamamiento a filas** MIL draft, *Br* call-up
◇ **llamamiento al orden** call to order
**llamar** ⟨1a⟩ **I** *v/t* call; TELEC call, *Br tb* ring **II** *v/i* TELEC call, *Br tb* ring; *~ a la puerta* knock at the door; *con timbre* ring the bell; *llaman* (*a la puerta*) there's someone at the door; *el fútbol no me llama nada* football doesn't appeal to me in the slightest; **llamarse** *v/r* be called; *¿cómo te llamas?* what's your name?
**llamarada** *f* flare-up
**llamativo** *adj* eyecatching; *color* loud
**llamear** ⟨1a⟩ *v/i* blaze
**llamón** *adj Méx* moaning
**llana** *f* trowel
**llaneza** *f en el trato* naturalness; *en el habla* plainness, plain speech
**llanito** *m*, *-a f* F Gibraltarian
**llano I** *adj* **1** *terreno* level **2** *trato* natural; *persona* unassuming **3** *palabra* stressed on the penultimate syllable **II** *m* flat ground
**llanta** *f* **1** wheel rim **2** *C.Am., Méx* (*neumático*) tire, *Br* tyre **3** *Méx: flotador* rubber ring **3**: *~s pl Méx* F spare tire *sg*, *Br* spare tyre *sg*
◇ **llanta de refacción** *Méx* spare tire, *Br* spare tyre
**llantén** *m* BOT plantain
**llanto** *m* sobbing
**llanura** *f* plain
**llave** *f* **1** key; *bajo ~* under lock and key; *cerrar con ~* lock; *echar la ~* lock the door, lock up **2** *para tuerca* wrench, *Br tb* spanner
◇ **llave de contacto** AUTO ignition

key; **llave inglesa** TÉC monkey wrench; **llave maestra** master key; **llave en mano** available for immediate occupancy; **llave de paso** stop cock

**llavero** *m* key ring

**llavín** *m* small key

**llegada** *f* arrival; DEP finish

**llegar** ⟨1h⟩ *v/i* **1** arrive; **ha llegado la primavera** spring is here, spring has arrived; **está al ~** he'll arrive momentarily, he's about to arrive

**2** (*alcanzar*) reach; **me llega hasta las rodillas** it comes down to my knees; **el agua me llegaba a la cintura** the water came up to my waist; **no llego a comprender por qué ...** I don't understand why ...; **la comida no llegó para todos** there wasn't enough food for everyone; **¡hasta ahí podíamos ~!** F that's going too far!, that's a bit much! F; **~ a saber** find out; **~ a ser** get to be; **~ a viejo** live to a ripe old age; **~ a presidente** get to be president, become president

**llegarse** *v/r*: **llégate al vecino** F run over to the neighbor's

**llenar** ⟨1a⟩ **I** *v/t* fill; *impreso* fill out *o* in **II** *v/i* be filling; **llenarse** *v/r* fill up; **me he llenado** I have had enough (to eat)

**llenazo** *m* F full house

**lleno I** *adj* full (**de** of); *pared* covered (**de** with); **estar ~** F be full **II** *m* TEA full house; **hubo un ~ total** it was a complete sellout **III** *adv*: **de ~** fully; **meterse de ~ en algo** put all one's energy into sth

**llevadero** *adj* bearable

**llevar** ⟨1a⟩ **I** *v/t* **1** take; **~ a alguien en coche** drive s.o., take s.o. in the car; **~ dinero encima** carry money

**2** *ropa, gafas* wear

**3** *ritmo* keep up

**4**: **~ las de perder** be likely to lose; **me lleva dos años** he's two years older than me; **llevo ocho días aquí** I've been here a week; **llevo una hora esperando** I've been waiting for an hour; **¿te llevó dos horas hacer eso?** it took you two hours to do that?

**II** *v/i* lead (**a** to)

**llevarse** *v/r* **1** take **2** *susto, sorpresa* get **3**: **~ bien / mal** get on well / badly **4**: **se lleva el color rojo** red is fashionable

**llorar** ⟨1a⟩ **I** *v/i* cry, weep; **~ a moco tendido** F cry one's eyes out **II** *v/t lágrimas*

cry, weep; *muerte* mourn

**llorera** *f* F: **le entró una ~** she burst into tears

**llorica** *m/f* F crybaby F

**lloriquear** ⟨1a⟩ *v/i* snivel, whine

**lloro** *m* weeping, crying

**llorón I** *adj* F: **ser ~** be a crybaby F **II** *m*, **-ona** *f* F crybaby F

**lloroso** *adj* tearful; *ojos* full of tears

**llovedera** *f* L.Am., **llovedero** *m* L.Am. rainy season

**llover** ⟨2h⟩ *v/i* rain; **llueve** it is raining; **~ sobre mojado** *fig* F be one thing after another; **es como quien oye ~** it's like talking to a wall; **nunca llueve a gusto de todos** you can't please everybody

**llovizna** *f* drizzle

**lloviznar** ⟨1a⟩ *v/i* drizzle

**llueve** *vb* ☞ **llover**

**lluvia** *f* **1** rain **2** *Rpl* (*ducha*) shower

◊ **lluvia ácida** acid rain

◊ **lluvia de estrellas** meteor shower

**lluvioso** *adj* rainy

**lo I** *art sg* the; **~ bueno** the good thing; **no sabes ~ difícil que es** you don't know how difficult it is **II** *pron sg*: *a él* him; *a usted* you; *algo* it; **~ sé** I know **III** *pron rel sg*: **~ que** what; **~ cual** which

**loa** *f* praise

**loable** *adj* praiseworthy, laudable

**loar** ⟨1a⟩ *v/t* praise

**loba** *f* she-wolf

**lobato, lobezno** *m* wolf cub

**lobo** *m* wolf

◊ **lobo de mar** *fig* sea dog

◊ **lobo marino** seal

**lóbrego** *adj* gloomy

**lóbulo** *m* lobe; **~ de la oreja** earlobe

**loca** *f* madwoman

**locador** *m* S.Am. landlord

**local I** *adj* local **II** *m* premises *pl*; **~ comercial** commercial premises *pl*; **~ nocturno** nightspot

**localidad** *f* **1** town **2** TEA seat

**localizable** *adj*: **estar ~** be easily found

**localización** *f* **1** location **2** INFOR localization

**localizador** *m* Méx pager

**localizar** ⟨1f⟩ *v/t* **1** locate; *incendio* contain, bring under control **2** INFOR localize

**locatis** *m/f inv* F loony F, nutcase F

**loción** *f* lotion

◊ **loción capilar** hair lotion; **loción**

corporal body lotion; **loción facial** skin lotion; **loción hidratante** moisturizer, moisturizing lotion

**loco I** *adj* mad, crazy; **a lo ~** F (*sin pensar*) hastily; **es para volverse ~** it's enough to drive you mad *o* crazy; **~ de atar** *o* **remate** completely mad; **estar ~ de alegría** be insanely happy; **estar ~ por alguien** be mad *o* crazy about s.o.
**II** *m* **1** madman; **cada ~ con su tema** each to his own; **hacer el ~** make a fool of o.s. **2** *Rpl* F guy; **~, ayudame** help me, pal

**locomoción** *f* locomotion; **medio de ~** means of transportation

**locomotor** *adj* ANAT locomotory

**locomotora** *f* locomotive

**locomotriz** *adj* ANAT locomotory

**locro** *m* *S.Am.* stew of meat, corn and potatoes

**locuacidad** *f* talkativeness, loquacity *fml*

**locuaz** *adj* talkative, loquacious *fml*

**locución** *f* phrase

**locura** *f* madness; **es una ~** it's madness; **de ~** F crazy

**locutor** *m*, **~a** *f* RAD, TV presenter

**locutorio** *m* TELEC phone booth

**lodazal** *m* quagmire

**lodo** *m* mud; **arrastrar por el ~** *fig* drag through the mud

◇ **lodos de depuración, lodos residuales** sludge

**logaritmo** *m* logarithm

**logia** *f* **1** *masónica* lodge **2** ARQUI loggia

**lógica** *f* logic

**lógico** *adj* logical

**logística** *f* logistics *sg*

**logístico** *adj* logistical

**logopeda** *m/f* speech therapist

**logopedia** *f* speech therapy

**logotipo** *m* logo

**logrado** *adj* excellent

**lograr** ⟨1a⟩ *v/t* achieve; (*obtener*) obtain; **~ hacer algo** manage to do sth; **~ que alguien haga algo** (manage to) get s.o. to do sth; **lograrse** *v/r* succeed

**logrero** *m* *L.Am.* F profiteer

**logro** *m* achievement

**LOGSE** *f abr* (= **Ley de Ordenación General del Sistema Educativo**) Education Act

**lola** *f* *Rpl* F tit F

**loma** *f* *L.Am.* small hill

**lombarda** *f* BOT red cabbage

**lombriz** *f*: **~ de tierra** earthworm
◇ **lombriz intestinal** tapeworm

**lomo** *m* back; GASTR loin; **a ~s de burro** on a donkey

**lona** *f* canvas

**loncha** *f* slice

**lonche** *m* *L.Am.* afternoon snack

**lonchería** *f* *L.Am.* diner, luncheonette

**londinense I** *adj* of / from London, London *atr* **II** *m/f* Londoner

**Londres** *m* London

**longaniza** *f* type of dried sausage

**longevidad** *f* longevity

**longevo** *adj* long-lived

**longitud** *f* **1** longitude **2** (*largo*) length; **tener dos metros de ~** be two meters long
◇ **longitud de onda** wavelength

**longitudinal** *adj* longitudinal

**longui(s)** *m/f* *Esp*: **hacerse el ~** F play *o* act dumb F

**lonja** *f* **1** **de pescado** fish market **2** (*loncha*) slice

**lontananza** *f* **1** *lit* distance; **en ~** in the distance **2** **de cuadro** background

**loor** *m* REL, *lit* praise

**loquear** ⟨1a⟩ *v/i* *L.Am.* horse around

**loquera** *f* *L.Am.* F shrink F; *enfermera* psychiatric nurse

**loquero** *m* **1** *L.Am.* F shrink F; *enfermero* psychiatric nurse **2** (*manicomio*) mental hospital, funny farm F

**loro** *m* parrot; **estar al ~** F (*enterado*) be clued up F, be on the ball F

**los** *mpl* **I** *art* the **II** *pron complemento directo pl* them; *a ustedes* you; **llévate ~ que quieras** take whichever ones you want; **~ de ...** those of ...; **~ de Juan** Juan's; **~ que juegan** the ones *o* those that are playing

**losa** *f* flagstone

**loseta** *f* floor tile

**lote** *m* **1** *en reparto* share, part **2** *L.Am.* (*solar*) lot **3** P: **darse el ~** make out F

**lotería** *f* lottery; **le cayó** *o* **tocó la ~** he won the lottery

**lotero** *m*, **-a** *f* lottery ticket seller

**loto I** *m* BOT lotus **II** *f* F lottery

**loza** *f* *material* china; (*vajilla*) china, crockery; **de ~** china *atr*

**lozanía** *f* **1** **de persona** healthiness **2** *de*

*planta* lushness

**lozano** *adj* **1** *persona* healthy-looking **2** *planta* lush

**lubina** *f* ZO sea bass

**lubri(fi)cación** *f* lubrication

**lubri(fi)cante I** *adj* lubricating **II** *m* lubricant

**lubri(fi)car** ⟨1g⟩ *v/t* lubricate

**lubricidad** *f* lewdness

**lucerna** *f*, **lucernario** *m* skylight

**lucero** *m* **1** bright star **2** (*Venus*) Venus

◇ **lucero del alba, lucero matutino** morning star

◇ **lucero de la tarde, lucero vespertino** evening star

**luces** ☞ *luz*

**lucha** *f* **1** fight, struggle **2** DEP wrestling **3** *en baloncesto* jump ball

◇ **lucha libre** all-in wrestling

**luchador I** *adj espíritu* fighting **II** *m*, ~a *f* fighter

**luchar** ⟨1a⟩ *v/i* fight (*por* for); *fig* fight, struggle (*por* for)

**lucidez** *f* lucidity

**lúcido** *adj* lucid, clear

**lucido** *adj* splendid, magnificent

**luciérnaga** *f* ZO glowworm

**lucimiento** *m* (*brillo*) splendor, *Br* splendour; *le ofrece oportunidades de ~* it gives him a chance to shine

**lucio** *m* ZO pike

**lucir** ⟨3f⟩ *v/i* **1** shine **2** *L.Am.* (*verse bien*) look good **II** *v/t ropa, joya* wear; **lucirse** *v/r tb irón* excel o.s., surpass o.s.

**lucrarse** ⟨1a⟩ *v/r* make a profit (*de* from)

**lucrativo** *adj* lucrative

**lucro** *m* profit; *afán de ~* profit-making; *sin ánimo de ~* non-profit (making), not-for-profit

**luctuoso** *adj* sad, sorrowful

**lúdico** *adj* playful

**ludópata** *m/f* compulsive gambler

**ludopatía** *f* compulsive gambling

**ludoteca** *f* toy library

**luego I** *adv* **1** (*después*) later; *¡hasta ~!* see you (later) **2** *en orden, espacio* then **3** *L.Am.* (*en seguida*) right now; **~ ~** *Méx* straight away **4**: *¡desde ~!* of course! **II** *conj* therefore; **~ que** *L.Am.* after; **~ de hacer algo** after doing sth

**lugar** *m* place; *en ~ de* instead of; *en primer ~* in the first place, first(ly); *fuera de ~* out of place; *yo en tu ~* if I were you, (if I were) in your place; *ponte en mi ~* put yourself in my place; *dar ~ a* give rise to; *tener ~* take place; *~ de destino* posting; *sin ~ a dudas* without a doubt

◇ **lugar de autos** JUR scene of the crime; **lugar común** cliché, commonplace; **lugar de los hechos** JUR scene of the crime; **lugar de nacimiento** place of birth

**lugareño I** *adj* local **II** *m*, -a *f* local

**lugarteniente** *m/f* deputy

**lúgubre** *adj* gloomy

**lujo** *m* luxury; *de ~* luxurious, luxury *atr*; *permitirse el ~ de ...* afford to ...; *¡cómo se permite el ~ de decirme lo que tengo que hacer!* how dare he tell me what to do!

**lujoso** *adj* luxurious

**lujuria** *f* lust

**lujurioso I** *adj* lecherous **II** *m*, -a *f* lecher

**lumbago** *m* MED lumbago

**lumbar** *adj* lumbar; *vértebra ~* lumbar vertebra

**lumbre** *f* fire

**lumbrera** *f* genius

**luminaria** *f* REL altar lamp

**luminiscencia** *f* FÍS luminescence

**luminosidad** *f* luminosity; *de lámpara, habitación* brightness

**luminoso** *adj* luminous; *lámpara, habitación* bright

**luminotecnia** *f* lighting

**luminotécnico I** *adj* lighting *atr* **II** *m*, -a *f* lighting engineer

**luna** *f* **1** moon; *a la luz de la ~* in the moonlight; *estar en la ~* F have one's head in the clouds F; *pedir la ~* ask for the moon, ask the impossible; *quedarse a la ~ de Valencia* F have one's head in the clouds; *media ~ L.Am.* GASTR croissant **2** *de tienda* window; *de vehículo* windshield, *Br* windscreen

◇ **luna llena** full moon; **luna de miel** honeymoon; **luna nueva** new moon

**lunar I** *adj* lunar **II** *m en la piel* mole; *de ~es* spotted, polka-dot

**lunático** *adj* lunatic

**lunes** *m inv* Monday

◇ **lunes de Pascua** Easter Monday

**luneta** *f*: *~ térmica* AUTO heated windshield, *Br* heated windscreen

**lunfardo** *m Arg*: *slang used in Buenos*

*Aires*

**lúnula** *f* ANAT lunule

**lupa** *f* magnifying glass; *mirar algo con ~* *fig* go through sth with a fine-tooth comb

**lúpulo** *m* BOT hop

**luso I** *adj* Portuguese **II** *m*, -a *f* Portuguese

**lustrabotas** *m/f inv* L.Am. bootblack

**lustrador** *m*, *~a f* L.Am. bootblack

**lustrar** ⟨1a⟩ *v/t* polish

**lustre** *m* **1** shine; *sacar ~ a algo* polish sth **2** *fig* luster, *Br* lustre; *dar ~ a fig* give added luster to

**lustro** *m* period of five years

**lustroso** *adj* **1** shiny **2** *fig* healthy-looking

**luthier** *m* luthier, maker of stringed instruments

**luto** *m* mourning; *estar de ~ por alguien* be in mourning for s.o.; *llevar ~, ir de ~* wear mourning, be in mourning

◇ **luto nacional, luto oficial** national *o* official mourning

**luxación** *f* MED dislocation

**luxar** ⟨1a⟩ *v/t* dislocate

**Luxemburgo** *m* Luxemb(o)urg

**luxemburgués I** *adj* of / from Luxemb(o)urg, Luxemb(o)urg *atr* **II** *m*, -guesa *f* Luxemb(o)urger

**luz** *f* light; *a la ~ del día* in daylight; *dar la ~* turn on the light; *arrojar ~ sobre algo fig* shed light on s.th.; *ver la ~ de publicación* be published, see the light of day; *dar a ~* give birth to; *sacar a la ~ fig* bring to light; *salir a la ~ fig* come to light; *a todas luces* evidently, clearly; *de pocas luces fig* F dim F, not very bright

◇ **luces altas** L.Am. AUTO full *o* main beam headlights; **luces bajas** L.Am. AUTO dipped headlights; **luces de carretera** AUTO full *o* main beam headlights; **luces cortas, luces de cruce** AUTO dipped headlights; **luces de emergencia** emergency lights; **luces largas** AUTO full *o* main beam headlights; **luz antiniebla** AUTO foglamp; **luz diurna** daylight; **luz intermitente** AUTO turn signal, *Br* indicator (light); **luz de marcha atrás** AUTO reversing light; **luz trasera** AUTO rear light; **luz verde** *tb fig* green light

# M

**m** *abr* (= **metro**) m (= meter); (= **minuto**) m (= minute)

**maca** *f fig* flaw

**macabro I** *adj* macabre **II** *m*, -a *f* ghoul

**macaco I** *m* ZO macaque **II** *adj* L.Am. ugly

**macana** *f* L.Am. **1** (*porra*) billyclub, *Br* truncheon **2** (*mentira*) lie, fib F; *hizo / dijo una ~* he did / said something stupid; *¡qué ~! Rpl* P what a drag!

**macanear** ⟨1a⟩ *v/t* L.Am. (*aporrear*) beat

**macanudo** *adj* S.Am. F great F, fantastic F

**macarra I** *m* P pimp **II** *adj* F: *ser ~* be a bastard P

**macarrones** *mpl* macaroni *sg*

**macarrónico** *adj* F: *habla un francés ~* he speaks atrocious French; *latín ~* dog Latin

**Macedonia** *f* Macedonia

◇ **macedonia de frutas** *f* fruit salad

◇ **macedonia de verduras** *f* green salad

**macerar** ⟨1a⟩ *v/t* GASTR (*golpear*) tenderize (*by beating*); (*poner en líquido*) macerate

**maceta** *f* **1** *para plantas* flowerpot **2** TÉC *de metal* club hammer; *de madera* mallet **3** *Méx* F head

**macetero** *m* **1** *para macetas* flowerpot holder **2** L.Am. *para plantas* flowerpot

**machacar** ⟨1g⟩ **I** *v/t* **1** (*triturar*) crush **2** *fig* (*vencer*) thrash **3** *en baloncesto* dunk **II** *v/i* **1** (*insistir*) go on (*con* about) **2** *en baloncesto* dunk

**machacón** *adj* insistent

**machaconería** *f* insistence

**machamartillo**: *a ~* firmly

**machaque** *m en baloncesto* dunk

**machetazo** *m* blow with a machete

**machete** *m* machete

**machihembrado** *m* TÉC tongue and groove

**machihembrar** ⟨1a⟩ *v/t* TÉC tongue--and-groove

**machismo** *m* male chauvinism, machismo

**machista** I *adj* sexist II *m* sexist, male chauvinist

**macho** I *adj* 1 (*de sexo masculino*) male 2 (*varonil*) tough 3 *desp* macho II *m* 1 *animal* male 2 *apelativo* F man F, *Br* mate F 3 *L.Am.* (*plátano*) banana

**machota** *f desp* F butch woman F

**machote** F I *adj* macho II *m* tough guy

**macilento** *adj* haggard, gaunt

**macillo** *m* hammer

**macis** *f inv* mace

**macizo** I *adj madera*, *oro* solid; (*grande*) massive; **estar ~** F *hombre, mujer* be dishy F II *m* GEOG massif
◇ **Macizo de Brasil** Brazilian Highlands *pl*; **Macizo de las Guayanas** Guiana Highlands *pl*; **macizo de flores** flower bed

**macro** *m* INFOR macro

**macrobiótico** *adj* macrobiotic

**macroeconomía** *f* macroeconomics *sg*

**macroeconómico** *adj* macroeconomic

**mácula** *f* blemish; **sin ~** unblemished

**macuto** *m* backpack

**Madagascar** *m* Madagascar

**madalena** *f* cupcake

**madeja** *f de lana, hilo* hank

**madera** *f* wood; **tener ~ de** *fig* have the makings of; **tocar ~** knock on wood, *Br* touch wood; **¡toca ~!** knock on wood, *Br* touch wood

**maderaje, maderamen** *m* lumber, timber

**maderería** *f* timber merchant

**maderero** I *adj* timber *atr* II *m*, **-a** *f* timber merchant

**madero** *m* P *fig* cop P

**madrastra** *f* step-mother

**madraza** *f* doting mother

**madre** I *f* mother; **dar en la ~ a alguien** *Méx* F hit s.o. where it hurts; **sacar a alguien de ~** F insult s.o. (*by saying rude things about his / her mother*); **salirse de ~** *de un río* burst its banks; *fig* F get out of hand; **esa es la ~ del cordero** that's the trouble, that's the problem; **de puta ~** V fucking fantastic V; **¡~ mía!** good heavens!; **¡me vale ~!** *Méx*

V I don't give a fuck! V
II *adj Méx*, *C.Am.* F great F, fantastic F
◇ **madre alquilada, madre de alquiler** surrogate mother; **madre patria** *L.Am.* Spain, mother country; **madre política** mother-in-law; **madre soltera** single mother

**madreperla** *f* mother-of-pearl

**madreselva** *f* BOT honeysuckle

**Madrid** *m* Madrid

**madriguera** *f* 1 (*agujero*) burrow 2 (*guarida*) *tb fig* den

**madrileño** I *adj* of / from Madrid, Madrid *atr* II *m*, **-a** *f* native of Madrid

**madrina** *f* godmother

**madrugada** *f* 1 *por la noche* early morning; **a las dos de la ~** at two in the morning; **de ~** in the small hours 2 (*amanecer*) dawn

**madrugador** I *adj*: **ser ~** be an early riser II *m*, **~a** *f* early riser

**madrugar** ⟨1h⟩ *v/i* 1 *L.Am.* (*quedarse despierto*) stay up till the small hours 2 (*levantarse temprano*) get up early; **a quien madruga, Dios le ayuda** the early bird catches the worm; **madrugarse** *v/r L.Am.* **~ a alguien** get in ahead of s.o.

**maduración** *f* 1 *de persona* maturing 2 *de fruta* ripening

**madurar** ⟨1a⟩ I *v/t fig*: *idea* think through II *v/i* 1 *de persona* mature 2 *de fruta* ripen

**madurez** *f* 1 *mental* maturity 2 *edad* middle age 3 *de fruta* ripeness

**maduro** *adj* 1 *mentalmente* mature 2 *de edad* middle-aged 3 *fruta* ripe

**maestra** *f* teacher; **~ de preescolar** kindergarten teacher

**maestre** *m* 1 MAR mate 2: **gran ~** Grand Master

**maestría** *f* 1 mastery; **con ~** skillfully, *Br* skilfully 2 *Méx* EDU master's (degree)

**maestro** I *adj* master *atr* II *m* 1 EDU teacher; **~ de preescolar** kindergarten teacher 2 *en oficio* master 3 MÚS maestro
◇ **maestro de ceremonias** master of ceremonies, emcee F
◇ **maestro de obras** foreman

**mafia** *f* mafia

**mafioso** I *adj* mafia *atr* II *m* de la Mafia mafioso; (*gángster*) gangster

**magazine** *m* magazine

**magdalena** f cupcake; **llorar como una** ~ fig F cry one's eyes out

**magenta** m MIN magenta

**magia** f tb fig magic

◇ **magia negra** black magic

**mágico** adj **1** truco, varita magic **2** lugar, momento magical

**magisterio** m teaching profession

**magistrado** m, -a f judge

**magistral** adj masterly

**magistratura** f magistracy

**magma** m GEOL magma

**magnanimidad** f magnanimity

**magnánimo** adj magnanimous

**magnate** m magnate, tycoon

**magnesia** f magnesia

**magnesio** m QUÍM magnesium

**magnético** adj magnetic

**magnetismo** m magnetism

**magnetizar** ⟨1f⟩ v/t **1** magnetize **2** fig (fascinar) mesmerize

**magneto** m AUTO magneto

**magnetofón, magnetófono** m tape recorder

**magnetoscopio** m VCR, video (cassette recorder)

**magnicidio** m assassination

**magnificar** ⟨1g⟩ v/t fig praise, extol

**magnificencia** f magnificence

**magnífico** adj wonderful, magnificent

**magnitud** f magnitude; **de primera** ~ fig full-scale, of the first magnitude

**magno** adj fig great

**magnolia** f BOT magnolia

**mago** I m magician; (brujo) wizard; fig magician, wizard II adj: **los Reyes Magos** the Three Wise Men, the Three Kings

**magrear** ⟨1a⟩ v/t F feel up F

**Magreb** m Maghreb

**magrebí** adj of / from the Maghreb, Maghreb atr

**magreo** m F feel-up F

**magro** adj I carne lean II m loin

**magulladura** f bruise

**magullar** ⟨1a⟩ v/t bruise

**magullón** m L.Am. bruise

**maharajá** m maharaja

**mahometano** I adj Muslim, Moslem II m, -a f Muslim, Moslem

**mahonesa** f mayonnaise

**mailing** m mass mailing, mailshot

**maillot** m DEP jersey

**maître** m maitre d'

**maíz** m corn, Br maize

**maizal** m cornfield, Br field of maize

**majada** f CSur flock of sheep

**majaderear** ⟨1a⟩ L.Am. F I v/t bug F II v/i keep going on F

**majadería** f: **decir / hacer una** ~ say / do sth stupid

**majadero** F I adj idiotic, stupid II m, -a f idiot

**majar** ⟨1a⟩ v/t crush

**majareta** adj F nutty F, screwy F

**maje** adj Méx F silly

**majestad** f majesty

**majestuosidad** f majesty

**majestuoso** adj majestic

**majeza** f **1** (simpatía) charm, pleasant character **2** (belleza) beauty

**majo** I adj F nice; (bonito) pretty II m, -a f: **¿qué tal estás,** ~**?** how are you (buddy, Br mate)?; **¿qué quieres, maja?** what can I do for you (honey, Br love)?

**majorero** adj of / from Fuerteventura, Fuerteventura atr

**majuelo** m BOT hawthorn

**mal** I adj ☞ **malo**

II adv badly; ~ **que bien** one way or the other; **¡no está** ~**!** it isn't bad!; **¡menos** ~**!** thank goodness!; **no hay** ~ **que por bien no venga** every cloud has a silver lining; **hacer** ~ **en hacer algo** be wrong to do sth; **ir de** ~ **en peor** go from bad to worse; **estar a** ~ **con alguien** be on bad terms with s.o.; **hablar** ~ **de alguien** speak ill of s.o.; **poner** ~ **a alguien** criticize s.o.; **ponerse a** ~ **con alguien** fall out with s.o.; **tomarse algo a** ~ take sth badly; **ponerse** ~ get sick

III m MED illness; **el** ~ **menor** the lesser of two evils

◇ **mal de altura** altitude sickness; **mal de amores** lovesickness; **mal de mar** seasickness; **mal de ojo** evil eye

**malabar** m/adj: (juegos) ~**es** pl juggling sg

**malabarismo** m juggling; **hacer** ~**s** juggle; **hacer** ~**s con algo** juggle sth

**malabarista** m/f juggler

**malaconsejado** adj ill-advised

**malacostumbrado** adj (mimado) spoiled, pampered; **está muy** ~ (tiene malos hábitos) he has some very bad habits

**malacrianza** f L.Am. rudeness

**malagueño** adj of / from Malaga, Ma-

laga *atr*
**malandanza** *f* misfortune
**malaria** *f* MED malaria
**Malasia** *f* Malaysia
**malasio I** *adj* Malaysian **II** *m*, -a *f* Malaysian
**malasombra I** *adj* tiresome **II** *m/f* nuisance
**malaventura** *f* misfortune
**malaventurado** *adj* unfortunate
**malayo I** *adj* Malay **II** *m*, -a *f* Malay **III** *m idioma* Malay
**malbaratar** ⟨1a⟩ *v/t* sell at a loss
**malcarado** *adj* ugly
**malcasado** *adj* unhappily married
**malcomer** ⟨2a⟩ *v/i* eat badly
**malcontento** *adj* discontented
**malcriadez** *f L.Am.* bad upbringing
**malcriado** *adj* spoilt
**malcrianza** *f L.Am.* rudeness
**malcriar** ⟨1c⟩ *v/t* spoil
**maldad** *f* evil; **es una ~ hacer eso** it's a wicked thing to do
**maldecir** ⟨3p⟩ **I** *v/i* curse; **~ de alguien** speak ill of s.o. **II** *v/t* curse
**maldiciente I** *adj* slanderous **II** *m/f* slanderer
**maldición** *f* curse
**maldispuesto** *adj* ill-disposed
**maldito** *adj* F damn F; **¡-a sea!** (god-) damn it!
**maleable** *adj* malleable
**maleante** *m/f* & *adj* criminal
**malear** ⟨1a⟩ *v/t* corrupt; **malearse** *v/r* go bad
**malecón** *m* **1** (*rompeolas*) breakwater **2** *C.Am., Cuba*: área seafront
**maledicencia** *f* slander
**maleducado** *adj* rude, bad-mannered
**maleducar** ⟨1g⟩ *v/t* spoil
**maleficio** *m* curse
**maléfico** *adj* evil
**malentender** ⟨2a⟩ *v/t* misunderstand
**malentendido** *m* misunderstanding
**malestar** *m* **1** MED discomfort **2** *entre grupo de personas* malaise **3** *social* unrest
**maleta I** *f* **1** bag, suitcase; **hacer la ~** pack one's bags **2** *L.Am.* AUTO trunk, *Br* boot **II** *m/f* DEP: **era un ~** he was hopeless
**maletera** *f Andes* trunk, *Br* boot
**maletero** *m* trunk, *Br* boot
**maletilla** *m* TAUR would-be bullfighter

**maletín** *m* briefcase
**malevolencia** *f* malevolence
**malévolo** *adj* malevolent
**maleza** *f* undergrowth
**malformación** *f* MED malformation
**malgache** *m/f* & *adj* Madagascan, Malagasy
**malgastar** ⟨1a⟩ *v/t* waste
**malgenioso** *adj Méx* bad-tempered
**malhablado** *adj* foul-mouthed
**malhadado** *adj lit* ill-fated
**malhechor** *m*, -a *f* criminal
**malherir** ⟨3i⟩ *v/t* hurt badly
**malhumorado** *adj* bad-tempered
**malicia** *f* **1** (*mala intención*) malice; **no tener ~** F be very naive **2** (*astucia*) cunning, slyness
**maliciar** ⟨1b⟩ *v/t* suspect; **maliciarse** *v/r* suspect
**malicioso** *adj* **1** (*malintencionado*) malicious **2** (*astuto*) cunning, sly
**malignidad** *f* **1** (*maldad*) harmfulness **2** MED malignancy
**maligno** *adj* **1** (*malicioso*) harmful **2** MED malignant
**malinchismo** *m Méx* treason
**malintencionado** *adj* malicious
**malinterpretar** ⟨1a⟩ *v/t* misinterpret
**malísimo** *adj sup* (*malo*) very bad
**malla** *f* **1** *de metal, plástico* mesh **2** *Rpl* (*bañador*) swimsuit **3**: **~s** *pl* pantyhose, *Br* tights
◇ **malla metálica** *de armadura* chain mail
**Mallorca** *f* Majorca
**mallorquín I** *adj* Majorcan **II** *m*, -quina *f* Majorcan **III** *m idioma* Majorcan
**malmandado** *adj* disobedient
**malnacido I** *adj* swinish **II** *m*, -a *f* swine
**malnutrición** *f* malnutrition
**malnutrido** *adj* malnourished
**malo I** *adj* **1** bad **2** *calidad* poor **3** (*enfermo*) sick, ill; **ponerse ~** get sick, fall ill **4**: **por las buenas o por las -as** whether he / she *etc* likes it or not; **estar de -as** be in a bad mood; **por las -as** by force; **andar a -as con alguien** be on bad terms with s.o.; **lo ~ es que** unfortunately **II** *m hum* bad guy, baddy
**malogrado** *adj* **1** *muerto* dead before one's time; *plan* failed **2** *Andes* broken-down
**malograr** ⟨1a⟩ *v/t* **1** *tiempo* waste **2** *tra-*

*bajo* spoil, ruin; **malograrse** *v/r* **1** fail **2** *de plan* come to nothing **3** *fallecer* die before one's time, die young **4** *S.Am.* (*descomponerse*) break down; (*funcionar mal*) go wrong

**maloliente** *adj* stinking

**malparado** *adj*: **quedar** *o* **salir ~ de algo** come out badly from sth

**malparido** P ☞ **malnacido**

**malpensado** *adj*: **ser ~** have a nasty mind

**malquerencia** *f* dislike

**malquerer** ⟨2u⟩ *v/t* dislike

**malquistarse** ⟨1a⟩ *v/r* fall out (**con** with)

**malsano** *adj* unhealthy

**malsonante** *adj* rude

**malta** *f* malt

**Malta** *f* Malta

**maltear** ⟨1a⟩ *v/t* malt

**maltés I** *adj* Maltese **II** *m*,-**esa** *f* Maltese **III** *m idioma* Maltese

**maltosa** *f* maltose

**maltratamiento** *m* ill-treatment, abuse

**maltratar** ⟨1a⟩ *v/t* ill-treat, mistreat

**maltrato** *m* ill-treatment, mistreatment

**maltrecho** *adj cosa* damaged; **dejar ~** *persona, salud* weaken, damage; **quedar ~** *de persona, salud* be weakened, be damaged

**malva I** *adj* mauve **II** *f* BOT mallow; **estar criando ~s** *fig* F be pushing up daisies; **ser (como) una ~** *fig* be as gentle as a lamb

**malvado I** *adj* evil **II** *m*, -**a** *f* evil man; *mujer* evil woman

**malvasía** *f uva* malvasia

**malvavisco** *m* BOT marshmallow

**malvender** ⟨2a⟩ *v/t*: **~ algo** sell sth off cheap

**malversación** *f*: **~ de fondos** embezzlement

**malversar** ⟨1a⟩ *v/t* embezzle

**Malvinas**: **las ~** the Falklands, the Falkland Islands

**malvivir** ⟨3a⟩ *v/i* scrape by

**mama** *f* breast

**mamá** *f* mom, *Br* mum

◇ **mamá grande** *Méx* F grandma

**mamada** *f* **1** F *de leche materna* feed **2** *S.Am.* (*embriaguez*) binge **3**: **decir ~s** *Méx* F talk garbage F

**mamadera** *f L.Am.* feeding bottle

**mamar** ⟨1a⟩ *v/i* suck; **dar de ~ a** (breast)-feed; **mamarse** *v/r* F get drunk, get sloshed F

**mamario** *adj* mammary; **glándula -a** mammary gland

**mamarrachada** *f* F mess

**mamarracho** *m*, -**a** *f*: **vas hecho un ~** F *persona* you look a mess F; **ser un ~** / **una -a** (*chapuza*) look a mess; (*extravagancia*) look ridiculous

**mameluco** *m L.Am. para niño* rompers *pl*; *para obrero* coveralls *pl*, *Br* overalls *pl*

**mamífero** *m* mammal

**mamila** *f Méx* feeding bottle

**mamografía** *f* MED mammography

**mamón I** *adj Méx* P cocky F **II** *m* P bastard P

**mamona** *f* P bitch P

**mamotreto** *m* F *libro* hefty tome

**mampara** *f* screen

**mamparo** *m* MAR bulkhead

**mamporro** *m* F punch; **darse un ~ contra algo** wallop o.s. against sth

**mampostería** *f* masonry

**mamut** *m* ZO mammoth

**maná** *m fig* manna

**manada** *f de elefantes, ciervos* herd; *de lobos* pack; *fig: de gente* herd

**manantial** *m* **1** spring **2** *fig* (*origen*) source

**manar** ⟨1a⟩ *v/i de líquidos, ideas* flow

**manatí** *m* ZO manatee

**manazas** *m/f inv*: **ser un ~** F be ham-handed F, *Br* be ham-fisted

**mancebo** *m* youth

**mancera** *f* AGR plow handle, *Br* plough handle

**mancha** *f* **1** *de suciedad* (dirty) mark; *de grasa, sangre etc* stain **2** *fig: en reputación* blot; **sin ~s** spotless

**Mancha**: **Canal de la ~** English Channel; **la ~** La Mancha

**manchado** *adj* stained

**manchar** ⟨1a⟩ *v/t* get dirty; *de grasa, sangre etc* stain; **mancharse** *v/r* get dirty

**manchego I** *adj* of / from La Mancha, La Mancha *atr* **II** *m*: (**queso**) **~** Manchego cheese

**mancilla** *f* blemish; **sin ~** immaculate, unblemished

**mancillar** ⟨1a⟩ *v/t fig* sully

**manco** *adj de mano* one-handed; *de brazo* one-armed; **no ser** *o* **quedarse**

~ *fig* F be pretty useful

**mancomunar** ⟨1a⟩ *v/t* combine; **mancomunarse** *v/r* join together

**mancomunidad** *f* association; *la Mancomunidad Británica* the (British) Commonwealth

**mancornas** *fpl Pe, Bol* cufflinks

**mancuernas** *fpl* **1** *C.Am.* cufflinks **2** DEP weights, dumbbells

**mandadero** *m Rpl* errand boy

**mandado I** *m* **1** (*recado*) errand **2** *Méx, C.Am. los ~s pl* the shopping *sg* **II** *m*, -a *f* subordinate **II** *Méx* F: *es muy ~* he's always taking advantage!; *¡no sea ~, quieto con las manos!* you're going too far, keep your hands to yourself!

**mandamás** *m/f inv* F big shot F

**mandamiento** *m* **1** (*orden*) order **2** JUR warrant **3** REL commandment; *los Diez Mandamientos* the Ten Commandments

**mandanga** *f*: *~s pl* garbage *sg* F, *Br* rubbish *sg* F; *tener ~* F be very laidback; *tiene una ~ que no veas* F he's so amazingly laidback, he's Mr. Cool F

**mandar** ⟨1a⟩ **I** *v/t* **1** (*ordenar*) order; *a mí no me manda nadie* nobody tells me what to do; *~ hacer algo* have sth done **2** (*enviar*) send **II** *v/i* **1** be in charge **2**: *¿mande?* (*¿cómo?*) what did you say?, excuse me?; *Méx* can I help you?; *Méx* TELEC hallo?

**mandarín** *m* HIST mandarin

**mandarina** *f* mandarin (orange)

**mandatario** *m* leader; *primer ~ Méx* President

**mandato** *m* **1** (*orden*) order **2** POL mandate

**mandíbula** *f* ANAT jaw; *reírse a ~ batiente* laugh one's head off F

**mandil** *m* leather apron

**mandioca** *f* cassava

**mando** *m* command; *alto ~* high command; *~ a distancia* TV remote control; *cuadro de ~s* AVIA instrument panel; *tablero de ~s* AUTO dashboard; *estar al ~ de* be in charge of

**mandolina** *f* MÚS mandolin

**mandón I** *adj* bossy **II** *m*, -ona *f* bossy person

**mandrágora** *f* BOT mandrake

**mandril** *m* **1** ZO mandrill **2** TÉC mandrel

**manduca** *f* F food, grub F

**manducar** F ⟨1g⟩ **I** *v/t* scoff F **II** *v/i* stuff

o.s. F

**manecilla** *f de reloj* hand

**manejabilidad** *f* maneuverability, *Br* manoeuvrability

**manejable** *adj* **1** *objeto* easy to handle **2** *automóvil* maneuverable, *Br* manoeuvrable

**manejar** ⟨1a⟩ **I** *v/t* **1** handle **2** *máquina* operate **3** *negocio* manage, run **4** *L.Am.* AUTO drive **II** *v/i L.Am.* AUTO drive; **manejarse** *v/r* **1** manage, get by; *manejárselas* F manage, get by F **2** (*comportarse*) behave

**manejo** *m* **1** *de situación* handling **2** *de una máquina* operation; *de fácil ~* easy to use **3** *de un negocio* management, running **4**: *~s pl* scheming *sg*, machinations

**manera** *f* way; *esa es su ~ de ser* that's the way he is; *~s pl* manners; *lo hace a su ~* he does it his way; *a ~ de* like; *un cuadro a la ~ de los cubistas* a Cubist-style picture; *no hay ~ de* it is impossible to; *de mala ~ tratar* badly; *responder* rudely; *de ~ que* so (that); *de ninguna ~* certainly not; *en gran ~* greatly; *sobre ~* exceedingly; *de todas ~s* anyway, in any case; *de alguna ~* somehow; *de cualquier ~* anyway, anyhow; *de la misma ~ que* in the same way that; *de otra ~* if not; *de tal ~ que* in such a way that, so that

**manga** *f* **1** *de camisa* sleeve; *sin ~s* sleeveless; *de ~ corta / larga* short-sleeved / long-sleeved; *en ~s de camisa* in shirtsleeves; *traer algo en la ~* F have sth up one's sleeve; *sacarse algo de la ~ fig* make sth up; *sacarse un as de la ~ fig* pull a rabbit out of the hat; *tener o ser de ~ ancha fig* be (too) lenient **2** TÉC hose

◇ **manga de agua** heavy shower; **manga pastelera** GASTR pastry bag; **manga de riego** hosepipe; **manga de viento** windsock

**manganeso** *m* manganese

**mangante** *m/f* P thief

**mangar** ⟨1h⟩ *v/t* P swipe F, *Br tb* pinch F

**manglar** *m* BOT mangrove swamp

**mangle** *m* BOT mangrove

**mango** *m* **1** *de instrumento, utensilio etc* handle **2** BOT mango **3** *CSur* F (*dinero*) dough F, cash; *estoy sin un ~ CSur* F I'm broke F, I don't have a bean F **4**

*L.Am.* F tío bueno good-looking guy F;
*tía buena* good-looking girl o chick F
**mangoneador** F I *adj* **1** (*mandón*) bossy
F **2** (*entrometido*) nosey F II *m*, -a *f* **1**
(*mandón*) bossy person F **2** (*entrometi-do*) nosey parker F
**mangonear** ⟨1a⟩ F I *v/i* **1** boss people
around **2** (*entrometerse*) meddle II *v/t*:
~ *a alguien* boss s.o. around
**mangoneo** *m* **1** F bossiness F **2** F (*en-trometimiento*) nosiness F
**mangosta** *f* ZO mongoose
**manguera** *f* hose(pipe)
**mangui** *m/f* P thief
**manguito** *m* TÉC sleeve; ~*s pl para na-dar* waterwings, armbands
**mani** *f* P demo F
**maní** *m* *S.Am.* peanut
**manía** *f* **1** (*costumbre*) habit, mania; *tie-ne sus -s* she has her little ways **2** (*anti-patía*) dislike; *tener* ~ *a alguien* F have
it in for s.o. F **3** (*obsesión*) obsession
◇ **manía persecutoria** persecution
complex
**maniaco** I *adj* maniacal II *m*,-a *f* maniac
◇ **maniaco sexual** sex maniac
**maniacodepresivo** *adj* MED manic-de-pressive
**maniatar** ⟨1a⟩ *v/t*: ~ *a alguien* tb fig tie
s.o.'s hands
**maniático** I *adj* F fussy II *m*,-a *f* fusspot;
*es un* ~ *de la limpieza* he has an obses-sion with cleaning, he's a cleaning
freak F
**manicomio** *m* lunatic asylum
**manicorto** *adj* stingy
**manicura** *f* manicure; *hacerse la* ~ have
a manicure
**manicuro** *m*, -a *f* manicurist
**manido** *adj fig* clichéd, done to death F
**manierismo** *m* Mannerism
**manierista** I *adj* mannerist II *m/f* man-nerist
**manifestación** *f* **1** *de gente* demonstra-tion **2** (*muestra*) show **3** (*declaración*)
statement
**manifestante** *m/f* demonstrator
**manifestar** ⟨1k⟩ *v/t* **1** (*demostrar*) show
**2** (*declarar*) declare, state; *manifes-tarse* *v/r* **1** (*protestar*) demonstrate **2**
(*aparecer*) become apparent
**manifiesto** I *adj* clear, manifest; *poner
de* ~ make clear II *m* manifesto
**manigua** *f* *Carib* thicket, bush

**manija** *f* *L.Am.* (*asa*) handle, crank
**manilla** *f* **1** *de reloj* hand **2** *de puerta* han-dle
**manillar** *m* handlebars *pl*
**maniobra** *f* maneuver, *Br* manoeuvre;
~*s* MIL maneuvers, *Br* manoeuvres;
*hacer* ~*s* maneuver, *Br* manoeuvre
**maniobrabilidad** *f* maneuverability, *Br*
manoeuvrability
**maniobrable** *adj* maneuverable, *Br*
manoeuvrable
**maniobrar** ⟨1a⟩ *v/i* maneuver, *Br* ma-noeuvre
**manipulable** *adj* manipulable, manipu-latable
**manipulación** *f* **1** *de información*, *per-sona* manipulation **2** (*manejo*) hand-ling
**manipular** ⟨1a⟩ *v/t* **1** *información*, *per-sona* manipulate **2** (*manejar*) handle
**maniquí** I *m* dummy II *m/f* model
**manirroto** I *adj* extravagant II *m*, -a *f*
spendthrift
**manisero** *m*, -a *f* *Carib*, *S.Am.* peanut
seller
**manitas** I *m/f inv* F: *ser un* ~ be handy II
*fpl*: *hacer* ~ make out F, neck F
**manito** *m* *Méx* pal, buddy
**manivela** *f* handle
**manjar** *m* delicacy
**mano** I *f* **1** ANAT hand; *de animal* paw;
(*dispositivo*) ~*s libres* TELEC hands-
-free (kit); *¡~s arriba!* hands up!; *lo hi-cieron* ~ *a* ~ they did it between them;
*un* ~ *a* ~ a contest; *de* ~ *en* ~ from hand
to hand; *a cuatro* ~*s* MÚS for four
hands; *a* ~ *derecha / izquierda* on
the right / lefthand side; *a* ~*s llenas*
*fig* generously; *con las* ~*s vacías* *fig*
empty-handed; *ser* ~ *de santo* work
wonders; *bajo* ~ on the quiet; *de se-gunda* ~ second-hand; *de primera* ~
first-hand; *ser la* ~ *derecha de alguien*
*fig* be s.o.'s right hand; *tener mucha* ~
*izquierda* be very skillful o *Br* skilful;
*atar las* ~*s a alguien* *fig* tie s.o.'s hands;
*dejado de la* ~ *de Dios* *fig* godforsaken;
*echar* ~ *a* F grab; *echar* ~ *de* *fig* use,
make use of; *echar una* ~ *a alguien*
give s.o. a hand; *estar a* ~*s L.Am.* F
be even, be quits; *hecho a* ~ hand-made; *llegar* o *venir a las* ~*s* come
to blows; *pedir la* ~ *de alguien* ask
for s.o.'s hand in marriage; *poner la*

~ *en el fuego fig* swear to it; ***poner*~*s a la obra*** get down to work; ***se le fue la ~ con*** *fig* he overdid it with; ***tender la ~ a alguien*** *fig* hold out a helping hand to s.o.; ***tener a ~*** have to hand; ***tener buena / mala ~ para (hacer) algo*** be good / bad at (doing) sth; ***con ~ dura*** *o* ***de hierro*** with a firm hand *o* with an iron fist; ***estar en buenas ~s*** be in good hands; ***lo dejo en sus ~s*** I'll leave it in your hands; ***traerse algo entre ~s*** be plotting sth; ***alzar*** *o* ***levantar la ~ contra*** *o* ***a alguien*** raise one's hand to s.o.; ***llevarse las ~s a la cabeza*** *fig* throw up one's hands (in horror); ***andar cogidos de la ~*** walk hand in hand; ***tomar a alguien de la ~*** take s.o. by the hand, take s.o.'s hand; ***meter ~ a alguien*** F feel s.o. up F, grope s.o. F; ***dar la última ~ a algo*** finish sth off II *m Méx* F pal F, buddy F

◇ **mano de obra** labor, *Br* labour, manpower

◇ **mano de pintura** coat of paint

**manojo** *m* handful; ***~ de llaves*** bunch of keys; ***~ de nervios*** *fig* bundle of nerves

**manómetro** *m* pressure gauge, manometer

**manopla** *f* mitten

◇ **manopla de baño** washcloth, *Br* facecloth

**manoseado** *adj* **1** *libro* well-thumbed **2** *tema* well-worn, hackneyed

**manosear** ⟨1a⟩ *v/t* **1** *fruta* handle **2** *persona* F grope F

**manotada** *f* slap

**manotazo** *m* slap

**manotear** ⟨1a⟩ *Arg, Méx* I *v/t* grab II *v/i* wave one's hands around

**mansalva** *f*: ***a ~ gente*** in vast numbers; *bebida, comida* in vast amounts

**mansarda** *f* attic

**mansedumbre** *f* **1** *de animal* docility **2** *de persona* mildness

**mansión** *f* mansion

**manso** I *adj* **1** *animal* docile **2** *persona* mild II *m gentle-natured bull, ram etc that leads the herd, flock etc*

**manta** *f* I blanket; ***a ~*** F in abundance; ***tirar de la ~*** *fig* uncover the truth; ***liarse la ~ a la cabeza*** *fig* F throw caution to the wind II *m/f*: ***ser un ~*** F *fig* be a lazy so-and-so F

◇ **manta eléctrica** electric blanket

**manteca** *f* **1** (*grasa*) fat **2** *Rpl* butter

◇ **manteca de cacao** cocoa butter

◇ **manteca de cerdo** lard

**mantecado** *m* GASTR *type of cupcake, traditionally eaten at Christmas*

**mantecoso** *adj* greasy

**mantel** *m* tablecloth; ***~ individual*** table mat

**mantelería** *f* table linen; ***una ~*** a set of table linen

**mantención** *f L.Am.* ☞ **manutención**

**mantener** ⟨2l⟩ *v/t* **1** (*sujetar*) hold; *techo etc* hold up **2** (*preservar*) keep **3** *conversación, relación* have **4** *económicamente* support **5** (*afirmar*) maintain; **mantenerse** *v/r* **1** (*sujetarse*) be held **2** *económicamente* support o.s. **3** *en forma* keep

**mantenimiento** *m* **1** *de edificio, paz* maintenance **2** *económico* support **3**: ***gimnasia de ~*** keep-fit

**mantequera** *f* churn

**mantequería** *f* dairy

**mantequilla** *f* butter

**mantequillera** *f L.Am.* butter dish

**mantilla** *f de mujer* mantilla; ***estar en ~s*** *fig* F be in its infancy

**mantillo** *m* humus

**manto** *m* **1** GEOL layer, stratum **2** (*capa*) cloak; ***un ~ de nieve*** a blanket of snow

**mantón** *m* shawl

**mantuvo** *vb* ☞ **mantener**

**manual** *m/adj* manual

**manualidades** *fpl* handicrafts

**manubrio** *m* **1** (*manija*) handle **2** *S.Am.* handlebars *pl*

**manufactura** *f* manufacture

**manufacturar** ⟨1a⟩ *v/t* manufacture

**manumisión** *f* HIST emancipation, manumission *fml*

**manumitir** ⟨3a⟩ *v/t fml* emancipate, manumit *fml*

**manuscrito** I *adj* handwritten II *m* manuscript

**manutención** *f* maintenance

**manzana** *f* **1** BOT apple; ***~ asada*** GASTR baked apple **2** *de casas* block

◇ **manzana de Adán** ANAT Adam's apple

◇ **manzana de la discordia** *fig* bone of contention

**manzanilla** *f* camomile tea

**manzano** *m* apple tree

**maña** *f* **1** (*habilidad*) skill; ***darse*** *o* ***tener***

~ *para* be good at **2** *desp* (*astucia*) guile; **tiene muchas ~s** *L.Am.* she's got lots of tricks up her sleeve F

**mañana I** *f* morning; *por la* ~ in the morning; ~ *por la* ~ tomorrow morning; *de la* ~ *a la noche* from morning until night; *de la noche a la* ~ *fig* overnight; *esta* ~ this morning; *muy de* ~ very early (in the morning)

**II** *adv* tomorrow; *pasado* ~ the day after tomorrow; ~ *será otro día* tomorrow is another day; *no dejes para* ~ *lo que puedas hacer hoy* don't put off till tomorrow what you can do today

**mañanero** *adj* morning *atr*; *ser* ~ be an early riser

**mañanita** *f* shawl

**mañero** *adj Rpl* (*animal*: *terco*) stubborn; (*nervioso*) skittish, nervous

**maño F I** *m*, -a *f* Aragonese **II** *adj* Aragonese

**mañoso** *adj* **1** (*habilidoso*) skillful, *Br* skilful **2** *desp* (*astuto*) crafty **3** *L.Am.* animal stubborn

**mapa** *m* map; *desaparecer del* ~ F disappear off the face of the earth

◇ **mapa de carreteras** road map; **mapa mudo** skeleton map, outline map; **mapa del tiempo** weather map

**mapache** *m* raccoon

**mapamundi** *m* map of the world

**maqueta** *f* **1** *de edificio, barco* model **2** TIP dummy

**maquetista** *m/f* TIP compositor, page make-up artist

**maquiavélico** *adj tb fig* Machiavellian

**maquillador** *m*, ~a *f* make-up artist

**maquillaje** *m* make-up

**maquillar** ⟨1a⟩ *v/t* make up; **maquillarse** *v/r* put on one's make-up

**máquina** *f* **1** machine **2** FERR locomotive; *a toda* ~ at top speed **3** *C.Am., Carib* car **4**: *pasar algo a* ~ type sth

◇ **máquina de afeitar** (electric) shaver; **máquina de coser** sewing machine; **máquina de escribir** portable typewriter; **máquina expendedora de bebidas / billetes / tabaco** drinks / ticket / cigarette machine; **máquina fotográfica, máquina de fotos** camera; **máquina herramienta** machine tool; **máquina recreativa** arcade game; **máquina de vapor** steam locomotive, *Br* steam engine

**maquinaciones** *fpl* scheming *sg*

**maquinador I** *adj* scheming **II** *m*, ~a *f* schemer

**maquinal** *adj fig* mechanical

**maquinar** ⟨1a⟩ *v/t* plot

**maquinaria** *f* machinery

◇ **maquinilla de afeitar** *f* razor

◇ **maquinilla eléctrica** *f* electric razor

**maquinista** *m/f* FERR engineer, *Br* train driver

**mar** *m* (*also f*) GEOG sea; *los* ~*es del Sur* the South Seas; *alta* ~ high seas *pl*; *sudaba a* ~*es fig* F the sweat was pouring off him F; *llover a* ~*es fig* F pour, bucket down F; *la* ~ *de bien* (*muy bien*) really well; *hacerse a la* ~ put to sea

◇ **mar Bermejo** Gulf of California; **mar Caribe** Caribbean Sea; **mar de fondo** ground swell; **mar interior** inland sea; **mar Muerto** Dead Sea; **mar Negro** Black Sea; **mar del Norte** North Sea; **mar Rojo** Red Sea

**marabunta** *f* F mob, gang; ~ *turística* swarm of tourists

**maraca** *f* MÚS maraca

**maracuyá** *m* BOT passion fruit

**marajá** *m* maharaja

**maraña** *f* **1** *de hilos* tangle **2** (*lío*) jumble

**marañero** *m*, -a *f* troublemaker

**marasmo** *m fig* stagnation

**maratón** *m* (*also f*) marathon

**maratoniano** *adj* marathon *atr*

**maravilla** *f* **1** (*portento*) marvel, wonder; *de* ~ marvelously, *Br* marvellously, wonderfully; *a las mil* ~*s* marvelously, wonderfully **2** BOT marigold

**maravillar** ⟨1a⟩ *v/t* amaze, astonish; **maravillarse** *v/r* be amazed *o* astonished (*de* at)

**maravilloso** *adj* marvelous, *Br* marvellous, wonderful

**marbellí** *adj* of / from Marbella, Marbella *atr*

**marca** *f* **1** (*señal*) mark **2** MED scar, mark **3** COM brand; *de* ~ brand-name *atr* **4** DEP score; *batir o superar una* ~ break a record; *mejor* ~ *personal* personal best; *sus 9,93 segundos son la segunda mejor* ~ his 9.93 seconds is the second best time; *de* ~ *mayor fig* tremendous

◇ **marca de calidad** top brand; **marca de fábrica** trademark; **marca de fuego** *en res* brand; **marca registrada** registered trademark

**marcación** *f* MAR bearing

**marcado** *adj* marked

**marcador** *m* **1** DEP scoreboard **2** (*rotulador*) marker pen

◇ **marcador fluorescente** highlighter

**marcaje** *m* DEP marking

**marcapasos** *m inv* MED pacemaker

**marcar** ⟨1g⟩ *v/t* **1** mark **2** *número de teléfono* dial **3** *gol* score **4** *res* brand **5** *de termómetro, contador etc* read, register **6** *naipes* mark **7** *fig: persona* affect **8** *en fútbol etc* mark; **marcarse** *v/r:* **~ unos pasos de baile** have a dance

**marcha** *f* **1** (*salida*) departure **2** (*velocidad*) speed; **a toda ~** at top speed; **a ~s forzadas** *fig* flat out **3** (*avance*) progress; **hacer algo sobre la ~** do sth as one goes along **4** MIL march **5** DEP walk; **~ a pie** *en manifestación* march **6** AUTO gear **7** *de máquina* running; **estar en ~** (*estar en funcionamiento*) be working, be running; *de coche* be moving; **bajarse del tren en ~** get off the train while it is moving; **poner en ~** set in motion; **ponerse en ~** get started, get going **8** MÚS march **9** *Esp:* **tener mucha ~** F be very lively; **aquí hay mucha ~** F this place is cool F; **ir de ~** F go out partying F

◇ **marcha atrás** AUTO reverse (gear); **dar ~** go into reverse; *fig* backpedal

◇ **marcha fúnebre** MÚS dead march

**marchador** *m*, **~a** *f* walker

**marchamo** *m* **1** *en aduana* label **2** *fig* stamp

**marchante** *m/f L.Am. cliente* regular customer

**marchantería** *f* merchandise

**marchar** ⟨1a⟩ *v/i* **1** (*progresar*) go **2** (*funcionar*) work **3** (*caminar*) walk **4** MIL march; **marcharse** *v/r* leave, go

**marchitamiento** *m* withering

**marchitarse** ⟨1a⟩ *v/r* wilt

**marchito** *adj* **1** *flor* withered **2** *juventud, lozanía* faded

**marchoso** *adj* F lively

**marcial** *adj* martial; **artes ~es** martial arts

**marciano** *m/adj* Martian

**marco** *m* **1** *moneda* mark **2** *de cuadro, puerta* frame **3** *fig* framework

**marea** *f* tide; *fig: de gente* sea

◇ **marea alta** high tide; **marea baja** low tide; **marea negra** oil slick; **marea viva** spring tide

**mareado** *adj:* **estoy ~** I feel nauseous, *Br* I feel sick; *sin equilibrio* I feel dizzy

**marear** ⟨1a⟩ **I** *v/t* **1** make feel nauseous, *Br* make feel sick **2** *fig* (*confundir*) confuse **II** *v/i* navigate; **marearse** *v/r* feel nauseous, *Br* feel sick; **me mareo en barco, avión etc** I get nauseous; *sin equilibrio* I get dizzy

**marejada** *f* heavy sea

**marejadilla** *f* slight swell

**maremagno, maremágnum** *m* mountain

**maremoto** *m* tidal wave

**marengo** *adj:* **gris ~** dark gray, *Br* dark grey

**mareo** *m* **1** *por movimiento del barco* seasickness **2** F (*fastidio*) pain F

**marfil** *m* ivory; (**de color**) **~** ivory *atr*

**marfileño** *adj* ivory *atr*

**margarina** *f* margarine

**margarita** *f* **1** BOT daisy; **estar criando ~s** F be pushing up daisies F; **deshojar la ~** *fig* play 'she loves me, she loves me not'; **echar ~s a los puercos** cast pearls before swine **2** TÉC daisy wheel

**margen** *m tb fig* margin; **al ~ de eso** apart from that; **mantenerse al ~** keep out

◇ **margen de beneficios** profit margin; **margen comercial** margin; **margen de error** margin of error

**margen** *f de río* bank

**marginación** *f* marginalization

**marginado I** *adj* marginalized **II** *m*, **-a** *f* social outcast; **~s sociales** social outcasts, people on the fringes of society

**marginal** *adj* marginal; **nota ~** note in the margin

**marginar** ⟨1a⟩ *v/t* marginalize

**maría** *f* **1** ☞ **maruja 2** (*marihuana*) grass F, marijuana **3** *asignatura* easy option F

**mariachi I** *m* mariachi band **II** *m/f* mariachi player

**mariano** *adj* REL Marian

**marica** *m* F fag P, *Br* poof P

**Maricastaña: en tiempos de ~** F in the stone age F

**maricón** *m* P fag P, *Br* poof P

**mariconada** *f* P dirty trick F
**maridaje** *m* *fig* (good) combination
**marido** *m* husband
**mariguana** *f* *Méx* marijuana
**marihuana** *f* marijuana
**marimacho** *m* **1** F (*machota*) butch woman **2** P (*lesbiana*) dyke P
**marimandón** *m*, **-ona** *f* F domineering person, bossy-boots *sg* F
**marimba** *f* MÚS marimba
**marimorena** *f* F row F, fuss F; **armar la ~** kick up a row F, kick up a fuss F
**marina** *f* navy
◇ **marina mercante** merchant marine, *Br* merchant navy
**marinada** *f* GASTR marinade
**marinar** ⟨1a⟩ *v/t* GASTR marinade
**marinería** *f* **1** *profesión* sailing **2** (*conjunto de marineros*) sailors *pl*; (*tripulación*) crew
**marinero** **I** *adj* sea *atr* **II** *m* sailor
**marino** **I** *adj* *brisa* sea *atr*; *planta, animal* marine; **azul ~** navy blue **II** *m* sailor
**marioneta** *f* *tb fig* puppet
**marionetista** *m/f* puppeteer
**mariposa** *f* butterfly; (*estilo*) **~** DEP butterfly; **a otra cosa, ~** F let's move on
**mariposear** ⟨1a⟩ *v/i* flutter around; *fig* flit from one subject / job *etc* to another
**mariposón** *m* **1** F (*afeminado*) fairy F **2** (*ligón*) flirt
**mariquita** **I** f ladybug, *Br* ladybird **II** F *m* fag P, *Br* poof P
**marisabidilla** *f* F know-it-all, *Br* know-all
**mariscada** *f* GASTR seafood platter
**mariscal** *m* marshal
◇ **mariscal de campo** field marshal
**marisco** *m*, **mariscos** *mpl* L.Am. seafood *sg*
**marisma** *f* salt marsh
**marisquería** *f* seafood *o* shellfish restaurant / bar
**marital** *adj* marital; **hacer vida ~** live as husband and wife
**marítimo** *adj* maritime
**marketing** *m* marketing
**marmita** *f* pot, pan
**mármol** *m* marble
**marmóreo** *adj* marble *atr*
**marmota** *f* ZO marmot; **dormir como una ~** F sleep like a log
◇ **marmota de América** groundhog

**maroma** *f* rope; **hacer ~s** L.Am. *tb fig* walk a tightrope
**maromo** *m* F boyfriend, guy F
**marqués** *m* marquis
**marquesa** *f* marchioness
**marquesina** *f* marquee, *Br* canopy
**marquetería** *f* marquetry
**marrana** *f* sow
**marranada** *f* F dirty trick
**marrano** **I** *adj* filthy **II** *m* **1** hog, *Br* pig **2** F *persona* pig F
**marrar** ⟨1a⟩ *v/t* *tiro, golpe* miss
**marras** *adv*: **el computador de ~** the darned computer
**marrón** *m/adj* brown; **comerse un ~** F own up; **meterse en un ~** F get in a fix F
**marroquí** *m/f* & *adj* Moroccan
**marroquinería** *f* leather goods *pl*
**Marruecos** *m* Morocco
**marrullería** *f* dirty trick
**marrullero** **I** *adj* underhand(ed) **II** *m* cheat
**Marsella** *f* Marseilles
**marsopa** *f* ZO porpoise
**marsupiales** *mpl* ZO marsupials
**marta** *f* ZO marten
**Marte** *m* AST Mars
**martes** *m inv* Tuesday
**martillar** ⟨1a⟩ *v/t* & *vi* hammer
**martillazo** *m* blow with a hammer, hammer blow
**martillear** ⟨1a⟩ *v/t* & *v/i* hammer
**martilleo** *m* hammering
**martillero** *m* S.Am. auctioneer
**martillo** *m* hammer
◇ **martillo neumático** pneumatic drill
**martín** *m*: **~ pescador** ZO kingfisher
**martinete** *m* **1** ZO heron **2** TÉC pile driver **3** MÚS hammer
**martingala** *f* F trick
**mártir** *m/f* *tb fig* martyr
**martirio** *m* *tb fig* martyrdom
**martirizar** ⟨1f⟩ *v/t* *tb fig* martyr
**maruja** *f* F housewife
**marzo** *m* March
**mas** *conj* but
**más** **I** *adj* more
  **II** *adv* **1** *comp* more; **~ grande / peque-ño** bigger, larger / smaller; **~ importante** more important; **trabajar ~** work harder; **éste me gusta ~** I like this one better; **~ que, ~ de lo que** more than; **~ de** more than; **si quieres algo no tie-**

**nes ~ que pedirlo** if you want anything you only have to ask; **¿qué ~?** what else?; **me gustaría ~ ...** I would prefer ...; **~ lejos** further; **el que ~ y el que menos** some more than others

**2** *sup* most; **el ~ grande / pequeño** the biggest *o* largest / smallest; **el ~ importante** the most important; **a lo ~** at most; **tiene tres coches, a cuál ~ caro** he has three cars, all (of them) equally expensive; **¡qué vestido ~ bonito!** what a pretty dress!; **lo ~ pronto posible** as soon as possible

**3** MAT plus

**III** *m* MAT plus (sign); **tener sus ~ y sus menos** have its pros and cons

**IV** *en locuciones*: **~ o menos** more or less; **poco ~ o menos** roughly; **comimos a ~ y mejor** we ate a great deal; **~ y ~** more and more; **ni ~ ni menos** neither more nor less; **no ~** *L.Am.* ☞ **nomás; por ~ que** however much; **sin ~** without more ado; **tanto ~ cuanto que** particularly since; **~ bien** rather; **ir a ~** be on the up; **como el que ~** as *o* like anyone else; **estar de ~** be superfluous

**masa** *f* **1** (*volumen*) mass; **en ~** en masse **2** GASTR dough; **pillar a alguien con las manos en la ~** F catch s.o. red-handed **3**: **las ~s** (*el pueblo*) the masses

◇ **masa de bienes** assets *pl*

◇ **masa quebrada** puff pastry

**masacrar** ⟨1a⟩ *v/t* massacre

**masacre** *f* massacre

**masaje** *m* massage; **dar un ~ a alguien, dar ~s a alguien** give s.o. a massage

**masajear** ⟨1a⟩ *v/t* massage

**masajista** *m/f hombre* masseur; *mujer* masseuse

**mascada** *f Méx* scarf

**mascar** ⟨1g⟩ **I** *v/t* chew **II** *v/i L.Am.* chew tobacco

**máscara** *f* **1** (*careta*) mask; **quitarse la ~** *fig* show one's true colors *o Br* colours **2** *cosmetic* mascara

◇ **máscara antigás** gas mask

**mascarada** *f* masquerade

**mascarilla** *f* **1** (*antifaz*) mask **2** *cosmética* face pack

◇ **mascarón de proa** *m* MAR figurehead

**mascota** *f* **1** *de equipo, olimpiada* mas-

cot **2** *animal doméstico* pet

**masculinidad** *f* masculinity

**masculino** **I** *adj* masculine **II** *m* GRAM masculine

**mascullar** ⟨1a⟩ *v/t* mutter

**masificación** *f* overcrowding

**masificarse** ⟨1g⟩ *v/r* get overcrowded

**masilla** *f* putty

**masita** *f L.Am. small sweet cake or bun*

**masivo** *adj* massive

**masoca** *m/f* F masochist

**masón** *m* mason

**masonería** *f* masonry

**masónico** *adj* masonic

**masoquismo** *m* masochism

**masoquista** **I** *adj* masochistic **II** *m/f* masochist

**máster** *m* master's (degree)

**masticación** *f* chewing

**masticar** ⟨1g⟩ *v/t* chew

**mástil** *m* **1** MAR mast **2** *de tienda, bandera* pole

**mastín** *m* ZO mastiff

**mastitis** *f* MED mastitis

**mastodonte** *m* mastodon; *cosa* whopping great thing F; *fig* giant of a man / woman

**mastodóntico** *adj* colossal, enormous

**mastuerzo** *m* BOT cress

**masturbación** *f* masturbation

**masturbarse** ⟨1a⟩ *v/r* masturbate

**mata** *f* bush; **~ de pelo** mop of hair

**matacaballo** *adv* F: **a ~** at loggerheads

**matachín** *m* bully

**matadero** *m* slaughterhouse

**matador** **I** *adj* killing *atr* **II** *m* TAUR matador

**matagigantes** *m inv equipo* giant killers *pl*

**matalahúga, matalahúva** *f* anis, aniseed

**matamoscas** *m inv* fly swatter; **papel ~** flypaper

**matanza** *f de animales* slaughter; *de gente* slaughter, massacre

**matar** ⟨1a⟩ **I** *v/t* **1** *persona, tiempo* kill; **~ a tiros** shoot dead, shoot to death; **~las callando** F be a wolf in sheep's clothing **2** *ganado* slaughter **3** *hambre* satisfy; *sed* quench, slake

**II** *v/i* kill; **no matarás** thou shalt not kill; **estar a ~ con alguien** be at daggers drawn with s.o.

**matarse** *v/r* **1** (*suicidarse*) kill o.s.; **~ a**

**trabajar** work o.s. to death **2** *morir* be killed

**matarife** *m* slaughterman

**matarratas** *m inv* rat poison

**matasanos** *m/f inv* F quack F

**matasellar** ⟨1a⟩ *v/t* frank, cancel

**matasellos** *m inv* postmark

**matasuegras** *m inv* party blower

**mate I** *adj* matt **II** *m* **1** *en ajedrez* mate **2** *L.Am.* (*infusión*) maté **3** *en baloncesto* dunk

**matear** ⟨1a⟩ **I** *v/t CSur* checkmate **II** *v/i L.Am.* drink maté

**matemáticas** *fpl* mathematics *sg*

**matemático I** *adj* mathematical **II** *m, -a f* mathematician

**materia** *f* **1** matter **2** (*material*) material **3** (*tema*) subject; *entrar en ~* get on to the subject; *en ~ de* as regards

◇ **materia gris** ANAT *tb fig* F grey matter

◇ **materia prima** raw material

**material** *m/adj* material

◇ **material didáctico** *en enseñanza* teaching materials *pl*

◇ **material escolar** (*artículos de papelería*) school supplies *pl*

**materialismo** *m* materialism

**materialista I** *adj* materialistic **II** *m/f* **1** materialist **2** *Méx* building contractor **III** *m Méx* builder's truck

**materializar** ⟨1f⟩ *v/t:* **~ algo** make sth a reality; **materializarse** *v/r* materialize

**materialmente** *adv* absolutely, completely; **~ imposible** absolutely *o* completely impossible

**maternal** *adj* maternal

**maternidad** *f* maternity, motherhood; **casa de ~** maternity hospital

**materno** *adj:* **por parte -a** on one's mother's side, maternal

**matero** *m, -a f L.Am.* maté drinker

**matinal** *adj* morning *atr*

**matiz** *m* **1** *de ironía* touch **2** *de color* shade

**matizar** ⟨1f⟩ *v/t comentarios* qualify

**matón** *m* **1** *de colegio* bully **2** (*criminal*) thug; **~ a sueldo** hired killer

**matorral** *m* thicket

**matraca** *f* rattle

**matraz** *m* flask

**matriarcado** *m* matriarchy

**matricida** *m/f* matricide

**matricidio** *m* matricide

**matrícula** *f* **1** AUTO license plate, *Br* numberplate **2** EDU enrollment, *Br* enrolment, registration

**matriculación** *f* AUTO registration

**matricular** ⟨1a⟩ *v/t* AUTO, EDU register; **matricularse** *v/r* EDU enroll, register

**matrimonial** *adj* marriage *atr*, marital

**matrimonio** *m* **1** (*unión conyugal*) marriage; **pedir a alguien en ~** ask for s.o.'s hand in marriage **2** *boda* wedding

◇ **matrimonio civil** civil wedding *o* ceremony

◇ **matrimonio religioso** church wedding

**matriz** *f* **1** MAT, TÉC, GEOL matrix **2** ANAT womb

**matrona** *f* (*comadrona*) midwife

**matute** *m* smuggling; **de ~** (*de contrabando*) smuggled; *fig* (*de manera clandestina*) clandestinely; **colar de ~** smuggle

**matutero** *m* smuggler

**matutino** *adj* morning *atr*; **periódico ~** morning paper

**maula** *m/f* annoying person

**maullar** ⟨1a⟩ *v/i* miaow

**maullido** *m* miaow

**Mauritania** *f* Mauritania

**mauritano I** *adj* Mauritanian **II** *m, -a f* Mauritanian

**mausoleo** *m* mausoleum

**maxilar** ANAT **I** *adj* maxillary **II** *m* jaw (-bone); **~ superior / inferior** upper / lower jaw

**máxima** *f* **1** (*dicho*) maxim **2** *temperatura* maximum

**máxime** *adv* especially

**maximizar** ⟨1f⟩ *v/t* maximize

**máximo** *adj* maximum

**máximum** *m* maximum

**maya** *m/f & adj* Mayan

**mayar** ⟨1a⟩ *v/i* miaow

**mayate** *m Méx* F *desp* fag F, *Br* poof F

**mayestático** *adj* majestic

**mayo** *m* May

**mayólica** *f* majolica

**mayonesa** *f* GASTR mayonnaise

**mayor I** *adj* **1** *comp: en tamaño* larger, bigger; *en edad* older; *en importancia* greater; **~ que** greater than, larger than; **ser ~ de edad** be an adult; **ser (muy) ~** be (very) elderly; **~ que** older than **2** *sup: el ~ en edad* the oldest *o* eldest; *en tamaño* the largest *o* biggest; *en im-*

*portancia* the greatest; *los ~es* the adults; *la ~ parte* the majority
**3** MÚS *tono, modo* major; *do ~* MÚS C major
**4** COM: *al por ~* wholesale
**II** *m* MIL major
**III**: *ir o pasar a ~es* get serious

**mayoral** *m* **1** (*capataz*) foreman **2** AGR farm manager

**mayordomo** *m* butler

**mayoreo** *m*: *vender al ~ Méx* sell wholesale

**mayoría** *f* majority; *~ de votos* majority of votes; *alcanzar la ~ de edad* come of age; *la ~ de* the majority of, most (of); *en la ~ de los casos* in the majority of cases, in most cases; *la ~ de las veces* most of the time

◇ **mayoría absoluta** absolute majority
◇ **mayoría relativa, mayoría simple** simple majority

**mayorista I** *adj* wholesale **II** *m/f* wholesaler

**mayoritariamente** *adv* mostly

**mayoritario** *adj* majority *atr*

**mayormente** *adv* mainly

**mayúscula** *f* capital (letter), upper case letter

**mayúsculo** *adj* capital, uppercase

**maza** *f* mace

**mazacote** *m* F stodgy mass F

**mazamorra** *f* S.Am. kind of porridge made from corn

**mazapán** *m* marzipan

**mazazo** *m fig* blow

**mazmorra** *f* dungeon

**mazo** *m* mallet

**mazorca** *f* cob

**me** *pron pers* **I** *complemento directo* me **II** *complemento indirecto* (to) me; *~ dio el libro* he gave me the book, he gave the book to me **III** *reflexivo* myself

**meada** *f* P pee F; *echar una ~* P have a pee F

**meadero** *m* P john F, *Br* loo F

**meandro** *m* meander

**mear** ⟨1a⟩ F *v/i* pee F; *mearse* *v/r* pee o.s. F; *~ de risa* wet o.s. laughing F

**meato** *m* ANAT meatus

**meca** *f fig* mecca

**Meca**: *La ~* Mecca

**¡mecachis!** *int* F blast! F

**mecánica** *f* mechanics *sg*

◇ **mecánica cuántica** quantum mechanics *sg*

◇ **mecánica de precisión** precision engineering

**mecánico I** *adj* mechanical **II** *m*, *-a f* mechanic

◇ **mecánico de automóviles** garage mechanic, auto mechanic

◇ **mecánico dentista** dental technician

**mecanismo** *m* mechanism

**mecanización** *f* mechanization

**mecanizar** ⟨1f⟩ *v/t* mechanize

**mecanografía** *f* typing

**mecanografiar** ⟨1c⟩ *v/t* type

**mecanógrafo** *m*, *-a f* typist

**mecate** *m Méx* string, cord

**mecedora** *f* rocking chair

**mecenas** *m inv* patron, sponsor

**mecer** ⟨2b⟩ *v/t* rock; **mecerse** *v/r* rock

**mecha** *f* **1** *de vela* wick **2** *de explosivo* fuse **3** *del pelo* highlight; *hacerse ~s* have highlights put in **4** *Méx* F fear **5**: *a toda ~* like greased lightning; *aguantar ~* F put up with it

**mechero** *m* cigarette lighter

**mechón** *m de pelo* lock

**medalla** *f* medal; *~ de oro / plata / bronce* gold / silver / bronze medal

**medallero** *m* medal table

**medallista** *m/f* medalist, *Br* medallist

**medallón** *m* medallion

**médano** *m* dune

**media** *f* **1** *hasta el muslo* stocking; *~s pl* pantyhose *pl*, *Br* tights *pl* **2** *L.Am. calcetín* sock **3** MAT mean

◇ **media corta** knee highs *pl*

◇ **media de rejilla** fishnet stocking

**mediación** *f* mediation

**mediado** *adj*: *a ~s de junio* in mid-June, halfway through June

**mediador I** *m*, *~a f* mediator **II** *adj* mediating

**medialuna** *f L.Am.* croissant

**mediana** *f* AUTO median strip, *Br* central reservation

**medianería** *f* party wall, dividing wall

**medianero** *adj* party *atr*, dividing

**medianía** *f persona* mediocrity

**mediano** *adj* **1** *tamaño, altura* medium, average; *de ~a edad* middle-aged **2** (*no bueno*) average

**medianoche** *f* **1** midnight **2** GASTR sweet roll

**mediante** *prp* by means of; *Dios ~* God

willing

**mediar** ⟨1b⟩ v/i **1** (*arbitrar*) mediate **2** (*interceder*) intercede **3** (*intervenir*) intervene **4** *de tiempo* elapse; *median 4km entre los dos pueblos* the two towns are 4km apart **5**: *sin ~ palabra* without a word

**mediateca** *f* media library

**mediático** *adj* media *atr*

**mediatizar** ⟨1f⟩ v/t influence

**mediatriz** *f* MAT bisector

**medicación** *f* medication

**medicamento** *m* medicine, drug

◇ **medicamentos genéricos** generic drugs

**medicamentoso** *adj* medicinal

**medicar** ⟨1g⟩ v/t administer medication to; **medicarse** v/r take medication

**medicastro** *m* quack

**medicina** *f* medicine

◇ **medicina convencional** conventional medicine; **medicina deportiva** sports medicine; **medicina forense** forensic medicine; **medicina general** general medicine; **medicina legal** forensic medicine; **medicina de la reproducción** reproductive medicine

**medicinal** *adj* medicinal

**medición** *f* (act of) measuring

**médico I** *adj* medical **II** *m/f* doctor

◇ **médico de cabecera, médico de familia** family physician *o* doctor, *Br* GP, *Br* general practitioner; **médico forense** forensic scientist; **médico de guardia** duty doctor; **médico de urgencia** emergency doctor

**medida** *f* **1** (*unidad*) measure; *acto* measurement; *hecho a ~* made to measure; *está hecho a ~ de mis necesidades* it's tailor-made for me; *tomar las ~s a alguien* take s.o.'s measurements; *tomar ~s fig* take measures *o* steps **2** (*grado*) extent; *en mayor ~* to a greater extent **3**: *a ~ que* as

**medidor** *m S.Am.* meter

**medieval** *adj* medieval, *Br tb* mediaeval

**medievalista** *m/f* medievalist, *Br tb* mediaevalist

**medievo** *m* Middle Ages *pl*

**medio I** *adj* **1** half; *las tres y -a* half past three, three-thirty; *a ~ camino* halfway **2** *tamaño* medium **3** (*de promedio*) average **4** *posición* middle

**II** *m* **1** (*entorno*) environment **2** *en fút-*bol midfielder **3** (*centro*) middle; *en ~ de* in the middle of **4** (*manera*) means; *por ~ de* by means of; *~s pl dinero* means, resources

**III** *adv* half; *hacer algo a -as* half do sth; *ir a -as* go halves; *a ~ hacer* half done; *de ~ a ~* completely; *día por ~ L.Am.* every other day; *quitar de en ~ algo* F move sth out of the way; *quitarse de en ~* get out of the way

◇ **medio ambiente** environment; **medio tiempo** *L.Am.* DEP half-time; **medios de comunicación, medios de información** (mass) media; **medios de masas** mass media; **medios de transporte** means of transportation

**medioambiental** *adj* environmental

**mediocampista** *m/f* DEP midfield player, midfielder

**mediocre** *adj* mediocre

**mediocridad** *f* mediocrity

**mediodía** *m* midday; *a ~* (*a las doce*) at noon, at twelve o'clock; (*a la hora de comer*) at lunchtime

**medioevo** *m* Middle Ages *pl*

**mediofondista** *m/f* DEP middle-distance runner

**medir** ⟨3l⟩ **I** v/t measure; *~ sus palabras fig* weigh one's words **II** v/i: *mide 2 metros de ancho / largo / alto* it's 2 meters wide / long / tall; **medirse** v/r measure o.s.

**meditabundo** *adj* pensive

**meditación** *f* meditation

**meditar** ⟨1a⟩ **I** v/t ponder **II** v/i meditate

**meditativo** *adj* meditative

**mediterráneo I** *adj* Mediterranean; *el mar Mediterráneo* the Mediterranean Sea **II** *m*: *el Mediterráneo* the Mediterranean

**médium** *m/f inv* medium

**medrar** ⟨1a⟩ v/i **1** *de planta, animal* grow **2** *de persona* prosper, flourish

**medroso** *adj* fearful

**médula** *f* marrow; *hasta la ~ fig* through and through, to the core

◇ **médula espinal** spinal cord

◇ **médula ósea** bone marrow

**medular** *adj* bone-marrow *atr*

**medusa** *f* ZO jellyfish

**megabyte** *m* megabyte

**megaciclo** *m* megacycle

**megafonía** *f* public-address *o* PA system

megáfono *m* bullhorn, *Br* loud-hailer

megalomanía *f* megalomania

megalómano *adj* megalomaniacal

megatón *m* megaton

mejicano I *adj* Mexican II *m*, -a *f* Mexican

Méjico *m* 1 *país* Mexico 2 (*DF*) Mexico City

mejilla *f* cheek

mejillón *m* ZO mussel

mejor I *adj* 1 *comp* better; *está* ~ that's better; *ir a* ~ get better; *tanto* ~ all the better 2 *sup*: *el* ~ the best; *lo* ~ the best thing; *lo* ~ *posible* as well as possible; *dar lo* ~ *de sí mismo* do one's best II: ~ *para ti* good for you; *a lo* ~ perhaps, maybe

mejora *f* improvement

mejorable *adj* improvable; *es* ~ it can be improved

mejoramiento *m* improvement

mejorana *f* BOT marjoram

mejorar ⟨1a⟩ I *v/t* improve II *v/i* improve; mejorarse *v/r* get better; *¡que te mejores!* get well soon!

mejoría *f* improvement

mejunje *m desp* concoction

melancolía *f* melancholy

melancólico[1] *adj* gloomy, melancholic

melancólico[2] *adj* melancholy

melanina *f* BIO melanin

melanoma *m* MED melanoma

melaza *f* molasses

melena *f* 1 *de persona* long hair 2 *de león* mane

melenudo I *adj* long-haired II *m* long-haired boy *o* guy

melifluo *adj fig* sickly sweet; ~*s pl* (*afectación*) affected ways; *andarse con* ~*s* be affected

melindroso *adj* affected

melisa *f* BOT lemon balm

mella *f*: *hacer* ~ *en alguien* have an effect on s.o., affect s.o.

mellado *adj dentadura* gap-toothed

mellar ⟨1a⟩ *v/t* nick, chip

mellizo I *adj* twin *atr* II *m*, -a *f* twin

melocotón *m* peach

melocotonero *m* peach tree

melodía *f* melody

melódico *adj* melodic

melodioso *adj* melodious

melodrama *m* melodrama

melodramático *adj* melodramatic

melómano *m*, -a *f* music lover

melón *m* 1 BOT melon; ~*es pl hum* F boobs F, melons F 2 *fig* F (*bobo*) dummy F

meloncillo *m* ZO mongoose

meloso *adj* F sickly sweet

membrana *f* membrane

membrete *m* heading, letterhead; *papel con* ~ letterhead, headed paper

membrillo *m* quince; *dulce de* ~ quince jelly

membrudo *adj* muscular

memela *f Méx* corn tortilla

memez *f* stupid thing

memo F I *adj* dumb F II *m*, -a *f* idiot

memorable *adj* memorable

memorándum *m* memo

memoria *f* 1 *tb* INFOR memory; *si no me falla la* ~ if my memory serves me well; *traer a la* ~ remind; *venir a la* ~ come to mind; *hacer* ~ remember; *de* ~ by heart 2 (*informe*) report; ~*s pl* (*biografía*) memoirs

◇ memoria de trabajo INFOR working memory

memorial *m* memorial

memorizar ⟨1f⟩ *v/t* memorize

mena *f* MIN ore

menaje *m* household equipment

mención *f*: *hacer* ~ *de* mention

mencionar ⟨1a⟩ *v/t* mention

mendaz *adj fml* mendacious *fml*

mendicante I *adj* begging II *m/f* beggar

mendicidad *f* begging

mendigar ⟨1h⟩ *v/t* beg for

mendigo *m*, -a *f* beggar

menear ⟨1a⟩ *v/t* 1 (*agitar*) shake 2 *las caderas* sway; ~ *la cola* wag its tail; ~ *la cabeza* shake one's head; menearse *v/r* 1 (*moverse*) fidget 2 (*apresurarse*) hurry up

meneo *m* F telling-off; *dar un* ~ *a alguien* tell s.o. off, give s.o. a telling-off

menester *m* (*trabajo*) job; ~*es pl* F tools, gear *sg*; *ser* ~ (*necessario*) be necessary

menesteroso *adj* needy

menestra *f* vegetable stew

mengano *m*, -a *f* F so-and-so F

mengua *f* decrease, diminution; *ir en* ~ *de* be to the detriment of

menguado *adj* diminished, reduced

menguante *adj* 1 *cantidad, intensidad* decreasing, diminishing 2 *luna* waning

**meón**

**menguar** ⟨1i⟩ **I** *v/i* **1** *de cantidad, intensidad* decrease, diminish **2** *de la luna* wane **II** *v/t* decrease, diminish
**meninge** *f* ANAT meninx
**meningitis** *f* MED meningitis
**menisco** *m* ANAT cartilage
**menopausia** *f* MED menopause
**menopáusico** *adj* menopausal
**menor I** *adj* **1** *comp* less; *en tamaño* smaller; *en edad* younger; ***ser ~ de edad*** be a minor **2** *sup*: *el ~ en tamaño* the smallest; *en edad* the youngest; *el número ~* the lowest number; *no tengo la ~ idea* I don't have the slightest idea **3** MÚS *tono, modo* minor; *mi ~* E minor **4** COM: *al por ~* retail **II** *m/f* minor
**Menorca** *f* Minorca
**menorquín I** *adj* Minorcan **II** *m*, **-quina** *f* Minorcan
**menos I** *adj* **1** *en cantidad* less; *cien dólares de ~* 100 dollars short, 100 dollars too little; *hay cinco calcetines de ~* we are five socks short **2** *en número* fewer **II** *adv* **1** *comp*: *en cantidad* less; *es ~ guapa que Ana* she is not as pretty as Ana **2** *sup*: *en cantidad* least; *al ~, por lo ~* at least **3** MAT minus; *tres ~ dos* three minus two **III** *m* MAT minus (sign) **IV**: *a ~ que* unless; *todos ~ yo* everyone but *o* except me; *echar de ~* miss; *tener a alguien en ~* look down on s.o.; *eso es lo de ~* that's the least of it; *ir a ~* come down in the world; *ni mucho ~* far from it; *no es para ~* quite right too; *son las dos ~ diez* it's ten of two, *Br* it's ten to two
**menoscabar** ⟨1a⟩ *v/t* **1** *autoridad* diminish, reduce **2** (*dañar*) harm
**menoscabo** *m* **1** (*mengua*) reduction, diminution **2** (*daño*) harm
**menospreciable** *adj* contemptible
**menospreciar** ⟨1b⟩ *v/t* **1** (*subestimar*) underestimate **2** (*desdeñar*) look down on
**menosprecio** *m* contempt
**mensaje** *m* message
◇ **mensaje publicitario** commercial
**mensajería** *f* messenger company, *Br* courier service
**mensajero** *m*, **-a** *f* **1** *de recados, información* messenger **2** COM messenger, *Br* courier

**menso** *adj* *Méx* F dumb F
**menstruación** *f* menstruation
**menstruar** ⟨1h⟩ *v/i* menstruate
**mensual** *adj* monthly
**mensualidad** *f* COM monthly installment *o Br* instalment, monthly payment
**mensualmente** *adv* monthly
**mensurable** *adj* measurable
**menta** *f* BOT mint
**mental** *adj* mental
**mentalidad** *f* mentality
**mentalizar** ⟨1f⟩ *v/t*: *~ a alguien* make s.o. aware; **mentalizarse** *v/r* mentally prepare o.s.
**mentalmente** *adv* mentally
**mentar** ⟨1k⟩ *v/t* mention
**mente** *f* mind; *no se me va de la ~* I can't stop thinking about it, I can't get it out of my mind
**mentecato I** *adj* F dim F **II** *m*, **-a** *f* F fool
**mentir** ⟨3i⟩ *v/i* lie
**mentira** *f* lie; *¡parece ~!* that's incredible!
**mentirijillas** *fpl*: *de ~* F in jest, jokingly
**mentiroso I** *adj*: *ser muy ~* tell a lot of lies **II** *m*, **-a** *f* liar
**mentís** *m inv* denial; *dar un ~ a algo* deny sth
**mentol** *m* menthol
**mentón** *m* chin; *doble ~* double chin
**mentor** *m* mentor
**menú** *m tb* INFOR menu
◇ **menú de ayuda** INFOR help menu
◇ **menú desplegable** INFOR dropdown menu
**menudear** ⟨1a⟩ **I** *v/t*: *~ algo* do sth frequently; *la guerrilla menudéo los ataques* the guerrillas attacked frequently **II** *v/i L.Am.* be frequent; (*ocurrir*) happen frequently
**menudencia** *f* trifle
**menudencias** *fpl Méx* giblets
**menudeo** *m L.Am.* COM retail trade
**menudillos** *mpl* giblets
**menudo I** *adj* small; *¡~ suerte!* *fig* F lucky devil!; *¡~as vacaciones!* *irón* F some vacation!; *¡~ lío!* what a mess!; *a ~* often **II** *m L.Am.* small change; *~s pl* GASTR giblets
**meñique** *m/adj*: (*dedo*) *~* little finger
**meollo** *m fig* heart
**meón** *m*, **-ona** *f*: *ser un ~* have a weak bladder

**mequetrefe** F *m* good-for-nothing

**meramente** *adv* merely

**mercachifle** *m desp fig* money-grubbing store-keeper

**mercadear** ⟨1a⟩ **I** *v/t* market **II** *v/i* trade

**mercadeo** *m* marketing

**mercader** *m* trader

**mercadería** *f L.Am.* merchandise

**mercadillo** *m* street market

**mercado** *m* market; *abrir nuevos ~s* open up new markets

◇ **mercado interior** domestic market; **mercado laboral** job market; **mercado negro** black market; **mercado de valores** stock market

**mercadotecnia** *f* marketing

**mercancía** *f* merchandise; *tren de ~s* freight train, *Br* goods train

**mercante** *adj* merchant *atr*; *buque ~* merchant ship *o* vessel

**mercantil** *adj* commercial

**merced** *f*: *estar a ~ de alguien* be at s.o.'s mercy; *~ a* thanks to

**mercenario** *m/adj* mercenary

**mercería** *f* notions *pl*, *Br* haberdashery

**MERCOSUR** *m abr* (= *Mercado Común del Sur*) *Common Market including Argentina, Brazil, Paraguay and Uruguay*

**mercurial** *adj* mercurial

**mercurio** *m* mercury

**Mercurio** *m* MYTH, AST Mercury

**merecedor** *adj* deserving; *ser ~ de* deserve, be worthy of; *~ de confianza* trustworthy; *hacerse ~ de algo fig* earn sth

**merecer** ⟨2d⟩ *v/t* deserve; *no merece la pena* it's not worth it; *no se lo merece* he doesn't deserve it; *en edad de ~* old enough to have a boyfriend / girlfriend

**merecido I** *adj* well-deserved; *bien ~ lo tiene* it serves him right **II** *m* just deserts *pl*

**merendar** ⟨1k⟩ **I** *v/t*: *~ algo* have sth as an afternoon snack **II** *v/i* have an afternoon snack; **merendarse** *v/r* **1** *fig: rival* thrash F **2** *fig: tarea* finish off

**merendero** *m* outdoor café

**merengue** *m* GASTR meringue

**meretriz** *f fml* prostitute

**meridiano** *m/adj* meridian

**meridional I** *adj* southern **II** *m/f* southerner

**merienda** *f* afternoon snack

◇ **merienda de negros** bedlam, confusion

**merino** *adj* merino *atr*; *lana / oveja ~a* merino wool / sheep

**mérito** *m* merit; *hacer ~s* work hard; *de ~* worthy

**meritorio I** *adj* commendable **II** *m*, *-a f* (unpaid) trainee

**merluza** *f* ZO hake; *agarrar una ~ fig* F get plastered F

**merluzo** *m*, *-a f* F idiot

**merma** *f* reduction, decrease

**mermar** ⟨1a⟩ **I** *v/t* reduce **II** *v/i* diminish

**mermelada** *f* jam

**mero I** *adj* mere; *el ~ jefe Méx* F the big boss **II** *m* ZO grouper

**merodear** ⟨1a⟩ *v/i* loiter

**mersa**[1] *adj Rpl* F tacky F

**mersa**[2] *mf Rpl* F tacky person F

**mersada** *f Rpl* F tacky thing F

**mes** *m* month; *en el ~ de mayo* in the month of May; *al ~ de haber llegado* a month after she arrived

**mesa** *f* **1** *mueble* table; *poner / quitar o alzar o levantar la ~* set / clear the table; *sentarse a la ~* sit at the table **2** GEOG plateau **3** POL committee

◇ **mesa auxiliar** side table; **mesa de centro** coffee table; **mesa electoral** *people who organize a polling station in an election*; **mesa extensible** extending table; **mesa de negociaciones** negotiating table; **mesa redonda** *fig* round table

**mesada** *f L.Am.* monthly allowance

**mesana** *f* MAR *mástil* mizzenmast

**mesarse** ⟨1a⟩ *v/r barba* pull; *~ los cabellos* tear one's hair

**mescalina** *f* mescaline

**mescolanza** *f* ☞ *mezcolanza*

**mesera** *f L.Am.* waitress

**mesero** *m L.Am.* waiter

**meseta** *f* plateau; *Meseta Mato Grosso* Plateau of the Mato Grosso

**mesías** *m inv* messiah

**mesilla, mesita** *f*: *~ (de noche)* night stand, *Br* bedside table

**mesón** *m traditional restaurant decorated in rustic style*

**mesonera** *f* **1** landlady, person who runs a mesón **2** *Ven* waitress

**mesonero** *m* **1** landlord, person who runs a mesón **2** *m Ven* waiter

**mesozoico** *m* GEOL Mesozoic

**mestizo** *m* person of mixed race
**mesura** *f*: **con ~** in moderation
**mesurado** *adj* moderate
**mesurar** ⟨1a⟩ *v/t* moderate; **mesurarse** *v/r* restrain o.s., control o.s.
**meta** I *f* 1 *en fútbol* goal; **marcar en propia ~** score an own goal 2 *en carrera* finishing line 3 *en béisbol* home 4 *fig* (*objetivo*) goal, objective; **fijarse una ~** set o.s. an objective *o* a goal II *m/f* goalkeeper
**metabólico** *adj* metabolic
**metabolismo** *m* metabolism
◇ **metabolismo basal** basal metabolism
**metabolizar** ⟨1f⟩ *v/t* metabolize
**metacarpo** *m* ANAT metacarpus
**metadona** *f* methadone
**metafísica** *f* metaphysics *sg*
**metáfora** *f* metaphor
**metafórico** *adj* metaphorical
**metal** *m* 1 metal 2 MÚS heavy metal
◇ **metal no férrico** non-ferrous metal; **metal noble** precious metal; **metal pesado** heavy metal; **metal precioso** precious metal
**metálico** I *adj* metallic II *m*: **en ~** (in) cash
**metalizado** *adj*: **pintura -a** AUTO metallic paint
**metalurgia** *f* metallurgy
**metalúrgico** I *adj* metallurgical II *m*, -a *f* trabajador del metal metalworker; *científico* metallurgist
**metamorfosear** ⟨1a⟩ *v/t* metamorphose; **metamorfosearse** *v/r* metamorphose
**metamorfosis** *f inv* transformation, metamorphosis
**metano** *m* methane
**metedura** *f*: **~ de pata** F blunder
**metegol** *m Arg* table football
**meteórico** *adj* meteoric
**meteorito** *m* meteorite
**meteoro** *m* meteor
**meteorología** *f* meteorology
**meteorológico** *adj* weather *atr*, meteorological; **mapa ~** weather map; **parte ~** weather report; **pronóstico ~** weather forecast
**meteorólogo** *m*, -a *f* meteorologist
**metepatas** *m/f inv* F: **ser un ~** be prone to making bloopers F, be always putting one's foot in it F

**meter** ⟨2a⟩ *v/t* 1 put (**en** in, into) 2 *gol* score 3 (*involucrar*) involve (**en** in); **~ a alguien en un lío** get s.o. into a mess; **a todo ~** at full speed
**meterse** *v/r*: **~ en algo** get into sth; (*involucrarse*) get involved in sth, get mixed up in sth; **~ donde no le llaman** stick one's nose in where it doesn't belong; **no saber dónde ~** *fig* not know what to do with o.s.; **~ a hacer algo** start doing sth, start to do sth; **~ con alguien** pick on s.o.; **~ de administrativo** get a job in admin; **se metió a bailar** he became a dancer; **¿dónde se ha metido?** where has he got to?
**meterete** *m/f Rpl* F busybody F
**metiche** *m/f Méx* F busybody F
**meticulosidad** *f* meticulousness
**meticuloso** *adj* meticulous
**metida** *f*: **~ de pata** *L.Am.* F blooper F, blunder
**metido** *adj* 1 (*involucrado*) involved; **estar muy ~ en algo** be very involved in sth 2 *L.Am.* nosy F 3: **~ en años** elderly; **~ en carnes** plump; **~ en sí** inward-looking
**metódico** *adj* methodical
**metodista** REL I *adj* Methodist II *m/f* Methodist
**método** *m* method
**metomentodo** *m/f* F busybody F
**metraje** *m de película* length
**metralla** *f pedazos* shrapnel; HIST grapeshot; **~ de preguntas** *fig* F barrage of questions
**metralleta** *f* sub-machine gun
**métrico** *adj* metric
**metro** *m* 1 *medida* meter, *Br* metre 2 *para medir* rule 3 *transporte* subway, *Br* underground
◇ **metro cuadrado** square meter *o Br* metre
◇ **metro cúbico** cubic meter *o Br* metre
**metrónomo** *m* MÚS metronome
**metrópoli(s)** *f* (*inv*) metropolis
**metropolitano** I *adj* metropolitan II *m* subway, *Br* underground
**mexicano** I *adj* Mexican II *m*, -a Mexican
**México** *m* 1 *país* Mexico 2 (*DF*) Mexico City
**mezcal** *m Méx* mescal
**mezcla** *f* 1 mixture; *de tabaco, café etc*

blend **2** *acto* mixing; *de tabaco, café etc* blending

**mezclador** *m*, **~a** *f*: **~ (de sonido)** (sound) mixer

**mezclar** ⟨1a⟩ *v/t* mix; *tabaco, café etc* blend; **~ a alguien en algo** get s.o. mixed up *o* involved in sth; **mezclarse** *v/r* mix; **~ en algo** get mixed up *o* involved in sth

**mezclilla** *f Méx* denim; **pantalón de ~** jeans *pl*

**mezcolanza** *f* F jumble

**mezquinar** ⟨1a⟩ *v/t L.Am.* skimp on

**mezquindad** *f* meanness

**mezquino** *adj* mean

**mezquita** *f* mosque

**mg.** *abr* (= **miligramo**) mg (= milligram)

**mi**[1] *m* MÚS E; **~ bemol** E flat

**mi**[2], **mis** *adj pos* my

**mí** I *pron* me; **¿y a ~ qué?** so what?, what's it to me? II *reflexivo* myself

**miaja** *f* crumb; **una ~** *fig* F a scrap, a bit

**mialgia** *f* MED myalgia

**mica** *f* MIN mica

**micción** *f fml* micturition

**michelín** *m* F spare tire, *Br* spare tyre

**michino** *m* F puss F, pussy F

**mico** *m* ZO monkey

**micología** *f* mycology

**micosis** *f* MED mycosis

**micro** I *m* **1** F (*micrófono*) mike F **2** (*microbús*) minibus II *m o f Chi* bus

**microbio** *m* microbe

**microbús** *m* minibus

**microchip** *m* (micro)chip

**microcirugía** *f* MED microsurgery

**microclima** *m* microclimate

**microcomputador** *m L.Am.* microcomputer

**microcomputadora** *f L.Am.* microcomputer

**micro-espía** *m fig* F bug F, listening device

**microficha** *f* microfiche

**microfilm(e)** *m* microfilm

**microfilmar** ⟨1a⟩ *v/t* microfilm

**micrófono** *m* microphone; **~ oculto** bug

**microondas** *m inv* microwave

**microordenador** *m* microcomputer

**microprocesador** *m* microprocessor

**microscópico** *adj* microscopic; *fig (diminuto)* minute, tiny

**microscopio** *m* microscope

◇ **microscopio electrónico** electron microscope

**mide** *vb* ☞ **medir**

**mieditis** *f*: **tener ~** F be scared

**miedo** *m* fear (**a** of); **dar ~** be frightening; **~ a volar** fear of flying; **me da ~ la oscuridad** I'm frightened of the dark; **meter ~ a** frighten; **tener ~ de que** be afraid that; **por ~ a** for fear of; **de ~** F great F, awesome F

**miedoso** *adj* timid; **¡no seas tan ~!** don't be scared!

**miel** *f* honey; **quedarse con la ~ en los labios** have the gift of the gab; **ser ~ sobre hojuelas** be even better

◇ **miel de flores** honey

**mielga** *f* **1** BOT alfalfa, *Br* lucerne **2** ZO spiny dogfish

**miembro** *m* **1** (*socio*) member; **estado / país ~** member state / country **2** (*extremidad*) limb, member *fml*; **~s** *pl* ANAT limbs

◇ **miembro viril** ANAT male organ

**mientes** *fpl*: **parar ~ en** consider, contemplate; **pasarle por las ~ a alguien** occur to s.o.

**mientras** I *conj* while; **~ que** whereas II *adv*: **~ tanto** in the meantime, meanwhile

**miércoles** *m inv* Wednesday

◇ **miércoles de ceniza** REL Ash Wednesday

**mierda** I *f* **1** P shit P, crap P; **una ~ de película** a crap movie P; **¡una ~!** no way! F; **¡vete a la ~!** go to hell! F; **a la ~ con ...** to hell with ... F; **me importa una ~** I don't give a shit P II *m/f* P *persona* shit P, piece of shit P

**mies** *f* (ripe) grain

**miga** *f de pan* crumb; **~s** *pl* crumbs; **hacer algo ~s** smash sth to bits; **hacer buenas / malas ~s** *fig* F get on well / badly; **tiene ~** F there's more to it than meets the eye

**migajas** *fpl* **1** *de pan* (bread)crumbs **2** *fig (restos)* scraps

**migra** *f Méx* F: **la ~** the INS (*the Immigration and Naturalization Service*)

**migración** *f* migration

**migraña** *f* MED migraine

**migratorio** *adj* migratory

**mijo** *m* BOT millet

**mil** I *adj* thousand II *m* thousand; **a ~es** by the thousands

**milagro** *m* miracle; **hacer ~s** work mir-

acles; **de ~** miraculously, by a miracle
**milagroso** *adj* miraculous
**Milán** *m* Milan
**milano** *m* ZO kite
**mildiu, mildiú** *m* BOT mildew
**milenario I** *adj* thousand-year-old **II** *m* **1** (*mil años*) millennium **2** *aniversario* thousandth anniversary
**milenio** *m* millennium
**milenrama** *f* BOT yarrow
**milésimo I** *adj* thousandth **II** *f*: **una -a de segundo** a thousandth of a second
**milhojas** *m inv* GASTR millefeuille
**mili** *f* F military service
**milibar** *m* millibar
**milicia** *f* militia
**miliciano** *m* militiaman
**milico** *m* *S.Am. desp* soldier
**miligramo** *m* milligram
**mililitro** *m* milliliter, *Br* millilitre
**milímetro** *m* millimeter, *Br* millimetre
**militancia** *f* militancy
**militante I** *adj* (politically) active **II** *m/f* activist
**militar I** *adj* military **II** *m/f* soldier; **los ~es** *pl* the military **III** ⟨1a⟩ *v/i* POL: **~ en** be a member of
**militarista I** *adj* militaristic **II** *m/f* militarist
**milla** *f* mile
◇ **milla marina, milla náutica** nautical mile
**millar** *m* thousand; **~es** de thousands of
**millón** *m* million; **mil millones** a billion
**millonario I** *adj* millionaire *atr*; **un yate ~** a yacht that cost millions **II** *m*, -a *f* millionaire
**milpa** *f Méx, C.Am.* **1** corn, *Br* maize **2** *terreno* cornfield, *Br* field of maize
**milpiés** *m inv* ZO millipede
**mimar** ⟨1a⟩ *v/t* spoil, pamper
**mimbre** *m* BOT willow; **muebles pl de ~** wicker furniture *sg*
**mimbrera** *f* BOT willow
**mimetismo** *m* mimicry
**mimetizar** ⟨1f⟩ *v/t* mimic
**mímica** *f* mime
**mímico** *adj* mimic *atr*
**mimo** *m* **1** TEA mime **2** (*caricia*) cuddle; **con ~** *tb fig* affectionately
**mimosa** *f* BOT mimosa
**mimoso** *adj*: **es muy ~** he likes being pampered
**mina** *f* **1** MIN, MIL mine **2** *Rpl* F (*mujer*)

broad F, *Br* bird F
◇ **mina antipersonal** MIL antipersonnel mine
◇ **mina terrestre** landmine
**minar** ⟨1a⟩ *v/t* **1** (*excavar*) mine **2** *fig* (*dañar*) undermine
**minarete** *m* minaret
**mineral** *m/adj* mineral
**mineralogía** *f* mineralogy
**minería** *f* mining
**minero I** *adj* mining **II** *m* miner
**mingitorio** *m* *fml* urinal *fml*
**miniatura** *f* miniature
**miniaturista** *m/f* miniaturist
**minifalda** *f* miniskirt
**minigolf** *m* miniature golf, mini-golf
**minimizar** ⟨1f⟩ *v/t* minimize
**mínimo I** *adj* minimum; **como ~** at the very least; **no me interesa lo más ~** I'm not in the least interested **II** *m* minimum
**mínimum** *m* minimum
**minino** *m* F puss F, pussy (cat) F
**miniserie** *f* TV miniseries *sg*
**ministerial** *adj* (*de ministro*) ministerial; (*de ministerio*) departmental
**ministerio** *m* POL department
◇ **Ministerio de Asuntos Exteriores** State Department, *Br* Foreign Office; **Ministerio de Hacienda** Treasury Department, *Br* Treasury; **ministerio fiscal** JUR Attorney General's office; **Ministerio del Interior** Department of the Interior, *Br* Home Office; **Ministerio de Relaciones Exteriores** *L.Am.* State Department, *Br* Foreign Office
**ministro** *m*, -a *f* minister; **primer ~** Prime Minister
◇ **ministro del Interior** Secretary of the Interior, *Br* Home Secretary
◇ **ministro sin cartera** minister without portfolio
**minoría** *f* minority
◇ **minoría de edad** minority
**minoridad** *f* minority
**minorista** COM **I** *adj* retail *atr* **II** *m/f* retailer
**minoritario** *adj* minority *atr*
**mintió** *vb* ☞ **mentir**
**minucia** *f* minor detail
**minuciosidad** *f* attention to detail
**minucioso** *adj* meticulous, thorough
**minué** *m* MÚS minuet

**minúscula** *f* small letter, lower case letter

**minúsculo** *adj* **1** (*diminuto*) tiny, minute **2** *letra* small, lower-case

**minusvalía** *f* disability

**minusválido I** *adj* disabled **II** *m*, *-a f* disabled person; **los ~s** the disabled, disabled people

**minusvalorar** ⟨1a⟩ *v/t* undervalue

**minuta** *f* GASTR menu; (*cuenta de los honorarios*) bill

**minutero** *m* minute hand

**minuto** *m* minute

◊ **minutos de la basura** *en baloncesto* garbage time

**mío, mía** *pron* mine; **el ~ / la -a** mine; **un amigo ~** a friend of mine; **los ~s** my family; **no es lo ~** it isn't my thing

**mioma** *m* MED myoma

**miope I** *adj* near-sighted, short-sighted **II** *m/f* near-sighted *o* short-sighted person

**miopía** *f* near-sightedness, short-sightedness

**miosotis** *m inv* BOT forget-me-not

**MIR** *m abr* (= *médico interno residente*) intern, resident

**mira** *f*: **con ~s a** with a view to; **estar en el punto de ~ de alguien** be the focus of s.o.'s attention; **está en el punto de ~ de los Lakers** the Lakers have an eye on him

◊ **mira telescópica** telescopic sight

**mirada** *f* look; **echar una ~** take a look (**a** at); **ser el centro de todas las ~s** be the center *o Br* centre of attention

**mirado** *adj* considerate, thoughtful; **bien ~** well thought of, highly regarded; *fig* all things considered

**mirador** *m* viewpoint

**miramiento** *m* consideration, thoughtfulness; **sin ~s** *tratar a alguien* without consideration; *decir algo* abruptly, without ceremony

**mirar** ⟨1a⟩ **I** *v/t* **1** look at **2** (*observar*) watch; **3** *fig* (*considerar*) look at, consider; **no ~ el precio** not worry about the cost; **mira bien lo que haces** think carefully about what you're doing **4** *L.Am.* (*ver*) see; **¿qué miras desde aquí?** what can you see from here? **II** *v/i* look; **~ a / hacia algo** face sth; **~ al norte** *de una ventana etc* face north; **~ por** look through; (*cuidar*) look after; **~**

**por la ventana** look out of the window; **¡mira!** look!; **¡mira por dónde!** would you believe it?; **mirándolo bien** thinking about it, now that I *etc* come to think about it

**mirarse** *v/r* look at o.s.; **~ en el espejo** look at o.s. in the mirror; **si bien se mira** all things considered

**mirilla** *f* spyhole

**miriñaque** *m* crinoline

**mirlo** *m* ZO blackbird; **ser un ~ blanco** *fig* be a rare bird

**mirón F I** *adj* nosy **II** *m*, *-ona f* busybody, nosy parker F

**mirra** *f* BOT myrrh

**mirto** *m* BOT myrtle

**mis** *adj pos* my

**misa** *f* REL mass; **ayudar a ~** serve at mass; **ir a ~** go to mass; **no sabe de la ~ la media** F he doesn't know a thing about it; **ir a ~** *fig* F be the last word

◊ **misa de difuntos** requiem mass; **misa de gallo** Christmas Eve midnight mass; **misa mayor** high mass; **misa rezada** low mass

**misal** *m* missal

**misántropo** *m*, *-a f* misanthropist

**miscelánea** *f* **1** miscellany **2** *Méx* convenience store, *Br* corner shop

**misceláneo** *adj* miscellaneous

**miserable I** *adj* wretched **II** *m/f* **1** (*tacaño*) skinflint **2** (*canalla*) swine

**miseria** *f* **1** poverty **2** *fig* (*sufrimiento*) misery

**misericordia** *f* mercy, compassion

**misericordioso** *adj* merciful, compassionate

**mísero** *adj* **1** *condición, persona* wretched **2** *sueldo* miserable; **ni un ~ dólar** not a miserable dollar

**misil** *m* missile

◊ **misil de corto alcance** short-range missile; **misil de crucero** cruise missile; **misil de largo alcance** long-range missile; **misil de medio alcance** medium-range missile; **misil tierra-aire** surface-to-air missile, SAM

**misión** *f* mission

**misionero** *m*, *-a f* missionary

**misiva** *f* missive

**mismamente** *adv* **1** *como respuesta* exactly, precisely **2** (*justo*) just; **ayer ~** just yesterday

**mismo I** *adj* same; **el ~** the (self)same; **lo**

~ the same; *lo ~ que* the same as; *yo ~* I myself; *da lo ~* it doesn't matter, it's all the same; *me da lo ~* I don't care, it's all the same to me; *el ~ rey* the king himself **II** *adv*: *aquí ~* right here; *ahí ~* right there; *ahora ~* right now, this very minute; *hoy ~* today, this very day; *lo ~ llueve que hace sol* you never know whether it's going to be rainy or sunny

**misógino** **I** *adj* misogynistic **II** *m* misogynist

**misterio** *m* mystery

**misterioso** *adj* mysterious

**mística** *f* mysticism

**místico** **I** *adj* mystic(al) **II** *m*, -a *f* mystic

**mistificación** *f* mystification

**mistificar** ⟨1g⟩ *v/t* mystify

**mitad** *f* half; *en ~ de calle, noche etc* in the middle of; *a ~ del camino* halfway; *a ~ de la película* halfway through the movie; *a ~ de precio* half-price; *~ y ~* half and half

**mítico** *adj* mythical

**mitificar** ⟨1g⟩ *v/t* mythicize

**mitigar** ⟨1h⟩ *v/t* **1** *pobreza, contaminación etc* mitigate **2** *ansiedad, dolor etc* ease; **mitigarse** *v/r* ease

**mitin** *m* POL meeting

**mito** *m* myth

**mitología** *f* mythology

**mitológico** *adj* mythological

**mitón** *m* fingerless glove

**mitra** *f* miter, *Br* mitre

**mixto** **I** *adj* **1** *colegio* mixed **2** *comisión* joint **II** *m* toasted ham and cheese sandwich

**mixtura** *f* mixture, mix

**mm.** *abr* (= **milímetro**) mm (= millimeter)

**moaré** *m* moire

**mobiliario** *m* furniture

◇ **mobiliario urbano** street furniture

**moblaje** *m* furniture

**moca** *m* ☞ **moka**

**mocasín** *m* moccasin

**mocedad** *f* youth

**mocetón** *m*, -ona *f* fine strapping boy / girl

**mochales** *adj* F nuts F

**mochila** *f* backpack

**mochilero** *m*, -a *f* backpacker

**mocho** **I** *adj* blunt **II** *m* (blunt) end

**mochuelo** *m* ZO little owl; *cargar con el ~* F be landed with the job

**moción** *f* POL motion

◇ **moción de censura** vote of no confidence

◇ **moción de confianza** vote of confidence

**moco** *m*: *tener ~s* have a runny nose; *se sacó un ~ de la nariz* he picked a booger *o Br* bogey out of his nose F; *no es ~ de pavo* F it's not to be sniffed at

**mocoso** **I** *adj* snotty **II** *m*, -a *f* F snotty--nosed kid F

**moda** *f* fashion; *~ de diseño* designer fashion; *~ femenina / masculina* men's / women's fashion; *de ~* fashionable, in fashion; *estar de ~* be in fashion; *estar pasado de ~* be out of fashion; *pasarse de ~* go out of fashion; *vestirse a la ~* wear the latest fashions, dress fashionably

**modal** *adj* GRAM modal

**modales** *mpl* manners; *buenos ~* good manners

**modalidad** *f* **1** (*modo*) form **2** DEP discipline

◇ **modalidad de pago** method of payment

**modelar** ⟨1a⟩ *v/t* model

**modélico** *adj* model *atr*

**modelismo** *m* model making

**modelo** **I** *m* **1** (*maqueta*) model **2** (*ejemplo*) model, example **II** *m/f* persona model

**módem** *m* INFOR modem

**moderación** *f* moderation

**moderado** **I** *adj* moderate **II** *m*, -a *f* moderate

**moderador** **I** *adj* moderating **II** *m*, -a *f* TV presenter

**moderar** ⟨1a⟩ *v/t* **1** *exigencias* moderate; *impulsos* control, restrain **2** *velocidad, gastos* reduce **3** *debate* chair; **moderarse** *v/r* control o.s., restrain o.s.

**modernidad** *f* modernity

**modernismo** *m* modernism

**modernización** *f* modernization

**modernizar** ⟨1f⟩ *v/t* modernize

**moderno** *adj* modern

**modestia** *f* modesty; *~ aparte* though I say so myself

**modesto** *adj* modest

**módico** *adj* *precio* reasonable

**modificación** *f* modification

**modificar** ⟨1g⟩ *v/t* modify; **modificarse** *v/r* change, modify

**modismo** *m* idiom

**modista** *m/f* **1** (*costurero*) dressmaker **2** (*diseñador*) fashion designer

**modisto** *m* fashion designer

**modo** *m* **1** way; *a mi ~ de ver* to my way of thinking; *dicho de otro ~* to put it another way; *de este ~* like this; *~ de ser* personality **2** GRAM mood **3** MÚS mode **4**: *~s pl* manners; *de malos ~s* rudely **5**: *a ~ de* as; *de ~ que* so that; *de ningún ~* not at all; *de otro ~* otherwise; *de tal ~ que* so much that; *de todos ~s* anyway; *de cualquier ~* anyway, anyhow; *en cierto ~* in a way *o* sense

**modorra** *f* drowsiness

**modorro** *adj* drowsy

**modulación** *f tb* MÚS modulation

**modular I** ⟨1a⟩ *v/t* modulate **II** *adj* modular

**módulo** *m* **1** module **2** EDU module, unit

**mofa** *f* mockery; *hacer ~ de* make fun of

**mofarse** ⟨1a⟩ *v/r*: *~ de* make fun of

**mofeta** *f* ZO skunk

**mofle** *m Méx* AUTO muffler

**mofletes** *mpl* chubby cheeks

**mofletudo** *adj* chubby-cheeked

**mogol** *adj* ☞ **mongol**

**mogollón** *m* F (*discusión*) argument; *~ de* loads of F; *de ~* for free F, without paying

**mogrebí** *adj* ☞ **magrebí**

**mohín** *m* face; *hacer un ~* make a face

**mohíno** *adj* **1** (*triste*) depressed **2** (*enfadado*) annoyed

**moho** *m* mold, *Br* mould; *criar ~* go moldy; *no criar ~ fig* not let the grass grow beneath one's feet

**mohoso** *adj* moldy, *Br* mouldy

**moisés** *m inv* Moses basket

**Moisés** *m* Moses

**mojado I** *adj* (*húmedo*) damp, moist; (*empapado*) wet **II** *m*, *-a f Méx* F wetback

**mojama** *f* salted dried tuna

**mojar** ⟨1a⟩ *v/t* **1** (*humedecer*) dampen, moisten; (*empapar*) wet **2** *galleta* dunk, dip; *mojarse v/r* **1** get wet **2** F (*orinarse*) wet o.s. **3** (*tener parte en un asunto*) get involved **4** (*comprometerse*) commit o.s.

**mojiganga** *f* **1** *fig* farce **2** HIST masquerade

**mojigatería** *f* prudishness

**mojigato I** *adj* prudish **II** *m*, *-a f* prude

**mojón** *m tb fig* milestone

**moka** *m* mocha

**molar**[1] **I** *adj*: *diente ~* molar **II** *m* molar

**molar**[2] ⟨2h⟩ **I** *v/t*: *me mola ese tío* P I like the guy a lot; *me mola ...* P *actividad, objeto* I love ... F **II** *v/i* P be cool P; *no ~ fig* it's not working out

**molcajete** *m Méx, C.Am.* (*mortero*) grinding stone

**molde** *m para metal, cera* mold, *Br* mould; *para bizcocho* (cake) tin; *romper ~s fig* break the mold

**moldeable** *adj* malleable

**moldeado** *m* molding, *Br* moulding

**moldear** ⟨1a⟩ *v/t* mold, *Br* mould

**moldura** *f* ARQUI molding, *Br* moulding

**mole I** *f* mass **II** *m Méx* mole (*spicy sauce made with chilies and tomatoes*)

**molécula** *f* molécule

**molecular** *adj* molecular

**moledor** *adj* grinding

**moler** ⟨2h⟩ *v/t* **1** grind; *carne molida* ground meat, *Br* mince **2** *fruta* mash; *~ a alguien a palos fig* beat s.o. to a pulp

**molestar** ⟨1a⟩ *v/t* **1** bother, annoy **2** (*doler*) trouble; *no ~* do not disturb; *molestarse v/r* **1** get upset **2** (*ofenderse*) take offense, *Br* take offence **3** (*enojarse*) get annoyed; *~ en hacer algo* take the trouble to do sth

**molestia** *f* (*incordio*) nuisance; *~s pl* MED discomfort *sg*; *tomarse la ~ de* go to the trouble of

**molesto** *adj* **1** (*fastidioso*) annoying **2** (*incómodo*) inconvenient **3** (*embarazoso*) embarrassing

**molestoso** *adj* L.Am. annoying

**molicie** *f* **1** *al tacto* softness **2** (*comodidad*) comfort

**molido** *adj* F bushed

**molienda** *f* grinding

**molinero I** *adj* milling *atr* **II** *m*, *-a f* miller

**molinete** *m* pinwheel

◇ **molinillo de café** *m* coffee grinder *o* mill

**molino** *m* mill

◇ **molino de viento** windmill

**mollar** *adj fruta* easy to peel; *almendra* easy to shell; *carne ~* lean meat

**molleja** *f de ave* gizzard; *~s pl* GASTR sweetbreads

**mollera** *f* F head; *cerrado o duro de* ~ F pigheaded F

**molón** *adj* P cool P

**molturar** ⟨1a⟩ *v/t* grind, mill

**Molucas** *fpl*: (*islas*) ~ Moluccas, Moluccan Islands

**molusco** *m* ZO mollusk, *Br* mollusc

**momentáneo** *adj* momentary

**momento** *m* moment; *a cada* ~ all the time; *al* ~ at once; *por el* ~, *de* ~ for the moment; *hasta el* ~ up to now, so far; *de un* ~ *a otro* from one minute to the next; *desde un primer* ~ right from the beginning; *por* ~*s* by the minute; *no es el* ~ the time isn't right; *atravesar un mal* ~, *pasar por un* ~ *difícil* go through a bad patch; *estar en su mejor* ~ be at one's peak *o* best

**momia** *f* mummy

**momificar** ⟨1g⟩ *v/t* mummify

**momio** *m* F cushy job F

**mona** *f* ZO (female) monkey; *dormir la* ~ F sleep it off

◇ **mona de Pascua** Easter cake

**monacal** *adj* monastic

**Mónaco** *m* Monaco

**monada** *f*: *su hija es una* ~ her daughter is lovely; *¡qué* ~*!* how lovely!

**monaguillo** *m* REL altar boy

**monarca** *m* monarch

**monarquía** *f* monarchy

**monárquico I** *adj* monarchic; POL monarchist **II** *m/f* monarchist

**monasterio** *m* monastery

**monástico** *adj* monastic

**monda** *f* **1** *de frutos* peel; *de patata etc* peelings *pl* **2** *acción* peeling **3**: *¡es la* ~*!* P it's unbelievable!

**mondadientes** *m inv* toothpick

**mondadura** *f* **1** peel; ~*s pl* peelings **2** *acción* peeling

**mondar** ⟨1a⟩ *v/t* **1** *fruta, patata* peel **2** *árbol* prune; *mondarse* *v/r*: ~ *de risa* F split one's sides laughing

**mondo** *adj* **1** (*sin complemento*) plain; ~ *y lirondo fig* pure and simple **2** *cabeza* bald

**mondongo** *m* tripe

**moneda** *f* **1** coin; *casa de la* ~ mint; *ser* ~ *corriente fig* be an everyday occurrence; *pagar a alguien con o en la misma* ~ *fig* pay s.o. back in their own coin **2** (*divisa*) currency

◇ **moneda extranjera** foreign currency; **moneda falsa** counterfeit currency; **moneda única** single currency

**monedero** *m* **1** change purse, *Br* purse **2** *L.Am.* TELEC pay phone

◇ **monedero electrónico** electronic purse *o* wallet

**monegasco I** *adj* Monegasque **II** *m*, -a *f* Monegasque

**monería** *f* ☞ **monada**

**monetario** *adj* monetary

**mongol** *m/f & adj* Mongol, Mongolian

**Mongolia** *f* Mongolia

**mongólico** *adj*: *niño* ~ MED child with Down's syndrome

**monicaco** *m desp* F silly young kid F

**monigote** *m* **1** (*muñeco*) rag doll; ~ *de nieve* snowman **2** F (*tonto*) F idiot

**monises** *mpl* F dough *sg* F, *Br* dosh *sg* F

**monitor**[1] *m* TV, INFOR monitor

**monitor**[2] *m*, -a *f* (*profesor*) instructor

**monitorear** *vt L.Am.* monitor

**monitoreo** *m L.Am.* monitoring

**monja** *f* nun

**monje** *m* monk

**mono I** *m* **1** ZO monkey **2** *prenda* coveralls *pl*, *Br* boilersuit **3**: *ser el último* ~ be the low man on the totem pole; *tratar como al último* ~ treat like dirt **II** *adj* pretty, cute

**monoambiente** *m Arg* studio apartment, *Br* studio flat

**monocolor** *adj* self-colored, *Br* self-coloured, monochrome

**monóculo** *m* monocle

**monocultivo** *m* AGR monoculture

**monogamia** *f* monogamy

**monógamo** *adj* monogamous

**monograma** *m* monogram

**monolingüe** *adj* monolingual

**monólogo** *m* monolog(ue)

**monomando** *m* TÉC mixing faucet, *Br* mixer tap

**monomotor** AVIA **I** *adj* single-engine **II** *m* single-engine plane

**monoparental** *adj*: *familia* ~ one-parent family, single-parent family

**monopartidismo** *m* POL one-party system

**monopatín** *m* **1** skateboard **2** *Rpl* patinete scooter

**monoplano** *m* AVIA monoplane

**monoplaza** *m* single-seater

**monopolio** *m* monopoly

**monopolizar** ⟨1f⟩ *v/t tb fig* monopolize

**monorraíl** *m* monorail

**monosílabo** *adj* monosyllabic

**monoteísmo** *m* monotheism

**monotonía** *f* monotony

**monótono** *adj* monotonous

**monovolumen** *m* AUTO minivan, *Br* people carrier, MPV

**monóxido** *m* monoxide

◇ **monóxido de carbono** carbon monoxide

**monseñor** *m* REL monsignor

**monsergas** *fpl*: **déjate de ~** F stop going on F

**monstruo** *m* **1** (*adefesio*) monster **2** (*fenómeno*) phenomenon

**monstruosidad** *f* eyesore, monstrosity

**monstruoso** *adj* **1** (*deforme, feo*) monstrous **2** (*escandaloso*) outrageous, monstrous

**monta** *f*: **de poca ~** unimportant

**montacargas** *m inv* hoist

**montada** *f L.Am.* mounted police

**montado** *adj*: **~ a caballo** on horseback

**montador** *m*, **~a** *f* **1** TÉC fitter **2** *de película* editor

**montaje** *m* **1** TÉC assembly **2** *de película* editing **3** TEA staging; *fig* F con F

◇ **montaje fotográfico** photomontage

**montante** *m* COM total

**montaña** *f* mountain; **hacer una ~ de algo** *fig* make a mountain out of sth; **tener ~s de trabajo** have piles of work

◇ **montaña rusa** rollercoaster

**montañero** *m*, **-a** *f* mountaineer

**montañés I** *adj* mountain *atr* **II** *m*, **-esa** *f* *person who lives in the mountains*

**montañismo** *m* mountaineering

**montañoso** *adj* mountainous

**montaplatos** *m inv* dumb waiter

**montar** ⟨1a⟩ **I** *v/t* **1** TÉC assemble **2** *tienda* put up **3** *negocio* set up **4** TEA stage **5** *película* edit **6** *caballo* mount; **~ la guardia** mount guard
**II** *v/i*: **~ en bicicleta** ride a bicycle; **~ a caballo** ride a horse; **tanto monta** it makes no difference

**montarse** *v/r* **1** *en coche, moto etc* get in; *en caballo* get on **2** *un negocio* set up **3** F *jaleo, bronca* kick up F; **montárselo** F set things up F

**montaraz** *adj* **1** *persona* uncouth, boorish **2** *animal* wild

**monte** *m* mountain; (*bosque*) woodland; **echarse** *o* **tirarse al ~** *fig* take to the hills

◇ **monte alto** forest; **monte bajo** scrubland; **monte de piedad** pawnshop

**montera** *f* **1** (*gorra*) cap **2** TAUR bullfighter's hat; **ponerse el mundo por ~** F take a risk

**montería** *f* (art of) hunting

**montero** *m*, **-a** *f* hunter

**montés** *adj*: **cabra montesa** mountain goat; **gato ~** wildcat

**montevideano I** *adj* Montevidean **II** *m*, **-a** *f* Montevidean

**montículo** *m* mound

**monto** *m* COM total

**montón** *m* pile, heap; **ser del ~** *fig* be average, not stand out; **montones de** F piles of F, loads of F; **tiene coches a montones** she has loads of cars; **había gente a montones** there were loads of people; **me gusta un ~** F I'm crazy about him / her F

**montuoso** *adj* mountainous

**montura** *f de gafas* frame

**monumental** *adj* monumental

**monumento** *m* monument; **ser un ~** *fig* F be very good-looking

◇ **monumento funerario** memorial

**monzón** *m* monsoon

**moña** *f Esp* P: **cogerse una ~** get plastered F

**moñita** *f Urug* bow tie

**moñito** *m Rpl* bow tie

**moño** *m con el cabello* bun; **estar hasta el ~** F be sick and tired

**moquear** ⟨1a⟩ *v/i*: **estar moqueando** *de persona* have a runny nose; *de nariz* run

**moqueta** *f* (wall-to-wall) carpet

**moquillo** *m* ZO distemper

**mor** *m lit*: **por ~ de** because of

**mora** *f* BOT *de zarza* blackberry; *de morera* mulberry

**morada** *f* dwelling; **la última ~** *lit* one's final resting place

**morado** *adj* purple; **pasarlas -as** F have a rough time; **ponerse ~ de** F stuff o.s. with F

**morador** *m*, **~a** *f* inhabitant

**moral**[1] **I** *adj* moral **II** *f* **1** (*moralidad*) morals *pl* **2** (*ánimo*) morale; **estar bajo de ~** be feeling low; **levantar la ~** cheer up

**moral**[2] *m* BOT mulberry tree

**moraleja** *f* moral

**moralidad** *f* morality

**moralina** *f* moral

**moralista** *m/f* moralist

**moralizar** ⟨1f⟩ **I** *v/t* raise the moral tone of **II** *v/i* moralize

**morapio** *m* F cheap (red) wine, *esp Br* plonk F

**morar** ⟨1a⟩ *v/i* lit dwell *lit*

**moratón** *m* bruise

**moratoria** *f* moratorium

**mórbido** *adj* **1** (*morboso*) morbid **2** *lit* soft

**morbo** *m* F perverted kind of pleasure; **le da ~ ver un accidente** accidents hold a morbid fascination for him

**morbosidad** *f* morbidness, morbidity

**morboso** *adj* perverted

**morcilla** *f* blood sausage, *Br* black pudding; **¡que te den ~!** *fig* F go to hell! F

**mordacidad** *f* sharpness

**mordaz** *adj* biting, sharp

**mordaza** *f para la boca* gag

**mordedura** *f* bite

**morder** ⟨2h⟩ *v/t* bite; **está que muerde** *fig* F he's / she's furious F

**mordida** *f Méx* F bribe

**mordisco** *m* bite

**mordisquear** ⟨1a⟩ *v/t* nibble

**morena** *f* ZO moray eel

**moreno I** *adj* **1** *pelo, piel* dark **2** (*bronceado*) tanned **II** *m* tan, suntan

**morera** *f* BOT white mulberry tree

**morería** *f* **1** HIST Moorish lands *pl* **2** *barrio* Moorish quarter

**moretón** *m L.Am.* bruise

**morfar** *vt Rpl* F eat

**morfe** *m Rpl* F grub F

**morfema** *m* morpheme

**morfina** *f* morphine

**morfinómano I** *adj* addicted to morphine **II** *m, -a f* morphine addict

**morfología** *f* morphology

**morgue** *f L.Am.* morgue

**moribundo I** *adj* dying **II** *m, -a f* dying man / woman

**morigerado** *adj* well-behaved

**morilla** *f* BOT wild artichoke

**morir** ⟨3k; *part* **muerto**⟩ *v/i* die (**de** of); **~ de hambre** die of hunger, starve to death; **morirse** *v/r* die; **~ de** *fig* die of; **~ por** *fig* be dying for; **~ de sed** die of thirst; **~ de risa** laugh one's head off, die laughing

**morisco I** *adj* Moorish **II** *m, -a f* HIST Moorish convert to Christianity in post-Reconquest Spain

**mormón** *m, -ona f* Mormon

**moro I** *adj* **1** North African **2** HIST Moorish **II** *m, -a f* **1** North African **2** HIST Moor; **no hay ~s en la costa** F the coast is clear

**morocho** *adj S.Am. persona* dark

**morondo** *adj* **1** *persona* bald **2** *árbol* bare

**moronga** *f C.Am., Méx* blood sausage, *Br* black pudding

**morosidad** *f* COM slowness in paying

**moroso** COM **I** *adj* slow to pay **II** *m, -a f* slow payer

**morral** *m* knapsack

**morralla** *f Méx* small change

**morrear** ⟨1a⟩ P *v/t* kiss, *Br tb* snog F; **morrearse** *v/r* kiss, *Br tb* snog F

**morrena** *f* GEOL moraine

**morriña** *f* homesickness

**morro** *m* ZO snout; **~s** *pl* F mouth *sg*, kisser *sg* F; **beber a ~** drink straight from the bottle; **estar de ~s** F be annoyed (**con** with); **tener mucho ~** F have a real nerve; **caer** *o* **caerse de ~s** fall flat on one's face

**morrocotudo** *adj* F massive

**morrón** *m Rpl* red pepper

**morrongo** *m* F pussycat F

**morsa** *f* ZO walrus

**mortaja** *f* **1** (*sudario*) shroud **2** *L.Am.* cigarette paper

**mortal I** *adj* **1** *criatura* mortal **2** *accidente, herida* fatal; *dosis* lethal **II** *m/f* mortal

**mortalidad** *f* mortality; (*tasa de*) **~** mortality rate

◇ **mortalidad infantil** infant mortality rate

**mortalmente** *adv* fatally

**mortandad** *f* loss of life

**mortecino** *adj luz* dim; *color* dull

**mortero** *m tb* MIL mortar

**mortífero** *adj* lethal

**mortificación** *f* mortification

**mortificante** *adj* mortifying

**mortificar** ⟨1g⟩ *v/t* torment; **mortificarse** *v/r fig* **1** (*angustiarse*) distress o.s. **2** *Méx* (*apenarse*) be embarrassed *o* ashamed

**mortuorio** *adj* funeral *atr*; **casa -a** funeral home

**moruno** *adj desp* Moorish

**mosaico** *m* **1** mosaic **2** *L.Am. baldosa*

tile

**mosca** *f* fly; **~ muerta** F hypocrite; *estar* **~** F smell a rat F; *estar con o tener la ~ detrás de la oreja* F smell a rat F; *por si las ~s* F just to be on the safe side; *¿qué ~ te ha picado?* what's biting you?; *soltar o aflojar la ~* F pay up, cough up F; *caer o morir como ~s fig* drop like flies; *estar papando ~s* F be miles away F; *no es capaz de matar una ~* he wouldn't hurt a fly

◇ **mosca azul, mosca de la carne** ZO bluebottle

**moscada** *adj*: *nuez ~* nutmeg

**moscarda** *f* bluebottle, blowfly

**moscardón** *m* hornet

**moscovita** I *adj* Muscovite II *m/f* Muscovite

**Moscú** *m* Moscow

**mosqueado** F *adj Esp* 1 (*molesto*) riled F 2 (*receloso*) suspicious

**mosquear** ⟨1a⟩ F *v/t Esp* 1 (*molestar*) rile F 2 F (*hacer sospechar*) make suspicious; **mosquearse** *v/r* 1 (*enfadarse*) get hot under the collar F 2 (*sentir recelo*) smell a rat F

**mosquete** *m* musket

**mosquetero** *m* musketeer

**mosquetón** *m* musket

**mosquita** *f*: **~ muerta** F hypocrite

**mosquitero** *m* mosquito net

**mosquito** *m* mosquito

**mostacho** *m* mustache, *Br* moustache

**mostaza** *f* mustard

**mosto** *m* grape juice

**mostrador** *m en tienda, banco etc* counter; *en bar* bar; *Rpl en cocina* worktop

◇ **mostrador de facturación** check-in desk

**mostrar** ⟨1m⟩ *v/t* show; **mostrarse** *v/r*: **~ contento** seem happy

**mostrenco** *adj* 1 (*torpe*) dense 2 (*gordo*) fat

**mota** *f* 1 *de polvo* speck 2 *en diseño* dot

**mote** *m* 1 (*apodo*) nickname 2 *S.Am.* boiled corn *o Br* maize

**motear** ⟨1a⟩ *v/t* speckle

**motejar** ⟨1a⟩ *v/t* nickname; **~ a alguien de algo** brand sb sth

**motel** *m* motel

**motero** *m*, **-a** *f* F biker

**motete** *m* MÚS motet

**motín** *m* 1 (*rebelión*) mutiny 2 *en una cárcel* riot

**motivación** *f* motivation

**motivar** ⟨1a⟩ *v/t* motivate

**motivo** *m* 1 motive, reason; *por ~s de salud* for health reasons; *sin ~* for no reason at all; *con ~ de* because of; *con ~ de la visita* on the occasion of the visit 2 MÚS, PINT motif

**moto** *f* motorcycle, motorbike; *ir / estar como una ~ fig* F be very agitated, *Br tb* be in a flat spin

◇ **moto acuática, moto de agua** jet ski

**motocicleta** *f* motorcycle

**motociclismo** *m* motorcycle racing

**motociclista** *m/f* motorcyclist

**motocross** *m* motocross

**motonáutica** *f* motorboat racing

**motonave** *f* motorboat

**motoneta** *f L.Am.* scooter

**motor** I *adj* ANAT motor II *m* engine; *eléctrico* motor

◇ **motor de búsqueda** INFOR search engine; **motor de cuatro tiempos** four-stroke engine; **motor de dos tiempos** two-stroke engine; **motor eléctrico** electric motor; **motor de inyección** fuel-injected engine; **motor de explosión** internal combustion engine

**motora** *f* motorboat

**motorismo** *m* motorcycling

**motorista** *m/f* motorcyclist

**motosierra** *f* chain saw

**motovelero** *m* sailing boat (*with a backup engine*)

**motriz** *adj* motor; *fuerza ~* driving force

**mouse** *m L.Am.* INFOR mouse

**movedizo** *adj fig* restless

**mover** ⟨2h⟩ *v/t* 1 move 2 (*agitar*) shake 3 (*impulsar, incitar*) drive; **moverse** *v/r* move; *¡muévete!* get a move on! F, hurry up!

**movible** *adj* movable; *fig precio, opinión* fickle

**movida** *f* F scene

**movido** *adj* 1 *foto* blurred 2 *mar* rough 3 *mañana, jornada* busy

**móvil** I *adj* mobile II *m* TELEC cell phone, *Br* mobile (phone)

**movilidad** *f* mobility

**movilización** *f* MIL mobilization

**movilizar** ⟨1f⟩ *v/t* mobilize; **movilizarse** *v/r* mobilize

**movimiento** *m* 1 movement 2 COM, *fig* activity

**moza** *f* **1** girl; **buena ~** good-looking girl **2** (*camarera*) waitress

**mozalbete** *m* lad, boy

**mozambiqueño** *adj* Mozambican

**mozárabe I** *adj* Mozarabic **II** *m/f* Mozarab

**mozo I** *adj*: **en mis años ~s** in my youth **II** *m* **1** boy; **buen ~** good-looking boy **2** (*camarero*) waiter

**mu** *m* moo; **no decir ni ~** F not tell a soul

**muaré** *m* ☞ **moaré**

**mucama** *f Rpl* maid

**mucamo** *m Rpl* servant

**muchacha** *f* girl

**muchachada** *f Arg* group of youngsters

**muchacho** *m* boy

**muchedumbre** *f* crowd

**mucho I** *adj* **1** *singular* a lot of, lots of; *en frases interrogativas y negativas tb* much; **~ tiempo** a lot of time; **no tengo ~ tiempo** I don't have a lot of time *o* much time; **tengo ~ frío** I am very cold; **es ~ coche para mí** this car's too much for me

**2** *plural* a lot of, lots of; *en frases interrogativas y negativas tb* many; **~s amigos** a lot of friends; **no tengo ~s amigos** I don't have a lot of friends *o* many friends

**II** *pron* **1** *singular* a lot; *en frases interrogativas y negativas tb* much; **no tengo ~** I don't have much *o* a lot

**2** *plural* a lot; *en frases interrogativas y negativas tb* many; **no tengo ~s** I don't have many *o* a lot; **~s creen que ...** a lot of people *o* many people think that ...

**III** *adv* **1** a lot; *en frases interrogativas y negativas tb* much; **¿cuesta ~?** does it cost a lot *o* much?; **nos vemos ~** we see each other often *o* a lot; **hace ~ que no te veo** I haven't seen you for a long time; **¿dura / tarda ~?** does it last / take long?

**2**: **como ~** at the most; **10 meses dan para ~ o dan ~ de sí** you can do a lot in 10 months; **no es ni con ~** he is far from being ...; **ni ~ menos** far from it; **por ~ que** however much

**mucosa** *f* ANAT mucous membrane

**mucosidad** *f* mucus

**mucoso** *adj* mucous

**muda** *f de ropa* change of clothes

**mudable** *adj viento* changeable; *fig* opinión, *gustos* fickle

**mudanza** *f de casa* move

**mudar** ⟨1a⟩ **I** *v/t* **1** change **2** ZO shed **II** *v/i*: **~ de 1** change **2** ZO shed; **mudarse** *v/r*: **~ de casa** move house; **~ de ropa** change (one's clothes)

**mudéjar** *adj* Mudéjar (*permitted to live under Christian rule*)

**mudez** *f* dumbness, muteness

**mudo** *adj* **1** *persona* mute **2** *letra* silent

**mueble I** *m* piece of furniture; **~s** *pl* furniture *sg*; **~s de época** period furniture; **~s por elementos modulares** modular furniture **II** *adj* JUR: **bienes ~s** movable items, personal property *sg*

◇ **mueble bar** cocktail cabinet

◇ **mueble-cama** foldaway bed, Murphy bed

**mueblería** *f* furniture store

**mueblista** *m/f artesano* furniture maker; *comerciante* furniture seller

**mueca** *f de dolor* grimace; **hacer ~s** make faces

**muecín** *m* REL muezzin

**muela** *f* tooth; ANAT molar; **dolor de ~s** toothache

◇ **muela del juicio** wisdom tooth

**muelle** *m* **1** TÉC spring **2** MAR wharf

◇ **muelle de carga** loading bay

◇ **muelle de descarga** off-loading bay

**muérdago** *m* BOT mistletoe

**muerde** *vb* ☞ **morder**

**muere** *vb* ☞ **morir**

**muermo** *m fig* F boredom; **ser un ~** *fig* be a drag F

**muerte** *f* death; **a ~** to the death; **odiar a ~** loathe, detest; **me dio un susto de ~** it frightened me to death; **dar ~ a alguien** kill s.o.; **de mala ~** *fig* F lousy F, awful F

◇ **muerte cerebral** brain death

◇ **muerte súbita** *en tenis* tiebreaker, tiebreak

**muerto I** *part* ☞ **morir**

**II** *adj* dead; **~ de hambre** starving; *fig, desp* penniless, down and out; **~ de sueño** dead-tired; **más ~ que vivo** *fig* half-dead; **no tener dónde caerse ~** F be as poor as a church mouse F

**III** *m*, -a *f* dead person; **hacer el ~** *en el agua* float on one's back; **cargar(le)** *o* **colgar(le) a alguien el ~** *fig* get s.o. to do the dirty work

**muesca** *f* notch, groove

**muestra** *f* **1** *de un producto* sample **2** (*señal*) sign **3** (*prueba*) proof; *como ~, un botón* for example **4** (*modelo*) model **5** (*exposición*) show
◊ **muestra gratuita** free sample
**muestrario** *m* collection of samples
**muestreo** *m en estadística* sample; *acto* sampling
**mueve** *vb* ☞ **mover**
**mugido** *m* moo
**mugir** ⟨3c⟩ *v/i* moo
**mugre** *f* filth
**mugriento** *adj* filthy
**mugrón** *m* AGR shoot
**mugroso** *adj* dirty
**muguete** *m* BOT lily-of-the-valley
**mui** *f* P mouth, kisser F; *irse de la ~* P talk, sing F
**mujer** *f* **1** woman **2** (*esposa*) wife
◊ **mujer de faenas, mujer de la limpieza** cleaning woman; **mujer de mala vida** prostitute; **mujer de la vida** prostitute
**mujeriego I** *m* womanizer **II** *adj: montar a -as* ride sidesaddle
**mujerío** *m* F group of women
**mujerona** *f* big fat woman
**mujerzuela** *f* F slut
**mújol** *m* ZO gray *o Br* grey mullet
**mula** *f* **1** ZO mule **2** *Méx* trash, *Br* rubbish
**muladar** *m* garbage dump, *Br* rubbish dump
**mulato** *m*,-a *f* person of mixed race, mulatto
**mulero** *m* mule driver
**muleta** *f* **1** MED crutch **2** TAUR cape
**muletilla** *f* favorite expression, *Br* favourite expression
**muletón** *m* flannelette
**mullido** *adj* soft
**mullir** ⟨3h⟩ *v/t* **1** *almohada* plump up **2** *tierra* loosen
**mulo** *m* ZO mule
**multa** *f* fine; *poner una ~ a alguien* fine s.o.
**multar** ⟨1a⟩ *v/t* fine
**multicine** *m* multiscreen
**multicolor** *adj* multicolored, *Br* multicoloured
**multicopiar** ⟨1b⟩ *v/t* duplicate
**multicopista** *f* duplicating machine
**multicultural** *adj* multicultural
**multidisciplinar(io)** *adj* multidiscipli-

nary
**multiétnico** *adj* multiethnic
**multifacético** *adj* multifaceted
**multifamiliar** *m* *L.Am.* apartment house, *Br* block of flats
**multifuncional** *adj* multifunctional
**multilateral** *adj* multilateral
**multilingüe** *adj* multilingual
**multimedia** *f*/*adj* multimedia
**multimediático** *adj* multimedia
**multimillonario** *m*, -a *f* multimillionaire
**multinacional I** *adj* multinational **II** *f* multinational
**multipartidismo** *m* POL multiparty system
**multipartidista** *adj* multiparty *atr*
**múltiple** *adj* multiple; *de ~ uso* re-useable
**multiplicación** *f* multiplication
**multiplicador** *m* MAT multiplier
**multiplicando** *m* MAT multiplicand
**multiplicar** ⟨1g⟩ *v/t* multiply; **multiplicarse** *v/r* multiply
**multiplicidad** *f* multiplicity
**múltiplo** *m* MAT multiple
**multipropiedad** *f* timeshare
**multirracial** *adj* multiracial
**multitud** *f* crowd; *~ de* thousands of
**multitudinario** *adj* mass *atr*
**multiuso** *adj* multipurpose
**mundanal** *adj* worldly
**mundano** *adj* **1** *persona, fiesta* society *atr* **2** REL worldly
**mundial I** *adj* world *atr* **II** *m*: *el Mundial (de fútbol)* the World Cup
**mundialización** *f* globalization
**mundialmente** *adv* throughout the world
**mundillo** *m* world, circle
**mundo** *m* world; *el Nuevo Mundo* the New World; *el Tercer Mundo* the Third World; *el otro ~* the next world; *nada del otro ~* nothing out of the ordinary; *todo el ~* everybody, everyone; *medio ~* just about everybody; *tiene mucho ~* he's seen life; *correr o ver ~* see the world; *traer a alguien al ~* bring s.o. into the world, give birth to s.o; *venir al ~* come into the world, be born; *desde que el ~ es ~* since time immemorial; *por nada del ~* not for anything in the world; *se le hundió el ~, se le vino o cayó el ~ encima* his / her world fell

apart

**mundología** *f* worldly wisdom

**Múnich** *m* Munich

**munición** *f* ammunition

**municionar** ⟨1a⟩ *v/t*: ~ **a alguien** supply s.o. with ammunition, supply ammunition to s.o.

**municipal** *adj* municipal

**municipalidad** *f*, **municipio** *m* municipality

**munificencia** *f* generosity, munificence *fml*

**muñeca** *f* **1** *juguete* doll **2** *de sastre* dummy **3** ANAT wrist

**muñeco** *m* **1** *juguete* doll **2** *fig* puppet
◇ **muñeco de nieve** snowman

**muñequera** *f* wristband

**muñir** ⟨3h⟩ *v/t* F (*amañar*) provide, supply

**muñón** *m* MED stump

**mural** I *adj* wall *atr* II *m* mural

**muralla** *f de ciudad* wall

**murciélago** *m* ZO bat

**murga** *f* band of street musicians; *dar la* ~ *a alguien* F bug s.o. F

**murió** *vb* ☞ **morir**

**murmullo** *m* murmur

**murmuración** *f*, **murmuraciones** *fpl* gossip *sg*

**murmurador** *m*, ~**a** *f* F gossip

**murmurar** ⟨1a⟩ I *v/i* **1** *hablar* murmur **2** *criticar* gossip II *v/t* murmur

**muro** *m* wall

**murria** *f* F gloom, depression

**murrio** *adj* F gloomy, depressed; *estar* ~ F be down F

**mus** *m* card game, *played with a partner*

**musa** *f* MYTH *tb fig* muse

**musaraña** *f* ZO shrew; *pensar en las* ~**s** F daydream

**musculación** *f* bodybuilding

**muscular** *adj* muscular

**musculatura** *f* muscles *pl*

**músculo** *m* muscle

**musculoso** *adj* muscular

**muselina** *f* muslin

**museo** *m de ciencias, historia* museum; *de pintura* art gallery

**musgo** *m* BOT moss

**musgoso** *adj* mossy

**música** *f* I music; *leer* ~ read music; *poner algo en* ~, *poner* ~ *a algo* set sth to music; *hacer* ~ make music; *ir con la* ~ *a otra parte* *fig* go somewhere else II *adj Méx* F: *ser* ~ be mean; *ser* ~ *para algo* be useless at sth
◇ **música de cámara** chamber music; **música celestial** *fig* empty words *pl*, hot air F; **música enlatada** piped *o* canned music, Muzak®; **música de fondo** background music; **música instrumental** instrumental music; **música ligera** easy listening, light music; **música rock** rock music

**musical** *m/adj* musical

**musicalidad** *f* musicality

**music-hall** *m* vaudeville, *Br* music hall

**músico** I *adj* musical II *m*, -a *f* musician

**musicología** *f* musicology

**musicólogo** *m*, -a *f* musicologist

**musicoterapia** *f* music therapy

**musiquilla** *f desp* (simple) music

**musitar** ⟨1a⟩ *v/i* mumble

**muslo** *m* thigh

**mustiarse** ⟨1b⟩ *v/r de planta* wither

**mustio** *adj* **1** *planta* withered **2** *fig* (*deprimido*) down F

**musulmán** I *adj* Muslim II *m*, -ana *f* Muslim

**mutación** *f* **1** BIO mutation **2** TEA scene change

**mutar** ⟨1a⟩ *v/t* BIO mutate; **mutarse** *v/r* mutate

**mutilación** *f* mutilation

**mutilado** *m*, -a *f* disabled person
◇ **mutilado de guerra** disabled war veteran, *Br* disabled ex-serviceman

**mutilar** ⟨1a⟩ *v/t* mutilate

**mutis** *m inv* TEA exit; *hacer* ~ exit; *fig* keep quiet; *hacer* ~ *por el foro* *fig* make o.s. scarce

**mutismo** *m* silence

**mutualidad** *f* benefit society, *Br* friendly society

**mutuo** *adj* mutual

**muy** *adv* **1** very; ~ *valorado* highly valued; *Muy Señor mío* Dear Sir **2** (*demasiado*) too

# N

**N** *abr* (= **norte**) N (North(ern))

**naba** *f* BOT turnip

**nabo** *m* **I** *adj Arg* F dumb F **II** *m* turnip

**nácar** *m* mother-of-pearl

**nacarado** *adj* pearly

**nacatamal** *m C.Am.*, *Méx* meat, rice and corn in a banana leaf

**nacer** ⟨2d⟩ *v/i* **1** be born; *de un huevo* hatch **2** *de una planta* sprout **3** *de un río, del sol* rise **4** (*surgir*) arise (*de* from)

**nacido** born; *mal ~* wicked; *haber ~ de pie* be born lucky; *no nací ~ ayer* I wasn't born yesterday

**naciente** *adj* **1** *país, gobierno* newly formed **2** *sol* rising

**nacimiento** *m* **1** birth; *de ~ defecto físico etc* congenital, that he / she *etc* is born with; *es ciego de ~* he was born blind **2** *de Navidad* crèche, nativity scene

**nación** *f* nation

**nacional** *adj* national

**nacionalidad** *f* nationality; *doble ~* dual nationality

**nacionalismo** *m* nationalism

**nacionalista** *m/f & adj* nationalist

**nacionalización** *f* COM nationalization

**nacionalizar I** ⟨1f⟩ *v/t* **1** COM nationalize **2** *persona* naturalize; **nacionalizarse** *v/r* become naturalized

**naco** *m Col* purée

**nada I** *pron* nothing; *no hay ~* there isn't anything; *no es ~* it's nothing; *~ más* nothing else; *~ menos que* no less than; *~ de ~* nothing at all; *para ~* not at all; *no lo entiendes para ~* you don't understand at all; *lo dices como si ~* you talk about it as if it was nothing; *más que ~* more than anything; *no lo haría por ~ del mundo* I wouldn't do it if you paid me; *por menos de ~* for no reason at all; *~ más llegar* as soon as I arrived; *antes de ~* first of all; *¡~ de eso!* F you can put that idea out of your head; *¡casi ~!* peanuts!; *¡de ~!* you're welcome, not at all; *pues ~, ...* well, ...
**II** *adv* not at all; *no ha llovido ~* it hasn't rained; *no estoy ~ contento* I'm not at all happy

**III** *f* nothingness

**nadador** *m*, *~a f* swimmer; *~ de fondo* long-distance swimmer

**nadar** ⟨1a⟩ *v/i* swim; *~ y guardar la ropa* fig have one's cake and eat it; *~ en dinero* fig be rolling in money

**nadería** *f* trifle

**nadie** *pron* nobody, no-one; *no había ~* there was nobody there, there wasn't anyone there; *no hablé con ~* I didn't speak to anybody, I spoke to no-one; *un don ~* F a nonentity, a nobody

**nado** *m* **1** *L.Am.* swimming **2**: *atravesar a ~* swim across

**nafta** *f Arg* gas(oline), *Br* petrol

**naftalina** *f* naphthalene

**naïf** *adj* naive

**nailon** *m* nylon

**naipe** *m* (playing) card

**nalga** *f* buttock; *~s pl* F butt *sg* F, *Br* backside *sg* F

**Namibia** *f* Namibia

**namibio I** *adj* Namibian **II** *m*, *-a f* Namibian

**nana** *f* **1** lullaby **2** *Rpl* F (*abuela*) grandma

**napias** *fpl* F schnozzle *sg* F, *Br* hooter *sg* F

**Nápoles** *m* Naples

**naranja I** *f* orange; *media ~* F (*pareja*) other half **II** *adj* orange

**naranjada** *f* orangeade

**naranjado** *adj* orange

**naranjal** *m* orange grove

**naranjero** *m*, *-a f* orange grower

**naranjo** *m* orange tree

**narcisismo** *m* narcissism

**narcisista** *adj* narcissistic

**narciso** *m* BOT daffodil

**narco** *m/f* F drug trafficker

**narcosis** *f* narcosis

**narcótico** *m/adj* narcotic

**narcotizar** ⟨1f⟩ *v/t* drug

**narcotraficante** *m/f* drug trafficker

**narcotráfico** *m* drug trafficking

**nardo** *m* BOT nard

**narguile** *m* hookah, hubble-bubble

**narigón, narigudo** *adj* big nose, P schnozzle

**nariz** *f* nose; **¡narices!** F nonsense!; **caerse de narices con** F bump into; **estar hasta las narices de algo** F be sick of sth F, be up to here with sth F; **se le hincharon las narices** F he blew his top F; **hincharle las narices a alguien** F get on s.o.'s nerves F, *Br tb* get up s.o.'s nose F; **meter las narices en algo** F stick one's nose in sth F; **nos restriegan por las narices su victoria** they're rubbing our noses in the fact that they won; **no ve más allá de sus narices** *fig* he can't see further than the end of his nose; **quedarse con un palmo de narices** F have the wind taken out of one's sails F

**narizón** *m* F big nose, schnozzle P, *Br* conk F

**narizotas** *m/f inv* F person with a big nose *o* schnozzle P

**narración** *f* narration

**narrador** *m*, **~a** *f* narrator

**narrar** ⟨1a⟩ *v/t:* **~ algo** tell the story of sth

**narrativa** *f* **1** narrative **2** *género literario* fiction

**narrativo** *adj* narrative

**narval** *m* ZO narwhal

**nasal** *adj* nasal

**nasofaríngeo** *adj* ANAT nose and throat *atr*

**nata** *f* cream

◇ **nata montada** whipped cream

**natación** *f* swimming

**natación sincronizada** synchronized swimming

**natal** I *adj* native; **ciudad ~** city of one's birth, home town; **casa ~** house one was born in, birthplace II *m/f Méx* native

**natalicio** I *adj* birthday *atr* II *m* birthday

**natalidad** *f* birthrate; **control de ~** birth control; **de alta / baja ~** with a high / low birthrate

**natillas** *fpl* custard *sg*

**Natividad** *f* Nativity

**nativo** I *adj* native (**de** to) II *m*, **-a** *f* native

**nato** *adj* born; **un poeta ~** a born poet

**natural** I *adj* **1** natural; **es ~** it's only natural **2** MÚS *nota* natural **3**: **ser ~ de** come from II *m*: **fruta al ~** fruit in its own juice

**naturaleza** *f* **1** nature **2** (*índole*) kind, type

◇ **naturaleza muerta** PINT still life

**naturalidad** *f* naturalness; **con toda ~** very naturally, as if it were the most natural thing in the world

**naturalismo** *m* naturalism

**naturalista** *m/f* naturalist

**naturalizar** ⟨1f⟩ *v/t* I naturalize; **naturalizarse** *v/r* become naturalized

**naturalmente** *adv* naturally

**naturismo** *m* MED naturopathy

**naturista** I *adj* **1** nudist, naturist **2** *medicina* natural; **médico ~** naturopath II *m/f* nudist, naturist

**naturópata** *m/f* naturopath

**naturopatía** *f* natural medicine, naturopathy

**naufragar** ⟨1h⟩ *v/i* be shipwrecked; *fig* fail

**naufragio** *m* shipwreck

**náufrago** I *adj* shipwrecked II *m*, **-a** *f* shipwrecked person

**nauseabundo** *adj* nauseating

**náuseas** *fpl* nausea *sg*; **tengo ~** I feel nauseous, *Br* I feel sick; **dar ~** *fig* be sickening

**náutica** *f* navigation

**náutico** *adj* nautical

**navaja** *f* knife

◇ **navaja de afeitar** straight razor, *Br* cutthroat razor

**navajada** *f*, **navajazo** *m* knife wound, slash

**navajero** *m*: **le asaltó un ~** he was attacked by a man with a knife

**naval** *adj* naval; **base ~** MIL naval base; **construcción ~** shipbuilding

**navarro** *adj* of Navarre, from Navarre, Navarre *atr*

**nave** *f* **1** ship; **quemar las ~s** *fig* burn one's boats **2** *de iglesia* nave

◇ **nave espacial** spacecraft

◇ **nave industrial** industrial premises *pl*

**navegabilidad** *f* navigability

**navegable** *adj* navigable

**navegación** *f* navigation

◇ **navegación aérea** air travel; **navegación de altura** celestial navigation; **navegación espacial** space travel; **navegación a vela** sailing

**navegador** *m* INFOR browser

**navegante** *m/f* **1** MAR navigator **2**: **~ (por Internet)** (web) surfer, (net) surfer

**navegar** ⟨1h⟩ I *v/i* **1** *por el mar* sail **2** *por* *el aire, espacio* fly **3**: ~ *por la red o por Internet* surf the Net **II** *v/t* sail

**Navidad** *f* Christmas; *¡Feliz ~!* Merry *o* Happy Christmas!

**navideño** *adj* Christmas *atr*

**naviero I** *adj* shipping *atr* **II** *m*, -a *f* shipowner

**navío** *m* ship

**náyade** *f* MYTH naiad, water nymph

**nazi** *m/f & adj* Nazi

**nazismo** *m* Nazi(i)sm

**N.B.** *abr* (= *nótese bien*) NB (= *nota bene*)

**NE** *abr* (= *nordeste*) NE, Northeast

**neblina** *f* mist

**neblinoso** *adj* misty

**nebulosa** *f* AST nebula

**nebuloso** *adj fig* hazy, nebulous

**necedad** *f* foolishness

**necesariamente** *adv* necessarily; *no ~* not necessarily

**necesario** *adj* necessary

**neceser** *m* toilet kit, *Br* toilet bag; ~ *de viaje* overnight bag

**necesidad** *f* **1** need; *en caso de ~* if necessary; *por ~* out of necessity; *hacer de la ~ virtud* make a virtue out of a necessity **2** (*cosa esencial*) necessity; *de primera ~* essential **3**: *hacer sus ~es* F relieve o.s. **4**: *pasar ~es* suffer hardship

**necesitado** *adj* needy; *estar ~ de algo* be in need of sth

**necesitar** ⟨1a⟩ *v/t* need; *necesito hablarte* I need to talk to you

**necio I** *adj* brainless **II** *m*, -a *f* fool, idiot

**nécora** *f* ZO, GASTR *edible sea crab*

**necrología, necrológica** *f* obituary

**necrológico** *adj* necrological

**necrópolis** *f* HIST necropolis

**necrosis** *f* MED necrosis

**néctar** *m* BOT nectar

**nectarina** *f* BOT nectarine

**neerlandés I** *adj* Dutch **II** *m* **1** Dutchman **2** *idioma* Dutch

**neerlandesa** *f* Dutchwoman

**nefando, nefasto** *adj* harmful

**nefritis** *f* nephritis

**negación** *f* **1** negation **2** *de acusación* denial **3** (*prohibición*) refusal **4** GRAM negative

**negado** *adj* useless F; *ser ~ para algo* be useless at sth F

**negar** ⟨1h & 1k⟩ *v/t* **1** *acusación* deny **2**

(*no conceder*) refuse; **negarse** *v/r* refuse (*a* to)

**negativa** *f* **1** refusal **2** *de acusación* denial

**negativo I** *adj* negative; *dar ~ de test* be negative **II** *m* FOT negative

**negligencia** *f* JUR negligence

**negligente** *adj* negligent

**negociable** *adj* negotiable

**negociación** *f* negotiation; *negociaciones pl* talks, negotiations

◇ **negociación colectiva** collective bargaining

**negociado** *m* department

**negociador I** *adj* negotiating **II** *m*, ~a *f* negotiator

**negociante** *m/f* businessman; *mujer* businesswoman; *desp* money-grubber

**negociar** ⟨1b⟩ *v/t* negotiate

**negocio** *m* **1** business **2** (*trato*) deal

**negra** *f* **1** black woman **2** MÚS quarter note, *Br* crotchet **3** *L.Am.* (*querida*) honey, dear **4**: *tener la ~* F be out of luck

**negrero** *m*, -a *f fig* slave driver

**negrilla, negrita** *f* bold

**negro I** *adj* black; *estar ~* F be furious; *poner ~ a alguien* F make s.o. furious, make s.o. see red; *verse ~ para hacer algo* F have one's work cut out to do sth; *las he pasado -as* I've had a rough time **II** *m* **1** black man; *trabajar como un ~* F work one's butt off F **2** *L.Am.* (*querido*) honey, dear

**negrura** *f* blackness

**negruzco** *adj* blackish

**nel** *adv Méx* F no, nope F

**nena** *f* F little girl, kid F

**nene** *m* F little boy, kid F

**nenúfar** *m* BOT water lily

**neocelandés** ☞ *neozelandés*

**neofascismo** *m* neofascism

**neofascista I** *adj* neofascist *atr* **II** *m/f* neofascist

**neófito** *m* REL, *fig* neophyte

**neolítico** *m* GEOL Neolithic period

**neologismo** *m* neologism

**neón** *m* neon

**neonazi I** *adj* neonazi *atr* **II** *m/f* neonazi

**neonazismo** *m* neonazism

**neoyorquino I** *adj* New York *atr* **II** *m*, -a New Yorker

**neozelandés I** *adj* New Zealand *atr* **II** *m*, -esa *f* New Zealander

**niña**

**neozoico** *m* GEOL Neozoic *o* Cenozoic period
**Nepal** *m* Nepal
**nepalés I** *adj* Nepalese **II** *m*, **-esa** *f* Nepalese
**nepotismo** *m* nepotism
**nervadura, nervatura** *f* **1** BOT vein structure, veins *pl* **2** ARQUI ribbing
**nervio** *m* ANAT nerve; **tener ~s** be nervous; **tener ~s de acero** have nerves of steel; **crispar los ~s a alguien, poner los ~s de punta a alguien** get on s.o.'s nerves; **perder los ~s** fly off the handle
**nerviosismo** *m* nervousness
**nervioso** *adj* nervous; **ponerse ~** get nervous; *(agitado)* get agitated; **poner a alguien ~** get on s.o.'s nerves
**nervudo** *adj persona* robust; *mano* sinewy
**netiqueta** *f* INFOR netiquette
**neto** *adj* COM net
**neumático I** *adj* pneumatic **II** *m* AUTO tire, *Br* tyre
◇ **neumático sin cámara** tubeless tire *o Br* tyre
**neumonía** *f* MED pneumonia
**neura** *f* F: **le entró la ~** she got uptight F
**neural** *adj* neural
**neuralgia** *f* neuralgia
**neurálgico** *adj* neuralgic; **punto ~** nerve center *o Br* centre; *fig* key point
**neurastenia** *f* nervous exhaustion
**neuritis** *f* MED neuritis
**neurocirugía** *f* neurosurgery, brain surgery
**neurocirujano** *m*, **-a** *f* brain surgeon
**neurología** *f* neurology
**neurológico** *adj* neurological
**neurólogo** *m*, **-a** *f* neurologist
**neurona** *f* neurone
**neuropatía** *f* neuropathy
**neurosis** *f inv* neurosis
**neurótico** *adj* neurotic
**neutral** *adj* neutral
**neutralidad** *f* neutrality
**neutralismo** *m* neutralism
**neutralizar** ⟨1f⟩ *v/t* neutralize
**neutro I** *adj* neutral **II** *m L.Am.* AUTO neutral
**neutrón** *m* neutron
**nevada** *f* snowfall
**nevado** *adj* snow-covered; *fig* snow-white

**nevar** ⟨1k⟩ *v/i* snow
**nevasca** *f* snowstorm
**nevazón** *f Arg, Chi* snowstorm
**nevera** *f* refrigerator, fridge
◇ **nevera portátil** cooler
**nevería** *f Méx, C.Am.* ice-cream parlor, *Br* ice-cream parlour
**nevero** *m* snowdrift
**nevisca** *f* light snowfall
**neviscar** ⟨1g⟩ *v/i* snow gently
**nexo** *m* link; GRAM connective
**ni** *conj* neither; **~ ... ~** neither ... nor; **~ siquiera** not even; **no di ~ una** I made a real mess of things; **~ que** not even if
**nica** *adj & m/f L.Am.* F Nicaraguan
**Nicaragua** *f* Nicaragua
**nicaragüense** *m/f & adj* Nicaraguan
**nicho** *m* niche
◇ **nicho ecológico** BIO (ecological) niche
◇ **nicho del mercado** COM market niche
**nicotina** *f* nicotine; **bajo en ~** low in nicotine
**nidada** *f* clutch
**nidificar** ⟨1g⟩ *v/i* nest
**nido** *m* nest
**niebla** *f* fog
**nieta** *f* granddaughter
**nieto** *m* **1** grandson **2**: **~s** *pl* grandchildren
**nieve** *f* **1** snow; **~ polvo** powder snow **2** *Méx* water ice, sorbet
◇ **nieves perpetuas** perpetual *o* permanent snow *sg*
**NIF** *m abr* (= **Número de Identificación Fiscal**) Fiscal Identification Number
**nihilismo** *m* nihilism
**nihilista I** *adj* nihilistic **II** *m/f* nihilist
**nilón** *m* nylon
**nimbo** *m* **1** AST nimbus **2** *de santo* halo
**nimiedad** *f* triviality
**nimio** *adj* trivial
**ninfa** *f* ZO, MYTH nymph
**ninguno** *adj* no; **no hay -a razón** there's no reason why, there isn't any reason why
**niña**¹ *f* **1** girl **2** *forma de cortesía* young lady
**niña**² *f* ANAT pupil; **es la ~ de sus ojos** *fig* he is the apple of her eye; **guardar algo como la ~ de sus ojos** take very good care of sth, guard sth with one's life

**niñada** f **1** childishness **2** *acto* childish thing to do

**niñato**[1] *adj desp* bighead

**niñato**[2] *m*, **-a** *f* brat

**niñera** f nanny

**niñería** f: **una ~** a childish thing

**niñero** *adj* fond of children

**niñez** f childhood

**niño I** *adj* young; *desp* childish; **¡no seas ~!** don't be childish! **II** *m* **1** boy; **como ~ con zapatos nuevos** like a child with a new toy **2** *forma de cortesía* young man **3**: **~s** *pl* children

◇ **niño bien** rich kid F; **niño de pecho** infant; **niño probeta** test-tube baby

**nipón I** *adj* Japanese **II** *m*, **-ona** *f* Japanese

**níquel** *m* nickel

**niquelar** ⟨1a⟩ *v/t* nickel-plate

**níscalo** *m* saffron milk cap

**níspero** *m* BOT loquat

**nitidez** f **1** clarity **2** FOT sharpness

**nítido** *adj* **1** clear **2** *imagen* sharp

**nitrato** *m* nitrate

◇ **nitrato de Chile** saltpeter, *Br* saltpetre

**nítrico** *adj* nitric; **ácido ~** nitric acid

**nitrógeno** *m* nitrogen

**nitroglicerina** f nitroglycerin

**nitroso** *adj* nitrous

**nivel** *m* **1** level; **a ~ mundial / nacional** at *o* on a global / national level; **un incremento del 4% a ~ nacional** a 4% increase nationwide **2** *(altura)* height

◇ **nivel del aceite** AUTO oil level; **nivel del agua** water level; **nivel de aire** spirit level; **nivel cero** Ground Zero; **nivel freático** water table; **nivel del mar** sea level; **nivel de ruido, nivel sonoro** noise level; **nivel de vida** standard of living

**nivelación** f leveling, *Br* levelling

**niveladora** f TÉC bulldozer

**nivelar** ⟨1a⟩ *v/t* **1** *terreno, superficie* level, grade **2** *diferencias* even out

**níveo** *adj lit* snowy

**nixtamal** *m Méx, C.Am.* dough from which corn tortillas are made

**no I** *adv* **1** no; **~ del todo** not entirely; **~ ya por el gobierno sino por los habitantes del país** not for the government but for the people; **ya ~** not any more; **~ más** *L.Am.* ☞ **nomás**; **así ~ más** *L.Am.* just like that

**2** *para negar verbo* not; **no entiendo** I don't understand, I do not understand; **~ mejora nada** it doesn't improve at all; **~ te vayas** don't go

**3** *(tan pronto como)*: **~ bien** as soon as; **~ bien entramos nos recibió una ovación** no sooner had we entered than we received an ovation

**4**: **te gusta, ¿~?** you like it, don't you?; **te ha llamado, ¿~?** he called you, didn't he?; **¿a que ~?** I bet you don't / can't etc

**5** *con adjetivos, sustantivos* non-; **~ optativo** non-optional; **para ~ fumadores** for non-smokers

**II** *m* no; POL *tb* nay

**n.o** *abr* (= **número**) No. (= number)

**NO** *abr* (= **noroeste**) NW, Northwest

**nobiliario** *adj* noble

**noble** *m/f & adj* noble

**nobleza** f nobility

**noche** f night; **¡buenas ~s!** *saludo* good evening; *despedida* good night; **de ~, por la ~,** *L.Am.* **en la ~** at night; **hacerse de ~** get dark; **muy de ~, muy entrada la ~** well into the night; **llegó a casa muy entrada la ~** he got home very late; **de la ~ a la mañana** *fig* overnight

**Nochebuena** f Christmas Eve

**nochecita** f *L.Am.* evening

**nochero** *m L.Am.* night watchman

**Nochevieja** f New Year's Eve

**noción** f **1** notion **2**: **nociones** *pl* rudiments, basics

**nocividad** f harmfulness

**nocivo** *adj* harmful

**noctámbulo** *m*, **-a** f sleepwalker

**nocturno** *adj* **1** night *atr*; **clase -a** evening class **2** ZO nocturnal

**nódulo** *m* nodule

**nogal** *m* BOT walnut

**nómada I** *adj* nomadic **II** *m/f* nomad

**nomás** *adv L.Am.* **1** just, only; **llévaselo ~** just take it away; **siga ~** just carry on **2** *(tan pronto como)*: **~ lo vio, echó a llorar** as soon as she saw him she started to cry; **~ llegue, te avisaré** as soon as he arrives, I'll let you know

**nombrado** *adj* famous, renowned

**nombramiento** *m* appointment

**nombrar** ⟨1a⟩ *v/t* **1** mention **2** *para un cargo* appoint

**nombre** *m* **1** name; **un barco de ~ desconocido** a boat whose name is not known, an unknown boat; *un caballo de ~ Arquero* a horse by the name of Arquero, a horse called Arquero; *es abogado sólo de ~* he is a lawyer in name only; *de ~ amenazador* with a threatening sounding name; *llamar las cosas por su ~* call a spade a spade; *no tener ~ fig* be inexcusable **2** GRAM noun

◇ *nombre artístico* stage name; *nombre de familia* family name, last name, surname; *nombre de guerra* nom de guerre, pseudonym; *nombre de pila* first name; *nombre propio* proper noun; *nombre de soltera* maiden name

**nomenclatura** *f* nomenclature

**nomeolvides** *f inv* BOT forget-me-not

**nómina** *f* pay slip

**nominación** *f* nomination

**nominal** *adj* nominal

**nominar** ⟨1a⟩ *v/t* nominate

**non I** *adj* odd **II** *m* odd number

**nonagenario I** *adj* nonagenarian **II** *m*, *-a f* nonagenarian, person in his / her nineties

**nonagésimo** *adj* ninetieth

**nonato** *adj* born by Cesarean *o Br* Caesarean section

**nono** *adj* ninth

**nopal** *m L.Am.* BOT prickly pear

**noquear** ⟨1a⟩ *v/t* knock out

**nor(d)este I** *adj* northeastern **II** *m* northeast

**noray** *m* MAR (mooring) bollard

**norcoreano I** *adj* North Korean **II** *m*, *-a f* North Korean

**nórdico I** *adj* **1** (*del norte*) Northern European **2** *esquí* nordic **II** *m*, *-a f* Northern European

**noria** *f de agua* waterwheel; *en feria* Ferris wheel

**norirlandés I** *adj* of / from Northern Ireland, Northern Ireland *atr* **II** *m*, *-esa f* man / woman from Northern Ireland

**norma** *f* **1** standard **2** (*regla*) rule, regulation

**normal** *adj* normal

**normalidad** *f* normality; *volver a la ~* return to normal

**normalización** *f* **1** normalization **2** TÉC standardization

**normalizar** ⟨1f⟩ *v/t* **1** normalize **2** TÉC

standardize; **normalizarse** *v/r* normalize

**normalmente** *adv* normally

**normativa** *f* rules *pl*, regulations *pl*

**normativo** *adj código, sistema etc* regulatory

**nornordeste** *m* north-northeast

**nornoroeste** *m* north-northwest

**noroccidental** *adj* northwestern

**noroeste** *m* northwest

**nororiental** *adj* northeastern

**norte** *m* north; *al ~ de* north of; *perder el ~ fig* lose one's way

**Norteamérica** *f* North America

**norteamericano I** *adj* North American **II** *m*, *-a f* North American

**norteño I** *adj* northern **II** *m*, *-a f* northerner

**Noruega** *f* Norway

**noruego I** *adj* Norwegian **II** *m*, *-a f* Norwegian

**nos I** *pron complemento directo* us; *complemento indirecto* (to) us; *~ dio el dinero* he gave us the money, he gave the money to us **II** *reflexivo* ourselves

**nosotras, nosotros** *pron* we; *complemento* us; *ven con ~* come with us; *somos ~* it's us; *esto queda entre ~* this is just between us

**nostalgia** *f* nostalgia; *por la patria* homesickness

**nostálgico** *adj* nostalgic; *por la patria* homesick

**nota I f 1** MÚS note; *~ discordante fig* discordant note; *dar la ~* F draw attention to o.s. **2** EDU grade, mark; *sacar buenas / malas ~s* get good / bad grades **3** (*anotación*): *tomar ~s* take notes; *tomar ~ de algo* make a note of sth

◇ *nota adhesiva* Post-it® note; *nota de entrega* delivery note; *nota marginal* note in the margin; *nota a pie de página* footnote

**notable I** *adj* remarkable, notable **II** *m* **1** EDU *B* **2**: *~s pl* dignitaries

**notación** *f* MÚS notation

**notar** ⟨1a⟩ *v/t* **1** notice; *hacer ~ algo a alguien* point sth out to s.o.; *se nota que* you can tell that; *hacerse ~* draw attention to o.s. **2** (*sentir*) feel

**notaría** *f* notary's office

**notario** *m*, *-a f* notary

**notebook** *m* INFOR notebook (computer)

**noticia** *f* piece of news; *en noticiario* news story, item of news; *tener ~ de algo* have news of sth; *~s pl* news *sg*; *no tengo ~s de él* I haven't had any news from him

**noticiario, noticierio** *m L.Am.* RAD, TV news *sg*

**notificación** *f* notification

**notificar** ⟨1g⟩ *v/t* notify

**notoriedad**[1] *f* clarity, clearness

**notoriedad**[2] *f* **1** clarity, clearness **2** (*fama*) fame

**notorio** *adj* **1** (*claro*) clear **2** (*famoso*) famous, well-known

**novatada** *f* practical joke

**novato I** *adj* inexperienced **II** *m*, -a *f* beginner, rookie F

**novecientos** *adj* nine hundred

**novedad** *f* **1** novelty **2** *cosa* new thing; *acontecimiento* new development; *sin ~* no change, same as always; *llegar sin ~* arrive safely **3** (*noticia*) piece of news

**novedoso** *adj* novel, new; *invento* innovative

**novel** *adj* new

**novela** *f* novel

◇ **novela corta** novella; **novela de costumbres** novel of manners; **novela por entregas** serial; **novela negra** crime novel; **novela policíaca** detective novel; **novela rosa** romantic novel

**novelar** ⟨1a⟩ *v/t* turn into a novel

**novelista** *m/f* novelist

**novelística** *f* novel

**novelón** *m* long novel

**noveno** *adj* ninth

**noventa** *adj* ninety

**novia** *f* **1** girlfriend **2** (*prometida*) fiancée **3** *el día de la boda* bride

**noviar** ⟨1b⟩ *v/i L.Am.* F: *~ con alguien* go out with s.o.

**noviazgo** *m* engagement

**noviciado** *m* novitiate

**novicio** *m*, -a *f* REL novice

**noviembre** *m* November

**novilla** *f* ZO heifer

**novillada** *f* *bullfight featuring novice bulls*

**novillero** *m* novice (bullfighter)

**novillo** *m* ZO young bull; *hacer ~s* F play hooky F, play truant

**novio** *m* **1** boyfriend **2** (*prometido*) fiancé **3** *el día de la boda* bridegroom;

*quedarse compuesta y sin ~ tb fig* F be left high and dry F **4**: *los ~s* the bride and groom; (*recién casados*) the newly-weds

**novísimo** *adj* newest, latest

**nubarrón** *m* storm cloud

**nube** *f* cloud; *~ tóxica* toxic cloud, cloud of poison gas; *estar en las ~s fig* be miles away, be day-dreaming; *estar por las ~s fig* F be incredibly expensive; *poner en las ~s fig* praise to the skies

**núbil** *adj* nubile

**nublado I** *adj* cloudy, overcast **II** *m* storm cloud

**nublarse** ⟨1a⟩ *v/r* cloud over

**nubosidad** *f* clouds *pl*

**nuboso** *adj* cloudy

**nuca** *f* nape of the neck

**nuclear** *adj* nuclear

**núcleo** *m* **1** nucleus; *~* (*celular*) BIO (cell) nucleus **2** *de problema* heart

**nudillo** *m* knuckle

**nudismo** *m* nudism

**nudista** *m/f* nudist; *playa ~* nudist beach

**nudo** *m* **1** *tb* BOT knot; *se me hace un ~ en la garganta* F I get a lump in my throat **2**: *~ ferroviario* railroad *o Br* railway junction

◇ **nudo corredizo** slipknot; **nudo gordiano** Gordian knot; **nudo marinero** sailor's knot, *Br* reef knot

**nudoso** *adj madera* knotty

**nuera** *f* daughter-in-law

**nuestro I** *adj pos* our **II** *pron* ours; *es ~* it's ours

**nueva** *f lit* piece of news

**Nueva York** *f* New York

**Nueva Zelanda** *f* New Zealand

**nuevamente** *adv* again

**nueve** *adj* nine

**nuevo** *adj* **1** new; *sentirse como ~* feel like new; *¿qué hay de ~?* what's new? **2** (*otro*) another; *de ~* again

**nuez** *f* **1** BOT walnut **2** ANAT Adam's apple

◇ **nuez del Brasil** Brazil nut

◇ **nuez moscada** nutmeg

**nueza** *f* BOT bryony, bryonia

**nulidad** *f* nullity; *fig* F dead loss F

**nulo** *adj* **1** JUR null and void **2** *persona* hopeless **3** (*inexistente*) non-existent, zero **4** DEP: *salida -a* false start

**núm.** *abr* (= *número*) No. (= number)

**obispal**

**numeración** *f* 1 numbering 2 (*números*) numbers *pl*

**numerador** *m* MAT numerator

**numeral** I *adj*: *valor* ~ numerical value; *sistema* ~ numeric system II *m* numeral

**numerar** ⟨1a⟩ *v/t* number

**numerario** I *adj socio* full; *empleado*, *profesor* permanent; *catedrático* tenured II *m* cash

**numérico** *adj* numerical; *teclado* ~ numeric keypad, number pad

**número** *m* 1 number; *un gran* ~ *de* a large number of; *sin* ~ countless; *ser el* ~ *uno* be number one, be the best; *en* ~*s redondos* in round figures; *en* ~*s rojos* fig in the red; *hacer* ~*s* F add up the figures, *Br* do one's sums 2 *de publicación* issue 3 *de zapato* size 4: *montar un* ~ F make a scene 5: *de* ~ *socio* full; *empleado*, *profesor* permanent; *catedrático* tenured

◇ **número complementario** *en lotería* bonus number; **número entero** whole number; **número de identificación fiscal** ☞ *NIF*; **número premiado** winning number; **número primo** prime number; **número secreto** PIN (number)

**numeroso** *adj* numerous

**numismática** *f* numismatics *sg*

**numismático** I *adj* numismatic, coin *atr*; *colección* ~*a* coin collection II *m*, ~*a f* coin collector, *fml* numismatist

**nunca** *adv* never; ~ *jamás o más* never

again; *más que* ~ more than ever

**nunciatura** *f* REL nunciature

**nuncio** *m* REL nuncio

**nupcial** *adj* wedding *atr*

**nupcias** *fpl* wedding *sg*, nuptials; *casarse en segundas* ~ remarry, marry for the second time

**nutria** *f* ZO otter

**nutrición** *f* nutrition

**nutricional** *adj* nutritional; *valor* ~ nutritional value

**nutricionista** *m/f* nutritionist

**nutrido** *adj fig* large

**nutriente** *m* nutrient

**nutrir** ⟨3a⟩ *v/t* nourish; *fig: esperanzas* cherish; **nutrirse** *v/r* receive nourishment; ~ *de algo* feed on sth

**nutritivo** *adj* nutritious, nourishing

**nylon** *m* nylon

**ñame** *m* BOT yam

**ñandú** *m* ZO rhea

**ñandutí** *m Parag*: type of lace

**ñaña** *f L.Am.* shit F, crap F

**ñapa** *f S.Am.* extra, bonus; *le di dos de* ~ I threw in an extra two

**ñato** *adj Rpl* snub-nosed

**ñeque** *m S.Am.* strength; *de* ~ F gutsy F; *tener mucho* ~ F have a lot of guts F

**ñoñería, ñoñez** *f* feebleness F, wimpish behavior *o Br* behaviour F

**ñoño** I *adj* feeble F, wimpish F II *m*, ~*a f* drip F, wimp F

**ñoqui** *m*: ~*s pl* GASTR gnocchi *sg*

**ñu** *m* ZO gnu

# O

**o** *conj* or; ~ (*bien*) ... ~ either ... or; ~ *sea* in other words

**O** *abr* (= *oeste*) W (= West(ern))

**oasis** *m inv* oasis

**obcecación** *f* obstinacy

**obcecado** *adj* 1 (*terco*) obstinate, stubborn 2 (*obsesionado*) obsessed (*con* with)

**obcecar** ⟨1g⟩ *v/t* blind; **obcecarse** *v/r* 1 (*insistir*) stubbornly insist (*en que* that) 2 (*obsesionarse*) become obsessed (*con* with)

**obedecer** ⟨2d⟩ I *v/t* obey II *v/i* 1 obey; *la profesora no sabe hacerse* ~ the tea-

cher cannot control the class *o* cannot command obedience 2 *de una máquina* respond 3: ~ *a fig* (*ser causa de*) be due to

**obediencia** *f* obedience

**obediente** *adj* obedient

**obelisco** *m* obelisk

**obertura** *f* MÚS overture

**obesidad** *f* obesity

**obeso** *adj* obese

**óbice** *m* obstacle; *esto no es* ~ *para que acuda a la reunión fml* this doesn't prevent me from going to the meeting

**obispal** *adj* episcopal

**obispo** *m* bishop

**óbito** *m fml* demise *fml*

**obituario** *m* **1** REL register of deaths **2** *en periódico* obituary

**objeción** *f* objection

◇ **objeción de conciencia** conscientious objection

**objetar** ⟨1a⟩ **I** *v/t* object; *tener algo que ~* have any objection **II** *v/i* become a conscientious objector

**objetivar** ⟨1a⟩ *v/t* objectivize

**objetividad** *f* objectivity

**objetivo I** *adj* objective **II** *m* **1** objective **2** MIL target **3** FOT lens

**objeto** *m* **1** object; *~s de regalo pl* gifts, gift items **2**: *con ~ de* with the aim of

**objetor** *m*, *~a f* objector

◇ **objetor de conciencia** conscientious objector

**oblea** *f* (communion) wafer

**oblícuo** *adj* oblique, slanted

**obligación** *f* **1** obligation, duty **2** COM bond

◇ **obligación convertible** convertible bond

**obligado** *adj* obliged (*a* to)

**obligar** ⟨1h⟩ *v/t* **1**: *~ a alguien* oblige *o* force s.o. (*a hacer algo* to do sth) **2** *de una ley* apply to s.o.; **obligarse** *v/r*: *~ a hacer algo* force o.s. to do sth, make o.s. do sth

**obligatoriedad** *f* obligatory nature

**obligatorio** *adj* obligatory, compulsory

**obliterar** ⟨1a⟩ *v/t* **1** *fml huellas, recuerdos etc* obliterate, wipe away **2** MED block

**oblongo** *adj* oblong

**obnubilar** ⟨1a⟩ *v/t* cloud

**oboe** *m* MÚS oboe

**oboísta** *m/f* oboist

**obra** *f* **1** work; *~s completas* complete works **2** (*acción*): *hacer buenas ~s* do good deeds; *por ~ de* thanks to, as a result of; *poner por o L.Am. en ~* set in motion; *¡manos a la ~!* let's get to work! **3**: *de ~ muro, chimenea* brick *atr* **4**: *~s pl de construcción* building work *sg*; *en la vía pública* road works

◇ **obra de arte** work of art; **obra de consulta** reference book; **obra maestra** masterpiece; **obra de referencia** reference work; **obra de teatro** play; **obras públicas** public works

**obrador** *m* workshop; *de pan* bakery

**obraje** *m Méx* butcher's

**obrar** ⟨1a⟩ **I** *v/i* **1** act **2**: *su carta obra en mi poder* his / her letter is in my possession **II** *v/t* work

**obrero I** *adj* working **II** *m*, *~a f* worker

◇ **obrero de la construcción** construction worker, hard hat F; **obrero especializado** skilled worker; **obrero portuario** longshoreman, *Br* dock worker

**obscenidad** *f* obscenity

**obsceno** *adj* obscene

**obscu...** ☞ **oscu...**

**obsequiar** ⟨1b⟩ *v/t*: *~ a alguien con algo* present s.o. with sth

**obsequio** *m* gift; *en ~ de alguien* in honor *o Br* honour of s.o.

**obsequioso** *adj* attentive

**observación** *f* **1** observation **2** JUR observance

**observador I** *adj* observant; *ser muy ~* be very observant **II** *m*, *~a f* observer

**observancia** *f* observance

**observar** ⟨1a⟩ *v/t* **1** *con la mirada* observe **2** (*advertir*) notice, observe **3** (*comentar*) remark, observe

**observatorio** *m* observatory

◇ **observatorio astronómico** observatory

◇ **observatorio meteorológico** weather station

**obsesión** *f* obsession

**obsesionado** *adj* obsessed

**obsesionar I** ⟨1a⟩ *v/t* obsess; **obsesionarse** *v/r* become obsessed (*con* with)

**obsesivo** *adj* obsessive

**obseso** *adj* obsessed

**obsoleto** *adj* obsolete

**obstaculizar** ⟨1f⟩ *v/t* hinder, hamper

**obstáculo** *m* obstacle; *carrera de ~s* obstacle race; *ponerle ~s a alguien* make things difficult for s.o.; *ponerle ~s a algo* make sth difficult

**obstante**: *no ~* nevertheless, nonetheless

**obstetra** *m/f* obstetrician

**obstetricia** *f* obstetrics *sg*

**obstinación** *f* obstinacy

**obstinado** *adj* obstinate

**obstinarse** ⟨1a⟩ *v/r* insist; *~ en hacer algo* insist on doing sth

**obstrucción** *f* obstruction, blockage; *~ de la justicia* obstruction of justice

**obstruccionismo** *m* POL obstruction-ism

**obstruir** ⟨3g⟩ *v/t* obstruct, block; **obstruirse** *v/r* get blocked

**obtener** ⟨2l; *part* **obtuvo**⟩ *v/t* get, obtain *fml*

**obtenible** *adj* obtainable

**obturación** *f de tubo, orificio etc* blocking, blockage

**obturador** *m* shutter

**obturar** ⟨1a⟩ *v/t* plug

**obtuso** *adj tb fig* obtuse

**obtuvo** *vb* ☞ **obtener**

**obús** *m* MIL shell

**obviar** ⟨1c⟩ *v/t* avoid, *fml* obviate

**obviedad** *f* obviousness

**obvio** *adj* obvious

**oca** *f* goose

**ocarina** *f* MÚS ocarina

**ocasión** *f* **1** occasion; **con ~ de** on the occasion of; **en ocasiones** on occasion **2** (*oportunidad*) chance, opportunity; **la ~ hace al ladrón** F don't put temptation in a thief's way; **la ~ la pintan calva** F strike while the iron is hot F **3** COM: **de ~** cut-price, bargain *atr*; *de segunda mano* second-hand, used

**ocasional** *adj* occasional

**ocasionar** ⟨1a⟩ *v/t* cause

**ocaso** *m* **1** *del sol* setting **2** *de imperio, poder* decline

**occidental I** *adj* western **II** *m/f* Westerner

**occidente** *m* west

**occipucio** *m* ANAT occiput

**occiso** *adj* JUR: **persona -a** victim

**OCDE** *f abr* (= **Organización de Cooperación y Desarrollo Económico**) OECD (= Organization for Economic Cooperation and Development)

**Oceanía** *f* Oceania

**oceánico** *adj* oceanic

**océano** *m* ocean

◇ **Océano Atlántico** Atlantic Ocean; **Océano Glacial Antártico** Antarctic Ocean; **Océano Glacial Ártico** Arctic Ocean; **Océano Índico** Indian Ocean; **Océano Pacífico** Pacific Ocean

**oceanografía** *f* oceanographic

**oceanógrafo** *m*, -a *f* oceanographer

**ocelote** *m* ZO ocelot

**ochenta** *adj* eighty

**ocho I** *adj* eight **II** *m* eight

**ochocientos** *adj* eight hundred

**ocio** *m* leisure time, free time; *desp* idleness; **industria del ~** leisure industry

**ociosear** ⟨1a⟩ *v/i* *S.Am.* laze around

**ociosidad** *f* idleness

**ocioso** *adj* idle

**oclusivo** *adj*: **consonante -a** GRAM occlusive

**ocre** *m/adj* ocher, *Br* ochre

**oct.** *abr* (= **octubre**) Oct. (= October)

**octagonal** *adj* ☞ **octogonal**

**octágono** *m* ☞ **octógono**

**octano** *m* octane

**octava** *f* MÚS octave

**octavilla** *f* leaflet

**octavo I** *adj* eighth **II** *m* **1** eighth **2** DEP: **~s de final** *pl* last 16

**octeto** *m* **1** MÚS octet **2** INFOR byte

**octogenario I** *adj* octogenarian **II** *m*, -a *f* octogenarian, person in his / her eighties

**octogonal** *adj* octagonal

**octógono** *m* octagon

**octubre** *m* October

**OCU** *f abr* (= **Organización de Consumidores y Usuarios**) Consumers' Association

**ocular I** *adj* eye *atr* **II** *m* eyepiece

**oculista** *m/f* ophthalmologist

**ocultación** *f* concealment

**ocultar** ⟨1a⟩ *v/t* hide, conceal; **ocultarse** *v/r* hide

**ocultismo** *m* occult

**oculto** *adj* **1** hidden **2** (*sobrenatural*) occult; **las ciencias -as** the occult

**ocupación** *f* **1** *tb* MIL occupation **2** (*actividad*) activity **3**: **~ hotelera** hotel occupancy

**ocupacional** *adj* occupational; **terapia ~** occupational therapy

**ocupado** *adj* **1** busy **2** *asiento* taken

**ocupante I** *adj* MIL occupying **II** *m/f* occupant; **~s** *pl* MIL occupying forces

**ocupar** ⟨1a⟩ *v/t* **1** *espacio* take up, occupy **2** (*habitar*) live in, occupy **3** *obreros* employ **4** *periodo de tiempo* spend, occupy **5** MIL occupy; **ocuparse** *v/r* **1**: **~ de** deal with **2** (*cuidar de*) look after

**ocurrencia** *f* **1** occurrence **2** (*chiste*) quip, witty remark

**ocurrente** *adj* witty

**ocurrir** ⟨3a⟩ **I** *v/i* **1** happen, occur; **¿qué ocurre?** what's going on?; **¿qué te ocurre?** what's the matter? **II** *v/i* *Méx* go; **ocurrirse** *v/r*: **se me ocurrió**

it occurred to me, it struck me
**oda** f ode
**odiar** ⟨1b⟩ v/t hate
**odio** m hatred, hate
**odioso** adj odious, hateful
**odisea** f fig odyssey
**odómetro** m odometer, Br mil(e)-ometer
**odontología** f dentistry
**odontólogo** m, -a f dental surgeon
**odorífero** adj fragrant
**OEA** f abr (= **Organización de los Estados Americanos**) OAS (= Organization of American States)
**oeste** m west; **al ~ de** west of
**ofender** ⟨2a⟩ v/t offend; **ofenderse** v/r take offense (**por** at)
**ofensa** f insult
**ofensiva** f offensive
**ofensivo** adj offensive
**ofensor I** adj offending **II** m, ~a f offender
**oferta** f offer; **~ especial** special offer; **tener en ~** have on offer
◇ **oferta de empleo** job offer
◇ **oferta pública de adquisición** takeover bid
**ofertante** m/f bidder
**ofertar** ⟨1a⟩ v/t COM put on special offer
**oficial I** adj official **II** m/f MIL officer
**oficialidad** f MIL officers pl
**oficialista** adj L.Am. pro-government
**oficializar** ⟨1f⟩ v/t make official
**oficiante** m REL celebrant
**oficiar** ⟨1b⟩ **I** v/i officiate (**de** at) **II** v/t REL conduct, officiate at
**oficina** f office
◇ **oficina de correos** post office; **oficina de empleo** employment office; **oficina de objetos perdidos** lost and found, Br lost property; **oficina de turismo** tourist office
**oficinesco** adj office atr; desp bureaucratic
**oficinista** m/f office worker
**oficio** m **1** trabajo trade; **sin ~ ni beneficio** F with no trade **2**: **abogado de ~** public defender, Br duty solicitor **3**: **Santo Oficio** HIST Holy Office, Inquisition
◇ **oficio de difuntos** funeral service, office of the dead
◇ **oficio divino** divine office
**oficioso** adj unofficial

**ofimática** f INFOR office automation
**ofrecer** ⟨2d⟩ v/t offer; **ofrecerse** v/r **1** volunteer, offer one's services (**de** as) **2** (presentarse) appear **3** fml: **¿qué se le ofrece?** what can I do for you?
**ofrecimiento** m offer
**ofrenda** f offering
**ofrendar** ⟨1a⟩ v/t offer
**oftalmóloga** f ophthalmology
**oftalmología** f ophthalmology
**oftalmólogo** m, -a f ophthalmologist
**ofuscamiento** m blinding rage
**ofuscar** ⟨1g⟩ v/t tb fig blind
**ogro** m tb fig ogre
**ohmio** m EL ohm
**oída** f: **conocer algo de ~s** have heard of sth
**oído** m **1** sentido hearing; **tener el ~ fino** have sharp hearing **2** ear; **dolor de ~** earache; **me pitan los ~s por música alta** my ears are ringing; **de ~** MÚS by ear; **¡cómo le debían estar pitando los ~s!** fig his ears must have been burning; **dar o prestar ~s** listen; **hacer ~s sordos** turn a deaf ear; **entrarle por un ~ y salirle por el otro** go in one ear and come out the other; **llegar a ~s de alguien** come to s.o.'s attention; **ser todo ~s** fig be all ears
◇ **oído medio** ANAT middle ear
**oigo** vb ⇨ **oír**
**oír** ⟨3q⟩ v/t **1** tb JUR hear **2** (escuchar) listen to; **hacerse ~** make o.s. heard; **¡oiga!** TELEC hello!; **¡oye!** listen!, hey! F; **como quien oye llover** F he turned a deaf ear
**OIT** f abr (= **Organización Internacional de Trabajo**) ILO (= International Labor Organization)
**ojal** m buttonhole
**ojalá** int: **¡~!** let's hope so; **¡~ venga!** I hope he comes; **¡~ tuvieras razón!** I only hope you're right
**ojeada** f glance; **echar una ~ a alguien** glance at s.o.
**ojeador** m DEP scout
**ojear** ⟨1a⟩ v/t look at, have a look at
**ojeras** fpl bags under the eyes
**ojeriza** f grudge; **tener ~ a alguien** have a grudge against s.o.
**ojeroso** adj: **estar ~** have bags under one's eyes
**ojete I** m eyelet **II** m/f Méx **V** bastard F, son of a bitch P

**ojo** *m* ANAT eye; *abrir los ~s* open one's eyes; *abrir los ~s como platos* open one's eyes really wide; *con mis propios ~s* with my own eyes; *en un abrir y cerrar de ~s* in an instant; *¡~!* F watch out!, mind! F; *andar con ~* F keep one's eyes open F; *a ~* roughly; *a ~s vistas* visibly; *abrir los ~s a alguien* *fig* open s.o.'s eyes; *cerrar los ~s ante algo* turn a blind eye to sth; *no tener ~s en la cara* *fig* be blind; *costar un ~ de la cara* F cost an arm and a leg F; *no pegar ~* F not sleep a wink; *echar el ~ a algo / alguien* eye sth / s.o. up; *no quitar ~ de* not take one's eyes off; *comer(se) a alguien con los ~s* *fig* devour s.o. with one's eyes, ogle s.o.; *se le iban los ~s* *fig* his / her eyes wandered; *mirar a algo con otros ~s* *fig* look at sth differently; *no ver con buenos ~s* have a low opinion of, not approve of; *tener mucho ~ para hacer algo* be very good at doing sth; *tener ~ clínico* have a good eye; *tener ~ clínico o mucho ~ para descubrir errores* have a good eye for mistakes, be good at spotting mistakes; *~ por ~ y diente por diente* an eye for an eye and a tooth for a tooth; *~s que no ven, corazón que no siente* what you don't see won't hurt you

◇ **ojo de buey** MAR porthole; **ojo de la cerradura** keyhole; **ojo del culo** V asshole V, *Br* arsehole V; **ojo de gallo** corn

**ojota** *f* **1** *C.Am.*, *Méx* sandal **2** *Rpl* thong, *Br* flip-flop

**okey** *interj* *L.Am.* ok

**okupa** *m/f* *Esp* F squatter

**ola** *f* wave

◇ **ola de calor** heat wave; **ola de frío** cold spell; **ola de gripe** outbreak of flu

**¡olé!, ¡ole!** *int* olé!

**oleada** *f* *fig* wave!, flood

**oleaginoso** *adj* oleaginous

**oleaje** *m* swell

**óleo** *m* oil; *pintura al ~* oil painting

**oleoducto** *m* (oil) pipeline

**oleoso** *adj* oily

**oler** ⟨2i⟩ **I** *v/i* **1** smell (*a* of) **2**: *me huelo algo* *fig* there's something fishy going on, I smell a rat **II** *v/t* smell

**olfatear** ⟨1a⟩ *v/t* sniff

**olfato** *m* sense of smell; *fig* nose; *tener ~ para algo* have a good nose for sth

**oligoceno** *m* GEOL Oligocene

**oligopolio** *m* COM oligopoly

**olimpíada, olimpiada** *f* Olympics *pl*

**olímpico** *adj* Olympic; *villa -a* Olympic village

**olisquear** ⟨1a⟩ *v/t* sniff

**oliva** *f* BOT olive

**olivar** *m* olive grove

**olivarero** *adj* olive *atr*, olive-producing

**olivicultor** *m*, **~a** *f* olive grower

**olivo** *m* olive tree

**olla** *f* pot

◇ **olla exprés** pressure cooker; **olla de grillos** *fig* F madhouse; **olla podrida** GAST *type of stew containing different kinds of meat*; **olla a presión** pressure cooker

**olmo** *m* BOT elm

**olor** *m* **1** smell; *de flores, perfume tb* scent **2**: *en ~ de santidad* like a saint; *fue acogido en ~ de multitud(es)* he was received by a huge crowd

◇ **olor corporal** body odor, *Br* body odour, BO

**oloroso** *adj* scented

**OLP** *f abr* (= *Organización para la Liberación de Palestina*) PLO (= Palestine Liberation Organization)

**olvidadizo** *adj* forgetful

**olvidar** ⟨1a⟩ *v/t* forget; **olvidarse** *v/r*: *~ de algo* forget sth; *se le olvidó* it slipped his mind, he forgot

**olvido** *m* **1** oblivion; *caer en el ~* fall into oblivion **2** (*omisión*) oversight

**ombligo** *m* ANAT navel; *el ~ del mundo* the center *o Br* centre of the universe; *mirarse el ~* *fig* contemplate one's navel; *encogérsele a alguien el ~* *fig* F get the wind up F

**OMC** *f abr* (= *Organización Mundial de Comercio*) WTO (= World Trade Organization)

**omelet, omelette** *f L.Am.* omelet, *Br* omelette

**ominoso** *adj* **1** (*despreciable*) detestable **2** (*de mal agüero*) ominous

**omisión** *f* omission

**omiso** *adj*: *hacer caso ~ de algo* ignore sth

**omitir** ⟨3a⟩ *v/t* omit, leave out

**ómnibus** *m inv* Cu, Urug bus

**omnímodo** *adj* *fml* *poder* absolute, all-embracing

**omnipotente** *adj* omnipotent

**omnipresencia** *f* omnipresence
**omnipresente** *adj* omnipresent
**omnisciente** *adj* omniscient
**omnívoro I** *adj* omnivorous **II** *m* omnivore
**omóplato, omoplato** *m* ANAT shoulder blade
**OMS** *f abr* (= **Organización Mundial de la Salud**) WHO (= World Health Organization)
**OMT** *f abr* (= **Organización Mundial del Turismo**) World Tourism Organization
**onanismo** *m* onanism
**ONCE** *f abr* (= **Organización Nacional de Ciegos de España**) Spanish National Association for the Blind
**once I** *adj* eleven **II** *m* DEP team
**onceavo I** *adj* eleventh **II** *m* eleventh
**oncología** *f* MED oncology
**oncólogo** *m*, -a *f* oncologist
**onda** *f* 1 wave; **captar la ~** F get it F; **estar en la ~** F be with it F 2 *Méx*: ¿**qué ~?** F what's happening? F
◇ **onda corta** short wave; **onda expansiva** shock wave; **onda larga** long wave; **onda media** medium wave; **onda sonora** sound wave
**ondear** ⟨1a⟩ *v/i de bandera* wave
**ondulación** *f* undulation
**ondulado** *adj* wavy; *cartón* corrugated; *terreno* undulating
**ondular** ⟨1a⟩ **I** *v/i* undulate **II** *v/t pelo* wave
**ondulatorio** *adj*: **movimiento ~** waving motion
**oneroso** *adj* onerous
**ONG** *f abr* (= **Organización no Gubernamental**) NGO (= non-governmental organization)
**ónice** *m* MIN onyx
**onomástica** *f* saint's day
**onomástico** *m L.Am.* 1 saint's day 2 (*cumpleaños*) birthday
**onomatopeya** *f* onomatopoeia
**onomatopéyico** *adj* onomatopoeic
**ONU** *f abr* (= **Organización de las Naciones Unidas**) UN (= United Nations)
**onza** *f* ounce
**OPA** *f abr* (= **oferta pública de adquisición**) takeover bid; **lanzar una ~ hostil** launch a takeover bid
**opacar** ⟨1g⟩ *v/t L.Am.* darken, cast a shadow over

**opacidad** *f* opacity
**opaco** *adj* 1 *cristal* opaque 2 *voz, persona etc* dull
**ópalo** *m* MIN opal
**opción** *f* 1 option, choice 2 (*posibilidad*) chance
◇ **opción de compra** COM option to buy
◇ **opción de venta** COM option to sell
**opcional** *adj* optional
**OPEP** *f abr* (= **Organización de Países Exportadores de Petróleo**) OPEC (= Organization of Petroleum Exporting Countries)
**ópera** *f* MÚS opera
◇ **ópera bufa, ópera cómica** comic opera
◇ **ópera prima** first work
**operable** *adj* MED operable
**operación** *f* operation
**operador** *m*, -a *f* TELEC, INFOR operator
◇ **operador turístico** tour operator
**operar** ⟨1a⟩ **I** *v/t* 1 MED operate on 2 *cambio* bring about 3 *L.Am.* manejar operate **II** *v/i* 1 operate 2 COM do business (**con** with); **operarse** *v/r* 1 MED have an operation (**de** on) 2 *de un cambio* occur
**operario** *m*, -a *f* operator, operative
**operatividad** *f de sistema, máquina etc* operating capacity
**operativo I** *adj* operational; **sistema ~** INFOR operating system **II** *m L.Am.* operation
**operatorio** *adj* MED operating
**opereta** *f* MÚS operetta
**operístico** *adj* operatic, opera *atr*
**opiáceo I** *adj* opiate **II** *m* opiate
**opinar** ⟨1a⟩ **I** *v/t* think (**de** about) **II** *v/i* express an opinion
**opinión** *f* opinion; **la ~ pública** public opinion; **en mi ~** in my opinion; **tener buena / mala ~ de alguien** think highly / little of s.o.
**opio** *m* opium
**opíparo** *adj* sumptuous
**oponente** *m/f* opponent
**oponer** ⟨2r; *part* **opuesto**⟩ *v/t resistencia* put up (**a** to), offer (**a** to); *razón, argumento* put forward (**a** against); **oponerse** *v/r* be opposed (**a** to); (*manifestar oposición*) object (**a** to)
**oporto** *m* port

**oportunidad** *f* **1** opportunity; **~ de gol** DEP chance to score **2: ~es** *pl* COM sales

**oportunista I** *adj* opportunistic **II** *m/f* opportunist

**oportuno** *adj* **1** timely; *momento* opportune **2** *respuesta, medida* suitable, appropriate

**oposición** *f* **1** POL opposition **2: oposiciones** *pl* official entrance exams

**opositar** ⟨1a⟩ *v/i* take an exam

**opositor I** *adj* opposition *atr* **II** *m, ~a f* opponent

**opresión** *f* oppression

**opresivo** *adj* oppressive

**opresor I** *adj* oppressive **II** *m, ~a f* oppressor

**oprimir** ⟨3a⟩ *v/t* **1** *pueblo* oppress **2** *botón* press **3** *de zapatos* be too tight for

**oprobio** *m* ignominy, shame

**optar** ⟨1a⟩ *v/i* **1** (*elegir*) opt (**por** for); **~ por hacer algo** opt to do sth **2: ~ a** be in the running for

**optativo** *adj* optional; *asignatura tb* elective

**óptica** *f* **1** optician's **2** FÍS optics *sg; fig* point of view

**óptico I** *adj* optical; *nervio* ~ optic nerve **II** *m, -a f* optician

**optimar** ⟨1a⟩ *v/t* optimize

**optimismo** *m* optimism

**optimista I** *adj* optimistic **II** *m/f* optimist

**optimización** *f* optimization

**optimizar** ⟨1f⟩ *v/t* optimize

**óptimo** *adj* ideal

**optometría** *f* optometry

**opuesto I** *part* ☞ **oponer II** *adj* **1** *en el espacio* opposite **2** *opinión* contrary

**opulencia** *f* opulence

**opulento** *adj* opulent

**opuso** *vb* ☞ **oponer**

**OPV** *f abr* (= **oferta pública de venta**) Public Offering

**oquedad** *f* cavity

**ora** *conj:* **~ ... ~ ...** now ..., now ...

**oración** *f* **1** REL prayer **2** GRAM sentence; **~ principal / subordinada** main / subordinate clause

**oráculo** *m* oracle

**orador** *m, ~a f* orator

**oral** *adj* oral; *prueba de inglés* ~ English oral (exam)

**órale** *interj Méx* F come on

**orangután** *m* ZO orang-utan

**orar** ⟨1a⟩ *v/i* pray (**por** for)

**orate** *m/f* F lunatic

**oratoria** *f* oratory

**oratorio** *m* MÚS oratorio

**orbe** *m* AST world

**órbita** *f* orbit; **colocar** *o* **poner en** ~ put into orbit

**orbital** *adj* orbital

**orbitar** ⟨1a⟩ *v/i* orbit; **~ en torno a** orbit, orbit around

**orca** *m* ZO killer whale

**órdago** *m:* **de** ~ F terrific F

**orden**[1] *m* **1** order; **por** ~ **alfabético** in alphabetical order; **por** ~ **de altura** in order of height; **poner en** ~ tidy up, straighten up; **sin** ~ **ni concierto** without rhyme or reason **2** (*clase*): **de todo** ~ of all kinds *o* types; **de primer** ~ top-ranking, leading **3: llamar al** ~ call to order **4** ARQUI order

◇ **orden de bateo** batting order

◇ **orden del día** agenda

**orden**[2] *f* (*mandamiento*) order; **por** ~ **de** by order of, on the orders of; **hasta nueva** ~ until further notice; **¡a la** ~**!** yes, sir

◇ **orden de caballería** HIST order of knighthood; **orden de pago** order to pay; **orden de registro** JUR search warrant

**ordenación** *f* REL ordination

**ordenado** *adj* tidy

**ordenador** *m Esp* INFOR computer; **asistido por** ~ computer-aided

◇ **ordenador de a bordo** *Esp* onboard computer; **ordenador doméstico** *Esp* home computer; **ordenador de escritorio** *Esp* desktop (computer); **ordenador de mano** *Esp* palmtop; **ordenador personal** *Esp* personal computer; **ordenador portátil** *Esp* portable (computer), laptop

**ordenamiento** *m* set of laws

**ordenanza I** *f* by-law **II** *m* **1** office junior, gofer F **2** MIL orderly

**ordenar** ⟨1a⟩ *v/t* **1** *habitación* tidy up **2** *alfabéticamente* arrange; INFOR sort **3** (*mandar*) order **4** *L.Am.* (*pedir*) order; **ordenarse** *v/r* REL be ordained

**ordeñadora** *f* milking machine

**ordeñar** ⟨1a⟩ *v/t* milk

**ordinal I** *adj* ordinal **II** *m* ordinal (number)

**ordinariez** *f* vulgarity

**ordinario** *adj* **1** ordinary; *de* ~ usually, ordinarily **2** *desp* vulgar

**orear** ⟨1a⟩ *v/t* air; **orearse** *v/r* air

**orégano** *m* BOT oregano; *no todo el monte es* ~ F it's not all plain sailing

**oreja** *f* **1** ear; *~s despegadas* protruding ears; *una sonrisa de ~ a ~* a smile from ear to ear; *aguzar las ~s* L.Am. prick one's ears up; *parar la ~* pay attention; *asomar o enseñar o descubrir la ~* show one's true colors *o Br* colours; *ver las ~s al lobo* *fig* F wake up to the danger; *bajar o agachar las ~s* *fig* back down; *calentarle a alguien las ~s* *fig* tell s.o. off; *hasta las ~s* *fig* up to one's eyes *o* ears **2** *Méx* F (*delator*) informer

◇ **oreja de mar** ZO abalone

**orejeras** *fpl* earmuffs

**orejudo** *adj* big-eared

**orfanato** *m* orphanage

**orfebre** *m/f* goldsmith / silversmith

**orfebrería** *f* goldsmith / silversmith work

**orfelinato** *m* orphanage

**organdí** *m* organdy

**orgánico** *adj* organic; *ley* ~ organic law

**organigrama** *m* flow chart; *de empresa* organization chart, tree diagram

**organillo** *m* barrel organ

**organismo** *m* **1** organism **2** POL agency, organization

◇ **organismo modificado genéticamente** genetically modified organism

**organista** *m/f* organist

**organización** *f* organization

◇ **Organización de Cooperación y Desarrollo Económico** Organization for Economic Cooperation and Development; **Organización de los Estados Americanos** Organization of American States; **Organización Internacional de Trabajo** International Labor Organization; **Organización para la Liberación de Palestina** Palestine Liberation Organization; **Organización Mundial de Comercio** World Trade Organization; **Organización Mundial de la Salud** World Health Organization; **Organización de las Naciones Unidas** United Nations; **Organización de Países Exportadores de Petróleo** Organization of Petroleum Exporting Countries; **Organización del Tratado del Atlántico Norte** North Atlantic Treaty Organization

**organizado** *adj* organized

**organizador** **I** *adj* organizing **II** *m*, *~a f* organizer

◇ **organizador personal** personal organizer

**organizar** ⟨1f⟩ *v/t* organize; **organizarse** *v/r de persona* organize one's time

**organizativo** *adj*: *capacidad ~a* organizational skill

**órgano** *m* MÚS, ANAT, *fig* organ

◇ **órgano sensorial** sense organ

◇ **órgano sexual** sex organ

**organza** *f* organdy

**orgasmo** *m* orgasm

**orgía** *f* orgy

**orgiástico** *adj* orgiastic

**orgullo** *m* pride

**orgulloso** *adj* proud (*de* of)

**orientable** *adj lámpara, antena etc* adjustable

**orientación** *f* **1** orientation **2** (*ayuda*) guidance **3**: *sentido de la ~* sense of direction

◇ **orientación profesional** vocational guidance, *Br tb* careers advice

**orientador** *m*, *~a f* counselor, *Br* counsellor

**oriental** **I** *adj* **1** oriental, eastern **2** *S.Am.* Uruguayan **II** *m/f* **1** Oriental **2** *S.Am.* Uruguayan

**orientar** ⟨1a⟩ *v/t* **1** (*aconsejar*) advise **2**: *~ algo hacia algo* turn sth toward sth; **orientarse** *v/r* **1** get one's bearings **2** *de una planta* turn (*hacia* toward)

**oriente** *m* **1** east **2**: *Oriente* Orient; *Extremo o Lejano Oriente* Far East; *Próximo Oriente* Near East

◇ **Oriente Medio** Middle East

**orificio** *m* hole; *en cuerpo* orifice; *~ de entrada* *de proyectil* entry wound

**origen** *m* origin; *ser de ~ ...* be of ... origin *o* extraction; *tener su ~ en* have its origin in; *dar ~ a* give rise to

**original** *m/adj* original

**originalidad** *f* originality

**originar** ⟨1a⟩ *v/t* give rise to; **originarse** *v/r* originate; *de un incendio* start

**originario** *adj* **1** (*primero*) original **2** (*nativo*) native (*de* of)

**orilla** *f* shore; *de un río* bank; *~s L.Am. pl de ciudad* outskirts

**orillar** ⟨1a⟩ *v/t* **1** *dificultades* avoid **2** *tela* edge

**orín** *m* rust

**orina** *f* urine

**orinal** *m* urinal

**orinar** ⟨1a⟩ *v/i* urinate; **orinarse** *v/r* wet o.s.

**orita** *adv C.Am., Méx* F right away; **~ voy** I'll be right there

**oriundo** *adj* native (**de** to); **ser ~ de** *de persona* come from, be a native of

**orla** *f* border

**orlar** ⟨1a⟩ *v/t* edge

**ornamentación** *f* ornamentation

**ornamental** *adj* ornamental

**ornamentar** ⟨1a⟩ *v/t* adorn

**ornamento** *m* **1** ornament **2: ~s** *pl* REL vestments

**ornar** ⟨1a⟩ *v/t* adorn

**ornato** *m* adornment

**ornitología** *f* ornithology

**ornitólogo** *m*, **-a** *f* ornithologist

**oro** *m* **1** gold; **de ~** gold; **no es ~ todo lo que reluce** all that glitters is not gold; **guardar como ~ en paño** *con mucho cariño* treasure sth; *con mucho cuidado* guard sth with one's life; **prometer el ~ y el moro** promise the earth; **hacerse de ~** get rich **2: ~s** *en naipes*: suit in *Spanish deck of cards*

◇ **oro blanco** white gold

◇ **oro negro** black gold, oil

**orondo** *adj* **1** fat **2** *fig* smug

**oropel** *m fig* glitter

**oropéndola** *f* ZO golden oriole

**orozuz** *m* BOT licorice, *Br* liquorice

**orquesta** *f* orchestra

◇ **orquesta de cámara** chamber orchestra

◇ **orquesta sinfónica** symphony orchestra

**orquestación** *f* orchestration

**orquestal** *adj* orchestral

**orquestar** ⟨1a⟩ *v/t fig* orchestrate

**orquídea** *f* BOT orchid

**ortega** *f* ZO sand grouse

**ortiga** *f* BOT nettle

**orto** *m* AST rising

**ortodoncia** *f* MED orthodontics *sg*

**ortodoncista** *m/f* orthodontist

**ortodoxia** *f* orthodoxy

**ortodoxo** *adj* orthodox

**ortografía** *f* spelling

**ortográfico** *adj* spelling *atr*; **falta -a** spelling mistake

**ortopedia** *f* orthopedics *sg, Br tb* orthopaedics *sg*

**ortopédico** **I** *adj* orthopedic, *Br tb* orthopaedic **II** *m*, **-a** *f* orthopedist, *Br tb* orthopaedist

**ortopedista** *m/f* orthopedist, *Br tb* orthopaedist

**oruga** *f* **1** ZO caterpillar **2** TÉC (caterpillar) track

**orujo** *m liquor made from the remains of grapes*

**orzuelo** *m* MED stye

**os** *pron complemento directo* you; *complemento indirecto* (to) you; *reflexivo* yourselves; **~ lo devolveré** I'll give you it back, I'll give it back to you

**osa** *f* AST: **Osa Mayor** Great Bear; **Osa Menor** Little Bear

**osadía** *f* **1** daring **2** (*descaro*) audacity

**osado** *adj* daring

**osamenta** *f* bones *pl*

**osar** ⟨1a⟩ *v/i* dare

**oscense** *adj* of / from Huesca, Huesca *atr*

**oscilación** *f* oscillation; *de precios* fluctuation

**oscilante** *adj* oscillating

**oscilar** ⟨1a⟩ *v/i* oscillate; *de precios* fluctuate

**ósculo** *m lit* kiss

**oscurecer** ⟨2d⟩ **I** *v/t* **1** darken **2** *logro, triunfo* overshadow **II** *v/i* get dark; **al ~** when it gets dark; **oscurecerse** *v/r* darken

**oscurecimiento** *m* darkening

**oscuridad** *f* darkness

**oscuro** *adj* **1** dark; **a -as** in the dark **2** *fig* obscure

**óseo** *adj* bone *atr*

**osezno** *m* cub

**osito** *m*: **~ de peluche** teddy bear

**oso** *m* bear; **hacer el ~** F fool around, monkey around F

◇ **oso hormiguero** anteater; **oso panda** panda; **oso pardo** brown bear; **oso polar** polar bear

**ostensible** *adj* obvious

**ostentación** *f* ostentation; **hacer ~ de** flaunt

**ostentar** ⟨1a⟩ *v/t* **1** flaunt **2** *cargo* hold

**ostentoso** *adj* ostentatious

**osteoporosis** *f* MED osteoporosis

**ostra** *f* **1** ZO oyster **2: ¡~s!** F hell! F

**ostracismo** *m* ostracism
**ostrero** *m* ZO oyster-catcher
**OTAN** *f abr* (= ***Organización del Tratado del Atlántico Norte***) NATO (= North Atlantic Treaty Organization)
**otárido** *m*, **-a** *f* ZO sealion
**otear** ⟨1a⟩ *v/t horizonte* scan
**otero** *m* hillock
**OTI** *f abr* (= ***Organización de Televisiones Iberoamericanas***) *Association of Latin American TV stations*
**otitis** *f* MED earache
**otomano** *adj* HIST Ottoman
**otoñal** *adj* fall *atr*, *Br* autumnal
**otoño** *m* fall, *Br* autumn
**otorgamiento** *m* award; *de favor* granting
**otorgar** ⟨1h⟩ *v/t* award; *favor* grant
**otorrino** *m*, **-a** *f* F, **otorrinolaringólogo** *m*, **-a** *f* MED ear, nose and throat *o* ENT specialist
**otro I** *adj* **1** (*diferente*) another; **~s** other; **ser muy ~** be very different **2** (*adicional*): **~s dos libros** another two books **3** *con el*, *la* other
**II** *pron* **1** (*adicional*) another (one) **2** (*persona distinta*) someone *o* somebody else; **fue ~, no fui yo** it wasn't me, it was someone else **3** (*cosa distinta*) another one, a different one; **~s** others; **entre ~s** among others **4** *siguiente*: **¡hasta otra!** see you soon
**III** *pron recíproco*: **amarse el uno al ~** love one another, love each other
**otrora** *adv* formerly
**ovación** *f* ovation
**ovacionar** ⟨1a⟩ *v/t* cheer, give an ovation to
**oval**, **ovalado** *adj* oval
**óvalo** *m* oval
**ovario** *m* ANAT ovary
**oveja** *f* sheep

◇ **oveja negra** *fig* black sheep
**ovejuno** *adj* sheep *atr*
**overol** *m Méx* overalls *pl*, *Br* dungarees *pl*
**ovetense** *adj* of / from Oviedo, Oviedo *atr*
**oviducto** *m* ANAT oviduct
**ovillar** ⟨1a⟩ *v/t* roll into a ball; **ovillarse** *v/r* curl up (into a ball)
**ovillo** *m* ball; **hacerse un ~** *fig* curl up (into a ball)
**ovino I** *adj* sheep *atr* **II** *m* sheep; **~s** sheep *pl*
**OVNI** *m abr* (= ***objeto volante no identificado***) UFO (= unidentified flying object)
**ovoide** *adj* ovoid
**ovulación** *f* ovulation
**ovular** ⟨1a⟩ *v/i* ovulate
**óvulo** *m* egg
**oxálico** *adj*: **ácido ~** oxalic acid
**oxidable** *adj* oxidizable
**oxidación** *f* oxidation
**oxidado** *adj* rusty
**oxidar** ⟨1a⟩ *v/t* rust; **oxidarse** *v/r* rust, go rusty
**óxido** *m* **1** QUÍM oxide **2** (*herrumbre*) rust
**oxigenado** *adj* oxygenated
**oxigenar** ⟨1a⟩ *v/t* oxygenate
**oxigenarse** ⟨1a⟩ *v/r fig* get some fresh air, get some air in one's lungs
**oxígeno** *m* oxygen
**oxiuro** *m* ZO pinworm, threadworm
**oye** *vb* ☞ **oír**
**oyendo** *vb* ☞ **oír**
**oyente** *m/f* **1** listener **2** EDU auditor, *Br* occasional student
**oyó** *vb* ☞ **oír**
**ozono** *m* ozone; **capa de ~** ozone layer; **agujero en la capa de ~** hole in the ozone layer

# P

**pabellón** *m* **1** *de exposiciones*, *deportes* pavilion **2** *edificio* block **3** MÚS bell **4** MAR flag
◇ **pabellón de la oreja** ANAT outer ear
**pábilo**, **pabilo** *m* wick

**pábulo** *m*: **dar ~ a** *rumores* encourage
**PAC** *f abr* (= ***Política Agraria Común***) CAP (= Common Agricultural Policy)
**pacana** *f* BOT pecan
**pacato** *adj* prudish, prim and proper
**pacer** ⟨2d⟩ *v/t & v/i* graze

**pachanga** f: *ir de* ~ *Méx, Carib, C.Am.* go on a spree F

**pachanguero** *adj Esp*: *música -a* party music

**pacharán** m drink similar to sloe gin

**pachocha** f *L.Am.* slowness

**pachorra** f F slowness

**pachucho** *adj* MED F poorly

**pachulí** m patchouli

**paciencia** f patience; *se me acaba la* ~ I'm running out of patience; ~ *y barajar* fig keep trying

**paciente** m/f & adj patient

**pacificación** f pacification

**pacificador** I *adj* peace atr, pacifying II m, ~a f peace-maker

**pacificar** ⟨1g⟩ v/t pacify; **pacificarse** v/r calm down

**pacífico** I *adj* peaceful; *persona* peaceable; *el océano Pacífico* the Pacific Ocean II m: *el Pacífico* the Pacific

**pacifismo** m pacifism

**pacifista** I *adj* pacifist atr II m/f pacifist

**pack** m COM pack

**paco** m, -a f *L.Am.* F (*policía*) cop F

**pacotilla** f: *de* ~ third-rate, lousy F

**pacotillero** m, -a f *L.Am.* street vendor

**pactar** ⟨1a⟩ I v/t agree; ~ *un acuerdo* reach (an) agreement II v/i reach (an) agreement

**pacto** m agreement, pact; ~ *de no agresión* non-aggression pact

**paddle(-tenis)** m DEP paddle tennis

**padecer** ⟨2d⟩ I v/t suffer II v/i suffer; ~ *de* have trouble with; ~ *del estómago* / *corazón* have stomach / heart trouble

**padecimiento** m suffering

**pádel** m ☞ *paddle(-tenis)*

**padrastro** m 1 *familiar* stepfather 2 *en los dedos* hangnail

**padrazo** m indulgent father

**padre** m father; REL *el Padre Martin* Father Martin; ~*s pl* parents; *de* ~ *y muy señor mío* terrible; *¡qué* ~*!* Méx brilliant!

◇ **padre espiritual** (father) confessor; **padre de familia** father, family man; **padre político** father-in-law; **Padre Santo** Holy Father

**padrenuestro** m Lord's Prayer

**padrillo** m Rpl stallion

**padrino** m 1 *en bautizo* godfather 2 (*en boda*) man who gives away the bride 3

fig: *tener buenos* ~*s* know the right people

**padrón** m register of local inhabitants

**paella** f paella

**paellera** f paella dish

**¡paf!** int wham!, bang!, kapow!

**pág.** *abr* (= *página*) p. (= page)

**paga** f 1 (*jornal*) pay 2 *de niño* allowance, Br pocket money

**pagadero** *adj* payable

**pagado** *adj* paid; ~ *de sí mismo* fig smug, self-satisfied

**pagador** m, ~a f payer

**págalo** m ZO skua

**paganismo** m paganism

**pagano** I *adj* pagan II m, -a f pagan; *ser el* ~ fig pay (*de* for), be the one who suffers

**pagar** ⟨1h⟩ I v/t 1 pay; *¡me las pagarás!* you'll pay for this! 2 *compra, gastos, crimen* pay for 3 *favor* repay II v/i pay; ~ *a escote* F go Dutch F; ~ *a cuenta* pay on account; ~ *al contado* pay in cash

**pagaré** m IOU

**pagel** m ZO pandora, red sea bream

**página** f page

◇ **página web** web page

◇ **páginas amarillas** yellow pages

**paginación** f TIP pagination

**paginar** ⟨1a⟩ v/t TIP paginate

**pago** m 1 COM payment; *en* ~ *de* in payment for *o* of 2 Rpl (*quinta*) piece of land; *por estos* ~*s* F in this neck of the woods F

◇ **pago anticipado** payment in advance; **pago al contado** payment in cash; **pago a cuenta** payment on account; **pago en efectivo** payment in cash; **pago por visión** TV pay per view

**paila** f *L.Am* frypan, Br frying pan

**país** m country; ~ *en vías de desarrollo* developing country; ~ *productor* producer country; ~ *comunitario* EU country; *los Países Bajos* the Netherlands

**paisaje** m landscape

**paisajista** m/f 1 *pintor* landscape artist 2 *jardinero* landscape gardener

**paisajístico** *adj* landscape atr

**paisana** f compatriot, (fellow) countrywoman

**paisano** m 1 compatriot, (fellow) countryman 2: *de* ~ MIL in civilian clothes; *policía* in plain clothes

**paja** *f* straw; *hacerse una o L.Am. la* V jerk off V; *por un quítame allá esas* ~*s* over nothing

**pajar** *m* hayloft

**pájara** *f fig desp mujer* cow *desp*, bitch *desp*

**pajarera** *f* aviary

**pajarería** *f* pet shop

**pajarita** *f* 1 *corbata* bow tie 2 *de papel* paper bird

**pájaro** *m* 1 bird; *matar dos* ~*s de un tiro* kill two birds with one stone; *más vale* ~ *en mano que ciento volando* a bird in the hand is worth two in the bush 2 *fig (granuja)* ugly customer F, nasty piece of work F

◊ **pájaro bobo** penguin; **pájaro carpintero** woodpecker; **pájaro mosca** hummingbird

**pajarraco** *m weird-looking bird*

**paje** *m* page

**pajel** *m* ☞ **pagel**

**pajita** *f* drinking straw, straw

**pajizo** *adj* 1 *pelo* straw-colored, *Br* straw-coloured 2 *techo* thatched

**pajolero** *adj* F damn F

**pajoso** *adj pelo* strawlike

**pajuerano** *m*, -**a** *f Rpl desp* hick

**Pakistán** *m* Pakistan

**pakistaní** *m/f & adj* Pakistani

**pala** *f* 1 AGR spade 2 *raqueta* paddle 3 *para servir* slice 4 *para recoger* dustpan

◊ **pala mecánica** mechanical shovel

**palabra** *f tb fig* word; ~ *por* ~ word for word; *bajo* ~ on parole; *en una* ~ in a word; *en pocas* ~*s* briefly; *tomar la* ~ speak; *de* ~ *acuerdo* verbal; *de pocas* ~*s persona* of few words; *tomar a alguien la* ~ take s.o. at his / her word; *dejar a alguien con la* ~ *en la boca fig* cut s.o. off in mid-sentence; *buenas* ~*s* fine words; *lo de tener un hijo son* ~*s mayores* having a child is a serious business *o* is not something to be undertaken lightly; *con medias* ~*s dijo* ... he hinted that ..., he half said that ...

◊ **palabra compuesta** GRAM compound

◊ **palabra de honor** word of honor, *Br* word of honour

**palabrería** *f*, **palabrerío** *m* talk, hot air

**palabrota** *f* swearword

**palacete** *m* small palace

**palaciego** *adj* palace *atr*

**palacio** *m* palace

◊ **palacio de deportes** sport center, *Br* sports centre; **palacio de justicia** law courts; **palacio real** royal palace

**paladar** *m* 1 palate; *tener un* ~ *fino, tener buen* ~ *fig* have a discerning palate 2 *Cu: small restaurant in a private house*

**paladear** ⟨1a⟩ *v/t* savor, *Br* savour

**paladín** *m* HIST paladin

**paladino** *adj* patently obvious

**palafito** *m* HIST stilt house

**palanca** *f* lever; *tener* ~ *Méx fig* have pull *o* clout

◊ **palanca de cambios** AUTO gear shift, *Br* gear lever

**palangana** *f plastic bowl for washing dishes*, *Br* washing-up bowl

**palanganear** ⟨1a⟩ *v/i S.Am.* show off

**palanquear** ⟨1a⟩ *v/t L.Am.* pull some strings for

**palanqueta** *f* crowbar

**palatal** *adj* palatal

**palatino** *adj* 1 LING palatal 2 *de palacio* palace *atr*

**palco** *m* TEA box

◊ **palco de platea** box level with the stage

**palenque** *m L.Am.* cockpit (*in cock fighting*)

**palentino** *adj* of / from Palencia, Palencia *atr*

**paleocristiano** *adj* paleochristian

**paleolítico** *m* Paleolithic (period)

**paleontología** *f* paleontology

**Palestina** *f* Palestine

**palestino** I *adj* Palestinian II *m*, -**a** *f* Palestinian

**palestra** *f* arena; *salir o saltar a la* ~ *fig* hit the headlines

**palet** *m* TÉC pallet

**paleta** *f* 1 PINT palette 2 TÉC trowel 3 *Méx: polo* popsicle®, *Br* ice lolly

**paletada** *f de tierra* trowelful; *a* ~*s fig* in huge numbers; *los refugiados llegaban a las costas a* ~*s* the refugees were reaching the coasts in huge numbers

**paletilla** *f* GASTR shoulder

**paleto** F I *adj* hick *atr* F, provincial II *m*, -**a** *f* hick F, *Br* yokel F

**paliar** ⟨1b⟩ *v/t problema, efecto dañoso* alleviate; *dolor* relieve

**paliativo** *m/adj* palliative

**palidecer** ⟨2d⟩ v/i turn pale; fig (parecer menos importante) pale
**palidez** f paleness
**pálido** adj pale
**palillero** m toothpick holder
**palillo** m **1** para dientes toothpick **2** para comer chopstick
**palíndromo** m palindrome
**palique** m: **estar de ~** F have a chat
**palisandro** m rosewood
**palito** m Rpl popsicle®, Br ice lolly
**paliza** I f **1** (azotaina) beating **2** (derrota) thrashing F, drubbing F **3** F (pesadez) drag F; **dar la ~ a alguien** F pester s.o. F **II** m/f F drag
**palma** f palm; **dar ~s** clap (one's hands); **batir ~s** clap one's hands; **el modelo diésel se lleva la ~ en cuanto a ventas** when it comes to sales, the diesel model wins hands down; **en cuanto a casos de sida, África se lleva la ~** Africa leads the world in Aids cases; **conocer algo como la ~ de su mano** fig know sth like the back of one's hand
**palmada** f **1** de ánimo, consuelo pat **2** (manotazo) slap
**palmar** I ⟨1a⟩ v/t: **~la** P kick the bucket F **II** m palm grove
**palmarés** m DEP list of winners
**palmario** adj fml clear, obvious
**palmatoria** f candlestick
**palmear** ⟨1a⟩ I v/i clap **II** v/t **1** hombro slap **2** en baloncesto tip in
**palmense** adj of / from Las Palmas (de Gran Canaria), Las Palmas atr
**palmeo** m en baloncesto tip-in
**palmera** f **1** BOT palm tree **2** (dulce) heart-shaped pastry
**palmeral** m palm grove
**palmesano** adj of / from Palma de Majorca, Palma de Majorca atr
**palmeta** f cane
**palmita** f Rpl: heart-shaped pastry
**palmito** m **1** BOT palmetto **2** GASTR palm heart **3** fig F attractiveness
**palmo** m hand's breadth; **~ a ~** inch by inch
**palmotear** ⟨1a⟩ I v/i clap **II** v/t: **~ (las espaldas) a alguien** slap s.o. on the back
**palo** m **1** de madera etc stick; **de tal ~ tal astilla** a chip off the old block F; **dar ~s de ciego** (no saber cómo actuar) grope in the dark; (criticar) lash out wildly **2** MAR mast; **que cada ~ aguante su ve-**

**la** everybody has to stand up and be counted **3** de portería post, upright **4** fig blow **5**: **a medio ~** L.Am. half--drunk; **a ~ seco** whiskey straight up **6** L.Am. **ser un ~** be fantastic **7**: **echarse un ~** Méx V have a screw V
◇ **palo dulce** licorice, Br liquorice; **palo de golf** golf club; **palo mayor** MAR mainmast
**paloma** f pigeon; blanca dove
◇ **paloma de la paz** dove of peace; **paloma mensajera** carrier pigeon; **paloma torcaz** ZO wood pigeon
**palomar** m pigeon loft
**palometa** f ZO pompano
**palomilla** f C.Am., Méx gang
**palomino** m ZO **1** young pigeon, squab **2** L.Am: caballo palomino
**palomita** f **1** Méx checkmark, Br tick **2** en fútbol diving save
◇ **palomitas de maíz** popcorn sg
**palomo** m ZO (cock) pigeon
**palpable** adj fig palpable
**palpación** f MED palpation
**palpar** ⟨1a⟩ v/t con las manos feel, touch; fig: descontento, miedo feel
**palpitación** f palpitation
**palpitante** adj **1** corazón pounding **2** cuestión burning
**palpitar** ⟨1a⟩ v/i **1** del corazón pound **2** Rpl fig have a hunch F, have a feeling
**pálpito** m Rpl feeling, hunch F; **me da el ~ que ...** F I have a feeling o hunch F that ...
**palta** f S.Am. BOT avocado
**palto** m S.Am. jacket
**palúdico** adj terreno marshy; vegetación, fauna marsh atr
**paludismo** m MED malaria
**palurdo** I adj F hick atr F, provincial **II** m, -a f F hick F, Br yokel F
**palustre** I adj de la laguna lake atr; del pantano marsh atr **II** m trowel
**pamela** f picture hat
**pampa** f GEOG pampa, prairie; **la ~ argentina** the Argentinian Pampas pl; **a la ~** Rpl in the open
**pámpano** m (vine) tendril
**pampeano** adj pampas atr, prairie atr
**pampero** I adj ☞ **pampeano II** m cold wind that blows from the pampas
**pamplinas** fpl nonsense sg; **¡no me vengas con ~!** F don't try to soft-soap me! F

**pamplonés, pamplonica** *adj* of / from Pamplona, Pamplona *atr*

**pan** *m* bread; **un ~** a loaf (of bread); **ser ~ comido** F be easy as pie F; **con su ~ se lo coma** that's his / her problem; **está más bueno que el ~** F he's gorgeous F; **es más bueno que el ~** he's a good-natured sort; **llamar al ~, ~ y al vino, vino** call a spade a spade

◇ **pan de azúcar** sugarloaf; **pan de barra** French bread; **pan de caja** *Méx* sliced bread; **pan francés** *L.Am.* French bread; **pan integral** wholemeal bread; **pan lactal** *Arg* sliced bread; **pan de molde** sliced bread; **pan rallado** breadcrumbs *pl*; **pan tostado** toast

**pana** *f* corduroy

**panacea** *f* panacea

**panadería** *f* baker's shop

**panadero** *m*, **-a** *f* baker

**panal** *m* honeycomb

**panamá** *m* panama hat

**Panamá** *m* Panama; **el Canal de ~** the Panama Canal; **Ciudad de ~** Panama city

**panameño I** *adj* Panamanian **II** *m*, **-a** *f* Panamanian

**pancarta** *f* placard

**panceta** *f* belly pork

**pancho I** *adj* F: **quedarse tan ~** act as if nothing had happened **II** *m Rpl* hot dog

**páncreas** *m inv* ANAT pancreas

**panda**[1] *f* ☞ **pandilla**

**panda**[2] *m* ZO panda

**pandemia** *f* MED pandemic

**pandereta** *f* tambourine

**pandero** *m* tambourine

**pandilla** *f de amigos* group; *de delincuentes* gang

**panecillo** *m* (bread) roll

**panecito** *m L.Am.* (bread) roll

**panegírico I** *adj* panegyrical **II** *m* panegyric

**panel** *m tb grupo de personas* panel

◇ **panel solar** solar panel

**panela** *f L.Am.* brown sugar loaf

**panera** *f* bread basket

**pánfilo** *adj* gullible

**pangolín** *m* ZO pangolin

**paniaguada** *f* protégée

**paniaguado** *m* protégé

**pánico** *m* panic; **sembrar el ~** spread panic; **me entró ~** I panicked; **tener ~**

**a alguien** be scared stiff of s.o.

**panificadora** *f* bakery

**panizo** *m* BOT millet

**panocha, panoja** *f* ear

**panoli I** *adj* F dopey F **II** *m/f* F nitwit

**panoplia** *f fig* panoply

**panorama** *m* panorama

**panorámico I** *adj*: **vista -a** panoramic view **II** *f vista* view, panorama; FOT panning shot

**panqueque** *m L.Am.* pancake

**pantagruélico** *adj fig* huge

**pantaleta** *f C.Am., Méx* panties *pl*

**pantalla** *f* **1** TELEC, INFOR screen, monitor; TV, *de cine* screen; **la pequeña ~** *fig* the small screen; **la gran ~** *fig* the big screen; **llevar a la ~** make a movie *o Br* film of **2** *de lámpara* shade **3** *fig* front, cover

◇ **pantalla chica** *L.Am.* small screen; **pantalla de cristal líquido** liquid crystal screen; **pantalla panorámica** wide screen; **pantalla plana** TV flat screen; **pantalla táctil** INFOR touch screen

**pantalón** *m*, **pantalones** *mpl* pants *pl*, *Br* trousers *pl*; **llevar los pantalones** *fig* F wear the pants *o Br* trousers F

**pantanal** *m* marshland

**pantano** *m* **1** *(embalse)* reservoir **2** *(ciénaga)* marsh

**pantanoso** *adj* marshy

**panteísmo** *m* pantheism

**panteón** *m* pantheon

**pantera** *f* ZO panther

**pantimedia** *f Méx* pantyhose *pl*, *Br tb* tights *pl*

**pantomima** *f* pantomime

**pantorrilla** *f* ANAT calf

**pants** *mpl Méx* tracksuit *sg*

**pantufla** *f* slipper

**panty** *m* pantyhose *pl*, *Br* tights *pl*

**panza** *f de persona* belly, paunch

**panzudo** *adj* potbellied, paunchy

**pañal** *m* diaper, *Br* nappy; **estar aún en ~es** *fig*: *persona* be inexperienced, be a novice; *proyecto, plan* be in its infancy

**pañería** *f* dry goods store, drapery

**paño** *m* cloth; **conocer el ~** *fig* F know what's what F, know the score F; **~s calientes** *o* **tibios** *fig* half measures; **en ~s menores** in one's underwear

◇ **paño de cocina** dishtowel

◇ **paño de lágrimas** *fig* shoulder to cry on

**pañol** *m* MAR store
**pañuelo** *m* handkerchief; *el mundo es un ~ fig* F it's a small world
◇ **pañuelo de cabeza** (head)scarf
◇ **pañuelo de cuello** scarf
**Papa** *m* Pope
**papa** *f L.Am.* potato
**papas fritas** *fpl L.Am. de sartén* French fries, *Br* chips; *de bolsa* chips, *Br* crisps
**papá** *m* F pop F, dad F; *~s L.Am.* parents
◇ **Papá Noel** Santa Claus
**papada** *f* double chin
**papado** *m* papacy
**papagayo** *m* ZO parrot
**papal** I *adj* papal II *m L.Am.* potato field
**papalote** *m Méx* kite
**papamoscas** *m* 1 ZO flycatcher 2 *fig* F dope F, dimwit F
**papamóvil** *m* popemobile
**papanatas** *m/f inv* F dope F, dimwit F
**Papanicolau** *m L.Am.* Pap smear, *Br* smear test
**paparruchadas, paparruchas** *fpl* F baloney *sg* F
**papaya** *f* BOT papaya
**papear** ⟨1a⟩ F I *v/t* eat II *v/i* chow down F, eat
**papel** 1 *m* paper; *trozo* piece of paper; *ser ~ mojado fig* not be worth the paper it's written on 2 TEA, *fig* role; *hacer buen / mal ~ fig* prove useful / useless; *perder los ~es* lose control
◇ **papel de aluminio** aluminum foil, *Br* aluminium foil; **papel de calco** carbon paper; **papel carbón** carbon paper; **papel de cartas** notepaper, writing paper; **papel de cocina** kitchen roll; **papel confort** *Chi* toilet paper; **papel continuo** continuous paper; **papel cuché** coated paper; **papel de embalar** wrapping paper; **papel de envolver** wrapping paper; **papel de fumar** cigarette paper; **papel higiénico** toilet paper *o* tissue; **papel moneda** paper money; **papel mural** *Chi* wallpaper; **papel de música, papel pautado** music paper; **papel (de) pergamino** parchment; **papel pintado** wallpaper; **papel de plata** aluminum foil, kitchen foil; **papel principal, papel de protagonista** leading role; **papel de regalo** giftwrap; **papel reciclado** recycled paper; **papel secundario** supporting role;

**papel tapiz** *Méx* coated wallpaper; **papel térmico** thermal paper
**papelada** *f L.Am.* farce
**papeleo** *m* paperwork
**papelera** *f* wastepaper basket
**papelería** *f* stationer's shop
**papelerío** *m L.Am.* muddle, mess
**papelero** I *adj* paper *atr* II *m Rpl* wastepaper basket
**papeleta** *f* 1 *de rifa* raffle ticket 2 *fig (engorro)* chore
◇ **papeleta de voto** ballot paper
**papelina** *f* wrap
**paperas** *fpl* MED mumps
**papilla** *f para bebés* baby food; *para enfermos* puree; *hacer ~ a alguien* F beat s.o. to a pulp F
**papiloma** *m* MED papilloma
**papiroflexia** *f* paper-folding
**papista** *adj*: *ser más ~ que el papa* hold extreme views
**papo** *m* ZO dewlap
**paquete** *m* 1 package, parcel 2 *de cigarrillos* packet 3 *en moto* (pillion) passenger
◇ **paquete accionarial, paquete de acciones** block of shares; **paquete bomba** parcel bomb; **paquete turístico** package tour
**paquetería** *f* parcels office
**paquidermo** *m* ZO pachyderm
**Paquistán** *m* Pakistan
**paquistaní** *m/f & adj* Pakistani
**par** I *f* par; *es bella a la ~ que inteligente* she is beautiful as well as intelligent, she is both beautiful and intelligent; *a la ~* COM at par (value); *sin ~* unequaled, *Br* unequalled, unparalleled II *m* pair; *un ~ de* a pair of; *a ~es* in pairs, two by two; *abierto de ~ en ~* wide open
**para** *prp* 1 for; *~ mí* for me
2 *dirección* toward(s); *ir ~* head for; *va ~ directora* she's going to end up as manager
3 *tiempo* for; *listo ~ mañana* ready for tomorrow; *~ siempre* forever; *diez ~ las ocho L.Am.* ten of eight, ten to eight; *~ Pascua iremos de vacaciones a Lima* we're going to Lima for Easter; *espero que ~ Pascua haya terminado la crisis* I hope the crisis is over by Easter; *¿~ cuándo?* when for?
4 *finalidad*: *lo hace ~ ayudarte* he does

it (in order) to help you; **~ que** so that; **¿~ qué te marchas?** what are you leaving for?; **~ eso no hace falta** it's not necessary just for that
**5** *en comparaciones*: **~ su edad es muy maduro** he's very mature for his age
**6**: **lo heredó todo ~ morir a los 30** he inherited it all, only to die at 30

**parabién** *m*, **parabienes** *mpl* congratulations *pl*

**parábola** *f* **1** MAT parabola **2** REL parable

**parabólico I** *adj* parabolic **II** *f* satellite dish

**parabrisas** *m inv* AUTO windshield, *Br* windscreen

**paracaídas** *m inv* parachute; **lanzarse o saltar en ~** parachute

**paracaidismo** *m* parachuting

**paracaidista** *m/f* **1** DEP parachutist **2** MIL paratrooper

**parachoques** *m inv* AUTO bumper

**parada** *f* **1** stop **2** DEP save, stop
◇ **parada de autobús** bus stop
◇ **parada de taxis** taxi stand, *Br* taxi rank

**paradero** *m* **1** whereabouts *sg*; **está en ~ desconocido** his / her whereabouts are unknown **2** *L.Am.* ☞ **parada 1**

**paradigma** *m* paradigm

**paradigmático** *adj* paradigmatic

**paradisiaco, paradisíaco** *adj* heavenly

**parado I** *adj* **1** unemployed **2** *L.Am.* (*de pie*) standing (up) **3**: **quedarse ~** stand still; **dejar ~ a alguien** *de noticia, sorpresa* stun s.o.; **salir bien / mal ~** come off well / badly; **II** *m*, **-a** *f* unemployed person; **los ~s de larga duración** the long-term unemployed

**paradoja** *f* paradox

**paradójico** *adj* paradoxical

**parador** *m Esp* parador (*state-run luxury hotel*)

**paraestatal** *adj* government agency *atr*

**parafarmacia** *f* drug store (*not authorized to sell prescription medicines*)

**parafernalia** *f* F paraphernalia

**parafina** *f* kerosene, *Br* paraffin

**parafrasear** ⟨1a⟩ *v/t* paraphrase

**paráfrasis** *f inv* paraphrase

**paragolpes** *m inv Rpl* bumper

**parágrafo** *m L.Am.* paragraph

**paraguas** *m inv* umbrella

**Paraguay** *m* Paraguay

**paraguaya** *f* BOT peach

**paraguayo 1** *adj* Paraguayan **2** *m*, **-a** *f* Paraguayan

**paragüero** *m* umbrella stand

**paraíso** *m* paradise
◇ **paraíso fiscal** tax haven

**paraje** *m* place, spot

**paralela** *f* **1** MAT parallel **2** DEP: **~s** *pl* parallel bars
◇ **paralelas asimétricas** asymmetric bars

**paralelismo** *m* parallel; **establecer un ~** draw a parallel

**paralelo** *m/adj* parallel; **no admite ~** there is no parallel *o* comparison

**paralelogramo** *m* parallelogram

**paralímpico** *adj* ☞ **parolímpico**

**parálisis** *f tb fig* paralysis
◇ **parálisis infantil** infantile paralysis

**paralítico I** *adj* paralytic **II** *m*, **-a** *f* person who is paralyzed

**paralización** *f tb fig* paralysis

**paralizar** ⟨1f⟩ *v/t* **1** MED paralyze **2** *actividad* bring to a halt **3** *país, economía* paralyze, bring to a standstill; **paralizarse** *v/r por miedo* be paralyzed (**por** by); *fig: de actividad* be brought to a halt

**parámetro** *m* parameter

**paramilitar** *adj* paramilitary

**páramo** *m* upland moor

**parangón** *m*: **sin ~** incomparable

**parangonar** ⟨1a⟩ *v/t* compare (**con** to, with)

**paraninfo** *m de universidad* auditorium (*used only on very special occasions*)

**paranoia** *f* paranoia

**paranoico I** *adj* MED paranoid **II** *m*, **-a** *f* MED person suffering from paranoia

**paranormal** *adj* paranormal

**parapente** *m artilugio* hang glider; *actividad* hang gliding

**parapentista** *m/f* hang glider

**parapetarse** ⟨1a⟩ *v/r* shelter, hide (**tras** behind)

**parapeto** *m* parapet

**parapléjico I** *adj* MED paraplegic **II** *m*, **-a** *f* paraplegic

**parapsicología** *f* parapsychology

**parar** ⟨1a⟩ *I v/t* **1** (*detener*) stop **2** *L.Am.* (*poner de pie*) stand up
**II** *v/i* **1** stop; **~ de llover** stop raining; **ha estado lloviendo tres horas sin ~** it's

been raining for three hours non-stop **2** *en alojamiento* stay; *no sé dónde para* I don't know where he's staying **3**: *ir a ~* end up; *¿cómo va a ~ todo eso?* where is this all going to end?; *¿dónde quieres ir a ~?* what are you getting at?

**pararse** *v/r* **1** (*detenerse*) stop **2** *L.Am.* (*ponerse de pie*) stand up

**pararrayos** *m inv* lightning rod, *Br* lightning conductor

**parasitario** *adj* parasitic

**parásito** *m* parasite; *~s pl en radio* interference *sg*, atmospherics

**parasol** *m* parasol; *en la playa* (beach) umbrella

**paratiroides** *adj*: *glándula ~* ANAT thyroid (gland)

**parcela** *f* lot, *Br* plot

**parcelar** ⟨1a⟩ *v/t* divide into lots, *Br* divide into plots

**parchar** ⟨1a⟩ *v/t* **1** *L.Am. ropa* patch **2** (*arreglar*) repair

**parche** *m* **1** *para ojo, agujero* patch **2** *fig* (*remedio temporal*) band-aid, patch-up

**parchear** *vb* ☞ **parchar**

**parchís** *m* Parcheesi®

**parcial** *adj* (*partidario*) bias(s)ed

**parco** *adj* moderate, frugal; *es ~ en palabras* he's a man of few words

**pardiez** *int* good heavens!

**pardillo I** *adj* gullible, easily fooled **II** *m* ZO linnet **III** *m, -a f* F *persona* hick

**pardo I** *adj* **1** *color* dun **2** *L.Am. desp* half-breed *desp, Br tb* half-caste *desp* **II** *m* **1** *color* dun **2** *L.Am. desp* half--breed *desp, Br tb* half-caste *desp*

**pardusco** *adj* dun

**parear** ⟨1a⟩ *v/t* match up, put into pairs

**parecer I** *m* opinion, view; *al ~* apparently; *de buen ~* well-dressed; *dar su ~* give one's opinion
**II** ⟨2d⟩ *v/i* seem, look; *me parece que* I think (that), it seems to me that; *me parece bien* it seems fine to me; *¿qué te parece?* what do you think?; *si a usted le parece* if you're agreeable, if it suits you; *parece que va a llover* it looks like rain, it looks like it's going to rain
**parecerse** *v/r* resemble each other; *~ a alguien* resemble s.o., be like s.o.; *ese chico se parece a tu novio* that guy looks like your boyfriend

**parecido I** *adj* similar; *bien ~* good--looking; *no mal ~* not bad-looking **II** *m* similarity; *tener un gran ~* look a lot alike

**pared** *f* wall; *subirse por las -es* hit the roof; *las ~es oyen* walls have ears; *hacer la ~ en fútbol* play a give and go, *Br* play a one-two; *poner a alguien contra la ~ fig* force s.o. into a corner
◇ **pared maestra** supporting wall

**paredón** *m* thick wall; *para ejecuciones* wall

**pareja** *f* **1** (*conjunto de dos*) pair **2** *en una relación* couple; *hacen buena ~* they make a good couple **3** *de una persona* partner **4** *de un objeto* other one

**parejita** *f* F couple; *pero estaba lleno de ~s* but the whole place was full of couples

**parejo** *adj L.Am. suelo* level, even; *andar o correr o ir ~s* be neck and neck; *llegaron ~s* they arrived at the same time

**parental** *adj* BIO parental

**parentela** *f* relatives *pl*, family

**parentesco** *m* relationship

**paréntesis** *m inv* **1** parenthesis; *entre ~ fig* by the way **2** *fig* (*pausa*) break

**pareo** *m* wrap-around skirt

**paria** *m/f* pariah

**parida** *f* P stupid thing to say / do

**paridad** *f* COM parity

**parienta** *f* F wife, old lady F

**pariente** *m/f* relative; *~ cercano* close relative

**parietal** *adj*: (*hueso*) *parietal* ANAT parietal bone

**parihuela(s)** *f(pl)* stretcher *sg*

**paripé** *m*: *hacer el ~* F put on an act F

**parir** ⟨3a⟩ **I** *v/i* give birth **II** *v/t* give birth to; *poner a alguien a ~ fig* F tear s.o. to pieces F

**París** *m* Paris

**parisiense** *m/f & adj* Parisian

**parisino I** *adj* Parisian **II** *m, -a f* Parisian

**paritario** *adj comité* joint

**paritorio** *m* MED delivery room

**parka** *f* parka

**parking** *m* parking lot, *Br* car park

**parlamentar** ⟨1a⟩ *v/i* talk, hold talks

**parlamentario I** *adj* parliamentary **II** *m, -a f* member of parliament

**parlamentarismo** *m* parliamentarianism

**parlamento** *m* parliament

◇ **Parlamento Europeo** European Parliament

**parlanchín I** *adj* chatty **II** *m*, **-ina** *f* chatterbox

**parlante** *m L.Am.* loudspeaker

**parlar** ⟨1a⟩ **I** *v/i* chatter **II** *v/t* reveal, talk about

**parlotear** ⟨1a⟩ *v/i* chatter

**parmesano** *m/adj* Parmesan

**parné** *m* P dough P, *Br* dosh P

**paro** *m* **1** unemployment; **estar en ~** be unemployed; **cobrar el ~** collect unemployment benefits **2** ZO tit(mouse)

◇ **paro cardíaco** MED cardiac arrest; **paro forzoso** lay-off; **paro respiratorio** MED respiratory failure

**parodia** *f* parody

**parodiar** ⟨1b⟩ *v/t* parody

**paralímpico** *adj*: **juegos -s** paralympic games, paralympics

**parón** *m* sudden stop, dead stop

**parótida** *f* ANAT parotid gland

**paroxismo** *m* MED, *fig* paroxysm

**parpadear** ⟨1a⟩ *v/i* **1** *de persona* blink **2** *de luz*, *llama* flicker

**parpadeo** *m* **1** *de persona* blinking **2** *de luz*, *llama* flickering

**párpado** *m* eye lid

**parque** *m* **1** *zona verde* park **2** *para bebé* playpen

◇ **parque acuático** aquatic *o* water park; **parque de atracciones** amusement park; **parque de bomberos** fire station; **parque de diversiones** amusement park; **parque eólico** wind farm; **parque infantil** children's playground; **parque móvil** fleet of official vehicles; **parque nacional** national park; **parque natural** nature reserve; **parque tecnológico** technology park; **parque temático** theme park

**parqué** *m* parquet

◇ **parqué flotante** suspended flooring, floating floor

**parqueadero** *m*, **-a** *f L.Am.* parking lot, *Br* car park

**parquear** ⟨1a⟩ *v/t L.Am.* park

**parquedad** *f* moderation, frugality

**parquet** *m* parquet

**parquímetro** *m* parking meter

**parra** *f* (grape)vine; **subirse a la ~** F (*vanagloriarse*) get bigheaded F; (*enfurecerse*) hit the roof F

**párrafo** *m* paragraph; **echar un ~** *fig* F have a chat F

**parral** *m* **1** (*plantación*) vineyard **2** (*parras*) vine arbor, *Br* vine arbour

**parranda** *f*: **andar** *o* **irse de ~** F go out on the town F

**parricida** *m/f* parricide

**parricidio** *m* parricide

**parrilla** *f* broiler, *Br* grill; **a la ~** broiled, *Br* grilled

◇ **parrilla de salida** *en carreras* starting grid

**parrillada** *f* **1** GASTR *dish consisting of various kinds of broiled meat*, *Br* mixed grill; *L.Am.* barbecue **2** *L.Am.* baca roof rack

**párroco** *m* parish priest

**parroquia** *f* **1** REL parish **2** COM clientele, customers *pl*

**parroquial** *adj* parish *atr*, parochial; **iglesia ~** parish church

**parroquiano** *m*, **-a** *f* parishioner

**parsimonia** *f* calm; **con ~** calmly

**parte I** *m* report; **dar ~ a alguien** inform s.o.; **dar ~** file a report

**II** *f* **1** *trozo* part; **en ~** partly; **en gran ~** largely; **la mayor ~ de** the majority of, most of; **formar ~ de** form part of; **tomar ~ en** take part in; **tener ~ en algo** play a part in sth; **la ~ del león** the lion's share; **ir por ~s** do a job in stages *o* bit by bit; **llevar la mejor / peor ~** be at an advantage / a disadvantage

**2** JUR party; **~s contratantes** contracting parties, parties to the contract

**3** (*lugar*): **alguna ~** somewhere; **en cualquier ~** anywhere; **otra ~** somewhere else; **en** *o* **por todas ~s** everywhere; **en ninguna ~** nowhere; **no llevar** *o* **conducir a ninguna ~** *fig* be going nowhere; **en otra ~** elsewhere

**4**: **de ~ de** on *o* in behalf of

**5**: **por ~ de madre / padre** on one's mother's / father's side; **estar de ~ de alguien** be on s.o.'s side; **ponerse de ~ de alguien** take s.o.'s side; **por una ~ ... por otra ~** on the one hand ... on the other (hand)

**6**: **por otra ~** moreover

**7**: **desde un tiempo a esta ~** up to now, up until now

◇ **parte contraria** JUR opposing party, other side; **parte médico** medical report; **parte meteorológico** weather report

**partera** *f* midwife

**parterre** *m* flowerbed

**partición** *f de bienes* division; *de país* partition

**participación** *f* participation

**participante** *m/f* participant

**participar** ⟨1a⟩ **I** *v/t una noticia* announce **II** *v/i* take part (*en* in), participate (*en* in)

**partícipe** *adj:* ***hacer*** ~ ***de algo a alguien*** (*comunicar*) tell s.o. about sth, inform s.o. of sth; (*compartir*) share sth with s.o.

**participio** *m* GRAM participle

**partícula** *f* particle

**particular I** *adj* **1** *clase, propiedad* private; *asunto* personal **2** (*específico*) particular; ***caso*** ~ particular case; ***en*** ~ in particular **3** (*especial*) peculiar **II** *m* **1** (*persona*) individual **2:** ~***es** pl* particulars **3:** ***sin otro*** ~ ***se despide atentamente*** sincerely yours, *Br* yours faithfully **4:** ***sobre el*** ~ on the subject

**particularidad** *f* peculiarity

**particularizar** ⟨1f⟩ **I** *v/t* **1** (*detallar*) particularize, go into detail about **2** (*distinguir*) distinguish **II** *v/i:* ***no particularices, la responsabilidad fue de todos*** don't point the finger *o* name names, everyone was responsible; **particularizarse** *v/r* stand out, distinguish o.s. (***por*** by)

**particularmente** *adv* particularly, especially

**partida** *f* **1** *en juego* game; ***tenemos la*** ~ ***ganada*** *fig* it's in the bag **2** (*remesa*) consignment **3** *documento* certificate

◇ **partida de bautismo** certificate of baptism; **partida de defunción** death certificate; **partida de nacimiento** birth certificate

**partidario I** *adj:* ***ser*** ~ ***de*** be in favor of, *Br* be in favour of **II** *m*, **-a** *f* supporter

**partidismo** *m* partisanship

**partidista** *adj* party *atr*, partisan

**partido** *m* **1** POL party **2** DEP game; ~ ***en casa*** home game **3:** ***sacar*** ~ ***de*** take advantage of; ***tomar*** ~ take sides

◇ **partido amistoso** friendly; **partido benéfico** benefit game; **partido centrista** center party, party of the center; **partido de consolación** consolation final; **partido ecologista** POL green party; **partido de homenaje** testimonial; **partido de ida** DEP first leg; **partido judicial** *area under the jurisdiction of a court of first instance*; **partido laborista** Labor *o Br* Labour party; **partido de vuelta** DEP second leg

**partir** ⟨3a⟩ **I** *v/t* **1** (*dividir, repartir*) split **2** (*romper*) break open, split open **3** (*cortar*) cut **II** *v/i* (*irse*) leave; ~ ***de*** *fig* start from; ***a*** ~ ***de hoy*** (starting) from today; ***a*** ~ ***de ahora*** from now on; **partirse** *v/r* (*romperse*) break; ~ ***la cabeza*** split one's head open; ~ ***de risa*** F split one's sides laughing F

**partisano** *m*, **-a** *f* partisan

**partitura** *f* MÚS score

**parto** *m* **1** birth; ***sala de*** ~**s** delivery room; ***estar de*** ~ be in labor *o Br* labour **2** *fig: de artículo, libro* creation

**parturienta** *f en parto* woman in labor *o Br* labour; ***que ya parió*** woman who has just given birth

**parva** *f* AGR heap of grain

**parvulario** *m* kindergarten

**párvulo** *m* (young) child

**pasa** *f* raisin

◇ **pasa de Corinto** currant
◇ **pasa de Esmirna** sultana

**pasable** *adj* passable

**pasada** *f* **1** *con trapo* wipe; ***dar una*** ~ ***a algo*** (*retocar, repasar*) put the finishing touches to sth, go over sth again **2** *de pintura* coat **3:** ***jugar una mala*** ~ ***a alguien*** play a dirty trick on s.o. **4** F: ***¡qué*** ~***!*** that's incredible! F; ***este coche es una*** ~ this car is so cool! F, this car is something else! F **5:** ***de*** ~ in passing

**pasadizo** *m* passage

**pasado I** *adj tiempo* last; ***el lunes*** ~ last Monday; ~ ***de moda*** old-fashioned **II** *m* past

**pasador** *m* **1** *para el pelo* barrette, *Br* (hair) slide **2** (*pestillo*) bolt **3** GASTR strainer

**pasaje** *m* **1** (*billete*) ticket **2** MÚS *de texto* passage

**pasajero I** *adj situación* temporary; *relación* brief **II** *m*, **-a** *f* passenger

**pasamano(s)** *m(inv)* handrail

**pasamontañas** *m inv* balaclava (helmet)

**pasante** *m/f* trainee

**pasaporte** *m* passport; ***dar*** ~ ***a alguien*** *fig* sack s.o. F, fire s.o. F

**pasapurés** *m inv* food mill

**pasar** ⟨1a⟩ **I** *v/t* **1** pass; **~ *la mano por*** run one's hand through
**2** *el tiempo* spend; *para* **~** *el tiempo* (in order) to pass the time; **~*lo bien*** have a good time; **¡*que lo pases bien!*, ¡*a pasarlo bien!*** enjoy yourself!, have fun *o* a good time!
**3** *un lugar* pass, go past; *frontera* cross
**4** *problemas, dificultades* experience
**5** AUTO (*adelantar*) pass, *Br* overtake
**6** *una película* show
**7** TELEC: *le paso al Sr. Galvez* I'll put you through to Mr. Galvez
**8: ~ *algo a máquina*** type sth
**II** *v/i* **1** (*suceder*) happen; **¿*qué ha pasado?*** what's happened?; **¿*qué pasa?*** what's happening?, what's going on?; **¿*qué te pasa?*** what's the matter?; *pase lo que pase* whatever happens, come what may; *ya ha pasado lo peor* the worst is over; *en el viaje nos pasó de todo* F just about everything happened on that trip, it was a very eventful trip
**2** *en juegos* pass
**3:** *¡pasa!, ¡pase usted!* come in!; *pasé a visitarla* I dropped by to see her; **~ *por*** go by; *pasa por aquí* come this way; *pasé por la tienda* I stopped off at the shop; *pasaré por tu casa* I'll drop by your house
**4:** *dejar* **~** *oportunidad* miss
**5** F: **~ *de alguien*** not want anything to do with s.o.; *paso de ir al gimnasio* I can't be bothered to go to the gym
**6: ~ *de los 60 años*** be over 60 (years old); **~ *de moda*** go out of fashion; *hacerse* **~** *por* pass o.s. off as; *poder* **~** *sin algo* be able to get by *o* to manage without sth; *puede* **~** it's OK, it'll do
**pasarse** *v/r* **1** *tb fig* go too far **2** *del tiempo* pass, go by **3** *tiempo* spend **4** *de molestia, dolor* go (away); **~ *al enemigo*** go over to the enemy; *se me pasó* it slipped my mind, I forgot; *se le pasó llamar* he forgot to call
**pasarela** *f* **1** *de modelos* runway, *Br* catwalk **2** MAR gangway, gangplank
◇ **pasarela telescópica** AVIA jetty
**pasatiempo** *m* pastime
**Pascua** *f* Easter; **~*s*** (*Navidad*) Christmas *sg*; *¡felices* **~*s!*** Merry Christmas!; *de* **~*s a Ramos*** once in a blue moon; *estar como unas* **~*s*** F be over the

moon F, be ecstatic F; *hacer la* **~** *a alguien* F (*molestar*) bother s.o., bug s.o. F; (*perjudicar*) wreck s.o.'s plans; *¡y santas* **~*s!*** F and that's that!
◇ **Pascua florida, Pascua de Resurrección** Easter
**pascual** *adj* Easter *atr*, paschal
**pase** *m* **1** *tb* DEP, TAUR pass **2** *en el cine* showing
◇ **pase de modelos** fashion show
**paseante** *m/f* stroller, walker
**pasear** ⟨1a⟩ **I** *v/t* **1** *perro* take for a walk, walk **2** (*exhibir*) show off **II** *v/i* walk; *pasearse* *v/r* walk
**paseíllo** *m* TAUR *parade at the beginning of a bullfight*
**paseo** *m* walk; *dar un* **~** go for a walk; *mandar a alguien a* **~** *fig* F tell s.o. to get lost F
◇ **paseo marítimo** seafront
**pasillo** *m* **1** *en vivienda, hospital* corridor **2** *en avión, cine* aisle
◇ **pasillo aéreo** air corridor
◇ **pasillo rodante** AVIA moving walkway
**pasión** *f* passion
**pasional** *adj* passionate; *crimen* **~** crime of passion, crime passionel
**pasionaria** *f* BOT passionflower
**pasividad** *f* passivity
**pasivo I** *adj* passive; *voz -a* GRAM passive voice **II** *m* **1** COM liabilities *pl* **2** GRAM passive (voice)
**pasma** *f* P cops *pl* F
**pasmado** *adj* **1** (*aturdido*) stunned **2** (*quieto*) still
**pasmar** ⟨1a⟩ *v/t* **1** (*asombrar*) amaze, astonish **2** (*dar frío a*) freeze; *pasmarse* *v/r* **1** be amazed, be astonished **2:** **~** *de frío* freeze
**pasmarote** *m* F half-wit
**pasmoso** *adj* amazing, astonishing
**paso**[1] *m* **1** step; **~** *a* **~** step by step; *a cada* **~** at every step; *a dos* **~*s de*** *fig* a stone's throw (away) from; *volver sobre sus* **~*s*** retrace one's steps; *dar un mal* **~** *o un* **~** *en falso* make a false move; *seguir los* **~*s a alguien*** follow s.o., dog s.o.'s footsteps; *seguir los* **~*s de alguien*** follow in s.o.'s footsteps; **~*s*** *pl en baloncesto* traveling *sg*, *Br* travelling *sg*; *hacer* **~*s en baloncesto*** travel
**2** (*manera de andar*) walk

**3** (*ritmo*) pace, rate; *a este* ~ *fig* at this rate; *al* ~ *que vamos* at the rate we're going; *a* ~ *ligero* at the double; *llevar el* ~ MIL keep in step; *marcar el* ~ MIL mark time
**4** *de agua* flow; *de tráfico* movement; *cerrar el* ~ *de la calle* block off *o* close the street; *prohibido el* ~ no entry; *ceda el* ~ yield, *Br* give way; *observaba el* ~ *del agua / de la gente* he watched the water flow past / the world go by
**5** (*cruce*) crossing
**6** *de tiempo* passing
**7** (*huella*) footprint
**8** (*camino*): *de* ~ on the way; *estar de* ~ be passing through; *dicho sea de* ~ and incidentally; *¡~!* make way!, let me through!; *abrirse* ~ push one's way through; *fig* carve out a path for o.s.; *salir al* ~ *de alguien* waylay s.o.; *salir del* ~ get out of a tight spot
◇ *paso elevado* overpass, *Br* flyover; *paso a nivel* grade crossing, *Br* level crossing; *paso de peatones* crosswalk, *Br* pedestrian crossing; *paso subterráneo* underpass, *Br* subway
**paso**[2] *m* REL *float in Holy Week procession*
**pasodoble** *m* paso doble
**pasota** F I *adj actitud, comportamiento* couldn't-care-less; *estás muy* ~ *últimamente* you couldn't care less about anything lately II *m/f*: *es un* ~ he couldn't care less about anything
**pasta** *f* **1** *sustancia* paste **2** GASTR pasta **3** P (*dinero*) dough P, *Br* dosh P; *una* ~ (*gansa*) F a fortune; *soltar la* ~ P cough up F, hand over the cash; *de buena* ~ good-natured; *son de la misma* ~ *fig* they're two of a kind
◇ *pasta de dientes* toothpaste; *pasta quebrada* short pastry; *pastas de té* *type of cookie o Br biscuit*
**pastar** ⟨1a⟩ *v/i* graze
**paste(u)rización** *f* pasteurization
**paste(u)rizar** ⟨1f⟩ *v/t* pasteurize
**pastel** *m* **1** GASTR cake **2** *pintura, color* pastel **3**: *descubrirse el* ~ F come to light
**pastelería** *f* cake shop
**pastelero** *m*, **-a** *f* pastry cook
**pastelista** *m/f* PINT pastel painter
**pastiche** *m* pastiche
**pastilla** *f* **1** *medicina* tablet **2** *de jabón*

bar **3**: *a toda* ~ F at top speed F, flat out F
**pastillero** *m* pillbox
**pastizal** *m* pastureland
**pasto** *m* (*dehesa*) pasture; *a todo* ~ F for all one is worth F; *el edificio fue* ~ *de las llamas* the building was engulfed by flames; *fueron* ~ *de las murmuraciones* they were the subject of rumors; *dar* ~ *a fig* (*fomentar*) encourage
**pastón** *m* F fortune; *gastarse un* ~ spend a fortune
**pastor** I *adj*: *perro* ~ sheepdog II *m* **1** *de ovejas* shepherd **2** REL pastor
◇ *pastor alemán* German shepherd
**pastoral** *f/adj* pastoral
**pastorear** ⟨1a⟩ I *v/i de ganado* pasture, graze II *v/t* (*cuidar, atender*) tend
**pastoreo** *m* pasturage
**pastoril** *adj* pastoral
**pastoso** *adj* **1** *masa* doughy **2** *lengua* furry **3** *voz* rich
**pata**[1] *m/f Pe* F pal F, buddy F
**pata**[2] *f* leg; *a cuatro* ~*s* on all fours; *ir a la* ~ *coja* hop; *meter la* ~ F put one's foot in it F; *tener mala* ~ F be unlucky; ~*s arriba* upside down, in a mess; *a la* ~ *la llana* F *comportarse* naturally, in a down-to-earth way
◇ *pata de gallo* houndstooth (check); *pata de palo* wooden leg; *patas de gallo* crow's feet
**patada** *f* kick; *dar una* ~ kick; *dar la* ~ *a alguien fig* kick s.o. out; *echar a alguien a* ~*s fig* kick s.o. out; *tratar a alguien a* ~*s* treat s.o. like dirt
**Patagonia** *f* Patagonia
**patagónico** *adj* Patagonian
**patalear** ⟨1a⟩ *v/i* stamp one's feet; *fig* kick and scream
**pataleo** *m* stamping; *derecho al* ~ right to complain
**pataleta** *f* F tantrum
**patán** *desp* I *adj* loutish II *m* lout
**patata** *f* potato; *no saber ni* ~ *fig* F know nothing at all
◇ *patata caliente fig* F hot potato F
◇ *patatas fritas de sartén* French fries, *Br* chips; *de bolsa* chips, *Br* crisps
**patatús** *m*: *le dio un* ~ F he had a fit F
**paté** *m* paté
**patear** ⟨1a⟩ I *v/t* **1** *L.Am. de animal* kick **2** (*recorrer*) go all over, walk all around II *v/i L.Am. de animal* kick

**patena** f paten; *limpio como una* ~ *fig* spick-and-span

**patentar** ⟨1a⟩ *v/t* patent

**patente I** *adj* clear, obvious **II** f **1** patent; *oficina de* ~*s* patent office **2** *L.Am.* AUTO license plate, *Br* numberplate ◇ **patente de corso** *fig* free hand, carte blanche

**patera** f small boat

**paternal** *adj* paternal, fatherly

**paternalismo** *m* paternalism

**paternidad** f paternity, fatherhood; *prueba de* ~ paternity test

**paterno** *adj* paternal

**patético** *adj* pitiful

**patetismo** *m* pathos *sg*

**patíbulo** *m* scaffold

**paticojo** *m*, -a f F gimp F, cripple

**patidifuso** *adj* F staggered F, flabbergasted F

**patilla** f *de gafas* arm; ~*s pl barba* sideburns

**patín** *m* **1** skate **2** *Méx*: *a* ~ on foot; *fuimos a* ~ we walked ◇ **patín de ruedas** roller skate; **patín (de ruedas) en línea** rollerblade®, inline skate; **patín a vela** catamaran

**pátina** f patina

**patinador** *m*, ~*a* f skater

**patinaje** *m* skating ◇ **patinaje artístico** figure skating; **patinaje sobre hielo** ice-skating; **patinaje sobre ruedas** roller-skating

**patinar** ⟨1a⟩ *v/i* **1** skate; ~ *sobre hielo* (ice)skate; ~ *sobre ruedas* (roller-) skate **2** AUTO skid **3** *fig* (*equivocarse*) slip up

**patinazo** *m* **1** AUTO skid; *dar un* ~ skid **2** *fig* F (*equivocación*) slip-up

**patinete** *m* scooter

**patio** *m* courtyard, patio ◇ **patio de butacas** TEA orchestra, *Br* stalls *pl*; **patio de luces** (light) well; **patio de recreo** schoolyard, *Br* playground; **patio trasero** back yard

**patita** f: *poner a alguien de* ~*s en la calle* F kick s.o. out F

**patitieso** *adj fig* F **1** *por el frío* frozen stiff **2** *por sorpresa* staggered F, flabbergasted F

**patituerto** *adj* bowlegged

**patizambo** *adj* knock-kneed

**pato** *m* ZO duck; *pagar el* ~ F take the rap F, *Br* carry the can F

**patochada** f piece of nonsense; ~*s pl* nonsense *sg*

**patógeno I** *adj* pathogenic **II** *m* pathogen

**patojo** *m* *C.Am.* squat

**patología** f pathology

**patológico** *adj* pathological

**patólogo** *m*, -a f pathologist

**patoso** *adj* clumsy

**patraña** f tall story

**patria** f homeland ◇ **patria chica** home town

**patriarca** *m* patriarch

**patriarcado** *m* patriarchy

**patriarcal** *adj* patriarchal

**patricio I** *adj* patrician **II** *m*, -a f patrician

**patrimonial** *adj* hereditary

**patrimonio** *m* heritage ◇ **patrimonio artístico** artistic heritage; **patrimonio cultural** cultural heritage; **patrimonio de la humanidad** world heritage

**patrio** *adj*: *amor* ~ love of one's country; *lengua* -*a* native tongue

**patriota I** *adj* patriotic **II** *m/f* patriot

**patriotería** f jingoism, chauvinism

**patriotero I** *adj* jingoistic, chauvinistic **II** *m*, -a f jingoist, chauvinist

**patriótico** *adj* patriotic

**patriotismo** *m* patriotism

**patrocinador** *m*, ~*a* f sponsor

**patrocinar** ⟨1a⟩ *v/t* **1** sponsor **2** *Méx* JUR defend

**patrocinio** *m* **1** sponsorship **2** *Méx* JUR defense, *Br* defence

**patrón** *m* **1** (*jefe*) boss; MAR skipper **2** REL patron saint **3** *para costura* pattern **4** (*modelo*) standard; *cortado por el mismo* ~ *fig* cast in the same mold *o Br* mould ◇ **patrón oro** gold standard

**patrona** f **1** (*jefa*) boss **2** REL patron saint

**patronaje** *m* pattern-making

**patronal I** *adj* **1** employers *atr* **2**: *fiesta* ~ patron saint's day **II** *m* employers *pl*

**patronato** *m* *de fundación benéfica* trustees *pl*; *de organización* board

**patronista** *m/f* pattern-maker

**patrono** *m* **1** COM employer **2** REL patron saint

**patrulla** f **1** patrol; *estar de* ~ be on patrol **2** *Méx* patrol car

**patrullar** ⟨1a⟩ *v/t* patrol

**patrullero I** *m barco* patrol boat; *Ecuad, Rpl: coche* patrol car **II** *m*, -a *f* patrolman; *mujer* patrolwoman

**patucos** *mpl* bootees

**paulatino** *adj* gradual

**paupérrimo** *adj* poverty-stricken, impoverished

**pausa** *f* **1** *en conversación* pause; *en actividad* break **2** MÚS rest
◇ **pausa publicitaria** commercial break

**pausado** *adj* slow, deliberate

**pauta** *f* guideline; *marcar la ~* set the guidelines

**pautar** ⟨1a⟩ *v/t* set down guidelines for

**pava** *f* **1** *animal* (hen) turkey **2** F (*colilla*) cigarette butt, *Br* dog end F **3**: *pelar la ~* F whisper sweet nothings
◇ **pava real** peahen

**pavada** *f* F silly thing

**pavimentar** ⟨1a⟩ *v/t* surface

**pavimento** *m* pavement, *Br* road surface

**pavisoso** *adj* dull

**pavo I** *adj L.Am.* stupid **II** *m* ZO turkey; *se le subió el ~* *fig* F she blushed
◇ **pavo real** peacock

**pavón** *m mariposa* peacock butterfly; *ave* peacock

**pavonearse** ⟨1a⟩ *v/r* boast (*de* about)

**pavor** *m* terror; *me da ~* it terrifies me

**pavoroso** *adj* terrifying

**pay** *m Méx* pie

**payada** *f Rpl* improvised ballad

**payador** *m Rpl* gaucho singer

**payasadas** *fpl* antics; *hacer ~* fool *o* clown around

**payasear** ⟨1a⟩ *v/i L.Am.* clown around

**payaso** *m*, -a *f* clown

**payo** *m*, -a *f* non-gypsy, Gorgio

**paz** *f* peace; *amante de la ~* peace-loving; *dejar en ~* leave alone; *hacer las paces* make it up, make things up; *quedar en ~* F be quits; *¡y en ~!* F and that's all!

**pazguato I** *adj* dopey F, dumb F **II** *m*, -a *f* dope F, dummy F

**PBI** *m abr Rpl* (= *producto bruto interno*) GDP (= Gross Domestic Product)

**PBN** *m abr L.Am.* (= *producto bruto nacional*) GNP (= Gross National Product)

**PC** *m abr* (= *Partido Comunista*) CP (= Communist Party)

**P.D.** *abr* (= *posdata*) PS (= postscript)

**pe:** *de ~ a pa* F from start to finish

**peaje** *m dinero, lugar* toll

**peatón** *m* pedestrian

**peatonal** *adj* pedestrian *atr*

**pebete** *m*, -a *f Rpl* F kid F

**peca** *f* freckle

**pecado** *m* sin
◇ **pecado capital** deadly sin; *los siete pecados capitales* the seven deadly sins; **pecado mortal** mortal sin; **pecado original** original sin

**pecador** *m*, ~a *f* sinner

**pecaminoso** *adj* sinful

**pecar** ⟨1g⟩ *v/i* sin; *~ de ingenuo / generoso* be very naive / generous

**pécari** *m*, **pecarí** *m* ZO peccary

**pecera** *f* fish tank, aquarium

**pecho** *m* **1** (*caja torácica*) chest **2** (*mama*) breast; *dar el ~* breastfeed; *de ~s planos* flat-chested; *tomar algo a ~* take sth to heart; *a ~ descubierto luchar* bare-handed; *hablar* openly, frankly; *echarse o meterse entre ~ y espalda* F *comida* put away F; *bebida* knock back F; *sacar ~* stick one's chest out; *fig* stick one's neck out; *partirse el ~ fig* knock o.s. out **3** *L.Am.* DEP breaststroke

**pechuga** *f* **1** GASTR breast **2** *L.Am. fig* (*caradura*) nerve F

**pechugona** *adj* busty F

**peciolo**, **pecíolo** *m* BOT petiole

**pécora** *f*: *mala ~* F bitch F

**pecoso** *adj* freckled

**pectina** *f* QUÍM pectin

**pectoral** *m/adj* ANAT pectoral

**peculiar** *adj* **1** (*singular*) peculiar, odd **2** (*característico*) typical

**peculiaridad** *f* (*característica*) peculiarity

**pecuniario** *adj fml* pecuniary *fml*

**pedagogía** *f* education

**pedagógico** *adj* educational

**pedagogo** *m*, -a *f* teacher

**pedal** *m* pedal
◇ **pedal de freno** brake pedal
◇ **pedal del acelerador** gas pedal, accelerator pedal

**pedalear** ⟨1a⟩ *v/i* pedal

**pedaleo** *m* pedaling, *Br* pedalling

**pedante I** *adj* **1** (*perfeccionista*) pedantic **2** (*presuntuoso*) pretentious **II** *m/f* **1** (*perfeccionista*) pedant **2** (*presuntuoso*) pretentious individual

**pedantería** *f* **1** (*perfeccionismo*) pedantry **2** (*presunción*) pretentiousness

**pedazo** *m* piece, bit; **~ de bruto** F blockhead F; **ser un ~ de pan** be really nice; **hacer ~s** F smash to bits F; **caerse a ~s** fall to pieces; **hecho ~s** F shattered F

**pederasta** *m* pederast

**pederastia** *f* pederasty

**pedernal** *m* flint

**pedestal** *m* pedestal; **poner / tener a alguien en / sobre un ~** *fig* put / have s.o. on a pedestal

**pedestre** *adj* pedestrian; **carrera ~** footrace

**pediatra** *m/f* pediatrician, *Br tb* paediatrician

**pediatría** *f* pediatrics *sg*, *Br tb* paediatrics *sg*

**pedicura** *f* pedicure

**pedicuro** *m*, **-a** *f* podiatrist, *Br* chiropodist

**pedido** *m* order; **a ~ de** *L.Am.* at the request of; **hacer un ~** place an order

**pedigrí** *m* pedigree

**pedigüeño** *m*, **-a** *f* person who is always asking to borrow things, moocher F

**pedir** ⟨3l⟩ **I** *v/t* **1** ask for; **~ algo a alguien** ask s.o. for sth; **me pidió que no fuera** he asked me not to go; **te lo pido** I beg you **2** (*necesitar*) need **3** *en bar, restaurante* order **II** *v/i* **1** (*mendigar*) beg **2** *en bar, restaurante* order

**pedo I** *adj* drunk **II** *m* F fart F; **tirarse** *o* **echar un ~** F fart F; **agarrarse un ~** F get plastered F

**pedorreta** *f* F Bronx cheer F, *Br* raspberry F

**pedrada** *f* blow with a stone; **me dio una ~ en la cabeza** he hit me over the head with a stone

**pedregal** *m* stony ground

**pedregoso** *adj* stony

**pedrera** *f* quarry

**pedrería** *f* precious stones *pl*

**pedrero** *m* stonecutter

**pedrisco** *m* hail

**Pedro** *m*: **como ~ por su casa** *fig* F as if he / she owned the place

**pedrusco** *m* rough stone

**pedúnculo** *m* BOT, ANAT peduncle

**peerse** ⟨2e⟩ *v/r* F fart F

**pega** *f* F snag F, hitch F; **poner ~s** raise objections; **de ~** fake, bogus

**pegadizo** *adj* catchy

**pegado** *adj* (*adherido*) stuck (**a** to); **estar ~ a** (*cerca de*) be right up against; **estar ~ a alguien** *fig* follow s.o. around, be s.o.'s shadow

**pegajoso** *adj* **1** (*pringoso*) sticky **2** *fig*: *persona* clingy

**pegamento** *m* glue

**pegar** ⟨1h⟩ **I** *v/t* **1** (*golpear*) hit **2** (*adherir*) stick, glue **3** *bofetada, susto, resfriado* give; **~ un grito** shout, give a shout; **no me pega la gana** *Méx* I don't feel like it **II** *v/i* **1** (*golpear*) hit **2** (*adherir*) stick **3** *del sol* beat down **4** (*armonizar*) go (together); **pegarse** *v/r* **1** *resfriado* catch **2** *acento* pick up **3** *susto* give o.s.; **~ un golpe / un tiro** hit / shoot o.s. **4**: **~ a alguien** *fig* stick to s.o.; **pegársela a alguien** F con s.o. F

**pegatina** *f* sticker

**pego** *m* F: **dar el ~** look the part, look real

**pegote** *m* F (*cosa fea*) eyesore

**peinado I** *adj*: **bien ~** well-groomed; **va muy mal ~** his hair is a mess **II** *m* hairstyle

**peinador** *m*, **~a** *f L.Am.* hairdresser

**peinar** ⟨1a⟩ *v/t tb fig* comb; **~ a alguien** comb s.o.'s hair; **peinarse** *v/r* comb one's hair

**peine** *m* comb; **¡te vas a enterar de lo que vale un ~!** F you're going to find out what's what!

**peineta** *f* ornamental comb

**p. ej.** *abr* (= *por ejemplo*) e.g. (= exempli gratia, for example)

**pékari** *m S.Am.* ☞ **pécari**

**Pekín** *m* Peking; *China actual* Beijing

**pela** *f* F peseta

**peladero** *m L.Am.* vacant lot

**peladilla** *f* sugared almond

**pelado** *adj* **1** peeled; *fig* bare; F (*sin dinero*) broke F **2** *Méx* F *grosero* rude

**peladura** *f* acción peeling; **~s** *pl* peelings, peel *sg*

**pelagatos** *m inv* F nobody

**pelaje** *m* **1** ZO coat **2** *fig* (*aspecto*) look, appearance

**pelambre** *m*, **pelambrera** *f* F mop of hair

**pelandusca** *f* F whore F

**pelapapas** *m inv L.Am.* potato peeler

**pelapatatas** *m inv* potato peeler

**pelar** ⟨1a⟩ *v/t manzana, patata etc* peel;

*hace un frío que pela* F it's freezing;
**pelarse** *v/r* 1 (*cortarse el pelo*) have a haircut 2 *Rpl* F (*chismear*) gossip
**pelazón** *f C.Am.* backbiting
**peldaño** *m* step
**pelea** *f* fight
**pelear** ⟨1a⟩ *v/i* fight; **pelearse** *v/r* 1 *con fuerza física* fight 2 (*discutir*) argue, fight
**pelele** *m* puppet
**peleón** *adj* argumentative; *vino ~* F jug wine, *Br* plonk F
**peletería** *f* furrier's
**peli** *f* F movie, film
**peliagudo** *adj* tricky
**pelícano** *m* ZO pelican
**película** *f* 1 movie, film; *de ~* F awesome F, fantastic F 2 FOT film
◇ **película de acción** action movie; **película en blanco y negro** black-and-white movie; **película muda** silent movie; **película del Oeste** Western; **película sonora** talkie; **película de terror** horror movie
**peliculón** *m* F fantastic movie
**peligrar** ⟨1a⟩ *v/i* be at risk; *hacer ~ algo* put sth at risk
**peligro** *m* danger; *correr ~* be in danger; *poner en ~* endanger, put at risk; *su vida no corre ~* his life is not at risk; *fuera de ~* out of danger; *sin ~* without risk
◇ **peligro de incendio** fire hazard
◇ **peligro de muerte** danger
**peligroso** *adj* dangerous
**pelilargo** *adj* long-haired
**pelillo** *m*: *¡~s a la mar* fig F let's bury the hatchet
**pelín** : *un ~* F a (little) bit; *por un ~* F just
**pelirrojo** *adj* red-haired, red-headed
**pellejo** *m de animal* skin, hide; *salvar el ~* fig F save one's (own) skin F; *arriesgarse* o *jugarse el ~* F risk one's neck F; *estar en el ~ de alguien* F be in s.o.'s shoes; *dejarse el ~ en algo* fig slog one's guts out on sth; *no caber en su ~* F be bursting with joy
**pellizcar** ⟨1g⟩ *v/t* pinch
**pellizco** *m* pinch; *un buen ~* F a tidy sum F
**pelma** I *adj* annoying II *m/f* pain F
**pelmazo** I *adj* annoying II *m*, -a *f* F pain F
**pelo** *m* 1 *de persona, de perro* hair; *tiene el ~ muy largo* he has very long hair;

*por los ~s* F by a hair's-breadth, by a whisker F; *por un ~* just, barely; *los ~s se me ponen de punta* fig F my hair stands on end; *tirarse de los ~s* fig F tear one's hair out; *traído por los ~s* fig F far-fetched; *soltarse el ~* fig F let one's hair down F 2 *de animal* fur; *a ~* F (*sin preparación*) unprepared; *montar a ~* ride bareback; *tomar el ~ a alguien* F pull s.o.'s leg F; *con ~s y señales* in minute detail; *hombre de ~ en pecho* real man; (*ni*) *un ~* not at all; *no cortarse* (*ni*) *un ~* not be shy; *no tiene un ~ de tonto* fig F there are no flies on him F, he's no fool; *no tener ~s en la lengua* fig F not mince one's words F
**pelón** *adj Méx* F tough
**pelota** I *f* 1 ball; *~s* F nuts F, balls F; *en ~s* P stark naked; *dejar a alguien en ~s* F clean s.o. out F; *hacer la ~ a alguien* suck up to s.o. F; *devolver la ~* fig give as good as one gets; *la ~ está* o *queda en el tejado* fig the whole thing is up in the air 2 *L.Am.* DEP baseball II *m/f* F creep F
◇ **pelota vasca** jai alai, pelota
**pelotari** *m/f* jai alai player, pelota player
**pelotazo** *m*: *rompió el cristal de un ~* he smashed the window with a ball; *darle a alguien un ~* hit s.o. with a ball; *pegar el ~* fig make a quick buck F
**pelotera** *f* F row F, argument
**pelotero** *m*, -a *f L.Am.* (base)ball player
**pelotilla** *f*: *hacer la ~ a alguien* suck up to s.o. F
**pelotillero** I *adj* crawling, toadying II *m*, -a *f* crawler F, toady
**pelotón** *m* 1 MIL squad 2 DEP bunch, pack
◇ **pelotón de ejecución** firing squad
**peluca** *f* wig
**peluche** *m* soft toy; *oso de ~* teddy bear
**peludo** *adj persona* hairy; *animal* furry
**peluquearse** ⟨1a⟩ *v/r L.Am.* get one's hair cut
**peluquería** *f* hairdresser's
**peluquería de caballeros** barber's, gentlemen's hairdresser's; **peluquería canina** canine hairdresser's; **peluquería de señoras** ladies' hairdresser's
**peluquero** *m*, -a *f* hairdresser
**peluquín** *m* toupee, hairpiece
**pelusa** *f* fluff

**pelviano, pélvico** adj ANAT pelvic
**pelvis** f inv ANAT pelvis
**pena** f 1 (tristeza) sadness, sorrow; **da ~** it's sad
2 (congoja) grief, distress
3 (lástima) pity; **es una ~** it's a shame o pity; **¡qué ~!** what a shame o pity!
4 L.Am. (vergüenza) embarrassment; **me da ~** I'm embarrassed
5 JUR sentence
6: **no vale** o **no merece la ~** it's not worth it; **a duras ~s** with great difficulty; **so ~ de** on pain of; **con más ~ que gloria** ingloriously; **sin ~ ni gloria** almost unnoticed
◇ **pena capital** death penalty, capital punishment; **pena máxima** DEP penalty; **pena de muerte** death penalty; **pena privativa de libertad** custodial sentence
**penal I** adj penal; **derecho ~** criminal law **II** m 1 penitentiary, pen F, Br prison
2 L.Am. (penalti) penalty
**penalidad** f fig hardship
**penalista** m/f criminal law specialist
**penalización** f 1 acción penalization 2 DEP penalty
**penalizar** ⟨1f⟩ v/t penalize
**penalti** m DEP penalty; **cometer un ~** concede a penalty; **marcar de ~** score a penalty; **ganar por ~s** win on penalties
**penalty** m DEP penalty; **casarse de ~** F have to get married
**penar** ⟨1a⟩ I v/t punish II v/i suffer
**penca I** adj Chi soft, weak **II** f L.Am. (nopal) leaf of the prickly pear plant
**pendejada** f L.Am. stupid thing to do
**pendejo I** m (pelea) fight **II** m, -a f L.Am. F dummy F
**pendenciero** m, -a f troublemaker
**pender** ⟨2a⟩ v/i hang (**sobre** over)
**pendiente I** adj 1 unresolved, unfinished; **estar ~** be pending; **~ de solución** awaiting a solution, still to be resolved 2 cuenta unpaid 3 (alerta): **estar ~ de** be waiting for **II** m earring **III** f slope
**pendón I** adj swinging F **II** m, -ona f F swinger F
**pendular** adj pendular; **movimiento ~** pendular motion
**péndulo** m pendulum
**pene** m ANAT penis

**penetración** f penetration
**penetrante** adj 1 mirada penetrating 2 sonido piercing 3 frío bitter 4 herida deep 5 análisis incisive
**penetrar** ⟨1a⟩ I v/t penetrate **II** v/i 1 (atravesar) penetrate 2 (entrar) enter 3 de un líquido seep in
**penicilina** f penicillin
**península** f peninsula
◇ **Península Ibérica** Iberian Peninsula
◇ **Península del Yucatan** Yucatan Peninsula
**peninsular** adj peninsular
**penique** m penny
**penitencia** f penitence
**penitenciaría** f penitentiary, pen F, Br prison
**penitenciario** adj penitentiary atr, prison atr; **centro ~** prison
**penitente** m/f penitent
**penosamente** adv with difficulty
**penoso** adj 1 (angustiante) distressing 2 trabajo laborious 3 C.Am., Cu, Méx: que causa vergüenza embarrassing 4 C.Am., Cu, Méx: que siente vergüenza shy
**pensado** adj thought-out; **lo tengo bien ~** I've thought about it carefully
**pensador** m, **~a** f thinker
**pensamiento** m 1 (reflexión) thought 2 BOT pansy
**pensar** ⟨1k⟩ I v/t 1 think about; **¡ni ~lo!** don't even think about it! 2 (opinar) think II v/i think (**en** about); **¿en qué piensas?** what are you thinking about?; **sin ~** without thinking
**pensativo** adj thoughtful
**pensión** f 1 hotel rooming house, Br guesthouse; **media ~** bed and breakfast and one main meal, Br half board 2 dinero pension
◇ **pensión alimenticia** child support, Br maintenance; **pensión completa** American plan, Br full board; **pensión de invalidez** disability o invalidity pension
**pensionista** m/f pensioner
**pentágono** m pentagon; **el Pentágono** the Pentagon
**pentagrama** m MÚS stave
**pentatleta** m/f DEP pentathlete
**pentatlón** m DEP pentathlon
**Pentecostés** m Pentecost
**penúltimo** adj penultimate

**penumbra** *f* half-light
**penumbroso** *adj* shadowy
**penuria** *f* **1** (*pobreza*) poverty; **sufrir ~s** suffer hardship **2** *fml*: *de medios, espacio* shortage (**de** of)
**peña** *f* **1** *cerro* crag, cliff;(*roca*) rock **2** F *de amigos* group, circle; **~ quinielística** syndicate of people doing the sports lottery, *Br* pools syndicate (*for soccer*)
**peñasco** *m* boulder
**peñazo** *m* F pain (in the neck) F
**peñón** *m*: **el Peñon de Gibraltar** the Rock of Gibraltar
**peón** *m* **1** *en ajedrez* pawn **2** *trabajador* laborer, *Br* labourer
◇ **peón caminero** road mender, *Br tb* navvy
**peonada** *f trabajo* day's work; *trabajadores* gang of laborers *o Br* labourers
**peonía** *f* BOT peony
**peor** *adj* **1** *comp* worse; **de mal en ~** from bad to worse; **ir a ~** get worse, deteriorate; **~ que ~, tanto ~** it will make matters worse **2** *sup*: **lo ~** the worst (thing); **haber pasado lo ~** be over the worst
**pepa** *f L.Am.* (*semilla*) seed; **soltar la ~** spill the beans
**pepenador** *m*, **-a** *f C.Am., Méx* scavenger
**pepinillo** *m* gherkin
**pepino** *m* cucumber; **me importa un ~** F I don't give a damn F
**pepita** *f* pip
**pepito** *m* steak sandwich
**pepitoria** *f meat stew in sauce which contains egg yolk*
**pepsina** *f* pepsin
**peque** *m/f* F kid F
**pequeñez** *f* smallness
**pequeño l** *adj* small, little; **de ~** when I was small *o* little; **en ~** in miniature **II** *m*, **-a** *f* little one
◇ **pequeños anuncios** classified advertisements *o* ads, *Br tb* small ads
**Pequín** *m* Peking; **en la China actual** Beijing
**pequinésl** *adj* of / from Peking, Peking *atr*; **en la China actual** of / from Beijing, Beijing *atr* **II** *m* ZO Pekinese, Peke F
**pera** *f* pear; **pedir ~s al olmo** ask the impossible; **poner a alguien las ~s al cuarto** *fig* F give s.o. a piece of one's

mind F; **ser la ~** *fig* P be the limit
**peral** *m* pear tree
**peralte** *m* camber
**perca** *f pez* perch
**percal** *m* percale
**percance** *m* mishap
**percatarse** ⟨1a⟩ *v/r* notice; **~ de algo** notice sth
**percebe** *m* ZO barnacle
**percebista** *m/f* barnacle collector
**percepción** *f* **1** perception **2** COM *acto* receipt
**perceptible** *adj* perceptible, noticeable
**perceptivo** *adj* perceptive
**perceptor l** *adj* receiving **II** *m*, **~a** *f* recipient
**percha** *f* (*colgador*) coat hanger; *gancho* coat hook; **tener buena ~** *fig* F have a good figure
**perchero** *m* coat rack
**percibir** ⟨3a⟩ *v/t* **1** perceive **2** COM *sueldo* receive
**percusión** *f* MÚS percussion
**percusionista** *m/f* MÚS percussionist
**percusor** *m* hammer
**percutáneo** *adj* MED percutaneous
**percutir** ⟨3a⟩ *v/t* MED sound
**percutor** *m* ☞ **percusor**
**perdedorl** *adj* losing **II** *m*, **~a** *f* loser; **ser buen / mal ~** *en juegos* be a good / bad loser
**perder** ⟨2g⟩ **l** *v/t* **1** *objeto* lose; **¡piérdete!** get lost!; **no te lo pierdas** *película, acontecimiento* don't miss it; **no tener nada que ~** have nothing to lose **2** *tren, avión etc* miss **3** *el tiempo* waste **II** *v/i* lose; **echar a ~** ruin; **echarse a ~** *de alimento* go bad; **llevar** *o* **tener las de ~** be at a disadvantage; **salir perdiendo** come off worst
**perderse** *v/r* get lost; **no se te ha perdido nada aquí** *fig* there's nothing here for you
**perdición** *f* downfall
**pérdida** *f* **1** loss; **no tiene ~** you can't miss it; **~ de tiempo** waste of time **2** *en baloncesto* turnover
**perdidamente** *adv* hopelessly; **estar ~ enamorado** be hopelessly in love
**perdido** *adj* lost; **ponerse ~** get filthy; **estar ~** F be crazy (**por** about) F, be madly in love (**por** with) F; **loco ~** absolutely crazy
**perdigón** *m* pellet

**perdigonada** *f* **1** *tiro* shot **2** *herida* gunshot wound

**perdiguero** *adj*: **perro** ~ gundog

**perdiz** *f* ZO partridge; **marear la** ~ *fig* waste time; ~ **blanca** *o* **nival** rock ptarmigan

**perdón** *m* **1** *disculpa* pardon; **¡~!** sorry!; **¿~?** excuse me?, pardon me?; **pedir** ~ say sorry, apologize; **con** ~ pardon my French **2** REL forgiveness

**perdonable** *adj* forgivable

**perdonar** ⟨1a⟩ **I** *v/t* **1** forgive; ~ **algo a alguien** forgive s.o. sth **2** JUR pardon **II** *v/i*: **¡perdone!** sorry!; **perdone, ¿tiene hora?** excuse me, do you have the time?

**perdonavidas** *m inv* F tough guy F, thug

**perdurable** *adj* enduring, lasting

**perdurar** ⟨1a⟩ *v/i* endure

**perecedero** *adj* perishable

**perecer** ⟨2d⟩ *v/i* perish; ~ **ahogado** drown

**peregrinación** *f* pilgrimage

**peregrinar** ⟨1a⟩ *v/i* go on a pilgrimage

**peregrino I** *adj* **1** *ave* migratory **2** *idea* strange, outlandish **II** *m*, **-a** *f* pilgrim

**perejil** *m* BOT parsley

**perengano** *m*, **-a** *f* so-and-so

**perenne** *adj* BOT perennial

**perennifolio** *adj* BOT evergreen

**perentorio** *adj* **1** (*urgente*) urgent, pressing **2** (*apremiante*) peremptory

**pereza** *f* laziness; **me da** ~ I can't be bothered

**perezoso I** *adj* lazy **II** *m* ZO sloth

**perfección** *f* perfection; **a la** ~ perfectly, to perfection

**perfeccionamiento** *m* perfecting; ~ (*profesional*) (professional) training

**perfeccionar** ⟨1a⟩ *v/t* perfect

**perfeccionista I** *adj* perfectionist **II** *m/f* perfectionist

**perfectamente** *adv* perfectly; **¡~!** agreed!, all right!; **lo vi** ~ I saw it as clear as day; **te comprendo** ~ I know exactly what you mean

**perfecto I** *adj* perfect **II** *m* GRAM perfect (tense)

**perfidia** *f* treachery

**pérfido** *adj* treacherous

**perfil** *m* profile; **de** ~ in profile, from the side; **dar el** ~ **para un cargo** fit the profile

**perfilado** *adj rostro, nariz* long and thin; **estar muy** ~ *proyecto* be at an advanced stage

◇ **perfilador de labios** lip pencil

**perfilar** ⟨1a⟩ *v/t* **1** *dibujo* outline **2** *proyecto* put the finishing touches to; **perfilarse** *v/r* emerge

**perforación** *f* **1** (*orificio*) puncture; **perforaciones** *pl* perforations **2** *en la calle* hole; **hacer una** ~ make *o* dig a hole

**perforadora** *f de papeles* punch

**perforar** ⟨1a⟩ *v/t* **1** (*agujerear*) pierce **2** *calle* dig up

**perfumador** *m utensilio* atomizer

**perfumar** ⟨1a⟩ *v/t* perfume

**perfume** *m* perfume

**perfumería** *f* perfume shop

**perfumista** *m/f* perfumer, perfume-maker

**pergamino** *m* parchment

**pergenio** *m*, **-a** *f Rpl* F kid F

**pergeñar** ⟨1a⟩ *v/t* F throw together

**pérgola** *f* pergola

**pericardio** *m* ANAT pericardium

**pericia** *f* expertise

**pericial** *adj* expert; **informe** *o* **dictamen** ~ technical report

**perico** *m* parakeet

**pericote** *m Chi, Pe* ZO large rat

**periferia** *f de circunferencia* periphery; *de ciudad* outskirts *pl*

**periférico I** *adj* peripheral; *barrio* outlying **II** *m* INFOR peripheral

**perifollo** *m* BOT chervil

**perifrástico** *adj* periphrastic

**perilla** *f* **1** goatee; **me viene de** ~ F that'll be very useful; **tu visita me viene de** ~ F you've come at just the right time **2** *L.Am. pomo* doorknob

**perímetro** *m* perimeter

**perinatal** *adj* MED perinatal

**perineo** *m* ANAT perineum

**periodicidad** *f* periodicity; **se publica con** ~ **trimestral** it is published quarterly *o* every three months; **con** ~ periodically

**periódico I** *adj* periodic **II** *m* newspaper

**periodismo** *m* journalism

**periodista** *m/f* journalist; ~ **deportivo** sport writer *o* columnist

**periodístico** *adj* journalistic

**período, periodo** *m* period

**periostio** *m* ANAT periosteum

**peripecia** *f* adventure

**periplo** *m* tour, (long) journey

**periquete** *m*: **en un ~** F in a second, in no time F

**periquito** *m* ZO budgerigar

**periscopio** *m* periscope

**peritaje** *m* **1** *informe* expert's report, specialist report **2** *trabajo* specialist work

**peritar** ⟨1a⟩ *v/t* value (**en** at)

**perito I** *adj* expert **II** *m*,-a *f* **1** (*especialista*) expert **2** COM *en seguros* loss adjuster

**peritoneo** *m* ANAT peritoneum

**peritonitis** *f* MED peritonitis

**perjudicar** ⟨1g⟩ *v/t* harm, damage

**perjudicial** *adj* harmful, damaging; **~ para la salud** harmful to one's health

**perjuicio** *m* harm, damage; **sin ~ de** without affecting

**perjurar** ⟨1a⟩ *v/i* commit perjury, perjure o.s.

**perjurio** *m* perjury

**perla** *f* pearl; **nos vino de ~s** F it suited us fine F

◇ **perla cultivada** cultured pearl

**permanecer** ⟨2d⟩ *v/i* remain, stay

**permanencia** *f* stay

**permanente I** *adj* permanent **II** *f o Méx m* (*moldeado*) perm

**permeabilidad** *f* permeability

**permeable** *adj* permeable; **ser ~ al agua / la luz** let in water / light

**permisible** *adj* permissible

**permisividad** *f* permissiveness

**permisivo** *adj* permissive

**permiso** *m* **1** (*consentimiento*) permission; **dar ~** give permission **2** *documento* permit **3**: **estar de ~** be on leave; **con ~** excuse me

◇ **permiso de circulación** AUTO car registration document; **permiso de conducir** driver's license, *Br* driving licence; **permiso de residencia** residence permit; **permiso de trabajo** work permit

**permitir** ⟨3a⟩ *v/t* permit, allow; **permitirse** *v/r* afford; **~ el lujo de** permit o.s. the luxury of

**permuta** *f* exchange

**permutable** *adj* exchangeable

**permutación** *f* **1** (*permuta*) exchange **2** MAT permutation

**permutar** ⟨1a⟩ *v/t* exchange

**pernera** *f* (pants, *Br* trouser) leg

**pernicioso** *adj* harmful

**pernil** *m* **1** *de pantalón* leg **2** GASTR ham

**perno** *m* bolt

**pernoctar** ⟨1a⟩ *v/i* spend the night

**pero I** *conj* but **II** *m* flaw, defect; **no hay ~s que valgan** no excuses; **poner ~s** raise problems

**perogrullada** *f* platitude

**peronismo** *m* Peronism

**peronista** *m/f & adj* Peronist

**perorata** *f* F lecture

**perpendicular** *f/adj* perpendicular

**perpetrar** ⟨1a⟩ *v/t crimen* perpetrate, commit

**perpetuación** *f* perpetuation

**perpetuar** ⟨1e⟩ *v/t* perpetuate; **perpetuarse** *v/r* be perpetuated

**perpetuidad** *f*: **a ~** in perpetuity

**perpetuo** *adj fig* perpetual

**perplejidad** *f* perplexity

**perplejo** *adj* puzzled, perplexed

**perra** *f* dog; **el perro y la ~** the dog and the bitch; **~s** *pl* F pesetas

**perrada** *f fig* F dirty trick

**perrera** *f* **1** *sitio* dog pound, *Br* dogs' home **2** *furgoneta* dog catcher's van, *Br* dog warden's van

**perrería** *f* F dirty trick

**perrero** *m*,-a *f* dog catcher, *Br* dog warden

◇ **perrito caliente** *m* GASTR hot dog

**perro** *m* dog; **hace un tiempo de ~s** F the weather is lousy F; **llevarse como el ~ y el gato** *fig* fight like cat and dog; **a otro ~ con ese hueso** *fig* F tell that to the marines! F, *Br* pull the other one (it's got bells on)! F; **~ ladrador poco mordedor** his bark is worse than his bite

◇ **perro callejero** stray; **perro de caza** hound; **perro faldero** lap dog; **perro guardián** guard dog; **perro lazarillo** seeing eye dog, *Br* guide dog; **perro lobo** German shepherd, *Br tb* Alsatian; **perro pastor** sheepdog; **perro perdiguero** gundog; **perro de Terranova** Newfoundland; **perro viejo** *fig* F old hand F

**perruno** *adj* dog *atr*, canine

**persecución** *f* **1** (*búsqueda*) pursuit **2** (*acoso*) persecution

**perseguidor I** *adj* in pursuit **II** *m*, ~a *f* persecutor

**perseguir** ⟨3l & 3d⟩ *v/t* **1** *objetivo* pur-

sue **2** *delincuente* look for **3** (*molestar*)
pester **4** (*acosar*) persecute
**perseverancia** *f* perseverance
**perseverante** *adj* persistent, persever-
ing
**perseverar** ⟨1a⟩ *v/i* persevere (**en** with)
**persiana** *f de tablillas fijas* shade, *Br*
blind; *enrollable* shade, *Br* roller blind
**pérsico** *adj* Persian
**persignarse** ⟨1a⟩ *v/r* cross o.s.
**persistencia** *f* persistence
**persistente** *adj* persistent
**persistir** ⟨3a⟩ *v/i* persist
**persona** *f* person; *quince* ~**s** fifteen
people; ~ (*humana*) human being; ~
*mayor* elderly person *buena / mala* ~
nice / nasty person; *en* ~ in person
**personaje** *m* **1** TEA character **2** *famoso*
celebrity
**personal I** *adj* personal **II** *m* **1** personnel,
staff; ~ *docente* teaching staff **2** *en baloncesto* personal foul
◇ **personal de a bordo** AVIA flight
crew
◇ **personal de tierra** AVIA ground
crew
**personalidad** *f* personality
**personalizar** ⟨1f⟩ **I** *v/t* personalize **II** *v/i*
get personal
**personarse** ⟨1a⟩ *v/r* arrive, turn up
**personificación** *f* personification, embodiment
**personificar** ⟨1g⟩ *v/t* personify, em-
body
**perspectiva** *f* **1** (*vista, ángulo*) perspec-
tive **2** *fig* point of view; ~**s** *pl* outlook
*sg*, prospects; *tener algo en* ~ have
the possibility of sth
**perspicacia** *f* shrewdness, perspicacity
*fml*
**perspicaz** *adj* shrewd, perspicacious
*fml*
**persuadir** ⟨3a⟩ *v/t* persuade; **persua-
dirse** *v/r* become convinced
**persuasión** *f* persuasion
**persuasivo** *adj* persuasive
**pertenecer** ⟨2d⟩ *v/i* belong (**a** to)
**perteneciente** *adj*: ~ *a* belonging to
**pertenencias** *fpl* belongings
**pértiga** *f* pole; *salto con* ~ DEP pole
vault
**pertiguista** *m/f* DEP pole-vaulter
**pertinaz** *adj* **1** (*prolongado*) persistent **2**
(*terco*) obstinate

**pertinencia** *f* relevance, pertinence
**pertinente** *adj* relevant, pertinent
**pertrechar** ⟨1a⟩ *v/t* equip, supply (**de**
with); **pertrecharse** *v/r* equip o.s.
**pertrechos** *mpl* MIL equipment *sg*
**perturbación** *f* disturbance
◇ **perturbación mental** mental disturbance
**perturbado** *m*, -a *f*: ~ (*mental*) mentally
disturbed person
**perturbador** *adj* disturbing
**perturbar** ⟨1a⟩ *v/t* **1** (*producir desorden
en*) disturb **2** *reunión* disrupt
**Perú** *m* Peru
**peruano I** *adj* Peruvian **II** *m*, -a *f* Peruvian
**perversidad** *f* wickedness, evil
**perversión** *f* perversion
**perverso** *adj* wicked, evil
**pervertido I** *adj* perverted **II** *m*, -a *f* pervert
**pervertir** ⟨3i⟩ *v/t* pervert; **pervertirse**
*v/r* become perverted *o* corrupted
**pervivencia** *f* survival
**pervivir** ⟨3a⟩ *v/i* survive, remain
**pesa** *f* **1** *para balanza* weight **2** DEP shot;
*hacer* ~**s** do weight-training **3** *C.Am.*,
*Carib* butcher's shop
**pesabebés** *m inv* baby scales *pl*
**pesadamente** *adv* heavily
**pesadez** *f fig* drag F
**pesadilla** *f* nightmare
**pesado I** *adj* **1** *objeto* heavy **2** *libro, clase
etc* tedious, boring **3** *trabajo* tough F,
difficult **II** *m*, -a *f* bore; *¡qué* ~ *es!* F
he's a real pain F
**pesadumbre** *f* grief, sorrow
**pésame** *m* condolences *pl*; *dar el* ~ offer
one's condolences
**pesar** ⟨1a⟩ **I** *v/t* weigh
**II** *v/i* **1** (*ser muy pesado*) be heavy; *casi
no pesa* it weighs next to nothing **2** (*influir*) carry weight **3** *fig de responsabilidad* weigh heavily (*sobre* on); *me pesa tener que informarle ...* I regret to
have to inform you ...; *mal que me / le
pese* like it or not, whether I / you like
it or not
**III** *m* sorrow
**IV**: *a* ~ *de* in spite of, despite; *a* ~ *de ello*
nevertheless; *a* ~ *de eso* in spite of that,
despite that; *a* ~ *de que* in spite of *o*
despite the fact that, even though; *a*
~ *mío* against my wishes

**pesario** *m* MED pessary

**pesaroso** *adj* **1** (*apenado*) sad **2** (*arrepentido*) sorry

**PESC** *f abr* (= *Política Exterior y de Seguridad Común*) CFSP (= Common Foreign and Security Policy)

**pesca** *f* **1** *actividad* fishing **2** (*peces*) fish *pl* **3**: **y toda la ~** *fig* F the whole gang ◊ **pesca de altura** deep-sea fishing; **pesca de arrastre** trawling; **pesca de bajura, pesca de costera** coastal fishing; **pesca submarina** underwater fishing

**pescadería** *f* fish shop

**pescadero** *m*, **-a** *f* fishmonger

**pescadilla** *f* *pez* whiting

**pescado** *m* GASTR fish

**pescador** *m* fisherman ◊ **pescador de caña** angler

**pescante** *m* MAR davit

**pescar** ⟨1g⟩ **I** *v/t* **1** *un pez, resfriado* catch; *trabajo, marido* land F **2** (*intentar tomar*) fish for **II** *v/i* fish; **~ con caña** go angling

**pescozón** *m* slap on the neck

**pescuezo** *m* neck

**pese**: **~ a** despite, in spite of; **~ a ello** nevertheless; **~ a que** in spite of *o* despite the fact that, even though

**pesebre** *m* **1** (*comedero*) manger **2** (*belén*) crèche

**pesero** *m* **1** *L.Am.* minibus **2** *Méx* (collective) taxi

**peseta** *f* peseta

**pesetero** *adj* F money-grubbing F

**pesimismo** *m* pessimism

**pesimista** **I** *adj* pessimistic **II** *m/f* pessimist

**pésimo** *adj sup* awful, terrible

**pesista** *m/f* *L.Am.* weightlifter

**peso** *m* **1** weight; **ganar ~** put on *o* gain weight; **perder ~** lose weight; *fig* become less important; **de ~** *fig* weighty; **se cae de** *o* **por su propio ~** it goes without saying; **se me quitó un ~ de encima** it took a real load off my mind **2** FIN peso ◊ **peso específico** specific gravity; **peso gallo** *en boxeo* bantamweight; **peso mosca** *en boxeo* flyweight; **peso pesado** *en boxeo, fig* heavyweight; **peso pluma** *en boxeo* featherweight; **peso semipesado** *en boxeo* light-heavyweight

**pespuntar** ⟨1a⟩ *v/t* ☞ **pespuntear**

**pespunte** *m* backstitch

**pespuntear** ⟨1a⟩ *v/t* backstitch

**pesquería** *f* fishing industry

**pesquero** **I** *adj* fishing *atr* **II** *m* fishing boat

**pesquisa** *f* investigation; **hacer ~s** investigate

**pestaña** *f* eyelash; **quemarse las ~s** F burn the midnight oil

**pestañear** ⟨1a⟩ *v/i* blink; **sin ~** *fig* without batting an eyelid

**pestañeo** *m* blink

**peste** *f* **1** MED plague **2** *olor* stink F **3**: **echar ~s** F curse and swear ◊ **peste porcina** hog cholera, *Br* swine fever

**pesticida** *m* pesticide

**pestilencia** *f* stench

**pestilente** *adj* foul-smelling

**pestillo** *m* **1** (*picaporte*) door handle **2** (*cerradura*) bolt

**petaca** *f* **1** *para tabaco* tobacco pouch **2** *para bebida* hip flask **3** *C.Am.* F *insecto* ladybug, *Br* ladybird

**petacas** *fpl Méx* F buttocks

**pétalo** *m* petal

**petanca** *f* *type of bowls*

**petar** ⟨1a⟩ *v/i* P: **me peta / no me peta ...** I feel like / don't feel like ...

**petardear** ⟨1a⟩ *v/i* backfire

**petardo** **I** *m* firecracker **II** *m*, **-a** *f* F (*plasta*) nerd F; **ser un ~ de persona** be a pain in the neck F

**petate** *m* **1** (*lío*) kit bag; **liar el ~** *fig* F pack one's bags **2** *L.Am.* F en el suelo mat

**petenera** *f* *type of flamenco song*; **salir(se) por ~s** *fig* F go off at a tangent F

**petición** *f* request; **a ~ de** at the request of

**petigrís** *m* ZO gray squirrel, *Br* grey squirrel

**petirrojo** *m* ZO robin

**petiso** *L.Am.* **I** *adj* short, tiny **II** *m*, **-a** *f* shorty F **III** *m* pony

**peto** *m* bib; **pantalón de ~** overalls *pl*, *Br* dungarees *pl*

**petrel** *m* ZO petrel

**pétreo** *adj* (*de piedra*) stone *atr*; (*similar a la piedra*) stonelike, stony; *fig* stony

**petrificación** *f* petrification

**petrificado** *adj* petrified

petrificar ⟨1g⟩ v/t petrify (*a fig*); **petrifi-carse** v/r become petrified

petrodólar *m* petrodollar

petróleo *m* oil, petroleum

petrolero **I** *adj* oil *atr*; **compañía -a** oil company; **flota -a** fleet of oil tankers **II** *m* MAR oil tanker

petrolífero *adj* oil *atr*

petroquímica *f* petrochemical

petulancia *f* smugness

petulante *adj* smug

petunia *f* BOT petunia

peyorativo *adj* pejorative

pez **I** *m* ZO fish; **estar ~ en algo** F be clueless about sth F; **estar como ~ en el agua** be in one's element **II** *f* pitch, tar

◇ **pez espada** swordfish; **pez gordo** F big shot F; **pez volador** flying fish

pezón *m* nipple

pezuña *f* ZO hoof

PHN *m abr* (= **Plan Hidrológico Nacional**) National Hydrological Plan

piadoso *adj* pious

pianista *m/f* pianist

piano *m* piano

◇ **piano de cola** grand piano

◇ **piano de media cola** baby grand

piar ⟨1c⟩ v/i tweet, chirrup

piara *f* herd

PIB *m abr* (= **producto interior bruto**) GDP (= gross domestic product)

pibe *m*, **-a** *f* Rpl F kid F

pica *f* **1** TAUR goad **2** *palo de la baraja* spade **3**: **poner una ~ en Flandes** *fig* pull off a coup

picacho *m* peak

picada *f* **1** *de serpiente* bite; *de abeja* sting **2** *L.Am. para comer* snacks *pl*, nibbles *pl* **3** *Rpl (camino)* path

picadero *m escuela* riding school

picadillo *m* GASTR *de lomo: marinated ground meat*; **añada un ~ de cebolla y ajo** add finely chopped onion and garlic; **hacer ~ a alguien** *fig* F beat s.o. up

picado **I** *adj* **1** *diente* decayed **2** *mar* rough, choppy **3** *carne* ground, *Br* minced; *verdura* minced, *Br* finely chopped **3** *fig (resentido)* offended **II** *m L.Am.* dive; **caer en ~ de precios** nosedive, plummet

picador *m* **1** TAUR picador **2** MIN face worker

picadora *f en cocina* meat grinder, *Br* mincer

picadura *f* **1** *de reptil, mosquito* bite; *de avispa* sting **2** *tabaco* cut tobacco

picaflor *m L.Am.* **1** ZO hummingbird **2** *fig* womanizer

picajoso *adj* touchy

picante **I** *adj* **1** *comida* hot, spicy **2** *chiste* risqué **II** *m* hot spice

picapedrero *m* stone cutter

picapleitos *m/f inv* F shyster F, *Br* unethical lawyer

picaporte *m* door handle

picar ⟨1g⟩ **I** v/t **1** *de mosquito, serpiente* bite; *de avispa* sting; *de ave* peck **2** *carne* grind, *Br* mince; *verdura* mince, *Br* chop finely **3** *piedra* break (up) **4** TAUR jab with a lance **5** *(molestar)* annoy **6** *la curiosidad* pique **7** MÚS pick

**II** v/i **1** *tb fig* take the bait **2** *L.Am. de la comida* be hot *o* spicy **3** *(producir picor)* itch **4** *del sol* burn

picarse v/r **1** *(agujerearse)* rust **2** *(cariarse)* decay **3** F *(molestarse)* get mad F

picardía *f* **1** *(astucia)* craftiness, slyness **2** *(travesura)* mischievousness **3** *Méx (taco, palabrota)* swearing, swearwords *pl*

picaresco *adj* picaresque

pícaro **I** *adj* **1** *persona* crafty, sly **2** *comentario* mischievous **II** *m* rogue

picarón *m Méx, Chi, Pe (buñuelo)* fritter

picatoste *m* piece of fried bread

picazón *f* itching; *fig* unease, disquiet

picha *f* V prick V

pícher *m/f en béisbol* pitcher

pichi *m* **1** jumper, *Br* pinafore dress **2** DEP top scorer

pichicato *m Pe, Bol* P coke P

pichichi *m* leading goalscorer

pichincha *f L.Am.* bargain

pichón *m L.Am.* **1** chick **2** F *(novato)* rookie F

Picio: **más feo que ~** F as ugly as sin F

pick up *m L.Am.* pick-up (truck)

picnic *m* (*pl* **~s**) picnic

pico *m* **1** ZO beak **2** F *(boca)* mouth; **cerrar el ~** F shut one's mouth F; **abrir / no abrir el ~** open / not open one's mouth; **ser un ~ de oro** have the gift of the gab **3** *de montaña* peak **4** *herramienta* pickax, *Br* pickaxe **5**: **a las tres y ~** some time after three o'clock; **mil**

**pila seca**

**pesetas y ~** just over a thousand pesetas; **irse de ~s pardos** F paint the town red F

**picor** *m* itch

**picota** *f* **1** BOT bigarreau (*type of sweet cherry*) **2** *fig*: **poner en la ~** pillory

**picotazo** *m* peck

**picotear** ⟨1a⟩ *v/t* **1** *de pájaro* peck **2** *comer* nibble

**pictograma** *m* pictogram

**pictórico** *adj* pictorial

**pido** *vb* ☞ **pedir**

**pie** *m* **1** *de estatua, lámpara* base **2** *de persona* foot; **a ~** on foot; **al ~ de** at the foot of; **de ~** standing; **estar de ~** be standing (up); **ponerse de o en ~** stand up; **no tenerse en o de ~** *fig*: *por cansancio* be ready to drop; **de ~s a cabeza** from head to foot; **no tiene ni ~s ni cabeza** it doesn't make any sense at all, I can't make head nor tail of it; **a ~s juntillas** *creer* blindly; **levantarse con el ~ izquierdo** get out of bed on the wrong side; **con buen / mal ~** empezar get off to a good / bad start; **con los ~s** *fig* badly; **andarse con ~s de plomo** tread warily; **estar en ~** be up, be out of bed; **estar en ~ de guerra** be on a war footing; **buscar tres o cinco ~s al gato** *fig* make things difficult, complicate things; **dar ~ para o a** give rise to, generate; **echar ~ a tierra** go ashore; **estar al ~ del cañón** *fig* be hard at work; **hacer ~** touch bottom; **no hacer ~ en piscina** be out of one's depth; **no dar ~ con bola** F get o do everything wrong; **parar los ~s a alguien** take s.o. down a peg or two F; **saber de qué ~ cojea alguien** *fig* know where s.o. is coming from; **poner ~s en polvorosa** F take to one's heels F; **salir por ~s** hotfoot it F, make o.s. scarce; **~ de la cama** foot of the bed; **~s planos** flat feet

◊ **pie de atleta** MED athlete's foot; **pie equino** MED clubfoot; **pie de página** TIP foot o bottom of the page; **pie de pivote** *en béisbol* pivot foot

**piedad** *f* **1** (*compasión*) pity **2** (*clemencia*) mercy **3** REL piety

**piedra** *f tb* MED stone; **quedarse de ~** *fig* F be stunned; **el ejército invasor no dejó ~ sobre ~ de la ciudad** *fig* the invading army razed the city to

the ground o did not leave a stone standing in the city; **tirar ~s a su propio tejado** *fig* F shoot o.s. in the foot F; **tirar la ~ y esconder la mano** do things on the sly; **poner o colocar la primera ~** lay the foundation stone; **pasar por la ~** V lay F, screw V

◊ **piedra angular** cornerstone; **piedra fundamental** foundation stone; **piedra preciosa** precious stone; **piedra semipreciosa** semiprecious stone; **piedra de toque** touchstone

**piel** *f* **1** *de persona, fruta* skin; **~ de naranja** orange peel; **dejarse la ~** sweat blood F **2** *de animal* hide, skin; **abrigo de ~es** fur coat; **la ~ de toro** *fig* the Iberian Peninsula **3** (*cuero*) leather

◊ **piel roja** redskin

**pienso**[1] *vb* ☞ **pensar**

**pienso**[2] *m* animal feed, fodder

**piercing** *m* (body) piercing

**pierdo** *vb* ☞ **perder**

**pierna** *f* leg; **~ ortopédica** artificial leg; **dormir a ~ suelta** sleep like a log; **salir por ~s** F hotfoot it F, make o.s. scarce

**pieza** *f* **1** *de un conjunto*, MÚS piece; *de aparato* part; **de dos / tres ~s** two-piece / three-piece **2** TEA play **3** (*habitación*) room **4** F: **quedarse de una ~** be amazed

◊ **pieza de recambio** spare (part)

**pífano** *m* MÚS fife

**pifia** *f* **1** F (*error*) booboo F **2** *Chi, Pe, Rpl* defect

**pifiar** ⟨1a⟩ *v/t* F mess up F

**pigmentación** *f* pigmentation

**pigmentar** ⟨1a⟩ *v/t* color, *Br* colour

**pigmento** *m* pigment

**pigmeo** *m*, **-a** *f* pigmy

**pignoración** *f* pawning

**pignorar** ⟨1a⟩ *v/t* pawn

**pija** *f* V cock V, dick V

**pijada** *f* F stupid thing

**pijama** *m* pajamas *pl*, *Br* pyjamas *pl*

**pijo I** *adj* posh **II** *m* V (*pene*) prick V **III** *m*, **-a** *f* F *persona* rich kid F

**pijotero** *adj* F nitpicking, niggling

**pila** *f* **1** EL battery; **cargar las ~s** *fig* F recharge one's batteries; **se le acabaron o agotaron las ~s** *fig* F he ran out of steam **2** (*montón*) pile **3** (*fregadero*) sink

◊ **pila bautismal** font; **pila botón** EL watch battery; **pila seca** dry battery

**pilar** *m tb fig* pillar

**píldora** *f* pill; **la ~** (**anticonceptiva**) the (contraceptive) pill; **dorar la ~** *fig* F sweeten the pill

**pileta** *f* **1** *Rpl* sink **2** (*alberca*) swimming pool

**pillaje** *m* pillage

**pillar** ⟨1a⟩ *v/t* **1** (*tomar*) seize **2** (*atrapar*) catch **3** (*atropellar*) hit **4** *chiste* get **4**: **me pilla muy cerca** it's very handy for me; **me pilla de camino** it's on my way; **~ a alguien de sorpresa** catch s.o. by surprise

**pillastre** *m* F rogue, scoundrel

**pillín** *m*, **-ina** *f* F rascal

**pillo I** *adj* mischievous **II** *m*, **-a** *f* rascal

**pilluelo** *m*, **-a** *f* F scamp, little rascal

**pilón** *m* *Méx*: **me dio dos de ~** he gave me two extra

**pilonga** *f*: (**castaña**) **~** dried chestnut

**píloro** *m* ANAT pylorus

**pilosidad** *f* hairiness

**pilotar** ⟨1a⟩ *v/t* **1** AVIA fly, pilot **2** AUTO drive **3** MAR steer

**pilote** *m* pile

**piloto I** *m/f* **1** AVIA, MAR pilot **2** AUTO driver **II** *m* EL pilot light

◇ **piloto automático** autopilot, automatic pilot

◇ **piloto de pruebas** AVIA test pilot

**piltra** *f* F bed; **estar en la ~** F be in bed, be in the sack F

**piltrafa** *f*: **~s** rags; **estar hecho una ~** *fig* be a total wreck F

**pimentero** *m* BOT pepper plant

**pimentón** *m* paprika

**pimienta** *f* pepper

**pimiento** *m* pepper; **me importa un ~** F I couldn't *o* could care less, *Br* I couldn't care less

◇ **pimiento morrón** red pepper

**pimplar** ⟨1a⟩ *v/i* F *de alcohol* booze; **pimplarse** *v/r* F drink

**pimpón** *m* ping-pong

**PIN** *m* PIN

**pinacoteca** *f* art gallery

**pináculo** *m* ARQUI, *fig* pinnacle

**pinar** *m* pine forest

**pincel** *m* paintbrush; **ir como un ~** *fig* F look very sharp, be all dressed up

**pincelada** *f*: **dar la(s) última(s) ~(s) a** *fig* put the finishing touches to

**pinchadiscos** *m/f inv* F disc jockey, DJ

**pinchar** ⟨1a⟩ **I** *v/t* **1** (*agujerear*) prick; **~le**

**a alguien** MED give s.o. a shot **2** AUTO puncture **3** TELEC tap **4** F (*molestar*) bug F, needle F

**II** *v/i* **1** (*agujerear*) prick **2** AUTO get a flat tire, *Br* get a puncture **3**: **no ~ ni cortar** F not count for anything;

**pincharse** *v/r* **1** *con aguja etc* prick o.s. **2** F (*inyectarse*) shoot up P **3**: **se nos pinchó una rueda** we got a flat (tire) *o Br* a puncture

**pinchazo** *m* **1** *herida* prick **2** *dolor* sharp pain **3** AUTO flat (tire), *Br* puncture **4** F (*fracaso*) flop F

**pinche**[1] *m* cook's assistant

**pinche**[2] *adj* **1** *Méx* F (*mezquino*) rotten F **2** *C.Am.*, *Méx* (*tacaño*) tight-fisted

**pinchito** *m* GASTR bar snack, tapa

**pincho** *m* GASTR bar snack

**pineda** *f* ☞ **pinar**

**pingajo** *m* F rag; **estar hecho un ~** F be a mess

**pingajoso** *adj* shabby

**pingo** *m*: **poner a alguien como un ~** F give s.o. a piece of one's mind

**ping-pong** *m* ping-pong

**pingüe** *adj fig beneficios* fat, large

**pingüino** *m* ZO penguin

**pinitos** *mpl* first steps

**pino** *m* BOT pine; **hacer el ~** do a handstand; **vivir en el quinto ~** F live out in the boondocks F

**pinol(e)** *m* **1** *C.Am.*, *Méx* cornstarch, *Br* cornflour **2** *L.Am.* roasted corn

**pinrel** *m* F: **~es** pl feet

**pinta** *f* **1** *medida* pint **2** *aspecto* looks *pl*; **tener buena ~** *fig* look inviting; **tener ~ de** look like

**pintada** *f* piece of graffiti; **~s** *pl* graffiti *pl o sg*

**pintado** *adj*: **siempre va muy -a** F she always slaps on loads of makeup F; **este regalo me viene que ni ~** it's just what I wanted (as a gift); **me está que ni ~ de prenda** it's perfect for me

**pintalabios** *m inv* lipstick

**pintamonas** *m* **1** F *pintor* dauber F **2** (*don nadie*) nobody

**pintar** ⟨1a⟩ *v/t* paint; **~ algo de rojo** paint sth red; **no ~ nada** *fig* F not count; **¿qué pintas tu aquí?** what are you doing here?; **pintarse** *v/r* put on one's makeup

**pintarraj(e)ar** ⟨1a⟩ *v/t* F daub

**pintarrajo** *m* F daub

**pintarroja** *f* ZO dogfish

**pintor** *m*, **~a** *f* painter; **~ (de brocha gorda)** (house) painter

**pintoresco** *adj* picturesque

**pintura** *f* **1** *sustancia* paint **2** *obra* painting; **no le puedo ver ni en ~** *fig* F I can't stand the sight of him

◇ **pintura al agua** watercolor, *Br* watercolour

◇ **pintura al dedo** finger paint; *obra* finger painting

**pinza** *f* **1** clothespin, *Br* clothes peg **2** ZO claw **3** *L.Am.* (*alicates*) pliers *pl*; **~s** tweezers; **pantalón de ~s** pleated pants *pl*, *Br* pleated trousers *pl*

**pinzón** *m* ZO finch

**piña** *f del pino* pine cone; *fruta* pineapple; **formar una ~ en torno a alguien** *fig* close ranks around s.o.

**piñón** *m* **1** BOT pine nut **2** TÉC pinion **3**: **estar a partir un ~ con alguien** F be bosom buddies with s.o.

**pío**[1] *adj* pious

**pío**[2] *m* tweet, chirrup; **no decir ni ~** F not say a word

**piojo** *m* ZO louse; **~s** *pl* lice *pl*

**piojoso** *adj* lousy, full of lice

**piola** *f L.Am.* cord, twine

**piolet** *m* ice ax, *Br* ice axe

**piolín** *m Arg* cord, twine

**pionero I** *adj* pioneering **II** *m*, **-a** *f tb fig* pioneer

**pipa** *f* **1** *de fumar* pipe; **pasarlo ~** F have a great time **2**: **~s** *pl semillas* sunflower seeds **3** *Méx camión* tanker

**pipeta** *f* pipette

**pipí** *m* F pee F; **hacer ~** F pee F

**pipiolo** *m C.Am.*, *Méx* F kid F; **~s** *pl C.Am.* F (*dinero*) cash *sg*

**pique** *m* **1** (*disgusto*) resentment **2** (*rivalidad*) rivalry **3**: **irse a ~** MAR sink; *fig* go under, go to the wall; **echar a ~** MAR sink; *fig* ruin, wreck **4** *L.Am. de pelota* bounce

**piqueta** *f* **1** *herramienta* pickax, *Br* pickaxe **2** *en cámping* tent peg

**piquete** *m* **1** POL picket **2** *Méx picadura* bite **3** *Méx punzada* sharp pain

**pira** *f* pyre

**pirado** F **I** *adj* crazy F **II** *m*, **-a** *f* madman, madwoman

**piragua** *f* canoe

**piragüismo** *m* canoeing

◇ **piragüismo en aguas bravas** DEP white-water canoeing

**piragüista** *m/f* canoeist

**piramidal** *adj* pyramidal

**pirámide** *f* pyramid

◇ **pirámide de edades** age graph

**piraña** *f* ZO piranha

**pirarse** ⟨1a⟩ *v/r* F (*marcharse*) clear off F; **pirárselas** F clear off F; **~ por alguien** F lose one's head over s.o. F

**pirata I** *adj* pirate *atr* **II** *m/f* pirate

◇ **pirata aéreo** hijacker

◇ **pirata informático** hacker

**piratear** ⟨1a⟩ *v/t* INFOR pirate

**piratería** *f* piracy

**pirenaico** *adj* Pyrenean

**Pirineos** *mpl* Pyrenees

**piripi** *adj* F tipsy F

**pirita** *f* MIN pyrite

**piro** *m*: **darse el ~** P hotfoot it F, make o.s. scarce

**pirograbado** *m* poker-work

**pirómano I** *adj* MED pyromaniac **II** *m*, **-a** *f* MED pyromaniac; JUR arsonist

**piropear** ⟨1a⟩ *v/t* pay a flirtatious compliment to

**piropo** *m* flirtatious compliment

**pirotecnia** *f* fireworks *pl*, pyrotechnics *pl*

**pirotécnico I** *adj* fireworks *atr* **II** *m*, **-a** *f* fireworks expert, pyrotechnist

**pirrarse** ⟨1a⟩ *v/r*: **~ por** F (*chiflar*) be crazy about F; (*desear con vehemencia*) be dead set on, have one's heart set on

**pírrico** *adj*: **victoria -a** pyrrhic victory

**pirueta** *f* pirouette

**piruleta** *f*, **pirulí** *m* lollipop

**pis** *m* F pee F; **hacer ~** F have a pee F

**pisada** *f* **1** (*paso*) footstep; **seguir las ~s de alguien** *fig* follow in s.o.'s footsteps **2** *huella* footprint

**pisapapeles** *m inv* paperweight

**pisar** ⟨1a⟩ **I** *v/t* **1** step on; **~ a alguien** step on s.o.'s foot **2** *uvas* tread **3** *fig* (*maltratar*) walk all over **4** *idea* steal **II** *v/i*: **~ firme o fuerte** *fig* make a big impact; **piso fuerte en latín** I'm good at *o* strong in Latin

**pisciano** *L.Am.* **I** *adj* **ser ~** be (a) Pisces, be a Piscean **II** *m*, **-a** *f* Pisces, Piscean

**piscícola** *adj* fish-farming *atr*

**piscicultura** *f* fish farming

**piscifactoría** *f* fish farm

**piscina** *f* swimming pool

◇ **piscina cubierta** indoor pool

**Piscis** *m/f inv* ASTR Pisces
**pisco** *m Chi, Pe* grape liquor
**piscolabis** *m inv* F snack
**piso** *m* **1** apartment, *Br* flat **2** (*planta*) floor; **primer** ~ second floor, *Br* first floor; *en edificio con piso principal* third floor, *Br* second floor; ~ **principal** second floor, *Br* first floor; **de tres ~s hamburguesa** triple-decker *atr*; *tarta* three-layer *atr*
◇ **piso franco** safe house
**pisotear** ⟨1a⟩ *v/t* trample
**pisotón** *m* stamp; **me dio un** ~ he stamped on my foot
**pispajo** *m* F little rascal
**pispar** ⟨1a⟩ *v/t* F steal, filch F
**pista** *f* **1** *vía* track, trail; **seguir la** ~ **a alguien** be on the trail of s.o. **estar sobre la buena** ~ be on the right track **2** *de atletismo* track; *de tenis etc* court **3** *de circo* ring **4** (*indicio*) clue; **dar una** ~ give a clue
◇ **pista de aterrizaje** AVIA runway; **pista de baile** dance floor; **pista cubierta** indoor track; **atletismo en** ~ indoor athletics *sg o pl*; **pista de despegue** AVIA runway; **pista de esquí** ski slope *o* run; **pista de fondo** cross-country trail; **pista forestal** forest trail; **pista de hielo** ice rink, skating rink; **pista de rodadura** AVIA taxiway; **pista de squash** squash court; **pista de tenis** tennis court
**pistache** *m Méx* BOT pistachio
**pistacho** *m* BOT pistachio
**pistilo** *m* BOT pistil
**pisto** *m* **1** GASTR *mixture of tomatoes, peppers etc cooked in oil* **2** *C.Am., Méx* F (*dinero*) cash, dough F **3**: *darse* ~ give o.s. airs
**pistola** *f* pistol; ~ **pulverizadora** *para pintar* spray gun
**pistolera** *f* holster
**pistolero** *m* gunman
**pistoletazo** *m* pistol shot
◇ **pistoletazo de salida** DEP starting signal
**pistón** *m* **1** *de motor* piston **2** MÚS key
**pita** *f* BOT agave, pita
**pitada** *f* **1** (*abucheo*) whistle **2** *S.Am. de cigarillo* puff
**pitar** ⟨1a⟩ **I** *v/i* **1** whistle **2** *con bocina* beep, hoot **3** *L.Am.* (*fumar*) smoke **4** F: *salir pitando* dash off F **II** *v/t* **1** (*abu-*

*chear*) whistle at; *penalti, falta etc* call, *Br* blow for; ~ **el final** DEP blow the final whistle **2** *silbato* blow
**pitazo** *m L.Am.* whistle
**pitcher** *m/f en béisbol* pitcher
**pitear** ⟨1a⟩ *v/i L.Am.* blow a whistle
**pitido** *m* **1** *con silbato* whistle **2** *con bocina* beep, hoot
◇ **pitido final** DEP final whistle
◇ **pitido inicial** DEP whistle to start
**pitillera** *f* cigarette case
**pitillo** *m* cigarette; *hecho a mano* roll-up; ~**s** *pl pantalón* drainpipes
**pito** *m* **1** (*silbato*) whistle; **me importa un** ~ F I don't give a hoot F; **entre** ~**s y flautas** F with one thing and another **2** (*bocina*) horn **3** *fig*: *pene* willie F
**pitón** *m* ZO python
**pitonisa** *f* fortune-teller
**pitorrearse** ⟨1a⟩ *v/r*: ~ **de alguien** F make fun of s.o.
**pitorreo** *m* F joke, farce; *tomar algo a* ~ F take sth lightly, think sth is a joke
**pitorro** *m* spout
**pitote** *m* F ruckus F
**pituitario** *adj* ANAT: **membrana -a** pituitary membrane
**pívot** *m en baloncesto* center, *Br* centre
**pivotar** ⟨1a⟩ *v/i* pivot
**pivote** *m* **1** TÉC pivot **2** *en baloncesto* center, *Br* centre
**piyama** *m L.Am.* pajamas *pl*, *Br* pyjamas *pl*
**pizarra** *f* **1** *en aula* blackboard **2** *piedra* slate
**pizarrón** *m L.Am.* blackboard
**pizca** *f* **1** pinch; *ni* ~ **de** not a bit of; *una* ~ a little bit **2** *Méx* AGR harvest
**pizpireta** *adj* flirtatious, coquettish
**pizza** *f* pizza
**placa** *f* **1** (*lámina*) sheet; ~**s de hielo** patches of ice **2** (*plancha*) plate **3** (*letrero*) plaque **4** *Méx* AUTO license plate, *Br* number plate
◇ **placa conmemorativa** commemorative plaque; **placa dental** plaque; **placa madre** INFOR motherboard; **placa de matrícula** AUTO license plate, *Br* number plate
**placaje** *m en fútbol* tackle
**placar** ⟨1g⟩ **I** *v/t en fútbol* tackle **II** *m Rpl* closet, *Br* built-in wardrobe
**placebo** *m* placebo

**plantón**

**pláceme** *m* message of congratulations

**placenta** *f* MED placenta

**placentero** *adj* pleasant, agreeable

**placentino** *adj* of / from Plasencia, Plasencia *atr*

**placer** ⟨2x⟩ I *v/i* please; *siempre hace lo que le place* he always does as he pleases II *m* pleasure; *es un ~ para mí* it is my pleasure

**plácet** *m* assent

**placidez** *f* placidness

**plácido** *adj* placid

**¡plaf!** *int* crash!, bang!

**plafón** *m* (*lámpara*) ceiling light

**plaga** *f* 1 AGR pest 2 MED plague 3 *fig* scourge; (*abundancia*) glut

**plagado** *adj de hormigas, ortigas* infested; (*lleno*) full; *~ de gente* swarming with people

**plagiar** ⟨1b⟩ *v/t* 1 (*copiar*) plagiarize 2 *L.Am.* (*secuestrar*) kidnap

**plagio** *m* 1 (*copia*) plagiarism 2 *L.Am.* (*secuestro*) kidnap

**plaguicida** *m* pesticide

**plan** *m* plan; *~ de emergencia* emergency plan; *lo dije en ~ de broma* F I said it as a joke; *tener un ~* F be playing around, be having an affair; *esto no es ~* F this isn't good enough

◇ **plan de estudios** syllabus, program, *Br* programme

**plana** *f*: *primera ~ de periódico* front page; *a toda ~ de periódico* full-page; *enmendar la ~ a alguien* correct s.o., put s.o. right

◇ **plana mayor** MIL staff *pl*; *fig* top brass *pl*

**plancha** *f* 1 *para planchar* iron; *no precisa ~* it doesn't need ironing 2 *en cocina* broiler, *Br* grill; *a la ~* broiled, *Br* grilled 3 *de metal* sheet 4 F (*metedura de pata*) goof F 5 TIP plate

**planchado** I *adj* F shattered F, beat F; *quedarse ~* F be shattered *o* beat II *m* ironing

**planchar** ⟨1a⟩ *v/t* 1 *ropa* iron 2 *Méx* F (*dar plantón a*) stand up F 3 *L.Am.* (*lisonjear*) flatter

**planchazo** *m* F booboo F, foul-up F

**plancton** *m* BIO plankton

**planeación** *f Méx* planning

**planeador** *m* glider

**planeadora** *f* MAR speedboat

**planeamiento** *m* planning

**planear** ⟨1a⟩ I *v/t* plan II *v/i* AVIA glide

**planeo** *m* gliding

**planeta** *m* planet

**planetario** I *adj* planetary II *m* planetarium

**planicie** *f* plain

**planificación** *f* planning

◇ **planificación familiar** family planning

**planificar** ⟨1g⟩ *v/t* plan; *planificarse v/r* be planned

**planilla** *f L.Am. formulario* form

**planisferio** *m* planisphere; *~ celeste* star map

**plano** I *adj* flat II *m* 1 ARQUI plan; *de ciudad* map 2 *en cine* shot 3 MAT plane 4 *fig* (*aspecto*) level 5: *primer / segundo ~* foreground / middle ground; *pasar / relegar a un segundo ~ fig* fade / push into the background; *estar en el primer ~ de la actualidad* be in the spotlight *o* limelight; *de ~* completely; *negar* categorically; *rechazar* outright

◇ **plano inclinado** inclined plane

**planta** *f* 1 BOT plant 2 (*piso*) floor; *edificio de nueva ~* new building

◇ **planta baja, planta calle** first floor, *Br* ground floor; **planta de interior** houseplant, pot plant; **planta medicinal** medicinal plant; **planta del pie** sole of the foot; **planta de reciclaje** recycling plant

**plantación** *f* plantation

**plantado** *adj*: *dejar a alguien ~* F stand s.o. up F; *bien ~* handsome

**plantar** ⟨1a⟩ *v/t* 1 *árbol etc* plant 2 *tienda de campaña* put up 3 F: *~ a alguien* stand s.o. up F; *plantarse v/r* 1 put one's foot down 2 (*aparecer*) show up, turn up

**planteamiento** *m* 1 *de problema* posing 2 (*perspectiva*) approach

**plantear** ⟨1a⟩ *v/t* 1 *dificultad, problema* pose, create 2 *cuestión* raise

**plantel** *m* 1 (*equipo*) team 2 *L.Am.* staff

**plantilla** *f* 1 *para zapato* insole 2 (*personal*) staff; *reducción de ~* staff cuts *pl* 3 DEP squad 4 *para cortar*, INFOR template

◇ **plantilla ortopédica** orthopedic insole

**plantío** *m* patch

**plantón** *m*: *dar un ~ a alguien* F stand

s.o. up F; **tener a alguien de ~** F leave s.o. waiting, stand s.o. up F

**plañir** ⟨3h⟩ *v/i* lament, grieve

**plaqueta** *f* ANAT: **~ (sanguínea)** platelet

**plasenciano, plasentino** *adj* of / from Plasencia, Plasencia *atr*

**plasma** *m* plasma

**plasmar** ⟨1a⟩ *v/t* 1 (*modelar*) shape 2 *fig* (*representar*) express; **plasmarse** *v/r* be expressed (**en** in)

**plasta** I *m/f* F pain F, drag F II *adj*: **ser ~** F be a pain *o* drag F

**plástica** *f* EDU *handicrafts*

**plasticidad** *f* plasticity

**plástico** *m/adj* plastic

**plastificado** *adj* laminated

**plastificar** ⟨1g⟩ *v/t documento* laminate

**plastilina** *f* Plasticine®

**plata** *f* 1 *metal* silver 2 *L.Am.* (*dinero*). money; **gano mucha ~** I earn a lot of money 3: **hablando en ~** to put it bluntly

**plataforma** *f tb* POL platform; **~ cívica** *o* **ciudadana** civic platform; **~ negociadora** negotiating platform

◇ **plataforma continental** GEOL continental shelf

◇ **plataforma petrolífera** oil rig

**platal** *m L.Am.* fortune

**plátano** *m* banana

**platea** *f* TEA orchestra, *Br* stalls *pl*

**plateado** *adj Méx* wealthy

**platense** *adj* of / from the River Plate, River Plate *atr*

**plática** *f Méx* chat, talk

**platicar** ⟨1g⟩ I *v/t L.Am.* tell II *v/i Méx* chat, talk

**platija** *f* plaice

**platillo** *m*: **~s** *pl* MÚS cymbals

◇ **platillo volante** flying saucer

**platina** *f* 1 *de microscopio* slide 2 *de estéreo* tape deck

**platino** *m* platinum; **~s** *pl* AUTO points

**plató** *m cine* set; TV studio

**plato** *m* 1 *recipiente* plate; **parece no haber roto un ~ en su vida** she looks as though butter wouldn't melt in her mouth; **pagar los ~s rotos** F carry the can F 2 GASTR dish 3 *Méx*: *en béisbol* home plate

◇ **plato combinado** GASTR mixed platter; **plato del día** dish of the day; **plato hondo** soup dish; **plato llano**

dinner plate; **plato precocinado, plato preparado** ready meal, precooked meal; **plato principal** main course; **plato sopero** soup dish

**platónico** *adj* platonic

**platudo** *adj Chi* rich

**plausible** *adj* plausible

**playa** *f* beach

◇ **playa de estacionamiento** *L.Am.* parking lot, *Br* car park

**playeras** *fpl* canvas shoes

**playera** *f Méx* T-shirt

**playero** *adj* beach *atr*; **vestido ~** beach dress

**playo** *adj Rpl* shallow

**plaza** *f* 1 (*glorieta*) square 2 *en vehículo* seat; **de dos ~s** two-seater 3 *de trabajo* position; (*vacante*) job opening, *Br* vacancy

◇ **plaza de aparcamiento** parking space; **plaza mayor** main square; **plaza de parking** parking space; **plaza de toros** bull ring

**plazo** *f* 1 *de tiempo* period; **a corto / largo ~** in the short / long term; **en el ~ de tres meses** within three months 2 (*pago*) installment, *Br* instalment; **a ~s** in installments; **meter su dinero a ~ fijo** put one's money on fixed-term deposit

◇ **plazo de entrega de solicitud** deadline; **de paquete** delivery time

**plazoleta, plazuela** *f* small square

**pleamar** *f* high tide

**plebe** *f*: **la ~** HIST the masses; *desp* the rabble, the plebs

**plebeyo** I *adj* plebeian II *m*, **-a** *f* plebeian

**plebiscito** *m* plebiscite

**plegable** *adj* collapsible, folding

**plegamiento** *m* GEOL *proceso* folding; *resultado* fold

**plegar** ⟨1h & 1k⟩ *v/t* fold (up); **plegarse** *v/r fig* submit (**a** to)

**plegaria** *f* prayer

**pleistoceno** *m* GEOL Pleistocene

**pleitesía** *f* respect

**pleito** *m* 1 JUR lawsuit; **poner un ~ a alguien** sue s.o. 2 *fig* dispute 3 *Méx* DEP fight

**plenamente** *adv* fully, completely

**plenario** I *adj* plenary II *m Am reg* plenary session

**plenilunio** *m* full moon

**plenipotenciario** I *adj* plenipotentiary II *m*, **-a** *f* plenipotentiary

**plenitud** f height, pinnacle; **en la ~ de su carrera** at the height of his career; **estar en la ~ de la vida** be in the prime of life; **estar en ~ de facultades mentales** be in full possession of one's mental faculties

**pleno I** adj full; **en ~ día** in broad daylight; **a ~ sol** in the sun; **toda la familia estaba allí en ~** the family turned out in force, the entire family was there; **en ~ invierno** in the depths o middle of winter **II** m plenary session; **salón de ~s** meeting room; **acertar un ~, hacer ~ en quiniela** win the sports lottery o Br pools
◇ **pleno empleo** full employment

**pletina** f TÉC platen; **~ (de cassette)** tape deck, cassette deck

**plétora** f plethora

**pletórico** adj: **~ de** full of, brimming with; **~ de salud** bursting with health

**pleuresía, pleuritis** f MED pleurisy

**pléyade** f fml famous group

**pliego I** vb ☞ **plegar II** m **1** (hoja de papel) sheet (of paper) **2** (carta) sealed letter o document
◇ **pliego de cargos** JUR list of charges
◇ **pliego de condiciones** COM specifications pl, terms and conditions pl

**pliegue** m de tela, papel fold, crease

**plin** m F: **a mí, ~** I don't care

**plinto** m plinth

**plioceno** m GEOL Pliocene

**plisado** adj pleated

**plisar** ⟨1a⟩ v/t tela put pleats in

**plis-plas** m F: **en un ~** in no time at all

**plomería** f Méx plumbing

**plomero** m, **-a** f Méx plumber

**plomizo** adj leaden

**plomo** m **1** metal lead; **sin ~** AUTO unleaded **2** EL fuse **3** fig F (pelma) drag F

**pluma** f **1** ZO feather **2** para escribir fountain pen; **escribir algo a vuela ~** scribble sth down **3** Méx grifo faucet, Br tap
◇ **pluma atómica** f Méx ball-point pen

**plumada** f ☞ **plumazo**

**plumado** adj feathered

**plumaje** m plumage

**plumazo** m: **de un ~ suprimir** with one stroke of the pen

**plúmbeo** adj fml **1** (de plomo) leaden fml **2** (pesado) heavy

**plumero** m **1** para limpiar feather duster

**2** CSur. para maquillaje powder puff **3**: **vérsele el ~ a alguien** fig F see what s.o. is up to F

**plumier** m pencil case

**plumífero** m F down jacket

**plumón** m down

**plural I** adj plural **II** m GRAM plural

**pluralidad** f plurality

**pluralismo** m POL pluralism

**plurianual** adj lasting several years

**pluridisciplinar(io)** adj multidisciplinary

**pluriempleo** m having more than one job

**plurilingüe** adj multilingual

**plurilingüismo** m multilingualism

**pluripartidismo** m POL multi-party system

**plus** m bonus
◇ **plus de antigüedad** long-service bonus

**plusmarca** f record

**plusmarquista** m/f record holder

**plusvalía** f COM capital gain

**plutonio** m QUÍM plutonium

**pluvial** adj rain atr

**pluviómetro** m rain gauge, pluviometer

**pluviosidad** f rainfall

**PM** abr (= **Policía Militar**) MP (= Military Police )

**PNB** m abr (= **producto nacional bruto**) GNP (= gross national product)

**PNV** m abr (= **Partido Nacionalista Vasco**) Basque National Party

**p.o.** abr (= **por orden**) p.p. (= per procurationem, by proxy)

**P.o.** abr (= **paseo**) Ave (= avenue)

**poblacho** m desp dump desp, dead-and-alive hole desp

**población** f **1** gente population **2** (ciudad) city, town; (pueblo) village **3** Chi shanty town
◇ **población activa** labor o Br labour force
◇ **población callampa** Chi shanty town

**poblado I** adj **1** área populated; **~ de** fig full of **2** barba bushy **II** m (pueblo) settlement

**poblador** m, **~a** f Chi shanty town dweller

**poblar** ⟨1m⟩ v/t populate (**de** with); **poblarse** v/r con personas be settled (**de** by); con animales be populated (**de**

with); *fig* (*colmarse*) cover

**pobre I** *adj económicamente, en calidad* poor; **~ hombre** poor man; **¡~ de mí!** poor me! **II** *m/f* poor person; **los ~s** the poor

**pobretón** *adj* (*desdichado*) miserable

**pobreza** *f* poverty

**pocho** *adj* **1** *planta* sick **2** *de ánimo* down **3** (*con mala salud*) off-color, *Br* off-colour

**pochoclo** *m Arg* popcorn

**pocilga** *f* pigpen, *Br* pigsty

**pócima** *f* concoction

**poción** *f* potion

**poco I** *adj sg* little, not much; *pl* few, not many; **un ~ de** a little; **unos ~s** a few **II** *adv* little; **trabaja ~** he doesn't work much; **ahora se ve muy ~** it's seldom seen now; **estuvo ~ por aquí** he wasn't around much; **~ conocido** little known; **~ a ~** little by little; **dentro de ~** soon, shortly; **hace ~** a short time ago, not long ago; **desde hace ~** (for) a short while; **por ~** nearly, almost; **¡a ~ no lo hacemos!** *Méx* don't tell me we're not doing it; **de a ~ me fui tranquilizando** *Rpl* little by little I calmed down; **por si fuera ~** as if that weren't *o* wasn't enough **III** *m*: **un ~** a little, a bit

**poda** *f* AGR pruning

**podadera** *f* AGR *cuchillo* pruning knife, billhook; *tijeras* pruning shears *pl*

**podar** ⟨1a⟩ *v/t* AGR prune

**podenco** *m* hound

**poder** ⟨2t⟩ **I** *v/aux* **1** *capacidad* can, be able to; **no pude hablar con ella** I wasn't able to talk to her **2** *permiso* can, be allowed to; **¿puedo ir contigo?** can *o* may I come with you? **3** *posibilidad* may, might; **¡podías habérselo dicho!** you could have *o* you might have told him **II** *v/i*: **~ con** (*sobreponerse a*) manage, cope with; **me puede** he can beat me; **es franco a más no ~** F he's as frank as they come F; **comimos a más no ~** F we ate to bursting point F; **no puedo más** I can't take any more, I've had enough; **a ~ ser** if possible; **puede ser** perhaps, maybe; **¡no puede ser!** it can't be!, that can't be right!; **puede que** perhaps, maybe; **puede ser que no lo sepa** maybe *o*

perhaps he doesn't know; **¿se puede?** can I come in?, do you mind if I come in?; **no pude menos de insultarle** insulting him was the least I could do **III** *m tb* POL power; **en ~ de alguien** in s.o.'s hands; **plenos ~es** *pl* full authority *sg*; **por ~es**, *L.Am.* **por ~** JUR by proxy; **los ~ es públicos** the authorities

◇ **poder adquisitivo** purchasing power

◇ **poder judicial** judiciary

**poderío** *m* power

**poderoso I** *adj* powerful **II** *mpl*: **los ~s** the people with power

**podiatra** *m/f L.Am.* podiatrist, *Br* chiropodist

**podio** *m* podium

**podólogo** *m*, **-a** *f* MED podiatrist, *Br* chiropodist

**podómetro** *m* pedometer

**podredumbre** *f* rottennness, putrefaction

**podrido** *adj tb fig* rotten; **~ de dinero** F filthy rich F

**podrir** ⟨3a⟩ *v/t* ☞ **pudrir**

**poema** *m* poem

◇ **poema épico** epic poem

◇ **poema sinfónico** MÚS symphonic poem

**poemario** *m* collection of poems

**poesía** *f* **1** *género* poetry **2** (*poema*) poem

**poeta** *m/f* poet

**poético** *adj* poetic

**poetisa** *f* poet

**póker** *m* ☞ **póquer**

**polaco I** *adj* Polish **II** *m*, **-a** *f* Pole **III** *m idioma* Polish

**polar** *adj* polar

**polaridad** *f* polarity

**polarizar** ⟨1f⟩ *v/t* polarize; **polarizarse** *v/r* polarize, become polarized

**polea** *f* TÉC pulley

**polémica** *f* controversy

**polémico** *adj* controversial

**polemista** *m/f* polemicist

**polemizar** ⟨1f⟩ *v/i* argue (**sobre** about)

**polen** *m* BOT pollen

**poleo** *m* BOT pennyroyal

**polera** *f Chi* turtle neck (sweater)

**poli** *m/f* F cop F; **la ~** F the cops *pl* F

**policía I** *f* **1** *cuerpo* police **2** *agente* police officer, policewoman **II** *m* police offi-

cer, policeman
◇ **policía montada** mounted police
**policíaco, policiaco** *adj* detective *atr*
**policial** *adj* police *atr*
**policlínica** *f* MED private hospital
**policromía** *f* polychromy
**policromo, polícromo** *adj* polychrome
**polideportivo** *m* sports center, *Br* sports centre
**poliedro** *m* MAT polyhedron
**poliéster** *m* polyester
**polifacético** *adj* versatile, multifaceted
**polifásico** *adj* EL multiphase
**polifonía** *f* polyphony
**polifónico** *adj* polyphonic
**poligamia** *f* polygamy
**polígamo** *adj* polygamous
**políglota I** *adj* polyglot *atr* **II** *m/f* polyglot
**polígloto, poligloto** *adj* polyglot
**polígono** *m* MAT polygon
◇ **polígono de tiro** shooting range; **polígono industrial** industrial zone, *Br* industrial estate; **polígono residencial** housing development
**polilla** *f* ZO moth
**Polinesia** *f* Polynesia
**polinesio I** *adj* Polynesian **II** *m*, **-a** *f* Polynesian
**polinización** *f* BOT pollination
**polinizar** ⟨1f⟩ *v/t* BOT pollinate
**polinosis** *f* MED hay fever
**polio** *f* MED polio
**poliomielitis** *f* MED poliomyelitis
**pólipo** *m* MED, ZO polyp
**polisemia** *f* polysemy
**polista** *m/f* DEP polo player
**politécnico** *adj instituto* polytechnic; *universidad* **-a** technical college
**política** *f* **1** politics *sg* **2** *orientación* policy; **~ ambiental** environmental policy
◇ **política exterior** foreign policy
**políticamente** *adv:* **~ correcto** politically correct, PC
**político I** *adj* political **II** *m*, **-a** *f* politician
**politizar** ⟨1f⟩ *v/t* politicize
**politólogo** *m*, **-a** *f* political scientist
**polivalente** *adj* **1** QUÍM polyvalent **2** *fig: objeto* multipurpose; *persona* versatile
**póliza** *f* policy
◇ **póliza de seguros** insurance policy
**polizón** *m/f* stowaway
**polizonte** *m/f* F cop F
**polla** *f* V prick V, cock V

◇ **polla de agua** ZO moorhen
**pollada** *f* brood
**pollera** *f* L.Am. skirt
**pollería** *f* poulterer's
**pollino** *m* **1** ZO young donkey **2** F idiot, ass F
**pollito** *m* chick
**pollo** *m* ZO, GASTR chicken
◇ **pollo asado** GASTR roast chicken
**polluelo** *m* ZO chick
**polo** *m* **1** GEOG, EL pole; **los ~s opuestos se atraen** opposites attract **2** *prenda* polo shirt **3** DEP polo
◇ **polo acuático** L.Am. waterpolo; **Polo Norte** North Pole; **Polo Sur** South Pole
**polola** *f* Chi girlfriend
**pololear** ⟨1a⟩ *v/i* Chi be going steady
**pololo** *m* Chi boyfriend
**Polonia** *f* Poland
**poltrona** *f* easy chair
**polución** *f* pollution; **~ atmosférica** air pollution, atmospheric pollution
**polucionar** ⟨1a⟩ *v/t* pollute
**polvareda** *f* dust cloud; **levantar una ~** *fig* cause an uproar
**polvera** *f* powder compact
**polvo** *m* **1** *del camino, de muebles* dust; **limpiar** *o* **quitar el ~** dust; **morder el ~** F bite the dust F; **hacer morder el ~ a alguien** F crush s.o., wipe the floor with s.o. F **2** *en química, medicina etc* powder **3** F: **estar hecho ~** be all in F **4** V: **echar un ~** have a screw V; **nada de ~s durante dos semanas** no nooky V *o* sex for two weeks
**pólvora** *f* gunpowder; **no ha inventado la ~** he'll never set the world on fire; **gastar la ~ en salvas** *fig* waste one's energy
**polvoriento** *adj* dusty
**polvorín** *m* **1** *almacén* magazine **2** *fig* powder keg
**polvorón** *m* GASTR *type of small cake*
◇ **polvos de talco** *mpl* talcum powder *sg*
**pomada** *f* cream
**pomelo** *m* BOT grapefruit
**pómez** *f:* **piedra ~** pumice stone
**pomo** *m* **1** doorknob **2** *Méx frasco* bottle
**pompa** *f* **1** (*ostentación*) pomp **2** *de jabón* bubble
◇ **pompas fúnebres** *ceremonia* funeral ceremony *sg*; *establecimiento* fun-

eral home *sg*, funeral parlor *sg*, *Br* funeral parlour *sg*

**pompis** *m* F bottom F

**pomposo** *adj* pompous

**pómulo** *m* ANAT cheekbone

**pon** *vb* ☞ **poner**

**ponchadura** *f Méx* flat, *Br* puncture

**ponchar** ⟨1a⟩ *v/t L.Am.* **1** puncture **2** *en béisbol* strike out; **poncharse** *v/r* **1** *Méx* get a flat *o Br* puncture **2** *L.Am. en béisbol* strike out

**ponche** *m* **1** punch **2** *L.Am. en béisbol* strike

**ponchera** *f* punch bowl

**poncho** *m* poncho; **pisarse el ~** *S.Am.* be mistaken

**ponderación** *f* **1** *mesura* deliberation **2** *en estadísticas* weighting

**ponderar** ⟨1a⟩ *v/t* **1** *fml* (*alabar*) praise, speak highly of **2** (*considerar*) consider, ponder

**ponedero** *m* nest(ing) box

**ponencia** *f* **1** (*charla*) presentation **2** EDU paper

**ponente** *m/f* speaker

**poner** ⟨2r; *part* **puesto**⟩ *v/t* **1** put; **~ en escena** stage; **~ en marcha** set in motion; **pongamos que** let's suppose *o* assume that

**2** *ropa* put on

**3** (*añadir*) put in

**4** RAD, TV turn on, switch on

**5** *la mesa* set

**6** (*escribir*) put down

**7** *en periódico, libro etc* say; **la crítica puso muy bien su última película** the critics gave his last film very good reviews

**8** *negocio* set up

**9** *telegrama* send

**10** *huevos* lay

**11** AUTO *marcha* put the car in, move into

**12** *dinero* deposit

**13**: **~ a alguien furioso** make s.o. angry; **~le a alguien con alguien** TELEC put s.o. through to s.o.; **~le una multa a alguien** fine s.o.

**ponerse** *v/r* **1** *ropa* put on; **~ de luto** dress in mourning; **~ de verano** put on summer clothes

**2** *en un estado*: **~ palido** turn pale; **~ furioso** get angry; **~ enfermo** become *o* fall ill; **¡no te pongas así!** don't get so

upset!, don't take it like that!; **~ bien** recover, get better; **~ en marcha** get started, get going

**3**: **ponte en el banco** go and sit on the bench; **se puso ahí** she stood over there; **dile que se ponga** TELEC tell her to come to the phone; **~ a** start to; **al ~ el sol** at sunset

**poney** *m* ☞ **poni**

**pongo**[1] *vb* ☞ **poner**

**pongo**[2] *m Pe*: *indentured Indian laborer*

**poni** *m* ZO pony

**poniente** *m* west

**pontificado** *m* pontificate

**pontificar** ⟨1g⟩ *v/i* REL, *fig* pontificate

**pontífice** *m* pontiff; **sumo ~** Pope

**pontificio** *adj* pontifical

**pontón** *m* pontoon

**ponzoñoso** *adj* poisonous

**pop I** *adj* pop; **música ~** pop music **II** *m* pop

**popa** *f* MAR stern

**popote** *m Méx* straw

**populachero** *adj desp* vulgar, common

**populacho** *m desp* rabble, plebs *pl*

**popular I** *adj* **1** (*afamado*) popular **2** (*del pueblo*) folk *atr* **3** *barrio* lower-class **II** *mpl*: **los ~es** *Esp* POL the Popular Party

**popularidad** *f* popularity

**popularizar** ⟨1f⟩ *v/t* popularize; **popularizarse** *v/r* become popular

**populismo** *m* populism

**populista** *m/f* populist

**populoso** *adj* populous

**popurrí** *m* MÚS, *fig* potpourri

**póquer** *m* poker; **cara de ~** poker face

**poquito** *adj*: **un ~** a little, a (little) bit

**por** *prp* **1** *motivo* for, because of; **lo hace ~ mí** he does it for me; **lo hizo ~ amor** she did it out of *o* for love; **luchó ~ sus ideales** he fought for his ideals; **~ miedo a ofenderle** for fear of upsetting her; **vino ~ verme** he came to see me

**2** *medio* by; **~ avión** by air; **~ correo** by mail, *Br tb* by post

**3** *tiempo*: **~ un año / un segundo** for a year / a second; **~ la mañana** in the morning; **~ Navidad** around Christmas

**4** *movimiento*: **~ la calle** down the street; **~ un tunel** through a tunnel; **~ aquí** this way

**5** *posición aproximada* around, about; **está ~ aquí** it's around here (some-

where); *vive ~ el centro de la ciudad* she lives somewhere around the center of town
**6** *cambio:* ~ *cincuenta pesos* for fifty pesos; ~ *cabeza* each, a head
**7** *otros usos:* ~ *hora* an *o* per hour; *dos* ~ *dos* two times two; *¿~ qué?* why?; *el motivo ~ el cual o ~ el que ...* the reason why ...; *esa factura aún está ~ pagar* that invoice still has to be paid; *tomar ~ esposa* marry; ~ *difícil que sea* however difficult it might be

**porcelana** *f* porcelain, china; *de ~* porcelain *atr*, china *atr*
**porcentaje** *m* percentage
**porcentual** *adj* percentage *atr*
**porche** *f* porch
**porcicultor** *m*, ~*a f* hog *o* pig breeder, hog *o* pig farmer
**porcicultura** *f* hog *o* pig breeding, hog *o* pig farming
**porcino** *adj* pig *atr*, porcine *fml*; *ganado* ~ *sg* hogs *pl*, pigs *pl*
**porción** *f* portion
**pordiosero** *m*, -*a f* beggar
**porfía** *f* (*insistencia*) insistence
**porfiar** ⟨1c⟩ *v/i* insist (*en* on)
**pormenor** *m* detail
**pormenorizar** ⟨1f⟩ *v/t* describe in detail
**porno I** *adj* porn *atr* **II** *m* porn
**pornografía** *f* pornography
**pornográfico** *adj* pornographic
**poro** *m* **1** pore **2** *Chi, Méx*: puerro leek
**porosidad** *f* porosity, porousness
**poroso** *adj* porous
**poroto** *m Rpl, Chi* bean
◇ **porotos verdes** *L.Am.* green beans
**porque** *conj* because; ~ *sí* just because
**porqué** *m* reason
**porquería** *f* **1** (*suciedad*) filth **2** F *cosa de poca calidad* piece of trash F
**porqueriza** *f* pigpen, *Br* pigsty
**porra** *f* **1** *de policía* night stick, *Br* baton **2** (*palo*) club **3** *¡vete a la ~!* F go to hell! F
**porrada** *f*: *una ~ de* F loads of F
**porrazo** *m*: *darle un ~ a alguien* F hit s.o.; *darse o pegarse un ~* crash (*contra* into)
**porreta** *f*: *en ~s* F stark naked, in one's birthday suit F
**porrillo**: *a ~* F by the truckload F; *gana dinero a ~* he makes a bundle F, he makes loads of money F

**porro** *m* F joint F
**porrón** *m* *container from which wine is poured straight into the mouth*
**portaaviones** *m inv* aircraft carrier
**portacontenedores** *m inv* container ship
**portada** *f* **1** TIP front page; *de revista* cover **2** ARQUI front
**portador** *m*, ~*a f* **1** COM bearer **2** MED: ~ *de gérmenes* carrier
**portaequipajes** *m inv* **1** AUTO trunk, *Br* boot **2** FERR luggage rack
**portaesquís** *m inv* AUTO ski rack
**portafolios** *m inv* briefcase
**portahelicópteros** *m inv* MAR helicopter carrier
**portal** *m* **1** *de casa, pisos* foyer **2** (*entrada*) doorway **3** INFOR portal
**portalámparas** *m inv* EL (bulb) socket
**portaligas** *m inv Arg, Chi* garter belt, *Br* suspender belt
**portamaletas** *m inv* ☞ **portaequipajes**
**portaminas** *m inv* automatic *o* mechanical pencil, *Br* propelling pencil
**portamonedas** *m inv* coin purse, *Br* purse
**portante** *m*: *tomar el ~* *fig* F clear off
**portaobjeto, portaobjetos** *m inv* (microscope) slide
**portarrollos** *m inv de papel higiénico* toilet-roll holder
**portarse** ⟨1a⟩ *v/r* behave
**portátil** *adj* portable
**portatrajes** *m inv* suit carrier
**portavelas** *m inv* candle holder
**portavoz** *m/f hombre* spokesman; *mujer* spokeswoman
◇ **portavoz del gobierno** government spokesperson
**portazo** *m*: *dar un ~* F slam the door
**porte** *m* **1** (*aspecto*) appearance, air **2** (*gasto de correo*) postage; *a ~s debidos* collect on delivery, *Br* cash on delivery; *a ~s pagados* freight paid, *Br* carriage paid **3**: *de este ~* about this big
**porteador** *m*, ~*a f* porter, bearer
**portear** ⟨1a⟩ *v/t* carry, transport
**portento** *m* **1** (*fenómeno*) wonder **2** *persona* genius
**portentoso** *adj* incredible, prodigious
**porteño** *Arg* **I** *adj* of / from Buenos Aires, Buenos Aires *atr* **II** *m*, -*a f* native of Buenos Aires
**portería** *f* **1** (*conserjería*) reception **2** *ca-*

*sa* superintendent's apartment, *Br* caretaker's flat **3** DEP goal

**portero** *m* **1** doorman **2** *de edificio* superintendent, *Br* caretaker **3** DEP goalkeeper

◇ **portero automático** intercom, *Br* entryphone

**portezuela** *f* door

**pórtico** *m* portico

**portilla** *f* MAR porthole

**portillo** *m* **1** *de muralla* wicket (gate) **2** *entre dos montañas* defile

**portón** *m* large door

**portorriqueño I** *adj* Puerto Rican **II** *m*, *-a f* Puerto Rican

**portuario** *adj* port *atr*

**Portugal** *m* Portugal

**portugués I** *adj* Portuguese **II** *m, -esa f persona* Portuguese **III** *m idioma* Portuguese

**porvenir** *m* future

**pos** *adv*: **en ~ de** in pursuit of

**pos(t)venta** *adj inv* after-sales *atr*

**posada** *f* **1** *C.Am., Méx* Christmas party **2** *(fonda)* inn

**posaderas** *fpl* bottom *sg* F, backside *sg* F

**posar** ⟨1a⟩ *v/t mano* lay, place (**sobre** on); **~ la mirada en** gaze at; **posarse** *v/r de ave, insecto,* AVIA land

**posavasos** *m inv* coaster

**posdata** *f* postscript

**pose** *f* pose

**poseedor** *m, ~a f de acciones, licencia* holder; *de armas* owner

**poseer** ⟨2e⟩ *v/t* possess; (*ser dueño de*) own, possess

**poseído I** *adj* possessed (**de, por** by) **II** *m, -a f*: **gritar como un ~** scream like one possessed

**posesión** *f* possession; **tomar ~ (de un cargo)** POL take up office; **estar en ~ de la verdad** know the truth; **estar en ~ de las facultades** be in possession of one's faculties

**posesivo** *adj* GRAM, *persona* possessive

**poseso** ☞ **poseído**

**posguerra** *f* postwar period

**posibilidad** *f* possibility; **vivir por encima de sus ~es** live beyond one's means

**posibilitar** ⟨1a⟩ *v/t* make possible

**posible I** *adj* possible; **en lo ~** as far as possible; **hacer ~** make possible; **hacer todo lo ~** do everything possible; **es que ...** perhaps ...; **es muy ~ que** it's very possible that; **¿será ~?** F I don't believe it! F **II** *mpl ~s*: means *pl*; **con ~s** well-off, well-to-do

**posiblemente** *adv* possibly

**posición** *f* **1** *tb* MIL, *fig* position; **en buena ~** *en clasificación* in a good position, well-placed; **en ~ de espera** on standby **2** *social* standing, status; **de ~** of some standing

**positivo I** *adj* positive; **dar ~** *en test de alcoholemia* test positive (*on the breathalyzer test*) **II** *m* FOT print

**posmodernidad** *f* postmodernity

**posmoderno** *adj* postmodern

**poso** *m* dregs *pl*; **los ~s del café** the coffee grounds

**posología** *f* dosage

**posoperatorio** MED **I** *adj* postoperative **II** *m* postoperative period

**pospuesto** *part* ☞ **posponer**

**posponer** ⟨2r; *part* **pospuesto**⟩ *v/t* postpone

**posta** *f*: **a ~** on purpose

**postal I** *adj* mail *atr*, postal; **tarjeta ~** postcard **II** *f* postcard

**postas** *fpl L.Am.* relay race *sg*

**poste** *m* **1** post; **~ alto / bajo** *en baloncesto* high / low post **2** *en baloncesto*: *jugador* center, *Br* centre

◇ **poste kilométrico** distance marker

◇ **poste telegráfico** telegraph pole

**póster** *m* poster

**postergar** ⟨1a⟩ *v/t* postpone

**posteridad** *f* posterity; **pasar a la ~** go down in history

**posterior** *adj* **1** (*consecutivo*) later, subsequent **2** (*trasero*) rear *atr*, back *atr*

**posterioridad** *f*: **con ~** later, subsequently; **con ~ a** later than, subsequent to

**posteriormente** *adv* subsequently

**postigo** *m* shutter

**postín** *m*: **de ~** *comida* sumptuous; **una vida de ~** a life of ease; **darse ~** show off

**postinero** *adj* (*presuntuoso*) pretentious

**postizo I** *adj* false **II** *m* hairpiece

**postor** *m* bidder; **al mejor ~** to the highest bidder

**postrar** ⟨1a⟩ *v/t*: **la gripe lo postró dos**

**semanas** he was laid up with flu for two weeks; **postrarse** *v/r* prostrate o.s.

**postre** *m* dessert; **llegar a los ~s** arrive very late; **a la ~** in the end

**postrer(o)** *adj* last

**postrimerías** *fpl* end *sg*, final years; **en las ~ de del reino** at the end of, in the final years of

**postulado** *m* postulate

**postulante** *m/f* **en una colecta** collector

**postular** ⟨1a⟩ *v/t hipótesis* put forward, advance

**póstumo** *adj* posthumous

**postura** *f tb fig* position

**potabilizador** *adj*: **planta ~a de agua** waterworks *sg*

**potabilizadora** *f* waterworks *sg*

**potabilizar** ⟨1f⟩ *v/t* make drinkable

**potable** *adj* **1** drinkable; **agua ~** drinking water **2** *fig* F passable

**potaje** *m* GASTR stew

**potasa** *f* potash

**potasio** *m* potassium

**pote** *m* **1** (*olla*) pot **2** GASTR stew **3** *fig* F: **darse ~** show off

**potencia** *f* power; **en ~** potential; **elevar a la décima ~** MAT raise to the power of ten

◇ **potencia nuclear** nuclear power

**potencial** *m/adj* potential

**potenciar** ⟨1b⟩ *v/t fig* foster, promote

**potentado** *m*, **-a** *f* tycoon

**potente** *adj* powerful

**potestad** *f* authority; **patria ~** parental authority

**potingue** *m* F *desp* lotion, cream

**potito** *m* jar of baby food

**Potosí** *m*: **valer un ~** *fig* be worth a fortune

**potra** *f* **1** ZO filly **2** F (*suerte*) luck; **tener ~** F be lucky

**potranca** *f* ZO filly

**potranco** *m* ZO colt

**potrero** *m* L.Am. pasture

**potro** *m* ZO colt

**pozo** *m* **1** *de agua* well; MIN shaft; **un ~ sin fondo** *fig* a bottomless pit; **salir del ~** *fig* F get out of the hole **2** *Rpl* pothole

◇ **pozo negro** cesspit

**pozol** *m* C.Am. corn liquor

**pozole** *m* Méx corn stew

**PP** *m abr* (= **Partido Popular**) Popular Party

**p.p.** *abr* (= **por poder**) by proxy

**PPE** *m abr* (= **Partido Popular Europeo**) European Popular Party

**práctica** *f* practice; **en la ~** in practice; **llevar a la ~, poner en ~** put into practice; **perder la ~** get out of practice; **tener ~ en algo** have experience in sth; **~s** *pl* work experience *sg*; **hacer ~s** do a work placement

**practicable** *adj* **1** *tarea* feasible, practicable **2** *camino* passable

**practicante I** *adj* practicing, *Br* practising **II** *m/f* nurse (*who gives injections, does tests, dresses wounds, etc.*)

**practicar** ⟨1g⟩ *v/t* practice, *Br* practise; *deporte* play; **~ la equitación / la esgrima** ride / fence

**práctico I** *adj* practical **II** *m* MAR pilot

**pradera** *f* prairie, grassland

**prado** *m* meadow

**Praga** *f* Prague

**pragmático I** *adj* pragmatic **II** *m*, **-a** *f* pragmatist

**pragmatismo** *m* pragmatism

**pral.** *abr* (= **principal**) first

**preacuerdo** *m* outline agreement

**prealerta** *f* initial alert

**preámbulo** *m* preamble; **sin ~s** without further ado

**preaviso** *m* notice; **sin ~** without notice *o* warning

**prebenda** *f* sinecure

**preboste** *m* HIST provost; *fig*: *de asociación, comunidad* leader

**precalentamiento** *m* DEP warm-up

**precalentar** ⟨1k⟩ *v/t* preheat

**precariedad** *f* **1** (*escasez*) poverty, deprivation **2** (*inseguridad*) precariousness

**precario** *adj* precarious

**precaución** *f* precaution; **tomar precauciones** take precautions

**precaver** ⟨2a⟩ *v/t* guard against; **precaverse** *v/r* take precautions (**contra** against); **~ de** guard against

**precavido** *adj* cautious

**precedencia** *f* precedence, priority

**precedente I** *adj* previous **II** *m* precedent; **sin ~s** unprecedented, without precedent; **sentar un ~** set a precedent

**preceder** ⟨2a⟩ *v/t* precede

**preceptiva** *f* regulations *pl*

**preceptivo** *adj* compulsory, mandatory

**precepto** *m* precept

**preceptor** *m* (private) tutor

**preciado** *adj* precious

**preciarse** ⟨1b⟩ *v/r:* **cualquier fontanero que se precie** ... any self-respecting plumber ...

**precintar** ⟨1a⟩ *v/t paquete* seal; *lugar* seal off

**precinto** *m* seal

**precio** *m* price; ~ **por unidad** unit price; **a bajo** ~ at a low price; **a mitad de** ~ at half price; **estar bien de** ~ be reasonably priced; **a buen** ~ at a good price; **pagar a** ~ **de oro** pay a fortune for; **no tener** ~ *fig* be priceless

◊ **precio al contado** cash price; **precio de coste** cost price; **precio de lanzamiento** (special) introductory price; **precio al por mayor** wholesale price; **precio al por menor** retail price; **precio de venta** sale price; **precio de venta al público** recommended retail price

**preciosidad** *f:* **esa casa / chica es una** ~ that house / girl is gorgeous *o* beautiful

**precioso** *adj* **1** (*de valor*) precious **2** (*hermoso*) beautiful

**preciosura** *f L.Am.* F ☞ **preciosidad**

**precipicio** *m* precipice; **estar al borde del** ~ *fig* be on the edge of the precipice

**precipitación** *f* **1** (*prisa*) hurry, haste **2**: **precipitaciones** *pl* rain *sg*

**precipitado I** *adj* hasty, sudden **II** *m* QUÍM precipitate

**precipitar** ⟨1a⟩ *v/t* **1** (*lanzar*) throw, hurl **2** (*acelerar*) hasten **3** QUÍM precipitate; **precipitarse** *v/r* **1** (*correr*) rush **2** *fig* be hasty

**precisamente** *adv* precisely

**precisar** ⟨1a⟩ *v/t* **1** (*aclarar*) specify **2** (*necesitar*) need

**precisión** *f* precision; **de** ~ precision *atr*

**preciso** *adj* precise, accurate; **ser** ~ be necessary

**precocidad** *f* precocity, precociousness

**precocinado** *adj* precooked

**precolombino** *adj* pre-Columbian

**preconcebido** *adj* preconceived; **idea** ~**a** preconceived idea, preconception

**preconizar** ⟨1f⟩ *v/t* advocate

**precontrato** *m* precontract

**precoz** *adj* **1** (*anticipado*) early **2** *niño* precocious

**precursor** *m*, ~**a** *f* precursor, forerunner

**predador I** ZO *adj* predatory **II** *m*, ~**a** *f* (*saqueador*) predator

**predecesor** *m*, ~**a** *f* predecessor

**predecible** *adj* predictable

**predecir** ⟨3p; *part* **predicho**⟩ *v/t* predict

**predestinación** *f* predestination

**predestinado I** *adj* predestined **II** *m*, -**a** *f:* **un** ~ **a algo** a person who is predestined to sth

**predestinar** ⟨1a⟩ *v/t* predestine

**predeterminar** ⟨1a⟩ *v/t* predetermine

**predicado** *m* predicate

**predicador** *m*, ~**a** *f* preacher

**predicar** ⟨1g⟩ *v/t* preach; ~ **con el ejemplo** practice *o Br* practise what one preaches

**predicativo** *adj* GRAM predicative

**predicción** *f* prediction, forecast

◊ **predicción meteorológica** weather forecast

**predicho** *part* ☞ **predecir**

**predilección** *f* predilection

**predilecto** *adj* favorite, *Br* favourite

**predio** *m L.Am.* building

**predisponer** ⟨2r⟩ *v/t* **1** (*influir*) prejudice **2** MED predispose; **predisponerse** *v/r* be predisposed

**predisposición** *f* **1** MED predisposition **2** (*tendencia*) tendency; **una** ~ **en contra de** a prejudice against

**predispuesto** *adj* **1** (*proclive*) predisposed (**a** to) **2** (*parcial*) bias(s)ed, prejudiced

**predominante** *adj* predominant

**predominar** ⟨1a⟩ *v/i* predominate

**predominio** *m* predominance

**preelectoral** *adj* pre-election *atr*

**preeminencia** *f* preeminence

**preeminente** *adj* preeminent

**preescolar** *adj* preschool

**preestreno** *m* preview

**preexistente** *adj* pre-existing

**preexistir** ⟨3a⟩ *v/i* pre-exist

**prefabricado** *adj* prefabricated

**prefacio** *m* preface, foreword

**prefecto** *m* REL prefect

**preferencia** *f* preference; **de** ~ preferably; ~ **de paso** AUTO right of way, *Br tb* priority

**preferente** *adj* preferential

**preferentemente** *adv* preferably

**preferible** *adj* preferable (**a** to); **es** ~ **que** ... it's better if ...

**preferiblemente** *adv* preferably

**preferido I** *part* ☞ **preferir II** *adj* favorite, *Br* favourite

**preferir** ⟨3i⟩ *v/t* prefer; *prefiero hacerlo solo* I'd rather do it on my own, I'd prefer to do it on my own

**prefijar** ⟨1a⟩ *v/t* arrange in advance

**prefijo** *m* **1** GRAM prefix **2** TELEC area code, *Br tb* dialling code

**prefranqueado** *adj* prefranked, prepaid

**pregón** *m* proclamation

**pregonar** ⟨1a⟩ *v/t* proclaim, make public

**pregonero** *m*, -a *f* HIST town crier

**pregunta** *f* question; *hacer una* ~ ask a question

**preguntar** ⟨1a⟩ **I** *v/t* ask **II** *v/i* ask; ~ *por algo* ask about sth; ~ *por alguien paradero* ask for s.o.; *salud etc* ask about s.o.; **preguntarse** *v/r* wonder

**preguntón I** *adj* nosy **II** *m*, -ona *f* busybody, nosy parker

**prehistoria** *f* prehistory

**prehistórico** *adj* prehistoric

**prejubilación** *f* early retirement

**prejuicio** *m* prejudice

**prejuzgar** ⟨1h⟩ *v/t* prejudge

**prelado** *m* prelate

**prelavado** *m* prewash

**preliminar I** *adj* **1** *estudio, comentario* preliminary **2** DEP qualifying **II** *m* *L.Am.* qualifier

**preludiar** ⟨1b⟩ *v/t* MÚS, *fig* herald

**preludio** *m* prelude

**premamá** *adj* maternity *atr*

**prematrimonial** *adj* premarital

**prematuro I** *adj* premature **II** *m*, -a *f* premature baby

**premeditación** *f* premeditation; *con* ~ deliberately

**premeditado** *adj* premeditated

**premeditar** ⟨1a⟩ *v/t* JUR premeditate

**premiado I** *adj* prizewinning **II** *m*, -a *f* prizewinner

**premiar** ⟨1b⟩ *v/t* award a prize to

**premio** *m* prize

◇ **premio de consolación** consolation prize

◇ **premio gordo** jackpot

**premisa** *f* premise

**premonición** *f* premonition

**premonitorio** *adj* premonitory

**premura** *f* haste; ~ *de tiempo* pressure of time; *hacer algo con* ~ *de tiempo* be pressed for time when doing some-

thing

**prenatal** *adj* prenatal, *Br* antenatal; *vestido* ~ maternity dress

**prenavideño** *adj* pre-Christmas

**prenda** *f* **1** *de vestir* item of clothing, garment; ~*s deportivas pl* sportswear *sg* **2** *garantía* security **3** *en juegos* forfeit; *juego de* ~*s* forfeits *sg* **4**: *no soltar* ~ not say a word (*sobre* about); *no me duelen* ~*s admitir que me equivoqué* I don't mind admitting that I was wrong

**prendar** ⟨1a⟩ *v/t* captivate; **prendarse** *v/r:* ~ *de algo* be captivated by sth; ~ *de alguien* fall in love with s.o.

**prender** ⟨2a; *part preso*⟩ **I** *v/t* **1** *a fugitivo* capture **2** *sujetar* pin up **3** *L.Am. fuego* light; *luz* switch on, turn on; ~ *fuego a* set fire to **II** *v/i* **1** *de planta* take **2** (*empezar a arder*) catch **3** *de moda* catch on

**prendería** *f Esp* pawnbroker's, pawn shop

**prensa** *f* press; ~ *diaria* daily newspapers *pl*, dailies *pl*; ~ *especializada* specialist press; *tener buena / mala* ~ *tb fig* have a good / bad press

◇ **prensa amarilla** gutter press

**prensado** *m* pressing

**prensar** ⟨1a⟩ *v/t* press

**prensil** *adj* ZO prehensile; *cola* ~ prehensile tail

**preñado** *adj* **1** (*embarazada*) pregnant **2** *fig lit:* ~ *de* filled with

**preñar** ⟨1a⟩ *v/t* impregnate, make pregnant

**preocupación** *f* worry, concern

**preocupado** *adj* worried (*por* about), concerned (*por* about)

**preocupante** *adj* worrying

**preocupar** ⟨1a⟩ *v/t* worry, concern; **preocuparse** *v/r* worry (*por* about); ~ *de* (*encargarse*) look after, take care of; *¡no se preocupe!* don't worry!

**preparación** *f* **1** (*preparativo*) preparation **2** (*educación*) education **3** *para trabajo* training

**preparado I** *adj* ready, prepared; *¡*~*s, listos, ya!* ready, set, go! **II** *m* preparation

**preparador** *m*, ~a *f:* ~ *físico* trainer

**preparar** ⟨1a⟩ *v/t* prepare, get ready; **prepararse** *v/r* **1** get ready (*para* for), prepare o.s. (*para* for) **2** *de tor-*

*menta, crisis* be brewing

**preparativos** *mpl* preparations

**preparatorio** *adj* preparatory; *curso ~* preparatory course

**preponderancia** *f* preponderance

**preponderante** *adj* predominant

**preponderar** ⟨1a⟩ *v/i* predominate

**preposición** *f* preposition

**prepotencia** *f* arrogance

**prepotente** *adj* arrogant

**prepucio** *m* ANAT foreskin, prepuce *fml*

**prerrogativa** *f* prerogative

**presa** *f* **1** (*dique*) dam **2** (*embalse*) reservoir **3** (*víctima*) prey; *ser ~ del pánico* be panic-stricken **4** *L.Am. para comer* bite to eat

**presagiar** ⟨1b⟩ *v/t* presage, forebode; *no hacer ~ nada bueno* not be a good omen, not augur well

**presagio** *m* **1** (*agüero*) omen, sign **2** (*premonición*) premonition

**presbicia** *f* MED farsightedness, longsightedness

**presbiterio** *m* presbytery

**prescindir** ⟨3a⟩ *v/i: ~ de* **1** (*privarse de*) do without; *no poder ~ de algo* not be able to do without sth **2** (*omitir*) leave out, dispense with **3** (*no tener en cuenta*) disregard

**prescribir** ⟨3a; *part* **prescrito**⟩ **I** *v/i* JUR prescribe **II** *v/t* MED prescribe

**prescripción** *f* JUR *de contrato* expiry, expiration

◇ **prescripción médica** prescription

**prescrito** *part* ☞ **prescribir**

**presencia** *f* presence; *en ~ de* in the presence of; *buena ~* smart appearance; *~ de ánimo* presence of mind

**presenciar** ⟨1b⟩ *v/t* **1** *accidente* witness **2** (*estar presente en*) attend, be present at

**presentable** *adj* presentable

**presentación** *f* **1** presentation **2** COM launch **3** *entre personas* introduction

**presentador** *m, ~a f* TV presenter

**presentar** ⟨1a⟩ *v/t* **1** TV present **2** *a alguien* introduce **3** *producto* launch **4** *solicitud* submit; **presentarse** *v/r* **1** *en sitio* show up **2** (*darse a conocer*) introduce o.s. **3** *a examen* take **4** *de problema, dificultad* arise **5** *a elecciones* run

**presente I** *adj* present; *en el caso ~* in the present case *o* situation; *tener algo*

*~* bear sth in mind; *¡~!* here!; *mejorando lo ~* just like you **II** *m tiempo* present **III** *m/f: los ~s* those present **IV** *f: por la ~ le informamos que ...* we hereby wish to inform you that ...

**presentimiento** *m* premonition; *tengo el ~ que ...* I have a feeling that...

**presentir** ⟨3i⟩ *v/t* foresee; *presiento que vendrá* I have a feeling he'll come

**preservación** *f* (*protección*) preservation; *de naturaleza* preservation, conservation

**preservar** ⟨1a⟩ *v/t* protect; *naturaleza* preserve, conserve

**preservativo** *m* condom

**presidencia** *f de gobierno, organización* presidency; *de compañía* presidency, *Br* chairmanship; *de comité* chairmanship; *bajo la ~ de ...* when ... was president, under the presidency of ...

**presidenciable** *m/f L.Am.* potential presidential candidate

**presidencial** *adj* presidential

**presidente** *m, ~a f* president; *de gobierno* premier, prime minister; *de compañía* president, *Br* chairman, *Br mujer* chairwoman; *de comité* chair

◇ **presidente de honor, presidente honorífico** honorary president *o* chairman

**presidiario** *m, ~a f* prisoner

**presidio** *m* prison

**presidir** ⟨3a⟩ *v/t organización* be president of; *reunión* chair, preside over

**presión** *f* **1** pressure; *hacer ~ sobre* put pressure on, pressure **2** *en baloncesto* press; *~ en toda la cancha* full-court press

◇ **presión arterial** blood pressure; **presión fiscal** tax burden; **presión sanguínea** blood pressure

**presionar** ⟨1a⟩ **I** *v/t* **1** *botón, en baloncesto* press **2** *fig* put pressure on, pressure **II** *v/i en baloncesto* press

**preso I** *part* ☞ **prender II** *adj: hacer ~ a alguien* take s.o. prisoner **III** *m, ~a f* prisoner

◇ **preso preventivo** remand prisoner

**prestación** *f* provision

◇ **prestación por desempleo** unemployment benefit *o* compensation; **prestación social sustitutoria** MIL community service in lieu of military service; **prestaciones sociales** welfare *sg*, *Br* social security *sg*

**prestado** *adj*: **dejar algo ~ a alguien** lend sth to s.o., lend sth; **pedir ~ algo a alguien** borrow sth from s.o.

**prestamista** *m/f* moneylender

**préstamo** *m* **1** *de dinero* loan; **~ bancario** bank loan; **pedir un ~ para algo** apply for a loan for sth **2** GRAM loanword

**prestancia** *f fml* distinction; **tener ~** be distinguished

**prestar** ⟨1a⟩ *v/t dinero* lend; *ayuda* give; *L.Am.* borrow; **~ atención** pay attention; **prestarse** *v/r* **1**: **~ a** give rise to **2**: **~ a hacer algo** volunteer to do sth

**presteza** *f* promptness

**prestidigitación** *f* conjuring

**prestidigitador** *m*, **~a** *f* conjurer

**prestigiar** ⟨1b⟩ *v/t* lend prestige to; **~ algo con su presencia** honor *o Br* honour sth with one's presence

**prestigio** *m* prestige; **de ~** prestigious; **de ~ mundial** respected worldwide

**prestigioso** *adj* prestigious

**presumible** *adj*: **era ~ que ocurriera** that was predictable

**presumido I** *adj* **1** (*creído*) conceited **2** (*coqueto*) vain **II** *m*, **-a** *f* bighead

**presumir** ⟨3a⟩ **I** *v/t* presume **II** *v/i* show off; **~ de algo** boast *o* brag about sth; **presume de listo** he thinks he's very clever

**presunción** *f* **1** (*vanidad*) presumptuousness **2** (*suposición*) presumption, supposition

**presuntamente** *adv* allegedly

**presunto** *adj* alleged, suspected

**presuntuosidad** *f* conceit, conceitedness

**presuntuoso** *adj* conceited

**presuponer** ⟨2r; *part* **presupuesto**⟩ *v/t* assume

**presupuestal** *adj L.Am.* budgetary

**presupuestar** ⟨1a⟩ *v/t* budget for

**presupuestario** *adj* budget *atr*

**presupuesto I** *part* ☞ **presuponer II** *m* POL budget

**presurizado** *adj*: **cabina -a** AVIA pressurized cabin

**presurizar** ⟨1f⟩ *v/t* AVIA pressurize

**presuroso** *adj* hurried

**pretemporada** *f* DEP pre-season

**pretencioso** *adj* pretentious

**pretender** ⟨2a⟩ *v/t*: **~ hacer algo** try to

do sth

**pretendiente I** *m de mujer* suitor **II** *m/f*: **~ al trono** *o* **a la corona** pretender to the throne

**pretensión** *f L.Am.* (*arrogancia*) vanity; **sin pretensiones** unpretentious

**pretensor** *m*: **cinturón con ~** AUTO inertia-reel seatbelt

**pretérito I** *adj* past, bygone *lit* **II** *m* GRAM preterite

**pretextar** ⟨1a⟩ *v/t fml* claim

**pretexto** *m* pretext; **con (el) ~, a ~ de** under the pretext of

**pretil** *m* parapet

**prevalecer** ⟨2d⟩ *v/i* prevail (**sobre** over)

**prevaleciente** *adj* prevailing

**prevaricación** *f* corruption

**prevaricar** ⟨1g⟩ *v/i* pervert the course of justice

**prevención** *f* prevention; **tomar prevenciones** take precautions

**prevenido I** *part* ☞ **prevenir II** *adj* well-prepared

**prevenir** ⟨3s⟩ *v/t* **1** (*evitar*) prevent; **más vale ~ que curar** prevention is better than cure **2** (*avisar*) warn (**contra** against); **prevenirse** *v/r* (*prepararse*) prepare, get ready

**preventiva** *f Méx* yellow light, *Br* amber light

**preventivo** *adj* preventive, preventative; **medicina -a** preventive *o* preventative medicine

**prever** ⟨2v; *part* **previsto**⟩ *v/t* foresee

**previamente** *adv* previously

**previo** *adj* **1** previous; **sin ~ aviso** without (prior) warning **2** *fml*: **~ pago de** on payment of

**previsible** *adj* foreseeable

**previsión** *f* **1** (*predicción*) forecast; **~ del tiempo** weather forecast **2** (*preparación*) foresight

**previsor** *adj* farsighted

**previsto I** *part* ☞ **prever II** *adj* foreseen, expected; **tener ~** have planned

**prieto** *adj L.Am.* dark-skinned

**prima** *f* **1** *de seguro* premium **2** (*pago extra*) bonus

**primacía** *f* **1** (*supremacía*) supremacy, primacy **2** (*prioridad*) priority

**primado** *m* REL primate

**primar** ⟨1a⟩ **I** *v/i* take priority, take precedence (**sobre** over) **II** *v/t* **1** (*priorizar*) give priority to **2** (*recompensar*) give a bonus to

**primario** *adj* primary; *elecciones -as* POL primaries, primary elections

**primate** *m* ZO primate

**primavera** *f* **1** spring **2** BOT primrose

**primaveral** *adj* spring *atr*

**primer** *adj* first; *~ piso* second floor, *Br* first floor; *en edificio con piso principal* third floor, *Br* second floor

◊ **primer ministro** Prime Minister

**primera** *f* **1** first class; *de ~ producto*, *pintor* first-class, first-rate **2** AUTO first (gear); *poner la ~* put the car in first (gear) **3** DEP first division **4**: *a la ~* first-time; *a la ~ de cambio* at the drop of a hat; *me viene de ~* F it's just what I needed

◊ **primera base** *f en béisbol* first base; *jugador* first baseman

**primeriza** *f* first-time mother, *fml* primigravida

**primerizo** **I** *adj* (*principiante*) inexperienced, green F; *madre* new, first-time **II** *m*, *-a f* novice, greenhorn F

**primero** **I** *adj* first **II** *m*, *-a f* first (one); *a ~s de enero* at the beginning of January; *el ~ de mayo* the first of May; *ser el ~ de la clase* be top of the class **III** *pron*: *lo ~* (*lo más importante*) the most important thing **IV** *adv* **1** *en posición* first **2** (*primeramente*) first of all

◊ **primeros auxilios** first aid *sg*

**primicia** *f* scoop

**primitivo** *adj* **1** (*prehistórico, rudimentario*) primitive **2** (*original*) original

**primo** **I** *adj número* prime **II** *m*, *-a f* cousin; *~ hermano / prima hermana* first cousin; *hacer el ~ fig* F be taken for a ride F

**primogénito** **I** *adj* first **II** *m*, *-a f* first child

**primor** *m* skill; *cocina que es un ~* she's a wonderful cook; *con ~* finely, exquisitely

**primordial** *adj* fundamental

**primoroso** *adj* exquisite

**prímula** *f* BOT primrose

**princesa** *f* princess

**principado** *m* principality

**principal** **I** *adj* main, principal; *lo ~* the main *o* most important thing **II** *m* second floor, *Br* first floor

**príncipe** *m* prince

◊ **príncipe de Asturias** *heir to the* Spanish *throne*; **príncipe azul** *fig* Prince Charming; **príncipe consorte** prince consort; **príncipe de Gales** Prince of Wales; **príncipe heredero** crown prince

**principesco** *adj* princely

**principiante** **I** *adj* inexperienced **II** *m/f* beginner

**principio** *m* **1** *ley, moral* principle; *en ~* in principle; *por ~* on principle **2** *en tiempo* beginning; *a ~s de abril* at the beginning of April; *al ~, en un ~* at first; *el ~ del fin* the beginning of the end

**pringar** ⟨1h⟩ *v/t* **1** (*ensuciar*) get greasy **2** *fig* F get involved (*en* in); *~la* P kick the bucket F; **pringarse** *v/r* **1** (*ensuciarse*) get greasy **2** *fig* F get mixed up (*en* in)

**pringoso** *adj* greasy

**pringue** *m* (*also f*) grease

**prior** *m* prior

**priora** *f* prioress

**prioridad** *f* priority; *~ de paso* AUTO right of way, *Br* priority

**prioritario** *adj* priority *atr*

**priorizar** ⟨1f⟩ *v/t & v/i* prioritize

**prisa** *f* hurry, rush; *darse ~* hurry (up); *tener ~* be in a hurry *o* rush; *a toda ~* as fast *o* as quickly as possible; *de ~* fast, quickly; *correr ~* be urgent; *meter ~ a alguien* hurry s.o. along, make s.o. hurry

**prisión** *f* prison, jail

◊ **prisión de alta seguridad** high-security prison; **prisión incomunicada** solitary confinement, solitary F; **prisión preventiva** preventive detention

**prisionero** **I** *adj* captive **II** *m*, *-a f* prisoner; *caer ~* be taken prisoner

◊ **prisionero de guerra** prisoner of war, POW

**prisma** *m* prism

**prismáticos** *mpl* binoculars

**prístino** *adj* pristine

**priva** *f Esp* F booze F; *dar a la ~* hit the bottle

**privacidad** *f* privacy

**privación** *f acción* deprivation; *sufrir privaciones* suffer privation(s) *o* hardship

**privado** **I** *part* ☞ *privar* **II** *adj* private; *en ~* in private

**privar** ⟨1a⟩ **I** *v/t*: *~ a alguien de algo* deprive s.o. of sth **II** *v/i* F: *me priva la cer-*

**veza** I love beer; *le privan los coches* he's mad about cars F, he's car-mad F; **privarse** *v/r* deprive o.s.; *~ de algo* deprive o.s. of sth, go without sth

**privatización** *f* privatization

**privatizar** ⟨1f⟩ *v/t* privatize

**privilegiado I** *adj* **1** (*favorecido*) privileged **2** (*excelente*) exceptional **II** *m*, *-a f* privileged person; *los ~s* the privileged

**privilegiar** ⟨1b⟩ *v/t* **1** (*dar un privilegio a*) grant a privilege to **2** (*dar importancia a*) favor, *Br* favour

**privilegio** *m* privilege

**pro I** *prp* for, in aid of; *en ~ de* for **II** *m* pro; *los ~s y los contras* the pros and cons; *hombre de ~* worthy *o* upright man

**proa** *f* MAR bow, prow; *poner ~ a* set course for

**probabilidad** *f* probability

**probable** *adj* probable, likely; *es ~ que venga* she'll probably come

**probador** *m* fitting room

**probar** ⟨1m⟩ **I** *v/t* **1** *teoría* test, try out **2** (*comer un poco de*) taste, try; (*comer por primera vez*) try **3** (*justificar*) prove **II** *v/i* try; *~ a hacer* try doing; **probarse** *v/r* try on

**probeta** *f* test tube

**problema** *m* problem; *sin ~* without difficulty, without any problems

**problemático** *adj* problematic

**procaz** *adj* lewd, indecent

**procedencia** *f* origin, provenance

**procedente** *adj*: *~ de* from; *el tren ~ de Bogotá* the train from Bogota

**proceder** ⟨2a⟩ **I** *v/i* **1** (*venir*) come (*de* from) **2** (*actuar*) proceed; *~ a* proceed to; *~ contra alguien* initiate proceedings against s.o. **3** (*ser conveniente*) be fitting **II** *m* conduct

**procedimiento** *m* **1** (*proceso*) procedure, method **2** JUR proceedings *pl*

**procesado** *m*, *-a f* accused, defendant

**procesador** *m* INFOR processor

◇ **procesador de textos** word processor

**procesal** *adj* JUR *costos* legal; *derecho* procedural

**procesamiento** *m* **1** INFOR processing **2** JUR prosecution

◇ **procesamiento de textos** word processing

**procesar** ⟨1a⟩ *v/t* **1** INFOR process **2** JUR prosecute

**procesión** *f* procession; *la ~ va por dentro fig* he's / she's putting on a brave front

**procesionaria** *f* ZO processionary moth

**proceso** *m* **1** (*procedimiento*) process; *~ de paz* peace process **2** JUR trial **3** INFOR: *~ de datos / textos* data / word processing

**proclama** *f* proclamation

**proclamación** *f* proclamation

**proclamar** ⟨1a⟩ *v/t* **1** (*decir públicamente*) proclaim **2** (*revelar*) show; **proclamarse** *v/r* (*anunciar públicamente*) proclaim o.s.; *~ campeón del mundo* be crowned world champion; *~ vencedor* achieve victory

**proclive** *adj* given (*a* to)

**procreación** *f* breeding, procreation *fml*

**procrear** ⟨1a⟩ **I** *v/i* breed, procreate *fml* **II** *v/t* breed

**procurador** *m*, *~a f* JUR attorney, lawyer

**procurador de justicia** *Méx* attorney general

**procurar** ⟨1a⟩ *v/t* try; *procura no llegar tarde* try not to be late; **procurarse** *v/r* secure

**prode** *m Arg* sports lottery, *Br* football pools *pl*

**prodigar** ⟨1h⟩ *v/t* be generous with; *~ algo a alguien atenciones* lavish sth on s.o.; **prodigarse** *v/r* (*aparecer*) be seen in public; *no se prodiga mucho por aquí* you don't see much of him around here

**prodigio** *m* **1** *suceso* wonder, miracle **2** *persona* prodigy; *niño ~* child prodigy

**prodigioso** *adj* prodigious

**pródigo I** *adj* **1** (*generoso*) generous **2** (*derrochador*) extravagant; *el hijo ~* the prodigal son **II** *m*, *-a f* spendthrift

**producción** *f* production

◇ **producción en serie** mass production

**producir** ⟨3o⟩ *v/t* **1** (*crear*) produce **2** (*causar*) cause; **producirse** *v/r* happen, occur; *se produjo un ruido tremendo* there was a tremendous noise

**productividad** *f* productivity

**productivo** *adj* **1** *metodo*, *mañana* pro-

ductive **2** *empresa* profitable
**producto** *m* product; **~ acabado** finished product

◇ **producto bruto interno** *Rpl* gross domestic product; **producto bruto nacional** *Rpl* gross national product; **producto interior bruto** gross domestic product; **producto nacional bruto** gross national product

**productor I** *adj* producing *atr*; **país ~ de petróleo / café** oil-producing / coffee-producing country, oil / coffee producer **II** *m*, **~a** *f* producer

◇ **productos de belleza** beauty products; **productos manufacturados** manufactured goods, manufactures; **productos químicos** chemicals

**produjo** *vb* ☞ **producir**
**produzco** *vb* ☞ **producir**
**proemio** *m* (*prólogo*) preface
**proeza** *f* feat, exploit
**profana** *f* laywoman
**profanación** *f* desecration
**profanar** ⟨1a⟩ *v/t* defile, desecrate
**profano I** *adj fig* lay *atr* **II** *m* layman
**profe** *m/f* F teacher
**profecía** *f* prophecy
**proferir** ⟨3i⟩ *v/t* **1** *palabras, sonidos* utter **2** *insultos* hurl
**profesar** ⟨1a⟩ *v/t* **1** REL profess **2** *fig: admiración* feel, have
**profesión** *f* profession; **la ~ más antigua del mundo** the oldest profession in the world

◇ **profesión de fe** profession of faith
◇ **profesión liberal** profession
**profesional I** *adj* professional **II** *m/f* professional

◇ **profesional liberal** professional
**profesionalidad** *f* professionalism
**profesionista** *m/f Méx* professional
**profesor** *m*, **~a** *f* teacher; *de universidad* professor, *Br* lecturer; **~ de educación infantil** kindergarten teacher

◇ **profesor particular** private teacher *o* tutor
**profesorado** *m* faculty, *Br* staff *pl*
**profeta** *m* prophet; **nadie es ~ en su tierra** no-one is a prophet in his own country
**profético** *adj* prophetic
**profetizar** ⟨1f⟩ *v/t* prophesy
**profiláctico I** *adj* preventive, prophylactic *fml* **II** *m* condom

**profilaxis** *f* prophylaxis
**prófugo** *m*, **-a** *f* **1** JUR fugitive **2** MIL deserter
**profundidad** *f* depth; **en ~** *analizar* in depth; **tener dos metros de ~** be two meters deep
**profundizar** ⟨1f⟩ *v/i*: **~ en algo** go into sth in depth
**profundo** *adj cavidad* deep; *pensamiento, persona* profound, deep
**profusión** *f* profusion, abundance; **con gran ~ de** with an abundance of
**profuso** *adj* abundant, plentiful
**progenitor** *m*, **~a** *f* ancestor; **~es** *pl* parents
**programa** *m* **1** TV, RAD program, *Br* programme; **~ de mano** *de concierto* program, *Br* programme **2** INFOR program **3** EDU syllabus, curriculum

◇ **programa de estudios** syllabus, curriculum
**programable** *adj* programmable
**programación** *f* **1** RAD, TV programs *pl*, *Br* programmes *pl* **2** INFOR programming
**programador** *m*, **~a** *f* programmer
**programar** ⟨1a⟩ *v/t* **1** *aparato* program, *Br* programme **2** INFOR program **3** (*planear*) schedule
**progre** *adj* F trendy
**progresar** ⟨1a⟩ *v/i* progress, make progress
**progresión** *f* progression
**progresista** *m/f & adj* progressive
**progresivamente** *adv* progressively
**progresivo** *adj* progressive
**progreso** *m* progress
**prohibición** *f* ban (**de** on)
**prohibido** *adj* forbidden
**prohibir** ⟨3a⟩ *v/t* forbid; *oficialmente* ban; **~ a alguien hacer algo** forbid s.o. to do sth; **prohibido fumar** no smoking
**prohibitivo** *adj precio* prohibitive
**prohijar** ⟨1a⟩ *v/t* adopt
**prohombre** *m* great man
**prójimo** *m* fellow human being
**prolapso** *m* MED prolapse
**prole** *f* offspring
**prolegómeno** *m fml* (*prefacio*) preface
**proletariado** *m* proletariat
**proletario I** *adj* proletarian **II** *m*, **-a** *f* proletarian
**proliferación** *f* proliferation

**proliferar** ⟨1a⟩ *v/i* proliferate
**prolífico** *adj* prolific
**prolijidad** *f* long-windedness, prolixity *fml*
**prolijo** *adj* **1** (*extenso*) long-winded, prolix *fml* **2** (*minucioso*) detailed **3** *Rpl: limpio* tidy
**prologar** ⟨1h⟩ *v/t* write the preface for
**prólogo** *m* preface
**prolongación** *f* extension; ~ *del plazo* extension of the deadline
**prolongado** *adj* prolonged, lengthy
**prolongar** ⟨1h⟩ *v/t* extend, prolong; **prolongarse** *v/r* **1** *en tiempo* go *o* carry on **2** *en espacio* extend
**promediar** ⟨1a⟩ **I** *v/t* average out **II** *v/i* reach halfway; *promediaba el año* halfway *o* midway through the year
**promedio** *m* average; *como o en* ~ on average; ~ *de bateo* batting average
**promesa** *f* promise; ~ *electoral* election promise
**prometedor** *adj* bright, promising
**prometer** ⟨2a⟩ *v/t* promise; **prometerse** *v/r* get engaged; ~ *algo* promise o.s. sth; *prometérselas (muy) felices* F have high hopes
**prometida** *f* fiancée
**prometido** **I** *part* ☞ **prometer II** *adj* engaged **III** *m* fiancé
**prominencia** *f* prominence
**prominente** *adj* prominent
**promiscuidad** *f* promiscuity
**promiscuo** *adj* promiscuous
**promoción** *f* **1** *en empresa* promotion **2** EDU class, *Br* year **3** DEP play-offs *pl*
◇ **promoción de ventas** COM sales promotion
**promocional** *adj* promotional
**promocionar** ⟨1a⟩ *v/t* promote
**promontorio** *m* promontory
**promotor** *m*, **~a** *f* promoter
◇ **promotor inmobiliario** (property) developer
◇ **promotor de ventas** sales representative, sales rep F
**promover** ⟨2h⟩ *v/t* **1** (*fomentar*) promote **2** (*causar*) provoke, cause
**promulgación** *f* promulgation
**promulgar** ⟨1h⟩ *v/t ley* promulgate
**pronombre** *m* GRAM pronoun
◇ **pronombre demostrativo** demonstrative pronoun
**pronominal** *adj* GRAM pronominal

**pronosticar** ⟨1g⟩ *v/t* forecast
**pronóstico** *m* MED prognosis; *sus heridas son de* ~ *reservado* the hospital is making no statement about his injuries; ~ *del tiempo* weather forecast; *contra todo* ~ against all odds
**prontitud** *f* promptness
**pronto** **I** *adj* **1** prompt; *por lo o de* ~ for now, for the moment **2** *Rpl: preparado* ready
**II** *adv* **1** (*dentro de poco*) soon; *tan* ~ *como* as soon as; *lo más* ~ *posible* as soon as possible; *¡hasta* ~*!* see you soon!; *más* ~ *o más tarde* sooner or later **2** (*temprano*) early; *de* ~ suddenly; *eso se dice* ~ that's easy for you / him *etc* to say, that's easily said
**III** *m* F: *le dio un* ~ *y dejó el trabajo* he left his job on impulse; *tiene unos* ~*s de celos inaguantables* he has fits of unbearable jealousy
**pronunciación** *f* pronunciation
**pronunciamiento** *m* **1** JUR *de sentencia* passing **2** (*rebelión*) military uprising
**pronunciar** ⟨1b⟩ *v/t* **1** *palabra* pronounce **2** (*decir*) say; ~ *un discurso* give a speech; JUR ~ *sentencia* pass judgment; **pronunciarse** *v/r* **1** (*rebelarse*) rise up, revolt **2** (*declararse*): ~ *a favor* / *en contra de algo* declare o.s. *o* come out in favor of / against sth
**propagación** *f* spread
**propaganda** *f* **1** *de producto* advertising **2** POL propaganda
**propagar** ⟨1h⟩ *v/t* spread; **propagarse** *v/r* spread
**propano** *m* propane
**propasarse** ⟨1a⟩ *v/r* go too far
**propensión** *f* tendency (*a* to); *tiene* ~ *a la gripe* he tends to catch flu easily
**propenso** *adj* prone (*a* to); *ser* ~ *a hacer* be prone to do, have a tendency to do
**propiamente** *adv* exactly; ~ *dicho* strictly speaking
**propiciar** ⟨1b⟩ *v/t* **1** (*favorecer*) promote **2** (*causar*) bring about
**propicio** *adj* favorable, *Br* favourable *ser* ~ *para* be favorable to
**propiedad** *f* property; *ser* ~ *de alguien* be s.o.'s property
◇ **propiedad horizontal** condominium; **propiedad industrial** industrial property; **propiedad intelectual** intel-

lectual property; **propiedad pública** public ownership

**propietario** *m*, -a *f* owner; **ser ~ de** be the owner of

**propina** *f* tip; **de ~** as a tip; *fig (por añadidura)* on top

**propinar** ⟨1a⟩ *v/t golpe, paliza* give

**propio** *adj* **1** *(de uno mismo)* own **2** *(característico)* characteristic (**de** of), typical (**de** of) **3** *(adecuado)* suitable (**para** for); **hacer lo ~** do the right *o* appropriate thing **4**: **la -a directora** the director herself

**proponer** ⟨2r; *part* **propuesto**⟩ *v/t* propose, suggest; **el hombre propone y Dios dispone** man proposes and God disposes; **proponerse** *v/r*: **~ hacer algo** decide to do sth, make up one's mind to do sth

**proporción** *f* proportion; **en ~ a** in proportion to

**proporcionado** *adj*: **bien ~** well-proportioned; **~ a** proportionate to

**proporcional** *adj* proportional

**proporcionalmente** *adv* proportionally

**proporcionar** ⟨1a⟩ *v/t (suministrar)* provide, supply; *satisfacción* give

**proposición** *f* proposal, suggestion; **~ de matrimonio** proposal of marriage

**propósito** *m* **1** *(intención)* intention **2** *(objetivo)* purpose **3**: **a ~** on purpose; *(por cierto)* by the way; **a ~ de** about; **venir muy a ~ de comentario** be spot on, hit the nail on the head

**propuesta** *f* proposal; **a ~ de** at the suggestion of

**propuesto** *part* ☞ **proponer**

**propugnar** ⟨1a⟩ *v/t* advocate

**propulsar** ⟨1a⟩ *v/t* TÉC propel; *fig* promote

**propulsión** *f* TÉC propulsion

◇ **propulsión a chorro, propulsión por reacción** jet propulsion

**propulsor I** *m* *(motor)* engine **II** *m*, **~a** *f* promoter

**prorrata** *f* share; **a ~** pro rata, on a pro rata basis

**prórroga** *f* DEP overtime, *Br* extra time

**prorrogable** *adj plazo* extendable

**prorrogar** ⟨1h⟩ *v/t plazo* extend

**prorrumpir** ⟨3a⟩ *v/i* burst (**en** into)

**prosa** *f* prose

**prosaico** *adj* mundane, prosaic

**proscenio** *m* TEA proscenium

**proscribir** ⟨3a; *part* **proscrito**⟩ *v/t* **1** *(prohibir)* ban, proscribe *fml* **2** *(desterrar)* banish, exile

**proscrito** *part* ☞ **proscribir**

**proseguir** ⟨3d & 3l⟩ **I** *v/t* carry on, continue **II** *v/i* continue (**con** with)

**proselitismo** *m* proselytism

**prospección** *f* **1** MIN prospecting **2** COM study, survey; **~ de mercado** market research

**prospectar** ⟨1a⟩ *v/t* **1** *terreno* prospect **2** *fig*: *mercado* research, test

**prospectiva** *f* forecast

**prospectivo** *adj* future *atr*, prospective

**prospecto** *m* **1** *de medicamento* directions for use *pl* **2** *de propaganda* leaflet

**prosperar** ⟨1a⟩ *v/i* prosper, thrive

**prosperidad** *f* prosperity; **~ económica** (economic) prosperity

**próspero** *adj* prosperous, thriving; **¡ ~ año nuevo!** Happy New Year!

**próstata** *f* prostate

**prostíbulo** *m* brothel

**prostitución** *f* *tb fig* prostitution; **~ infantil** child prostitution

**prostituir** ⟨3g⟩ *v/t* prostitute; **prostituirse** *v/r* prostitute o.s.

**prostituta** *f* prostitute

**prostituto** *m* male prostitute

**protagonismo** *m*: **tener ~** occupy center stage *o Br* centre stage; **afán de ~** longing to be in the limelight

**protagonista** *m/f* **1** *personaje* main character **2** *actor, actriz* star; **papel de ~** leading role **3** *de una hazaña* hero; *mujer* heroine

**protagonizar** ⟨1f⟩ *v/t* **1** *película* star in, play the lead in **2** *incidente* play a leading role in

**protección** *f* protection; **~ solar** suntan lotion *o* cream, sunblock

◇ **protección de datos** data protection; **protección del medio ambiente** environmental protection, protection of the environment; **protección de menores** child protection

**proteccionismo** *m* protectionism

**protector I** *adj* protective **II** *m*, **~a** *f* protector; **~ labial** lip salve

**protectorado** *m* protectorate

**proteger** ⟨2c⟩ *v/t* protect (**de** from); **protegerse** *v/r* protect *o* defend o.s.

**protegeslip** *m* panty liner

**protegida** f protégée
**protegido** I adj protected II m protégé
**proteico** adj 1 BIO protein atr 2 lit: persona protean
**proteína** f protein
**protésico** m, -a f: ~ **dental** dental technician
**prótesis** f prosthesis; ~ **auditiva** hearing aid; ~ **dental** o **dentaria** denture, false tooth / teeth
**protesta** f 1 protest 2 Méx promesa promise; **cumplir con su** ~ keep one's promise
**protestante** m/f & adj Protestant
**protestantismo** m Protestantism
**protestar** ⟨1a⟩ I v/t protest II v/i 1 (quejarse) complain (**por, de** about) 2 (expresar oposición) protest (**contra, por** about, against)
**protestón** I adj grouchy II m, -ona f grouch
**protocolario** adj established by protocol; como requiere required by protocol
**protocolo** m protocol
**protón** m proton
**protoplasma** m BIO protoplasm
**prototipo** m TÉC prototype
**protuberancia** f protuberance
**prov.** abr (= **provincia**) province
**provecho** m benefit; ¡**buen** ~! enjoy (your meal)!; **sacar** ~ **de** benefit from; **de** ~ useful
**provechoso** adj beneficial, useful
**provecto** adj fml advanced; **edad -a** advanced age
**proveedor** m, ~a f supplier; ~ **de (acceso a) Internet** Internet Service Provider, ISP
**proveer** ⟨2e; part **provisto**⟩ v/t supply; ~ **a alguien de algo** supply s.o. with sth; **proveerse** v/r equip o.s. (**de** with)
**provenir** ⟨3s⟩ v/i come (**de** from)
**proverbial** adj proverbial
**proverbio** m proverb
**providencia** f providence; **tomar** ~**s** take precautions
**provincia** f province
**provincial** I adj provincial II m REL provincial
**provincianismo** m desp provincialism, provincial attitudes pl
**provinciano** I adj provincial II m, -a f provincial
**provisión** f COM provision; ~ **de fondos**

provision of funds; **provisiones** pl (alimentos) provisions
**provisional** adj provisional, temporary
**provisionalidad** f provisional nature, temporary nature
**provisorio** adj S.Am. provisional
**provisto** I part ☞ **proveer** II adj: ~ **de** equipped with
**provocación** f 1 (incitación) provocation 2 de parto induction
**provocador** I adj provocative II m, ~a f agitator
**provocar** ⟨1g⟩ v/t 1 cause 2 el enfado provoke 3 sexualmente lead on 4 parto induce 5: ¿**te provoca un café?** S.Am. how about a coffee?
**provocativo** adj provocative
**proxeneta** m pimp
**proxenetismo** m procuring
**próximamente** adv shortly
**proximidad** f proximity
**próximo** adj 1 (siguiente) next; **el** ~ **año** next year; ¡**hasta la -a!** see you next time! 2 (cercano) near, close (**a** to)
◇ **Próximo Oriente** Near East
**proyección** f 1 MAT, PSI projection 2 de película showing
**proyeccionista** m/f projectionist
**proyectar** ⟨1a⟩ v/t 1 luz, imagen project 2 (planear) plan 3 película show 4 sombra cast
**proyectil** m missile
**proyectista** I m/f designer II m draftsman, Br draughtsman III f draftswoman, Br draughtswoman
**proyecto** m 1 (plan) plan; **tener en** ~ **hacer algo** plan to do sth 2 trabajo project
◇ **proyecto de ley** bill
**proyector** m projector; ~ **de transparencias** slide projector
**prudencia** f caution, prudence; **con** ~ cautiously, prudently
**prudencial** adj 1 (aproximado) rough, approximate 2 (moderado) modest
**prudente** adj careful, cautious
**prueba** f 1 tb TIP proof; **en** ~ **de** as proof of; **dar** ~**s de** prove, give proof of 2 JUR piece of evidence; **por falta de** ~**s** for lack of evidence 3 DEP event 4 EDU test; ~ **de acceso** o **admisión** entrance exam 5 resistencia: **a** ~ **de bala** bulletproof; **a** ~ **de agua** waterproof; **a** ~ **de aire** airtight; **a** ~ **de fuego** fireproof; **a** ~ **de choques** shock-resistant; **poner**

**algo a ~** put sth to the test
◊ **prueba de alcoholemia** drunkometer test, *Br* Breathalyzer® test; **prueba de aptitud** aptitude test; **prueba nuclear** nuclear test
**prurito** *m* itching
**P.S.** *abr* (= *postscriptum* (*posdata*)) PS (= postscript)
**pseudo...** *pref* pseudo-
**pseudónimo** *m* pseudonym
**psicoanálisis** *f* (psycho)analysis
**psicoanalista** *m/f* (psycho)analyst
**psicodélico** *adj* psychedelic
**psicodrama** *m* psychodrama
**psicofármaco** *m* psychoactive drug
**psicología** *f* psychology
**psicológico** *adj* psychological
**psicólogo** *m*, **-a** *f* psychologist
**psicópata** *m/f* psychopath
**psicopatía** *f* psychopathy
**psicosis** *f inv* psychosis
◊ **psicosis colectiva** mass hysteria
◊ **psicosis maniacodepresiva** manic-depressive psychosis
**psicosomático** *adj* psychosomatic
**psicoterapeuta** *m/f* psychotherapist
**psicoterapia** *f* psychotherapy
**psique** *f* psyche
**psiquiatra** *m/f* psychiatrist
**psiquiatría** *f* psychiatry
**psiquiátrico I** *adj* psychiatric **II** *m* psychiatric hospital
**psíquico** *adj* psychic
**PSOE** *m abr* (= *Partido Socialista Obrero Español*) Spanish Socialist Workers Party
**psoriasis** *f* MED psoriasis
**P.V.P.** *abr* (= *precio de venta al público*) RRP (= recommended retail price)
**pta** *abr* (= *peseta*) peseta
**ptas** *abr* (= *pesetas*) pesetas
**púa** *f* **1** ZO spine, quill **2** MÚS plectrum, pick **3** *de alambre* barb
**pub** *m* bar
**púber** *adj* pubescent, adolescent
**pubertad** *f* puberty
**pubiano, púbico** *adj* ANAT pubic
**pubis** *m inv* ANAT pubis
**publicación** *f* publication
**publicar** ⟨1g⟩ *v/t* publish; **publicarse** *v/r* come out, be published
**publicidad** *f* **1** (*divulgación*) publicity **2** COM advertising; **hacer ~** advertise; **dar ~ a algo** publicize *o* advertise sth

**3** (*anuncios*) advertisements *pl*
◊ **publicidad directa** direct advertising
◊ **publicidad encubierta** surreptitious advertising
**publicista** *m/f* advertising executive
**publicitar** ⟨1a⟩ *v/t* advertise, publicize
**publicitario I** *adj* advertising *atr* **II** *m*, **-a** *f* advertising executive
**público I** *adj* public; *escuela* public, *Br* state; **hacer ~** make public, announce; **hacerse ~** become public *o* known **II** *m* public; TEA audience; DEP spectators *pl*, crowd; **el gran ~** the general public; **en ~** in public
**publirreportaje** *m* advertorial, advertising feature
**pucherazo** *m* F vote rigging
**puchero** *m* GASTR (cooking) pot; **hacer ~s** *fig* pout
**pucho** *m* S.Am. P cigarette butt, *Br* fag end F; **no valer un ~** be completely worthless
**pude** *vb* ☞ **poder**
**pudendo** *adj*: **partes -as** pudenda *pl*, private parts
**pudibundez** *f* prudishness
**pudibundo** *adj* prudish
**púdico** *adj* modest
**pudiente** *adj* (*poderoso*) powerful; (*rico*) wealthy
**pudín** *m* pudding
**pudo** *vb* ☞ **poder**
**pudor** *m* modesty
**pudoroso** *adj* modest
**pudrir** ⟨3a⟩ *v/t* rot; **pudrirse** *v/r* rot; **~ de envidia** be green with envy
**pueblerino** *desp* **I** *adj* provincial, small-town **II** *m*, **-a** *f* hick *desp*, *Br* yokel *desp*
**pueblero** *m*, **-a** *f* L.Am. villager; *de pueblo más grande* townsperson
**pueblo** *m* village; *más grande* town; **es de ~** he's a country boy; *desp* he's a hick *o* *Br* yokel *desp*
**puedo** *vb* ☞ **poder**
**puente** *m* bridge; **hacer ~** have a day off between a weekend and a public holiday; **hacer el ~** DEP do a bridge; **hacer un ~ a un coche** hot-wire a car; **tender un ~** *tb fig* build a bridge
◊ **puente aéreo** AVIA shuttle service; MIL airlift; **puente colgante** suspension bridge; **puente levadizo** drawbridge; **puente de mando** MAR bridge

**puenting** *m* bungee jumping
**puerca** *f* ZO sow; *fig* F slut F
**puerco** I *adj* dirty; *fig* filthy F II *m* 1 ZO pig; *fig persona* slob 2 *Méx: cerdo* pork
◇ **puerco espín** porcupine
**puericuitor** *m*, **~a** *f* childcare specialist
**puericultura** *f* childcare
**pueril** *adj* childish, puerile
**puerilidad** *f* childishness, *fml* puerility
**puerro** *m* BOT leek
**puerta** *f* 1 *en pared* door; *en valla* gate; *a ~ cerrada* JUR in camera; *por la ~ grande fig* in triumph; *estar a la ~ o en ~s* be very near; *abrir la(s) ~(s) a algo fig* open one's doors to sth; *dar ~ a alguien* F show s.o. the door; *dar a alguien con la ~ en las narices* tb fig slam the door in s.o.'s face; *de ~ en ~ mendigando* door to door; *de ~s (para) adentro* in private, behind closed doors; *de ~s (para) afuera* in public
2 DEP goal; *disparos a ~* shots on goal
◇ **puerta atrás** *en baloncesto* backdoor play; **puerta corrediza** sliding door; **puerta de embarque** gate; **puerta falsa** secret door; **puerta giratoria** revolving door; **puerta de servicio** service entrance, *Br* tradesman's entrance; **puerta trasera** back door
**puerto** *m* 1 MAR port; *tomar ~* arrive in port; *llegar a buen ~* tb fig arrive safely 2 GEOG pass 3 INFOR port
◇ **puerto marítimo** seaport
◇ **puerto pesquero** fishing port
**Puerto Rico** *m* Puerto Rico
**puertorriqueño** I *adj* Puerto Rican II *m*, **-a** *f* Puerto Rican
**pues** *conj* 1 well; *~ bien* well; *¡~ sí!* of course! 2 *fml (porque)* as, since
**puesta** *f: ~ al día* update; *~ en libertad* freeing
◇ **puesta en escena** TEA staging; **puesta en marcha** launch; *de central nuclear* commissioning; **puesta a punto** tune-up; **puesta de sol** sunset; **puesta en servicio** launch; *de central nuclear* commissioning
**puestero** *m*, **-a** *f L.Am.* market trader, *Br* stallholder
**puesto** I *part* ☞ **poner**, *bien ~* well--dressed II *m* 1 *lugar* place 2 *en mercado* stand, stall 2 MIL post III *conj*: *~ que* since, given that
◇ **puesto de policía** police post; **pues-**

**to de socorro** first aid station; **puesto de trabajo** job
**pufo** *m* F con F, trick
**púgil** *m* boxer
**pugilato** *m* boxing
**pugna** *f* 1 *(oposición)* conflict; *estar en ~ con* be in conflict with 2 *(lucha)* struggle
**pugnar** ⟨1a⟩ *v/i* fight *(por* for; *por hacer* to do)
**puja** *f* 1 *(lucha)* struggle 2 *en subasta* bid
**pujante** *adj empresa, economía* booming
**pujanza** *f de empresa, economía* strength
**pujar** ⟨1a⟩ *v/i* 1 *(luchar)* struggle 2 *en subasta* bid
**pulcritud** *f* 1 *apariencia* immaculate appearance 2 *(esmero)* extreme care
**pulcro** *adj* 1 *(aseado)* immaculate 2 *(esmerado)* extremely careful
**pulga** *f* ZO flea; *tener malas ~s fig* F be bad-tempered
**pulgada** *f* inch
**pulgar** *m* thumb
**pulgón** *m* ZO aphid, *Br* greenfly
**pulido** I *adj tb estilo* polished II *m acción* polishing; *efecto* polish
**pulidora** *f* buffer
**pulimentar** ⟨1a⟩ *v/t* polish
**pulir** ⟨3a⟩ *v/t* polish; *fig* F *(mejorar)* polish (up) F
**pulla** *f* gibe
**pulmón** *m* lung; *respirar a pleno ~ en la montaña* breathe in the clean mountain air
**pulmonar** *adj* pulmonary, lung *atr*
**pulmonaria** *f* BOT lungwort
**pulmonía** *f* MED pneumonia
**pulpa** *f* pulp
**pulpería** *f L.Am.* mom-and-pop store, *Br* corner shop
**pulpero** *m*, **-a** *f S.Am.* storekeeper, shopkeeper
**púlpito** *m* pulpit
**pulpo** *m* 1 ZO octopus 2 *m/f Esp* F *(persona pegajosa)* clingy person
**pulque** *m Méx* pulque *(alcoholic drink made from cactus)*
**pulquería** *f Méx* pulque bar
**pulsación** *f* 1 *(latido)* beat 2 *al escribir a máquina* key stroke
**pulsador** *m* TÉC button
**pulsar** ⟨1a⟩ *v/t botón, tecla* press

**pulsera** f bracelet
**pulsión** f drive, impulse
**pulso** m **1** pulse; *tomar el ~ a alguien* take s.o.'s pulse; *tomar el ~ a algo fig* take the pulse of sth **2** *fig* steady hand; *tener buen ~* have a steady hand **3**: *echar un ~ a alguien tb fig* armwrestle s.o.; *ganarse algo a ~* earn sth (by one's own efforts)
**pulular** ⟨1a⟩ v/i mill around
**pulverización** f **1** *de líquido* spraying **2** *de sólido* pulverization, crushing
**pulverizador** m spray
**pulverizar** ⟨1f⟩ v/t **1** *líquido* spray **2** *(convertir en polvo)* pulverize, crush **3** *argumentación* demolish
**¡pum!** int bang!
**puma** m ZO puma, mountain lion
**¡pumba!** int bang! crash!, kapow!
**puna** f *L.Am.* **1** GEOG high Andean plateau **2** MED altitude sickness
**pundonor** m pride
**pundonoroso** adj honorable, *Br* honourable
**punible** adj punishable; *... es un acto ~* ... calls for disciplinary action
**punitivo** adj punitive
**punk I** adj punk atr **II** m/f punk
**punki** m/f F punk
**punta** f **1** *de dedo, nariz, pie* tip **2** *(extremo)* end; *de ~ a ~ (de principio a fin)* from beginning to end; *(de un extremo a otro)* from one extreme to the other **3** *de lápiz,* GEOG point; *sacar ~ a* sharpen **4** *L.Am. (grupo)* group **5**: *a ~ de pistola* at gunpoint; *ir de ~ en blanco* be dressed up **6** *en fútbol* forward
**puntada** f **1** *con aguja* stitch **2** *(indirecta)* hint
**puntapié** m kick; *tratar a ~s fig* treat badly
**puntazo** m TAUR jab; *el concierto fue un ~* P the concert was real cool P
**puntera** f toe
**puntería** f aim; *tener buena / mala ~* be a good / bad shot
**puntero I** adj leading **II** m pointer
**puntiagudo** adj pointed, sharp
**puntilla** f: *de ~s* on tippy-toe, *Br* on tip-toe; *ponerse de ~s* stand on tippy-toe
**puntillismo** m PINT pointillism
**puntilloso** adj particular, punctilious *fml*
**punto** m **1** point; *~ por ~* point by point;

*ganar por ~s* win on points **2** *señal* dot; *en ~* on the dot; *a las tres en ~* at three sharp, at three on the dot **3** *signo de puntuación* period, *Br* full stop; *dos ~s* colon; *~ y coma* semicolon; *con ~s y comas fig* in full detail; *poner ~ final a algo fig* end sth, put an end to sth; *y ~* period; *poner los ~s sobre las íes* F make things crystal clear; *empresa ~.com* dot.com (company) **4** *en costura, sutura* stitch; *hacer ~* knit; *de ~* knitted **5**: *a ~ (listo)* ready; *(a tiempo)* in time *llegar a ~ para ...* arrive just in time to ...; *estar a ~* be ready; *estar a ~ de* be about to; *el arroz está en su ~* the rice is ready; *poner a ~* TÉC tune; *puesta a ~* tune-up **6** *alcance*: *hasta cierto ~* up to a point; *hasta qué ~* to what extent; *me pregunto hasta qué ~ lo que dice es verdad o una exageración* I wonder how much of what he says is true and how much is exaggeration; *hasta tal ~ que* to such an extent that **7**: *batir las claras a ~ de nieve* beat the egg whites until they form stiff peaks
◇ **punto de congelación** freezing point; **punto de cruz** cross stitch; **punto débil** weak point; **punto fatídico** *en fútbol* penalty spot; **punto final** period, *Br* full stop; **punto flaco** weak point; **punto de fusión** melting point; **punto muerto** AUTO neutral; **punto de partida** starting point; **punto de recogida** pickup point; **punto de referencia** reference point; **punto de reunión** meeting place; **punto de sutura** stitch, suture; **punto de venta** point of sale; **punto de vista** point of view; **puntos suspensivos** suspension points
**puntuación** f punctuation; DEP score; EDU grade, mark
**puntual** adj punctual
**puntualidad** f punctuality
**puntualización** f clarification, further point
**puntualizar** ⟨1f⟩ v/t **1** *(señalar)* point out **2** *(aclarar)* clarify
**puntuar** ⟨1e⟩ v/t **1** GRAM punctuate **2** *(calificar)* grade, mark
**punzada** f sharp o stabbing pain
**punzante** adj stinging; *fig (mordaz)* biting, incisive

**punzar** ⟨1f⟩ *v/t fig* (*molestar*) torment
**puñado** *m* handful; *a ~s* by the handful; *había … a ~s* there were loads of … F
**puñal** *m* dagger; *poner a alguien el ~ en el pecho fig* put a gun to s.o.'s head
**puñalada** *f* stab wound; *matar a ~s* stab to death; *ser una ~ fig* hurt; *vaya ~* that hurts
**puñeta** *f*: *¡~(s)!* F for heaven's sake! F; *hacer la ~ a alguien* F give s.o. a hard time F; *en la quinta ~* P in the boondocks F
**puñetazo** *m* punch; *dar un ~* punch
**puñetero** P **I** *adj* damn F, damned F, *Br* bloody P; *no seas ~* stop being such a damn pain F **II** *m*, *-a f* jerk F
**puño** *m* **1** *de mano* fist; *de su ~ y letra* in his / her very own handwriting **2** *de camisa* cuff **4** *de bastón, paraguas* handle; *de espada* hilt **5**: *es una verdad como un ~* F you never spoke a truer word
**pupa** *f* **1** ZO pupa **2** *en labio* cold sore; *hacerse ~ lenguaje infantil* hurt o.s.
**pupila** *f* pupil
**pupilente** *m Méx* contact lens
**pupilo** *m*, *-a f* pupil
**pupitre** *m* desk
**pupusa** *f L.Am.* filled dumpling
**puramente** *adv* purely
**purasangre** *m* thoroughbred
**puré** *m* purée; *sopa* cream; *~ de patatas o papas L.Am.* mashed potatoes
**pureza** *f* purity
**purga** *f* POL purge
**purgaciones** *f pl* MED F gonorrh(o)ea
**purgante** *m/adj* purgative, laxative
**purgar** ⟨1h⟩ *v/t* MED, POL purge; *purgarse v/r* take a laxative
**purgatorio** *m* REL purgatory
**puridad** *f*: *en ~* (*claramente*) plainly; (*en realidad*) strictly speaking
**purificación** *f* purification
**purificador** **I** *adj* purifying **II** *m* purifier
◇ **purificador de aire** air filter, air

purifier
**purificar** ⟨1g⟩ *v/t* purify
**purista** **I** *adj* purist **II** *m/f* purist
**puritano** **I** *adj* puritanical **II** *m*, *-a f* puritan
**puro** **I** *adj* **1** pure; *la -a verdad* the honest truth **2** *casualidad, coincidencia* sheer; *de ~ miedo* out of sheer fright **3** *Méx* (*único*) sole, only; *te sirven la -a comida* they just serve food **II** *m* cigar
**púrpura** **I** *adj*: (*de color*) ~ purple **II** *f* purple
**purpúreo** *adj* purple
**pus** *m* pus
**puse** *vb* ☞ *poder*
**pusilánime** *adj* fainthearted
**puso** *vb* ☞ *poder*
**pústula** *f* MED pustule
**puta** *f* P whore; *ir(se) de ~s* P go whoring
**putada** *f* P dirty trick; *¡qué ~!* shit! P
**putativo** *adj* putative
**putear** ⟨1a⟩ *v/t L.Am.* P swear at; *~ alguien Esp* give s.o. a hard time, make life difficult for s.o.
**putero** *m* P whoremonger
**puticlub** *m* red-light bar, pick up joint F
**puto** *adj* P goddamn F, *Br* bloody F; *de -a madre* P great F, fantastic F; *las he pasado -as* P I've been to hell and back F; *no tener ni -a idea* P not have a damned clue F
**putrefacción** *f* putrefaction
**putrefacto, pútrido** *adj* putrid
**puya** *f* **1** TAUR *point of the picador's lance* **2** *fig* gibe
**puyazo** *m* **1** TAUR *jab with the lance* **2** *fig* gibe
**puzzle** *m* jigsaw (puzzle)
**PVC** *m abr* (= *cloruro de polivinilo*) PVC (= polyvinyl chloride)
**PYMES** *fpl abr* (= *pequeñas y medianas empresas* SMES (= small and medium-sized enterprises)
**pza.** *abr* (= *plaza*) sq (= square)

# Q

**q.e.p.d.** *abr* (= *que en paz descanse*) RIP (= requiescat in pace, rest in peace)

**qué I** *adj & pron interr* what; *¿~ pasó?* what happened?; *¿~ día es?* what day is it?; *¿~ vestido prefieres?* which dress do you prefer?; *¿de ~ estás hablando?* what are you talking about?; *¿~ hubo?* C.Am., Méx how are things? **II** *adj & pron interj:* *¡~ moto!* what a motorbike!; *¡~ de flores!* what a lot of flowers! **III** *adv:* *¡~ alto es!* he's so tall!; *¡~ bien!* great!; *¡~ ruido!* what a noise!; *¡y ~!* so what?; *¿a mí ~?* so what?; *un no sé ~* a thingamajig; *el ~ dirán* what people say

**que I** *pron rel sujeto: persona* who, that; *cosa* which, that; *complemento: persona* that, whom *fml; cosa* that, which; *el coche ~ ves* the car you can see, the car that *o* which you can see; *el ~* the one that; *la ~* the one that; *lo ~* what **II** *conj* that; *lo mismo ~ tú* the same as you; *¡~ entre!* tell him to come in; *¡~ descanses!* sleep well; *¡~ sí!* I said yes; *¡~ no!* I said no; *es ~ ...* the thing is ...; *yo ~ tú* if I were you; *¡~ no se repita!* make sure it doesn't happen again!; *¡~ me pase esto a mí!* I can't believe this is happening to me!; *eso sí ~ no* definitely not!; *alguno ~ otro* the odd

**quebrada** *f* L.Am. stream

**quebradero** *m:* *~s de cabeza pl* F headaches

**quebradizo** *adj* brittle

**quebrado I** *adj* broken **II** *m* MAT fraction

**quebrantahuesos** *m inv* ZO lammergeier

**quebrantamiento** *m* breaking

**quebrantar** ⟨1a⟩ *v/t ley, contrato* break; *fig* break, undermine; **quebrantarse** *v/r* be broken, be undermined

**quebranto** *m* suffering

**quebrar** ⟨1k⟩ **I** *v/t* break **II** *v/i* COM go bankrupt; **quebrarse** *v/r* break

**quedar** ⟨1a⟩ *v/i* **1** (*permanecer*) stay; *esto queda entre nosotros* this is just be-

tween us; *~ cerca* be nearby
**2** *en un estado* be; *quedó sin resolver* it remained unresolved, it wasn't sorted out; *¿cómo quedó?* how did it end up?; *queda por hacer* it still has *o* needs to be done
**3** (*sentar*): *te queda bien / mal de estilo* it suits you / doesn't suit you; *de talla* it fits you / doesn't fit you
**4** (*sobrar*) be left; *¿queda mucho tiempo?* is there much time left?; *no queda nada de tiempo* time's almost up; *distancia* it's not far now
**5** (*encontrarse*): *~ con alguien* F arrange to meet (with) s.o.; *¿dónde habíamos quedado?* where had we arranged to meet?
**6** (*acordar*): *~ en algo* agree to sth; *¿en qué quedamos?* what did we agree?
**7:** *por mí que no quede* it's fine by me

**quedarse** *v/r* **1** stay **2** *en un estado: ~ ciego* go blind; *~ sin dinero* run out of money; *~ contento* be happy; *~ atrás* be left behind **3** (*apropiarse*): *~ con algo* keep sth **4:** *me quedé sin comer* I ended up not eating

**quedo** *vb* ☞ **quedar**

**quehaceres** *mpl* tasks

**queja** *f* complaint; *no tener ~ de alguien* have no complaints about s.o.

**quejarse** ⟨1a⟩ *v/r* **1** complain (*a* to; *de* about) **2** *de dolor* moan, groan

**quejica I** *adj* whining **II** *m/f* crybaby

**quejido** *m* moan, groan

**quejigo** *m* BOT gall oak, dyer's oak

**quejumbroso** *adj* moaning

**quema** *f* burning

**quemada** *f* Méx burn

**quemado** *adj* **1** burnt; *oler a ~* smell of burning; *~ por el sol* sunburnt; *estar ~ fig* be burned out **2** Méx (*desvirtuado*) discredited

**quemador** *m* TÉC burner

**quemadura** *f* burn

◇ **quemadura de sol, quemadura solar** sunburn

**quemar** ⟨1a⟩ **I** *v/t* **1** burn **2** *con agua* scald **3** F *recursos* use up; *dinero* blow F **II** *v/i* be very hot; **quemarse** *v/r* **1**

burn o.s.; *de tostada, papeles* burn; *fig*
get burned out **2** *Méx* (*desvirtuarse*) become discredited
**quemarropa:** *a* ~ *tb fig* point-blank
**quemazón** *f* burning
**quena** *f S.Am.* Indian flute
**quepis** *m* kepi
**quepo** *vb* ☞ **caber**
**queque** *m L.Am.* cake
**queratina** *f* keratin
**querella** *f* JUR lawsuit
**querellante** *m/f* JUR plaintiff
**querellarse** ⟨1a⟩ *v/r* JUR bring a lawsuit
(*contra* against)
**querer**[1] ⟨2u⟩ *v/t* **1** (*desear*) want; *qui-*
*siera* ... I would like ...; *quieras que*
*no* ... like it or not ...; *sin* ~ unintentionally
**2** (*amar*) love; ~ *bien a alguien* be fond
of s.o.; ~ *mal a alguien* not care for s.o.;
*por lo que más quieras* for pity's sake,
for the love of God
**3** (*esperar*): *¡qué más quieres!* what
more do you want *o* expect!; *¿qué*
*quieres que* (*le*) *haga?* what do you
expect me to do?
**4:** ~ *decir* mean; *quiere decir* it means;
*¡que si quieres!* *irón* no way!
**5:** *como quiera que* however
**querer**[2] *m* love
**querido** **I** *part* ☞ **querer**[1] **II** *adj* dear **III**
*m,* -a *f* darling
**querosén** *m L.Am.* kerosene
**queroseno** *m* kerosene
**querrá** *vb* ☞ **querer**[1]
**querría** *vb* ☞ **querer**[1]
**querubín** *m* cherub
**quesadilla** *f* quesadilla (*folded tortilla*)
**quesera** *f* cheese dish
**quesería** *f* cheese store
**quesero** *m,* -a *f* cheese maker
**queso** *m* cheese; *dársela a alguien con*
~ F fool s.o. F
◊ **queso azul** blue cheese; **queso de**
**bola** *cheese similar to Edam*; **queso**
**fundido** melted cheese; **queso rallado**
grated cheese; **queso para untar**
cheese spread
**quetzal** *m* FIN quetzal
**quicio** *m:* *sacar de* ~ *a alguien* F drive
s.o. crazy F
**quid** *m:* *el* ~ *de la cuestión* the nub of
the question
**quiebra** *f* COM bankruptcy; *fig* bank-

ruptcy, failure; *declararse en* ~ file
for *o* declare bankruptcy
**quiebro** **I** *vb* ☞ **quebrar** **II** *m* feint
**quien** *pron rel sujeto* who, that; *objeto*
who, whom *fml,* that; *no soy* ~ *para*
*hacerlo* I'm not the right person to
do it; *hay* ~ there are people; *no hay*
~ *lo haga* nobody can do it; *la mujer*
*con* ~ *llegó* the woman he arrived with;
~ *más* (*y*) ~ *menos* some more, (and)
some less
**quién** *pron* who; *¿* ~ *es?* who is it?; *¿a* ~
*viste?* who did you see?; *¿es son es-*
*tas personas?* who are those people?;
*¿de* ~ *es este libro?* whose is this
book?, who does this book belong
to?; *¿con* ~ *has hablado?* who have
you spoken to?
**quienquiera** *pron* whoever
**quiero** *vb* ☞ **querer**[1]
**quieto** *adj* still; *¡estáte* ~*!* keep still!
**quietud** *f* peacefulness
**quihubo** *interj C.Am., Méx* how are
things?
**quijada** *f* ANAT jawbone
**quijote** *m* idealist
**quijotesco** *adj* quixotic
**quilate** *m* carat
**quilla** *f* keel
**quilo** *m* ☞ **kilo**
**quilombo** *m* **1** *Arg* F whorehouse **2** *fig*
mess F
**quimera** *f* pipe dream
**quimérico** *adj* chimerical
**química** *f* chemistry
**químico** **I** *adj* chemical; *productos -s*
chemicals **II** *m,* -a *f* chemist
**quimioterapia** *f* MED chemotherapy
**quimio** *m* MED chemo, chemotherapy
**quimono** *m* kimono
**quina** *f* BOT cinchona bark; *tragar* ~ F
grin and bear it F
**quincalla** *f* junk
**quince** *adj* fifteen; *dentro de* ~ *días* in
two weeks
**quinceañero** **I** *adj* teenage **II** *m,* -a *f*
teenager
**quincena** *f* two weeks, *Br tb* fortnight
**quincenal** *adj* bimonthly, *Br tb* fortnightly
**quincuagenario** **I** *adj* fifty-year-old **II**
*m,* -a *f person in his / her fifties*
**quiniela** *f lottery where the winners are*
*decided by soccer results, Br football*

pools *pl*
**quinielista** *m/f* person who plays the sports lottery, *Br* person who does the football pools
**quinientos** *adj* five hundred
**quinina** *f* quinine
**quinqué** *m* kerosene lamp, *Br* oil lamp
**quinquenal** *adj* five-yearly
**quinquenio** *m* five-year period
**quinta** *f* MIL draft, *Br* call-up; *es de mi ~* he's my age
**quintaesencia** *f* quintessence
**quintal** *m* (short) hundredweight, *Br* a hundred pounds
◇ *quintal métrico* a hundred kilos
**quinteto** *m* MÚS quintet
**quintillizos** *mpl* quintuplets
**quinto** I *adj* fifth II *m* 1 fifth 2 MIL conscript 3 (*botellín*) bottle of beer
**quintuplicar** ⟨1g⟩ *v/t* quintuple
**quíntuplo** I *adj* quintuple II *m* quintuple; *el ~ de algo* five times sth
**quiosco** *m* kiosk; *de prensa* newsstand, *Br* newsagent's; *de flores* flower stall
**quiosquero** *m*, *-a f* newspaper vendor
**quirófano** *m* operating room, *Br* operating theatre
**quiromancia, quiromancía** *f* palmistry
**quiromántico** *m*, *-a f* palmist, palm reader
**quiromasaje** *m* massage
**quiropráctica** *f* chiropractic
**quiropráctico** *m*, *-a f* chiropractor

**quirúrgico** *adj* surgical
**quise** *vb* ☞ **querer**[1]
**quisiera** *vb* ☞ **querer**[1]
**quiso** *vb* ☞ **querer**[1]
**quisque** F: *todo ~* everyone and his brother F, *Br* the world and his wife F; *cada ~* everybody
**quisquilla** *f* ZO shrimp
**quisquilloso** *adj* touchy
**quiste** *m* MED cyst
**quitaesmalte** *m* nail varnish remover
**quitamanchas** *m inv* stain remover
**quitamiedos** *m inv* safety barrier
**quitanieves** *m* snowplow, *Br* snow-plough
**quitar** ⟨1a⟩ I *v/t ropa* take off, remove; *obstáculos* remove; *~ el polvo* dust; *~ algo a alguien* take sth (away) from s.o.; *~ la mesa* clear the table; *de quita y pon* F removable II *v/i: ¡quita!* get out of the way!; **quitarse** *v/r* 1 *ropa, gafas* take off 2 (*apartarse*) get out of the way; *~ algo / a alguien de encima* get rid of s.th / s.o.; *¡quítate de en medio!* F get out of the way!
**quitasol** *m* sunshade
**quite** *m* 1 TAUR *movement to draw the bull away* 2 *en esgrima* parry 3: *estar al ~ fig* be on hand to help
**quiteño** I *adj* of / from Quito, Quito *atr* II *m*, *-a f* native of Quito
**quizá(s)** *adv* perhaps, maybe
**quórum** *m* quorum; *alcanzar el ~* have a quorum

# R

**rabadilla** *f* ANAT coccyx
**rabanillo, rabanito** *m* BOT wild radish
**rábano** *m* BOT radish; *me importa un ~* F I don't give a damn F
**rabia** *f* MED rabies *sg*; *dar ~ a alguien* make s.o. mad; *¡qué ~!* how annoying!; *tener ~ a alguien* have it in for s.o.
**rabiar** ⟨1b⟩ *v/i* 1: *~ de dolor* be in agony; *hacer ~ a alguien fig* F jerk s.o.'s chain F, pull s.o.'s leg F; *~ por* be dying for 2 F: *aplaudir a ~* applaud like crazy F; *me gusta a ~* I'm crazy about him F
**rabieta** *f* tantrum
**rabillo** *m* 1 BOT stalk 2: *~ del ojo* corner

of one's eye; *mirar con el ~ del ojo* look out of the corner of one's eye
**rabino** *m* rabbi
**rabioso** *adj* 1 MED rabid 2 *fig* F furious; *de -a actualidad* highly topical
**rabo** *m* tail; *irse o salir con el ~ entre las piernas* F leave with one's tail between one's legs; *queda el ~ por desollar fig* F the worst is yet to come
**rabón** *adj L.Am. animal* short-tailed
**rabona** *f Rpl* F: *hacerse la ~* play hooky F, play truant
**rabudo** *adj* 1 F (*engreído*) bigheaded 2 *animal* long-tailed

**racanear** ⟨1a⟩ *v/i* F be a tightwad F *o* skinflint F

**racanería** *f* stinginess

**rácano I** *adj* F stingy F, mean **II** *m*, -a *f* tightwad F, skinflint F

**RACE** *m abr* (= *Real Automóvil Club de España*) Royal Spanish Automobile Club

**racha** *f* spell; *buena* / *mala* ~ F good / bad spell

**racheado** *adj* gusty

**racial** *adj* racial; *odio* ~ racial hatred

**racimo** *m* bunch

**raciocinio** *m* reason

**ración** *f* **1** *de problemas, culpa etc* share **2** (*porción*) serving, portion

**racional** *adj* rational

**racionalidad** *f* rationality

**racionalismo** *m* rationalism

**racionalista I** *adj* rationalistic **II** *m/f* rationalist

**racionalización** *f* rationalization

**racionalizar** ⟨1f⟩ *v/t* rationalize

**racionamiento** *m* rationing

**racionar** ⟨1a⟩ *v/t* ration

**racismo** *m* racism

**racista** *m/f & adj* racist

**rada** *f* MAR roadstead

**radar** *m* radar; *control por* ~ radar control; *de tráfico* radar check

**radarista** *m/f* radar operator

**radiación** *f* radiation; *de baja* ~ low-radiation

◇ **radiación solar** solar radiation

**radiactividad** *f* radioactivity

**radiactivo** *adj* radioactive

**radiador** *m* radiator

**radial** *adj* radial

**radiante** *adj* radiant

**radiar** ⟨1b⟩ *v/t* radiate

**radicación** *f* **1** *de costumbre, vicio etc* roots *pl* **2** MAT extraction

**radical I** *adj* radical **II** *m/f persona* radical **III** *m* GRAM, MAT root

**radicalismo** *m* radicalism

**radicalizar** ⟨1f⟩ *v/t* radicalize

**radicar** ⟨1g⟩ *v/i* stem (*en* from), lie (*en* in); **radicarse** *v/r* settle

**radiestesista** *m/f* water dowser

**radio I** *m* **1** MAT radius; *en un* ~ *de* within a radius of **2** QUÍM radium **3** *L.Am.* radio **II** *f* radio

◇ **radio de acción** range; **radio despertador** clock radio; **radio de giro**

AUTO lock, turning circle

**radioaficionado** *m*, -a *f* radio ham

**radiobaliza** *f* MAR, AVIA radio beacon

**radiocasete** *m* radio cassette player

**radiocomunicación** *f* radio communication

**radiodespertador** *m* radioalarm

**radiodiagnóstico** *m* X-ray diagnosis

**radiodifusión** *f* broadcasting

**radioescucha** *m/f* listener

**radiofaro** *m* MAR, AVIA radio beacon

**radiofonía** *f* radio

**radiofónico** *adj* radio *atr*

**radiografía** *f* X-ray

**radiografiar** ⟨1c⟩ *v/t* X-ray

**radiología** *f* radiology

**radiológico** *adj* radiological

**radiólogo** *m*, -a *f* radiologist

**radiomensaje** *m* radio message

**radiopatrulla** *f* radio patrol car

**radioscopia** *f* MED X-ray

**radiosonda** *f* radiosonde

**radiotaxi** *m* radio taxi

**radiotecnia** *f* radio technology

**radiotécnico** *m*, -a *f* radio technician

**radiotelefonía** *f* radio telephony

**radioteléfono** *m* radio telephone

**radiotelegrafía** *f* radio telegraphy

**radiotelegrafista** *m/f* radio operator

**radiotelevisado** *adj* broadcast

**radioterapia** *f* radiotherapy

**radiotransmisor** *m* radio transmitter

**radioyente** *m/f* listener

**radón** *m* radon

**RAE** *f abr* (= *Real Academia Española*) Royal Spanish Academy

**raedera** *f utensilio* scraper

**raedura** *f* scraping

**raer** ⟨2z⟩ *v/t* scrape

**ráfaga** *f de viento* gust; *de balas* burst; ~ *de luz* blaze of light

**rafia** *f* raffia

**rafting** *m* rafting

**ragú** *m* GASTR ragout

**raído** *adj* threadbare

**raigambre** *m* BOT, *fig* roots *pl*; *de honda* ~ *fig* deep-rooted

**rail, raíl** *m* rail

**raíz** *f* **1** root; *echar raíces de persona* put down roots; *de costumbre* take root; *arrancar de* ~ pull up by the root; *cortar algo de* ~ *fig* nip sth in the bud; *a* ~ *de* as a result of **2** MAT: ~ *cuadrada* / *cúbica* square / cube root

**raja** *f* **1** (*rodaja*) slice **2** (*corte*) cut **3** (*grieta*) crack

**rajar** ⟨1a⟩ **I** *v/t* **1** *fruta* cut, slice **2** *cerámica* crack **3** *neumático* slash **II** *v/i* F gossip; **rajarse** *v/r fig* F back out F

**rajadura** *f* crack

**rajatabla:** **a** ~ strictly, to the letter

**ralea** *f desp:* **de la misma** ~ as bad as each other

**ralentí** *m:* **al** ~ AUTO idling; FOT in slow motion

**ralentizar** ⟨1f⟩ *v/t* slow down

**rallador** *m* grater

**rallar** ⟨1a⟩ *v/t* GASTR grate

**ralladura** *f:* ~ **de limón** grated lemon rind

**rally(e)** *m* rally

**rama** *f* **1** branch; **andarse por las** ~**s** beat about the bush; **canela en** ~ stick cinnamon **2** POL wing

**ramaje** *m* branches *pl*

**ramal** *m* branch

**ramalazo** *m* fit

**rambla** *f* **1** promenade, boulevard **2** *de río* dry riverbed

**ramera** *f* whore, prostitute

**ramificación** *f* ramification

**ramificarse** ⟨1g⟩ *v/r* branch out

**ramillete** *m* bunch

**ramo** *m* **1** COM sector **2:** ~ **de flores** bunch of flowers

**ramoso** *adj* with a lot of branches

**rampa** *f* ramp

◇ **rampa de lanzamiento** launch pad

**ramplón** *adj* vulgar

**ramplonería** *f* vulgarity

**rana** *f* ZO frog; **salir** ~ F be a let-down; **cuando la(s)** ~**(s) críe(n) pelo** *fig* not in a month of Sundays

**ranchera** *f typical Mexican song*

**ranchero I** *adj* **1:** **canción** *-a* romantic ballad; **música** *-a music of northern Mexico* **2** *Méx* F (*tímido*) shy **II** *m, -a f L.Am.* rancher

**rancho** *m* **1** *Méx* small farm **2** *L.Am.* (*barrio de chabolas*) shanty town **3:** **hacer** ~ **aparte** *fig* keep o.s. to o.s.

**rancio** *adj* rancid; *fig* ancient

**rango** *m* rank; **de alto** ~ high-ranking

**ranking** *m* ranking

**ranúnculo** *m* BOT buttercup

**ranura** *f* slot

**rapaces** *fpl* ZO birds of prey, raptors

**rapapolvo** *m* F telling-off F; **echar un** ~

**a alguien** tell s.o. off

**rapar** ⟨1a⟩ *v/t pelo* crop

**rapaz I** *adj* predatory; **ave** ~ bird of prey **II** *m, -a f* F kid F

**rape** *m pescado* anglerfish; **al** ~ *pelo* cropped

**rapé** *m* snuff

**rapel** *m* DEP rappel; **descender a** o **en** ~ rappel down

**rapidez** *f* speed, rapidity

**rápido I** *adj* quick, fast **II** *m* rapids *pl*

**rapiña** *f* pillage; **ave de** ~ bird of prey

**raposa** *f* ZO vixen

**rappel** *m* ☞ **rapel**

**rapsodia** *f* rhapsody

**raptar** ⟨1a⟩ *v/t* kidnap

**rapto** *m* kidnap

**raptor** *m,* **-a** *f* kidnapper

**raqueta** *f* **1** DEP racket **2** *de nieve* snowshoe

**raquis** *m* ANAT rachis, spine

**raquítico** *adj fig* rickety

**raquitismo** *m* MED rickets *sg*

**raramente** *adv* seldom, rarely

**rareza** *f* rarity

**raro** *adj* **1** rare **2** (*extraño*) strange; **¡qué** ~**!** how strange!

**ras** *m:* **a** ~ **de tierra** at ground level; **a** ~ **de** level with

**rasante** *adj vuelo* low; **cambio de** ~ brow of a hill

**rasca** *f L.Am.* **pegarse una** ~ F get plastered F

**rascacielos** *m inv* skyscraper

**rascado** *adj L.Am.* F plastered F

**rascar** ⟨1g⟩ *v/t* scratch; *superficie* scrape, scratch; ~ **el chelo** scrape away at the cello; **rascarse** *v/r* **1** scratch o.s. **2** *L.Am.* (*emborracharse*) get drunk

**rasero** *m:* **medir por el mismo** ~ treat equally

**rasgado** *adj boca* wide; **ojos** ~**s** almond-shaped eyes

**rasgar** ⟨1h⟩ *v/t* tear (up); **rasgarse** *v/r* scratch o.s.

**rasgo** *m* feature; **a grandes** ~**s** broadly speaking

**rasgón** *m* rip, tear

**rasguear** ⟨1a⟩ *v/t guitarra* strum

**rasguñar** ⟨1a⟩ *v/t* scratch

**rasguño** *m* scratch

**raso I** *adj* flat, level; **soldado** ~ private **II** *m* **1** *material* satin **2:** **al** ~ in the open air

**raspa** *f* **1** *de pescado* (fish)bone **2** *L.Am.*

(*reprimanda*) telling-off

**raspado** *m* **1** *Méx* water ice **2** MED D and C

**raspadura** *f* scrape; **~ de limón** grated lemon rind

**raspar** ⟨1a⟩ **I** *v/t* **1** *tb* MED scrape **2** *con lija* sand **II** *v/i* be scratchy

**raspón, rasponazo** *m* scratch, graze

**rasposo** *adj tejido* rough, scratchy

**rasqueta** *f* scraper

**rastra** *f*: **entrar a ~s** drag o.s. in, crawl in; **llevar a ~s** drag, drag along; **sacar a alguien a ~s** drag s.o. out

**rastreador** *adj*: **perro ~** tracker dog

**rastrear** ⟨1a⟩ **I** *v/t* **1** *persona* track **2** *bosque, zona* comb **II** *v/i* rake

**rastrero** *adj* mean, low; **planta -a** creeper

**rastrillo** *m* **1** *para jardín* rake **2** (*mercadillo*) flea market **3** *Méx: para rasurarse* razor

**rastro** *m* **1** street market **2** (*huella*) trace; **desaparecer sin dejar ~** vanish without trace; **seguir el ~ a alguien** follow s.o.'s trail

**rastrojo** *m* stubble

**rasurado** *m L.Am.* shave

**rasurar** ⟨1a⟩ *v/t L.Am.* shave; **rasurarse** *v/r* shave

**rata I** *f* ZO rat; **más pobre que las ~s o una ~** poor as a church mouse **II** *m/f F* rat F

**ratear** ⟨1a⟩ *v/t* F swipe; *Br tb* pinch F

**ratero** *m*, *-a f* petty thief

**raticida** *m* rat poison

**ratificación** *f* ratification

**ratificar** ⟨1g⟩ *v/t* POL ratify; **ratificarse** *v/r*: **~ en** reaffirm

**rato** *m* **1** time, while; **~s libres** spare time *sg*; **al poco ~** after a short time *o* while; **todo el ~** all the time; **a ~s** at times, from time to time; **a ~s perdidos** now and again; **a cada ~** always; **un buen ~** a good while, a pretty long time; **pasar el ~** pass the time; **he pasado un buen / mal ~** I've had a great / an awful time; **¡hasta otro ~!** see you later!

**2** (*mucho*): **hay para ~** there is a lot to do; **saber un ~ largo de algo** know a lot about sth

**ratón** *m* ZO, INFOR mouse

◇ **ratón de biblioteca** *fig* F bookworm

**ratonera** *f* mouse trap; *fig* trap

**raudal** *m*: **tienen dinero a ~es** they've got loads of money F

**raudo** *adj* swift

**raya** *f* **1** line; **a o de ~s** striped; **pasarse de la ~** overstep the mark, go too far; **mantener o tener a ~** keep under control; **poner alguien a ~** make s.o. toe the line; **tres en ~** tic-tac-toe, *Br* noughts and crosses **2** GRAM dash **3** ZO ray **4** *de pelo* part, *Br* parting **5** *de pantalón* crease **6** *de droga* line

◇ **raya diplomática** pin stripe

**rayado** *adj disco, superficie* scratched

**rayano** *adj* bordering (**en** on)

**rayar** ⟨1a⟩ **I** *v/t* **1** *coche* scratch **2** (*tachar*) cross out **3** *Méx cobrar:* **~ a alguien** pay s.o. **II** *v/i* **1** border (**en** on), verge (**en** on) **2** *Méx cobrar* get paid; **rayarse** *v/r* get scratched

**rayo** *m* **1** FÍS ray; **~ de luz de sol** ray of sunlight, sunbeam **2** METEO (bolt of) lightning; **como un ~** *fig* like a streak of lightning; **echar ~s** F fume, be furious; **oler a ~s** smell terrible, stink to high heaven

◇ **rayo láser** laser beam; **rayos ultravioleta** ultraviolet rays; **rayos X** X-rays

**rayón** *m* rayon

**rayuela** *f juego de niños* hopscotch

**raza** *f* **1** *humana* race **2** *de animal* breed; **de ~** pedigree *atr* **3** *Méx* F *gente* gang F

**razón** *f* **1** reason; **sin ~** for no reason; **~ de más** all the more reason; **con mucha ~** with good reason **2**: **tener ~** be right; **dar la ~ a alguien** admit that s.o. is right **3** (*sentido común*): **entrar en ~** see sense; **hacer entrar a alguien en ~** make s.o. see sense; **perder la ~** lose one's mind **4** (*causa*): **en ~ a o de** because of; **por razones de edad** on the grounds of age **5**: **a ~ de precio** at

◇ **razón de ser** raison d'être

◇ **razón social** registered name

**razonable** *adj precio* reasonable

**razonado** *adj* reasoned

**razonamiento** *m* reasoning

**razonar** ⟨1a⟩ **I** *v/i* reason **II** *v/t* think, reason

**RDSI** *abr* (= *Red Digital de Servicios Integrados*) ISDN (= Integrated Services Digital Network)

**reabierto** *part* ☞ *reabrir*

**reabrir** ⟨3a; *part* **reabierto**⟩ *v/t tb* JUR

*caso, sesión etc* reopen

**reacción** *f* reaction (*a* to); **avión a ~** jet (aircraft)

◇ **reacción en cadena** chain reaction

**reaccionar** ⟨1a⟩ *v/i* react (*a* to)

**reaccionario I** *adj* reactionary **II** *m*, -a *f* reactionary

**reacio** *adj* reluctant (*a* to)

**reactivación** *f* COM revival, upturn

**reactivar** ⟨1a⟩ *v/t* COM revive

**reactivo I** *adj* reactive **II** *m* QUÍM reactant, reagent

**reactor** *m* **1** reactor **2** *motor* jet engine

◇ **reactor nuclear** nuclear reactor

**readaptar** ⟨1a⟩ *v/t* retrain; **readaptarse** *v/r* readapt, readjust

**readmisión** *f* readmission

**readmitir** ⟨3a⟩ *v/t* readmit

**reafirmar** ⟨1a⟩ *v/t* reaffirm; **reafirmarse** *v/r*: **~ en idea** reassert

**reagrupación** *f*, **reagrupamiento** *m* regrouping; **~ familiar** *tras guerra, exilio etc* family reunion

**reagrupar** ⟨1a⟩ *v/t* regroup

**reajustar** ⟨1a⟩ *v/t* readjust

**reajuste** *m* readjustment

◇ **reajuste ministerial** POL cabinet reshuffle

**real** *adj* **1** (*regio*) royal **2** (*verdadero*) real **II** *m* fig: (**a**)**sentar sus -es** set up camp

**realce** *m*: **dar ~ a algo** highlight sth

**realeza** *f* royalty

**realidad** *f* reality; **en ~** in fact, in reality

◇ **realidad virtual** virtual reality

**realismo** *m* realism

**realista I** *adj* realistic **II** *m/f* realist

**realimentación** *f* ☞ **retroalimentación**

**realización** *f* **1** *personal, de sueños* fulfillment, *Br* fulfilment **2** RAD, TV production

**realizador** *m*, **~a** *f de película* director; RAD, TV producer

**realizar** ⟨1f⟩ *v/t* **1** *tarea* carry out **2** RAD, TV produce **3** COM realize; **realizarse** *v/r de persona* fulfill o.s., *Br* fulfil o.s.

**realmente** *adv* really

**realojamiento** *m* rehousing

**realojar** ⟨1a⟩ *v/t* rehouse

**realojo** *m* rehousing

**realquilado I** *adj* sublet **II** *m* sublessee; **ser un ~** be subletting

**realquilar** ⟨1a⟩ *v/t* sublet

**realzar** ⟨1f⟩ *v/t* highlight

**reanimación** *f* revival

**reanimar** ⟨1a⟩ *v/t* revive; **reanimarse** *v/r* revive

**reanudación** *f* resumption

**reanudar** ⟨1a⟩ *v/t* resume

**reaparecer** ⟨2d⟩ *v/i* reappear

**reaparición** *f* reappearance

**reapertura** *f* reopening

**rearme** *m* rearming

**reasegurar** ⟨1a⟩ *v/t* reinsure

**reaseguro** *m* reinsurance

**reasumir** ⟨3a⟩ *v/t* reassume

**reavivar** ⟨1a⟩ *v/t* revive; **reavivarse** *v/r* be revived

**rebaja** *f* reduction; **~s de verano / invierno** summer / winter sale

**rebajar** ⟨1a⟩ *v/t precio* lower, reduce; *mercancías* reduce; *Rpl: peso* lose; **rebajarse** *v/r* **1** lower o.s., humble o.s. **2** *Rpl: adelgazar* lose weight; **~ mucho** lose a lot of weight

**rebajamiento** *m*: **vaya ~ por su parte** she has sunk pretty low

**rebanada** *f* slice

**rebanar** ⟨1a⟩ *v/t* slice

**rebañar** ⟨1a⟩ *v/t*: **~ algo** wipe sth clean

**rebaño** *m* flock

**rebasar** ⟨1a⟩ *v/t* **1** *Méx* AUTO pass, *Br* overtake **2** *límite* go beyond

**rebatible** *adj* refutable

**rebatir** ⟨3a⟩ *v/t razones* rebut, refute

**rebato** *m*: **tocar a ~** sound the alarm

**rebeca** *f* cardigan

**rebeco** *m* ZO chamois

**rebelarse** ⟨1a⟩ *v/r* rebel

**rebelde I** *adj* rebel *atr* **II** *m/f* rebel

**rebeldía** *f* rebelliousness; **en ~** JUR in absentia

**rebelión** *f* rebellion

**reblandecer** ⟨2d⟩ *v/t* soften; **reblandecerse** *v/r* go soft, soften

**reblandecimiento** *m* softening

**rebobinar** ⟨1a⟩ *v/t* rewind

**rebosante** *adj vaso, plato* overflowing, brimming; *fig* brimming

**rebosar** ⟨1a⟩ *v/i* overflow; (*lleno*) **a ~** full to the brim *o* to overflowing

**rebotar** ⟨1a⟩ **I** *v/t* **1** *pelota* bounce **2** (*disgustar*) annoy **II** *v/i* bounce, rebound

**rebote** *m* bounce; *contra poste etc* rebound; **de ~** on the rebound; **~ defensivo / ofensivo** *en baloncesto* defensive / offensive rebound

**reboteador** *m*, **~a** *f en baloncesto* re-

bounder
**rebozar** ⟨1f⟩ v/t GASTR coat
**rebrotar** ⟨1a⟩ v/i BOT produce new shoots; fig begin again
**rebrote** m BOT new shoot, fig new outbreak
**rebujo** m ball, mass
**rebullicio** m hubbub
**rebullir** ⟨3h⟩ v/i move; **rebullirse** v/r stir, move
**rebuscado** adj over-elaborate
**rebuscamiento** m del lenguaje, concepto etc overelaborate nature
**rebuscar** ⟨1g⟩ v/t AGR glean; fig search for
**rebuznar** ⟨1a⟩ v/i bray
**rebuzno** m bray, braying
**recabar** ⟨1a⟩ v/t gather, obtain
**recadero** m, -a f messenger
**recado** m 1 (mensaje) message; **chico de los ~s** errand boy; **dejar un ~** leave a message; **dar un ~ a alguien** give s.o. a message; **hacer un ~** run an errand 2 Rpl (arnés) harness
**recaer** ⟨2o⟩ v/i 1 fig: de responsabilidad fall (**en** to) 2 MED have o suffer a relapse 3 JUR reoffend
**recaída** f MED relapse
**recalar** ⟨1a⟩ v/i MAR put in (**en** at), call (**en** at)
**recalcar** ⟨1g⟩ v/t stress, emphasize
**recalcitrante** adj recalcitrant
**recalentamiento** m overheating
**recalentar** ⟨1k⟩ v/t comida warm o heat up; **recalentarse** v/r overheat
**recámara** f 1 de arma de fuego chamber 2 L.Am. (dormitorio) bedroom
**recambio** m COM spare part; **de ~** spare; **pieza de ~** spare part
**recapacitar** ⟨1a⟩ v/t think over, reflect on
**recapitular** ⟨1a⟩ v/t recap
**recargable** adj rechargeable
**recargado** adj 1 cuadro overelaborate; habitación overfurnished 2 texto verbose
**recargar** ⟨1h⟩ v/t 1 batería recharge; recipiente refill 2: **~ un 5%** charge 5% extra, add on 5%
**recargo** m surcharge
**recatado** adj 1 modest 2 (cauto) cautious
**recato** m 1 modesty 2 (prudencia) caution

**recauchutado** m retread
**recauchutar** ⟨1a⟩ v/t neumáticos retread
**recaudación** f 1 acción collection 2 cantidad takings pl; **la ~ del día** the day's takings
**recaudador** m, ~a f collector
**recaudar** ⟨1a⟩ v/t dinero collect
**recaudo** m: **poner a buen ~** put in a safe place
**recelar** ⟨1a⟩ v/t suspect; **~ de alguien** not trust s.o.
**recelo** m mistrust; **con ~** suspiciously, warily
**receloso** adj suspicious
**recensión** f review
**recepción** f 1 en hotel reception 2 en béisbol catch
**recepcionista** m/f receptionist
**receptáculo** m receptacle
**receptividad** f receptiveness
**receptivo** adj receptive
**receptor I** m RAD,TV receiver **II** m, ~a f en béisbol catcher
**recesión** f recession
**receta** f 1 GASTR recipe 2 MED prescription; **sin ~** without a prescription
**recetar** ⟨1a⟩ v/t MED prescribe
**recetario** m recipe book
**rechace** m en fútbol clearance
**rechazar** ⟨1f⟩ v/t reject; MIL repel
**rechazo** m rejection
**rechifla** f jeering, jeers pl
**rechiflar** ⟨1a⟩ v/t jeer; **rechiflarse** v/r: **~ (de alguien )** jeer (s.o.)
**rechinar** ⟨1a⟩ **I** v/i creak, squeak **II** v/t: **~ los dientes** grind one's teeth
**rechistar** ⟨1a⟩ v/i protest; **sin ~** F without a murmur, without complaining
**rechoncho** adj F dumpy F
**rechupete: de ~** F delicious
**recibidor** m entrance hall
**recibimiento** m reception
**recibir** ⟨3a⟩ v/t receive; **recibirse** v/r L.Am. graduate
**recibo** m (sales) receipt; **ser de ~** be acceptable
**reciclable** adj recyclable
**reciclado I** part ☞ **reciclar II** m ☞ **reciclaje**
**reciclaje** m recycling; **curso de ~ profesional** retraining course
**reciclar** ⟨1a⟩ v/t tb concepto recycle; **reciclarse** v/r retrain

**recién** *adv* **1** newly; **~ casados** newly-weds; **~ nacido** newborn; **~ pintado** wet paint **2** *L.Am.* (*hace poco*) recently, just; **~ llegamos** we only just arrived

**reciente** *adj* recent; **de ~ publicación** recently published

**recientemente** *adv* recently

**recinto** *m* **1** premises *pl* **2** *área* grounds *pl*

**recio I** *adj* sturdy, tough **II** *adv Méx*: **hablar ~** speak loudly, shout; **no me hables ~** don't shout at me

**recipiente** *m* container

**reciprocidad** *f* reciprocity

**recíproco** *adj* reciprocal; **y a la -a** and vice-versa

**recitado** *m* MÚS recital

**recital** *m* MÚS recital; *poético* poetry reading

**recitar** ⟨1a⟩ *v/t* recite

**reclamación** *f* **1** COM complaint **2** POL claim, demand

**reclamar** ⟨1a⟩ **I** *v/t* claim, demand **II** *v/i* complain

**reclame** *m L.Am.* advertisement

**reclamo** *m* **1** lure **2** *L.Am. queja* complaint **3** *L.Am. reivindicación* claim

**reclinable** *adj*: **asiento ~** reclining seat

**reclinar** ⟨1a⟩ *v/t* rest; **reclinarse** *v/r* lean, recline (**contra** against)

**recluir** ⟨3g⟩ *v/t* imprison, confine; **recluirse** *v/r* become a recluse

**reclusión** *f* JUR imprisonment, confinement

◇ **reclusión perpetua** life imprisonment

**recluso I** *adj* reclusive; **población -a** prison population **II** *m*, **-a** *f* prisoner

**recluta** *m/f* recruit

**reclutamiento** *m* MIL recruitment

**reclutar** ⟨1a⟩ *v/t tb* COM recruit

**recobrar** ⟨1a⟩ *v/t* recover; **~ el conocimiento** regain consciousness, come around; **~ las fuerzas** get one's strength back; **recobrarse** *v/r* recover (**de** from)

**recodo** *m* bend

**recogedor** *m* dustpan

**recogepelotas** *m/f inv* ball boy; *niña* ball girl

**recoger** ⟨2c⟩ *v/t* **1** pick up, collect; **~ firmas** collect signatures; **~ las cartas** collect one's mail **2** *habitación* tidy up; **~ la mesa** clear the table **3** AGR harvest **4** (*mostrar*) show **5**: **~ las piernas** lift up one's legs; **recogerse** *v/r* go home

**recogida** *f* **1** collection **2** AGR harvest

◇ **recogida de basuras** garbage collection, *Br* refuse collection

◇ **recogida de equipajes** AVIA baggage (re)claim

**recogido** *adj* **1** *habitación* tidy, neat **2** *modo de vida* quiet

**recogimiento** *m* meditation

**recolección** *f* harvest

**recolectar** ⟨1a⟩ *v/t* AGR harvest, bring in

**recomendable** *adj* recommendable

**recomendación** *f* recommendation; **por ~ de** on the recommendation of

**recomendar** ⟨1k⟩ *v/t* recommend

**recomenzar** ⟨1f & 1k⟩ *v/t* start again, begin again

**recomerse** *vb* ☞ **reconcomerse**

**recompensa** *f* reward

**recompensar** ⟨1a⟩ *v/t* reward

**recomponer** ⟨2r; *part* **recompuesto**⟩ *v/t* repair, mend

**recompostura** *f Am* repair

**recompra** *f* COM buyback, repurchase

**recompuesto** *part* ☞ **recomponer**

**reconciliación** *f* reconciliation

**reconciliar** ⟨1b⟩ *v/t* reconcile; **reconciliarse** *v/r* make up (**con** with), be reconciled (**con** with)

**reconcomerse** ⟨2a⟩ *v/r* be consumed; **~ de envidia** be consumed by envy

**recóndito** *adj* remote

**reconfortante** *adj* comforting

**reconfortar** ⟨1a⟩ *v/t* comfort

**reconocer** ⟨2d⟩ *v/t* **1** recognize **2** *error* admit, acknowledge **3** *área* reconnoiter, *Br* reconnoitre **4** MED examine

**reconocido** *adj* grateful, obliged; **te quedo muy ~ por ...** *fml* I am very grateful to you for…

**reconocimiento** *m* **1** recognition; **en ~ a** (*agradecimiento*) in recognition of **2** *de error* acknowledg(e)ment **3** MED examination, check-up **4** MIL reconnaissance

**reconquista** *f* reconquest

**reconquistar** ⟨1a⟩ *v/t* reconquer

**reconsiderar** ⟨1a⟩ *v/t* reconsider

**reconstituir** ⟨3g⟩ *v/t escena* reconstruct

**reconstituyente** *m* tonic

**reconstrucción** *f* reconstruction

**reconstruir** ⟨3g⟩ *v/t fig* reconstruct

**reconvenir** ⟨3s⟩ *v/i* JUR counterclaim

**reconversión** *f* COM restructuring

**reconvertir** ⟨3i⟩ *v/t* restructure

**recopilación** *f* compilation

**recopilar** ⟨1a⟩ *v/t* compile

**récord I** *adj* record(-breaking); *en un tiempo* ~ in record time **II** *m* record; ~ *de taquilla* box office record

**recordar** ⟨1m⟩ **I** *v/t* remember, recall; ~ *algo a alguien* remind s.o. of sth **II** *v/i* **1**: *si mal no recuerdo* if my memory serves me right **2** *Méx* wake up; *recordarse v/r Arg, Méx* wake up

**recordatorio** *m* reminder

**recorrer** ⟨2a⟩ *v/t* **1** *distancia* cover, do; *a pie* walk; *territorio, país* go around, travel around; *camino* go along, travel along **2**: ~ *algo con la vista* look sth over, run one's eyes over sth

**recorrido** *m* **1** route; *tren de largo* ~ long-distance train **2** DEP round

**recortable I** *adj* cut-out-and-keep **II** *m* cutout

**recortar** ⟨1a⟩ *v/t* cut out; *fig* cut; *exceso* reduce, cut back on

**recorte** *m fig* cutback; ~ *de periódico* cutting, clipping; ~ *salarial* salary cut; ~ *de personal* reduction in personnel, personnel cutback; ~*s sociales pl* cutbacks in public services

**recostar** ⟨1m⟩ *v/t* lean

**recostarse** ⟨1m⟩ *v/r* lie down

**recoveco** *m* **1** *en casa, jardín* nook, cranny **2** *en camino* bend

**recreación** *f* recreation

**recrear** ⟨1a⟩ *v/t* recreate; *recrearse v/r* amuse o.s.

**recreativo** *adj* recreational; *juegos* ~*s* amusements; *máquina* -*a* slot machine; *salón* ~ arcade, *Br* amusement arcade

**recreo** *m* **1** (*distracción*) recreation **2** EDU recess, *Br* break

**recriminación** *f* recrimination, reproach

**recriminar** ⟨1a⟩ *v/t* reproach

**recrudecer** ⟨2d⟩ *v/t* worsen; *recrudecerse v/r* intensify

**recrudecimiento** *m* worsening, intensification

**recta** *f* DEP straight; ~ *final tb fig* home straight

**rectal** *adj* MED rectal

**rectangular** *adj* rectangular

**rectángulo** *m* rectangle; *triángulo* ~ right-angled triangle

**rectificación** *f* **1** correction, rectification **2** *en baloncesto* double pump

**rectificar** ⟨1g⟩ *v/t* **1** *error* correct, rectify **2** *camino* straighten

**rectilíneo** *adj* rectilinear

**rectitud** *f* rectitude, probity

**recto I** *adj* **1** straight; *ángulo* ~ right angle **2** (*honesto*) honest **II** *m* ANAT rectum **III** *adv*: *seguir todo* ~ go straight ahead

**rector** *m* rector, *Br* vice-chancellor

**rectorado** *m* rector's office, *Br* vice-chancellor's office

**rectoscopia** *f* MED proctoscopy

**recuadro** *m* TIP inset, box

**recubierto** *part* ☞ **recubrir**

**recubrimiento** *m* covering

**recubrir** ⟨3a; *part* **recubierto**⟩ *v/t* cover (*de* with)

**recuento** *m* count; ~ *de votos* count; *hacer el* ~ *de algo* count sth

**recuerdo** *m* **1** memory, recollection; *en* ~ *de* in memory of **2**: *da* ~*s a Luís* give Luís my regards; *mandar* ~*s a alguien* send s.o. one's regards

**recular** ⟨1a⟩ *v/i* back up

**recuperable** *adj* recoverable

**recuperación** *f* **1** *tb fig* recovery **2** *en baloncesto* steal

**recuperar** ⟨1a⟩ *v/t* **1** *tiempo* make up **2** *algo perdido* recover, get back **3** *exámen* retake, *Br* re-sit **4** *en baloncesto* steal; *recuperarse v/r* recover (*de* from)

**recurrente** *adj* recurring, recurrent

**recurrir** ⟨3a⟩ **I** *v/t* JUR appeal against **II** *v/i*: ~ *a* resort to, turn to

**recurso** *m* **1** JUR appeal; ~ *de apelación* appeal **2** *material* resource; *sin* ~*s* with no means of support

◇ **recursos económicos** financial resources; **recursos energéticos** energy resources; **recursos humanos** human resources; **recursos naturales** natural resources

**red** *f* **1** *para pescar, DEP etc* net; *echar la* ~ cast the net; *caer en las* ~*es de fig* fall into the clutches of **2** INFOR, *fig* network; *la* ~ INFOR the Web; ~ *de transportes / comunicaciones* transportation / communications network

◇ **red de arrastre** *en pesca* trawl net; **red barredera** trawl net; **red de carreteras** road network; **Red Digital de Servicios Integrados** Integrated Services Digital Network; **red de distribución** distribution network; **red de espionaje** spy ring; **red fija** TELEC land line network; **red ferroviaria** railroad *o Br* railway network; **red telefónica** telephone network; **red de telefonía móvil** cell phone *o Br* mobile phone network; **red vial, red viaria** road network

**redacción** *f* **1** *acto* writing **2** *de editorial* editorial department **3** EDU essay

**redactar** ⟨1a⟩ *v/t* write, compose

**redactor** *m*, **~a** *f* editor; **~ jefe** editor in chief; **~ publicitario** copy-writer

**redada** *f* raid

**redaño** *m* ANAT mesentery; **tener ~s** *fig* F have guts F

**redecilla** *f* hairnet

**rededor** *m*: **al o en ~** around; **al ~ de la plaza** around the square

**redención** *f* redemption

**redentor** *m*, **~a** *f* COM redeemer; **el Redentor** REL the Savior, *Br* the Saviour

**redil** *m* fold, enclosure; **volver al ~** *fig* return to the fold

**redimir** ⟨3a⟩ *v/t* redeem

**redistribución** *f* redistribution

**redistribuir** ⟨3g⟩ *v/t* redistribute

**rédito** *m* return, yield

**redoblar** ⟨1a⟩ *v/t* redouble; **redoblarse** *v/r* double

**redoble** *m* MÚS (drum)roll

**redomado** *adj* F total, out-and-out

**redonda** *f*: **a la ~** around, round about

**redondear** ⟨1a⟩ *v/t* **1** *para más* round up; *para menos* round down **2** (*rematar*) round off

**redondel** *m* ring

**redondeo** *m* rounding off

**redondez** *f* roundness

**redondo** *adj* **1** *forma* round **2** *negocio* excellent **3**: **caer ~** flop down; **en ~ girar** around

**reducción** *f* **1** reduction; **~ de empleo** job cuts *pl*; **~ de impuestos** tax cut; **~ de la jornada laboral** shortening of the working day; **~ de personal** *o* **plantilla** cutbacks *pl*, job cuts *pl* **2** MED setting

**reducido** *adj precio* reduced; *espacio* small, confined

**reducir** ⟨3o⟩ *v/t* **1** reduce (*a* to); *gastos* cut; **~ personal** cut jobs, reduce staff numbers; **~ la marcha** AUTO downshift, shift into a lower gear **2** MIL overcome; **reducirse** *v/r* come down (*a* to)

**reducto** *m* redoubt

**reductor I** *adj* reducing; **agente ~** reducing agent **II** *m*: **~ de velocidad** AUTO differential

**redujo** *vb* ☞ **reducir**

**redundancia** *f* LING tautology

**redundante** *adj* redundant, tautologous

**redundar** ⟨1a⟩ *v/i* have an impact (*en* on); **~ en beneficio de** be to the advantage of

**reduplicar** ⟨1g⟩ *v/t* reduplicate

**reedición** *f* TIP reprint

**reedificación** *f* rebuilding

**reedificar** ⟨1g⟩ *v/t* rebuild

**reeditar** ⟨1a⟩ *v/t* republish, reissue

**reeducación** *f* reeducation

**reeducar** ⟨1g⟩ *v/t* reeducate

**reelección** *f* reelection

**reelegir** ⟨3c & 3l⟩ *v/t* reelect

**reembolsar** ⟨1a⟩ *v/t* refund

**reembolso** *m* refund; **contra ~** collect on delivery, *Br* cash on delivery, COD

**reemplazar** ⟨1f⟩ *v/t diseño, máquina* replace; *persona* replace, stand in for; DEP substitute for; **~ a alguien con alguien** replace s.o. with s.o.

**reemplazo I** *m* **1** *acción* replacement **2** MIL recruit **II** *m/f persona* replacement, stand-in; DEP substitute

**reencarnación** *f* REL reincarnation

**reencontrarse** ⟨1m⟩ *v/r* meet again

**reencuentro** *m* reunion

**reestrenar** ⟨1a⟩ *v/t obra de teatro, película* re-release

**reestreno** *m* re-release

**reestructuración** *f* restructuring

**reestructurar** ⟨1a⟩ *v/t* restructure

**reexpedir** ⟨3l⟩ *v/t* forward

**reexportación** *f* reexport

**reexportar** ⟨1a⟩ *v/t* reexport

**ref.** *abr* (= **referencia**) reference, Ref.

**refacción** *f L.Am.* **1** *de edificio* refurbishment **2** AUTO spare part

**refectorio** *m* refectory

**referencia** *f* **1** reference; **hacer ~ a** refer to, make reference to; **con ~ a** with reference to **2**: **~s** *pl* COM references

**referéndum** *m* referendum

**referente** *adj*: ~ *a* referring to, relating to

**referí** *m/f L.Am.* referee

**referir** ⟨3i⟩ *v/t* tell, relate; **referirse** *v/r* refer (*a* to)

**refilón** *m*: **mirar de ~** glance at

**refinado I** *adj tb fig* refined **II** *m* refining

**refinamiento** *m* refining

**refinar** ⟨1a⟩ *v/t* TÉC refine; **refinarse** *v/r* become more refined

**refinería** *f* TÉC refinery

**reflectante** *adj* reflecting, reflective

**reflectar** *vb* ☞ **reflejar**

**reflector** *m* **1** *en prenda, bicicleta* reflector **2** EL spotlight

**reflejar** ⟨1a⟩ *v/t tb fig* reflect; **reflejarse** *v/r* be reflected

**reflejo I** *adj* reflex *atr* **II** *m* **1** *acción, movimiento* reflex; **tener buenos ~s** have good reflexes **2** *imagen* reflection

**reflexión** *f* reflection, thought

**reflexionar** ⟨1a⟩ *v/t* reflect on, ponder

**reflexivo** *adj* GRAM reflexive

**reflexología** *f* reflexology

**reflexoterapia** *f* reflexology

**reflotar** ⟨1a⟩ *v/t* COM refloat

**reflujo** *m* ebb

**reforestación** *f* reforestation

**reforestar** ⟨1a⟩ *v/t* reforest

**reforma** *f* **1** reform; ~ *educativa* / *tributaria* education / tax reform **2**: ~*s pl* (*obras*) refurbishment *sg*; (*reparaciones*) repairs

**reformador I** *adj* reform *atr* **II** *m*, ~**a** *f* reformer

**reformar** ⟨1a⟩ *v/t* **1** *ley, organización* reform **2** (*reparar*) repair; *edificio* refurbish; **reformarse** *v/r* mend one's ways, reform

**reformatorio** *m* reform school, reformatory

**reformismo** *m* POL reformism

**reformista I** *adj* reformist, reform *atr* **II** *m/f* reformer

**reforzamiento** *m* reinforcement

**reforzar** ⟨1f & 1m⟩ *v/t estructura, idea* reinforce; *vigilancia* increase, step up; **reforzarse** *v/r* be reinforced

**refracción** *f* FÍS refraction

**refractario** *adj* TÉC heat-resistant, fireproof; *fig* **ser ~ a algo** be against sth

**refrán** *m* saying

**refranero** *m* book of sayings

**refregar** ⟨1h & 1k⟩ *v/t* scrub; ~ *algo en las narices de alguien* *fig* F rub s.o.'s nose in sth

**refrenar** ⟨1a⟩ *v/t* restrain, contain

**refrendar** ⟨1a⟩ *v/t* **1** *documento* countersign **2** *decisión* approve

**refrendo** *m* **1** *firma* countersignature **2** *aprobación* approval

**refrescante** *adj* refreshing

**refrescar** ⟨1g⟩ **I** *v/t* **1** *tb fig* refresh **2** *conocimientos* brush up **II** *v/i* cool down; **refrescarse** *v/r* cool down

**refresco** *m* soda, *Br* soft drink

**refriega** *f* MIL clash, skirmish

**refrigeración** *f* **1** *de alimentos* refrigeration **2** *aire acondicionado* air-conditioning **3** *de motor* cooling

**refrigerador** *m* refrigerator

**refrigerante** *m para motor* coolant; *para frigorífico* refrigerant

**refrigerar** ⟨1a⟩ *v/t* **1** *alimentos* refrigerate **2** *motor* cool

**refrigerio** *m* snack

**refrito** *m* **1** GASTR: *un ~ de pimiento y cebolla* fried peppers and onions **2** *fig* rehash

**refuerzo** *m* reinforcement; ~*s pl* MIL reinforcements

**refugiado** *m*, -a *f* refugee

**refugiarse** ⟨1b⟩ *v/r* take refuge

**refugio** *m* refuge; **buscar ~** look for shelter, seek refuge

◇ **refugio antiaéreo** air-raid shelter

◇ **refugio atómico** nuclear fallout shelter

**refulgente** *adj* dazzling

**refunfuñar** ⟨1a⟩ *v/i* grumble

**refunfuñón I** *adj* grouchy, grumpy **II** *m*, -ona *f* grouch, grump

**refutar** ⟨1a⟩ *v/t* refute

**regable** *adj* irrigable; **zona ~** irrigated land

**regadera** *f* **1** *para plantas* watering can; **estar como una ~** F be nuts F **2** *Méx* (*ducha*) shower

**regadío** *m*: **tierra de ~** irrigated land

**regalado** *adj* very cheap; **a precio ~** at giveaway prices

**regalar** ⟨1a⟩ *v/t*: ~ *algo a alguien* give sth to s.o., give s.o. sth; ~ *el oído o los oídos con* delight one's ears with

**regaliz** *m* BOT licorice, *Br* liquorice

**regalo** *m* gift, present; ~ *para los ojos* sight for sore eyes; ~ *para los oídos* delight to the ear; *es un ~* it's dead cheap;

**~ publicitario** free gift

**regañadientes: a ~** reluctantly

**regañar** ⟨1a⟩ **I** *v/t* tell off **II** *v/i* quarrel

**regañina** *f* F telling off

**regaño** *m* scolding, telling off

**regar** ⟨1h & 1k⟩ *v/t plantas* water; AGR irrigate; *fig* (*inundar*) flood; **~la** *Méx* F put one's foot in it

**regata** *f* **1** DEP regatta **2** (*reguera*) irrigation channel *o* ditch

**regate** *m* DEP sidestep, *Br* dummy

**regatear** ⟨1a⟩ **I** *v/t* **1** COM haggle over; **no ~ esfuerzos** spare no effort **2** DEP sidestep, *Br* dummy **II** *v/i* DEP sidestep, *Br* dummy

**regatista** *m/f* competitor (*in a sailing or rowing race*)

**regazo** *m* lap

**regencia** *f* regency

**regeneración** *f* regeneration

**regenerar** ⟨1a⟩ *v/t* regenerate; **regenerarse** *v/r* **1** *de persona* reform **2** *de zona* be regenerated

**regentar** ⟨1a⟩ *v/t* **1** *negocio* run, manage **2** *cargo* hold

**regente** *m/f* **1** regent **2** *Méx: de ciudad* mayor

**regicida** *m/f* regicide

**regicidio** *m* regicide

**regidor I** *adj* governing, ruling **II** *m*, **~a** *f* TEA stage manager

**régimen** *m* **1** POL regime **2** MED diet; **estar a ~** be on a diet; **poner a ~** put on a diet **3** (*programa*): **preso en ~ abierto** JUR prisoner in an open prison **4** (*normativa*): **~ fiscal** tax regime

**regimiento** *m* MIL regiment

**regio** *adj* **1** regal, majestic **2** *S.Am.* F (*estupendo*) great F, fantastic F

**región** *f* region; **~ lumbar** ANAT lumbar region

**regional** *adj* regional

**regionalismo** *m* regionalism

**regionalista** *m/f* regionalist

**regir** ⟨3l & 3c⟩ **I** *v/t* rule, govern **II** *v/i* apply, be in force; **regirse** *v/r* be guided (**por** by)

**registrador** *adj* measuring

**registrar** ⟨1a⟩ *v/t* **1** (*inscribir*) register **2** *casa* search; (**a mí**) **que me registren** F search me! F; **registrarse** *v/r* be recorded; **se registró un máximo de 45°C** a high of 45°C was recorded

**registro** *m* **1** (*archivo*) register **2** *de casa*

search **3**: **tocar todos los ~s** *fig* F pull out all the stops F

◇ **registro civil** register of births, marriages and deaths; **registro domiciliario** house search; **registro mercantil** register of companies; **registro de la propiedad inmobiliaria** land registry

**regla** *f* **1** (*norma*) rule; **por ~ general** as a rule; **~s del juego** *pl tb fig* rules of the game; **en (toda) ~** in order **2** *para medir* ruler **3** MED period **4** MAT: **las cuatro ~s** addition, subtraction, multiplication and division

◇ **regla de cálculo** slide rule

◇ **regla de tres** MAT rule of three

**reglaje** *m* TÉC adjustment

**reglamentación** *f* regulations *pl*, rules *pl*

**reglamentar** ⟨1a⟩ *v/t* regulate

**reglamentario** *adj* regulation *atr*

**reglamento** *m* regulation

**reglar** ⟨1a⟩ *v/t* regulate

**regleta** *f* EL circuit board

**regocijarse** ⟨1a⟩ *v/r* rejoice (**de** at), take delight (**de** in)

**regocijo** *m* delight

**regodearse** ⟨1a⟩ *v/r* gloat (**con** over), delight (**en** in)

**regoldar** ⟨1m⟩ *v/i* F burp F

**regordete** *adj* F chubby

**regresar** ⟨1a⟩ **I** *v/i* return **II** *v/t Méx* return, give back; **regresarse** *v/r L.Am.* return

**regresión** *f* regression

**regresivo** *adj* regressive

**regreso** *m* return

**regüeldo** *m* F belch

**reguero** *m* trail; **como un ~ de pólvora** *fig* like wildfire

**regulable** *adj* adjustable; **asiento ~ en altura** adjustable-height seat

**regulación** *f* **1** regulation; **~ de empleo** *ley* reduction in the workforce **2** *de temperatura* control; **~ del tráfico** traffic control

**regulador** *m* TÉC regulator, control

**regular**[1] *adj* **1** *sin variar* regular **2** (*común*) ordinary **3** (*habitual*) regular, normal **4** (*no muy bien*) so-so

**regular**[2] ⟨1a⟩ *v/t* TÉC regulate; *temperatura* control, regulate

**regularidad** *f* regularity; **con ~** regularly

**regularización** *f* regularization

**relajación**

regularizar ⟨1f⟩ v/t regularize; **regularizarse** v/r be regularized

regularmente adv regularly

regurgitar ⟨1a⟩ v/i regurgitate

regusto m aftertaste; **un ~ amargo** a bitter aftertaste

rehabilitación f **1** MED, fig rehabilitation **2** ARQUI restoration

rehabilitar ⟨1a⟩ v/t **1** MED, fig rehabilitate **2** ARQUI restore

rehacer ⟨2s; part **rehecho**⟩ v/t **1** película, ropa, cama remake **2** trabajo, ejercicio do over, do again **3** casa, vida rebuild; **rehacerse** v/r: **~ de** get over, overcome

rehago vb ☞ **rehacer**

rehecho part ☞ **rehacer**

rehén m hostage; **toma de rehenes** hostage taking

rehice vb ☞ **rehacer**

rehizo vb ☞ **rehacer**

rehogar ⟨1h⟩ v/t GASTR fry

rehuir ⟨3g⟩ v/t shy away from

rehusar ⟨1a⟩ v/t refuse, decline; **rehusarse** v/r: **~ a hacer algo** refuse to do sth

reimplantar ⟨1a⟩ v/t MED reimplant

reimpresión f reprinting

reimprimir ⟨3a⟩ v/t reprint

reina f tb en naipes queen
◇ **reina madre** queen mother

reinado m reign

reinante adj tb fig reigning

reinar ⟨1a⟩ v/i tb fig reign

reincidencia f JUR reoffending

reincidente **I** adj repeat **II** m/f repeat offender

reincidir ⟨3a⟩ v/i reoffend

reincorporación f return

reincorporar ⟨1a⟩ v/t reinstate, restore; **reincorporarse** v/r return (**a** to)

reineta f BOT pippin

reingresar ⟨1a⟩ v/i return

reiniciar ⟨1b⟩ v/t restart; INFOR reboot, restart

reinicio m restart; INFOR reboot, restart

reino m tb fig kingdom
◇ **reino animal** animal kingdom; **reino de los cielos** kingdom of heaven; **reino mineral** mineral kingdom; **Reino Unido** United Kingdom; **reino vegetal** vegetable kingdom

reinserción f: **~ social** social rehabilitation

reinsertar ⟨1a⟩ v/t rehabilitate

reinstaurar ⟨1a⟩ v/t bring back

reintegración f reinstatement; de dinero refund

reintegrar ⟨1a⟩ v/t reinstate; dinero refund (**a** to); **reintegrarse** v/r return (**a** to)

reintegro m (en lotería) prize in the form of a refund of the stake money

reinversión f reinvestment

reinvertir ⟨3i⟩ v/t reinvest

reír ⟨3m⟩ **I** v/i laugh; **hacer ~ a alguien** make s.o. laugh; **no me hagas ~** fig F don't make me laugh F; **quien ríe último, ríe mejor** he who laughs last laughs longest **II** v/t laugh at; **reírse** v/r laugh (**de** at)

reiteración f repetition, reiteration

reiteradamente adv repeatedly

reiterar ⟨1a⟩ v/t repeat, reiterate

reiterativo adj repetitive, reiterative

reivindicación f claim

reivindicar ⟨1g⟩ v/t claim; **~ un atentado** claim responsibility for an attack

reja f **1** AGR plowshare, Br ploughshare **2** (barrote) bar; **meter entre~s** fig F put behind bars

rejilla f FERR luggage rack

rejón m lance

rejoneador m bullfighter mounted on horseback

rejuvenecer ⟨2d⟩ v/t rejuvenate

rejuvenecimiento m rejuvenation

relación f **1** relationship; **la ~ calidad-precio es muy buena** it's good value for money; **~ causa-efecto** cause and effect relationship; **mantener relaciones (amorosas) con alguien** have an affair with s.o. **2** (conexión) relation; **no guardar ~ con** bear no relation to; **con** o **en ~ a** with o in relation to
◇ **relación de pareja** relationship; **relaciones comerciales** trade relations; **relaciones diplomáticas** diplomatic relations; **relaciones públicas** pl public relations, PR sg; **relaciones sexuales** sexual relations

relacionado adj related (**con** to); **bien ~** well connected

relacionar ⟨1a⟩ v/t relate (**con** to), connect (**con** with); **relacionarse** v/r **1** be connected (**con** to), be related (**con** to) **2** (mezclarse) mix

relajación f relaxation

**relajado** *adj* relaxed

**relajamiento** *m* relaxation

**relajante** *adj* relaxing

**relajar** ⟨1a⟩ *v/t* relax; **relajarse** *v/r* relax

**relajo** *m* **1** *C.Am., Méx* uproar **2** (*relajación*) relaxation

**relamer** ⟨2a⟩ *v/t* lick; **relamerse** *v/r* lick one's lips

**relamido** *adj* F **1** (*persona*) smooth **2** (*adorno*) refined

**relámpago** *m* flash of lightning; *viaje ~* flying visit; *como un ~ fig* like lightning

**relampaguear** ⟨1a⟩ *v/i*: *relampagueó y tronó mucho* there was a lot of thunder and lightning

**relampagueo** *m* lightning

**relanzar** ⟨1f⟩ *v/t fig* relaunch

**relatar** ⟨1a⟩ *v/t* tell, relate

**relatividad** *f* relativity

**relativizar** ⟨1f⟩ *v/t* put in context

**relativo** *adj* relative; *~ a* regarding, about; *pronombre ~* GRAM relative pronoun

**relato** *m* short story

**relax** *m* relaxation

**relé** *m* EL relay

**releer** ⟨2e⟩ *v/t* reread

**relegar** ⟨1h⟩ *v/t* relegate

**relevancia** *f* relevance

**relevante** *adj* relevant

**relevar** ⟨1a⟩ *v/t* MIL relieve; *~ a alguien de algo* relieve s.o. of sth

**relevista** *m/f* DEP relay runner

**relevo** *m* MIL change; (*sustituto*) relief, replacement; *tomar el ~ de alguien* take over from s.o., relieve s.o.; *carrera de ~s* DEP relay (race)

**relicario** *m* shrine

**relieve** *m* relief; *alto / bajo ~* high / bas relief; *de ~ fig* important; *poner de ~* highlight; *dar ~ a* (*realzar*) highlight

**religión** *f* religion

**religiosa** *f* nun

**religiosamente** *adv* religiously

**religiosidad** *f* religiousness

**religioso I** *adj* religious **II** *m* monk

**relinchar** ⟨1a⟩ *v/i* neigh

**relincho** *m* neigh

**reliquia** *f* relic

**rellamada** *f*: *~* (*automática*) TELEC automatic redial

**rellano** *m* landing

**rellenar** ⟨1a⟩ *v/t* fill; GASTR *pollo, pimientos* stuff; *formulario* fill out, fill in

**relleno I** *adj* **1** GASTR *pollo, pimientos* stuffed; *pastel* filled **2** *fig* F *persona* plump F **II** *m tb* en *cojín* stuffing; *en pastel* filling

**reloj** *m* clock; *de pulsera* watch, wristwatch; *~ para fichar* time clock; *ser un ~* F be as regular as clockwork F; *ir o marchar como un ~* go *o* run like clockwork; *contra ~* against the clock; *carrera contra ~* DEP race against the clock

◇ **reloj de arena** hourglass; **reloj de bolsillo** pocket watch; **reloj de cuarzo** quartz watch; **reloj de pared** wall clock; **reloj de pie** grandfather clock; **reloj de sol** sundial

**relojería** *f* watchmaker's

**relojero** *m*, **-a** *f* watchmaker

**reluciente** *adj* sparkling, glittering

**relucir** ⟨3f⟩ *v/i* sparkle, glitter; *sacar a ~* F bring up; *salir a ~* F come out

**reluctante** *adj* reluctant

**relumbrar** ⟨1a⟩ *v/i* shine brightly

**relumbrón** *m*: *es un ~* it's flashy; *de ~* fake

**remachar** ⟨1a⟩ *v/t* **1** *mesa, silla* rivet **2** *instrucción, orden* repeat

**remache** *m* rivet

**remador** *m*, **-a** *f* rower

**remanente** *m* remainder, surplus

**remangar** ⟨1h⟩ *v/t* roll up

**remanso** *m* backwater; *~ de paz fig* haven of peace

**remar** ⟨1a⟩ *v/i* row

**remarcar** ⟨1g⟩ *v/t* stress, emphasize

**rematado** *adj*: *ser un loco ~* F be completely crazy

**rematar** ⟨1a⟩ **I** *v/t* **1** (*acabar del todo*) finish off **2** *L.Am.* COM auction **II** *v/i* en *fútbol* shoot; *~ de cabeza* head the ball; *~ a puerta* shoot at goal, take a shot at goal

**remate** *m* **1** *L.Am.* COM auction, sale **2** *en fútbol* shot; *~ de cabeza* header **3** (*fin*): *dar ~ a algo* finish sth off; *para ~ ...* to top it all off, ... **4** *para enfatizar*: *ser tonto de ~* be a complete idiot; *estar loco de ~* be completely crazy

**remedar** ⟨1a⟩ *v/t* mimic, ape

**remediar** ⟨1b⟩ *v/t daños* repair; *error* remedy; *no puedo ~lo* I can't do anything about it

**remedio** *m* remedy; *~ casero* homemade remedy; *sin ~* hopeless; *no tiene*

~ there's no solution; *no hay más ~ que ...* there's no alternative but to ...; *poner ~ a algo* remedy sth; *¡qué ~!* I have no choice

**remedo** *m* imitation, copy

**rememoración** *f* remembrance

**rememorar** ⟨1a⟩ *v/t* remember

**remendar** ⟨1k⟩ *v/t con parche* patch; *(zurcir)* darn

**remera** *f Rpl* T-shirt

**remero** *m* rower, oarsman

**remesa** *f* 1 *(envío)* shipment, consignment 2 *L.Am. dinero* remittance

**remezón** *m L.Am.* earth tremor

**remiendo** *m (parche)* patch; *(zurcido)* darn; *hacer o echar un ~ a algo* patch sth

**remilgado** *adj* fussy, finicky

**remilgo** *m: tener o hacer ~s pl* be fussy

**reminiscencia** *f* reminiscence

**remisión** *f* 1 REL, JUR, MED remission 2 *en texto* reference

**remiso** *adj* reluctant *(a* to)

**remite** *m en carta* return address

**remitente** *m/f* sender

**remitir** ⟨3a⟩ I *v/t* 1 *(enviar)* send, ship 2 *en texto* refer *(a* to) II *v/i* 1 MED go into remission 2 *de crisis* ease (off); *remitirse v/r* refer *(a* to)

**remo** *m pala* oar; *deporte* rowing; *meter el ~ fig* F put one's foot in it

**remodelación** *f de casa, edificio* remodeling

◇ **remodelación ministerial** cabinet reorganization *o Br* reshuffle

**remodelar** ⟨1a⟩ *v/t* remodel

**remojar** ⟨1a⟩ *v/t* 1 *en líquido* soak 2 *L.Am.* F *acontecimiento* celebrate; *remojarse v/r (bañarse)* go for a quick swim

**remojo** *m: poner a o en ~* leave to soak

**remojón** *m* drenching, soaking; *darse un ~* go for a dip

**remolacha** *f* beet, *Br* beetroot

◇ **remolacha azucarera** sugar beet

**remolcador** *m* MAR I *adj* tug *atr* II *m* tug

**remolcar** ⟨1g⟩ *v/t* AUTO, MAR tow; *~ a alguien fig* drag s.o. along

**remolino** *m de aire* eddy; *de agua* whirlpool; *~ de gente fig* crowd of people

**remolón** F I *adj* idle, lazy II *m*, *-ona f* slacker; *hacerse el ~* slack (off)

**remolque** *m* AUTO trailer; *llevar a ~* to tow

**remontada** *f* comeback, recovery

**remontar** ⟨1a⟩ I *v/t* 1 *río* go up 2 *dificultad* overcome, surmount II *v/i* DEP stage a comeback, come from behind; *remontarse v/r en el tiempo* go back *(a* to)

**remonte** *m* ski lift

**remorder** ⟨2h⟩ *v/t: me remuerde la conciencia* I have a guilty conscience

**remordimiento** *m* remorse; *~s pl* regrets, remorse *sg*

**remotamente** *adv* remotely; *no se parecen ni ~* they don't look even remotely alike

**remoto** *adj* remote; *no tengo ni la más -a idea* I haven't the faintest idea

**remover** ⟨2h⟩ *v/t* 1 *(agitar)* stir 2 *L.Am. (destituir)* dismiss 3 *C.Am., Méx (quitar)* remove; *removerse v/r* move around

**remozar** ⟨1f⟩ *v/t* renovate

**remplazar** ⟨1f⟩ *v/t* ☞ *reemplazar*

**remuneración** *f* remuneration

**remunerar** ⟨1a⟩ *v/t* pay

**renacentista** *adj* Renaissance *atr*

**renacer** ⟨2d⟩ *v/i fig* be reborn

**Renacimiento** *m* Renaissance

**renacuajo** *m* 1 ZO tadpole 2 F *persona* shrimp F

**renal** *adj* ANAT renal, kidney *atr*

**rencilla** *f* fight, argument

**rencor** *m* resentment; *guardar ~ a alguien* bear s.o. a grudge

**rencoroso** *adj* resentful

**rendición** *f* surrender

**rendido** *adj* exhausted

**rendija** *f (raja)* crack; *(hueco)* gap

**rendimiento** *m* 1 performance; *de alto ~ coche* high-powered, performance *atr* 2 *(producción)* output 3 FIN yield; *de alto ~* high-yield

**rendir** ⟨3l⟩ I *v/t* 1 *honores* pay, do 2 *beneficio* produce, yield 3: *~ las armas* surrender one's weapons 4: *no tengo que ~ cuentas a nadie* I don't have to explain myself to anyone II *v/i* perform; *rendirse v/r* surrender; *~ a o ante la evidencia* bow to the evidence; *no te rindas* don't give up

**renegado** I *adj* renegade *atr* II *m*, *-a f* renegade

**renegar** ⟨1h & 1k⟩ *v/i: ~ de alguien* disown s.o.; *~ de algo* renounce sth

**renegrido** *adj* blackened

**RENFE** *f abr* (= **Red Nacional de Ferrocarriles Españoles**) *Spanish rail operator*

**renglón** *m* line; *a ~ seguido* immediately after

**rengo** *adj CSur* lame

**renguear** ⟨1a⟩ *v/i CSur* limp, walk with a limp

**renguera** *f CSur* limp

**reno** *m* ZO reindeer

**renombrado** *adj* famous, renowned

**renombre** *m*: *de ~* famous, renowned; *de ~ universal* world-famous, known all over the world

**renovable** *adj* renewable

**renovación** *f* renewal

**renovador** *adj*: *las fuerzas ~es* the forces of renewal

**renovar** ⟨1m⟩ *v/t* renew

**renquear** ⟨1a⟩ *v/i* limp

**renta** *f* **1** (*ingresos*) income **2** *de casa* rent **3**: *de ~ fija* fixed-interest

◇ **renta per cápita** income per capita

◇ **renta vitalicia** life annuity, lifetime income

**rentabilidad** *f* profitability

**rentabilizar** ⟨1f⟩ *v/t* achieve a return on; *fig* make the most of

**rentable** *adj* profitable

**rentar** ⟨1a⟩ **I** *v/t* **1** (*arrendar*) rent out **2** (*alquiler*) rent **II** *v/i* be profitable

**renuente** *adj* reluctant, unwilling

**renuncia** *f* resignation

**renunciar** ⟨1b⟩ *v/i*: *~ a tabaco, alcohol etc* give up; *demanda* drop; *puesto* resign

**reñido** *adj batalla etc* hard fought, tough; *estar ~ con alguien* have fallen out with s.o.; *estar ~ con algo* be contrary to sth

**reñir** ⟨3h & 3l⟩ **I** *v/t* tell off **II** *v/i* quarrel, fight F

**reo** *m*, *-a f* accused

**reojo**: *de ~* out of the corner of one's eye; *mirar de ~ a* look out of the corner of one's eye at; *fig* look down on

**reordenación** *f* reorganization

**reordenar** ⟨1a⟩ *v/t* reorganize

**reorganización** *f* reorganization

**reorganizar** ⟨1f⟩ *v/t* reorganize

**reorientación** *f* reorientation

**reorientar** ⟨1a⟩ *v/t* reorientate

**reóstato** *m* rheostat

**repantigarse** ⟨1h⟩ *v/r* lounge, sprawl

**reparación** *f* repair; *fig* reparation

**reparador** *adj sueño etc* refreshing

**reparar** ⟨1a⟩ **I** *v/t* repair; *~ fuerzas* get one's strength back **II** *v/i*: *~ en algo* notice sth; *no ~ en gastos* not worry about the cost

**reparo** *m*: *poner ~s a* find problems with; *no tener ~s en* have no reservations about; *sin ~* without reservation *o* hesitation; *me da ~ decirle* I have qualms about telling him

**repartición** *f S.Am.* department

**repartida** *f L.Am.* ☞ **repartición**

**repartir** ⟨3a⟩ *v/t* **1** (*dividir*) share out, divide up **2** *productos* deliver **3**: *~ los papeles de* película, obra de teatro cast; **repartirse** *v/r* share; *~ algo* share sth

**repartidor** *m* delivery man; *~ de periódicos* newspaper boy

**reparto** *m* **1** (*división*) share-out, distribution **2** TEA cast **3**: *~ a domicilio* home delivery

**repasar** ⟨1a⟩ *v/t* **1** *trabajo* go over again; EDU revise **2** TÉC *motor* service

**repaso** *m* **1** *de lección* review, revision; *de últimas novedades* review **2** TÉC *de motor* service **3**: *dar un ~ a alguien* tell s.o. off

**repatear** ⟨1a⟩ **I** *v/t*: *me repatea que* F it ticks me off that F **II** *v/i*: *me repatea un montón* F it really ticks me off F

**repatriación** *f* repatriation

**repatriar** ⟨1b⟩ *v/t* repatriate

**repecho** *m* steep slope

**repelente** **I** *adj* **1** *fig* repellent, repulsive **2** F *niño* horrible **II** *m* repellent

**repeler** ⟨2a⟩ *v/t* repel

**repelús** *m*: *dar ~ a alguien* F give s.o. the creeps F

**repeluzno** *m por frío, miedo etc* shiver, shudder; *dar ~ a alguien* give s.o. the shivers

**repensar** ⟨1k⟩ *v/t* reconsider

**repente**: *de ~* suddenly

**repentino** *adj* sudden

**repera** *f*: *ser la ~* F take the cake F

**repercusión** *f fig* repercussion

**repercutir** ⟨3a⟩ *v/i* have repercussions (*en* on)

**repertorio** *m* TEA, MÚS repertoire

**repesca** *f* EDU *second chance at an exam*, *Br* resit

**repescar** ⟨1g⟩ *v/t* pass (*after a second test*)

**reproducir**

repetible *adj* repeatable
repetición *f* repetition
repetido *adj* repeated; *-as veces* over and over again; *lo tengo ~* I have two of these
repetidor I *adj* TÉC booster *atr* II *m* TÉC booster III *m*, *~a f* EDU student repeating a year
repetir ⟨3l⟩ I *v/t* repeat II *v/i de comida* repeat; **repetirse** *v/r* 1 happen again 2 (*insistir*) repeat o.s
repetitivo *adj* repetitive
repicar ⟨1g⟩ I *v/t* 1 *campanas* ring 2 *castañuelas* click II *v/i* ring out
repintar ⟨1a⟩ *v/t* repaint; **repintarse** *v/r* put on make-up
repipi *adj* F (*afectado*) affected; *es tan ~ niño* he's such a know-it-all F
repique *m* 1 *de campanas* ringing 2 *de castañuelas* clicking
repiquetear ⟨1a⟩ *v/t* 1 *campanas* ring 2 *con los dedos* drum
repiqueteo *m* ringing
repisa *f* shelf
replantar ⟨1a⟩ *v/t* replant, transplant
replantear ⟨1a⟩ *v/t pregunta, problema* bring up again
replegarse ⟨1h & 1k⟩ *v/r* MIL fall back, withdraw
repleto *adj* full (*de* of)
réplica *f* replica
replicar ⟨1g⟩ *v/t* reply
repliegue *m* 1 *de ejército* withdrawal 2 (*pliegue*) fold
repoblación *f* repopulation, restocking
◇ **repoblación forestal** reforestation
repoblar ⟨1m⟩ *v/t* repopulate
repollo *m* BOT cabbage
◇ **repollo morado** *L.Am.* red cabbage
reponer ⟨2r; *part* **repuesto** ⟩ *v/t* 1 *existencias* replace 2 TEA *obra* revive; *~ una película* rerun the original version of a movie 3: *~ fuerzas* get one's strength back; **reponerse** *v/r* recover (*de* from)
reportaje *m* story, report
◇ **reportaje gráfico** illustrated feature
◇ **reportaje publicitario** advertorial
reportar ⟨1a⟩ *v/t* 1 *beneficio, provecho* produce, bring 2 *L.Am. informar sobre* report
reporte *m L.Am.* report; *el ~ metereológico* the weather forecast
reportero *m*, *-a f* reporter

◇ **reportero gráfico** press photographer
reposabrazos *m inv* armrest
reposacabezas *m inv* AUTO headrest
reposado *adj* calm
reposapiés *m inv* footrest
reposar ⟨1a⟩ *v/i* 1 (*descansar*) rest 2 *de vino* settle; *dejar ~ algo té etc* let sth stand
reposera *f L.Am.* lounger
reposición *f* TEA revival; TV repeat
reposo *m* rest; *hacer ~* rest
repostar ⟨1a⟩ *v/i* refuel
repostería *f* pastries *pl*
reprender ⟨2a⟩ *v/t* scold, tell off F
reprensible *adj* reprehensible
represa *f* 1 (*dique*) dam 2 (*embalse*) reservoir
represalia *f* reprisal
represar ⟨1a⟩ *v/t agua* dam
representación *f* 1 representation 2 TEA performance 3 (*delegación*): *en ~ de* on behalf of
◇ **representación exclusiva** sole agency
representante *m/f tb* COM representative
representar ⟨1a⟩ *v/t* 1 (*simbolizar*) represent 2 *obra* put on, perform; *papel* play 3 (*aparentar*): *~ menos años* look younger
representativo *adj* representative
represión *f* repression
represivo *adj* repressive
represor I *adj* oppressive II *m*, *~a f* oppressor
reprimenda *f* reprimand
reprimir ⟨3a⟩ *v/t tb* PSI repress; **reprimirse** *v/r* repress one's feelings
reprobable *adj* reprehensible
reprobación *f* condemnation, disapproval
reprobador *adj* reproachful
reprobar ⟨1m⟩ *v/t* 1 *comportamiento, actitud* condemn 2 *L.Am.* EDU fail
reprobatorio *adj* ☞ **reprobador**
reprocesamiento *m* reprocessing
reprocesar ⟨1a⟩ *v/t* reprocess
reprochable *adj* reproachable
reprochar ⟨1a⟩ *v/t* reproach
reproche *m* reproach
reproducción *f* 1 BIO reproduction 2 (*copia*) copy, reproduction
reproducir ⟨3o⟩ *v/t* 1 (*reflejar*), BIO re-

produce **2** (*copiar*) copy, reproduce; **reproducirse** *v/r* BIO reproduce, breed

**reproductivo** *adj* BIO reproductive; **en edad -a** *mujer* of child-bearing age

**reproductor I** *adj* breeding **II** *m*, **~a** *f* breeding animal

◇ **reproductor de discos compactos** compact disc player

**reprografía** *f* reprographics *sg*

**reprogramar** ⟨1a⟩ *v/t* reprogram

**reptil** *m* ZO reptile

**república** *f* republic

◇ **república bananera** *desp* banana republic; **república federal** federal Republic; **República Dominicana** Dominican Republic

**republicano I** *adj* republican **II** *m*, **-a** *f* republican

**repudiación** *f* repudiation

**repudiar** ⟨1b⟩ *v/t* repudiate; *herencia* renounce

**repuesto I** *part* ☞ **reponer II** *m* spare part, replacement; **de ~** spare

**repugnancia** *f* disgust, repugnance

**repugnante** *adj* disgusting, repugnant

**repugnar** ⟨1a⟩ *v/t* disgust, repel

**repujado** *m* TÉC embossed

**repujar** ⟨1a⟩ *v/t metal* emboss

**repulsa** *f* condemnation, rejection

**repulsión** *f* repulsion

**repulsivo** *adj* repulsive, disgusting

**repuntar** ⟨1a⟩ *v/i* pick up, rally

**repunte** *m de valores, precios* rally, upturn; **~ económico** economic upturn

**repuse** *vb* ☞ **reponerse**

**reputación** *f* reputation; **de buena ~** with a good reputation; **tener buena / mala ~** have a good / bad reputation

**requemar** ⟨1a⟩ *v/t* burn

**requerimiento** *m* request; **a ~ de** at the request of

**requerir** ⟨3i⟩ *v/t* **1** (*necesitar*) require **2** JUR summons

**requesón** *m* cottage cheese

**requete** *pref* F very, super F

**requetebién** *adv* F really well, brilliantly F

**réquiem** *m* requiem

**requisa** *f* MIL requisition

**requisar** ⟨1a⟩ *v/t* MIL requisition

**requisición** *f* MIL requisition

**requisito** *m* requirement

**res** *f L.Am.* animal; **~es** *pl* cattle *pl*; **car-**

**ne de ~** beef

**resabio** *m* aftertaste

**resaca** *f* **1** MAR undertow, undercurrent **2** *de beber* hangover

**resalado** *adj* F witty, funny

**resaltar** ⟨1a⟩ **I** *v/t* highlight, stress **II** *v/i* ARQUI jut out; *fig* stand out

**resarcimiento** *m* compensation, reimbursement; **~ de daños** compensation for damages

**resarcir** ⟨3b⟩ *v/t* compensate (**de** for), reimburse (**de** for); **resarcirse** *v/r* make up (**de** for)

**resbaladizo** *adj* **1** *superficie* slippery **2** *fig asunto, tema* tricky

**resbalar** ⟨1a⟩ *v/i* slide; *fig* slip up

**resbalón** *m* slip; *fig* F slip-up

**resbaloso** *adj L.Am.* slippery

**rescatar** ⟨1a⟩ *v/t persona, animal* rescue, save; *bienes* salvage, save

**rescate** *m* **1** *de peligro* rescue; **equipo de ~** rescue team **2** *en secuestro* ransom

**rescindible** *adj* which can be canceled *o Br* cancelled

**rescindir** ⟨3a⟩ *v/t* cancel; *contrato* terminate

**rescisión** *f* cancellation; *de contrato* termination

**rescoldo** *m* ember

**reseco** *adj* **1** (*seco*) parched **2** (*flaco*) skinny

**resentido** *adj* resentful

**resentimiento** *m* resentment

**resentirse** ⟨3i⟩ *v/r* **1** get upset; **~ con alguien** feel resentful toward s.o. **2** *de rendimiento, calidad* suffer; **~ de algo** suffer from the effects of sth

**reseña** *f* review

**reseñar** ⟨1a⟩ *v/t* review

**reserva I** *f* **1** reservation; **~ de asiento** FERR seat reservation; **hacer una ~** make a reservation **2** (*duda*): **sin ~s** without reservation **II** *m/f* DEP reserve, substitute

◇ **reserva natural** nature reserve

◇ **reservas hídricas** water reserves

**reservación** *f Méx* reservation

**reservado I** *adj* reserved **II** *m* private room

**reservar** ⟨1a⟩ *v/t* **1** (*guardar*) set aside, put by **2** *billete* reserve; **~ mesa** reserve a table; **reservarse** *v/r* save o.s. (**para** for)

**reservista** *m/f* MIL reservist

**resfriado** I *adj*: **estar ~** have a cold II *m* cold

**resfriarse** ⟨1c⟩ *v/r* catch cold

**resfrío** *m L.Am.* cold

**resguardar** ⟨1a⟩ *v/t* protect (**de** from); **resguardarse** *v/r* protect o.s. (**de** from)

**resguardo** *m* 1 COM counterfoil 2 (*cobijo*): **al ~ del frío** sheltered from the cold

**residencia** *f* residence; **segunda ~** second home; **~ habitual** domicile

◇ **residencia de ancianos** retirement home; **residencia de estudiantes** dormitory, *Br* hall of residence; **residencia geriátrica** retirement home; **residencia para la tercera edad** retirement home

**residencial** I *adj* residential II *f Arg, Chi* rooming house

**residente** I *adj* resident II *m/f* resident; **no ~** non resident

**residir** ⟨3a⟩ *v/i* reside; **~ en** *fig* lie in

**residual** *adj* 1 *de restos* residual 2 *de desecho* waste *atr*

**residuo** *m* 1 (*resto*) residue 2: **~s** waste *sg*

◇ **residuos nucleares** nuclear waste *sg*; **residuos orgánicos** organic waste *sg*; **residuos radiactivos** radioactive waste *sg*; **residuos tóxicos** toxic waste *sg*

**resiembra** *f* AGR resowing

**resiento** *vb* ☞ **resentirse**

**resignación** *f actitud* resignation

**resignarse** ⟨1a⟩ *v/r* resign o.s. (**a** to)

**resina** *f* resin

**resinoso** *adj* resinous

**resistencia** *f* 1 (*oposición*) resistance 2 EL, TÉC *pieza* resistor

**resistente** *adj* 1 (*fuerte*) strong, tough 2 resistant(**a** to); **~ al calor** heat-resistant; **~ al fuego** fireproof

**resistir** ⟨3a⟩ I *v/i* 1 resist 2 (*aguantar*) hold out; **no resisto más** I can't take any more II *v/t* 1 *tentación* resist 2 *frío, dolor etc* stand, bear; **resistirse** *v/r* be reluctant (**a** to)

**resollar** ⟨1m⟩ *v/i* breathe heavily, puff

**resoluble** *adj* solvable

**resolución** *f* 1 *actitud* determination, decisiveness 2 *de problema* solution (**de** to) 3 JUR ruling 4 (*decisión*): **tomar una ~** make *o* take a decision 5 TÉC: **de alta ~** high resolution 6: **en ~** to sum up

**resolver** ⟨2h; *part* **resuelto**⟩ *v/t* **problema** solve; **resolverse** *v/r* decide (**a** to; **por** on); *de problema* be solved; *de conflicto* be resolved

**resonancia** *f* 1 TÉC resonance 2 *fig*: **tener ~** have an impact

◇ **resonancia magnética nuclear** nuclear magnetic resonance; MED MRI scan

**resonar** ⟨1m⟩ *v/i* echo

**resoplar** ⟨1a⟩ *v/i* snort

**resoplido** *m* snort

**resorción** *f* TEC reabsorption

**resorte** *m* spring; **tocar todos los ~s** *fig* pull all the strings one can

**respaldar** ⟨1a⟩ *v/t* back, support; **respaldarse** *v/r* sit back, lean back; **~ en** *fig* lean on, get support from

**respaldo** *m de silla* back; *fig* backing, support

**respectar** ⟨1a⟩ *v/i*: **por lo que respecta a ...** as regards ..., as far as ... is concerned

**respectivo** *adj* respective

**respectivamente** *adv* respectively

**respecto** *m*: **al ~** on the matter; **con ~ a** regarding, as regards; **a este ~** with regard to this

**respetabilidad** *f* respectability

**respetable** I *adj* respectable II *m*: **el ~** F the audience, the crowd

**respetar** ⟨1a⟩ *v/t* respect; **hacerse ~** gain *o* win respect; **respetarse** *v/r* have self-respect

**respeto** *m* 1 respect; **con todos los ~s** with all due respect; **falta de ~** lack of respect; **faltar el ~ a alguien** not show s.o. the proper respect, lack respect for s.o. 2 (*saludos*): **mis ~s a...** my regards to...

**respetuosidad** *f* respect, respectfulness

**respetuoso** *adj* respectful; **~ con el medio ambiente** with respect for the environment

**respingo** *m* start, jump; **dar un ~** jump

**respingón** *adj*: **nariz respingona** turned-up nose

**respirable** *adj* breathable

**respiración** *f* breathing; **me quedé sin ~** I was breathless; *fig* it took my breath away; **estar con ~ asistida** MED be on a respirator

**respiradero** *m* vent

**respirador** *m* MED ventilator, respira-

tor
**respirar** ⟨1a⟩ *v/t & v/i* breathe; **~ hondo** breathe deeply; **no dejar ~ a alguien** *fig* not leave s.o. alone for a minute
**respiratorio** *adj* respiratory
**respiro** *m fig* breather, break; **darse o tomarse un ~** take a break
**resplandecer** ⟨2d⟩ *v/i* shine, gleam
**resplandeciente** *adj* shining
**resplandor** *m* shine, gleam
**responder** ⟨2a⟩ **I** *v/t* answer **II** *v/i* **1:** **~ a** answer, reply to; MED respond to; *descripción* fit, match; *(ser debido a)* be due to; **~ al nombre de ...** answer to the name of ... **2:** **~ de** take responsibility for **3:** **~ por alguien** vouch for s.o.
**respondón** **F I** *adj* mouthy, nervy, *Br* cheeky **II** *m*, **-ona** *f*: **es una respondona** she's always answering back
**responsabilidad** *f* responsibility
◇ **responsabilidad civil** civil liability
**responsabilizar** ⟨1f⟩ *v/t*: **~ a alguien** hold s.o. responsible (**de** for); **responsabilizarse** *v/r* take responsibility (**de** for)
**responsable I** *adj* responsible (**de** for) **II** *m/f* person responsible (**de** for); **los ~s del crimen** those responsible for the crime
**respuesta** *f (contestación)* reply, answer; *fig* response; **en ~ a** in reply to; *fig* following
**resquebra(ja)dura** *f* crack, split
**resquebrajar** ⟨1a⟩ *v/t* crack; **resquebrajarse** *v/r* crack
**resquicio** *m* gap
**resta** *f* MAT subtraction
**restablecer** ⟨2d⟩ *v/t* re-establish; *monarquía* restore; **restablecerse** *v/r* recover
**restablecimiento** *m* **1** re-establishment; *de monarquía* restoration **2** *de enfermo* recovery
**restallar** ⟨1a⟩ *v/i* crack
**restallido** *m* crack
**restante I** *adj* remaining **II** *m/fpl*: **los / las ~s** the rest *pl*, the remainder *pl*
**restar** ⟨1a⟩ **I** *v/t* subtract; **~ importancia a** play down the importance of **II** *v/i* remain, be left
**restauración** *f* restoration
**restaurador** *m*, **~a** *f* restorer
**restaurant** *m L.Am.* restaurant
**restaurante** *m* restaurant; **~ rápido** fast-food restaurant
**restaurar** ⟨1a⟩ *v/t* restore; **~ fuerzas** get one's strength back
**restitución** *f* **1** restitution; *de confianza, calma* restoration **2** *en cargo* reinstatement
**restituir** ⟨3g⟩ *v/t* **1** *confianza, calma* restore **2** *en cargo* reinstate
**resto** *m* rest, remainder; **los ~s mortales** the (mortal) remains; **echar el ~** go all out
**restregar** ⟨1h & 1k⟩ *v/t* scrub
**restregón** *m*: **dar un ~ a algo** give sth a scrub
**restricción** *f* restriction; **sin ~** with no restrictions
**restrictivo** *adj* restrictive
**restringir** ⟨3c⟩ *v/t* restrict, limit; **restringirse** *v/r* limit o.s.
**resucitar** ⟨1a⟩ **I** *v/t* resuscitate; *fig* revive **II** *v/i de persona* rise from *o* come back from the dead
**resuello** *m* puffing, heavy breathing
**resuelto I** *part* ☞ **resolver II** *adj* decisive, resolute
**resulta** *f*: **de ~s de** as a result of
**resultado** *m* **1** result; **~ final o total** DEP final score **2** *(rendimiento)*: **dar buen ~ de coche, zapatos** be a good buy **3**: **sin ~ con sustantivo** unsuccessful; *con verbo* unsuccessfully
**resultar** ⟨1a⟩ *v/i* turn out; **~ caro** prove expensive, turn out to be expensive; **~ muerto** die, be killed; **resulta que ...** it turns out that ...
**resumen** *m* summary; **en ~** in short
**resumir** ⟨3a⟩ *v/t* summarize; **resumirse** *v/r* sum up (**en as**)
**resurgimiento** *m* resurgence
**resurgir** ⟨3c⟩ *v/i* reappear, come back
**resurrección** *f* REL resurrection; *fig* resurgence, revival
**retablo** *m* altarpiece
**retaguardia** *f* MIL rearguard
**retahíla** *f* string
**retal** *m* remnant
**retama** *f* BOT broom
**retar** ⟨1a⟩ *v/t* **1** challenge **2** *Rpl (regañar)* scold, tell off **F**
**retardar** ⟨1a⟩ *v/t* delay; **retardarse** *v/r* be late
**retardo** *m* delay
**retazo** *m fig* snippet, fragment
**retén** *m L.Am.* MIL patrol

**retroceder**

**retención** *f* **1** MED retention **2** *de persona* detention

◇ **retención fiscal** tax deduction; **retención en origen** deduction at source; **retención de orina** MED urine retention

**retener** ⟨2l⟩ *v/t* **1** *dinero etc* withhold, deduct **2** *persona* detain, hold

**reticencia** *f* **1** reticence; *sin ~s* without hesitation **2** (*indirecta*): *hablar con ~s* insinuate things

**reticente** *adj* reticent

**retina** *f* ANAT retina

**retintín** *m*: *con ~* F sarcastically

**retirada** *f* **1** MIL retreat, withdrawal; *batirse en ~* beat a retreat **2**: *~ del carnet de conducir* suspension of one's driver's license

**retirado** *adj* **1** (*jubilado*) retired **2** (*alejado*) remote, out-of-the-way

**retirar** ⟨1a⟩ *v/t silla, obstáculo* take away, remove; *acusación, dinero* withdraw; **retirarse** *v/r* MIL withdraw

**retiro** *m* **1** *lugar* retreat **2** MIL retreat, withdrawal

**reto** *m* **1** challenge **2** *Rpl* (*regañina*) scolding, telling-off F

**retobado** *adj* *L.Am.* unruly

**retocar** ⟨1g⟩ *v/t* **1** FOT retouch, touch up **2** (*acabar*) put the finishing touches to

**retomar** ⟨1a⟩ *v/t*: *~ algo* *fig* take sth up again

**retoñar** ⟨1a⟩ *v/i* **1** BOT shoot **2** *fig* be re-kindled

**retoño** *m* **1** BOT shoot **2** *fig* child; *sus ~s* their children *pl*, their offspring *pl*

**retoque** *m* **1** FOT touching-up **2** (*acabado*) finishing touch

**retorcer** ⟨2b & 2h⟩ *v/t* twist; **retorcerse** *v/r* writhe

**retorcido** *adj* *fig* twisted

**retorcijón** *m* cramps *pl*, *Br* stomach cramp

**retorcimiento** *m* twisting

**retórica** *f* rhetoric

**retórico** *adj* rhetorical

**retornable** *adj* returnable; *no ~* non-returnable

**retornar** ⟨1a⟩ *v/t & v/i* return

**retorno** *m* return

**retortero** *m*: *andar al ~* F be on the go; *traer a alguien al ~* F keep s.o. on the go

**retortijón** *m* cramps *pl*, *Br* stomach cramp

**retozar** ⟨1f⟩ *v/i* frolic, romp

**retozo** *m* frolicking

**retracción** *f* withdrawal

**retractación** *f* retraction, withdrawal

**retractar** ⟨1a⟩ *v/t* retract, withdraw; **retractarse** *v/r*: *~ de algo* withdraw sth

**retráctil** *adj* retractile, retractable

**retraer** ⟨2p; *part retraído*⟩ *v/t* retract; **retraerse** *v/r* withdraw

**retraído I** *part* ☞ **retraer II** *adj* withdrawn

**retranca** *f* F crafty idea

**retransmisión** *f* RAD, TV transmission, broadcast; *~ en diferido* recorded transmission; *~ en directo* live broadcast

**retransmitir** ⟨3a⟩ *v/t* transmit, broadcast; *~ en directo* broadcast live

**retrasado I** *part* ☞ **retrasar II** *adj* **1** *tren, entrega* late **2** *con trabajo, pagos* behind; *está ~ en clase* he's lagging behind in class; *~ mental* mentally handicapped

**retrasar** ⟨1a⟩ **I** *v/t* **1** *proceso, movimiento* hold up, delay **2** *reloj* put back **3** *reunión* postpone, put back **4** *pelota* pass back **II** *v/i* **1** *de reloj* lose time **2** *en los estudios* be behind; **retrasarse** *v/r* **1** (*atrasarse*) be late **2** *de reloj* lose time **3** *con trabajo, pagos* get behind

**retraso** *m* delay; *ir con ~* be late; *llegar con ~* arrive late, be late *o* delayed; *llevar ~* be late *o* delayed

◇ **retraso mental** mental handicap

**retratar** ⟨1a⟩ *v/t* FOT take a picture of; *fig* depict

**retratista** *m/f* portrait artist

**retrato** *m* picture; *~-robot* composite photo, E-Fit®; *ser el vivo ~ de alguien* be the spitting image of s.o.

**retreparse** ⟨1a⟩ *v/r* lean back

**retreta** *f* **1** MIL retreat **2** *L.Am.* (*desfile*) parade

**retrete** *m* bathroom

**retribución** *f* salary

**retribuir** ⟨3g⟩ *v/t* **1** pay **2** (*recompensar*) reward

**retro** *adj* **1** old-fashioned, retro; *moda ~* retro fashion, retro look **2** POL reactionary

**retroactivo** *adj* retroactive

**retroalimentación** *f* feedback

**retroceder** ⟨2a⟩ *v/i* go back, move back;

*fig* back down

**retroceso** *m fig* backward step

**retrógrado** *adj* retrograde

**retroproyector** *m* overhead projector

**retrospectiva** *f* retrospective

**retrospectivo** *adj* retrospective

**retrotraerse** ⟨2p; *part* **retrotraido**⟩ *v/r* go back (**a** to)

**retrovisor** *m* AUTO rear-view mirror; ~ **exterior** wing mirror

**retumbar** ⟨1a⟩ *v/i* boom

**retuve** *vb* ☞ **retener**

**reuma, reúma** *m* MED rheumatism

**reumático** I *adj* rheumatic II *m*, -a *f* rheumatism sufferer

**reumatismo** *m* rheumatism

**reumatólogo** *m*, -a *f* rheumatologist

**reunificación** *f* POL reunification

**reunificar** ⟨1g⟩ *v/t* reunify, reunite

**reunión** *f* meeting; *de amigos* get-together

**reunir** ⟨3a⟩ *v/t* **1** *personas* bring together; **estar reunido** be in a meeting **2** *requisitos* meet, fulfill, *Br* fulfil **3** *datos* gather (together); **reunirse** *v/r de personas* meet up, get together; COM meet

**reutilizable** *adj* reusable

**reutilización** *f* re-use

**reutilizar** ⟨1f⟩ *v/t* re-use

**reválida** *f* final examination

**revalidar** ⟨1a⟩ *v/t examen* take

**revalorización** *f* appreciation, increase in value

**revalorizar** ⟨1f⟩ *v/t* revalue; **revalorizarse** *v/r* appreciate (**en** by), increase in value (**en** by)

**revaluación** *f* **1** *de una idea* re-assessment, re-evaluation **2** *de una moneda* appreciation; *por el gobierno* revaluation

**revaluar** ⟨1e⟩ *v/t* **1** *idea* re-assess, re-evaluate **2** *moneda* revalue; **revaluarse** *v/r* gain in value, appreciate

**revancha** *f* revenge; **tomarse la** ~ take *o* get one's revenge

**revelación** *f* revelation

**revelado** *m* development

**revelador** I *adj* revealing II *m* FOT developer

**revelar** ⟨1a⟩ *v/t* FOT develop; **revelarse** *v/r* show o.s.

**revendedor** *m*, ~a *f* scalper, *Br* ticket tout

**revender** ⟨2a⟩ *v/t ropa* resell; *entradas* scalp, *Br* tout

**reventa** *f* resale

**reventado** *adj* F beat F, shattered F

**reventar** ⟨1k⟩ I **1** *v/i* burst; **lleno a** ~ bursting at the seams, full to bursting; ~ **de risa** burst out laughing; ~ **de orgullo** be bursting with pride **2** (*molestar*): **me revienta que …** it really irritates me that … **3**: **si no va revienta** he'll be so disappointed if he doesn't go II *v/t puerta etc* break down; **reventarse** *v/r* **1** *de pelota* burst **2**: **se reventó a trabajar** *fig* he worked his butt off F

**reventón** *m* AUTO blowout; **tener un** ~ have a blow-out

**reverberación** *f* **1** shimmering, reflection **2** *de sonido* reverberation

**reverberar** ⟨1a⟩ *v/i* **1** *de luz* shimmer, reflect **2** *de sonido* reverberate

**reverdecer** ⟨2d⟩ *v/t* revive

**reverencia** *f* **1** (*respeto*) reverence **2** *saludo: de hombre* bow; *de mujer* curtsy

**reverencial** *adj* reverential

**reverenciar** ⟨1b⟩ *v/t* revere

**reverendísimo** *adj* REL *tratamiento* most reverend

**reverendo** *m* REL reverend

**reversa** *f Méx* reverse (gear)

**reversible** *adj ropa* reversible

**reverso** *m* reverse, back; **el** ~ **de la medalla** *fig* the exact opposite

**revertir** ⟨3i⟩ *v/i*: ~ **en beneficio de alguien** JUR benefit s.o.

**revés** *m* **1** (*contratiempo*) setback **2** *en tenis* backhand **3**: **al** *o* **del** ~ back to front; *con el interior fuera* inside out; **salir al** ~ *fig* go wrong

**revestimiento** *m* TÉC covering

**revestir** ⟨3l⟩ *v/t* **1** TÉC cover (**de** with) **2**: ~ **gravedad** be serious; ~ **importancia** be important; **revestirse** *v/r*: ~ **de paciencia** be patient; ~ **de valor** pluck up courage

**revientapisos** *m/f inv* F burglar

**revisación** *f L.Am.* check-up

**revisada** *f L.Am.* ☞ **revisión**

**revisar** ⟨1a⟩ *v/t* check, inspect

**revisión** *f* check, inspection; AUTO service

◇ **revisión médica** check-up

◇ **revisión técnica** roadworthiness test, *Br* MOT (test)

**revisor** *m*, ~a *f* FERR (ticket) inspector

**revista** *f* **1** magazine **2**: *pasar ~ a* MIL inspect, review; *fig* review

**revistero** *m* magazine rack

**revitalizar** ⟨1f⟩ *v/t* revitalize; **revitalizarse** *v/r* be revitalized

**revivificar** ⟨1g⟩ *v/t* revive

**revivir** ⟨3a⟩ **I** *v/i* revive **II** *v/t* relive

**revocable** *adj* revocable

**revocación** *f* revocation

**revocar** ⟨1g⟩ *v/t* **1** *pared* render **2** JUR revoke

**revocatoria** *f L.Am.* revocation

**revolcarse** ⟨1g & 1m⟩ *v/r* roll around

**revolcón** *m* **1** *caída* tumble **2** F *de amantes* roll in the hay F; *darse un ~* have a roll in the hay F

**revolotear** ⟨1a⟩ *v/t* flutter

**revoloteo** *m* fluttering

**revoltijo, revoltillo** *m* mess, jumble

**revoltoso I** *adj niño* naughty **II** *m*, -a *f* naughty child

**revolución** *f* revolution

**revolucionar** ⟨1a⟩ *v/t* revolutionize

**revolucionario I** *adj* revolutionary **II** *m*, -a *f* revolutionary

**revolver** ⟨2h; *part* **revuelto**⟩ **I** *v/t* **1** GASTR stir **2** *estómago* turn **3** (*desordenar*) mess up, turn upside down **II** *v/i* rummage (*en* in); **revolverse** *v/r* **1** *del tiempo* worsen **2** (*rebelarse*) rebel **3**: *se me revuelve el estómago fig* my stomach turns

**revólver** *m* revolver

**revuelo** *m* stir; *causar ~* cause a stir

**revuelta** *f* uprising

**revuelto I** *part ☞* **revolver II** *adj* **1** *mar* rough **2** *gente* restless **3** *pelo* disheveled, *Br* dishevelled **III** *m* GASTR: *~ de gambas / setas* scrambled eggs with shrimps / mushrooms

**revulsivo** *fig* **I** *adj* salutary **II** *m* lesson

**rey** *m* king; *los ~es* the king and queen; *no quitar ni poner ~ fig* have no say

**reyerta** *f* fight

**reyezuelo** *m* ZO kinglet, *Br* goldcrest

**rezagado I** *adj* behind **II** *m*, -a *f* straggler

**rezagarse** ⟨1h⟩ *v/r* drop back, fall behind

**rezar** ⟨1f⟩ **I** *v/t oración* say **II** *v/i* **1** REL pray **2** *de texto* be worded

**rezo** *m* prayer

**rezongar** ⟨1h⟩ *v/i* grumble

**rezongón** *adj* F grumpy

**rezumar** ⟨1a⟩ *v/t* & *v/i* ooze

**ría I** *vb ☞* **reír II** *f* estuary

**riachuelo** *m* stream

**riada** *f* flood

**ribazo** *m* bank, slope

**ribera** *f* shore, bank

**riberano** *L.Am.* **I** *adj* coastal; *de río* riverside *atr* **II** *m*, -a *f* person who lives by the sea / river

**ribereño** *☞* **riberano**

**ribete** *m* trimming, edging; *~s pl fig* elements

**ribetear** ⟨1a⟩ *v/t* edge, border, trim

**rica** *f* rich woman

**ricacho** *m*, -a *f*, **ricachón** *m*, -ona *f desp* rich person

**ricamente** *adv* splendidly

**ricino** *m* BOT castor-oil plant

**rico I** *adj* **1** rich; *~ en vitaminas* rich in vitamins **2** *comida* delicious **3** F *niño* cute F **II** *m* rich man; *nuevo ~* nouveau riche

**rictus** *m* grin

**ricura** *f* F: *es una ~ de niño* he's a real cutie F

**ridi** *m* F: *hacer el ~* look dumb F

**ridiculez** *f* absurdity *ser una ~* be ridiculous

**ridiculizar** ⟨1f⟩ *v/t* ridicule

**ridículo I** *adj* ridiculous **II** *m* ridicule; *hacer el ~, quedar en ~* make a fool of o.s.; *poner a alguien en ~* make a fool of s.o., make s.o. look stupid

**ríe** *vb ☞* **reír**

**riego I** *vb ☞* **regar II** *m* **1** AGR irrigation; *~ por aspersión* sprinkler irrigation **2** ANAT: *~ sanguíneo* blood flow

**riel** *m* **1** FERR rail **2**: *~ para cortinas* curtain rail

**ríen** *vb ☞* **reír**

**rienda** *f* rein; *dar ~ suelta a* give free rein to; *a ~ suelta fig* out of control; *soltar las ~s* slacken the reins; *llevar las ~s fig* be in charge; *tomar las ~s (de) fig* take charge (of)

**riesgo** *m* risk; *a ~ de* at the risk of; *correr el ~* run the risk (*de* of); *correr un ~* to take a risk; *de alto / bajo ~* high / low risk; *~ de desplome* danger of collapse

**riesgoso** *adj L.Am.* risky

**rifa** *f* raffle

**rifar** ⟨1a⟩ *v/t* raffle; **rifarse** *v/r fig* fight over

**rifirrafe** *m* F fight, skirmish

**rifle** *m* rifle

**rige** *vb* ☞ **regir**

**rigidez** *f* **1** *de material* rigidity **2** *de carácter* inflexibility; *fig* strictness

**rígido** *adj* **1** *material* rigid **2** *carácter* inflexible; *fig* strict

**rigor** *m* **1** rigor, *Br* rigour; **ser de ~** be a must, be obligatory **2** (*precisión*) rigor, *Br* rigour; **~ científico** scientific rigor; **en ~** strictly **3** (*dureza*) rigor, *Br* rigour; **los ~es del invierno** the rigors of winter; **los ~es estivales** the extremes of summer

**rigurosidad** *f* rigorousness, harshness

**riguroso** *adj* rigorous, harsh

**rima** *f* rhyme

**rimar** ⟨1a⟩ *v/i* rhyme (**con** with)

**rimbombancia** *f* ostentation; *de estilo* elaborateness

**rimbombante** *adj* ostentatious; *estilo* very elaborate

**rímel** *m* mascara

**rincón** *m* corner

**rinconera** *f* corner unit, corner cupboard

**rinde** *vb* ☞ **rendir**

**ring** *m* ring

**rinitis** *f* MED rhinitis

**rinoceronte** *m* ZO rhino, rhinoceros

**rinoplastia** *f* MED rhinoplasty

**riña** *f* quarrel, fight

◇ **riña de gallos** cockfight

**riñe** *vb* ☞ **reñir**

**riñón** *m* ANAT kidney; **dolor de riñones** back pain; **costar un ~** F cost an arm and a leg F; **tener el ~ bien cubierto** *fig* be well-heeled

**riñonera** *f* fanny pack, *Br* bum bag

**río I** *m* river; **~ abajo / arriba** up / down river **II** *vb* ☞ **reír**

◇ **Río de la Plata** River Plate

**riojano** *adj* of / from La Rioja, Rioja *atr*

**rioplatense** *adj* of / from the River Plate area, River Plate *atr*

**ripio** *m* **1** *en discurso etc* padding, waffle **2** *en edificio, pared* rubble **3**: **no perder ~** not miss a thing

**riqueza** *f* wealth

**risa** *f* laugh; **~s** *pl* laughter *sg*; **dar ~** be funny; **morirse de ~** kill o.s. laughing; **tomar algo a ~** treat sth as a joke; **ser de ~** *película* be funny; *irón* be a joke

**risco** *m* crag

**risible** *adj* laughable

**risotada** *f* guffaw

**ristra** *f* string

**risueño** *adj* cheerful

**rítmico** *adj* rhythmic(al)

**ritmo** *m* **1** rate, pace; **a este ~** at this rate **2** MÚS rhythm

**rito** *m* rite

**ritual** *m*/*adj* ritual

**ritualizar** ⟨1f⟩ *v/t* ritualize

**rival** *m*/*f* rival; **no tener ~** be unrivaled *o Br* unrivalled

**rivalidad** *f* rivalry

**rivalizar** ⟨1f⟩ *v/i*: **~ con** rival

**rizado** *adj* curly

**rizar** ⟨1f⟩ *v/t* curl; **rizarse** *v/r* curl

**rizo** *m* curl; **rizar el ~** *fig* loop the loop

**rizoma** *m* BOT rhizome

**rizoso** *adj* pelo curly

**RNE** *f abr* (= **Radio Nacional de España**) Spanish National Radio

**roano** *adj* caballo roan

**robar** ⟨1a⟩ *v/t* **1** *persona, banco* rob; *objeto* steal **2** *naipe* take, pick up

**roble** *m* BOT oak; **ser un ~** *fig* be strong

**robledal** *m*, **robledo** *m* oak wood

**robo** *m de banco* robbery; *en casa* burglary; **ser un ~** *fig* be a rip-off F

**robot** *m* robot

◇ **robot de cocina** food processor

**robótica** *f* robotics *sg*

**robotización** *f* automation

**robotizar** ⟨1f⟩ *v/t* automate

**robustecer** ⟨2d⟩ *v/t* strengthen; **robustecerse** *v/r* become stronger

**robustez** *f* robustness, sturdiness

**robusto** *adj* robust, sturdy

**roca** *f* rock

**rocalla** *f* chunks of rock *pl*

**rocambolesco** *adj* bizarre

**roce** *m* *fig* friction; **tener ~s con** come into conflict with

**rociada** *f* **1** (*rocío*) dew **2** *de azúcar* sprinkling; *de agua* spraying

**rociar** ⟨1c⟩ **I** *v/t azúcar* sprinkle; *agua* spray **II** *v/i*: **rociaba casi todas las noches** dew fell almost every night

**rocín** *m* F nag F

**rocío** *m* dew

**rock** *m* MÚS rock

**rockero I** *adj* rock **II** *m*, **-a** *f* rock musician

**rococó** *adj* rococo

**rocódromo** *m* climbing wall

**rocoso** *adj* rocky

**rocoto** *m S.Am.* hot red pepper
**rodaballo** *m* ZO turbot
**rodado** *adj* **1** *caballo* pied **2** *tráfico* vehicular **3** *fig*: **venir** ~ happen by chance
**rodaja** *f* slice
**rodaje** *m* **1** *de película* shooting, filming; **estar de** ~ be shooting, be filming **2** AUTO breaking in, *Br* running in; **en** ~ breaking in
**rodamiento** *m* TÉC bearing
◇ **rodamiento de bolas** ball bearing
**rodapié** *m* baseboard, *Br* skirting board
**rodar** ⟨1m⟩ **I** *v/i* **1** *de pelota* roll; **rodarán cabezas** *fig* heads will roll; **echarlo todo a** ~ *fig* pack it all in **2** *de coche* go, travel (*a* at) **3** *sin rumbo fijo* wander **II** *v/t* **1** *película* shoot, film **2** AUTO break in, *Br* run in
**rodear** ⟨1a⟩ *v/t* surround; **rodearse** *v/r* surround o.s. (**de** with)
**rodeo** *m* **1** *en recorrido* detour; **andarse con** ~**s** beat about the bush; **hablar sin** ~**s** speak plainly, get straight to the point; **dejarse de** ~**s** stop beating about the bush **2** *con caballos y vaqueros etc* rodeo
**rodilla** *f* knee; **de** ~**s** kneeling, on one's knees; **hincarse** *o* **ponerse de** ~**s** kneel (down); **hasta la** ~ *vestido, abrigo etc* knee-length
**rodillera** *f* DEP kneepad; *para las heridas* knee bandage
**rodillo** *m* **1** *para amasar* rolling pin **2** TÉC roller
**rododendro** *m* BOT rhododendron
**rodrigón** *m* stake, support
**rodríguez**: **estar de** ~ be left on one's own
**roedor** *m* rodent
**roedura** *f* gnawing
**roer** ⟨2za⟩ *v/t* gnaw; *fig* eat away at
**rogar** ⟨1h & 1m⟩ *v/t* ask for; (*implorar*) beg for, plead for; **hacerse de** ~ play hard to get
**rogativa** *f* REL rogation
**rogatorio** *adj* imploring, pleading
**rojear** ⟨1a⟩ *v/i* go red
**rojez** *f* redness
**rojizo** *adj* reddish
**rojo I** *adj* red; **estar al** ~ **vivo** *fig* be red hot; **ponerse** ~ blush, go red **II** *m color* red **III** *m*, -a *f* POL red, commie F
**rol** *m* role
**rolar** ⟨1a⟩ *v/i del viento* come around

**roleta** *f L.Am. en béisbol* ground ball
**roletazo** *m L.Am. en béisbol* ground ball
**rollista I** *adj* cock and bull *atr* F **II** *m/f* bullshitter P
**rollizo** *adj* F chubby
**rollo** *m* **1** FOT roll **2** *fig* F drag F; **¡qué** ~**!** F what a drag! F **3** (*sermón*): **¡corta el** ~**!** F can it! F, shut up! F; **soltar el** ~ F give a speech **4** (*lío*): **tener un** ~ **con alguien** have a thing with s.o. F **5** (*tema*): **me va el** ~ **de la cocina mexicana / la pintura** P I'm into Mexican cookery / painting F **6**: **buen / mal** ~ P good / bad atmosphere
◇ **rollo de primavera** GASTR spring roll
**Roma** *f* Rome; **mover** ~ **con Santiago** *fig* move heaven and earth
**romance** *m* romance
**romancero** *m* collection of ballads
**románico** *m/adj* Romanesque
**romano I** *adj* Roman **II** *m*, -a *f* Roman **III**: **a la -a** GASTR in batter
**romanticismo** *m* romanticism
**romántico I** *adj* romantic **II** *m*, -a *f* romantic
**romanza** *f* MÚS romance
**rombo** *m* rhombus
**romería** *f* procession
**romero** *m* BOT rosemary
**romo** *adj* blunt
**rompecabezas** *m inv* puzzle
**rompehielos** *m inv* icebreaker
**rompecorazones** *m/f inv* F heartbreaker F
**rompehuelgas** *m inv L.Am.* strikebreaker
**rompenueces** *m inv L.Am.* nutcracker
**rompeolas** *m inv* breakwater
**romper** ⟨2a; *part roto*⟩ **I** *v/t* **1** break; (*hacer añicos*) smash; *tela, papel* tear **2** *relación* break off **II** *v/i* **1** break; ~ **con alguien** break up with s.o. **2**: ~ **a hacer algo** start doing sth, start to do sth; ~ **a llorar** burst into tears, start crying **3**: **hombre de rompe y rasga** strong-minded man; **romperse** *v/r* break
**rompopo** *m C.Am., Méx bebida* eggnog
**ron** *m* rum
**roncador** *m*, ~**a** *f* snorer
**roncar** ⟨1g⟩ *v/i* snore
**roncha** *f* **1** MED bump, swelling; **levantar** ~**s** *fig* put people's backs up **2**

(*loncha*) slice

**ronco** *adj* hoarse; **quedarse ~** go hoarse

**ronda** *f* round; **pagar una ~** buy a round; **~ de conversaciones** round of discussions; **~ negociadora** round of negotiations

**rondalla** *f* group of minstrels

**rondar** ⟨1a⟩ 1 *v/t* 1 *zona* patrol 2: **me ronda una idea** I have an idea going around in my head 3 *mujer* serenade 4: **~ los treinta** be around thirty II *v/i* F hang around F

**rondeño** *adj* of / from Ronda, Ronda *atr*

**rondón** *m*: **de ~** without permission; **entrar de ~** gatecrash

**ronquear** ⟨1a⟩ *v/i* be hoarse

**ronquera** *f* hoarseness

**ronquido** *m* snore; **~s** *pl* snoring *sg*

**ronronear** ⟨1a⟩ *v/i de gato* purr

**ronroneo** *m* purring

**roña** *f* grime

**roñería** *f* grime

**roñoso** *adj* grimy, grubby

**ropa** *f* clothes *pl*; **~ para el tiempo libre** leisurewear; **a quema ~** ☞ **quemarropa**

◇ **ropa blanca** whites *pl*; **ropa de calle** everyday clothes *pl*; **ropa de cama** bedclothes *pl*; **ropa de color** colors *pl*, *Br* coloureds *pl*; **ropa de confección** off-the-peg clothes *pl*; **ropa interior** underwear; **ropa íntima** *L.Am.* underwear; **ropa usada** secondhand clothes *pl*

**ropaje** *m* clothes *pl*, apparel *fml*

**ropavejero** *m*, **-a** *f* used clothes dealer, *Br* secondhand clothes dealer

**ropero** *m* closet, *Br* wardrobe

**roque** *m* 1 *en ajedrez* rook 2: **quedarse ~** *fig* F drop *o* doze off F, fall asleep

**roquedal** *m* rocky area

**roqueño** *adj* rocky

**roquero** *adj* ☞ **rockero**

**rorcual** *m* ZO finback whale

**rorro** *m* F baby

**rosa** I *adj* pink II *f* BOT rose; **fresco como una ~** fresh as a daisy; **no hay ~ sin espinas** there is no rose without a thorn III *m* pink; **~ pálido** pale pink; **ver algo de color de ~** see sth through rose-colored glasses; **no es de color de ~** *fig* it isn't a bed of roses

◇ **rosa náutica** compass rose; **rosa de** té BOT tea rose; **rosa de los vientos** compass rose

**rosáceas** *fpl* rosaceae *pl*

**rosáceo** *adj* pinkish

**rosado** I *adj* pink; *vino* rosé II *m* rosé

**rosal** *m* rosebush

**rosaleda** *f* rose garden

**rosario** *m* 1 REL rosary 2 *fig* string; **acabar como el ~ de la aurora** end badly

**rosbif** *m* GASTR roast beef

**rosca** *f* 1 TÉC thread; **pasarse de ~** *de tornillo* have its thread stripped; *fig* go too far, overstep the mark 2 GASTR F *pastry similar to a donut*; **hacer la ~ a alguien** butter s.o. up, sweet-talk s.o.; **no comerse una ~** F have no luck with the opposite sex

**rosco** *m* GASTR *pastry similar to a donut*; **no comerse un ~** F ☞ **rosca**

**roscón** *m* GASTR *large ring-shaped cake*

◇ **roscón de Reyes** GASTR *large ring-shaped cake traditionally eaten at Epiphany*

**roseta** *f* rose window

**rosetón** *m* 1 ARQUI rose window 2 *de luz* ceiling rose

**rosita** *f*: **irse de ~s** (*sin ayuda*) be along for the ride

**rosquilla** *f* *pastry similar to a donut*; **venderse como ~s** F sell like hotcakes F

**rosticería** *f* *L.Am. type of deli that sells roast chicken*

**rostro** *m* face; **tener mucho ~** *fig* F have a lot of nerve F

**rotación** *f* rotation

◇ **rotación de cultivos** AGR crop rotation

**rotar** ⟨1a⟩ *v/i de personas* take turns

**rotativa** *f* TIP rotary press

**rotativo** *m* newspaper

**rotatorio** *adj* rotary

**rotisería** *f* *L.Am.* deli, delicatessen

**roto** I *part* ☞ **romper** II *adj* *pierna etc* broken; (*hecho añicos*) smashed; *tela, papel* torn III *m*, **-a** *f Chi* one of the urban poor IV *m* *en prenda de vestir* tear, rip; **valer** *o* **servir lo mismo para un ~ que para un descosido** *fig* F be useful for lots of things

**rotonda** *f* traffic circle, *Br* roundabout

**rotor** *m* TÉC rotor

**rotoso** *adj* *Rpl* scruffy

**rumbo**

**rótula** f 1 ANAT knee cap, fml patella 2 TÉC ball-and-socket joint
**rotulación** f labeling, Br labelling
**rotulador** m fiber-tip, Br fibre-tip, felt--tip
**rotular** ⟨1a⟩ v/t label
**rotulista** m/f signwriter
**rótulo** m sign
**rotundamente** adv categorically, emphatically
**rotundidad** f: **con ~** flatly, categorically
**rotundo** adj fig categorical
**rotura** f breakage; **una ~ de cadera** MED a broken hip
**roturación** f AGR plowing, Br ploughing
**roturar** ⟨1a⟩ v/t AGR plow, Br plough
**rozadura** f chafing, rubbing
**rozagante** adj healthy
**rozamiento** m rubbing; FÍS friction
**rozar** ⟨1f⟩ I v/t 1 rub 2 (tocar ligeramente) brush; fig (tener relación con) touch on 3: **~ los sesenta** be pushing 60 F II v/i rub; **rozarse** v/r 1 (rasparse) rub 2 (desgastarse) wear
**r.p.m.** abr (= **revoluciones por minuto**) rpm (= revolutions per minute)
**rte.** abr (= **remitente**) sender
**RTVE** f abr (= **Radiotelevisión Española**) Spanish Radio and Television
**ruana** f Ecuad poncho
**ruano** adj ☞ **roano**
**rubeola, rubéola** f MED German measles sg
**rubí** m ruby
**rubiales** m/f inv blonde guy; mujer blonde (woman)
**rubicundo** adj ruddy
**rubio** adj blonde; **tabaco ~** Virginia tobacco
◇ **rubio ceniza** ash blonde
◇ **rubio platino** platinum blonde
**rublo** m rouble
**rubor** m flush
**ruborizar** ⟨1f⟩ v/t blush; **ruborizarse** v/r go red, blush
**ruboroso** adj: **estar ~** be blushing; **ser ~** blush easily
**rúbrica** f 1 de firma flourish 2 fml (epígrafe) heading
**rubricar** ⟨1g⟩ v/t 1 fml documento sign 2 fig endorse, sanction
**rubro** m L.Am. category, heading
**rudeza** f roughness

**rudimentario** adj rudimentary
**rudimento** m rudiment, basic; **~s** pl rudiments, basics
**rudo** adj 1 al tacto rough 2 persona rude
**rueca** f distaff
**rueda** f wheel; **ir** o **marchar sobre ~s** fig go o run smoothly; **hacer la ~ de pavón** display
◇ **rueda de auxilio** Rpl spare wheel; **rueda de Chicago** Andes Ferris wheel; **rueda dentada** cogwheel; **rueda gigante** CSur Ferris wheel; **rueda de prensa** press conference; **rueda de recambio** spare wheel; **rueda de reconocimiento** JUR line-up, Br ID parade
**ruedo** m TAUR bullring; **dar la vuelta al ~** do a lap of honor o Br honour
**ruego** I vb ☞ **rogar** II m request
**rufián** m rogue
**rugby** m rugby
**rugido** m de león roar; de estómago rumble, growl
**rugir** ⟨3c⟩ v/i de león roar; de estómago rumble, growl
**rugosidad** f roughness
**rugoso** adj superficie rough
**ruibarbo** m BOT rhubarb
**ruido** m noise; **hacer ~** make a noise; **armar mucho ~** make a lot of noise; fig make a fuss; **mucho ~ y pocas nueces** all talk and no action
◇ **ruido de fondo** background noise
◇ **ruido de sables** fig saber rattling
**ruidoso** adj noisy
**ruin** adj 1 (despreciable) despicable, mean 2 (tacaño) mean, miserly
**ruina** f 1 (quiebra) ruin; **amenazar ~** be on the point of collapse; **llevar a alguien a la ~** bankrupt s.o.; **estar en la ~** be in dire straits 2 persona: **estar hecho una ~** be a wreck 3 de edificio: **~s** pl ruins
**ruinoso** adj in ruins; **estado ~** dilapidated state
**ruiseñor** m ZO nightingale
**ruleta** f roulette
**ruletero** m Méx cab o taxi driver
**rulo** m roller
**Rumania** f Romania, Rumania
**rumano** I adj Romanian, Rumanian II m, -a f Romanian, Rumanian
**rumbeador** m Rpl tracker
**rumbear** ⟨1a⟩ v/i L.Am. head (**para** for)
**rumbo** m course; **tomar ~ a** head for;

*perder el* ~ *fig* lose one's way; ***tomar
otro* ~** *tb fig* take a different course
**rumboso** *adj* lavish
**rumiante** *m/adj* ruminant
**rumiar** ⟨1b⟩ *v/t fig* ponder
**rumor** *m* rumor, *Br* rumour
**rumorearse** ⟨1a⟩ *v/r* be rumored, *Br* be
rumoured; ***se rumorea que*** it is rumored that
**rumoreo** *m* rumors *pl*, *Br* rumours *pl*
**rumorología** *f* F rumormongering, *Br*
rumourmongering
**runrún** *m* F murmur
**runrunear** *vb* ☞ **ronronear**
**rupestre** *adj*: ***pintura* ~** cave painting

**rupia** *f* rupee
**ruptura** *f de relaciones* breaking off; *de
pareja* break-up
**rural** I *adj* rural II *m* 1 *Rpl* station wagon,
*Br* estate car 2 *Méx*: ~*es pl* (rural) police
**Rusia** *f* Russia
**ruso** I *adj* Russian II *m*, **-a** *f* Russian
**rústico** *adj* 1 *mueble*, *casa* rustic 2 (*tosco*) coarse 3: ***en -a*** *libro* softcover *atr*
**ruta** *f* route
**rutilante** *adj* gleaming, twinkling
**rutilar** ⟨1a⟩ *v/i lit* gleam
**rutina** *f* routine
**rutinario** *adj* routine *atr*

# S

**S** *abr* (= *sur*) S (= South(ern))
**s.** *abr* (= *siglo*) C (= century)
**S.A.** *abr* (= *sociedad anónima*) inc (=
incorporated), *Br* plc (= public limited
company)
**sábado** *m* Saturday; ***Sábado Santo*** *o*
***de Gloria*** Easter Saturday
**sábalo** *m* ZO shad
**sabana** *f* savanna(h)
**sábana** *f* sheet; ***se le pegan las* ~*s*** he
oversleeps
◇ **sábana ajustable** fitted sheet
◇ **sábana encimera** top sheet
**sabandija** *f* 1 bug F, *Br* creepy-crawly F
2 *fig persona* louse F
**sabañón** *m* chilblain
**sabatino** *adj* Saturday *atr*
**sabedor** *adj*: ***ser* ~ *de algo*** know about
sth
**sabelotodo** *m* F know-it-all, *Br* know-
-all
**saber** ⟨2n⟩ I *v/t* 1 know; ***hacer* ~ *algo a
alguien*** let s.o. know sth; ***¿cómo lo sabes?*** how do you know?; ***¡si lo sabré
yo!*** don't I know it!; ***¡para que lo sepas!*** so there!; ***sabérselas todas*** F
know every trick in the book
2 (*ser capaz de*): ~ ***hacer algo*** know
how to do sth, be able to do sth; ***sé nadar* / *leer*** I can swim / read; ~ ***alemán***
know German
3 (*enterarse*) find out; ***lo supe ayer*** I
found out yesterday

II *v/i* 1 know (***de*** about); ***¡vete a* ~*!*, *¡vaya usted a* ~*!*** heaven knows; ***¡quién sabe!*** who knows!; ***¡qué sé yo!*** who
knows?; ***que yo sepa*** as far as I know;
***no que yo sepa*** not as far as I know;
***hace mucho que no sé de ella*** I
haven't heard from her for a long time
2 (*tener sabor*) taste (***a*** of); ***me sabe a
quemado*** it tastes burnt to me; ***las vacaciones me han sabido a poco*** my
vacation went much too quickly; ***me
sabe mal*** *fig* it upsets me
III *m* knowledge, learning
IV: ***a* ~** namely
**saberse** *v/r*: ***nunca se sabe*** you never
know
**sabidillo** *adj* F ☞ **sabihondo**
**sabido** *adj* well-known; ***de todos es* ~** it
is well known, everybody knows
**sabiduría** *f* wisdom; (*conocimientos*)
knowledge
**sabiendas** *fpl*: ***a* ~** knowingly; ***a* ~ *que***
knowing full well that
**sabihondo** F I *adj*: ***es muy* ~** he's a real
know-it-all, *Br* he's a real know-all II *m*,
**-a** *f* know-it-all, *Br* know-all
**sabio** I *adj* 1 wise 2 (*sensato*) sensible II
*m*, **-a** *f* 1 wise person 2 (*experto*) expert
**sabiondo** *adj* F ☞ **sabihondo**
**sablazo** *m*: ***dar un* ~ *a alguien*** F
scrounge money off s.o. F
**sable** *m* saber, *Br* sabre
**sablear** ⟨1a⟩ *v/t* & *v/i L.Am.* F scrounge

(*a* from)

**sablista** *m/f* F scrounger F

**sabor** *m* flavor, *Br* flavour, taste; **dejar mal ~ de boca** *fig* leave a bad taste in the mouth

**saborear** ⟨1a⟩ *v/t* **1** *comida* savor, *Br* savour **2** *fig* relish

**saborizante** *m* flavoring, *Br* flavouring

**sabotaje** *m* sabotage

**saboteador** *m*, **~a** *f* saboteur

**sabotear** ⟨1a⟩ *v/t* sabotage

**sabroso** *adj* **1** *comida* tasty; *fig conversación* juicy **2** *L.Am.* (*agradable*) nice, pleasant

**sabrosura** *f L.Am.* tasty dish

**sabueso** *m* **1** ZO bloodhound **2** *fig* sleuth

**saca** *f* sack

**sacacorchos** *m inv* corkscrew

**sacamuelas** *m inv* F *desp* dentist

**sacapuntas** *m inv* pencil sharpener

**sacar** ⟨1g⟩ *v/t* **1** take out; **~ de paseo** take for a walk; **~ a alguien a bailar** ask s.o. to dance

**2** *mancha* take out, remove

**3** *disco, libro* bring out

**4** *fotocopias* make; **le sacó bien** PINT, FOT that's a good picture of you

**5** (*conseguir*) get; **~ información** get information; **¿de dónde has sacado el dinero?** where did you get the money from?; **~ un buen sueldo** make good money

**6**: **~ a alguien de sí** drive s.o. mad; **~ algo en claro** (*entender*) make sense of sth; **me saca dos años** he is two years older than me

**sacarse** *v/r* **1** *L.Am. ropa* take off **2**: **se sacó el carnet de conducir el año pasado** he got his license last year

**sacarina** *f* saccharin(e)

**sacerdocio** *m* priesthood

**sacerdotal** *adj* priestly

**sacerdote** *m* priest

**sacerdotisa** *f* priestess

**saciar** ⟨1b⟩ *v/t fig* satisfy, fulfill, *Br* fulfil; **saciarse** *v/r* be satisfied

**saciedad** *f* satiety; **repetir algo hasta la ~** *fig* repeat sth time and again, repeat sth ad nauseam

**saco** *m* **1** sack; **mis consejos cayeron en ~ roto** my advice fell on stony ground; **tener algo / a alguien en el ~** *fig* F have sth / s.o. in the bag **2**

*L.Am. chaqueta* jacket **3**: **entrar a ~ en** F burst into, barge into F

◇ **saco de dormir** sleeping bag

◇ **saco de punta** *L.Am.* cardigan

**sacramental** *adj* sacramental

**sacramento** *m* sacrament; **últimos ~s** last rites

**sacrificado** *adj* self-sacrificing

**sacrificar** ⟨1g⟩ *v/t* **1** (*ofrecer*) sacrifice **2** (*matar*) slaughter; **sacrificarse** *v/r* make sacrifices (**por** for)

**sacrificio** *m tb en béisbol* sacrifice

**sacrilegio** *m* sacrilege

**sacrílego** *adj* sacrilegious

**sacristán** *m* sexton

**sacristía** *f* vestry

**sacro** *adj* sacred, holy; **música -a** sacred music; **hueso ~** ANAT sacrum

**sacrosanto** *adj* sacrosanct

**sacudida** *f* **1** *a alfombra, de avión* shake **2** EL shock

**sacudidor** *m* duster

**sacudimiento** *m* **1** *a alfrombra, de avión* shake **2** EL shock

**sacudir** ⟨3a⟩ **I** *v/t* **1** *tb fig* shake **2** F *niño* beat, wallop F; **sacudirse** *v/r* shake off, shrug off; **~ alguien (de encima)** get rid of s.o.

**sádico I** *adj* sadistic **II** *m*, **-a** *f* sadist

**sadismo** *m* sadism

**sadomasoquismo** *m* sadomasochism

**sadomasoquista I** *adj* sadomasochistic **II** *m/f* sadomasochist

**saeta** *f* **1** (*flecha*) arrow; (*dardo*) dart **2** *de reloj* hand **3** REL: *verse sung at processions during Holy Week*

**safari** *m* safari; **ir de ~** go on safari

◇ **safari fotográfico** photo safari

**saga** *f* saga

**sagacidad** *f* shrewdness, sharpness

**sagaz** *adj* shrewd, sharp

**sagitariano** *L.Am.* ASTR **I** *adj* Sagittarian; **soy ~** I'm (a) Sagittarian, I'm (a) Sagittarius **II** *m*, **-a** *f* Sagittarian, Sagittarius

**Sagitario** ASTR **I** *adj* Sagittarian; **soy ~** I'm (a) Sagittarian, I'm (a) Sagittarius **II** *m/f inv* Sagittarius

**sagrado** *adj* sacred, holy

**sagrario** *m* tabernacle

**Sahara** *m* Sahara

**sahariana** *f* safari jacket

**sahariano** *adj* Saharan

**SAI** *m abr* (= **sistema de alimentación**

*ininterrumpible*) UPS (= uninterruptible power supply)

**sainete** *m* TEA short farce, one-act play

**sajar** ⟨1a⟩ *v/t* MED cut open

**sajón I** *adj* Saxon **II** *m*, **-ona** *f* Saxon

**sal I** *f* **1** salt; *sin* ~ salt-free, without salt; *bajo en* ~ low in salt, low-salt *atr* **2** *fig* (*garbo, gracia*) wit; ~ *y pimienta* spark, zest **3** *C.Am.*, *Méx* bad luck **II** *vb* ☞ **salir**

◇ **sal común** cooking salt; **sal gema** rock salt; **sal gorda**, **sal gruesa** cooking salt; **sal marina** sea salt; **sales de baño** bath salts

**sala** *f* room, hall; *de cine* screen; JUR court room

◇ **sala de lo civil** civil court; **sala de embarque** AVIA departure lounge; **sala de espera** waiting room; **sala de estar** living room; **sala de fiestas** night club; **sala de juntas** boardroom; **sala de máquinas** MAR engine room; **sala de lo penal** criminal court; **sala de sesiones** boardroom

**saladero** *m L.Am.* meat / fish salting factory

**saladito** *m Rpl* canapé

**salado** *adj* **1** (*con sal*) salted; (*con demasiada sal*) salty **2** (*no dulce*) savory, *Br* savoury **3** *fig* funny, witty **4** *C.Am.*, *Chi*, *Rpl* F pricey F

**saladura** *f* salting

**salamandra** *f* **1** ZO salamander **2** *estufa* portable heater

**salamanquesa** *f* ZO gecko

**salami** *m* salami

**salar** ⟨1a⟩ **I** *v/t* add salt to, salt; *para conservar* salt **II** *m Arg* salt mine

**salarial** *adj* salary *atr*

**salario** *m* salary, wage

◇ **salario base** basic wage

◇ **salario mínimo** minimum wage

**salazón** *f* **1** *acto* salting; *en* ~ salt *atr* **2**: *salazones pl carne* salted meat *sg*; *pescado* salted fish *sg*

**salchicha** *f* sausage

**salchichería** *f* pork butcher's (store), charcuterie

**salchichón** *m* type of spiced sausage

**saldar** ⟨1a⟩ *v/t* **1** *disputa* settle; *deuda* settle, pay **2** *géneros* sell off; **saldarse** *v/r* result (*con* in)

**saldo** *m* **1** COM balance **2** (*resultado*) result **3**: ~*s pl* clearance sale *sg*; *de* ~ *ar-*

*tículo* reduced, on sale

◇ **saldo acreedor** credit balance; **saldo deudor** debit balance

**saldré** *vb* ☞ **salir**

**saledizo** ARQUI **I** *adj* projecting **II** *m* overhang, projection

**salero** *m* **1** *recipiente* salt cellar **2** *fig* wit

**saleroso** *adj* funny, witty

**salesiano** REL **I** *adj* Salesian **II** *m* Salesian

**salga** *vb* ☞ **salir**

**salgo** *vb* ☞ **salir**

**salida** *f* **1** *de edificio, zoo etc* exit, way out; *de autopista* exit **2** TRANSP departure **3** DEP *de carrera* start; *tomar la* ~ start; *dar la* ~ give the starting signal *o* the off **4** COM: *tiene* ~ there's a market for it; ~ *a bolsa* flotation **5** *fig* opportunity, opening; ~ *profesional* career opportunity

◇ **salida de emergencia** emergency exit; **salida nula** DEP false start; **salida del sol** sunrise; **salida de tono** ill-judged remark

**saliente I** *adj* **1** *borde, moldura* projecting, protruding **2** *presidente* retiring, outgoing **II** *m* ARQUI projection

**salina** *f* salt mine; ~*s pl* saltworks *sg*

**salinidad** *f* salinity

**salino** *adj* saline

**salir** ⟨3r⟩ *v/i* **1** leave, go out; ~ *de* (*ir fuera de*) leave, go out of; (*venir fuera de*) leave, come out of; ~ *a Avda. América* come out onto Avda. América; *de calle* lead to Avda. América; ~ *de apuros* get out of difficulties; ~ *corriendo* run off; ~ *con alguien* date s.o., go out with s.o.

**2** (*aparecer*) appear, come out

**3**: ~ *a bolsa* float, be floated

**4** DEP *en carrera* start; ~ *fuera* de pelota go out

**5** INFOR *de programa* quit, exit

**6** (*parecerse a*): ~ *a alguien de bebé* take after s.o.

**7** (*resultar*): ~ *bien* / *mal* turn out well / badly; *salió caro tb fig* it worked out expensive; ~ *ileso* escape unharmed; ~ *perdiendo* end up losing; ~ *a 1000 colones* cost 1000 colons; *a lo que salga* any old how

**8**: *¡ya salió aquello!* F why did you have to bring that up?; ~ *con algo* F come out with sth; *¿y ahora me sales*

**con que no tienes dinero?** and you're telling me now that you don't have any money?
**9** (*conseguir*): **el dibujo no me sale** F I can't get this drawing right; **no me salió el trabajo** I didn't get the job
**10**: ~ **por alguien** stand up for s.o.

**salirse** *v/r* **1** *de líquido* overflow **2** (*dejar*) leave; ~ **de** leave; ~ **de la carretera** leave the road, go off the road **3**: ~ **con la suya** get what one wants

**salitre** *m* saltpeter, *Br* saltpetre

**saliva** *f* saliva; **gastar** ~ *fig* F waste one's breath; **tragar** ~ *fig* F hold one's tongue

**salivación** *f* salivation

**salival** *adj* salivary; **glándula** ~ ANAT salivary gland

**salivar** ⟨1a⟩ *v/i* **1** salivate **2** *L.Am.* *escupir* spit

**salmantino** *adj* of / from Salamanca, Salamanca *atr*

**salmo** *m* psalm

**salmodia** *f* F droning

**salmón I** *m* ZO salmon **II** *adj* salmon--pink; **color** ~ salmon

**salmonelosis** *f* MED salmonella

**salmonete** *m* ZO red mullet

**salmuera** *f* pickle, brine

**salobre** *adj* salt; (*con demasiada sal*) salty

**salomónico** *adj* just, fair

**salón** *m* living room
◇ **salón de actos** auditorium, hall; **salón del automóvil** car show, *Br* motor show; **salón de baile** dance hall; **salón de belleza** beauty parlor, *Br* beauty parlour, beautician's; **salón de té** tearoom

**salpicadera** *f* *Méx* AUTO fender, *Br* mudguard

**salpicadero** *m* AUTO dash(board)

**salpicadura** *f* stain

**salpicar** ⟨1g⟩ **I** *v/t* **1** splash, spatter (**con** with); *fig* sprinkle, pepper **2** (*afectar negativamente*) tarnish, touch **II** *v/i* splash; *de aceite* spit

**salpicón** *m* GASTR *vegetable salad with chopped meat or fish*

**salpimentar** ⟨1k⟩ *v/t* season (with salt and pepper)

**salsa** *f* **1** GASTR sauce; **en su** ~ *fig* in one's element **2** *baile* salsa

**salsera** *f* sauce boat

**salsifí** *m* BOT salsify

**saltador** *m*, ~**a** *f* DEP jumper
◇ **saltador de altura** high jumper; **saltador de esquí** ski jumper; **saltador de longitud** long jumper, broad jumper; **saltador de pértiga** pole-vaulter; **saltador de trampolín** diver

**saltamontes** *m inv* ZO grasshopper

**saltar** ⟨1a⟩ **I** *v/i* **1** jump, leap; ~ **a la comba** jump rope, *Br* skip; **andar** *o* **estar a la que salta** never miss an opportunity **2** (*abalanzarse*): ~ **sobre** pounce on; ~ **a la vista** *fig* be obvious, be clear **3** *de fusible, plomos* blow; ~ **por los aires** blow up, explode **4**: **saltó con una sarta de estupideces** he came out with one stupid thing after another
**II** *v/t* **1** *valla* jump **2**: ~ **la banca** break the bank

**saltarse** *v/r* (*omitir*) miss, skip

**saltarín** *adj* fidgety, nervous

**salteador** *m*: ~ (**de caminos**) highwayman

**saltear** ⟨1a⟩ *v/t* GASTR sauté

**saltimbanqui** *m* acrobat

**salto** *m* leap, jump; **dar un** ~ jump; **dar un** ~ **adelante** jump forward; ~ **atrás** *tb fig* step backwards; **de un** ~ in one jump; **dar** ~**s de alegría** jump for joy; **triple** ~ triple jump; **concurso de** ~**s** showjumping competition
◇ **salto de agua** waterfall; **salto alto** *L.Am.* high jump; **salto de altura** high jump; **salto de cama** negligee; **salto entre dos** *en baloncesto* jump ball; **salto con garrocha** DEP *L.Am.* pole vault; **salto inicial** *en baloncesto* tip--off; **salto largo** *L.Am.* long jump, broad jump; **salto de longitud** DEP long jump, broad jump; **salto mortal** somersault; **salto con pértiga** DEP pole vault; **salto de trampolín** DEP dive

**saltón** *adj*: **ojos saltones** bulging eyes

**salubre** *adj* healthy, salubrious *fml*

**salubridad** *f* *L.Am.* health; **Salubridad** Department of Health

**salud** *f* health; **¡(a tu)** ~**!** cheers!; ~ **de hierro** iron constitution

**saludable** *adj* healthy

**saludar** ⟨1a⟩ *v/t* **1** say hello to, greet; **salúdele de mi parte** say hello to him for me **2** MIL salute

**saludo** *m* **1** greeting; **mandar** ~**s a alguien** send s.o. one's regards *o* one's best wishes **2** *en carta*: **~s** best wishes; (*reciba*) **un cordial ~** regards, (with) best wishes **3** MIL salute

**salva** *f*: **~ de aplausos** round of applause

**salvación** *f* **1** REL salvation **2** (*rescate*) rescue

**salvado** *m* bran

**salvador** *m* REL savior, *Br* saviour

**salvadoreño I** *adj* Salvador(e)an **II** *m*, -a *f* Salvador(e)an

**salvaguarda** *f* ☞ **salvaguardia**

**salvaguardar** ⟨1a⟩ *v/t* safeguard, protect

**salvaguardia** *f* safeguard

**salvajada** *f* atrocity, act of savagery; *decir una ~* say something outrageous

**salvaje I** *adj* **1** *animal* wild **2** (*bruto*) brutal **II** *m/f* savage

**salvajismo** *m* savagery

**salvamanteles** *m inv* table mat

**salvamento** *m* rescue; *buque de ~* life boat

**salvapantallas** *m inv* INFOR screen-saver

**salvar** ⟨1a⟩ *v/t* **1** *vida, matrimonio* save; **~ la vida a alguien** save s.o.'s life **2** *obstáculo* get round, get over **3** REL save; **salvarse** *v/r* **1** escape, get out; *sálvese quien pueda* fig every man for himself **2** REL be saved

**salvaslip** *m* panty liner

**salvavidas I** *adj*: *bote ~* lifeboat; *chaleco ~* life jacket **II** *m inv* **1** life belt; *chaleco* life jacket **2** *L.Am.* socorrista life guard

**salvedad** *f* (*excepción*) exception; *con la ~ de* with the exception of; *hacer una ~* make an exception

**salvia** *f* BOT sage

**salvo I** *adj*: *estar a ~* be safe (and sound); *ponerse a ~* reach safety **II** *adv & prp* except, save; *~ error u omisión* errors and omissions excepted; *~ que* unless

**salvoconducto** *m* safe-conduct

**samaritano** *m*, -a *f*: *el buen ~* the good Samaritan

**sambenito** *m*: *le han colgado el ~ de vago* F they've got him down as idle F

**sambumbia** *f L.Am.* watery drink

**San** *adj* Saint

**sanable** *adj* curable

**sanalotodo** *m* cure-all, panacea

**sanar** ⟨1a⟩ **I** *v/t* cure **II** *v/i de persona* get

well, recover; *de herida* heal

**sanatorio** *m* sanitarium, clinic

**San Bernardo** *m/f perro* St Bernard

**sanción** *f* JUR penalty, sanction; *~ económica* economic sanction

**sancionable** *adj* punishable

**sancionar** ⟨1a⟩ *v/t* **1** penalize **2** (*multar*) fine

**sancocho** *m Carib type of stew*

**sandalia** *f* sandal

**sándalo** *m* BOT sandalwood

**sandez** *f* nonsense; *decir sandeces* talk nonsense; *una ~* a piece of nonsense

**sandía** *f* watermelon

**sandunga** *f* wit

**sandwich** *m tostado* toasted sandwich; *L.Am.* sin tostar sandwich

**saneamiento** *m* **1** *de terreno, edificio* cleaning up **2** COM restructuring, rationalization

**sanear** ⟨1a⟩ *v/t* **1** *terreno, edificio* clean up **2** COM restructure, rationalize

**sangrar** ⟨1a⟩ **I** *v/t*: *~ a alguien* fig F bleed s.o. dry **II** *v/i* bleed; *~ por la nariz* have a nosebleed

**sangre** *f* blood; *echaba ~ por la nariz* his nose was bleeding; *hacerse mala ~* get all worked up; *tener mala ~* be mean; *la ~ se le subió a la cabeza* the blood rushed to his head; *lo lleva en la ~* it's in his blood; *no tener ~ en las venas* fig be a cold fish; *no llegará la ~ al río* it won't come to that, it won't be that bad; *sudar ~* sweat blood; *a ~ y fuego* ruthlessly

◇ **sangre azul** blue blood

◇ **sangre fría** fig calmness, coolness; *a ~* in cold blood

**sangría** *f* **1** GASTR sangria **2** TIP indent

**sangriento** *adj* bloody

**sangrigordo** *adj Méx* tedious, boring

**sanguijuela** *f* ZO, fig leech

**sanguina** *adj*: *naranja ~* blood orange

**sanguinario** *adj* bloodthirsty

**sanguíneo** *adj* **1** MED blood *atr* **2** *temperamento* sanguine

**sanguinolento** *adj* **1** *herida, mancha* bleeding, bloody **2** *ojos* bloodshot

**sanidad** *f* health

**sanitario I** *adj* (public) health *atr* **II** *m*, -a *f Rpl* plumber

**sanitarios** *mpl* bathroom fittings

**sano** *adj* healthy; *~ y salvo* safe and well; *cortar por lo ~* take drastic measures

**sánscrito** *m* Sanskrit

**sanseacabó**: **y ~** F and that's that F

**santanderino** *adj* of / from Santander, Santander *atr*

**santiagués** *adj* of / from Santiago de Compostela, Santiago *atr*

**santiaguino** *adj* of / from Santiago de Chile, Santiago *atr*

**santiamén** *m*: **en un ~** F in an instant

**santidad** *f*: **Su Santidad** His Holiness

**santificación** *f* sanctification

**santificar** ⟨1g⟩ *v/t* sanctify

**santiguar** ⟨1i⟩ *v/t* bless; **santiguarse** *v/r* cross o.s., make the sign of the cross

**santísimo I** *adj sup* (most) holy **II** *m* REL: **el Santísimo** the Holy Sacrament

**santo I** *adj* holy
**II** *m*, **-a** *f* saint; **¿a ~ de qué?** F what on earth for? F; **no es ~ de mi devoción** F I don't like him very much, he isn't my favorite *o Br* favourite person; **quedarse para vestir ~s** F be left on the shelf; **tener el ~ de cara** be incredibly lucky, have the luck of the devil; **tener el ~ de espaldas** have no luck at all; **fue llegar y besar el ~** F everything fell into his lap; **se me ha ido el ~ al cielo** F it has gone right out of my head; **dormir como un ~** sleep like a baby *o* a log; **Todos los Santos** All Saints' (Day)
**III** *m* (*onomástica*) saint's day
◇ **santo y seña** F password

**santón** *m* holy man

**santoral** *m* hagiography

**santuario** *m fig* sanctuary

**santurrón I** *adj* sanctimonious **II** *m*, **-ona** *f* sanctimonious person, *Br tb* Holy Willie F

**saña** *f* viciousness

**sapiencia** *f* wisdom

**sapo** *m* ZO toad; **echar ~s y culebras** *fig* curse and swear; **tragar(se) ~s** *fig* F grin and bear it

**saque** *m* **1** *en fútbol* kick; **con las manos** throw; *en tenis* serve **2**: **tener buen ~** F have a big appetite
◇ **saque de banda** *en fútbol* throw-in; **saque de esquina** *en fútbol* corner (kick); **saque de fondo** *en fútbol* goal kick; **saque inicial** *en fútbol* kick-off; **saque lateral** *Rpl*: *en fútbol* throw-in; **saque de puerta** *en fútbol* goal kick; **saque de valla** *Rpl*: *en fútbol* goal kick

**saqueador** *m*, **~a** *f* looter

**saquear** ⟨1a⟩ *v/t* sack, ransack

**S.A.R.** *abr* (= **Su Alteza Real**) HRH (= His / Her Royal Highness)

**sarampión** *m* MED measles *sg*

**sarao** *m* party

**sarape** *m Méx* poncho, blanket

**sarasa** *m* F fag V, *Br* poof F

**sarcasmo** *m* sarcasm

**sarcástico** *adj* sarcastic

**sarcófago** *m* sarcophagus

**sarcoma** *m* MED sarcoma

**sardana** *f* sardana (*traditional Catalan dance*)

**sardina** *f* sardine; **como ~s en lata** like sardines

**sardinero I** *adj* sardine *atr* **II** *m*, **-a** *f* sardine seller

**sardónico** *adj* sardonic

**sargento** *m* sergeant
◇ **sargento primero** sergeant 1st class, *Br* sergeant-major

**sarna** *f* MED scabies *sg*; **más viejo que la ~** as old as the hills

**sarnoso** *adj* scabby

**sarpullido** *m* MED rash

**sarracina** *f* brawl

**sarraceno I** *adj* Saracen **II** *m*, **-a** *f* Saracen

**sarro** *m* tartar

**sarta** *f* string, series *sg*; **~ de mentiras** pack of lies

**sartén** *f* frying pan; **saltar de la ~ y dar en las brasas** *fig* F jump out of the frying pan and into the fire; **tener la ~ por el mango** *fig* be the boss, be in the driving seat

**sastra** *f* tailor(ess)

**sastre** *m* tailor

**sastrería** *f* **1** *actividad* tailoring **2** (*taller*) tailor's shop

**satán, satanás** *m* Satan

**satánico** *adj* satanic

**satélite** *m* satellite; **ciudad ~** satellite town
◇ **satélite de comunicaciones** communications satellite; **satélite espía** spy satellite; **satélite meteorológico** weather satellite

**satén** *m*, **satín** *m* satin

**satinado** *adj papel, pintura* glossy

**sátira** *f* satire

**satírico I** *adj* satirical **II** *m*, **-a** *f* satirist

**satirizar** ⟨1f⟩ *v/t* satirize

**sátiro** *m* MYTH satyr; *fig* lecher

**satisfacción** *f* satisfaction; **se acabó a mi ~** it ended to my satisfaction, it ended satisfactorily; **dar ~** give satisfaction

**satisfacer** ⟨2s; *part* **satisfecho**⟩ *v/t* **1** satisfy **2** *requisito, exigencia* meet, fulfill, *Br* fulfil **3** *deuda* settle, pay off; **satisfacerse** *v/r* be satisfied (**con** with)

**satisfactorio** *adj* satisfactory

**satisfecho I** *part* ☞ **satisfacer II** *adj* **1** satisfied; **darse por ~** be satisfied (**con** with) **2** (*lleno*) full

**saturación** *f* QUÍM *tb fig* saturation; **~ del mercado** COM market saturation

**saturar** ⟨1a⟩ *v/t* saturate

**saturnismo** *m* lead poisoning

**sauce** *m* BOT willow

◇ **sauce llorón** weeping willow

**saúco** *m* BOT elder

**saudí** *m/f* & *adj* Saudi

**saudita** *m/f* Saudi

**sauna** *f* sauna

**saurio** *m* ZO saurian

**savia** *f* BOT sap; *fig* vitality

**saxo** *m* sax

**saxofón, saxófono** *m* saxophone, sax

**saxofonista** *m/f* saxophonist

**saya** *f* **1** skirt **2** (*enagua*) petticoat

**sayal** *m* coarse cloth made from wool

**sayo** *m* smock

**sazón** *f* **1** *lit*: **a la ~** at that time **2**: **estar en ~** *fruta* be ripe

**sazonado** *adj* seasoned

**sazonar** ⟨1a⟩ *v/t* GASTR season

**scooter** *m* motor scooter

**se 1** *pron complemento indirecto: a él* (to) him; *a ella* (to) her; *a usted, ustedes* (to) you; *a ellos* (to) them; **~ lo daré** I will give it to him / her / you / them **2** *reflexivo*: *con él* himself; *con ella* herself; *cosa* itself; *con usted* yourself; *con ustedes* yourselves; *con ellos* themselves; **~ vistió** he got dressed, he dressed himself; **se lavó las manos** she washed her hands; **~ sentó** he sat down; **~ abrazaron** they hugged each other **3** *oración impersonal*: **~ cree** it is thought; **~ habla español** Spanish spoken

**SE** *abr* (= **sudeste**) SE (= Southeast)

**S.E.** *abr* (= **Su Excelencia**) HE (= His / Her Excellency)

**sé** *vb* ☞ **saber**

**sea** *vb* ☞ **ser**

**sebáceo** *adj* sebaceous; **glándula -a** ANAT sebaceous gland

**sebo** *m* grease, fat

**seboso** *adj* greasy

**secadero** *m* drying shed

**secado** *m* drying; **de ~ rápido** *tejido* quick-dry

**secador** *m*: **~ (de pelo)** hair dryer

**secadora** *f* dryer

**secano** *m* unirrigated land

**secante I** *m* blotting paper **II** *f* MAT secant

**secar** ⟨1g⟩ *v/t* dry; **secarse** *v/r* dry; *de planta* wither

**sección** *f* **1** GEOM section **2** BOT cutting **3** *de documento, organización* section **4** MIL platoon

**seccionar** ⟨1a⟩ *v/t* **1** (*cortar*) cut (off) **2** (*dividir en secciones*) divide into sections

**secesión** *f* POL secession

**seco** *adj* **1** dry; *planta* dried up; **estar ~** F (*tener sed*) be parched F **2** *fig* (*antipático*) curt, brusque **3**: **dejar a alguien ~** F kill s.o. stone dead; **parar en ~** be dead **4**: **llámala Carmen a -as** just call her Carmen

**secreción** *f* secretion

**secretar** ⟨1a⟩ *v/t* secrete

**secretaria** *f* secretary; **~ con idiomas** bilingual / trilingual secretary

◇ **secretaria de dirección** executive secretary

**secretaría** *f* *de colegio* secretary's office; *de organización* secretariat

**secretariado** *m* **1** *estudios* secretarial studies *pl* **2** *puesto* secretaryship, post of secretary **3** *organismo* secretariat

**secretario** *m* *tb* POL secretary

◇ **secretario de Defensa** Defense Secretary, Secretary of Defense, *Br* Minister of Defence; **secretario de Estado** *Esp* under secretary, *Br* junior minister; **secretario general** POL secretary-general

**secretear** ⟨1a⟩ *v/i* F whisper

**secreteo** *m* F whispering

**secreter** *m* *mueble* writing desk

**secretismo** *m* secrecy

**secreto I** *adj* secret **II** *m* secret; **un ~ a voces** an open secret; **en ~** in secret

◇ **secreto bancario** client confidenti-

ality
◇ **secreto profesional** professional secrecy
**secta** f sect
**sectario** adj sectarian
**sectarismo** m sectarianism
**sector** m sector
◇ **sector (de) servicios** service sector
**secuaz** m/f follower
**secuela** f MED after-effect
**secuencia** f sequence
**secuencial** adj INFOR sequential
**secuestrador** m, **~a** f kidnapper, abductor
◇ **secuestrador aéreo** hijacker
**secuestrar** ⟨1a⟩ v/t barco, avión hijack; persona kidnap, abduct
**secuestro** m de barco, avión hijacking; de persona kidnapping, abduction
◇ **secuestro aéreo** hijacking
**secular** adj secular, lay
**secularizar** ⟨1f⟩ v/t secularize
**secundar** ⟨1a⟩ v/t support, back
**secundario** adj secondary
**sed** f tb fig thirst (**de** for); **tener ~** be thirsty; **~ de libertad** thirst for freedom; **~ de poder** thirst for power
**seda** f silk; **de ~** silk atr; **como una ~** F as smooth as silk
◇ **seda artificial** artificial silk
**sedación** f MED sedation
**sedal** m fishing line
**sedante** m/adj MED sedative
**sedar** ⟨1a⟩ v/t MED sedate
**sedativo** adj sedative
**sede** f 1 de organización headquarters sg o pl; **la Santa Sede** the Holy See 2 de acontecimiento site
◇ **sede social** head office
**sedentario** adj sedentary
**sedición** f sedition
**sedicioso** adj seditious
**sediento** adj thirsty; **estar ~ de** fig thirst for; **~ de venganza** thirsting for vengeance
**sedimentación** f sedimentation
**sedimentar** ⟨1a⟩ v/t deposit; **sedimentarse** v/r settle
**sedimento** m sediment
**sedoso** adj silky
**seducción** f 1 (enamoramiento) seduction 2 (atracción) attraction
**seducir** ⟨3o⟩ v/t 1 (enamorar) seduce 2 (atraer) attract 3 (cautivar) captivate, charm

**seductor I** adj 1 (conquistador) seductive 2 (atractivo) attractive 3 oferta tempting **II** m seducer
**seductora** f seductress
**sefardí I** adj Sephardic **II** m/f Sephardi
**sefardita** m/f Sephardi
**segada** f en fútbol scything tackle
**segador** m reaper, harvester
**segadora** f 1 máquina harvester 2 mujer reaper, harvester
◇ **segadora-atadora** binder
◇ **segadora-trilladora** combine harvester
**segar** ⟨1h & 1k⟩ v/t 1 AGR reap, harvest 2 vida cut short
**seglar I** adj secular, lay atr **II** m layman **III** f laywoman
**segmentar** ⟨1a⟩ v/t segment
**segmento** m segment
**segregación** f 1 segregation 2 BIO secretion
◇ **segregación racial** racial segregation
**segregar** ⟨1h⟩ v/t 1 (aislar) segregate 2 BIO secrete
**seguida** f: **en ~** at once, immediately
**seguidamente** adv immediately afterward
**seguidilla** f seguidilla (popular Spanish dance)
**seguido I** adj 1 consecutive, successive; **de ~** in a row, one after another 2 (recto): **ir todo ~** go straight on **II** adv L.Am. often, frequently
**seguidor** m, **~a** f follower, supporter
**seguimiento** m 1 de progreso, estudiante etc monitoring 2 de misil tracking
**seguir** ⟨3l & 3d⟩ **I** v/t 1 consejo, camino, moda etc follow; **~ a alguien** follow s.o. 2 (permanecer): **~ fiel a alguien** remain faithful to s.o.
**II** v/i continue, carry on; **~ con algo** continue with sth, carry on with sth; **~ haciendo algo** go on doing sth, continue to do sth; **sigue cometiendo los mismos errores** he keeps on making the same mistakes; **sigue enfadado conmigo** he's still angry with me; **¡a ~ bien!** take care!, take it easy!
**seguirse** v/r: **~ de algo** follow from sth
**según I** prp according to; **~ él** according to him; **~ eso** which means; **~ el tiempo** depending on the weather; **~ y como, ~**

*y conforme vaya* depending on how things pan out **II** *adv* **1** it depends; *aceptaré o no, ~* I might accept, it all depends **III** *conj (a medida que)*: *la tensión crecía ~ se acercaba el final* the tension mounted as the end approached

**segunda** *f* **1**: *de ~ fig* second-rate **2** *en fútbol* second division

◇ **segunda base** *f en béisbol* second base; *jugador* second baseman

**segundero** *m* second hand

**segundo I** *adj* second; *prima -a* second cousin **II** *m* **1** second; *el ~ mejor* the second best **2** *de tiempo* second **3** *de una comida* second course **4** *de edificio*: *vivir en el ~* live on the third *o Br* second floor

**segundogénito** *m*, **-a** *f*, **segundón** *m*, **-ona** *f* second child

**seguramente** *adv* surely, probably

**seguridad** *f* **1** *de tratamiento, puente* safety; *cinturón de ~* seatbelt **2** *contra crimen* security **3** *(certeza)* certainty; *con toda ~* for sure

◇ **Seguridad Social** *Esp* Social Security

◇ **seguridad vial** road safety

**seguro I** *adj* **1** *tratamiento, puente* safe; *ir sobre ~* be on the safe side **2** *(estable)* steady **3** *(cierto)* sure; *es ~* it's a certainty; *dar algo por ~* be sure about sth; *no estoy tan ~* I'm not so sure; *a buen ~* definitely **4** *persona*: *~ de sí mismo* self-confident, sure of o.s. **II** *adv* for sure **III** *m* **1** COM insurance **2** *de puerta, coche* lock; *poner el ~* lock the door **3** *L.Am. para ropa etc* safety pin

◇ **seguro de desempleo** unemployment benefit *o* compensation; **seguro de equipajes** baggage insurance; **seguro del hogar** household insurance; **seguro de jubilación** pension plan; **seguro médico** medical insurance; **seguro de paro** unemployment benefit *o* compensation; **seguro a todo riesgo** all-risks insurance; **seguro de vida** life insurance

**seis** *m/adj* six

**seiscientos** *adj* six hundred

**seísmo** *m* earthquake

**selección** *f* selection; *~ de residuos* waste separation

◇ **selección nacional** DEP national team

◇ **selección natural** BIO natural selection

**seleccionador** *m* DEP: *~ nacional* national team manager

**seleccionar** ⟨1a⟩ *v/t* choose, select

**selectividad** *f Esp* university entrance exam

**selectivo** *adj* selective

**selecto** *adj* select, exclusive

**selector** *m* TÉC *de temperatura, función* switch

**selenio** *m* QUÍM selenium

**sellado** *m* **1** *de documento* stamp **2** *(precinto)* seal

**sellar** ⟨1a⟩ *v/t* **1** *documento* stamp **2** *(precintar)* seal

**sello** *m* **1** stamp; *~ de calidad* stamp of quality **2** *fig* hallmark

◇ **sello discográfico** record label

**selva** *f* **1** *(bosque)* forest **2** *(jungla)* jungle

◇ **selva tropical** tropical rain forest

◇ **selva virgen** virgin forest

**selvático** *adj* forest *atr*

**semáforo** *m* traffic light; *saltarse un ~ en rojo* run *o* jump a red light

**semana** *f* week; *entre ~* during the week, midweek

◇ **semana inglesa** five-day week

◇ **Semana Santa** Holy Week, Easter

**semanal** *adj* weekly

**semanario** *m* weekly

**semántica** *f* semantics *sg*

**semántico** *adj* semantic

**semblante** *m* face

**sembrado** *m* sown field

**sembrador** *m* sower

**sembradora** *f* **1** *máquina* seed drill **2** *mujer* sower

**sembrar** ⟨1k⟩ *v/t* **1** sow **2** *fig: pánico, inquietud etc* spread

**semejante I** *adj* similar; *jamás he oído ~ tontería* I've never heard such nonsense **II** *m* fellow human being, fellow creature; *mis ~s* my fellow men

**semejanza** *f* similarity

**semejar** ⟨1a⟩ *v/t* resemble; **semejarse** *v/r* look alike, resemble each other

**semen** *m* BIO semen

**semental** *m toro* stud bull; *caballo* stallion

**sementera** *f* sowing

**semestral** *adj* six-monthly, half-yearly
**semestre** *m* **1** six-month period **2** EDU semester
**semi** *pref* semi
**semibreve** *f* MÚS whole note, *Br* semibreve
**semicircular** *adj* semicircular
**semicírculo** *m* semicircle
**semiconductor** *m* EL semiconductor
**semidesnudo** *adj* half-naked
**semidiós** *m* demigod
**semiesfera** *f* MAT hemisphere
**semifinal** *f* DEP semifinal
**semifinalista** *m/f* DEP semifinalist
**semilla** *f* seed
**semillero** *m* **1** seedbed **2** *fig: de disgustos, odio* breeding ground
**seminal** *adj* seminal
**seminario** *m* seminary
**seminarista** *m* seminarian
**semiología** *f* semiology
**semiótica** *f* semiotics *sg*
**semita** I *adj* Semitic II *m/f* Semite
**semítico** *adj* Semitic
**semitono** *m* MÚS semitone
**sémola** *f* semolina
**sempiterno** *adj* eternal
**Sena**: *el ~* the Seine
**senado** *m* senate
**senador** *m*, *~a f* senator
**sencillamente** *adv* simply
**sencillez** *f* simplicity
**sencillo** I *adj* simple; *gente(s) -a(s)* simple people II *m* **1** *L.Am.* small change **2** *en béisbol* base hit
**senda** *f* path, track
**senderismo** *m* trekking, hiking
**senderista** *m/f* walker, hiker
**sendero** *m* path, track
**sendos, -as** *adj pl*: *les entregó ~ diplomas* he presented each of them with a diploma; *recibieron ~ regalos* they each received a gift
**senil** *adj* senile
**senilidad** *f* senility
**sénior** *m/f & adj* senior
**seno** *m* **1** *tb fig* bosom; *~s* breasts **2** MAT sine **3** ANAT sinus
**sensación** *f* feeling, sensation; *causar ~ fig* cause a sensation
**sensacional** *adj* sensational
**sensacionalismo** *m* sensationalism
**sensacionalista** *adj* sensationalist
**sensatez** *f* good sense

**sensato** *adj* sensible
**sensibilidad** *f* **1** *en parte del cuerpo* feeling **3** *(emotividad)* sensitivity
**sensibilizar** ⟨1f⟩ *v/t* make aware (*sobre* of)
**sensible** *adj* **1** *persona, dispositivo* sensitive; *~ al calor / a la luz* heat- / light--sensitive **2** *(apreciable)* appreciable, noticeable
**sensiblemente** *adv* considerably
**sensiblería** *f* sentimentality, schmaltz F
**sensiblero** *adj* sentimental, schmaltzy F
**sensitivo** *adj* sensory
**sensor** *m* sensor
**sensorial** *adj* sensory
**sensual** *adj* sensual
**sensualidad** *f* sensuality
**sentada** *f* **1** *protesta* sit-down **2**: *de una ~* F in one sitting
**sentado** *adj* **1** sitting, seated; *estar ~* be sitting, be seated **2**: *dar por ~ fig* take for granted, assume
**sentar** ⟨1k⟩ I *v/t fig* establish, create; *~ las bases* lay the foundations, pave the way II *v/i*: *~ bien / mal de propuesta* go down well / badly; *~ bien a alguien de comida* agree with s.o.; *le sienta bien esa chaqueta* that jacket suits her, she looks good in that jacket; **sentarse** *v/r* sit down
**sentencia** *f* JUR sentence; *visto para ~* ready for sentencing
**sentenciar** ⟨1b⟩ *v/t* JUR sentence
**sentencioso** *adj* sententious
**sentido** I *adj* heartfelt
II *m* **1** *oído etc* sense; *el sexto ~* the sixth sense
**2** *(significado)* meaning; *doble ~* double meaning; *en el ~ propio de la palabra* in the true sense of the word; *en todos los ~s de la palabra* in every sense of the word; *en un ~ más amplio* in a wider sense; *en cierto ~* in a way **3** *(dirección)* direction; *en el ~ de las agujas del reloj* clockwise
**4** consciousness; *perder / recobrar el ~* lose / regain consciousness
◊ *sentido común* common sense; *sentido del deber* sense of duty; *sentido del humor* sense of humor *o Br* humour
**sentimental** *adj* emotional; *ser ~* be sentimental

**sentimentalismo** *m* sentiment

**sentimiento** *m* feeling; **lo acompaño en el ~** my condolences

**sentir I** *m* feeling, opinion; **en mi ~** in my opinion **II** ⟨3i⟩ *v/t* **1** feel; **siento calor** I feel hot **2** (*percibir*) sense; **sin ~lo llegar, acabar** before I / we knew it **3** (*aparecer*): **hacerse** *o* **dejarse ~** make itself felt **4**: **lo siento** I'm sorry; **sentirse** *v/r* **1** feel **2** *L.Am.* (*ofenderse*) take offense *o Br* offence

**seña** *f* **1** gesture, sign; **hacer ~s** wave; **me hizo una ~ para que entrara** he gestured to me to go in **2**: **~s** *pl* address *sg* **3** (*detalles*): **para** *o* **por más ~s** to be exact

◇ **señas personales** *pl* description *sg*

**señal** *f* **1** signal; **~ de prohibición** prohibition disk **2** *fig* sign, trace; **dar ~es de vida** get in touch; **en ~ de amistad, amor** as a token of, as a mark of **3** COM deposit, downpayment; **dejar una ~** leave a deposit *o* downpayment **4** TELEC tone

◇ **señal de la cruz** REL sign of the cross; **señal horaria** RAD time signal; **señal de llamada** dial tone; **señal de ocupado** busy signal *o* tone; **señal de tráfico** traffic sign, road sign

**señalado** *adj* special

**señalar** ⟨1a⟩ *v/t* **1** indicate, point out; **~ a alguien con el dedo** *tb fig* point at s.o. **2** *con símbolo, línea etc* mark **3** (*fijar*) set, decide on; **señalarse** *v/r* distinguish o.s. (**por** by)

**señalero** *m*, **-a** *f Arg* FERR signalman / signalwoman

**señalización** *f* **1** signposting **2** (*señales*) signs *pl*

**señalizador** *m Chi* turn signal, *Br* indicator

**señalizar** ⟨1f⟩ *v/t* signpost

**señor I** *m* **1** gentleman, man **2** *trato* sir **3** *antes de nombre* Mr; **pase, ~ García** come in, Mr García; **el ~ López** Mr López; **los ~es López** Mr and Mrs López; **el ~ Juan López** Mr Juan López **II** *adj* F huge, enormous; **se ha comprado un ~ coche** F he's bought a huge *o* enormous car

**Señor** *m* Lord

**señora** *f* **1** lady, woman; **~s y señores** ladies and gentlemen **2** *trato* ma'am, *Br* madam **3** *antes de nombre* Mrs; *ca-*

*sada o no casada* Ms; **la ~ López** Mrs Lopez; **la ~ María López** Miss María López; **mi ~** my wife

**señoría** *f* JUR: **su ~** your Honor *o Br* Honour

**señorial** *adj* lordly, noble

**señorío** *m* **1** HIST (*feudal*) estate **2** (*dominio*) rule

**señorita** *f* **1** young lady, young woman **2** *tratamiento* miss; *escrito* Miss; **la ~ López** Miss López; **la ~ Ana López** Ana López

**señoritingo** *m*, **-a** *f* F rich kid F

**señorito** *m* **1** F rich kid F **2** *tratamiento* young master

**señuelo** *m para aves* decoy; *fig* bait, lure

**sepa** *vb* ☞ **saber**

**sépalo** *m* BOT sepal

**separable** *adj* separable

**separación** *f* separation

◇ **separación de bienes** JUR division of property

◇ **separación del cargo** dismissal

**separado** *adj* separated; **por ~** separately

**separar** ⟨1a⟩ *v/t* separate; **separarse** *v/r* separate, split up F

**separatismo** *m* separatism

**separatista** *m/f & adj* separatist

**sepelio** *m fml* burial

**sepia** *f* **1** ZO cuttlefish **2** (*color*) sepia

**SEPLA** *m abr* (= **Sindicato Español de Pilotos de Líneas Aéreas**) Spanish Airline Pilots' Association

**sept.e** *abr* (= **septiembre**) Sept. (= September)

**septentrión** *m* north

**septentrional** *adj* northern

**septeto** *m* MÚS septet

**septicemia** *f* MED septicemia

**séptico** *adj* MED septic

**septiembre** *m* September

**séptima** *f* MÚS seventh

**séptimo** *m/adj* seventh

**septuagenario I** *adj* septuagenarian **II** *m*, **-a** *f* septuagenarian, person in his / her seventies

**septuagésimo** *adj* seventieth

**sepulcral** *adj fig*: *silencio, frío* deathly; *voz* sepulchral

**sepulcro** *m* tomb

**sepultar** ⟨1a⟩ *v/t* bury

**sepultura** *f* **1** burial; **dar ~ a alguien** bury s.o. **2** (*tumba*) tomb; **estar con**

**un pie en la ~** *fig* have one foot in the grave

**sepulturero** *m* gravedigger

**sequedad** *f fig* curtness

**sequía** *f* drought

**séquito** *m* retinue, entourage

**ser** ⟨2w; *part* **sido**⟩ **I** *v/i* **1** be; **¿quién es?** who is it?; **soy yo** it's me; **sea quien sea** whoever it is; **si yo fuera tú** if I were you; **yo soy de los que ...** I'm one of those people who ...; **si fuera por mí** if I had my way; **eso no es así** that's not right; **¿qué va a ser?** *en bar etc* what's it going to be? **2** *origen, naturaleza:* **~ de madera / plata** be made of wood / silver; **~ de Bogotá** be from Bogotá **3** (*pertenecer*): **es de Juan** it's Juan's, it belongs to Juan; **~ para** be for **4** (*valer*): **¿cuánto es?** how much is it?; **la entrada es diez dólares** admission is 10 dollars **5** *para formar la pasiva:* **~ vencido** be defeated; **fue vencido** he was defeated **6** (*sumar*): **dos y dos son cuatro** two and two are *o* make four **7** (*suceder*): **¿qué será de nosotros?** what is going to become of us?; **¿qué es de ti?** how's life?, how're things? **8**: **a no ~ que** unless; **de no ~ así** otherwise; **esto es** that is; **¡eso es!** exactly!, that's right!; **no sea que** in case; **es que ...** the thing is ...; **es de esperar** it's to be hoped; **o sea** in other words; **sea lo que sea, sea como sea** be that as it may; **siendo así** the way things are; **o lo que sea** or whatever; **¿cómo es eso?** how come? **II** *m* being

◇ **ser humano** human being

◇ **ser vivo** living creature

**SER** *f abr* (= **Sociedad Española de Radiodifusión**) network of independent Spanish radio stations

**serafín** *m* seraph

**Serbia** *f* Serbia

**serbio I** *adj* Serb(ian) **II** *m*, -a *f* Serb **III** *m idioma* Serb(ian)

**serbocroata** *adj* Serbo-Croat

**serenar** ⟨1a⟩ *v/t* calm; **serenarse** *v/r* **1** calm down **2** *del tiempo* clear up

**serenata** *f* MÚS serenade

**serenidad** *f* calmness, serenity

**sereno I** *m*: **dormir al ~** sleep outdoors **II** *adj* calm, serene

**serial** *m* TV, RAD series *sg*

**seriamente** *adv* seriously

**serie** *f* **1** *de acontecimientos, artículos etc* series *sg* **2**: **fabricación en ~** mass production; **de ~ prestaciones en coche** standard; **fuera de ~** out of this world, extraordinary

◇ **Serie Mundial** *en béisbol* World Series *sg*

**seriedad** *f* seriousness

**serigrafía** *f* silk-screen printing

**serio** *adj* **1** serious; **ésto va en ~** this is serious; **tomarse algo en ~** take sth seriously **2** (*responsable*) reliable

**sermón** *m* sermon; F lecture, sermon; **echar un ~ a alguien** *fig* give s.o. a lecture

**sermonear** ⟨1a⟩ *v/i* preach; F lecture, preach

**serología** *f* serology

**seropositivo** *adj* MED HIV positive

**serpentear** ⟨1a⟩ *v/i de río, camino* wind, snake, meander

**serpentín** *m* TÉC coil

**serpentina** *f* streamer

**serpiente** *f* ZO snake

◇ **serpiente de cascabel** rattlesnake

**serrado** *adj* serrated

**serraduras** *fpl* sawdust *sg*

**serranía** *f* mountainous region

**serrano I** *adj* **1** mountain *atr* **2**: **cuerpo ~** shapely body **II** *m*, -a *f* mountain dweller

**serrar** ⟨1k⟩ *v/t* saw

**serrería** *f* sawmill

**serrín** *m* sawdust

**serrote** *m* Méx handsaw

**serrucho** *m* handsaw

**servible** *adj* us(e)able

**servicial** *adj* obliging, helpful

**servicio** *m* **1** service; **estar al ~ de** be at the service of; **hacer un buen ~ a alguien** do s.o. a great service; **estar de ~** be on duty; **libre de ~** off duty **2**: **~s** *pl* restroom *sg*, Br toilets **3** (*funcionamiento*): **fuera de ~** TÉC out of order; **poner en ~** put into service

◇ **servicio de atención al cliente** customer service; **servicio de averías** breakdown service; **servicio doméstico** domestic service; **servicio militar** military service; **servicio pos(t)venta** after-sales service; **servicio religioso** church service; **servicio secreto** secret service; **servicio de urgencias** emergency service; **servicios mínimos** skeleton service *sg*

**servidor** *m* **1** INFOR server **2**: *su atento, su seguro ~* sincerely yours; *no sé vosotros, pero ~ no piensa ir hum* I don't know about you but yours truly is definitely not going

**servidumbre** *f* **1** (*criados*) servants *pl* **2** (*condición*) servitude

**servil** *adj* servile

**servilismo** *m* servility

**servilleta** *f* napkin, *Br tb* serviette

**servilletero** *m* napkin ring

**servir** ⟨3l⟩ **I** *v/t* serve; *¿le sirven ya?* are you being served?; *¿en qué puedo ~le?* what can I do for you?; *¡para ~le!* at your service!

**II** *v/i* **1** be of use; *~ de* serve as; *esta habitación sirve de trastero* we use this room as a junk room; *~ para* be (used) for; *¿para qué sirve esto?* what is this (used) for?; *no ~ de nada* be no use at all **2** MIL, DEP serve **3** *fig*: *ir servido* F have another think coming

**servirse** *v/r* **1**: *~ de algo* use sth, make use of sth **2** *comida* help o.s. to

**servo** *pref* power

**servodirección** *f* power steering

**servofreno** *m* servo-brake

**sésamo** *m* sesame

**sesear** ⟨1a⟩ *v/i* pronounce Spanish 'c' before 'e', 'i' or 'z' as 's'

**sesenta** *adj* sixty

**sesentón** **I** *adj* sexagenarian, in one's sixties **II** *m*, *-ona f* sexagenerian, person in his / her sixties

**seseo** *m* pronunciation of Spanish 'c' before 'e' 'i' or 'z' as 's'

**sesera** *f* F brains *pl*

**sesgado** *adj fig* skewed, biassed

**sesgo** *m fig* bias

**sesión** *f* **1** session **2** *en cine, teatro* show, performance

◇ **sesión golfa** *de cine* late show

◇ **sesión plenaria** plenary session

**sesionar** ⟨1a⟩ *v/i L.Am.* be in session

**seso** *m* **1** ANAT brain; *fig* brains *pl*, sense; *sorber el ~ a alguien, tener sorbido el ~ a alguien* have s.o. under one's spell **2** GASTR: *~s pl* brains

**sestear** ⟨1a⟩ *v/i* have a siesta

**sesudo** *adj* sensible

**set** *m tenis* set

**seta** *f* BOT mushroom; *venenosa* toadstool

**setecientos** *adj* seven hundred

**setenta** *adj* seventy

**setentón** **I** *adj* septuagenarian, in one's seventies **II** *m*, *-ona f* septuagenarian, person in his / her seventies

**setiembre** *m* September

**seto** *m*: *~ (vivo)* hedge

**seudónimo** **I** *adj* pseudonymous **II** *m* pseudonym

**s.e.u.o.** *abr* (= *salvo error u omisión*) E & OE (= errors and omissions excepted)

**severidad** *f* severity

**severo** *adj* severe

**sevillanas** *fpl* folk dance from Seville

**sevillano** *adj* of / from Seville, Seville *atr*

**sexagenario** **I** *adj* sexagenarian, in one's sixties **II** *m*, *-a f* sexagenarian, person in his / her sixties

**sexagésimo** *adj* sixtieth

**sexismo** *m* sexism

**sexista** *m/f & adj* sexist

**sexo** *m* **1** sex **2** (*órganos sexuales*) sex (-ual) organs

◇ **sexo oral** oral sex

**sexología** *f* sexology

**sexta** *f* MÚS sixth

**sextante** *m* MAR sextant

**sexteto** *m* MÚS sextet

**sexto** *adj* sixth

**sexual** *adj* sexual

**sexualidad** *f* sexuality

**sexy** *adj inv* sexy

**SGAE** *f abr* (= *Sociedad General de Autores y Editores*) Association of Authors and Editors

**shock** *m* MED: *~ (nervioso)* shock

**short** *m L.Am.* shorts *pl*

**si** **I** *conj* if; *~ no* if not; *me pregunto ~ vendrá* I wonder whether he'll come; *como ~* as if; *por ~* in case; *¡~ no lo sabía!* but I didn't know! **II** *m* MÚS B; *~ bemol* B flat

**sí** **I** *adv* yes; *¡que ~!* I said yes!

**II** *pron tercera persona: singular masculino* himself; *femenino* herself; *cosa, animal* itself; *plural* themselves; *usted* yourself; *ustedes* yourselves; *es un asunto de por ~ complicado* it's a complex subject; **ya es de por ~ bebedor como para que le alientes a beber más** he drinks quite enough as it is without you egging him on; **por ~ solo** by himself / itself, on his / its own; **entrar en ~** come around, come to III *m* consent

**siamés** *adj* Siamese

**sibarita** *m/f* bon vivant, epicure

**Siberia** *f* Siberia

**siberiano** *adj* Siberian

**sibila** *f* MYTH sibyl

**sibilante** *f/adj* sibilant

**sicario** *m* hired assassin *o* killer

**Sicilia** *f* Sicily

**siciliano I** *adj* Sicilian **II** *m*, **-a** *f* Sicilian

**sico...** *pref* ☞ **psico...**

**sicómoro, sicomoro** *m* BOT sycamore

**SIDA** *m abr* (= **síndrome de inmunidad deficiente adquirida**) Aids (= acquired immune-deficiency syndrome)

**sida** *m* Aids; **enfermo de ~** person with Aids, Aids victim; **prueba de ~** Aids test

**sidecar** *m* sidecar

**sideral** *adj* 1 *viajes* space *atr*; **espacio ~** outer space 2 *Rpl* F *precio* astronomical

**siderurgia** *f* iron and steel making

**siderúrgico** *adj* iron and steel *atr*

**sido** *part* ☞ **ser**

**sidoso I** *adj* Aids *atr* **II** *m*, **-a** *f* Aids sufferer, Aids victim

**sidra** *f* cider

**siega** *f* reaping, harvesting

**siembra** *f* sowing

**siempre** *adv* always; **~ que** providing that, as long as; **de ~** usual; **sigue siendo la misma de ~** she's still the same as always, she's just the same as ever; **desde ~** always, F for ever; **lo de ~** the same old story; **para ~** for ever; **¡hasta ~!** goodbye, farewell

**siempreviva** *f* BOT sempervivum

**sien** *f* ANAT temple

**siendo** *vb* ☞ **ser**

**siento** *vb* ☞ **sentir**

**sierra** *f* 1 *herramienta* saw 2 GEOG mountain range
◇ **sierra de calar** fretsaw; **sierra de cinta** band saw; **sierra circular** circular saw; **sierra mecánica** power saw

**siervo** *m*, **-a** *f* HIST serf

**siesta** *f* siesta, nap; **dormir la ~** have a

siesta *o* nap

**siete I** *adj* seven **II** *m roto* tear

**sietemesino I** *adj bebé* born two months premature **II** *m*, **-a** *f* baby born two months premature

**sífilis** *f* MED syphilis

**sifón** *m* TÉC siphon

**siga** *vb* ☞ **seguir**

**sigilo** *m* (*secreto*) secrecy; (*disimulo*) stealth
◇ **sigilo profesional** professional secrecy
◇ **sigilo sacramental** secrecy of the confessional

**sigiloso** *adj* stealthy

**sigla** *f* abbreviation, acronym

**siglo** *m* century; **hace ~s o un ~ que no le veo** *fig* I haven't seen him in a long long time; **el Siglo de Oro** the Golden Age; **el Siglo de las Luces** HIST the (Age of) Enlightenment

**signar** ⟨1a⟩ *v/t* sign; **signarse** *v/r* cross o.s., make the sign of the cross

**signatario** *m*, **-a** *f* signatory

**significación** *f*, **significado** *m* meaning

**significar** ⟨1g⟩ *v/t* mean, signify; **significarse** *v/r* distinguish o.s. (**por** by)

**significativo** *adj* meaningful, significant

**signo** *m* sign
◇ **signo de admiración** exclamation mark; **signo de interrogación** question mark; **signo de puntuación** punctuation mark

**sigo** *vb* ☞ **seguir**

**siguiente I** *adj* next, following **II** *pron* next (one); **¡el ~!** next!

**sílaba** *f* syllable

**silabario** *m* spelling book

**silabear** ⟨1a⟩ *v/t* pronounce syllable by syllable

**silba** *f* whistling

**silbar** ⟨1a⟩ *v/i* & *v/t* whistle

**silbato** *m* whistle

**silbido** *m* whistle

**silbo** *m* whistle

**silenciador** *m* AUTO muffler, *Br* silencer

**silenciar** ⟨1b⟩ *v/t* silence

**silencio** *m* 1 silence; **en ~** in silence, silently; **el profesor impuso ~ a los alumnos** the teacher made the students be quiet; **guardar ~** keep quiet 2 MÚS rest

**silencioso** *adj* silent
**sílex** *m* MIN flint, silex
**sílfide** *f* sylph
**sílice** *f* QUÍM silica
**silicio** *m* QUÍM silicon
**silicona** *f* silicone
**silla** *f* chair
◇ **silla eléctrica** electric chair; **silla giratoria** swivel chair; **silla de montar** saddle; **silla plegable** folding chair; **silla de ruedas** wheelchair
**silleta** *f* MED bedpan
**sillín** *m* saddle
**sillón** *m* armchair, easy chair
◇ **sillón orejero** wing chair
**silo** *m* silo
**silueta** *f* **1** silhouette **2** (*cuerpo*) figure
**silvestre** *adj* wild
**silvicultor** *m*, **~a** *f* forester
**silvicultura** *f* forestry
**sima** *f* chasm, abyss
**simbiosis** *f* symbiosis
**simbólico** *adj* symbolic
**simbolismo** *m* symbolism
**simbolizar** ⟨1f⟩ *v/t* symbolize
**símbolo** *m* symbol
**simetría** *f* symmetry
**simétrico** *adj* symmetrical
**simiente** *f* seed
**simiesco** *adj* simian, apelike
**símil** *m* comparison; *figura retórica* simile
**similar** *adj* similar; **y ~es** and the like
**similitud** *f* similarity
**simio** *m* ZO ape
**simpatía** *f* warmth, friendliness
**simpático** *adj* nice, like(e)able
**simpatizante** *m/f* sympathizer, supporter
**simpatizar** ⟨1f⟩ *v/i* sympathize
**simple I** *adj* **1** (*fácil*) simple **2** (*mero*) ordinary **II** *m/f* simpleton
**simplemente** *adv* simply, just
**simpleza** *f* simple-mindedness
**simplicidad** *f* simplicity
**simplificación** *f tb* MAT simplification
**simplificar** ⟨1g⟩ *v/t tb* MAT simplify
**simplista** *adj* simplistic
**simplón** *m*, **-ona** *f* F sucker F
**simposio** *m* symposium
**simulación** *f* simulation
**simulacro** *m* **1** (*cosa falsa*) pretense, *Br* pretence, sham **2** (*simulación*) simulation

◇ **simulacro de incendio** fire drill
◇ **simulacro de salvamento** mock rescue
**simulador** *m* simulator
◇ **simulador de vuelo** flight simulator
**simular** ⟨1a⟩ *v/t* simulate
**simultanear** ⟨1a⟩ *v/t:* **~ dos cargos** hold two positions at the same time; **~ el trabajo con los estudios** combine work and study, work and study at the same time
**simultaneidad** *f* simultaneity
**simultáneo** *adj* simultaneous
**sin** *prp* without; **~ preguntar** without asking; **~ decir nada** without (saying) a word; **~ paraguas** without an umbrella; **~ que** without; **y ~ más** and without further ado; **me lo dijo así, ~ más** that's all he said to me, just that
**sinagoga** *f* synagogue
**sincerarse** ⟨1a⟩ *v/r* be honest (**con** with), speak openly (**con** to)
**sinceridad** *f* sincerity
**sincero** *adj* sincere
**síncopa** *f* MÚS syncopation
**síncope** *m* MED blackout
**sincrónico** *adj* synchronized
**sincronismo** *m* synchronism
**sincronizar** ⟨1f⟩ *v/t* synchronize
**sindical** *adj* (labor, *Br* trade) union *atr*
**sindicalismo** *m* (labor, *Br* trade) union movement
**sindicalista I** *adj* (labor, *Br* trade) union *atr* **II** *m/f* (labor, *Br* trade) union member
**sindicalizar** ⟨1f⟩, **sindicar** ⟨1g⟩ *v/t* unionize; **sindicalizarse** *v/r* form a (labor, *Br* trade) union
**sindicato** *m* (labor, *Br* trade) union
**síndico** *m* trustee
◇ **síndico de la quiebra** receiver
**síndrome** *m* syndrome
**sinecura** *f* sinecure
**sinergia** *f* BIO, *fig* synergy
**sinfín** *m:* **un ~ de ...** no end of ...
**sinfonía** *f* MÚS symphony
**sinfónico** *adj* symphonic; **orquesta -a** symphony orchestra
**singladura** *f* MAR day's run
**singular I** *adj* **1** (*raro*) strange, *fml* singular **2** (*único*) outstanding, extraordinary **II** *m* GRAM singular
**singularidad** *f* **1** (*rareza*) strangeness, *fml* singularity **2** (*carácter único*) out-

standing nature

**singularizar** ⟨1f⟩ *v/t* single out; **singularizarse** *v/r* stand out

**singularmente** *adv* singularly

**sinhueso** *f* F tongue; **darle a la ~** F talk, yap F

**siniestrado** *adj* wrecked

**siniestralidad** *f* accident rate

**siniestro I** *adj* sinister **II** *m* accident; (*catástrofe*) disaster

◇ **siniestro total** total wreck

**sinnúmero** *m*: **un ~ de** no end of

**sino I** *m* fate **II** *conj* **1** but; **no cena en casa, ~ en el bar** he doesn't have dinner at home, he has it in the bar; **¿quién ~ ?** who else but?; **¿quién ~ tú?** who else but you?; **no sólo ... ~ también** not only ... but also **2** (*salvo*) except; **nadie ~ él pudo hacerlo** nobody but him could do it

**sínodo** *m* synod

**sinónimo I** *adj* synonymous **II** *m* synonym

**sinopsis** *f inv* synopsis

**sinóptico** *adj* synoptic

**sinovial** *adj* ANAT synovial; **líquido ~** synovial fluid

**sinrazón** *f* injustice

**sinsabores** *mpl* troubles

**sinsentido** *m* nonsense

**sintaxis** *f* syntax

**síntesis** *f inv* synthesis; (*resumen*) summary; **en ~** in short, to sum up

**sintético** *adj* synthetic

**sintetizador** *m* MÚS synthesizer

**sintetizar** ⟨1f⟩ *v/t* synthesize

**síntoma** *m* symptom

**sintomático** *adj* symptomatic

**sintonía** *f* **1** *melodía* theme tune, signature tune **2** RAD tuning, reception; **estar en la ~ de** be tuned to; **estar en ~ con** *fig* be in tune with

**sintonizador** *m* tuner

**sintonizar** ⟨1f⟩ **I** *v/t radio* tune in **II** *v/i fig* be in tune (**con** with)

**sinuosidad** *f* sinuosity

**sinuoso** *adj* winding

**sinusitis** *f* MED sinusitis

**sinvergüenza I** *adj* shameless, unscrupulous **II** *m/f* swine; **¡qué ~!** (*descarado*) what a nerve!

**sionismo** *m* Zionism

**siquiatra** *m/f*, **síquico** *adj* ☞ **psiquiatra, psíquico**

**siquiera I** *adv*: **ni ~** not even; **~ bebe algo** *L.Am.* at least have a drink **II** *conj* even

**sirena** *f* **1** *pito* siren **2** MYTH mermaid

**sirga** *f* MAR towline

**Siria** *f* Syria

**sirio I** *adj* Syrian **II** *m*, **-a** *f* Syrian

**sirlero** *m*, **-a** *f Esp* mugger, robber *with a knife*

**siroco** *m* sirocco

**sirope** *m* syrup

**sirve** *vb* ☞ **servir**

**sirvienta** *f* maid

**sirviente** *m* servant

**sisal** *m* BOT sisal

**sisar** ⟨1a⟩ *v/t* F pilfer

**siseo** *m* hiss, hissing

**sísmico** *adj* seismic

**sismo** *m* earthquake; *temblor* earth tremor

**sismógrafo** *m* seismograph

**sismología** *f* seismology

**sistema** *m* system

◇ **sistema digestivo** ANAT digestive system; **sistema inmunológico** ANAT immune system; **sistema métrico** metric system; **sistema monetario** monetary system; **sistema nervioso** ANAT nervous system; **sistema operativo** operating system; **sistema periódico** QUÍM periodic system *o* table

**sistemático** *adj* systematic

**sistematizar** ⟨1f⟩ *v/t* systemize, systematize

**sístole** *f* systole

**sitiar** ⟨1b⟩ *v/t* surround, lay siege to

**sitio** *m* **1** place; **en ningún ~** nowhere; **poner las cosas en su ~** *fig* straighten things out **2** (*espacio*) room; **hacer ~** make room; **ocupar mucho ~** take up a lot of room *o* space

◇ **sitio web** web site

**sito** *adj fml* situated, located

**situación** *f* situation; **estar en ~ de** be in a position to

**situado** *adj* situated; **estar ~** be situated; **bien ~** *fig* in a good position

**situar** ⟨1e⟩ *v/t* place, put; **situarse** *v/r* be

**S.L.** *abr* (= **sociedad limitada**) Ltd (= limited)

**slalom** *m* slalom

**slip** *m* underpants *pl*

**S.M.** *abr* (= **Su Majestad**) HM (=His / Her Majesty)

**SMI** *m abr* (= *salario mínimo interprofesional*) minimum wage

**s/n** *abr* (= *sin número*) not numbered

**snowboard** *m* snowboard

**so I** *prep* under; **~ pena de muerte** on pain of death **II** *interj* **1**: *¡~!* whoa! **2** *para enfatizar*: *¡~ burro o idiota!* you dumb idiot!

**SO** *abr* (= *sudoeste*) SW *abr* (= Southwest)

**soba** *f* F beating; **dar una ~ a alguien** give s.o. a beating

**sobaco** *m* armpit

**sobado** *adj ropa* worn; *tema* old

**sobaquina** *f* body odor, BO

**sobar** ⟨1a⟩ *v/t* **1** *libro, tejido etc* handle, finger **2** F *sexualmente* grope F

**soberanía** *f* sovereignty

**soberano I** *adj* **1** sovereign **2** *fig* F tremendous **II** *m*, **-a** *f* sovereign

**soberbia** *f* pride, arrogance

**soberbio** *adj* **1** (*altivo*) proud, arrogant **2** *fig* superb

**sobón** I *adj*: **es muy~** he's always touching you **II** *m person who is always touching others*

**sobornable** *adj* venal, bribable

**sobornar** ⟨1a⟩ *v/t* bribe

**soborno** *m* bribe

**sobra** *f* **1** surplus, excess; **hay de ~** there's more than enough; **saber de ~** know perfectly well, know full well; **estar de ~** not be wanted, not be needed **2**: **~s** *pl de comida* leftovers

**sobradamente** *adv conocido* well

**sobrado I** *adj*: **estar** *o* **andar ~ de algo** have plenty of sth; **no andar muy ~ de algo** not have much sth **II** *adv* easily; **te conozco ~** I know you well enough

**sobrante** *adj* remaining, left over

**sobrar** ⟨1a⟩ *v/t*: **sobra comida** there's food left over; **me sobró pintura** I had some paint left over; **me sobra dinero** (*soy rico*) I've got plenty of money; **sobraba uno** there was one left

**sobrasada** *f* GASTR spicy pork sausage

**sobre I** *m* envelope; **sopa de ~** packet soup **II** *prp* **1** on; **~ la mesa** on the table **2** (*acerca de*): **~ esto** about this **3** (*alrededor de*): **~ las tres** around three o'clock **4**: **~ todo** above all, especially ◇ **sobre acolchado** padded envelope; **sobre de dormir** *Urug* sleeping bag;

**sobre ventana** window envelope

**sobreabundancia** *f* overabundance

**sobreabundar** ⟨1a⟩ *v/i*: **sobreabundan ...** there is an overabundance of ...

**sobreactuar** ⟨1e⟩ *v/i* TEA overact

**sobrealimentación** *f* overeating

**sobrealimentar** ⟨1a⟩ *v/t* overfeed

**sobrecalentamiento** *m* overheating

**sobrecalentar** ⟨1k⟩ *v/t* overheat

**sobrecarga** *f* overloading

**sobrecargar** ⟨1h⟩ *v/t* overload

**sobrecargo** *m/f* AVIA chief flight attendant, purser; MAR purser

**sobrecogedor** *adj* **1** (*que asusta*) horrific, shocking **2** (*que conmueve*) moving

**sobrecoger** ⟨2c⟩ *v/t* **1** (*asustar*) strike fear into **2** (*impresionar*) have an effect on; **sobrecogerse** *v/r* **1** (*asustarse*) be frightened **2** (*conmoverse*) be moved

**sobrecubierta** *f* dust jacket

**sobredosis** *f inv* overdose

**sobreentender(se)** ☞ **sobrentender(se)**

**sobreesfuerzo** *m* overexertion

**sobreestimar** ⟨1a⟩ *v/i* overestimate

**sobreexcitar** ⟨1a⟩ *v/t* get overexcited

**sobreexponer** ⟨2r⟩ *v/t* FOT overexpose

**sobrehumano** *adj* superhuman

**sobreimpresión** *f* **1** TV superimposition **2** TIP overprinting

**sobreimprimir** ⟨3a⟩ *v/t* **1** TV superimpose **2** TIP overprint

**sobrellevar** ⟨1a⟩ *v/t* endure, bear

**sobremanera** *adv* exceedingly

**sobremesa** *f*: **de ~** afternoon *atr*

**sobrenatural** *adj* supernatural

**sobrenombre** *m* nickname

**sobrentender** ⟨2g⟩ *v/t* guess, understand; **sobrentenderse** *v/r*: **se sobrentiende que ...** needless to say ..., it goes without saying that ...

**sobrentendido** *m something that goes without saying*

**sobrepasar** ⟨1a⟩ *v/t* exceed, surpass; **me sobrepasa en altura** he is taller than me; **sobrepasarse** *v/r* go too far

**sobrepesca** *f* overfishing

**sobrepeso** *m* excess weight

**sobreponer** ⟨2r; *part* **sobrepuesto**⟩ *v/t* superimpose; **sobreponerse** *v/r*: **~ a** overcome, get over

**sobreproducción** *f* overproduction

**sobrepuesto I** *part* ☞ **sobreponerse II** *adj* superimposed

**sobresaliente I** *adj* outstanding, excellent **II** *m* EDU top mark
**sobresalir** ⟨3r⟩ *v/t* stick out, protrude; *fig* excel; **~ entre** stand out among
**sobresaltar** ⟨1a⟩ *v/t* startle; **sobresaltarse** *v/r* jump, start
**sobresalto** *m* jump, start
**sobreseer** ⟨2e⟩ *v/t* JUR dismiss
**sobreseimiento** *m* JUR dismissal
**sobrestimar** ⟨1a⟩ *v/t* overestimate
**sobresueldo** *m* bonus
**sobretasa** *f* surcharge
**sobretodo** *m* overcoat
**sobrevaloración** *f* overvaluation
**sobrevalorar** ⟨1a⟩ *v/t* overrate
**sobrevenir** ⟨3s⟩ *v/i* happen; *de guerra* break out
**sobreventa** *f* overselling
**sobreviviente I** *adj* surviving **II** *m/f* survivor
**sobrevivir** ⟨3a⟩ *v/i* survive
**sobrevolar** ⟨1m⟩ *v/t* fly over, overfly
**sobrexplotación** *f* overexploitation
**sobriedad** *f* **1** soberness **2** *de comida, decoración* simplicity **3** *(moderación)* restraint
**sobrina** *f* niece
◇ **sobrina nieta** great-niece
**sobrino** *m* nephew
◇ **sobrino nieto** great-nephew
**sobrio** *adj* **1** sober **2** *comida, decoración* simple **3** *(moderado)* restrained
**socaire** *m* MAR lee; **al ~ de** sheltered by, in the lee of
**socarrón** *adj* sarcastic, snide F
**socarronería** *f* sarcasm
**socavar** ⟨1a⟩ *v/t tb fig* undermine
**socavón** *m* hollow
**sociabilidad** *f* sociability
**sociable** *adj* sociable
**social** *adj* social
**socialdemocracia** *f* POL social democracy
**socialdemócrata I** *adj* POL social democratic **II** *m/f* POL social democrat
**socialismo** *m* socialism
**socialista** *m/f & adj* socialist
**socializar** ⟨1f⟩ *v/t* socialize
**sociedad** *f* society; **alta ~** high society; **presentar en ~** present in society
◇ **sociedad anónima** public corporation, *Br* public limited company; **sociedad colectiva** collective; **sociedad comanditaria, sociedad en comanditaria** limited partnership; **sociedad de consumo** consumer society; **sociedad deportiva** sports club; **sociedad de la información** information society; **sociedad mercantil** trading company; **Sociedad de Naciones** HIST League of Nations; **sociedad de responsabilidad limitada** limited corporation, *Br* limited company; **sociedad protectora de animales** Society for the Prevention of Cruelty to Animals
**socio** *m*, **-a** *f* **1** *de club, asociación etc* member **2** COM partner
◇ **socio comanditario** partner with limited liability
◇ **socio de honor, socio honorario** honorary member
**sociocultural** *adj* sociocultural
**socioeconómico** *adj* socioeconomic
**sociología** *f* sociology
**sociólogo** *m*, **-a** *f* sociologist
**sociopolítico** *adj* sociopolitical
**socorrer** ⟨2a⟩ *v/t* help, assist
**socorrido** *adj fig* useful
**socorrismo** *m* life-saving
**socorrista** *m/f* lifeguard
**socorro** *m* help, assistance; **¡~!** help!; **pedir ~** ask for help
**socucho** *m* *L.Am.* tiny house, shoebox F
**soda** *f* soda (water)
**sodio** *m* sodium
**sodomía** *f* sodomy
**soez** *f* crude, coarse
**sofá** *m* sofa
◇ **sofá-cama** sofa bed
**sofisma** *m* sophism
**sofisticación** *f* sophistication
**sofisticado** *adj* sophisticated
**sofocación** *f* suffocation
**sofocante** *adj* suffocating
**sofocar** ⟨1g⟩ *v/t* **1** suffocate **2** *incendio* put out; **sofocarse** *v/r* **1** *fig* get embarrassed **2** *(irritarse)* get angry
**sofoco** *m* **1** *fig* embarrassment **2** *(disgusto)*: **me llevé un ~ tremendo** I was terribly upset
**sofocón** *m* ☞ **sofoco**
**sofreír** ⟨3m⟩ *v/t* sauté
**sofrito** *m* GASTR *mixture of fried onions, peppers etc*
**software** *m* INFOR software; **~ de usuario** user software
**soga** *f* rope; **estar con la ~ al cuello** F be

in big trouble F

**sois** *vb* ☞ **ser**

**soja** *f* soy, *Br* soya; **~ transgénica** genetically modified soy

**sojuzgar** ⟨1h⟩ *v/t* subdue, subjugate

**sol** *m* **1** sun; **al caer el ~** at sunset; **de ~ a ~** from dawn to dusk; **hace ~** it's sunny; **tomar el ~** sunbathe; **eres un ~** *fig* F you're a darling; **no dejar a alguien ni a ~ ni a sombra** pester s.o. all the time *o* morning, noon and night **2** FIN sol

**solamente** *adv* only

**solana** *f* sunny spot

**solapa** *f de chaqueta* lapel; *de libro* flap

**solapado** *adj* sly

**solapar** ⟨1a⟩ *v/t* hide; **solaparse** *v/r* overlap; *fig* match, fit together

**solar** I *adj* solar II *m* lot, *Br* plot

**solariego** *adj*: **casa -a** family seat

**solario, solárium** *m* solarium

**solazo** *m* F hot sun

**soldadesca** *f* military life

**soldado** *m/f* soldier

**soldador** *m*, **~a** *f* welder

**soldadura** *f* welding, soldering

◇ **soldadura autógena** oxyacetylene welding

**soldar** ⟨1m⟩ *v/t* weld, solder; **soldarse** *v/r* knit together, knit

**soleado** *adj* sunny

**soledad** *f* solitude, loneliness

**solemne** *adj* solemn; **una ~ tontería** an absolutely stupid thing

**solemnidad** *f* solemnity; **de ~** extremely

**solemnizar** ⟨1f⟩ *v/t* solemnize

**soler** ⟨2h⟩ *v/i*: **~ hacer algo** usually do sth; **suele venir temprano** he usually comes early; **como suele decirse** as is usual *o* normally said; **solía visitarme** he used to visit me

**solera** *f* **1** tradition; **de ~** *fig* traditional **2** *Chi*: *de la acera* curb, *Br* kerb

**solfa** *f* (tonic) sol-fa; **poner en ~** F poke fun at

**solfeo** *m* (tonic) sol-fa

**solicitante** *m/f* applicant

◇ **solicitante de asilo** asylum-seeker

**solicitar** ⟨1a⟩ *v/t permiso* request; *empleo, beca* apply for

**solícito** *adj* attentive

**solicitud** *f* application, request

**solidaridad** *f* solidarity

**solidario** *adj* supportive, understanding

**solidarizarse** ⟨1f⟩ *v/r*: **~ con alguien** support s.o., back s.o.

**solideo** *m* REL cardinal's cap, biretta

**solidez** *f* solidity; *fig* strength

**solidificación** *f* solidification

**solidificar** ⟨1g⟩ *v/t* solidify; **solidificarse** *v/r* solidify, harden

**sólido** I *adj* solid; *fig: conclusion* sound II *m* FÍS solid

**soliloquio** *m* soliloquy

**solista** *m/f* soloist

**solitaria** *f* ZO tapeworm

**solitario** I *adj* **1** *persona* solitary; **actuó en ~** he acted alone **2** *lugar* lonely II *m juego* solitaire, *Br* patience

**soliviantar** ⟨1a⟩ *v/t* incite, stir up; **soliviantarse** *v/r* rise up, rebel

**solla** *f* ZO plaice

**sollozar** ⟨1f⟩ *v/i* sob

**sollozo** *m* sob

**solo** *adj* **1** single; **estar ~** be alone; **sentirse ~** feel lonely; **a -as** alone, by o.s.; **más ~ que la una** all alone, all by oneself; **por sí ~** by o.s. **2** *café* black **3** (*único*): **un ~ día** a single day II *m* MÚS solo

**sólo** *adv* only, just; **tan ~** just; **no ~ ... sino también** not only ... but also

**solomillo** *m* GASTR sirloin

**solsticio** *m* solstice

**soltar** ⟨1m⟩ *v/t* **1** let go of **2** (*librar*) release, let go **3** *olor* give off **4** *nudo, tuerca* undo **5** F *discurso* launch into **6**: **~ una bofetada a alguien** clobber s.o.; **soltarse** *v/r* **1** free o.s. **2**: **~ a andar / hablar** begin *o* start to walk / talk

**soltera** *f* single *o* unmarried woman

**soltería** *f* singledom; **cansada de su ~** tired of being single

**soltero** I *adj* single, not married II *m* bachelor, unmarried man

**solterón** *m* confirmed bachelor

**solterona** *f desp* old maid *desp*

**soltura** *f* fluency, ease; **con ~ hablar** fluently; **desenvolverse** with ease, with aplomb

**solubilidad** *f* solubility

**soluble** *adj* **1** soluble; **~ en agua** water-soluble **2** *problema* solvable, soluble

**solución** *f* solution; **no tener ~** *fig* be hopeless

**solucionar** ⟨1a⟩ *v/t* solve

**solvencia** *f* **1** COM solvency **2** *de profesional* reliability

**solventar** ⟨1a⟩ v/t resolve, settle

**solvente I** adj **1** COM solvent **2** profesional, artesano reliable **II** m QUÍM solvent

**somalí** m/f & adj Somali

**somanta** f F beating

**sombra** f **1** shadow; **a la ~ de un árbol** in the shade of a tree; **estar a la ~** be in the shade; **a la ~ de** fig under the protection of; **hacer ~ a alguien** fig F to overshadow s.o., put s.o. in the shade; **mantenerse en la ~** fig stay behind the scenes; **no es ni ~ de lo que era** he bears no resemblance to his former self; **tener mala ~** be a nasty piece of work **2**: **~s** pl PINT shading sg

◇ **sombra de ojos** eye shadow

**sombreado** m PINT shading

**sombrear** ⟨1a⟩ v/t **1** PINT shade, shade in **2**: **~ los ojos** shade one's eyes

**sombrerera** f hat box

**sombrerería** f hat shop, milliner's

**sombrerero** m milliner, hatter

**sombrero** m hat; **quitarse el ~ ante alguien / algo** fig take one's hat off to s.o. / sth

◇ **sombrero de copa** top hat

◇ **sombrero de tres picos** three-cornered hat

**sombrilla** f sunshade, beach umbrella; **me importa ~** Méx F I couldn't o could care less, Br I couldn't care less

**sombrío** adj fig somber, Br sombre

**somero** adj superficial

**someter** ⟨2a⟩ v/t **1** subjugate **2**: **~ a alguien a algo** subject s.o. to sth **3**: **~ algo a votación** put sth to the vote; **someterse** v/r **1** yield (**a** to) **2** a ley comply (**a** with) **3** (rendirse) give in (**a** to) **4**: **~ a tratamiento** undergo treatment

**sometimiento** m de un país, tribu subjection

**somier** m bed base

**somnámbulo** ☞ **sonámbulo**

**somnífero I** adj soporific; **pastilla -a** sleeping pill **II** m sleeping pill

**somnolencia** f sleepiness, drowsiness

**somnoliento** adj sleepy, drowsy

**somos** vb ☞ **ser**

**son I** m sound; **al ~ de** to the sound of; **en ~ de broma** jokingly; **en ~ de paz** in peace **II** vb ☞ **ser**

**sonado** adj F famous, well-known

**sonaja** f rattle

**sonajero** m rattle

**sonambulismo** m sleepwalking

**sonámbulo I** adj: **voy medio ~** I'm half asleep **II** m, **-a** f sleepwalker

**sonar** ⟨1m⟩ v/i **1** ring out **2** de música play; **así, tal como suena** fig as simple as that, just like that **3**: **~ a** sound like **4**: **me suena esa voz** I know that voice, that voice sounds familiar **II** v/t la nariz wipe; **sonarse** v/r: **~ la nariz** blow one's nose

**sonata** f MÚS sonata

**sonda** f MED catheter

◇ **sonda espacial** space probe

**sondaje** m L.Am. poll, survey

**sondar** ⟨1a⟩ v/t MED catheterize

**sondear** ⟨1a⟩ v/t fig survey, poll

**sondeo** m: **~ (de opinión)** survey, (opinion) poll; **~ de mercado** market survey

**soneto** m sonnet

**sónico** adj sonic

**sonido** m sound

◇ **sonido estereofónico** stereo sound

**soniquete** m droning

**sonoridad** f tone, sound

**sonorizar** ⟨1f⟩ v/t película add the soundtrack to

**sonoro** adj voz, sonido sonorous

**sonreír** ⟨3m⟩ v/i smile; **~ a alguien** smile at s.o.; **la suerte le sonríe** fortune smiles on him; **sonreírse** v/r smile

**sonriente** adj smiling

**sonrisa** f smile

**sonrojar** ⟨1a⟩ v/t: **~ a alguien** make s.o. blush; **sonrojarse** v/r blush

**sonrojo** m blush

**sonrosado** adj rosy, pink

**sonsacar** ⟨1g⟩ v/t: **~ algo** worm sth out (**a** of), wheedle sth out (**a** of)

**sonso** adj L.Am. silly

**sonsonete** m drone

**soñación** f: **ni por ~** fig F not in a million years F

**soñador I** adj dreamy **II** m, **-a** f dreamer

**soñar** ⟨1m⟩ v/t dream (**con** about) **II** v/i dream; **~ despierto** daydream; **¡ni ~lo!** dream on! F

**soñolencia** f ☞ **somnolencia**

**soñoliento** adj ☞ **somnoliento**

**sopa** f soup; **estar hecho una ~** F be sopping wet; **hasta en la ~** F all over the place F; **dar ~s con honda** F run rings around

◇ **sopa de sobre** packet soup

**sopapo** *m* F smack, slap

**¡sopas!** *interj Méx* F crash!, bang!, kapow!

**sopera** *f* soup tureen

**sopero** *adj* soup *atr*; **ser muy ~** F be a soup lover, be a big soup eater

**sopesar** ⟨1a⟩ *v/t fig* weigh up

**sopetón** *m*: **de ~** unexpectedly

**soplado** *m* blowing

◇ **soplado de vidrio** glassblowing

**soplador** *m* blower

◇ **soplador de vidrio** glassblower

**soplagaitas** *m/f inv* F twit F

**soplamocos** *m inv* F punch, slap

**soplapollas** *m/f inv* V cock-sucker V

**soplar** ⟨1a⟩ **I** *v/i del viento* blow **II** *v/t* **1** *vela* blow out **2** *polvo* blow away **3**: **~ algo a la policía** tip the police off about sth; **soplarse** *v/r* F *bebida* knock back F; *comida* put away F

**soplete** *m* welding torch

**soplo** *m*: **en un ~** F in an instant; **~ de viento** breath of wind

**soplón** *m*, **-ona** *f* F informer, stool pigeon F

**soponcio** *m*: **le dio un ~** F he passed out

**sopor** *m* drowsiness, sleepiness

**soporífero** **I** *adj* soporific **II** *m* sleeping pill

**soportable** *adj* bearable

**soportal** *m* **1** porch **2**: **~es** *pl* arcade *sg*

**soportar** ⟨1a⟩ *v/t fig* put up with, bear; **no puedo ~ a José** I can't stand José

**soporte** *m* **1** support, stand **2**: **~ de sonido** audio media

◇ **soporte físico** INFOR hardware

◇ **soporte lógico** INFOR software

**soprano** MÚS **I** *m* soprano **II** *m/f* soprano

**sor** *f* REL sister

**sorber** ⟨2a⟩ *v/t* sip

**sorbete** *m* **1** sorbet **2** *C.Am.* ice cream

**sorbetería** *f C.Am.* ice-cream parlor *o Br* parlour

**sorbo** *m* sip; **tomar algo a ~s** sip sth

**sordera** *f* deafness

**sordidez** *f* sordidness

**sórdido** *adj* sordid

**sordina** *f* MÚS mute, damper

**sordo** **I** *adj* **1** deaf **2** *sonido* dull **II** *m*, **-a** *f* deaf person; **hacerse el ~** turn a deaf ear; **los ~s** the deaf *pl*

**sordomudo** **I** *adj* deaf and dumb **II** *m*, **-a** *f* deaf-mute

**sorna** *f* sarcasm; **con ~** sarcastically, mockingly

**sorocharse** ⟨1a⟩ *v/r Pe, Bol* get altitude sickness

**soroche** *m Pe, Bol* altitude sickness

**sorprendente** *adj* surprising

**sorprender** ⟨2a⟩ *v/t* **1** surprise; **me sorprende que …** I'm surprised that … **2** (*descubrir*) catch; **sorprenderse** *v/r* be surprised

**sorpresa** *f* surprise; **de** *o* **por ~** by surprise; **pillar a alguien de** *o* **por ~** F take s.o. by surprise; **llevarse una ~** be surprised, get a surprise

**sortear** ⟨1a⟩ *v/t* **1** *premio* draw lots for **2** *obstáculo* get round

**sorteo** *m* (*lotería*) lottery, (prize) draw

**sortija** *f* ring

**sortilegio** *m* spell, charm

**SOS** *m* SOS

**sosa** *f* QUÍM: **~ cáustica** caustic soda

**sosaina** **I** *adj* dull **II** *m/f* dull person

**sosegado** *adj* calm

**sosegar** ⟨1h & 1k⟩ *v/t* calm; **sosegarse** *v/r* calm down

**sosera** *f* ☞ **sosería**

**soseras** *m/f inv* F dull person

**sosería** *f* insipidness, dullness

**sosia** *m* double, look-alike

**sosiego** *m* calm, quiet; **con ~** calmly

**soslayar** ⟨1a⟩ *v/t* avoid, dodge

**soslayo** *adj*: **de ~** sideways; **mirar de ~** look sideways at; **dejar de ~** *fig* avoid

**soso** **I** *adj* tasteless, insipid; *fig* dull **II** *m*, **-a** *f* stick-in-the-mud F

**sospecha** *f* suspicion

**sospechar** ⟨1a⟩ **I** *v/t* suspect **II** *v/i* be suspicious; **~ de alguien** suspect s.o.

**sospechoso** **I** *adj* suspicious **II** *m*, **-a** *f* suspect

**sostén** *m* **1** brassiere, bra **2** *fig* pillar, mainstay

**sostener** ⟨2l⟩ **I** *v/t* **1** *familia* support **2** *opinión* hold; **sostenerse** *v/r* **1** support o.s. **2** *de pie* stand up **3** *en el poder* stay, remain

**sostenido** **I** *adj* sharp; **fa ~** MÚS F sharp **II** *m* MÚS sharp

**sostenimiento** *m* support

**sota** *f* naipes jack

**sotabarba** *f* double chin

**sotana** *f* REL cassock

**sótano** *m* basement, *Br* cellar

**sotavento** *m* MAR lee side, leeward

**soterrado** *adj recuerdo, objeto* buried
**soterrar** ⟨1k⟩ *v/t* bury
**soto** *m* grove, thicket
**sotobosque** *m* undergrowth
**sotreta** *f Arg: cosa* useless thing; *persona* useless person
**soviético** *adj* Soviet
**soy** *vb* ☞ **ser**
**soya** *f L.Am.* soy, *Br* soya
**SP** *abr* (= **Servicio Público**) Public Service
**spot** *m* TV commercial
**spray** *m* spray
**sprint** *m* sprint
◇ **sprint final** final sprint
**sprintar** ⟨1a⟩ *v/i* sprint
**sprínter** *m/f* sprinter
**squash** *m* DEP squash
**Sr.** *abr* (= **Señor**) Mr.
**Sra.** *abr* (= **Señora**) Mrs
**Sres.** *abr* (= **Señores**) Messrs (= Messieurs)
**Srta.** *abr* (= **Señorita**: Miss
**SS.MM.** *abr* (= **Sus Majestades**) Your / Their Majesties
**Sta.** *abr* (= **Santa**) St. (= Saint)
**stand** *m* COM stand
**standing** *m* standing; *de alto ~ vivienda* luxury *atr*
**status** *m* status
**stick** *m* stick
**Sto.** *abr* (= **Santo**) St. (= Saint)
**stock** *m* stock; *tener en ~* have in stock
**su, sus** *adj pos: de él* his; *de ella* her; *de cosa* its; *de usted, ustedes* your; *de ellos* their; *de uno* his, *Br* one's
**suave** *adj* **1** *al tacto* soft, smooth **2** *sabor, licor* mild
**suavidad** *f* **1** *al tacto* softness, smoothness **2** *de sabor, licor* mildness
**suavizante** *m de pelo, ropa* conditioner
**suavizar** ⟨1f⟩ *v/t tb* soften; **suavizarse** *v/r* become soft(er); *fig* become more amenable, soften
**subacuático** *adj* underwater
**subalimentación** *f* undernourishment
**subalterno I** *adj* subordinate **II** *m, -a f* subordinate
**subarrendar** ⟨1k⟩ *v/t* sublet
**subarrendatario** *m, -a f* sublessee
**subarriendo** *m* subletting
**subasta** *f* auction; *sacar a ~* put up for auction
**subastador** *m, ~a f* auctioneer

**subastar** ⟨1a⟩ *v/t* auction (off)
**subcampeón** *m*, **-ona** *f* DEP runner-up
**subclase** *f* subclass
**subcomisión** *f* subcommittee
**subconsciencia** *f* subconscious
**subconsciente** *m/adj* subconscious
**subcontinente** *m* subcontinent
**subcontrata(ción)** *f* subcontracting
**subcontratar** ⟨1a⟩ *v/t* subcontract
**subcontratista** *m/f* subcontractor
**subcultura** *f* subculture
**subcutáneo** *adj* MED subcutaneous
**subdesarrollado** *adj* underdeveloped
**subdesarrollo** *m* underdevelopment
**subdirector** *m*, **~a** *f* deputy manager
**súbdito** *m* subject
**subdividir** ⟨3a⟩ *v/t* subdivide
**subdivisión** *f* subdivision
**subempleo** *m* underemployment
**subespecie** *f* BIO subspecies
**subestimar** ⟨1a⟩ *v/t* underestimate
**subida** *f* rise, ascent; *~ de los precios* rise in prices
**subido I** *part* ☞ **subir II** *adj: ~ de tono* *fig* risqué, racy
**subir** ⟨3a⟩ **I** *v/t* **1** *cuesta, escalera* go up, climb; *montaña* climb **2** *objeto* raise, lift; *intereses, precio* raise
**II** *v/i* **1** *para indicar acercamiento* come up; *para indicar alejamiento* go up **2** *de precio* rise, go up **3** *a un tren, autobús* get on; *a un coche* get in **4**: *~ al poder* rise to power; *~ al trono* ascend to the throne
**subirse** *v/r* go up; *a un árbol* climb; *~ a una silla* get up onto a chair
**súbito** *adj: de ~* suddenly, all of a sudden
**subjefe** *m*, **-a** *f* deputy manager
**subjetivo** *adj* subjective
**subjuntivo** *m* GRAM subjunctive
**sublevación** *f* uprising, rebellion, revolt
**sublevamiento** *m* uprising, rebellion, revolt
**sublevar** ⟨1a⟩ *v/t* incite to revolt; *fig* infuriate, get angry; **sublevarse** *v/r* rise up, revolt
**sublimación** *f fig* sublimation
**sublimado** *m* QUÍM sublimate
**sublimar** ⟨1a⟩ *v/t* QUÍM, *fig* sublimate
**sublime** *adj* sublime
**subliminal** *adj* subliminal
**submarinismo** *m* scuba diving
**submarinista** *m/f* scuba diver

**submarino I** *adj* underwater **II** *m* submarine

**subnormal I** *adj* subnormal **II** *m/f desp* moron

**suboficial** *m* noncommissioned officer, NCO

**suborden** *m* BIO suborder

**subordinación** *f* subordination

**subordinado I** *adj* subordinate **II** *m*, -a *f* subordinate

**subordinar** ⟨1a⟩ *v/t* subordinate

**subproducto** *m* by-product

**subrayar** ⟨1a⟩ *v/t* underline; *fig* underline, emphasize

**subrepticio** *adj* surreptitious

**subrogación** *f* JUR transfer

**subrogar** ⟨1h⟩ *v/t* JUR transfer

**subsanación** *f de defecto, error* rectification; *de problema* resolution

**subsanar** ⟨1a⟩ *v/t defecto, error* rectify; *problema* resolve

**subsecretario** *m*, -a *f* undersecretary

**subsecuente** *adj* ☞ **subsiguiente**

**subsidiar** ⟨1a⟩ *v/t L.Am.* subsidize

**subsidiario** *adj* subsidiary

**subsidio** *m* welfare, *Br* benefit

◇ **subsidio de desempleo, subsidio de paro** unemployment compensation *o Br* benefit

**subsiguiente** *adj* subsequent

**subsistencia** *f* subsistence, survival; *de pobreza, tradición* persistence

**subsistente** *adj* which still exists

**subsistir** ⟨3a⟩ *v/i* live, survive; *de pobreza, tradición* live on, persist

**subsuelo** *m* **1** subsoil **2** *Rpl: en edificio* basement

**subte** *m CSur* subway, *Br* underground

**subteniente** *m/f* second lieutenant

**subterfugio** *m* subterfuge

**subterráneo I** *adj* underground **II** *m L.Am.* subway, *Br* underground

**subtitular** ⟨1a⟩ *v/t* subtitle

**subtítulo** *m* subtitle

**subtropical** *adj* subtropical

**suburbano** *adj* suburban

**suburbio** *m* slum area

**subvalorar** ⟨1a⟩ *v/t* undervalue

**subvención** *f* subsidy

**subvencionar** ⟨1a⟩ *v/t* subsidize

**subversión** *f* subversion

**subversivo** *adj* subversive

**subvertir** ⟨3i⟩ *v/t* subvert

**subyacente** *adj* underlying

**subyugar** ⟨1h⟩ *v/t* subjugate

**succión** *f* suction

**succionar** ⟨1a⟩ *v/t* suck

**sucedáneo** *m* substitute

**suceder** ⟨2a⟩ *v/i* **1** happen, occur; *¿qué sucede?* what's going on? **2**: ~ *a* follow; ~ *en el trono* succeed to the throne

**sucesión** *f* **1** *de acontecimientos, problemas* succession **2**: ~ *al trono* succession to the throne

**sucesivamente** *adv* successively; *y así* ~ and so on

**sucesivo** *adj* successive; *en lo* ~ from now on; *tres días* ~s three days in a row

**suceso** *m* event

**sucesor** *m*, ~a *f* successor; ~ *al trono* heir to the throne

**sucesorio** *adj* inheritance *atr*

**suciedad** *f* dirt

**sucinto** *adj* succinct, concise

**sucio** *adj tb fig* dirty; *en* ~ in rough; *blanco* ~ off-white

**sucre** *m* FIN sucre

**sucucho** *m L.Am.* tiny house, shoebox F

**suculento** *adj* succulent

**sucumbir** ⟨3a⟩ *v/i* succumb, give in

**sucursal** *f* COM branch

**sudaca** *m/f desp* South American

**sudadera** *f* sweatshirt

**sudado** *adj* sweaty

**Sudáfrica** *f* South Africa

**sudafricano I** *adj* South African **II** *m*, -a *f* South African

**Sudamérica** ⟨3a⟩ *f* South America

**sudamericano I** *adj* South American **II** *m*, -a *f* South American

**Sudán** *m* Sudan

**sudanés I** *adj* Sudanese **II** *m*, -esa *f* Sudanese

**sudar** ⟨1a⟩ **I** *v/i* sweat; F (*trabajar duro*) work one's butt off F; ~ *la gota gorda fig* sweat blood **II** *v/t* make sweaty

**sudario** *m* REL shroud

**sudeste** *m* southeast

**sudoccidental** *adj* southwestern, southwest *atr*

**sudoeste** *m* southwest

**sudor** *m* sweat

**sudoración** *f* perspiration

**sudoriental** *adj* southeastern, southeast *atr*

**sumar**

**sudoriento** *adj* sweaty
**sudorífero** *adj* sweat-producing
**sudoríparo** *adj*: **glándulas -as** ANAT sweat glands
**sudoroso** *adj* sweaty
**Suecia** *f* Sweden
**sueco I** *adj* Swedish **II** *m*, -a *f* Swede; **hacerse el ~** F pretend not to hear, act dumb F **III** *m idioma* Swedish
**suegra** *f* mother-in-law
**suegro** *m* father-in-law
**suela** *f de zapato* sole
**sueldo** *m* salary; **asesino a ~** hired killer
**suelo** *m* **1** *en casa* floor; *en el exterior* earth, ground; **en el ~** on the ground; **estar por los ~s** F be at rock bottom F; **poner a alguien por los ~s** run s.o. down; **besar el ~** *fig* fall flat on one's face; **echar por los ~s** *fig* F (*arruinar, frustrar*) ruin **2** AGR soil
**suelta** *f* release; **dar ~ a alguien** give s.o. permission to leave
**suelto I** *adj* **1** (*libre*) loose, free; **estar o ir ~** be o go free; **andar ~** be at large **2** (*separado*): **un pendiente ~** a single o an odd earring **II** *m* loose change **III** *part* ☞ **soltar**
**sueño** *m* **1** (*estado de dormir*) sleep; **tener ~** be sleepy; **echar un ~** grab some sleep, take a nap; **caerse de ~** be dead tired, be out on one's feet; **quitar el ~ a alguien** keep s.o. awake **2** (*fantasía, imagen mental*) dream; **ni en ~s** *fig* not in a million years
**suero** *m* **1** MED saline solution **2** *sanguíneo* blood serum **3** *de la leche* whey
**suerte** *f* **1** luck; **¡~!** good luck!; **buena ~** good luck; **mala ~** bad luck; **tener la ~ de cara** be lucky; **tener una ~ loca** be o get incredibly lucky; **probar ~** try one's luck; **por ~** luckily **2** (*azar*): **caer o tocar a alguien en ~** fall to s.o.; **echar a ~s** toss for, draw lots for; **la ~ está echada** the die is cast **3** (*destino*): **abandonar o dejar a alguien a su ~** leave s.o. to their fate **4**: **toda ~ de** all kinds of; **de ~ que** so that
**suertero** ☞ **suertudo**
**suertudo** *L.Am.* **I** *adj*: **ser ~** be lucky **II** *m*, -a *f* F lucky devil F
**suéter** *m* sweater
**suficiencia** *f* ability, aptitude; *fig* smugness; **aire de ~** smug air

**suficiente I** *adj* enough, sufficient; **ser ~** be enough **II** *m* EDU pass
**sufragar** ⟨1h⟩ **I** *v/t* COM meet, pay **II** *v/i* L.Am. vote
**sufragio** *m*: **~ universal** universal suffrage
**sufrido** *adj* **1** *persona* long-suffering **2** *material* tough, hard-wearing
**sufrimiento** *m* suffering
**sufrir** ⟨3a⟩ **I** *v/t fig* suffer, put up with **II** *v/i* suffer (**de** from); **sufre del estómago** he has stomach problems
**sugerencia** *f* suggestion
**sugerir** ⟨3i⟩ *v/t* suggest
**sugestión** *f*: **es pura ~** it is all in the mind
**sugestionable** *adj* impressionable
**sugestionar** ⟨1a⟩ *v/t* influence
**sugestivo** *adj* suggestive
**suicida I** *adj* suicidal **II** *m/f* suicide victim
**suicidarse** ⟨1a⟩ *v/r* commit suicide
**suicidio** *m* suicide
**suite** *f tb* MÚS suite
**Suiza** *f* Switzerland
**suizo I** *adj* Swiss **II** *m*, -a *f* Swiss **III** *m* GASTR *sugar topped bun*
**sujeción** *f* holding, fixing
**sujetador** *m* brassiere, bra
**sujetalibros** *m inv* bookend
**sujetapapeles** *m inv* paperclip
**sujetar** ⟨1a⟩ *v/t* **1** (*fijar*) hold (down), keep in place **2** (*sostener*) hold; **sujetarse** *v/r* hold on
**sujeto I** *adj* **1** (*fijo*) secure **2**: **~ a** subject to **II** *m* **1** individual **2** GRAM subject
**sulfamida** *f* MED sulfonamide, *Br* sulphonamide
**sulfatar** ⟨1a⟩ *v/t* AGR sulfate, *Br* sulphate
**sulfato** *m* sulfate, *Br* sulphate
**sulfurar** ⟨1a⟩ *v/t* QUÍM sulfurize, *Br* sulphurize; **~ a alguien** *fig* F drive s.o. nuts F; **sulfurarse** *v/r fig* F blow one's top F
**sulfuro** *m* sulfur, *Br* sulphur
**sulfuroso** *adj* sulfurous, *Br* sulphurous
**sultán** *m* sultan
**suma** *f* sum; **en ~** in short
◇ **suma y sigue** COM balance carried forward
**sumamente** *adv* extremely, highly
**sumar** ⟨1a⟩ **I** *v/t* add; **5 y 6 suman 11** 5 and 6 make 11 **II** *v/i* add up; **sumarse** *v/r*: **~ a** join

**sumario I** *adj* brief **II** *m* **1** summary **2** JUR indictment

**sumergible I** *adj reloj* waterproof; *embarcación* submersible **II** *m* submersible

**sumergir** ⟨3c⟩ *v/t* submerge, immerse; **sumergirse** *v/r fig* immerse o.s. (**en** in), throw o.s. (**en** into)

**sumersión** *f* submersion

**sumidero** *m* drain

**suministrador I** *adj* supply *atr*, **empresa ~a** supplier, supply company **II** *m*, **~a** *f* supplier

**suministrar** ⟨1a⟩ *v/t* supply, provide

**suministro** *m* supply

**sumir** ⟨3a⟩ *v/t fig* plunge, throw (**en** into); **sumirse** *v/r fig* sink (**en** into)

**sumisión** *f* submission

**sumiso** *adj* submissive

**sumo** *adj* supreme; **con ~ cuidado** with the utmost care; **a lo ~** at the most

**suntuario** *adj* sumptuous

**suntuosidad** *f* sumptuousness, magnificence

**suntuoso** *adj* sumptuous

**supe** *vb* ☞ **saber**

**supeditar** ⟨1a⟩ *v/t* make conditional (**a** upon)

**súper** *adj* F super F, great F

**superable** *adj* surmountable

**superabundancia** *f* overabundance

**superabundante** *adj* overabundant

**superabundar** ⟨1a⟩ *v/i*: **superabundan los ...** there's an overbundance of ...

**superación** *f* overcoming, surmounting

**superar** ⟨1a⟩ *v/t persona* beat; *límite* go beyond, exceed; *obstáculo* overcome, surmount; **superarse** *v/r* surpass o.s., excel o.s.

**superávit** *m* surplus

**superchería** *f* trick, swindle

**superdotado** *adj* gifted

**superestructura** *f* superstructure

**superficial** *adj* superficial, shallow

**superficialidad** *f* superficiality, shallowness

**superficie** *f* surface; **salir a la ~ del agua** come to the surface; **grandes ~s (comerciales)** large stores

**superfluo** *adj* superfluous

**superhombre** *m* superman

**superintendente** *m/f* superintendent

**superior I** *adj* **1** *labio, piso etc* upper **2** *en jerarquía* superior; **ser ~ a** be superior to **II** *m* superior

**superiora** *f* REL Mother Superior

**superioridad** *f* superiority

**superlativo I** *adj* superlative **II** *m* GRAM superlative

**supermercado** *m* supermarket

**supermodelo** *m/f* supermodel

**superpoblación** *f* overpopulation

**superpoblado** *adj* overpopulated

**superponer** ⟨2r⟩ *v/t* superimpose; **superponerse** *v/r* be superimposed; **al miedo se superpone el sentido del deber** fear becomes subordinate to a sense of duty

**superposición** *f* superimposition

**superpotencia** *f* POL superpower

**superproducción** *f* **1** COM overproduction **2** *película* blockbuster

**superpuesto** *adj* superimposed

**supersónico** *adj* supersonic

**superstición** *f* superstition

**supersticioso** *adj* superstitious

**supervalorar** ⟨1a⟩ *v/t* overvalue

**supervisar** ⟨1a⟩ *v/t* supervise

**supervisión** *f* supervision

**supervisor** *m*, **~a** *f* supervisor

**supervivencia** *f* survival

**superviviente I** *adj* surviving **II** *m/f* survivor

**supiera** *vb* ☞ **saber**

**supino** *adj* **1** *posición* supine **2**: **ignorancia ~a** crass ignorance

**suplantación** *f* **1** replacement **2** JUR impersonation

**suplantar** ⟨1a⟩ *v/t* **1** replace, take the place of **2** JUR impersonate

**suplementario** *adj* supplementary

**suplemento** *m* supplement; **~ dominical de periódico** Sunday supplement

**suplencia** *f* temporary job

**suplente** *m/f* substitute

**supletorio I** *adj* extra, additional **II** *m* TELEC extension

**súplica** *f* plea

**suplicante I** *adj* imploring, begging **II** *m* petitioner, supplicant

**suplicar** ⟨1g⟩ *v/t cosa* plead for, beg for; *persona* beg

**suplicatorio** *m* JUR request, petition

**suplicio** *m fig* torment, ordeal

**suplir** ⟨3a⟩ *v/t* **1** *carencia* make up for **2** (*sustituir*) substitute

**supo** *vb* ☞ **saber**

**suponer** ⟨2r; *part* **supuesto**⟩ *v/t* suppose, assume; **supongamos que ...** let's suppose o assume that ...; **supongo que sí** I suppose so

**suposición** f supposition

**supositorio** m MED suppository

**supranacional** adj supranational

**suprarrenal** adj ANAT adrenal; **glándula** o **cápsula ~** adrenal gland

**supremacía** f supremacy

**supremo** adj supreme

**supresión** f de rebelión suppression; de impuesto, ley abolition; de restricción lifting; de servicio withdrawal; en texto deletion

**suprimir** ⟨3a⟩ v/t rebelión suppress, put down; ley, impuesto abolish; restricción lift; servicio withdraw; puesto de trabajo cut; en texto delete; **suprimió algunos detalles** she kept something back, she didn't give me / us the whole story

**supuesto** I part ☞ **suponer** II adj supposed, alleged; **~ que** (ya que) since; (en caso de que) if; **por ~** of course; **dar algo por ~** take sth as read III m assumption

**supuración** f weeping, oozing

**supurar** ⟨1a⟩ v/i weep, ooze

**sur** m south; **al ~ de** to the south of, south of

**surafricano** ☞ **sudafricano**

**suramericano** ☞ **sudamericano**

**surcar** ⟨1g⟩ v/i sail

**surco** m AGR furrow

**surcoreano** I adj South Korean II m, -a f South Korean

**sureño** adj southern

**sureste** m ☞ **sudeste**

**surf(ing)** m surfing

**surfista** m/f surfer

**surgimiento** m emergence

**surgir** ⟨3c⟩ v/i 1 fig emerge; de problema tb come up 2 de agua spout

**Suriname** m Suriname

**surinamés** I adj Surinamese II m, -esa f Surinamese

**suroccidental** adj ☞ **sudoccidental**

**suroeste** m ☞ **sudoeste**

**suroriental** adj ☞ **sudoriental**

**surrealismo** m surrealism

**surrealista** m/f & adj surrealist

**surtido** I adj 1 galletas assorted 2: **bien ~** COM well stocked II m assortment, range

**surtidor** m: **~ de gasolina** o **de nafta**

gas pump, Br petrol pump

**surtir** ⟨3a⟩ I v/t 1 supply 2: **~ efecto** have the desired effect II v/i spout; **surtirse** v/r stock up (**de** with)

**susceptibilidad** f touchiness

**susceptible** adj 1 persona touchy 2: **ser ~ de mejora** leave room for improvement

**suscitar** ⟨1a⟩ v/t enojo arouse; polémica generate; escándalo provoke

**suscribir** ⟨3a; part suscrito⟩ v/t 1 subscribe to; **estar suscrito a un periódico** have a subscription to a newspaper 2: **el que suscribe** the undersigned; **suscribirse** v/r subscribe

**suscripción** f subscription

**suscriptor** m, **~a** f subscriber

**suscrito** I part ☞ **suscribir** II m, -a f undersigned

**susodicho** adj aforementioned, abovementioned

**suspender** ⟨2a⟩ I v/t 1 empleado, alumno suspend 2 objeto hang, suspend 3 reunión adjourn 4 examen fail II v/i EDU fail

**suspense** m fig suspense; **película** / **novela de ~** thriller

**suspensión** f 1 de jugador, alumno suspensión 2 de objeto hanging, suspensión 3 de reunión adjournment 4 en baloncesto jump

◇ **suspensión de pagos** COM suspension of salary payments

**suspensivo** adj: **puntos ~s** pl suspension points

**suspenso** I adj 1: **alumnos ~s** students who have failed 2 (aplazado): **en ~** suspended 3: **dejar en ~** keep in suspense II m 1 fail 2 L.Am. (suspense) suspense

**suspensores** mpl L.Am. suspenders, Br braces

**suspensorio** m MED athletic support, jockstrap F

**suspicacia** f suspicion; **levantar ~s** arouse suspicion

**suspicaz** adj suspicious

**suspirar** ⟨1a⟩ v/i 1 sigh 2: **~ por algo** yearn for sth, long for sth

**suspiro** m sigh

**sustancia** f substance; **sin ~** fig insubstantial, lacking in substance

**sustancial** adj substantial

**sustantivar** ⟨1a⟩ v/t GRAM substantivize

**sustantivo** *m* GRAM noun
**sustentación** *f* AVIA lift
**sustentamiento** *m* 1 *comida etc* sustenance 2 *apoyo* base
**sustentar** ⟨1a⟩ *v/t* 1 sustain 2 *familia* support 3 *opinión* maintain; **sustentarse** *v/r* support o.s.
**sustento** *m* means of support
**sustitución** *f* DEP substitution
**sustituible** *adj* replaceable
**sustituir** ⟨3g⟩ *v/t*: **~ X por Y** replace X with Y, substitute Y for X
**sustituto** *m* substitute
**sustitutorio** *adj* substitute *atr*
**susto** *m* fright, scare; **dar** *o* **pegar un ~ a alguien** give s.o. a fright; **no gano para ~s** F nothing's going right for me, my world has gone haywire
**sustracción** *f* 1 (*robo*) theft 2 MAT subtraction
**sustraendo** *m* MAT subtrahend
**sustraer** ⟨2p; *part* **sustraido**⟩ *v/t* subtract, take away; (*robar*) steal; **sustraerse** *v/r*: **~ a** avoid, resist
**sustraido** *part* ☞ **sustraer**
**sustrato** *m* substrate, substratum
**susurrar** ⟨1a⟩ I *v/t* whisper II *v/i de viento* whisper
**susurro** *m* whisper
**sutil** *adj fig* subtle
**sutileza** *f fig* subtlety
**sutura** *f* MED suture
**suturar** ⟨1a⟩ *v/t* MED suture, stitch
**suyo, suya** *pron pos*: *de él* his; *de ella* hers; *de usted, ustedes* yours; *de ellos* theirs; **los ~s** his / her *etc* folks, his / her *etc* family; **hacer ~ algo** make sth one's own; **hacer de las -as** get up to one's old tricks; **ir a lo ~** think only of oneself; **salirse con la -a** get one's own way; **ser muy ~** keep to o.s.; **de esto sabe lo ~** he knows everything about this
**switch** *m L.Am.* switch

# T

**taba** *f* ANAT ankle bone
**tabacalero** I *adj* tobacco *atr*; **compañía -a** cigarette company, tobacco company; **industria -a** tobacco industry II *m, -a f* tobacco grower
**tabaco** *m* tobacco
**tábano** *m* ZO horsefly
**tabaquera** *f para tabaco* tobacco tin; *para cigarillos* cigarette case
**tabaquero** ☞ **tabacalero**
**tabaquismo** *m* nicotine poisoning
**tabarra** *f*: **dar la ~ a alguien** F bug s.o. F
**taberna** *f* bar
**tabernario** *adj* (*basto*) coarse
**tabernero** *m* bar owner, *Br* landlord; (*camarero*) bartender
**tabicar** ⟨1g⟩ *v/t* board up
**tabique** *m* partition, partition wall
**tabla** *f* 1 *de madera* board, plank 2 PINT panel; (*cuadro*) table 3 *en ajedrez*: **acabar** *o* **quedar en ~s** end in a tie 4: **tener ~s** TEA be a natural actor
◇ **tabla de materias** table of contents; **tabla de multiplicar** multiplication table; **tabla de planchar** ironing board; **tabla de quesos** GASTR cheeseboard;

**tabla rasa**: **hacer ~ de algo** disregard sth; **tabla de salvación** *fig* last resort; **tabla de surf** surf board; **Tablas de la Ley** Ten Commandments, Tables of the Law
**tablado** *m en un acto* platform; *de escenario* stage
**tablear** ⟨1a⟩ *v/t* 1 *madero* cut into planks 2 *tela* pleat
**tablero** *m* board, plank; *de juego* board; *en baloncesto* backboard
◇ **tablero de instrumentos, tablero de mandos** AUTO dashboard
**tableta** *f*: **~ de chocolate** chocolate bar
**tableteo** *m de ametralladora* rat-a-tat-tat, chatter; *de trueno* boom; *de madera* rattle
**tabloide** *m* tabloid
**tablón** *m* 1 plank 2: **llevar un ~** F be plastered F
◇ **tablón de anuncios** bulletin board, *Br* noticeboard
**tabú** *m* taboo
**tabulador** *m tb* INFOR tab key
**tabular**[1] *adj* tabular
**tabular**[2] ⟨1a⟩ *v/t* tabulate

**taburete** *m* stool

**tacada** *f* shot; *de una* ~ F in one shot

**tacañería** *f* F miserliness, stinginess F

**tacaño I** *adj* F miserly, stingy F **II** *m*, -a *f* F miser F, tightwad F

**tacha** *f* flaw, blemish; *sin* ~ beyond reproach

**tachadura** *f* crossing out

**tachar** ⟨1a⟩ *v/t* **1** cross out; *táchese lo que no proceda* delete as applicable **2** (*tildar*): *la tacharon de egoísta* she was branded *o* labeled as selfish

**tachero** *m*, -a *f* Rpl F cabby F

**tacho** *m* Rpl **1** (*papelera*) wastepaper basket; *en la calle* garbage can, Br litter basket **2** *taxi* cab, taxi

**tachón** *m* **1** (*tachadura*) crossing out **2** (*tachuela*) ornamental stud

**tachonado** *adj* studded (*de* with)

**tachonar** ⟨1a⟩ *v/t* stud

**tachuela** *f* thumbtack, Br drawing pin

**tácito** *adj* tacit

**taciturno** *adj* taciturn

**taco** *m* **1** F (*palabrota*) swearword; *soltar o decir un* ~ swear, utter an oath **2** L.Am. de zapato heel **3** GASTR taco (*filled tortilla*) **4** DEP stud **5**: *armar un* ~ F cause trouble

◇ **taco de salida** DEP starting block

**tacógrafo** *m* AUTO tachograph

**tacómetro** *m* AUTO tachometer

**tacón** *m* de zapato heel; *zapatos de* ~ high-heeled shoes

◇ **tacón de aguja** spike heel

**taconazo** *m* en fútbol backheeler

**taconear** ⟨1a⟩ *v/i* stamp one's heels

**taconeo** *m* heel stamping

**táctica** *f* tactics *pl*

**táctico** *adj* tactical

**táctil** *adj* tactile

**tacto** *m* **1** (sense of) touch **2** *fig* tact, discretion; *falta de* ~ tactlessness

**TAE** *f abr* (= *tasa anual efectiva*) APR (= annual percentage rate)

**tafetán** *m* taffeta

**tahona** *f* bakery

**tahúr** *m* card sharp

**taita** *m* S.Am. **1** F dad, pop F **2** (*abuelo*) grandfather

**Taiwán** *m* Taiwan

**taiwanés I** *adj* of / from Taiwan, Taiwanese **II** *m*, -esa *f* Taiwanese

**tajada** *f* **1** GASTR slice; *sacar* ~ F take a slice *o* cut F **2**: *agarrar una* ~ F get drunk

**tajamar** *m* S.Am. (*dique*) dike

**tajante** *adj* categorical

**tajo** *m* **1** cut **2** (*trabajo*): *ir al* ~ F go to work

**tal I** *adj* such; *no dije* ~ *cosa* I said no such thing; *el gerente era un* ~ *Lucas* the manager was someone called Lucas; *el* ~ *abogado resultó ser su padre* the lawyer (in question) turned out to be her father

**II** *adv* **1**: *¿qué* ~*?* how's it going?; *¿qué* ~ *la película?* what was the movie like? **2**: ~ *como* such as; ~ *y como* exactly as, just as; *dejó la habitación* ~ *cual la encontró* she left the room just as she found it; *occurió así,* ~ *cual* that was exactly how it happened; *Marta está* ~ *cual* Marta is the same as ever, Marta hasn't changed a bit; *con* ~ *de que* + *subj* as long as, provided that

**III** *pron*: ~ *y* ~, ~ *y cual* and so on, and so forth; ~ *para cual* two of a kind

◇ **tal vez** maybe, perhaps

**tala I** *f* de árboles felling **II** *m* Arg, Bol grazing

**taladradora** *f* drill

**taladrar** ⟨1a⟩ *v/t* drill

**taladro** *m* drill

**tálamo** *m* ANAT thalamus

**talante** *m* (*genio*, *humor*) mood; *un* ~ *bonachón* a kindly nature; *estar de buen* / *mal* ~ be in a good / bad mood

**talar** ⟨1a⟩ *v/t* árbol fell, cut down

**talasoterapia** *f* MED seawater therapy, thalassotherapy

**talco** *m* talc, talcum; *polvos de* ~ *pl* talcum powder *sg*

**talega** *f* sack

**talego** *m* P 1000 pesetas

**talento** *m* talent

**TALGO** *m abr* (= *Tren Articulado Ligero Goicoechea Oriol*) TALGO (*Spanish long-distance train*)

**talio** *m* QUÍM thallium

**talismán** *m* talisman

**talla** *f* **1** size; *de gran* ~ *fig* outstanding; *dar la* ~ *fig* make the grade **2** (*estatura*) height **3** C.Am. (*mentira*) lie

**tallado I** *adj* madera carved; *piedra* sculpted; *piedra preciosa* cut **II** *m* de madera carving; *de piedra* sculpting; *de piedra preciosa* cutting

**tallador** *m*, ~a *f* L.Am. en naipes banker

**tallar** ⟨1a⟩ *v/t* **1** *madera* carve; *piedra* sculpt; *piedra preciosa* cut **2** *Méx* rub; *al lavarse* scrub

**tallarín** *m* noodle

**talle** *m* waist

**taller** *m* workshop

◇ **taller mecánico** auto repair shop

◇ **taller de reparaciones** repair shop

**tallo** *m* BOT stalk, stem

**talludo** *adj* BOT tall

**talón** *m* **1** ANAT heel; ***pisar los talones a alguien*** be hot on s.o.'s heels **2** COM stub

◇ **talón de Aquiles** *fig* Achilles' heel

**talonario** *m*: **~ de cheques** checkbook, *Br* chequebook; **~ de recibos** receipt book

**talud** *m* slope

**talvez** *adv L.Am.* maybe, perhaps

**tamal** *m Méx, C.Am.* tamale (*meat wrapped in a leaf and steamed*)

**tamaño I** *adj*: **~ fallo / problema** such a great mistake / problem **II** *m* size; **a ~ natural** life-size

**tamarindo** *m* **1** BOT tamarind **2** *Méx* F traffic cop F

**tamarisco** *m* BOT tamarisk

**tambalearse** ⟨1a⟩ *v/r* stagger, lurch; *de coche* sway

**tambarria** *f C.Am., Pe, Bol* party

**también** *adv* also, too, as well; **yo ~** me too; **él estudia inglés - yo ~** he's studying English - me too *o* so am I; **él ~ dice que ...** he also says that ...

**tambo** *m* **1** *Rpl* dairy farm **2** *Méx*: type of large container

**tambor** *m* **1** drum; **tocar el ~** beat the drum; **a ~ batiente** (*triunfalmente*) in triumph **2** *persona* drummer

**tamborear** *vb* ☞ **tamborilear**

**tamboril** *m* small drum

**tamborilear** ⟨1a⟩ *v/i* drum with one's fingers

**tamborileo** *m* drumming

**tamborilero** *m*, **-a** *f* drummer

**tamiz** *m* sieve; **pasar por el ~** *tb fig* sieve

**tamizar** ⟨1f⟩ *v/t* sieve, sift; *luz* filter; *información* sift

**tampoco** *adv* neither; **él ~ va** he's not going either; **... ni ~ espero que lo haga ...** and I don't expect him to do it

**tampón** *m* **1** *higiénico* tampon **2** *de tinta* ink pad

**tan** *adv* so; **era ~ grande que ...** it was so big that ...; **~ ... como ...** as ... as ...; **~ grande como ...** as big as ...; **~ sólo** merely; **~ siquiera** at least

**tanatorio** *m* funeral home, funeral parlor

**tanda** *f* **1** series *sg*, batch; **por ~s** in batches **2** (*turno*) shift **3** *L.Am.* TV (commercial) break

◇ **tanda de penaltis** DEP penalty shootout

**tándem** *m* tandem

**tanga** *m* tanga

**tangente** *f* MAT tangent; **salir *o* irse por la ~** F sidestep the issue, duck the question F

**tangible** *adj fig* tangible

**tango** *m* tango

**tanino** *m* tannin

**tano** *m*, **-a** *f Rpl* F Italian

**tanque** *m tb* MIL tank

**tanteador** *m*, **~a** *f* DEP scorer

**tantear** ⟨1a⟩ *v/t* **1** feel **2** (*calcular a ojo*) work out roughly **3** *situación* size up; *persona* sound out; **~ el terreno** *fig* see how the land lies **4** (*probar*) try out

**tanteo** *m marcador* score

**tantito** *adv Méx* a little

**tanto I** *adj* so much; *igual cantidad* as much; **~s** *pl* so many; *igual número* as many; **comí ~s pasteles que me puse malo** I ate so many candies that I was ill; **no vimos ~s pájaros como ayer** we didn't see as many birds as we did yesterday

**II** *pron* so much; *igual cantidad* as much; **un ~** a little; **~s** *pl* so many; *igual número* as many; **uno de ~s** one of many; **tienes ~** you have so much; **no hay ~s como ayer** there aren't as many as yesterday; **a las -as de la noche** in the small hours

**III** *adv* so much; *igual cantidad* as much; *periodo* so long; **tardó ~ como él** he took as long as him; **~ mejor** so much the better; **no es para ~** it's not such a big deal; **a ~ no llega** things aren't as bad as that; **~ es así que ...** so much so that ...; **~ (me) da** I don't really care; **¡y ~!** yeah!, right on!

**IV** *en locuciones*: **por lo ~** therefore, so; **entre ~** meanwhile; **ella trabajaba en ~ que él veía la televisión** she was working while he was watching television

**V** *m* **1** point; **apuntarse *o* marcar un ~**

DEP score a point; **~ *por ciento*** percentage **2**: ***estar al ~*** be informed (*de* about) **3**: ***él es muy inteligente, y ella otro ~*** he is very intelligent and so is she *o* and she is too

**Tanzania** *f* Tanzania

**tanzano I** *adj* Tanzanian **II** *m*, -a *f* Tanzanian

**tañer** ⟨2f⟩ *v/t* MÚS: *instrumento* play; *campanas* ring

**tapa** *f* **1** *de tarro, cubo etc* lid; ***se voló la~ de los sesos*** he blew his brains out **2** *de libro* cover; **~ *dura*** hardback **3**: *~s pl* GASTR tapas, bar snacks

**tapabarros** *m inv* Andes fender

**tapacubos** *m inv* AUTO hub cap

**tapadera** *f* lid; *fig* front

**tapadillo** *m*: *de ~* on the sly

**tapado** *adj nariz* blocked (up)

**tapado** *m* Arg, Chi coat

**tapadura** *f* Chi: *en diente* filling

**tapar** ⟨1a⟩ *v/t cara* cover; *fig*: *nerviosismo* cover up; *recipiente* put the lid on; **taparse** *v/r* wrap up; **~ *los ojos*** cover one's eyes

**taparrabo** *m* loincloth

**tapear** ⟨1a⟩ *v/i Esp* have some snacks

**tapete** *m* **1** tablecloth; **~** (*verde*) card table; ***poner algo sobre el ~*** bring sth up for discussion **2** *L.Am. alfombra* carpet

**tapia** *f* wall; ***más sordo que una ~*** as deaf as a post

**tapiar** ⟨1b⟩ *v/t* **1** *terreno* wall in **2** *hueco* brick up

**tapicería** *f* **1** *de muebles* upholstery **2** (*tapiz*) tapestry; *arte* tapestry making

**tapicero** *m*, -a *f* **1** *de muebles* upholsterer **2** *arte* tapestry maker

**tapioca** *f* tapioca

**tapir** *m* tapir

**tapiz** *m* **1** tapestry **2** (*moqueta*) carpet

**tapizar** ⟨1f⟩ *v/t* upholster

**tapón** *m* **1** top, cap; *de baño* plug **2** *de tráfico* traffic jam; *de cera* blockage **3** *en baloncesto* block **4** *L.Am.* EL fuse

◇ **tapón de rosca** screw top

**taponar** ⟨1a⟩ *v/t* **1** *orificio* block **2** *herida* swab

**tapujo** *m*: *sin ~s* openly

**taquicardia** *f* MED tachycardia

**taquigrafía** *f* shorthand

**taquigrafiar** ⟨1c⟩ *v/t* take down in shorthand

**taquigráfico** *adj* shorthand *atr*

**taquígrafo** *m*, -a *f* stenographer, shorthand writer

**taquilla** *f* **1** FERR ticket office; TEA box-office **2** *C.Am.* (*bar*) small bar **3** *armario* locker; *para cartas* pigeonholes *pl*

**taquillero I** *adj cantante* popular; ***una película -a*** a hit movie, a box-office hit **II** *m*, -a *f* ticket clerk

**taquillón** *m* dresser

**taquimecanógrafo** *m*, -a *f* stenographer, *Br* shorthand typist

**tara** *f* **1** defect **2** COM tare

**tarabilla** *m/f* F *persona* chatterbox

**taracea** *f* inlay, marquetry

**tarado** *adj* F stupid, dumb F

**tarambana** *m/f* F scatterbrain F

**tarántula** *f* ZO tarantula

**tararear** ⟨1a⟩ *v/t* hum

**tardanza** *f* delay

**tardar** ⟨1a⟩ *v/i* **1** (*demorarse*) take a long time; ***tardamos dos horas*** we were two hours overdue *o* late; ***¡no tardes!*** don't be late; ***a más ~*** at the latest; ***sin ~*** without delay; ***no tardó en volver*** he soon came back, it wasn't long before he came back **2**: ***¿cuánto se tarda …?*** how long does it take to …?; **tardarse** *v/r Méx*: ***no te tardes*** don't be late

**tarde I** *adv* late; **~ *o temprano*** sooner or later; ***más vale ~ que nunca*** better late than never; ***llegar ~*** be late; ***se me hace ~*** it's getting late

**II** *f* *hasta las 5 ó 6* afternoon; *desde las 5 ó 6* evening; ***¡buenas ~s!*** good afternoon / evening; ***por la ~*** in the afternoon / evening; ***de ~ en ~*** from time to time; ***esta ~*** this afternoon / evening

**tardío** *adj fruto, primavera* late; *decisión* belated; ***es un escritor de vocación tardía*** he is a writer who found his calling late in life

**tardón** *adj* F **1** slow **2** (*impuntual*) late

**tarea** *f* task, job

◇ **tareas domésticas** housework *sg*

**tarifa** *f* rate; *de tren* fare; ***~s postales*** postal rates

◇ **tarifa plana, tarifa única** flat rate

**tarima** *f* platform; ***suelo de ~*** wooden floor

**tarjeta** *f* card

◇ **tarjeta amarilla** DEP yellow card; **tarjeta de crédito** credit card; **tarjeta de embarque** AVIA boarding pass *o* card;

**tarjeta gráfica** INFOR graphics card; **tarjeta inteligente** smart card; **tarjeta magnética** card with a magnetic strip; **tarjeta de memoria** INFOR memory card; **tarjeta postal** postcard; **tarjeta de prepago** prepaid card, *Br tb* prepayment card; **tarjeta roja** DEP red card; **tarjeta de sonido** INFOR sound card; **tarjeta telefónica** phone card; **tarjeta de visita** (business) card

**tarjetero** *m* 1 *caja* business card case 2 *cartera* credit card holder

**tarrina** *f de helado* tub

**tarro** *m* 1 jar 2 P (*cabeza*) nut F; **comerse el ~** F worry

**tarso** *m* ANAT tarsus

**tarta** *f* cake; *plana* tart

◇ **tarta helada** ice-cream cake

**tartajear** ⟨1a⟩ *v/i* F stammer, stutter

**tartajoso** *adj* F stammering, stuttering

**tartamudear** ⟨1a⟩ *v/i* stutter, stammer

**tartamudez** *f* stuttering, stammering

**tartamudo I** *adj* stuttering, stammering; **ser ~** stutter, stammer **II** *m*, -a *f* stutterer, stammerer

**tartana** *f* 1 (*carruaje*) light carriage, trap 2 (*coche*) jalopy F, *Br* old banger F

**tartárico** *adj:* **ácido ~** tartaric acid

**tártaro** *m* QUÍM tartar

**tartera** *f* lunch box

**tarugo** *m* F blockhead

**tarumba** *adj* F crazy F; **volverse ~** go crazy

**tasa** *f* 1 rate; **~ de crecimiento** rate of growth, growth rate 2 (*impuesto*) tax

◇ **tasa de capturas** fishing quota; **tasa de crecimiento** rate of growth, growth rate; **tasa de desempleo** unemployment rate; **tasa de inflación** rate of inflation, inflation rate; **tasa de paro** unemployment rate

**tasación** *f* valuation

**tasador** *m*, ~a *f* valuer

**tasar** ⟨1a⟩ *v/t* fix a price for; (*valorar*) value

**tasca** *f* F bar

**tata** *m* L.Am. F (*abuelo*) grandpa F

**tatarabuela** *f* great-great-grandmother

**tatarabuelo** *m* great-great-grandfather

**tataranieta** *f* great-great-granddaughter

**tataranieto** *m* great-great-grandson

**tate** *interj* F 1 (*ahora caigo*) oh I see 2 (*cuidado*) look out!

**ta-te-ti** *m Rpl* tick-tack-toe, *Br* noughts and crosses sg

**tatuador** *m*, ~a *f* tattooist

**tatuaje** *m* tattoo

**tatuar** ⟨1d⟩ *v/t* tattoo

**taurino I** *adj* 1 bullfighting *atr* 2 *L.Am.* ASTR Taurean; **soy ~** I'm Taurean, I'm (a) Taurus **II** *m*, -a *f L.Am.* ASTR Taurean, Taurus

**Tauro** ASTR I *adj* Taurean II *m*, -a *f* Taurean; **soy ~** I'm (a) Taurean, I'm (a) Taurus

**tauromaquia** *f* bullfighting

**TAV** *m abr* (= *tren de alta velocidad*) high speed train

**taxi** *m* cab, taxi

**taxidermia** *f* taxidermy

**taxidermista** *m/f* taxidermist

**taxímetro** *m* meter

**taxista** *m/f* cab *o* taxi driver

**taza** *f* 1 cup 2 *del wáter* bowl 3 *Rpl: en vehículo* hub cap

**tazón** *m* bowl

**TC** *m abr* (= *Tribunal Constitucional*) Constitutional Court

**te** *pron* 1 *directo* you; **no ~ había visto** I hadn't seen you 2 *indirecto* (to) you; **~ doy el libro** I'm giving you the book 3 *reflexivo* yourself

**té** *m* tea

**tea** *f* torch

**teatral** *adj fig* theatrical

**teatro** *m tb fig* theater, *Br* theatre

**tebeo** *m* children's comic

**techado** *m* roof

**techar** ⟨1a⟩ *v/t* roof

**techo** *m* ceiling; (*tejado*) roof; **falso ~** false ceiling; **los sin ~** homeless people, the homeless *pl*; **tocar ~** *fig* peak

◇ **techo corredizo, techo deslizante** AUTO sunroof

◇ **techo solar** AUTO sun-roof

**techumbre** *f* roof

**tecla** *f* key

◇ **tecla de borrado** INFOR delete key; **tecla de comando** INFOR command key; **tecla control** INFOR control key; **tecla cursor** INFOR arrow key, cursor key; **tecla de función** INFOR function key; **tecla de marcación rápida** TELEC speed-dial button; **tecla de mayúsculas** INFOR shift key; **tecla de movimiento del cursor** INFOR cursor control key, arrow key; **tecla de retroceso** INFOR backspace key

**tecladista** *m/f L.Am.* keyboard player

**teclado** *m* MÚS, INFOR keyboard

**teclear** ⟨1a⟩ *v/t* key; *fig* try to get

**tecleteo** *m* F keying

**teclista** *m/f* **1** INFOR keyboarder **2** MÚS keyboard player

**técnica** *f* **1** technique **2** *en baloncesto*: *infracción* technical foul

**tecnicismo** *m* technical nature; *término* technical term

**técnico** **I** *adj* technical **II** *m/f* **1** technician; *de televisor, lavadora etc* repairman; **~ de sistemas** INFOR systems technician **2** *en fútbol* coach, manager

**tecnificación** *f* increased use of technology

**tecnificar** ⟨1g⟩ *v/t* increase the use of technology in

**tecno** *m* MÚS techno

**tecnología** *f* technology; **alta ~** hi-tech
◇ **tecnología de la información** information technology
◇ **tecnología punta** state-of-the-art technology, leading-edge technology

**tecnológico** *adj* technological

**tecolote** *m Méx, C.Am. (búho)* owl

**tedio** *m* tedium

**tedioso** *adj* tedious

**teja** **I** *adj*: *(de color)* **~** terracotta *atr* **II** *f* roof tile; *a toca* **~** in hard cash

**tejado** *m* roof

**tejano** **I** *adj* Texan, of / from Texas **II** *m*, **-a** *f* Texan

**tejanos** *mpl* jeans

**tejar** ⟨1a⟩ **I** *v/t* tile **II** *m* tile factory

**Tejas** *m* Texas

**tejedor** *m* weaver

**tejedora** *f* **1** knitting machine **2** *mujer* weaver

**tejemanejes** *mpl* F scheming *sg*, plotting *sg*

**tejer** ⟨2a⟩ **I** *v/t* weave; *tela de araña* spin; *(hacer punto)* knit; F *intriga* devise **II** *v/i L.Am.* plot, scheme

**tejido** *m* **1** *(tela)* fabric **2** ANAT tissue

**tejo** *m* **1** BOT yew **2**: *tirar a alguien los* **~s** F hit on s.o. F, come on to s.o. F

**tejón** *m* ZO badger

**Tel.** *abr* (= *teléfono*) Tel. (= telephone)

**tela** *f* fabric, material; *poner en* **~** *de juicio* call into question; *hay* **~** *para rato* F there's a lot to be done; *tener* **~** *(marinera)* F be tricky F, be tough F; *hay mucha* **~** *que cortar* F there's plenty

that could be said on the subject
◇ **tela de araña** spiderweb
◇ **tela metálica** wire netting

**telar** *m* loom

**telaraña** *f* spiderweb

**tele** *f* F TV, *Br* telly F

**teleadicto** *m*, **-a** *f* TV addict

**telearrastre** *m* drag lift

**telebanca** *f* telephone banking

**telecabina** *f* cable car

**telecámara** *f* TV camera

**telecomedia** *f* sitcom

**telecompra** *f* home shopping

**telecomunicaciones** *fpl* telecommunications

**telediario** *m* TV (television) news *sg*

**teledirigido** *adj* remote-controlled

**teléf.** *abr* (= *teléfono*) tel. (= telephone)

**telefax** *m* fax

**teleférico** *m* cable car

**telefilm(e)** *m* TV movie

**telefonazo** *m* F call

**telefonear** ⟨1a⟩ *v/t & v/i* call, phone

**telefonema** *m L.Am.* (phone) message

**telefonía** *f* telephony
◇ **telefonía móvil** cell phone telephony, *Br* mobile telephony

**telefónico** *adj* (tele)phone *atr*

**telefonista** *m/f* (telephone) operator

**teléfono** *m* (tele)phone; *hablar / llamar por* **~** make a phone call; *le llaman al* **~** you're wanted on the phone; *por* **~** by phone
◇ **teléfono fijo** fixed phone; **teléfono inalámbrico** cordless (phone); **teléfono de monedas** payphone; **teléfono monedero** *L.Am.* payphone; **teléfono móvil** cell phone, *Br* mobile (phone); **teléfono público** payphone, public telephone; **teléfono de tarjeta** card phone

**telegénico** *adj* telegenic

**telegrafía** *f* telegraphy

**telegrafiar** ⟨1c⟩ *v/t* telegraph

**telegráfico** *adj* telegraphic

**telegrama** *m* telegram

**telekinesia, telekinesis** *f* telekinesis

**telele** *m* F fit F; *le dio un* **~** he had a fit

**telemando** *m* remote control

**telemática** *f* data comms *sg*

**telenovela** *f* soap (opera)

**teleobjetivo** *m* FOT telephoto lens

**telepatía** *f* telepathy

**telescópico** *adj* telescopic

**telescopio** *m* telescope
**teleserie** *f* (television) series *sg*
**telesilla** *f* chair lift
**telespectador** *m*, ~a *f* (television) viewer
**telesquí** *m* drag lift
**teletexto** *m* teletext
**teletienda** *f* home shopping
**teletipo** *m* Teletype®, *Br* teleprinter
**teletrabajador** *m*, ~a *f* teleworker
**teletrabajo** *m* teleworking
**televidente** *m/f* (television) viewer
**televisar** ⟨1a⟩ *v/t* televise
**televisión** *f* television
◇ **televisión por cable** cable (television); **televisión digital** digital television; **televisión de pago** pay-per-view television; **televisión vía satélite** satellite television
**televisivo** *adj* television *atr*
**televisor** *m* TV (set), television (set)
◇ **televisor en color** color TV
**televisora** *f L.Am.* television company
**télex** *m* telex
**telón** *m* TEA curtain; **el ~ de acero** POL the Iron Curtain; **~ de fondo** *fig* backdrop, background
**telonero** *m*, -a *f* supporting artist
**telúrico** *adj* GEOL of the earth, earth *atr*
**tema** *m* **de conversación** subject, topic; MÚS, *de novela* theme
**temario** *m* syllabus
**temática** *f* subject matter
**temático** *adj* thematic
**temblar** ⟨1k⟩ *v/i* tremble, shake; *de frío* shiver
**tembleque** *m* trembling, shaking; *de frío* shivering
**temblor** *m* **1** trembling, shaking; *de frío* shivering **2** *L.Am.* (*terremoto*) earthquake
◇ **temblor de tierra** earth tremor
**tembloroso** *adj* trembling, shaking; *de frío* shivering
**temer** ⟨2a⟩ *v/t* be afraid of; **temerse** *v/r* be afraid; **me temo que no podrá venir** I'm afraid he won't be able to come; **~ lo peor** fear the worst
**temerario** *adj* rash, reckless
**temeridad** *f* rashness, recklessness
**temeroso** *adj* fearful, frightened
**temible** *adj* terrifying
**temor** *m* fear; **por ~ a** for fear of
◇ **temor de Dios** REL fear of God

**témpano** *m* ice floe
**temperamental** *adj* temperamental
**temperamento** *m* temperament
**temperante** *adj Méx* teetotal
**temperar** ⟨1a⟩ *v/t* temper
**temperatura** *f* temperature; **tener mucha ~** have a high fever, *Br* have a high temperature
**tempestad** *f tb fig* storm
**tempestuoso** *adj tb fig* stormy
**templado** *adj* warm; *clima* temperate; *fig* moderate, restrained
**templanza** *f* restraint
**templar** ⟨1a⟩ *v/t ira, nervios etc* calm
**temple** *m* **1** mettle, courage; **estar de buen / mal ~** be in a good / bad mood **2**: **pintura al ~** tempera, distemper
**Temple** *m* HIST Temple
**templete** *m* pavilion; *de música* bandstand; *templo* small temple
**templo** *m* temple; **es una verdad como un ~** *fig* F it's absolutely true
**tempo** *m* MÚS tempo
**temporada** *f* season; **una ~** a time, some time; **de ~** seasonal
◇ **temporada alta** high season
◇ **temporada baja** low season
**temporal I** *adj* **1** (*limitado en el tiempo*) temporary **2** REL temporal **3** *bienes* worldly **II** *m* storm
**temporalero** *m*, -a *f Méx* temporary worker
**temporalidad** *f* temporary nature
**temporalmente** *adv* temporarily
**temporero I** *adj trabajador* seasonal **II** *m*, -a *f* seasonal worker
**temporariamente** *adv L.Am.* temporarily
**temporario** *adj L.Am.* temporary
**temporizador** *m* timer
**tempranear** ⟨1a⟩ *v/i L.Am.* get up early
**tempranero** *adj fruta* early; **ser ~ persona** be early
**temprano** *adj & adv* early; **a -a edad** at an early age; **llegar ~** be early
**ten** *vb* ☞ **tener**
**tenacidad** *f* tenacity
**tenacillas** *fpl* tongs; **~ para rizar el pelo** curling tongs
**tenaz** *adj* determined, tenacious
**tenaza** *f* pincer, claw; **~s** pincers; *para las uñas* pliers
**tenca** *f* ZO tench
**tendedero** *m* airer

**tendencia** *f* **1** tendency; **tener ~ a** have a tendency to **2** (*corriente*) trend; **~ al alza / a la baja** upward / downward trend

**tendencioso** *adj* tendentious

**tendente** *adj* tending (**a** towards)

**tender** ⟨2g⟩ **I** *v/t* **1** *ropa* hang out **2** *cable* lay **3**: **le tendió la mano** he held out his hand to her **4** *L.Am. cama* make; *mesa* set **II** *v/i*: **~ a** tend to; **tenderse** *v/r* lie down

**tenderete** *m* stall

**tendero** *m*, **-a** *f* storekeeper, shopkeeper

**tendido** *m* EL: **~ eléctrico** power lines *pl*

**tendinitis** *f* MED tendinitis, tendonitis

**tendón** *m* ANAT tendon
◇ **tendón de Aquiles** Achilles' tendon

**tenebrosidad** *f* darkness, gloom

**tenebroso** *adj* dark, gloomy

**tenedor I** *m* fork **II** *m*, **-a** *f* JUR holder
◇ **tenedor de libros** bookkeeper

**teneduría** *f* accountancy
◇ **teneduría de libros** bookkeeping

**tenencia** *f* possession
◇ **tenencia ilícita de armas** illegal possession of weapons

**tener** ⟨2l⟩ *v/t* **1** have; **~ 10 años** be 10 (years old); **~ un metro de ancho / largo** be one meter wide / long *o* in width / length
**2**: **ha tenido un niño** she's had a little boy
**3**: **~ a alguien por algo** regard s.o. as sth, consider s.o. to be sth
**4**: **tengo que madrugar** I must get up early, I have to *o* I've got to get up early; **tuve que madrugar** I had to get up early
**5**: **conque ¿esas tenemos?** so that's how it is *o* things stand, eh?; **no tuvo a bien saludarme** he did not see fit to greet me; **no las tengo todas conmigo** F I'm not one hundred per cent sure; **eso me tiene nervioso** that makes me nervous

**tenerse** *v/r* **1** stand up; *fig* stand firm **2**: **se tiene por atractivo** he thinks he's attractive; **me tengo por justa** I regard myself as fair, I think I'm fair

**tenga** *vb* ☞ **tener**

**tengo** *vb* ☞ **tener**

**tenia** *f* ZO tapeworm

**teniente** *m/f* MIL lieutenant
◇ **teniente de alcalde** deputy mayor;

**teniente coronel** lieutenant colonel; **teniente general** lieutenant general; **teniente de navío** lieutenant

**tenis** *m* tennis
◇ **tenis de mesa** table tennis

**tenista** *m/f* tennis player

**tenor** *m* MÚS tenor; **a ~ de** along the lines of

**tenorio** *m* lady-killer

**tensar** ⟨1a⟩ *v/t* tighten; *músculo* tense, tighten

**tensión** *f* **1** tension **2** EL voltage; **alta ~** high tension, high voltage **3** MED: **~** (**arterial**) blood pressure; **tener la ~ alta / baja** have high / low blood pressure; **tomarle la ~ a alguien** take s.o.'s blood pressure

**tenso** *adj* tense; *cuerda, cable* taut

**tensor** *m/adj*: (**músculo**) **~** ANAT tensor (muscle)

**tentación** *f* temptation

**tentáculo** *m* ZO, *fig* tentacle

**tentador** *adj* tempting

**tentar** ⟨1k⟩ *v/t* tempt, entice

**tentativa** *f* attempt

**tentempié** *m* F snack

**tentetieso** *m* tumbler

**tenue** *adj* faint

**teñido** *m* dyeing

**teñir** ⟨3h & 3l⟩ *v/t* dye; *fig* tinge; **~ algo de rojo** dye sth red; **teñirse** *v/r* dye

**teocracia** *f* theocracy

**teodolito** *m* theodolyte

**teología** *f* theology

**teológico** *adj* theological

**teólogo** *m*, **-a** *f* theologian

**teorema** *m* theorem

**teoría** *f* theory; **en ~** in theory

**teórico I** *adj* theoretical **II** *m*, **-a** *f* theorist

**teorizar** ⟨1f⟩ *v/i* theorize

**tequila** *m* tequila

**terapeuta** *m/f* therapist

**terapéutica** *f* therapeutics *sg*

**terapéutico** *adj* therapeutic

**terapia** *f* therapy
◇ **terapia génica** gene therapy; **terapia de grupo** group therapy; **terapia intensiva** *L.Am.* intensive care; **terapia ocupacional** occupational therapy

**tercer** *adj* third
◇ **Tercer Mundo** Third World

**tercera** *f* **1** AUTO third gear **2** (*clase*) third class
◇ **tercera base** *f en béisbol* third base;

*jugador* third baseman
**tercerización** *f L.Am.*COM outsourcing
**tercerizar** ⟨1f⟩ *v/t L.Am.* COM outsource
**terciarización** *f L.Am.* COM outsourcing
**terciarizar** ⟨1f⟩ *v/t L.Am.* COM outsource
**tercermundista** *adj* Third-World
**tercero** *m/adj* third
**terceto** *m* MÚS trio
**terciar** ⟨1b⟩ *v/i* intervene; **terciarse** *v/r de oportunidad* come up
**terciario I** *adj* tertiary **II** *m* GEOL Tertiary
**tercio** *m* third
**terciopelo** *m* velvet; *de* ~ velvet *atr*
**terco** *adj* stubborn
**tereré** *m Arg, Parag: type of maté with lemon juice*
**tergiversación** *f* distortion, twisting
**tergiversar** ⟨1a⟩ *v/t* distort, twist
**termal** *adj* thermal; *baño* ~ hot *o* thermal bath
**termas** *fpl* hot springs
**termes** *m inv* ZO termite
**térmico** *adj* heat *atr*
**terminación** *f* GRAM ending
**terminal I** *adj* terminal; *estado* ~ MED terminal phase **II** *m* INFOR terminal **III** *f* AVIA terminal; ~ *de salidas* AVIA departure terminal; ~ *de autobuses* bus station, bus terminal
**terminante** *adj* categorical
**terminantemente** *adv* strictly; ~ *prohibido* strictly prohibited *o* forbidden
**terminar** ⟨1a⟩ **I** *v/t* end, finish **II** *v/i* **1** end, finish; ~ *con algo / alguien* finish with sth / s.o.; ~ *de hacer algo* finish doing sth **2** (*parar*) stop **3**: ~ *por hacer algo* end up doing sth; **terminarse** *v/r* **1** run out; *se ha terminado la leche* we've run out of milk, the milk's all gone **2** (*finalizar*) come to an end
**término** *m* **1** end, conclusion; *poner* ~ *a algo* put an end to sth; *llevar a* ~ bring to an end **2** (*palabra*) term; *en* ~*s generales* in general terms **3**: ~*s pl de contrato, acuerdo etc* terms **4**: *por* ~ *medio* on average; *en primer* ~ in the foreground; *en último* ~ as a last resort **5** (*periodo*): *en el* ~ *de* in the period of, in the space of
◇ **término municipal** municipal area

**terminología** *f* terminology
**terminológico** *adj* terminological
**termita** *f* ZO termite
**termo** *m* thermos® (flask)
**termoaislante** *adj* heat-insulating
**termodinámica** *f* thermodynamics *sg*
**termómetro** *m* thermometer
**termostato** *m* thermostat
**termotécnia** *f* heating technology
**termoterapia** *f* heat therapy
**terna** *f* short list of three
**ternasco** *m* sucking lamb, suckling lamb
**ternera** *f animal* calf; GASTR veal
**ternero** *m* calf
**terno** *m CSur* suit
**ternura** *f* tenderness
**terquedad** *f* stubbornness
**terracota** *f* terracotta
**Terranova** *f* Newfoundland
**terraplén** *m* embankment
**terráqueo** *adj*: *globo* ~ globe
**terrario** *m* terrarium
**terrateniente** *m/f* landowner
**terraza** *f* **1** terrace **2** (*balcón*) balcony **3** (*café*) sidewalk café, *Br* pavement café
**terremoto** *m* earthquake
**terrenal** *adj* earthly, worldly
**terreno** *m* **I** *adj* earthly, worldly **II** *m* land; *fig* field; *un* ~ a lot, *Br* a plot *o* piece of land; *sobre el* ~ in the field; *ganar / perder* ~ *fig* gain / lose ground; *tantear el* ~ *fig* see how the land lies; *llevar a alguien a su* ~ get s.o. on one's home ground; *pisar* ~ *resbaladizo fig* be on slippery ground
◇ **terreno de juego** DEP field
**terrero** *adj* earthy; *saco* ~ MIL sandbag
**terrestre** *adj animal* land *atr*; *transporte* surface *atr*; *la atmósfera* ~ the earth's atmosphere
**terrible** *adj* terrible, awful
**terrícola** *m/f* earth dweller, earthling
**terrífico** *adj* ☞ **terrorífico**
**terrina** *f* GASTR terrine
**territorial** *adj* territorial
**territorialidad** *f* territoriality
**territorio** *m* territory
**terrón** *m* lump, clod
◇ **terrón de azúcar** sugar lump
**terror** *m* terror
**terrorífico** *adj* terrifying, frightening
**terrorismo** *m* terrorism
**terrorista I** *adj* terrorist *atr*; *organiza-*

**ción** ~ terrorist organization **II** *m/f* terrorist

◇ **terrorista suicida** suicide bomber

**terruño** *m* **1** (*patria*) home ground, native soil **2** *tierra* lot, *Br* plot of land

**terso** *adj* smooth

**tertulia** *f* TV debate, round table discussion; (*reunión*) discussion group

**tertuliano** *m*, **-a** *f participant in a debate or round table discussion*

**tertuliar** ⟨1b⟩ *v/i L.Am.* get together for a discussion

**tesela** *f* tessera, tile

**tesina** *f* dissertation

**tesis** *f inv* thesis

◇ **tesis doctoral** doctoral thesis

**tesitura** *f* situation

**tesón** *m* tenacity, determination

**tesorería** *f* **1** *oficio* post of treasurer; *oficina* treasury **2** (*activo disponible*) liquid assets *pl*

**tesorero** *m*, **-a** *f* treasurer

**tesoro** *m* treasure

◇ **tesoro público** treasury

**test** *m* test; ~ **visual** eye test

**testa** *f* head

◇ **testa coronada** crowned head

**testador** *m* testator

**testadora** *f* JUR testatrix

**testaferro** *m* front man

**testamentario I** *adj* testamentary **II** *m*, **-a** executor

**testamento** *m* JUR will; **Antiguo / Nuevo Testamento** REL Old / New Testament

**testarazo** *m* **1** bang *o* bump on the head **2** F *en fútbol* header

**testarudez** *f* stubbornness

**testarudo** *adj* stubborn

**testear** ⟨1a⟩ *v/t L.Am.* test

**testículo** *m* ANAT testicle

**testificación** *f* **1** testification **2** (*declaración*) testimony

**testificar** ⟨1g⟩ **I** *v/t* (*probar, mostrar*) be proof of; ~ **que** JUR testify that, give evidence that **II** *v/i* testify, give evidence

**testigo I** *m/f* JUR witness; **ser** ~ be a witness; ~ **de boda** witness **II** *m* DEP baton

◇ **testigo de cargo** witness for the prosecution; **testigo de la defensa** defense *o Br* defence witness, witness for the defense *o Br* defence; **testigo de descargo** witness for the defense

*o Br* defence; **testigo de Jehová** REL Jehovah's Witness; **testigo ocular** eye witness; **testigo presencial** eye witness

**testimonial** *adj presencia* token, symbolic

**testimoniar** ⟨1b⟩ **I** *v/t* (*testificar*) testify; (*demostrar*) testify to **II** *v/i* testify

**testimonio** *m* testimony, evidence; **jurar en falso** ~ commit perjury, perjure o.s.; **dar** ~ **de algo** testify to sth

**testosterona** *f* testosterone

**teta** *f* **1** F boob F **2** ZO teat; **niño de** ~ little baby

**tétanos** *m* MED tetanus

**tetera** *f* teapot

**tetilla** *f* **1** *de hombre* nipple **2**: **queso de** ~ GASTR *type of soft cheese* **3** ☞ **tetina**

**tetina** *f de biberón* nipple, teat

**tetrabrik**® *m* Tetra Pak®, tetrapack®

**tetrapléjico I** *adj* MED tetraplegic **II** *m*, **-a** *f* MED tetraplegic

**tétrico** *adj* gloomy

**textil I** *adj* textile *atr* **II** *mpl*: ~**es** textiles

**texto** *m* text

◇ **texto completo** unabridged text

**textual** *adj* textual

**textura** *f* texture

**tez** *f* complexion

**ti** *pron* you; *reflexivo* yourself; **¿y a** ~ **qué te importa?** so what?, what's it to you?

**tía** *f* **1** aunt; **¡no hay tu** ~**!** F nothing doing!; **cuéntaselo a tu** ~ come off it!, tell that to the marines! **2** F (*chica*) girl, chick F; **¡**~ **buena!** F hey gorgeous! F

◇ **tía abuela** great-aunt

**tianguis** *m inv Méx, C.Am.* market

**tiara** *f* REL tiara

**tibetano I** *adj* Tibetan **II** *m*, **-a** *f* Tibetan

**tibia** *f* ANAT tibia

**tibieza** *f* tepidness

**tibio** *adj tb fig* lukewarm, tepid; **poner a alguien** ~ F lay into s.o. F

**tiburón** *m* **1** ZO, *fig* F shark **2** FIN raider

**tic** *m* MED tic; ~ **nervioso** nervous tic

**ticket** *m* (sales) receipt

**tico** *L.Am.* F **I** *adj* Costa Rican **II** *m*, **-a** *f* Costa Rican

**tictac** *m* tick-tock

**tiempo** *m* **1** time; **a** ~ in time; **a un** ~, **al mismo** ~ at the same time; **antes de** ~ **llegar** ahead of time, early; *celebrar victoria* too soon; **a su** (**debido**) ~ in due

course; **cada cosa a su ~** all in good time; **con ~** in good time, early; **dar ~ al ~** give things time; **hacer ~** while away the time; **desde hace mucho ~** for a long time; **hace mucho ~** a long time ago; **de ~ en ~** from time to time; **de un ~ a esta parte** for some time now; **durante algún ~** for some time; **por poco ~** for a short time; **hace tanto ~** it's so long ago; **el ~ es oro** time is money; **con el ~, andando el ~** with time, in time; **trabajar a ~ completo / parcial** work full / part time; **le faltó ~ para ...** fig he couldn't wait to...; **poner al mal ~ buena cara** fig look on the bright side; **volver el ~ atrás** fig turn the clock back
**2** (*época*): **en mis ~s** in my day
**3** (*clima*) weather; **hace buen / mal ~** the weather's fine / bad
**4** GRAM tense
**5** DEP *de juego* half; **medio ~** half time
**6** (*edad*): **¿qué ~ tiene?** *de un niño* how old is he?
◇ **tiempo añadido** DEP overtime, *Br* extra time; **tiempo de descuento** DEP injury *o* stoppage time; **tiempo libre** spare time, free time; **tiempo muerto** DEP time-out; **tiempo real** IN-FOR real time; **tiempo reglamentario** DEP normal time
**tienda** *f* store, shop; **ir de ~s** go shopping
◇ **tienda de abarrotes** *L.Am.* grocery store, *Br* grocer's; **tienda de campaña** tent; **tienda de comestibles** grocery store, *Br* grocer's; **tienda de departamentos** *Méx* department store; **tienda libre de impuestos** duty-free shop; **tienda de productos naturales** health food store
**tiene** *vb* ☞ **tener**
**tientas** *fpl*: **andar a ~** fig feel one's way
**tiento** *m*: **con ~** fig carefully
**tierno** *adj* soft; *carne* tender; *pan* fresh; *persona* tender-hearted; **en mi ~a edad** at a tender age
**tierra** *f* **1** land; **~ de labor, ~ cultivable** arable land, farmland; **~s altas** highlands; **~s bajas** lowlands; **poner ~ de por medio** flee, make o.s. scarce F; **por ~** *viajar* by land; **tomar ~** AVIA land **2** *materia* soil, earth; **echar ~ a algo** fig hush sth up; **echar por ~** ruin, wreck; **como si se lo hubiera tragado la ~**

as if he had vanished off the face of the earth
**3** (*patria*) native land, homeland; **de la ~** locally produced, local
**4** EL ground, *Br* earth
**5**: **la Tierra** the Earth
◇ **tierra firme** dry land, terra firma; **Tierra del Fuego** Tierra del Fuego; **tierra de nadie** no-man's land; **Tierra Santa** Holy Land
**tieso** *adj* stiff, rigid; **quedarse ~** fig be astonished; **estar ~** fig F be dead
**tiesto** *m* flowerpot; **mear fuera del ~** F put one's foot in it F
**tifoideo** *adj* MED: **fiebre ~a** typhoid
**tifón** *m* typhoon
**tifus** *m* MED typhus
**tigre** *m* ZO tiger; *L.Am.* puma; *L.Am.* (*leopardo*) jaguar
**tigresa** *f* tigress
**tijeras** *fpl* scissors; **~ de podar** pruning shears
**tijereta** *f* **1** ZO earwig **2** DEP scissors kick, overhead kick
**tijeretazo** *m* DEP scissors kick, overhead kick
**tila** *f* lime blossom tea
**tildar** ⟨1a⟩ *v/t*: **~ a alguien de** fig brand s.o. as
**tilde** *f* **1** accent **2** *en ñ* tilde
**tiliche** *m* *Méx* F junk, things *pl*
**tilín** *m*: **me hizo ~** F I took an immediate liking to her
**tilo** *m* BOT lime (tree)
**timador** *m*, **~a** *f* cheat
**timar** ⟨1a⟩ *v/t* cheat
**timba** *f* F gambling den
**timbal** *m* MÚS kettle drum
**timbrado** *adj* *sobre* stamped
**timbre** *m* **1** *de puerta* bell; **tocar el ~** ring the bell **2** *Méx* (postage) stamp
**timidez** *f* shyness, timidity
**tímido** *adj* shy, timid
**timo** *m* confidence trick, swindle; **dar el ~ a alguien** con s.o.
**timón** *m* **1** MAR, AVIA rudder; **tomar el ~** fig take charge, take the helm **2** *Andes* AUTO steering wheel
**timonel** MAR **I** *m* helmsman **II** *f* helmswoman
**timorato I** *adj* **1** (*mojigato*) prudish **2** (*tímido*) gutless, spineless **II** *m*, **~a** *f* **1** (*mojigato*) prude **2** (*persona tímida*) wimp F, coward

**tirarse**

**tímpano** *m* ANAT eardrum
**tina** *f* **1** large earthenware jar **2** (*cuba*) vat **3** *L.Am.* (*bañera*) (bath)tub
**tinaco** *m* *Méx* water tank
**tinaja** *f* large earthenware jar
**tinerfeño** *adj* of / from Tenerife, Tenerife *atr*
**tinglado** *m* **1** *fig* F mess **2** (*maquinación*) set-up, racket
**tinieblas** *fpl* darkness *sg*
**tino** *m* **1** aim, marksmanship **2** (*sensatez*) judg(e)ment; **con mucho ~** wisely, sensibly; **sin ~** immoderately
**tinta** *f* ink; **sobre esto ha corrido ya mucha ~** a lot has already been written about this; **sudar ~** sweat blood F; **recargar las ~s** exaggerate; **de buena ~** *fig* on good authority; **medias ~s** *fig* half measures
**tintar** ⟨1a⟩ *v/t* dye
**tinte** *m* **1** dye **2** *fig* veneer, gloss
**tinterillo** *m* *L.Am.* F shyster F
**tintero** *m* inkwell; **dejarse algo en el ~** leave sth unmentioned, not mention sth
**tintin(e)ar** ⟨1a⟩ *v/t* jingle
**tinto 1** *adj*: **vino ~** red wine **II** *m* *Col* black coffee
**tintorería** *f* dry cleaner's
**tintorero** *m*, **-a** *f* dry cleaner
**tintorro** *m* F cheap red wine
**tintura** *f* dye
**tiña** *f* MED ringworm; *fig* filth
**tiñoso** *adj* MED mangy; *fig* filthy
**tío** *m* **1** uncle **2** F (*tipo*) guy F; **~ bueno** good-looking guy F; **¡hola, ~s!** hi, guys! F **3** F *apelativo* pal F, man F
◇ **tío abuelo** great-uncle
**tiovivo** *m* carousel, merry-go-round
**tipear** *v/t & v/i* *L.Am.* type
**tipejo** *m*, **-a** *f* F **1** (*tonto*) moron F **2** (*antipático*) jerk F
**típico** *adj* typical (**de** of)
**tipificar** ⟨1g⟩ *v/t* **1** (*clasificar*) classify **2** (*representar*) typify
**tiple** *m/f* soprano
**tipo** *m* **1** type, kind; **no es mi ~** he's not my type **2** F *persona* guy F **3** COM rate **4**: **tener buen ~ de hombre** be well built; **de mujer** have a good figure; **jugarse el ~** F risk one's neck; **mantener** *o* **aguantar el ~** F keep one's cool
◇ **tipo de cambio** exchange rate; **tipo de conversión** exchange *o* conversion rate; **tipo de descuento** discount rate;

**tipo impositivo** tax rate; **tipo de interés** interest rate
**tipografía** *f* typography
**tipográfico** *adj* typographic(al); **falta -a** typo, typographical error
**tipógrafo** *m*, **-a** *f* printer
**tíquet, tiquete** *m* *L.Am.* receipt
**tiquismiquis** *m/f* F fuss-budget F, *Br* fusspot F
**tira I** *f* **1** strip **2**: **la ~ de** F loads of F, masses of F; **hace la ~ que no hablo con ella** F I haven't spoken to her in a long time **3** *Méx* F: **la ~** the cops *pl* **II** *m/f* *Méx* F cop
◇ **tira cómica** comic strip
◇ **tira y afloja** *fig* give and take
**tirabuzón** *m* **1** curl **2** (*sacacorchos*) corkscrew **3** *en béisbol* screwball
**tirachinas** *m inv* slingshot, *Br* catapult
**tirada** *f* **1** TIP print run **2**: **de una ~** in one shot **3** *Méx* F aim; **no sé cuál es su ~** I don't know what he is up to
**tiradero** *m* *Méx* dump
**tirado** *adj* P **1** (*barato*) dirt-cheap F **2** (*fácil*): **estar ~** F be a walkover F *o* a piece of cake F
**tiradores** *mpl* *Arg* suspenders, *Br* braces
**tiraje** *m* *L.Am.* print run
**tiralíneas** *m* ruling pen
**tiranía** *f* tyranny
**tiránico** *adj* tyrannical
**tirano I** *adj* tyrannical **II** *m*, **-a** *f* tyrant
**tirante I** *adj* taut; *fig* tense **II** *m* **1** strap **2**: **~s** *pl* suspenders, *Br* braces
**tirantez** *f* *fig* tension
**tirar** ⟨1a⟩ **I** *v/t* **1** throw; *edificio, persona* knock down; (*volcar*) knock over **2** *basura* throw away; *dinero* waste, throw away F **3** TIP print **4** F *en examen* fail **5** *foto* take **6** *tiro* fire
**II** *v/i* **1** *de coche* pull; **~ de algo** pull sth
**2** (*disparar*) shoot
**3** DEP *en fútbol*: **~ a puerta** shoot at goal; **~ fuera** shoot wide
**4** (*atraer*) pull, attract; **no me tira la música** music doesn't turn me on
**5**: **~ a** tend toward; **~ a conservador / verde** have conservative / Green tendencies
**6** (*girar*): **~ a la derecha** turn right, take a right
**7**: **ir tirando** F get by, manage
**tirarse** *v/r* **1** throw o.s. **2** F *en fútbol*

dive **3** F *tiempo* spend **4:** ~ *a alguien* P screw s.o. P **5:** *tirárselas de algo* make out one is sth

**tirita** *f* MED Bandaid®, *Br* plaster

**tiritar** ⟨1a⟩ *v/i* shiver

**tiro** *m* **1** shot; *en fútbol tb* kick; *con las manos* throw; ~ *al aire* shot in the air; *a* ~ (with)in range; *al* ~ *CSur* at once, right away; *ni a* ~*s* F for love nor money; *le salió el* ~ *por la culata* F it backfired on him; *le sentó como un* ~ F he needed it like a hole in the head F; *la noticia me cayó como un* ~ the news really shocked me; *saber por dónde van los* ~*s* *fig* know what's going on; *estar a un* ~ *de piedra* be a stone's throw away

**2:** *de* ~*s largos* F dressed up

◇ **tiro con arco** archery; **tiro al blanco** target practice; **tiro de campo** *en baloncesto* field goal; **tiro de dos** *en baloncesto* two-pointer; **tiro de esquina** *en fútbol* corner (kick); **tiro libre** DEP free kick; *en baloncesto* free throw; **tiro libre directo** DEP direct free kick; **tiro libre indirecto** DEP indirect free kick; **tiro al plato** trapshooting, clay pigeon shooting; **tiro en suspensión** *en baloncesto* jump shot; **tiro a tabla** *en baloncesto* bank shot; **tiro de tres** *en baloncesto* three-pointer

**tiroides** *m* ANAT thyroid (gland)

**tirón** *m* **1** tug, jerk; *de un* ~ at a stretch, without a break; *dormir de un* ~ sleep through; *dar tirones de pelo* pull, tug **2** MED: ~ *muscular* pulled muscle

**tirotear** ⟨1a⟩ *v/t* fire on, shoot at

**tiroteo** *m* shooting

**tirria** *f*: *tener* ~ *a alguien* F have it in for s.o. F

**tisana** *f* herbal tea

**tísico** MED **I** *adj* consumptive **II** *m*, -a *f* consumptive

**tisis** *f* MED consumption

**tisú** *m* lamé

**titán** *m* titan

**titánico** *adj* titanic

**titanio** *m* QUÍM titanium

**títere** *m tb fig* puppet; *teatro de* ~*s* puppet show; *no dejar* ~ *con cabeza* F spare no-one

**titiritero** *m*, -a *f* acrobat

**titubear** ⟨1a⟩ *v/i* waver, hesitate

**titubeo** *m* wavering, hesitation

**titulación** *f* qualifications *pl*

**titulado** **I** *adj* qualified **II** *m*, -a *f* graduate, degree holder

**titular**[1] **I** *adj*: *profesor* ~ tenured professor **II** *m/f* DEP first-team player **III** *m de periódico* headline

**titular**[2] ⟨1a⟩ *v/t* title, entitle; **titularse** *v/r* be entitled

**título** *m* **1** *nobiliario, de libro* title **2** *universitario* degree; *tener muchos* ~*s* be highly qualified **3** JUR title **4** COM bond **5:** *a* ~ *de introducción* as an introduction, by way of introduction; *a* ~ *de representante* as a representative

◇ **títulos de crédito** credits

**tiza** *f* chalk

**tiznar** ⟨1a⟩ *v/t* blacken

**tizne** *m* soot

**tizón** *m* ember

**tlapalería** *f Méx* hardware store

**TLC** *m abr* (= *Tratado de Libre Comercio*) NAFTA (= North American Free Trade Agreement)

**toalla** *f* towel; *tirar o arrojar la* ~ *fig* throw in the towel

◇ **toalla de baño** bath towel; **toalla femenina, toalla higiénica** *L.Am.* sanitary napkin, *Br* sanitary towel; **toalla de playa** beach towel

**toallero** *m* towel rail

**toallita** *f*: ~ *refrescante* towelette

**toar** ⟨1a⟩ *v/t* MAR tow

**tobillera** *f* ankle support

**tobillero** *adj falda* ankle-length

**tobillo** *m* ankle

**tobogán** *m* **1** slide **2** (*trineo*) toboggan

**toca** *f* headdress; *de monja* wimple

**tocadiscos** *m inv* record player

**tocado** **I** *adj*: *estar* ~ (*de la cabeza*) F be soft in the head F **II** *m* headdress

**tocador** *m* dressing table

**tocamientos** *mpl* touching *sg*

**tocante**: *en lo* ~ *a ...* with regard to ...

**tocar** ⟨1g⟩ **I** *v/t* **1** touch; ~ *el corazón* touch one's heart; ~ *a alguien de cerca* concern s.o. closely **2** MÚS play **II** *v/i* **1** *L.Am. a la puerta* knock (on the door); *L.Am.* (*sonar la campanita*) ring the doorbell; *las campanas de la iglesia tocaban a misa* the church bells were ringing for mass; ~ *a muerto* toll the death knell **2** (*ser hora de*): *ya toca dar de comer al bebé* it's time to feed the baby **3** (*ser el turno de*): *te toca ju-*

**gar** it's your turn **4: por lo que toca a ...** as far as ... is concerned

**tocarse** v/r touch

**tocateja: a ~** in hard cash

**tocayo** m, **-a** f namesake

**tocho I** adj (tosco, tonto) stupid **II** m **1** brick, block **2** F libro great big book, weighty tome

**tocino** m bacon

◇ **tocino de cielo** GASTR type of egg custard

**tocología** f MED obstetrics sg

**tocólogo** m, **-a** f MED obstetrician

**tocón** m stump

**todavía** adv still, yet; **~ no ha llegado** he still hasn't come, he hasn't come yet; **~ no** not yet

**todo I** adj all; **~s los domingos** every Sunday; **-a la clase** the whole o the entire class
**II** adv all; **estaba ~ sucio** it was all dirty; **con ~** all the same; **del ~** entirely, absolutely
**III** pron all, everything; pl everybody, everyone; **estaban ~s** everybody was there; **esto es ~ cuanto sé** that's all I know
**IV** en locuciones: **o ~ o nada** all or nothing; **de -as -as** F without a shadow of a doubt; **ir a por -as** go all out; **estar en ~** be on top of things

**todopoderoso** adj omnipotent, all-powerful; **el Todopoderoso** the Almighty

**todoterreno I** adj AUTO four-wheel atr **II** m AUTO off-road o all-terrain vehicle **III** m/f fig jack-of-all trades

**toga** f toga

**Togo** m Togo

**togolés I** adj of / from Togo, Togolese **II** m, **-esa** f Togolese

**toilette** m Rpl toilet

**toldo** m **1** awning **2** L.Am. Indian hut

**toledano** adj of / from Toledo, Toledo atr

**tolerable** adj tolerable

**tolerancia** f tolerance

**tolerante** adj tolerant

**tolerar** ⟨1a⟩ v/t tolerate

**toma** f FOT shot, take
◇ **toma de agua** water outlet; **toma de conciencia** realization; **toma de corriente** outlet, Br socket; **toma del poder** seizure of power; **toma de pose-**

sión POL taking office; ceremonia investiture; **toma de posición** stance, position; **toma de tierra** EL ground (connection), Br earth (connection); AVIA landing

**tomado** adj **1** voz hoarse **2** L.Am. (borracho) drunk

**tomador** m, **~a** f L.Am. (borracho) drunkard, drinker

**tomadura** f: **~ de pelo** F joke

**tomar** ⟨1a⟩ **I** v/t take; decisión tb make; bebida, comida have; **tenerla tomada** o **~la con alguien** F have it in for s.o. F; **~ el sol** sunbathe; **¡toma!** here (you are); **¡toma ya!** serves you right!; **¿por quién me toma?** what do you take me for?; **toma y daca** give and take; **~ las de Villadiego** F hightail it F
**II** v/i **1** L.Am. drink **2: ~ por la derecha** take a right, turn right

**tomarse** v/r **1** take; **se lo tomó a pecho** he took it to heart **2** comida, bebida have **3: ~ de las manos** hold hands

**tomate** m **1** tomato; **ponerse como un ~** go bright red, turn as red as a beet, Br turn as red as a beetroot **2** fig mess

**tomatera** f tomato plant

**tomavistas** m inv movie camera, Br cinecamera

**tómbola** f tombola

**tomillo** m BOT thyme

**tomo** m volume, tome; **de tres ~s** three volume atr; **un timador de ~ y lomo** F an out-and-out conman

**tomografía** f MED tomography

**ton** m: **sin ~ ni son** for no particular reason

**tonada** f song

**tonadilla** f popular song

**tonadillera** f singer

**tonal** adj MÚS tonal

**tonalidad** f tonality

**tonel** m barrel, cask; **ser un ~** fig F be like a barrel

**tonelada** f peso ton

**tonelaje** m tonnage

**tóner** m toner

**tongo** m DEP: **hubo ~** it was fixed F o rigged F

**tónica** f **1** bebida tonic **2** (tendencia) trend, tendency **3** MÚS tonic

**tonicidad** f MED tonicity; **~ muscular** muscle tone

**tónico** m MED tonic

**tonificar** ⟨1g⟩ v/t tone up

**tono** m MÚS, MED, PINT tone; **cambiar de ~** fig: al hablar change one's tone; **fuera de ~** comentario, respuesta inappropriate; **estar a ~ con algo** be in harmony with sth; **ponerse a ~** get into the mood

◇ **tono de marcar** TELEC dial tone; **tono mayor** MÚS major key; **tono menor** MÚS minor key

**tontada** f ☞ **tontería**

**tontaina I** adj silly **II** m/f F dimwit F

**tontear** ⟨1a⟩ v/i F 1 (hacer el tonto) act the fool 2 (coquetear) flirt

**tontera** f: **llevar una ~ encima** be feeling dopey

**tontería** f fig stupid o dumb F thing; **~s** pl nonsense sg

**tonto I** adj silly, foolish **II** m, **-a** f fool, idiot; **~ del bote** o **haba** F complete idiot; **~ del pueblo** village idiot; **hacer el ~** play the fool; **hacerse el ~** act dumb F; **a tontas y a locas** in a slapdash way

**toña** f 1 Esp (borrachera): **coger una ~** P get blitzed F 2 F (excremento) turd F; **de vaca** cowpat

**top** m prenda top

**topacio** m MIN topaz

**topadora** f Rpl bulldozer

**toparse** ⟨1a⟩ v/r: **~ con alguien** bump into s.o., run into s.o.

**tope** m 1 limit; **edad ~** upper age limit; **estar hasta los ~s** F be bursting at the seams F; **pasarlo a ~** F have a great time 2 pieza stop 3 Méx: en la calle speed bump

**topetada** f ☞ **topetazo**

**topetar** ⟨1a⟩ v/i (topar) bump

**topetazo** m bump, bang

**tópico I** adj MED: **de uso ~** for external use **II** m cliché, platitude

**topo** m ZO mole; **ver menos que un ~** F be as blind as a bat F

**topografía** f topography

**topográfico** adj topographic(al)

**topógrafo** m, **-a** f topographer

**topónimo** m place name

**toque** m 1 tap; **~ de atención** warning 2 MÚS de campana chime 3: **dar los últimos ~s** put the finishing touches (**a** to); **~ personal** personal touch 4 DEP touch; en béisbol bunt

◇ **toque de diana** MIL reveille

◇ **toque de queda** MIL, fig curfew

**toquetear** ⟨1a⟩ v/t F fiddle with

**toquilla** f shawl

**torácico** adj ANAT thoracic; **caja -a** ANAT ribcage

**tórax** m ANAT thorax

**torbellino** m whirlwind

**torcedura** f twisting; MED sprain

**torcer** ⟨2b & 2h⟩ **I** v/t twist; (doblar) bend; (girar) turn **II** v/i turn; **~ a la derecha** turn right; **torcerse** v/r 1 twist, bend; **~ un pie** sprain one's ankle 2 fig: de planes go wrong

**torcido** adj twisted, bent

**tordo** m 1 pájaro thrush 2 caballo dapple-gray, Br dapple-grey

**toreador** m, **~a** f esp L.Am. bullfighter

**torear** ⟨1a⟩ **I** v/i fight bulls **II** v/t fight; fig dodge, sidestep

**toreo** m bullfighting

**torera** f: **saltarse algo a la ~** F flout sth, disregard sth

**torero I** adj bullfighting atr; **chaqueta -a** bolero **II** m, **-a** f bullfighter

**tormenta** f storm

**tormento** m torture

**tormentoso** adj stormy

**torna** f return; **se han vuelto las ~s** the shoe is on the other foot, Br the boot is on the other foot

**tornado** m tornado, twister F

**tornar** ⟨1a⟩ **I** v/t make **II** v/i return; **~ a hacer algo** do sth again; **tornarse** v/r triste, difícil etc become

**tornasol** m 1 BOT sunflower 2 QUÍM litmus

**torneo** m competition, tournament

**tornillo** m screw; con tuerca bolt; **le falta un ~** F he's got a screw loose F; **apretarle a alguien los ~s** F put the screws on s.o. F

◇ **tornillo de banco** vise, Br vice

**torniquete** m 1 de entrada turnstile 2 MED tourniquet

**torno** m de alfarería wheel; **en ~ a** around, about

**toro** m bull; **ir a los ~s** go to a bullfight; **tomar al ~ por los cuernos** take the bull by the horns

◇ **toro de lidia** fighting bull

**toronja** f L.Am. grapefruit

**torpe** adj clumsy; (tonto) dense, dim

**torpedear** ⟨1a⟩ v/t torpedo

**torpedero** m torpedo boat

**torpedo** *m* MIL torpedo

**torpeza** *f* **1** clumsiness **2** (*necedad*) stupidity

**torpor** *m* torpor

**torrar** ⟨1a⟩ *v/t* roast

**torre** *f* tower; **~ de alta tensión** EL high--voltage pylon

◇ **torre de control** AVIA control tower

◇ **torre de marfil** *fig* ivory tower

**torrefacto** *adj* roasted

**torreja** *f* *L.Am.* French toast

**torrencial** *adj* torrential

**torrente** *m* *fig* avalanche, flood

◇ **torrente circulatorio, torrente sanguíneo** bloodstream

**torreón** *m* tower

**torrezno** *m* GASTR fried slice *o* *Br* rasher of bacon

**tórrido** *adj* torrid

**torrija** *f* GASTR French toast

**torsión** *f* twisting; TÉC torsion

**torso** *m* ANAT, trunk, torso; *en artes plásticas* torso

**torta** *f* **1** cake; *plana* tart **2** F slap; *le pegó una* ~ F I slapped him; *darse una* ~ F have an accident **3**: *no sabes ni* ~ *de fútbol* F you don't know diddly-squat about soccer P; *no ver ni* ~ F not be able to see in front of one's nose F

**tortazo** *m* F crash; (*bofetada*) punch

**tortícolis** *m* MED crick in the neck

**tortilla** *f* **1** omelet, *Br* omelette; *se ha vuelto la* ~ the shoe is on the other foot, *Br* the boot is on the other foot **2** *L.Am.* tortilla

◇ **tortilla española** Spanish omelet *o* *Br* omelette

◇ **tortilla francesa** plain omelet *o* *Br* omelette

**tortillera** *f* V dyke F, lesbian

**tórtola** *f* ZO turtledove

**tortuga** *f* ZO tortoise; *marina* turtle; *a paso de* ~ *fig* at a snail's pace

**tortuosidad** *f* *fml* tortuousness

**tortuoso** *adj* *fig* tortuous

**tortura** *f* *tb* *fig* torture

**torturador** *m*, ~**a** *f* torturer

**torturar** ⟨1a⟩ *v/t* torture

**torvo** *adj* fierce

**tos** *f* cough

◇ **tos ferina** whooping cough

**toscano** *m* *Rpl* cigar

**tosco** *adj* *fig* rough, coarse

**toser** ⟨2a⟩ *v/i* cough

**tosquedad** *f* roughness, coarseness

**tostada** *f* piece of toast; ~**s** *spl* toast *sg*

**tostadero** *m* roaster

**tostado** *adj* **1** (*moreno*) brown, tanned **2**: *pan* ~ toast

**tostador** *m* *de pan* toaster; *de café* roaster

**tostar** ⟨1m⟩ **I** *v/t* toast; *café* roast; *al sol* tan; **tostarse** *v/r* tan, get brown

**tostón** *m* **1** F bore **2** GASTR crouton

**total** **I** *adj* total, complete; *en* ~ altogether, in total **II** *m* total; *un* ~ *de 50 personas* a total of 50 people **III** *adv*: ~, *que no conseguí estudiar* the upshot was that I didn't manage to get any studying done

**totalidad** *f* totality; *la* ~ *de los Estados Unidos* the whole of the United States

**totalitario** *adj* totalitarian

**totalizar** ⟨1f⟩ *v/t* total

**totalmente** *adv* totally, completely

**tótem** *m* totem

**totémico** *adj* totemic

**toxicidad** *f* toxicity

**tóxico** *adj* **I** toxic, poisonous **II** *m* toxin, poison

**toxicomanía** *f* drug addiction, drug dependency

**toxicómano** **I** *adj* addicted to drugs, drug-dependent **II** *m*, -**a** *f* drug addict

**toxina** *f* toxin

**tozudez** *f* obstinacy

**tozudo** *adj* obstinate

**traba** *f* obstacle; *poner* ~**s** raise objections; *sin* ~**s** without a hitch

**trabajador** **I** *adj* hard-working **II** *m*, ~**a** *f* worker

◇ **trabajador eventual** casual worker

◇ **trabajador a tiempo parcial** part--time worker, part-timer

**trabajar** ⟨1a⟩ **I** *v/i* work; ~ *de camarero* work as a waiter **II** *v/t* work; *tema, músculos* work on; ~ *media jornada* work part-time

**trabajo** *m* work; (*tarea, puesto*) job; *buscar* ~ be looking for work, be looking for a job; *tengo un buen* ~ I have a good job; *costar* ~ be hard *o* difficult; *tomarse el* ~ *de* take the trouble to

◇ **trabajo de campo** fieldwork; **trabajo a destajo** piece work; **trabajo en equipo** team work; **trabajo a jornada completa** full-time work; *un* ~ a full-time job; **trabajo a media jornada** part-time work; **un ~** a part-time job; **trabajo temporal** temporary work; **un ~** a temporary job; **trabajo a tiempo parcial** part-time work; **un ~** a part--time job; **trabajo por turnos** shift work; **trabajos forzados** hard labor *sg o Br* labour

**trabajoso** *adj* hard, laborious

**trabalenguas** *m inv* tongue twister

**trabar** ⟨1a⟩ *v/t conversación, amistad* strike up; **trabarse** *v/r* get tangled up

**trabilla** *f para cinturón* belt loop

**trabucarse** ⟨1g⟩ *v/r* get all mixed up

**traca** *f* string of firecrackers

**tracción** *f* TÉC traction

◇ **tracción en las cuatro ruedas** four--wheel drive; **tracción delantera** front--wheel drive; **tracción trasera** rear--wheel drive

**tracoma** *m* MED trachoma

**tracto** *m* ANAT tract; **~ digestivo** digestive tract

**tractor** *m* tractor

**tractorista** *m/f* tractor driver

**tradición** *f* tradition

**tradicional** *adj* traditional

**tradicionalista** *m/f & adj* traditionalist

**traducción** *f* translation; **~ simultánea** simultaneous translation

**traducible** *adj* translatable

**traducir** ⟨3o⟩ *v/t* translate; **~ algo al / del alemán** translate sth into / from German; **traducirse** *v/r* result (**en** in); **los cambios se tradujeron en mejoras** the changes resulted in *o* led to improvements

**traductor** *m*, **~a** *f* translator

**traer** ⟨2p; *part* traido⟩ *v/t* **1** bring; **¿qué te trae por aquí?** what brings you here? **2** (*acarrear*): **~ consigo** involve, entail **3**: **~ a alguien de cabeza** be driving s.o. mad; **~ loco a alguien** drive s.o. crazy **4**: **este periódico la trae en portada** this newspaper carries it on the front page

**traerse** *v/r*: **este asunto se las trae** F it's a very tricky matter

**traficante** *m/f* dealer

◇ **traficante de drogas** drug dealer

**traficar** ⟨1g⟩ *v/i* deal (**en** in)

**tráfico** *m* traffic

◇ **tráfico aéreo** air traffic; **tráfico de armas** arms dealing *o* trafficking; **tráfico de drogas** drug trafficking; **en pe-** queña escala drug dealing; **tráfico ferroviario** rail traffic; **tráfico fronterizo** cross-border traffic; **tráfico de influencias** influence-peddling; **tráfico de mercancías pesadas** freight traffic, *Br tb* heavy goods traffic; **tráfico rodado** road traffic

**traga** *m/f Rpl* F grind, *Br* swot

**tragaderas** *fpl* F gullet *sg*, throat *sg*; **tener buenas ~** *fig* have a good appetite

**tragaldabas** *m/f inv* F hog F, *Br* pig F

**tragaluz** *m* skylight

**traganíqueles** *f inv L.Am.* slot machine

**tragaperras** *f inv* slot machine

**tragar** ⟨1h⟩ **I** *v/t* **1** swallow; **no lo trago** I can't stand him *o* bear him **2** *Rpl* F empollar cram, *Br* swot **II** *v/i Rpl* F empollar cram, *Br* swot; **tragarse** *v/r tb fig* F swallow

**tragasables** *m inv* sword swallower

**tragedia** *f* tragedy

**trágico** *adj* tragic

**tragicomedia** *f* tragicomedy

**tragicómico** *adj* tragicomic

**trago** *m* **1** *de agua* mouthful **2** F *bebida* drink; **echar** *o* **tomar un ~** take a swig *o* drink; **de un ~** in one gulp; **pasar un mal ~** *fig* have a hard time

**tragón I** *adj* greedy **II** *m*, **-ona** *f* glutton, greedy person

**traición** *f* **1** treachery, betrayal; **a ~** treacherously **2** JUR treason; **alta ~** high treason

**traicionar** ⟨1a⟩ *v/t* betray

**traicionero** *adj* treacherous

**traída** *f* bringing

◇ **traída de aguas** water supply

**traído I** *adj vestido* worn; **~ y llevado** *fig* well-used **II** *part* ☞ **traer**

**traidor I** *adj* treacherous **II** *m*, **~a** *f* traitor

**traigo** *vb* ☞ **traer**

**trailer** *m Méx* trailer, *Br* caravan

**tráiler** *m* **1** *remolque* trailer **2** *de película* trailer, preview

**traína** *f*, **traíña** *f* MAR trawl net

**trainera** *f* MAR *small fishing boat used in northern Spain*

**traje I** *m* suit; **~ a medida** tailored suit **II** *vb* ☞ **traer**

◇ **traje de baño** swimsuit; **traje de chaqueta** (woman's) two-piece suit; **traje de etiqueta** dress suit; **traje de luces** suit of lights, matador's outfit; **traje**

**de noche** evening dress; **traje de novia, traje nupcial** wedding dress; **traje-pantalón** pantsuit, *Br* trouser suit; **traje regional** regional costume; **traje sastre** (woman's) suit

**trajeado** *adj*: **bien / mal ~** well / badly dressed

**trajín** *m* hustle and bustle

**trajinar** ⟨1a⟩ *v/i* F rush around

**trajo** *vb* ☞ **traer**

**trallazo** *m* **1** lash **2** F *en fútbol* thumping shot

**trama** *f* (*tema*) plot

**tramar** ⟨1a⟩ *v/t complot* hatch

**tramitación** *f* processing; **el permiso se encuentra en ~** the permit is being processed

**tramitar** ⟨1a⟩ *v/t documento*: *de persona* apply for; *de banco etc* process

**trámite** *m* formality

**tramo** *m* section, stretch; *de escaleras* flight

**tramoya** *f* TEA piece of stage machinery; *fig* trick, deception

**tramoyista** *m/f* TEA scene shifter; *fig* trickster

**trampa** *f* **1** trap; **caer en la ~** fall into the trap; **tender una ~** *tb fig* set *o* lay a trap **2** (*truco*) scam F, trick; **hacer ~s** cheat

**trampero** *m*, **-a** *f* trapper

**trampilla** *f* trapdoor

**trampolín** *m* diving board

**tramposo I** *adj* crooked **II** *m*, **-a** *f* cheat, crook

**tranca** *f* **1** *de puerta* bar; **a ~s y barrancas** with great difficulty **2** (*borrachera*): **llevaba una ~ increíble** F he was wasted F *o* smashed F

**trancar** ⟨1g⟩ *v/t puerta* bar

**trancazo** *m* F dose of flu

**trance** *m* **1** (*momento difícil*) tough time; **pasar por un ~ amargo** go through a terrible time; **último ~** final moment; **a todo ~** at all costs **2** *de médium*: **en ~** in a trance

**tranco** *m*: **ir a grandes ~s** stride along

**tranqui** *adj* P relaxed, laidback; **¡~!** relax!, cool it! F

**tranquilidad** *f* calm, quietness; **para tu ~** for your peace of mind

**tranquilizador** *adj* **1** *música* soothing **2** *noticia* reassuring

**tranquilizante I** *adj* tranquilizing, *Br* tranquillizing **II** *m* tranquilizer, *Br* tranquillizer

**tranquilizar** ⟨1f⟩ *v/t*: **~ a alguien** calm s.o. down

**tranquillo** *m*: **pillar** *o Esp tb* **coger el ~ a algo** F get the hang of sth F

**tranquilo** *adj* **1** *lugar, mañana, persona* calm, quiet **2** *sin preocupaciones*: **¡~!** don't worry; **déjame ~** leave me alone **3** (*fresco*): **quedarse tan ~** not bat an eyelid

**transacción** *f* COM deal, transaction

**transalpino** *adj* transalpine

**transar** ⟨1a⟩ *v/i L.Am.* (*ser vendido*) sell out

**transatlántico I** *adj* transatlantic **II** *m* liner

**transbordador** *m* ferry

◇ **transbordador espacial** space shuttle

**transbordo** *m*: **hacer ~** TRANSP transfer, change

**transcendental** *adj* ☞ **trascendental**

**transcribir** ⟨3a; *part* **transcrito**⟩ *v/t* transcribe

**transcripción** *f* transcription

**transcrito** *part* ☞ **transcribir**

**transcurrir** ⟨3a⟩ *v/i de tiempo* pass, go by

**transcurso** *m* course; *de tiempo* passing; **en el ~ del año** in the course of the year

**transeúnte** *m/f* passer-by

**transexual** *m/f & adj* transsexual

**transferencia** *f* COM transfer; **~ de datos** data transfer

**transferible** *adj* transferable

**transferir** ⟨3i⟩ *v/t* transfer

**transfiguración** *f* transfiguration, transformation

**transfigurar** ⟨1a⟩ *v/t* transfigure, transform; **transfigurarse** *v/r* be transfigured, be transformed

**transformación** *f* transformation

**transformador** *m* EL transformer

**transformar** ⟨1a⟩ *v/t* **1** transform **2** DEP *penalti* score from

**transformista** *m/f* quick-change artist

**transfronterizo** *adj* cross-border

**tránsfuga** *m/f* POL defector

**transfundir** ⟨3a⟩ *v/t fml líquido* transfuse

**transfusión** *f*: **~ (de sangre)** (blood) transfusion

**transgénico** *adj* genetically modified

**transgredir** ⟨3a⟩ *v/t* infringe, transgress

**transgresión** *f* infringement, transgression

**transgresor** *m*, -a *f* transgressor

**transición** *f* transition; **de ~** transitional

**transido** *adj*: **~ de** racked with; **~ de frío** chilled to the bone

**transigente** *adj* accommodating

**transigir** ⟨3c⟩ *v/i* compromise, make concessions

**transistor** *m* transistor

**transitable** *adj* passable

**transitar** ⟨1a⟩ *v/i de persona* walk; *de vehículo* travel (**por** along)

**transitivo** *adj* GRAM transitive

**tránsito** *m* **1** transit; **de ~** *mercancía*, *persona* in transit; **pasajero en ~** passenger in transit, transit passenger **2** *L.Am.* (*circulación*) traffic

**transitorio** *adj* transitory; **periodo ~** transitional period

**translúcido** *adj* translucent

**transmigración** *f* transmigration

**transmisible** *adj* transmissible

**transmisión** *f* **1** transmission; **enfermedad de ~ sexual** sexually transmitted disease; **~ hereditaria** hereditary transmission **2** RAD, TV broadcasting, transmission

◇ **transmisión de archivos** INFOR file transfer; **transmisión de datos** data transfer *o* transmission; **transmisión en diferido** TV recorded broadcast; **transmisión en directo** TV live broadcast; **transmisión de ficheros** INFOR file transfer

**transmisor I** *adj* transmitting **II** *m* transmitter

**transmitir** ⟨3a⟩ *v/t* **1** *enfermedad* spread, transmit; *noticia* spread; **~ por herencia** pass on in one's genes **2** RAD, TV broadcast; *señal* transmit

**transmutación** *f* transmutation

**transmutar** ⟨1a⟩ *v/t* transmute

**transparencia** *f* transparency; *para proyectar* transparency, slide

**transparentar** ⟨1a⟩ **I** *v/t* reveal **II** *v/i* be transparent; **transparentarse** *v/r* **1**: **lleva un vestido que se transparenta** she is wearing a see-through dress **2** *fig*: *nerviosismo*, *intenciones* be obvious

**transparente** *adj* transparent

**transpiración** *f* perspiration

**transpirar** ⟨1a⟩ *v/i* perspire

**transpirenaico** *adj* trans-Pyrenean

**transplantar** ⟨1a⟩ *v/t* transplant

**transportable** *adj* transportable

**transportación** *f* *Méx* transportation

**transportador** *m* **1** MAT protractor **2** TÉC conveyor

**transportar** ⟨1a⟩ *v/t* transport; **transportarse** *v/r* be transported

**transporte** *m* transport

◇ **transporte colectivo, transporte público** mass transit, public transportation, *Br* public transport

**transportista** *m/f* haulage contractor

**transversal** *adj* transverse, cross *atr*

**tranvía** *m* streetcar, *Br* tram

**trápala I** *f* (*embuste*) lie **II** *m/f persona* liar

**trapatiesta** *f* F: **armar una ~** make a racket F

**trapear** ⟨1a⟩ *v/t Méx* mop

**trapecio** *m* **1** *de circo* trapeze **2** MAT trapezium

**trapecista** *m/f* trapeze artist(e)

**trapense** *m* REL Trappist

**trapero** *m*, -a *f* junk dealer, ragman, *Br* rag-and-bone man

**trapiche** *m CSur* sugar mill *o* press

**trapichear** ⟨1a⟩ *v/i* F deal (illicitly) (**con** in)

**trapicheo** *m* F shady deal F

**trapo** *m* **1** *para limpiar* cloth; *viejo* rag; **poner a alguien como un ~** F bad-mouth s.o. F; **tratar a alguien como un ~** F treat s.o. like dirt F; **estar hecho un ~** be worn out; **sacar los ~s sucios a relucir** *fig* reveal secrets **2**: **~s** *pl* F clothes **3** MAR sail; **a todo ~** *fig* F flat out F

**trapujear** ⟨1a⟩ *v/t & v/i C.Am.* smuggle

**tráquea** *f* ANAT windpipe, trachea

**traqueotomía** *f* MED tracheotomy

**traquetear** *v/i* ⟨1a⟩ rattle, clatter

**traqueteo** *m* rattle, clatter

**tras** *prp en el espacio* behind; *en el tiempo* after; **ir o andar ~ alguien / algo** be after s.o. / sth

**trascendencia** *f* significance

**trascendental, trascendente** *adj* momentous; *en filosofía* transcendental

**trascender** ⟨2g⟩ **I** *v/i* **1** *de noticia* get out **2**: **~ de** (*sobrepasar*) transcend **II** *v/t* transcend

**trasero I** *adj* rear *atr*, back *atr* **II** *m* F butt

F, *Br* rear end F

**trasfondo** *m* background; *fig* undercurrent

**trasgo** *m* goblin, imp

**trashumancia** *f* AGR transhumance, winter / summer migration

**trasiego** *m fig* bustle

**traslación** *f* AST movement

**trasladar** ⟨1a⟩ *v/t* move; *trabajador* transfer; **trasladarse** *v/r* move (**a** to); *se traslada Méx: en negocio* under new management

**traslado** *m* move; *de trabajador* transfer; **~ al aeropuerto** airport transfer; **~ de la producción** transfer of production

**traslúcido** *adj* translucent

**traslucir** ⟨3f⟩ *v/t* reveal, show; **traslucirse** *v/r* be visible; *fig* be evident, show; *su nerviosismo no se trasluce* his nervousness is not evident *o* doesn't show

**trasluz** *m*: **al ~** against the light

**trasnochado** *adj* 1 *fig* outdated 2 (*persona*) who has been awake all night

**trasnochar** ⟨1a⟩ *v/i* (*acostarse tarde*) go to bed late, stay up late; (*no dormir*) stay up all night; *L.Am.* stay overnight, spend the night

**traspapelar** ⟨1a⟩ *v/t* mislay; **traspapelarse** *v/r* get mislaid

**traspasar** ⟨1a⟩ *v/t* 1 (*atravesar*) go through 2 COM transfer 3 (*exceder*) go beyond

**traspaso** *m* COM transfer

**traspié** *m* trip, stumble; *dar un ~ fig* slip up, blunder

**trasplantar** ⟨1a⟩ *v/t* AGR, MED transplant

**trasplante** *m* AGR, MED transplant; **~ cardiaco** heart transplant

**trasponer** ⟨2r⟩ *v/t* 1 *fml* (*mover de sitio*) transfer 2 (*trasplantar*) transplant; **trasponerse** *v/r* doze off

**traspuesto** *adj*: **quedarse ~** doze off

**traspunte** *m/f* TEA prompter

**trasquilar** ⟨1a⟩ *v/t* shear

**trastabillar, trastabillear** ⟨1a⟩ *v/i* 1 stumble 2 *al hablar* stutter, stammer

**trastada** *f* F prank, trick; *hacer ~s* get up to mischief

**trastazo** *m* F bump

**traste** *m* 1: *irse al ~* F fall through, go down the tubes F; *dar al ~ con algo*

F ruin sth, trash sth F 2 *C.Am., Méx* dish; *lavar los ~s* do the dishes 3 *CSur* F *trasero* butt F, *Br* bottom

**trastear** ⟨1a⟩ I *v/t muebles* move around II *v/i* move things around

**trastero** I *adj*: *cuarto ~* lumber room II *m* lumber room

**trastienda** *f* back room (*of shop*)

**trasto** *m* 1 *desp* piece of junk; *tirarse los ~s a la cabeza* F have a big fight 2 *persona* good-for-nothing

**trastocar** *vb* ☞ **trastrocar**

**trastornar** ⟨1a⟩ *v/t* 1 *plan* upset 2 (*molestar*) inconvenience 3 (*perturbar*): **~ la mente de alguien** affect s.o. mentally; **trastornarse** *v/r* 1 *de plan* be upset (*por* by) 2 be affected mentally

**trastorno** *m* 1 inconvenience 2 MED disorder; **~ alimentario** eating disorder; **~ circulatorio** circulation problem ◇ **trastorno mental** mental disorder

**trastrocar** ⟨1g & 1m⟩ *v/t* change *o* switch around

**trasvasar** ⟨1a⟩ *v/t agua de río* transfer (*from one river to another*)

**trasvase** *m transfer of water from one river to another*

**trata** *f* trade

**tratadista** *m/f* author (*of a treatise*)

**tratado** *m esp* POL treaty ◇ **Tratado de Libre Comercio** North American Free Trade Agreement ◇ **tratado de paz** peace treaty

**tratamiento** *m* treatment ◇ **tratamiento de aguas residuales** sewage treatment; **tratamiento de datos** INFOR data processing; **tratamiento de residuos** waste treatment *o* processing; **tratamiento de textos** INFOR word processing

**tratante** *m/f* dealer, trader ◇ **tratante de ganado** cattle dealer

**tratar** ⟨1a⟩ I *v/t* 1 treat 2 (*manejar*) handle 3 (*dirigirse a*) address (**de** as); **~ a alguien de tú** address s.o. informally, use the tú form with s.o.; **~ a alguien de usted** address s.o. formally, use the usted form with s.o. 4 *gente* come into contact with 5 *tema* deal with II *v/i*: 1: **~ con alguien** deal with s.o. 2: **~ de** (*intentar*) try to 3 COM: **~ en** deal in; **tratarse** *v/r*: *¿de qué se trata?* what's it about?

**trato** *m* 1 *de prisionero, animal* treatment; **malos ~s** pl ill treatment sg, abuse sg; **~ de favor** favorable o preferential treatment **2** COM deal; **hacer un ~** make a deal; **¡~ hecho!** it's a deal; **tener ~ con alguien** have dealings with s.o.; **estar en ~s con alguien** be negotiating with s.o., be talking to s.o.

**trauma** m trauma

**traumático** adj traumatic

**traumatismo** m MED trauma, injury

◇ **traumatismo craneoencefálico** head injury, cranial trauma fml

**traumatizar** ⟨1f⟩ v/t traumatize

**traumatología** f trauma surgery

**traumatólogo** m, **-a** f trauma specialist, traumatologist

**través** m: **a ~ de** through; **de ~** diagonally, crosswise; **mirar de ~** look sideways at

**travesaño** m en fútbol crossbar

**travesía** f crossing

**travesti, travestido** m **1** que se viste de mujer transvestite **2** artista drag artist

**travesura** f bit of mischief, prank

**traviesa** f FERR tie, Br sleeper

**travieso** adj niño mischievous

**trayecto** m journey; **10 dólares por ~** 10 dollars each way

**trayectoria** f fig course, path

**traza** f **1** (aspecto): **esta discusión lleva ~s de acabar mal** this argument looks as if it will end badly o looks like ending badly; **lleva ~s de llover** it looks as though it's going to rain, it looks like rain F; **por las ~s** judging by appearances **2** (maña): **darse (buena) ~ para** to be good at

**trazado** m **1** acción drawing; (diseño) plan, design **2** de canal, camino route

**trazar** ⟨1f⟩ v/t **1** (dibujar) draw **2** ruta plot, trace **3** (describir) outline, describe

**trazo** m line

**trébol** m BOT clover

**trece** adj thirteen; **mantenerse** o **seguir en sus ~** stand firm, not budge

**trecho** m stretch, distance; **de ~ en ~** at intervals

**tregua** f truce, ceasefire; **sin ~** relentlessly; **no dar ~** give no respite

**treinta** adj thirty

**treintena** f thirty; **una ~ de ...** about thirty ...

**trekking** m trekking

**tremebundo** adj horrendous, frightening

**tremenda** f: **echar por la ~** flip F, go crazy F; **tomarse algo a la ~** fig F make a big fuss about sth

**tremendismo** m sensationalism

**tremendo** adj **1** susto, imagen awful, dreadful **2** éxito, alegría tremendous

**trementina** f turpentine, turps F sg

**trémolo** m MÚS tremolo

**trémulo** adj voz tremulous, trembling; luz flickering

**tren** m FERR train; **ir en ~** go by train; **perder el ~** miss the train; fig miss the boat; **vivir a todo ~** F live in style; **... (como) para parar un ~** F loads of ... F, masses of ... F; **estar como un ~** F be absolutely gorgeous

◇ **tren de alta velocidad** high speed train; **tren de aterrizaje** AVIA undercarriage, landing gear; **tren de cercanías** local o suburban train; **tren de lavado** car wash; **tren de mercancías** freight train, Br goods train; **tren de pasajeros** pasenger train; **tren de vida** lifestyle

**trena** f F can P, slammer P

**trenca** f duffel coat

**trencilla** f **1** braid, Br plait **2** en bordado tassle **3** m F DEP ref F

**trencito** m Urug F en examen crib

**trenza** f plait; de pelo braid, Br plait

**trenzado** m plaiting; de pelo braiding, Br plaiting

**trenzar** ⟨1f⟩ v/t plait; pelo braid, Br plait

**trepa** m/f F socialmente social climber; en el trabajo careerist

**trepador** I adj: **planta ~a** BOT climber, climbing plant II m **1** climber, climbing plant **2** ZO: **~ (azul)** nuthatch III m, **~a** f social climber

**trepar** ⟨1a⟩ I v/i climb (**a** up), scale (**a** sth) II v/t climb (up), scale

**trepidante** adj fig frenetic

**trepidar** ⟨1a⟩ v/i vibrate, shake

**tres** I adj three; **no funciona ni a la de ~** there's no way it is going to work II m three

◇ **tres segundos** en baloncesto three-seconds violation

**trescientos** adj three hundred

**tresillo** m living-room suite, Br three-piece suite

**treta** f trick, ploy

**tríada** *f* triad

**trial** *m* DEP trials *pl*

**triangular** *adj* triangular

**triángulo** *m* triangle

◊ **triángulo de peligro** AUTO warning triangle

**triásico** *m* GEOL Triassic (period)

**triatlón** *m* DEP triathlon

**tribal** *adj* tribal

**tribu** *f* tribe

**tribulaciones** *fpl* tribulations

**tribuna** *f* **1** DEP grandstand **2**: ~ *de oradores* speaker's platform

**tribunal** *m* court

◊ **tribunal de apelación** court of appeals, *Br* Court of Appeal; **Tribunal Constitucional** constitutional court; **tribunal de cuentas** National Audit Commission; **Tribunal Europeo de Justicia** European Court of Justice; **tribunal de menores** juvenile court; **Tribunal Supremo** Supreme Court

**tributar** ⟨1a⟩ **I** *v/t impuesto, fig* pay **II** *v/i* pay taxes

**tributario I** *adj* **1** COM tax *atr*; **derecho / sistema** ~ tax law / system **2** GEOG tributary *atr* **II** *m* tributary

**tributo** *m* **1** tribute; **rendir** ~ *fig* pay tribute **2** (*impuesto*) tax

**tricampeón** *m*, **-ona** *f* DEP three times champion, triple champion

**tricentenario** *m* tercentennial, tercentenary

**triciclo** *m* tricycle

**tricolor** *adj* tricolor, *Br* tricolour

**tricornio** *m* three-cornered hat

**tricotar** ⟨1a⟩ *v/i* & *v/t* knit

**tricotosa** *f* knitting machine

**tridente** *m* trident

**tridimensional** *adj* three-dimensional

**trienal** *adj* triennial, three-yearly

**trienio** *m* period of three years

**trifásico** *adj* EL three-phase

**trifulca** *f* F brawl, *Br tb* punch-up F

**trigal** *m* wheat field

**trigo** *m* wheat; **no es** ~ **limpio** F *comerciante, propuesta comercial* he's / it's a bit shady F

◊ **trigo negro, trigo sarraceno** buckwheat, Saracen corn

**trigonometría** *f* MAT trigonometry

**trigueño** *adj pelo* corn-colored, *Br* corn-coloured; *piel* olive

**triguero** *adj* wheat *atr*

**trilingüe** *adj* trilingual

**trilla** *f* AGR threshing

**trillado** *adj fig* hackneyed, clichéd

**trillador** *m* thresher

**trilladora** *f* threshing machine, thresher; *mujer* thresher

**trillar** ⟨1a⟩ *v/t* AGR thresh

**trillizos** *mpl* triplets

**trillo** *m* threshing machine, thresher

**trillón** *m* quintillion, *Br* trillion

**trilogía** *f* trilogy

**trimestral** *adj* quarterly

**trimestre** *m* quarter; *escolar* semester, *Br* term

**trimotor** *m* three-engined plane

**trinar** ⟨1a⟩ *v/i* trill, warble; **está que trina** *fig* F he's fuming F, he's hopping mad F

**trincar** ⟨1g⟩ F **I** *v/t criminal* catch **II** *v/i* drink, booze F

**trinchar** ⟨1a⟩ *v/t* GASTR carve

**trinchera** *f* MIL trench

**trinchero** *m* sideboard

**trineo** *m* sled, sleigh

**trinidad** *f* REL trinity

**trino** *m* trill, warble

**trinquete** *m* **1** MAR foremast **2** TÉC pawl

**trío** *m* trio

**tripa** *f* F belly F, gut F; **hacer de** ~**s corazón** *fig* pluck up courage; **¿qué** ~ **se te ha roto?** F what's so urgent?; **echar las** ~**s** *fig* F bust a gut; **rascarse la** ~ *fig* F do nothing; **se me revuelven las** ~**s** my stomach turns

**triple I** *adj* triple **II** *m* **1**: **el** ~ **que el año pasado** three times as much as last year **2** *en baloncesto* three-pointer

**triplicado** *adj*: **por** ~ in triplicate

**triplicar** ⟨1g⟩ *v/t* triple, treble

**trípode** *m* tripod

**tríptico** *m* triptych

**tripudo** *adj* F potbellied

**tripulación** *f* AVIA, MAR crew

**tripulado** *adj* crewed, manned

**tripulante** *m/f* crew member

**tripular** ⟨1a⟩ *v/t* crew

**triquinosis** *f* MED trichinosis

**triquiñuela** *f* F dodge F, trick

**tris** *m*: **estuvo en un** ~ **de caerse** F she came within an inch of falling

**triste** *adj* sad

**tristeza** *f* sadness

**tristón** *adj* gloomy, sad

**tritón** *m* **1** ZO newt **2** MYTH triton

**trituradora** *f de papel* shredder; *de hielo, roca etc* crusher; *de carne* grinder, *Br* mincer

◇ **trituradora de basuras** waste disposal unit

**triturar** ⟨1a⟩ *v/t papel* shred; *hielo, roca etc* crush; *carne* grind, *Br* mince

**triunfador I** *adj* winning **II** *m*, **~a** *f* winner, victor

**triunfal** *adj* **1** *arco, desfile* triumphal **2** *comportamiento, sonrisa* triumphant

**triunfalismo** *m* triumphalism

**triunfante** *adj* triumphant; **salir ~** emerge triumphant

**triunfar** ⟨1a⟩ *v/i* **1** triumph, win **2** *en naipes* ruff, trump

**triunfo** *m* **1** triumph, victory **2** *en naipes* trump

**trivial** *adj* trivial

**trivialidad** *f cualidad, cosa* triviality; *dicho* trivial remark, triviality

**trivializar** ⟨1f⟩ *v/t* trivialize

**triza** *f:* **hacer ~s** F *jarrón* smash to bits; *papel, vestido* tear to shreds; **estar hecho ~s** F be shattered

**trocar** ⟨1g & 1m⟩ *v/t* **1** (*intercambiar*) exchange **2** (*confundir*) mix up, confuse; **trocarse** *v/r* turn (**en** into)

**trocear** ⟨1a⟩ *v/t* cut into pieces, cut up

**troche:** **había errores a ~ y moche** F there were mistakes galore F

**trofeo** *m* trophy

**trófico** *adj* BIO alimentary, food *atr*

**trofología** *f* BIO food science

**troglodita** *m/f* cave dweller; *fig* F redneck, *Br* yob

**troj(e)** *f* granary

**trola** *f* F fib

**trolebús** *m* trolley bus

**trolero** F **I** *adj* lying **II** *m*, **-a** *f* liar

**tromba** *f:* **~ de agua** downpour; **entrar / pasar en ~** rush in / past

**trombo** *m* MED clot

**trombón** *m* MÚS trombone

**trombonista** *m/f* trombonist, trombone player

**trombosis** *f* MED thrombosis

**trompa I** *adj* F wasted **II** *f* **1** MÚS horn; *instrumentista* horn player **2** ZO trunk **III** *m* MÚS horn player

◇ **trompa de Falopio, trompa uterina** ANAT Fallopian tube

**trompada** *f*, **trompazo** *m* L.Am. F whack F; **darse un ~ con algo** F bang

into sth

**trompearse** ⟨1a⟩ L.Am. F fight, lay into each other F

**trompeta I** *f* MÚS trumpet; *instrumentista* trumpet player, trumpeter **II** *m* trumpeter, trumpet player

**trompetazo** *m* trumpet blast

**trompetilla** *f* ear trumpet

**trompetista** *m/f* trumpeter, trumpet player

**trompicar** ⟨1g⟩ *v/i* stagger

**trompicón** *m:* **a trompicones** in fits and starts

**trompo** *m* spinning top

**trona** *f* high chair

**tronada** *f* thunderstorm

**tronado** *adj* crazy

**tronar** ⟨1m⟩ **I** *v/i* **1** thunder **2** *Méx: con persona* break up; **~ con alguien** break up with s.o. **II** *v/t Méx* F (*catear*) flunk

**troncal** *adj* main

**troncha** *f* S.Am. slice, piece

**tronchante** *adj* F sidesplitting

**tronchar** ⟨1a⟩ *v/t palo, rama etc* snap; *fig* (*truncar*) cut short; **troncharse** *v/r:* **~ de risa** F split one's sides laughing

**troncho** *m* stalk, stem

**tronco** *m* trunk; *cortado* log; **dormir como un ~** sleep like a log

**tronío** *m:* **una mujer de ~** extravagant woman

**trono** *m* throne; **acceder o subir al ~** ascend *o* come to the throne

**tropa** *f* MIL (*soldado raso*) ordinary soldier, enlisted man; **~s** troops; **~s aerotransportadas** airborne troops

**tropecientos** *adj* F hundreds of

**tropel** *m:* **en ~** in a mad rush; **salir en ~** pour out

**tropelía** *f* outrage

**tropezar** ⟨1f & 1k⟩ *v/i* **1** trip, stumble **2** (*chocar*): **~ con** *tb fig* bump into

**tropezón** *m* **1** trip, stumble; **dar un ~** trip, stumble; **a tropezones** in fits and starts **2**: **tropezones** *mpl pieces of meat or vegetable added to soup*

**tropical** *adj* tropical

**trópico** *m* tropic

◇ **Trópico de Cáncer** Tropic of Cancer

◇ **Trópico de Capricornio** Tropic of Capricorn

**tropiezo** *m fig* setback

**tropilla** *f* L.Am. herd

**troqueladora** *f* stamping press

**turbado**

**trotacalles** *m/f inv* F bum F
**trotamundos** *m/f inv* globetrotter
**trotar** ⟨1a⟩ *v/i* trot; *fig* gad around
**trote** *m* trot; F rush; *ir al* ~ trot; *ya no estoy para esos* ~*s* I'm not up to it any more; *para todo* ~ *prenda de vestir* everyday *atr*
**trovador** *m* troubadour, minstrel
**Troya** *f* HIST Troy; *aquí o allí fue* ~ F it was chaos!; *arda* ~ F to hell with it! F
**trozo** *m* piece
**trucaje** *m* fixing, rigging
**trucar** ⟨1g⟩ *v/t concurso* fix, rig; *motor* soup up F
**trucha** *f* ZO trout
**truco** *m* trick; *pillar o Esp tb coger el* ~ *a algo* F get the hang of sth F
**truculento** *adj* horrifying
**trueno** *m* thunder
**trueque** *m* barter; *a* ~ *de* in exchange for
**trufa** *f* BOT truffle
**trufar** ⟨1a⟩ *v/t* stuff with truffles
**truhán** *m* rogue
**trullo** *m* F can P, slammer P
**truncar** ⟨1g⟩ *v/t* **1** GEOM truncate **2** *vida, esperanza* cut short; *truncarse v/r* be cut short
**trunco** *adj L.Am.* incomplete; *sin punta* truncated
**trust** *m* cartel
**TS** *m abr* (= *Tribunal Supremo*) Supreme Court
**Tte.** *abr* (= *Teniente*) Lieut. (= Lieutenant)
**tú** *pron sg* you; *tratar de* ~ address as tú; *tratar o hablar de* ~ *a* ~ *con alguien* be on an equal footing with s.o., be on familiar terms with s.o.
**tu, tus** *adj pos* your
**tuba** *f* MÚS tuba
**tubérculo** *m* BOT tuber
**tuberculosis** *f* MED tuberculosis, TB
**tuberculoso** *adj* tubercular
**tubería** *f* pipe
**tubo** *m* **1** tube; *había gente / cartas por un* ~ F there were masses of people / letters F; *pasar por el* ~ F knuckle under **2** *Rpl* TELEC receiver
◇ **tubo digestivo** ANAT alimentary canal; **tubo de ensayo** test tube; **tubo de escape** AUTO exhaust (pipe); **tubo fluorescente** fluorescent tube
**tubular** *adj* tubular
**tucán** *m* ZO toucan

**tuerca** *f* TÉC nut; *dar una vuelta de* ~ *fig* tighten the screw
◇ **tuerca mariposa** wing nut
**tuerto I** *adj* (*sin un ojo*) one-eyed; (*ciego de un ojo*) blind in one eye **II** *m*, *-a f* (*sin un ojo*) one-eyed person; (*ciego de un ojo*) person who is blind in one eye
**tuétano** *m*: *hasta los* ~*s fig* through and through
**tufarada** *f* F whiff F
**tugurio** *m* hovel, dive
**tulipa** *f* lampshade
**tulipán** *m* BOT tulip
**tullido I** *adj* crippled **II** *m*, *-a f* cripple
**tumba** *f* tomb, grave; *revolverse en su* ~ *fig* turn in one's grave; *estar con un pie en la* ~ have one foot in the grave; *lanzarse a* ~ *abierta* go headlong; *ser una* ~ *fig* keep one's mouth shut
**tumbar** ⟨1a⟩ *v/t* knock down; *tumbarse v/r* lie down
**tumbo** *m* tumble; *ir dando* ~*s* stagger along
**tumbona** *f* (sun) lounger
**tumefacto** *adj* swollen, tumescent
**tumor** *m* MED tumor, *Br* tumour
**túmulo** *m* tumulus, burial mound
**tumulto** *m* uproar
**tumultuario, tumultuoso** *adj* uproarious
**tuna** *f* **1** MÚS *student musical group* **2** *Méx fruta* prickly pear
**tunante** *m*, *-a f* rogue
**tunda** *f* F beating
**tundra** *f* GEOG tundra
**tunecino I** *adj* Tunisian **II** *m*, *-a f* Tunisian
**túnel** *m* tunnel; *hacer un* ~ *a alguien* F *en fútbol* nutmeg s.o.
◇ **túnel aerodinámico** wind tunnel; **túnel de lavado** car wash; **túnel de viento** wind tunnel
**Túnez** *m país* Tunisia; *ciudad* Tunis
**tungsteno** *m* QUÍM tungsten
**túnica** *f* tunic
**tuno** *m*, *-a f* rogue
**tuntún**: *decir algo al buen* ~ say sth off the top of one's head
**tupé** *m* F quiff
**tupido** *adj pelo* thick; *vegetación* dense, thick
**turba** *f* **1** (*muchedumbre*) throng **2** (*carbón*) peat
**turbado** *adj* **1** (*emocionado*) upset **2**

(*avergonzado*) embarrassed

**turbador** *adj* **1** (*emocionante*) upsetting **2** *belleza* disturbing **3** (*avergonzante*) embarrassing

**turbante** *m* turban

**turbar** ⟨1a⟩ *v/t* **1** (*emocionar*) upset **2** *paz, tranquilidad* disturb **3** (*avergonzar*) embarrass; **turbarse** *v/r* **1** (*emocionarse*) get upset **2** *de paz, tranquilidad* be disturbed **3** (*avergonzarse*) get embarrassed

**turbera** *f* peat bog

**turbina** *f* turbine

**turbio** *adj* cloudy, murky; *fig* shady, murky

**turbión** *m* METEO downpour

**turbo I** *adj* turbocharged **II** *m* AUTO turbo

**turbocompresor** *m* turbocharger

**turbopropulsor** *m* AVIA turboprop

**turborreactor** *m* AVIA turbojet

**turbulencia** *f* turbulence

**turbulento** *adj* turbulent

**turco I** *adj* Turkish **II** *m*, **-a** *f* Turk **III** *m idioma* Turkish

**turgente** *adj* swollen

**turismo** *m* **1** tourism **2** *automóvil* sedan, *Br* saloon (car)

◇ **turismo de aventura** adventure tourism; **turismo de masas** mass tourism; **turismo rural** tourism in rural areas

**turista** *m/f* tourist

**turístico** *adj* tourist *atr*

**turnarse** ⟨1a⟩ *v/r* take it in turns

**turno** *m* **1** turn; *por ~s* in turns; *es mi ~* it's my turn **2** *de trabajo* shift; *cambio de ~* change of shift; *trabajar por ~s* work shifts; *de ~* on duty

◇ **turno de día** day shift

◇ **turno de noche** night shift

**turolense** *adj* **I** of / from Teruel, Teruel *atr* **II** *m/f* person from Teruel

**turón** *m* ZO polecat

**turoperador** *m* tour operator

**turquesa I** *adj*: **azul ~** turquoise **II** *f piedra preciosa* turquoise

**Turquía** *f* Turkey

**turrón** *m* nougat

**turulato** *adj* F stunned, dazed

**tururú I** *int* no way! **II** *adj*: **estás ~** F you're crazy

**tus** *adj pos* your

**tute** *m* **1** *juego*: Spanish card game **2**: **darse un ~** F work like a dog F, slave F

**tutear** ⟨1a⟩ *v/t* address as 'tú'; **tutearse** *v/r* be on familiar terms

**tutela** *f* **1** JUR guardianship, tutelage; **bajo la ~ de** under the guardianship *o* protection of **2** EDU tutorship

**tutelar I** *adj* tutelary **II** ⟨1a⟩ *v/t fig* supervise

**tuteo** *m* use of tú

**tutiplén**: **había comida a ~** F there was loads *o* masses to eat F

**tutor** *m*, **~a** *f* **1** JUR guardian **1** EDU tutor

**tutoría** *f* **1** *cargo* tutorship **2** *clase* tutorial **3** (*tutela*) guardianship

**tutú** *m* tutu

**tuve** *vb* ☞ **tener**

**tuvo** *vb* ☞ **tener**

**tuya** *f* BOT white cedar, thuja

**tuyo, tuya** *pron pos* yours; **los ~s** your folks, your family; **este libro es ~** this book is yours; **un amigo ~** a friend of yours

**TV** *abr* (= **televisión**) TV (= television)

**TVE** *f abr* (= **Televisión Española**) Spanish State Television

# U

**u** *conj* (*instead of* **o** *before words starting with* o) or

**ubicación** *f* **1** *L.Am.* location **2** (*localización*) finding, location

**ubicado** *adj* located, situated

**ubicar** ⟨1g⟩ *v/t* **1** *L.Am.* place, put **2** (*localizar*) locate; **ubicarse** *v/r* **1** be located, be situated **2** *en un empleo* get a job

**ubicuidad** *f* ubiquity

**ubicuo** *adj* ubiquitous

**ubre** *f* udder

**UCD** *f abr* (= **Unión de Centro Democrático**) Central Democratic Union

**UCE** *f abr* (= **Unión de Consumidores**

**de España)** *Spanish consumers association*

**UCI** *f abr* (= **unidad de cuidados intensivos**) ICU (= intensive care unit)

**ucrani(an)o I** *adj* Ukrainian **II** *m*, -a *f* Ukrainian

**Ud.** *pron* ☞ **usted**

**Uds.** *pron* ☞ **ustedes**

**UE** *f abr* (= **Unión Europea**) EU (= European Union)

**UEFA** *f abr* (= **Unión Europea de Fútbol Asociación**): **la ~** UEFA (= Union of European Football Associations)

**¡uf!** *int* oof!

**ufanarse** ⟨1a⟩ *v/r* boast (**con, de** of, about)

**ufano** *adj* **1** conceited **2** (*contento*) proud

**ufología** *f* study of UFOs, ufology

**ugandés I** *adj* Ugandan **II** *m*, -esa *f* Ugandan

**UGT** *f abr* (= **Unión General de Trabajadores**) *Spanish trade union*

**ujier** *m* usher

**ukelele** *m* MÚS ukulele

**úlcera** *f* MED ulcer

◇ **úlcera duodenal** duodenal ulcer

◇ **úlcera gástrica** gastric ulcer

**ulceración** *f* ulceration

**ulcerarse** ⟨1a⟩ *v/r* MED become ulcerous, ulcerate

**ulceroso** *adj* ulcerous

**ulterior** *adj* subsequent

**ulteriormente** *adv fml* later, subsequently

**ultimación** *f de preparativos* completion

**últimamente** *adv* lately

**ultimar** ⟨1a⟩ *v/t* **1** *preparativos* finalize **2** *L.Am.* (*rematar*) finish off

**ultimátum** *m* ultimatum

**último** *adj* **1** last; **ser el ~ en llegar** be the last (one) to arrive; **por ~** finally; **está en las -as** he doesn't have long (to live); **a ~s de mayo** at the end of May **2** (*más reciente*) latest; **-as noticias** latest news *sg*; **estar a la -a** be right up to date; **ir a la -a** (**moda**) wear the latest fashions; **es lo ~** it's the latest thing **3** top *atr*

**ultra** *m* POL right-wing extremist

**ultra-** *pref* ultra-

**ultracongelado I** *adj* deep frozen **II** *m* deep frozen product

**ultraconservador** *adj* ultra-conservative

**ultraderecha** *f* POL extreme right

**ultraderechista I** *adj* extreme right wing *atr* **II** *m/f* right-wing extremist

**ultraizquierda** *f* POL far left

**ultraizquierdista I** *adj* extreme left wing *atr* **II** *m/f* left-wing extremist

**ultrajante** *adj fml* outrageous; *palabras* insulting

**ultrajar** ⟨1a⟩ *v/t fml* outrage; (*insultar*) insult

**ultraje** *m fml* outrage; (*insulto*) insult

**ultraligero** *m* AVIA microlight

**ultramar** *m*: **de ~** overseas, foreign

**ultramarino** *adj* overseas, foreign

**ultramarinos** *mpl* groceries; **tienda de ~** grocery store, *Br* grocer's (shop)

**ultramoderno** *adj* ultramodern

**ultranza:** **a ~** for all one is worth; **un defensor a ~ de algo** an ardent defender of sth

**ultrasónico** *adj* ultrasonic

**ultrasonido** *m* ultrasound

**ultratumba** *f*: **la vida de ~** life beyond the grave

**ultravioleta** *adj* ultraviolet

**ulular** ⟨1a⟩ *v/i de viento* howl; *de búho* hoot

**umbilical** *adj* ANAT umbilical

**umbral** *m fig* threshold; **en el ~ de** on the threshold of

**umbrío, umbroso** *adj* shady

**un, una** *art indet* a; *antes de vocal y h muda* an; **~os coches / pájaros** some cars / birds

**unánime** *adj* unanimous

**unanimidad** *f* unanimity; **por ~** unanimously

**unción** *f fig* unction

**uncir** ⟨3b⟩ *v/t* yoke

**undécimo** *adj* eleventh

**UNED** *f abr* (= **Universidad Nacional de Educación a Distancia**) *Spanish distance-learning university*

**ungir** ⟨3c⟩ *v/t* REL anoint

**ungüento** *m* ointment

**uni-** *pref* uni-, one-

**únicamente** *adv* only

**unicameral** *adj* POL: **sistema ~** single-chamber system

**unicelular** *adj* BIO single-cell *atr*

**unicidad** *f fml* (*excepcionalidad*) uniqueness

**único** *adj* **1** only; *hijo* ~ only child; *su* ~ *hijo* her only son; *lo* ~ *que* ... the only thing that ... **2** (*sin par*) unique; *fig* (*excelente*) outstanding, extraordinary; *es* ~ it's unique

**unicolor** *adj* self-colored, *Br* self-colour *atr*

**unicornio** *m* MYTH unicorn

**unidad** *f* **1** unit; ~ *de máxima seguridad en prisión* maximum security unit **2** (*cohesión*) unity

◇ **unidad de cuidados intensivos** MED intensive care unit; **unidad de disco** INFOR disk drive; **unidad monetaria** monetary unity; **unidad móvil de radio**, *TV* mobile unit, outside broadcast unit; **unidad de tratamiento intensivo** *CSur* MED intensive care unit; **unidad de vigilancia intensiva** MED intensive care unit

**unidimensional** *adj* one-dimensional

**unidireccional** *adj* unidirectional, one-directional

**unido** *adj* united; *una familia -a* a close-knit family; *estar muy* ~s be very close

**unifamiliar** *adj* single-family *atr*; *vivienda* ~ single-family dwelling

**unificación** *f* unification

**unificar** ⟨1g⟩ *v/t* unify

**uniformar** ⟨1a⟩ *v/t fig* standardize

**uniforme I** *adj* uniform; *superficie* even **II** *m* uniform; *ir de* ~ be in uniform

**uniformidad** *f* uniformity

**unigénito I** *adj hijo* only **II** *m* REL: *el Unigénito* the only begotten Son of God

**unilateral** *adj* unilateral

**unión** *f* **1** union; *la* ~ *hace la fuerza* united we stand **2** TÉC joint

**Unión Americana** *f Méx* United States of America

**Unión Europea** *f* European Union

**unipartidista** *adj* one-party *atr*

**unipersonal** *adj* individual, single

**unir** ⟨3a⟩ *v/t* **1** join **2** *personas* unite **3** *características* combine (*con* with) **4** *ciudades* link; *unirse v/r* join together; ~ *a* join

**unisex** *adj inv* unisex

**unísono** *m* MÚS unison; *al* ~ in unison

**unitario** *adj* unitary; *precio* ~ unit price

**universal** *adj* universal

**universalidad** *f* universality

**universalizar** ⟨1f⟩ *v/t* universalize

**universidad** *f* university; ~ *a distancia* university correspondence school, *Br* Open University

**universitario I** *adj* university *atr* **II** *m*, -a *f estudiante* university student

**universo** *m* universe

**unívoco** *adj* univocal

**uno I** *pron* **1** one; *es la -a* it's one o'clock; ~ *a* ~, ~ *por* ~, *de* ~ *en* ~ one by one; *-a de dos* one thing or the other

**2** *personal en singular* someone, somebody; *me lo dijo* ~ someone *o* somebody told me

**3** *personal en plural*: ~s *cuantos* a few, some; ~s *y otros* everyone; ~s *niños* some children; ~s *a otros* one another, each other

**4** *impersonal* you, one *fml*; *¿qué puede* ~ *hacer?* what can you *o* one *fml* do?

**5** *aproximación*: *-as mil pesetas* about a thousand pesetas; ~s *20 kilómetros* about 20 kilometers, some 20 kilometers

**6**: *a -a* at the same time; *-a y no más* never again; *no dar ni -a* F not get anything right

**7** *en baloncesto*: ~ *contra* ~ one on one; ~ *más* ~ one-and-one

**II** *art*: ~s *niños* some children

**III** *m* one; *el* ~ *de enero* January first, the first of January

**untar** ⟨1a⟩ *v/t* **1** spread **2**: ~ *a alguien* F (*sobornar*) grease s.o.'s palm; *untarse v/r* **1** smear o.s. (*con* with) **2** *fig* take a cut F, get a rake-off F

**untuosidad** *f tb fig* oiliness

**untuoso** *adj tb fig* oily

**uña** *f* ANAT nail; ZO claw; *comerse o morderse las* ~s bite one's nails; *defenderse con* ~s *y dientes fig* F fight tooth and nail; *ser* ~ *y carne personas* be extremely close; *enseñar o sacar las* ~s *fig* show one's teeth; *estar de* ~s be at daggers drawn (*con* with); *ponerse de* ~s F get upset

**uñero** *m inflamación* whitlow; *uña encarnada* ingrown toenail

**uñeta** *f L.Am.* plectrum

**¡upa!** *int* upsydaisy

**upar** ⟨1a⟩ *v/t* lift up

**uperisado** *adj*: *leche -a* UHT milk

**uranio** *m* uranium; ~ *enriquecido* / *empobrecido* enriched / depleted uranium

**urbanidad** *f* civility

**urbanismo** *m* city planning, *Br* town planning

**urbanista** *m/f* city planner, *Br* town planner

**urbanístico** *adj* city planning *atr*, *Br* town planning *atr*

**urbanita** *m/f* F urbanite, city dweller

**urbanizable** *adj*: **terreno ~** building land

**urbanización** *f* (urban) development; (*colonia*) housing development, *Br* housing estate

**urbanizar** ⟨1f⟩ *v/t terreno* develop

**urbano** *adj* **1** urban; **guardia ~** local police officer **2** (*cortés*) courteous

**urbe** *f* city

**urdir** ⟨3a⟩ *v/t* **1** *complot* hatch **2** *hilos* warp

**urea** *f* urea

**uremia** *f* MED uremia

**uréter** *m* ANAT ureter

**uretra** *f* ANAT urethra

**urgencia** *f* **1** urgency; (*prisa*) haste; **con la máxima ~** with the utmost urgency **2** MED emergency; **~s** *pl* emergency room *sg*, A&E *sg*, *Br* casualty *sg*

**urgente** *adj* urgent

**urgir** ⟨3c⟩ *v/i* be urgent

**urinario I** *adj* urinary **II** *m* urinal

**urna** *f* urn

◇ **urna electoral** ballot box

**urología** *f* MED urology

**urólogo** *m*, **-a** *f* MED urologist

**urraca** *f* ZO magpie

**URSS** *f abr* (= **Unión de Repúblicas Socialistas Soviéticas**) USSR (= Union of Soviet Socialist Republics)

**urticaria** *f* MED nettle rash, hives *sg*, urticaria *fml*

**Uruguay** *m* Uruguay

**uruguayo I** *adj* Uruguayan **II** *m*, **-a** *f* Uruguayan

**usado** *adj* **1** (*gastado*) worn **2** (*de segunda mano*) second-hand

**usanza** *f* usage, custom

**usar** ⟨1a⟩ **I** *v/t* **1** use **2** *ropa, gafas* wear **II** *v/i*: **listo para ~** ready to use; **usarse** *v/r* be used

◇ **usina eléctrica** *f Andes, Rpl* power station

◇ **usina nuclear** *f Andes, Rpl* nuclear power station

**uso** *m* **1** use; **obligatorio el ~ de casco** helmets must be worn; **de ~ externo** *o* **tópico** MED for external use; **de ~ personal, para ~ propio** for one's own use; **de un solo ~** single- -use *atr*, disposable; **para ~ doméstico** for domestic use; **en buen ~** still in use; **fuera de ~** *técnica, sistema etc* in disuse; **hacer ~ de** make use of; **hacer ~ de la palabra** *fml* speak; **desde que tengo ~ de razón** for as long as I can remember **2** (*costumbre*) custom; **los trajes al ~ eran ...** the costumes of the time were ...; **no es un político al ~** he is not your average politician

**USO** *f abr* (= **Unión Sindical Obrera**) *Spanish trade union*

**usted** *pron* you; **tratar de ~** address as 'usted'; **~es** *pl* you; **de ~ / ~es** your; **es de ~ / ~es** it's yours

**usual** *adj* common, usual

**usuario** *m*, **-a** *f* INFOR user

**usufructo** *m* JUR usufruct

**usufructuario** *m*, **-a** *f* usufructuary

**usura** *f* usury

**usurario** *adj* usurious

**usurero** *m*, **-a** *f* usurer

**usurpación** *f* usurpation

**usurpador** *m*, **~a** *f* usurper

**usurpar** ⟨1a⟩ *v/t* usurp

**utensilio** *m* tool; *de cocina* utensil; **~s** *pl* equipment *sg*; **~s de pesca** *pl* fishing tackle *sg*

**uterino** *adj* ANAT uterine

**útero** *m* ANAT womb, uterus

**UTI** *f abr* CSur (= **unidad de tratamiento intensivo**) ICU (= intensive care unit)

**útil I** *adj* useful; **día ~** working day **II** *m* tool; **~es de pesca** *pl* fishing tackle *sg*

**utilería** *f L.Am.* TEA props *pl*

**utilero** *m*, **-a** *f L.Am.* **1** TEA props manager **2** DEP boot boy

**utilidad** *f* **1** usefulness; **ser de gran ~** be very useful; **de ~ pública** of public benefit; **una asociación de ~ pública** a registered charity, a charitable organization **2**: **~es** *pl L.Am.* profits

**utilitario I** *adj* functional, utilitarian **II** *m* AUTO compact

**utilitarismo** *m* utilitarianism

**utilizable** *adj* usable

**utilización** *f* use

**utilizar** ⟨1f⟩ *v/t* use

**utillaje** *m* equipment, tools *pl*
**utopía** *f* utopia
**utópico** *adj* utopian
**uva** *f* BOT grape; ***estar de mala ~*** F be in a foul mood; ***tener mala ~*** F be a nasty piece of work F; ***de ~s a brevas*** *o* ***pe-***

***ras*** F once in a blue moon
**uve** *f* letter 'v'
◇ **uve doble** letter 'w'
**UVI** *f abr* (= ***unidad de vigilancia inten-siva***) ICU (= intensive care unit)
**úvula** *f* ANAT uvula

# V

**va** *vb* ☞ *ir*
**vaca** *f* **1** cow; ***mal*** *o* ***enfermedad de las ~s locas*** F mad cow disease F; ***las ~s flacas / gordas*** the years of plenty / lean years **2** GASTR beef
◇ **vaca lechera** dairy cow; **vaca mari-na** manatee, sea cow; **vaca sagrada** sacred cow
**vacacional** *adj* vacation *atr*, *Br* holiday *atr*
**vacaciones** *fpl* vacation *sg*, *Br* holiday *sg*; ***~ escolares*** school vacation, *Br* school holiday(s); ***~ retribuidas*** paid vacation, *Br* paid holiday(s); ***estar de ~*** be on vacation *o Br* holiday; ***irse de ~*** go on vacation *o Br* holiday
**vacacionar** *v/i L.Am.* vacation, *Br* holiday
**vacacionista** *m/f L.Am.* vacationer, *Br* holiday-maker
**vacante I** *adj* vacant, empty **II** *f* job opening, position, *Br* vacancy; ***cubrir una ~*** fill a position
**vaciado** *m* emptying; *de madera* hollow-ing out; *en escultura* casting
**vaciar** ⟨1b⟩ *v/t* empty; *madera* hollow out; *en escultura* cast; **vaciarse** *v/r* empty
**vacilación** *f* hesitation, vacillation *fml*
**vacilante** *adj* **1** unsteady **2** (*dubitativo*) hesitant
**vacilar** ⟨1a⟩ **I** *v/i* **1** hesitate; *de fe, reso-lución* waver **2** *de objeto* wobble, rock; *de persona* stagger **3** *Méx* F (*divertirse*) have fun **II** *v/t* F make fun of
**vacío I** *adj* empty **II** *m* FÍS vacuum; *fig*: *espacio* void; ***dejar un ~*** *fig* leave a gap; ***envasado al ~*** vacuum-packed; ***hacer el ~ a alguien*** *fig* ostracize s.o.; ***caer en el ~*** *fig* fall on deaf ears F
◇ **vacío legal** (legal) loophole
◇ **vacío de poder** power vacuum

**vacuidad** *f fig* vacuity, vacuousness
**vacuna** *f* vaccine
**vacunación** *f* vaccination
**vacunar** ⟨1a⟩ *v/t* vaccinate
**vacuno I** *adj* bovine; ***ganado ~*** cattle *pl* **II** *m* cattle *pl*
**vacuo** *adj fig* vacuous
**vadeable** *adj* fordable
**vadear** ⟨1a⟩ *v/t* **1** *río* ford **2** *dificultad* get around
**vademécum** *m* handbook, vade me-cum
**vado** *m* **1** ford **2** *en la calle* entrance ramp
◇ **vado permanente** *letrero* keep clear
**vagabundear** ⟨1a⟩ *v/i* drift around
**vagabundeo** *m* wandering
**vagabundo I** *adj perro* stray **II** *m*, **-a** *f* hobo, *Br* tramp
**vagancia** *f* laziness, idleness
**vagar** ⟨1h⟩ *v/i* wander
**vagido** *m de bebé* cry
**vagina** *f* ANAT vagina
**vaginal** *adj* vaginal
**vago I** *adj* **1** (*holgazán*) lazy; ***hacer el ~*** laze around **2** (*indefinido*) vague **II** *m*, **-a** *f* idler, *Br* layabout F
**vagón** *m de carga* wagon; *de pasajeros* car, *Br* coach
◇ **vagón cisterna** tank car, *Br* tank wa-gon
◇ **vagón restaurante** dining car, *Br tb* restaurant car
**vagoneta** *f* flatbed truck
**vaguada** *f* river bed
**vaguear** ⟨1a⟩ *v/i* laze around
**vaguedad** *f* vagueness; ***hablar sin ~es*** get right to the point
**vahído** *m* MED dizzy spell
**vaho** *m* **1** (*aliento*) breath **2** (*vapor*) steam
**vaina** *f* **1** BOT pod **2** *S.Am.* F (*molestia*)

drag F **3** *para armas* sheath

**vainica** *f* drawn-thread work

**vainilla** *f* vanilla

**vais** *vb* ☞ **ir**

**vaivén** *m* to-and-fro; **vaivenes** *pl fig* ups and downs

**vajilla** *f* dishes *pl*; *juego* dinner service, set of dishes

**vale** *m* voucher, coupon; **~ de comida** lunch voucher

**valedero** *adj* valid

**valedor I** *m Méx* F guy; **mi ~** buddy, pal **II** *m*, **~a** *f* protector, defender

**valencia** *f* QUÍM valence, *Br* valency

**valenciano** *adj* Valencian, Valencia *atr*

**valentía** *f* bravery

**valer** ⟨2q⟩ **I** *v/t* **1** be worth **2** (*costar*) cost **II** *v/i* **1** *de billete, carné* be valid **2** (*estar permitido*) be allowed **3** (*tener valor*): **vale mucho** it's worth a lot **4** (*servir*) be of use; **no ~ para algo** be no good at sth; **no ~ para nada** *de objeto* be useless; **sus consejos me valieron de mucho** his advice was very useful to me **5** (*costar*): **¿cuánto vale?** how much is it?; **vale más caro** it's more expensive **6** (*emplear*): **hacer ~** *autoridad* assert; **el presidente hizo valer su voto de calidad para ...** the president used his casting vote to ... **7**: **más vale ...** it's better to ...; **más te vale ...** *amenaza* you'd better ...; *consejo* you'd be better to ... **8**: **¡vale!** okay, sure; **¿vale?** okay?; (*amenaza*) got it?; **¡eso no vale!** that's not fair!; **¡vale ya!**, **¡ya vale!** that's enough!

**valerse** *v/r* **1** manage (by o.s.) **2**: **~ de** make use of

**valeriana** *f* BOT valerian

**valeroso** *adj* valiant

**valga** *vb* ☞ **valer**

**valgo** *vb* ☞ **valer**

**valía** *f* worth

**validación** *f* validation

**validar** ⟨1a⟩ *v/t* validate

**validez** *f* validity; **tener ~** be valid

**válido** *adj* valid; **ser ~ hasta ...** *pasaporte, garantía etc* be valid until...; **no ser ~** *firma* be invalid; *tanto* not count

**valiente** *adj* **1** brave **2** *irón* fine; **¡~ sorpresa!** a fine surprise this is!; **¡en ~ lío**

**te has metido!** a fine mess you've gotten yourself into!; **¡~s vacaciones!** some vacation this is!

**valija** *f* (*maleta*) bag, suitcase, *Br tb* case

◇ **valija diplomática** diplomatic bag

**valioso** *adj* valuable

**valla** *f* **1** fence **2** DEP, *fig* hurdle; **carrera de ~s** hurdles

◇ **valla publicitaria** billboard, *Br* hoarding

**vallado** *m* fence

**vallar** ⟨1a⟩ *v/t* fence in

**valle** *m* valley

◇ **valle de lágrimas** *fig* vale of tears

**vallisoletano** *adj* of / from Valladolid, Valladolid *atr*

**vallista** *m/f* DEP hurdler

**valor** *m* **1** value; **de gran ~** very valuable; *fig* of great worth *o* value; **objetos de ~** valuables **2**: **~es** *pl* COM securities **3** (*valentía*) courage

◇ **valor agregado** *L.Am.* added value; **valor añadido** added value; **valor catastral** *local tax value*, *Br* rateable value; **valor nominal** *de acción* nominal value; *de título* par value; **valor nutritivo** nutritional value

**valoración** *f* **1** (*tasación*) valuation **2** *de situación* evaluation, assessment

**valorar** ⟨1a⟩ *v/t* **1** (*tasar*) value (**en** at) **2** (*estimar*) appreciate, value

**valorización** *f* valuation

**valorizar** ⟨1f⟩ *v/t* value

**vals** *m* waltz

**valuación** *f* valuation

**valuar** ⟨1e⟩ *v/t* value

**valva** *f* BOT, ZO valve

**válvula** *f* ANAT, EL valve

◇ **válvula de escape** TÉC, *fig* safety valve; **válvula mitral** ANAT mitral valve; **válvula de seguridad** TÉC safety valve

**vampiresa** *f* vamp, femme fatale

**vampiro** *m*, **-a** *f* vampire

**van** *vb* ☞ **ir**

**vanagloria** *f* boastfulness

**vanagloriarse** ⟨1b⟩ *v/r* boast (**de** about), brag (**de** about)

**vanaglorioso** *adj* boastful

**vanamente** *adv* in vain, vainly

**vandálico** *adj* destructive

**vandalismo** *m* vandalism

**vándalo** *m*, **-a** *f* vandal

**vanguardia** *f* **1** MIL vanguard **2** *cultural*

avant-garde; *de* ~ avant-garde

**vanguardista** I *adj* avant-garde, modernist II *m/f* avant-gardist, modernist

**vanidad** *f* vanity

**vanidoso** *adj* conceited, vain

**vano** I *adj* futile, vain; *en* ~ in vain II *m* ARQUI space, opening

**vapor** *m* vapor, *Br* vapour; *de agua* steam; *cocinar al* ~ steam

**vaporización** *f* vaporization

**vaporizador** *m* vaporizer; *de parfume* spray

**vaporizar** ⟨1f⟩ *v/t* vaporize; *parfume* spray; **vaporizarse** *v/r* vaporize

**vaporoso** *adj* 1 vaporous 2 *fig: vestido* gauzy, filmy

**vapulear** ⟨1a⟩ *v/t* 1 beat up 2 (*reprender duramente*) tear a strip off

**vapuleo** *m* beating

**vaquera** *f* cowgirl

**vaquero** I *adj* 1 cattle-raising *atr* 2 *tela* denim *atr*; *pantalones* ~*s* jeans II *m* cowboy

**vaqueta** *f* calfskin

**vaquilla** *f* heifer

**vaquita de San Antón** *f Rpl* ladybug, *Br* ladybird

**vara** *f* 1 stick 2 TÉC rod 3 (*bastón de mando*) staff 4 TAUR lance 5 (*medida*): *measurement approximately equivalent to a yard*

**varadero** *m* MAR dry dock

**varapalo** *m* F (*contratiempo*) hitch F, setback

**varar** ⟨1a⟩ I *v/t barca* beach, run aground II *v/i de barca* run aground

**varear** ⟨1a⟩ *v/t* 1 *fruta* knock down; *alfombra* beat 2 *Arg: caballo* train

**variabilidad** *f* variability

**variable** I *adj* variable; *tiempo* changeable II *f* MAT variable

**variación** *f* variation

**variado** *adj* varied

**variante** *f* variant

**variar** ⟨1c⟩ I *v/t* vary; (*cambiar*) change II *v/i* vary; (*cambiar*) change; *para* ~ for a change

**varice** *f* MED varicose vein

**varicela** *f* MED chickenpox

**varices** *fpl* ☞ *variz*

**varicoso** *adj* MED varicose

**variedad** *f* variety; ~*es pl* vaudeville *sg*, *Br* variety *sg*

**varilla** *f* rod; *de paraguas* rib; *de gafas*

side; *de sujetador* wire

**variopinto** *adj* varied, diverse

**varios** *adj* several

**varita** *f*: ~ *mágica* magic wand

**variz** *f* varicose vein

**varón** *m* man, male; *ser un santo* ~ F be a saint, be an angel

**varonil** *adj* manly, virile

**vas** *vb* ☞ *ir*

**vasallaje** *m* HIST vassalage

**vasallo** *m* HIST vassal

**vasco** I *adj* Basque; *País Vasco* Basque country II *m idioma* Basque III *m*, -a *f* Basque

**Vascongadas** *fpl* Basque country *sg*

**vascuence** *m/adj* Basque

**vascular** *adj* ANAT vascular

**vasectomía** *f* MED vasectomy

**vaselina** *f* 1 Vaseline® 2 DEP lob

**vasija** *f* container, vessel

**vaso** *m* 1 glass; *un* ~ *de vino* a glass of wine; *un* ~ *para vino* a wine glass 2 ANAT vessel

◇ **vaso sanguíneo** blood vessel

**vástago** *m* 1 BOT shoot 2 TÉC rod 3 *lit* (*descendiente*) descendant

**vastedad** *f* vastness

**vasto** *adj* vast

**váter** *m* toilet, lavatory

**Vaticano** I *adj* Vatican *atr* II *m* Vatican

**vaticinador** *adj* prophetic

**vaticinar** ⟨1a⟩ *v/t* predict, forecast

**vaticinio** *m* prediction, forecast

**vatio** *m* EL watt

**vaya** *vb* ☞ *ir*

**V.B.** *abr* (= *visto bueno*) approved

**Vd.** *pron* ☞ *usted*

**Vda.** *abr* (= *viuda*) widow

**Vds.** *pron* ☞ *usted*

**ve** I *vb* ☞ *ir*, *ver* II *f L.Am.* ~ (*corta*) (letter) v

**V.E.** *abr* (= *Vuestra Excelencia*) Your Excellency

**vea** *vb* ☞ *ver*

**veces** *fpl* ☞ *vez*

**vecinal** *adj* neighborhood *atr*, *Br* neighbourhood *atr*

**vecindad** *f Méx* poor area

**vecindario** *m* neighborhood, *Br* neighbourhood

**vecino** I *adj* neighboring, *Br* neighbouring; *país* ~ neighboring country II *m*, -a *f* neighbor, *Br* neighbour

**vector** *m* FÍS, MAT vector

**veda** f en caza closed season, Br close season

**vedado** m: ~ de caza game reserve

**vedar** ⟨1a⟩ v/t ban, prohibit

**vedette** f star

**vega** f plain

**vegetación** f 1 vegetation 2: **vegetaciones** pl MED adenoids

**vegetal** I adj vegetable, plant atr II m vegetable

**vegetar** ⟨1a⟩ v/i fig vegetate

**vegetarianismo** m vegetarianism

**vegetariano** I adj vegetarian II m, -a f vegetarian

**vegetativo** adj 1 estado vegetative 2 BOT plant atr

**vehemencia** f vehemence

**vehemente** adj vehement

**vehículo** m 1 tb fig vehicle 2 MED carrier

◇ **vehículo espacial** spacecraft

◇ **vehículo todoterreno** four-wheel-drive (vehicle), 4 x 4

**veinte** m/adj twenty

**veintena** f twenty; **una ~ de ...** about twenty ...

**vejación** f, **vejamen** m humiliation

**vejar** ⟨1a⟩ v/t humiliate

**vejatorio** adj humiliating

**vejestorio** m F old fossil F, old relic F

**vejete** m F old guy F, old boy F

**vejez** f old age; **a la ~, viruelas** you're only as young / old as you feel

**vejiga** f ANAT bladder

**vela** f 1 para alumbrar candle; **estar a dos ~s** F be broke F; **pasar la noche en ~** stay up all night 2 DEP sailing; **deportista de ~** yachtsman; mujer yachtswoman 3 de barco sail; **recoger ~s** MAR take in sail; fig back down; **a toda ~** F flat out F, all out F

◇ **vela aromática** scented o perfumed candle

◇ **vela latina** MAR lateen sail

**velada** f evening

**velador** m 1 L.Am. lámpara bedlamp, Br bedside light 2 Chi mueble nightstand, Br bedside table

**velamen** m MAR sails pl

**velar** ⟨1a⟩ v/i: **~ por algo** look after sth II v/t 1 enfermo sit up with, watch over; cadáver keep vigil over 2 FOT fog; **velarse** v/r FOT be exposed

**velatorio** m wake

**velcro**® m Velcro®

**veleidad** f fickleness

**veleidoso** adj fickle

**velero** m MAR sailing ship

**veleta** I f weathervane II m/f fig weathercock

**vello** m (body) hair

◇ **vello púbico, vello pubiano** pubic hair

**vellocino, vellón** m fleece

**vellosidad** f hairiness

**velloso, velludo** adj hairy

**velo** m veil; **correr un tupido ~ sobre algo** keep sth quiet; **tomar el ~** take the veil, become a nun

◇ **velo del paladar** ANAT soft palate

**velocidad** f 1 speed; **a gran ~** at high speed; **ir a toda ~** go at full speed; **ganar ~** pick up speed, gain momentum 2 (marcha) gear

◇ **velocidad de crucero** MAR, AVIA cruising speed

◇ **velocidad máxima, velocidad punta** top speed, maximum speed

**velocímetro** m speedometer

**velocista** m/f DEP sprinter

**velódromo** m velodrome

**velomotor** m moped

**veloz** adj fast, speedy

**ven** vb ☞ **venir, ver**

**vena** f 1 ANAT vein; **le dio la ~ y lo hizo** F she just upped and did it F; **estar en ~** F be on form; **tener ~ de algo** have the makings of sth; **tiene ~ de artista** he has an artistic streak; **lo lleva en las ~s** it's in his blood 2 GEOL aquifer

◇ **vena cava** ANAT vena cava

**venado** m ZO deer

**vencedor** I adj winning II m, ~a f winner

**vencejo** m ZO swift

**vencer** ⟨2b⟩ I v/t defeat; fig (superar) overcome II v/i 1 win 2 COM de plazo etc expire

**vencido** adj: **darse por ~** admit defeat, give in; **a la tercera va la -a** third time lucky

**vencimiento** m expiration, Br expiry; de bono maturity

**venda** f bandage; **se le ha caído la ~ de los ojos** fig the scales have fallen from his eyes; **tener una ~ sobre los ojos** fig be blind

**vendaje** m MED dressing

**vendar** ⟨1a⟩ v/t MED bandage, dress; ~

los ojos a **alguien** blindfold s.o.

**vendaval** *m* gale

**vendedor** *m*, ~a *f* seller; ~ *ambulante* peddler, street trader

**vender** ⟨2a⟩ *v/t* **1** sell; ~ *caro algo a alguien* *fig* make s.o. pay dearly for sth **2** *fig* (*traicionar*) betray; **venderse** *v/r* sell o.s.; ~ *al enemigo* sell out to the enemy

**vendido** *adj* sold

**vendimia** *f* grape harvest

**vendimiador** *m*, ~a *f* grape picker

**vendimiar** ⟨1b⟩ *v/t uvas* harvest, pick

**vendré** *vb* ☞ *venir*

**veneno** *m* poison

**venenoso** *adj* poisonous

**venerable** *adj* venerable

**veneración** *f* veneration, worship

**venerar** ⟨1a⟩ *v/t* venerate, worship

**venéreo** *adj* MED venereal

**venezolano** I *adj* Venezuelan II *m*, -a *f* Venezuelan

**Venezuela** *f* Venezuela

**venga** *vb* ☞ *venir*

**vengador** I *adj* avenging II *m*, ~a *f* avenger

**venganza** *f* vengeance, revenge

**vengar** ⟨1h⟩ *v/t* avenge; **vengarse** *v/r* take revenge (*de* on; *por* for)

**vengativo** *adj* vengeful

**vengo** *vb* ☞ *venir*

**venia** *f* consent, permission

**venial** *adj* venial

**venida** *f* (*llegada*) arrival, coming

**venidero** *adj* future

**venir** ⟨3s⟩ *v/i* **1** come; ~ *de Lima* come from Lima; ~ *por* o F *a por algo* come for sth, come to collect sth; *viene a ser lo mismo* it comes down to the same thing; ~ *a menos* come down in the world; *le vino una idea* an idea occurred to him **2**: ~ *bien* / *mal* be convenient / inconvenient **3** (*sentar*): *el vestido me viene estrecho* this dress is too tight for me **4**: *viene en la página 3* it's on page 3 **5**: *¿a qué viene eso?* why do you say that?; *no me vengas ahora con …* I don't want to hear your… **6**: *el año que viene* next year, the coming year, the year to come **7**: *¡venga! venga aquí, no seas pesado* come on!

**venirse** *v/r*: ~ *abajo* collapse; *fig*: *de*

*persona* fall apart, go to pieces; *¡lo que se nos viene encima!* things are going to be difficult!

**venoso** *adj* ANAT venous; *manos* veiny, veined

**venta** *f* sale; *en* ~ for sale; *estar* / *poner a la* ~ be / put on sale

◇ **venta ambulante** peddling, street trading; **venta anticipada** advance sales *pl*; **venta por catálogo** mail order; **venta al contado** cash sale; **venta por correo** mail order; **venta al detalle**, **venta al por menor** retail

**ventaja** *f* **1** advantage; *sacar* ~ *de algo* derive benefit from sth; *ganar* ~ gain the advantage; *llevar* ~ *a alguien* have an advantage over s.o. **2** DEP *en carrera, partido* lead

◇ **ventaja fiscal** tax advantage

**ventajista** *m/f* opportunist

**ventajoso** *adj* advantageous

**ventana** *f* **1** window; *echar* o *tirar por la* ~ throw out of the window; *fig* throw away **2** *de la nariz* nostril

**ventanal** *m* (large) window

**ventanilla** *f* AVIA, AUTO, FERR window; MAR porthole

**ventano** *m* small window

**ventear** ⟨1a⟩ *v/i* **1** *del viento* blow **2** *de un animal* sniff the air

**ventilación** *f* ventilation

**ventilador** *m* fan

**ventilar** ⟨1a⟩ *v/t* **1** air **2** *fig: problema* talk over; *opiniones* air

**ventisca** *f* blizzard

**ventiscar** ⟨1g⟩ *v/i* blow a blizzard

**ventolera** *f* gust of wind; *le dio la* ~ *de …* F he took it into his head to …

**ventosa** *f* ZO sucker

**ventosear** ⟨1a⟩ *v/i* F break wind

**ventosidad** *f* wind, flatulence

**ventoso** *adj* windy

**ventrículo** *m* ANAT ventricle

**ventrílocuo** *m*, -a *f* ventriloquist

**ventura** *f* **1** (*felicidad*) happiness **2** (*suerte*) good luck, good fortune **3** (*azar*) chance

**venturoso** *adj* fortunate

**veo** *vb* ☞ *ver*

**ver** ⟨2v; *part* visto⟩ I *v/t* **1** *L.Am.* (*mirar*) look at; *televisión* watch **2** see; *sin ser visto* unseen, without being seen; *la vi ayer en la reunión* I saw her yesterday at the meeting; *no*

**puede verla** *fig* he can't stand the sight of her; **tengo un hambre que no veo** F I'm starving *o* ravenous; **me lo veía venir** I could see it coming; **te veo venir** *fig* I know what you're after

**3** (*visitar*): **fui a ~ al médico** I went to see the doctor

**4** (*opinar*): **¿cómo lo ves?** what do you think?

**5** (*entender*): **me hizo ~ que estaba equivocado** she made me see that I was wrong; **¿(lo) ves?** (do) you see?

**6** JUR *pleito* hear

**7**: **no tiene nada que ~ con** it doesn't have anything to do with

**II** *v/i* **1** L.Am. (*mirar*) look; **ve aquí dentro** look in here

**2** see; **no veo bien sin gafas** I don't see too well without my glasses

**3** (*considerar*): **está por ~** that remains to be seen; **ya veremos** we'll see; **vamos a ~** let's see; **a ~** let's see, now then

**4** *locuciones*: **¡hay que...!** would you believe it!; **¡para que veas!** so there!

**verse** *v/r* **1** see o.s.; **véase abajo** see below **2** (*encontrarse*) see one another; **~ con alguien** see s.o., date s.o. **3** *locuciones*: **¡habráse visto!** would you believe it!; **¡se las verá conmigo!** F he'll have me to deal with!; **se las vieron y desearon para salir del país** they had a tough time getting out of the country

**IV** *m* **1** (*aspecto*): **de buen ~** good-looking **2**: **a mi / tu ~** as I / you see it, in my / your opinion

**vera** *f* **de río** bank; **a la ~ del camino** at the roadside, at the side of the road; **estaba a la ~ de su madre** he was at his mother's side

**veracidad** *f* truthfulness, veracity *fml*

**veraneante** *m/f* vacationer, *Br* holiday-maker

**veranear** ⟨1a⟩ *v/i* spend the summer vacation *o Br* holidays

**veraneo** *m* summer vacation *o Br* holidays; **ir de ~** go on one's summer vacation *o Br* holidays

**veraniego** *adj* summer *atr*

**veranillo** *m*: **~ de San Martín** Indian summer

**verano** *m* summer

**veras** *f*: **de ~** really, truly

**veraz** *adj* truthful

**verbal** *adj* GRAM verbal

**verbalizar** ⟨1f⟩ *v/t* verbalize, put into words

**verbena** *f* **1** (*fiesta*) party **2** BOT verbena

**verbigracia** *m* for example, e.g.

**verbo** *m* GRAM verb

◇ **verbo auxiliar** auxiliary verb

◇ **verbo pronominal** pronominal verb, *verb always used with a reflexive pronoun*

**verborrea** *f desp* verbosity, wordiness; *hum* F verbal diarrhea *o Br* diarrhoea

**verbosidad** *f* verbosity, wordiness

**verboso** *adj* verbose, wordy

**verdad** *f* **1** truth; **a decir ~** to tell the truth; **en ~** in truth; **la ~ es que ...** the truth (of the matter) is that ...; **es ~** it's true, it's the truth; **faltar a la ~** be untruthful; **media ~, ~ a medias** half truth; **decir cuatro ~es a alguien** tell s.o. a few home truths; **ser una ~ de Perogrullo** be blindingly obvious

**2**: **de ~** real, proper; **es un amigo de ~** he's a real friend

**3**: **no te gusta, ¿~?** you don't like it, do you?; **vas a venir, ¿~?** you're coming, aren't you?

**verdaderamente** *adv* really

**verdadero** *adj* true; (*cierto*) real

**verde I** *adj* **1** green; **poner ~ a alguien** F criticize s.o. **2** *fruta* unripe **3** F *chiste* blue, dirty; **viejo ~** dirty old man **II** *m* **1** green; **~ botella / oliva** bottle / olive green **2**: **los ~s** POL the Greens

**verdear** ⟨1a⟩ *v/i* (*parecer verde*) look green; (*volverse verde*) turn green

**verdecer** ⟨2d⟩ *v/i* turn green

**verderón** *m* ZO greenfinch

**verdor** *m* greenness

**verdoso** *adj* greenish

**verdugo** *m* executioner; *que ahorca* hangman

**verdulería** *f* fruit and vegetable store, *Br* greengrocer's

**verdulero** *m*, **-a** *f* (fruit and) vegetable seller, *Br* greengrocer

**verdura** *f*: **~(s)** (*hortalizas*) greens *pl*, (green) vegetables *pl*

**verdusco** *adj* dark green; *desp* dirty green

**vereda** *f S.Am.* sidewalk, *Br* pavement; **meter alguien en ~** *fig* put s.o. back on the straight and narrow, bring s.o. into line

**veredicto** *m* JUR, *fig* verdict

**verga** f rod

**vergel** m orchard

**vergonzante** adj disgraceful, shameful

**vergonzoso** adj **1** disgraceful, shameful **2** (*tímido*) shy

**vergüenza** f **1** shame; **no sé cómo no se te cae la cara de ~** you should be ashamed (of yourself); **¿no te da ~?** aren't you ashamed of yourself?; **no tiene ~** he has no shame, he's shameless **2** (*escándalo*) disgrace; **es una ~** it's a disgrace **3**: **me da ~** I'm embarrassed; **sentir ~ ajena** feel embarrassed for s.o. **4**: **~s** pl (*órganos sexuales*) private parts

**vericuetos** mpl camino rough track sg; fig twists and turns

**verídico** adj true

**verificación** f **1** (*autentificación*) verification **2** (*comprobación*) checking

**verificar** ⟨1g⟩ v/t **1** (*autentificar*) verify **2** (*comprobar*) check; **verificarse** v/r **1** (*tener lugar*) take place **2** (*realizarse*) come true

**verja** f **1** railing **2** (*puerta*) iron gate

**vermú, vermut** m vermouth

**vernáculo** adj vernacular; **lengua -a** vernacular

**verónica** f TAUR veronica, *pass in which the cape is moved away from the bull*

**verosímil** adj realistic; (*creíble*) plausible

**verosimilitud** f realistic nature; (*credibilidad*) plausibility

**verraco** m ZO boar

**verruga** f wart; *en el pie* verruca

**verrugoso** adj warty, covered in warts

**versado** adj well-versed (**en** in)

**versal** f/adj: (*letra*) **~** capital (letter)

**versalitas** fpl TIP small capitals

**versar** ⟨1a⟩ v/i: **~ sobre** deal with, be about

**versátil** adj **1** (*voluble*) fickle **2** (*polivalente*) versatile

**versatilidad** f **1** (*volubilidad*) fickleness **2** (*polivalencia*) versatility

**versículo** m verse

**versificar** ⟨1g⟩ **I** v/t put into verse **II** v/i compose verse

**versión** f version; **en ~ original** película original language version

◇ **versión actualizada** INFOR update, updated version

**verso** m verse

◇ **verso blanco** blank verse

**versus** esp JUR versus

**vértebra** f ANAT vertebra

◇ **vértebra cervical** cervical vertebra

◇ **vértebra lumbar** lumbar vertebra

**vertebrado** m/adj ZO vertebrate

**vertebral** adj vertebral; *columna* spinal

**vertebrar** ⟨1a⟩ v/t fig give form to, structure

**vertedero** m dump, tip

**vertedor** m outlet

**verter** ⟨2g⟩ **I** v/t dump; (*derramar*) spill; fig: *opinión* voice; **el Ebro vierte sus aguas en el Mediterráneo** the Ebro flows into the Mediterranean **II** v/i de un río flow (**a** into); **verterse** v/r spill

**vertical I** adj vertical **II** f vertical (line)

**vértice** m de triángulo, cono apex, vertex; de ángulo vertex

**vertido** m **1** dumping; **~ incontrolado** unauthorized dumping **2**: **~s** pl waste sg; **~s tóxicos** toxic waste

**vertiente** f **1** L.Am. (*cuesta*) slope **2** (*lado*) side

**vertiginoso** adj **1** dizzy **2** (*rápido*) frantic

**vértigo** m MED vertigo; **darle a alguien ~** make s.o. dizzy; **de ~** fig frenzied

**vesícula** f blister

◇ **vesícula biliar** ANAT gall bladder

**vespa**® f motorscooter

**vespertino** adj evening atr; **periódico ~** evening paper

**vestíbulo** m de casa hall; de edifico público lobby

**vestido I** adj dressed; **bien ~** well dressed **II** m **1** dress **2** L.Am. de hombre suit

◇ **vestido de cóctel** cocktail dress

**vestidor** m dressing room; *Méx* DEP locker room

**vestiduras** fpl **1** clothes, clothing sg; **rasgarse las ~** fig tear one's hair **2** REL vestments

**vestigio** m vestige, trace

**vestimenta** f clothes pl, clothing

**vestir** ⟨3l⟩ **I** v/t dress; (*llevar puesto*) wear; fig (*disimular*) hide **II** v/i dress; **~ de negro** wear black, dress in black; **~ de uniforme** wear a uniform; **~ mucho** de traje look good; **vestirse** v/r get dressed; (*disfrazarse*) dress up; **~ de algo** wear sth; (*disfrazarse*) dress up as sth

**vestuario** *m* **1** DEP locker room, *Br* changing room **2** TEA wardrobe

**veta** *f* MIN, *en mármol* vein; *en madera* grain

**vetar** ⟨1a⟩ *v/t* POL veto

**veteado** *adj madera* grained; *mármol* veined

**veterano I** *adj* veteran; (*experimentado*) experienced **II** *m*, -a *f* veteran

**veterinaria** *f* veterinary science, veterinary medicine

**veterinario I** *adj* veterinary **II** *m*, -a *f* veterinarian, vet

**veto** *m* veto; **poner el ~ a ...** veto ...

**vetustez** *f* great age

**vetusto** *adj* ancient

**vez** *f* **1** time; **a la ~** at the same time; **¿cuántas veces?** how many times?, how often?; **esta ~** this time; **la otra ~** the other time; **otra ~ será** some other time; **cada ~ que** every time that; **de ~ en cuando** from time to time; **otra ~** again; **una ~** once; **érase una ~** once upon a time, there was; **una ~ no cuenta** just once doesn't count *o* matter; **una ~ más** once again; **una ~ que hayamos llegado ...** once we've arrived ...; **de una ~ para siempre** once and for all; **una y otra ~** time and time again; **a veces** sometimes; **muchas veces** (*con frecuencia*) often; **ninguna ~** never; **rara ~** seldom, rarely; **tantas veces** so many times, so often; **varias veces** several times; **de una sola ~** in just one shot; **por primera ~** for the first time; **2** (*turno*) **es mi ~** it's my turn **3**: **hacer las veces de objeto** serve as; **de persona** act as; **tal ~** perhaps, maybe; **a su ~** for his / her part; **en ~ de** instead of

**vi** *vb* ☞ **ver**

**vía I** *f* **1** FERR track; *de autopista* lane; **~s públicas** *pl* public roads; **~ rápida** fast route; **darle ~ libre a alguien** *fig* give s.o. a free hand **2** (*medio*): **por ~ aérea** by air; **por ~ oral** MED orally, by mouth; **por ~ judicial** through the courts **3**: **en ~s de** *fig* in the process of; **en ~s de desarrollo** developing **II** *prp* via

◇ **vía de agua** MAR leak; **vía estrecha** FERR narrow gauge; **de ~** narrow-gauge; **vía férrea** FERR railroad (track); **Vía Láctea** Milky Way; **vía len**ta slow lane; **vía marítima** sea route, sea way; **vía muerta** FERR siding; **entrar en ~** *fig* grind to a halt; **vías respiratorias** ANAT respiratory tract *sg*, airways; **vías urinarias** ANAT urinary tract *sg*

**viabilidad** *f* viability, feasibility

**viable** *adj plan, solución* viable, feasible

**viaducto** *m* viaduct

**viajante** *m/f* sales rep

**viajar** ⟨1a⟩ *v/i* travel

**viaje** *m* trip, journey; **sus ~s por ...** his travels in ...; **irse o salir de ~** go away; **estar de ~** be traveling *o Br* travelling; **¡buen ~!** have a good trip!; **~ con todo incluido** all inclusive trip

◇ **viaje de ida** outward journey; **viaje de negocios** business trip; **viaje de ida y vuelta** round trip, *Br* return; **viaje inaugural** MAR maiden voyage; **viaje de novios** honeymoon; **viaje organizado** package tour; **viaje de vuelta** return journey

**viajero** *m*, -a *f* traveler, *Br* traveller

**vial I** *adj* road *atr*; **seguridad ~** road safety **II** *m* MED vial, phial

**vianda** *f* food

**viandante** *m/f* pedestrian

**viario** *adj* road *atr*; **educación -a** instruction in road safety

**víbora** *f tb fig* viper; **lengua de ~** *fig* sharp tongue

**vibración** *f* vibration

**vibrador** *m* vibrator

**vibráfono** *m* MÚS vibraphone

**vibrante** *adj fig* exciting

**vibrar** ⟨1a⟩ *v/i* vibrate; *fig: de voz* quiver

**vicaría** *f* pastor's house, vicarage; **pasar por la ~** F get married in church

**vicario** *m* vicar; **el ~ de Cristo** the Vicar of Christ

**vicealmirante** *m/f* MAR vice-admiral

**vicecanciller** *m/f* **1** vice-chancellor **2** *L.Am. de asuntos exteriores* Under Secretary of State, *Br* Deputy Foreign Minister

**vicecónsul** *m/f* vice-consul

**vicepresidente** *m*, -a *f* **1** POL vice-president **2** COM vice-president, *Br* deputy chairman

**vicerrector** *m* vice-rector, *Br* deputy vice-chancellor

**vicetiple** *f* chorus girl

**viceversa** *adv*: **y ~** and vice versa

**viciado** *adj* **1** *aire* stuffy **2** *persona* hooked

**viciar** ⟨1b⟩ *v/t* **1** *objeto* twist **2** *sentido* distort **3** JUR invalidate **4**: ~ *a alguien con algo* get s.o. addicted to sth, get s.o. hooked on sth; **viciarse** *v/r* **1** *de persona* fall into bad habits **2** *de aire* go stale

**vicio** *m* **1** vice; *pasarlo de* ~ F have a great time **2** COM defect; ~ *oculto* hidden defect

◊ **vicio de forma** JUR legal technicality

**vicioso** *adj* **1** vicious **2** (*corrompido*) depraved

**vicisitudes** *fpl* ups and downs

**víctima** *f* victim; ~ *mortal* fatality; *cobrarse muchas* ~*s de incendio, terremoto etc* claim many victims, kill many people; *ser* ~ *de alguien / algo* fall victim to s.o. / sth

**victimar** ⟨1a⟩ *v/t L.Am.* kill

**victoria** *f* victory; *cantar* ~ claim victory; ~ *en casa* DEP home win

**victorioso** *adj* victorious

**vicuña** *f* ZO vicuna

**vid** *f* vine

**vida** *f* life; *esp* TÉC life span; *de por* ~ for life; *toda la* ~ all one's life; *somos amigos de toda la* ~ we have been friends all our lives; *en mi* ~ never (in my life); *en* ~ in his / her *etc* lifetime; *¿qué es de tu* ~? how are things?; *ganarse la* ~ earn a living; *vivir su* ~ live one's own life; *hacer la* ~ *imposible a alguien* make s.o.'s life impossible; *a* ~ *o muerte* life-or-death; *estar entre la* ~ *y la muerte* be hovering between life and death, be fighting for life; *darse buena* ~ *o la gran* ~ live high on the hog F, live the life of Riley F; *pasar a mejor* ~ pass away; *quitarse la* ~ take one's own life, kill o.s.; *perder la* ~ lose one's life; *salir con* ~ come out alive; *sin* ~ lifeless; *la* ~ *y milagros de alguien* s.o.'s life story; ~ *en pareja* married life, life together; ~ *familiar / sentimental* family / love life; ~ *interior* inner self; *así es la* ~ that's life; ~ *mía* my love; *mujer de la* ~ loose woman; *dar* ~ *a* TEA play the part of

**vidente** *m/f* seer, clairvoyant

**vídeo, video** *m L.Am.* video; *grabar en* ~ video(tape)

**videocámara** *f* video camera

**videocas(s)et(t)e** *m* video cassette

**videoclip** *m* (pop) video

**videoconferencia** *f* video conference

**videojuego** *m* video game

**videoteca** *f* video library

**videotex(to)** *m* videotext

**vidorra** *f* F easy life, life of Riley F

**vidriar** ⟨1b⟩ *v/t* glaze

**vidriera** *f L.Am.* shop window

**vidriería** *f* glassworks *sg*

**vidriero** *m*, *-a f* glazier

**vidrio** *m L.Am.* glass; *pagar los* ~*s rotos fig* take the blame **2** (*ventana*) window

**vidrioso** *adj* **1** *material* glass-like **2** *ojos, mirada* glassy **3** *cuestión* delicate, sensitive

**vieira** *f* ZO scallop

**vieja** *f* old woman

**viejales** *m* F old guy F

**viejo I** *adj* old **II** *m* old man; *mis* ~*s L.Am.* F my folks F

**viendo** *vb* ☞ **ver**

**viene** *vb* ☞ **venir**

**viento** *m* **1** wind; *hacer* ~ be windy; ~ *en popa fig* splendidly; *ir o marchar* ~ *en popa fig* go extremely well; ~ *de cara o frente* headwind; *contra* ~ *y marea fig* come what may; *soplan o corren malos* ~*s* times are bad; *proclamar a los cuatro* ~*s fig* shout from the rooftops; *quien siembra* ~*s recoge tempestades* they that sow the wind shall reap the whirlwind **2** MÚS wind instrument; *los* ~*s* the wind (section)

**vientre** *m* belly; *bajo* ~ lower abdomen; *hacer de* ~ have a bowel movement

**viernes** *m inv* Friday

◊ **Viernes Santo** Good Friday

**Vietnam** *m* Vietnam

**vietnamita I** *adj* Vietnamese **II** *m/f* Vietnamese **III** *m idioma* Vietnamese

**viga** *f de madera* beam, joist; *de metal* beam, girder

**vigencia** *f* validity; *entrar en* ~ come into effect

**vigente** *adj legislación* in force

**vigésimo** *adj* twentieth

**vigía I** *f* watchtower **II** *m/f* lookout

**vigilancia** *f* watchfulness, vigilance

**vigilante I** *adj* watchful, vigilant **II** *m L.Am.* policeman

◊ **vigilante jurado** security guard

◊ **vigilante nocturno** night watchman

**vigilar** ⟨1a⟩ I *v/i* keep watch II *v/t* watch; *a un preso* guard

**vigilia** *f* 1 wakefulness 2 REL (*víspera*) vigil 3 REL (*abstinencia*) abstinence; (*día de*) ~ day of abstinence

**vigor** *m* vigor, *Br* vigour; **en** ~ in force; **estar en** ~ be in effect; **entrar / poner en** ~ come / put into effect

**vigorizar** ⟨1f⟩ *v/t* invigorate

**vigoroso** *adj* vigorous

**vigués** *adj* of / from Vigo, Vigo *atr*

**VIH** *m abr* (= *virus de inmunodeficiencia humana*) HIV (= human immunodeficiency virus)

**vil** *adj* vile, despicable

**vileza** *f* 1 vileness 2 *acción* despicable act

**vilipendiar** ⟨1b⟩ *v/t* insult, vilify *fml*; (*despreciar*) revile

**villa** *f* town
◇ **villa miseria** *Arg* shanty town
◇ **villa olímpica** Olympic village

**villancico** *m* (Christmas) carol

**villanía** *f* 1 villainy 2 *acción* villainous act

**villano** I *adj* villainous II *m*, **-a** *f* villain

**vilo: en** ~ in the air; *fig* in suspense, on tenterhooks; **tener a alguien en** ~ *fig* keep s.o. in suspense *o* on tenterhooks; **levantar en** ~ lift off the ground

**vinagre** *m* vinegar
◇ **vinagre de vino** wine vinegar

**vinagrera** *f* 1 vinegar bottle; ~**s** *pl* cruet *sg* 2 *S.Am.* (*indigestión*) indigestion

**vinagreta** *f* vinaigrette

**vinatería** *f* 1 wine merchant 2 *bar* wine bar

**vinatero** I *adj* wine *atr* II *m*, **-a** *f* vintner, *Br* wine merchant

**vinazo** *m* strong wine

**vincha** *f* *S.Am.* hairband

**vinculación** *f* links *pl*

**vinculante** *adj* binding

**vincular** ⟨1a⟩ *v/t* 1 link (**a** to) 2 (*comprometer*) bind

**vínculo** *m* link; *fig* (*relación*) tie, bond

**vindicación** *f* vindication

**vindicar** ⟨1g⟩ *v/t* vindicate

**vindicatorio** *adj* vengeful, vindictive

**vine** *vb* ☞ **venir**

**vínico** *adj* wine *atr*

**vinícola** *adj* *región*, *país* wine-growing *atr*; *industria* wine-making *atr*

**vinicultor** *m*, **-a** *f* wine producer, wine grower

**vinicultura** *f* wine growing

**viniendo** *vb* ☞ **venir**

**vinificación** *f* vinification

**vinilo** *m* QUÍM vinyl

**vino** I *m* wine II *vb* ☞ **venir**
◇ **vino blanco** white wine; **vino espumoso** sparkling wine; **vino de mesa** table wine; **vino de misa** communion wine; **vino del país** local wine; **vino rojo** *Andes* red wine; **vino tinto** red wine

**viña** *f* vineyard

**viñatero** *m*, **-a** *f* *S.Am.* wine grower

**viñedo** *m* vineyard

**viñeta** *f* TIP vignette

**vio** *vb* ☞ **ver**

**viola** *f* MÚS viola

**violáceo** *adj* purplish

**violación** *f* 1 rape 2 *de derechos, en baloncesto* violation

**violado** *adj* violet

**violador** *m* rapist

**violar** ⟨1a⟩ *v/t* 1 rape 2 *derechos* violate

**violencia** *f* violence

**violentar** ⟨1a⟩ *v/t* 1 *puerta* force 2 (*incomodar*) embarrass

**violento** *adj* 1 violent; **morir de muerte -a** die a violent death 2 *situación* embarrassing; *persona* embarrassed

**violeta** I *f* BOT violet II *m/adj* violet

**violín** *m* violin

**violinista** *m/f* violinist

**violista** *m/f* viola player

**violonc(h)elista** *m/f* cellist

**violonc(h)elo** *m* cello

**VIP** *m/f* VIP

**viperino** *adj* malicious; **lengua -a** sharp tongue

**virador** *m* FOT toner

**viraje** *m* MAR tack; AVIA bank; AUTO swerve; *fig* change of direction

**viral** *adj* viral

**virar** ⟨1a⟩ I *v/i* MAR tack, go about; AVIA bank; AUTO swerve; *fig* change direction; *de orientación, procedimiento etc* change (completely) II *v/t* FOT tint

**virgen** I *adj* 1 virgin 2 *cinta* blank; **lana** ~ pure new wool II *f* virgin; **la Virgen** the Virgin; **ser un viva la** ~ F be unreliable

**virginal** *adj* virginal

**virginiano** *L.Am.* ASTR I *adj* Virgo; **soy** ~ I'm (a) Virgo II *m*, **-a** *f* Virgo

**virginidad** *f* virginity

**Virgo** *m/f inv* ASTR Virgo
**virguería** *f*: *hace ~s* P he's a whizz F
**vírgula** *f* punctuation mark
**vírico** *adj* viral
**viril** *adj* virile, manly
**virilidad** *f* virility, manliness; *edad* manhood
**virilizarse** ⟨1f⟩ *v/r de mujer* become more masculine
**virología** *f* MED virology
**virrey** *m* viceroy
**virtual** *adj* virtual
**virtualmente** *adv* virtually
**virtud** *f* virtue; *en ~ de* by virtue of
**virtuosismo** *m* virtuosity
**virtuoso** **I** *adj* virtuous **II** *m*, *-a f* virtuoso
**viruela** *f* MED smallpox
**virulé** *adv*: *a la ~* F (*de medio lado*) crooked; *ojo a la ~* F black eye
**virulencia** *f* MED, *fig* virulence
**virulento** *adj* MED, *fig* virulent
**virus** *m inv* MED virus
◇ **virus informático** computer virus
◇ **virus del sida** Aids virus
**viruta** *f* shaving
**vis** *f*: *~ cómica* gift for comedy
**visa** *f* L.Am. visa
**visado** *m* visa
**visaje** *m* (funny) face; *hacer ~s* pull faces
**visceral** *adj fig* gut *atr*, visceral *fml*
**vísceras** *fpl* guts, entrails
**viscosa** *f* viscose
**viscosidad** *f* viscosity
**viscoso** *adj* viscous
**visera** *f de gorra* peak; *de casco* visor
**visibilidad** *f* visibility
**visible** *adj* visible; *fig* evident, obvious
**visillo** *m* sheer, *Br* net curtain
**visión** *f* **1** vision, sight; *fig* vision; *ver visiones* be seeing things **2** (*opinión*) view; *tener ~ de futuro* be forward-looking
**visionar** ⟨1a⟩ *v/t película* see, watch
**visionario** **I** *adj* visionary **II** *m*, *-a f* visionary
**visir** *m* HIST vizier
**visita** *f* visit; *hacer una ~ a alguien* visit s.o.; *~ de(l) médico fig* quick visit
◇ **visita de cumplido** courtesy call; **visita a domicilio** house call; **visita guiada** guided tour; **visita oficial** POL official visit
**Visitación** *f* REL Visitation

**visitador** *m*, *~a f* inspector
◇ **visitador médico** drugs company salesperson, pharmaceuticals rep
**visitante** **I** *adj* visiting; DEP *tb* away; *victoria ~* away win **II** *m/f* visitor
**visitar** ⟨1a⟩ *v/t* **1** visit **2**: *el doctor no visita los lunes* the doctor isn't on duty Mondays
**vislumbrar** ⟨1a⟩ *v/t* glimpse
**visón** *m* ZO mink; *abrigo de ~* mink coat
**visor** *m* **1** FOT viewfinder **2** *en arma de fuego* sight; *~ nocturno* night sight
**visos** *mpl*: *tener ~ de* show signs of
**víspera** *f* **1** eve; *en ~s de* on the eve of **2**: *~s pl* REL vespers
**vista** **I** *f* **1** (eye)sight; *~ cansada* MED tired eyes; *tener buena / mala ~* have good / bad eyesight; *hacer la ~ gorda fig* F turn a blind eye; *tener ~ para algo fig* have a good eye for sth
**2** JUR hearing
**3**: *a la ~* COM at sight, on demand
**4** (*panorámica*): *la ciudad a ~ de pajaro* a bird's eye view of the city, the city seen from above; *~ aérea* FOT aerial view
**5** (*perspectiva*): *con ~s a* with a view to; *en ~ de* in view of
**6**: *a simple ~* with the naked eye; *a primera ~* at first sight; *de ~* by sight; *estar a la ~* be in sight; *perder de ~* lose sight of; *no perder de ~ niño etc* not take one's eyes off; *a la ~ de todos* in full view of everyone; *poner la ~ en alguien / algo* look at s.o. / sth; *tener intención de conseguir algo* set one's sights on s.o. / sth; *volver la ~ atrás tb fig* look back; *hasta la ~* bye!, see you!
**II** *m/f*: *~ (de aduanas)* customs official *o* officer
◇ **vista oral** JUR hearing
**vistazo** *m* look; *echar un ~ a* take a (quick) look at
**viste** *vb* ☞ *ver*, *vestir*
**visto** **I** *part* ☞ *ver*
**II** *adj* **1**: *está bien ~* it's the done thing; *está mal ~* it's not done, it's not the done thing; *estar muy ~* be old hat, not be original; *el espectáculo es lo nunca ~* the show is like nothing I have ever seen in my life; *y no ~* in a flash **2** *en locuciones*: *está ~ que* it's obvious

that; *por lo* ~ apparently 3: ~ *que* seeing that

**III** *m* check (mark), *Br* tick; *dar el* ~ *bueno* give one's approval

**vistosidad** *f* visual appeal

**vistoso** *adj* eye-catching

**visual I** *adj* visual **II** *f* line of sight

**visualización** *f* 1 visualization 2 *en pantalla* display

**visualizar** ⟨1f⟩ *v/t* 1 visualize 2 *en pantalla* display

**vital** *adj* 1 vital 2 *persona* lively

**vitalicio** *adj* life *atr*, for life; *renta -a* life annuity

**vitalidad** *f* vitality, liveliness

**vitalizar** ⟨1f⟩ *v/t* revitalize

**vitamina** *f* vitamin

**vitaminado** *adj* with added vitamins

**vitamínico** *adj* vitamin *atr*

**vitícola** *adj región, país* wine-growing *atr*

**viticultor** *m*, ~a *f* wine grower

**viticultura** *f* wine growing

**vitola** *f* cigar band

**vitorear** ⟨1a⟩ *v/t* cheer

**vitores** *mpl* cheers, acclaim *sg*

**vitoriano** *adj* of / from Vitoria, Vitoria *atr*

**vitral** *m* stained glass window

**vítreo** *adj* vitreous

**vitrificar** ⟨1g⟩ *v/t* vitrify

**vitrina** *f* 1 *en museo* display cabinet 2 *L.Am. de tienda* shop window

**vitriolo** *m* vitriol

**vitrocerámica** *f* ceramic stove top, *Br* ceramic hob

**vituallas** *fpl* victuals, provisions

**vituperable** *adj* reprehensible

**vituperar** ⟨1a⟩ *v/t* condemn

**vituperio** *m* condemnation

**viuda** *f* widow

**viudedad** *f de mujer* widowhood; *de hombre* widowerhood; *pensión de* ~ widow's pension

**viudez** *f de mujer* widowhood; *de hombre* widowerhood

**viudo I** *adj* widowed; *quedarse* ~ be widowed **II** *m* widower

**viva** *interj* hurrah!; *¡~ el rey!* long live the king!

**vivac** *m* bivouac

**vivacidad** *f* liveliness, vivacity

**vivales** *m/f inv* F sharp operator

**vivamente** *adv desear* fervently; *reco-*

*mendar* warmly; *describir* vividly; *interesado* deeply; *lo siento* ~ I'm deeply sorry

**vivaque** *m* bivouac

**vivaquear** ⟨1a⟩ *v/i* bivouac

**vivaracho** *adj* lively

**vivaz** *adj* lively, vivacious

**vivencia** *f* experience

**víveres** *mpl* provisions

**vivero** *m para plantas* nursery; *para peces* hatchery; *para ostras, mejillones etc* bed

**viveza** *f* liveliness

**vívido** *adj persona* lively

**vívido** *adj* vivid

**vividor** *m*, ~a *f* (*aprovechado*) freeloader

**vivienda** *f* 1 housing 2 (*casa*) house ◇ **vivienda de protección oficial** subsidized house / apartment

**viviente** *adj* living

**vivificar** ⟨1g⟩ *v/t* invigorate, energize

**vivíparo** *adj* ZO viviparous

**vivir** ⟨3a⟩ **I** *v/t* live through, experience **II** *v/i* live; ~ *de algo* live on sth; *no tienen con qué* ~ they don't have enough to live on; ~ *al día* live from day to day; *irse a* ~ *a* go to live in; *no dejar* ~ *a alguien fig* not let s.o. breathe; *¡~ para ver!* who would have believed it!; *¿quién vive?* who goes there?; *¡viva la república! - ¡viva!* long live the republic! - hurrah! **III** *m* way of life

**vivisección** *f* vivisection

**vivito:** ~ *y coleando* F alive and kicking

**vivo I** *adj* 1 alive; *los seres* ~ living things; *en* ~ *concierto* live 2 *fig* F sharp, smart 3 *color* bright 4 *ritmo* lively **II** *m*, -a *f* sharp operator

**vizcaíno** *adj* of / from Biscay, Biscay *atr*

**Vizcaya** *f* Biscay; *Golfo de* ~ Bay of Biscay

**vizconde** *m* viscount

**vizcondesa** *f* viscountess

**V.O., V.o.** *abr* (= *versión original*) original language version

**vocablo** *m* word

**vocabulario** *m* vocabulary

**vocación** *f* vocation; *errar la* ~ get into the wrong line of work

**vocacional** *adj* vocational

**vocal I** *adj* vocal **II** *m/f* member **III** *f* vowel

**vocalista** *m/f* vocalist

**vocalización** f vocalization
**vocalizar** ⟨1f⟩ v/i vocalize
**voceador** m, **~a** f Méx newspaper vendor
**vocear** ⟨1a⟩ v/t & v/i shout (out)
**vocerío** m uproar
**vocero** m, -a f esp L.Am. spokesperson
**voces** fpl ☞ **voz**
**vociferar** ⟨1a⟩ v/i shout
**vodka** m vodka
**vol.** abr (= **volumen**) vol. (= volume)
**voladizo** ARQUI **I** adj projecting **II** m projection
**volado I** adj **1 estar ~** F (colocado) be high o stoned **2** TIP superior **II** m ☞ **voladizo**
**volador I** adj flying **II** m **1** (cohete) rocket **2** pez flying fish; calamar: type of squid
**voladura** f blowing up
**volandas: en ~** fig in the air
**volante I** adj flying **II** m **1** AUTO steering wheel; **ponerse al ~** take the wheel **2** de vestido flounce **3** MED referral (slip) **4** DEP shuttlecock
**volantín** m Chi kite
**volar** ⟨1m⟩ **I** v/i fly; fig vanish; **las horas pasaron volando** the hours flew past o by; **irse ~** rush off; **echarse a ~** fly away, fly off **II** v/t **1** fly **2** edificio blow up; **volarse** v/r **1** be blown away **2** L.Am. (desaparecer) disappear
**volátil** adj tb fig volatile
**volatilizar** ⟨1f⟩ v/t QUÍM volatilize; **volatilizarse** v/r QUÍM volatilize; fig vanish into thin air
**volcán** m volcano
**volcánico** adj volcanic; fig: pasión fiery
**volcar** ⟨1g & 1m⟩ **I** v/t **1** knock over **2** (vaciar) empty **3** barco, coche overturn **II** v/i de coche, barco overturn; **volcarse** v/r **1** tip over **2**: **~ por alguien** F bend over backward for s.o., go out of one's way for s.o.; **~ en algo** throw o.s. into sth
**volea** f DEP volley; **golpear de ~** volley
**volear** ⟨1a⟩ v/t & v/i DEP volley
**voleibol** m volleyball
**voleo** m **1**: **a ~** at random **2** AGR: **sembrar a ~** scatter seed
**voley-playa** m beach volleyball
**volframio** m QUÍM wolfram
**volibol** m Méx volleyball
**volición** f volition
**volitivo** adj volitional

**volován** m GASTR vol-au-vent
**volquete** m dump truck
**vols.** abr (= **volúmenes**) vols. (= volumes)
**voltaje** m EL voltage
**voltear** ⟨1a⟩ **I** v/t **1** L.Am. (invertir) turn over; **~ el jersey** turn the sweater inside out **2** Rpl (tumbar) knock over **3**: **~ la cabeza** turn one's head **II** v/i **1** roll over **2** de campanas ring out
**voltereta** f somersault; **dar una ~** do a somersault
**voltímetro** m EL voltmeter
**voltio** m **1** EL volt **2**: **darse un ~** fig F go for a stroll
**volubilidad** f erratic nature, unpredictability
**voluble** adj erratic, unpredictable
**volumen** m volume; **a todo ~** at full volume o blast; **en tres volúmenes** diccionario three-volume atr
◊ **volumen de negocios** COM turnover, volume of business
**voluminoso** adj objeto, maleta bulky; vientre ample; historial lengthy
**voluntad** f will; **buena / mala ~** good / ill will; **~ de hierro** fig iron will; **última ~** last wish; **por ~ propia** of one's own free will; **a ~** at will
**voluntariado** m **1** actividad voluntary work; (voluntarios) volunteers pl **2** MIL voluntary military service
**voluntariedad** f voluntariness, voluntary nature
**voluntario I** adj volunteer **II** m, -a f volunteer
**voluntarioso** adj willing, enthusiastic
**voluptuosidad** f voluptuousness
**voluptuoso** adj voluptuous
**voluta** f ARQUI scroll, volute
**volver** ⟨2h; part **vuelto**⟩ **I** v/t **1** página, mirada etc turn (**a** to; **hacia** toward); tortilla, filete turn (over); vestido turn inside outXXX; boca abajo turn upside down **2**: **~ loco** drive crazy; **el humo volvió negra la pared** the smoke turned the wall black, the smoke made the wall go black
**II** v/i **1** return, go / come back; **~ a casa** go / come back home; **¿cuándo vuelven?** when do they get back?; **~ sobre algo** return to sth, go back to sth; **~ a la normalidad** return to normality
**2**: **~ en sí** come to, come around

**3:** *~ a hacer algo* do sth again; *~ a fumar* start smoking again

**volverse** *v/r* **1** turn around; *se volvió y me sonrió* he turned around and smiled at me **2:** *se volvió a preparar la cena* he went *o* got back to fixing dinner **3:** *~ contra alguien* turn against s.o. **4:** *~ loco* go crazy

**vomitar** ⟨1a⟩ **I** *v/t* throw up; *lava* hurl, spew **II** *v/i* throw up, be sick; *tengo ganas de ~* I feel nauseous, *Br* I feel sick

**vomitivo** *m* MED emetic

**vómito** *m* MED vomit

**vomitona** *f* F: *tuvo una ~* she threw up all over the place F

**voracidad** *f* voracity; *de incendio* ferocity

**vorágine** *f* (*remolino*) whirlpool; *fig* whirl

**voraz** *adj* voracious; *incendio* fierce

**vórtice** *m* vortex

**VOS** *abr* (= *versión original subtitulada*) original language version with subtitles

**vos** *pron pers sg* Rpl, C.Am., *Ven* you

**vosear** ⟨1a⟩ *v/t* Rpl, C.Am., *Ven* address as 'vos'

**vosotros, vosotras** *pron pers pl* you

**votación** *f* vote, ballot; *~ a mano alzada* show of hands

**votante** *m/f* voter

**votar** ⟨1a⟩ **I** *v/t* (*aprobar*) approve **II** *v/i* vote

**voto** *m* **1** POL vote **2:** *~s pl* REL vows **3:** *hacemos ~s por su recuperación* *fml* we are hoping for his recovery

◇ **voto en blanco** spoiled ballot paper; **voto de calidad** casting vote, deciding vote; **voto de censura** vote of no confidence; **voto de confianza** vote of confidence; **voto por correo** absentee ballot; **voto nulo** spoiled ballot paper

**voy** *vb* ☞ *ir*

**voz** *f* **1** voice; *a media ~* in a hushed *o* low voice; *a ~ en grito* at the top of one's voice; *en ~ alta* aloud; *en ~ baja* in a low voice; *levantar o alzar la ~ a alguien* raise one's voice to s.o.; *conocer a alguien en la ~* recognize s.o.'s voice; *a una ~* with one voice, as one; *quería contártelo de viva ~* he wanted to tell you in person; *llevar la ~ cantante* *fig* call the tune, call the shots; *no tener ~ ni voto* *fig* not have

a say; *tener ~ y voto* POL have full voting rights; *dar voces* shout; *estar pidiendo a voces algo* be crying out for sth; *hacer correr la ~* spread the word; *a dos voces* MÚS for two voices **2** *fig* rumor, *Br* rumour

◇ **voz activa** GRAM active voice; **voz de mando** MIL command; **voz en off** voice-over; **voz pasiva** GRAM passive voice

**vozarrón** *m* loud voice

**vuelapluma:** *escribir unas líneas a ~* dash off a few lines

**vuelco** **I** *vb* ☞ *volcar* **II** *m* AUTO roll; MAR capsize; *dar un ~* *fig* F take a dramatic turn; *me dio un ~ el corazón* my heart missed a beat

**vuelo** **I** *vb* ☞ *volar* **II** *m* **1** flight; *en ~* in flight; *cazar algo al ~* catch sth in mid-air; *fig* catch *o* latch on to sth quickly; *de altos ~s* *boda, bautizo* big; *ceremonia* important; *restaurante* prestigious; *proyecto* big, prestigious **2:** *una falda con ~* a full skirt

◇ **vuelo chárter** charter flight; **vuelo de conexión** connecting flight; **vuelo directo** direct flight; **vuelo sin escala** non-stop flight; **vuelo espacial** space flight; **vuelo internacional** international flight; **vuelo interplanetario** space flight; **vuelo de línea** scheduled flight; **vuelo sin motor** gliding; **vuelo nacional** domestic flight; **vuelo de reconocimiento** reconnaissance flight; **vuelo regular** scheduled flight; **vuelo a vela** gliding

**vuelta** *f* **1** (*regreso*) return; *a la ~* on the way back; *estar de ~* be back; *estar de ~ de todo* F have seen it all before; *no tiene ~ atrás* there is no turning back **2** (*devolución*): *me dio de ~ tres dólares* he gave me three dollars change **3** *en carrera* lap; *dar la ~ a llave etc* turn; *dar media ~* turn round; *dar una ~ de campana* AUTO turn over; *dar ~s* go to and fro; (*girar*) go around; *la cabeza me da ~s* my head is spinning; *dar ~ a una idea* turn an idea over in one's mind; *dar una ~* go for a walk; *dar cien ~s a alguien* F be a hundred times better than s.o. F; *poner a alguien de ~ y media* F give s.o. a dressing-down **4:** *a la ~ de la esquina* *fig* just around the corner; *a la ~ de pocos años* a few years later; *buscarle las ~s a alguien* F try to catch s.o. out; *no tiene ~ de hoja* there's no doubt about it

◇ **vuelta de carnero** *L.Am.* half-somersault

◇ **vuelta al mundo** round-the-world trip; *dar la ~* go around the world

**vuelto I** *part* ☞ **volver II** *m L.Am.* change

**vuelvo** *vb* ☞ **volver**

**vuestro I** *adj pos* your **II** *pron* yours; *¿es ~?* is it yours?

**vulcanizar** ⟨1f⟩ *v/t* vulcanize

**vulgar** *adj* vulgar, common; *abundante* common

**vulgaridad** *f* vulgarity

**vulgarizar** ⟨1f⟩ *v/t* popularize; *desp* vulgarize

**vulgarmente** *adv* commonly, popularly; *desp* vulgarly

**vulgo** *m* lower classes *pl*, lower orders *pl*

**vulnerabilidad** *f* vulnerability

**vulnerable** *adj* vulnerable

**vulnerar** ⟨1a⟩ *v/t ley, norma* violate; *fig* damage, harm

**vulva** *f* vulva

# W

**w.** *abr* (= *watio*) w (= watt)

**walkman** *m* personal stereo, walkman®

**wáter** *m* bathroom, toilet

**waterpolo** *m* DEP water polo

**WC** *m abr* WC

**western** *m* western

**whisky** *m* whiskey, *Br* whisky

**windsurf** *m* **1** *tabla* sailboard, windsurfer **2** (*tb ~ing*) windsurfing; *hacer ~* go windsurfing

**windsurfista** *m/f* windsurfer

**wolframio** *m* QUÍM wolfram

# X

**xenofobia** *f* xenophobia

**xenófobo I** *adj* xenophobic **II** *m*, **-a** *f* xenophobe

**xilófago** *adj* ZO wood-eating

**xilófono** *m* MÚS xylophone

# Y

**y** *conj* and

**ya** *adv* **1** already; *~ lo sé* I know

**2** (*ahora mismo*) now; *~ viene* she's coming now

**3**: *¿lo puede hacer? - ¡~ lo creo!*; can she do it ? – you bet!; *¡~! incredulidad* oh, yeah!, sure!; *comprensión* I know, I understand; *asenso* OK, sure; *al terminar* finished!, done!; *¡ah, ~! al acordarse* oh, of course!

**4** *en frases negativas*: *~ no vive aquí* he doesn't live here any more, he no longer lives here; *~ no lo tengo* I don't have it any more, I no longer have it

**5**: *~ que* since, as

**6**: *~ ... ~ ...* either ... or ...

**yacaré** *m L.Am.* ZO cayman

**yacente** *adj* reclining, recumbent

**yacer** ⟨2y⟩ *v/i* lie; *aquí yace ...* here lies ...

**yachting** *m* yachting

**yacimiento** *m* MIN deposit

**yanqui** *m/f & adj* F Yankee F

**yantar** ⟨1a⟩ *lit* **I** *v/i* eat **II** *m* food

**yapa** *f* **1** *L.Am.* bit extra (for free) **2** *Pe, Bol* (*propina*) tip

**yarda** *f medida* yard

**yate** *m* yacht

**yatismo** *m CSur* yachting
**yaya** *f* grandma
**yayo** *m* grandpa
**yedra** *f* BOT ivy
**yegua** *f* ZO mare
**yeguada** *f* herd of horses
**yelmo** *m* HIST helmet
**yema** *f* 1 yolk 2: ~ *del dedo* fingertip
**yemení, yemenita** I *adj* Yemeni II *m/f* Yemeni
**yendo** *vb* ☞ *ir*
**yerba** *f L.Am.* grass
◇ **yerba mate** maté
**yerbal** *m* maté plantation
**yerbatero** *m*, **-a** *f Rpl* herbalist
**yerbear** ⟨1a⟩ *v/i Rpl* drink maté
**yerbero** *m Méx* herbal healer
**yergo** *vb* ☞ *erguir*
**yermo** I *adj* 1 *pueblo* uninhabited 2 *terreno* barren II *m* wasteland
**yerno** *m* son-in-law
**yerro** I *vb* ☞ *errar* II *m* error, mistake
**yerto** *adj* stiff, rigid; ~ *de frío* frozen stiff
**yesca** *f* tinder
**yesera** *f* plaster works *sg*
**yesero** *m*, **-a** *f* plasterer
**yeso** *m* plaster
**yesoso** *adj terreno* rich in gypsum

**yeta** *Rpl* F I *adj* jinxed II *m/f*: *es un* ~ he's jinxed, there's a jinx on him
**yo** *pron* I; *soy* ~ it's me; ~ *que tú* if I were you
**yodado** *adj* iodized
**yodo** *m* iodine
**yoga** *m* yoga
**yogur** *m* yog(h)urt
**yogurtera** *f* yog(h)urt maker
**yonqui** *m/f* F junkie F
**yoquei, yóquey** *m* ☞ *jockey*
**yoyó** *m* yo-yo
**yuca** *f* BOT yucca
**yudo** *m* ☞ *judo*
**yugo** *m* yoke; *sacudir el* ~ *fig* throw off the yoke
**Yugoslavia** *f* Yugoslavia
**yugoslavo** I *adj* Yugoslav(ian) II *m*, **-a** *f* Yugoslav(ian)
**yugular** I *adj* ANAT jugular; *vena* ~ jugular (vein) II ⟨1a⟩ *v/t* (*interrumpir bruscamente*): ~ *algo* cut sth short
**yunque** *m* anvil
**yunta** *f* yoke, team
**yute** *m* jute
**yuxtaponer** ⟨2r⟩ *v/t* juxtapose
**yuxtaposición** *f* juxtaposition
**yuyo** *m L.Am.* weed

# Z

**zacatal** *m C.Am., Méx* pasture
**zacate** *m C.Am., Méx* fodder
**zafarrancho** *m*: ~ *de combate* call to action; *¡*~ *de combate!* action *o* battle stations!
**zafarse** ⟨1a⟩ *v/r* 1 get away (*de* from) 2 (*soltarse*) come undone 3: ~ *de algo* (*evitar*) get out of sth
**zafio** *adj* coarse
**zafiro** *m* sapphire
**zafra** *f C.Am., Cu, Méx* sugar-cane harvest
**zaga** *f*: *a la* ~ behind, in the rear; *a la* ~ *del pelotón* behind the pack; *ir a la* ~ bring up the rear; *es perezoso y su hermano no le va a la* ~ he's lazy and his brother isn't far behind
**zagal** *m* boy
**zagala** *f* girl
**zaguán** *m* hall(way)

**zaguero** *m*, **-a** *f* DEP back, defender
**zahorí** *m/f* dowser
**zahúrda** *f* 1 pigpen, *Br* pigsty 2 *vivienda* hovel
**zaino, zaíno** *adj caballo* chestnut; *res vacuna* black
**zalamería** *f* flattery, sweet talk
**zalamero** I *adj* 1 flattering 2 *empalagoso* syrupy, sugary II *m*, **-a** *f* flatterer, sweet talker
**zamarra** *f chaqueta* sheepskin jacket
**zamba** *f Arg* (*baile*) Argentinian folkdance
**Zambia** *f* Zambia
**zambiano** I *adj* Zambian II *m*, **-a** *f* Zambian
**zambo** I *adj* knock-kneed, bandy-legged II *m*, **-a** *f L.Am.* person of mixed black and Indian descent
**zambomba** *f* MÚS type of drum

**zambombazo** *m* F **1** (*explosión*) bang, explosion **2**: *me di un ~ contra la puerta* I banged into the door

**zambullida** *f* dive

**zambullir** ⟨3h⟩ *v/t* plunge (*en* into); **zambullirse** *v/r* dive (*en* into); *fig* throw o.s. (*en* into), immerse o.s. (*en* in)

**zamorano** *adj* of / from Zamora, Zamora *atr*

**zampabollos** *m/f inv* F pig F, glutton F

**zampar** ⟨1a⟩ F *v/t* wolf down F; **zamparse** *v/r* wolf down F

**zampón** *m* F pig F, glutton F

**zampoña** *f* panpipes *pl*

**zanahoria** *f* carrot

**zanca** *f de ave* leg

**zancada** *f* stride; *dar ~s* stride; *en dos ~s fig* in a flash

**zancadilla** *f fig* obstacle; *poner o echar la ~ a alguien* trip s.o. up

**zancadillear** ⟨1a⟩ *v/t* trip up

**zanco** *m* stilt

**zancudo I** *adj* long-legged; *aves -as pl* waders **II** *m L.Am.* mosquito

**zanfoña** *f* MÚS hurdy-gurdy

**zanganear** ⟨1a⟩ *v/i* laze around

**zángano** *m* ZO drone; *fig* F lazybones *sg*

**zanguango** *L.Am.* F **I** *adj* lazy **II** *m* lazybones *sg*

**zanja** *f* ditch

**zanjar** ⟨1a⟩ *v/t fig* **1** *problemas* settle **2** *dificultades* overcome

**zapa** *f* (*pala*) spade

**zapador** *m* MIL sapper

**zapallito** *m Rpl* zucchini, *Br* courgette

**zapallo** *m CSur* zucchini, *Br* courgette; *calabaza* pumpkin

**zapapico** *m* pickax, *Br* pickaxe

**zapata** *f* TÉC brake shoe

**zapateado** *m Andalusian dance*

**zapatear** ⟨1a⟩ *v/i* tap one's feet

**zapatería** *f* shoe store, shoe shop

**zapatero** *m*, *-a f* shoemaker; *~ a tus zapatos* stick to what you know

◇ **zapatero remendón** shoe repairer

**zapatiesta** *f* F ☞ **trapatiesta**

**zapatilla** *f* slipper; *de deporte* sneaker, *Br* trainer

**Zapatista** *m/f Méx*: member or supporter of the Zapatista National Liberation Army

**zapato** *m* shoe; *no llegarle a alguien a la suela del ~* F not be a patch on s.o.; *sé dónde le aprieta el ~ fig* I know what his problem is

◇ **zapato de cordones** lace-up (shoe)

**zapear** ⟨1a⟩ *v/i* TV F channel-surf, *Br* channel-hop, *Br* zap

**zapeo, zapping** *m* TV F channel surfing, *Br* channel hopping, *Br* zapping

**zapote** *m árbol, fruta* sapodilla

**Zaragoza** *f* Saragossa

**zaragozano** *adj* of / from Zaragoza, Zaragoza *atr*

**zarandajas** *fpl* trifles; *estas ~ de teatro* this theater nonsense

**zarandear** ⟨1a⟩ *v/t* shake violently, buffet; *~ a alguien fig* give s.o. a hard time

**zarandillo** *m*: *llevar a alguien como un ~* F have s.o. running backward and forward

**zarapito** *m* ZO curlew

**zarcillo** *m* **1** earring **2** BOT tendril

**zarco** *adj esp ojos* pale-blue, light-blue

**zarigüeya** *f* ZO (o)possum

**zarpa** *f* paw; *echar la ~ a algo* F get one's hands on sth

**zarpada** *f* swipe

**zarpar** ⟨1a⟩ *v/i* MAR set sail (*para* for)

**zarpazo** *m* swipe (with a paw); *fig* blow

**zarrapastroso** *adj* shabby

**zarza** *f* BOT bramble

**zarzal** *m* bramble patch

**zarzamora** *f* BOT blackberry

**zarzaparrilla** *f* BOT, *bebida* sarsaparilla

**zarzo** *m Col* attic

**zarzuela** *f* **1** MÚS *type of operetta* **2** GASTR *seafood casserole*

**zas** *int* splash!; *con la mano* thwack!

**zascandil** *m* F bum F, good-for-nothing

**zascandilear** ⟨1a⟩ *v/i* mess around

**zeta** *f* letter 'z'

**zigzag** *m* zigzag

**zigzaguear** ⟨1a⟩ *v/i* zigzag

**Zimbabue** *m* Zimbabwe

**zimbabuo I** *adj* Zimbabwean **II** *m*, *-a f* Zimbabwean

**zinc** *m* zinc

**zipear** ⟨1a⟩ *v/t* INFOR zip (up)

**zíper** *m C.Am., Méx* zipper, *Br* zip

**zipizape** *m* F row, ruckus F

**zócalo** *m* **1** baseboard, *Br* skirting board **2** *Méx*: plaza mayor main square

**zodical** *adj*: *signo ~* sign of the zodiac, star sign

**zodíaco, zodiaco** *m* AST zodiac

**zona** *f* **1** area, zone **2** *en baloncesto: parte del campo* key; *violación* three-seconds violation

◇ **zona ajardinada** green space; **zona azul** meter zone; **zona catastrófica** disaster area; **zona euro** euro zone; **zona franca** duty-free zone; **zona de influencia** sphere of influence; **zona de libre cambio** free-trade area; **zona peatonal** pedestrian mall *o* area, *Br* pedestrian precinct; **zona residencial** residential area; **zona roja** *L.Am.* red light district; **zona de strike** *en béisbol* strike zone; **zona verde** green space

**zoncería** *f L.Am.* stupid thing

**zonzo** *adj L.Am.* stupid

**zoo** *m* zoo

**zoología** *f* zoology

**zoológico I** *adj* zoological; *jardín o parque* ~ zoological garden, zoo **II** *m* zoo

**zoólogo** *m*, **-a** *f* zoologist

**zoom** *m* FOT zoom; *usar el* ~ zoom in

**zootecnia** *f* animal husbandry

**zopenco I** *adj* stupid, idiotic **II** *m*, **-a** *f* F dummy F

**zopilote** *m L.Am.* ZO turkey buzzard

**zoquete** *m/f* F dimwit F

**zorra** *f* **1** ZO vixen **2** P whore P

**zorrería** *f* slyness, craftiness

**zorrillo** *m C.Am., Méx* skunk

**zorrino** *m Rpl* skunk

**zorro I** *adj* sly, crafty **II** *m* **1** ZO fox; *fig* old fox **2**: *estar hecho unos* ~*s* F be worn out

**zorzal** *m* ZO thrush

**zote** F **I** *adj* dim-witted, dumb F **II** *m/f* dimwit F

**zozobra** *f* **1** MAR overturning, capsizing; *de negocio* collapse **2** (*inquietud*) anxiety

**zozobrar** ⟨1a⟩ *v/i* **1** MAR overturn, cap-size; *de negocio* go under **2** *fig* worry, be anxious

**zueco** *m* clog

**zulo** *m* hiding place

**zumaque** *m* BOT sumac(h)

**zumba** *f L.Am., Méx* (*paliza*) beating

**zumbado** *adj* F crazy

**zumbador** *m* buzzer

**zumbar** ⟨1a⟩ **I** *v/i* buzz; *me zumban los oídos* my ears are ringing; *pasar zumbando* shoot by, flash by; *salir zumbando* shoot off; *afuera* shoot out **II** *v/t golpe, bofetada* give; **zumbarse** *v/r Esp* P: ~ *de alguien* make fun of s.o.

**zumbido** *m* buzzing; ~ *de oídos* buzzing in one's ears

**zumo** *m* juice

**zurcido** *m de calcetines* darning; *de chaqueta, pantalones* patching

**zurcir** ⟨3b⟩ *v/t* **1** *calcetines* darn; *chaqueta, pantalones* patch **2**: *¡que te zurzan!* F get lost! F, go to hell! F

**zurda** *f* left hand; (*pie*) left foot

**zurdo I** *adj* left-handed **II** *m*, **-a** *f* left--hander

**zurear** ⟨1a⟩ *v/i* coo

**zurra** *f* TÉC tanning; *fig* F hiding F; *dar una* ~ *a alguien* beat s.o. up, give s.o. a beating *o* hiding

**zurrapa** *f* dregs *pl*; *del café* grounds *pl*

**zurrar** ⟨1a⟩ *v/t* TÉC tan; ~ *a alguien* F tan s.o.'s hide F; **zurrarse** *v/r* P (*cascarse*) jerk off P

**zurriagazo** *m* lash, stroke

**zurriburri** *m* F ruckus F

**zurrón** *m* bag

**zurrullo** *m* **1** F *de lana* ball **2** P *excremento* piece of shit P, turd P

**zutano** *m*, **-a** *f* so-and-so; *fulano, mengano y* ~ so-and-so and so-and-so

# English-Spanish Dictionary
## Vocabulario Inglés-Español

# A

**a** [ə] *stressed* [eɪ] *art* un(a); *an island* una isla; *$5 ~ ride* 5 dólares por vuelta; *he's ~ lawyer* es abogado

**A4** [eɪ'fɔːr] A4 *m*

**a•back** [ə'bæk] *adv*: *taken ~* desconcertado (*by* por)

**a•ban•don** [ə'bændən] *v/t* abandonar

**a•base** [ə'beɪs] *v/t*: *~ o.s.* humillarse, postrarse

**a•bashed** [ə'bæʃt] *adj* avergonzado

**a•bate** [ə'beɪt] *v/i of storm, flood* amainar

**ab•at•toir** ['æbətwɑːr] matadero *m*

**ab•bey** ['æbɪ] abadía *f*

**ab•bot** ['æbət] abad *m*

**ab•bre•vi•ate** [ə'briːvɪeɪt] *v/t* abreviar

**ab•bre•vi•a•tion** [əbriːvɪ'eɪʃn] abreviatura *f*

**ABC** [eɪbiː'siː] abecedario *m*, abecé *m*; *fig* (*basics*) abecé *m*, nociones *fpl* básicas; *the ~s* el abecé *or* abecedario

**ab•di•cate** ['æbdɪkeɪt] *v/i* abdicar

**ab•di•ca•tion** [æbdɪ'keɪʃn] abdicación *f*

**ab•do•men** ['æbdəmən] abdomen *m*

**ab•dom•i•nal** [æb'dɑːmɪnl] *adj* abdominal

**ab•duct** [əb'dʌkt] *v/t* raptar, secuestrar

**ab•duc•tion** [əb'dʌkʃn] rapto *m*, secuestro *m*

**ab•er•ra•tion** [æbə'reɪʃn] aberración *f*

**a•bet** [ə'bet] *v/t* (*pret & pp -ted*) LAW: *aid and ~* auxiliar

**a•bey•ance** [ə'beɪəns]: *fall into ~* caer en desuso; *be in ~* estar en suspenso

**ab•hor** [əb'hɔːr] *v/t* (*pret & pp -red*) aborrecer

**ab•hor•rence** [əb'hɔːrəns] aborrecimiento *m* (*of* de), antipatía *f* (*of* por)

**ab•hor•rent** [əb'hɔːrənt] *adj crime, attitude* aborrecible, vergonzoso; *be ~ to s.o.* aborrecer a alguien

**a•bide** [ə'baɪd] *v/t*: *I cannot ~ him / it* no lo aguanto *or* soporto

◆ **abide by** *v/t* atenerse a

**a•bid•ing** [ə'baɪdɪŋ] *adj* duradero, inextinguible

**a•bil•i•ty** [ə'bɪlətɪ] capacidad *f*, habilidad *f*; *~ to pay* recursos *mpl* económicos; *to the best of one's ~ perform, play* lo mejor posible

**ab•ject** ['æbdʒekt] *adj* **1** *poverty, misery* extremo; *failure* absoluto, total **2** *apology* abyecto

**a•blaze** [ə'bleɪz] *adj* en llamas; *be ~* estar en llamas; *be ~ with light* resplandecer de la luz; *his eyes were ~ with anger* le chispeaban los ojos de la ira

**a•ble** ['eɪbl] *adj* (*skillful*) capaz, hábil; *be ~ to* poder; *I wasn't ~ to see / hear* no conseguí *or* pude ver / escuchar

**a•ble-bod•ied** [eɪbl'bɑːdiːd] *adj* sano

**a•ble 'sea•man** NAUT marinero *m* de primera

**ab•ne•ga•tion** [æbnɪ'geɪʃn] abnegación *f*

**ab•nor•mal** [æb'nɔːrml] *adj* anormal

**ab•nor•mal•ly** [æb'nɔːrməlɪ] *adv* anormalmente; *behave in* ~ *way* anormal

**a•board** [ə'bɔːrd] **I** *prep* a bordo de **II** *adv* a bordo; *be ~* estar a bordo; *go ~* subir a bordo

**a•bode** [ə'boʊd]: *place of ~* LAW domicilio *m*, residencia *f*; *of or with no fixed ~* sin domicilio *or* residencia permanente

**a•bol•ish** [ə'bɑːlɪʃ] *v/t* abolir

**ab•o•li•tion** [æbə'lɪʃn] abolición *f*

**'A-bomb** bomba *f* atómica

**a•bom•i•na•ble** [ə'bɑːmɪnəbl] *adj* abominable, horroroso

**a•bom•i•na•ble 'snow•man** abominable hombre *m* de las nieves

**a•bom•i•na•tion** [əbɑːmɪ'neɪʃn] **1** (*disgust*) abominación *f* (*of* de), repugnancia *f* (*of* hacia) **2** *detestable thing* abominación *f*, infamia *f*

**Ab•o•rig•i•nal** [æbə'rɪdʒənl] I *adj* aborigen II *n* aborigen *m/f*

**Ab•o•rig•i•ne** [æbə'rɪdʒənɪ] ☞ *Aboriginal* II

**a•bort** [ə'bɔːrt] *v/t mission, launch* suspender, cancelar; COMPUT cancelar

**a•bor•tion** [ə'bɔːrʃn] aborto *m* (*provocado*); **have an ~** abortar

**a•bor•tion•ist** [ə'bɔːrʃənɪst] abortista *m/f*

**a•bor•tive** [ə'bɔːrtɪv] *adj* fallido

**a•bound** [ə'baʊnd] *v/i* abundar; **~ in** or **with sth** abundar en or de algo

**a•bout** [ə'baʊt] I *prep* (*concerning*) acerca de, sobre; **what's it ~?** *of book, movie* ¿de qué trata? II *adv* (*roughly*) más o menos; **be ~ to do sth** *be going to* estar a punto de hacer algo; **I'm not ~ to sign that** no tengo la más mínima intención de firmar eso

**a•bove** [ə'bʌv] I *prep* por encima de; **500m ~ sea level** 500 m sobre el nivel del mar; **~ all** por encima de todo, sobre todo II *adv*: **on the floor ~** en el piso de arriba; **all those aged 15 and ~** todos aquellos mayores de 15 años

**a•bove 'board** *adj* lícito, claro

**a•bove-men•tioned** [əbʌv'menʃnd] I *adj* arriba mencionado II *n*: **the ~** el arriba mencionado

**ab•ra•sion** [ə'breɪʒn] abrasión *f*

**ab•ra•sive** [ə'breɪsɪv] *adj personality* abrasivo

**a•breast** [ə'brest] *adv* de frente, en fondo; **three ~** tres juntos, tres uno al lado del otro; **they were marching six ~** marchaban en columna de seis en fondo; **keep ~ of** mantenerse al tanto de; **keep ~ of the times** mantense al día

**a•bridge** [ə'brɪdʒ] *v/t* abreviar, condensar

**a•broad** [ə'brɔːd] *adv live* en el extranjero; **go** al extranjero; **from ~** de fuera, del extranjero

**ab•ro•gate** ['æbrəgeɪt] *v/t fml* revocar, anular

**a•brupt** [ə'brʌpt] *adj* **1** *departure* brusco, repentino; **come to an ~ halt** parar bruscamente **2** *manner* brusco, rudo

**a•brupt•ly** [ə'brʌptlɪ] *adv* **1** (*suddenly*) repentinamente **2** (*curtly*) bruscamente

**ABS** [eɪbiː'es] *abbr* (= **antilock braking system**) ABS *m* (= sistema *m* de frenos antibloqueo)

**ab•scess** ['æbsɪs] absceso *m*

**ab•scond** [əb'skɑːnd] *v/i* fugarse, evadirse (**from** de)

**ab•seil** ['æbsaɪl] *v/i*: **~ down a cliff** bajar en rappel por un precipicio

**ab•sence** ['æbsəns] *of person* ausencia *f*, (*lack*) falta *f*; **in the ~ of the President** en ausencia del presidente; **in the ~ of wine ...** a falta de vino ...

**ab•sent**[1] ['æbsənt] *adj* ausente

**ab•sent**[2] [æb'sent] *v/t*: **~ o.s.** ausentarse, marcharse (**from** de)

**ab•sen•tee** [æbsən'tiː] ausente *m/f*

**ab•sen•tee 'bal•lot** voto *m* por correo

**ab•sen•tee•ism** [æbsən'tiːɪzm] absentismo *m*

**ab•sen•tee 'land•lord** propietario *m* absentista

**ab•sen•tee 'vot•er** votante *m/f* ausente

**ab•sent-'mind•ed** *adj* distraído

**ab•sent-mind•ed•ly** [æbsənt'maɪndɪdlɪ] *adv* distraídamente

**ab•sent-mind•ed•ness** [æbsənt'maɪndɪdnɪs] descuido *m*, olvido *m*

**ab•so•lute** ['æbsəluːt] *adj power* absoluto; *idiot* completo; *mess* total

**ab•so•lute•ly** ['æbsəluːtlɪ] *adv* (*completely*) absolutamente, completamente; **~ not!** ¡en absoluto!; **do you agree? – ~** ¿estás de acuerdo? – ¡completamente!

**ab•so•lu•tion** [æbsə'luːʃn] REL absolución *f*

**ab•solve** [əb'zɑːlv] *v/t* absolver

**ab•sorb** [əb'sɔːrb] *v/t* absorber; **~ed in** absorto en

**ab•sorb•en•cy** [əb'sɔːrbənsɪ] absorbencia *f*

**ab•sorb•ent** [əb'sɔːrbənt] *adj* absorbente

**ab•sorb•ent 'cot•ton** algodón *m* hidrófilo

**ab•sorb•ing** [əb'sɔːrbɪŋ] *adj* absorbente

**ab•stain** [əb'steɪn] *v/i from voting* abstenerse

**ab•ste•mi•ous** [əb'stiːmɪəs] *adj* abstemio

**ab•sten•tion** [əb'stenʃn] *in voting* abstención *f*

**ab•sti•nence** ['æbstɪnəns] abstinencia *f*

**ab•stract** ['æbstrækt] *adj* abstracto

**ab•strac•tion** [æb'strækʃn] abstracción *f*

**ab•struse** [əbˈstruːs] *adj* abstruso

**ab•surd** [əbˈsɜːrd] *adj* absurdo

**ab•surd•i•ty** [əbˈsɜːrdətɪ] lo absurdo

**a•bun•dance** [əˈbʌndəns] abundancia *f*

**a•bun•dant** [əˈbʌndənt] *adj* abundante

**a•buse**[1] [əˈbjuːs] *n* **1** (*insults*) insultos *mpl* **2** *of thing* maltrato *m*; (*child*) ~ *physical* malos tratos *mpl* a menores; *sexual* agresión *f* sexual a menores; *drug and alcohol* ~ consumo *m* de alcohol y drogas; ~ *of power* abuso *m* de poder

**a•buse**[2] [əˈbjuːz] *v/t* **1** *physically* abusar de **2** *verbally* insultar

**a•bu•sive** [əˈbjuːsɪv] *adj language* insultante, injurioso; *he became* ~ *toward me* se puso a insultarme

**a•bys•mal** [əˈbɪzml] *adj* F (*very bad*) desastroso F

**a•byss** [əˈbɪs] abismo *m*

**AC** [ˈeɪsiː] *abbr* (= *alternating current*) CA (= corriente *f* alterna)

**a/c, A/C** *abbr* (= *account*) cuenta *f*

**a•ca•cia** [əˈkeɪʃə] BOT acacia *f*

**ac•a•de•mi•a** [ækəˈdiːmɪə] ámbito *m* académico

**ac•a•dem•ic** [ækəˈdemɪk] **I** *n* académico(-a) *m(f)*, profesor(a) *m(f)* **II** *adj* académico; *the exact reason is* ~ *now anyway* la razón exacta no tiene ya ninguna trascendencia

**ac•a•dem•ic ˈfree•dom** libertad *f* de cátedra

**ac•a•dem•ic ˈyear** año *m* escolar; *at university* año *m* académico

**a•cad•e•my** [əˈkædəmɪ] academia *f*

**A•cad•e•my Aˈwards** (*cer•e•mo•ny*) ceremonia *f* de los Oscar

**ac•cel•e•rate** [əkˈseləreɪt] *v/t & v/i* acelerar

◆ **accelerate away** *v/i*: *he accelerated away* dio un acelerón y se marchó

**ac•cel•e•ra•tion** [əkseləˈreɪʃn] aceleración *f*

**ac•cel•e•ra•tor** [əkˈseləreɪtər] *of car* acelerador *m*

**ac•cent** [ˈæksənt] **1** *when speaking* acento *m* **2** (*emphasis*) énfasis *m*; *put the* ~ *on sth* poner énfasis en algo

**ac•cen•tu•ate** [əkˈsentjueɪt] *v/t* acentuar

**ac•cen•tu•a•tion** [əksentjuːˈeɪʃn] acentuación *f*

**ac•cept** [əkˈsept] *v/t & v/i* aceptar

**ac•cept•a•ble** [əkˈseptəbl] *adj* aceptable

**ac•cept•ance** [əkˈseptəns] aceptación *f*; *gain* ~ encontrar *or* tener aceptación

**acˈcept•ance speech** discurso *m* de envestidura

**ac•cept•ed** [əkˈseptɪd] *adj* corriente, generalizado

**ac•cess** [ˈækses] **I** *n* acceso *m*; *have* ~ *to computer* tener acceso a; *child* tener derecho a visitar **II** *v/t also* COMPUT acceder a

**ˈac•cess code** COMPUT código *m* de acceso

**ac•ces•si•ble** [əkˈsesəbl] *adj* accesible

**ac•ces•sion** [əkˈseʃn] acceso *m*

**ac•ces•so•ry** [əkˈsesərɪ] **1** *for wearing* accesorio *m*, complemento *m* **2** LAW cómplice *m/f*

**ˈac•cess road** carretera *f* de acceso

**ˈac•cess time** COMPUT tiempo *m* de acceso

**ac•ci•dent** [ˈæksɪdənt] accidente *m*; *by* ~ por casualidad; *it is no* ~ *that ...* no es una casualidad *or* coincidencia que ...; ~ *report* parte *m* de incidentes

**ac•ci•den•tal** [æksɪˈdentl] *adj* accidental

**ac•ci•den•tal•ly** [æksɪˈdentlɪ] *adv* sin querer

**ac•ci•dent ˈblack•spot** punto *m* negro

**ˈac•ci•dent in•sur•ance** seguro *m* de accidentes

**ˈac•ci•dent-prone** *adj* patoso, con tendencia a sufrir accidentes

**ac•claim** [əˈkleɪm] **I** *n* alabanza *f*, aclamación *f*; *meet with* ~ ser alabado *or* aclamado **II** *v/t* alabar, aclamar

**ac•cla•ma•tion** [æklaˈmeɪʃn] aclamación *f*

**ac•cli•mate, ac•cli•ma•tize** [əˈklaɪmət, əˈklaɪmətaɪz] *v/t* aclimatarse

**ac•cli•ma•ti•za•tion** [əklaɪmətaɪˈzeɪʃn] aclimatación *f*

**ac•com•mo•date** [əˈkɑːmədeɪt] *v/t* **1** (*have space for*) alojar **2** *requirements* satisfacer, hacer frente a

**ac•com•mo•dat•ing** [əˈkɑːmədeɪtɪŋ] *adj* considerado, benévolo

**ac•com•mo•da•tion** [əkɑːməˈdeɪʃn] *Br* ☞ **accommodations**

**ac•com•mo•da•tions** [əkɑːməˈdeɪʃnz] *npl* alojamiento *m*

**ac•com•pa•ni•ment** [əˈkʌmpənɪmənt]

MUS acompañamiento *m*

ac•com•pa•nist [ə'kʌmpənɪst] MUS acompañante *m/f*

ac•com•pa•ny [ə'kʌmpənɪ] *v/t* (*pret & pp* **-ied**) *also* MUS acompañar

ac•com•plice [ə'kʌmplɪs] cómplice *m/f*

ac•com•plish [ə'kʌmplɪʃ] *v/t* **1** *task* realizar **2** *goal* conseguir, lograr

ac•com•plished [ə'kʌmplɪʃt] *adj* consumado

ac•com•plish•ment [ə'kʌmplɪʃmənt] **1** *of a task* realización *f* **2** (*talent*) habilidad *f*, (*achievement*) logro *m*

ac•cord [ə'kɔːrd] acuerdo *m*; *of one's own ~* de motu propio; *be in ~ with* estar de acuerdo con

ac•cord•ance [ə'kɔːrdəns]: *in ~ with* de acuerdo con

ac•cord•ing [ə'kɔːrdɪŋ] *adv*: *~ to* según

ac•cord•ing•ly [ə'kɔːrdɪŋlɪ] *adv* **1** (*consequently*) por consiguiente **2** (*appropriately*) como corresponde

ac•cor•di•on [ə'kɔːrdɪən] acordeón *m*

ac•cor•di•on•ist [ə'kɔːrdɪənɪst] acordeonista *m/f*

ac•cost [ə'kɑːst] *v/t* abordar

ac•count [ə'kaʊnt] **1** *financial* cuenta *f*; *settle an ~ with s.o. fig* ajustar cuentas con alguien

**2** (*report, description*) relato *m*, descripción *f*; *give an ~ of* relatar, describir; *by all ~s* por lo que dicen todos; *bring or call s.o. to ~* hacer que alguien dé explicaciones

**3**: *on no ~* de ninguna manera, bajo ningún concepto; *on ~ of* a causa de; *take sth into ~, take ~ of sth* tener algo en cuenta, tener en cuenta algo

**4** (*customer*) cuenta *f*, cliente *m*

◆ **account for** *v/t* **1** (*explain*) explicar; *there's no accounting for tastes* sobre gustos no hay nada escrito **2** (*make up, constitute*) suponer, constituir;

ac•count•a•bil•i•ty [əkaʊntə'bɪlətɪ] responsabilidad *f*

ac•count•a•ble [ə'kaʊntəbl] *adj* responsable (*to* ante); *be held ~* ser considerado responsable

ac•count•an•cy [ə'kaʊntənsɪ] contabilidad *f*

ac•count•ant [ə'kaʊntənt] contable *m/f, L.Am.* contador(a) *m(f)*

ac'count di•rec•tor director(a) *m(f)* de cuentas

ac'count hold•er titular *m/f* de una cuenta

ac'count•ing [ə'kaʊntɪŋ] contabilidad *f*

ac'count•ing pe•ri•od periodo *m* contable

ac'count num•ber número *m* de cuenta

ac•counts [ə'kaʊnts] *npl* contabilidad *f*

ac'counts de•part•ment (sección *f* de) contabilidad *f*

ac'counts soft•ware software *m* de contabilidad

ac•cred•it [ə'kredɪt] *v/t ambassador, official* acreditar

ac•crue [ə'kruː] *v/i of interest* acumularse; *the benefits will ~ to everyone in the community fml* todos los ciudadanos se beneficiarán

ac•cu•mu•late [ə'kjuːmjʊleɪt] **I** *v/t* acumular **II** *v/i* acumularse

ac•cu•mu•la•tion [əkjuːmjʊ'leɪʃn] acumulación *f*

ac•cu•mu•la•tor [ə'kjuːmjʊleɪtər] ELEC acumulador *m*

ac•cu•ra•cy ['ækjʊrəsɪ] precisión *f*

ac•cu•rate ['ækjʊrət] *adj* preciso

ac•cu•rate•ly ['ækjʊrətlɪ] *adv* con precisión

ac•cu•sa•tion [ækjuː'zeɪʃn] acusación *f*

ac•cu•sa•tive [ə'kjuːzətɪv] LING **I** *n* acusativo *m* **II** *adj* acusativo

ac•cuse [ə'kjuːz] *v/t*: *~ s.o. of sth* acusar a alguien de algo; *~ s.o. of doing sth* acusar a alguien de hacer algo; *be ~d of* LAW ser acusado de; *look, I'm not accusing you of anything* yo no te estoy acusando de nada

ac•cused [ə'kjuːzd] *n* LAW acusado(-a) *m(f)*

ac•cus•ing [ə'kjuːzɪŋ] *adj* acusador

ac•cus•ing•ly [ə'kjuːzɪŋlɪ] *adv* say en tono acusador; *he looked at me ~* me lanzó una mirada acusadora

ac•cus•tom [ə'kʌstəm] *v/t* acostumbrar; *get ~ed to* acostumbrarse a; *be ~ed to* estar acostumbrado a

ace [eɪs] **I** *n in cards* as *m*; (*in tennis: shot*) ace *m*; *the ~ of spades* el as de espadas; *have an ~ up one's sleeve fig* tener un as escondido en la manga **II** *adj*: *an ~ reporter* un as como reportero

ac•e•tate ['æsɪteɪt] CHEM acetato *m*

a•ce•tic ac•id [əsiːtɪk'æsɪd] ácido *m* acético

a•cet•y•lene [ə'setɪliːn] acetileno *m*

ache [eɪk] I *n* dolor *m*; ~s *and pains*
achaques *mpl* II *v/i* doler

a•chieve [ə'tʃiːv] *v/t* conseguir, lograr

a•chieve•ment [ə'tʃiːvmənt] 1 *of ambition* consecución *f*, logro *m* 2 (*thing
achieved*) logro *m*; *that's quite an* ~
eso es todo un logro *or* una proeza

a•chiev•er [ə'tʃiːvər] *persona que tiene
éxito y llega lejos en cualquier actividad*

A•chil•les heel [əkɪliːz'hiːl] *fig* talón *m*
de Aquiles

A•chil•les 'ten•don ANAT tendón *m* de
Aquiles

ac•id ['æsɪd] I *n* ácido *m* II *adj taste, comments* ácido

a•cid•i•ty [ə'sɪdətɪ] acidez *f*, *fig* sarcasmo *m*

ac•id 'rain lluvia *f* ácida

'ac•id test *fig* prueba *f* de fuego

ac•knowl•edge [ək'nɑːlɪdʒ] *v/t* reconocer; ~ *having done sth* reconocer haber hecho algo; ~ *receipt of a letter*
acusar recibo de una carta

ac•knowl•edg(e)•ment [ək'nɑːlɪdʒ-
mənt] reconocimiento *m*; *of a letter* acuse *m* de recibo; *in* ~ *of* en reconocimiento a

ac•me ['ækmɪ] *fig* súmmum *m*

ac•ne ['æknɪ] MED acné *m*, acne *m*

a•corn ['eɪkɔːrn] BOT bellota *f*

a•cous•tic [ə'kuːstɪk] *adj* acústico; ~
*guitar* guitarra *f* acústica

a•cous•tics [ə'kuːstɪks] *npl* acústica *f*

ac•quaint [ə'kweɪnt] *v/t fml*: *be* ~ed
*with* conocer; *we are already* ~ed ya
nos conocemos; *become* ~ed *with
s.o.* llegar a conocer a alguien; *become* ~ed *with sth* familiarizarse con
algo

ac•quaint•ance [ə'kweɪntəns] *person*
conocido(-a) *m(f)*; *make s.o.'s* ~ conocer a alguien

ac•qui•esce [ækwɪ'es] *v/i fml* acceder

ac•qui•es•cence [ækwɪ'esns] *fml*
aquiescencia *f*

ac•quire [ə'kwaɪr] *v/t* adquirir; *it's an* ~d
*taste* es un gusto adquirido

ac•qui•si•tion [ækwɪ'zɪʃn] adquisición
*f*

ac•quis•i•tive [æ'kwɪzətɪv] *adj person*
afanoso; *the* ~ *society* la sociedad consumista

ac•quis•i•tive•ness [æ'kwɪzətɪvnɪs]

avaricia *f*, afán *m*

ac•quit [ə'kwɪt] *v/t* (*pret & pp* -ted) 1
LAW absolver 2: ~ *o.s. well* defenderse
bien

ac•quit•tal [ə'kwɪtl] LAW absolución *f*

a•cre ['eɪkər] acre *m* (*4.047m2*)

ac•ri•mo•ni•ous [ækrɪ'moʊnɪəs] *adj*
áspero, agrio

ac•ri•mo•ny ['ækrɪmənɪ] acrimonia *f*

ac•ro•bat ['ækrəbæt] acróbata *m/f*

ac•ro•bat•ic [ækrə'bætɪk] *adj* acrobático

ac•ro•bat•ics [ækrə'bætɪks] *npl* acroba-
cias *fpl*

ac•ro•nym ['ækrənɪm] acrónimo *m*

a•cross [ə'krɑːs] I *prep* al otro lado de;
*she lives* ~ *the street* vive al otro lado
de la calle; *sail* ~ *the Atlantic* cruzar el
Atlántico navegando II *adv* de un lado
a otro; *it's too far to swim* ~ está demasiado lejos como para cruzar a nado;
*once you're* ~ cuando hayas llegado
al otro lado; *10m* ~ 10 m de ancho

a•cross-the-'board *adj* general, total

a•cryl•ic [ə'krɪlɪk] I *adj* acrílico II *n* acrílico *m*

act [ækt] I *v/i* 1 THEA actuar 2 (*pretend*)
hacer teatro 3: ~ *as* actuar *or* hacer de
II *v/t*: ~ *the fool* hacer el tonto
III *n* 1 (*deed*), *of play* acto *m*; ~ *of God*
caso *m* fortuito; *catch s.o. in the* (*very*)
~ pillar a alguien in fraganti (*of doing
sth* haciendo algo) 2 *in vaudeville* número *m*; *put on an* ~ fingir, hacer teatro; *it's just an* ~ (*pretense*) es puro teatro; *get one's* ~ *together* F ponerse las
pilas F 3 (*law*) ley *f*

◆ act on *v/t advice* seguir; *information*
actuar sobre la base de

◆ act up *v/i* F *of child* hacer de las suyas
F, dar guerra F; *of machine, equipment*
andar mal

act•ing ['æktɪŋ] I *n in a play* interpretación *f*; *as profession* teatro *m* II *adj*
(*temporary*) en funciones

ac•tion ['ækʃn] acción *f*; *out of* ~ *machine* sin funcionar; *person* fuera de
combate; *take* ~ actuar; *bring an* ~
*against* LAW demandar a; *man of* ~
hombre *m* de acción; *put a plan into*
~ poner un plan en marcha *or* acción;
*killed in* ~ matado en combate

'ac•tion mov•ie película *f* de acción;
'ac•tion-packed *adj* ajetreado, lleno

de acción; **ac•tion 're•play** TV repetición *f* (de la jugada)

**ac•ti•vate** ['æktɪveɪt] *v/t* activar

**ac•tive** ['æktɪv] *adj also* GRAM activo; *party member* en activo

**ac•tiv•ism** ['æktɪvɪzəm] POL activismo *m*

**ac•tiv•ist** ['æktɪvɪst] POL activista *m/f*

**ac•tiv•i•ty** [æk'tɪvətɪ] actividad *f*

**Act of 'Con•gress** ley *f* del Congreso

**ac•tor** ['æktər] actor *m*

**ac•tress** ['æktrɪs] actriz *f*

**ac•tu•al** ['æktʃuəl] *adj* verdadero, real

**ac•tu•al•ly** ['æktʃuəlɪ] *adv* (*in fact, to tell the truth*) en realidad; **did you ~ see her?** ¿de verdad llegaste a verla?; *he ~ did it!* ¡aunque parezca mentira lo hizo!; *~, I do know him* (*stressing converse*) pues sí, de hecho lo conozco; *~, it's not finished yet* el caso es que todavía no está terminado

**ac•tu•ar•y** ['æktʃuːerɪ] actuario(-a) *m(f)*

**a•cu•men** ['ækjumən] acumen *m*, agudeza *f*; *financial ~* olfato *m* financiero

**ac•u•punc•ture** ['ækjəpʌŋktʃər] acupuntura *f*

**a•cute** [ə'kjuːt] **I** *adj pain* agudo; *sense* muy fino **II** *n accent* acento *m* agudo

**a•cute•ly** [ə'kjuːtlɪ] *adv* (*extremely*) extremadamente; *~ aware* plenamente consciente

**ad** [æd] *☞ advertisement*

**AD** [eɪ'diː] *abbr* (= *Anno Domini*) dC, d. de C. (= después de Cristo)

**Ad•am** ['ædəm]: *I don't know him from ~ F* no tengo ni repajolera idea de quién es F

**ad•a•mant** ['ædəmənt] *adj* firme

**ad•a•mant•ly** ['ædəməntlɪ] *adv* firmemente

**Ad•am's 'ap•ple** nuez *f*

**a•dapt** [ə'dæpt] **I** *v/t* adaptar **II** *v/i of person* adaptarse

**a•dapt•a•bil•i•ty** [ədæptə'bɪlətɪ] adaptabilidad *f*

**a•dapt•a•ble** [ə'dæptəbl] *adj* adaptable

**ad•ap•ta•tion** [ædæp'teɪʃn] *of play etc* adaptación *f*

**a•dapt•er** [ə'dæptər] *electrical* adaptador *m*

**add** [æd] **I** *v/t* añadir; MATH sumar **II** *v/i* MATH sumar

◆ **add on** *v/t 15% etc* sumar

◆ **add to** *v/t* incrementar, agrandar

◆ **add up I** *v/t* sumar **II** *v/i fig* cuadrar; *it just doesn't add up* no tiene sentido, no cuadra

◆ **add up to** *v/t* (*amount to*) sumar; *fig* (*mean*) equivaler

**add•ed** ['ædɪd] *adj* añadido, adicional

**add•ed 'val•ue** valor *m* añadido *or* L.Am. agregado

**ad•den•dum** [ə'dendəm] (*pl addenda* [ə'dendə]) apéndice *m*

**ad•der** ['ædər] víbora *f*

**ad•dict** ['ædɪkt] adicto(-a) *m(f)*; *drug ~* drogadicto(-a) *m(f)*; *he's a terrible TV ~* es un gran adicto a la televisión, es un teleadicto

**ad•dic•ted** [ə'dɪktɪd] *adj* adicto; *be ~ to* ser adicto a; *you could easily get ~ to it* eso podría crearte adicción facilmente

**ad•dic•tion** [ə'dɪkʃn] adicción *f*

**ad•dic•tive** [ə'dɪktɪv] *adj* adictivo

**ad•di•tion** [ə'dɪʃn] **1** MATH suma *f*; *~ sign* signo *m* más **2** *action: to list, company etc* incorporación *f*; *of new drive etc* instalación *f*; *the latest ~ to the department / the family* el nuevo miembro del departamento / de la familia **3**: *in ~* además; *in ~ to* además de

**ad•di•tion•al** [ə'dɪʃnl] *adj* adicional

**ad•di•tive** ['ædɪtɪv] aditivo *m*

**add-on** ['ædɑːn] extra *m*, accesorio *m*

**ad•dress** [ə'dres] **I** *n* dirección *f*; *form of ~* tratamiento *m* **II** *v/t letter* dirigir; *audience* dirigirse a; *how do you ~ the judge?* ¿qué tratamiento se le da al juez?

**ad'dress book** agenda *f* de direcciones

**ad•dress•ee** [ædre'siː] destinatario(-a) *m(f)*

**ad'dress la•bel** etiqueta *f* de dirección

**ad•e•noids** ['ædənɔɪdz] *npl* MED vegetaciones *fpl*

**ad•ept** ['ædept] *adj* experto; *be ~ at* ser un experto en

**ad•e•qua•cy** ['ædɪkwəsɪ] idoneidad *f*, suficiencia *f*

**ad•e•quate** ['ædɪkwət] *adj* suficiente; (*satisfactory*) aceptable; *be ~ for* ser suficiente *or* aceptable para

**ad•e•quate•ly** ['ædɪkwətlɪ] *adv* suficientemente; (*satisfactorily*) aceptablemente

**ad•here** [əd'hɪr] *v/i* adherirse

◆ **adhere to** *v/t surface* adherirse a;

*rules* cumplir

**ad•her•ence** [əd'hırəns] adhesión *f*, afiliación *f*

**ad•her•ent** [əd'hırənt] seguidor(a) *m(f)*

**ad•he•sion** [əd'hi:ʒn] adherencia *f*

**ad•he•sive** [əd'hi:sɪv] adhesivo *m*

**ad•he•sive 'plas•ter** esparadrapo *m*

**ad•he•sive 'tape** cinta *f* adhesiva

**ad hoc** [æd'hɑːk] *adj* ad hoc, extraordinario; **~ committee** comité *m* extraordinario

**ad in•fi•ni•tum** [ædɪnfı'naıtəm] *adv* infinitamente; **and so on, ~** y así hasta el infinito

**ad•ja•cent** [ə'dʒeısnt] *adj* adyacente

**ad•jec•ti•val** [ædʒık'taıvl] *adj* adjetival

**ad•jec•tive** ['ædʒıktıv] adjetivo *m*

**ad•join** [ə'dʒɔın] *v/t* lindar con

**ad•join•ing** [ə'dʒɔınıŋ] *adj* contiguo; **in the ~ room** en la habitación contigua *or* colindante

**ad•journ** [ə'dʒɜːrn] *v/i of court, meeting* aplazarse; **let's ~ until tomorrow morning** aplacémoslo hasta *or* dejémoslo para mañana por la mañana

**ad•journ•ment** [ə'dʒɜːrnmənt] aplazamiento *m*

**ad•junct** ['ædʒʌŋkt] adjunción *f*, agregación *f* (**to** a)

**ad•just** [ə'dʒʌst] *v/t* ajustar, regular

**ad•just•a•ble** [ə'dʒʌstəbl] *adj* ajustable, regulable

**ad•just•ment** [ə'dʒʌstmənt] ajuste *m*; *psychological* adaptación *f*

**ad•ju•tant** ['ædʒʊtənt] MIL *oficial ayudante*

**ad lib** [æd'lıb] **I** *adj* improvisado **II** *adv* improvisadamente **III** *v/i* (*pret & pp* **-bed**) improvisar

**ad•min** ['ædmın] F administración *f*, *paperwork* papeleo *m* F

**ad•min•is•ter** [əd'mınıstər] *v/t* administrar

**ad•min•is•tra•tion** [ədmını'streıʃn] administración *f*

**ad•min•is•tra•tive** [ədmını'strətıv] *adj* administrativo

**ad•min•is•tra•tor** [əd'mınıstreıtər] administrador(a) *m(f)*

**ad•mi•ra•ble** ['ædmərəbl] *adj* admirable

**ad•mi•ra•bly** ['ædmərəblı] *adv* admirablemente

**ad•mi•ral** ['ædmərəl] almirante *m*

**ad•mi•ra•tion** [ædmə'reıʃn] admiración

*f*, **they were full of ~ for him** sentían una gran adimiración por él

**ad•mire** [əd'maır] *v/t* admirar

**ad•mir•er** [əd'maırər] admirador(a) *m(f)*

**ad•mir•ing** [əd'maırıŋ] *adj* de admiración

**ad•mir•ing•ly** [əd'maırıŋlı] *adv* con admiración

**ad•mis•si•ble** [əd'mısəbl] *adj* admisible

**ad•mis•sion** [əd'mıʃn] **1** (*confession*) confesión *f*; **~ of guilt** confesión de culpabilidad; **by** *or* **on his own ~** según sus propias palabras **2** *to a place* entrada *f*; *to organization* admisión *f*; *to hospital* ingreso *m*; **~ free** entrada gratis

**ad'mis•sion fee** entrada *f*

**ad•mit** [əd'mıt] *v/t* (*pret & pp* **-ted**) **1** *to a place* dejar entrar; *to school, organization* admitir; *to hospital* ingresar **2** (*confess*) confesar; **~ doing sth / having done sth** admitir *or* reconocer hacer algo / haber hecho algo **3** (*accept*) admitir

◆ **admit to** *v/t error* admitir, reconocer; **she admitted to feeling guilty** confesó sentirse culpable

**ad•mit•tance** [əd'mıtəns] admisión *f*; **no ~** prohibido el paso

**ad•mit•ted•ly** [əd'mıtedlı] *adv*: **he didn't use those exact words, ~** es verdad que no utilizó exactamente esas palabras

**ad•mon•ish** [əd'mɑːnıʃ] *v/t fml* reprender

**ad•mo•ni•tion** [ædmə'nıʃn] *fml* admonición *f fml*

**ad nau•se•am** [æd'nɔːzıæm] *adv* hasta la saciedad

**a•do** [ə'duː]: **without further ~** sin más dilación

**a•do•be house** [ə'doubeı] casa *f* de adobe

**ad•o•les•cence** [ædə'lesns] adolescencia *f*

**ad•o•les•cent** [ædə'lesnt] **I** *n* adolescente *m/f* **II** *adj* de adolescente

**a•dopt** [ə'dɑːpt] *v/t child, plan* adoptar; **~ed country** país *m* adoptivo

**a•dop•tion** [ə'dɑːpʃn] *of child* adopción *f*; **give a child up for ~** dar a un niño en adopción

**a•dop•tive par•ents** [ədɑːptıv 'perənts] *npl* padres *mpl* adoptivos

**a•dor•a•ble** [ə'dɔːrəbl] *adj* encantador

**ad•o•ra•tion** [ædə'reɪʃn] adoración *f*

**a•dore** [ə'dɔːr] *v/t* adorar; *I ~ chocolate* me encanta el chocolate

**a•dor•ing** [ə'dɔːrɪŋ] *adj expression* lleno de adoración; *his ~ fans* sus entregados fans

**a•dorn** [ə'dɔːrn] *v/t* adornar

**a•dorn•ment** [ə'dɔːrnmənt] adorno *m*

**ad•ren•al•in** [ə'drenəlɪn] adrenalina *f*; *it really gets the ~ going* pone la adrenalina a cien

**A•dri•at•ic** [eɪdrɪ'ætɪk] mar *m* Adriático

**a•drift** [ə'drɪft] *adj* a la deriva; *fig* perdido; *our plans came ~* nos salieron mal los planes

**a•droit** [ə'drɔɪt] *adj* hábil (*at* en)

**a•droit•ness** [ə'drɔɪtnɪs] habilidad *f*

**ad•u•la•tion** [ædu'leɪʃn] adulación *f*

**a•dult** ['ædʌlt] **I** *n* adulto(-a) *m(f)* **II** *adj* adulto

**a•dult ed•u•ca•tion** educación *f* para adultos

**a•dul•ter•ate** [ə'dʌltəreɪt] *v/t* adulterar

**a•dul•ter•er** [ə'dʌltərər] adúltero *m*

**a•dul•ter•ess** [ə'dʌltərəs] adúltera *f*

**a•dul•ter•ous** [ə'dʌltərəs] *adj relationship* adúltero

**a•dul•ter•y** [ə'dʌltəri] adulterio *m*

**'a•dult film** *euph* película *f* para adultos

**ad•vance** [əd'væns] **I** *n* **1** *money* adelanto *m* **2** *in science*, MIL avance *m*; *make ~s* (*progress*) avanzar, progresar; *sexually* insinuarse **3**: *in ~* con antelación; *get money* por adelantado; *in ~ of* con anterioridad a, antes de; *48 hours in ~* con 48 horas de antelación **II** *v/i* MIL avanzar; (*make progress*) avanzar, progresar **III** *v/t* **1** *sum of money* adelantar **2** *human knowledge, a cause* hacer avanzar **3** *theory* presentar

**ad•vance 'book•ing** reserva *f* (anticipada)

**ad•vanced** [əd'vænst] *adj country, level, learner* avanzado

**ad'vance man** POL relaciones públicas *m* de un partido político; **ad•vance 'no•tice** aviso *m* previo; **ad•vance 'pay•ment** pago *m* por adelantado

**ad•van•tage** [əd'væntɪdʒ] ventaja *f*; *there's no ~ to be gained* no se gana nada; *it's to your ~* te conviene; *take ~ of* aprovecharse de; *have the ~* tener ventaja (*over* sobre); *~ law or rule* SP ley *f* de la ventaja

**ad•van•ta•geous** [ædvən'teɪdʒəs] *adj* ventajoso

**Ad•vent** ['ædvent] REL Adviento *m*

**ad•vent** ['ædvent] *fig* llegada *f*

**'ad•vent cal•en•dar** calendario *m* de Adviento

**ad•ven•ture** [əd'ventʃər] aventura *f*

**ad•ven•tur•er** [əd'ventʃərər] **1** aventurero(-a) *m(f)* **2** *rogue* granuja *m/f*

**ad•ven•tur•ous** [əd'ventʃərəs] *adj person* aventurero; *investment* arriesgado

**ad•verb** ['ædvɜːrb] adverbio *m*

**ad•ver•bi•al** [əd'vɜːrbjəl] *adj* adverbial

**ad•ver•sa•ry** ['ædvərseri] adversario(-a) *m(f)*

**ad•verse** ['ædvɜːrs] *adj* adverso

**ad•ver•si•ty** [əd'vɜːrsəti] adversidad *f*

**ad•vert** ['ædvɜːrt] ☞ *advertisement*

**ad•ver•tise** ['ædvərtaɪz] **I** *v/t* anunciar **II** *v/i* anunciarse, poner un anuncio

**ad•ver•tise•ment** [ədvɜːr'taɪsmənt] anuncio *m*

**ad•ver•tis•er** ['ædvərtaɪzər] anunciante *m/f*

**ad•ver•tis•ing** ['ædvərtaɪzɪŋ] publicidad *f*

**'ad•ver•tis•ing a•gen•cy** agencia *f* de publicidad; **'ad•ver•tis•ing budg•et** presupuesto *m* para publicidad; **'ad•ver•tis•ing cam•paign** campaña *f* publicitaria; **'ad•ver•tis•ing rev•e•nue** ingresos *mpl* por publicidad

**ad•vice** [əd'vaɪs] consejo *m*; *he gave me some ~* me dio un consejo; *take s.o.'s ~* seguir el consejo de alguien; *take my ~ and ...* hazme caso y ...; *a piece or bit of ~* un consejo; *at or on s.o.'s ~* por recomendación de alguien; *seek medical / legal ~* acudir a un médico / un abogado

**ad•vis•a•ble** [əd'vaɪzəbl] *adj* aconsejable

**ad•vise** [əd'vaɪz] *v/t person, caution* aconsejar; *government* asesorar; *I ~ you to leave* te aconsejo que te vayas; *you would be well ~d to go* es (muy) aconsejable que vayas

◆ **advise against** *v/t* desaconsejar

**ad•vis•er, ad•vis•or** [əd'vaɪzər] asesor(a) *m(f)*

**ad•vi•so•ry** [əd'vaɪzəri] *adj* asesor, consultivo; *in an ~ capacity* en calidad de asesor

**ad•vo•ca•cy** ['ædvəkəsɪ] apoyo *m* (**of** de)

**ad•vo•cate** ['ædvəkeɪt] *v/t* abogar por

**ae•gis** ['iːdʒɪs]: *under the ~ of* bajo los auspicios de

**a•er•ate** ['ereɪt] *v/t blood* oxigenar; *drink* gasificar

**aer•i•al** ['erɪəl] I *adj* aérea; *~ game in soccer* juego *m* aéreo II *n* antena *f*

**aer•i•al 'pho•to•graph** fotografía *f* aérea

**aer•o•bics** [e'roʊbɪks] *nsg* aerobic *m*

**aer•o•drome** ['erədroʊm] *Br* aeródromo *m*

**aer•o•dy•nam•ic** [eroʊdaɪ'næmɪk] *adj* aerodinámico

**aer•o•foil** ['eroʊfɔɪl] *on car* aleta *f*

**aer•o•gram** ['erəgræm] aerograma *m*

**aer•o•nau•ti•cal** [eroʊ'nɔːtɪkl] *adj* aeronáutico

**aer•o•plane** ['eroʊpleɪn] *Br* avión *m*

**aer•o•sol** ['erəsɑːl] aerosol *m*

**aer•o•space in•dus•try** ['erəspeɪs] industria *f* aeroespacial

**aes•thete** *etc Br* ☞ **esthete** *etc*

**a•far** [ə'fɑːr] *adv*: *from ~* de lejos

**af•fa•bil•i•ty** [æfə'bɪlətɪ] afabilidad *f*, cortesía *f*

**af•fa•ble** ['æfəbl] *adj* afable

**af•fair** [ə'fer] 1 (*matter, business*) asunto *m*; *foreign ~s* asuntos *mpl* exteriores 2 (*love ~*) aventura *f*, lío *m*; *have an ~ with* tener una aventura *or* un lío con

**af•fect** [ə'fekt] *v/t also* MED afectar; *be deeply ~ed by sth* estar muy afectado por algo

**af•fec•tion** [ə'fekʃn] afecto *m*, cariño; *win s.o.'s ~s* ganarse el cariño de alguien

**af•fec•tion•ate** [ə'fekʃnət] *adj* afectuoso, cariñoso

**af•fec•tion•ate•ly** [ə'fekʃnətlɪ] *adv* con afecto, cariñosamente

**af•fi•da•vit** [æfə'deɪvɪt] LAW declaración *f* jurada

**af•fil•i•ate** [ə'fɪlɪeɪt] I *v/t*: *be ~d to or with* estar afiliado a; *~d company* COM compañía *f* afiliada *or* asociada II *v/i* afiliarse (*with* a)

**af•fil•i•a•tion** [əfɪlɪ'eɪʃn] 1 *membership* afiliación *f* 2 *fig*: *belief* afiliación *f*, ideología *f*

**af•fin•i•ty** [ə'fɪnətɪ] afinidad *f*

**af•firm** [ə'fɜːrm] *v/t* afirmar, asegurar

**af•fir•ma•tion** [æfər'meɪʃn] afirmación *f*

**af•fir•ma•tive** [ə'fɜːrmətɪv] I *adj* afirmativo II *n*: *answer in the ~* responder afirmativamente

**af•fix** *v/t* [ə'fɪks] *notice* adherir (*to* a); *signature* estampar (*to* en)

**af•flict** [ə'flɪkt] *v/t* afectar; *be ~ed with sth* padecer de algo

**af•flic•tion** [ə'flɪkʃn] afección *f*; *the ~s of old age* los achaques de la vejez

**af•flu•ence** ['æfluəns] prosperidad *f*, riqueza *f*

**af•flu•ent** ['æfluənt] *adj* próspero, acomodado; *~ society* sociedad *f* opulenta

**af•ford** [ə'fɔːrd] *v/t* permitirse; *be able to ~ sth financially* poder permitirse algo; *I can't ~ the time* no tengo tiempo

**af•ford•a•ble** [ə'fɔːrdəbl] *adj* asequible

**af•for•est** [æ'fɑːrɪst] *v/t* reforestar

**af•for•est•a•tion** [æfɔːrɪ'steɪʃn] reforestación *f*

**af•front** [ə'frʌnt] I *v/t* ofender, insultar II *n* insulto *m*

**Af•ghan** ['æfgæn] I *adj* afgano II *n* afgano(-a) *m(f)*

**Af•ghan•i•stan** [æf'gænɪstæn] Afganistán *m*

**a•fi•cio•na•do** [əfɪsjə'nɑːdoʊ] aficionado(-a) *m(f)*

**a•field** [ə'fiːld] *adv*: *further ~* a lo lejos, más allá

**a•fire** [ə'faɪər] *adj*: *be ~ with enthusiasm* refulgir de entusiasmo

**a•float** [ə'floʊt] *adj boat* a flote; *keep the company ~* mantener la compañía a flote

**a•foot** [ə'fʊt] *adv*: *what's ~?* ¿qué se está planeando?; *there's something strange ~ here* aquí se está cociendo algo raro

**a•fore•men•tioned** [əfɔːr'menʃənd] I *adj* ya mencionado II *n*: *the ~* el susodicho(-a) *m(f)*

**a•fore•said** [ə'fɔːrsed] *adj* ☞ **aforementioned**

**a•fore•thought** [ə'fɔːrθɔːt] *adj* LAW: *with malice ~* con malicia premeditada

**a•fraid** [ə'freɪd] *adj*: *be ~* tener miedo; *be ~ of* tener miedo de; *I'm ~ of cats* tengo miedo a los gatos; *he's ~ of the dark* le da miedo la oscuridad; *I'm ~ of annoying him* me da miedo enfadarle; **I'm ~** expressing regret me temo; **he's very ill, I'm ~** me temo que está muy enfermo; **I'm ~ so** (me) temo que sí; **I'm ~ not** (me) temo que no

**a•fresh** [ə'freʃ] adv de nuevo

**Af•ri•ca** ['æfrɪkə] África f

**Af•ri•can** ['æfrɪkən] **I** adj africano **II** n africano(-a) m(f)

**Af•ri•can-A'mer•i•can I** adj afroamericano **II** n afroamericano(-a) m(f)

**Af•ri•kaans** [æfrɪ'kɑːns] afrikaans m

**Af•ri•kan•er** [æfrɪ'kɑːnər] afrikáner m/f

**Af•ro-A•mer•i•can** [æfrouə'merɪkən] **I** adj afroamericano **II** n afroamericano(-a) m(f)

**Af•ro-Car'ib•be•an I** adj afrocaribeño **II** n afrocaribeño(-a) m(f)

**aft** [æft] adv NAUT a popa, en popa

**af•ter** ['æftər] **I** prep después de; **~ all** después de todo; **~ that** después de eso; **it's ten ~ two** son las dos y diez **II** adv después; **the day ~** el día siguiente

**'af•ter•birth** MED placenta f; **'af•ter•care** MED posoperatorio m; **'af•ter•effects** npl efectos mpl secundarios, consecuencias fpl; **'af•ter•glow** recuerdo m placentero; **'af•ter•life** vida f después de la muerte

**af•ter•math** ['æftərmæθ] time periodo m posterior (**of** a); state of affairs repercusiones fpl

**af•ter•noon** [æftər'nuːn] tarde f; **in the ~** por la tarde; **this ~** esta tarde; **good ~** buenas tardes

**af•ters** ['ɑːftərz] sg Br F postre m

**'af•ter sales serv•ice** servicio m posventa; **'af•ter•shave** loción f para después del afeitado, after shave m; **'af•ter•shock** réplica f; **'af•ter-sun cream** crema f para después del sol, aftersun m; **'af•ter•taste** also fig regusto m; **'af•ter•thought**: **do / say sth as an ~** hacer / decir algo en el último momento; **their last child was an ~** su último hijo no fue buscado; **'af•ter•treatment** MED tratamiento m ulterior

**af•ter•ward** ['æftərwərd] adv después

**a•gain** [ə'geɪn] adv otra vez; **do sth ~** volver a hacer algo; **I never saw him ~** no lo volví a ver; **~ and ~** una y otra vez; **now and ~** de vez en cuando; **but then ~, ...** pero por otro lado ...

**a•gainst** [ə'genst] prep lean contra; **the USA ~ Brazil** SP Estados Unidos contra Brasil; **I'm ~ the idea** estoy en contra de la idea; **what do you have ~ her?** ¿que tienes en contra de ella?; **~ the law** ilegal

**a•gape** [ə'geɪp] adv con sorpresa or asombro

**ag•ate** ['ægət] MIN ágata f

**age** [eɪdʒ] **I** n **1** of person, object edad f; **at the ~ of ten** a los diez años; **under ~** menor de edad; **she's five years of ~** tiene cinco años; **what ~ is he?** ¿cuántos años tiene?, ¿qué edad tiene?; **when I was your ~** cuando tenía tu edad; **act your ~!** ¡no seas crío!; **come of ~** cumplir la mayoría de edad; **under ~** menor de edad; **be over ~ for the race** ser demasiado mayor para participar en la carrera; **old ~** vejez f **2** (era) era f **II** v/i & v/t envejecer

**'age brack•et** grupo m de edad

**aged**[1] [eɪdʒd] adj: **~ 16** con 16 años de edad

**a•ged**[2] ['eɪdʒɪd] **I** adj: **her ~ parents** sus ancianos padres **II** npl: **the ~** los ancianos

**'age group** grupo m de edades

**age•ism** ['eɪdʒɪzəm] ageísmo m

**age•ist** ['eɪdʒɪst] adj ageísta

**'age lim•it** límite m de edad

**a•gen•cy** ['eɪdʒənsɪ] agencia f

**a•gen•da** [ə'dʒendə] orden m del día; **on the ~** en el orden del día

**a•gent** ['eɪdʒənt] agente m/f, representante m/f

**'age-old** adj ancestral, inmemorial

**'age range** grupo m de edad

**ag•glom•er•a•tion** [əglɑːmə'reɪʃn] aglomeración f, amalgama f

**ag•gra•vate** ['ægrəveɪt] v/t **1** worsen agravar **2** F (annoy) molestar

**ag•gra•vat•ing** ['ægrəveɪtɪŋ] adj **1** factor agravante **2** F (annoying) fastidioso, desagradable

**ag•gra•va•tion** [ægrə'veɪʃn] **1** (worsening) agravamiento m **2** F (annoyance) fastidio m, molestia f

**ag•gre•gate** ['ægrɪgət] **I** n SP: **win on ~** ganar en el total de la eliminatoria **II** adj final, total

**ag•gres•sion** [ə'greʃn] agresividad f

**ag•gres•sive** [ə'gresɪv] adj agresivo; (dynamic) agresivo, enérgico

**ag•gres•sive•ly** [ə'gresɪvlɪ] *adv* agresivamente

**ag•gres•sive•ness** [ə'gresɪvnɪs] agresividad *f*

**ag•gres•sor** [ə'gresər] *esp* MIL atacante *m/f*

**ag•grieved** [ə'griːvd] *adj* agraviado; **feel ~ about sth** estar agraviado por algo

**a•ghast** [ə'gæst] *adj* horrorizado

**ag•ile** ['ædʒəl] *adj* ágil

**a•gil•i•ty** [ə'dʒɪlətɪ] agilidad *f*

**ag•i•tate** ['ædʒɪteɪt] *v/i*: **~ for** hacer campaña a favor de

**ag•i•tat•ed** ['ædʒɪteɪtɪd] *adj* agitado

**ag•i•ta•tion** [ædʒɪ'teɪʃn] agitación *f*

**ag•i•ta•tor** [ædʒɪ'teɪtər] agitador(a) *m(f)*

**AGM** [eɪdʒiː'em] *abbr Br* (= **annual general meeting**) consejo *m* general anual

**ag•nos•tic** [æg'nɑːstɪk] agnóstico(-a) *m(f)*

**a•go** [ə'gou] *adv*: **2 days ~** hace dos días; **long ~** hace mucho tiempo; **how long ~?** ¿hace cuánto tiempo?; **how long ~ did he leave?** ¿hace cuánto se marchó?

**a•gog** [ə'gɑːg] *adj*: **be ~ at sth** estar emocionado con algo

**ag•o•nize** ['ægənaɪz] *v/i* atormentarse (**over** por), angustiarse (**over** por)

**ag•o•niz•ing** ['ægənaɪzɪŋ] *adj* **pain** atroz; **wait** angustioso

**ag•o•ny** ['ægənɪ] agonía *f*; **he was in ~** se retorcía de dolor

**'ag•o•ny aunt** F *consejero sentimental en un periódico o una revista*

**'ag•o•ny col•umn** *sección de consultas sentimentales en un periódico o una revista*

**ag•o•ra•pho•bi•a** [ægərə'foubɪə] agorafobia *f*

**a•grar•i•an** [ə'greriən] *adj* agrario

**a•gree** [ə'griː] I *v/i* estar de acuerdo; *of figures* coincidir; (*reach agreement*) ponerse de acuerdo; **I ~** estoy de acuerdo; **it doesn't ~ with me** *of food* no me sienta bien; **as ~d** según lo acordado II *v/t price* acordar; **~ that something should be done** acordar que hay que hacer algo; **~ to differ** dejar por imposible

◆ **agree on** *v/t* ponerse de acuerdo en

◆ **agree to** *v/t suggestion, decision* aceptar; **I cannot agree to him doing that** no puedo aceptar que haga eso

**a•gree•a•ble** [ə'griːəbl] *adj* **1** (*pleasant*) agradable **2**: **be ~** *fml* (*in agreement*) estar de acuerdo

**a•gree•a•bly** [ə'griːəblɪ] *adv*: **I was ~ surprised** me sorprendió positivamente

**a•greed** [ə'griːd] *adj* acordado, establecido; **we are ~ that ...** estamos de acuerdo en que ...

**a•gree•ment** [ə'griːmənt] (*consent, contract*) acuerdo *m*; **reach ~ on** llegar a un acuerdo sobre

**ag•ri•busi•ness** ['ægrɪbɪznɪs] industria *f* agroalimentaria

**ag•ri•cul•tur•al** [ægrɪ'kʌltʃərəl] *adj* agrícola

**ag•ri•cul•ture** ['ægrɪkʌltʃər] agricultura *f*

**a•ground** [ə'graund] *adv* NAUT: **run ~** encallar

**ah** [ɑː] *int* ¡ah!, ¡alá!

**a•ha** [ɑː'hɑː] *int* ¡ah!

**a•head** [ə'hed] *adv position* delante; *movement* adelante; *in race* por delante, en cabeza; **be ~ of** estar por delante de; **be ~ of one's competitors** ir por delante de la competencia; **plan ~** planear con antelación; **think ~** pensar con anticipación

**a•hoy** [ə'hɔɪ] *int* NAUT ¡hola!

**AI** [eɪ'aɪ] *abbr* (= **artificial intelligence**) inteligencia *f* artificial

**aid** [eɪd] I *n* ayuda *f*; **come to s.o.'s ~** acudir a ayudar a alguien; **with the ~ of** con (la) ayuda de; **in ~ of** en ayuda a; **what's all this in ~ of?** F ¿para qué es eso? II *v/t* ayudar

**'aid do•nor** donante *m/f* de ayuda

**aide** [eɪd] asistente *m/f*

**Aids** [eɪdz] *nsg* sida *m*

**ail•ing** ['eɪlɪŋ] *adj economy* débil, frágil

**ail•ment** ['eɪlmənt] achaque *m*

**aim** [eɪm] I *n in shooting* puntería *f*; (*objective*) objetivo *m*; **take ~** apuntar (**at** a), poner la mira (**at** en) II *v/i in shooting* apuntar; **~ at doing sth, ~ to do sth** tener como intención hacer algo III *v/t remark* dirigir; **he ~ed the gun at me** me apuntó con la pistola; **be ~ed at** *of remark etc* estar dirigido a; *of gun* estar apuntando a

**aim•less** ['eɪmlɪs] *adj* sin objetivos

**ain't** [eɪnt] F *are not, am not, is not, have not, has not*

**air**[1] [er] **I** *n* **1** aire *m*; *by* ~ *travel* en avión; *send mail* por correo aéreo; *in the open* ~ al aire libre; *I need to get a bit of* ~ necesito tomar un poco el aire *or* el fresco; *on the* ~ RAD, TV en el aire **2** aire *m*; *an* ~ *of importance* un aire de importancia; *put on* ~*s*, *give o.s.* ~*s* darse aires **II** *v/t room* airear; *fig: views* airear, ventilar

**air**[2] [er] *n* MUS aire *m*

**'air•bag** airbag *m*, bolsa *f* de aire; **'air-base** base *f* aérea; **'air•bed** *Br* colchón *m* hinchable

**'air•borne** *adj*: *be* ~ estar volando; *I didn't relax until we were* ~ no me relajé hasta que despegamos

**air•borne 'ra•dar** radar *m* de a bordo

**'air•borne troops** *npl* MIL fuerzas *fpl* aerotransportadas

**'air brake** freno *m* neumático; **'air-brush** pistola *f* de aire comprimido; **'air•bus** AVIA aerobús *m*; **'air car•go** cargamento *m* aéreo; **'air-con•di-tioned** *adj* con aire acondicionado, climatizado; **'air-con•di•tion•ing** aire *m* acondicionado; **air-cooled** ['erkuːld] *adj* refrigerado por aire; **'air•craft** avión *m*, aeronave *f*; **'air•craft car•ri•er** portaaviones *m inv*; **'air cyl•in•der** *for diver* escafandra *f* autónoma; **'air•drop** *of supplies* lanzamiento *m* desde el aire; **'air fare** (precio *m* del) *Span* billete *m or L.Am.* boleto *m* de avión; **'air-field** aeródromo *m*, campo *m* de aviación; **'air force** fuerza *f* aérea; **'air freight** transporte *m* aéreo; **air fresh-en•er** ['erfreʃnər] ambientador *m*; **'air gun** pistola *f* / rifle *m* de aire comprimido; **'air•head** F cabeza hueca *m/f*; **'air host•ess** azafata *f*, *L.Am.* aeromoza *f*

**air•ing** ['erɪŋ]: *give sth an* ~ *room* ventilar algo; *idea* airear algo

**'air lane** ruta *f* aérea

**air•less** ['erləs] *adj* cargado, viciado

**'air let•ter** aerograma *m*; **'air•lift I** *n* puente *m* aéreo **II** *v/t* transportar mediante puente aéreo; **'air•line** línea *f* aérea; **'air•lin•er** avión *m* de pasajeros; **'air•mail**: *by* ~ por correo aéreo; **'air mar•shal** *Br* mariscal *m* del aire; **'air mile** milla *f*; *collect* ~*s* juntar millas; **'air•plane** avión *m*; **'air•pock•et** bolsa *f* de aire; **'air pol•lu•tion** contaminación *f* del aire; **'air•port** aeropuerto *m*; **'air•port ho•tel** hotel *m* de aeropuerto; **'air•port lounge** sala *f* de aeropuerto; **'air•port tax** tasas *fpl* de aeropuerto; **'air pres•sure** presión *f* de aire; **'air pump** bomba *f* de aire; **'air raid** MIL ataque *m* aéreo; **'air raid shel•ter** refugio *m* durante ataques aéreos; **air 'res-cue serv•ice** servicio *m* de rescate aéreo; **'air•ship** dirigible *m*; **'air•show** exhibición *f* aérea; **'air•sick**: *get* ~ marearse (*en avión*); **'air•sick•ness** mareo *m*; **'air•space** espacio *m* aéreo; **'air-speed** velocidad *f* relativa al aire; **'air-strip** pista *f* de aterrizaje; **'air ter-mi•nal** terminal *f* aérea; **'air•tight** *adj container* hermético; **'air•time** tiempo *m* en antena; **'air traf•fic** tráfico *m* aéreo; **air-traf•fic con'trol** control *m* del tráfico aéreo; **air-traf•fic con'trol•ler** controlador(a) *m(f)* del tráfico aéreo; **'air vent** orificio *m* de ventilación; **'air waves** *npl* ondas *fpl*; **air way•bill** ['erweɪbɪl] COM conocimiento *m* de embarque aéreo; **'air•wor•thy** *adj* AVIA aeronavegable

**air•y** ['erɪ] *adj room* aireado

**air•y-'fair•y** *adj* F fantasioso, poco realista

**aisle** [aɪl] pasillo *m*

**'aisle seat** asiento *m* de pasillo

**a•jar** [ə'dʒɑːr] *adj*: *be* ~ estar entreabierto

**aka** [eɪkeɪ'eɪ] *abbr* (= *also known as*) también conocido como

**a•kim•bo** [ə'kɪmboʊ] *adv*: *with arms* ~ con los brazos en jarras

**a•kin** [ə'kɪn] *adj* similar, afín (*to* a)

**al•a•bas•ter** ['æləbɑːstər] alabastro *m*

**a•lac•ri•ty** [ə'lækrətɪ] presteza *f*

**a•larm** [ə'lɑːrm] **I** *n* alarma *f*; *raise the* ~ dar la alarma **II** *v/t* alarmar

**a'larm call** *in hotel* llamada *f* para despertar

**a'larm clock** reloj *m* despertador

**a•larm•ing** [ə'lɑːrmɪŋ] *adj* alarmante

**a•larm•ing•ly** [ə'lɑːrmɪŋlɪ] *adv* de forma alarmante

**a•larm•ist** [ə'lɑːrmɪst] alarmista *m/f*

**a•las** [ə'læs] *int* desafortunadamente, desgraciadamente

**alleluia**

**A•las•ka** [ə'læskə] Alaska f
**A•las•kan** [ə'læskən] **I** adj de Alaska **II** n
   habitante m/f de Alaska
**Al•ba•ni•a** [æl'beɪnjə] Albania f
**Al•ba•ni•an** [æl'beɪnjən] **I** adj albanés **II**
   n **1** person albanés(-esa) m(f) **2** language albanés m
**al•ba•tross** ['ælbətrɑːs] ORN albatros m
**al•be•it** [ɔːl'biːɪt] conj aunque
**al•bi•no** [æl'biːnoʊ] BIO albino(-a) m(f)
**al•bum** ['ælbəm] for photographs, (record) álbum m
**al•bu•men** ['ælbjumən] BIO albumen m
**al•che•my** ['ælkəmɪ] alquimia f
**al•co•hol** ['ælkəhɑːl] alcohol m
**al•co•hol•ic** [ælkə'hɑːlɪk] **I** n alcohóli-
   co(-a) m(f) **II** adj alcohólico
**al•co•hol•ism** ['ælkəhɑːlɪzm] alcoholismo m
**al•cove** ['ælkoʊv] celdilla f, nicho m
**al•der** ['ɔːldər] BOT aliso m
**ale** [eɪl] cerveza f
**a•lert** [ə'lɜːrt] **I** n signal alerta f; **be on
   the ~** estar alerta **II** v/t alertar; **~ s.o.
   to sth** alertar or avisar a alguien de algo
   **III** adj alerta; **be ~ to** estar alerta de
**A-lev•el** ['eɪlevl] Br. examen que se realiza en el último curso del bachillerato a
   la edad de 18 años
**al•fal•fa** [æl'fælfə] alfalfa f
**al•fres•co** [æl'freskoʊ] adj & adv al aire
   libre
**al•ga** ['ælgə] (pl algae ['ældʒiː]) alga f
**al•ge•bra** ['ældʒɪbrə] álgebra f
**al•ge•bra•ic** [ældʒɪbreɪɪk] adj algebraico
**Al•ge•ri•a** [æl'dʒɪərɪə] Argelia f
**Al•ge•ri•an** [æl'dʒɪərɪən] **I** adj argelino **II**
   n argelino(-a) m(f)
**al•go•rithm** ['ælgərɪðm] MATH algoritmo m
**a•li•as** ['eɪlɪəs] **I** n seudónimo m **II** adv
   alias
**al•i•bi** ['ælɪbaɪ] coartada f
**al•ien** ['eɪlɪən] **I** n **1** (foreigner) extranje-
   ro(-a) m(f) **2** from space extraterrestre
   m/f **II** adj **1** extraño **2**: **be ~ to s.o.** ser
   ajeno a alguien
**al•ien•ate** ['eɪlɪəneɪt] v/t alienar, provocar el distanciamiento de
**al•ien•a•tion** [eɪlɪən'eɪʃn] alienación f
**a•light**[1] [ə'laɪt] adj en llamas; **set sth ~**
   prender fuego a algo
**a•light**[2] [ə'laɪt] v/i **1** from car, train etc

apearse, bajarse (**from** de) **2** of bird,
   butterfly etc posarse (**on** en)
**a•lign** [ə'laɪn] v/t alinear
**a•lign•ment** [ə'laɪnmənt] of wheels alineación f; of policies alianza f; **in ~ with**
   en concordancia con
**a•like** [ə'laɪk] **I** adj: **be ~** parecerse **II** adv
   igual; **old and young ~** viejos y jóvenes
   sin distinción
**al•i•men•ta•ry ca•nal** [ælɪ'mentərɪ]
   aparato m digestivo
**al•i•mo•ny** ['ælɪmənɪ] pensión f alimenticia
**a•live** [ə'laɪv] adj **1**: **be ~** estar vivo; **be
   burnt ~** ser quemado vivo; **~ and kicking** F vivito y coleando F **2** fig: **be ~ to**
   estar al tanto de, ser consciente de; **be
   ~ with** estar plagado de **3** in basketball
   en juego
**al•ka•li** ['ælkəlaɪ] CHEM álcali m
**al•ka•line** ['ælkəlaɪn] adj alcalino
**all** [ɔːl] **I** adj todo(s)

   **II** pron todo; **~ of us** / **them** todos nosotros / ellos; **he ate ~ of it** se lo comió
   todo; **that's ~, thanks** eso es todo, gracias; **for ~ I care** para lo que me importa; **for ~ I know** por lo que sé
   **III** adv: **~ at once** (suddenly) de repente;
   (at the same time) a la vez; **~ but** (except)
   todos menos; (nearly) casi; **~ the better**
   mucho mejor; **~ the time** todo el tiempo, desde el principio; **it's ~ different**
   es todo distinto; **they're not at ~ alike**
   no se parecen en nada; **that's not at ~
   funny** eso no tiene nada de gracia, eso
   no es nada gracioso; **not at ~!** ¡en absoluto!; **thank you – not at all** gracias –
   de nada; **two ~** SP empate a dos; **~ right**
   ☞ **alright**

**all-A'mer•i•can** adj típicamente americano
**al•lay** [ə'leɪ] v/t apaciguar
**all-'clear**: **give sth the ~** fig dar a algo el
   visto bueno
**al•le•ga•tion** [ælɪ'geɪʃn] acusación f
**al•lege** [ə'ledʒ] v/t alegar
**al•leged** [ə'ledʒd] adj presunto
**al•leg•ed•ly** [ə'ledʒɪdlɪ] adv presuntamente, supuestamente
**al•le•giance** [ə'liːdʒəns] lealtad f
**al•le•gor•ic** [ælɪ'gɑːrɪk], **al•le•gor•i•cal**
   [ælɪ'gɑːrɪkl] adj alegórico
**al•le•go•ry** ['ælɪgɔːrɪ] alegoría f
**al•le•lu•ia** [ælɪ'luːjə] aleluya m

**al•len key** ['ælən] llave *f* allen
**al•ler•gen** ['ælərdʒən] MED alergeno *m*
**al•ler•gic** [ə'lɜːrdʒɪk] *adj* alérgico; *be* ~ *to* ser alérgico a
**al•ler•gist** ['ælərdʒɪst] alergista *m/f*
**al•ler•gy** ['ælərdʒɪ] alergia *f*
**al•le•vi•ate** [ə'liːvɪeɪt] *v/t* aliviar
**al•ley** ['ælɪ] callejón *m*
**al•li•ance** [ə'laɪəns] alianza *f*
**al•lied** ['ælaɪd] *adj related* relacionado, afín; *be* ~ *to s.o.* / *sth* estar relacionado con alguien / algo
**Al•lied** ['ælaɪd] *adj* MIL HIST aliado
**Al•lies** ['ælaɪz] *npl* MIL HIST: *the* ~ los Aliados
**al•li•ga•tor** ['ælɪgeɪtər] ZO aligátor *m*
**'al•li•ga•tor clip** pinza *f* cocodrilo
**all-im'por•tant** *adj* importantísimo, vital
**'all-in** *(inclusive)* final, total
**all-in•clu•sive 'price** precio *m* con todo incluido
**all-in 'wres•tling** lucha *f* libre
**al•lit•er•a•tion** [əlɪtə'reɪʃn] aliteración *f*
**'all-night** *adj party* nocturno, que dura toda la noche; *diner* abierto toda la noche
**al•lo•cate** ['æləkeɪt] *v/t* asignar
**al•lo•ca•tion** [ælə'keɪʃn] asignación *f*
**al•lot** [ə'lɑːt] *v/t (pret & pp -ted)* asignar
**al•lot•ment** [ə'lɑːtmənt] **1** *(portion)* cuota *f* **2** *Br: garden* huerta *f*, huerto *m*
**'all-out** *adj* F firme, que va a por todas F; *an* ~ *effort* un esfuerzo colosal
**al•low** [ə'laʊ] *v/t* **1** *(permit)* permitir; *it's not* ~ed no está permitido; *he* ~ed *us to leave* nos permitió salir; *be* ~ed *to do sth* tener permiso para hacer algo, poder hacer algo **2** *(calculate for)* calcular
♦ **allow for** *v/t* tener en cuenta
**al•low•a•ble** [ə'laʊəbl] *adj error* permisible
**al•low•ance** [ə'laʊəns] **1** *money* asignación *f*; *for kids* paga *f* **2**: *make* ~s *for weather etc* tener en cuenta; *person* disculpar
**al•loy** ['æləɪ] aleación *f*; ~ *wheels* MOT llantas *fpl* de aleación
**'all-pow•er•ful** *adj* omnipotente; **'all--pur•pose** *adj* multiuso; **'all-round** *adj* completo; **all-risks in'sur•ance** seguro *m* a todo riesgo; **all-round•er** [ɔːl'raʊndər]: *he's an* ~ *at sport* es un de-

portista completo; *at school* se le dan bien todas las asignaturas; **All 'Saints' Day** REL día *m* de Todos los Santos; **All 'Souls' Day** REL día *m* de Difuntos; **all-ter'rain** *adj* todoterreno; **'all-time**: *be at an* ~ *high* / *low* haber alcanzado un máximo / mínimo histórico; *one of the* ~ *greats* uno de los grandes de todos los tiempos
♦ **al•lude to** [ə'luːd] *v/t* aludir a
**al•lure** [ə'luːr] atractivo *m*, encanto *m*; *lose its* ~ perder su atractivo *or* encanto
**al•lur•ing** [ə'luːrɪŋ] *adj* atractivo, seductor
**al•lu•sion** [ə'luːʒn] alusión *f (to* a)
**al•lu•vi•al** [ə'luːvjəl] *adj* GEOL aluvial
**'all-weath•er** *adj* para cualquier condición atmosférica
**all-wheel 'drive** *adj* con tracción a las cuatro ruedas
**al•ly** ['ælaɪ] **1** *n* aliado(-a) *m(f)* **II** *v/t*: ~ *o.s. to* aliarse con
**al•might•y** [ɔːl'maɪtɪ] **I** *adj* F potente, infernal **II** *n*: *the Almighty* el Todopoderoso
**al•mond** ['ɑːmənd] almendra *f*
**al•most** ['ɔːlmoʊst] *adv* casi
**alms** [ɑːmz] *npl* limosna *fsg*
**al•oe** ['æloʊ] BOT aloe *m*
**a•loft** [ə'lɑːft] *adv raise* en el aire
**a•lone** [ə'loʊn] *adj & adv* solo
**a•long** [ə'lɒŋ] **I** *prep (situated beside)* a lo largo de; *walk* ~ *this path* sigue por esta calle **II** *adv*: *would you like to come* ~? ¿te gustaría venir conmigo / con nosotros?; *he always brings the dog* ~ siempre trae al perro; ~ *with* junto con; *all* ~ *(all the time)* todo el tiempo, desde el principio
**a•long•side** [əlɒŋ'saɪd] **I** *prep work* con, junto a; *exist, perform* junto con: *(parallel to)* al lado de **II** *adv*: *a police car drew up* ~ un coche de policía se acercó *or* se aproximó al lado
**a•loof** [ə'luːf] *adj* distante, reservado; *keep (o.s.)* ~, *stand* ~ mantenerse *or* quedarse al margen *(from* de)
**a•loud** [ə'laʊd] *adv* en voz alta
**al•pha•bet** ['ælfəbet] alfabeto *m*
**al•pha•bet•i•cal** [ælfə'betɪkl] *adj* alfabético; ~ *order* orden *m* alfabético
**al•pha•nu•mer•ic** [ælfənjuː'merɪk] *adj* COMPUT alfanumérico

**al•pha•nu•mer•ic** 'key•board COM-PUT teclado *m* alfanumérico

**al•pha•test** ['ælfətest] test *m* alfa

**al•pine** ['ælpaɪn] *adj* alpino

**Al•pine** ['ælpaɪn] *adj* alpino, de los Alpes

**Alps** [ælps] *npl*: **the ~** los Alpes

**al•read•y** [ɒːl'redɪ] *adv* ya

**al•right** [ɒːl'raɪt] *adj* (*not hurt, in working order*) bien; **is it ~ to leave now?** (*permitted*) ¿puedo irme / podemos irnos ahora?; **is it ~ to take these out of the country?** ¿se pueden sacar éstos del país?; **is it ~ with you if I ...?** ¿te importa si ...?; **~, you can have one!** de acuerdo, ¡puedes tomar uno!; **~, I heard you!** vale, ¡te he oído!; **everything is ~ now between them** vuelven a estar bien; **that's ~** (*don't mention it*) de nada; (*I don't mind*) no importa

**Al•sa•tian** [æl'seɪʃn] *Br* ZO pastor *m* alemán

**al•so** ['ɒːlsoʊ] *adv* también

**'al•so-ran** perdedor(a) *m(f)*

**al•tar** ['ɒːltər] altar *m*

**al•ter** ['ɒːltər] *v/t* alterar

**al•ter•a•tion** [ɒːltə'reɪʃn] alteración *f*; **make ~s to** *clothes* arreglar; *plan etc* modificar, cambiar

**al•ter•ca•tion** [ɒːltər'keɪʃn] altercado *m*

**al•ter•nate** I *v/i* ['ɒːltərneɪt] alternar II *adj* ['ɒːltərnət] alterno

**al•ter•nate•ly** [ɒːl'tərnətlɪ] *adv* alternativamente, alternadamente

**al•ter•nat•ing** ['ɒːltərneɪtɪŋ] *adj* alterno, alternativo

**'al•ter•nat•ing cur•rent** corriente *f* alterna

**al•ter•na•tive** [ɒːl't'ɜːrnətɪv] I *n* alternativa *f*; **we had no ~ but to head back** no tuvimos otra *or* más alternativa que regresar II *adj* alternativo

**al•ter•na•tive•ly** [ɒːl't'ɜːrnətɪvlɪ] *adv* si no

**al•ter•na•tor** ['ɒːltərneɪtər] ELEC alternador *m*

**al•though** [ɒːl'ðoʊ] *conj* aunque, si bien

**al•tim•e•ter** ['æltɪmiːtər] PHYS altímetro *m*

**al•ti•tude** ['æltɪtuːd] *of plane, city* altitud *f*; *of mountain* altura *f*

**'al•ti•tude sick•ness** mal *m* de las alturas

**alt key** ['ɒːltkiː] COMPUT tecla *f* alt

**al•to** ['æltoʊ] MUS *voice* contralto *m*; *singer* contralto *m/f*; **~ (sax)** (saxo *m*) alto *m*

**al•to•geth•er** [ɒːltə'geðər] *adv* **1** (*completely*) completamente; **on another matter ~, ...** pasando a algo completamente diferente, ... **2** (*in all*) en total; **~, this is a great movie** en todos los sentidos, es una película estupenda

**al•tru•ism** ['æltruːɪzm] altruismo *m*

**al•tru•ist** ['æltruːɪst] altruista *m/f*

**al•tru•is•tic** [æltruː'ɪstɪk] *adj* altruista

**a•lu•mi•num** [ə'luːmənəm], *Br* **a•lumin•i•um** [æljʊ'mɪnɪəm] aluminio *m*

**a•lum•ni** [ə'lʌmnaɪ] *npl* antiguos *mpl* alumnos

**al•ways** ['ɒːlweɪz] *adv* siempre; **you can ~ change your mind** siempre puedes cambiar de opinión

**Alz•hei•mer's (dis•ease)** ['æltshaɪmərz] MED (enfermedad *f* de) Alzheimer *m*

**am** [æm] ☞ **be**

**a.m.** ['eɪem] *abbr* (= **ante meridiem**) a.m.; **at 11 ~** a las 11 de la mañana

**a•mal•gam** [ə'mælgəm] CHEM, TECH amalgamación *f*, amalgamamiento *m*

**a•mal•gam•ate** [ə'mælgəmeɪt] *v/i of companies* fusionarse

**a•mal•ga•ma•tion** [əmælgə'meɪʃn] **1** CHEM, TECH amalgama *f* **2** *mixture* amalgama *f*, unión *f*

**a•mass** [ə'mæs] *v/t* acumular

**am•a•teur** ['æmətʃʊr] *n unskilled* aficionado(-a) *m(f)*; SP amateur *m/f*

**am•a•teur•ish** ['æmətʃʊrɪʃ] *adj pej* chapucero

**a•maze** [ə'meɪz] *v/t* asombrar

**a•mazed** [ə'meɪzd] *adj* asombrado; **we were ~ to hear ...** nos asombró oír ...; **you'll be ~** te vas a quedar pasmado F

**a•maze•ment** [ə'meɪzmənt] asombro *m*; **in ~** con (cara de) asombro; **to my ~** para mi asombro *or* sorpresa

**a•maz•ing** [ə'meɪzɪŋ] *adj* (*surprising*) asombroso; F (*very good*) alucinante F

**a•maz•ing•ly** [ə'meɪzɪŋlɪ] *adv* increíblemente

**Am•a•zon** ['æməzən]: **the ~** el Amazonas

**Am•a•zon 'es•tu•a•ry** Bocas *fpl* del Amazonas

**Am•a•zo•ni•an** [æmə'zoʊnɪən] *adj*

amazónico

**am•bas•sa•dor** [æm'bæsədər] embajador(a) *m(f)*

**am•ber** ['æmbər] *adj.* ámbar; **at ~** en ámbar

**am•bi•dex•trous** [æmbɪ'dekstrəs] *adj* ambidiestro

**am•bi•ence** ['æmbɪəns] ambiente *m*

**am•bi•gu•i•ty** [æmbɪ'gjuːɪtɪ] ambigüedad *f*

**am•big•u•ous** [æm'bɪgjʊəs] *adj* ambiguo

**am•bi•tion** [æm'bɪʃn] *also pej* ambición *f*

**am•bi•tious** [æm'bɪʃəs] *adj* ambicioso; **be ~ for s.o.** desear lo mejor para alguien

**am•biv•a•lence** [æm'bɪvələns] ambivalencia *f*

**am•biv•a•lent** [æm'bɪvələnt] *adj* ambivalente

**am•ble** ['æmbl] *v/i* deambular

**am•bu•lance** ['æmbjʊləns] ambulancia *f*

**am•bush** ['æmbʊʃ] **I** *n* emboscada *f* **II** *v/t* tender una emboscada a

**a•me•ba** [ə'miːbə] ZO ameba *f*

**a•mel•io•rate** [ə'miːljəreɪt] *v/t fml* mejorar, aliviar

**a•men** [eɪ'men] *int* amén

**a•me•na•ble** [ə'miːnəbl] *adj person* manejable, fácil; *animal* dócil; **be ~ to sth** aceptar de buen grado algo, estar de acuerdo con algo

**a•mend** [ə'mend] *v/t* enmendar

**a•mend•ment** [ə'mendmənt] enmienda *f*

**a•mends** [ə'mendz] *npl*: **make ~ for** compensar

**a•men•i•ties** [ə'miːnətɪz] *npl* servicios *mpl*

**A•mer•i•ca** [ə'merɪkə] **1** *continent* América **2** (*USA*) Estados *mpl* Unidos

**A•mer•i•can** [ə'merɪkən] **I** *adj* ( *North ~*) estadounidense **II** *n* ( *North ~*) estadounidense *m/f*

**A•mer•i•can•ism** [ə'merɪkənɪzm] LING americanismo *m*, angloamericanismo *m*

**A•mer•i•can•ize** [ə'merɪkənaɪz] *v/t* americanizar

**A'mer•i•can plan** pensión *f* completa

**am•e•thyst** ['æmɪθɪst] amatista *f*

**a•mi•a•bil•i•ty** [eɪmjə'bɪlətɪ] afabilidad

*f*, amabilidad *f*

**a•mi•a•ble** ['eɪmɪəbl] *adj* afable, amable

**a•mi•ca•ble** ['æmɪkəbl] *adj* amistoso

**a•mi•ca•bly** ['æmɪkəblɪ] *adv* amistosamente

**a•mid(st)** [ə'mɪd(st)] *prep* entre, en medio de

**a•miss** [ə'mɪs] *adj & adv*: **take sth ~** tomarse algo a mal; **there is something ~ with** le pasa algo a; **a bit of help wouldn't go ~** un poco de ayuda no iría *or* no vendría mal

**am•me•ter** ['æmɪtər] ELEC amperímetro *m*

**am•mo•ni•a** [ə'moʊnjə] CHEM amoniaco *m*

**am•mu•ni•tion** [æmjʊ'nɪʃn] munición *f*; *fig* argumentos *mpl*

**am•ne•si•a** [æm'niːzɪə] amnesia *f*

**am•nes•ty** ['æmnəstɪ] amnistía *f*

**am•ni•o•cen•te•sis** [æmnɪoʊsen'tiːsɪs] MED amniocentesis *f*

**am•ni•ot•ic flu•id** [æmnɪ'ɑːtɪk] MED líquido *m* amniótico

**a•moe•ba** [ə'miːbə] *Br* ZO ☞ **ameba**

**a•mok** [ə'mɑːk] ☞ **amuck**

**a•mong(st)** [ə'mʌŋ(st)] *prep* entre; **~ other things** entre otras cosas

**a•mor•al** [eɪ'mɔːrəl] *adj* amoral

**am•o•rous** ['æmərəs] *adj*: **~ advances** insinuaciones *fpl* amorosas; **he started getting ~** empezó a acaramelarse

**a•mor•phous** [ə'mɔːfəs] *adj* amorfo

**am•or•tize** [ə'mɔːtaɪz] *v/t* FIN amortizar

**a•mount** [ə'maʊnt] cantidad *f*; (*sum of money*) cantidad *f*, suma *f*; **to the ~ of** por la cantidad de; **a large ~ of work** mucho trabajo

◆ **amount to** *v/t* ascender a; **his contribution didn't amount to much** su contribución no fue gran cosa; **he'll never amount to much** nunca llegará a mucho cho

**amp** [æmp] F ☞ **ampere, amplifier**

**am•pere** ['æmper] ELEC amperio *m*

**am•per•sand** ['æmpərsænd] TIP *símbolo* &

**am•phet•a•mine** [æm'fetəmiːn] anfetamina *f*

**am•phib•i•an** [æm'fɪbɪən] anfibio *m*

**am•phib•i•ous** [æm'fɪbɪəs] *adj animal*, *vehicle* anfibio

**am•phi•the•a•ter**, *Br* **am•phi•the•a•tre**

['æmfɪθɪətər] anfiteatro *m*

**am•ple** ['æmpl] *adj* abundante; *$4 will be ~* 4 dólares serán más que suficientes

**am•pli•fi•ca•tion** [æmplɪfɪ'keɪʃn] amplificación *f*

**am•pli•fi•er** ['æmplɪfaɪr] amplificador *m*

**am•pli•fy** ['æmplɪfaɪ] *v/t* (*pret & pp -ied*) *sound* amplificar

**am•pli•tude** ['æmplɪtjuːd] ELEC, PHYS amplitud *f*

**am•pu•tate** ['æmpjʊteɪt] *v/t* amputar

**am•pu•ta•tion** [æmpjʊ'teɪʃn] amputación *f*

**am•pu•tee** [æmpjʊ'tiː] amputado(-a) *m(f)*

**Am•trak** ['æmtræk] *empresa ferroviaria estadounidense*

**a•muck** [ə'mʌk] *adv:* *run ~* volverse loco, perder la cabeza

**a•muse** [ə'mjuːz] *v/t* **1** (*make laugh etc*) divertir; *they weren't very ~d* no les hizo mucha gracia; *you'll be ~d to hear that …* te va a hacer gracia escuchar que … **2** (*entertain*) entretener; *the kids are well able to ~ themselves* los niños pueden entretenerse *or* distraerse solos perfectamente

**a•muse•ment** [ə'mjuːzmənt] **1** (*merriment*) diversión *f*; *to our great ~* para nuestro regocijo; *this caused a lot of ~* esto hizo mucha gracia **2** (*entertainment*) entretenimiento *m*; *~s* (*games*) juegos *mpl*; *what do you do for ~?* ¿qué haces para entretenerte?

**a'muse•ment ar•cade** *Br* salón *m* de juegos recreativos

**a'muse•ment park** parque *m* de atracciones

**a•mus•ing** [ə'mjuːzɪŋ] *adj* divertido

**an** [æn] *unstressed* [ən] ☞ *a*

**an•a•bol•ic ster•oid** [ænə'bɑːlɪk] esteroide *m* anabolizante

**an•ach•ro•nism** [ə'nækrənɪzəm] anacronismo *m*

**an•ach•ro•nis•tic** [ənækrə'nɪstɪk] *adj* anacrónico

**an•a•con•da** [ænə'kɑːndə] ZO anaconda *f*

**a•nae•mi•a** *etc Br* ☞ *anemia etc*

**an•aes•thet•ic** *etc Br* ☞ *anesthetic etc*

**an•a•log** ['ænəlɑːg] *adj* COMPUT analógico

**a•nal•o•gous** [ə'næləgəs] *adj* análogo, semejante

**a•nal•o•gy** [ə'nælədʒɪ] analogía *f*; *by ~ with* por analogía con

**an•al•y•sis** [ə'næləsɪs] (*pl* **analyses** [ə'næləsiːz]) **1** análisis *m inv* **2** PSYCH psicoanálisis *m inv*

**an•a•lyst** ['ænəlɪst] **1** analista *m/f* **2** PSYCH psicoanalista *m/f*

**an•a•lyt•i•cal** [ænə'lɪtɪkl] *adj* analítico

**an•a•lyze** ['ænəlaɪz] *v/t* **1** analizar **2** PSYCH psicoanalizar

**an•arch•y** ['ænərkɪ] anarquía *f*

**a•nath•e•ma** [ə'næθəmə] REL anatema *m*; *it is ~ to the government* *fig* le resulta aborrecible al gobierno

**a•nat•o•my** [ə'nætəmɪ] anatomía *f*

**an•ces•tor** ['ænsestər] antepasado(-a) *m(f)*

**an•ces•tral** [æn'sestrəl] *adj* ancestral; *~ home* casa solar

**an•ces•try** ['ænsestrɪ] descendencia *f*; *I want to trace my ~* quiero reconstruirme mi genealogía *or* mi árbol genealógico

**an•chor** ['æŋkər] **I** *n* **1** NAUT ancla *f* **2** TV presentador(a) *m(f)* **II** *v/i* NAUT anclar

**an•chor•age** ['æŋkərɪdʒ] ancladero *m*

**'an•chor•man** TV presentador *m*

**an•cho•vy** ['æntʃoʊvɪ] anchoa *f*

**an•cient** ['eɪnʃənt] *adj* antiguo

**an•cil•lar•y** [æn'sɪlərɪ] *adj staff* auxiliar

**and** [ənd] *stressed* [ænd] *conj* y; *~ / or* y / o; *it's getting bigger ~ bigger* se está haciendo cada vez mayor; *they cried ~ cried* no paraban de llorar

**An•da•lu•si•a** [ændælu:'sɪə] Andalucía *f*

**An•da•lu•si•an** [ændælu:'sɪən] *adj* andaluz

**An•de•an** ['ændɪən] *adj* andino

**An•des** ['ændiːz] *npl:* *the ~* los Andes

**An•dor•ra** [æn'dɔːrə] Andorra *f*

**an•droid** ['ændrɔɪd] androide *m*

**an•ec•dot•al** [ænek'doʊtl] *adj* anecdótico, circunstancial

**an•ec•dote** ['ænɪkdoʊt] anécdota *f*

**a•ne•mia** [ə'niːmɪə] anemia *f*

**a•ne•mic** [ə'niːmɪk] *adj* anémico

**an•e•mom•e•ter** [ænɪ'mɑːmɪtər] PHYS anemómetro *m*

**a•nem•o•ne** [ə'nemənɪ] BOT anémona *f*

**an•es•the•si•a** [ænəs'θiːzɪə] anestesia *f*

**an•es•the•si•ol•o•gist** [ænəsθiːzɪ'ɑːlə-]

dʒɪst] anestesista *m/f*

**an•es•thet•ic** [ænəs'θetɪk] anestesia *f*

**an•es•the•tist** [ə'niːsθətɪst] anestesista *m/f*

**a•new** [ə'njuː] *adv* de nuevo, otra vez; *start* ~ empezar de nuevo, empezar desde cero

**an•gel** ['eɪndʒl] REL ángel *m*; *fig* ángel *m*, cielo *m*

**an•gel•ic** [æn'dʒelɪk] *adj* angelical

**An•gel•i•no** [ændʒə'liːnoʊ] I *adj* angelino II *n* angelino(-a) *m(f)*

**an•ger** ['æŋgər] I *n* enfado *m*, enojo *m* II *v/t* enfadar, enojar

**an•gi•na** [æn'dʒaɪnə] angina *f* (de pecho)

**an•gle**[1] ['æŋgl] *n* ángulo *m*; *be at an* ~ estar torcido *or* en diagonal (*to* con respecto a); *see sth from a different* ~ *fig* ver algo desde otro punto de vista

**an•gle**[2] ['æŋgl] *v/i* pescar con caña
◆ **angle for** *v/t fig* ir detrás de, buscar

**'an•gle brack•et** paréntesis *m inv* angular

**an•gler** ['æŋglər] pescador(a) *m(f)* de caña

**An•gli•can** ['æŋglɪkən] REL I *adj* anglicano II *n* anglicano(-a) *m(f)*

**An•gli•cism** ['æŋglɪsɪzəm] LING anglicismo *m*

**An•glo-A•mer•i•can** [æŋgloʊə'merɪkən] I *n* angloamericano(-a) *m(f)* II *adj* angloamericano

**An•glo-Sax•on** [æŋgloʊ'sæksən] I *n* anglosajón(-ona) *m(f)* II *adj* anglosajón

**An•go•la** [æŋ'goʊlə] Angola *f*

**An•go•lan** [æŋ'goʊlən] I *n* angoleño(-a) *m(f)* II *adj* angoleño

**an•go•ra** [æŋ'gɔːrə] *wool* angora *f*; ~ *cat* gato *m* de Angora

**an•gry** ['æŋgrɪ] *adj* enfadado, enojado; *be* ~ *with s.o.* estar enfadado *or* enojado con alguien; *be* ~ *about sth* estar enfadado por algo; *get* ~ enfadarse; *get* ~ *with s.o.* enfadarse con alguien; *get* ~ *about sth* enfadarse por algo

**an•guish** ['æŋgwɪʃ] angustia *f*

**an•gu•lar** ['æŋgjʊlər] *adj* anguloso

**an•i•mal** ['ænɪml] animal *m*

**'an•i•mal king•dom** reino *m* animal; **'an•i•mal lov•er** amante *m/f* de los animales; **an•i•mal 'wel•fare** protección *f* de los animales

**an•i•mate** ['ænɪmeɪt] *v/t* animar, alegrar

**an•i•mat•ed** ['ænɪmeɪtɪd] *adj* animado

**an•i•mat•ed car'toon** dibujos *mpl* animados

**an•i•mat•ed 'film** película *f* de animación

**an•i•ma•tion** [ænɪ'meɪʃn] (*liveliness*), *of cartoon* animación *f*

**an•i•ma•tor** ['ænɪmeɪtər] *draws cartoons* animador(a) *m(f)*

**an•i•mos•i•ty** [ænɪ'mɑːsətɪ] animosidad *f*

**an•ise** [æ'nɪs] BOT anís *m*

**an•i•seed** ['ænɪsiːd] anís *m*, anisete *m*

**an•kle** ['æŋkl] tobillo *m*

**an•klet** ['æŋklət] **1** *jewellery* pulsera *f* para el tobillo **2** *clothing* calcetín *m* tobillero

**an•nals** ['ænlz] *npl* anales *mpl*; *go down in the* ~ *of history* incluirse en los anales de la historia

**an•nex** ['æneks] I *n building* edificio *m* anexo II *v/t state* anexionar

**an•nex•a•tion** [ænek'seɪʃn] anexión *f*, adhesión *f*

**an•nexe** ['æneks] *n Br* edificio *m* anexo

**an•ni•hi•late** [ə'naɪəleɪt] *v/t* aniquilar

**an•ni•hi•la•tion** [ənaɪə'leɪʃn] aniquilación *f*

**an•ni•ver•sa•ry** [ænɪ'vɜːrsərɪ] (*wedding* ~) aniversario *m*

**An•no Do•mi•ni** [ænoʊ'dɑːmɪnaɪ] *adv* después de Cristo

**an•no•tate** ['ænəteɪt] *v/t report* anotar

**an•no•ta•tion** [ænə'teɪʃn] anotación *f*, nota *f* explicativa

**an•nounce** [ə'naʊns] *v/t* anunciar

**an•nounce•ment** [ə'naʊnsmənt] anuncio *m*

**an•nounc•er** [ə'naʊnsər] TV, RAD presentador(a) *m(f)*

**an•noy** [ə'nɔɪ] *v/t* molestar, irritar; *be* ~*ed* estar molesto *or* irritado

**an•noy•ance** [ə'nɔɪəns] **1** (*anger*) irritación *f* **2** (*nuisance*) molestia *f*

**an•noy•ing** [ə'nɔɪɪŋ] *adj* molesto, irritante

**an•nu•al** ['ænʊəl] I *adj* anual II *n* **1** *book*: libro *que se publica anualmente* **2** BOT planta *f* de un año

**an•nu•al 'earn•ings** *npl* ganancias *fpl* anuales; **an•nu•al gen•e•ral 'meet•ing** *Br* consejo *m* general anual; **an•nu•al 'in•come** ingresos *mpl* anuales; **an•nu•al per'cen•tage rate** FIN tasa *f* anual equivalente

**an•nu•i•ty** [ə'nuːətɪ] anualidad f

**an•nul** [ə'nʌl] v/t (pret & pp **-led**) marriage anular

**an•nul•ment** [ə'nʌlmənt] anulación f

**An•nun•ci•a•tion** [ənʌnsɪ'eɪʃn] REL: **the ~** la Anunciación

**an•ode** ['ænoʊd] ELEC ánodo m

**an•o•dyne** ['ænoʊdaɪn] adj anodino, insubstancial

**a•noint** [ə'nɔɪnt] v/t esp REL ungir

**a•nom•a•lous** [ə'nɑːmələs] adj anómalo, anormal

**a•nom•a•ly** [ə'nɑːməlɪ] anomalía f, anormalidad f

**an•o•nym•i•ty** [ænə'nɪmətɪ] anonimato m; **preserve one's ~** permanecer en el anonimato

**a•non•y•mous** [ə'nɑːnɪməs] adj anónimo

**an•o•rak** ['ænəræk] Br anorak m

**an•o•rex•i•a** [ænə'reksɪə] anorexia f

**an•o•rex•ic** [ænə'reksɪk] adj anoréxico

**an•oth•er** [ə'nʌðər] I adj otro II pron otro(-a) m(f); **they helped one ~** se ayudaron (el uno al otro); **do they know one ~?** ¿se conocen?

**ANSI** ['ænsiː] abbr (= **American National Standards Institute**) código ANSI m, ANSI m

**an•swer** ['ænsər] I n 1 to letter, person, question respuesta f, contestación f; **in ~ to** en respuesta a, para responder a 2 to problem solución f II v/t letter, person, question responder, contestar; **~ the door** abrir la puerta; **~ the telephone** responder or Span coger al teléfono

◆ **answer for** v/t responder de

◆ **answer to** v/t 1 person responder ante 2 description responder a

**an•swer•a•ble** ['ænsərəbl] adj: **be ~ to s.o.** tener que responder ante alguien; **be ~ to s.o. for sth / s.o.** ser responsable de algo / alguien ante alguien

**an•swer•ing ma•chine** ['ænsərɪŋ] TELEC contestador m (automático)

**'an•swer•phone** TELEC contestador m (automático)

**ant** [ænt] hormiga f

**ant•ac•id** ['æntæsɪd] antiácido m

**an•tag•o•nism** [æn'tægənɪzm] antagonismo m

**an•tag•o•nist** [æn'tægənɪst] antagonista m/f, contrincante m/f

**an•tag•o•nis•tic** [æntægə'nɪstɪk] adj hostil

**an•tag•o•nize** [æn'tægənaɪz] v/t antagonizar, enfadar

**Ant•arc•tic** [ænt'ɑːrktɪk]: **the ~** el Antártico

**Ant•arc•ti•ca** [ænt'ɑːrktɪkə] GEOG Antártida f

**Ant•arc•tic 'Cir•cle** círculo m polar antártico

**Ant•arc•tic 'O•cean** océano m Antártico

**ant•eat•er** ['æntiːtər] ZO oso m hormiguero

**an•te•ced•ent** [æntɪ'siːdənt] 1 (forerunner) predecesor(a) m(f), antecesor(a) m(f) 2: **~s** (background) antecedentes mpl

**an•te•di•lu•vi•an** [æntɪdaɪ'luːvjən] adj antediluviano

**an•te•lope** ['æntɪloʊp] ZO antílope m

**an•te•na•tal** [æntɪ'neɪtl] adj prenatal; **~ class** clase f de preparación para el parto

**an•ten•na** [æn'tenə] of insect, for TV antena f

**an•te•ri•or** [æn'tɪərɪər] adj anterior

**an•te•room** ['æntɪrʊm] antesala f

**an•them** ['ænθəm] himno m

**'ant•hill** hormiguero m

**an•thol•o•gy** [æn'θɑːlədʒɪ] antología f

**an•thra•cite** ['ænθrəsaɪt] MIN antracita f

**an•thro•poid** ['ænθrəpɔɪd] ZO I adj antropoide II n antropoide m/f

**an•thro•po•log•i•cal** [ænθrəpə'lɑːdʒɪkl] adj antropológico

**an•thro•pol•o•gist** [ænθrə'pɑːlədʒɪst] antropólogo(-a) m(f)

**an•thro•pol•o•gy** [ænθrə'pɑːlədʒɪ] antropología f

**an•ti...** ['æntaɪ] pref anti ...

**an•ti-a'bor•tion•ist** antiabortista m/f

**an•ti-'air•craft** adj MIL antiaéreo

**an•ti-'air•craft gun** MIL cañón m antiaéreo

**an•ti•bi•ot•ic** [æntaɪbaɪ'ɑːtɪk] antibiótico m

**'an•ti•bod•y** anticuerpo m

**an•tic•i•pate** [æn'tɪsɪpeɪt] v/t esperar, prever

**an•tic•i•pa•tion** [æntɪsɪ'peɪʃn] expectativa f, previsión f

**an•tic•i•pa•to•ry** [æntɪsɪ'peɪtərɪ] *adj* de anticipación

**an•ti'cli•max** *fig* anticlímax *m*, desilusión *f*

**'an•ti-clock•wise** *adv* Br en dirección contraria a las agujas del reloj

**an•tics** ['æntɪks] *npl* payasadas *fpl*

**an•ti'cy•clone** METEO anticiclón *m*

**an•ti'daz•zle** *adj* antirreflector

**an•ti-de•pres•sant** MED antidepresivo *m*

**an•ti•dote** ['æntɪdəʊt] antídoto *m*

**an•ti'fas•cist** I *n* antifascista *m/f* II *adj* antifascista

**'an•ti•freeze** anticongelante *m*

**an•ti-'glare mir•ror** espejo *m* antideslumbrante

**an•ti•his•ta•mine** [æntaɪ'hɪstəmiːn] MED antihistamínico *m*

**An•til•les** [æn'tɪliːz] *npl*: **Greater / Lesser ~** Grandes / Pequeñas Antillas *fpl*

**an•ti-lock 'brak•ing sys•tem** MOT sistema *m* de frenos antibloqueo

**'an•ti•mat•ter** antimateria *f*

**an•tip•a•thy** [æn'tɪpəθɪ] antipatía *f*

**an•ti•per•spi•rant** [æntaɪ'pɜːrspərənt] antitranspirante *m*

**An•tip•o•des** [æn'tɪpədiːz] *npl* Br: **the ~** las Antípodas

**an•ti•quar•i•an book•sell•er** [æntɪkwerɪən'bukselər] librero(-a) *m(f)* especialista en libros antiguos

**an•ti•quar•i•an 'book•store** librería *f* de libros antiguos

**an•ti•quat•ed** ['æntɪkweɪtɪd] *adj* anticuado

**an•tique** [æn'tiːk] *adj* antigüedad *f*

**an'tique deal•er** anticuario(-a) *m(f)*

**an•tiq•ui•ty** [æn'tɪkwətɪ] antigüedad *f*

**an•ti'rust** *adj* antioxidante

**an•ti-Sem•ite** [æntaɪ'siːmaɪt] antisemita *m/f*

**an•ti-Se•mit•ic** [æntaɪsə'mɪtɪk] *adj* antisemita, antisemítico

**an•ti-Sem•i•tism** [æntaɪ'semɪtɪzəm] antisemitismo *m*

**an•ti•sep•tic** [æntaɪ'septɪk] I *adj* antiséptico II *n* antiséptico *m*

**an•ti-'smok•ing** *adj campaign* anti-tabaco

**an•ti'so•cial** *adj* antisocial, poco sociable

**an•ti-'theft de•vice** dispositivo *m* antirrobo

**an•tith•e•sis** [æn'tɪθəsɪs] (*pl* **antitheses** [æn'tɪθəsiːz]) antítesis *f*

**an•ti-'trust laws** *npl* COM ley *f* antimonopolio *or* antimonopolista

**an•ti'vi•rus pro•gram** COMPUT (programa *m*) antivirus *m inv*

**ant•lers** ['æntlərz] *npl* cuernos *mpl*

**an•to•nym** ['æntoʊnɪm] antónimo *m*

**a•nus** ['eɪnəs] ANAT ano *m*

**an•vil** ['ænvɪl] yunque *m*

**anx•i•e•ty** [æŋ'zaɪətɪ] ansiedad *f*

**anx•ious** ['æŋkʃəs] *adj* **1** preocupado **2** (*eager*) ansioso; **be ~ for** *news etc* esperar ansiosamente

**an•y** ['enɪ] I *adj*: **are there ~ diskettes / glasses?** ¿hay disquetes / vasos?; **is there ~ bread / improvement?** ¿hay algo de pan / alguna mejora?; **there aren't ~ diskettes / glasses** no hay disquetes / vasos; **there isn't ~ bread / improvement** no hay pan / ninguna mejora; **have you ~ idea at all?** ¿tienes alguna idea?; **~ one of them could win** cualquiera de ellos podría ganar

II *pron* alguno(-a); **do you have ~?** ¿tienes alguno(s)?; **there aren't ~ left** no queda ninguno; **there isn't ~ left** no queda; **~ of them could be guilty** cualquiera de ellos podría ser culpable

III *adv*: **is that ~ better / easier?** ¿es mejor / más fácil así?; **I don't like it ~ more** ya no me gusta

**an•y•bod•y** ['enɪbɑːdɪ] *pron* alguien; **there wasn't ~ there** no había nadie allí

**an•y•how** ['enɪhaʊ] *adv* en todo caso, de todos modos; **if I can help you ~, please let me know** si puedo ayudarte de alguna manera, por favor dímelo

**an•y•one** ['enɪwʌn] ☞ **anybody**

**an•y•thing** ['enɪθɪŋ] *pron* algo; *with negatives* nada; **I didn't hear ~** no oí nada; **~ but** todo menos; **~ else?** ¿algo más?; **I'll do absolutely ~ you want** haría cualquier cosa que me pidieses; **~ would be better than that** cualquier cosa (es) mejor que eso

**an•y•way** ['enɪweɪ] ☞ **anyhow**

**an•y•where** ['enɪwer] *adv* en alguna parte; **is Peter ~ around?** ¿está Peter por ahí?; **he never goes ~** nunca va a ninguna parte; **I can't find it ~** no lo encuentro por ninguna parte

a•or•ta [eɪ'ɔːrtə] ANAT aorta f

a•part [ə'pɑːrt] adv aparte; *the two cities are 250 miles ~* las dos ciudades están a 250 millas la una de la otra; *live ~ of people* vivir separado; *~ from* aparte de

a•part•ment [ə'pɑːrtmənt] apartamento m, Span piso m

a'part•ment block bloque m de apartamentos or Span pisos; a'part•ment ho•tel apartahotel m; a'part•ment house bloque m de apartamentos or Span pisos

ap•a•thet•ic [æpə'θetɪk] adj apático

ap•a•thy ['æpəθɪ] apatía f

ape [eɪp] I simio m II v/t copiar, imitar

a•pe•ri•tif [ə'perɪtiːf] aperitivo m

ap•er•ture ['æpərtʃər] PHOT apertura f

a•pex ['eɪpeks] (pl apexes) also fig cúspide f, cumbre f

a•phid ['eɪfɪd] ZO áfido m

aph•o•rism ['æfərɪzəm] aforismo m

aph•ro•dis•i•ac [æfrou'dɪzɪæk] I n afrodisiaco m II adj afrodisiaco

a•piece [ə'piːs] adv cada uno

a•poc•a•lypse [ə'pɑːkəlɪps] apocalipsis f

a•pol•o•get•ic [əpɑːlə'dʒetɪk] adj letter de disculpa; *he was very ~ about ...* pedía constantes disculpas por ...

a•pol•o•gize [ə'pɑːlədʒaɪz] v/i disculparse, pedir perdón

a•pol•o•gy [ə'pɑːlədʒɪ] disculpa f; *owe s.o. an ~* deber disculpas a alguien; *in ~ for* como disculpa por; *make or offer s.o. an ~* presentar or ofrecer disculpas a alguien (*for* por); *an ~ for a meal* una lástima de comida

ap•o•plec•tic [æpə'plektɪk] adj fig encorajinado

ap•o•plex•y ['æpəpleksɪ] MED apoplejía f

a•pos•tle [ə'pɑːsl] REL apóstol m

a•pos•tro•phe [ə'pɑːstrəfɪ] GRAM apóstrofo m

a•poth•e•o•sis [əpɑːθɪ'ousɪs] apoteosis f

ap•pall [ə'pɔːl] v/t horrorizar, espantar; *be ~ed* horrorizarse (*at, by* de, ante)

ap•pal•ling [ə'pɔːlɪŋ] adj horroroso

ap•pa•ra•tus [æpə'reɪtəs] aparatos mpl

ap•par•el [ə'pærəl] aparejo m, equipo m

ap•par•ent [ə'pærənt] adj aparente, evidente; *become ~ that ...* hacerse evidente que ...; *be ~ from* quedar claro (a juzgar) por; *for no ~ reason* sin motivo aparente, sin razón alguna

ap•par•ent•ly [ə'pærəntlɪ] adv al parecer, por lo visto

ap•pa•ri•tion [æpə'rɪʃn] (*ghost*) aparición f

ap•peal [ə'piːl] I n 1 (*charm*) atractivo m 2 *for funds etc* llamamiento m 3 LAW, in sport apelación f; *file or lodge an ~* entablar or presentar una apelación II v/i LAW, in sport apelar

◆ appeal for v/t solicitar

◆ appeal to v/t (*be attractive to*) atraer a

ap•peal•ing [ə'piːlɪŋ] adj 1 idea, offer atractivo 2 glance atractivo

ap•pear [ə'pɪr] v/i 1 aparecer; in court comparecer; *~ in public / on television* aparecer en público / en (la) televisión 2 (*look, seem*) parecer; *it ~s to me that ...* me parece que ...

ap•pear•ance [ə'pɪrəns] 1 aparición f; in court comparecencia f; *put in an ~* hacer acto de presencia; *public ~* aparición pública 2 (*look*) apariencia f, aspecto m; *~s are deceptive* las apariencias engañan; *to all or from all ~s* en apariencia; *keep up ~s* guardar las apariencias

ap•pease [ə'piːz] v/t apaciguar

ap•pease•ment [ə'piːzmənt] HIST contemporización f

ap•pend [ə'pend] v/t adjuntar (*to* a)

ap•pend•age [ə'pendɪdʒ] adjunción f, añadidura f

ap•pen•dec•to•my [æpen'dektəmɪ] MED apendectomía f

ap•pen•di•ci•tis [əpendɪ'saɪtɪs] apendicitis m

ap•pen•dix [ə'pendɪks] MED, of book apéndice m

ap•per•tain [æpər'teɪn] v/i fml referirse (*to* a)

ap•pe•tite ['æpɪtaɪt] also fig apetito m

ap•pe•tiz•er ['æpɪtaɪzər] aperitivo m

ap•pe•tiz•ing ['æpɪtaɪzɪŋ] adj apetitoso

ap•plaud [ə'plɔːd] I v/i aplaudir II v/t also fig aplaudir

ap•plause [ə'plɔːz] aplauso m

ap•ple ['æpl] manzana f; *be the ~ of s.o.'s eye* ser el ojito derecho de alguien

'ap•ple•cart: *upset the ~* fig hacer la pascua; 'ap•ple•jack licor m de manzana; '**ap•ple juice** zumo *m* de manzana; **ap•ple 'pie** tarta *f* de manzana; **ap•ple- -pie 'or•der:** *in* ~ F en su sitio, como Dios manda F; **ap•ple pol•ish•er** ['æplpɑːlɪʃər] F pelotero(-a) *m(f)* F, pelotillero(-a) *m(f)* F; **ap•ple 'sauce** compota *f* de manzana; '**ap•ple tree** manzano *m*

**ap•pli•ance** [ə'plaɪəns] **1** aparato *m*; *household* electrodoméstico *m* **2**: *by the* ~ *of a little logic* siguiendo un razonamiento lógico

**ap•plic•a•ble** [ə'plɪkəbl] *adj* aplicable; *it's not* ~ *to foreigners* no se aplica a extranjeros; *not* ~ no corresponde, no se aplica

**ap•pli•cant** ['æplɪkənt] solicitante *m/f*

**ap•pli•ca•tion** [æplɪ'keɪʃn] **1** *for job, passport etc* solicitud *f*; *for university* solicitud *f* (de admisión); *details avail- able on* ~ para más detalles, póngase en contacto con nosostros **2** *of rules, ointment, paint* aplicación *f* **3**: *have no* ~ no tener relevancia (*to* para), no tener relación (*to* con)

**ap•pli'ca•tion form** *for passport* impre- so *m* de solicitud; *for university, mem- bership* impreso *m* de solicitud de ad- misión

**ap•pli'ca•tion soft•ware** software *m* de aplicaciones

**ap•plied** [ə'plaɪd] *adj* aplicado, práctico; ~ *sciences* ciencias *fpl* aplicadas

**ap•ply** [ə'plaɪ] **I** *v/t (pret & pp -ied) rules, solution, ointment* aplicar; ~ *the brakes* echar los frenos, frenar; ~ *one's mind to sth* concentrarse *or* centrarse en al- go; ~ *o.s. to sth* concentrarse en algo, dedicarse a algo **II** *v/i (pret & pp -ied) of rule, law* aplicarse

◆ **apply for** *v/t job, passport* solicitar; *university* solicitar el ingreso en

◆ **apply to** *v/t* **1** (*contact*) dirigirse a **2** (*affect*) aplicarse a

**ap•point** [ə'pɔɪnt] *v/t to position* nom- brar, designar

**ap•point•ee** [əpɔɪn'tiː] *persona nom- brada para desempeñar un cargo*

**ap•point•ment** [ə'pɔɪntmənt] **1** *to posi- tion* nombramiento *m*, designación *f* **2** *meeting* cita *f*; *make an* ~ *with the doc- tor* pedir hora con el doctor; *keep an* ~ acudir a una cita; *by* ~ con cita previa

**ap'point•ments di•a•ry** agenda *f* de ci-

tas

**ap•por•tion** [ə'pɔːrʃn] *v/t* **1** *blame* atri- buir, imputar (*to* a) **2** *money* distribuir, repartir

**ap•po•site** ['æpəzɪt] *adj* apropiado, adecuado

**ap•prais•al** [ə'preɪz(ə)l] evaluación *f*

**ap•praise** [ə'preɪz] *v/t* evaluar, valorar

**ap•pre•ci•a•ble** [ə'priːʃəbl] *adj* aprecia- ble

**ap•pre•ci•ate** [ə'priːʃɪeɪt] **I** *v/t* **1** (*value*) apreciar **2** (*be grateful for*) agradecer; *thanks, I* ~ *it* te lo agradezco **3** (*ac- knowledge*) ser consciente de **II** *v/i* FIN revalorizarse

**ap•pre•ci•a•tion** [əpriːʃɪ'eɪʃn] **1** *of kindness etc* agradecimiento *m* **2** *of music etc* aprecio *m*

**ap•pre•ci•a•tive** [ə'priːʃətɪv] *adj* agra- decido

**ap•pre•hend** [æprɪ'hend] *v/t* **1** (*arrest*) arrestar, detener **2** *fml* (*understand*) aprehender

**ap•pre•hen•sion** [æprɪ'henʃn] **1** *arrest* arresto *m*, detención *f* **2** *fear* aprensión *f*, miedo *m*

**ap•pre•hen•sive** [æprɪ'hensɪv] *adj* aprensivo, temeroso

**ap•pren•tice** [ə'prentɪs] aprendiz(a) *m(f)*

**ap•pren•tice•ship** [ə'prentɪʃɪp] apren- dizaje *m*

**ap•proach** [ə'prəʊtʃ] **I** *n* **1** aproximación *f*; *with the* ~ *of winter* con la llegada del invierno **2** (*proposal*) propuesta *f*; *make* ~*es to s.o.* contactar con al- guien, ponerse en contacto con alguien **3** *to problem* enfoque *m* **II** *v/t* **1** (*get near to*) aproximarse a **2** (*contact*) ponerse en contacto con **3** *problem* enfocar **III** *v/i of winter, Christmas etc* llegar; *of car etc* acercarse

**ap•proach•a•ble** [ə'prəʊtʃəbl] *adj* per- son accesible

**ap'proach lights** *npl at aiport* luces *fpl* de aproximación

**ap'proach path** *of airplane* trayectoria *f* de aproximación

**ap•pro•ba•tion** [æprəʊ'beɪʃn] aproba- ción *f*, conformidad *f*

**ap•pro•pri•ate**[1] [ə'prəʊprɪət] *adj* apro- piado, adecuado

**ap•pro•pri•ate**[2] [ə'prəʊprɪeɪt] *v/t also euph* apropiarse de

**ap•pro•pri•a•tion** [əproʊprɪˈeɪʃn] apropiación *f*

**ap•prov•al** [əˈpruːvl] aprobación *f*; **on ~** COM de prueba, en periodo de prueba; **meet with s.o.'s ~** contar con el beneplácito de alguien

**ap•prove** [əˈpruːv] **I** *v/i*: **my parents don't ~** a mis padres no les parece bien **II** *v/t* aprobar

◆ **approve of** *v/t* aprobar; **her parents don't approve of me** no les gusto a sus padres

**ap•prox•i•mate** [əˈprɑːksɪmət] *adj* aproximado

**ap•prox•i•mate•ly** [əˈprɑːksɪmətlɪ] *adv* aproximadamente

**ap•prox•i•ma•tion** [əprɑːksɪˈmeɪʃn] aproximación *f*

**APR** [eɪpiːˈɑːr] *abbr* (= **annual percentage rate**) TAE *f* (= tasa *f* anual equivalente)

**a•pri•cot** [ˈæprɪkɑːt] albaricoque *m*, *L.Am.* damasco *m*

**A•pril** [ˈeɪprəl] abril *m*; **~ Fool's Day** día *m* de los (Santos) Inocentes (*1 de abril*)

**a•pron** [ˈeɪprən] **1** delantal *m* **2** AVIA área *m* de estacionamiento

**'a•pron strings** *npl*: **be tied to one's mother's ~** *fig* estar cosido a las faldas de la madre

**apt** [æpt] *adj* **1** *remark* oportuno **2**: **be ~ to do sth** ser propenso a hacer algo

**ap•ti•tude** [ˈæptɪtuːd] aptitud *f*; **he has a natural ~ for ...** tiene aptitudes naturales para ...

**'ap•ti•tude test** prueba *f* de aptitud

**aq•ua•lung** [ˈækwəlʌŋ] escafandra *f* autónoma

**aq•ua•ma•rine** [ækwəməˈriːn] **1** MIN aguamarina *f* **2** *color* azul *m* verdoso

**a•quar•i•um** [əˈkwerɪəm] acuario *m*

**A•quar•i•us** [əˈkwerɪəs] ASTR Acuario *m/f inv*, *L.Am.* acuriano(-a) *m(f)*; **be (an) ~** ser Acuariano, *L.Am.* ser acuariano

**a•quat•ic** [əˈkwætɪk] *adj* acuático

**aq•ue•duct** [ˈækwɪdʌkt] acueducto *m*

**Ar•ab** [ˈærəb] **I** *adj* árabe **II** *n* árabe *m/f*

**ar•a•besque** [ærəˈbesk] arabesco *m*

**A•ra•bi•a** [əˈreɪbɪə] Arabia *f*

**A•ra•bi•an** [əˈreɪbɪən] *adj* arábigo, árabe

**Ar•a•bic** [ˈærəbɪk] **I** *adj* árabe; **~ numerals** números arábigos **II** *n* árabe *m*

**ar•a•ble** [ˈærəbl] *adj*: **~ land** tierra *f* de cultivo

**ar•bi•ter** [ˈɑːrbɪtər] árbitro(-a) *m(f)*, mediador(a) *m(f)*

**ar•bi•tra•ry** [ˈɑːrbɪtrerɪ] *adj* arbitrario

**ar•bi•trate** [ˈɑːrbɪtreɪt] *v/i* arbitrar

**ar•bi•tra•tion** [ɑːrbɪˈtreɪʃn] arbitraje *m*; **court of ~** tribunal *m* arbitral *or* de arbitraje

**ar•bi•tra•tor** [ˈɑːrbɪˈtreɪtər] árbitro(-a) *m(f)*

**ar•bor**, *Br* **ar•bour** [ˈɑːrbər] pérgola *f*

**arc** [ɑːrk] arco *m*, curva *f*

**ar•cade** [ɑːrˈkeɪd] **1** *of shops* pasaje *m or* galería *f* comercial **2** ARCHIT pasaje *m*, galería *f*

**arch**[1] [ɑːrtʃ] **I** *n* arco *m* **II** *v/t*: **~ one's back** arquear *or* doblar la espalda

**arch**[2] [ɑːrtʃ] *adj remark, expression* malintencionado, retorcido

**arch**[3] [ɑːrtʃ] *adj enemy* malévolo

**ar•chae•o•log•i•cal** *etc Br* ☞ **archeological** *etc*

**ar•cha•ic** [ɑːrˈkeɪk] *adj* arcaico

**arch•an•gel** [ˈɑːrkeɪndʒəl] arcángel *m*

**arch'bish•op** arzobispo *m*

**arch'bish•op•ric** [ɑːrtʃˈbɪʃəprɪk] arzobispado *m*

**arch'duch•y** archiducado *m*

**arch'duke** archiduque *m*

**ar•che•o•log•i•cal** [ɑːrkɪəˈlɑːdʒɪkl] *adj* arqueológico

**ar•che•ol•o•gist** [ɑːrkɪˈɑːlədʒɪst] arqueólogo(-a) *m(f)*

**ar•che•ol•o•gy** [ɑːrkɪˈɑːlədʒɪ] arqueología *f*

**arch•er** [ˈɑːrtʃər] arquero(-a) *m(f)*

**arch•er•y** [ˈɑːrtʃərɪ] arco *m*

**ar•che•typ•al** [ɑːrkɪˈtaɪpl] *adj* arquetípico

**ar•che•type** [ˈɑːrkɪtaɪp] arquetipo *m*, modelo *m*

**ar•chi•pel•a•go** [ɑːrkɪˈpeləgoʊ] (*pl -go(e)s*) archipiélago *m*

**ar•chi•tect** [ˈɑːrkɪtekt] arquitecto(-a) *m(f)*

**ar•chi•tec•tur•al** [ɑːrkɪˈtektʃərəl] *adj* arquitectónico

**ar•chi•tec•ture** [ˈɑːrkɪtektʃər] arquitectura *f*

**ar•chives** [ˈɑːrkaɪvz] *npl* archivos *mpl*

**ar•chi•vist** [ˈɑːrkɪvɪst] historiador(a) *m(f)*

**'arch•way** arco *m*

**Arc•tic** ['ɑːrktɪk] **I** *n: the ~* el Ártico **II** *adj* ártico

**Arc•tic 'Cir•cle** círculo *m* Polar Ártico

**Arc•tic 'O•cean** océano *m* Ártico

**ar•dent** ['ɑːrdənt] *adj* ardiente, ferviente

**ar•dor,** *Br* **ar•dour** ['ɑːrdər] ardor *m*, fervor *m*

**ar•du•ous** ['ɑːrdjʊəs] *adj* arduo

**are** [ɑːr] ☞ *be*

**ar•e•a** ['erɪə] área *f*, zona *f; of activity, study etc* área *f*, ámbito *m*

**'ar•e•a code** TELEC prefijo *m*

**ar•e•a 'man•ag•er** gerente *m/f or* encargado(-a) *m(f)* de área

**a•re•na** [ə'riːnə] SP estadio *m*

**aren't** [ɑːrnt] F *are not.*

**Ar•gen•ti•na** [ɑːrdʒən'tiːnə] Argentina *f*

**Ar•gen•tin•i•an** [ɑːrdʒən'tɪnɪən] **I** *adj* argentino **II** *n* argentino(-a) *m(f)*

**ar•gu•a•ble** ['ɑːrgjʊəbl] *adj* discutible; *it is ~ that ...* es discutible que ...

**ar•gu•a•bly** ['ɑːrgjʊəblɪ] *adv* posiblemente

**ar•gue** ['ɑːrgjuː] **I** *v/i* **1** *(quarrel)* discutir; *don't ~!* ¡y a callar!, ¡sin rechistar! **2** *(reason)* argumentar **II** *v/t: ~ that ...* argumentar que ...

♦ **argue against** *v/t* criticar, condenar

♦ **argue for** *v/t* defender, sostener

**ar•gu•ment** ['ɑːrgjʊmənt] **1** *(quarrel)* discusión *f* **2** *(reasoning)* argumento *m*

**ar•gu•men•ta•tion** [ɑːrgjʊmen'teɪʃn] **1** argumentación *f* **2** *(reasoning)* argumento *m*

**ar•gu•ment•a•tive** [ɑːrgjʊ'mentətɪv] *adj* discutidor

**a•ri•a** ['ɑːrɪə] MUS aria *f*

**ar•id** ['ærɪd] *adj land* árido

**Ar•ies** ['eriːz] ASTR Aries *m/f inv; be (an) ~* ser Aries

**a•rise** [ə'raɪz] *v/i (pret arose, pp arisen) of situation, problem* surgir

**a•ris•en** [ə'rɪzn] *pp* ☞ *arise*

**ar•is•toc•ra•cy** [ærɪ'stɑːkrəsɪ] aristocracia *f*

**a•ris•to•crat** [ə'rɪstəkræt] aristócrata *m/f*

**a•ris•to•crat•ic** [ærɪstə'krætɪk] *adj* aristocrático

**a•rith•me•tic**[1] [ə'rɪθmətɪk] aritmética *f; some complicated ~* algunos cálculos complicados

**a•rith•me•tic**[2], **ar•ith•met•i•cal** [ærɪθ'metɪk, ærɪθ'metɪkl] *adj* aritmético

**ark** [ɑːrk]: *Noah's ~* el arca de Noé

**arm**[1] [ɑːrm] *n of person, chair* brazo *m; take s.o. in one's ~s* abrazar a alguien; *welcome s.o. with open ~s* recibir a alguien con los brazos abiertos; *within ~'s reach* al alcance de las manos; *the long ~ of the law* el brazo de la ley; *keep s.o. at ~'s length* mantenerse alejado de alguien; F *cost an ~ and a leg* valer un riñón F; *walk ~ in ~* ir del brazo

**arm**[2] [ɑːrm] *v/t* armar

**Ar•ma•da** [ɑːr'mɑːdə] HIST: *the ~* la Armada Invencible

**ar•ma•dil•lo** [ɑːrmə'dɪloʊ] *n* ZO armadillo *m*

**ar•ma•ments** ['ɑːrməmənts] *npl* armamento *m*

**'arm•band** brazal *m*

**'arm•chair** sillón *m; ~ traveler* viajante *m/f* de sillón

**armed** [ɑːrmd] *adj* armado; *~ conflict* conflicto *m* armado

**armed 'forc•es** *npl* fuerzas *fpl* armadas

**armed 'rob•ber•y** atraco *m* a mano armada

**arm•ful** ['ɑːrmfʊl] *quantity* brazado *m*

**ar•mi•stice** ['ɑːrmɪstɪs] armisticio *m*

**ar•mor,** *Br* **ar•mour** ['ɑːrmər] armadura *f*

**ar•mored car,** *Br* **ar•moured car** [ɑːrmərd'kɑːr] MIL coche *m* blindado

**ar•mored 've•hi•cle,** *Br* **ar•moured ve•hi•cle** vehículo *m* blindado

**ar•mor-plat•ed,** *Br* **ar•mour-plat•ed** ['pleɪtɪd] *adj* blindado

**'arm•pit** sobaco *m*

**'arm•rest** reposabrazos *m inv*

**arms** [ɑːrmz] *npl (weapons)* armas *fpl*

**'arms-con•trol** control *m* de armas;

**'arms deal•er** traficante *m/f* de armas;

**'arms race** carrera *f* armamentística

**arm-twist•ing** ['ɑːrmtwɪstɪŋ]: *it took some ~* hubo que convencerlo

**ar•my** ['ɑːrmɪ] ejército *m*

**a•ro•ma** [ə'roʊmə] aroma *m*

**a•ro•ma•ther•a•py** [ə'roʊməθerəpɪ] aromatoterapia *f*

**ar•o•mat•ic** [æroʊ'mætɪk] *adj* aromático

**a•rose** [ə'roʊz] *pret* ☞ *arise*

**a•round** [ə'raʊnd] **I** *prep (encircling)* alrededor de; *it's ~ the corner* está a la vuelta de la esquina

‖ *adv* **1** (*in the area*) por ahí; *he lives ~ here* vive por aquí; *walk ~* pasear; *she has been ~* (*has traveled, is experienced*) tiene mucho mundo; *he's still ~ F* (*alive*) todavía está rondando por ahí F **2** (*encircling*) alrededor F **3** (*roughly*) alrededor de, aproximadamente; (*with expressions of time*) en torno a

**a•rouse** [ə'raʊz] *v/t* despertar; *sexually* excitar

**ar•range** [ə'reɪndʒ] *v/t* **1** (*put in order*) ordenar; *furniture* ordenar, disponer; *flowers, music* arreglar **2** *meeting, party etc* organizar; *time and place* acordar; *I've ~d to meet her* he quedado con ella

◆ **arrange for** *v/t*: *I arranged for Jack to collect it* quedé para que Jack lo recogiera

**ar•range•ment** [ə'reɪndʒmənt] **1** (*plan*) plan *m*, preparativo *m* **2** (*agreement*) acuerdo *m*; *we make ~s* hacer los preparativos; *I've made ~s for the neighbors to water my plants* he quedado con los vecinos para que rieguen mis plantas **3** (*layout: of furniture etc*) orden *m*, disposición *f*; *of flowers, music* arreglo *m*

**ar•ray** [ə'reɪ] ‖ *v/t* disponer, organizar ‖ *n* selección *f*, conjunto *m*

**ar•rears** [ə'rɪərz] *npl* atrasos *mpl*; *be in ~ of person* ir atrasado

**ar•rest** [ə'rest] ‖ *n* detención *f*, arresto *m*; *be under ~* estar detenido *or* arrestado ‖ *v/t* detener, arrestar

**ar•riv•al** [ə'raɪvl] llegada *f*; *on your ~* al llegar; *~s at airport* llegadas *fsg*

**ar•riv•al time** hora *f* de llegada

**ar•rive** [ə'raɪv] *v/i* llegar

◆ **arrive at** *v/t place, decision etc* llegar a

**ar•ro•gance** ['ærəgəns] arrogancia *f*

**ar•ro•gant** ['ærəgənt] *adj* arrogante

**ar•ro•gant•ly** ['ærəgəntlɪ] *adv* con arrogancia

**ar•row** ['ærəʊ] flecha *f*

**'ar•row•head** punta *f or* cabeza *f* de flecha

**'ar•row key** COMPUT tecla *f* (de movimiento del) cursor

**arse** [ɑːrs] *Br* P culo *m* P

**ar•se•nal** ['ɑːrsənl] MIL arsenal *m*

**ar•se•nic** ['ɑːrsənɪk] arsénico *m*

**ar•son** ['ɑːrsn] incendio *m* provocado

**ar•son•ist** ['ɑːrsənɪst] pirómano(-a) *m(f)*

**art** [ɑːrt] arte *m*; *the ~s* las artes

**'art crit•ic** crítico *m/f* de arte

**ar•te•ri•al** [ɑːr'tɪərɪəl] *adj* ANAT arterial

**ar•te•ri•o•scle•ro•sis** [ɑːrtɪrɪoʊsklə-'rəʊsɪs] MED arteriosclerosis *f*

**ar•te•ry** ['ɑːrtərɪ] MED arteria *f*

**ar•te•sian well** [ɑːrtiːzjən'wel] pozo *m* artesiano

**art•ful** ['ɑːrtfʊl] *adj* astuto, hábil

**'art gal•ler•y** *public* museo *m*; *private* galería *f* de arte

**art 'his•to•ry** historia *f* del arte

**ar•thrit•ic** [ɑːr'θrɪtɪk] *adj* artrítico

**ar•thri•tis** [ɑːr'θraɪtɪs] artritis *f*

**ar•ti•choke** ['ɑːrtɪtʃəʊk] alcachofa *f*, *L.Am.* alcaucil *m*

**ar•ti•cle** ['ɑːrtɪkl] artículo *m*

**ar•tic•u•late** ‖ *adj* [ɑːr'tɪkjʊlət] *person* elocuente ‖ *v/t* [ɑːr'tɪkjʊleɪt] *idea, feelings* expresar, exteriorizar

**ar•tic•u•lat•ed** [ɑːr'tɪkjʊleɪtɪd] *adj* TECH articulado

**ar•tic•u•la•tion** [ɑːrtɪkjʊ'leɪʃn] *of idea, feelings* expresión *f*, exteriorización *f*

**ar•ti•fice** ['ɑːrtɪfɪs] artificio *m*

**ar•ti•fi•cial** [ɑːrtɪ'fɪʃl] *adj* artificial

**ar•ti•fi•cial in•sem•i•na•tion** inseminación *f* artificial; **ar•ti•fi•cial in'tel•li•gence** inteligencia *f* artificial; **ar•ti•fi•cial res•pi•ra•tion** respiración *f* artificial

**ar•til•le•ry** [ɑːr'tɪlərɪ] artillería *f*

**ar•ti•san** ['ɑːrtɪzæn] artesano(-a) *m(f)*

**art•ist** ['ɑːrtɪst] (*painter, artistic person*) artista *m/f*

**ar•tis•tic** [ɑːr'tɪstɪk] *adj* artístico

**art•less** ['ɑːrtlɪs] *adj* inocente, simple

**'art school** facultad *f* de Bellas Artes

**'arts de•gree** licenciatura *f* en letras

**'arts fes•ti•val** festival *f* cultural *or* de las artes

**'art stud•ent** estudiante *m/f* de Bellas Artes

**'art•work** ilustraciones *fpl*; *a piece of ~* una ilustración

**as** [æz] ‖ *conj* **1** (*while, when*) cuando **2** (*because, like*) como **3**: *~ if* como si; *~ usual* como de costumbre; *~ necessary* como sea necesario

‖ *adv* como; *~ high / pretty / ...* tan alto / guapa como ...; *~ much ~ that?*

¿tanto?
**III** *prep* como; **work ~ a team** trabajar en equipo; **~ a child / schoolgirl** cuando era un niño / una colegiala; **work ~ a teacher / translator** trabajar como profesor / traductor; **~ for** por lo que respecta a; **~ Hamlet** en el papel del Hamlet

**asap** ['eɪzæp] *abbr* (= **as soon as possible**) cuanto antes

**as•bes•tos** [æz'bestɑːs] amianto *m*, asbesto *m*

**as•cend** [ə'send] **I** *v/i* ascender (**to** a) **II** *v/t* subir, escalar

**as•cend•an•cy** [ə'sendənsɪ] superioridad *f*, dominio *m* (**over** sobre); **gain the ~ over** ganar superioridad sobre

**as•cend•ant** [ə'sendənt]: **in the ~** *fig* en auge

**as•cend•en•cy** ☞ **ascendancy**
**as•cend•ent** ☞ **ascendant**
**As•cen•sion** [ə'senʃn] REL Ascensión *f*
**As'cen•sion Day** día *m* de la Ascensión
**as•cent** [ə'sent] ascenso *m*, subida *f*

**as•cer•tain** [æsər'teɪn] *v/t* determinar, establecer

**as•cet•ic** [ə'setɪk] *adj* ascético

**as•cet•i•cism** [ə'setɪsɪzəm] ascetismo *m*

**ASCII** ['æskiː] *abbr* (= **American Standard Code for Information Interchange**) código *m* ASCII, ASCII *m*

**a•scor•bic ac•id** [əskɔːrbɪk'æsɪd] CHEM ácido *m* ascórbico

**as•cribe** [ə'skraɪb] *v/t*: **~ sth to s.o.** atribuir algo a alguien

**a•sep•tic** [eɪ'septɪk] *adj* MED aséptico

**a•sex•u•al** [eɪ'sekʃʊəl] *adj* **1** BIO asexual **2** *relationship* sin sexo

**ash**[1] [æʃ] ceniza *f*; **~es** *of person* cenizas *fpl*

**ash**[2] [æʃ] **1** *tree* fresno *m* **2** *wood* madera *f* de fresno

**a•shamed** [ə'ʃeɪmd] *adj* avergonzado, *L.Am.* apenado; **be ~ of** estar avergonzado *or L.Am.* apenado de; **you should be ~ of yourself** debería darte vergüenza *or L.Am.* pena; **it's nothing to be ~ of** no tienes por qué avergonzarte *or L.Am.* apenarte

**'ash can** cubo *m* de la basura
**ash•en** ['æʃn] *adj* pálido, blanco
**a•shore** [ə'ʃɔːr] *adv* en tierra; **go ~** desembarcar

**'ash•tray** cenicero *m*
**Ash 'Wednes•day** Miércoles *m* de Ceniza
**A•sia** ['eɪʃə] Asia *f*
**A•sia 'Mi•nor** GEOG Asia *f* Menor
**A•sian** ['eɪʃən] **I** *adj* asiático **II** *n* asiático(-a) *m(f)*
**A•sian A'mer•i•can** norteamericano(-a) *m(f)* de origen asiático
**A•si•at•ic** [eɪʃɪ'ætɪk] *adj* asiático
**a•side** [ə'saɪd] *adv* a un lado; **move ~ please** apártense, por favor; **he took me ~** me llevó aparte; **~ from** aparte de
**as•i•nine** ['æsɪnaɪn] *adj* ignorante, estúpido
**ask** [æsk] **I** *v/t* **1** *person* preguntar; *question* preguntar; **can I ~ you something?** ¿puedo hacerte una pregunta?; **he ~ed me to leave** me pidió que me fuera; **~ s.o. for sth** pedir algo a alguien **~ s.o. about sth** preguntar por algo a alguien; **~ a high price for sth** pedir mucho dinero por algo; **that is ~ing a lot** eso es mucho pedir; **don't ~ me** yo qué sé F, (a mi) no me preguntes **2** (*invite*) invitar; *favor* pedir
**II** *v/i*: **all you need to do is ~** no tienes más que pedirlo
◆ **ask after** *v/t person* preguntar por
◆ **ask around** *v/i* preguntar (por ahí)
◆ **ask for** *v/t* pedir; *person* preguntar por; **he was asking for it** *or* **trouble** F se la estaba buscando F, se la tenía ganada F; **don't get him to do it, that's asking for trouble** no le pidas que lo haga o te causará problemas; **well, you asked for that!** ¡tú te lo has buscado!
◆ **ask in** *v/t*: **ask s.o. in** invitar a alguien a entrar *or* pasar
◆ **ask out** *v/t*: **ask s.o. out** pedir salir a alguien
**a•skance** [ə'skæns] *adv*: **look ~ at s.o. / sth** mirar a alguien / algo con recelo
**a•skew** [ə'skjuː] *adv* torcido; **go ~** *fig* salir torcido
**ask•ing** ['æskɪŋ]: **it's yours for the ~** es tuyo si lo quieres
**'ask•ing price** precio *m* de salida
**a•sleep** [ə'sliːp] *adj* dormido; **be (fast) ~** estar (profundamente) dormido; **fall ~** dormirse, quedarse dormido
**as•par•a•gus** [ə'spærəgəs] espárragos *mpl*

**as•pect** ['æspekt] aspecto *m*

**as•pen** ['æspən] BOT álamo *m* alpino

**as•per•i•ty** [æ'sperətɪ] gravedad *f*, severidad *f*

**as•per•sion** [ə'spɜːrʒn]: *cast ~s on sth* echar *or* decir pestes de algo

**as•phalt** ['æsfælt] asfalto *m*

**as•phyx•i•a** [æs'fɪksɪə] MED asfixia *f*

**as•phyx•i•ate** [æ'sfɪksɪeɪt] *v/t* asfixiar

**as•phyx•i•a•tion** [əsfɪksɪ'eɪʃn] asfixia *f*

**as•pic** ['æspɪk] GASTR *gelatina a base de jugo de carne*; *preserved in ~ fig* conservado tal cual, intacto

**as•pi•rant** [ə'spaɪərənt] aspirante *m/f*, candidato(-a) *m(f)*

**as•pi•ra•tion** [æspə'reɪʃn] aspiración *f*

◆ **as•pire to** [ə'spaɪər] *v/t* aspirar a

**as•pi•rin** ['æsprɪn] aspirina *f*

**as•pir•ing** [ə'spaɪərɪŋ] *adj*: *she is an ~ writer* es una escritora en ciernes

**ass**[1] [æs] *(idiot)* burro(-a) *m(f)*; *make an ~ of o.s.* ponerse en ridículo

**ass**[2] [æs] P *(backside)* culo *m* P; *(sex)* sexo *m*

**as•sail** [ə'seɪl] *v/t* **1** *fml: attack* asaltar **2** *fig* acometer, acosar; *~ed by doubt* acosado por las dudas

**as•sai•lant** [ə'seɪlənt] asaltante *m/f*

**as•sas•sin** [ə'sæsɪn] asesino(-a) *m(f)*

**as•sas•sin•ate** [ə'sæsɪneɪt] *v/t* asesinar

**as•sas•sin•a•tion** [əsæsɪ'neɪʃn] asesinato *m*

**as•sault** [ə'sɒːlt] **I** *n* agresión *f*; *(attack)* ataque *m*; *~ course* MIL campo *m* de entrenamiento, pista *f* americana; *~ and battery* LAW asalto y agresión; *indecent ~* agresión *f or* delito *m* sexual **II** *v/t* atacar, agredir

**as•say** [ə'seɪ] *of ore* ensayo *m*

**as•sem•ble** [ə'sembl] **I** *v/t parts* montar **II** *v/i of people* reunirse

**as•sem•bler** [ə'semblər] TECH ensamblador *m*

**as•sem•bly** [ə'semblɪ] **1** *of parts* montaje *m* **2** POL asamblea *f* **3** *in school*: reunión *f* de profesores y alumnos

**as•sem•bly lan•guage** COMPUT lenguaje *m* ensamblador; **as•sem•bly line** cadena *f* de montaje; **as•sem•bly plant** planta *f* de montaje

**as•sent** [ə'sent] **I** *v/i* asentir, dar el consentimiento **II** *n*: *by common ~* de común acuerdo, por consenso

**as•sert** [ə'sɜːrt] *v/t* afirmar, hacer valer;

*~ o.s.* mostrarse firme

**as•ser•tion** [ə'sɜːrʃn] afirmación *f*, aseveración *f*

**as•ser•tive** [ə'sɜːrtɪv] *adj person* seguro y firme

**as•ser•tive•ness** [ə'sɜːrtɪvnɪs] seguridad *f*, aplomo *m*

**as•sess** [ə'ses] *v/t* **1** *situation* evaluar **2** *value* valorar

**as•sess•ment** [ə'sesmənt] evaluación *f*

**as•set** ['æset] **1** FIN activo *m*; *~s and liabilities* activo y pasivo **2** *fig* ventaja *f*; *be a great ~* ser de gran valor, ser una figura destacable; *she's an ~ to the company* es un gran valor para la compañía

**'ass•hole** V **1** ojete *m* V **2** *(idiot) Span* gilipollas *m/f inv* V, *L.Am.* pendejo(-a) *m(f)* V; *make an ~ of o.s.* ponerse en ridículo

**as•sid•u•ous** [ə'sɪdjʊəs] *adj fml* diligente, eficaz

**as•sign** [ə'saɪn] *v/t* asignar

**as•sign•ment** [ə'saɪnmənt] *(task, study)* trabajo *m*

**as•sim•i•late** [ə'sɪmɪleɪt] *v/t* **1** *information* asimilar **2** *person into group* integrar

**as•sim•i•la•tion** [əsɪmɪ'leɪʃn] **1** *of information* asimilación *f* **2** *into group* integración *f*

**as•sist** [ə'sɪst] **I** *v/t* ayudar **II** *n in basketball etc* asistencia *f*

**as•sist•ance** [ə'sɪstəns] ayuda *f*, asistencia *f*; *come to s.o.'s ~* ir *or* salir en ayuda de alguien

**as•sist•ant** [ə'sɪstənt] ayudante *m/f*; *Br. in store* dependiente(-a) *m(f)*

**as•sist•ant di•rec•tor** director(a) *m(f)* adjunto(-a); **as•sist•ant 'ed•i•tor** editor(a) *m(f)* adjunto(-a), co-editor(a) *m(f)*; **as•sist•ant 'man•ag•er** *of business* subdirector(a) *m(f)*; *of hotel, restaurant, store* subdirector(a) *m(f)*, subgerente *m/f*, **as•sist•ant pro'fes•sor** profesor(a) *m(f)* adjunto(-a); **as•sist•ant ref•er'ee** árbitro(-a) *m(f)* asistente

**as•so•ci•ate I** *v/t* [ə'souʃɪeɪt] asociar; *he has long been ~d with the Ballet* ha estado vinculado al Ballet durante mucho tiempo **II** *v/i* [ə'souʃɪeɪt]: *~ with* relacionarse con **III** *adj* [ə'souʃɪət] asociado **IV** *n* [ə'souʃɪət] colega *m/f*

**as•so•ci•ate 'ed•i•tor** editor(a) *m(f)*

asociado(-a), co-editor(a) *m(f)*

**as•so•ci•ate pro'fes•sor** profesor(a) *m(f)* adjunto(-a)

**as•so•ci•a•tion** [əsousı'eıʃn] asociación *f*; *in ~ with* conjuntamente con

**as•sort•ed** [ə'sɔːrtɪd] *adj* surtido, diverso

**as•sort•ment** [ə'sɔːrtmənt] *of food* surtido *m*; *of people* diversidad *f*

**as•sume** [ə'suːm] *v/t* (*suppose*) suponer; *assuming that …* suponiendo que …; *I ~ so* eso supongo

**as•sump•tion** [ə'sʌmpʃn] suposición *f*; *on the ~ that* suponiendo que

**As'sump•tion (Day)** REL (día *m* de) la Asunción

**as•sur•ance** [ə'ʃʊrəns] **1** garantía *f* **2** (*confidence*) seguridad *f*

**as•sure** [ə'ʃʊr] *v/t* **1** (*reassure*) asegurar; *~ s.o. of sth* garantizar a alguien algo, asegurar a alguien algo **2** *Br* FIN asegurar

**as•sured** [ə'ʃʊrd] *adj* (*confident*) seguro; *you can rest ~ that …* puedes estar tranquilo que …

**as•sur•ed•ly** [ə'ʃʊrədlı] *adv* claramente, sin lugar a dudas

**as•ter•isk** ['æstərɪsk] asterisco *m*

**a•stern** [ə'stɜːrn] *adv* NAUT hacia atrás

**asth•ma** ['æsmə] asma *f*; *~ attack* ataque *m* de asma

**asth•mat•ic** [æs'mætɪk] *adj* asmático; *be ~* padecer de asma

**a•stig•ma•tism** [ə'stɪgmətɪzəm] MED astigmatismo *m*

**as•ton•ish** [ə'stɑːnɪʃ] *v/t* asombrar, sorprender; *be ~ed* estar asombrado *or* sorprendido

**as•ton•ish•ing** [ə'stɑːnɪʃɪŋ] *adj* asombroso, sorprendente

**as•ton•ish•ing•ly** [ə'stɑːnɪʃɪŋlɪ] *adv* asombrosamente

**as•ton•ish•ment** [ə'stɑːnɪʃmənt] asombro *m*, sorpresa *f*; *much to their ~* para su gran asombro

**as•tound** [ə'staʊnd] *v/t* pasmar

**as•tound•ing** [ə'staʊndɪŋ] *adj* pasmoso

**a•stray** [ə'streɪ] *adv*: *go ~* extraviarse; *morally* descarriarse; *lead s.o. ~* *fig* descarriar a alguien, llevar a alguien por el mal camino

**a•stride** [ə'straɪd] **I** *adv* a horcajadas **II** *prep* a horcajadas sobre

**as•trin•gent** [ə'strɪndʒənt] **I** *adj* liquid astringente; *comment* mordaz, caústico **II** *n* astringente *m*

**as•trol•o•ger** [ə'strɑːlədʒər] astrólogo (-a) *m(f)*

**as•tro•log•i•cal** [æstrə'lɑːdʒɪkl] *adj* astrológico

**as•trol•o•gy** [ə'strɑːlədʒɪ] astrología *f*

**as•tro•naut** ['æstrənɒːt] astronauta *m/f*

**as•tron•o•mer** [ə'strɑːnəmər] astrónomo(-a) *m(f)*

**as•tro•nom•ic** [æstrə'nɑːmɪk] astronómico

**as•tro•nom•i•cal** [æstrə'nɑːmɪkl] *adj* *price etc* astronómico

**as•tron•o•my** [ə'strɑːnəmɪ] astronomía *f*

**as•tro•phys•ics** [æstroʊ'fɪzɪks] *nsg* astrofísica *f*

**as•tute** [ə'stuːt] *adj* astuto, sagaz

**as•tute•ness** [ə'stuːtnɪs] astucia *f*, sagacidad *f*

**a•sy•lum** [ə'saɪləm] **1** (*mental ~*) manicomio *m* **2** *political* asilo *m*; *ask for ~* solicitar asilo; *grant s.o. ~* conceder el asilo a alguien

**a•sy•lum seek•er** [ə'saɪləmsiːkər] solicitante *m/f* de asilo (político)

**a•sym•met•ric, a•sym•met•ri•cal** [eɪsɪ'metrɪk(l)] *adj* asimétrico

**a•sym•me•try** [eɪ'sɪmətrɪ] asimetría *f*

**at** [ət] *stressed* [æt] *prep with places* en; *~ Joe's house* en casa de Joe; *bar* en el bar de Joe; *~ the door* a la puerta; *~ 10 dollars* a 10 dólares; *~ the age of 18* a los 18 años; *~ 5 o'clock* a las 5; *~ 150km/h* a 150 km/h; *be good / bad ~ sth* ser bueno / malo haciendo algo

**At•a•ca•ma de•sert** [ætə'kɑːmə] desierto *m* Atacama

**at•a•vis•tic** [ætə'vɪstɪk] *adj* atávico, ancestral

**ate** [eɪt] *pret* ☞ *eat*

**a•the•ism** ['eɪθɪɪzm] ateísmo *m*

**a•the•ist** ['eɪθɪɪst] ateo(-a) *m(f)*

**a•the•is•tic** [eɪθɪ'ɪstɪk] *adj* ateísta, ateo

**Ath•ens** ['æθənz] Atenas *f*

**ath•lete** ['æθliːt] atleta *m/f*

**ath•lete's 'foot** MED pie *m* de atleta

**ath•let•ic** [æθ'letɪk] *adj* atlético

**ath•let•ics** [æθ'letɪks] *nsg* atletismo *m*; *~ field* pista *f* de atletismo

**At•lan•tic** [ət'læntɪk]: *the ~* el Atlántico

**at•las** ['ætləs] atlas *m inv*

**ATM** [eɪtiː'em] *abbr* (= *automated teller machine*) cajero *m* automático

**at•mos•phere** ['ætməsfɪr] **1** *of earth* atmósfera *f* **2** (*ambience*) ambiente *m*

**at•mos•pher•ic pol•lu•tion** [ætməsferɪkpə'luːʃn] contaminación *f* atmosférica

**at•oll** ['ætɑːl] GEOG atolón *m*

**at•om** ['ætəm] átomo *m*

**'at•om bomb** bomba *f* atómica

**a•tom•ic** [ə'tɑːmɪk] *adj* atómico

**a•tom•ic 'bomb** bomba *f* atómica; **a•tom•ic 'en•er•gy** energía *f* atómica *or* nuclear; **a•tom•ic pow•er** energía *f* atómica *or* nuclear; **a•tom•ic-pow•ered** [ətɑːmɪk'pauərd] *adj* propulsado por energía nuclear; **a•tom•ic 'pow•er plant** central *f* nuclear; **a•tom•ic 'waste** desechos *mpl* radiactivos; **a•tom•ic 'weight** peso *m* atómico

**a•tom•ize** ['ætoumaɪz] *v/t* atomizar, pulverizar

**a•tom•iz•er** ['ætəmaɪzər] atomizador *m*

**a•tone** [ə'toun] *v/i*: **~ for** expiar

**a•top** [ə'tɑːp] *prep* sobre

**a•tro•cious** [ə'trouʃəs] *adj* atroz, terrible

**a•troc•i•ty** [ə'trɑːsətɪ] atrocidad *f*

**at•ro•phy** ['ætrəfɪ] *v/i also fig* atrofiarse

**'at-sign** arroba *f*

**at•tach** [ə'tætʃ] *v/t* **1** sujetar, fijar; *importance* atribuir; **~ a file to an e-mail** adjuntar un archivo a un e-mail **2**: **be ~ed to** (*fond of*) tener cariño a

**at•ta•ché** [ə'tæʃeɪ] agregado(-a) *m(f)*

**at•ta•ché case** maletín *m*

**at•tach•ment** [ə'tætʃmənt] **1** (*fondness*) cariño *m* (**to** por) **2** *to e-mail* archivo *m* adjunto

**at•tack** [ə'tæk] **I** *n* ataque *m* **II** *v/t* atacar

**at•tack•er** [ə'tækər] atacador(a) *m(f)*

**at•tain** [ə'teɪn] *v/t* conseguir, lograr

**at•tain•a•ble** [ə'teɪnəbl] *adj* realizable, posible

**at•tain•ment** [ə'teɪnmənt] **1** logro *m*, consecución *f* **2**: **~s** habilidades *fpl*

**at•tempt** [ə'tempt] **I** *n* intento *m*; **an ~ on the world record** un intento de batir el récord del mundo; **make an ~ on s.o.'s life** atentar contra la vida de alguien **II** *v/t* intentar

**at•tempt•ed** [ə'temptɪd] *adj* LAW: **~ murder** / **suicide** asesinato *m* / suicidio *m* frustrado

**at•tend** [ə'tend] *v/t* acudir a

◆ **attend to** *v/t* ocuparse de; *customer* atender

**at•tend•ance** [ə'tendəns] asistencia *f*; **in ~** presente

**at•tend•ant** [ə'tendənt] *in museum etc* vigilante *m/f*

**at•ten•dee** [əten'diː] *at conference etc* asistente *m/f*

**at•ten•tion** [ə'tenʃn] **1** atención *f*; **bring sth to s.o.'s ~** informar a alguien de algo; **your ~ please** atención, por favor; **pay ~** prestar atención; (*for the*) **~ of** a la atención de **2**: **stand to ~** MIL ponerse firme

**at•ten•tion seek•ing** [ə'tenʃnsiːkɪŋ] búsqueda *f* de atención

**at•ten•tion span** capacidad *f* de concentración

**at•ten•tive** [ə'tentɪv] *adj listener* atento

**at•ten•u•ate** [ə'tenjueit] *v/t fig* atenuar, amortiguar

**at•test** [ə'test] **I** *v/t* atestiguar, probar **II** *v/i*: **~ to sth** dar testimonio de algo

**at•tic** ['ætɪk] ático *m*

**at•tire** [ə'taɪər] atuendo *m*, atavío *m*

**at•ti•tude** ['ætɪtuːd] actitud *f*; **he has an ~ problem** tiene un problema de actitud

**attn** *abbr* (= *for the attention of*) atn (= a la atención de)

**at•tor•ney** [ə'tɜːrnɪ] abogado(-a) *m(f)*; **power of ~** poder *m* (notarial)

**at•tor•ney 'gen•er•al** LAW fiscal *m/f* general

**at•tract** [ə'trækt] *v/t* atraer; **~ attention** llamar la atención; **~ s.o.'s attention** atraer la atención de alguien; **be ~ed to s.o.** sentirse atraído por alguien

**at•trac•tion** [ə'trækʃn] atracción *f*, atractivo *m*; *romantic* atracción *f*; **the ~ of this solution is …** el atractivo *or* lo llamativo de esta solución es …

**at•trac•tive** [ə'træktɪv] *adj* atractivo

**at•trac•tive•ness** [ə'træktɪvnɪs] atractivo *m*

**at•trib•ute**[1] [ə'trɪbjuːt] *v/t* atribuir(**to** a)

**at•trib•ute**[2] ['ætrɪbjuːt] *n* atributo *m*

**at•trib•u•tive** [ə'trɪbjutɪv] LING *adj* atributivo

**at•tri•tion** [ə'trɪʃn] desgaste *m*, debilitamiento *m*; **war of ~** guerra *f* de desgaste

**a•typ•i•cal** [eɪ'tɪpɪkl] *adj* atípico

au•ber•gine ['oʊbərʒiːn] *Br* berenjena *f*
au•burn ['ɔːbərn] *adj* cobrizo
auc•tion ['ɔːkʃn] I *n* subasta *f*, *L.Am.* remate *m*; **put sth up for ~** sacar algo a subasta II *v/t* subastar, *L.Am.* rematar
♦ **auction off** *v/t* subastar, *L.Am.* rematar
auc•tion•eer [ɔːkʃə'nɪr] subastador(a) *m(f)*, *L.Am.* rematador(a) *m(f)*
au•da•cious [ɔː'deɪʃəs] *adj plan* audaz
au•dac•i•ty [ɔː'dæsətɪ] audacia *f*
au•di•ble ['ɔːdəbl] *adj* audible
au•di•ence ['ɔːdɪəns] *in theater, at show* público *m*, espectadores *mpl*; TV audiencia *f*
au•di•o ['ɔːdɪoʊ] *adj* de audio
'au•di•o typ•ist audiomecanógrafo(-a) *m(f)*
au•di•o•vi•su•al *adj* audiovisual; **~ aids** herramientas *fpl* audiovisuales
au•dit ['ɔːdɪt] I *n* auditoría *f* II *v/t* 1 FIN auditar 2 *course* asistir de oyente a
au•di•tion [ɔː'dɪʃn] I *n* audición *f* II *v/i* hacer una prueba
au•di•tor ['ɔːdɪtər] auditor(a) *m(f)*
au•di•to•ri•um [ɔːdɪ'tɔːrɪəm] *of theater etc* auditorio *m*
aug•ment [ɔːg'ment] *v/t* agrandar, incrementar
au•gur ['ɔːgər] *v/i:* **~ well / ill** presentar buenos / malos augurios (**for** para)
Au•gust ['ɔːgəst] agosto *m*
aunt [ænt] tía *f*
aunt•ie, aunt•y ['æntɪ] tía *f*
au pair [oʊ'per] au pair *m/f*
au•ra ['ɔːrə] aura *f*
au•ral ['ɔːrəl] *adj comprehension* auditivo
aus•pic•es ['ɔːspɪsɪz] *npl* auspicios *mpl*; **under the ~ of** bajo los auspicios de
aus•pi•cious [ɔː'spɪʃəs] *adj* propicio
Aus•sie ['ɑːzɪ] F I *n* australiano(-a) *m(f)* II *adj* australiano
aus•tere [ɔː'stiːr] *adj interior* austero
aus•ter•i•ty [ɔː'sterətɪ] *economic* austeridad *f*; **~ program** programa *m* de austeridad
Aus•tra•la•sia [ɔːstrəl'eɪʒə] Australasia *f*
Aus•tra•la•sian [ɔːstrəl'eɪʒən] *adj* australasiano
Aus•tra•li•a [ɔː'streɪlɪə] Australia *f*
Aus•tra•li•an [ɔː'streɪlɪən] I *adj* austra-

liano II *n* australiano(-a) *m(f)*
Aus•tri•a ['ɔːstrɪə] Austria *f*
Aus•tri•an ['ɔːstrɪən] I *adj* austriaco II *n* austriaco(-a) *m(f)*
au•then•tic [ɔː'θentɪk] *adj* auténtico
au•then•ti•cate [ɔː'θentɪkeɪt] *v/t* autenticar, autentificar
au•then•ti•ca•tion [ɔːθentɪkeɪʃn] autenticación *f*
au•then•tic•i•ty [ɔːθen'tɪsɪtɪ] autenticidad *f*
au•thor ['ɔːθər] I *n of story, novel* escritor(a) *m(f)*; *of text* autor(a) *m(f)* II *v/t story, novel* escribir
au•thor•i•tar•i•an [əθɑːrɪ'terɪən] *adj* autoritario
au•thor•i•ta•tive [ə'θɑːrɪtətɪv] *adj* autorizado
au•thor•i•ty [ə'θɑːrətɪ] 1 (*power*) autoridad *f*; **the authorities** las autoridades 2 (*permission*) autorización *f* 3: **be an ~ on sth** ser una autoridad en algo; **have sth on good ~** saber algo de buena tinta
au•thor•i•za•tion [ɔːθəraɪ'zeɪʃn] autorización *f*
au•thor•ize ['ɔːθəraɪz] *v/t* autorizar; **be ~d to do sth** estar autorizado para hacer algo
au•thor•ized cap•i•tal ['ɑːθəraɪzd] FIN capital *m* autorizado
au•thor•ship ['ɔːθərʃɪp] *origin* autoría *f*
au•tism ['ɔːtɪzəm] MED autismo *m*
au•tis•tic [ɔː'tɪstɪk] *adj* autista
au•to... ['ɔːtoʊ] *pref* auto...
au•to ['ɔːtoʊ] F coche *m*, *L.Am.* carro *m*
au•to•bi•o•graph•i•cal [ɔːtəbaɪə'græf-ɪkl] *adj* autobiográfico
au•to•bi•og•ra•phy [ɔːtəbaɪ'ɑːɡrəfɪ] autobiografía *f*
au•toc•ra•cy [ɔː'tɑːkrəsɪ] POL autocracia *f*
au•to•crat ['ɔːtəkræt] autócrata *m/f*
au•to•crat•ic [ɔːtə'krætɪk] *adj* autocrático
au•to•cue ['ɔːtəkjuː] TV autocue *m*, teleapuntador *m*
au•to•di•dact ['ɔːtoʊdaɪdækt] autodidacta *m/f*
au•to•di•dac•tic [ɔːtoʊdaɪ'dæktɪk] *adj* autodidáctico
au•to•graph ['ɔːtəgræf] autógrafo *m*; **~ album** álbum *m* de autógrafos
au•to•mate ['ɔːtəmeɪt] *v/t* automatizar

**au•to•ma•ted tel•ler ma•chine** [ɒːtəmeɪtəd'telərməfiːn] cajero *m* automático

**au•to•mat•ic** [ɒːtə'mætɪk] I *adj* automático II *n car* (coche *m*) automático *m*; *gun* pistola *f* automática; *washing machine* lavadora *f* automática

**au•to•mat•i•cal•ly** [ɒːtə'mætɪklɪ] *adv* automáticamente

**au•to•ma•tion** [ɒːtə'meɪʃn] automatización *f*

**au•tom•a•ton** [ɒː'tɑːmətən] (*pl* **autom-ata** [ɒː'tɑːmətə], **-tons**) *fig* autómata *m/f*, robot *m/f*

**au•to•mo•bile** ['ɒːtəmoubiːl] automóvil *m*, coche *m*, *L.Am.* carro *m*, *Rpl* auto *m*

**'au•to•mo•bile in•dus•try** industria *f* automovilística

**au•to•mo•tive** [ɔːtə'moutɪv] *adj* automovilístico

**au•ton•o•mous** [ɒː'tɑːnəməs] *adj* autónomo

**au•ton•o•my** [ɒː'tɑːnəmɪ] autonomía *f*

**au•to•pi•lot** ['ɒːtoupaɪlət] piloto *m* automático; *do sth on ~ fig* hacer algo sin pensar; *through force of habit* hacer algo por inercia

**au•top•sy** ['ɒːtɑːpsɪ] autopsia *f*

**au•to•sug•ges•tion** [ɒːtousə'dʒestʃən] PSYCH autosugestión *f*

**au•tumn** ['ɒːtəm] *Br* otoño *m*; *an ~ day* un día otoñal; *in (the) ~* en (el) otoño

**au•tum•nal** [ɔː'tʌmnəl] *adj* otoñal

**aux•il•ia•ry** [ɒːg'zɪljərɪ] *adj* auxiliar; *~ verb* verbo *m* auxiliar

**a•vail** [ə'veɪl] I *n*: *to no ~* en vano II *v/t fml*: *~ o.s. of* aprovechar

**a•vail•a•bil•i•ty** [əveɪlə'bɪlətɪ] disponibilidad *f*; *subject to ~* hasta agotar existencias

**a•vai•la•ble** [ə'veɪləbl] *adj* disponible; *make sth ~ to s.o.* poner algo a disposición de alguien; *they're no longer ~ of product* ya no los venden

**av•a•lanche** ['ævəlænʃ] avalancha *f*, alud *m*

**a•vant-garde** [ævɑːn'ɡɑːd] *adj* vanguardista, progresista

**av•a•rice** ['ævərɪs] avaricia *f*

**a•venge** [ə'vendʒ] *v/t* vengar; *~ o.s.* vengarse (*on* de)

**av•e•nue** ['ævənuː] avenida *f*, *fig* camino *m*

**av•e•rage** ['ævərɪdʒ] I *adj* 1 medio 2 (*of mediocre quality*) regular II *n* promedio *m*, media *f*; *above / below ~* por encima / por debajo del promedio; *on ~* como promedio, de media III *v/t*: *I ~ six hours of sleep a night* duermo seis horas cada noche como promedio *or* de media

◆ **average out** *v/t* calcular el promedio *or* la media de

◆ **average out at** *v/t* salir a

**a•verse** [ə'vɜːrs] *adj*: *not be ~ to* no ser reacio a

**a•ver•sion** [ə'vɜːrʃn] aversión *f*; *have an ~ to* tener aversión a

**a•vert** [ə'vɜːrt] *v/t one's eyes* apartar; *crisis* evitar

**a•vi•a•tion** [eɪvɪ'eɪʃn] aviación *f*

**a•vi•a•tor** ['eɪvɪeɪtər] aviador(a) *m(f)*

**av•id** ['ævɪd] *adj* ávido

**av•o•ca•do** [ɑːvə'kɑːdou] (*pl* **-o(e)s**) aguacate *m*, *S.Am.* palta *f*

**a•void** [ə'vɔɪd] *v/t* evitar; *you've been ~ing me* has estado huyendo de mí; *~ doing sth* evitar hacer algo

**a•void•a•ble** [ə'vɔɪdəbl] *adj* evitable, eludible

**a•void•ance** [ə'vɔɪdəns] evasión *f*

**a•vow•al** [ə'vauəl] declaración *f*, reconocimiento *m*

**a•vowed** [ə'vaud] *adj* declarado, reconocido

**a•vun•cu•lar** [ə'vʌŋkjulər] *adj* protector, paternalista

**a•wait** [ə'weɪt] *v/t* aguardar, esperar

**a•wake** [ə'weɪk] *adj* despierto; *it kept me ~* no me dejó dormir; *be ~ to sth fig* estar alerta de algo

**a•wak•en•ing** [ə'weɪkənɪŋ] aparición *f*, surgimiento *m*; *then you're in for a rude ~* entonces te vas a dar una bofetada F

**a•ward** [ə'wɔːrd] I *n* (*prize*) premio *m* II *v/t prize, damages* conceder

**a'ward cer•e•mo•ny** ceremonia *f* de entrega de premios

**a'ward-win•ning** *adj* galardonado, premiado

**a•ware** [ə'wer] *adj*: *be ~ of sth* ser consciente de algo; *become ~ of sth* darse cuenta de algo; *make s.o. ~ of sth* concienciar a alguien de algo

**a•ware•ness** [ə'wernɪs] conciencia *f*

a•wash [ə'wɑːʃ] adj be ~ with estar plagado de

a•way [ə'weɪ] adv: look ~ mirar hacia otra parte; I'll be ~ until ... traveling voy a estar fuera hasta ...; sick no voy a ir hasta ...; it's 2 miles ~ está a 2 millas; Christmas is still six weeks ~ todavía quedan seis semanas para Navidad; take sth ~ from s.o. quitar algo a alguien

a'way game SP partido m fuera de casa; a'way team SP equipo m visitante; a'way win SP victoria f visitante

AWB abbr (= air waybill) conocimiento m de embarque aéreo

awe [ɒː] admiración f, respeto m; be in ~ of s.o. respetar a alguien; hold s.o. in ~ tener respeto a alguien

awe-in•spir•ing ['ɒːɪnspaɪrɪŋ] adj abrumador, apabullante

awe•some ['ɒːsəm] adj F (terrific) alucinante F

'awe-struck adj estupefacto, anonadado

aw•ful ['ɒːfəl] adj horrible, espantoso; I feel ~ me siento fatal

aw•ful•ly ['ɒːfəlɪ] adv F (very) tremendamente; ~ bad malísimo

awk•ward ['ɒːkwərd] adj 1 (clumsy) torpe 2 (embarrassing) embarazoso; feel ~ sentirse incómodo 3 (difficult) difícil; an ~ customer F una persona difícil

awl [ɒːl] TECH alesna f

awn•ing ['ɒːnɪŋ] toldo m

a•wry [ə'raɪ] adv: go ~ fig salir mal, fracasar

ax, Br axe [æks] I n hacha f II v/t project etc suprimir; budget, jobs recortar

ax•es ['æksiːz] ☞ axis

ax•i•om ['æksɪəm] axioma m

ax•i•o•mat•ic [æksɪə'mætɪk] adj axiomático

ax•is ['æksɪs] (pl axes ['æksiːz]) MATH, POL etc eje m

ax•le ['æksl] eje m

ay(e) [aɪ] PARL voto m a favor; the ~s have it ganan los síes

aye [aɪ] int NAUT: ~ ~, captain! ¡sí, mi capitán!

a•za•le•a [ə'zeɪljə] BOT azalea f

Az•er•bai•jan [æzərbaɪ'dʒɑːn] Azerbaiyán m

Az•er•bai•ja•ni [æzərbaɪ'dʒɑːnɪ] I adj azerbaiyaní II n azerbaiyaní m/f

Az•tec ['æztek] I adj azteca II n azteca m/f

az•ure ['æʒər] adj azuloso, azulado

# B

BA [biː'eɪ] abbr (= Bachelor of Arts) licenciatura f en Filosofía y Letras

baa [bɑː] I v/i balar II n balido m

bab•ble ['bæbl] I v/i 1 of water borbotar 2 of baby balbucear; of adult mascullar; ~ on about sth refunfuñar acerca de algo II m balbuceo m

babe [beɪb] 1 lit (baby) bebé m 2 F (attractive woman) bombón m F, encanto m F 3 term of endearment cariño m/f, cielo m/f

ba•bel ['beɪbl] babel f

ba•boon [bə'buːn] ZO babuino m

ba•by ['beɪbɪ] bebé m; have a ~ tener un bebé; the ~ of the family el pequeño de la familia; don't be such a ~! ¡no seas niño! II adj animal, vegetable pequeño III v/t (pret & pp -ied) tratar como un niño pequeño

'ba•by boom explosión f demográfica; 'ba•by bug•gy cochecito m or silla f de bebé; 'ba•by car•riage silla f de paseo; 'ba•by face cara f de bebé

ba•by•hood ['beɪbɪhʊd] lactancia f

ba•by•ish ['beɪbɪɪʃ] adj infantil

'ba•by-mind•er Br niñera f; 'ba•by-sit v/i (pret & pp -sat) hacer de Span canguro or L.Am. babysitter (for de); 'ba•by-sit•ter Span canguro m/f, L.Am. babysitter m/f; 'ba•by sit•ting cuidado m de niños, L.Am. baby sitting m; 'ba•by talk lenguaje m infantil

bach•e•lor ['bætʃələr] soltero m; Bachelor of Arts / Science licenciado(-a) m(f) en letras / ciencias

bach•e•lor•hood ['bætʃələrhʊd] soltería f

'bach•e•lor pad piso m de soltero

**ba•cil•lus** [bə'sɪləs] ( *pl bacilli* [bə'sɪlaɪ])
MED bacilo *m*

**back** [bæk] **I** *n* **1** *of person, clothes* espalda *f*; *of car, bus, house* parte *f* trasera *or* de atrás; *of paper, book* dorso *m*; *of drawer* fondo *m*; *of chair* respaldo *m*; **in ~** *in store* en la trastienda; **in the ~ (of the car)** atrás (del coche); **at the ~ of the bus** en la parte trasera *or* de atrás del autobús; **~ to front** del revés; **at the ~ of beyond** en el quinto pino **2** SP defensa *m/f*
**II** *adj* trasero; **~ road** carretera *f* secundaria
**III** *adv* atrás; **please stand ~** pongase más para atrás **2 meters ~ from the edge** a 2 metros del borde; **~ in 1935** allá por el año 1935; **give sth ~ to s.o.** devolver algo a alguien; **she'll be ~ tomorrow** volverá mañana; **when are you coming ~?** ¿cuándo volverás?; **take sth ~ to the store** *because unsatisfactory* devolver algo a la tienda; **they wrote / phoned ~** contestaron a la carta / a la llamada; **he hit me ~** me devolvió el golpe
**IV** *v/t* **1** (*support*) apoyar, respaldar **2** *horse* apostar por
**V** *v/i*: **he ~ed into the garage** entró en el garaje marcha atrás
◆ **back away** *v/i* alejarse (hacia atrás)
◆ **back down** *v/i* echarse atrás
◆ **back off** *v/i* echarse atrás
◆ **back onto** *v/t* dar por la parte de atrás a
◆ **back out** *v/i of commitment* echarse atrás
◆ **back up I** *v/t* **1** (*support*) respaldar **2** *file* hacer una copia de seguridad de **3**: **traffic was backed up all the way to ...** el atasco llegaba hasta ... **II** *v/i* **1** *in car* dar marcha atrás **2** *of drains* atascarse

'**back•ache** dolor *m* de espalda; **back 'al•ley** callejón *m*; **back•bench•er** [bæk'bentʃər] *Br* PARL diputado que no forma parte del gabinete ministerial ni del fantasma; '**back•bit•ing** cotilleo *m*, chismorreo *m*; '**back•board** *in basketball* tablero *m* de la canasta; '**back•bone** ANAT columna *f* vertebral, espina *f* dorsal; *fig* (*courage*) agallas *fpl*; *fig* (*mainstay*) columna *f* vertebral; '**back-break•ing** *adj* extenuante, deslomador; **back 'burn•er**: **put sth on the ~** aparcar

algo; '**back•chat** *Br* insolencias *fpl*; '**back cloth** *Br* **1** THEA telón *m* de foro **2** *fig* contexto *m*, coyuntura *f*; '**back-comb** *v/t hair* cardar; '**back cop•y** *of newspaper* número *m* atrasado; **back-court** vi•o'la•tion *in basketball* campo *m* atrás; '**back•date** *v/t*: **a raise ~d to 1st January** una subida salarial con efecto retroactivo a partir del 1 de enero; '**back•door** puerta *f* trasera; '**back-door** *adj fig* clandestino, encubierto; **~ play** *in basketball* puerta *f* atrás; '**back drop 1** THEA telón *m* de foro **2** *fig* contexto *m*, coyuntura *f*

**back•er** ['bækər]: **the ~s of the movie** *financially* las personas que financiaron la película

**back'fire** *v/i* **1** MOT petardear **2** *fig*: **it ~d on us** nos salió el tiro por la culata; '**back for•ma•tion** LING derivación *f* regresiva; '**back•gam•mon** ['bækgæmən] backgammon *m*

'**back•ground** fondo *m*; *of person* origen *m*, historia *f* personal; *of situation* contexto *m*; **she prefers to stay in the ~** prefiere permanecer en un segundo plano; **~ music** música *f* de fondo; **against the ~ of ...** en el trasfondo de ...; **~ information** contexto *m*; **educational ~** formación *f* académica

'**back•hand** *in tennis* revés *m*
**back•hand•ed** ['bækhændɪd] *adj* **1** SP de revés **2** *compliment* ambiguo
**back•hand•er** ['bækhændər] (*bribe*) soborno *m*, *Andes, Rpl* coima *f*, *C.Am.*, *Mex* mordida *f*
**back heel•er** ['hiːlər] *in soccer* taconazo *m*

**back•ing** ['bækɪŋ] **1** (*support*) apoyo *m*, respaldo *m*; **give sth one's ~** apoyar *or* respaldar algo **2** MUS acompañamiento *m*

'**back•ing group** MUS grupo *m* de acompañamiento

'**back•lash** reacción *f* violenta; '**back-log** acumulación *f*; '**back•pack I** *n* mochila *f* **II** *v/i* viajar con la mochila a cuestas; '**back•pack•er** ['bækpækər] mochilero(-a) *m(f)*; '**back•pack•ing** viajes *mpl* con la mochila a cuestas; '**back pass** *to goalkeeper* cesión *f* al portero; '**back pay** pago *m* de atrasos; '**back-ped•al** *v/i* (*pret & pp* **-ed**, *Br* **-led**) *fig* echarse atrás, dar marcha atrás;

'back•room boys *npl* F *gente que realiza una labor importante y permanecen en el anonimato;* 'back seat *of car* asiento *m* trasero *or* de atrás; back-seat 'driv•er: *he's a terrible ~* va siempre incordiando al conductor con sus comentarios; 'back•side F trasero *m*, posaderas *fpl* F; 'back•slash COMPUT barra *f* inversa *or* invertida; 'back•slide *v/i* (*pret & pp* -slid) retroceder, regresar; back•slid•ing ['bækslaıdıŋ] retroceso *m*, regresión *f*; 'back•space (key) (tecla *f* de) retroceso *m*; 'back•spin efecto *m* hacia atrás 'back•stage I *adv* 1 THEA entre bastidores 2 *fig* entre bastidores, confidencialmente II *adj* 1 THEA entre bastidores 2 *fig* clandestino

'back•stairs *npl* escalera *f* de servicio; 'back straight SP recta *f* final; 'back-•street *adj*: *~ abortion* aborto *m* clandestino; *~ abortionist* abortista *m/f*; 'back streets *npl* callejuelas *fpl*; *poorer, dirtier part of a city* zonas *fpl* deprimidas; 'back•stroke SP espalda *f*; 'back talk insolencias *fpl*; 'back•track *v/i* volver atrás, retroceder

'back•up 1 (*support*) apoyo *m*, respaldo *m*; *for police* refuerzos *mpl* 2 COMPUT copia *f* de seguridad; *take a ~* hacer una copia de seguridad; *~ copy* copia *f* de seguridad

'back•up disk COMPUT disquete *m* con la copia de seguridad

back•ward ['bækwərd] I *adj* 1 *child* retrasado; *society* atrasado 2 *glance* hacia atrás II *adv* hacia atrás

'back•wash 1 NAUT corriente *f* de expulsión 2 *fig* repercusión *f*, efecto *m*; 'back•wa•ter 1 GEOG remanso *m* 2 *fig: isolated* lugar *m* apartado, enquilosamiento *m*; 'back•woods *npl* monte *m*, alta montaña *f*

back'yard jardín *m* trasero; *in s.o.'s ~ fig* en la misma puerta de alguien; *the not-in-my-~ syndrome apoyo de instalaciones, servicios etc sólo si no afectan directamente*

ba•con ['beıkn] tocino *m, Span* bacon *m*; *bring home the ~* F *earn money* ganar el pan; *be successful* triunfar, conseguir los objetivos; *save s.o.'s ~ Br* F salvar el pellejo a alguien F

bac•te•ri•a [bæk'tıərıə] *npl* bacterias *fpl*

bac•te•ri•al [bæk'tıərıəl] *adj* bacteriano

bac•te•ri•o•log•i•cal [bæktıərıə'lɑ:dʒıkl] *adj* bacteriológico

bac•te•ri•ol•o•gist [bæktıərı'ɑ:lədʒıst] bacteriólogo(-a) *m(f)*

bac•te•ri•um [bæk'tıərıəm] (*pl bacteria* [bæk'tıərıə]) bacteria *f*

bac•tri•an cam•el ['bæktrıən] camello *m*

bad [bæd] *adj* malo; *before singular masculine noun* mal; *cold, headache etc* fuerte; *mistake, accident* grave; *I've had a ~ day* he tenido un mal día; *smoking is ~ for you* fumar es malo; *not ~* (*bastante*) bien; *it's not ~* no está mal; *that's really too ~* (*shame*) es una verdadera pena; *feel ~ about* (*guilty*) sentirse mal por; *I'm ~ at math* se me dan mal las matemáticas; *Friday's ~, how about Thursday?* el viernes me viene mal, ¿qué tal el jueves?; *that's too ~* es una pena; *go from ~ to worse* ir de mal a peor; *go ~* pasarse, ponerse malo

bad 'debt deuda *f* incobrable

bad•die ['bædı] F: *the ~* el malo

badge [bædʒ] insignia *f*, chapa *f*; *of policeman* placa *f*; *~ of office* chapa *f* del cargo

bad•ger ['bædʒər] 1 ZO tejón *m* II *v/t* acosar, importunar; *~ s.o. into doing sth* machacar a alguien para que haga algo

bad 'lan•guage palabrotas *fpl*

bad•ly ['bædlı] *adv injured* gravemente; *damaged* seriamente; *work* mal; *I did really ~ in the exam* el examen me salió fatal; *he hasn't done ~ in life, business etc* no le ha ido mal; *you're ~ in need of a haircut* necesitas urgentemente un corte de pelo; *he is ~ off poor* anda mal de dinero

bad-man•nered ['mænərd] *adj: be ~* tener malos modales

bad•min•ton ['bædmıntən] bádminton *m*

'bad-mouth *v/t* F hablar mal de; bad 'sec•tor COMPUT sector *m* dañado; bad-tem•pered ['tempərd] *adj* malhumorado

baf•fle ['bæfl] *v/t* confundir, desconcertar; *be ~d* estar confundido *or* desconcertado; *I'm ~d why she left* no consigo entender por qué se fue

**baf•fling** ['bæflɪŋ] *adj mystery, software* desconcertante, incomprensible

**bag** [bæg] **I** *n* **1** bolsa *f; for school* cartera *f* **2** (*purse*) bolso *m*, *S.Am.* cartera *f*, *Mex* bolsa *f* **3** *in baseball* almohadilla *f* **II** *v/t* (*pret & pp* **-ged**) *in hunting* matar

◆ **bag up** *v/t* embolsar, meter en bolsas

**ba•gel** ['beɪgəl] *panecillo en forma de rosquilla*

**bag•gage** ['bægɪdʒ] equipaje *m*

**'bag•gage al•low•ance** AVIA límite *m* de equipaje; **'bag•gage car** RAIL vagón *m* de equipajes; **'bag•gage check** *checkroom* consigna *f* equipajes; *for security* control *m* de equipajes; **'bag•gage claim** punto *m* de recolección de equipaje, recogida *f* de equipajes; **'bag•gage claim area** zona *f* de recogida de equipajes; **'bag•gage han•dler** ['bægɪdʒhændlər] manipulador(-a) *m(f)* o mozo(-a) *m(f)* de equipajes; **'bag•gage lock•er** consigna *f* automática; **'bag•gage re•claim** AVIA punto *m* de recolección de equipaje; **'bag•gage room** consigna *f*

**bag•gy** ['bægɪ] *adj* ancho, holgado

**'bag la•dy** vagabunda *f*, mendiga *f*; **'bag•pip•er** gaitero(-a) *m(f)*; **'bag•pipes** *npl* gaita *f*; **bag•snatch•er** ['bægsnætʃər] mangante *m/f* de bolsos

**ba•guette** [bæ'get] *bread* baguette *f*, barra *f* de pan

**bah** [bɑː] *int* ¡bah!, ¡bueno!

**Ba•ha•mas** [bə'hɑːməz] *npl*: **the ~** las Bahamas

**Bah•rain** [bɑː'reɪn] Bahrein *m*

**Bah•rain•i** [bɑː'reɪnɪ] **I** *adj* bahreiní **II** *n* bahreiní *m/f*

**bail** [beɪl] LAW libertad *f* bajo fianza; *money* fianza *f*; **on ~** bajo fianza; **be out on ~** estar libre bajo fianza; **stand ~ for s.o.** pagar la fianza a alguien

◆ **bail out I** *v/t* **1** LAW pagar la fianza de **2** *company, person* sacar de apuros (económicos) **II** *v/i* **1** *from airplane* tirarse en paracaídas **2** (*withdraw*) retirarse

**'bail bond** fianza *f*, caución *f*

**bail•iff** ['beɪlɪf] **1** *in courtroom* alguacil *m* **2** *Br* agente *m/f* judicial

**bail•i•wick** ['beɪlɪwɪk] territorio *m*, terreno *m*

**bait** [beɪt] cebo *m*; **rise to** or **swallow** or **take the ~** *fig* caer or picar en el anzuelo

**baize** [beɪz] tapete *m*

**bake** [beɪk] *v/t* hornear, cocer al horno

**baked beans** [beɪkt'biːnz] *npl judías blancas en salsa de tomate*

**baked po'ta•to** (*pl* **-oes**) *L.Am.* papa *f* asada, *Span* patata *f* asada (*con piel*)

**bak•er** ['beɪkər] panadero(-a) *m(f)*

**bak•er•y** ['beɪkərɪ] panadería *f*

**bak•ing hot** ['beɪkɪŋ] *adj* achicharrante; **it was ~** hacía un calor asfixiante

**'bak•ing pow•der** levadura *f*

**'baking sheet, 'baking tray** bandeja *f* del horno

**bal•a•cla•va** [bælə'klɑːvə] *Br* pasamontañas *m*

**bal•ance** ['bæləns] **I** *n* **1** equilibrio *m*; **lose one's ~** perder el equilibrio **2** (*remainder*) resto *m* **3** *of bank account* saldo *m* **II** *v/t* **1** poner en equilibrio **2**: **~ the books** cuadrar las cuentas; **~ a budget** hacer que cuadre un presupuesto **III** *v/i* **1** mantenerse en equilibrio **2** *of accounts* cuadrar

**bal•anced** ['bælənst] *adj* **1** (*fair*) objetivo **2** *diet, personality* equilibrado

**bal•ance of 'pay•ments** balanza *f* de pagos; **bal•ance of 'trade** balanza *f* comercial; **'bal•ance sheet** balance *m*

**bal•anc•ing act** ['bælənsɪŋ] *fig* malabares *mpl*, pirueta *f*; **do** or **perform a po•litical ~** hacer malabares políticos

**bal•bo•a** [bæl'bouə] FIN balboa *m*

**bal•co•ny** ['bælkənɪ] **1** *of house* balcón *m* **2** *in theater* anfiteatro *m*

**bald** [bɔːld] *adj* calvo; *tire* desgastado **he's going ~** se está quedando calvo; **~ spot** calva *f*

**bald 'ea•gle** águila *f* de cabeza blanca

**bal•der•dash** ['bɔːldərdæʃ] bobadas *fpl*, sandeces *fpl*

**bald-'head•ed** *adj* calvo

**bald•ing** ['bɔːldɪŋ] *adj* medio calvo

**bald•y** ['bɔːldɪ] F calvorotas *m* F

**bale** [beɪl] **I** *n of hay, cotton* fardo *m* **II** *v/t* enfardar

**Bal•e•ar•ics** [bælɪ'ærɪks] *npl*: **the ~** las Baleares

**bale•ful** ['beɪlful] *adj* maligno, mezquino

**balk** [bɔːk] **I** *v/i* **1** *of person* quejarse, rebelarse; **~ at doing sth** negarse a hacer algo **2** *of horse* echarse atrás (**at** ante) **II** *n in baseball* balk *m*

**Bal•kan** ['bɒːlkən] *adj* balcánico

**Bal•kans** ['bɒːlkənz] *npl: the ~* los Balcanes

**ball**[1] [bɒːl] *tennis-ball size* pelota *f*; *football size* balón *m*, pelota *f*; *billiard-ball size, in baseball* bola *f*; *on the ~ fig* despierto; *play ~ fig* cooperar; *the ~'s in his court* le toca actuar a él, la pelota está en su tejado

**ball**[2] [bɒːl] *dance* baile *m* de salón *or* etiqueta; *have a ~* F pasárselo pipa *or* bomba F

**bal•lad** ['bæləd] balada *f*

**ball-and-'sock•et joint** ANAT, TECH articulación *f*

**bal•last** ['bæləst] NAUT lastre *m*, contrapeso *m*

**ball 'bear•ing** rodamiento *m* de bolas

**ball•cock** ['bɒːlkɒk] válvula *f* de flotador

**bal•le•ri•na** [bælə'riːnə] bailarina *f*

**bal•let** [bæ'leɪ] ballet *m*

**'bal•let danc•er** bailarín(-ina) *m(f)*

**'ball game** (*baseball game*) partido *m* de béisbol; *that's a different ~* F esa es otra cuestión F

**bal•lis•tic mis•sile** [bə'lɪstɪk] misil *m* balístico

**bal•lis•tics** [bə'lɪstɪks] *nsg* balística *f*

**bal•loon** [bə'luːn] I *n* globo *m* II *v/i swell* hincharse, abombarse

**bal•loon•ist** [bə'luːnɪst] piloto *m/f* de globo aerostático

**bal•lot** ['bælət] 1 *n* voto *m* 2 *v/t members* consultar por votación

**'bal•lot box** urna *f*; **'bal•lot pa•per** papeleta *f*; **'bal•lot rig•ging** fraude *m* electoral

**'ball•park** *for baseball* campo *m* de béisbol; *you're in the right ~* F no vas descaminado; **'ball•park fig•ure** F cifra *f* aproximada; **'ball•point (pen)** bolígrafo *m*, *Mex* pluma *f*, *Rpl* birome *m*; **'ball•room** salón *m* de baile; **ball•room 'danc•ing** bailes *mpl* de salón

**balls** [bɒːlz] *npl* V *also fig* huevos *mpl* V; *be going ~ out* dejarse la piel F

**'balls-up** *Br* V: *make a ~ of sth* jorobar *or* joder algo V

**bal•ly•hoo** [bælɪ'huː] F revuelo *m*, alboroto *m*

**balm** [bɑːm] bálsamo *m*

**balm•y** ['bɑːmɪ] *adj* 1 *weather* templado, apacible 2 *Br* P (*crazy*) chiflado, toca-

do

**ba•lo•ney** [bə'ləʊnɪ] F chorrada *f* F, memez *f* F

**Bal•tic** ['bɔːltɪk] I *adj* báltico; *~ Sea* mar *m* Báltico; *the ~ states* los estados bálticos II *n: the ~* el Báltico

**bal•us•trade** [bælə'streɪd] barandilla *f*, pasamanos *m*

**bam•boo** [bæm'buː] bambú *m*

**bam•boo•zle** [bæm'buːzl] *v/t* F apabullar F; *~ s.o. into doing sth* liar *or* confundir a alguien para que haga algo

**ban** [bæn] 1 *n* prohibición *f* 2 *v/t* (*pret & pp* -ned) prohibir; *~ s.o. from doing sth* prohibir a alguien que haga algo

**ba•nal** [bə'næl] *adj* banal

**ba•nal•i•ty** [bə'nælɪtɪ] banalidad *f*, trivialidad *f*

**ba•na•na** [bə'nænə] plátano *m*, *Rpl* banana *f*; *the audience went ~s* P el público se puso como loco; *he's completely ~s* P está como una cabra F

**ba'na•na re•pub•lic** *pej* república *f* bananera

**ba•na•na tree** platanero *m*, *Rpl* banano *m*

**band**[1] [bænd] MUS banda *f*; *pop* grupo *m*

◆ **band together** *v/i* unirse, juntarse

**band**[2] [bænd] *of metal, cloth* tira *f*, cinta *f*

**ban•dage** ['bændɪdʒ] 1 *n* vendaje *m* 2 *v/t* vendar

**'Band-Aid**® *Span* tirita *f*, *L.Am.* curita *f*

**ban•dan•a** [bæn'dænə] bandana *f*, pañoleta *f*

**B & B** [biːənd'biː] *abbr* (= *bed and breakfast*) hostal familiar en el que está incluido el alojamiento y el desayuno

**ban•dit** ['bændɪt] bandido *m*

**'band•lead•er** MUS líder *m/f* de un grupo musical; **'band•mas•ter** MUS director(a) *m(f)* de una banda de música; **'band•stand** MUS quiosco *m*; **'bandwag•on: jump on the ~** subirse al carro; **'band•width** ancho *m* de banda

**ban•dy**[1] ['bændɪ] *adj legs* arqueado

**ban•dy**[2] ['bændɪ] *v/t* intercambiar; *~ blows* pelear (*with* con); *~ words* discutir (*with* con)

◆ **bandy around** *v/t: a name that has been bandied around a lot* un nombre del que se ha hablado mucho

**ban•dy-leg•ged** ['bændɪlegd] *adj* estevado

**bane** [beɪn]: *be the ~ of s.o.'s existence* ser el tormento de alguien

**bang** [bæŋ] **I** *n* **1** *noise* estruendo *m*, estrépito *m m*; *the door closed with a ~* la puerta se cerró de un portazo; *~ goes another $50* F adiós a otros 50 dólares **2** (*blow*) golpe **II** *v/t* **1** *door* cerrar de un portazo **2** (*hit*) golpear; *~ o.s. on the head* golpearse la cabeza **III** *v/i* dar golpes; *the door ~ed shut* la puerta se cerró de un portazo

**Ban•gla•desh** [bæŋglə'deʃ] Bangladesh *m*

**Ban•gla•desh•i** [bæŋglə'deʃɪ] **I** *adj* bangladesí **II** *n* bangladesí *m/f*

**ban•gle** ['bæŋgl] brazalete *m*, pulsera *f*

**bangs** [bæŋz] *npl* flequillo *m*

**'bang-up** *adj* F genial F, súper F

**ban•ish** ['bænɪʃ] *v/t* **1** *person* exiliar, desterrar **2** *worries, fears* desterrar, alejar

**ban•ish•ment** ['bænɪʃmənt] exilio *m*, destierro *m*

**ban•is•ters** ['bænɪstərz] *npl* barandilla *f*

**ban•jo** ['bændʒoʊ] banjo *m*

**bank**[1] [bæŋk] *n of river* orilla *f*

**bank**[2] [bæŋk] **I** *n* FIN banco *m* **II** *v/t money* ingresar, depositar

♦ **bank on** *v/t* contar con; *don't bank on it* no cuentes con ello

♦ **bank with** *v/t* tener una cuenta en

**bank•a•ble** ['bæŋkəbl] *adj fig* taquillero

**'bank ac•count** cuenta *f* (bancaria); **'bank bal•ance** saldo *m* bancario; **'bank bill** billete *m*; **'bank•book** cartilla *f or* libreta *f* (del banco); **'bank borrow•ings** *npl* préstamos *mpl* bancarios; **'bank card 1** (*credit card*) tarjeta *f* de crédito **2** *for use in ATM* tarjeta *f* bancaria; **'bank charg•es** *npl* comisiones *fpl* bancarias; **'bank clerk** emplea-do(-a) *m(f)* de banco; **'bank de•tails** *npl* datos *mpl* bancarios; **'bank draft** giro *m* bancario

**bank•er** ['bæŋkər] banquero(-a) *m(f)*

**'bank•er's card** tarjeta *f* bancaria

**bank 'hol•i•day** *Br: día* festivo en el que los bancos cierran

**bank•ing** ['bæŋkɪŋ] banca *f*

**'bank loan** préstamo *m* bancario; **'bank man•ag•er** director(a) *m(f)* de banco; **'bank note** *Br* billete *m*; **'bank raid**

atraco *m* a un banco; **'bank rate** tipo *m* de interés bancario; **'bank rob•ber** atracador(a) *m(f)* de bancos; **'bank rob•ber•y** atraco *m* a un banco; **'bank-roll** *v/t* F financiar

**bank•rupt** ['bæŋkrʌpt] **I** *adj* en bancarrota *or* quiebra; *go ~* quebrar, ir a la quiebra; *of person* arruinarse **II** *v/t* llevar a la quiebra **III** *n* quebrado(-a) *m(f)*

**bank•rupt•cy** ['bæŋkrʌpsɪ] *of person, company* quiebra *f*, bancarrota *f*

**'bank•shot** *in basketball* tiro *m* a tabla; **bank 'sort code** código *m* identificador de banco; **'bank state•ment** extracto *m* bancario, extracto *m* de cuenta; **'bank trans•fer** transferencia *f* bancaria

**ban•ner** ['bænər] pancarta *f*

**banns** [bænz] *npl Br* amonestaciones *fpl*

**ban•quet** ['bæŋkwɪt] banquete *m*

**ban•quet•ing hall** ['bæŋkwɪtɪŋ] sala *f* de banquetes

**ban•quette** [bæŋ'ket] banco *m*, bancada *f*

**ban•tam•weight** ['bæntəmweɪt] SP **I** *adj* peso gallo **II** *n* peso *m/f* gallo

**ban•ter** ['bæntər] bromas *fpl*

**bap•tism** ['bæptɪzm] bautismo *m*

**bap•tis•mal font** [bæp'tɪzml] pila *f* bautismal

**Bap•tist** ['bæptɪst] baptista *m/f*

**bap•tize** [bæp'taɪz] *v/t* bautizar

**bar**[1] [bɑːr] *n* **1** *of iron* barra *f*; *of chocolate* tableta *f*; *of soap* pastilla *f*; *be behind ~s* (*in prison*) estar entre barrotes **2** *for drinks* bar *m*; (*counter*) barra *f*

**bar**[2] [bɑːr] *v/t* (*pret & pp* **-red**) *from premises* prohibir la entrada a; *~ s.o. from doing sth* prohibir a alguien que haga algo

**bar**[3] [bɑːr] *prep* (*except*) excepto

**barb** [bɑːrb] **1** *on hook* lengüeta *f* **2** *remark* puyazo *m*, puya *f*

**Bar•ba•dos** [bɑːr'beɪdɑːs] Barbados *m*

**bar•bar•i•an** [bɑːr'berɪən] bárbaro(-a) *m(f)*

**bar•bar•ic** [bɑːr'bærɪk] *adj* brutal, inhumano

**bar•bar•ism** ['bɑːrbərɪzm] barbarie *f*, crueldad *f*

**bar•bar•i•ty** [bɑːr'bærɪtɪ] **1** *act* atrocidad *f* **2** *cruelty* crueldad *f*, brutalidad *f*

**'bar•ba•rous** ['bɑːrbərəs] *adj* atroz,

bárbaro

**bar•be•cue** ['bɑːrbɪkjuː] **I** *n* barbacoa *f*, *RPl* asado *m* **II** *v/t* cocinar en la barbacoa; **~d** a la barbacoa

**barbed** [bɑːrbd] *adj* **1** *hook* con lengüeta **2** *remark* malicioso, malintencionado

**barbed 'wire** alambre *f* de espino

**bar•bell** ['bɑːrbel] SP pesas *f*

**bar•ber** ['bɑːrbər] barbero *m*

**bar•bi•tu•rate** [bɑːr'bɪtjərət] barbitúrico *m*

**'bar chart** *Br* diagrama *m* or gráfico *m* de barras; **'bar code** código *m* de barras; **'bar code read•er** lector *m* de código de barras

**bare** [ber] *adj* (*naked*) desnudo; (*empty: room*) vacío; *mountainside* pelado, raso; *floor* descubierto; **in one's ~ feet** descalzo

**'bare•back** *adv* sin silla de montar

**'bare•boat chart•er** flete *m* sin tripulación

**bare•faced** ['berfeɪst] *adj* sin vergüenza

**'bare•foot** *adj* descalzo

**bare'head•ed** *adj* sin sombrero

**'bare•ly** ['berlɪ] *adv* apenas; **he's ~ five** acaba de cumplir cinco años

**barf** [bɑːrf] *v/i* F devolver F, vomitar

**bar•gain** ['bɑːrgɪn] **1** *n* **1** (*deal*) trato *m*; **into the ~** además **2** (*good buy*) ganga *f* **2** *v/i* regatear, negociar

◆ **bargain for** *v/t* (*expect*) imaginarse, esperar; **I got more than I bargained for** me tocó más de lo que me esperaba

**'bar•gain base•ment: at~ prices** a precio de saldo

**'bar•gain hunt•er** buscador(a) *m(f)* de gangas

**bar•gain•ing** ['bɑːrgɪnɪŋ] negociación *f*

**'bar•gain•ing chip** baza *f*

**bar•gain 'of•fer** oferta *m* especial; **'bar•gain price** precio *m* de ganga; **'bar•gain store** tienda *f* descuento

**barge** [bɑːrdʒ] NAUT barcaza *f*

◆ **barge into** *v/t person* tropezarse con; *room* irrumpir en

**'barge pole** *Br.* **I wouldn't touch him / it with a ~!** F if *I were you* yo lo dejaría estar

**'bar graph** diagrama *m* de barras

**bar•i•tone** ['bærɪtoʊn] barítono *m*

**bark¹** [bɑːrk] **1** *n of dog* ladrido *m* **2** *v/i* ladrar; **be ~ing up the wrong tree** F

estar en un error

**bark²** [bɑːrk] *n of tree* corteza *f*

**'bar•keep•er** camarero(-a) *m(f)*, *L.Am.* mesero(-a) *m(f)*, *Rpl* mozo(-a) *m(f)*

**bar•ley** ['bɑːrlɪ] cebada *f*

**'bar•ley sug•ar** *Br* azúcar *m* cande or candi

**'bar•maid** *Br* camarera *f*, *L.Am.* mesera *f*, *Rpl* moza *f*; **'bar•man** *Br* camarero *m*, *L.Am.* mesero *m*, *Rpl* mozo *m*; **'bar meal** *Br* comida *f* en un bar

**bar mitz•vah** [bɑːr'mɪtsvə] REL ceremonia por la que el niño judío a los trece años entra en la edad adulta

**barm•y** ['bɑːmɪ] *adj Br* P chiflado, tocado

**barn** [bɑːrn] granero *m*

**bar•na•cle** ['bɑːrnəkl] balano *m*

**'barn dance** verbena de música tradicional

**'barn owl** lechuza *f*

**ba•rom•e•ter** [bə'rɑːmɪtər] *also fig* barómetro *m*

**bar•on** ['bærən] barón *m*; **press / steel ~** magnate *m* de la prensa / del acero

**bar•on•ess** ['bærənes] baronesa *f*

**Ba•roque** [bə'rɑːk] *adj* barroco

**bar•racks** ['bærəks] *npl* MIL cuartel *m*

**bar•ra•cu•da** [bærə'kuːdə] barracuda *f*

**bar•rage** [bə'rɑːʒ] MIL barrera *f* (de fuego); *fig* aluvión *m*

**bar•rel** ['bærəl] *container* tonel *m*, barril *m*; **have s.o. over a ~** F tener a alguien entre la espada y la pared

**bar•ren** ['bærən] *adj land* yermo, árido

**bar•rette** [bə'ret] pasador *m*

**bar•ri•cade** [bærɪ'keɪd] **I** *n* barricada *f* **II** *v/t* encerrar; **~ o.s. in** encerrarse

**bar•ri•er** ['bærɪər] *also fig* barrera *f*; **language ~** barrera lingüística

**bar•ring** ['bɑːrɪŋ] *prep* salvo, excepto; **~ accidents** salvo imprevistos

**bar•ris•ter** ['bærɪstər] *Br* abogado(-a) *m(f)* (*que aparece en tribunales*)

**bar•row** ['bæroʊ] carretilla *f*

**'bar staff** *npl* camareros *mpl*, *L.Am.* meseros *mpl*, *RPl* mozos *mpl*

**'bar tend•er** camarero(-a) *m(f)*, *L.Am.* mesero(-a) *m(f)*, *Rpl* mozo(-a) *m(f)*

**bar•ter** ['bɑːrtər] **I** *n* trueque *m* **II** *v/t* cambiar, trocar (**for** por)

**ba•salt** ['bæsɔːlt] GEOL basalto *m*

**base** [beɪs] **1** *n bottom, center, in baseball* base *f*; **~ on balls** base por bolas

**2** v/t basar (**on** en); **be ~d in** of soldier estar destinado en; of company tener su sede en **3** adj fml despreciable, vil

'base•ball ball pelota f de béisbol or Cu, Mex beisbol; game béisbol m, Cu, Mex beisbol, L.Am. pelota f

'base•ball **bat** bate m de béisbol; 'base•ball **cap** gorra f de béisbol; 'base•ball **play•er** jugador(a) m(f) de béisbol, L.Am. pelotero(-a) m(f); 'base•board rodapié m; 'base camp campamento m base; 'base hit in baseball sencillo m

base•less ['beɪslɪs] adj infundado

'base line SPORT línea f de saque

base•ment ['beɪsmənt] of house, store sótano m

'base met•al metal m base

'base rate FIN tipo m de interés básico, tasa f base

bash [bæʃ] F **1** n porrazo m F **2** v/t dar un porrazo a F

bash•ful ['bæʃfʊl] adj retraído, tímido

ba•sic ['beɪsɪk] adj (rudimentary) básico; room modesto, sencillo; language skills elemental; (fundamental) fundamental; ~ **salary** sueldo m base

ba•sic•al•ly ['beɪsɪklɪ] adv básicamente

ba•sics ['beɪsɪks] npl: **the** ~ lo básico, los fundamentos; **get down to** ~ centrarse en lo esencial

bas•il ['bæzɪl] albahaca f

ba•sin ['beɪsn] for washing barreño m; in bathroom lavabo m

ba•sis ['beɪsɪs] (pl bases ['beɪsiːz]) base f; **on the** ~ **of what you've told me** de acuerdo con lo que me has dicho

bask [bæsk] v/i tomar el sol

bas•ket ['bæskɪt] cesta f; in basketball canasta f

'bas•ket•ball game baloncesto m, L.Am. básquetbol m; ball balón m or pelota f de baloncesto; ~ **player** baloncestista m/f, L.Am. basquetbolista m/f

'bas•ket case F pirado(-a) m(f) F, chiflado(-a) m(f) F

Basque [bæsk] **I** adj vasco **II** n **1** person vasco(-a) m(f) **2** language vasco m

'Basque Coun•try: **the** ~ el País Vasco

bass [beɪs] **1** n part, singer bajo m; instrument contrabajo m; guitar bajo m **2** adj bajo

bas•set hound ['bæsɪt] basset m

'bass gui•tar bajo m

'bass gui•tar•ist bajo m/f

bass•ist ['beɪsɪst] MUS on double bass contrabajo m/f; on bass guitar bajo m/f

bas•soon [bə'suːn] MUS fagot m

bas•soon•ist [bə'suːnɪst] MUS fagotista m/f

bas•tard ['bæstərd] **1** P cabrón(-ona) m(f) P; **poor** ~ pobre desgraciado; **stupid** ~ desgraciado **2** (illegitimate child) ilegítimo(-a) m(f), bastardo(-a) m(f)

baste [beɪst] v/t GASTR verter caldo o jugo

bas•tion ['bæstɪən] also fig bastión m, baluarte m

bat[1] [bæt] **1** n for baseball bate m; for table tennis pala f **2** v/i (pret & pp -ted) in baseball batear

bat[2] [bæt] v/t (pret & pp -ted): **he didn't** ~ **an eyelid** no se inmutó

bat[3] [bæt] n animal murciélago m

batch [bætʃ] of students tanda f; of data conjunto m; of bread hornada f; of products lote m

'batch com•mand COMPUT comando m por lotes

ba•ted ['beɪtɪd] adj: **with** ~ **breath** con la respiración contenida

bath [bæθ] baño m; **have a** ~, **take a** ~ darse or tomar un baño

bathe [beɪð] v/i (swim, have a bath) bañarse

bath•ing cap ['beɪðɪŋ] gorro m de baño; 'bath•ing suit of woman traje m de baño, bañador m; 'bath•ing trunks npl of man bañador m

'bath mat alfombra f de baño; 'bath•robe albornoz m; 'bath•room for bath, washing hands cuarto m de baño; (toilet) servicio m, L.Am. baño m; 'bath sheet, 'bath tow•el toalla f de baño; 'bath•tub bañera f

ba•tik [bə'tiːk] batik m

bat•on [bə'tɑːn] **1** of conductor batuta f; **under the** ~ **of** bajo la batuta de **2** SP testigo m

bat•tal•i•on [bə'tælɪən] MIL batallón m

◆ bat•ten down ['bætn] v/t: **batten down the hatches** NAUT cerrar las escotillas; fig estar sobre las armas

bat•ter[1] ['bætər] n GASTR masa f

bat•ter[2] ['bætər] n in baseball bateador(a) m(f); ~ **runner** bateador(a) corredor(a); ~**'s box** cajón m del bateador

**bat•ter**[3] ['bætə] **I** v/t golpear, aporrear **II** v/i: **~ (away) at the door** aporrear la puerta

♦ **batter down, batter in** v/t echar abajo

**bat•tered** ['bætərd] adj maltratado

**bat•ter•ing ram** ['bætərɪŋ] carnero m

**bat•ter•y** ['bætərɪ] **1** in watch, flashlight pila f; in computer, car batería f **2** in baseball batería f

'**bat•ter•y charg•er** cargador m de pilas / baterías; '**bat•ter•y farm•ing** AGR cría f intensiva; '**bat•ter•y hen** AGR gallina f de batería; '**bat•ter•y life** duración f de la batería / pila; **bat•tery 'low warn•ing** señal f de descarga de la batería / pila; **bat•ter•y-op•e•rat•ed** ['bætərɪɑːpəreɪtɪd] adj que funciona con pilas

**bat•ting** ['bætɪŋ] in baseball bateo m; **~ order** orden m de bateo

'**bat•ting av•er•age** promedio m de bateo

'**bat•tle** ['bætl] **1** n also fig batalla f **2** v/i against illness etc luchar

'**bat•tle-ax(e)** F generala f F; '**bat•tle-field**, '**bat•tle•ground** campo m de batalla; '**bat•tle•ship** acorazado m

**bat•ty** ['bætɪ] adj Br P grillado P, barrenado P

**bau•ble** ['bɔːbl] joya f de bisutería, baratija f

**baud rate** ['bɔːdreɪt] COMPUT velocidad f de transmisión

**baulk** ☞ **balk**

**baux•ite** ['bɔːksaɪt] MIN bauxita f

**bawd•y** ['bɔːdɪ] adj picante, subido de tono

**bawl** [bɔːl] v/i **1** (shout) gritar, vociferar **2** (weep) berrear

♦ **bawl out** v/t F **1** shout gritar **2**: **bawl s.o. out** echar la bronca a alguien F

**bay**[1] [beɪ] n (inlet) bahía f

**bay**[2] [beɪ] v/i of dogs etc aullar

**bay**[3] [beɪ] n: **hold** or **keep s.o. / sth at ~** mantener a alguien / algo alejado

'**bay leaf** hoja f de laurel

**bay•o•net** ['beɪənet] **I** n bayoneta f **II** v/t (pret & pp **-ed**, Br **-ted**) dar bayonetazos a

'**bay tree** laurel m

**bay 'win•dow** ventana f en saliente

**ba•zaar** [bə'zɑːr] bazar m

**ba•zoo•ka** [bəzuːkə] MIL bazuka f

**BC** [biː'siː] abbr (= **before Christ**) a.C. (= antes de Cristo)

**B/E** abbr (= **bill of exchange**) letra f de cambio

**be** [biː] **1** v/i (pret **was** / **were**, pp **been**) permanent characteristics, profession, nationality ser; position, temporary condition estar; **was she there?** ¿estaba allí?; **it's me** soy yo; **how much is / are …?** ¿cuánto es / son …?; **there is / are** hay; **~ careful** ten cuidado; **don't ~ sad** no estés triste

**2**: **has the mailman been?** ¿ha venido el cartero?; **I've never been to Japan** no he estado en Japón; **I've been here for hours** he estado aquí horas

**3** tags: **that's right, isn't it?** eso es, ¿no?; **she's Chinese, isn't she?** es china, ¿verdad?

**4** as auxiliary: **I am thinking** estoy pensando; **he was running** corría; **you're ~ing stupid** estás siendo un estúpido

**5** obligation: **you are to do what I tell you** harás lo que yo te diga; **I was to help him escape** se suponía que se iba a ayudar a escaparse; **you are not to tell anyone** no debes decírselo a nadie

**6** passive: **he was arrested** fue detenido, lo detuvieron; **they have been sold** se han vendido

♦ **be in for** v/t: **he's in for a big disappointment** se va a llevar una gran desilusión

**beach** [biːtʃ] **I** n playa f **II** v/t NAUT hacer embarrancar en la orilla

'**beach ball** pelota f de playa; '**beach bug•gy** MOT buggy m; '**beach chair** tumbona f, hamaca f; **beach comb•er** ['biːtʃkoumər] persona que se dedica a buscar objetos de valor en las playas; '**beach-head** MIL cabeza f de playa; '**beach•wear** ropa f playera

**bea•con** ['biːkən] fire hoguera f; light baliza f

**bead** [biːd] of sweat gota f

**bead•ing** ['biːdɪŋ] ARCHIT moldura f

**beads** [biːdz] npl cuentas fpl

**bead•y** ['biːdɪ] adj: **I've got my ~ eye on you** te estoy vigilando

**bea•gle** ['biːgl] beagle m

**beak** [biːk] pico m

'**be-all**: **the ~ and end-all** lo más importante del mundo

**beam** [bi:m] **I** *n in ceiling etc* viga *f* **II** *v/i* (*smile*) sonreír de oreja a oreja **III** *v/t* (*transmit*) emitir

**bean** [bi:n] judía *f*, alubia *f*, *L.Am.* frijol *m*, *S.Am.* poroto *m*; **green ~s** judías *fpl* verdes, *Mex* ejotes *mpl*, *S.Am.* porotos *mpl* verdes; **coffee ~s** granos *mpl* de café; **be full of ~s** F estar lleno de vitalidad

'**bean•bag** *cojín relleno de bolitas*; **bean curd** ['bi:nkɜ:rd] tofu *m*; '**bean•pole** F palillo *m/f* F, fideo *m/f* F; '**bean•sprout** germen *m* de soja

**bear¹** [ber] *n animal* oso(-a) *m(f)*

**bear²** [ber] **I** *v/t* (*pret* **bore**, *pp* **borne**) **1** *weight* resistir; *costs* correr con **2** (*tolerate*) aguantar, soportar **3** *child* dar a luz; **she bore him six children** le dio seis hijos **4**: **~ interest** devengar intereses **II** *v/i* (*pret* **bore**, *pp* **borne**): **bring pressure to ~ on** ejercer presión sobre

◆ **bear down on** *v/t*: **he saw the truck bearing down on him** vio el camión que se le venía encima

◆ **bear out** *v/t* (*confirm*) confirmar

**bear•a•ble** ['berəbl] *adj* soportable

**beard** [bɪrd] barba *f*

**beard•ed** ['bɪrdɪd] *adj* con barba

**bear•er** ['berər] **1** *of news* mensajero(-a) *m(f)*, avisador(a) *m(f)* **2** *of passport* titular *m/f* **3** *of coffin* portador(a) *m(f)*

'**bear•er bond** bono *m* al portador

'**bear hug**: **give s.o. a ~** dar a alguien un gran abrazo

**bear•ing** ['berɪŋ] **1** *in machine* rodamiento *m*, cojinete *m* **2**: **that has no ~ on the case** eso no tiene nada que ver con el caso

**bear•ish** ['berɪʃ] *adj* **1** *bad-tempered* malhumorado, arisco **2** FIN con tendencia a la baja

'**bear mar•ket** FIN mercado *m* a la baja

'**bear•skin** piel *f* de oso

**beast** [bi:st] *animal* bestia *f*; *person* bestia *m/f*

**beat** [bi:t] **I** *n of heart* latido *m*; *of music* ritmo *m*

**II** *v/i* (*pret* **beat**, *pp* **beaten**) *of heart* latir; *of rain* golpear; **~ about the bush** andarse por las ramas

**III** *v/t* (*pret* **beat**, *pp* **beaten**) **1** *in competition* derrotar, ganar a; *the defense* superar; **it ~s me** no logro entender; **this certainly ~s sitting at home** esto

es mucho mejor que quedarse en casa **2** (*hit*) pegar a; (*pound*) golpear **3**: **~ it!** F ¡lárgate! F

◆ **beat back** *v/t flames*, *enemy* hacer retroceder

◆ **beat out** *v/t* **1** *flames* apagar a golpes **2** *rhythm* marcar

◆ **beat up** *v/t* dar una paliza a

**beat•en** ['bi:tən] **1** *adj*: **off the ~ track** retirado **2** *pp* ☞ **beat**

**be•a•ti•fi•ca•tion** [bi:ætɪfɪ'keɪʃən] REL beatificación *f*

**be•a•ti•fy** [bi:ætɪfaɪ] *v/t* REL beatificar

**beat•ing** ['bi:tɪŋ] *physical* paliza *f*

'**beat-up** *adj* F destartalado F

**beau•ti•cian** [bju:'tɪʃn] esteticista *m/f*

**beau•ti•ful** ['bju:təfəl] *adj woman*, *house*, *day*, *story*, *movie* bonito, precioso, *L.Am.* lindo; *smell*, *taste*, *meal* delicioso, *L.Am.* rico; *vacation* estupendo; **thanks, that's just ~!** ¡muchísimas gracias, está maravilloso!; **the ~ game** *soccer* el deporte rey

**beau•ti•ful•ly** ['bju:tfəlɪ] *adv cooked*, *done* perfectamente, maravillosamente

**beau•ti•fy** ['bju:tɪfaɪ] *v/t* embellecer

**beau•ty** ['bju:tɪ] *of woman*, *sunset* belleza *f*; **that's the ~ of this new way of doing it** eso es lo bueno de esta nueva forma de hacerlo

'**beau•ty con•test** concurso *m* de belleza

'**beau•ty par•lor** salón *m* de belleza

**bea•ver** ['bi:vər] ZO castor *m*

◆ **beaver away** *v/i* F trabajar como un burro F

**be•came** [bɪ'keɪm] *pret* ☞ **become**

**be•cause** [bɪ'kɑːz] *conj* porque; **~ it was too expensive** porque era demasiado caro; **~ of** debido a, a causa de; **~ of you, we can't go** gracias a ti, no podemos ir

**beck** [bek]: **be at s.o.'s ~ and call** estar a la entera disposición de alguien

**beck•on** ['bekn] *v/i* hacer señas

**be•come** [bɪ'kʌm] *v/i* (*pret* **became**, *pp* **become**) hacerse, volverse; **it became clear that ...** quedó claro que ...; **he became a priest** se hizo sacerdote; **she's becoming very forgetful** cada vez es más olvidadiza; **what's ~ of her?** ¿qué fue de ella?

**be•com•ing** [bɪ'kʌmɪŋ] *adj* favorecedor,

apropiado

**bed** [bed] **1** cama *f*; *go to* ~ ir a la cama; *he's still in* ~ aún está en la cama; *go to* ~ *with s.o.* irse a la cama *or* acostarse con alguien; *put a paper to* ~ finalizar la edición de un periódico **2** *of flowers* macizo *m* **3** *of sea* fondo *m*; *of river* cauce *m*, lecho *m*

**bed and 'break•fast 1** *place:* hostal familiar en el que está incluido el alojamiento y el desayuno **2** *type of accommodations* alojamiento y desayuno

**be•daub** [bɪˈdɔːb] *v/t* pintarrajear

**'bed•bug** ZO chinche *m or f*; **'bed•clothes** *npl* ropa *f* de cama; **'bed•cov•er** cubierta *f*, colcha *f*

**bed•ding** [ˈbedɪŋ] ropa *f* de cama

**be•deck** [bɪˈdek] *v/t*: ~*ed with sth* engalanado con algo

**be•dev•il** [bɪˈdevl] *v/t* (*pret & pp* **-ed**, *Br* **-led**) acosar, plagar

**bed•lam** [ˈbedləm] F locura *f*, jaleo *m*

**'bed lin•en** ropa *f* blanca de cama; **'bed•pan** orinal *m*; **'bed•post** pilar *m* de la cama

**be•drag•gled** [bɪˈdrægld] *adj* desaliñado, andrajoso

**'bed rest** reposo *m* en cama

**bed•rid•den** [ˈbedrɪdən] *adj*: *be* ~ estar postrado en cama

**'bed•rock** GEOL estrato *m* de roca; *fig* cimiento *m*, fundamento *m*; *get down to* ~ *fig* ir a las bases; **'bed•room** dormitorio *m*, *L.Am.* cuarto *m*; **'bed•side**: *be at s.o.'s* ~ estar junto a la cama de alguien; **bed•side 'lamp** *Br* lámpara *f* de mesilla; **bed•side 'table** *Br* mesilla *f or* mesita *f* de noche; **'bed-sit**, **bed--sit•ter**, **bed 'sit•ting room** *Br* habitación de alquiler que gen ralmente no incluye baño o cocina; **'bed•sore** MED úlcera *f* de decúbito; **'bed•spread** colcha *f*

**bed•stead** [ˈbedsted] armazón *m* de la cama

**'bed•time** hora *f* de irse a la cama; ~ *reading* libro *m* de cabecera; ~ *story* cuento *m* para dormir

**bee** [biː] abeja *f*

**beech** [biːtʃ] haya *f*

**beef** [biːf] I *n* **1** carne *f* de vaca *or* vacuna **2** F (*complaint*) queja *f*; *what's his* ~? ¿que le pasa? II *v/i* F (*complain*) quejarse

♦ **beef up** *v/t* reforzar, fortalecer

**'beef tal•low** sebo *m* de carne de vaca; **'beef•bur•ger** hamburguesa *f*; **'beef-steak** bistec *m*, filete *m* de ternera

**beef•y** [ˈbiːfɪ] *adj* F cachas F, musculoso

**'bee•hive** colmena *f*

**'bee•line**: *make a* ~ *for* ir directamente a

**been** [bɪn] *pp* ☞ **be**

**beep** [biːp] I *n* pitido *m* II *v/i* pitar III *v/t* *on pager* llamar con el buscapersonas

**beep•er** [ˈbiːpər] buscapersonas *m inv*, *Span* busca *m*

**beer** [bɪr] cerveza *f*

**'beer•mat** posavasos *m inv*

**beer•y** [ˈbɪərɪ] *adj* a *or* de cerveza; ~ *breath* aliento *m* a cerveza

**'bees•wax** cera *f* (de abeja)

**beet** [biːt] remolacha *f*

**bee•tle** [ˈbiːtl] escarabajo *m*

**beet•root** [ˈbiːtruːt] *Br* remolacha *f*

**be•fall** [bɪˈfɔːl] *v/i* (*pret* **-fell**, *pp* **-fallen** ocurrir, suceder

**be•fit** [bɪˈfɪt] *v/t* (*pret & pp* **-ted**) ajustarse a

**be•fore** [bɪˈfɔːr] I *prep* **1** *time* antes de; ~ *tax* antes de impuestos **2** *space, order* antes de, delante de II *adv* antes; *I've seen this movie* ~ ya he visto esta película; *have you been to Japan* ~? ¿habías estado antes *or* ya en Japón?; *the week / day* ~ la semana / el día anterior III *conj* antes de que; ~ *we start* antes de comenzar, antes de que empecemos

**be•fore•hand** [bɪˈfɔːrhænd] *adv* de antemano

**be•friend** [bɪˈfrend] *v/t* hacerse amigo de

**be•fud•dled** [bɪˈfʌdld] *adj* confuso, aturdido

**beg** [beg] **1** *v/i* (*pret & pp* **-ged**) mendigar, pedir **2** *v/t* (*pret & pp* **-ged**): ~ *s.o. to do sth* rogar *or* suplicar a alguien que haga algo

**be•gan** [bɪˈgæn] *pret* ☞ **begin**

**beg•gar** [ˈbegər] I *n* mendigo(-a) *m(f)*; *lucky* ~ F ¡qué chiripa F *or* suerte! II *v/t*: ~ *belief / description* costar creer / describir

**be•gin** [bɪˈgɪn] **1** *v/i* (*pret* **began**, *pp* **begun**) empezar, comenzar; *to* ~ *with* (*at first*) en un primer momento, al principio; (*in the first place*) para empezar **2** *v/t* (*pret* **began**, *pp* **begun**) empezar, comenzar; **~ to do sth, ~ doing sth** empezar *or* comenzar a hacer algo

**be•gin•ner** [bɪ'gɪnər] principiante *m/f*; **~'s luck** suerte *f* del principiante

**be•gin•ning** [bɪ'gɪnɪŋ] principio *m*, comienzo *m*; (*origin*) origen *m*; **in the ~** al principio

**be•gon•ia** [bɪ'goʊnjə] BOT begoña *f*

**be•grudge** [bɪ'grʌdʒ] *v/t* (*envy*) envidiar; (*give reluctantly*) dar a regañadientes

**be•guile** [bɪ'gaɪl] *v/t* **1** *enchant* encantar, cautivar **2** *deceive* engatusar, engañar

**be•gun** [bɪ'gʌn] *pp* ☞ **begin**

**be•half** [bɪ'hɑːf]: **in ~ of, on ~ of** en nombre de; *sign, accept* por; *more formally* en nombre de; **in my / his ~** en nombre mío / suyo

**be•have** [bɪ'heɪv] *v/i* comportarse, portarse; **~ (o.s.)** comportarse *or* portarse bien; **~ (yourself)!** ¡pórtate bien!

**be•hav•ior** [bɪ'heɪvɪər] comportamiento *m*, conducta *f*

**be•hav•ior•al** [bɪ'heɪvɪərəl] *adj* PSYCH del comportamiento, de la conducta; **~ disorder** problema *m* de conducta

**be•hav•ior•ism** [bɪ'heɪvɪərɪzm] PSYCH behaviorismo *m*, conductismo *m*

**be•hav•ior•ist** [bɪ'heɪvɪərɪst] PSYCH **I** *adj* conductista **II** *n* conductista *m/f*

**be•hav•iour** *etc Br* ☞ **behavior** *etc*

**be•head** [bɪ'hed] *v/t* decapitar

**be•hind** [bɪ'haɪnd] **1** *prep in position, order* detrás de; *in progress* por detrás de; **be ~ ...** (*responsible for*) estar detrás de ...; (*support*) respaldar ... **2** *adv* (*at the back*) detrás; **be ~ with sth** estar atrasado con algo; **leave sth ~** dejarse algo

**be•hind•hand** [bɪ'haɪndhænd] *adv*: **be ~ with sth** ir atrasado con algo

**be•hold** [bɪ'hoʊld] *v/t* (*pret & pp* **-held**) contemplar

**be•hold•er** [bɪ'hoʊldər]: **beauty is in the eye of the ~** todo depende del cristal con que se mire

**be•hoove** [bɪ'huːv] *v/t fml*: **it ~s s.o. to do sth** le corresponde a alguien hacer algo

**beige** [beɪʒ] *adj* beige, *Span* beis

**Bei•jing** [beɪ'ʒɪŋ] Beijing *m*

**be•ing** ['biːɪŋ] *existence, creature* ser *m*; **come into ~** surgir, aparecer

**be•lat•ed** [bɪ'leɪtɪd] *adj* tardío

**belch** [beltʃ] **I** *n* eructo *m* **II** *v/i* eructar

**be•lea•guered** [bɪ'liːgərd] *adj* maltrecho, desgraciado

**bel•fry** ['belfrɪ] campanario *m*

**Bel•gian** ['beldʒən] **I** *adj* belga **II** *n* belga *m/f*

**Bel•gium** ['beldʒəm] Bélgica *f*

**be•lie** [bɪ'laɪ] *v/t* contradecir

**be•lief** [bɪ'liːf] creencia *f*; **it's my ~ that** creo que

**be•liev•a•ble** [bɪ'liːvəbl] *adj* creíble, verosímil

**be•lieve** [bɪ'liːv] *v/t* creer

◆ **believe in** *v/t* creer en

**be•liev•er** [bɪ'liːvər] REL creyente *m/f*; *fig* partidario(-a) *m(f)* (**in** de)

**be•lit•tle** [bɪ'lɪtl] *v/t* menospreciar

**Be•lize** [be'liːz] Belice *m*

**Be•liz•e•an** [bə'liːzɪən] **I** *adj* beliceño **II** *n* beliceño(-a) *m(f)*

**bell** [bel] *of bike, door, school* timbre *m*; *of church* campana *f*; **does that ring a ~?** ¿te suena (de algo)?

'**bell•boy** *Br* botones *m inv*; *for elevator* ascensorista *m*; '**bell cap•tain** jefe *m* de botones; '**bell•hop** botones *m inv*

**bel•li•cose** ['belɪkoʊs] *adj* belicoso, agresivo

**bel•lig•er•ent** [bɪ'lɪdʒərənt] *adj* beligerante

**bel•low** ['beloʊ] **I** *n* bramido *m* **II** *v/i* bramar

**bel•lows** ['beloʊz] *npl* fuelle *m*

'**bell pep•per** pimiento *m*

'**bell push** timbre *m*, botón *m*

**bel•ly** ['belɪ] *of person* estómago *m*, barriga *f*; (*fat stomach*) barriga *f*, tripa *f*; *of animal* panza *f*

'**bel•ly•ache** *v/i* F refunfuñar; '**bel•ly but•ton** F ombligo *m*; '**bel•ly danc•er** bailarina *f* de la danza del vientre; '**bel•ly•flop** panzada *f*, golpe *m* con la barriga

**be•long** [bɪ'lɒŋ] *v/i*: **where does this ~?** ¿dónde va esto?; **I don't ~ here** no encajo aquí

◆ **belong to** *v/t of object, money* pertenecer a; *club* pertenecer a, ser socio de

**be•long•ings** [bɪ'lɒŋɪŋz] *npl* pertenencias *fpl*

**be•lov•ed** [bɪ'lʌvɪd] *adj* querido

**be•low** [bɪ'loʊ] **1** *prep* debajo de; *in amount, rate, level* por debajo de **2** *adv* abajo; *in text* más abajo; *see* **~** véase más abajo; **10 degrees ~** 10 grados bajo cero

**belt** [belt] cinturón *m*; **tighten one's ~** *fig* apretarse el cinturón

**'belt•way** circunvalación *f*, cinturón *m*

**be•moan** [bɪ'moʊn] *v/t* deplorar, lamentar

**be•mused** [bɪ'mjuːzd] *adj* aturdido, confundido

**bench** [bentʃ] **1** *seat* banco *m*; *in soccer* banquillo *m* **2** (*work~*) mesa *f* de trabajo

**'bench•mark** punto *m* de referencia

**'bench test** ensayo *m* en banco de pruebas

**bend** [bend] **I** *n* curva *f* **II** *v/t* (*pret & pp* **bent**) doblar **III** *v/i* (*pret & pp* **bent**) torcer, girar; *of person* flexionarse
◆ **bend down** *v/i* agacharse

**bend•er** ['bendər] F parranda *f* F; **go on a ~** irse de juerga *or* parranda

**bend•y** ['bendɪ] *adj* F flexible, blando

**be•neath** [bɪ'niːθ] **I** *prep* debajo de; **she thinks a job like that is ~ her** cree que un trabajo como ése le supondría rebajarse **II** *adv* abajo; **in the valley ~** en el valle de abajo

**ben•e•dic•tion** [benɪ'dɪkʃn] REL bendición *f*

**ben•e•fac•tor** ['benɪfæktər] benefactor(a) *m(f)*

**be•nef•i•cence** [bɪ'nefɪsns] beneficencia *f*, bondad *f*

**be•nef•i•cent** [bɪ'nefɪsənt] *adj* benefactor, benévolo

**ben•e•fi•cial** [benɪ'fɪʃl] *adj* beneficioso

**ben•e•fi•ci•a•ry** [benɪ'fɪʃərɪ] beneficiario(-a) *m(f)*

**ben•e•fit** ['benɪfɪt] **I** *n* beneficio *m*; *of product, method, solution* ventaja *f* **II** *v/t* beneficiar **III** *v/i* beneficiarse

**'ben•e•fit match** partido *m* benéfico

**Be•ne•lux coun•tries** ['benɪlʌks] países *mpl* del Benelux

**be•nev•o•lence** [bɪ'nevələns] benevolencia *f*

**be•nev•o•lent** [bɪ'nevələnt] *adj* benevolente

**Ben•ga•li** [beŋgɔːlɪ] **I** *adj* bengalí **II** *n* **1** *person* bengalí *m/f* **2** *language* bengalí *m*

**be•nign** [bɪ'naɪn] *adj* **1** agradable **2** MED benigno

**bent** [bent] **I** *pret & pp* ☞ **bend II** *adj*: **be ~ on doing sth** estar empeñado en ha-

cer algo

**ben•zene** ['benziːn] CHEM benceno *m*, benzol *m*

**ben•zine** ['benziːn] CHEM bencina *f*

**be•queath** [bɪ'kwiːð] *v/t also fig* legar; **~ sth to s.o.** legar *or* dejar algo a alguien

**be•quest** [bɪ'kwest] legado *m*

**be•rate** [bɪ'reɪt] *v/t* reprender, vituperar; **~ s.o. for sth** reprender a alguien por algo

**be•reaved** [bɪ'riːvd] *npl*: **the ~** los familiares del difunto

**be•reave•ment** [bɪ'riːvmənt] duelo *m*, luto *m*

**be•reft** [bɪ'reft] *adj*: **~ of all hope** despojado de toda esperanza

**be•ret** ['bereɪ] boina *f*

**Ber•mu•da** [bɜr'mjuːdə] las Bermudas

**Ber•mu•da 'shorts** *npl* bermudas *fpl*

**Ber•mu•da 'tri•an•gle** triángulo *m* de las Bermudas

**ber•ry** ['berɪ] baya *f*

**ber•serk** [bər'zɜːrk] *adv*: **go ~** F volverse loco

**berth** [bɜrθ] **1** *on ship* litera *f*; *on train* camarote *m* **2** *for ship* amarradero *m*; **give s.o. a wide ~** evitar a alguien; **gain a ~ to the finals** clasificarse para la final, hacerse con un puesto en la final

**be•seech** [bɪ'siːtʃ] *v/t* (*pret & pp* **-ed** *or* **besought**): **~ s.o. to do sth** suplicar a alguien que haga algo

**be•seech•ing** [bɪ'siːtʃɪŋ] *adj* suplicante

**be•seech•ing•ly** [bɪ'siːtʃɪŋlɪ] *adv* de manera suplicante

**be•set** [bɪ'set] *v/t* (*pret & pp* **-set**): **be ~ with danger** estar rodeado de peligros; **be ~ by problems** estar plagado de problemas

**be•side** [bɪ'saɪd] *prep* al lado de, junto a; **be ~ o.s.** estar fuera de sí; **that's ~ the point** eso no tiene nada que ver

**be•sides** [bɪ'saɪdz] **I** *adv* además **II** *prep* (*apart from*) aparte de, además de

**be•siege** [bɪ'siːdʒ] *v/t fig* asediar, cercar

**be•smirch** [bɪ'smɜːrtʃ] *v/t reputation* desacreditar, desprestigiar

**be•sot•ted** [bɪ'sɑːtɪd] *adj*: **be ~ with** *or* **by s.o.** estar encandilado con *or* por alguien

**be•sought** [bɪ'sɔːt] *pret & pp* ☞ **beseech**

**be•spec•ta•cled** [bɪ'spektəkld] *adj* con gafas *fpl or L.Am.* anteojos *mpl*

**be•spoke** [bɪ'spoʊk] *adj Br clothes, furniture* a medida

**best** [best] **I** *adj* mejor

**II** *adv* mejor; **which did you like ~?** ¿cuál te gustó más?; **it would be ~ if ...** sería mejor si ...; **I like her ~** ella es la que más me gusta

**III** *n:* **do one's ~** hacer todo lo posible; **the ~ person, thing** el / la mejor; **we insist on the ~** insistimos en lo mejor; **we'll just have to make the ~ of it** tendremos que arreglárnoslas; **all the ~!** ¡buena suerte!, ¡que te vaya bien!

**IV** *v/t* derrotar, vencer

**best be'fore date** fecha *f* de caducidad, fecha *f* límite de consumo

**bes•tial** ['bestjəl] *adj* bestial, inhumano

**bes•ti•al•i•ty** [bestɪ'ælətɪ] **1** *cruelty* bestialidad *f*, crueldad *f* **2** *sexual* zoofilia *f*

**be•stir** [bɪ'stɜːr] *v/t (pret & pp -red):* **~ o.s. to do sth** ponerse a hacer algo

**best man** padrino *m* de la boda

**be•stow** [bɪ'stoʊ] *v/t title, honor* conceder, otorgar (**on** a)

**best 'sell•er** bestseller *m*, éxito *m* de ventas

**'best-sell•ing** *adj:* **~ novel** novela *f* que es un éxito de ventas; **~ author** autor(a) *m(f)* de bestsellers

**bet** [bet] **1** *n* apuesta *f;* **place a ~** hacer una apuesta **2** *v/t & v/i (pret & pp bet)* *also fig* apostar; **I ~ he doesn't come** apuesto a que no viene; **you ~!** ¡ya lo creo!

**be•ta block•er** ['biːtəblɑːkər] MED betabloqueante *m*

**be•tray** [bɪ'treɪ] *v/t* traicionar; *husband, wife* engañar

**be•tray•al** [bɪ'treɪəl] traición *f; of husband, wife* engaño *m*

**be•trothed** [bɪ'troʊðd] *adj fml* prometido (**to** a)

**bet•ter** ['betər] **I** *adj* mejor; **get ~ in** *skills, health* mejorar; **he's ~ in health** está mejor **II** *adv* mejor; **you'd ~ ask permission** sería mejor que pidieras permiso; **I'd really ~ not** mejor no; **all the ~ for us** tanto mejor para nosotros; **I like her ~** me gusta más ella **III** *n:* **the ~** el mejor; **get the ~ of s.o.** tomar la delantera a alguien; **my curiosity got the ~ of me** mi curiosidad se apoderó de mí

**bet•ter•ment** ['betərmənt] mejora *f*

**bet•ter 'off** *adj (wealthier)* más rico;

**you're ~ without him** estás mejor sin él

**bet•ting** ['betɪŋ] **I** *n* apuestas *fpl;* **what's the ~ that it won't ever happen?** ¿cuántas posibilidades hay de que no ocurra nunca?; **~ office,** *Br* **~ shop** casa *f* de apuestas **II** *adj:* **I'm not a ~ man** no me gustan las apuestas

**be•tween** [bɪ'twiːn] *prep* entre; **~ you and me** entre tú y yo

**bev•el** ['bevl] **I** *n* bisel *m* **II** *v/t (pret & pp -ed, Br -led)* biselar

**bev•eled,** *Br* **bev•elled** ['bevld] *adj* biselado

**bev•er•age** ['bevərɪdʒ] *fml* bebida *f*

**bev•y** ['bevɪ] *of women* caterva *f*, pelotón *m*

**be•wail** [bɪ'weɪl] *v/t* maldecir, lamentar

**be•ware** [bɪ'wer] *v/t:* **~ (of)** tener cuidado con; **~ of the dog** (ten) cuidado con el perro

**be•wil•der** [bɪ'wɪldər] *v/t* desconcertar

**be•wil•der•ing** [bɪ'wɪldərɪŋ] *adj* desconcertante, abrumador

**be•wil•der•ment** [bɪ'wɪldərmənt] desconcierto *m*

**be•witch** [bɪ'wɪtʃ] *v/t* encantar, hechizar

**be•yond** [bɪ'jɑːnd] **1** *prep in space* más allá de; **she has changed ~ recognition** ha cambiado tanto que es difícil reconocerla; **it's ~ me** *(don't understand)* no logro entender; *(can't do it)* me es imposible **2** *adv* más allá

**bi•an•nu•al** [baɪ'ænʊəl] *adj* bianual

**bi•an•nu•al•ly** [baɪ'ænʊəlɪ] *adv* dos veces al año

**bi•as** ['baɪəs] *against* prejuicio *m; in favor of* favoritismo *m*

**bi•as(s)ed** ['baɪəst] *adj* parcial

**bib** [bɪb] *for baby* babero *m*

**Bi•ble** ['baɪbl] Biblia *f*

**bib•li•cal** ['bɪblɪkl] *adj* bíblico

**bib•li•o•graph•i•cal** [bɪblɪoʊ'græfɪkl] *adj* bibliográfico

**bib•li•og•ra•phy** [bɪblɪ'ɑːgrəfɪ] bibliografía *f*

**bib•li•o•phile** ['bɪblɪ'oʊfaɪl] bibliófilo (-a) *m(f)*

**bi•carb** [baɪ'kɑːrb] F ☞ **bicarbonate of soda**

**bi•car•bon•ate** [baɪ'kɑːrbəneɪt] CHEM bicarbonato *m*

**bi'car•bon•ate of so•da** bicarbonato *m* sódico

**bi•cen•te•nar•y** [baɪsen'tiːnərɪ] *Br* bicentenario *m*

**bi•cen•ten•ni•al** [baɪsen'teniəl] bicentenario *m*

**bi•ceps** ['baɪseps] *npl* bíceps *mpl*

**bick•er** ['bɪkər] *v/i* reñir, discutir

**bick•er•ing** ['bɪkərɪŋ] riñas *fpl*

**bi•cy•cle** ['baɪsɪkl] bicicleta *f*

**bid** [bɪd] **I** *n* **1** *at auction* puja *f*; COM oferta *f* **2** (*attempt*) intento *m* **II** *v/i* (*pret & pp* **bid**) *at auction* pujar (**on, for** por)

**bid•der** ['bɪdər] postor(a) *m(f)*

**bid•ding**¹ ['bɪdɪŋ] *at auction* puja *f*

**bid•ding**² ['bɪdɪŋ]: **do s.o.'s ~** actuar a la voluntad de alguien

**bide** [baɪd] *v/t* (*pret* **bided** *or* **bode**): **~ one's time** esperar a que llegue el momento adecuado

**bi•det** ['biːdeɪ] bidé *m*

**bi•en•ni•al** [baɪ'enɪəl] *adj* bienal

**bi•fo•cals** [baɪ'foʊkəlz] *npl* gafas *fpl or L.Am.* lentes *mpl* bifocales

**bi•fur•ca•tion** [baɪfər'keɪʃən] bifurcación *f*

**big** [bɪg] **I** *adj* grande; *before singular nouns* gran; **my ~ brother / sister** mi hermano / hermana mayor; **that's ~ of you** *usu iron* qué generoso *or* espléndido eres **II** *adv*: **talk ~** alardear, fanfarronear

**big•a•mist** ['bɪgəmɪst] bígamo(-a) *m(f)*

**big•a•mous** ['bɪgəməs] *adj* bígamo

**big•a•my** ['bɪgəmɪ] bigamia *f*

**big bang** AST big bang *m*; **big dip•per** ['dɪpər] AST Osa *f* Mayor; **big 'end** MOT *of connecting rod* cabeza *f* de biela; **'big•head** F creído(-a) *m(f)* F; **big-'head•ed** *adj* F creído F; **big-heart•ed** ['hɑːrtɪd] *adj* bondadoso; **'big•mouth** F bocazas *m/f inv* F; **'big name** famoso (-a) *m(f)*

**big•ot** ['bɪgət] fanático(-a) *m(f)*, intolerante *m/f*

**big•ot•ed** ['bɪgətɪd] *adj* intolerante

**big•ot•ry** ['bɪgətrɪ] intolerancia *f*

**big 'pic•ture** F situación *f* global; **'big screen** pantalla *f* grande; **'big shot** F pez gordo *m/f* F; **'big time**: **make the ~** F llegar a la cima del éxito; **big 'toe** dedo *m* gordo del pie; **'big top** (*circus tent*) carpa *f*; **'big•wig** F pez gordo *m/f* F

**bike** [baɪk] **I** *n* F bici *f* F; (*motor~*) moto *f* F **II** *v/i* ir en bici

**bik•er** ['baɪkər] **1** motero(-a) *m(f)* **2** F

**courier** mensajero(-a) *m(f)*

**bi•ki•ni** [bɪ'kiːnɪ] biquini *m*

**bi•lat•er•al** [baɪ'lætərəl] *adj* bilateral

**bil•ber•ry** ['bɪlberɪ] BOT arándano *m*

**bile** [baɪl] **1** PHYSIO bilis *f* **2** *fig* mal carácter *m*, mal humor *m*

**bilge** [bɪldʒ] F *nonsense* tonterías *fpl*

**bi•lin•gual** [baɪ'lɪŋgwəl] *adj* bilingüe

**bil•ious** ['bɪljəs] *adj* **1** MED mareado, nauseabundo **2** *fig* bilioso, malhumorado

**bilk** [bɪlk] *v/t* F timar, estafar; **~ s.o. of sth** timar *or* estafar a alguien con algo

**bill** [bɪl] **I** *n* **1** *for phone, electricity* factura *f*, recibo *m* **2** *Br. in hotel, restaurant* cuenta *f* **3** *money* billete *m* **4** POL proyecto *m* de ley **5** (*poster*) cartel *m* **II** *v/t* (*invoice*) enviar la factura a

**'bill•board** valla *f* publicitaria

**bil•let** ['bɪlɪt] MIL **I** *n* campamento *m* **II** *v/t* albergar, aposentar (**with, on** con)

**'bill•fold** cartera *f*, billetera *f*

**bil•liards** ['bɪljərdz] *nsg* billar *m*

**bil•ling** ['bɪlɪŋ] **1** COM facturación *f* **2** THEA: **get top ~** ser cabeza de cartel

**bil•lion** ['bɪljən] mil millones *mpl*

**bill of ex'change** FIN letra *f* de cambio; **Bill of 'Rights** declaración *f* de derechos; **bill of 'sale** escritura *f* de compraventa

**billow** ['bɪloʊ] *v/i* ondear

**'bill•post•er** *persona que pone carteles en lugares públicos*

**bil•ly (club)** ['bɪlɪ] cachiporra *f*, porra *f*

**'bil•ly goat** cabro *m*, cabrón *m*

**bim•bo** ['bɪmboʊ] F *mujer guapa y tonta*

**bi•month•ly** [baɪ'mʌnθlɪ] **I** *adj* bimestral **II** *adv* bimestralmente

**bin** [bɪn] cubo *m*

**bi•na•ry** ['baɪnərɪ] *adj* binario

**bind** [baɪnd] **I** *v/t* (*pret & pp* **bound**) **1** (*connect*) unir; (*tie*) atar; *pages* encuadernar **2** LAW (*oblige*) obligar **II** *n*: **be in a ~** F estar entre la espada y la pared

**bind•er** ['baɪndər] *cover* subcarpeta *f*, funda *f* archivadora

**bind•ing** ['baɪndɪŋ] **I** *adj* *agreement, promise* vinculante **II** *n of book* tapa *f*

**binge** [bɪndʒ] **I** *n* F: **go on a ~** *when drinking* beber en exceso; *when eating* comer en exceso **II** *v/i*: **~ on sth** atiborrarse de algo

**bin•go** ['bɪŋgoʊ] bingo *m*

**bi•noc•u•lars** [bɪ'nɑːkjʊlərz] *npl* prismáticos *mpl*

**bi•o•chem•i•cal** [baɪou'kemɪkl] **I** *adj* bioquímico **II** *n* bioquímico *m*

**bi•o•chem•ist** [baɪou'kemɪst] bioquímico(-a) *m(f)*

**bi•o•chem•is•try** [baɪou'kemɪstrɪ] bioquímica *f*

**bi•o•de•gra•da•ble** [baɪoudɪ'greɪdəbl] *adj* biodegradable

**bi•o•di•ver•si•ty** [baɪoudaɪ'vɜːrsɪtɪ] biodiversidad *f*

**bi•o•dy•nam•ic** [baɪoudaɪ'næmɪk] *adj* biodinámico

**bi•o•en•gi•neer•ing** [baɪouendʒɪ'nɪərɪŋ] bioingeniería *f*

**bi•og•ra•pher** [baɪ'ɑːgrəfər] biógrafo(-a) *m(f)*

**bi•o•graph•i•cal** [baɪou'græfɪkl] *adj* biográfico

**bi•og•ra•phy** [baɪ'ɑːgrəfɪ] biografía *f*

**bi•o•haz•ard** [baɪouhæzərd] peligro *m* para los seres vivos

**bi•o•log•i•cal** [baɪou'lɑːdʒɪkl] *adj* biológico; **~ parents** padres *mpl* biológicos; **~ detergent** detergente *m* biológico **~ clock** reloj *m* biológico; **my ~ clock is ticking** se me está pasando el arroz

**bi•ol•o•gist** [baɪ'ɑːlədʒɪst] biólogo(-a) *m(f)*

**bi•ol•o•gy** [baɪ'ɑːlədʒɪ] biología *f*

**bi•o•pic** ['baɪoupɪk] *movie* biografía *f*

**bi•op•sy** ['baɪɑːpsɪ] MED biopsia *f*

**bi•o•rhythm** ['baɪourɪðm] biorritmo *m*

**bi•o•sphere** ['baɪəsfɪə] biosfera *f*

**bi•o•tech•nol•o•gy** [baɪoutek'nɑːlədʒɪ] biotecnología *f*

**bi•par•ti•san** [baɪpɑːrtɪ'zæn] *adj* POL bipartidista

**birch** [bɜːrtʃ] BOT abedul *m*

**bird** [bɜːrd] ave *f*, pájaro *m*

**'bird brain** F cabeza *m/f* de chorlito F

**'bird•cage** jaula *f* para pájaros

**bird•ie** ['bɜːrdɪ] *in golf* birdie *m*

**bird of 'prey** ave *f* rapaz; **'bird sanc•tu•a•ry** reserva *f* de aves; **'bird•seed** alpiste *m*

**bird's eye 'view** vista *f* panorámica; **get a ~ of sth** ver algo a vista de pájaro

**'bird's nest** nido *m*

**bird watch•ing** ['bɜːrdwɑːtʃɪŋ] observación *f* de aves; **go ~** ir a observar aves

**bi•ro®** ['baɪrou] *Br* bolígrafo *m*, *Mex* pluma *f*, *Rpl* birome *m*

**birth** [bɜːrθ] *also fig* nacimiento *m*; (*la-*

*bor*) parto *m*; **give ~ to** *child* dar a luz; *of animal* parir; **date of ~** fecha *f* de nacimiento; **the land of my ~** mi tierra natal

**'birth cer•tif•i•cate** partida *f* de nacimiento; **'birth con•trol** control *m* de natalidad; **'birth•day** cumpleaños *m inv*; **happy ~!** ¡feliz cumpleaños!; **'birth•day cake** tarta *f* de cumpleaños; **'birth•mark** marca *f* de nacimiento, antojo *m*; **'birth•place** lugar *m* de nacimiento; **'birth•rate** tasa *f* de natalidad

**bis•cuit** ['bɪskɪt] **1** bollo *m*, panecillo *m* **2** *Br* galleta *f*

**bi•sect** [baɪ'sekt] *v/t* MATH bisecar

**bi•sex•u•al** ['baɪsekʃʊəl] **1** *adj* bisexual **2** *n* bisexual *m/f*

**bish•op** ['bɪʃəp] obispo *m*

**bi•son** ['baɪsən] bisonte *m*

**bis•tro** ['biːstrou] *restaurante pequeño e informal*

**bit**¹ [bɪt] *n* **1** (*piece*) trozo *m*; (*part*) parte *f*, *of puzzle* pieza *f*; **a ~** (*a little*) un poco; **let's sit down for a ~** sentémonos un rato; **you haven't changed a ~** no has cambiado nada; **a ~ of** (*a little*) un poco de; **a ~ of news** una noticia; **a ~ of advice** un consejo; **~ by ~** poco a poco; **I'll be there in a ~** estaré allí dentro de un rato; **I've done my ~** yo ya he complido **2** COMPUT bit *m*

**bit**² [bɪt] *pret* ☞ **bite**

**bitch** [bɪtʃ] **I** *n* **1** *dog* perra *f* **2** F *woman* zorra *f* **II** *v/i* F (*complain*) quejarse

**bitch•y** ['bɪtʃɪ] *adj* F *person* malicioso; *remark* a mala leche F

**bite** [baɪt] **I** *n* **1** *of dog* mordisco *m*; *of spider, mosquito* picadura *f*; *of snake* mordedura *f*, picadura *f* **2** *of food* bocado *m*; **let's have a ~** (*to eat*) vamos a comer algo

**II** *v/t* (*pret* **bit**, *pp* **bitten**) *of dog* morder; *of mosquito, flea* picar; *of snake* picar, morder; **~ one's nails** morderse las uñas

**III** *v/i* (*pret* **bit**, *pp* **bitten**) **1** *of dog* morder; *of mosquito, flea* picar; *of snake* morder, picar **2** *of fish* picar

**bit•ing** ['baɪtɪŋ] *adj* **1** *wind, cold* helador, gélido **2** *remark, sarcasm* incisivo, mordaz

**bit-mapped** ['bɪtmæpt] *adj* en mapa de bits; **'bit part** papel *m* secundario; **'bit part play•er** actor *m* / actriz *f* de papeles secundarios

**bit•ten** ['bɪtn] *pp* ☞ *bite*

**bit•ter** ['bɪtər] *adj taste* amargo; *person* resentido; *weather* helador; *argument* agrio

**bit•ter•ly** ['bɪtərlɪ] *adv resent* amargamente; *it's ~ cold* hace un frío helador

**bit•ter•ness** ['bɪtərnɪs] **1** *taste* amargor *m* **2** *resentment* resentimiento *m*, amargura *f*

**bit•ty** ['bɪtɪ] *adj* F inconexo, incongruente

**bi•tu•men** ['bɪtjʊmɪn] MIN bitumen *m*

**biv•ou•ac** ['bɪvʊæk] **I** *n* campamento *m* **II** *v/i* acampar

**biz** [bɪz] F ☞ *business*

**bi•zarre** [bɪ'zɑːr] *adj* extraño, peculiar

**blab** [blæb] *v/i* (*pret & pp -bed*) F irse de la lengua F

**blab•ber•mouth** ['blæbərmaʊθ] F bocazas *m/f inv* F

**black** [blæk] **I** *adj* negro; *coffee* solo; *tea* sin leche; *fig* negro; *day* aciago **II** *n* **1** *color* negro *m*; *be in the ~* FIN no estar en números rojos, tener saldo positivo; *in ~ and white* en blanco y negro; *in writing* por escrito **2** *person* negro(-a) *m(f)*

◆ **black out** *v/i* perder el conocimiento

**black-and-'white** *adj illustration, movie, television* en blanco y negro; **'black•ball** *v/t* **1** votar en contra de **2** (*exclude*) aislar, excluir; **'black•ber•ry** mora *f*; **'black•bird** mirlo *m*; **'blackboard** pizarra *f*, encerado *m*; **black 'box** caja *f* negra; **black 'cof•fee** café *m* solo; **'black•cur•rant** BOT grosella *f* negra; **black e'con•o•my** economía *f* sumergida

**black•en** ['blækn] *v/t fig: person's name* manchar

**black 'eye** ojo *m* morado; **black-eyed pea** ['blækaɪd] judía *f* carilla *or* de vaca; **'black•head** espinilla *f*, punto *m* negro; **black 'hole** AST agujero *m* negro; **'black ice** *on road* placa *f* de hielo; **watch out for ~** ten cuidado con las placas de hielo

**black•ish** ['blækɪʃ] *adj* negruzco

**'black•jack** blackjack *m*; **'black•list I** *n* lista *f* negra **II** *v/t* poner en la lista negra; **black 'mag•ic** magia *f* negra; **'black•mail I** *n* chantaje *m*; **emotional ~** chantaje emocional **II** *v/t* chantajear; **black-mail•er** ['blækmeɪlər] chantajista *m/f*; **black 'mar•ket** mercado *m* negro; **black mar•ket•eer** [mɑːrkə'tɪr] comerciante *m/f* en el mercado negro

**black•ness** ['blæknɪs] oscuridad *f*

**'black•out 1** ELEC apagón *m* **2** MED desmayo *m*; **have a ~** desmayarse; **black 'pud•ding** *Br* morcilla *f*; **Black 'Sea: the ~** el mar Negro; **black 'sheep** *fig* oveja *f* negra; **'black•smith** herrero *m*; **'black spot** punto *m* negro; **black 'tie: a ~ dinner** una cena de gala; **'black•top** carretera *f* asfaltada

**blad•der** ['blædər] vejiga *f*

**blade** [bleɪd] **1** *of knife, sword* hoja *f* **2** *of propeller, turbine* pala *f* **3** *of grass* brizna *f* **4** *of windshield wiper* escobilla *f*

**blame** [bleɪm] **I** *n* culpa *f*; **I got the ~ for it** me echaron la culpa **II** *v/t* culpar; **~ s.o. for sth** culpar a alguien de algo

**blame•less** ['bleɪmlɪs] *adj* inocente, sin culpa

**blanch** [blɑːntʃ] **I** *v/t* GASTR escaldar, hervir **II** *v/i* palidecer

**bland** [blænd] *adj* **1** *smile* insulso **2** *food* insípido, soso

**blank** [blæŋk] **I** *adj* **1** (*not written on*) en blanco; *tape* virgen; **leave ~** dejar en blanco **2** *look* inexpresivo **3** *cartridge* de fogueo **II** *n* **1** (*empty space*) espacio *m* en blanco; **my mind's a ~** tengo la mente en blanco **2** *cartridge* cartucho *m* de fogueo

**blank 'check**, *Br* **blank 'cheque** cheque *m* en blanco

**blan•ket** ['blæŋkɪt] manta *f*, *L.Am.* frazada *f*; **a ~ of snow** un manto de nieve

**blare** [bler] *v/i* retumbar

◆ **blare out I** *v/i* retumbar **II** *v/t* emitir a todo volumen

**blar•ney** ['blɑːrnɪ] coba *f*, lisonja *f*

**bla•sé** [blɑː'zeɪ] *adj* indiferente

**blas•pheme** [blæs'fiːm] *v/i* blasfemar

**blas•phe•mous** ['blæsfəməs] *adj* blasfemo

**blas•phe•my** ['blæsfəmɪ] blasfemia *f*

**blast** [blæst] **I** *n* **1** (*explosion*) explosión *f* **2** (*gust*) ráfaga *f* **II** *v/t* **1** *tunnel* abrir (con explosivos); *rock* volar **2**: **~!** F ¡mecachis! F

◆ **blast off** *v/i of rocket* despegar

**'blast door** puerta *f* blindada

**blast•ed** ['blæstɪd] *adj* F maldito F, condenado F

'blast fur•nace alto horno *m*; 'blast-off despegue *m*; 'blast wave onda *f* expansiva

bla•tant ['bleɪtənt] *adj* descarado

blaze [bleɪz] **1** *n* (*fire*) incendio *m*; *a ~ of color* una explosión de color **2** *v/i of fire* arder

◆ blaze away *v/i with gun* disparar sin parar

blaz•er ['bleɪzər] americana *f*

blaz•ing ['bleɪzɪŋ] *adj building* en llamas; *be ~ hot* hacer un calor achicharrante; *a ~ row* una discusión acalorada

bleach [bliːtʃ] **1** *n for clothes* lejía *f*; *for hair* decolorante *m* **2** *v/t hair* aclarar, desteñir

bleach•ers ['bliːtʃərz] *npl* SP gradas *fpl*

bleak [bliːk] *adj countryside* inhóspito; *weather* desapacible; *future* desolador

blear•y-eyed ['blɪrɪaɪd] *adj* con ojos de sueño

bleat [bliːt] *v/i of sheep* balar

bled [bled] *pret & pp* ☞ **bleed**

bleed [bliːd] **1** *v/i* (*pret & pp* bled) sangrar; *he's ~ing internally* tiene una hemorragia interna; *~ to death* desangrarse **2** *v/t* (*pret & pp* bled) *fig* sangrar; *he's ~ing me dry* me está chupando la sangre

bleed•ing ['bliːdɪŋ] hemorragia *f*

bleep [bliːp] **1** *n* pitido *m* **2** *v/i* pitar **3** *v/t on pager* llamar con el buscapersonas

bleep•er ['bliːpər] *Br* buscapersonas *m inv*, *Span* busca *m*, *Mex* localizador *m*, *RPl* radiomensaje *m*

blem•ish ['blemɪʃ] **1** *n* imperfección *f* **2** *v/t reputation* manchar

blend [blend] **1** *n of coffee etc* mezcla *f*; *fig* combinación *f* **2** *v/t* mezclar

◆ blend in **1** *v/i of person in environment* pasar desapercibido; *of animal with surroundings etc* confundirse; *of furniture etc* combinar **2** *v/t in cooking* añadir

blend•er ['blendər] *machine* licuadora *f*

bless [bles] *v/t* (*pret & pp* -*ed* or *blest*) bendecir; (*God*) *~ you!* ¡que Dios te bendiga!; *in response to sneeze* ¡Jesús!; *be ~ed with* tener la suerte de tener

bless•ed ['blesɪd] *adj also euph* bendito, sagrado; *the Blessed Virgin* la bendita Virgen María

bless•ing ['blesɪŋ] *also fig* bendición *f*; *give s.o. / sth one's ~* echar la bendi-

ción a algo / alguien

blest [blest] *pret & pp* ☞ **bless**

blew [bluː] *pret* ☞ **blow²**

blight [blaɪt] **1** *n* **1** BOT plaga *f* **2** *fig* maldición *f*, desgracia *f* **2** *v/t* plagar

bli•mey ['blaɪmɪ] *int Br* F ¡vaya! F, ¡toma! F

blimp [blɪmp] zepelín *m*

blind [blaɪnd] **1** *adj* ciego; *corner* sin visibilidad; *go ~* quedarse ciego; *be ~ to sth fig* no ver algo; *as ~ as a bat* más ciego que un topo **1** *n* **1** *on window* estor *m*; (*roller ~*) persiana *f* **2** *pl*: *the ~* los ciegos, los invidentes **III** *v/t of sun* cegar; *she was ~ed in an accident* se quedó ciega a raíz de un accidente

blind 'al•ley callejón *m* sin salida

blind 'date cita *f* a ciegas

blind•ers ['blaɪndərz] *npl* antojeras *fpl*

'blind•fold **1** *n* venda *f* **1** *v/t* vendar los ojos a **III** *adv* con los ojos cerrados

blind•ing ['blaɪndɪŋ] *adj light* cegador; *headache* terrible

blind•ly ['blaɪndlɪ] *adv* a ciegas; *fig* ciegamente

blind•man's 'buff gallinita *f* ciega

blind•ness ['blaɪndnɪs] ceguera *f*

'blind spot **1** *in road* punto *m* sin visibilidad; *in driving mirror* ángulo *m* muerto **2** (*ability that is lacking*) punto *m* flaco

blink [blɪŋk] *v/i* parpadear

blink•ered ['blɪŋkərd] *adj fig* cerrado

blink•ers ['blɪŋkərz] *npl* **1** MOT (*luces fpl*) intermitentes *mpl* **2** *Br: for horse* antojeras *fpl*

blip [blɪp] *on radar screen* señal *f*, luz *f*; *it's just a ~ fig* es algo momentáneo

bliss [blɪs] felicidad *f*; *it was ~* fue fantástico

bliss•ful ['blɪsfʊl] *adj* estupendo, fantástico

blis•ter ['blɪstər] **1** *n* ampolla *f* **1** *v/i* ampollarse; *of paint* hacer burbujas

'blis•ter pack blister *m*

blithe•ly ['blaɪðlɪ] *adv* alegremente, a la ligera

blitz [blɪts] *air attack* bombardeo *m*

blitzed [blɪtsd] *adj* P *on alcohol, drugs* colgado P

bliz•zard ['blɪzərd] ventisca *f*

bloat•ed ['bloʊtɪd] *adj* hinchado

blob [blɑːb] *of nail varnish, paint etc* goterón *m*

**bloc** [blɑːk] POL bloque *m*

**block** [blɑːk] **I** *n* **1** bloque *m*; *buildings* manzana *f*, *L.Am.* cuadra *f*; *of shares* paquete *m*; **~ of seats** grupo *m* de asientos **2** (*blockage*) bloqueo *m* **3** *in basketball* gorro *m*, tapón *m* **II** *v/t* bloquear; *sink* atascar

♦ **block in** *v/t with vehicle* bloquear el paso a

♦ **block out** *v/t* **1** *light* impedir el paso de **2** *memory* apartar de la mente

♦ **block up** *v/t sink etc* atascar; **I'm feeling all blocked up** tengo la nariz tapada

**block•ade** [blɑːˈkeɪd] **I** *n* bloqueo *m* **II** *v/t* bloquear

**block•age** [ˈblɑːkɪdʒ] obstrucción *f*

**block and 'tack•le** sistema *m* de poleas; **block 'book•ing** reserva *f* en grupo; **block•bust•er** [ˈblɑːkbʌstər] gran éxito *m*, exitazo *m*; **'block•bust•er mov•ie** exitazo *m* de película; **block 'cap•i•tals** *npl* (letras *fpl*) mayúsculas *fpl*; **'block•head** F cabeza hueca *or* vacía *m/f* F; **block 'let•ters** *npl* (letras *fpl*) mayúsculas *fpl*

**bloke** [bloʊk] *Br* F tipo *m* F, *Span* tío *m* F

**blond** [blɑːnd] *adj* rubio

**blonde** [blɑːnd] *woman* rubia *f*

**blood** [blʌd] sangre *f*; **in cold ~** a sangre fría

**'blood al•co•hol lev•el** nivel *m* de alcohol en la sangre; **'blood bank** banco *m* de sangre; **'blood bath** baño *m* de sangre; **'blood clot** MED coágulo *m*; **blood-curdling** [ˈblʌdkɜːrdlɪŋ] *adj* espantoso, horripilante; **'blood do•nor** donante *m/f* de sangre; **'blood group** grupo *m* sanguíneo; **'blood•hound** perro *m* sabueso

**blood•less** [ˈblʌdlɪs] *adj coup* incruento, pacífico

**'blood or•ange** naranja *f* de sangre; **'blood poi•son•ing** septicemia *f*; **'blood pres•sure** tensión *f* (arterial), presión *f* sanguínea; **'blood pud•ding** morcilla *f*; **'blood re•la•tion: she's not a ~ of mine** no nos unen lazos de sangre; **'blood sam•ple** muestra *f* de sangre; **blood•shed** [ˈblʌdʃed] derramamiento *m* de sangre; **'blood•shot** *adj* enrojecido; **'blood sport** *deporte en el que se matan animales*; **'blood•stain**

mancha *f* de sangre; **'blood•stained** *adj* ensangrentado, manchado de sangre; **'blood•stream** flujo *m* sanguíneo; **'blood•suck•er** *also fig* sanguijuela *f*; **blood 'sug•ar lev•el** nivel *m* de azúcar en la sangre; **'blood test** análisis *m inv* de sangre; **'blood•thirst•y** *adj* sanguinario; *movie* macabro; **'blood transfu•sion** transfusión *f* sanguínea; **'blood type** grupo *m* sanguíneo; **'blood ves•sel** vaso *m* sanguíneo

**blood•y** [ˈblʌdɪ] *adj* **1** *hands etc* ensangrentado; *battle* sangriento **2** *Br* F maldito F, puñetero F

**Blood•y 'Mar•y** Bloody Mary *m* (*cocktail de vodka y zumo de tomate*)

**blood•y-'mind•ed** *adj* perverso, retorcido

**bloom** [bluːm] **I** *n* flor *f*; **in ~** en flor **II** *v/i also fig* florecer

**bloom•ing** [ˈbluːmɪŋ] *adj Br* F maldito F

**blos•som** [ˈblɑːsəm] **I** *n* flores *fpl* **II** *v/i also fig* florecer

**blot** [blɑːt] **1** *n* mancha *f*, borrón *m*; **be a ~ on the landscape** estropear el paisaje **2** *v/t* (*pret & pp* **-ted**) (*dry*) secar

**blotch** [blɑːtʃ] *on skin* erupción *f*, mancha *f*

**blotch•y** [ˈblɑːtʃɪ] *adj skin* con erupciones

♦ **blot out** *v/t* **1** *sun, view* ocultar **2** *memory* borrar

**blot•ting pa•per** [ˈblɑːtɪŋ] papel *m* secante

**blot•to** [ˈblɑːtoʊ] *adj* P pedo P, mamado P

**blouse** [blaʊz] blusa *f*

**blow**[1] [bloʊ] *n* golpe *m*

**blow**[2] [bloʊ] **I** *v/t* (*pret* **blew**, *pp* **blown**) *smoke* exhalar; *whistle* tocar; F (*spend*) fundir F; *opportunity* perder, desaprovechar; **~ one's nose** sonarse (la nariz) **II** *v/i* (*pret* **blew**, *pp* **blown**) *of wind, person* soplar; *of whistle* sonar; *of fuse* fundirse; *of tire* reventarse

♦ **blow away** *v/t* **1** *of wind* llevarse **2** P (*kill*) liquidar F, *Span* cargarse F

♦ **blow in** *v/i* F (*arrive*) aparecer

♦ **blow off I** *v/t* llevarse; **blow off steam** F desahogarse, *Span* desfogarse **II** *v/i of hat etc* salir volando

♦ **blow out I** *v/t candle* apagar; **blow one's brains out** volarse la tapa de

los sesos ‖ v/i of candle apagarse
◆ **blow over** I v/t derribar, hacer caer ‖ v/i **1** because of wind caerse, derrumbarse **2** of storm amainar; of argument calmarse
◆ **blow up** I v/t **1** with explosives volar **2** balloon hinchar **3** photograph ampliar ‖ II v/i **1** (explode) explotar **2** F (become angry) ponerse furioso
'**blow-dry** v/t (pret & pp **-ied**) secar (con secador)
**blow•er** ['bləʊər] TECH ventilador m, turbina f
'**blow•fly** ZO moscardón m; '**blow•job** V mamada f V; '**blow•lamp** TECH Br soplete m
**blown** [bləʊn] pp ☞ **blow²**
'**blow•out** of tire reventón m; F (big meal) comilona f F; **budget ~** desbordamiento m del presupuesto; '**blow•pipe** cebratana f, canuto m; '**blow•torch** TECH soplete m; '**blow-up** of photo ampliación f
**blowz•y** ['blaʊzɪ] adj woman dejada, desaliñada
**blub•ber**¹ ['blʌbər] v/i cry llorar, berrear
**blub•ber**² ['blʌbər] n of whale cetina f
**bludg•eon** ['blʌdʒən] v/t golpear, apalear; **~ s.o. to death** matar a alguien a golpes; **~ s.o. into doing sth** fig coaccionar or acosar a alguien para que haga algo
**blue** [bluː] I adj **1** azul **2** F movie porno inv F **3**: **be feeling ~** F sentirse decaído or triste ‖ n azul m
'**blue•bell** BOT campanilla f; '**blue•ber•ry** arándano m; '**blue•bird** ZO azulejo m; blue-blood•ed ['blʌdɪd] adj de sangre azul; '**blue•bot•tle** ZO mosca f azul; blue 'chip adj puntero, de primera fila; blue-'col•lar work•er trabajador(a) m(f) manual; '**blue•jacket** agente m/f de policía; '**blue jay** ZO arrendajo m americano; '**blue jeans** npl Span vaqueros mpl, L.Am. jeans mpl, jean m; blue 'mov•ie F película f porno F; '**blue•print** plano m; fig proyecto m, plan m; '**blue rinse** reflejos mpl azules
**blues** [bluːz] npl MUS blues m inv; **have the ~** estar deprimido
'**blues sing•er** cantante m/f de blues
'**blue•stock•ing** F pej intelectual f
**bluff** [blʌf] I n (deception) farol m ‖ v/i ir de farol ‖ III v/t: **she ~ed her way**

**through the interview** estuvo faroleando durante toda la entrevista
**blu•ish** ['bluːɪʃ] adj azulado
**blun•der** ['blʌndər] **1** n error m de bulto, metedura f de pata **2** v/i cometer un error de bulto, meter la pata
**blunt** [blʌnt] adj **1** pencil sin punta; knife desafilado **2** person franco
**blunt•ly** ['blʌntlɪ] adv speak francamente
**blur** [blɜːr] **1** n imagen f desenfocada; **everything is a ~** todo está desenfocado **2** v/t (pret & pp **-red**) desdibujar
**blurb** [blɜːrb] on book nota f promocional
**blurred** [blɜːrd] adj borroso, desenfocado
◆ **blurt out** [blɜːrt] v/t soltar
**blush** [blʌʃ] I n rubor m, sonrojo m ‖ v/i ruborizarse, sonrojarse
**blush•er** ['blʌʃər] cosmetic colorete m
**blus•ter** ['blʌstər] v/i protestar encolerizadamente
**blus•ter•y** ['blʌstərɪ] adj tempestuoso
**BMI** [biːem'aɪ] abbr (= **body mass index**) IMC (= Índice m de Masa Corporal)
'**B-mov•ie** película f de la serie B
**BO** [biː'əʊ] abbr (= **body odor**) olor m corporal
**bo•a con•strict•or** [bəʊəkən'strɪktər] ZO boa f
**boar** [bɔːr] ZO jabalí m
**board** [bɔːrd] I n **1** tablón m, tabla f; for game tablero m; for notices tablón m; **across the ~** de forma general **2**: **~ (of directors)** consejo m de administración **3**: **on ~** on plane, boat, train a bordo; **take on ~** comments etc aceptar, tener en cuenta; (fully realize truth of) asumir ‖ v/t airplane etc embarcar; train subir a ‖ v/i **1** of passengers embarcar **2**: **~ with** as lodger hospedarse con
◆ **board up** v/t cubrir con tablas
**board•er** ['bɔːrdər] huésped m/f
'**board game** juego m de mesa
'**board•ing card** ['bɔːrdɪŋ] tarjeta f de embarque; '**board•ing house** hostal m, pensión f; '**board•ing pass** tarjeta f de embarque; '**board•ing school** internado m
'**board meet•ing** reunión f del consejo de administración; '**board room** sala f de reuniones or juntas; '**board•walk**

paseo *m* marítimo con tablas

**boast** [boʊst] **I** *n* presunción *f*, jactancia *f* **II** *v/i* presumir, alardear (**about** de)

**boast•er** ['boʊstər] bravucón(-ona) *m(f)*

**boast•ful** ['boʊstfʊl] *adj* presuntuoso, pretencioso

**boat** [boʊt] barco *m*; *small, for leisure* barca *f*; **go by ~** ir en barco

'**boat•house** caseta *f* para barcas; '**boat peo•ple** *npl* refugiados *mpl* en barca; '**boat race** regata *f*

**boat•swain** ['boʊsn] NAUT contramaestre *m*

**bob**[1] [bɑːb] *n haircut* corte *m* a lo chico

**bob**[2] [bɑːb] *v/i* (*pret & pp* -**bed**) *of boat etc* mecerse

◆ **bob up** *v/i* aparecer

**bob•bin** ['bɑːbɪn] bobina *f*, rollo *m*

**bob•by** ['bɑːbɪ] *Br* F agente *m* de policía

'**bob•by pin** pinza *f* de pelo

'**bob cat** ZO lince *m*

'**bob•sled**, '**bob•sleigh** bobsleigh *m*

**bode**[1] [boʊd] *v/i*: **~ ill** ser un mal presagio; **~ well** ser un buen presagio

**bode**[2] [boʊd] *pret* ☞ **bide**

**bod•ice** ['bɑːdɪs] cuerpo *m*

**bod•i•ly** ['bɑːdɪlɪ] **I** *adj* corporal; *needs* físico; *function* fisiológico **II** *adv* eject en volandas

**bod•y** ['bɑːdɪ] **1** cuerpo *m*; *dead* cadáver *m* **2** *of car* carrocería *f* **3**: **~ of water** masa *f* de agua

'**bod•y bag** bolsa *f* para cadáveres; '**bod•y build•er** culturista *m/f*; '**bod•y build•ing** culturismo *m*; '**bod•y•check** *v/t* SP blocar; '**bod•y•guard** guardaespaldas *m/f inv*; '**bod•y lan•guage** lenguaje *m* corporal; '**bod•y mass in•dex** índice *m* de masa corporal; '**bod•y o•dor** olor *m* corporal; '**bod•y pierc•ing** piercing *m*, perforaciones *fpl* corporales; '**bod•y search** cacheo *m*; '**bod•y•shop** MOT taller *m* de carrocería; '**bod•y stock•ing** malla *f*; '**bod•y suit** body *m*; '**bod•y•work** MOT carrocería *f*

**bog** [bɑːg] pantano *m*, ciénaga *f*

◆ **bog down** *v/i*: **get bogged down** *also fig* atascarse, atrancarse (**in** en)

**bo•gey 1** *worry* ☞ **bogy 2** *Br. in nose* ☞ **booger**

**bog•gle** ['bɑːgl] *v/i*: **it ~s the mind!** ¡no quiero ni pensarlo!

**bog•gy** ['bɑːgɪ] *adj* pantanoso

**bo•gus** ['boʊgəs] *adj* falso

**bo•gy** ['boʊgɪ] temor *m*, miedo *m*

**boil**[1] [bɔɪl] *n swelling* forúnculo

**boil**[2] [bɔɪl] **I** *v/t liquid* hervir; *egg, vegetables* cocer **II** *v/i* hervir

◆ **boil down to** *v/t* reducirse a

◆ **boil over** *v/i of milk etc* salirse

**boiled po•tat•oes** [bɔɪldpə'teɪtoʊz] *npl L.Am.* papas *fpl or Span* patatas *fpl* hervidas

**boil•er** ['bɔɪlər] caldera *f*

'**boil•er suit** *Br* mono *m*, peto *m*

'**boil•ing point** ['bɔɪlɪŋ] *of liquid* punto *m* de ebullición; **reach ~** *fig* perder la paciencia

**bois•ter•ous** ['bɔɪstərəs] *adj* escandaloso

**bold** [boʊld] **I** *adj* **1** valiente, audaz **2** *text* en negrita **II** *n print* negrita *f*; **in ~** en negrita

**Bo•liv•i•a** [bə'lɪvɪə] Bolivia *f*

**Bo•liv•i•an** [bə'lɪvɪən] **I** *adj* boliviano **II** *n* boliviano(-a) *m(f)*

**Bo•liv•i•an 'pla•teau** El Altiplano

**bol•lard** ['bɑːlɑːrd] **1** NAUT bolardo *m* **2** *Br. in road* baliza *f*

**bol•locks** ['bɑːləks] *pl Br* V: **a load of ~** un montón de gilipolleces V

**bo•lo•ney** [bə'loʊnɪ] F chorrada *f* F, memez *f* F

**bo•lo tie** ['boʊloʊtaɪ] corbata *f* de cordón con plaquita

**bol•ster** ['boʊlstər] *v/t confidence* reforzar

**bolt** [boʊlt] **I** *n* **1** *on door* cerrojo *m*, pestillo *m* **2** *with nut* perno *m* **3** *of lightning* rayo *m*; **like a ~ from the blue** de forma inesperada **II** *adv*: **~ upright** erguido **III** *v/t* **1** (*attach with bolts*) atornillar **2** *close* cerrar con cerrojo *or* pestillo **IV** *v/i* (*run off*) fugarse, escaparse

◆ **bolt down** *v/t food* engullirse

**bomb** [bɑːm] **I** *n* bomba *f* **II** *v/t* MIL bombardear; *of terrorist* poner una bomba en **III** *v/i* F *of play, movie etc* fracasar

**bom•bard** [bɑːm'bɑːrd] *v/t also fig* bombardear

**bom•bard•ment** [bɑːm'bɑːrdmənt] bombardeo *m*

**bom•bast** ['bɑːmbæst] grandilocuencia *f*

**bom•bas•tic** [bɑːm'bæstɪk] *adj* bombástico, grandilocuente

'bomb at•tack atentado *m* con bomba
'bomb dis•pos•al u•nit comando *m* de desarticulación de explosivos
bombed [bɑːmbd] *adj* P *on alcohol, drugs*: **be ~** ir ciego P
bomb•er ['bɑːmər] **1** *airplane* bombardero *m* **2** *terrorist* terrorista *m/f* (*que pone bombas*)
'bomb•er jack•et cazadora *f* de aviador
bomb•ing ['bɑːmɪŋ] bombardeo *m*
'bomb•proof *adj* a prueba de bombas; 'bomb scare amenaza *f* de bomba; 'bomb•shell *fig*: *news* bomba *f*; 'bomb threat amenaza *f* de bomba
bo•na fi•de [boʊnə'fiːdeɪ] *adj* verdadero, genuino
bo•nan•za [bə'nænzə] **I** *n* bonanza *f*, prosperidad *f* **II** *adj* próspero
bond [bɑːnd] **I** *n* **1** (*tie*) unión *f* **2** FIN bono *m* **II** *v/t* **1** *of glue* adherirse **2** *of people* establecer vínculos
bond•age ['bɑːndɪdʒ] **1** *slavery* esclavitud *f* **2** *sexual practice* bondage *m*
bond•ed ware•house ['bɑːndɪd] depósito *m* franco
'bond•hold•er COM tenedor(a) *m(f)* de bonos *or* obligaciones
bond•ing ['bɑːndɪŋ]: **male ~** establecimiento *m* de vínculos *or* lazos entre hombres
bone [boʊn] **I** *n* hueso *m*; *of fish* espina *f* **II** *v/t meat* deshuesar; *fish* quitar las espinas a
◆ bone up on *v/t* F *subject* matarse estudiando, *Span* machacar F, *Mex* zambutirse F, *Chi* matearse en F, *Rpl* tragarse F
'bone-dry *adj* completamente seco; 'bone•head F tonto(-a) *m(f)* F; 'bone-idle *adj* holgazán, perezoso
bon•fire ['bɑːnfaɪr] hoguera *f*
bonk [bɑːŋk] *v/t* F *hit* golpear suavemente
bonk•ers ['bɑːŋkərz] *adj* P chiflado F; **go ~** volverse majara F
bon•net ['bɑːnɪt] *Br: of car* capó *m*
bo•nus ['boʊnəs] *money* plus *m*, bonificación *f*; (*something extra*) ventaja *f* adicional; **a Christmas ~** un plus por Navidad
bon•y ['boʊnɪ] *adj* **1** *body* huesudo, escuálido **2** *fish* espinoso
boo [buː] **I** *n* abucheo *m* **II** *v/t* & *v/i* abuchear

boob [buːb] P (*breast*) teta *f* P
boo•boo ['buːbuː] F metedura *f* de pata
boo•by ['buːbɪ] F memo(-a) *m(f)* F
'boo•by hatch P loquería *f* P; 'boo•by prize premio *m* al perdedor; 'boo•by trap **1** *bomb* bomba *f* lapa **2** *joke* broma *f* pesada
boo•ger ['buːgər] F moco *m*; **he picked a ~ out of his nose** se sacó un moco de la nariz
book [bʊk] **I** *n* **1** libro *m* **2** *of matches* caja *f* (*de solapa*) **II** *v/t* **1** (*reserve*) reservar **2** *of policeman* multar **III** *v/i* (*reserve*) reservar, hacer una reserva
'book•bind•er encuadernador(a) *m(f)*; 'book•case estantería *f*, librería *f*; 'book club club *m* de lectores
booked up [bʊkt'ʌp] *adj* lleno, completo; *person* ocupado
'book end reposalibros *m inv*
book•ie ['bʊkɪ] *Br* F corredor(a) *m(f)* de apuestas
book•ing ['bʊkɪŋ] (*reservation*) reserva *f*
'book•ing clerk taquillero(-a) *m(f)*; 'book•ing fee suplemento *m* por reserva; 'book•ing of•fice taquilla *f*, *L.Am.* boletería *f*
book•ish ['bʊkɪʃ] *adj* estudioso
'book•keep•er tenedor(a) *m(f)* de libros, contable *m/f*
'book•keep•ing contabilidad *f*
book•let ['bʊklɪt] folleto *m*
'book•mak•er corredor(a) *m(f)* de apuestas
'book•mark **I** *n* **1** marcapáginas *m inv* **2** COMPUT marcador *m*, favorito *m* **II** *v/t* COMPUT añadir a la lista de marcadores *or* favoritos
book•mo•bile ['bʊkmoʊbiːl] biblioteca *f* ambulante
books [bʊks] *npl* (*accounts*) contabilidad *f*; **do the ~** llevar la contabilidad
'book•sell•er librero(-a) *m(f)*; 'book•shelf estante *m*; 'book•shop *Br* librería *f*; 'book•stall *Br* puesto *m* de venta de libros; 'book•store librería *f*; 'book to•ken vale *m* para comprar libros; 'book val•ue FIN valor *m* contable; 'book•worm ratón *m* de biblioteca
Bool•e•an ['buːlɪən] *adj* booleano
boom[1] [buːm] **I** *n* boom *m* **II** *v/i of business* desarrollarse, experimentar un boom
boom[2] [buːm] *n noise* estruendo *m*

**boom•er•ang** ['buːməræŋ] I *n* bumerán *m* II *v/i fig* salir el tiro por la culata; *it ~ed on him* le salió el tiro por la culata

'**boom mi•cro•phone** jirafa *f*

**boon** [buːn] bendición *f*

**boon•docks** ['buːndɑːks], **boon•ies** ['buːnɪz] *npl* F: *they live out in the ~* viven en el quinto pino F

**boor** [bʊr] basto *m*, grosero *m*

**boor•ish** ['bʊrɪʃ] *adj* basto, grosero

**boost** [buːst] I *n to sales, economy* impulso *m*; *your confidence needs a ~* necesitas algo que te dé más confianza II *v/t production, economy* estimular, impulsar; *morale* levantar

**boost•er** ['buːstər] **1** MED vacuna *f* de refuerzo **2** (*supporter*) entusiasta *m/f*

'**boost•er ca•bles** *npl* MOT cables *mpl* de arranque; '**boost•er rock•et** cohete *m* propulsor; '**boost•er seat** asiento *m* para niño; '**boost•er shot** MED vacuna *f* de refuerzo

**boot** [buːt] **1** bota *f* **2** *Br. of car* maletero *m*, *C.Am.*, *Mex* cajuela *f*, *Rpl* baúl *m*
◆ **boot out** *v/t* F echar
◆ **boot up** *v/t & v/i* COMPUT arrancar

'**boot•black** limpiabotas *m inv*; '**boot-camp** F campo *m* de entrenamiento; '**boot disk** COMPUT disco *m* de arranque

**boot•ee** ['buːtiː] patuco *m*

**booth** [buːð] *at market, fair* cabina *f*, *at exhibition* puesto *m*, stand *m*; (*in restaurant*) mesa rodeada por bancos fijos

**boot•ie** ['buːtiː] ☞ **bootee**

'**boot•lace** cordón *m*; '**boot•leg** *adj whiskey* clandestino; *recording, CD* pirata; **boot•lick•er** ['buːtlɪkər] F pelota *m/f* F; '**boot•straps** *npl*: *pull o.s. up by one's ~* arreglárselas uno solo

**boo•ty** ['buːtɪ] botín *m*

**booze** [buːz] F bebida *f*, *Span* priva *f* F

**bor•der** ['bɔːrdər] I *n* **1** *between countries* frontera *f* **2** (*edge*) borde *m*; *on clothing* ribete *m* II *v/t country* limitar con; *river* bordear
◆ **border on** *v/t* **1** *country* limitar con **2** (*be almost*) rayar en

'**bor•der con•trols** *npl* controles *mpl* fronterizos; '**bor•der cros•sing** paso *m* fronterizo; '**bor•der•guard** guardia *m/f* fronterizo(-a); '**bor•der•land** frontera *f*; '**bor•der•line** *adj*: *a ~ case* un caso dudoso; *it's ~* es algo intermedio

**bore**[1] [bɔːr] I *v/t hole* taladrar; *~ a hole in sth* taladrar algo

**bore**[2] [bɔːr] I *n person* pesado(-a) *m(f)*, pelma *m/f inv* F II *v/t* aburrir

**bore**[3] [bɔːr] *pret* ☞ **bear**[2]

**bored** [bɔːrd] *adj* aburrido; *I'm ~* me aburro, estoy aburrido

**bore•dom** ['bɔːrdəm] aburrimiento *m*

**bor•ing** ['bɔːrɪŋ] *adj* aburrido

**born** [bɔːrn] *adj*: *be ~* nacer; *where were you ~?* ¿dónde naciste?; *be a ~ teacher* haber nacido para ser profesor

'**born-a•gain** *adj*: *~ Christian* persona convertida a un culto evangélico como resultado de una experiencia religiosa

**borne** [bɔːrn] *pp* ☞ **bear**[2]

**bor•ough** ['bʌrou] municipio *m*

**bor•row** ['bɑːrou] *v/t* tomar prestado (*from* de)
◆ **borrow against** *v/t* avalar con

**bor•row•er** ['bɑːrouər] prestatario(-a) *m(f)*

**bor•row•ings** ['bɑːrouɪŋz] *npl* préstamos *mpl*

**Bos•ni•a** ['bɑːznɪə] Bosnia *f*

**Bos•ni•a-Her•ze•go•vi•na** [bɑːznɪə-hɜːrtsə'gɑːvɪnə] Bosnia y Hercegovina *f*

**Bos•ni•an** ['bɑːznɪən] I *adj* bosnio II *n person* bosnio(-a) *m(f)*

**bos•om** ['bʊzm] *of woman* pecho *m*

**boss** [bɑːs] jefe(-a) *m(f)*
◆ **boss around** *v/t* dar órdenes a

**boss•y** ['bɑːsɪ] *adj* mandón

**Bos•to•ni•an** [bɑːs'tounjən] I *adj* de Boston II *n* abitante *m/f* de Boston

**bo•tan•ic** [bə'tænɪk] botánico

**bo•tan•i•cal** [bə'tænɪkl] *adj* botánico

**bo•tan•i•cal gar•dens** *npl* jardín *m* botánico

**bot•a•nist** ['bɑːtənɪst] botánico(-a) *m(f)*

**bot•a•ny** ['bɑːtənɪ] botánica *f*

**botch** [bɑːtʃ] *v/t* arruinar, estropear

**both** [bouθ] I *adj & pron* ambos, los dos; *I know ~ (of the) brothers* conozco a ambos hermanos, conozco a los dos hermanos; *~ of them* ambos, los dos II *adv*: *~ my mother and I* tanto mi madre como yo; *he's ~ handsome and intelligent* es guapo y además inteligente; *is it business or pleasure? – ~* ¿es de negocios o de placer? – las dos cosas

**both•er** ['bɑːðər] I *n* molestias *fpl*; *it's no*

~ no es ninguna molestia **II** *v/t* **1** (*disturb*) molestar **2** (*worry*) preocupar **III** *v/i* preocuparse; **don't ~!** (*you needn't do it*) ¡no te preocupes!; **you needn't have ~ed** no deberías haberte molestado

**both•er•some** ['bɑːðərsʌm] *adj* molesto

**bot•tle** ['bɑːtl] **I** *n* botella *f*; *for baby* biberón *m*; **hit the ~** F darse a la bebida F **II** *v/t* embotellar

◆ **bottle up** *v/t feelings* reprimir, contener

'**bot•tle bank** contenedor *m* de vidrio
**bot•tled wa•ter** ['bɑːtld] agua *f* embotellada

'**bot•tle•neck** *in road* embotellamiento *m*, atasco *m*; *in production* cuello *m* de botella

'**bot•tle-o•pen•er** abrebotellas *m inv*
**bot•tom** ['bɑːtəm] **I** *adj* inferior, de abajo **II** *n* **1** *of drawer, case, pan* fondo *m*; *of hill, page* pie *m*; *of pile* parte *f* inferior; (*underside*) parte *f* de abajo; *of street* final *m*; *of garden* fondo *m*; **at the ~ of the screen** en la parte inferior de la pantalla; **at the ~ of the page** al pie de la página **2** (*buttocks*) trasero *m*

◆ **bottom out** *v/i* tocar fondo
**bot•tom 'gear** primera *f*
**bot•tom•less** ['bɑːtəmlıs] *adj*: **a ~ pit** *fig* un pozo sin fondo
**bot•tom 'line 1** (*financial outcome*) saldo *m* final **2** (*real issue*) realidad *f*
'**bot•tom-of-the-range** *adj* de gama baja
**bot•u•lism** ['bɑːtjulɪzm] MED botulismo *m*
**bough** [baʊ] *lit* rama *f*
**bought** [bɔːt] *pret & pp* ☞ **buy**
**bouil•lon cube** ['buːjɑːnkjuːb] pastilla *f* de caldo
**boul•der** ['boʊldər] roca *f* redondeada
**boul•e•vard** ['buːləvɑːrd] bulevar *m*
**bounce** [baʊns] **I** *v/t ball* botar **II** *v/i of ball* botar, rebotar; *on sofa etc* saltar; *of rain* rebotar; *of check* ser rechazado; **check that ~s** cheque *m* sin fondos **III** *n* bote *m*
**bounc•er** ['baʊnsər] portero *m*, gorila *m*
**bounc•ing** ['baʊnsıŋ] *adj baby* saludable
**bounc•y** ['baʊnsı] *adj ball* que bota bien; *cushion, chair* mullido

**bound**[1] [baʊnd] *adj*: **be ~ to do sth** (*obliged to*) estar obligado a hacer algo; **she's ~ to call an election soon** (*sure to*) seguro que convoca elecciones pronto
**bound**[2] [baʊnd] *adj*: **be ~ for** *of ship* llevar destino a
**bound**[3] [baʊnd] **I** *n* (*jump*) salto *m* **II** *v/i* saltar
**bound**[4] [baʊnd] *pret & pp* ☞ **bind**
**bound•a•ry** ['baʊndərı] límite *m*; *between countries* frontera *f*
**bound•less** ['baʊndlıs] *adj* ilimitado, infinito
**boun•ti•ful** ['baʊntıful] *adj* **1** *generous* generoso **2** *plentiful* abundante
**boun•ty** ['baʊntı] **1** *generosity* generosidad *f* **2** *prize* recompensa *f*
'**boun•ty hunt•er** cazarrecompensas *m/f inv*
**bou•quet** [buˈkeı] **1** *flowers* ramo *m* **2** *of wine* bouquet *m*
**bour•bon** ['bɜːrbən] bourbon *m*
**bour•geois** ['buːʒwɑː] *adj* burgués
**bour•geoi•sie** [buʒwɑːˈziː] burguesía *f*
**bout** [baʊt] **1** MED ataque *m* **2** *in boxing* combate *m*
**bou•tique** [buːˈtiːk] boutique *f*
**bo•vine** ['boʊvaın] *adj* **1** ZO bovino **2** *stupid* bobo
**bow**[1] [baʊ] **I** *n as greeting* reverencia *f* **II** *v/i* saludar con la cabeza **III** *v/t head* inclinar

◆ **bow out** *v/i* retirarse
**bow**[2] [boʊ] *n* **1** (*knot*) lazo *m* **2** MUS, *for archery* arco *m*
**bow**[3] [baʊ] *n of ship* proa *f*
**bowd•ler•ize** ['baʊdləraız] *v/t text* censurar
**bow•els** ['baʊəlz] *npl* entrañas *fpl*
**bowl**[1] [boʊl] *n for rice, cereals etc* cuenco *m*; *for soup* plato *m* sopero; *for salad* ensaladera *f*; *for washing* barreño *m*, palangana *f*
**bowl**[2] [boʊl] SP **I** *n ball* bola *f* **II** *v/i* lanzar la bola

◆ **bowl over** *v/t fig* (*astonish*) impresionar, maravillar
**bow•leg•ged** ['boʊlegd] *adj* estevado
**bow legs** ['boʊlegz] *npl* piernas *fpl* estevadas
**bowl•er** ['boʊlər] **1** jugador(a) *m(f)* de bolos **2** *Br: in cricket* pitcher *m/f*, lanzador(a) *m(f)*

'**bowl•er hat** *Br* sombrero *m* de hongo
**bowl•ing** ['boʊlɪŋ] bolos *mpl*; **Friday's his ~ night** todos los viernes por la noche va a jugar a los bolos
'**bowl•ing al•ley** bolera *f*
**bow•sprit** ['boʊsprɪt] NAUT bauprés *m*
**bow tie** [boʊ'taɪ] pajarita *f*
**box**[1] [bɑːks] *n* **1** *container* caja *f* **2** *on form* casilla *f*; *in soccer* área *f*
◆ **box in** *v/t*: **be boxed in** *of driver, runner* estar encajonado; **feel boxed in** sentirse enjaulado
**box**[2] [bɑːks] *v/i* boxear
'**box car** RAIL vagón *m* de mercancías
**box•er** ['bɑːksər] boxeador(a) *m(f)*
'**box•er shorts** *npl* calzoncillos *mpl*, boxers *mpl*
**box•ing** ['bɑːksɪŋ] boxeo *m*
'**Box•ing Day** *Br*: *el 26 de diciembre, día festivo*; '**box•ing glove** guante *m* de boxeo; '**box•ing match** combate *m* de boxeo; '**box•ing ring** cuadrilátero *m*, ring *m*
'**box lunch** *almuerzo comprado en una tienda para llevar al colegio o al trabajo*; '**box num•ber** *at post office* apartado *m* de correos; '**box of•fice** taquilla *f*, *L.Am.* boletería *f*; **box-of•fice** 'hit éxito *m* de taquilla *or L.Am.* boletería
**boy** [bɔɪ] **1** niño *m*, chico *m* **2** (*son*) hijo *m* **3**: (*oh*) **~!** ¡madre mía!
**boy•cott** ['bɔɪkɑːt] **I** *n* boicot *m* **II** *v/t* boicotear
'**boy•friend** novio *m*
**boy•ish** ['bɔɪʃ] *adj* varonil
**boy'scout** boy scout *m*
**bo•zo** ['boʊzoʊ] F memo(-a) *m(f)* F
**bra** [brɑː] sujetador *m*, sostén *m*
**brace** [breɪs] *on teeth* aparato *m*
**brace•let** ['breɪslɪt] pulsera *f*
**bra•cer•o** [brə'seroʊ] *temporero mejicano en EE.UU.*
**brac•ing** ['breɪsɪŋ] *adj* vigorizador, revitalizador
**brack•en** ['brækən] BOT helechos *fpl*
**brack•et** ['brækɪt] **1** *for shelf* escuadra *f*, soporte *m* **2**: (*square*) **~** *in text* corchete *m* **3**: **enter the ~s** entrar en el campo de juego
**brack•ish** ['brækɪʃ] *adj* un poco salado
**brag** [bræɡ] *v/i* (*pret & pp* **-ged**) presumir, fanfarronear
**braid** [breɪd] **1** *in hair* trenza *f* **2** *trimming* trenzado *m*

**braille** [breɪl] braille *m*
**brain** [breɪn] cerebro *m*; **use your ~** utiliza la cabeza
'**brain•child** creación *f*, invento *m*; '**brain dam•age** MED lesiones *fpl* cerebrales; '**brain dead** *adj* MED clínicamente muerto; '**brain death** MED muerte *f* cerebral; '**brain drain** fuga *f* de cerebros
**brain•less** ['breɪnlɪs] *adj* F estúpido
**brains** [breɪnz] *npl* (*intelligence*) inteligencia *f*; **the ~ of the operation** el cerebro de la operación; **pick s.o.'s ~** pedir consejo a alguien, preguntar a alguien
'**brain•storm** idea *f* genial; **brainstorm•ing** ['breɪnstɔːrmɪŋ] tormenta *f* de ideas; '**brain•storm•ing ses•sion** sesión *f* de brainstorming; '**brain sur•geon** neurocirujano(-a) *m(f)*; '**brain sur•ger•y** neurocirugía *f*; **brain•teas•er** ['breɪntiːzər] rompecabezas *m inv*; '**brain trust** panel *m* de expertos; '**brain tu•mor** tumor *m* cerebral; '**brain•wash** *v/t* lavar el cerebro a; **they were ~ed into believing that ...** se les lavó el cerebro y se les hizo creer que ...; '**brainwash•ing** lavado *m* de cerebro; '**brain•wave** *Br* (*brilliant idea*) idea *f* genial
**brain•y** ['breɪnɪ] *adj* F: **be ~** tener mucho coco F, ser una lumbrera
**braise** [breɪz] *v/t* GASTR estofar
**brake** [breɪk] **I** *n* freno *m*; **put the ~s on public spending** poner el freno al gasto público **II** *v/i* frenar
'**brake flu•id** MOT líquido *m* de frenos; '**brake light** MOT luz *f* de frenado; **brake 'horse•pow•er** potencia *f* de frenado; '**brake lin•ing** revestimiento *m* del freno; '**brake pad** *f* pastilla del freno; '**brake ped•al** MOT pedal *m* del freno; '**brake shoe** zapata *f* (del freno)
**brak•ing dis•tance** ['breɪkɪŋ] distancia *f* de frenado
**bram•ble** ['bræmbl] *Br* BOT zarza *f*
**bran** [bræn] salvado *m*
**branch** [bræntʃ] **1** *of tree* rama *f* **2** *of bank, company* sucursal *f*
◆ **branch off** *v/i of road* bifurcarse
◆ **branch out** *v/i* diversificarse; **they've branched out into furniture** han empezado a trabajar también con muebles

'branch line RAIL ramal *m*; 'branch man•ag•er director(a) *m(f)* de sucursal; 'branch of•fice sucursal *f*; 'branch wa•ter 1 *from stream* agua *m* mineral 2 *from faucet* agua *m* del grifo

brand [brænd] I *n* marca *f*; ~ *of humor* sentido *m* del humor II *v/t* 1 *cattle* marcar 2: *be ~ed a liar* ser tildado de mentiroso

brand a'ware•ness conocimiento *m* de marca

brand 'im•age imagen *f* de marca

bran•dish ['brændɪʃ] *v/t* blandir

brand 'lead•er marca *f* líder (del mercado); brand 'loy•al•ty lealtad *f* a una marca, fidelidad *f* a la marca; 'brand name marca *f*, nombre *m* comercial; brand-'new *adj* nuevo; brand re•cog'ni•tion reconocimiento *m* de la marca

bran•dy ['brændɪ] brandy *m*, coñac *m*

'bran•dy glass copa *f* de coñac

brash [bræʃ] *adj* arrogante

brass [bræs] 1 *alloy* latón *m* 2 MUS: *the ~* los metales

brass 'band banda *f* de música

brass 'hat F MIL mandamás *m/f* F; *director etc also* jefe(-a) *m(f)*

bras•sière [brə'zɪr] sujetador *m*, sostén *m*

brass 'tacks *npl*: *get down to ~* F ir al grano

bras•sy ['brɑːsɪ] *adj* 1 *sound* estridente 2 F *woman* ordinario

brat [bræt] *pej* niñato(-a) *m(f)*

bra•va•do [brə'vɑːdoʊ] bravuconería *f*

brave [breɪv] *adj* valiente, valeroso; *put on a ~ face* guardar la compostura

brave•ly ['breɪvlɪ] *adv* valientemente, valerosamente

brav•er•y ['breɪvərɪ] valentía *f*, valor *m*

bra•vo ['brɑːvoʊ] *int* bravo II *n* bravo *m*

brawl [brɔːl] I *n* pelea *f* II *v/i* pelearse

brawn [brɔːn] *physical strength* fuerza *f* bruta

brawn•y ['brɔːnɪ] *adj* fuerte, musculoso

bray [breɪ] *v/i* 1 *of donkey* rebuznar 2 *of person* carcajearse

bra•zen ['breɪzn] *adj* descarado

◆ brazen out *v/t*: *brazen it out* echarle cara

bra•zen-faced ['breɪznfeɪst] descarado

bra•zier ['breɪzɪər] brasero *m*

Bra•zil [brə'zɪl] Brasil *m*

Bra•zil•i•an [brə'zɪlɪən] I *adj* brasileño II *n* brasileño(-a) *m(f)*

Bra•zil•i•an 'high•lands Macizo *m* de Brasil

Bra'zil nut coquito *m* del Brasil

breach [briːtʃ] 1 (*violation*) infracción *f*, incumplimiento *m* 2 *in party* ruptura *f*

breach of 'con•tract LAW incumplimiento *m* de contrato

breach of 'trust abuso *m* de confianza

bread [bred] pan *m*; *a loaf of ~* un pan: *I know which side my ~ is buttered on* F sé lo que me conviene

'bread bas•ket *fig* granero *m*; 'bread bin *Br* ☞ *bread box*, 'bread board tabla *f* para cortar el pan; 'bread box panera *f*; 'bread•crumbs *npl for cooking* pan *m* rallado; *for birds* migas *fpl*; 'bread knife cuchillo *m* del pan; 'bread•line: *be on the ~* vivir en la pobreza; 'bread roll panecillo *m*

breadth [bredθ] *of road* ancho *m*; *of knowledge* amplitud *f*

'bread•win•ner: *be the ~* ser el que gana el pan

break [breɪk] I *n* 1 *in bone etc* fractura *f*, rotura *f* 2 (*rest*) descanso *m*; (*vacation*) vacaciones *fpl*; *take a ~* descansar; *vacation* ir de vacaciones; *without a ~ work, travel* sin descanso 3 *in relationship* separación *f* temporal 4: *give s.o. a ~* F (*opportunity*) ofrecer una oportunidad a alguien; *give me a ~!* ¡hazme el favor!

II *v/t* (*pret broke, pp broken*) 1 *device* romper, estropear; *stick* romper, partir; *arm, leg* fracturar, romper; *glass, egg* romper 2 *rules, law* violar, incumplir; *promise* romper 3 *news* dar 4 *record* batir 5: ~ *a journey* interrumpir un viaje

III *v/i* (*pret broke, pp broken*) 1 *of device* romperse, estropearse; *of glass, egg* romperse 2 *of news* saltar; *of stick* partirse, romperse 2 *of news* saltar; *of storm* estallar, comenzar 3 *of boy's voice* cambiar 4: ~ *with tradition* romper con la tradición

◆ break away *v/i* 1 (*escape*) escaparse 2 *from family* separarse; *from organization* escindirse

◆ break down I *v/i* 1 *of vehicle* averiarse, estropearse; *of machine* estropearse 2 *of talks* romperse 3 *in tears* romper a llorar; *mentally* venirse abajo II *v/t* 1 *door* derribar 2 *figures* detallar, desglosar

◆ **break even** *v/i* COM cubrir gastos

◆ **break in** I *v/i* **1** (*interrupt*) interrumpir **2** *of burglar* entrar II *v/t horse* domar, amansar; F *person* formar, entrenar

◆ **break into** *v/t* **1** *house etc* entrar en, *L.Am.* entrar a **2**: *break into a cold sweat* empezar a sentir un sudor frío

◆ **break off** I *v/t* **1** partir **2** *relationship, negotiations* romper; *they've broken it off* han roto II *v/i* (*stop talking*) interrumpirse

◆ **break out** *v/i* **1** (*start up*) comenzar **2** *of fighting* estallar; *of disease* desatarse; *he broke out in a rash* le salió un sarpullido **3** *of prisoners* escaparse, darse a la fuga

◆ **break up** I *v/t* **1** *into component parts* descomponer; *company* dividir **2** *fight* poner fin a II *v/i of ice* romperse; *of couple* terminar, separarse; *of band* separarse; *of meeting* terminar

**break•a•ble** ['breɪkəbl] *adj* rompible, frágil

**break•age** ['breɪkɪdʒ] rotura *f*

'**break•a•way** escisión *f* (*from* de); '**break•a•way group** grupo *m* disidente; '**break-dance** *v/i* bailar breakdance; '**break danc•er** bailarín(-ina) *m(f)* de breakdance; '**break danc•ing** breakdance *m*

'**break•down 1** *of vehicle, machine* avería *f* **2** *of talks* ruptura *f* **3** (*nervous* ~) crisis *f inv* nerviosa **4** *of figures* desglose *m*

**break•er** ['breɪkər] *wave* ola *f* grande

**break-'e•ven point** punto *m* de equilibrio

**break•fast** ['brekfəst] desayuno *m*; *have* ~ desayunar

'**break•fast meet•ing** reunión *f* durante el desayuno

'**break•fast tel•e•vi•sion** televisión *f* matinal

'**break-in** entrada *f* (*mediante la fuerza*); *robbery* robo *m*; *we've had a* ~ han entrado a robar

**break•ing and en•ter•ing** [breɪkɪŋænd'entərɪŋ] LAW allanamiento *m* de morada; **break•ing 'bulk** COM carga *f* fraccionada; '**break•ing point: reach** ~ perder los estribos

'**break•neck** *adj*: *at* ~ *speed* a toda velocidad; '**break•out** *from prison* eva-

sión *f*, fuga *f*; '**break•through** *in plan, negotiations* paso *m* adelante; *of science, technology* avance *m* '**break-up** *of marriage, partnership* ruptura *f*, separación *f*; '**break•wat•er** rompeolas *m inv*

**breast** [brest] **1** *of woman* pecho *m* **2** *of chicken* pechuga *f*

'**breast•bone** ANAT esternón *m*; '**breast•feed** *v/t* (*pret & pp* *-fed*) amamantar; '**breast pock•et** bolsillo *m* interior (*a la altura del pecho*); '**breast-stroke** braza *f*

**breath** [breθ] respiración *f*, aliento *m*; *get your* ~ *back first* primero, recobra la respiración *or* el aliento; *be out of* ~ estar sin respiración; *she took a deep* ~ respiró hondo

**breath•a•lyze** ['breθəlaɪz] *v/t* MOT hacer la prueba de la alcoholemia a

**Breath•a•lyz•er®** ['breθəlaɪzər] MOT alcoholímetro *m*

**breathe** [briːð] I *v/i* respirar II *v/t* **1** (*inhale*) aspirar, respirar **2** (*exhale*) exhalar, espirar

◆ **breathe in** *v/t & v/i* aspirar, inspirar

◆ **breathe out** *v/t & v/i* espirar

**breath•er** ['briːðər] F respiro *m*; *have or take a* ~ tomarse un respiro

**breath•ing** ['briːðɪŋ] respiración *f*; ~ *space* respiro *m*

**breath•less** ['breθlɪs] *adj*: *arrive* ~ llegar sin respiración, llegar jadeando

**breath•less•ness** ['breθlɪsnɪs] dificultad *f* para respirar

**breath•tak•ing** ['breθteɪkɪŋ] *adj* impresionante, sorprendente

'**breath test** prueba *f* de la alcoholemia

**bred** [bred] *pret & pp* ☞ **breed**

**breed** [briːd] I *n* raza *f* II *v/t* (*pret & pp bred*) criar; *plants* cultivar; *fig* causar, generar III *v/i* (*pret & pp bred*) *of animals* reproducirse

**breed•er** ['briːdər] *of animals* criador(a) *m(f)*; *of plants* cultivador(a) *m(f)*

**breed•ing** ['briːdɪŋ] **1** *of animals* cría *f*; *of plants* cultivo *m* **2** *of person* educación *f*

'**breed•ing ground** *fig* caldo *m* de cultivo

**breeze** [briːz] brisa *f*; *shoot the* ~ F charlar F; *be a* ~ estar chupado *or* tirado F

◆ **breeze in** *v/i* F entrar despreocupa-

**bring**

damente
**'breeze block** *bloque de cemento ligero*
**breez•i•ly** ['briːzɪlɪ] *adv fig* jovialmente, tranquilamente
**breez•y** ['briːzɪ] *adj* **1** ventoso **2** *fig* jovial, tranquilo
**bre•vi•ar•y** ['briːvjərɪ] REL breviario *m*
**brev•i•ty** ['brevətɪ] brevedad *f*
**brew** [bruː] **I** *v/t* **1** *beer* elaborar **2** *tea* preparar, hacer **II** *v/i of storm* avecinarse; *of trouble* fraguarse
**brew•er** ['bruːər] fabricante *m/f* de cerveza
**brew•er•y** ['bruːərɪ] fábrica *f* de cerveza
**bribe** [braɪb] **I** *n* soborno *m*, *Mex* mordida *f*, *S.Am.* coima *f* **II** *v/t* sobornar; **~ s.o. to do sth** sobornar a alguien para que haga algo
**brib•er•y** ['braɪbərɪ] soborno *m*, *Mex* mordida *f*, *S.Am.* coima *f*
**bric-a-brac** ['brɪkəbræk] baratijas *fpl*
**brick** [brɪk] ladrillo *m*
**'brick•bat** revés *m*; **'brick•lay•er** albañil *m/f*; **brick 'wall:** *but I came up against a* **~** F pero me encontré con un obstáculo infranqueable; *it's like talking to a* **~!** F ¡es como hablarle a la pared! F; **'brick•work** enladrillado *m*
**brid•al suite** ['braɪdl] suite *f* nupcial
**bride** [braɪd] novia *f* (*en boda*)
**'bride•groom** novio *m* (*en boda*)
**'brides•maid** dama *f* de honor
**bridge**[1] [brɪdʒ] **I** *n* **1** *also* NAUT puente *m*; *burn one's* **~** *s fig* quemar las naves; *we'll cross that* **~** *when we come to it fig* cuando llegue el momento abordaremos el problema **2** *of nose* caballete *m* **II** *v/t gap* superar, salvar
**bridge**[2] [brɪdʒ] *n card game* bridge *m*
**'bridge•head** MIL cabeza *f* de puente
**'bridge loan** COM crédito *m* de puente
**bridg•ing loan** ['brɪdʒɪŋ] *Br* ☞ **bridge loan**
**bri•dle** [braɪdl] **I** *n* brida *f* **II** *v/i:* **~** *at sth* indignarse ante algo
**brief**[1] [briːf] *adj* breve, corto; *in* **~** en breve
**brief**[2] [briːf] **I** *n* (*instructions*) misión *f*; *of designer etc* pautas *fpl* **II** *v/t:* **~** *s.o. on sth* informar a alguien de algo
**'brief•case** maletín *m*
**brief•ing** ['briːfɪŋ] sesión *f* informativa; *give s.o. a* **~** *on sth* informar a alguien de algo

**brief•ly** ['briːflɪ] *adv* **1** (*for a short period of time*) brevemente **2** (*in a few words*) en pocas palabras **3** (*to sum up*) en resumen
**brief•ness** ['briːfnɪs] brevedad *f*
**briefs** [briːfs] *npl for women* bragas *fpl*; *for men* calzoncillos *mpl*
**bri•gade** [brɪ'geɪd] MIL brigada *f*
**brig•a•dier** [brɪgə'dɪər] MIL general *m* de brigada
**bri•gand** ['brɪgənd] bandito *m*
**bright** [braɪt] *adj* **1** *color* vivo; *smile* radiante; *future* brillante, prometedor; (*sunny*) soleado, luminoso **2** (*intelligent*) inteligente
◆ **bright•en up** ['braɪtn] **I** *v/t* alegrar **II** *v/i of weather* aclararse; *of face, person* alegrarse, animarse
**bright•ly** ['braɪtlɪ] *adv shine* intensamente, fuerte; *smile* alegremente
**bright•ness** ['braɪtnɪs] **1** *of light* brillo *m*; *of weather* luminosidad *f*; *of smile* alegría *f* **2** (*intelligence*) inteligencia *f*
**'bright•ness con•trol** control *m* de la luminosidad
**bril•liance** ['brɪljəns] **1** *of person* genialidad *f* **2** *of color* resplandor *m*
**bril•liant** ['brɪljənt] *adj* **1** *sunshine etc* resplandeciente, radiante **2** (*very good*) genial **3** (*very intelligent*) brillante
**brim•ful** ['brɪmfʊl] *adj* rebosante
**brim** [brɪm] **I** *of container* borde *m*; *of hat* ala *f* **II** *v/i* (*pret & pp* **-med**): *his eyes* **~***med with tears* tenía los ojos llenos de lágrimas; *be* **~***ming with confidence* rebosar (de) confianza
**brine** [braɪn] GASTR salmuera *f*
**bring** [brɪŋ] *v/t* (*pret & pp* **brought**) traer; **~** *it here, will you* tráelo aquí, por favor; *can I* **~** *a friend?* ¿puedo traer a un amigo?, ¿puedo venir con un amigo?; **~** *onto the market* introducir en el mercado; **~** *an action against s.o.* interponer una demanda contra alguien
◆ **bring about** *v/t* ocasionar; *bring about peace* traer la paz
◆ **bring around** *v/t* **1** *from a faint* hacer volver en sí **2** (*persuade*) convencer, persuadir
◆ **bring back** *v/t* **1** (*return*) devolver; *memories* traer **2** (*re-introduce*) reinstaurar

◆ **bring down** v/t **1** fence, tree tirar, echar abajo; government derrocar; bird, airplane derribar **2** rates, inflation, price reducir

◆ **bring forward** v/t **1** in bookkeeping pasar a cuenta nueva **2** Br: meeting etc adelantar

◆ **bring in** v/t interest, income generar; legislation introducir; verdict pronunciar; **let's bring Bob in on the discussion** que participe Bob en la discusión

◆ **bring off** v/t deal conseguir, lograr

◆ **bring on** v/t illness provocar; **you brought it on yourself** tú te lo buscaste

◆ **bring out** v/t **1** book, video, new product sacar **2** (emphasize, highlight) realzar, hacer resaltar

◆ **bring to** v/t from a faint hacer volver en sí

◆ **bring up** v/t **1** child criar, educar; **I was brought up to believe in ...** desde niño, me enseñaron a creer en ... **2** subject mencionar, sacar a colación **3** (vomit) vomitar

**brink** [brɪŋk] borde m; **be on the ~ of doing sth** fig estar a punto de hacer algo

**brin•y** ['braɪnɪ] adj salobre

**brisk** [brɪsk] adj person, voice enérgico; walk rápido; trade animado

**bris•tle** ['brɪsl] v/i: **the streets are bristling with policemen** las calles están atestadas de policías

**brist•les** ['brɪslz] npl on chin pelos mpl; of brush cerdas fpl

**bris•tly** ['brɪslɪ] adj hirsuto

**Brit** [brɪt] F británico(-a) m(f)

**Brit•ain** ['brɪtn] Gran Bretaña f

**Brit•ish** ['brɪtɪʃ] **I** adj británico **II** npl: **the ~** los británicos

**Brit•ish•er** ['brɪtɪʃər] británico(-a) m(f)

**Brit•ish 'Isles** npl: **the ~** las Islas Británicas

**Brit•on** ['brɪtn] británico(-a) m(f)

**brit•tle** ['brɪtl] adj frágil, quebradizo

**broach** [broʊtʃ] v/t subject sacar a colación

**broad** [brɔːd] **I** adj ancho; smile amplio; (general) general; **in ~ daylight** a plena luz del día **II** n F (woman) tía f F

**'broad•cast I** n emisión f; **a live ~** una retransmisión en directo **II** v/t (pret & pp **-cast**) emitir, retransmitir

**'broad•cast•er** presentador(a) m(f)

**'broad•cast•ing** emisiones fpl; (TV) televisión f; (radio) radiodifusión f

**'broad•casting rights** npl derechos mpl de emisión

**broad•en** ['brɔːdn] **I** v/i ensancharse, ampliarse **II** v/t ensanchar; **~ one's horizons** ampliar los horizontes

**'broad•jump** salto m de longitud

**'broad jump•er** saltador(a) m(f) de longitud

**broad•ly** ['brɔːdlɪ] adv en general; **~ speaking** en términos generales

**broad'mind•ed** adj tolerante, abierto

**broad•mind•ed•ness** [brɔːd'maɪndɪdnɪs] mentalidad f abierta

**'broad•sheet (news•pa•per)** periódico m de formato grande

**'broad•side** NAUT andanada f; fig diatriba f; **fire a ~ at s.o.** also fig acometer contra alguien

**bro•cade** [broʊ'keɪd] brocado m

**broc•co•li** ['brɑːkəlɪ] brécol m, brócoli m

**bro•chure** ['broʊʃər] folleto m

**brogue**[1] [broʊg] tipo de zapato de piel

**brogue**[2] [broʊg] accent acento m irlandés / escocés

**broil** [brɔɪl] v/t asar a la parrilla

**broil•er** ['brɔɪlər] **1** on stove parrilla f **2** chicken pollo m (para asar)

**broke** [broʊk] **I** adj F: **be ~** temporarily estar sin blanca F; long term estar arruinado; **go ~** (go bankrupt) arruinarse **II** pret **~ break**

**bro•ken** ['broʊkn] **I** adj roto; home deshecho; **they talk in ~ English** chapurrean el inglés **II** pp **~ break**

**bro•ken-heart•ed** ['hɑːrtɪd] adj desconsolado, destrozado

**bro•ker** ['broʊkər] **I** n corredor(a) m(f), agente m/f **II** v/t deal negociar

**bro•ker•age** ['broʊkərədʒ] **1** agencia f de bolsa **2** fee corretaje m

**bron•chi•al** ['brɑːŋkjəl] adj ANAT, MED bronquial

**bron•chi•tis** [brɑːŋ'kaɪtɪs] bronquitis f

**Bronx cheer** [brɑːŋks'tʃɪr] F pedorreta f F

**bronze** [brɑːnz] bronce m

**'Bronze Age** Edad f del Bronce; **'bronze med•al** medalla f de bronce; **'bronze med•al•(l)ist** medallista m/f de bronce

**brooch** [broʊtʃ] broche m

**brood** [bru:d] I *v/i of person* darle vueltas a las cosas; **~ about sth** darle vueltas a algo II *n* ZO nidada *f*; F *children* prole *f* F
**brood•y** ['bru:dɪ] *adj*: **be feeling ~** F estar con ganas de tener hijos
**brook**¹ [brʊk] *n* barroyo *m*
**brook**² [brʊk] *v/t*: **he will ~ no opposition** no aceptará ninguna oposición
**broom** [bru:m] escoba *f*
'**broom•stick** palo *m* de escoba
**broth** [brɒ:θ] **1** *soup* sopa *f* **2** *stock* caldo *m*
**broth•el** ['brɒ:θl] burdel *m*
**broth•er** ['brʌðər] hermano *m*
**broth•er•hood** ['brʌðərhʊd] hermandad *f*
'**broth•er-in-law** (*pl* **brothers-in-law**) cuñado *m*
**broth•er•ly** ['brʌðərlɪ] *adj* fraternal
**brought** [brɒ:t] *pret & pp* ☞ **bring**
**brow** [braʊ] **1** (*forehead*) frente *f* **2** *of hill* cima *f*
'**brow•beat** *v/t* (*pret* **-beat**, *pp* **-beaten**) intimidar; **~ s.o. into doing sth** intimidar a alguien para que haga algo
**brown** [braʊn] I *n* marrón *m*, *L.Am.* color *m* café II *adj* marrón; *eyes, hair* castaño; (*tanned*) moreno III *v/t in cooking* dorar IV *v/i in cooking* dorarse
'**brown•bag** *v/t* (*pret & pp* **-ged**) F: **~ it** llevar la comida al trabajo
**Brown•ie** ['braʊnɪ] escultista *f*
**brown•ie** ['braʊnɪ] *cake* pastel *m* de chocolate y nueces
'**Brown•ie points** *npl* tantos *mpl*; **earn ~** anotarse tantos
**brown•ish** ['braʊnɪʃ] *adj* parduzco
'**brown-nose** P I *v/t* lamer el culo a P II *n* lameculos *m/f* P; **brown 'pa•per** papel *m* de estraza; **brown pa•per 'bag** bolsa *f* de cartón; **brown 'sug•ar** azúcar *m or f* moreno(-a)
**browse** [braʊz] I *v/i in store* echar una ojeada; COMPUT navegar **~ through a book** hojear un libro II *v/t the Web* navegar por
**brows•er** ['braʊzər] COMPUT navegador *m*
**bruise** [bru:z] I *n* magulladura *f*, cardenal *f*, *on fruit* maca *f* II *v/t arm, fruit* magullar; (*emotionally*) herir III *v/i of person* hacerse cardenales; *of fruit* macarse

**bruis•ing** ['bru:zɪŋ] *adj fig* doloroso
**brunch** [brʌntʃ] *combinación de desayuno y almuerzo*
**bru•nette** [bru:'net] morena *f*
**brunt** [brʌnt]: **this area bore the ~ of the flooding** esta zona fue la más castigada por la inundación; **we bore the ~ of the layoffs** fuimos los más perjudicados por los despidos
**brush** [brʌʃ] I *n* **1** cepillo *m* **2** *conflict* roce *m* II *v/t* **1** cepillar **2** (*touch lightly*) rozar; (*move away*) quitar
◆ **brush against** *v/t* rozar
◆ **brush aside** *v/t* hacer caso omiso a, no hacer caso a
◆ **brush off** *v/t* sacudir; *criticism* no hacer caso a
◆ **brush up** *v/t* repasar
'**brush-off**: **give s.o. the ~** darle calabazas a alguien; **I got the ~** me dieron calabazas
'**brush•work** PAINT pincelada *f*
**brusque** [brʊsk] *adj* brusco
**Brus•sels** ['brʌslz] Bruselas *f*
**Brus•sels 'sprouts** *npl* coles *fpl* de Bruselas
**bru•tal** ['bru:tl] *adj* brutal
**bru•tal•i•ty** [bru:'tælətɪ] brutalidad *f*
**bru•tal•ize** ['bru:tǝlaɪz] *v/t* **1** *dehumanize* embrutecer **2** *mistreat* tratar brutalmente
**bru•tal•ly** ['bru:tǝlɪ] *adv* brutalmente; **be ~ frank** ser de una sinceridad aplastante
**brute** [bru:t] bestia *m/f*
'**brute 'force** fuerza *f* bruta
**B.S.** [bi:'es] F ☞ **bullshit**
**B.Sc.** [bi:es'si:] *abbr* (= **Bachelor of Science**) licenciatura *f* en Ciencias
**BSE** [bi:es'i:] *abbr* (= **bovine spongiform encephalopathy**) encefalopatía *f* espongiforme bovina
'**B-side** MUS cara *f* B
**bub•ble** ['bʌbl] burbuja *f*
◆ **bubble over with** *v/t*: **be bubbling over with enthusiasm** estar desbordante de entusiasmo
'**bub•ble bath** baño *m* de espuma; '**bub•ble gum** chicle *m*; '**bub•ble wrap** plástico *m* para embalar (*con burbujas*)
**bub•bly** ['bʌblɪ] I *n* F (*champagne*) champán *m* II *adj personality* alegre
**buck**¹ [bʌk] *n* F (*dollar*) dólar *m*
**buck**² [bʌk] *v/i of horse* corcovear

**buck**[3] [bʌk] n: **pass the ~** escurrir el bulto

**buck**[4] [bʌk] v/t F (defy) desafiar

◆ **buck for** v/t: **be bucking for promotion** estar agenciándose un ascenso F

**buck•et** ['bʌkɪt] cubo m

**buck•et•ful** ['bʌkɪtfʊl] cubo m lleno

'**buck•et seat** MOT asiento m envolvente

**buck•le**[1] ['bʌkl] I n hebilla f II v/t belt abrochar

**buck•le**[2] ['bʌkl] v/i of metal combarse

◆ **buckle down** v/i ponerse a trabajar

'**buck•skin** piel f de ciervo; '**buck teeth** npl dientes mpl salidos; '**buck•wheat** BOT alforfón m

**bud**[1] [bʌd] BOT capullo m, brote m; **nip sth in the ~** fig cortar algo de raíz

**bud**[2] [bʌd] F ☞ **buddy**

**Bud•dhism** ['bʊdɪzəm] budismo m

**Bud•dhist** ['bʊdɪst] I adj budista II n budista m/f

**bud•ding** ['bʌdɪŋ] adj artist, musician en ciernes

**bud•dy** ['bʌdɪ] F amigo(-a) m(f), Span colega m/f F; form of address Span colega m/f F, L.Am. compadre m/f F

**budge** [bʌdʒ] I v/t mover; (make reconsider) hacer cambiar de opinión II v/i moverse; (change one's mind) cambiar de opinión

**bud•ger•i•gar** ['bʌdʒərɪgɑːr] periquito m

**budg•et** ['bʌdʒɪt] I n presupuesto m; **be on a ~** tener un presupuesto limitado II v/i administrarse III adj 1 (inexpensive) económico 2 (relating to budgets) presupuestario

◆ **budget for** v/t contemplar en el presupuesto; fig contar con

**budg•et•ar•y** ['bʌdʒɪterɪ] adj presupuestario

'**budg•et def•i•cit** déficit m presupuestario

'**budg•et ho•tel** hotel m económico

**budg•et•ing** ['bʌdʒɪtɪŋ] elaboración f del presupuesto

'**budg•et sur•plus** excedente m presupuestario

**bud•gie** ['bʌdʒɪ] F periquito m

**Bue•nos Ai•res** [bwenɑːs'erez] Buenos Aires m

**buff**[1] [bʌf] adj color marrón claro

**buff**[2] [bʌf] n aficionado(-a) m(f); **a**

movie ~ un cinéfilo

**buf•fa•lo** ['bʌfəloʊ] búfalo m

'**buf•fa•lo grass** hierba f de búfalo

**buff•er** ['bʌfər] RAIL tope m; COMPUT búfer m; fig barrera f

**buf•fet**[1] ['bʊfeɪ] n meal bufé m

**buf•fet**[2] ['bʌfɪt] v/t of wind sacudir

**buf•foon** [bə'fuːn] payaso(-a) m(f)

**bug** [bʌg] I n insect bicho m; virus virus m inv; (spying device) micrófono m oculto; COMPUT error m II v/t (pret & pp **-ged**) **1** room colocar un micrófono en **2** (annoy) fastidiar F, jorobar F

◆ **bug off** v/i P largarse F, Chi, Col mandarse a cambiar F, Rpl mandarse mudar F

'**bug•bear** motivo m de preocupación

**bug•ger** ['bʌgər] Br P: **poor ~** pobre cabroncete m P; **silly ~** berzotas m/f inv F

◆ **bugger off** v/i Br P pirárselas; **bugger off!** ¡vete a cascarla!

◆ **bugger up** v/t Br P cagar

**bug•ging** ['bʌgɪŋ] escucha f or intervención f telefónica

**bug•gy** ['bʌgɪ] for baby cochecito m or silla f de bebé

'**bug•house** F frenopático m

**bu•gle** ['bjuːgl] corneta f, clarín m

**bu•gler** ['bjuːglər] corneta m/f, clarín m/f

**build** [bɪld] I n of person constitución f, complexión f II v/t (pret & pp **built**) construir, edificar

◆ **build on** v/t tomar como base

◆ **build up** I v/t strength aumentar; relationship fortalecer; collection acumular II v/i of dirt acumularse; of pressure, excitement aumentar

'**build•er** ['bɪldər] albañil m/f; company constructora f

'**build•ing** ['bɪldɪŋ] **1** edificio m **2** activity construcción f

'**build•ing blocks** npl for child piezas fpl de construcción; '**build•ing site** obra f; '**build•ing so•ci•e•ty** Br caja f de ahorros; '**build•ing trade** industria f de la construcción

'**build-up 1** (accumulation) acumulación f **2**: **after all the ~** publicity después de tantas expectativas

**built** [bɪlt] pret & pp ☞ **build**

'**built-in** adj cupboard empotrado; flash incorporado, integrado

**built-up 'ar•e•a** zona f urbanizada

**bundle**

**bulb** [bʌlb] **1** BOT bulbo *m* **2** (*light ~*) bombilla *f*, *Mex*, *RPl* foco *m*

**bul•bous** ['bʌlbəs] *adj nose* en forma de bulbo

**Bul•gar•i•a** [bʌl'gerɪə] Bulgaria *f*

**Bul•gar•i•an** [bʌl'gerɪən] **I** *adj* búlgaro **II** *n* **1** *person* búlgaro(-a) *m(f)* **2** *language* búlgaro *m*

**bulge** [bʌldʒ] **I** *n* bulto *m*, abultamiento *m* **II** *v/i of eyes* salirse de las órbitas; *of wall* abombarse

**bu•lim•i•a** [buˈlɪmɪə] bulimia *f*

**bu•lim•ic** [buˈlɪmɪk] *adj* bulímico

**bulk** [bʌlk]: *the ~ of* el grueso *or* la mayor parte de; *in ~ merchandise* a granel; *buy* al por mayor

**bulk buy•ing** ['bʌlkbaɪɪŋ] compra *f* al por mayor; '**bulk•head** NAUT mamparo *m*; '**bulk or•der** pedido *m* al por mayor

**bulk•y** ['bʌlkɪ] *adj* voluminoso

**bull** [bʊl] *animal* toro *m*

'**bull•dog** bulldog *m*

'**bull•dog clip** pinza *f* sujetapapeles

**bull•doze** ['bʊldoʊz] *v/t* **1** (*demolish*) demoler, derribar **2**: *~ s.o. into doing sth fig* obligar a alguien a hacer algo

**bull•doz•er** ['bʊldoʊzər] bulldozer *m*

**bul•let** ['bʊlɪt] bala *f*; *bite the ~* apechugar

**bul•le•tin** ['bʊlɪtɪn] boletín *m*

'**bul•le•tin board** *on wall* tablón *m* de anuncios; COMPUT tablón *m* de anuncios, BBS *f*

'**bul•let-proof** *adj* antibalas *inv*

'**bull fight** corrida *f* de toros; '**bull fighter** torero(-a) *m(f)*; '**bull fight•ing** tauromaquia *f*, los toros; '**bull•horn** megáfono *m*

**bul•lion** ['bʊljən]: *gold ~* oro *m* en lingotes

**bull•ish** ['bʊlɪʃ] *adj* COM al alza; *be ~ about sth fig* ser optimista con respecto a algo

'**bull mar•ket** FIN mercado *m* al alza

**bull•ock** ['bʊlək] buey *m*

'**bull•pen 1** *in police station* calabozo *m* **2** *in baseball* bullpen *m*; '**bull ring** plaza *f* de toros; '**bull's-eye** diana *f*, blanco *m*; *hit the ~* dar en el blanco

'**bull•shit I** *n* V *Span* gilipollez *f* V, *L.Am.* pendejada *f* V **II** *v/i* (*pret & pp -ted*) V decir *Span* gilipolleces V *or L.Am.* pendejadas V

'**bull ter•ri•er** bulterrier *m*

**bul•ly** ['bʊlɪ] **I** *n* matón(-ona) *m(f)*; *child* abusón(-ona) *m(f)* **II** *v/t* (*pret & pp -ied*) intimidar

**bul•ly•ing** ['bʊlɪɪŋ] intimidación *f*

**bul•rush** ['bʊlrʌʃ] BOT junco *m*

**bul•wark** ['bʊlwək] *fig* bastión *m*

**bum** [bʌm] F **I** *n* **1** (*tramp*) vagabundo(-a) *m(f)* **2** (*worthless person*) inútil *m/f* **II** *adj* (*useless*) inútil **III** *v/t* (*pret & pp -med*) *cigarette etc* gorronear

◆ **bum around** *v/i* F **1** (*travel*) vagabundear (*in* por) **2** (*be lazy*) haraganear, *Span* aguear, *L.Am.* flojear F

**bum•ble•bee** ['bʌmblbiː] abejorro *m*

**bum•bling** ['bʌmblɪŋ] *adj*: *a ~ fool* un bobo

**bum•mer** ['bʌmər] F rollo *m* F, lata *f* F

**bump** [bʌmp] **I** *n* (*swelling*) chichón *m*; *on road* bache *m*; *get a ~ on the head* darse un golpe en la cabeza **II** *v/t* golpear

◆ **bump into** *v/t* **1** *table* chocar con **2** (*meet*) encontrarse con

◆ **bump off** *v/t* F (*murder*) liquidar F

◆ **bump up** *v/t* F *prices* aumentar

**bump•er** ['bʌmpər] **I** *n Br* MOT parachoques *m inv*; *the traffic was ~ to ~* el tráfico estaba colapsado **II** *adj* (*extremely good*) excepcional, extraordinario

'**bump•er car** auto *m* de choque

'**bump•er stick•er** adhesivo *m* para el parachoques

**bump•kin** ['bʌmpkɪn]: *country ~* paleto(-a) *m(f)*

'**bump-start** *v/t* **1**: *~ a car* arrancar un coche empujándolo **2** *fig*: *economy* reanimar

**bump•tious** ['bʌmpʃəs] *adj* F presuntuoso

**bump•y** ['bʌmpɪ] *adj* con baches; *flight* movido

**bun** [bʌn] **1** *hairstyle* moño *m* **2** *for eating* bollo *m*

**bunch** [bʌntʃ] *of people* grupo *m*; *of keys* manojo *m*; *of flowers* ramo *m*; *of grapes* racimo *m*; *thanks a ~ iron* un millón de gracias

**bun•dle** ['bʌndl] **I** *n of clothes* fardo *m*; *of wood* haz *m* **II** *v/t*: *~ sth with sth* COM vender algo con algo

◆ **bundle up** *v/t* **1** liar **2** (*dress warmly*) abrigar

bung [bʌŋ] tapón *m*

◆ **bung up** *v/t* F tapar; *I'm a bit bunged up* tengo la nariz tapada

bun•gee jump•ing ['bʌndʒɪdʒʌmpɪŋ] puenting *m*

bun•gle ['bʌŋgl] *v/t* echar a perder

bun•gler ['bʌŋglər] chapucero(-a) *m(f)*

bun•gling ['bʌŋglɪŋ] *adj* chapucero

bun•ion ['bʌnjən] juanete *m*

bunk¹ [bʌŋk] *bed* litera *f*

bunk² [bʌŋk] F ☞ **bunkum**

'bunk beds *npl* literas *fpl*

bunk•er ['bʌŋkər] MIL, *in golf* búnker *m*

bun•kum ['bʌŋkəm] bobadas *fpl*

bun•ny ['bʌnɪ] conejito *m*

bun•sen burn•er ['bʌnsən] mechero *m* Bunsen

bunt [bʌnt] *in baseball* toque *m*

bun•ting ['bʌntɪŋ] banderines *mpl*

buoy [bɔɪ] NAUT boya *f*

buoy•an•cy ['bɔɪənsɪ] **1** PHYS flotabilidad *f* **2** *cheerfulness* optimismo *m*

buoy•ant ['bɔɪənt] *adj* animado, optimista; *economy* boyante

bur [bɜːr] BOT erizo *m*

bur•ble ['bɜːrbəl] *v/i & v/t* mascullar

bur•den ['bɜːrdn] **I** *n also fig* carga *f*; *the ~ of proof* LAW la obligación de probar **II** *v/t*: *~ s.o. with sth fig* cargar a alguien con algo

bur•den•some ['bɜːrdnsəm] *adj* pesado

bu•reau ['bjʊroʊ] **1** (*chest of drawers*) cómoda *f* **2** (*office*) departamento *m*, oficina *f*; *a translation ~* una agencia de traducción

bu•reauc•ra•cy [bjʊ'rɑːkrəsɪ] burocracia *f*

bu•reau•crat ['bjʊrəkræt] burócrata *m/f*

bu•reau•crat•ic [bjʊrə'krætɪk] *adj* burocrático

bu•reauc•ra•tize [bjʊ'rɑːkrətaɪz] *v/t* burocratizar

bu•reau de change [bjʊroʊdə'ʃɑːnʒ] oficina *f* de cambio

burg [bɜːrg] P pueblucho *m* F

bur•geon ['bɜːrdʒən] *v/i* crecer

bur•geon•ing ['bɜːrdʒənɪŋ] *adj* creciente

bur•ger ['bɜːrgər] hamburguesa *f*

bur•glar ['bɜːrglər] ladrón(-ona) *m(f)*

'bur•glar a•larm alarma *f* antirrobo

bur•glar•ize ['bɜːrgləraɪz] *v/t* robar

'bur•glar•proof *adj* a prueba de ladrones

bur•glar•y ['bɜːrglərɪ] robo *m*; *we've had a ~* nos han entrado en casa, nos han robado

bur•gle ['bɜːrgl] *v/t Br* robar

bur•i•al ['berɪəl] entierro *m*

bur•lesque [bɜːr'lesk] revista *f*

bur•ly ['bɜːrlɪ] *adj* corpulento, fornido

Bur•ma ['bɜːrmə] Birmania *f*

Bur•mese [bɜːr'miːz] **I** *adj* birmano **II** *n* **1**: *the ~* los birmanos **2** *language* birmano *m*

burn [bɜːrn] **I** *n* quemadura *f* **II** *v/t* (*pret & pp* **burnt**) quemar; *be ~t to death* morir abrasado **III** *v/i* (*pret & pp* **burnt**) *of wood, meat, in sun* quemarse

◆ **burn down I** *v/t* incendiar **II** *v/i* incendiarse

◆ **burn out** *v/t*: *burn o.s. out* quemarse; *a burned-out car* un coche carbonizado

◆ **burn up I** *v/t energy* gastar **II** *v/i of space shuttle* desintegrarse por el calor

burn•er ['bɜːrnər] *on cooker* placa *f*

burn•ing ['bɜːrnɪŋ] *adj* en llamas; *~ sensation* sensación *f* de quemazón; *take a ~ interest in sth* estar muy interesado en algo

bur•nish ['bɜːrnɪʃ] *v/t* bruñir

'burn•out F (*exhaustion*) agotamiento *m*

burnt [bɜːrnt] *pret & pp* ☞ **burn**

burp [bɜːrp] **I** *n* eructo *m* **II** *v/i* eructar **III** *v/t baby* hacer eructar

burr BOT ☞ **bur**

bur•row ['bɜːroʊ] **I** *n* madriguera *f* **II** *v/i* cavar **III** *v/t*: *~ a hole in sth* cavar un agujero en algo

burst [bɜːrst] **I** *n in water pipe* rotura *f*; *of gunfire* ráfaga *f*; *in a ~ of energy* en un arrebato de energía **II** *adj tire* reventado **III** *v/t* (*pret & pp* **burst**) *balloon* reventar **IV** *v/i* (*pret & pp* **burst**) *of balloon, tire* reventar; *~ into a room* irrumpir en una habitación; *~ into tears* echarse a llorar; *~ out laughing* echarse a reír; *be ~ing to do sth* F morirse de ganas de hacer algo

bur•y ['berɪ] *v/t* (*pret & pp* **-ied**) enterrar; *be buried under* (*covered by*) estar sepultado por; *~ o.s. in one's work* meterse de lleno en el trabajo

**bus**[1] [bʌs] **I** *n local* autobús *m*, *Mex* camión *m*, *Arg* colectivo *m*, *C.Am.* guagua *f*; *long distance* autobús *m*, *Span* autocar **II** *v/t* (*pret & pp* **-sed**) llevar en autobús

**bus**[2] [bʌs] *n* COMPUT bus *m*

'**bus•boy** ayudante *m/f* de camarero

'**bus driv•er** conductor(a) *m(f)* de autobús

**bush** [buʃ] **1** *plant* arbusto *m* **2** *type of countryside* monte *m*

**bushed** [buʃt] *adj* F (*tired*) molido F

**bush•el** ['buʃl] medida de áridos equivalente a 35,2 litros en Estados Unidos y a 36,3 litros en el Reino Unido

**bush•y** [buʃɪ] *adj beard* espeso

**busi•ness** ['bɪznɪs] **1** negocios *mpl*; *as subject of study* empresariales *fpl*; **on** ~ de negocios; **do** ~ hacer negocios; **they've been in** ~ **for 10 years** la empresa lleva funcionando 10 años; **go out of** ~ cerrar el negocio; ~ **is** ~ los negocios son los negocios **2** (*company*) empresa *f* **3** (*sector*) sector *m* **4** (*affair, matter*) asunto *m*; **that's none of your** ~*!* ¡no es asunto tuyo!; **mind your own** ~*!* ¡no te metas en lo que no te importa!

'**busi•ness ad•dress** dirección *f* comercial; '**busi•ness card** tarjeta *f* de visita; '**busi•ness class** clase *f* ejecutiva; '**busi•ness hours** *npl* horario *m* de oficina; '**busi•ness let•ter** carta *f* comercial; '**busi•ness•like** *adj* eficiente; '**busi•ness lunch** almuerzo *m* de negocios; '**busi•ness•man** hombre *m* de negocios, ejecutivo *m*; '**busi•ness meet•ing** reunión *f* de negocios; '**busi•ness peo•ple** hombres *mpl* de negocios; '**busi•ness plan** plan *m* económico; '**busi•ness re•la•tions** *npl* relaciones *fpl* comerciales; '**busi•ness school** escuela *f* de negocios; '**busi•ness stud•ies** *nsg course* empresariales *mpl*; '**busi•ness suit** traje *m* de ejecutivo; '**busi•ness tra•vel** viajes *mpl* de negocios; '**busi•ness trav•el•er** viajero(-a) *m(f)* de negocios; '**busi•ness trip** viaje *m* de negocios; '**busi•ness•wom•an** mujer *f* de negocios, ejecutiva *f*

**busk•er** ['bʌskər] *Br* músico(-a) *m(f)* callejero(-a)

'**bus lane** carril *m* bus; **bus•man's hol•i•day** ['bʌsmənz] *vacaciones que se pasan haciendo la misma cosa que se hace profesionalmente*; '**bus serv•ice** servicio *m* de autobús; '**bus shel•ter** marquesina *f*; '**bus sta•tion** estación *f* de autobuses; '**bus stop** parada *f* de autobús

**bust**[1] [bʌst] *n of woman* busto *m*

**bust**[2] [bʌst] **I** *adj* F **1** (*broken*) escacharrado F **2 go** ~ quebrar **II** *v/t* F escacharrar F

'**bus tick•et** billete *m* or *L.Am.* boleto *m* de autobús

◆ **bus•tle around** ['bʌsl] *v/i* trajinar

**bus•tling** ['bʌslɪŋ] *adj town* animado

'**bust-up** F corte *m* F

**bust•y** ['bʌstɪ] *adj* pechugona

**bus•y** ['bɪzɪ] **I** *adj also* TELEC ocupado; **the line was** ~ estaba ocupado, *Span* comunicaba; **she leads a very** ~ **life** lleva una vida muy ajetreada; **be** ~ **doing sth** estar ocupado *or* atareado haciendo algo **2** *full of people* abarrotado; *restaurant etc*: *making money* ajetreado **II** *v/t* (*pret & pp* **-ied**): ~ **o.s. with** entretenerse con

'**bus•y•bod•y** metomentodo *m/f*, entrometido(-a) *m(f)*

'**bus•y sig•nal** señal *f* de ocupado *or Span* comunicando

**but** [bʌt] *unstressed* [bət] **I** *conj* pero; **it's not me** ~ **my father you want** no me quieres a mí sino a mi padre; ~ **then** (*again*) pero

**II** *prep*: **all** ~ **him** todos excepto él; **the last** ~ **one** el penúltimo; **the next** ~ **one** el próximo no, el otro; **the next page** ~ **one** la página siguiente a la próxima; ~ **for you** si no hubiera sido por ti; **nothing** ~ **the best** sólo lo mejor

**bu•tane** ['bju:teɪn] CHEM butano *m*

**butch** [butʃ] *adj* F marimacho F

**butch•er** ['butʃər] **I** *n* **1** carnicero(-a) *m(f)* **2** *murderer* asesino(-a) *m(f)* **II** *v/t kill* asesinar

**butch•er•y** ['butʃərɪ] *preparation of meat, killing* carnicería *f*

**but•ler** ['bʌtlər] mayordomo *m*

**butt** [bʌt] **I** *n* **1** *of cigarette* colilla *f* **2** *of joke* blanco *m* **3** F (*buttocks*) trasero *m* F **II** *v/t* dar un cabezazo a; *of goat, bull* embestir

◆ **butt in** *v/i* inmiscuirse, entrometerse

◆ **butt out** *v/i* F no meterse

**but•ter** ['bʌtər] **I** *n* mantequilla *f*, *L.Am.*

manteca *f* ‖ *v/t* untar de mantequilla
◆ **butter up** *v/t* F hacer la pelota a F
'but•ter•cup BOT botón *m* de oro; 'but•ter dish mantequera *f*; 'but•ter•fin•gers *nsg* F: **be a ~** ser una manazas; **~!** ¡manazas!, ¡torpe!
'but•ter•fly **1** *insect* mariposa *f*; **have butterflies in one's stomach** F sentir un hormigueo en el estómago **2: ~ stroke** (estilo *m*) mariposa *f*
'but•ter•milk suero *m* de leche
but•tocks ['bʌtəks] *npl* nalgas *fpl*
but•ton ['bʌtn] **I** *n* **1** *on shirt, machine* botón *m* **2** (*badge*) chapa *f* ‖ *v/t* abotonar
◆ **button up** *v/t* abotonar
'but•ton-down col•lar cuello *m* abrochado; but•toned-down [bʌtnd'daʊn] *adj* F convencional; 'but•ton•hole **I** *n in suit* ojal *m* ‖ *v/t* acorralar; 'but•ton mush•room champiñón *m* (pequeño)
but•tress ['bʌtrɪs] **I** *n* ARCHI contrafuerte *m* ‖ *v/t* respaldar
bux•om ['bʌksəm] *adj* de amplios senos
buy [baɪ] **I** *n* compra *f*, adquisición *f* ‖ *v/t* (*pret & pp* **bought**) comprar; **can I ~ you a drink?** ¿quieres tomar algo?; **$5 doesn't ~ much** con 5 dólares no se puede hacer gran cosa; **I don't ~ that** F no me lo trago *or* creo
◆ **buy forward** *v/i* FIN comprar a plazo fijo
◆ **buy off** *v/t* (*bribe*) sobornar
◆ **buy out** *v/t* COM comprar la parte de
◆ **buy up** *v/t* acaparar
'buy•back recompra *f*
buy•er ['baɪr] comprador(a) *m(f)*
'buy•er's mar•ket mercado *m* favorable al comprador
'buy•out *by employees* adquisición *f* de la sociedad por los trabajadores; *by management* adquisición *f* de la sociedad por la dirección
buzz [bʌz] **I** *n* **1** *noise* zumbido *m* **2** F: **she gets a real ~ out of it** (*thrill*) le vuelve loca F, le entusiasma ‖ *v/i* **1** *of insect* zumbar **2** *with buzzer* llamar por el interfono **III** *v/t* *with buzzer* lla-

mar por el interfono a
◆ **buzz off** *v/i* F largarse F, *Span* pirarse F, *Rpl* picar F
buz•zard ['bʌzərd] ZO (*turkey ~*) gallinazo *m*, guajalote *m*; (*honey ~*) abejero *m*; (*condor*) cóndor
buzz•er ['bʌzər] timbre *m*
'buzz•word palabra *f* de moda
by [baɪ] **I** *prep* **1** *to show agent* por; **a play ~ …** una obra de …
**2** (*near, next to*) al lado de, junto a; **side ~ side** uno junto al otro
**3** (*no later than*) no más tarde de; **~ this time tomorrow** mañana a esta hora; **~ this time next year** el año que viene por estas fechas
**4** *mode of transport* en; **~ bus / train** en autobús / tren
**5** *past*: **she rushed ~ me** pasó rápidamente por mi lado; **as we drove ~ the church** cuando pasábamos por la iglesia; **go ~, pass ~** pasar
**6: ~ day / night** de día / noche; **~ the dozen** por docenas; **~ the hour / ton** por hora / por tonelada; **~ my watch** en mi reloj; **~ nature** por naturaleza; **~ o.s.** *without company* solo; **I did it ~ myself** lo hice yo solito; **~ a couple of minutes** por un par de minutos; **2 ~ 4** *measurement* 2 por 4
**II** *adv*: **~ and ~** (*soon*) dentro de poco
bye(-bye) [baɪ] adiós
'by-e•lec•tion *Br*: elección parcial para reemplazar a un parlamentario que ha dimitido o ha muerto
Bye•lo•rus•sian [bɪeloʊ'rʌʃn] **I** *adj* bielorruso **II** *n* bielorruso(-a) *m(f)*
by•gones ['baɪgəːnz]: **let ~ be ~** lo pasado, pasado está; 'by•law *Br* ordenanza *f* municipal; 'by-line *of article* pie *m* de autor; 'by•pass **I** *n* **1** *road* circunvalación *f* **2** MED bypass *m* ‖ *v/t* sortear; 'by-prod•uct subproducto *m*; 'by•road carretera *f* secundaria; by•stand•er ['baɪstændər] transeúnte *m/f*
byte [baɪt] byte *m*
'by•way ☞ **byroad**
'by•word: **be a ~ for** ser sinónimo de

# C

**c & f** *abbr* (= *cost and freight*) C&F (= costo y flete)

**C/A** *abbr* (= *checking account*) cc (= cuenta *f* corriente)

**cab** [kæb] **1** (*taxi*) taxi *m* **2** *of truck* cabina *f*

**cab•a•ret** ['kæbəreɪ] cabaret *m*

**cab•bage** ['kæbɪdʒ] col *f*, repollo *m*

**cab•bie, cab•by** ['kæbɪ] F taxista *m/f*

**'cab driv•er** taxista *m/f*

**cab•in** ['kæbɪn] **1** *of plane* cabina *f* **2** *of ship* camarote *m*

**'cab•in at•tend•ant** auxiliar *m/f* de vuelo; **'cab•in bag•gage** equipaje *m* de mano; **'cab•in crew** personal *m* de a bordo; **'cab•in cruis•er** NAUT yate *m* a motor

**cab•i•net** ['kæbɪnɪt] **1** armario *m*; **drinks** ~ mueble *m* bar; **medicine** ~ botiquín *m*; **display** ~ vitrina *f* **2** POL gabinete *m*

**'cab•i•net mak•er** ebanista *m/f*

**'cab•in staff** *npl* personal *m* de a bordo

**'cab•in stew•ard** *n* auxiliar *m/f* de vuelo

**ca•ble** ['keɪbl] cable *m*; ~ (*TV*) televisión *f* por cable

**'ca•ble car** teleférico *m*; **'ca•ble chan•nel** canal *m* de la televisión por cable; **'ca•ble com•pa•ny** TV cableoperadora *f*; **'ca•ble net•work** red *f* de cable; **'ca•ble tel•e•vi•sion** televisión *f* por cable

**ca•bood•le** [kə'buːdl]: **the whole** (**kit and**) ~ F todo el tinglado F

**'cab rank, 'cab stand** parada *f* de taxis

**cache** [kæʃ] **1** *n* **1** alijo *m* **2** COMPUT caché *m* **II** *v/t* esconder

**cack•le** ['kækl] **I** *v/i* **1** *of chicken* cacarear **2** (*laugh*) carcajearse **II** *n* (*laughter*) carcajada *f*

**cac•tus** ['kæktəs] cactus *m inv*

**CAD** [kæd] *abbr* (= *computer assisted design*) CAD *m*, DAO *m* (= diseño asistido por computadora *or Span* ordenador)

**ca•dav•er** [kə'dævər] cadáver *m*

**ca•dav•er•ous** [kə'dævərəs] *adj* cadavérico, demacrado

**cad•die** ['kædɪ] **I** *n* *in golf* caddie *m/f* **II** *v/i* hacer de caddie

**cad•dy** ['kædɪ] cajita de metal decorativa para guardar té

**ca•dence** ['keɪdəns] cadencia *f*

**ca•det** [kə'det] cadete *m*

**cadge** [kædʒ] *v/t* F: ~ **sth from s.o.** gorronear algo a alguien

**cad•mi•um** ['kædmɪəm] CHEM cadmio *m*

**cad•re** ['kɑːdər] MIL, POL brigada *f*, unidad *f*

**Cae•sar•e•an** *Br* ☞ **Cesarean**

**caf•é** ['kæfeɪ] café *m*, cafetería *f*

**caf•e•te•ri•a** [kæfɪ'tɪrɪə] cafetería *f*, cantina *f*

**caf•feine** ['kæfiːn] cafeína *f*

**cage** [keɪdʒ] jaula *f*

**ca•gey** ['keɪdʒɪ] *adj* cauteloso, reservado; **he's** ~ **about how old he is** es muy reservado con respecto a su edad

**ca•goule** [kə'guːl] chubasquero *m* con capucha

**ca•hoots** [kə'huːts] *npl* F: **be in** ~ **with** estar conchabado con

**cairn** [kern] montículo *m* de piedras

**ca•jole** [kə'dʒoul] *v/t* engatusar, persuadir; ~ **s.o. into doing sth** engatusar a alguien para que haga algo

**cake** [keɪk] **I** *n* *big* tarta *f*; *small* pastel *m*; **be a piece of** ~ F estar chupado F **II** *v/i* endurecerse; **he wants to have his** ~ **and eat it** aspira a tenerlo todo

**CAL** [kæl] *abbr* (= *computer-aided learning*) enseñanza *f* asistida por computadora *or Span* ordenador *m*

**ca•lam•i•tous** [kə'læmɪtəs] *adj* penoso, fatal

**ca•lam•i•ty** [kə'læmətɪ] calamidad *f*

**cal•ci•fy** ['kælsɪfaɪ] **I** *v/t* calcificar **II** *v/i* calcificarse

**cal•ci•um** ['kælsɪəm] calcio *m*

**cal•cu•la•ble** ['kælkjʊləbl] *adj* calculable

**cal•cu•late** ['kælkjʊleɪt] *v/t* calcular; **it was** ~**d to impress** se preconcebió para impresionar

**cal•cu•lat•ed** ['kælkjʊleɪtɪd] *adj crime* premeditado, deliberado; **take a** ~ **risk**

correr un riesgo calculado

**cal•cu•lat•ing** [ˈkælkjʊleɪtɪŋ] *adj* calculador

**cal•cu•la•tion** [kælkjʊˈleɪʃn] cálculo *m*

**cal•cu•la•tor** [ˈkælkjʊleɪtər] calculadora *f*

**cal•cu•lus** [ˈkælkjʊləs] (*pl calculi* [ˈkælkjʊlaɪ], *calculuses*) MATH cálculo *m*

**cal•en•dar** [ˈkælɪndər] calendario *m*

**'cal•en•dar year** año *m* natural

**calf¹** [kæf] (*pl calves* [kævz]) (*young of cow*) ternero(-a) *m(f)*, becerro(-a) *m(f)*

**calf²** [kæf] (*pl calves* [kævz]) *of leg* pantorrilla *f*

**'calf•skin** piel *f* de becerro

**cal•i•ber** [ˈkælɪbər] *of gun* calibre *m*; *a man of his ~* un hombre de su calibre

**cal•i•brate** [ˈkælɪbreɪt] *v/t* TECH calibrar

**cal•i•bra•tion** [kælɪˈbreɪʃn] calibración *f*

**cal•i•bre** *Br* ☞ **caliber**

**Cal•i•for•ni•an** [kælɪˈfɔːnɪən] **I** *adj* californiano **II** *n* californiano(-a) *m(f)*

**call** [kɔːl] **I** *n* **1** TELEC llamada *f*; *there's a ~ for you* tienes una llamada, te llaman; *I'll give you a ~ tomorrow* te llamaré mañana; *make a ~* hacer una llamada; *be on ~* estar de guardia **2** (*shout*) llamada *f*; *a ~ for help* una llamada de socorro **3** (*appeal: to country etc*) llamamiento *m* **4** (*demand, request*) petición *f* (*for* de); *the ~ for a ban* la petición de una prohibición **5** (*need*): *there's no ~ to be aggressive* no hay necesidad *or* motivo de ser agresivo **II** *v/t* **1** *also* TELEC llamar; *he ~ed him a liar* le llamó mentiroso; *what have they ~ed the baby?* ¿qué nombre le han puesto al bebé?; *but we ~ him Tom* pero le llamamos Tom; *~ s.o. names* insultar a alguien; *I ~ed his name* lo llamé; *and you ~ yourself unbiased!* ¡y tú te consideras imparcial!; *what time of night do you ~ this!* ¡crees que estas son horas de llegar! **2** *meeting* convocar **III** *v/i* **1** *also* TELEC llamar; *can I tell him who's ~ing?* ¿quién le llama?; *~ for help* pedir ayuda a gritos **2** (*visit*) pasarse

◆ **call at** *v/t* (*stop at*) pasarse por; *of train* hacer parada en

◆ **call away** *v/t*: *he was called away on business* tuvo que marcharse por negocios

◆ **call back I** *v/t* (*phone again*) volver a llamar; (*return call*) devolver la llamada; (*summon*) hacer volver **II** *v/i on phone* volver a llamar; (*make another visit*) volver a pasar

◆ **call for** *v/t* **1** (*collect*) pasar a recoger **2** (*demand*) pedir, exigir; (*require*) requerir; *this calls for a celebration* esto hay que celebrarlo

◆ **call in I** *v/t* (*summon*) llamar; *call in a loan* pedir la devolución de un préstamo **II** *v/i* (*phone*) llamar; *he called in sick* llamó para decir que estaba enfermo

◆ **call off** *v/t* (*cancel*) cancelar; *strike* desconvocar; *let's call the whole thing off!* ¡mejor que nos olvidemos de todo!

◆ **call on** *v/t* **1** (*urge*) instar **2** (*visit*) visitar **3** (*turn to*) recurrir a; *he called on me for help* recurrió a mí para que la ayudara

◆ **call out** *v/t* **1** (*shout*) gritar **2** (*summon*) llamar

◆ **call up** *v/t* **1** *on phone* llamar **2** COMPUT abrir, visualizar

**'call box** *Br* cabina *f* telefónica; **'call cen•ter** centro *m* de atención telefónica; **'call charg•es** *npl* costo *m or Span* coste *m* de llamadas

**call•er** [ˈkɔːlər] **1** *on phone* persona *f* que llama **2** (*visitor*) visitante *m/f*

**call for 'ten•ders** COM convocatoria *f* a la licitación; **call 'for•ward•ing** TELEC desvío *m* de llamada; **'call girl** prostituta *f* (*que concierta sus citas por teléfono*); **'call hold•ing** TELEC llamada *f* en espera

**call•ing** [ˈkɔːlɪŋ] (*profession, vocation*) vocación *f*

**'call•ing card** tarjeta *f* de visita

**cal•lis•then•ics** [kælɪsˈθenɪks] *nsg* calistenia *f*

**cal•lous** [ˈkæləs] *adj* cruel, desalmado

**cal•lous•ly** [ˈkæləslɪ] *adv* cruelmente

**cal•lous•ness** [ˈkæləsnɪs] crueldad *f*

**call 'trans•fer** TELEC transferencia *f* de llamada

**'call-up** MIL llamada *f* a filas

**cal•lus** [ˈkæləs] callo *m*

**calm** [kɑːm] **I** *adj sea* tranquilo; *weather* apacible; *person* tranquilo, sosegado; *please keep ~* por favor mantengan la calma **II** *n* calma *f*; *the ~ before the storm also fig* la calma antes de la tormenta
◆ **calm down I** *v/t* calmar, tranquilizar **II** *v/i of sea, weather* calmarse; *of person* calmarse, tranquilizarse

**calm•ly** ['kɑːmlɪ] *adv* con calma, tranquilamente; *you can't just ~ ignore it* no puedes ignorarlo así como así

**cal•o•rie** ['kælərɪ] caloría *f*

**cal•um•ny** ['kæləmnɪ] calumnia *f*

**calve** [kæv] *v/i of cow* parir

**calves** [kævz] *pl* ☞ **calf¹ & ²**

**CAM** [kæm] *abbr* (= *computer-aided manufacture*) FAO *f* (= fabricación *f* asistida por ordenador)

**cam** [kæm] F cámara

**cam•ber** ['kæmbər] bache *f*

**Cam•bo•di•a** [kæm'boʊdɪə] Camboya *f*

**Cam•bo•di•an** [kæm'boʊdɪən] **I** *adj* camboyano **II** *n* **1** *person* camboyano(-a) *m(f)* **2** *language* camboyano *m*

**cam•cor•der** ['kæmkɔːrdər] videocámara *f*

**came** [keɪm] *pret* ☞ **come**

**cam•el** ['kæml] ZO camello *m*

**'cam•el-hair** *adj* de pelo de camello

**cam•e•o** ['kæmɪoʊ] *in film* cameo *m*, *breve colaboración f de un artista famoso*; *she had a ~ part in ...* hizo un cameo en ...

**cam•e•ra** ['kæmərə] cámara *f*; *on ~* delante de las cámaras

**'cam•e•ra crew** equipo *m* de filmación; **'cam•e•ra•man** cámara *m*, camarógrafo *m*; **'cam•e•ra-shy** *adj* tímido ante las cámaras

**cam•i•sole** ['kæmɪseʊl] camisola *f*

**cam•o•mile** ['kæməmaɪl] BOT camomila *f*, manzanilla *f*; *~ tea* infusión *f* de manzanilla

**cam•ou•flage** ['kæməflɑːʒ] **I** *n* camuflaje *m* **II** *v/t* camuflar

**camp** [kæmp] **I** *n* campamento *m*; *for refugees* campo *m*; *make ~* acampar **II** *v/i* acampar
◆ **camp out** *v/i* acampar al aire libre

**cam•paign** [kæm'peɪn] **I** *n* campaña *f* **II** *v/i* hacer campaña (*for* a favor de)

**cam•paign•er** [kæm'peɪnər] defensor(a) *m(f)* (*for* de); *a ~ against racism*

una persona que hace campaña contra el racismo

**'camp cot**, *Br* **'camp bed** cama *f* plegable

**camp•er** ['kæmpər] **1** *person* campista *m/f* **2** *vehicle* autocaravana *f*

**'camp•fire** fuego *m*, fogata *f*

**cam•phor** ['kæmfər] CHEM alcanfor *m*

**camp•ing** ['kæmpɪŋ] acampada *f*; *on campsite* camping *m*; *go ~* ir de acampada *or* camping

**'camp•site** camping *m*

**cam•pus** ['kæmpəs] campus *m*

**cam•shaft** ['kæmʃæft] TECH árbol *m* de levas

**can¹** [kæn] *unstressed* [kən] *v/aux* (*pret could*) **1** (*ability*) poder; *~ you swim?* ¿sabes nadar?; *~ you hear me?* ¿me oyes?; *I can't see* no veo; *~ you speak French?* ¿hablas francés?; *~ he call me back?* ¿me podría devolver la llamada?; *as fast / well as you ~* tan rápido / bien como puedas; *~ I help you?* ¿te puedo ayudar?
**2** (*permission*) poder; *~ I have a beer / coffee?* ¿me pones una cerveza / un café?; *that can't be right* debe haber un error

**can²** [kæn] **I** *n for drinks etc* lata *f* **II** *v/t* (*pret & pp -ned*) enlatar

**Can•a•da** ['kænədə] Canadá *m*

**Ca•na•di•an** [kə'neɪdɪən] **I** *adj* canadiense **II** *n* canadiense *m/f*

**ca•nal** [kə'næl] *waterway* canal *m*

**ca•nal•ize** ['kænəlaɪz] *v/t fig* dirigir, concentrar

**can•a•pé** [kænə'peɪ] GASTR canapé *m*, aperitivo *m*

**ca•nar•y** [kə'nerɪ] canario *m*

**Ca•nar•y Is•lands**, **Ca•nar•ies** [kə'nerɪz] *npl*: *the ~* las Islas Canarias

**can•cel** ['kænsl] *v/t* (*prep & pp -ed, Br -led*) cancelar; *no, ~ that* no, olvídalo
◆ **cancel out** *v/t* neutralizar; *they cancel each other out* se neutralizan

**can•cel•la•tion** [kænsə'leɪʃn] cancelación *f*

**can•cel•la•tion clause** cláusula *f* de rescisión

**can•cel•la•tion fee** tarifa *f* de cancelación de reserva

**Can•cer** ['kænsər] ASTR Cáncer *m/f inv*, *L.Am.* canceriano(-a) *m(f)*; *be (a) ~* ser Cáncer, *L.Am.* ser canceriano

**can•cer** ['kænsər] cáncer *m*; **~ cells** células *fpl* cancerosas; **~ research** investigación *f* cancerológica

**can•cer•ous** ['kænsərəs] *adj* canceroso

**can•de•la•bra** [kændə'lɑːbrə] candelabro *m*

**can•did** ['kændɪd] *adj* sincero, franco

**can•di•da•cy** ['kændɪdəsɪ] candidatura *f*

**can•di•date** ['kændɪdət] *for position* candidato(-a) *m(f)*; *in exam* candidato(-a) *m(f)*, examinando(-a) *m(f)*

**can•di•da•ture** ['kændɪdətʃər] *Br* candidatura *f*

**can•did•ly** ['kændɪdlɪ] *adv* sinceramente, francamente

**can•died** ['kændiːd] *adj* confitado

**can•dle** ['kændl] vela *f*; **burn the ~ at both ends** trabajar de sol a sol; **not be able to hold a ~ to s.o.** / **sth** no admitir comparación con algo / alguien; **the game is not worth the~** no merece la pena

**'can•dle•light**: **by ~** a la luz de las velas

**'can•dle•lit** *adj*: **~ dinner** cena *f* a la luz de las velas

**Can•dle•mas** ['kændlməs] REL fiesta *f* de la Candelaria

**'can•dle•stick** candelero *m*; *short* palmatoria *f*

**can•dor**, *Br* **can•dour** ['kændər] sinceridad *f*, franqueza *f*

**can•dy** ['kændɪ] *(sweet)* caramelo *m*; *(sweets)* dulces *mpl*; **a box of ~** una caja de caramelos *or* dulces

**'can•dy•floss** *Br* algodón *m* dulce

**cane** [keɪn] **I** *n* **1** caña *f* **2** *for walking* bastón *m* **II** *v/t* varear

**'cane sug•ar** azúcar *m* de caña

**ca•nine** ['keɪnaɪn] **I** *adj* canino **II** *n* **~ (tooth)** diente *m* canino

**can•is•ter** ['kænɪstər] bote *m*

**can•ker** ['kæŋkər] **1** MED llaga *f* bucal **2** BOT cancro *m* **3** *fig* epidemia *f*

**can•na•bis** ['kænəbɪs] cannabis *m*, hachís *m*

**canned** [kænd] *adj* **1** *fruit, tomatoes* enlatado, en lata **2** *(recorded)* pregrabado; **~ music** F música *f* enlatada F **3** P *(drunk)* mamado P

**can•ner•y** ['kænərɪ] fábrica *f* de conservas

**can•ni•bal** ['kænɪbl] caníbal *m/f*

**can•ni•bal•ism** ['kænɪbəlɪzəm] canibalismo *m*

**can•ni•bal•ize** ['kænɪbəlaɪz] *v/t* canibalizar

**can•non** ['kænən] *(pl -non(s))* MIL cañón *m*

**'can•non•ball** bala *f* de cañón

**'can•non fod•der** carne *f* de cañón

**can•not** ['kænɑːt] ☞ **can¹**

**can•ny** ['kænɪ] *adj (astute)* astuto

**ca•noe** [kə'nuː] canoa *f*, piragua *f*; **paddle one's own ~** *fig* ser autosuficiente

**ca•noe•ing** [kə'nuːɪŋ] piragüismo *m*

**can•on** ['kænən] REL **1** *priest* canónigo *m* **2** *rule* canon *m*

**can•on•ize** ['kænənaɪz] *v/t* canonizar

**can•on 'law** derecho *m* canónico

**ca•noo•dle** [kə'nuːdl] *v/i* F hacer manitas F

**'can o•pen•er** abrelatas *m inv*

**can•o•py** ['kænəpɪ] *over bed* dosel *m*; *in front of shop* toldo *m*

**can't** [kænt] ☞ **can¹**

**cant** [kænt] *hypocrisy* hipocresía *f*

**can•tan•ker•ous** [kæn'tæŋkərəs] *adj* arisco, cascarrabias

**can•teen** [kæn'tiːn] *in factory* cantina *f*, cafetería *f*

**can•ter** ['kæntər] **I** *n* medio galope *m* **II** *v/i* ir *or* cabalgar a medio galope

**can•ti•le•ver bridge** ['kæntɪlɪːvər] puente *m* cantilever *or* voladizo

**can•vas** ['kænvəs] *for painting* lienzo *m*; *material* lona *f*

**can•vass** ['kænvəs] **I** *v/t (seek opinion of)* preguntar **II** *v/i* POL hacer campaña (**for** en favor de)

**can•vass•er** ['kænvəsər] POL *persona que va de puerta en puerta haciendo campaña en favor de un partido político*

**can•yon** ['kænjən] cañón *m*

**cap¹** [kæp] **I** *n* **1** *hat* gorro *m*; *with peak* gorra *f*; **go ~ in hand to s.o.** acudir a alguien con las orejas gachas **2** *of bottle, jar* tapón *m*; *of pen, lens* tapa *f* **3** *for tooth* funda *f* **II** *v/t* **1**: **that ~s everything!** ¡eso es el colmo!; **to ~ it all** para remate *or* colmo **2**: **~ a tooth** poner una funda a un diente

**cap²** [kæp] *n capital letter* mayúscula *f*

**ca•pa•bil•i•ty** [keɪpə'bɪlətɪ] capacidad *f*; **it's beyond my capabilities** no entra dentro de mis posibilidades

**ca•pa•ble** ['keɪpəbl] *adj (efficient)* capaz, competente; **be ~ of** ser capaz de ca•pa•cious [kə'peɪʃəs] *adj* amplio, espacioso

ca•pac•i•tor [kə'pæsətər] ELEC condensador *m* eléctrico

ca•pac•i•ty [kə'pæsətɪ] **1** capacidad *f*; *a ~ crowd* un lleno absoluto; *in my ~ as ...* en mi calidad de ...; *filled to ~* hasta arriba, hasta los topes; *that is beyond his ~* eso va más allá de sus posibilidades **2** *of car engine* cilindrada *f*

cape¹ [keɪp] *clothing* capa *f*

cape² [keɪp] GEOG cabo *m*

ca•per¹ ['keɪpər] *n* GASTR alcaparra *f*

ca•per² ['keɪpər] **I** *n* F fechoría *f* **II** *v/i* retozar, brincar

cap•il•lar•y [kə'pɪlərɪ] ANAT capilar *m*

cap•i•tal ['kæpɪtl] *n* **1** *of country* capital *f* **2** (*~ letter*) mayúscula *f*; *~ B* B mayúscula **3** *money* capital *m*; *make ~ (out) of* aprovecharse de **4**: *~ crime* crimen con pena de muerte

cap•i•tal 'as•sets *npl* COM activo *m* fijo; cap•i•tal 'cit•y (ciudad *f*) capital *f*; cap•i•tal con•tri•bu•tion FIN aporte *m* de capital; cap•i•tal ex'pend•i•ture inversión *f* en activo fijo; cap•i•tal 'gain plusvalía *f*; cap•i•tal 'gains tax impuesto *m* sobre las plusvalías; cap•i•tal 'goods *npl* bienes *mpl* de capital; cap•i•tal 'growth crecimiento *m* del capital; 'cap•i•tal-in•ten•sive *adj* con alta proporción de capital, con empleo intensivo de capital; cap•i•tal in'vest•ment inversión *f* de capital

cap•i•tal•ism ['kæpɪtəlɪzm] capitalismo *m*

'cap•i•tal•ist ['kæpɪtəlɪst] **I** *adj* capitalista **II** *n* capitalista *m/f*

cap•i•tal•ize ['kæpɪtəlaɪz] *v/t* **1** COM capitalizar **2** *word* escribir con (letras) mayúsculas

◆ capitalize on *v/t* aprovecharse de

cap•i•tal 'let•ter letra *f* mayúscula

cap•i•tal 'pun•ish•ment pena *f* capital, pena *f* de muerte

Cap•i•tol ['kæpɪtl] POL Capitolio *m*

ca•pit•u•late [kə'pɪtʊleɪt] *v/i* capitular

ca•pit•u•la•tion [kæpɪtʊ'leɪʃn] capitulación *f*

ca•pri•cious [kə'prɪʃəs] *adj* caprichoso, impredecible

Cap•ri•corn ['kæprɪkɔːrn] ASTR Capricornio *m/f inv*, *L.Am.* capricorniano(-a) *m(f)*; *be* (*a*) *~* ser Capricornio,

*L.Am.* ser capricorniano

cap•size [kæp'saɪz] **I** *v/i* volcar **II** *v/t* hacer volcar

cap•sule ['kæpsʊl] **1** *of medicine* cápsula *f* **2** (*space ~*) cápsula *f* espacial

cap•tain ['kæptɪn] *n* *of ship, team,* MIL capitán(-ana) *m(f)*; *of aircraft* comandante *m/f*; *~ of industry* líder *m* industrial **II** *v/t ship* capitanear; *team* liderar, capitanear

cap•tion ['kæpʃn] *n* pie *m* de foto

cap•ti•vate ['kæptɪveɪt] *v/t* cautivar, fascinar

cap•tive ['kæptɪv] **I** *adj* prisionero; *hold s.o. ~* retener a alguien en cautiverio; *take s.o. ~* hacer cautivo *or* prisionero a alguien **II** *n* prisionero(-a) *m(f)*

cap•tive 'au•di•ence audiencia *f* captiva

cap•tive 'mar•ket mercado *m* cautivo

cap•tiv•i•ty [kæp'tɪvətɪ] cautividad *f*

cap•ture ['kæptʃər] **I** *n* *of city* toma *f*; *of criminal, animal* captura *f* **II** *v/t* **1** *person, animal* capturar; *city, building* tomar; *market share* ganar **2** (*portray*) captar

car [kɑːr] **1** coche *m*, *L.Am.* carro *m*, *Rpl* auto *m*; *by ~* en coche **2** *of train* vagón *m*

ca•rafe [kə'ræf] garrafa *f*, jarra *f*

car•a•mel ['kærəmel] **1** *melted sugar* caramelo *m* **2** (*candy*) caramelo a base de mantequilla, azúcar y leche

car•at ['kærət] quilate *m*; *18-~ gold* oro de 18 quilates

car•a•van ['kærəvæn] **I** caravana *f* **II** *Br* MOT caravana *f*; *~ site or park* camping *m* para caravanas

car•a•way ['kærəweɪ] BOT alcaravea *f*; *~ seeds* carvis *mpl*

car•bine ['kɑːrbaɪn] carabina *f*

car•bo•hy•drate [kɑːrboʊ'haɪdreɪt] carbohidrato *m*

'car bomb coche *m* bomba

car•bon ['kɑːrbən] CHEM carbono *m*

car•bon•ate ['kɑːrbənɪt] CHEM carbonato *m*

car•bon•at•ed ['kɑːrbəneɪtɪd] *adj drink* con gas

car•bon 'co•py copia *f* con papel carbón

car•bon di'ox•ide dióxido *m* de carbono

car•bon•ize ['kɑːrbənaɪz] *v/t* carbonizar

**car•bon mon'ox•ide** monóxido *m* de carbono

**'car•bon pa•per** papel *m* carbón

**car•bu•ret•er, car•bu•ret•or** [kɑːrbuˈretər] carburador *m*

**car•cass** [ˈkɑːrkəs] cadáver *m*

**'car chase** persecución *f* en coche

**car•cin•o•gen** [kɑːrˈsɪnədʒen] agente *m* cancerígeno *or* carcinogéno

**car•cin•o•genic** [kɑːrsɪnəˈdʒenɪk] *adj* cancerígeno, carcinogéno

**car•ci•no•ma** [kɑːrsɪˈnoʊmə] carcinoma *m*

**card** [kɑːrd] **1** *to mark occasion*, COMPUT, *business* tarjeta *f* **2** (*post~*) (tarjeta *f*) postal *f* **3** (*playing ~*) carta *f*, naipe *m*; **game of ~s** partida *f* de cartas; **have another ~ up one's sleeve** *fig* tener un as escondido en la manga

**'card•board** cartón *m*; **card•board 'box** caja *f* de cartón; **'card game** juego *m* de cartas; **'card•hold•er** titular *m/f* de una tarjeta de crédito

**car•di•ac** [ˈkɑːrdiæk] *adj* cardíaco

**car•di•ac ar'rest** paro *m* cardíaco

**car•di•gan** [ˈkɑːrdɪgən] cárdigan *m*

**car•di•nal** [ˈkɑːrdɪnl] *n* REL cardenal *m*; **~ number** número *m* cardinal; **~ points** puntos *mpl* cardinales

**'card in•dex** fichero *m*; **'card key** llave *f* tarjeta; **'card phone** teléfono *m* de tarjeta; **'card•sharp** estafador(a) *m(f)* profesional; **'card trick** truco *m* de cartas

**care** [ker] **I** *n* **1** cuidado *m*; (*medical ~*) asistencia *f* médica; **~ of** *letter* en el domicilio de; **take ~** (*be cautious*) tener cuidado; **take ~** (*of yourself*)! (*goodbye*) ¡cuídate!; **take ~ of** *dog, tool, house, garden* cuidar; *baby* cuidar (de); (*deal with*) ocuparse de; **I'll take ~ of the bill** yo pago la cuenta; (*handle*) **with ~!** *on label* frágil **2** (*worry*) preocupación *f*; **be free from ~(s)** no tener preocupaciones **II** *v/i* preocuparse; **I don't ~!** ¡me da igual!; **I couldn't** *or* **could ~ less**, *Br* **I couldn't ~ less** ¡me importa un pimiento!; **if you really ~d ...** si de verdad te importara ...; **a fat lot you ~!** ¡no te importa lo más mínimo!, ¡te importa un pito! F

◆ **care about** *v/t* preocuparse por

◆ **care for** *v/t* **1** (*look after*) cuidar; **he**

**doesn't care for me the way he used to** ya no le gusto como antes **2** (*like*): **would you care for a drink?** ¿le apetece tomar algo?; **I don't care for that kind of language** desapruebo esa clase de lenguaje

**ca•reer[1]** [kəˈrɪr] *n* carrera *f*; **~ prospects** perspectivas *fpl* profesionales; **make a ~ for o.s.** labrarse una carrera; **~ diplomat** diplomatico(-a) *m(f)*; **~ woman** mujer *f* de carrera

**ca•reer[2]** [kəˈrɪr] *v/i*: **it went ~ing down the slope** bajó por la pendiente a toda velocidad

**ca•reers of•fi•cer** asesor(a) *m(f)* de orientación profesional

**'care•free** *adj* despreocupado

**care•ful** [ˈkerfəl] *adj* (*cautious, thorough*) cuidadoso; **be ~** tener cuidado; (**be**) **~!** ¡(ten) cuidado!

**care•ful•ly** [ˈkerfəlɪ] *adv* (*with caution*) con cuidado; *worded etc* cuidadosamente

**care•ful•ness** [ˈkerfəlnɪs] cuidado *m*

**care•less** [ˈkerlɪs] *adj* descuidado; **you are so ~!** ¡qué descuidado eres!; **~ driving** conducción *f* temeraria; **a ~ mistake** un error por descuido

**care•less•ly** [ˈkerlɪslɪ] *adv* por descuido

**care•less•ness** [ˈkerlɪsnɪs] descuido *m*, negligencia *f*

**car•er** [ˈkerər] *persona que cuida de un familiar o enfermo*

**ca•ress** [kəˈres] **I** *n* caricia *f* **II** *v/t* acariciar

**'care•tak•er** conserje *m*; **~ government** gobierno *m* provisional *or* temporal

**'care•worn** *adj* agobiado

**'car fer•ry** ferry *m*, transbordador *m*

**car•go** [ˈkɑːrgoʊ] (*pl -o(e)s*) cargamento *m*

**'car•go plane** avión *m* de carga

**'car•go ship** carguero *m*

**'car hire** alquiler *m* de coches *or* automóviles

**'car•hop** *camarero(-a) que sirve a los clientes desde sus coches en un restaurante drive-in*

**Car•ib•be•an** [kəˈrɪbiən] **I** *adj* caribeño **II** *n*: **the ~** el Caribe

**car•i•ca•ture** [ˈkærɪkətʃər] **I** *n* caricatura *f* **II** *v/t* caricaturizar

**car•i•ca•tur•ist** [ˈkærɪkətʃʊrɪst] caricaturista *m/f*

**carry**

car•ies ['keri:z] MED caries *f*

car•ing ['kerıŋ] *adj person* afectuoso, bondadoso; *society* solidario

'car in•sur•ance seguro *m* del coche *or* automóvil

'car me•chan•ic mecánico(-a) *m(f)* de coches *or* automóviles

car•mine ['kɑːrmaın] carmín *m*

car•nage ['kɑːrnıdʒ] matanza *f*, carnicería *f*

car•nal ['kɑːrnl] *adj* carnal; **have ~ knowledge of s.o.** *fml, lit* tener relaciones sexuales con alguien

car•na•tion [kɑːr'neıʃn] clavel *m*

car•ni•val ['kɑːrnıvl] feria *f*

car•ni•vore ['kɑːrnıvər] ZO carnívoro (-a) *m(f)*

car•niv•o•rous [kɑːr'nıvərəs] *adj* carnívoro

car•ol ['kærəl] *n* villancico *m*

car•ou•sel [kærə'sel] **1** *at airport* cinta *f* transportadora de equipajes **2** *for slide projector* carro *m* **3** (*merry-go-round*) tiovivo *m*

'car own•er propietario(-a) *m(f)* de coche *or* automóvil

carp¹ [kɑːrp] *n fish* carpa *f*

carp² [kɑːrp] *v/i* refunfuñar, gruñir

'car park *Br* estacionamiento *m*, *Span* aparcamiento *m*

car•pen•ter ['kɑːrpıntər] carpintero(-a) *m(f)*; **~'s bench** banco *m* (de carpintero)

car•pet ['kɑːrpıt] *rug* alfombra *f*, *fitted* moqueta *f*; **sweep sth under the ~** *Br fig* echar tierra a algo, tapar algo **II** *v/t* **I** enmoquetar **II** *Br* F reprender, reñir

'car•pet•bag bolsa *f* de viaje

car•pet•ing ['kɑːrpıtıŋ] enmoquetado *m*

'car•pet sweep•er limpiador *m* de alfombras *or* moqueta

'car phone teléfono *m* de coche; 'car•pool *n* acuerdo *para compartir el vehículo entre varias personas que trabajan en el mismo sitio*; 'car port estacionamiento *m* con techo; car 'ra•di•o autorradio *m*; 'car ren•tal alquiler *m* de coches *or* automóviles

car•riage ['kærıdʒ] **1** *vehicle* carruaje *m* **2** *Br* RAIL vagón *m* **3** COM *transportation* flete *m*; **~ free** *or* **paid** gastos de envío gratuitos *or* pagados **4** *of type-writer* carrete *m* **5** *bearing* porte *m*, presencia *f*

car•riage 'free *adv* porte franco; car•riage 'paid *adv* porte pagado; car•riage re'turn *at line end* retorno *m*

'car ride: **it's just a short ~ away** está a poca distancia en coche de aquí

car•ried for•ward [kærıd'fɔːrwərd] *adj in bookkeeping* suma y sigue

car•ri•er ['kærıər] **1** *company* transportista *m/f*, empresa *f* de transportes; *airline* línea *f* aérea **2** *of disease* portador(a) *m(f)*

'car•ri•er bag *Br* bolsa *f* de plástico / papel

'car•ri•er pi•geon paloma *f* mensajera

car•ri•on ['kærıən] carroña *f*

'car•ri•on crow cuervo *m* carroñero

car•rot ['kærət] zanahoria *f*

car•ry ['kærı] **I** *v/t* (*pret & pp* **-ied**) **1** *of person* llevar; *disease* ser portador de; *of ship, plane, bus etc* transportar; **be ~ing a child** (*be pregnant*) estar embarazada; **~ sth in one's head** *fig* tener algo grabado en la cabeza; **~ convic-tion** ser convincente; **~ weight** producir efecto (**with** en); **a loan carrying in-terest of 10%** un préstamo con un interés del 10%; **~ sth too far** *or* **to ex-cess** pasarse (de la raya) con algo; **~ 5** MATH llevarse 5 **2** *proposal* aprobar **II** *v/i* (*pret & pp* **-ied**) *of sound* oírse

◆ carry about *v/t* llevar; **carry sth about with one** llevar algo encima

◆ carry away *v/t* arrastrar, llevar; **get carried away** emocionarse, dejarse llevar por la emoción

◆ carry forward *v/t* COM pasar a la columna / página siguiente; *to next year* transferir al ejercicio siguiente; **carried forward** suma y sigue

◆ carry off *v/t* **1** *take away* quitar, arrebatar; *prize* ganar, llevarse **2** *fig*: **carry sth off well** afrontar algo con aplomo, llevar algo bien *or* con dignidad **3** *of disease* causar la muerte de, llevarse a la tumba

◆ carry on **I** *v/i* **1** (*continue*) seguir, continuar **2** (*make a fuss*) organizar un escándalo **3** (*have an affair*) tener un lío **II** *v/t* (*conduct*) mantener; *business* efectuar

◆ carry out *v/t survey etc* llevar a cabo;

*threat* llevar a cabo, cumplir; *promise* cumplir

◆ carry over *v/t* ☞ *carry forward*

◆ carry through *v/t* llevar a cabo

'car•ry•all bolsa *f* de viaje; 'car•ry•cot *Br* moisés *m*; 'car•ry-on *Br* lío *m*, escándalo *m*; 'car•ry-on bag•gage AVIA equipaje *m* de mano; 'car•ry•out ☞ *takeaway*

'car seat *for child* asiento *m* para niño; 'car•sick *adj*: **she gets ~ easily** se marea en el coche con facilidad; 'car sick•ness mareo *m*; 'car stick•er pegatina *f* para el coche

cart [kɑːrt] carro *m*; *for shopping* carrito *m*; **put the ~ before the horse** *fig* empezar la casa por el tejado

car•tel [kɑːr'tel] cartel *m*

car•ti•lage ['kɑːrtɪlɪdʒ] ANAT cartílago *m*

car•tog•ra•pher [kɑːr'tɑːgrəfər] cartógrafo(-a) *m(f)*

car•tog•ra•phy [kɑːr'tɑːgrəfɪ] cartografía *f*

car•ton ['kɑːrtn] *for storage, transport* caja *f* de cartón; *for milk etc* cartón *m*, tetrabrik *m* ®; *for eggs, of cigarettes* cartón *m*

car•toon [kɑːr'tuːn] *in newspaper, magazine* tira *f* cómica; *on TV, movie* dibujos *mpl* animados

car•toon•ist [kɑːr'tuːnɪst] dibujante *m/f* de chistes

car'toon strip tira *f* cómica

car•tridge ['kɑːrtrɪdʒ] *for gun* cartucho *m*

'car•tridge case culote *m*

'cart•wheel: **turn a ~** dar una voltereta

carve [kɑːrv] *v/t meat* trinchar; *wood* tallar; **~ sth out of stone** tallar algo en piedra; **she carved her name on a tree** grabó su nombre en un árbol

◆ carve out *v/t*: **she carved out a career for herself** se labró un porvenir profesional

carv•ing ['kɑːrvɪŋ] *figure* talla *f*; **~ knife** trinchante *m*

'car wash lavado *m* de automóviles

cas•cade [kæ'skeɪd] cascada *f*

case¹ [keɪs] *container* funda *f*; *of scotch, wine* caja *f*; *(suitcase)* maleta *f*

case² [keɪs] *instance, criminal*, MED caso *m*; LAW causa *f*; **I think there's a ~ for dismissing him** creo que hay razones fundadas para despedirlo; **the ~ for the prosecution** (los argumentos jurídicos de) la acusación; **make a ~ for sth** defender algo; **in ~ ...** por si ...; **in ~ of emergency** en caso de emergencia; **in any ~** en cualquier caso; **in that ~** en ese caso; **if that is the ~** si así es; **it's not the ~ that I didn't try** no es que no lo intentara; **as the ~ may be** según sea el caso; **it's a ~ of waiting to see what happens** se trata de esperar y ver lo que pasa

'case his•to•ry MED historial *m* médico

'case•load número *m* de casos

case•ment ['keɪsmənt]: **~ window** ventana *f* de hojas

'case stud•y estudio *m* de caso

cash [kæʃ] **I** *n* (dinero *m* en) efectivo *m*; **I'm a bit short of ~** no tengo mucho dinero; **~ down** al contado; **pay (in)** pagar en efectivo; **~ on delivery** ☞ *COD*, **in ~** en efectivo; **~ in advance** dinero por adelantado; **be out of ~** F estar sin blanca F **II** *v/t check* hacer efectivo

◆ cash in *v/t bonds etc* cobrar

◆ cash in on *v/t* F sacar provecho de

cash and 'car•ry tienda *f* al por mayor; 'cash bal•ance saldo *m* de caja; 'cash cow fuente *f* de ingresos; 'cash desk caja *f*; cash 'dis•count descuento *m* por pago al contado; 'cash de•pos•it depósito *m* de efectivo; 'cash dis•pens•er *Br* cajero *m* automático; 'cash ex•pen•di•ture gastos *mpl* de caja; 'cash flow flujo *m* de caja, cash-flow *m*; **~ problems** problemas *mpl* de liquidez

cash•ier [kæ'ʃɪr] *n in store etc* cajero(-a) *m(f)*

cash•ier's 'check cheque *m* de caja

'cash in hand efectivo *m* disponible

cash•less ['kæʃlɪs] *adj* sin dinero en metálico

'cash ma•chine cajero *m* automático

cash•mere ['kæʃmɪr] *adj* cachemir *m*

'cash pay•ment pago *m* al contado *or* en efectivo; 'cash•point cajero *m* automático; 'cash price precio *m* al contado; 'cash pur•chase compra *f* al contado *or* en efectivo; 'cash re•gis•ter caja *f* registradora

cas•ing ['keɪsɪŋ] **1** *container* funda *f* **2** *of window, door* marco *m* **3** *of sausage* piel *f* ca•si•no [kə'si:nou] casino *m*

cask [kɑːsk] barrica *f*, tonel *m*

cas•ket ['kæskɪt] (*coffin*) ataúd *m*, féretro *m*

cas•sa•va [kə'sævə] fariña *f S.Am.*

cas•se•role ['kæsəroul] *n* **1** *meal* guiso *m* **2** *container* cacerola *f*, cazuela *f*

cas•sette [kə'set] cinta *f*, casete *f*

cas'sette deck platina *f* para casete

cas'sette play•er, cas'sette re•cord-er casete *m*

cas•sock ['kæsək] REL sotana *f*

cast [kæst] **I** *n* **1** *of play* reparto *m* **2** (*mold*) molde *m* **II** *v/t* (*pret & pp* **cast**) **1** *doubt, suspicion* proyectar **2** *metal* fundir **3** *play* seleccionar el reparto de; *they ~ Alan as ...* le dieron a Alan el papel de ...; *she was badly ~* no acertaron dándole el papel **4** *vote* asignar

♦ cast about for, cast around for *v/t* rebuscar

♦ cast aside *v/t fear, prejudice* alejar, apartar; *friend* rechazar

♦ cast down *v/t: be ~* estar triste *or* alicaído

♦ cast off *v/i of ship* soltar amarras

'cast•a•way naúfrago(-a) *m(f)*

caste [kæst] casta *f*

cast•er ['kæstər] *on chair etc* ruedecita *f*

cas•ti•gate ['kæstɪgeɪt] *v/t* vapulear

Cas•tile [kæs'tiːl] Castilla *f*

Cas•til•i•an [kæs'tɪliən] **I** *adj* castellano **II** *n* **1** *person* castellano(-a) *m(f)* **2** *language* castellano *m*

cast•ing ['kæstɪŋ] **1** TECH pieza *f* de fundición **2** *of actors* casting *m*

'cast•ing di•rec•tor director *m* de reparto

cast•ing 'vote voto *m* de calidad

cast 'i•ron hierro *m* fundido

cast-'i•ron *adj* de hierro fundido

cas•tle ['kæsl] castillo *m*

'cast•off *item of clothing* prenda *f* usada

'cast-off *adj clothing* viejo, usado

cast•or ['kæstər] ☞ **caster**

'cast•or oil aceite *m* de ricino

cas•trate [kæ'streɪt] *v/t* castrar

cas•tra•tion [kæ'streɪʃn] castración *f*

cas•u•al ['kæʒuəl] *adj* (*chance*) casual; (*offhand*) despreocupado; (*not formal*) informal; (*not permanent*) eventual; *it was just a ~ remark* no era más que un comentario hecho de pasada; *he*

*was very ~ about the whole thing* parecía no darle mucha importancia al asunto; *~ sex* relaciones *fpl* sexuales (con parejas) ocasionales; *~ laborer* temporero(-a) *m(f)*, jornalero(-a) *m(f)*

cas•u•al•ly ['kæʒuəlɪ] *adv dressed* de manera informal; *say* a la ligera

cas•u•al•ty ['kæʒuəltɪ] víctima *f*

'cas•u•al•ty de•part•ment *Br* urgencias *fpl*

'cas•u•al wear ropa *f* informal

cat [kæt] gato *m*; *let the ~ out of the bag* descubrir el pastel; *play ~ and mouse with s.o.* jugar al gato y el ratón con alguien; *it's raining ~s and dogs* está lloviendo a cántaros, están cayendo chuzos de punta

cat•a•comb ['kætəkuːm] catacumba *f*

Cat•a•lan ['kætəlæn] **I** *adj* catalán **II** *n* **1** *person* catalán(-ana) *m(f)* **2** *language* catalán *m*

cat•a•log, *Br* cat•a•logue ['kætəlɑːg] **I** *n* catálogo *m* **II** *v/t* catalogar

Cat•a•lon•i•a [kætə'louniə] Cataluña *f*

cat•a•lyst ['kætəlɪst] catalizador *m*

cat•a•lyt•ic con•vert•er [kætəlɪtɪk-kən'vɜːrtər] catalizador *m*

cat-and-'dog *adj: lead a ~ life* estar siempre como el perro y el gato

cat•a•pult ['kætəpʌlt] **I** *v/t fig to fame, stardom* catapultar, lanzar **II** *n* catapulta *f*; *Br: toy* tirachinas *m inv*

cat•a•ract ['kætərækt] MED catarata *f*

ca•tarrh [kə'tɑːr] MED catarro *m*

ca•tas•tro•phe [kə'tæstrəfɪ] catástrofe *f*

cat•a•stroph•ic [kætə'strɑːfɪk] *adj* catastrófico

'cat bur•glar *ladrón(ona) que escala para robar en las casas*

'cat•call abucheo *m*

catch [kætʃ] **I** *n* **1** parada *f* (*sin que la pelota toque el suelo*); *in baseball* atrapada *f*, recepción *f* **2** *of fish* captura *f*, pesca *f* **3** (*locking device*) cierre *m* **4** (*problem*) pega *f*; *there has to be a ~* tiene que haber una trampa **II** *v/t* (*pret & pp* **caught**) **1** *ball* agarrar, *Span* coger **2** *animal* atrapar; *escaped prisoner* capturar; *fish* pescar; *in order to speak to* alcanzar, pillar; *~ s.o. doing sth* atrapar *or Span* coger a alguien haciendo

algo; **~ s.o. lying** pillar a alguien mintiendo; **~ it** F (*be punished*) cargársela F; **my fingers got caught in the door** me he pillado los dedos con la puerta; **~ you later** F nos vemos (luego)
**3** *get on: bus, train*) tomar, *Span* coger; (*not miss: bus, train*) alcanzar, *Span* coger
**4** (*hear*) oír
**5** *illness* agarrar, *Span* coger; **~ (a) cold** agarrar *or Span* coger un resfriado, resfriarse
**6: ~ s.o.'s eye** *of person, object* llamar la atención de alguien; **~ sight of, ~ a glimpse of** ver
◆ **catch at** *v/t* tratar de agarrar
◆ **catch on** *v/i* **1** (*become popular*) cuajar, ponerse de moda **2** (*understand*) darse cuenta; **catch on to sth** pillar *or* entender algo
◆ **catch out** *v/t:* **catch s.o. out** pillar *or* pescar a alguien
◆ **catch up** *v/i:* **catch up with s.o.** alcanzar a alguien; **he's having to work hard to catch up** tiene que trabajar muy duro para ponerse al día; **be caught up in sth** estar atrapado en algo
◆ **catch up on** *v/t:* **catch up on one's sleep** recuperar el sueño; **there's a lot of work to catch up on** hay mucho trabajo atrasado
**catch-22** [kætʃˈtwentɪˈtuː]: **it's a ~ situation** es como la pescadilla que se muerde la cola
'**catch-all term** palabra *f* de sentido general
**catch•er** [ˈkætʃər] *in baseball* cácher *m*, cátcher *m*, receptor *m*; **~'s box** cajón *m* del receptor
**catch•ing** [ˈkætʃɪŋ] *adj also fig* contagioso
**catch•ment are•a** [ˈkætʃmənt] **1** GEOL cuenca *f* fluvial **2** *of hospital, school* zona *f* de cobertura
'**catch•phrase** fórmula *f*; POL eslogan *m*
'**catch•word** eslogan *m*
**catch•y** [ˈkætʃɪ] *adj tune* pegadizo
**cat•e•chism** [ˈkætəkɪzəm] REL catequismo *m*
**cat•e•gor•ic** [kætəˈgɑːrɪk], **cat•e•gor•i•cal** [kætəˈgɑːrɪkl] *adj* categórico, contundente

**cat•e•gor•i•cal•ly** [kætəˈgɑːrɪklɪ] *adv* categóricamente
**cat•e•go•rize** [ˈkætəgəraɪz] *vt* clasificar
**cat•e•go•ry** [ˈkætəgɔːrɪ] categoría *f*
◆ **ca•ter for** [ˈkeɪtər] *v/t* **1** (*meet the needs of*) cubrir las necesidades de **2** (*provide food for*) organizar la comida para
◆ **cater to** *v/t fig* satisfacer, complacer
**ca•ter•er** [ˈkeɪtərər] hostelero(-a) *m(f)*
**ca•ter•ing** [ˈkeɪtərɪŋ] catering *m*, hostelería *f*
'**ca•ter•ing com•pa•ny** empresa *f* de catering *or* hostelería
'**ca•ter•ing in•dus•try** sector *m* de la hostelería
**ca•ter•pil•lar** [ˈkætərpɪlər] oruga *f*
**cat•er•waul** [ˈkætəwɔːl] *v/i* gemir, gañir
'**cat•gut** cuerda *f* de tripas
**ca•the•dral** [kəˈθiːdrl] catedral *f*
**cath•e•ter** [ˈkæθɪtər] MED catéter *m*
**cath•ode** [ˈkæθoʊd] ELEC cátodo *m*
**cath•ode 'ray tube** tubo *m* de rayos catódicos
**Cath•o•lic** [ˈkæθəlɪk] **I** *adj* católico **II** *n* católico(-a) *m(f)*
**Ca•thol•i•cism** [kəˈθɑːlɪsɪzm] catolicismo *m*
**cat•kin** [ˈkætkɪn] BOT amento *m*
'**cat lit•ter** arena *f* para gatos; '**cat•nap: have** *or* **take a ~** echarse una cabezada; '**cat's eyes** *on road* captafaros *mpl* (*en el centro de la calzada*); '**cat suit** body *m* entero
**cat•sup** [ˈkætsʌp] ketchup *m*, catchup *m*
**cat•tle** [ˈkætl] *npl* ganado *m*; **ten head of ~** diez cabezas de ganado
'**cat•tle breed•ing** cría *f* de ganado
'**cat tray** *to defecate in* bandeja *f* para gatos
**cat•ty** [ˈkætɪ] *adj* malintencionado
'**cat•walk** pasarela *f*
**cau•cus** [ˈkɔːkəs] POL congreso *m* de partido
**caught** [kɔːt] *pret & pp* ☞ **catch**
**caul•dron** [ˈkɔːldrən] caldera *f*
**cau•li•flow•er** [ˈkɔːlɪflaʊər] coliflor *f*
**caus•al** [ˈkɔːzl] *adj* causal
**cau•sal•i•ty** [kɔːˈzælətɪ] causalidad *f*
**cause** [kɔːz] **I** *n* causa *f*; (*grounds*) motivo *m*, razón *f*; **~ of death** causa de muerte; **have ~ for complaint** tener

motivos para quejarse; **make common ~ with** hacer causa común con ‖ v/t causar, provocar

'**cause•way** *over water, marshland* paso *m*

**caus•tic** ['kɔːstɪk] *adj fig* cáustico

**cau•ter•ize** ['kɔːtəraɪz] *v/t* MED cauterizar

**cau•tion** ['kɔːʃn] **I** *n (carefulness)* precaución *f*, prudencia *f* ‖ v/t *(warn)* prevenir *(against* contra*)*; **~ a player** amonestar a un jugador

**cau•tious** ['kɔːʃəs] *adj* cauto, prudente

**cau•tious•ly** ['kɔːʃəslɪ] *adv* cautelosamente, con prudencia

**cav•a•lier** [kævə'lɪər] *adj attitude* despreocupado

**cav•al•ry** ['kævəlrɪ] caballería *f*

**cave** [keɪv] cueva *f*

◆ **cave in** *v/i* **1** *of roof* hundirse **2** *of person* ceder, transigir

'**cave•man** cavernícola *m*, troglodita *m*

**cav•ern** ['kævərn] caverna *f*

**cav•i•ar** ['kævɪɑːr] caviar *m*

**cav•i•ty** ['kævətɪ] *hole* cavidad *f*; *in tooth* caries *f inv*

**ca•vort** [kə'vɔːrt] *v/i* F corretear, juguetear

**cay•enne pep•per** [keɪen'pepər] cayena *f*

**CB ra•di•o** [siːbiː'reɪdɪoʊ] radio *f* de la BC *or* banda ciudadana

**cc**[1] [siː'siː] **I** *abbr (= carbon copy)* copia *f* ‖ v/t **1** *memo* enviar una copia de **2** *person* enviar una copia a

**cc**[2] [siː'siː] *abbr* **1** *(= cubic centimeters)* cc *(= centimetros mpl* cúbicos*)* **2** *(= cubic capacity)* MOT cilindrada *f*

**CCTV** [siːsiːtiː'viː] *abbr (= closed circuit television)* CCTV *(= circuito m* cerrado de televisión*)*

**CD** [siː'diː] *abbr (= compact disc)* CD *m*

**C'D play•er** (reproductor *m* de) CD *m*; **CD-'ROM** [siːdiː'rɑːm] CD-ROM *m*; **CD-'ROM drive** lector *m* de CD-ROM

**cease** [siːs] **I** *v/i* cesar **II** *v/t* suspender; **~ doing sth** dejar de hacer algo; **~ trading** dejar de operar

'**cease-fire** alto *m* el fuego

**cede** [siːd] *v/t* ceder, entregar; **he ceded my point** me dió la razón

**ceil•ing** ['siːlɪŋ] *of room* techo *m*; *(limit)* tope *m*, límite *m*; **he hit the ~** F se puso como una fiera F

**cel•e•brate** ['selɪbreɪt] **I** *v/i*: **let's ~ with a bottle of champagne** celebrémoslo con una botella de champán **II** *v/t* **1** celebrar, festejar **2** *(observe)* celebrar

**cel•e•brat•ed** ['selɪbreɪtɪd] *adj* célebre; **be ~ for** ser célebre por

**cel•e•bra•tion** [selɪ'breɪʃn] celebración *f*

**ce•leb•ri•ty** [sɪ'lebrətɪ] *(fame)* celebridad *f*

**cel•e•ry** ['selərɪ] apio *m*

**ce•les•tial** [sɪ'lestjəl] *adj* celestial; **~ body** cuerpo *m* celeste

**cel•i•ba•cy** ['selɪbəsɪ] celibato *m*

**cel•i•bate** ['selɪbət] *adj* célibe

**cell** [sel] *for prisoner, in spreadsheet* celda *f*; BIO célula *f*

**cel•lar** ['selər] sótano *m*; *for wine* bodega *f*

'**cell di•vi•sion** BIO división *f* celular

**cel•list** ['tʃelɪst] violonchelista *m/f*

**cel•lo** ['tʃeloʊ] violonchelo *m*

**cel•lo•phane** ['seləfeɪn] celofán *m*

'**cell phone** (teléfono *m*) móvil *m*, L.Am. (teléfono *m*) celular *m*; **you can get me on my ~** puedes localizarme en el celular *or Span* el móvil

**cel•lu•lar** ['seljʊlər] *adj* celular

**cel•lu•lar 'phone** ☞ **cell phone**

**cel•lu•lite** ['seljʊlaɪt] celulitis *f*

**cel•lu•loid** ['seljʊlɔɪd] celuloide *m*; **on ~** *fig* en celuloide

**cel•lu•lose** ['seljʊloʊs] celulosa *f*

**Cel•si•us** ['selsɪəs] *adj* centígrado; **10 degrees ~** 10 grados centígrados

**Celt** [kelt] celta *m/f*

**Celt•ic** ['keltɪk] *adj* celta

**ce•ment** [sɪ'ment] **I** *n* cemento *m* **II** *v/t* colocar con cemento; *friendship* consolidar

**ce'ment mix•er** hormigonera *f*

**cem•e•ter•y** ['semətɪ] cementerio *m*

**cen•o•taph** ['senoʊtæf] cenotafio *m*

**cen•sor** ['sensər] **I** *n* censor(a) *m(f)* **II** *v/t* censurar

**cen•so•ri•ous** [sen'sɔːrɪəs] *adj* censurador, crítico; **be ~ of s.o. / sth** ser crítico con alguien / algo

**cen•sor•ship** ['sensɔːrʃɪp] censura *f*

**cen•sure** ['senʃər] **I** *n* censura *f*, condena *f*; **vote of ~** voto *m* de censura **II** *v/t* censurar, condenar

**cen•sus** ['sensəs] censo *m*

cent [sent] céntimo *m*

cen•te•nar•i•an [sentɪ'neriən] centenario(-a) *m(f)*

cen•te•na•ry [sen'ti:nəri] centenario *m*

cen•ten•ni•al [sen'tenjəl] I *adj* centenario II *n* centenario *m*

cen•ter ['sentər] I *n* 1 centro *m*; *in the ~ of* en el centro de; *be the ~ of attention* ser el centro de atención 2 *in basketball* pívot *m/f* II *v/t* centrar

◆ center around, center on *v/t* centrarse en

'cen•ter•back *in soccer* defensa *m* central; 'cen•ter field *in baseball* exterior *m* central, *L.Am.* jardín *m* central; 'cen•ter field•er *in baseball* exterior *m* centro; cen•ter 'for•ward *in soccer* delantero centro *m*

cen•ter•ing ['sentərɪŋ] *of text* centrado *m*

cen•ter of 'grav•i•ty centro *m* de gravedad

cen•ti•grade ['sentɪgreɪd] *adj* centígrado; *10 degrees ~* 10 grados centígrados

cen•ti•gram(me) ['sentɪgræm] centigramo *m*

cen•ti•me•ter, *Br* cen•ti•me•tre ['sentɪmi:tər] centímetro *m*

cen•tral ['sentrəl] *adj* central; *location, apartment* céntrico; *~ Chicago* el centro de Chicago; *be ~ to sth* ser el eje de algo; *~ bank* banco *m* central

Cen•tral A'mer•i•ca *n* Centroamérica, América *f* Central; Cen•tral A'mer•i•can I *adj* centroamericano, de (la) América Central II *n* centroamericano(-a) *m(f)*; cen•tral 'heat•ing calefacción *f* central

cen•tral•i•za•tion [sentrəlaɪ'zeɪʃn] *n* centralización *f*

cen•tral•ize ['sentrəlaɪz] *v/t* centralizar

cen•tral 'lock•ing [sentrəl'lɑːkɪŋ] MOT cierre *m* centralizado; cen•tral mid'field•er *in soccer* interior *m*; cen•tral 'nerv•ous sys•tem PHYSIO sistema *m* nervioso central; cen•tral 'pro•ces•sing u•nit unidad *f* central de proceso; cen•tral 'pur•chas•ing de•part•ment COM central *f* de compras; Cen•tral 'Stan•dard Time hora oficial en el centro de Norteamérica

cen•tre *Br* ☞ center

cen•trif•u•gal [sentrɪ'fjʊgl] *adj* PHYS centrífugo; *~ force* fuerza *f* centrífuga

cen•tri•fuge ['sentrɪfjuːdʒ] TECH centrifugadora *f*

cen•tu•ry ['sentʃəri] siglo *m*; *in the 21st ~* en el siglo XXI

CEO [siːiː'oʊ] *abbr* (= *Chief Executive Officer*) consejero(-a) *m(f)* delegado

ce•ram•ic [sɪ'ræmɪk] *adj* de cerámica

ce•ram•ics [sɪ'ræmɪks] 1 (*pl: objects*) objetos *mpl* de cerámica 2 (*sing: art*) cerámica *f*

ce•re•al ['sɪrɪəl] (*grain*) cereal *m*; (*breakfast ~*) cereales *mpl*

ce•re•bral ['serɪbrəl] *adj* ANAT cerebral

ce•re•bral pal•sy ['pɒːlzi] parálisis *f* cerebral

cer•e•mo•ni•al [serɪ'moʊnɪəl] I *adj* ceremonial II *n* ceremonial *m*

cer•e•mo•ni•ous [serɪ'moʊnɪəs] *adj* ceremonioso

cer•e•mo•ny ['serɪməni] (*event, ritual*) ceremonia *f*

cert [sɜːrt] *Br* F: *it's a dead ~* es una apuesta segura

cer•tain ['sɜːrtn] *adj* 1 (*sure*) seguro; *I'm ~* estoy seguro; *make ~* asegurarse (*of* de); *know / say for ~* saber / decir con certeza; *it is ~ to happen* ocurrirá seguro, ocurrirá con toda seguridad 2 (*particular*) cierto; *a ~ Mr. S.* un cierto Sr. S.

cer•tain•ly ['sɜːrtnli] *adv* 1 (*definitely*) claramente 2 (*of course*) por supuesto; *~ not!* ¡por supuesto que no!

cer•tain•ty ['sɜːrtnti] 1 (*confidence*) certeza *f*, certidumbre *f* 2 (*inevitability*) seguridad *f*; *it's a ~* es seguro; *he's a ~ for the gold medal* va a ganar seguro la medalla de oro

cer•tif•i•cate [sər'tɪfɪkət] (*qualification*) título *m*; (*official paper*) certificado *m*

cer•tif•i•cate of air•worth•i•ness [er'wɜːrðinɪs] certificado *m* de estar en condiciones de navegar

cer•tif•i•cate of 'or•i•gin certificado *m* de origen

cer•ti•fied check ['sɜːrtɪfaɪd] cheque *m* certificado; 'cer•ti•fied cop•y copia *f* certificada *or* compulsada; cer•ti•fied pub•lic ac'count•ant censor(a) *m(f)* jurado(-a) de cuentas

cer•ti•fy ['sɜːrtɪfaɪ] *v/t* (*pret & pp -ied*) certificar; *this is to ~ that* por la presente doy fe de que *or* certifico que

cer•vi•cal can•cer [sɜːr'vaɪkl] MED

cáncer *m* de cuello de útero

**cer•vi•cal 'smear** MED citología *f*

**Ce•sar•e•an (sec•tion)** [sɪ'zerɪən] cesárea *f*; **be born by ~ (section)** nacer por cesárea

**ces•sa•tion** [se'seɪʃn] cese *m*

**cess•pit** ['sespɪt], **cess•pool** ['sespuːl] cloaca *f*

**CFC** [siːefʃiː] *abbr* (= *chlorofluorocarbon*) CFC *m* (= clorofluorocarbono *m*)

**chafe** [tʃeɪf] *v/t rub* rozar
♦ **chafe against, chafe at** *v/t* indignarse por, soliviantarse por

**chaff** [tʃæf] *of wheat* ahechadura *f*, granza *f*

**chain** [tʃeɪn] **I** *n also of hotels etc* cadena *f*; **~ of mountains** cordillera *f* **II** *v/t* encadenar; **~ sth / s.o. to sth** encadenar algo / a alguien a algo
♦ **chain up** *v/t* encadenar

**chain re'ac•tion** reacción *f* en cadena; **'chain•saw** sierra *f* mecánica; **'chain--smoke** *v/i* fumar un cigarrillo tras otro, fumar como un carretero; **'chain--smok•er** *persona que fuma un cigarrillo tras otro*; **'chain store** *store* tienda *f* (de una cadena); *company* cadena *f* de tiendas

**chair** [tʃer] **I** *n* silla *f*; (*arm*~) sillón *m*; *at university* cátedra *f*; **the ~** (*electric* ~) la silla eléctrica; *at meeting* la presidencia; **take the ~** ocupar la presidencia; **be in the ~** ocupar la silla presidencial, presidir **II** *v/t meeting* presidir

**'chair lift** telesilla *f*;

**'chair•man** presidente *m*

**chair•man e•mer•i•tus** [e'merɪtəs] presidente *m* emérito

**chair•man•ship** ['tʃermənʃɪp] presidencia *f*; **under the ~ of** bajo la presidencia de

**'chair•per•son** presidente(-a) *m(f)*

**'chair•wom•an** presidenta *f*

**cha•let** ['ʃæleɪ] chalet *m*, chalé *m*

**chal•ice** ['tʃælɪs] REL cáliz *m*

**chalk** [tʃɔːk] *for writing* tiza *f*; *in soil* creta *f*; **be as different as ~ and cheese** parecerse como un huevo a una castaña; **not by a long ~** ni muchísimo menos
♦ **chalk up** *v/t victory etc* apuntarse, anotarse

**chal•lenge** ['tʃælɪndʒ] **I** *n* **1** (*difficulty*) desafío *m*, reto *m* **2** *in race, competition*

ataque *m* **II** *v/t* **1** desafiar, retar **2** (*call into question*) cuestionar

**chal•len•ger** ['tʃælɪndʒər] aspirante *m/f*

**chal•len•ging** ['tʃælɪndʒɪŋ] *adj job, undertaking* estimulante

**cham•ber** ['tʃeɪmbər] TECH, PARL *etc* cámara *f*

**'cham•ber•maid** camarera *f* (de hotel); **'cham•ber mu•sic** música *f* de cámara; **Cham•ber of 'Com•merce** Cámara *f* de Comercio; **'cham•ber pot** orinal *m*

**cha•me•le•on** [kə'miːljən] ZO camaleón *m*

**cham•ois** (*leath•er*) ['ʃæmɪ] ante *m*

**champ¹** [tʃæmp] *v/i*: **~ at the bit** *fig* morirse de las ganas

**champ²** [tʃæmp] *n* F campeón(-ona) *m(f)*

**cham•pagne** [ʃæm'peɪn] champán *m*

**cham•pi•on** ['tʃæmpiən] **I** *n* **1** SP campeón(-ona) *m(f)* **2** *of cause* abanderado(-a) *m(f)* **II** *v/t* (*cause*) abanderar

**cham•pi•on•ship** ['tʃæmpiənʃɪp] campeonato *m*

**chance** [tʃæns] **I** *n* **1** (*possibility*) posibilidad *f*; **there's not much ~ of that happening** no es probable que ocurra; **you don't stand a ~** no tienes ninguna posibilidad

**2** (*opportunity*) oportunidad *f*

**3** (*risk*) riesgo *m*; **take a ~** correr el riesgo; **I'm not taking any ~s** no voy a correr ningún riesgo; **game of ~** juego *m* de azar; **the ~s are that ...** lo más probable es que ...

**4** (*luck*) casualidad *f*, suerte *f*; **leave nothing to ~** no dejar nada a la improvisación; **by ~** por casualidad

**II** *v/i*: **I chanced to meet her** me la encontré de casualidad

**III** *v/t* arriesgarse a; **I decided to ~ it** F decidí probar fortuna *or* suerte

**IV** *adj* impensado, casual
♦ **chance on** *v/t* tropezar *or* dar con

**chan•cel•lor** ['tʃænsələr] POL canciller *m*; **Chancellor of the Exchequer** *Br* Ministro(-a) *m(f)* de Economía

**chanc•y** ['tʃænsɪ] *adj* F arriesgado, aventurado

**chan•de•lier** [ʃændə'lɪr] araña *f* (de luces)

**change** [tʃeɪndʒ] **I** *n* **1** cambio *m*; **a ~ is as good as a rest** a veces cambiar es lo mejor; **that makes a nice ~** eso es una novedad bienvenida; *for a* ~ para variar; *a* ~ *of clothes* una muda; ~ *of life* (*menopause*) cambio *m* de edad, menopausia *f*

**2** (*small coins*) suelto *m*; *from purchase* cambio *m*, *Span* vuelta *f*, *L.Am.* vuelto *m*; *can you give me* ~ *for twenty dollars?* ¿me puedes cambiar veinte dólares?

**II** *v/t* cambiar; ~ *trains* hacer transbordo, cambiar de tren; ~ *planes* hacer transbordo, cambiar de avión; ~ *one's clothes* cambiarse de ropa; ~ *places with s.o.* *fig* cambiarse por alguien; ~ *gear* cambiar de marcha

**III** *v/i* **1** cambiar; *the lights* ~*d to green* el semáforo se puso verde **2** (*put on different clothes*) cambiarse **3** (*take different train / bus*) hacer transbordo

◆ **change down** *v/i* MOT cambiar a una marcha inferior

◆ **change over** *v/i* pasar, cambiar; *to different TV channel* cambiar de canal

◆ **change up** *v/i* MOT cambiar a una marcha superior

**change•a•ble** ['tʃeɪndʒəbl] *adj* variable, cambiante

**'change•o•ver** transición *f* (*to* a); *in relay race* relevo *m*

**chang•ing room** ['tʃeɪndʒɪŋ] SP vestuario *m*; *in shop* probador *m*

**chan•nel** ['tʃænl] *on TV, at sea* canal *m*; *switch* or *change* ~*s* cambiar de canal; *through official* ~*s* por vías oficiales; ~ *of distribution* canal de distribución; ~*s of communication* canales de comunicación; *go through* ~*s* seguir los cauces apropiados

**'chan•nel hop•ping** TV zapping *m*

**chant** [tʃænt] **I** *n* **1** REL canto *m* **2** *of fans* cántico *m*; *of demonstrators* consigna *f* **II** *v/i* gritar **III** *v/t* corear

**cha•os** ['keɪɑːs] caos *m*; *it was* ~ *at the airport* el aeropuerto era un caos

**cha•ot•ic** [keɪˈɑːtɪk] *adj* caótico

**chap** [tʃæp] *n Br* F tipo *m* F, *Span* tío *m* F

**chap•el** ['tʃæpl] capilla *f*

**chap•er•on(e)** ['ʃæpərəʊn] **I** *n* acompañante *m/f*, escolta *m/f* **II** *v/t* acompañar *or* escoltar a

**chap•lain** ['tʃæplɪn] capellán *m*

**chapped** [tʃæpt] *adj lips* cortado; *hands* agrietado

**chap•ter** ['tʃæptər] **1** *of book* capítulo *m*

**2** *of organization* sección *f*

**char** [tʃɑːr] *v/i* quemarse, chamuscarse

**char•ac•ter** ['kærɪktər] *nature, personality, in printing* carácter *m*; *person, in book, play* personaje *m*; *he's a real* ~ es todo un personaje; ~ *actor* actor *m* de género; ~ *assassination* difamación *f*, calumnia *f*

**char•ac•ter•is•tic** [kærɪktəˈrɪstɪk] **I** *n* característica *f* **II** *adj* característico

**char•ac•ter•is•ti•cal•ly** [kærɪktəˈrɪstɪklɪ] *adv* de modo característico; *he was* ~ *rude* fue grosero como de costumbre

**char•ac•ter•ize** ['kærɪktəraɪz] *v/t* (*be typical of*) caracterizar; (*describe*) describir, clasificar

**cha•rade** [ʃəˈrɑːd] *fig* farsa *f*; *play* ~*s* jugar charadas (*acertijo en que se adivinan por medio de la mímica palabras*)

**char•broiled** ['tʃɑːrbrɔɪld] *adj* a la brasa

**char•coal** ['tʃɑːrkoʊl] **1** *for barbecue* carbón *m* vegetal **2** *for drawing* carboncillo *m*

**charge** [tʃɑːrdʒ] **I** *n* **1** (*fee*) tarifa *f*; *free of* ~ gratis; *bank* ~*s* comisiones *fpl* bancarias

**2**: *will that be cash or* ~? ¿pagará en efectivo o con tarjeta?

**3**: *the person in* ~ la persona responsable *or* encargada; *be in* ~ estar a cargo; *be in* ~ *of sth* estar al cargo de algo, encargarse de algo; *take* ~ hacerse cargo; *take* ~ *of sth* hacerse cargo de algo **4** LAW cargo *m*, acusación *f*; *be on a* ~ *of murder* estar acusado de asesinato; *arrested on a* ~ *of* ... arrestado por ... **II** *v/t* **1** *sum of money* cobrar **2** (*put on account*) pagar con tarjeta; ~ *it to my account* cárguelo a mi cuenta **3** LAW acusar (*with* de) **4** *battery* cargar **III** *v/i* (*attack*) cargar

**'charge ac•count** cuenta *f* de crédito

**'charge card** tarjeta *f* de compra

**char•gé d'af•faires** [ʃɑːrʒeɪdæˈfer] (*pl chargés d'affaires* [ʃɑːrʒeɪdæˈfer]) diplomático(-a) *m(f)* (*subordinado*)

**charg•er** ['tʃɑːrdʒər] ELEC cargador *m*

**cha•ris•ma** [kəˈrɪzmə] carisma *m*

**char•is•mat•ic** [kærɪzˈmætɪk] *adj* carismático

**char•i•ta•ble** ['tʃærɪtəbl] *adj institution, donation* de caridad; *person* caritativo

**char•i•ty** ['tʃærətɪ] **1** *assistance* caridad *f* **2** *organization* entidad *f* benéfica

**char•la•tan** ['ʃɑːrlətən] charlatán(-ana) m(f)

**charm** [tʃɑːrm] **I** n **1** (appealing quality) encanto m **2** on bracelet etc colgante m **II** v/t (delight) encantar

**charm•er** ['tʃɑːrmər] F: he's a real ~ es encantador

**charm•ing** ['tʃɑːrmɪŋ] adj encantador; well, that's ~! iron ¡vaya, qué detalle!

**charred** [tʃɑːrd] adj carbonizado

**chart** [tʃɑːrt] **I** (diagram) gráfico m; (map) carta f de navegación; the ~s MUS las listas de éxitos **II** v/t hacer mapas de; ~ s.o.'s progress describir el progreso de alguien

**char•ter** ['tʃɑːrtər] **I** n **1** of institution estatutos mpl **2** of airplane etc fletamiento m **II** v/t fletar

**char•tered ac•count•ant** [tʃɑːrtərd-ə'kauntənt] Br censor(a) m(f) jurado (-a) de cuentas

**'char•ter flight** vuelo m chárter

**'char•ter plane** avión m chárter

**'char•wom•an** Br señora f de la limpieza

**char•y** ['tʃerɪ] adj: be ~ of doing sth ser reticente a hacer algo

**chase** [tʃeɪs] **I** n persecución f; give ~ to perseguir **II** v/t perseguir

◆ **chase after** v/t: chase after s.o. correr detrás de alguien

◆ **chase away** v/t ahuyentar

◆ **chase up** v/t payment, order reclamar; chase s.o. up about sth meter prisa a alguien con algo

**chas•er** ['tʃeɪsər]: whiskey ~ vaso de whisky que se toma después de una cerveza

**cha•sm** ['kæzəm] also fig abismo m

**chas•sis** ['ʃæsɪ] of car chasis m inv

**chaste** [tʃeɪst] adj casto

**chas•ten** ['tʃeɪsn] v/t escarmentar

**chas•tise** [tʃæ'staɪz] v/t reprender

**chas•ti•ty** ['tʃæstətɪ] castidad f

**chat** [tʃæt] **I** n charla f, Mex plática f; have a ~ charlar, Mex platicar **II** v/i (pret & pp -ted) charlar, Mex platicar

**'chat show** Br programa m de entrevistas

**chat•tels** ['tʃætlz] npl LAW bienes mpl muebles

**chat•ter** ['tʃætər] **I** n cháchara f **II** v/i **1** talk parlotear **2** of teeth castañetear

**'chat•ter•box** charlatán(-ana) m(f)

**chat•ty** ['tʃætɪ] adj person hablador

**chauf•feur** ['ʃoufər] n chófer m, L.Am. chofer m

**'chauf•feur-driv•en** adj con chófer or L.Am. chofer

**chau•vin•ism** ['ʃouvɪnɪzəm] chovinismo m; male ~ machismo m

**chau•vin•ist** ['ʃouvɪnɪst] (male ~) machista m

**chau•vin•ist•ic** [ʃouvɪ'nɪstɪk] adj chovinista; (sexist) machista

**cheap** [tʃiːp] **I** adj (inexpensive) barato; (nasty) chabacano; (mean) tacaño; feel ~ sentirse despreciable **II** adv: it was going ~ estaba tirado; buy sth ~ comprar algo barato; on the ~ en plan barato

**cheap•en** ['tʃiːpən] v/t abaratar; ~ o.s. rebajarse

**cheap•ness** ['tʃiːpnɪs] bajo precio m

**cheap•o** ['tʃiːpou] F **I** adj tirado (de precio) F **II** n baratija f F

**'cheap•skate** F roñoso(-a) m(f)

**cheat** [tʃiːt] **I** n person tramposo(-a) m(f) **II** v/t engañar; ~ s.o. out of sth estafar algo a alguien **III** v/i in exam copiar; in cards etc hacer trampa; ~ on one's wife engañar a la esposa

**Chech•ni•a** ['tʃetʃnɪə] Chechenia f

**check¹** [tʃek] **I** adj shirt a cuadros **II** n cuadro m

**check²** [tʃek] n **1** FIN cheque m; a ~ for $500 un cheque de 500 dólares **2** in restaurant etc cuenta f; ~ please la cuenta, por favor

**check³** [tʃek] **I** n **1** to verify sth comprobación f; keep a ~ on llevar el control de **2**: keep or hold in ~ mantener bajo control; act as a ~ on sth actuar de contrapeso sobre algo **3** checkmark marca f de comprobado, tic m **II** v/t **1** (verify) comprobar; machinery inspeccionar; I'll call to ~ what time we're needed llamaré para informarme or ver a que hora nos necesitan **2** (restrain, stop) contener, controlar **3** with a ~mark poner un tic en; ~ the appropriate box marque la casilla apropiada **4** coat dejar en el guardarropa; package dejar en consigna **III** v/i comprobar; ~ for comprobar

◆ **check in I** v/i at airport facturar; at hotel registrarse **II** v/t person registrar; luggage facturar

◆ **check off** v/t marcar (como comprobada)

◆ **check on** v/t vigilar

◆ **check out I** v/i **1** of hotel dejar el hotel **2** F of story etc (be true) ser verdad(ero); (make sense) tener sentido **II** v/t (look into) investigar, LAm chequear, Mex checar; club, restaurant etc probar; **check it out at your nearest store** compruébelo en su tienda más cercana

◆ **check up on** v/t hacer averiguaciones sobre, investigar; **Mom's always checking up on me** mi madre siempre me está vigilando or controlando

◆ **check with** v/t **1** of person hablar con **2** (tally: of information) concordar con

'check•book talonario m de cheques, L.Am. chequera f

checked [tʃekt] adj material a cuadros

check•er ['tʃekər] cashier cajero(-a) m(f)

'check•er•board tablero m de ajedrez

check•ered ['tʃekərd] adj **1** pattern a cuadros **2** career accidentado

check•ers ['tʃekərz] nsg damas fpl

'check-in facturación f

'check-in clerk empleado(-a) m(f) en el mostrador de facturación

'check-in desk mostrador m de facturación

check•ing ac•count ['tʃekɪŋ] cuenta f corriente

'check-in time hora f de facturación; 'check•list lista f de verificación; 'check mark tic m; 'check•mate jaque m mate; 'check-out caja f; 'check-out time from hotel hora f de salida; 'check•point control m; 'check•room for coats guardarropa m; for baggage consigna f; 'check•up medical chequeo m (médico), revisión f (médica); dental revisión f (en el dentista); **have a ~** hacerse un chequeo, (ir a) hacerse una revisión

cheek [tʃiːk] **1** ANAT mejilla f; **~ by jowl** hombro con hombro **2** Br descaro m

'cheek•bone pómulo m

cheep [tʃiːp] **I** v/i & v/t piar **II** n piada f

cheer [tʃɪr] **I** n ovación f; **~s!** toast ¡salud!; **the ~s of the fans** los vítores de los aficionados; **give three ~s for s.o.** dar tres hurras por alguien **II** v/t ovacionar, vitorear **III** v/i lanzar vítores

◆ **cheer on** v/t animar

◆ **cheer up I** v/i animarse **II** v/t animar

cheer•ful ['tʃɪrfəl] adj alegre, contento; **you're a ~ one, aren't you?** iron ¿tu eres muy cuco or pillo, no? F

cheer•ing ['tʃɪrɪŋ] vítores mpl

cheer•i•o [tʃɪrɪ'oʊ] Br F ¡chao! F

'cheer•lead•er animadora f

cheer•less ['tʃɪrlɪs] adj sombrío

cheer•y ['tʃɪrɪ] adj alegre

cheese [tʃiːz] queso m; **say ~!** PHOT ¡sonríe!

'cheese•burg•er hamburguesa f de queso; 'cheese•cake tarta f de queso; cheese•par•ing ['tʃiːzperɪŋ] tacañería f; cheese 'spread queso m para untar

chees•y ['tʃiːzɪ] adj **I** flavor a queso **II** F fig cutre F

chee•tah ['tʃiːtə] ZO guepardo m

chef [ʃef] chef m, jefe m de cocina

chem•i•cal ['kemɪkl] **I** adj químico **II** n producto m químico

chem•i•cal 'war•fare guerra f química

chem•ist ['kemɪst] **1** in laboratory químico(-a) m(f) **2** Br: dispensing farmacéutico(-a) m(f)

chem•is•try ['kemɪstrɪ] química f; fig sintonía f, química f

chem•o•ther•a•py [kiːmoʊ'θerəpɪ] quimioterapia f

cheque Br ☞ **check²**

'cheque card tarjeta bancaria de aval para un cheque

cheq•uered Br ☞ **checkered**

cher•ish ['tʃerɪʃ] v/t photo etc apreciar mucho, tener mucho cariño a; person querer mucho; hope albergar

cher•ry ['tʃerɪ] **1** fruit cereza f **2** tree cerezo m

cher•ry 'bran•dy brandy m de cereza

cher•ry to'ma•to (pl -oes) tomate m cereza

cher•ub ['tʃerəb] in painting, sculpture querubín m

chess [tʃes] ajedrez m

'chess•board tablero m de ajedrez

'chess•man, 'chess•piece pieza f de ajedrez

chest [tʃest] **1** of person pecho m; **get sth off one's ~** desahogarse **2** box cofre m

chest•nut ['tʃesnʌt] **1** castaña f **2** tree castaño m

chest of 'draw•ers cómoda f

**chest•y** ['tʃestɪ] *adj* F *woman* pechugona

**chew** [tʃuː] *v/t* mascar, masticar; *of dog, rats* mordisquear; **~ one's nails** morderse las uñas

◆ **chew on** *v/t* mordisquear

◆ **chew out** *v/t* F echar una bronca a F

**chew•ing gum** ['tʃuːɪŋ] chicle *m*

**chic** [ʃiːk] *adj* chic, elegante

**chick** [tʃɪk] **1** *young chicken* pollito *m*; *young bird* polluelo *m* **2** F *girl* nena *f* F

**chick•en** ['tʃɪkɪn] **I** *n* **1** gallina *f; food* pollo *m* **2** F (*coward*) gallina *f* F **II** *adj* F (*cowardly*) cobarde; **be ~** ser un(a) gallina F

◆ **chicken out** *v/i* F acobardarse

'**chick•en broth** sopa *f* de pollo; '**chick•en farm•er** avicultor(a) *m(f)*; '**chick•en•feed** F calderilla *f*; '**chick•en pox** MED varicela *f*

'**chick•pea** garbanzo *m*

**chic•o•ry** ['tʃɪkərɪ] achicoria *f*

**chief** [tʃiːf] **I** *n* jefe(-a) *m(f)*; **tribal ~** jefe de la tribu **II** *adj* principal

**chief ex•ec•u•tive 'of•fi•cer** consejero(-a) *m(f)* delegado

**chief•ly** ['tʃiːflɪ] *adv* principalmente

**chif•fon** ['ʃɪfɑːn] gasa *f*

**chil•blain** ['tʃɪlbleɪn] sabañón *m*

**child** [tʃaɪld] (*pl* **children** ['tʃɪldrən]) niño(-a) *m(f); son* hijo *m; daughter* hija *f; pej* niño(-a) *m(f)*, crío(-a) *m(f)*; **an only ~** un hijo único; **that's ~'s play** *fig* es un juego de niños

'**child a•buse** malos tratos *mpl* a menores; **child a•bus•er** ['tʃaɪldəbjuːzər] *persona que maltrata a menores*; '**childbirth** parto *m*

**child•hood** ['tʃaɪldhʊd] infancia *f*; **from ~** desde la infancia

**child•ish** ['tʃaɪldɪʃ] *adj pej* infantil

**child•ish•ly** ['tʃaɪldɪʃlɪ] *adv pej* de manera infantil

**child•ish•ness** ['tʃaɪldɪʃnɪs] *pej* infantilismo *m*

**child•less** ['tʃaɪldlɪs] *adj* sin hijos

'**child•like** *adj* infantil

'**child•mind•er** niñero(-a) *m(f)*; **child•mind•ing** ['tʃaɪldmaɪndɪŋ]: **do ~** hacer de niñero; '**child prod•i•gy** niño(-a) *m(f)* prodigio(-a); '**child•proof** *adj* a prueba de niños; **~ lock** MOT cierre *m* a prueba de niños

**child•ren** ['tʃɪldrən] *pl* ☞ **child; ~'s TV**

programación *f* infantil

**Chil•e** ['tʃɪlɪ] Chile *m*

**Chil•e•an** ['tʃɪlɪən] **I** *adj* chileno **II** *n* chileno(-a) *m(f)*

**Chil•e-Pe•ru 'Trench** Golfo *m* de Arica

**chill** [tʃɪl] **I** *n* **1** *illness* resfriado *m*; **catch a ~** resfriarse **2**: **there's a ~ in the air** hace bastante fresco; **take the ~ off sth** templar algo **II** *adj* frío **III** *v/t wine* poner a enfriar; **serve ~ed** sírvase frío **IV** *v/i* enfriarse

◆ **chill out** *v/i* P relajarse; (*calm down*) tranquilizarse

**chilled** [tʃɪld] *adj* frío

**chil•(l)i (pep•per)** ['tʃɪlɪ] chile *m*, *Span* guindilla *f*

**chill•y** ['tʃɪlɪ] *adj weather, welcome* fresco; **I'm feeling a bit ~** tengo fresco

**chime** [tʃaɪm] **I** *v/i* dar campanadas *f* **II** *v/t*: **the clock ~d three** el reloj dio las tres **III** *n* campanada *f*; **~s** *pl* carillón *m*

◆ **chime in** *v/i* intervenir

**chim•ney** ['tʃɪmnɪ] chimenea *f*

'**chim•ney sweep** deshonillador(a) *m(f)*

**chim•pan•zee** [tʃɪm'pænziː] chimpancé *m*

**chin** [tʃɪn] barbilla *f*; (**keep your**) **~ up!** F ¡levanta esos ánimos!

**chi•na** ['tʃaɪnə] porcelana *f*

**Chi•na** ['tʃaɪnə] China *f*

'**Chi•na•town** barrio *m* chino

**Chi•nese** [tʃaɪ'niːz] **I** *adj* chino **II** *n* **1** *language* chino *m* **2** *person* chino(-a) *m(f)*; **the ~** *pl* los chinos

**chink** [tʃɪŋk] **I** *n* **1** *gap* resquicio *m* **2** *sound* tintineo *m* **II** *v/i* tintinear

**chi•nos** ['tʃiːnoʊz] *npl* chinos *mpl*

'**chin•wag** F charla *f*

**chip**[1] [tʃɪp] **I** *n* **1** *of wood* viruta *f*, *of stone* lasca *f; damage* mella *f*, **~s** patatas *fpl* fritas *or L.Am.* papas *fpl*; **he's a ~ off the old block** de tal palo, tal astilla; **have a ~ on one's shoulder** F estar acomplejado **2** *in gambling* ficha *f* **II** *v/t* (*pret & pp* **-ped**) (*damage*) mellar

**chip**[2] [tʃɪp] *n* COMPUT chip *m*

◆ **chip away** *v/t* desconchar

◆ **chip in** *v/i* **1** (*interrupt*) interrumpir **2** *with money* poner dinero

◆ **chip off** *v/t* desconchar

'**chip•board** madera *f* prensada

**chip•munk** ['tʃɪpmʌŋk] ardilla *f* listada

**chi•ro•prac•tor** ['kaɪroʊpræktər] quiropráctico(-a) *m(f)*

**chirp** [tʃɜːrp] *v/i* piar

**chirp•y** ['tʃɜːrpɪ] *adj* F alegre

**chir•rup** ['tʃɪrəp] *v/i* piar

**chis•el** ['tʃɪzl] **I** *n for stone* cincel *m; for wood* formón *m* **II** *v/t (pret & pp -eled, Br -elled)* tallar

**chit** [tʃɪt] *note* nota *f*

**chit•chat** ['tʃɪtʃæt] charla *f*

**chiv•al•rous** ['ʃɪvlrəs] *adj* caballeroso

**chiv•al•ry** ['ʃɪvəlrɪ] caballerosidad *f*

**chive** [tʃaɪv] cebollino *m*

**chlo•ric ac•id** ['klɔːrɪk] CHEM ácido *m* clórico

**chlo•ride** ['klɔːraɪd] cloruro *m*

**chlo•ri•nate** ['klɔːrɪneɪt] *v/t* clorar

**chlo•rine** ['klɔːriːn] cloro *m*

**chlo•ro•flu•o•ro•car•bon** [klɔːroufluə-rou'kɑːrbən] clorofluorocarbono *m*

**chlo•ro•form** ['klɔːrəfɔːrm] cloroformo *m*

**chlo•ro•phyll** ['klɔːrəfɪl] BOT clorofila *f*

**choc•a•hol•ic** [tʃɑːkə'hɑːlɪk] F adicto(-a) *m(f)* al chocolate

**chock** [tʃɑːk] calzo *m*

**chock-a-'block** *adj* abarrotado (*with* de)

**chock-'full** *adj* F de bote en bote F

**choc•o•late** ['tʃɑːkələt] chocolate *m; a ~* un bombón; *a box of ~s* una caja de bombones

**'choc•o•late bar** chocolatina *f*

**'choc•o•late cake** pastel *m* de chocolate

**choice** [tʃɔɪs] **I** *n* elección *f*; (*selection*) selección *f*; *you have a ~ of rice or potatoes* puedes elegir entre arroz y patatas; *the ~ is yours* tú eliges; *I had no ~* no tuve alternativa; *make a ~* elegir; *take one's ~* elegir; *the games software of ~* el software de los juegos a elegir **II** *adj (top quality)* selecto; *a few ~ words* unas lindezas

**choir** [kwaɪr] coro *m*

**'choir•boy** niño *m* de coro

**choke** [tʃouk] **I** *n* MOT estárter *m* **II** *v/i* ahogarse; *~ on sth* atragantarse con algo **III** *v/t* estrangular; *screams* ahogar

◆ **choke back, choke down** *v/t tears, words* contener

◆ **choke off** *v/t supply, discussion* cortar

◆ **choke up** *v/t: get choked up of drain* atascarse

**chol•er•a** ['kɑːlərə] MED cólera *m*

**chol•er•ic** ['kɑːlərɪk] *adj* colérico

**cho•les•te•rol** [kə'lestərɔːl] colesterol *m*

**choose** [tʃuːz] *v/t & v/i (pret chose, pp chosen)* elegir, escoger; *~ to do sth* decidir hacer algo; *there are three versions to ~ from* puedes elegir entre tres versiones

**choos•ey** ['tʃuːzɪ] *adj* F exigente

**chop** [tʃɑːp] **I** *n* **1** *meat* chuleta *f* **2**: *with one ~ of the ax* con un hachazo **II** *v/t (pret & pp -ped) wood* cortar; *meat* trocear; *vegetables* picar **III** *v/i*: *~ and change* cambiar de idea constantemente

◆ **chop down** *v/t tree* talar

◆ **chop off** *v/t* cortar; *chop s.o.'s head off* cortar la cabeza a alguien

◆ **chop up** *v/t* cortar en trozos, trocear, *L.Am.* trozar

**chop•per** ['tʃɑːpər] F (*helicopter*) helicóptero *m*

**chop•py** ['tʃɑːpɪ] *adj* picado

**'chop•sticks** *npl* palillos *mpl* (chinos)

**cho•ral** ['kɔːrəl] *adj* coral; *~ society* coral *f*

**chord** [kɔːrd] MUS acorde *m*; *strike the right ~* estar en el punto justo; *strike a ~ with s.o.* calar hondo en alguien

**chore** [tʃɔːr] tarea *f*; *do the ~s* hacer las tareas

**chor•e•o•graph** ['kɔːrɪəgræf] *v/t* coreografiar

**chor•e•og•ra•pher** [kɔːrɪ'ɑːgrəfər] coreógrafo(-a) *m(f)*

**chor•e•og•ra•phy** [kɔːrɪ'ɑːgrəfɪ] coreografía *f*

**chor•is•ter** ['kɔːrɪstər] corista *m/f*

**cho•rus** ['kɔːrəs] **I** *singers* coro *m; of song* estribillo *m; ~ of protest* coro de protestas; *in ~ fig* a coro **II** *v/t* decir a coro

**'cho•rus girl** corista *f*

**chose** [tʃouz] *pret* ☞ **choose**

**cho•sen** ['tʃouzn] **I** *adj*: *the ~ few* los elegidos; *the ~ people* el pueblo elegido **II** *pp* ☞ **choose**

**chow** [tʃau] **1** *dog* chow-chow *m* **2** F *food* papeo *m* F

◆ **chow down** *v/i* F comenzar a papear F

**chow•der** ['tʃaudər] GASTR sopa espesa con marisco o pescado y verdura

**Christ** [kraɪst] Cristo; ~! ¡Dios mío!; **before** ~ antes de Cristo

**chris•ten** ['krɪsn] v/t bautizar

**chris•ten•ing** ['krɪsnɪŋ] bautizo m

**Chris•tian** ['krɪstʃən] **I** n cristiano(-a) m(f) **II** adj cristiano; ~ **era** era f cristiana

**Chris•ti•an•i•ty** [krɪstɪ'ænətɪ] cristianismo m

**Chris•tian•ize** ['krɪstʃənaɪz] v/t cristianizar

'**Chris•tian name** nombre m de pila

**Christ•mas** ['krɪsməs] Navidad(es) f(pl); **at** ~ en Navidad(es); **Happy** or **Merry** ~! ¡Feliz Navidad!; **what did you get for** ~? ¿qué te ha traído Papá Noel?

**Christ•mas 'bo•nus** aguinaldo m; '**Christ•mas card** crismas m inv, tarjeta f de Navidad; '**Christ•mas car•ol** villancico m; **Christ•mas 'Day** día m de Navidad; **Christ•mas 'Eve** Nochebuena f; '**Christ•mas pres•ent** regalo m de Navidad; **Christ•mas 'pud•ding** pudin con ciruelas, pasas y especias; '**Christ•mas•time** Navidad f; '**Christmas tree** árbol m de Navidad

**chro•mat•ic** [kroʊ'mætɪk] adj PHYS cromático

**chrome, chro•mi•um** [kroʊm, 'kroʊmɪəm] cromo m

**chrome-plat•ed** ['pleɪtɪd] adj cromado

**chro•mo•some** ['kroʊməsoʊm] cromosoma m

**chron•ic** ['krɑːnɪk] adj crónico

**chron•i•cle** ['krɑːnɪkl] **I** n crónica f **II** v/t relatar

**chron•i•cler** ['krɑːnɪklər] cronista m/f

**chron•o•log•i•cal** [krɑːnə'lɑːdʒɪkl] adj cronológico; **in** ~ **order** en orden cronológico

**chron•o•log•i•cal•ly** [krɑːnə'lɑːdʒɪklɪ] adv cronológicamente

**chro•nol•o•gy** [krə'nɑːlədʒɪ] cronología f

**chrys•an•the•mum** [krɪ'sænθəməm] crisantemo m

**chub•by** ['tʃʌbɪ] adj rechoncho; ~ **cheeks** mofletes mpl

**chuck**[1] [tʃʌk] v/t **1** F tirar **2**: ~ **s.o. under the chin** acariciar a alguien en la barbilla

**chuck**[2] [tʃʌk] n TECH mandril m

◆ **chuck away** v/t F tirar

◆ **chuck in** F job mandar a paseo F

◆ **chuck out** v/t F object tirar; person echar

◆ **chuck up** v/t F vomit potar F

**chuck•le** ['tʃʌkl] **I** n risita f **II** v/i reírse por lo bajo

**chuffed** [tʃʌft] adj Br F: **be** ~ **about sth** alegrarse un montón de algo

**chug** [tʃʌg] v/i (pret & pp **-ged**): ~ **along** of car, train desplazarse cansinamente; **he's still** ~**ging along** fig sigue con la misma cosa

**chum** [tʃʌm] amigo(-a) m(f); **be great** ~**s** ser grandes amigos; **listen,** ~ escucha amigo or compadre

◆ **chum up with** v/t hacerse amigo de

**chum•my** ['tʃʌmɪ] adj F: **be** ~ **with** ser amiguete de F

**chump** [tʃʌmp] F (fool) tarugo m F; **be off one's** ~ Br estar pirado F

**chunk** [tʃʌŋk] trozo m

**chunk•y** ['tʃʌŋkɪ] adj sweater grueso; person, build cuadrado, fornido

**church** [tʃɜːrtʃ] iglesia f; **at** or **in** ~ en la iglesia; **go to** ~ ir a misa

**church•go•er** ['tʃɜːrtʃgoʊər] practicante m/f; **church 'hall** sala parroquial empleada para diferentes actividades; **church 'serv•ice** oficio m religioso; '**church wed•ding** matrimonio m religioso; '**church•yard** cementerio m (al lado de iglesia)

**churl•ish** ['tʃɜːrlɪʃ] adj maleducado, grosero

**churn** [tʃɜːrn] **I** n **1** for making butter mantequera f **2** Br: milk-container lechera f **II** v/t milk batir **III** v/i: **her stomach was** ~**ing** tenía un nudo en el estómago

◆ **churn out** v/t producir como en serie

◆ **churn up** v/t agitar; **be feeling all churned up** tener un nudo en el estómago

**chute** [ʃuːt] rampa f; for garbage colector m de basura

**chut•ney** ['tʃʌtnɪ] GASTR salsa fría hecha con frutas, vinagre, azúcar y especias, y que se come con carne o con queso

**CIA** [siːaɪ'eɪ] abbr (= **Central Intelligence Agency**) CIA f (= Agencia f Central de Inteligencia)

**ci•ca•da** [sɪ'keɪdə] ZO cigarra f

**CID** [siːaɪ'diː] Br (= **Criminal Investiga-**

*tion Department*) cuerpo de detectives de la policía británica

**ci•der** ['saɪdər] sidra *f*; **hard ~** sidra *f*; **sweet ~** zumo *m* de manzana

**CIF** [siːaɪ'ef] *abbr* (= **cost, insurance, freight**) CIF (= costo, seguro y flete)

**ci•gar** [sɪ'ɡɑːr] (cigarro *m*) puro *m*

**ci'gar cut•ter** cortadora *f* de puros

**cig•a•rette** [sɪɡə'ret] cigarrillo *m*

**cig•a'rette case** pitillera *f*; **cig•a'rette end** colilla *f*; **cig•a'rette hold•er** boquilla *f*; **cig•a'rette light•er** encendedor *m*, mechero *m*; **cig•a'rette pa•per** papel *m* de fumar; **cig•a'rette ma•chine** expendedor *m* de tabaco

**cig•a•ril•lo** [sɪɡə'rɪloʊ] purito *m*

**ci'gar light•er** MOT encendedor *m*

**ci•lan•tro** [sɪ'læntroʊ] cilantro *m*

**cinch** [sɪntʃ] **1** *on saddle* cincha *f* **2** F: **it was a ~** estuvo chupado F

**cin•der** ['sɪndər]: **~s** cenizas *fpl*; **burnt to a ~** carbonizado

**'cinder block** *bloque de cemento ligero*

**Cin•der•el•la** [sɪndə'relə] Cenicienta

**'cinder track** SP pista *f* de ceniza

**cin•e•cam•er•a** ['sɪnɪkæmərə] *Br* cámara *f* de cine

**cin•e•film** ['sɪnɪfɪlm] *Br* película *f*

**cin•e•ma** ['sɪnɪmə] cine *m*

**cin•e•ma•go•er** ['sɪnɪməɡoʊər] *Br* ☞ **moviegoer**

**cin•e•mat•ic** [sɪnɪ'mætɪk] *adj* cinematográfico

**cin•na•mon** ['sɪnəmən] canela *f*

**ci•pher** ['saɪfər] **1** *code* cifra *f*; **in ~** en clave **2** *fig person* marioneta *f*

**cir•cle** ['sɜːrkl] **I** *n* **1** *also of friends etc* círculo *m*; **go** *or* **run round in ~s** *fig* no avanzar **2** THEA piso *m*, anfiteatro *m* **II** *v/t* (*draw ~ around*) poner un círculo alrededor de; **his name was ~d in red** su nombre tenía un círculo rojo alrededor **III** *v/i of plane, bird* volar en círculo

**cir•cuit** ['sɜːrkɪt] **1** circuito *m* **2** (*lap*) vuelta *f*; **make a ~ of** hacer un recorrido por

**'cir•cuit board** COMPUT placa *f or* tarjeta *f* de circuitos

**'cir•cuit break•er** ELEC cortacircuitos *m inv*

**cir•cu•i•tous** [sər'kjuːɪtəs] *adj route, reasoning* tortuoso

**'cir•cuit train•ing** SP: **do ~** hacer circui-

tos de entrenamiento

**cir•cu•lar** ['sɜːrkjʊlər] **I** *n giving information* circular *f* **II** *adj* circular

**cir•cu•lar 'saw** TECH sierra *f* circular

**cir•cu•late** ['sɜːrkjʊleɪt] **I** *v/i* circular **II** *v/t memo* hacer circular

**cir•cu•la•tion** [sɜːrkjʊ'leɪʃn] circulación *f*; **~ problems** MED problemas de circulación; **be in ~** estar en circulación; **out of ~** *fig* fuera de la circulación; **~ figures** cifras *fpl* de circulación

**cir•cu•la•to•ry** [sɜːrkjʊ'leɪtəri] *adj* MED, PHYSIO circulatorio; **~ system** sistema *m* circulatorio

**cir•cum•cise** ['sɜːrkəmsaɪz] *v/t* circuncidar

**cir•cum•ci•sion** [sɜːrkəm'sɪʒn] circuncisión *f*; **female ~** ablación *f* del clítoris

**cir•cum•fer•ence** [sər'kʌmfərəns] circunferencia *f*

**cir•cum•lo•cu•tion** [sɜːrkəmlə'kjuːʃn] circunlocución *f*

**cir•cum•nav•i•gate** [sɜːrkəm'nævɪɡeɪt] *v/t* circunnavegar

**cir•cum•nav•i•ga•tion** [sɜːrkəmnævɪ'ɡeɪʃn]: **~ of the globe** circunnavegación *f* del globo

**cir•cum•scribe** ['sɜːrkəmskraɪb] *v/t* delimit, MATH circunscribir

**cir•cum•spect** ['sɜːrkəmspekt] *adj* circunspecto

**cir•cum•stan•ces** ['sɜːrkəmstænsɪs] *npl* circunstancias *fpl*; **financial** situación *f* económica; **under no ~** en ningún caso, de ninguna manera; **under the ~** dadas las circunstancias; **live in easy ~s** llevar una vida fácil

**cir•cum•stan•tial ev•i•dence** [sɜːrkəm'stænʃl] LAW pruebas *fpl* indiciarias

**cir•cus** ['sɜːrkəs] circo *m*

**cir•rho•sis (of the liv•er)** [sɪ'roʊsɪs] cirrosis *f* (hepática)

**cis•tern** ['sɪstɜːrn] cisterna *f*

**cit•a•del** ['sɪtədəl] MIL ciudadela *f*

**ci•ta•tion** [saɪ'teɪʃn] **1** *quotation* cita *f* **2** LAW citación *f*

**cite** [saɪt] *v/t* citar

**cit•i•zen** ['sɪtɪzn] ciudadano(-a) *m(f)*

**cit•i•zen•ship** ['sɪtɪznʃɪp] ciudadanía *f*

**cit•ric ac•id** [sɪtrɪk'æsɪd] CHEM ácido *m* cítrico

**cit•rus** ['sɪtrəs] *adj* cítrico; **~ fruit** cítrico *m* cit•y ['sɪtɪ] ciudad *f*; *the City* la City londinense

cit•y 'cen•ter, *Br* cit•y cen•tre centro *m* de la ciudad; cit•y 'fa•thers *npl* ediles *mpl*; cit•y 'hall ayuntamiento *m*; cit•y 'plan•ning urbanismo *m*; cit•y 'state ciudad *f* estado

civ•ic ['sɪvɪk] *adj* cívico

civ•ics ['sɪvɪks] *nsg* educación *f* cívica

civ•il ['sɪvl] *adj* **1** civil; **~ *case*** causa *f* civil; **~ *marriage*** matrimonio *m* civil **2** (*polite*) cortés

Civ•il Aer•o•nau•tics Board [sɪvleroʊ'nɔːtɪks] *organización reguladora de la aviación civil*; civ•il avi•a•tion aviación *f* civil; civ•il en•gi'neer ingeniero(-a) *m(f)* civil; civ•il en•gi'neer•ing ingeniería *f* civil

ci•vil•ian [sɪ'vɪljən] **I** *n* civil *m/f* **II** *adj clothes* de civil

ci•vil•i•ty [sɪ'vɪlɪtɪ] cortesía *f*

civ•i•li•za•tion [sɪvəlaɪ'zeɪʃn] civilización *f*

civ•i•lize ['sɪvəlaɪz] *v/t person* civilizar

civ•i•lized ['sɪvəlaɪzd] *adj* civilizado

civ•il 'law derecho *m* civil

civ•il 'rights *npl* derechos *mpl* civiles; **~ *activist*** activista *m/f* por los derechos civiles; **~ *movement*** movimiento *m* por los derechos civiles

civ•il 'ser•vant funcionario(-a) *m(f)*; civ•il 'ser•vice administración *f* pública; civ•il 'war guerra *f* civil

CJD [siːdʒeɪ'diː] (= *Creutzfeld-Jakob disease*) enfermedad *f* de Creutzfeld-Jakob

clad [klæd] *adj*: **~ *in blue*** vestido de azul

claim [kleɪm] **I** *n* (*request*) reclamación *f* (*for* de); (*right*) derecho *m*; (*assertion*) afirmación *f*; *make a* **~** realizar una reclamación (*against* contra); **~ *for damages*** reclamación por daños y perjuicios **II** *v/t* (*ask for as a right*) reclamar; (*assert*) afirmar; *lost property* reclamar; *they have* **~*ed* responsibility for the attack** se han atribuido la responsabilidad del ataque; **~ *damages*** reclamar compensación por daños y perjuicios

◆ claim back *v/t* reclamar

claim•ant ['kleɪmənt] reclamante *m/f*

clair•voy•ant [kler'vɔɪənt] clarividente *m/f*, vidente *m/f*

clam [klæm] almeja *f*

◆ clam up *v/i* (*pret & pp -med*) F callarse

clam•ber ['klæmbər] *v/i* trepar (*over* por)

clam•my ['klæmɪ] *adj* húmedo

clam•or ['klæmər] *noise* griterío *m*; *outcry* clamor *m*

◆ clamor for *v/t justice* clamar por; *ice cream* pedir a gritos

clam•or•ous ['klæmərəs] *adj* ruidoso

clam•our *Br* ☞ clamor

clamp [klæmp] **I** *n fastener* abrazadera *f*, mordaza *f* **II** *v/t fasten* sujetar con abrazadera; *car* poner un cepo a

◆ clamp down *v/i* actuar contundentemente

◆ clamp down on *v/t* actuar contundentemente contra

clan [klæn] clan *m*

clan•des•tine [klæn'destɪn] *adj* clandestino

clang [klæŋ] **I** *n* sonido *m* metálico **II** *v/i* resonar; *the metal door* **~*ed* shut** la puerta metálica se cerró con gran estrépito

clang•er ['klæŋər]: *drop a* **~** *Br* F meter la pata F

clank [klæŋk] **I** *v/i*: *the door* **~*ed* shut** la puerta se cerró con un sonido metálico **II** *n* sonido *m* metálico

clap¹ [klæp] **I** *v/i* (*pret & pp -ped*) (*applaud*) aplaudir **II** *v/t* (*pret & pp -ped*): **~ *one's hands*** aplaudir **III** *n*: *a* **~** *of thunder* un trueno

clap² [klæp] *n* P: *the* **~** (*gonorrhea*) la gonorrea

clap•per ['klæpər] *of bell* badajo *m*

clap•trap ['klæptræp] F paridas *fpl* F

clar•et ['klærɪt] *wine* burdeos *m inv*

clar•i•fi•ca•tion [klærɪfɪ'keɪʃn] aclaración *f*

clar•i•fy ['klærɪfaɪ] *v/t* (*pret & pp -ied*) aclarar

clar•i•net [klærɪ'net] clarinete *m*

clar•i'net•(t)ist [klærɪ'netɪst] clarinetista *m/f*

clar•i•ty ['klærətɪ] claridad *f*

clash [klæʃ] **I** *n* choque *m*, enfrentamiento *m*; *of personalities* choque *m* **II** *v/i* chocar, enfrentarse; *of colors* desentonar; *of events* coincidir

clasp [klæsp] **I** *n* broche *m*, cierre *m* **II** *v/t in hand* estrechar; **~ *s.o.'s hand*** agarrar a alguien de la mano '**clasp knife** navaja *f*

**class** [klæs] **I** *n lesson, students, in society* clase *f*; **in ~** en clase; **attend ~es** acudir a clase; **not be in the same ~ as s.o. / sth** *fig* no poder compararse a alguien / algo; **be in a ~ of one's own** *fig* constituir una clase aparte; **have ~** F tener clase **II** *v/t* clasificar (**as** como); **~ with** clasificar junto con

'**class-ac•tion law•suit** pleito *m* de acción popular, acción *f* popular; **class 'con•flict** conflicto *m* de clases; **class-'con•scious** *adj* clasista

**clas•sic** ['klæsɪk] **I** *adj* clásico **II** *n* clásico *m*; **~s** EDU clásicas *fpl*

**clas•si•cal** ['klæsɪkl] *adj music* clásico

**clas•si•fi•ca•tion** [klæsɪfɪ'keɪʃn] clasificación *f*

**clas•si•fied** ['klæsɪfaɪd] *adj information* reservado

**clas•si•fied ad('ver•tise•ment)** anuncio *m* por palabras

**clas•si•fy** ['klæsɪfaɪ] *v/t* (*pret & pp* **-ied**) clasificar

**class•less** ['klɑːslɪs] *adj society* sin clases

'**class•mate** compañero(-a) *m(f)* de clase; **class re'un•ion** reunión *f* de clase; '**class•room** clase *f*, aula *f*; **class 'strug•gle, class 'war•fare** lucha *f* de clases

**class•y** ['klæsɪ] *adj* F con clase

**clat•ter** ['klætər] **I** *n* estrépito *m* **II** *v/i* hacer ruido

◆ **clatter around** *v/i* moverse haciendo ruido

**clause** [klɔːz] **1** *in agreement* cláusula *f* **2** GRAM cláusula *f*, oración *f*

**claus•tro•pho•bi•a** [klɔːstrə'foʊbɪə] claustrofobia *f*

**claus•tro•pho•bic** [klɔːstrə'foʊbɪk] *adj* claustrofóbico

**clav•i•cle** ['klævɪkl] ANAT clavícula *f*

**claw** [klɔː] **I** *n also fig* garra *f*; *of lobster* pinza *f* **II** *v/t* (*scratch*) arañar

**clay** [kleɪ] arcilla *f*

'**clay court** SP pista *f* de tierra batida

**clay•ey** ['kleɪɪ] *adj* arcilloso

**clay 'pi•geon shoot•ing** tiro *m* al plato

**clean** [kliːn] **I** *adj* limpio; **~ living** vida *f* sana **II** *adv* F (*completely*) completamente; **they got ~ away** escaparon *or* se esfumaron sin dejar rastro **III** *v/t* limpiar; **~ one's teeth** limpiarse los dientes; **I must have my coat ~ed** tengo que llevar el abrigo a la tintorería

◆ **clean out** *v/t* **1** *room, closet* limpiar por completo **2** *fig* desplumar

◆ **clean up** *v/t also fig* limpiar; *papers* recoger **II** *v/i* **1** limpiar; (*wash*) lavarse **2** *on stock market etc* ganar mucho dinero

**clean-'cut** *adj* sano

**clean•er** ['kliːnər] *person* limpiador(a) *m(f)*; (*dry*) **~** tintorería *f*; **take s.o. to the ~s** F desplumar a alguien

**clean•ing** ['kliːnɪŋ]: **do the ~** hacer la limpieza

'**clean•ing wom•an** señora *f* de la limpieza

**clean•li•ness** ['klenlɪnɪs] limpieza *f*

**clean•ly** ['kliːnlɪ] *adv* limpiamente

**clean•ness** ['kliːnnɪs] limpieza *f*

**cleanse** [klenz] *v/t skin* limpiar

**cleans•er** ['klenzər] *for skin* loción *f* limpiadora

**clean-'shav•en** *adj* bien afeitado

**cleans•ing cream** ['klenzɪŋ] crema *f* limpiadora

**clear** [klɪr] **I** *adj* claro; *weather, sky* despejado; *water* transparente; **I'm not ~ about it** no lo tengo claro; **I didn't make myself ~** no me expliqué claramente; **make sth ~** dejar algo claro (**to** a); **for no ~ reason** por ninguna razón aparente; **he doesn't want to, that's ~** él no quiere, eso está claro, está claro que él no quiere; **~ of debt** sin deudas; **have a ~ conscience** tener la conciencia tranquila; **make a ~ profit** tener un beneficio neto; **a ~ win** una victoria clara; **~ soup** GASTR consomé *m*

**II** *adv*: **stand ~ of the doors** apartarse de las puertas; **steer ~ of** evitar; **get ~ of s.o.** librarse de alguien

**III** *v/t* **1** *roads etc* despejar; **~ one's throat** carraspear; **the guards ~ed everybody out of the room** los guardias sacaron a todo el mundo de la habitación **2** (*acquit*) absolver **3** (*authorize*) autorizar; **you're ~ed for takeoff** tiene autorización *or* permiso para despegar **4** (*earn*) ganar, sacar **5**: **~ customs** pasar la aduana **6** *the ball* despejar

**IV** *v/i* **1** *of sky, mist* despejarse; *of face* alegrarse **2** *of check* compensarse

◆ **clear away I** v/t quitar **II** v/i of fog, smoke, clouds disiparse

◆ **clear off** v/i F largarse F

◆ **clear out I** v/t closet ordenar, limpiar **II** v/i marcharse

◆ **clear up I** v/i **1** ordenar **2** of weather despejarse **3** of illness, rash desaparecer **II** v/t (tidy) ordenar; mystery, problem aclarar

**clear•ance** ['klɪrəns] **1** space espacio m **2** (authorization) autorización f **3** in sport despeje m, rechace m

**'clear•ance sale** liquidación f

**clear-'cut** adj claro

**clear-cut log•ging** ['klɪrkʌtlɑːgɪŋ] tala f indiscriminada

**clear-head•ed** [klɪr'hedɪd] adj lúcido

**clear•ing** ['klɪrɪŋ] claro m

**clear•ly** ['klɪrlɪ] adv claramente; **she is ~ upset** está claro que está disgustada; **~ we have to look at this again** está claro que tenemos que echarle otro vistazo a ésto

**clear•ness** ['klɪrnɪs] claridad f

**'clear•way** MOT tramo de carretera o calle en el que está prohibido parar o estacionar

**cleav•age** ['kliːvɪdʒ] escote m

**cleave** [kliːv] v/t (pret **clove**, pp **cloven**): **~ sth in two** partir algo en dos

**cleav•er** ['kliːvər] cuchillo m de carnicero

**clef** [klef] MUS clave f

**cleft** [kleft] grieta f

**cleft 'pal•ate** MED fisura f de paladar

**cleft 'stick: be (caught) in a ~** estar en un callejón sin salida

**clem•en•cy** ['klemənsɪ] clemencia f

**clem•ent** ['klemənt] adj weather benigno

**clem•en•tine** ['kleməntaɪn] BOT clementina f

**clench** [klentʃ] v/t teeth, fist apretar

**cler•gy** ['klɜːrdʒɪ] clero m

**'cler•gy•man** clérigo m

**cler•i•cal** ['klerɪkl] adj **1** REL clerical **2** (administrative: error, work) administrativo; **~ staff** personal m de oficina

**clerk** [klɜːrk] **1** administrative oficinista m/f **2** in store dependiente(-a) m/f

**clev•er** ['klevər] adj person, animal listo; idea, gadget ingenioso; **~ dick** Br F listillo(-a) m(f) F

**clev•er•ly** ['klevərlɪ] adv designed ingeniosamente

**clev•er•ness** ['klevərnɪs] inteligencia f

**cli•ché** ['kliːʃeɪ] tópico m, cliché m

**cli•chéd** ['kliːʃeɪd] adj estereotipado

**click** [klɪk] **I** n COMPUT clic m **II** v/i **1** hacer clic; **~ shut** cerrarse con un clic **2**: **suddenly it ~ed** fig de repente caí en la cuenta **III** v/t hacer clic con; **~ one's fingers** chasquear los dedos

◆ **click on** v/t COMPUT hacer clic en

**cli•ent** ['klaɪənt] cliente m/f; **~ list** lista f de clientes

**cli•en•tele** [kliːən'tel] clientela f

**cliff** [klɪf] acantilado m

**'cliff•hang•er: the movie was a real ~** la película era un suspense continuo

**cli•mac•ter•ic** [klaɪ'mæktərɪk] PHYSIO menopausia f

**cli•mate** ['klaɪmət] also fig clima m

**'cli•mate change** cambio m climático

**cli•mat•ic** [klaɪ'mætɪk] adj climático

**cli•max** ['klaɪmæks] **I** n **1** clímax m, punto m culminante; **reach a ~** llegar a un punto culminante **2** (orgasm) orgasmo m **II** v/i culminar

**climb** [klaɪm] **I** n up mountain ascensión f, escalada f **II** v/t hill, ladder subir; mountain subir, escalar; tree trepar a **III** v/i subir (**into** a); up mountain subir, escalar; of inflation etc subir

◆ **climb down** v/i **1** from ladder etc bajar **2** fig retractarse. admitir un error

**climb•er** ['klaɪmər] person escalador(a) m(f), alpinista m/f, L.Am. andinista m/f

**climb•ing** ['klaɪmɪŋ] escalada f, alpinismo m, L.Am. andinismo m

**'climb•ing boots** botas fpl de montaña; **'climb•ing frame** estructura hecha con barras de hierro o metal para que los niños jueguen o se suban a ella; **'climbing wall** rocódromo m

**clinch** [klɪntʃ] v/t deal cerrar; **that ~es it** ¡ahora sí que está claro!

**cling** [klɪŋ] v/i (pret & pp **clung**) of clothes pegarse al cuerpo

◆ **cling to** v/t person, idea aferrarse a

◆ **cling together** v/i apretarse uno contra otro

**'cling•film** plástico m transparente (para alimentos)

**cling•y** ['klɪŋɪ] adj child, boyfriend pegajoso; **he is so ~** es una lapa

**clin•ic** ['klɪnɪk] clínica f

clin•i•cal ['klɪnɪkl] *adj* clínico

clink[1] [klɪŋk] **I** *n noise* tintineo *m* **II** *v/i* tintinear **III** *v/t* hacer tintinear; **~ glasses** brindar

clink[2] [klɪŋk] *n* P: **in the ~** *prison* en chirona P

clip[1] [klɪp] **I** *n fastener* clip *m* **II** *v/t* (*pret & pp* **-ped**): **~ sth to sth** sujetar algo a algo

clip[2] [klɪp] **I** *n extract* fragmento *m* **II** *v/t* (*pret & pp* **-ped**) *hair, grass* cortar; *hedge* podar

'clip•board **1** *for papers* carpeta *f* con sujetapapeles **2** COMPUT portapapeles *m inv*

'clip joint P garito *m* muy caro

clip•pers ['klɪpərz] *npl for hair* maquinilla *f*; *for nails* cortaúñas *m inv*; *for gardening* tijeras *fpl* de podar; **pair of ~** *for nails* cortaúñas *m inv*; *for gardening* tijeras *fpl* de podar

clip•ping ['klɪpɪŋ] *from newspaper* recorte *m*

clique [kliːk] camarilla *f*

cliqu•ey ['kliːkɪ] *adj* exclusivista

clit•o•ris ['klɪtərɪs] ANAT clítoris *m inv*

cloak [kloʊk] **I** *n* capa *f*; **under the ~ of darkness / friendship** bajo el manto de la oscuridad / la amistad **II** *v/t*: **~ed in secrecy** rodeado de secreto

'cloak•room *Br* guardarropa *m*

clob•ber ['klɑːbər] *v/t* F atizar F

clock [klɑːk] reloj *m*; **around the ~** día y noche; **work off the ~** trabajar sin contabilizar las horas

◆ clock in *v/i* fichar al entrar

◆ clock out *v/i* fichar al salir

◆ clock up *v/t distance* acumular; *time* hacer

'clock•face esfera *f* del reloj; 'clock ra•di•o radio *m* despertador; clockwise ['klɑːkwaɪz] *adv* en el sentido de las agujas del reloj; 'clock•work: **it went like ~** salió a la perfección

clod [klɑːd] **1** *of earth* terrón *m* **2** F *idiot* memo(-a) *m(f)* F

◆ clog up [klɑːg] **I** *v/i* (*pret & pp* **-ged**) bloquearse **II** *v/t* (*pret & pp* **-ged**) bloquear

clois•ter ['klɔɪstər] ARCHI claustro *m*

clone [kloʊn] **I** *n* clon *m* **II** *v/t* clonar

clon•ing ['kloʊnɪŋ] clonación *f*

close[1] [kloʊs] **I** *adj family* cercano; *friend* íntimo; **bear a ~ resemblance to** parecerse mucho a; **the ~st town** la ciudad más cercana; **be ~ to s.o.** *emotionally* estar muy unido a alguien; **~ to tears** a punto de llorar; **~ combat** combate cuerpo a cuerpo **II** *adv* cerca; **~ to the school** cerca del colegio; **~ at hand** a mano; **~ by** cerca; **come ~ to doing sth** estar a punto de hacer algo

close[2] [kloʊz] **I** *v/t* cerrar **II** *v/i of door, shop* cerrar; *of eyes* cerrarse **III** *n*: **come or draw to a ~** llegar a su fin

◆ close down *v/t & v/i* cerrar

◆ close in *v/i of fog* echarse encima; *of troops* aproximarse, acercarse

◆ close in on *v/t enemy, prey* cercar, rodear

◆ close up **I** *v/t building* cerrar **II** *v/i* (*move closer*) juntarse

close-cap•tioned ['kloʊzkæpʃnd] *adj* con subtítulos codificados

closed [kloʊzd] *adj store, eyes* cerrado; **behind ~ doors** a puerta cerrada

closed 'cir•cuit ELEC circuito *m* cerrado

closed-cir•cuit 'tel•e•vi•sion circuito *m* cerrado de televisión

close-down ['kloʊzdaʊn] cierre *m*

closed 'shop COM centro de trabajo en el que los trabajadores deben estar afiliados a un sindicato en particular

close•fist•ed [kloʊs'fɪstɪd] *adj* roñoso; close-fit•ting [kloʊs'fɪtɪŋ] *adj* ajustado; close-knit ['kloʊsnɪt] *adj* muy unido

close•ly ['kloʊslɪ] *adv listen, watch* atentamente; *cooperate* de cerca

close sea•son ['kloʊzsiːzn] *in hunting* veda *f*; *in sport* temporada *f* de descanso

clos•et ['klɑːzɪt] armario *m*

'clos•et queen F gay *m* que no ha salido del armario

close-up ['kloʊsʌp] primer plano *m*

clos•ing date ['kloʊzɪŋ] fecha *f* límite; 'clos•ing price FIN cotización *f* de cierre; 'clos•ing time hora *f* de cierre

clo•sure ['kloʊʒər] cierre *m*

clot [klɑːt] **I** *n of blood* coágulo *m* **II** *v/i* (*pret & pp* **-ted**) *of blood* coagularse

cloth [klɑːθ] **1** (*fabric*) tela *f*, tejido *m* **2** *for cleaning* trapo *m*

clothe [kloʊð] *v/t vestir*; **fully ~d** completamente vestido

clothes [kloʊðz] *npl* ropa *f*; **change**

**one's ~** cambiarse de ropa

'**clothes bas•ket** cesta *f* de la ropa sucia; '**clothes brush** cepillo *m* para la ropa; '**clothes hang•er** percha *f*; '**clothes•horse** tendedero *m* plegable; '**clothes•line** cuerda *f* de tender la ropa; '**clothes peg,** '**clothes•pin** pinza *f* (de la ropa)

**cloth•ing** ['kloʊðɪŋ] ropa *f*

**clo•ture** ['kloʊtʃər] POL: *motion for ~* moción *f* para proceder a una votación inmediata

**cloud** [klaʊd] **I** *n* nube *f*; *a ~ of dust* una nube de polvo; *have one's head in the ~s fig* estar en las nubes; *be on ~ nine* F estar más contento que unas castañuelas; *cast a ~ on sth* ensombrecer algo **II** *v/t*: *~ the issue* confundir las cosas; *she allowed her feelings to ~ her judgment* dejó que sus sentimientos la ofuscaran

◆ **cloud over** *v/i of sky* nublarse; *fig: of face* ensombrecerse

'**cloud•burst** chaparrón *m*

**cloud-'cuck•oo land:** *live in ~* estar en las nubes

**cloud•less** ['klaʊdlɪs] *adj sky* despejado

**cloud•y** ['klaʊdɪ] *adj* nublado

**clout** [klaʊt] **I** *n* **1** sopapo *m* **2** *fig (influence)* influencia *f* **II** *v/t* dar un sopapo a

**clove**[1] [kloʊv] *n* **1** *spice* clavo **2**: *a ~ of garlic* un diente de ajo

**clove**[2] [kloʊv] *pret* ☞ **cleave**

**clo•ven** ['kloʊvən] **I** *pp* ☞ **cleave II** *adj*: *~ hoof* pezuña *f* hendida

**clo•ver** ['kloʊvər] BOT trébol *m*; *be or live in ~ fig* vivir como un rey

**clown** [klaʊn] *also fig* payaso *m*

◆ **clown around** *v/i* payasear, *Span* hacer el payaso

**clown•ish** ['klaʊnɪʃ] *adj* de payaso

**club** [klʌb] *n* **1** *weapon* porra *m*, garrote *m* **2** *in golf* palo *m* **3** *organization* club *m* **4**: *~s in cards* tréboles *mpl*; *Spanish cards* bastos *mpl*

◆ **club together** *v/i* poner dinero

'**club class** clase *f* preferente; **club'foot** MED pie *m* deforme; '**club•house** edificio en el que se reúnen los miembros de un club deportivo

**cluck** [klʌk] *v/i* cacarear

**clue** [kluː] pista *f*; *I haven't a ~* F *(don't know)* no tengo idea F; *he hasn't a ~* F *(is useless)* no tiene ni idea F

◆ **clue in** *v/t* F poner al tanto F

**clued-up** [kluːd'ʌp] *adj* F puesto F; *be ~ on sth* F estar puesto sobre algo F

**clump** [klʌmp] *n* **1** *of earth* terrón *m* **2** *of flowers etc* grupo *m*

◆ **clump around** *v/i* andar ruidosamente

**clum•si•ness** ['klʌmzɪnɪs] torpeza *f*

**clum•sy** ['klʌmzɪ] *adj person* torpe

**clung** [klʌŋ] *pret & pp* ☞ **cling**

**clus•ter** ['klʌstər] **I** *n* grupo *m* **II** *v/i of people* apiñarse; *of houses* agruparse

**clutch** [klʌtʃ] **I** *n* **1** MOT embrague *m* **2**: *fall into s.o.'s ~es* caer en las garras de alguien **II** *v/t* agarrar

◆ **clutch at** *v/i*: *clutch at sth* agarrarse a algo

'**clutch ped•al** (pedal *m* de) embrague *m*

**clut•ter** ['klʌtər] **I** *n* desorden *m*; *all the ~ on my desk* la cantidad de cosas que hay encima de mi mesa; *in a ~* patas arriba **II** *v/t (also: ~ up)* abarrotar

**CNN** [siːen'en] *abbr (= Cable News Network)* CNN *f*

**Co.** *abbr (= Company)* Cía. (= Compañía *f*)

**c/o** *abbr (= care of)* en el domicilio de

**coach** [koʊtʃ] **I** *n* **1** *(trainer)* entrenador(a) *m(f)*; *of singer, actor* profesor(a) *m(f)* **2** *Br (bus)* autobús *m* **II** *v/t football-er* entrenar; *singer* preparar; *~ s.o. in sth* dar tutorías de algo a alguien

**coach•ing** ['koʊtʃɪŋ] entrenamiento *m*

'**coach trip** *Br* viaje *m* en autobús

**co•ag•u•late** [koʊ'ægjʊleɪt] *v/i of blood* coagularse

**co•ag•u•la•tion** [koʊægjuː'leɪʃn] coágulo *m*

**coal** [koʊl] carbón *m*; *haul or drag s.o. over the ~s fig* poner de vuelta y media a alguien

**co•a•li•tion** [koʊə'lɪʃn] coalición *f*; *form a ~* formar *or* constituir una coalición; *~ government* gobierno *m* de coalición

'**coal•mine** mina *f* de carbón

'**coal min•er** minero(-a) *m(f)* del carbón

**coarse** [kɔːrs] *adj* **1** áspero; *hair* basto **2** *(vulgar)* basto, grosero

**coarse•ly** ['kɔːrslɪ] *adv* **1** *(vulgarly)* de manera grosera **2**: *~ ground coffee* café molido grueso

**coast** [koʊst] **I** *n* costa *f*; *at the ~* en la costa; **the ~ is clear** *fig* no hay moros en la costa, vía libre **‖** *v/i* **in car** ir en puento muerto; *on bicycle* ir sin pedalear

**coast•al** ['koʊstl] *adj* costero

**coast•er** ['koʊstər] posavasos *m inv*

'**coast•guard** *organization* servicio *m* de guardacostas; *person* guardacostas *m/f inv*

'**coast•line** litoral *m*, costa *f*

**coat** [koʊt] **I** *n* **1** chaqueta *f*, *L.Am.* saco *m*; (*over~*) abrigo *m* **2** *of animal* pelaje *m* **3** *of paint etc* capa *f*, mano *f* **‖** *v/t* (*cover*) cubrir (**with** de); *sugar* / **cho•colate~ed** recubierto de azúcar / chocolate

'**coat•hang•er** percha *f*

'**coat hook** perchero *m*

**coat•ing** ['koʊtɪŋ] capa *f*

**coat of 'arms** escudo *m* de armas

**co•au•thor** ['koʊɒːθər] **I** *n* coautor(a) *m(f)* **‖** *v/t*: **~ a book** escribir un libro conjuntamente

**coax** [koʊks] *v/t* persuadir; **~ sth out of s.o.** sonsacar algo a alguien

**cob** [kɑːb] *corn* mazorca *f*

**co•balt** ['koʊbɒːlt] MIN cobalto *m*; **~ (blue)** (azul) cobalto

**cob•ble** ['kɑːbl] adoquín *m*
◆ **cobble together** *v/t* F improvisar

**cob•bled** ['kɑːbld] *adj* adoquinado

**cob•bler** ['kɑːblər] zapatero(-a) *m(f)*

'**cob•ble•stone** adoquín *m*

**co•bra** ['koʊbrə] ZO cobra *f*

**cob•web** ['kɑːbweb] telaraña *f*

**co•caine** [kə'keɪn] cocaína *f*

**cock** [kɑːk] **I** *n chicken* gallo *m*; (*any male bird*) macho *m* **‖** *v/t gun* armar, cargar

**cock-and-'bull sto•ry** F cuento *m* chino F

**cock•a•too** [kɑːkə'tuː] ORN cacatúa *f*

**cock•er span•iel** [kɑːkər'spænjəl] ZO cocker spaniel *m*

**cock•eyed** [kɑːk'aɪd] *adj* F *idea etc* ridículo

'**cock•fight** pelea *f* de gallos; '**cock•fight•ing** peleas *fpl* de gallos; '**cock•pit** *of plane* cabina *f*; '**cock•roach** cucaracha *f*; **cock'sure** *adj* engreído, arrogante; '**cock•tail** cóctel *m*; '**cock•tail bar** bar *m* de cócteles; '**cock•tail par•ty** cóctel *m*; '**cock•tail shak•er** coctelera *f*; '**cock-up** *Br* F chapucería *f* F

**cock•y** ['kɑːkɪ] *adj* F creído, chulo

**co•coa** ['koʊkoʊ] *drink* cacao *m*

**co•co•nut** ['koʊkənʌt] coco *m*

'**co•co•nut palm** cocotero *m*

**co•coon** [kə'kuːn] ZO capullo *m*

**COD** [siːoʊ'diː] *abbr* (= **collect on delivery**) entrega *f* contra reembolso

**cod** [kɑːd] bacalao *m*

**cod•dle** ['kɑːdl] *v/t sick person* cuidar; *pej: child* mimar

**code** [koʊd] **I** *n* código *m*; **in ~** cifrado; **~ of honor** código de honor; **~ of conduct** código de conducta **‖** *v/t* codificar

'**code•word** contraseña *f*

**cod•i•fy** ['koʊdɪfaɪ] *v/t* LAW codificar, compilar

**cod•ing** ['koʊdɪŋ] codificación *f*

**cod-liv•er 'oil** aceite *m* de hígado de bacalao

**co•ed** [koʊ'ed] EDU **I** *n student* alumno(-a) *m(f)* de un colegio mixto **‖** *adj* mixto

**co•ed•u•ca•tion•al** [koʊedʊ'keɪʃnl] *adj* mixto

**co•ef•fi•cient** [koʊɪ'fɪʃnt] MATH coeficiente *m*

**co•erce** [koʊ'ɜːrs] *v/t* coaccionar

**co•er•cion** [koʊ'ɜːrʃn] coerción *f*, coacción *f*; **by ~** por la fuerza; **under ~** bajo coacción

**co•er•cive** [koʊ'ɜːrsɪv] *adj* coercitivo, coactivo

**co•ex•ist** [koʊɪg'zɪst] *v/i* coexistir

**co•ex•ist•ence** [koʊɪg'zɪstəns] coexistencia *f*

**cof•fee** ['kɑːfɪ] café *m*; **a cup of ~** un café

'**cof•fee bar** *Br* café *m*, cafetería *f*; '**coffee bean** grano *m* de café; '**cof•fee break** pausa *f* para el café; '**cof•fee cup** taza *f* de café; '**cof•fee grind•er** molinillo *m* de café; '**cof•fee grounds** *npl* cafetal *m*; '**cof•fee ma•chine** *in kitchen* cafetera *f*; *in cafeteria, hospital etc* máquina *f* del café; '**cof•fee mak•er** cafetera *f* (*para preparar*); '**cof•fee mill** molinillo *m* de café; '**cof•fee pot** cafetera *f* (*para servir*); '**cof•fee shop** café *m*, cafetería *f*; '**cof•fee ta•ble** mesa *f* de centro; '**cof•fee-ta•ble book** *libro de gran tamaño con numerosas ilustraciones*

**cof•fin** ['kɑːfɪn] féretro *m*, ataúd *m*

**cog** [kɑːg] diente *m*; **be just a ~ in the machine** *fig* ser un títere

**co•gent** ['koʊdʒənt] *adj* convincente

**cog•i•tate** ['kɑːdʒɪteɪt] *fml* I *v/t* meditar, cavilar II *v/i* reflexionar; ~ *on* or *about* reflexionar sobre

**co•gnac** ['kɑːnjæk] coñac *m*

**cog•ni•tion** [kɑːg'nɪʃn] cognición *f*

**cog•ni•tive** ['kɑːgnətɪv] *adj* cognitivo

**cog•ni•zance** ['kɑːgnɪzəns] *fml* conocimiento *m*; *take ~ of sth* tomar algo en cuenta

'**cog•wheel** rueda *f* dentada

**co•hab•it** [koʊ'hæbɪt] *v/i* cohabitar

**co•hab•i•ta•tion** [koʊhæbɪ'teɪʃn] convivencia *f*

**co•here** [koʊ'hɪr] *v/i* ser coherente *or* congruente

**co•her•ence, co•her•en•cy** [koʊ'hɪr-əns, koʊ'hɪrənsɪ] coherencia *f*

**co•her•ent** [koʊ'hɪrənt] *adj* coherente

**co•he•sion** [koʊ'hiːʒn] cohesión *f*

**co•he•sive** [koʊ'hiːsɪv] *adj* cohesivo

**coil** [kɔɪl] I *n* of rope rollo *m*; of smoke espiral *f*, of snake anillo *m* II *v/t*: ~ (*up*) enrollar

**coin** [kɔɪn] moneda *f*; *the other side of the ~ fig* la otra cara de la moneda

**coin•age** ['kɔɪnɪdʒ] 1 *money* moneda *f* 2 *phrase, word* acuñación *f*

**co•in•cide** [koʊɪn'saɪd] *v/i* coincidir

**co•in•ci•dence** [koʊ'ɪnsɪdəns] coincidencia *f*; *by sheer ~* por pura casualidad

**co•in•ci•den•tal** [koʊɪnsɪ'dəntl] *adj* casual, fortuito

**coin-op•er•at•ed** ['kɔɪnɑːpəreɪtɪd] *adj* a monedas

**coke** [koʊk] P (*cocaine*) coca *f*

**Coke**® [koʊk] Coca-Cola® *f*

**col•an•der** ['kʌləndər] escurridor *m*

**cold** [koʊld] I *adj also fig* frío; *I'm (feeling) ~* tengo frío; *it's ~ of weather* hace frío; *in ~ blood* a sangre fría; *a ~ snap* una ola de frío; *get ~ feet* F echarse para atrás F; *it left me ~* no me dio ni frío ni calor
II *n* 1 frío *m*; *I feel left out in the ~ fig* siento que se me deja de lado 2 MED resfriado *m*; *I have a ~* estoy resfriado, tengo un resfriado; *catch a ~* pillar un resfriado

**cold-blood•ed** [koʊld'blʌdɪd] *adj* de sangre fría; *fig: murder* a sangre fría

'**cold call** COM visita *f* sin avisar; *on telephone* llamada *f* sin avisar; **cold 'call-**

**ing** COM visitas o llamadas comerciales hechas sin cita previa; '**cold cuts** *npl* fiambres *mpl*; '**cold drink** bebida *f* fresca; **cold-heart•ed** [koʊld'hɑːrtɪd] *adj* frío

**cold•ish** ['koʊldɪʃ] *adj* bastante frío

**cold•ly** ['koʊldlɪ] *adv* fríamente, con frialdad

**cold•ness** ['koʊldnɪs] frialdad *f*

'**cold room** cámara *f* frigorífica; **cold 'shoul•der** F: *give s.o. the ~* volver la espalda a alguien F; '**cold sore** calentura *f*; **cold 'start** COMPUT, MOT arranque *m* en frío; **cold 'stor•age** refrigeración *f*; '**cold store** almacén *m* frigorífico

**cold 'tur•key** P: *go ~ of drug addict* limpiarse de la noche a la mañana P; *give up smoking ~* dejar de fumar de la noche a la mañana

**cold 'war** POL guerra *f* fría

**cole•slaw** ['koʊlslɔː] ensalada de col, cebolla, zanahoria y mayonesa

**col•ic** ['kɑːlɪk] cólico *m*

**col•lab•o•rate** [kə'læbəreɪt] *v/i* colaborar (*on* en)

**col•lab•o•ra•tion** [kəlæbə'reɪʃn] colaboración *f*; *in ~ with* con la colaboración de

**col•lab•o•ra•tor** [kə'læbəreɪtər] colaborador(a) *m(f)*; *with enemy* colaboracionista *m/f*

**col•lage** [kə'lɑːʒ] colage *m*

**col•lapse** [kə'læps] I *v/i* of roof, building hundirse, desplomarse; of person, the dollar desplomarse II *n* of roof, building derrumbamiento *m*; of the dollar desplome *m*; *nervous ~* ataque *m* de nervios

**col•lap•si•ble** [kə'læpsəbl] *adj* plegable

**col•lar** ['kɑːlər] cuello *m*; *for dog* collar *m*

'**col•lar•bone** clavícula *f*

**col•lat•er•al** [kə'lætərəl] aval *m*

**col•lat•er•al 'dam•age** MIL daños *mpl* colaterales

**col•league** ['kɑːliːg] colega *m/f*

**col•lect** [kə'lekt] I *v/t* recoger; *taxes* recaudar; *as hobby* coleccionar II *v/i* 1 (*gather together*) reunirse 2: *we're collecting for charity* estamos haciendo una colecta para una obra benéfica III *adv*: *call ~* llamar a cobro revertido

**col'lect call** llamada *f* a cobro revertido

**col•lect•ed** [kə'lektɪd] *adj* **1** *works, poems etc* completo **2** *person* sereno

**col•lec•tion** [kə'lekʃn] colección *f*; *in church* colecta *f*

**col•lec•tive** [kə'lektɪv] *adj* colectivo; ~ **agreement** convenio *m* colectivo

**col•lec•tive** '**bar•gain•ing** negociación *f* colectiva

**col•lec•tive•ly** [kə'lektɪvlɪ] *adv* colectivamente, conjuntamente

**col•lec•tive** '**noun** nombre *m* colectivo

**col•lec•tor** [kə'lektər] coleccionista *m/f*; ~'**s item** pieza *f* de coleccionista

**col•lege** ['kɑːlɪdʒ] universidad *f*

**col•le•gi•ate** [kə'liːdʒɪət] *adj* universitario

**col•lide** [kə'laɪd] *v/i* chocar, colisionar (**with** con *or* contra)

**col•lie** ['kɑːlɪ] collie *m*

**col•li•sion** [kə'lɪʒn] choque *m*, colisión *f*; **be on a ~ course** *fig* estar en la antesala de un conflicto

**col•lo•qui•al** [kə'loʊkwɪəl] *adj* coloquial

**col•lo•qui•al•ism** [kə'loʊkwɪəlɪzəm] expresión *f* coloquial

**col•lude** [kə'luːd] *v/i* confabularse; ~ **with s.o.** colaborar clandestinamente con alguien

**col•lu•sion** [kə'luːʒn] confabulación *f*

**Co•lom•bi•a** [kə'lʌmbɪə] Colombia *f*

**Co•lom•bi•an** [kə'lʌmbɪən] **I** *adj* colombiano **II** *n* colombiano(-a) *m(f)*

**co•lon** ['koʊlən] **1** *punctuation* dos puntos *mpl* **2** ANAT colon *m* **3** FIN colón *m*

**colo•nel** ['kɜːrnl] coronel *m*

**co•lo•ni•al** [kə'loʊnɪəl] *adj* colonial

**co•lo•ni•al•ism** [kə'loʊnɪəlɪzəm] POL colonialismo *m*

**co•lo•ni•al** '**split-lev•el** casa *f* de estilo colonial de dos plantas

**col•o•nist** ['kɑːlənɪst] *who lives in a colony* colono(-a) *m(f)*; *who helped found a colony* colonizador(a) *m(f)*

**col•o•ni•za•tion** [kɑːlənaɪ'zeɪʃn] colonización *f*

**col•o•nize** ['kɑːlənaɪz] *v/t country* colonizar

**col•on•nade** [kɑːlə'neɪd] ARCHI columnata *f*

**col•o•ny** ['kɑːlənɪ] colonia *f*

**col•or** ['kʌlər] **I** *n* color *m*; *in ~ movie etc* en color; ~**s** MIL bandera *f*; **what ~ is ...?** ¿de qué color es ...?; **paint sth**

**in glowing ~s** *fig* poner algo de color de rosa; **pass an examination with flying ~s** aprobar un exámen con muy buena nota; **show one's true ~s** *fig* mostrarse tal y como uno es **II** *v/t one's hair* teñir **III** *v/i* (*blush*) ruborizarse

**Col•o•rad•o bee•tle** [kɑːlərɑːdoʊ'biːtl] ZO escarabajo *m* de la patata

'**col•or bar** segregación *f* racial; '**col•or-blind** *adj* daltónico; '**col•or chart** muestrario *m* de colores; **col•or-cod•ed** ['kʌlərkoʊdɪd] *adj* codificado con colores; '**col•or cod•ing** código *m* de colores

**col•ored** ['kʌlərd] *adj person* de color; ~ **pencil** lápiz *m* de color, pintura *f*

'**col•or fast** *adj* que no destiñe

**col•or** '**film** PHOT película *f* en color

**col•or•ful** ['kʌlərfəl] *adj* lleno de colores; *account* colorido

**col•or•ing** ['kʌlərɪŋ] **1** color *m* **2**: ~ **book** libro *m* para colorear

**col•or•less** ['kʌlərlɪs] *adj* **1** incoloro **2** *fig* aburrido, insípido

'**col•or pho•to•graph** fotografía *f* en color; '**col•or print•er** impresora *f* en color; '**col•or print•ing** impresión *f* en color; '**col•or scheme** combinación *f* de colores; **col•or** '**sup•ple•ment** revista *f or* suplemento *m* a todo color; **col•or** T'V televisión *f* en color

**co•los•sal** [kə'lɑːsl] *adj* colosal

**co•los•sus** [kə'lɑːsəs] (*pl* **colossi** [kə'lɑːsaɪ], **-suses**) gigante *m/f*, coloso *m/f*

**col•our** *etc Br* ☞ **color** *etc*

**colt** [koʊlt] potro *m*

**Co•lum•bus** [kə'lʌmbəs] Colón *m*

**col•umn** ['kɑːləm] *architectural, of text* columna *f*

**col•um•nist** ['kɑːləmnɪst] columnista *m/f*

**co•ma** ['koʊmə] coma *m*; **be in a ~** estar en coma

**comb** [koʊm] **I** *n* peine *m* **II** *v/t hair, area* peinar; ~ **one's hair** peinarse

◆ **comb through** *v/t fig* buscar minuciosamente en

**com•bat** ['kɑːmbæt] **I** *n* combate *m* **II** *v/t* combatir

**com•bi•na•tion** [kɑːmbɪ'neɪʃn] combinación *f*

**com•bi•na•tion lock** cierre *m* de combinación

**com•bine** [kəm'baɪn] **I** v/t combinar; *ingredients* mezclar; ~ **business with pleasure** combinar el placer con los negocios **II** v/i combinarse; *everything* **~d against him** todo se volvió contra él **III** n ['kɑːmbaɪn] COM complejo m industrial

**com•bined** [kəm'baɪnd] adj combinado, coordinado

**com•bine har•vest•er** [kɑːmbaɪn'hɑːr-vɪstər] cosechadora f

**com•bus•ti•ble** [kəm'bʌstɪbl] adj combustible

**com•bus•tion** [kəm'bʌstʃn] combustión f

**com'bus•tion en•gine** motor m de combustión

**come** [kʌm] **I** v/i (pret **came**, pp **come**) **1** *toward speaker* venir; *toward listener* ir; *of train, bus* llegar, venir; **don't ~ too close** no te acerques demasiado; **he came to see us** nos vino a ver; ~ **and go** ir y venir; ~ **near to doing sth** estar a punto de hacer algo; ~ **what may** pase lo que pase; **generations to ~** las generaciones venideras *or* futuras; ~ **to think of it ...** ahora que lo pienso ...; ~ **again?** F ¿que has dicho?, ¿qué?, ¿qué qué?

**2**: **you'll ~ to like it** llegará a gustarte; **how ~?** F ¿y eso?; **as I came to know him I realized that ...** al irlo conociendo me di cuenta de que ...; ~ **to know sth** descubrir algo; **I have ~ to believe that...** he llegado a la conclusión de que...; **when it ~s to paying** a la hora de pagar; ~ **true** cumplirse, hacerse realidad; **it doesn't ~ cheap** no es ninguna ganga; **how~ you've stopped going to the club?** ¿cómo es que has dejado de ir al club?

**II** int: ~, ~! ¡venga!

◆ **come about** v/i (*happen*) pasar, suceder

◆ **come across I** v/t (*find*) encontrar **II** v/i: **his humor comes across as ...** su humor da la impresión de ser ...; **she comes across as ...** da la impresión de ser ...

◆ **come across with** v/t F *money* aflojar P, *Span* apoquinar P, *CSur* ponerse con P; *information* soltar P

◆ **come along** v/i **1** (*come too*) venir; **why don't you come along?** ¿por qué no te vienes conmigo / con nosotros? **2** (*turn up*) aparecer **3** (*progress*) marchar; **come along!** F ¡venga, vamos! F, ¡hala, hala! F

◆ **come apart** v/i **1** desmontarse **2** (*break*) romperse; *of alibi etc* venirse abajo

◆ **come around** v/i **1** *to s.o.'s home* venir, pasarse **2** (*regain consciousness*) volver en sí **3** *to a person's point of view* convencerse; **I've come around to your way of thinking** me he convencido de que tienes la razón

◆ **come at** v/t **1** *attack* atacar **2** *approach* acercarse a; *problem* abordar

◆ **come away** v/i (*leave*) salir; *of button etc* caerse

◆ **come back** v/i volver; *from losing position* recuperarse; **it came back to me** lo recordé; **come back to sth** retomar algo; *subject* volver a; **can I come back to you on that later?** ¿puedo darte una respuesta más tarde?

◆ **come between** v/t *people* interponerse entre

◆ **come by I** v/i pasarse **II** v/t (*acquire*) conseguir; **how did you come by that bruise?** ¿cómo te has dado ese golpe?

◆ **come down I** v/i bajar; *of rain, snow* caer; **come down in the world** venirse a menos **II** v/t: **he came down the stairs** bajó las escaleras

◆ **come down on** v/t (*reprimand*) reprender; **come down hard on s.o.** ser duro con alguien

◆ **come down to** v/t *factor, person* depender de

◆ **come down with** v/t *disease, illness* pillar

◆ **come for** v/t **1** (*attack*) atacar **2** (*collect thing*) venir a por; (*collect person*) venir a buscar a

◆ **come forward** v/i (*present o.s.*) presentarse

◆ **come from** v/t (*travel from*) venir de; (*originate from*) ser de; **that's what comes from not paying attention** eso es lo que pasa *or* sucede cuando no se presta atención; **I see where you're coming from** ya veo lo que te quieres decir

◆ **come in** v/i entrar; *of train* llegar; *of tide* subir; **come in!** ¡entre!, ¡adelante!; ~ **second** quedar en segunda posición;

***where do I come in?*** ¿cuál es mi papel en todo esto?, ¿qué pinto yo en todo esto? F

◆ **come in for** *v/t* recibir; ***come in for criticism*** recibir críticas

◆ **come in on** *v/t*: ***come in on a deal*** participar en un negocio

◆ **come into** *v/t* (*inherit*) heredar

◆ **come off** I *v/i* **1** *of handle etc* soltarse, caerse; *of paint etc* quitarse **2** *of plan etc* tener éxito, salir bien II *v/t*: ***come off it!*** F *expressing disbelief* ¡y qué más! F, ¡anda ya! F, *Span* ¡venga ya!; *expressing annoyance* ¡venga hombre! F

◆ **come on** *v/i* **1** (*progress*) marchar, progresar; ***come on!*** ¡vamos!; ***oh come on, you're exaggerating*** ¡vamos, hombre!, estás exagerando **2** *in play* aparecer, salir **3** (*start*) empezar, comenzar **4** (*behave*): ***come on tough with s.o.*** ser duro con algn; ***he tries to come on like a ...*** quiere dar la impresión de ser ...

◆ **come on to** *v/t* P (*make advances to*) insinuársele a, *Span* tirarle los tejos a P, *CSur* tirarse un lance con P

◆ **come out** *v/i* salir; *of book* publicarse; *of stain* irse, quitarse; *of secret, scandal* salir a la luz, descubrirse; *of gay* declararse homosexual públicamente; ~ ***in a rash*** salir un sarpullido; ~ ***against / for sth*** manifestarse *or* declararse en contra / a favor de algo

◆ **come out with** *v/t* F **1** (*say*) salir con, saltar con **2** (*disclose*) decir, soltar

◆ **come over** I *v/i* venir, pasarse; ***I came over all faint*** de repente me mareé; ***she came over very quiet*** se quedó muy callada de repente; ***he came over as being rather arrogant*** dio la impresión de ser bastante arrogante II *v/t*: ***what's come over you?*** ¿qué mosca te ha picado? F

◆ **come round** *v/i* **1** *visit* venir, pasarse **2** (*recover consciousness*) volver en sí **3** (*change opinion*) entrar en razón

◆ **come through** I *v/i arrive* llegar II *v/t* (*survive*) sobrevivir a; *test* pasar, aprobar

◆ **come to** I *v/t place* llegar a; *of hair, dress, water* llegar hasta; ***that comes to $70*** eso suma 70 dólares; ***it all comes to the same thing*** viene a ser lo mismo; ***when it comes to math ...*** cuando se trata de las matemáticas ...; ***is this what it has all come to?*** ¿cómo hemos podido llegar a esto? II *v/i* (*regain consciousness*) volver en sí

◆ **come together** *v/i of plan, scheme* tomar forma, *L.Am.* empezar a caminar

◆ **come under** *v/t* **1** (*be classified under*) entrar dentro de **2**: ***come under attack*** ser atacado

◆ **come up** *v/i* subir; *of sun* salir; ***something has come up*** ha surgido algo

◆ **come up against** *v/t* enfrentarse a, verse enfrentado a

◆ **come up for** *v/t*: ***come up for discussion*** sacarse a relucir

◆ **come upon** *v/t* (*find*) encontrar

◆ **come up to** *v/t* **1** (*approach*) acercarse a **2** (*be equal to*) equipararse a **3** (*reach*) llegar a; ***it's coming up to three weeks now*** ya van a ser tres semanas

◆ **come up with** *v/t solution* encontrar; ***John came up with a great idea*** a John se le ocurrió una idea estupenda

'**come•back** regreso *m*; ***make a ~*** regresar; *of team* remontar, hacer una remontada

**co•me•di•an** [kə'miːdɪən] humorista *m/f*; *pej* payaso(-a) *m(f)*

'**come•down** gran decepción *f*

**com•e•dy** ['kɑːmədɪ] comedia

**come•ly** ['kʌmlɪ] *adj fml* hermoso, bello

**com•er** ['kʌmər]: ***the competition is open to all ~s*** la competición está abierta a todos los aspirantes

**com•et** ['kɑːmɪt] cometa *m*

**come•up•pance** [kʌm'ʌpəns] F: ***he'll get his ~*** tendrá su merecido

**com•fort** ['kʌmfərt] I *n* **1** comodidad *f*, confort *m*; ***live in ~*** vivir desahogadamente *or* con holgura **2** (*consolation*) consuelo *m*; ***that's cold ~*** eso no es ningún consuelo II *v/t* consolar

**com•for•ta•ble** ['kʌmfərtəbl] *adj chair* cómodo; *house, room* cómodo, confortable; ***be ~*** *of person* estar cómodo; *financially* estar en una situación holgada; ***make o.s. ~*** ponerse cómodo; ***feel ~*** sentirse cómodo *or* a gusto

**com•for•ta•bly** ['kʌmfərtəblɪ] *adv* cómodamente; ***they are ~ off*** viven holgadamente

**com•fort•er** ['kʌmfərtər] *bedcover* cubrecama *m*, colcha *f*

**com•fort•ing** ['kʌmfərtɪŋ] *adj* reconfortante

**com•fort•less** ['kʌmfərtlɪs] *adj* sin comodidades, poco confortable

**'com•fort sta•tion** servicios *mpl* públicos

**com•fy** ['kʌmfɪ] F cómodo

**com•ic** ['kɑːmɪk] I *n* 1 *to read* cómic *m* 2 (*comedian*) cómico(-a) *m(f)* II *adj* cómico

**com•i•cal** ['kɑːmɪkl] *adj* cómico

**'com•ic book** cómic *m*

**com•ic 'op•er•a** MUS opereta *f*

**com•ics** ['kɑːmɪks] *npl* tiras *fpl* cómicas

**'com•ic strip** tira *f* cómica

**com•ing** ['kʌmɪŋ] I *adj week, meeting* próximo, siguiente II *n* llegada *f*; ~**s and goings** idas y venidas

**com•ma** ['kɑːmə] coma *f*

**com•mand** [kə'mænd] I *n* orden *f*; COMPUT comando *m*, instrucción *f*; **have** ~ **of 500 men** estar al cargo *or* frente de 500 soldados; **his** ~ **of English** sus conocimientos *or* su dominio de inglés; **be in** ~ MIL estar al mando; **the men under his** ~ los hombres bajo su mando
II *v/t* ordenar, mandar; ~ **s.o.'s admiration** despertar la admiración de alguien; ~ **respect** imponer respeto

**com•man•dant** ['kɑːməndænt] MIL comandante *m/f*

**com•man•deer** [kɑːmən'dɪr] *v/t* requisar

**com•mand•er** [kə'mændər] comandante *m/f*

**com•mand•er-in-'chief** comandante *m/f* en jefe

**com•mand•ing of•fi•cer** [kə'mændɪŋ] oficial *m/f* al mando

**com•mand•ment** [kə'mændmənt] mandamiento *m*: **the Ten Commandments** REL los Diez Mandamientos

**com'mand mod•ule** *of spacecraft* módulo *m* de mando

**com•man•do** [kə'mændoʊ] (*pl -do(e)s*) MIL comando *m*

**com•mem•o•rate** [kə'meməreɪt] *v/t* conmemorar

**com•mem•o•ra•tion** [kəmemə'reɪʃn]: **in** ~ **of** en conmemoración de

**com•mem•o•ra•tive** [kə'memərətɪv] *adj* conmemorativo; ~ **plaque** placa *f* conmemorativa

**com•mence** [kə'mens] *v/t & v/i* comenzar

**com•mence•ment** [kə'mensmənt] comienzo *m*

**com•mend** [kə'mend] *v/t* encomiar, elogiar

**com•mend•a•ble** [kə'mendəbl] *adj* encomiable

**com•men•da•tion** [kɑːmen'deɪʃn] *for bravery* mención *f*

**com•mend•a•to•ry** [kɑː'mendətɔːrɪ] *adj fml* comendatorio, de recomendación

**com•men•su•rate** [kə'menʃərət] *adj*: ~ **with** acorde con

**com•ment** ['kɑːment] I *n* comentario *m*; **no** ~! ¡sin comentarios! II *v/i* hacer comentarios (**on** sobre)

**com•men•ta•ry** ['kɑːmənterɪ] comentarios *mpl*

**'com•men•ta•ry booth** TV, RAD cabina *f* de comentaristas

**com•men•tate** ['kɑːmənteɪt] *v/i* hacer de comentarista

◆ **commentate on** *v/t* comentar

**com•men•ta•tor** ['kɑːmənteɪtər] comentarista *m/f*

**com•merce** ['kɑːmɜːrs] comercio *m*

**com•mer•cial** [kə'mɜːrʃl] I *adj* comercial II *n* (*advert*) anuncio *m* (publicitario)

**com•mer•cial at'taché** agregado *m* comercial; **com'mer•cial bank** banco *m* comercial; **com•mer•cial 'break** pausa *f* publicitaria

**com•mer•cial•ize** [kə'mɜːrʃlaɪz] *v/t* **Christmas** comercializar

**com•mer•cial 'trav•el•er** viajante *m/f* de comercio

**com•mie** ['kɑːmɪ] F *pej* rojo(-a) *m(f)* F

**com•mis•er•ate** [kə'mɪzəreɪt] *v/i*: **she** ~**d with me on my failure to get the job** me dijo cuánto sentía que no hubiera conseguido el trabajo

**com•mis•er•a•tion** [kəmɪzər'eɪʃn]: **offer s.o. one's** ~**s** compadecerse de alguien

**com•mis•sion** [kə'mɪʃn] I *n* (*payment, committee*) comisión *f*; (*job*) encargo *m*; **paid on a** ~ **basis** pagado a comisión II *v/t*: **she has been commissioned ...** se le ha encargado ...

**com•mis•sion•aire** [kəmɪʃə'ner] *Br* portero *m*

**com•mis•sion•er** [kə'mɪʃənər] **1** POL comisario(-a) *m(f)* **2** *police officer* comisario(-a) *m(f)* de policía

**com•mis•sion•ing** [kə'mɪʃənɪŋ] *of new plant etc* puesta *f* en funcionamiento

**com•mit** [kə'mɪt] *v/t* (*pret & pp* **-ted**) **1** *crime* cometer **2** *money* comprometer; **~ o.s.** comprometerse; **~ sth to paper** poner algo por escrito

**com•mit•ment** [kə'mɪtmənt] compromiso *m* (**to** con); **he's afraid of ~** tiene miedo de comprometerse; **without any ~** sin ningún compromiso

**com•mit•ted** [kə'mɪtɪd] *adj Christian, socialist* comprometido; **be ~ to sth** estar entregado *or* dedicado a algo; **he's ~ to getting the team into shape** se ha comprometido a poner en forma al equipo

**com•mit•tee** [kə'mɪtɪ] comité *m*; **be or sit on a ~** formar parte de un comité *or* una comisión

**com'mit•tee meet•ing** reunión *f* del comité

**com'mit•tee mem•ber** miembro *m* del comité

**com•mode** [kə'moʊd] **I** *chest of drawers* cómoda *f* **II** *Br toilet* asiento *m* con orinal

**com•mo•di•ous** [kə'moʊdjəs] *adj fml* espacioso, amplio

**com•mod•i•ty** [kə'mɑːdətɪ] *raw material* producto *m* básico; *product* bien *m* de consumo; **language skills are a rare ~** el conocimiento de idiomas es un bien escaso

**com'mod•i•ty ex•change** bolsa *f* de materias primas

**com•mon** ['kɑːmən] *adj* común; **in ~** al igual (**with** que); **have sth in ~ with s.o.** tener algo en común con alguien; **by ~ consent** por unanimidad; **it is ~ knowledge that ...** es de todos sabido que ...; **he was a ~ sight in town** se le veía a menudo por la ciudad; **~ or garden** F corriente *y* moliente F; **the ~ people** la gente corriente

**com•mon•er** ['kɑːmənər] plebeyo(-a) *m(f)*

**com•mon 'law** derecho *m* consuetudinario *or* angloamericano; **com•mon-law 'hus•band** esposo *m* de hecho; **com•mon-law 'mar•riage** matrimonio *m* consensual *or* de hecho; **com•mon**

**law 'wife** esposa *f* de hecho

**com•mon•ly** ['kɑːmənlɪ] *adv* comúnmente

**Com•mon 'Mar•ket** Mercado *m* Común Europeo

**'com•mon•place** *adj* común

**'com•mon room** *Br* sala *f* de estudiantes / profesores

**Com•mons** ['kɑːmənz] *pl*: **the ~** PARL *Br* los Comunes

**com•mon 'sense** sentido *m* común; **it's only ~ to ...** es de sentido común ...

**Com•mon•wealth** ['kɑːmənwelθ]: **the ~ (of Nations)** la Comunidad Británica de las Naciones

**com•mo•tion** [kə'moʊʃn] alboroto *m*

**com•mu•nal** [kə'mjuːnl] *adj* comunal

**com•mu•nal•ly** [kəm'juːnəlɪ] *adv* en comunidad

**com•mune¹** [kə'mjuːn] *v/i*: **~ with nature / God** estar en comunión con la naturaleza / Dios

**com•mune²** ['kɑːmjuːn] *n* comuna *f*

**com•mu•ni•ca•ble** [kə'mjuːnɪkəbl] *adj* MED contagioso

**com•mu•ni•cate** [kə'mjuːnɪkeɪt] **I** *v/i* comunicarse **II** *v/t* comunicar

**com•mu•ni•ca•tion** [kəmjuːnɪ'keɪʃn] comunicación *f*; **be in ~ with s.o.** estar en contacto con alguien; **have good / poor ~ skills** saber / no saber comunicarse

**com•mu•ni•ca•tions** *npl* comunicaciones *fpl*

**com•mu•ni•ca•tions sat•el•lite** satélite *m* de telecomunicaciones

**com•mu•ni•ca•tive** [kə'mjuːnɪkətɪv] *adj person* comunicativo

**Com•mu•nion** [kə'mjuːnjən] REL comunión *f*; **take ~** pasar a comulgar

**com•mu•ni•qué** [kə'mjuːnɪkeɪ] comunicado *m*

**Com•mu•nism** ['kɑːmjʊnɪzəm] comunismo *m*

**Com•mu•nist** ['kɑːmjʊnɪst] **I** *adj* comunista **II** *n* comunista *m/f*

**com•mu•ni•ty** [kə'mjuːnətɪ] comunidad *f*; **~ spirit** espíritu *m* de grupo

**com'mu•ni•ty cen•ter** centro *m* comunitario; **com'mu•ni•ty ra•di•o** radio *f* comunitaria; **com'mu•ni•ty serv•ice** servicios *mpl* a la comunidad (como pena)

**com•mu•ta•tion** [kɑːmjuː'teɪʃn] LAW

conmutación f

**com•mute** [kə'mjuːt] I v/i viajar al trabajo; ~ *to work* viajar al trabajo II v/t LAW conmutar

**com•mut•er** [kə'mjuːtər] *persona que viaja al trabajo*

**com'mut•er 'air•line** línea f aérea de cercanías; **com'mut•er belt** *zona desde la que la gente viaja al trabajo*; **com'mut•er plane** avión m de cercanías; **com'mut•er town** ciudad f dormitorio; **com'mut•er traf•fic** *tráfico generado por los que se desplazan al trabajo*; **com'mut•er train** *tren de cercanías que utilizan los que se desplazan al trabajo*

**comp** [kɑːmp] F indemnización f

**com•pact** I adj [kəm'pækt] compacto II n ['kɑːmpækt] MOT utilitario m III v/t [kəm'pækt] comprimir

**com•pact 'disc** (disco m) compacto m

**com•pact 'disc play•er** reproductor m de (discos) compactos

**com•pan•ion** [kəm'pænjən] compañero(-a) m(f)

**com•pan•ion•a•ble** [kəm'pænjənəbl] adj sociable, simpático

**com•pan•ion•ship** [kəm'pænjənʃɪp] compañía f

**com•pa•ny** ['kʌmpənɪ] 1 COM empresa f, compañía f 2 (*companionship, guests*) compañía f; *keep s.o.* ~ hacer compañía a alguien; *in* ~ *with* en compañía de, junto con; *be in good* ~ estar en buena compañía; *be good* ~ ser buena compañía; *keep bad* ~ ir con malas compañías; *part* ~ *with s.o.* separarse de alguien; *fig* dejar de estar de acuerdo con alguien; *present* ~ *excepted!* ¡mejorando lo presente!

**com•pa•ny 'car** coche m de empresa; **com•pa•ny 'law** derecho m de sociedades; **com•pa•ny 'name** razón f social; **com•pa•ny 'pen•sion plan** plan m de jubilación de la empresa; *payment* pensión f de jubilación de la empresa; **com•pa•ny 'pro•file** perfil m de empresa; **com•pa•ny 'sec•ret•a•ry** secretario(-a) m(f) de la empresa

**com•pa•ra•ble** ['kɑːmpərəbl] adj comparable

**com•par•a•tive** [kəm'pærətɪv] I adj (*relative*) relativo; *study* comparado, comparativo; GRAM comparativo; ~ *form* GRAM comparativo m II n GRAM comparativo m

**com•par•a•tive•ly** [kəm'pærətɪvlɪ] adv relativamente

**com•pare** [kəm'per] I v/t comparar; ~*d with* ... comparado con ...; *you can't* ~ *them* no se pueden comparar; *this is not to be* ~*d with* or *to* ésto no tiene ni punto de comparación con II v/i compararse; ~ *favorably with* ser tan bueno como III n: *beyond* ~ sin igual, inigualable

**com•pa•ri•son** [kəm'pærɪsn] comparación f; *there's no* ~ no hay punto de comparación; *by* ~ en comparación; *in* ~ *with* en comparación con

**com•part•ment** [kəm'pɑːrtmənt] compartimento m

**com•pass** ['kʌmpəs] 1 brújula f 2 GEOM compás m

**com•pas•sion** [kəm'pæʃn] compasión f

**com•pas•sion•ate** [kəm'pæʃənət] adj compasivo

**com•pas•sion•ate 'leave** *permiso laboral por muerte o enfermedad grave de un familiar*

**com•pat•i•bil•i•ty** [kəmpætə'bɪlɪtɪ] compatibilidad f

**com•pat•i•ble** [kəm'pætəbl] adj compatible; *be* ~ ser compatible (*with* con)

**com•pa•tri•ot** [kəm'peɪtrɪət] compatriota m/f

**com•pel** [kəm'pel] v/t (*pret & pp* -*led*) obligar; *be* ~*led to do sth* ser obligado a hacer algo

**com•pel•ling** [kəm'pelɪŋ] adj *argument* poderoso; *movie, book* fascinante

**com•pen•di•um** [kəm'pendɪəm] *book* compendio m

**com•pen•sate** ['kɑːmpənseɪt] I v/t *with money* compensar II v/i: ~ *for* compensar

**com•pen•sa•tion** [kɑːmpən'seɪʃn] 1 *money* indemnización f 2 (*reward, comfort*) compensación f; *in* ~ *for* en compensación por

**com•père, com•pere** ['kɑːmper] Br I n presentador(a) m(f) II v/t presentar

**com•pete** [kəm'piːt] v/i competir (*for* por, *with* con)

**com•pe•tence** ['kɑːmpɪtəns] competencia f

**com•pe•tent** ['kɑːmpɪtənt] adj competente; *I'm not ~ to judge* no estoy capacitado para juzgar

**com•pe•tent•ly** ['kɑːmpɪtəntlɪ] *adv* competentemente

**com•pe•ti•tion** [kɑːmpə'tɪʃn] **1** (*contest*) concurso *m*; SP competición *f* **2** (*competitors*) competencia *f*; *the government wants to encourage ~* el gobierno quiere fomentar la competencia; *unfair ~* COM competición desleal

**com•pet•i•tive** [kəm'petətɪv] *adj* competitivo

**com•pet•i•tive 'edge** ventaja *f* competitiva

**com•pet•i•tive•ly** [kəm'petətɪvlɪ] *adv* competitivamente: *~ priced* con un precio muy competitivo

**com•pet•i•tive•ness** [kəm'petɪtɪvnɪs] **1** COM competitividad *f* **2** *of person* espíritu *m* competitivo

**com•pet•i•tor** [kəm'petɪtər] **1** *in contest* concursante *m/f*; SP competidor(a) *m(f)*, contrincante *m/f* **2** COM competidor(a) *m(f)*

**com•pi•la•tion** [kɑːmpɪ'leɪʃn] MUS recopilatorio *m*

**com•pile** [kəm'paɪl] *v/t* compilar

**com•pla•cen•cy** [kəm'pleɪsənsɪ] complacencia *f*

**com•pla•cent** [kəm'pleɪsənt] *adj* complaciente

**com•plain** [kəm'pleɪn] *v/i* **1** quejarse, protestar; *to shop, manager* quejarse; *~ about sth* quejarse de algo **2** MED: *~ of* estar aquejado de

**com•plaint** [kəm'pleɪnt] **1** queja *f*, protesta *f*; *make or lodge a ~* presentar una queja, hacer una reclamación; *letter of ~* carta *f* de protesta; *to hotel, shop, company* carta *f* de reclamación **2** MED dolencia *f*

**com•ple•ment** ['kɑːmplɪmənt] *v/t* complementar; *they ~ each other* se complementan

**com•ple•men•ta•ry** [kɑːmplɪ'mentərɪ] *adj* complementario; *the two are ~* los dos se complementan; *be ~ to sth* complementarse con algo

**com•plete** [kəm'pliːt] **I** *adj* (*total*) absoluto, total; (*full*) completo; (*finished*) finalizado, terminado **II** *v/t task, building etc* finalizar, terminar; *course* completar; *form* rellenar

**com•plete•ly** [kəm'pliːtlɪ] *adv* completamente

**com•plete•ness** [kəm'pliːtnɪs] lo completo

**com•ple•tion** [kəm'pliːʃn] finalización *f*, terminación *f*; *bring sth to ~* llevar a término algo; *~ date* fecha *f* de terminación

**com•plex** ['kɑːmpleks] **I** *adj* complejo **II** *n also* PSYCH complejo *m*

**com•plex•ion** [kəm'plekʃn] *facial* tez *f*; *that puts a different ~ on the matter* eso hace que el asunto tome un cariz diferente

**com•plex•i•ty** [kəm'pleksɪtɪ] complejidad *f*

**com•pli•ance** [kəm'plaɪəns] cumplimiento (*with* de); *in ~ with the regulations / the law* de acuerdo a las normas / la ley; *in ~ with my late aunt's wishes* por voluntad de mi tía difunta

**com•pli•ant** [kəm'plaɪənt] *adj* sumiso, obediente

**com•pli•cate** ['kɑːmplɪkeɪt] *v/t* complicar

**com•pli•cat•ed** ['kɑːmplɪkeɪtɪd] *adj* complicado

**com•pli•ca•tion** [kɑːmplɪ'keɪʃn] complicación *f*; *~s* MED complicaciones *fpl*

**com•plic•i•ty** [kəm'plɪsətɪ] complicidad *f*

**com•pli•ment** ['kɑːmplɪmənt] **I** *n* cumplido *m*; *pay s.o. a ~* decir un cumplido a alguien; *by one's actions* hacer un cumplido a alguien; *with the ~ of* con saludos de **II** *v/t* hacer un cumplido a (*on* por)

**com•pli•men•ta•ry** [kɑːmplɪ'mentərɪ] *adj* **1** elogioso **2** (*free*) de regalo, gratis; *~ ticket* entrada *f* gratuita

**'com•pli•ments slip** nota *f* de cortesía

**com•ply** [kəm'plaɪ] *v/i* (*pret & pp -ied*) cumplir; *~ with* cumplir; *~ with the law* acatar la ley

**com•po•nent** [kəm'poʊnənt] pieza *f*, componente *m*; *~ part* pieza componente

**com•pose** [kəm'poʊz] *v/t also* MUS componer; *be ~d of* estar compuesto de; *~ o.s.* serenarse

**com•posed** [kəm'poʊzd] *adj* (*calm*) sereno

**com•pos•er** [kəm'poʊzər] MUS compositor(a) *m(f)*

**com•pos•ite** ['kɑːmpəzɪt] combinación *f* (**of** de)

**com•po•si•tion** [kɑːmpə'zɪʃn] **1** *also* MUS composición *f* **2** (*essay*) redacción *f*

**com•pos•i•tor** [kəm'pɑːzɪtər] (*typesetter*) cajista *m/f*

**com•post** ['kɑːmpɑːst] abono *m*, fertilizante *m*

**'com•post heap** plantas *y* estiércol amontonados en el jardín para producir abono

**com•po•sure** [kəm'poʊʒər] compostura *f*

**com•pote** ['kɑːmpɑːt] compota *f*

**com•pound**[1] ['kɑːmpaʊnd] *n* CHEM compuesto *m*

**com•pound**[2] [kəm'paʊnd] **I** *v/t* **1** CHEM combinar **2** *problem* empeorar, agravar **II** *adj* ['kɑːmpaʊnd] *eye, fracture* compuesto

**com•pound**[3] ['kɑːmpaʊnd] *n enclosure* recinto *m* cerrado

**com•pound in•ter•est** ['kɑːmpaʊnd] interés *m* compuesto *or* combinado

**com•pre•hend** [kɑːmprɪ'hend] *v/t fml* (*understand*) comprender

**com•pre•hen•si•ble** [kɑːmprɪ'hensɪbl] *adj* comprensible

**com•pre•hen•sion** [kɑːmprɪ'henʃn] comprensión *f*; **beyond ~** incomprensible *or* inexplicable

**com•pre•hen•sive** [kɑːmprɪ'hensɪv] *adj* detallado

**com•pre•hen•sive in'sur•ance** seguro *m* a todo riesgo

**com•pre•hen•sive•ly** [kɑːmprɪ'hensɪvlɪ] *adv* **1** (*in detail*) detalladamente **2** *beaten* totalmente

**com•press I** *n* ['kɑːmpres] MED compresa *f* **II** *v/t* [kəm'pres] *air, gas* comprimir; *information* condensar; **~ed air** aire *m* comprimido

**com•pres•sion** [kəm'preʃn] compresión *f*

**com•pres•sor** [kəm'presər] TECH compresor *m*

**com•prise** [kəm'praɪz] *v/t* comprender; **be ~d of** constar de

**com•pro•mise** ['kɑːmprəmaɪz] **I** *n* solución *f* negociada; **I've had to make ~s all my life** toda mi vida he tenido que hacer concesiones; **reach a ~** llegar a una solución de mutuo acuerdo; **~ so-**

**lution** solución *f* negociada **II** *v/i* transigir, efectuar concesiones **III** *v/t principles* traicionar; (*jeopardize*) poner en peligro; **~ o.s.** ponerse en un compromiso

**comp•trol•ler** [kən'troʊlər] tesorero(-a) *m(f)*

**com•pul•sion** [kəm'pʌlʃn] **1** PSYCH compulsión *f* **2**: **be under no ~ to do sth** no tener la obligación de hacer algo

**com•pul•sive** [kəm'pʌlsɪv] *adj* **1** *behavior* compulsivo **2** *reading* absorbente

**com•pul•so•ry** [kəm'pʌlsərɪ] *adj* obligatorio

**com•pu•ta•tion** [kɑːmpjuː'teɪʃn] cómputo *m*, cálculo *m*

**com•pu•ta•tion•al** [kɑːmpjuː'teɪʃnl] *adj* computacional

**com•pute** [kəm'pjuːt] *v/t fml* computar, calcular

**com•put•er** [kəm'pjuːtər] *Span* ordenador *m*, *L.Am.* computadora *f*; **have sth on ~** tener algo en el *Span* ordenador *or L.Am.* computadora

**com'put•er age** era *f* de la informática *or L.Am.* las computadoras; **com•put•er-aid•ed** [kəmpjuːtər'eɪdɪd] *adj* asistido por *Span* ordenador *or L.Am.* computadora; **com•put•er-aid•ed de'sign** diseño *m* asistido por *Span* ordenador *or L.Am.* computadora; **com•put•er-aid•ed en•gi-'neer•ing** ingeniería *f* asistida por *Span* ordenador *or L.Am.* computadora; **com•put•er-aid•ed 'learn•ing** enseñanza *f* asistida por *Span* ordenador *or L.Am.* computadora; **com•put•er-aid•ed man•u'fac•ture** fabricación *f* asistida por *Span* ordenador *or L.Am.* computadora; **com•put•er an•i'ma•tion** animación *f* por *Span* ordenador *or L.Am.* computadora; **com•put•er-as•sist•ed** [kəmpjuːtərə-'sɪstɪd] ☞ **computer-aided**; **com•put•er-con'trolled** *adj* controlado por *Span* ordenador *or L.Am.* computadora; **com'put•er game** juego *m* de *Span* ordenador *or L.Am.* computadora; **com'put•er ex•pert** experto(-a) *m(f)* en informática *or L.Am. also* computadoras; **com•put•er 'graphics** *npl* infografía *f*; **com•put•er 'hard•ware** hardware *m* (informático)

**com•put•er•i•za•tion** [kəmpjuːtəraɪ-

'zeɪʃn] informatización f, L.Am. also computerización f

com•put•er•ize [kəm'pjuːtəraɪz] v/t informatizar, L.Am. also computarizar

com'put•er lan•guage lenguaje m informático or de programación; com•put•er 'lit•er•a•cy conocimientos mpl de informática or L.Am. also computadoras; com•put•er 'lit•er•ate adj con conocimientos de informática or L.Am. also computación; com•put•er 'net•work red f informática or L.Am also de computadoras; com•put•er op•er•a•tor operador(a) m(f) informático or L.Am. also de computadoras; com•put•er 'print•out listado m; com•put•er pro•gram programa m informático; com•put•er 'pro•gram•mer programador(a) m(f) informático; com•put•er 'sci•ence informática f, L.Am. also computación f; com•put•er 'sci•en•tist informático(-a) m(f); com•put•er 'sys•tem sistema m informático; com•put•er 'ter•min•al terminal m de Span ordenador or L.Am. computadora; com•put•er 'vi•rus virus m informático

com•put•ing [kəm'pjuːtɪŋ] informática f, L.Am. also computación f

com•rade ['kɑːmreɪd] (friend) compañero(-a) m(f); POL camarada m/f

com•rade•ship ['kɑːmreɪdʃɪp] camaradería f

con¹ [kɑːn] F I n timo m II v/t (pret & pp -ned) timar; ~ s.o. out of sth soplar or birlar a alguien algo F; ~ s.o. into doing sth engañar or liar a alguien para que haga algo

con² [kɑːn] n: the pros and ~s of sth los pros y los contras de algo

con•cave ['kɑːŋkeɪv] adj cóncavo

con•ceal [kən'siːl] v/t ocultar

con•ceal•ment [kən'siːlmənt] ocultación f

con•cede [kən'siːd] v/t 1 (admit) admitir, reconocer 2 goal encajar; penalty cometer

con•ceit [kən'siːt] engreimiento m, presunción f; be full of ~ ser un engreído

con•ceit•ed [kən'siːtɪd] adj engreido, presuntuoso

con•ceiv•a•ble [kən'siːvəbl] adj concebible

con•ceive [kən'siːv] v/i 1 of woman concebir 2: ~ of (imagine) imaginar

con•cen•trate ['kɑːnsəntreɪt] I v/i concentrarse II v/t one's attention, energies concentrar

con•cen•trat•ed ['kɑːnsəntreɪtɪd] adj juice etc concentrado

con•cen•tra•tion [kɑːnsən'treɪʃn] concentración f; power of ~ capacidad f de concentración

con•cen'tra•tion camp campo m de concentración

con•cen•tric [kən'sentrɪk] adj concéntrico

con•cept ['kɑːnsept] concepto m

con•cep•tion [kən'sepʃn] of child concepción f

con•cep•tu•al [kən'septʃʊəl] adj conceptual

con•cern [kən'sɜːrn] I n 1 (anxiety, care) preocupación f; cause ~ preocupar, inquietar; a matter of national ~ un problema a nivel nacional 2 (business) asunto m; it's none of your ~ no es asunto tuyo; that is no ~ of mine eso no es asunto mío 3 (company) empresa f
II v/t 1 (involve) concernir, incumbir; of story, report tratar de 2 (worry) preocupar, inquietar; ~ o.s. with preocuparse de

con•cerned [kən'sɜːrnd] adj 1 (anxious) preocupado, inquieto (about por) 2 (caring) preocupado (about por) 3 (involved) en cuestión; as far as I'm ~ por lo que a mí respecta

con•cern•ing [kən'sɜːrnɪŋ] prep en relación con, sobre

con•cert ['kɑːnsərt] 1 concierto m 2: in ~ with en conjunción con

con•cert•ed [kən'sɜːrtɪd] adj (joint) concertado, conjunto; take ~ action actuar de manera concertada

'con•cert hall auditorio m

'con•cert•mas•ter primer violín m/f

con•cer•to [kən'tʃertoʊ] concierto m; violin ~ concierto para violín

con•cert 'pi•an•ist pianista m/f de concierto

con•ces•sion [kən'seʃn] (compromise) concesión f

con•ces•sion•aire [kənseʃə'ner] COM concesionario(-a) m(f)

conch [kɑːnʃ] ZO concha f, caracola f

con•cil•i•a•tion [kənsɪlɪ'eɪʃn] concilia-

**con•cil•i•a•to•ry** [kənsılı'eıtɔːrı] *adj* conciliador

**con•cise** [kən'saıs] *adj* conciso

**con•cise•ness, con•ci•sion** [kən'saısnıs, kən'sıʒn] concisión *f*, brevedad *f*

**con•clude** [kən'kluːd] *v/t & v/i* **1** (*deduce*) concluir (*from* de); ∼ *that* ir a la conclusión de que **2** (*end*) concluir

**con•clud•ing** [kən'kluːdıŋ] *adj* conclusivo, final

**con•clu•sion** [kən'kluːʒn] **1** (*deduction*) conclusión *f*; *come to or arrive at the* ∼ *that* llegar a la conclusión de que; *draw a* ∼ sacar una conclusión; *jump to* ∼*s* sacar conclusiones antes de tiempo **2** (*end*) conclusión *f*; *bring sth to a* ∼ concluir algo, poner fin a algo; *in* ∼ en conclusión

**con•clu•sive** [kən'kluːsıv] *adj* concluyente

**con•coct** [kən'kɑːkt] *v/t meal, drink* preparar; *excuse, story* urdir

**con•coc•tion** [kən'kɑːkʃn] *food* mejunje *m*; *drink* brebaje *m*, pócima *f*

**con•cord** ['kɑːŋkɔːrd] *fml* concordia *f*

**con•course** ['kɑːŋkɔːrs] *in station* hall *m*

**con•crete** ['kɑːŋkriːt] **I** *adj* concreto; ∼ *jungle* jungla *f* de asfalto **II** *n* hormigón *m*, *L.Am.* concreto *m*

**'con•crete mix•er** hormigonera *f*

**con•cur** [kən'kɜːr] *v/i* (*pret & pp* -**red**) coincidir; ∼ *with s.o. that* coincidir con alguien en que

**con•cur•rent** [kən'kɜːrənt] *adj* concurrente, simultáneo

**con•cuss** [kən'kʌs] *v/t* conmocionar; *be* ∼*ed* sufrir una conmoción cerebral

**con•cus•sion** [kən'kʌʃn] conmoción *f* cerebral; *have* ∼ sufrir una conmoción cerebral

**con•demn** [kən'dem] *v/t* **1** condenar **2** *building* declarar en ruina

**con•dem•na•tion** [kɑːndəm'neıʃn] *of action* condena *f*

**con•demned cell** [kən'demd] celda *f* de los condenados a muerte

**con•den•sa•tion** [kɑːnden'seıʃn] *on walls, windows* condensación *f*

**con•dense** [kən'dens] **I** *v/t* (*make shorter*) condensar **II** *v/i of steam* condensarse

**con•densed milk** [kən'densd] leche *f* condensada

**con•dens•er** [kən'densər] TECH condensador *m*

**con•de•scend** [kɑːndı'send] *v/i*: *he* ∼*ed to speak to me* se dignó a hablarme

**con•de•scend•ing** [kɑːndı'sendıŋ] *adj* (*patronizing*) condescendiente

**con•di•ment** ['kɑːndımənt] condimento *m*

**con•di•tion** [kən'dıʃn] **I** *n* **1** (*state*) condiciones *fpl*; *of health* estado *m*; *illness* enfermedad *f*; ∼*s* (*circumstances*) condiciones; *you're in no* ∼ *to drive* no estás en condiciones de conducir; *out of* ∼ en baja forma; *I'm out of* ∼ no estoy en forma; *living* ∼*s* condiciones de vida; *weather* ∼*s* condiciones atmosféricas **2** (*requirement, term*) condición *f*; *on* ∼ *that …* a condición de que …; *on no* ∼ bajo ningún concepto, en ningún caso; *make sth a* ∼ poner algo como condición **II** *v/t* PSYCH condicionar

**con•di•tion•al** [kən'dıʃnl] **I** *adj acceptance* condicional; *be* ∼ *on* depender de; *make sth* ∼ *on sth* hacer que algo dependa de algo **II** *n* GRAM condicional *m*

**con•di•tion•al clause** GRAM oración *f* condicional

**con•di•tioned re•sponse, con•di•tioned re•flex** [kəndıʃndrı'spɑːns, kəndıʃnd'riːfleks] PSYCH reacción *f or* respuesta *f* condicional

**con•di•tion•er** [kən'dıʃnər] *for hair* suavizante *m*, acondicionador *m*; *for fabric* suavizante *m*

**con•di•tion•ing** [kən'dıʃnıŋ] PSYCH condicionamiento *m*

**con•do** ['kɑːndoʊ] F *apartment* apartamento *m*, *Span* piso *m*; *building* bloque *m* de apartamentos

**con•do•len•ces** [kən'doʊlənsız] *npl* condolencias *fpl*; *please accept my* ∼ le expreso mi sincera condolencia

**con•dom** ['kɑːndəm] condón *m*, preservativo *m*

**con•do•min•i•um** [kɑːndə'mınıəm] ☞ *condo*

**con•done** [kən'doʊn] *v/t actions* justificar

**con•dor** ['kɑːndɔːr] ORN cóndor *m*

**con•du•cive** [kən'duːsıv] *adj*: ∼ *to* propicio para

**con•duct** I *n* ['kɑːndʌkt] (*behavior*) conducta *f* II *v/t* [kən'dʌkt] **1** (*carry out*) realizar, hacer **2** ELEC conducir **3** MUS dirigir **4**: ~ *o.s.* comportarse

**con•duct•ed tour** [kən'dʌktɪd] visita *f* guiada

**con•duc•tion** [kən'dʌkʃn] PHYS conducción *f*

**con•duc•tor** [kən'dʌktər] **1** MUS director(a) *m(f)* de orquesta **2** *on train* revisor(a) *m(f)* **3** PHYS conductor *m*

**con•duit** ['kɑːnduɪt] **1** *for water, gas* conducto *m* **2** *fig* vía *f*, canal *m*; *person* contacto *m*

**cone** [koʊn] **1** GEOM, *on highway* cono *m* **2** *for ice cream* cucurucho *m* **3** *of pine tree* piña *f*

**con•fec•tion** [kən'fekʃn] *pastel o tarta minuciosamente decorado*

**con•fec•tion•er** [kən'fekʃənər] pastelero(-a) *m(f)*

**con•fec•tion•ers' 'sug•ar** azúcar *m or f* glas

**con•fec•tion•e•ry** [kən'fekʃənərɪ] (*candy*) dulces *mpl*

**con•fed•er•a•cy** [kən'fedərəsɪ] confederación *f*

**con•fed•er•ate** [kən'fedərət] I *adj* confederado II cómplice *m/f*

**con•fed•er•a•tion** [kənfedə'reɪʃn] confederación *f*

**con•fer** [kən'fɜːr] **1** *v/t* (*pret & pp -red*) ~ *sth on s.o.* (*bestow*) conferir *or* otorgar algo a alguien **2** *v/i* (*pret & pp -red*) (*discuss*) deliberar

**con•fer•ence** ['kɑːnfərəns] congreso *m; discussion* conferencia *f;* **be in** ~ estar reunido

**'con•fer•ence room** sala *f* de conferencias

**con•fess** [kən'fes] **1** *v/t* confesar **2** *v/i* confesar; REL confesarse; ~ **to a weakness for sth** confesar una debilidad por algo; ~ **to having done sth** confesar haber hecho algo

**con•fessed** [kən'fest] *adj* declarado

**con•fes•sion** [kən'feʃn] confesión *f;* **I've a** ~ **to make** tengo algo que confesar; **make a full** ~ LAW realizar una confesión; **go to** ~ REL confesarse

**con•fes•sion•al** [kən'feʃnl] REL confesionario *m*

**con•fes•sor** [kən'fesər] REL confesor

*m*

**con•fet•ti** [kən'fetɪ] *sg* confeti *m*

**con•fi•dant** [kɑːnfɪ'dænt] confidente *m*

**con•fi•dante** [kɑːnfɪ'dænt] confidente *f*

**con•fide** [kən'faɪd] I *v/t* confiar (**to** a) II *v/i*: ~ **in s.o.** confiarse a alguien

**con•fi•dence** ['kɑːnfɪdəns] **1** confianza *f;* **have** ~ **in s.o.** / **sth** fiarse de alguien / algo; **have** ~ **in o.s.** tener confianza en sí mismo **2** (*secret*) confidencia *f;* **take s.o. into one's** ~ confiarse a alguien; **in** ~ en confianza, confidencialmente

**'con•fi•dence man** estafador *m;* **'con•fi•dence trick** estafa *f;* **'con•fi•dence trick•ster** estafador(a) *m(f)*

**con•fi•dent** ['kɑːnfɪdənt] *adj* **1** (*self-assured*) seguro de sí mismo **2** (*convinced*) seguro

**con•fi•den•tial** [kɑːnfɪ'denʃl] *adj* confidencial, secreto

**con•fi•den•tial•ly** [kɑːnfɪ'denʃlɪ] *adv* confidencialmente

**con•fi•dent•ly** ['kɑːnfɪdəntlɪ] *adv* con seguridad

**con•fig•u•ra•tion** [kənfɪgʊ'reɪʃn] COMPUT configuración *f*

**con•fig•ure** [kən'fɪgər] *v/t* COMPUT configurar

**con•fine** [kən'faɪn] *v/t* (*imprison*) confinar, recluir; (*restrict*) limitar; **be** ~**d to one's bed** tener que guardar cama

**con•fined** [kən'faɪnd] *adj space* limitado

**con•fine•ment** [kən'faɪnmənt] **1** (*imprisonment*) reclusión *f* **2** MED parto *m*

**con•firm** [kən'fɜːrm] *v/t* confirmar; **be** ~**ed** REL confirmarse, hacer la confirmación

**con•fir•ma•tion** [kɑːnfər'meɪʃn] *also* REL confirmación *f*

**con•firmed** [kɑːn'fɜːrmd] *adj* (*inveterate*) empedernido; **I'm a** ~ **believer in ...** creo firmemente en ...; **a** ~ **bachelor** un soltero empedernido

**con•fis•cate** ['kɑːnfɪskeɪt] *v/t* confiscar

**con•fis•ca•tion** [kɑːnfɪs'keɪʃn] confiscación *f*, embargo *m*

**con•fla•gra•tion** [kɑːnflə'greɪʃn] *fml* **1** *fire* incendio *m* **2** *conflict* conflicto *m*, lucha *f*

**con•flict** I *n* ['kɑːnflɪkt] conflicto *m;* **come into** ~ **with** entrar en conflicto con; ~ **of interests** choque *m* de intereses **II** v/i [kən'flıkt] (clash) chocar

con•flict•ing [kən'flıktıŋ] adj opinions discrepante; ~ **loyalties** lealtades fpl encontradas

con•form [kən'fɔːrm] v/i ser conformista; ~ **to** standards etc ajustarse a

con•form•ist [kən'fɔːrmıst] conformista m/f

con•form•i•ty [kən'fɔːrmətı] conformidad f; **in ~ with** en conformidad con, según

con•found [kən'faʊnd] v/t surprise sorprender; overwhelm confundir, desconcertar; ~ **it!** ¡maldita sea!

con•found•ed [kən'faʊndıd] adj maldito F

con•front [kən'frʌnt] v/t (face) hacer frente a, enfrentarse; (tackle) hacer frente a; **be ~ed with a problem** tener que afrontar un problema; ~ **s.o. with sth** poner a alguien frente a frente con algo

con•fron•ta•tion [kɑːnfrən'teıʃn] confrontación f, enfrentamiento m

con•fron•ta•tion•al [kɑːnfrən'teıʃnl] adj agresivo

con•fuse [kən'fjuːz] v/t confundir; ~ **s.o. with s.o.** confundir a alguien con alguien

con•fused [kən'fjuːzd] adj person confundido; situation, piece of writing confuso

con•fus•ing [kən'fjuːzıŋ] adj confuso

con•fu•sion [kən'fjuːʒn] (muddle, chaos) confusión f; **throw sth into ~** desbaratar or desbarajustar algo

con•fute [kən'fjuːt] v/t fml refutar, rebatir

con•geal [kən'dʒiːl] v/i of blood coagularse; of fat solidificarse

con•gen•ial [kən'dʒiːnıəl] adj person simpático, agradable; occasion, place agradable; **be ~ to sth** ser favorable or apropiado para algo

con•gen•i•tal [kən'dʒenıtl] adj MED congénito; ~ **defect** defecto m congénito; **a ~ liar** un mentiroso incorregible

con•gest•ed [kən'dʒestıd] adj roads congestionado

con•ges•tion [kən'dʒestʃn] also MED congestión f; **traffic ~** congestión f circulatoria

con•glom•er•ate [kən'glɑːmərət] COM conglomerado m

con•glom•er•a•tion [kənglɑːmə'reıʃn] conglomeración f

con•grats [kən'græts] int Br F felicidades, enhorabuena

con•grat•u•late [kən'grætʃuleıt] v/t felicitar

con•grat•u•la•tions [kəngrætʃu'leıʃnz] npl felicitaciones fpl; ~ **on ...** felicidades por ...; **let me offer my ~** permita que le dé la enhorabuena

con•grat•u•la•to•ry [kəngrætʃu'leıtərı] adj de felicitación

con•gre•gate ['kɑːŋgrıgeıt] v/i (gather) congregarse

con•gre•ga•tion [kɑːŋgrı'geıʃn] REL congregación f

con•gress ['kɑːŋgres] (conference) congreso m

Con•gress ['kɑːŋgres] in US Congreso m

Con•gres•sion•al [kən'greʃnl] adj del Congreso

Con•gress•man ['kɑːŋgresmən] congresista m

'Con•gress•wo•man congresista f

con•i•cal ['kɑːnıkl] adj cónico

con•i•fer ['kɑːnıfər] conífera f

co•nif•er•ous [kə'nıfərəs] adj conífero

con•jec•ture [kən'dʒektʃər] **I** n (speculation) conjetura f **II** v/t: ~ **that ...** especular que ...

con•ju•gal ['kɑːndʒʊgl] adj conyugal; ~ **bliss** felicidad f conyugal

con•ju•gate ['kɑːndʒʊgeıt] GRAM **I** v/t conjugar **II** v/i conjugarse

con•ju•ga•tion [kɑːndʒʊ'geıʃn] GRAM conjugación f

con•junc•tion [kən'dʒʌŋkʃn] **1** GRAM conjunción f **2: in ~ with** junto con

con•junc•ti•vi•tis [kəndʒʌŋktı'vaıtıs] conjuntivitis f

◆ con•jure up ['kʌndʒər] v/t **1** (produce) hacer aparecer **2** (evoke) evocar

con•jur•er, con•jur•or ['kʌndʒərər] (magician) prestidigitador(a) m(f)

con•jur•ing tricks ['kʌndʒərıŋ] npl juegos mpl de manos

conk [kɑːŋk] Br P nose napias fpl P, trompa f P

◆ conk out v/i P **1** fall asleep quedarse frito or roque P **2** stop working escacharrarse P

'con man F timador m

con•nect [kə'nekt] **I** v/t conectar; (link)

relacionar, vincular; *to power supply* enchufar **II** *v/i* RAIL, AVIA enlazar, empalmar (**with** con)

**con•nect•ed** [kə'nektɪd] *adj*: **be well-~** estar bien relacionado; **be ~ with** estar relacionado con; **~ by marriage** emparentado, entroncado

**con•nect•ing** [kə'nektɪŋ] *adj train, bus* de enlace *or* conexión

**con•nect•ing 'door** puerta *f* de paso

**con•nect•ing 'flight** vuelo *m* de conexión

**con•nec•tion** [kə'nekʃn] conexión *f*; *when traveling* conexión *f*, enlace *m*; (*personal contact*) contacto *m*; *in ~ with* en relación con; *in this ~* al respecto

**con•nec•tive tis•sue** [kənektɪv'tɪʃuː] ANAT tejido *m* conectivo *or* conjuntivo

**con•nec•tor** [kə'nektər] COMPUT conector *m*

**con•nex•ion** *Br* ☞ **connection**

**con•nois•seur** [kɑːnə'sɜːr] entendido(-a) *m(f)*

**con•no•ta•tion** [kɑːnoʊ'teɪʃn] connotación *f*

**con•note** [kə'noʊt] *v/t fml* connotar, denotar

**con•quer** ['kɑːŋkər] *v/t* conquistar; *fig*: *fear etc* vencer

**con•quer•or** ['kɑːŋkərər] conquistador(a) *m(f)*

**con•quest** ['kɑːŋkwest] *of territory* conquista *f*

**con•science** ['kɑːnʃəns] conciencia *f*; *a guilty ~* un sentimiento de culpa; *it was on my ~* me remordía la conciencia; *have a clear ~* tener la conciencia tranquila

**con•sci•en•tious** [kɑːnʃɪ'enʃəs] *adj* concienzudo

**con•sci•en•tious•ness** [kɑːnʃɪ'enʃəsnəs] aplicación *f*

**con•sci•en•tious ob'ject•or** objetor(a) *m(f)* de conciencia

**con•scious** ['kɑːnʃəs] *adj* consciente; *be ~ of* ser consciente de

**con•scious•ly** ['kɑːnʃəslɪ] *adv* conscientemente

**con•scious•ness** ['kɑːnʃəsnɪs] **1** (*awareness*) conciencia *f* **2** MED con(s)ciencia *f*; *lose ~* quedar inconsciente; *regain ~* volver en sí

**con•script** MIL **I** *v/t* [kən'skrɪpt] reclutar **II** *n* ['kɑːnskrɪpt] recluta *m/f*

**con•scrip•tion** [kən'skrɪpʃn] MIL reclutamiento *m*

**con•se•crate** ['kɑːnsɪkreɪt] *v/t* REL *building* consagrar; *bishop* ordenar

**con•se•cra•tion** [kɑːnsɪ'kreɪʃn] REL *of building* consagración *f*; *of bishop* ordenación *f*

**con•sec•u•tive** [kən'sekjʊtɪv] *adj* consecutivo; *for two ~ days* durante dos días consecutivos

**con•sec•u•tive•ly** [kən'sekjʊtɪvlɪ] *adv* consecutivamente

**con•sen•sus** [kən'sensəs] consenso *m*; *the ~ of opinion is that ...* la opinión generalizada es que …

**con•sent** [kən'sent] **I** *n* consentimiento *m*; *the age of ~* edad a partir de la cual las relaciones sexuales son legales **II** *v/i* consentir (**to** en)

**con•se•quence** ['kɑːnsɪkwəns] (*result*) consecuencia *f*; *as a ~ of* como consecuencia de; *in ~* en *or* por consecuencia; *accept the ~s* asumir las consecuencias; *his opinion is of no ~ to me* me da igual su opinión, su opinión me es indiferente

**con•se•quent** ['kɑːnsɪkwənt] *adj* consiguiente

**con•se•quent•ly** ['kɑːnsɪkwəntlɪ] *adv* (*therefore*) por consiguiente

**con•ser•va•tion** [kɑːnsər'veɪʃn] (*preservation*) conservación *f*, protección *f*

**con•ser•va•tion a•re•a** zona *f* protegida

**con•ser•va•tion•ist** [kɑːnsər'veɪʃnɪst] ecologista *m/f*

**con•ser•va•tive** [kən'sɜːrvətɪv] **I** *adj* (*conventional*) conservador; *estimate* prudente; *Br* POL Conservador **II** *n* **1** **Conservative** *Br* POL Conservador(a) *m(f)*, Tory *m/f* **2** (*conventional person*) conservador(a) *m(f)*

**con•ser•va•toire** [kən'sɜːrvətwɑː] MUS conservatorio *m*

**con•ser•va•to•ry** [kən'sɜːrvətɔːrɪ] **1** MUS conservatorio *m* **2** *room* cierro de cristales adjunto a la casa usado como sala de estar

**con•serve I** *n* ['kɑːnsɜːrv] (*jam*) compota *f* **II** *v/t* [kən'sɜːrv] conservar; *~ one's strength* guardarse las fuerzas *or* energías

**con•sid•er** [kən'sɪdər] **I** *v/t* **1** (*regard*) considerar; *it is ~ed to be ...* se consi-

dera que es ...; **~ sth (to be) a mistake**
considerar algo como un error, considerar algo ser un error **2** (*show regard
for*) mostrar consideración por **3** (*think
about*) considerar; **he wouldn't even ~
our suggestion** ni siquiera tendría en
consideración nuestra sugerencia **II** *v/i*
considerarse

**con•sid•er•a•ble** [kən'sɪdrəbl] *adj* considerable

**con•sid•er•a•bly** [kən'sɪdrəblɪ] *adv*
considerablemente

**con•sid•er•ate** [kən'sɪdərət] *adj* considerado; **be ~ of** ser considerado con

**con•sid•er•ate•ly** [kən'sɪdərətlɪ] *adv*
con consideración

**con•sid•er•a•tion** [kənsɪdə'reɪʃn] **1**
(*thoughtfulness, concern*) consideración *f*; **out of ~ for** por consideración a
**2** (*factor*) factor *m*; **money is no ~** el
dinero no es problema
**3**: **take sth into ~** tomar algo en consideración; **after much ~** tras muchas de-
liberaciones; **your proposal is under ~**
su propuesta está siendo estudiada; **in
~ of services rendered** *fml* en consideración a los servicios prestados

**con•sid•er•ing** [kən'sɪdərɪŋ] **I** *prep* teniendo en cuenta, considerando **II** *conj*:
**~ that** teniendo en cuenta que, considerando que **III** *adv* F dentro de lo que
cabe F

**con•sign** [kən'saɪn] *v/t* **1** (*entrust*) confiar **2**: **be ~ed to oblivion** quedar sepultado en el olvido

**con•sign•ee** [kɒnsaɪ'niː] COM consig-
natario(-a) *m(f)*

**con•sign•ment** [kən'saɪnmənt] COM
envío *m*

**con'sign•ment note** nota *f* de envío

**con•sign•or** [kən'saɪnər] COM expedi-
tor(a) *m(f)*

◆ **con•sist in** [kən'sɪst] *v/t* consistir *or*
basarse en

◆ **consist of** *v/t* consistir en

**con•sis•ten•cy** [kən'sɪstənsɪ] **1** (*texture*) consistencia *f* **2** (*unchangingness*)
coherencia *f*, consecuencia *f*; *of player*
regularidad *f*, constancia *f*

**con•sis•tent** [kən'sɪstənt] *adj* person
coherente, consecuente; *improvement,
change* constante

**con•sis•tent•ly** [kən'sɪstəntlɪ] *adv* perform con regularidad *or* constancia;

*improve* continuamente; **he's ~ late** llega tarde sistemáticamente

**con•so•la•tion** [kɑːnsə'leɪʃn] consuelo
*m*; **if it's any ~** si te sirve de consuelo

**con•so'la•tion prize** premio *m* de consolación

**con•sol•a•to•ry** [kən'soʊlətɔːrɪ] *adj*
consolador, reconfortador

**con•sole**[1] [kən'soʊl] *v/t* consolar

**con•sole**[2] ['kɑːnsoʊl] *n control board*
panel *m*; *for TV, hi-fi* mueble *m*, módulo *m*; **games ~** COMPUT consola *f*
de videojuegos; **~ table** consola *f*

**con•sol•i•date** [kən'sɑːlɪdeɪt] *v/t* consolidar

**con•sol•i•da•tion** [kənsɑːlɪ'deɪʃn] consolidación *f*

**con•som•mé** [kɑːnsə'meɪ] consomé *m*

**con•so•nant** ['kɑːnsənənt] GRAM consonante *f*

**con•sort** ['kɑːnsɔːrt] consorte *m/f*;
**prince ~** príncipe *m* consorte

◆ **consort with** [kən'sɔːrtwɪð] *v/t* relacionarse *or* asociarse con

**con•sor•ti•um** [kən'sɔːrtɪəm] consorcio
*m*

**con•spic•u•ous** [kən'spɪkjʊəs] *adj* llamativo; **he felt very ~** sentía que estaba
llamando la atención; **be ~** ser llamativo; **be ~ by one's / its absence** brillar
por su ausencia; **make o.s. ~** hacerse
notar, llamar la atención; **indulge in
~ consumption** permitirse gastar el dinero de manera ostentosa

**con•spir•a•cy** [kən'spɪrəsɪ] conspiración *f*; **~ theory** teoría *f* de la conspiración

**con•spir•a•tor** [kən'spɪrətər] conspira-
dor(a) *m(f)*

**con•spire** [kən'spaɪr] **I** *v/i* conspirar **II**
*v/t*: **~ to do sth** conspirar *or* confabularse para hacer algo

**con•sta•ble** ['kʌnstəbl] *Br* policía *m/f*

**con•stab•u•lar•y** [kən'stæbjʊlərɪ] *Br*
cuerpo *m* de policía

**con•stan•cy** ['kɑːnstənsɪ] constancia *f*

**con•stant** ['kɑːnstənt] *adj* (*continuous*)
constante

**con•stant•ly** ['kɑːnstəntlɪ] *adv* constantemente

**con•stel•la•tion** [kɑːnstə'leɪʃn] AST
constelación *f*

**con•ster•na•tion** [kɑːnstər'neɪʃn]
consternación *f*; **..., she said in ~ ...,**

dijo consternada; **to my ~** para mi sorpresa y desgracia

**con•sti•pate** ['kɑːnstɪpeɪt] *v/t* estreñir

**con•sti•pat•ed** ['kɑːnstɪpeɪtɪd] *adj* estreñido

**con•sti•pa•tion** [kɑːnstɪ'peɪʃn] estreñimiento *m*

**con•stit•u•en•cy** [kən'stɪtjʊənsɪ] POL distrito *m* electoral

**con•sti•tu•ent** [kən'stɪtjʊənt] **I** *n* (*component*) elemento *m* constitutivo, componente *m* **II** *adj part, member* constitutivo, constituyente

**con•sti•tu•ent as'sem•bly** POL asamblea *f* constitucional

**con•sti•tute** ['kɑːnstɪtuːt] *v/t* constituir

**con•sti•tu•tion** [kɑːnstɪ'tuːʃn] constitución *f*

**con•sti•tu•tion•al** [kɑːnstɪ'tuːʃənl] *adj* POL constitucional

**con•sti•tu•tion•al 'mon•ar•chy** monarquía *f* constitucional

**con•strain** [kən'streɪn] *v/t* restringir, limitar; **feel ~ed to do sth** sentirse obligado a hacer algo

**con•straint** [kən'streɪnt] **1** (*restriction*) restricción *f*, límite *m* **2**: **under ~** a la fuerza

**con•struct** [kən'strʌkt] *v/t building etc* construir

**con•struc•tion** [kən'strʌkʃn] construcción *f*; **under ~** en construcción

**con'struc•tion in•dus•try** sector *m* de la construcción; **con'struc•tion site** obra *f*; **con'struc•tion work•er** obrero(-a) *m(f)* de la construcción

**con•struc•tive** [kən'strʌktɪv] *adj* constructivo

**con•struc•tor** [kən'strʌktər] *of cars, aircraft* constructor(a) *m(f)*

**con•strue** [kən'struː] *v/t* entender, interpretar

**con•sul** ['kɑːnsl] cónsul *m/f*

**con•su•lar** ['kɑːnsʊlər] *adj* consular

**con•su•late** ['kɑːnsʊlət] consulado *m*

**con•su•late 'gen•er•al** consulado *m* general

**con•sul 'gen•er•al** cónsul *m/f* general

**con•sult** [kən'sʌlt] **I** *v/t* (*seek the advice of*) consultar **II** *v/i*: **~ with s.o.** consultarle a alguien

**con•sult•an•cy** [kən'sʌltənsɪ] *company* consultoría *f*, asesoría *f*; (*advice*) asesoramiento *m*

**con•sult•ant** [kən'sʌltənt] *n* **1** (*adviser*) asesor(a) *m(f)*, consultor(a) *m(f)* **2** *Br* MED médico *m/f* especialista

**con•sul•ta•tion** [kɑːnsl'teɪʃn] consulta *f*; **have a ~ with** consultar con; **on** or **after ~ with** tras consultar a

**con•sult•ing en•gi•neer** [kən'sʌltɪŋ] técnico(-a) *m(f)* asesor(a)

**con'sult•ing room** *Br* MED consulta *f*

**con•sume** [kən'suːm] *v/t* consumir; **be ~d by fire** ser pasto de las llamas; **be ~d with hatred / jealousy** estar consumido por el odio / la envidia

**con•sum•er** [kən'suːmər] (*purchaser*) consumidor(a) *m(f)*

**con•sum•er ad'vice cen•ter** centro *m* de asesoramiento al consumidor; **con•sum•er 'con•fi•dence** confianza *f* de los consumidores; **con'sum•er goods** *npl* bienes *mpl* de consumo; **con•sum•er 'price in•dex** índice *m* de precios al consumo; **con•sum•er pro'tec•tion** defensa *f* de los derechos del consumidor; **con•sum•er 're•search** investigación *f* del consumidor; **con•sum•er so'ci•e•ty** sociedad *f* de consumo; **con•sum•er 'sur•vey** encuesta *f* de consumidores

**con•sum•mate I** *v/t* ['kɑːnsəmeɪt] consumar **II** *adj* ['kɑːnsʌmət] (*skilled*) consumado; **with ~ ease** con una facilidad pasmosa

**con•sump•tion** [kən'sʌmpʃn] consumo *m*; **unfit for human ~** no apto para el consumo humano

**con•tact** ['kɑːntækt] **I** *n* contacto; **keep in ~ with s.o.** mantenerse en contacto con alguien; **come into ~ with s.o.** entrar en contacto con alguien; **make / lose ~ with s.o.** establecer / perder el contacto con alguien; **business ~s** contactos comerciales **II** *v/t* contactar con, ponerse en contacto con

**'con•tact lens** lentes *fpl* de contacto, *Span* lentillas *fpl*

**'con•tact num•ber** número *m* de contacto

**con•ta•gion** [kən'teɪdʒən] MED contagio *m*

**con•ta•gious** [kən'teɪdʒəs] *adj also fig* contagioso

**con•tain** [kən'teɪn] *v/t* (*hold, hold back*) contener; **~ o.s.** contenerse; **the bag ~ed all my schoolbooks** en la bolsa

llevaba todos mis libros de texto
**con•tain•er** [kən'teɪnər] **1** (*recipient*) recipiente *m* **2** COM contenedor *m*
**con•tain•er•ize** [kən'teɪnəraɪz] *v/t* COM poner en contenedores
**con'tain•er ship** buque *m* de transporte de contenedores
**con•tam•i•nate** [kən'tæmɪneɪt] *v/t* contaminar
**con•tam•i•na•tion** [kəntæmɪ'neɪʃn] contaminación *f*
**con•tem•plate** ['kɑːntəmpleɪt] *v/t* contemplar
**con•tem•pla•tion** [kɑːntəm'pleɪʃn] contemplación *f*, reflexión *f*
**con•tem•pla•tive** [kən'templətɪv] *adj* contemplativo, reflexivo
**con•tem•po•ra•ne•ous** [kəntempə-'reɪnjəs] *adj fml* contemporáneo, coetáneo (**with** de)
**con•tem•po•ra•ry** [kən'tempərerɪ] **I** *adj* contemporáneo **II** *n* contemporáneo(-a) *m(f)*
**con•tempt** [kən'tempt] desprecio *m*, desdén *m*; **be beneath ~** ser despreciable; **feel ~ for s.o., hold s.o. in ~** tener desprecio a alguien; **~** (**of court**) LAW desacato *m* (al tribunal)
**con•tempt•i•ble** [kən'temptəbl] *adj* despreciable
**con•temp•tu•ous** [kən'temptʃʊəs] *adj* despectivo; **be ~ of sth** despreciar *or* menospreciar algo
**con•tend** [kən'tend] *v/i:* **~ for** competir por; **~ with** enfrentarse a
**con•tend•er** [kən'tendər] SP, POL contendiente *m/f, against champion* aspirante *m/f*
**con•tent**[1] ['kɑːntent] *n* contenido *m*; **fat ~** contenido graso
**con•tent**[2] [kən'tent] **I** *adj* satisfecho; **I'm quite ~ to sit here** me siento contento sentarme aquí; **be ~ with sth** conformarse con algo, darse por contento con algo; **not ~ with ...** no contento con ... **II** *v/t:* **~ o.s. with** contentarse con
**con•tent•ed** [kən'tentɪd] *adj* satisfecho
**con•ten•tion** [kən'tenʃn] (*assertion*) argumento *m*; **be in ~ for** tener posibilidades de ganar; **my ~ is that ...** a mi parecer, ...
**con•ten•tious** [kən'tenʃəs] *adj* polémico
**con•tent•ment** [kən'tentmənt] satisfac-

ción *f*
**con•tents** ['kɑːntents] *npl* **1** *of house, letter, bag etc* contenido *m* **2** *list: in book* tabla *f or* lista *f* de contenidos
**'con•tents page** índice *m*, contenidos *mpl*
**con•test**[1] ['kɑːntest] *n* (*competition*) concurso *m*; (*struggle, for power*) lucha *f*
**con•test**[2] [kən'test] *v/t* **1** *leadership etc* presentarse como candidato a **2** *decision, will* impugnar; **~ s.o.'s right to do sth** cuestionar el derecho de alguien a hacer algo
**con•test•ant** [kən'testənt] concursante *m/f; in competition* competidor(a) *m(f)*
**con•text** ['kɑːntekst] contexto *m*; **look at sth in ~ / out of ~** examinar algo en contexto / fuera de contexto; **in this ~** bajo estas circunstancias
**con•ti•nent** ['kɑːntɪnənt] continente *m*
**con•ti•nen•tal** [kɑːntɪ'nentl] *adj* continental
**con•ti•nen•tal 'break•fast** desayuno *m* continental
**con•ti•nen•tal 'quilt** edredón *m*
**con•tin•gen•cy** [kən'tɪndʒənsɪ] contingencia *f*, eventualidad *f*
**con'tin•gen•cy fund** fondos *mpl* de imprevistos
**con'tin•gen•cy plan** plan *m* de emergencia
**con•tin•gent** [kən'tɪndʒənt] **I** *adj:* **make sth ~ on sth** hacer que algo dependa de algo **II** *n also* MIL contingente *m*
**con•tin•u•al** [kən'tɪnjʊəl] *adj* continuo
**con•tin•u•al•ly** [kən'tɪnjʊəlɪ] *adv* continuamente
**con•tin•u•ance** [kən'tɪnjʊəns] ☞ **continuation**
**con•tin•u•a•tion** [kəntɪnjʊ'eɪʃn] continuación *f*
**con•tin•ue** [kən'tɪnjuː] **I** *v/t* continuar; **to be ~d** continuará; **he ~d to drink** continuó bebiendo **II** *v/i* continuar; **~ in office** POL seguir en el poder
**con•ti•nu•i•ty** [kɑːntɪ'njuːətɪ] continuidad *f*; **~ girl** secretaria *f* de rodaje
**con•tin•u•ous** [kən'tɪnjʊəs] *adj also* GRAM continuo
**con•tin•u•ous 'cur•rent** ELEC corriente *f* continua
**con•tin•u•ous•ly** [kən'tɪnjʊəslɪ] *adv* continuamente, ininterrumpidamente

**con•tort** [kən'tɔːrt] *v/t* face contraer; *body* contorsionar; *be ~ed with pain* retorcerse del dolor

**con•tor•tion** [kən'tɔːrʃn] contorsión *f*; *go through all sorts of ~s fig* hacer piruetas

**con•tor•tion•ist** [kən'tɔːrʃnɪst] contorsionista *m/f*

**con•tour** ['kɑːntʊr] contorno *m*

**con•tra•band** ['kɑːntrəbænd] (artículos *mpl* de) contrabando *m*; *~ tobacco* tabaco *m* de contrabando

**con•tra•cep•tion** [kɑːntrə'sepʃn] anticoncepción *f*

**con•tra•cep•tive** [kɑːntrə'septɪv] (*device, pill*) anticonceptivo *m*

**con•tract**[1] ['kɑːntrækt] **I** *n* contrato *m*; *enter into a ~* contraer obligaciones (*with* con); *by ~* por contrato; *be under ~* estar bajo contrato (*to* con); *~ of employment* contrato laboral, contrato de trabajo; *~ of sale* contrato de compraventa; *~ work* contrato temporal **II** *v/i*: **I** *~ed to do 15 hours a week* me contrataron para trabajar 15 horas a la semana **III** *v/t illness* contraer

**con•tract**[2] [kən'trækt] **I** *v/i* (*shrink*) contraerse

**con•trac•tion** [kən'trækʃn] **1** *of material* contracción *f*; *of market, industry* reducción *f* **2** MED: *have ~s* tener contracciones

**'con•tract kil•ler** asesino(-a) *m(f)* de alquiler

**con•trac•tor** [kən'træktər] contratista *m/f*; *building ~* constructora *f*

**con•trac•tu•al** [kən'træktʊəl] *adj* contractual

**con•tra•dict** [kɑːntrə'dɪkt] *v/t statement* desmentir; *person* contradecir

**con•tra•dic•tion** [kɑːntrə'dɪkʃn] contradicción *f*; *be in ~ to* contradecirse con; *a ~ in terms* una paradoja

**con•tra•dic•to•ry** [kɑːntrə'dɪktəri] *adj account* contradictorio

**con•tra•flow sys•tem** ['kɑːntrəfloʊ] MOT *sistema de circulación en sentido contrario*

**con•tra•in•di•ca•tion** [kɑːntrəɪndɪ'keɪʃn] MED contraindicación *f*

**con•tral•to** [kən'træltoʊ] MUS contralto *f*

**con•trap•tion** [kən'træpʃn] F artilugio *m* F

**con•trar•y**[1] ['kɑːntreri] **I** *adj* contrario; *~ to* al contrario de; *~ to expectations* contra todo pronóstico; *it runs ~ to ...* esto va en contra de ... **II** *n: the ~* lo contrario; *on the ~* al contrario; *in the absence of evidence to the ~* si no se demuestra lo contrario

**con•trar•y**[2] [kən'treri] *adj* (*perverse*) difícil

**con•trast I** *n* ['kɑːntræst] contraste *m*; *by ~* por contraste; *in ~ to or with* a diferencia de **II** *v/t & v/i* [kən'træst] contrastar

**con•trast•ing** [kən'træstɪŋ] *adj* opuesto

**con•tra•vene** [kɑːntrə'viːn] *v/t* contravenir

**con•tra•ven•tion** [kɑːntrə'venʃn] contravención *f*; *in ~ of* en contravención a *or* de

**con•trib•ute** [kən'trɪbjuːt] **I** *v/i* contribuir (*to* a) **2**: *~ to a newspaper* colaborar con un periódico **II** *v/t money, time, suggestion* contribuir con, aportar

**con•tri•bu•tion** [kɑːntrɪ'bjuːʃn] **1** *money* contribución *f* (*to* a); *to political party, church* donación *f*; *of time, effort, to debate* contribución *f*, aportación *f* **2** *to magazine* colaboración *f*

**con•trib•u•tor** [kən'trɪbjutər] **1** *of money* donante *m/f* **2** *to magazine* colaborador(a) *m(f)*

**con•trive** [kən'traɪv] *v/t* preparar, tramar; *~ to do sth* arreglárselas para hacer algo

**con•trived** [kən'traɪvd] *adj* artificial, irreal

**con•trol** [kən'troʊl] **I** *n* **1** control *m*; *take / lose ~ of* tomar / perder el control de; *lose ~ of o.s.* perder el control; *circumstances beyond our ~* circunstancias ajenas a nuestra voluntad; *be in ~ of* controlar; *we're in ~ of the situation* tenemos la situación controlada *or* bajo control; *get out of ~* descontrolarse; *under ~* bajo control; *bring sth under ~* controlar algo; *be under s.o.'s ~* ser responsabilidad *or* competencia de alguien

**2**: *~s of aircraft, vehicle* controles *mpl*; *be at the ~s* AVIA estar en los mandos *or* controles

**3**: *~s* (*restrictions*) controles *mpl*

**4** COMPUT (tecla *f* de) control *m*

**II** *v/t* (*pret & pp -led*) (*govern*) controlar, dominar; (*restrict, regulate*) controlar; ~ *o.s.* controlarse

**con'trol cen•ter**, *Br* **con'trol cen•tre** centro *m* de control; **con'trol desk** TV panel *m* de mandos; **con'trol freak** F *persona obsesionada con controlar todo*; **con'trol group** grupo *m* de control; **con'trol key** COMPUT tecla *f* de control

**con•trolled** [kən'troʊld] *adj environment, conditions* controlado, supervisado; *voice* controlado, moderado

**con•trolled 'sub•stance** estupefaciente *m*

**con•trol•ling in•ter•est** [kəntroʊlɪŋ'ɪntrəst] FIN participación *f* mayoritaria, interés *m* mayoritario

**con'trol pan•el** panel *m* de control; **con'trol room** TV control *m*, sala *f* de realización; **con'trol tow•er** torre *f* de control; **con'trol u•nit** COMPUT unidad *f* de control

**con•tro•ver•sial** [kɑːntrə'vɜːrʃl] *adj* polémico, controvertido

**con•tro•ver•sy** ['kɑːntrəvɜːrsɪ] polémica *f*, controversia *f*

**con•tu•sion** [kən'tuːʒn] MED contusión *f*

**co•nun•drum** [kə'nʌndrəm] enigma *m*; *guessing game* acertijo *m*

**con•ur•ba•tion** [kɑːnɜːr'beɪʃn] conurbación *f*

**con•va•lesce** [kɑːnvə'les] *v/i* convalecer

**con•va•les•cence** [kɑːnvə'lesns] convalecencia *f*

**con•va•les•cent** [kɑːnvə'lesnt] *adj* convaleciente

**con•vect•or (heat•er)** [kən'vektər] estufa *f* de aire caliente

**con•vene** [kən'viːn] *v/t* convocar

**con•ve•ni•ence** [kən'viːnɪəns] conveniencia *f*; *at your / my* ~ a su / mi conveniencia; *the ~ of the location* la comodidad de la localización; *all* (*modern*) *~s* todas las comodidades; *at your earliest ~ fml* tan pronto como le sea posible

**con•ve•ni•ence food** comida *f* preparada

**con•ve•ni•ence store** tienda *f* de barrio

**con•ve•ni•ent** [kən'viːnɪənt] *adj location, device* conveniente; *time, arrange*ment oportuno; *it's very ~ living so near the office* vivir cerca de la oficina es muy cómodo; *the apartment is ~ for the station* el apartamento está muy cerca de la estación; *I'm afraid Monday isn't ~* me temo que el lunes no me va bien

**con•ve•ni•ent•ly** [kən'viːnɪəntlɪ] *adv* convenientemente; *~ located for theaters* situado cerca de los teatros

**con•vent** ['kɑːnvənt] convento *m*

**con•ven•tion** [kən'venʃn] **1** (*tradition*) convención *f* **2** (*conference*) congreso *m*

**con•ven•tion•al** [kən'venʃnl] *adj* convencional

**con•ven•tion cen•ter**, *Br* **con•vent•ion cen•tre** palacio *m* de congresos

**con•ven•tion•eer** [kən'venʃnɪr] congresista *m/f*

**con•verge** [kən'vɜːrdʒ] *v/i* converger

◆ **converge on** [kən'vɜːrdʒ] *v/t* converger en

**con•ver•gence** [kən'vɜːrdʒəns] convergencia *f*

**con•ver•sant** [kən'vɜːrsənt] *adj*: *be ~ with* estar familiarizado con

**con•ver•sa•tion** [kɑːnvər'seɪʃn] conversación *f*; *make ~* conversar; *have a ~* mantener una conversación; *in ~ with* hablando con; *get into ~ with s.o.* entablar una conversación con alguien

**con•ver•sa•tion•al** [kɑːnvər'seɪʃnl] *adj* coloquial; *~ English* inglés *m* coloquial; *not be in a very ~ mood* no tengo muchas ganas de conversación *or* charla

**con•verse¹** [kən'vɜːrs] *v/i* conversar; *~ with s.o. about sth* conversar con alguien acerca de algo

**con•verse²** ['kɑːnvɜːrs] *n* (*opposite*): *the ~* lo opuesto

**con•verse•ly** [kən'vɜːrslɪ] *adv* por el contrario

**con•ver•sion** [kən'vɜːrʃn] conversión *f*

**con•ver•sion ta•ble** tabla *f* de conversión

**con•vert I** *n* ['kɑːnvɜːrt] converso(-a) *m(f)* (*to* a) **II** *v/t* [kən'vɜːrt] convertir

**con•vert•i•ble** [kən'vɜːrtəbl] *car* descapotable *m*

**con•vex** [kɑːn'veks] *adj* convexo

**con•vey** [kən'veɪ] *v/t* **1** (*transmit*) trans

mitir **2** (*carry*) transportar

**con•vey•anc•ing** [kən'veɪənsɪŋ] LAW traspaso *m*, cesión *f*

**con•vey•or belt** [kən'veɪər] cinta *f* transportadora

**con•vict I** *n* ['kɑːnvɪkt] convicto(-a) *m(f)* **II** *v/t* [kən'vɪkt] LAW: ∼ *s.o. of sth* declarar a alguien culpable de algo

**con•vic•tion** [kən'vɪkʃn] **1** LAW condena *f* **2** (*belief*) convicción *f*; *out of* ∼ por convicción; *lack* ∼ ser poco convincente

**con•vince** [kən'vɪns] *v/t* convencer: *I'm* ∼*d he's lying* estoy convencido de que miente

**con•vinc•ing** [kən'vɪnsɪŋ] *adj* convincente

**con•viv•i•al** [kən'vɪvɪəl] *adj* (*friendly*) agradable

**con•vo•lut•ed** ['kɑːnvəluːtɪd] *adj* enrevesado, intrincado

**con•voy** ['kɑːnvɔɪ] *of ships, vehicles* convoy *m*

**con•vulse** [kən'vʌls] **I** *v/t*: *be* ∼*d with laughter* retorcerse de, descoyuntarse de; *pain* retorcerse de

**con•vul•sion** [kən'vʌlʃn] MED convulsión *f*

**con•vul•sive** [kən'vʌlsɪv] *adj* convulsivo

**coo** [kuː] *v/i* arrullar

**cook** [kʊk] **I** *n* cocinero(-a) *m(f)*; *I'm a good* ∼ soy un buen cocinero, cocino bien **II** *v/t* cocinar; *a* ∼*ed meal* una comida caliente **III** *v/i* cocinar; *what's* ∼*ing?* F ¿qué pasa? F, ¿qué hay de nuevo? F

◆ **cook up** *v/t* F *plan* maquinar

**'cook•book** libro *m* de cocina

**cook•er** ['kʊkər] *Br* (*stove*) cocina *f*, fogón *m*

**cook•e•ry** ['kʊkərɪ] cocina *f*

**'cook•e•ry book** *Br* libro *m* de cocina

**cook•ie** ['kʊkɪ] galleta *f*; *he's a tough* ∼ F es muy duro; *she's a clever* ∼ F esa es más lista que el hambre F

**cook•ing** ['kʊkɪŋ] *food* cocina *f*; *Italian* ∼ la cocina italiana

**cool** [kuːl] **I** *n*: *keep one's* ∼ F mantener la calma; *lose one's* ∼ F perder la calma **II** *adj* **1** *weather, breeze* fresco; *drink* frío **2** (*calm*) tranquilo, sereno; *keep* ∼ F mantener la calma **3** (*unfriendly*) frío **4** P (*great*) *L.Am.* chévere P, *Mex* pa-

dre P, *Rpl* copante P, *Span* guay P; *a* ∼ *thousand dollars* la friolera de mil dólares F **III** *v/i of food, interest* enfriarse; *of tempers* calmarse **IV** *v/t*: ∼ *it* F cálmate

◆ **cool down I** *v/i* enfriarse; *of weather* refrescar; *fig: of tempers* calmarse, tranquilizarse **II** *v/t food* enfriar; *fig* calmar, tranquilizar

**'cool bag** *Br* bolsa *f* refrigerante; **'cool box** *Br* nevera *f* portátil; **cool-'head•ed** *adj* tranquilo, sosegado

**cool•ing** ['kuːlɪŋ] *adj* refrescante

**cool•ing-'off pe•ri•od** fase *f* de reflexión; **'cool•ing sys•tem** sistema *m* de refrigeración; **'cool•ing-tow•er** torre *f* de refrigeración *or* enfriamiento

**cool•ness** ['kuːlnɪs] frialdad *f*, frío *m*

◆ **coop up** [kuːp] *v/t*: *be cooped up* estar encerrado

**co-op** ['kouɑːp] **1** COM cooperativa *f* **2** *apartment building* cooperativa *f* de apartamentos

**co•op•e•rate** [kou'ɑːpəreɪt] *v/i* cooperar

**co•op•e•ra•tion** [kouɑːpə'reɪʃn] cooperación *f*

**co•op•e•ra•tive** [kou'ɑːpərətɪv] **I** *n* COM cooperativa *f* **II** *adj* COM conjunto; (*helpful*) cooperativo; ∼ *society* cooperativa *f*

**co•or•di•nate I** *v/t* [kou'ɔːrdɪneɪt] *activities* coordinar **II** *n* [kou'ɔːrdnət] MATH coordinada *f*

**co•or•di•na•tion** [kouɔːrdɪ'neɪʃn] coordinación *f*

**co•or•di•na•tor** [kou'ɔːrdɪneɪtər] coordinador(a) *m(f)*

**co-own•er** [kou'ounər] co-propietario (-a) *m(f)*

**co-own•er•ship** [kou'ounərʃɪp] co-propiedad *f*

**cop** [kɑːp] F **I** *n* poli *m/f* F **II** *v/t Br* (*pret & pp -ped*): ∼ *it* cargársela F

**cope** [koup] *v/i* arreglárselas; ∼ *with* poder con

**cop•i•er** ['kɑːpɪər] *machine* fotocopiadora *f*

**co•pi•lot** ['koupaɪlət] copiloto *m/f*

**co•pi•ous** ['koupɪəs] *adj* copioso

**cop•per** ['kɑːpər] *metal* cobre *m*

**cop•per 'ore** MIN mineral *m* de cobre

**'cop•per•plate** *adj handwriting* de letra redondilla

**co•pro•duc•er** ['koʊprədu:sər] copro-
ductor(a) *m(f)*

**co•pro•duc•tion** ['koʊprədʌkʃn] coproducción *f*

**'cop show** TV serie *f* policial

**cop•u•late** ['kɑːpjʊleɪt] *v/i* copular

**cop•u•la•tion** [kɑːpjʊ'leɪʃn] copulación
*f*

**cop•y** ['kɑːpɪ] **I** *n* copia *f*; *of book* ejemplar *m*; (*written material*) texto *m*;
***make a ~ of a file*** COMPUT hacer
una copia de un archivo; ***fair or clean
~*** copia en limpio; ***rough ~*** borrador *m*
**II** *v/t* (*pret & pp* **-ied**) copiar

**'cop•y cat** F copión(-ona) *m(f)* F, co-
piota *m/f* F; **'cop•y•cat crime** delito inspirado en otro; **'cop•y•ed•i•tor** edi-
tor(a) *m(f)* de textos; **'cop•y•read•er**
editor(a) *m(f)* de textos; **'cop•y•right**
**I** *n* copyright *m*, derechos *mpl* de reproducción **II** *v/t* registrar el copyright de **III**
*adj* protegido por el copyright; **'cop•y-
-writ•er** *in advertising* creativo(-a) *m(f)*
(*de publicidad*)

**cor•al** ['kɑːrəl] coral *m*

**cord** [kɔːrd] (*string*) cuerda *f*, cordel *m*;
(*cable*) cable *m*

**cor•di•al** ['kɔːrdʒəl] **I** *adj* cordial **II** *n* li-
queur licor *m*; *Br*: soft drink refresco *m*

**cor•di•al•i•ty** ['kɔːrdɪ'ælətɪ] cordialidad
*f*

**cord•less phone** ['kɔːrdlɪs] teléfono *m*
inalámbrico

**cor•do•ba** [kɔːr'doʊbə] FIN córdoba *m*

**cor•don** ['kɔːrdn] cordón *m*

◆ **cordon off** *v/t* acordonar

**cords** [kɔːrdz] *npl* pants pantalones *mpl*
de pana; ***a pair of ~s*** unos pantalones
de pana

**cor•du•roy** ['kɔːrdərɔɪ] pana *f*

**core** [kɔːr] **I** *n* of fruit corazón *m*; of problem meollo *m*; of organization, party
núcleo *m*; ***to the ~*** fig hasta la médula **II**
*v/t* fruit sacar el corazón a **III** *adj* issue,
meaning central

**'core time** horas *fpl* nucleares

**co•ri•an•der** ['kɑːrɪændər] *Br* cilantro
*m*

**cork** [kɔːrk] **1** in bottle (tapón *m* de) corcho *m* **2** material corcho *m*

**'cork•screw** sacacorchos *m inv*

**corn¹** [kɔːrn] grain maíz *m*; *Br* trigo *m*

**corn²** [kɔːrn] MED dureza *f*, callosidad *f*

**'corn bread** pan *m* de maíz

**'corn•cob** mazorca *f* de maíz

**cor•ne•a** ['kɔːrnɪə] ANAT córnea *f*

**corned beef** ['kɔːrndbiːf] fiambre *m* de
carne de vaca

**cor•ner** ['kɔːrnər] **I** *n* of page, street esquina *f*; of room rincón *m*; (*bend: on
road*) curva *f*; in soccer córner *m*, saque
*m* de esquina; ***in the ~*** en el rincón; ***I'll
meet you on the ~*** te veré en la esquina; ***it's just around the ~*** está a la vuelta (de la esquina); ***take a ~*** in car tomar
una curva; ***turn the ~*** volver la esquina;
of economy, sick person sobreponerse,
mejorarse; ***~ of the mouth*** comisura *f*
de los labios; ***look at s.o. out of the
~ of one's eye*** mirar a alguien con el
rabillo del ojo; ***force s.o. into a ~*** poner
a alguien en un apuro; ***be in a tight ~***
estar en un apuro
**II** *v/t* person arrinconar; ***~ a market*** monopolizar un mercado
**III** *v/i* of driver, car girar; ***~ well*** MOT tomar bien las curvas

**cor•ner•ing a•bil•i•ty** ['kɔːrnərɪŋ] MOT
comportamiento *m* en curvas

**'cor•ner kick** in soccer saque *m* de esquina, córner *m*

**'cor•ner•stone 1** ARCHI piedra *f* angular, primera piedra *f* **2** fig piedra *f* angular, base *f*

**'corn•field** maizal *m*; *Br* trigal *m*;
**'corn•flakes** *npl* copos *mpl* de maíz;
**'corn•flow•er** BOT aciano *m*

**cor•nice** ['kɔːrnɪs] ARCHI cornisa *f*

**'corn pop•py** BOT amapola *f*

**'corn•starch** harina *f* de maíz

**corn•y** ['kɔːrnɪ] *adj* F **1** (*sentimental*)
cursi F **2** joke manido

**cor•ol•lar•y** ['kɑːrələrɪ] consecuencia *f*,
secuela *f*

**cor•o•na•ry** ['kɑːrənerɪ] **I** *adj* coronario
**II** *n* infarto *m* de miocardio

**cor•o•na•ry 'heart dis•ease** enfermedad *f* cardíaca coronaria

**cor•o•na•tion** [kɑːrə'neɪʃn] corona-
miento *m*

**cor•o•ner** ['kɑːrənər] oficial encargado
de investigar muertes sospechosas

**cor•po•ral** ['kɔːrpərəl] cabo *m/f*

**cor•po•ral 'pun•ish•ment** castigo *m*
corporal

**cor•po•rate** ['kɔːrpərət] *adj* COM corporativo, de empresa; ***~ image*** imagen *f*
corporativa; ***~ loyalty*** lealtad *f* a la em-

presa; ~ **planning** planificación f corporativa

**cor•po•rate hos•pi'tal•i•ty** hospitalidad f de empresa

**cor•po•rate i'den•ti•ty** identidad f corporativa

**cor•po•ra•tion** [kɔːrpə'reɪʃn] *business* sociedad f anónima

**cor•po'ra•tion tax** impuesto *m* sobre las sociedades

**corps** [kɔːr] *nsg* cuerpo *m*

**corpse** [kɔːrps] cadáver *m*

**cor•pu•lence** ['kɔːrpjʊləns] *fml* corpulencia f

**cor•pu•lent** ['kɔːrpjʊlənt] *adj* corpulento

**cor•pus** ['kɔːrpəs] corpus *m*

**Cor•pus Chris•ti** [kɔːrpəs'krɪstɪ] REL Corpus *m*, Corpus Christi *m*

**cor•pus•cle** ['kɔːrpʌsl] corpúsculo *m*

**cor•ral** [kə'ræl] I *n* corral *m* II *v/t horse, cattle* acorralar; *people* rodear, arrinconar

**cor•rect** [kə'rekt] I *adj* correcto; *time* exacto; *you are* ~ tiene razón II *v/t* corregir; *I stand* ~*ed* le doy la razón

**cor•rec•tion** [kə'rekʃn] corrección f

**cor'rec•tion flu•id** corrector *m* líquido, tippex *m*

**cor•rec•tive** [kə'rektɪv] *adj* correctivo

**cor•rect•ly** [kə'rektlɪ] *adv* correctamente

**cor•rect•ness** [kə'rektnɪs] corrección f

**cor•re•late** ['kɑːrəleɪt] *v/i* correlacionarse (*with* con)

**cor•re•la•tion** [kɑːrə'leɪʃn] correlación f

**cor•re•spond** [kɑːrɪ'spɑːnd] *v/i* (*match*) corresponderse; ~ *to* corresponder a; ~ *with* corresponderse con; (*write letters*) mantener correspondencia con

**cor•re•spon•dence** [kɑːrɪ'spɑːndəns] 1 (*matching*) correspondencia f, relación f 2 (*letters*) correspondencia f; *be in* ~ mantener correspondencia (*with* con)

**cor•re'spon•dence course** curso *m* por correspondencia, curso *m* a distancia

**cor•re'spon•dence school** escuela f de estudios por correspondencia, escuela f de estudios a distancia

**cor•re•spon•dent** [kɑːrɪ'spɑːndənt] *n* 1 (*reporter*) corresponsal *m/f*; *foreign* ~ corresponsal internacional 2 (*letter*

*writer*) correspondiente *m/f*

**cor•re•spon•ding** [kɑːrɪ'spɑːndɪŋ] *adj* (*equivalent*) correspondiente

**cor•ri•dor** ['kɔːrɪdər] *in building* pasillo *m*

**cor•rob•o•rate** [kə'rɑːbəreɪt] *v/t* corroborar

**cor•rode** [kə'roʊd] I *v/t* corroer II *v/i* corroerse

**cor•ro•sion** [kə'roʊʒn] corrosión f

**cor•ru•gat•ed card•board** ['kɑːrəgeɪtɪd] cartón *m* ondulado

**cor•ru•gat•ed 'i•ron** chapa f ondulada

**cor•rupt** [kə'rʌpt] I *adj* corrupto; COMPUT corrompido II *v/t* corromper; (*bribe*) sobornar

**cor•rup•tion** [kə'rʌpʃn] corrupción f

**cor•set** ['kɔːrsɪt] corsé *m*

**cor•ti•sone** ['kɔːrtɪzoʊn] MED cortisona f

**'cos** [kɒz]F (*because*) porque

**cosh** [kɑːʃ] *Br* F porra f, cachiporra f

**co•sig•na•to•ry** [koʊ'sɪgnətɔːrɪ] firmante *m/f* conjunto(-a)

**co•sine** ['koʊsaɪn] MATH coseno *m*

**co•si•ness** ['koʊzɪnɪs] *Br* ☞ **coziness**

**cos•met•ic** [kɑːz'metɪk] *adj* cosmético; *fig* superficial

**cos•met•ics** [kɑːz'metɪks] *npl* cosméticos *mpl*

**cos•met•ic 'sur•geon** especialista *m/f* en cirugía estética

**cos•met•ic 'sur•ger•y** cirugía f estética

**cos•mic** ['kɑːzmɪk] *adj* cósmico; *of* ~ **proportions** de dimensiones descomunales

**cos•mo•naut** ['kɑːzmənɔːt] cosmonauta *m/f*

**cos•mo•pol•i•tan** [kɑːzmə'pɑːlɪtən] I *adj city* cosmopolita II *n* cosmopolita *m/f*

**cos•mos** ['kɑːzmɑːs] cosmos *m*

**cost**[1] [kɑːst] I *n also fig* costo *m*, *Span* coste *m*; *at all* ~*s* cueste lo que cueste; *I've learnt to my* ~ por desgracia he aprendido; *at the* ~ *of her health* a costa de su salud; *at a heavy* ~ a un precio muy alto; *at* ~ (*price*) al costo *or Span* coste; *award* ~*s against s.o.* LAW adjudicar los costos *or Span* costes a alguien; ~ *inflation* COM inflación f de costos *or Span* costes

II *v/t* (*pret & pp* **cost**) *money, time* costar; *how much does it* ~? ¿cuánto cuesta?; **it ~ me ten dollars** me costó diez dólares; **it'll ~ you** F te va a salir caro; **it ~ him his life** le costó la vida; **it ~ me a lot of trouble** me ocasionó muchos problemas, me fue muy difícil **III** v/i (irr): **it ~ him dearly** fig le salió caro

**cost²** [kɑːst] v/t (pret & pp **-ed**) FIN proposal, project estimar el costo de

'**cost an•al•y•sis** análisis m inv de costos or Span costes

**cost and 'freight** COM costo or Span coste y flete

**co-star** ['kəʊstɑːr] **I** v/t (pret & pp **-red**): **the film ~s Robin Williams** la película está co-protagonizada por Robin Williams **II** v/i (pret & pp **-red**): **~ with s.o.** actuar con alguien

**Cos•ta Ri•ca** [kɑːstəˈriːkə] Costa Rica f

**Cos•ta Ri•can** [kɑːstəˈriːkən] **I** adj costarricense **II** n costarricense m/f

**cost-'ben•e•fit an•al•y•sis** análisis m de costo-beneficio or Span coste-beneficio; '**cost-con•scious** adj consciente del costo or Span coste; '**cost-ef•fec•tive** adj rentable; '**cost es•ti•mate** estimación f de costos or Span costes

**cost•ing** ['kɑːstɪŋ] n cálculo m de costos or Span costes

'**cost, in•sur•ance, freight** COM costo or Span coste, seguro y flete

**cost•ly** ['kɑːstlɪ] adj mistake caro

**cost of 'liv•ing** costo m or Span coste m de la vida; **cost-of-'liv•ing al•low•ance** COM complemento m por carestía de vida; **cost 'price** precio m de costo or Span coste

**cos•tume** ['kɑːstuːm] for actor traje m '**cos•tume de•sign•er** diseñador(a) m(f) de vestuario; '**cos•tume dra•ma** movie película f de época; TV series serie f de época; **cos•tume 'jew•el•ry**, Br **cos•tume 'jew•el•lery** bisutería f

'**cos•y** Br ☞ **cozy**

**cot** [kɑːt] (camp-bed) catre m

'**cot death** (síndrome m de) muerte f súbita del lactante

**cot•tage** ['kɑːtɪdʒ] casa f de campo, casita f

**cot•tage 'cheese** queso m fresco

**cot•tage 'in•dus•try** industria f artesanal or familiar

**cot•ton** ['kɑːtn] **I** n algodón m **II** adj de algodón

◆ **cotton on** v/i F darse cuenta

◆ **cotton on to** v/t F darse cuenta de

◆ **cotton to** v/t F: **I never cottoned to her** nunca me cayó bien

'**cot•ton bud** Br. for ears etc bastoncillo m; **cot•ton 'can•dy** algodón m dulce; '**cot•ton•seed oil** aceite m de semillas de algodón; '**cot•ton•wood** álamo m de Virginia; **cot•ton 'wool** Br algodón m (hidrófilo)

**couch** [kaʊtʃ] sofá m

**cou•chette** [kuːˈʃet] litera f

'**couch po•ta•to** F teleadicto(-a) m(f) F

**cough** [kɑːf] **I** n tos f; to get attention carraspeo m; **have a ~** tener tos **II** v/i toser; to get attention carraspear

◆ **cough up I** v/t **1** blood etc toser **2** F money soltar, Span apoquinar F **II** v/i F (pay) soltar dinero, Span apoquinar F

'**cough drop** pastilla f para la tos

**cough•ing bout** ['kɑːfɪŋ] ataque m de tos

'**cough loz•enge** ☞ **cough drop**

'**cough med•i•cine, 'cough syr•up** jarabe m para la tos

**could** [kʊd] **I** v/aux: **~ I have my key?** ¿me podría dar la llave?; **~ you help me?** ¿me podrías ayudar?; **this ~ be our bus** puede que éste sea nuestro autobús; **you ~ be right** puede que tengas razón; **I ~n't say for sure** no sabría decirlo con seguridad; **he ~ have got lost** a lo mejor se ha perdido; **you ~ have warned me!** ¡me podías haber avisado!; **that ~ be right** puede que eso sea cierto **II** pret ☞ **can¹**

**coun•cil** ['kaʊnsl] **1** (assembly) consejo m **2**: (municipal) ~ autoridades fpl locales

'**coun•cil es•tate** Br urbanización f de protección oficial; '**coun•cil flat** Br piso m de protección oficial; '**coun•cil house** Br casa f de protección oficial; '**coun•cil•man** concejal m

**coun•cil•or**, Br **coun•cil•lor** ['kaʊnsələr] concejal(a) m(f)

'**coun•cil tax** Br contribución f urbana

**coun•sel** ['kaʊnsl] n **1** (advice) consejo m; **keep one's own ~** ser muy reservado or callado **2** (lawyer) abogado(-a) m(f); **~ for the defense** abogado(-a) m(f) defensor; **~ for the prosecution**

acusador(a) *m(f)* **II** *v/t course of action*
aconsejar; *person* ofrecer apoyo psicológico; **~ s.o. to do sth** aconsejar a alguien que haga algo
**coun•sel•ing,** *Br* **coun•sel•ling** ['kaʊn-
slɪŋ] apoyo *m* psicológico
**coun•sel•or,** *Br* **coun•sel•lor** ['kaʊn-
slər] **1** *(adviser)* consejero(-a) *m(f)*;
*of student* orientador(a) *m(f)* **2** LAW
abogado(-a) *m(f)*
**count**[1] [kaʊnt] **I** *n (number arrived at)*
cuenta *f*; *(action of ~ing)* recuento *m*;
*in baseball, boxing* cuenta *f*; **what is
your ~?** ¿cuántos has contado?; **keep
~ of** llevar la cuenta de; **lose ~ of** perder la cuenta de; **at the last ~** en el último
recuento; **on all ~s** LAW de todos los
cargos
**II** *v/i to ten etc* contar; *(be important)*
contar; *(qualify)* contar, valer; **~ing
from today** contando desde hoy; **it
doesn't ~ for much** no cuenta *or* vale
mucho; **doesn't that ~ for anything
with you?** ¿es que para ti eso no cuenta para nada?
**III** *v/t* **1** contar; **not ~ing those present**
sin contar a los presentes; **~ing those
present** contando a los presentes **2**
*(consider):* **~ o.s. lucky** considerarse
afortunado
◆ **count against** *v/t* desfavorecer, perjudicar
◆ **count down** *v/i* contar hacia atrás
◆ **count in** *v/t:* **count me in** cuenta conmigo, *CSur* yo me anoto
◆ **count on** *v/t* contar con
◆ **count out** *v/t* **1** contar; *in boxing*
contar hasta diez, contar hasta out **2**
*(exclude):* **count me out!** ¡no cuentes
conmigo!
◆ **count up** *v/t* contar, recontar; *money*
contar
**count**[2] [kaʊnt] *n nobleman* conde *m*
**count•a•ble** ['kaʊntəbl] *adj* GRAM contable
'**count•down** cuenta *f* atrás **~ to the
elections** cuenta atrás para las elecciones
**coun•te•nance** ['kaʊntənəns] *fml* **I** *v/t*
tolerar; **~ doing sth** contemplar *or* considerar hacer algo **II** *n face* semblante
*m*, rostro *m*
**coun•ter**[1] ['kaʊntər] *n* **1** *in shop* mostrador *m*; *in café* barra *f*; **under the ~** *fig*

por debajo de la mesa **2** *in game* ficha *f*
**coun•ter**[2] ['kaʊntər] **I** *v/t* contrarrestar **II**
*v/i (retaliate)* responder
**coun•ter**[3] ['kaʊntər] *adv:* **run ~ to** estar
en contra de
'**coun•ter•act** *v/t* contrarrestar
'**coun•ter•ar•gu•ment** refutación *f*, argumento *m* en contra
'**coun•ter•at•tack I** *n* contraataque *m* **II**
*v/i* contraatacar
'**coun•ter•bal•ance I** *n* contrapeso *m* **II**
*v/t* contrarrestar, contrapesar
'**coun•ter•blast** *fig* contraataque *m*
'**coun•ter•charge** LAW recriminación *f*
'**coun•ter•claim** COM, LAW contrapeti-
ción *f*
'**coun•ter clerk** cajero(-a) *m(f)*
'**coun•ter•clock•wise** *adv* en sentido
contrario al de las agujas del reloj
'**coun•ter•dem•on•stra•tion** contramanifestación *f*
**coun•ter-'es•pi•o•nage** contraespionaje *m*
'**coun•ter•ex•am•ple** contraejemplo *m*
**coun•ter•feit** ['kaʊntərfɪt] **I** *v/t* falsificar
**II** *adj* falso **III** falsificación *f*
**coun•ter•feit•er** ['kaʊntərfɪtər] falsifi-
cador(a) *m(f)*
'**coun•ter•foil** *Br* matriz *f*
**coun•ter-in•tel•li•gence** contrainteli-
gencia *f*, contraespionaje *m*
**coun•ter•mand** ['kaʊntərmɑːnd] *v/t*
contramandar
'**coun•ter•meas•ure** contramedida *f*
'**coun•ter•move** respuesta *f*
'**coun•ter•of•fen•sive** MIL contraofensiva *f*
'**coun•ter•of•fer** contraoferta *f*
**coun•ter•pane** ['kaʊntərpeɪn] colcha *f*,
cubierta *f*
'**coun•ter•part** *person* homólogo(-a)
*m(f)*
'**coun•ter•point** MUS contrapunto *m*
**coun•ter•pro•duc•tive** *adj* contraproducente
'**coun•ter•pro•pos•al** contraproposición *f*
**coun•ter•rev•o•lu•tion** POL contrarrevolución *f*
'**coun•ter•sign** *v/t* refrendar
**coun•ter-'ter•ror•ism** contraterroris-
mo *m*
'**coun•ter•weight** contrapeso *m*
**coun•tess** ['kaʊntes] condesa *f*

**count•less** ['kaʊntlɪs] *adj* incontables

**coun•try** ['kʌntrɪ] *n* **1** (*nation*) país *m*; **~ of birth** país de origen; **~ of origin** país de origen **2** *as opposed to town* campo *m*; **in the ~** en el campo; **flat / hilly ~** país *m* llano / con colinas; **~ life** vida *f* rural; **~ road** carretera *f* comarcal

**coun•try and 'west•ern** MUS música *f* country; **coun•try 'house** casa *f* de campo; '**coun•try•man** (*fellow ~*) compatriota *m*; '**coun•try mu•sic** MUS música *f* country; '**coun•try•side** campo *m*; **coun•try-'wide I** *adj* nacional **II** *adv* a nivel nacional; '**coun•try•wom•an** (*fellow ~*) compatriota *f*

**coun•ty** ['kaʊntɪ] condado *m*

**coup** [kuː] POL golpe *m* (de Estado); *fig* golpe *m* de efecto; **pull off a ~** *fig* dar un golpe maestro

**coup d'é•tat** [kuːdeɪ'tɑː] (*pl* **coups d'état** [kuːzdeɪ'tɑː]) golpe *m* (de Estado)

**cou•pé** ['kuːpeɪ] MOT cupé *m*

**cou•ple** ['kʌpl] **I** *n* pareja *f*; **just a ~** un par; **a ~ of** un par de; **it was all ~s at the party** en la fiesta sólo había parejitas **II** *v/t* RAIL empalmar, unir (**to** a)

**cou•pon** ['kuːpɑːn] cupón *m*

**cour•age** ['kʌrɪdʒ] valor *m*, coraje *m*; **lose ~** acobardarse; **pluck up one's ~** armarse de valor

**cou•ra•geous** [kə'reɪdʒəs] *adj* valiente

**cou•ra•geous•ly** [kə'reɪdʒəslɪ] *adv* valientemente

**cour•gette** [kɔːr'ʒet] BOT *Br* calabacín *m*

**cou•ri•er** ['kʊrɪər] **1** (*messenger*) mensajero(-a) *m(f)* **2** *with tourist party* guía *m/f*

**course** [kɔːrs] **1** (*series of lessons*) curso *m*; **English ~** curso de inglés; **~ of lectures** ciclo *m* de conferencias; **~ of study** programa *m* de estudios

**2** (*part of meal*) plato *m*; **a three-~ meal** una comida con primer plato, segundo plato y postre

**3** *of ship, plane* rumbo *m*; **change ~** cambiar de rumbo

**4** *for horse race* circuito *m*; *for golf* campo *m*; *for skiing, marathon* recorrido *m*

**5: of ~** (*certainly*) claro, por supuesto; (*naturally*) por supuesto; **of ~ not** claro que no; **~ of action** táctica *f*; **~ of treatment** tratamiento *m*; **in the ~ of ...** durante ...; **in the ~ of time** con el tiempo, a la larga; **the ~ of events** el transcurso de los acontecimientos; **take** *or* **run its ~** tomar *or* seguir su curso

**court** [kɔːrt] **I** *n* **1** LAW tribunal *m*; (*courthouse*) palacio *m* de justicia; **take s.o. to ~** llevar a alguien a juicio; **in ~** en los tribunales; **come to ~** llevarse a los tribunales; **go to ~** ir a juicio; **settle out of ~** llegar a un acuerdo fuera de los tribunales **2** SP pista *f*, cancha *f* **3: pay ~ to s.o.** lisonjear a alguien **II** *v/t* cortejar a **III** *v/i* festejar; **~ing couple** pareja *f* de novios

'**court case** proceso *m*, causa *f*

**cour•te•ous** ['kɜːrtɪəs] *adj* cortés

**cour•te•sy** ['kɜːrtəsɪ] cortesía *f*; **by ~ of** por cortesía de; **~ visit** visita *f* de cortesía

'**cour•te•sy car** coche *m* de cortesía

'**cour•te•sy light** MOT luz *f* interior

'**court•house** palacio *m* de justicia; **court 'mar•tial I** *n* consejo *m* de guerra **II** *v/t* formar un consejo de guerra a; **he was ~ed** compareció ante un consejo de guerra; '**court or•der** orden *f* judicial; '**court•room** sala *f* de juicios

**court•ship** ['kɔːrtʃɪp] cortejo *m*, noviazgo *m*

'**court•yard** patio *m*

**cous•in** ['kʌzn] primo(-a) *m(f)*

**cove** [koʊv] (*small bay*) cala *f*

**cov•er** ['kʌvər] **I** *n* **1** *protective* funda *f* **2** *of book, magazine* portada *f*; **read sth from ~ to ~** leer algo de cabo a rabo **3** (*shelter*) protección *f*; **we took ~ from the rain** nos pusimos a cubierto de la lluvia; **take ~** cobijarse; **get under ~** ponerse a cubierto; **under (the) ~ of night** al abrigo *or* amparo de la noche **4** (*insurance*) cobertura *f* **5: ~s for bed** manta y sábanas *fpl* **6: send sth under separate ~** enviar algo por separado; **under plain ~** en sobre sin membrete

**II** *v/t* cubrir

◆ **cover up I** *v/t* cubrir; *scandal* encubrir **II** *v/i* disimular; **cover up for s.o.** encubrir a alguien

**cov•er•age** ['kʌvərɪdʒ] *by media* cobertura *f* informativa

'**cov•er charge** cubierto *m*

'**cov•er girl** chica *f* de portada

**cov•er•ing doc•tor** ['kʌvrɪŋ] suplente *m/f*

**cov•er•ing let•ter** *Br* ☞ **cover letter**

'**cov•er let•ter** carta *f*; '**cov•er note** certificado *m* provisional de cobertura; '**cov•er sto•ry** artículo *m* de portada

**cov•ert** ['kouvɜːrt] *adj* encubierto

'**cov•er-up** encubrimiento *m*

**cov•et** ['kʌvɪt] *v/t* desear, ansiar

**cov•et•ous** ['kʌvɪtəs] *adj* codicioso, afanoso

**cow** [kau] vaca *f*; **wait till the ~s come home** F esperar hasta que las ranas críen pelo F

**cow•ard** ['kauərd] cobarde *m/f*

**cow•ard•ice** ['kauərdɪs] cobardía *f*

**cow•ard•ly** ['kauərdlɪ] *adj* cobarde

'**cow•boy** vaquero *m*

**cow•er** ['kauər] *v/i* agacharse, amilanarse

'**cow•girl** vaquera *f*

'**cow•hide** piel *f* vacuna

**cowl** [kaul] (*monk's hood*) capucho *m*

**co-work•er** ['kouwɜːrkər] compañero (-a) *m(f)* de trabajo, colega *m/f*

'**cow•pat** boñigo *m* de vaca; '**cow•shed** vaquería *f*; '**cow•skin** piel *f* vacuna

**cox** [kɑːks] *in rowing* timonel *m*

**coy** [kɔɪ] *adj* **1** (*evasive*) evasivo **2** (*flirtatious*) coqueto

**coy•o•te** [kɔɪ'outɪ] coyote *m*

**co•zi•ness** ['kouzɪnɪs] calidez *f*, comodidad *f*

**co•zy** ['kouzɪ] *adj room* acogedor; *job* cómodo

**CPA** [siːpiː'eɪ] *abbr* (= **certified public accountant**) censor(a) *m(f)* jurado (-a) de cuentas

**CPU** [siːpiː'juː] *abbr* (= **central processing unit**) CPU *f* (= unidad *f* central de proceso)

**crab**[1] [kræb] cangrejo *m*

**crab**[2] [kræb] F (*bad-tempered person*) cascarrabias *m/fpl* F, gruñón(-ona) *m(f)* F

**crab**[3] [kræb] F (*pubic louse*) ladilla *f*

**crab•bed** ['kræbɪd] *adj* **1** *handwriting* enrevesado **2** (*bad-tempered*) gruñón

**crab•by** ['kræbɪ] *adj* gruñón

'**crab louse** ZO ladilla *f*

**crack** [kræk] **I** *n* **1** grieta *f*; *in cup, glass* raja *f*; **at the ~ of dawn** al despuntar el alba; **give s.o. a fair ~ of the whip** F dar a alguien una oportunidad; **the door**

**was open a ~** la puerta estaba abierta una rendija **2** (*joke*) chiste *m* (malo); **make ~s about** burlarse *or* mofarse de **3**: **have a ~ at sth** intentar algo **II** *v/t* **1** *cup, glass* rajar **2** *nut* cascar **3** *code* descifrar; F (*solve*) resolver **4**: **~ a joke** contar un chiste **III** *v/i* **1** rajarse **2**: **get ~ing** F poner manos a la obra F **IV** *adj* F (*skilled*): **~ shot** tirador *m* experto; **~ troops** tropas *fpl* de primera

◆ **crack down** *v/i* tomar medidas severas, actuar con dureza

◆ **crack down on** *v/t* tomar medidas severas contra

◆ **crack up** *v/i* **1** (*have breakdown*) sufrir una crisis nerviosa **2** F (*laugh*) desternillarse F

**crack•brained** ['krækbreɪnd] *adj* F chiflado F

'**crack•down** medidas *fpl* severas

**cracked** [krækt] *adj* **1** *cup, glass* rajado **2** F (*crazy*) chiflado F

**crack•er** ['krækər] *to eat* galleta *f* salada

**crack•ers** ['krækərz] *adj* F chalado, chiflado

**crack•le** ['krækl] **I** *v/i of fire* crepitar **II** *n* crepitación *f*

**crack•ling** ['kræklɪŋ] GASTR piel *f* de cerdo asada

**crack•ly** ['kræklɪ] *adj* chispeante, crujiente

'**crack•pot** F **I** *n* chalado(-a) *m(f)* F **II** *adj* disparatado

'**crack-up** F ataque *m* de nervios

**cra•dle** ['kreɪdl] **I** *n for baby* cuna *f*; **from the ~ to the grave** durante toda la vida **II** *v/t* acunar, mecer

**craft**[1] [kræft] NAUT embarcación *f*

**craft**[2] [kræft] **1** (*skill*) arte *m* **2** (*trade*) oficio *m*

**craft•i•ness** ['kræftɪnɪs] astucia *f*

**crafts•man** ['kræftsmən] artesano *m*

**crafts•man•ship** ['kræftsmənʃɪp] artesanía *f*

**crafts•wom•an** ['kræftswumən] artesana *f*

**craft•y** ['kræftɪ] *adj* astuto

**crag** [kræg] *rock* peñasco *m*, risco *m*

**crag•gy** ['krægɪ] *adj* **1** *mountain* escarpado **2** *features* anguloso

**cram** [kræm] (*pret & pp* **-med**) *v/t* embutir

**cram-'full** *adj* abarrotado

**cramp**[1] [kræmp] *n* calambre *m*; **sto-mach** ~ retorcijón *m*

**cramp**[2] [kræmp] *v/t*: ~ **s.o.'s style** cortar a alguien

**cramped** [kræmpt] *adj room, apartment* pequeño; **we're a bit ~ed in here** aquí estamos un poco apretujados

**cram•pon** ['kræmpɑːn] crampón *m*

**cramps** [kræmps] *npl* calambre *m*; **sto-mach** ~ retorcijón *m*

**cran•ber•ry** ['krænberı] arándano *m* agrio

**cran•ber•ry 'sauce** salsa *f* de arándanos agrios

**crane** [kreın] **I** *n machine* grúa *f* **II** *v/t*: ~ **one's neck** estirar el cuello

◆ **crane forward** *v/i* asomarse

**'crane driv•er** conductor(a) *m(f)* de grúa

**crank**[1] [kræŋk] *person* maniático(-a) *m(f)*, persona *f* rara

**crank**[2] [kræŋk] TECH manivela *f*, manecilla *f*

◆ **crank out** *v/t* F producir en cadena F

◆ **crank up** *v/i* F *volume* subir

**'crank•shaft** cigüeñal *m*

**crank•y** ['kræŋkı] *adj* (*bad-tempered*) gruñón

**cran•ny** ['krænı] grieta *f*

**crap** [kræp] **P I** *n* (*excrement*) mierda *f* P; (*nonsense*) *L.Am.* pendejadas *fpl* P, *Rpl* boludeces *fpl* P, *Span* gilipolleces *fpl* P; (*poor quality item*) mierda *f* P **II** *v/i* (*pret & pp* **-ped**) (*defecate*) cagar V

**crap•py** ['kræpı] *adj* P cutre P, de mierda P

**crash** [kræʃ] **I** *n* **1** *noise* estruendo *m*, estrépito *m*; **a ~ of thunder** un trueno **2** *accident* accidente *m* **3** COM quiebra *f*, crac *m* **4** COMPUT bloqueo *m* **II** *v/i* **1** *of car, airplane* estrellarse (**into** con *or* contra) **2** *of thunder* sonar; **the waves ~ed onto the shore** las olas chocaban contra la orilla; **the vase ~ed to the ground** el jarrón se cayó con estruendo **3** COM *of market* hundirse, desplomarse **4** COMPUT bloquearse, colgarse **5** F (*sleep*) dormir, *Span* sobar F **III** *v/t* **1** *car* estrellar **2**: ~ **a party** colarse en una fiesta

◆ **crash out** *v/i* F (*fall asleep*) dormirse, *Span* quedarse sobado F

**'crash bar•ri•er** quitamiedos *m inv*; **'crash course** curso *m* intensivo; **'crash di•et** dieta *f* drástica; **'crash hel•met** casco *m* protector; **'crash-land** *v/i* realizar un aterrizaje forzoso; **'crash 'land•ing** aterrizaje *m* forzoso; **'crash-test** MOT test *m* de choque

**crass** [kræs] *adj* **1** *mistake* garrafal **2** *remark* irrespetuoso, grosero

**crate** [kreıt] (*packing case*) caja *f*

**cra•ter** ['kreıtər] *of volcano* cráter *m*

**cra•vat** [krə'væt] pañuelo *m* (*metido por el cuello de la camisa*)

**crave** [kreıv] *v/t* ansiar

**crav•ing** ['kreıvıŋ] ansia *f*, deseo *m*; *of pregnant woman* antojo *m*; **I have a ~ for ...** me apetece muchísimo ...

**craw•fish** [krɒːfıʃ] **I** *n freshwater* cangrejo *m* de río; *saltwater* langosta *f* **II** *v/i* P (*back out*) echarse atrás

**crawl** [krɒːl] **I** *n in swimming* crol *m*; **at a** ~ (*very slowly*) muy lentamente **II** *v/i on floor* arrastrarse; *of baby* andar a gatas; (*move slowly*) avanzar lentamente; ~ **to s.o.** *fig* arrastrarse a los pies de alguien; **the sight made her flesh** ~ lo que vió le revolvió las tripas

◆ **crawl with** *v/t*: **be crawling with** estar abarrotado de

**cray•fish** ['kreıfıʃ] *freshwater* cangrejo *m* de río; *saltwater* langosta *f*

**cray•on** ['kreıɑːn] lápiz *m* de color

**craze** [kreız] locura *f* (**for** de); **the latest** ~ la última locura *or* moda

**cra•zi•ness** ['kreızınıs] locura *f*, disparate *m*

**cra•zy** ['kreızı] *adj* loco; **be** ~ **about** estar loco por; **drive s.o.** ~ volver loco a alguien

**'cra•zy bone** húmero *m*

**creak** [kriːk] **I** *n of hinge, door* chirrido *m*; *of floor, shoes* crujido *m* **II** *v/i of hinge, door* chirriar; *of floor, shoes* crujir

**creak•y** ['kriːkı] *adj hinge, door* que chirria; *floor, shoes* que cruje

**cream** [kriːm] **I** *n* **1** *for skin* crema *f* **2** *for coffee, cake* nata *f*; **whipped** ~ nata montada **3** (*color*) crema *m* **II** *adj* crema **II** *v/t* **1** (*purée*) hacer puré; *butter and sugar* mezclar **2** F (*defeat*) hacer papilla F

◆ **cream off** *v/t the best* quedarse con, llevarse

**cream 'cheese** queso *m* blanco para untar

**'cream-col•ored,** *Br* **'cream-col•oured** *adj* de color crema

**cream•er** ['kri:mər] **1** (*pitcher*) jarra *f* para la nata **2** *for coffee* leche *f* en polvo

**cream•y** ['kri:mɪ] *adj with lots of cream* cremoso

**crease** [kri:s] **I** *n accidental* arruga *f*; *deliberate* raya *f* **II** *v/t accidentally* arrugar

**'crease-proof** *adj* inarrugable

**'crease-re•sist•ant** *adj* resistente a las arrugas

**cre•ate** [kri:'eɪt] *v/t & v/i* crear

**cre•a•tion** [kri:'eɪʃn] creación *f*; **the Creation** REL la Creación

**cre•a•tive** [kri:'eɪtɪv] *adj* creativo; **~ writing** creación *f* literaria

**cre•a•tiv•i•ty** [kri:eɪ'tɪvɪtɪ] creatividad *f*

**cre•a•tor** [kri:'eɪtər] creador(a) *m(f)*; (*founder*) fundador(a) *m(f)*; **the Creator** REL el Creador

**crea•ture** ['kri:tʃər] *animal, person* criatura *f*; **be a ~ of habit** ser una persona de costumbres

**crea•ture 'com•forts** *npl* comodidades *fpl*, pequeños lujos *mpl*

**crèche** [kreʃ] **1** *for children* guardería *f* (infantil) **2** REL nacimiento *m*, belén *m*

**cre•dence** ['kri:dəns] *give or attach ~ to* dar *or* conceder crédito a

**cre•den•tials** [krɪ'denʃlz] *npl* (*abilities*) aptitudes *fpl*; *establish one's ~* demostrar que se vale; *present one's ~* presentar los credenciales

**cred•i•bil•i•ty** [kredə'bɪlətɪ] credibilidad *f*; **~ gap** falta *f* de credibilidad

**cred•i•ble** ['kredəbl] *adj* creíble

**cred•it** ['kredɪt] **I** *n* **1** FIN, crédito *m*; *be in ~* tener un saldo positivo; *on ~* a crédito; *give s.o. ~ for $1,000* abonar a alguien 1.000 dólares **2** (*honor*) crédito *m*; *get the ~ for sth* recibir reconocimiento por algo; *be a ~ to* dar crédito *or* reputación a; *be to s.o.'s ~* hacer honor a alguien, decir mucho en favor de alguien; *give s.o. ~ for sth* reconocer el mérito a alguien por algo; *to his ~ it has to be said that ...* en su favor hay que decir que ...; *where ~ is due* para ser de justicia **II** *v/t* **1** (*believe*) creer **2** FIN: *~ an amount to an account* abonar una cantidad en una cuenta **3**: *~ s.o. with sth* atribuir a alguien algo

**cred•it•a•ble** ['kredɪtəbl] *adj* estimable, honorable

**'cred•it bal•ance** haber *m*; **'cred•it card** tarjeta *f* de crédito; **'cred•it ceil•ing** límite *m* del crédito; **'cred•it con•trol** COM control *m* de crédito; **'cred•it lim•it** límite *m* de crédito; **'cred•it note** COM nota *f* de crédito

**cred•i•tor** ['kredɪtər] acreedor(a) *m(f)*

**'cred•it rat•ing** FIN clasificación *f* por grado de solvencia

**cred•its** ['kredɪts] *TV, movie* títulos *mpl* de crédito, créditos *mpl*

**'cred•it squeeze** estrechamiento *m* del crédito

**'cred•it•wor•thy** *adj* solvente

**cre•du•li•ty** [krɪ'du:lətɪ] credulidad *f*

**cred•u•lous** ['kredʊləs] *adj* crédulo

**creed** [kri:d] (*beliefs*) credo *m*

**creek** [kri:k] (*stream*) arroyo *m*; *be up the ~ (without a paddle)* F estar en un aprieto F

**creep** [kri:p] **I** *n pej* asqueroso(-a) *m(f)* **II** *v/i* (*pret & pp* **crept**) moverse sigilosamente; *the sight made her flesh ~* lo que vió le revolvió las tripas

◆ **creep in** *v/i of errors etc* manifestarse

◆ **creep up on** *v/t* acercarse sigilosamente a

**creep•er** ['kri:pər] BOT enredadera *f*

**creep•ing** ['kri:pɪŋ] *adj* gradual, progresivo

**creeps** [kri:ps] *npl* F: *the house / he gives me the ~* la casa / él me pone la piel de gallina F

**creep•y** ['kri:pɪ] *adj* F espeluznante F

**cre•mate** [krɪ'meɪt] *v/t* incinerar

**cre•ma•tion** [krɪ'meɪʃn] incineración *f*

**cre•ma•to•ri•um** [kremə'tɔ:rɪəm] crematorio *m*

**cre•ma•to•ry** ['kri:mətɔ:rɪ] ☞ **crematorium**

**crept** [krept] *pret & pp* ☞ **creep**

**cre•scen•do** [krə'ʃendoʊ] MUS crescendo *m*; *rise to or reach a ~ fig* alcanzar el punto culminante

**cres•cent** ['kresənt] *shape* medialuna *f*; **~ moon** cuarto *m* creciente

**cress** [kres] BOT berro *m*

**crest** [krest] *of hill* cima *f*; *of bird* cresta *f*; *be riding on the ~ of a wave fig* estar en la cresta de la ola

**cross**

'crest•fal•len *adj* abatido
Creutz•feldt-Ja•kob dis•ease [krɔɪts-felt'jæka:b] MED enfermedad *f* de Creutzfeldt-Jakob
cre•vasse [krɪ'væs] hendidura *f*
crev•ice ['krevɪs] grieta *f*
crew [kru:] *n* **1** *of ship, airplane* tripulación *f* **2** *of repairmen etc* equipo *m* **3** (*crowd, group*) grupo *m*, pandilla *f*
'crew cut rapado *m*
'crew neck cuello *m* redondo
crib [krɪb] *for baby* cuna *f*
crick [krɪk]: *have a ~ in the neck* tener tortícolis
crick•et¹ ['krɪkɪt] *insect* grillo *m*
crick•et² ['krɪkɪt] *sport* cricket *m*
crick•et•er ['krɪkɪtər] jugador(a) *m(f)* de cricket
crime [kraɪm] (*offense*) delito *m*; *serious, also fig* crimen *m*
'crime•wave ola *f* de delincuencia
crim•i•nal ['krɪmɪnl] **I** *n* delincuente *m/f*, criminal *m/f* **II** *adj* **1** (*relating to crime*) criminal; (LAW: *not civil*) penal; *act delictivo* **2** (*shameful*) vergonzoso; *it's ~* es un crimen
crim•i•nal 'law ley *f* penal; crim•i•nal pro'ceed•ings *npl* procedimiento *m* penal; crim•i•nal 'rec•ord antecedentes *mpl* penales; *have a ~* tener antecedentes penales
crim•i•nol•o•gy [krɪmɪ'nɑːlədʒɪ] criminología *f*
crimp [krɪmp] *v/t* **1** *cloth, paper* doblar, plegar **2** *hair* rizar con tenacillas
crim•son ['krɪmzn] *adj* carmesí
cringe [krɪndʒ] *v/i with embarrassment* sentir vergüenza
crin•kle ['krɪŋkl] **I** *v/i* arrugarse **II** *v/t* arrugar **III** *n* arruga *f*
crip•ple ['krɪpl] **I** *n* (*disabled person*) inválido(-a) *m(f)* **II** *v/t person* dejar inválido; *fig: country, industry* paralizar
cri•sis ['kraɪsɪs] (*pl crises* ['kraɪsiːz]) crisis *f inv*
crisp [krɪsp] *adj weather, air* fresco; *lettuce, apple, bacon* crujiente; *new shirt, bills* flamante
'crisp•bread pan dietético a base de centeno o trigo
criss•cross ['krɪskrɑːs] **I** *n* cruz *f* **II** *v/t* atravesar, entrecruzar
cri•te•ri•on [kraɪ'tɪrɪən] (*pl criteria* [kraɪ'tɪrɪə]) (*standard*) criterio *m*

crit•ic ['krɪtɪk] crítico(-a) *m(f)*
crit•i•cal ['krɪtɪkl] *adj* (*making criticisms, serious*) crítico; *moment etc* decisivo; *be ~ of s.o. / sth* ser crítico con alguien / algo; *he is in a ~ condition* MED está en un estado crítico
crit•i•cal•ly ['krɪtɪklɪ] *adv speak etc* en tono de crítica; *~ ill* en estado crítico
crit•i•cism ['krɪtɪsɪzm] crítica *f*; *be open to ~* ofrecerse a críticas; *above ~* exento de críticas
crit•i•cize ['krɪtɪsaɪz] *v/t* criticar; *~ s.o. for doing sth* criticar a alguien por hacer algo
cri•tique [krɪ'tiːk] crítica *f*, análisis *m*
croak [krouk] **I** *n of frog* croar *m* **II** *v/i of frog* croar
Cro•at ['krouæt] **1** *person* croata *m/f* **2** *language* croata *m*
Cro•a•tia [krou'eɪʃə] Croacia *f*
Cro•a•tian [krou'eɪʃən] **I** *n* **1** *person* croata *m/f* **2** *language* croata *m* **II** *adj* croata
cro•chet ['krouʃeɪ] **I** *n* ganchillo *m* **II** *v/t* hacer ganchillo
crock [krɑːk]: *old ~* F *vehicle* tartarro F *m*; *person* carca F *m*; *that's a ~ of shit* P eso es una chorrada *or* pijada P
crock•e•ry ['krɑːkərɪ] vajilla *f*
croc•o•dile ['krɑːkədaɪl] cocodrilo *m*
'croc•o•dile tears *npl* lágrimas *fpl* de cocodrilo
cro•cus ['kroukəs] azafrán *m*
cro•ny ['krounɪ] F amiguete *m/f* F
crook [kruk] **1** ladrón(-ona) *m(f)*; *dishonest trader* granuja *m/f* **2**: *hold sth in the ~ of one's arm* sostener algo con la parte interior del codo
crook•ed ['krukɪd] *adj* **1** (*not straight*) torcido **2** (*dishonest*) deshonesto
croon [kruːn] *v/t & v/i* cantar suavemente
croon•er ['kruːnər] cantante *m* de baladas
crop [krɑːp] **I** *n also fig* cosecha *f*; *plant grown* cultivo *m*; *~ failure* cosecha pésima **II** *v/t* (*pret & pp -ped*) *hair* cortar; *photo* recortar
◆ **crop up** *v/i* salir
crop•per ['krɑːpər] *Br* F: *come a ~ also fig* darse un batacazo F
cro•quet ['kroukeɪ] croquet *m*
cross [krɑːs] **I** *adj* (*angry*) enfadado, enojado

**II** *n* **1** cruz *f*; *the Cross* la Cruz; *make the sign of the* ~ hacer la señal de la cruz **2** *in soccer* centro *m*, cruce *m*
**III** *v/t* **1** (*go across*) cruzar; ~ *o.s.* REL santiguarse; ~ *one's arms* /*legs* cruzar los brazos / las piernas; *keep one's fingers* ~*ed* cruzar los dedos; *it never* ~*ed my mind* no se me ocurrió; ~ *s.o.'s path fig* cruzarse en el camino de alguien **2** *en fútbol* centrar
**IV** *v/i* **1** (*go across*) cruzar **2** *of lines* cruzarse, cortarse **3** *en fútbol* centrar
◆ **cross off, cross out** *v/t* tachar
◆ **cross over** *v/i* **1** POL pasarse (de bando) **2** *on road* cruzar
'**cross•bar** *of goal* larguero *m*; *of bicycle* barra *f*; *in high jump* listón *m*; '**cross•beam** TECH viga *f* transversal; '**cross•breed** BIO **I** *n* híbrido(-a) *m(f)* **II** *v/t* (*pret & pp* ☞ **-bred**) cruzar; cross'**check I** *n* comprobación *f* **II** *v/t* comprobar; cross-coun•try '**ski•ing** esquí *m* de fondo; '**cross•cur•rent** contracorriente *f*; cross-'**dress•ing** travestismo *m*
**crossed cheque** *Br* [krɑːst'tʃek] cheque *m* cruzado
**cross-ex•am•i'na•tion** LAW interrogatorio *m*; cross-ex'**am•ine** *v/t* LAW interrogar; **cross-eyed** [krɑːs'aɪd] *adj* bizco; '**cross•fire** MIL fuego *m* cruzado; *be caught in the* ~ *fig* estar entre dos fuegos
**cross•ing** ['krɑːsɪŋ] NAUT travesía *f*; ~ *point* paso *m*
**cross-leg•ged** [krɑːs'legɪd] *adv*: *sit* ~ sentarse con las piernas cruzadas
'**cross•patch** F refunfuñón(-ona) *m(f)* F; cross-'**pur•pos•es** *npl*: *talk at* ~ hablar de dos cosas diferentes; cross-'**ref•er•ence** referencia *f*; '**cross•roads** *nsg also fig* encrucijada *f*; '**cross-sec•tion** *of people* muestra *f* representativa; '**cross•walk** paso *m* de peatones
'**cross•ways, cross•wise** ['krɑːswaɪz] *adv* al cruzado
'**cross•word** (puz•zle) crucigrama *m*
**crotch** [krɑːtʃ] *of person, pants* entrepierna *f*
**crotch•et** ['krɑːtʃɪt] *Br* MUS negra *f*
**crotch•et•y** ['krɑːtʃətɪ] *adj* F renegón F
**crouch** [krautʃ] *v/i* agacharse
◆ **crouch down** *v/i* enroscarse

**croup** [kruːp] MED crup *m*
**crou•pi•er** ['kruːpɪər] crupier *m/f*
**crow**[1] [krou] *n bird* corneja *f*; *as the* ~ *flies* en línea recta; *eat* ~ F tragarse la soberbia F
**crow**[2] [krou] *v/i* **1** *of rooster* cacarear **2**: ~ *with delight* gorjear de placer; ~ *over sth* presumir *or* alardear de algo
'**crow•bar** palanca *f*
**crowd** [kraud] **I** *n* multitud *f*, muchedumbre *f*; *at sports event* público *m*; ~*s of people* montones *mpl* de gente; *one of the* ~ uno más del montón; *go with the* ~ hacer lo mismo que el resto de la gente; *that* ~ *you hang around with* esa gente con la que te juntas **II** *v/t* abarrotar
◆ **crowd around I** *v/t* apretujarse alrededor de **II** *v/i* arremolinarse alrededor
◆ **crowd into** *v/t* apiñarse en
**crowd•ed** ['kraudɪd] *adj* abarrotado (*with* de)
**crown** [kraun] **I** *n on head, tooth* corona *f*; *the Crown Br* LAW la Corona **II** *v/t tooth* poner una corona a; *the* ~*ed heads of Europe* los monarcas europeos; *to* ~ *it all* para remate
**crown•ing** ['kraunɪŋ] *adj achievement* supremo; *the city's* ~ *glory* la joya de la ciudad
**crown 'jew•els** *npl* joyas *fpl* de la Corona; **crown 'prince** príncipe *m* heredero; **crown prin'cess** princesa *f* heredera
'**crow's feet** *npl* patas *fpl* de gallo
'**crow's nest** NAUT cofa *f* de vigilancia
**CRT** [siːɑːr'tiː] *abbr* (= *cathode ray tube*) TRC *m* (= tubo *m* de rayos católicos)
**cru•cial** ['kruːʃl] *adj* crucial
**cru•ci•ble** ['kruːsɪbl] crisol *m*
**cru•ci•fix** ['kruːsɪfɪks] crucifijo *m*
**cru•ci•fix•ion** [kruːsɪ'fɪkʃn] crucifixión *f*
**cru•ci•fy** ['kruːsɪfaɪ] *v/t* (*pret & pp* **-ied**) *also fig* crucificar
**crude** [kruːd] **I** *adj* **1** (*vulgar*) grosero **2** (*unsophisticated*) primitivo **II** *n*: ~ (*oil*) crudo *m*
**crude•ly** ['kruːdlɪ] *adv* **1** *speak* groseramente **2** *made* de manera primitiva
**crude•ness, cru•di•ty** ['kruːdnɪs, 'kruːdɪtɪ] **1** (*vulgarity*) ordinariez *f* **2** (*lack of sophistication*) simplicidad *f*

**cru•el** ['kruːəl] *adj* cruel (*to* con)

**cru•el•ty** ['kruːəltɪ] crueldad *f* (*to* con)

**cru•et set, cru•et stand** ['kruːɪt] vinajera *f*

**cruise** [kruːz] **I** *n* crucero *m*; *go on a ~* ir de crucero **II** *v/i* **1** *of people* hacer un crucero **2** *of car* ir a la velocidad de crucero; *of plane* volar

**'cruise lin•er** transatlántico *m*

**cruise 'mis•sile** MIL misil *m* de crucero

**cruis•er** ['kruːzər] **1** (*battleship*) crucero *m* de combate **2** (*police car*) coche *m* patrulla

**cruis•ing speed** ['kruːzɪŋ] *of vehicle* velocidad *f* de crucero; *fig: of project etc* ritmo *m* normal

**crumb** [krʌm] miga *f*; *a few ~s of information* unos cuantos fragmentos de información; *~ of comfort* pizca *f* de consuelo

**crum•ble** ['krʌmbl] **I** *v/t* desmigajar **II** *v/i of bread* desmigajarse; *of stonework* desmenuzarse; *fig: of opposition etc* desmoronarse

◆ **crumble away** *v/i* desmoronarse

**crum•bly** ['krʌmblɪ] *adj cookie* que se desmigaja; *stonework* que se desmenuza

**crum•my** ['krʌmɪ] *adj* F malo, penoso F

**crum•ple** ['krʌmpl] **I** *v/t* (*crease*) arrugar **II** *v/i* (*collapse*) desplomarse

◆ **crumple up** *v/t* arrugar; *into a ball* arrugar en una bola

**crunch** [krʌntʃ] **I** *n*: *when it comes to the ~* a la hora de la verdad **II** *v/i of snow, gravel* crujir

**crunch•y** ['krʌntʃɪ] *adj* crujiente

**cru•sade** [kruː'seɪd] **I** *n also fig* cruzada *f* **II** *v/i*: *~ for / against sth* luchar a favor / en contra de algo

**cru•sad•er** [kruː'seɪdər] HIST cruzado *m*

**crush** [krʌʃ] **I** *n* **1** (*crowd*) muchedumbre *f* **2**: *have a ~ on* estar loco por **II** *v/t* aplastar; (*crease*) arrugar; *they were ~ed to death* murieron aplastados **III** *v/i* (*crease*) arrugarse

**'crush bar•ri•er** *Br* barrera *f* de seguridad

**crush•ing** ['krʌʃɪŋ] *adj defeat* abrumador, aplastante; *~ blow fig* golpe *m* mortal; *~ majority* mayoría *f* aplastante

**'crush-re•sist•ant** *adj fabric* resistente a las arrugas

**crust** [krʌst] *on bread* corteza *f*

**crust•y** ['krʌstɪ] *adj bread* crujiente

**crutch** [krʌtʃ] *for injured person* muleta *f*

**crux** [krʌks]: *the ~ of the matter* el quid de la cuestión

**cru•zei•ro** [kruˈseɪroʊ] FIN cruceiro *m*

**cry** [kraɪ] **I** *n* (*call*) grito *m*; *have a ~* llorar; *~ for help fig* grito de auxilio; *be a far or long ~ from sth fig* no tener nada que ver con algo **II** *v/t* (*pret & pp -ied*) **1** (*call*) gritar **2**: *~ o.s. to sleep* llorar hasta quedarse dormido **III** *v/i* (*pret & pp -ied*) **1** (*weep*) llorar **2**: *~ for help* gritar en busca de ayuda

◆ **cry off** *v/i Br* F arrepentirse, echarse para atrás

◆ **cry out** *v/t & v/i* gritar; *cry out against sth* protestar contra algo

◆ **cry out for** *v/t* (*need*) pedir a gritos

**'cry•ba•by** llorón(-ona) *m(f)*

**cry•ing** ['kraɪɪŋ] **I** *n* lloro *m* **II** *adj need* urgente, imperioso; *it's a ~ shame* es una verdadera lástima

**crypt** [krɪpt] ARCHI cripta *f*

**cryp•tic** ['krɪptɪk] *adj* críptico

**crys•tal** ['krɪstl] cristal *m*

**crys•tal-'clear** *adj water* claro, transparente; *explanation* claro, definido

**crys•tal•li•za•tion** [krɪstəlaɪ'zeɪʃn] cristalización *f*

**crys•tal•lize** ['krɪstəlaɪz] **I** *v/t* cristalizar **II** *v/i* cristalizarse

**CS gas** [siːes'gæs] gas *m* lacrimógeno

**CST** [siːes'tiː] *abbr* (= *Central Standard Time*) hora oficial en el centro de Norteamérica

**cub** [kʌb] cachorro *m*; *of bear* osezno *m*

**Cu•ba** ['kjuːbə] Cuba *f*

**Cu•ban** ['kjuːbən] **I** *adj* cubano **II** *n* cubano(-a) *m(f)*

**cube** [kjuːb] *shape* cubo *m*; *~ root* raíz *f* cúbica

**cu•bic** ['kjuːbɪk] *adj* cúbico; *~ meter* metro *m* cúbico

**cu•bic ca'pac•i•ty** TECH cilindrada *f*

**cu•bi•cle** ['kjuːbɪkl] (*changing room*) cubículo *m*

**cuck•old** ['kʌkoʊld] **I** *n* cornudo *m* **II** *v/t* poner los cuernos a

**cuck•oo** ['kʊkuː] **I** *n* cuco *m* **II** *adj* F girado F, chalado F

**'cuck•oo clock** reloj *m* de cuco

**cu•cum•ber** ['kjuːkʌmbər] pepino *m*;

(*as*) *cool as a* ~ F con una pachorra increíble F

**cud** [kʌd]: *chew the* ~ rumiar; *fig* rumiar, cavilar

**cud•dle** ['kʌdl] **I** *n* abrazo **II** *v/t* abrazar ◆ **cuddle up** *v/i* abrazarse; *cuddle up to s.o.* abrazarse a alguien

**cud•dly** ['kʌdlɪ] *adj kitten etc* tierno

**cudg•el** ['kʌdʒəl] **I** *n* garrote *m*, porra *f*; *take up the* ~*s for s.o.* / *sth fig* romper lanzas por alguien / algo **II** *v/t* (*pret & pp* -ed, *Br* -led) aporrear, apalear

**cue** [kjuː] **1** *for actor etc* pie *m*, entrada *f*; *take one's* ~ *from s.o. fig* tomar como ejemplo a alguien; *she arrived right on* ~ llegó en el momento justo **2** *for pool* taco *m*

'**cue ball** bola *f* blanca

'**cue card** TV tarjeta *f* (*con los diálogos*)

**cuff** [kʌf] **I** *n* **1** *of shirt* puño *m*; *of pants* vuelta *f*; *off the* ~ improvisado **2** (*blow*) cachete *m* **II** *v/t* (*hit*) dar un cachete a

'**cuff link** gemelo *m*

**cui•sine** [kwɪ'ziːn] cocina *f*

**cul-de-sac** ['kʌldəsæk] callejón *m* sin salida

**cu•li•nar•y** ['kʌlɪnerɪ] *adj* culinario

**cull** [kʌl] *v/t* **1** *animals* sacrificar **2** (*select*): ~ *sth from sth* extraer *or* seleccionar algo de algo

**cul•mi•nate** ['kʌlmɪneɪt] *v/i* culminar (*in* en)

**cul•mi•na•tion** [kʌlmɪ'neɪʃn] culminación *f*

**cu•lottes** [kuː'lɑːts] *npl* falda-pantalón *f*

**cul•pa•ble** ['kʌlpəbl] *adj* culpable

**cul•prit** ['kʌlprɪt] culpable *m/f*

**cult** [kʌlt] (*sect*) secta *f*; ~ *figure* ídolo *m*

**cul•ti•vate** ['kʌltɪveɪt] *v/t also fig* cultivar

**cul•ti•vat•ed** ['kʌltɪveɪtɪd] *adj person* culto

**cul•ti•va•tion** [kʌltɪ'veɪʃn] *of land* cultivo *m*

**cul•ti•va•tor** ['kʌltɪveɪtər] motocultor *m*

**cul•tu•ral** ['kʌltʃərəl] *adj* cultural

**cul•tu•ral ex'change** intercambio *m* cultural

**cul•tu•ral 'her•i•tage** patrimonio *m* cultural

**cul•ture** ['kʌltʃər] *artistic* cultura *f*

**cul•tured** ['kʌltʃərd] *adj* **1** (*cultivated*) culto **2**: ~ *pearl* perla *f* cultivada

'**cul•ture shock** choque *m* cultural

**cum•ber•some** ['kʌmbərsəm] *adj* engorroso

**cu•mu•la•tive** ['kjuːmjʊlətɪv] *adj* acumulativo

**cu•mu•lus** ['kjuːmjʊləs] (*pl* **cumuli** ['kjuːmjʊlaɪ]) METEO cúmulo *m*

**cun•ni•lin•gus** [kʌnɪ'lɪŋgəs] cunnilingus *m*

**cun•ning** ['kʌnɪŋ] **I** *n* astucia *f* **II** *adj* astuto

**cunt** [kʌnt] V coño *m* V, *L.Am.* concha *f* V

**cup** [kʌp] **I** *n* taza *f*; *trophy* copa *f*; *that's not my* ~ *of tea Br* F eso no me apasiona *or* gusta especialmente **II** *v/t* (*pret & pp* -ped): ~ *one's hands* ahuecar las manos (*para sostener algo*)

**cup•board** ['kʌbərd] armario *m*

'**cup fi•nal** *Br* final *f* de (la) copa

**cup•ful** ['kʌpfʊl] taza *f*

**cu•po•la** ['kjuːpələ] cúpula *f*

**cu•ra•ble** ['kjʊrəbl] *adj* curable

**cu•ra•tor** [kjʊ'reɪtər] conservador(a) *m(f)*

**curb** [kɜːrb] **I** *n* **1** *of street* bordillo *m* **2** *on powers etc* freno *m* **II** *v/t* frenar

'**curb•stone** bordillo *m*

**curd** [kɜːrd] cuajada *f*

**cur•dle** ['kɜːrdl] **I** *v/i of milk* cortarse; *the sight made my blood* ~ lo que ví me heló la sangre **II** *v/t milk* cortar

**cure** [kjʊr] **I** *n* MED cura *f*; *past* ~ incurable **II** *v/t* MED, *meat* curar

'**cure-all** panacea *f* universal

**cur•few** ['kɜːrfjuː] toque *m* de queda

**cu•ri•o** ['kjʊriou] curiosidad *f*, rareza *f*

**cu•ri•os•i•ty** [kjʊrɪ'ɑːsətɪ] (*inquisitiveness*) curiosidad *f*

**cu•ri•ous** ['kjʊriəs] *adj* (*inquisitive, strange*) curioso; *I am* ~ *to know if* tengo curiosidad por saber si

**cu•ri•ous•ly** ['kjʊriəslɪ] *adv* **1** (*inquisitively*) con curiosidad **2** (*strangely*) curiosamente; ~ *enough* curiosamente

**curl** [kɜːrl] **I** *n in hair* rizo *m*; *of smoke* voluta *f* **II** *v/t hair* rizar; (*wind*) enroscar **III** *v/i of hair* rizarse; *of leaf, paper etc* ondularse ◆ **curl up** *v/i of person* acurrucarse; *of cat* enroscarse; *of paper* rizarse

**curl•er** ['kɜːrlər] *for hair* rulo *m*

**curl•ing** ['kɜːrlɪŋ] SP curling *m*

**curl•y** ['kɜːrlɪ] *adj hair* rizado; *tail* enroscado

**cur•rant** ['kʌrənt] *dried fruit* pasa *f* de Corinto

**cur•ren•cy** ['kʌrənsɪ] **1** *money* moneda *f*; **foreign ~** divisas *fpl*; **~ reform** reforma *f* monetaria **2**: **gain ~** aceptarse, extenderse

**cur•rent** ['kʌrənt] **I** *n in sea*, ELEC corriente *f*; **swim against the ~** *fig* nadar *or* ir a contracorriente; **~ of air** corriente de aire **II** *adj* (*present*) actual; **~ fiscal year** año *m* fiscal en curso

**'cur•rent ac•count** *Br* cuenta *f* corriente; **cur•rent af•fairs, cur•rent e•vents** *npl* la actualidad; **cur•rent af•fairs pro•gram** programa *m* de actualidad;

**'cur•rent•ly** ['kʌrəntlɪ] *adv* actualmente

**cur•ric•u•lum** [kə'rɪkjʊləm] plan *m* de estudios

**cur•ric•u•lum vi•tae** ['viːtaɪ] *Br* currículum *m* vitae

**cur•ry**[1] ['kʌrɪ] *n* curry *m*

**cur•ry**[2] ['kʌrɪ] *v/t*: **~ favor with s.o.** congraciarse con alguien

**curse** [kɜːrs] **I** *n* **1** (*spell*) maldición *f*; **there is a ~ on the family** ha caído una maldición sobre la familia **2** (*swearword*) palabrota *f* **II** *v/t* **1** maldecir; **be ~d with** cargar con la cruz de **2** (*swear at*) insultar **III** *v/i* (*swear*) decir palabrotas

**cur•sor** ['kɜːrsər] COMPUT cursor *m*

**cur•so•ry** ['kɜːrsərɪ] *adj* rápido, superficial

**curt** [kɜːrt] *adj* brusco, seco

**cur•tail** [kɜːr'teɪl] *v/t* acortar

**cur•tain** ['kɜːrtn] cortina *f*; THEA telón *m*

◆ **curtain off** *v/t* separar con cortinas

**'cur•tain call** llamada *f* a escena

**cur•tain rais•er** ['kɜːrtnreɪzər] *fig* preámbulo *m*

**curt•s(e)y** ['kɜːrtsɪ] **I** *n* reverencia *f* **II** *v/i* hacer una reverencia (**to** a)

**curve** [kɜːrv] **I** *n* curva *f* **II** *v/i* (*bend*) curvarse

**'curve ball** *in baseball* bola *f* con curva

**cush•ion** ['kʊʃn] **I** *n for couch etc* cojín *m* **II** *v/t blow*, *fall* amortiguar

**cush•y** ['kʊʃɪ] *adj* F fácil, descansado

**cuss** [kʌs] F **I** *v/t* maldecir **II** *v/i* decir palabrotas **III** *n* **1** *swearword* palabrota *f* **2** *person* tipejo(-a) *m(f)*

**cus•tard** ['kʌstərd] natillas *fpl*

**cus•to•di•al** [kʌ'stoʊdjəl] *adj* LAW *sentence* de prisión

**cus•to•di•an** [kʌ'stoʊdjən] vigilante *m/f*, guardián(-ana) *m(f)*

**cus•to•dy** ['kʌstədɪ] *of children* custodia *f*; LAW detenido; **in s.o.'s ~** bajo la custodia de alguien; **take s.o. into ~** detener *or* arrestar a alguien

**cus•tom** ['kʌstəm] **1** (*tradition*) costumbre *f*; **it's the ~ in France** es costumbre en Francia; **as was his ~** como era costumbre en él **2** COM clientela *f*; **lose s.o.'s ~** perder a alguien como cliente

**cus•tom•a•ry** ['kʌstəmerɪ] *adj* acostumbrado, de costumbre; **it is ~ to ...** es costumbre …

**cus•tom-'built** *adj* hecho de encargo

**cus•tom•er** ['kʌstəmər] cliente(-a) *m(f)*

**cus•tom•er 'loy•al•ty** fidelidad *f* de clientes; **cus•tom•er re'la•tions** *npl* relaciones *fpl* con los clientes; **cus•tom•er sat•is'fac•tion** satisfacción *f* de los clientes; **cus•tom•er 'serv•ice** atención *f* al cliente

**cus•tom•ize** ['kʌstəmaɪz] *v/t* personalizar

**cus•tom-'made** *adj* hecho de encargo

**cus•toms** ['kʌstəmz] **I** *npl* aduana *f* **II** *adj* aduanero

**'cus•toms clear•ance** despacho *m* de aduanas; **'cus•toms dec•la•ra•tion** declaración *f* de aduana; **'cus•toms du•ties** *npl* derechos *mpl* aduaneros; **'cus•toms ex•am•i•na•tion** inspección *f* aduanera; **'cus•toms in•spec•tion** inspección *f* aduanera; **'cus•toms of•fi•cer** funcionario(-a) *m(f)* de aduanas

**cut** [kʌt] **I** *n with knife etc*, *of garment* corte *m*; (*reduction*) recorte *m* (**in** de); F (*share*) parte *f*; **~ in salary** recorte salarial; **he thinks he's a ~ above the others** se cree superior a los demás **II** *v/t* (*pret & pp* **cut**) **1** cortar; (*reduce*) recortar; *hours* acortar; **get one's hair ~** cortarse el pelo; **I've ~ my finger** me he cortado el dedo; **~ s.o.'s hair** cortar el pelo a alguien; **~ sth to pieces** cortar algo en pedazos; **~ one's teeth** *fig* hincar el diente; **~ s.o. dead** volver la cara a alguien; **~ a deal with** llegar a un acuerdo con **2** F *class*, *lecture* faltar a **III** *v/i*: **that argument ~s both ways** ese argumento es aplicable a las dos partes **IV** *adj grass* recién cortada; **~ flowers** flores *fpl* cortadas

◆ **cut back I** *v/i in costs* recortar gastos **II** *v/t staff numbers* recortar

◆ **cut back on** *v/t* recortar, reducir

◆ **cut down on** *v/t*: **cut down on the cigarettes** fumar menos; **cut down on chocolate** comer menos chocolate

◆ **cut in I** *v/i* **1** (*interupt*) interrumpir, cortar **2** MOT: **cut in on s.o.** adelantar temerariamente a alguien **II** *v/t* F: **cut s.o. in on a deal** dejar que alguien se lleve una parte de un trato

◆ **cut into** *v/t cake etc* cortar; **cut into s.o.'s time** robar el tiempo de alguien; **cut into s.o.'s savings** hacer mella en los ahorros de alguien; **cut into a conversation** interrumpir una conversación

◆ **cut off** *v/t* **1** *with knife, scissors etc* cortar **2** (*isolate*) aislar **3**: **I was cut off** se me ha cortado la comunicación, *L.Am.* se cortó la comunicación; **she had her electricity cut off** le cortaron la luz

◆ **cut out I** *v/t* **1** *with scissors* recortar **2** (*eliminate*) eliminar; **cut that out!** F ¡ya está bien! F **3**: **be cut out for sth** estar hecho para algo **II** *v/i of engine* pararse, *Span* calarse

◆ **cut up** *v/t meat etc* trocear

'**cut•back** recorte *m*

**cute** [kju:t] *adj* (*pretty*) guapo, lindo; (*sexually attractive*) atractivo; (*smart, clever*) listo; **it looks really ~ on you** eso te queda muy mono

**cu•ti•cle** ['kju:tɪkl] cutícula *f*

**cut•ler•y** ['kʌtlərɪ] cubiertos *mpl*

**cut•let** ['kʌtlət] chuleta *f*

'**cut-off date** fecha *f* límite; '**cut•out shape** silueta *f*; **cut-'price** *adj goods* rebajado; *store* de productos rebajados; **cut-'rate** *adj* COM a precio reducido, rebajado; **~ offer** rebaja *f*

**cut•ter** ['kʌtər] **1** TECH alicates *mpl* **2** NAUT cúter *m*

'**cut-throat** *adj competition* despiadado

**cut•ting** ['kʌtɪŋ] **I** *n from newspaper etc* recorte *m* **II** *adj remark* hiriente; **at the ~ edge** a la cabeza; **~ edge technology** tecnología *f* puntera

**CV** [si:'vi:] *abbr Br* (= **curriculum vitae**) C.V. *m* (= currículum *m* vitae)

**cy•a•nide** ['saɪənaɪd] CHEM cianuro *m*

**cy•ber•net•ics** [saɪbər'netɪks] *nsg* cibernética *f*

**cy•ber•space** ['saɪbərspeɪs] ciberespacio *m*

**cy•cla•men** ['sɪkləmən] BOT ciclamen *m*

**cy•cle** ['saɪkl] **I** *n* **1** (*bicycle*) bicicleta *f*; **~ race** carrera *f* de bicicletas **2** (*series of events*) ciclo *m* **II** *v/i* ir en bicicleta

'**cy•cle lane**, '**cy•cle path** vía *f* para bicicletas; *part of roadway* carril *m* bici

**cy•cler** ['saɪklər] ciclista *m/f*

'**cy•cle•way** ☞ **cycle lane**

**cy•clic**, **cy•cli•cal** ['saɪklɪk(l)] *adj* cíclico

**cy•cling** ['saɪklɪŋ] ciclismo *m*

**cy•clist** ['saɪklɪst] ciclista *m/f*

**cy•clone** ['saɪkloʊn] ciclón *m*

**cyl•in•der** ['sɪlɪndər] cilindro *m*

**cy•lin•dri•cal** [sɪ'lɪndrɪkl] *adj* cilíndrico

**cyn•ic** ['sɪnɪk] escéptico(-a) *m(f)*, suspicaz *m/f*

**cyn•i•cal** ['sɪnɪkl] *adj* escéptico, suspicaz

**cyn•i•cal•ly** ['sɪnɪklɪ] *adv smile, remark* con escepticismo *or* suspicacia

**cyn•i•cism** ['sɪnɪsɪzm] escepticismo *m*, suspicacia *f*

**cy•press** ['saɪprəs] ciprés *m*

**Cyp•ri•ot** ['sɪprɪət] **I** *n* chipriota *m/f* **II** *adj* chipriota

**Cy•prus** ['saɪprəs] Chipre *f*

**cyst** [sɪst] quiste *m*

**cys•ti•tis** [sɪ'staɪtɪs] MED cistitis *f*

**czar** [zɑ:r] HIST zar *m*

**Czech** [tʃek] **I** *adj* checo; **the ~ Republic** la República Checa **II** *n* **1** *person* checo(-a) *m(f)* **2** *language* checo *m*

# D

**DA** [di:'eɪ] *abbr* (= **district attorney**) fiscal *m/f* (del distrito)

**dab** [dæb] **I** *n small amount* pizca *f* **II** *v/t* (*pret & pp* **-bed**) **1** (*remove*) quitar **2** (*apply*) poner

◆ **dab•ble in** ['dæbl] *v/t* ser aficionado a

**dachs•hund** ['dækshʊnd] perro(-a) *m(f)* salchicha

**dad** [dæd] *talking to him* papá *m*; *talking about him* padre *m*

**dad•dy** ['dædɪ] *talking to him* papi *m*; *talking about him* padre *m*

**dad•dy 'long•legs** (*pl* **daddy long-legs**) ZO F **1** falangio *m* **2** Br típula *f*

**daf•fo•dil** ['dæfədɪl] narciso *m*

**daft** [dæft] *adj* F tonto F; **be ∼ about sth / s.o.** estar loco por algo / alguien

**dag•ger** ['dægər] daga *f*; **be at ∼s drawn** (**with s.o.**) estar de uñas (con alguien); **look ∼s at s.o.** fulminar alguien con la mirada

**da•go** ['deɪgoʊ] (*pl* **-go(e)s**) palabra ofensiva para referirse a alguien de España, Italia, Portugal o Suramérica

**dahl•ia** ['deɪljə] BOT daliadais *f*

**dai•ly** ['deɪlɪ] **I** *n* (*paper*) diario *m* **II** *adj* diario; **∼ newspaper** diario *m*; **be a ∼ occurrence** ser el pan nuestro de cada día

**dain•ty** ['deɪntɪ] *adj* grácil, delicado

**dair•y** ['derɪ] *on farm* vaquería *f*

**'dair•y cat•tle** ganado *m* vacuno; **'dair•y pro•duce** productos *mpl* lácteos; **'dair•y prod•ucts** *npl* productos *mpl* lácteos

**da•is** ['deɪɪs] tarima *f*

**dai•sy** ['deɪzɪ] margarita *f*; **be pushing up the daisies** P estar criando malvas P

**'dai•sy wheel** margarita *f*

**dal•ly** ['dælɪ] *v/i* distraerse

◆ **dally over** *v/t decision* demorar

◆ **dally with** *v/t person, idea* flirtear con

**Dal•ma•tian** [dæl'meɪʃn] ZO dálmata *m*

**dam** [dæm] **I** *n for water* presa *f* **II** *v/t* (*pret & pp* **-med**) *river* embalsar

◆ **dam up** *v/t river* embalsar; *feelings* reprimir, contener

**dam•age** ['dæmɪdʒ] **I** *n* daños *mpl*; *fig*: *to reputation etc* daño *m* **II** *v/t also fig* dañar; **you're damaging your health** estás perjudicando tu salud; **what's the ∼?** F ¿cuánto es la broma? F

**dam•a•ges** ['dæmɪdʒɪz] *npl* LAW daños *mpl*

**dam•ag•ing** ['dæmɪdʒɪŋ] *adj* perjudicial

**dame** [deɪm] F (*woman*) mujer *f*, *Span* tía *f* F

**damn** [dæm] **I** *int* F ¡mecachis! F **II** *n* F: **I don't give a ∼!** ¡me importa un pimiento! F; **not be worth a ∼** no valer un carajo F **III** *adj* F maldito F; **∼ fool** imbécil; **a ∼ sight better** mil veces mejor **IV** *adv* F muy; **a ∼ stupid thing** una tontería monumental; **it's ∼ cold** hace un frío del demonio; **he ∼ well ought to know it** lo debe de saber **V** *v/t* (*condemn*) condenar; **∼ it!** F ¡maldita sea! F; **I'm ∼ed if ...** F ya lo creo que ... F; **∼ you!** ¡maldito seas!; **I'll be ∼ed if I'm going to do that** ya lo creo que voy a hacer eso F

**dam•na•tion** [dæm'neɪʃn] **I** *n* REL condena *f*, castigo *m* **II** *int* F ¡mecachis! F

**damned** [dæmd] **I** *adj*, *adv* ☞ **damn II** *npl* REL: **the ∼** los condenados

**damn•ing** ['dæmɪŋ] *adj evidence* condenatorio; *report* crítico

**damp** [dæmp] *adj* húmedo

**damp•en** ['dæmpən] *v/t* humedecer; **∼ s.o.'s enthusiasm** echar a perder el entusiasmo de alguien

**damp•er** ['dæmpər]: **put a ∼ on sth** estropear algo; **put a ∼ on the celebra-tions** aguar la fiesta

**damp•ness** ['dæmpnɪs] humedad *f*

**dance** [dæns] **I** *n* baile *m* **II** *v/i* bailar; **would you like to ∼?** ¿le gustaría bailar?

**'dance class** clase *f* de baile

**'dance floor** pista *f* de baile

**danc•er** ['dænsər] bailarín(-ina) *m(f)*

**'dance school** academia *f or* escuela *f* de baile

**danc•ing** ['dænsɪŋ] baile *m*; **∼ partner** pareja *f* de baile

**dan•de•li•on** ['dændɪlaɪən] diente *m* de

león

**dan•der** ['dændər] F: **get s.o.'s ~ up** poner de mal genio a alguien F, cabrear a alguien F

**dan•druff** ['dændrʌf] caspa *f*

**dan•druff sham'poo** champú *m* anticaspa

**dan•dy** ['dændɪ] **I** *n* dandi *m* **II** *adj* F genial, estupendo

**Dane** [deɪn] danés(-esa) *m(f)*

**dang** [dæŋ] ☞ **damn** *adj*, *adv*

**dan•ger** ['deɪndʒər] peligro *m*; **be in ~** estar en peligro; **be out of ~** *patient* estar fuera de peligro; **be in no ~** no estar en peligro; **he was in ~ of his life** su vida estaba en peligro

**'dan•ger mon•ey** *Br* prima *f* de peligrosidad

**dan•ger•ous** ['deɪndʒərəs] *adj* peligroso

**dan•ger•ous 'driv•ing** conducción *f* peligrosa *or* temeraria

**dan•ger•ous•ly** ['deɪndʒərəslɪ] *adv* *drive* peligrosamente; **~ ill** gravemente enfermo

**'dan•ger pay** prima *f* de peligrosidad

**'dan•ger zone** zona *f* peligrosa

**dan•gle** ['dæŋgl] **I** *v/t* balancear **II** *v/i* colgar; **keep s.o. dangling** F tener a alguien en vilo F; **~ sth in front of s.o.** *fig* tentar a alguien con algo

**Da•nish** ['deɪnɪʃ] **I** *adj* danés **II** *n* **1** *language* danés *m* **2** *npl*: **the ~** los daneses

**Da•nish 'pas•try** pastel *m* de hojaldre *(dulce)*

**dank** [dæŋk] *adj* húmedo

**dap•per** ['dæpər] *adj* pulcro, presumido

**dare** [der] **I** *v/i* atreverse; **~ to do sth** atreverse a hacer algo; **how ~ you!** ¡cómo te atreves! **II** *v/t*: **~ s.o. to do sth** desafiar a alguien para que haga algo; **how ~ you say that?** ¿cómo te atreves a decir eso?; **don't (you) ~ touch it!** ¡no te atrevas a tocarlo!; *Br* **I ~ say he'll agree** yo diría que estará de acuerdo

**dare•dev•il** ['derdevɪl] temerario(-a) *m(f)*

**dar•ing** ['derɪŋ] *adj* atrevido

**dark** [dɑːrk] **I** *n* oscuridad *f*; **in the ~** en la oscuridad; **after ~** después de anochecer; **be in the ~** *fig* no tener la menor idea; **keep s.o. in the ~ about sth** *fig* no revelar algo a alguien **II** *adj* oscuro; *hair* oscuro, moreno; **~ green / blue**

verde / azul oscuro; **get** oscurecer, hacerse de noche; **the country's ~est hour** las horas bajas del país

**'Dark Ag•es** *npl* Alta Edad *f* Media; **be in the ~** *fig* estar en la edad de piedra

**dark•en** ['dɑːrkn] *v/i of sky* oscurecerse

**dark 'glass•es** *npl* gafas *fpl* oscuras, *L.Am.* lentes *fpl* oscuras

**dark 'horse** POL ganador(a) *m(f)* inesperado(-a)

**dark•ness** ['dɑːrknɪs] oscuridad *f*; **in ~** *house*, *office* a oscuras

**'dark•room** PHOT cuarto *m* oscuro

**dark•skinned** ['dɑːrkskɪnd] *adj* de piel morena *or* oscura

**dar•ling** ['dɑːrlɪŋ] **I** *n* cielo *m*; **yes my ~** sí cariño **II** *adj* encantador; **~ Ann, how are you?** querida Ann, ¿cómo estás?

**darn**[1] [dɑːrn] **I** *n mend* zurcido *m* **II** *v/t mend* zurcir

**darn**[2], **darned** [dɑːrn, dɑːrnd] ☞ **damn** *adj*, *adv*

**dart** [dɑːrt] **I** *n* **1** *for throwing* dardo *m* **2**: **make a ~ for** correr hacia **II** *v/i* lanzarse, precipitarse **III** *v/t*: **~ a look at s.o.** lanzar una mirada a alguien

**darts** [dɑːrts] *nsg* dardos *mpl*

**'dart(s)•board** diana *f*

**dash** [dæʃ] **I** *n* **1** *punctuation* raya *f* **2** *(small amount)* chorrito *m* **3** (MOT: **~board**) salpicadero *m* **4**: **make a ~ for** correr hacia **II** *v/i* correr; **he ~ed downstairs** bajó las escaleras corriendo **III** *v/t hopes* frustrar, truncar; **be dashed to pieces** hacerse pedazos

◆ **dash off I** *v/i* irse **II** *v/t* (*write quickly*) escribir rápidamente

**'dash•board** salpicadero *m*

**dash•ing** ['dæʃɪŋ] *adj* deslumbrante, impactante

**da•ta** ['deɪtə] datos *mpl*

**'da•ta bank** banco *m* de datos; **'da•ta•base I** *n* base *f* de datos **II** *v/t* introducir en una base de datos; **da•ta•base 'man•age•ment** gestión *f* de bases de datos; **da•ta 'cap•ture** captura *f* de datos; **'da•ta car•ri•er** soporte *m* de información; **da•ta comms** ['deɪtəkɑːmz] *nsg* transmisión *f* de datos; **da•ta 'pro•cess•ing** proceso *m* *or* tratamiento *m* de datos; **da•ta pro'tec•tion** protección *f* de datos; **da•ta 'stor•age** almacenamiento *m* de datos; **da•ta trans'mis•sion** transmisión *f* de datos

**dead**

**date**[1] [deɪt] *n fruit* dátil *m*
**date**[2] [deɪt] **I** *n* **1** fecha *f*; *what's the ~ today?* ¿qué fecha es hoy?, ¿a qué fecha estamos?; *out of ~ clothes* pasado de moda; *passport* caducado; *go out of ~* pasarse de moda; *to ~* hasta ahora, hasta la fecha; *up to ~* al día; *bring sth up to ~* actualizar algo, poner algo al día; *bring s.o. up to ~* poner a alguien al día (*about* acerca de)
**2** (*meeting*) cita *f*; (*person*) pareja *f*; *have a ~ with s.o.* tener una cita con alguien; *make a ~* concertar una cita **II** *v/t* **1** *letter, check* fechar; *your letter ~d ...* su carta del ...; *~d this day* a fecha de hoy **2** (*go out with*) salir con **3**: *that ~s you* (*shows your age*) eso demuestra lo viejo que eres
◆ **date back to** *v/t*: *it dates back to the 18th century* se remonta al siglo XVIII
◆ **date from** *v/t*: *date from 1935* proceder de 1935
**dat•ed** ['deɪtɪd] *adj* anticuado
**'date line** GEOG línea *f* horaria internacional; **date of 'birth** fecha *f* de nacimiento; **'date rape** *delito de violación perpetrado por un conocido de la víctima;* **'date stamp I** *n* sello *m* con la fecha **II** *v/t* fechar
**dat•ing a•gen•cy** ['deɪtɪŋ] agencia *f* de contactos
**daub** [dɔːb] *v/t* embadurnar
**daugh•ter** ['dɔːtər] hija *f*
**'daugh•ter•board** COMPUT placa *f* hija
**'daugh•ter-in-law** (*pl* **daughters-in- -law**) nuera *f*
**daunt** [dɔːnt] *v/t* acobardar, desalentar; *nothing ~ed* con gran determinación *or* valentía
**daunt•less** ['dɔːntlɪs] *adj* invencible, valeroso
**dav•en•port** ['dævnpɔːrt] sofá *m*
**daw•dle** ['dɔːdl] *v/i*: *don't ~!* ¡no te entretengas!; *~ over a job* tomarse mucho tiempo con un trabajo
◆ **dawdle away** *v/t afternoon* desperdiciar
**dawn** [dɔːn] **I** *n* amanecer *m*, alba *f*, *fig*: *of new age* albores *mpl*; *at ~* al amanecer **II** *v/i* **1** amanecer **2**: *it ~ed on me that ...* me di cuenta de que ...; *has it never ~ed on you that ...?* ¿nunca se te ha ocurrido pensar *or* pasado por la cabeza que ...?

**day** [deɪ] día *m*; *what ~ is it today?* ¿qué día es hoy?, ¿a qué día estamos?; *~ off* día de vacaciones; *by ~* durante el día; *~ by ~* día tras día; *the ~ after* el día siguiente; *the ~ after tomorrow* pasado mañana; *the ~ before* el día anterior; *the ~ before yesterday* anteayer; *~ in ~ out* un día sí y otro también; *in those ~s* en aquellos tiempos; *one ~* un día; *the other ~* (*recently*) el otro día; *let's call it a ~!* ¡dejémoslo!
**'day•break** amanecer *m*, al amanecer; **'day care** servicio *m* de guardería; **'day•dream I** *n* fantasía *f* **II** *v/i* soñar despierto; **'day dream•er** soñador(a) *m(f)*
**'day•light** luz *f* del día; *by or in ~* a la luz del día, de día; *in broad ~* a plena luz del día; *beat or knock the living ~s out of s.o.* F sacudir el polvo a alguien F; *that's ~ robbery* F es un robo a mano armada F
**day•light 'sav•ing time** horario *m* de verano; **'day nurs•er•y** guardería *f* de día; **'day pu•pil** alumno(-a) *m(f)* externo(-a); **'day shift** turno *m* de día; *be or work on the ~* ir de turno de día; **'day-time**: *in the ~* durante el día; *~ televi-sion* programación *f* diurna; **'day trip** excursión *f* en el día
**day-to-'day** *adj* diario, cotidiano
**daze** [deɪz]: *in a ~* aturdido
**dazed** [deɪzd] *adj* aturdido
**daz•zle** ['dæzl] *v/t also fig* deslumbrar
**DBMS** [diːbiːem'es] *abbr* (= *database management system*) COMPUT sistema *m* de gestión de bases de datos
**DC** [diː'siː] *abbr* **1** (= *direct current*) corriente *f* continua **2** (= *District of Co-lumbia*) Distrito *m* de Columbia
**'D-day** HIST día *m* D; *fig* día *m* clave
**dea•con** ['diːkən] REL diácono *m*
**dead** [ded] **I** *adj* **1** *person, plant* muerto; *battery* agotado; *light bulb* fundido; F *place* muerto F; *the phone is ~* no hay línea; *shoot s.o. ~* matar a alguien de un tiro; *~ ball in basketball* balón *m* muerto; *in baseball* bola *f* muerta; *she was ~ to the world* F estaba profundamente dormida, no la despertaba ni un terremoto F
**2** (*complete*): *~ silence* silencio *m* sepulcral; *~ cert* F apuesta *f* segura; *be a ~ loss tool etc* no valer para nada;

*meeting etc* ser una pérdida de tiempo; *person* ser una causa perdida **II** *adv* **1**: **~ slow** lentísimo; **be ~ set on sth** estar empeñado en algo; **stop ~ in one's tracks** pararse en seco, pararse de golpe; **be ~ against sth** oponerse rotundamente a algo **2** F (*very*) la mar de F; **~ beat, ~ tired** hecho polvo; **you're ~ right** tienes toda la razón del mundo; **~ drunk** la mar de borracho, borracho perdido **III** *n*: **the ~** (*~ people*) los muertos; **in the ~ of night** a altas horas de la madrugada; **in the ~ of winter** en puro invierno

dead 'cen•ter, *Br* dead 'cen•tre: **hit sth ~** dar a algo de lleno

dead•en ['dedn] *v/t pain, sound* amortiguar

dead 'end *street* callejón *m* sin salida; dead-end 'job trabajo *m* sin salidas; dead 'heat empate *m*; 'dead•line fecha *f* tope; *for newspaper, magazine* hora *f* de cierre; **meet a ~** cumplir un plazo; 'dead•lock *in talks* punto *m* muerto; dead•locked ['dedlɑːkt] *adj* en punto muerto

dead•ly ['dedlɪ] *adj* **1** (*fatal*) mortal; **~ enemy** enemigo *m* mortal; **~ sin** pecado *m* mortal **2** F (*boring*) mortal F

dead•ly 'night•shade BOT belladona *f* 'dead pan *adj* F **1** *expression* inexpresivo **2** *humor* con seriedad fingida; Dead 'Sea mar *m* Muerto; 'dead weight peso *m* muerto; 'dead wood *fig: people* personas *fpl* inservibles; *in text, thesis* material *m* inservible

deaf [def] **I** *adj* sordo; **go ~** quedarse sordo; **be ~ in one ear** estar sordo de un oído; **as ~ as a post** sordo como una tapia; **be ~ to sth** *fig* hacerse el sordo ante algo **II** *npl*: **the ~** los sordos

deaf-and-'dumb *adj* sordomudo

deaf•en ['defn] *v/t* ensordecer

deaf•en•ing ['defnɪŋ] *adj* ensordecedor

deaf-'mute **I** *adj* sordomudo **II** *n* sordomudo(-a) *m(f)*

deaf•ness ['defnɪs] sordera *f*

deal [diːl] **I** *n* **1** acuerdo *m*; **I thought we had a ~?** creía que habíamos hecho un trato; **make a ~** hacer un trato (*with* con); **it's a ~!** ¡trato hecho! **2**: **a good ~** (*bargain*) una ocasión, un ofertón **3**: **a good ~** (*a lot*) mucho; **a great ~ of** (*lots of*) mucho(s) **4** *in cards*: **it is**

**my ~** me toca repartir a mí **II** *v/t* (*pret & pp* **dealt**) *cards* repartir; **~ a blow to** asestar un golpe a

◆ deal in *v/t* (*trade in*) comerciar con; **deal in drugs** traficar con drogas

◆ deal out *v/t cards* repartir

◆ deal with *v/t* **1** (*handle*) tratar; *situation* hacer frente a; *customer, applications* encargarse de **2** (*do business with*) hacer negocios con **3** *of book, movie etc* tratar de

deal•er ['diːlər] **1** (*merchant*) comerciante *m/f* **2** (*drug ~*) traficante *m/f*

deal•er•ship ['diːlərʃɪp] concesión *f*

deal•ing ['diːlɪŋ] (*drug ~*) tráfico *m*

deal•ings ['diːlɪŋz] *npl* (*business*) tratos *mpl*; **have ~ with s.o.** tener tratos con alguien

dealt [delt] *pret & pp* ☞ **deal**

dean [diːn] *of college* decano(-a) *m(f)*

dear [dɪr] **I** *adj* querido; (*expensive*) caro; **Dear Sir** Muy Sr. Mío; **Dear Richard / Margaret** Querido Richard / Querida Margaret; **(oh) ~!, ~ me!** ¡oh, cielos!; **run for ~ life** correr para ponerse a salvo **II** *adv*: **it cost him ~** le costó caro **III** *n*: **he's such a ~** es un encanto; **be a ~ and get my slippers** (anda) sé bueno *or* amable y tráeme mis zapatillas

dear•ly ['dɪrlɪ] *adv love* muchísimo; **I would ~ like see him try it** me encantaría *or* gustaría mucho verle intentarlo

dearth [dɜːrθ] escasez *f*, falta *f*

death [deθ] muerte *f*; **beat s.o. to ~** matar a alguien de una paliza; **put s.o. to ~** dar la muerte a alguien; **scare s.o. to ~** dar a alguien un susto de muerte; **catch one's ~ (of cold)** agarrar un resfriado de muerte; **be at ~'s door** estar con un pie en el hoyo; **he'll be the ~ of me, that boy!** ¡ese chico va a acabar conmigo!

'death•bed lecho *m* de muerte; **be on one's ~** estar en las últimas; 'death-blow *fig* golpe *m* mortal; **deal sth a ~** propinar un golpe mortal a algo; 'death cell celda *f* para los que van a ser ejecutados; 'death cer•tif•i•cate certificado *m* de defunción; death knell ['deθnel]: **sound the ~ for sth** ser el principio del fin de algo

death•less ['deθlɪs] *adj iron* inmortal, inolvidable

death•ly ['deθlɪ] *adj* **1** (*fatal*) mortal **2**: **~**

***pallor*** palidez *f* de muerto; **~ *stillness*** calma *f* sepulcral

'death mask mascarilla *f*; 'death pen•al•ty pena *f* de muerte; 'death rate tasa *f* de mortalidad; death 'row corredor *m* de la muerte; 'death sen•tence pena *f* de muerte; 'death's head calavera *f*; 'death squad escuadrón *m* de la muerte; 'death threat amenaza *f* de muerte; 'death throes *npl* coletazos *mpl*; **the company is in its ~** la compañía está dando los últimos coletazos; 'death toll saldo *m* de víctimas mortales; 'death trap peligro *m*; 'death war•rant orden *f* de ejecución; **sign one's own ~** firmar su propia sentencia de muerte; 'death wish: **have a ~** querer morirse

de•ba•cle [deɪ'bɑːkl] fiasco *m*, fracaso *m*

de•bar [dɪ'bɑːr] *v/t* (*pret & pp* -**red**) prohibir; **~ s.o. from doing sth** impedir que alguien haga algo

de•base [dɪ'beɪs] *v/t* desvalorizar, depreciar; **~ o.s.** rebajarse

de•ba•ta•ble [dɪ'beɪtəbl] *adj* discutible

de•bate [dɪ'beɪt] **I** *n also* POL debate *m* **II** *v/i* debatir; **I ~d with myself whether to go** me debatía entre ir o no ir **III** *v/t* debatir

de•bauched [dɪ'bɔːtʃd] *adj* libertino, degenerado

de•bauch•er•y [dɪ'bɒːtʃərɪ] libertinaje *m*

de•ben•ture [dɪ'bentʃər] COM obligación *f*

de•bil•i•tate [dɪ'bɪlɪteɪt] *v/t* debilitar, resquebrajar

de•bil•i•ta•ting [dɪ'bɪlɪteɪtɪŋ] *adj* debilitante, erosivo

de•bil•i•ty [dɪ'bɪlɪtɪ] debilidad *f*

deb•it ['debɪt] **I** *n* cargo *m*; **~ and credit** débito y crédito; **to the ~ of** a cargo de **II** *v/t account* cargar en; *amount* cargar; **~ $100 from** or **to s.o.'s account** cargar 100 dólares a la cuenta de alguien

'deb•it ad•vice nota *f* de cargo *or* adeudo

'deb•it card tarjeta *f* de débito

deb•o•nair [debə'ner] *adj* galán

de•brief [diː'briːf] *v/t* interrogar

de•brief•ing [diː'briːfɪŋ] interrogatorio *m*

deb•ris ['debriː] *of building* escombros *mpl*; *of airplane, car* restos *mpl*

debt [det] deuda *f*; **be in ~** estar endeudado; **be in s.o.'s ~, be in ~ to s.o.** *fig* estar en deuda con alguien; **be out of ~** no tener deudas

'debt col•lec•tion cobro *m* de deudas; 'debt col•lec•tion a•gen•cy agencia *f* de cobro de deudas; 'debt col•lec•tor cobrador(a) *m(f)* de deudas

debt•or ['detər] deudor(a) *m(f)*

'debt ser•vic•ing servicio *m* de la deuda

de•bug [diː'bʌg] *v/t* (*pret & pp* -**ged**) **1** *room* limpiar de micrófonos **2** COMPUT depurar

de•bunk [diː'bʌŋk] *v/t* F refutar, rebatir

dé•but ['deɪbjuː] debut *m*; **make one's ~** debutar

deb•u•tante ['deɪbjuːtɑːnt] debutante *f*

Dec. *abbr* (= **December**) diciembre *m*

dec•ade ['dekeɪd] década *f*

dec•a•dence ['dekədəns] decadencia *f*

dec•a•dent ['dekədənt] *adj* decadente

de•caf ['diːkæf] F descafeinado *m*

de•caf•fein•at•ed [dɪ'kæfɪneɪtɪd] *adj* descafeinado

de•cal ['diːkæl] calcomanía *f*

de•camp [dɪ'kæmp] *v/i* F pirarse F, marcharse

de•cant [dɪ'kænt] *v/t* decantar

de•cant•er [dɪ'kæntər] licorera *f*

de•cap•i•tate [dɪ'kæpɪteɪt] *v/t* decapitar

de•cath•lete [dɪ'kæθliːt] atleta *m/f* de decatlón

de•cath•lon [dɪ'kæθlɑːn] decatlón *m*

de•cay [dɪ'keɪ] **I** *n of wood, plant* putrefacción *f*; *of civilization* declive *m*; *in teeth* caries *f inv* **II** *v/i of wood, plant* pudrirse; *of civilization* decaer; *of teeth* cariarse

de•ceased [dɪ'siːst] **the ~** el difunto / la difunta

de•ceit [dɪ'siːt] engaño *m*, mentira *f*

de•ceit•ful [dɪ'siːtfəl] *adj* mentiroso

de•ceive [dɪ'siːv] *v/t* engañar; **be ~d** dejarse engañar; **~ o.s.** engañarse (a uno mismo)

de•cel•er•ate [diː'seləreɪt] *v/t & v/i* desacelerar

De•cem•ber [dɪ'sembər] diciembre *m*

de•cen•cy ['diːsənsɪ] decencia *f*; **he had the ~ to ...** tuvo la delicadeza de ...

de•cent ['diːsənt] *adj* **1** decente **2** (*adequately dressed*) presentable

de•cen•tral•i•za•tion [diːsentrəlaɪ-

'zeɪʃn] descentralización f
**de•cen•tral•ize** [di:'sentrəlaɪz] v/t descentralizar
**de•cep•tion** [dɪ'sepʃn] engaño m
**de•cep•tive** [dɪ'septɪv] adj engañoso; **be ~** ser engañoso; **appearances can be ~** las apariencias engañan
**de•cep•tive•ly** [dɪ'septɪvlɪ] adv: **it looks ~ simple** parece muy fácil
**dec•i•bel** ['desɪbel] decibelio m
'**dec•i•bel lev•el** nivel m de decibelios
**de•cide** [dɪ'saɪd] I v/t decidir; **~ s.o. to do sth** llevar or mover a alguien a hacer algo II v/i decidir; **you ~** decide tú; **~ in favor of** decidirse por, elegir; **~ against** descartar; **~ against doing sth** decidir no hacer algo
◆ **decide on** v/t decidirse por
**de•cid•ed** [dɪ'saɪdɪd] adj (definite) tajante
**de•cid•er** [dɪ'saɪdər]: **this match will be the ~** este partido será el que decida
**de•cid•ing** [dɪ'saɪdɪŋ] adj decisivo, crucial
**de•cid•u•ous** [dɪ'sɪduəs] adj de hoja caduca
**dec•i•mal** ['desɪml] decimal m
**dec•i•mal 'frac•tion** fracción f decimal
**dec•i•mal•ize** ['desɪmlaɪz] v/t convertir al sistema decimal
**dec•i•mal 'point** coma f (decimal)
**dec•i•mal 'sys•tem** sistema m decimal
**dec•i•mate** ['desɪmeɪt] v/t diezmar
**de•ci•pher** [dɪ'saɪfər] v/t descifrar
**de•ci•sion** [dɪ'sɪʒn] decisión f; **come to a ~** llegar a una decisión; **make or take a ~** tomar una decisión
**de'ci•sion-mak•er**: **who's the ~ here?** ¿quién toma aquí las decisiones?
**de'ci•sion-mak•ing** toma f de decisiones
**de•ci•sive** [dɪ'saɪsɪv] adj **1** decidido **2** (crucial) decisivo
**deck** [dek] **1** of ship cubierta f; **on ~** en la cubierta; **hit the ~** F tirarse or echarse al suelo; of objects caerse al suelo **2** of cards baraja f
◆ **deck out** v/t adornar, engalanar; **deck o.s. out with sth** arreglarse or acicalarse con algo
'**deck•chair** tumbona f
**dec•la•ra•tion** [deklə'reɪʃn] (statement) declaración f; **make a ~** hacer una declaración; **~ of intent** declaración de in-

tenciones; **~ of independence** declaración de independencia; **~ of war** declaración de guerra
**de•clare** [dɪ'kler] v/t (state) declarar; **~ sth open** inaugurar algo; **~ s.o. the winner** proclamar a alguien ganador; **~ war** declarar la guerra (**on** a); **have you anything to ~?** ¿tiene algo que declarar?
**de•clared** [dɪ'klerd] adj reconocido, admitido
**de•clen•sion** [dɪ'klenʃn] LING declinación f
**de•cline** [dɪ'klaɪn] I n (fall) descenso m; in standards caída f; in health empeoramiento m; **be in ~, be on the ~** estar en declive or decadencia II v/t invitation declinar; **~ to comment** declinar hacer declaraciones III v/i **1** (refuse) rehusar **2** (decrease) declinar; of health empeorar; **~ in value** devaluarse
**de•clutch** [di:'klʌtʃ] v/i desembragar
**de•code** [di:'koʊd] v/t descodificar
**de•cod•er** [di:'koʊdər] descodificador m
**de•cod•ing** [di:'koʊdɪŋ] descodificación f
**de•com•mis•sion** [di:kə'mɪʃn] v/t desmantelar
**de•com•pose** [di:kəm'poʊz] v/i descomponerse
**de•com•po•si•tion** [di:kɑːmpə'zɪʃn] descomposición f, putrefacción f
**de•com•pres•sion cham•ber** [di:kəm'preʃn] cámara f de descompresión
**de•con•gest•ant** [dɪ'kəndʒestənt] descongestionante m
**de•con•struct** [di:kən'strʌkt] v/t deconstruir
**de•con•tam•i•nate** [di:kən'tæmɪneɪt] v/t descontaminar
**de•con•tam•i•na•tion** [di:kəntæmɪ'neɪʃn] descontaminación f
**dé•cor** ['deɪkɔːr] decoración f
**dec•o•rate** ['dekəreɪt] v/t **1** with paint pintar; with paper empapelar **2** (adorn) decorar **3** soldier condecorar
**dec•o•ra•tion** [dekə'reɪʃn] **1** paint pintado m; paper empapelado m **2** (ornament) decoración f **3** for soldier condecoración f
**dec•o•ra•tive** ['dekərətɪv] adj decorativo
**dec•o•ra•tor** ['dekəreɪtər] **1** (interior ~)

**decorador(a)** *m(f)* **2** *with paint* pintor(a) *m(f)*; *with wallpaper* empapelador(a) *m(f)*

**dec•o•rous** ['dekərəs] *adj* decoroso, recatado

**de•co•rum** [dɪ'kɔːrəm] decoro *m*

**de•coy** ['diːkɔɪ] señuelo *m*

**de•crease I** *n* ['diːkriːs] disminución *f*, reducción *f* (**in** de); **be on the ~** estar en decadencia **II** *v/t* [dɪ'kriːs] disminuir, reducir **III** *v/i* [dɪ'kriːs] disminuir, reducirse; **~ in value** devaluarse

**de•cree** [dɪ'kriː] **I** *n* decreto *m* **II** *v/t* decretar

**de•crep•it** [dɪ'krepɪt] *adj car, coat, shoes* destartalado; *person* decrépito

**de•crim•in•al•ize** [diː'krɪmɪnəlaɪz] *v/t* despenalizar

**de•cry** [dɪ'kraɪ] *v/t* (*pret & pp -ied*) condenar, denunciar

**ded•i•cate** ['dedɪkeɪt] *v/t book etc* dedicar; **~ o.s. to.** dedicarse a

**ded•i•cat•ed** ['dedɪkeɪtɪd] *adj* dedicado

**ded•i•ca•tion** [dedɪ'keɪʃn] **1** *in book* dedicatoria *f* **2** *to cause, work* dedicación *f*

**de•duce** [dɪ'duːs] *v/t* deducir

**de•duct** [dɪ'dʌkt] *v/t* descontar

**de•duct•i•ble** [dɪ'dʌktəbl] *adj* FIN desgravable

**de•duc•tion** [dɪ'dʌkʃn] *from salary*, (*conclusion*) deduccción *f*

**deed** [diːd] **1** (*act*) acción *f*, obra *f* **2** LAW escritura *f*

**deed of 'sale** escritura *f* de venta

**dee•jay** ['diːdʒeɪ] F disk jockey *m/f*, *Span* pincha *m/f* F

**deem** [diːm] *v/t* estimar

**deep** [diːp] **I** *adj* **1** *water* profundo; *color* intenso; *voice* profundo, grave; **be in ~ trouble** estar metido en serios apuros; **take a ~ breath** respirar hondo; **fall into a ~ sleep** quedarse dormido profundamente; **be in ~ water** *fig* estar en un terreno pantanoso **2** (*complex*) profundo; **that is too ~ for me** eso es demasiado profundo para mí

**II** *adv*: **people were standing three ~** la gente formó tres filas; **~ into the night** bien entrada la noche; **be ~ in thought** estar absorto

**III** *n lit* profundidad *f*; **in the ~ of night** en mitad de la noche; **in the ~ of winter** en puro invierno

**deep•en** ['diːpn] **I** *v/t* profundizar **II** *v/i*

hacerse más profundo; *of crisis, mystery* agudizarse

**'deep end** *of swimming pool* parte *f* profunda; **throw s.o. in at the ~** *fig* echar a alguien a los leones; **'deep-felt** *adj* sentido, sincero; **deep 'freeze** congelador *m*; **deep 'freeze cab•i•net** cámara *f* de ultracongelados; **deep 'freez•er** congelador *m*; **'deep-froz•en food** comida *f* congelada; **'deep-fry** *v/t* (*pret & pp -ied*) freír (*en mucho aceite*); **deep 'fry•er** freidora *f*

**deep•ly** ['diːplɪ] *adv* profundamente, enormemente

**deep-'root•ed** *adj* arraigado; **deep-sea 'div•er** submarinista *m/f*; **deep-sea 'div•ing** buceo *m* de alta mar; **deep-sea 'fish•ing** pesca *f* de altura; **deep-'seat•ed** *adj* arraigado, inveterado; **'deep-set** *adj eyes* hundido; **deep 'South** *estados del sur de EE. UU.*

**deer** [dɪr] (*pl deer*) ciervo *m*

**de-es•ca•late** [diː'eskəleɪt] *v/i* atenuarse

**de•face** [dɪ'feɪs] *v/t* desfigurar, dañar

**de fac•to** [deɪ'fæktoʊ] *adj* de hecho

**def•a•ma•tion** [defə'meɪʃn] difamación *f*

**de•fam•a•to•ry** [dɪ'fæmətɔːrɪ] *adj* difamatorio

**de•fame** [dɪ'feɪm] *v/t* difamar

**de•fault** ['diːfɔːlt] **I** *adj* COMPUT por defecto

**II** *n* **1** *on payment* incumplimiento *m*; *non-appearance in court* incomparecencia *f*; **be in ~ with payments** estar atrasado en pago **2**: **win by ~** ganar por incomparecencia del contrincante; **be chosen by ~** ser elegido automáticamente **3** COMPUT: **this drive / font is the~** éste / ésta es el lector / la fuente por defecto

**III** *v/i* **1** **~ on a payment** incumplir un pago **2** COMPUT: **it ~s to drive C** utiliza la unidad C por defecto

**'de•fault drive** COMPUT unidad *f* por defecto

**'de•fault set•ting** COMPUT configuración *f* por defecto

**de•feat** [dɪ'fiːt] **I** *n* derrota *f* **II** *v/t* derrotar; *of task, problem* derrotar, vencer; **admit ~** darse por vencido

**de•feat•ist** [dɪ'fiːtɪst] *adj attitude* derrotista

**defecate** 670

def•e•cate ['defəkeɪt] v/i defecar
de•fect¹ ['diːfekt] n defecto m
defect² [dɪ'fekt] v/i POL desertar
de•fec•tion [dɪ'fekʃn] defección f
de•fec•tive [dɪ'fektɪv] adj defectuoso
de•fence etc Br ☞ defense etc
de•fend [dɪ'fend] v/t defender; ~ s.o.
against sth proteger a alguien de algo
de•fend•ant [dɪ'fendənt] acusado(-a)
m(f); in civil case demandado(-a) m(f)
de•fend•er [dɪ'fendər] 1 defensor(a)
m(f) 2 SP defensa m/f, zaguero(-a)
m(f)
de•fense [dɪ'fens] defensa f; come to
s.o.'s ~ salir en defensa de alguien;
in ~ of en defensa de
de'fense budg•et POL presupuesto m
de defensa; de'fense coun•sel aboga-
do(-a) m(f) defensor(a); de'fense
law•yer abogado(-a) m(f) defensor(a)
de•fense•less [dɪ'fenslɪs] adj indefenso
de'fense•man defensa m; de'fense
play•er SP defensa m/f; De'fense Se-
cre•ta•ry POL ministro(-a) m(f) de Defensa; in USA secretario(-a) m(f) de
Defensa; de'fense wit•ness LAW testigo m/f de la defensa
de•fen•sive [dɪ'fensɪv] I n: on the ~ a la
defensiva; go on the ~ ponerse a la
defensiva II adj weaponry defensivo;
stop being so ~! ¡no hace falta que te pongas tan a la defensiva!; ~ rebound in
basketball rebote m defensivo
de•fen•sive•ly [dɪ'fensɪvlɪ] adv a la defensiva
de•fer¹ [dɪ'fɜːr] v/t (pret & pp -red)
(postpone) aplazar, diferir
de•fer² [dɪ'fɜːr] v/i (pret & pp -red): ~ to
s.o. deferirse a alguien
de•fer•ence ['defərəns] deferencia f;
out of or in ~ to por or en deferencia a
def•er•en•tial [defə'renʃl] adj deferente
de•fer•ment [dɪ'fɜːrmənt] aplazo m,
prórroga f
de•fi•ance [dɪ'faɪəns] desafío m; in ~ of
desafiando
de•fi•ant [dɪ'faɪənt] adj desafiante
de•fi•cien•cy [dɪ'fɪʃənsɪ] 1 (lack) deficiencia f, carencia f; vitamin ~ deficiencia vitamínica 2 (weakness) defecto m,
debilidad f
de•fi•cient [dɪ'fɪʃənt] adj deficiente, carente; be ~ in ... carecer de ...
def•i•cit ['defɪsɪt] déficit m

de•fine [dɪ'faɪn] v/t 1 word, objective definir 2: the building was clearly ~d
against the sky el edificio se distinguía
claramente en el cielo
def•i•nite ['defɪnɪt] adj date, time, answer definitivo; improvement claro;
(certain) seguro; nothing ~ has been
arranged no se ha acordado nada de
forma definitiva
def•i•nite 'ar•ti•cle GRAM artículo m
determinado or definido
def•i•nite•ly ['defɪnɪtlɪ] adv con certeza,
sin lugar a dudas
def•i•ni•tion [defɪ'nɪʃn] definición f
def•i•ni•tive [dɪ'fɪnətɪv] adj definitivo
de•flate [dɪ'fleɪt] I v/t 1 tire desinflar 2
person desprestigiar 3 currency defla-
cionar II v/i desinflarse
de•fla•tion [dɪ'fleɪʃn] deflación f
de•fla•tion•ar•y [dɪ'fleɪʃnərɪ] adj deflacionario
de•flect [dɪ'flekt] v/t desviar; criticism
distraer; be ~ed from desviarse de
de•flec•tion [dɪ'flekʃn] desviación f
de•fo•li•ant [diː'foʊlɪənt] defoliante m
de•fo•li•ate [diː'foʊlɪeɪt] v/t defoliar
de•for•est [diː'fɑːrɪst] v/t deforestar
de•for•est•a•tion [difɑːrɪs'teɪʃn] deforestación f
de•form [dɪ'fɔːrm] v/t deformar
de•for•ma•tion [diːfɔːr'meɪʃn] deformación f
de•for•mi•ty [dɪ'fɔːrmɪtɪ] deformidad f
de•fraud [dɪ'frɔːd] v/t defraudar; ~ s.o.
of sth robar or desfalcar a alguien algo
de•fray [dɪ'freɪ] v/t costs sufragar
de•frost [diː'frɔːst] v/t food, fridge descongelar
deft [deft] adj hábil, diestro
de•funct [dɪ'fʌŋkt] adj extinguido, inexistente
de•fuse [diː'fjuːz] v/t bomb desactivar;
situation calmar
de•fy [dɪ'faɪ] v/t (pret & pp -ied) desafiar; ~ description ser indescriptible;
I ~ you to find a better solution te reto
a que encuentres una solución mejor
de•gen•e•rate [dɪ'dʒenəreɪt] v/i degenerar; ~ into degenerar en
de•gen•er•a•tion [dɪdʒenə'reɪʃn] degeneración f
deg•ra•da•tion [degrə'deɪʃn] degradación f
de•grade [dɪ'greɪd] v/t degradar

**de•grad•ing** [dɪ'greɪdɪŋ] *adj position, work* degradante

**de•gree** [dɪ'gri:] **1** *from university* título *m*; **get one's ~** graduarse, *L.Am.* egresar; **my brother's doing a ~ in law** mi hermano esta haciendo la licenciatura de derecho, mi hermano está estudiando derecho **2** *of temperature, angle, latitude* grado *m*; **there is a ~ of truth in that** hay algo de verdad en eso; **a ~ of compassion** algo de compasión; **by ~s** gradualmente; **to some** *or* **a certain ~** en cierto modo, de alguna manera

**de•hu•man•ize** [di:'hju:mənaɪz] *v/t* deshumanizar

**de•hy•drate** [di:'haɪdreɪt] *v/t* deshidratar

**de•hy•drat•ed** [di:haɪ'dreɪtɪd] *adj* deshidratado; **become ~** deshidratarse

**de-ice** [di:'aɪs] *v/t* deshelar

**de-ic•er** [di:'aɪsər] *spray* descongelador *m*, descongelante *m*

**de•i•fy** ['deɪfaɪ] *v/t* deificar, exaltar

**deign** [deɪn] *v/i*: **~ to** dignarse a

**de•i•ty** ['di:ɪtɪ] deidad *f*

**dé•jà vu** [deɪʒɑː'vu:]: **a feeling of ~** una sensación de déjà vu

**de•jec•ted** [dɪ'dʒektɪd] *adj* abatido, desanimado; **get** *or* **become ~** abatirse, desanimarse

**de•jec•tion** [dɪ'dʒekʃn] abatimiento *m*, desánimo *m*

**de•lay** [dɪ'leɪ] **I** *n* retraso *m*; **without ~** sin demora *or* dilación **II** *v/t* retrasar; **be ~ed** llevar retraso; **be ~ed for two hours** llevar un retraso de dos horas; **~ doing sth** retrasar *or* aplazar hacer algo **III** *v/i* retrasarse

**de•lay•ing tac•tics** [dɪ'leɪɪŋ] *npl* tácticas *fpl* dilatorias

**del•ect•able** [dɪ'lektəbl] *adj* deleitable, delicioso

**del•e•gate** ['delɪgət] **I** *n* delegado(-a) *m(f)* **II** ['delɪgeɪt] *v/t task* delegar; *person* delegar en; **~ sth to s.o.** delegar algo en alguien

**del•e•ga•tion** [delɪ'geɪʃn] delegación *f*

**de•lete** [dɪ'li:t] *v/t* borrar; (*cross out*) tachar; **~ where not applicable** táchese donde no corresponda; **~ as appropriate** táchese lo que no proceda

**de'lete key** COMPUT tecla *f* de borrado

**de•le•tion** [dɪ'li:ʃn] *act* borrado *m*; *thing*

*deleted* supresión *f*

**del•i** ['delɪ] ☞ **delicatessen**

**de•lib•e•rate I** *adj* [dɪ'lɪbərət] deliberado, intencionado **II** *v/i* [dɪ'lɪbəreɪt] deliberar (**over** sobre)

**de•lib•e•rate•ly** [dɪ'lɪbərətlɪ] *adv* deliberadamente, a propósito

**de•lib•er•a•tion** [dɪlɪbə'reɪʃn] deliberación *f*

**del•i•ca•cy** ['delɪkəsɪ] **1** delicadeza *f*; *of health* fragilidad *f* **2** *food* exquisitez *f*, manjar *m*

**del•i•cate** ['delɪkət] *adj fabric, problem* delicado; *health* frágil

**del•i•ca•tes•sen** [delɪkə'tesn] tienda de productos alimenticios de calidad

**del•i•cious** [dɪ'lɪʃəs] *adj* delicioso

**de•light** [dɪ'laɪt] placer *m*; **to my ~** para mi agrado; **take ~ in sth** disfrutar con algo

♦ **delight in** *v/t* disfrutar con

**de•light•ed** [dɪ'laɪtɪd] *adj* encantado; **I'd be ~ to come** me encantaría venir

**de•light•ful** [dɪ'laɪtfəl] *adj* encantador

**de•lim•it** [di:'lɪmɪt] *v/t* delimitar

**de•lin•e•ate** [dɪ'lɪnɪeɪt] *v/t* delinear

**de•lin•quen•cy** [dɪ'lɪŋkwənsɪ] delincuencia *f*

**de•lin•quent** [dɪ'lɪŋkwənt] **I** *adj* **1** delincuente **2** FIN *account* moroso **II** *n* delincuente *m/f*

**de•lir•i•ous** [dɪ'lɪrɪəs] *adj* **1** MED delirante **2** (*ecstatic*) entusiasmado; **she's ~ about the new job** está como loca con el nuevo trabajo; **~ with joy** loco de alegría

**de•lir•i•ous•ly** [dɪ'lɪrɪəslɪ] *adv*: **~ happy** loco de felicidad

**de•lir•i•um** [dɪ'lɪrɪəm] (*pl* **-iums, deliria** [dɪ'lɪrɪə]) *also fig* delirio *m*; **~ tremens** ['tri:menz] delirium *m* tremens

**de•liv•er** [dɪ'lɪvər] *v/t* **1** entregar, repartir; *message* dar **2**: **~ a baby** ayudar a dar a luz **3** *speech* pronunciar **II** *v/i* (*fulfill a promise*) (ser capaz de) cumplir lo prometido

**de•liv•er•y** [dɪ'lɪvərɪ] **1** *of goods, mail* entrega *f*, reparto *m*; **take ~ of sth** recibir algo; **on ~** en el momento de la entrega **2** *of baby* parto *m*

**de'liv•er•y charge** gastos *mpl* de envío; **de'liv•er•y date** fecha *f* de entrega; **de'liv•er•y man** repartidor *m*; **de'liv•er•y note** nota *f* de entrega; **de'liv•er•y**

**room** *for babies* sala *f* de partos, paritorio *m*; **de•liv•er•y serv•ice** servicio *m* de reparto; **de•liv•er•y van** furgoneta *f* de reparto

**dell** [del] nava *f*

**de•louse** [di:'laʊs] *v/t* despiojar

**del•ta** ['deltə] GEOG delta *m*

**de•lude** [dɪ'lu:d] *v/t* engañar; **you're deluding yourself** te estás engañando a ti mismo

**de•luge** ['delju:dʒ] **l** *n* diluvio *m*; *fig* avalancha *f* **ll** *v/t fig* inundar (**with** de)

**de•lu•sion** [dɪ'lu:ʒn] engaño *m*; **you're under a ~ if you think ...** te engañas si piensas que ...; **suffer from ~s of grandeur** sufrir delirios de grandeza

**de luxe** [də'lu:ks] *adj* de lujo

◆ **delve into** [delv] *v/t* rebuscar en

**dem•a•gog•ic** [demə'gɑ:gɪk] *adj* demagógico

**dem•a•gogue** ['deməgɑ:g] demagogo(-a) *m(f)*

**dem•a•gog•y** ['deməgɑ:gɪ] demagogia *f*

**de•mand** [dɪ'mænd] **l** *n* exigencia *f*; *by union* reivindicación *f*; COM demanda *f*; **in ~** solicitado; **on ~** cuando así se requiera; **make ~s on s.o.** exigir mucho de alguien **ll** *v/t* **1** exigir **2** (*require*) requirir

**de•mand•ing** [dɪ'mændɪŋ] *adj job* que exige mucho; *person* exigente

**de•mar•cate** ['di:mɑ:rkeɪt] *v/t* demarcar

**de•mar•ca•tion** [di:mɑ:r'keɪʃn] demarcación *f*

**de•mar•ca•tion line** línea *f* de demarcación

**de•mean** [dɪ'mi:n] *v/t*: **~ o.s.** rebajarse

**de•mean•ing** [dɪ'mi:nɪŋ] *adj* degradante

**de•mean•or**, *Br* **de•mean•our** [dɪ'mi:nər] comportamiento *m*

**de•men•ted** [dɪ'mentɪd] *adj* demente

**de•men•tia** [dɪ'menʃə] MED demencia *f*

**dem•e•rar•a sug•ar** [demə'rerə] azúcar *m* moreno

**dem•i•god** ['demɪgɑ:d] semidiós *m*

**dem•i•john** ['demɪdʒɑ:n] damajuana *f*

**de•mil•i•ta•rize** [di:'mɪlɪtəraɪz] *v/t* desmilitarizar

**de•mise** [dɪ'maɪz] fallecimiento *m*; *fig* desaparición *f*

**de•mist** [di:'mɪst] *v/t Br* desempañar

**dem•i•tasse** ['demɪtæs] taza *f* de café

**dem•o** ['demoʊ] F **1** *protest* manifestación *f* **2** *of video etc* maqueta *f*

**de•mo•bil•ize** [dɪ'moʊbəlaɪz] *v/t* desmovilizar

**de•moc•ra•cy** [dɪ'mɑ:krəsɪ] democracia *f*

**dem•o•crat** ['deməkræt] demócrata *m/f*; **Democrat** POL Demócrata *m/f*

**dem•o•crat•ic** [demə'krætɪk] *adj* democrático

**dem•o•crat•ic•al•ly** [demə'krætɪklɪ] *adv* democráticamente

**'dem•o disk** disco *m* de demostración

**dem•o•graph•ic** [demoʊ'græfɪk] *adj* demográfico

**de•mo•gra•phy** [dɪ'mɑ:grəfɪ] demografía *f*

**de•mol•ish** [dɪ'mɑ:lɪʃ] *v/t building* demoler; *argument* destruir, echar por tierra

**dem•o•li•tion** [demə'lɪʃn] *of building* demolición *f*; *of argument* destrucción *f*

**de•mon** ['di:mən] demonio *m*

**de•mon•ic** [dɪ'mɑ:nɪk] *adj* demoniaco

**de•mon•stra•ble** [dɪ'mɑ:nstrəbl] *adj* demostrable

**de•mon•stra•bly** [dɪ'mɑ:nstrəblɪ] *adv*: **the situation is ~ better** se puede demonstrar que la situación ha mejorado

**dem•on•strate** ['demənstreɪt] **l** *v/t* demostrar **ll** *v/i politically* manifestarse

**dem•on•stra•tion** [demən'streɪʃn] **1** demostración *f*; **~ car** coche *f* de prueba **2** *protest* manifestación *f*

**de•mon•stra•tive** [dɪ'mɑ:nstrətɪv] *adj* **1** *person* extrovertido, efusivo **2** GRAM demostrativo

**de•mon•stra•tive 'pro•noun** pronombre *m* demostrativo

**dem•on•stra•tor** ['demənstreɪtər] *protester* manifestante *m/f*

**de•mor•al•ize** [dɪ'mɔ:rəlaɪz] *v/t* desmoralizar

**de•mor•al•ized** [dɪ'mɔ:rəlaɪzd] *adj* desmoralizado; **get or become ~** desmoralizarse

**de•mor•al•iz•ing** [dɪ'mɔ:rəlaɪzɪŋ] *adj* desmoralizador

**de•mote** [dɪ'moʊt] *v/t* degradar

**de•mo•ti•vate** [di:'moʊtɪveɪt] *v/t* desmotivar

**de•mur** [dɪ'mɜ:r] *v/i* objetar

**de•mure** [dɪˈmjʊr] *adj* solemne, recatado

**de•myst•i•fy** [diːˈmɪstɪfaɪ] *v/t* desmistificar

**den** [den] **1** ZO guarida *f* **2** (*study*) estudio *m* **3**: ~ *of vice* antro *m* de perversión

**de•na•tion•al•ize** [diːˈnæʃnəlaɪz] *v/t* COM desnacionalizar

**de•ni•al** [dɪˈnaɪəl] *of rumor, accusation* negación *f*; *of request* denegación *f*; *official* desmentido *m*; *issue a* ~ emitir un desmentido; *be in* ~ negarse a aceptarlo

**den•i•grate** ['denɪgreɪt] *v/t* menospreciar

**den•im** ['denɪm] tela *f* vaquera; ~ *jacket / skirt* chaqueta / falda (de tela) vaquera

**den•ims** ['denɪmz] *npl* (*jeans*) vaqueros *mpl*

**Den•mark** ['denmɑːrk] Dinamarca *f*

**de•nom•i•nate** [dɪˈnɑːmɪneɪt] *v/t* denominar

**de•nom•i•na•tion** [dɪnɑːmɪˈneɪʃn] **1** *of money* valor *m* **2** *religious* confesión *f*

**de•nom•in•a•tion•al** [dɪnɑːmɪˈneɪʃnl] *adj* confesional

**de•nom•i•na•tor** [dɪˈnɑːmɪneɪtər] MATH denominador *m*

**de•note** [dɪˈnoʊt] *v/t* denotar

**dé•noue•ment** [deɪˈnuːmɑ̃ː] desenlace *m*

**de•nounce** [dɪˈnaʊns] *v/t* denunciar

**dense** [dens] *adj* **1** *smoke, fog* denso; *foliage* espeso; *crowd* compacto **2** F (*stupid*) corto

**dense•ly** ['denslɪ] *adv*: ~ *populated* densamente poblado

**den•si•ty** ['densɪtɪ] *of population* densidad *f*; *population* ~ densidad de población

**dent** [dent] **I** *n* abolladura *f* **II** *v/t also pride* abollar

**den•tal** ['dentl] *adj* dental; ~ *treatment* tratamiento *m* dental

**'den•tal floss** hilo *m* dental; **den•tal 'hy•giene** higiene *f* dental; **den•tal hygien•ist** [haɪˈdziːnɪst] higienista *m/f* dental; **den•tal nurse** enfermero(-a) *m(f)* de dentista; **'den•tal sur•geon** odontólogo(-a) *m(f)*

**den•ted** ['dentɪd] *adj* abollado

**den•tist** ['dentɪst] dentista *m/f*

**'den•tist's of•fice** dentista *m/f*

**den•tist•ry** ['dentɪstrɪ] odontología *f*

**den•tures** ['dentʃərz] *npl* dentadura *f* postiza

**de•nude** [dɪˈnuːd] *v/t*: ~ *sth of sth* despojar algo de algo

**de•nun•ci•a•tion** [dɪnʌnsɪˈeɪʃn] denuncia *f*

**Den•ver boot** ['denvər] cepo *m*

**de•ny** [dɪˈnaɪ] *v/t* (*pret & pp -ied*) *charge, rumor* negar; *right, request* denegar; ~ *o.s. sth* privarse de algo; *there is no* ~*ing that ...* no se puede negar que...

**de•o•do•rant** [diːˈoʊdərənt] desodorante *m*

**de•o•dor•ize** [diːˈoʊdəraɪz] *v/t* desodorizar

**de•part** [dɪˈpɑːrt] *v/i* salir; ~ *from* (*deviate from*) desviarse de

**de•part•ed** [dɪˈpɑːrtɪd] *npl*: *the* ~ los difuntos

**de•part•ment** [dɪˈpɑːrtmənt] departamento *m*; *of government* ministerio *m*

**de•part•ment•al** [dɪpɑːrtˈmentl] *adj* de departamento; ~ *manager* gerente *m/f* de departamento, jefe(-a) *m(f)* de servicio

**De•part•ment of 'De•fense** Ministerio *m* de Defensa; **De•part•ment of the In•te•ri•or** Ministerio *m* del Interior; **De•part•ment of 'State** Ministerio *m* de Asuntos Exteriores

**de•part•ment store** grandes almacenes *mpl*

**de•par•ture** [dɪˈpɑːrtʃər] salida *f*; *of person from job* marcha *f*; (*deviation*) desviación *f*; *a new* ~ *for government, organization* una innovación; *for company* un cambio; *for actor, artist, writer* una nueva experiencia

**de•par•ture date** fecha *f* de salida; **de'par•ture lounge** sala *f* de embarque; **de'par•ture time** hora *f* de salida

**de•pend** [dɪˈpend] *v/i* depender; *that* ~*s* depende; *it* ~*s on the weather* depende del tiempo; *I* ~ *on you* dependo de ti; ~*ing on whether ...* dependiendo de si ...

**de•pen•da•ble** [dɪˈpendəbl] *adj* fiable

**de•pen•dant** [dɪˈpendənt] ☞ **dependent**

**de•pen•dence, de•pen•den•cy** [dɪˈpendəns, dɪˈpendənsɪ] dependencia *f*

**de•pen•dent** [dɪˈpendənt] **I** *n persona a*

*cargo de otra;* **how many ~s do you have?** ¿cuántas personas tiene a su cargo? **II** *adj* dependiente (**on** de)

**de•pict** [dɪˈpɪkt] *v/t* describir

**de•pic•tion** [dɪˈpɪkʃn] descripción *f*

**de•pil•a•to•ry** [dɪˈpɪlətɔːrɪ] depilatorio *m*

**de'pil•a•to•ry cream** crema *f* depilatoria

**de•plane** [ˈdiːpleɪn] *v/i* desembarcar del avión

**de•plete** [dɪˈpliːt] *v/t* agotar, mermar

**de•plor•a•ble** [dɪˈplɔːrəbl] *adj* deplorable

**de•plore** [dɪˈplɔːr] *v/t* deplorar

**de•ploy** [dɪˈplɔɪ] *v/t* **1** (*use*) utilizar **2** (*position*) desplegar

**de•ploy•ment** [dɪˈplɔɪmənt] despliegue *m*

**de•pop•u•la•tion** [diːpɑːpjəˈleɪʃn] despoblación *f*

**de•port** [dɪˈpɔːrt] *v/t* deportar

**de•por•ta•tion** [diːpɔːrˈteɪʃn] deportación *f*

**de•por'ta•tion or•der** orden *f* de deportación

**de•port•ment** [dɪˈpɔːrtmənt] porte *m*

**de•pose** [dɪˈpəʊz] *v/t* deponer

**de•pos•it** [dɪˈpɑːzɪt] **I** *n in bank, of oil* depósito *m*; *of coal* yacimiento *m*; *on purchase* señal *f*, depósito *m*; **make** *or* **pay a ~** dar una entrada (**on** para) **II** *v/t* **1** *money* depositar, *Span* ingresar **2** (*put down*) depositar

**de'pos•it ac•count** *Br* cuenta *f* de ahorro *or* de depósito

**dep•o•si•tion** [diːpoʊˈzɪʃn] LAW declaración *f*

**de•pos•i•tor** [dɪˈpɑːzɪtər] *of money* depositante *m/f*

**de'pos•it slip** comprobante *m* de ingreso

**dep•ot** [ˈdiːpoʊ] **1** (*train station*) estación *f* de tren; (*bus station*) estación *f* de autobuses **2** *for storage* depósito *m*

**de•prave** [dɪˈpreɪv] *v/t* depravar

**de•praved** [dɪˈpreɪvd] *adj* depravado

**de•prav•i•ty** [dɪˈprævətɪ] depravación *f*

**dep•re•cate** [ˈdeprɪkeɪt] *v/t* criticar

**dep•re•ca•tion** [deprɪˈkeɪʃn] crítica *f*

**dep•re•ca•to•ry** [ˈdeprɪkətɔːrɪ] *adj* crítico

**de•pre•ci•ate** [dɪˈpriːʃɪeɪt] *v/i* FIN depreciarse

**de•pre•ci•a•tion** [dɪpriːʃɪˈeɪʃn] FIN depreciación *f*

**de•pre•ci'a•tion pe•ri•od** periodo *m* de amortización

**de•pre•ci'a•tion rate** coeficiente *m* de amortización

**dep•re•da•tion** [depriˈdeɪʃn] estrago *m*

**de•press** [dɪˈpres] *v/t person* deprimir

**de•pres•sant** [dɪˈpresənt] MED depresor *m*

**de•pressed** [dɪˈprest] *adj person* deprimido; **get** *or* **become ~** deprimirse

**de•press•ing** [dɪˈpresɪŋ] *adj* deprimente

**de•pres•sion** [dɪˈpreʃn] MED, *economic* depresión *f*; *meteorological* borrasca *f*

**dep•ri•va•tion** [deprɪˈveɪʃn] privación *f*

**de•prive** [dɪˈpraɪv] *v/t* privar; **~ s.o. of sth** privar a alguien de algo

**de•prived** [dɪˈpraɪvd] *adj* desfavorecido

**depth** [depθ] profundidad *f*; *of color* intensidad *f*; **in ~** (*thoroughly*) en profundidad; **in the ~s of winter** en pleno invierno; **be out of one's ~** *in water* no tocar el fondo; *fig: in discussion etc* saber muy poco; **at a ~ of** a una profundidad de; **five meters in ~** cinco metros de profundidad; **with great ~ of feeling** con mucho sentimiento

**'depth charge** NAUT carga *f* de profundidad

**dep•u•ta•tion** [depjʊˈteɪʃn] delegación *f*

♦ **dep•u•tize for** [ˈdepjʊtaɪz] *v/t* sustituir

**dep•u•ty** [ˈdepjʊtɪ] segundo(-a) *m(f)*

**dep•u•ty 'head** *Br in school* subdirector(a) *m(f)*; **'dep•u•ty lead•er** vicelíder *m/f*, **'dep•u•ty she•riff** ayudante *m/f* del sheriff

**de•rail** [dɪˈreɪl] *v/t* hacer descarrilar; **be ~ed** *of train* descarrilar

**de•ranged** [dɪˈreɪndʒd] *adj* perturbado, trastornado

**de•range•ment** [dɪˈreɪndʒmənt]: (*mental*) **~** trastorno *m* mental

**der•by 1** [ˈdɜːrbɪ] *hat* bombín *m* **2** [ˈdɑːbɪ] *Br* SP derby *m*, derbi *m*

**de•reg•u•late** [dɪˈregjʊleɪt] *v/t* liberalizar, desregular

**de•reg•u•la•tion** [dɪregjʊˈleɪʃn] liberalización *f*, desregulación *f*

**der•e•lict** [ˈderəlɪkt] *adj* en ruinas

**de•ride** [dɪˈraɪd] *v/t* ridiculizar, mofarse

de
**de•ri•sion** [dɪˈrɪʒn] burla *f*, mofa *f*
**de•ri•sive** [dɪˈraɪsɪv] *adj* burlón
**de•ri•sive•ly** [dɪˈraɪsɪvlɪ] *adv* burlonamente
**de•ri•so•ry** [dɪˈraɪsərɪ] *adj amount, salary* irrisorio
**der•i•va•tion** [derɪˈveɪʃn] origen *m*
**de•riv•a•tive** [dɪˈrɪvətɪv] *adj* (*not original*) poco original
**de•rive** [dɪˈraɪv] *v/t* obtener, encontrar; *be ~d from of word* derivar(se) de; *~ pleasure from sth* encontrar placer en algo
**der•ma•ti•tis** [dɜːrməˈtaɪtɪs] MED dermatitis *f inv*
**der•ma•tol•o•gist** [dɜːrməˈtɑːlədʒɪst] dermatólogo(-a) *m(f)*
**der•ma•tol•o•gy** [dɜːrməˈtɑːlədʒɪ] dermatología *f*
**de•rog•a•to•ry** [dɪˈrɑːgətɔːrɪ] *adj* despectivo
**der•rick** [ˈderɪk] **1** *crane* grúa *f* **2** *above oil well* torre *f* de perforación
**de•scend** [dɪˈsend] **I** *v/t* descender por; *be ~ed from* descender de **II** *v/i* descender; *of mood, darkness* caer; *the country ~ed into civil war* el país se vio sumido en una guerra civil
**de•scen•dant** [dɪˈsendənt] descendiente *m/f*
**de•scent** [dɪˈsent] **1** descenso *m* **2** (*ancestry*) ascendencia *f*
**de•scribe** [dɪˈskraɪb] *v/t* describir; *~ sth as sth* definir a algo como algo
**de•scrip•tion** [dɪˈskrɪpʃn] descripción *f*
**de•scrip•tive** [dɪˈskrɪptɪv] *adj* descriptivo
**des•e•crate** [ˈdesɪkreɪt] *v/t* profanar
**des•e•cra•tion** [desɪˈkreɪʃn] profanación *f*
**de•seg•re•gate** [diːˈsegrəgeɪt] *v/t* acabar con la segregación racial en
**de•seg•re•ga•tion** [diːsegrəˈgeɪʃn] fin *m* de la segregación racial
**de•sen•si•tize** [diːˈsensətaɪz] *v/t*: *become ~d to sth* insensibilizarse a algo
**des•ert**[1] [ˈdezərt] *n also fig* desierto *m*
**de•sert**[2] [dɪˈzɜːrt] **I** *v/t* (*abandon*) abandonar **II** *v/i of soldier* desertar
**de•sert•ed** [dɪˈzɜːrtɪd] *adj* desierto
**de•sert•er** [dɪˈzɜːrtər] MIL desertor(a) *m(f)*
**de•ser•ti•fi•ca•tion** [dezɜːrtɪfɪˈkeɪʃn]

desertización *f*
**de•ser•tion** [dɪˈzɜːrʃn] (*abandonment*) abandono *m*; MIL deserción *f*
**des•ert 'is•land** isla *f* desierta
**de•serts** [dɪˈzɜːrts] *npl*: *get one's just ~* recibir uno su merecido
**de•serve** [dɪˈzɜːrv] *v/t* merecer
**de•serv•ed•ly** [dɪˈzɜːrvɪdlɪ] *adv* merecidamente
**de•serv•ing** [dɪˈzɜːrvɪŋ] *adj* digno de ayuda; *be ~ of sth* ser merecedor de algo
**des•ic•cat•ed** [ˈdesɪkeɪtɪd] *adj* desecado
**des•ic•cat•ed 'co•co•nut** coco *m* rallado
**de•sign** [dɪˈzaɪn] **I** *n* diseño *m*; (*pattern*) motivo *m*; *by ~* a propósito; *have ~s on sth / s.o.* tener las miras puestas en algo / alguien **II** *v/t* diseñar; *~ed to do sth* diseñado para hacer algo
**des•ig•nate** [ˈdezɪgneɪt] *v/t person* designar; *area* declarar; *~d hitter in baseball* bateador(a) *m(f)* designado(-a)
**de•sign•er** [dɪˈzaɪnər] diseñador(a) *m(f)*
**de•sign•er clothes** *npl* ropa *f* de diseño
**de•sign•er la•bel** marca *f* de diseñador conocido
**de•sign fault** defecto *m* de diseño
**de•sign school** escuela *f* de diseño
**de•sir•a•ble** [dɪˈzaɪrəbl] *adj* deseable; *house* apetecible, atractivo
**de•sire** [dɪˈzaɪr] **I** *n* deseo *m*; *I have no ~ to see him* no me apetece verlo **II** *v/t* desear; *if ~d* si así se desea; *leave much / leave nothing to be ~d* dejar mucho / no dejar nada que desear
**de•sir•ous** [dɪˈzaɪrəs] *adj fml*: *be ~ of sth* estar deseoso de algo
**de•sist** [dɪˈzɪst] *v/i* desistir (*from* de)
**desk** [desk] *in classroom* pupitre *m*; *in home, office* mesa *f*; *in hotel* recepción *f*; *pay at the ~* pagar en caja
**'desk clerk** recepcionista *m/f*; **'desk di•a•ry** agenda *f*; **'desk•top** *also on screen* escritorio *m*; *computer L.Am.* computadora *f* de escritorio, *Span* ordenador *m* de escritorio; **desk•top 'cal•cu•la•tor** calculadora *f* de escritorio; **desk•top com'pu•ter** *L.Am.* computadora *f* de escritorio, *Span* ordenador *m* de escritorio; **desk•top 'pub•lish•ing** autoedición *f*

**des•o•late** ['desələt] *adj place* desolado

**des•o•la•tion** [desə'leɪʃn] desolación *f*

**de•spair** [dɪ'speɪr] **I** *n* desesperación *f*; *in* ~ desesperado; *a look of* ~ una mirada desesperada; *drive s.o. to* ~ desesperar a alguien **II** *v/i* desesperarse; *I* ~ *of finding something to wear* he perdido la esperanza de encontrar algo para ponerme

**des•pair•ing** [dɪ'sperɪŋ] *adj* desesperado

**de•spatch** [dɪ'spætʃ] ☞ *dispatch*

**des•per•ate** ['despərət] *adj* desesperado; *be* ~ estar desesperado; *be* ~ *for a drink / cigarette* necesitar una bebida / un cigarrillo desesperadamente; *get or become* ~ desesperarse; *be* ~ *to do sth* morirse de ganas de hacer algo

**des•per•ate•ly** ['despərətlɪ] *adv* extremadamente

**des•per•a•tion** [despə'reɪʃn] desesperación *f*; *an act of* ~ un acto desesperado; *out of* or *in* ~ por desesperación; *drive s.o. to* ~ desesperar a alguien

**des•pic•a•ble** [dɪs'pɪkəbl] *adj* despreciable

**de•spise** [dɪ'spaɪz] *v/t* despreciar

**de•spite** [dɪ'spaɪt] *prep* a pesar de

**de•spon•dent** [dɪ'spɑːndənt] *adj* abatido, desanimado; *get or become* ~ abatirse, desanimarse

**des•pot** ['despɑːt] déspota *m/f*

**des•pot•ic** [des'pɑːtɪk] *adj* despótico

**des•sert** [dɪ'zɜːrt] postre *m*; *what's for* ~? ¿qué hay de postre?

**des•sert•spoon** *Br* cuchara *f* de postre

**des•sert wine** vino *m* dulce

**de•sta•bi•lize** [diː'steɪbəlaɪz] *v/t* desestabilizar

**des•ti•na•tion** [destɪ'neɪʃn] destino *m*; *country of* ~ país *m* de destino

**des•tined** ['destɪnd] *adj*: *be* ~ *for* fig estar destinado a; *be* ~ *to do sth* estar destinado a hacer algo

**des•ti•ny** ['destɪnɪ] destino *m*

**des•ti•tute** ['destɪtuːt] *adj* indigente; *be* ~ estar en la miseria; *become* ~ caer en la miseria

**des•ti•tu•tion** [destɪ'tuːʃn] indigencia *f*

**de•stroy** [dɪ'strɔɪ] *v/t* destruir

**de•stroy•er** [dɪ'strɔɪr] NAUT destructor *m*

**de•struc•tion** [dɪ'strʌkʃn] destrucción *f*

**de•struc•tive** [dɪ'strʌktɪv] *adj* destructivo; *child* revoltoso

**de•struc•tive•ness** [dɪ'strʌktɪvnɪs] capacidad *f* destructiva

**des•ul•to•ry** ['desəltɔːrɪ] *adj* sin ganas

**de•tach** [dɪ'tætʃ] *v/t* separar, soltar; *email attachment* abrir; *become* ~*ed* soltarse (*from* de)

**de•tach•a•ble** [dɪ'tætʃəbl] *adj* desmontable, separable

**de•tached** [dɪ'tætʃt] *adj* **1** (*objective*) distanciado **2**: ~ *house* casa *f* individual

**de•tach•ment** [dɪ'tætʃmənt] (*objectivity*) distancia *f*

**de•tail** ['diːteɪl] detalle *m*; *in* ~ en detalle; *go into* ~ entrar en detalles (*about* sobre)

**de•tailed** ['diːteɪld] *adj* detallado

**de•tain** [dɪ'teɪn] *v/t* **1** (*hold back*) entretener **2** *as prisoner* detener

**de•tain•ee** [diːteɪn'iː] detenido(-a) *m(f)*

**de•tect** [dɪ'tekt] *v/t* percibir; *of device* detectar

**de•tec•tion** [dɪ'tekʃn] *of criminal, crime* descubrimiento *m*; *of smoke etc* detección *f*

**de•tec•tive** [dɪ'tektɪv] detective *m/f*

**de•tec•tive mov•ie** película *f* detectivesca

**de•tec•tive nov•el** novela *f* policiaca *or* de detectives

**de•tec•tor** [dɪ'tektər] detector *m*

**dé•tente** ['deɪtɑːnt] POL distensión *f*

**de•ten•tion** [dɪ'tenʃn] **1** (*imprisonment*) detención *f* **2** EDU castigo por el que el alumno se queda en el colegio después de las clases

**de•ter** [dɪ'tɜːr] *v/t* (*pret & pp* -*red*) disuadir; ~ *s.o. from doing sth* disuadir a alguien de hacer algo

**de•ter•gent** [dɪ'tɜːrdʒənt] detergente *m*

**de•te•ri•o•rate** [dɪ'tɪriəreɪt] *v/i* deteriorarse; *of weather* empeorar

**de•te•ri•o•ra•tion** [dɪtɪriə'reɪʃn] deterioro *m*; *of weather* empeoramiento *m*

**de•ter•mi•na•tion** [dɪtɜːrmɪ'neɪʃn] (*resolution*) determinación *f*

**de•ter•mine** [dɪ'tɜːrmɪn] *v/t* (*establish*) determinar

**de•ter•mined** [dɪ'tɜːrmɪnd] *adj* resuelto, decidido; *I'm* ~ *to succeed* estoy decidido a triunfar

**de•ter•rence** [dɪ'terəns] disuasión *f*

**de•ter•rent** [dɪ'terənt] elemento *m* disuasorio; *act as a ~* actuar como elemento disuasorio; *nuclear ~* disuasión *f* nuclear

**de•test** [dɪ'test] *v/t* detestar; *~ having to do sth* detestar tener que hacer algo

**de•test•a•ble** [dɪ'testəbl] *adj* detestable

**de•tes•ta•tion** [di:te'steɪʃn] odio *m* (*of* a)

**de•throne** [di:'θroʊn] *v/t* destronar

**de•to•nate** ['detəneɪt] **I** *v/t* hacer detonar *or* explotar **II** *v/i* detonar, explotar

**de•to•na•tion** [detə'neɪʃn] detonación *f*, explosión *f*

**de•to•na•tor** ['detəneɪtər] detonador *m*

**de•tour** ['di:tʊr] rodeo *m*; (*diversion*) desvío *m*; *make a ~* dar un rodeo

**de•tox•i•fi•ca•tion** [di:tɑːksɪfɪ'keɪʃn] MED desintoxicación *f*

◆ **de•tract from** [dɪ'trækt] *v/t achievement* quitar méritos a; *beauty* quitar atractivo a

**de•trac•tor** [dɪ'træktər] detractor(a) *m(f)*

**de•tri•ment** ['detrɪmənt]: *to the ~ of* en detrimento de

**de•tri•men•tal** [detrɪ'mentl] *adj* perjudicial (*to* para)

**deuce** [du:s] **1** *in tennis* deuce *m* **2**: *who / what the ~ … ?* F ¿quién / qué rayos …?

**Deutsch•mark** ['dɔɪtʃmɑːrk] HIST marco *m* alemán

**de•val•u•a•tion** [di:vælju'eɪʃn] *of currency* devaluación *f*

**de•val•ue** [di:'vælju:] *v/t currency* devaluar

**dev•a•state** ['devəsteɪt] *v/t crops, countryside, city* devastar; *fig: person* asolar; *we were all ~d to hear that …* estábamos todos destrozados *or* abatidos al oír que …

**dev•a•stat•ing** ['devəsteɪtɪŋ] *adj* devastador

**dev•as•ta•tion** [devə'steɪʃn] devastación *f*

**de•vel•op** [dɪ'veləp] **I** *v/t* **1** *film* revelar **2** *land, site* urbanizar; *activity, business* desarrollar **3** (*originate*) desarrollar; (*improve on*) perfeccionar **4** *illness, cold* contraer **II** *v/i* (*grow*) desarrollarse; *~ into* convertirse en

**de•vel•oped coun•try** [dɪ'veləpt] país *m* desarrollado

**de•vel•op•er** [dɪ'veləpər] **1** *of property* promotor(a) *m(f)* inmobiliario(-a) **2**: *be a late ~* desarrollarse tarde

**de•vel•op•ing coun•try** [dɪ'veləpɪŋ] país *m* en vías de desarrollo

**de•vel•op•ment** [dɪ'veləpmənt] **1** *of film* revelado *m* **2** *of land, site* urbanización *f*; *of business, country* desarrollo *m* **3** (*event*) acontecimiento *m* **4** (*origination*) desarrollo *m*; (*improving*) perfeccionamiento *m*

**de•vel•op•ment aid** ayuda *f* al desarrollo

**de•vi•ant** ['di:vɪənt] **1** *n* persona *f* anormal **2** *adj* desviado

**de•vi•ate** ['di:vɪeɪt] *v/i* desviarse (*from* de)

**de•vi•a•tion** [di:vɪ'eɪʃn] desviación *f*

**de•vice** [dɪ'vaɪs] *tool* aparato *m*, dispositivo *m*

**dev•il** ['devl] *also fig* diablo *m*, demonio *m*; *poor ~* pobre diablo; *be between the ~ and the deep blue sea* estar entre la espada y la pared; *go to the ~!* ¡vete al infierno!; *talk of the ~!* hablando del rey de Roma; *like the ~* F como un poseso; *who / what the ~ … ?* F ¿quién / qué diablos …?

**dev•il•ish** ['devlɪʃ] *adj* **1** (*cruel*) diabólico **2** F (*difficult*) endemoniado

**dev•il-may-'care** *adj* despreocupado

**dev•il•ry** ['devlrɪ] brujería *f*

**de•vi•ous** ['di:vɪəs] *adj* **1** (*sly*) retorcido; *by ~ means* por *or* con métodos con engaños **2** *route* tortuoso

**de•vise** [dɪ'vaɪz] *v/t* idear

**de•void** [dɪ'vɔɪd] *adj*: *be ~ of* estar desprovisto de

**de•vo•lu•tion** [di:və'lu:ʃn] POL traspaso *m* de competencias

**de•volve** [dɪ'vɑːlv] **I** *v/t* transferir (*on* a) **II** *v/i* recaer (*on* en)

**de•vote** [dɪ'voʊt] *v/t* dedicar (*to* a); *~ o.s. to sth* dedicarse a algo

**de•vot•ed** [dɪ'voʊtɪd] *adj* son etc afectuoso; *be ~ to s.o.* tener mucho cariño a alguien

**dev•o•tee** [dɪvoʊ'ti:] entusiasta *m/f*

**de•vo•tion** [dɪ'voʊʃn] devoción *f*

**de•vour** [dɪ'vaʊər] *v/t food, book* devorar

**de•vout** [dɪ'vaʊt] *adj* devoto

**dew** [du:] rocío *m*

**'dew•drop** gota *f* de rocío

**dew•y-eyed** [duːˈɪˈaɪd] *adj*: **go all ~ over sth** ponerse sentimental por algo

**dex•ter•i•ty** [dekˈsterətɪ] destreza *f*

**dex•ter•ous** [ˈdekstərəs] *adj* habilidoso

**dex•trose** [ˈdekstrəʊs] dextrosa *f*

**dex•trous** [ˈdekstrəs] ☞ **dexterous**

**di•a•be•tes** [daɪəˈbiːtiːz] *nsg* diabetes *f*

**di•a•bet•ic** [daɪəˈbetɪk] I *n* diabético(-a) *m(f)* II *adj* diabético; *foods* para diabéticos

**di•a•bol•i•cal** [daɪəˈbɒlɪkl] *adj* 1 diabólico 2 *Br* F horrible

**di•a•dem** [ˈdaɪədem] diadema *f*

**di•ag•nose** [ˈdaɪəgnəʊz] *v/t* diagnosticar; **she has been ~d as having cancer** se le ha diagnosticado un cáncer

**di•ag•no•sis** [daɪəgˈnəʊsɪs] (*pl* **diagnoses** [daɪəgˈnəʊsiːz]) diagnóstico *m*; **give** *or* **make a ~** emitir *or* realizar un diagnóstico

**di•ag•nos•tic** [daɪəgˈnɒstɪk] *adj* diagnóstico

**di•ag•o•nal** [daɪˈægənl] *adj* diagonal

**di•ag•o•nal•ly** [daɪˈægənlɪ] *adv* diagonalmente, en diagonal; **~ opposite** opuesto diagonalmente

**di•a•gram** [ˈdaɪəgræm] diagrama *m*

**di•al** [ˈdaɪl] I *n* 1 *of clock* esfera *f*, *of instrument* cuadrante *m* 2 TELEC disco *m* II *v/t* & *v/i* (*pret* & *pp* **-ed**, *Br* **-led**) TELEC marcar

**di•a•lect** [ˈdaɪəlekt] dialecto *m*

**di•al•ing code** [ˈdaɪlɪŋ] *Br* TELEC prefijo *m*

**'di•al•ing tone** *Br* ☞ **dial tone**

**di•a•log**, *Br* **di•a•logue** [ˈdaɪəlɒɡ] diálogo *m*

**'di•a•log box** COMPUT ventana *f* de diálogo

**'di•al tone** tono *m* de marcar

**di•al•y•sis** [daɪˈæləsɪs] (*pl* **dialyses** [daɪˈæləsiːz]) MED diálisis *f* *inv*

**di•am•e•ter** [daɪˈæmɪtər] diámetro *m*; **a circle 6 cms in ~** un círculo de 6 cms. de diámetro

**di•a•met•ri•cal•ly** [daɪəˈmetrɪkəlɪ] *adv*: **~ opposed** diametralmente opuesto

**di•a•mond** [ˈdaɪmənd] *also in cards, baseball* diamante *m*; *shape* rombo *m*

**di•a•mond 'wed•ding** bodas *fpl* de diamante

**di•a•per** [ˈdaɪpər] pañal *m*

**di•a•phragm** [ˈdaɪəfræm] ANAT, *contraceptive* diafragma *m*

**di•ar•rhe•a**, *Br* **di•ar•rhoe•a** [daɪəˈriːə] diarrea *f*

**di•a•ry** [ˈdaɪrɪ] 1 *for thoughts* diario *m* 2 *for appointments* agenda *f*

**di•a•tribe** [ˈdaɪətraɪb] diatriba *f*

**dice** [daɪs] I *n* dado *m*; *pl* dados *mpl* II *v/t food* cortar en dados III *v/i*: **~ with death** jugarse el cuello

**dic•ey** [ˈdaɪsɪ] *adj* F arriesgado

**di•chot•o•my** [daɪˈkɒtəmɪ] dicotomía *f*

**dick** [dɪk] 1 P (*private detective*) sabueso *m* 2 V (*penis*) polla *f* V

**dic•tate** [dɪkˈteɪt] I *v/t* dictar II *v/i*: **~ to s.o.** dar órdenes a alguien

**dic•ta•tion** [dɪkˈteɪʃn] dictado *m*

**dic•ta•tor** [dɪkˈteɪtər] POL dictador(a) *m(f)*

**dic•ta•to•ri•al** [dɪktəˈtɔːrɪəl] *adj* dictatorial

**dic•ta•tor•ship** [dɪkˈteɪtərʃɪp] dictadura *f*

**dic•tion** [ˈdɪkʃn] dicción *f*

**dic•tion•a•ry** [ˈdɪkʃənerɪ] diccionario *m*

**did** [dɪd] *pret* ☞ **do**

**di•dac•tic** [dɪˈdæktɪk] *adj* didáctico

**did•dle** [ˈdɪdl] *v/t* F: **~ s.o. out of sth** timar algo a alguien

**did•n't** [ˈdɪdnt] = **did not**

**die**[1] [daɪ] *v/i* morir; **~ of cancer / Aids** morir de cáncer / sida; **I'm dying to know / leave** me muero de ganas de saber / marchar; **I was dying for something to drink** me moría por beber algo, me moría de sed; **never say ~!** ¡no tires la toalla!; **I just about ~d** F **with** *embarrassment etc* me morí de (la) vergüenza

**die**[2] [daɪ] *n* (*pl* **dice** [daɪs]) dado *m*; **the ~ is cast** *fig* la suerte está echada

♦ **die away** *v/i of noise* desaparecer

♦ **die down** *v/i of noise* irse apagando; *of storm* amainar; *of fire* irse extinguiendo; *of excitement* calmarse

♦ **die out** *v/i of custom, species* desaparecer

**die•sel** [ˈdiːzl] *fuel* gasoil *m*, gasóleo *m*

**di•et** [ˈdaɪət] I *n* 1 (*regular food*) dieta *f* 2 *for losing weight, for health reasons* dieta *f*, régimen *m*; **be on a ~** estar a dieta *or* régimen II *v/i to lose weight* hacer dieta *or* régimen

**di•e•ti•tian** [daɪəˈtɪʃn] experto(-a) *m(f)* en dietética

**dif•fer** [ˈdɪfər] *v/i* 1 (*be different*) ser distinto; *the male ~s from the female in ...* el macho se diferencia de la hembra por ... **2** (*disagree*) discrepar

**dif•fe•rence** ['dɪfrəns] diferencia *f*; *it doesn't make any ~* (*doesn't change anything*) no cambia nada; (*doesn't matter*) da lo mismo; *~ of opinion* diferencia de opiniones; *~ in price, price ~* diferencia de precio; *with a ~* diferente

**dif•fe•rent** ['dɪfrənt] *adj* diferente, distinto (*from, than* de)

**dif•fer•en•tial** [dɪfə'renʃl] **I** *adj* diferencial **II** *n* diferencial *m*

**dif•fer•en•tial 'cal•cu•lus** cálculo *m* diferencial

**dif•fe•ren•ti•ate** [dɪfə'renʃieɪt] *v/i* **1** (*distinguish*) diferenciar, distinguir (*between* entre) **2**: *~ between* (*treat differently*) establecer diferencias entre

**dif•fer•en•ti•a•tion** [dɪfərənʃi'eɪʃn] diferenciación *f*

**dif•fe•rent•ly** ['dɪfrəntlɪ] *adv* de manera diferente

**dif•fi•cult** ['dɪfɪkəlt] *adj* difícil; *it was quite ~ for me to ...* me resultó bastante difícil ...

**dif•fi•cul•ty** ['dɪfɪkəltɪ] dificultad *f*; *with ~* con dificultades; *have ~ doing sth* costar hacer algo; *I had no ~ finding them* no tuve problemas para encontrarlos; *run into ~* tropezar con dificultades; *make difficulties for s.o.* crear dificultades a alguien; *get into difficulties* empezar a tener problemas

**dif•fi•dence** ['dɪfɪdəns] retraimiento *m*

**dif•fi•dent** ['dɪfɪdənt] *adj* retraído

**dif•fuse**[1] [dɪ'fjuːz] **I** *v/t* difundir **II** *v/i* difundirse

**dif•fuse**[2] [dɪ'fjuːs] *adj* difuso

**dig** [dɪg] *v/t & v/i* (*pret & pp* **dug**) cavar; *~ s.o. in the ribs* dar un codazo a alguien en las costillas

◆ **dig in** *v/i* F ponerse a comer

◆ **dig into** *v/t* F **1** *food* ponerse a zampar F **2** *person's past etc* indagar

◆ **dig out** *v/t* (*find*) encontrar

◆ **dig up** *v/t* levantar, cavar; *information* desenterrar

**di•gest** [daɪ'dʒest] *v/t also fig* digerir

**di•gest•i•ble** [daɪ'dʒestəbl] *adj food* digerible

**di•ges•tion** [daɪ'dʒestʃn] digestión *f*

**di•ges•tive** [daɪ'dʒestɪv] *adj* digestivo

**di'ges•tive sys•tem** aparato *m* digesti-

vo

**di•ges•tive 'tract** tubo *m* digestivo

**dig•ger** ['dɪgər] *machine* excavadora *f*

**di•git** ['dɪdʒɪt] *number* dígito *m*; *a 4 ~ number* un número de 4 dígitos

**di•gi•tal** ['dɪdʒɪtl] *adj* digital

**'di•gi•tal clock** reloj *m* digital; **di•gi•tal dis'play** monitor *m* digital; **di•gi•tal 'read•out** lectura *f* digital; **di•gi•tal 'tel•e•vi•sion** televisión *f* digital; **di•gi•tal 'watch** reloj *m* digital

**dig•i•tize** ['dɪdʒɪtaɪz] *v/t* digitalizar

**dig•ni•fied** ['dɪgnɪfaɪd] *adj* digno

**dig•ni•fy** ['dɪgnɪfaɪ] *v/t* dignificar

**dig•ni•ta•ry** ['dɪgnɪterɪ] dignatario(-a) *m(f)*

**dig•ni•ty** ['dɪgnɪtɪ] dignidad *f*

**di•gress** [daɪ'gres] *v/i* divagar, apartarse del tema

**di•gres•sion** [daɪ'greʃn] digresión *f*

**dike**[1] [daɪk] *wall* dique *m*

**dike**[2] [daɪk] P *lesbian* tortillera *f* P

**di•lap•i•dat•ed** [dɪ'læpɪdeɪtɪd] *adj* destartalado

**di•late** [daɪ'leɪt] *v/i of pupils* dilatarse

◆ **dilate on** *v/t fml fig* explayarse sobre

**dil•a•to•ry** ['dɪlətɔːrɪ] *adj* dilatorio; *be ~ in doing sth* tardar mucho en hacer algo

**di•lem•ma** [dɪ'lemə] dilema *m*; *be in a ~* estar en un dilema; *be on the horns of a ~* estar entre la espada y la pared

**dil•et•tante** [dɪle'tæntɪ] diletante *m/f*

**dil•i•gence** ['dɪlɪdʒəns] diligencia *f*

**dil•i•gent** ['dɪlɪdʒənt] *adj* diligente

**dill** [dɪl] BOT eneldo *m*

**dil•ly•dal•ly** ['dɪlɪdælɪ] *v/i* F entretenerse

**di•lute** [daɪ'luːt] *v/t* diluir

**di•lu•tion** [daɪ'luːʃn] dilución *f*

**dim** [dɪm] **I** *adj room* oscuro; *light* tenue; *outline* borroso, confuso; (*stupid*) tonto; *prospects* remoto; *eyesight* borroso; *take a ~ view of sth* desaprobar algo **II** *v/t* (*pret & pp* **-med**) atenuar; *~ the headlights* poner las luces cortas **III** *v/i* (*pret & pp* **-med**) *of lights* atenuarse

**dime** [daɪm] *moneda de diez centavos*

**'dime nov•el** novela *f* barata

**di•men•sion** [daɪ'menʃn] (*measurement*) dimensión *f*

**di•min•ish** [dɪ'mɪnɪʃ] *v/t & v/i* disminuir; *~ in value* disminuir de valor

**dim•i•nu•tion** [dɪmɪ'njuːʃn] disminución f

**di•min•u•tive** [dɪ'mɪnʊtɪv] **I** n diminutivo m **II** adj diminuto

**dim•ly** ['dɪmlɪ] adv: ~ *lit* con poca luz; *I could ~ see ...* apenas veía ...

**dim•mer** ['dɪmər] potenciómetro m, dimmer m

**dim•ple** ['dɪmpl] hoyuelo m

**dim•wit•ted** [dɪm'wɪtɪd] adj corto

**din** [dɪn] **I** n estruendo m; *make a ~* armar un estruendo **II** v/t (pret & pp -ned): ~ *sth into s.o.* intentar convencer a alguien de algo

**dine** [daɪn] v/i *fml* cenar, *L.Am.* comer

◆ **dine in** v/i cenar *or L.Am.* comer en casa

◆ **dine on** v/t cenar, *L.Am.* comer

◆ **dine out** v/i cenar *or L.Am.* comer fuera, *Rpl, Mex* cenar afuera

**din•er** ['daɪnər] **1** *person* comensal m/f **2** *restaurant* restaurante m barato

**din•ghy** ['dɪŋgɪ] (*small yacht*) bote m de vela; (*rubber boat*) lancha f neumática

**din•gy** ['dɪndʒɪ] adj sórdido; (*dirty*) sucio

**din•ing car** ['daɪnɪŋ] RAIL vagón m restaurante, coche m comedor; **'din•ing room** comedor m; **'din•ing ta•ble** mesa f de comedor

**dink•y** ['dɪŋkɪ] adj F **1** cutre **2** Br mono

**din•ner** ['dɪnər] *in the evening* cena f; *at midday* comida f; (*formal gathering*) cena f de gala; *what's for ~?* ¿qué hay de cena?, ¿qué hay para cenar?

**'din•ner guest** invitado(-a) m(f) a cenar; **'din•ner par•ty** cena f; **'din•ner service, 'din•ner set** vajilla f; **'din•ner ta•ble:** *at the ~* en la mesa; **'din•ner time** hora f de la cena; *at midday* hora f de la comida

**di•no•saur** ['daɪnəsɔːr] dinosaurio m

**dint** [dɪnt]: *by ~ of* a fuerza de

**di•ode** ['daɪoʊd] ELEC diodo m

**di•ox•ide** [daɪ'ɑːksaɪd] CHEM dióxido m

**di•ox•in** [daɪ'ɑːksɪn] CHEM dioxina f

**dip** [dɪp] **I** n **1** (*slope*) inclinación f, pendiente f; (*depression*) hondonada f **2** (*swim*) baño m, zambullida f; *go for a ~* darse un baño *or* una zambullida **3** *for food* salsa f **II** v/t (pret & pp -ped): ~ *sth into sth* meter algo en algo; ~ *the headlights* poner las luces

cortas **III** v/i (pret & pp -ped) *of road* bajar

◆ **dip into** v/t **1** *book* echar un vistazo a **2** *savings* echar mano de

**diph•the•ri•a** [dɪf'θɪərɪə] difteria f

**diph•thong** ['dɪfθɑːŋ] diptongo m

**di•plo•ma** [dɪ'ploʊmə] diploma m

**di•plo•ma•cy** [dɪ'ploʊməsɪ] *also fig* diplomacia f

**di•plo•mat** ['dɪpləmæt] diplomático(-a) m(f)

**di•plo•mat•ic** [dɪplə'mætɪk] adj *also fig* diplomático

**di•plo•mat•i•cal•ly** [dɪplə'mætɪklɪ] adv de forma diplomática

**di•plo•mat•ic 'bag** valija f diplomática; **di•plo'mat•ic corps** cuerpo m diplomático; **di•plo•mat•ic im'mu•ni•ty** inmunidad f diplomática

**dip•py** ['dɪpɪ] adj F tonto F, chiflado F

**dip•so•man•i•ac** [dɪpsə'meɪnɪæk] adj dipsomaníaco

**'dip•stick** MOT varilla f del aceite

**dire** [daɪr] adj terrible; *be in ~ need of sth* necesitar algo acuciantemente

**di•rect** [daɪ'rekt] **I** adj directo; *the ~ opposite* exactamente lo opuesto (*of* de) **II** v/t *play, movie, attention* dirigir; *can you ~ me to the museum?* ¿me podría indicar cómo se va al museo?; ~ *sth to be done* disponer que se haga algo

**di•rect 'cur•rent** ELEC corriente f continua

**di•rect 'dis•course** LING estilo m directo

**di•rec•tion** [dɪ'rekʃn] **1** dirección f; *in the ~ of* en dirección a, hacia; *from all ~s* de todas partes; *sense of ~* sentido de la orientación **2**: ~*s to a place* indicaciones fpl; (*instructions*) instrucciones fpl; *for medicine* posología f; *let's ask for ~s* preguntemos cómo se va; ~*s for use* modo m de empleo **3** *of movie* dirección f

**di•rec•tion 'in•di•ca•tor** MOT intermitente m

**di•rec•tive** [dɪ'rektɪv] directiva f

**di•rect•ly** [dɪ'rektlɪ] **I** adv (*straight*) directamente; (*soon*) pronto; (*immediately*) ahora mismo **II** conj en cuanto; ~ *I've finished this ...* en cuanto *or* tan pronto acabe esto ...

**di•rect mail 'ad•ver•tis•ing** propaganda f por correo directo

**di•rect 'ob•ject** LING objeto *m* directo

**di•rec•tor** [dɪˈrektər] director(a) *m(f)*

**di•rec•tor-'gen•e•ral** COM director(a) *m(f)* general

**di•rec•tor•ship** [daɪˈrektərʃɪp] COM dirección *f*; **be given a ~** ser ascendido a director

**di•rec•to•ry** [dɪˈrektərɪ] *also* COMPUT directorio *m*; TELEC guía *f* telefónica

**di•rec•to•ry en'qui•ries** *nsg Br* TELEC servicio *m* de guía telefónica

**di•rect 'speech** *Br* LING estilo *m* directo

**dirt** [dɜːrt] suciedad *f*; **treat s.o. like ~** tratar a alguien como a un pelele *or* pingo

**dirt 'cheap** *adj* F tirado F; **dirt 'poor** *adj* F pordiosero F, desarrapado F; **'dirt road, 'dirt track** pista *f* (de tierra), camino *m*

**dirt•y** [ˈdɜːrtɪ] **I** *adj* sucio; *(pornographic)* pornográfico, obsceno; **give s.o. a ~ look** mirar a alguien con cara de pocos amigos F; **have a ~ mind** tener una mente pervertida *or* corrompida; **~ old man** viejo *m* verde; **~ word** obscenidad *f*, grosería *f*; **do s.o.'s ~ work** *fig* hacer el trabajo sucio por alguien **II** *v/t (pret & pp -ied)* ensuciar; **~ one's hands** *fig* pringarse

**dirt•y 'trick** jugarreta *f*; **play a ~ on s.o.** hacer una jugarreta a alguien

**dis•a•bil•i•ty** [dɪsəˈbɪlətɪ] discapacidad *f*, minusvalía *f*

**dis•a•ble** [dɪsˈeɪbl] *v/t* **1** *person* dejar con una minusvalía **2** *machine* invalidar, estropear

**dis•a•bled** [dɪsˈeɪbld] **I** *npl*: **the ~** los discapacitados *mpl* **II** *adj* discapacitado; **~ access** acceso *m* para discapacitados

**dis•a•buse** [dɪsəˈbjuːz] *v/t*: **~ s.o. of an idea** desengañar a alguien de una idea

**dis•ad•van•tage** [dɪsədˈvæntɪdʒ] *(drawback)* desventaja *f*; **be at a ~** estar en desventaja; **to s.o.'s ~** en perjuicio de alguien; **put s.o. at a ~** poner *or* dejar a alguien en desventaja

**dis•ad•van•taged** [dɪsədˈvæntɪdʒd] *adj* desfavorecido

**dis•ad•van•ta•geous** [dɪsædvænˈteɪdʒəs] *adj* desventajoso, desfavorable

**dis•af•fec•ted** [dɪsəˈfektɪd] *adj* descontento, insatisfecho

**dis•a•gree** [dɪsəˈgriː] *v/i of person* no estar de acuerdo, discrepar; **let's agree to ~** aceptemos que no nos vamos a poner de acuerdo

◆ **disagree with** *v/t* **1** *of person* no estar de acuerdo con, discrepar con **2** *of food* sentar mal; **lobster disagrees with me** la langosta me sienta mal

**dis•a•gree•a•ble** [dɪsəˈgriːəbl] *adj* desagradable

**dis•a•gree•ment** [dɪsəˈgriːmənt] **1** desacuerdo *m* **2** *(argument)* discusión *f*

**dis•al•low** [dɪsəˈlaʊ] *v/t* SP anular, pitar F

**dis•ap•pear** [dɪsəˈpɪr] *v/i* desaparecer; **now where has that boy ~ed to!** ¡dónde se ha metido ahora ese chico!

**dis•ap•pear•ance** [dɪsəˈpɪrəns] desaparición *f*

**dis•ap•point** [dɪsəˈpɔɪnt] *v/t* desilusionar, decepcionar

**dis•ap•point•ed** [dɪsəˈpɔɪntɪd] *adj* desilusionado, decepcionado

**dis•ap•point•ing** [dɪsəˈpɔɪntɪŋ] *adj* decepcionante

**dis•ap•point•ment** [dɪsəˈpɔɪntmənt] desilusión *f*, decepción *f*

**dis•ap•prov•al** [dɪsəˈpruːvl] desaprobación *f*

**dis•ap•prove** [dɪsəˈpruːv] *v/i* desaprobar, estar en contra; **~ of** desaprobar, estar en contra de

**dis•ap•prov•ing** [dɪsəˈpruːvɪŋ] *adj* desaprobatorio, de desaprobación

**dis•ap•prov•ing•ly** [dɪsəˈpruːvɪŋlɪ] *adv* con desaprobación

**dis•arm** [dɪsˈɑːrm] **I** *v/t* desarmar **II** *v/i* desarmarse

**dis•ar•ma•ment** [dɪsˈɑːrməmənt] desarme *m*

**dis•arm•ing** [dɪsˈɑːrmɪŋ] *adj* cautivador

**dis•ar•range** [dɪsəˈreɪndʒ] *v/t* desordenar, revolver

**dis•ar•ray** [dɪsəˈreɪ]: **be in ~** estar en desorden

**dis•as•sem•ble** [dɪsəˈsembl] *v/t* desmantelar

**dis•as•sem•bly** [dɪsəˈsemblɪ] desmantelamiento *m*

**dis•as•ter** [dɪˈzæstər] desastre *m*

**di'sas•ter ar•e•a** zona *f* catastrófica; *fig: person* desastre *m*

**di•sas•trous** [dɪˈzæstrəs] *adj* desastroso

# disband

**dis•band** [dɪs'bænd] **I** v/t disolver **II** v/i disolverse

**dis•be•lief** [dɪsbə'liːf] incredulidad f; **in ~** con incredulidad

**dis•be•lieve** [dɪsbə'liːv] v/t descreer, cuestionar

**dis•burse** [dɪs'bɜːrs] v/t desembolsar

**disc** [dɪsk] Br ☞ **disk**

**dis•card** [dɪ'skɑːrd] v/t desechar; boyfriend deshacerse de

**'disc brake** freno m de disco

**di•scern** [dɪ'sɜːrn] v/t distinguir, percibir

**di•scern•i•ble** [dɪ'sɜːrnəbl] adj perceptible

**di•scern•ing** [dɪ'sɜːrnɪŋ] adj entendido, exigente

**dis•cern•ment** [dɪ'sɜːrnmənt] discernimiento m, juicio m

**dis•charge** **I** n ['dɪstʃɑːrdʒ] **1** from hospital alta f; from army licencia f **2** (pus) emisión f **II** v/t [dɪs'tʃɑːrdʒ] **1** from hospital dar el alta a; from army licenciar; from job despedir **2** pus emitir

**di•sci•ple** [dɪ'saɪpl] religious discípulo m

**dis•ci•pli•nar•y** [dɪsɪ'plɪnərɪ] adj disciplinario

**dis•ci•pline** ['dɪsɪplɪn] **I** n disciplina f **II** v/t child, dog castigar; employee sancionar

**dis•ci•plined** ['dɪsɪplɪnd] adj disciplinado, ordenado

**'disc jock•ey** disc jockey m/f, Span pinchadiscos m/f inv

**dis•claim** [dɪs'kleɪm] v/t negar

**dis•claim•er** [dɪs'kleɪmər] of rights renuncia f; of responsibility descargo m

**dis•close** [dɪs'kloʊs] v/t revelar

**dis•clo•sure** [dɪs'kloʊʒər] revelación f

**dis•co** ['dɪskoʊ] discoteca f

**dis•col•or**, Br**dis•col•our** [dɪs'kʌlər] v/i decolorar

**dis•com•fit** [dɪs'kʌmfɪt] v/t avergonzar, turbar

**dis•com•fi•ture** [dɪs'kʌmfɪtʃər] vergüenza f, turbación f

**dis•com•fort** [dɪs'kʌmfərt] **1** (pain) molestia f **2** (embarrassment) incomodidad f

**dis•con•cert** [dɪskən'sɜːrt] v/t desconcertar

**dis•con•cert•ed** [dɪskən'sɜːrtɪd] adj desconcertado

**dis•con•cert•ing** [dɪskən'sɜːrtɪŋ] adj desconcertante

**dis•con•nect** [dɪskə'nekt] v/t desconectar

**dis•con•so•late** [dɪs'kɑːnsələt] adj desconsolado

**dis•con•tent** [dɪskən'tent] descontento m

**dis•con•tent•ed** [dɪskən'tentɪd] adj descontento; **grow ~** hartarse, disgustarse

**dis•con•tin•ue** [dɪskən'tɪnjuː] v/t product dejar de producir; bus, train service suspender; magazine dejar de publicar; **~d line** COM línea f discontinuada

**dis•con•tin•u•ous** [dɪskən'tɪnjʊəs] adj discontinuo

**dis•cord** ['dɪskɔːrd] **1** MUS discordancia f **2** in relations discordia f

**dis•cord•ant** [dɪs'kɔːrdənt] adj discorde, discordante; **strike a ~ note** fig ser la nota discordante

**dis•co•theque** ['dɪskətek] discoteca f

**dis•count** **I** n ['dɪskaʊnt] descuento m; **at a~** a precio rebajado **II** v/t [dɪs'kaʊnt] **1** goods descontar **2** theory descartar

**'dis•count rate** tipo m de descuento

**'dis•count store** tienda f de saldos

**dis•cour•age** [dɪs'kʌrɪdʒ] v/t **1** (dissuade) disuadir (from de) **2** (dishearten) desanimar, desalentar

**dis•cour•age•ment** [dɪs'kʌrɪdʒmənt] **1** disuasión f **2** (being disheartened) desánimo m, desaliento m

**dis•cour•ag•ing** [dɪs'kʌrɪdʒɪŋ] adj desalentador, desmoralizador

**dis•course** **I** n ['dɪskɔːrs] disquisición f, análisis m **II** v/i [dɪ'skɔːrs] disertar, tratar (**on** sobre)

**dis•cour•te•ous** [dɪs'kɜːrtjəs] adj descortés, desconsiderado

**dis•cour•te•sy** [dɪs'kɜːrtɪsɪ] descortesía f, desconsideración f

**dis•cov•er** [dɪ'skʌvər] v/t descubrir

**dis•cov•er•er** [dɪ'skʌvərər] descubridor(a) m(f)

**dis•cov•e•ry** [dɪ'skʌvərɪ] descubrimiento m

**dis•cred•it** [dɪs'kredɪt] **I** v/t desacreditar **II** n: **bring sth into ~, bring ~ on sth** empañar la fama de algo, desprestigiar algo

**di•screet** [dɪ'skriːt] adj discreto

**disillusioned**

**di•screet•ly** [dɪ'skri:tlɪ] *adv* discretamente

**di•screp•an•cy** [dɪ'skrepənsɪ] discrepancia *f*

**di•scre•tion** [dɪ'skreʃn] discreción *f*; *at your ~* a discreción; *use your ~* usa tu criterio

**di•scrim•i•nate** [dɪ'skrɪmɪneɪt] *v/i* discriminar (*against* contra); *~ between* (*distinguish*) distinguir entre

**di•scrim•i•nat•ing** [dɪ'skrɪmɪneɪtɪŋ] *adj* entendido, exigente

**di•scrim•i•na•tion** [dɪ'skrɪmɪneɪʃn] *sexual, racial etc* discriminación *f*

**dis•crim•i•na•to•ry** [dɪ'skrɪmɪnətɔ:rɪ] *adj* discriminatorio

**dis•cur•sive** [dɪ'skɜ:rsɪv] *adj* divagador, inconexo

**dis•cus** ['dɪskəs] SP *object* disco *m*; *event* lanzamiento *m* de disco

**di•scuss** [dɪ'skʌs] *v/t* discutir; *of article* analizar

**di•scus•sion** [dɪ'skʌʃn] discusión *f*; *be under ~* estar bajo consideración

**dis'cus•sion pro•gram** programa *m* de debate

**'dis•cus throw•er** lanzador(a) *m(f)* de disco

**dis•dain** [dɪs'deɪn] desdén *m*

**dis•dain•ful** [dɪs'deɪnful] *adj* desdeñoso; *be ~ of s.o.* / *sth* menospreciar *or* despreciar a alguien / algo

**dis•ease** [dɪ'zi:z] enfermedad *f*

**dis•em•bark** [dɪsəm'bɑ:rk] *v/i* desembarcar

**dis•en•chant•ed** [dɪsən'tʃæntɪd] *adj*: *~ with* desencantado con; *become ~ with sth* desencantarse con algo

**dis•en•gage** [dɪsən'geɪdʒ] *v/t* soltar

**dis•en•tan•gle** [dɪsən'tæŋgl] *v/t* desenredar

**dis•fa•vo(u)r** [dɪs'feɪvər]: *be in* / *fall into ~* estar en / caer en desgracia (*with* de)

**dis•fig•ure** [dɪs'fɪgər] *v/t* desfigurar

**dis•gorge** [dɪs'gɔ:rdʒ] I *v/t* descargar, arrojar II *v/i* descargarse, arrojarse

**dis•grace** [dɪs'greɪs] I *n* vergüenza *f*; *it's a ~!* ¡qué vergüenza!; *in ~* desacreditado; *bring ~ on* desacreditar *or* deshonrar a II *v/t* deshonrar; *~ o.s.* degradarse

**dis•grace•ful** [dɪs'greɪsfəl] *adj* *behavior, situation* vergonzoso, lamentable

**dis•grun•tled** [dɪs'grʌntld] *adj* descontento

**dis•guise** [dɪs'gaɪz] I *n* disfraz *m*; *in ~* disfrazado II *v/t* *voice, handwriting* cambiar; *fear, anxiety* disfrazar; *~ o.s. as* disfrazarse de; *he was ~d as ...* iba disfrazado de ...

**dis•gust** [dɪs'gʌst] I *n* asco *m*, repugnancia *f*; *in ~* asqueado II *v/t* dar asco a, repugnar; *I'm ~ed by* or *with* or *at ...* me da asco *or* me repugna ...

**dis•gust•ing** [dɪs'gʌstɪŋ] *adj* *habit, smell, food* asqueroso, repugnante; *it is ~ that ...* da asco que ..., es repugnante que ...

**dish** [dɪʃ] **1** (*part of meal, container*) plato *m*; *wash* or *do the ~es* fregar los platos **2** *for satellite TV* antena *f* parabólica

◆ **dish out** *v/t* F soltar F; *food* repartir

◆ **dish up** *v/t* servir

**dis•har•mo•ny** [dɪs'hɑ:rmənɪ] tensión *f*, tirantez *f*

**'dish•cloth** paño *m* de cocina

**dis•heart•en** [dɪs'hɑ:rtn] *v/t* descorazonar, desanimar

**dis•heart•ened** [dɪs'hɑ:rtnd] *adj* desalentado, descorazonado; *get* or *become ~* descorazonarse, desanimarse

**dis•heart•en•ing** [dɪs'hɑ:rtnɪŋ] *adj* descorazonador

**dis•shev•eled**, Br **di•shev•elled** [dɪ'ʃevld] *adj* *hair, clothes* desaliñado; *person* despeinado

**dis•hon•est** [dɪs'ɑ:nɪst] *adj* deshonesto

**dis•hon•est•y** [dɪs'ɑ:nɪstɪ] deshonestidad *f*

**dis•hon•or** [dɪs'ɑ:nər] I *n* deshonra *f*; *bring ~ on* deshonrar a II *v/t* deshonrar

**dis•hon•o•ra•ble** [dɪs'ɑ:nərəbl] *adj* deshonroso

**dis•hon•our** *etc* Br ☞ **dishonor** *etc*

**'dish tow•el** paño *m* de cocina; **'dishwash•er** *person* lavaplatos *m/f inv*; *machine* lavavajillas *m inv*, lavaplatos *m inv*; **'dish•wash•ing liq•uid** lavavajillas *m inv*; **'dish•wa•ter** agua *f* de lavar los platos

**dish•y** ['dɪʃɪ] *adj* Br F guapetón F, de buena facha F

**dis•il•lu•sion** [dɪsɪ'lu:ʒn] *v/t* desilusionar

**dis•il•lu•sioned** [dɪsɪ'lu:ʒnd] *adj* desilusionado, desencantado; **become ~ with sth** desilusionarse con algo

**dis•il•lu•sion•ment** [dısı'lu:ʒnmənt] desilusión *f*

**dis•in•cen•tive** [dısın'sentıv] inconveniente *m*, pega *f*

**dis•in•cli•na•tion** [dısınklı'neıʃn] resistencia *f*

**dis•in•clined** [dısın'klaınd] *adj:* **she was ~ to believe him** no estaba inclinada a creerle

**dis•in•fect** [dısın'fekt] *v/t* desinfectar

**dis•in•fec•tant** [dısın'fektənt] desinfectante *m*

**dis•in•fec•tion** [dısın'fekʃn] desinfección *f*

**dis•in•for•ma•tion** [dısınfər'meıʃn] desinformación *f*

**dis•in•gen•u•ous** [dısın'dʒenjuəs] *adj* deshonesto, ruin

**dis•in•her•it** [dısın'herıt] *v/t* desheredar

**dis•in•te•grate** [dıs'ıntəgreıt] *v/i* desintegrarse; *of marriage* deshacerse

**dis•in•te•gra•tion** [dısıntə'greıʃn] desintegración *f*

**dis•in•ter•est•ed** [dıs'ıntərestıd] *adj* (*unbiased*) desinteresado

**dis•joint•ed** [dıs'dʒɔıntıd] *adj* deshilvanado

**disk** [dısk] *also* COMPUT disco *m*; **on ~** en disco

**'disk drive** COMPUT unidad *f* de disco

**disk•ette** [dıs'ket] disquete *m*

**dis•like** [dıs'laık] **I** *n* antipatía *f*, **take a ~ to s.o.** tomar manía a alguien **II** *v/t:* **she ~s being kept waiting** no le gusta que la hagan esperar; **I ~ him** no me gusta; **get o.s. ~d** ganarse la antipatía ajena

**dis•lo•cate** ['dısləkeıt] *v/t shoulder* dislocar

**dis•lo•ca•tion** [dıslou'keıʃn] MED dislocación *f*

**dis•lodge** [dıs'lɑːdʒ] *v/t* desplazar, mover de su sitio

**dis•loy•al** [dıs'lɔıəl] *adj* desleal

**dis•loy•al•ty** [dıs'lɔıəltı] deslealtad *f*

**dis•mal** ['dızməl] *adj weather* horroroso, espantoso; *news, prospect* negro; *person* (*sad*) triste; *person* (*negative*) negativo; *failure* estrepitoso

**dis•man•tle** [dıs'mæntl] *v/t* desmantelar

**dis•may** [dıs'meı] **I** *n* (*alarm*) consternación *f*; (*disappointment*) desánimo *m*;

**in ~** con pesar; **I realized to my ~ that** ... me dí cuenta, para mi desgracia, de que ... **II** *v/t* consternar

**dis•mem•ber** [dıs'membər] *v/t* desmembrar, dividir

**dis•miss** [dıs'mıs] *v/t employee* despedir; *suggestion* rechazar; *idea, possibility* descartar

**dis•miss•al** [dıs'mısl] *of employee* despido *m*

**dis•mis•sive** [dıs'mısıv] *adj:* **be ~ of s.o. / sth** mostrar desprecio por alguien / algo

**dis•mount** [dıs'maunt] *v/i* desmontar

**dis•o•be•di•ence** [dısə'bi:dıəns] desobediencia *f*

**dis•o•be•di•ent** [dısə'bi:dıənt] *adj* desobediente

**dis•o•bey** [dısə'beı] *v/t* desobedecer

**dis•o•blig•ing** [dısə'blaıdʒıŋ] *adj* ineficiente

**dis•or•der** [dıs'ɔːrdər] **1** (*untidiness*) desorden *m*; **in ~** en desorden; **throw sth into ~** desbarajustar *or* revolucionar algo **2** (*unrest*) desórdenes *mpl* **3** MED dolencia *f*; **mental ~** enfermedad mental; **stomach ~** dolencia estomacal

**dis•or•dered** [dıs'ɔːrdərd] *adj* **1** *room, desk* desordenado **2** *mind* perturbado, desequilibrado

**dis•or•der•ly** [dıs'ɔːrdərlı] *adj* **1** *room, desk* desordenado **2** *mob* alborotado

**dis•or•gan•ize** [dıs'ɔːrgənaız] *v/t* desorganizar

**dis•or•gan•ized** [dıs'ɔːrgənaızd] *adj* desorganizado

**dis•o•ri•ent, dis•o•ri•en•tate** [dıs'ɔːrıənt(eıt)] *v/t* desorientar

**dis•o•ri•ent•ed** [dıs'ɔːrıəntıd] *adj* desorientado

**dis•own** [dıs'oun] *v/t* repudiar, renegar de; **if you do that, I'll ~ you** si haces eso yo no te conozco

**dis•par•age** [dı'spærıdʒ] *v/t* denigrar

**dis•par•age•ment** [dı'spærıdʒmənt] desprecio *m*

**dis•par•ag•ing** [dı'spærıdʒıŋ] *adj* despreciativo

**dis•pa•rate** ['dıspərət] *adj* dispar, diferente

**dis•par•i•ty** [dı'spærətı] disparidad *f*

**dis•pas•sion•ate** [dı'spæʃənət] *adj* (*objective*) desapasionado

**dis•patch** [dı'spætʃ] *v/t* (*send*) enviar

**disruption**

di•spatch•er [dɪ'spætʃər] *for taxi firm* coordinador(a) *m(f)* (de centralita de taxis)

dis•pel [dɪ'spel] *v/t* (*pret & pp* **-led**) *doubts, crowd* dispersar

dis•pen•sa•ble [dɪ'spensəbl] *adj* prescindible

dis•pen•sa•ry [dɪ'spensərɪ] *in pharmacy* dispensario *m*

dis•pen•sa•tion [dɪspen'seɪʃn] REL dispensa *f*

dis•pense [dɪ'spens] *v/t medicine* dispensar; *advice* dar; **~ justice** administrar justicia

◆ dispense with [dɪ'spens] *v/t* prescindir de

dis•pens•er [dɪ'spensər] máquina *f* expendedora

dis•pens•ing chem•ist [dɪ'spensɪŋ] *Br* farmacéutico(-a) *m(f)*

dis•per•sal [dɪ'spɜːrsl] esparcimiento *m*, difusión *f*

dis•perse [dɪ'spɜːrs] I *v/t* dispersar II *v/i of crowd* dispersarse; *of mist* disiparse

dis•pir•it•ed [dɪ'pɪrɪtɪd] *adj* desalentado, abatido; **get** *or* **become ~** desalentarse, abatirse

dis•place [dɪs'pleɪs] *v/t* (*supplant*) sustituir

dis•placed per•son ['dɪspleɪst] refugiado(-a) *m(f)*

dis•place•ment [dɪs'pleɪsmənt] desalojo *m*, evacuación *f*

dis•play [dɪs'pleɪ] I *n* muestra *f; in store window* objetos *mpl* expuestos; COMPUT pantalla *f*; **be on ~** estar expuesto II *v/t emotion, prices* mostrar; *at exhibition, for sale* exponer; COMPUT visualizar; **a notice will be ~ed** se pondrá un aviso

dis•play cab•i•net *in museum, shop* vitrina *f*; dis•play case vitrina *f*; dis•play stand expositor *m*; dis•play unit *in store* vitrina *f*

dis•please [dɪs'pliːz] *v/t* desagradar, disgustar; **be ~d at** *or* **with** estar descontento *or* disgustado con

dis•pleas•ing [dɪs'pliːzɪŋ] *adj* desagradable

dis•plea•sure [dɪs'pleʒər] desagrado *m*, disgusto *m*

dis•po•sa•ble [dɪ'spouzəbl] *adj* desechable; **~ income** ingreso(s) *m(pl)* disponible(s)

dis•pos•al [dɪ'spouzl] eliminación *f*; **I am at your ~** estoy a su disposición; **put sth at s.o.'s ~** poner algo a disposición de alguien

◆ dis•pose of [dɪ'spouz] *v/t* (*get rid of*) deshacerse de

dis•posed [dɪ'spouzd] *adj*: **be** *or* **feel ~ to do sth** (*willing*) estar dispuesto a hacer algo; **be well ~ toward** estar bien dispuesto hacia

dis•po•si•tion [dɪspə'zɪʃn] (*nature*) carácter *m*

dis•pos•sess [dɪspə'zes] *v/t* deshauciar, desposeer

dis•pro•por•tion•ate [dɪsprə'pɔːrʃənət] *adj* desproporcionado; **be ~ to** ser desproporcionado para

dis•prove [dɪs'pruːv] *v/t* refutar

dis•put•a•ble [dɪ'spjuːtəbl] *adj* cuestionable, discutible

dis•pu•ta•tion [dɪspjuː'teɪʃn] debate *m*, controversia *f*

dis•pu•ta•tious [dɪspjuː'teɪʃəs] *adj* discutidor

dis•pute [dɪ'spjuːt] I *n* disputa *f; industrial* conflicto *m* laboral II *v/t* discutir; (*fight over*) disputarse; **I don't ~ that** eso no lo discuto

dis•qual•i•fi•ca•tion [dɪskwɑːlɪfɪ'keɪʃn] descalificación *f*

dis•qual•i•fy [dɪs'kwɑːlɪfaɪ] *v/t* (*pret & pp* **-ied**) descalificar

dis•qui•et [dɪs'kwaɪət] inquietud *f*, preocupación *f*

dis•qui•et•ing [dɪs'kwaɪətɪŋ] *adj* inquietante, preocupante

dis•re•gard [dɪsrə'gɑːrd] I *n* indiferencia *f* II *v/t* no tener en cuenta

dis•re•pair [dɪsrə'per]: **in a state of ~** deteriorado; **fall into ~** deteriorarse

dis•rep•u•ta•ble [dɪs'repjʊtəbl] *adj* poco respetable; *area* de mala reputación

dis•re•pute [dɪsrɪ'pjuːt]: **bring sth into ~** desprestigiar algo; **fall into ~** adquirir mala reputación

dis•re•spect [dɪsrə'spekt] falta *f* de respeto

dis•re•spect•ful [dɪsrə'spektfəl] *adj* irrespetuoso

dis•rupt [dɪs'rʌpt] *v/t* **1** *train service* trastornar, alterar **2** *meeting, class* interrumpir

dis•rup•tion [dɪs'rʌpʃn] **1** *of train service* alteración *f* **2** *of meeting, class* interrupción *f*

**dis•rup•tive** [dɪs'rʌptɪv] *adj* perjudicial; **he's very ~ in class** causa muchos problemas en clase

**dis•sat•is•fac•tion** [dɪssætɪs'fækʃn] insatisfacción *f*

**dis•sat•is•fac•to•ry** [dɪssætɪs'fæktərɪ] *adj* insatisfactorio

**dis•sat•is•fied** [dɪs'sætɪsfaɪd] *adj* insatisfecho

**dis•sect** [dɪ'sekt] *v/t* **1** MED diseccionar, disecar **2** *fig* diseccionar, analizar

**dis•sec•tion** [dɪ'sekʃn] MED disección *f*, disecación *f*

**dis•sem•ble** [dɪ'sembl] *v/t* ocultar, esconder

**dis•sem•i•nate** [dɪ'semɪneɪt] *v/t* propagar

**dis•sem•in•a•tion** [dɪsemɪ'neɪʃn] propagación *f*

**dis•sen•sion** [dɪ'senʃn] disensión *f*

**dis•sent** [dɪ'sent] **I** *n* discrepancia *f* **II** *v/i*: **~ from** disentir de

**dis•sent•er** [dɪ'sentər] disidente *m/f*

**dis•ser•ta•tion** [dɪsər'teɪʃn] EDU tesina *f*

**dis•serv•ice** [dɪs'sɜːrvɪs]: **do s.o. a ~** hacer un feo *or* desaire a alguien

**dis•si•dent** ['dɪsɪdənt] disidente *m/f*

**dis•sim•i•lar** [dɪs'sɪmɪlər] *adj* distinto

**dis•sim•i•lar•i•ty** [dɪssɪmɪ'lærətɪ] disimilitud *f*, diferencia *f*

**dis•si•pate** ['dɪsɪpeɪt] **I** *v/t* desvanecer **II** *v/i* desvanecerse

**dis•si•pat•ed** ['dɪsɪpeɪtɪd] *adj* disipado, libertino

**dis•si•pa•tion** [dɪsɪ'peɪʃn]: **a life of ~** una vida de excesos

**dis•so•ci•ate** [dɪ'souʃɪeɪt] *v/t* disociar; **~ o.s. from** disociarse de

**dis•so•ci•a•tion** [dɪsousɪ'eɪʃn] disociación *f*

**dis•so•lute** ['dɪsəluːt] *adj* disoluto

**dis•so•lu•tion** ['dɪsəluːʃn] POL, COM disolución *f*

**dis•solve** [dɪ'zɑːlv] **I** *v/t substance, company* disolver **II** *v/i* **1** *of substance* disolverse **2**: **~ into tears** deshacerse en lágrimas

**dis•so•nance** ['dɪsənəns] **1** MUS disonancia *f* **2** *fig* discordancia *f*

**dis•so•nant** ['dɪsənənt] *adj* **1** MUS disonante **2** *fig* discordante

**dis•suade** [dɪ'sweɪd] *v/t* disuadir; **~ s.o.**

**from doing sth** disuadir a alguien de hacer algo

**dis•tance** ['dɪstəns] **I** *n* distancia *f*; **in the ~** en la lejanía; **at a ~** desde *or* de lejos; **from a ~** desde *or* de lejos; **keep one's ~** permanecer alejado; **go the ~** *also fig* llegar hasta el final; **at this ~ in time** a estas alturas **II** *v/t* distanciar; **~ o.s. from** distanciarse de

**'dis•tance run•ner** SP corredor(a) *m(f)* de fondo

**dis•tant** ['dɪstənt] *adj place, time, relative* distante, lejano; *fig (aloof)* distante

**dis•taste** [dɪs'teɪst] desagrado *m*

**dis•taste•ful** [dɪs'teɪstfəl] *adj* desagradable; **be ~ to s.o.** resultar desagradable *or* ofensivo a alguien

**dis•tend** [dɪ'stend] **I** *v/t* distender **II** *v/i* distenderse

**dis•till**, *Br* **dis•til** [dɪ'stɪl] *v/t* destilar

**dis•til•la•tion** [dɪstɪ'leɪʃn] destilación *f*

**dis•till•er•y** [dɪs'tɪlərɪ] destilería *f*

**dis•tinct** [dɪ'stɪŋkt] *adj* **1** *(clear)* claro **2** *(different)* distinto; **as ~ from** a diferencia de

**dis•tinc•tion** [dɪ'stɪŋkʃn] *(differentiation)* distinción *f*; **hotel / product of ~** un hotel / producto destacado; **draw** *or* **make a ~ between** distinguir *or* diferenciar entre

**dis•tinc•tive** [dɪ'stɪŋktɪv] *adj* característico

**dis•tinct•ly** [dɪ'stɪŋktlɪ] *adv* **1** claramente, con claridad **2** *(decidedly)* verdaderamente

**dis•tin•guish** [dɪ'stɪŋgwɪʃ] *v/t* **1** distinguir (**from** de; **between** entre) **2**: **~ o.s.** destacar, sobresalir

**dis•tin•guished** [dɪ'stɪŋgwɪʃt] *adj* distinguido

**dis•tin•guish•ing mark** [dɪ'stɪŋgwɪʃɪŋ] rasgo *m* característico *or* distintivo

**dis•tort** [dɪ'stɔːrt] *v/t* distorsionar

**dis•tor•tion** [dɪ'stɔːrʃn] distorsión *f*, deformación *f*

**dis•tract** [dɪ'strækt] *v/t* distraer; **~ s.o.'s attention** distraer *or* apartar la atención de alguien

**dis•tract•ed** [dɪ'stræktɪd] *adj* distraído, ensimismado; **get** *or* **become ~** distraerse

**dis•trac•tion** [dɪ'strækʃn] distracción *f*; **drive s.o. to ~** sacar a alguien de quicio

**dis•traught** [dɪ'strɔːt] *adj* angustiado,

consternado; **become** ~ angustiarse, consternarse

**dis•tress** [dɪ'stres] **I** *n* sufrimiento *m*; *in* ~ *ship*, *aircraft* en peligro **II** *v/t* (*upset*) angustiar

**dis•tress call** llamada *f* de socorro

**dis•tressed** [dɪ'stresd] *adj* angustiado; **get** *or* **become** ~ angustiarse

**dis•tress•ing** [dɪ'stresɪŋ] *adj* angustiante

**dis•tress sig•nal** señal *m* de socorro

**dis•trib•ute** [dɪ'strɪbjuːt] *v/t* distribuir, repartir; COM distribuir

**dis•tri•bu•tion** [dɪstrɪ'bjuːʃn] distribución *f*

**dis•tri•bu•tion ar•range•ment** COM acuerdo *m* de distribución

**dis•tri•bu•tion net•work** red *f* de distribución

**dis•trib•u•tor** [dɪs'trɪbjuːtər] COM distribuidor(a) *m(f)*

**dis•trict** ['dɪstrɪkt] (*area*) zona *f*; (*neighborhood*) barrio *m*

**dis•trict at'tor•ney** fiscal *m/f* del distrito

**dis•trict 'man•ag•er** gerente *m/f* regional

**dis•trust** [dɪs'trʌst] **I** *n* desconfianza *f* **II** *v/t* desconfiar de

**dis•trust•ful** [dɪs'trʌstfʊl] *adj* sospechoso, receloso; **be** ~ **of s.o.** desconfiar de alguien

**dis•turb** [dɪ'stɜːrb] *v/t* **1** (*interrupt*) molestar; **do not** ~ no molestar **2** (*upset*) preocupar

**dis•turb•ance** [dɪ'stɜːrbəns] (*interruption*) molestia *f*; ~**s** (*civil unrest*) disturbios *mpl*; **cause** *or* **create a** ~ causar *or* ocasionar molestias

**dis•turbed** [dɪ'stɜːrbd] *adj* **1** (*concerned, worried*) preocupado, inquieto **2** *mentally* perturbado

**dis•turb•ing** [dɪ'stɜːrbɪŋ] *adj* (*worrying*) inquietante; **you may find some scenes** ~ algunas de las escenas pueden herir la sensibilidad del espectador

**dis•u•nite** [dɪsjuː'naɪt] *v/t* desunir, dividir

**dis•u•ni•ty** [dɪs'juːnətɪ] desunión *f*, división *f*

**dis•use** [dɪs'juːs]: **fall into** ~ caer en desuso

**dis•used** [dɪs'juːzd] *adj* abandonado

**ditch** [dɪtʃ] **I** *n* zanja *f* **II** *v/t* F (*get rid of*)

deshacerse de; *boyfriend* plantar F; *plan* abandonar

**dith•er** ['dɪðər] **I** *v/i* vacilar **II** *n*: **be all of a** ~, **be in a** ~ estar hecho un lío, estar en un mar de confusiones

**dit•to** ['dɪtoʊ] *adv* ídem

**di•ur•nal** [daɪ'ɜːrnl] *adj* diurno

**di•van** [dɪ'væn] diván *m*; *Br* ~ (*bed*) cama *f* turca

**dive** [daɪv] **I** *n* **1** salto *m* de cabeza; *underwater* inmersión *f*; *of plane* descenso *m* en picado; **make a** ~ **for sth** lanzarse *or* tirarse a por algo; **take a** ~ F *of dollar etc* desplomarse **2** F *bar etc* antro *m* F **II** *v/i* (*pret also* **dove**) tirarse de cabeza; *underwater* bucear; *of plane* descender en picado; ~ **for cover** cobijarse, refugiarse

**div•er** ['daɪvər] *off board* saltador(a) *m(f)* de trampolín; *underwater* buceador(a) *m(f)*

**di•verge** [daɪ'vɜːrdʒ] *v/i* bifurcarse

**di•verg•ence** [daɪ'vɜːrdʒəns] divergencia *f*, discrepancia *f*

**di•ver•gent** [daɪ'vɜːrdʒənt] *adj* divergente, discrepante

**di•verse** [daɪ'vɜːrs] *adj* diverso

**di•ver•si•fi•ca•tion** [daɪvɜːrsɪfɪ'keɪʃn] COM diversificación *f*

**di•ver•si•fy** [daɪ'vɜːrsɪfaɪ] *v/i* (*pret & pp* **-ied**) COM diversificarse (**into** en)

**di•ver•sion** [daɪ'vɜːrʃn] **1** *for traffic* desvío *m* **2** *to distract attention* distracción *f*

**di•ver•si•ty** [daɪ'vɜːrsətɪ] diversidad *f*

**di•vert** [daɪ'vɜːrt] *v/t* *traffic, attention* desviar

**di•vest** [daɪ'vest] *v/t*: ~ **s.o. of sth** despojar a alguien de algo; ~ **o.s. of sth** deshacerse de algo

**di•vide** [dɪ'vaɪd] *v/t* *also fig* dividir; ~ **16 by 4** dividir 16 entre 4; ~ **into two halves** partir *or* dividir en dos mitades; **opinion is** ~**d** hay división de opiniones

**di•vid•ed high•way** [dɪvaɪdɪd'haɪweɪ] autovía *f*

**div•i•dend** ['dɪvɪdend] FIN dividendo *m*; **pay** ~**s** *fig* resultar beneficioso

**di•vid•ers** [dɪ'vaɪdərz] *npl, also* **pair of** ~ compás *m* de puntas

**di•vid•ing** [dɪ'vaɪdɪŋ] *adj* divisorio

**div•i•na•tion** [dɪvɪ'neɪʃn] adivinación *f*, clarividencia *f*

**di•vine** [dɪ'vaɪn] *adj also* F divino

**div•ing** ['daɪvɪŋ] *from board* salto *m* de trampolín; (*scuba* ~) buceo *m*, submarinismo *m*

**'div•ing bell** campana *f* de buzo *or* inmersión; **'div•ing board** trampolín *m*; **'div•ing head•er** *in soccer* cabezazo *m* en plancha; **'div•ing hel•met** gorro *m* de buceo; **'div•ing mask** máscara *f* de buceo; **'div•ing suit** traje *m* de buceo

**di•vin•i•ty** [dɪ'vɪnətɪ] **1** REL divinidad *f* **2** UNIV teología *f*

**di•vis•i•ble** [dɪ'vɪzəbl] *adj* divisible (**by** por)

**di•vi•sion** [dɪ'vɪʒn] división *f*

**di•vorce** [dɪ'vɔːrs] **I** *n* divorcio *m*; **get a** ~ divorciarse **II** *v/t* divorciarse de; **get** ~**d** divorciarse **III** *v/i* divorciarse

**di•vorced** [dɪ'vɔːrst] *adj* divorciado

**di•vor•cee** [dɪvɔːr'siː] divorciado(-a) *m(f)*

**di•vulge** [daɪ'vʌldʒ] *v/t* divulgar; ~ **sth to s.o.** desvelar *or* revelar algo a alguien

**DIY** [diːaɪ'waɪ] *abbr* (= **do it yourself**) bricolaje *m*

**DI'Y store** tienda *f* de bricolaje

**diz•zi•ness** ['dɪzɪnɪs] mareo *m*

**diz•zy** ['dɪzɪ] *adj* mareado; **feel** ~ estar mareado

**DJ** ['diːdʒeɪ] *abbr* **1** (= **disc jockey**) disc jockey *m/f*, *Span* pinchadiscos *m/f inv* **2** (= **dinner jacket**) esmoquin *m*

**DNA** [diːen'eɪ] *abbr* (= **deoxyribonucleic acid**) AND *m* (= ácido desoxirribonucleico)

**do**¹ [duː] **I** *v/t* (*pret* **did**, *pp* **done**) hacer; *100 mph etc* ir a; ~ **one's hair** peinarse; **what are you** ~**ing tonight?** ¿qué vas a hacer esta noche?; ~ **I don't know what to** ~ no sé qué hacer; ~ **it right now!** hazlo ahora mismo; **have one's hair done** arreglarse el pelo; **well done!** ¡bien hecho!, ¡así se hace!; **have done with sth** acabar con algo, poner fin a algo

**II** *v/i* (*pret* **did**, *pp* **done**) (*be suitable, enough*): **that'll** ~ **nicely** eso bastará; **that will** ~**!** ¡ya vale!; ~ **well** *of business* ir bien; **he's** ~**ing well** le van bien las cosas; **how** ~ **you** ~**?** encantado de conocerle

**III** *v/aux*: ~ **you know him?** ¿lo conoces?; **I don't know** no sé; ~ **you like Des Moines? - yes I** ~ ¿te gusta Des Moines? - sí; **he works hard, doesn't he?** trabaja mucho, ¿verdad?; **don't you believe me?** ¿no me crees?; **you** ~ **believe me, don't you?** me crees, ¿verdad?; **you don't know the answer, do you? - no, I don't** no sabes la respuesta, ¿no es así? - no, no la sé

**do**² [duː] (*pl* **dos, do's**) [duːz] *n*: ~**s and don'ts** F lo que se debe y lo que no se debe hacer

◆ **do about** *v/t*: **what are we going to do about him?** ¿qué vamos a hacer con él?

◆ **do away with** *v/t* (*abolish*) abolir; **do away with o.s.** quitarse la vida

◆ **do down** *v/t* (*belittle*) menospreciar, hablar en términos despectivos de

◆ **do in** *v/t* F (*exhaust*) machacar F; **I'm done in** estoy hecho polvo F

◆ **do out of** *v/t*: **do s.o. out of sth** timar alguien a algo F

◆ **do over** *v/t* (*do again*) rehacer, volver a hacer

◆ **do up** **I** *v/t* **1** (*renovate*) renovar **2** *buttons, coat* abrocharse; *laces* atarse **II** *v/i* *of clothes* cerrarse; *with buttons* abrocharse

◆ **do with** *v/t*: **I could do with ...** no me vendría mal ...; **he won't have anything to do with it** (*won't get involved*) no quiere saber nada de ello

◆ **do without** **I** *v/i*: **you'll have to do without** te las tendrás que arreglar **II** *v/t* pasar sin

**do•ber•man** ['doʊbərmən] ZO doberman *m*

**doc** [dɑːk] F ☞ **doctor, thanks** ~ gracias doctor

**do•cile** ['doʊsəl] *adj* dócil

**do•cil•i•ty** [doʊ'sɪlətɪ] docilidad *f*

**dock**¹ [dɑːk] **I** *n* NAUT muelle *m* **II** *v/i* *of ship* atracar; *of spaceship* acoplarse

**dock**² [dɑːk] *n* LAW banquillo *m* (de los acusados)

**dock**³ [dɑːk] *v/t* *tail* descolar; ~ **$20 off or from s.o.'s wages** descontar 20 dólares del salario de alguien

**dock•er** ['dɑːkər] *Br* cargador(a) *m(f)*

**'dock•yard** *Br* astillero *m*

**doc•tor** ['dɑːktər] MED médico(-a) *m(f)*; *form of address* doctor(a) *m(f)*; **take one's** ~**'s degree** hacer el doctorado

**doc•tor•al the•sis** ['dɑːktərəl] tesis *f* doctoral

**doc•tor•ate** ['dɑːktərət] doctorado *m*

**doc•trine** ['dɑːktrɪn] doctrina *f*

**doc•u•dra•ma** ['dɑːkjʊdrɑːmə] docudrama *m*

**doc•u•ment** ['dɑːkjʊmənt] **I** *n* documento *m* **II** *v/t* documentar

**doc•u•men•ta•ry** [dɑːkjʊ'mentərɪ] *program* documental *m*

**doc•u•men•ta•tion** [dɑːkjʊmen'teɪʃn] documentación *f*

**dod•der** ['dɑːdər] *v/i* F tambalearse

**dod•der•er** ['dɑːdərər] F: *the old* ~ el viejo chocho F

**dod•der•ing** ['dɑːdərɪŋ] *adj* F tambaleante

**dodge** [dɑːdʒ] *v/t blow, person* esquivar; *issue, question* eludir

**dodg•em** ['dɑːdʒəm] *Br* ☞ **bumper car**

**doe** [doʊ] *deer* cierva *f*

**do•er** ['duːər] hacedor(a) *m(f)*

**does** [dʌz] ☞ **do**[1]

**'doe•skin** *leather* napa *f*

**does•n't** ['dʌznt] F = **does not** ☞ **do**[1]

**doff** [dɑːf] *v/t*: ~ *one's hat to s.o.* quitarse el sombrero ante alguien

**dog** [dɒːg] **I** *n* perro(-a) *m(f)*; *go to the* ~*s* ir de mal en peor; *lead a* ~*'s life* llevar una vida de perros; *let sleeping* ~*s lie* escurrir el bulto; *dirty* ~ canalla F; *lucky* ~*!* ¡vaya suerte!; *make a* ~*'s breakfast of sth* F dejar algo hecho un desastre, liar un desaguisado **II** *v/t* (*pret & pp* **-ged**) *of bad luck* perseguir

**'dog bis•cuit** galleta *f* para perros; **'dog catch•er** perrero(-a) *m(f)*; **'dog col•lar 1** *for dog* collar *m* para perros **2** F *for priest* collarín *m*, alzacuello *m*

**dog•eared** ['dɒːgɪrd] *adj book* sobado, con las esquinas dobladas

**dog-eat-'dog** *adj* F: *it's a* ~ *world* éste es un mundo muy competitivo; **'dog•fight** MIL combate *m* aéreo; **'dog•fish** cazón *m*

**dog•ged** ['dɒːgɪd] *adj* tenaz

**dog•ger•el** ['dɒːgərəl] *pej* coplillas *fpl*

**dog•gie** ['dɒːgɪ] *in children's language* perrito *m*

**dog•gy** ['dɒːgɪ] F perrito *m* F

**'dog•gy bag** bolsa para las sobras de la comida

**'dog•house: be in the** ~ F haber caído en desgracia

**dog•ma** ['dɒːgmə] dogma *m*

**dog•mat•ic** [dɒːg'mætɪk] *adj* dogmático

**do-good•er** ['duːgʊdər] *pej* buen(a) samaritano(-a) *m(f)*

**dogs•bod•y** ['dɒːgzbɑːdɪ] F: *I'm not your* ~ no soy tu esclavo; **'dog tag** MIL chapa *f* de identificación; **'dog-tired** *adj* F hecho polvo F

**doi•ly** ['dɔɪlɪ] blonda *f*

**do•ing** ['duːɪŋ]: *it was your* ~ lo hiciste tú, fuiste tú; *that will take some* ~*!* ¡eso será una odisea!

**do-it-your•self** [duːɪtjər'self] bricolaje *m*

**dol•drums** ['doʊldrəmz]: *be in the* ~ *of economy* estar en un bache; *of person* estar deprimido

**dole** [doʊl] *Br* F: *be on the* ~ estar en el paro

◆ **dole out** *v/t* repartir

**dole•ful** ['doʊlfʊl] *adj* triste, pesaroso

**doll** [dɑːl] **1** *toy* muñeca *f* **2** F *woman* muñeca *f* F

◆ **doll up** *v/t*: *get dolled up* F emperifollarse F

**dol•lar** ['dɑːlər] dólar *m*

**'dol•lar ar•e•a** área *f* del dólar; **'dol•lar di•plo•ma•cy** diplomacia *f* de dólar; **'dol•lar sign** signo *m* del dólar

**'doll•house** casita *f* de muñecas

**dol•lop** ['dɑːləp] F cucharada *f*

**dol•ly** ['dɑːlɪ] **1** *toy* muñeca *f* **2** *in film, TV studio* carro *m*

**dol•phin** ['dɑːlfɪn] delfín *m*

**dolt** [doʊlt] idiota *m/f*

**do•main** [doʊ'meɪn] competencia *f*, responsabilidad *f*

**dome** [doʊm] *of building* cúpula *f*

**do•mes•tic** [də'mestɪk] *adj* **1** *chores* doméstico, del hogar **2** *news, policy* nacional **II** *n* empleado(-a) *m(f)* del hogar

**do•mes•tic 'an•i•mal** animal *m* doméstico

**do•mes•tic a'p•pli•ance** electrodoméstico *m*

**do•mes•ti•cate** [də'mestɪkeɪt] *v/t animal* domesticar; *be* ~*d of person* estar domesticado

**do•mes•tic flight** vuelo *m* nacional

**do•mes•tic 'ser•vant** empleado(-a) *m(f)* del hogar

**dom•i•cile** ['dɑːmɪsaɪl] **1** *n* LAW domicilio

lio *m* ‖ *v/t bill* domiciliar

**dom•i•ciled** ['dɑːmɪsaɪld] *adj: be ~ in* of *person* residir en; *of bill* estar domiciliado en

**dom•i•nance** ['dɑːmɪnəns] dominio *m*, control *m*

**dom•i•nant** ['dɑːmɪnənt] *adj* dominante

**dom•i•nate** ['dɑːmɪneɪt] *v/t* dominar

**dom•i•na•tion** [dɑːmɪ'neɪʃn] dominación *f*

**dom•i•neer•ing** [dɑːmɪ'nɪrɪŋ] *adj* dominante

**Dom•i•ni•can Re•pub•lic** [dəmɪnɪkən-rɪ'pʌblɪk] República *f* Dominicana

**do•min•ion** [də'mɪnjən] autoridad *f*, poder *m*

**dom•i•no** ['dɑːmɪnoʊ] (*pl* **-oes**) ficha *f* de dominó; *play ~es* jugar al dominó

**don** [dɑːn] *v/t* poner

**do•nate** [doʊ'neɪt] *v/t* donar

**do•na•tion** [doʊ'neɪʃn] donación *f*, donativo *m*; MED donación *f*

**done** [dʌn] *pp* ☞ *do*; *it isn't ~, it isn't the ~ thing* es inaceptable, no está bien

**don•key** ['dɑːŋkɪ] burro *m*

**do•nor** ['doʊnər] *of money*, MED donante *m/f*

**do•nut** ['doʊnʌt] dónut *m*

**doo•dle** ['duːdl] *v/i* garabatear

**doom** [duːm] **1** (*fate*) destino *m* **2** (*ruin*) fatalidad *f*

**doomed** [duːmd] *adj project* condenado al fracaso; *we are ~* (*bound to fail*) estamos condenados al fracaso; (*going to die*) vamos a morir

**dooms•day** ['duːmzdeɪ] día *m* del juicio final

**door** [dɔːr] puerta *f*; *there's someone at the ~* hay alguien en la puerta; *from ~ to ~* a domicilio; *out of ~s* al aire libre; *shut the ~ on sth fig* cerrar la puerta a algo; *lay sth at s.o.'s ~ fig* acusar a alguien de algo; *show s.o. the ~ fig* poner a alguien de patitas en la calle; *open the ~ for sth fig* abrir las puertas *or* tener las puertas abiertas a algo

**'door•bell** timbre *m*; *ring the ~* llamar al timbre; **door-bel•ling** ['dɔːrbelɪŋ] visitas *fpl* de puerta en puerta (*haciendo campaña*); **'door han•dle** manilla *f* de la puerta; **'door•knob** pomo *m*; **'door-knock•er** aldaba *f*, llamador *m*; **'door-man** portero *m*; **'door•mat** felpudo *m*; **'door•post** jamba *f*; **'door•step** umbral

*m*; *on s.o.'s ~ fig* a la vuelta de la esquina; **door-to-door 'sales•man** vendedor *m* a domicilio; **door-to-door 'sel•ling** venta *f* a domicilio; **'door•way** puerta *f*

**dope** [doʊp] **I** *n* **1** (*drugs*) droga *f* **2** F (*idiot*) lelo(-a) *m(f)* **3** F (*information*) información *f* ‖ *v/t* drogar

**'dope test** SP prueba *f* de dopaje

**dop•ey** ['doʊpɪ] *adj* F **1** (*stupid*) estúpido F **2** (*slow*) atontado F, alelado F **3** (*not awake*) casi *or* medio dormido, grogui F

**dork** [dɔːrk] F pardillo *m* F

**dorm** [dɔːrm] F ☞ **dormitory**

**dor•mant** ['dɔːrmənt] *adj* **1** *plant* aletargado **2** *volcano* inactivo

**dor•mer win•dow** ['dɔːrmər] buhardilla *f*

**dor•mi•to•ry** ['dɔːrmɪtɔːrɪ] **1** dormitorio *m* (colectivo) **2** (*hall of residence*) residencia *f* de estudiantes

**'dor•mi•to•ry sub•urb, 'dor•mi•to•ry town** ciudad *f* dormitorio

**dor•sal fin** ['dɔːrsl] aleta *f* dorsal

**dos•age** ['doʊsɪdʒ] dosis *f inv*

**dose** [doʊs] dosis *f inv*; *he's ok in small ~s* se le puede soportar en pequeñas dosis

**dos•si•er** ['dɑːsɪeɪ] dossier *m*

**dot** [dɑːt] punto *m*; *on the ~* (*exactly*) en punto

**dot•age** ['doʊtɪdʒ]: *be in one's ~* ser un vejestorio

**dot.com** (**com•pa•ny**) [dɑːt'kɑːm] empresa *f* punto.com

◆ **dote on** [doʊt] *v/t* adorar a

**dot•ing** ['doʊtɪŋ] *adj: my ~ aunt* mi tía, que tanto me adora

**dot 'ma•trix print•er** impresora *f* de punteo, impresora *f* matricial

**dot•ted line** ['dɑːtɪd] línea *f* de puntos; *sign on the ~* F echar la firma F

**dot•ty** ['dɑːtɪ] *adj* F tocado F, chalado F

**dou•ble** ['dʌbl] **I** *n* **1** *person* doble *m/f* **2** *room* habitación *f* doble ‖ *adj* doble; *inflation is now in ~ figures* la inflación ha superado ya el 10% ‖ *adv*: *they offered me ~ what the others did* me ofrecieron el doble que la otra gente; *see ~* ver doble *v/t* doblar, duplicar **V** *v/i* **1** doblarse, duplicarse **2**: *it ~s as ...* hace también de ...

◆ **double back** *v/i* (*go back*) volver sobre sus pasos

◆ **double up** v/i **1** in pain doblarse **2** (share) compartir habitación

◆ **double up with** v/t (share) compartir con

**doub•le 'a•gent** doble agente m/f; **doub•le-bar•relled name** [dʌbl-'bærəld] apellido m compuesto; **doub•le-bar•relled 'shot•gun** escopeta f de doble cañón; **doub•le 'bass** contrabajo m; **doub•le 'bed** cama f de matrimonio; **doub•le-'book** v/t reservar dos veces; **doub•le-breast•ed** [dʌbl-'brestɪd] adj cruzado; **doub•le'check** v/t & v/i volver a comprobar; **doub•le 'chin** papada f; **doub•le 'click COM-PUT I** n doble clic m **II** v/i hacer doble clic (**on** en); **doub•le-'cross I** v/t engañar, traicionar **II** n traición f, engaño m; **doub•le-'deal•ing I** adj engañoso, falso **II** n duplicidad f; **doub•le-deck•er** [dʌbl'dekər] Br autobús m de dos pisos; **doub•le 'drib•ble** in basketball dobles mpl; **doub•le-edged** [dʌbl'edʒd] adj fig ambiguo; **doub•le en•try 'book-keep•ing** contabilidad f por partida doble; **doub•le 'glaz•ing** doble acristalamiento m; **doub•le'park** v/i aparcar en doble fila; **'doub•le play** in baseball doble jugada f; **'doub•le pump** in basketball rectificación f; **'doub•le-quick** adj: **in ~ time** muy rápidamente; **'doub•le quotes** npl comillas fpl; **'doub•le room** habitación f doble

**doub•les** ['dʌblz] in tennis dobles mpl; **a ~ match** un partido de dobles; **men's / women's ~** dobles masculinos / femeninos

**doub•le 'take: do a ~** quedarse de una pieza, quedarse pasmado; **'doub•le team** in basketball dos contra uno; **doub•le 'time: be paid ~** cobrar el doble; **doub•le 'vi•sion: suffer from ~** ver doble

**doubt** [daut] **I** n duda f; (uncertainty) dudas fpl; **be in ~** ser incierto; **not be in ~** estar claro; **no ~** (probably) sin duda; **cast** or **throw ~ on sth** poner algo en duda; **if** or **when in ~,** ... ante la duda, ...; **leave no ~s about sth** dejar algo muy claro; **there has to be no room for ~** no puede caber la menor duda **II** v/t dudar; **we never ~ed you** nunca dudamos de ti

**doubt•er** ['dautər] escéptico(-a) m(f)

**doubt•ful** ['dautfəl] adj remark, look dubitativo; **be ~** of person tener dudas; **it is ~ whether** ... es dudoso que ...

**doubt•ful•ly** ['dautfəlɪ] adv lleno de dudas

**doubt•less** ['dautlɪs] adv sin duda, indudablemente

**dough** [dou] **1** masa f **2** F (money) L.Am. plata f F, Span pasta f F

**dour** [duər] adj severo, serio

**dove**[1] [dʌv] n also fig paloma f

**dove**[2] [douv] pret ☞ **dive**

**dow•dy** ['daudɪ] adj poco elegante

**Dow Jones Av•er•age** [dau'dʒounz] índice m Dow Jones

**down**[1] [daun] n (feathers) plumón m

**down**[2] [daun] **I** adv (downward) (hacia) abajo; **pull the shade ~** baja la persiana; **put it ~ on the table** ponlo en la mesa; **when the leaves come ~** cuando se caen las hojas; **cut ~ a tree** cortar un árbol; **she was ~ on her knees** estaba arrodillada; **the plane was shot ~** el avión fue abatido; **~ there** allá abajo; **fall ~** caerse; **die ~** amainar; **$200 ~** (as deposit) una entrada de 200 dólares; **~ south** hacia el sur; **be ~** of price, rate haber bajado; of numbers, amount haber descendido; (not working) no funcionar; F (depressed) estar deprimido or con la depre F

**II** prep: **run ~ the stairs** bajar las escaleras corriendo; **the lava rolled ~ the hill** la lava descendía por la colina; **walk ~ the street** andar por la calle; **the store is halfway ~ Baker Street** la tienda está a mitad de Baker Street; **~ the corridor** por el pasillo; **the markings ~ its back** las marcas en la espalda

**III** v/t **1** (swallow) tragar **2** (destroy) derribar **3**: **~ tools** dejar de trabajar

**'down-and-out** vagabundo(-a) m(f); **down-at-'heel** adj desaliñado, andrajoso; **'down•beat** adj F pesimista, negativo; **'down•cast** adj (dejected) deprimido

**down•er** ['daunər] F drug barbitúrico m

**'down•fall** caída f; of person perdición f; **'down•grade** v/t degradar; **the hurri-cane has been ~d to a storm** el huracán ha sido reducido a la categoría de tormenta; **down•heart•ed** [daun-'hɑːrtɪd] adj abatido; **down'hill** adv

cuesta abajo; **go ~** *fig* ir cuesta abajo; **down•hill 'ski•ing** descenso *m*; **'down•load** *v/t* COMPUT descargar, bajar; **'down•mark•et** *adj* barato; **'down pay•ment** entrada *f*; **make a ~ on sth** pagar la entrada de algo; **'down•play** *v/t* quitar importancia a; **'down•pour** chaparrón *m*, aguacero *m*; **'down•right I** *adj lie* evidente; *idiot* completo **II** *adv dangerous* extremadamente; *stupid* completamente; **'down•side** (*disadvantage*) desventaja *f*, inconveniente *m*; **'down•size I** *v/t car* reducir el tamaño de; *company* reajustar la plantilla de **II** *v/i of company* reajustar la plantilla
**Down's syn•drome** ['daʊnzsɪndroʊm] MED síndrome *m* de Down
**'down•stairs I** *adj* del piso de abajo; **my ~ neighbors** los vecinos de abajo **II** *adv*: **the kitchen is ~** la cocina está en el piso de abajo; **I ran ~** bajé corriendo
**down'stream** *adv* río abajo; **'down•time** tiempo *m* de inactividad; **down--to-'earth** *adj approach*, *person* práctico, realista; **'down•town I** *n* centro *m* **II** *adj* del centro **III** *adv*: **I'm going ~** voy al centro; **he lives ~** vive en el centro; **down•trod•den** ['daʊntrɑːdn] *adj* maltratado, pisoteado; **'down•turn** *in economy* bajón *m*; **down 'un•der** F Australia y Nueva Zelanda
**'down•ward** ['daʊnwərd] **I** *adj* descendente; **~ trend** tendencia *f* bajista **II** *adv* a la baja
**dow•ry** ['daʊrɪ] dote *f*
**doze** [doʊz] **I** *n* cabezada *f*, sueño *m* **II** *v/i* echar una cabezada
◆ **doze off** *v/i* quedarse dormido
**doz•en** ['dʌzn] docena *f*; **~s of** F montonadas de F
**doz•y** ['doʊzɪ] *adj* somnoliento, adormilado
**DP** [diːpiː] *abbr* (= **data processing**) COMPUT tratamiento *m* de datos
**drab** [dræb] *adj* gris
**Dra•co•ni•an** [drə'koʊnjən] *adj* draconiano, severo
**draft** [dræft] **I** *n* **1** *of air* corriente *f* **2** *of document* borrador *m* **3** MIL reclutamiento *m* **4**: **~ (beer), beer on ~** cerveza *f* de barril **II** *v/t* **1** *document* redactar un borrador de **2** MIL reclutar
**'draft dodg•er** prófugo(-a) *m(f)*

**draft•ee** [dræft'iː] recluta *m/f*
**drafts•man** ['dræftsmən] delineante *m/f*
**draft•y** ['dræftɪ] *adj*: **it's ~ here** hace mucha corriente aquí
**drag** [dræg] **I** *n* **1**: **it's a ~ having to ...** F es un latazo tener que ... F; **he's a ~** F es un peñazo F; **what a ~!** F ¡qué lata! F, ¡qué fastidio! F **2**: **the main ~** F la calle principal **3**: **in ~** vestido de mujer **II** *v/t* (*pret & pp* **-ged**) **1** (*pull, also with mouse*) arrastrar; **~ s.o. into sth** (*involve*) meter a alguien en algo; **~ sth out of s.o.** (*get information from*) arrancar algo de alguien; **~ one's feet** *or* **heels** dar largas (*over* a) **2** (*search*) dragar
**III** *v/i* (*pret & pp* **-ged**) *of time* pasar despacio; *of show, movie* ser pesado
◆ **drag along** *v/t* arrastrar
◆ **drag away** *v/t*: **drag o.s. away from the TV** despegarse de la TV
◆ **drag in** *v/t into conversation* introducir
◆ **drag on** *v/i* (*last long time*) alargarse
◆ **drag out** *v/t* (*prolong*) alargar
◆ **drag up** *v/t* F (*mention*) sacar a relucir
**'drag co•ef•fi•cient** MOT coeficiente *m* de resistencia *or* penetración aerodinámica
**'drag•net** red *f* barredera
**drag•on** ['drægn] dragón *m*; *fig* bruja *f*
**'drag•on•fly** libélula *f*
**'drag queen** drag queen *f*, travesti *m*
**drain** [dreɪn] **I** *n pipe* sumidero *m*, desagüe *m*; *under street* alcantarilla *f*; **a ~ on resources** una sangría en los recursos; **it's money down the ~** F es tirar el dinero **II** *v/t water, vegetables* escurrir; *land* drenar; *glass, tank, oil* vaciar; *person* agotar **III** *v/i of dishes* escurrir
◆ **drain away** *v/i* **1** *of liquid* desaparecer **2** *of strength, life* desvanecerse; **his strength was draining away** perdía las fuerzas, flaqueaba
◆ **drain off** *v/t water* escurrir
**drain•age** ['dreɪnɪdʒ] **1** (*drains*) desagües *mpl* **2** *of water from soil* drenaje *m*
**drain•ing board** ['dreɪnɪŋ] escurridero *m*
**'drain•pipe** *Br* tubo *m* de desagüe
**drake** [dreɪk] ORN pato *m*
**dram** [dræm] F chupito *m* F

**DRAM** ['di:ræm] *abbr* (= **dynamic random access memory**) DRAM *f*, memoria *f* de acceso aleatorio dinámica

**dra•ma** ['drɑːmə] **1** (*art form*) drama *m*, teatro *m* **2** (*excitement*) dramatismo *m* **3** (*play: on TV*) drama *m*, obra *f* de teatro

'**dra•ma school** academia *f or* escuela *f* de teatro

'**dra•ma se•ries** serie *f* dramática

**dra•mat•ic** [drə'mætɪk] *adj* dramático; *scenery* espectacular

**dra•mat•i•cal•ly** [drə'mætɪklɪ] *adv* **1** *say* con dramatismo, de manera dramática **2** *decline, rise, change etc* espectacularmente

**dram•a•tist** ['dræmətɪst] dramaturgo (-a) *m(f)*

**dram•a•ti•za•tion** [dræmətaɪ'zeɪʃn] (*play*) dramatización *f*

**dram•a•tize** ['dræmətaɪz] *v/t also fig* dramatizar

**drank** [dræŋk] *pret* ☞ **drink**

**drape** [dreɪp] *v/t cloth* cubrir; *~d in* (*covered with*) cubierto con

**drap•er•y** ['dreɪpərɪ] ropajes *mpl*

**drapes** [dreɪps] *npl* cortinas *fpl*

**dras•tic** ['dræstɪk] *adj* drástico

**drat** [dræt] *int* ¡mecachis! F, ¡caramba! F

**draught** *Br* ☞ **draft**

**draw** [drɔː] **I** *n* **1** *in match, competition* empate *m*; *end in a* ~ acabar en empate **2** *in lottery* sorteo *m* **3** (*attraction*) atracción *f*

**II** *v/t* (*pret* **drew**, *pp* **drawn**) **1** *picture, map* dibujar

**2** *cart* tirar de; *curtain* correr; *in lottery* sortear

**3** *gun, knife* sacar

**4** (*attract*) atraer; *feel ~n towards s.o.* sentirse atraído por alguien; ~ *applause* arrancar el aplauso

**5** (*lead*) llevar; ~ *s.o. into sth fig* conducir *or* arrastrar a alguien a algo; *she refused to be ~n on the matter* ella se negó a hacer comentarios sobre el asunto

**6** *from bank account* sacar, retirar

**7** (*derive*): ~ *inspiration from sth* inspirarse con algo; *she drew consolation from the fact that ...* le consoló el hecho de que ...

**III** *v/i* (*pret* **drew**, *pp* **drawn**) **1** dibujar **2** *in match, competition* empatar **3**: ~ *near* acercarse; ~ *ahead of s.o.* tomar la delantera a alguien

◆ **draw apart** *v/i* distanciarse (*from* de)

◆ **draw aside** *v/t* llevar a un lado

◆ **draw away** *v/i* apartarse, alejarse (*from* de)

◆ **draw back I** *v/i* (*recoil*) echarse atrás **II** *v/t* (*pull back*) retirar

◆ **draw down** *v/t petroleum, water reserves* agotar

◆ **draw in** *v/i of nights* acortarse

◆ **draw on I** *v/i* (*approach*) aproximarse **II** *v/t* (*make use of*) utilizar

◆ **draw out** *v/t wallet, money from bank* sacar; *draw s.o. out* hacer que alguien hable

◆ **draw up I** *v/t* **1** *document* redactar **2** *chair* acercar **II** *v/i* **1** *of vehicle* parar **2**: *draw o.s. up* erguirse

'**draw•back** desventaja *f*, inconveniente *m*

'**draw•bridge** puente *m* levadizo

**draw•ee** [drɔː'iː] COM librado(-a) *m(f)*

**draw•er**[1] [drɔːr] *of desk etc* cajón *m*

**draw•er**[2] [drɔːr]: *she's a good* ~ dibuja muy bien

**draw•ing** ['drɔːɪŋ] dibujo *m*

'**draw•ing board** tablero *m* de dibujo; *go back to the* ~ *fig* volver a empezar otra vez; '**draw•ing pin** *Br* chincheta *f*; '**draw•ing room** sala *f* de estar, salón *m*

**drawl** [drɔːl] acento *m* arrastrado

**drawn** [drɔːn] *pp* ☞ **draw**

'**draw•string** agujeta *f*, cordón *m*

**dread** [dred] *v/t* tener pavor a; *I* ~ *him ever finding out* me da pavor pensar que lo pueda llegar a descubrir; *I* ~ *going to the dentist* me da pánico ir al dentista

**dread•ed** ['dredɪd] *adj* temible

**dread•ful** ['dredfəl] *adj* horrible, espantoso; *it's a* ~ *pity you won't be there* es una auténtica pena que no vayas a estar ahí

**dread•ful•ly** ['dredfəlɪ] *adv* F (*extremely*) terriblemente, espantosamente F; *behave* fatal

'**dread•locks** *npl* rastas *fpl*

**dream** [driːm] **I** *n* sueño *m*; *have a* ~ *about s.o. / sth* soñar con alguien / algo; *pleasant or sweet* ~*s!* ¡felices *or* dulces sueños!; *that's beyond my wildest* ~*s* eso ni en mis mejores sueños; *go like a* ~ ir como una seda, ir a la perfección; *thanks darling, you're a ~* F gracias cariño, eres un cielo *or* encanto **II** *adj*: *win your ~ house!* ¡gane la casa de sus sueños! **III** *v/t* (*pret & pp -t*) soñar; (*day~*) soñar (despierto) **IV** *v/i* (*pret & pp -t*) soñar; (*day~*) soñar (despierto); *I ~t about you last night* anoche soñé contigo; *~ of doing sth* soñar con hacer algo; *I must be ~ing!* ¡debo estar soñando!; *I wouldn't ~ of upsetting you* no *or* de ninguna manera se me ocurriría ofenderte; *~ on!* ¡deja de soñar!, ¡baja de las nubes!

♦ **dream away** *v/t* fantasear, soñar

♦ **dream up** *v/t* inventar

**dream•er** ['dri:mər] (*day~*) soñador(a) *m(f)*

'**dream•like** *adj* irreal, fantástico

**dreamt** [dremt] *pret & pp* ☞ **dream**

**dream•y** ['dri:mɪ] *adj* **1** *voice, look* soñador **2** F (*super*) de ensueño

**drear•y** ['drɪrɪ] *adj* triste, deprimente

**dredge**[1] [dredʒ] *v/t harbor, canal* dragar

♦ **dredge up** *v/t fig* sacar a relucir

**dredge**[2] [dredʒ] *v/t* GASTR rebozar

**dredg•er** ['dredʒər] NAUT draga *f*

**dregs** [dregz] *npl of coffee* posos *mpl*; *the ~ of society* la escoria de la sociedad

**drench** [drentʃ] *v/t* empapar; *get ~ed* empaparse

**dress** [dres] **I** *n* **1** *for woman* vestido *m* **2** (*clothing*) traje *m*; *he has no ~ sense* no sabe vestir(se); *the company has a ~ code* la compañía tiene unas normas sobre la ropa que deben llevar los empleados **II** *v/t* **1** *person* vestir; *get ~ed* vestirse **2** *wound* vendar **III** *v/i* (*get ~ed*) vestirse; *well, in black etc* vestir(se) (*in* de); *~ to kill* ir muy llamativo; *~ well / badly* vestir bien / mal

♦ **dress down** *v/i* vestir de manera informal

♦ **dress up** *v/i* **1** arreglarse, vestirse elegante **2** (*wear a disguise*) disfrazarse (*as* de)

'**dress cir•cle** piso *m* principal

**dress•er** ['dresər] **1** (*dressing table*) tocador *m*; *Br in kitchen* aparador *m* **2** THEA ayudante *m/f* de camerino

**dress•ing** ['dresɪŋ] **1** *for salad* aliño *m*, *Span* arreglo *m* **2** *for wound* vendaje *m*

**dress•ing 'down** regaño *m*; *give s.o. a ~* regañar a alguien

'**dres•sing gown** *Br* bata *f*; '**dress•ing room** *in theater* camerino *m*; '**dressing ta•ble** *Br* tocador *m*

'**dress•mak•er** modisto(-a) *m(f)*

'**dress re•hears•al** ensayo *m* general

**dress•y** ['dresɪ] *adj* F elegante

**drew** [dru:] *pret* ☞ **draw**

**drib•ble** ['drɪbl] *v/i* **1** *of person, baby* babear **2** *of water* gotear **3** SP driblar

**dribs and drabs** [drɪbzən'dræbz] *pl*: *in ~* F gota a gota F, lentamente

**dried** [draɪd] *adj fruit etc* seco; *~ milk* leche *f* en polvo

**dri•er** [draɪr] ☞ **dryer**

**drift** [drɪft] **I** *n of snow* ventisquero *m* **II** *v/i* **1** *of snow* amontonarse **2** *of ship* ir a la deriva; (*go off course*) desviarse del rumbo; *of person* vagar; *let things ~* dejar que ruede la bola

♦ **drift apart** *v/i of couple* distanciarse

**drift•er** ['drɪftər] vagabundo(-a) *m(f)*

'**drift ice** hielo *m* a la deriva; '**drift net** traína *f*; '**drift•wood** madera *f* a la deriva

**drill** [drɪl] **I** *n* **1** *tool* taladro *m* **2** *exercise* simulacro *m*; MIL instrucción *f* *verb ~s* ejercicios *mpl* para practicar los verbos, ejercicios de verbos **II** *v/t* **1** *hole* taladrar, perforar **2**: *~ sth into s.o. fig* inculcar algo a alguien **III** *v/i* **1** *for oil* hacer perforaciones **2** MIL entrenarse

**dril•ling rig** ['drɪlɪŋ] (*platform*) plataforma *f* petrolífera

**dri•ly** ['draɪlɪ] *adv remark* secamente, lacónicamente

**drink** [drɪŋk] **I** *n* bebida *f*; *a ~ of ...* un vaso de ...; *go for a ~* ir a tomar algo; *take to ~* darse a la bebida **II** *v/t* (*pret drank, pp drunk*) beber **III** *v/i* (*pret drank, pp drunk*) beber, *L.Am.* tomar; *I don't ~* no bebo; *~ to s.o.* beber a la salud de alguien

♦ **drink in** *v/t fig* absorber, empaparse de

♦ **drink up** **I** *v/i* (*finish drink*) acabarse la bebida **II** *v/t* (*drink completely*) beberse todo

**drink•a•ble** ['drɪŋkəbl] *adj* potable

**drink-'driv•er** conductor(a) *m(f)* ebrio(-a)

**drink 'driv•ing** *Br* conducción *f* bajo los efectos del alcohol

**drink•er** ['drɪŋkər] bebedor(a) *m(f)*

**drink•ing** ['drɪŋkɪŋ]: *I'm worried about his ~* me preocupa que beba tanto; *a ~ problem* un problema con la bebida

'**drink•ing wa•ter** agua *f* potable

'**drinks ma•chine** máquina *f* expendedora de bebidas

**drip** [drɪp] **I** *n* **1** gota *f* **2** MED gotero *m*, suero *m* **3** F *person* soso(-a) *m(f)*, insulso(-a) *m(f)* **II** *v/i* (*pret & pp* **-ped**) gotear

'**drip•dry** *adj* que no necesita planchado

**drip•ping** ['drɪpɪŋ] *adv*: ~ *wet* empapado

**drive** [draɪv] **I** *n* **1** *outing* vuelta *f*, paseo *m* (en coche); *it's a short ~ from the station* está a poca distancia en coche de la estación; *with left- / right-hand* MOT con el volante a la izquierda / a la derecha **2** (*energy*) energía *f* **3** COMPUT unidad *f* **4** (*campaign*) campaña *f* **II** *v/t* (*pret* **drove**, *pp* **driven**) conducir, *L.Am.* manejar; (*own*) tener; (*take in car*) llevar (en coche); TECH impulsar; *that noise / he is driving me mad* ese ruido / él me está volviendo loco **III** *v/i* (*pret* **drove**, *pp* **driven**) conducir, *L.Am.* manejar; *don't drink and ~* si bebes, no conduzcas; *I ~ to work* voy al trabajo en coche

◆ **drive at** *v/t*: *what are you driving at?* ¿qué insinúas?

◆ **drive away I** *v/t* **1** llevarse en un coche **2** (*chase off*) ahuyentar **II** *v/i* marcharse

◆ **drive back I** *v/i* volver en el coche, volver conduciendo, *L.Am.* volver manejando **II** *v/t* **1** *in car* llevar en coche **2** (*force to retreat*) hacer retroceder

◆ **drive in** *v/t nail* remachar

◆ **drive off** ☞ **drive away**

◆ **drive out** *v/t* (*chase away*) ahuyentar

'**drive-in** *movie theater* autocine *m*; (*restaurant*) restaurante en el que se pide desde el automóvil

**drive-in 'mov•ie the•a•ter** autocine *m*

**drive-in 'res•tau•rant** restaurante en el que se pide desde el automóvil

**driv•el** ['drɪvl] tonterías *fpl*; *talk ~* decir tonterías

**driv•en** ['drɪvn] *pp* ☞ **drive**

**driv•er** ['draɪvər] **1** conductor(a) *m(f)*; *be in the ~'s seat fig* estar al mando **2** COMPUT controlador *m*

'**driv•er's li•cense** carné *m* de conducir

**drive•thru** ['draɪvθruː] *restaurante / banco etc en el que se atiende al cliente sin que salga del coche*

'**drive•way** camino *m* de entrada

**driv•ing** ['draɪvɪŋ] **I** *n* conducción *f*; *his ~ is appalling* conduce *or L.Am.* maneja fatal **II** *adj rain* torrencial

**driv•ing 'force** fuerza *f* motriz; '**driv•ing in•struct•or** profesor(a) *m(f)* de autoescuela; '**driv•ing les•son** clase *f* de conducir; '**driv•ing li•cence** *Br* carné *m* de conducir; '**driv•ing school** autoescuela *f*; '**driv•ing test** examen *m* de conducir *or L.Am.* manejar

**driz•zle** ['drɪzl] **I** *n* llovizna *f* **II** *v/i* lloviznar

**droll** [droʊl] *adj* divertido

**drom•e•dar•y** ['drɑːmədərɪ] ZO dromedario *m*

**drone**[1] [droʊn] *noise* zumbido *m*

◆ **drone on** *v/i* hablar en tono monótono

**drone**[2] [droʊn] ZO zángano *m*

**drool** [druːl] *v/i* babear; *~ over sth* babear con algo

**droop** [druːp] *v/i of plant* marchitarse; *her shoulders ~ed* se encorvó

**drop** [drɑːp] **I** *n* **1** gota *f*; *a ~ in the bucket or ocean fig* un granito de arena; *he has had a ~ too much* se ha pasado de beber **2** *in price* caída *f*; *in temperature* caída *f*, descenso *m* **II** *v/t* (*pret & pp* **-ped**) **1** *object* dejar caer **2** *person from car* dejar; *person from team* excluir; (*stop seeing*) abandonar **3** *charges, demand etc* retirar; (*give up*) dejar; ~ *it!* ¡basta ya!, ¡déjalo ya!; *I ~ped everything and went to help her* dejé lo que estaba haciendo y salí en su ayuda **4**: ~ *a line to* mandar unas líneas a **III** *v/i* (*pret & pp* **-ped**) **1** caer, caerse; ~ *into a chair* dejarse caer en una silla; *let sth ~ fig* dejar de hablar de algo, dejar algo de lado; *be ready to ~* (*with fatigue*) estar a punto de desfallecer; ~ *dead* caerse muerto; ~ *dead!* ¡vete a paseo! F **2** (*decline*) caer; *of wind* amainar

◆ **drop away** *v/i* disminuir, menguar

◆ **drop back** *v/i* quedarse detrás

◆ **drop behind** *v/i in race* ir a la zaga

◆ **drop in** *v/i* (*visit*) pasar a visitar

◆ **drop off** I *v/t person from car* dejar; (*deliver*) llevar II *v/i* **1** (*fall asleep*) dormirse **2** (*decline*) disminuir

◆ **drop out** *v/i* (*withdraw*) retirarse; *drop out of school* abandonar el colegio

**drop•let** ['drɑːplɪt] gotita *f*

'**drop•out** (*from school*) alumno que ha abandonado los estudios; *from society* marginado(-a) *m(f)*

**drop•per** ['drɑːpər] cuentagotas *m*

**drop•pings** ['drɑːpɪŋz] *npl* excrementos *mpl*, cagarrutas *fpl*

**drops** [drɑːps] *npl for eyes* gotas *fpl*

'**drop shot** SP dejada *f*

**drought** [draʊt] sequía *f*

**drove**[1] [droʊv] *pret* ☞ **drive**

**drove**[2] [droʊv] *n* manada *f*, rebaño *m*; *in ~s fig* en manada

**drown** [draʊn] I *v/i* ahogarse II *v/t person, sound* ahogar; *be ~ed* ahogarse; *~ one's sorrows* ahogar las penas en alcohol

◆ **drown out** *v/t of sound* tapar, cubrir

**drowse** [draʊz] *v/i* adormilarse

**drow•sy** ['draʊzi] *adj* soñoliento(-a); *get ~* tener sueño

**drudge** [drʌdʒ] *person* burro *m* de carga

**drudg•e•ry** ['drʌdʒəri]: *the job is sheer ~* el trabajo es terriblemente pesado

**drug** [drʌg] I *n* MED, *illegal* droga *f*; *be on ~s* drogarse; *be off ~s* haber dejado las drogas; *be a ~ on the market* COM no ser rentable II *v/t* (*pret & pp -ged*) drogar

'**drug a•buse** consumo *m* de drogas; '**drug ad•dict** drogadicto(-a) *m(f)*; '**drug ad•dic•tion** drogodependencia *f*; '**drug clin•ic** clínica *f* de rehabilitación para drogodependientes; '**drug deal•er** traficante *m/f* (de drogas); '**drug de•pend•ency** drogodependencia *f*

**drug•gist** ['drʌgɪst] farmacéutico(-a) *m(f)*

'**drug•push•er** F camello *m/f* F; '**drug scene** mundo *m* de las drogas; '**drug squad** unidad *f* antidrogas de la policía; '**drug•store** *tienda en la que se venden medicinas, cosméticos, periódicos y que a veces tiene un bar*; '**drug test** SP control *m* antidoping; '**drug traf•fick•ing** tráfico *m* de drogas

**drum** [drʌm] **1** MUS tambor *m* **2** *contain-er* barril *m*

◆ **drum into** *v/t* (*pret & pp -med*): *drum sth into s.o.* meter algo en la cabeza de alguien

◆ **drum up** *v/t*: *drum up support* buscar apoyos

'**drum•beat** redoble *m* de tambor

'**drum•kit** batería *f*

**drum•mer** ['drʌmər] tambor *m*, tamborilero(-a) *m(f)*

'**drum•stick 1** MUS baqueta *f* **2** *of poultry* muslo *m*

**drunk** [drʌŋk] I *n* borracho(-a) *m(f)* II *adj* borracho; *get ~* emborracharse; (*as*) *~ as a lord* F borracho como una cuba F; *~ with joy* borracho *or* ebrio de alegría III *pp* ☞ **drink**

**drunk•ard** ['drʌŋkəd] alcohólico(-a) *m(f)*

**drunk 'driv•ing** conducción *f* bajo los efectos del alcohol

**drunk•en** [drʌŋkn] *voices, laughter* borracho; *party* con mucho alcohol

**drunk•en•ness** ['drʌŋkənəs] ebriedad *f*, embriaguez *f*

**dry** [draɪ] I *adj* seco; *where alcohol is banned* donde está prohibido el consumo de alcohol; *rub sth ~* secar algo frotando; *as ~ as a bone* F muy seco, como un secadal; (*as*) *~ as dust* F (*boring*) un rollo *or* aburrimiento II *v/t & v/i* (*pret & pp -ied*) secar; *~ o.s.* secarse; *~ one's hands* secarse las manos

◆ **dry off** *v/i* secarse

◆ **dry out** *v/i* secarse; *of alcoholic* desintoxicarse

◆ **dry up** *v/i* **1** *of river* secarse **2** F (*be quiet*) cerrar el pico F **3** *of actor* quedarse en blanco

'**dry bat•ter•y** ELEC pila *f* seca; '**dry-clean** *v/t* limpiar en seco; '**dry clean•er** tintorería *f*; '**dry•clean•ing** *clothes*: *would you pick up my ~ for me?* ¿te importaría recogerme la ropa de la tintorería?; **dry 'dock** dique *m* seco

**dry•er** [draɪr] *machine* secadora *f*

**dry 'goods** *npl* COM prendas *fpl* textiles

**dry 'ice** CHEM nieve *f* carbónica

**dry•ness** ['draɪnɪs] sequedad *f*

**dry 'rot** carcoma *f*

**DTP** [diːtiːˈpiː] *abbr* (= *desk-top publishing*) autoedición *f*

**du•al** ['duːəl] *adj* doble

**du•al 'car•riage•way** *Br* MOT autovía *f*

**dub**[1] [dʌb] v/t (*pret & pp* **-bed**) *movie* doblar

**dub**[2] [dʌb] v/t (*pret & pp* **-bed**) (*name*) apodar

**du•bi•ous** ['duːbɪəs] *adj* dudoso; (*having doubts*) inseguro; **I'm still ~ about the idea** todavía tengo mis dudas sobre la idea; **~ pleasure** *iron* placer *m* cuestionable

**duch•ess** ['dʌtʃɪs] duquesa *f*

**duch•y** ['dʌtʃɪ] ducado *m*

**duck** [dʌk] **I** *n* pato *m*, pata *f*; **he took to it like a ~ to water** se sentía como el pez en el agua **II** v/i agacharse **III** v/t **1** *one's head* agachar **2** *question* eludir

◆ **duck out** v/i: **duck out of sth** escaquearse de algo

**duck•ing** ['dʌkɪŋ]: **give s.o. a ~** hacer a alguien una aguadilla

**duck•ling** ['dʌklɪŋ] patito *m*

**duct** [dʌkt] **1** TECH conducto *m*, tubo *m* **2** ANAT vaso *m*

**duc•tile** ['dʌktəl] *adj steel* dúctil

**dud** [dʌd] F (*false bill*) billete *m* falso

**dude** [duːd] F tipo *m* F, *Span* tío *m* F

**due** [duː] **I** *adj* **1** (*proper*) debido; **after consideration** tras la debida deliberación; **in ~ time** dentro del plazo establecido; **in ~ course** en su debido momento

**2**: **the money ~ me** el dinero que se me debe; **payment is now ~** el pago se debe hacer efectivo ahora; **fall or become ~** vencer

**3** *in time*: **is there a train ~ soon?** ¿va a pasar un tren pronto?; **when is the baby ~?** ¿cuándo está previsto que nazca el bebé?; **he's ~ to meet him next month** tiene previsto reunirse con él el próximo mes; **when ~** cuando venza el plazo

**4**: **~ to** (*because of*) debido a; **be ~ to** (*be caused by*) ser debido a

**II** *n*: **give s.o. his ~** ser justo con alguien

**'due date** fecha *f* de vencimiento

**du•el** ['duːəl] **I** *n* duelo *m* **II** v/i (*pret & pp* **-ed**, *Br* **-led**) enfrentarse en duelo

**dues** [duːz] *npl* cuota *f*

**du•et** [duː'et] MUS dúo *m*

**duf•fle bag** ['dʌflbæg] petate *m*, mochila *f*

**duf•fle coat** ['dʌflkoʊt] trenca *f*

**dug** [dʌg] *pret & pp* ☞ **dig**

**'dug•out 1** MIL trinchera *f* **2** (*canoe*) canoa *f* **3** *in sport* foso *m*, *Mex* dogaut *m*

**duke** [duːk] duque *m*

**dull** [dʌl] *adj* **1** *weather* gris **2** *sound, pain* sordo **3** (*boring*) aburrido, soso

**dull•ness** ['dʌlnɪs] *of book, movie* sosería *f*, hastío *m*

**du•ly** ['duːlɪ] *adv* **1** (*as expected*) tal y como se esperaba **2** (*properly*) debidamente

**dumb** [dʌm] *adj* **1** (*mute*) mudo; **strike s.o. ~** *fig* dejar a alguien sin palabras, dejar a alguien sin palabras **2** F (*stupid*) estúpido; **a pretty ~ thing to do** una tontería; **just act ~** tú hazte el tonto, tú actúa como si no supieses nada

◆ **dumb down** v/t F bajar el nivel intelectual de

**'dumb•bell 1** SP pesa *f* **2** F tonto(-a) *m(f)* F, idiota *m/f* F

**dumb'found** v/t dejar boquiabierto, anonadar

**dumb•found•ed** [dʌm'faʊndɪd] *adj* boquiabierto

**dumb'wait•er** montaplatos *m inv*, montacargas *m inv*

**dum•found** *etc* ☞ **dumbfound** *etc*

**dum•my** ['dʌmɪ] **I** *n* **1** *model* imitación *f*, copia *f* **2** *in clothes shop* maniquí *m* **3** *Br: for babies* chupete *m* **4** F (*idiot*) idiota *m/f* **5** SP amago *m* **II** *adj* falso **III** v/i SP amagar

**dump** [dʌmp] **I** *n* **1** *for garbage* vertedero *m*, basurero *m* **2** (*unpleasant place*) lugar *m* de mala muerte **II** v/t (*deposit*) dejar; (*dispose of*) deshacerse de; *toxic waste, nuclear waste* verter; COM hacer dumping con; COMPUT volcar; **they ~ed the kids with gran and …** le encasquetaron los niños a la abuela y … F

◆ **dump on** v/t P *with troubles* desahogarse con, descargarse con

**dump•ing** ['dʌmpɪŋ] **1** *of rubbish* vertido *m* **2** COM dumping *m*

**'dump•ing ground** *fig* receptáculo *m*, refugio *m*

**dump•ling** ['dʌmplɪŋ] *bola de masa dulce o salada*

**dumps** [dʌmps] *npl*: (**down**) **in the ~** F bajo de ánimos F

**'dump truck** volquete *m*

**dump•y** ['dʌmpɪ] *adj* rechoncho, achaparrado

**dunce** [dʌns] zoquete *m/f*

**dune** [duːn] duna *f*

'dune bug•gy MOT buggy *m*
dung [dʌŋ] estiércol *m*
dun•ga•rees [dʌŋgə'riːz] *npl* pantalones *mpl* de trabajo
dun•geon ['dʌndʒən] calabozo *m*
'dung•hill montaña *f* de estiércol
dunk [dʌŋk] *v/t in coffee etc* mojar ‖ *n in basketball* machaque *m*, mate *m*
dun•no ['dʌnəʊ] F = **don't know**
du•o ['duːoʊ] MUS dúo *m*
du•o•de•num [duːə'diːnəm] ANAT duodeno *m*
dupe [duːp] **I** *n* simplón(-ona) *m(f)* ‖ *v/t* engañar; **~ s.o. into doing sth** engatusar *or* confundir a alguien para que haga algo
du•plex (a•part•ment) ['duːpleks] dúplex *m*
du•pli•cate **I** *n* ['duːplɪkət] duplicado *m*; **in ~** por duplicado ‖ *v/t* ['duːplɪkeɪt] **1** (*copy*) duplicar, hacer un duplicado de **2** (*repeat*) repetir
du•pli•cate 'key llave *f* duplicada
du•plic•i•tous [duː'plɪsɪtəs] *adj* falso, deshonesto
du•plic•i•ty [duː'plɪsɪtɪ] duplicidad *f*, falsedad *f*
du•ra•bil•i•ty [dʊrə'bɪlətɪ] durabilidad *f*
du•ra•ble ['dʊrəbl] *adj material* duradero, durable; *relationship* duradero; **~ goods** bienes *mpl* duraderos
du•ra•tion [dʊ'reɪʃn] duración *f*; **for the ~ of her visit** mientras dure su visita
du•ress [dʊ'res]: **under ~** bajo coacción
Du•rex® ['djuːreks] *Br* condón *m*
dur•ing ['dʊrɪŋ] *prep* durante
dusk [dʌsk] crepúsculo *m*, anochecer *m*; **at ~** al anochecer
dust [dʌst] **I** *n* polvo *m*; **once the ~ has settled** *fig* cuando las aguas vuelvan a su cauce ‖ *v/t* **1** quitar el polvo a **2** (*sprinkle*): **~ sth with sth** espolvorear algo con algo
'dust•bin *Br* contenedor *m* de basuras
'dust cov•er *of book* sobrecubierta *f*
dust•er ['dʌstər] *cloth* trapo *m* del polvo
'dust jack•et *Br of book* sobrecubierta *f*; 'dust•man *Br* basurero(-a) *m(f)*; 'dust•pan recogedor *m*; 'dust storm tormenta *f* de arena; 'dust-up *Br* F bronca *f* F, riña *f*
dust•y ['dʌstɪ] *adj* polvoriento
Dutch [dʌtʃ] **I** *adj* holandés; **go ~** F pagar a escote **F** ‖ *n* **1** *pl*: **the ~** los holandeses

**2** (*language*) neerlandés *m*
Dutch 'cour•age F valentía que resulta del consumo de alcohol
Dutch•man ['dʌtʃmən] holandés *m*
'Dutch•wom•an holandesa *f*
du•ti•a•ble ['duːtɪjəbl] *adj* COM imponible, gravable
du•ti•ful ['duːtɪfʊl] *adj* obediente
du•ty ['duːtɪ] **1** deber *m*; (*task*) obligación *f*, tarea *f*; **be on ~** estar de servicio; **be off ~** estar fuera de servicio; **he did his ~** cumplió con su deber *or* obligación; **do ~ for** servir como *or* de **2** *on goods* impuesto *m*
du•ty-'free **I** *adj* libre de impuestos ‖ *n* productos *mpl* libres de impuestos; **du•ty-'free shop** tienda *f* libre de impuestos; 'du•ty of•fi•cer MIL oficial *m/f* de servicio; 'du•ty ros•ter calendario *m* de turnos
du•vet ['duːveɪ] *Br* edredón *m*
DVD [diːviː'diː] *abbr* (= **digital versatile disk**) DVD *m* (= disco *m* digital polivalente)
dwarf [dwɔːrf] **I** *n* (*pl* **dwarves** [dwɔːrvz]) enano *m* ‖ *v/t* empequeñecer
dwarf•ish ['dwɔːrfɪʃ] *adj* diminuto, minúsculo
dwarves [dwɔːrvz] *pl* ☞ **dwarf**
◆ dwell on [dwel] *v/t* (*pret & pp* **dwelt**): **dwell on the past** pensar en el pasado; **don't dwell on what he said** no des demasiada importancia a lo que ha dicho
dwell•ing ['dwelɪŋ] alojamiento *m*
'dwell•ing house domicilio *m*, vivienda *f*
dwelt [dwelt] *pret & pp* ☞ **dwell on**
dwin•dle ['dwɪndl] *v/i* disminuir, menguar
dye [daɪ] **I** *n* tinte *m* ‖ *v/t* teñir; **~ one's hair** teñirse el pelo
dyed-in-the-wool [daɪdɪnðə'wʊl] *adj* convencido, obstinado
dy•ing ['daɪɪŋ] *adj person* moribundo; *industry, tradition* en vías de desaparición; **be ~** estar moribundo; **until my ~ day** hasta que me muera; **~ wish** última voluntad *f*
dyke [daɪk] ☞ **dike**[1 & 2]
dy•nam•ic [daɪ'næmɪk] *adj person* dinámico
dy•nam•ic 'RAM RAM *f* dinámica

**dy•na•mism** ['daɪnəmɪzm] dinamismo *m*

**dy•na•mite** ['daɪnəmaɪt] dinamita *f*

**dy•na•mo** ['daɪnəmoʊ] TECH dinamo *f*, dínamo *f*

**dy•nas•ty** ['daɪnəstɪ] dinastía *f*

**dys•en•ter•y** ['dɪsntrɪ] MED disentería *f*

**dys•func•tion** [dɪs'fʌŋkʃn] MED disfunción *f*

**dys•func•tion•al** [dɪs'fʌŋkʃəl] *adj family* disfuncional

**dys•lex•i•a** [dɪs'leksɪə] dislexia *f*

**dys•lex•ic** [dɪs'leksɪk] **I** *adj* disléxico **II** *n* disléxico(-a) *m(f)*

# E

**each** [iːtʃ] **I** *adj* cada **II** *adv*: *he gave us one* ~ nos dio uno a cada uno; *they're $1.50* ~ valen 1.50 dólares cada uno **III** *pron* cada uno; ~ *other* el uno al otro; *we love* ~ *other* nos queremos

**ea•ger** ['iːgər] *adj* ansioso; *worker, competitor* entusiasta; *she's always* ~ *to help* siempre está deseando ayudar; *they're* ~ *to get started* estan ansiosos por empezar

**ea•ger 'bea•ver** F entusiasta *m/f*

**ea•ger•ly** ['iːgərlɪ] *adv* ansiosamente; *volunteer* con entusiasmo

**ea•ger•ness** ['iːgərnɪs] ansia *f*; *of worker, competitor etc* entusiasmo *m*

**ea•gle** ['iːgl] águila *f*

**ea•gle-eyed** [iːgl'aɪd] *adj* con vista de lince

**ear¹** [ɪr] *of person, animal* oreja *f*; ~, *nose and throat specialist* otorrinolaringólogo(-a) *m(f)*; *be all* ~*s* F ser todo oídos F; *be up to the or one's* ~*s in debt / work* estar hasta las orejas de deudas / trabajo F; *keep one's* ~ *to the ground, keep one's* ~*s open* *L.Am.* parar la(s) oreja(s), *Span* estar al tanto; *it goes in one* ~ *and out the other* F le entra por un oído y le sale por el otro F; *he turned a deaf* ~ hizo oídos sordos; *play sth by* ~ MUS tocar algo de oído; *play it by* ~ *fig* improvisar

**ear²** [ɪr] *of corn* espiga *f*

**'ear•ache** dolor *m* de oídos; **'ear•drum** tímpano *m*; **'ear•lobe** lóbulo *m*

**ear•ly** ['ɜːrlɪ] **I** *adj* **1** *(not late)* temprano; *(ahead of time)* anticipado; *let's have an* ~ *supper* cenemos temprano; *in the* ~ *hours of the morning* a primeras horas de la madrugada; *I'm an* ~ *riser* soy madrugador; *be* ~ *(arrive early)* lle-

gar *L.Am.* temprano *or Span* pronto, llegar antes de la hora; *it's never too* ~ *to start* cuanto antes se empiece mejor; *it's* ~ *days yet* todavía es pronto; *his* ~ *death* su muerte prematura **2** *(farther back in time)* primero; *music* antiguo; *an* ~ *Picasso* un Picasso de su primera época **3** *(in the near future)* pronto **4** *(at the beginning of)*: *in* ~ *October* a principios de octubre **II** *adv* *(not late)* pronto, temprano; *(ahead of time)* antes de tiempo; *it's too* ~ *to say* es demasiado pronto como para poder decir nada; *earlier than* antes que; *as* ~ *as May* ya en mayo; *at the (very) earliest* como muy *Span* pronto *or L.Am.* temprano

**ear•ly a•dopt•er** [ɜːrlɪə'dɑːptər] consumidor que compra rápidamente un producto nuevo; **'ear•ly bird** madrugador(a) *m(f)*; *the* ~ *catches the worm* al que madruga Dios le ayuda; *you're an* ~ arriving before the others llegas muy pronto; **ear•ly re'pay•ment** devolución *f* anticipada; **ear•ly re'tire•ment** jubilación *f* anticipada, prejubilación *f*; *take* ~ jubilarse anticipadamente; **ear•ly 'warn•ing sys•tem** MIL sistema *m* de alerta inmediata *or* aviso inmediato

**'ear•mark** *v/t* destinar; ~ *sth for sth* destinar algo a algo

**ear•muff** ['ɪrmʌf] orejera *f*

**earn** [ɜːrn] *v/t salary* ganar; *interest* devengar; *holiday, drink etc* ganarse; ~ *one's living* ganarse la vida

**ear•nest** ['ɜːrnɪst] *adj* serio; *in* ~ en serio

**ear•nest•ness** ['ɜːrnɪstnɪs] *of tone* seriedad *f*; *of belief* sinceridad *f*

**earn•ings** ['ɜːrnɪŋz] *npl* ganancias *fpl*

'**ear•phones** *npl* auriculares *mpl*; '**ear-piece** TELEC auricular *m*; '**ear--pierc•ing** *adj* estrepitoso; '**ear•plug** tapón *m* para el oído; '**ear•ring** pendiente *m*; **ear•shot** ['ɪrʃɑːt]: *within* ~ al alcance del oído; *out of* ~ fuera del alcance del oído; '**ear•split•ting** *adj* estridente

**earth** [ɜːrθ] **1** (*soil*) tierra *f*; **2** (*world, planet*) Tierra *f*; *where on* ~ ...? F ¿dónde diablos ...? F; *what / why on* ~? ¿qué / por qué diablos *or* demonios?; *cost the* ~ F costar un ojo de la cara F; *it doesn't cost the* ~ F no cuesta una fortuna; *come back or down to* ~ (*with a bang*) *fig* bajar de las nubes, poner los pies sobre la tierra

**earth•en** ['ɜːrθn] *adj* **1** *floor* de tierra **2** *pot* de barro

**earth•en•ware** ['ɜːrθnwer] loza *f*; *an* ~ *pot* un tarro de loza

**earth•ly** ['ɜːrθlɪ] *adj* **1** terrenal **2** F *it's no* ~ *use* no sirve para nada; *there's no* ~ *reason to think that* ... no existe razón alguna para creer que ...; *they don't have an* ~ *chance of winning* no tienen la más mínima posibilidad de ganar

**earth-mov•ing e'quip•ment** maquinaria *f* (de excavaciones); '**earth•quake** terremoto *m*; '**earth•quake-proof** *adj* a prueba de terremotos; '**earth sci•en•ces** *npl* ciencias *fpl* de la tierra, ciencias *fpl* geológicas; '**earth-shat-ter•ing** *adj* extraordinario; '**earth trem•or** temblor *m* de tierra; '**earth-worm** lombriz *f* (de tierra)

**earth•y** ['ɜːrθɪ] *adj person, sense of humor* sencillo, directo

'**ear•wig** tijereta *f*

**ease** [iːz] **I** *n* **1** facilidad *f*; *with* ~ con facilidad **2**: *be at* (*one's*) ~, *feel at* ~ sentirse cómodo; *feel ill at* ~ sentirse incómodo; *live a life of* ~ vivir desahogadamente *or* cómodamente; *at* ~! MIL ¡descanse(n)! **II** *v/t* (*relieve*) aliviar; ~ *one's mind* tranquilizarse **III** *v/i of pain* disminuir

◆ **ease off I** *v/t* (*remove*) quitar con cuidado **II** *v/i* **1** *of pain* disminuir; *of rain* amainar **2** *for health reasons* tomarse las cosas con calma

◆ **ease out** *v/t* (*remove gently*) sacar con cuidado; *employee* hacer dimitir

**ea•sel** ['iːzl] caballete *m*

**eas•i•ly** ['iːzəlɪ] *adv* **1** (*with ease*) fácilmente **2** (*by far*) con diferencia; *this is* ~ *the best* éste es el mejor con diferencia

**east** [iːst] **I** *n* este *m* **II** *adj* oriental, este; *wind* del este **III** *adv travel* hacia el este

'**east•bound** *adj* en dirección este

**Eas•ter** ['iːstər] Pascua *f*; *period* Semana *f* Santa; *at* ~ en Semana Santa

**Eas•ter 'Day** Domingo *m* de Resurrección

'**Eas•ter egg** huevo *m* de pascua

**eas•ter•ly** ['iːstərlɪ] *adj* del este

**Eas•ter 'Mon•day** Lunes *m* Santo

**east•ern** ['iːstərn] *adj* del este; (*oriental*) oriental

**east•er•ner** ['iːstərnər] *habitante de la costa oeste estadounidense*

'**east•ern•most** *adj* más oriental, más al este

**East•ern 'Stand•ard Time** *hora oficial de la costa este estadounidense*

**Eas•ter 'Sun•day** Domingo *m* de Resurrección

**east•ward** ['iːstwərd] *adv* hacia el este

**eas•y** ['iːzɪ] **I** *adj* **1** fácil; *it is* ~ *for him / you / them to talk* se dice muy pronto; *be* ~ *to please* ser fácil de complacer; ~ *money* dinero *m* fácil; *be on* ~ *street* F darse la gran vida F; *on* ~ *terms* con facilidades de pago **2** (*relaxed*) tranquilo; *take things* ~ (*slow down*) tomarse las cosas con tranquilidad; *take it* ~! (*calm down*) ¡tranquilízate!; *don't rush* ¡no corras! ¡sin prisa!; *don't get worked up* ¡con tranquilidad!

**II** *adv*: *go* ~ *on s.o.* not too demanding ser poco exigente con alguien; *not too harsh* no ser duro con alguien; *go* ~ *with or on the sugar* no te pases con el azúcar F; *that's easier said than done* ¡eso se dice muy pronto!; ~ *come,* ~ *go* tal como viene se va

'**eas•y chair** sillón *m*; '**eas•y•go•ing** *adj* tratable; **eas•y-peas•y** [iːzɪ'piːzɪ] *adj Br* F tirado F, pan comido F

**eat** [iːt] *v/t & v/i* (*pret* **ate**, *pp* **eaten**) comer; ~ *one's words* tragarse las propias palabras; *what's* ~*ing him?* F ¿qué mosca *or* bicho le ha picado?

◆ **eat away** *v/t of rat* roer, corroer; *of acid* desgastar; *coastline* comerse, destruir

◆ **eat away at** v/t fig confidence, self--esteem acabar con

◆ **eat into** v/t fig: reserves etc corroer, reducir

◆ **eat out** v/i comer fuera

◆ **eat up** v/t comerse; fig: use up acabar con; *be eaten up with jealousy* fig consumirse or carcomerse de envidia

**eat•a•ble** ['i:təbl] adj comestible

'**eat-by date** fecha f de caducidad

**eat•en** ['i:tn] pp ☞ **eat**

**eat•ing** ['i:tɪŋ] **I** n el comer **II** adj: ~ **apple** manzana f de mesa; ~ **disorder** desorden m alimenticio; ~ **habits** hábitos mpl alimentarios

**eau de Co•logne** [oʊdəkə'loʊn] agua f de colonia

**eaves** [i:vz] npl alero m

'**eaves•drop** v/i (pret & pp **-ped**) escuchar a escondidas (**on s.o.**) alguien)

**ebb** [eb] **I** v/i of tide bajar **II** n: *be at a low* ~ estar de capa caída

◆ **ebb away** v/i fig: of courage, strength desvanecerse

'**ebb tide** marea f baja

**eb•on•y** ['ebənɪ] ébano m

**e•bul•lience** [ɪ'bʌljəns] entusiasmo m, animación f

**e•bul•lient** [ɪ'bʌljənt] adj entusiasta, animado

**e-busi•ness** ['i:bɪznɪs] comercio m electrónico

**ec•cen•tric** [ɪk'sentrɪk] **I** adj excéntrico **II** n excéntrico(-a) m(f)

**ec•cen•tric•i•ty** [ɪksen'trɪsɪtɪ] excentricidad f

**ec•cle•si•as•ti•cal** [ɪkli:zɪ'æstɪkl] adj eclesiástico

**ECG** [i:si:'dʒi:] abbr (= **electrocardiogram**) electrocardiograma m

**ech•o** ['ekoʊ] **I** n (pl **-oes**) eco m **II** v/i resonar **III** v/t words repetir; views mostrar acuerdo con

**e•clair** [ɪ'kleɪr] pastelito de nata

**ec•lamp•si•a** [ɪ'klæmpsɪə] MED eclampsia f

**ec•lec•tic** [ɪ'klektɪk] adj ecléctico

**e•clipse** [ɪ'klɪps] **I** n eclipse m **II** v/t fig eclipsar; *be ~d by s.o. / sth* quedar eclipsado or ensombrecido por alguien / algo

**e•co•lo•gi•cal** [i:kə'lɑːdʒɪkl] adj ecológico; ~ **balance** equilibrio m ecológico

**e•co•lo•gi•cal•ly** [i:kə'lɑːdʒɪklɪ] adv ecológicamente; ~ **beneficial / harmful** beneficioso / perjudicial desde el punto de vista ecológico

**e•co•lo•gi•cal•ly** '**friend•ly** adj ecológico

**e•col•o•gist** [i:'kɑːlədʒɪst] ecologista m/f

**e•col•o•gy** [i:'kɑːlədʒɪ] ecología f

**ec•o•nom•ic** [i:kə'nɑːmɪk] adj económico; ~ **aid** ayuda f económica; ~ **migrant** or **refugee** emigrante m/f or refugiado(-a) económico(-a); ~ **adviser** asesor(a) m(f) económico(-a)

**ec•o•nom•i•cal** [i:kə'nɑːmɪkl] adj (cheap) económico; (thrifty) cuidadoso; *the car is very* ~ *to run* este coche es muy económico; *be* ~ *with the truth* decir la verdad a medias

**ec•o•nom•i•cal•ly** [i:kə'nɑːmɪklɪ] adv **1** (in terms of economics) económicamente **2** (thriftily) de manera económica

**ec•o•nom•ic** '**fore•cast** previsiones fpl económicas; **ec•o•nom•ic** '**growth** crecimiento m económico; **ec•o•nom•ic** '**in•di•ca•tor** indicador m económico; **ec•o•nom•ic** '**pol•i•cy** política f económica

**ec•o•nom•ics** [i:kə'nɑːmɪks] **1** nsg science economía f **2** npl (financial aspects) aspecto m económico

**e•con•o•mies of** '**scale** economías fpl de escala

**e•con•o•mist** [ɪ'kɑːnəmɪst] economista m/f

**e•con•o•mize** [ɪ'kɑːnəmaɪz] v/i economizar, ahorrar

◆ **economize on** v/t economizar, ahorrar

**e•con•o•my** [ɪ'kɑːnəmɪ] **1** of a country economía f **2** (saving) ahorro m; *we have to make economies* tenemos que ahorrar or economizar

**e'con•o•my brand** marca f económica; **e'con•o•my class** clase f turista; **e'con•o•my drive** intento m de ahorrar; **e'con•o•my fare** tarifa f económica; **e'con•o•my pack** paquete m económico; **e'con•o•my price** precio m económico; **e'con•o•my size** tamaño m económico

**e•co•sys•tem** ['i:koʊsɪstm] ecosistema m

**e•co•tour•ism** ['i:koʊtʊrɪzm] ecoturismo *m*, turismo *m* verde *or* ecológico

**e•co•tour•ist** ['iːkoʊtʊrɪst] ecoturista *m/f*, turista *m/f* ecológico(-a)

**ec•sta•sy** ['ekstəsɪ] *also drug* éxtasis *m*; *go into ecstasies over sth* extasiarse *or* embelesarse con algo

**ec•sta•tic** [ɪk'stætɪk] *adj* muy emocionado, extasiado

**ec•top•ic** [ek'tɑːpɪk] *adj*: ~ *pregnancy* embarazo *m* ectópico

**Ec•ua•dor** ['ekwədɔːr] Ecuador *m*

**Ec•ua•dor•e•an** [ekwə'dɔːrən] **I** *adj* ecuatoriano **II** *n* ecuatoriano(-a) *m(f)*

**ec•u•men•i•cal** [iːkjuː'menɪkl] *adj* ecuménico

**ec•ze•ma** ['eksmə] eczema *m*

**ed•dy** ['edɪ] remolino *m*

**edge** [edʒ] **I** *n of knife* filo *m*; *of table, seat, road, cliff* borde *m*; *in voice* irritación *f*; *on* ~ tenso; *take the* ~ *off knife* mellar; *take the* ~ *off one's hunger* calmar el apetito; *on the* ~ *of* al borde *or* extremo de; *set s.o.'s teeth on* ~ *of sound, taste* dar dentera a alguien; *have the* ~ *on s.o.* llevar la delantera a alguien, aventajar a alguien **II** *v/t* ribetear **III** *v/i (move slowly)* ~ *forward / back* avanzar / retroceder poco a poco

◆ **edge away** *v/i* alejarse poco a poco (*from* de)

**edge•wise** ['edʒwaɪz] *adv* de lado; *I couldn't get a word in* ~ no me dejó decir una palabra

**edg•i•ness** ['edʒɪnɪs] (estado *m* de) tensión *f*

**edg•y** ['edʒɪ] *adj* tenso

**ed•i•ble** ['edɪbl] *adj* comestible

**ed•i•fy•ing** ['edɪfaɪɪŋ] *adj* edificante

**ed•it** ['edɪt] *v/t text* corregir; *book* editar; *newspaper* dirigir; *TV program, movie* montar

**e•di•tion** [ɪ'dɪʃn] *also* SP edición *f*

**ed•i•tor** ['edɪtər] *of text, book* editor(a) *m(f)*; *of newspaper* director(a) *m(f)*; *of TV program, movie* montador(a) *m(f)*; *sports / political* ~ redactor(a) *m(f)* de deportes / política; ~ *in chief* director(a) *m(f)* editorial; ~'s *note* nota *f* de la redacción

**ed•i•to•ri•al** [edɪ'tɔːrɪəl] **I** *adj* editorial; ~ *department* (departamento *m* de) redacción *f* **II** *n in newspaper* editorial *m/f*

**ed•i•to•ri•al di•rec•tor** *of paper* jefe(-a) *m(f)* de redacción; *of publisher* director(a) *m(f)* editorial; **ed•i•to•ri•al 'pol•i•cy** política *f* editorial; **ed•i•to•ri•al staff** redacción *f*; **ed•i'to•ri•al writ•er** editorialista *m/f*

**EDP** [iːdiː'piː] *abbr* (= *electronic data processing*) procesamiento *m* electrónico de datos

**ed•u•cate** ['edʒəkeɪt] *v/t child* educar; *consumers* concienciar; *he was* ~*d at* ... estudió en ...

**ed•u•cat•ed** ['edʒəkeɪtɪd] *adj person* culto; ~ *guess* suposición *f* con fundamento

**ed•u•ca•tion** [edʒə'keɪʃn] educación *f*; *the* ~ *system* el sistema educativo

**ed•u•ca•tion•al** [edʒə'keɪʃnl] *adj* **1** educativo; ~ *psychologist* psico-pedagogo(-a) *m(f)* **2** (*informative*) instructivo

**ed•u•ca•tion•al•ly** [edʒə'keɪʃnəlɪ] *adv* educativamente hablando; ~ *subnormal* con dificultades de aprendizaje

**ed•u•tain•ment** [edjuː'teɪnmənt] *software que entretiene y a la vez educa*

**EEG** [iːiː'dʒiː] *abbr* (= *electroencephalogram*) electroencefalograma *m*

**eel** [iːl] anguila *f*

**ee•rie** ['ɪrɪ] *adj* escalofriante

**ee•ri•ness** ['ɪrɪnɪs] lo escalofriante

**ef•fect** [ɪ'fekt] **I** *n* efecto *m*; *take* ~ *of medicine, drug* hacer efecto; *come into* ~ *of law* entrar en vigor; *have no* ~ no producir ningún efecto; *nothing I say has any* ~ *on him* no hace caso a nada de lo que le digo; *have an* ~ *on s.o. / sth* afectar alguien / algo, hacer mella en alguien / algo; *special* ~*s* efectos especiales; *a letter to the* ~ *that* ... una carta informando de que ...; *I will inform him to that* ~ *fml* le informaré al respecto *fml*; *or words to that* ~ o algo por el estilo; *be in* ~ *of law* estar vigente; *with* ~ *from* ... *date* a partir de...; *he is, in* ~, *the leader* él es, de hecho, el líder **II** *v/t* efectuar

**ef•fec•tive** [ɪ'fektɪv] *adj* **1** (*efficient*) efectivo **2** (*striking*) impresionante **3** (*real, actual*) real; ~ *May 1* a partir del 1 de mayo; *become* ~ *of law etc* entrar en vigor

**ef•fec•tive•ly** [ɪ'fektɪvlɪ] *adv* (*in reality*) en definitiva, de hecho

**ef•fec•tive•ness** [ɪ'fektɪvnɪs] eficacia *f*

**ef•fem•i•nate** [ɪ'feminət] *adj* afeminado

**ef•fer•ves•cent** [efər'vesnt] *adj* efervescente; *personality* chispeante

**ef•fete** [ɪ'fiːt] *adj person* amanerado; *nation, institution etc* decadente

**ef•fi•cien•cy** [ɪ'fɪʃənsɪ] *of person* eficiencia *f*; *of machine* rendimiento *m*; *of system* eficacia *f*

**ef•fi•cient** [ɪ'fɪʃənt] *adj person* eficiente; *machine* de buen rendimiento; *method* eficaz

**ef•fi•cient•ly** [ɪ'fɪʃəntlɪ] *adv* eficientemente

**ef•fi•gy** ['efɪdʒɪ] *on coin etc* efigie *f*; *dummy, model* monigote *m*; *burn s.o. in ~* quemar la efigie de alguien

**ef•flu•ent** ['efluənt] aguas *fpl* residuales

**ef•fort** ['efərt] (*struggle, attempt*) esfuerzo *m*; *make an ~* hacer un esfuerzo, esforzarse; *make every ~ to do sth* hacer todo lo posible por hacer algo; *it was quite an ~* costó mucho; *it was well worth the ~* mereció la pena hacer el esfuerzo

**ef•fort•less** ['efərtlɪs] *adj* fácil

**ef•fort•less•ly** ['efərtlɪslɪ] *adv* fácilmente, sin esfuerzo

**ef•fron•te•ry** [ɪ'frʌntərɪ] desvergüenza *f*

**ef•fu•sive** [ɪ'fjuːsɪv] *adj* efusivo

**EFL** [iːef'el] *abbr* (= *English as a Foreign Language*) inglés *m* para extranjeros

**EFTPOS** ['eftpɑːs] *abbr* (= *Electronic Funds Transfer at Point of Sale*) T.P.V. *f* (= transferencia *f* de fondos electrónica en el punto de venta)

**e.g.** [iː'dʒiː] p. ej.

**e•gal•i•tar•i•an** [ɪgælɪ'terɪən] *adj* igualitario

**egg** [eg] huevo *m*; *of woman* óvulo *m*; *get ~ on one's face* F quedar en ridículo; *he had ~ all over his face* fig quedó en ridículo

◆ **egg on** *v/t* incitar

**'egg•cup** huevera *f*; **'egg•head** F cerebrito(-a) *m(f)* F; **'egg•plant** berenjena *f*; **'egg•shell** cáscara *f* de huevo; **'egg tim•er** reloj *m* de arena; **'egg whisk** batidor *m* de huevos; **'egg white** clara *f* de huevo; **'egg yolk** yema *f* de huevo

**e•go** ['iːgəʊ] PSYCH ego *m*; (*self-esteem*) amor *m* propio; *she's all ~* tiene mucho ego *or* amor propio; *boost s.o.'s ~,*

*give s.o. an ~ boost* alimentar el ego de alguien

**e•go•cen•tric** [iːgəʊ'sentrɪk] *adj* egocéntrico

**e•go•ism** ['iːgəʊɪzm] egoísmo *m*

**e•go•ist** ['iːgəʊɪst] egoísta *m/f*

**e•go•is•tic** [iːgəʊ'ɪstɪk] *adj* egoísta

**e•go•tism** ['iːgəʊtɪzəm] egoísmo *m*, egocentrismo *m*

**e•go•tist** ['iːgəʊtɪst] egocéntrico(-a) *m(f)*

**e•go•tis•tic** [iːgəʊ'tɪstɪk] *adj* egocéntrico

**'e•go trip**: *be on an ~* creerse el centro del universo; *charity work is just a big ~ for him* participa en obras benéficas sólo para sentirse superior

**E•gypt** ['iːdʒɪpt] Egipto *m*

**E•gyp•tian** [ɪ'dʒɪpʃn] **I** *adj* egipcio **II** *n* egipcio(-a) *m(f)*

**ei•der•down** ['aɪdərdaʊn] *quilt* edredón *m*

**eight** [eɪt] ocho

**eigh•teen** [eɪ'tiːn] dieciocho

**eigh•teenth** [eɪ'tiːnθ] *n & adj* decimoctavo

**eighteen-'yard box** *in soccer* área *f* grande

**eighth** [eɪtθ] *n & adj* octavo

**eigh•ti•eth** ['eɪtɪɪθ] *n & adj* octogésimo

**eigh•ty** ['eɪtɪ] ochenta; *be in one's eighties* tener ochenta y tantos; *in the eighties* en los (años) ochenta

**Eir•e** ['erə] República *f* de Irlanda

**ei•ther** ['aɪðər] **I** *adj* cualquiera de los dos; *with negative constructions* ninguno de los dos; (*both*) cada, ambos

**II** *pron* cualquiera de los dos; *with negative constructions* ninguno de los dos *he wouldn't accept ~ of the proposals* no quería aceptar ninguna de las dos propuestas

**III** *adv* tampoco; *I won't go ~* yo tampoco iré

**IV** *conj*: *~ ... or* choice o ... or; *with negative constructions* ni ... ni

**e•jac•u•late** [ɪ'dʒækjʊleɪt] *v/i* PHYSIO eyacular

**e•jac•u•la•tion** [ɪdʒækjʊ'leɪʃn] **1** PHYSIO eyaculación *f* **2** *exclamation* exclamación *f*

**e•ject** [ɪ'dʒekt] **I** *v/t* expulsar **II** *v/i from plane* eyectarse

**e•jec•tor seat** [ɪ'dʒektər] AVIA asiento

*m* de eyección

◆ **eke out** [iːk] *v/t* **1** (*make last*) hacer durar **2**: *eke out a living* ganarse la vida a duras penas

**e•lab•o•rate I** *adj* [ɪˈlæbərət] elaborado **II** *v/t* [ɪˈlæbəreɪt] elaborar **III** *v/i* [ɪˈlæbəreɪt] dar detalles

◆ **elaborate on** *v/t* ampliar, explicar en detalle

**e•lab•o•rate•ly** [ɪˈlæbəreɪtlɪ] *adv* elaboradamente

**e•lapse** [ɪˈlæps] *v/i* pasar

**e•las•tic** [ɪˈlæstɪk] **I** *adj* elástico; **~ band** goma *f* elástica **II** *n* elástico *m*

**e•las•ti•ca•ted** [ɪˈlæstɪkeɪtɪd] *adj* elástico

**e•las•ti•ci•ty** [ɪlæsˈtɪsətɪ] elasticidad *f*

**e•las•ti•cized** [ɪˈlæstɪsaɪzd] *adj* elástico

**e•lat•ed** [ɪˈleɪtɪd] *adj* eufórico

**el•at•ion** [ɪˈleɪʃn] euforia *f*

**el•bow** [ˈelboʊ] **I** *n* codo *m* **II** *v/t* dar un codazo a; **~ out of the way** apartar a codazos; **~ one's way through the crowd** abrirse paso a codazos entre la multitud

**'el•bow grease** F trabajo *m* duro F

**'el•bow•room** F espacio *m*, sitio *m* para moverse

**el•der¹** [ˈeldər] **I** *adj* mayor **II** *n* mayor *m/f*; **she's two years my ~** es dos años mayor que yo

**el•der²** [ˈeldər] *n* BOT saúco *m*

**el•der•ly** [ˈeldərlɪ] **I** *adj* mayor **II** *npl*: **the ~** las personas mayores

**el•dest** [ˈeldəst] **I** *adj* mayor **II** *n*: **the ~** el/la mayor

**e•lect** [ɪˈlekt] *v/t* elegir; **~ to do sth** decidir hacer algo

**e•lect•ed** [ɪˈlektɪd] *adj* elegido

**e•lec•tion** [ɪˈlekʃn] elección *f*; **call an ~** convocar elecciones; **~ promises** promesas *fpl* electorales; **~ results** resultados *mpl* electorales

**e'lec•tion cam•paign** campaña *f* electoral

**e'lec•tion day** día *m* de las elecciones

**e•lec•tion•eer** [ɪlekʃəˈnɪər] *v/i* hacer campaña (electoral)

**e•lec•tion•eer•ing** [ɪlekʃəˈnɪərɪŋ] campaña *f* electoral; **that's just ~** eso es sólo hacer campaña electoral

**e•lec•tive** [ɪˈlektɪv] *adj* opcional; *subject*, *surgery* optativo

**e•lec•tor** [ɪˈlektər] elector(a) *m(f)*, vo-

tante *m/f*

**e•lec•tor•al** [ɪˈlektərəl] *adj* electoral

**e•lec•tor•al 'col•lege** colegio *m* electoral

**e•lec•to•rate** [ɪˈlektərət] electorado *m*

**e•lec•tric** [ɪˈlektrɪk] *adj* eléctrico; *fig atmosphere* electrizado

**e•lec•tri•cal** [ɪˈlektrɪkl] *adj* eléctrico

**e•lec•tri•cal en•gi'neer** ingeniero(-a) *m(f)* electrónico(-a)

**e•lec•tri•cal en•gi'neer•ing** ingeniería *f* electrónica

**e•lec•tric 'blan•ket** manta *f or L.Am.* cobija *f* eléctrica; **e•lec•tric 'chair** silla *f* eléctrica; **e•lec•tric gui'tar** guitarra *f* eléctrica

**e•lec•tri•cian** [ɪlekˈtrɪʃn] electricista *m/f*

**e•lec•tri•ci•ty** [ɪlekˈtrɪsətɪ] electricidad *f*

**e•lec•tric 'ra•zor** maquinilla *f* eléctrica

**e•lec•trics** [ɪˈlektrɪks]] *npl* MOT electricidad *f*

**e•lec•tric 'shock** descarga *f* eléctrica; **~ treatment** MED tratamiento *m* por electrochoque

**e•lec•tri•fy** [ɪˈlektrɪfaɪ] *v/t* (*pret & pp -ied*) electrificar; *fig* electrizar

**e•lec•tri•fy•ing** [ɪˈlektrɪfaɪɪŋ] *adj fig* electrizante

**e•lec•tro•car•di•o•gram** [ɪlektroʊˈkɑːrdɪoʊɡræm] MED electrocardiograma *m*

**e•lec•tro•cute** [ɪˈlektrəkjuːt] *v/t* electrocutar

**e•lec•tro•cu•tion** [ɪlektrəˈkjuːʃn] *form of execution* electrocución *f*

**e•lec•trode** [ɪˈlektroʊd] electrodo *m*

**e•lec•tro•lyte** [ɪˈlektrəlaɪt] electrolito *m*

**e•lec•tro•mag•net•ic** [ɪlektroʊmæɡˈnetɪk] *adj* electromagnético

**e•lec•tron** [ɪˈlektrɑːn] electrón *m*; **~ microscope** microscopio *m* electrónico; **~ beam** haz *m* de electrones

**e•lec•tron•ic** [ɪlekˈtrɑːnɪk] *adj* electrónico; **~ banking** banca *f* electrónica *or* informatizada

**e•lec•tron•ic da•ta 'pro•ces•sing** procesamiento *m* electrónico de datos; **e•lec•tron•ic 'funds trans•fer** transferencia *f* electrónica de fondos; **e•lec•tron•ic 'mail** correo *m* electrónico; **e•lec•tron•ic 'mail•box** buzón *m* electrónico; **e•lec•tron•ic 'me•di•a** medios *mpl* de comunicación electrónicos; e•lec•tron•ic 'pay•ment pago *m* electrónico

e•lec•tron•ics [ɪlek'trɑːnɪks] **1** *nsg: subject* electrónica *f* **2** *npl*: *the advanced ~ of the new car are …* los modernos componentes electrónicos del coche nuevo son …

e•lec'tron•ics en•gi•neer ingeniero(-a) *m(f)* electrónico(-a)

e•lec'tron•ic 'trans•fer FIN transferencia *f* electrónica

e•lec•tro•ther•a•py [ɪlektrou'θerəpɪ] MED electroterapia *f*

el•e•gance ['elɪgəns] elegancia *f*

el•e•gant ['elɪgənt] *adj* elegante

el•e•gant•ly ['elɪgəntlɪ] *adv* elegantemente

el•e•ment ['elɪmənt] *also* CHEM elemento *m*; *an ~ of uncertainty* algo de inseguridad; *~ of surprise* factor *m* sorpresa; *~ of risk* factor de riesgo; *be in one's ~* estar en su elemento, estar como pez en el agua F; *be out of one's ~* estar fuera de su elemento

el•e•men•ta•ry [elɪ'mentərɪ] *adj* (*rudimentary*) elemental

el•e•men•ta•ry school escuela *f* primaria

el•e•men•ta•ry teacher maestro(-a) *m(f)*

el•e•phant ['elɪfənt] elefante *m*

el•e•vate ['elɪveɪt] *v/t* elevar

el•e•vat•ed rail•road [elɪveɪtɪd'reɪlroud] ferrocarril *m* elevado

el•e•va•tion [elɪ'veɪʃn] (*altitude*) altura *f*

el•e•va•tor ['elɪveɪtər] ascensor *m*; *~ shaft* hueco *m* del ascensor

el•e•ven [ɪ'levn] once

el•e•venth [ɪ'levnθ] *n & adj* undécimo; *at the ~ hour* justo en el último minuto

elf [elf] (*pl elves* [elvz]) duende *m*, elfo *m*

e•lic•it [ɪ'lɪsɪt] *v/t* **1** *truth* obtener (*from* de) **2** *reaction, applause* suscitar, provocar (*from* de)

el•i•gi•bil•i•ty [elɪdʒə'bɪlətɪ] *of candidate etc* elegibilidad *f*; *there are doubts about their ~ to vote* existen dudas acerca de que tengan derecho para votar

el•i•gi•ble ['elɪdʒəbl] *adj* que reúne los requisitos; *be ~ to vote* tener derecho al voto; *be ~ to do sth* tener derecho

a hacer algo

el•i•gi•ble 'bach•e•lor buen partido *m*

e•lim•i•nate [ɪ'lɪmɪneɪt] *v/t* **1** eliminar; *poverty* acabar con **2** (*rule out*) descartar

e•lim•i•na•tion [ɪ'lɪmɪneɪʃn] eliminación *f*; *by a process of ~* por (un proceso de) eliminación

e•lite [eɪ'liːt] **I** *n* élite *f* **II** *adj* de élite

e•lit•ism [eɪ'liːtɪzəm] elitismo *m*

e•lit•ist [eɪ'liːtɪst] *adj* elitista

elk [elk] ciervo *m* canadiense

el•lipse [ɪ'lɪps] elipse *f*

elm [elm] olmo *m*

el•o•cu•tion [elə'kjuːʃn] dicción *f*, elocución *f*

e•lon•gate [ˈiːlɑːŋgeɪt] *v/t* alargar

e•lope [ɪ'loup] *v/i* fugarse con un amante

el•o•quence ['eləkwəns] elocuencia *f*

el•o•quent ['eləkwənt] *adj* elocuente

el•o•quent•ly ['eləkwəntlɪ] *adv* elocuentemente; *very ~ put* dicho de manera elocuente

El Sal•va•dor [el'sælvədɔːr] El Salvador *m*

else [els] *adv*: *anything ~?* ¿algo más?; *if you have nothing ~ to do* si no tienes nada más que hacer; *no one ~* nadie más; *everyone ~ is going* todos (los demás) van, va todo el mundo; *who ~ was there?* ¿quién más estaba allí?; *someone ~* otra persona; *something ~* algo más; *let's go somewhere ~* vamos a otro sitio; *or ~* si no

else•where ['elswer] *adv* en otro sitio

ELT [iːel'tiː] *abbr* (= *English Language Teaching*) enseñanza *f* de inglés

e•lu•ci•date [ɪ'luːsɪdeɪt] *v/t* aclarar, esclarecer

e•lude [ɪ'luːd] *v/t* (*escape from*) escapar de; (*avoid*) evitar; *the name ~s me* no recuerdo el nombre

e•lu•sive [ɪ'luːsɪv] *adj* evasivo

elves [elvz] *pl* ☞ *elf*

el [el] ☞ *elevated railroad*

e•ma•ci•at•ed [ɪ'meɪsɪeɪtɪd] *adj* demacrado

e-mail ['iːmeɪl] **I** *n* correo *m* electrónico, e-mail *m* **II** *v/t person* mandar un correo electrónico a;; *~ sth to s.o.* mandar algo por e-mail a alguien

'e-mail ad•dress dirección *f* de correo electrónico *or* de e-mail

**em•a•nate** ['eməneɪt] *v/i of gas, light* emanar (*from* de); *of reports, rumors* proceder, provenir (*from* de)

**e•man•ci•pat•ed** [ɪ'mænsɪpeɪtɪd] *adj* emancipado

**e•man•ci•pa•tion** [ɪmænsɪ'peɪʃn] emancipación *f*

**em•balm** [ɪm'bɑːm] *v/t* embalsamar

**em•bank•ment** [ɪm'bæŋkmənt] **1** *of river* dique *m* **2** RAIL terraplén *m*

**em•bar•go** [em'bɑːrgoʊ] (*pl -oes*) embargo *m*; *place or put an ~ on sth* imponer un embargo sobre algo

**em•bar•ka•tion** [embɑːr'keɪʃn] embarque *m*

**em•bark** [ɪm'bɑːrk] *v/i* embarcar
♦ **embark on** *v/t* embarcarse en

**em•bar•rass** [ɪm'bærəs] *v/t* avergonzar; *he ~ed me in front of everyone* me hizo pasar vergüenza delante de todos

**em•bar•rassed** [ɪm'bærəst] *adj* avergonzado; *I was ~ to ask* me daba vergüenza preguntar; *don't be ~* no te avergüences

**em•bar•rass•ing** [ɪm'bærəsɪŋ] *adj* embarazoso

**em•bar•rass•ment** [ɪm'bærəsmənt] embarazo *m*, apuro *m*; *much to our ~* para vergüenza nuestra; *be an ~ to s.o.* ser un motivo de vergüenza para alguien

**em•bas•sy** ['embəsɪ] embajada *f*; *~ staff* personal *m* de la embajada

**em•bed** [ɪm'bed] *v/t* (*pret & pp -ded*) insertar, incrustar; *in mind* fijar, grabar; *~ded in concrete* incrustado en

**em•bed•ded com•mand** [ɪm'bedɪd] COMPUT comando *m* integrado

**em•bel•lish** [ɪm'belɪʃ] *v/t* adornar; *story* exagerar

**em•bel•lish•ment** [ɪm'belɪʃmənt] *also of story* adorno *m*

**em•bers** ['embərz] *npl* ascuas *fpl*

**em•bez•zle** [ɪm'bezl] *v/t* malversar

**em•bez•zle•ment** [ɪm'bezlmənt] malversación *f*

**em•bez•zler** [ɪm'bezlər] malversador(a) *m(f)*

**em•bit•ter** [ɪm'bɪtər] *v/t* amargar

**em•blem** ['embləm] emblema *m*

**em•bod•i•ment** [ɪm'bɑːdɪmənt] personificación *f*

**em•bod•y** [ɪm'bɑːdɪ] *v/t* (*pret & pp -ied*) personificar

**em•bo•lism** ['embəlɪzm] embolia *f*

**em•boss** [ɪm'bɑːs] *v/t metal* repujar; *paper* grabar en relieve; *~ed paper* papel *m* gofrado; *wallpaper* papel *m* estampado en relieve

**em•brace** [ɪm'breɪs] **I** *n* abrazo *m* **II** *v/t* **1** (*hug*) abrazar **2** (*take in*) abarcar **III** *v/i of two people* abrazarse

**em•broi•der** [ɪm'brɔɪdər] *v/t* bordar; *fig* adornar

**em•broi•der•y** [ɪm'brɔɪdərɪ] bordado *m*; *~ needle* aguja *f* de bordar; *do ~* bordar

**em•broil** [ɪm'brɔɪl] *v/t*: *be ~ed in sth* estar envuelto *or* mezclado en algo

**em•bry•o** ['embrɪoʊ] embrión *m*; *in ~* en embrión

**em•bry•on•ic** [embrɪ'ɑːnɪk] *adj fig* embrionario

**em•cee** [em'siː] **I** *n of show* presentador(a) *m(f)* **II** *v/t* presentar

**em•e•rald** ['emərəld] esmeralda *f*

**e•merge** [ɪ'mɜːrdʒ] *v/i* (*appear*) emerger, salir; *of truth* aflorar; *it has ~d that* se ha descubierto que; *what ~s from this is that ...* lo que se desprende de esto es que...

**e•mer•gence** [ɪ'mɜːrdʒəns] *of truth, new state etc* aparición *f*, surgimiento *m*

**e•mer•gen•cy** [ɪ'mɜːrdʒənsɪ] emergencia *f*; *in an ~* en caso de emergencia; *declare a state of ~* declarar el estado de emergencia *or* excepción

**e•mer•gen•cy call** TELEC llamada *f* de emergencia; **e•mer•gen•cy 'ex•it** salida *f* de emergencia; **e•mer•gen•cy landing** aterrizaje *m* forzoso; *make an ~* hacer un aterrizaje forzoso; **e•mer•gen•cy light•ing** luz *f* de emergencia; **e•mer•gen•cy 'meet•ing** reunión *f* de emergencia; **e•mer•gen•cy 'num•ber** TELEC número *m* de emergencia; **e•mer•gen•cy op•er•a•tion** MED operación *f* de urgencia; **e•mer•gen•cy 'ra•tions** raciones *fpl* de reserva; **e•mer•gen•cy serv•i•ces** *npl* servicios *mpl* de urgencia; **e•mer•gen•cy 'stop** MOT parada *f* de emergencia; *make or do an ~* hacer una parada de emergencia; **e•mer•gen•cy tel•e•phone** teléfono *m* de emergencia

**e•mer•gent** [iː'mɜːrdʒənt] *adj fig nation* emergente, en vías de desarrollo

**em•er•y board** ['emərɪ] lima *f* de uñas

e•met•ic [ɪ'metɪk] emético *m*, vomitivo *m*

em•i•grant ['emɪɡrənt] emigrante *m/f*

em•i•grate ['emɪɡreɪt] *v/i* emigrar

em•i•gra•tion [emɪ'ɡreɪʃn] emigración *f*

Em•i•nence ['emɪnəns] REL: **His ~** Su Eminencia

em•i•nent ['emɪnənt] *adj* eminente

em•i•nent•ly ['emɪnəntlɪ] *adv* sumamente

e•mis•sion [ɪ'mɪʃn] *of gases* emisión *f*

e•mis•sion-'free *adj* MOT que no emite gases contaminantes

e•mis•sion lim•it MOT límite *m* de emisiones

e•mit [ɪ'mɪt] *v/t* (*pret & pp* **-ted**) emitir; *heat, odor* desprender

e•mo•tion [ɪ'mouʃn] emoción *f*

e•mo•tion•al [ɪ'mouʃənl] *adj* **1** *problems, development* sentimental **2** (*full of emotion*) emotivo; **no need to get so ~ about it** *start crying* no hay que ponerse tan sentimental; **tired and ~** *hum* alegre

e•mo•tion•al•ly [ɪ'mouʃənlɪ] *adv* **1** emotivamente **2**: **be ~ disturbed** tener trastornos emocionales

e•mo•tive [ɪ'moutɪv] *adj* emotivo; **~ term or word** palabra *f* afectiva

em•pa•thize ['empəθaɪz] *v/i*: **~ with** identificarse con

em•pa•thy ['empəθɪ] empatía *f*

em•per•or ['empərər] emperador *m*

em•pha•sis ['emfəsɪs] *in word* acento *m*; *fig* énfasis *m*; **place or put the ~ on sth** poner énfasis *or* hacer hincapié en algo; **with ~** con énfasis

em•pha•size ['emfəsaɪz] *v/t syllable* acentuar; *fig* hacer hincapié en

em•phat•ic [ɪm'fætɪk] *adj* enfático; **the response was an ~ no** la respuesta fue un 'no' rotundo

em•phy•se•ma [emfɪ'siːmə] MED enfisema *m*

em•pire ['empaɪr] *also fig* imperio *m*

em•pir•i•cal [em'pɪrɪkl] *adj* empírico

em•ploy [ɪm'plɔɪ] *v/t* emplear; **he's ~ed as a ...** trabaja de ...

em•ploy•ee [emplɔɪ'iː] empleado(-a) *m(f)*

em•ploy•ee 'buy•out adquisición *f* de una empresa por los empleados

em•ploy•ee con•tri•bu•tions aportaciones *fpl or* cotizaciones *fpl* de los empleados

em•ploy•er [em'plɔɪər] empresario(-a) *m(f)*

em•ploy•er con•tri•bu•tions cuotas *fpl* patronales

em•ploy•er's li•a•bil•i•ty responsabilidad *f* patronal

em•ploy•ment [em'plɔɪmənt] empleo *m*; (*work*) trabajo *m*; **be looking for ~** buscar trabajo; **be in ~** tener empleo *or* trabajo; **full ~** pleno empleo; **~ market** mercado *m* laboral

em'ploy•ment a•gen•cy agencia *f* de colocaciones; em'ploy•ment law legislación *f* laboral; em'ploy•ment tax impuesto *m* sobre el empleo

em•pow•er [ɪm'pauər] *v/t* **1** facultar, otorgar poderes a; **~ s.o. to do sth** autorizar a alguien para hacer algo **2** *the people, the user* dar poder a

em•press ['emprɪs] emperatriz *f*

emp•ti•ness ['emptɪnɪs] vacío *m*

emp•ty ['emptɪ] **I** *adj* **1** vacío **2** *promise, threat* vano; **feel ~** sentirse vacío **II** *v/t* (*pret & pp* **-ied**) *drawer, pockets* vaciar; *glass, bottle* acabar; **~ sth into sth** vaciar algo en algo **III** *v/i* (*pret & pp* **-ied**) *of room, street* vaciarse

◆ empty out *v/t drawers, closet* vaciar

emp•ty-hand•ed [emptɪ'hændɪd] *adj* con las manos vacías; **return ~** volver con las manos vacías

emp•ty-'head•ed *adj*: **be ~** ser un cabeza hueca

'emp•ty weight COM peso *m* en vacío

em•u•late ['emjuleɪt] *v/t* emular

e•mul•sion [ɪ'mʌlʃn] *paint* emulsión *f*

en•a•ble [ɪ'neɪbl] *v/t* permitir; **~ s.o. to do sth** permitir a alguien hacer algo

en•act [ɪ'nækt] *v/t* **1** *law* promulgar **2** THEA representar

en•act•ment [ɪ'næktmənt] *of law* promulgación *f*

e•nam•el [ɪ'næml] esmalte *m*

en•am•or, *Br* en•am•our [ɪ'næmər] *v/t*: **be ~ed of** *idea etc* estar entusiasmado con

enc *abbr* (= **enclosure(s)**) documento(s) *m(pl)* adjunto(s)

en•case [ɪn'keɪs] *v/t*: **~d in** revestido *or* recubierto de

en•chant•ed [ɪn'tʃɑːntɪd] *adj* **1** *forest etc* encantado **2**: **be ~ed with sth** quedar *or* estar encantado con algo

**en•chant•ing** [ɪnˈtʃæntɪŋ] *adj* encantador

**en•cir•cle** [ɪnˈsɜːrkl] *v/t* rodear

**en•cir•cle•ment** [ɪnˈsɜːrklmənt] MIL acorralamiento *m*

**encl** *abbr* (= *enclosure(s)*) documento(s) *m(pl)* adjunto(s)

**en•close** [ɪnˈklouz] *v/t* **1** *in letter* adjuntar; *please find ~d ...* remito adjunto ... **2** *area* rodear

**en•clo•sure** [ɪnˈklouʒər] *with letter* documento *m* adjunto

**en•code** [ɪnˈkoud] *v/t text* codificar, cifrar

**en•com•pass** [ɪnˈkʌmpəs] *v/t fig fml* **1** (*include*) abarcar **2** (*surround*) rodear, cercar **3** (*bring about*) ocasionar

**en•core** [ˈɑːŋkɔːr] **I** *n* bis *m* **II** *int* ¡otra!

**en•coun•ter** [ɪnˈkauntər] **I** *n* encuentro *m* **II** *v/t person* encontrarse con; *problem, resistance* tropezar con

**en•cour•age** [ɪnˈkʌrɪdʒ] *v/t* animar; *violence* fomentar

**en•cour•age•ment** [ɪnˈkʌrɪdʒmənt] ánimo *m*; *a few words of ~* unas palabras de ánimo *or* aliento

**en•cour•ag•ing** [ɪnˈkʌrɪdʒɪŋ] *adj* alentador; *that's ~* eso es alentador, eso me da ánimos; *it's ~ to see that ...* es alentador ver que ...

◆ **en•croach on** [ɪnˈkroutʃ] *v/t land* invadir; *rights* usurpar; *time* quitar

**en•crust•ed** [ɪnˈkrʌstɪd] *adj*: *~ with* incrustado de

**en•crypt** [ɪnˈkrɪpt] *v/t* encriptar, codificar

**en•cryp•tion** [ɪnˈkrɪpʃn] encriptación *f*, codificación *f*

**en•cy•clo•pe•di•a** [ɪnsaɪkləˈpiːdɪə] enciclopedia *f*

**en•cy•clo•pe•dic** [ɪnsaɪkləˈpiːdɪk] *adj* enciclopédico

**end** [end] **I** *n* **1** (*conclusion*) fin *m*; *of journey, month* final *m*; *come or draw to an ~* acabar, llegar a su fin; *it's not the ~ of the world!* ¡no es el fin del mundo!, ¡no pasa nada!; *in the ~* al final; *at the ~ of July* a finales de julio; *put an ~ to* poner fin a **2** (*extremity*) extremo *m*; *at the other ~ of town* al otro lado de la ciudad; *stand sth on ~* poner de pie algo; *make* (*both*) *~s meet fig* llegar a fin de mes; *placed ~ to ~* colocado uno tras otro;

*change ~s* SP cambiar de lado; *push it right up to the ~* empújalo hasta el fondo **3** (*purpose*): *the ~ justifies the means* el fin justifica los medios; *to this ~* con *or* para este fin **4**: *for hours on ~* durante horas y horas; *for three weeks on ~* durante tres semanas seguidas **II** *v/t* terminar, finalizar; *the war to ~ all wars* la guerra de las guerras **III** *v/i* terminar; *how does it ~?* ¿cómo acaba?, ¿cuál es el final?; *~ happily* acabar bien; *~ in disaster* acabar mal; *all's well that ~s well* bien está lo que bien acaba

◆ **end up** *v/i* acabar; *we ended up agreeing to it after all* al final acabamos consintiéndolo

**en•dan•ger** [ɪnˈdeɪndʒər] *v/t* poner en peligro

**en•dan•gered spe•cies** [ɪnˈdeɪndʒərd] especie *f* en peligro de extinción

**en•dear•ing** [ɪnˈdɪrɪŋ] *adj* simpático

**en•dear•ment** [ɪnˈdɪrmənt]: *term of ~* palabra *f* cariñosa

**en•deav•or**, *Br* **en•deav•our** [ɪnˈdevər] **I** *n* esfuerzo *m*; *make every ~ to do sth* procurar por todos los medios hacer algo **II** *v/t*: *~to do sth* procurar hacer algo

**en•dem•ic** [ɪnˈdemɪk] *adj* endémico

**end•ing** [ˈendɪŋ] **1** final *m* **2** GRAM terminación *f*

**en•dive** [ˈendaɪv] BOT endibia *f*

**end•less** [ˈendlɪs] *adj* interminable

**end•less 'loop** bucle *m* sin fin

**'end line** *in basketball* línea *f* de fondo

**end-of-year 'bo•nus** paga *f* extra de fin de año

**en•dorse** [ɪnˈdɔːrs] *v/t* **1** *check* endosar **2** *candidacy* apoyar; *product* representar

**en•dors•ee** [ɪndɔːrˈsiː] FIN endosatario(-a) *m(f)*

**en•dorse•ment** [ɪnˈdɔːrsmənt] **1** *of check* endoso *m* **2** *of candidacy* apoyo *m*; *of product* representación *f*

**en•dors•er** [ɪnˈdɔːrsər] FIN endosante *m/f*

**en•dow** [ɪnˈdau] *v/t* **1** *financially* donar **2** *fig* (*equip*) dotar; *be ~ed with ...* estar dotado de ...; *be well ~ed hum* estar muy bien dotado P

**en•dow•ment** [ɪnˈdaumənt] **1** *financial* dotación *f* **2** *gift endowed* donación *f* **3** *talent* dote *f*, atributo *m*; *because*

**enlist**

*of his superior physical* ~ gracias a sus dotes físicas superiores

**en'dow•ment mort•gage** hipoteca *f* de inversión

**end 'prod•uct** producto *m* final

**end re'sult** resultado *m* final

**en•dur•a•ble** [ɪn'dʊrəbl] *adj* tolerable, soportable

**en•dur•ance** [ɪn'dʊrəns] resistencia *f*; *be beyond* ~ ser insoportable; ~ *test* prueba *f* de resistencia

**en•dure** [ɪn'dʊər] I *v/t* resistir II *v/i* (*last*) durar

**en•dur•ing** [ɪn'dʊrɪŋ] *adj* duradero

**end-'us•er** usuario(-a) *m(f)*

**en•e•ma** ['enəmə] MED enema *m*

**en•e•my** ['enəmɪ] enemigo(-a) *m(f)*; *make an* ~ *of s.o.* enemistarse con alguien; *with friends like that, who needs enemies!* F ¡con amigos así, uno ya no necesita enemigos!F

**en•er•get•ic** [enər'dʒetɪk] *adj* enérgico

**en•er•get•ic•al•ly** [enər'dʒetɪklɪ] *adv* enérgicamente

**en•er•gy** ['enərdʒɪ] energía *f*

**en•er•gy 'cri•sis** crisis *f* energética; **'en•er•gy-ef•fi•cient** *adj* que hace buen uso energético; **'en•er•gy-sav•ing** *device* que ahorra energía; **'en•er•gy sup•ply** suministro *m* de energía

**en•force** [ɪn'fɔːrs] *v/t* hacer cumplir

**en•force•ment** [ɪn'fɔːrsmənt] *of law* aplicación *f*

**en'force•ment a•gen•cy** organismo *m* de seguridad del estado

**en•gage** [ɪn'geɪdʒ] I *v/t* (*hire*) contratar II *v/i* TECH engranar

◆ **engage in** *v/t* dedicarse a

**en•gaged** [ɪn'geɪdʒd] *adj* **1** *to be married* prometido; *get* ~ prometerse **2**: *be* ~ *in doing sth* *fml* estar ocupado haciendo algo **3** *Br* TELEC ocupado

**en•gage•ment** [ɪn'geɪdʒmənt] (*appointment, to be married*) compromiso *m*; MIL combate *m*; *have a prior* ~ tener un compromiso previo

**en'gage•ment ring** anillo *m* de compromiso

**en•gag•ing** [ɪn'geɪdʒɪŋ] *adj smile, person* atractivo

**en•gen•der** [ɪn'dʒendər] *v/t hate, envy, emotions etc* engendrar, suscitar

**en•gine** ['endʒɪn] motor *m*

**'en•gine block** bloque *m* del motor;

**en•gine 'brak•ing** MOT frenado *m* con el motor; **'en•gine com•part•ment** compartimento *m* del motor; **'en•gine driv•er** *Br* RAIL maquinista *m/f*

**en•gi•neer** [endʒɪ'nɪr] I *n* ingeniero(-a) *m(f)*; NAUT, RAIL maquinista *m/f* II *v/t fig: meeting etc* tramar

**en•gi•neer•ing** [endʒɪ'nɪrɪŋ] ingeniería *f*

**'en•gine im•mo•bi•liz•er** MOT inmovilizador *m*

**'en•gine oil** *for engine* aceite *m* para motor; *in engine* aceite *m* del motor

**En•gland** ['ɪŋglənd] Inglaterra *f*

**Eng•lish** ['ɪŋglɪʃ] I *adj* inglés(-esa) II *n* **1** *pl: the* ~ los ingleses **2** *language* inglés *m*; *in* ~ en inglés; *in plain* ~ en el habla corriente

**Eng•lish 'Chan•nel** Canal *m* de la Mancha; **En•glish•man** ['ɪŋglɪʃmən] inglés *m*; **'En•glish•wom•an** inglesa *f*

**en•grave** [ɪn'greɪv] *v/t* grabar; *it is* ~*d on his memory* está grabado en su memoria

**en•grav•ing** [ɪn'greɪvɪŋ] grabado *m*

**en•grossed** [ɪn'groust] *adj* absorto (*in en*)

**en•gros•sing** [ɪn'groʊsɪŋ] *adj* absorbente, fascinante

**en•gulf** [ɪn'gʌlf] *v/t* devorar

**en•hance** [ɪn'hæns] *v/t* realzar

**e•nig•ma** [ɪ'nɪgmə] enigma *m*

**e•nig•mat•ic** [enɪg'mætɪk] *adj* enigmático

**en•joy** [ɪn'dʒɔɪ] *v/t* disfrutar (de); ~ *o.s.* divertirse; ~ (*your meal*)! ¡que aproveche!; ~ *doing sth* gustar hacer algo, disfrutar haciendo algo; *I don't* ~ *doing this, you know* no me gusta hacer ésto, sabes; *I* ~ *dancing* me gusta bailar; *did you* ~ *the play?* ¿te gustó la obra?; ~ *yourself!* ¡que lo pases bien!; ~ *good health* disfrutar *or* gozar de buena salud

**en•joy•a•ble** [ɪn'dʒɔɪəbl] *adj* agradable

**en•joy•ment** [ɪn'dʒɔɪmənt] diversión *f*; *I don't get any* ~ *out of it* no disfruto con ello

**en•large** [ɪn'lɑːrdʒ] *v/t* ampliar

**en•large•ment** [ɪn'lɑːrdʒmənt] ampliación *f*

**en•light•en** [ɪn'laɪtn] *v/t* educar

**en•list** [ɪn'lɪst] I *v/i* MIL alistarse II *v/t*: *I* ~*ed his help* conseguí que me ayudara

**en•liv•en** [ɪn'laɪvn] v/t animar

**en•mi•ty** ['enmətɪ] enemistad f

**e•nor•mi•ty** [ɪ'nɔːrmətɪ] magnitud f

**e•nor•mous** [ɪ'nɔːrməs] adj enorme; *satisfaction, patience* inmenso

**e•nor•mous•ly** [ɪ'nɔːrməslɪ] adv enormemente

**e•nough** [ɪ'nʌf] **I** adj & pron suficiente, bastante; *will $50 be ~?* ¿llegará con 50 dólares?; *I've had ~!* ¡estoy harto!; *that's ~, calm down!* ¡ya basta, tranquilízate!; *I have had ~, thank you* he tenido suficiente, gracias; *~ of this foolishness!* ¡basta de tonterías!; *there's more than ~ to go around* hay más que suficiente para todos **II** adv suficientemente, bastante; *the bag isn't big ~* la bolsa no es lo suficientemente *or* bastante grande; *strangely ~* curiosamente; *would you be good ~ to ...?* fml ¿le importaría...?; *are you man ~ to admit it?* ¿eres lo suficientemente hombre para admitirlo?, ¿eres tan hombre como para admitirlo?; *are you warm ~?* ¿tienes frío?

**en•quire** [ɪn'kwaɪr] ☞ **inquire**

**en•quiry** [ɪn'kwaɪrɪ] ☞ **inquiry**

**en•raged** [ɪn'reɪdʒd] adj enfurecido

**en•rich** [ɪn'rɪtʃ] v/t enriquecer

**en•roll** [ɪn'roʊl] v/i matricularse

**en•roll•ment** [ɪn'roʊlmənt] matrícula f

**en•sign** ['ensaɪn] NAUT **1** *flag* enseña f **2** *officer* alférez m

**en•snare** [ɪn'sner] v/t **1** atrapar; *become ~d in* quedar atrapado en **2** fig involucrar; *become ~d in* estar involucrado en

**en•sue** [ɪn'suː] v/i sucederse; *the ensuing years* los años subsiguientes

**en suite** ['ɑːnswiːt] **I** n habitación f con baño incorporado **II** adj: *~ bathroom* baño m incorporado

**en•sure** [ɪn'ʃʊər] v/t asegurar

**ENT** [iːen'tiː] abbr (= *ear, nose and throat*) otorrinolaringología f

**en•tail** [ɪn'teɪl] v/t conllevar

**en•tan•gle** [ɪn'tæŋgl] v/t *in rope* enredar; *become ~d in* enredarse en; *become ~d with in love affair* liarse con

**en•ter** ['entər] **I** v/t **1** *room, house* entrar en *it never ~ed my mind that ...* jamás se me pasó por la cabeza que... **2** *competition* participar en; *person, horse in race* inscribir **3** (*write down*) escribir; COMPUT introducir **II** v/i **1** entrar; THEA entrar en escena **2** *in competition* inscribirse **III** n COMPUT intro m

◆ **enter into** v/t *agreement* llegar a; *discussion* entrar en; *~ correspondence with* cartearse con; *~ negotiations* entrar en negociaciones

**'en•ter key** COMPUT intro m, tecla f enter

**en•ter•prise** ['entərpraɪz] **1** (*initiative*) iniciativa f **2** (*venture*) empresa f

**en•ter•pris•ing** ['entərpraɪzɪŋ] adj con iniciativa; *that's very ~ of you* eso demuestra mucha iniciativa por tu parte

**en•ter•tain** [entər'teɪn] v/t **1** (*amuse*) entretener **2** (*consider: idea*) considerar **II** v/i (*have guests*): *we ~ a lot* recibimos a mucha gente

**en•ter•tain•er** [entər'teɪnər] artista m/f

**en•ter•tain•ing** [entər'teɪnɪŋ] adj entretenido

**en•ter•tain•ment** [entər'teɪnmənt] entretenimiento m; *much to his ~* para su entretenimiento; *~ industry* industria f del entretenimiento

**en•ter'tain•ment al•low•ance** gastos mpl de representación

**en•thrall** [ɪn'θrɔːl] v/t cautivar

**en•thrall•ing** [ɪn'θrɔːlɪŋ] adj cautivador, embelesador

**en•thuse** [ɪn'θuːz] v/i entusiasmarse (*about, over* con, por)

**en•thu•si•asm** [ɪn'θuːzɪæzm] entusiasmo m

**en•thu•si•ast** [ɪn'θuːzɪæst] entusiasta m/f; *sailing ~* entusiasta de la navegación

**en•thu•si•as•tic** [ɪnθuːzɪ'æstɪk] adj entusiasta; *be ~ about sth* estar entusiasmado con algo

**en•thu•si•as•tic•al•ly** [ɪnθuːzɪ'æstɪklɪ] adv con entusiasmo

**en•tice** [ɪn'taɪs] v/t atraer

◆ **entice away** v/t: *entice s.o. away from sth / s.o.* convencer a alguien para que deje algo / alguien

**en•tice•ment** [ɪn'taɪsmənt] incentivo m

**en•tic•ing** [ɪn'taɪsɪŋ] adj tentador, apetecible

**en•tire** [ɪn'taɪr] adj entero; *the ~ school is going* va a ir todo el colegio

**en•tire•ly** [ɪn'taɪrlɪ] adv completamente; *that is ~ up to you* como tú quieras; *it's*

**made ~ of ...** es todo de ...; **I ~ agree with you** estoy completamente de acuerdo contigo

**en•tire•ty** [ɪn'taɪrətɪ]: **in its ~** en su totalidad

**en•ti•tle** [ɪn'taɪtl] v/t: **~ s.o. to sth** dar derecho a alguien a algo; **be ~d to vote** tener derecho al voto

**en•ti•tled** [ɪn'taɪtld] adj book titulado

**en•ti•ty** ['entətɪ] entidad f; **legal ~** persona f jurídica

**en•to•mol•o•gist** [entə'mɑːlədʒɪst] entomólogo(-a) m(f)

**en•to•mol•o•gy** [entə'mɑːlədʒɪ] entomología f

**en•tou•rage** ['ɑːntuːrɑːʒ] séquito m

**en•trance**[1] ['entrəns] n entrada f; THEA entrada f en escena; **~ hall** vestíbulo m, hall m; **make one's ~** THEA entrar en escena; **make a dramatic ~** THEA, fig hacer una entrada dramática en escena

**en•trance**[2] [ɪn'træns] v/t encantar, hechizar

**en•tranced** [ɪn'trænst] adj encantado

**'en•trance ex•am(•i•na•tion)** examen m de acceso

**'en•trance fee** (cuota f de) entrada f

**en•trant** ['entrənt] participante m/f

**en•trap•ment** [ɪn'træpmənt] incitación por parte de los agentes de la ley a cometer un delito

**en•treat** [ɪn'triːt] v/t suplicar; **~ s.o. to do sth** suplicar a alguien que haga algo

**en•treat•y** [ɪn'triːtɪ] súplica f, ruego m

**en•trée** ['ɑːntreɪ] (main dish) plato m principal

**en•trenched** [ɪn'trentʃt] adj attitudes arraigado

**en•tre•pre•neur** [ɑːntrəprə'nɜːr] empresario(-a) m(f)

**en•tre•pre•neur•i•al** [ɑːntrəprə'nɜːrɪəl] adj empresarial

**en•tre•pre•neur•ship** [ɑːntrəprə'nɜːrʃɪp] espíritu m emprendedor or empresarial

**en•trust** [ɪn'trʌst] v/t confiar; **~ s.o. with sth, ~ sth to s.o.** confiar algo a alguien

**en•try** ['entrɪ] **1** entrada f; **no ~** prohibida la entrada; **gain ~** to building conseguir entrar; **make a forced ~** entrar a la fuerza **2** for competition inscripción f; **the winning ~ was painted by ...** el cuadro ganador fue pintado por ... **3**

in diary etc entrada f

**'en•try form** impreso m de inscripción; **'en•try-lev•el** adj computer de gama baja; **'en•try•phone** portero m automático; **'en•try vi•sa** visado m

**en•twine** [ɪn'twaɪn] v/t enroscar, entrelazar (around alrededor de)

**e•nu•me•rate** [ɪ'nuːməreɪt] v/t enumerar

**e•nun•ci•ate** [ɪ'nʌnsɪeɪt] **I** v/t **1** words enunciar **2** reasons enumerar **II** v/i speak clearly vocalizar

**en•vel•op** [ɪn'veləp] v/t cubrir; **~ed in mystery** envuelto en misterio

**en•ve•lope** ['envəloup] sobre m

**en•vi•a•ble** ['envɪəbl] adj envidiable

**en•vi•ous** ['envɪəs] adj envidioso; **be ~ of s.o.** tener envidia de alguien

**en•vi•ron•ment** [ɪn'vaɪrənmənt] **1** (nature) medio m ambiente **2** (surroundings) entorno m, ambiente m; **in an office ~** en un ambiente de oficina

**en•vi•ron•men•tal** [ɪnvaɪrən'mentl] adj medioambiental; **~ damage** daño m medioambiental; **~ impact** impacto m medioambiental

**en•vi•ron•men•tal•ist** [ɪnvaɪrən'mentəlɪst] ecologista m/f

**en•vi•ron•men•tal•ly friend•ly** [ɪnvaɪrənməntəlɪ'frendlɪ] adj ecológico, que no daña el medio ambiente

**en•vi•ron•men•tal pol'lu•tion** contaminación f medioambiental

**en•vi•ron•men•tal pro'tec•tion** protección f medioambiental; **~ group** grupo m de protección del medio ambiente

**en•vi•rons** [ɪn'vaɪrənz] npl alrededores mpl

**en•vis•age** [ɪn'vɪzɪdʒ] v/t imaginar

**en•vi•sion** [ɪn'vɪʒn] v/t imaginar

**en•voy** ['envɔɪ] enviado(-a) m(f)

**en•vy** ['envɪ] **I** n envidia f; **be the ~ of** ser la envidia de **II** v/t (pret & pp -ied) envidiar; **~ s.o. sth** envidiar a alguien por algo; **I don't ~ you having to go out in this weather** no te envidio por tener que salir (a la calle) con este tiempo

**en•zyme** ['enzaɪm] enzima f

**e•phem•er•al** [ɪ'femərəl] adj efímero

**ep•ic** ['epɪk] **I** n epopeya f **II** adj journey épico; **a task of ~ proportions** una tarea monumental

**ep•i•cen•ter, Br ep•i•cen•tre** ['epɪsentər] epicentro *m*

**ep•i•dem•ic** [epɪ'demɪk] **I** *n* epidemia *f* **II** *adj*: *the problem has reached ~ proportions* el problema ha alcanzado dimensiones catastróficas

**ep•i•du•ral** [epɪ'dʊrəl] MED (anestesia *f*) epidural *f*

**ep•i•lep•sy** ['epɪlepsɪ] epilepsia *f*

**ep•i•lep•tic** [epɪ'leptɪk] epiléptico(-a) *m(f)*

**ep•i•lep•tic** '*fit* ataque *m* epiléptico

**ep•i•log**, *Br* **ep•i•logue** ['epɪlɑːg] epílogo *m*

**E•piph•a•ny** [ɪ'pɪfənɪ] REL la Epifanía del Señor

**e•pis•co•pal** [ɪ'pɪskəpl] *adj* episcopal

**ep•i•sode** ['epɪsoʊd] *of story*, *soap opera* episodio *m*, capítulo *m*; *(happening)* episodio *m*; *let's forget the whole ~* olvidemos lo sucedido

**e•pis•tle** [ɪ'pɪsl] REL epístola *f*

**ep•i•taph** ['epɪtæf] epitafio *m*

**ep•i•thet** ['epɪθet] *fml* apelativo *m*

**e•pit•o•me** [ɪ'pɪtəmɪ] paradigma *m*, personificación *f*

**e•pit•o•mize** [ɪ'pɪtəmaɪz] *v/t* personificar, ser el paradigma de

**e•poch** ['iːpɑːk] época *f*

'**e•poch-mak•ing** *adj* que hace época

**e•pon•y•mous** [ɪ'pɑːnɪməs] epónimo

**e•pox•y res•in** [iː'pɑːksɪ] resina *f* epoxídica

**eq•ua•ble** ['ekwəbl] *adj temperament*, *climate* estable, sereno

**e•qual** ['iːkwl] **I** *adj* igual; *be ~ to a task* estar capacitado para; *~ opportunities* igualdad *f* de oportunidades; *be an ~ opportunities employer* ser una empresa con una política de igualdad de oportunidades; *~ pay for ~ work* el mismo salario por el mismo trabajo; *~ in size, of ~ size* del mismo tamaño; *all things being ~* si no intervienen otros factores; *be on ~ terms with* estar en igualdad de condiciones con

**II** *n* igual *m/f*; *your ~s* tus iguales; *he has no ~, he is without ~* no tiene igual, no hay quien le iguale

**III** *v/t* (*pret & pp -ed*, *Br -led*) **1** (*with numbers*) equivaler; *four times twelve ~s 48* cuatro por doce, (igual a) cuarenta y ocho **2** (*be as good as*) igualar

**e•qual•i•ty** [ɪ'kwɑːlətɪ] igualdad *f*; *~ of opportunity* igualdad de oportunidades

**e•qual•ize** ['iːkwəlaɪz] **I** *v/t* igualar **II** *v/i Br* SP empatar, igualar

**e•qual•iz•er** ['iːkwəlaɪzər] *Br* SP gol *m* del empate; *score or get the ~* marcar el gol del empate

**e•qual•ly** ['iːkwəlɪ] *adv* igualmente; *share*, *divide* en partes iguales; *~, you could say that ...* del mismo modo, podría decirse que...

**e•qual 'rights** *npl* igualdad *f* de derechos

'**e•quals sign** MATH signo *m* de igual

**e•qua•nim•i•ty** [ekwə'nɪmətɪ] ecuanimidad *f*

**e•quate** [ɪ'kweɪt] *v/t* equiparar

**e•qua•tion** [ɪ'kweɪʒn] MATH ecuación *f*

**e•qua•tor** [ɪ'kweɪtər] ecuador *m*; *on the ~* en el ecuador

**e•qua•to•ri•al** [ekwə'tɔːrɪəl] *adj* ecuatorial

**e•ques•tri•an** [ɪ'kwestrɪən] *adj sports*, *skills* ecuestre, hípico

**e•qui•dis•tant** [iːkwɪ'dɪstənt] *adj*: *be ~ from two points* ser equidistante de dos puntos

**e•qui•lat•er•al** [iːkwɪ'lætərəl] *adj* MATH *triangle* equilátero

**e•qui•lib•ri•um** [iːkwɪ'lɪbrɪəm] equilibrio *m*

**e•qui•nox** ['iːkwɪnɑːks] equinoccio *m*

**e•quip** [ɪ'kwɪp] *v/t* (*pret & pp -ped*) equipar; *be intellectually ~ped for* tener las cualidades intelectuales para; *~ students for life* preparar a los estudiantes para la vida

**e•quip•ment** [ɪ'kwɪpmənt] equipo *m*; *a new piece of ~* un nuevo equipamiento

**eq•ui•ta•ble** ['ekwɪtəbl] *adj solution* equitativo

**eq•ui•ty** ['ekwətɪ] FIN acciones *fpl* ordinarias

**e•quiv•a•lence** [ɪ'kwɪvələns] equivalencia *m*

**e•quiv•a•lent** [ɪ'kwɪvələnt] **I** *adj* equivalente; *be ~ to* equivaler a **II** *n* equivalente *m*

**e•quiv•o•cal** [ɪ'kwɪvəkl] *adj* equívoco

**e•quiv•o•cate** [ɪ'kwɪvəkeɪt] *v/i* hablar con evasivas

**e•ra** ['ɪrə] era *f*

**e•rad•i•cate** [ɪ'rædɪkeɪt] *v/t* erradicar

**e•rad•i•ca•tion** [ɪrædɪ'keɪʃn] erradica-

ción *f*

e•ras•a•ble [ɪ'reɪzəbl] *adj CD* regrabable

e•rase [ɪ'reɪz] *v/t* borrar

e'rase head COMPUT cabeza *f* de borrado

e•ras•er [ɪ'reɪzər] *for pencil* goma *f* (de borrar); *for chalk* borrador *m*

e•ras•ure [ɪ'reɪʒər] *on tape* borrado *m*; *on paper* tachadura *f*

e•rect [ɪ'rekt] **I** *adj* erguido **II** *v/t* levantar, erigir

e•rec•tion [ɪ'rekʃn] **1** *of building etc* construcción *f* **2** *of penis* erección *f*; *have an* ~ tener una erección

er•go•nom•ic [ɜːrgoʊ'nɑːmɪk] *adj furniture* ergonómico

er•go•nom•i•cal•ly [ɜːrgoʊ'nɑːmɪklɪ] *adv*: ~ *designed* de diseño ergonómico

er•go•nom•ics [ɜːrgoʊ'nɑːmɪks] *nsg or npl* ergonomía *f*

e•rode [ɪ'roʊd] *v/t also fig* erosionar

e•rog•e•nous [ɪ'rɑːdʒɪnəs] *adj* PHYSIO erógeno; ~ *zone* zona *f* erógena

e•ro•sion [ɪ'roʊʒn] *also fig* erosión *f*

e•rot•ic [ɪ'rɑːtɪk] *adj* erótico

e•rot•i•cism [ɪ'rɑːtɪsɪzm] erotismo *m*

er•o•tism ['erətɪzəm] erotismo *m*

err [ɜːr] *v/i* errar, equivocarse; *to* ~ *is human* errar es de humanos; ~ *on the side of caution* actuar con cautela; *be overcautious* pecar de cauteloso

er•rand ['erənd] recado *m*; *run* ~*s* hacer recados

'er•rand boy chico *m* de los recados

er•ra•ta [e'rætə] *npl* erratas *fpl*

er•rat•ic [ɪ'rætɪk] *adj* irregular; *course* errático

er•ro•ne•ous [ɪ'roʊnjəs] *adj fml* erróneo; *in the* ~ *belief that* ... con la idea equivocada de que ...

er•ro•ne•ous•ly [ɪ'roʊnjəslɪ] *adv* erróneamente

er•ror ['erər] error *m*; *be in* ~ estar en un error, estar equivocado; *do sth in* ~ hacer algo por equivocación; ~ *of judgment* equivocación *f*, desacierto *m*; *caused by pilot* ~ causado por un fallo del piloto; *see the* ~ *of one's ways* darse cuenta de sus errores; ~*s and omissions excepted* salvo error u omisión

'er•ror mes•sage COMPUT mensaje *m* de error

er•u•dite ['erʊdaɪt] *adj* erudito

er•u•di•tion [erʊ'dɪʃn] erudición *f*

e•rupt [ɪ'rʌpt] *v/i of volcano* entrar en erupción; *of violence* brotar; *of person* explotar

e•rup•tion [ɪ'rʌpʃn] *of volcano* erupción *f*, *of violence* brote *m*

es•ca•late ['eskəleɪt] *v/i* intensificarse

es•ca•la•tion [eskə'leɪʃn] intensificación *f*

es•ca•la•tor ['eskəleɪtər] escalera *f* mecánica

es•ca•lope [e'skɑːləp] GASTR escalope *m*, filete *m*

es•ca•pade ['eskəpeɪd] aventura *f*

es•cape [ɪ'skeɪp] **I** *n* **1** *of prisoner, animal* fuga *f*; *have a narrow* ~ escaparse por los pelos **2** *of gas* escape *m*, fuga *f* **II** *v/i of prisoner, animal, gas* escaparse; ~ *with one's life* salir con vida; *they were all affected, nobody* ~*d* todos quedaron afectados, nadie se escapó **III** *v/t*: *the word* ~*s me* no consigo recordar la palabra; *it didn't* ~ *his attention* no se le pasó, no se le escapó; *there is no escaping the fact that* ... no se puede negar que ...

es'cape chute AVIA tobogán *m* de emergencia

es'cape key COMPUT tecla *f* de escape

es•cap•ism [ɪ'skeɪpɪzəm] escapismo *m*

es•cap•ist [ɪ'skeɪpɪst] *adj* escapista

es•cort **I** *n* ['eskɔːrt] **1** acompañante *m/f* **2** *guard* escolta *m/f*; *under* ~ escoltado; *motorcyle* ~ escolta de motocicletas **II** *v/t* [ɪ'skɔːrt] escoltar; *socially* acompañar; ~ *s.o. to the door* acompañar *or* llevar a alguien hasta la puerta

'es•cort a•gen•cy agencia *f* de acompañantes

es•crow ac•count [es'kroʊ] FIN cuenta *f* de depósito en garantía

e-sig•na•ture ['iːsɪgnətʃər] firma *f* electrónica

Es•ki•mo ['eskɪmoʊ] esquimal *m/f*

ESL [iːes'el] *abbr* (= *English as a second language*) inglés *m* como segundo idioma

e•soph•a•gus [iː'sɑːfəgəs] esófago *m*

es•o•ter•ic [esoʊ'terɪk] *adj* esotérico

es•pe•cial•ly [ɪ'speʃlɪ] *adv* especialmente

es•pe•cial [ɪ'speʃl] ☞ *special*

es•pi•o•nage ['espɪənɑːʒ] espionaje *m*

**es•pouse** [ɪ'spauz] v/t fig apoyar, defender

**es•pres•so** [es'presoʊ] café m exprés

**es•say** ['eseɪ] by author ensayo m; by student: creative redacción f; factual trabajo m

**es•sence** ['esns] esencia f; **in ~** en esencia

**es•sen•tial** [ɪ'senʃl] **I** adj esencial; **the ~ thing is ...** lo esencial es ...; **~ to life** esencial para vivir; **~ oil** aceite m esencial

**II** n: **we had only the ~s** sólo teníamos lo imprescindible; **the ~s of Spanish grammar** los puntos esenciales de la gramática española

**es•sen•tial•ly** [ɪ'senʃlɪ] adv esencialmente

**EST** [iːes'tiː] abbr (= **Eastern Standard Time**) hora oficial de la costa este estadounidense

**es•tab•lish** [ɪ'stæblɪʃ] v/t **1** create establecer; company fundar; **~ o.s. as** establecerse como; **~ one's reputation as ...** ganarse la fama de ... **2** (determine) establecer

**es•tab•lished** [ɪ'stæblɪʃt] adj **1** business establecido, consolidado; method establecido; custom arraigado **2** fact probado

**es•tab•lish•ment** [ɪ'stæblɪʃmənt] firm, shop etc establecimiento m; **the Establishment** el orden establecido

**es•tate** [ɪ'steɪt] (area of land) finca f; (possessions of dead person) patrimonio m

**es•tate a•gen•cy** Br agencia f inmobiliaria; **es•tate a•gent** Br agente m/f inmobiliario(-a); **es•tate car** Br coche m familiar

**es•teem** [ɪ'stiːm] **I** v/t fml valorar, estimar; **we would ~ it an honor to ...** lo consideraríamos un honor... **II** n: **hold s.o. in (high) ~** tener a alguien en gran estima; **rise / fall in s.o.'s ~** ganar / perder valor ante los ojos de alguien

**es•thete** ['esθiːt] esteta m/f

**es•thet•ic** [es'θetɪk] adj estético

**es•ti•mate** ['estɪmət] **I** n estimación f; for job presupuesto m; **rough ~** estimación aproximada; **at a rough ~** aproximadamente

**II** v/t estimar; **~d time of arrival** hora f

estimada or prevista de llegada; **I would ~ the total at ...** calculo que el total rondaría ...; **~d value** valor aproximado; **an ~d 200 people were killed** se estima que 200 personas murieron

**es•ti•ma•tion** [estɪ'meɪʃn] estima f; **he has gone up / down in my ~** le tengo en más / menos estima; **in my ~** (opinion) a mi parecer

**es•tranged** [ɪs'treɪndʒd] adj wife, husband separado

**es•tro•gen** ['estrədʒən] estrógeno m

**es•tu•a•ry** ['estʃəwerɪ] estuario m

**ETA** [iːtiː'eɪ] abbr (= **estimated time of arrival**) hora f estimada de llegada

**etc** [et'setrə] abbr (= **et cetera**) etc (= etcétera)

**et cet•er•a** [et'setrə] adv etcétera

**etch** [etʃ] v/t also fig grabar

**etch•ing** ['etʃɪŋ] aguafuerte m

**e•ter•nal** [ɪ'tɜːrnl] adj eterno; **~ triangle** triángulo m amoroso

**e•ter•nal•ly** [ɪ'tɜːrnəlɪ] adv: **I shall be ~ grateful** estaré eternamente agradecido

**e•ter•ni•ty** [ɪ'tɜːrnətɪ] eternidad f

**e'ter•ni•ty ring** anillo m de brillantes

**e•ther** ['iːθər] CHEM éter m

**e•the•re•al** [ɪ'θɪrɪəl] adj lit etéreo

**eth•i•cal** ['eθɪkl] adj ético; **~ marketing** márketing m ético

**eth•ics** ['eθɪks] **1** nsg ética f; **code of ~** código m ético **2** npl (morality) ética f

**E•thi•o•pi•a** [iːθɪ'oʊpjə] Etiopía f

**E•thi•o•pi•an** [iːθɪ'oʊpjən] **I** adj etíope **II** n etíope m/f

**eth•nic** ['eθnɪk] adj étnico

**eth•nic 'cleans•ing** limpieza f étnica; **eth•nic 'group** grupo m étnico; **eth•nic mi'nor•i•ty** minoría f étnica

**e•thos** ['iːθɑːs] espíritu m, escala f de valores

**e-tick•et** ['iːtɪkɪt] ticket m electrónico

**et•i•quette** ['etɪket] etiqueta f, protocolo m

**et•y•mo•log•i•cal** [etɪmə'lɑːdʒɪkl] adj etimológico

**et•y•mol•o•gy** [etɪ'mɑːlədʒɪ] etimología f

**EU** [iː'juː] abbr (= **European Union**) UE f (=Unión f Europea)

**eu•ca•lyp•tus** [juːkə'lɪptəs] BOT eucalipto m

eu•lo•gy ['ju:lədʒɪ] elogio *m*, encomio *m*

eu•nuch ['ju:nək] eunuco *m*

eu•phe•mism ['ju:fəmɪzm] eufemismo *m*

eu•phe•mis•tic [ju:fə'mɪstɪk] *adj* eufemístico

eu•pho•ri•a [ju:'fɔ:rɪə] euforia *f*

eu•phor•ic [ju:'fɑ:rɪk] *adj* eufórico

eu•ro ['jʊrou] FIN euro *m*

Eu•rope ['jʊrəp] Europa *f*

Eu•ro•pe•an [jʊrə'pɪən] I *adj* europeo II *n* europeo(-a) *m(f)*

Eu•ro•pe•an Com'mis•sion Comisión *f* Europea; Eu•ro•pe•an 'Par•lia•ment Parlamento *m* Europeo; Eu•ro'pe•an plan media pensión *f*; Eu•ro•pe•an 'Un•ion Unión *f* Europea

'eu•ro zone zona *f* euro

eu•tha•na•si•a [ju0ə'neɪzɪə] eutanasia *f*

e•vac•u•ate [ɪ'vækjʊeɪt] *v/t* evacuar; *the police ~ed the building* la policía desalojó el edificio

e•vac•u•a•tion [ɪvækjʊ'eɪʃn] evacuación *f*

e•vac•u•ee [ɪvækju:'i:] evacuado(-a) *m(f)*

e•vade [ɪ'veɪd] *v/t* evadir; ~ *(answering) a question* evadir una pregunta

e•val•u•ate [ɪ'væljʊeɪt] *v/t* evaluar

e•val•u•a•tion [ɪvælju'eɪʃn] evaluación *f*

e•van•gel•i•cal [i:væn'dʒelɪkl] *adj* evangélico

e•van•ge•lism [ɪ'vændʒəlɪzəm] evangelismo *m*

e•van•gel•ist [ɪ'vændʒəlɪst] evangelista *m/f*

e•van•ge•lize [ɪ'vændʒəlaɪz] I *v/t* evangelizar II *v/i* predicar el Evangelio

e•vap•o•rate [ɪ'væpəreɪt] *v/i of water* evaporarse; *of confidence* desvanecerse

e•vap•o•rat•ed milk [ɪvæpəreɪtɪd'mɪlk] leche *f* evaporada

e•vap•o•ra•tion [ɪvæpə'reɪʃn] *of water* evaporación *f*

e•va•sion [ɪ'veɪʒn] evasión *f*

e•va•sive [ɪ'veɪsɪv] *adj* evasivo; *take ~ action* adoptar tácticas evasivas

e•va•sive•ness [ɪ'veɪsɪvnɪs] *of person* esquivez *f*, carácter *m* evasivo

eve [i:v] víspera *f*; *on the ~ of* en la víspera de

e•ven ['i:vn] I *adj* 1 *(regular)* regular; *(level)* llano; *distribution* igualado; *voice* uniforme 2 *number* par 3: *I'll get ~ with him* me las pagará; *be ~ with s.o.* estar en paz con alguien, estar a mano con alguien

II *adv* incluso; ~ *bigger / better* incluso *or* aún mayor / mejor; ~ *as a child he was …* incluso de niño era …; *not ~* ni siquiera; ~ *so* aun así; ~ *though*, ~ *if* aunque; ~ *I know that* hasta yo sé eso; *not ~ he could do that* ni siquiera él pudo hacerlo; *it's not ~ ten o'clock yet* no son ni las diez todavía

III *v/t*: ~ *the score* empatar, igualar el marcador

♦ even out I *v/i* 1 *of ground* allanarse 2 *of prices, of peaks and troughs* nivelarse II *v/t* 1 *surface* nivelar 2 *fluctuations, inequalities* nivelar, compensar

♦ even up *v/t*: … *to even things up …* para compensar

e•ven•hand•ed [i:vn'hændɪd] *adj* *person, treatment* imparcial, equitativo

eve•ning ['i:vnɪŋ] tarde *f*; *after dark* noche *f*; *in the ~* por la tarde / noche; *this ~* esta tarde / noche; *yesterday ~* anoche *f*; *good ~* buenas noches; *on the ~ of the third of May* en la noche del tres de mayo

'eve•ning class clase *f* nocturna; 'eve•ning dress *for woman* traje *m* de noche; *for man* traje *m* de etiqueta; eve•ning 'pa•per periódico *m* de la tarde *or* vespertino; eve•ning 'star AST estrella *f* de Venus

e•ven•ly ['i:vnlɪ] *adv (regularly)* regularmente

e•ven•ness ['i:vnnɪs] 1 *of surface* lo llano *or* liso 2 *of breathing* regularidad *f* 3 *of distribution* uniformidad *f*

e•vent [ɪ'vent] acontecimiento *m*; SP prueba *f*; *at all ~s* en cualquier caso; *in any ~* en todo caso; *in the ~ of* en caso de; *in that ~* en ese caso; *in the ~ that* en caso de que; *after the ~* a posteriori

e•ven-tem•pered [i:vn'tempərd] *adj* ecuánime, apacible

e•vent•ful [ɪ'ventfəl] *adj* agitado, lleno de incidentes

e'vent man•age•ment organización *f* de espectáculos

e•ven•tu•al [ɪ'ventʃʊəl] *adj* final

e•ven•tu•al•i•ty [ɪventʃu'ælətɪ] eventua-lidad f

e•ven•tu•al•ly [ɪ'ventʃuəlɪ] adv final-mente

ev•er ['evər] adv 1: if I ~ hear you ... co-mo te oiga ...; have you ~ been to Co-lombia? ¿has estado alguna vez en Co-lombia?; for ~ siempre; ~ since desde entonces; ~ since she found out about it desde que se enteró de ello; ~ since I've known him desde que lo conozco; nothing like this has ~ happened be-fore nunca antes había ocurrido algo similar; I will never ~ do it again no volve-ré ha hacerlo nunca más

2 F: it was ~ so silly of me fue una (completa) tontería por mi parte; that's ~ so kind of you es muy amable or considerado por tu parte; am I ~ tired / mad! estoy cansadísimo / enfa-dadísimo

'ev•er•green árbol m de hoja perenne

ev•er'last•ing adj love eterno

ev•er•y ['evrɪ] adj cada; I see him ~ day lo veo todos los días; you have ~ rea-son to ... tienes razones para ...; one in ~ ten uno de cada diez; ~ other day cada dos días; ~ now and then de vez en cuando; ~ few days cada dos o tres días; ~ one of you cada uno de vo-sotros; he is ~ bit as much a sports-man as his father was tiene tanto de deportista como su padre; she's ~ bit as intelligent as her brother es tan inteligente como su hermano

ev•er•y•bod•y ['evrɪbɑːdɪ] ☞ everyone

ev•er•y•day ['evrɪdeɪ] adj cotidiano; ~ English inglés m corriente, inglés de uso común

ev•er•y•one ['evrɪwʌn] pron todo el mundo; to ~'s amazement para sorpre-sa de todos

ev•er•y•place ['evrɪpleɪs] adv ☞ everywhere

ev•er•y•thing ['evrɪθɪŋ] pron todo; and ~ F y todo lo demás F; money isn't ~ el dinero no lo es todo

ev•er•y•where ['evrɪwer] adv 1 en or por todos sitios 2 (wherever) donde-quiera que; ~ he goes dondequiera que va, allá donde va

e•vict [ɪ'vɪkt] v/t desahuciar

e•vic•tion [ɪ'vɪkʃn] deshaucio m, desa-lojo m; ~ notice aviso m de deshaucio or desalojo

ev•i•dence ['evɪdəns] also LAW prue-ba(s) f (pl); give ~ prestar declaración; he / it hasn't been in ~ much no se le ha visto mucho

ev•i•dent ['evɪdənt] adj evidente

ev•i•dent•ly ['evɪdəntlɪ] adv 1 (clearly) evidentemente 2 (apparently) aparen-temente, al parecer

e•vil ['iːvl] I adj malo II n mal m; the les-ser of two ~s el mal menor; it's a choice of ~s es una fatídica elección

e•vil-'mind•ed adj 1 (suspicious) mal-pensado 2 (nasty) malintencionado

e•voc•a•tive [ɪ'vɑːkətɪv] adj evocador; be ~ of evocar

e•voke [ɪ'voʊk] v/t image evocar

ev•o•lu•tion [iːvə'luːʃn] evolución f

e•volve [ɪ'vɑːlv] v/i evolucionar

ewe [juː] oveja f

ex- [eks] pref ex-

ex [eks] F (former wife, husband) ex m/f F

ex•ac•er•bate [ɪg'zæsərbeɪt] v/t 1 situa-tion, infection agravar; pain exacerbar 2 (annoy) irritar

ex•act [ɪg'zækt] I adj exacto II v/t obedi-ence, money etc exigir (from de)

ex•act•ing [ɪg'zæktɪŋ] adj exigente; task duro

ex•ac•ti•tude [ɪg'zæktɪtjuːd] exactitud f

ex•act•ly [ɪg'zæktlɪ] adv exactamente; not ~ no exactamente

ex•act•ness [ɪg'zæktnɪs] exactitud f, precisión f

ex•ag•ge•rate [ɪg'zædʒəreɪt] v/t & v/i exagerar

ex•ag•ge•ra•tion [ɪgzædʒə'reɪʃn] exa-geración f; it is no ~ to say that ... no es una exageración decir que ...

ex•alt•ed [ɪg'zɔːltɪd] adj rank, ideal ele-vado

ex•am [ɪg'zæm] examen m; take an ~ hacer un examen; pass / fail an ~ apro-bar / suspender un examen

ex•am•i•na•tion [ɪgzæmɪ'neɪʃn] 1 (in-spection) examen m; of patient recono-cimiento m; but on closer ~, ... pero mirándolo más de cerca, ...; be under ~ estar bajo investigación 2 EDU exa-men m; ~ paper preguntas fpl del exa-men; ~ results notas fpl de los exáme-nes

ex•am•ine [ɪg'zæmɪn] v/t examinar; pa-

*tient* reconocer; ~ *sth for faults* examinar algo en busca de imperfecciones

**ex•am•i•nee** [ɪgzæmɪ'niː] EDU examinando(-a) *m(f)*

**ex•am•in•er** [ɪg'zæmɪnər] EDU examinador(a) *m(f)*

**ex•am•ple** [ɪg'zæmpl] ejemplo *m*; *for ~* por ejemplo; *set a good / bad ~* dar buen / mal ejemplo; *follow s.o.'s ~* seguir el ejemplo de alguien; *make an ~ of s.o.* dar a alguien un castigo ejemplar; *lead by ~* dar ejemplo; *this should serve as an ~ to you* esto debería servirte de ejemplo

**ex•as•per•ate** [ɪg'zæspəreɪt] *v/t* exasperar

**ex•as•pe•rat•ed** [ɪg'zæspəreɪtɪd] *adj* exasperado

**ex•as•pe•rat•ing** [ɪg'zæspəreɪtɪŋ] *adj* exasperante

**ex•as•per•at•ing•ly** [ɪg'zæspəreɪtɪŋlɪ] *adv* que exaspera, que saca de quicio

**ex•as•per•a•tion** [ɪgzæspə'reɪʃn] exasperación *f*; *in ~* con exasperación

**ex•ca•vate** ['ekskəveɪt] *v/t* excavar

**ex•ca•va•tion** [ekskə'veɪʃn] excavación *f*

**ex•ca•va•tor** ['ekskəveɪtər] excavadora *f*

**ex•ceed** [ɪk'siːd] *v/t* (*be more than*) exceder; (*go beyond*) sobrepasar; *it ~ed my expectations* superó mis expectativas

**ex•ceed•ing•ly** [ɪk'siːdɪŋlɪ] *adj* sumamente

**ex•cel** [ɪk'sel] **I** *v/i* (*pret & pp -led*) sobresalir (*at* en) **II** *v/t* (*pret & pp -led*): *~ o.s.* superarse a sí mismo

**ex•cel•lence** ['eksələns] excelencia *f*

**ex•cel•lent** ['eksələnt] *adj* excelente

**ex•cel•lent•ly** ['eksələntlɪ] *adv* muy bien, excelentemente

**ex•cept** [ɪk'sept] **I** *prep* excepto; *~ for a* excepción de; *~ that* sólo que **II** *conj* pero, si no fuera porque; *~ I forgot it was election day* pero se me olvidó que era el día de las elecciones **III** *v/t*: *present company ~ed* con exepción de los presentes

**ex•cept•ing** [ɪk'septɪŋ] *prep* excepto, salvo

**ex•cep•tion** [ɪk'sepʃn] excepción *f*; *with the ~ of a* excepción de; *take ~ to* molestarse por; *by way of ~* a modo de excepción; *without ~* sin excepción; *make*

*an ~* hacer una excepción (*in s.o.'s case* en el caso de alguien); *the ~ proves the rule* la excepción confirma la regla

**ex•cep•tion•al** [ɪk'sepʃnl] *adj* excepcional

**ex•cep•tion•al•ly** [ɪk'sepʃnlɪ] *adv* excepcionalmente

**ex•cerpt** ['eksɜːrpt] extracto *m* (*from* de)

**ex•cess** [ɪk'ses] **I** *n* exceso *m*; *eat / drink to ~* comer / beber en exceso; *in ~ of* superior a **II** *adj* excedente; *~ demand* COM exceso *m* de demanda; *~ postage* franqueo *m* adicional; *~ profit* beneficio *m* extraordinario

**ex•cess 'bag•gage** exceso *m* de equipaje

**ex•cess 'fare** suplemento *m*

**ex•ces•sive** [ɪk'sesɪv] *adj* excesivo

**ex•change** [ɪks'tʃeɪndʒ] **I** *n* intercambio *m*; *in ~* a cambio (*for* de); *~ of letters* carteo *m*; *~ of shots* tiroteo *m*; *~ of views* cambio *m* de impresiones; *be on an ~* (*visit*) estar de (visita de) intercambio; *~ student* estudiante *m/f* de intercambio **II** *v/t* cambiar (*for* por); *~ blows* propinarse bofetadas; *~ a few words* intercambiar unas palabras

**ex•change•a•ble** [ɪks'tʃeɪndʒəbl] *adj goods purchased* cambiable; *commodity* canjeable

**ex'change con•trols** *npl* FIN control *m* de cambios; **ex'change gain** FIN beneficio *m* de cambio; **ex'change loss** FIN pérdida *f* de cambio; **ex'change rate** FIN tipo *m* de cambio; *~ fluctuations* fluctuaciones *fpl* del tipo de cambio

**ex•ci•ta•ble** [ɪk'saɪtəbl] *adj* excitable

**ex•cite** [ɪk'saɪt] *v/t* (*make enthusiastic*) entusiasmar

**ex•cit•ed** [ɪk'saɪtɪd] *adj* emocionado, excitado; *sexually* excitado; *get ~* emocionarse *or* excitarse (*about* con); *the new model is nothing to get ~ about* el modelo nuevo no es para tanto F

**ex•cite•ment** [ɪk'saɪtmənt] emoción *f*, excitación *f*; *their ~ grew as ...* su entusiasmo crecía a medida que ...; *in the ~ of the moment* con la emoción del momento; *sexual ~* excitación sexual

**ex•cit•ing** [ɪk'saɪtɪŋ] *adj news, developments, product* emocionante, excitante; *actor, sportsman etc* interesante

**ex•cit•ing•ly** [ɪk'saɪtɪŋlɪ] *adv:* ~ *different* apasionantemente diferente

**ex•claim** [ɪk'skleɪm] *v/t* exclamar

**ex•cla•ma•tion** [ekskləˈmeɪʃn] exclamación *f*

**ex•cla•ma•tion point** signo *m* de admiración

**ex•clude** [ɪk'skluːd] *v/t* excluir; *possibility* descartar; *feel ~ed* sentirse excluido

**ex•clud•ing** [ɪk'skluːdɪŋ] *prep* excluyendo

**ex•clu•sion** [ɪk'skluːʒn] exclusión *f* (*from* de); *to the ~ of everything else* excluyendo todo lo demás

**ex•clu•sive** [ɪk'skluːsɪv] **I** *adj* exclusivo; ~ *interview* entrevista *f* exclusiva; ~ *of tax* sin incluir impuestos; *be ~ of sth* no incluir algo; *be mutually ~* excluirse mutuamente **II** *n* interview, report exclusiva *f*

**ex•clu•sive 'a•gent** agente *m* exclusivo; **ex•clu•sive dis•tri•bu•tion** distribución *f* exclusiva; **ex•clu•sive 'li•cense** licencia *f* exclusiva

**ex•clu•sive•ly** [ɪk'skluːsɪvlɪ] *adv* exclusivamente

**ex•clu•sive 'rights** *npl* derechos *mpl* exclusivos

**ex•clu•siv•i•ty** [ɪkskluːˈsɪvɪtɪ] exclusividad *f*; ~ *arrangement* acuerdo *m* de exclusividad

**ex•com•mu•ni•cate** [ekskəˈmjuːnɪkeɪt] *v/t* REL excomulgar

**ex•com•mu•ni•ca•tion** [ekskəmjuːnɪˈkeɪʃn] excomunión *f*

**ex•cre•ment** [ˈekskrɪmənt] excremento *m*

**ex•crete** [ɪk'skriːt] *v/t* excretar

**ex•cre•tion** [ɪk'skriːʃn] excreción *f*

**ex•cru•ci•at•ing** [ɪk'skruːʃɪeɪtɪŋ] *adj* **1** *pain* terrible **2** (*very embarrassing*) espantoso

**ex•cru•ci•at•ing•ly** [ɪk'skruːʃɪeɪtɪŋlɪ] *adv* **1** *painful* terriblemente **2** *embarrassing* terriblemente, espantosamente

**ex•cur•sion** [ɪk'skɜːrʃn] excursión *f*; *go on an ~* ir de excursión

**ex•cus•a•ble** [ɪk'skjuːzəbl] *adj* perdonable, disculpable

**ex•cuse I** *n* [ɪk'skjuːs] excusa *f*; *make an ~* poner una excusa; *he's always making ~s* siempre está poniendo excusas; *stop making ~s for him!* ¡deja de jus-

tificarlo!; *without good ~* sin una buena excusa; *she offered no ~ for being late* no se disculpó por llegar tarde; *there's no ~ for it* eso no admite disculpa alguna
**II** *v/t* [ɪk'skjuːz] **1** (*forgive*) excusar, perdonar; ~ *me to get past, interrupting, indignant* perdone; ~ *me for being late*, ~ *my being late* disculpadme *or* perdonadme por llegar tarde; *I do not wish to ~ his conduct* no trato de justificar su conducta; *if you will ~ the expression ...* si me perdonas la expresión ...
**2** (*allow to leave*) disculpar
**3** (*exempt*): ~ *s.o. from sth* dispensar a alguien de algo; *he is ~d heavy work* está exento de trabajos pesados

**ex 'div•i•dend** ex dividendo, sin derecho a dividendo

**ex•e•cut•able** **file** [ˈeksɪkjuːtəbl] COMPUT fichero *m* ejecutable

**ex•e•cute** [ˈeksɪkjuːt] *v/t criminal, plan* ejecutar; ~*d on ...* FIN ejecutado el...

**'ex•e•cute file** COMPUT fichero *m* ejecutable

**ex•e•cu•tion** [eksɪ'kjuːʃn] *of criminal, plan* ejecución *f*

**ex•e•cu•tion•er** [eksɪ'kjuːʃnər] verdugo *m*

**ex•ec•u•tive** [ɪg'zekjʊtɪv] **I** *n* **1** ejecutivo(-a) *m(f)*; *senior ~* alto(-a) ejecutivo(-a) **2** POL poder *m* ejecutivo; **II** *adj:* ~ *position* puesto *m* directivo

**ex•ec•u•tive 'brief•case** maletín *m* de ejecutivo; **ex•ec•u•tive com'mit•tee** comité *m* ejecutivo; **ex•ec•u•tive de•'ci•sion** *hum* decisión *f* de nivel ejecutivo; *make an ~* tomar una decisión de nivel ejecutivo; **ex•ec•u•tive di'rec•tor** director(a) *m(f)* ejecutivo(-a); **ex•ec•u•tive 'jet** jet *m* para ejecutivos; **ex•ec•u•tive pro'duc•er** TV *etc* productor(a) *m(f)* ejecutivo(-a); **ex•ec•u•tive 'sec•re•tar•y** secretario(-a) *m(f)* de dirección; **ex•ec•u•tive 'wash•room** aseo *m* para ejecutivos

**ex•ec•u•tor** [ɪg'zekjʊtər] LAW testamentario(-a) *m(f)*

**ex•em•pla•ry** [ɪg'zemplərɪ] *adj* ejemplar

**ex•em•pli•fy** [ɪg'zemplɪfaɪ] *v/t* ejemplificar, ilustrar

**ex•empt** [ɪg'zempt] *adj* exento; *be ~ from* estar exento de

**ex•emp•tion** [ɪg'zempʃn] exención *f* (*from* de); **tax ~** exención fiscal; **~ clause** cláusula *f* de exención

**ex•er•cise** ['eksərsaɪz] **I** *n* ejercicio *m*; **take ~** hacer ejercicio; **do one's ~s** hacer los ejercicios **II** *v/t* **1** *muscle* ejercitar; *dog* pasear **2** *caution* proceder con; **~ restraint** controlarse **III** *v/i* hacer ejercicio

'**ex•er•cise bike** bicicleta *f* estática; '**ex•er•cise book** EDU cuaderno *m* de ejercicios;'**ex•er•cise price** FIN precio *m* de ejercicio

**ex•er•cis•er** ['eksərsaɪzər] aparato *m* de ejercicios

**ex•ert** [ɪg'zɜːrt] *v/t authority* ejercer; **~ o.s.** esforzarse

**ex•er•tion** [ɪg'zɜːrʃn] **1** esfuerzo *m* **2** *of influence* ejercicio *m*

**ex gra•ti•a pay•ment** [eks'greɪʃɪə] pago *m* voluntario

**ex•hale** [eks'heɪl] *v/t* exhalar

**ex•haust** [ɪg'zɔːst] **I** *n* **1** *fumes* gases *mpl* de la combustión **2** *pipe* tubo *m* de escape **II** *v/t* **1** (*tire*) cansar **2** (*use up*) agotar

**ex•haust•ed** [ɪg'zɔːstɪd] *adj* (*tired*) agotado

**ex'haust e•mis•sion** emisión *f* de gases de combustión;**ex'haust fumes** *npl* gases *mpl* de la combustión; **ex'haust gas** gas *f* de la combustión

**ex•haust•ing** [ɪg'zɔːstɪŋ] *adj* agotador

**ex•haus•tion** [ɪg'zɔːstʃn] agotamiento *m*

**ex•haus•tive** [ɪg'zɔːstɪv] *adj* exhaustivo **ex'haust man•i•fold** colector *m* de escape; **ex'haust pipe** tubo *m* de escape; **ex'haust stroke** carrera *f* de escape

**ex•hib•it** [ɪg'zɪbɪt] **I** *n in exhibition* objeto *m* expuesto **II** *v/t of gallery* exhibir; *of artist* exponer; (*give evidence of*) mostrar

**ex•hi•bi•tion** [eksɪ'bɪʃn] exposición *f*; *of bad behavior, skill* exhibición *f*; **be on ~** estar expuesto; **make an ~ of o.s.** hacer el ridículo

**ex•hi'bi•tion cen•ter**, *Br* **ex•hi'bi•tion cen•tre** centro *m* de exposiciones

**ex•hi•bi•tion•ist** [eksɪ'bɪʃnɪst] exhibicionista *m/f*

**ex•hib•i•tor** [ɪg'zɪbɪtər] expositor(a) *m(f)*

**ex•hil•a•rat•ed** [ɪg'zɪləreɪtɪd] *adj* (*hap-*

*py*) alegre; (*stimulated*) tonificado

**ex•hil•a•rat•ing** [ɪg'zɪləreɪtɪŋ] *adj* estimulante

**ex•hil•a•ra•tion** [ɪgzɪlə'reɪʃn] júbilo *m*, excitación *f*

**ex•hort** [ɪg'zɔːrt] *v/t* exhortar; **~ s.o. to do sth** exhortar a alguien a que haga algo

**ex•hor•ta•tion** [egzɔːr'teɪʃn] exhortación *f*

**ex•hu•ma•tion** [ekshjuː'meɪʃn] exhumación *f*

**ex•hume** [eks'hjuːm] *v/t body* exhumar

**ex•ile** ['eksaɪl] **I** *n* exilio *m*; *person* exiliado(-a) *m(f)*; **go into ~** exiliarse; *live in ~* vivir en el exilio; **send s.o. into ~** enviar a alguien al exilio, desterrar a alguien **II** *v/t* exiliar

**ex•ist** [ɪg'zɪst] *v/i* existir; **~ on** subsistir a base de

**ex•ist•ence** [ɪg'zɪstəns] existencia *f*; *be in ~* existir; *come into ~* crearse, nacer; *go out of ~ species* desaparecer, extinguirse; *regulation, custom* desaparecer

**ex•is•ten•tial** [egzɪ'stenʃəl] *adj* existencial

**ex•is•ten•tial•ism** [egzɪ'stenʃəlɪzəm] *philosophy* existencialismo

**ex•is•ten•tial•ist** [egzɪ'stenʃəlɪst] **I** *adj* existencialista **II** *n* existencialista *m/f*

**ex•ist•ing** [ɪg'zɪstɪŋ] *adj* existente

**ex•it** ['eksɪt] **I** *n* **1** salida *f* **2** THEA salida *f*, mutis *m* **II** *v/i* **1** THEA hacer mutis, salir; **~ stage left** hacer mutis por la parte izquierda del escenario **2** COMPUT salir **III** *v/t highway* salir

**ex•o•dus** ['eksədəs] éxodo *m*

**ex•on•e•rate** [ɪg'zɑːnəreɪt] *v/t* exonerar de

**ex•on•er•a•tion** [ɪg'zɑːnəreɪʃn] exoneración *f*

**ex•or•bi•tant** [ɪg'zɔːrbɪtənt] *adj* exorbitante

**ex•or•cism** ['eksɔːrsɪzəm] exorcismo *m*

**ex•or•cist** ['eksɔːrsɪst] exorcista *m/f*

**ex•or•cize** ['eksɔːrsaɪz] *v/t* exorcizar

**ex•ot•ic** [ɪg'zɑːtɪk] *adj* exótico

**ex•pand** [ɪk'spænd] **I** *v/t* expandir; **~ed memory** COMPUT memoria *f* expandida **II** *v/i* expandirse; *of metal* dilatarse; **~ing bracelet** pulsera *f* extensible

◆ **expand on** *v/t* desarrollar

**ex•panse** [ɪk'spæns] extensión *f*

**ex•pan•sion** [ɪk'spænʃn] expansión *f*; *of*

*metal* dilatación *f*

**ex'pan•sion card** COMPUT tarjeta *f* de expansión; **ex'pan•sion slot** COMPUT ranura *f* de expansión; **ex'pan•sion tank** MOT caja *f* de dilatación; **ex'pan•sion valve** válvula *f* de expansión

**ex•pan•sive** [ɪk'spænsɪv] *adj person, mood* expansivo, sociable

**ex•pat•ri•ate** [eks'pætrɪət] **I** *adj* expatriado **II** *n* expatriado(-a) *m(f)*

**ex•pect** [ɪk'spekt] **I** *v/t* **1** esperar; **they are ~ed to arrive around 3pm** se espera que lleguen sobre las 3.00 de la tarde **2** (*suppose*) suponer, imaginar(se); **am I ~ed to finish this by tomorrow?** ¿se supone que tengo que acabar esto para mañana?; **you are not ~ed to pay for yourselves** no se espera que paguéis lo vuestro

**3** (*demand*) exigir; **~ s.o. to do sth** esperar que alguien haga algo; **~ sth of or from s.o.** esperar algo de alguien **II** *v/i*: **be ~ing** (*be pregnant*) estar en estado; **I ~ so** eso espero, creo que sí

**ex•pect•an•cy** [ɪk'spektənsɪ] expectación *f*; **the look of ~ on their faces** la mirada expectante que tenían

**ex•pec•tant** [ɪk'spektənt] *adj crowd* expectante

**ex•pec•tant 'moth•er** futura madre *f*

**ex•pec•ta•tion** [ekspek'teɪʃn] expectativa *f*; **it depends what your ~s are** depende del concepto que tengas; **in ~ of** en espera de; **beyond (all) ~(s)** más allá de todo pronóstico; **contrary to ~** contra todo pronóstico; **come up to ~** estar a la altura de las expectativas; **live up to s.o.'s ~s** estar a la altura de lo que alguien se espera

**ex•pe•di•ence, ex•pe•di•en•cy** [ɪk'spiːdjəns(ɪ)] **1** *self-interest* conveniencia *f*, interés *m* personal **2** *advisability* conveniencia *f*

**ex•pe•di•ent** [ɪk'spiːdɪənt] *adj* oportuno, conveniente

**ex•pe•dite** ['ekspɪdaɪt] *v/t fml* acelerar

**ex•pe•di•tion** [ekspɪ'dɪʃn] expedición *f*

**ex•pel** [ɪk'spel] *v/t* (*pret & pp* **-led**) *person* expulsar (**from** de)

**ex•pend** [ɪk'spend] *v/t energy* gastar

**ex•pend•a•ble** [ɪk'spendəbl] *adj person* prescindible

**ex•pen•di•ture** [ɪk'spendɪtʃər] gasto *m*

**ex•pense** [ɪk'spens] gasto *m*; **at great ~** gastando mucho dinero; **at the company's ~** a cargo de la empresa; **a joke at my ~** una broma a costa mía; **at the ~ of his health** a costa de su salud; **don't go to any ~** no te metas en muchos gastos F

**ex'pense ac•count** cuenta *f* de gastos

**ex•pen•ses** [ɪk'spensɪz] *npl* gastos *mpl*

**ex•pen•ses 'claim form** formulario *m* para el reembolso de gastos

**ex•pen•sive** [ɪk'spensɪv] *adj* caro

**ex•pe•ri•ence** [ɪk'spɪrɪəns] **I** *n* experiencia *f*; **from ~** por experiencia; **in my ~** según mi (propia) experiencia; **gain ~** ganar experiencia; **just put it down to ~** considéralo como una experiencia más; **what an ~!** ¡menuda experiencia!,¡vaya experiencia! **II** *v/t* experimentar

**ex•pe•ri•enced** [ɪk'spɪrɪənst] *adj* experimentado

**ex•per•i•ment** [ɪk'sperɪmənt] **I** *n* experimento *m* **II** *v/i* experimentar; **~ on animals** experimentar con; **~ with** (*try out*) probar; **~ with drugs** experimentar con drogas

**ex•per•i•men•tal** [ɪksperɪ'mentl] *adj* experimental

**ex•per•i•men•ta•tion** [ɪksperɪmen'teɪʃn] experimentación *f*

**ex•pert** ['ekspɜːrt] **I** *adj* experto; **~ ad•vice / opinion** opinión *f* de un experto *or* especialista **II** *n* experto(-a) *m(f)*

**ex•pert•ise** [ekspɜːr'tiːz] destreza *f*, pericia *f*

**ex•pert 'sys•tem** COMPUT sistema *m* experto

**ex•pert 'wit•ness** LAW perito(-a) *m/f*

**ex•pi•ate** ['ekspɪeɪt] *v/t sins* expiar

**ex•pi•a•tion** [ekspɪ'eɪʃn] expiación *f*

**ex•pi•ra•tion** [ɪkspɪ'reɪʃn] *of lease, contract* vencimiento *m*; *of passport, credit card* caducidad *f*; **on the ~ of your passport** cuando venza *or* caduque su pasaporte

**ex•pi'ra•tion date** *of food, passport, credit card* fecha *f* de caducidad; **be past its ~** haber caducado

**ex•pire** [ɪk'spaɪr] *v/i of lease, contract* vencer; *of passport, credit card* caducar

**ex•pir•y date** [ɪk'spaɪrɪ] *Br* fecha *f* de caducidad

**ex•plain** [ɪk'spleɪn] **I** *v/t* explicar; **~ sth to s.o.** explicarle algo a alguien; **~**

**o.s.** explicarse, justificarse ‖ v/i explicarse

◆ **explain away** v/t dar explicaciones convincentes de, justificar

**ex•pla•na•tion** [eksplə'neɪʃn] explicación f

**ex•plan•a•to•ry** [ɪk'splænətɔːrɪ] adj explicativo

**ex•ple•tive** [ɪk'spliːtɪv] (swearword) palabrota f

**ex•pli•ca•ble** [ɪk'splɪkəbl] adj explicable

**ex•plic•it** [ɪk'splɪsɪt] adj instructions, sex scenes explícito

**ex•plic•it•ly** [ɪk'splɪsɪtlɪ] adv state explícitamente; forbid terminantemente

**ex•plode** [ɪk'sploud] I v/i of bomb, in anger explotar ‖ v/t bomb hacer explotar

**ex•ploit**[1] ['eksplɔɪt] n hazaña f

**ex•ploit**[2] [ɪk'splɔɪt] v/t person, resources explotar

**ex•ploi•ta•tion** [eksplɔɪ'teɪʃn] of person explotación f

**ex•plo•ra•tion** [eksplə'reɪʃn] exploración f

**ex•plor•a•to•ry** [ɪk'splɑːrətɔːrɪ] adj surgery exploratorio; ~ **talks** conversaciones fpl preliminares

**ex•plore** [ɪk'splɔːr] I v/t country etc explorar; possibility estudiar ‖ v/i: **go exploring** irse explorar

**ex•plor•er** [ɪk'splɔːrər] explorador(a) m(f)

**ex•plo•sion** [ɪk'sploʊʒn] of bomb, in population explosión f

**ex•plo•sive** [ɪk'sploʊsɪv] I n explosivo m ‖ adj 1 device explosivo 2 fig: situation delicado; temperament explosivo

**ex•po•nent** [ɪk'spoʊnənt] 1 of theory etc defensor(a) m(f) 2 MATH exponente m

**ex•po•nen•ti•al** [ɪk'spoʊnenʃl] adj exponencial

**ex•port** ['ekspɔːrt] I n action exportación f, item producto m de exportación; ~**s** npl exportaciones fpl ‖ v/t also COMPUT exportar ‖ v/i exportar

'**ex•port ban** prohibición f de exportación; '**ex•port cam•paign** campaña f de exportación; '**ex•port com•pa•ny** empresa f exportadora; '**ex•port cred•it guar•an•tee** garantía f de crédito a la exportación; '**ex•port du•ty** derechos mpl de exportación

**ex•port•er** ['ekspɔːrtər] exportador(a)

m(f)

**ex•port•ing coun•try** ['ekspɔːrtɪŋ] país m exportador

**ex•port 'li•cense** permiso m de exportación; '**ex•port mar•ket** mercado m de exportación; '**ex•port re•stric•tions** npl restricciones fpl a las exportaciones; '**ex•port sales** npl exportaciones fpl; '**ex•port tax** impuesto m sobre la exportación; '**ex•port trade** comercio m de exportación

**ex•pose** [ɪk'spouz] v/t (uncover) exponer; scandal sacar a la luz; **he's been ~d as a liar** ha quedado como un mentiroso; ~ **s.o. / o.s. to** fig: the weather, danger, ridicule exponer a alguien a / exponerse a; ~ **o.s.** indecently hacer exhibicionismo

**ex•po•sé** [ekspou'zeɪ] exposición f, revelación f; in newspaper artículo m de denuncia

**ex•posed** [ek'spouzd] adj also fig desprotegido, expuesto

**ex•po•si•tion** [ekspou'zɪʃn] of theory etc exposición f

**ex•po•sure** [ɪk'spouʒər] exposición f; PHOT foto(grafía) f; **die of** ~ morir de frío

**ex•po•sure me•ter** PHOT exposímetro m

**ex•pound** [ɪk'spaund] v/t theory exponer

**ex•press**[1] [ɪk'spres] I adj (fast) rápido ‖ n train expreso m; bus autobús m directo ‖ adv mail exprés, expreso

**ex•press**[2] [ɪk'spres] adj (explicit) expreso

**ex•press**[3] [ɪk'spres] v/t expresar; ~ **o.s. well / clearly** expresarse bien / con claridad

**ex•press de•liv•er•y** envío m urgente; **send sth** ~ enviar algo por vía urgente; **ex'press el•e•va•tor** ascensor rápido que sólo para en algunos pisos; **ex'press freight** transporte m urgente

**ex•pres•sion** [ɪk'spreʃn] voiced muestra f; phrase, on face expresión f; **read with** ~ leer con sentimiento; **give** ~ **to** expresar, dar expresión a

**ex•pres•sion•ism** [ɪk'spreʃnɪzəm] expresionismo m

**ex•pres•sion•ist** [ɪk'spreʃnɪst]‖ n expresionista m/f ‖ adj expresionista

**ex•pres•sion•less** [ɪk'spreʃnləs] adj

inexpresivo, sin expresión

ex•pres•sive [ɪk'spresɪv] *adj* expresivo

ex•press•ly [ɪk'spreslɪ] *adv state* expresamente; *forbid* terminantemente

ex'press•way autopista *f*

ex•pro•pri•ate [eks'prouprɪeɪt] *v/t* LAW expropiar

ex•pro•pri•a•tion [eksprouprɪ'eɪʃn] expropiación *f*

ex•pul•sion [ɪk'spʌlʃn] *from school, of diplomat* expulsión *f*

ex•qui•site [ek'skwɪzɪt] *adj* (*beautiful*) exquisito

ex•tant ['ekstænt] *adj* existente

ex•tem•po•re [ek'stempərɪ] I *adj* improvisado II *adv* de improviso

ex•tem•po•rize [ek'stempəraɪz] *v/i* improvisar

ex•tend [ɪk'stend] I *v/t* 1 *house, investigation* ampliar; (*make wider*) ensanchar; (*make bigger*) agrandar; *runway, path* alargar 2 *contract, visa* prorrogar 3 *thanks, congratulations* extender II *v/i of garden etc* llegar

ex•tend•ed war•rant•y [ɪk'stendɪd] garantía *f* adicional

ex•ten•sion [ɪk'stenʃn] 1 *to house* ampliación *f* 2 *of contract, visa* prórroga *f* 3 TELEC teléfono *m* supletorio; *Br* (*local*) extensión *f*

ex'ten•sion cord cable *m* de extensión

ex•ten•sive [ɪk'stensɪv] *adj damage* cuantioso; *knowledge* considerable; *search* extenso, amplio

ex•ten•sive•ly [ɪk'stensɪvlɪ] *adv damaged, modified* ampliamente, considerablemente; *travel* mucho

ex•tent [ɪk'stent] alcance *m*; *to such an ~ that* hasta el punto de que; *to a certain ~* hasta cierto punto; *to a large ~* en gran medida *or* parte; *~ of cover in insurance* amplitud *f* de la cobertura

ex•ten•u•at•ing cir•cum•stan•ces [ɪk'stenʊeɪtɪŋ] *npl* circunstancias *fpl* atenuantes

ex•te•ri•or [ɪk'stɪrɪər] I *adj* exterior II *n* exterior *m*

ex•ter•mi•nate [ɪk'stɜːrmɪneɪt] *v/t* exterminar

ex•ter•mi•na•tion [ɪkstɜːrmɪ'neɪʃn] *of pests* exterminación *f*; *of people* exterminio *m*

ex•ter•nal [ɪk'stɜːrnl] *adj* (*outside*) exterior, externo

ex•ter•nal 'au•di•tor auditor(a) *m(f)* externo(-a)

ex'ter•nal drive COMPUT unidad *f* de disco externa

ex•ter•nal•ly [ɪk'stɜːrnəlɪ] *adv* externamente, exteriormente

ex•tinct [ɪk'stɪŋkt] *adj species* extinguido

ex•tinc•tion [ɪk'stɪŋkʃn] *of species* extinción *f*; *be on the brink of ~* estar en peligro de extinción; *hunted to ~* cazado hasta la extinción

ex•tin•guish [ɪk'stɪŋgwɪʃ] *v/t fire* extinguir, apagar; *cigarette* apagar

ex•tin•guish•er [ɪk'stɪŋgwɪʃər] extintor *m*

ex•tol [ɪk'stoul] *v/t* (*pret & pp -led*) ensalzar, alabar

ex•tort [ɪk'stɔːrt] *v/t* obtener mediante extorsión; *~ money from* extorsionar a

ex•tor•tion [ɪk'stɔːrʃn] extorsión *f*

ex•tor•tion•ate [ɪk'stɔːrʃənət] *adj prices* desorbitado

ex•tra ['ekstrə] I *n* extra *m*; *in movie* extra *m/f*; *be an ~* hacer de extra; *no hidden ~s* sin extras escondidos II *adj* extra; *meals are ~* las comidas se pagan aparte; *that's $1 ~* cuesta 1 dólar más; *I need an ~ week* necesito una semana más; *~ pay* paga *f* extraordinaria III *adv* super; *~ strong* extrafuerte; *~ special* muy especial; *charge ~ for sth* cobrar algo aparte

ex•tra 'charge recargo *m*

ex•tract[1] ['ekstrækt] *n* extracto *m*

ex•tract[2] [ɪk'strækt] *v/t* sacar (*from* de); *coal, oil, tooth* extraer (*from* de); *information* sonsacar (*from* a)

ex•trac•tion [ɪk'strækʃn] *of oil, coal, tooth* extracción *f*; *I have to have an ~* me tienen que sacar un diente

ex•trac•tor fan [ɪk'stræktər] extractor *m* de humos

ex•tra•cur•ric•u•lar [ekstrəkə'rɪkjələr] *adj* EDU extracurricular, extraescolar

ex•tra•dite ['ekstrədaɪt] *v/t* extraditar

ex•tra•di•tion [ekstrə'dɪʃn] extradición *f*

ex•tra•di•tion re•quest petición *f* de extradición

ex•tra•di•tion trea•ty tratado *m* de extradición

ex•tra•mar•i•tal [ekstrə'mærɪtl] *adj* extramarital

**eyewitness account**

ex•tra•ne•ous [ɪk'streɪnjəs] *adj*: be ~ to ser extrínseco *or* ajeno a

ex•tra•or•di•nar•i•ly [ekstrɔːrdɪn'erɪlɪ] *adv* extraordinariamente

ex•tra•or•di•na•ry [ɪk'strɔːrdɪnerɪ] *adj* extraordinario

ex•tra•sen•so•ry [ekstrə'sensərɪ] *adj*: ~ **perception** percepción *f* extrasensorial

ex•tra•ter•res•tri•al [ekstrətə'restrɪəl] I *adj* extraterrestre II *n* extraterrestre *m/f*

ex•tra 'time *Br* SP prórroga *f*; **the game went into** ~ hubo prórroga, jugaron la prórroga

ex•trav•a•gance [ɪk'strævəgəns] 1 *with money* despilfarro *m* 2 *of claim etc* extravagancia *f*

ex•trav•a•gant [ɪk'strævəgənt] *adj* 1 *with money* despilfarrador; **that was rather ~ of you** eso fue un derroche por tu parte 2 *claim* extravagante

ex•treme [ɪk'striːm] I *n* extremo *m*; **in the ~** en extremo; **go to ~s** tomar medidas extremas II *adj* extremo; *views* extremista

ex•treme•ly [ɪk'striːmlɪ] *adv* extremadamente, sumamente

ex•trem•ism [ɪk'striːmɪzəm] *esp* POL extremismo *m*

ex•trem•ist [ɪk'striːmɪst] I *adj* extremista II *n* extremista *m/f*

ex•trem•i•ty [ɪk'stremətɪ] 1 *furthest point* extremo *m* 2: **I wouldn't go to that** ~ no llegaría hasta ese extremo; **such were the extremities to which we were driven** ese fue el extremo hasta el que tuvimos que llegar; **extremities of love and hate** los extremos del amor y el odio

ex•tri•cate ['ekstrɪkeɪt] *v/t* liberar

ex•tro•vert ['ekstrəvɜːrt] I *adj* extrovertido II *n* extrovertido(-a) *m(f)*

ex•u•ber•ance [ɪg'zuːbərəns] exuberancia *f*

ex•u•be•rant [ɪg'zuːbərənt] *adj* exuberante

ex•ude [ɪg'zuːd] *v/t* 1 *liquid etc* rezumar, supurar 2 *confidence, charm etc* rebosar, irradiar

ex•ult [ɪg'zʌlt] *v/i* exultar

ex•ult•ant [ɪg'zʌltənt] *adj* eufórico

ex 'ware•house *adv* franco en el almacén

ex 'works *adv* franco fábrica

eye [aɪ] I *n of person, needle* ojo *m*; **keep an ~ on** (*look after*) estar pendiente de; (*monitor*) vigilar; **have an ~ for detail** tener buen ojo para los detalles; **they're up to their ~s in work** están hasta los ojos de trabajo, estan hasta arriba de trabajo; **see ~ to ~ with s.o. on sth** estar de acuerdo con alguien en algo

II *v/t* mirar

◆ **eye up** *v/t* F devorar con los ojos F

'eye•ball globo *m* ocular; **be up to the ~s in work** estar hasta arriba de trabajo; 'eye•brow ceja *f*; 'eye•brow pen•cil lápiz *m* de cejas; 'eye-catch•ing *adj* llamativo; 'eye con•tact contacto *m* visual; **make ~ with s.o.** mirar a los ojos a alguien

eye•ful ['aɪfʊl]: **get an ~** F echar un vistazo F

'eye•glass•es *npl* gafas *fpl*, *L.Am.* anteojos *mpl*, *L.Am.* lentes *mpl*; 'eye•lash pestaña *f*; 'eye lev•el: **at ~** a la altura de los ojos; ~ **grill** grill *m* alto; 'eye•lid párpado *m*; 'eye•lin•er lápiz *m* de ojos; 'eye-o•pen•er: **be an ~ for s.o.** F ser una revelación para alguien, hacer abrir los ojos a alguien F; 'eye•pen•cil lápiz *m* de ojos; 'eye•sha•dow sombra *f* de ojos; 'eye•sight vista *f*; 'eye•sore engendro *m*, monstruosidad *f*; 'eye strain vista *f* cansada; 'eye•wit•ness testigo *m/f* ocular; eye•wit•ness ac'count declaración *f* del testigo ocular

# F

**F** *abbr* (= **Fahrenheit**) F
**fab** [fæb] *adj* F fabuloso, *L.Am.* chévere
**fa•ble** ['feɪbl] fábula *f*
**fab•ric** ['fæbrɪk] (*material*) tejido *m*
**fab•ri•cate** ['fæbrɪkeɪt] *v/t* **1** fabricar **2** *fig: story* inventar
**fab•ri•ca•tion** [fæbrɪ'keɪʃn] **1** fabricación *f* **2** *fig: lie* invención *f*
**fab•u•lous** ['fæbjʊləs] *adj* fabuloso, estupendo
**fab•u•lous•ly** ['fæbjʊləslɪ] *adv rich* tremendamente; *beautiful* increíblemente
**fa•çade** [fə'sɑːd] *of building, person* fachada *f*
**face** [feɪs] **I** *n* **1** cara *f*; ~ **to** ~ cara a cara; *lose* ~ padecer una humillación; *in the* ~ *of* frente a, ante; *say sth to s.o.'s* ~ decir algo a la cara a alguien; *show one's* ~ dejarse ver; *make or pull a* ~ hacer muecas; *put a good* ~ *on it* poner al mal tiempo buena cara; *on the* ~ *of it* a primera *or* simple vista; *save* ~ guardar las apariencias; *do one's* ~ F maquillarse, pintarse **2** *of mountain* cara *f*, pared *f*
**II** *v/t* **1** (*be opposite*) estar enfrente de **2** (*confront*) enfrentarse a; *let's* ~ *it* ¡reconozcámoslo!, ¡seamos realistas!; ~ *facts* aceptar los hechos; *be* ~*d with* estar frente a; ~ *s.o. with sth / s.o.* enfrentar a alguien con algo / alguien
◆ **face down** *v/t critics etc* plantar cara
◆ **face up to** *v/t* hacer frente a, afrontar
'**face card** figura *f*; '**face•cloth** toallita *f*; '**face cream** crema *f* para la cara
**face•less** ['feɪslɪs] *adj fig* anónimo, sin rostro
'**face•lift:** *have a* ~ hacerse un lifting; *the city's had a* ~ se han hecho mejoras a la ciudad; '**face mask** *for diving* máscara *f*; '**face pack** mascarilla *f* (*facial*)
**fac•et** ['fæsɪt] **1** *of jewel* faceta *f*, lado *m* **2** *fig* faceta *f*, aspecto *m*
**fa•ce•tious** [fə'siːʃəs] *adj* ocurrente, gracioso
**face 'val•ue:** *take sth at* ~ tomarse algo literalmente
**fa•cial** ['feɪʃl] **I** *adj* facial **II** *n* limpieza *f* de cutis

**fa•cil•i•tate** [fə'sɪlɪteɪt] *v/t* facilitar
**fa•cil•i•ties** [fə'sɪlətɪz] *npl* instalaciones *fpl*
**fa•cil•i•ty** [fə'sɪlətɪ] (*ease, gift*) facilidad *f*
**fac•sim•i•le** [fæk'sɪmɪlɪ] **1** (*duplicate*) imitación *f* **2** *fml:* fax facsímil(e) *m*
**fact** [fækt] hecho *m*; *in* ~, *as a matter of* ~ de hecho; *know sth for a* ~ saber algo a ciencia cierta; *tell s.o. the* ~*s of life* decir a alguien los detalles de la reproducción humana; *it's just a* ~ *of life* así es la vida
**fact-find•ing** ['fæktfaɪndɪŋ] *adj* de investigación, de reconocimiento
**fac•tion** ['fækʃn] facción *f*
**fac•tor** ['fæktər] factor *m*
**fac•to•ry** ['fæktərɪ] fábrica *f*
'**fac•to•ry farm•ing** cría *f* intensiva; '**fac•to•ry hand,** '**fac•to•ry work•er** obrero(-a) *m(f)* industrial; '**fac•to•ry out•let** *tienda que vende artículos de fábrica a precio reducido*; '**fac•to•ry ship** buque *m* factoría
'**fact sheet** hoja *f* informativa, informe *m*
**fac•tu•al** ['fæktʃʊəl] *adj* objetivo, basado en los hechos
**fac•ul•ty** ['fækəltɪ] (*hearing etc*), *at university* facultad *f*, (*mental*) **faculties** *pl* facultades mentales
**fad** [fæd] moda *f*
**fad•dy** ['fædɪ] *adj* caprichoso
**fade** [feɪd] *v/i of colors* desteñirse, perder color; *of memories* desvanecerse
◆ **fade away** *v/i* desvanecerse, apagarse gradualmente
◆ **fade in** *v/t sound, picture* meter con un fundido **II** *v/i of sound, picture* entrar en fundido
◆ **fade out** **I** *v/t sound, picture* cerrar en fundido, apagar lentamente **II** *v/i of sound, picture* fundirse, apagarse
**fad•ed** ['feɪdɪd] *adj color, jeans* desteñido, descolorido
**fae•ces** ['fiːsiːz] *Br* ☞ **feces**
**fag**[1] [fæg] F (*homosexual*) marica *m* F, maricón *m* F
**fag**[2] [fæg] *Br* F (*cigarette*) pitillo *m* F
**fag•got** ['fægət] F (*homosexual*) marica

**fall**

*m* F, maricón *m* F

**Fahr•en•heit** ['færənhaɪt] *adj* Fahrenheit

**fail** [feɪl] **1** *v/i* fracasar; *of plan* fracasar, fallar; *he ~ed in his attempt* falló en su intento; *if all else ~s* como último recurso; *~ to do sth* no hacer algo; *I ~ to understand why ...* no logro entender porqué ...; *it never ~s to amaze me how ...* nunca deja de sorprenderme cómo ...
**II** *v/t exam* suspender; *his courage ~ed him* le faltó valor; *words ~ me!* ¡no encuentro palabras!
**III** *n* **1**: *without ~* sin falta **2**: *I got a ~ in biology* tengo un suspenso en biología

**fail•ing** ['feɪlɪŋ] **I** *n* fallo *m* **II** *prep* a falta de; *~ that* si no

'**fail-safe** *adj* **1** (*won't fail*) infalible **2** (*safe if it fails*) de seguridad

**fail•ure** ['feɪljər] fracaso *m*; *in exam* suspenso *m*; *I feel such a ~* me siento un fracasado; *~ to pay* el (hecho de) no pagar

**faint** [feɪnt] **1** *adj line, smile* tenue; *smell, noise* casi imperceptible; *resemblance* ligero, leve: *I haven't the ~est idea* no tengo ni la menor idea **II** *v/i* desmayarse

**faint•heart•ed** [feɪnt'hɑːrtɪd] *adj* pusilánime, apocado

**faint•ly** ['feɪntlɪ] *adv* **1** *smile, smell* levemente **2** (*slightly*) ligeramente

**fair**¹ [fer] *n* **1** COM feria *f* **2** (*fun~*) parque *m* de atracciones

**fair**² [fer] *adj* **1** *hair* rubio; *complexion* claro **2** (*just*) justo; *be ~ game* ser un blanco justificado; *everything is ~ and square* todo está claro **II** *adv: play ~* jugar limpio; *beat a team ~ and square* vencer a un equipo con todas las de la ley; *ok, ~ enough* vale, está bien *or* de acuerdo

'**fair ball** *in baseball* bola *f* buena; '**fairground 1** COM recinto *m* ferial **2** *for fun~* parque *m* de atracciones; **fair--haired** [fer'herd] *adj* rubio

**fair•ly** ['ferlɪ] *adv* **1** *treat* justamente, con justicia **2** (*quite*) bastante; *the time ~ flew past* el tiempo pasó muy rápidamente

**fair-'mind•ed** *adj* imparcial, justo

**fair•ness** ['fernɪs] *of treatment* imparcialidad *f*; *in ~ to him* para ser justo con él

'**fair•way 1** NAUT canalizo *m* **2** *in golf* calle *f*

'**fair-weath•er** *adj*: *~ friend* amigo(-a) *m(f)* en la prosperidad

**fair•y** ['ferɪ] **1** hada *f* **2** *pej* P homosexual maricón *m* F

**fair•y 'god•moth•er** hada *f* madrina

'**fair•y sto•ry**, '**fair•y tale** cuento *m* de hadas

**faith** [feɪθ] **1** fe *f*, confianza *f*; *have ~ in sth / s. o.* tener fé en algo / alguien; *in good / bad ~* de buena / mala fé **2** REL fe *f*

**faith•ful** ['feɪθfəl] *adj* fiel; *be ~ to one's partner* ser fiel a la pareja

**faith•ful•ly** ['feɪθfəlɪ] *adv follow instructions* religiosamente; *Yours ~* (le saluda) atentamente

**faith heal•er** ['feɪθhiːlər] curandero(-a) *m(f)*

'**faith heal•ing** curación *f* por fé

**fake** [feɪk] **I** *n* falsificación *f*; *in basketball* finta *f*; *person* impostor(a) *m(f)*; *with emotions etc* falso(-a) *m(f)* **II** *adj* falso **III** *v/t* **1** (*forge*) falsificar **2** (*feign*) fingir

**fal•con** ['fɔːlkən] halcón *m*

**Falk•land Is•land•er** ['fɔːlkland] malvinense *m/f*, habitante *m/f* de las Islas Malvinas

'**Falk•land Is•lands** *npl: the ~* las Islas Malvinas

**fall**¹ [fɔːl] *n season* otoño *m*; *in (the) ~* en otoño

**fall**² [fɔːl] **I** *v/i* (*pret fell, pp fallen*) *of person* caerse; *of government, prices, temperature, night* caer; *~ ill* enfermar, caer enfermo; *I fell off the wall* me caí del muro; *he fell to his death* se cayó y se mató; *her face fell* puso cara larga **II** *n* caída *f*; *have a ~* sufrir una caída, caerse; *~ in temperature* descenso *m* de la temperatura

◆ **fall about** *v/i*: *~ (laughing)* F morirse *or* partirse de risa F

◆ **fall apart** *v/i* F *emotionally* desequilibrarse

◆ **fall away** *v/i* ☞ **fall off**

◆ **fall back** *v/i of troops* replegarse

◆ **fall back on** *v/t* recurrir a

◆ **fall behind** *v/i with work, payments* retrasarse; *in race* quedarse atrás

◆ **fall down** *v/i* caerse; *fall down on the*

*job* *fig* hacer un mal trabajo; *that's where the proposal falls down* es ahí donde la propuesta fracasa *or* se viene abajo
◆ **fall for** *v/t* **1** *person* enamorarse de **2** (*be deceived by*) dejarse engañar por; *I'm amazed you fell for it* me sorprende mucho que picaras
◆ **fall in** *v/i* **1** *of roof* desplomarse **2** MIL formar filas
◆ **fall into** *v/t* *bad habits* adquirir, incurrir en; *difficulties* entrar en
◆ **fall in with** *v/t* **1** *bad crowd* juntarse con **2** *rules, accepted procedures, what others want* aceptar, adherirse a
◆ **fall off** *v/i* *of business, attendances* decaer, empeorar
◆ **fall on** *v/t* **1** (*attack*) lanzarse sobre **2** (*encounter*): *fall on hard times* entrar en crisis **3**: *his eyes fell on me* dirigió su mirada hacia mí **4**: *it falls on me to make the final decision* me corresponde a mí tomar la última decisión **5**: *it ~s on a Tuesday* cae en martes
◆ **fall out** *v/i* **1** *of hair* caerse **2** (*argue*) pelearse
◆ **fall over I** *v/i* caerse; *fall over backward to do sth* F desvivirse por hacer algo **II** *v/t*: *fall over sth* tropezar con algo; *be falling over o.s. to do sth* F desvivirse por hacer algo
◆ **fall through** *v/i* *of plans* venirse abajo
◆ **fall to** *v/t*: *it fell to him to make the casting vote* le correspondió a él dar el voto decisivo
◆ **fall under** *v/t* *category etc* entrar en
**fal•la•cious** [fə'leɪʃəs] *adj* (*incorrect*) erróneo; (*misleading*) engañoso
**fal•la•cy** ['fæləsɪ] falacia *f*
**fal•len** ['fɔːlən] *pp* ☞ **fall²**
**'fall guy** F **1** (*victim*) víctima *f* **2** (*scapegoat*) chivo *m* expiatorio, cabeza *f* de turco; *make s.o. the ~ for sth* convertir a alguien en el chivo expiatorio de algo
**fal•li•ble** ['fæləbl] *adj* falible
**fall•ing star** [fɔːlɪŋ'stɑːr] estrella *f* fugaz
**Fal•lo•pi•an** [fə'loʊpɪən] *adj*: *~ tube* trompa *f* de Falopio
**'fall•out 1** lluvia *f* radiactiva **2** *fig*: *from scandal, shake-up etc* secuelas *fpl*, repercusión *f*
**'fall•out shel•ter** refugio *m* nuclear *or* atómico

**fal•low** ['fæloʊ] *adj* AGR en barbecho; *lie ~* estar en barbecho
**false** [fɑːls] *adj* falso; *raise ~ hopes* alimentar falsas esperanzas; *~ bottom* doble fondo *m*
**false a'larm** falsa alarma *f*
**false•hood** ['fɑːlshʊd] **1** (*lie*) mentira *f* **2** *of statement etc* falsedad *f*
**false•ly** ['fɑːlslɪ] *adv* *argue, claim etc* falsamente, equivocadamente
**false 'mod•es•ty** falsa modestia *f*
**false•ness** ['fɑːlsnəs] *of statement, theory* falsedad *f*; *of friend* deslealtad *f*
**false 'start** *in race* salida *f* nula; *get off to a ~* *fig* empezar mal
**false 'teeth** *npl* dentadura *f* postiza
**fal•si•fi•ca•tion** [fɔːlsɪfɪ'keɪʃn] falsificación *f*
**fal•si•fy** ['fɔːlsɪfaɪ] *v/t* (*pret & pp -ied*) falsificar
**fal•ter** ['fɔːltər] *v/i* titubear, vacilar
**fame** [feɪm] fama *f*; *that team of World Cup 1994 ~* ese equipo, famoso por los Mundiales de 1994
**fa•mil•i•ar** [fə'mɪljər] *adj* familiar; *get ~* (*intimate*) tomarse demasiadas confianzas; *be ~ with sth* estar familiarizado con algo; *that looks ~* eso me resulta familiar; *that sounds ~* me suena; *make o.s. ~ with sth, get ~ with sth* familiarizarse con algo; *be on ~ terms with s.o.* tener confianza con alguien
**fa•mil•i•ar•i•ty** [fəmɪlɪ'ærɪtɪ] familiaridad *f*
**fa•mil•i•ar•ize** [fə'mɪljəraɪz] *v/t*: *~ o.s. with* familiarizarse con
**fa•mil•i•ar•ly** [fə'mɪljərlɪ] *adv* *behave* con naturalidad; *address someone* con demasiada confianza; *~ known as* comúnmente conocido como; *more ~ known as* mejor conocido como
**fam•i•ly** ['fæməlɪ] familia *f*; *do you have any ~?* ¿tienes hijos?; *from a good ~* de buena familia; *~ Bible* Biblia *f* familiar; *~ problems* problemas *mpl* familiares
**fam•i•ly 'busi•ness** negocio *m* familiar; **'fam•i•ly car** *L.Am.* carro *m* familiar, *Span* coche *m* familiar; **fam•i•ly 'doc•tor** médico *m/f* de familia; **'fam•i•ly man** hombre *m* casero; **'fam•i•ly name** apellido *m*; **fam•i•ly 'plan•ning** planificación *f* familiar; **fam•i•ly 'plan•ning clin•ic** clínica *f* de planificación familiar; **'fam•i•ly pro•gram** programa

*m* familiar; 'fam•i•ly room *in hotel* habitación *f* familiar; 'fam•i•ly-run *adj* hotel, restaurant familiar; fam•i•ly 'tree árbol *m* genealógico

fam•ine ['fæmɪn] hambruna *f*

fam•ished ['fæmɪʃt] *adj* F: **I'm ~** estoy muerto de hambre F

fa•mous ['feɪməs] *adj* famoso; **be ~ for** ser famoso por

fa•mous•ly ['feɪməslɪ] *adv*: **get along ~ with s.o.** llevarse muy bien con alguien

fan¹ [fæn] *n* (supporter) seguidor(a) *m(f)*; of singer, band admirador(a) *m(f)*, fan *m/f*; **I've always been a big ~ of yours** siempre lo he admirado mucho

fan² [fæn] **I** *n* electric ventilador *m*; handheld abanico *m*; **the shit will hit the ~** F se irá al carajo F **II** *v/t* (pret & pp **-ned**) abanicar; **~ o.s.** abanicarse

◆ **fan out** *v/i* of searchers desplegarse en abanico

fa•nat•ic [fə'nætɪk] fanático(-a) *m(f)*

fa•nat•i•cal [fə'nætɪkl] *adj* fanático

fa•nat•i•cal•ly [fə'nætɪklɪ] *adv* fanáticamente

fa•nat•i•cism [fə'nætɪsɪzm] fanatismo *m*

'fan belt MOT correa *f* del ventilador

fan•ci•ful ['fænsɪful] *adj* (unrealistic) fantasioso, irrealista

'fan club club *m* de fans

fan•cy ['fænsɪ] *adj* restaurant, prices lujoso

fan•cy 'dress disfraz *m*

fan•cy-'dress par•ty fiesta *f* de disfraces

fan•fare ['fænfer] fanfarria *f*

fang [fæŋ] colmillo *m*

'fan heat•er estufa *f* eléctrica de aire caliente

'fan mail cartas *fpl* de los fans

fan•ny ['fænɪ] P **1** culo *m*, CSur traste *m* P **2** Br coño *m* V, L.Am. concha *f* V

'fan•ny pack riñonera *f*

fan•ta•size ['fæntəsaɪz] *v/i* fantasear (**about** sobre)

fan•tas•tic [fæn'tæstɪk] *adj* **1** (very good) fantástico, excelente **2** (very big) inmenso

fan•tas•tic•al•ly [fæn'tæstɪklɪ] *adv* (extremely) sumamente, increíblemente

fan•ta•sy ['fæntəsɪ] fantasía *f*

fan•zine ['fænziːn] fanzine *m*

FAQ [efeɪ'kjuː] *abbr* (= **frequently asked question**) pregunta *f* frecuente

far [fɑːr] **I** *adv* **1** lejos; **~ away** lejos; **how ~ is it to ...?** ¿a cuánto está ...?; **as ~ as the corner / hotel** hasta la esquina / el hotel; **as ~ as the eye can see** hasta donde alcanza la vista

**2** fig: **as ~ as I can see** tal y como lo veo yo; **as ~ as I know** que yo sepa; **you've gone too ~** in behavior te has pasado; **so ~ so good** por ahora muy bien; **~ from completed** lejos de estar acabado; **~ be it from me to criticize** no es mi intención criticar; **~ into the night** (bien) adentrada la noche

**3** (much) mucho; **~ bigger / faster** mucho más grande / rápido; **she was by ~ the fastest** fue sin lugar a dudas la más rápida; **you're ~ too young** eres demasiado joven; **by ~, ~ and away** con diferencia

**II** *adj* del extremo, del *or* al fondo; **at the ~ end** al otro extremo; **from ~ and near** *or* **wide** por todos los lados

'far•a•way *adj* **1** places lejano **2** look ausente, perdido

farce [fɑːrs] farsa *f*

far•ci•cal ['fɑːrsɪkl] *adj* attempts, situation ridículo, absurdo

fare [fer] **I** *n* tarifa *f*; actual money dinero *m*; **what's the ~?** ¿cuánto vale el billete *or* L.Am. boleto?; **any more ~s please?** ¿más billetes por favor? **II** *v/i* esp fml: **how did you ~?** ¿cómo te fue?; **he didn't ~ very well** no le fue bien

Far 'East Lejano Oriente *m*

fare•well [fer'wel] despedida *f*; **make one's ~s** despedirse

fare'well par•ty fiesta *f* de despedida

far-fetched [fɑːr'fetʃt] *adj* inverosímil, exagerado

far-'flung *adj* vasto, amplio

farm [fɑːrm] granja *f*

◆ **farm out** *v/t*: **farm sth out** mandar hacer algo (**to** a)

farm•er ['fɑːrmər] granjero(-a) *m(f)*, agricultor(a) *m(f)*

'farm•hand trabajador(a) *m(f)* del campo, jornalero(-a) *m(f)*

'farm•house granja *f*, alquería *f*

farm•ing ['fɑːrmɪŋ] agricultura *f*

'farm•land tierra *f* de cultivo; 'farmwork•er trabajador(a) *m(f)* del campo, agricultor(a) *m(f)*; **'farm•yard** corral *m*; ~ **animals** animales *mpl* de corral

**far-'off** *adj* lejano; **far-'out** *adj* P **1** (*great*) sensacional, genial **2** (*wild, eccentric*) extravagante; **far-reach•ing** [faːr'riːtʃ-ɪŋ] *adj* trascendente, de magnitud; **far'see•ing** *adj fig* precabido, previsor; **far'sight•ed** *adj* previsor; *optically* hipermétrope

**fart** [faːrt] F I *n* **1** pedo *m* F **2** *he's a boring old* ~ es un pesado *or* un plasta F II *v/i* tirarse un pedo F

**far•ther** ['faːrðər] *adv* más lejos; ~ *away* más allá, más lejos

**far•thest** ['faːrðəst] *adv travel etc* más lejos

**fas•ci•nate** ['fæsɪneɪt] *v/t* fascinar; *be ~d by* estar fascinado por

**fas•ci•nat•ing** ['fæsɪneɪtɪŋ] *adj* fascinante

**fas•ci•na•tion** [fæsɪ'neɪʃn] fascinación *f*; *have a ~ for sth* tener fascinación por algo; *hold a ~ for s.o.* resultar fascinante a alguien

**fas•cism** ['fæʃɪzm] fascismo *m*

**fas•cist** ['fæʃɪst] I *n* fascista *m/f* II *adj* fascista

**fash•ion** ['fæʃn] **1** moda *f*; *in* ~ de moda; *out of* ~ pasado de moda; *come into* ~ ponerse de moda; *go out of* ~ pasarse de moda **2** (*manner*) modo *m*, manera *f*, *after or in a* ~ en cierto modo, en cierta manera

**fash•ion•a•ble** ['fæʃnəbl] *adj* de moda; *be very* ~ estar muy de moda

**fash•ion•a•bly** ['fæʃnəblɪ] *adv dressed* a la moda

**'fash•ion-con•scious** *adj* que sigue la moda; **'fash•ion de•sign•er** modisto(-a) *m(f)*; **'fash•ion ed•i•tor** editor(a) *m(f)* de la sección de moda; **'fash•ion mag•a•zine** revista *f* de modas; **'fash•ion mod•el** modelo *m/f*; **'fash•ion show** desfile *m* de moda, pase *m* de modelos; **'fash•ion vic•tim** esclavo(-a) *m(f)* de la moda, fashion victim *m/f*

**fast**[1] [fæst] I *adj* rápido; *be* ~ *of clock* ir adelantado; *pull a* ~ *one on s.o.* F jugarle una mala pasada a alguien F; *you're a* ~ *worker!* ¡ no pierdes el tiempo ! II *adv* **1** rápido **2**: *stuck* ~ atascado; ~ *asleep* profundamente dormido

**fast**[2] [fæst] *n not eating* ayuno *m*

**fast**[3] [fæst] I *adj*: *make* ~ agarrar fuerte, amarrar II *adv*: *play* ~ *and loose with s.o. / s.o.'s feelings* jugar con alguien / los sentimientos de alguien

**'fast•back** MOT fastback *m*; **'fast ball** *in baseball* bola *f* rápida; **fast 'breed•er, fast-breed•er re'ac•tor** PHYS reactor *m* reproductor rápido

**fas•ten** ['fæsn] I *v/t window, lid* cerrar (*poniendo el cierre*); *dress* abrochar; ~ *sth onto sth* asegurar algo a algo II *v/i of dress etc* abrocharse

**fas•ten•er** ['fæsnər] *for dress, lid* cierre *m*

**fast 'food** comida *f* rápida; **fast•food 'res•tau•rant** restaurante *m* de comida rápida; **fast 'for•ward** I *n on video etc* avance *m* rápido II *v/i* avanzar

**fas•tid•i•ous** [fə'stɪdɪəs] *adj* escrupuloso, aprensivo (*about* con)

**'fast lane** *on road* carril *m* rápido; *in the* ~ *fig: of life* con un tren de vida acelerado

**'fast train** (tren *m*) rápido *m*

**fat** [fæt] I *adj* gordo; *a* ~ *lot of good that is!* F ¡eso no sirve para nada!; ~ *chance you have!* F ¡ni de casualidad! F II *n on meat, for baking* grasa *f*; *live off the* ~ *of the land* vivir como un rey *or* señor

**fa•tal** ['feɪtl] *adj illness* mortal; *error* fatal

**fa•tal•ism** ['feɪtəlɪzəm] fatalismo *m*

**fa•tal•ist** ['feɪtəlɪst] fatalista *m/f*

**fa•tal•is•tic** [feɪtə'lɪstɪk] *adj* fatalista

**fa•tal•i•ty** [fə'tælətɪ] víctima *f* mortal

**fa•tal•ly** ['feɪtəlɪ] *adv* mortalmente; ~ *injured* herido mortalmente

**'fat cat** F pez *m* gordo F

**fate** [feɪt] destino *m*; *he met his* ~ died encontró la muerte; (*as*) *sure as* ~ con toda seguridad

**fat•ed** ['feɪtɪd] *adj*: *be* ~ *to do sth* estar predestinado a hacer algo

**fate•ful** ['feɪtfʊl] *adj encounter, decision, day* fatídico, fatal

**'fat-free** *adj* sin grasas

**fa•ther** ['faːðər] padre *m*; *Father Martin* REL el Padre Martin; *like* ~ *like son* de tal palo, tal astilla; *the Holy* ~ REL el Papa

**Fa•ther 'Christ•mas** *Br* Papá Nöel *m*; **fa•ther con•fes•sor** REL confesor *m*, guía *m* espiritual; **'fa•ther fig•ure** PSYCH figura *f* paterna fa•ther•hood ['fɑːðərhʊd] paternidad f

'fa•ther-in-law (pl **fathers-in-law**) suegro m

'fa•ther•land país m de origen, patria f

fa•ther•less ['fɑːðərlɪs] adj huérfano(-a) m(f) de padre

fa•ther•ly ['fɑːðərlɪ] adj paternal

'Fa•ther's Day Día m del Padre

fath•om ['fæðəm] NAUT braza f

◆ fathom out v/t fig entender

fa•tigue [fə'tiːg] cansancio m, fatiga f

fat•so ['fætsoʊ] F gordinflón(-ona) m(f) F

fat•ten ['fætn] v/t animal engordar

fat•ten•ing ['fætnɪŋ] adj que engorda

fat•ty ['fætɪ] I adj graso II n F person gordinflón(-ona) m(f) F

fat•u•ous ['fætjʊəs] adj estúpido, tonto

fat•u•ous•ness ['fætjʊəsnəs] estupidez f, necedad f

fau•cet ['fɒːsɪt] L.Am. llave f, Span grifo m

fault [fɒːlt] I n (defect) fallo m; **it's your / my ~** es culpa tuya / mía; **find ~** encontrar defectos (**with** a); **you're the one who is at ~** tú eres el que tiene la culpa; **he's at ~ for not making it clear** es su culpa no dejarlo claro II v/t: **I can't ~ it** no puedo decir nada en su contra

fault•find•er ['fɒːltfaɪndər] criticón (-ona) m(f) F

fault•find•ing ['fɒːltfaɪndɪŋ] I n critiqueo m F II adj criticón F

fault•less ['fɒːltlɪs] adj impecable

'fault line GEOL falla f

fault•y ['fɒːltɪ] adj goods defectuoso

fau•na ['fɒːnə] fauna f

fa•vor ['feɪvər] I n favor m; **ask s.o. a ~** pedir a alguien un favor; **do s.o. a ~** hacer un favor a alguien; **do me a ~!** (don't be stupid) ¡haz el favor!; **in ~ of** a favor de; **be in ~ of** estar a favor de; **in my ~** a mi favor; **decide in s.o.'s ~** decidir a favor de alguien; **be in ~ with s.o.** contar con la aceptación de alguien; **be out of ~ with s.o.** no contar con la aceptación de alguien II v/t (prefer) preferir

fa•vor•a•ble ['feɪvərəbl] adj reply etc favorable

fa•vor•a•bly ['feɪvərəblɪ] adj: **I was ~ impressed with her** me hizo una muy buena impresión

fa•vo•rite ['feɪvərɪt] I n favorito(-a)

m(f); food comida f favorita II adj favorito

fa•vor•it•ism ['feɪvrɪtɪzm] favoritismo m

fa•vour etc Br ☞ **favor** etc

fawn[1] [fɒːn] deer cervato m

fawn[2] [fɒːn] adj color pardo, castaño claro

◆ fawn on v/t halagar, hacer la pelota a F

fawn•ing ['fɒːnɪŋ] adj halagador

fax[fæks] I n fax m; **send sth by ~** enviar algo por fax II v/t enviar por fax; **~ sth to s.o.** enviar algo por fax a alguien; **can you ~ me?** ¿me puedes enviar un fax?

'fax ma•chine fax m, telefax m

'fax num•ber número m de fax

faze [feɪz] v/t desconcertar; of physical hardship, danger etc asustar

FBI [efbiː'aɪ] abbr (= **Federal Bureau of Investigation**) FBI m

fear[fɪr] I n miedo m, temor m; **for ~ that ...** por miedo a que ...; **for ~ of hurting him** por miedo a hacerle daño; **~ of God** temor de Dios II v/t temer, tener miedo a

◆ fear for v/t temer por

fear•ful ['fɪrfʊl] adj 1 (frightening) espantoso, aterrador 2 F (terrible) monumental 3: **be ~ that ...** apprehensive tener miedo de que ...

fear•less ['fɪrlɪs] adj valiente, audaz

fear•less•ly ['fɪrlɪslɪ] adv sin miedo

fea•si•bil•i•ty [fiːzə'bɪlɪtɪ] viabilidad f

fea•si'bil•i•ty stud•y estudio m de viabilidad

fea•si•ble ['fiːzəbl] adj factible, viable

feast [fiːst] I n banquete m, festín m; **~ for the eyes** regalo m para la vista II v/t: **~ one's eyes on** recrearse la vista con

'feast day REL fiesta f

feat[fiːt] hazaña f, proeza f; **an amazing ~ of engineering** un logro impresionante de la ingeniería; **an amazing ~ of endurance** un acto de resistencia impresionante

feath•er ['feðər] I n pluma f; **birds of a ~ flock together** Dios los cría y ellos se juntan; **they're birds of a ~** son harina del mismo costal; **that is a ~ in his cap** ese es un tanto a su favor II v/t: **~ one's (own) nest** hacer el agosto

feath•er•brained ['feðərbreɪnd] adj

*scheme* disparatado; **~ person** cabeza *m/f* hueca

**feath•er•dust•er** plumero *m*

'**feath•er-weight I** *n* **1** *category* peso *m* pluma **2** *fig: person* minucia *f* **II** *adj champion etc* peso pluma

**fea•ture** ['fiːtʃər] **I** *n* **1** *on face* rasgo *m*, facción *f* **2** *of city, building, plan, style* característica *f*; **make a ~ of** destacar **3** *article in paper* reportaje *m* **4** *movie* largometraje *m* **II** *v/t*: **a movie featuring** ... una película en la que aparece ...

'**fea•ture ar•ti•cle** artículo *m* monográfico; '**fea•ture film** largometraje *m*; '**fea•ture-length mov•ie** largometraje *m*

**Feb•ru•a•ry** ['februərɪ] febrero *m*

**fe•ces** ['fiːsiːz] *npl* heces *fpl*

**feck•less** ['feklɪs] *adj* insensato, irresponsable

**fed**[1] [fed] *pret & pp* ☞ **feed**

**fed**[2] [fed] *n* F *(FBI agent)* federal *m/f*

**fed•e•ral** ['fedərəl] *adj* federal

**fed•er•al•ism** ['fedərəlɪzəm] federalismo *m*

**fed•er•al•ist** ['fedərəlɪst] **I** *adj* federalista **II** *n* federalista *m/f*

**Fed•e•ral 'Trade Com•mis•sion** Comisión *f* de Comercio Federal

**fed•e•ra•tion** [fedə'reɪʃn] federación *f*

**fed 'up** *adj* F harto, hasta las narices F; **be ~ with** estar harto *or* hasta las narices de F

**fee** [fiː] *of lawyer, doctor, consultant* honorarios *mpl; for entrance* entrada *f; for membership* cuota *f*

**fee•ble** ['fiːbl] *adj person, laugh* débil; *attempt* flojo; *excuse* pobre

**fee•ble•ness** ['fiːblnɪs] *of attempt* ineficacia *f; of joke, excuse* flojedad *f*, poca contundencia *f*

**fee•bly** ['fiːblɪ] *adv* débilmente, ineficazmente

**feed** [fiːd] **I** *v/t* (*pret & pp* **fed**) **1** alimentar, dar de comer a **2** *reservoir* suministrar **3** *imagination* estimular, despertar **II** *v/i of animals* comer **III** *n for animals* pienso *m;* **she gave us a good ~** nos dio bien de comer

◆ **feed in** *v/t tape, wire etc* introducir, insertar

'**feed•back** reacción *f;* **we'll give you some ~** le daremos nuestra opinión

**feed•er road** ['fiːdər] ramal *m*

**feed•ing bot•tle** ['fiːdɪŋ] biberón *m*

'**feed•lot** AGR planta *f* de engorde de ganado

**feel** [fiːl] **I** *v/t* (*pret & pp* **felt**) (*touch*) tocar; (*sense*) sentir; (*think*) creer, pensar; **you can ~ the difference** se nota la diferencia

**II** *v/i* (*pret & pp* **felt**): **it ~s like silk / cotton** tiene la textura de la seda / algodón; **your hand ~s hot** tienes la mano caliente; **I ~ hungry** tengo hambre; **I ~ tired** estoy cansado; **how are you ~ing today?** ¿cómo te encuentras hoy?; **how does it ~ to be rich?** ¿qué se siente siendo rico?; **do you ~ like a drink / meal?** ¿te apetece beber / comer algo?; **I ~ like going / staying** me apetece ir / quedarme; **I don't ~ like it** no me apetece; **how do you ~ about his decision?** ¿qué te parece su decisión?

◆ **feel out** *v/t*: **feel s.o. out** tantear a alguien

◆ **feel up** *v/t sexually* manosear

◆ **feel up to** *v/t* sentirse con fuerzas para

**feel•er** ['fiːlər] *of insect* antena *f;* **put out ~s** *fig* tantear el terreno

'**feel•good fac•tor** sensación *f* positiva

**feel•ing** ['fiːlɪŋ] **1** sentimiento *m;* **what are your ~s about it?** ¿qué piensas sobre ello?; **play / sing with ~** tocar / cantar con sentimiento *or* pasión **2** (*sensation*) sensación *f;* **I have this ~ that** ... tengo el presentimiento de que ...

'**fee-pay•ing** *adj school* de pago

**feet** [fiːt] *pl* ☞ **foot**

**feign** [feɪn] **I** *v/t interest, illness etc* fingir **II** *v/i* fingir

**feint** [feɪnt] SP finta *f*

**feist•y** ['faɪstɪ] *adj* F luchador, de armas tomar

**fe•line** ['fiːlaɪn] *adj* felino

**fell**[1] [fel] *pret* ☞ **fall**[2]

**fell**[2] [fel] *v/t* **1** *tree* talar, cortar **2** *opponent* tumbar, derribar

**fel•low** ['feloʊ] (*man*) tipo *m;* **listen ~, if you** ... escucha hombre, si tú ...

**fel•low 'cit•i•zen** conciudadano(-a) *m(f);* **fel•low 'coun•try•man** compatriota *m/f;* **fel•low 'man** prójimo *m;* **fel•low 'stu•dent** compañero(-a) *m(f)*

**fel•o•ny** ['felənɪ] delito *m* grave

felt [felt] I *n* fieltro *m* II *pret & pp* ☞ **feel**

felt 'tip, felt-tip 'pen rotulador *m*

fe•male ['fiːmeɪl] I *adj* **1** *animal, plant* hembra **2** *relating to people* femenino; **~ executive** ejecutiva *f* II *n* **1** *of animals, plants* hembra *f* **2** *person* mujer *f*

fem•i•nine ['femɪnɪn] I *adj also* GRAM femenino II *n* GRAM femenino *m*

fem•i•nin•i•ty [femɪ'nɪnɪtɪ] feminidad *f*

fem•i•nism ['femɪnɪzm] feminismo *m*

fem•i•nist ['femɪnɪst] I *n* feminista *m/f* II *adj* feminista

fe•mur ['fiːmər] ANAT fémur *m*

fence [fens] **1** *around garden etc* cerca *f*, valla *f*; **sit on the ~** *fig* nadar entre dos aguas **2** F *criminal* perista *m/f*

◆ fence in *v/t* **1** *land* cercar, vallar **2** *with rules* limitar, restringir (**with** por)

fenc•er ['fensər] SP esgrimidor(a) *m(f)*, *L.Am.* esgrimista *m/f*

fenc•ing ['fensɪŋ] SP esgrima *f*

fend [fend] *v/i:* **~ for o.s.** valerse por sí mismo

◆ fend off *v/t blow, attacker* esquivar, evitar

fend•er ['fendər] MOT aleta *f*

fend•er-bend•er ['fendərbendər] MOT F golpe *m*

fen•nel ['fenl] BOT hinojo *m*

fer•ment[1] [fər'ment] *v/i of liquid* fermentar

fer•ment[2] ['fɜːrment] *n* (*unrest*) agitación *f*

fer•men•ta•tion [fɜːrmen'teɪʃn] fermentación *f*

fern [fɜːrn] helecho *m*

fe•ro•cious [fə'rouʃəs] *adj* feroz

fe•roc•i•ty [fə'rɑːsɪtɪ] ferocidad *f*, furia *f*

fer•ret ['ferɪt] hurón *m*

◆ ferret around *v/i* hurgonear, rebuscar (**among** entre; **for** por)

◆ ferret out *v/t truth, secret* averiguar, dar con F

fer•rous ['ferəs] *adj* ferroso

fer•ry ['ferɪ] I *n* ferry *m*, transbordador *m* II *v/t* transportar

'fer•ry•boat ferry *m*, transbordador *m*; fer•ry•man ['ferɪmən] barquero *m*; 'fer•ry serv•ice servicio *m* de transporte (de mercancías, pasajeros)

fer•tile ['fɜːrtəl] *adj* fértil

fer•til•i•ty [fɜːr'tɪlətɪ] fertilidad *f*

fer'til•i•ty drug medicamento *m* para el tratamiento de la infertilidad

fer•til•i•za•tion [fɜːrtɪlaɪ'zeɪʃn] *of egg* fertilización *f*

fer•ti•lize ['fɜːrtəlaɪz] *v/t* fertilizar

fer•ti•liz•er ['fɜːrtəlaɪzər] *for soil* fertilizante *m*

fer•vent ['fɜːrvənt] *adj admirer* ferviente

fer•vent•ly ['fɜːrvəntlɪ] *adv* fervientemente

fer•vor ['fɜːrvər] fervor *m*, entusiasmo *m*

fes•ter ['festər] *v/i of wound* enconarse; *of hatred, resentment* exarcerbarse, enconarse

fes•ti•val ['festɪvl] festival *m*

fes•tive ['festɪv] *adj* festivo; **the ~ season** la época navideña, las Navidades

fes•tiv•i•ties [fe'stɪvətɪz] *npl* celebraciones *fpl*

fes•toon [fe'stuːn] *v/t* engalanar

fe•tal ['fiːtl] *adj* fetal

'fe•tal po•si•tion posición *f* fetal

fetch [fetʃ] *v/t* **1** *person* recoger; *thing* traer, ir a buscar **2** *price* alcanzar; **how much did it ~?** ¿qué precio alcanzó?

fetch•ing ['fetʃɪŋ] *adj dress, smile* cautivador, atractivo

fet•id ['fetɪd] *adj* fétido

fet•ish ['fetɪʃ] fetiche *m*

fet•ish•ism ['fetɪʃɪzəm] fetichismo *m*

fet•ish•ist ['fetɪʃɪst] fetichista *m/f*

fet•ish•ist•ic [fetɪ'ʃɪstɪk] *adj* fetichista

fet•ters ['fetərz] *npl* grilletes *mpl*; *fig* cadenas *fpl*, ataduras *fpl*

fet•tle ['fetl]: **in fine ~** en buena forma

fe•tus ['fiːtəs] feto *m*

feud [fjuːd] I *n* enemistad *f* II *v/i* estar enemistado

feu•dal ['fjuːdl] *adj* feudal

feu•dal•ism ['fjuːdəlɪzəm] feudalismo *m*

fe•ver ['fiːvər] fiebre *f*; **have a ~** tener fiebre; **they were in a ~ of excitement** les embargaba una emoción febril

fe•ver•ish ['fiːvərɪʃ] *adj* con fiebre; *fig: excitement* febril

few [fjuː] I *adj* (*not many*) pocos; **a ~ things** unos pocos; **quite a ~**, **a good ~** (*a lot*) bastantes II *pron* (*not many*) pocos(-as); **a ~** (*some*) unos pocos; **quite a ~**, **a good ~** (*a lot*) bastantes; **~ of them could speak English** de ellos muy pocos hablaban inglés

**few•er** ['fjuːər] *adj* menos; **~ than** menos que; *with numbers* menos de

**fi•an•cé** [fɪ'ɑːnseɪ] prometido *m*, novio *m*

**fi•an•cée** [fɪ'ɑːnseɪ] prometida *f*, novia *f*

**fi•as•co** [fɪ'æskoʊ] fiasco *m*

**fib** [fɪb] F bola *f* F

**fi•ber** ['faɪbər] fibra *f*

'**fi•ber•board** fibra *f* vulcanizada; '**fi•ber•glass I** *n* fibra *f* de vidrio **II** *adj* de fibra de vidrio; **fi•ber-'op•tic** *adj* de fibra óptica; **~ cable** cable *m* de fibra óptica; **fi•ber 'op•tics** *nsg* tecnología *f* de la fibra óptica

**fi•bre** *Br* ☞ **fiber**

**fib•u•la** ['fɪbjʊlə] ANAT peroné *m*

**fick•le** ['fɪkl] *adj* inconstante, mudable

**fic•tion** ['fɪkʃn] **1** (*novels*) literatura *f* de ficción **2** (*made-up story*) ficción *f*

**fic•tion•al** ['fɪkʃnl] *adj* de ficción

**fic•ti•tious** [fɪk'tɪʃəs] *adj* ficticio

**fid•dle** ['fɪdl] **I** *n* (*violin*) violín *m* **II** *v/i*: **~ around with** enredar con **III** *v/t* F *accounts, result* amañar

**fid•dler** ['fɪdlər] F **1** MUS violinista *m/f* **2** F *cheat* tramposo(-a) *m(f)*, fullero(-a) *m(f)*

**fid•dly** ['fɪdlɪ] *adj job* complicado, laborioso; *little details* dificultoso

**fi•del•i•ty** [fɪ'delətɪ] fidelidad *f*

**fid•get** ['fɪdʒɪt] *v/i* moverse; **stop ~ing!** ¡estáte quieto!

**fid•get•y** ['fɪdʒɪtɪ] *adj* inquieto

**field** [fiːld] **I** *n* **1** *also of research etc* campo *m* **2** *for sport* campo *m*, *L.Am.* cancha *f*; (*competitors in race*) participantes *mpl* **II** *v/t* & *v/i* in baseball fildear

'**field day: have a ~** *be successful* tener un día de suerte; *have fun* disfrutar

**field•er** ['fiːldər] *in baseball* fildeador(-a) *m(f)*; **~'s choice** jugada *f* de elección

'**field e•vents** *npl* pruebas *fpl* de salto y lanzamiento; '**field goal** *in basketball* tiro *m* de campo; '**field hock•ey** hockey *m* sobre hierba; '**field mar•shal** MIL mariscal *m* de campo; '**field•stone** peña *f* or piedra *f* viva; '**field stud•y** estudio *m* de campo; '**field-test** *v/t* probar sobre el terreno; '**field tri•als** *npl* pruebas *fpl* sobre el terreno; '**field trip** viaje *m* de estudio(s); '**field•work** trabajo *m* de campo; *of scientist, market research-er* investigación *f* de campo; '**field**

**work•er** *for relief organization* trabajador(a) *m(f)* de campo; *for market research etc* investigador(a) *m(f)* de campo

**fiend** [fiːnd] **1** (*devil*) demonio *m* **2** F: **she's a real fresh-air ~** (*likes the outdoors*) le encanta estar al aire libre; **opera ~** incondicional *m/f* de la ópera

**fiend•ish** ['fiːndɪʃ] *adj* **1** *appearance, laugh, cunning* perverso **2** F *complexity, heat* endemoniado

**fierce** [fɪrs] *adj animal* feroz; *wind, storm* violento

**fierce•ly** ['fɪrslɪ] *adv* ferozmente

**fi•er•y** ['faɪrɪ] *adj* fogoso, ardiente

**fif•teen** [fɪf'tiːn] quince

**fif•teenth** [fɪf'tiːnθ] *n* & *adj* decimoquinto

**fifth** [fɪfθ] *n* & *adj* quinto

**fif•ti•eth** ['fɪftɪɪθ] *n* & *adj* quincuagésimo

**fif•ty** ['fɪftɪ] cincuenta

**fif•ty-'fif•ty** *adv* a medias; **go ~ with s.o.** ir a medias con alguien

**fig** [fɪg] higo *m*

**fight** [faɪt] **I** *n* **1** lucha *f*, pelea *f*, *fig: for survival, championship etc* lucha *f* **2** (*argument*) pelea *f*; **have a ~** pelearse **3** *in boxing* combate *m* **II** *v/t* (*pret* & *pp* **fought**) **1** *enemy, person* luchar contra, pelear contra; *in boxing* pelear contra **2** *disease, injustice* luchar contra, combatir **III** *v/i* (*pret* & *pp* **fought**) **1** luchar, pelear **2** (*argue*) pelearse

◆ **fight back I** *v/i* defenderse **II** *v/t* *scream, tears etc* contener, ahogar

◆ **fight for** *v/t* *one's rights, a cause* luchar por

◆ **fight off** *v/t* *attackers, fans* apartar, quitarse de encima; *infection* vencer

◆ **fight on** *v/i* seguir luchando

**fight•er** ['faɪtər] **1** combatiente *m/f*; **she's a ~** tiene espíritu combativo **2** *airplane* caza *m* **3** (*boxer*) púgil *m*

**fight•ing** ['faɪtɪŋ] *physical, verbal* peleas *fpl*; MIL luchas *fpl*, combates *mpl*

**fight•ing 'chance: have a ~** tener posibilidades

**fight•ing 'fit** *adj* en plena forma

**fig•ment** ['fɪgmənt]: **~ of the imagination** producto *m* de la imaginación

'**fig tree** higuera *f*

**fig•u•ra•tive** ['fɪgjərətɪv] *adj* figurado

**fig•ure** ['fɪgər] **I** *n* **1** figura *f*; **have a**

***good*** ~ tener buen tipo **2** (*digit*) cifra *f* **ll** *v/t* F (*think*) imaginarse, pensar

◆ **figure on** *v/t* F (*plan*) pensar; *I was figuring on going to* ... estaba pensando en ir a ...

◆ **figure out** *v/t* (*understand*) entender; *calculation* resolver; ***figure it out for yourself*** averígualo por tí mismo

'**fig•ure•head 1** NAUT mascarón *m* de proa **2** *fig* monigote *m/f*; '**fig•ure skat•er** patinador(a) *m(f)* artístico(-a); '**fig•ure skat•ing** patinaje *m* artístico

**filch** [fɪltʃ] *v/t* F mangar, soplar F

**file**[1] [faɪl] **l** *n* **1** *of documents* expediente *m* **2** COMPUT archivo *m*, fichero *m* **ll** *v/t* **1** *documents* archivar **2** LAW: ~ *a petition in bankruptcy* presentar una declaración de bancarrota

◆ **file away** *v/t documents* archivar

**file**[2] [faɪl] *n for wood, fingernails* lima *f*

'**file cab•i•net** archivador *m*; '**file clerk** archivero(-a) *m(f)*; '**file man•age•ment** COMPUT gestión *f* de archivos; '**file man•ag•er** COMPUT administrador *m* de archivos; '**file name** COMPUT nombre *m* de archivo

**fi•li•al** ['fɪlɪəl] *adj* filial

**fil•i•bus•ter** ['fɪlɪbʌstər] POL **l** *n* **1** *speech* obstruccionismo *m* **2** *person* obstruccionista *m/f* **ll** *v/i* practicar el obstruccionismo

**fil•i•bus•ter•er** ['fɪlɪbʌstərər] POL obstruccionista *m/f*

**fil•i•bus•ter•ing** ['fɪlɪbʌstərɪŋ] POL tácticas *fpl* obstruccionistas

**fil•i•gree** ['fɪlɪgriː] filigrana *f*

**fil•ing cab•i•net** ['faɪlɪŋ] *Br* ☞ **file cabinet**

**fil•ings** ['faɪlɪŋz] *npl* limaduras *fpl*

**fill** [fɪl] **l** *v/t* **1** llenar **2** *tooth* empastar, *L.Am.* emplomar **3** *prescription* despachar **ll** *n*: *eat one's* ~ hincharse

◆ **fill in** *v/t* **1** *form, hole* rellenar **2**: *fill s.o. in* poner a alguien al tanto; *can you fill me in on what's been happening?* ¿ me podrías poner al tanto de lo que ha pasado?

◆ **fill in for** *v/t* sustituir a

◆ **fill out l** *v/t form* rellenar **ll** *v/i* (*get fatter*) engordar

◆ **fill up l** *v/t* llenar (hasta arriba) **ll** *v/i of stadium, theater* llenarse

**fill•er** ['fɪlər] *for filling holes* masilla *f*

'**fill•er cap** MOT tapa *f* del depósito

**fil•let** ['fɪlɪt] filete *m*

**fill•ing** ['fɪlɪŋ] **l** *n* **1** *in sandwich* relleno *m* **2** *in tooth* empaste *m*, *L.Am.* emplomadura *f* **ll** *adj*: *be* ~ *of food* llenar mucho

'**fill•ing sta•tion** estación *f* de servicio, gasolinera *f*

**fil•ly** ['fɪlɪ] potra *f*

**film** [fɪlm] **l** *n* **1** *for camera* carrete *m* **2** (*movie*) película *f* **ll** *v/t person, event* filmar

'**film di•rec•tor** director(a) *m(f)* de cine; '**film fes•ti•val** festival *m* de cine; '**film- -mak•er** cineasta *m/f*; '**film star** estrella *f* de cine; '**film stu•di•o** estudio *m* de cine

**Fi•lo•fax**® ['faɪləfæks] filofax® *m*, agenda *f* de anillas

**fil•ter** ['fɪltər] **l** *n* filtro *m* **ll** *v/t coffee, liquid* filtrar

◆ **filter through** *v/i of news reports* filtrarse

'**fil•ter pa•per** papel *m* de filtro

'**fil•ter tip** *cigarette* cigarrillo *m* con filtro

**filth** [fɪlθ] **1** suciedad *f*, mugre *f* **2** *pej*: *people* bazofia *f*, (*pornography*) porquerías *fpl*

**filth•y** ['fɪlθɪ] *adj* sucio, mugriento; *language, movie etc* obsceno; ~ ***weather*** tiempo *m* asqueroso F

**fin** [fɪn] *of fish* aleta *f*

**fi•nal** ['faɪnl] **l** *adj* (*last*) último; *decision* final, definitivo; ~ *four in basketball* final *f* a cuatro **ll** *n* SP final *f*; ***get through to the*** ~ llegar a la final

**fi•nal ac'cept•ance** COM recepción *f* definitiva

**fi•nal de'mand** FIN demanda *f* final

**fi•na•le** [fɪ'nælɪ] final *m*

**fi•nal e'di•tion** *of newspaper* última *f* edición

**fi•nal•ist** ['faɪnəlɪst] finalista *m/f*

**fi•nal•i•ty** [faɪ'nælətɪ] *of decision* irreversibilidad *f*; *of tone* rotundidad *f*

**fi•nal•ize** ['faɪnəlaɪz] *v/t plans, design* ultimar

**fi•nal•ly** ['faɪnəlɪ] *adv* **1** finalmente, por último **2** (*at last*) finalmente, por fin

**fi•nal 'of•fer** oferta *f* final

**fi•nance** ['faɪnæns] **l** *n* finanzas *fpl* **ll** *v/t* financiar

**fi•nan•ces** ['faɪnænsɪz] *npl* finanzas *fpl*

**fi•nan•cial** [faɪ'nænʃl] *adj* financiero

**fi•nan•cial ad•vis•er** asesor(a) *m(f)* financiero(-a)

**fi•nan•cial•ly** [faɪˈnænʃəlɪ] *adv* económicamente

**fi'nan•cial mar•ket** mercado *m* financiero; **fi'nan•cial pag•es** *npl of newspaper* sección *f* de economía; **fi•nan•cial 'year** *Br* ejercicio *m* económico, año *m* fiscal

**fi•nan•cier** [faɪˈnænsɪr] financiero(-a) *m(f)*

**fi•nanc•ing plan** [ˈfaɪnænsɪŋ] plan *m* de financiación

**finch** [fɪntʃ] pinzón *m*

**find** [faɪnd] *v/t* (*pret & pp* **found**) encontrar, hallar; *if you ~ it too hot / cold* si te parece demasiado caliente / frío; *~ s.o. innocent / guilty* LAW declarar a alguien inocente / culpable; *I ~ it strange that …* me sorprende que …; *how did you ~ the hotel?* ¿qué te pareció el hotel?

◆ **find out I** *v/t* descubrir, averiguar **II** *v/i* (*discover*) descubrir; *can you try to find out?* ¿podrías enterarte?; *what's he like? – you'll find out* ¿cómo es? – ya lo verás

◆ **find out about** *v/t secret, goings-on* descubrir, enterarse de

**find•ings** [ˈfaɪndɪŋz] *npl of report* conclusiones *fpl*

**fine**[1] [faɪn] *adj* **1** *day, weather* bueno; *wine, performance, city* excelente; *how's that? – that's ~* ¿qué tal está? – bien; *that's ~ by me* por mí no hay ningún problema; *how are you? – ~* ¿cómo estás? – bien **2** *distinction, line* fino

**fine**[2] [faɪn] **I** *n* multa *f* **II** *v/t* multar, poner una multa a; *you'll get ~d* te van a multar

**fine 'arts** *npl* bellas artes *fpl*

**fine•ly** [ˈfaɪnlɪ] *adv* **1** *made, crafted* con maestría, elegantemente **2** *sliced* muy fino

**fine 'print** letra *f* pequeña

**fi•nesse** [fɪˈnes] (*skill*) delicadeza *f*, tacto *m*

**fine-'tooth comb:** *go through sth with a ~* revisar algo minuciosamente

**fine-'tune** *v/t engine, fig* afinar, hacer los últimos ajustes a

**fin•ger** [ˈfɪŋgər] **I** *n* dedo *m*; *I can't quite put my ~ on it fig* no sé exactamente de

qué se trata; *they didn't lift a ~* (*to help*) no movieron ni un dedo (para ayudar); *point the ~ at s.o. fig* señalar con el dedo a alguien; *give s.o. the ~ obscene gesture* hacer a alguien un corte de mangas **II** *v/t* tocar

**'fin•ger•board** *of guitar* diapasón *m*; **'fin•ger-food** *comida para la que no se necesitan cubiertos*; **'fin•ger•mark** marca *f* dactilar; **'fin•ger•nail** uña *f*; **'fin•ger•print I** *n* huella *f* digital *or* dactilar **II** *v/t* tomar las huellas digitales *or* dactilares a; **'fin•ger•tip** punta *f* del dedo; *have sth at one's ~s* saberse algo al dedillo

**fin•i•cky** [ˈfɪnɪkɪ] *adj* **1** *person* quisquilloso **2** *design* enrevesado

**fin•ish** [ˈfɪnɪʃ] **I** *v/t* acabar, terminar; *~ doing sth* acabar *or* terminar de hacer algo **II** *v/i* acabar, terminar **III** *n* **1** *of product* acabado *m* **2** *of race* final *m*; *he has a strong ~ of runner* siempre remata bien las carreras

◆ **finish off** *v/t* **1** acabar, terminar **2** (*kill*) acabar con, matar

◆ **finish up I** *v/t food* acabar, terminar; *he finished up liking it* acabó gustándole **II** *v/i: we finished up at Paula's place* acabamos en casa de Paula

◆ **finish with** *v/t* **1** *boyfriend etc* cortar con **2**: *can I have that when you've finished with it?* ¿me lo puedes dejar cuando hayas acabado?

**fin•ished** [ˈfɪnɪʃt] *adj* **1** *goods* terminado, acabado **2**: *be ~ of person, job* estar acabado; *of food, beer etc* estar terminado *or* acabado; *he's ~ as a politician* como político está acabado; *it's all ~ between us* todo ha acabado entre nosotros

**'fin•ished goods** *npl* producto *m* final

**'fin•ished pro•duct** producto *m* final

**fin•ish•ing** [ˈfɪnɪʃɪŋ] *adj: put the ~ touches to sth* dar los últimos retoques a algo

**'fin•ish•ing line** línea *f* de meta

**fi•nite** [ˈfaɪnaɪt] *adj* limitado, definido

**fink** [fɪŋk] P **1** (*strikebreaker*) esquirol *m/f* P **2** (*unpleasant person*) cabrón(-ona) *m(f)*

**Fin•land** [ˈfɪnlənd] Finlandia *f*

**Finn•ish** [ˈfɪnɪʃ] **I** *adj* finlandés **II** *n language* finés *m*

**Finn** [fɪn] finlandés(-esa) *m(f)*

**fir** [fɜːr] abeto *m*

'**fir cone** piña *f*

**fire** [faɪr] **I** *n* fuego *m*; *electric, gas* estufa *f*; (*blaze*) incendio *m*; (*bonfire, campfire etc*) hoguera *f*; **be on ~** estar ardiendo; **catch ~** prender; **set sth on ~, set ~ to sth** prender fuego a algo **II** *v/i* (*shoot*) disparar (**on** sobre; **at** a) **III** *v/t* **F** (*dismiss*) despedir; **you're ~d** estás despedido

◆ **fire away** *v/i with questions*: **fire away!** ¡adelante!, ¡dispara!

'**fire a•larm** alarma *f* contra incendios; '**fire•arm** arma *f* de fuego; '**fire•bug F** pirómano(-a) *m(f)*; '**fire•crack•er** petardo *m*; '**fire de•part•ment** (cuerpo *m* de) bomberos *mpl*; '**fire door** puerta *f* contra incendios; '**fire drill** simulacro *m* de incendio; '**fire en•gine** coche *m* de bomberos; '**fire es•cape** salida *f* de incendios; '**fire ex•tin•guish•er** extintor *m*; '**fire•fight MIL** tiroteo *m*; '**fire fight•er** bombero(-a) *m(f)*; '**fire•guard** pantalla *f*, parachispas *m inv*; '**fire house** estación *f or Span* parque *m* de bomberos; '**fire hy•drant** hidrante *m* de incendios, boca *f* de incendios; '**fire in•sur•ance** seguro *m* contra incendios; '**fire•light** luz *f* de la lumbre; *of camp fire* luz *f* del fuego; '**fire•man** bombero *m*; '**fire•place** chimenea *f*, hogar *m*; '**fire•plug** hidrante *m* de incendios, boca *f* de incendios; '**fire pre•ven•tion** prevención *f* de incendios; '**fire•proof** *adj* ignífugo, resistente al fuego; '**fire•side**: **by the ~** junto al hogar, al calor de la lumbre; '**fire sta•tion** estación *f or Span* parque *m* de bomberos; '**fire truck** coche *m* de bomberos; '**fire•wood** leña *f*; '**fire•work dis•play** fuegos *mpl* artificiales

'**fire•works** *npl* fuegos *mpl* artificiales; **there'll be ~ if he finds out F** se va a armar una buena si se entera **F**

**fir•ing line** ['faɪrɪŋ]: **be in the ~** *fig* estar en la línea de fuego; '**fir•ing par•ty** pelotón *m* de fusilamiento; '**fir•ing range MIL 1** *for exercises* campo *m* de tiro **2**: **within ~** al alcance de tiro; '**fir•ing squad** pelotón *m* de fusilamiento

**firm**[1] [fɜːrm] *adj* firme; **a ~ deal** un acuerdo en firme

**firm**[2] [fɜːrm] *n* COM empresa *f*

**firm•ness** ['fɜːrmnɪs] firmeza *f*, fortaleza *f*

**firm•ware** ['fɜːrmwer] COMPUT firmware *m*, microprograma *m*

**first** [fɜːrst] **I** *adj* primero; **who's ~ please?** ¿quién es el primero, por favor? **II** *n* primero(-a) *m(f)* **III** *adv* primero; **~ of all** (*for one reason*) en primer lugar; **at ~** al principio

**first 'aid** primeros auxilios *mpl*; **first--'aid box, first-'aid kit** botiquín *m* de primeros auxilios; **first aid•er** [fɜːrst-'eɪdər] persona *f* que presta primeros auxilios; '**first base** *in baseball* primera base *f*; *player* inicialista *m/f*; '**first base•man** *in baseball* jugador(a) *m(f)* de primera base; '**first-born** *adj* primogénito; '**first class I** *adj* **1** *ticket, seat* de primera (clase) **2** (*very good*) excelente **II** *adv travel* en primera (clase); **first 'cous•in** primo(-a) *m(f)* hermano(-a); **first-de'gree** *adj burns* de primer grado; **first 'floor** planta *f* baja, *Br* primer piso *m*; **first'hand** *adj* de primera mano; **First 'La•dy** *of US* primera dama *f*

**first•ly** ['fɜːrstlɪ] *adv* en primer lugar

**first 'name** nombre *m* (de pila); **first 'night** estreno *m*; **first of'fend•er** delincuente *m/f* sin antecedentes; **first of'fense** primer delito *m*; **first-'rate** *adj* excelente; **first-time 'buy•er** persona *f* que compra por primera vez

**fis•cal** ['fɪskl] *adj* fiscal

**fis•cal 'pe•ri•od** ejercicio *m* fiscal

**fis•cal 'year** año *m* fiscal

**fish** [fɪʃ] **I** *n* (*pl* **fish**) pez *m*; *to eat* pescado *m*; **drink like a ~** F beber como un cosaco **F**; **feel like a ~ out of water F** sentirse fuera de lugar; **they're after the big ~** *fig* están buscando al pez gordo **II** *v/i* pescar; **go ~ing** ir de pesca

◆ **fish for** *v/t compliment, information* ir detrás de, ir buscando

◆ **fish out** *v/t*: **he fished it out of his pocket** lo sacó de su bolsillo; **they fished him out of the water** lo sacaron del agua

'**fish•bone** espina *f* (de pescado); '**fish bowl** pecera *f*; '**fish cake** *pastel individual de pescado*

**fish•er•man** ['fɪʃərmən] pescador *m*

'**fish farm** piscifactoría *f*

**fish 'fin•ger** *Br* ☞ **fish stick**

**fish•ing** ['fɪʃɪŋ] pesca *f*

'**fish•ing boat** (barco *m* ) pesquero *m*; '**fish•ing grounds** *npl* caladero *m*; '**fish•ing line** sedal *m*; '**fish•ing net** red *f* de pescar; '**fish•ing rod** caña *f* de pescar; '**fish•ing tack•le** abalorios *mpl* de pesca; '**fish•ing vil•lage** pueblo *m* pesquero

**fish•mon•ger** ['fɪʃmʌŋgər] *esp Br* pescadero(-a) *m(f)*

'**fish stick** croqueta *f or* palito *m* de pescado

'**fish tank** *in home* pecera *f*

**fish•y** ['fɪʃɪ] *adj* F (*suspicious*) sospechoso

**fis•sion** ['fɪʃn] fisión *f*

**fis•sure** ['fɪʃər] fisura *f*

**fist** [fɪst] puño *m*

**fit**[1] [fɪt] *n* MED ataque *m*; **a ~ of rage / jealousy** un arrebato de cólera / un ataque de celos; **she'll have a ~** F le va a dar un ataque

**fit**[2] [fɪt] *adj* **1** *physically* en forma; **are you ~ to drive?** ¿estás *or* te encuentras en condiciones de conducir?; **keep ~** mantenerse en forma **2** *morally* adecuado; **he's not ~ to be President** no es la persona apta para ser Presidente **3**: **he was laughing ~ to burst** se desternillaba *or* se moría de risa

**fit**[3] [fɪt] **I** *v/t* (*pret & pp* **-ted** *or* **fit**) **1** (*attach*) colocar; **the doors are ~ted with a special alarm** las puertas están equipadas con una alarma especial **2**: **these pants don't ~ me any more** estos pantalones ya no me entran; **it ~s you perfectly** te queda perfectamente **3** *description etc* ajustarse a, coincidir con **II** *v/i* (*pret & pp* **-ted** *or* **fit**) *of clothes* quedar bien; *of piece of furniture etc* caber

**III** *n*: **it's a good ~** *of coat etc* queda bien; *of piece of furniture* cabe bien; **it's a tight ~** *of coat ect* me / te *etc* queda ajustado; *of furniture* no hay mucho espacio

◆ **fit in I** *v/i* *of person in group, with plans* encajar; **it fits in perfectly with the color scheme** va a la perfección con la combinación de colores **II** *v/t*: **fit s.o. in** *into schedule etc* hacer un hueco a alguien

**fit•ful** ['fɪtfəl] *adj sleep* intermitente

**fit•ness** ['fɪtnɪs] *physical* buena forma *f*

'**fit•ness cen•ter**, *Br* '**fit•ness cen•tre** gimnasio *m*

**fit•ted kitch•en** [fɪtɪd'kɪtʃn] cocina *f* a medida

**fit•ted 'sheet** sábana *f* ajustable

**fit•ter** ['fɪtər] técnico(-a) *m(f)*

**fit•ting** ['fɪtɪŋ] *adj* apropiado

**fit•tings** ['fɪtɪŋz] *npl* equipamiento *m*

**five** [faɪv] cinco

**fix** [fɪks] **I** *n* **1** (*solution*) solución *f* **2**: **be in a ~** F estar en un lío **II** *v/t* **1** (*attach*) fijar; **~ sth onto sth** fijar algo a algo **2** (*repair*) arreglar, reparar **3** *arrange*: *meeting etc*) organizar **4** *lunch* preparar; **I'll ~ you a drink** te prepararé una bebida **5** *dishonestly: match etc* amañar

◆ **fix on** *v/t* **1** (*decide on*) fijar, decidir **2**: **I was fixing on coming out to see you** estaba pensando en ir a verte

◆ **fix up** *v/t meeting* organizar

**fix•ate** [frk'seɪt] *v/t*: **be ~d on** PSYCH tener fijación por

**fix•a•tion** [frk'seɪʃn] PSYCH fijación *f*

**fixed** [fɪkst] *adj* fijo

**fixed 'as•sets** *npl* activos *mpl* fijos; **fixed 'costs** *npl* FIN costos *mpl* fijos; '**fixed-in•ter•est** *adj loan* a interés fijo

**fix•ed•ly** ['fɪksɪdlɪ] *adv stare* fijamente

**fix•er** ['fɪksər] F amañador(a) *m(f)*

**fix•ings** ['fɪksɪŋz] *npl* guarnición *f*; **roast beef with all the ~** ternera *f* al horno con guarnición

**fix•ture** ['fɪkstʃər] (*in room*) parte fija del mobiliario o la decoración de una habitación

**fizz** [fɪz] *v/i of champagne etc* burbujear, hacer burbujas

◆ **fiz•zle out** ['fɪzl] *v/i* F quedarse en nada

**fiz•zy** ['fɪzɪ] *adj Br* con burbujas

**flab** [flæb] *on body* grasa *f*

**flab•ber•gast** ['flæbərgæst] *v/t* F: **be ~ed** quedarse estupefacto *or Span* alucinado F

**flab•by** ['flæbɪ] *adj muscles etc* fofo

**flac•cid** ['flæsɪd] *fml* ☞ **flabby**

**flag**[1] [flæg] *v/i* (*pret & pp* **-ged**) (*tire*) desfallecer

**flag**[2] [flæg] *n* bandera *f*

◆ **flag down** *v/t driver, taxi* parar

◆ **flag up** *v/t* señalar, indicar

**flag of con•ve•ni•ence** pabellón *m or* bandera *f* de conveniencia

'**flag•pole** asta *f* (de bandera)

**fla•grant** ['fleɪgrənt] *adj* flagrante

'**flag•ship** *fig* estandarte *m*; '**flag•staff** asta *f* (de bandera); '**flag•stone** losa *f*

**flail** [fleɪl] **I** *v/i* agitarse **II** *v/t*: **~ one's arms** agitar los brazos

**flair** [fler] (*talent*) don *m*; ***have a natural ~ for*** tener dotes para

**flake** [fleɪk] **1** *of snow* copo *m*; *of skin* escama *f*; *of plaster* desconchón *m* **2** F *person* bicho *m* raro

♦ **flake off** *v/i of skin* descamarse; *of plaster, paint* desconcharse

**flak•y** ['fleɪkɪ] *adj* **1** *skin* con escamas; *paint* desconchado **2** F *behavior* excéntrico

**flak•y 'pas•try** hojaldre *m*

**flam•boy•ance** [flæm'bɔɪəns] *of personality, dress* extravagancia *f*, exuberancia *f*

**flam•boy•ant** [flæm'bɔɪənt] *adj personality* extravagante

**flam•boy•ant•ly** [flæm'bɔɪəntlɪ] *adv dressed* extravagantemente

**flame** [fleɪm] **1** llama *f*; ***go up in ~s*** ser pasto de las llamas **2**: ***an old ~ of his*** un viejo amorío suyo

**fla•men•co** [flə'meŋkou] flamenco *m*

**fla'men•co danc•er** bailaor(a) *m(f)*

**flam•ma•ble** ['flæməbl] *adj* inflamable

**flan** [flæn] tarta *f*

**flange** [flændʒ] TECH pestaña *f*, reborde *m*

**flank** [flæŋk] **I** *n* **1** *of horse etc* costado *m* **2** MIL flanco *m* **II** *v/t* flanquear

**flap** [flæp] **I** *n* **1** *of envelope, pocket* solapa *f* **2** *of table* hoja *f* **3**: ***be in a ~*** F estar histérico **II** *v/t* (*pret & pp* **-ped**) *wings* batir **III** *v/i* (*pret & pp* **-ped**) *of flag etc* ondear

**flap•jack** ['flæpdʒæk] *galleta a base de avena, mantequilla y azúcar*

**flare** [fler] **I** *n* **1** (*distress signal*) bengala *f* **2** *in dress* vuelo *m* **II** *v/t*: **~ one's nostrils** hinchar las narices resoplando

♦ **flare up** *v/i of violence* estallar; *of illness, rash* brotar; *of fire* llamear; (*get very angry*) estallar

**flared** [flerd] *adj pants, skirt* acampanado

'**flare-up** *of violence, rash* brote *m*

**flash** [flæʃ] **I** *n* **1** *of light* destello *m*; PHOT flash *m*; ***in a ~*** F en un abrir y cerrar de ojos; ***have a ~ of inspiration*** tener una inspiración repentina; ***a ~ of***

**lightning** un relámpago **2** (*~light*) linterna *f* **II** *v/i of light* destellar **III** *v/t*: **~ one's headlights** echar las luces

'**flash•back** *in movie* flash-back *m*, escena *f* retrospectiva

'**flash bulb** PHOT flash *m*

**flash•er** ['flæʃər] **1** MOT intermitente *m* **2** F exhibicionista *m/f*

'**flash-freeze** *v/t* congelar ultrarrápidamente

'**flash•light 1** linterna *f* **2** PHOT flash *m*

**flash•y** ['flæʃɪ] *adj pej* ostentoso, chillón

**flask** [flæsk] **1** (*hip ~*) petaca *f* **2** *in laboratory* matraz *m*

**flat¹** [flæt] **I** *adj* **1** *surface, land* llano, plano **2** *beer* sin gas **3** *battery* descargado **4** *tire* desinflado **5** *shoes* bajo **6** MUS bemol **7**: ***and that's ~*** F y sanseacabó F **II** *adv* **1** MUS demasiado bajo **2**: **~ out** *work, run, drive* a tope **III** *n* (**~** *tire*) pinchazo *m*

**flat²** [flæt] *n Br* apartamento *m*, *Span* piso *m*

'**flat•bed truck** camión *m* con remolque de plataforma; **flat-chest•ed** [flæt-'tʃestɪd] *adj* plana de pecho; '**flat•foot** P *policeman* madero *m* F

**flat•ly** ['flætlɪ] *adv refuse, deny* rotundamente

'**flat•mate** *Br* compañero(-a) *m/f* de apartamento *or Span* piso

**flat•ness** ['flætnəs] *of ground, surface* lisura *f*, lo llano

'**flat rate** tarifa *f* única

**flat•ten** ['flætn] *v/t* **1** *land, road* allanar, aplanar **2** *by bombing, demolition* arrasar

**flat•ter** ['flætər] *v/t* halagar, adular

**flat•ter•er** ['flætərər] adulador(a) *m(f)*

**flat•ter•ing** ['flætərɪŋ] *adj* **1** *comments* halagador **2** *color, clothes* favorecedor

**flat•ter•y** ['flætərɪ] halagos *mpl*, adulación *f*; **~ will get you nowhere** no vas a conseguir nada con halagos

**flat•u•lence** ['flætjʊləns] flatulencia *f*

**flat•ware** ['flætwer] (*cutlery*) cubertería *f*

**flaunt** [flɔːnt] *v/t* hacer ostentación de, alardear de

**flau•tist** ['flɔːtɪst] flautista *m/f*

**fla•vor** ['fleɪvər] **I** *n* sabor *m*; **what ~ (of) ice cream do you want?** ¿de qué sabor quieres el helado?; **it gives you the ~ of what life was like then** eso te da una idea *or* visión de cómo era la vida antes; **she's not exactly ~ of the month around here** F no es muy popular por aquí que digamos ‖ *v/t food* condimentar

**fla•vor•ing** ['fleɪvərɪŋ] aromatizante *m*

**fla•vor•ist** ['fleɪvərɪst] creador(a) *m(f)* de aromatizantes

**fla•vour** *etc Br* ☞ **flavor** *etc*

**flaw** [flɔː] defecto *m*, fallo *m*

**flawed** [flɔːd] *adj* defectuoso, erróneo; *beauty* imperfecto; **the plan was fatally ~** el plan contenía errores mayúsculos

**flaw•less** ['flɔːlɪs] *adj* impecable

**flax•en** ['flæksən] *adj* hair rubio claro

**flay** [fleɪ] *v/t animal* despellejar, desollar

**flea** [fliː] pulga *f*

**'flea mar•ket** mercadillo *m*, rastro *m*

**fleck** [flek] mota *f*

**fled** [fled] *pret & pp* ☞ **flee**

**fledg•ling** ['fledʒlɪŋ] **1** *bird* pajarito *m* **2** *fig* principiante *m/f*

**flee** [fliː] (*pret & pp* **fled**) **I** *v/i* escapar, huir **II** *v/t the country* escapar de, huir de

**fleece**[1] [fliːs] *v/t* F desplumar F

**fleece**[2] [fliːs] *n* **1** *of sheep* lana *f* **2** *jacket* forro *m* polar

**fleec•y** ['fliːsɪ] *adj material, lining* lanoso

**fleet** [fliːt] NAUT, *of vehicles* flota *f*

**fleet•ing** ['fliːtɪŋ] *adj visit etc* fugaz; **catch a ~ glimpse of** vislumbrar fugazmente a

**flesh** [fleʃ] carne *f*; *of fruit* pulpa *f*; **meet / see s.o. in the ~** conocer / ver a alguien en persona

**'flesh-col•ored** *adj* de color carne, rosado; **flesh-press•er** ['fleʃpresər] relaciones públicas *m/f*; **'flesh wound** herida *f* superficial

**flew** [fluː] *pret* ☞ **fly**

**flex** [fleks] *v/t muscles* flexionar

**flex•i•bil•i•ty** [fleksə'bɪlətɪ] flexibilidad *f*

**flex•i•ble** ['fleksəbl] *adj* flexible

**flex•time** ['flekstaɪm] horario *m* flexible

**flick** [flɪk] *v/t tail* sacudir; **he ~ed a fly off his hand** espantó una mosca que tenía en la mano; **she ~ed her hair out of her eyes** se apartó el pelo de los ojos

◆ **flick through** *v/t book, magazine* hojear

**flick•er** ['flɪkər] *v/i of light, screen* parpadear

**flick•er-'free** *adj screen* sin parpadeo

**fli•er**[1] [flaɪr] **1** (*aviator*) aviador(a) *m(f)* **2**: **rewards for frequent ~s** recompensas para los que más vuelan

**fli•er**[2] [flaɪr] (*circular*) folleto *m*

**flies** [flaɪz] *npl Br. on pants* bragueta *f*

**flight** [flaɪt] **1** *in airplane* vuelo *m*; **not capable of ~** incapaz de volar; **in ~** *in baseball* en vuelo **2** (*fleeing*) huida *f* **3**: **~ of stairs** tramo *m* (de escaleras); **two ~s up** dos tramos de escaleras arriba

**'flight at•tend•ant** auxiliar *m/f* de vuelo; **'flight bag** bolsa *f* de viaje; **flight con•trol•ler** ['flaɪtkəntroulər] controlador(a) *m(f)* aéreo(-a); **'flight crew** tripulación *f*; **'flight deck** AVIA **1** cabina *f* del piloto **2** *of aircraft carrier* cubierta *f* de despegue / aterrizaje; **'flight en•gi•neer** ingeniero(-a) *m(f)* de vuelo; **'flight num•ber** número *m* de vuelo; **'flight path** ruta *f* de vuelo; **'flight re•cord•er** caja *f* negra; **'flight time 1** *departure* hora *f* del vuelo **2** *duration* duración *f* del vuelo; **'flight sim•u•la•tor** simulador *m* de vuelo

**flight•y** ['flaɪtɪ] *adj* inconstante

**flim•sy** ['flɪmzɪ] *adj structure, furniture* endeble; *dress, material* débil; *excuse* pobre

**flinch** [flɪntʃ] *v/i* encogerse

**fling** [flɪŋ] **I** *v/t* (*pret & pp* **flung**) arrojar, lanzar; **~ o.s. into a chair** dejarse caer en una silla **II** *n* F (*affair*) aventura *f*; **have a ~ with s.o.** tener una aventura con alguien

◆ **fling back** *v/t one's head* echar para atrás

**flint** [flɪnt] piedra *f*; GEOL sílex *m*

◆ **flip over** [flɪp] *v/i* (*pret & pp* **-ped**) volcar

◆ **flip through** *v/t magazine* hojear

**'flip chart** flip chart *m* (*pizarra con hojas de papel que se usa para escribir gráficos, etc en reuniones y conferencias*)

**'flip-flops** *npl* chancletas *fpl*

**flip•pan•cy** ['flɪpənsɪ] frivolidad *f*

**flip•pant** ['flɪpənt] *adj* frívolo, superficial

**flip•per** ['flɪpər] *for swimming* aleta *f*

**'flip side** *of record* cara *f* B

flirt [flɜːrt] I v/i flirtear, coquetear II n ligón(-ona) m(f)

flir•ta•tion [flɜːr'teɪʃn] flirteo m, coqueteo m

flir•ta•tious [flɜːr'teɪʃəs] adj provocador

flit [flɪt] v/i (pret & pp -ted) revolotear

float [floʊt] I v/i also FIN flotar II v/t 1 on stock market sacar a bolsa, comenzar a cotizar 2 currency hacer fluctuar

float•ing vot•er ['floʊtɪŋ] votante m/f indeciso(-a)

flock [flɑːk] I n of sheep rebaño m II v/i acudir en masa

flog [flɑːg] v/t (pret & pp -ged) (whip) azotar

flood [flʌd] I n inundación f II v/t of river inundar; carburetor, engine ahogar

◆ flood in v/i llegar en grandes cantidades

flood•ing ['flʌdɪŋ] inundaciones fpl

'flood•light foco m; 'flood•lit adj game con luz artificial; 'flood plain llanura f alrededor de un río (expuesta a inundaciones); 'flood wa•ters npl crecida f

floor [flɔːr] 1 suelo m 2 (story) piso m; on the fifteenth ~ en el piso decimocuarto, Br en el piso decimoquinto

'floor•board tabla f del suelo; 'floor cloth trapo m del suelo;; 'floor ex•er•cis•es npl ejercicios mpl de suelo

floor•ing ['flɔːrɪŋ] material suelo m

'floor lamp lámpara f de pie; 'floor lead•er POL persona dentro de un partido político encargada de organizar las actividades; 'floor plan plano m de planta; 'floor show espectáculo m, show m; 'floor wait•er in hotel camarero(-a) m(f) de planta

floo•zy ['fluːzɪ] pej P fresca f

flop [flɑːp] I v/i (pret & pp -ped) 1 dejarse caer 2 F (fail) pinchar F II n F (failure) pinchazo m F

flop•py ['flɑːpɪ] adj 1 ears caído; hat blando 2 (weak) flojo

flop•py 'disk disquete m

flop•py-'disk drive unidad f de disquete

flo•ra ['flɔːrə] BOT flora f

flo•ral ['flɔːrəl] adj floral; ~ pattern estampado m floral

flor•id ['flɑːrɪd] adj complexion rubicundo

flor•ist ['flɔːrɪst] florista m/f

floss [flɑːs] I n for teeth hilo m dental II v/t: ~ one's teeth limpiarse los dientes con hilo dental

flot•sam ['flɑːtsəm] NAUT restos mpl de un naufragio; the ~ and jetsam fig la sociedad marginal

flounce [flaʊns] v/i moverse mostrando irritación; she ~d out of the room salió de la habitación con aires de indignación

floun•der¹ ['flaʊndər] n fish platija

floun•der² ['flaʊndər] v/i 1 through swamp etc avanzar con dificultad 2 in speech, exam vacilar

flour [flaʊr] harina f

flour•ish ['flʌrɪʃ] v/i of plant crecer rápidamente; of business, civilization florecer, prosperar

flour•ish•ing ['flʌrɪʃɪŋ] adj business, trade floreciente, próspero

flout [flaʊt] v/t s.o.'s wishes, convention desobedecer; law infringir

flow [floʊ] I v/i fluir II n flujo m

'flow•chart diagrama m de flujo

flow•er [flaʊr] I n 1 flor f 2: be in ~ estar en flor II v/i florecer

'flow•er ar•range•ment decoración f floral; 'flow•er•bed parterre m; 'flow•er girl 1 selling chica f de las flores 2 (at wedding) niña que lleva un ramo de flores; 'flow•er•pot tiesto m, maceta f; 'flow•er pow•er paz y amor; 'flow•er show exposición f floral

flow•er•y ['flaʊrɪ] adj pattern floreado; style of writing florido

flown [floʊn] pp ☞ fly

flu [fluː] gripe f

fluc•tu•ate ['flʌktjʊeɪt] v/i fluctuar

fluc•tu•a•tion [flʌktjʊ'eɪʃn] fluctuación f

flu•en•cy ['fluːənsɪ] in a language fluidez f

flu•ent ['fluːənt] adj: he speaks ~ Spanish habla español con soltura

flu•ent•ly ['fluːəntlɪ] adv speak, write con soltura

fluff [flʌf] material pelusa f

fluff•y ['flʌfɪ] adj esponjoso; ~ toy juguete m de peluche

fluid ['fluːɪd] fluido m

fluke [fluːk] F chiripa f F; by a ~ de chiripa or casualidad

flung [flʌŋ] pret & pp ☞ fling

flunk [flʌŋk] v/t & v/i F suspender, Span

catear F

**flu•o•res•cent** [fluˈresnt] *adj light* fluorescente

**flu•o•ride** [ˈfluəraɪd] CHEM fluoruro *m*

**flu•o•ride 'tooth•paste** pasta *f* dentífrica con flúor

**flur•ry** [ˈflʌrɪ] *of snow* torbellino *m*

**flush** [flʌʃ] **I** *v/t*: ~ **the toilet** tirar de la cadena; ~ **sth down the toilet** tirar algo por el retrete **II** *v/i* **1** (*go red in the face*) ruborizarse **2**: *the toilet won't* ~ la cisterna no funciona **III** *adj* (*level*): *be* ~ *with* estar a la misma altura que **IV** *n*: *in the first* ~ *of youth esp lit* en la flor de la vida **V** *adv*: ~ *left* / *right* alineado a la izquierda / derecha

◆ **flush away** *v/t*: *flush sth away down toilet* tirar algo por el retrete

◆ **flush out** *v/t rebels etc* hacer salir

**flus•ter** [ˈflʌstər] *v/t*: *get* ~*ed* ponerse nervioso; *don't* ~ *me!* ¡no me pongas nervioso!

**flute** [fluːt] **1** MUS flauta *f* **2** *glass* copa *f* de champán

**flut•ist** [ˈfluːtɪst] flautista *m/f*

**flut•ter** [ˈflʌtər] *v/i of bird, wings* aletear; *of flag* ondear; *of heart* latir con fuerza

**flux** [flʌks]: *in* (*a state of*) ~ en continuo estado de cambio

**fly**[1] [flaɪ] *n insect* mosca *f*

**fly**[2] [flaɪ] *n on pants* bragueta *f*

**fly**[3] [flaɪ] **I** *v/i* (*pret flew, pp flown*) **1** *of bird, airplane* volar; *in airplane* volar, en avión; **2** *of flag* ondear **3**: ~ *into a rage* enfurecerse; *she flew out of the room* salió a toda prisa de la habitación; *doesn't time* ~*!* ¡el tiempo vuela! **II** *v/t* (*pret flew, pp flown*) *airplane* pilotar; *airline* volar con; (*transport by air*) enviar por avión

◆ **fly away** *v/i of bird* salir volando; *of airplane* alejarse

◆ **fly back** *v/i travel back* volver en avión

◆ **fly in I** *v/i of passengers* llegar en avión **II** *v/t supplies etc* transportar en avión

◆ **fly off** *v/i in airplane* volar, irse en avión; *of hat etc* salir volando

◆ **fly out** *v/i* **I** irse (*en avión*); *when do you fly out?* ¿cuándo os vais? **II** *v/t troops, supplies* trasladar en avión

◆ **fly past** *v/i in formation* pasar volando en formación; *of time* volar

**'fly ball** *in baseball* englobado *m*, fly *m*

**fly•er** ☞ **flier**[1 & 2]

**fly•ing** [ˈflaɪɪŋ] volar *m*

**fly•ing 'sau•cer** platillo *m* volante

**'fly•ing save** *in soccer* estirada *f*

**fly-on-the-'wall doc•u•men•ta•ry** *documental* hiperrealista con una presencia discreta de la cámara; **'fly•o•ver** *Br* paso *m* elevado; **'fly spray** matamoscas *m*; **'fly•swat•ter** matamoscas *m*; **'fly•weight I** *n* peso *m* mosca **II** *adj champion etc* peso mosca

**FM** [efˈem] *abbr* (= *frequency modulation*) FM *f* (= frecuencia modulada)

**FO** [efˈoʊ] *abbr Br* (= *Foreign Office*) Ministerio *m* de Asuntos Exteriores, *L.Am.* Ministerio *m* de Relaciones Exteriores

**foal** [foʊl] potro *m*; *be in* ~ estar preñada

**foam** [foʊm] **I** *n on liquid* espuma *f* **II** *v/i of liquid* espumar, hacer espuma; ~ *at the mouth* sacar espuma por la boca

**'foam bath** baño *m* de burbujas

**foam 'rub•ber** gomaespuma *f*

**FOB** [efoʊˈbiː] *abbr* (= *free on board*) franco a bordo

**fob** [fɑːb] *v/t*: ~ *sth off on s.o.* encajar algo a alguien F; ~ *s.o. off with sth* dar largas a alguien con algo

**fo•cal** [ˈfoʊkl] *adj*: ~ *length* PHOT distancia *f* focal; ~ *point fig* punto *m* focal

**fo•cus** [ˈfoʊkəs] **I** *n of attention*, PHOT foco *m*; *be in* ~ / *out of* ~ PHOT estar enfocado / desenfocado **II** *v/t*: ~ *one's attention on* concentrar la atención en **III** *v/i* enfocar

◆ **focus on** *v/t problem, issue* concentrarse en; PHOT enfocar

**fo•cused** [ˈfoʊkəst] *adj person, approach* concentrado, enfocado

**'fo•cus group** *in marketing* grupo *m* analizado

**fod•der** [ˈfɑːdər] forraje *m*

**foe•tal** *Br* ☞ **fetal**

**foe•tus** *Br* ☞ **fetus**

**fog** [fɑːg] niebla *f*

◆ **fog up** *v/i* (*pret & pp* -**ged**) empañarse

**'fog•bound** *adj airport* paralizado por la niebla; *person* atrapado por la niebla

**fo•gey** [ˈfoʊgɪ]: *old* ~ F viejo *m* testarudo *or* carcamal F

**fog•gy** [ˈfɑːgɪ] *adj* neblinoso, con niebla; *it's* ~ hay niebla; *I haven't the foggiest* *idea* no tengo la más remota idea

'fog•horn sirena *f* de niebla

'fog lamps, 'fog lights *npl* luces *fpl* antiniebla

foi•ble ['fɔɪbl] manía *f*

foil[1] [fɔɪl] *n* papel *m* de aluminio

foil[2] [fɔɪl] *v/t* (*thwart*) frustrar

fold[1] [foʊld] **I** *v/t paper etc* doblar; **~ one's arms** cruzarse de brazos **II** *v/i* **F** *of business* quebrar **III** *n in cloth etc* pliegue *m*

◆ **fold up I** *v/t* plegar **II** *v/i of chair, table* plegarse

fold[2] [foʊld] *n for sheep etc* redil *m*

'fold•a•way *adj chairs etc* plegable

fold•er ['foʊldər] *for documents,* COM-PUT carpeta *f*

fold•ing ['foʊldɪŋ] *adj* plegable; **~ chair** silla *f* plegable

fo•li•age ['foʊlɪɪdʒ] follaje *m*

folk [foʊk] *npl* (*people*) gente *f*; **my ~s** (*family*) mi familia; **evening, ~s F** buenas noches, gente F

'folk dance baile *m* popular; 'folk•lore folklore *m*, cultura *f* popular; 'folk mu•se•um museo *m* antropológico; 'folk mu•sic música *f* folk *or* popular; 'folk sing•er cantante *m/f* de folk; 'folk song canción *m/f* folk *or* popular

folk•sy ['foʊksɪ] *adj* tradicional, artesanal

fol•low ['fɑːloʊ] **I** *v/t* **1** seguir; **~ me** sígueme **2** (*understand*) entender **II** *v/i* **1** seguir; **you go first and I'll ~** tú ve primero que yo (te) sigo; **the requirements are as ~s** los requisitos son los siguientes **2** *logically* deducirse; **it ~s from this that ...** de esto se deduce que ...; **that doesn't ~** no es así

◆ **follow through** *v/i with tennis shot etc* acompañar (el golpe)

◆ **follow up** *v/t letter, inquiry* hacer el seguimiento de

fol•low•er ['fɑːloʊər] seguidor(a) *m(f)*

fol•low•ing ['fɑːloʊɪŋ] **I** *adj* siguiente **II** *n people* seguidores(-as) *mpl(fpl)*; **the ~** lo siguiente

'fol•low-up seguimiento *m*; 'fol•low-up meet•ing reunión *f* de seguimiento; 'fol•low-up vis•it *to doctor etc* visita *f* de seguimiento

fol•ly ['fɑːlɪ] **1** (*madness*) locura *f* **2** *architectural* fantasía *f*

fond [fɑːnd] *adj* (*loving*) cariñoso; *mem-*

*ory* entrañable; **he's ~ of travel / music** le gusta viajar / la música; **I'm very ~ of him** le tengo mucho cariño

fon•dle ['fɑːndl] *v/t* acariciar

fond•ly ['fɑːndlɪ] *adv look, speak, remember* cariñosamente, con afectividad

fond•ness ['fɑːndnɪs] *for s.o.* cariño *m* (**for** por); *for wine, food* afición *f* (**for** por)

font [fɑːnt] **1** *for printing* tipo *m* **2** *in church* pila *f* bautismal

food [fuːd] comida *f*; **I wouldn't mind some ~** no me vendría mal comer algo; **that's ~ for thought** eso es material de reflexión

'food chain cadena *f* alimentaria

food•ie ['fuːdɪ] **F** gourmet *m/f*

'food mix•er robot *m* de cocina; 'food poi•son•ing intoxicación *f* alimentaria; 'food pro•ces•sor robot *m* de cocina; 'food•serv•ice hostelería *f*; 'food•stuff producto *m* alimenticio

fool [fuːl] **I** *n* tonto(-a) *m(f)*, idiota *m/f*; **you stupid ~!** ¡estúpido!; **make a ~ of o.s.** ponerse en ridículo; **make a ~ of s.o.** dejar a alguien en mal lugar *or* en ridículo **II** *v/t* engañar; **ha, that ~ed you, didn't it!** te lo has tragado, ¿eh? F, te lo has creído, ¿verdad?

◆ **fool around** *v/i* **1** hacer el tonto **2** *sexually* tener un lío

◆ **fool around with** *v/t* **1** *knife, drill etc* enredar con **2** *sexually* tener un lío con

fool•har•dy ['fuːlhɑːrdɪ] *adj* temerario

fool•ish ['fuːlɪʃ] *adj* tonto

fool•ish•ly ['fuːlɪʃlɪ] *adv*: **I ~ ...** cometí la tontería de ...

'fool•proof *adj* infalible

foot [fʊt] (*pl* **feet** [fiːt]) **I** *n also measurement* pie *m*; *of animal* pata *f*; **on ~** a pie, caminando, andando; **I've been on my feet all day** llevo todo el día de pie; **be back on one's feet** estar recuperado; **at the ~ of the page / hill** al pie de la página / de la colina; **put one's ~ in it** F meter la pata F; **put one's ~ down** (*be firm*) ponerse firme; (*accelerate*) pisarle (al acelerador); **put one's feet up** descansar; **we'll let him find his feet first** dejaremos que se asiente primero; **fall on one's feet** caer de pie; **not put a ~ wrong** *of gymnast etc* no cometer errores; *fig* no meter nunca la pata

**ll** *v/t:* ~ *the bill* correr con *or* pagar la cuenta

**foot•age** ['fʊtɪdʒ] secuencias *fpl,* imágenes *fpl*

**foot-and-'mouth dis•ease** fiebre *f* aftosa

'**foot•ball** *Br* (*soccer*) fútbol *m; American style* fútbol *m* americano; *ball* balón *m or* pelota *f* (de fútbol)

'**foot•ball boots** *npl* zapatillas *fpl* de fútbol; '**foot•ball coach** entrenador *m* de fútbol; '**foot•ball-cra•zy** *adj* fanático del fútbol

**foot•bal•ler** ['fʊtbɔːlər] *American style* jugador(a) *m(f)* de fútbol americano; *Br in soccer* jugador(a) *m(f)* de fútbol, futbolista *m/f*

'**foot•ball game** partido *m* (de fútbol); '**foot•ball pitch** *Br* campo *m* de fútbol; '**foot•ball play•er** *American style* jugador(a) *m(f)* de fútbol americano; *Br: in soccer* jugador(a) *m(f)* de fútbol, futbolista *m/f;* '**foot•ball sta•di•um** estadio *m* de fútbol; '**foot•bridge** puente *m* peatonal

**foot•er** ['fʊtər] *in document* pie *m* de página

'**foot•fall** paso *m;* '**foot•hills** *npl* estribaciones *fpl;* '**foot•hold** *in climbing* punto *m* de apoyo; *gain a* ~ *fig* introducirse

**foot•ing** ['fʊtɪŋ] (*basis*): *put the business back on a secure* ~ volver a afianzar la empresa; *lose one's* ~ perder el equilibrio; *be on the same / a different* ~ estar / no estar en igualdad de condiciones; *be on a friendly* ~ *with* tener relaciones de amistad con

'**foot•lights** *npl* candilejas *fpl*

**foo•tling** ['fuːtlɪŋ] *adj* F *little details* insignificante, banal

'**foot•loose** *adj:* ~ *and fancy-free* libre como el viento; '**foot•mark** pisada *f;* '**foot•note** nota *f* a pie de página; '**foot pas•sen•ger** pasajero(-a) *m(f)* de pie; '**foot•path** sendero *m;* '**foot•print** pisada *f; of computer, machine* perfil *m;* '**foot•rest** reposapiés *m inv*

**foot•sie** ['fʊtsɪ]: *play* ~ F hacer piececitos F

'**foot•sore** *adj* con dolor de pies; '**foot•step** paso *m; footprint* pisada *f; follow in s.o.'s* ~*s* seguir los pasos de alguien; '**foot•stool** escabel *m;* '**foot•wear** cal-

zado *m;* '**foot•work** *in football, boxing etc* juego *m* de pies

**for** [fər, fɔːr] **I** *prep* **1** *purpose, destination etc* para; *a train* ~ ... un tren para *or* hacia ...; *clothes* ~ *children* ropa para niños; *it's too big / small* ~ *you* te queda demasiado grande / pequeño; *this is* ~ *you* esto es para ti; *what's* ~ *lunch?* ¿qué hay para comer?; *the steak is* ~ *me* el filete es para mí; *what is this* ~*?* ¿para qué sirve esto?; *it's good* ~ *coughs* es bueno para la tós; *what* ~*?* ¿para qué?

**2** *time* durante; ~ *three days / two hours* durante tres días / dos horas; *it lasts* ~ *two hours* dura dos horas; *please get it done* ~ *Monday* por favor tenlo listo (para) el lunes; *I've been waiting* ~ *an hour* llevo una hora esperando

**3** *distance: I walked* ~ *a mile* caminé una milla; *it stretches for 100 miles* se extiende 100 millas

**4** (*in favor of*): *I am* ~ *the idea* estoy a favor de la idea

**5** (*instead of, in behalf of*): *let me do that* ~ *you* déjame que te lo haga; *we are agents* ~ somos representantes de

**6** (*in exchange for*) por; *I bought it* ~ *$25* lo compré por 25 dólares: *how much did you sell it* ~*?* ¿por cuánto lo vendiste?

**ll** *conj* porque; ~ *there was no food* porque no había comida

**for•ay** ['fɔːreɪ] **1** MIL incursión *f* **2** *into the unknown, new subject area* aproximación *f,* acercamiento *m*

**for•bade** [fər'bæd] *pret* ☞ **forbid**

**for•bear•ance** [fɔːr'berəns] *fml* paciencia *f,* tolerancia *f*

**for•bear•ing** [fɔːr'berɪŋ] *adj fml* comprensivo, paciente

**for•bid** [fər'bɪd] *v/t* (*pret* **forbade**, *pp* **forbidden**) prohibir; ~ *s.o. to do sth* prohibir a alguien hacer algo

**for•bid•den** [fər'bɪdn] **I** *adj* prohibido; *smoking / parking* ~ prohibido fumar / aparcar **ll** *pp* ☞ **forbid**

**for•bid•ding** [fər'bɪdɪŋ] *adj person, tone, look* amenazador; *rockface* imponente; *prospect* intimidador

**force** [fɔːrs] **I** *n* fuerza *f; come into* ~ *of law etc* entrar en vigor; *the* ~*s* MIL las fuerzas **ll** *v/t door, lock* forzar; ~ *s.o. to*

***do sth*** forzar a alguien a hacer algo; **~ sth open** forzar algo

◆ **force back** *v/t tears* contener

**forced** [fɔːrst] *adj* forzado

**forced 'land•ing** aterrizaje *m* forzoso

**'force-feed** *v/t* hacer comer a la fuerza

**force•ful** ['fɔːrsfəl] *adj argument* poderoso; *speaker* vigoroso; *character* enérgico

**force•ful•ly** ['fɔːrsfəlɪ] *adv* de manera convincente

**for•ceps** ['fɔːrseps] *npl* MED fórceps *m inv*; **~ delivery** parto *m* con fórceps

**for•ci•ble** ['fɔːrsəbl] *adj entry* por la fuerza

**for•ci•bly** ['fɔːrsəblɪ] *adv* por la fuerza

**ford** [fɔːrd] **I** *n* vado *m* **II** *v/t river* vadear

**fore** [fɔːr]: ***come to the ~*** salir a la palestra; ***an idea which is very much to the ~ at present*** una idea que está en el candelero actualmente

**'fore•arm** antebrazo *m*; **fore•bears** ['fɔːrberz] *npl* antepasados *mpl*; **fore•bod•ing** [fɔːr'boudɪŋ] premonición *f*; **'fore•cast I** *n* pronóstico *m*; *of weather* pronóstico *m* (del tiempo) **II** *v/t* (*pret & pp* **forecast**) pronosticar; **fore'clo•sure** FIN ejecución *f*; **'fore•court** (*of garage*) explanada en la parte de delante; **'fore•fa•thers** *npl* ancestros *mpl*; **'fore•fin•ger** (dedo *m*) índice *m*; **'fore•front**: ***be in the ~ of*** estar a la vanguardia *f*; **'fore•gone** *adj*: ***that's a ~ conclusion*** eso ya se sabe de antemano; **'fore•ground** primer plano *m*; ***be in the ~ of painting etc*** estar en primer plano; *fig*: *be prominent* resaltar; **'fore•hand** *in tennis* derecha *f*; **'fore•head** frente *f*

**for•eign** ['fɑːrən] *adj* extranjero; ***a ~ holiday*** unas vacaciones en el extranjero

**for•eign af'fairs** *npl* asuntos *mpl* exteriores; **for•eign 'aid** ayuda *f* al exterior; **for•eign 'bod•y** cuerpo *m* extraño; **for•eign cor•re'spon•dent** corresponsal *m/f* en el extranjero; **for•eign 'cur•ren•cy** divisas *fpl* extranjeras

**for•eign•er** ['fɑːrənər] extranjero(-a) *m(f)*

**for•eign ex'change** divisas *fpl*; **for•eign ex'change con•trols** *npl* controles *mpl* de cambio de divisas; **for•eign ex'change mar•ket** mercado *m* de divisas; **for•eign 'lan•guage** idioma *m* extranjero; **'For•eign Of•fice** *in UK* Ministerio *m* de Asuntos Exteriores, *L.Am.* Ministerio *m* de Relaciones Exteriores; **for•eign 'pol•i•cy** política *f* exterior; **For•eign 'Sec•re•ta•ry** *in UK* Ministro(-a) *m(f)* de Asuntos Exteriores; **for•eign se'cu•ri•ties** *npl* valores *mpl* extranjeros; **for•eign 'trav•el** viajes *mpl* al extranjero

**'fore•man 1** capataz *m* **2** *of jury* presidente *m*

**'fore•most I** *adj* principal **II** *adv*: ***first and ~ we must ...*** lo primordial es que ...; ***an issue which has been ~ in our minds*** un asunto que ha sido nuestra mayor preocupación

**fo•ren•sic med•i•cine** [fə'rensɪk] medicina *f* forense; **fo•ren•sic 'sci•ence** ciencia *f* forense; **fo•ren•sic 'sci•en•tist** forense *m/f*

**'fore•play** *sexual* jugueteo *m* erótico; **'fore•run•ner** predecesor(a) *m(f)*; **fore'see** *v/t* (*pret* **-saw**, *pp* **-seen**) prever; **fore•see•a•ble** [fɔːr'siːəbl] *adj* previsible; ***in the ~ future*** en un futuro próximo; **fore'shad•ow** *v/t* augurar; **'fore•sight** previsión *f*; ***have the ~ to do sth*** tener la precaución de hacer algo; **'fore•skin** ANAT prepucio *m*

**for•est** ['fɑːrɪst] bosque *m*

**fore•stall** [fɔːr'stɔːl] *v/t person, event* anticiparse; *objection* impedir, obstruir

**for•est•er** ['fɑːrɪstər] guarda *m/f* forestal

**for•est•ry** ['fɑːrɪstrɪ] silvicultura *f*

**'fore•taste** anticipo *m*; ***a ~ of things to come*** un anticipo de lo que sucederá; **fore'tell** *v/t* (*pret & pp* **-told**) predecir; **'fore•thought** premeditación *f*

**for•ev•er** [fə'revər] *adv* siempre; ***I will remember this day ~*** no me olvidaré nunca de ese día

**fore'warn** *v/t* advertir, avisar; **'fore•wom•an** LAW presidenta *f* del jurado; **'fore•word** prólogo *m*

**for•feit** ['fɔːrfət] *v/t* **1** (*lose*) perder **2** (*give up*) renunciar a

**for•fei•ture** ['fɔːrfətʃər] pérdida *f*

**for•gave** [fər'geɪv] *pret* ☞ **forgive**

**forge** [fɔːrdʒ] *v/t* falsificar

◆ **forge ahead** *v/i* progresar rápidamente; *of runner* tomar la delantera

**forg•er** ['fɔːrdʒər] falsificador(a) *m(f)*

**forg•er•y** ['fɔːrdʒərɪ] falsificación *f*
**for•get** [fər'get] I *v/t* (*pret* **forgot**, *pp* **forgotten**) olvidar; *I forgot his name* se me olvidó su nombre; **~ *to do sth*** olvidarse de hacer algo; *you can ~ that vacation for a start* te puedes ir olvidando de esas vacaciones, para empezar; *you might as well ~ it* te puedes ir olvidando; *thanks – ~ it, my pleasure* gracias – olvídalo, es un placer
II *v/i* (*pret* **forgot**, *pp* **forgotten**) olvidar; *I never ~* nunca me olvido
◆ **forget about** *v/t* olvidarse de
**for•get•ful** [fər'getfəl] *adj* olvidadizo
**for'get-me-not** *flower* nomeolvides *m inv*
**for•get•ta•ble** [fər'getəbl] *adj* **1** que se puede olvidar **2** corriente, normal; *an eminently ~ movie* una película sumamente corriente
**for•give** [fər'gɪv] *v/t & v/i* (*pret* **forgave**, *pp* **forgiven**) perdonar; **~ *s.o. sth*** perdonar a alguien algo; *let's ~ and forget* borrón y cuenta nueva; *you could be ~n for thinking that …* se te podría disculpar por creer que …
**for•giv•en** [fər'gɪvn] *pp* ☞ **forgive**
**for•give•ness** [fər'gɪvnɪs] perdón *m*; *the ~ of sins* REL el perdón de los pecados
**for•giv•ing** [fər'gɪvɪŋ] *adj toward lover, friend, child* indulgente; *in broader religious sense* piadoso
**for•go** [fɔːr'gou] *v/t* (*pret* **forwent**, *pp* **forgone**) sacrificar, renunciar a
**for•got** [fər'gɑːt] *pret* ☞ **forget**
**for•got•ten** [fər'gɑːtn] *pp* ☞ **forget**
**fork** [fɔːrk] **1** *for eating* tenedor *m* **2** *for garden* horca *f* **3** *in road* bifurcación *f*
◆ **fork out** *v/t & v/i* F (*pay*) apoquinar F
**forked** [fɔːrkt] *adj tongue* bífido; *stick* bifurcado
**fork•lift 'truck** carretilla *f* elevadora
**for•lorn** [fər'lɔːrn] *adj* **1** *deserted: person, place* desolado **2** *desperate: attempt* desesperado; **~ *hope*** esperanza *f* inútil
**form** [fɔːrm] I *n* **1** *shape* forma *f*; *it's beginning to take ~* está empezando a tomar *or* cobrar forma; *a response in the ~ of an email* una respuesta por email; *recognition in the ~ of a medal* reconocimiento con una medalla **2** (*document*) formulario *m*, impreso *m*

**3**: *be on / off ~* estar / no estar en forma **4**: *know the ~* conocer las normas, conocer el procedimiento
II *v/t in clay etc* moldear; *friendship* establecer; *opinion* formarse; *past tense etc* formar; (*constitute*) formar, constituir
III *v/i* (*take shape, develop*) formarse
**for•mal** ['fɔːrml] *adj* formal; *recognition etc* oficial; *dress* de etiqueta
**for•mal•ism** ['fɔːrməlɪzəm] formalismo *m*
**for•mal•i•ty** [fər'mælətɪ] formalidad *f*; *it's just a ~* es pura formalidad
**for•mal•ize** ['fɔːrməlaɪz] *v/t agreement etc* formalizar
**for•mal•ly** ['fɔːrməlɪ] *adv speak, behave* formalmente; *accepted, recognized* oficialmente
**for•mat** ['fɔːrmæt] I *v/t* (*pret & pp* **-ted**) *diskette, document* formatear II *n of paper, program etc* formato *m*
**for•ma•tion** [fɔːr'meɪʃn] formación *f*; **~ *flying*** vuelo *m* en formación
**for•ma•tive** ['fɔːrmətɪv] *adj* formativo; *in his ~ years* en sus años de formación
**for•mer** ['fɔːrmər] *adj* antiguo; *the ~* el primero; *the ~ arrangement* la situación de antes
**for•mer•ly** ['fɔːrmərlɪ] *adv* antiguamente
**For•mi•ca®** [fɔːr'maɪkə] formica® *f*
**for•mi•da•ble** ['fɔːrmɪdəbl] *adj personality* formidable; *opponent, task* terrible
**'form let•ter** carta *f* estándar
**for•mu•la** ['fɔːrmjʊlə] MATH, CHEM, *fig* fórmula *f*; *Formula 1 racing* carreras de Fórmula 1
**for•mu•late** ['fɔːrmjʊleɪt] *v/t* (*express*) formular
**for•mu•la•tion** [fɔːrmjʊ'leɪʃn] formulación *f*; *of chemical* fórmula *f*
**for•ni•cate** ['fɔːrnɪkeɪt] *v/i fml* fornicar
**for•ni•ca•tion** [fɔːrnɪ'keɪʃn] *fml* fornicación *f*
**for•sake** [fər'seɪk] *v/t* (*pret* **forsook** [fər'sʊk], *pp* **forsaken** [fər'seɪkn]) *lit* **1** *person* abandonar **2** *old ways etc* abandonar, renunciar
**fort** [fɔːrt] MIL fuerte *m*; *hold the ~* hacerse cargo de la situación
**for•te** ['fɔːrteɪ] fuerte *m*
**forth** [fɔːrθ] *adv*: *back and ~* de un lado

para otro; **and so ~** y así sucesivamente; **from that day ~** desde ese día en adelante

**'forth•com•ing** adj **1** (*future*) próximo **2** *personality* comunicativo; **'forth•right** adj directo; **forth'with** adv *fml* inmediatamente

**for•ti•eth** ['fɔːrtɪɪθ] n & adj cuadragésimo

**for•ti•fi•ca•tion** [fɔːrtɪfɪ'keɪʃn] MIL fortificación f; **~s** pl fortificaciones fpl

**for•ti•fy** ['fɔːrtɪfaɪ] v/t MIL fortificar

**for•ti•tude** ['fɔːrtɪtjuːd] *lit* fortaleza f, coraje m

**fort•night** ['fɔːrtnaɪt] *Br* quincena f

**for•tress** ['fɔːrtrɪs] MIL fortaleza f

**for•tu•i•tous** [fɔːr'tjuːɪtəs] adj fortuito

**for•tu•nate** ['fɔːrtʃnət] adj afortunado

**for•tu•nate•ly** ['fɔːrtʃnətlɪ] adv afortunadamente; **~ for you ...** afortunadamente *or* por suerte para tí ...

**for•tune** ['fɔːrtʃən] (*fate, money*) fortuna f; (*luck*) fortuna f, suerte f; **tell s.o.'s ~** decir a alguien la buenaventura

**'for•tune hunt•er** cazafortunas m/f

**'for•tune-tell•er** adivino(-a) m(f)

**for•ty** ['fɔːrtɪ] cuarenta; **have ~ winks** F echarse una siestecilla F

**fo•rum** ['fɔːrəm] fig foro m; **a discussion ~** un foro de debate

**for•ward** ['fɔːrwərd] **I** adv hacia delante **II** adj pej: *person* atrevido **III** n SP delantero(-a) m(f); *in basketball* ala m/f, alero(-a) m(f) **IV** v/t *letter* reexpedir

**'for•ward buy•ing** FIN compra f a plazo

**for•ward•er** ['fɔːrwərdər] COM transitario(-a) m(f)

**for•ward•er and con•sol•i•da•tor** [kən'saːlɪdeɪtər] COM embarcador(a) m(f) y agrupador(a) m(f)

**'for•ward•ing ad•dress** ['fɔːrwərdɪŋ] dirección a la que reexpedir correspondencia

**'for•ward•ing a•gent** COM transitario(-a) m(f)

**'for•ward rate** FIN cambio m a plazo

**for•wards** ['fɔːrwədz] ☞ **forward I**

**for•ward 'slash** barra f

**fos•sil** ['faːsəl] fósil m

**fos•sil•ized** ['faːsəlaɪzd] adj fosilizado

**fos•ter** ['faːstər] v/t **1** *child* acoger, adoptar (temporalmente) **2** *attitude, belief* fomentar

**'fos•ter child** niño(-a) m(f) en régimen de acogida; **'fos•ter home** hogar m de acogida; **'fos•ter par•ents** npl familia f de acogida

**fought** [fɔːt] pret & pp ☞ **fight**

**foul** [faʊl] **I** n SP falta f; **commit a ~** hacer una falta **II** adj *smell, taste* asqueroso; *weather* terrible **III** v/t SP hacer (una) falta a

**'foul ball** *in baseball* foul m; **foul-mouthed** ['faʊlmaʊðd] adj malhablado; **foul-smel•ling** ['faʊlsmelɪŋ] adj maloliente

**found**[1] [faʊnd] v/t *school etc* fundar

**found**[2] [faʊnd] pret & pp ☞ **find**

**foun•da•tion** [faʊn'deɪʃn] **1** *of theory etc* fundamento m **2** *organization* fundación f

**foun•da•tions** [faʊn'deɪʃnz] npl *of building* cimientos mpl; **lay the ~ for sth** fig sentar las bases de algo

**foun'da•tion stone** ARCHIT primera piedra f

**found•er** ['faʊndər] fundador(a) m(f)

**found•ing** ['faʊndɪŋ] fundación f

**'Founding Fathers** Padres mpl Fundadores

**foun•dry** ['faʊndrɪ] fundición f

**foun•tain** ['faʊntɪn] fuente f, *jet of water* manantial m

**'foun•tain pen** pluma f (estilográfica)

**four** [fɔːr] cuatro; **on all ~s** a gatas, a cuatro patas

**four-'door mod•el** MOT cuatro puertas m inv; **four-leaf 'clo•ver** BOT trébol m de cuatro hojas; **four-leg•ged** ['fɔːrlegɪd] adj cuadrúpedo, de cuatro patas; **our ~ friends** nuestros amigos cuadrúpedos; **four-let•ter 'word** palabrota f; **four-post•er 'bed** cama f de dosel; **'four-star** adj *hotel etc* de cuatro estrellas; **'four-speed gear•box** cambio m de cuatro velocidades; **'four-star ho•tel** hotel m de cuatro estrellas

**four•teen** [fɔːr'tiːn] catorce

**four•teenth** [fɔːr'tiːnθ] n & adj decimocuarto

**fourth** [fɔːrθ] n & adj cuarto

**four-wheel 'drive** MOT **1** *vehicle* vehículo m con tracción a las cuatro ruedas **2** *type of drive* tracción f a las cuatro ruedas

**fowl** [faʊl] ave f de corral

**fox** [faːks] **I** n zorro m **II** v/t (*puzzle*) dejar perplejo 'fox cub cachorro *m* (de zorro); 'fox-glove BOT dedalera *f;* 'fox•hole MIL foso *m* de atrincheramiento; 'fox hunting caza *f* del zorro; fox 'ter•ri•er ZO foxterrier *m;* 'fox•trot foxtrot *m*

fox•y ['fɑːksɪ] *adj* F *woman* atractiva, sexy F

foy•er ['fɔɪəɪ] vestíbulo *m*

fra•cas ['frækɑː] *noise* jaleo *m; fuss* riña *f,* contienda *f*

frac•tal ['fræktəl] fractal *f*

frac•tion ['frækʃn] fracción *f;* MATH fracción *f,* quebrado *m; just a ~ bigger* sólo una pizca *or* un poco más grande

frac•tion•al ['frækʃnəl] *adj slight, small* muy pequeño, ligero

frac•tion•al•ly ['frækʃnəlɪ] *adv* ligeramente

frac•tious ['frækʃəs] *adj* irritable

frac•ture ['fræktʃəɪ] **I** *n* fractura *f* **II** *v/t* fracturar; *he ~d his arm* se fracturó el brazo

fra•gile ['frædʒəl] *adj* frágil

fra•gil•i•ty [frə'dʒɪlətɪ] fragilidad *f*

frag•ment ['frægmənt] fragmento *m*

frag•men•ta•ry [fræg'məntərɪ] *adj* fragmentario

fra•grance ['freɪgrəns] fragancia *f*

fra•grant ['freɪgrənt] *adj* fragante

frail [freɪl] *adj* frágil, delicado

frail•ty ['freɪltɪ] *of health* debilidad *f,* fragilidad *f; the frailties of human nature* las debilidades del ser humano

frame [freɪm] **I** *n of picture, window* marco *m; of eyeglasses* montura *f; of bicycle* cuadro *m; of film, video* fotograma *m; ~ of mind* estado *m* de ánimo **II** *v/t* **1** *picture* enmarcar **2** F *person* tender una trampa a

'frame house casa *f* de madera

fram•er ['freɪmər] *the ~s of constitution* los artífices

'frame-up F trampa *f*

'frame•work estructura *f; for agreement* marco *m*

France [fræns] Francia *f*

fran•chise ['fræntʃaɪz] *for business* franquicia *f*

fran•chised ['fræntʃaɪzd] *adj* franquiciado

fran•chi•see [fræntʃaɪ'ziː] franquiciado(-a) *m(f),* concesionario(-a) *m(f)*

'fran•chise hold•er franquiciado(-a) *m(f),* concesionario(-a) *m(f)*

fran•chis•ing ['fræntʃaɪzɪŋ] franquicia *f*

fran•chi•sor [fræntʃaɪ'zɔːr] franquiciador(a) *m(f)*

frank [fræŋk] *adj* franco

frank•furt•er ['fræŋkfɜːrtər] salchicha *f* de Fráncfort

frank•ly ['fræŋklɪ] *adv* francamente

frank•ness ['fræŋknɪs] franqueza *f*

fran•tic ['fræntɪk] *adj* frenético

fran•ti•cal•ly ['fræntɪklɪ] *adv* frenéticamente

fra•ter•nal [frə'tɜːrnl] *adj* fraternal

fra•ter•ni•ty [frə'tɜːrnətɪ] **1** *brotherliness* fraternidad *f* **2** EDU hermandad *f* **3**: *the medical / legal ~* los médicos / abogados

frat•er•ni•za•tion [frætərnaɪ'zeɪʃn] fraternización *f*

frat•er•nize ['frætərnaɪz] *v/i* fraternizar (**with** con)

fraud [frɔːd] fraude *m; person* impostor(a) *m(f); you're not hurt at all, you big ~* no te has hecho ningún daño, mentiroso *or* farsante

fraud•u•lence ['frɔːdjʊləns] fraudulencia *f,* fraude *m*

fraud•u•lent ['frɔːdjʊlənt] *adj* fraudulento

fraud•u•lent•ly ['frɔːdjʊləntlɪ] *adv* fraudulentamente

frayed [freɪd] *adj cuffs* deshilachado; *~ nerves pl* nervios *mpl* crispados

fraz•zle ['fræzl]: *worn to a ~* exhausto hecho polvo; *burnt to a ~* chamuscado

freak [friːk] **I** *n unusual event* fenómeno *m* anormal; *two-headed person, animal etc* monstruo *m,* monstruosidad *f;* F *strange person* bicho *m* raro F; *a movie / jazz~* F un fanático del cine / jazz F **II** *adj wind, storm etc* anormal

◆ freak out *v/i* P flipar P

freak•y ['friːkɪ] *adj* P raro, freaky P

freck•le ['frekl] peca *f*

free [friː] **I** *adj* **1** libre; *are you ~ this afternoon?* ¿estás libre esta tarde?; *~ and easy* relajado; *I'm not ~ to tell you that* me temo que eso no puedo decírtelo; *~ movement of goods / people* libre circulación *f* de mercancías / personas; *~ of customs duty* franco de aduanas; *~ of tax* libre de impuestos **2** *no cost* gratis, gratuito; *for ~ travel, get sth* gratis **II** *v/t prisoners* liberar

**free•bie** ['fri:bɪ] F regalo *m*; *as a ~* de regalo

**free•dom** ['fri:dəm] libertad *f*

'**free•dom fight•er** guerrillero(-a) *m(f)*; **free•dom of 'speech** libertad *f* de expresión; **free•dom of the 'press** libertad *f* de prensa

**free 'en•ter•prise** empresa *f* libre; '**free fall** AVIA, PHYS caída *f* libre; *the economy is in ~* la economía está en (profunda) crisis; **free 'kick** *in soccer* falta *f*, golpe *m* franco; **free•lance** ['fri:læns] I *adj* autónomo, free-lance II *adv*: *work~* trabajar como autónomo(-a) *or* freelance; **free•lanc•er** ['fri:længsər] autónomo(-a) *m(f)*, free-lance *m/f*; '**free•load** *v/i* F gorronear, *Rpl* garronear; **free•load•er** ['fri:loʊdər] F gorrón (-ona) *m(f)*, *Rpl* garronero(-a) *m(f)*

**free•ly** ['fri:lɪ] *adv* admit libremente

**free mar•ket e'con•o•my** economía *f* de libre mercado; '**free•ma•son** masón(-ona) *m(f)*; **free on 'board** *adv* COM franco a bordo; **free on 'rail** *adv* COM franco en estación, libre sobre vagón; '**free port** puerto *m* franco; **free-range 'chick•en** pollo *m* de corral; **free-range 'eggs** *npl* huevos *mpl* de corral; **free 'sam•ple** muestra *f* gratuita; **free 'speech** libertad *f* de expresión; '**free•style** SP I *n* estilo *m* libre II *adj* events, swimming de estilo libre; '**free throw** SP tiro *m* libre; **~ line** *in basketball* línea *f* de tiro libre; **free 'trade** libre comercio *m*; **~ agreement** acuerdo *m* de libre comerio; **free-'trade ar•e•a** área *f* de libre comercio, área *f* de libre cambio; '**free•way** autopista *f*; **free'wheel** *v/i* on bicycle ir sin pedalear; **free 'will** libre albedrío *m*; *he did it of his own ~* lo hizo por propia iniciativa

**freeze** [fri:z] I *v/t* (*pret froze, pp frozen*) *food, wages, video* congelar; *river* congelar, helar II *v/i* (*pret froze, pp frozen*) 1 *of water* congelarse, helarse 2 *of computer, screen* bloquear, congelar; *~!* (*don't move*) ¡alto!

♦ **freeze out** *v/t* F hacer el vacío a, aislar

♦ **freeze over** *v/i of river* helarse

'**freeze-dried** *adj* liofilizado; '**freeze--dry** *v/t* liofilizar; '**freeze frame** imagen *f* congelada

**freez•er** ['fri:zər] congelador *m*

'**freez•er com•part•ment** congelador *m*

**freez•ing** ['fri:zɪŋ] I *adj* muy frío; *it's ~* (*cold*) *of weather* hace mucho frío; *of water* está muy frío; *I'm ~* (*cold*) tengo mucho frío II *n*: *10 degrees below ~* diez grados bajo cero

'**freez•ing com•part•ment** congelador *m*

'**freez•ing point** punto *m* de congelación

**freight** [freɪt] 1 transporte 2 *costs* flete *m*

'**freight car** *on train* vagón *m* de mercancías

**freight con•sol•i•da•tor** [kən'sɑ:lɪdeɪtər] COM agrupador(a) *m(f)*

**freight•er** ['freɪtər] *ship* carguero *m*; *airplane* avión *m* de carga

**freight 'for•ward•er** transitario(-a) *m(f)*; '**freight plane** avión *m* de carga; '**freight train** tren *m* de mercancías

**French** [frentʃ] I *adj* francés II *n* 1 *language* francés *m* 2: *pl the ~* los franceses

**French 'bread** pan *m* de barra; **French 'doors** *npl* puerta *f* cristalera; **French 'dress•ing** vinagreta *f*; '**French fries** *npl L.Am.* papas *fpl or Span* patatas *fpl* fritas; **French 'kiss** beso *m* con lengua; **French•man** ['frentʃmən] francés *m*; '**French•wom•an** francesa *f*

**fre•net•ic** [frə'netɪk] *adj* activity, pace, life frenético, loco

**fren•zied** ['frenzɪd] *adj* attack, activity frenético; *mob* desenfrenado

**fren•zy** ['frenzɪ] frenesí *m*; *whip s.o. into a ~* poner a alguien frenético

**fre•quen•cy** ['fri:kwənsɪ] *also* RAD frecuencia *f*

'**fre•quen•cy band** RAD banda *f* de frecuencia

**fre•quent**[1] ['fri:kwənt] *adj* frecuente; *how ~ are the trains?* ¿con qué frecuencia pasan trenes?

**fre•quent**[2] [frɪ'kwent] *v/t* bar frecuentar

**fre•quent 'fly•er pro•gram** programa *m* de fidelización de pasajeros

**fre•quent•ly** ['fri:kwentlɪ] *adv* con frecuencia

**fres•co** ['freskoʊ] fresco *m*

**fresh** [freʃ] *adj* 1 fresco; *start* nuevo 2

*cool* fresco 3 (*impertinent*) fresco; **don't you get ~ with your mother!** ¡no seas descarado con tu madre!

**fresh 'air** aire *m* fresco; **get some ~** tomar *or* respirar aire fresco

**fresh•en** ['freʃn] *v/i of wind* refrescar
◆ **freshen up I** *v/i* refrescarse **II** *v/t room, paintwork* renovar, revivir

**fresh•ly** ['freʃlɪ] *adv* (*recently*) recién

'**fresh•man** estudiante *m/f* de primer año

**fresh•ness** ['freʃnɪs] frescura *f*

'**fresh•wa•ter** *adj* de agua dulce

**fret** [fret] *v/i* (*pret & pp* **-ted**) ponerse nervioso, inquietarse

**fret•ful** ['fretfʊl] *adj* **1** (*anxious*) nervioso **2** (*irritable*) irritable

**Freud•i•an** ['frɔɪdɪən] *adj* freudiano; **~ slip** lapsus *m* (linguae)

**FRG** [efɑː'dʒiː] *abbr* (= **Federal Republic of Germany**) RFA *f* (= República Federal de Alemania)

**fric•a•tive** ['frɪkətɪv] LING fricativo(-a) *m(f)*

**fric•tion** ['frɪkʃn] PHYS rozamiento *m*; *between people* fricción *f*

'**fric•tion tape** cinta *f* aislante

**Fri•day** ['fraɪdeɪ] viernes *m inv*

**fridge** [frɪdʒ] nevera *f*, frigorífico *m*

**fried egg** [fraɪd'eg] huevo *m* frito

**fried po'ta•toes** *npl L.Am.* papas *fpl or Span* patatas *fpl* fritas

**friend** [frend] amigo(-a) *m(f)*; **make ~s** *of one person* hacer amigos; *of two people* hacerse amigos; **make ~s with s.o.** hacerse amigo de alguien

**friend•li•ness** ['frendlɪnɪs] simpatía *f*

**friend•ly** ['frendlɪ] *adj atmosphere* agradable; *person* agradable, simpático; (*easy to use*) fácil de usar; *argument, match, relations* amistoso; **be ~ with s.o.** (*be friends*) ser amigo de alguien; **~ fire** MIL fuego *m* amigo

'**friend•ship** ['frendʃɪp] amistad *f*

**fries** [fraɪz] *npl L.Am.* papas *fpl or Span* patatas *fpl* fritas

**frieze** [friːz] ARCHIT friso *m*

**frig•ate** ['frɪgət] NAUT fragata *f*

**frig•ging** ['frɪgɪŋ] P **I** *adj* puto P **II** *adv*: **because it's too ~ hot** porque hace un calor de cojones P; **they're so ~ stupid** joder que tontos que son P

**fright** [fraɪt] susto *m*; **give s.o. a ~** dar un susto a alguien, asustar a alguien;

**scream with ~** gritar asustado

**fright•en** ['fraɪtn] *v/t* asustar; **be ~ed** estar asustado, tener miedo; **don't be ~ed** no te asustes, no tengas miedo; **be ~ed of** tener miedo de
◆ **frighten away** *v/t* ahuyentar, espantar

**fright•en•ing** ['fraɪtnɪŋ] *adj noise, person, prospect* aterrador, espantoso

**fright•en•ing•ly** ['fraɪtnɪŋlɪ] *adv fast, complex* terriblemente, horrorosamente

**fright•ful** ['fraɪtfʊl] *adj* horroroso, terrible

**fright•ful•ly** ['fraɪtfʊlɪ] *adv* F (*very*) tremendamente, horrorosamente

**fri•gid** ['frɪdʒɪd] *adj sexually* frígido

**fri•gid•i•ty** [frɪ'dʒɪdətɪ] *sexual* frigidez *f*

**frill** [frɪl] **1** *on dress etc* volante *m* **2** (*fancy extra*) extra *m*

**frill•y** ['frɪlɪ] *adj* de volantes

**fringe** [frɪndʒ] **1** *on dress, curtains etc* flecos *mpl* **2** *Br in hair* flequillo *m* **3** (*edge*) margen *m*

'**fringe ben•e•fits** *npl* ventajas *fpl* adicionales

'**fringe group** grupo *m* marginal

**fris•bee**® ['frɪzbiː] frisbee® *m*, disco *m* volador

**frisk** [frɪsk] *v/t* F (*search*) cachear

**frisk•y** ['frɪskɪ] *adj puppy etc* juguetón
◆ **frit•ter away** ['frɪtər] *v/t time* desperdiciar; *fortune* despilfarrar

**fri•vol•i•ty** [frɪ'vɑːlətɪ] frivolidad *f*

**friv•o•lous** ['frɪvələs] *adj* frívolo

**friz•zy** ['frɪzɪ] *adj hair* crespo

**fro** [frou] *adv* ☞ **to**

**frog** [frɑːg] rana *f*

'**frog•man** hombre *m* rana

**frol•ic** ['frɑːlɪk] *v/i* (*pret & pp* **-ked**) jugar, corretear

**from** [frɑːm] *prep* **1** *in time* desde; **~ 9 to 5** (*o'clock*) de 9 a 5; **~ the 18th century** desde el siglo XVIII; **~ today on** a partir de hoy; **~ next Tuesday** a partir del próximo martes
**2** *in space* de, desde; **~ here to there** de *or* desde aquí hasta allí; **we drove here ~ Las Vegas** vinimos en coche desde Las Vegas
**3** *origin* de; **a letter ~ Jo** una carta de Jo; **it doesn't say who it's ~** no dice de quién es; **I am ~ New Jersey** soy de Nueva Jersey; **the next flight ~ Cara-**

*cas* el próximo vuelo (procedente) de Caracas; **made ~ bananas** hecho con plátanos

**4** (*because of*): **tired ~ the journey** cansado del viaje; **it's ~ overeating** es por comer demasiado; **he suffers ~ eczema** padece de eczema

**front** [frʌnt] **I** *n* **1** *of building, book* portada *f* **2** (*cover organization*) tapadera *f* **3** MIL, *of weather* frente *m* **4**: **in ~** delante; *in a race* en cabeza; **the car in ~** el coche de delante; **in ~ of** delante de; **at the ~ of** en la parte de delante de **II** *adj wheel, seat* delantero **III** *v/t TV program* presentar

**front•age** ['frʌntɪdʒ] *of building* fachada *f*

**front 'cov•er** portada *f*; **front 'door** puerta *f* principal; **front 'en•trance** entrada *f* principal

**fron•tier** ['frʌntɪr] frontera *f*; *fig: of knowledge, science* límite *m*

**front 'line** MIL línea *f* del combate; **be in the ~** *fig* estar al pie del cañón; **front 'page** *of newspaper* portada *f*, primera plana *f*; **front page 'news** *nsg* noticia *f* de portada *or* de primera plana; **front 'row** primera fila *f*; **front-'run•ner** *in race, election etc* favorito(-a) *m(f)*; **front-seat 'pas•sen•ger** *in car* pasajero(-a) *m(f)* de delante; **front-wheel 'drive** tracción *f* delantera

**frost** [frɑːst] escarcha *f*; **there was a ~ last night** anoche cayó una helada

**'frost•bite** congelación *f*

**'frost•bit•ten** *adj* congelado

**frost•ed glass** ['frɑːstɪd] vidrio *m* esmerilado

**frost•ing** ['frɑːstɪŋ] *on cake* glaseado *m*

**frost•y** ['frɑːstɪ] *adj weather* gélido; *fig: welcome* glacial

**froth** [frɑːθ] espuma *f*

**froth•y** ['frɑːθɪ] *adj cream etc* espumoso

**frown** [fraʊn] **I** *n*: **what's that ~ for?** ¿por qué frunces el ceño? **II** *v/i* fruncir el ceño

◆ **frown on** *v/t* rechazar, desaprobar

**froze** [froʊz] *pret* ☞ **freeze**

**fro•zen** ['froʊzn] **I** *adj ground* congelado; *wastes* helado; **I'm ~** F estoy helado *or* congelado F **II** *pp* ☞ **freeze**

**fro•zen 'food** comida *f* congelada

**fru•gal** ['fruːgl] *adj person* comedido, prudente; *meal* frugal

**fruit** [fruːt] **1** fruta *f*; **the ~s of our labors** los frutos de nuestros sudores; **bear ~** *of tree* dar fruta; *fig: of discussions etc* dar frutos **2** P *homosexual* maricón *m* P, mariquita *m* P

**'fruit•bowl** bol *m* para la fruta

**'fruit cake 1** bizcocho *m* de frutas **2** P *eccentric* chiflado(-a) *m(f)* F, locatis *m/f* P

**fruit•ful** ['fruːtfəl] *adj discussions etc* fructífero

**fru•i•tion** [fruːˈɪʃn]: **bring sth to ~** llevar algo a (buen) término; **come to ~** materializarse

**'fruit juice** *L.Am.* jugo *m or Span* zumo *m* de fruta

**fruit•less** ['fruːtlɪs] *adj attempt, search* vano, inútil

**'fruit ma•chine** *Br* (máquina *f*) tragaperras *f*; **fruit 'sal•ad** macedonia *f*; **'fruit tree** árbol *m* frutal

**fruit•y** ['fruːtɪ] *adj* **1** *taste, wine* afrutado **2** *voice* profundo, armonioso **3** P *homosexual* amanerado

**frump** [frʌmp]: **old ~** vieja *f* anticuada

**frump•ish** ['frʌmpɪʃ], **frump•y** ['frʌmpɪ] *adj* a la antigua

**frus•trate** [frʌˈstreɪt] *v/t person, plans* frustrar

**frus•trat•ed** [frʌˈstreɪtɪd] *adj* frustrado

**frus•trat•ing** [frʌˈstreɪtɪŋ] *adj* frustrante

**frus•trat•ing•ly** [frʌˈstreɪtɪŋlɪ] *adv* que produce frustración, que desespera

**frus•tra•tion** [frʌˈstreɪʃn] frustración *f*

**fry** [fraɪ] **I** *v/t* (*pret & pp* **-ied**) freír **II** *n* patata *f* frita

**'fry com•pa•ny** fabricante *m* de patatas fritas

**'fry•pan** sartén *f*

**f-stop** ['efstɑːp] PHOT posición *f* del número f

**FTC** [eftiːˈsiː] *abbr* (= **Federal Trade Commission**) Comisión *f* de Comercio Federal

**fuck** [fʌk] *v/t* V *L.Am.* coger V, *Span* follar con V; **~!** ¡joder! V; **~ him!** ¡que se joda! V; **we're ~ed** estamos jodidos V

◆ **fuck around** V **I** *v/t* putear V **II** *v/i* enredar V

◆ **fuck off** *v/i* V: **fuck off!** ¡vete a la mierda! V

◆ **fuck up** V **I** *v/t job, mission etc* echar a perder; **a fucked-up kid** un chaval jodi-

do V **II** v/i: **you've fucked up again** la
has vuelto a joder otra vez V

**fuck•ing** ['fʌkɪŋ] **I** adj V puto V **II** adv V:
**it's ~ crazy** es una estupidez ¡coño!; **it
was ~ brilliant!** ¡estuvo de puta madre!
V; **~ hell!** ¡joder! V, ¡coño! V

**fud•dy-dud•dy** ['fʌdɪdʌdɪ] F carca m/f
F

**fu•el** ['fjʊəl] **I** n combustible m **II** v/t (pret
& pp **-ed**, Br **-led**) **1**: **be ~ed by** of machine, engine utilizar como combustible
**2** fig avivar

**fu•el / 'air mix•ture** mezcla f de aire /
combustible; 'fu•el cell compartimento
m de combustible; 'fu•el con•sump-
tion consumo m de combustible; 'fu•el
ef•fi•cien•cy eficiencia f del combustible; 'fu•el gauge indicador m del nivel
de combustible; fu•el-in•ject•ed engine ['fjʊəlɪndʒektɪd] motor m a inyección; 'fu•el in•jec•tion MOT injección f
(de combustible); 'fu•el pump bomba f
de combustible; 'fu•el tank of car, airplane tanque m del carburante, depósito m de combustible

**fug** [fʌg] atmósfera f cargada

**fu•gi•tive** ['fju:dʒətɪv] fugitivo(-a) m(f)

**ful•fill**, Br **ful•fil** [fʊl'fɪl] v/t dream cumplir, realizar; task realizar; contract
cumplir; **feel ~ed** in job, life sentirse
realizado

**ful•fill•ing** [fʊl'fɪlɪŋ] adj: **I have a ~ job**
mi trabajo me llena

**ful•fill•ment**, Br **ful•fil•ment** [fʊl'fɪl-
mənt] of contract etc cumplimiento
m; moral, spiritual satisfacción f

**full** [fʊl] adj lleno; account, schedule
completo; life pleno; **~ of** water etc lleno
de; **~ up** hotel etc, with food lleno; **pay
in ~** pagar al contado

'**full•back** in soccer defensa m/f; full-
-blood•ed [fʊl'blʌdɪd] adj onslaught,
critique vehemente, enardecido; full-
-'blown adj theory, scandal verdadero,
genuino; lawyer, doctor auténtico; **~
Aids** sida m en su última fase; full-
-bod•ied [fʊl'bɑːdɪd] adj wine con or
de mucho cuerpo; full-'court press
in basketball presión f en toda la cancha; full 'cov•er•age insurance seguro
m a todo riesgo; full em'ploy•ment pleno empleo m; full-fledged [fʊl'fledʒd]
adj **1** bird que puede volar **2** doctor, architect auténtico, con todas las de la

ley; full-front•al [fʊl'frʌntəl] adj nudity
integral; photograph de cuerpo entero;
'full-grown adj completamente desarrollado; 'full-length adj dress de cuerpo entero; **~ movie** largometraje m; full
'moon luna f llena

**full•ness** ['fʊlnɪs] of sound riqueza f,
carácter m

'**full-page** adj advertisement de una
página; full 'pay•ment pago m completo; 'full price precio m completo; 'full-
-scale adj **1** model a escala natural **2** attack, redesign etc decisivo, de magnitud; full 'stop Br punto m; full 'time
**1** adj worker, job a tiempo completo
**2** adv work a tiempo completo

**ful•ly** ['fʊlɪ] adv completamente; describe en detalle

**ful•ly-'fledged** Br ☞ **full-fledged**

**ful•some** ['fʊlsəm] adj praise desproporcionado, desmesurado

**fum•ble** ['fʌmbl] v/t ball dejar caer

◆ **fumble around** v/i rebuscar

**fume** [fju:m] v/i: **be fuming** F with anger
echar humo F

**fumes** [fju:mz] npl humos mpl

**fu•mi•gate** ['fju:mɪɡeɪt] v/t fumigar

**fun** [fʌn] diversión f; **it was great ~** fue
muy divertido; **bye, have ~!** ¡adiós, que
lo paséis bien!; **for ~** para divertirse;
**make ~ of** burlarse de; **he's good ~**
es muy divertido; **you're no ~!** ¡eres
un aburrido or soso!; **it's no ~ having
to do it all by yourself** no tiene nada
de divertido tener que hacerlo solo;
**they were just having a bit of ~ with
him** sólo estaban de broma con él;
**say sth in ~** decir algo de broma; **it
takes all the ~ out of it** le quita toda
la gracia

**func•tion** ['fʌŋkʃn] **I** n **1** (purpose) función f **2** (reception etc) acto m **II** v/i funcionar; **~ as** hacer de

**func•tion•al** ['fʌŋkʃnl] adj funcional

**func•tion•ar•y** ['fʌŋkʃnrɪ] esp POL fun-
cionario(-a) m(f)

'**func•tion key** COMPUT tecla f de función

**fund** [fʌnd] **I** n fondo m **II** v/t project etc
financiar

**fun•da•men•tal** [fʌndə'mentl] adj **1**
fundamental (**to** para) **2** (crucial) esencial

**fun•da•men•tal•ism** [fʌndə'mentlızəm] fundamentalismo *m*

**fun•da•men•tal•ist** [fʌndə'mentlıst] fundamentalista *m/f*

**fun•da•men•tal•ly** [fʌndə'mentlı] *adv* fundamentalmente

**fund•ing** ['fʌndıŋ] *money* fondos *mpl*, financiación *f*

**fu•ne•ral** ['fjuːnərəl] funeral *m*

**'fu•ne•ral di•rec•tor** encargado(-a) *m(f)* de una funeraria

**'fu•ne•ral home** funeraria *f*

**'fun•fair** parque *m* de atracciones, feria *f*

**fun•gal** ['fʌŋgəl] *adj*: **~ infection** infección *f* de hongos

**fun•gus** ['fʌŋgəs] (*pl* **fungi** ['fʌŋgaı]) **1** (*mold*) hongos *mpl* **2** *mushroom etc* hongo *m*

**fu•nic•u•lar** [fjuː'nıkjʊlər], **fu•nic•u•lar 'rail•way** funicular *m*

**funk•y** ['fʌŋkı] *adj* P guay P, *Span* molón

**fun•nel** ['fʌnl] *of ship* chimenea *f*

**fun•nies** ['fʌnız] *npl* F sección *f* de humor

**fun•ni•ly** ['fʌnılı] *adv* **1** (*oddly*) de modo extraño; **~ enough** curiosamente **2** (*comically*) de forma divertida

**fun•ny** ['fʌnı] *adj* **1** (*comical*) divertido, gracioso; **that's not ~** eso no tiene gracia; **are you trying to be ~, pal?** ¿te estás haciendo el gracioso, amigo?; **don't get ~ with me** no te hagas el gracioso conmigo **2** (*odd*) curioso, raro

**'fun•ny bone** hueso *m* de la risa

**fur** [fɜːr] **1** piel *f* **2** *on tongue* saburra *f*

**fu•ri•ous** ['fjʊrıəs] *adj* **1** (*angry*) furioso **2** (*intense*) furioso, feroz; *effort* febril; **at a ~ pace** a un ritmo vertiginoso

**fur•lough** ['fɜːrloʊ] MIL permiso *m*; **be on ~** estar de permiso

**fur•nace** ['fɜːrnıs] horno *m*

**fur•nish** ['fɜːrnıʃ] *v/t* **1** *room* amueblar **2** (*supply*) suministrar

**fur•nish•ings** ['fɜːrnıʃıŋz] *npl* mobiliario *m*

**fur•ni•ture** ['fɜːrnıtʃər] mobiliario *m*, muebles *mpl*; **a piece of ~** un mueble; **she just treats him like part of the ~** F lo trata con indiferencia *or* desgana

**fur•row** ['fʌroʊ] *in field* surco *m*

**fur•rowed** ['fʌroʊd] *esp lit*: *brow* arrugado, fruncido

**fur•ry** ['fɜːrı] *adj* **1** *animal* peludo **2** *tongue* saburroso

**fur•ther** ['fɜːrðər] **I** *adj* **1** (*additional*) adicional; **there's been a ~ development** ha pasado algo nuevo; **until ~ notice** hasta nuevo aviso; **have you anything ~ to say?** ¿tiene algo más que añadir? **2** (*more distant*) más lejano **II** *adv* **1** *walk, drive* más lejos **2** (*additionally*): **~, I want to say …** además, quiero decir …; **two miles ~ (on)** dos millas más adelante

**III** *v/t cause etc* promover

**fur•ther'more** *adv* es más

**'fur•ther•most** *adj* más lejano, remoto

**fur•thest** ['fɜːrðıst] **I** *adj*: **the ~ point north** el punto más al norte; **the ~ stars** las estrellas más lejanas **II** *adv* más lejos; **this is the ~ north I've ever been** nunca había estado tan al norte

**fur•tive** ['fɜːrtıv] *adj glance* furtivo

**fur•tive•ly** ['fɜːrtıvlı] *adv* furtivamente

**fu•ry** ['fjʊrı] (*anger*) furia *f*, ira *f*

**fuse** [fjuːz] ELEC **I** *n* fusible *m* **II** *v/i* fundirse; **the lights have ~d** se han fundido los plomos **III** *v/t* fundir

**'fuse•box** caja *f* de fusibles

**fu•se•lage** ['fjuːzəlɑːʒ] fuselaje *m*

**'fuse wire** fusible *m*

**fu•sion** ['fjuːʒn] fusión *f*

**fuss** [fʌs] escándalo *m*; **make a ~** (*complain, behave in exaggerated way*) armar un escándalo; **make a ~ of** (*be very attentive to*) deshacerse en atenciones con

**fuss•budg•et** ['fʌsbʌdʒıt] F protestón(-ona) *m(f)* F, puntilloso(-a) *m(f)* F

**fuss•y** ['fʌsı] *adj person* quisquilloso; *design etc* recargado; **be a ~ eater** ser un quisquilloso a la hora de comer

**fus•ty** ['fʌstı] *adj smell* rancio

**fu•tile** ['fjuːtl] *adj* inútil, vano

**fu•til•i•ty** [fjuː'tılətı] inutilidad *f*

**fu•ture** ['fjuːtʃər] **I** *n also* GRAM futuro *m*; **in ~** en el futuro **II** *adj* futuro

**fu•tures** ['fjuːtʃərz] *npl* FIN futuros *mpl*

**'fu•tures mar•ket** FIN mercado *m* de futuros

**'fu•tures trad•ing** FIN compraventa *f* de futuros

**fu•tur•is•tic** [fjuːtʃə'rıstık] *adj design* futurista

**fu•tur•ol•o•gy** [fjuːtʃər'ɑːlədʒı] futurología *f*

**fuze** [fjuːz] ☞ **fuse**

**fuzz** [fʌz] *on chin, fruit* pelusa *f*, pelusi-

lla *f*
**fuzz•y** ['fʌzɪ] *adj* **1** *hair* crespo **2** (*out of focus*) borroso
**fuzz•y 'lo•gic** lógica *f* difusa

# G

**gab** [gæb] F I *n*: **have the gift of the ~** tener labia F II *v/i* (*pret & pp* **-bed**) largar (*about* de)
**gab•ar•dine** ['gæbər'diːn] ☞ **gaberdine**
**gab•ble** ['gæbl] *v/i* farfullar
**gab•by** ['gæbɪ] *adj* F charlatán
**gab•er•dine** ['gæbər'diːn] *fabric, coat* gabardina *f*
**ga•ble** ['geɪbl] hastial *m*
**ga•ble 'win•dow** ventana *f* en el hastial
**Ga•bon** [gæ'bain] Gabón *m*
**Ga•bon•ese** [gæbə'niːz] I *adj* gabonés II *n* gabonés(-esa) *m(f)*
◆ **gad about, gad around** [gæd] *v/i* (*pret & pp* **-ded**) pendonear
**gad•get** ['gædʒɪt] artilugio *m*, chisme *m*
**gadg•et•ry** ['gædʒɪtrɪ] utensilios *mpl*
**gaff** [gæf] *hook* garfio *m*
**gaffe** [gæf] metedura *f* de pata
**gaf•fer** ['gæfər] *Br* F jefe *m*
**gag** [gæg] I *n* **1** *over mouth* mordaza *f* **2** (*joke*) chiste *m* II *v/t* (*pret & pp* **-ged**) *also fig* amordazar
**ga•ga** ['ɡɑːɡɑː] *adj* P chocho; **go ~** comenzar a chochear
**gage** [geɪdʒ] I *n* indicador *m* II *v/t* *pressure* medir, calcular; *opinion* estimar, evaluar
**gag•gle** ['gægl] bandada *f*; F horda *f*
**'gag writ•er** escritor(a) *m(f)* de chistes
**gai•e•ty** ['geɪətɪ] alegría *f*
**gai•ly** ['geɪlɪ] *adv* alegremente
**gain•ful** ['geɪnful] *adj* remunerado
**gain** [geɪn] *v/t* (*acquire*) ganar; *victory* obtener; **~ speed** cobrar velocidad; **~ 10 pounds** engordar 10 libras; **~ entrance** entrar; **~ weight** ganar peso
◆ **gain on** *v/t* ganar terreno a
**gait** [geɪt] paso *m*
**gal** [gæl] F moza *f*
**ga•la** ['gælə] gala *f*
**ga•lac•tic** [gə'læktɪk] *adj* AST galáctico
**gal•ax•y** ['gæləksɪ] AST galaxia *f*
**gale** [geɪl] vendaval *m*
**gall** [ɡɔːl] I *n* **1** MED bilis *f inv* **2**: **have the ~ to do sth** tener el valor de hacer algo II *v/t* enfadar
**gal•lant** ['gælənt] *adj* galante
**gal•lan•try** ['gæləntrɪ] valor *m*
**'gall blad•der** vesícula *f* biliar
**gal•le•on** ['gælɪən] galeón *m*
**gal•le•ry** ['gælərɪ] **1** *for art* museo *m* **2** *in theater* galería *f*
**gal•ley** ['gælɪ] *on ship* cocina *f*
**Gal•lic** ['gælɪk] *adj* galo
**gall•ing** ['ɡɔːlɪŋ] *adj* irritante
◆ **gal•li•vant around** ['gælɪvænt] *v/i* pendonear
**gal•lon** ['gælən] galón *m* (*en EE.UU.* 3,785 litros, *en GB* 4,546); **~s of tea** F toneladas de té F
**gal•lop** ['gæləp] I *v/i* galopar II *n*: **at a ~** al galope
**gal•lows** ['gæloʊz] *npl* horca *f*; **~ humor** humor *m* negro
**gall•stone** ['ɡɔːlstoʊn] cálculo *m* biliar
**Gal•lup poll®** ['gæləppoʊl] encuesta *f* de opinión de Gallup
**ga•lore** [gə'lɔːr] *adj*: **apples / novels ~** manzanas / novelas a montones
**gal•va•nize** ['gælvənaɪz] *v/t* TECH galvanizar; **~ s.o. into activity** hacer que alguien se vuelva más activo
**gal•van•ized** ['gælvənaɪzd] *adj* galvanizado
**Gam•bi•a** ['gæmbɪə] Gambia *f*
**Gam•bi•an** ['gæmbɪən] I *n* gambiano(-a) *m(f)* II *adj* gambiano
**gam•bit** ['gæmbɪt] gambito *m*
**gam•ble** ['gæmbl] I *v/i* jugar II *n* apuesta *f*; **it was a ~, but it paid off** fue un riesgo pero valió la pena; **I'm taking a ~ here** me voy a arriesgar aquí
**gam•bler** ['gæmblər] jugador(a) *m(f)*
**gam•bling** ['gæmblɪŋ] juego *m*
**gam•bol** ['gæmbl] *v/i* (*pret & pp* **-ed**, *Br* **-led**) retozar
**game**[1] [geɪm] partido *m*; *children's* juego *m*; *in tennis* juego *m*; COMPUT: **~s console** consola *f* de vídeojuegos
**game**[2] [geɪm] *animals* caza *f*
**'game•keep•er** *Br* guarda *m/f* forestal;

**'game park** coto *m* de caza; **'game plan** estrategia *f*; **'game re•serve** coto *m* de caza; **'game show** concurso *m*; **'game war•den** guarda *m/f* de caza

**gam•ing** ['geɪmɪŋ] COMPUT juegos *mpl* de ordenador

**gam•ma rays** ['gæməreɪz] *npl* PHYS rayos *mpl* gamma

**gam•ut** ['gæmət] gama *f*

**gan•der** ['gændər] ORN ganso *m*

**gang** [gæŋ] *of friends* cuadrilla *f*, pandilla *f*; *of criminals* banda *f*

◆ **gang up on** *v/t* compincharse contra

**gan•gling** ['gæŋglɪŋ] *adj* larguirucho

**gan•gli•on** ['gæŋglɪən] MED ganglio *m*

**'gang rape I** *n* violación *f* colectiva **II** *v/t* violar colectivamente

**gan•grene** ['gæŋgriːn] MED gangrena *f*

**gang•ster** ['gæŋstər] gángster *m*

**'gang war•fare** lucha *f* entre bandas

**'gang•way** pasarela *f*

**gan•net** ['gænɪt] ORN alcatraz *m*

**gap** [gæp] *in wall* hueco *m*; *for parking, in figures* espacio *m*; *in time* intervalo *m*; *in conversation* interrupción *f*; *between two people's characters* diferencia *f*

**gape** [geɪp] *v/i of person* mirar boquiabierto

◆ **gape at** *v/t* mirar boquiabierto a

**gap•ing** ['geɪpɪŋ] *adj hole* enorme

**ga•rage** [gəˈrɑːʒ] *for parking* garaje *m*; *Br. for gas* gasolinera *f*; *for repairs* taller *m*

**gar•bage** ['gɑːrbɪdʒ] basura *f*; *fig (nonsense)* tonterías *fpl*; *(poor quality goods)* basura *f*, porquería *f*

**'gar•bage bag** bolsa *f* de la basura; **'gar•bage can** cubo *m* de la basura; *in street* papelera *f*; **'gar•bage chute** vertedor *m* de basura; **'gar•bage col•lec•tion** recogida *f* de basuras; **'gar•bage col•lec•tor, 'gar•bage man** basurero *m*; **'gar•bage time** *in basketball* minutos *mpl* de la basura; **'gar•bage truck** camión *m* de la basura

**gar•ble** ['gɑːrbl] *v/t* distorsionar

**gar•bled** ['gɑːrbld] *adj message* confuso

**gar•den** ['gɑːrdn] jardín *m*

**'gar•den cen•ter, *Br* 'gar•den cen•tre** vivero *m*, centro *m* de jardinería

**gar•den•er** ['gɑːrdnər] aficionado(-a) *m(f)* a la jardinería; *professional* jardinero(-a) *m(f)*

**gar•den•ing** ['gɑːrdnɪŋ] jardinería *f*

**gar•gan•tu•an** [gɑːrˈgæntjʊən] *adj* pantagruélico

**gar•gle** ['gɑːrgl] *v/i* hacer gárgaras

**gar•goyle** ['gɑːrgɔɪl] ARCHI gárgola *f*

**gar•ish** ['gerɪʃ] *adj color* chillón; *design* estridente

**gar•land** ['gɑːrlənd] guirnalda *f*

**gar•lic** ['gɑːrlɪk] ajo *m*

**gar•lic 'bread** pan *m* con ajo

**gar•ment** ['gɑːrmənt] prenda *f* (de vestir)

**gar•ner** ['gɑːrnər] *v/t* recopilar

**gar•net** ['gɑːrnɪt] MIN granate *m*

**gar•nish** ['gɑːrnɪʃ] *v/t* guarnecer (**with** con)

**gar•ret** ['gærət] buhardilla *f*

**gar•ri•son** ['gærɪsn] *place* plaza *f*; *troops* guarnición *f*

**gar•rotte** [gəˈrɑːt] *v/t* ejecutar con garrote vil a

**gar•ru•lous** ['gærələs] *adj* charlatán

**gar•ter** ['gɑːrtər] liga *f*

**'gar•ter belt** liguero *m*

**'gar•ter snake** ZO serpiente *f* de jarretera

**gas** [gæs] gas *m*; *(gasoline)* gasolina *f*, *Rpl* nafta *f*

**'gas•bag** F parlanchín(-ina) *m(f)* F; **'gas cham•ber** cámara *f* de gas; **gas chro•mat•o•graph** [kroʊˈmætougræf] cromatógrafo *m* de gases; **gas 'cook•er** cocina *f* de gas

**gas•e•ous** ['gæsjəs] *adj* gaseoso

**gas 'fire** estufa *f* de gas; **gas-fired cen•tral heat•ing** ['gæsfaɪrd] calefacción *f* central a gas; **gas guz•zler** ['gæsgʌzlər]: *it's a ~* F gasta mucha gasolina

**gash** [gæʃ] corte *m* profundo

**gas•ket** ['gæskɪt] junta *f*, ***blow a ~*** *fig* subirse por las paredes

**'gas main** tubería *f* del gas; **'gas•man** empleado *m* de la compañía suministradora del gas; **'gas mask** máscara *f* antigás; **'gas me•ter** contador *m* del gas

**gas•o•line** ['gæsəliːn] gasolina *f*, *Rpl* nafta *f*

**'gas ov•en** horno *m* a gas

**gasp** [gæsp] **I** *n* grito *m* apagado **II** *v/i* lanzar un grito apagado; **~ for breath** luchar por respirar

**'gas ped•al** acelerador *m*; **'gas pipe•line** gasoducto *m*; **'gas pump** surtidor *m* (de gasolina); **'gas stove** cocina *f* de gas; **'gas sta•tion** gasolinera *f*, *S.Am.* bomba *f*

**gas•sy** ['gæsɪ] *adj* con demasiado gas

**'gas tank** depósito *m* de gasolina

**gas•tric** ['gæstrɪk] *adj* MED gástrico

**gas•tric 'flu** MED gripe *f* gastrointestinal; **gas•tric 'juices** *npl* jugos *mpl* gástricos; **gas•tric 'ul•cer** MED úlcera *f* gástrica

**gas•tri•tis** [gæ'straɪtɪs] MED gastritis *f inv*

**gas•tro•en•ter•i•tis** [gæstrouentə'raɪtɪs] MED gastroenteritis *f inv*

**gas•tro•nom•ic** [gæstrə'nɑːmɪk] *adj* gastronómico

**gas•tron•o•my** [gæ'strɑːnəmɪ] gastronomía *f*

**gas 'tur•bine** turbina *f* de gas; **~ engine** motor *m* de turbina de gas

**'gas•works** *nsg* fábrica *f* de gas

**gate** [geɪt] *of house, at airport* puerta *f*; *made of iron* verja *f*

**ga•teau** ['gætou] tarta *f*

**'gate•crash** *v/t*: **~ a party** colarse en una fiesta; **gate-crash•er** ['geɪtkræʃər] colón(-ona) *m(f)*; **'gate•house** casa *f* del guarda; **'gate•keep•er** guarda *m/f*; **gate-leg(ed) ta•ble** [geɪtleg(d)'teɪbl] mesa *f* plegable; **'gate mon•ey** recaudación *f*; **'gate•post** poste *m* (de puerta); **'gate•way** *also fig* entrada *f*

**gath•er** ['gæðər] I *v/t facts, information* reunir; **am I to ~ that …?** ¿debo entender que …?; **~ speed** ganar velocidad II *v/i of crowd* reunirse

◆ **gather up** *v/t possessions* recoger

**gath•er•ing** ['gæðərɪŋ] *(group of people)* grupo *m* de personas

**GATT** [gæt] *abbr* (= **General Agreement on Tariffs and Trade**) GATT *m* (Acuerdo *m* General sobre Aranceles y Comercio)

**gauche** [gouʃ] *adj* torpe

**gau•dy** ['gɔːdɪ] *adj* chillón, llamativo

**gauge** [geɪdʒ] *Br* I *n* indicador *m* II *v/t pressure* medir, calcular; *opinion* estimar, evaluar

**gaunt** [gɔːnt] *adj* demacrado

**gaunt•let** ['gɔːntlɪt] *fig*: **fling or throw down the ~** arrojar el guante (**to** a); **pick** *or* **take up the ~** recoger el guante; **run the ~ of** exponerse a

**gauze** [gɔːz] gasa *f*

**gave** [geɪv] *pret* ☞ **give**

**gav•el** ['gævl] martillo *m*

**gawk** [gɔːk] *v/i* mirar boquiabierto; **~ at s.o.** / **sth** mirar boquiabierto a alguien / algo

**gaw•ky** ['gɒːkɪ] *adj* desgarbado

**gawp** [gɒːp] *v/i* F mirar boquiabierto; **don't just stand there ~ing!** ¡no te quedes ahí boquiabierto!

**gay** [geɪ] I *n (homosexual)* homosexual *m*, gay *m* II *adj* homosexual, gay

**gaze** [geɪz] I *n* mirada *f* II *v/i* mirar fijamente

**ga•zelle** [gə'zel] gacela *f*

**ga•zette** [gə'zet] *Br* boletín *m* oficial

**GB** [dʒiː'biː] *abbr* **1** (= **Great Britain**) GB (= Gran Bretaña) **2** (= **Gigabyte**) GB (= gigabyte)

**GDP** [dʒiːdiː'piː] *abbr* (= **gross domestic product**) PIB *m* (= producto *m* interior bruto)

**gear** [gɪr] I *n (equipment)* equipo *m* **2** *in vehicles* marcha *f*; **move into second ~** poner la segunda (marcha)

◆ **gear toward** *v/t*: **be geared toward s.o.** / **sth** estar orientado a alguien / algo

**'gear•box** MOT caja *f* de cambios

**'gear change** cambio *m* de marcha

**gear•ing** ['gɪrɪŋ] FIN apalancamiento *m*, relación *f* endeudamiento-capital propio

**'gear le•ver, 'gear shift, 'gear•stick** MOT palanca *f* de cambios

**geck•o** ['gekou] ZO geco *m*

**gee** [dʒiː] *int* F ¡anda!; **~, I'm sorry** oye, lo siento; **~, that's kind of you** oye, muy amable por tu parte

**geek** [giːk] F colgado(-a) *m(f)* F

**geese** [giːs] *pl* ☞ **goose**

**Gei•ger count•er** ['gaɪgər] contador *m* Geiger

**gel** [dʒel] **1** *n for hair* gomina *f*; *for shower* gel *m* **2** *v/t (prep & pp -led)*: **~ one's hair** echarse gomina en el pelo

**gel•a•tine** ['dʒelətiːn] gelatina *f*

**gel•ig•nite** ['dʒelɪgnaɪt] gelignita *f*

**gem** [dʒem] gema *f*; *fig*: *book etc* joya *f*; *person* cielo *m*

**Gem•i•ni** ['dʒemɪnaɪ] ASTR Géminis *m/f inv*; **be (a) ~** ser Géminis

**gen•der** ['dʒendər] género *m*

**'gen•der-bend•er** P **1** travestí *m* **2** COMPUT adaptador *m* macho-hembra 'gen•der gap diferencia f entre los sexos

gene [dʒiːn] gen m; **it's in his ~s** lo lleva en los genes

ge•ne•a•log•i•cal [dʒiːnjəˈlɑːdʒɪkl] adj genealógico

ge•ne•al•o•gist [dʒiːnɪˈælədʒɪst] genealogista m/f

ge•ne•al•o•gy [dʒiːnɪˈælədʒɪ] genealogía f

'gene pool acervo m genético

gen•er•a [ˈdʒenərə] pl ☞ **genus**

gen•er•al [ˈdʒenrəl] I n MIL general m; **in ~** en general, por lo general II adj general

gen•er•al an•(a)es'thet•ic anestesia f general; gen•er•al de'liv•er•y I n lista f de correos II adv send para la lista de correos; gen•er•al e'lec•tion elecciones fpl generales

gen•er•al•i•za•tion [dʒenrəlaɪˈzeɪʃn] generalización f; **that's a ~** eso es generalizar

gen•er•al•ize [ˈdʒenrəlaɪz] v/i generalizar

gen•er•al 'know•ledge cultura f general

gen•er•al•ly [ˈdʒenrəlɪ] adv generalmente, por lo general; **~ speaking** en términos generales

gen•er•al 'o•ver•head gastos mpl generales; gen•er•al prac•ti•tion•er [ˈdʒenrəlpræktɪʃnər] Br médico(-a) m(f) de familia; gen•er•al 'pub•lic gran público m; gen•er•al 'staff MIL estado m mayor; gen•er•al 'store tienda f; gen•er•al 'strike huelga f general

gen•e•rate [ˈdʒenəreɪt] v/t generar; feeling provocar

gen•e•ra•tion [dʒenəˈreɪʃn] generación f

gen•e'ra•tion gap conflicto m generacional

gen•er•a•tive [ˈdʒenərətɪv] adj generativo

gen•e•ra•tor [ˈdʒenəreɪtər] generador m

ge•ner•ic [dʒəˈnerɪk] adj genérico

ge'ner•ic drug MED medicamento m genérico

gen•e•ros•i•ty [dʒenəˈrɑːsətɪ] generosidad f

gen•e•rous [ˈdʒenərəs] adj generoso

gen•e•sis [ˈdʒenəsɪs] génesis f inv

'gene ther•a•py terapia f génica

ge•net•ic [dʒɪˈnetɪk] adj genético

ge•net•i•cal•ly [dʒɪˈnetɪklɪ] adv genéticamente; **~ modified organism** modificado genéticamente; crops transgénico; **be ~ modified** estar modificado genéticamente

ge•net•ic 'code código m genético; ge•net•ic en•gi'neer•ing ingeniería f genética; ge•net•ic 'fin•ger•print identificación f genética

ge•net•i•cist [dʒɪˈnetɪsɪst] genetista m/f, especialista m/f en genética

ge•net•ics [dʒɪˈnetɪks] nsg genética f

Ge•ne•va [dʒɪˈniːvə] Ginebra f

ge•ni•al [ˈdʒiːnjəl] adj afable, cordial

ge•ni•al•i•ty [dʒiːnɪˈælətɪ] afabilidad f, cordialidad f

ge•nie [ˈdʒiːnɪ] genio m

gen•i•tals [ˈdʒenɪtlz] npl genitales mpl

gen•i•tive [ˈdʒenətɪv] LING genitivo m

ge•ni•us [ˈdʒiːnjəs] genio m

gen•o•ci•dal [dʒenəˈsaɪdl] adj genocida

gen•o•cide [ˈdʒenəsaɪd] genocidio m

ge•nome [ˈdʒiːnoʊm] genoma m

gen•o•type [ˈdʒenoʊtaɪp] genotipo m

gen•re [ˈʒɑːnrə] género m

gent [dʒent] 1 F caballero m 2 Br. ~s sg servicio m de caballeros

gen•teel [dʒenˈtiːl] adj fino

gen•tile [ˈdʒentaɪl] REL gentil m/f

gen•tle [ˈdʒentl] adj person tierno, delicado; touch, detergent suave; breeze suave, ligero; slope poco inclinado; **be ~ with it, it's fragile** ten mucho cuidado con él, es frágil

gen•tle•man [ˈdʒentlmən] caballero m; **he's a real ~** es todo un caballero; **a ~'s agreement** un pacto entre caballeros; **gentlemen, shall we start?** ¿podemos comenzar caballeros or señores?

gen•tle•man•ly [ˈdʒentlmənlɪ] adj caballeroso

gen•tle•ness [ˈdʒentlnɪs] of person ternura f, delicadeza; of touch, detergent, breeze suavidad f; of slope poca inclinación f

gen•tly [ˈdʒentlɪ] adv touch, kiss etc con delicadeza; slope poco a poco; **a breeze blew ~** sopla una ligera or suave brisa

gen•tri•fi•ca•tion [dʒentrɪfɪˈkeɪʃən] aburguesamiento m

gen•try [ˈdʒentrɪ] in town alta burguesía

*f; in country* terratenientes *mpl*

**gen•u•ine** ['dʒenʊɪn] *adj* **1** *antique etc* genuino, auténtico **2** (*sincere*) sincero

**gen•u•ine•ly** ['dʒenʊɪnlɪ] *adv* realmente, de verdad

**ge•nus** ['dʒiːnəs] (*pl* **genera** ['dʒenərə]) BOT, ZO género *m*

**ge•og•ra•pher** [dʒɪ'ɑːɡrəfər] geógrafo(-a) *m(f)*

**ge•o•graph•i•cal** [dʒɪə'ɡræfɪkl] *adj features* geográfico

**ge•og•ra•phy** [dʒɪ'ɑːɡrəfɪ] geografía *f*

**ge•o•log•i•cal** [dʒɪə'lɑːdʒɪkl] *adj* geológico

**ge•ol•o•gist** [dʒɪ'ɑːlədʒɪst] geólogo(-a) *m(f)*

**ge•ol•o•gy** [dʒɪ'ɑːlədʒɪ] geología *f*

**ge•o•met•ric, ge•o•met•ri•cal** [dʒɪə-'metrɪk(l)] *adj* geométrico

**ge•om•e•try** [dʒɪ'ɑːmətrɪ] geometría *f*

**ge•o•phys•i•cist** [dʒɪoʊ'fɪzɪsɪst] geofísico(-a) *m(f)* .

**ge•o•phys•ics** [dʒɪoʊ'fɪzɪks] *nsg* geofísica *f*

**ge•o•sta•tion•ar•y** [dʒɪoʊ'steɪʃənərɪ] *adj*: **in ~ orbit** en órbita geoestacionaria; **~ satellite** satélite *m* geoestacionario

**ge•ra•ni•um** [dʒə'reɪnɪəm] geranio *m*

**ger•bil** ['dʒɜːrbɪl] jerbo *m*

**ger•i•at•ric** [dʒerɪ'ætrɪk] **I** *adj* geriátrico **II** *n* anciano(-a) *m(f)*

**germ** [dʒɜːrm] *also fig* germen *m*

**Ger•man** ['dʒɜːrmən] **I** *adj* alemán **II** *n* **1** *person* alemán(-ana) *m(f)* **2** *language* alemán *m*

**Ger•man•ic** [dʒɜːr'mænɪk] *adj* germánico

**Ger•man 'mea•sles** *nsg* rubeola *f*

**Ger•man 'shep•herd** pastor *m* alemán

**Ger•ma•ny** ['dʒɜːrmənɪ] Alemania *f*

**'germ-free** *adj* libre de gérmenes

**ger•mi•nate** ['dʒɜːrmɪneɪt] *v/i of seed* germinar

**germ 'war•fare** guerra *f* bacteriológica

**ger•on•tol•o•gist** [dʒerən'tɑːlədʒɪst] gerontólogo(-a) *m(f)*

**ger•on•tol•o•gy** [dʒerən'tɑːlədʒɪ] MED gerontología *f*

**ger•und** ['dʒerənd] LING gerundio *m*

**ges•ta•tion** [dʒe'steɪʃn] gestación *f*; **~ period** periodo *m* de gestación

**ges•tic•u•late** [dʒe'stɪkjʊleɪt] *v/i* gesticular

**ges•tic•u•la•tion** [dʒestɪkjʊ'leɪʃn] gesticulación *f*

**ges•ture** ['dʒestʃər] *also fig* gesto *m*

**get** [get] *v/t* (*pret* **got**, *pp* **got** or **gotten**) **1** (*obtain*) conseguir; **you can ~ them at the corner store** los puedes comprar en la tienda de la esquina **2** (*fetch*) traer; **can I ~ you something to drink?** ¿quieres tomar algo? **3** (*receive: letter, knowledge, respect*) recibir **4** (*catch: bus, train etc*) tomar, *Span* coger **5** (*understand*) entender **6** (*become*): **~ tired** cansarse; **~ drunk** emborracharse; **I'm ~ting old** me estoy haciendo mayor **7**: **~ the TV fixed** hacer que arreglen la televisión; **~ s.o. to do sth** hacer que alguien haga algo; **~ one's hair cut** cortarse el pelo **8**: **~ to do sth** (*have opportunity*) llegar a hacer algo; **~ to know** llegar a conocer; **~ sth ready** preparar algo **9**: **~ going** (*leave*) marcharse, irse **10**: **have got** tener; **he's got a lot of money** tiene mucho dinero; **I have got to study / see him** tengo que estudiar / verlo; **I don't want to, but I've got to** no quiero, pero tengo que hacerlo

◆ **get across I** *v/i over road* cruzar, atravesar **II** *v/t*: **he got his argument across well** se hizo entender muy bien; **get sth across to s.o.** hacer entender algo a alguien

◆ **get along** *v/i* **1** (*come to party etc*) ir **2** *with s.o.* llevarse bien; **how are you getting along at school?** ¿cómo te van las cosas en el colegio?; **the patient is getting along nicely** el paciente está progresando satisfactoriamente

◆ **get around I** *v/i* **1** (*travel*) viajar, ver mundo **2** (*be mobile*) desplazarse **3** *of rumor* circular **4** *socially* hacer vida social **5**: **I just never got around to fixing it** nunca encontré el momento *or* tiempo para arreglarlo; **you really should get around to taking more exercise** deberías (plantearte el) hacer más ejercicio

**II** *v/t* **1** *obstacle, problem* sortear, evitar; **there's no getting around it** es imposible escaquearse **2** (*get to agree*) camelar

◆ **get at** *v/t* **1** (*reach*) llegar a; **get at the truth** averiguar la verdad **2** (*criticize*) meterse con **3** (*imply, mean*) querer decir **4** P *witness* untar P

◆ **get away** I *v/i* **1** (*escape*) escaparse **2** (*leave*) marcharse, irse II *v/t*: **get sth away from s.o.** quitar algo a alguien

◆ **get away with** *v/t of thief* llevarse, escaparse con; *fig* salir impune de; **get away with it** salirse con la suya; **she lets him get away with anything** le permite todo; **I'll let you get away with it this time** por esta vez te perdonaré

◆ **get back** I *v/i* **1** (*return*) volver; **I'll get back to you on that tomorrow** le responderé a eso mañana **2** (*move back*) retroceder; **get back!** ¡échense atrás! II *v/t* (*obtain again*) recuperar

◆ **get by** *v/i* **1** (*pass*) pasar **2** (*cope*) apañarse; *financially* arreglárselas

◆ **get down** I *v/i from ladder etc* bajarse (**from** de); (*duck etc*) agacharse II *v/t* **1** *object from a high place* bajar **2** (*depress*) desanimar, deprimir

◆ **get down to** *v/t* (*start: work*) ponerse a; **get down to the facts** ir a los hechos

◆ **get in** I *v/i* **1** (*arrive*) llegar **2** *to car etc* subir(se), meterse; **how did they get in?** *of thieves, mice etc* ¿cómo entraron?; **we couldn't get in** to disco etc no pudimos entrar; **he applied for college but didn't get in** mandó la solicitud para la universidad pero no le aceptaron **3** (*be elected*) ganar unas elecciones II *v/t to suitcase etc* meter

◆ **get into** *v/t house* entrar en, meterse en; *car* subir(se) a, meterse en; *computer system* introducirse en; *clothes* ponerse; **what's gotten into you?** ¿qué mosca te ha picado?

◆ **get off** I *v/i* **1** *from bus, train etc* bajarse **2** (*finish work*) salir **3** (*not be punished*) librarse II *v/t* **1** (*remove*) quitar; *clothes, hat, footgear* quitarse; **get off my bike!** ¡bájate de mi bici!; **get off the grass!** ¡no pises la hierba! **2**: **get s.o. off** *of lawyer* librar a alguien de un castigo

◆ **get off with** *v/t*: **get off with a small fine** tener que pagar sólo una pequeña multa

◆ **get on** I *v/i* **1** *to bike, bus, train* montarse, subirse

**2** (*be friendly*) llevarse bien **3** (*advance: of time*) hacerse tarde; (*become old*) hacerse mayor; **it's getting on** *getting late* se está haciendo tarde; **he's getting on** se está haciendo mayor; *Br* **he's getting on for 50** está a punto de cumplir 50 **4** (*make progress*) progresar; **how did you get on at school today?** ¿qué tal te ha ido hoy en el colegio? II *v/t* **1**: **get on the bus / one's bike** montarse en el autobús / la bici **2** *shoes etc* ponerse; *lid etc* poner; **I can't get these pants on** estos pantalones no me entran

◆ **get onto** *v/t* **1** *subject* empezar a hablar de **2** (*contact*) ponerse en contacto con

◆ **get on with** *v/t* **1** (*continue*) seguir con; (*progress*) avanzar con **2**: **I don't get on with him** no me llevo bien con él, no me entiendo con él

◆ **get out** I *v/i of car, prison etc* salir; **get out!** ¡vete!, ¡fuera de aquí!; **let's get out of here** ¡salgamos de aquí!; **how do you get out?** *of this building* ¿por dónde se sale?; **I don't get out much these days** últimamente no salgo mucho; **if word gets out that I …** si alguien se entera de que … II *v/t nail, sth jammed* sacar, extraer; *stain* quitar; *gun, pen* sacar; **get that dog out of here!** ¡llévate *or* saca a ese perro de aquí!

◆ **get out of** *v/t* **1** *the city* salir de **2** *task* librarse de **3**: **I don't see what they get out of it** no sé que sacan *or* ganan con esto **4** *habit* perder, quitarse

◆ **get over** *v/t* **1** *fence etc* franquear **2** *disappointment* superar; *lover etc* olvidar; **he never got over it** nunca lo superó

◆ **get over with** *v/t* terminar con; **let's get it over with** quitémonoslo de encima

◆ **get through** *v/i* **1** *on telephone* conectarse **2**: **get through to s.o.** (*make self understood*) comunicarse con alguien; **obviously I'm just not getting through** está claro que no me estoy haciendo entender **3** (*finish*) acabar

◆ **get to** *v/t* (*annoy*) molestar, ofender; *have emotional effect on* afectar; **these late nights must be getting to you** estas trasnochadas deben estar haciendo mella en tí

◆ **get together I** *v/i of people* reunirse, juntarse **II** *v/t* **1** *objects* reunir, recoger **2**: *he's really got it all together* F lo tiene todo y es feliz

◆ **get up I** *v/i* levantarse **II** *v/t* (*climb*) subir

◆ **get up to** *v/t mischief* hacer; *what have those two been getting up to?* ¿qué han estado haciendo esos dos?; *what are you getting up to these days?* ¿qué haces ahora?

'get•a•way *from robbery* fuga *f*, huida *f*; 'get•a•way car coche *m* utilizado en la fuga; 'get-to•geth•er reunión *f*; 'get-up F indumentaria *f*

gey•ser ['gaɪzər] GEOL géiser *m*

ghast•ly ['gæstlɪ] *adj* terrible

gher•kin ['gɜːrkɪn] pepinillo *m*

ghet•to ['getoʊ] (*pl* -*o*(*e*)*s*) gueto *m*

ghost [goʊst] fantasma *m*

ghost•ly ['goʊstlɪ] *adj* fantasmal

'ghost sto•ry historia *f* de fantasmas; 'ghost town ciudad *f* fantasma; 'ghost train tren *m* fantasma; 'ghost writ•er negro(-a) *m(f)*

ghoul [guːl] macabro(-a) *m(f)*, morboso(-a) *m(f)*

ghoul•ish ['guːlɪʃ] *adj* macabro, morboso

gi•ant ['dʒaɪənt] **I** *n* gigante *m* **II** *adj* gigantesco, gigante

'gi•ant kil•lers *npl* matagigantes *m inv*

gib•ber ['dʒɪbər] *v/i* farfullar

gib•ber•ish ['dʒɪbərɪʃ] F memeces *fpl* F, majaderías *fpl* F; *talk* ~ decir memeces

gib•bon ['gɪbən] gibón *m*

gibe [dʒaɪb] pulla *f*

gib•lets ['dʒɪblɪts] *npl* menudillos *mpl*

gid•di•ness ['gɪdɪnɪs] mareo *m*

gid•dy ['gɪdɪ] *adj* mareado; *feel* ~ estar mareado; *become* ~ marearse

gift [gɪft] regalo *m*; *have a* ~ *for sth* tener un don para algo

'gift cer•ti•fi•cate vale *m* de regalo

gift•ed ['gɪftɪd] *adj* con talento

'gift shop tienda *f* de artículos de regalo; 'gift to•ken vale *m* de regalo; 'gift-wrap **I** *n* papel *m* de regalo **II** *v/t* (*pret & pp* -*ped*) envolver para regalo

gig [gɪg] F concierto *m*, actuación *f*

gi•ga•byte ['gɪgəbaɪt] COMPUT gigabyte *m*

gi•gan•tic [dʒaɪ'gæntɪk] *adj* gigantesco

gig•gle ['gɪgl] **I** *v/i* soltar risitas **II** *n* risita *f*; *get the* ~*s* tener un ataque de risa

gig•gly ['gɪglɪ] *adj* que suelta risitas

gild [gɪld] *v/t* dorar

gill [gɪl] *of fish* branquia *f*

gilt [gɪlt] dorado *m*; ~*s* FIN valores *mpl* del Estado

gilt-edged se•cur•i•ties [gɪltedʒd-sɪ'kjuːrɪtɪz] *npl* FIN valores *mpl* a plazo fijo

gim•crack ['dʒɪmkræk] *adj* de tres al cuarto

gim•mick ['gɪmɪk] truco *m*, reclamo *m*

gim•mick•y ['gɪmɪkɪ] *adj* superficial, artificioso

gin [dʒɪn] ginebra *f*; ~ *and tonic* gin-tonic *m*

gin•ger ['dʒɪndʒər] *spice* jengibre *m*

gin•ger 'ale ginger ale *m*

'gin•ger•bread pan *m* de jengibre

gin•ger•ly ['dʒɪndʒərlɪ] *adv* cuidadosamente, delicadamente

ging•ham ['gɪŋəm] guinga *f*

gin•gi•vi•tis [dʒɪndʒɪ'vaɪtɪs] MED gingivitis *f inv*

gip•sy ['dʒɪpsɪ] *Br* gitano(-a) *m(f)*

gi•raffe [dʒɪ'ræf] jirafa *f*

gir•der ['gɜːrdər] viga *f*

gir•dle ['gɜːrdl] faja *f*

girl [gɜːrl] **1** chica *f*; (*young*) ~ niña *f*, chica *f* **2** *daughter* niña *f*, hija *f*

'girl•friend *of boy* novia *f*; *of girl* amiga *f*

girl•hood ['gɜːrlhʊd] niñez *f*

girl•ie mag•a•zine ['gɜːrlɪ] revista *f* porno

girl•ish ['gɜːrlɪʃ] *adj* de niñas

girl 'scout escultista *f*, scout *f*

girth [gɜːrθ] **1** *of tree etc* circunferencia *f* **2** *for horse* cincha *f*

gist [dʒɪst] esencia *f*; *catch the* ~ *of sth* captar la esencia de algo

give [gɪv] **I** *v/t* (*pret gave*, *pp given*) dar; *as present* regalar; (*supply: electricity etc*) proporcionar; *talk*, *lecture* dar, pronunciar; *cry*, *groan* soltar; ~ *her my love* dale recuerdos (de mi parte); ~ *s.o. a present* hacer un regalo a alguien; ~*n the fact that he …* dado que; … *don't* ~ *me that!* F ¡no me vengas con esas!

**II** *v/i of structure*, *bridge etc* ceder, remitir

◆ **give away** *v/t* **1** *as present* regalar **2** (*betray*) traicionar; **give o.s. away** descubrirse, delatarse

◆ **give back** *v/t* devolver (**to** a)

◆ **give in I** *v/i* (*surrender*) rendirse **II** *v/t* (*hand in*) entregar

◆ **give off** *v/t smell, fumes* emitir, despedir

◆ **give onto** *v/t* (*open onto*) dar a

◆ **give out I** *v/t* **1** *leaflets etc* repartir **2** *heat* despedir **II** *v/i of supplies, strength* agotarse

◆ **give up I** *v/t smoking etc* dejar de; *hope* perder; **give o.s. up to the police** entregarse a la policía **II** *v/i* (*stop making effort*) desistir; **I find it hard to give up** me cuesta mucho dejarlo

◆ **give up on** *v/t person* perder la fe en

◆ **give way** *v/i* **1** *of bridge etc* hundirse **2** *esp Br. of traffic* ceder el paso

◆ **give way to** *v/t* dar paso a

**give-and-'take** toma *m* y daca

**'give•a•way I 1** *n*: **it's a dead ~** salta a la vista **2** COM regalo *m* **II** *adj*: **~ price** precio *m* de ganga

**giv•en** ['gɪvn] *pp* ☞ **give**

**'giv•en name** nombre *m* de pila

**giv•er** ['gɪvər] donante *m/f*

**giz•mo** ['gɪzmoʊ] F cacharro *m*

**giz•zard** ['gɪzərd] molleja *f*

**gla•cé** ['glæseɪ] *adj* confitado

**gla•cial** ['gleɪʃəl] *adj also fig* gélido

**gla•cier** ['gleɪʃər] glaciar *m*

**glad** [glæd] *adj* contento, alegre; **I was ~ to see you** me alegré de verte

**glad•den** ['glædn] *v/t* alegrar

**glade** [gleɪd] claro *m*

**glad•i•a•tor** ['glædɪeɪtər] gladiador *m*

**glad•i•o•lus** [glædɪ'oʊləs] (*pl* **gladioli** [glædɪ'oʊlaɪ]) BOT gladiolo *m*

**glad•ly** ['glædlɪ] *adv* con mucho gusto

**glad•ness** ['glædnɪs] alegría *f*

**glam•or** ['glæmər] atractivo *m*, glamour *m*

**glam•or•ize** ['glæməraɪz] *v/t* hacer atractivo, ensalzar

**glam•or•ous** ['glæmərəs] *adj* atractivo, glamoroso

**glam•our** *Br* ☞ **glamor**

**glance** [glæns] **I** *n* ojeada *f*, vistazo *m*; **I could tell at a ~ that ...** con sólo (echar) un vistazo me di cuenta de que ... **II** *v/i* echar una ojeada *or* vistazo

◆ **glance at** *v/t* echar una ojeada *or* vis-

tazo a

**gland** [glænd] glándula *f*

**glan•du•lar 'fe•ver** ['glændʒələr] mononucleosis *f inv* infecciosa

**glare** [gler] **I** *n of sun, headlights* resplandor *m* **II** *v/i of headlights* resplandecer

◆ **glare at** *v/t person* mirar con furia a

**glar•ing** ['glerɪŋ] *adj mistake* garrafal

**glar•ing•ly** ['glerɪŋlɪ] *adv*: **it's ~ obvious** está clarísimo

**glass** [glæs] **1** *material* vidrio *m* **2** *for drink* vaso *m*

**'glass blow•er** soplador(a) *m(f)* de vidrio; **glass 'case** vitrina *f*; **glass 'ceiling** *fig* barreras que impiden a la mujer alcanzar altos cargos

**glass•es** ['glæsɪz] *npl* gafas *fpl*, L.Am. lentes *mpl*, L.Am. anteojos *mpl*

**glass•ful** ['glæsfʊl] vaso *m*

**'glass•house** invernadero *m*

**glass•ware** ['glæswer] cristalería *f*

**glass•y** ['glæsɪ] *adj* **1** *surface* cristalino **2** *stare* vidrioso

**glau•co•ma** [glɒ:'koʊmə] MED glaucoma *m*

**glazed** [gleɪzd] *adj expression* vidrioso

**glaze** [gleɪz] vidriado *m*

◆ **glaze over** *v/i of eyes* vidriarse

**gla•zi•er** ['gleɪzɪr] cristalero(-a) *m(f)*, vidriero(-a) *m(f)*

**glaz•ing** ['gleɪzɪŋ] cristales *mpl*, vidrios *mpl*

**gleam** [gli:m] **I** *n* resplandor *m*, brillo *m* **II** *v/i* resplandecer, brillar

**glean** [gli:n] *v/t fig* averiguar; **~ from** extraer de

**glee** [gli:] júbilo *m*, regocijo *m*

**glee•ful** ['gli:fəl] *adj* jubiloso

**glib** [glɪb] *adj* fácil

**glib•ly** ['glɪblɪ] *adv* con labia

**glide** [glaɪd] *v/i of bird, plane* planear; *of piece of furniture* deslizarse

**glid•er** ['glaɪdər] planeador *m*

**glid•ing** ['glaɪdɪŋ] *sport* vuelo *m* sin motor

**glim•mer** ['glɪmər] **I** *n of light* brillo *m* tenue; **~ of hope** rayo *m* de esperanza **II** *v/i* brillar tenuemente

**glimpse** [glɪmps] **I** *n* vistazo *m*; **catch a ~ of** vislumbrar **II** *v/t* vislumbrar

**glint** [glɪnt] **I** *n* destello *m*; *in eyes* centelleo *m* **II** *v/i of light* destellar; *of eyes* centellear

**glis•ten** ['glɪsn] *v/i* relucir, centellear

glitch [glɪtʃ] *F* fallo *m* técnico
glit•ter ['glɪtər] *v/i* resplandecer, destellar
glit•ter•a•ti [glɪtər'ɑːtɪ] *npl* famosos *mpl*
glit•ter•ing ['glɪtərɪŋ] *adj* **1** resplandeciente **2** *fig* rutilante
glitz [glɪts] *F* glamour *m*
glitz•y ['glɪtsɪ] *adj F* glamoroso
gloat [gloʊt] *v/i* regodearse
◆ gloat over *v/t* regodearse de
glo•bal ['gloʊbl] *adj* global
glo•bal e'con•o•my economía *f* global
glob•al•i•za•tion [gloʊbəlaɪ'zeɪʃn] COM globalización *f*
glob•al•ly ['gloʊbəlɪ] *adv* globalmente
glo•bal 'mar•ket mercado *m* global
glo•bal warm•ing ['wɔːrmɪŋ] calentamiento *m* global
globe [gloʊb] **1** (*the earth*) globo *m* **2** (*model of earth*) globo *m* terráqueo
globe•trot•ter ['gloʊbtrɑːtər] trotamundos *m/f inv*
glob•ule ['glɑːbjuːl] gota *f*
gloom [gluːm] **1** (*darkness*) tinieblas *fpl*, oscuridad *f* **2** *mood* abatimiento *m*, melancolía *f*
gloom•i•ly ['gluːmɪlɪ] *adv* con abatimiento, melancólicamente
gloom•y ['gluːmɪ] *adj room* tenebroso, oscuro **2** *mood*, *person* abatido, melancólico
glo•ri•fi•ca•tion [glɔːrɪfɪ'keɪʃn] glorificación *f*
glo•ri•fied ['glɔːrɪfaɪd] *adj F* con aires de grandeza
glo•ri•fy ['glɔːrɪfaɪ] *v/t* glorificar
glo•ri•ous ['glɔːrɪəs] *adj weather*, *day* espléndido, maravilloso; *victory* glorioso
glo•ry ['glɔːrɪ] gloria *f*
◆ glory in *v/i* deleitarse con
gloss [glɑːs] **1** (*shine*) lustre *m*, brillo *m* **2** (*general explanation*) glosa *f*
◆ gloss over *v/t* pasar por alto
glos•sa•ry ['glɑːsərɪ] glosario *m*
'gloss paint pintura *f* brillante
gloss•y ['glɑːsɪ] **I** *adj paper* cuché, satinado **II** *n magazine* revista *f* en color (*en papel cuché or satinado*)
glove [glʌv] guante *m*
'glove box, 'glove com•part•ment *in car* guantera *f*
'glove pup•pet marioneta *f* de guiñol (*de guante*)

glow [gloʊ] **I** *n of light*, *fire* resplandor *m*, brillo *m*; *in cheeks* rubor *m* **II** *v/i of light*, *fire* resplandecer, brillar; *of cheeks* ruborizarse
glow•er [glaʊr] *v/i* fruncir el ceño
glow•ing ['gloʊɪŋ] *adj description* entusiasta
glow•ing•ly ['gloʊɪŋlɪ] *adv*: **speak ~ of s.o.** / **sth** hablar elogiosamente de alguien / algo
'glow•worm ZO luciérnaga *f*
glu•cose ['gluːkoʊs] glucosa *f*
glue [gluː] **I** *n* pegamento *m*, cola *f* **II** *v/t* pegar, encolar; **~ sth to sth** pegar *or* encolar algo a algo; **be ~d to the radio** / **TV** *F* estar pegado a la radio / televisión *F*
glue-sniff•ing ['gluːsnɪfɪŋ] inhalación *f* de pegamento
glu•ey ['gluːɪ] *adj* pegajoso
glum [glʌm] *adj* sombrío, triste; **get or become ~** entristecerse
glum•ly ['glʌmlɪ] *adv* con tristeza
glut [glʌt] exceso *m*, superabundancia *f*
glu•ten ['gluːtən] gluten *m*
glu•ti•nous ['gluːtənəs] *adj* glutinoso
glut•ton ['glʌtən] glotón(-ona) *m(f)*; **she's a ~ for punishment** es masoquista
glut•ton•ous ['glʌtənəs] *adj* glotón
glut•ton•y ['glʌtənɪ] gula *f*, glotonería *f*
glyc•er•in(e) ['glɪsərɪːn] CHEM glicerina *f*
GMO [dʒiːem'oʊ] *abbr* (= **genetically modified organism**) organismo *m* modificado genéticamente
GMT [dʒiːem'tiː] *abbr* (= **Greenwich Mean Time**) hora *f* del meridiano de Greenwich
gnarled [nɑːrld] *adj* nudoso
gnash [næʃ] *v/t*: **~ one's teeth** rechinar los dientes
gnat [næt] *tipo de mosquito*
gnaw [nɒ] *v/t bone* roer
gnome [noʊm] gnomo *m*
GNP [dʒiːen'piː] *abbr* (= **gross national product**) PNB *m* (= producto *m* nacional bruto)
go [goʊ] **I** *n*: **on the ~** en marcha **II** *v/i* (*pret* **went**, *pp* **gone**) **1** ir (**to** a); (*leave*) irse, marcharse; (*come out: of stain etc*) irse; (*cease: of pain etc*) pasarse; **~ shopping** / **jogging** ir de compras / a hacer footing; **I must be ~ing**

me tengo que ir; *let's ~!* ¡vamos!; *~ for a walk* ir a pasear *or* a dar un paseo; *~ to bed* ir(se) a la cama; *~ to school* ir al colegio; *hamburger to ~* hamburguesa para llevar; *be all gone* (*finished*) haberse acabado; *where do the knives ~?* ¿dónde van los cuchillos?

**2** (*work, function*) funcionar; *how's the work ~ing?* ¿cómo va el trabajo?; *how does the tune ~?* ¿cómo es la música?; *five into three won't ~* (*fit*) tres (dividido) entre cinco no cabe; (*be divisible*) tres no es divisible por cinco **3** (*match: of colors etc*) ir bien, pegar **4**: *they're ~ing for $50* (*being sold at*) se venden por 50 dólares **5**: *~ green* ponerse verde **6**: *be ~ing to do sth* ir a hacer algo

◆ **go ahead** *v/i and do sth* seguir adelante; *can I? – sure, go ahead* ¿puedo? – por supuesto, adelante

◆ **go after** *v/t person* perseguir; *job, opportunity* ir detrás de

◆ **go ahead with** *v/t plans etc* seguir adelante con

◆ **go along with** *v/t suggestion* aceptar; (*agree with*) estar de acuerdo con

◆ **go around** *v/i of virus, rumor* circular; *there isn't enough food to go around* no hay comida suficiente para todos

◆ **go at** *v/t* (*attack*) atacar

◆ **go away** *v/i of person* irse, marcharse; *of rain, pain, clouds* desaparecer

◆ **go back** *v/i* **1** (*return*) volver; *go back to sleep* volver a dormirse **2** (*date back*) remontarse; *we go back a long way* nos conocemos desde hace tiempo

◆ **go back on** *v/t one's word* faltar a

◆ **go by** *v/i of car, time* pasar

◆ **go down** *v/i* bajar; *of sun* ponerse; *of ship* hundirse; *go down well / badly of suggestion etc* sentar bien / mal

◆ **go for** *v/t* **1** (*attack*) atacar **2** (*like*): *I don't much go for gin* no me va mucho la ginebra **3** (*apply to*): *does that go for me too?* ¿eso también va por mí?

◆ **go in** *v/i* **1** *to room, house* entrar **2** *of sun* ocultarse **3** (*fit: of part etc*) ir, encajar

◆ **go in for** *v/t competition, race* tomar parte en; *I used to go in for badminton quite a lot* antes jugaba mucho al bádminton; *I don't go in for that*

*kind of music* no me llama ese tipo de música

◆ **go into** *v/t* **1** *room, building* entrar en **2** *profession* meterse en **3** (*discuss*) entrar en

◆ **go off I** *v/i* **1** (*leave*) marcharse **2** *of bomb* explotar, estallar; *of gun* dispararse; *of alarm* saltar **3** *of milk etc* echarse a perder **II** *v/t*: *I've gone off whiskey* ya no me gusta el whisky

◆ **go on** *v/i* **1** (*continue*) continuar; *the play goes on for three hours* la obra dura tres horas; *go on, do it!* (*encouraging*) ¡venga, hazlo! **2** (*happen*) ocurrir, pasar; *what's going on?* ¿qué pasa? **3** (*talk, complain*): *I wish you wouldn't go on so* podrías dejarlo ya; *he does go on, doesn't he?* podía dejarlo ya

◆ **go on at** *v/t* (*nag*) meterse con

◆ **go out** *v/i* **1** *of person* salir; *of tide* bajar; *go out for dinner* ir a cenar fuera **2** *of light, fire* apagarse

◆ **go out with** *v/t romantically* salir con

◆ **go over** *v/t* **1** (*check*) examinar; *I went over and over it again in my mind* le di mil vueltas a la cabeza **2** (*do again*) repasar **3** (*discuss*) hablar de, discutir **II** *v/i*: *go over to s.o.* acercarse a alguien

◆ **go through I** *v/t* **1** *illness, hard times* atravesar **2** (*check*) revisar, examinar **3** (*read through*) estudiar **4** (*search*) buscar por, registrar **5**: *he goes through one pair of socks a week* destroza un par de calcetines cada semana **II** *v/i* **1** (*be accepted*) aprobarse **2**: *it's gone through at the elbows* está desgastado por los codos

◆ **go through with** *v/t threat* llevar a cabo; *I couldn't go through with it* me eché para atrás

◆ **go together** *v/i of colors etc* combinar, pegar

◆ **go under** *v/i* (*sink*) hundirse; *of company* ir a la quiebra

◆ **go up** *v/i* **1** subir **2** (*explode*) saltar en pedazos

◆ **go without I** *v/t food etc* pasar sin **II** *v/i* pasar privaciones

**goad** [goʊd] *v/t* pinchar; *~ s.o. into doing sth* pinchar a alguien para que haga algo

**'go·a·head I** *n* luz *f* verde; *when we get the ~* cuando nos den la luz verde **II** *adj*

(*enterprising, dynamic*) dinámico
**goal** [gəʊl] **1** (*objective*) objetivo *m*, meta *f* **2** SP *target* portería *f*, *L.Am.* arco *m*; *point* gol *m*; **shot on ~** tiro *m* a portería
**goal•ie** ['gəʊlɪ] F portero(-a) *m(f)*, *L.Am.* arquero(-a) *m(f)*
'**goal•keep•er** portero(-a) *m(f)*, guardameta *m/f*, *L.Am.* arquero(-a) *m(f)*; '**goal kick** saque *m* de puerta *or* Rpl de valla; '**goal line** línea *f* de gol; '**goal•mouth** portería *f*; '**goal•post** poste *m*; '**goal•scor•er** goleador(a) *m(f)*
**goat** [gəʊt] cabra *f*, *it really gets my ~!* F ¡me pone del hígado! F
**goa•tee** [gəʊ'tiː] perilla *f*
**gob•ble•dy•gook** ['gɑːbldɪguːk] F jerigonza *f* F
**gob•ble** ['gɑːbl] *v/t* engullir
◆ **gobble up** *v/t* engullir
'**go-be•tween** intermediario(-a) *m(f)*
**gob•let** ['gɑːblət] copa *f*
**gob•lin** ['gɑːblɪn] duende *m*
'**go-cart** kart *m*
**god** [gɑːd] dios *m*; **thank God!** ¡gracias a Dios!; **oh God!** ¡Dios mío!
'**god-aw•ful** *adj* F terrible; '**god•child** ahijado(-a) *m(f)*; **god•dam•mit** [gɑːd-'dæmɪt] *int* F ¡maldita sea!; **goddamned** ['gɑːddæmd] *adj* F maldito; '**god•daugh•ter** ahijada *f*
**god•dess** ['gɑːdɪs] diosa *f*
'**god•fa•ther** *also in mafia* padrino *m*; God-fear•ing ['gɑːdfɪrɪŋ] *adj* temeroso de Dios; '**god•for•sak•en** *adj place* dejado de la mano de Dios
**god•less** ['gɑːdlɪs] *adj* impío
**god•like** ['gɑːdlaɪk] *adj* divino
**god•ly** ['gɑːdlɪ] *adj* piadoso
'**god•moth•er** madrina *f*; '**god•pa•rent** *man* padrino *m*; *woman* madrina *f*; '**god•send** regalo *m* del cielo; '**god•son** ahijado *m*
**go•fer** ['gəʊfər] F recadero(-a) *m(f)*
**go-get•ter** ['gəʊgetər] F ambicioso(-a) *m(f)*
**gog•gle** ['gɑːgl] *v/i*: ~ **at s.o.** mirar a alguien con los ojos abiertos de par en par
**gog•gle-eyed** [gɑːgl'aɪd] *adj* F *in amazement* con los ojos desorbitados
**gog•gles** ['gɑːglz] *npl* gafas *fpl*
'**go-go danc•er** gogó *f*
**go•ing** ['gəʊɪŋ] **I** *adj price etc* vigente; ~

**concern** empresa *f* en marcha **II** *n*: *the path was hard* ~ el camino estaba en mal estado; *the book isn't very easy* ~ el libro es bastante pesado
**go•ings-on** [gəʊɪŋz'ɑːn] *npl* actividades *fpl*
**goi•ter**, *Br* **goi•tre** ['gɔɪtər] MED bocio *m*
**go-kart** ['gəʊkɑːrt] *Br* kart *m*
**gold** [gəʊld] **I** *n* oro *m* **II** *adj* de oro
'**gold dig•ger** F cazafortunas *f inv*
'**gold dust** oro *m* en polvo; *be like* ~ ser difícil de encontrar
**gold•en** ['gəʊldn] *adj sky, hair* dorado; *a ~ opportunity* una oportunidad de oro
'**gold•en age** edad *f* de oro; **gold•en ag•er** ['eɪdʒər] pensionista *m/f*; **gold•en 'ea•gle** águila *f* real; '**gold•en goal** *in soccer* gol *m* de oro; **gold•en 'hand•shake** gratificación *f* entregada tras la marcha de un directivo; **gold•en 'hel•lo** prima *f* de contratación; **gold•en re-'triev•er** retriever *m* dorado; **gold•en 'wed•ding** (an•ni•ver•sa•ry) bodas *fpl* de oro
'**gold•field** yacimiento *m* de oro; '**gold•fish** pez *m* de colores; '**gold med•al** medalla *f* de oro; '**gold mine** *fig* mina *f*; **gold-plat•ed** [gəʊld'pleɪtɪd] *adj* bañado en oro; '**gold•smith** orfebre *m/f*
**golf** [gɑːlf] golf *m*
'**golf ball** pelota *f* de golf; '**golf club** *organization* club *m* de golf; *stick* palo *m* de golf; '**golf course** campo *m* de golf
**golf•er** ['gɑːlfər] golfista *m/f*
**golf•ing** ['gɑːlfɪŋ]: *go* ~ jugar a golf
'**golf links** *npl* campo *m* de golf (*al lado del mar*)
**Go•li•ath** [gə'laɪəθ] *fig* gigante *m*
**go•nad** ['gəʊnæd] ANAT gónada *f*
**gon•do•la** ['gɑːndələ] **1** *of cable car* (*coche m* de) teleférico *m* **2** *in Italy* góndola *f*
**gone** [gɑːn] **1** *pp* ☞ **go 2** *prep*: *it is* ~ *six* (*o'clock*) acaban de dar las seis
**go•ner** ['gɑːnər] F: *she's a* ~ tiene un pie en la tumba
**gong** [gɑːŋ] gong *m*
**gon•na** ['gɔːnə] F ☞ **go**
**gon•or•rhe•a**, *Br* **gon•or•rhoe•a** [gɑːn-ə'rɪə] MED gonorrea *f*
**goo** [guː] F **1** pringue *m* **2** *fig* sensiblería *f*
**good** [gʊd] *adj* bueno; *food* bueno, rico;

*a ~ many* muchos; *he's ~ at chess* se le da muy bien el ajedrez; *be ~ for s.o.* ser bueno para alguien; *~ morning* buenos días; *~ afternoon* buenas tardes; *~ evening* buenas tardes / noches; *~ night* buenas noches; *it was as ~ as finished* estaba prácticamente terminado *or* acabado; *it's no ~ keeping on asking* no sirve de nada pedir tanto; *that's no ~, we can't have that* es inaceptable; *how about tomorrow? – no, that's no ~* ¿qué tal mañana? no, no me viene bien; *it's no ~, I can't do it* imposible, no puedo

**good•bye** [gʊd'baɪ] adiós *m*, despedida *f*; *say ~ to s.o., wish s.o. ~* decir adiós a alguien, despedirse de alguien

**'good-for-no•thing** inútil *m/f*; **Good 'Fri•day** Viernes *m inv* Santo; **good--heart•ed** [gʊd'hɑːrtɪd] *adj* bondadoso; **good-hu•mored,** *Br* **good-hu•moured** [gʊd'hjuːmərd] *adj* jovial, afable; **good-look•ing** [gʊd'lʊkɪŋ] *adj woman, man* guapo; **good-na•tured** [gʊd-'neɪtʃərd] bondadoso

**good•ness** ['gʊdnɪs] *moral* bondad *f*; *of fruit etc* propiedades *fpl*, valor *m* nutritivo; *thank ~!* ¡gracias a Dios!; *for ~ sake!* ¡por el amor de Dios!

**goods** [gʊdz] *npl* COM mercancías *fpl*, productos *mpl*

**good-tem•pered** [gʊd'tempərd] *adj* afable

**good'will** buena voluntad *f*

**goody-goody** ['gʊdɪgʊdɪ] F: *she's a real ~* es una buenaza F

**goo•ey** ['guːɪ] *adj* 1 *sticky* pegajoso 2 *sentimental* sentimentaloide

**goof** [guːf] *v/i* F meter la pata F
♦ **goof off** *v/i* F eludir obligaciones

**goon** [guːn] F matón *m*

**goose** [guːs] (*pl* **geese** [giːs]) ganso *m*, oca *f*

**goose•ber•ry** ['gʊzberɪ] grosella *f*; **'goose bumps** *npl* carne *f* de gallina; **'goose pim•ples** *npl* carne *f* de gallina; **'goose step** paso *m* de la oca

**go•pher** ['goʊfər] ZO taltuza *f*

**Gor•di•an** ['gɔːrdjən] *adj*: *cut the ~ knot* cortar el nudo gordiano

**gore**[1] [gɔːr] *n* sangre *f*; *the movie is full of blood and ~* la película tiene mucha casquería

**gore**[2] [gɔːr] *v/t* cornear, dar una corna-

da a

**gorge** [gɔːrdʒ] I *n* garganta *f*, desfiladero *m* II *v/t*: *~ o.s. on sth* comer algo hasta hartarse

**gor•geous** ['gɔːrdʒəs] *adj weather* maravilloso; *dress, hair* precioso; *woman, man* buenísimo; *smell* estupendo

**go•ril•la** [gə'rɪlə] gorila *m*

**gor•y** ['gɔːrɪ] *adj* sangriento; *she gave me all the ~ details* me contó hasta los detalles más escabrosos

**gosh** [gɑːʃ] *int* ¡caramba!, ¡vaya!

**gos•ling** ['gɑːzlɪŋ] ORN ansarón *m*

**go-'slow** huelga *f* de celo

**gos•pel** ['gɑːspl] *in Bible* evangelio *m*; *it's the ~ truth* es la pura verdad

**gos•sa•mer** ['gɑːsəmər] *fabric* gasa *f*

**gos•sip** ['gɑːsɪp] I *n* cotilleo *m*; *person* cotilla *m/f* II *v/i* cotillear

**'gos•sip col•umn** ecos *mpl* de sociedad; **'gos•sip col•umn•ist** escritor(a) *m(f)* de los ecos de sociedad

**gos•sip•y** ['gɑːsɪpɪ] *adj letter* lleno de cotilleos

**got** [gɑːt] *pret & pp* ☞ **get**

**Goth•ic** ['gɑːθɪk] I *adj* gótico; *~ novel* novela *f* gótica II *n* ARCHI gótico *m*

**got•ta** ['gɑːtə] = *have (got) to*

**got•ten** ['gɑːtn] *pp* ☞ **get**

**gouge** [gaʊdʒ] *v/t* 1 cavar; *~ s.o.'s eyes out* arrancar los ojos a alguien 2 F *customers* timar

**gou•lash** ['guːlæʃ] GASTR gulasch *m*

**gourd** [gʊrd] BOT calabaza *f*

**gour•met** ['gʊrmeɪ] gastrónomo(-a) *m(f)*, gourmet *m/f*

**gout** [gaʊt] MED gota *f*

**gov•ern** ['gʌvərn] *v/t country* gobernar

**gov•ern•ing** ['gʌvərnɪŋ] *adj* gobernante; *~ body* órgano *m* rector

**gov•ern•ment** ['gʌvərnmənt] gobierno *m*

**gov•ern•ment 'spend•ing** gasto *m* público

**gov•er•nor** ['gʌvərnər] gobernador(a) *m(f)*

**gown** [gaʊn] 1 *long dress* vestido *m*; *wedding dress* traje *m* 2 *of academic, judge* toga *f* 3 *of surgeon* bata *f*

**grab** [græb] I *v/t* (*pret & pp* **-bed**) agarrar; *food* tomar; *~ some sleep* dormir; *it doesn't ~ me* F no me emociona II *n*: *make a ~ for sth* intentar agarrar algo; *be up for ~s* F estar disponible

**grace** [greɪs] **1** *of dancer etc* gracia *f*, elegancia *f*; **he didn't even have the ~ to say sorry!** ¡no tuvo ni siquiera la delicadeza de pedir perdón! **2** *at meal:* **say ~** bendecir la mesa **3** COM: **period of ~** periodo *m* de gracia

**grace•ful** ['greɪsfəl] *adj* elegante

**grace•ful•ly** ['greɪsfəlɪ] *adv move* con gracia *or* elegancia

**gra•cious** ['greɪʃəs] *adj person* amable; *style, living* elegante; **good ~!** ¡Dios mío!

**gra•da•tion** [grə'deɪʃn] gradación *f*

**grade** [greɪd] **I** *n* **1** *quality* grado *m* **2** EDU curso *m*; (*mark*) nota *f* **II** *v/t* clasificar

**'grade cross•ing** paso *m* a nivel

**'grade school** escuela *f* primaria

**gra•di•ent** ['greɪdɪənt] pendiente *f*

**grad•u•al** ['grædʒʊəl] *adj* gradual

**grad•u•al•ly** ['grædʒʊəlɪ] *adv* gradualmente, poco a poco

**grad•u•ate** ['grædʒʊət] **I** *n* licenciado(-a) *m(f)*; *from high school* bachiller *m/f* **II** *v/i from university* licenciarse, *L.Am.* egresarse; *from high school* sacar el bachillerato

**'grad•u•ate school** escuela *f* de posgrado

**grad•u•a•tion** [grædʒʊ'eɪʃn] graduación *f*

**grad•u•a•tion cer•e•mon•y** ceremonia *f* de graduación

**graf•fi•ti** [grə'fiːtiː] graffiti *m*

**graft** [græft] **I** *n* **1** BOT, MED injerto *m* **2** F *corruption* corrupción *f* **II** *v/t* BOT, MED injertar

**grain** [greɪn] **1** grano *m* **2** *in wood* veta *f*; **go against the ~** ir contra la naturaleza de alguien

**gram** [græm] gramo *m*

**gram•mar** ['græmər] gramática *f*

**gram•mat•i•cal** [grə'mætɪkl] *adj* gramatical

**gram•mat•i•cal•ly** [grə'mætɪklɪ] *adv* gramaticalmente

**gran•a•ry** ['grænərɪ] granero *m*

**grand** [grænd] **I** *adj* grandioso; F (*very good*) estupendo, genial **II** *n* F (*$1000*) mil dólares

**gran•dad** *Br* ☞ **granddad**; **Gran 'Canyon** Gran Cañon *m*; **'grand•child** nieto(-a) *m(f)*; **'grand•dad** ['grændæd] abuelito *m*; **'grand•daugh•ter** nieta *f*

**gran•deur** ['grændʒər] grandiosidad *f*; **suffer from delusions of ~** sufrir delirios de grandeza

**'grand•fa•ther** abuelo *m*

**'grand•fa•ther clock** reloj *m* de pie

**gran•di•ose** ['grændɪous] *adj* grandioso

**grand 'jur•y** jurado *m* de acusación, gran jurado; **'grand•ma** F abuelita *f*, yaya *f* F; **'grand•moth•er** abuela *f*; **'grand•pa** F abuelito *m*, yayo *m* F; **'grand•par•ents** *npl* abuelos *mpl*; **grand pi'an•o** piano *m* de cola; **grand 'slam** gran slam *m*; **'grand•son** nieto *m*; **'grand•stand** tribuna *f*

**gran•ite** ['grænɪt] granito *m*

**gran•ny** ['grænɪ] F abuelita *f*, yaya *f* F

**grant** [grænt] **I** *n money* subvención *f*; EDU beca *f* **II** *v/t* conceder; **take sth for ~ed** dar algo por sentado; **take s.o. for ~ed** no apreciar a alguien lo suficiente

**grant-in-'aid** subvención *f*

**gran•u•lar** ['grænjʊlər] *adj* granuloso

**gran•u•lat•ed sug•ar** ['grænʊleɪtɪd] azúcar *m or f* granulado(-a)

**gran•ule** ['grænjuːl] gránulo *m*

**grape** [greɪp] uva *f*

**'grape•fruit** pomelo *m*, *L.Am.* toronja *f*; **'grape•fruit juice** *L.Am.* jugo *m* de toronja, *Span* zumo *m* de pomelo; **'grape•vine: I've heard through the ~ that ...** me ha contado un pajarito que ...

**graph** [græf] gráfico *m*, gráfica *f*

**graph•ic** ['græfɪk] **I** *adj* (*vivid*) gráfico **II** *n* COMPUT gráfico *m*

**graph•ic•al•ly** ['græfɪklɪ] *adv describe* gráficamente

**graph•ic 'art•ist** artista *m/f* gráfico(-a); **graph•ic de'sign** diseño *m* gráfico; **graph•ic de'sign•er** diseñador(a) *m(f)* gráfico(-a); **graph•ic 'e•qual•iz•er** equalizador *m* gráfico

**'graph•ics card** COMPUT tarjeta *f* gráfica

**graph•ite** ['græfaɪt] MIN grafito *m*

**graph•ol•o•gy** [græ'fɑːlədʒɪ] grafología *f*

**'graph pap•er** papel *m* cuadriculado

◆ **grap•ple with** [ˈgræpl] *v/t attacker* forcejear con; *problem etc* enfrentarse a

**grasp** [græsp] **I** *n* **1** *physical* asimiento *m* **2** *mental* comprensión *f* **II** *v/t* **1** *physi-*

*cally* agarrar **2** *mentally* comprender

**grasp•ing** ['ɡræspɪŋ] *adj* codicioso

**grass** [ɡræs] *also drug* hierba *f*

**'grass cloth** fibra *f* natural; **grass-hop•per** ['ɡræshɑːpər] saltamontes *m inv*; **grass 'roots** *npl people* bases *fpl*; **'grass snake** ZO culebra *f* de collar; **grass 'wid•ow** *mujer cuyo marido está a menudo ausente durante largos periodos de tiempo*; **grass 'wid•ow•er** *hombre cuya mujer está a menudo ausente durante largos periodos de tiempo*

**grass•y** ['ɡræsɪ] *adj* lleno de hierba

**grate**[1] [ɡreɪt] *n metal* parrilla *f*, reja *f*

**grate**[2] [ɡreɪt] **I** *v/t in cooking* rallar **II** *v/i of sound* rechinar

◆ **grate on** *v/t* atacar

**grate•ful** ['ɡreɪtfəl] *adj* agradecido; **we are ~ for your help** (le) agradecemos su ayuda; **I'm ~ to him** le estoy agradecido

**grate•ful•ly** ['ɡreɪtfəlɪ] *adv* con agradecimiento

**grat•er** ['ɡreɪtər] rallador *m*

**grat•i•fi•ca•tion** [ɡrætɪfɪ'keɪʃn] satisfacción *f*

**grat•i•fy** ['ɡrætɪfaɪ] *v/t* (*pret & pp* **-ied**) satisfacer, complacer

**grat•i•fy•ing** ['ɡrætɪfaɪɪŋ] *adj* gratificante

**grat•ing** ['ɡreɪtɪŋ] **I** *n* reja *f* **II** *adj sound, voice* chirriante

**gra•tis** ['ɡreɪtɪs] *adv* gratis

**grat•i•tude** ['ɡrætɪtuːd] gratitud *f*

**gra•tu•i•tous** [ɡrə'tuːɪtəs] *adj* gratuito

**gra•tu•i•ty** [ɡrə'tuːətɪ] *fml* propina *f*, gratificación *f*

**grave**[1] [ɡreɪv] *n* tumba *f*, sepultura *f*

**grave**[2] [ɡreɪv] *adj* grave

**'grave dig•ger** sepulturero(-a) *m(f)*

**grav•el** ['ɡrævl] gravilla *f*

**grave•ly** ['ɡreɪvlɪ] *adv* gravemente; **be ~ ill** estar gravemente enfermo

**'grave•stone** lápida *f*

**'grave•yard** cementerio *m*

◆ **grav•i•tate toward** ['ɡrævɪteɪt] *v/t* verse atraído por

**grav•i•ta•tion** [ɡrævɪ'teɪʃn] PHYS gravitación *f*

**grav•i•ta•tion•al** [ɡrævɪ'teɪʃnl] *adj* PHYS gravitatorio

**grav•i•ta•tion•al 'field** PHYS campo *m* gravitatorio

**grav•i•ty** ['ɡrævətɪ] PHYS gravedad *f*

**gra•vy** ['ɡreɪvɪ] jugo *m* (de la carne)

**gray** [ɡreɪ] *adj* gris; **be going ~** encanecer; **~ hairs** canas *fpl*

**'gray area** *fig* área *f* poco clara

**gray-haired** [ɡreɪ'herd] *adj* canoso

**gray•ish** ['ɡreɪɪʃ] *adj* grisáceo

**gray 'mat•ter** materia *f* gris

**gray 'squir•rel** ardilla *f* gris

**graze**[1] [ɡreɪz] *v/i of cow etc* pastar, pacer

**graze**[2] [ɡreɪz] **I** *v/t arm etc* rozar, arañar **II** *n* rozadura *f*, arañazo *m*

**grease** [ɡriːs] **I** *n* grasa *f* **II** *v/t* engrasar

**'grease•paint** maquillaje *m* de teatro

**grease•proof 'pa•per** papel *m* de cera *or* parafinado

**greas•y** ['ɡriːsɪ] *adj food, hands, plate* grasiento; *hair, skin* graso

**greas•y 'spoon** F restaurante *m* barato

**great** [ɡreɪt] *adj* **1** grande, *before singular noun* gran **2** F (*very good*) estupendo, genial; **how was it? – ~!** ¿cómo fue? – ¡estupendo *or* genial!; **~ to see you again!** ¡me alegro de volver a verte!

**great-'aunt** tía *f* abuela; **Great 'Brit•ain** Gran Bretaña *f*; **great-'grand•child** bisnieto(-a) *m(f)*; **great-'grand-daugh•ter** bisnieta *f*; **great-'grand-fa•ther** bisabuelo *m*; **great-'grand-moth•er** bisabuela *f*; **great-'grand-par•ents** *npl* bisabuelos *mpl*; **great-'grandson** bisnieto *m*

**great•ly** ['ɡreɪtlɪ] *adv* muy

**great•ness** ['ɡreɪtnɪs] grandeza *f*

**great-'un•cle** tío *m* abuelo

**Greece** [ɡriːs] Grecia *f*

**greed** [ɡriːd] *for money* codicia *f*; *for food* gula *f*, glotonería *f*

**greed•i•ly** ['ɡriːdɪlɪ] *adv* con codicia; *eat* con gula *or* glotonería

**greed•i•ness** ['ɡriːdɪnɪs] *for money* codicia *f*; *for food* gula *f*, glotonería *f*

**greed•y** ['ɡriːdɪ] *adj for food* glotón; *for money* codicioso; **be ~ for power / success** estar ávido de poder / éxito; **can I be ~ and have another?** si no te importa, voy a tomar otro más; **you ~ pig!** F ¡mira que eres glotón *or* tragón!

**Greek** [ɡriːk] **I** *adj* griego **II** *n* **1** *person* griego(-a) *m(f)* **2** *language* griego *m*; **it's all ~ to me!** F ¡me suena a chino!

**green** [ɡriːn] **I** *adj* verde; *environmen-*

*tally* ecologista, verde ‖ *n* **1** *in golf* green *m* **2** P *money* plata *f* F, *Span* pasta *f* F

'green•back F billete *m*, dólar *m*; green 'beans *npl* judías *fpl* verdes, *L.Am.* porotos *mpl* verdes, *Mex* ejotes *mpl*; 'green belt cinturón *m* verde; 'green card (*work permit*) permiso *m* de trabajo; 'green chan•nel *at airport etc* pasillo *m* de nada que declarar

green•er•y ['gri:nərɪ] vegetación *f*
'green•field site terreno *m* edificable en el campo; 'green•fly pulgón *m*; green•gro•cer's ['gri:ngrousərz] *Br* verdulería *f*; 'green•horn F novato(-a) *m(f)* F; 'green•house invernadero *m*; 'green•house ef•fect efecto *m* invernadero; 'green•house gas gas *m* invernadero

green•ish ['gri:nɪʃ] *adj* verdoso
Green•land ['gri:nlənd] Groenlandia *f*; green 'light luz *f* verde; give sth the ~ dar la luz verde a algo; green 'pep•per pimiento *m* verde

greens [gri:nz] *npl* verduras *f*
green 'thumb: have a ~ tener buena mano con la jardinería

Green•wich Mean Time [grenɪdʒ'mi:ntaɪm] hora *f* del meridiano de Greenwich

greet [gri:t] *v/t* saludar
greet•ing ['gri:tɪŋ] saludo *m*
'greet•ing card tarjeta *f* de felicitación
gre•gar•i•ous [grɪ'gerɪəs] *adj person* sociable
grem•lin ['gremlɪn] duende *m*
gre•nade [grɪ'neɪd] granada *f*
grew [gru:] *pret* ☞ **grow**
grey *Br* ☞ **gray**
'grey•hound galgo *m*
grid [grɪd] reja *f*, rejilla *f*
grid•dle ['grɪdl] plancha *f*
'grid•i•ron SP *campo de fútbol americano*; 'grid•lock *in traffic* paralización *f* del tráfico; grid•locked ['grɪdlɑ:kt] *adj* paralizado
grief [gri:f] dolor *m*, aflicción *f*
'grief-strick•en *adj* afligido
griev•ance ['gri:vəns] queja *f*; have a ~ against s.o. tener un resentimiento contra alguien
grieve [gri:v] *v/i* sufrir; ~ for s.o. llorar por alguien
griev•ous ['gri:vəs] *adj* grave

grill [grɪl] I *n on window* reja *f* ‖ *v/t* (*interrogate*) interrogar
grille [grɪl] reja *f*
gril•ling ['grɪlɪŋ]: give s.o. a ~ F acribillar a alguien a preguntas
'grill•room asador *m*
grim [grɪm] *adj face* severo; *prospects* desolador; *surroundings* lúgubre
gri•mace ['grɪməs] I *n* gesto *m*, mueca *f* ‖ *v/i* hacer una mueca
grime [graɪm] mugre *f*
grim•ly ['grɪmlɪ] *adv speak* en tono grave
grim•y ['graɪmɪ] *adj* mugriento
grin [grɪn] I *n* sonrisa *f* (amplia) ‖ *v/i* (*pret & pp grinned*) sonreír abiertamente
grind [graɪnd] *v/t* (*pret & pp ground*) *coffee* moler; *meat* picar; ~ one's teeth hacer rechinar los dientes
grind•er ['graɪndər] *for coffee, spices* molinillo *m*; *for meat* picadora *f*
grind•ing ['graɪndɪŋ] *adj:* ~ poverty pobreza *f* absoluta
'grind•stone piedra *f* de afilar; keep or have one's nose to the ~ *fig* trabajar como un esclavo
grip [grɪp] I *n:* he lost his ~ on the rope se le escapó la cuerda; be losing one's ~ (*losing one's skills*) estar volviéndose majara F ‖ *v/t* (*pret & pp -ped*) agarrar
gripe [graɪp] F I *n* queja *f* ‖ *v/i* quejarse
grip•ping ['grɪpɪŋ] *adj* apasionante
gris•ly ['grɪzlɪ] *adj* horripilante
grist [grɪst]: it's all ~ to the mill *fig* todo se puede aprovechar
gris•tle ['grɪsl] cartílago *m*
gris•tly ['grɪslɪ] *adj* con muchos cartílagos
grit [grɪt] I *n dirt* arenilla *f*; *for roads* gravilla *f* ‖ *v/t* (*pret & pp -ted*): ~ one's teeth apretar los dientes
grit•ty ['grɪtɪ] *adj* F *book, movie etc* duro F, descarnado
griz•zle ['grɪzl] *v/i Br* F **1** *cry* lloriquear **2** *complain* refunfuñar
griz•zly bear [grɪzlɪ'ber] ZO oso *m* pardo
groan [groun] I *n* gemido *m* ‖ *v/i* gemir
gro•cer ['grousər] tendero(-a) *m(f)*
gro•cer•ies ['grousərɪz] *npl* comestibles *mpl*
gro•cer•y store ['grousərɪ] tienda *f* de comestibles *or Mex* abarrotes
grog•gy ['grɑːgɪ] *adj* F grogui F

**groin** [grɔɪn] ANAT ingle f
**groom** [gru:m] **I** n **1** for bride novio m **2** for horse mozo m de cuadra **II** v/t horse almohazar; (train, prepare) preparar; **well ~ed** in appearance bien arreglado
**groove** [gru:v] ranura f
**groov•y** ['gru:vɪ] adj F
**grope** [grəʊp] **I** v/i in the dark caminar a tientas **II** v/t sexually manosear
◆ **grope for** v/t door handle, the right word intentar encontrar
**gross** [grəʊs] adj **1** (coarse, vulgar) grosero **2** exaggeration tremendo; error craso; **~ negligence** LAW negligencia f grave **3** FIN bruto
◆ **gross out** v/t P: **gross s.o. out** asquear a alguien
**gross do•mes•tic 'prod•uct** producto m interior bruto; **gross 'earn•ings** npl of company beneficio m bruto; **gross 'in•come** ingreso m bruto
**gross•ly** ['grəʊslɪ] adv: **~ exaggerated** exageradísimo, desmesurado **~ overweight** exageradamente gordo; **~ unfair** sumamente injusto
**gross na•tion•al 'prod•uct** producto m nacional bruto; **gross 'prof•it margin** margen m de beneficio bruto; **gross reg•is•tered ton•nage** [grəʊsredʒɪstərd'tʌnɪdʒ] of ship tonelaje m bruto registrado
**gro•tesque** [grəʊ'tesk] adj grotesco
**grot•to** ['grɑːtəʊ] (pl **-to(e)s**) gruta f
**grot•ty** ['grɑːtɪ] adj Br F cutre
**grouch** [graʊtʃ] F **I** v/i refunfuñar (**about** sobre) **II** n gruñón(-ona) m(f )
**grouch•y** ['graʊtʃɪ] adj F gruñón
**ground¹** [graʊnd] **I** n **1** suelo m, tierra f; **on the ~** en el suelo **2** (reason) motivo m **3** ELEC tierra f **II** v/t ELEC conectar a tierra
**ground²** [graʊnd] pret & pp ☞ **grind**
**'ground ball** in baseball roleta f, roletazo m; **ground 'beef** carne f picada; **'ground•break•ing** adj innovador; **'ground ca•ble** ELEC cable m de toma de tierra; **'ground con•trol** control m de tierra; **'ground crew** personal m de tierra; **'ground for•ces** npl MIL fuerzas fpl terrestres; **'ground frost** escarcha f; **'ground•hog** ZO marmota f
**ground•ing** ['graʊndɪŋ] in subject fundamento m; **he's had a good ~ in electronics** tiene buenos fundamentos de electrónica
**ground•less** ['graʊndlɪs] adj infundado
**ground 'meat** carne f picada; **'ground-nut** cacahuete m, L.Am. maní m, Mex cacahuate m; **'ground plan** plano m; **'ground rules** npl normas fpl básicas; **'ground squir•rel** ZO ardilla f terrestre; **'ground staff** SP personal m de mantenimiento; at airport personal m de tierra; **'ground•swell: a ~ of opinion** una corriente de opinión; **'ground wa•ter** agua m subterránea or freática; **'ground-wa•ter lev•el** nivel m de agua subterránea or freática; **'ground•work** trabajos mpl preliminares; **Ground 'Ze•ro** nivel m cero
**group** [gru:p] **I** n grupo m; **~ dynamics** pl dinámica f de grupo **II** v/t agrupar
**group•ie** ['gru:pɪ] F grupi m/f F
**group•ing** ['gru:pɪŋ] grupo m
**group 'ther•a•py** terapia f de grupo
**grouse¹** [graʊs] F **I** n queja f **II** v/i quejarse, refunfuñar
**grouse²** [graʊs] n ORN lagópodo m
**grove** [grəʊv] arboleda f
**grov•el** ['grɑːvl] v/i (pret & pp **-ed**, Br **-led**) fig arrastrarse
**grov•el•er,** Br **grov•el•ler** ['grɑːvələr] persona f servil
**grov•el•ing,** Br **grov•el•ling** ['grɑːvəlɪŋ] adj servil
**grow** [grəʊ] **I** v/i (pret **grew**, pp **grown**) crecer; of number, amount crecer, incrementarse; **~ old / tired** envejecer / cansarse **II** v/t (pret **grew**, pp **grown**) flowers cultivar
◆ **grow apart** v/i distanciarse
◆ **grow out of** v/t clothes, shoes no caber en; habit, friend etc dejar atrás
◆ **grow up** v/i of person, city crecer; **grow up!** ¡no seas crío!
**grow•er** ['grəʊər] cultivador(a) m(f); **potato ~s** cultivadores de patatas
**growl** [graʊl] **I** n gruñido m **II** v/i gruñir
**grown** [grəʊn] pp ☞ **grow**
**'grown-up I** n adulto(-a) m(f ) **II** adj maduro
**growth** [grəʊθ] of person, economy crecimiento m; (increase) incremento m; MED bulto m
**'growth in•dus•try** COM industria f en expansión
**'growth rate** COM tasa f de crecimiento
**grub** [grʌb] of insect larva f, gusano m

◆ **grub around** *v/i* (*pret & pp* **-bed**) rebuscar; **~ for sth** buscar algo

**grub•by** ['grʌbɪ] *adj* mugriento *m*

**grudge** [grʌdʒ] **I** *n* rencor *m*; **bear s.o. a ~** guardar rencor a alguien **II** *v/t*: **~ s.o. sth** feel envy envidiar algo a alguien

**grudg•ing** ['grʌdʒɪŋ] *adj* rencoroso

**grudg•ing•ly** ['grʌdʒɪŋlɪ] *adv* de mala gana

**gru•el** ['gruəl] gachas *fpl*

**gru•el•ing**, *Br* **gru•el•ling** ['gruːəlɪŋ] *adj* agotador

**grue•some** ['gruːsəm] *adj* espantoso

**gruff** [grʌf] *adj* seco, brusco

**grum•ble** ['grʌmbl] *v/i* murmurar, refunfuñar

**grum•bler** ['grʌmblər] quejica *m/f*

**grump•y** ['grʌmpɪ] *adj* cascarrabias; **get** *or* **become ~** ponerse de mal humor

**grunt** [grʌnt] **I** *n* gruñido *m* **II** *v/i* gruñir

**GSOH** [dʒiːesoʊ'eɪtʃ] *abbr* (= **good sense of humor**) gran sentido *m* del humor

**G-string** ['dʒiːstrɪŋ] *of dancer* tanga *m*

**gua•ra•ní** [gwɑ'rɑːnɪ] FIN guaraní *m*

**guar•an•tee** [gærən'tiː] **I** *n* garantía *f*; **~ period** periodo *m* de garantía **II** *v/t* garantizar

**guar•an•tor** [gærən'tɔːr] garante *m/f*

**guard** [gɑːrd] **I** *n* (*security* **~**) guardia *m/f*, guarda *m/f*; MIL guardia *f*; *in prison* guardián(-ana) *m(f)*; *in basketball* base *m/f*; **be on one's ~ against** estar en guardia contra **II** *v/t* guardar, proteger

◆ **guard against** *v/t* evitar

**'guard dog** perro *m* guardián

**'guard du•ty** guardia *f*; **be on ~** estar de guardia

**guard•ed** ['gɑːrdɪd] *adj reply* cauteloso

**'guard house** cuartel *m*

**guard•i•an** ['gɑːrdɪən] LAW tutor(a) *m(f)*

**guard•i•an 'an•gel** ángel *m* de la guardia

**guard•i•an•ship** ['gɑːrdɪənʃɪp] LAW custodia *f*

**guard of 'hon•or**, *Br* **guard of 'hon•our** guardia *f* de honor

**'guard•rail** barandilla *f*; MOT barrera *f* de protección

**guards•man** ['gɑːrdzmən] MIL soldado *m* de la Guardia Real; *in National Guard* guardia *m* nacional

**Gua•te•ma•la** [gwætə'mɑːlə] Guatemala *f*

**Gua•te•ma•la 'Cit•y** [gwætə'mɑːlə] Ciudad *f* de Guatemala

**Gua•te•ma•lan** [gwætə'mɑːlən] **I** *adj* guatemalteco **II** *n* guatemalteco(-a) *m(f)*

**Guy•a•na** [gɪ'ɑːnə] Guyana *f*

**Guy•a•nese** [gaɪə'niːz] **I** *adj* guyanés **II** *n* guyanés(-esa) *m(f)*

**gu•ber•na•tor•i•al** [guːbərnə'tɔːrɪəl] *adj* del gobernador; *elections* para gobernador

**guer•ril•la** [gə'rɪlə] guerrillero(-a) *m(f)*

**guer•ril•la 'war•fare** guerra *f* de guerrillas

**guess** [ges] **I** *n* conjetura *f*, suposición *f* **II** *v/t the answer* adivinar **III** *v/i* adivinar; **I ~ so** me imagino *or* supongo que sí; **I ~ not** me imagino *or* supongo que no

**guess•ti•mate** ['gestɪmət] F cálculo *m* a ojo

**'guess•work** conjeturas *fpl*; **it was a bit of inspired ~** era una mera conjetura *or* suposición

**guest** [gest] invitado(-a) *m(f)*; **be my ~** F por supuesto, claro (que sí)

**'guest•house** casa *f* de huéspedes

**'guest•room** habitación *f* para invitados

**guf•faw** [gʌ'fɔː] **I** *n* carcajada *f*, risotada *f* **II** *v/i* carcajearse

**Gui•a•na** [gɪ'ɑːnə] las Guayanas

**guid•ance** ['gaɪdəns] orientación *f*, consejo *m*

**'guid•ance teach•er** orientador(a) *m(f)*

**guide** [gaɪd] **I** *person* guía *m/f*; *book* guía *f* **II** *v/t* guiar

**'guide•book** guía *f*

**guid•ed mis•sile** [gaɪdɪd'mɪsəl] misil *m* teledirigido

**'guide dog** *Br* perro *m* lazarillo

**guid•ed 'tour** visita *f* guiada

**'guide•lines** *npl* directrices *fpl*, normas *fpl* generales

**guid•ing** ['gaɪdɪŋ] *adj*: **~ principle** principio *m* rector

**guild** [gɪld] gremio *m*

**guile** [gaɪl] astucia *f*

**guile•less** ['gaɪlləs] *adj* ingenuo

**guil•lo•tine** ['gɪlətiːn] **I** *n* guillotina *f* **II** *v/t* guillotinar

**guilt** [gɪlt] culpa *f*, culpabilidad *f*; LAW

culpabilidad *f*
**guilt•i•ly** ['gɪltɪlɪ] *adv* con aire culpable
**guilt•y** ['gɪltɪ] *adj also* LAW culpable; *be ~ of sth* ser culpable de algo; *have a ~ conscience* tener remordimientos de conciencia
**guin•ea pig** ['gɪnɪ] conejillo *m* de Indias, cobaya *f*; *fig* conejillo *m* de Indias
**guise** [gaɪz] apariencia *f*; *under the ~ of* bajo la apariencia de
**gui•tar** [gɪ'tɑːr] guitarra *f*
**gui'tar case** estuche *m* de guitarra
**gui'tar•ist** [gɪ'tɑːrɪst] guitarrista *m/f*
**gui'tar play•er** guitarrista *m/f*
**gulch** [gʌltʃ] garganta *f*
**gulf** [gʌlf] golfo *m*; *fig* abismo *m*; *the Gulf* el Golfo
**Gulf of Cal•i•for•ni•a** Golfo *m* de California, Mar *m* Bermejo
**Gulf of 'Mex•i•co** Golfo *m* de México
**gull** [gʌl] ORN gaviota *f*
**gul•let** ['gʌlɪt] ANAT esófago *m*
**gul•li•bil•i•ty** [gʌlɪ'bɪlətɪ] credulidad *f*, ingenuidad *f*
**gul•li•ble** ['gʌlɪbl] *adj* crédulo, ingenuo
**gul•ly** ['gʌlɪ] barranco *m*
**gulp** [gʌlp] **I** *n* of water etc trago *m* **II** *v/i in surprise* tragar saliva
◆ **gulp down** *v/t drink* tragar; *food* engullir
**gum**[1] [gʌm] *in mouth* encía *f*
**gum**[2] [gʌm] **1** (*glue*) pegamento *m*, cola *f* **2** (*chewing ~*) chicle *m*
**'gum•ball** chicle *m* de bola
**'gum•ball ma•chine** máquina *f* de chicles en forma de bola
**gum•bo** ['gʌmbou]: *chicken ~* sopa espesa a base de kimbombo y pollo
**gump•tion** ['gʌmpʃn] coraje *m*
**'gum•shoe** P (*private detective*) detective *m/f* privado
**gun** [gʌn] *pistol, revolver* pistola *f*; *rifle* rifle *m*; *cannon* cañón *m*; *stick to one's ~s fig* no dar el brazo a torcer
◆ **gun down** *v/t* (*pret & pp -ned*) matar a tiros
**'gun•boat** cañonera *f*; **'gun•fight** tiroteo *m*; **'gun•fire** disparos *mpl*
**gung-ho** [gʌŋ'hou] *adj* F belicoso
**'gun li•cense** licencia *f* de armas; **gun•man** ['gʌnmən] hombre *m* armado; **'gun•point**: *at ~* a punta de pistola; **'gun•pow•der** pólvora *f*; **'gun•run•ner**

**'gun•run•ning** contrabando *m* de armas; **'gun•shot** disparo *m*, tiro *m*; **'gun•shot wound** herida *f* de bala; **'gun•smith** armero(-a) *m(f)*
**gur•gle** ['gɜːrgl] *v/i of baby* gorjear; *of drain* gorgotear
**gu•ru** ['guːruː] *fig* gurú *m*
**gush** [gʌʃ] *v/i of liquid* manar, salir a chorros
**gush•y** ['gʌʃɪ] *adj* F (*enthusiastic*) efusivo, exagerado
**gus•set** ['gʌsɪt] *in garment* escudete *m*
**gust** [gʌst] ráfaga *f*
**gus•to** ['gʌstou] entusiasmo *m*
**gust•y** ['gʌstɪ] *adj weather* ventoso, con viento racheado; *~ wind* viento *m* racheado
**gut** [gʌt] **I** *n* **1** intestino *m* **2** F (*stomach*) tripa *f* F **II** *v/t* (*pret & pp -ted*) (*destroy*) destruir
**gut•less** ['gʌtlɪs] *adj* F cobarde
**guts** [gʌts] *npl* F (*courage*) agallas *fpl* F; *have the ~ to do sth* tener agallas para hacer algo
**guts•y** ['gʌtsɪ] *adj* F (*brave*) valiente, con muchas agallas F
**gut•ter** ['gʌtər] *on sidewalk* cuneta *f*; *on roof* canal *m*, canalón *m*
**gut•ter•ing** ['gʌtərɪŋ] canalones *mpl*
**gut•ter 'press** prensa *f* amarilla
**gut•tur•al** ['gʌtərəl] *adj* gutural
**guy** [gaɪ] F tipo *m* F, *Span* tío *m* F; *hey, you ~s* eh, gente
**guz•zle** ['gʌzl] *v/t* tragar, engullir
**gym** [dʒɪm] gimnasio *m*
**gym•na•si•um** [dʒɪm'neɪzɪəm] gimnasio *m*
**gym•nast** ['dʒɪmnæst] gimnasta *m/f*
**gym•nas•tics** [dʒɪm'næstɪks] *nsg* gimnasia *f*; *mental ~* gimnasia mental
**'gym shoes** *npl Br* zapatillas *fpl* de gimnasia
**gy•nae•col•o•gist** *etc Br* ☞ **gynecologist** *etc*
**gy•ne•col•o•gist** [gaɪnɪ'kɑːlədʒɪst] ginecólogo(-a) *m(f)*
**gy•ne•col•o•gy** [gaɪnɪ'kɑːlədʒɪ] ginecología *f*
**gyp•sum** ['dʒɪpsəm] MIN yeso *m*
**gyp•sy** ['dʒɪpsɪ] gitano(-a) *m(f)*
**gy•rate** [dʒaɪ'reɪt] *v/i* girar
**gy•ra•tion** [dʒaɪ'reɪʃn] giro *m*

# H

ha [hɑ:] *int* ¡ah!; **~, ~!** ¡ja, ja!

**ha•be•as cor•pus** [heɪbjəs'kɔ:rpəs]: **writ of ~** LAW auto *m* de habeas corpus

**hab•er•dash•ery** ['hæbərdæʃərɪ] **1** boutique *f* para caballeros **2** *Br* mercería *f*

**hab•it** ['hæbɪt] hábito *m*, costumbre *f*; **get into the ~ of doing sth** adquirir el hábito de hacer algo

**hab•it•a•ble** ['hæbɪtəbl] *adj* habitable

**hab•i•tat** ['hæbɪtæt] hábitat *m*

**hab•i•ta•tion** [hæbɪ'teɪʃn] habitación *f*; **unfit for human ~** no habitable

**hab•it-form•ing** ['hæbɪtfɔ:rmɪŋ] *adj* adictivo

**ha•bit•u•al** [hə'bɪtʊəl] *adj* habitual

**ha•bit•u•al•ly** [hə'bɪtjʊəlɪ] *adv*: **be ~ late** llegar tarde habitualmente *or* normalmente

**ha•bit•u•at•ed** [hə'bɪtjʊeɪtɪd] *adj*: **become ~ to sth** habituarse a algo

**hack**[1] [hæk] *n* (*poor writer*) gacetillero(-a) *m(f)*

**hack**[2] [hæk] **I** *v/t*: **~ sth to pieces** hacer algo pedazos *or* trizas **II** *v/i*: **~ at sth** cortar algo a machetazos *or* tajos

♦ **hack into** *v/t* COMPUT piratear

**hack•er** ['hækər] COMPUT pirata *m/f* informático(-a)

**hack•le** ['hækl]: **get s.o.'s ~ up** enfurecer a alguien; **his ~s rose** frunció el ceño, puso mala cara

**hack•neyed** ['hæknɪd] *adj* manido

**'hack•saw** *for metal* serreta *f*

**had** [hæd] *pret & pp* ☞ **have**

**had•dock** ['hædək] eglefino *m*

**had•n't** ['hædnt] = **had not**

**haem•a•tol•o•gy** *etc Br* ☞ **hematology** *etc*

**haem•or•rhage** *Br* ☞ **hemorrhage**

**haft** [hɑ:ft] mango *m*, puño *m*

**hag** [hæg] bruja *f*, espantajo *m*

**hag•gard** ['hægərd] *adj* demacrado

**hag•gle** ['hægl] *v/i* regatear; **~ over sth** regatear algo

**hail**[1] [heɪl] *n* granizo *m*; **a ~ of bullets** una lluvia de balas; **a ~ of criticism** una avalancha de críticas

**hail**[2] [heɪl] *v/t greet* proclamar; **~ s.o. as sth** proclamar a alguien algo; **~ sth as**

... proclamar algo ...

♦ **hail from** *v/i* (*originate from*) ser de

**'hail•stone** piedra *f* de granizo

**'hail•storm** granizada *f*

**hair** [her] pelo *m*, cabello *m*; *single* pelo *m*; (*body ~*) vello *m*; **have short / long ~** tener el pelo corto / largo

**'hair•band** goma *f* de pelo; **'hair•brush** cepillo *m*; **'hair•cut** corte *m* de pelo; **have a ~** cortarse el pelo; **'hair•do** F peinado *m*; **'hair•dress•er** peluquero(-a) *m(f)*; **at the ~** en la peluquería; **'hair•dress•ing** peluquería *f*; **'hair•dress•ing sal•on** (salón *m* de) peluquería *f*; **'hair•dri•er, 'hair•dry•er** secador *m* (de pelo); **'hair gel** gomina *f* para el pelo; **'hair grip** pinza *f* para el pelo; **'hair lac•quer** laca *f*

**hair•less** ['herlɪs] *adj* sin pelo

**'hair•line 1** nacimiento *m* del pelo **2**: **~ crack** TECH grieta *f* muy fina; **~ fracture** MED fractura *f* muy delgada; **'hair•net** redecilla *f*; **'hair•piece** postizo *m*; **'hair•pin** horquilla *f*; **hair•pin 'turn** curva *f* muy cerrada; **hair-raising** ['herreɪzɪŋ] *adj* espeluznante; **hair re•mov•er** [rɪ'mu:vər] depilatorio *m*; **hair's breadth** ['herz] *fig*: **by a ~** por un pelo; **'hair slide** *Br* pasador *m*; **'hair-split•ting** sutilezas *fpl*; **'hair spray** laca *f*; **'hair•style** peinado *m*; **'hair•styl•ist** estilista *m/f*, peluquero(-a) *m(f)*

**hair•y** ['herɪ] *adj* **1** *arm, animal* peludo **2** F (*frightening*) espeluznante

**hake** [heɪk] merluza *f*

**hal•cy•on days** ['hælsɪəndeɪz] *npl*: **the ~** los días felices

**hale** [heɪl] *adj*: **~ and hearty** como una rosa

**half** [hæf] **I** *n* (*pl* **halves** [hævz]) **1** mitad *f*; **~ past ten** las diez y media; **~ after ten** las diez y media; **~ an hour** media hora; **~ a pound** media libra; **go halves with s.o. on sth** ir a medias con alguien en algo; **~ of the class was** *or* **were late** la mitad de la clase llegó tarde **2** SP: **first / second ~** primer / segundo tiempo *m*

**II** *adj* medio; *at ~ price* a mitad de precio

**III** *adv* a medias; *~ finished* a medio acabar

**half-and-'half** *mezcla de nata y leche que se echa en el café*; **half-assed** ['hæfæst] *adj* P *idea, plan* chapucero F, torpe F; **half-'baked** *adj* F mal pensado; **half** '**board** *Br* media pensión *f*; '**half-breed** mestizo(-a) *m(f)*; '**half broth•er** hermanastro *m*; '**half-caste** mestizo(-a) *m(f)*; **half** '**dol•lar** medio dólar *m*; **half-heart•ed** [hæf'hɑːrtɪd] *adj* desganado; **half-'hour** media hora *f*; '**half-life** PHYS vida *f* media; '**half light** penumbra *f*; **half** '**mar•a•thon** media maratón *f*; '**half-mast**: *fly at ~* ondear a media asta; **half** '**meas•ure** remedio *m* ineficaz; '**half-moon** media luna *f*; '**half note** MUS blanca *f*; **half--'price** *adj* & *adv* a mitad de precio; '**half sis•ter** hermanastra *f*; '**half staff** ☞ *half-mast*; **half** '**term** *Br días de vacaciones a mitad del trimestre escolar*; **half** '**time** I *n* SP descanso *m*; *at ~* en el descanso II *adj*: *~ score* marcador *m* en el descanso; '**half-truth** verdad *f* a medias; **half'way** I *adj stage, point* intermedio II *adv* a mitad de camino; **half•way** '**house 1** *for ex-prisoners, drug addicts etc* centro *m* de reinserción social **2** *fig compromise* amalgama *f*; '**half-wit** lelo(-a) *m(f)*, bobo(-a) *m(f)*; **half-wit•ted** ['hɑːfwɪtɪd] *adj* lerdo, bobo; **half-'year•ly** *adj* & *adv* semestral

**hal•i•but** ['hælɪbət] halibut *m*

**hal•i•to•sis** [hælɪ'tousɪs] halitosis *f*

**hall** [hɒːl] **1** *large room* sala *f* **2** (*hallway in house*) vestíbulo *m*

**hal•le•lu•jah** [hælɪ'luːjə] *int* aleluya

'**hall•mark** I *n* **1** *Br* sello *m* de contraste **2** *fig* sello *m* distintivo, característica *f* II *v/t Br* sellar, grabar

**hal•lo** [hə'lou] *Br* ☞ *hello*

**hal•lowed** ['hæloud] *adj* venerable, sagrado

**Hal•low•e'en** [hælou'iːn] *víspera de Todos los Santos*

'**hall por•ter** *Br* botones *m inv*

**hal•lu•ci•nate** [hə'luːsɪneɪt] *v/i* alucinar

**hal•lu•ci•na•tion** [hə'luːsɪneɪʃn] alucinación *f*; *have ~s* tener alucinaciones, alucinar

**hal•lu•ci•no•gen•ic** [həluːsɪnə'dʒenɪk] *adj* alucinógeno

'**hall•way** vestíbulo *m*

**ha•lo** ['heɪlou] (*pl -o(e)s*) halo *m*

**hal•o•gen** ['hælədʒen] CHEM halógeno *m*; *~ lamp* lámpara *f* halógena

**halt** [hɒːlt] I *v/i* detenerse II *v/t* detener III *n* alto *m*; *come to a ~* detenerse

**hal•ter** ['hɒːltər] ronzal *m*, cabestro *m*

'**hal•ter neck** *neckline*: *dress / top with a ~* vestido / camiseta sin espalda

**halt•ing** ['hɒːltɪŋ] *adj speech* titubeante, vacilante; *progress* intermitente

**halve** [hæv] *v/t input, costs, effort* reducir a la mitad; *apple* partir por la mitad

**ham** [hæm] jamón *m*

◆ **ham up** *v/t* F: *ham it up* actuar haciendo aspavientos

**ham•burg•er** ['hæmbɜːrgər] hamburguesa *f*

'**ham•burg•er joint** F hamburguesería *f*

**ham•burg•er** '**pat•ty** hamburguesa *f* (*antes de freírla*)

**ham-fist•ed** [hæm'fɪstɪd] *adj Br* F patoso F

**ham-hand•ed** [hæm'hændɪd] *adj* F torpe, patoso F

**ham•let** ['hæmlɪt] aldea *f*

**ham•mer** ['hæmər] I *n* martillo *m* II *v/i*: *~ at the door* golpear la puerta III *v/t* martillar

◆ **hammer home** *v/t nail* clavar hasta adentro; *argument* remachar

◆ **hammer out** *v/t* **1** *dent* desabollar con un martillo **2** *agreement* negociar

**ham•mock** ['hæmək] hamaca *f*

**ham•per**[1] ['hæmpər] *n for food* cesta *f*

**ham•per**[2] ['hæmpər] *v/t* (*obstruct*) estorbar, obstaculizar

**ham•ster** ['hæmstər] hámster *m*

'**ham•string** I *n* ANAT ligamento *m* de la corva II *v/t* (*pret & pp -strung*) *fig* limitar, restringir

**hand** [hænd] I **1** *n* mano *f*; *at ~, to ~* a mano; *at first ~* de primera mano, directamente; *by ~* a mano; *on the one ~ ..., on the other ~* por una parte ..., por otra parte; *the work is in ~* el trabajo se está llevando a cabo; *on your right ~* a mano derecha; *~s off!* ¡fuera las manos!; *~s up!* ¡arriba las manos!; *change ~s* cambiar de manos; *give s.o. a ~* echar una mano a alguien **2** *of clock* manecilla *f*

**3** (*worker*) brazo *m*
**II** *v/t* **1**: ~ **sth to s.o.** pasarle *or* acercarle algo a alguien **2**: *you've got to* ~ *it to her* tienes que reconocérselo

◆ **hand back** *v/t* devolver

◆ **hand down** *v/t* **1** *values* transmitir; *clothes* pasar **2** *findings* hacer público

◆ **hand in** *v/t* entregar

◆ **hand on** *v/t* pasar

◆ **hand out** *v/t* repartir

◆ **hand over I** *v/t* entregar; *we now hand you over to* … TV, RAD ahora pasamos la conexión a … **II** *v/i of outgoing president, executive etc* ceder el puesto (*to* a)

'**hand•bag** *Br* bolso *m*, *L.Am.* cartera *f*; '**hand bag•gage** equipaje *m* de mano; '**hand•ball** *game* balonmano *m*; '**hand•book** manual *m*; '**hand•brake** *Br* MOT freno *m* de mano; **hand--carved** [hænd'kɑːrvd] *adj* tallado a mano; '**hand cream** crema *f* hidratante de manos; '**hand•cuff** ['hæn(d)kʌf] *v/t* esposar; **hand•cuffs** *npl* esposas *fpl*

**hand•ful** ['hændful] **1** puñado *m* **2**: *he's a real* ~ **F** es un demonio F *or* terremoto F; *having three daughters is quite a* ~ tres hijas dan bastante trabajo

'**hand gre•nade** MIL granada *f* de mano; '**hand gun** pistola *f*; **hand-'held** *adj* portátil

**hand•i•cap** ['hændɪkæp] desventaja *f*

**hand•i•capped** ['hændɪkæpt] *adj physically* minusválido, disminuido; ~ *by lack of funds* en desventaja por carecer de fondos

**hand•i•craft** ['hændɪkræft] artesanía *f*

**hand•i•work** ['hændɪwɜːrk] manualidades *fpl*

**hand•ker•chief** ['hæŋkərtʃɪf] pañuelo *m*

**han•dle** ['hændl] **I** *n of door* manilla *f*; *of suitcase* asa *f*, *of pan, knife* mango *m* **II** *v/t goods, difficult person* manejar; *case, deal* llevar, encargarse de; *let me* ~ *this* deja que me ocupe yo de esto; ~ *o.s. well in fight, hostile situation* saber defenderse

**han•dle•bars** ['hændlbɑːrz] *npl* manillar *m*, *L.Am.* manubrio *m*

**hand•ling charg•es** ['hændlɪŋ] *npl* gastos *mpl* de manipulación; *administrative* gastos *mpl* de administración

'**hand lug•gage** equipaje *m* de mano;

**hand•made** [hæn(d)'meɪd] *adj* hecho a mano; **hand-o•per•at•ed** [hænd-'ɑːpəreɪtɪd] *adj* de manejo manual; '**hand-out 1** *money, food* donativo *m* **2** EDU hoja *f*; '**hand•o•ver** transferencia *f*, traspaso *m*; **hand•picked** [hænd'pɪkt] *adj* selecto, escogido; '**hand•rail** barandilla *f*; **hand•script•ed** ['hændskrɪptɪd] *adj* escrito a mano; '**hand•set** TELEC auricular *m* (del teléfono); '**hand•shake 1** apretón *m* de manos **2** TELEC diálogo *m* de establecimiento de comunicación; **hands-off** [hændz'ɑːf] *adj* no intervencionista

**hand•some** ['hænsəm] *adj* guapo, atractivo; *make a* ~ *profit* sacar buen provecho

**hands-on** [hændz'ɑːn] *adj* práctico; *he has a* ~ *style of management* le gusta implicarse en todos los aspectos de la gestión

'**hand•stand** pino *m*; *do a* ~ hacer el pino, *L.Am.* pararse de cabeza; **hand-to--'hand** *adj fighting* cuerpo a cuerpo; **hand-to-'mouth** *adj*: *lead a* ~ *existence* llevar una vida precaria; '**hand tow•el** toalla *f* de tocador; '**hand•writ•ing** caligrafía *f*; '**hand•writ•ten** *adj* escrito a mano

**hand•y** ['hændɪ] *adj tool, device* práctico; *it might come in* ~ nos puede venir muy bien

**hand•y•man** ['hændɪmæn] manitas *m/f inv* **F**

**hang** [hæŋ] **I** *v/t* **1** (*pret & pp* **hung**) *picture* colgar **2** (*pret & pp* **-ed**) *person* colgar, ahorcar; ~ *o.s.* ahorcarse, colgarse **II** *v/i* (*pret & pp* **hung**) *of dress, hair* caer, colgar **III** *n*: *get the* ~ *of sth* **F** agarrarle el tranquillo a algo **F**

◆ **hang around** *v/i*: *he's always hanging around on the street corner* siempre está rondando por la esquina

◆ **hang in** *v/i*: *hang in there!* **P** ¡aguanta un poco más!, ¡resiste!

◆ **hang on I** *v/i* **1** agarrarse; *hang on tight!* ¡agárrate fuerte! **2** (*wait*) esperar **II** *v/t* (*depend on*) depender de

◆ **hang on to** *v/t* **1** (*cling to*) aferrarse a **2** (*keep*) conservar; *do you mind if I hang on to it for a while?* ¿te importa si me lo quedo durante un tiempo?

◆ **hang out** *v/i* **P 1** (*be idle*) pasar el rato **F 2** (*spend time*): *where does he hang*

out? ¿por dónde suele estar?
◆ **hang up** I v/i TELEC colgar II v/t hat, coat etc colgar

**han•gar** ['hæŋər] hangar m

**hang•er** ['hæŋər] for clothes percha f

'**hang glid•er** person piloto m de ala delta; device ala f delta

'**hang glid•ing** ala f delta

**hang•ing** ['hæŋɪŋ] execution ahorcamiento m

**hang•ing 'bas•ket** maceta f colgante

'**hang•nail** padrastro m; '**hang•out** F lugar m favorito; '**hang•o•ver** resaca f; '**hang-up** F complejo m, inhibición f; **have a ~ about sth** estar acomplejado or inhibido por algo

◆ **han•ker after** ['hæŋkər] v/t anhelar

**han•ker•ing** ['hæŋkərɪŋ]: **have a ~ for sth** tener antojo de algo

**han•kie, han•ky** ['hæŋkɪ] F pañuelo m

**han•ky-pan•ky** [hæŋkɪ'pæŋkɪ] F 1 sexual manitas fpl F 2 corrupt chanchullo m F

**hap•haz•ard** [hæp'hæzərd] adj descuidado

**hap•less** ['hæplɪs] adj desafortunado

**hap•pen** ['hæpn] v/i ocurrir, pasar, suceder; **if you ~ to see him** si por casualidad lo vieras; **what has ~ed to you?** ¿qué te ha pasado?

◆ **happen across** v/t encontrar por casualidad

◆ **happen along** v/i aparecer por casualidad

**hap•pen•ing** ['hæpnɪŋ] suceso m

**hap•pi•ly** ['hæpɪlɪ] adv 1 alegremente; ~ **married** felizmente casado(s) 2 (luckily) afortunadamente

**hap•pi•ness** ['hæpɪnɪs] felicidad f

**hap•py** ['hæpɪ] adj 1 feliz, contento 2 coincidence afortunado

**hap•py-go-'luck•y** adj despreocupado

'**hap•py hour** franja horaria en la que las bebidas se venden más baratas

**ha•rangue** [hə'ræŋ] I n arenga f, discurso m II v/t arengar

**har•ass** [hə'ræs] v/t acosar; enemy asediar, hostigar

**har•assed** [hə'ræst] adj agobiado

**har•ass•ment** [hə'ræsmənt] acoso m

**har•bin•ger** ['hɑːrbɪndʒər] auspicio m, agüero m; ~ **of doom** mal agüero

**har•bor**, Br**har•bour** ['hɑːrbər] I n puerto m II v/t criminal proteger; grudge albergar

**hard** [hɑːrd] adj duro; (difficult) difícil; facts, evidence real; **be ~ of hearing** ser duro de oído

'**hard•back** libro m de tapas duras; '**hard•ball**: **play ~** fig ir en serio; '**hard•board** panel m de madera; **hard-'boiled** adj egg duro; **hard 'cash** dinero m en efectivo; '**hard cop•y** copia f impresa; '**hard core** I adj fan, supporter incondicional II (pornography) porno m duro; '**hard•cov•er** ☞ **hard•back**; **hard 'cur•ren•cy** divisa f fuerte; **hard 'disk** disco m duro; '**hard drug** droga f dura; **hard-earned** [hɑːrd-'ɜːrnd] adj money sudado

**hard•en** ['hɑːrdn] I v/t endurecer II v/i of glue, attitude endurecerse

**hard•ened** ['hɑːrdnd] adj: **become ~ to sth** hacerse insensible a algo; **a ~ criminal** un criminal despiadado

'**hard hat** casco m; (construction worker) obrero(-a) m(f) (de la construcción); **hard'head•ed** adj pragmático; **hard•heart•ed** [hɑːrd'hɑːrtɪd] adj insensible; **hard-hit•ting** [hɑːrd'hɪtɪŋ] adj contundente; **hard 'line** línea f dura; **take a ~ on** adoptar una línea dura en cuanto a; **hard'lin•er** partidario(-a) m(f) de la línea dura; **hard 'liq•uor** licor m, bebida f fuerte

**hard•ly** ['hɑːrdlɪ] adv apenas; **did you agree? – ~!** ¿estuviste de acuerdo? – ¡en absoluto!

**hard•ness** ['hɑːrdnɪs] 1 dureza f 2 (difficulty) dificultad f

**hard-nosed** [hɑːrd'nouzd] adj F realista, práctico; **hard-pressed** [hɑːrd-'presd] adj apurado, agobiado; **be ~ to do sth** tener dificultades para hacer algo; **hard 'sell** venta f agresiva

**hard•ship** ['hɑːrdʃɪp] penuria f

**hard 'shoul•der** MOT Br arcén m; '**hard•top** MOT coche m no descapotable; **hard 'up** adj: **be ~** andar mal de dinero; '**hard•ware 1** ferretería f **2** COMPUT hardware m; '**hard•ware store** ferretería f; '**hard•wood** madera f dura; **hard-'work•ing** adj trabajador

**har•dy** ['hɑːrdɪ] adj resistente

**hare** [her] liebre f

'**hare•bell** BOT campánula f; **hare-brained** ['herbreɪnd] adj alocado; **hare'lip** MED labio m partido

ha•rem ['hɑːriːm] harén *m*

◆ hark back to [hɑːrk] *v/t* **1** (*date back to*) remontarse a **2** *remember* rememorar

harm [hɑːrm] **I** *n* daño *m*; **it wouldn't do any ~ to buy two** por comprar dos no pasa nada **II** *v/t* hacer daño a, dañar; **~ o.s.** hacerse daño

harm•ful ['hɑːrmfəl] *adj* dañino, perjudicial

harm•less ['hɑːrmlɪs] *adj* inofensivo; *fun* inocente

har•mon•ic [hɑːr'mɑːnɪk] *adj* armónico

har•mon•i•ca [hɑːr'mɑːnɪkə] MUS armónica *f*

har•mo•ni•ous [hɑːr'moʊnɪəs] *adj* armonioso

har•mo•ni•um [hɑːr'moʊnjəm] MUS armonio *m*

har•mo•ni•za•tion [hɑːrmənaɪ'zeɪʃn] armonización *f*

har•mo•nize ['hɑːrmənaɪz] *v/i* armonizar

har•mo•ny ['hɑːrmənɪ] MUS, *fig* armonía *f*; **live in ~** vivir en armonía (**with** con)

har•ness ['hɑːrnɪs] **I** *n* arnés *m*; **die in ~** *fig* morir antes de jubilarse **II** *v/t horse* poner los arneses a

harp [hɑːrp] arpa *f*

◆ harp on about *v/t* F dar la lata con F

harp•ist ['hɑːrpɪst] arpista *m/f*

har•poon [hɑːr'puːn] arpón *m*

harp•si•chord ['hɑːrpsɪkɔːrd] MUS clavicordio *m*

har•row ['hæroʊ] AGR arado *m*

har•row•ing ['hæroʊɪŋ] *adj* estremecedor

har•ry ['hærɪ] *v/t* (*pret & pp* **-ied**) acosar, hostigar

harsh [hɑːrʃ] *adj words* duro, severo; *color* chillón; *light* potente

harsh•ly ['hɑːrʃlɪ] *adv* con dureza *or* severidad

harsh•ness ['hɑːrʃnɪs] dureza *f*, severidad *f*

har•um-scar•um [herəm'skerəm] *adj* alocado, atolondrado

har•vest ['hɑːrvɪst] cosecha *f*

has [hæz] ☞ **have**

'has-been F celebridad *f* del pasado

hash¹ [hæʃ] GASTR estofado de carne y patatas; **make a ~ of** F fastidiar

hash² [hæʃ] F (*hashish*) chocolate *m* F

hash browns ['braʊnz] *npl* papas *fpl or Span* patatas *fpl* fritas

hash•ish ['hæʃiːʃ] hachís *m*

'hash mark almohadilla *f*, el signo '#'

has•n't ['hæznt] ☞ **has not**

has•sle ['hæsl] **I** *n* lata *f* F; **it was a real ~** F fue una lata de aquí te espero F; **give s.o. ~** dar la lata a alguien F **II** *v/t* dar la lata a

has•sock ['hæsək] escabel *m*, taburete *m*

haste [heɪst] prisa *f*; **more ~, less speed** vísteme despacio, que tengo prisa

has•ten ['heɪsn] *v/i*: **~ to do sth** apresurarse en hacer algo

hast•i•ly ['heɪstɪlɪ] *adv* precipitadamente

hast•y ['heɪstɪ] *adj* precipitado

hat [hæt] sombrero *m*

hatch¹ [hætʃ] *n* **1** *for serving food* trampilla *f* **2** *on ship* escotilla *f*

hatch² [hætʃ] **I** *v/t eggs* incubar; **~ a plan** trazar un plan **II** *v/i of eggs* romperse; *of chicks* salir del cascarón

◆ hatch out *v/i of eggs* romperse; *of chicks* salir del cascarón

'hatch•back MOT **1** *vehicle* tres puertas *m inv*; cinco puertas *m inv* **2** *actual door* puerta *f* trasera

hatch•et ['hætʃɪt] hacha *f*; **bury the ~** enterrar el hacha de guerra

hate [heɪt] **I** *n* odio *m* **II** *v/t* odiar

hate•ful ['heɪtfʊl] *adj* odioso, detestable

'hate mail correspondencia *f* intimidatoria

'hat pin aguja *f* de sombrero

ha•tred ['heɪtrɪd] odio *m*

'hat stand perchero *m* para sombreros

hat•ter ['hætər]: (*as*) **mad as a ~** como una cabra F *or* regadera F

'hat trick (*in soccer*) tres goles en el mismo partido; **a ~ of victories** tres victorias consecutivas

haugh•ty ['hɔːtɪ] *adj* altanero

haul [hɔːl] **I** *n* **1** *of fish* captura *f* **2** *from robbery* botín *m* **II** *v/t* (*pull*) arrastrar

haul•age ['hɔːlɪdʒ] transporte *m*

haul•er ['hɔːlər], *Br* haul•i•er ['hɔːljər] transportista *m/f*

haunch [hɔːntʃ] *of person* trasero *m*; *of animal* pierna *f*

haunt [hɔːnt] **I** *v/t*: **this place is ~ed** en este lugar hay fantasmas **II** *n* lugar *m*

favorito
**haunt•ing** ['hɔːntɪŋ] *adj tune* fascinante
**Ha•van•a** [hə'vænə] La Habana
**have** [hæv] **I** *v/t* (*pret & pp* **had**) **1** (*own*) tener; *I don't ~ a TV* no tengo televisión **2** *breakfast, lunch* tomar
**3**: *can I ~ a coffee?* ¿me da un café?; *can I ~ more time?* ¿me puede dar más tiempo?
**4** *must*: *~* (*got*) *to* tener que; *I ~ to do it, I've got to do it* tengo que hacerlo
**5** *causative*: *I'll ~ it faxed to you* te lo mandaré por fax; *I'll ~ it repaired* haré que lo arreglen; *I had my hair cut* me corté el pelo
**II** *v/aux*: *I ~ eaten* he comido; *~ you seen her?* ¿la has visto?
◆ **have around** *v/t*: *he's a useful person to have around* viene bien tenerlo a mano
◆ **have back** *v/t*: *when can I have it back?* ¿cuándo me lo devolverá?
◆ **have in** *v/t*: *have it in for s.o.* tenerla tomada con alguien
◆ **have on** *v/t* **1** (*wear*) llevar puesto **2**: *do you have anything on for tonight?* *have planned* ¿tenéis algo planeado para esta noche?
◆ **have out** *v/t*: *have it out with s.o.* decirle cuatro cosas a alguien
**ha•ven** ['heɪvn] *fig* refugio *m*
**have-'nots** *npl*: *the ~* los necesitados *or* pobres
**have•n't** ['hævnt] = **have not**
**hav•oc** ['hævək] estragos *mpl*; *play ~ with* hacer estragos en
**hawk** [hɔːk] *also fig* halcón *m*
**haw•ser** ['hɔːzər] NAUT amarra *f*
**haw•thorn** ['hɔːθɔːrn] BOT espino *m*
**hay** [heɪ] heno *m*
**'hay fe•ver** fiebre *f* del heno; **'hay•stack** pajar *m*; **'hay•wire** *adj* F: *the printer went ~* la impresora se volvió loca
**haz•ard** ['hæzərd] riesgo *m*, peligro *m*
**'haz•ard lights** *npl* MOT luces *fpl* de emergencia
**haz•ard•ous** ['hæzərdəs] *adj* peligroso, arriesgado; *~ waste* residuos *mpl* peligrosos
**haze** [heɪz] neblina *f*
**ha•zel** ['heɪzl] *tree* avellano *m*
**'ha•zel•nut** avellana *f*
**haz•y** ['heɪzɪ] *adj image, memories* confuso, vago; *I'm a bit ~ about it* no lo ten-

go muy claro
**H-bomb** ['eɪtʃbɑːm] MIL bomba *f* de hidrógeno
**he** [hiː] *pron* él; *~ is French / a doctor* es francés / médico; *you're funny, ~'s not* tú tienes gracia, él no
**head** [hed] **I** *n* **1** cabeza *f*; *on beer* espuma *f*; *of nail, line* cabeza *f*; *$15 a ~* 15 dólares por cabeza; *~s or tails?* ¿cara o cruz?; *at the ~ of the list* encabezando la lista; *~ over heels fall* rodando; *fall in love* locamente **2** (*boss, leader*) jefe(-a) *m(f)*; *Br. of school* director(a) *m(f)*
**II** *v/t* **1** (*lead*) estar a la cabeza de **2** *ball* cabecear
**III** *v/i*: *where are you ~ing?* ¿hacia dónde vas?, ¿hacia dónde te diriges?; *you should ~ downtown* deberías dirigirte al *or* tirar F para el centro (de la ciudad)
◆ **head for** *v/t* dirigirse a *or* hacia; *she's heading for trouble* se está buscando problemas
◆ **head off** *v/t person* cerrar el paso a
◆ **head up** *v/t committee etc* encabezar
**'head•ache** dolor *m* de cabeza; **'head•band** cinta *f* para la cabeza; **'head•butt** *v/t* topetar; **'head•case** F pirado(-a) *m(f)* F, chiflado(-a) *m(f)* F; **'head•dress** tocado *m*
**head•ed note•pa•per** ['hedɪd] papel *m* con membrete
**head•er** ['hedər] **1** *in soccer* cabezazo *m* **2** *in document* encabezamiento *m*
**head'first** *adv fall* de cabeza; **'head•hunt** *v/t* COM buscar, captar; *she's been headhunted* la descubrió un cazatalentos; **'head•hunt•er** COM cazatalentos *m/f inv*
**head•ing** ['hedɪŋ] *in list* encabezamiento *m*
**'head•lamp** faro *m*; **head•land** ['hedlənd] GEOG cabo *m*; **'head•light** faro *m*; **'head•line** *in newspaper* titular *m*; *make the ~s* saltar a los titulares; **'head•long** *adv fall* de cabeza; *rush ~ into sth fig* lanzarse a algo; **head•'mas•ter** *Br* director *m*; **head•'mis•tress** *Br* directora *f*; **head 'of•fice** *of company* central *f*; **head of 'state** jefe *m* de Estado; **head-'on I** *adv crash* de frente **II** *adj crash* frontal; **'head•phones** *npl* auriculares *mpl*;

'head•quar•ters *npl of party, organization* sede *f*; *of army* cuartel *m* general; 'head•rest reposacabezas *f inv*; 'head•room *under bridge* gálibo *m*; *in car* altura *f* de la cabeza al techo; 'head•scarf pañuelo *m* (para la cabeza); 'head•set auriculares *mpl*; head•shrink•er ['hedʃrɪŋkər] F loquero(-a) *m(f)* F; head 'start: **have a ~ on s.o.** sacar ventaja a alguien; **give s.o. a ~** dar ventaja a alguien; 'head•stone lápida *f*; 'head•strong *adj* cabezudo, testarudo; head 'teach•er *Br* director(a) *m(f)*; head 'wait•er maître *m*; 'head•way: **make ~** hacer progreso, progresar; 'head•wind viento *m* contrario; 'head•word lema *m*

head•y ['hedɪ] *adj drink, wine etc* que se sube a la cabeza

heal [hiːl] *v/t* curar

◆ heal up *v/i* curarse

heal•ing ['hiːlɪŋ] I *n* curación *f* II *adj* curativo, terapéutico; **~ process** proceso *m* de recuperación

health [helθ] salud *f*; **your ~!** ¡a tu salud!; **be in good ~** gozar de buena salud; **~ and safety** sanidad *f*; **~ and safety regulations** normativa *f* de sanidad

'health care asistencia *f* sanitaria; 'health club gimnasio *m* (*con piscina, pista de tenis, sauna etc*); 'health--con•scious *adj* cuidadoso con la salud; 'health farm *complex* balneario *m*; 'health food comida *f* integral; 'health food store tienda *f* de comida integral; 'health in•su•rance seguro *m* de enfermedad; 'health re•sort centro *m* de reposo

health•y ['helθɪ] *adj person* sano; *food, lifestyle, influence, relationship* saludable; *economy* saneado

heap [hiːp] montón *m*

◆ heap up *v/t* amontonar

hear [hɪr] *v/t & v/i (pret & pp heard)* oír

◆ hear about *v/t*: **have you heard about Mike?** ¿te has enterado de lo de Mike?; **they're bound to hear about it sooner or later** se van a enterar tarde o temprano

◆ hear from *v/t (have news from)* tener noticias de

◆ hear of *v/t*: **have you heard of …?** ¿has oído hablar de …?; **I won't hear of it!** ¡ni hablar!, ¡de ninguna manera!

◆ hear out *v/t* escuchar con atención; **hear me out** atiende

heard [hɜːrd] *pret & pp* ☞ **hear**

hear•ing ['hɪrɪŋ] **1** *sense* oído *m*; **his ~ is not so good now** ahora ya no oye tan bien; **she was within ~ / out of ~** estaba / no estaba lo suficientemente cerca como para oírlo **2** LAW vista *f*; **give s.o. a fair ~** permitir explicarse a alguien

'hear•ing aid audífono *m*

'hear•say rumores *mpl*; **by ~** de oídas

hearse [hɜːrs] coche *m* fúnebre

heart [hɑːrt] *also fig* corazón *m*; *of problem* meollo *m*; **know sth by ~** saber algo de memoria; **~s in cards** corazones *mpl*; **take sth to ~** tomarse algo a pecho; **lose ~** desanimarse

'heart•ache tristeza *f*, dolor *m*; 'heart at•tack infarto *m*; 'heart•beat latido *m*; 'heart•break•ing *adj* desgarrador; 'heart•bro•ken *adj* descorazonado; 'heart•burn acidez *f* (de estómago); 'heart con•di•tion MED condición *f* cardíaca; 'heart dis•ease MED enfermedad *f* cardíaca

heart•en ['hɑːrtn] *v/t* animar, alentar

heart•en•ing ['hɑːrtnɪŋ] *adj* alentador

'heart fail•ure paro *m* cardíaco

'heart•felt *adj sympathy* sincero

hearth [hɑːrθ] chimenea *f*

heart•i•ly ['hɑːrtɪlɪ] *adv* animadamente

heart•less ['hɑːrtlɪs] *adj* despiadado

heart•rend•ing ['hɑːrtrendɪŋ] *adj plea, sight* desgarrador; 'heart throb F rompecorazones *m inv*; heart-to-'heart I *adj* de corazón, sincero II *n* conversación *f* con el corazón en la mano; 'heart trans•plant transplante *m* de corazón

heart•y ['hɑːrtɪ] *adj appetite* voraz; *meal* copioso; *person* cordial, campechano

heat [hiːt] calor *m*

◆ heat up I *v/t* calentar II *v/i* calentarse; *fig: of situation* caldearse

heat•ed ['hiːtɪd] *adj* **1** *swimming pool* climatizado **2** *discussion* acalorado

heat•er ['hiːtər] *in room* estufa *f*; **turn on the ~** *in car* enciende la calefacción

heat ex•chang•er ['hiːtɪkstʃeɪndʒər] cambiador *m* de calor

hea•then ['hiːðn] pagano(-a) *m(f)*

heat•ing ['hiːtɪŋ] calefacción *f*

'heat•proof *adj* resistente al calor; 'heat rash MED sarpullido *m*; 'heat-re•sistant *adj* resistente al calor; '**heat-stroke** insolación *f*; '**heat•wave** ola *f* de calor

**heave** [hiːv] *v/t* (*pret & pp* **-ed** *or* **hove**) **1** (*lift*) subir **2**: ~ *a sigh* lanzar un suspiro

**heav•en** ['hevn] cielo *m*; *good~s!* ¡Dios mío!

**heav•en•ly** ['hevənlɪ] *adj* F divino F

**heav•y** ['hevɪ] *adj* pesado; *cold, rain, accent, loss* fuerte; *smoker, drinker* empedernido; *loss of life* grande; *bleeding* abundante; *there's ~ traffic* hay mucho tráfico

**heav•y 'cream** nata *f* para montar; **heav•y-'du•ty** *adj* resistente; **heav•y 'goods ve•hi•cle** *Br* vehículo *m* pesado; **heav•y-hand•ed** [hevɪ'hændɪd] *adj* **1** (*cruel*) implacable, severo **2** (*tactless*) descortés; **heav•y 'met•al** MUS heavy metal *m*; '**heav•y•weight** *also fig* peso *m* pesado

**He•brew** ['hiːbruː] *language* hebreo *m*

**heck** [hek] *int* F: *who / what the ~ ... ?* ¿quién / qué demonios F *or* narices F ...?; *a ~ of a lot* una barbaridad F; *oh ~!* ¡maldita sea!

**heck•le** ['hekl] *v/t* interrumpir (*molestando*)

**heck•ler** ['heklər] *persona que interrumpe a un intérprete u orador para molestar*

**hec•tic** ['hektɪk] *adj* vertiginoso, frenético

**hec•to•li•ter**, *Br* **hec•to•li•tre** ['hektouliːtər] hectolitro *m*

**he'd** [hiːd] F = *he had*; *he would*

**hedge** [hedʒ] **I** *n* seto *m* **II** *v/t*: ~ *one's bets* no jugárselo todo

**hedge•hog** ['hedʒhɑːg] erizo *m*

**he•don•ism** ['hedənɪzm] hedonismo *m*

**he•don•ist** ['hedənɪst] hedonista *m/f*

**he•do•nist•ic** [hedə'nɪstɪk] *adj* hedonista

**heed** [hiːd]: *pay ~ to* hacer caso de

**heed•ful** ['hiːdful] *adj*: *be ~ of* hacer caso de

**heed•less** ['hiːdlɪs] *adj*: *be ~ of* hacer caso omiso de

**heel** [hiːl] *of foot* talón *m*; *of shoe* tacón *m*

'**heel bar** zapatería *f*

**hef•ty** ['heftɪ] *adj weight, suitcase* pesado; *person* robusto

**he•gem•o•ny** ['hedʒemoʊnɪ] POL hegemonía *f*

**heif•er** ['hefər] ZO vaquilla *f*

**height** [haɪt] altura *f*; *at the ~ of the season* en plena temporada

**height-ad'just•a•ble** *adj* de altura regulable

**height•en** ['haɪtn] *v/t effect, tension* intensificar

**hei•nous** ['heɪnəs] *adj* atroz, inhumano

**heir** [er] heredero *m*

**heir•ess** ['erɪs] heredera *f*

**heir•loom** ['erluːm] reliquia *f* familiar

**heist** [haɪst] F (*robbery*) golpe *m* F

**held** [held] *pret & pp* ☞ **hold**

**hel•i•cop•ter** ['helɪkɑːptər] helicóptero *m*

**hel•i•cop•ter 'gun•ship** helicóptero *m* de ataque

**hel•i•port** ['helɪpɔːrt] helipuerto *m*

**he•li•um** ['hiːlɪəm] CHEM helio *m*

**hell** [hel] infierno *m*; *what the ~ are you doing / do you want?* F ¿qué demonios estás haciendo / quieres? F; *go to ~!* F ¡vete a paseo! F; *a ~ of a lot* F un montonazo F; *one ~ of a nice guy* F un tipo muy simpático *or* Span legal F

**he'll** [hiːl] F = *he will*

**hell'bent** *adj* F: *be ~ on (doing) sth* estar empeñado en (hacer) algo

'**hell•hole** F antro *m* F, cuchitril *m* F

**hell•ish** ['helɪʃ] *adj* F horrendo, infernal

**hel•lo** [hə'loʊ] hola; TELEC ¿sí?, S. *Am.* ¿alo?, *Rpl* ¿oigo?, *Mex* ¿bueno?, *Span* ¿diga?; *say ~ to s.o.* saludar a alguien

**Hell's 'An•gels** los Ángeles del Infierno

**hell•uv•a** ['heləvə] F = *hell of a*

**helm** [helm] NAUT timón *m*; *at the ~ fig* al mando

**hel•met** ['helmɪt] casco *m*

**helms•man** ['helmzmən] NAUT timonel *m*

**help** [help] **I** *n* ayuda *f*; ~*!* ¡socorro! **II** *v/t* ayudar; *just ~ yourself to food* toma lo que quieras; *I can't ~ it* no puedo evitarlo; *I couldn't ~ laughing* no pude evitar reírme

**help•er** ['helpər] ayudante *m/f*

**help•ful** ['helpfəl] *adj advice* útil; *person* servicial

**help•ing** ['helpɪŋ] *of food* ración *f*

**help•less** ['helplɪs] *adj* **1** (*unable to*

*cope*) indefenso **2** (*powerless*) impotente

**help•less•ly** ['helplɪslɪ] *adv* impotentemente

**help•less•ness** ['helplɪsnɪs] impotencia *f*

'**help line** TELEC teléfono *m* de información y ayuda; '**help men•u** COMPUT menú *m* de ayuda; '**help screen** COMPUT pantalla *f* de ayuda

**hel•ter-skel•ter** [heltər'skeltər] **I** *adv* alocadamente, desenfrenadamente **II** *adj* alocado, desenfrenado **III** *n Br* tobogán *m* en espiral

**hem** [hem] *of dress etc* dobladillo *m*

'**he-man** F machote *m* F

**he•ma•tol•o•gy** [hiːmə'tɑːlədʒɪ] MED hematología *f*

**hem•i•sphere** ['hemɪsfɪr] hemisferio *m*

'**hem•line** bajo *m*

**he•mo•glo•bin** [hiːmə'gloubɪn] PHYSIO hemoglobina *f*

**he•mo•phil•i•a** [hiːmə'fɪlɪə] MED hemofilia *f*

**he•mo•phil•i•ac** [hiːmə'fɪlɪæk] MED hemofílico(-a) *m(f)*

**hem•or•rhage** ['hemərɪdʒ] **I** *n* hemorragia *f* **II** *v/i* sangrar

**hem•or•rhoids** ['hemərɔɪdz] *pl* MED hemorroides *fpl*

**hemp** [hemp] cáñamo *m*

**hen** [hen] gallina *f*

**hence** [hens] *adv* **1** *therefore* por (lo) tanto **2**: *a week* ~ dentro de una semana, de hoy en una semana; *it's still a long time* ~ todavía falta mucho tiempo

**hence'forth, hence'for•ward(s)** *adv* desde ese / este momento en adelante

**hench•man** ['hentʃmən] *pej* sicario *m*

'**hen par•ty** despedida *f* de soltera

**hen•pecked** ['henpekt] *adj*: ~ *husband* calzonazos *m inv*

**hep•a•ti•tis** [hepə'taɪtɪs] MED hepatitis *f*

**hep•ta•gon** ['heptəgɑːn] heptágono *m*

**hep•tag•o•nal** [hep'tægənl] *adj* heptagonal

**hep•tath•lon** [hep'tæθlən] SP heptalón *m*

**her** [hɜːr] **I** *adj* su; *to distinguish* de ella; ~ *ticket* su entrada; la entrada de ella; ~ *books* sus libros **II** *pron direct object* la; *indirect object* le; *after prep* ella; *I know* ~ la conozco; *I gave* ~ *the keys* le di las llaves; *I sold it to* ~ se lo vendí; *this is for* ~ esto es para ella; *who do you mean?* – ~ ¿a quién te refieres? – a ella

**her•ald** ['herəld] **I** *n* heraldo *m* **II** *v/t* marcar, significar

**herb** [ɜːrb] hierba *f*

**herb•al tea** ['ɜːrbəl] infusión *f*

**herb•al 'med•i•cine** medicina *f* naturista

'**herb gar•den** plantel *m* de hierbas

**her•bi•cide** ['ɜːrbɪsaɪd] herbicida *m*

**her•bi•vore** ['ɜːrbɪvɔːr] ZO herbívoro(-a) *m(f)*

**her•biv•o•rous** [ɜːr'bɪvərəs] *adj* ZO herbívoro

**herd** [hɜːrd] *n* rebaño *m*; *of elephants* manada *f* **II** *v/t also fig* guiar, conducir

'**herd in•stinct** *fig* instinto *m* gregario

**herds•man** ['hɜːrdzmən] pastor *m*

**here** [hɪr] *adv* aquí; *over* ~ aquí; ~'*s to you!* as toast ¡a tu salud!; ~ *you are giving sth* ¡aquí tienes!; ~ *we are! finding sth* ¡aquí está!

**here•a'bouts** *adv* (por) aquí

**here•af•ter I** *adv in document* de ahora en adelante **II** *n*: *the* ~ el más allá

**here'by** *adv* por el presente (documento)

**he•red•i•ta•ry** [hə'redɪterɪ] *adj disease* hereditario

**he•red•i•ty** [hə'redɪtɪ] herencia *f*

**here'in** *adv fml* incluso, en el presente (documento)

**here'of** *adv fml* del presente, de esto

**her•e•sy** ['herəsɪ] herejía *f*

**her•e•tic** ['herətɪk] hereje *m/f*

**he•ret•i•cal** [hɪ'retɪkl] *adj* herético

**here•up'on** *adv* **1** *at this* en este momento **2** *fml agree* en este respecto

**here'with** *adv fml* con este documento

**her•it•a•ble** ['herɪtəbl] *adj* hereditable

**her•i•tage** ['herɪtɪdʒ] patrimonio *m*

**her•maph•ro•dite** [hɜːr'mæfrədaɪt] BIO hermafrodita *m/f*

**her•met•ic** [hɜːr'metɪk] *adj* hermético

**her•met•i•cal•ly** [hɜːr'metɪklɪ] *adv*: ~ *sealed* cerrado herméticamente

**her•mit** ['hɜːrmɪt] ermitaño(-a) *m(f)*

**her•mit•age** ['hɜːrmɪtɪdʒ] ermita *f*

**her•ni•a** ['hɜːrnɪə] MED hernia *f*

**he•ro** ['hɪrou] (*pl -o(e)s*) héroe *m*

**he•ro•ic** [hɪ'rouɪk] *adj* heroico

**he•ro•i•cal•ly** [hɪ'rouɪklɪ] *adv* heroica-

mente
**her•o•in** ['herouɪn] heroína *f*
**'her•o•in ad•dict** heroinómano(-a) *m(f)*
**her•o•ine** ['herouɪn] heroína *f*
**her•o•ism** ['herouɪzm] heroísmo *m*
**her•on** ['herən] garza *f*
**her•pes** ['hɜːrpiːz] MED herpes *m*
**her•ring** ['herɪŋ] arenque *m*
**'her•ring•bone** (*also* ~ *pattern*) espiguilla *f*
**hers** [hɜːrz] *pron* el suyo, la suya; ~ *are red* los suyos son rojos; *that book is* ~ ese libro es suyo; *a cousin of* ~ un primo suyo
**her•self** [hɜːr'self] *pron reflexive* se; *emphatic* ella misma; *she hurt* ~ se hizo daño; *when she saw* ~ *in the mirror* cuando se vio en el espejo; *she saw it* ~ lo vio ella misma; *by* ~ (*alone*) sola; (*without help*) ella sola, ella misma
**he's** [hiːz] F = *he is*; *he has*
**hes•i•tant** ['hezɪtənt] *adj* indeciso
**hes•i•tant•ly** ['hezɪtəntlɪ] *adv* con indecisión
**hes•i•tate** ['hezɪteɪt] *v/i* dudar, vacilar; ~ *to do sth* dudar en hacer algo
**hes•i•ta•tion** [hezɪ'teɪʃn] vacilación *f*; *without* ~ sin dudarlo (un momento)
**het•er•o•ge•ne•ous** [hetərou'dʒiːnɪəs] *adj* heterogéneo
**het•er•o•sex•u•al** [hetərou'sekʃuəl] *adj* heterosexual
**het up** [het'ʌp] *adj* F: *be* ~ (*about sth*) estar alterado *or* inquieto (por algo) F; *get* ~ *about sth* alterarse *or* disgustarse por algo
**hew** [hjuː] *v/t* (*pp* **hewed, hewn**) cortar a tajos
**hewn** [hjuːn] *pp* ☞ *hew*
**hex•a•gon** ['heksəgən] hexágono *m*
**hex•ag•o•nal** [hek'sægənl] *adj* hexagonal
**hey** [heɪ] *int* ¡eh!
**hey•day** ['heɪdeɪ] apogeo *m*
**hi** [haɪ] *int* ¡hola!
**hi•ber•nate** ['haɪbərneɪt] *v/i* hibernar
**hi•ber•na•tion** [haɪbər'neɪʃn] hibernación *f*; *go into* ~ hibernar
**hi•bis•cus** [hɪ'bɪskəs] BOT hibisco *m*
**hic•cough** ['hɪkʌp] ☞ *hiccup*
**hic•cup** ['hɪkʌp] **1** hipo *m*; *have the* ~*s* tener hipo **2** (*minor problem*) tropiezo *m*, traspié *m*

**hick** [hɪk] *pej* F palurdo(-a) *m(f)* F, pueblerino(-a) *m(f)* F
**'hick town** *pej* F ciudad *f* provinciana
**hid** [hɪd] *pret* ☞ *hide[1]*
**hid•den** ['hɪdn] **I** *adj meaning, treasure* oculto **II** *pp* ☞ *hide[1]*
**hid•den a'gen•da** *fig* objetivo *m* secreto
**hide[1]** [haɪd] **I** *v/t* (*pret* **hid**, *pp* **hidden**) esconder, ocultar **II** *v/i* (*pret* **hid**, *pp* **hidden**) esconderse, ocultarse
◆ **hide out** *v/i* esconderse
**hide[2]** *n of animal* piel *f*
**hide-and-'seek** escondite *m*
**'hide•a•way** escondite *m*
**'hide•bound** *adj* conservador, cerrado
**hid•e•ous** ['hɪdɪəs] *adj* espantoso, horrendo; *person* repugnante
**'hide-out** escondite *m*, refugio *m*
**hid•ing[1]** ['haɪdɪŋ] (*beating*) paliza *f*
**hid•ing[2]** ['haɪdɪŋ]: *be in* ~ estar escondido; *go into* ~ esconderse
**'hid•ing place** escondite *m*
**hi•er•arch•i•cal** [haɪər'ɑːrkɪkl] *adj* jerárquico
**hi•er•ar•chy** ['haɪərɑːrkɪ] jerarquía *f*
**hi•er•o•glyph•ic** [haɪərou'glɪfɪk] *adj handwriting* indescifrable
**hi•er•o•glyph•ics** [haɪərou'glɪfɪks] *npl* jeroglíficos *mpl*
**hi-fi** ['haɪfaɪ] equipo *m* de alta fidelidad
**high** [haɪ] **I** *adj* alto; *wind* fuerte; F *on drugs* colocado P; *have a very* ~ *opinion of* tener muy buena opinión de; *it is* ~ *time you understood* ya va siendo hora de que entiendas
**II** *n* **1** MOT directa *f* **2** *in statistics* máximo *m* **3** EDU escuela *f* secundaria, *Span* instituto *m*
**III** *adv*: ~ *in the sky* en lo alto; *that's as* ~ *as we can go* eso es lo máximo que podemos ofrecer
**high 'al•tar** altar *m* mayor; **high-'al•ti•tude** *adj* de altitud; **high and 'dry** *adj*: *leave s.o.* ~ dejar a alguien tirado *or* colgado F; **high and 'might•y** *adj* F: *act all* ~ darse (muchos) aires; **'high•ball** *whisky con soda*; **'high beams** MOT luces *fpl* largas; **'high•brow** *adj* intelectual; **'high•chair** trona *f*; **'high--class** *adj* de categoría; **'high-den•si•ty disk** disquete *m* de alta densidad; **high 'div•ing** salto *m* de trampolín
**high•er ed•u•ca•tion** [haɪəredjʊ'keɪʃn]

enseñanza *f* superior *or* universitaria

**high•est bid•der** [haɪəst'bɪdər] mejor postor *m*

**high ex'plo•sive** explosivo *m*; **high--fi'del•i•ty** *adj* de alta fidelidad; **high--'fli•er** promesa *m/f*, portento *m/f*; **high-flown** ['haɪfloʊn] *adj* extravagante, pomposo; **high-'fre•quen•cy** *adj* de alta frecuencia; **high-'grade** *adj* de calidad superior; **high-hand•ed** [haɪ'hændɪd] *adj* despótico; **high--heeled** [haɪ'hiːld] *adj* de tacón alto; **'high jump** salto *m* de altura; **he's for the ~** *fig F* le va caer una buena F; **'high jump•er** saltador(a) *m(f)* de altura; **'high•lands** *npl* tierras *fpl* altas; **high-'lev•el** *adj* de alto nivel; **~ (programming) language** lenguage *m* de alto nivel; **'high life** buena vida *f*; **'high•light I** *n* **1** (*main event*) momento *m* cumbre **2** *in hair* reflejo *m* **II** *v/t with pen* resaltar; COMPUT seleccionar, resaltar; **'high•light•er** *pen* fluorescente *m*

**high•ly** ['haɪlɪ] *adv desirable, likely* muy; **be ~ paid** estar muy bien pagado; **think ~ of s.o.** tener una buena opinión de alguien

**high-necked** [haɪ'nekt] *adj* de cuello alto

**High•ness** ['haɪnɪs]: **His / Your ~** Su Alteza

**high-'oc•tane fu•el** combustible *m* de alto octanaje; **high per'form•ance** *adj drill, battery* de alto rendimiento; **high-'pitched** *adj* agudo; **'high point of life, career** punto *m* culminante; **'high post** *in basketball* poste *m* alto; **high-pow•ered** [haɪ'paʊərd] *adj engine* potente; *intellectual* de alto(s) vuelo(s); *salesman* enérgico; **high 'pres•sure I** *n weather* altas presiones *fpl* **II** TECH a gran presión; *salesman* agresivo; *job, lifestyle* muy estresante; **high 'priest** sumo sacerdote *m*; **high-'qual•i•ty** *adj* de calidad suprema; **high-'rank•ing** *adj* de alto rango; **high-res•o'lu•tion** *adj* de alta resolución; **'high-rise** edificio *m* alto; **'high school** escuela *f* secundaria, *Span* instituto *m*; **high 'seas** *npl* aguas *fpl* internacionales; **high 'sea•son** temporada *f* alta; **high so-'ci•e•ty** alta sociedad *f*; **'high-speed** *adj printer etc* rápido; **high-speed**

**'train** tren *m* de alta velocidad; **high--'spir•it•ed** *adj* ilusionado, animado; **'high street** *Br* calle *f* principal; **high-street bank** banco *m* comercial; **high-street store** tienda *f* del centro; **high-'strung** *adj* muy nervioso; **high tech I** ['haɪtek] *n* alta *f* tecnología **II** *adj* de alta tecnología; **high--'tech'nol•o•gy** alta *f* tecnología; **high-'ten•sion** *adj* de alta tensión; **high 'tide** marea *f* alta; **high 'trea•son** alta traición *f*; **'high val•ue ad•ded** *adj* de alto valor añadido; **high 'volt•age** alta tensión *f*, alto voltaje *m*; **high 'wa•ter: at ~** con la marea alta; **'high•way** autopista *f*, **'high•way di•vid•er** barrera *f* de protección; **'high wire** *in circus* cuerda *f* floja

**hi•jack** ['haɪdʒæk] **I** *v/t plane, bus* secuestrar **II** *n of plane, bus* secuestro *m*

**hi•jack•er** ['haɪdʒækər] *of plane, bus* secuestrador(a) *m(f)*

**hike¹** [haɪk] **I** *n* caminata *f* **II** *v/i* caminar

**hike²** [haɪk] *F in prices* subida *f*

**hik•er** ['haɪkər] senderista *m/f*

**hik•ing** ['haɪkɪŋ] senderismo *m*

**'hik•ing boots** *npl* botas *fpl* de senderismo

**hi•lar•i•ous** [hɪ'lerɪəs] *adj* divertidísimo, graciosísimo

**hi•lar•i•ty** [hɪ'lærətɪ] gracia *f*, risa *f*

**hill** [hɪl] **1** colina *f* **2** (*slope*) cuesta *f*

**hill•bil•ly** ['hɪlbɪlɪ] *F* rústico montañés

**hill•ock** ['hɪlək] collado *m*

**'hill•side** ladera *f*; **'hill•top** cumbre *f*; **'hill•walk•er** senderista *m/f*, montañero(-a) *m(f)*; **'hill•walk•ing** senderismo *m*, montañismo *m*; **go ~** hacer senderismo *or* montañismo

**hill•y** ['hɪlɪ] *adj* con colinas

**hilt** [hɪlt] puño *m*

**him** [hɪm] *pron direct object* lo; *indirect object* le; *after prep* él; **I know ~** lo conozco; **I gave ~ the keys** le di las llaves; **I sold it to ~** se lo vendí; **this is for ~** esto es para él; **who do you mean? - ~** ¿a quién te refieres? - a él

**him•self** [hɪm'self] *pron reflexive* se; *emphatic* él mismo; **he hurt ~** se hizo daño; **when he saw ~ in the mirror** cuando se vio en el espejo; **he saw it ~** lo vio él mismo; **by ~** (*alone*) solo; (*without help*) él solo, él mismo

**hind** [haɪnd] *adj* trasero

**hin•der** ['hɪndər] *v/t* obstaculizar, entorpecer

**Hin•di** ['hɪndɪ] *language* hindi *m*

**hind•most** ['haɪndmoʊst] *adj* anterior, trasero

**'hind•quart•ers** *npl* cuartos *mpl* traseros

**hin•drance** ['hɪndrəns] estorbo *m*, obstáculo *m*

**'hind•sight: with ~** a posteriori

**Hin•du** [hɪn'duː]l *n* hindú *m/f* ll *adj* hindú

**Hin•du•ism** ['hɪnduːɪzəm] hinduismo *m*

**hinge** [hɪndʒ] bisagra *f*

◆ **hinge on** *v/t* depender de

**hint** [hɪnt] **1** *n* **1** (*clue*) pista *f* **2** (*advice*) consejo *m* **3** (*implied suggestion*) indirecta *f* **4** *of red, sadness etc* rastro *m* ll *v/t*: **~ that ...** dar a entender que ...

**hin•ter•land** ['hɪntərlænd] interior *m*

**hip**[1] [hɪp] *n* cadera *f*

**hip**[2] [hɪp] *int*: **~, ~, hooray!** ¡viva!, ¡hip, hip, hurra!

**hip**[3] [hɪp] *adj* F *C.Am* chévere, *Rpl* macanudo, *Span* guay *inv*

**'hip•bone** ANAT hueso *m* de la cadera; **'hip flask** petaca *f*; **'hip joint** ANAT articulación *f* de la cadera

**hip•pie** ['hɪpɪ] hippy *m/f*

**hip 'pock•et** bolsillo *m* trasero

**hip•po** ['hɪpoʊ] F hipopótamo *m*

**hip•po•pot•a•mus** [hɪpə'pɑːtəməs] hipopótamo *m*

**hip•py** ☞ **hippie**

**hire** [haɪr] *v/t* alquilar; **be on ~** estar alquilado; **for ~** se alquila

**'hire car** *Br* coche *m* de alquiler

**hire 'pur•chase** *Br* compra *f* a plazos; **buy sth on ~** comprar algo a plazos

**his** [hɪz] **I** *adj* su; *to distinguish* de él; **~ ticket** su entrada; la entrada de él; **~ books** sus libros ll *pron* el suyo, la suya; **~ are red** los suyos son rojos; **that ticket is ~** esa entrada es suya; **a cousin of ~** un primo suyo

**His•pan•ic** [hɪ'spænɪk] **I** *n* hispano(-a) *m(f)* ll *adj* hispano, hispánico

**hiss** [hɪs] *v/i of snake, audience* silbar

**his•to•gram** ['hɪstoʊɡræm] histograma *m*

**his•to•ri•an** [hɪ'stɔːrɪən] historiador(a) *m(f)*

**his•tor•ic** [hɪ'stɑːrɪk] *adj* histórico

**his•tor•i•cal** [hɪ'stɑːrɪkl] *adj* histórico

**his•to•ry** ['hɪstərɪ] historia *f*

**hit** [hɪt] **I** *v/t* (*pret & pp hit*) golpear; (*collide with*) chocar contra; **he was ~ by a bullet** le alcanzó una bala; **it suddenly ~ me** (*I realized*) de repente me di cuenta; **~ town** (*arrive*) llegar a la ciudad
**II** *n* **1** (*blow*) golpe *m*; *in baseball* batazo *m*, hit *m* **2** MUS, (*success*) éxito *m*; **the new teacher is a big ~ with most of the school** F el nuevo profesor es muy popular en el colegio

◆ **hit back** *v/i physically* devolver el golpe; *verbally, with actions* responder

◆ **hit off** *v/t*: **hit it off** F hacer buenas migas F

◆ **hit on** *v/t* **1** *idea* dar con **2** (*flirt with*) intentar ligar con

◆ **hit out at** *v/t* (*criticize*) atacar

**hit-and-'run** *adj*: **~ accident** accidente en el que el vehículo causante se da a la fuga

**hitch** [hɪtʃ] **I** *n* (*problem*) contratiempo *m*; **without a ~** sin ningún contratiempo **II** *v/t* **1** (*fix*) enganchar **2**: hacer autoestop; **can I ~ a ride with you tomorrow?** ¿me puedes llevar en tu coche mañana? **III** *v/i* (*hitchhike*) hacer autoestop

◆ **hitch up** *v/t wagon, trailer* enganchar

**'hitch•hike** *v/i* hacer autoestop; **'hitch•hik•er** autoestopista *m/f*; **'hitch•hik•ing** autoestop *m*

**hi-tech** [ 'haɪtek] *n* alta tecnología *f* ll *adj* de alta tecnología

**hith•er** ['hɪðər] *adv* (hacia) aquí

**hith•er•to** *adv* hasta el momento

**'hit•list** lista *f* de blancos; **'hit•man** asesino *m* a sueldo; **hit-or-'miss** *adj* a la buena ventura; **'hit squad** grupo *m* de intervención especial

**HIV** [eɪtʃaɪ'viː] *abbr* (= *human immuno-deficiency virus*) VIH *m* (= virus *m inv* de la inmunodeficiencia humana); **~-positive** seropositivo

**hive** [haɪv] *for bees* colmena *f*

◆ **hive off** *v/t* COM (*separate off*) desprenderse de

**hives** [haɪvz] *npl* MED urticaria *f*

**hoard** [hɔːrd] **I** *n* reserva *f* ll *v/t* hacer acopio de; *money* acumular

**hoard•er** ['hɔːrdər] acaparador(a) *m(f)*

**hoar•frost** [hɔːr'frɒst] escarcha *f*

**hoarse** [hɔːrs] *adj* ronco

**hoarse•ness** ['hɔːrsnɪs] ronquedad f
**hoar•y** ['hɔːrɪ] adj: **a ~ old joke** un chiste viejo viejísimo
**hoax** [houks] bulo m, engaño m; **bomb ~** amenaza f falsa de bomba
**hoax•er** ['houksər] farsante m/f, gracioso(-a) m(f)
**hob** [hɑːb] on cooker fuegos mpl, quemadores mpl
**hob•ble** ['hɑːbl] v/i cojear
**hob•by** ['hɑːbɪ] hobby m, afición f
**hob•gob•lin** ['hɑːbɡɑːblɪn] duende m, geniecillo m
**hob•nob** ['hɑːbnɑːb] v/i: **~ with s.o.** hacer buenas migas con alguien
**ho•bo** ['houbou] (pl -o(e)s) F vagabundo(-a) m(f)
**Hob•son's choice** [hɑːbsnz'tʃɔɪs]: **it was (a case of) ~** no hubo otra alternativa
**hock** [hɑːk] F: **be in ~ to s.o.** estar endeudado con alguien; **get out of ~** pagar las deudas; **get sth out of ~** desempeñar algo
**hock•ey** ['hɑːkɪ] hockey m; Br (field ~) hockey sobre hierba
**ho•cus-po•cus** [houkəs'poukəs] engaño m, embrollo m
**hodge•podge** ['hɑːdʒpɑːdʒ] batiburrillo m F, revoltijo m F
**hoe** [hou] **I** n azada f **II** v/t entrecavar
**hog** [hɑːɡ] (pig) cerdo m, L.Am. chancho m
**'hog•wash** F tonterías fpl, sandeces fpl
**hoi pol•loi** [hɔɪpə'lɔɪ]: **the ~** la gente de a pie
**hoist** [hɔɪst] **I** n montacargas m inv; manual elevador m **II** v/t (lift) levantar, subir; flag izar
**hoi•ty-toi•ty** [hɔɪtɪ'tɔɪtɪ] adj F estirado, altanero; **he got all ~** se le subió el humo a las narices
**ho•kum** ['houkəm] F **1** (nonsense) tonterías fpl **2** (sentimental stuff) cursilería f
**hold** [hould] **I** v/t (pret & pp **held**) in hand llevar; (support, keep in place) sostener; passport, license tener; prisoner, suspect retener; (contain) contener; job, post ocupar; course mantener; views tener, mantener; **~ my hand** dame la mano; **~ one's breath** aguantar la respiración; **he can ~ his drink** sabe beber; **~ s.o. responsible** hacer a alguien

responsable; **~ that ...** (believe, maintain) mantener que ...; **~ the line, please** TELEC espere, por favor **II** n **1** in ship, plane bodega f **2**: **take ~ of sth** agarrar algo; **lose one's ~ on rope** soltar; reality perder el contacto con; **wait till I get ~ of him!** ¡espera a que lo pille!, ¡(ya) verás cuando lo pille!
◆ **hold against** v/t: **hold sth against s.o.** tener algo contra alguien
◆ **hold back I** v/t **1** crowds contener **2** facts, information guardar **II** v/i (not tell all): **I'm sure he's holding back** estoy seguro de que no dice todo lo que sabe
◆ **hold down** v/t **1** person reducir **2** interest rates rebajar **3** job conservar
◆ **hold on** v/i **1** (wait) esperar; **now hold on a minute!** ¡un momento! **2**: **hold on tight!** ¡agárrate or sujétate fuerte!
◆ **hold on to** v/t **1** (keep) guardar **2** belief aferrarse a
◆ **hold out I** v/t **1** hand tender **2** prospect ofrecer **II** v/i **1** of supplies durar **2** (survive) resistir, aguantar
◆ **hold out on** v/t not tell all engañar a
◆ **hold up** v/t **1** hand levantar; **hold s.o. up as an example** poner a alguien como ejemplo **2** bank etc atracar **3** (make late) retrasar; **I was held up by the traffic** he llegado tarde por culpa del tráfico
◆ **hold with** v/t (approve of): **I don't hold with that sort of behavior** no me parece bien ese tipo de comportamiento
◆ **'hold-all** Br bolsa f de viaje
**hold•er** ['houldər] **1** (container) receptáculo m **2** of passport, ticket etc titular m/f; of record poseedor(a) m(f)
**hold•ing** ['houldɪŋ] COM acción f
**'hold•ing com•pa•ny** holding m
**'hold•o•ver** vestigio m
**'hold•up 1** (robbery) atraco m **2** (delay) retraso m
**hole** [houl] **1** in sleeve, wood, bag agujero m **2** in ground hoyo m; **be half a million dollars in the ~** F tener una deuda or agujero de medio millón de dólares
◆ **hole up** v/i F esconderse
**hol•i•day** ['hɑːlədeɪ] **1** single day día m de fiesta **2** Br period vacaciones fpl; **take a ~** tomarse vacaciones
**'hol•i•day a•part•ment** Br apartamen-

**homo**

to *m* de veraneo; '**hol•i•day camp** *Br* colonia *f* de verano; '**hol•i•day des•ti•na•tion** *Br* destino *m* vacacional; '**hol•i•day home** *Br* casa *f* de veraneo; '**hol•i•day-mak•er** *Br* veraneante *m/f*, turista *m/f*

**Ho•li•ness** ['houlınıs]: *His* ~ Su Santidad

**Hol•land** ['hɑːlənd] Holanda *f*

**hol•ler** ['hɑːlər] **F I** *v/t* gritar, chillar **II** *v/i* gritar, chillar (*at* a); ~ *for help* gritar en busca de ayuda

**hol•low** ['hɑːlou] **I** *adj object* hueco; *cheeks* hundido; *promise* vacío **II** *n in ground* hoyo *m*

◆ **hollow out** *v/t tree trunk* vaciar

**hol•ly** ['hɑːlɪ] acebo *m*

**hol•o•caust** ['hɑːləkɔːst] holocausto *m*

**hol•o•gram** ['hɑːləgræm] holograma *m*

**hol•ster** ['houlstər] pistolera *f*

**ho•ly** ['houlɪ] *adj* santo

**Ho•ly 'Fa•ther** Papa *m*; **Ho•ly 'Ghost** Espíritu *m* Santo; **Ho•ly 'Scrip•ture** Sagradas Escrituras *fpl*; **Ho•ly 'Spir•it** Espíritu *m* Santo; **ho•ly 'war** guerra *f* santa; **ho•ly 'wa•ter** agua *m* bendita; '**Ho•ly Week** Semana *f* Santa

**hom•age** ['hɑːmɪdʒ] homenaje *m*; *do or pay* ~ *to s.o.* dedicar *or* rendir un homenaje a alguien

**home** [houm] **I** *n* **1** casa *f*; (*native country*) tierra *f*; *New York is my* ~ Nueva York es mi hogar; *at* ~ *also* SP en casa; (*in country*) en mi / su / nuestra tierra; *make yourself at* ~ ponte cómodo; *at* ~ *and abroad* en el país y en el extranjero; *work from* ~ trabajar desde casa **2** *for old people* residencia *f* **3** *in baseball* meta *f*, home *m*

**II** *adv* a casa; *go* ~ ir a casa; *to country* ir a mi / tu / su tierra; *to town, part of country* ir a mi / tu / su ciudad

◆ **home in on** *v/t of missile* apuntar hacia; *mistake* centrarse en

'**home ad•dress** domicilio *m*; **home 'bank•ing** telebanca *f*, banca *f* electrónica; '**home•com•ing** vuelta *f* a casa; **home com'put•er** *L.Am.* computadora *f* doméstica, *Span* ordenador *m*; **home 'de•liv•er•y** entrega *f* a domicilio; **home ec•o'nom•ics** *nsg* ciencias *fpl* del hogar; '**home game** partido *m* en casa; **home-'grown** *adj vegetables* de cosecha propia, casero; *fig* nacional;

**home 'help** *Br* asistente *m/f* doméstico; '**home•land** país *m* de origen

**home•less** ['houmlɪs] **I** *adj* sin casa **II** *npl the* ~ los sin casa

'**home•lov•ing** *adj* hogareño

**home•ly** ['houmlɪ] *adj* **1** (*homeloving*) hogareño **2** (*not good-looking*) feúcho

**home-'made** *adj* casero; '**home•mak•er** ama *f* de casa; **home 'mov•ie** película *f* casera; '**Home Of•fice** *Br* POL Ministerio *m* del Interior

**ho•me•o•path** ['houmıoupæθ] MED homeópata *m/f*

**ho•me•o•path•ic** [houmıou'pæθɪk] *adj* homeopático

**ho•me•op•a•thy** [houmı'ɑːpəθɪ] homeopatía *f*

'**home•own•er** propietario(-a) *m(f)* de vivienda; **home'own•er•ship** propiedad *f* de vivienda; '**home page** *web site* página *f* personal; *on web site* página *f* inicial; '**home plate** *in baseball* goma *f*, plato *m*

**hom•er** ['houmər], **home 'run** *in baseball* carrera *f* completa, cuadrangular *m*

'**home shop•ping** telecompra *f*; '**home•sick** *adj* nostálgico; *be* ~ tener morriña; '**home•sick•ness** morriña *f*, nostalgia *f*; **home•stead** ['houmstedər] colono(-a) *m(f)*; '**home town** ciudad *f* natal; **home 'truth** *tell s.o. a few* ~*s* decir a alguien cuatro cosas *or* verdades; **home 'vid•e•o** video *m or Span* vídeo *m* doméstico

**home•ward** ['houmwərd] *adv to own house* a casa; *to own country* a su país

'**home•work** EDU deberes *mpl*, tareas *fpl*; *what* ~ *do you have?* ¿qué tienes que hacer de tareas?, ¿qué tareas tienes?; '**home•work•er** COM teletrabajador(a) *m(f)*; '**home•work•ing** COM teletrabajo *m*

**hom•i•cide** ['hɑːmɪsaɪd] *crime* homicidio *m*; *police department* brigada *f* de homicidios

**hom•i•ly** ['hɑːmɪlɪ] sermón *m*

**ho•mo•ge•ne•ous** [houmə'dʒiːnɪəs] *adj* homogéneo

**ho•mog•e•nize** [hə'mɑːdʒənaɪz] *v/t* homogeneizar

**hom•o•graph** ['hɑːməgræf] homógrafo *m*

**ho•mo** ['houmou] **F** marica *m* **F**

**hom•o•nym** ['hɑːmənɪm] LING homónimo *m*

**ho•mo•phobe** ['hoʊməfoʊb] homófobo(-a) *m(f)*

**ho•mo•pho•bi•a** [hoʊmə'foʊbɪə] homofobia *f*

**ho•mo•pho•bic** [hoʊmə'foʊbɪk] *adj* homofóbico

**hom•o•phone** ['hɑːməfoʊn] LING homófono *m*

**ho•mo•sex•u•al** [hoʊmə'sekʃʊəl] **I** *adj* homosexual **II** *n* homosexual *m/f*

**ho•mo•sex•u•al•i•ty** [hoʊməsekʃʊ'ælətɪ] homosexualidad *f*

**hom•y** ['hoʊmɪ] *adj* F acogedor, cálido

**Hon•du•ran** [hɑːn'dʊrən] **I** *adj* hondureño **II** *n* hondureño(-a) *m(f)*

**Hon•du•ras** [hɑːn'dʊrəs] Honduras *f*

**hone** [hoʊn] *v/t sharpen* afilar; *skills* perfeccionar, pulir

**hon•est** ['ɑːnɪst] *adj* honrado

**hon•est•ly** ['ɑːnɪstlɪ] *adv* honradamente; *~!* ¡desde luego!

**hon•es•ty** ['ɑːnɪstɪ] honradez *f*

**hon•ey** ['hʌnɪ] **1** miel *f* **2** F (*darling*) cariño *m*, vida *f* mía

**'hon•ey•bee** abeja *f* de panal; **'hon•ey•comb** panal *m*; **hon•ey•dew 'mel•on** melón de corteza amarilla; **'hon•ey•moon** luna *f* de miel; **hon•ey•moon•er** ['hʌnɪmuːnər] novio(-a) *m(f)* en luna de miel; **'hon•ey•suck•le** BOT madreselva *f*

**honk** [hɑːŋk] *v/t horn* tocar

**hon•ky** ['hɑːŋkɪ] P *pej* blanco(-a) *m(f)*

**hon•or** ['ɑːnər] **I** *n* honor *m* **II** *v/t* honrar

**hon•or•a•ble** ['ɑːnrəbl] *adj* honorable

**hon•or•ar•y** ['ɑːnərərɪ] *adj* honorario

**hon•our** *etc Br* ☞ **honor** *etc*

**hooch** [huːtʃ] F licor *m* de contrabando

**hood** [hʊd] **1** *over head* capucha *f*; *over cooker* campana *f* extractora; MOT capó *m* **2** F (*gangster*) matón(-ona) *m(f)*

**hood•lum** ['huːdləm] matón(-ona) *m(f)*

**'hood•wink** *v/t* engañar; *~ s.o. into doing sth* liar *or* embarullar a alguien para que haga algo

**hoo•ey** ['huːɪ] P chorrada *f* P

**hoof** [huːf] (*pl* **hooves**) casco *m*

**hook** [hʊk] gancho *m*; *to hang clothes on* colgador *m*; *for fishing* anzuelo *m*; **off the ~** TELEC descolgado

**hooked** [hʊkt] *adj* enganchado (**on** a); **get ~ on sth** engancharse a algo

**hook•er** ['hʊkər] F fulana *f* F

**hook•ey** ['hʊkɪ] F: *play ~* hacer novillos, *Mex* irse de pinta, *S.Am.* hacerse la rabona

**hoo•li•gan** ['huːlɪgən] gamberro(-a) *m(f)*

**hoo•li•gan•ism** ['huːlɪgənɪzm] gamberrismo *m*

**hoop** [huːp] aro *m*

**hoo•ray** [hʊ'reɪ] ☞ **hurray**

**hoot** [huːt] **I** *v/t horn* tocar **II** *v/i* **1** *of car* dar bocinazos **2** *of owl* ulular **III** *n*: **there were ~s of laughter** hubo carcajadas; *I don't care a ~* F me importa un comino *or* bledo F

**hoot•er** ['huːtər] *Br* sirena *f*; MOT claxon *m*, bocina *f*

**hoo•ver®** ['huːvər] *Br* **I** *n* aspiradora *f* **II** *v/t* pasar la aspiradora por **III** *v/i* pasar la aspiradora

◆ **hoover up** *v/t Br* limpiar con la aspiradora

**hooves** [huːvz] *pl* ☞ **hoof**

**hop**[1] [hɑːp] *n plant* lúpulo *m*

**hop**[2] [hɑːp] *v/i* (*pret & pp* **-ped**) saltar

**hope** [hoʊp] **I** *n* esperanza *f* **II** *v/i* esperar; *~ for sth* esperar algo; *we all ~ for peace* todos ansiamos la paz; *I ~ so* eso espero; *I ~ not* espero que no **III** *v/t*: *I ~ you like it* espero que te guste

**hope•ful** ['hoʊpfəl] *adj* prometedor; *I'm ~ that …* espero que …

**hope•ful•ly** ['hoʊpfəlɪ] *adv* **1** *say, wait* esperanzadamente **2**: *he hasn't forgotten* esperemos que no se haya olvidado

**hope•less** ['hoʊplɪs] *adj* **1** *position, prospect* desesperado **2** (*useless: person*) inútil

**hop•ping** ['hɑːpɪŋ] *adv*: *be ~ mad* F echar chispas F

**horde** [hɔːrd] horda *f*

**ho•ri•zon** [hə'raɪzn] horizonte *m*

**hor•i•zon•tal** [hɑːrɪ'zɑːntl] *adj* horizontal

**hor•mone** ['hɔːrmoʊn] hormona *f*

**hor•mone re'place•ment ther•a•py** terapia *f* de sustitución hormonal

**horn** [hɔːrn] **1** *of animal* cuerno *m* **2** MOT bocina *f*, claxon *m*

**hor•net** ['hɔːrnɪt] avispón *m*

**horn-rimmed spec•ta•cles** ['hɔːrnrɪmd] *npl* gafas *fpl* de concha

**horn•y** ['hɔːrnɪ] *adj* F *sexually* cachondo

**F**

**hor•o•scope** ['hɑ:rəskoup] horóscopo *m*

**hor•ren•dous** [hɔ:'rendəs] *weather, accident, experience* horroroso, espantoso; *noise* horroroso, tremendo

**hor•ri•ble** ['hɑ:rɪbl] *adj* horrible; *person* muy antipático

**hor•rid** ['hɑ:rɪd] *adj* horrendo; *person, experience* desagradable, repugnante

**hor•rif•ic** [hɑ:'rɪfɪk] *adj* horrible, aterrador

**hor•ri•fy** ['hɑ:rɪfaɪ] *v/t* (*pret & pp* **-ied**) horrorizar; **I was horrified** me quedé horrorizado

**hor•ri•fy•ing** ['hɑ:rɪfaɪɪŋ] *adj* horroroso

**hor•ror** ['hɑ:rər] horror *m*

'**hor•ror mov•ie** película *f* de terror; '**hor•ror sto•ry** historia *f* de miedo; '**hor•ror-strick•en**, '**hor•ror-struck** *adj* horrorizado, espantado

**hors d'oeu•vre** [ɔ:r'dɜ:rv] entremés *m*

**horse** [hɔ:rs] caballo *m*; **hold your ~s** F un momento, frena (un poco)

'**horse•back on ~** a caballo; **horse 'chest•nut** castaño *m* de Indias; '**horse•fly** tábano *m*; **horse•man** ['hɔ:rsmən] jinete *m*; '**horse•pow•er** caballo *m* (de vapor); '**horse race** carrera *f* de caballos; '**horse•rad•ish** BOT rábano *m* picante; '**horse rid•ing** equitación *f*; **go ~** ir a montar a caballo; '**horse sense** F sentido *m* común; '**horse•shoe** herradura *f*; '**horse trad•ing** *esp* POL regateo *m* F, trapicheo *m* F; '**horse•wom•an** amazona *f*

**hor•ti•cul•tur•al** [hɔ:rtɪ'kʌltʃərəl] *adj* agrícola

**hor•ti•cul•ture** ['hɔ:rtɪkʌltʃər] horticultura *f*

**hose** [houz] *for water* manguera *f*

**ho•sier•y** ['houzɪərɪ] medias *fpl*; *in shop* sección *f* de medias

**hos•pice** ['hɑ:spɪs] hospital *m* para enfermos terminales

**hos•pi•ta•ble** [hɑ:'spɪtəbl] *adj* hospitalario

**hos•pi•tal** ['hɑ:spɪtl] hospital *m*; **go into the ~** ir al hospital

**hos•pi•tal•i•ty** [hɑ:spɪ'tælətɪ] hospitalidad *f*

**hos•pi•tal•i•ty in•dus•try** sector *m* hotelero

**hos•pi•tal•ize** ['hɑ:spɪtlaɪz] *v/t* hospitalizar

**host**[1] [houst] **I** *n at party, reception* anfitrión *m*; *of TV program* presentador(a) *m(f)* **II** *v/t TV program* presentar, conducir; *website* albergar, hospedar

**host**[2] [houst] *n* (*vast number*) sinfín *m*, multitud *f*; **a ~ of questions** un montón de preguntas

**Host**[3] [houst] REL hostia *f* sagrada

**hos•tage** ['hɑ:stɪdʒ] rehén *m/f*; **take s.o. ~** tomar a alguien como rehén

'**hos•tage tak•er** persona *que toma rehenes*

**hos•tel** ['hɑ:stl] **1** *for students* residencia *f* **2** (*youth ~*) albergue *m*

**host•ess** ['houstɪs] *at party, reception* anfitriona *f*; *on airplane* azafata *f*; *in bar* cabaretera *f*

**hos•tile** ['hɑ:stl] *adj* hostil

**hos•til•i•ty** [hɑ:'stɪlətɪ] **1** *of attitude* hostilidad *f* **2**: **hostilities** hostilidades *fpl*

**hot** [hɑ:t] **1** *adj weather* caluroso; *object, water, food* caliente; **it's ~** *of weather* hace calor; **I'm ~** tengo calor **2** (*spicy*) picante **3**: **she's pretty ~ at math** F (*good*) es una fenómena con las matemáticas F

◆ **hot up** *v/i fig* F caldearse

**hot 'air** F cuento *m* F, charlatanería *f* F; **she talks a lot of ~** tiene mucho cuento; '**hot•bed** *fig* núcleo *m*, foco *m*; **hot-blood•ed** [hɑ:t'blʌdɪd] *adj* apasionado, impetuoso; **hot 'choc•o•late** *drink* chocolate *m* caliente

**hotch•potch** ['hɑ:tʃpɑ:tʃ] *Br* batiburrillo *m* F, revoltijo *m* F

**hot 'desk•ing** *uso de diferentes terminales de trabajo*

'**hot dog** perrito *m* caliente

**ho•tel** [hou'tel] hotel *m*

**ho•tel•ier** [hou'telɪeɪ] hotelero(-a) *m(f)*

**ho•tel keep•er** hotelero(-a) *m(f)*

'**hot•foot** F *v/t*: **~ it** salir volando F *or* pitando F; '**hot•head** majadero(-a) *m(f)*; **hot•head•ed** *adj* insensato, alocado; '**hot•house** invernadero *m*; '**hot line** POL teléfono *m* rojo; COM línea *f* telefónica

**hot•ly** ['hɑ:tlɪ] *adv* contundentemente, vehementemente

'**hot•plate** placa *f*; **hot po'ta•to** *fig* patata *f* caliente; '**hot spot** *military, political* punto *m* caliente; **hot-'wa•ter bot•tle** bolsa *f* de agua caliente; **hot-'wire** *v/t* *car* hacer un puente a

**hound** [haʊnd] **I** *n* perro *m* rastrero **II** *v/t* perseguir, acosar

**hour** [aʊr] hora *f*

**hour•ly** ['aʊrlɪ] *adj*: **at ~ intervals** a intervalos de una hora; **an ~ bus** un autobús que pasa cada hora

**house** [haʊs] casa *f*; **at your~** en tu casa; **this one is on the~** esto corre a cuenta de la casa; **clean ~** hacer la limpieza de la casa

'**house ar•rest** arresto *m* domiciliario; **be under ~** estar bajo arresto domiciliario; '**house•boat** barco-vivienda *f*; '**house•bound** *adj due to illness, bad weather etc* encerrado *or* inmovilizado en casa; '**house•break•ing** allanamiento *m* de morada; '**house•bro•ken** *adj* adiestrado, amaestrado; '**house•fly** mosca *f* común; '**house•hold** hogar *m*; **house•hold** 'name nombre *m* conocido; '**house-hunt•ing**: **go ~** ir en busca de casa; '**house hus•band** amo *m* de casa; '**house•keep•er** ama *f* de llaves; '**house•keep•ing 1** *activity* tareas *fpl* domésticas **2** *money* dinero *m* para gastos domésticos

**house mar•tin** ['haʊsmɑːrtɪn] ORN avión *m* común

**House of 'Com•mons** *Br* Cámara *f* de los Comunes; **House of 'Lords** *Br* Cámara *f* de los Lores; **House of Rep•re'sent•a•tives** *npl* Cámara *f* de Representantes; '**house plant** planta *f* de interior; '**house-proud** *adj* orgulloso del orden y de la limpieza en la casa; **house-to-house 'search** búsqueda *f* casa por casa; **house-trained** ['haʊstreɪnd] *adj Br* adiestrado, amaestrado; **house•warm•ing (par•ty)** ['haʊswɔːrmɪŋ] fiesta *f* de estreno de una casa; '**house•wife** ama *f* de casa; '**house•work** tareas *fpl* domésticas

**hous•ing** ['haʊzɪŋ] vivienda *f*; TECH cubierta *f*

'**hous•ing de•vel•op•ment** urbanización *f*; '**hous•ing mar•ket** mercado *m* inmobiliario; '**hous•ing short•age** escasez *f* de viviendas; '**hous•ing con•di•tions** *npl* condiciones *fpl* de la vivienda

**hove** [hoʊv] *pret & pp* ☞ **heave**

**hov•el** ['hɑːvl] chabola *f*

**hov•er** ['hɑːvər] *v/i of bird* cernerse; *of*

*helicopter* permanecer inmóvil en el aire

'**hov•er•craft** aerodeslizador *m*, hovercraft *m*

**how** [haʊ] *adv* cómo; **~ are you?** ¿cómo estás?; **~'s your bad leg?**¿cómo tienes la pierna?; **~ about ...?** ¿qué te parece ...?; **~ about a drink?** ¿te apetece tomar algo?; **~ much?** ¿cuánto?; **~ much is it?** *of cost* ¿cuánto vale *or* cuesta?; **~ many?** ¿cuántos?; **~ often?** ¿con qué frecuencia?; **~ funny / sad!** ¡qué divertido / triste!

**how•ev•er** *adv* **1** sin embargo **2**: **~ big / rich / small they are** independientemente de lo grandes / ricos / pequeños que sean

**howl** [haʊl] *of dog* aullido *m*; *of person in pain* alarido *m*; *with laughter* risotada *f*

**howl•er** ['haʊlər] F gazapo *m* F

**howl•ing** ['haʊlɪŋ] *adj*: **a ~ gale** un vendaval espantoso; **~ success** F éxito *m* rotundo *or* aplastante

**HP** [eɪtʃ'piː] *abbr Br* (= **hire purchase**) compra *f* a plazos

**HQ** [eɪtʃ'kjuː] *abbr* (= **headquarters**) *of party, organization* sede *f*; *of army* cuartel *m* general

**HRT** [eɪtʃɑːr'tiː] *abbr* (= **hormone replacement therapy**) terapia *f* de sustitución hormonal

**hub** [hʌb] *of wheel* cubo *m*

**hub•bub** ['hʌbʌb] algarabía *f*, griterío *m*

'**hub•cap** tapacubos *m inv*

**hud•dle** ['hʌdl] **1** corrillo *m*; **go into a ~** hacer corrillo **2** *in football* timbac *m*, jol *m*

◆ **huddle together** ['hʌdl] *v/i* apiñarse, acurrucarse

**hue** [hjuː] tonalidad *f*

**huff** [hʌf]: **be in a ~** estar enfurruñado

**huff•y** ['hʌfɪ] *adj* enfurruñado, picado

**hug** [hʌg] **I** *v/t* (*pret & pp* **-ged**) abrazar **II** *n* abrazo *m*

**huge** [hjuːdʒ] *adj* enorme

**huge•ly** ['hjuːdʒlɪ] *adv* enormemente

**hulk** [hʌlk] *person* grandullón(-ona) *m(f)*; *thing* mole *f*

**hulk•ing** ['hʌlkɪŋ] *adj person* corpulento, fornido; *thing, animal* grandote

**hull** [hʌl] *of ship* casco *m*

**hul•la•ba•loo** [hʌləbə'luː] alboroto *m*

**hum** [hʌm] **I** *v/t* (*pret & pp* **-med**) *song*,

*tune* tararear **II** *v/i* (*pret & pp* **-med**) *of person* tararear; *of machine* zumbar

hu•man ['hju:mən] **I** *n* humano *m* **II** *adj* humano; ~ **error** error *m or* fallo *m* humano

hu•man 'be•ing ser *m* humano

hu•mane [hju:'meɪn] *adj* humano

hu•man•ism ['hju:mənɪzəm] humanismo *m*

hu•man•ist ['hju:mənɪst] humanista *m/f*

hu•man•is•tic ['hju:mənɪstɪk] *adj* humanístico

hu•man•i•tar•i•an [hju:mænɪ'terɪən] *adj* humanitario

hu•man•i•ty [hju:'mænətɪ] humanidad *f*

hu•man•kind [hju:mən'kaɪnd] la humanidad

hu•man•ly ['hju:mənlɪ] *adv*: **do everything ~ possible** hacer todo lo humanamente posible

hu•man 'na•ture la naturaleza humana; hu•man 'race raza *f* humana; hu•man re'sour•ces *npl* recursos *mpl* humanos; ~ **management** gestión *f* de recursos humanos; hu•man 'rights *npl* derechos *mpl* humanos

hum•ble ['hʌmbl] **I** *adj* humilde **II** *v/t* empequeñecer, achicar

hum•bug ['hʌmbʌg] (*hypocrisy*) teatro *m*, doblez *f*

hum•ding•er [hʌm'dɪŋər] F preciosidad *f*, encanto *m*

hum•drum ['hʌmdrʌm] *adj* monótono, anodino

hum•er•us ['hju:mərəs] ANAT húmero *m*

hu•mid ['hju:mɪd] *adj* húmedo

hu•mid•i•fi•er [hju:'mɪdɪfaɪr] humidificador *m*

hu•mid•i•fy [hju:'mɪdɪfaɪ] *v/t* (*pret & pp* **-ied**) humidificar

hu•mid•i•ty [hju:'mɪdətɪ] humedad *f*

hu•mil•i•ate [hju:'mɪlɪeɪt] *v/t* humillar

hu•mil•i•at•ing [hju:'mɪlɪeɪtɪŋ] *adj* humillante

hu•mil•i•a•tion [hju:mɪlɪ'eɪʃn] humillación *f*

hu•mil•i•ty [hju:'mɪlətɪ] humildad *f*

hum•ming•bird ['hʌmɪŋbɜːrd] ORN colibrí *m*

hu•mor ['hju:mər] humor *m*; **sense of ~** sentido *m* del humor

hu•mor•ist ['hju:mərɪst] humorista *m/f*

hu•mor•less ['hju:mərlɪs] serio, severo

hu•mor•ous ['hju:mərəs] *adj* gracioso

hu•mour *Br* ☞ **humor**

hump [hʌmp] **I** *n of camel, person* joroba *f*; *on road* bache *m* **II** *v/t* F (*carry*) acarrear

hump•back 'whale ballena *f* jorobada

hunch [hʌntʃ] (*idea*) presentimiento *m*, corazonada *f*; **I've got a ~ he'll be back** tengo la corazonada de que volverá

hun•dred ['hʌndrəd] cien *m*; **a ~ dollars** cien dólares; **~s of birds** cientos *or* centenares de aves; **a ~ and one** ciento uno; **two ~** doscientos

hun•dred•fold ['hʌndrədfould] **I** *adj*: **there has been a ~ increase in ...** ...se ha multiplicado por cien **II** *adv*: **increase a ~** multiplicarse cien veces

hun•dredth ['hʌndrədθ] *n & adj* centésimo

'hun•dred•weight 43 *kilogramos*

hung [hʌŋ] *pret & pp* ☞ **hang**

Hun•gar•i•an [hʌŋ'gerɪən] **I** *adj* húngaro **II 1** *n person* húngaro(-a) *m(f)* **2** *language* húngaro *m*

Hun•ga•ry ['hʌŋgərɪ] Hungría *f*

hun•ger ['hʌŋgər] hambre *f*

'hun•ger strike huelga *f* de hambre; **go on (a) ~** hacer (una) huelga de hambre

hung-'o•ver *adj*: **be ~** tener resaca

hun•gry ['hʌŋgrɪ] *adj* hambriento; **I'm ~** tengo hambre; **she was getting ~** le estaba entrando hambre, estaba empezando a tener hambre

hunk [hʌŋk] **1** *of bread, cheese* cacho *m*, pedazo *m* **2** F *man* cachas *m inv* F

hun•ky-dor•y [hʌŋkɪ'dɔːrɪ] *adj* F: **everything's ~** todo va de perlas

hunt [hʌnt] **I** *n* caza *f*, búsqueda *f* **II** *v/t animal* cazar

◆ hunt down *v/t* (*look for*) buscar; (*find*) encontrar

◆ hunt for *v/t* buscar

hunt•er ['hʌntər] *person* cazador(a) *m(f)*

hunt•ing ['hʌntɪŋ] caza *f*

'hunt•ing ground *fig*: **a popular ~ for** un paraíso para

hur•dle ['hɜːrdl] SP valla *f*; *fig* obstáculo *m*

hur•dler ['hɜːrdlər] SP vallista *m/f*

hur•dles *npl* SP vallas *fpl*

**hurl** [hɜːrl] *v/t* lanzar

**hurl•y-burl•y** [ˈhɜːrlɪˈbɜːrlɪ] jaleo *m*, barullo *m*

**hur•ray** [hʊˈreɪ] *int* ¡hurra!

**hur•ri•cane** [ˈhʌrɪkən] huracán *m*

**hur•ried** [ˈhʌrɪd] *adj* apresurado

**hur•ry** [ˈhʌrɪ] **I** *n* prisa *f*; **be in a ~** tener prisa; **there's no ~** no hay prisa **II** *v/i* (*pret & pp* **-ied**) darse prisa

◆ **hurry along** *v/t* meter prisa a; *delivery etc* agilizar, aligerar

◆ **hurry up I** *v/i* darse prisa; **hurry up!** ¡date prisa! **II** *v/t* meter prisa a; **hurry things up** acelerar las cosas

**hurt** [hɜːrt] **I** *v/i* (*pret & pp* **hurt**) doler; **does it ~?** ¿te duele? **II** *v/t* (*pret & pp* **hurt**) *physically* hacer daño a; *emotionally* herir; **I've ~ my hand** me he hecho daño en la mano; **did he ~ you?** ¿te hizo daño?; **~ o.s.** hacerse daño

**hurt•ful** [ˈhɜːrtfʊl] *adj* hiriente

**hur•tle** [ˈhɜːrtl] *v/i* lanzarse, dispararse

**hus•band** [ˈhʌzbənd] marido *m*

**hush** [hʌʃ] silencio *m*; **~!** ¡silencio!

◆ **hush up** *v/t* acallar

**hush-'hush** *adj* F confidencial

**'hush mon•ey** F soborno *m*; **pay s.o. ~** sobornar a alguien

**husk** [hʌsk] *of peanuts etc* cáscara *f*

**husk•y**[1] [ˈhʌskɪ] *adj voice* áspero

**hus•ky**[2] [ˈhʌskɪ] *n* ZO husky *m*

**hus•sy** [ˈhʌsɪ] mujerzuela *f*, fresca *f*

**hus•tle** [ˈhʌsl] **I** *n* agitación *f*; **~ and bustle** ajetreo *m* **II** *v/t person* empujar

**hus•tler** [ˈhʌslər] F timador(-a) *m(f)*

**hut** [hʌt] cabaña *f*, refugio *m*; *workman's* cobertizo *m*

**hutch** [hʌtʃ] *for rabbits* jaula *f* para conejos

**hy•a•cinth** [ˈhaɪəsɪnθ] jacinto *m*

**hy•brid** [ˈhaɪbrɪd] híbrido *m*

**hy•drant** [ˈhaɪdrənt] hidrante *m or* boca *f* de incendios

**hy•draul•ic** [haɪˈdrɔːlɪk] *adj* hidráulico; **~ brake** freno *m* hidráulico

**hy•dro•car•bon** [haɪdrəˈkɑːrbən] CHEM hidrocarbono *m*

**hy•dro•chlo•ric a•cid** [haɪdrəklɔːrɪkˈæsɪd] CHEM ácido *m* clorhídrico

**hy•dro•e•lec•tric** [haɪdroʊɪˈlektrɪk] *adj* hidroeléctrico

**hy•dro•foil** [ˈhaɪdrəfɔɪl] *boat* hidroplaneador *m*

**hy•dro•gen** [ˈhaɪdrədʒən] hidrógeno *m*

**'hy•dro•gen bomb** bomba *f* de hidrógeno

**hy•dro•pho•bi•a** [haɪdrəˈfoʊbɪə] hidrofobia *f*, rabia *f*

**hy•dro•plane** [ˈhaɪdrəpleɪn] AVIA hidroavión *m*

**hy•e•na** [haɪˈiːnə] ZO hiena *f*

**hy•giene** [ˈhaɪdʒiːn] higiene *f*

**hy•gien•ic** [haɪˈdʒiːnɪk] *adj* higiénico

**hymn** [hɪm] himno *m*

**'hymn•book** libro *m* de himnos

**hype** [haɪp] F bombo *m*

◆ **hype up** *v/t* F anunciar a bombo y platillos F

**hy•per** [ˈhaɪpər] *adj* F alterado F, alborotado F

**hy•per•ac•tive** *adj* hiperactivo

**hy•per•bo•le** [haɪˈpɜːrbəlɪ] hipérbole *f*

**hy•per'crit•i•cal** *adj* hipercrítico

**hy•per•in'fla•tion** hiperinflación *f*

**'hy•per•link** COMPUT vínculo *m*

**'hy•per•mar•ket** *Br* hipermercado *m*

**hy•per'sen•si•tive** *adj* hipersensible

**hy•per'ten•sion** hipertensión *f*

**'hy•per•text** COMPUT hipertexto *m*

**hy•per'ven•ti•late** *v/i* MED hiperventilar

**hy•phen** [ˈhaɪfn] guión *m*

**hy•phen•ate** [ˈhaɪfəneɪt] *v/t* escribir con guión

**hyp•no•sis** [hɪpˈnoʊsɪs] hipnosis *f*

**hyp•no•ther•a•py** [hɪpnoʊˈθerəpɪ] hipnoterapia *f*

**hyp•not•ic** [hɪpˈnɑːtɪk] *adj* hipnótico

**hyp•no•tism** [ˈhɪpnətɪzm] hipnotismo *m*

**hyp•no•tist** [ˈhɪpnətɪst] hipnotizador(a) *m(f)*

**hyp•no•tize** [ˈhɪpnətaɪz] *v/t* hipnotizar

**hy•po•chon•dri•a** [haɪpəˈkɑːndrɪə] hipocondria *f*

**hy•po•chon•dri•ac** [haɪpəˈkɑːndrɪæk] hipocondríaco(-a) *m(f)*

**hy•poc•ri•sy** [hɪˈpɑːkrəsɪ] hipocresía *f*

**hyp•o•crite** [ˈhɪpəkrɪt] hipócrita *m/f*

**hyp•o•crit•i•cal** [hɪpəˈkrɪtɪkl] *adj* hipócrita

**hy•po•der•mic** [haɪpəˈdɜːrmɪk] *adj* MED hipodérmico

**hy•po•ther•mi•a** [haɪpoʊˈθɜːrmɪə] hipotermia *f*

**hy•poth•e•sis** [haɪˈpɑːθəsɪs] (*pl* **hypotheses** [haɪˈpɑːθəsiːz]) hipótesis *f inv*

**hy•po•thet•i•cal** [haɪpə'θetɪkl] *adj* hipotético

**hys•ter•ec•to•my** [hɪstə'rektəmɪ] histerectomía *f*

**hys•te•ri•a** [hɪ'stɪrɪə] histeria *f*

**hys•ter•i•cal** [hɪ'sterɪkl] *adj* **1** *person,* *laugh* histérico; **become** ~ ponerse histérico **2** F *(very funny)* tronchante F

**hys•ter•ics** [hɪ'sterɪks] *npl* **1** ataque *m* de histeria **2** *(laughter)* ataque *m* de risa

## I

**I**[1] [aɪ] *pron* yo; ~ **am English / a student** soy inglés / estudiante; **you're crazy,** ~**'m not** tú estás loco, yo no

**I**[2] *abbr* (= **interstate**) interestatal *f*

**IATA** *abbr* (= **International Air Transport Association**) IATA *f*

**ice** [aɪs] *in drink, on road* hielo *m*; **break the** ~ *fig* romper el hielo; **be (skating) on thin** ~ *fig* pisar (un) terreno resbaladizo; **cut no** ~ **with s.o.** F no impresionar a alguien; **your excuses cut no** ~ **with me** tus excusas me dejan tal cual; **put on** ~ *fig* F aplazar, posponer

◆ **ice over** *v/i of river, lake* helarse

◆ **ice up** *v/i of engine, wings* helarse

**'Ice Age** GEOL edad *f* de hielo, era *f* glaciar; **'ice ax(e)** piqueta *f*; **'ice bag** MED bolsa *f* de hielo; **ice•berg** ['aɪsbɜːrg] iceberg *m*; **the tip of the** ~ *fig* la punta del iceberg; **'ice•bound** *adj* paralizado por el hielo; **'ice•box** nevera *f*, *Rpl* heladera *f*; **'ice•break•er** *ship* rompehielos *m inv*; **'ice buck•et** cubo *m* de hielo; **ice-'cold** *adj* helado, gélido; **'ice cream** helado *m*; **chocolate** ~ helado de chocolate; **'ice cream par•lor** heladería *f*; **'ice cube** cubito *m* de hielo

**iced** [aɪst] *adj drink* helado

**'ice danc•er** patinador(a) *m(f)* artístico(-a)

**'ice danc•ing** baile *m* sobre hielo

**iced 'cof•fee** café *m* helado

**iced 'tea** té *m* helado

**ice floe** ['aɪsfloʊ] témpano *m* de hielo

**'ice hock•ey** hockey *m* sobre hielo

**Ice•land** ['aɪslənd] Islandia *f*

**Ice•land•er** ['aɪsləndər] islandés(-esa) *m(f)*

**Ice•lan•dic** [aɪs'lændɪk] **I** *adj* islandés **II** *n* islandés *m*

**'ice lol•ly** *Br* polo *m*; **'ice pack** compresa *f* de hielo; **'ice rink** pista *f* de hielo; **'ice skate** patín *m* de cuchilla; **'ice skat•er** patinador(a) *m(f)*; **'ice skat•ing** patinaje *m* sobre hielo; **'ice wa•ter** agua *m* con hielo

**i•ci•cle** ['aɪsɪkl] carámbano *m*

**i•ci•ly** ['aɪsɪlɪ] *adv fig* con frialdad

**i•ci•ness** ['aɪsɪnɪs] **1** *of road* lo hielo **2** *fig* frialdad *f*

**ic•ing** ['aɪsɪŋ] *Br* GASTR glaseado *m*; ~ **sugar** *Br* azúcar *m/f* glasé

**i•con** ['aɪkɑːn] *also* COMPUT icono *m*

**ICU** [aɪsiː'juː] *abbr* (= **intensive care unit**) UCI *f* (= unidad *f* de cuidados intensivos), UVI *f* (= unidad *f* de vigilancia intensiva)

**i•cy** ['aɪsɪ] *adj road* con hielo; *surface* helado; *welcome* frío

**ID** [aɪ'diː] *abbr* (= **identity**) documentación *f*; **got any** ~ **on you?** ¿lleva algún tipo de documentación?

**I'd** [aɪd] F = **I had**; **I would**

**i•de•a** [aɪ'diːə] idea *f*; **good** ~**!** ¡buena idea!; **I have no** ~ no tengo ni idea; **it's not a good** ~ **to ...** no es buena idea ...; **put** ~**s into s.o.'s head** meter a alguien ideas en la cabeza; **the** ~ **is ...** la idea es ...; **the** ~ **never entered my mind** nunca se me ha pasado esa idea por la cabeza; **this will give us some** ~ **of what is needed** esto nos dará una idea de lo que se necesita; **it's not my** ~ **of a good night out** no es precisamente lo que yo llamaría una noche divertida; **I have an** ~ **that** sospecho que; **yeah, that's the general** ~ sí, esa es la idea (general); **ok, I get the general** ~ vale, ya me hago una idea (general)

**i•de•al** [aɪ'diːəl] **I** *adj* (*perfect*) ideal **II** *n* ideal *m*

**ide•al•ism** [aɪ'diːəlɪzəm] idealismo *m*

**ide•al•ist** [aɪ'diːəlɪst] idealista *m/f*

i•de•al•is•tic [aɪdiːə'lɪstɪk] adj idealista

ide•al•ize [aɪ'diːəlaɪz] v/t idealizar

i•de•al•ly [aɪ'diːəlɪ] adv: ~ situated en una posición ideal; ~, we would do it like this lo ideal sería que lo hiciéramos así

i•den•ti•cal [aɪ'dentɪkl] adj idéntico; ~ twins gemelos(-as) mpl(fpl) idénticos(-as)

i•den•ti•fi•ca•tion [aɪdentɪfɪ'keɪʃn] identificación f; papers etc documentación f; ~ papers documentación f, papeles mpl; ~ parade LAW Br rueda f de reconocimiento

i•den•ti•fy [aɪ'dentɪfaɪ] v/t (pret & pp -ied) identificar; ~ o.s. identificarse

◆ identify with v/i identificarse con

i•den•ti•ty [aɪ'dentətɪ] identidad f; ~ card carné m de identidad; prove one's ~ probar or acreditar la identidad

i'den•ti•ty cri•sis crisis f de identidad

i•de•o•log•i•cal [aɪdɪə'lɑːdʒɪkl] adj ideológico

i•de•ol•o•gy [aɪdɪ'ɑːlədʒɪ] ideología f

id•i•o•cy ['ɪdɪəsɪ] idiotez f, necedad f

id•i•om ['ɪdɪəm] saying modismo m

id•i•o•mat•ic [ɪdɪə'mætɪk] adj English, Spanish etc idiomático

id•i•o•syn•cra•sy [ɪdɪə'sɪŋkrəsɪ] peculiaridad f, rareza f

id•i•ot ['ɪdɪət] idiota m/f, estúpido(-a) m/f

id•i•ot•ic [ɪdɪ'ɑːtɪk] adj idiota, estúpido

i•dle ['aɪdl] I adj not working desocupado; (lazy) vago; threat vano; machinery inactivo; in an ~ moment en un momento libre; ~ gossip cotilleo m sin fundamento II v/i of engine funcionar al ralentí

◆ idle away v/t the time etc pasar ociosamente

i•dler ['aɪdlər] perezoso(-a) m(f), vago(-a) m(f)

i•dly ['aɪdlɪ] adv: stand ~ by quedarse de brazos cruzados

i•dol ['aɪdl] ídolo m

i•dol•a•try [aɪd'ɑːlətrɪ] idolatría f

i•dol•ize ['aɪdəlaɪz] v/t idolatrar

i•dyll ['ɪdɪl] idilio m

i•dyl•lic [ɪ'dɪlɪk] adj idílico

i.e. [aɪ'iː] abbr es decir

if [ɪf] I conj si; ~ only I hadn't shouted at her ojalá no le hubiera gritado; he was asking ~ you could help preguntó que si podrías ayudarle; ~ I were you si (yo) fuese tú, yo en tu lugar; as ~ como si; ~ so pues sí, si es así; see ~ you can do it a ver si tú puedes hacerlo II n: no ~s or buts no hay peros que valgan; if ... and it's a big ~ si ... y recalco esto or y lo recalco

if•fy ['ɪfɪ] adj F dudoso, incierto

ig•nite [ɪg'naɪt] v/t inflamar

ig•ni•tion [ɪg'nɪʃn] in car encendido m; ~ key llave f de contacto

ig•no•min•i•ous [ɪgnə'mɪnɪəs] adj ignominioso, denigrante

ig•no•ra•mus [ɪgnə'reɪməs] ignorante m/f, inculto(-a) m(f)

ig•no•rance ['ɪgnərəns] ignorancia f; out of or through ~ por ignorancia, por desconocimiento

ig•no•rant ['ɪgnərənt] adj 1 ignorante; be ~ of sth desconocer or ignorar algo 2 (rude) maleducado

ig•nore [ɪg'nɔːr] v/t ignorar; COMPUT omitir

i•gua•na [ɪ'gwɑːnə] ZO iguana f

I'll [aɪl] F = I will

ill [ɪl] I adj enfermo; fall ~, be taken ~ caer enfermo, enfermar; feel ~ at ease no sentirse a gusto, sentirse incómodo II adv mal; speak / think ~ of hablar / pensar mal de

ill-ad•vised [ɪləd'vaɪzd] adj comment desacertado; decision, choice desafortunado; it was ~ of her to tell him decírselo no fue un acierto

ill-'bred adj maleducado

ill-con•ceived [ɪlkən'siːvd] adj inadecuado, inoportuno

ill-de•fined [ɪldɪ'faɪnd] adj poco definido

ill-dis'posed adj: be ~ toward tener mala disposición or actitud hacia

il•le•gal [ɪ'liːgl] adj ilegal

il•le•gal•i•ty [ɪlɪ'gælətɪ] ilegalidad f

il•le•gi•ble [ɪ'ledʒəbl] adj ilegible

il•le•git•i•ma•cy [ɪlɪ'dʒɪtɪməsɪ] ilegitimidad f

il•le•git•i•mate [ɪlɪ'dʒɪtɪmət] adj child ilegítimo

ill-e•quipped [ɪlɪ'kwɪpt] adj mal equipado; fig be ~ to do sth estar mal preparado para hacer algo

ill-'fat•ed adj infortunado

il•li•cit [ɪ'lɪsɪt] adj ilícito

il•lit•er•a•cy [ɪ'lɪtərəsɪ] analfabetismo *m*

il•lit•er•ate [ɪ'lɪtərət] *adj* analfabeto

ill-judged [ɪl'dʒʌdʒd] mal enjuiciado, mal juzgado

ill-man•nered [ɪl'mænərd] *adj* maleducado

ill-matched [ɪl'mætʃd] *adj* incompatible

ill-na•tured [ɪl'neɪtʃərd] *adj* malhumorado

ill•ness ['ɪlnɪs] enfermedad *f*

il•log•i•cal [ɪ'lɑːdʒɪkl] *adj* ilógico

ill-suit•ed [ɪl'suːtɪd] *adj*: **be ~ to sth** no ser indicado para algo; **be ~ to s.o.** ser incompatible con alguien

ill-tem•pered [ɪl'tempərd] *adj* malhumorado

ill-timed [ɪl'taɪmd] *adj* inoportuno, improcedente

ill'treat *v/t* maltratar

il•lu•mi•nate [ɪ'luːmɪneɪt] *v/t building etc* iluminar

il•lu•mi•nat•ing [ɪ'luːmɪneɪtɪŋ] *adj remarks etc* iluminador, esclarecedor

il•lu•min•a•tion [ɪluːmɪn'eɪʃn] iluminación *f*

il•lu•sion [ɪ'luːʒn] ilusión *f*; **be under the ~ that** hacerse ilusiones de que; **have no ~s** no hacerse ilusiones (**about** sobre)

il•lu•so•ry [ɪ'luːsərɪ] *adj* ilusorio, engañoso; **~ hopes of peace** vanas esperanzas *fpl* de paz

il•lus•trate ['ɪləstreɪt] *v/t* ilustrar

il•lus•tra•tion [ɪlə'streɪʃn] ilustración *f*; **by way of ~** a modo de ejemplo, a modo ilustrativo

il•lus•tra•tive ['ɪləstrətɪv] *adj* ilustrativo

il•lus•tra•tor [ɪlə'streɪtər] ilustrador(a) *m(f)*

il•lus•tri•ous [ɪ'lʌstrɪəs] *adj* ilustre, glorioso

ill 'will rencor *m*

I'm [aɪm] F = **I am**

im•age ['ɪmɪdʒ] imagen *f*; **he's the ~ of his father** es la viva imagen de su padre

'im•age-con•scious *adj* preocupado por la imagen

i•ma•gi•na•ble [ɪ'mædʒɪnəbl] *adj* imaginable; **the smallest size ~** la talla más pequeña que se pueda imaginar

i•ma•gi•na•ry [ɪ'mædʒɪnərɪ] *adj* imaginario

i•ma•gi•na•tion [ɪmædʒɪ'neɪʃn] imaginación *f*; **it's all in your ~** son (todo) imaginaciones tuyas

i•ma•gi•na•tive [ɪ'mædʒɪnətɪv] *adj* imaginativo

i•ma•gine [ɪ'mædʒɪn] *v/t* imaginar, imaginarse; **I can just ~ it** me lo imagino, me lo puedo imaginar; **you're imagining things** son imaginaciones tuyas; **I ~ him as a tall man** me lo imagino un hombre alto; **don't ~ that ...** no te vayas a pensar que ..., no te creas que ... ‖ *v/i*: **I ~ so** eso creo, creo que sí

im•bal•ance [ɪm'bæləns] desproporción *f*

im•be•cile ['ɪmbəsiːl] imbécil *m/f*

im•bue [ɪm'bjuː] *v/t fig*: **~ s.o. with sth** imbuir a alguien de algo

IMF [aɪem'ef] *abbr* (= **International Monetary Fund**) FMI *m* (= Fondo *m* Monetario Internacional)

im•i•tate ['ɪmɪteɪt] *v/t* imitar

im•i•ta•tion [ɪmɪ'teɪʃn] I *n* imitación *f*; **learn by ~** aprender imitando II *adj* de imitación

im•i•ta•tor ['ɪmɪteɪtər] imitador(a) *m(f)*

im•mac•u•late [ɪ'mækjʊlət] *adj* inmaculado

im•ma•te•ri•al [ɪmə'tɪrɪəl] *adj* (*not relevant*) irrelevante

im•ma•ture [ɪmə'tʃʊər] *adj* inmaduro

im•ma•tu•ri•ty [ɪmə'tʃʊərətɪ] inmadurez *f*

im•meas•ur•a•ble [ɪ'meʒərəbl] *adj* inconmesurable, incalculable

im•me•di•ate [ɪ'miːdɪət] *adj* inmediato; **the ~ family** los familiares más cercanos; **in the ~ neighborhood** en las inmediaciones; **in the ~ future** en el futuro inmediato

im•me•di•ate•ly [ɪ'miːdɪətlɪ] I *adv* inmediatamente; **~ after the bank / church** justo después del banco / la iglesia II *conj*: **~ you said that ...** justo cuando dijiste que ...

im•me•mo•ri•al [ɪmə'mɔːrɪəl] *adj*: **since time ~** desde tiempos inmemoriables *or* remotos

im•mense [ɪ'mens] *adj* inmenso

im•men•si•ty [ɪ'mensɪtɪ] inmensidad *f*, magnitud *f*

im•merse [ɪ'mɜːrs] *v/t* sumergir; **~ o.s. in** sumergirse en; **~d in thought** inmerso *or* sumido en sus / mis *etc* pensamientos im•mer•sion [ɪˈmɜːrʃn] *in liquid, culture* inmersión *f*; ~ **course** curso *m* de inmersión

im'mer•sion heat•er calentador *m* de agua eléctrico

im•mi•grant [ˈɪmɪɡrənt] inmigrante *m/f*

im•mi•grate [ˈɪmɪɡreɪt] *v/i* inmigrar

im•mi•gra•tion [ɪmɪˈɡreɪʃn] inmigración *f*; **Immigration** government department (Departamento *m* de) Inmigración *f*; ~ **officer** oficial *m/f* or agente *m/f* de inmigración

im•mi•nent [ˈɪmɪnənt] *adj* inminente

im•mo•bile [ɪˈmoʊbaɪl] *adj* inmóvil

im•mo•bil•i•ty [ɪməˈbɪlətɪ] inmovilidad *f*

im•mo•bi•lize [ɪˈmoʊbɪlaɪz] *v/t factory* paralizar; *person, car* inmovilizar

im•mo•bi•liz•er [ɪˈmoʊbɪlaɪzər] *on car* inmovilizador *m*

im•mod•e•rate [ɪˈmɑːdərət] *adj* desmedido, exagerado

im•mod•est [ɪˈmɑːdɪst] *adj* inmodesto, presuntuoso

im•mor•al [ɪˈmɔːrəl] *adj* inmoral

im•mor•al•i•ty [ɪmɔːˈrælɪtɪ] inmoralidad *f*

im•mor•tal [ɪˈmɔːrtl] *adj* inmortal

im•mor•tal•i•ty [ɪmɔːrˈtælɪtɪ] inmortalidad *f*

im•mor•tal•ize [ɪˈmɔːrtəlaɪz] *v/t* inmortalizar

im•mov•a•ble [ɪˈmuːvəbl] *adj opposition* inamovible

im•mune [ɪˈmjuːn] *adj to illness, infection* inmune; *from ruling, requirement* con inmunidad

im'mune sys•tem MED sistema *m* inmunológico

im•mu•ni•ty [ɪˈmjuːnətɪ] inmunidad *f*

im•mu•nize [ˈɪmjʊnaɪz] *v/t* inmunizar

im•mu•no•de•fi•cien•cy [ɪmjuːnoʊdɪˈfɪʃənsɪ] immunodeficiencia *f*

im•mu•nol•o•gist [ɪmjuˈnɑːlədʒɪst] inmunólogo(-a) *m(f)*

im•mu•nol•o•gy [ɪmjʊˈnɑːlədʒɪ] inmunología *f*

imp [ɪmp] *also fig* diablillo *m*

im•pact [ˈɪmpækt] impacto *m*; **the warning had no ~ on him** el aviso no le hizo cambiar lo más mínimo

◆ impact on *v/t* impactar en

Im•pair [ɪmˈper] *v/t* dañar

im•paired [ɪmˈperd] *adj*: **with ~ hear-ing / sight** con problemas auditivos / visuales

im•pale [ɪmˈpeɪl] *v/t* atravesar (**on** con)

im•part [ɪmˈpɑːrt] *v/t* transmitir (**to** a)

im•par•tial [ɪmˈpɑːrʃl] *adj* imparcial

im•par•ti•al•i•ty [ɪmpɑːrʃɪˈælətɪ] imparcialidad *f*

im•pass•a•ble [ɪmˈpæsəbl] *adj road* intransitable

im•passe [ˈɪmpæs] *in negotiations etc* punto *m* muerto

im•pas•sioned [ɪmˈpæʃnd] *adj speech, plea* apasionado

im•pas•sive [ɪmˈpæsɪv] *adj* impasible

im•pa•tience [ɪmˈpeɪʃəns] impaciencia *f*

im•pa•tient [ɪmˈpeɪʃənt] *adj* impaciente; **be ~ to do sth** estar impaciente por hacer algo

im•pa•tient•ly [ɪmˈpeɪʃəntlɪ] *adv* impacientemente

im•peach [ɪmˈpiːtʃ] *v/t President* iniciar un proceso de destitución contra

im•peach•ment [ɪmˈpiːtʃmənt] proceso *m* de destitución

im•pec•ca•ble [ɪmˈpekəbl] *adj* impecable

im•pec•ca•bly [ɪmˈpekəblɪ] *adv* impecablemente

im•pede [ɪmˈpiːd] *v/t* dificultar

im•ped•i•ment [ɪmˈpedɪmənt] *in speech* defecto *m* del habla

im•pel [ɪmˈpel] *v/t* (*prep & pp* **-led**) impeler; ~ **s.o. to do sth** arrastrar or empujar a alguien a hacer algo

im•pend•ing [ɪmˈpendɪŋ] *adj* inminente

im•pen•e•tra•ble [ɪmˈpenɪtrəbl] *adj* impenetrable

im•per•a•tive [ɪmˈperətɪv] **I** *adj* imprescindible **II** *n* GRAM imperativo *m*

im•per•cep•ti•ble [ɪmpɜːrˈseptɪbl] *adj* imperceptible

im•per•fect [ɪmˈpɜːrfekt] **I** *adj* imperfecto **II** *n* GRAM imperfecto *m*

im•per•fec•tion [ɪmpərˈfekʃn] imperfección *f*

im•pe•ri•al [ɪmˈpɪrɪəl] *adj* imperial

im•pe•ri•al•ism [ɪmˈpɪrɪəlɪzəm] POL imperialismo *m*

im•pe•ri•al•ist [ɪmˈpɪrɪəlɪst] **I** *n* imperialista *m/f* **II** *adj* imperialista

im•per•il [ɪmˈperəl] *v/t* (*prep & pp* **-led**) hacer peligrar, poner en peligro

im•pe•ri•ous [ɪmˈpɪrɪəs] *adj* imperioso

**im•per•ma•nent** [ɪm'pɜːrmənənt] *adj* transitorio, pasajero

**im•per•me•a•ble** [ɪm'pɜːrmjəbl] *adj* impermeable, aislante

**im•per•son•al** [ɪm'pɜːrsənl] *adj* impersonal

**im•per•son•ate** [ɪm'pɜːrsəneɪt] *v/t as a joke* imitar; *illegally* hacerse pasar por

**im•per•son•a•tion** [ɪmpɜːrsən'eɪʃn] *as a joke* imitación *f*

**im•per•son•a•tor** [ɪm'pɜːrsəneɪtər] imitador(a) *m(f)*

**im•per•ti•nence** [ɪm'pɜːrtɪnəns] impertinencia *f*

**im•per•ti•nent** [ɪm'pɜːrtɪnənt] *adj* impertinente

**im•per•tur•ba•ble** [ɪmpər'tɜːrbəbl] *adj* imperturbable

**im•per•vi•ous** [ɪm'pɜːrvɪəs] *adj*: ~ **to** inmune a

**im•pe•tu•ous** [ɪm'petʃʊəs] *adj* impetuoso

**im•pe•tus** ['ɪmpɪtəs] *of campaign etc* ímpetu *m*; **give ~ to** dar ímpetu a

**im•pinge** [ɪm'pɪndʒ] *v/i*: ~ **on s.o.'s freedoms / rights** vulnerar las libertades / derechos de alguien

**imp•ish** ['ɪmpɪʃ] *adj* cuco, pillo

**im•pla•ca•ble** [ɪm'plækəbl] *adj* implacable

**im•plant I** *v/t* [ɪm'plænt] **1** MED implantar (**in, into** en) **2** *fig* implantar, establecer (**in, into** en) **II** *n* ['ɪmplænt] MED implante *m*

**im•plau•si•ble** [ɪm'plɔːzəbl] *adj* inverosímil, insólito

**im•ple•ment I** *n* ['ɪmplɪmənt] utensilio *m* **II** *v/t* ['ɪmplɪment] *measures etc* poner en práctica

**im•ple•men•ta•tion** [ɪmplɪmen'teɪʃn] implementación *f*, puesta *f* en práctica

**im•pli•cate** ['ɪmplɪkeɪt] *v/t* implicar; ~ **s.o. in sth** implicar a alguien en algo

**im•pli•ca•tion** [ɪmplɪ'keɪʃn] consecuencia *f*; **the ~ is that ...** implica que ...; **what are the ~s of this for our school?** ¿qué supone esto para nuestra escuela?

**im•plic•it** [ɪm'plɪsɪt] *adj* implícito; *trust* inquebrantable

**im•plic•it•ly** [ɪm'plɪsɪtlɪ] *adv* **1** *by implication* implícitamente **2**: *trust s.o.* ~ confiar incondicionalmente *or* plenamente en alguien

**im•plied** [ɪm'plaɪd] *adj* insinuado, aludido

**im•plode** [ɪm'ploʊd] *v/i* PHYS implosionar

**im•plore** [ɪm'plɔːr] *v/t* implorar; ~ **s.o. not to do sth** implorar a alguien que no haga algo

**im•ply** [ɪm'plaɪ] *v/t* (*pret & pp* **-ied**) implicar; **are you ~ing I lied?** ¿insinúas que mentí?

**im•po•lite** [ɪmpə'laɪt] *adj* maleducado

**im•pon•der•a•ble** [ɪm'pɑːndərəbl] *adj* imponderable, inestimable

**im•port** ['ɪmpɔːrt] **I** *n* importación *f*; ~ **trade** comercio *m* de importación **II** *v/t* importar

**im•por•tance** [ɪm'pɔːrtəns] importancia *f*; **attach ~ to** darle importancia a; **be of no ~** no ser importante (**to** para), no tener importancia (**to** para); **a matter of some ~** una cuestión de cierta importancia

**im•por•tant** [ɪm'pɔːrtənt] *adj* importante

**im•por•tant•ly** [ɪm'pɔːrtəntlɪ] *adv*: **more ~, ...** y lo que es (aún) más importante, ...

'**im•port du•ty** derechos *mpl* de importación

**im•por•ter** [ɪm'pɔːrtər] importador(a) *m(f)*

**im•port-'ex•port** importación-exportación *f*

'**im•port quo•tas** *npl* cuotas *fpl* de importación

'**im•port re•stric•tions** *npl* restricciones *fpl* a la importación

**im•por•tune** [ɪmpɔːr'tjuːn] *v/t* importunar, molestar

**im•pose** [ɪm'poʊz] **I** *v/t tax* imponer; ~ **o.s. on s.o.** molestar a alguien; ~ **one's will on s.o.** imponer la voluntad sobre alguien **II** *v/i*: ~ **on s.o.** abusar de alguien

**im•pos•ing** [ɪm'poʊzɪŋ] *adj* imponente

**im•po•si•tion** [ɪmpə'zɪʃn] *of punishment, taxes* imposición *f*

**im•pos•si•bil•i•ty** [ɪmpɑːsɪ'bɪlɪtɪ] imposibilidad *f*

**im•pos•si•ble** [ɪm'pɑːsɪbəl] *adj* imposible; **it is ~ for me to come** me es imposible venir

**im•pos•si•bly** [ɪm'pɑːsɪblɪ] *adv expensive, beautiful* increíblemente

**im•pos•tor** [ɪm'pɑːstər] impostor(a) m(f)

**im•po•tence** ['ɪmpətəns] impotencia f

**im•po•tent** ['ɪmpətənt] adj impotente

**im•pov•e•rished** [ɪm'pɑːvərɪʃt] adj empobrecido

**im•prac•ti•ca•ble** [ɪm'præktɪkəbl] adj impracticable, irrealizable

**im•prac•ti•cal** [ɪm'præktɪkəl] adj poco práctico

**im•preg•nate** ['ɪmpregneɪt] v/t **1** BIO impregnar **2** with liquid impregnar, empapar

**im•pre•sa•ri•o** [ɪmprə'sɑːrɪoʊ] empresario(-a) m(f) teatral

**im•press** [ɪm'pres] v/t impresionar; **be ~ed by s.o. / sth** quedar impresionado por alguien / algo; **I'm not ~ed** no me parece nada bien; **she ~ed me as being quite serious** me dio la impresión de que es bastante seria

**im•pres•sion** [ɪm'preʃn] **1** impresión f; **make a good / bad ~ on s.o.** causar a alguien buena / mala impresión; **I get the ~ that** me da la impresión de que; **give s.o. the wrong ~** dar a alguien una impresión equivocada; **be under the ~ that** tener la impresión de que **2** (impersonation) imitación f

**im•pres•sion•a•ble** [ɪm'preʃənəbl] adj influenciable

**im•pres•sion•ism** [ɪm'preʃənɪzəm] impresionismo m

**im•pres•sion•ist** [ɪm'preʃənɪst] **I** n **1** artist impresionista m/f **2** comedian imitador(a) m(f) **II** adj impresionista

**im•pres•sion•is•tic** [ɪmpreʃə'nɪstɪk] adj impresionista

**im•pres•sive** [ɪm'presɪv] adj impresionante

**im•print I** n ['ɪmprɪnt] of credit card impresión f **II** v/t [ɪm'prɪnt] imprimir, estampar **(on** en); **it was ~ed in my memory** se me quedó grabado en la memoria

**im•pris•on** [ɪm'prɪzn] v/t encarcelar

**im•pris•on•ment** [ɪm'prɪznmənt] encarcelamiento m

**im•prob•a•bil•i•ty** [ɪmprɑːbə'bɪlətɪ] improbabilidad f

**im•prob•a•ble** [ɪm'prɑːbəbəl] adj improbable

**im•promp•tu** [ɪm'prɑːmptjuː] adj improvisado

**im•prop•er** [ɪm'prɑːpər] adj behavior incorrecto

**im•pro•pri•e•ty** [ɪmprə'praɪətɪ] impropiedad f

**im•prove** [ɪm'pruːv] v/t & v/i mejorar; **he or his health is improving** está mejorando, su salud mejora

◆ **improve on** v/t marks, score mejorar

**im•prove•ment** [ɪm'pruːvmənt] mejora f, mejoría f; **there has been a slight ~ in his work / health** su trabajo / salud ha mejorado ligeramente; **that's an ~ on what you did last time!** ¡has mejorado desde la última vez que lo hiciste!

**im•prov•i•sa•tion** [ɪmprəvaɪ'zeɪʃn] improvisación f

**im•pro•vise** ['ɪmprəvaɪz] v/i improvisar

**im•pru•dence** [ɪm'pruːdəns] imprudencia f

**im•pru•dent** [ɪm'pruːdənt] adj imprudente

**im•pu•dence** ['ɪmpjʊdəns] insolencia f, desfachatez f

**im•pu•dent** ['ɪmpjʊdənt] adj insolente, desvergonzado

**im•pulse** ['ɪmpʌls] impulso m; **do sth on (an) ~** hacer algo impulsivamente

**'im•pulse buy** compra f impulsiva

**im•pul•sive** [ɪm'pʌlsɪv] adj impulsivo

**im•pu•ni•ty** [ɪm'pjuːnətɪ] impunidad f; **with ~** impunemente

**im•pure** [ɪm'pjʊr] adj impuro

**im•pu•ri•ty** [ɪm'pjʊrətɪ] impureza f

**im•pute** [ɪm'pjuːt] v/t: **~ sth to s.o.** imputar algo a alguien

**in** [ɪn] **I** prep **1** place en; **~ Washington** en Washington; **~ the street** en la calle; **put it ~ your pocket** métetelo en el bolsillo; **wounded ~ the leg / arm** herido en la pierna / el brazo **~ his novel** en su novela; **~ Faulkner** en Faulkner **2** time en; **~ 1999** en 1999; **~ two hours from now** dentro de dos horas; **~ the morning** por la mañana; **~ the summer** en verano; **~ August** en agosto **3** manner en; **~ English / Spanish** en inglés / español; **~ a loud voice** en voz alta; **~ his style** en su estilo; **~ yellow** de amarillo **4**: **~ crossing the road** (while) al cruzar la calle; **~ agreeing to this** (by virtue of) al expresar acuerdo con esto **5**: **three ~ all** tres en total; **one ~ ten** uno de cada diez

**II** *adv* **1**: *is he ~?* at home ¿está en casa?; *is the express ~ yet?* ¿ha llegado ya el expreso?; *when the diskette is ~* cuando el disquete está dentro; *~ here* aquí dentro **2**: *she was ~ for a surprise / disappointment* se iba a llevar una sorpresa / decepción **3**: *be ~ on a plan / a joke* tomar parte *or* participar en un plan / una broma
**III** *adj* (*fashionable, popular*) de moda; *the ~ crowd* el grupo de moda
**IV** *n*: *know the ~s and outs of* conocer los intríngulis de

**in•a•bil•i•ty** [ɪnə'bɪlɪtɪ] incapacidad *f*

**in•ac•ces•si•ble** [ɪnək'sesɪbl] *adj* inaccesible

**in•ac•cu•ra•cy** [ɪn'ækjʊrəsɪ] imprecisión *f*

**in•ac•cu•rate** [ɪn'ækjʊrət] *adj* inexacto

**in•ac•tion** [ɪn'ækʃn] inacción *f*, inactividad *f*

**in•ac•tive** [ɪn'æktɪv] *adj* inactivo

**in•ac•tiv•i•ty** [ɪnæk'tɪvɪtɪ] inactividad *f*

**in•ad•e•quate** [ɪn'ædɪkwət] *adj* insuficiente, inadecuado

**in•ad•mis•si•ble** [ɪnəd'mɪsəbl] *adj* inadmisible

**in•ad•vert•ent** [ɪnəd'vɜːrtənt] *adj* involuntario, inconsciente

**in•ad•vert•ent•ly** [ɪnəd'vɜːrtəntlɪ] *adv* inconscientemente

**in•ad•vis•a•ble** [ɪnəd'vaɪzəbl] *adj* poco aconsejable

**in•al•ien•a•ble** [ɪn'eɪljənəbl] *adj* inalienable, inajenable

**in•ane** [ɪ'neɪn] *adj* tonto, estúpido

**in•an•i•mate** [ɪn'ænɪmət] *adj* inanimado

**in•ap•pli•ca•ble** [ɪnə'plɪkəbl] *adj* inaplicable

**in•ap•pro•pri•ate** [ɪnə'proʊprɪət] *adj* *remark, thing to do* inadecuado, improcedente; *choice* inapropiado

**in•ar•tic•u•late** [ɪnɑːr'tɪkjʊlət] *adj*: *be ~* expresarse mal

**in•as•much as** [ɪnəz'mʌtʃæz] *conj* puesto que, ya que

**in•at•ten•tion** [ɪnə'tenʃn] desatención *f*, falta *f* de atención

**in•at•ten•tive** [ɪnə'tentɪv] *adj* desatento, distraído

**in•au•di•ble** [ɪn'ɒːdəbl] *adj* inaudible

**in•au•gu•ral** [ɪ'nɒːgjʊrəl] *adj* speech inaugural

**in•au•gu•rate** [ɪ'nɒːgjʊreɪt] *v/t* inaugurar

**in•au•gu•ra•tion** [ɪnɒːgjʊ'reɪʃn] inauguración *f*

**In•au•gu•ra•tion Day** POL *día en que el presidente de los Estados Unidos toma posesión del cargo*

**in•aus•pi•cious** [ɪnɒː'spɪʃəs] *adj* poco prometedor, desfavorable

**in•board 'mo•tor** motor *m* de a bordo

**'in•born** *adj* innato

**in'bred** *adj* **1** *innate* innato **2** BIO endogámico

**'in•breed•ing** endogamia *f*

**inc.** *abbr* (= *incorporated*) S.A. (= sociedad *f* anónima)

**In•ca** ['ɪŋkə] inca *m/f*

**In•can** ['ɪŋkən] **I** *adj* inca, incaico **II** *n* inca, incaico(-a) *m(f)*

**in•cal•cu•la•ble** [ɪn'kælkjʊləbl] *adj* *damage* incalculable

**in•ca•pa•bil•i•ty** [ɪnkeɪpə'bɪlətɪ] incapacidad *f*

**in•ca•pa•ble** [ɪn'keɪpəbl] *adj* incapaz; *be ~ of doing sth* ser incapaz de hacer algo

**in•ca•pac•i•tate** [ɪnkə'pæsɪteɪt] *v/t* incapacitar, inhabilitar

**in•ca•pac•i•ty** [ɪnkə'pæsətɪ] incapacidad *f*

**in•car•cer•ate** [ɪn'kɑːrsəreɪt] *v/t* encarcelar

**in•car•cer•a•tion** [ɪnkɑːrsə'reɪʃn] encarcelación *f*

**in•car•nate** [ɪn'kɑːrnət] *adj* en persona, personificado

**in•car•na•tion** [ɪnkɑːr'neɪʃn] encarnación *f*

**in•cen•di•ar•y** [ɪn'sendɪərɪ] *adj* incendiario

**in'cen•di•a•ry de•vice** artefacto *m* incendiario

**in•cense**[1] ['ɪnsens] *n* incienso *m*

**in•cense**[2] [ɪn'sens] *v/t* encolerizar

**in•cen•tive** [ɪn'sentɪv] incentivo *m*

**in'cen•tive scheme** plan *m* de incentivos

**in'cen•tive trav•el** viajes *mpl* como incentivo

**in•ces•sant** [ɪn'sesnt] *adj* incesante

**in•ces•sant•ly** [ɪn'sesntlɪ] *adv* incesantemente

**in•cest** ['ɪnsest] incesto *m*

**in•ces•tu•ous** [ɪn'sestjʊəs] *adj* incestuoso

**inch** [ɪntʃ] **I** *n* pulgada *f*; ~ **by** ~ poco a poco; **every** ~ *fig* de pies a cabeza, de arriba abajo; **come within an** ~ **of doing sth** estar a punto de hacer algo **II** *v/i:* ~ **forward** avanzar poco a poco

**in•ci•dence** ['ɪnsɪdəns] **1** (*rate*) índice *m*; **the high** ~ **of** ... el alto índice de ... **2** PHYS incidencia *f*

**in•ci•dent** ['ɪnsɪdənt] incidente *m*

**in•ci•den•tal** [ɪnsɪ'dentl] **I** *adj* secundario; ~ **costs** gastos *mpl* imprevistos ~ **expenses** gastos *mpl* varios **II** *npl:* ~**s** gastos *mpl* imprevistos

**in•ci•den•tal•ly** [ɪnsɪ'dentlɪ] *adv* a propósito

**in•ci'den•tal mu•sic** música *f* de acompañamiento

**in•cin•er•ate** [ɪn'sɪnəreɪt] *v/t* incinerar

**in•cin•e•ra•tor** [ɪn'sɪnəreɪtər] incinerador *m*

**in•ci•sion** [ɪn'sɪʒn] incisión *f*

**in•ci•sive** [ɪn'saɪsɪv] *adj* incisivo

**in•ci•sor** [ɪn'saɪzər] ANAT incisivo *m*

**in•cite** [ɪn'saɪt] *v/t* incitar; ~ **s.o. to do sth** incitar a alguien a que haga algo

**in•cite•ment** [ɪn'saɪtmənt] LAW incitación *f*, instigación *f* (**to** a)

**in•clem•ent** [ɪn'klemənt] *adj* inclemente

**in•cli•na•tion** [ɪnklɪ'neɪʃn] (*tendency, liking*) inclinación *f*; **I have no** ~ **to sympathize** no tiendo a compadecerme; **he's always had an** ~ **to be lazy** siempre ha tendido a ser vago

**in•cline** [ɪn'klaɪn] *v/t:* **be** ~**d to do sth** tender a hacer algo

**in•close** ☞ *enclose*

**in•clos•ure** ☞ *enclosure*

**in•clude** [ɪn'kluːd] *v/t* incluir; **service** ~**d** servicio incluido

**in•clud•ing** [ɪn'kluːdɪŋ] *prep* incluyendo; **not** ~ **me** sin incluirme a mí

**in•clu•sion** [ɪn'kluːʒn] inclusión *f*, incorporación *f*

**in•clu•sive** [ɪn'kluːsɪv] **I** *adj price* total, global **II** *prep:* ~ **of** incluyendo, incluido; **be** ~ **of sth** incluir algo **III** *adv:* **from Monday to Thursday** ~ de lunes al jueves, ambos inclusive; **it costs $ 1000** ~ cuesta 1.000 dólares todo incluido

**in•cog•ni•to** [ɪnkɑːg'niːtoʊ] *adv* de incógnito

**in•co•her•ence** [ɪnkoʊ'hɪərəns] incohe-

rencia *f*

**in•co•her•ent** [ɪnkoʊ'hɪərənt] *adj* incoherente

**in•come** ['ɪnkəm] ingresos *mpl*

**'in•come brack•et**, **'in•come group** grupo *m* económico; **in•come sup•'port** *Br* subsidio *m*; **be on** ~ recibir subsidio; **'in•come tax** impuesto *m* sobre la renta; **'in•come tax re•turn** declaración *f* de la renta

**'in•com•ing** *adj tide* que sube; ~ **flight** vuelo *m* que llega; ~ **mail** correo *m* recibido; ~ **calls** llamadas *fpl* recibidas

**in•com•mu•ni•ca•do** [ɪnkəmjuːnɪ'kɑːdoʊ] *adj:* **be** ~ F estar incomunicado *or* confinado

**in•com•pa•ra•ble** [ɪn'kɑːmpərəbl] *adj* incomparable

**in•com•pat•i•bil•i•ty** [ɪnkəmpætɪ'bɪlɪtɪ] incompatibilidad *f*

**in•com•pat•i•ble** [ɪnkəm'pætɪbl] *adj* incompatible

**in•com•pe•tence** [ɪn'kɑːmpɪtəns] incompetencia *f*

**in•com•pe•tent** [ɪn'kɑːmpɪtənt] *adj* incompetente

**in•com•plete** [ɪnkəm'pliːt] *adj* incompleto

**in•com•pre•hen•si•ble** [ɪnkɑːmprɪ'hensɪbl] *adj* incomprensible

**in•com•pre•hen•si•bly** [ɪnkɑːmprɪ'hensɪblɪ] *adv* incomprensiblemente, de manera incomprensible

**in•com•pre•hen•sion** [ɪnkɑːmprɪ'henʃn] incomprensión *f*

**in•con•cei•va•ble** [ɪnkən'siːvəbl] *adj* inconcebible; **it is** ~ **to me that** para mí es inconcebible que

**in•con•clu•sive** [ɪnkən'kluːsɪv] *adj* no concluyente

**in•con•gru•i•ty** [ɪnkɑːŋ'gruːətɪ] incongruencia *f*

**in•con•gru•ous** [ɪn'kɑːŋgrʊəs] *adj* incongruente

**in•con•se•quen•tial** [ɪnkɑːnsɪ'kwənʃəl] *adj* intrascendente, insubstancial

**in•con•sid•er•a•ble** [ɪnkən'sɪdərəbl] *adj:* **a not** ~ **amount** una cantidad nada despreciable

**in•con•sid•er•ate** [ɪnkən'sɪdərət] *adj* desconsiderado

**in•con•sis•ten•cy** [ɪnkən'sɪstənsɪ] inconsistencia *f*

**in•con•sis•tent** [ɪnkən'sɪstənt] *adj* argument, *behavior* incoherente, inconsecuente; *player* irregular; **be ~ with sth** no ser consecuente con algo

in•con•so•la•ble [ɪnkən'soʊləbl] *adj* inconsolable, desconsolado

in•con•spic•u•ous [ɪnkən'spɪkjʊəs] *adj* discreto

in•con•test•a•ble [ɪnkən'testəbl] *adj* irrebatible, indiscutible

in•con•ti•nence [ɪn'kɑːntɪnəns] MED incontinencia *f*

in•con•ti•nent [ɪn'kɑːntɪnənt] *adj* MED incontinente

in•con•tro•vert•i•ble [ɪnkɑːntrə'vɜːrtəbl] *adj* irrebatible, innegable

in•con•ve•ni•ence [ɪnkən'viːnɪəns] inconveniencia *f*; **put s.o. to ~, be an ~ to s.o.** causar molestias a alguien

in•con•ve•ni•ent [ɪnkən'viːnɪənt] *adj* inconveniente, inoportuno; **at an ~ time** en un momento inoportuno

in•con•ve•ni•ent•ly [ɪnkən'viːnɪəntlɪ] *adv*: **~ located** mal situado

in•cor•po•rate [ɪn'kɔːrpəreɪt] *v/t* incorporar

in•cor•po•rat•ed [ɪn'kɔːrpəreɪtɪd] *adj* COM: **ABC Incorporated** ABC, sociedad *f* anónima; **~ company** sociedad *f* anónima

in•cor•por•a•tion [ɪnkɔːrpər'eɪʃn] **1** incorporación *f* **2** COM constitución *f* en sociedad

in•cor•rect [ɪnkə'rekt] *adj* incorrecto

in•cor•rect•ly [ɪnkə'rektlɪ] *adv* incorrectamente

in•cor•ri•gi•ble [ɪn'kɑːrɪdʒəbl] *adj* incorregible

in•cor•rupt•i•ble [ɪnkə'rʌptəbl] *adj* incorruptible

in•crease **I** *v/t & v/i* [ɪn'kriːs] aumentar (**in** de) **II** *n* ['ɪnkriːs] aumento *m* (**in** de); **be on the ~** estar *or* ir en aumento

in•creas•ing [ɪn'kriːsɪŋ] *adj* creciente

in•creas•ing•ly [ɪn'kriːsɪŋlɪ] *adv* cada vez más; **we're getting ~ concerned** cada vez estamos más preocupados

in•cred•i•ble [ɪn'kredɪbl] *adj* (*amazing, very good*) increíble

in•cred•u•lous [ɪn'kredjʊləs] *adj* incrédulo

in•cre•ment ['ɪnkrɪmənt] COM incremento *m*

in•crim•i•nate [ɪn'krɪmɪneɪt] *v/t* incriminar; **~ o.s.** incriminarse

in•crim•i•nat•ing *adj* [ɪn'krɪmɪneɪtɪŋ] incriminatorio

in•cu•bate ['ɪŋkjʊbeɪt] *v/t* incubar

in•cu•ba•tion [ɪŋkjʊ'beɪʃn] incubación *f*

in•cu•ba•tion pe•ri•od periodo *m* de incubación

in•cu•ba•tor ['ɪŋkjʊbeɪtər] incubadora *f*

in•cur [ɪn'kɜːr] *v/t* (*pret & pp* -**red**) *costs* incurrir en; *debts* contraer; *s.o.'s anger* provocar; *losses* sufrir

in•cur•a•ble [ɪn'kjʊrəbl] *adj* incurable

in•cur•sion [ɪn'kɜːrʒn] incursión *f* (**into** en)

in•debt•ed [ɪn'detɪd] *adj*: **be ~ to s.o.** estar en deuda con alguien

in•de•cen•cy [ɪn'diːsnsɪ] indecencia *f*; LAW atentado *m* contra la moral pública

in•de•cent [ɪn'diːsnt] *adj* indecente; **~ exposure** exhibicionismo *m*

in•de•ci•pher•a•ble [ɪndɪ'saɪfərəbl] *adj* indescifrable

in•de•ci•sion [ɪndɪ'sɪʒn] indecisión *f*

in•de•ci•sive [ɪndɪ'saɪsɪv] *adj* indeciso

in•de•ci•sive•ness [ɪndɪ'saɪsɪvnɪs] indecisión *f*

in•dec•o•rous [ɪn'dekərəs] *adj* indecoroso

in•deed [ɪn'diːd] *adv* (*in fact*) ciertamente, efectivamente; *yes, agreeing* ciertamente, en efecto; *very much ~* muchísimo; *thank you very much ~* muchísimas gracias; *did you ~?* ¿de veras?, ¿en serio?

in•de•fat•i•ga•ble [ɪndɪ'fætɪgəbl] *adj* infatigable, incansable

in•de•fen•si•ble [ɪndɪ'fensəbl] *adj* inexcusable, injustificable

in•de•fi•na•ble [ɪndɪ'faɪnəbl] *adj* indefinible

in•def•i•nite [ɪn'defɪnɪt] *adj* indefinido; **~ article** GRAM artículo *m* indefinido; **~ pronoun** GRAM pronombre *m* indefinido

in•def•i•nite•ly [ɪn'defɪnɪtlɪ] *adv* indefinidamente

in•del•i•ble [ɪn'deləbl] *adj also fig* imborrable, indeleble

in•del•i•cate [ɪn'delɪkət] *adj* poco delicado, desaprensivo

in•dem•ni•fy [ɪn'demnɪfaɪ] *v/t* (*pret & pp* -**ied**) **1** (*reimburse*) indemnizar, compensar (**for** por) **2** *insure* asegurar

(*from*, *against* contra)

**in•dem•ni•ty** [ɪn'demnɪtɪ] indemnidad *f*

**in•dent** I *n* ['ɪndent] *in text* sangrado *m* II *v/t* [ɪn'dent] *line* sangrar

**in•den•ta•tion** [ɪnden'teɪʃn] incisión *f*, hendidura *f*

**in•de•pen•dence** [ɪndɪ'pendəns] independencia *f*

**In•de•pen•dence Day** Día *m* de la Independencia

**in•de•pen•dent** [ɪndɪ'pendənt] *adj* independiente

**in•de•pen•dent•ly** [ɪndɪ'pendəntlɪ] *adv deal with* por separado; ~ *of* al margen de

**in-'depth** *adj* en profundidad, a fondo

**in•de•scri•ba•ble** [ɪndɪ'skraɪbəbl] *adj* indescriptible

**in•de•scrib•a•bly** [ɪndɪ'skraɪbəblɪ] *adv* indescriptiblemente

**in•de•struc•ti•ble** [ɪndɪ'strʌktəbl] *adj* indestructible

**in•de•ter•mi•nate** [ɪndɪ't3:rmɪnət] *adj* indeterminado

**in•dex** ['ɪndeks] (*pl* **indices** ['ɪndɪsi:z]) *for book* índice *m*

**'in•dex card** ficha *f*; **'in•dex fin•ger** (dedo *m*) índice *m*; **in•dex-linked** [ɪndeks'lɪŋkt] *adj Br* indexado; **in•dex--link•ing** [ɪndeks'lɪŋkɪŋ] *Br* indexación *f*

**In•di•a** ['ɪndɪə] (la) India

**In•di•an** ['ɪndɪən] I *adj* indio II *n* **1** *from India* indio(-a) *m(f)*, hindú *m/f* **2** *American* indio(-a) *m(f)*

**In•di•an** 'corn maíz *m*; **In•di•an 'O•cean** (océano *m*) índico *m*; **In•di•an 'sum•mer** *in northern hemisphere* veranillo *m* de San Martín; *in southern hemisphere* veranillo *m* de San Juan

**in•di•cate** ['ɪndɪkeɪt] I *v/t* indicar; **this does seem to ~ that** esto parece indicar que; **I think a meeting is ~d** creo que es recomendable celebrar una reunión II *v/i when driving* poner el intermitente

**in•di•ca•tion** [ɪndɪ'keɪʃn] indicio *m*; **there is every ~ that** todo indica que, todos los indicios apuntan a que

**in•dic•a•tive** [ɪn'dɪkətɪv] I *adj* **1** LING indicativo **2**: **be ~ of** ser indicativo de II *n* LING indicativo *m*

**in•di•ca•tor** ['ɪndɪkeɪtər] *Br*: *on car* intermitente *m*

**in•dict** [ɪn'daɪt] *v/t* acusar

**in•dict•ment** [ɪn'daɪtmənt] acusación *f*, procesamiento *m*

**in•die** ['ɪndɪ] MUS F indie *m* F

**in•dif•fer•ence** [ɪn'dɪfrəns] indiferencia *f*

**in•dif•fer•ent** [ɪn'dɪfrənt] *adj* **1** indiferente; **are you totally ~ to the way I feel?** ¿no te importa lo más mínimo lo que sienta yo?; **he is ~ to it** le es indiferente **2** (*mediocre*) mediocre

**in•dig•e•nous** [ɪn'dɪdʒənəs] *adj* **1** indígena, natural (**to** de); BOT, ZO autóctono **2** *qualities* innato, propio (**to** de)

**in•di•ges•ti•ble** [ɪndɪ'dʒestɪbl] *adj* indigesto

**in•di•ges•tion** [ɪndɪ'dʒestʃn] indigestión *f*

**in•dig•nant** [ɪn'dɪgnənt] *adj* indignado; **become ~** indignarse

**in•dig•na•tion** [ɪndɪg'neɪʃn] indignación *f*; **to my ~** para mi indignación

**in•dig•ni•ty** [ɪn'dɪgnɪtɪ] indignidad *f*, infamia *f*

**in•di•rect** [ɪndɪ'rekt] *adj* indirecto; **by ~ means** indirectamente, de modo indirecto; **~ object** LING objeto *m* or complemento *m* indirecto; **~ discourse** LING estilo *m* indirecto

**in•di•rect•ly** [ɪndɪ'rektlɪ] *adv* indirectamente

**in•dis•cern•i•ble** [ɪndɪ's3:rnəbl] *adj* imperceptible

**in•dis•creet** [ɪndɪ'skri:t] *adj* indiscreto

**in•dis•cre•tion** [ɪndɪ'skreʃn] indiscreción *f*

**in•dis•crim•i•nate** [ɪndɪ'skrɪmɪnət] *adj* indiscriminado

**in•dis•pen•sa•ble** [ɪndɪ'spensəbl] *adj* indispensable, imprescindible

**in•dis•posed** [ɪndɪ'spoʊzd] *adj* **1** (*not well*) indispuesto; **be ~** hallarse indispuesto **2**: **be ~ to do sth** no estar dispuesto a hacer algo

**in•dis•pu•ta•ble** [ɪndɪ'spju:təbl] *adj* indiscutible

**in•dis•pu•ta•bly** [ɪndɪ'spju:təblɪ] *adv* indiscutiblemente

**in•dis•tinct** [ɪndɪ'stɪŋkt] *adj* indistinto, impreciso

**in•dis•tin•guish•a•ble** [ɪndɪ'stɪŋgwɪʃəbl] *adj* indistinguible

**in•di•vid•u•al** [ɪndɪ'vɪdʒʊəl] I *n* individuo *m* II *adj* individual

**in•di•vid•u•al•ism** [ɪndɪ'vɪdʒʊəlɪzəm]

individualismo *m*

**in•di•vid•u•al•ist** [ɪndɪ'vɪdʒʊəlɪst] *adj* individualista

**in•di•vid•u•al•is•tic** [ɪndɪvɪdʒʊəl'ɪstɪk] *adj* individualista

**in•di•vid•u•al•i•ty** [ɪndɪvɪdʒʊ'ælətɪ] individualidad *f*

**in•di•vid•u•al•ize** [ɪndɪ'vɪdʒʊəlaɪz] *v/t* individualizar

**in•di•vid•u•al•ly** [ɪndɪ'vɪdʒʊəlɪ] *adv* individualmente

**in•di•vis•i•ble** [ɪndɪ'vɪzɪbl] *adj* indivisible

**in•doc•tri•nate** [ɪn'dɑːktrɪneɪt] *v/t* adoctrinar

**in•doc•trin•a•tion** [ɪndɑːktrɪ'neɪʃn] adoctrinamiento *m*, aleccionamiento *m*

**in•do•lence** ['ɪndələns] indolencia *f*

**in•do•lent** ['ɪndələnt] *adj* indolente

**in•dom•i•ta•ble** [ɪn'dɑːmɪtəbl] *adj* indomable

**In•do•ne•sia** [ɪndə'niːʒə] Indonesia *f*

**In•do•ne•sian** [ɪndə'niːʒən] **I** *adj* indonesio **II** *n person* indonesio(-a) *m(f)*

**in•door** ['ɪndɔːr] *adj activities* de interior; *sport* de pista cubierta; *arena, swimming pool* cubierto; *athletics* en pista cubierta

**in•doors** [ɪn'dɔːrz] *adv* dentro; *go* adentro

**in•dorse** ☞ **endorse**

**in•du•bi•ta•ble** [ɪn'duːbɪtəbl] *adj* indudable, inequívoco

**in•duce** [ɪn'duːs] *v/t* **1**: ~ *s.o. to do sth* inducir *or* mover a alguien a hacer algo **2** MED *labor* provocar

**in•duce•ment** [ɪn'duːsmənt] aliciente *m*, incentivo *m*

**in•duc•tion** [ɪn'dʌkʃn] *in job* introducción *f*

**in•dulge** [ɪn'dʌldʒ] **I** *v/t o.s., one's tastes* satisfacer **II** *v/i*: ~ *in a pleasure* entregarse a un placer; *if I might* ~ *in a little joke* si se me permite contar un chiste

**in•dul•gence** [ɪn'dʌldʒəns] **1** (*luxury*) lujo *m* **2** (*permissiveness*) indulgencia *f*

**in•dul•gent** [ɪn'dʌldʒənt] *adj* indulgente

**in•dus•tri•al** [ɪn'dʌstrɪəl] *adj* industrial; ~ *action* acciones *fpl* reivindicativas; ~ *accident* accidente *m* laboral; ~ *dispute* conflicto *m* laboral; ~ *espionage* espionaje *m* industrial; ~ *relations* relaciones *fpl* laborales; ~ *revolution* revolución *f* industrial; ~ *waste* residuos *mpl* industriales

**in•dus•tri•al•ist** [ɪn'dʌstrɪəlɪst] industrial *m/f*

**in•dus•tri•al•i•za•tion** [ɪndʌstrɪəlaɪ'zeɪʃn] industrialización *f*

**in•dus•tri•al•ize** [ɪn'dʌstrɪəlaɪz] **I** *v/t* industrializar **II** *v/i* industrializarse

**in•dus•tri•ous** [ɪn'dʌstrɪəs] *adj* trabajador, aplicado

**in•dus•try** ['ɪndəstrɪ] industria *f*; *the advertising* ~ la industria de la publicidad; *steel* ~ industria del acero, industria acerera

**in•e•bri•at•ed** [ɪn'iːbrɪeɪtɪd] *adj* ebrio, embriagado

**in•ed•i•ble** [ɪn'edəbl] *adj* incomestible, indigestible

**in•ef•fec•tive** [ɪnɪ'fektɪv] *adj* ineficaz

**in•ef•fec•tu•al** [ɪnɪ'fektʃʊəl] *adj person* inepto, incapaz

**in•ef•fi•cient** [ɪnɪ'fɪʃənt] *adj* ineficiente

**in•el•e•gant** [ɪn'elɪgənt] *adj* poco elegante

**in•el•i•gi•ble** [ɪn'elɪdʒɪbl] *adj*: *be* ~ no reunir las condiciones

**in•ept** [ɪ'nept] *adj* inepto

**in•ep•ti•tude** [ɪn'eptɪtuːd] ineptitud *f*, incapacidad *f*

**in•e•qual•i•ty** [ɪnɪ'kwɑːlɪtɪ] desigualdad *f*

**in•eq•ui•ta•ble** [ɪn'ekwɪtəbl] *adj* no equitativo, desigual

**in•ert** [ɪ'nɜːrt] *adj* inerte

**in•er•ti•a** [ɪ'nɜːrʃə] inercia *f*

**in•es•ca•pa•ble** [ɪnɪ'skeɪpəbl] *adj conclusion* inevitable; *fact* ineludible

**in•es•sen•tial** [ɪnɪ'senʃl] *adj* innecesario, superfluo

**in•es•ti•ma•ble** [ɪn'estɪməbl] *adj* inestimable

**in•ev•i•ta•bil•i•ty** [ɪnevɪtə'bɪlɪtɪ]: *the* ~ *of the decision* lo inevitable de la decisión

**in•ev•i•ta•ble** [ɪn'evɪtəbl] *adj conclusion* inevitable; *fact* ineludible

**in•ev•i•ta•bly** [ɪn'evɪtəblɪ] *adv* inevitablemente

**in•ex•act** [ɪnɪg'zækt] *adj* inexacto, impreciso

**in•ex•cu•sa•ble** [ɪnɪk'skjuːzəbl] *adj* inexcusable, injustificable

**in•ex•haus•ti•ble** [ɪnɪg'zɔːstəbl] *adj*

*supply* inagotable

**in•ex•o•ra•ble** [ɪn'eksərəbl] *adj* inexorable, implacable

**in•ex•pen•sive** [ɪnɪk'spensɪv] *adj* barato, económico

**in•ex•pe•ri•ence** [ɪnɪk'spɪərɪəns] inexperiencia *f*, falta *f* de experiencia

**in•ex•pe•ri•enced** [ɪnɪk'spɪrɪənst] *adj* inexperto

**in•ex•pert** [ɪn'ekspɜːrt] *adj* inexperto, poco habilidoso

**in•ex•plic•a•ble** [ɪnɪk'splɪkəbl] *adj* inexplicable

**in•ex•pres•si•ble** [ɪnɪk'spresɪbl] *adj joy* indescriptible

**in•ex•tri•ca•ble** [ɪneks'trɪkəbl] *adj also fig* inseparable (**from** de)

**in•ex•tri•ca•bly** [ɪneks'trɪkəblɪ] *adv*: ~ **linked** íntimamente *or* acérrimamente ligado

**in•fal•li•bil•i•ty** [ɪnfælə'bɪlətɪ] *also* REL infalibilidad *f*

**in•fal•li•ble** [ɪn'fælɪbl] *adj* infalible

**in•fa•mous** ['ɪnfəməs] *adj* infame

**in•fa•my** ['ɪnfəmɪ] infamia *f*

**in•fan•cy** ['ɪnfənsɪ] infancia *f*; **be still in its** ~ *fig* estar todavía en pañales

**in•fant** ['ɪnfənt] bebé *m*; ~ **class** *Br* clase *f* infantil (*para niños de entre cinco y siete años*); ~ **mortality** mortalidad *f* infantil; ~ **prodigy** niño(-a) *m(f)* prodigio(-a)

**in•fan•ti•cide** [ɪn'fæntɪsaɪd] infanticidio *m*

**in•fan•tile** ['ɪnfəntaɪl] *adj pej* infantil, pueril

**in•fan•try** ['ɪnfəntrɪ] infantería *f*

**in•fan•try•man** ['ɪnfəntrɪmən] soldado *m* de infantería

**'in•fan•try sol•dier** soldado *m/f* de infantería, infante *m/f*

**'in•fant school** *Br* escuela *f* del primer ciclo de primaria (*para niños de entre cinco y siete años*)

**in•fat•u•at•ed** [ɪn'fætʃʊeɪtɪd] *adj*: **be** ~ **with s.o.** estar encaprichado de alguien

**in•fat•u•a•tion** [ɪnfætʃʊ'eɪʃn] infatuación *f*, emperramiento *m*

**in•fect** [ɪn'fekt] *v/t* infectar; **he** ~**ed everyone with his cold** contagió el resfriado a todo el mundo; **become** ~**ed** *of wound* infectarse; *of person* contagiarse

**in•fec•tion** [ɪn'fekʃn] infección *f*

**in•fec•tious** [ɪn'fekʃəs] *adj disease* infeccioso; *laughter* contagioso

**in•fe•lic•i•tous** [ɪnfɪ'lɪsɪtəs] *adj* infeliz, desdichado

**in•fer** [ɪn'fɜːr] *v/t (pret & pp* -**red**) inferir, deducir (**from** de)

**in•fer•ence** ['ɪnfərəns] deducción *f*; **draw an** ~ sacar una conclusión

**in•fe•ri•or** [ɪn'fɪrɪər] *adj* inferior (**to** a)

**in•fe•ri•or•i•ty** [ɪnfɪrɪ'ɑːrətɪ] *in quality* inferioridad *f*

**in•fe•ri•or•i•ty com•plex** complejo *m* de inferioridad

**in•fer•nal** [ɪn'fɜːrnl] *adj* infernal, maldito

**in•fer•no** [ɪn'fɜːrnoʊ] infierno *m*

**in•fer•tile** [ɪn'fɜːrtl] *adj woman, plant* estéril; *soil* estéril, yermo

**in•fer•til•i•ty** [ɪnfər'tɪlɪtɪ] esterilidad *f*

**in•fest** [ɪn'fest] *v/t* infestar (**with** de)

**in•fi•del** ['ɪnfɪdəl] REL infiel *m/f*

**in•fi•del•i•ty** [ɪnfɪ'delɪtɪ] infidelidad *f*

**'in•fight•ing** luchas *fpl* internas

**in•fil•trate** ['ɪnfɪltreɪt] *v/t* infiltrarse en

**in•fil•tra•tion** [ɪnfɪl'treɪʃn] infiltración *f*

**in•fi•nite** ['ɪnfɪnət] *adj* infinito

**in•fi•nite•ly** ['ɪnfɪnətlɪ] *adv fig* infinitamente

**in•fin•i•tes•i•mal** [ɪnfɪnɪ'tesɪml] *adj* infinitesimal, mínimo

**in•fin•i•tive** [ɪn'fɪnətɪv] GRAM infinitivo *m*

**in•fin•i•ty** [ɪn'fɪnətɪ] infinidad *f*

**in•firm** [ɪn'fɜːrm] *adj* enfermo, achacoso

**in•fir•ma•ry** [ɪn'fɜːrmərɪ] enfermería *f*

**in•fir•mi•ty** [ɪn'fɜːrmətɪ] debilidad *f*

**in•flame** [ɪn'fleɪm] *v/t* despertar; **become** ~**d** inflamarse; ~**d with rage** ciego de ira

**in•flam•ma•ble** [ɪn'flæməbl] *adj* inflamable

**in•flam•ma•tion** [ɪnflə'meɪʃn] MED inflamación *f*

**in•flam•ma•to•ry** [ɪn'flæmətɔːrɪ] *adj* **1** MED inflamatorio **2** *fig* incendiario

**in•flat•a•ble** [ɪn'fleɪtəbl] *adj dinghy* hinchable, inflable

**in•flate** [ɪn'fleɪt] *v/t* **1** *tire, dinghy* hinchar, inflar **2** *economy* inflar **3**: **he has an** ~**d opinion of himself** se cree muy importante

**in•fla•tion** [ɪn'fleɪʃn] inflación *f*; **rate of** ~ tasa *f* de inflación

**in•fla•tion•a•ry** [ɪnˈfleɪʃənərɪ] *adj* inflacionario, inflacionista

**in'fla•tion-proof** *adj* revisable de acuerdo con la inflación

**in•flec•tion** [ɪnˈflekʃn] inflexión *f*

**in•flex•i•ble** [ɪnˈfleksɪbl] *adj* inflexible

**in•flict** [ɪnˈflɪkt] *v/t* infligir (**on** a); **~ o.s. on s.o.** pegarse *or* acoplarse a alguien F

**in•flic•tion** [ɪnˈflɪkʃn] imposición *f*, coacción *f*

**'in-flight** *adj*: **~ entertainment** entretenimiento *m* durante el vuelo

**in•flu•ence** [ˈɪnfluəns] **I** *n* influencia *f*; **be a good / bad ~ on s.o.** tener una buena / mala influencia en alguien; **be under s.o.'s ~** estar bajo la influencia de alguien; **under the ~ of alcohol** bajo los efectos del alcohol **II** *v/t* influir en, influenciar

**in•flu•en•tial** [ɪnfluˈenʃl] *adj* influyente

**in•flu•en•za** [ɪnfluˈenzə] gripe *f*

**in•flux** [ˈɪnflʌks] flujo *m*, oleada *f*; **an ~ of visitors / tourists** una afluencia de visitantes / turistas

**in•fo** [ˈɪnfoʊ] F ☞ **information**

**in•fo•mer•cial** [ˈɪnfoʊmɜːrʃl] publirreportaje *m*

**in•form** [ɪnˈfɔːrm] **I** *v/t* informar; **~ s.o. about sth** informar a alguien de algo; **please keep me ~ed** por favor manténme informado; **~ s.o. that** informar a alguien que **II** *v/i*: **~ on s.o.** delatar a alguien

**in•for•mal** [ɪnˈfɔːrməl] *adj* informal

**in•for•mal•i•ty** [ɪnfɔːrˈmælɪtɪ] informalidad *f*

**in•for•mal•ly** [ɪnˈfɔːrməlɪ] *adv* informalmente, de manera informal

**in•form•ant** [ɪnˈfɔːrmənt] confidente *m/f*

**in•for•ma•tion** [ɪnfərˈmeɪʃn] información *f*; TELEC servicio *m* de guía telefónica; **a piece of ~** una información; **well, for your ~, I did check first but …** bien, para tu información, que sepas que consulté primero pero…; **for your ~** para tu información, para que lo sepas

**in•for'ma•tion desk** (ventanilla *f* de) información *f*; **in•for•ma•tion re•triev•al** recuperación *f* de información; **in•for•ma•tion 'sci•ence** informática *f*; **in•for•ma•tion 'sci•en•tist** informáti-

co(-a) *m(f)*; **in•for•ma•tion 'su•per•high•way** COMPUT autopista *f* de la información; **in•for•ma•tion tech'nol•o•gy** tecnologías *fpl* de la información

**in•for•ma•tive** [ɪnˈfɔːrmətɪv] *adj* informativo; **you're not being very ~** no estás dando mucha información

**in•formed** [ɪnˈfɔːrmd] *adj*: **make an ~ decision** tomar una decisión fundada

**in•form•er** [ɪnˈfɔːrmər] confidente *m/f*

**in•fra-red** [ɪnfrəˈred] *adj* infrarrojo

**in•fra•struc•ture** [ˈɪnfrəstrʌktʃər] infraestructura *f*

**in•fre•quent** [ɪnˈfriːkwənt] *adj* poco frecuente

**in•fringe** [ɪnˈfrɪndʒ] *v/t* LAW infringir; *rights* violar

◆ **infringe on** *v/t* LAW infringir; *rights* violar

**in•fringe•ment** [ɪnˈfrɪndʒmənt] LAW infracción *f* (**of** de); *of rights* violación *f* (**of** de)

**in•fu•ri•ate** [ɪnˈfjʊrɪeɪt] *v/t* enfurecer, exasperar

**in•fu•ri•at•ing** [ɪnˈfjʊrɪeɪtɪŋ] *adj* exasperante

**in•fuse** [ɪnˈfjuːz] *v/i of tea* infundir

**in•fu•sion** [ɪnˈfjuːʒn] (*herb tea*) infusión *f*

**in•ge•ni•ous** [ɪnˈdʒiːnɪəs] *adj* ingenioso

**in•ge•nu•i•ty** [ɪndʒɪˈnuːɪtɪ] lo ingenioso

**in•gen•u•ous** [ɪnˈdʒenjuəs] *adj* ingenuo

**in•glo•ri•ous** [ɪnˈɡlɔːrɪəs] *adj* denigrante, deshonroso

**in•got** [ˈɪŋɡət] lingote *m*

**in•grained** [ɪnˈɡreɪnd] *adj* *dirt* incrustado; *habit, belief* arraigado

**in•gra•ti•ate** [ɪnˈɡreɪʃɪeɪt] *v/t*: **~ o.s. with s.o.** congraciarse con alguien

**in•gra•ti•at•ing** [ɪnˈɡreɪʃɪeɪtɪŋ] *adj* complaciente, halagador

**in•grat•i•tude** [ɪnˈɡrætɪtuːd] ingratitud *f*

**in•gre•di•ent** [ɪnˈɡriːdɪənt] *also fig* ingrediente *m*

**in•grown 'toe•nail** uñero *m*

**in•hab•it** [ɪnˈhæbɪt] *v/t* habitar

**in•hab•it•a•ble** [ɪnˈhæbɪtəbl] *adj* habitable

**in•hab•i•tant** [ɪnˈhæbɪtənt] habitante *m/f*

**in•hab•it•ed** [ɪnˈhæbɪtɪd] *adj* habitado, poblado

**in•hale** [ɪnˈheɪl] **I** *v/t* inhalar **II** *v/i when*

*smoking* tragarse el humo

**in•hal•er** [ɪn'heɪlər] inhalador *m*

**in•her•ent** [ɪn'hɪərənt] *adj* inherente, intrínseco

**in•her•ent•ly** [ɪn'hɪərəntlɪ] *adv* intrínsecamente

**in•her•it** [ɪn'herɪt] *v/t* heredar

**in•her•i•tance** [ɪn'herɪtəns] herencia *f*; **~ tax** impuesto *m* sobre la herencia, impuesto *m* sobre sucesiones

**in•hib•it** [ɪn'hɪbɪt] *v/t growth* impedir; *conversation* inhibir, cohibir

**in•hib•it•ed** [ɪn'hɪbɪtɪd] *adj* inhibido, cohibido

**in•hi•bi•tion** [ɪnhɪ'bɪʃn] inhibición *f*

**in•hos•pi•ta•ble** [ɪnhɑː'spɪtəbl] *adj person* inhospitalario; *city, climate* inhóspito

**'in-house I** *adj facilities* en el lugar de trabajo; **~ team** equipo *m* en plantilla; **~ magazine** revista *f* interna **II** *adv work* en la empresa

**in•hu•man** [ɪn'hjuːmən] *adj* inhumano

**in•hu•mane** [ɪnhjuː'meɪn] *adj* inhumano, infrahumano

**in•hu•man•i•ty** [ɪnhjuː'mænətɪ] inhumanidad *f*, impiedad *f*

**i•nim•i•cal** [ɪ'nɪmɪkl] *adj climate* hostil; *decision, restrictions etc* contrario (**to** a)

**in•im•i•ta•ble** [ɪ'nɪmɪtəbl] *adj* inimitable

**in•iq•ui•tous** [ɪ'nɪkwɪtəs] *adj* inicuo, injusto

**in•iq•ui•ty** [ɪ'nɪkwɪtɪ] inicuidad *f*, injusticia *f*

**i•ni•tial** [ɪ'nɪʃl] **I** *adj* inicial **II** *n* inicial *f* **III** *v/t* (*pret & pp* **-ed**, *Br* **-led**) (*write ~s on*) poner las iniciales en

**i•ni•tial•ly** [ɪ'nɪʃlɪ] *adv* inicialmente, al principio

**i•ni•ti•ate** [ɪ'nɪʃɪeɪt] *v/t* iniciar

**i•ni•ti•a•tion** [ɪnɪʃɪ'eɪʃn] iniciación *f*; **~ ceremony** ceremonia *f* de iniciación

**i•ni•ti•a•tive** [ɪ'nɪʃətɪv] iniciativa *f*; **do sth on one's own ~** hacer algo por iniciativa propia; **take the ~** tomar la iniciativa

**i•ni•ti•a•tor** [ɪ'nɪʃɪeɪtər] iniciador(a) *m(f)*

**in•ject** [ɪn'dʒekt] *v/t drug, fuel, capital* inyectar; **~ s.o. with sth** inyectar a alguien algo

**in•jec•tion** [ɪn'dʒekʃn] *of drug, fuel, capital* inyección *f*; **give s.o. an ~** poner a alguien una inyección

**'in-joke**: **it's an ~** es un chiste que entendemos nosotros / ellos *etc*

**in•junc•tion** [ɪn'dʒʌŋkʃn] LAW orden *f* judicial; **take out an ~** obtener una orden judicial (**against** contra)

**in•jure** ['ɪndʒər] *v/t* lesionar; **he ~d his leg** se lesionó la pierna

**in•jured** ['ɪndʒərd] **I** *adj leg* lesionado; *feelings* herido **II** *npl*: **the ~** los heridos

**in•ju•ry** ['ɪndʒərɪ] lesión *f*; *wound* herida *f*; **~ to the head** herida en la cabeza

**'in•ju•ry time** SP tiempo *m* de descuento

**in•jus•tice** [ɪn'dʒʌstɪs] injusticia *f*; **do s.o. an ~** no hacer justicia a alguien, ser injusto con alguien

**ink** [ɪŋk] tinta *f*

**'ink•jet**, **ink•jet 'print•er** impresora *f* de chorro de tinta

**ink•ling** ['ɪŋklɪŋ]: **have no ~ of sth** no tener ni la más remota idea de algo

**'ink•pad** tampón *m* de tinta

**'ink•stain** mancha *f* de tinta

**in•land** ['ɪnlənd] *adj* interior; *mail* nacional

**In•land 'Rev•e•nue** *Br* Hacienda *f*, *Span* Agencia *f* Tributaria

**in-laws** ['ɪnlɔːz] *npl* familia *f* política

**in•lay I** *n* ['ɪnleɪ] incrustación *f* **II** *v/t* [ɪn'leɪ] (*pret & pp* **-laid**) incrustar (**with** de); **inlaid design** incrustaciones *fpl*

**in•let** ['ɪnlet] **1** *of sea* ensenada *f* **2** *in machine* entrada *f*

**in•line skates** ['ɪnlaɪnskeɪts] *npl* patines *mpl* en línea

**in•mate** ['ɪnmeɪt] *of prison* recluso(-a) *m(f)*; *of mental hospital* paciente *m/f*

**in•most** ['ɪnmoʊst] *adj* más íntimo

**inn** [ɪn] posada *f*, mesón *m*

**in•nards** ['ɪnərdz] *npl* F tripas *fpl*

**in•nate** [ɪ'neɪt] *adj* innato

**in•ner** ['ɪnər] *adj* interior; **the ~ ear** el oído interno

**in•ner 'cit•y** *barrios degradados del centro de la ciudad*; **~ decay** degradación *f* del centro de la ciudad

**'in•ner•most** *adj feelings* más íntimo; *recess* más recóndito

**in•ner 'tube** cámara *f* (de aire)

**in•ning** ['ɪnɪŋ] *in baseball* entrada *f*

**'inn•keep•er** mesonero(-a) *m(f)*, posadero(-a) *m(f)*

**in•no•cence** ['ɪnəsəns] inocencia *f*; **lose one's ~** perder la inocencia

**in•no•cent** ['ɪnəsənt] *adj* inocente

**in•no•cu•ous** [ɪ'nɑːkjʊəs] *adj* inocuo

**in•no•vate** ['ɪnəveɪt] *v/i* innovar

**in•no•va•tion** [ɪnə'veɪʃn] innovación *f*

**in•no•va•tive** [ɪnə'veɪtɪv] *adj* innovador

**in•no•va•tor** ['ɪnəveɪtər] innovador(a) *m(f)*

**in•nu•en•do** [ɪnjuː'endoʊ] (*pl* **-do(e)s**) insinuación *f*, indirecta *f* (**about** sobre, acerca de)

**in•nu•me•ra•ble** [ɪ'nuːmərəbl] *adj* innumerable

**i•noc•u•late** [ɪ'nɑːkjʊleɪt] *v/t* inocular; **be ~d against polio** estar vacunado contra la polio

**i•noc•u•la•tion** [ɪ'nɑːkjʊ'leɪʃn] inoculación *f*

**in•of•fen•sive** [ɪnə'fensɪv] *adj* inofensivo

**in•op•er•a•ble** [ɪn'ɑːpərəbl] *adj* MED inoperable

**in•op•er•a•tive** [ɪn'ɑːpərətɪv] *adj* **1** *machine* no operativo **2** LAW inoperante

**in•op•por•tune** [ɪnɑːpər'tuːn] *adj* inoportuno

**in•or•di•nate** [ɪn'ɔːrdɪnət] *adj* desorbitado

**in•or•gan•ic** [ɪnɔːr'gænɪk] *adj* inorgánico

**'in-pa•tient** paciente *m/f* interno(-a)

**in•put** ['ɪnpʊt] **I** *n into project etc* contribución *f*, aportación *f*; COMPUT entrada *f* **II** *v/t* (*pret & pp* **-ted** *or* **input**) *into project* contribuir, aportar; COMPUT introducir

**in•quest** ['ɪnkwest] investigación *f* (**into** sobre)

**in•quire** [ɪn'kwaɪr] *v/i* preguntar; **~ into sth** investigar algo; **~ within** razón aquí, infórmese aquí **II** *v/t*: **~ what / when / where** preguntar qué / cuándo / dónde

**in•quir•y** [ɪn'kwaɪrɪ] **1** consulta *f*, pregunta *f*; **on ~** al preguntar; **make inquiries** hacer preguntas (**about** sobre, acerca de) **2** *into rail crash etc* investigación *f*

**in•qui•si•tion** [ɪnkwɪ'zɪʃn] **1** inquisición *f*, averiguación *f* **2 Inquisition** REL Inquisición *f*

**in•quis•i•tive** [ɪn'kwɪzətɪv] *adj* curioso, inquisitivo

**in•quis•i•tive•ness** [ɪn'kwɪzətɪvnɪs] curiosidad *f*

**in•quis•i•tor** [ɪn'kwɪzɪtər] *fig* inquisidor(a) *m(f)*, indagador(a) *m(f)*

**in•roads** ['ɪnroʊdz]: **make ~ into sth** hacer avances en algo

**INS** [aɪen'es] *abbr* (= **Immigration and Naturalization Service**) Servicio *m* de Inmigración y Nacionalización

**in•sa•lu•bri•ous** [ɪnsə'luːbrɪəs] *adj* insalubre

**in•sane** [ɪn'seɪn] *adj person* loco, demente; *idea* descabellado

**in•sane•ly** [ɪn'seɪnlɪ] *adv* como loco, rematadamente; **be ~ jealous** estar como loco de celos

**in•san•i•ta•ry** [ɪn'sænɪterɪ] *adj* antihigiénico

**in•san•i•ty** [ɪn'sænɪtɪ] locura *f*, demencia *f*

**in•sa•ti•a•ble** [ɪn'seɪʃəbl] *adj* insaciable

**in•scribe** [ɪn'skraɪb] *v/t* inscribir (**on** en)

**in•scrip•tion** [ɪn'skrɪpʃn] inscripción *f*

**in•scru•ta•ble** [ɪn'skruːtəbl] *adj* inescrutable

**in•sect** ['ɪnsekt] insecto *m*

**in•sec•ti•cide** [ɪn'sektɪsaɪd] insecticida *f*

**'in•sect re•pel•lent** repelente *m* contra insectos

**in•se•cure** [ɪnsɪ'kjʊr] *adj* inseguro

**in•se•cu•ri•ty** [ɪnsɪ'kjʊrɪtɪ] inseguridad *f*

**in•sem•i•nate** [ɪn'semɪneɪt] *v/t* inseminar

**in•sem•i•na•tion** [ɪnsemɪ'neɪʃn] inseminación *f*

**in•sen•si•tive** [ɪn'sensɪtɪv] *adj* insensible (**to** a)

**in•sen•si•tiv•i•ty** [ɪnsensɪ'tɪvɪtɪ] insensibilidad *f*

**in•sep•a•ra•ble** [ɪn'seprəbl] *adj* inseparable

**in•sert I** *n* ['ɪnsɜːrt] *in magazine etc* encarte *m* **II** *v/t* [ɪn'sɜːrt] *coin, finger, diskette* introducir, meter; *extra text* insertar

**in•ser•tion** [ɪn'sɜːrʃn] *act* introducción *f*, inserción *f*; *of text* inserción *f*

**in•shore** [ɪn'ʃɔːr] *adj* costero

**in•side** [ɪn'saɪd] **I** *n of house, box* interior *m*; **from the ~** desde dentro; **pass s.o. on the ~** adelantar a alguien por la derecha; *in UK* adelantar a alguien por la izquierda; **somebody on the ~** alguien de dentro; **~ out** del revés; **turn sth ~ out** dar la vuelta a algo (*de dentro* *a fuera*); **know sth ~ out** saberse algo al dedillo

**II** *prep* **1** dentro de; **~ the house** dentro de la casa **2:** **~ of 2 hours** dentro de 2 horas

**III** *adv stay, remain* dentro; *go, carry* adentro; **we went ~** entramos

**IV** *adj*: **~ information** información *f* confidencial; **~ lane** SP calle *f* de dentro; *on road* carril *m* de la derecha; *in UK* carril *m* de la izquierda; **~ pocket** bolsillo *m* interior; **it was an ~ job** F el golpe fue organizado por alguien de dentro

**in•sid•er** [ɪnˈsaɪdər] *persona con acceso a información confidencial*

**in•sid•er ˈtrad•ing** FIN uso *m* de información privilegiada

**in•sides** [ɪnˈsaɪdz] *npl* tripas *fpl*

**in•sid•i•ous** [ɪnˈsɪdɪəs] *adj* insidioso

**in•sight** [ˈɪnsaɪt]: **this film offers an ~ into local customs** esta película permite hacerse una idea de las costumbres locales; **full of ~** muy perspicaz

**in•sig•ni•a** [ɪnˈsɪɡnɪə] *npl* insignias *fpl*

**in•sig•nif•i•cant** [ɪnsɪɡˈnɪfɪkənt] *adj* insignificante

**in•sin•cere** [ɪnsɪnˈsɪr] *adj* poco sincero, falso

**in•sin•cer•i•ty** [ɪnsɪnˈserɪtɪ] falta *f* de sinceridad

**in•sin•u•ate** [ɪnˈsɪnueɪt] *v/t (imply)* insinuar

**in•sin•u•a•tion** [ɪnsɪnjuˈeɪʃn] insinuación *f*; **by ~ this meant ...** esto insinuaba que ...

**in•sip•id** [ɪnˈsɪpɪd] *adj flavor, food* insípido; *fig* insulso, soso

**in•sist** [ɪnˈsɪst] *v/i* insistir; **please keep it, I ~** por favor, insisto en que te lo quedes

◆ **insist on** *v/t* insistir en; **he will insist on making the same mistakes** sigue cometiendo los mismos errores

**in•sist•ence** [ɪnˈsɪstəns] insistencia *f*; **at s.o.'s ~** por insistencia de alguien, a petición de alguien

**in•sis•tent** [ɪnˈsɪstənt] *adj* insistente; **she was quite ~** insistió bastante; **be ~ that** insistir en que

**in•so•far** [ɪnsoʊˈfɑːr] *adv*: **~ as** en la medida en que

**in•sole** [ˈɪnsoʊl] plantilla *f*

**in•so•lence** [ˈɪnsələns] insolencia *f*

**in•so•lent** [ˈɪnsələnt] *adj* insolente

**in•sol•u•ble** [ɪnˈsɑːljʊbl] *adj* **1** *problem* irresoluble **2** *substance* insoluble

**in•sol•ven•cy** [ɪnˈsɑːlvənsɪ] COM insolvencia *f*

**in•sol•vent** [ɪnˈsɑːlvənt] *adj* insolvente

**in•som•ni•a** [ɪnˈsɑːmnɪə] insomnio *m*

**in•som•ni•ac** [ɪnˈsɑːmnɪæk] persona *f* que padece insomnio

**in•spect** [ɪnˈspekt] *v/t* inspeccionar

**in•spec•tion** [ɪnˈspekʃn] inspección *f*; **on ~** tras inspeccionar; **for ~** COM para inspección

**in'spec•tion pit** *in garage* foso *m*

**in•spec•tor** [ɪnˈspektər] *in factory, of police* inspector(a) *m(f)*; *on buses* revisor(a) *m(f)*

**in•spi•ra•tion** [ɪnspəˈreɪʃn] inspiración *f*; **be s.o.'s ~, be an ~ to s.o.** ser la inspiración de alguien, ser una inspiración para alguien; **she should be an ~ to us all** nos debería servir de inspiración a todos

**in•spire** [ɪnˈspaɪr] *v/t respect etc* inspirar; **be ~d by s.o. / sth** estar inspirado por alguien / algo

**in•sta•bil•i•ty** [ɪnstəˈbɪlɪtɪ] *of character, economy* inestabilidad *f*

**in•stall** [ɪnˈstɔːl] *v/t* instalar

**in•stal•la•tion** [ɪnstəˈleɪʃn] instalación *f*; **military ~** instalación *f* militar

**in•stall•ment**, *Br* **in•stal•ment** [ɪnˈstɔːlmənt] *of story, TV drama etc* episodio *m*; *payment* plazo *m*; **by or in ~s** a plazos; **monthly ~s** plazos *mpl* mensuales, mensualidades *fpl*; **publish sth in ~s** publicar algo en entregas

**in'stall•ment plan** compra *f* a plazos; **buy on the ~** comprar a plazos

**in•stance** [ˈɪnstəns] *(example)* ejemplo *m*; **for ~** por ejemplo; **in this ~** en esta ocasión; **in the first ~** en primer lugar

**in•stant** [ˈɪnstənt] **I** *adj* instantáneo, inmediato; **~ camera** PHOT cámara *f* (de fotos) instantánea **II** *n* instante *m*; **in an ~** en un instante; **come here this ~!** ¡ven aquí ahora mismo!

**in•stan•ta•ne•ous** [ɪnstənˈteɪnɪəs] *adj* instantáneo

**in•stan•ta•ne•ous•ly** [ɪnstənˈteɪnɪəslɪ] *adv* instantáneamente

**in•stant ˈcof•fee** café *m* instantáneo

**in•stant•ly** [ˈɪnstəntlɪ] *adv* al instante

**in•stant ˈre•play** SP repetición *f* (de la

jugada); *in slow motion* repetición *f* a cámara lenta

**in•stead** [ɪn'sted] *adv*: *I'll take that one ~* me llevaré mejor ese otro; *would you like coffee ~?* ¿preferiría mejor café?; *I'll have coffee ~ of tea* tomaré café en vez de té; *he went ~ of me* fue en mi lugar; *~ of going* en vez *or* lugar de ir

**in•step** ['ɪnstep] empeine *m*

**in•sti•gate** ['ɪnstɪgeɪt] *v/t* instigar

**in•sti•ga•tion** [ɪnstɪ'geɪʃn] instigación *f*; *at s.o.'s ~* a instancias de alguien

**in•stil(l)** [ɪn'stɪl] *v/t* inculcar (*into* a)

**in•stinct** ['ɪnstɪŋkt] instinto *m*; *by or from ~* por instinto

**in•stinc•tive** [ɪn'stɪŋktɪv] *adj* instintivo

**in•stinc•tive•ly** [ɪn'stɪŋktɪvlɪ] *adv* instintivamente

**in•sti•tute** ['ɪnstɪtuːt] **I** *n* instituto *m*; *for elderly* residencia *f* de ancianos; *for mentally ill* psiquiátrico *m* **II** *v/t new law* establecer; *inquiry* iniciar

**in•sti•tu•tion** [ɪnstɪ'tuːʃn] **1** institución *f* **2** (*setting up*) iniciación *f*

**in•sti•tu•tion•al** [ɪnstɪ'tuːʃənl] *adj* institucional

**in•sti•tu•tion•al•ize** [ɪnstɪ'tuːʃənəlaɪz] *v/t* institucionalizar; *become ~d* pasar a depender de las instituciones

**in•struct** [ɪn'strʌkt] *v/t* **1** (*order*) dar instrucciones a; *~ s.o. to do sth* ordenar a alguien que haga algo; *you should do what you were ~ed to do* deberías hacer lo que se te ordenó que hicieras **2** (*teach*) instruir

**in•struc•tion** [ɪn'strʌkʃn] instrucción *f*; *~s for use* instrucciones *fpl* de uso

**in'struc•tion man•u•al** manual *m* de instrucciones

**in•struc•tive** [ɪn'strʌktɪv] *adj* instructivo

**in•struc•tor** [ɪn'strʌktər] instructor(a) *m(f)*

**in•stru•ment** ['ɪnstrʊmənt] MUS, *tool* instrumento *m*

**in•stru•men•tal** [ɪnstrʊ'mentl] *adj* **1** MUS instrumental **2**: *be ~ in sth* jugar un papel en algo

**'in•stru•ment pan•el** panel *m or* tablero *m* de mandos

**in•sub•or•di•nate** [ɪnsə'bɔːrdɪnət] *adj* insubordinado

**in•sub•or•di•na•tion** [ɪnsəbɔːrdɪ'neɪʃn] insubordinación *f*

**in•sub•stan•tial** [ɪnsəb'stænʃl] *adj* insubstancial

**in•suf•fer•a•ble** [ɪn'sʌfərəbl] *adj* insufrible, intolerable

**in•suf•fi•cien•cy** [ɪnsə'fɪʃnsɪ] *also* MED insuficiencia *f*

**in•suf•fi•cient** [ɪnsə'fɪʃnt] *adj* insuficiente

**in•su•lar** ['ɪnsələr] *adj fig* cerrado

**in•su•lar•i•ty** [ɪnsə'lærɪtɪ] *fig* cerrazón *f*, obcecación *f*

**in•su•late** ['ɪnsəleɪt] *v/t also* ELEC aislar

**in•su•la•tion** [ɪnsə'leɪʃn] ELEC aislamiento *m*; *against cold* aislamiento *m* (térmico)

**in•su•lin** ['ɪnsəlɪn] insulina *f*

**in•sult I** *n* ['ɪnsʌlt] insulto *m* **II** *v/t* [ɪn'sʌlt] insultar

**in•su•per•a•ble** [ɪn'suːpərəbl] *adj* insuperable

**in•sur•ance** [ɪn'ʃʊrəns] seguro *m*

**in'sur•ance a•gent** agente *m/f* de seguros; **in'sur•ance bro•ker** corredor(a) *m(f)* de seguros; **in'sur•ance claim** reclamación *f* al seguro; **in'sur•ance com•pa•ny** compañía *f* de seguros, aseguradora *f*; **in'sur•ance cov•er** cobertura *f* del seguro; **in'sur•ance num•ber** número *m* de póliza; **in'sur•ance pol•i•cy** póliza *f* de seguros; **in'sur•ance pre•mi•um** prima *f* (del seguro)

**in•sure** [ɪn'ʃʊr] *v/t* asegurar (*for* por)

**in•sured** [ɪn'ʃʊrd] **I** *adj* asegurado; *~ value* valor *m* asegurado **II** *n*: *the ~* el asegurado, la asegurada

**in•sur•er** [ɪn'ʃʊrər] *person* asegurador(a) *m(f)*; *company* compañía *f* de seguros, compañía *f* aseguradora

**in•sur•moun•ta•ble** [ɪnsər'maʊntəbl] *adj* insuperable

**in•sur•rec•tion** [ɪnsə'rekʃn] insurrección *f*

**in•tact** [ɪn'tækt] *adj* (*not damaged*) intacto

**'in•take 1** *of college etc* remesa *f*; *we have an annual ~ of 300 students* cada año admitimos a 300 alumnos **2**: *he re-acted with a sharp ~ of breath* se quedó sin respiración

**in•tan•gi•ble** [ɪn'tændʒəbl] *adj fig* intangible

**in'tan•gi•ble as•sets** *npl* activos *mpl* intangibles

**in•te•ger** ['ɪntɪdʒər] MATH (número *m*)

entero *m*

**in•te•gral** ['ɪntɪgrəl] *adj* integral; **~ to sth** vital *or* esencial para algo

**in•te•grate** ['ɪntɪgreɪt] *v/t* integrar (*into* en) **II** *v/i:* **~ with sth** integrarse con algo

**in•te•grat•ed cir•cuit** [ɪntɪgreɪtɪd'sɜːr-kɪt] circuito *m* integrado

**in•te•gra•tion** [ɪntɪ'greɪʃn] integración *f*

**in•teg•ri•ty** [ɪn'tegrətɪ] (*honesty*) integridad *f*; **a man of ~** un hombre íntegro

**in•tel•lect** ['ɪntəlekt] intelecto *m*

**in•tel•lec•tual** [ɪntə'lektʃuəl] **I** *adj* intelectual **II** *n* intelectual *m/f*

**in•tel•li•gence** [ɪn'telɪdʒəns] **1** inteligencia *f* **2** (*information*) información *f* secreta

**in•tel•li•gence of•fi•cer** agente *m/f* del servicio de inteligencia; **in•tel•li•gence quo•tient** cociente *m* intelectual; **in•'tel•li•gence serv•ice** servicio *m* de inteligencia; **in•tel•li•gence test** test *m* de inteligencia

**in•tel•li•gent** [ɪn'telɪdʒənt] *adj* inteligente

**intel•li•gent•si•a** [ɪntelɪ'dʒentsɪə] intelectualidad *f*

**in•tel•li•gi•ble** [ɪn'telɪdʒəbl] *adj* inteligible

**in•tem•per•ate** [ɪn'tempərət] *adj* inmoderado

**in•tend** [ɪn'tend] *v/t:* **~ to do sth** tener la intención de hacer algo; **that's not what I ~ed** esa no era mi intención; **was this ~ed?** ¿esto fue intencionado *or* a propósito?; **it was ~ed for you** iba dirigido a tí; **it was ~ed as a compliment** se dijo como un cumplido, fue un cumplido

**in•tend•ed** [ɪn'tendɪd] *adj* esperado, deseado

**in•tense** [ɪn'tens] *adj* sensation, pleasure, heat, pressure intenso; *personality* serio

**in•ten•si•fi•ca•tion** [ɪntensɪfɪ'keɪʃn] intensificación *f*

**in•ten•si•fy** [ɪn'tensɪfaɪ] **I** *v/t* ( *pret & pp -ied*) *effect, pressure* intensificar **II** *v/i* ( *pret & pp -ied*) intensificarse

**in•ten•si•ty** [ɪn'tensətɪ] intensidad *f*

**in•ten•sive** [ɪn'tensɪv] *adj* study, training, treatment intensivo

**in•ten•sive 'care (u•nit)** MED (unidad *f* de) cuidados *mpl* intensivos

**in•ten•sive 'course** of language study curso *m* intensivo

**in•tent** [ɪn'tent] **I** *adj:* **be ~ on doing sth** determined estar decidido a hacer algo; concentrating estar concentrado haciendo algo **II** *n* intención *f*; **with ~** LAW con premeditación; **with ~ to do sth** LAW con intención de hacer algo

**in•ten•tion** [ɪn'tenʃn] intención *f*; **I have no ~ of …** (*refuse to*) no tengo intención de …; **with the best (of) ~s** con la mejor intención

**in•ten•tion•al** [ɪn'tenʃnl] *adj* intencionado

**in•ten•tion•al•ly** [ɪn'tenʃnlɪ] *adv* a propósito, adrede

**in•ter•act** [ɪntər'ækt] *v/i* interactuar; **~ with s.o.** relacionarse con alguien

**in•ter•ac•tion** [ɪntər'ækʃn] interacción *f*

**in•ter•ac•tive** [ɪntər'æktɪv] *adj* interactivo

**in•ter•ac•tive 'learn•ing** aprendizaje *m* interactivo

**in•ter•breed** [ɪntər'briːd] ( *pret & pp -bred*) BIO **I** *v/t* cruzar **II** *v/i* cruzarse

**in•ter•cede** [ɪntər'siːd] *v/i* interceder

**in•ter•cept** [ɪntər'sept] *v/t* interceptar

**in•ter•cep•tion** [ɪntər'sepʃn] intercepción *f*

**in•ter•ces•sion** [ɪntər'seʃn] mediación *f*, intervención *f*

**in•ter•change I** *n* ['ɪntərtʃeɪndʒ] *of highways* nudo *m* vial **II** *v/t* [ɪntər'tʃeɪndʒ] intercambiar (*with* con)

**in•ter•change•a•ble** [ɪntər'tʃeɪndʒəbl] *adj* intercambiable

**in•ter•com** ['ɪntərkɑːm] *in office, ship* interfono *m*; *for front door* portero *m* automático

**in•ter•com•mu•ni•cate** [ɪntərkə'mjuː-nɪkeɪt] *v/i* comunicarse

**in•ter•con•ti•nen•tal** [ɪntərkɑːntɪ'nen-tl] *adj* intercontinental; **~ ballistic missile** misíl *m* balístico intercontinental

**in•ter•course** ['ɪntərkɔːrs] *sexual* coito *m*; **have ~** tener relaciones sexuales

**in•ter•de•nom•i•na•tion•al** [ɪntərdɪ-nɑːmɪ'neɪʃənl] *adj* REL interconfesional

**in•ter•de•part•men•tal** [ɪntərdiːpɑːrt-'mentl] *adj* interdepartamental

**in•ter•de•pend•ence** [ɪntər'dɪpendəns] interdependencia *f*

**in•ter•de•pend•ent** [ɪntərdɪ'pendənt] *adj* interdependiente

**in•ter•dis•ci•plin•ar•y** [ɪntər'dɪsəplɪnerɪ] *adj* interdisciplinar

**in•ter•est** ['ɪntrəst] **I** *n also* FIN interés *m*; **take an ~ in sth** interesarse por algo; **is that of any ~ to you?** ¿te interesa?; **be of ~** ser de interés (**to** para); **of great / little ~** de gran / poco interés; **have an ~ in sth** tener interés en algo, estar interesado en algo; **be in s.o.'s ~** ser en *or* por el interés de alguien; **it is not in your ~ to protest** no te conviene protestar; **bear ~** dar un interés (**at 4%** del 4%) **II** *v/t* interesar

**'in•ter•est-bear•ing** *adj* con interés

**'in•ter•est charg•es** *npl* gastos *mpl* de intereses

**in•ter•est•ed** ['ɪntrəstɪd] *adj* interesado; **be ~ in sth** estar interesado en algo; **thanks, but I'm not ~** gracias, pero no me interesa; **I'd be ~ to see her reaction** me gustaría ver su reacción

**in•ter•est-free 'loan** préstamo *m* sin intereses

**in•ter•est•ing** ['ɪntrəstɪŋ] *adj* interesante

**in•ter•est•ing•ly** ['ɪntrəstɪŋlɪ] *adv*: **~ enough** curiosamente, casualmente

**'in•ter•est rate** tipo *m* de interés

**in•ter•face** ['ɪntərfeɪs] **I** *n* interface *m or f*, interfaz *m or f*; **the pupil / teacher ~** la relación alumno / profesor **II** *v/i* relacionarse

**in•ter•fere** [ɪntər'fɪr] *v/i* interferir, entrometerse; **he's an interfering old busybody** es un viejo entrometido
◆ **interfere with** *v/t* afectar a; **the lock had been interfered with** alguien había manipulado la cerradura

**in•ter•fer•ence** [ɪntər'fɪrəns] intromisión *f*; *on radio, in baseball* interferencia *f*

**in•ter•im** ['ɪntərɪm] **I** *n*: **in the ~** en el ínterim *or* intervalo **II** *adj* provisional; **~ government** gobierno *m* provisional

**in•ter•im 'div•i•dend** FIN dividendo *m* a cuenta

**in•te•ri•or** [ɪn'tɪrɪər] **I** *adj* interior **II** *n* interior *m*; **Department of the Interior** Ministerio *m* del Interior

**in•te•ri•or 'dec•o•ra•tor** interiorista *m/f*, decorador(a) *m(f)* de interiores; **in•te•ri•or de'sign** interiorismo *m*; **in•te•ri•or de'sign•er** interiorista *m/f*

**in•ter•ject** [ɪntər'dʒekt] *v/t* interrumpir, objetar

**in•ter•jec•tion** [ɪntər'dʒekʃn] LING interjección *f*

**in•ter•lace** [ɪntər'leɪs] *v/t fig* entrelazar (**with** con)

**in•ter•lop•er** ['ɪntərloupər] intruso(-a) *m(f)*

**in•ter•lude** ['ɪntərluːd] *at theater* entreacto *m*, intermedio *m*; *at concert* intermedio *m*; *(period)* intervalo *m*; **a brief ~ of peace** un intervalo breve de paz

**in•ter•mar•riage** [ɪntər'mærɪdʒ] matrimonio *m* mixto

**in•ter•mar•ry** [ɪntər'mærɪ] *v/i (pret & pp -ied)* casarse *(con miembros de otra raza, religión o grupo)*; **the two tribes intermarried** las dos tribus se casaron entre sí

**in•ter•me•di•ar•y** [ɪntər'miːdɪərɪ] intermediario *m*

**in•ter•me•di•ate** [ɪntər'miːdɪət] *adj* intermedio *m*

**in•ter•mi•na•ble** [ɪn'tɜːrmɪnəbl] *adj* interminable

**in•ter•min•gle** [ɪntər'mɪŋgl] *v/i* entremezclarse

**in•ter•mis•sion** [ɪntər'mɪʃn] *in theater* entreacto *m*, intermedio *m*; *in movie theater* intermedio *m*, descanso *m*

**in•ter•mit•tent** [ɪntər'mɪtənt] *adj* intermitente

**in•tern** [ɪn'tɜːrn] *v/t* recluir

**in•ter•nal** [ɪn'tɜːrnl] *adj* interno; **~ injury** herida *f* interna; **~ affairs** asuntos *mpl* internos

**in•ter•nal com'bus•tion en•gine** motor *m* de combustión interna

**in•ter•nal•ize** [ɪn'tɜːrnəlaɪz] *v/t* interiorizar

**in•ter•nal•ly** [ɪn'tɜːrnəlɪ] *adv* internamente; **he was bleeding ~** tenía una hemorragia interna

**In•ter•nal 'Rev•e•nue (Serv•ice)** Hacienda *f*, *Span* Agencia *f* Tributaria

**in•ter•na•tion•al** [ɪntər'næʃnl] **I** *adj* internacional; **~ law** derecho *m* internacional **II** *n game* partido *m* internacional; *player* internacional *m/f*

**In•ter•na•tion•al Court of 'Jus•tice** Tribunal *m* Internacional de Justicia

**in•ter•na•tion•al•ize** [ɪntər'næʃnəlaɪz] *v/t* internacionalizar

**in•ter•na•tion•al•ly** [ɪntər'næʃnəlɪ] *adv*

internacionalmente

**In•ter•na•tion•al 'Mon•e•tar•y Fund** Fondo *m* Monetario Internacional; **In•ter•na•tion•al 'Stan•dards Or•gan•i•za•tion** Organización *f* Internacional de Normalización; **in•ter•na•tion•al 'wa•ters** *npl* aguas *fpl* internacionales

**in•ter•ne•cine** [ɪntər'niːsaɪn] *adj* fratricidal

**in•tern•ee** [ɪntɜːr'niː] interno(-a) *m(f)*, prisionero(-a) *m(f)*

**In•ter•net** ['ɪntərnet] Internet *f*; **on the ~** en Internet

**'In•ter•net caf•é** cybercafé *m*

**'In•ter•net ser•vice pro•vid•er** proveedor *m* de (acceso a) Internet

**in•ter•nist** [ɪn'tɜːrnɪst] internista *m/f*

**in•tern•ment** [ɪn'tɜːrnmənt] internamiento *m*; **~ camp** campo *m* de internamiento

**in•ter•per•son•al** [ɪntər'pɜːrsənl] *adj* interpersonal

**in•ter•phone** ['ɪntərfoʊn] ☞ **intercom**

**in•ter•plan•e•tar•y** [ɪntər'plænəterɪ] *adj* interplanetario

**in•ter•play** ['ɪntərpleɪ] interacción *f*

**in•ter•pret** [ɪn'tɜːrprɪt] *v/t & v/i* interpretar

**in•ter•pre•ta•tion** [ɪntɜːrprɪ'teɪʃn] interpretación *f*

**in•ter•pret•er** [ɪn'tɜːrprɪtər] intérprete *m/f*

**in•ter•ra•cial** [ɪntər'reɪʃl] *adj* interracial

**in•ter•re•lat•ed** [ɪntərrɪ'leɪtɪd] *adj facts* interrelacionado

**in•ter•re•la•tion** [ɪntərrɪ'leɪʃn] interrelación *f*

**in•ter•ro•gate** [ɪn'terəgeɪt] *v/t* interrogar

**in•ter•ro•ga•tion** [ɪntərə'geɪʃn] **1** interrogatorio *m* **2** GRAM: **~ mark** or **point** signo *m* de interrogación

**in•ter•rog•a•tive** [ɪntər'rɑːgətɪv] GRAM (forma *f*) interrogativa *f*; **~ pronoun** pronombre *m* interrogativo

**in•ter•ro•ga•tor** [ɪn'terəgeɪtər] interrogador(a) *m(f)*

**in•ter•rog•a•to•ry** [ɪntər'rɑːgətɔːrɪ] *adj* interrogativo

**in•ter•rupt** [ɪntər'rʌpt] **I** *v/t speaker* interrumpir **II** *v/i* interrumpir; **stop interrupting** ¡deja de interrumpir!

**in•ter•rup•tion** [ɪntər'rʌpʃn] interrup-

ción *f*; **without ~** sin interrupción, ininterrumpidamente

**in•ter•sect** [ɪntər'sekt] **I** *v/t* cruzar **II** *v/i* cruzarse

**in•ter•sec•tion** ['ɪntərsekʃn] (*crossroads*) intersección *f*

**in•ter•sperse** [ɪntər'spɜːrs] *v/t* intercalar (**with** con)

**in•ter•state** ['ɪntərsteɪt] *road* autopista *f* interestatal

**in•ter•stice** [ɪn'tɜːrstɪs] grieta *f*

**in•ter•twine** [ɪntər'twaɪn] **I** *v/t* entrecruzar, entrelazar **II** *v/i* entrecruzarse, entrelazarse

**in•ter•ur•ban** [ɪntər'ɜːrbən] *adj* interurbano

**in•ter•val** ['ɪntərvl] intervalo *m*; *in theater* entreacto *m*, intermedio *m*; *at concert* intermedio *m*; **there will be sunny intervals** habrá intervalos de sol; **an ~ of peace** un intervalo de paz; **at regular ~s** a intervalos regulares

**in•ter•vene** [ɪntər'viːn] *v/i of person, police etc* intervenir

**in•ter•ven•tion** [ɪntər'venʃn] intervención *f*

**in•ter•view** ['ɪntərvjuː] **I** *n* entrevista *f*; **give s.o. an ~** conceder una entrevista a alguien **II** *v/t* entrevistar

**in•ter•view•ee** [ɪntərvju'iː] *on TV* entrevistado(-a) *m(f)*; *for job* candidato(-a) *m(f)*

**in•ter•view•er** ['ɪntərvjuːər] entrevistador(a) *m(f)*

**in•ter•weave** [ɪntər'wiːv] *v/t also fig* (*pret* **-wove**, *pp* **-woven**) combinar, intercalar (**with** con)

**in•tes•tate** [ɪn'testeɪt] *adj*: **die ~** LAW morir intestado, morir sin dejar testamento

**in•tes•tine** [ɪn'testɪn] intestino *m*; **~s** intestinos *mpl*; **large / small ~** intestino grueso / delgado

**in•ti•ma•cy** ['ɪntɪməsɪ] *of friendship* intimidad *f*; *sexual* relaciones *fpl* íntimas

**in•ti•mate**[1] ['ɪntɪmət] *adj* íntimo; **be on ~ terms** mantener relaciones íntimas (**with** con)

**in•ti•mate**[2] ['ɪntɪmeɪt] *v/t* insinuar, dar a entender; **~ to s.o. that** insinuar a alguien que

**in•ti•mate•ly** ['ɪntɪmətlɪ] *adv* íntimamente

in•tim•i•date [ɪn'tɪmɪdeɪt] v/t intimidar; ~ s.o. into doing sth intimidar a alguien para que haga algo

in•tim•i•da•tion [ɪntɪmɪ'deɪʃn] intimidación f

in•to ['ɪntʊ] prep 1 en; he put it ~ his suitcase lo puso en su maleta; translate ~ English traducir al inglés; 6 ~ 12 goes or is 2 12 dividido entre or por 6 es 2; turn water ~ ice transformar agua en hielo

2 F: he's ~ classical music (likes) le gustaor Span le va mucho la música clásica; he's ~ local politics (is involved with) está muy metido en el mundillo de la política local; when you're ~ the job cuando te hayas metido en el trabajo

in•tol•er•a•ble [ɪn'tɑ:lərəbl] adj intolerable

in•tol•er•ance [ɪn'tɑ:lərəns] intolerancia f

in•tol•er•ant [ɪn'tɑ:lərənt] adj intolerante; be ~ of sth ser intolerante con algo

in•to•na•tion [ɪntə'neɪʃn] entonación f

in•tox•i•cant [ɪn'tɑ:ksɪkənt] estupefaciente m

in•tox•i•cate [ɪn'tɑ:ksɪkeɪt] v/t intoxicar

in•tox•i•cat•ed [ɪn'tɑ:ksɪkeɪtɪd] adj ebrio, embriagado

in•tox•i•ca•tion [ɪntɑ:ksɪ'keɪʃn] intoxicación f

in•trac•ta•ble [ɪn'træktəbl] adj incorregible, incurable

in•tra•net ['ɪntrənet] COMPUT intranet m or f

in•tran•si•gent [ɪn'trænsɪdʒənt] adj intransigente

in•tran•si•tive [ɪn'trænsɪtɪv] GRAM intransitivo

in•tra•u•ter•ine de•vice [ɪntrəju:tərəɪn dɪ'vaɪs] MED dispositivo m intrauterino

in•tra•ve•nous [ɪntrə'vi:nəs] adj intravenoso

'in-tray bandeja f de entrada

in•trep•id [ɪn'trepɪd] adj intrépido

in•tri•ca•cy ['ɪntrɪkəsɪ] complejidad f

in•tri•cate ['ɪntrɪkət] adj intrincado, complicado

in•trigue I n ['ɪntri:g] intriga f II v/t [ɪn-'tri:g] intrigar; I would be ~d to know tendría curiosidad por saber II v/i conspirar (against contra)

in•trigu•ing [ɪn'tri:gɪŋ] adj intrigante

in•trin•sic [ɪn'trɪnsɪk] adj intrínseco

in•trin•si•cal•ly [ɪn'trɪnsɪklɪ] adv intrínsecamente

in•tro•duce [ɪntrə'du:s] v/t presentar; new technique etc introducir; may I ~ ...? permítame presentarle a ...; ~ s.o. to a new sport iniciar a alguien en un deporte nuevo

in•tro•duc•tion [ɪntrə'dʌkʃn] to person presentación f; to a new food, sport etc iniciación f; in book, of new techniques etc introducción f

in•tro•duc•to•ry [ɪntrə'dʌktərɪ] adj introductorio; ~ price precio m de lanzamiento

in•tro•spec•tion [ɪntrə'spekʃn] introspección f

in•tro•spec•tive [ɪntrə'spektɪv] adj introspectivo

in•tro•vert ['ɪntrəvɜ:rt] introvertido(-a) m(f)

in•tro•vert•ed ['ɪntrəvɜ:rtɪd] adj PSYCH introvertido, tímido

in•trude [ɪn'tru:d] v/i molestar

in•trud•er [ɪn'tru:dər] intruso(-a) m(f)

in•tru•sion [ɪn'tru:ʒn] intromisión f

in•tru•sive [ɪn'tru:sɪv] adj entrometido

in•tu•i•tion [ɪntu:'ɪʃn] intuición f

in•tu•i•tive [ɪn'tu:ɪtɪv] adj intuitivo

in•un•date ['ɪnʌndeɪt] v/t inundar, saturar (with de)

in•ure [ɪ'njʊər] v/t amoldar, acostumbrar (to a); become ~d to sth habituarse a algo

in•vade [ɪn'veɪd] v/t invadir

in•vad•er [ɪn'veɪdər] invasor(a) m(f)

in•val•id¹ [ɪn'vælɪd] adj nulo

in•va•lid² ['ɪnvəlɪd] n MED minusválido(-a) m(f)

in•val•i•date [ɪn'vælɪdeɪt] v/t claim, theory invalidar

in•val•i•da•tion [ɪnvælɪ'deɪʃn] invalidación f

in•va•lid•i•ty pen•sion [ɪnvə'lɪdətɪ] Br pensión f de or por invalidez

in•val•u•a•ble [ɪn'væljʊbl] adj help, contributor inestimable; be ~ to s.o. tener un valor inestimable para alguien

in•var•i•a•ble [ɪn'verɪəbl] adj invariable

in•var•i•a•bly [ɪn'veɪrɪəblɪ] adv (always) invariablemente, siempre

in•va•sion [ɪn'veɪʒn] invasión f; an ~ of

**my privacy** una invasión de mi intimidad

in•vec•tive [ɪn'vektɪv] injuria f

in•veigh [ɪn'veɪ] v/i embestir, arremeter (**against** contra)

in•vei•gle [ɪn'veɪgl] v/t: ~ **s.o. into doing sth** inducir a alguien a que haga algo

in•vent [ɪn'vent] v/t inventar

in•ven•tion [ɪn'venʃn] **1** action invención f **2** thing invented invento m

in•ven•tive [ɪn'ventɪv] adj inventivo, imaginativo

in•ven•tive•ness [ɪn'ventɪvnɪs] inventiva f

in•ven•tor [ɪn'ventər] inventor(a) m(f)

in•ven•to•ry ['ɪnvəntɔːrɪ] inventario m; **take an ~ of** hacer un inventario de

'in•ven•to•ry con•trol control m de inventario; 'in•ven•to•ry lev•el nivel m de existencias; 'in•ven•to•ry turn•o•ver rotación f de existencias

in•verse [ɪn'vɜːrs] adj order inverso; **in ~ proportion to** en proporción inversa a

in•ver•sion [ɪn'vɜːrʒn] inversión f

in•vert [ɪn'vɜːrt] v/t invertir

in•ver•te•brate [ɪn'vɜːrtɪbrət] **I** n invertebrado m **II** adj invertebrado

in•vert•ed com•mas [ɪnvɜːrtɪd'kɑːməz] npl Br comillas fpl

in•vest [ɪn'vest] **I** v/t invertir **II** v/i invertir (**in** en)

in•ves•ti•gate [ɪn'vestɪgeɪt] v/t investigar

in•ves•ti•ga•tion [ɪnvestɪ'geɪʃn] investigación f; **be under ~** estar bajo investigación

in•ves•ti•ga•tive jour•nal•ism [ɪn'vestɪgətɪv] periodismo m de investigación

in•ves•ti•ga•tive 'jour•nal•ist periodista m/f de investigación

in•ves•ti•ga•tor [ɪn'vestɪgeɪtər] investigador(a) m(f)

in•vest•ment [ɪn'vestmənt] inversión f

in'vest•ment an•a•lyst analista m/f de inversiones; in'vest•ment bank banco m de inversiones; in'vest•ment income renta f de inversiones; in'vest•ment trust fondo m de inversiones

in•ves•tor [ɪn'vestər] inversor(a) m(f)

in•vet•er•ate [ɪn'vetərət] adj empedernido

in•vid•i•ous [ɪn'vɪdɪəs] adj odioso, desagradable

in•vig•i•late [ɪn'vɪdʒɪleɪt] v/i Br supervisar un examen

in•vig•or•ate [ɪn'vɪgəreɪt] v/t vigorizar

in•vig•or•at•ing [ɪn'vɪgəreɪtɪŋ] adj climate vigorizante

in•vin•ci•ble [ɪn'vɪnsəbl] adj invencible

in•vis•i•ble [ɪn'vɪzɪbl] adj invisible; ~ **imports** npl importaciones fpl invisibles

in•vi•ta•tion [ɪnvɪ'teɪʃn] invitación f; **at the ~ of** a or por invitación de

in•vite [ɪn'vaɪt] **I** v/t invitar **II** n F ☞ **invitation**

◆ invite in v/t: **invite s.o. in** invitar a alguien a que entre

in•vit•ing [ɪn'vaɪtɪŋ] adj room apetecible; prospect, smile, smell tentador

in vi•tro fer•til•i•za•tion [ɪnviːtroʊfɜːrtɪlaɪ'zeɪʃn] fecundación f in vitro

in•voice ['ɪnvɔɪs] **I** n factura f **II** v/t customer enviar la factura a

'in•voice date fecha f de facturación

'in•voice price precio m facturado

in•voke [ɪn'voʊk] v/t invocar

in•vol•un•ta•ry [ɪn'vɑːləntərɪ] adj involuntario

in•volve [ɪn'vɑːlv] v/t hard work, expense involucrar, entrañar; **it would ~ emigrating** supondría emigrar; **this doesn't ~ you** esto no tiene nada que ver contigo; **what does it ~?** ¿en qué consiste?; **the police didn't want to get ~d** la policía no quería intervenir; **get ~d with s.o.** emotionally, romantically tener una relación sentimental con alguien; **get ~d with sth** involucrarse or meterse en algo; **he got involved with the school play** participó en la obra de teatro del colegio; ~**d in an accident** envuelto or involucrado en un accidente; **the people ~d** las personas involucradas

in•volved [ɪn'vɑːlvd] adj (complex) complicado

in•volve•ment [ɪn'vɑːlvmənt] in a project, crime etc participación f, intervención f

in•vul•ne•ra•ble [ɪn'vʌlnərəbl] adj invulnerable

in•ward ['ɪnwərd] **I** adj feeling, smile interior **II** adv hacia dentro

in•ward•ly ['ɪnwərdlɪ] adv por dentro

in•wards ['ɪnwərdz] adv hacia dentro

i•o•dine ['aɪoʊdiːn] yodo m

i•on ['aɪən] CHEM, PHYS ión *m*

i•o•ta [aɪ'outə] ápice m, pizca *f*; **not an ~ of truth** ni un ápice de verdad

IOU [aɪou' juː] *abbr* (= **I owe you**) pagaré *m*

IQ [aɪ'kjuː] *abbr* (= **intelligence quotient**) cociente *m* intelectual

I•ran [ɪ'rɑːn] Irán *m*

I•ra•ni•an [ɪ'reɪnɪən] I *adj* iraní II *n* iraní *m/f*

I•raq [ɪ'ræːk] Iraq *m*, Irak *m*

I•ra•qi [ɪ'rækɪ] I *adj* iraquí II *n* iraquí *m/f*

i•ras•ci•ble [ɪ'ræsəbl] *adj* irascible

i•rate [aɪ'reɪt] *adj* furioso, colérico

Ire•land ['aɪrlənd] Irlanda *f*

ir•i•des•cent [ɪrɪ'desnt] *adj* iridiscente

i•ris ['aɪrɪs] **1** *of eye* iris *m inv* **2** *flower* lirio *m*

I•rish ['aɪrɪʃ] I *adj* irlandés; **~ coffee** café *m* irlandés II *n* **1** *language* irlandés *m* **2** *pl*: **the ~** los irlandeses

I•rish•man ['aɪrɪʃmən] irlandés *m*

'I•rish•wom•an irlandesa *f*

irk [ɜːrk] *v/t* molestar, fastidiar

irk•some ['ɜːrksəm] *adj* irritante

i•ron ['aɪərn] I *n* **1** *substance* hierro *m*; **strike while the ~ is hot** *fig* aprovechar la oportunidad; **will of ~** voluntad *f* de hierro **2** *for clothes* plancha *f* II *adj* de hierro; **~ ore** MIN mineral *m* de hierro III *v/t shirts etc* planchar

♦ iron out *v/t* **1** *creases* planchar **2** *problem* resolver

I•ron 'Cur•tain POL telón *m* de acero

i•ron•ic, i•ron•i•cal [aɪ'rɑːnɪk(l)] *adj* irónico

i•ron•ing ['aɪərnɪŋ] planchado *m*; **do the ~** planchar

'i•ron•ing board tabla *f* de planchar

i•ron•mon•ger ['aɪərnmʌŋgər] *Br* ferretero(-a) *m(f)*

'i•ron•works fundición *f*

i•ron•y ['aɪrənɪ] ironía *f*; **the ~ of it all is that ...** lo irónico del tema es que ...

ir•ra•di•ate [ɪ'reɪdɪeɪt] *v/t* irradiar

ir•ra•di•a•tion [ɪreɪdɪ'eɪʃn] irradiación *f*

ir•ra•tion•al [ɪ'ræʃənl] *adj* irracional

ir•rec•on•ci•la•ble [ɪrekən'saɪləbl] *adj* irreconciliable

ir•re•cov•e•ra•ble [ɪrɪ'kʌvərəbl] *adj* irrecuperable

ir•re•deem•a•ble [ɪrɪ'diːməbl] *adj weakness etc* irremediable

ir•ref•u•ta•ble [ɪrɪ'fjuːtəbl] irrefutable *f*

ir•reg•u•lar [ɪ'regjulər] *adj* irregular

ir•reg•u•lar•i•ty [ɪregjʊ'lærətɪ] irregularidad *f*

ir•rel•e•vance, ir•rel•e•van•cy [ɪ'reləvəns(ɪ)] irrelevancia *f*

ir•rel•e•vant [ɪ'reləvənt] *adj* irrelevante

ir•re•me•di•a•ble [ɪrɪ'miːdjəbl] *adj* irremediable

ir•rep•a•ra•ble [ɪ'repərəbl] *adj* irreparable

ir•re•place•a•ble [ɪrɪ'pleɪsəbl] *adj object, person* irreemplazable

ir•re•pres•si•ble [ɪrɪ'presəbl] *adj sense of humor* incontenible; *person* irreprimible

ir•re•proach•a•ble [ɪrɪ'proutʃəbl] *adj* irreprochable

ir•re•sis•ti•ble [ɪrɪ'zɪstəbl] *adj* irresistible

ir•res•o•lute [ɪ'rezəluːt] *adj* irresoluto

ir•re•spec•tive [ɪrɪ'spektɪv] *adv*: **~ of** independiente de

ir•re•spon•si•ble [ɪrɪ'spɑːnsəbl] *adj* irresponsable

ir•re•trie•va•ble [ɪrɪ'triːvəbl] *adj* irrecuperable

ir•rev•er•ence [ɪ'revərəns] falta *f* de respeto

ir•rev•e•rent [ɪ'revərənt] *adj* irreverente

ir•re•vers•i•ble [ɪrɪ'vɜːrsəbl] *adj* irreversible, irrevocable

ir•rev•o•ca•ble [ɪ'revəkəbl] *adj* irrevocable

ir•ri•gate ['ɪrɪgeɪt] *v/t* regar

ir•ri•ga•tion [ɪrɪ'geɪʃn] riego *m*

ir•ri•ga•tion ca'nal acequia *f*

ir•ri•ta•bil•i•ty [ɪrɪtə'bɪlɪtɪ] irritabilidad *f*

ir•ri•ta•ble ['ɪrɪtəbl] *adj* irritable

ir•ri•tate ['ɪrɪteɪt] *v/t* irritar; **be ~d at** *or* **with** irritarse por

ir•ri•tat•ing ['ɪrɪteɪtɪŋ] *adj* irritante

ir•ri•ta•tion [ɪrɪ'teɪʃn] irritación *f*

IRS [aɪɑːr'es] *abbr* (= **Internal Revenue Service**) Hacienda *f*, *Span* Agencia *f* Tributaria

is [ɪz] ☞ **be**

ISDN [aɪesdiː'en] *abbr* (= **Integrated Services Digital Network**) RDSI *f*

Is•lam ['ɪzlɑːm] (el) Islam

Is•lam•ic [ɪz'læmɪk] *adj* islámico; **~ fundamentalist** fundamentalista *m/f or* integrista *m/f* islámico(-a)

is•land ['aɪlənd] isla *f*

is•land•er ['aɪləndər] isleño(-a) *m(f)*

ISO [aɪes'oʊ] *abbr* (= **International Standards Organization**) ISO *f*

i•so•late ['aɪsəleɪt] *v/t* aislar

i•so•lat•ed ['aɪsəleɪtɪd] *adj* aislado; **~ case** caso *m* aislado

i•so•la•tion [aɪsə'leɪʃn] *of a region* aislamiento *m*; **in ~** *prisoner, patient* aislado; *consider sth* aisladamente

i•so•la•tion ward pabellón *m* de enfermedades infecciosas

i•so•tope ['aɪsətoʊp] PHYS isótopo *m*

ISP [aɪes'piː] *abbr* (= **Internet service provider**) proveedor *m* de (acceso a) Internet

Is•ra•el ['ɪzreɪl] Israel *m*

Is•rae•li [ɪz'reɪlɪ] **I** *adj* israelí **II** *n person* israelí *m/f*

is•sue ['ɪʃuː] **I** *n* **1** (*matter*) tema *m*, asunto *m*; **the point at ~** el tema que se debate; **take ~ with s.o. / sth** discrepar de alguien / algo; **your honesty is not at ~** no se cuestiona tu honestidad **2** *of magazine* número *m* **II** *v/t coins* emitir; *passports, visa* expedir; *warning* dar; **~ s.o. with sth** entregar algo a alguien

isth•mus ['ɪsməs] istmo *m*

IT [aɪ'tiː] *abbr* (= **information technology**) tecnologías *fpl* de la información; **~ department** departamento *m* de informática

it [ɪt] *pron as object* lo *m*, la *f*; **what color is ~? – ~ is red** ¿de qué color es? - es rojo; **~'s raining** llueve; **~'s me / him** soy yo / es él; **~'s Charlie here** TELEC soy Charlie; **~'s your turn** te toca; **that's ~!** (*that's right*) ¡eso es!; (*finished*) ¡ya está!; **~ is to him that you should turn** es a él a quien deberías dirigirte

I•tal•ian [ɪ'tæljən] **I** *adj* italiano **II** *n* **1** *person* italiano(-a) *m(f)* **2** *language* italia-

no *m*

i•tal•ic [ɪ'tælɪk] *adj* cursiva

i•tal•i•cize [ɪ'tælɪsaɪz] *v/t* poner en cursiva

i•tal•ics [ɪ'tælɪks] *npl* cursiva *f*; **in ~** en cursiva

I•ta•ly ['ɪtəlɪ] Italia *f*

itch [ɪtʃ] **I** *n* picor *m* **II** *v/i* picar; **be ~ing for sth** F estar deseando algo, morirse por algo; **they're ~ing to get home** F se mueren por llegar a casa

itch•y ['ɪtʃɪ] *adj* que pica; **have ~ feet** *fig* F tener el gusanillo de viajar

i•tem ['aɪtəm] *in list, accounts*, (*article*) artículo *m*; *on agenda* punto *m*; *of news* noticia *f*; **~ of clothing** prenda *f* de vestir; **they're an ~** F *of couple* son pareja

i•tem•ize ['aɪtəmaɪz] *v/t invoice* detallar

i•tin•er•ant [ɪ'tɪnərənt] *adj* itinerante

i•tin•e•ra•ry [aɪ'tɪnərerɪ] itinerario *m*

it'll ['ɪtl] F = **it will**

it's [ɪts] = **it is; it has**

its [ɪts] *poss adj* su; **where is ~ box?** ¿dónde está su caja?; **the dog has hurt ~ leg** el perro se ha hecho daño en la pata

it•self [ɪt'self] *pron reflexive* se; **the dog hurt ~** el perro se hizo daño; **the hotel ~ is fine** el hotel en sí (mismo) está bien; **by ~** (*alone*) aislado, solo; (*automatically*) solo

IUD [aɪjuː'diː] *abbr* (= **intrauterine device**) DIU *m* (= dispositivo *m* intrauterino)

I've [aɪv] F ☞ **I have**

IVF [aɪviː'ef] *abbr* (= **in vitro fertilization**) fecundación *f* in vitro, FIV *f*

i•vo•ry ['aɪvərɪ] **I** *n* marfil *m* **II** *adj* de marfil; **live in an ~ tower** *fig* vivir en una torre de marfil

I•vo•ry 'Coast Costa *f* de Marfil

i•vy ['aɪvɪ] hiedra *f*

I•vy 'League grupo de ocho universidades americanas de gran prestigio

# J

**jab** [dʒæb] *v/t* (*pret & pp* **-bed**) clavar

**jab•ber** ['dʒæbər] *v/i* parlotear

**jack** [dʒæk] **1** MOT gato *m* **2** *in cards* jota *f*

◆ **jack up** *v/t* **1** MOT levantar con el gato **2** F *prices, salaries* subir

**jack•al** ['dʒækəl] chacal *m*

**jack•ass** ['dʒækæs] *fig* memo(-a) *m(f)*

**jack•daw** ['dʒækdɔː] grajilla *f*

**jack•et** ['dʒækɪt] **1** (*coat*) chaqueta *f* **2** *of book* sobrecubierta *f*

**jack•et po'ta•to** (*pl* **-o(e)s**) *Span* patata *f or L.Am.* papa *f* asada (*con piel*)

**'jack-in-the-box** caja *f* de sorpresas

**'jack-knife** *v/i* derrapar (*por la parte del remolque*); **jack-of-'all-trades**: **be a ~** *of teacher, secretary etc* hacer un poco de todo; **'jack plug** ELEC enchufe *m* de clavija; **'jack•pot** gordo *m*; **he hit the ~** le tocó el gordo

**ja•cuz•zi®** [dʒə'kuːzɪ] jacuzzi *m*

**jade** [dʒeɪd] jade *m*

**jad•ed** ['dʒeɪdɪd] *adj* harto; *appetite* hastiado

**jag•ged** ['dʒægɪd] *adj* accidentado

**jag•u•ar** ['dʒæɡʊər] jaguar *m*

**jail** [dʒeɪl] cárcel *f*; **he's in ~** está en la cárcel; **go to ~** ir a la cárcel; **put s.o. in ~** encarcelar a alguien, meter a alguien en la cárcel

**'jail•bird** F delincuente *m/f* habitual

**'jail•break** F fuga *f*, evasión *f*

**jail•er** ['dʒeɪlər] carcelero(-a) *m(f)*, celador(a) *m(f)*

**ja•lop•y** [dʒə'lɑːpɪ] F chatarra *f* F, cacharro *m* F

**jam¹** [dʒæm] *n for bread* mermelada *f*

**jam²** [dʒæm] **I** *n* **1** MOT atasco *m* **2** F (*difficulty*) aprieto *m*; **be in a ~** estar en un aprieto

**II** *v/t* (*pret & pp* **-med**) (*ram*) meter, embutir; (*cause to stick*) atascar; *broadcast* provocar interferencias en; **be ~med** *of roads* estar colapsado; *of door, window* estar atascado; **he got his finger ~med in the door** se pilló el dedo en la puerta **III** *v/i* (*pret & pp* **-med**) **1** *of printer, window* atascarse **2**: **all ten of us managed to ~ into the car** nos las arreglamos para meternos los diez en el coche

◆ **jam in** *v/t* apretujar; **we were all jammed in** estábamos apretujados

◆ **jam on** *v/t*: **jam on the brakes** dar un frenazo

**Ja•mai•ca** [dʒə'meɪkə] Jamaica *f*

**Ja•mai•can** [dʒə'meɪkən] **I** *adj* jamaicano, *L.Am.* jamaiquino **II** *n person* jamaicano(-a) *m(f)*, *L.Am.* jamaiquino(-a) *m(f)*

**jamb** [dʒæm] jamba *f*

**jam•bo•ree** [dʒæmbə'riː] **1** F fiesta *f*, juerga *f* **2** *of Scouts* congreso *m*

**jam-'packed** *adj* F abarrotado (**with** de)

**jan•gle** ['dʒæŋɡl] **I** *v/i* tintinear, sonar **II** *v/t* hacer tintinear

**jan•i•tor** ['dʒænɪtər] portero(-a) *m(f)*, conserje *m/f*

**Jan•u•a•ry** ['dʒænʊerɪ] enero *m*

**Ja•pan** [dʒə'pæn] Japón *m*

**Jap•a•nese** [dʒæpə'niːz] **I** *adj* japonés **II** *n* **1** *person* japonés(-esa) *m(f)*; **the ~** los japoneses **2** *language* japonés *m*

**jar¹** [dʒɑːr] *n container* tarro *m*

**jar²** [dʒɑːr] *v/i* (*pret & pp* **-red**) *of noise* rechinar; **~ on** rechinar en

**jar•gon** ['dʒɑːrɡən] jerga *f*

**jas•min(e)** ['dʒæzmɪn] BOT jazmín *m*

**jaun•dice** ['dʒɔːndɪs] ictericia *f*

**jaun•diced** ['dʒɔːndɪst] *adj fig* resentido

**jaunt** [dʒɔːnt] excursión *f*; **go on a ~** ir de excursión

**jaunt•y** ['dʒɔːntɪ] *adj* desenfadado

**jav•e•lin** ['dʒævlɪn] (*spear*) jabalina *f*; *event* (lanzamiento *m* de) jabalina *f*

**jaw** [dʒɔː] mandíbula *f*

**'jaw•bone** mandíbula *f*, maxilar *m*

**jay** [dʒeɪ] arrendajo *m*

**'jay•walk•er** peatón(-ona) *m(f)* imprudente

**'jay•walk•ing** *cruzar la calle de manera imprudente*

**jazz** [dʒæz] jazz *m*; **~ band** banda *f* de jazz; **and all that ~** F y todo ese rollo

◆ **jazz up** *v/t* F animar; *décor, dress* alegrar, dar vida a F

**jazz•y** ['dʒæzɪ] *adj* **1** MUS de jazz, jazzístico **2** F *colors, design* llamativo, vistoso

**jeal•ous** ['dʒeləs] *adj* celoso; *be ~ of in love* tener celos de; *of riches etc* tener envidia de

**jeal•ous•ly** ['dʒeləslɪ] *adv* celosamente; *relating to possessions* con envidia

**jeal•ous•y** ['dʒeləsɪ] celos *mpl*; *of possessions* envidia *f*

**jeans** [dʒiːnz] *npl* vaqueros *mpl*, jeans *mpl*

**jeep** [dʒiːp] jeep *m*

**jeer** [dʒɪr] **I** *n* abucheo *m* **II** *v/i* abuchear; *~ at* burlarse de

**jeer•ing** ['dʒɪrɪŋ] abucheo *m*

**Je•ho•vah's Wit•ness** [dʒɪhouvəz'wɪt-nɪs] REL testigo *m/f* de Jehová

**jell** [dʒel] *v/i fig of plans* concretarse

**Jel•lo®** ['dʒelou] gelatina *f*

**jel•ly** ['dʒelɪ] mermelada *f*

**'jel•ly bean** gominola *f*

**'jel•ly•fish** medusa *f*

**jem•my** ['dʒemɪ] *Br* ☞ **jimmy**

**jeop•ar•dize** ['dʒepərdaɪz] *v/t* poner en peligro

**jeop•ar•dy** ['dʒepərdɪ]: *be in ~* estar en peligro

**jerk**¹ [dʒɜːrk] **I** *n* sacudida *f* **II** *v/t* dar un tirón a

◆ **jerk off** *v/i* P hacerse una paja P

**jerk**² [dʒɜːrk] *n* F imbécil *m/f*, *Span* gilipollas *m/f inv* F

**jerk•y** ['dʒɜːrkɪ] *adj movement* brusco

**jer•ry-built** ['dʒerɪbɪlt] *adj* chapucero, mal construido

**jer•sey** ['dʒɜːrzɪ] *(sweater)* suéter *m*, *Span* jersey *m*

**jest** [dʒest] **I** *n* broma *f*; *in ~* en broma **II** *v/i* bromear

**jest•er** ['dʒestər] HIST bufón *m*

**Jes•u•it** ['dʒezjuɪt] REL jesuita *m*

**Je•sus** ['dʒiːzəs] Jesús; *~!* F ¡por Dios!, ¡por el amor de Dios!

**jet** [dʒet] **I** *n* **1** *of water* chorro *m* **2** *(nozzle)* boquilla *f* **3** *(airplane)* reactor *m*, avión *m* a reacción **II** *v/i (pret & pp -ted) travel* viajar en avión

**jet-'black** *adj* azabache; **'jet en•gine** reactor *m*; **'jet fight•er** AVIA, MIL caza *m* reactor, caza *m*; **'jet•lag** desfase *m* horario, jet lag *m*; **jet-lagged** [dʒet'læɡd] *adj*: *be ~* tener jet lag *or* desfase horario; **'jet plane** avión *m* reactor; **jet-pro•pelled** [dʒetprə'peld] *adj esp* AVIA a reacción

**jet•sam** ['dʒetsəm] NAUT ☞ **flotsam**

**'jet set** jet *f* set

**jet•ti•son** ['dʒetɪsn] *v/t also fig* tirar por la borda

**jet•ty** ['dʒetɪ] malecón *m*

**Jew** [dʒuː] judío(-a) *m(f)*

**jew•el** ['dʒuːəl] joya *f*, alhaja *f*; *fig: person* joya *f*

**'jew•el case** *for CD* carcasa *f*

**jew•el•er**, *Br* **jew•el•ler** ['dʒuːlər] joyero(-a) *m(f)*

**jew•el•lery** *Br*, **jew•el•ry** ['dʒuːlrɪ] joyas *fpl*, alhajas *fpl*; **piece of ~** joya *f*, alhaja *f*

**Jew•ish** ['dʒuːɪʃ] *adj* judío

**jib** [dʒɪb] **1** NAUT foque *m* **2** TECH brazo *m*

◆ **jib at** *v/t (pret & pp -bed)* **1** *fence* plantarse ante **2** *fig expense etc* resistirse a

**jif•fy** ['dʒɪfɪ] F: *in a ~* en un periquete F

**jig•gle** ['dʒɪɡl] *v/t* sacudir

**jig•saw** (puz•zle) ['dʒɪɡsɒː] rompecabezas *m inv*, puzzle *m*

**jilt** [dʒɪlt] *v/t* dejar plantado

**Jim Crow** [dʒɪm'krou] *adj* F racista; *school* para negros

**jim•my** ['dʒɪmɪ] palanca *f*, palanqueta *f*

**jin•gle** ['dʒɪŋɡl] **I** *n song* melodía *f* publicitaria **II** *v/i of keys, coins* tintinear

**jin•go•ism** ['dʒɪŋɡouɪzm] patrioterismo *m*, patriotería *f*

**jin•go•is•tic** [dʒɪŋɡou'ɪstɪk] *adj* jingoísta

**jinks** [dʒɪŋks] *npl*: *high ~* jarana *f*, parranda *f*; *they were having high ~* estaban de juerga

**jinx** [dʒɪŋks] gafe *m*; *there's a ~ on this project* este proyecto está gafado

**JIT** [dʒeɪaɪ'tiː] *abbr (= just in time)* COM justo a tiempo

**jit•ters** ['dʒɪtərz] *npl* F: *I got the ~* me entró el pánico *or Span* canguelo F

**jit•ter•y** ['dʒɪtərɪ] *adj* F nervioso

**job** [dʒɒb] *(employment)* trabajo *m*, empleo *m*; *(task)* tarea *f*, trabajo *m*; *it's not my ~ to answer the phone* no me corresponde a mí contestar el teléfono; *it's not my ~ to clean up your mess* no es mi obligación recoger tu desorden; *I have a few ~s to do around the house* tengo que hacer unas cuantas cosas en la casa; *out of a ~* sin trabajo *or* empleo; *it's a good ~ you warned me* menos mal que me avisas-

te; **you'll have a ~** (*it'll be difficult*) te va
a costar Dios y ayuda; **it was a real ~
but we managed it** fue una odisea pero
al final lo conseguimos; **make a
good / bad ~ of sth** hacer algo
bien / mal; **on the ~** en el trabajo;
**make the best of a bad ~** apechugar
y hacer lo que se pueda; **~ interview**
entrevista *f* de trabajo
'job de•scrip•tion (descripción *f* de las)
responsabilidades *fpl* del puesto
'job hunt *v/i*: **be ~ing** buscar trabajo
job•less ['dʒɑːblɪs] *adj* desempleado,
*Span* parado
job los•ses ['dʒɑːblɔːsɪs] *npl* pérdidas
*fpl* de puestos de trabajo; 'job of•fer
oferta *f* de trabajo *or* empleo; 'job
o•pen•ing vacante *f*; job sat•is•fac•
tion satisfacción *f* con el trabajo; 'job
se•cu•ri•ty seguridad *f* profesional;
job seek•er ['dʒɑːbsiːkər] persona *f*
que busca empleo; job-shar•ing
['dʒɑːbʃeɪrɪŋ] sistema *m* de trabajo
compartido
jock [dʒɑːk] F *sporting type* deportista *m*
jock•ey ['dʒɑːkɪ] jockey *m/f*
◆ jockey for *v/t*: **jockey for position** *fig*
disputarse el puesto, rivalizar por el
puesto
'jock•strap vendaje *m* suspensorio, sus-
pendedor *m*
joc•u•lar ['dʒɑːkjʊlər] *adj* jocoso, ocurrente
jog ['dʒɑːg] I *n*: **go for a ~** ir a hacer jogging *or* footing II *v/i* (*pret & pp* -**ged**) *as
exercise* hacer jogging *or* footing III *v/t*
(*pret & pp* -**ged**): **~ s.o.'s memory** refrescar la memoria de alguien; **somebody ~ged my elbow** alguien me dio
en el codo
◆ jog along *v/i* F ir tirando F
jog•ger ['dʒɑːgər] *person* persona *f* que
hace jogging *or* footing; *shoe* zapatilla *f*
de jogging *or* footing; *trousers* pantalones *mpl* de deporte
jog•ging ['dʒɑːgɪŋ] jogging *m*, footing
*m*; **go ~** ir a hacer jogging *or* footing
'jog•ging suit chándal *m*
jog•gle ['dʒɑːgl] *v/t* sacudir, balancear
john [dʒɑːn] P (*toilet*) baño *m*, váter *m*;
**in the ~** en el váter
John Han•cock [dʒɑːn'hænkɑːk] P firma *f*
join [dʒɔɪn] I *n* juntura *f* II *v/i of roads*,

*rivers* juntarse; (*become a member*) hacerse socio III *v/t* (*connect*) unir; *person*
unirse a; *club* hacerse socio de; (*go to
work for*) entrar en; *of road* desembocar en; **I'll ~ you at the theater** me reu-
niré contigo en el teatro; **~ hands** agarrarse *or* cogerse de la mano
◆ join in *v/i* participar
◆ join up *I v/i* *1 of two groups of walkers
etc* juntarse **2** *Br* MIL alistarse II *v/t parts
etc* unir, juntar
join•er ['dʒɔɪnər] carpintero(-a) *m(f)*
join•er•y ['dʒɔɪnərɪ] carpintería *f*
joint [dʒɔɪnt] I *n* **1** ANAT articulación *f*;
*in woodwork* junta *f*; *of meat* pieza *f* **2** F
(*place*) garito *m* F **3** F *of cannabis* porro
*m* F, canuto *m* F II *adj* (*shared*) conjunto; **take ~ action** actuar conjuntamente
joint ac'count cuenta *f* conjunta
joint and 'sev•er•al *adj* guarantor, *liability* solidario
joint•ly and sev•er•al•ly [dʒɔɪntlɪənd-
'sevrəlɪ] *adv* mancomunada y solida-
riamente
joint 'ven•ture empresa *f* conjunta
joist [dʒɔɪst] ARCHI viga *f*
joke [dʒoʊk] I *n story* chiste *m*; (*practical
~*) broma *f*; **play a ~ on** gastar una broma a; **it's no ~** no tiene ninguna gracia;
**in the end the ~ was on him** al final le
salió el tiro por la culata; **it was only a
~, sir** sólo era una broma, señor; **Mr.
Stroud can't take a ~** al Sr Stroud
no se le puede hacer *or* gastar una broma; **oh come on, take a ~!** ¡venga, que
iba en broma!; **our football team is a ~**
nuestro equipo de fútbol es un desastre; **they were just having a ~** sólo estaban de broma; **crack a ~** contar un
chiste; **for a ~** en *or* de broma
II *v/i* bromear; **I'm not joking** no bromeo; **you must be joking!** ¡no hablas
en serio!
jok•er ['dʒoʊkər] *person* bromista *m/f*; F
*pej* payaso(-a) *m(f)*; *in cards* comodín
*m*
jok•ey ['dʒoʊkɪ] *adj movie* ameno; *style*
gracioso; *person* guasón
jok•ing ['dʒoʊkɪŋ]: **~ apart** bromas aparte
jok•ing•ly ['dʒoʊkɪŋlɪ] *adv* en broma
jol•ly ['dʒɑːlɪ] *adj* **1** alegre **2** *Br* F (*very*)
super- (superinteresante), -ísimo (dificilísimo)

**Jol•ly 'Rog•er** bandera f pirata
**jolt** [dʒəʊlt] **I** n (jerk) sacudida f; **give s.o. a ~** fig dar un susto a alguien **II** v/t (push): **somebody ~ed my elbow** alguien me dio en el codo; **~ s.o. out of** (shock) hacer salir a alguien de
**Jor•dan** ['dʒɔːrdn] Jordania f
**Jor•da•ni•an** [dʒɔːr'deɪnɪən] **I** adj jordano **II** n jordano(-na) m(f)
**josh** [dʒɑːʃ] v/t F tomarle el pelo a
**joss stick** ['dʒɑːsstɪk] varilla f de incienso
**jos•tle** ['dʒɑːsl] v/t empujar
**jot** [dʒɑːt] fig: **not a ~ of** ni un ápice de, ni pizca de; **it doesn't make a ~ of difference** da exactamente igual
◆ **jot down** [dʒɑːt] v/t (pret & pp **-ted**) apuntar, anotar
**jot•ter** ['dʒɑːtər] Br bloc m
**joule** [dʒuːl] PHYS julio m
**jour•nal** ['dʒɜːrnl] **1** (magazine) revista f **2** (diary) diario m
**'jour•nal en•try** in accounts asiento m en el libro diario
**jour•nal•ism** ['dʒɜːrnəlɪzm] periodismo m
**jour•nal•ist** ['dʒɜːrnəlɪst] periodista m/f
**jour•ney** ['dʒɜːrnɪ] viaje m; **the daily ~ to school** el camino diario al colegio; **go on** or **make a ~** hacer un viaje
**jo•vi•al** ['dʒəʊvɪəl] adj jovial
**jowls** [dʒaʊlz] npl carrillos mpl, papada f
**joy** [dʒɔɪ] alegría f, gozo m; **for ~** de alegría; **tears of ~** lágrimas fpl de alegría; **to s.o.'s ~** para alegría or gozo de alguien
**joy•ful** ['dʒɔɪfʊl] adj alegre, contento
**joy•less** ['dʒɔɪlɪs] adj triste, alicaído
**joy•ous** ['dʒɔɪəs] ☞ **joyful**
**'joy rid•er** F persona que roba coches para darse una vuelta y luego los abandona; **'joy rid•ing** F robo de un coche para darse una vuelta y luego abandonarlo; **'joy•stick** COMPUT joystick m
**ju•bi•lant** ['dʒuːbɪlənt] adj jubiloso
**ju•bi•la•tion** [dʒuːbɪ'leɪʃn] júbilo m
**ju•bi•lee** [dʒuːbɪ'liː] aniversario m
**judge** [dʒʌdʒ] **I** n LAW juez m/f, jueza f; in competition juez m/f, miembro m del jurado; **be a good ~ of wine / people** tener buen ojo para el vino / las personas **II** v/t **1** juzgar **2** (estimate) calcular **III** v/i juzgar; **~ for yourself** júzgalo por ti mismo; **judging by his words** a juzgar por sus palabras
**judg(e)•ment** ['dʒʌdʒmənt] LAW fallo m; (opinion) juicio m; **an error of ~** una equivocación; **he showed good ~** mostró tener criterio; **against my better ~** a pesar de no estar convencido; **the Last Judgment** REL el Juicio Final; **it shows a lack on ~ on his part** muestra una falta de criterio por su parte; **in my ~** a mi juicio; **form a ~ on sth** formarse una opinión sobre algo; **pass ~ on s.o.** juzgar a alguien, opinar de alguien
**judg•men•tal** [dʒʌdʒ'mentl] adj sentencioso, crítico
**'Judg(e)•ment Day** Día m del Juicio Final
**ju•di•cial** [dʒuː'dɪʃl] adj judicial
**ju•di•ci•ar•y** [dʒuː'dɪʃərɪ] LAW judicatura f
**ju•di•cious** [dʒuː'dɪʃəs] adj juicioso
**ju•do** ['dʒuːdəʊ] judo m
**jug** [dʒʌg] jarra f
**jug•ger•naut** ['dʒʌgərnɔːt] MOT Br camión m grande
**jug•gle** [dʒʌgl] v/t also fig hacer malabarismos con
**jug•gler** ['dʒʌglər] malabarista m/f
**'jug wine** morapio m
**juice** [dʒuːs] L.Am. jugo m, Span zumo m; **let s.o. stew in his own ~** F dejar sufrir a alguien
**juic•er** ['dʒuːsər] exprimidor m
**juic•y** ['dʒuːsɪ] adj jugoso; news, gossip jugoso, sabroso
**ju•jit•su** [dʒuː'dʒɪtsuː] SP jiujitsu m
**juke•box** ['dʒuːkbɑːks] máquina f de discos
**Ju•ly** [dʒʊ'laɪ] julio m
**jum•ble** ['dʒʌmbl] revoltijo m
◆ **jumble together** v/t mezclar
◆ **jumble up** v/t revolver
**'jum•ble sale** Br: mercadillo m de beneficencia donde se suelen vender artículos de segunda mano
**jum•bo (jet)** ['dʒʌmbəʊ] jumbo m
**jum•bo, jum•bo-sized** [dʒʌmbəʊ'saɪzd] adj gigante
**jump** [dʒʌmp] **I** n salto m; (increase) incremento m, subida f; **give a ~ of surprise** dar un salto
**II** v/i saltar; (increase) dispararse; **you made me ~!** ¡me diste un susto!; **~ to one's feet** ponerse de pie de un salto;

~ **to conclusions** sacar conclusiones precipitadas; ~ **off** *bus* bajarse de; *bridge* saltar de; ~ **for joy** saltar de alegría

**III** *v/t fence etc* saltar; F (*attack*) asaltar; ~ **the lights** saltarse el semáforo, pasarse un semáforo en rojo; ~ **the gun** *fig* precipitarse, apresurarse; *Br* ~ **the queue** colarse

◆ **jump at** *v/t opportunity* no dejar escapar

◆ **jump on** *v/t* F (*reprimand*) regañar

◆ **jump up** *v/i out of chair* ponerse de pie de un salto

'**jump ball** *in basketball* lucha *f*, salto *m* entre dos

**jumped-up** [dʒʌmpt'ʌp] *adj Br* F presuntuoso

**jump•er**[1] ['dʒʌmpər] *dress* pichi *m*

**jump•er**[2] ['dʒʌmpər] SP saltador(a) *m(f)*; *horse* caballo *m* de saltos

'**jump•er ca•bles** *npl* MOT cables *mpl* de arranque

'**jump leads** *npl Br* ☞ **jumper cables**; '**jump-rope** comba *f*, cuerda *f* de saltar; '**jump shot** *in basketball* tiro *m* en suspensión; '**jump-start** *v/t* **1** *car: with cables* hacer un puente a; *by pushing* empujar **2** *fig: economy* impulsar; '**jump suit** mono *m*

**jump•y** ['dʒʌmpɪ] *adj* nervioso; **get** ~ ponerse nervioso

**junc•tion** ['dʒʌŋkʃn] *Br: of roads* cruce *m*

**junc•ture** ['dʒʌŋktʃər] *fml: at this* ~ en esta coyuntura

**June** [dʒuːn] junio *m*

**jun•gle** ['dʒʌŋgl] selva *f*, jungla *f*; **it's a** ~ **out there** es my peligroso ahí fuera

'**jun•gle gym** *estructura hecha con barras de hierro o metal para que los niños jueguen o se suban a ella*

**ju•ni•or** ['dʒuːnjər] **I** *adj subordinate* de rango inferior; *younger* más joven; ~ **athletics** atletismo *m* junior *or* infantil; ~ **fashions** moda *f* infantil; ~ **partner** COM socio(-a) *m(f)* comanditario(-a) *m(f)*; ~ **school** *Br* escuela *f* de primaria (*para niños de 7 a 11 años*); **Michael Harrison** ~ Michael Harrison Junior *or* hijo

**II** *n in rank* subalterno(-a) *m(f)*; **she is ten years my** ~ es diez años menor *or* más joven que yo

**ju•ni•or 'high (school)** escuela *f* secundaria (*para alumnos de entre 12 y 15 años*)

**ju•ni•per** ['dʒuːnɪpər] BOT enebro *m*

**junk** [dʒʌŋk] trastos *mpl*; **don't eat** ~ **like that** no comas porquerías de esas, no comas esa porquería

**junk•et** ['dʒʌŋkət] *feast etc* banquete *m* con todo pagado; *trip* viaje *m* con todos los gastos pagados

'**junk fax** anuncio *m* por fax

'**junk food** comida *f* basura

**junk•ie** ['dʒʌŋkɪ] F drogata *m/f* F

'**junk mail** propaganda *f* postal; '**junk shop** cacharrería *f*; '**junk•yard** depósito *m* de chatarra

**jun•ta** ['dʒʌntə] POL junta *f* militar

**ju•ris•dic•tion** [dʒʊrɪs'dɪkʃn] LAW jurisdicción *f*; **come** *or* **fall under the** ~ **of** estar dentro de la jurisdicción de; **have** ~ **over** tener jurisdicción *or* competencia sobre

**ju•ris•pru•dence** [dʒʊrɪs'pruːdəns] jurisprudencia *f*

**ju•ror** ['dʒʊrər] miembro *m* del jurado

**ju•ry** ['dʒʊrɪ] jurado *m*

'**ju•ry serv•ice**: **do** ~ ser miembro de un jurado

**just** [dʒʌst] **I** *adj law, cause* justo

**II** *adv* **1** (*barely*) justo; **it's** ~ **past Gardner Street** está justo al lado de Gardner Street

**2** (*exactly*) justo, justamente; ~ **as** (*exactly*) justo cuando, en el preciso momento en que; (*equally*) tan; **that is** ~ **like you** eso es (muy) propio de ti

**3** (*only*) sólo, solamente; **have** ~ **done sth** acabar de hacer algo; **I've** ~ **seen her** la acabo de ver; ~ **about** (*almost*) casi; **I was** ~ **about to leave when …** estaba a punto de salir cuando …; ~ **like that** (*abruptly*) de repente; ~ **now** (*at the moment*) ahora mismo; **I saw her** ~ **now** (*a few moments ago*) la acabo de ver; ~ **you wait!** ¡ya verás!; ~ **be quiet!** ¡cállate de una vez!; **it was** ~ **too much** fue demasiado

**jus•tice** ['dʒʌstɪs] justicia *f*; **bring s.o. to** ~ hacer pagar a alguien (por lo que ha hecho); **do** ~ **to** hacer justicia a; **you didn't do yourself** ~ no estuviste a tu altura, no rendiste acorde con tu capacidad

**jus•tice of the 'peace** juez(a) *m(f)* de paz

**jus•ti•fi•a•ble** [dʒʌstɪˈfaɪəbl] *adj* justificable

**jus•ti•fi•a•bly** [dʒʌstɪˈfaɪəblɪ] *adv* justificadamente

**jus•ti•fi•ca•tion** [dʒʌstɪfɪˈkeɪʃn] justificación *f*; **there's no ~ for behavior like that** ese comportamiento es injustificable *or* no tiene justificación

**jus•ti•fy** [ˈdʒʌstɪfaɪ] *v/t* (*pret & pp -ied*) *also text*; **be justified in doing sth** tener motivos (justificados) para hacer algo; **left / right justified** justificado a la izquierda / derecha

**'just-in-time** *adj* COM justo a tiempo

**just•ly** [ˈdʒʌstlɪ] *adv* **1** (*fairly*) con justicia **2** (*rightly*) con razón

◆ **jut out** [dʒʌt] *v/i* (*pret & pp -ted*) sobresalir

**jute** [dʒuːt] yute *m*

**ju•ve•nile** [ˈdʒuːvənl] **I** *adj* **1** *crime* juvenil; *court* de menores **2** *pej* infantil **II** *n fml* menor *m/f*

**ju•ve•nile de•lin•quen•cy** delincuencia *f* juvenil

**ju•ve•nile de•lin•quent** delincuente *m/f* juvenil

**jux•ta•pose** [dʒʌkstəˈpoʊz] *v/t* yuxtaponer

**jux•ta•po•si•tion** [dʒʌkstəpəˈzɪʃn] yuxtaposición *f*

# K

**k** [keɪ] *abbr* **1** (= *kilobyte*) k (= kilobyte *m*) **2** (= *thousand*) mil

**kale** [keɪl] BOT col *f* rizada

**ka•lei•do•scope** [kəˈlaɪdəskoup] calidoscopio *m*, caleidoscopio *m*

**kan•ga•roo** [kæŋɡəˈruː] canguro *m*

**ka•put** [kæˈput] *adj* F *kettle, photocopier etc* cascado F

**ka•ra•o•ke** [kærɪˈoʊkɪ] karaoke *m*

**ka•ra•te** [kəˈrɑːtɪ] kárate *m*

**ka'ra•te chop** golpe *m* de kárate

**kay•ak** [ˈkaɪæk] kayak *m*

**KB** [keɪˈbiː] *abbr* (= *kilobyte*) kb (= kilobyte *m*)

**ke•bab** [kɪˈbæb] pincho *m*, brocheta *f*

**keel** [kiːl] NAUT quilla *f*; **be back on an even ~** *fig* estabilizarse

◆ **keel over** *v/i of structure* desplomarse; *of person* desmayarse

**keen** [kiːn] *adj interest* gran; *competition* reñido

**keen•ness** [ˈkiːnnɪs] entusiasmo *m*, fervor *m*

**keep** [kiːp] **I** *n* **1** (*maintenance*) manutención *f* **2**: **for ~s** F para siempre **II** *v/t* (*pret & pp* **kept**) **1** guardar; (*not lose*) conservar; (*detain*) entretener; **you can ~ it** (*it's for you*) te lo puedes quedar; **~ a promise** cumplir una promesa; **~ s.o. company** hacer compañía a alguien; **~ s.o. waiting** hacer esperar a alguien; **he can't ~ anything to him-** **self** no sabe guardar un secreto; **~ sth from s.o.** ocultar algo a alguien; **~ s.o. busy** mantener a alguien ocupado; **keep the twins quiet!** ¡haz que se callen los gemelos!; **~ sth a secret from s.o.** ocultar algo a alguien; **can you ~ a secret?** ¿sabes *or* puedes guardar un secreto?; **~ your seats, please** permanezcan sentados por favor, por favor permanezcan en sus asientos **2** *family* mantener; *animals* tener, criar **3**: **~ doing sth** seguir haciendo algo, no parar de hacer algo; **~ trying!** ¡sigue intentándolo!; **don't ~ interrupting!** ¡deja de interrumpirme! **III** *v/i* (*pret & pp* **kept**) **1** *of food, milk* aguantar, conservarse **2**: **~ calm!** ¡tranquilízate!; **~ quiet!** ¡cállate!; **~ still!** ¡estate quieto!

◆ **keep at** *v/t math etc* machacar; **just keep at it until you find a solution** no pares hasta que encuentres una solución; **keep at it!** ¡no te rindas!

◆ **keep away I** *v/i*: **keep away from that building** no te acerques a ese edificio **II** *v/t*: **keep the children away from the stove** no dejes que los niños se acerquen a la cocina

◆ **keep back** *v/t* **1** (*hold in check*) contener **2** *information* ocultar

◆ **keep down** *v/t* **1** *voice* bajar; *costs, inflation etc* reducir; **tell the kids to keep** *the noise down* diles a los niños que no hagan tanto ruido **2** *food* retener; *I can't keep anything down* devuelvo todo lo que como

◆ **keep from** *v/t* ocultar, esconder; *we kept the news from him* no le contamos la noticia; *keep s.o. from doing sth of person, noise* no dejar a alguien hacer algo; *I couldn't keep him from leaving* no pude convencerle para que se quedara; *I could hardly ~ from laughing* casi no *or* apenas podía aguantar la risa

◆ **keep in** *v/t in school* castigar (*a quedarse en clase*); *the hospital's keeping her in* la tienen en observación

◆ **keep in with** *v/t* mantener buenas relaciones con

◆ **keep off** I *v/t* (*avoid*) evitar; *keep off the grass!* ¡prohibido pisar el césped!; *just you keep your hands off!* ¡quita las manos de encima! II *v/i*: *if the rain keeps off* si no llueve

◆ **keep on** I *v/i* continuar; *if you keep on interrupting me* si no dejas de interrumpirme; *keep on trying!* ¡sigue intentándolo!; *it keeps on breaking* no para de romperse II *v/t*: *the company kept them on* la empresa los mantuvo en el puesto; *keep your coat on!* ¡no te quites el abrigo!; *keep on (going) until the next traffic light* sigue (conduciendo) hasta el próximo semáforo

◆ **keep on at** *v/t* (*nag*): *my parents keep on at me to get a job* mis padres no dejan de decirme que busque un trabajo

◆ **keep out** I *v/t*: *it keeps the cold out* protege del frío; *they must be kept out* no pueden entrar II *v/i*: *I told you to keep out!* ¡te dije que no entraras!; *I would keep out of it if I were you* of discussion etc yo en tu lugar no me metería; *keep out as sign* prohibida la entrada, prohibido el paso

◆ **keep to** *v/t path* seguir; *rules* cumplir, respetar; *keep to the left / right* seguir por la izquierda / derecha; *keep sth to a minimum* mantener algo al mínimo; *keep sth to o.s.* guardarse algo; *I kept the news of the accident to myself* no dije nada sobre el accidente

◆ **keep together** I *v/t* mantener unido II *v/i* no separarse

◆ **keep up** I *v/i when walking, running etc* seguir *or* mantener el ritmo (*with* de); *keep up with s.o.* (*stay in touch with*) mantener contacto con alguien; *~ with the Joneses* F no ser menos que los demás

II *v/t* **1** *pace* seguir, mantener; *payments* estar al corriente de **2** *bridge, pants* sujetar **3** *in good condition* cuidar, atender **4** (*maintain*): *keep up a pretence* seguir fingiendo, mantener la fachada; *~ the good work!* ¡sigue así!

**keep•er** ['kiːpər] *n in zoo* cuidador(a) *m(f)*, guarda *m/f; in museum* conservador(a) *m(f)*

**keep-'fit** *adj* de mantenimiento

**keep•ing** ['kiːpɪŋ]: *be in ~ with decor* combinar con; *in ~ with promises* de acuerdo con; *put sth in s.o.'s ~* poner *or* depositar algo al cuidado de alguien

**keep•sake** ['kiːpseɪk] recuerdo *m*

**keg** [keg] barril *m*

**ken•nel** ['kenl] caseta *f* del perro

**ken•nels** ['kenlz] *npl* residencia *f* canina

**Ken•ya** ['kenjə] Kenia *f*

**Ken•yan** ['kenjən] I *adj* keniata II *n* keniata *m/f*

**kept** [kept] *pret & pp* ☞ **keep**

**kerb** [kɜːrb] *Br of street* bordillo *m*

**ker•nel** ['kɜːrnl] almendra *f*

**ker•o•sene** ['kerəsiːn] queroseno *m*

**ketch•up** ['ketʃʌp] ketchup *m*

**ket•tle** ['ketl] hervidor *m; that's a different ~ of fish* eso es harina de otro costal, eso es otro cantar *or* baile

**'ket•tle•drum** MUS timbal *m*

**key** [kiː] I *n* **1** *to door, drawer, fig* llave *f; the ~ to success* la clave del éxito **2** *on keyboard, piano* tecla *f; of piece of music* clave *f; major / minor ~* clave *f* mayor / menor; *off~* desafinado **3** *on map* leyenda *f* **4** *in basketball* bombilla *f*, botella *f* II *adj* (*vital*) clave, crucial III *v/t & v/i* COMPUT teclear; *~ to disk* pasar a computadora *or Span* ordenador

◆ **key in** *v/t data* introducir, teclear

◆ **key up** *v/t text* pasar a computadora *or Span* ordenador

**'key•board** COMPUT, MUS teclado *m*

**'key•board•er** COMPUT operador(a) *m(f), persona que introduce datos en la computador(a) o el ordenador, L.Am.* digitador(a) *m(f)* '**key•board lay•out** COMPUT disposición *f* del teclado; '**key•board op•e•ra•tor** COMPUT operador(a) *m(f)*, teclista *m/f*; '**key•card** tarjeta *f* llave, tarjeta-llave *f*

**keyed-up** [kiːd'ʌp] *adj* nervioso; *psyched-up* mentalizado

'**key•hole** ojo *m* de la cerradura

**key•ing er•ror** ['kiːɪŋ] error *m* de teclado

**key•note** '**speech** discurso *m* central; '**key•pad** COMPUT teclado *m*; '**key•ring** llavero *m*; '**key•stone** ARCHI clave *f*; *fig* piedra *f* angular

**kha•ki** ['kækɪ] caqui

**kick** [kɪk] **I** *n* **1** patada *f*; *give s.o. a* ~ dar una patada a alguien; **2** *fig* F: *he got a* ~ *out of watching them suffer* disfrutó viéndoles sufrir; *(just) for* ~*s* por diversión

**II** *v/t* **1** dar una patada a; *I could have* ~*ed myself* me daba cabezazos contra la pared; ~ *the bucket* F palmar F, estirar la pata F **2** F *habit* dejar

**III** *v/i of person* patalear; *of horse, mule* cocear; *he can't* ~ no sabe chutar (el balón)

♦ **kick around I** *v/t* **1** *ball* dar patadas a; F *(discuss)* comentar **2** F *person: physically* maltratar **II** *v/i* F *(lie about)* estar tirado; *it's kicking around somewhere* está muerto de risa en alguna parte F

♦ **kick in I** F *v/t money* apoquinar F **II** *v/i of fridge, furnace etc* ponerse en marcha

♦ **kick off** *v/i* SP comenzar, sacar de centro; F *(start)* empezar

♦ **kick out** *v/t of bar, company* echar; *of country, organization* expulsar

♦ **kick over** *v/t* tirar *or* volcar (de una patada)

♦ **kick up** *v/t*: *kick up a fuss* montar un numerito

'**kick•back** F *(bribe)* soborno *m*

'**kick•off** SP saque *m* inicial; *for a* ~ F para empezar

**kid** [kɪd] F **I** *n (child)* crío *m* F, niño *m*; *when I was a* ~ cuando era pequeño; ~ *brother* hermano *m* pequeño; ~ *sister* hermana *f* pequeña; *a bunch of college* ~*s* un grupo de colegiales **II** *v/t (pret & pp -ded)* tomar el pelo a F; *I* ~ *you not* no estoy de broma, no bromeo **III** *v/i (pret & pp -ded)* bromear; *I was only* ~*ding* estaba bromeando; *no kidding!* ¡te lo juro!, ¡no me digas!

**kid•der** ['kɪdər] F vacilón *m* F

**kid 'gloves**: *handle s.o. with* ~ tratar a alguien con guante de seda

**kid•nap** ['kɪdnæp] *v/t (pret & pp -ped)* secuestrar

**kid•nap•(p)er** ['kɪdnæpər] secuestrador(a) *m(f)*

'**kid•nap•(p)ing** ['kɪdnæpɪŋ] secuestro *m*

**kid•ney** ['kɪdnɪ] ANAT riñón *m*; *in cooking* riñones *mpl*

'**kid•ney bean** alubia *f* roja de riñón; '**kid•ney ma•chine** MED riñón *m* artificial, máquina *f* de diálisis; '**kid•ney stone** MED cálculo *m* renal; '**kid•ney trans•plant** MED transplante *m* de riñón

**kill** [kɪl] *v/t* matar; *the drought* ~*ed all the plants* las plantas murieron como resultado de la sequía; *I had six hours to* ~ tenía seis horas sin nada que hacer; *be* ~*ed in an accident* matarse en un accidente, morirse en un accidente; *be* ~*ed in action* morir en combate; ~ *o.s.* suicidarse; ~ *o.s. laughing* F morirse de risa F; *I could* ~ *him* F le mataba; ~ *the ball football* parar el balón; *tennis* matar la pelota; ~ *that noise! of CD player etc* ¡apaga esa música!; *if looks could* ~ si las miradas matasen; ~ *two birds with one stone fig* matar dos pájaros de un tiro; *my feet are* ~*ing me* F los pies me están matando; *dressed to* ~ F vestido para deslumbrar

♦ **kill off** *v/t* matar, acabar con

**kil•ler** ['kɪlər] *(murderer)* asesino *m*; *be a* ~ *of disease, question* ser mortal

'**kil•ler whale** ZO orca *f*

**kil•ling** ['kɪlɪŋ] asesinato *m*; *make a* ~ F *(lots of money)* forrarse F

**kil•ling•ly** ['kɪlɪŋlɪ] *adv* F: ~ *funny* para morirse de risa

'**kill•joy** aguafiestas *m/f inv*

**kiln** [kɪln] horno *m*

**ki•lo** ['kiːloʊ] kilo *m*

**ki•lo•byte** ['kɪloʊbaɪt] COMPUT kilobyte *m*

**ki•lo•gram** ['kɪloʊgræm] kilogramo *m*

**ki•lo•me•ter,** *Br* **ki•lo•me•tre** [kɪ'lɑː-mɪtər] kilómetro *m*

**knee**

ki•lo•watt ['kɪlouwɑ:t] ELEC kilovatio *m*, kilowatio *m*

kilt [kɪlt] falda *f* escocesa

ki•mo•no [kɪ'mounou] kimono *m*, quimono *m*

kin [kɪn] ☞ **kinfolk**

kind¹ [kaɪnd] *adj* agradable, amable; *that's very ~ of you* gracias por tu amabilidad

kind² [kaɪnd] *n* (*sort*) tipo *m*; (*make*, *brand*) marca *f*; *all ~s of people* toda clase de personas; *I did nothing of the ~!* ¡no hice nada parecido!; *~ of ... sad, lonely, etc* un poco ...; *did you miss me? - yeah, ~ of* ¿me echaste de menos? - digamos que sí; *I've ~ of promised* de alguna manera lo he prometido; *in ~ repay* de la misma manera, con la misma moneda; *pay* en especie

kind•a ['kaɪndə] F ☞ **kind of**

kin•der•gar•ten ['kɪndərgɑːrtn] guardería *f*, jardín *m* de infancia

kind-heart•ed [kaɪnd'hɑːrtɪd] *adj* agradable, amable

kin•dle ['kɪndl] *v/t fire* encender; *fig*: *hope* crear, avivar

kin•dling ['kɪndlɪŋ] ramajes *mpl or* astillas *fpl* para encender el fuego

kind•ly ['kaɪndlɪ] I *adj* amable, agradable II *adv* con amabilidad; *~ don't interrupt* por favor, no me interrumpa; *~ lower your voice* ¿le importaría hablar más bajo?

kind•ness ['kaɪndnɪs] amabilidad *f*

kin•dred ['kɪndrəd] *adj*: *~ spirit* alma *f* gemela

ki•net•ic [kɪ'netɪk] PHYS *adj* cinético

ki•net•ic 'en•er•gy energía *f* cinética

'kin•folk *npl* familia *f*

king [kɪŋ] rey *m*; *~ of hearts in cards* rey de corazones

king•dom ['kɪŋdəm] reino *m*; *animal / mineral / vegetable ~* reino animal / mineral / vegetal

'king•pin F cerebro *m*; king 'prawn *Br* ZO langostino *m* tigre; 'king-size *adj* F *cigarettes* extralargo; *~ bed* cama *f* de matrimonio grande

kink [kɪŋk] *in hose etc* doblez *f*

kink•y ['kɪŋkɪ] *adj* F vicioso

kin•ship ['kɪnʃɪp] parentesco *m*

ki•osk ['kiːɑːsk] quiosco *m*

kip•per ['kɪpər] arenque *m* ahumado

kiss [kɪs] I *n* beso *m*; *~ of death fig* golpe *m* de gracia II *v/t* besar; *~ s.o. good night* dar a alguien un beso de buenas noches; *~ sth goodbye* F despedirse de algo, decir adiós a algo III *v/i* besarse

kiss•er ['kɪsər]: *he's a good ~* besa muy bien

kiss of 'life *Br* boca a boca *m*, respiración *f* artificial; *give s.o. the ~* hacer a alguien el boca a boca

kit [kɪt] I *n* (*equipment*) equipo *m*; *tool ~* juego *m* de herramientas II *v/t* (*prep & pp -ted*): *~ s.o. out* equipar a alguien (**with** de)

'kit bag MIL petate *m*

kitch•en ['kɪtʃɪn] cocina *f*; *~ knife* cuchillo *m* de cocina; *~ table* mesa *f* de cocina; *~ foil* papel *m* de aluminio, papel *m* albal®

kitch•en•ette [kɪtʃɪ'net] *cocina pequeña*

kitch•en 'sink: *you've got everything but the ~* F llevas la casa a cuestas

kite [kaɪt] *for flying* cometa *f*

kit•ten ['kɪtn] gatito *m*

kit•ty ['kɪtɪ] *money* fondo *m*

Ki•wi ['kiːwiː] F (*New Zealander*) neozelandés(-esa) *m(f)*

ki•wi ['kiːwiː] ORN, BOT kiwi *m*

'ki•wi fruit kiwi *m*

Klee•nex® ['kliːneks] kleenex® *m*, pañuelo *m* de papel

klep•to•ma•ni•a [kleptə'meɪnɪə] PSYCH cleptomanía *f*

klep•to•ma•ni•ac [kleptə'meɪnɪæk] cleptómano(-a) *m(f)*

klutz [klʌts] F (*clumsy person*) manazas *m/f inv* F

knack [næk] habilidad *f*; *have a ~ of doing sth* arreglárselas siempre para hacer algo, tener la habilidad de hacer algo; *he has a ~ of upsetting people* irón tiene la habilidad de disgustar a la gente; *I soon got the ~ of the new machine* le pillé el truco a la nueva máquina rápidamente; *there's a ~ to it* tiene su truco

knack•ered ['nækərd] *adj Br* F hecho polvo F, reventado F

knap•sack ['næpsæk] mochila *f*

knave [neɪv] *in cards* sota *f*

knead [niːd] *v/t dough* amasar

knee [niː] rodilla *f*; *bring s.o. to his ~s* abatir *or* doblegar a alguien; *go down on one's ~s* ponerse de rodillas, arrodillarse; *fig* suplicar, implorar

'knee•cap rótula f; knee-'deep adj hasta la(s) rodilla(s); knee-jerk re'ac•tion reacción f instintiva, acto m reflejo

kneel [ni:l] v/i (pret & pp knelt) arrodillarse

'knee-length adj hasta la(s) rodilla(s)

'knee•pad rodillera f

knelt [nelt] pret & pp ☞ kneel

knew [nu:] pret ☞ know

knick•ers ['nɪkərz] npl esp Br bragas fpl; get one's ~ in a twist Br F ponerse nervioso, exaltarse

knick-knacks ['nɪknæks] npl F baratijas fpl

knife [naɪf] I n (pl knives [naɪvz]) for food cuchillo m; carried outside navaja f; he's got his ~ into me me la tiene jurada II v/t acuchillar, apuñalar

'knife-edge: be balanced on a ~ fig pender de un hilo

'knife point: I was robbed at ~ me robaron amenazándome con un cuchillo

knight [naɪt] caballero m

knit [nɪt] I v/t (pret & pp -ted) tejer II v/i (pret & pp -ted) tricotar

◆ knit together v/i of broken bone soldarse

knit•ting ['nɪtɪŋ] punto m

'knit•ting nee•dle aguja f para hacer punto

'knit•wear prendas fpl de punto

knives [naɪvz] pl ☞ knife

knob [nɑ:b] 1 on door pomo m; on drawer tirador m 2 of butter nuez f, trocito m

knob•bly ['nɑ:blɪ] adj huesudo

knock [nɑ:k] I n on door, (blow) golpe m; there was a ~ on the door llamaron a la puerta II v/t 1 (hit) golpear; he was ~ed to the ground le tiraron al suelo 2 F (criticize) criticar, meterse con F III v/i on the door llamar; ~ on wood! ¡toca madera!

◆ knock around I v/t F (beat) pegar a II v/i F (travel) viajar; it's knocking around here somewhere tiene que estar por aquí; knock around with ir con

◆ knock back v/t F drink trincarse F

◆ knock down v/t 1 of car atropellar; building tirar; object tirar al suelo 2 F (reduce the price of) rebajar

◆ knock off I v/t 1 P (steal) mangar P 2 F: knock it off! ¡déjalo ya!, ¡para ya! II v/i F (stop work for the day) acabar, Span plegar F

◆ knock out v/t 1 (make unconscious) dejar K.O.; of medicine dejar para el arrastre F 2 power lines etc destruir 3 F (eliminate) eliminar; be knocked out of tournament quedarse fuera or eliminado 4 (exhaust) dejar molido F 5 (delight) dejar flipado P

◆ knock over v/t 1 tirar; of car atropellar 2 P (rob) atracar

◆ knock up v/t 1 assemble improvisar 2 P (make pregnant) preñar a P; get knocked up quedarse embarazada or preñada P

'knock•down adj: at a ~ price tirado

knock•er ['nɑ:kər] on door llamador m, aldaba f

knock-kneed [nɑ:k'ni:d] adj patizambo; knock-'knees npl: have ~ ser patizambo; 'knock•out 1 in boxing K.O. m; win by a ~ ganar por K.O. 2: it's a ~ F fantastic es una maravilla

knot [nɑ:t] I n nudo m; tie a ~ atar un nudo; tie the ~ fig casarse, contraer matrimonio II v/t (pret & pp -ted) anudar

'knot•ty ['nɑ:tɪ] adj problem complicado

know [noʊ] I v/t (pret knew, pp known) fact, language, how to do sth saber; person, place conocer; (recognize) reconocer; will you let him ~ that ...? ¿puedes decirle que ...?; ~ how to do sth saber hacer algo

II v/i (pret knew, pp known) saber; I don't ~ no (lo) sé; yes, I ~ sí, lo sé; you never ~ nunca se sabe; it was sort of, you ~, ... digamos que, ya sabes, ...

III n: people in the ~ los enterados; be in the ~ about estar al corriente de

◆ know of v/t place conocer; solution saber; not that I know of no que yo sepa

'know-all Br F sabiondo F

'know•how pericia f

know•ing ['noʊɪŋ] adj cómplice

know•ing•ly ['noʊɪŋlɪ] adv 1 (wittingly) deliberadamente 2 smile etc con complicidad

'know-it-all F sabiondo F

knowl•edge ['nɑ:lɪdʒ] conocimiento m; to the best of my ~ por lo que sé; have a good ~ of tener buenos conocimientos de; not to my ~ que yo sepa no; without my ~ sin yo saberlo, sin mi conocimiento

**knowl•edge•a•ble** ['nɑːlɪdʒəbl] *adj*: *she's very ~ about music* sabe mucho de música

**known** [noʊn] **1** *pp* ☞ *know* **2** *adj*: *~ to the police* conocido por la policía; *make sth ~* hacer saber algo; *a ~ militant* un militante reconocido

**knuck•le** ['nʌkl] nudillo *m*

◆ **knuckle down** *v/i* F aplicarse F

◆ **knuckle under** *v/i* F pasar por el aro F

**'knuck•le-dust•er** nudillera *f* de metal

**KO** [keɪˈoʊ] (*knockout*) K.O.

**ko•a•la** (**bear**) [koʊˈɑːlə(ber)] ZO koala *m*

**kohl** [koʊl] kajal *m*; *~ pencil* lápiz *m* de ojos

**kook** [kuːk] F chiflado(-a) *m(f)* F

**Ko•ran** [kəˈræn] Corán *m*

**Ko•re•a** [kəˈriːə] Corea *f*

**Ko•re•an** [kəˈriːən] **I** *adj* coreano **II** *n* **1** coreano(-a) *m(f)* **2** *language* coreano *m*

**ko•sher** ['koʊʃər] *adj* REL kosher; F legal F

◆ **kow•tow to** ['kaʊtaʊ] *v/t* doblar el espinazo ante

**kph** [keɪpiːˈeɪtʃ] *abbr* (= *kilometres per hour*) km/h (= kilómetros por hora)

**Krem•lin** ['kremlɪn] Kremlin *m*

**ku•dos** ['kjuːdɑːs] reconocimiento *m*, prestigio *m*

**Ku•wait** [kʊˈweɪt] Kuwait *m*

**Ku•wai•ti** [kʊˈweɪtɪ] **I** *adj* kuwaití **II** *n* kuwaití *m/f*

# L

**L.A.** [elˈeɪ] *abbr* (= *Los Angeles*)

**lab** [læb] laboratorio *m*

**la•bel** ['leɪbl] **I** *n* etiqueta *f*; *you're just paying for the ~* estás pagando la marca **II** *v/t* (*pret & pp* **-ed**, *Br* **-led**) *baggage* etiquetar; *~ s.o. a liar* etiquetar *or* tachar a alguien de mentiroso; *be ~ed a ... become known as* ser etiquetado *or* catalogado de...

**la•bi•al** ['leɪbɪəl] LING labial *f*

**la•bor** ['leɪbər] **I** *n* **1** (*work*) trabajo *m*; *a ~ of love* un trabajo hecho con amor **2** *in pregnancy* parto *m*; *be in ~* estar de parto **II** *v/i* (*work*) trabajar; *~ over sth* sudar con algo **III** *v/t*: *~ a point* extenderse demasiado en un punto

**la•bo•ra•to•ry** ['læbərətɔːrɪ] laboratorio *m*

**la•bo•ra•to•ry tech•ni•cian** técnico(-a) *m(f)* de laboratorio

**'la•bor camp** campo *m* de trabajos forzados

**'La•bor Day** *primer lunes de septiembre, festivo en el que se celebra el día del trabajador en los Estados Unidos*

**la•bored** ['leɪbərd] *adj style, speech* elaborado

**la•bor•er** ['leɪbərər] obrero(-a) *m(f)*

**'la•bor-in•ten•sive** *adj* que requiere de mucha mano de obra

**la•bo•ri•ous** [ləˈbɔːrɪəs] *adj* laborioso

**la•bo•ri•ous•ly** [ləˈbɔːrɪəslɪ] *adv* laboriosamente

**'la•bor laws** *npl* derecho *m* laboral; **'la•bor mar•ket** mercado *m* de trabajo; **la•bor-sav•ing de'vice** aparato *m* or mecanismo *m* que ahorra esfuerzo; **'la•bor un•ion** sindicato *m*; **'la•bor ward** MED sala *f* de partos

**la•bour** *etc Br* ☞ **labor** *etc*

**lab•ra•dor** ['læbrədɔːr] ZO labrador *m*

**la•bur•num** [ləˈbɜːrnəm] BOT codeso *m*, laburnum *m*

**lab•y•rinth** ['læbərɪnθ] laberinto *m*

**lab•y•rin•thine** [læbəˈrɪnθaɪn] *adj* laberíntico

**lace** [leɪs] **I** *n* **1** *material* encaje *m* **2** *for shoe* cordón *m* **II** *v/t*: *~ s.o.'s drink with sth* añadir algo en la bebida de alguien, aderezar la bebida de alguien con algo

◆ **lace up** *v/t shoes* atar

**lac•er•ate** ['læsəreɪt] *v/t* desgarrar

**lac•er•a•tion** [læsəˈreɪʃn] desgarro *m*

**lack** [læk] **I** *n* falta *f* carencia *f* (*of* de) **II** *v/t* carecer de; *he ~s confidence* le falta confianza **III** *v/i*: *be ~ing* faltar

**lack•a•dai•si•cal** [lækəˈdeɪzɪkl] *adj* apático

**lack•ey** ['lækɪ] *fig* lacayo(-a) *m(f)*, sirviente(-a) *m(f)*

**lack•ing** ['lækɪŋ] adj Br falto, desprovisto; **be found ~** sucumbir, desplomarse

**lack•lus•ter**, Br **lack•lus•tre** ['læklʌstər] adj deficiente, poco brillante

**la•con•ic** [lə'kɑːnɪk] adj lacónico

**lac•quer** ['lækər] **I** n for hair laca f **II** v/t: **~ one's hair** ponerse or echarse laca en el pelo

**la•crosse** [lə'krɑːs] lacrosse m

**lad** [læd] muchacho m, chico m

**lad•der** ['lædər] **1** escalera f (de mano) **2** Br in pantihose carrera f

**la•den** ['leɪdn] adj cargado (**with** de)

**la-di-da** [lɑːdɪ'dɑː] adj F cursi F, repipi F

**la•dies' man** ['leɪdiːz] mujeriego m, faldero m

**'la•dies' room** servicio m de señoras

**la•dle** ['leɪdl] cucharón m, cazo m

◆ **ladle out** v/t servir; fig: advice ofrecer a diestro y siniestro

**la•dy** ['leɪdɪ] señora f

**'la•dy•boy** chica f de alterne; **'la•dy•bug** mariquita f; **'la•dy•kill•er** F donjuán m, seductor m; **'la•dy•like** adj femenino

**lag¹** [læg] v/t (pret & pp **-ged**) pipes revestir con aislante

**lag²** [læg] n intervalo m

◆ **lag behind** v/i (pret & pp **-ged**) quedarse atrás

**la•ger** ['lɑːgər] cerveza f rubia

**lag•gard** ['lægərd] rezagado(-a) m(f), remolón(-ona) m(f)

**lag•ging** ['lægɪŋ] TECH revestimiento m

**la•goon** [lə'guːn] laguna f

**laid** [leɪd] pret & pp ☞ **lay¹**

**laid'back** adj tranquilo, despreocupado

**laid-'up**: adj: **be ~ with flu** estar en cama con gripe

**lain** [leɪn] pp ☞ **lie²**

**lair** [ler] ZO madriguera f, guarida f

**la•i•ty** ['leɪətɪ] laicado m

**lake** [leɪk] lago m

**lam** [læm] v/i (pret & pp **-med**) F: **~ into s.o.** arremeter or acometer contra alguien

**lamb** [læm] animal, meat cordero m

**lamb 'chop** chuleta f de cordero; **'lamb•skin** borreguito m; **lamb's wool** ['læmzwʊl] lana f de borrego

**lame** [leɪm] adj person, horse cojo; excuse pobre; **go ~** quedarse cojo

**lame 'duck** F POL lame duck m, pato m cojo (para referirse a un presidente a

punto de ser cedido del cargo)

**la•ment** [lə'ment] **I** n lamento m **II** v/t lamentar

**lam•en•ta•ble** ['læməntəbl] adj lamentable

**lam•en•ta•tion** [læmen'teɪʃn] lamentación f

**lam•i•nate** ['læmɪneɪt] v/t laminar

**lam•i•nat•ed** ['læmɪneɪtɪd] adj surface laminado; paper plastificado

**lam•i•nat•ed 'glass** cristal m laminado

**lamp** [læmp] lámpara f

**'lamp•light** luz f de lámpara

**lam•poon** [læm'puːn] **I** n sátira f **II** v/t satirizar

**'lamp•post** farola f

**'lamp•shade** pantalla f (de lámpara)

**LAN** [læn] abbr COMPUT (= **local area network**) red f de área local

**lance** [lɑːns] **I** n lanza f **II** v/t MED sajar

**lan•cet** ['lɑːnsɪt] MED lanceta f

**land** [lænd] **I** n tierra f; **by~** por tierra; **on ~** en tierra; **work on the ~** as farmer trabajar la tierra **II** v/t **1** airplane aterrizar **2** F job conseguir; **get ~ed with a problem** cargar or apechugar con un problema **3**: **he ~ed him one** F le encajó una **III** v/i of airplane aterrizar; of capsule on the moon alunizar; of ball, sth thrown caer

◆ **land up** v/i ir a parar (**in** a), acabar (**in** en)

**land•ed** ['lændɪd] adj hacendado; **~ gentry** terratenientes mpl

**'land•fill site** for waste vertedero m de basuras

**'land forc•es** npl MIL fuerzas fpl terrestres or de tierra

**land•ing** ['lændɪŋ] **1** of airplane aterrizaje m; on moon alunizaje m **2** of staircase rellano m

**'land•ing field** pista f de aterrizaje; **'land•ing gear** tren m de aterrizaje; **'land•ing strip** pista f de aterrizaje

**'land•la•dy** of hostel etc dueña f; of rented room casera f; Br: of bar patrona f; **land•locked** ['lændlɑːkt] adj de interior; **'land•lord** of hostel etc dueño m; of rented room casero m; Br: of bar patrón m; **land•lub•ber** ['lændlʌbər] F marinero f de agua dulce; **'land•mark** punto m de referencia; fig hito m; **'land•mine** mina f terrestre; **'land own•er** terrateniente m/f

**land•scape** ['lændskeɪp] **I** *n also painting* paisaje *m* **II** *adv print* en formato apaisado

**'land•scape gar•den•er** jardinero(-a) *m(f)* de paisajes

**'land•slide** corrimiento *m* de tierras; **~ victory** victoria *f* arrolladora

**land•ward** ['lændwərd] *adv look* hacia *or* a tierra

**lane** [leɪn] *in country* camino *m*, vereda *f*; *(alley)* callejón *m*; MOT carril *m*; **get in ~** *on sign* únase al carril

**lan•guage** ['læŋgwɪdʒ] lenguaje *m*; *of nation* idioma *f*, lengua *f*; *(**watch your**)* **~!** ¡no digas palabrotas!

**'lan•guage bar•ri•er** barrera *f* idiomática *or* del idioma; **'lan•guage course** curso *m* de idiomas; **'lan•guage lab** laboratorio *m* de idiomas; **'lan•guage lab•o•ra•to•ry** laboratorio *m* de idiomas; **'lan•guage school** academia *f* de idiomas

**lan•guid** ['læŋgwɪd] *adj* lánguido

**lan•guish** ['læŋgwɪʃ] *v/i* languidecer, perder vigor

**lan•guor** ['læŋgər] languidez *f*

**lan•guor•ous** ['læŋgərəs] *adj* lánguido

**lank** [læŋk] *adj hair* lacio

**lank•y** ['læŋkɪ] *adj person* larguirucho

**lan•tern** ['læntərn] farol *f*

**La•os** [laʊs] Laos *m*

**La•o•tian** ['laʊʃɪən] **I** *adj* laosiano **II** *n* **1** *person* laosiano(-a) *m(f)* **2** *language* laosiano *m*

**lap**[1] [læp] *of track* vuelta *f*

**lap**[2] [læp] *of person* regazo *m*; **it's in the ~ of the gods** está de la mano de Dios, es cosa del azar; **live in the ~ of luxury** vivir por todo lo alto, vivir a lo grande

**lap**[3] [læp] *of water* chapoteo *m*

◆ **lap up** *v/t* (*pret & pp* **-ped**) *drink, milk* beber a lengüetadas; *flattery* deleitarse con

**'lap dog** perrito *m* faldero

**la•pel** [lə'pel] solapa *f*

**lapse** [læps] **I** *n* **1** *(mistake, slip)* desliz *m*; **a ~ of attention** un momento de distracción; **a ~ of memory** un olvido **2** *of time* lapso *m* **II** *v/i* **1** *of membership* vencer **2**: **~ into silence / despair** sumirse en el silencio / la desesperación; **she ~d into English** empezó a hablar en inglés

**'lap•top** COMPUT computadora *f* portá-

til, *Span* ordenador *m* portátil

**lap•wing** ['læpwɪŋ] ORN avefría *f*

**lar•ce•ny** ['lɑːrsənɪ] latrocinio *m*

**larch** [lɑːrtʃ] BOT alerce *m*

**lard** [lɑːrd] manteca *f* de cerdo

**lar•der** ['lɑːrdər] despensa *f*

**large** [lɑːrdʒ] *adj* **1** grande **2**: **be at ~ of** *criminal, wild animal* andar suelto **II** *adv*: **by and ~** en general, por lo general

**large•ly** ['lɑːrdʒlɪ] *adv* (*mainly*) en gran parte, principalmente

**large•ness** ['lɑːrdʒnɪs] grandeza *f*

**'large-scale** *adj in or* a gran escala

**'large-scale in•te•gra•tion** integración *f* a larga escala

**lar•gesse** [lɑːr'dʒes] generosidad *f*

**lark**[1] [lɑːrk] ORN alondra *f*; **rise or be up with the ~** levantarse al alba, levantarse con el canto del gallo

**lark**[2] [lɑːrk] F: **for a ~** en *or* de broma

◆ **lark around** *v/i* hacer el tonto *or* ganso

**lar•va** ['lɑːrvə] larva *f*

**lar•yn•gi•tis** [lærɪn'dʒaɪtɪs] laringitis *f*

**lar•ynx** ['lærɪŋks] laringe *f*

**las•civ•i•ous** [lə'sɪvɪəs] *adj* lascivo

**la•ser** ['leɪzər] láser *m*

**'la•ser beam** rayo *m* láser; **'la•ser gun** pistola *f* láser; **'la•ser print•er** impresora *f* láser; **'la•ser sur•ger•y** cirugía *f* con láser

**lash**[1] [læʃ] *n* (*eye~*) pestaña *f*

**lash**[2] [læʃ] *v/t with whip* azotar

◆ **lash down** *v/t with rope* amarrar

◆ **lash out** *v/i with fists, words* atacar (**at** a), arremeter (**at** contra)

**lash•ing** ['læʃɪŋ]: **~s of cream** *Br* montones de crema

**las•si•tude** ['læsɪtuːd] lasitud *f*, desfallecimiento *m*

**las•so** [læ'suː] **I** (*pl* **-so(e)s**) *n* lazo *m* **II** *v/t* enlazar

**last**[1] [læst] **I** *adj in series* último; (*preceding*) anterior; **~ Friday** el viernes pasado; **~ but one** penúltimo; **~ night** anoche; **~ but not least** por último, pero no por ello menos importante **II** *adv*: **at ~** por fin, al fin

**last**[2] [læst] **I** *v/i* durar **II** *v/t*: **two kilos should ~ us a week** con dos kilos deberíamos tener para una semana

◆ **last out** *v/i* (*survive*) sobrevivir; *of supplies* durar

**'last-ditch** *adj* desesperado; **~ attempt**

último intento *m* desesperado

**last•ing** ['læstɪŋ] *adj* duradero

**last•ly** ['læstlɪ] *adv* por último, finalmente

**last-'min•ute** *adj* de último momento; **'last name** apellido *m*; **last 'rites** *npl* extremaunción *f*; **last 'straw** *fig*: **the ~** la gota que colma el vaso

**latch** [lætʃ] pestillo *m*

◆ **latch onto** *v/t* engancharse, agarrarse

**'latch key** llave *f* de la casa; **~ child** niño que permanece solo en casa a la vuelta del colegio dado que sus padres trabajan

**late** [leɪt] **I** *adj*: **the bus is ~ again** el autobús vuelve a llegar tarde; **don't be ~!** ¡no llegues tarde! **it's ~** es tarde; **it's getting ~** se está haciendo tarde; **of ~** últimamente, recientemente; **the ~ 19th century** la última parte del siglo XIX; **in the ~ 19th century** a finales del siglo XIX; **your ~ wife** su difunta esposa **II** *adv* arrive, leave tarde

**'late•com•er** persona *m/f* que llega tarde

**late•ly** ['leɪtlɪ] *adv* últimamente, recientemente

**late•ness** ['leɪtnɪs] tardanza *f*

**la•tent** ['leɪtənt] *adj* latente

**late 'pay•ment pen•al•ty** indemnización *f* por pago tardío

**lat•er** ['leɪtər] *adv* más tarde; **see you ~!** ¡hasta luego!; **~ on** más tarde

**lat•er•al** ['lætərəl] *adj* lateral; **~ thinking** pensamiento *m* lateral

**lat•er•al•ly** ['lætərəlɪ] *adv* lateralmente

**lat•est** ['leɪtɪst] *adj* news, girlfriend último

**lat•ex** ['leɪteks] látex *m*

**lathe** [leɪð] torno *m*

**la•ther** ['lɑːðər] *from soap* espuma *f*; **in a ~** (*sweaty*) empapado de sudor

**Lat•in** ['lætɪn] **I** *adj* latino **II** *n* latín *m*

**Lat•in A'mer•i•ca** Latinoamérica *f*, América *f* Latina

**Lat•in A'mer•i•can I** *n* latinoamericano(-a) *m(f)* **II** *adj* latinoamericano

**La•ti•no** [læ'tiːnoʊ] **I** *adj* latino **II** *n* latino(-a) *m(f)*

**lat•i•tude** ['lætɪtuːd] **1** *geographical* latitud *f* **2** (*freedom to act*) libertad *f*

**la•trine** [lə'triːn] letrina *f*

**lat•ter** ['lætər] **I** *adj* último **II** *n*: **Mr. Brown and Mr. White, of whom the ~ was ...** el Señor Brown y el Señor White, de quien el segundo *or* este último era ...

**lat•tice** ['lætɪs] enrejado *m*

**Lat•vi•a** ['lætvɪə] Letonia *f*

**Lat•vi•an** ['lætvɪən] **I** *adj* letón **II** *n* **1** *person* letón(-ona) *m(f)* **2** *language* letón *m*

**laud•a•ble** ['lɔːdəbl] *adj* loable, ejemplar

**laugh** [læf] **I** *n* risa *f*; **it was a ~** F fue genial **II** *v/i* reírse (**about** de)

◆ **laugh at** *v/t* reírse de

◆ **laugh off** *v/t* tomarse a risa

**laugh•a•ble** ['læfəbl] *adj* de risa, absurdo

**laugh•ing gas** ['læfɪŋ] CHEM gas *m* hilarante

**'laugh•ing stock**: **make o.s. a ~** ponerse en ridículo; **become a ~** ser el hazmerreír

**laugh•ter** ['læftər] risas *fpl*

**launch** [lɔːntʃ] **I** *n* **1** *small boat* lancha *f* **2** *of ship* botadura *f*; *of rocket, new product* lanzamiento *m* **II** *v/t* rocket, new product lanzar; ship botar **III** *v/i* of new product lanzarse

**'launch cer•e•mo•ny** ceremonia *f* de lanzamiento

**launch•ing pad** ['lɔːntʃɪŋ] ☞ **launch pad**

**'launch pad** plataforma *f* de lanzamiento; **'launch par•ty** fiesta *f* de presentación *or* lanzamiento; **'launch site** lugar *m* de lanzamiento

**laun•der** ['lɔːndər] *v/t* **1** *clothes* lavar (y planchar) **2** *money* blanquear

**laun•der•ette** [lɔːn'dret] *Br* lavandería *f*

**laun•dro•mat** ['lɔːndrəmæt] lavandería *f*

**laun•dry** ['lɔːndrɪ] **1** *place* lavadero *m* **2** *dirty clothes* ropa *f* sucia; *clean clothes* ropa *f* lavada; **do the ~** lavar la ropa, *Span* hacer la colada

**'laun•dry bas•ket** cesta *f* or cesto *m* de la ropa

**lau•rel** ['lɑːrəl] laurel *m*; **rest on one's ~s** dormirse en los laureles

**la•va** ['lɑːvə] lava *f*

**lav•a•to•ry** ['lævətɔːrɪ] **1** *room* cuarto *m* de baño, lavabo *m*; **go to the ~** ir al baño *or* servicio **2** *Br*: *equipment* retrete *m*

**lav•en•der** ['lævəndər] espliego *m*, lavanda *f*

**lav•ish** ['lævɪʃ] *adj* espléndido

**law** [lɒː] **1** ley *f*; **be against the ~** estar prohibido, ser ilegal; **be above the ~** estar por encima de la ley; **break the ~** infringir la ley **2** *subject* derecho *m* **3**: **~ and order** orden *m* público

'**law-a•bid•ing** *adj* respetuoso con la ley; '**law•break•er** infractor(a) *m(f)* de la ley; '**law court** juzgado *m*

**law•ful** ['lɔːfəl] *adj* legal; *wife* legítimo

**law•less** ['lɔːlɪs] *adj* sin ley

'**law•mak•er** político(-a) *m(f)*, legislador(a) *m(f)*

**lawn** [lɔːn] césped *m*

'**lawn chair** silla *f* de jardín

'**lawn mow•er** cortacésped *m*

'**law•suit** pleito *m*

**law•yer** ['lɔːjər] abogado(-a) *m(f)*

**lax** [læks] *adj* poco estricto

**lax•a•tive** ['læksətɪv] laxante *m*

**lax•i•ty** ['læksɪtɪ], **lax•ness** ['læksnɪs] relajación *f*

**lay**[1] [leɪ] *v/t* (*pret & pp* **laid**) **1** (*put down*) dejar, poner **2** *eggs* poner **3** V *sexually* tirarse a V; *he wants to get laid* quiere coger V *or Span* follar V

◆ **lay aside** *v/t* **1** dejar a un lado **2** (*keep*) apartar, guardar

◆ **lay down** *v/t* dejar; **~ the law to s.o.** decir a alguien lo que tiene que hacer; **~ one's life** dar la vida

◆ **lay in** *v/t supplies* recoger

◆ **lay into** *v/t* (*attack*) arremeter contra

◆ **lay off** *v/t* **1** *workers* despedir **2** F: *lay off him, will you!* ¡déjale en paz!; *lay off it!* ¡basta ya!

◆ **lay on** *v/t* (*provide*) organizar

◆ **lay out** *v/t objects* colocar, disponer; *page* diseñar, maquetar

◆ **lay up** *v/t*: *be laid up with* (*sick*) guardar cama por

**lay**[2] [leɪ] *pret* ☞ **lie**

'**lay•a•bout** *Br* F vago(-a) *m(f)*, maula *m/f*

'**lay-by** *Br. on road* área *f* de descanso

**lay•er** ['leɪər] estrato *m*; *of soil, paint* capa *f*

**lay•ette** [leɪ'et] canastilla *f* (de bebé)

'**lay•man** laico *m*; '**lay-off** despido *m*; '**lay-out** diseño *m*; '**lay•o•ver** escala *f*, alto *m*; '**lay-up** *in basketball* bandeja *f*

**laze** [leɪz] *v/i* hacer el vago, remolonear

◆ **laze around** [leɪz] *v/i* holgazanear;

**laze around in the sun** tumbarse al sol sin hacer nada

◆ **laze away** *v/t weekend* desperdiciar, malemplear

**la•zi•ness** ['leɪzɪnɪs] pereza *f*, holgazanería *f*

**la•zy** ['leɪzɪ] *adj person* holgazán, perezoso; *day* ocioso

'**la•zy•bones** *nsg* F holgazán(-ana) *m(f)*, vago(-a) *m(f)*

**la•zy Susan** ['suːzn] *bandeja giratoria en el centro de la mesa para servirse comida*

**lb** *abbr* (= **pound**) libra *f* (*de peso*)

**LCD** [elsiː'diː] *abbr* (= **liquid crystal display**) LCD, pantalla *f* de cristal líquido

**lead**[1] [liːd] *n for dog* correa *f*

**lead**[2] [led] *n substance* plomo *m*

**lead**[3] [liːd] I *v/t* (*pret & pp* **led**) **1** *procession, race* ir al frente de; *company, team* dirigir **2** (*guide, take*) conducir; *life* llevar

II *v/i* (*pret & pp* **led**) *in race, competition* ir en cabeza; (*provide leadership*) tener el mando; *a street ~ing off the square* una calle que sale de la plaza; *where is this ~ing?* ¿adónde nos lleva esto?

III *n in race* ventaja *f*; *be in the ~* estar en cabeza; *take the ~* ponerse en cabeza; *lose the ~* perder la cabeza

◆ **lead on** I *v/i* (*go in front*) ir delante II *v/t* (*incite*) provocar, incitar; *she's just leading him on* le está tomando el pelo

◆ **lead up to** *v/t* preceder a; *I wonder what she's leading up to* me pregunto a dónde quiere ir a parar

**lead•ed** ['ledɪd] *adj gas* con plomo

**lead•en** ['ledn] *adj sky* plomizo; *conversation, performance* aburrido

**lead•er** ['liːdər] líder *m*; *he's up with the ~s in a race* va a la cabeza

**lead•er•ship** ['liːdərʃɪp] *of party etc* liderazgo *m*

'**lead•er•ship con•test** pugna *f* por el liderazgo

'**lead•er writ•er** editorialista *m/f*

**lead-free** ['ledfriː] *adj gas* sin plomo

'**lead gui•tar•ist** guitarrista *m/f* principal

**lead•ing** ['liːdɪŋ] *adj runner* en cabeza; *company, product* puntero

'**lead•ing 'ar•ti•cle** artículo *m* de opinión; '**lead•ing-edge** *adj company* en la vanguardia; *technology* de vanguardia; lead•ing 'la•dy protagonista *f*, actriz *f* principal; 'lead•ing light *fig* líder *m/f*, *of stage, movies* estrella *m/f*; 'lead•ing man protagonista *m*, actor *m* principal; lead•ing 'ques•tion pregunta parafraseada para generar la respuesta deseada; 'lead•ing strings *npl* rienda *f*; *fig* riendas *fpl*; **keep s.o. in ~** mantener a alguien a raya

leaf [liːf] (*pl* **leaves** [liːvz]) hoja *f*; **take a ~ out of s.o.'s book** seguir el ejemplo de alguien; **turn over a new ~** pasar página, hacer borrón y cuenta nueva

◆ leaf through *v/t* hojear

leaf•let ['liːflət] folleto *m*

leaf•y ['liːfɪ] *adj* frondoso

league [liːg] liga *f*; **be in a different ~** no tener (punto de) comparación, no tener igual

'league game *in soccer* partido *m* ligero

leak [liːk] I *n in roof* gotera *f*; *in pipe* agujero *m*; *of air, gas* fuga *f*, escape *m*; *of information* filtración *f* II *v/i of boat* hacer agua; *of pipe* tener un agujero; *of liquid, gas* fugarse, escaparse

◆ leak out *v/i of air, gas* fugarse, escaparse; *of news* filtrarse

leak•age ['liːkɪdʒ] ☞ **leak**

leak•y ['liːkɪ] *adj pipe* con agujeros; *boat* que hace agua

lean[1] [liːn] I *v/i* (*pret & pp* **leant**) (*be at an angle*) estar inclinado; **~ against sth** apoyarse en algo; **I can't work with you ~ing over me** no puedo trabajar contigo aquí encima II *v/t* (*pret & pp* **leant**) apoyar

◆ lean back *v/i* reclinarse

◆ lean forward *v/i* inclinarse, asomarse

◆ lean on *v/t* 1 F (*put pressure on*) hacer presión sobre 2 (*depend on*) depender de

◆ lean toward *v/t* (*favour, prefer*) inclinarse por

lean[2] [liːn] *adj meat* magro; *style, prose* pobre, escueto; **~ mixture** MOT mezcla *f* con alta proporción de aire

lean•ing ['liːnɪŋ] tendencia *f*, inclinación *f*

leant [lent] *Br pret & pp* ☞ **lean[1]**

lean-to ['liːntuː] soportal *m*, porche *m*

leap [liːp] I *n* salto *m*; **a great ~ forward** un gran salto adelante; **he's coming on by ~s and bounds** viene volando II *v/i* (*pret & pp* **-ed** *or* **leapt**) saltar; **he ~t over the fence** saltó la valla; **they ~t into the river** se tiraron al río; **~ at an opportunity** no dejar pasar una oportunidad

◆ leap out *v/i of car* bajarse de un salto 2 (*stand out*) saltar a la vista; **it really leaps out at you** salta a la vista

◆ leap up *v/i* 1 *from chair* ponerse en pie de un salto 2 *of prices, temperature* subir bruscamente, dispararse

'leap•frog I *n* salto *m* al potro (*juego infantil*) II *v/i* (*pret & pp* **-ged**): **~ over s.o.** *fig* pasar por encima de alguien

leapt [lept] *pret & pp* ☞ **leap**

'leap year año *m* bisiesto

learn [lɜːrn] I *v/t* (*pret & pp* **-ed** *or* **learnt**) aprender; (*hear*) enterarse de; **~ how to do sth** aprender a hacer algo; **~ one's lesson** aprender la lección II *v/i* (*pret & pp* **-ed** *or* **learnt**) aprender; **you just never ~, do you!** ¡nunca aprendes!; **you live and ~** se aprende con la experiencia

learn•er ['lɜːrnər] estudiante *m/f*; **be a quick / slow ~** aprender con rapidez / lentitud

learn•ing ['lɜːrnɪŋ] 1 (*knowledge*) conocimientos *mpl* 2 *act* aprendizaje *m*

'learn•ing curve curva *f* de aprendizaje; **be on the ~** tener que aprender cosas nuevas; **it's a steep ~** hay mucho que aprender en poco tiempo

'learn•ing dif•fi•cul•ties *npl* dificultades *fpl* de aprendizaje

lease [liːs] I *n* (contrato *m* de) arrendamiento *m*; **give s.o. / sth a new ~ of life** insuflar nueva vida a alguien / algo II *v/t apartment, equipment* arrendar

◆ lease out *v/t apartment, equipment* arrendar

'lease•hold•er inquilino(-a) *m(f)*, arrendatario(-a) *m(f)*

lease 'pur•chase arrendamiento *m* con opción de compra

leash [liːʃ] *for dog* correa *f*

least [liːst] I *adj* (*slightest*) menor; **the ~ amount, money, baggage** menos; **there's not the ~ reason to ...** no hay la más mínima razón para que ... II *adv* menos III *n* lo menos; **he drank the ~** fue el que menos bebió; **not in the ~ surprised** en absoluto sorprendido; **at ~** por lo menos

**leath•er** ['leðər] **I** *n* piel *f*, cuero **II** *adj* de piel, de cuero

**leath•er 'belt** cinturón *m* de piel *or* cuero; **leath•er 'jack•et** chaqueta *f* de piel *or* cuero; **'leath•er neck** MIL P marine *m*

**leath•er•y** ['leðərɪ] *adj* curtido; *meat* duro

**leave** [liːv] **I** *n* (*vacation*) permiso *m*; *on* ~ de permiso

**II** *v/t* (*pret* & *pp* **left**) *city, place* marcharse de, irse de; *person, food, memory*, (*forget*) dejar; *let's* ~ *things as they are* dejemos las cosas tal y como están; *how did you* ~ *things with him?* ¿cómo quedaron las cosas con él?; ~ *s.o.* / *sth alone* (*not touch, not interfere with*) dejar a alguien / algo en paz; *be left* quedar; *there is nothing left* no queda nada; *I only have one left* sólo me queda uno

**III** *v/i* (*pret* & *pp* **left**) *of person* marcharse, irse; *of plane, train, bus* salir

◆ **leave behind** *v/t intentionally* dejar; (*forget*) dejarse

◆ **leave on** *v/t hat, coat* dejar puesto; *TV, computer* dejar encendido

◆ **leave out** *v/t word, figure* omitir; (*not put away*) no guardar; *leave me out of this* a mí no me metas en esto

**leav•er** ['liːvər] *in school* joven *m/f* que termina el colegio

**leaves** [liːvz] *pl* ☞ **leaf**

**leav•ing par•ty** ['liːvɪŋ] fiesta *f* de despedida

**Leb•a•nese** [lebə'niːz] **I** *adj* libanés **II** *n* libanés(-esa) *m(f)*

**Leb•a•non** ['lebənɑːn] Líbano *m*

**lech•er** ['letʃər] lascivo *m*, libidinoso *m*

**lech•er•ous** ['letʃərəs] *adj* lujurioso, lascivo

**lec•tern** ['lektərn] atril *m*

**lec•ture** ['lektʃər] **I** *n* clase *f*; *to general public* conferencia *f* **II** *v/i at university* dar clases (*in* de); *to general public* dar una conferencia

**'lec•ture hall** sala *f* de conferencias

**'lec•tur•er** ['lektʃərər] profesor(a) *m(f)*

**LED** [eliː'diː] *abbr* (= *light-emitting diode*) LED *m*, diodo *m* emisor de luz

**led** [led] *pret* & *pp* ☞ **lead³**

**ledge** [ledʒ] *of window* alféizar *f*; *on rock face* saliente *m*

**ledg•er** ['ledʒər] COM libro *m* mayor

**lee** [liː] NAUT sotavento *m*

**leech** [liːtʃ] *also fig* sanguijuela *f*

**leek** [liːk] puerro *m*

**leer** [lɪr] **I** *n sexual* mirada *f* impúdica; *evil* mirada *f* maligna **II** *v/i* mirar lascivamente; ~ *at s.o.* lanzarle una mirada lasciva a alguien

**lees** [liːz] *npl* posos *mpl*

**lee•ward** ['liːwərd] *adv* NAUT a sotavento *m*

**'lee•way** *fig* margen *m*; *give s.o. some* ~ dar margen a alguien

**left¹** [left] **I** *adj* izquierdo **II** *n also* POL izquierda *f*; *on the* ~ a la izquierda; *to the* ~ *turn, look* a la izquierda; *take a* ~ girar a la izquierda **III** *adv turn, look* a la izquierda

**left²** [left] *pret* & *pp* ☞ **leave**

**'left-hand** *adj* de la izquierda; *on your* ~ *side* a tu izquierda; **left-hand 'drive**: *this car is* ~ este coche tiene el volante a la izquierda; **left-hand•ed** [left-'hændɪd] *adj* zurdo

**left•ist** ['leftɪst] *adj* POL izquierdista, de izquierdas

**left 'lug•gage (of•fice)** *Br* consigna *f*; **'left-overs** *npl food* sobras *fpl*; **'left--wing** *adj* POL izquierdista, de izquierdas; **left-'wing•er** POL izquierdista *m/f*, persona *m/f* de izquierdas

**leg** [leg] **1** *of person* pierna *f*; *of animal* pata *f*; *pull s.o.'s* ~ tomar el pelo a alguien **2** SP: *first* ~ partido *m* de ida

**leg•a•cy** ['legəsɪ] legado *m*

**le•gal** ['liːgl] *adj* legal

**le•gal ad'vis•er** asesor(a) *m(f)* jurídico(-a)

**le•gal 'en•ti•ty** persona *f* jurídica

**le•gal•i•ty** [lɪ'gælətɪ] legalidad *f*

**le•gal•i•za•tion** [liːgəlaɪ'zeɪʃn] legalización *f*

**le•gal•ize** ['liːgəlaɪz] *v/t* legalizar

**le•gal•ly** ['liːgəlɪ] *adv* legalmente

**le•ga•tion** [lɪ'geɪʃn] legación *f*

**le•gend** ['ledʒənd] leyenda *f*

**le•gen•da•ry** ['ledʒəndrɪ] *adj* legendario

**leg•gings** ['legɪnz] *npl* mallas *fpl*

**leg•gy** ['legɪ] *adj* de piernas largas, zancudo

**le•gi•ble** ['ledʒəbl] *adj* legible

**le•gion** ['liːdʒən] legión *f*

**le•gion•ar•y** ['liːdʒənərɪ] legionario *m*

**leg•is•late** ['ledʒɪsleɪt] *v/i* legislar

(*against* contra)

**leg•is•la•tion** [ledʒɪs'leɪʃn] legislación *f*

**leg•is•la•tive** ['ledʒɪslətɪv] *adj* legislativo

**leg•is•la•tor** ['ledʒɪsleɪtər] legislador(a) *m(f)*

**leg•is•la•ture** ['ledʒɪslətʃər] POL legislativo *m*

**le•git•i•ma•cy** [lɪ'dʒɪtɪməsɪ] legitimidad *f*

**le•git•i•mate** [lɪ'dʒɪtɪmət] *adj* legítimo

**le•git•i•mize** [lɪ'dʒɪtəmaɪz] *v/t* legitimar

**'leg room** espacio *m* para las piernas

**leg•ume** ['legjuːm] BOT legumbre *f*

**leg warm•ers** ['legwɔːrmərz] *npl* calentadores *mpl*

**lei•sure** ['liːʒər] ocio *m*; *I look forward to having more ~* estoy deseando tener más tiempo libre; *do it at your ~* tómate tu tiempo para hacerlo

**'lei•sure cen•ter**, *Br* **'lei•sure cen•tre** centro *m* recreativo

**'lei•sure in•dus•try** sector *m* del ocio

**lei•sure•ly** ['liːʒərlɪ] *adj pace, lifestyle* tranquilo, relajado

**'lei•sure time** tiempo *m* libre

**lem•ming** ['lemɪŋ] ZO lemming *m*; *they rushed into it like ~s* se precipitaron como borregos

**le•mon** ['lemən] limón *m*

**le•mon•ade** [lemə'neɪd] limonada *f*

**'le•mon juice** zumo *m* de limón, *L.Am.* jugo *m* de limón

**le•mon 'tea** té *m* con limón

**lem•pi•ra** [lem'piːrə] FIN lempira *m*

**lend** [lend] *v/t* (*pret & pp* **lent**) prestar; *~ s.o. a hand* echar una mano a alguien, ayudar a alguien; *~ support to s.o.* prestar *or* dar apoyo a alguien

**lend•er** ['lendər] prestamista *m/f*; *banks and other ~s* bancos y otras entidades de crédito

**lend•ing li•bra•ry** ['lendɪŋ] biblioteca *f* pública (*con servicio de préstamo de libros*)

**length** [leŋθ] longitud *f*, (*piece: of material etc*) pedazo *m*; *at~ describe, explain* detalladamente; (*finally*) finalmente; *go to the ~ of doing sth* llegar al extremo de hacer algo; *go to great ~s to do sth* hacer todo lo posible para conseguir algo

**length•en** ['leŋθən] *v/t* alargar

**length•ways** ['leŋθweɪz], **length•wise** ['leŋθwaɪz] *adv* longitudinalmente, a lo largo

**length•y** ['leŋθɪ] *adj speech, stay* largo

**le•ni•ence**, **le•ni•en•cy** ['liːnɪəns(ɪ)] indulgencia *f*; *of prison sentence, judge* indulto *m*

**le•ni•ent** ['liːnɪənt] *adj* indulgente, poco severo

**lens** [lenz] *of camera* objetivo *m*, lente *f*; *of eyeglasses* cristal *m*; *of eye* cristalino *m*; (*contact ~*) lente *m* de contacto, *Span* lentilla *f*

**'lens cov•er** *of camera* tapa *f* del objetivo

**Lent** [lent] REL Cuaresma *f*

**lent** [lent] *pret & pp* ☞ **lend**

**len•til** ['lentl] lenteja *f*

**len•til 'soup** sopa *f* de lentejas

**Le•o** ['liːoʊ] ASTR Leo *m/f inv*; *be (a) ~* ser Leo

**leop•ard** ['lepərd] leopardo *m*

**le•o•tard** ['liːoʊtɑːrd] malla *f*

**lep•er** ['lepər] leproso(-a) *m(f)*; *fig* paria *m/f*

**lep•ro•sy** ['leprəsɪ] MED lepra *f*

**les•bi•an** ['lezbɪən] **I** *n* lesbiana *f* **II** *adj* lésbico, lesbiano

**le•sion** ['liːʒn] lesión *f*

**Le•so•tho** [le'soʊθoʊ] Lesoto *m*

**less** [les] *adv* menos; *it costs ~* cuesta menos; *~ than $200* menos de 200 dólares

**les•see** [le'siː] inquilino(-a) *m(f)*, arrendatario(-a) *m(f)*

**les•sen** ['lesn] **I** *v/t* disminuir **II** *v/i* reducirse, disminuir

**less•er** ['lesər] *adj* menor; *the ~ of two evils* el mal menor

**les•son** ['lesn] **1** lección *f*; *~s start at 9.15* las clases empiezan a las 9:15; *teach s.o. a ~ fig* darle una lección *or* un escarmiento a alguien; *I've learnt my lesson fig* he aprendido la lección; *that should be a ~ to them fig* eso debería enseñarles una lección **2** REL lectura *f*

**les•sor** [le'sɔːr] arrendador(a) *m(f)*

**lest** [lest] *conj* para que no

**let**[1] [let] *n in tennis* red *f*

**let**[2] [let] *v/t* (*pret & pp* **let**) **1** (*allow*) dejar, permitir; *~ s.o. do sth* dejar a alguien hacer algo; *~ me go!* ¡déjame!; *~ him come in!* ¡déjale entrar!; *~'s go / stay* vamos / quedémonos; *~'s* *not argue* no discutamos; *~ alone* mucho menos; *~ go of rope, handle etc* soltar; *~ go of me!* ¡suéltame! **2**: *room to ~ Br* se alquila habitación

◆ **let down** *v/t* **1** *hair* soltarse; *shades* bajar **2** *dress, pants* alargar **3** (*disappoint*) decepcionar, defraudar **4** *tires* desinflar

◆ **let in** *v/t person, rain* dejar pasar

◆ **let off** *v/t* **1** (*not punish*) perdonar; *the court let him off with a small fine* el tribunal sólo le impuso una pequeña multa **2** *from car* dejar **3** *smoke, fumes etc* despedir; *~ steam fig* desahogarse

◆ **let out** *v/t* **1** *from room, building* dejar salir **2** *jacket etc* agrandar **3** *groan, yell* soltar **4** *from prison* poner en libertad **5** *Br* (*rent*) alquilar, *Mex* rentar

◆ **let up** *v/i* (*stop*) amainar

'**let•down** decepción *f*

**le•thal** ['liːθl] *adj* letal

**le•thar•gic** [lɪ'θɑːrdʒɪk] *adj* aletargado, apático

**leth•ar•gy** ['leθərdʒɪ] sopor *m*, apatía *f*

**let's** [lets] F = *let us*

**let•ter** ['letər] **1** *of alphabet* letra *f* **2** *in mail* carta *f*

'**let•ter bomb** carta *f* bomba; '**let•ter•box** *Br* buzón *m*; '**let•ter•car•ri•er** cartero(-a) *m(f)*; '**let•ter•head** (*heading*) membrete *m*; (*headed paper*) papel *m* con membrete; **let•ter of 'cred•it** COM carta *f* de crédito; '**let•ter o•pen•er** abrecartas *m*

**let•tuce** ['letɪs] lechuga *f*

'**let•up**: *without a ~* sin interrupción

**leu•ke•mi•a** [luː'kiːmɪə] MED leucemia *f*

**leu•ko•cyte** ['luːkousaɪt] MED leucocito *m*

**lev•el** ['levl] **I** *adj field, surface* nivelado, llano; *in competition, scores* igualado; *draw ~ with s.o. in race* ponerse a la altura de alguien **II** *n on scale, in hierarchy, (amount)* nivel *m*; *on the ~* F (*honest*) honrado

◆ **level out** *v/i* (*pret & pp -ed, Br -led*) *of prices, road* nivelarse; *of airplane* enderezarse

**lev•el-'head•ed** *adj* ecuánime, sensato

**le•ver** ['levər] **I** *n* palanca *f* **II** *v/t*: *~ sth open* abrir algo haciendo palanca

**lev•er•age** ['levrɪdʒ] **1** apalancamiento *m* **2** (*influence*) influencia *f*

**lev•er•aged buy-out** ['levrɪdʒd] COM adquisición *f* apalancada

**lev•i•tate** ['levɪteɪt] *v/i* levitar

**lev•y** ['levɪ] *v/t* (*pret & pp -ied*) *taxes* imponer

**lewd** [luːd] *adj* obsceno

**lewd•ness** ['luːdnɪs] lascivia *f*

**lex•i•cog•ra•pher** [leksɪ'kɑːgrəfər] lexicógrafo(-a) *m(f)*

**lex•i•cog•ra•phy** [leksɪ'kɑːgrəfɪ] lexicografía *f*

**li•a•bil•i•ty** [laɪə'bɪlətɪ] **1** (*responsibility*) responsabilidad *f* **2** (*likeliness*) propensión *f* (*to* a)

**li•a'bil•i•ty in•sur•ance** seguro *m* a terceros

**li•a•ble** ['laɪəbl] *adj* **1** (*responsible*) responsable (*for* de) **2**: *be ~ to* (*likely: of person*) ser propenso a; *the computer's ~ to crash if you …* es probable que la computadora se bloquee si …

◆ **li•aise with** [lɪ'eɪz] *v/t* actuar de enlace con

**li•ai•son** [lɪ'eɪzɑːn] (*contacts*) contacto *m*, enlace *m*

**li•ar** [laɪr] mentiroso(-a) *m(f)*

**li•bel** ['laɪbl] **I** *n* calumnia *f*, difamación *f* **II** *v/t* (*pret & pp -ed, Br -led*) calumniar, difamar

**li•bel•(l)ous** ['laɪbələs] *adj* calumnioso, difamatorio

**lib•er•al** ['lɪbərəl] *adj* (*broad-minded*), POL liberal; (*generous: portion etc*) abundante

**lib•er•al•ism** ['lɪbərəlɪzəm] liberalismo *m*

**lib•er•al•i•ty** [lɪbə'rælətɪ] liberalidad *f*

**lib•er•al•ize** ['lɪbərəlaɪz] *v/t* liberalizar

**lib•er•ate** ['lɪbəreɪt] *v/t* liberar

**lib•er•at•ed** ['lɪbəreɪtɪd] *adj* liberado

**lib•er•a•tion** [lɪbə'reɪʃn] liberación *f*

**Li•ber•i•a** [laɪ'bɪrɪə] Liberia *f*

**Li•ber•i•an** [laɪ'bɪrɪən] **I** *adj* liberiano **II** *n* liberiano(-a)

**lib•er•tar•i•an** [lɪbər'terɪən] *adj* libertario

**lib•er•tine** ['lɪbərtiːn] libertino(-a) *m(f)*

**lib•er•ty** ['lɪbərtɪ] libertad *f*; *at ~ prisoner etc* en libertad; *be at ~ to do sth* tener libertad para hacer algo

**li•bi•do** [lɪ'biːdou] líbido *f*

**Li•bra** ['liːbrə] ASTR Libra *m/f inv*,

*L.Am.* libr(i)ano(-a) *m(f)*; **be (a) ~** ser Libra, *L.Am.* ser libr(i)ano

li•brar•i•an [laɪˈbreɪrɪən] biblioteca-rio(-a) *m(f)*

li•bra•ry [ˈlaɪbrerɪ] biblioteca *f*

li•bret•tist [lɪˈbretɪst] libretista *m/f*

li•bret•to [lɪˈbretoʊ] (*pl -tos, libretti* [lɪˈbretɪ]) libreto *m*

Lib•y•a [ˈlɪbɪə] Libia *f*

Lib•y•an [ˈlɪbɪən] **I** *adj* libio **II** *n* libio(-a) *m(f)*

lice [laɪs] *pl ☞ louse*

li•cence *Br ☞ license* n

li•cense [ˈlaɪsns] **I** *n* permiso *m*, licencia *f* **II** *v/t* autorizar; **be~d** tener permiso *or* licencia

'li•cense a•gree•ment acuerdo *m* de licencia; 'li•cense num•ber (número *m* de) matrícula *f*; 'li•cense plate *of car* (placa *f* de) matrícula *f*

li•cen•tious [laɪˈsenʃəs] *adj* licencioso

li•chen [ˈlaɪkən] BOT liquen *m*

lick [lɪk] **I** *n* lamedura *f* **II** *v/t* lamer; ~ **one's lips** relamerse; **we've got it ~ed** F está bajo control

lick•ing [ˈlɪkɪŋ] F (*defeat*): **we got a ~** nos dieron una paliza F

li•co•rice [ˈlɪkərɪs] regaliz *m*

lid [lɪd] (*top*) tapa *f*

lie¹ [laɪ] **I** *n* (*untruth*) mentira *f*; **tell a ~** decir *or* contar una mentira; **give the ~ to sth** desmentir *or* contradecir algo **II** *v/i* mentir

lie² [laɪ] *v/i* (*pret* **lay**, *pp* **lain**) *of person* estar tumbado; *of object* estar; (*be situated*) estar, encontrarse; **~ on your stomach** túmbate boca abajo

◆ **lie around** *v/i* dejar botado *or Span* tendido

◆ **lie down** *v/i* tumbarse

'lie de•tec•tor detector *m* de mentiras; ~ **test** prueba *f* con el detector de mentiras; lie-'down: **have a ~** echarse un rato (a descansar); lie-'in *Br* F: **have a ~** (*sleep late*) quedarse un rato más en la cama

lieu [luː]: **in ~ of** en lugar de

lieu•ten•ant [luˈtenənt] teniente *m/f*

lieu•ten•ant 'colo•nel teniente *m/f* coronel

life [laɪf] (*pl* **lives** [laɪvz]) vida *f*; *of machine* vida *f*, duración *f*; **that's ~!** ¡así es la vida!; **all her ~** durante toda su vida **how many lives were lost?** ¿cuántas

víctimas hubo?; **it put a bit of ~ into the party** animó la fiesta un poco; **he's doing ~** F está condenado a cadena perpetua; **it's not a matter of ~ and death** no es una cuestión de vida o muerte; **get a ~!** P ¡no seas patético!

life an'nu•i•ty renta *f* vitalicia; 'life as•sur•ance *Br* seguro *m* de vida; 'life belt salvavidas *m inv*; 'life•boat *from ship* bote *m* salvavidas; *from land* lancha *f* de salvamento; 'life cy•cle ciclo *m* vital; 'life ex•pect•an•cy esperanza *f* de vida; 'life•guard socorrista *m/f*; 'life his•to•ry historia *f* de la vida; life im'pris•on•ment cadena *f* perpetua; 'life in•sur•ance seguro *m* de vida; 'life in•ter•est renta *f* vitalicia; 'life jack•et chaleco *m* salvavidas

life•less [ˈlaɪflɪs] *adj* sin vida

'life•like *adj* realista

'life•line: **throw s.o. a ~** *fig* echar *or* tender una mano a alguien; 'life•long *adj* de toda la vida; life 'mem•ber miembro *m/f* vitalicio; life 'peer•age *Br* título *m* (nobiliario) vitalicio; life pre•serv•er [ˈlaɪfprɪzɜːrvər] salvavidas *m inv*

lif•er [ˈlaɪfər] LAW F condenado(-a) *m(f)* a cadena perpetua

'life raft NAUT balsa *f* de salvamento; 'life•sav•er **1** socorrista *m/f* **2** *fig* salvación *f*; 'life-sav•ing *adj medical equipment, drug* que salva vidas; 'life sen•tence LAW cadena *f* perpetua; life--sized [ˈlaɪfsaɪzd] *adj* de tamaño natural; 'life•style estilo *m* de vida; life sup'port ma•chine máquina *f* de respiración artificial; **be on a ~** estar con una máquina de respiración artificial; 'life--threat•en•ing *adj* que puede ser mortal; 'life•time vida *f*; **in my ~** durante mi vida

lift [lɪft] **I** *v/t* levantar **II** *v/i of fog* disiparse **III** *n* **1** *in car*: **give s.o. a ~** llevar a alguien (en coche); **thanks for the ~** gracias por traerme (en coche) **2** (*encouragement*): **it gave us all a ~** nos levantó el ánimo **3** *Br* (*elevator*) ascensor *m*

◆ **lift off** *v/i of rocket* despegar

'lift-off *of rocket* despegue *m*

lig•a•ment [ˈlɪgəmənt] ligamento *m*

lig•a•ture [ˈlɪgətʃər] TIP, MUS ligadura *f*

light¹ [laɪt] **I** *n* luz *f*; **in the ~ of** a la luz de; **have you got a ~?** ¿tienes fuego?;

***set ~ to sth*** prender fuego a algo **II** *v/t* (*pret & pp* **-ed** *or* **lit**) **1** *fire, cigarette* encender **2** (*illuminate*) iluminar **III** *adj color, sky* claro; *room* luminoso
◆ **light up I** *v/t* (*illuminate*) iluminar **II** *v/i* **1** *of face* iluminarse **2** *start to smoke* encender un cigarrillo

**light²** [laɪt] **I** *adj* (*not heavy*) ligero **II** *adv*: ***travel ~*** viajar ligero de equipaje

'**light bulb** bombilla *f*

**light-e•mit•ting di•ode** [laɪtɪmɪtɪŋ 'daɪoʊd] diodo *m* emisor de luz

**light•en¹** ['laɪtn] *v/t color* aclarar

**light•en²** ['laɪtn] *v/t load* aligerar
◆ **lighten up** *v/i of person* alegrarse; ***come on, lighten up*** venga, no te tomes las cosas tan en serio

**light•er** ['laɪtər] *for cigarettes* encendedor *m, Span* mechero *m*

**light-fin•gered** [laɪt'fɪŋgərd] *adj* largo *or* suelto de manos; **light-'head•ed** *adj* (*dizzy*) mareado; **light-heart•ed** [laɪt'hɑːrtɪd] *adj* alegre; '**light•house** faro *m*

**light•ing** ['laɪtɪŋ] iluminación *f*

**light•ly** ['laɪtlɪ] *adv touch* ligeramente; ***get off ~*** salir bien parado; ***and I don't say this ~*** y no digo esto a la ligera

**light•ness¹** ['laɪtnɪs] *of room, color* claridad *f*

**light•ness²** ['laɪtnɪs] *in weight* ligereza *f*

**light•ning** ['laɪtnɪŋ]: ***a flash of ~*** un relámpago; ***they were struck by ~*** les cayó un rayo

'**light•ning con•duc•tor** pararrayos *m inv*

'**light•ning rod** ELEC pararrayos *mpl*

'**light pen** lápiz *m* óptico; '**light•proof** *adj* resistente a la luz; '**light•ship** NAUT buque *m* faro; '**light•weight** *in boxing* peso *m* ligero; '**light year** año *m* luz; ***~s away from what we used to have*** no tiene absolutamente nada que ver con lo que teníamos antes

**lik•a•ble** ['laɪkəbl] *adj* agradable, simpático

**like¹** [laɪk] **I** *prep* como; ***be ~ s.o.*** ser como alguien; ***what is she ~?*** ¿cómo es?; ***it's not ~ him*** (*not his character*) no es su estilo; ***that's more ~ it*** ¡eso es otra cosa!; ***there's nothing ~ a good ...*** no hay nada como un buen ... **II** *conj* F (*as*) como; ***~ I said*** como dije

**like²** [laɪk] *v/t*: ***I ~ it / her*** me gusta; **I**

***would ~ ...*** querría ...; ***I would ~ to ...*** me gustaría ...; ***would you ~ to ...?*** ¿querrías ...?; ***would you ~ to ...?*** ¿querrías ...?; ***she ~s to swim*** le gusta nadar; ***if you ~*** si quieres

**like•a•ble** ['laɪkəbl] *adj* agradable, simpático

**like•li•hood** ['laɪklɪhʊd] probabilidad *f*; ***in all ~*** con toda probabilidad

**like•ly** ['laɪklɪ] **I** *adj* (*probable*) probable; ***not ~!*** ¡ni hablar!; ***the most ~ candidates*** los candidatos con más posibilidades; ***he's a ~ winner*** es un posible ganador; ***are you ~ to see him tomorrow?*** ¿crees que le verás mañana?; ***I'm not ~ to have time*** lo más seguro es que no tenga tiempo; ***a ~ story!*** ¡menudo cuento! **II** *adv* probablemente

**like-'mind•ed** *adj* afín, semejante

**lik•en** ['laɪkən] *v/t* comparar (***to*** con), equiparar (***to*** a)

**like•ness** ['laɪknɪs] (*resemblance*) parecido *m*

**like•wise** ['laɪkwaɪz] *adv* igualmente; ***pleased to meet you – ~!*** encantado de conocerle – ¡lo mismo digo!

**lik•ing** ['laɪkɪŋ] afición *f* (***for*** a); ***to your ~*** a su gusto; ***take a ~ to s.o.*** tomar cariño a alguien

**li•lac** ['laɪlək] *flower* lila *f; color* lila *m*

**lilt** [lɪlt] tonillo *m*, sonsonete *m*

**li•ly** ['lɪlɪ] lirio *m*

**li•ly-liv•ered** ['lɪlɪlɪvərd] *adj* cobarde, pusilánime

**li•ly of the 'val•ley** lirio *m* de los valles

**limb** [lɪm] miembro *m*

**lim•ber** ['lɪmbər] *adj* flexible, ágil
◆ **limber up** *v/i* entrar en calor, calentarse

**lime¹** [laɪm] *fruit, tree* lima *f*

**lime²** [laɪm] *substance* cal *f*

**lime'green** *adj* verde lima

'**lime•light**: ***be in the ~*** estar en el candelero

**lim•er•ick** ['lɪmərɪk] quinteto *m* humorístico

'**lime•stone** GEOL caliza *f*

**lim•ey** ['laɪmɪ] F británico(-a) *m(f)* (*palabra despectiva usada en EE.UU.*)

**lim•it** ['lɪmɪt] **I** *n* límite *m*; ***within ~s*** dentro de un límite; ***be off ~s*** *of place* ser zona prohibida; ***that's the ~!*** F ¡es el colmo! F; ***~ warranty*** garantía *f* limitada **II** *v/t* limitar (***to*** a)

**lim•i•ta•tion** [lɪmɪ'teɪʃn] limitación *f*; **know one's ~s** ser consciente de las limitaciones propias

**lim•it•ed** ['lɪmɪtɪd] *adj* limitado

**lim•it•ed 'com•pa•ny** *Br* sociedad *f* limitada; **lim•it•ed li•a•bil•i•ty** responsabilidad *f* limitada; **lim•it•ed li•a•bil•i•ty com•pa•ny** *Br* sociedad *f* de responsabilidad limitada

**lim•o** ['lɪmoʊ] F limusina *f*

**lim•ou•sine** ['lɪməziːn] limusina *f*

**limp**[1] [lɪmp] *adj* flojo

**limp**[2] [lɪmp] **I** *n*: **he has a ~** cojea **II** *v/i* cojear

**lim•pet** ['lɪmpɪt] ZO lapa *f*; **stick to s.o. like a ~** pegarse a alguien como una lapa

**lim•pid** ['lɪmpɪd] *adj* cristalino

**linch•pin** ['lɪntʃpɪn] TECH pasador *m* de bloqueo; *fig* base *f*, fundamento *m*

**lin•den** ['lɪndən] BOT tilo *m*

**line**[1] [laɪn] *n* of text, on road, TELEC línea *f*; *of trees* fila *f*, hilera *f*; *of people* fila *f*, cola *f*; *of business* especialidad *f*; **what ~ are you in?** ¿a qué te dedicas?; **the ~ is busy** está ocupado, *Span* está comunicando; **hold the ~** no cuelgue; **draw the ~ at sth** no estar dispuesto a hacer algo; **~ of inquiry** línea de investigación; **~ of reasoning** argumentación *f*; **stand in ~** hacer cola; **in ~ with** (*conforming with*) en las mismas líneas que

◆ **line up I** *v/i* hacer cola **II** *v/t* (*arrange*) *objects* poner en fila; *interview etc* preparar, organizar

**line**[2] [laɪn] *v/t with lining* forrar

**lin•e•age** ['lɪnɪɪdʒ] linaje *m*

**lin•e•al** ['lɪnɪəl] *adj* lineal

**lin•e•ar** ['lɪnɪər] *adj* lineal

**'line•back•er** *in football* defensa *m/f*

**'line drive** *in baseball* batazo *m* de línea

**lin•en** ['lɪnɪn] **1** *material* lino *m* **2** (*sheets etc*) ropa *f* blanca

**line of 'cred•it** línea *f* de crédito

**lin•er** ['laɪnər] *ship* transatlántico *m*

**lines•man** ['laɪnzmən] SP juez *m* de línea, linier *m*

**'line•up 1** SP alineación *f* **2** *for police* rueda *f* de reconocimiento **3**: **the ~ for tonight's gig** los componentes del grupo que toca esta noche

**lin•ge•rie** ['lænʒəriː] lencería *f*

**lin•ger•ing** ['lɪŋgərɪŋ] *adj feelings* persistente; *sunset* paulatino

**lin•ger** ['lɪŋgər] *v/i of person* entretenerse; *of pain* persistir

◆ **linger on** *v/i* perdurar

**lin•go** ['lɪŋgoʊ] F **1** *jargon* argot *m* **2** (*language*): **I don't speak the ~** no hablo el idioma

**lin•guist** ['lɪŋgwɪst] lingüista *m/f*; **she's a good ~** se le dan bien los idiomas

**lin•guis•tic** [lɪŋ'gwɪstɪk] *adj* lingüístico

**lin•i•ment** ['lɪnɪmənt] MED linimento *m*

**lin•ing** ['laɪnɪŋ] *of clothes* forro *m*; *of brakes, pipe* revestimiento *m*

**link** [lɪŋk] **I** *n* (*connection*) conexión *f*; *between countries* vínculo *m*; *in chain* eslabón *m* **II** *v/t* conectar; **they're ~ing her with the robbery** la relacionan con el robo

◆ **link up** *v/i* encontrarse; TV conectar; **~ with sth** enlazarse *or* unirse con algo

**links** [lɪŋks] *npl* SP campo *m* de golf (*al lado del mar*)

**'link•up** conexión *f*

**li•no•le•um** [lɪ'noʊlɪəm] linóleo *m*

**lin•seed** ['lɪnsiːd] BOT linaza *f*

**'lin•seed oil** aceite *m* de linaza

**lin•tel** ['lɪntl] ARCHI lintel *m*

**li•on** ['laɪən] león *m*

**'li•on cub** cachorro(-a) *m(f)* de león

**li•on•ess** ['laɪənes] leona *f*

**lip** [lɪp] labio *m*

**'lip gloss** brillo *m* de labios, lip gloss *m*

**lip•o•suc•tion** ['lɪpoʊsʌkʃn] liposucción *f*

**'lip•read** *v/i* (*pret & pp* **-read** [red]) leer los labios; **lip salve** ['lɪpsælv] bálsamo *m* para labios; **'lip serv•ice**: **he was only paying ~** sólo lo decía de boquilla; **'lip•stick** barra *f* de labios

**li•queur** [lɪ'kjʊr] licor *m*

**liq•uid** ['lɪkwɪd] **I** *n* líquido *m* **II** *adj* líquido

**liq•ui•date** ['lɪkwɪdeɪt] *v/t* **1** *assets* liquidar **2** F (*kill*) cepillarse a F

**liq•ui•da•tion** [lɪkwɪ'deɪʃn] liquidación *f*; **go into ~** ir a la quiebra

**liq•uid crys•tal 'dis•play** pantalla *f* de cristal líquido

**liq•uid crys•tal 'screen** pantalla *f* de cristal líquido

**liq•ui•di•ty** [lɪ'kwɪdɪti] FIN liquidez *f*

**liq•uid•ize** ['lɪkwɪdaɪz] *v/t* licuar

**liq•uid•iz•er** ['lɪkwɪdaɪzər] licuadora *f*

**liq•uor** ['lɪkər] bebida *f* alcohólica

**liq•uo•rice** ['lɪkərɪʃ] *esp Br* regaliz *m*

**'liq•uor store** tienda *f* de bebidas alcohólicas

**lisp** [lɪsp] **I** *n* ceceo *m* **II** *v/i* cecear

**list**[1] [lɪst] **I** *n* lista *f*; *is the name on your ~?* ¿aparece el nombre en tu lista? **II** *v/t* enumerar; COMPUT listar

**list**[2] [lɪst] *v/i* NAUT escorar

**lis•ten•er** ['lɪsnər] *to radio* oyente *m/f*; *he's a good ~* sabe escuchar

**lis•ten** ['lɪsn] *v/i* escuchar; *I tried to persuade him, but he wouldn't ~* intenté convencerle, pero no me hizo ningún caso

◆ **listen in** *v/i* escuchar

◆ **listen to** *v/t radio, person* escuchar

**lis•te•ri•a** [lɪs'tɪrɪə] listeria *f*

**list•ings mag•a•zine** ['lɪstɪŋz] guía *f* de espectáculos

**list•less** ['lɪstlɪs] *adj* apático, lánguido

**'list price** precio *m* de catálogo

**lit** [lɪt] *pret & pp* ☞ **light**[1]

**lit•a•ny** ['lɪtənɪ] REL letanía *f*; *a ~ of complaints* una letanía *or* retahíla de quejas

**li•ter** ['liːtər] litro *m*

**lit•er•a•cy** ['lɪtərəsɪ] alfabetización *f*

**lit•er•al** ['lɪtərəl] *adj* literal

**lit•er•al•ly** ['lɪtərəlɪ] *adv* literalmente

**lit•er•a•ry** ['lɪtərerɪ] *adj* literario

**lit•er•ate** ['lɪtərət] *adj* culto; *be ~* saber leer y escribir

**lit•er•a•ture** ['lɪtrətʃər] literatura *f*; *about a product* folletos *mpl*, prospectos *mpl*

**lithe** [laɪð] *adj* flexible, ágil

**lith•o•graph** ['lɪθəgræf] litografía *f*

**Lith•u•a•ni•a** [lɪθuːˈeɪnɪə] Lituania *f*

**Lith•u•a•ni•an** [lɪθuːˈeɪnɪən] **I** *adj* lituano **II** *n* **1** *person* lituano(-a) *m(f)* **2** *language* lituano

**lit•i•gant** ['lɪtɪgənt] LAW litigante *m/f*, pleiteador(a) *m(f)*

**lit•i•gate** ['lɪtɪgeɪt] *v/i & v/t* litigar

**lit•i•ga•tion** [lɪtɪˈgeɪʃn] litigación *f*

**li•ti•gious** [lɪˈtɪdʒəs] *adj* litigioso

**lit•mus test** ['lɪtməs] *fig* prueba *f* de fuego

**li•tre** *Br* ☞ **liter**

**lit•ter** ['lɪtər] **1** basura *f* **2** *of animal* camada *f*

**'lit•ter bas•ket** *Br* papelera *f*; **'lit•ter bin** cubo *m* de la basura; **'lit•ter bug** F *persona que tira basura en lugares públicos*

**lit•tle** ['lɪtl] **I** *adj* pequeño; *the ~ ones* los pequeños **II** *n* poco *m*; *the ~ I know* lo poco que sé; *a ~* un poco; *a ~ bread / wine* un poco de pan / vino; *a ~ is better than nothing* más vale poco que nada **III** *adv* poco; *~ by ~* poco a poco; *a ~ better / bigger* un poco mejor / más grande; *a ~ before 6* un poco antes de las 6

**lit•ur•gy** ['lɪtərdʒɪ] REL liturgia *f*

**live**[1] [lɪv] *v/i* vivir

◆ **live down** *v/t*: *he's trying to live down his past* intenta que se olvide su pasado

◆ **live for** *v/t* vivir para

◆ **live off** *v/t salary* vivir de; *person* vivir a costa de

◆ **live on I** *v/t rice, bread* sobrevivir a base de **II** *v/i* (*continue living*) sobrevivir, vivir

◆ **live together** *v/i* vivir juntos

◆ **live through** *v/t* (*experience*) vivir, pasar por

◆ **live up**: *live it up* pasarlo bien

◆ **live up to** *v/t expectations* responder a; *s.o.'s reputation* estar a la altura de

◆ **live with** *v/t with person* vivir con

**live**[2] [laɪv] *adj broadcast* en directo; *ammunition* real; *wire* con corriente; *a real ~ movie star* F una estrella de cine en carne y hueso

**live•li•hood** ['laɪvlɪhʊd] vida *f*, sustento *m*; *earn one's ~* ganarse la vida

**live•li•ness** ['laɪvlɪnɪs] *of person, music* vivacidad *f*; *of debate* lo animado

**live•ly** ['laɪvlɪ] *adj* animado

◆ **liv•en up** ['laɪvn] **I** *v/t* animar **II** *v/i* animarse

**liv•er** ['lɪvər] MED, *food* hígado *m*

**liv•er 'sau•sage** embutido de pate de hígado

**'liv•er spot** mancha *f* (*por la edad*)

**liv•er•wurst** ['lɪvərwɜːrst] embutido de pate de hígado

**lives** [laɪvz] *pl* ☞ **life**

**live•stock** ['laɪvstɑːk] ganado *m*

**liv•id** ['lɪvɪd] *adj* (*angry*) enfurecido, furioso

**liv•ing** ['lɪvɪŋ] **I** *adj* vivo **II** *n* vida *f*; *what do you do for a ~?* ¿en qué trabajas?; *earn one's ~* ganarse la vida; *standard of ~* estándar *m* de vida

**'liv•ing room** sala *f* de estar, salón *m*

**liv•ing 'will** voluntad *f* anticipada

**liz•ard** ['lɪzərd] lagarto *m*

**lla•ma** ['lɑːmə] ZO llama *f*

**load** [loʊd] **I** *n also* ELEC carga *f*; **~s of** F montones de F; **you've got ~s** F tienes un montón F; **that's a ~ off my mind** eso me quita un peso de encima **II** *v/t car, truck, gun* cargar; *camera* poner el carrete a; COMPUT: *software* cargar (en memoria)

◆ **load up** *v/t car, truck* cargar

**load•ed** ['loʊdɪd] *adj* F **1** (*very rich*) forrado F **2** (*drunk*) como una cuba F

**load•ing dock** ['loʊdɪŋ] *at factory* plataforma *f* de carga

**loaf•er**[1] ['loʊfər] *shoe* mocasín *m*

**loaf•er**[2] ['loʊfər] F gandul(a) *m(f)*, manta *m/f* F

**loaf** [loʊf] (*pl* **loaves** [loʊvz]) pan *m*; **a ~ of bread** una barra de pan, un pan; **use your ~** F usa el coco F

◆ **loaf around** *v/i* F gandulear F

**loam** [loʊm] tierra *f* vegetal, limo *m*

**loan** [loʊn] **I** *n* préstamo *m*; **on ~** prestado; **~ application** solicitud *f* de préstamo **II** *v/t* prestar; **~ s.o. sth** prestar algo a alguien

**'loan shark** F usurero(-a) *m(f)* F

**'loan•word** LING préstamo *m* lingüístico

**loath** [loʊθ] *adj*: **be ~ to do sth** ser reacio a hacer algo

**loathe** [loʊð] *v/t* detestar, aborrecer; **I ~ having to stay in** detesto *or* odio tenerme que quedar

**loath•ing** ['loʊðɪŋ] odio *m*, aborrecimiento *m*

**loath•some** ['loʊðsʌm] *adj* detestable, insufrible

**loaves** [loʊvz] *pl* ☞ **loaf**

**lob** [lɑːb] SP **I** *n* lob *m*, globo *m* **II** *v/t* (*pret & pp* **-bed**) *throw* arrojar por lo alto; **~ a ball** *in tennis* hacer un lob *or* globo

**lob•by** ['lɑːbɪ] **I** *n* **1** *in hotel, theater* vestíbulo *m* **2** POL lobby *m*, grupo *m* de presión **II** *v/t* hacer lobby a, presionar; **~ s.o. for sth** ejercer presión sobre alguien para algo

**lobe** [loʊb] *of ear* lóbulo *m*

**lob•ster** ['lɑːbstər] langosta *f*

**lo•cal** ['loʊkl] **I** *adj* local; **the ~ people** la gente del lugar; **I'm not ~** no soy de aquí **II** *n*: **the ~s** los del lugar; **are you a ~?** ¿eres de aquí?

**lo•cal an•es•thet•ic** anestesia *f* local;

**'lo•cal ar•e•a net•work** red *f* de área local; **'lo•cal call** TELEC llamada *f* local; **lo•cal e•lec•tions** *npl* elecciones *fpl* municipales; **lo•cal 'gov•ern•ment** administración *f* municipal

**lo•cal•i•ty** [loʊ'kælətɪ] localidad *f*

**lo•cal•i•za•tion** [loʊkəlaɪzeɪʃn] localización *f*

**lo•cal•ize** ['loʊkəlaɪz] *v/t* localizar

**lo•cal•ly** ['loʊkəlɪ] *adv live, work* cerca, en la zona; **it's well known ~** es muy conocido en la zona; **they are grown ~** son cultivados en la región

**lo•cal 'pro•duce** productos *mpl* del lugar

**'lo•cal time** hora *f* local

**lo•cate** [loʊ'keɪt] *v/t* **1** *new factory etc* emplazar, ubicar **2** (*identify position of*) situar; **be ~d** encontrarse

**lo•ca•tion** [loʊ'keɪʃn] **1** (*siting*) emplazamiento *m* **2** (*identifying position of*) localización *f* **3**: **on ~** *movie* en exteriores

**lock**[1] [lɑːk] *n of hair* mechón *m*

**lock**[2] [lɑːk] **I** *n on door* cerradura *f* **II** *v/t door* cerrar (con llave)

◆ **lock away** *v/t* guardar bajo llave

◆ **lock in** *v/t person* encerrar

◆ **lock onto** *v/t target* seguir

◆ **lock out** *v/t of house* dejar fuera; **I locked myself out** me dejé las llaves dentro

◆ **lock up** **I** *v/t in prison* encerrar **II** *v/i* cerrar

**lock•er** ['lɑːkər] taquilla *f*

**'lock•er room** vestuario *m*

**lock•et** ['lɑːkɪt] guardapelo *m*

**'lock•jaw** MED tétano *m*; **'lock•out** COM lockout *m*, paro *m* forzoso; **lock•smith** ['lɑːksmɪθ] cerrajero(-a) *m(f)*; **'lock•up** calabozo *m*

**lo•co** ['loʊkoʊ] P locomotora *f*

**lo•co•mo•tion** [loʊkə'moʊʃn] locomoción *f*

**lo•co•mo•tive** [loʊkə'moʊtɪv] **I** *adj* locomotriz **II** *n* RAIL locomotora *f*

**lo•cum** ['loʊkəm] *Br* suplente *m/f*

**lo•cust** ['loʊkəst] langosta *f*

**lo•cu•tion** [loʊ'kjuːʃn] locución *f*

**lodge** [lɑːdʒ] **I** *v/t complaint* presentar **II** *v/i* **1** *of bullet* alojarse **2**: **~ with s.o.** alojarse con alguien

**lodg•er** ['lɑːdʒər] huésped *m/f*

**lodg•ing** ['lɑːdʒɪŋ] alojamiento *m*

**loft** [lɑːft] buhardilla *f*, desván *m*

**loft•y** ['lɑːftɪ] *adj heights, ideals* elevado

**log** [lɑːg] **1** *wood* tronco *m* **2** *written record* registro *m*

◆ **log off** *v/i* (*pret & pp* **-ged**) salir

◆ **log on** *v/i* entrar

◆ **log on to** *v/t* entrar a

**log•a•rithm** ['lɑːgərɪðəm] MATH logaritmo *m*

'**log•book** *captain's* cuaderno *m* de bitácora; *driver's* documentación *f* del vehículo

**log 'cab•in** cabaña *f*

**log•ger•heads** ['lɑːgərhedz]: **be at ~** estar enfrentado

**lo•gic** ['lɑːdʒɪk] lógica *f*

**lo•gic•al** ['lɑːdʒɪkl] *adj* lógico

**lo•gic•al•ly** ['lɑːdʒɪklɪ] *adv* lógicamente

'**lo•gic cir•cuit** circuito *m* lógico

'**lo•gic di•a•gram** diagrama *m* lógico

**lo•gis•tics** [ləˈdʒɪstɪks] *npl* logística *f*

**lo•go** ['loʊgoʊ] logotipo *m*

'**log•roll•ing** *fig* apoyo *m* recíproco

**loin** [lɔɪn] **1**: **~s** *pl* ANAT entrañas *fpl* **2** GASTR lomo *m*

'**loin•cloth** taparrabos *mpl*

**loi•ter** ['lɔɪtər] *v/i* holgazanear

**lol•li•pop** ['lɑːlɪpɑːp] piruleta *f*

**loll** [lɑːl] **I** *v/i* repantigarse

◆ **loll around** *v/i* repantigarse

**Lon•don** ['lʌndən] Londres *m*

**Lon•don•er** ['lʌndənər] londinense *m/f*

**lone** [loʊn] *adj* solitario

**lone•li•ness** ['loʊnlɪnɪs] *of person, place* soledad *f*

**lone•ly** ['loʊnlɪ] *adj person* solo; *place* solitario

**lon•er** ['loʊnər] solitario(-a) *m(f)*

**lone•some** ['loʊnsəm] *adj* solo

**long**[1] [lɒːŋ] **I** *adj* largo; **it's a ~ way** hay un largo camino; **it's two feet ~** mide dos pies de largo; **the movie is three hours ~** la película dura tres horas **II** *adv* mucho tiempo; **don't be ~** no tardes mucho; **5 weeks is too ~** 5 semanas son mucho tiempo; **will it take ~?** ¿llevará mucho tiempo?; **that was ~ ago** eso fue hace mucho tiempo; **~ before then** mucho antes; **before ~** al poco tiempo; **we can't wait any ~er** no podemos esperar más tiempo; **she no ~er works here** ya no trabaja aquí; **so ~ as** (*provided*) siempre que; **so ~!** ¡hasta la vista!

**long**[2] [lɒːŋ] *v/i*: **~ for home** echar en falta; *change etc* anhelar, desear; **be ~ing to do sth** anhelar *or* desear hacer algo

**long-a•wait•ed** ['lɒːŋəweɪtɪd] *adj* esperado, deseado; **long-'dis•tance** *adj race* de fondo; *flight* de larga distancia; **a ~ phonecall** una llamada de larga distancia, una conferencia interurbana; **long-dis•tance 'run•ner** corredor(a) *m(f)* de fondo; **long di'vi•sion** MATH división *f* (por escrito)

**lon•gev•i•ty** [lɑːnˈdʒevɪtɪ] longevidad *f*

**long•haired** ['lɒːŋherd] *adj* con melena, con pelo largo

**long•ing** ['lɒːŋɪŋ] anhelo *m*, deseo *m*

**long•ish** ['lɒːŋɪʃ] *adj* bastante largo

**lon•gi•tude** ['lɒːŋgɪtuːd] longitud *f*

**long johns** ['lɒːŋdʒɑːnz] *npl* F marianos *mpl* F, calzas *fpl*; '**long jump** *Br* salto *m* de longitud; '**long jump•er** *Br* saltador(-a) de longitud *m(f)*; **long-life 'milk** leche *f* uperizada; **long-lived** [lɒːŋˈlɪvd] *adj* longevo, duradero; **long-play•ing 're•cord** LP *m*, disco *m* de larga duración; '**long-range** *adj* **1** *missile* de largo alcance **2** *forecast* a largo plazo; **long•shore•man** ['lɒːŋʃɔːrmən] cargador *m*; '**long shot**: **it's a ~ but maybe** dudo que funcione pero; **long-'sight•ed** *adj* hipermétrope; **long-sleeved** [lɒːŋˈsliːvd] *adj* de manga larga; **long-'stand•ing** *adj* antiguo; '**long-term** *adj* a largo plazo; **~ unemployment** desempleo *m or Span* paro *m* de larga duración; '**long wave** RAD onda *f* larga; **long•wind•ed** [lɒːŋˈwɪndɪd] *adj* prolijo

**loo** [luː] *Br* F baño *m*, servicio *m*

**look** [lʊk] **I** *n* **1** (*appearance*) aspecto *m*; **~s** (*beauty*) atractivo *m*, guapura *f* **2** (*glance*) mirada *f*; **give s.o. / sth a ~** mirar a alguien / mirar algo; **have a ~ at sth** (*examine*) echar un vistazo a algo; **can I have a ~?** ¿puedo echarle un vistazo?; **can I have a ~ around?** *in store etc* ¿puedo echar un vistazo?

**II** *v/i* **1** mirar; **it depends how you ~ at it** depende de cómo lo mires; **~, I've explained it three times** a ver, te lo expliqué tres veces **2** (*search*) buscar **3** (*seem*) parecer; **you ~ tired / different** pareces cansado / diferente; **he ~s about 25** aparenta 25 años; **how do things ~ to you?** ¿qué te parece cómo están las cosas?; *that ~s good* tiene buena pinta

**III** *v/t:* **~ *where you're going!*** ¡cuida por dónde vas!; ***he couldn't ~ me in the face*** no me podía mirar a la cara

◆ **look after** *v/t children* cuidar (de); *property, interests* proteger

◆ **look ahead** *v/i fig* mirar hacia el futuro

◆ **look around I** *v/i* mirar **II** *v/t museum, city* dar una vuelta por

◆ **look at** *v/t* **1** mirar **2** (*examine*) estudiar; (*consider*) considerar; ***it depends how you look at it*** depende de cómo lo mires **3** F (*be faced with*) afrontar

◆ **look back** *v/i* mirar atrás

◆ **look down on** *v/t* mirar por encima del hombro a

◆ **look for** *v/t* buscar

◆ **look forward to** *v/t* estar deseando; ***I'm looking forward to the vacation*** tengo muchas ganas de empezar las vacaciones

◆ **look in on** *v/t* (*visit*) hacer una visita a

◆ **look into** *v/t* (*investigate*) investigar

◆ **look on I** *v/i* (*watch*) quedarse mirando **II** *v/t:* **look on s.o. / sth as** (*consider*) considerar a alguien / algo como

◆ **look onto** *v/t garden, street* dar a

◆ **look out** *v/i* **1** *from window etc* mirar **2** (*pay attention*) tener cuidado; ***look out!*** ¡cuidado!

◆ **look out for** *v/t* **1** buscar **2** (*be on guard against*) tener cuidado con **3** (*take care of*) cuidar, proteger

◆ **look out of** *v/t window* mirar por

◆ **look over** *v/t translation* revisar, repasar; *house* inspeccionar

◆ **look through** *v/t magazine, notes* echar un vistazo a, hojear

◆ **look to** *v/t* (*rely on*): ***we look to you for help*** acudimos a usted en busca de ayuda

◆ **look up I** *v/i* **1** *from paper etc* levantar la mirada **2** (*improve*) mejorar **II** *v/t* **1** *word, phone number* buscar **2** (*visit*) visitar

◆ **look up to** *v/t* (*respect*) admirar

**'look•a•like** doble *m/f*

**look•er** ['lʊkər]: ***she's a real ~*** F es un bombón F

**look•er-'on**, *pl* **look•ers-'on** mirón (-ona) *m(f)*, curioso(-a) *m(f)*

**'look-in** F: ***I don't get a ~*** no puedo me-

ter baza F

**look•ing glass** ['lʊkɪŋ] espejo *m*

**'look•out 1** *person* centinela *m*, vigía *m* **2**: ***be on the ~ for*** estar buscando

**loom** [luːm] telar *m*

◆ **loom up** *v/i* aparecer (***out of*** de entre)

**loon•y** ['luːnɪ] **F I** *n* chalado(-a) *m(f)* **F II** *adj* chalado F

**'loon•y bin** P loquería *f* P

**loop** [luːp] **I** *n* bucle *m* **II** *v/t:* **~ *sth around sth*** pasar algo alrededor de algo

**'loop•hole** *in law etc* resquicio *m or* vacío *m* legal

**loop•y** ['luːpɪ] *adj* loco, tocado F

**loose** [luːs] *adj connection, button* suelto; *clothes* suelto, holgado; *morals* disoluto, relajado; *wording* impreciso; **~ *change*** suelto *m*, *L.Am.* sencillo *m*; **~ *ends*** *of problem, discussion* cabos *mpl* sueltos; ***be at a ~ end*** no tener nada que hacer

**loose•ly** ['luːslɪ] *adv worded* vagamente

**loos•en** ['luːsn] *v/t collar, knot* aflojar

◆ **loosen up I** *v/t muscles, person* relajar, aflojar; *fig* relajar, distender **II** *v/i fig: of person* largar P

**loot** [luːt] **I** *n* botín *m* **II** *v/i* saquear

**loot•er** ['luːtər] saqueador(a) *m(f)*

◆ **lop off** [lɑːp] *v/t* (*pret & pp* **-ped**) *branch* cortar; podar

**lop-sid•ed** [lɑːp'saɪdɪd] *adj* torcido; *balance of committee* desigual

**lo•qua•cious** [loʊ'kweɪʃəs] *adj fml* locuaz

**lord** [lɔːrd] lord *m*, aristócrata *m*

**Lord** [lɔːrd] (*God*) Señor *m*; ***good ~!*** ¡Dios mío!

**Lord's 'Prayer** padrenuestro *m*

**lore** [lɔːr] sabiduría *f* popular

**lor•ry** ['lɑːrɪ] *Br* camión *m*

**lose** [luːz] **I** *v/t* (*pret & pp* **lost**) *object, match* perder; ***have nothing to ~*** no tener nada que perder; ***I'm lost*** me he perdido; ***get lost!*** F ¡vete a paseo! F; ***you've lost me there*** me he perdido **II** *v/i* (*pret & pp* **lost**) **1** SP perder **2** *of clock* retrasarse

◆ **lose out** *v/i* salir perdiendo

**los•er** ['luːzər] perdedor(-a) *m(f)*; F *in life* fracasado(-a) *m(f)*

**los•ing** ['luːzɪŋ] *adj:* ***fight a ~ battle*** *fig* luchar en vano

**loss** [lɑːs] pérdida *f*; **make a ~** tener pérdidas; **I'm at a ~ what to say** no sé qué decir

**loss ad•just•er** ['lɑːsədʒʌstər] *in insurance* tasador(a) *m(f)* de pérdidas; **'loss lead•er** COM artículo *m* de reclamo; **loss of 'earn•ings** pérdida *f* de ganancias

**lost** [lɑːst] I *adj* perdido; **be ~ in thought** estar absorto II *pret & pp* ☞ **lose**

**lost-and-'found,** *Br* **lost 'prop•er•ty (of•fice)** oficina *f* de objetos perdidos

**lot**[1] [lɑːt]: **a ~, ~s** mucho, *pl* muchos; **a ~ of books, ~s of books** muchos libros; **a ~ of butter, ~s of butter** mucha mantequilla; **a ~ better / easier** mucho mejor / más fácil

**lot**[2] [lɑːt] *n*: **draw ~s** echar a suertes

**lo•tion** ['loʊʃn] loción *f*

**lot•te•ry** ['lɑːtərɪ] lotería *f*

**'lot•te•ry tick•et** boleto *m or* número *m* de lotería

**lo•tus** ['loʊtəs] BOT loto *m*; **~ position** postura *f* de loto

**loud** [laʊd] *adj voice, noise* fuerte; *music* fuerte, alto; *color* chillón

**loud hail•er** [laʊd'heɪlər] megáfono *m*; **'loud•mouth** F boceras *m/f inv* F, bocazas *m/f inv*; **loud'speak•er** altavoz *m*, *L.Am.* altoparlante *m*

**lounge** [laʊndʒ] *in house* salón *m*
◆ **lounge around** *v/i* holgazanear

**'lounge suit** *Br* traje *m* de calle

**louse** [laʊs] (*pl* **lice** [laɪs]) piojo *m*
◆ **louse up** *v/t* P estropear, echar a perder F

**lous•y** ['laʊzɪ] *adj* F asqueroso F; **I feel ~** me siento de pena F

**lout** [laʊt] gamberro *m*

**lout•ish** ['laʊtɪʃ] *adj* gamberro, desconsiderado

**lov•a•ble** ['lʌvəbl] *adj* adorable, encantador

**love** [lʌv] I *n* amor *m*; *in tennis* nada *f*; **be in ~** estar enamorado (**with** de); **fall in ~** enamorarse (**with** de); **make ~** hacer el amor; **yes, my ~** sí, amor II *v/t person, country, wine* amar; **she ~s to watch tennis** le encanta ver tenis

**'love af•fair** aventura *f* amorosa; **'love bite** F muerdo *m* F, chupón *m* F; **love-'hate re•la•tion•ship** relación *f* de amor y odio

**love•less** ['lʌvlɪs] *adj* desamorado, sin amor

**'love let•ter** carta *f* de amor

**'love•life** vida *f* amorosa

**love•ly** ['lʌvlɪ] *adj face, hair, color, tune* precioso, lindo; *person, character* encantador; *holiday, weather, meal* estupendo; **we had a ~ time** nos lo pasamos de maravilla

**'love•mak•ing** sexo *m*, vida *f* sexual; **his idea of ~ is …** su idea de hacer el amor es …

**'love po•em** poema *m* de amor

**lov•er** ['lʌvər] amante *m/f*

**'love scene** escena *f* de amor; **'love-sick** *adj*: **be ~** tener mal de amores; **'love song** canción *f* de amor; **'love sto•ry** historia *f* de amor, romance *m*

**lov•ing** ['lʌvɪŋ] *adj* cariñoso

**lov•ing•ly** ['lʌvɪŋlɪ] *adv* con cariño

**low**[1] [loʊ] I *adj bridge, salary, price, voice, quality* bajo; **be feeling ~** estar deprimido; **we're ~ on gas / tea** nos queda poca gasolina / poco té II *n* **1** *in weather* zona *f* de bajas presiones, borrasca *f* **2** *in sales, statistics* mínimo *m*; **be at an all-time ~** estar en su punto más bajo

**low**[2] [loʊ] *v/i of cows* mugir

**'low•brow** *adj* poco intelectual, popular; **low-'cal•o•rie** *adj* bajo en calorías; **'low-cost** *adj* de bajo coste; **'low-cut** *adj dress* escotado; **'low•down** F I *adj* rastrero, deshonesto II *n*: **give s.o. the ~** poner al tanto a alguien (**on** de); **get the ~** quedar al tanto (**on** de); **low-e'mis•sion** *adj* MOT de baja emisión

**low•er** ['loʊər] *v/t to the ground, hemline, price* bajar; *flag* arriar; *pressure* reducir

**Low•er Cal•i•for•ni•a** Baja California *f*

**'low-fat** *adj* de bajo contenido graso; **'low-fly•ing** *adj* volando bajo; **low-'income** *adj* de renta baja; **'low•key** *adj* discreto, mesurado; **'low•lands** *npl* tierras *fpl* bajas; **'low post** *in basketball* poste *m* bajo; **low-'pres•sure ar•e•a** zona *f* de bajas presiones, borrasca *f*; **'low sea•son** temporada *f* baja; **low-'ly•ing** *adj* bajo; **low-'spir•it•ed** *adj* desanimado, deprimido; **'low tide** marea *f* baja

**lox** [lɑːks] salmón *m* ahumado

**loy•al** ['lɔɪəl] *adj* leal, fiel (**to** a)

**loy•al•ist** ['lɔɪəlɪst] (*government supporter*) seguidor(a) *m(f)* del régimen; *in Northern Ireland* unionista *m/f*; *in Spanish Civil War* republicano(-a) *m(f)*

**loy•al•ly** ['lɔɪəlɪ] *adv* lealmente, fielmente

**loy•al•ty** ['lɔɪəltɪ] lealtad *f* (**to** a)

**loz•enge** ['lɑːzɪndʒ] **1** *shape* rombo *m* **2** *tablet* pastilla *f*

**LP** [el'piː] *abbr* (= **long-playing record**) LP *m*, disco *m* de larga duración

**L-plate** ['elpleɪt] (placa *f* de la) L *f*

**LSD** [eles'diː] *abbr* (= **lysergic acid diethylamide**) LSD *m*

**Ltd** *abbr* (= **limited**) S.L. (= sociedad *f* limitada)

**LTR** [elti:'ɑːr] *abbr* (= **long-term relationship**) relación *f* sentimental estable

**lu•bri•cant** ['luːbrɪkənt] lubricante *m*

**lu•bri•cate** ['luːbrɪkeɪt] *v/t* lubricar

**lu•bri•ca•tion** [luːbrɪ'keɪʃn] lubricación *f*

**lu•cid** ['luːsɪd] *adj* (*clear, sane*) lúcido

**luck•i•ly** ['lʌkɪlɪ] *adv* afortunadamente, por suerte

**luck•less** ['lʌklɪs] *adj* desafortunado

**luck** [lʌk] suerte *f*; **bad ~** mala suerte; **good ~!** ¡buena suerte!; **wish s.o. ~** desear a alguien (buena) suerte; **be in ~** estar de suerte, tener suerte; **be out of ~** no tener suerte; **that's just my ~!** ¡qué (mala) suerte que tengo!

◆ **luck out** *v/i* F tener mucha suerte

**luck•y** ['lʌkɪ] *adj person, coincidence* afortunado; *day, number* de suerte; **you were ~** tuviste suerte; **she's ~ to be alive** tiene suerte de estar con vida; **that's ~!** ¡qué suerte!

**lu•cra•tive** ['luːkrətɪv] *adj* lucrativo

**lu•cre** ['luːkər]: **filthy ~** cochino dinero *m*

**Lud•dite** ['lʌdaɪt] ludita *m/f*

**lu•di•crous** ['luːdɪkrəs] *adj* ridículo

**lug** [lʌg] *v/t* (*pret & pp* **-ged**) arrastrar

**lug•gage** ['lʌgɪdʒ] equipaje *m*

'**lug•gage al•low•ance** AVIA límite *m* de equipaje; '**lug•gage lock•er** consigna *f* automática; '**lug•gage trol•ley** carro *m* para el equipaje

**luke•warm** ['luːkwɔːrm] *adj water* tibio, templado; *reception* indiferente

**lull** [lʌl] **I** *n in storm, fighting* tregua *f*; *in conversation* pausa *f* **II** *v/t*: **~ s.o. into a false sense of security** dar a alguien una falsa sensación de seguridad; **~ s.o. to sleep** adormecer a alguien

**lul•la•by** ['lʌləbaɪ] canción *f* de cuna, nana *f*

**lum•ba•go** [lʌm'beɪgoʊ] lumbago *m*

**lum•ber**[1] ['lʌmbər] **I** *n* (*timber*) madera *f* **II** *v/t Br*: **get ~ed with sth** F tener que cargar con algo

**lum•ber**[2] ['lʌmbər] *v/i* moverse torpemente

'**lum•ber•jack** leñador(a) *m(f)*; '**lum•ber•mill** aserradero *m*; '**lum•ber•room** *Br* trastero *m*

**lu•mi•nar•y** ['luːmɪnərɪ] lumbrera *m/f*

**lu•mi•nos•i•ty** [luːmɪ'nɑːsətɪ] luminosidad *f*

**lu•mi•nous** ['luːmɪnəs] *adj* luminoso

**lump** [lʌmp] **1** *of sugar, earth* terrón *m* **2** (*swelling*) bulto *m*

◆ **lump together** *v/t* agrupar

**lump 'sum** pago *m* único

**lump•y** ['lʌmpɪ] *adj liquid, sauce* grumoso; *mattress* lleno de bultos

**lu•na•cy** ['luːnəsɪ] locura *f*

**lu•nar** ['luːnər] *adj* lunar

**lu•na•tic** ['luːnətɪk] lunático(-a) *m(f)*, loco(-a) *m(f)*

**lunch** [lʌntʃ] almuerzo *m*, comida *f*; **have ~** almorzar, comer

'**lunch box** fiambrera *f*

'**lunch break** pausa *f* para el almuerzo

**lunch•eon meat** ['lʌntʃən] fiambre *m* enlatado

'**lunch hour** hora *f* del almuerzo

'**lunch•time** hora *f* del almuerzo

**lung** [lʌŋ] pulmón *m*; **shout at the top of one's ~s** gritar a pleno pulmón

'**lung can•cer** cáncer *m* de pulmón

**lunge** [lʌndʒ] arremetida *f*; **make a ~ for sth** abalanzarse sobre algo

◆ **lunge at** *v/t* arremeter contra

**lurch**[1] [lɜːrtʃ] *v/i of drunk* tambalearse; *of ship* dar sacudidas

**lurch**[2] [lɜːrtʃ] *n*: **leave s.o. in the ~** dejar a alguien tirado

**lure** [lʊr] **I** *n* atractivo *m* **II** *v/t* atraer; **he was ~d into a trap** le hicieron caer en una trampa; **she ~d him into her hotel room** lo sedujo para llevarlo a su habitación del hotel

◆ **lure away** v/t *from TV etc* apartar (*from* de); *from another company* hacer salir (*from* de)

**lu•rid** ['lʊrɪd] *adj color* chillón; *details* espeluznante

**lurk** [lɜːrk] v/i *of person* estar oculto, estar al acecho

**lus•cious** ['lʌʃəs] *adj* **1** *fruit, dessert* jugoso, exquisito **2** F *woman, man* cautivador

**lush** [lʌʃ] *adj vegetation* exuberante

**lust** [lʌst] lujuria f

◆ **lust after** v/t *person* desear; *object* anhelar

**lus•ter** ['lʌstər] lustre m; *fig* lustre m, esplendor m

**lust•ful** ['lʌstfʊl] *adj* lujurioso

**lus•tre** *Br* ☞ **luster**

**lute** [luːt] MUS laúd m

**Lux•em•bourg** ['lʌksəmbɜːrg] Luxemburgo m

**Lux•em•bourg•er** ['lʌksəmbɜːrgər] luxemburgués(-esa) m(f)

**lux•u•ri•ant** [lʌgˈʒʊriənt] *adj* exuberante

**lux•u•ri•ate** [lʌgˈʒʊrieɪt] v/i *in bath, bed* relajarse

**lux•u•ri•ous** [lʌgˈʒʊriəs] *adj* lujoso

**lux•u•ri•ous•ly** [lʌgˈʒʊriəsli] *adv* lujosamente

**lux•u•ry** ['lʌkʃəri] I *n* lujo m II *adj* de lujo

**ly•chee** [laɪ'tʃi] BOT lichi m

**lye** [laɪ] CHEM lejía f

**ly•ing** ['laɪɪŋ] I *present participle* ☞ **lie**[2] II *adj* mentiroso

**lymph gland** ['lɪmfglænd] ganglio m linfático

**lymph node** ['lɪmfnoʊd] ANAT nódulo m linfático

**lynch** [lɪntʃ] v/t linchar

**lynx** [lɪŋks] ZO lince m

**lynx-eyed** ['lɪŋksaɪd] *adj fig* con ojos de lince

**lyr•ic** ['lɪrɪk] *adj* lírico

**lyr•i•cal** ['lɪrɪkl] *adj* **1** lírico **2**: *wax ~ about sth* ensalzar algo

**lyr•i•cist** ['lɪrɪsɪst] letrista m/f

**lyr•ics** ['lɪrɪks] *npl* letra f

# M

**MA** [emˈeɪ] *abbr* (= *Master of Arts*) Máster m en Humanidades

**ma'am** [mæm] señora f

**mac** [mæk] F (*mackintosh*) impermeable m

**ma•ca•bre** [məˈkɑːbrə] *adj* macabro

**mac•a•ro•ni** [mækəˈroʊni] macarrones *mpl*

**mac•a•ro•ni and 'cheese** macarrones *mpl* con queso

**mace** [meɪs] *of mayor* maza f

**Mach** [mæk]: *fly at ~ two* volar a Mach 2

**ma•che•te** [məˈʃetɪ] machete m

**ma•chine** [məˈʃiːn] I *n* máquina f II *v/t with sewing machine* coser a máquina; TECH trabajar a máquina

**ma'chine gun** ametralladora f

**ma•chine-'read•a•ble** *adj* legible por la computadora *or Span* el ordenador

**ma•chin•e•ry** [məˈʃiːnəri] *also of government* maquinaria f

**ma'chine tool** máquina f herramienta; **ma•chine trans•la•tion** traducción f automática; **ma•chine 'wash•a•ble** *adj* lavable a máquina

**ma•chis•mo** [məˈkɪzmoʊ] machismo m

**mach•o** ['mætʃoʊ] *adj* macho; *stop being so ~* deja de hacerte el macho

**mack•er•el** ['mækrəl] caballa f

**mack•in•tosh** ['mækɪntɑːʃ] impermeable m

**mac•ro** ['mækroʊ] COMPUT macro m

**mac•ro•bi•ot•ic** [mækroʊbaɪˈɑːtɪk] *adj* macrobiótico

**mac•ro•cosm** ['mækroʊkɑːzəm] macrocosmos m *inv*

**macro•ec•o•nom•ics** [mækroʊiːkəˈnɑːmɪks] *nsg* macroeconomía f

**mad** [mæd] *adj* **1** (*insane*) loco; *a ~ idea* una idea disparatada; *be ~ about* F estar loco por; *drive s.o. ~* volver loco a alguien; *go ~* (*become insane, with enthusiasm*) volverse loco; *like ~* F *run, work* como un loco F **2** F (*angry*) enfadado; *Pa got real ~ when I told him* papá se puso hecho una furia cuando se lo conté

**'mad•cap** *adj* disparatado

**mad 'cow dis•ease** enfermedad *f or* mal *m* de las vacas locas

**mad•den** ['mædən] *v/t* (*infuriate*) sacar de quicio

**mad•den•ing** ['mædnɪŋ] *adj* exasperante

**mad•den•ing•ly** ['mædnɪŋlɪ] *adv* exasperantemente

**made** [meɪd] *pret & pp* ☞ **make**

**made-to-'meas•ure** *adj clothes* hecho a medida; **made-to-'or•der** *adj fig* a medida; **'made-up** *adj* **1** *story etc* inventado **2** *with make-up on* maquillado

**'mad•house** *fig* casa *f* de locos

**mad•ly** ['mædlɪ] *adv* como loco; **~ in love** locamente enamorado

**mad•man** ['mædmən] loco *m*

**mad•ness** ['mædnɪs] locura *f*; **that's sheer ~** eso es una auténtica locura

**Ma•don•na** [mə'dɑːnə] madona *f*

**'mad•wom•an** loca *f*

**Ma•fi•a** ['mɑːfɪə]: **the ~** la mafia

**ma•fi•o•so** [mɑːfɪ'oʊsoʊ] (*pl* **-sos, mafiosi** [mɑːfɪ'oʊsɪ]) mafioso *m*

**mag•a•zine** [mægə'ziːn] *printed* revista *f*

**mag•a'zine rack** revistero *m*

**Ma•gel•lan straits** [məgelən'streɪts] *npl* Estrecho *m* de Magallanes

**ma•gen•ta** [mə'dʒentə] *adj* magenta

**mag•got** ['mægət] gusano *m*

**Ma•gi** ['meɪdʒaɪ] REL: **the ~** los Reyes Magos

**mag•ic** ['mædʒɪk] **I** *n* magia *f*; **as if by ~, like ~** como por arte de magia **II** *adj* mágico; **there's nothing ~ about it** no tiene nada de mágico

**mag•i•cal** ['mædʒɪkl] *adj* mágico

**mag•i•cal•ly** ['mædʒɪklɪ] *adv* mágicamente

**mag•ic 'car•pet** alfombra *f* mágica

**ma•gi•cian** [mə'dʒɪʃn] *performer* mago(-a) *m(f)*

**mag•ic 'spell** hechizo *m*; **mag•ic 'trick** truco *m* de magia; **mag•ic 'wand** varita *f* mágica

**mag•is•trate** ['mædʒɪstreɪt] LAW juez *m/f* de primera instancia

**mag•na•nim•i•ty** [mægnə'nɪmətɪ] magnanimidad *f*

**mag•nan•i•mous** [mæg'nænɪməs] *adj* magnánimo

**mag•nate** ['mægneɪt] magnate *m/f*

**mag•ne•sia** [mæg'niːʃə] CHEM magne-

**sia** *f*

**mag•ne•si•um** [mæg'niːzɪəm] CHEM magnesio *m*

**mag•net** ['mægnət] imán *m*

**mag•net•ic** [mæg'netɪk] *adj* magnético; *fig: personality* cautivador

**mag•net•ic 'stripe** banda *f* magnética

**mag•net•ism** ['mægnətɪzəm] *of person* magnetismo *m*

**mag•net•ize** ['mægnətaɪz] *v/t* magnetizar

**mag•ni•fi•ca•tion** [mægnɪfɪ'keɪʃn] ampliación *f*

**mag•nif•i•cence** [mæg'nɪfɪsəns] magnificencia *f*

**mag•nif•i•cent** [mæg'nɪfɪsənt] *adj* magnífico

**mag•nif•i•cent•ly** [mæg'nɪfɪsəntlɪ] *adv* magníficamente

**mag•ni•fy** ['mægnɪfaɪ] *v/t* (*pret & pp* **-ied**) aumentar; *difficulties* magnificar

**mag•ni•fy•ing glass** ['mægnɪfaɪɪŋ] lupa *f*

**mag•ni•tude** ['mægnɪtuːd] magnitud *f*

**mag•no•li•a** [mæg'noʊlɪə] BOT magnolia *f*

**mag•num** ['mægnəm] *botella de un litro y medio*

**mag•num 'o•pus** obra *f* maestra

**mag•pie** ['mægpaɪ] urraca *f*

**ma•hog•a•ny** [mə'hɑːgənɪ] caoba *f*

**maid** [meɪd] *servant* criada *f*; *in hotel* camarera *f*

**maid•en name** ['meɪdn] apellido *m* de soltera

**maid•en 'voy•age** viaje *m* inaugural

**mail** [meɪl] **I** *n* correo *m*; **put sth in the ~** echar algo al correo **II** *v/t letter* enviar (por correo)

**'mail•box** *also* COMPUT buzón *m*

**'mail car•ri•er** cartero(-a) *m(f)*

**mail•ing list** ['meɪlɪŋlɪst] lista *f* de direcciones

**'mail•man** cartero *m*; **'mail•merge program** programa *m* de fusión de correo; **mail-'or•der cat•a•log**, *Br* **mail-'or•der cat•a•logue** catálogo *m* de venta por correo; **mail-'or•der firm** empresa *f* de venta por correo; **'mail•shot** mailing *m*

**maim** [meɪm] *v/t* mutilar

**main** [meɪn] *adj* principal; **she's alive, that's the ~ thing** está viva, que es lo principal 'main **course** plato *m* principal; **main** 'en•trance entrada *f* principal; 'main•frame computadora *f* central, *Span* ordenador *m* central; 'main•land tierra *f* firme; **on the ~** en el continente; 'main•line I *n* RAIL línea *f* principal II *adj* tradicional III *v/t* P picarse

main•ly ['meɪnlɪ] *adv* principalmente

main 'road carretera *f* general

mains ['meɪnz] *for electricity* red *f* eléctrica; *for gas* conducción *f* general; **run a machine off the ~** funcionar una máquina por conexión a la red

'mains a•dapt•er ELEC adaptador *m*

'main•stay *fig* pilar *m*; 'main•stream I *n*: **the ~** la corriente principal II *adj* predominante, convencional; 'main **street** calle *f* principal

main•tain [meɪn'teɪn] *v/t* mantener

main•te•nance ['meɪntənəns] **1** *of building, machine* mantenimiento *m* **2** *after divorce* pensión *f* alimenticia

'main•te•nance **costs** *npl* gastos *mpl* de mantenimiento

'main•te•nance **staff** personal *m* de mantenimiento

mai•tre d' [meɪtər'diː] maître *m/f*

maize [meɪz] *esp Br* maíz *m*

ma•jes•tic [mə'dʒestɪk] *adj* majestuoso

ma•jes•ty ['mædʒestɪ] majestuosidad *f*; **Her Majesty** Su Majestad

ma•jor ['meɪdʒər] I *adj* (*significant*) importante, principal; **in C ~** MUS en C mayor II *n* MIL comandante *m*

♦ **major in** *v/t* especializarse en

Ma•jor•ca [mə'jɔːrkə] Mallorca *f*

Ma•jor•can [mə'dʒɔːrkən] *adj* mallorquín

ma•jor•ette [meɪdʒə'ret] majorette *f*

ma•jor•i•ty [mə'dʒɑːrətɪ] *also* POL mayoría *f*; **be in the ~** ser mayoría

ma•jor•i•ty de•ci•sion decisión *f* por mayoría, decisión *f* mayoritaria

ma'jor•i•ty hold•ing participación *f* mayoritaria

ma•jor-league ['meɪdʒərliːg] *adj* SP de la liga mayor *or* principal; *fig* de primera línea

make [meɪk] I *n* (*brand*) marca *f* II *v/t* (*pret & pp* **made**) **1** hacer; *cars* fabricar, producir; *movie* rodar; **made in Japan** hecho en Japón; **~ a decision** tomar una decisión; **~ it** (*catch bus, train*) llegar a tiempo; (*come*) ir; (*succeed*) tener éxito; (*survive*) sobrevivir;

*Br* **what time do you ~ it?** ¿qué hora llevas?; **~ believe** imaginarse; **~ do with** conformarse con; **what do you ~ of it?** ¿qué piensas?; **they were made for each other** estaban hechos el uno para el otro; **you're just made for this job** es el trabajo perfecto para ti; **it made him a hero** lo convirtió en heroe; **he's got it made** F lo tiene todo resuelto

**2** *speech* pronunciar

**3** (*earn*) ganar

**4** MATH hacer; **two and two ~ four** dos y dos son cuatro

**5**: **~ s.o. do sth** (*force to*) obligar a alguien a hacer algo; (*cause to*) hacer que alguien haga algo; **you can't ~ me do it!** ¡no puedes obligarme a hacerlo!; **~ s.o. happy** hacer feliz a alguien; **~ s.o. angry** enfadar a alguien

♦ **make for** *v/t* **1** (*go toward*) dirigirse hacia **2**: **it doesn't make for a good working atmosphere** esto no contribuye a crear una buena atmósfera de trabajo

♦ **make off** *v/i* escaparse

♦ **make off with** *v/t* (*steal*) llevarse

♦ **make out** I *v/t* **1** *list* hacer, elaborar **2** *check* extender **3** (*see*) distinguir **4** (*imply*) pretender; **you're making me out to be something I'm not** estás dando una imagen de mí que no es cierta II *v/i* **1** (*manage*) apañarse, arreglarse **2** P *kiss etc* meterse mano

♦ **make over** *v/t* (*transfer*) ceder (**to** a)

♦ **make up** I *v/i* **1** *of woman, actor* maquillarse **2** *after quarrel* reconciliarse II *v/t* **1** *story, excuse* inventar **2** *face* maquillar **3** (*constitute*) suponer, formar; **be made up of** estar compuesto de **4**: **make up one's mind** decidirse; **make it up** *after quarrel* reconciliarse

♦ **make up for** *v/t* compensar por

♦ **make up to** *v/t* (*be nice to*) hacer la pelota a

'make-be•lieve ficción *f*, fantasía *f*

'make•o•ver *of person* transformación *f*; *of building* renovación *f*; **give s.o. a ~** hacer una transformación a alguien; **give sth a ~** renovar algo

mak•er ['meɪkər] (*manufacturer*) fabricante *m*; **go to meet one's ~** *hum* irse al otro barrio; **Our Maker** nuestro Creador, nuestro Dios

make•shift ['meɪkʃɪft] *adj* improvisado;

'make-up (*cosmetics*) maquillaje *m*; **she doesn't use** ~ no se maquilla, no se pinta; 'make-up bag bolsa *f* del maquillaje; 'make-up re•mo•ver desmaquillador *m*

mak•ing ['meɪkɪŋ] (*manufacture*) fabricación *f*; (*of movie*) realización *f*, rodaje *m*; **it was twelve years in the** ~ llevó doce años hacerlo; **have the** ~**s of** *person* tener madera de; **it'll be the** ~ **of him** eso le acabará de formar como persona; **we're watching history in the** ~ **here** se está haciendo historia; **these problems are of your own** ~ tú mismo te has buscado estos problemas

mal•ad•just•ed [mælə'dʒʌstɪd] *adj* inadaptado

mal•a•prop•ism ['mæləprɑːpɪzəm] gazapo *m*

ma•lar•i•a [mə'lerɪə] malaria *f*

mal•con•tent ['mælkəntent] insatisfecho(-a) *m/f*

Mal•dives ['mældiːvz]: **the** ~ *pl* las Maldivas

male [meɪl] I *adj* (*masculine*) masculino; *animal, bird, fish* macho; ~ **bosses** los jefes varones; **a** ~ **teacher** un profesor II *n man* hombre *m*, varón *m*; *animal, bird, fish* macho *m*

male 'chau•vin•ism machismo *m*; male chau•vin•ist 'pig machista *m*; male 'mod•el modelo *m*; male 'nurse enfermero *m*; male 'pros•ti•tute prostituto *m*

ma•lev•o•lence [mə'levələns] malevolencia *f*

ma•lev•o•lent [mə'levələnt] *adj* malévolo

mal•for•ma•tion [mælfɔːr'meɪʃn] *esp* MED malformación *f*

mal•func•tion [mæl'fʌŋkʃn] I *n* fallo *m* (**in** de) II *v/i* fallar

mal•ice ['mælɪs] malicia *f*; **I bear him no** ~ no pretendo hacerle daño

ma•li•cious [mə'lɪʃəs] *adj* malicioso

ma•lig•nant [mə'lɪgnənt] *adj tumor* maligno; *attitude, remark* perjudicial

ma•lin•ger [mə'lɪŋgər] *v/i* fingir una enfermedad

mall [mɒːl] (*shopping* ~) centro *m* comercial

mal•lard ['mælɑːrd] ánade *m* real

mal•le•a•ble ['mælɪəbl] *adj material*; *personality* maleable

mal•let ['mælɪt] mazo *m*

mal•nour•ished [mæl'nʌrɪʃt] *adj* desnutrido

mal•nu•tri•tion [mælnuː'trɪʃn] desnutrición *f*

mal•prac•tice [mæl'præktɪs] negligencia *f*

malt [mɔːlt] malta *f*

Mal•ta ['mɔːltə] Malta *f*

Mal•tese [mɔːl'tiːz] I *adj* maltés II *n* maltés(-esa) *m(f)*

mal•treat [mæl'triːt] *v/t* maltratar

mal•treat•ment [mæl'triːtmənt] maltrato *m*

malt 'whis•key whisky *m* de malta

mam•mal ['mæml] mamífero *m*

mam•moth ['mæməθ] I *n* ZO mamut *m* II *adj* enorme; *building* mastodóntico

man [mæn] I *n* (*pl* men [men]) **1** hombre *m*; **be one's own** ~ ser dueño de sí mismo; **he took it like a** ~ se lo tomó como un hombre; **the** ~ **of the match** el mejor jugador del partido; **be** ~ **and wife** ser marido y mujer; ~ **about town** socialmente muy activo **2** (*humanity*) el hombre **3** *in checkers* ficha *f* II *v/t* (*pret & pp* -**ned**) *telephones, front desk* atender; *spacecraft* tripular III *int*: **hey** ~, **that's fantastic!** ¡eh tío, eso es genial!

man•age ['mænɪdʒ] I *v/t* **1** *business* dirigir; *money* gestionar **2** *suitcase, stairs, three eggs* poder con; ~ **to do sth** conseguir hacer algo; **could you** ~ **next week?** ¿puedes la semana que viene? II *v/i* (*cope*) arreglárselas

man•age•a•ble ['mænɪdʒəbl] *adj* **1** (*easy to handle*) manejable **2** (*feasible*) factible

man•age•ment ['mænɪdʒmənt] **1** (*managing*) gestión *f*, administración *f* **2** (*managers*) dirección *f*

man•age•ment 'buy•out compra de una empresa por sus directivos; man•age•ment by ob'jec•tives administración *f* por objetivos; man•age•ment con'sult•an•cy consultoría *f* en administración de empresas; man•age•ment con'sult•ant consultor(a) *m(f)* en administración de empresas; 'man•age•ment fee tarifa *f* de gestion *or* administración; 'man•age•ment stud•ies *npl* estudios *mpl* de administración de empresas; 'man•age•ment style estilo *m* de dirección; 'man•age•ment team equipo *m* directivo; 'man•age•ment tool herramienta *f* de dirección

man•ag•er ['mænɪdʒər] *of hotel, company* director(a) *m(f)*; *of shop, restaurant* encargado(-a) *m(f)*

man•ag•er•ess [mænɪdʒə'res] *of hotel, company* directora *f*; *of shop, restaurant* encargada *f*

man•a•ge•ri•al [mænɪ'dʒɪrɪəl] *adj* de gestión; *a ~ post* un puesto directivo

man•ag•ing di•rec•tor [mænɪdʒɪn-daɪ'rektər] director(a) *m(f)* gerente

man•ag•ing 'ed•i•tor director(a) *m(f)* gerente

man•da•rin or•ange [mændərɪn-'ɔːrɪndʒ] mandarina *f*

man•date ['mændeɪt] **I** *n* (*authority*) mandato *m*; (*task*) tarea *f* **II** *v/t*: *be ~d to do sth* recibir el mandato de hacer algo

man•da•to•ry ['mændətɔːrɪ] *adj* obligatorio

mane [meɪn] *of horse* crines *fpl*

man-eat•er ['mæniːtər] *tiger etc* devorador(a) *m(f)* de hombres; F *hum: woman* devoradora *f* de hombres

ma•neu•ver [mə'nuːvər] **I** *n* maniobra *f*; *this leaves us no room for ~* fig esto no nos deja margen de maniobra; *be on ~s* MIL estar de maniobras **II** *v/t* maniobrar; *she ~ed him into giving her the assignment* consiguió convencerle para que le diera el trabajo

man•ful•ly ['mænfəlɪ] *adv* como un hombre

man•ga•nese ['mæŋgəniːz] CHEM manganeso *m*

man•ger ['meɪndʒər] pesebre *m*

mange•tout [mɑːnʒ'tuː] *Br* tirabeque *m*

man•gle ['mæŋgl] *v/t* (*crush*) destrozar

man•go ['mæŋgoʊ] (*pl -go(e)s* ['mæŋ-goʊz]) *fruit, tree* mango *m*

man•grove ['mæŋgroʊv] mangle *m*

man•gy ['meɪndʒɪ] *adj dog etc* sarnoso; *dirty* raído; *hotel* cochambroso

'man•han•dle *v/t* mover a la fuerza; *he was ~d into a truck* lo metieron a la fuerza en un camión

'man•hole boca *f* de alcantarilla; *~ cov•er* tapa *f* de alcantarilla

man•hood ['mænhʊd] **1** (*maturity*) madurez *f* **2** (*virility*) virilidad *f*

'man-hour hora-hombre *f*

'man•hunt persecución *f*

ma•ni•a ['meɪnɪə] (*craze*) pasión *f*

ma•ni•ac ['meɪnɪæk] F chiflado(-a) *m(f)* F

man•ic-de•pres•sive [mænɪkdɪ'presɪv] PSYCH **I** *adj* maniaco-depresivo **II** *n* maniaco(-a)-depresivo(-a) *m(f)*; *be a ~* ser maniaco-depresivo

man•i•cure ['mænɪkjʊr] manicura *f*; *have a ~* hacerse la manicura

man•i•fest ['mænɪfest] **I** *adj* manifiesto **II** *n of airplane, ship* manifiesto *m* **III** *v/t* manifestar; *~ itself* manifestarse

man•i•fes•ta•tion [mænɪfes'teɪʃn] manifestación *f*

man•i•fest•ly ['mænɪfestlɪ] *adv* manifiestamente

man•i•fes•to [mænɪ'festoʊ] (*pl -to(e)s* [mænɪ'festoʊz]) manifiesto *m*

man•i•fold ['mænɪfoʊld] **I** *adj* múltiple **II** *n* TECH colector *m*

ma•nip•u•late [mə'nɪpjəleɪt] *v/t person, bones* manipular

ma•nip•u•la•tion [mənɪpjə'leɪʃn] *of person, bones* manipulación *f*

ma•nip•u•la•tive [mə'nɪpjələtɪv] *adj* manipulador

man'kind la humanidad

man•ly ['mænlɪ] *adj* (*brave*) de hombres; (*strong*) varonil

'man-made *adj fibers, materials* sintético; *crater, structure* artificial

man•ne•quin ['mænɪkɪn] *in store window* maniquí *m*

man•ner ['mænər] *of doing sth* manera *f*, modo *m*; (*attitude*) actitud *f*; *in a ~ of speaking* en cierta manera

man•ner•ism ['mænərɪzəm] *of person* peculiaridad *f*

man•ners ['mænərz] *npl* modales *mpl*; *good / bad ~* buena / mala educación; *have no ~* ser un maleducado

ma•noeu•vre *Br* ☞ *maneuver*

man•or ['mænər] *Br.* *~ (house)* casa *f* solariega

'man•pow•er (*workers*) mano *f* de obra; *for other tasks* recursos *mpl* humanos

man•sion ['mænʃn] mansión *f*

'man•slaugh•ter *Br* homicidio *m* sin premeditación

man•tel•piece ['mæntlpiːs] repisa *f* de chimenea

man-to-'man *adj talk* de hombre a

hombre; ~ **defense** *in basketball* defensa *f* al hombre

**man•u•al** ['mænjʊəl] **I** *adj* manual **II** *n* manual *m*

**man•u•al•ly** ['mænjʊəlɪ] *adv* a mano

**man•u•fac•ture** [mænjʊ'fæktʃər] **I** *n* fabricación *f* **II** *v/t equipment* fabricar

**man•u•fac•tur•er** [mænjʊ'fæktʃərər] fabricante *m/f*

**man•u•fac•tur•ing** [mænjʊ'fæktʃərɪŋ] *adj industry* manufacturero

**man•u•fac•tur•ing com•pa•ny** industria *f*

**ma•nure** [mə'nʊr] estiércol *m*

**man•u•script** ['mænjʊskrɪpt] manuscrito *m*

**man•y** ['menɪ] **I** *adj* muchos; **take as ~ apples as you like** toma todas las manzanas que quieras; **not ~ people / taxis** no mucha gente / muchos taxis; **too ~ problems / beers** demasiados problemas / demasiadas cervezas **II** *pron* muchos; **a great ~, a good ~** muchos; **how ~ do you need?** ¿cuántos necesitas?; **as ~ as 200 are still missing** hay hasta 200 desaparecidos

**'man-year** año-hombre *m*

**man•y-sid•ed** [menɪ'saɪdɪd] *adj person,* polifacético; *problem* con muchas derivaciones

**map** [mæp] mapa *m*; **put a town on the ~** *fig* dar a conocer una ciudad

◆ **map out** *v/t* (*pret & pp* **-ped**) proyectar

**ma•ple** ['meɪpl] arce *m*

**ma•ple 'syr•up** jarabe *m* de arce

**mar** [mɑːr] *v/t* (*pret & pp* **-red**) empañar

**mar•a•thon** ['mærəθɑːn] *race* maratón *m or f*

**'mar•a•thon run•ner** corredor(a) *m(f)* de maratón

**ma•raud•er** [mə'rɔːdər] merodeador(a) *m(f)*

**mar•ble** ['mɑːrbl] **1** *material* mármol *m* **2** *for child's game* canica *f*

**March** [mɑːrtʃ] marzo *m*

**march** [mɑːrtʃ] **I** *n* marcha *f* **II** *v/i* marchar

◆ **march off I** *v/i* MIL emprender la marcha; *of person* irse a toda marcha **II** *v/t*: **march s.o. off** llevarse a alguien

**march•er** ['mɑːrtʃər] manifestante *m/f*

**march•ing or•ders** ['mɑːrtʃɪŋɔːrdərz]: **get one's ~** *fig* F ser mandado a paseo

**Mar•di Gras** ['mɑːrdɪgrɑː] martes *m inv* de Carnaval

**mare** [mer] yegua *f*

**mar•ga•rine** [mɑːrdʒə'riːn] margarina *f*

**mar•gin** ['mɑːrdʒɪn] *also* COM margen *m*

**mar•gin•al** ['mɑːrdʒɪnl] *adj* (*slight*) marginal

**mar•gin•al•ize** ['mɑːrdʒɪnəlaɪz] *v/t* marginar; **feel ~d** sentirse marginado

**mar•gin•al•ly** ['mɑːrdʒɪnlɪ] *adv* (*slightly*) ligeramente

**mar•i•hua•na, mar•i•jua•na** [mærɪ'hwɑːnə] marihuana *f*

**ma•ri•na** [mə'riːnə] puerto *m* deportivo

**mar•i•nade** [mærɪ'neɪd] adobo *m*

**mar•i•nate** ['mærɪneɪt] *v/t* adobar, marinar

**ma•rine** [mə'riːn] **I** *adj* marino **II** *n* MIL marine *m/f*, infante *m/f* de marina; **tell that to the ~s!** F ¡cuéntaselo a tu abuela!

**ma•rine bill of lad•ing** ['leɪdɪŋ] conocimiento *m* de embarque marítimo

**mar•i•o•nette** [mærɪə'net] marioneta *f*

**mar•i•tal** ['mærɪtl] *adj* marital

**mar•i•tal 'sta•tus** estado *m* civil

**mar•i•time** ['mærɪtaɪm] *adj* marítimo

**mar•jo•ram** ['mɑːrdʒərəm] mejorana *f*

**mark**[1] [mɑːrk] **I** *n* **1** señal *f*, marca *f*; (*stain*) marca *f*, mancha *f*; (*trace*) señal *f*; **leave one's ~** dejar huella; **be wide of the ~** equivocarse por mucho; **be up to the ~** *meet required standards* estar a la altura; *in health* encontrarse bien; **on your ~s!** SP ¡preparados!, en sus marcas; **be quick / slow off the ~** *starting to do sth* salir rápido / despacio; *understand* ser rápido / despacio **2** (*sign, token*) signo *m*, señal *f*; **as a ~ of our appreciation** como muestra de nuestro aprecio **3** EDU *esp Br* nota *f* **II** *v/t* **1** (*stain*) manchar **2** EDU *esp Br* calificar **3** (*indicate, commemorate*) marcar **4** *in soccer* marcar **III** *v/i of fabric* mancharse

◆ **mark down** *v/t goods* rebajar

◆ **mark out** *v/t with a line etc* marcar; *fig* (*set apart*) distinguir

◆ **mark up** *v/t price* subir; *goods* subir de precio

**mark**[2] [mɑːrk] *n* FIN marco *m*

**marked** [mɑːrkt] *adj* (*definite*) marcado, notable

**mark•ed•ly** ['mɑːrkədlɪ] *adv* notablemente

**mark•er** ['mɑːrkər] (*highlighter*) rotulador *m*

**mar•ket** ['mɑːrkɪt] **I** *n* mercado *m*; (*stock* ~) bolsa *f*; **on the** ~ en el mercado; **there's no** ~ **for …** no hay mercado para…; **bring a product to** ~ introducir un producto en el mercado, sacar un producto al mercado; **put one's house on the** ~ poner la casa a la venta **II** *v/t* comercializar

**mar•ket•a•ble** ['mɑːrkɪtəbl] *adj* comercializable

**mar•ket 'an•a•lyst** analista *m/f* de mercados; **'mar•ket day** día *m* de mercado; **mar•ket e'con•o•my** economía *f* de mercado; **'mar•ket for•ces** *npl* fuerzas *fpl* del mercado

**mar•ket•ing** ['mɑːrkɪtɪŋ] marketing *m*

**'mar•ket•ing cam•paign** campaña *f* de marketing; **'mar•ket•ing de•part•ment** departamento *m* de marketing; **'mar•ket•ing mix** marketing mix *m*, *el producto, el precio, la distribución y la promoción*; **'mar•ket•ing strat•e•gy** estrategia *f* de marketing

**mar•ket 'lead•er** líder *m* del mercado; **mar•ket 'mak•er** creador(a) *m(f)* de mercado; **'mar•ket•place** *in town* plaza *f* del mercado; *for commodities* mercado *m*; **mar•ket re'search** investigación *f* de mercado; **mar•ket 're•search com•pa•ny** empresa *f* de estudio de mercados; **mar•ket 'share** cuota *f* de mercado; **mar•ket 'sur•vey** estudio *m* de mercado ; **mar•ket 'val•ue** valor *m* de mercado

**mark•ing** ['mɑːrkɪŋ] **1** EDU *esp Br* corrección *f* **2** *in soccer* marcaje *m*

**mark•ings** ['mɑːrkɪŋz] *on animal* manchas *fpl*; *on airplane* distintivo *m*

**marks•man** ['mɑːrksmən] tirador *m*

**'mark-up** margen *m*

**mar•lin** ['mɑːrlɪn] aguja *f*

**mar•ma•lade** ['mɑːrməleɪd] mermelada *f* de naranja

**ma•roon** [mə'ruːn] *adj* granate

**ma•rooned** [mə'ruːnd]: **be** ~ quedarse aislado

**mar•quee** [mɑːr'kiː] carpa *f*

**mar•riage** ['mærɪdʒ] matrimonio *m*; *event* boda *f*

**'mar•riage cer•tif•i•cate** certificado *m* de matrimonio; **mar•riage 'guid•ance coun•se•lor** consejero(-a) *m(f)* matrimonial; **'mar•riage vows** *pl* votos *mpl* matrimoniales

**mar•ried** ['mærɪd] *adj* casado; **be** ~ **to** estar casado con

**mar•ried 'cou•ple** matrimonio *m*

**mar•ried 'life** vida *f* matrimonial

**mar•row** ['mæroʊ] ANAT médula *f*; *Br* **be frozen to the** ~ estar helado hasta los tuétanos

**mar•ry** ['mærɪ] *v/t* (*pret & pp -ied*) casarse con; *of priest* casar; **get married** casarse (**to** con); ~ **me** cásate conmigo

◆ **marry into** *v/t*: **marry into a rich family** casarse con alguien de una familia adinerada

◆ **marry off** *v/t* casar

**marsh** [mɑːrʃ] pantano *m*, ciénaga *f*

**mar•shal** ['mɑːrʃl] *in police* jefe(-a) *m(f)* de policía; *in security service* miembro *m* del servicio de seguridad

**'marsh•land** zona *f* pantanosa

**marsh•mal•low** [mɑːrʃ'mæloʊ] *dulce de consistencia blanda*

**marsh•y** ['mɑːrʃɪ] *adj* pantanoso

**mar•su•pi•al** [mɑːr'suːpɪəl] marsupial *m*

**mar•ten** ['mɑːrtɪn] ZO marta *f*

**mar•tial arts** [mɑːrʃl'ɑːrts] *npl* artes *fpl* marciales

**mar•tial 'law** ley *f* marcial

**Mar•tian** ['mɑːrʃn] marciano(-a) *m(f)*

**mar•ti•ni** [mɑːr'tiːnɪ] martini *m*

**mar•tyr** ['mɑːrtər] mártir *m/f*; **make a** ~ **of o.s.** *fig* hacerse el mártir

**mar•tyr•dom** ['mɑːrtərdəm] martirio *m*

**mar•tyred** ['mɑːrtərd] *adj fig* de mártir

**mar•vel** ['mɑːrvl] maravilla *f*

◆ **marvel at** *v/t* (*pret & pp -ed*, *Br -led*) maravillarse de

**mar•ve•lous**, *Br* **mar•vel•lous** ['mɑːrvələs] *adj* maravilloso

**Marx•ism** ['mɑːrksɪzm] marxismo *m*

**Marx•ist** ['mɑːrksɪst] **I** *adj* marxista **II** *n* marxista *m/f*

**mar•zi•pan** ['mɑːrzɪpæn] mazapán *m*

**mas•ca•ra** [mæ'skærə] rímel *m*

**mas•cot** ['mæskət] mascota *f*

**mas•cu•line** ['mæskjʊlɪn] *adj* masculino

**mas•cu•lin•i•ty** [mæskjʊ'lɪnətɪ] (*viri-*

*lity)* masculinidad *f*

**mash** [mæʃ] *v/t* hacer puré de, majar

**mashed po'ta•toes** [mæʃt] *npl* puré *m* de patatas *or L.Am.* papas

**mask** [mæsk] **I** *n* máscara *f; to cover mouth, nose* mascarilla *f* **II** *v/t feelings* enmascarar

**mask•ing tape** ['mæskɪŋ] cinta *f* adhesiva de pintor

**mas•o•chism** ['mæsəkɪzm] masoquismo *m*

**mas•o•chist** ['mæsəkɪst] masoquista *m/f*

**mas•o•chis•tic** [mæsə'kɪstɪk] *adj* masoquista

**ma•son** ['meɪsn] *craftsman* cantero *m*

**ma•son•ic** [mə'sɑːnɪk] *adj* masón

**ma•son•ry** ['meɪsnrɪ] albañilería *f*

**mas•que•rade** [mæskə'reɪd] **I** *n fig* mascarada *f* **II** *v/i:* **~ as** hacerse pasar por

**mass**¹ [mæs] **I** *n (great amount)* gran cantidad *f; (body)* masa *f;* **the ~es** las masas; **~es of** F un montón de F **II** *v/i* concentrarse

**mass**² [mæs] *n* REL misa *f;* **go to ~** ir a misa; **say ~** decir misa

**mas•sa•cre** ['mæsəkər] **I** *n* masacre *f,* matanza *f;* F *in sport* paliza *f* **II** *v/t* masacrar; F *in sport* dar una paliza a

**mas•sage** ['mæsɑːʒ] **I** *n* masaje *m* **II** *v/t* dar un masaje en; *figures* maquillar

**'mas•sage par•lor,** *Br* **'mas•sage par•lour** salón *m* de masajes

**mas•seur** [mæ'sɜːr] masajista *m*

**mas•seuse** [mæ'sɜːrz] masajista *f*

**mas•sive** ['mæsɪv] *adj* enorme; *heart attack* muy grave

**mas•sive•ly** ['mæsɪvlɪ] *adv* enormemente

**mass 'mar•ket** mercado *m* de masas; **mass 'me•di•a** *npl* medios *mpl* de comunicación; **mass 'mur•der** matanza *f;* **mass 'mur•der•er** asesino(-a) *m(f)* múltiple; **mass-pro'duce** *v/t* fabricar en serie; **mass pro'duc•tion** fabricación *f* en serie; **go into ~** empezar a ser fabricado en serie; **mass 'tran•sit, mass-trans•por'ta•tion** transporte *m* público; **mass un•em'ploy•ment** desempleo *m* masivo

**mast** [mæst] **1** *of ship* mástil *m* **2** *for radio signal* torre *f*

**mas•ter** ['mæstər] **I** *n of dog* dueño *m,* amo *m; of ship* patrón *m;* **be a ~ of** ser

un maestro de; **be one's own ~** ser dueño de sí mismo **II** *v/t skill, language, situation* dominar

**'mas•ter bed•room** dormitorio *m* principal

**'mas•ter cop•y** copia *f* maestra

**mas•ter•ful** ['mɑːstərfʊl] *adj* magistral

**'mas•ter fuse** ELEC fusible *m* principal

**'mas•ter key** llave *f* maestra

**mas•ter•ly** ['mæstərlɪ] *adj* magistral

**'mas•ter•mind I** *n* cerebro *m* **II** *v/t* dirigir, organizar; **Mas•ter of 'Arts** Máster *m* en Humanidades; **mas•ter of 'cer•e•mo•nies** maestro *m* de ceremonias; **'mas•ter•piece** obra *f* maestra; **'master's (de•gree)** máster *m;* **'mas•ter•stroke** golpe *m* maestro; **'mas•ter•switch** interruptor *m* principal

**mas•ter•y** ['mæstərɪ] *n* dominio *m*

**mas•ti•cate** ['mæstɪkeɪt] *v/t* masticar

**mas•ti•ca•tion** [mæstɪ'keɪʃn] masticación *f*

**mas•tiff** ['mæstɪf] ZO mastín *m*

**mas•tur•bate** ['mæstərbeɪt] *v/i* masturbarse

**mas•tur•ba•tion** [mæstər'beɪʃn] masturbación *f*

**mat** [mæt] **1** *for floor* estera *f* **2** *for table* salvamanteles *m inv*

**match**¹ [mætʃ] *n for cigarette* cerilla *f,* fósforo *m*

**match**² [mætʃ] **I** *n* SP partido *m; in chess* partida *f;* **be no ~ for s.o.** no estar a la altura de alguien; **meet one's ~** encontrar la horma de su zapato **II** *v/t (be the same as)* coincidir con; *(be in harmony with)* hacer juego con; *(equal)* igualar **III** *v/i of colors, patterns* hacer juego

◆ **match up to** estar a la altura de

**'match•box** caja *f* de cerillas

**match•ing** ['mætʃɪŋ] *adj* a juego

**match•less** ['mætʃlɪs] *adj* sin igual

**'match•mak•er** casamentero(-a) *m(f);* **match 'point** *in tennis* punto *m* de partido; **'match•stick** cerilla *f,* fósforo *m*

**mate**¹ [meɪt] ☞ **checkmate**

**mate**² [meɪt] **I** *n* **1** *of animal* pareja *f* **2** NAUT oficial *m/f* **II** *v/i* aparearse; **these birds ~ for life** estas aves viven con la misma pareja toda la vida

**ma•te•ri•al** [mə'tɪrɪəl] **I** *n* **1** *(fabric)* tejido *m* **2** *(substance)* material *m;* **~s** materiales *mpl* **II** *adj* material

**ma•te•ri•al•ism** [mə'tɪrɪəlɪzm] materialismo *m*

ma•te•ri•al•ist [mə'tɪrɪəlɪst] materialista *m/f*

ma•te•ri•al•is•tic [mətɪrɪə'lɪstɪk] *adj* materialista

ma•te•ri•al•ize [mə'tɪrɪəlaɪz] *v/i* **1** (*appear*) aparecer **2** (*come into existence*) hacerse realidad

ma•ter•nal [mə'tɜ:rnl] *adj* maternal

ma•ter•ni•ty [mə'tɜ:rnətɪ] maternidad *f*

ma'ter•ni•ty clothes *npl* ropa *f* premamá; ma'ter•ni•ty dress vestido *m* premamá; ma'ter•ni•ty leave baja *f* por maternidad; **be on** ~ estar de baja *or* tener la baja por maternidad; ma'ter•ni•ty ward pabellón *m* de maternidad

mat•ey ['meɪtɪ] *adj Br* F: **be** ~ **with s.o.** ser muy amigo de alguien

math [mæθ] matemáticas *fpl*

math•e•mat•i•cal [mæθə'mætɪkl] *adj* matemático

math•e•ma•ti•cian [mæθmə'tɪʃn] matemático(-a) *m(f)*

math•e•mat•ics [mæθ'mætɪks] *nsg* matemáticas *fpl*

maths *Br* ☞ **math**

mat•i•née ['mætɪneɪ] sesión *f* de tarde

mat•ing ['meɪtɪŋ] ZO apareamiento *m*

'mat•ing rit•u•al ritual *m* de apareamiento

'mat•ing sea•son época *f* de celo

ma•tri•arch ['meɪtrɪɑ:rk] matriarca *f*

ma•tri•arch•al [meɪtrɪ'ɑ:rkəl] matriarcal

ma•tri•arch•y ['meɪtrɪɑ:rkɪ] matriarcado *m*

ma•tri•ces ['meɪtrɪsi:z] *pl* ☞ **matrix**

ma•tric•u•late [mə'trɪkjʊleɪt] *v/i* matricularse

ma•tric•u•la•tion [mətrɪkjʊ'leɪʃn] matriculación *f*

mat•ri•mo•ni•al [mætrə'moʊnɪəl] *adj* matrimonial

mat•ri•mo•ny ['mætrəmoʊnɪ] matrimonio *m*

ma•trix ['meɪtrɪks] (*pl* **matrices** ['meɪtrɪsi:z], **matrixes** ['meɪtrɪksəz]) TECH, MATH matriz *f*

ma•tron ['meɪtrən] *Br in hospital* enfermera *f* jefe

ma•tron•ly ['meɪtrənlɪ] *adj* matronil

ma•tron of 'hon•or, *Br* ma•tron of 'hon•our dama *f* de honor

matt [mæt] *adj* mate

mat•ter ['mætər] **I** *n* **1** (*affair*) asunto *m*; **you're only making ~s worse** sólo estás empeorando las cosas; **as a ~ of course** automáticamente; **as a ~ of fact** de hecho; **what's the ~?** ¿qué pasa?; **is there anything the ~ with that?** ¿hay algo malo en eso?; **no ~ what she says** diga lo que diga; **no ~ how hard I try** por mucho que lo intente; **no ~** no importa; **that's a ~ of opinion** eso es una cuestión de opinión; **it's just a ~ of time** es sólo cuestión de tiempo; **I'll raise the ~ with him** hablaré con él del asunto; **it took a ~ of seconds** llevó unos pocos segundos; **as ~s stand** tal y como están las cosas **2** PHYS materia *f*

**II** *v/i* importar; **it doesn't** ~ no importa

mat•ter-of-'fact *adj* tranquilo

mat•tress ['mætrɪs] colchón *m*

ma•ture [mə'tʃʊr] **I** *adj* maduro **II** *v/i* **1** *of person* madurar **2** *of insurance policy etc* vencer

ma•tu•ri•ty [mə'tʃʊrətɪ] **1** *of person* madurez *f* **2** *of insurance policy etc* vencimiento *m*

ma'tu•ri•ty date FIN fecha *f* de vencimiento

maud•lin ['mɔ:dlɪn] *adj person* llorón; *novel* lacrimógeno

maul [mɔ:l] *v/t of lion, tiger* atacar; *of critics* destrozar

mau•so•le•um [mɔ:sə'lɪəm] mausoleo *m*

mauve [moʊv] *adj* malva

mav•er•ick ['mævərɪk] *person* inconformista *m/f*

max•im ['mæksɪm] máxima *f*

max•i•mi•za•tion [mæksɪmaɪ'zeɪʃn] maximización *f*

max•i•mize ['mæksɪmaɪz] *v/t* maximizar

max•i•mum ['mæksɪməm] **I** *adj* máximo; **it will cost $500** ~ costará 500 dólares como máximo **II** *n* máximo *m*

may [meɪ] *v/aux* **1** *possibility*: **it ~ rain** puede que llueva; **you ~ be right** puede que tengas razón; **it ~ not happen** puede que no ocurra **2** *permission* poder; ~ **I help / smoke?** ¿puedo ayudar / fumar?

May [meɪ] mayo *m*

Ma•yan ['maɪən] **I** *adj* maya **II** *n* maya *m/f*

**maybe**

**may•be** ['meɪbiː] *adv* quizás, tal vez; *try some – yes, ~ I will* prueba algunos – sí, puede que los pruebe; *there were 50, ~ 70, people there* había allí 50, puede que 70 personas

'**may bee•tle**, '**may bug** ZO melolonta *f*; '**May Day** el Primero de Mayo; '**may-day** *int* AVIA, NAUT ¡SOS!; '**may•fly** ZO efímera *f*

**may•hem** ['meɪhem] caos *m inv*; *cause ~* provocar el caos

**may•o** ['meɪoʊ] F, **may•on•naise** [meɪə'neɪz] mayonesa *f*

**may•or** [mer] alcalde *m*

**maze** [meɪz] laberinto *m*

**MB** *abbr* (= *megabyte*) MB (= megabyte *m*)

**MBA** [embiː'eɪ] *abbr* (= *Master of Business Administration*) MBA *m* (= Máster *m* en Administración de Empresas)

**MBO** [embiː'oʊ] *abbr* **1** (= *management buyout*) compra de una empresa por sus directivos **2** (= *management by objectives*) administración *f* por objetivos

**MC** [em'siː] *abbr* (= *master of ceremonies*) maestro *m* de ceremonias

**Mc•Coy** [mə'kɔɪ]: *the real ~* el auténtico

**MD** [em'diː] *abbr* **1** (= *Doctor of Medicine*) Doctor(a) *m(f)* en Medicina **2** (= *managing director*) director(a) *m(f)* gerente

**me** [miː] *pron direct & indirect object* me; *after prep* mí; *he knows ~* me conoce; *he gave ~ the keys* me dio las llaves; *he sold it to ~* me lo vendió; *this is for ~* esto es para mí; *who do you mean, ~?* ¿a quién te refieres?, ¿a mí?; *with ~* conmigo; *it's ~* soy yo; *taller than ~* más alto que yo

**mead•ow** ['medoʊ] prado *m*

**mea•ger**, *Br* **mea•gre** ['miːgər] *adj* escaso, exiguo

**meal**[1] [miːl] comida *f*; *enjoy your ~* ¡que aproveche!; *take s.o. out for a ~* invitar a alguien a salir a comer; *did you enjoy your ~?* ¿estaba buena la comida?; *Br don't make a ~ it* no te compliques la vida

**meal**[2] [miːl] *grain* harina *f*

'**meal•time** hora *f* de comer

**meal•y-mouthed** ['miːlɪmaʊðd] *adj* evasivo

**mean**[1] [miːn] *adj* **1** *with money* tacaño **2** (*nasty*) malo, cruel; *that was a ~ thing to say* ha estado fatal que dijeras eso

**mean**[2] [miːn] **I** *v/t* (*pret & pp meant*) (*intend to say*) querer decir; (*signify*) querer decir, significar; *you weren't ~t to hear that* no era mi / su *etc* intención que oyeras eso; *you are ~t to have it done for tomorrow* se supone que tienes que tenerlo hecho *or* acabado para mañana; *~ to do sth* tener la intención de hacer algo; *be ~t for* ser para; *of remark* ir dirigido a; *doesn't it ~ anything to you?* (*doesn't it matter?*) ¿no te importa para nada?; *what do you ~ it won't be ready for another two weeks!* ¿qué dices, que no estará listo hasta dentro de otras dos semanas?

**II** *v/i* (*pret & pp meant*): *~ well* tener buena intención

**mean**[3] [miːn] *n* (*average*) media *f*

**me•an•der** [mɪ'ændər] *v/i* serpentear

**mean•ing** ['miːnɪŋ] *of word* significado *m*; *what's the ~ of this!* ¿esto qué es?; *do you get my ~?* ¿entiendes lo que digo?

**mean•ing•ful** ['miːnɪŋfəl] *adj* (*comprehensible*) con sentido; (*constructive*), *glance* significativo

**mean•ing•less** ['miːnɪŋlɪs] *adj* sin sentido

**mean•ing•less•ness** ['miːnɪŋlɪsnɪs] falta *f* de sentido

**mean•ness** ['miːnnɪs] **1** *with money* tacañería *f* **2** *of behavior* maldad *f*

**means** [miːnz] **1** *npl financial* medios *mpl* **2** *nsg* (*way*) medio *m*; *a ~ of transportation* un medio de transporte; *by all ~* (*certainly*) por supuesto; *by all ~ check my figures* comprueba mis cifras, faltaría más; *by no ~ rich / poor* ni mucho menos rico / pobre; *by ~ of* mediante

**meant** [ment] *pret & pp* ☞ **mean**[2]

**mean•time** ['miːntaɪm] **I** *adv* mientras tanto **II** *n*: *in the ~* mientras tanto

**mean•while** ['miːnwaɪl] ☞ **meantime**

**mea•sles** ['miːzlz] *nsg* sarampión *m*

**meas•ly** ['miːzlɪ] *adj* F rídiculo

**meas•ur•a•ble** ['meʒərəbl] *adj* medible

**meas•ur•a•bly** ['meʒərəblɪ] *adv* apreciablemente

**meas•ure** ['meʒər] **I** *n* (*step*) medida *f*;

*we've had a* ~ *of success* (*certain amount*) hemos tenido cierto éxito; *happiness beyond* ~ felicidad *f* immesurable **II** *v/t* medir **III** *v/i* medir; *it* ~*s 7 by 15* mide 7 por 25

◆ **measure out** *v/t area, drink, medicine* medir; *sugar, flour, ingredients* pesar

◆ **measure up** *v/i* estar a la altura (**to** de)

**meas•ure•ment** ['meʒərmənt] medida *f*; **system of** ~ sistema *m* de medidas

**meas•ur•ing jug** ['meʒərɪŋ] jarra *f* graduada

'**meas•ur•ing tape** cinta *f* métrica

**meat** [miːt] carne *f*

'**meat•ball** albóndiga *f*; **meat•eat•er** ['miːtiːtər] *person* persona *f* que come carne; *animal* carnívoro(-a) *m(f)*; '**meat•loaf** masa *f* de carne cocinada en forma de barra de pan; **meat•pack•er** ['miːtpækər] *firm* empresa *f* de productos cárnicos; '**meat•pack•ing in•dus•try** industria *f* cárnica, industria *f* de productos cárnicos

**Mec•ca** ['mekə] La Meca

**mec•ca** ['mekə] *fig* meca *f*

**me•chan•ic** [mɪ'kænɪk] mecánico(-a) *m(f)*

**me•chan•i•cal** [mɪ'kænɪkl] *adj also fig* mecánico

**me•chan•i•cal en•gi'neer** ingeniero(-a) *m(f)* industrial

**me•chan•i•cal en•gi'neer•ing** ingeniería *f* industrial

**me•chan•i•cal•ly** [mɪ'kænɪklɪ] *adv also fig* mecánicamente

**me•chan•i•cal 'pen•cil** portaminas *m inv*

**mech•a•nism** ['mekənɪzm] mecanismo *m*

**mech•a•ni•za•tion** [mekənaɪ'zeɪʃn] mecanización *f*

**mech•a•nize** ['mekənaɪz] *v/t* mecanizar

**med•al** ['medl] medalla *f*

**med•a•list**, *Br* **med•al•list** ['medəlɪst] medallista *m/f*

**me•dal•lion** [mɪ'dælɪən] *around neck* medallón *m*

**med•dle** ['medl] *v/i* entrometerse; *don't* ~ *with the TV* no enredes con la televisión

**me•di•a** ['miːdɪə] *npl: the* ~ los medios de comunicación; *a lot of* ~ *people*

*were there* había mucha gente del mundo de la comunicación

'**me•di•a cov•er•age** cobertura *f* informativa

**me•di•ae•val** *Br* ☞ **medieval**

'**me•di•a e•vent** acontecimiento *m* informativo

**me•di•a 'hype** revuelo *m* informativo

**me•di•an strip** [miːdɪən'strɪp] mediana *f*

'**me•d•ia stud•ies** ciencias *fpl* de la información

**me•di•ate** ['miːdɪeɪt] *v/i* mediar

**me•di•a•tion** [miːdɪ'eɪʃn] mediación *f*

**me•di•a•tor** ['miːdɪeɪtər] mediador(a) *m(f)*

**med•ic** ['medɪk] F médico(-a) *m(f)*

**med•i•cal** ['medɪkl] **I** *adj* médico **II** *n* reconocimiento *m* médico

'**med•i•cal cer•tif•i•cate** certificado *m* médico; '**med•i•cal ex•am•i•na•tion** reconocimiento *m* médico; '**med•i•cal ex•am•in•er** médico *m/f* forense; '**med•i•cal his•to•ry** historial *m* médico; '**med•i•cal in•sur•ance** seguro *m* médico; '**med•i•cal pro•fes•sion** profesión *f* médica; (*doctors*) médicos *mpl*; '**med•i•cal rec•ord** ficha *f* médica

**Med•i•care** ['medɪker] seguro *m* de enfermedad para los ancianos en *Estados Unidos*

**med•i•cat•ed** ['medɪkeɪtɪd] *adj* medicinal; ~ *shampoo* champú *m* medicinal

**med•i•ca•tion** [medɪ'keɪʃn] medicamento *m*, medicina *f*; *are you on any* ~? ¿está tomando algún medicamento?

**me•di•ci•nal** [mɪ'dɪsɪnl] *adj* medicinal

**med•i•cine** ['medsən] **1** *science* medicina *f* **2** (*medication*) medicina *f*, medicamento *m*; *give s.o. a taste of his own* ~ pagar a alguien con su misma moneda; '**med•i•cine ball** SP balón *m* medicinal; '**med•i•cine cab•i•net** botiquín *m*; '**med•i•cine chest** botiquín *m*; '**med•i•cine man** curandero *m*

**med•i•e•val** [medɪ'iːvl] *adj* medieval

**me•di•o•cre** [miːdɪ'oʊkər] *adj* mediocre

**me•di•oc•ri•ty** [miːdɪ'ɑːkrətɪ] *of work etc, person* mediocridad *f*

**med•i•tate** ['medɪteɪt] *v/i* meditar

**med•i•ta•tion** [medɪ'teɪʃn] meditación *f*

**Med•i•ter•ra•ne•an** [medɪtə'reɪnɪən] **I** *adj* mediterráneo **II** *n: the* ~ el Mediterráneo

**me•di•um** ['mi:dɪəm] **I** *adj* **1** (*average*) medio **2** *steak* a punto **II** *n* **1** *size* talla *f* media **2** (*means*) medio *m* **3** (*spiritualist*) médium *m/f*

**me•di•um-priced** ['mi:dɪəmpraɪst] *adj* de precio medio; **'me•di•um-range** *adj*: ~ **missile** MIL misil *m* de alcance medio; **me•di•um-'rare** *adj steak* poco hecho; **me•di•um-sized** ['mi:dɪəmsaɪzd] *adj* de tamaño medio; **me•di•um 'term**: **in the** ~ a medio plazo; **'me•di•um wave** RAD onda *f* media

**med•ley** ['medlɪ] (*assortment*) mezcla *f*; **4x100 meters** ~ *in swimming* 4x100 metros estilos

**meek** [mi:k] *adj* manso, dócil

**meet** [mi:t] **I** *v/t* (*pret & pp* **met**) **1** *by appointment* encontrarse con, reunirse con; *by chance, of eyes* encontrarse con; (*get to know*) conocer; (*collect*) ir a buscar; *in competition* enfrentarse con; **pleased to** ~ **you** encantado de conocerle; **we could** ~ **you halfway** *fig* podríamos llegar a una solución de compromiso; **he refused to** ~ **my gaze** se negó a mirarme a la cara **2** (*satisfy*) satisfacer; ~ **a deadline** cumplir un plazo

**II** *v/i* (*pret & pp* **met**) encontrarse; *in competition* enfrentarse; *of committee etc* reunirse; **have you two met?** ¿os conocíais?

**III** *n* SP reunión *f*

◆ **meet up** *v/i* encontrarse

◆ **meet with** *v/t person, opposition, approval* encontrarse con; **my attempts met with failure** mis intentos fracasaron

**meet•ing** ['mi:tɪŋ] *by chance* encuentro *m*; *of committee, in business* reunión *f*; **he's in a** ~ está reunido

**'meet•ing place** lugar *m* de encuentro

**meg•a** ['megə] *adj* F (*very*) súper; (*very big*) gigantesco

**'meg•a•bucks** *npl* F una fortuna

**meg•a•byte** ['megəbaɪt] COMPUT megabyte *m*

**meg•a•lo•ma•ni•a** [megəlou'meɪnɪə] megalomanía *f*

**meg•a•lo•ma•ni•ac** [megəlou'meɪnɪæk] *adj* megalómano *m*

**meg•a•phone** ['megəfoun] megáfono *m*

**mel•an•chol•y** ['melənkəlɪ] *adj* melancólico

**mel•a•no•ma** [melə'noumə] MED melanoma *m*

**me•lee** ['meleɪ] enjambre *m*

**mel•low** ['melou] **I** *adj* suave **II** *v/i of person* suavizarse, sosegarse

**me•lod•ic** [mə'lɑːdɪk] *adj* melódico

**me•lo•di•ous** [mə'loudɪəs] *adj* melodioso

**mel•o•dra•ma** ['meloudrɑːmə] melodrama *m*

**mel•o•dra•mat•ic** [melədrə'mætɪk] *adj* melodramático

**mel•o•dy** ['melədɪ] melodía *f*

**mel•on** ['melən] melón *m*

**melt** [melt] **I** *v/i* fundirse, derretirse **II** *v/t* fundir, derretir

◆ **melt away** *v/i fig* desvanecerse

◆ **melt down** *v/t metal* fundir

**'melt•down** fusión *f* del núcleo; *fig* colapso *m*

**melt•ing point** ['meltɪŋpɔɪnt] PHYS punto *m* de fusión

**'melt•ing pot** *fig* crisol *m*

**mem•ber** ['membər] miembro *m*

**Mem•ber of 'Con•gress** diputado(-a) *m(f)*

**Mem•ber of 'Par•lia•ment** *Br* diputado(-a) *m(f)*

**mem•ber•ship** ['membərʃɪp] afiliación *f*; (*number of members*) número *m* de miembros; **he applied for** ~ **in the club** solicitó ser admitido en el club

**'mem•ber•ship card** tarjeta *f* de socio

**'mem•ber•ship fee** cuota *f* de socio

**mem•brane** ['membreɪn] membrana *f*

**me•men•to** [me'mentou] recuerdo *m*

**mem•o** ['memou] nota *f*

**mem•oirs** ['memwɑːrz] *npl* memorias *fpl*

**'mem•o pad** bloc *m* de notas

**mem•o•ra•bil•i•a** [memərə'bɪlɪə] *npl* recuerdos *mpl*

**mem•o•ra•ble** ['memərəbl] *adj* memorable

**mem•o•ran•dum** [memə'rændəm] (*pl* **memoranda** [memə'rændə], **-dums**) *fml* memorándum *m*

**me•mo•ri•al** [mɪ'mɔːrɪəl] **I** *adj* conmemorativo **II** *n* monumento *m* conmemorativo

**Me•mo•ri•al Day** Día *m* de los Caídos

**me•mo•ri•al ser•vice** funeral *m*; *Catho-*

*lic also* misa *f* de difuntos

**mem•o•rize** ['meməraɪz] *v/t* memorizar

**mem•o•ry** ['memərɪ] (*recollection*) recuerdo *m*; (*power of recollection*), COMPUT memoria *f*; **I have no ~ of the accident** no recuerdo el accidente; **have a good / bad ~** tener buena / mala memoria; **in ~ of** en memoria de; **that brings back memories** eso me trae recuerdos

'**mem•o•ry ca•pac•i•ty** capacidad *f* de memoria; '**mem•o•ry chip** chip *m* de memoria; **mem•o•ry ex•pan•sion card** tarjeta *f* de expansión de memoria

**men** [men] *pl* ☞ **man**

**men•ace** ['menɪs] **I** *n* (*threat*) amenaza *f*; *person* peligro *m* **II** *v/t* amenazar

**men•ac•ing** ['menɪsɪŋ] *adj* amenazador

**mend** [mend] **I** *v/t* reparar; *clothes* coser, remendar; *shoes* remendar **II** *n*: **be on the ~** *after illness* estar recuperándose

**men•da•cious** [men'deɪʃəs] *adj fml* mendaz

'**men•folk** *npl* hombres *mpl*

**me•ni•al** ['miːnɪəl] *adj* ingrato, penoso

**men•in•gi•tis** [menɪn'dʒaɪtɪs] meningitis *f*

**men•o•pause** ['menəpɔːz] menopausia *f*

'**men's room** servicio *m* de caballeros

**men•stru•ate** ['menstrʊeɪt] *v/i* menstruar

**men•stru•a•tion** [menstrʊ'eɪʃn] menstruación *f*

**men•tal** ['mentl] *adj* **1** mental **2** F (*crazy*) chiflado F, pirado F

**men•tal a•rith•me•tic** cálculo *m* mental; **men•tal 'cru•el•ty** crueldad *f* mental; **men•tal 'hand•i•cap** minusvalía *f* psíquica; '**men•tal hos•pi•tal** hospital *m* psiquiátrico; **men•tal 'ill•ness** enfermedad *f* mental

**men•tal•i•ty** [men'tælətɪ] mentalidad *f*

**men•tal•ly** ['mentəlɪ] *adv* (*inwardly*) mentalmente

**men•tal•ly 'hand•i•capped** *adj* con minusvalía psíquica

**men•tal•ly 'ill** *adj*: **be ~** sufrir una enfermedad mental

**men•thol** ['menθɑːl] CHEM mentol *m*

**men•tion** ['menʃn] **I** *n* mención *f*; **she made no ~ of it** no lo mencionó, no hizo mención de eso **II** *v/t* mencionar; **don't ~ it** (*you're welcome*) no hay de

qué; **not to ~ ...** por no mencionar...

**men•tor** ['mentɔːr] mentor(a) *m(f)*

**men•u** ['menuː] *for food*, COMPUT menú *m*

'**men•u bar** COMPUT barra *f* de menús

**mer•can•tile** ['mɜːrkəntaɪl] *adj* mercantil; **~ law** derecho *m* mercantil

**mer•ce•na•ry** ['mɜːrsɪnərɪ] **I** *adj* mercenario **II** *n* MIL mercenario(-a) *m(f)*

**mer•chan•dise** ['mɜːrtʃəndaɪz] mercancías *fpl*, *L.Am.* mercadería *f*

**mer•chan•dis•ing** ['mɜːrtʃəndaɪzɪŋ] merchandising *m*, comercialización *f*

**mer•chant** ['mɜːrtʃənt] comerciante *m/f*

**mer•chant 'bank** *Br* banco *m* mercantil

**mer•chant 'bank•er** *Br* banquero(-a) *m(f)* comercial

**mer•ci•ful** ['mɜːrsɪfəl] *adj* compasivo, piadoso

**mer•ci•ful•ly** ['mɜːrsɪfəlɪ] *adv* (*thankfully*) afortunadamente

**mer•ci•less** ['mɜːrsɪlɪs] *adj* despiadado

**mer•ci•less•ly** ['mɜːrsɪlɪslɪ] *adv* despiadadamente, sin piedad

**Mer•cu•ry** ['mɜːrkjʊrɪ] AST, MYTH Mercurio *m*

**mer•cu•ry** ['mɜːrkjʊrɪ] mercurio *m*

**mer•cy** ['mɜːrsɪ] clemencia *f*, compasión *f*; **be at s.o.'s ~** estar a merced de alguien

'**mer•cy kill•ing** eutanasia *f*

**mere** [mɪr] *adj* mero, simple

**mere•ly** ['mɪrlɪ] *adv* meramente, simplemente

**merge** [mɜːrdʒ] *v/i* **1** *of two lines etc* juntarse, unirse **2** *of companies* fusionarse

**merg•er** ['mɜːrdʒər] COM fusión *f*

**me•rid•i•an** [mə'rɪdɪən] GEOG meridiano *m*

**mer•it** ['merɪt] **I** *n* **1** (*worth*) mérito *m*; **she got the job on ~** consiguió el trabajo por méritos propios **2** (*advantage*) ventaja *f* **II** *v/t* merecer

**mer•i•toc•ra•cy** [merɪ'tɑːkrəsɪ] meritocracia *f*

**mer•maid** ['mɜːrmeɪd] sirena *f*

**mer•ri•ment** ['merɪmənt] diversión *f*; **sounds of ~** risas *fpl*; **there was some ~ at this suggestion** esta sugerencia fue recibida con algunas risas

**mer•ry** ['merɪ] *adj* alegre; **Merry Christmas!** ¡Feliz Navidad!

'**mer•ry-go-round** tiovivo *m*

**mesh** [meʃ] malla *f*

**mess**[1] [mes] (*untidiness*) desorden *m*; (*trouble*) lío *m*; **I'm in a bit of a ~** estoy metido en un lío; **be a ~** *of room, desk* estar desordenado; *of hair* estar revuelto; *of situation, s.o.'s life* ser un desastre
◆ **mess around I** *v/i* enredar **II** *v/t person* jugar con
◆ **mess around with** *v/t* enredar con; *s.o.'s wife* tener un lío con
◆ **mess up** *v/t room, papers* desordenar; *task* convertir en una chapuza; *plans, marriage* estropear, arruinar

**mess**[2] [mes] MIL comedor *m*; **officers' ~** comedor de oficiales

**mes·sage** ['mesɪdʒ] *also of movie etc* mensaje *m*; **can I take a ~ for him?** ¿quiere dejarle un recado?; **he got the ~** F lo captó

**mes·sen·ger** ['mesɪndʒər] (*courier*) mensajero(-a) *m(f)*

**Mes·si·ah** [mə'saɪə] REL Mesías *m*

**'mess-up** lío *m*

**mess·y** ['mesɪ] *adj room, person* desordenado; *job* sucio; *divorce, situation* desagradable

**met** [met] *pret & pp* ☞ **meet**

**met·a·bol·ic** [metə'bɑːlɪk] *adj* PHYSIO metabólico

**me·tab·o·lism** [mə'tæbəlɪzm] metabolismo *m*

**met·al** ['metl] **I** *n* metal *m* **II** *adj* metálico

**'met·al de·tec·tor** detector *m* de metales

**'met·al fa·tigue** fatiga *f* del metal

**me·tal·lic** [mɪ'tælɪk] *adj* metálico

**me·tal·lic 'paint** pintura *f* metalizada

**met·al·lur·gy** [met'ælədʒɪ] metalurgia *f*

**'met·al·work** **1** objetos *mpl* de metal **2** EDU metalistería *f*

**met·a·mor·pho·sis** [metə'mɔːrfəsɪs] (*pl* **metamorphoses** [metə'mɔːrfəsiːz]) metamorfosis *f inv*

**met·a·phor** ['metəfər] metáfora *f*

**met·a·phor·i·cal** [metə'fɑːrɪkl] *adj* metafórico

**met·a·phor·i·cal·ly** *adv* [metə'fɑːrɪkl] metafóricamente; **~ speaking** metafóricamente hablando

**met·a·phys·i·cal** [metə'fɪzɪkl] *adj* metafísico

**met·a·phys·ics** [metə'fɪzɪks] *nsg* metafísica *f*

**me·tas·ta·sis** [mə'tæstəsɪs] (*pl* **metastases** [mə'tæstəsiːz]) MED metástasis *f*

*inv*

**me·te·or** ['miːtɪər] meteoro *m*

**me·te·or·ic** [miːtɪ'ɑːrɪk] *adj fig* meteórico

**me·te·or·ite** ['miːtɪəraɪt] meteorito *m*

**me·te·or·o·log·i·cal** [miːtɪrə'lɑːdʒɪkl] *adj* meteorológico

**me·te·or·ol·o·gist** [miːtɪə'rɑːlədʒɪst] meteorólogo(-a) *m(f)*

**me·te·o·rol·o·gy** [miːtɪə'rɑːlədʒɪ] meteorología *f*

**me·ter**[1] ['miːtər] **1** *for gas, electricity* contador *m* **2** (*parking ~*) parquímetro *m*

**me·ter**[2] ['miːtər] *unit of length* metro *m*

**'me·ter maid** F vigilante *f* de aparcamiento; **'me·ter read·er** lector(a) *m(f)* del contador; **'me·ter read·ing** lectura *f* del contador

**meth·a·done** ['meθədoʊn] MED metadona *f*

**meth·ane** ['miːθeɪn] metano *m*

**meth·od** ['meθəd] método *m*

**me·thod·i·cal** [mɪ'θɑːdɪkl] *adj* metódico

**me·thod·i·cal·ly** [mɪ'θɑːdɪklɪ] *adv* metódicamente

**Meth·od·ist** ['meθədɪst] **I** *adj* metodista **II** *n* metodista *m/f*

**meth·yl** ['meθɪl] CHEM metilo *m*

**meth·yl·a·ted spir·its** ['meθɪleɪtəd] alcohol *m* de quemar

**me·tic·u·lous** [mə'tɪkjʊləs] *adj* meticuloso, minucioso

**me·tic·u·lous·ly** [mə'tɪkjʊləslɪ] *adv* meticulosamente

**me·tre** *Br* ☞ **meter**[2]

**met·ric** ['metrɪk] *adj* métrico

**me·trop·o·lis** [mɪ'trɑːpəlɪs] metrópolis *f inv*

**met·ro·pol·i·tan** [metrə'pɑːlɪtən] *adj* metropolitano

**mew** [mjuː] ☞ **miaow**

**Mex·i·can** ['meksɪkən] **I** *adj* mexicano, mejicano **II** *n* mexicano(-a) *m(f)*, mejicano(-a) *m(f)*

**Mex·i·can 'wave** *Br* ola *f* (mexicana)

**Mex·i·co** ['meksɪkoʊ] México *m*, Méjico *m*

**Mex·i·co 'Cit·y** Ciudad *f* de México, *Mex* México *m*, *Mex* el Distrito Federal, *Mex* el D.F.

**mez·za·nine (floor)** ['mezəniːn] entresuelo *m*

**MIA** [emaɪ'eɪ] *abbr* (= *missing in action*) desaparecido en combate

**mi•aow** [mɪaʊ] I *n* maullido *m* II *v/i* maullar

**mice** [maɪs] *pl* ☞ **mouse**

**mick•ey** ['mɪkɪ]: **take the ~ out of s.o.** *esp Br* F cachondearse de alguien

**mick•ey 'mouse** *adj* P *pej* course, *qualification* de tres al cuarto P

**mi•cro...** ['maɪkroʊ] *pref* micro…

**mi•crobe** ['maɪkroʊb] BIO microbio *m*

**mi•cro•bi•al** ['maɪkroʊb] *adj* BIO microbiano

**mi•cro•bi•ol•o•gy** microbiología *f*; **'micro•chip** microchip *m*; **'mi•cro•climate** microclima *m*; **'mi•cro•comput•er** microcomputador *m*, microcomputadora *f*, *Span* microordenador *m*

**mi•cro•cosm** ['maɪkroʊkɑːzm] microcosmos *m inv*

**mi•cro•eco'nom•ics** *nsg* microeconomía *f*; **'mi•cro•e•lec•tron•ics** *nsg* microelectrónica *f*; **mi•cro•fiche** ['maɪkroʊfiːʃ] microficha *f*; **'mi•cro•film** microfilm *m*; **'micro•light** *esp Br* ultraligero *m*; **'mi•cro•or•gan•ism** microorganismo *m*; **'mi•cro•phone** micrófono *m*; **mi•cro'pro•ces•sor** microprocesador *m*; **'mi•cro•scope** microscopio *m*; **mi•cro•scop•ic** [maɪkrə'skɑːpɪk] *adj* microscópico; **'mi•cro•sur•ger•y** microcirugía *f*; **'mi•cro•wave** *oven* microondas *m inv*

**mid** [mɪd]: **a man in his ~ forties** un hombre de unos cuarenta años; **in the ~ 19th century** a mediados del siglo XIX; **he stopped in ~ sentence** se paró a mitad de frase

**mid'air**: **in ~** en pleno vuelo

**mid'day** mediodía *m*

**mid•dle** ['mɪdl] I *adj* del medio; **the ~ child of five** el tercero de cinco hermanos II *n* medio *m*; **it's the ~ of the night!** ¡estamos en plena noche!; **in the ~ of** *floor, room* en medio de; *period of time* a mitad *or* mediados de; **in the ~ of winter** en pleno invierno; **be in the ~ of doing sth** estar ocupado haciendo algo; **in this photo, I'm the one in the ~** en esta foto soy el del medio

**'mid•dle-aged** *adj* de mediana edad; **'Mid•dle A•ges** *npl* Edad *f* Media; **mid•dle-age 'spread** F curva *f* de la felicidad; **mid•dle 'class** *adj* de clase media; **'mid•dle class(•es)** clases *fpl* medias; **mid•dle 'dis•tance run•ner** mediofondista *m/f*; **Mid•dle 'East** Oriente *m* Medio; **'mid•dle fin•ger** (dedo *m*) corazón *m*; **'mid•dle•man** intermediario *m*; **cut out the ~** evitar al intermediario; **mid•dle 'man•age•ment** mandos *mpl* intermedios; **middle manager** mando *m* intermedio; **mid•dle 'name** segundo nombre *m*; **mid•dle-of-the--'road** *adj* **1** *politician*, *views* moderado **2** *music* para el gran público; **'mid•dle-weight** *boxer* peso *m* medio

**mid•dling** ['mɪdlɪŋ] *adj* regular; **fair to ~** regular

**mid'field** centro *m* del campo

**mid'field•er** centrocampista *m/f*

**midg•et** ['mɪdʒɪt] *adj* en miniatura

**'mid•life cri•sis** PSYCH crisis *f inv* de los cuarenta; **'mid•night** ['mɪdnaɪt] medianoche *f*; **at ~** a medianoche; **burn the ~ oil** quedarse trabajando hasta muy tarde; **'mid•point** punto *m* medio; **'mid•sum•mer** pleno verano *m*; **'mid•way** *adv*: **we'll stop for lunch ~** pararemos para comer a mitad de camino; **~ through the meeting** a mitad de la reunión; **'mid•week** *adv* a mitad de semana; **'Mid•west** Medio Oeste *m* (de Estados Unidos); **'mid•wife** comadrona *f*; **'mid•win•ter** pleno invierno *m*

**might**[1] [maɪt] *v/aux* poder, ser posible que; **I ~ be late** puede *or* es posible que llegue tarde; **it ~ never happen** puede *or* es posible que no ocurra nunca; **he ~ have left** a lo mejor se ha ido; **you ~ have told me!** ¡me lo podías haber dicho!

**might**[2] [maɪt] *n* (*power*) poder *m*, fuerza *f*

**might•y** ['maɪtɪ] I *adj* poderoso II *adv* F (*extremely*) muy, cantidad de F

**mi•graine** ['miːɡreɪn] migraña *f*

**mi•grant** ['maɪɡrənt] I *n* emigrante *m/f* II *adj* emigrante

**mi•grant 'work•er** trabajador(a) *m(f)* itinerante

**mi•grate** [maɪ'ɡreɪt] *v/i* emigrar

**mi•gra•tion** [maɪ'ɡreɪʃn] emigración *f*

**mi•gra•to•ry** ['maɪɡrətərɪ] *adj* migratorio: **~ bird** ave *f* migratoria

**mike** [maɪk] F micro *m* F

**mild** [maɪld] *adj* weather, *climate* apacible; *cheese, voice* suave; *chili* no muy picante; *person* afable, apacible

**mil•dew** ['mɪldu:] moho *m*; *on plants* añublo *m*

**mild•ly** ['maɪldlɪ] *adv say sth* con suavidad; *spicy* ligeramente; *to put it* ~ por no decir algo peor

**mild-man•nered** [maɪld'mænərd] *adj* apacible

**mild•ness** ['maɪldnɪs] *of weather, voice* suavidad *f*; *of person* afabilidad *f*

**mile** [maɪl] milla *f*; *be* ~*s better / easier* F ser mil veces mejor / más fácil F; *I was* ~*s away* F estaba en la inopia; *he was* ~*s ahead of the others in race, study etc* llevaba la delantera a los otros; *go the extra* ~ *fig* hacer un esfuerzo adicional

**mile•age** ['maɪlɪdʒ] millas *fpl* recorridas; *unlimited* ~ kilometraje *m* ilimitado

**'mile•age al•low•ance** dieta *f* de kilometraje

**mile 'high club** F *personas que han mantenido relaciones sexuales en un vuelo*

**mile•om•e•ter** [maɪ'lɑːmɪtər] *Br* MOT cuentakilómetros *m inv*

**'mile•stone** *fig* hito *m*

**mil•i•tant** ['mɪlɪtənt] I *adj* militante II *n* militante *m/f*

**mil•i•ta•rism** ['mɪlɪtərɪzəm] militarismo *m*

**mil•i•ta•rist** ['mɪlɪtərɪst] militarista

**mil•i•ta•ris•tic** [mɪlɪtər'ɪstɪk] *adj* militarista

**mil•i•ta•ry** ['mɪlɪterɪ] I *adj* militar II *n*: *the* ~ el ejército, las fuerzas armadas

**mil•i•ta•ry a'cad•e•my** academia *f* militar; **mil•i•ta•ry 'cem•e•ter•y** cementerio *m* militar; **mil•i•ta•ry dic'ta•tor•ship** dictadura *f* militar; **mil•i•ta•ry po'lice** policía *f* militar; **mil•i•ta•ry 'serv•ice** servicio *m* militar

**mi•li•tia** [mɪ'lɪʃə] milicia *f*

**mi•li•tia•man** [mɪ'lɪʃəmən] miliciano *m*

**milk** [mɪlk] I *n* leche *f* II *v/t* ordeñar

**milk 'choc•o•late** chocolate *m* con leche; **'milk jug** jarra *f* de leche; **milk of mag'ne•sia** leche *f* de magnesia; **milk•man** ['mɪlkmən] lechero *m*; **'milk•shake** batido *m*; **'milk tooth** diente *m* de leche

**milk•y** ['mɪlkɪ] *adj with lots of milk* con

mucha leche; *made with milk* con leche

**Milk•y 'Way** Vía *f* Láctea

**mill** [mɪl] *for grain* molino *m*; *for textiles* fábrica *f* de tejidos; *put s.o. through the* ~ hacérselas pasar canutas a alguien

♦ **mill around** *v/i* pulular

**Mil•len•ni•um** [mɪ'lenɪəm] milenio *m*

**mil•le•pede** ☞ *millipede*

**mill•er** ['mɪlər] molinero(-a) *m(f)*

**mil•let** ['mɪlɪt] BOT mijo *m*

**mil•li•gram**, *Br* **mil•li•gramme** ['mɪlɪgræm] miligramo *m*

**mil•li•me•ter**, *Br* **mil•li•me•tre** ['mɪlɪmiːtər] milímetro *m*

**mil•lion** ['mɪljən] millón *m*; *three* ~ *dollars* tres millones de dólares; *never in a* ~ *years* F nunca jamás; *feel like a* ~ *dollars* F sentirse genial; *thanks a* ~ F un millón de gracias; *you're one in a* ~ F eres uno entre un millón, no hay dos como tú

**mil•lion•aire** [mɪljə'ner] millonario(-a) *m(f)*

**mil•li•pede** ['mɪlɪpiːd] ZO milpiés *m inv*

**'mill•stone** rueda *f* de molino; *be a* ~ *around s.o.'s neck fig* ser una cruz para alguien

**mime** [maɪm] I *v/t* representar con gestos II *v/i of singer* hacer mímica

**mim•ic** ['mɪmɪk] I *n* imitador(a) *m(f)* II *v/t* (*pret & pp* **-ked**) imitar

**mim•ic•ry** ['mɪmɪkrɪ] **1** imitación *f* **2** ZO mimetismo *m*

**mi•mo•sa** [mɪ'mouzə] BOT mimosa *f*

**min•a•ret** [mɪnə'ret] ARCHI minarete *m*

**mince** [mɪns] *v/t* picar

**'mince•meat** carne *f* picada; *make* ~ *out of s.o.* F hacer picadillo a alguien

**mince 'pie** empanada *de carne picada*

**minc•er** ['mɪnsər] *esp Br* picadora *f*

**min•cing** ['mɪnsɪn] *adj* afectado

**mind** [maɪnd] I *n* mente *f*; *it's uppermost in my* ~ es lo que más me preocupa; *it's all in your* ~ son imaginaciones tuyas; *be out of one's* ~ haber perdido el juicio; *bear or keep sth in* ~ recordar algo; *I've a good* ~ *to* ... estoy considerando seriamente ...; *change one's* ~ cambiar de opinión; *it didn't enter my* ~ no se me ocurrió; *give s.o. a piece of one's* ~ cantarle a alguien las cuarenta; *make up one's* ~ decidirse; *have something on one's*

~ tener algo en la cabeza; **what do you have in ~ for the weekend?** ¿qué tienes pensado para el fin de semana?; **keep one's ~ on sth** concentrarse en algo

**II** v/t **1** (*look after*) cuidar (de) **2** (*heed*) prestar atención a; *Br* **~ the step!** ¡cuidado con el escalón!; **~ your own business!** ¡métete en tus asuntos!; **~ you, he wasn't always like that** ojo, no siempre ha sido así **3** *object to*: **I don't ~ what we do** no me importa lo que hagamos; **do you ~ if I smoke?, do you ~ my smoking?** ¿le importa que fume?; **would you ~ opening the window?** ¿le importaría abrir la ventana?

**III** v/i: **~!** ¡ten cuidado!; **never ~!** ¡no importa!; **I don't ~** no me importa, me da igual

**mind-bog•gling** ['maɪndbɑ:glɪŋ] *adj* increíble

**mind•ed** ['maɪndɪd] *adj*: **I am ~ to ...** estoy considerando ...; **if you are so ~** si eso deseas; **be very independently ~** ser muy independiente

**mind•er** ['maɪndər] **1** *for child* baby-sitter *f*, *Span* canguro *m/f* **2** *for popstar etc* guardaespaldas *m/f inv*

**mind-ex•pand•ing** ['maɪndekspændɪŋ] *adj* psicodélico

**mind•ful** ['maɪndful] *adj*: **be ~ of** tener en cuenta

**mind•less** ['maɪndlɪs] *adj violence* gratuito

'**mind read•er** adivinador(a) *m(f)* del pensamiento; **I'm not a ~** F no soy adivino

**mine**[1] [maɪn] *pron* el mío, la mía; **~ are red** los míos son rojos; **that book is ~** eso libro es mío; **a cousin of ~** un primo mío

**mine**[2] [maɪn] **I** *n for coal etc* mina *f* **II** v/i: **~ for** extraer

**mine**[3] [maɪn] **I** *n* (*explosive*) mina *f* **II** v/t minar

'**mine clear•ance** limpieza *f* de minas; '**mine de•tec•tor** detector *m* de minas; '**mine•field** MIL campo *m* de minas; *fig* campo *m* minado

**min•er** ['maɪnər] minero(-a) *m(f)*

**min•e•ral** ['mɪnərəl] mineral *m*

**min•er•al•og•i•cal** [mɪnərə'lɑ:dʒɪkl] *adj* mineralógico

**min•er•al•o•gist** [mɪnə'rælədʒɪst] mineralogista *m/f*

**min•er•al•o•gy** [mɪnə'rælədʒɪ] mineralogía *f*

'**min•e•ral rights** *npl* derechos *mpl* de explotación

'**min•e•ral wa•ter** agua *f* mineral

'**mine•sweep•er** NAUT dragaminas *m inv*

**min•gle** ['mɪŋgl] v/i **1** *of sounds, smells* mezclarse **2** *at party* alternar

**min•i** ['mɪnɪ] *skirt* minifalda *f*

**min•i•a•ture** ['mɪnɪtʃər] *adj* en miniatura

**min•i•a•tur•i•za•tion** [mɪnɪtʃəraɪ'zeɪʃn] miniaturización *f*

**min•i•a•tur•ize** ['mɪnɪtʃəraɪz] v/t miniaturizar

'**min•i•bar** minibar *m*; '**min•i•bas•ket** SP minibasket *m*; '**min•i•bus** microbús *m*

**min•im** ['mɪnɪm] *Br* MUS blanca *f*

**min•i•ma** ['mɪnɪmə] *pl* ☞ **minimum**

**min•i•mal** ['mɪnɪməl] *adj* mínimo

**min•i•mal•ism** ['mɪnɪməlɪzm] minimalismo *m*

**min•i•mize** ['mɪnɪmaɪz] v/t **1** *risk, delay* minimizar, reducir al mínimo **2** (*downplay*) minimizar, quitar importancia a

**min•i•mum** ['mɪnɪməm] **I** *adj* mínimo **II** *n* (*pl* **-ma** ['mɪnɪmə]) mínimo *m*; **keep sth to a ~** mantener algo al mínimo

**min•i•mum 'wage** salario *m* mínimo

**min•ing** ['maɪnɪŋ] minería *f*

'**min•ing en•gi•neer** ingeniero(-a) *m(f)* de minas

**min•ion** ['mɪnɪən] lacayo *m*

'**min•i•se•ries** *nsg* TV miniserie *f*

'**min•i•skirt** minifalda *f*

**min•is•ter** ['mɪnɪstər] **1** POL ministro(-a) *m(f)* **2** REL ministro(-a) *m(f)*, pastor(a) *m(f)*

**min•is•te•ri•al** [mɪnɪ'stɪrɪəl] *adj* ministerial

**min•is•try** ['mɪnɪstrɪ] POL ministerio *m*

'**min•i•van** furgoneta *f* (pequeña)

**mink** [mɪŋk] *animal, fur* visón *m*; *coat* abrigo *m* de visón

**mi•nor** ['maɪnər] **I** *adj problem, setback* menor, pequeño; *operation, argument* de poca importancia; *aches and pains* leve; **in D ~** MUS en D menor **II** *n* LAW menor *m/f* de edad

◆ **minor in** v/t EDU estudiar como especialidad optativa

**Mi•nor•ca** [mɪ'nɔːrkə] Menorca *f*
**Mi•nor•can** [mɪ'nɔːrkən] **I** *adj* menorquín **II** *n* menorquín(-ina) *m(f)*
**mi•nor•i•ty** [maɪ'nɑːrətɪ] minoría *f*; **be in the ~** ser minoría
'**mi•nor-league** *adj* SP de la liga menor; *fig* de segunda
**mint** [mɪnt] *herb* menta *f*; *chocolate* pastilla *f* de chocolate con sabor a menta; *hard candy* caramelo *m* de menta; *in ~ condition* como nuevo
**mi•nus** ['maɪnəs] **I** *n* (~ *sign*) (signo *m* de) menos *m* **II** *prep* menos; *temperatures of ~ 18* temperaturas de 18 grados bajo cero
**mi•nus•cule** ['mɪnəskjuːl] *adj* minúsculo
**min•ute**[1] ['mɪnɪt] **I** *n of time* minuto *m*; *in a ~ (soon)* en un momento; *just a ~* un momento **II** *v/t record in the minutes* hacer constar en acta
**mi•nute**[2] [maɪ'nuːt] *adj* **1** *(tiny)* diminuto, minúsculo **2** *(detailed)* minucioso; *in ~ detail* minuciosamente
**min•ute hand** ['mɪnɪt] minutero *m*
**mi•nute•ly** [maɪ'nuːtlɪ] *adv* **1** *in detail* minuciosamente **2** *(very slightly)* mínimamente
**min•utes** ['mɪnɪts] *npl of meeting* acta(s) *f(pl)*
'**min•ute steak** filete *m* fino
**mir•a•cle** ['mɪrəkl] milagro *m*; *we can't work ~s!* ¡no podemos hacer milagros!
**mi•rac•u•lous** [mɪ'rækjuləs] *adj* milagroso
**mi•rac•u•lous•ly** [mɪ'rækjuləslɪ] *adv* milagrosamente
**mi•rage** [mɪ'rɑːʒ] espejismo *m*
**mire** ['maɪər] lodo *m*; *drag s.o. through the ~ fig* poner verde a alguien
**mir•ror** ['mɪrər] **I** *n* espejo *m*; MOT (espejo *m*) retrovisor *m* **II** *v/t* reflejar
**mir•ror 'im•age** *exact image* reflejo *m* exacto; *inverse* imagen *f* invertida
**mirth** [mɜːrθ] regocijo *m*
**mirth•less** ['mɜːrθlɪs] *adj* frío
**mis•ad•ven•ture** [mɪsəd'ventʃər]: *death by ~* muerte *f* accidental
**mis•an•throp•ic** [mɪsən'θrɑːpɪk] *adj* misantrópico
**mis•an•thro•pist** [mɪ'sænθrəpɪst] misántropo(-a) *m(f)*
**mis•an•thro•py** [mɪ'sænθrəpɪ] misantropía *f*

**mis•ap•pre•hend** [mɪsæprɪ'hend] *v/t fml* malinterpretar
**mis•ap•pre•hen•sion** [mɪsæprɪ'henʃn]: *be under a ~* estar equivocado
**mis•ap•pro•pri•ate** [mɪsə'prouprɪeɪt] *v/t funds* malversar
**mis•ap•pro•pri•a•tion** [mɪsəprouprɪ'eɪʃn] *of funds* malversación *f*
**mis•be•have** [mɪsbə'heɪv] *v/i* portarse mal
**mis•be•hav•ior**, *Br* **mis•be•hav•iour** [mɪsbə'heɪvɪər] mal comportamiento *m*
**mis•cal•cu•late** [mɪs'kælkjuleɪt] *v/t & v/i* calcular mal
**mis•cal•cu•la•tion** [mɪs'kælkjuleɪʃn] error *m* de cálculo
**mis•car•riage** ['mɪskærɪdʒ] MED aborto *m* (espontáneo); *have a ~* abortar (espontáneamente); *~ of justice* error *m* judicial
**mis•car•ry** ['mɪskærɪ] *v/i* (*pret & pp -ied*) **1** *fml: of plan* fracasar **2** *of pregnant woman* abortar (espontáneamente)
**mis•cel•la•ne•ous** [mɪsə'leɪnɪəs] *adj* diverso; *the file marked ~* la carpeta de varios
**mis•chance** [mɪs'tʃæns]: *by ~* por desgracia
**mis•chief** ['mɪstʃɪf] *(naughtiness)* travesura *f*, trastada *f*
'**mis•chief-mak•er** travieso(-a) *m(f)*
**mis•chie•vous** ['mɪstʃɪvəs] *adj* **1** *(naughty)* travieso **2** *(malicious)* malicioso
**mis•chie•vous•ly** ['mɪstʃɪvəslɪ] *adv* **1** *(naughtily)* traviesamente **2** *(maliciously)* maliciosamente
**mis•con•ceived** [mɪskən'siːvd] *adj* mal concebido
**mis•con•cep•tion** [mɪskən'sepʃn] idea *f* equivocada
**mis•con•duct** [mɪs'kɑːndʌkt] mala conducta *f*
**mis•con•struc•tion** [mɪskən'strʌkʃn] *fml (misinterpretation)* interpretación *f* errónea
**mis•con•strue** [mɪskən'struː] *v/t* malinterpretar
**mis•count** [mɪs'kaunt] *v/t & v/i* contar mal
**mis•deal** [mɪs'diːl] *v/t & v/i* (*pret & pp -dealt*): *~ (the cards)* repartir mal (las

cartas)
**mis•deed** [mɪs'diːd] fechoría f
**mis•de•mea•nor**, Br **mis•de•mea•nour** [mɪsdə'miːnər] falta f, delito m menor
**mis•di•ag•nose** [mɪsdaɪəg'noʊs] v/t diagnosticar erróneamente
**mis•di•rect** [mɪs'daɪrekt] v/t **1** letter etc enviar a una dirección equivocada **2** jury dar instrucciones erróneas a **3** (give false directions to) indicar mal la dirección a
**mi•ser** ['maɪzər] avaro(-a) m(f)
**mis•er•a•ble** ['mɪzrəbl] adj **1** (unhappy) triste, infeliz **2** weather, performance horroroso
**mis•er•a•bly** ['mɪzrəblɪ] adv miserablemente; look, say con tristeza
**mi•ser•ly** ['maɪzərlɪ] adj person avaro; **a ~ $150** 150 míseros dólares
**mis•e•ry** ['mɪzərɪ] **1** (unhappiness) tristeza f, infelicidad f **2** (wretchedness) miseria f
**mis•fire** [mɪs'faɪr] v/i **1** of joke, scheme salir mal **2** of engine fallar
**mis•fit** ['mɪsfɪt] in society inadaptado (-a) m(f)
**mis•for•tune** [mɪs'fɔːrtʃən] desgracia f
**mis•giv•ings** [mɪs'gɪvɪŋz] npl recelo m, duda f
**mis•gov•ern** [mɪs'gʌvərn] v/t gobernar mal
**mis•guid•ed** [mɪs'gaɪdɪd] adj person equivocado; attempt, plan desacertado
**mis•han•dle** [mɪs'hændl] situation llevar mal
**mis•hap** ['mɪshæp] contratiempo m
**mis•hear** [mɪs'hɪr] (pret & pp **-heard**) v/t & v/i entender mal
**mis•hit I** v/t [mɪs'hɪt] (pret & pp **-hit**) dar mal a **II** n ['mɪshɪt] error m
**mish•mash** ['mɪʃmæʃ] batiburrillo m
**mis•in•form** [mɪsɪn'fɔːrm] v/t informar mal
**mis•in•for•ma•tion** [mɪsɪnfər'meɪʃn] información f errónea
**mis•in•ter•pret** [mɪsɪn'tɜːrprɪt] v/t malinterpretar
**mis•in•ter•pre•ta•tion** [mɪsɪntɜːrprɪ'teɪʃn] mala interpretación f
**mis•judge** [mɪs'dʒʌdʒ] v/t person, situation juzgar mal
**mis•lay** [mɪs'leɪ] v/t (pret & pp **-laid**) perder
**mis•lead** [mɪs'liːd] v/t (pret & pp **-led**) engañar

**mis•lead•ing** [mɪs'liːdɪŋ] adj engañoso
**mis•man•age** [mɪs'mænɪdʒ] v/t gestionar mal
**mis•man•age•ment** [mɪs'mænɪdʒmənt] mala gestión f
**mis•match** ['mɪsmætʃ]: **there's a ~ between the two sets of figures** los dos grupos de cifras no se corresponden
**mis•no•mer** [mɪs'noʊmər] impropiedad f; **it's a ~ to call it a ...** ... no es el término correcto
**mi•sog•y•nist** [mɪ'saːdʒɪnɪst] misógino(-a) m(f)
**mi•sog•y•ny** [mɪ'saːdʒɪnɪ] misoginia f
**mis•place** [mɪs'pleɪs] v/t (lose) perder
**mis•placed** ['mɪspleɪst] adj loyalty inmerecido; enthusiasm inoportuno
**mis•print** ['mɪsprɪnt] errata f
**mis•pro•nounce** [mɪsprə'naʊns] v/t pronunciar mal
**mis•pro•nun•ci•a•tion** [mɪsprənʌnsɪ'eɪʃn] pronunciación f incorrecta
**mis•quo•ta•tion** [mɪskwoʊ'teɪʃn] cita f errónea
**mis•quote** [mɪs'kwoʊt] v/t citar erróneamente
**mis•read** [mɪs'riːd] v/t (pret & pp **-read** [red]) word, figures leer mal; situation malinterpretar
**mis•rep•re•sent** [mɪsreprɪ'zent] v/t deformar, tergiversar
**mis•rep•re•sen•ta•tion** [mɪsreprɪzen'teɪʃn] deformación f, distorsión f
**mis•rule** [mɪs'ruːl] desgobierno m
**miss**¹ [mɪs] n: **Miss Smith** la señorita Smith; **~!** ¡señorita!
**miss**² [mɪs] **I** n in SP fallo m; **give sth a ~** meeting, party etc no ir a algo
**II** v/t **1** target no dar en; **I ducked and he ~ed me** me agaché y no me dio
**2** emotionally echar de menos; **I ~ you so much** te echo tanto de menos
**3** bus, train, airplane perder; **you just ~ed her** (she's just left) se acaba de marchar
**4** (not notice) pasar por alto; **we must have ~ed the turnoff** nos hemos debido pasar el desvío; **you don't ~ much!** ¡no se te escapa una!; **sorry, am I ~ing something?** ¿(es que) me he perdido algo?; **I ~ed what he said** no me enteré de lo que dijo

**5** (*not be present at*) perderse; **~ a class** faltar a una clase
**III** *v/i* fallar

◆ **miss out I** *v/t* dejarse, saltarse **F II** *v/i* F: **oh, you really missed out** vaya la que te has perdido F

◆ **miss out on** *v/t* F perderse F

**mis•shap•en** [mɪs'ʃeɪpən] *adj* deforme

**mis•sile** ['mɪsəl] misil *m*; (*sth thrown*) arma *f* arrojadiza

**mis•sile launch•er** ['mɪsəlɔːntʃər] lanzadera *f* de misiles, lanzamisiles *m inv*

**miss•ing** ['mɪsɪŋ] *adj* desaparecido; **be ~ of person, plane** haber desaparecido; **go ~ of objects** perderse; *of climbers* desaparecer; **the ~ money** el dinero que falta; **~ in action** MIL desaparecido en combate

**miss•ing 'link** *in human evolution* eslabón *m* perdido

**miss•ing 'per•sons** *npl* desaparecidos(-as) *mpl* (*fpl*)

**mis•sion** ['mɪʃn] *task* misión *f*; *people* delegación *f*

**mis•sion•a•ry** ['mɪʃəneri] REL misionero(-a) *m(f)*

**'mis•sion•a•ry po•si•tion** *hum* postura *f* del misionero

**mis•sion con'trol** centro *m* de control

**'mis•sion state•ment** declaración *f* de la misión

**mis•spell** [mɪs'spel] *v/t* escribir incorrectamente

**mis•spell•ing** [mɪs'spelɪŋ] falta *f* de ortografía

**mis•spent** ['mɪsspent] *adj*: **~ youth** juventud *f* malgastada

**mis•state** [mɪs'steɪt] *v/t* tergiversar

**mis•state•ment** [mɪs'steɪtmənt] tergiversación *f*

**mist** [mɪst] neblina *f*

◆ **mist over** *v/i of eyes* empañarse

◆ **mist up** *v/i of mirror, window* empañarse

**mis•take** [mɪ'steɪk] **I** *n* error *m*, equivocación *f*; **make a ~** cometer un error *or* una equivocación, equivocarse; **by ~** por error *or* equivocación **II** *v/t* (*pret* **mistook**, *pp* **mistaken**) confundir; **~ X for Y** confundir X con Y

**mis•tak•en** [mɪ'steɪkən] **I** *adj* erróneo, equivocado; **be ~** estar equivocado; **unless I am very much ~** a no ser que esté muy equivocado; **a case of ~ identity** un caso de identificación errónea **II** *pp* ☞ **mistake**

**mis•tak•en•ly** [mɪ'steɪkənlɪ] *adv* erróneamente

**mis•ter** ['mɪstər] ☞ **Mr.**

**mis•time** [mɪs'taɪm] *v/t* hacer a destiempo

**mis•tle•toe** ['mɪsltoʊ] BOT muérdago *m*

**mis•took** [mɪ'stʊk] *pret* ☞ **mistake**

**mis•trans•late** [mɪstrænz'leɪt] *v/t* traducir erróneamente

**mis•trans•la•tion** [mɪstrænz'leɪʃn] error *m* de traducción

**mis•treat** [mɪs'triːt] *v/t* maltratar

**mis•treat•ment** [mɪs'triːtmənt] malos tratos *mpl*

**mis•tress** ['mɪstrɪs] **1** *lover* amante *f*, querida *f* **2** *of servant* ama *f*; *of dog* dueña *f*, ama *f*

**mis•tri•al** ['mɪstraɪəl] juicio *m* nulo; **declare a ~** declarar el juicio nulo

**mis•trust** [mɪs'trʌst] **I** *n* desconfianza *f* (**of** en) **II** *v/t* desconfiar de

**mis•trust•ful** [mɪs'trʌstfʊl] *adj* desconfiado (**of** de)

**mist•y** ['mɪstɪ] *adj weather* neblinoso; *eyes* empañado; *color* borroso

**mis•un•der•stand** [mɪsʌndər'stænd] *v/t* (*pret & pp* **-stood**) entender mal; **don't ~ me** no me malinterpretes

**mis•un•der•stand•ing** [mɪsʌndər'stændɪŋ] **1** (*mistake*) malentendido *m*; **let there be no ~** que no haya malentendidos **2** (*argument*) desacuerdo *m*

**mis•use I** *n* [mɪs'juːs] uso *m* indebido **II** *v/t* [mɪs'juːz] usar indebidamente

**mite¹** [maɪt] *n* ZO ácaro *m*

**mite²** [maɪt] **I** *n* (*little child*) criatura *f* **II** *adv*: **a ~** F un poquitín

**mit•i•gate** ['mɪtɪgeɪt] *v/t punishment, seriousness of offense* mitigar, atenuar

**miti•gat•ing cir•cum•stan•ces** [mɪtɪgeɪtɪŋ'sɜːrkəmstænsɪs] *npl* circunstancias *fpl* atenuantes

**mit•i•ga•tion** [mɪtɪ'geɪʃn] atenuación *f*; **say sth in ~ of sth** decir algo como atenuante de algo

**mitt** [mɪt] *in baseball* guante *m* de béisbol

**mit•ten** ['mɪtən] mitón *m*

**mix** [mɪks] **I** *n* (*mixture*) mezcla *f*, *cooking: ready to use* preparado *m* **II** *v/t* mezclar; *cement* preparar; **~ the flour in**

**well** mezclar la harina bien **III** *v/i socially* relacionarse

◆ **mix up** *v/t* (*confuse*) confundir (**with** con); (*put in wrong order*) revolver, desordenar; **be mixed up** *emotionally* tener problemas emocionales; *of figures* estar confundido; *of papers* estar revuelto *or* desordenado; **be mixed up in** estar metido en; **get mixed up with** verse liado con

◆ **mix with** *v/t* (*associate with*) relacionarse con

**mixed** [mɪkst] *adj feelings* contradictorio; *reactions, reviews* variado

**mixed 'bag: the budget is something of a ~** el presupuesto contiene un poco de todo; **mixed 'bless•ing: it's a ~** tiene sus ventajas y sus inconvenientes; **mixed 'dou•bles** *nsg in tennis* dobles *mpl* mixtos; **a ~** (**match**) un partido de dobles mixtos; **mixed e'con•o•my** economía *f* mixta; **mixed 'mar•riage** matrimonio *m* mixto

**mix•er** ['mɪksər] **1** *for food* batidora *f* **2** *drink* refresco *m* (*para mezclar con bebida alcohólica*) **3: she's a good ~** es muy sociable

**mix•ing bowl** ['mɪksɪŋboʊl] cuenco *m*

**mix•ture** ['mɪkstʃər] mezcla *f*; *medicine* preparado *m*

**mix-up** ['mɪksʌp] confusión *f*

**mne•mon•ic** [niː'mɑːnɪk] recurso *m* mnemotécnico

**MO** [em'oʊ] *abbr* **1** (= **medical officer**) médico(-a) *m(f)* militar **2** F (= **modus operandi**) modus *m inv* operandi

**mo** [moʊ] F segundo *m*

**moan** [moʊn] **I** *n of pain* gemido *m* **II** *v/i in pain* gemir

**moat** [moʊt] foso *m*

**mob** [mɑːb] **I** *n* muchedumbre *f* **II** *v/t* (*pret & pp* **-bed**) asediar, acosar

**mo•bile** ['moʊbəl] **I** *adj person* con movilidad; (*that can be moved*) móvil; **she's a lot less ~ now** ahora tiene mucha menos movilidad; **when will I be ~ again?** ¿cuándo podré volver a moverme? **II** *n* **1** Br TELEC móvil *m* **2** *in art* movible *m*

**mo•bile 'home** casa *f* caravana

**mo•bile 'phone** Br teléfono *m* móvil, *L.Am.* celular *m*

**mo•bil•i•ty** [mə'bɪlətɪ] movilidad *f*

**mo•bi•li•za•tion** [moʊbɪlaɪ'zeɪʃn] *of*

*help, resources,* MIL movilización *f*

**mo•bi•lize** ['moʊbɪlaɪz] **I** *v/t help, resources,* MIL movilizar **II** *v/i* MIL movilizarse

**mob•ster** ['mɑːbstər] gángster *m*

**moc•ca•sin** ['mɑːkəsɪn] mocasín *m*

**mo•cha** ['moʊkə] moca *f*

**mock** [mɑːk] **I** *adj* fingido, simulado; **~ exams / elections** exámenes *mpl* / elecciones *fpl* de prueba **II** *v/t* burlarse de

**mock•er•y** ['mɑːkərɪ] **1** (*derision*) burlas *fpl* **2** (*travesty*) farsa *f*

**mock•ing** ['mɑːkɪŋ] *adj* burlón

**'mock•ing bird** sinsonte *m*

**mock•ing•ly** ['mɑːkɪŋlɪ] *adv* burlonamente

**mock-up** ['mɑːkʌp] (*model*) maqueta *f*, modelo *m*

**mod•al** ['moʊdl]: **~** (**auxiliary**) (auxiliar *m*) modal *m*

**mo•dal•i•ty** [moʊ'dælətɪ] modalidad *f*

**mod cons** [mɑːd'kɑːnz] *abbr pl* (= *modern conveniences*): **all ~** todas las comodidades

**mode** [moʊd] (*form*), COMPUT modo *m*; **~ of transportation** medio *m* de transporte

**mod•el** ['mɑːdl] **I** *adj employee, husband* modélico, modelo; **~ boat / plane** maqueta *f* de un barco / avión **II** *n* **1** *miniature* maqueta *f*, modelo *m* **2** (*pattern*) modelo *m* **3** (*fashion ~*) modelo *m/f*; **male ~** modelo *m* **III** *v/t* **1: ~ clothes** trabajar de modelo; **she ~s swimsuits** trabaja de modelo de bañadores **2: ~ o.s. on s.o.** tomar a alguien como modelo; **a building ~ed on …** un edificio que imita a … **IV** *v/i for designer* trabajar de modelo; *for artist, photographer* posar

**mod•el•(l)ing** ['mɑːdəlɪŋ] **1** *making models* modelismo *m* **2** *of clothes, for artist, photographer* trabajo *m* de modelo; **do some ~** hacer de modelo

**'mod•el•(l)ing a•gen•cy** agencia *f* de modelos

**mo•dem** ['moʊdem] módem *m*

**mod•e•rate I** *adj* ['mɑːdərət] moderado **II** *n* ['mɑːdərət] POL moderado(-a) *m(f)* **III** *v/t* ['mɑːdəreɪt] moderar

**mod•e•rate•ly** ['mɑːdərətlɪ] *adv* medianamente, razonablemente

**mod•e•ra•tion** [mɑːdə'reɪʃn] (*restraint*)

**moderación** *f*; *in* ~ con moderación; *show a degree of* ~ mostrar moderación

**mod•er•a•tor** ['mɑːdəreɪtər] *of discussion* moderador(a) *m(f)*

**mod•ern** ['mɑːdərn] *adj* moderno; *in the* ~ *world* en el mundo contemporáneo

**'mod•ern-day** *adj* de hoy en día

**mod•ern 'his•to•ry** historia *f* contemporánea

**mod•ern•is•tic** [mɑːdərn'ɪstɪk] *adj* modernista

**mo•der•ni•ty** [mɑː'dɜːrnɪtɪ] modernidad *f*

**mod•ern•i•za•tion** [mɑːdənaɪ'zeɪʃn] modernización *f*

**mod•ern•ize** ['mɑːdənaɪz] **I** *v/t* modernizar **II** *v/i of business, country* modernizarse

**mod•ern 'lan•gua•ges** *npl* lenguas *fpl* modernas

**mod•est** ['mɑːdɪst] *adj* modesto

**mod•es•ty** ['mɑːdɪstɪ] modestia *f*

**mod•i•cum** ['mɑːdɪkəm]: *a* ~ *of sense* un mínimo de sentido común

**mod•i•fi•a•ble** ['mɑːdɪfaɪəbl] *adj* modificable

**mod•i•fi•ca•tion** [mɑːdɪfɪ'keɪʃn] modificación *f*

**mod•i•fy** ['mɑːdɪfaɪ] *v/t* (*pret & pp -ied*) modificar

**mod•u•lar** ['mɑːdʒələr] *adj furniture* por módulos

**mod•u•late** ['mɑːdʒəleɪt] *v/t & v/i* MUS *etc* modular

**mod•u•la•tion** [mɑːdʒə'leɪʃn] MUS modulación *f*

**mod•ule** ['mɑːdʒʊl] módulo *m*

**mo•dus o•pe•ran•di** [moʊdəsɑːpə'rændaɪ] modus *m inv* operandi

**mog•gy** ['mɑːgɪ] F *cat* minino *m*

**mo•gul** ['moʊgəl] magnate *m*; *movie* ~ magnate del cine

**mo•hair** ['moʊher] mohair *m*

**mo•hi•can** [moʊ'hiːkən] *hairstyle* cresta *f*

**moist** [mɔɪst] *adj* húmedo

**moist•en** ['mɔɪsn] *v/t* humedecer

**mois•ture** ['mɔɪstʃər] humedad *f*

**mois•tur•iz•er** ['mɔɪstʃəraɪzər] *for skin* crema *f* hidratante

**mo•lar** ['moʊlər] muela *f*, molar *m*

**mo•las•ses** [mə'læsɪz] *nsg* melaza *f*; *as slow as* ~ más lento que una tortuga

**mold¹** [moʊld] *n on food* moho *m*

**mold²** [moʊld] **I** *n* molde *m* **II** *v/t clay, character* moldear

**mold•y** ['moʊldɪ] *adj food* mohoso

**mole¹** [moʊl] *on skin* lunar *m*

**mole²** [moʊl] *animal, spy* topo *m*

**mole³** [moʊl] (*breakwater*) espigón *m*

**mo•lec•u•lar** [mə'lekjʊlər] *adj* molecular

**mol•e•cule** ['mɑːlɪkjuːl] molécula *f*

**'mole•hill** topera *f*; *make a mountain out of a* ~ hacer una montaña de un grano de arena

**mo•lest** [mə'lest] *v/t child, woman* abusar sexualmente de

**moll** [mɑːl] P chica *f* (*de un gángster*)

**mol•li•fy** ['mɑːlɪfaɪ] *v/t* apaciguar

**mol•lusc, mol•lusk** ['mɑːləsk] ZO molusco *m*

**mol•ly•cod•dle** ['mɑːlɪkɑːdl] *v/t* F mimar, consentir

**Mol•o•tov cock•tail** [mɑːlətɔːf'kɑːkteɪl] cóctel *m* molotov

**molt** [moʊlt] *v/i* mudar el pelo

**mol•ten** ['moʊltən] *adj* fundido

**mom** [mɑːm] F mamá *f*

**mom-and-'pop store** F tienda *f* familiar

**mo•ment** ['moʊmənt] momento *m*; *at the* ~ en estos momentos, ahora mismo; *for the* ~ por el momento, por ahora; *live for the* ~ vivir el momento *or* presente; *he could arrive at any* ~ podría llegar en cualquier momento; *now hold on a* ~*!* ¡espera un momento!; *and not a* ~ *too soon!* ¡y ya iba siendo hora!

**mo•men•tar•i•ly** [moʊmən'terɪlɪ] *adv* **1** (*for a moment*) momentáneamente **2** (*in a moment*) de un momento a otro

**mo•men•ta•ry** ['moʊmənterɪ] *adj* momentáneo

**mo•men•tous** [mə'mentəs] *adj* trascendental, muy importante

**mo•men•tum** [mə'mentəm] impulso *m*

**Mo•na•co** ['mɑːnəkoʊ] Mónaco *m*

**mon•arch** ['mɑːnərk] monarca *m/f*

**mo•nar•chic** [mə'nɑːrkɪk] *adj* monárquico

**mon•ar•chist** ['mɑːnərkɪst] monárquico(-a) *m(f)*

**mon•ar•chy** ['mɑːnərkɪ] monarquía *f*

**mon•as•tery** ['mɑːnəsterɪ] monasterio *m*

mo•nas•tic [mə'næstɪk] *adj* monástico
Mon•day ['mʌndeɪ] lunes *m inv*
mon•e•tar•ism ['mɑːnɪtərɪzəm] monetarismo *m*
mon•e•tar•ist ['mɑːnɪtərɪst] *adj* monetarista
mon•e•ta•ry ['mɑːnɪterɪ] *adj* monetario
mon•ey ['mʌnɪ] dinero *m*; **be in the ~** estar forrado; *I'm not made of ~* F a mí también me cuesta ganar el dinero; *~ talks* poderoso caballero es don dinero; *I don't feel I got my ~'s worth* lo que he comprado no vale lo que he pagado; *we like the customer to feel that he has got his ~'s worth* nos gusta que el cliente sienta que ha empleado bien su dinero; *he should put his ~ where his mouth is* F debería transformar en dinero sus promesas; *~ isn't everything* el dinero no lo es todo
'mon•ey•bags *nsg* F ricachón(-ona) *m(f)*; 'mon•ey belt faltriquera *f*; 'mon•ey box hucha *f*; mon•ey--chang•er ['mʌnɪtʃeɪndʒər] *person* cambista *m/f*; *machine* máquina *f* de cambio
mon•eyed ['mʌnɪd] *adj* adinerado
'mon•ey•lend•er prestamista *m/f*; 'mon•ey•mak•er: *it's a ~ scheme etc* es muy rentable; 'mon•ey mar•ket mercado *m* monetario; 'mon•ey or•der giro *m* postal; 'mon•ey prob•lems problemas *mpl* de dinero; mon•ey-spin-ner ['mʌnɪspɪnər] F *Br* ☞ **money-maker**
mon•gol•ism ['mɑːŋɡəlɪzəm] MED mongolismo *m*
mon•gol•oid ['mɑːŋɡəlɔɪd] *adj* MED mongoloide
mon•grel ['mʌŋɡrəl] perro *m* cruzado
mon•i•tor ['mɑːnɪtər] I *n* COMPUT monitor *m* II *v/t* controlar
monk [mʌŋk] monje *m*
mon•key ['mʌŋkɪ] mono *m*; F *child* diablillo *m* F; *don't make a ~ out of me* F no me tomes el pelo; *I don't give a ~'s* P me importa un rábano *or* un pito F
◆ monkey around with *v/t* F enredar con
'mon•key busi•ness F **1** (*fooling around*) barrabasadas *fpl* **2** (*cheating*) trucos *mpl*; 'mon•key nut cacahuete *m*; 'mon•key wrench llave *f* inglesa

monk•fish ['mʌŋkfɪʃ] rape *m*
mon•o ['mɑːnoʊ] **1** *not stereo* mono **2** *not color* monocromo
mon•o•chrome ['mɑːnəkroʊm] *adj* monocromo
mon•o•cle ['mɑːnəkl] monóculo *m*
mo•nog•a•mous [mə'nɑːɡəməs] *adj* monógamo
mo•nog•a•my [mə'nɑːɡəmɪ] monogamia *f*
mon•o•gram ['mɑːnəɡræm] monograma *m*
mon•o•grammed ['mɑːnəɡræmd] *adj* con monograma
mon•o•lith ['mɑːnəlɪθ] monolito *m*
mon•o•lith•ic [mɑːnə'lɪθɪk] *adj* monolítico
mon•o•log, *Br* mon•o•logue ['mɑːnəlɑːɡ] monólogo *m*
mon•o•nu•cle•o•sis [mɑːnoʊnuːklɪ'oʊsɪs] mononucleosis *f inv*
mo•nop•o•lis•tic [mənɑːpə'lɪstɪk] *adj* monopolístico
mo•nop•o•lize [mə'nɑːpəlaɪz] *v/t* monopolizar
mo•nop•o•ly [mə'nɑːpəlɪ] monopolio *m*
mon•o•rail ['mɑːnoʊreɪl] monorraíl *m*
mon•o•so•di•um glu•ta•mate [mɑːnoʊsoʊdɪəm'ɡluːtəmeɪt] glutamato *m* monosódico
mon•o•syl•lab•ic [mɑːnoʊsɪ'læbɪk] *adj* LING monosilábico; *he was rather ~* era muy lacónico
mon•o•the•is•tic [mɑːnoʊθeɪ'ɪstɪk] *adj* monoteísta
mo•not•o•nous [mə'nɑːtənəs] *adj* monótono
mo•not•o•ny [mə'nɑːtənɪ] monotonía *f*
mon•ox•ide [mə'nɑːksaɪd] CHEM monóxido *m*
mon•soon [mɑːn'suːn] monzón *m*
mon•ster ['mɑːnstər] monstruo *m*
mon•stros•i•ty [mɑːn'strɑːsətɪ] monstruosidad *f*
mon•strous ['mɑːnstrəs] *adj* (*frightening, huge*) monstruoso; (*shocking*) escandaloso
mon•strous•ly ['mɑːnstrəslɪ] *adv* monstruosamente, terriblemente
mon•tage [mɑːn'tɑːʒ] montaje *m*
month [mʌnθ] mes *m*; *how much do you pay a ~?* ¿cuánto pagas al mes?; *you'll never do it, not in a ~ of Sun-*

**days** F no lo conseguirás, ni aunque vivas cien años

**month•ly** ['mʌnθlɪ] **I** *adj* mensual **II** *adv* mensualmente **III** *n magazine* revista *f* mensual

**mon•u•ment** ['mɑːnʊmənt] monumento *m*

**mon•u•ment•al** [mɑːnʊ'mentl] *adj fig* monumental

**moo** [muː] **I** *v/i* mugir **II** *n* mugido *m*

**mood**[1] [muːd] (*frame of mind*) humor *m*; (*bad* ~) mal humor *m*; *of meeting, country* atmósfera *f*; *be in a good / bad* ~ estar de buen / mal humor; *I'm in the* ~ *for a pizza* me apetece una pizza; *I'm not in the* ~ no estoy de humor; *she's in one of her* ~*s again* vuelve a estar de mal humor; ~ *swings* cambios *mpl* de humor

**mood**[2] [muːd] LING modo *m*

**mood•i•ly** ['muːdɪlɪ] *adv* malhumoradamente

**mood•y** ['muːdɪ] *adj* temperamental; (*bad-tempered*) malhumorado

**moon** [muːn] luna *f*; *once in a blue* ~ de Pascuas a Ramos

♦ **moon around** *v/i* F estar pensando en las musarañas

'**moon•beam** rayo *m* de luna; '**moon land•ing** alunizaje *m*; '**moon•light I** *n* luz *f* de luna **II** *v/i* F estar pluriempleado irregularmente; *he's* ~*ing as a barman* tiene un segundo empleo de camarero; '**moon•light•er** F pluriempleado(-a) *m(f)* (irregularmente); '**moon•light•ing** F pluriempleo *m* (irregular)

'**moon•lit** *adj* iluminado por la luna; '**moon•shine 1** luz *f* de luna **2** F *nonsense* paridas *fpl* **3** F *illegal liquor*: bebida destilada ilegalmente

**moor** [mʊr] *v/t boat* atracar

**moor•ing** ['mʊrɪŋ] atracadero *m*

**moose** [muːs] alce *m* americano

**moot** [muːt] *adj*: *it's a* ~ *point* es algo discutible

**mop** [mɑːp] **I** *n for floor* fregona *f*; *for dishes* estropajo *m* (con mango); *his* ~ *of ginger hair* su mata de pelo pelirrojo **II** *v/t* (*pret & pp* -*ped*) *floor* fregar; *eyes, face* limpiar

♦ **mop up** *v/t* limpiar; MIL acabar con

**mope** [moʊp] *v/i* estar abatido

**mo•ped** ['moʊped] *Br* ciclomotor *m*

**mo•raine** [mə'reɪn] GEOL morrena *f*

**mor•al** ['mɔːrəl] **I** *adj* moral; *person, behavior* moralista; *take the* ~ *high ground* aparecer como moralmente superior **II** *n* **1** *of story* moraleja *f*; **2** *pl*: ~*s* moral *f*, moralidad *f*

**mo•rale** [mə'ræl] moral *f*

**mor•al•ist** ['mɔːrəlɪst] moralista *m/f*

**mor•al•is•tic** [mɔːrə'lɪstɪk] *adj* moralista

**mo•ral•i•ty** [mə'rælətɪ] moralidad *f*

**mor•al•ize** ['mɔːrəlaɪz] *v/i* moralizar (*about* sobre)

**mor•al•ly** ['mɔːrəlɪ] *adv* moralmente

**mor•a•to•ri•um** [mɔːrə'tɔːrɪəm] (*pl moratoria* [mɔːrə'tɔːrɪə] *or* -*riums*) COM, POL moratoria *f*; *have a* ~ *on sth* tener moratoria en algo

**mor•bid** ['mɔːrbɪd] *adj* morboso

**mor•bid•i•ty** [mɔːr'bɪdɪtɪ] morbosidad *f*

**mor•dant** ['mɔːrdənt] *adj fig* mordaz

**more** [mɔːr] **I** *adj* más; *there are no* ~ *eggs* no quedan huevos; *some* ~ *tea?* ¿más té?; *one* ~ *glass, please* una *or* otra (copa más) por favor; ~ *and* ~ *students / time* cada vez más estudiantes / tiempo **II** *adv* más; ~ *important* más importante; ~ *often* más a menudo; ~ *and* ~ cada vez más; ~ *or less* más o menos; *once* ~ una vez más; *he paid* ~ *than $100 for it* pagó más de 100 dólares por él; *he earns* ~ *than I do* gana más que yo; *I don't live there any* ~ ya no vivo allí **III** *pron* más; *do you want some* ~? ¿quieres más?; *a little* ~ un poco más

**more•ish** ['mɔːrɪʃ] *adj* delicioso, cautivador

**mo•rel•lo** [mə'reloʊ]: ~ (*cherry*) BOT guinda *f*

**more•o•ver** [mɔː'roʊvər] *adv* además, lo que es más

**morgue** [mɔːrg] depósito *m* de cadáveres

**Mor•mon** ['mɔːrmən] mormón(-ona) *m(f)*

**morn•ing** ['mɔːrnɪŋ] mañana *f*; *in the* ~ por la mañana; *this* ~ esta mañana; *to-morrow* ~ mañana por la mañana; *good* ~ buenos días; *it's four o'clock in the* ~! ¡son las cuatro de la mañana!; *I'm not at my best in the* ~ la mañana no es mi mejor momento del día

**morn•ing-'af•ter pill** píldora *f* del día siguiente

**motionless**

'morn•ing sick•ness náuseas *fpl* matutinas (*típicas del embarazo*)
Mo•roc•can [mə'rɑːkən] I *adj* marroquí II *n* marroquí *m/f*
Mo•roc•co [mə'rɑːkou] Marruecos *m*
mo•ron ['mɔːrɑːn] F imbécil *m/f* F, subnormal *m/f* F
mo•ron•ic [mə'rɑːnɪk] *adj* imbécil
mo•rose [mə'rous] *adj* hosco, malhumorado
mor•pheme ['mɔːrfiːm] LING morfema *m*
mor•phine ['mɔːrfiːn] morfina *f*
mor•pho•log•i•cal [mɔːrfə'lɑːdʒɪkl] *adj* morfológico
mor•phol•o•gy [mɔːr'fɑːlədʒɪ] morfología *f*
Morse code [mɔːrs'koud] código *m* morse
mor•sel ['mɔːrsl] pedacito *m*
mor•tal ['mɔːrtl] I *adj* mortal II *n* mortal *m/f*
mor•tal 'com•bat combate *m* a muerte;
  mor•tal 'dan•ger peligro *m* de muerte;
  mor•tal 'en•e•my enemigo *m* mortal
mor•tal•i•ty [mɔːr'tælətɪ] mortalidad *f*
mor'tal•i•ty rate índice *m* de mortalidad
mor•tal•ly ['mɔːrtəlɪ] *adv* wounded etc de muerte; **be ~ offended** sentirse ultrajado
mor•tal 'sin pecado *m* mortal
mor•tar¹ ['mɔːrtər] MIL mortero *m*
mor•tar² ['mɔːrtər] (*cement*) mortero *m*, argamasa *f*
mort•gage ['mɔːrgɪdʒ] I *n* hipoteca *f*, préstamo *m* hipotecario II *v/t* hipotecar
mor•ti•cian [mɔːr'tɪʃn] encargado(-a) *m(f)* de una funeraria
mor•ti•fi•ca•tion [mɔːrtɪfɪ'keɪʃn]: **to my ~** para bochorno mío
mor•ti•fy ['mɔːrtɪfaɪ] *v/t*: **~ the flesh** mortificar el cuerpo; **I was mortified to hear that ...** me sentí abochornado cuando oí que...
mor•tu•a•ry ['mɔːrtʊerɪ] depósito *m* de cadáveres
mo•sa•ic [mou'zeɪɪk] mosaico *m*
Mos•cow ['mɑːskau] Moscú *m*
Mos•lem ['mʊzlɪm] I *adj* musulmán II *n* musulmán(-ana) *m(f)*
mosque [mɑːsk] mezquita *f*
mos•qui•to [mɑːs'kiːtou] (*pl* **-o(e)s**) mosquito *m*

mos'qui•to net mosquitera *f*
moss [mɑːs] musgo *m*
moss•y ['mɑːsɪ] *adj* cubierto de musgo
most [moust] I *adj* la mayoría de II *adv* (*very*) muy, sumamente; **the ~ beautiful / interesting** el más hermoso / interesante; **that's the one I like ~** ése es el que más me gusta; **~ of all** sobre todo III *pron* la mayoría de; **~ of her novels / friends** la mayoría de sus novelas / amigos; **~ of his time / money** la mayor parte de su tiempo / dinero; **at (the) ~** como mucho; **make the ~ of** aprovechar al máximo
most•ly ['moustlɪ] *adv* principalmente, sobre todo
MOT [emou'tiː] *Br* (*test*): inspección anual de vehículos, *Span* ITV *f*; (*certificate*): certificado de haber pasado la inspección anual, *Span* ITV *f*
mo•tel [mou'tel] motel *m*
moth [mɑːθ] mariposa *f* nocturna; (*clothes ~*) polilla *f*
'moth•ball bola *f* de naftalina
'moth-eat•en *adj* apolillado
moth•er ['mʌðər] I *n* madre *f* II *v/t* mimar
'moth•er•board COMPUT placa *f* madre
moth•er•hood ['mʌðərhʊd] maternidad *f*
Moth•er•ing Sun•day [mʌðərɪŋ'sʌndeɪ] ☞ **Mother's Day**
'moth•er-in-law (*pl* **mothers-in-law**) suegra *f*
'moth•er•land tierrra *f* natal
moth•er•less ['mʌðərlɪs] *adj* huérfano (*de madre*)
moth•er•ly ['mʌðərlɪ] *adj* maternal
Moth•er 'Na•ture la madre naturaleza; moth•er-of-'pearl nácar *m*; 'Moth•er's Day Día *m* de la Madre; moth•er-to--'be (*pl* **mothers-to-be**) futura madre *f*; 'moth•er tongue lengua *f* materna
mo•tif [mou'tiːf] motivo *m*
mo•tion ['mouʃn] I *n* **1** (*movement*) movimiento *m*; **put or set things in ~** poner las cosas en marcha; **he's just going through the ~s** está haciendo las cosas mecánicamente **2** (*proposal*) moción *f* II *v/t*: **he ~ed me forward** me indicó con un gesto que avanzara
'mo•tion de•tect•or detector *m* de movimientos
mo•tion•less ['mouʃnlɪs] *adj* inmóvil

**mo•tion** 'pic•ture película *f*

**mo•ti•vate** ['moʊtɪveɪt] *v/t person* motivar

**mo•ti•va•tion** [moʊtɪ'veɪʃn] motivación *f*

**mo•tive** ['moʊtɪv] motivo *m*

**mo•tive•less** ['moʊtɪvlɪs] *adj crime* sin motivo

**mot•ley** ['mɑːtlɪ] *adj* heterogéneo

**mo•tor** ['moʊtər] motor *m*

'**mo•tor•bike** moto *f*; '**mo•tor•boat** lancha *f* motora; **mo•tor•cade** ['moʊtərkeɪd] caravana *f*, desfile *m* de coches; '**mo•tor•cy•cle** motocicleta *f*; '**mo•tor•cy•clist** motociclista *m/f*; '**mo•tor home** autocaravana *f*; '**mo•tor in•dus•try** *Br* industria *f* automovilística

**mo•tor•ing** ['moʊtərɪŋ] automovilismo *m*

**mo•tor•ist** ['moʊtərɪst] conductor(a) *m(f)*, automovilista *m/f*

'**mo•tor me•chan•ic** mecánico(-a) *m(f)* (de automóviles); '**mo•tor•mouth** F charlatán(-ana) *m(f)*; **mo•tor 'neu•rone dis•ease** enfermedad *f* neurona motora; '**mo•tor rac•ing** carreras *fpl* de coches; '**mo•tor•scoot•er** vespa® *f*; '**mo•tor ve•hi•cle** vehículo *m* de motor; '**mo•tor•way** *Br* autopista *f*

**mot•tled** ['mɑːtld] *adj* moteado

**mot•to** ['mɑːtoʊ] (*pl* **-o(e)s**) lema *m*

**mould** *etc Br* ☞ **mold**[1&2]

**moult** *Br* ☞ **molt**

**mound** [maʊnd] *also baseball* montículo *m*

**mount** [maʊnt] **I** *n* **1** (*mountain*) monte *m*; **Mount McKinley** el Monte McKinley **2** (*horse*) montura *f* **II** *v/t* **1** *steps* subir; *horse, bicycle* montar en **2** *campaign, photo* montar **III** *v/i* aumentar, crecer

◆ **mount up** *v/i* **1** *of bills etc* acumularse **2** *get on horse* montar

**moun•tain** ['maʊntɪn] montaña *f*

'**moun•tain bike** bicicleta *f* de montaña; '**moun•tain chain** cadena *f* montañosa

**moun•tain•eer** [maʊntɪ'nɪr] montañero(-a) *m(f)*, alpinista *m/f*, *L.Am.* andinista *m/f*

**moun•tain•eer•ing** [maʊntɪ'nɪrɪŋ] montañismo *m*, alpinismo *m*, *L.Am.* andinismo *m*

'**moun•tain goat** cabra *f* montés

'**moun•tain li•on** puma *m*

**moun•tain•ous** ['maʊntɪnəs] *adj* montañoso

'**moun•tain range** cordillera *f*, cadena *f* montañosa

'**moun•tain•side** ladera *f*

**mount•ed** ['maʊntɪd] *adj* montado

**mount•ed po'lice** policía *f* montada

**Moun•tie** ['maʊntɪ] (*in Canada*): agente *de la policía montada*

**mount•ing** ['maʊntɪŋ] *adj* creciente

**mourn** [mɔːrn] **I** *v/t* llorar **II** *v/i*: **~ for s.o.** llorar la muerte de alguien

**mourn•er** ['mɔːrnər] doliente *m/f*

**mourn•ful** ['mɔːrnfəl] *adj voice, face* triste

**mourn•ing** ['mɔːrnɪŋ] luto *m*, duelo *m*; **be in ~** estar de luto; **wear ~** vestir de luto

**mouse** [maʊs] (*pl* **mice** [maɪs]) *also* COMPUT ratón *m*

'**mouse•hole** ratonera *f*; '**mouse mat** COMPUT alfombrilla *f*; '**mouse•trap** cepo *m*

**mousse** [muːs] **1** *to eat* mousse *m* **2**: (*styling*) ~ espuma *f*

**mous•tache** *Br* ☞ **mustache**

**mous•y** ['maʊsɪ] *adj color, hair* pardo

**mouth**[1] [maʊθ] *n of person* boca *f*; *of river* desembocadura *f*; **be down in the ~** F estar de capa depre F; **you took the words right out of my ~** me lo has quitado de la punta de la lengua; **you keep your ~ shut!** F ¡cierra el pico!

**mouth**[2] [maʊð] *v/t* decir moviendo los labios

◆ **mouth off** *v/i* P **1** (*be fresh*) rebotarse P, contestar F **2** (*be indiscreet*) irse de la boca P **3** (*boast*) farolear P, fardar P

**mouth•ful** ['maʊθfəl] *of food* bocado *m*; *of drink* trago *m*

'**mouth•or•gan** armónica *f*; '**mouth•piece 1** *of instrument* boquilla *f* **2** (*spokesperson*) portavoz *m/f*; **mouth--to-mouth re•sus•ci•ta•tion** respiración *f* boca a boca; '**mouth•wash** enjuague *m* bucal, elixir *m* bucal; '**mouth•wa•ter•ing** *adj* apetitoso

**move** [muːv] **I** *n* **1** *in chess, checkers* movimiento *m*; *in soccer* jugada *f*; **make the first ~** dar el primer paso; **get a ~ on!** F ¡espabílate! F; **don't make a ~!** ¡ni te muevas!; **it's your ~** *in chess, fig* te toca **2** (*step, action*) paso *m* **3** (*change of house*) mudanza *f*

**ll** *v/t* **1** *object* mover; **~ *those papers out of your way*** aparta esos papeles **2** (*transfer*) trasladar; **~ *house*** mudarse de casa **3** *emotionally* conmover
**lll** *v/i* **1** moverse **2** (*transfer*) trasladarse; (**~ *house***) mudarse
◆ **move along** *v/i:* **move along there please!** ¡muévanse!, ¡apártense!; *it's time to be moving along* ya va siendo hora de marcharse
◆ **move around** *v/i in room* andar; *from place to place* trasladarse, mudarse
◆ **move away** *v/i* **1** alejarse, apartarse **2** (*move house*) mudarse
◆ **move in** *v/i to house, neighborhood* mudarse; *to office* trasladarse
◆ **move in on** *v/t* MIL avanzar sobre
◆ **move in with** *v/t* irse a vivir con
◆ **move on** *v/i to another town* mudarse; *to another job* cambiarse; *to another subject* pasar a hablar de
◆ **move out** *v/i of house* mudarse; *of area* marcharse
◆ **move over** *v/i* (*make room*) correrse
◆ **move up l** *v/i* **1** *in league* ascender, subir **2** (*make room*) correrse **ll** *v/t meeting, trip* anticipar
**move•ment** ['muːvmənt] *also organization*, MUS movimiento *m*
**mov•ers** ['muːvərz] *npl firm* empresa *f* de mudanzas; *men* empleados *mpl* de una empresa de mudanzas
**mov•ie** ['muːvɪ] película *f*; *go to a ~ or the ~s* ir al cine; *be in the ~s* trabajar en el cine
**'mov•ie cam•er•a** cámara *f* de cine; **mov•ie•go•er** ['muːvɪɡoʊər] aficionado(-a) *m/f* al cine; **'mov•ie star** estrella *f* de cine; **'mov•ie thea•ter** cine *m*, sala *f* de cine
**mov•ing** ['muːvɪŋ] *adj* **1** (*that can move*) movible **2** *emotionally* conmovedor
**mow** [moʊ] *v/t grass* cortar
◆ **mow down** *v/t* segar la vida de
**mow•er** ['moʊər] cortacésped *m*
**MP** [em'piː] *abbr* **1** (= *Member of Parliament*) *Br* diputado(-a) *m(f)* **2** (= *Military Policeman*) policía *m* militar
**mpg** [empiː'dʒiː] *abbr* (= *miles per gallon*) millas por galón (*medición del consumo de un coche*)
**mph** [empiː'eɪtʃ] *abbr* (= *miles per hour*) millas *fpl* por hora

**MPV** [empiː'viː] *abbr* (= *multi-purpose vehicle*) vehículo *m* polivalente, monovolúmen *m*
**Mr.** ['mɪstər] Sr.
**Mrs** ['mɪsɪz] Sra.
**Ms** [mɪz] Sra. (*casada o no casada*)
**much** [mʌtʃ] **l** *adj* mucho; *so ~ money* tanto dinero; *as ~ ... as ...* tanto ... como
**ll** *adv* mucho; *I don't like him ~* no me gusta mucho; *he's ~ more intelligent than ...* es mucho más inteligente que ...; *the house is ~ too large for one person* la casa es demasiado grande para una sola persona; *~ admired* muy admirado; *very ~* mucho; *thank you very ~* muchas gracias; *I love you very ~* te quiero muchísimo; *too ~* demasiado
**lll** *pron* mucho; *what did she say? – nothing ~* ¿qué dijo? – no demasiado; *as ~ as ...* tanto como ...; *it may cost as ~ as half a million dollars* puede que haya malversado hasta medio millón de dólares; *I thought as ~* eso es lo que pensaba; *I'm not ~ of a dancer* no se me da muy bien bailar; *he's not ~ of a party-goer* no es muy dado a ir de fiesta, no le gusta mucho salir de fiesta; *there's not ~ of a difference* no hay mucha diferencia; *~ as I would like to* a pesar de lo que me gustaría
**muck** [mʌk] (*dirt*) suciedad *f*
◆ **muck around** *v/i* F enredar
◆ **muck around with** *v/t* F enredar con
**'muck•rake** *v/i* desenterrar escándalos
**muck•y** ['mʌkɪ] *adj* F mugriento
**mu•cous** ['mjuːkəs] *adj* mucoso; *~ membrane* ANAT mucosa *f*
**mu•cus** ['mjuːkəs] mocos *mpl*, mucosidad *f*
**mud** [mʌd] barro *m*
**'mud•bath** baño *m* de barro
**mud•dle** ['mʌdl] **l** *n* lío *m*; *get into a ~ with sth* armarse *or* montarse un lío con algo **ll** *v/t person* liar; *you've gotten the story all ~d* te has hecho un lío con la historia
◆ **muddle through** *v/i* arreglárselas
◆ **muddle up** *v/t* desordenar; (*confuse*) liar
**mud•dy** ['mʌdɪ] *adj* embarrado
**'mud•flap** guardabarros *m inv*; **'mud•flat** marisma *f*; **'mud•guard** guardaba-

rros *m inv*; **'mud pack** mascarilla *f* de barro; **mud•sling•ing** ['mʌdslɪŋɪŋ] descalificaciones *fpl*

**mues•li** ['mjuːzlɪ] muesli *m*

**muf•fin** ['mʌfɪn] magdalena *f*

**muf•fle** ['mʌfl] *v/t* ahogar, amortiguar
◆ **muffle up** *v/i* abrigarse

**muf•fler** ['mʌflər] **1** MOT silenciador *m* **2** *thick scarf* bufanda *f*

**muf•ti** ['mʌftɪ] F: **in ~** de paisano

**mug**[1] [mʌg] **1** *for tea, coffee* taza *f* **2** F *(face)* jeta *f* F *Span* careto *m* F **3** F *(fool)* tonto(-a) *m(f)*

**mug**[2] [mʌg] *v/t (pret & pp **-ged**) (attack)* atracar

**mug•ger** ['mʌgər] atracador(a) *m(f)*

**mug•ging** ['mʌgɪŋ] atraco *m*

**mug•gy** ['mʌgɪ] *adj* bochornoso

**'mug•shot** P foto *f (para ficha policial)*

**mule** [mjuːl] **1** *animal* mulo(-a) *m(f)*; **as stubborn as a ~** terco como una mula **2** *slipper* pantufla *f*
◆ **mull over** [mʌl] *v/t* reflexionar sobre

**mulled** [mʌld] *adj*: **~ wine** vino con especias que se bebe caliente

**mul•ti...** ['mʌltɪ] multi...

**mul•ti•col•ored** *adj* multicolor

**mul•ti•cul•tur•al** *adj* multicultural

**mul•ti•fac•et•ed** [mʌltɪ'fæsɪtɪd] *adj personality, issue* múltiple

**mul•ti•far•i•ous** [mʌltɪ'feriəs] *adj* múltiple

**mul•ti•func•tion•al** *adj* multifuncional

**mul•ti•lat•e•ral** [mʌltɪ'lætərəl] *adj* POL multilateral

**mul•ti•lin•gual** [mʌltɪ'lɪŋgwəl] *adj* multilingüe

**mul•ti•me•di•a** I *n* multimedia *f* II *adj* multimedia

**mul•ti•mil•lion'aire** multimillonario (-a) *m(f)*

**mul•ti•na•tion•al** I *adj* multinacional II *n* COM multinacional *f*

**mul•ti•ple** ['mʌltɪpl] *adj* múltiple

**mul•ti•ple 'choice ques•tion** pregunta *f* tipo test

**mul•ti•ple scle•ro•sis** [skle'rousɪs] esclerosis *f* múltiple

**mul•ti•plex** ['mʌltɪpleks] *movie theater* (cine *m*) multisalas *m inv*, multicines *mpl*

**mul•ti•pli•ca•tion** [mʌltɪplɪ'keɪʃn] multiplicación *f*

**mul•ti•pli'ca•tion sign** signo *m* de multiplicar

**mul•ti•plic•i•ty** [mʌltɪ'plɪsətɪ] multiplicidad *f*

**mul•ti•pli•er** ['mʌltɪplaɪər] MATH multiplicador *m*

**mul•ti•ply** ['mʌltɪplaɪ] I *v/t (pret & pp **-ied**)* multiplicar II *v/i (pret & pp **-ied**)* multiplicarse

**mul•ti'pur•pose** *adj* multiuso

**mul•ti'ra•cial** *adj* multirracial

**mul•ti'ra•cial•ism** carácter *m* multirracial

**mul•ti-screen 'mov•ie the•a•ter** multicine *m*

**mul•ti-sto•rey 'car park** *Br* aparcamiento *m* de varias plantas

**mul•ti-task•ing** ['mʌltɪtæskɪŋ] multitarea *f*

**mul•ti•tude** ['mʌltɪtjuːd] multitud *f*; **for a ~ of reasons** por numerosas razones

**mul•ti-'us•er** *adj system* multiusuario

**mum**[1] [mʌm]: **~'s the word** no diré ni mu; **keep ~ about sth** no decir ni mu sobre algo

**mum**[2] [mʌm] *esp Br* F mamá *f*

**mum•ble** ['mʌmbl] I *n* murmullo *m* II *v/t* farfullar III *v/i* hablar entre dientes

**mum•bo jum•bo** [mʌmbou'dʒʌmbou] palabrería *f*; **the usual management ~** las galimatías típicas de los directivos

**mum•mi•fy** ['mʌmɪfaɪ] *v/t* momificar

**mum•my** ['mʌmɪ] *Br* mamá *f*

**mumps** [mʌmps] *nsg* paperas *fpl*

**munch** [mʌntʃ] *v/t & v/i* mascar

**mun•dane** [mʌn'deɪn] *adj (everyday)* rutinario

**mu•ni•ci•pal** [mjuː'nɪsɪpl] *adj* municipal

**mu•ni•ci•pal•i•ty** [mjuːnɪsɪ'pælətɪ] municipio *m*

**mu•ni•tions** [mjuː'nɪʃənz] *npl* municiones *mpl*

**mu•ral** ['mjurəl] mural *m*

**mur•der** ['mɜːrdər] I *n* asesinato *m*; **she lets him get away with ~** F le consiente todo; **scream blue ~** poner el grito en el cielo; **the traffic was ~** P el tráfico era criminal II *v/t* **1** *person* asesinar, matar **2** F *song* destrozar

**mur•der•er** ['mɜːrdərər] asesino(-a) *m(f)*

**mur•der•ess** ['mɜːrdərəs] asesina *f*

**mur•der•ous** ['mɜːrdrəs] *adj rage, look* asesino

'mur•der weap•on arma *f* homicida

murk•y ['mɜːrkɪ] *adj water* turbio, oscuro; *fig: past* turbio

mur•mur ['mɜːrmər] I *n* murmullo *m*; ... **he said in a ~** ... murmulló; **accept without a ~** aceptar sin rechistar II *v/t* murmurar

Mur•phy bed ['mɜːrfɪ] mueble *m* cama

mus•cle ['mʌsl] músculo *m*

◆ **muscle in** *v/i* F meterse a la fuerza

◆ **muscle in on** *v/t* F meterse a la fuerza en

mus•cle•man ['mʌslmæn] forzudo *m*

mus•cu•lar ['mʌskjʊlər] *adj* **1** *pain, strain* muscular **2** *person* musculoso

mus•cu•lar dys•troph•y [mʌskjʊlər'dɪstrəfɪ] MED distrofia *f* muscular

muse [mjuːz] *v/i* meditar, reflexionar

mu•se•um [mjuː'zɪəm] museo *m*

mush [mʌʃ] puré *m*

mush•room ['mʌʃrʊm] I *n* seta *f*, hongo *m*; (*button* ~) champiñón *m* II *v/i* crecer rápidamente

'mush•room cloud hongo *m* atómico

mush•y ['mʌʃɪ] *adj* blando; F *too sentimental* sentimentaloide

mu•sic ['mjuːzɪk] música *f*; *in written form* partitura *f*; **set sth to ~** poner música a algo; **that's ~ to my ears** F me suena a música celestial, eso es música para mis oídos

mu•sic•al ['mjuːzɪkl] I *adj* **1** musical **2** *person* con talento para la música II *n* musical *m*

'mu•sic(•al) box caja *f* de música

mu•sic•al 'in•stru•ment instrumento *m* musical

mu•si•cian [mjuː'zɪʃn] músico(-a) *m(f)*

mu•si•col•o•gy [mjuːzɪ'kɑːlədʒɪ] musicología *f*

'mu•sic stand atril *m*

'mu•sic stool taburete *m* (*para un músico*)

musk [mʌsk] *cosmetic* almizcle *m*

Mus•lim ['mʊzlɪm] ☞ **Moslem**

◆ **muss up** [mʌs'ʌp] *v/t* F revolver

mus•sel ['mʌsl] mejillón *m*

must [mʌst] I *v/aux* **1** *necessity* tener que, deber; **I ~ be on time** tengo que *or* debo llegar a la hora; **do you have to leave now? – yes, I ~** ¿tienes que marcharte ahora? – sí, debo marcharme; **I ~n't be late** no tengo que llegar tarde, no debo llegar tarde

**2** *probability* deber de; **it ~ be about 6 o'clock** deben de ser las seis; **they ~ have arrived by now** ya deben de haber llegado

II *n*: **be a ~** *proper clothing, clean water etc* ser imprescindible; **the Grand Canyon is a ~** el Gran Cañón es una visita obligada

mus•tache [mə'stæʃ] bigote *m*

mus•tard ['mʌstərd] mostaza *f*

'mus•tard gas gas *m* mostaza

mus•ter ['mʌstər] I *v/t troops, resources* reunir II *n*: **pass ~** ser pasable

◆ **muster up** *v/t courage* armarse de

must•n't ['mʌsnt] = **must not**

must•y ['mʌstɪ] *adj room* que huele a humedad; *smell* a humedad

mu•tant [mjuː'tənt] I *adj* mutante II *n* mutante *m/f*

mu•tate [mjuː'teɪt] *v/i* mutar (**into** en)

mu•ta•tion [mjuː'teɪʃn] mutación *f*

mute [mjuːt] I *adj animal* mudo II *n* MUS sordina *f*

mut•ed ['mjuːtɪd] *adj color* apagado; *criticism* débil

mu•ti•late ['mjuːtɪleɪt] *v/t* mutilar

mu•ti•la•tion [mjuːtɪ'leɪʃn] mutilación *f*

mu•ti•neer [mjuːtɪ'nɪər] I *n* amotinado(-a) *m(f)* II *v/i* amotinarse

mu•ti•nous ['mjuːtɪnəs] *adj* rebelde

mu•ti•ny ['mjuːtɪnɪ] I *n* motín *m* II *v/i* (*pret & pp -ied*) amotinarse

mut•ter ['mʌtər] *v/t & v/i* murmurar

mut•ton ['mʌtn] carnero *m*

mu•tu•al ['mjuːtʃʊəl] *adj* mutuo; **the feeling's ~** el sentimiento es mutuo

mu•tu•al•ly ['mjuːtʃʊəlɪ] *adv* mutuamente; **the two are ~ exclusive** se excluyen mutuamente

mu•zak® ['mjuːzæk] música *f* ambiental

muz•zle ['mʌzl] I *n* **1** *of animal* hocico *m* **2** *for dog* bozal *m* **3** *of rifle* boca *f* II *v/t* poner un bozal a; **~ the press** amordazar a la prensa

my [maɪ] *adj* mi; **~ house** mi casa; **~ parents** mis padres

my•o•pi•a [maɪ'oʊpɪə] MED, *fig* miopía *f*

my•op•ic [maɪ'ɑːpɪk] *adj* miope

myr•i•ad ['mɪrɪəd]: **a ~** ... miles de...

myrrh [mɜːr] BOT mirra *f*

myr•tle ['mɜːrtl] BOT mirto *m*

my•self [maɪ'self] *pron reflexive* me; *emphatic* yo mismo(-a); **when I saw**

**~ in the mirror** cuando me vi en el espejo; **I saw it ~** lo vi yo mismo; **by ~** (alone) solo; (without help) yo solo, yo mismo

**mys•te•ri•ous** [mɪˈstɪrɪəs] adj misterioso

**mys•te•ri•ous•ly** [mɪˈstɪrɪəslɪ] adv misteriosamente

**mys•te•ry** [ˈmɪstərɪ] misterio m; **~** (story) relato m de misterio; **tonight's ~ guest is ...** nuestro invitado sorpresa de esta noche es ...

**mys•tic** [ˈmɪstɪk] I adj místico II n místico(-a) m(f)

**mys•ti•cism** [ˈmɪstɪsɪzəm] misticismo m

**mys•ti•fy** [ˈmɪstɪfaɪ] v/t (pret & pp -ied) dejar perplejo

**mys•ti•fy•ing** [ˈmɪstɪfaɪɪŋ] adj desconcertante

**mys•tique** [mɪˈstiːk] aureola f de misterio

**myth** [mɪθ] also fig mito m

**myth•i•cal** [ˈmɪθɪkl] adj mítico

**myth•o•log•i•cal** [mɪθəˈlɑːdʒɪkl] adj mitológico

**my•thol•o•gy** [mɪˈθɑːlədʒɪ] mitología f

# N

**n/a** [enˈeɪ] abbr (= **not applicable**) no corresponde

**nab** [næb] v/t (pret & pp **-bed**) F (take for o.s.) pescar F, agarrar

**na•dir** [ˈneɪdɪr] AST nadir m; fig punto m más bajo

**naff** [næf] adj Br F hortera

**NAFTA** [ˈnæftə] abbr (= **North American Free Trade Agreement**) ALCA m (= Acuerdo m de Libre Comercio de las Américas)

**nag** [næg] I v/i (pret & pp **-ged**) of person dar la lata II v/t (pret & pp **-ged**): **~ s.o. to do sth** dar la lata a alguien para que haga algo III n (person) pesado(-a) m(f)

**nag•ger** [ˈnægər] pesado(-a) m(f)

**nag•ging** [ˈnægɪŋ] adj person quejica; doubt persistente; pain continuo

**nail** [neɪl] I **1** n for wood clavo m; **as hard as ~s** muy duro **2** on finger, toe uña f II v/t: **~ sth to sth** clavar algo a algo;

♦ **nail down** v/t lid etc cerrar con clavos; fig **nail s.o. down to a decision / price etc** hacer que alguien tome una decisión / se comprometa a un precio

**'nail-bit•ing** adj suspense etc de infarto

**'nail brush** cepillo m de uñas; **'nail clip•pers** npl cortaúñas m inv; **'nail file** lima f de uñas; **'nail pol•ish** esmalte m de uñas; **'nail pol•ish re•mov•er** quitaesmaltes m inv; **'nail scis•sors** npl tijeras fpl de manicura; **'nail var•nish** esmalte m de uñas

**na•ive** [naɪˈiːv] adj ingenuo

**na•ive•ty** [naɪˈiːvtɪ] ingenuidad f

**na•ked** [ˈneɪkɪd] adj desnudo; **to the ~ eye** a simple vista

**name** [neɪm] I n nombre m; **what's your ~?** ¿cómo te llamas?; **call s.o. ~s** insultar a alguien; **make a ~ for o.s.** hacerse un nombre; **have a bad ~** tener mala fama; **you'll get yourself a bad ~** te ganarás mala fama; **Forsyth by ~** de nombre Forsyth; **he's the leader in ~ only** es el líder sólo de nombre; **the house is in my wife's ~** la casa está a nombre de mi esposa; **put one's ~ down for sth** apuntarse a algo; **in the ~ of peace / of progress** en el nombre de la paz / del progreso; **one of the big ~s in ...** una de las figuras de ...
II v/t: **they ~d him Ben** le llamaron Ben; **~d** llamado

♦ **name for** v/t: **name s.o. for s.o.** poner a alguien el nombre de alguien

**'name day** santo m

**name-drop•per** [ˈneɪmdrɑːpər] F: **he's a terrible ~** le encanta presumir de conocer a mucha gente famosa

**name•ly** [ˈneɪmlɪ] adv a saber

**'name plate** placa f con el nombre; **name•sake** [ˈneɪmseɪk] tocayo(-a) m(f), homónimo(-a) m(f); **'name•tag** on clothing etc etiqueta f

**nan•ny** [ˈnænɪ] niñera f

**'nan•ny goat** cabra f

**nap** [næp] I n cabezada f; **have a ~** echar una cabezada II v/i (pret & pp **-ped**):

**catch s.o. ~ping** *fig* sorprender a alguien desprevenido

**na•palm** ['neɪpɑːm] napalm *m*

**nape** [neɪp]: **~ of the neck** nuca *f*

**nap•kin**['næpkɪn] **1** (*table* ~) servilleta *f* **2** (*sanitary* ~) compresa *f*

**nap•py** ['næpɪ] *Br* pañal *m*

**nar•cis•sism**['nɑːrsɪsɪzəm] PSYCH narcisismo *m*

**nar•cis•sus** [nɑːr'sɪsəs] (*pl* **-uses** [nɑːr'sɪsəsəs], **narcissi** [nɑːr'sɪsaɪ]) BOT narciso *m*

**nar•cot•ic**[nɑːr'kɑːtɪk] narcótico *m*, estupefaciente *m*

**nar'cot•ics a•gent**agente *m/f* de la brigada de estupefacientes

**nar•rate** [nə'reɪt] *v/t* narrar

**nar•ra•tion**[nə'reɪʃn] (*telling*) narración *f*

**nar•ra•tive** ['nærətɪv] **I** *n* (*story*) narración *f* **II** *adj poem, style* narrativo

**nar•ra•tor** [nə'reɪtər] narrador(a) *m(f)*

**nar•row**['næroʊ] **I** *adj street, bed, victory* estrecho; *views, mind* cerrado; **in the ~est sense of the word** en el sentido más estricto de la palabra; **by a ~ margin** por un estrecho margen **II** *v/i of river, road* estrecharse

◆ **narrow down**I *v/t fig* reducir (**to** a) **II** *v/i* reducirse

**nar•row•ly**['næroʊlɪ] *adv win* por poco; **~ escape sth** escapar por poco de algo

**nar•row-'mind•ed** *adj* cerrado

**NASA** ['næsə] *abbr* (= **National Aeronautics and Space Administration**) NASA *f*

**na•sal** ['neɪzl] *adj voice* nasal

**nas•ty** ['næstɪ] *adj person, smell* desagradable, asqueroso; *thing to say* malintencionado; *weather* horrible; *cut, wound* feo; *disease* serio; **turn ~** *of person* ponerse agresivo; *of situation* ponerse feo

**na•tion** ['neɪʃn] nación *f*

**na•tion•al** ['næʃənl] **I** *adj* nacional; **~ costume** traje *m* típico; **~ dish** plato *m* nacional; **~ service** servicio *m* militar; **~ team** equipo *m* nacional **II** *n* ciudadano(-a) *m(f)*

**na•tion•al 'an•them**himno *m* nacional; **na•tion•al 'coach**in soccer seleccionador *m* (nacional); **na•tion•al 'debt**deuda *f* pública; **Na•tion•al 'Guard**Guardia *f* Nacional; **Na•tion•al 'Health**

**Serv•ice** *in UK* sistema *m* público de salud británico

**na•tion•al•ism** ['næʃənəlɪzm] nacionalismo *m*

**na•tion•al•is•tic**[næʃənə'lɪstɪk] *adj* nacionalista

**na•tion•al•i•ty** [næʃə'nælətɪ] nacionalidad *f*; **what ~ is she?** ¿de qué nacionalidad es?

**na•tion•al•i•za•tion** [næʃənəlaɪ'zeɪʃn] nacionalización *f*

**na•tion•al•ize**['næʃənəlaɪz] *v/t industry etc* nacionalizar

**na•tion•al 'park**parque *m* nacional

**'na•tion•wide** *adj* de todo el país **II** *adv* por todo el país

**na•tive**['neɪtɪv] **I** *adj* nativo; **~ language** lengua *f* materna **II** *n* **1** nativo(-a) *m(f)*, natural *m/f*; **he's a ~ of New York**es natural de Nueva York **2** *tribesman* nativo(-a) *m(f)*, indígena *m/f*

**'Na•tive A•mer•i•can** indio(-a) *m(f)* americano(-a); **na•tive 'coun•try** país *m* natal; **na•tive 'speak•er** hablante *m/f* nativo(-a)

**Na•tiv•i•ty**[nə'tɪvətɪ] Natividad *f*; **~ play** auto *m* navideño

**NATO** ['neɪtoʊ] *abbr* (= **North Atlantic Treaty Organization**) OTAN *f* (= Organización *f* del Tratado del Atlántico Norte)

**nat•ty**['nætɪ] *adj* F **1** (*stylish*) elegante **2** (*clever and useful*) ingenioso

**nat•u•ral**['nætʃrəl] **I** *adj* natural; *conclusion, thing to think* natural, lógico; **a ~ yoghurt** un yogur de sabor natural; **a ~ blonde** una rubia natural; **die a ~ death** morir de muerte natural **II** *n*: **she's a ~** tiene talento natural

**nat•u•ral di'sas•ter**desastre *m* natural; **nat•u•ral 'gas**gas *m* natural; **nat•u•ral 'his•to•ry** historia *f* natural

**nat•u•ral•ist** ['nætʃrəlɪst] naturalista *m/f*

**nat•u•ral•is•tic** [nætʃrə'lɪstɪk] *adj* naturalista

**nat•u•ral•i•za•tion**[nætʃrəlaɪ'zeɪʃn] naturalización *f*

**nat•u•ral•ize** ['nætʃrəlaɪz] *v/t*: **become ~d** naturalizarse, nacionalizarse

**nat•u•ral•ly** ['nætʃərəlɪ] *adv* (*of course*) naturalmente; *behave, speak* con naturalidad; (*by nature*) por naturaleza; **substances which occur ~** sustancias que se encuentran en la naturaleza; **it**

ın't come ~ to him no tiene un don
ıral, no le sale por naturaleza
ı•ral re'sour•ces npl recursos mpl
ıturales; nat•u•ral 'sci•ence ciencias
ɔl naturales; nat•u•ral 'sci•en•tist ex-
ɔerto(-a) m(f) en ciencias naturales;
nat•u•ral 'wast•age reducción f de
plantilla por jubilación

na•ture ['neɪtʃər] naturaleza f; by ~ por
naturaleza; it is (in) her ~ es característico suyo; it's not in her ~ to be ... no es
de las que ...; of a serious ~ de naturaleza seria

na•ture re'serve reserva f natural
'na•ture trail sendero m natural
na•tur•ism ['neɪtʃərɪzm] Br naturismo
m

naugh•ty ['nɔːtɪ] adj travieso, malo;
photograph, word etc picante; you ~ little boy! ¡malo!, ¡pillo!; that was a very
~ thing to do eso estuvo mal

nau•se•a ['nɔːzɪə] náusea f
nau•se•ate ['nɔːzɪeɪt] v/t (disgust) dar
náuseas a

nau•se•at•ing ['nɔːzɪeɪtɪŋ] adj smell,
taste nauseabundo; person repugnante

nau•seous ['nɔːʃəs] adj nauseabundo;
feel ~ tener náuseas

nau•ti•cal ['nɔːtɪkl] adj náutico
'nau•ti•cal mile milla f náutica
na•val ['neɪvl] adj naval; ~ officer oficial
m/f de marina; ~ battle batalla f naval

'na•val base base f naval
nave [neɪv] ARCHI nave f central
na•vel ['neɪvl] ombligo m
nav•i•ga•ble ['nævɪgəbl] adj river navegable

nav•i•gate ['nævɪgeɪt] v/i in ship, airplane, COMPUT navegar; in car hacer
de copiloto

nav•i•ga•tion [nævɪ'geɪʃn] navegación
f; in car direcciones fpl; thanks to
her brilliant ~ gracias a lo bien que in-
dicaba direcciones

nav•i•ga•tor ['nævɪgeɪtər] on ship oficial m/f de derrota; in airplane navegante m/f; in car copiloto m/f

na•vy ['neɪvɪ] armada f, marina f (de
guerra)

na•vy 'blue I n azul m marino II adj azul
marino

nay [neɪ] PARL no m; the ~s have it ganan los noes

Na•zi ['nɑːtsɪ] I adj nazi II n nazi m/f

Na•zism ['nɑːtsɪzəm] nazismo m
NBA [enbiː'eɪ] abbr (= National Basketball Association) NBA f (= Asociación Nacional de Baloncesto)

near [nɪr] I adv 1 cerca; come a bit ~er
acércate un poco más; Christmas is
getting ~er se acerca la Navidad; she
came ~ to tears casi lloró 2 (almost) casi; ~ impossible casi imposible
II prep cerca de; ~ the bank cerca del
banco
III adj cercano, próximo; relative cercano; the ~est bus stop la parada de
autobús más cercana or próxima; in
the ~ future en un futuro próximo; ~
miss AVIA incidente m en el que casi
se produce una colisión; that was a ~
miss or thing F le faltó muy poco
IV v/t acercarse a; be ~ing completion
estar próximo a acabarse

near•by [nɪr'baɪ] adv live cerca
near•ly ['nɪrlɪ] adv casi; not ~ as good /
fast ni de lejos tan bueno / rápido;
that's not ~ enough eso no es ni con
mucho suficiente; very ~ casi; I very
~ changed my mind me faltó poco para cambiar de idea

near'sight•ed adj miope
near•sight•ed•ness [nɪr'saɪtɪdnɪs]
miopía f

neat [niːt] adj 1 ordenado; handwriting
claro 2 whiskey solo, seco 3 solution ingenioso 4 F (terrific) genial F, estupendo F

ne•ces•sar•i•ly ['nesəsərəlɪ] adv necesariamente

ne•ces•sar•y ['nesəserɪ] adj necesario,
preciso; it is ~ to ... es necesario ...,
hay que ...; a ~ evil un mal necesario;
if ~ si fuera necesario

ne•ces•si•tate [nɪ'sesɪteɪt] v/t exigir,
hacer necesario

ne•ces•si•ty [nɪ'sesɪtɪ] 1 (being necessary) necesidad f; of ~ por fuerza; ~
is the mother of invention proverb
la necesidad agudiza el ingenio 2
(something necessary) necesidad f, requisito m imprescindible; necessities
pl of life necesidades fpl; be a ~ of life
ser algo muy necesario

neck [nek] I n cuello m; be ~ and ~ ir
igualadísimo; be up to one's ~ in debt
estar hasta el cuello de deudas; risk
one's ~ jugarse el pellejo; save one's

~ salvar el pellejo; ***stick one's ~ out*** arriesgarse; ***get it in the ~*** F recibir un buen rapapolvo F **II** *v/i* meterse mano

**neck•lace** ['neklɪs] collar *m*; '**neck•line** *of dress* escote *m*; '**neck•tie** corbata *f*

**nec•tar** ['nektər] BOT néctar *m*

**nec•tar•ine** ['nektəri:n] BOT nectarina *f*

**née** [neɪ] *adj* de soltera

**need** [ni:d] **I** *n* necesidad *f*; *if ~ be* si fuera necesario; *in ~* necesitado; *be in ~ of sth* necesitar algo; *those in ~* los (más) necesitados; *there's no ~ to be rude / upset* no hace falta ser grosero / que te enfades **II** *v/t* necesitar **III** *v/aux*: *you'll ~ to buy one* tendrás que comprar uno; *you don't ~ to wait* no hace falta que esperes; *I ~ to talk to you* tengo que *or* necesito hablar contigo; *~ I say more?* ¿hace falta que añada algo?; *you ~ not have come* no hacía falta que vinieras

**nee•dle** ['ni:dl] **I** *n* for sewing, injection, on dial aguja *f*, *a ~ in a haystack* fig una aguja en un pajar **II** *v/t* F (annoy) pinchar F

**need•less** ['ni:dlɪs] *adj* innecesario; *~ to say* ni que decir tiene

**need•less•ly** ['ni:dlɪslɪ] *adv* innecesariamente

'**nee•dle•work** costura *f*

**need•y** ['ni:dɪ] **I** *adj* necesitado **II** *npl*: *the ~* los necesitados

**neg** [neg] PHOT F negativo *m*

**ne•gate** [nɪ'geɪt] *v/t* **1** GRAM *sentence etc* poner en la negativa **2** *effect etc* invalidar

**ne•ga•tion** [nɪ'geɪʃn] **1** GRAM *of sentence etc* anulación *f* **2** *of effect etc* invalidación *f*

**neg•a•tive** ['negətɪv] *adj* negativo; *answer in the ~* dar una respuesta negativa

**neg•a•tive 'eq•ui•ty** patrimonio *m* negativo neto

**ne•glect** [nɪ'glekt] **I** *n* abandono *m*, descuido *m*; *be in a state of ~* estar abandonado; *~ of duty* incumplimiento *m* del deber **II** *v/t* **1** garden, one's health descuidar, desatender **2**: *~ to do sth* no hacer algo

**ne•glect•ed** [nɪ'glektɪd] *adj* garden abandonado, descuidado; author olvi-

dado; *feel ~* sentirse abandonado

**ne•glect•ful** [nɪ'glektful] ☞ **negligent**

**neg•li•gee** ['neglɪʒeɪ] salto *m* de cama

**neg•li•gence** ['neglɪdʒəns] negligencia *f*

**neg•li•gent** ['neglɪdʒənt] *adj* negligente

**neg•li•gi•ble** ['neglɪdʒəbl] *adj* quantity, amount insignificante

**ne•go•ti•a•ble** [nɪ'gouʃəbl] *adj* salary, contract negociable

**ne•go•ti•a•ble pa•per** FIN efecto *m* negociable

**ne•go•ti•ate** [nɪ'gouʃɪeɪt] **I** *v/i* negociar; *negotiating skills pl* habilidades *fpl* para negociar; *negotiating table* mesa *f* de negociaciones **II** *v/t* deal, settlement negociar; obstacles franquear, salvar; bend in road tomar

**ne•go•ti•a•tion** [nɪgouʃɪ'eɪʃn] negociación *f*; *be under ~* estar siendo negociado; *be in ~s with* estar en negociaciones con

**ne•go•ti•a•tor** [nɪ'gouʃɪeɪtər] negociador(a) *m(f)*

**Ne•gro** ['ni:grou] negro(-a) *m(f)*

**neigh** [neɪ] *v/i* relinchar

**neigh•bor** ['neɪbər] vecino(-a) *m(f)*; *next-door ~* vecino de al lado

**neigh•bor•hood** ['neɪbərhʊd] *in town* vecindario *m*, barrio *m*; *in the ~ of* ... *fig* alrededor de ...

**neigh•bor•ing** ['neɪbərɪŋ] *adj* house, state vecino, colindante

**neigh•bor•ly** ['neɪbərlɪ] *adj* amable

**neigh•bour** *etc Br* ☞ **neighbor** *etc*

**nei•ther** ['ni:ðər] **I** *adj* ninguno; *~ applicant was any good* ninguno de los candidatos era bueno **II** *pron* ninguno(-a) *m(f)* **III** *adv*: *~ ... nor ...* ni ... ni ... **IV** *conj*: *~ do I* yo tampoco; *~ can I* yo tampoco

**ne•o•clas•si•cal** [ni:ou'klæsɪkəl] *adj* neoclásico

**ne•o•lith•ic** [ni:ə'lɪθɪk] *adj* neolítico

**ne•ol•o•gism** [ni:'ɑ:lədʒɪzəm] LING neologismo *m*

**ne•o-na•zi** [ni:ou'nɑ:tsɪ] **I** *adj* neonazi **II** *n* neonazi *m/f*

**ne•on light** [ni:ɑ:n'laɪt] luz *f* de neón

**Ne•pal** [nə'pɔ:l] Nepal *m*

**Nep•a•lese** [nepə'li:z] **I** *adj* nepalés, nepalí **II** *n* nepalés(-esa) *m(f)*, nepalí *m/f*

**neph•ew** ['nefju:] sobrino *m*

**nerd** [nɜ:rd] F petardo(-a) *m(f)* F; *he's a*

***real computer*** ~ está obsesionado con las computadoras *or Span* ordenadores
**nerve** [nɜːrv] nervio *m*; (*courage*) valor *m*; (*impudence*) descaro *m*, cara *f*; ***it's bad for my ~s*** me pone de los nervios; ***get on s.o.'s ~s*** sacar de quicio a alguien; ***he's got a ~*** F ¡qué cara tiene!; ***have ~s of steel*** tener nervios de acero; ***a bag*** *or* ***bundle of ~s*** F un manojo de nervios; ***be suffering from ~s*** estar muy nervioso; ***have the ~ to do sth*** tener el valor / descaro de hacer algo; ***have lost one's ~*** *of racing driver etc* tener miedo; ***hit a ~*** poner el dedo en la llaga
'**nerve cell** neurona *f*; '**nerve cen•ter**, *Br* **nerve cen•tre** *fig* centro *m* neurálgico; '**nerve gas** gas *m* nervioso; **nerve-rack•ing** ['nɜːrvrækɪŋ] *adj* angustioso, exasperante
**ner•vous** ['nɜːrvəs] *adj person* nervioso, inquieto; *twitch* nervioso; ***I'm ~ about meeting them*** la reunión con ellos me pone muy nervioso
**ner•vous 'break•down** crisis *f inv* nerviosa
**ner•vous 'en•er•gy** energía *f*
**ner•vous•ly** ['nɜːrvəslɪ] *adv* nerviosamente
**ner•vous•ness** ['nɜːrvəsnɪs] nerviosismo *m*
**ner•vous 'wreck** manojo *m* de nervios
**nerv•y** ['nɜːrvɪ] *adj* (*fresh*) descarado
**nest** [nest] **I** *n* nido *m* **II** *v/i* anidar
'**nest egg** *fig* ahorros *mpl*
**nes•tle** ['nesl] *v/i* acomodarse; ***a village nestling in the hills*** un pueblecito enclavado en las montañas
◆ **nestle up to** *v/t* recostarse en
**Net** [net] COMPUT: ***the ~*** la Red; ***on the ~*** en Internet
**net**[1] [net] *n for fishing, tennis etc* red *f*
**net**[2] [net] **I** *adj price, weight* neto **II** *v/t* (*pret & pp* **-ted**) *profit, salary* embolsarse
**net as•sets** *npl* FIN activos mpl netos
**net 'cur•tain** visillo *m*
**Neth•er•lands** ['neðərləndz] *npl* Países *mpl* Bajos
**net•i•quette** ['netɪket] COMPUT netiqueta *f*
'**net play** *in tennis* juego *m* en la red; **net 'pro•fit** beneficio *m* neto; **net re'turn** beneficio *m* neto; '**Net surf•er** inter-

nauta *m/f*
**net•tle** ['netl] ortiga *f*; ***grasp the ~*** *fig* coger el toro por los cuernos
'**net•work** **I** *n of contacts, cells,* COMPUT red *f* **II** *v/t computers* conectar en red; '**net•work driv•er** COMPUT controlador *m* de red; '**net•work•ing** (*building contacts*) establecimiento *m* de contactos; **net 'worth** activo *m* neto
**neu•ral** ['nʊrəl] *adj* neural
**neu•ral•gi•a** [nʊ'ræ]dʒə] MED neuralgia *f*
**neu•ral•gic** [nʊr'ældʒɪk] *adj* neurálgico
**neu•ro•log•i•cal** [nʊrə'lɑːdʒɪkl] *adj* MED neurológico
**neu•rol•o•gist** [nʊ'rɑːlədʒɪst] neurólogo(-a) *m(f)*
**neu•rol•o•gy** [nʊ'rɑːlədʒɪ] neurología *f*
**neu•ron(e)** ['nʊrɑːn] neurona *f*
**neu•ro•sis** [nʊ'rousɪs] (*pl* **neuroses** [nʊ'rousiːz]) neurosis *f inv*
**neu•ro•sur•geon** ['nʊroʊsɜːrdʒən] neurocirujano(-a) *m(f)*
**neu•rot•ic** [nʊ'rɑːtɪk] *adj* neurótico
**neu•ter** ['nuːtər] *v/t animal* castrar
**neu•tral** ['nuːtrl] **I** *adj country* neutral; *color* neutro **II** *n gear* punto *m* muerto; ***in ~*** en punto muerto
**neu•tral•i•ty** [nʊ'trælətɪ] neutralidad *f*
**neu•tral•ize** ['nʊtrəlaɪz] *v/t* neutralizar; ***~ each other*** neutralizarse
**neu•tron** ['nuːtrɑːn] PHYS neutrón *m*; ***~ bomb*** bomba *f* de neutrones
**nev•er** ['nevər] *adv* nunca; ***you're ~ going to believe this*** no te vas a creer esto; ***you ~ promised, did you?*** no lo llegaste a prometer, ¿verdad?; ***I have ~ ever seen*** ... nunca jamás había visto...; ***~ again will I trust them*** no volveré a confiar en ellos nunca más
**nev•er-'end•ing** *adj* interminable
**nev•er•the•less** [nevərðə'les] *adv* sin embargo, no obstante
**new** [nuː] *adj* nuevo; ***this system is still ~ to me*** todavía no me he hecho con este sistema; ***I'm ~ to the job*** soy nuevo en el trabajo; ***that's nothing ~*** no es nada nuevo; ***feel a ~ man*** sentirse como nuevo; ***the ~ boys and girls*** los nuevos
'**new•born** *adj* recién nacido
'**new•com•er** recién llegado(-a) *m(f)*; ***I'm a ~ to this sort of approach*** este enfoque me resulta nuevo
**new•fan•gled** ['nuːfæŋgld] *adj pej* mo-

derno
**new'found** *adj* nuevo; **New•found•land** ['nu:faʊndlænd] Terranova *f*; **New Guin•ea** [nu:'gɪnɪ] Nueva Guinea *f*; **New Jer•sey** Nueva Jersey *f*
**new•ly** ['nu:lɪ] *adv* (*recently*) recientemente, recién
**new•ly-weds** ['nu:lɪwedz] *npl* recién casados *mpl*
**new 'moon** luna *f* nueva
**news** [nu:z] *nsg* noticias *fpl*; *on TV* noticias *fpl*, telediario *m*; *on radio* noticias *fpl*; *that's ~ to me* no sabía eso; *this is good / bad ~* son buenas / malas noticias; *a bit or piece of ~* una noticia; *is there any ~ ?* ¿ha habido alguna noticia?; *is there any ~ of Jim ?* ¿hay noticias de Jim?; *break the ~ to s.o.* dar la noticia a alguien; *have ~ from s.o.* recibir noticias de alguien; *I heard it on the ~* lo escuché en las noticias; *he's always in the ~* siempre sale en las noticias; *the good / bad ~ is ...* la buena / mala noticia es ...
**'news a•gen•cy** agencia *f* de noticias; **'news•a•gent** *Br* vendedor(a) *m(f)* de periódicos; **'news black•out** prohibición *f* de informar; *impose a ~* imponer censura informativa; **'news•cast** TV noticias *fpl*, telediario *m*; *on radio* noticias *fpl*; **'news•cast•er** TV presentador(a) *m(f)* de informativos; **'news•deal•er** quiosquero(-a) *m(f)*; **'news flash** flash *m* informativo, noticia *f* de última hora; **'news chan•nel** canal *m* de noticias; **'news•let•ter** hoja *f* informativa; **'news•pa•per** periódico *m*; **'news•read•er** TV *etc* presentador(a) *m(f)* de informativos; **'news re•lease** comunicado *m* de prensa; **'news re•port** reportaje *m*; **'news•sheet** hoja *f* informativa; **'news•stand** quiosco *m*; **'news•vend•or** vendedor(a) *m(f)* de periódicos; **'news•wor•thy** *adj* de interés informativo
**newt** [nu:t] ZO tritón *m*; *as drunk as a ~* borracho como una cuba
**New 'Tes•ta•ment** Nuevo Testamento *m*; **New 'World** Nuevo Mundo *m*; **'New Year** año *m* nuevo; *Happy New Year!* ¡Feliz Año Nuevo!; **New Year's 'Day** Día *m* de Año Nuevo; **New Year's 'Eve** Nochevieja *f*; **New 'York** [jɔːrk] I *adj* neoyorquino II *n*: *~* (*City*)

Nueva York *f*; **New York•er** ['jɔːrkər] neoyorquino(-a) *m(f)*; **New Zea•land** ['zi:lənd] Nueva Zelanda *f*; **New Zea•land•er** ['zi:ləndər] neozelandés(-esa) *m(f)*, neocelandés(-esa) *m(f)*
**next** [nekst] I *adj in time* próximo, siguiente; *in space* siguiente, de al lado; *~ week* la próxima semana, la semana que viene; *the ~ week he came back again* volvió a la semana siguiente; *who's ~?* ¿quién es el siguiente?
II *adv* luego, después; *~, we're going to study ...* a continuación, vamos a estudiar ...; *~ to* (*beside*) al lado de; (*in comparison with*) en comparación con; *wearing ~ to nothing* llevando apenas nada (de ropa)
**next 'door** I *adj* neighbor de al lado II *adv* live al lado
**next of 'kin** pariente *m* más cercano
**NHS** [eneɪtʃ'es] *abbr* (= *National Health Service*) *Br* sistema público de salud británico
**nib•ble** ['nɪbl] *v/t* mordisquear
**Nic•a•ra•gua** [nɪkə'rɑːgwə] Nicaragua *f*
**Nic•a•ra•guan** [nɪkə'rɑːgwən] I *adj* nicaragüense II *n* nicaragüense *m/f*
**nice** [naɪs] *adj trip, house, hair* bonito, *L.Am.* lindo; *person* agradable, simpático; *weather* bueno, agradable; *meal, food* bueno, rico; *be ~ to your sister!* ¡trata bien a tu hermana!; *that's very ~ of you* es muy amable de tu parte
**nice•ly** ['naɪslɪ] *adv written, presented* bien; (*pleasantly*) amablemente; *that will do ~* eso me viene perfecto; *she is doing ~* le va muy bien
**ni•ce•ties** ['naɪsətɪz] *npl* sutilezas *fpl*, refinamientos *mpl*; *social ~* cumplidos *mpl*
**niche** [ni:ʃ] **1** *in market* hueco *m*, nicho *m* **2** (*special position*) hueco *m*
**'niche mar•ket** nicho *m*; **'niche mar•ket•ing** márketing *m* de nichos; **'niche prod•uct** producto *m* con un nicho
**nick** [nɪk] I *n* (*cut*) muesca *f*, mella *f*; *in the ~ of time* justo a tiempo II *v/t* F: *~ s.o. for $100* estafar 100 dólares a alguien
**nick•el** ['nɪkl] **1** *metal* níquel *m* **2** *coin:* moneda de cinco centavos
**'nick•el-plate** *v/t* niquelar
**'nick•name** apodo *m*, mote *m*
**nic•o•tine** ['nɪkəti:n] nicotina *f*

**'nic•o•tine poi•son•ing** nicotinismo *m*

**niece** [niːs] sobrina *f*

**niff** [nɪf] *Br* F (*stink*) peste *f*

**nif•ty** ['nɪftɪ] *adj* F *gadget, idea* ingenioso

**Ni•ger•i•a** [naɪ'dʒɪrɪə] Nigeria *f*

**Ni•ger•i•an** [naɪ'dʒɪrɪən] I *adj* nigeriano II *n* nigeriano(-a) *m(f)*

**nig•gard•ly** ['nɪgərdlɪ] *adj amount, person* mísero

**nig•gle** ['nɪgl] I *v/i* quejarse (*about, over* de) II *v/t* (*worry*) preocupar

**nig•gling** ['nɪglɪŋ] *adj doubt* inquietante; *ache* molesto; *all the ~ little details* todos los detalles insignificantes

**night** [naɪt] noche *f*; *tomorrow ~* mañana por la noche; *11 o'clock at ~* las 11 de la noche; *travel by ~* viajar de noche; *during the ~* por la noche; *last ~* ayer por la noche; *the ~ before last* anteanoche; *on the ~ of May 5th* en la noche del 5 de mayo; *stay the ~* quedarse a dormir; *work ~s* trabajar de noche; *good ~* buenas noches; *~ and day* noche y día; *have a good / bad ~* pasar una buena / mala noche; *have a ~ out* salir por la noche

**'night bird** ave *f* nocturna; *fig* trasnochador(a) *m(f)*; **'night blind•ness** MED ceguera *f* nocturna; **'night•cap** *drink* copa *f* (*tomada antes de ir a dormir*); **'night•club** club *m* nocturno, discoteca *f*; **'night•dress** camisón *m*; **'night•fall**: *at ~* al anochecer; *after ~* después del anochecer; **'night flight** vuelo *m* nocturno; **'night•gown** camisón *m*

**night•ie** ['naɪtɪ] F camisón *m*

**night•in•gale** ['naɪtɪŋgeɪl] ruiseñor *m*

**'night•life** vida *f* nocturna

**night•ly** ['naɪtlɪ] I *adj*: *a ~ event* algo que sucede todas las noches II *adv* todas las noches

**night•mare** ['naɪtmer] *also fig* pesadilla *f*

**night•mar•ish** ['naɪtmerɪʃ] *adj* de pesadilla

**'night nurse** enfermero(-a) *m(f)* de noche; **'night owl** F trasnochador(a) *m(f)*; **'night por•ter** portero *m* de noche; **'night school** escuela *f* nocturna; **'night shift** turno *m* de noche; **'night-shirt** camisa *f* de dormir; **'night•spot** local *m* nocturno; **'night•stick** porra *f*; **'night•time**: *at ~, in the ~* por la noche; **night 'watch•man** vigilante *m* nocturno

**ni•hil•ism** ['naɪɪlɪzəm] nihilismo *m*

**ni•hil•ist** ['naɪɪlɪst] nihilista *m/f*

**ni•hil•is•tic** [naɪɪ'lɪstɪk] *adj* nihilista

**nil** [nɪl] *Br* cero

**Nile** [naɪl] Nilo *m*

**nim•ble** ['nɪmbl] *adj person, mind* ágil

**nim•by** ['nɪmbɪ] *adj* F que apoya un proyecto etc mientras no le afecte directamente

**nin•com•poop** ['nɪnkəmpuːp] tarugo(-a) *m(f)*

**nine** [naɪn] nueve; *~ times out of ten fig* nueve de cada diez veces; *~ of hearts* nueve de corazones; *be dressed up to the ~s* F ir de punta en blanco

**nine•teen** [naɪn'tiːn] diecinueve

**nine•teenth** [naɪn'tiːnθ] *n & adj* decimonoveno

**nine•ti•eth** ['naɪntɪɪθ] *n & adj* nonagésimo

**nine-to-'five** I *adj*: *a ~ job* un trabajo de oficina II *adv*: *work ~* trabajar en una oficina

**nine•ty** ['naɪntɪ] noventa; *be in one's nineties* tener noventa y tantos años; *in the nineties* en los noventa

**nin•ny** ['nɪnɪ] F bobo(-a) *m(f)*, besugo(-a) *m(f)*

**ninth** [naɪnθ] *n & adj* noveno

**nip**[1] [nɪp] I *n* (*pinch*) pellizco *m*; (*bite*) mordisco *m*; *there's a ~ in the air today* hoy hace bastante fresco II *v/t* (*pret & pp -ped*) (*pinch*) pellizcar; *~ sth in the bud* cortar algo de raíz

◆ **nip in** *v/i Br* F *to house, shop etc* entrar un momento

◆ **nip out** *v/i Br* F *of house, office etc* salir un momento

**nip**[2] [nɪp] *n of whiskey etc* copita *f*

**nip•ple** ['nɪpl] pezón *m*; *on valve etc* engrasador *m*

**nip•py** ['nɪpɪ] *adj* F **1** (*cold*) fresco **2** *Br* (*fast*) rápido

**nit** [nɪt] *in hair* piojo *m*

**nit•pick•er** ['nɪtpɪkər] F quisquilloso(-a) *m(f)*

**nit•pick•ing** *adj* ['nɪtpɪkɪŋ] F quisquilloso

**ni•trate** ['naɪtreɪt] CHEM nitrato *m*

**ni•tric ac•id** [naɪtrɪk'æsɪd] CHEM ácido *m* nítrico

ni•tro•gen ['naɪtrədʒn] nitrógeno *m*

ni•tro•glyc•er•in(e) [naɪtrou'glɪsəriːn] CHEM nitroglicerina *f*

nit•ty-grit•ty [nɪtɪ'grɪtɪ]: **get down to the ~** F ir al grano

nit•wit ['nɪtwɪt] F bobo(-a) *m(f)*, percebe *m/f*

no [nou] **I** *adv* no; **they ~ longer live here** ya no viven aquí **II** *adj*: **there's ~ coffee / tea left** no queda café / té; **I have ~ family / money** no tengo familia / dinero; **I'm ~ linguist / expert** no soy un lingüista / experto; **~ smoking / parking** prohibido fumar / aparcar; **in ~ time** en un abrir y cerrar de ojos **III** *int* no; **say ~ to** decir no a **IV** *n* ( *pl* **noes**): **a clear ~** un claro no

No•bel 'peace prize premio *m* Nobel de la Paz; No•bel 'prize premio *m* Nobel; No•bel 'prize win•ner premio *m/f* Nobel

no•bil•i•ty [nou'bɪlətɪ] nobleza *f*

no•ble ['noubl] *adj* noble

no•bod•y ['noubədɪ] *pron* nadie; **~ knows** nadie lo sabe; **there was ~ at home** no había nadie en casa

no-claims bo•nus [nou'kleɪmzbounəs] descuento *m* por no haber sufrido ningún siniestro

noc•tur•nal [nɑːk'tɜːrnl] *adj* nocturno

nod [nɑːd] **I** *n* movimiento *m* de la cabeza; **give a ~ in agreement** asentir con la cabeza **II** *v/i* (*pret & pp* **-ded**) asentir con la cabeza; **~ to s.o.** hacer un gesto de asentimiento a alguien; *greeting* saludar a alguien con la cabeza; **have a ~ding acquaintance with s.o.** conocer un poco a alguien **III** *v/t* (*pret & pp* **-ded**): **~ one's head** asentir con la cabeza

◆ nod off *v/i* (*fall asleep*) quedarse dormido

nod•ule ['nɑːdjuːl] BOT, MED nódulo *m*

no-'fault in•sur•ance seguro *m* a todo riesgo; no-'go ar•e•a zona *f* prohibida; no-hop•er [nou'houpər] F inútil *m/f* F

noise [nɔɪz] ruido *m*

noise•less ['nɔɪzlɪs] *adj* silencioso

nois•y ['nɔɪzɪ] *adj* ruidoso

no•mad ['noumæd] nómada *m/f*

no•mad•ic [nou'mædɪk] *adj* nómada

no man's land ['noumænzlænd] tierra *f* de nadie

no•men•cla•ture [nə'menkləʧər] *name*

nombre *m*; *system of naming* nomenclatura *f*

nom•i•nal ['nɑːmɪnl] *adj amount* simbólico; *leader* nominal; **~ income** ingreso *m* nominal; **~ value** FIN valor *m* nominal

nom•i•nate ['nɑːmɪneɪt] *v/t* (*appoint*) nombrar; **~ s.o. for a post** (*propose*) proponer a alguien para un puesto

nom•i•na•tion [nɑːmɪ'neɪʃn] (*appointment*) nombramiento *m*; (*proposal*) nominación *f*; **who was your ~?** ¿a quién propusiste?

nom•i•nee [nɑːmɪ'niː] candidato(-a) *m(f)*

non ... [nɑːn] no ...

non•ac'cept•ance rechazo *m*

non•ag'gres•sion pact POL pacto *m* de no agresión

non•al•co'hol•ic *adj* sin alcohol

non•a'ligned *adj* no alineado

non•ap'pear•ance incomparecencia *f*

non•be'liev•er no creyente *m/f*

non•cha•lance ['nɑːnʃələns] indiferencia *f*

non•cha•lant ['nɑːnʃəlɑːnt] *adj* despreocupado

non•com•mis•sioned 'of•fi•cer suboficial *m/f*

non•com'mit•tal *adj person, response* evasivo; **be ~** responder con evasivas

non•com'pli•ance incumplimiento *m* (**with** de)

non•con'form•ist **I** *n* inconformista *m/f* **II** *adj* inconformista

non•co•op•er'a•tion falta *f* de cooperación

non•core *adj activities, business* secundario, periférico

non•de•script ['nɑːndɪskrɪpt] *adj* anodino

none [nʌn] *pron*: **~ of the students** ninguno de los estudiantes; **~ of the water** nada de agua; **there are ~ left** no queda ninguno; **there is ~ left** no queda nada; **~ too soon** justo a tiempo

non•en•ti•ty nulidad *f*

non•es'sen•tial *adj* prescindible (**to** para)

none•the•less [nʌnðə'les] *adv* sin embargo, no obstante

non•e'vent chasco *m*

non•ex'ist•ence inexistencia *f*

non•ex'ist•ent *adj* inexistente

non'fic•tion no ficción *f*

non•ful'fill•ment, *Br* non•ful'fil•ment incumplimiento *m*

non(•in)'flam•ma•ble *adj* incombustible, no inflamable

non•in•ter'fer•ence, non•in•ter'ven•tion no intervención *f*

non-'i•ron *adj shirt* que no necesita plancha

'non•mem•ber no socio(-a) *m(f)*

'no-no: *that's a ~* F de eso nada; *lying in the sun all day is a definite ~* ni hablar de estar todo el día tumbados al sol

non•ob'serv•ance incumplimiento *m*

no-'non•sense *adj approach* directo

non•par•ti'san *adj* imparcial

non•pay•ment impago *m*

non•plussed [nɑːn'plʌst] *adj* desconcertado

non•pol•lut•ing [nɑːnpə'luːtɪŋ] *adj* que no contamina

non'prof•it altruista, sin ánimo de lucro

non'prof•it-mak•ing *adj* sin ánimo de lucro

non•pro•lif•er•a•tion POL no proliferación *f*; *~ treaty* tratado *m* de no proliferación

non•res•i•dent no residente *m/f*

non•re•turn•a•ble [nɑːnrɪ'tɜːrnəbl] *adj* no retornable

non•sense ['nɑːnsəns] disparate *m*, tontería *f*; *don't talk ~* no digas disparates *or* tonterías; *~, it's easy!* tonterías, ¡es fácil!; *make (a) ~ of* echar por tierra; *stand no ~* no tolerar tonterías

non•sen•si•cal [nɑːn'sensɪkl] *adj* absurdo

non'skid *adj tires* antideslizante

non'slip *adj surface* antideslizante

non'smok•er *person* no fumador(a) *m(f)*

non'smok•ing *adj* de no fumadores; *~ car* RAIL vagón *m* de no fumadores

non'stand•ard *adj* no estándar

non'start•er: *be a ~ of idea, project etc* ser inviable; *he's a ~* no se le puede tomar en consideración

non'stick *adj pans* antiadherente

non'stop I *adj flight, train* directo, sin escalas; *chatter* ininterrumpido II *adv fly, travel* directamente; *chatter, argue* sin parar

non'swim•mer: *be a ~* no saber nadar

non'tox•ic *adj* no tóxico

non'u•nion *adj* no sindicado

non'vi•o•lence no violencia *f*

non'vi•o•lent *adj* no violento

noo•dles ['nuːdlz] *npl* tallarines *mpl* (chinos)

nook [nʊk] rincón *m*; *search for sth in every ~ and cranny* buscar algo por todos los recovecos

noo•kie ['nʊkɪ] P polvo *m* P; *no ~ for two weeks* nada de polvos durante dos semanas P

noon [nuːn] mediodía *m*; *at ~* al mediodía

'no one ☞ *nobody*

noose [nuːs] lazo *m* corredizo

nope [noʊp] *int* F no

nor [nɔːr] *conj* ni; *~ do I* yo tampoco, ni yo

norm [nɔːrm] norma *f*

nor•mal ['nɔːrml] *adj* normal; *be back to ~* volver a la normalidad; *go back or return to ~* volver a la normalidad; *be above / below ~* estar por encima / debajo de lo normal

nor•mal•i•ty [nɔːr'mælətɪ] normalidad *f*

nor•mal•ize ['nɔːrməlaɪz] *v/t relationships* normalizar

nor•mal•ly ['nɔːrməlɪ] *adv* 1 (*usually*) normalmente 2 (*in a normal way*) normalmente, con normalidad

'nor•mal time *in soccer* tiempo *m* reglamentario

north [nɔːrθ] I *n* norte *m*; *to the ~ of* al norte de II *adj* norte III *adv travel* al norte; *~ of* al norte de

North A'mer•i•ca América *f* del Norte, Norteamérica *f*; North A'mer•i•can I *n* norteamericano(-a) *m(f)* II *adj* norteamericano; north'east nordeste *m*, noreste *m*; 'north•bound *adj* en dirección norte

north•er•ly ['nɔːrðərlɪ] *adj* norte, del norte

north•ern ['nɔːrðərn] norteño, del norte

north•ern•er ['nɔːrðərnər] norteño(-a) *m(f)*

North•ern 'Ire•land Irlanda *f* del Norte

north•ern•most ['nɔːrðərnmoʊst] *adj* más al norte

North Ko're•a Corea *f* del Norte; North Ko're•an I *adj* norcoreano II *n* norcoreano(-a) *m(f)*; North 'Pole Polo *m* Norte; North 'Sea Mar *m* del Norte;

**North 'Star** Estrella *f* Polar
**north•ward** ['nɔːrðwərd] *adv travel* hacia el norte
**north•west** [nɔːrðˈwest] noroeste *m*
**Nor•way** ['nɔːrweɪ] Noruega *f*
**Nor•we•gian** [nɔːrˈwiːdʒn] **I** *adj* noruego **II** *n* **1** *person* noruego(-a) *m(f)* **2** *language* noruego *m*
**nose** [noʊz] nariz *m*; *of animal* hocico *m*; *it was right under my ~!* ¡lo tenía delante de mis narices!; *cut off one's ~ to spite one's face* tirar piedras contra su propio tejado; *follow one's ~* (*go straight ahead*) seguir todo recto; *lead s.o. by the ~* manejar a alguien con facilidad; *look down one's ~ at s.o.* mirar a alguien por encima del hombro; *poke or stick one's ~ into sth* meter las narices en algo; *put s.o.'s ~ out of joint* hacer que alguien se moleste *or* se ofenda
◆ **nose around** *v/i* F husmear
**'nose•bleed** *I have a ~* me sangra la nariz, sangro por la nariz; **'nose dive** AVIA picado *m*; **'nose-dive** *v/i of airplane* descender en picado; F *of prices etc* caer en picado; **'nose drops** *npl* MED gotas *fpl* para la nariz
**no-'smok•ing** *adj* ☞ **nonsmoking**
**nos•tal•gia** [nɑːˈstældʒə] nostalgia *f*
**nos•tal•gic** [nɑːˈstældʒɪk] *adj* nostálgico
**nos•tril** ['nɑːstrəl] ventana *f* de la nariz
**nos•y** ['noʊzɪ] *adj* F entrometido
**nos•y par•ker** [noʊzɪˈpɑːrkər] F cotilla *m/f* F
**not** [nɑːt] *adv* no; *~ this one, that one* éste no, ése; *~ now* ahora no; *~ there* no allí; *~ like that* así no; *~ before Tuesday / next week* no antes del martes / de la próxima semana; *~ for me, thanks* para mí no, gracias; *~ a lot* no mucho; *it's ~ ready / allowed* no está listo / permitido; *I don't know* no lo sé; *he didn't help* no ayudó; *there was ~ a shop in sight* no se veía ninguna tienda; *~ that I have to do it* no es que yo tenga que hacerlo; *she's so beautiful ... ~* es guapísima ... ¡qué va!
**no•ta•ble** ['noʊtəbl] *adj* notable
**no•ta•bly** ['noʊtəblɪ] *adv* notablemente
**no•ta•ry** ['noʊtərɪ] notario(-a) *m(f)*
**notch** [nɑːtʃ] muesca *f*, mella *f*; *be a ~ above the others* estar por encima

de los demás
◆ **notch up** *v/t* F *victory etc* hacerse con
**note** [noʊt] **I** *n written*, MUS nota *f*; *take ~s* tomar notas; *take ~ of sth* prestar atención a algo; *make a ~ of sth* apuntar algo; *I made a mental ~ to speak to him* traté de acordarme de hablar con él; *speak without ~s* hablar sin utilizar notas; *strike the right ~* *fig* acertar con el tono **II** *v/t* (*observe*) notar; (*pay special attention to*) tomar nota de
◆ **note down** *v/t* anotar
**'note•book 1** cuaderno *m*, libreta *f* **2** COMPUT *L.Am.* computadora *f* portátil, *Span* ordenador *m* portátil
**not•ed** ['noʊtɪd] *adj* destacado; *be ~ for sth* destacar por algo
**'note•pad** bloc *m* de notas; **'note•paper** papel *m* de carta; **'note•wor•thy** *adj* digno de mención
**not-for-'pro•fit** *adj* sin ánimo de lucro
**noth•ing** ['nʌθɪŋ] *pron* nada; *~ but* sólo; *~ much* no mucho; *for ~* (*for free*) gratis; (*for no reason*) por nada; *I'd like ~ better* me encantaría
**noth•ing•ness** ['nʌθɪŋnɪs] nada *f*
**no•tice** ['noʊtɪs] **I** *n* **1** *on bulletin board*, *in street* cartel *m*, letrero *m*; *in newspaper* anuncio *m*
**2** (*advance warning*) aviso *m*; *four weeks' ~* cuatro semanas de preaviso; *at short ~* con poca antelación; *until further ~* hasta nuevo aviso; *give s.o. his / her ~ to quit job* despedir a alguien; *to leave house* comunicar a alguien que tiene que abandonar la casa; *hand in one's ~ to employer* presentar la dimisión
**3**: *escape ~* pasar desapercibido; *escape s.o.'s ~* pasar desapercibido a alguien; *it escaped her ~* se le pasó; *take ~ of sth* observar algo, prestar atención a algo; *take no ~ of s.o. / sth* no hacer caso de alguien / algo
**II** *v/t road sign etc* ver, advertir; *change, difference* notar, fijarse en; *~ s.o. doing sth* ver a alguien hacer algo; *did you ~ anyone talking to him?* ¿viste si alguien hablaba con él?; *what do you ~ about this new design?* ¿qué es lo que te llama la atención de este nuevo diseño?; *I didn't ~ what he was wearing* no me fijé en lo que llevaba

**no•tice•a•ble** ['noʊtɪsəbl] *adj* apreciable, evidente; *the stain is still very ~* todavía se nota mucho la mancha

**no•tice•a•bly** ['noʊtɪsəblɪ] *adv* apreciablemente, claramente

**'no•tice board** *Br* tablón *m* de anuncios

**no•ti•fi•a•ble** ['noʊtɪfaɪəbl] *adj disease* notificable

**no•ti•fi•ca•tion** [noʊtɪfɪ'keɪʃn] notificación *f*

**no•ti•fy** ['noʊtɪfaɪ] *v/t* (*pret & pp* **-ied**) notificar, informar

**no•tion** ['noʊʃn] noción *f*, idea *f*

**no•tion•al** ['noʊʃənl] *adj* hipotético

**no•tions** ['noʊʃnz] *npl* artículos *mpl* de costura

**no•to•ri•e•ty** [noʊtə'raɪətɪ] mala fama *f*

**no•to•ri•ous** [noʊ'tɔːrɪəs] *adj* de mala fama

**no•to•ri•ous•ly** [noʊ'tɔːrɪəslɪ] *adv*: *be ~ unreliable* ser muy poco fiable

**not•with•stand•ing** [nɑːtwɪθ'stændɪŋ] **I** *prep* a pesar de **II** *adv* no obstante

**nou•gat** ['nuːgət] *especie de turrón*

**nought** [nɔːt] *Br* cero *m*

**noun** [naʊn] nombre *m*, sustantivo *m*

**nou•rish** ['nʌrɪʃ] *v/t person* nutrir, alimentar

**nou•rish•ing** ['nʌrɪʃɪŋ] *adj* nutritivo

**nou•rish•ment** ['nʌrɪʃmənt] alimento *m*, alimentación *f*

**nou•veau riche** [nuːvoʊ'riːʃ] (*pl* **nouveaux riches** [nuːvoʊ'riːʃ]) nuevo(-a) rico(-a) *m(f)*

**nov•el** ['nɑːvl] **I** *n* novela *f* **II** *adj* novedoso

**nov•el•ist** ['nɑːvlɪst] novelista *m/f*

**nov•el•ty** ['nɑːvəltɪ] **1** (*being new*) lo novedoso **2** (*something new*) novedad *f*

**No•vem•ber** [noʊ'vembər] noviembre *m*

**nov•ice** ['nɑːvɪs] principiante *m/f*

**no•vi•ci•ate** *Br*, **no•vi•ti•ate** [nɑː'vɪsɪət] REL noviciado *m*

**now** [naʊ] *adv* ahora; *~ and again*, *~ and then* de vez en cuando; *by ~* ya; *from ~ on* de ahora en adelante; *right ~* ahora mismo; *just ~* (*at this moment*) en este momento; (*a little while ago*) hace un momento; *~, ~!* ¡vamos!, ¡venga!; *~, where did I put it?* ¿y ahora dónde lo he puesto?; *up to ~* hasta ahora; *~ that* ahora que; *it's ~ or never* (es) ahora o nunca

**now•a•days** ['naʊədeɪz] *adv* hoy en día

**no•where** ['noʊwer] *adv* en ningún lugar; *it's ~ near finished* no está acabado ni mucho menos; *he was ~ to be seen* no se le veía en ninguna parte; *get ~* (*fast*) no ir a ninguna parte; *this is getting us ~* (*fast*) con esto no vamos a ninguna parte

**no-win sit•u•a•tion** callejón *m* sin salida

**nox•ious** ['nɑːkʃəs] *adj* nocivo; *~ substance* sustancia *f* nociva

**noz•zle** ['nɑːzl] boquilla *f*

**nu•ance** ['nuːɑːns] matiz *m*

**nu•bile** ['nuːbaɪl] *adj attractive* bien parecido

**nu•cle•ar** ['nuːklɪər] *adj* nuclear

**nu•cle•ar 'en•er•gy** energía *f* nuclear; **nu•cle•ar 'fis•sion** fisión *f* nuclear; **'nu•cle•ar-free** *adj* desnuclearizado; **nu•cle•ar 'phys•ics** *nsg* física *f* nuclear; **nu•cle•ar 'pow•er** energía *f* nuclear; POL potencia *f* nuclear; **nu•cle•ar-pow•ered** ['nuːklɪərpaʊərd] *adj* nuclear; **nu•cle•ar 'pow•er sta•tion** central *f* nuclear; **nu•cle•ar re'ac•tor** reactor *m* nuclear; **nu•cle•ar 'sci•en•tist** científico(-a) *m(f)* en energía nuclear; **nu•cle•ar 'sub•ma•rine** submarino *m* nuclear; **nu•cle•ar 'test** prueba *f* nuclear; **nu•cle•ar 'war•fare** guerra *f* nuclear; **nu•cle•ar 'war•head** cabeza *f* nuclear; **nu•cle•ar 'waste** residuos *mpl* nucleares; **nu•cle•ar 'weap•on** arma *f* nuclear; **nu•cle•ar 'win•ter** invierno *m* nuclear

**nu•cle•us** ['nuːklɪəs] (*pl* **nuclei** ['nuːklɪaɪ]) *also fig* núcleo *m*

**nude** [nuːd] **I** *adj* desnudo **II** *n* **1** *painting* desnudo *m* **2**: *in the ~* desnudo

**nudge** [nʌdʒ] *v/t* dar un toque con el codo a

**nud•ism** ['nuːdɪzəm] nudismo *m*

**nud•ist** ['nuːdɪst] nudista *m/f*; *~ beach* playa *f* nudista

**nu•di•ty** ['nuːdɪtɪ] desnudez *f*

**nug•get** ['nʌgət] *of gold etc* pepita *f*; *these ~s of information* estos datos valiosos

**nui•sance** ['nuːsns] incordio *m*, molestia *f*; *make a ~ of o.s.* dar la lata; *what a ~!* ¡qué incordio!; *public ~* LAW alteración *f* del orden público; *cause a public ~* LAW alterar el orden público

**nuke** [nuːk] *v/t* F atacar con armas nucleares

**null and 'void** [nʌl] *adj* nulo y sin efecto

**nul•li•fy** ['nʌlɪfaɪ] *v/t esp* LAW anular

**numb** [nʌm] *adj* entumecido; *emotionally* insensible; **go ~** *physically* entumecerse; *emotionally* paralizarse

**num•ber** ['nʌmbər] **I** *n* número *m*; **look after ~ one** F cuidar de uno mismo; **it's not a ~s game** F no es una lotería; **five in ~** cinco; **a ~ of times** unas cuantas veces; **a ~ of people** un cierto número de personas; **in large ~s** en grandes cantidades; **there are quite a ~ of things wrong** hay bastantes cosas que estan mal *or* que son erróneas; **I still have a fair ~ of questions** todavía tengo un buen número de preguntas *or* bastantes preguntas; **I've tried any ~of different methods** he intentado varios métodos diferentes

**II** *v/t* **1** (*put a ~ on*) numerar **2**: **his days are ~ed** tiene los días contados; **~ s.o. among one's friends** contar a alguien entre los amigos de uno

**num•ber•ing** ['nʌmbərɪŋ] numeración *f*

**'num•ber•ing sys•tem** sistema *m* de numeración

**'num•ber•plate** MOT *Br* placa *f* de la matrícula

**numb•ness** ['nʌmnɪs] entumecimiento *m*; *emotional* parálisis *f inv*

**numb•skull** ['nʌmskʌl] F percebe *m/f*

**nu•mer•a•cy** ['nuːmərəsɪ] conocimientos *m* de aritmética

**nu•mer•al** ['nuːmərəl] número *m*

**nu•mer•ate** ['nuːmərət] *adj* que sabe sumar y restar

**nu•mer•i•cal** [nuːˈmerɪkl] *adj system, superiority* numérico

**nu•mer•ic key•pad** [njuːˈmerɪk] teclado *m* numérico

**nu•mer•ous** ['nuːmərəs] *adj* numeroso;

**on ~ occasions** en numerosas ocasiones

**nun** [nʌn] monja *f*

**nup•tial** ['nʌpʃl] *adj* nupcial

**nurse** [nɜːrs] **I** *n* enfermero(-a) *m(f)* **II** *v/t* **1** *baby* amamantar **2** *patient* cuidar; **~ s.o. back to health** cuidar a alguien hasta que se cura

**nur•se•ry** ['nɜːrsərɪ] **1** *for children* guardería *f* **2** *for plants* vivero *m*

**'nur•se•ry rhyme** canción *f* infantil;

**'nur•se•ry school** parvulario *m*, jardín *m* de infancia; **'nur•se•ry school teach•er** profesor(a) *m(f)* de parvulario

**nurs•ing** ['nɜːrsɪŋ] enfermería *f*

**'nurs•ing bot•tle** biberón *m*

**'nurs•ing home** *for old people* residencia *f*

**nut** [nʌt] **1** nuez *f*; **~s** (*testicles*) pelotas *fpl* F **2** *for bolt* tuerca *f*

**nut•crack•ers** ['nʌtkrækərz] *npl* cascanueces *m inv*

**nut•meg** ['nʌtmeg] BOT nuez *f* moscada

**nu•tri•ent** ['nuːtrɪənt] nutriente *m*

**nu•tri•tion** [nuːˈtrɪʃn] nutrición *f*

**nu•tri•tion•al** [nuːˈtrɪʃnl] *adj* nutritivo; **~ value** valor *m* nutritivo

**nu•tri•tion•ist** [nuːˈtrɪʃnɪst] nutricionista *m/f*

**nu•tri•tious** [nuːˈtrɪʃəs] *adj* nutritivo

**nuts** [nʌts] *adj* F (*crazy*) chalado F, pirado F; **be ~ about s.o.** estar coladito por alguien F

**'nut•shell**: **in a ~** en una palabra

**nut•ter** ['nʌtər] *Br* F pirado(-a) *m(f)* F

**nut•ty** ['nʌtɪ] **1** *adj taste* a nuez **2** F (*crazy*) chalado F, pirado F

**ny•lon** ['naɪlɑːn] **I** *n* nylon *m* **II** *adj* de nylon

**nymph** [nɪmf] ninfa *f*

**nym•pho•ma•ni•ac** [nɪmfəˈmeɪnɪæk] ninfómana *f*

# O

**oaf** [oʊf] zopenco *m*

**oaf•ish** ['oʊfɪʃ] *adj* bruto

**oak** [oʊk] *tree, wood* roble *m*

**OAP** [oʊeɪˈpiː] *abbr Br* (= *old age pensioner*) pensionista *m/f*, jubilado(-a)

*m(f)*

**oar** [ɔːr] remo *m*; **put** *or* **stick one's ~s in** F meter las narices

**oars•man** ['ɔːrzmən] remero *m*

**o•a•sis** [oʊˈeɪsɪs] (*pl* **oases** [oʊˈeɪsiːz])

*also fig* oasis *m inv*

**oath** [ouθ] LAW, (*swearword*) juramento *m*; **on ~** bajo juramento; **~ of office** juramento de toma de posesión; **swear** *or* **take an ~** jurar (**to** a, ante)

**'oat•meal** harina *f* de avena

**oats** [outs] *npl* copos *mpl* de avena

**ob•du•ra•cy** ['ɑːbdərəsɪ] obstinación *f*

**ob•du•rate** ['ɑːbdərət] *adj* obstinado

**o•be•di•ence** [ou'biːdɪəns] obediencia *f*

**o•be•di•ent** [ou'biːdɪənt] *adj* obediente

**o•be•di•ent•ly** [ou'biːdɪəntlɪ] *adv* obedientemente

**ob•e•lisk** ['ɑːbəlɪsk] obelisco *m*

**o•bese** [ou'biːs] *adj* obeso

**o•bes•i•ty** [ou'biːsɪtɪ] obesidad *f*

**o•bey** [ou'beɪ] *v/t* obedecer

**o•bit•u•a•ry** [ə'bɪtʊerɪ] necrología *f*, obituario *m*

**ob•ject**[1] ['ɑːbdʒɪkt] *n* **1** (*thing*) objeto *m* **2** (*aim*) objetivo *m* **3** GRAM objeto *m* **4**: **money is no ~** el dinero no es ningún inconveniente

**ob•ject**[2] [əb'dʒekt] *v/i* oponerse

◆ **object to** *v/t* oponerse a

**ob•jec•tion** [əb'dʒekʃn] objeción *f*; **if you have no ~s** si no tienes ninguna objeción; **I have no ~ to him** no tengo nada que objetar con respecto a él

**ob•jec•tion•a•ble** [əb'dʒekʃnəbl] *adj* (*unpleasant*) desagradable

**ob•jec•tive** [əb'dʒektɪv] **I** *adj* objetivo **II** *n* objetivo *m*

**ob•jec•tive•ly** [əb'dʒektɪvlɪ] *adv* objetivamente

**ob•jec•tiv•i•ty** [əbdʒek'tɪvətɪ] objetividad *f*

**ob•jec•tor** [əb'dʒektər] objetor(a) *m(f)*, opositor(a) *m(f)*

**ob•li•gate** ['ɑːblɪgeɪt] *v/t*: **feel ~d to do sth** sentirse obligado a hacer algo

**ob•li•ga•tion** [ɑːblɪ'geɪʃn] obligación *f*; **be under an ~ to s.o.** tener una obligación para con alguien; **be under an ~ to do sth** estar obligado a hacer algo; **meet one's ~s** hacer frente a sus obligaciones; **with no ~ to buy** sin obligación de compra; **without ~** sin obligación

**ob•lig•a•to•ry** [ə'blɪgətɔːrɪ] *adj* obligatorio

**o•blige** [ə'blaɪdʒ] *v/t* obligar; **much ~d!** muy agradecido; **be ~d to do sth** estar obligado a hacer algo; **feel ~d to do sth** sentirse obligado a hacer algo

**o•blig•ing** [ə'blaɪdʒɪŋ] *adj* atento, servicial

**o•blig•ing•ly** [ə'blaɪdʒɪŋlɪ] *adv* amablemente

**o•blique** [ə'bliːk] **I** *adj reference* indirecto **II** *n in punctuation* barra *f* inclinada

**ob•lit•er•ate** [ə'blɪtəreɪt] *v/t city* destruir, arrasar; *memory* borrar

**ob•lit•er•a•tion** [əblɪtər'eɪʃn] eliminación *f*

**o•bliv•i•on** [ə'blɪvɪən] olvido *m*; **fall into ~** caer en el olvido

**o•bliv•i•ous** [ə'blɪvɪəs] *adj*: **be ~ of sth** no ser consciente de algo

**ob•long** ['ɑːblɒːŋ] *adj* rectangular

**ob•nox•ious** [əb'nɑːkʃəs] *adj person* detestable, odioso; *smell* repugnante

**o•boe** ['oubou] MUS oboe *m*

**o•bo•ist** ['oubouɪst] oboe *m/f*

**ob•scene** [ɑːb'siːn] *adj* obsceno; *salary, poverty* escandaloso

**ob•scen•i•ty** [əb'senətɪ] obscenidad *f*

**ob•scure** [əb'skjʊr] **I** *adj* oscuro; **for some ~ reason** por alguna razón incomprensible **II** *v/t intentions* ocultar; *view* oscurecer; **~ the issue** complicar las cosas

**ob•scu•ri•ty** [əb'skjʊrətɪ] oscuridad *f*

**ob•se•qui•ous** [əb'siːkwɪəs] *adj* servil

**ob•se•qui•ous•ness** [əb'siːkwɪəsnɪs] servilismo *m*

**ob•ser•va•ble** [əb'zɜːrvəbl] *adj* apreciable

**ob•ser•vance** [əb'zɜːrvns] *of festival* práctica *f*

**ob•ser•vant** [əb'zɜːrvnt] *adj* observador

**ob•ser•va•tion** [ɑːbzə'veɪʃn] **1** *of nature, stars* observación *f*; **keep s.o. under ~** tener a alguien bajo *or* en observación **2** (*comment*) observación *f*, comentario *m*

**ob•ser•va•to•ry** [əb'zɜːrvətɔːrɪ] observatorio *m*

**ob•serve** [əb'zɜːrv] *v/t* observar

**ob•serv•er** [əb'zɜːrvər] observador(a) *m(f)*

**ob•sess** [ɑːb'ses] **I** *v/t* obsesionar; **be ~ed by / with** estar obsesionado con / por **II** *v/i*: **~ about sth** obsesionarse con algo

**ob•ses•sion** [ɑːb'seʃn] obsesión *f*

**ob•ses•sive** [ɑːb'sesɪv] *adj* obsesivo

ob•so•les•cence [ɑːbsə'lesəns] obso-
lescencia *f*
ob•so•les•cent [ɑːbsə'lesnt] *adj:* **be ~**
quedarse obsoleto
ob•so•lete ['ɑːbsəliːt] *adj* obsoleto
ob•sta•cle ['ɑːbstəkl] obstáculo *m*; **be
an ~ to sth** ser un obstáculo para algo;
**put ~s in s.o.'s way** poner obstáculos
en el camino de alguien
'ob•sta•cle course carrera *f* de
obstáculos
ob•ste•tri•cian [ɑːbstə'trɪʃn] obstetra
*m/f*, tocólogo(-a) *m(f)*
ob•stet•rics [ɑːb'stetrɪks] *nsg* obstetricia *f*, tocología *f*
ob•sti•na•cy ['ɑːbstɪnəsɪ] obstinación *f*
ob•sti•nate ['ɑːbstɪnət] *adj* obstinado
ob•sti•nate•ly ['ɑːbstɪnətlɪ] *adv* obsti-
nadamente
ob•strep•er•ous [əb'strepərəs] *adj* alborotado
ob•struct [ɑːb'strʌkt] *v/t road* obstruir;
*investigation, police* obstaculizar
ob•struc•tion [əb'strʌkʃn] *on road etc*
obstrucción *f*; **you're causing an ~,
please move your car** mueva su coche
por favor, está obstruyendo el paso
ob•struc•tion•ism [əb'strʌkʃənɪzəm]
POL obstruccionismo *m*
ob•struc•tive [əb'strʌktɪv] *adj behavior, tactics* obstruccionista
ob•tain [əb'teɪn] I *v/t* obtener, lograr II
*v/i fml: of conditions, circumstances,
rules* prevalecer
ob•tain•a•ble [əb'teɪnəbl] *adj products*
disponible
ob•tru•sive [əb'truːsɪv] *adj* molesto; **the
plastic chairs are rather ~** las sillas de
plástico desentonan por completo
ob•tuse [əb'tuːs] *adj fig* duro de mollera
ob•vi•ate ['ɑːbvɪeɪt] *v/t fml* evitar; **~ the
need for** evitar la necesidad de
ob•vi•ous ['ɑːbvɪəs] *adj* obvio, evidente; *lacking subtlety* poco sutil; **that's
stating the ~** eso es decir lo evidente;
*it was the ~ thing to do* era evidente
que era eso lo que había que hacer;
*he was the ~ choice for the job* era
el candidato más obvio; **am I being
too ~?** ¿se me está notando demasiado?
ob•vi•ous•ly ['ɑːbvɪəslɪ] *adv* obviamen-
te; **~!** ¡por supuesto!
oc•ca•sion [ə'keɪʒn] ocasión *f*; **on this ~**

en esta ocasión; *on the ~ of* con ocasión
de; *rise to the ~* estar a la altura de las
circunstancias; *have ~ to do sth fml* tener la necesidad de hacer algo
oc•ca•sion•al [ə'keɪʒnl] *adj* ocasional,
esporádico; *I like the ~ Scotch* me gusta tomarme un whisky de vez en cuando
oc•ca•sion•al•ly [ə'keɪʒnlɪ] *adv* ocasio-
nalmente, de vez en cuando
oc•ci•den•tal [ɑːksɪ'dentl] *adj* occidental
oc•cult [ə'kʌlt] I *adj* oculto II *n:* **the ~** lo
oculto
oc•cu•pant ['ɑːkjʊpənt] ocupante *m/f*
oc•cu•pa•tion [ɑːkjʊ'peɪʃn] ocupación
*f*
oc•cu•pa•tion•al [ɑːkjʊ'peɪʃənl] *adj*
profesional
oc•cu•pa•tion•al dis'ease enfermedad *f* profesional; oc•cu•pa•tion•al
'haz•ard gaje *m* del oficio; oc•cu•pa-
tion•al health and 'safe•ty salud *f* y seguridad laboral; oc•cu•pa•tion•al
'ther•a•pist terapeuta *m/f* ocupacional;
oc•cu•pa•tion•al 'ther•a•py terapia *f*
ocupacional
oc•cu•pi•er ['ɑːkjʊpaɪər] ☞ **occupant**
oc•cu•py ['ɑːkjʊpaɪ] *v/t (pret & pp -ied)*
ocupar; *the building is no longer occupied* el edificio está deshabitado *or*
abandonado; *keep the kids occupied*
mantener ocupados a los niños
oc•cur [ə'kɜːr] *v/i (pret & pp -red)* ocurrir, suceder; *it ~red to me that ...* se
me ocurrió que …
oc•cur•rence [ə'kʌrəns] acontecimiento *m*; *be an everyday ~* ser cosa de todos los días
o•cean ['oʊʃn] océano *m*; **~s of** F montones de F
o•cean 'floor fondo *m* oceánico;
'o•cean•go•ing *adj* transatlántico;
o•cean 'lin•er transatlántico *m*
o•cea•an•og•ra•phy [oʊʃn'ɑːgrəfɪ]
oceanografía *f*
o•cher, *Br* o•chre ['oʊkər] I *n* MIN ocre
*m* II *adj* ocre
o'clock [ə'klɑːk]: *at five / six ~* a las cinco / seis
OCR [oʊsɪ'ɑːr] (= *optical character recognition*) OCR *m*
oc•ta•gon ['ɑːktəgən] octógono *m*
oc•tag•o•nal [ɑːk'tægənl] *adj* octagonal

**oc•tane** ['ɑːkteɪn] CHEM octano *m*; **~ number** *or* **rating** octanaje *m*

**oc•tave** ['ɑːktɪv] MUS octava *f*

**Oc•to•ber** [ɑːk'toʊbər] octubre *m*

**oc•to•ge•nar•i•an** [ɑːktoʊdʒə'nerɪən] octogenario(-a) *m(f)*

**oc•to•pus** ['ɑːktəpəs] pulpo *m*

**oc•u•lar** ['ɑːkjʊlər] *adj* ocular

**oc•u•list** ['ɑːkjʊlɪst] oculista *m/f*

**OD** [oʊ'diː] (= **overdose**) I *v/i* F: **~ on** *drug* tomar una sobredosis de II *n* sobredosis *f inv*

**odd** [ɑːd] *adj* **1** (*strange*) raro, extraño **2** (*not even*) impar; **the ~ one out** el bicho raro; **50 ~** cerca de 50

**'odd•ball** F bicho *m* raro F

**odd•i•ty** ['ɑːdɪtɪ] *thing* rareza *f*; *person* bicho *m* raro

**odd-'job man** manitas *m inv*

**odd•ly** ['ɑːdlɪ] *adv* extrañamente; **~ enough** aunque parezca raro

**odds** [ɑːdz] *npl*: **be at ~ with sth** no concordar con algo; **be at ~ with s.o.** estar peleado con alguien; **the ~ are 10 to one** las apuestas están en 10 a 1; **the ~ are that ...** lo más probable es que ...; **against all the ~** contra lo que se esperaba; **the ~ are in our favor / against us** tenemos todo a favor / en contra

**odds and 'ends** *npl objects* cacharros *mpl*; *things to do* cosillas *fpl*

**'odds-on** *adj favorite* indiscutible; **it's ~ that he'll come** es bastante seguro que venga

**o•di•ous** ['oʊdɪəs] *adj* odioso

**o•dom•e•ter** [oʊ'dɑːmətər] cuentakilómetros *m inv*

**o•dor**, *Br* **o•dour** ['oʊdər] olor *m*

**od•ys•sey** ['ɑːdɪsɪ] odisea *f*

**Oed•i•pus com•plex** ['iːdɪpəs] PSYCH complejo *m* de Edipo

**OEM** [oʊi'em] *abbr* (= **own equipment manufacturer**) COMPUT fabricante *m* de su proprio equipo

**oe•soph•a•gus** ☞ **esophagus**

**oes•tro•gen** ☞ **estrogen**

**of** [ɑːv] *unstressed* [əv] *prep* de; **the name ~ the street / the hotel** el nombre de la calle / del hotel; **the color ~ the car** el color del coche; **five / ten** (*minutes*) **~ twelve** las doce menos cinco / diez, *L.Am.* cinco / diez para las doce; **die ~ cancer** morir de cáncer;

**love ~ money / adventure** amor por el dinero / la aventura; **~ the three this is ...** de los tres éste es ...

**off** [ɑːf] I *prep*: **~ the main road** (*away from*) apartado de la carretera principal; (*leading off*) saliendo de la carretera principal; **$20 ~ the price** una rebaja en el precio de 20 dólares; **he's ~ his food** no come nada, está desganado

II *adv*: **be ~** *of light, TV, machine* estar apagado; *of brake, lid, top* no estar puesto; *not at work* faltar; *on vacation* estar de vacaciones; (*canceled*) estar cancelado; **we're ~ tomorrow** (*leaving*) nos vamos mañana; **I'm ~ to New York** me voy a Nueva York; **with his pants / hat ~** sin los pantalones / el sombrero; **take a day ~** tomarse un día de fiesta *or* un día libre; **it's 3 miles ~** está a tres millas de distancia; **it's a long way ~** *in distance* está muy lejos; *in future* todavía queda mucho tiempo; **he got into his car and drove ~** se subió al coche y se marchó; **~ and on** de vez en cuando

III *adj*: **the ~ switch** el interruptor de apagado

**'off•beat** *adj* F original

**off-'cen•ter**, *Br* **off-'cen•tre** *adj* descentrado; *definition* descabellado

**off-'col•o(u)r** *adj* **1** *unwell* indispuesto **2** *comments, joke* fuera de tono

**of•fence** *Br* ☞ **offense**

**of•fend** [ə'fend] *v/t* (*insult*) ofender; *sense of justice etc* delinquir

**of•fend•er** [ə'fendər] LAW delincuente *m/f*

**of•fend•ing** [ə'fendɪŋ] *adj* (*causing the problem*) problemático

**of•fense** [ə'fens] **1** LAW delito *m* **2**: **take ~ at sth** ofenderse por algo; **give or cause ~** ofender (**to** a); **be quick to take ~** ofenderse fácilmente; **no ~** (**meant or intended**) no quería ofender **3** SP ataque *m*; **~ is the best defense** el ataque es la mejor defensa; **~ foul** falta *f* en ataque

**of•fen•sive** [ə'fensɪv] I *adj behavior, remark, also* SP ofensivo; *smell* repugnante; **there's no need to get ~** no hace falta ofender; **find sth ~** encontrar algo ofensivo; **~ weapon** arma *f* ofensiva II *n* (*attack*) ofensiva *f*; **go on(to) the ~** pasar a la ofensiva

**of•fer** ['ɑːfər] **I** n oferta f; **make s.o. an~ of sth** ofrecer algo a alguien; **on ~** de oferta; **a contract extension was not on ~ for them** no podían aspirar a una extensión del contrato; **$100 or nearest ~** 100 dólares negociables; **our house is under ~** nos han hecho una oferta **II** v/t ofrecer; **~ s.o. sth** ofrecer algo a alguien; **he ~ed to help** se ofreció a ayudar **III** v/i: **if the opportunity ~s** si surge la oportunidad; **you need more people to lift that – are you ~ing?** hace falta más gente para levantar eso – ¿te estás ofreciendo para ayudar?

**off'hand** adj: **... he replied in an ~ way** ... respondió mostrando falta de interés

**of•fice** ['ɑːfɪs] **1** building oficina f **2** room oficina f, despacho m **3** position cargo m

**of•fice au•to•ma•tion** ofimática f; **'of-fice block** bloque m de oficinas; **'of-fice boy** chico m de los recados; **'of-fice girl** chica f de los recados; **'of-fice-hold•er** alto cargo m; **'of•fice hours** npl horas fpl de oficina; **'of•fice job** trabajo m de oficina or despacho; **of•fice 'jun•ior** Br auxiliar m/f de oficina

**of•fi•cer** ['ɑːfɪsər] MIL oficial m/f; in police agente m/f; **excuse me, ~** perdone, (señor) agente

**'of•fice sup•plies** npl material m de oficina

**'of•fice work•er** oficinista m/f

**of•fi•cial** [əˈfɪʃl] **I** adj oficial **II** n **1** civil servant funcionario(-a) m(f) **2** at sports event organizador(a) m(f); referee, umpire juez m, árbitro m

**of•fi•cial•dom** [əˈfɪʃldəm] la administración

**of•fi•cial•ese** [əfɪʃəˈliːz] jerga f administrativa

**of•fi•cial•ly** [əˈfɪʃlɪ] adv oficialmente

**of•fi•ci•ate** [əˈfɪʃɪeɪt] v/i: **with X officiating** con X celebrando la ceremonia

**of•fi•cious** [əˈfɪʃəs] adj entrometido

**off•ing** ['ɑːfɪŋ]: **be in the ~** ser inminente

**'off-li•cence** Br tienda f de bebidas alcohólicas

**off-'line** adv work fuera de línea; **be ~ of** printer etc estar desconectado; **go ~** desconectarse

**off-'peak** adj rates en horas valle, fuera de las horas punta; **~ ticket** billete m en hora valle

**off-put•ting** ['ɑːfpʌtɪŋ] adj Br F desagradable

**'off•ramp** from highway carril m or vía f de salida

**off-road 've•hi•cle** MOT vehículo m todoterreno

**'off-sea•son I** adj rates, vacation de temporada baja **II** n temporada f baja

**'off•set** v/t (pret & pp **-set**) losses, disadvantage compensar

**'off•shoot** fig filial f

**'off•shore I** adj drilling rig cercano a la costa; investment en el exterior **II** adv cerca de la costa

**'off•side I** adj **1** wheel etc del lado del conductor **2** SP: **be ~** estar fuera de juego; **~ trap** trampa f del fuera de juego **II** adv SP fuera de juego

**'off•spring** of person vástagos mpl, hijos mpl; of animal crías fpl

**off-street 'park•ing** aparcamiento m fuera de las calles

**off-the-'cuff** adj espontáneo

**off-the-'rec•ord** adj confidencial

**off-the-'wall** adj F sense of humor estrafalario

**'off-white** adj blancuzco

**of•ten** ['ɑːfn] adv a menudo, frecuentemente; **how ~ did it happen?** ¿cada cuánto ocurría?; **no, not so ~** no, con tanta frecuencia no; **it's not ~ you get a chance like this** no se encuentran oportunidades así muy a menudo; **he annoyed her once too ~** la enfadó demasiadas veces; **more ~ than not they would disagree** muchas veces no estaban de acuerdo; **sometimes as ~ as three times a day** a veces hasta tres veces al día; **as ~ as not** la mitad de las veces

**o•gle** ['oʊgl] v/t comerse con los ojos

**o•gre** ['oʊgr] ogro m

**oh** [oʊ] int ¡oh!

**oil** [ɔɪl] **I** n **1** for machine, food, skin aceite m; **painted in ~** al óleo **2** petroleum petróleo m; **strike ~** descubrir petróleo **II** v/t hinges, bearings engrasar; **~ the wheels** fig allanar el terreno 'oil can lata *f* de aceite; 'oil change cambio *m* del aceite; 'oil com•pa•ny compañía *f* petrolera; 'oil cri•sis crisis *f inv* del petróleo; 'oil•field yacimiento *m* petrolífero; 'oil-fired *adj central heating* de gasóleo *or* fuel; 'oil lamp lámpara *f* de aceite; 'oil lev•el MOT nivel *m* del aceite; 'oil paint pintura *f* al óleo; 'oil paint•ing óleo *m*; 'oil pipe•line oleoducto *m*; oil-pro•duc•ing country [ɔɪlprəduːsɪŋ'kʌntrɪ] país *m* productor de petróleo; 'oil re•fin•e•ry refinería *f* de petróleo; 'oil rig plataforma *f* petrolífera; oil•seed 'rape colza *f*; 'oil sheik(h) jeque *m* del petróleo; 'oilskins *npl* ropa *f* impermeable; 'oil slick marea *f* negra; 'oil sump cárter *m* de aceite; 'oil tank•er petrolero *m*; 'oil well pozo *m* petrolífero

oil•y ['ɔɪlɪ] *adj* grasiento

oint•ment ['ɔɪntmənt] ungüento *m*, pomada *f*

ok [oʊ'keɪ] **I** *adj & adv* F: can I? – ~ ¿puedo? – de acuerdo *or* Span vale; is it ~ with you if …? ¿te parece bien si …?; that's ~ by me por mí, ningún problema; are you ~? (well, not hurt) ¿estás bien?; are you ~ for Friday? ¿te va bien el viernes?; he's ~ (is a good guy) es buena persona; does that look ~? ¿queda bien?; is this bus ~ for …? ¿este autobús va a …?; I can afford it ~, I'm just not interested no es que no me lo pueda permitir, es que no me interesa; he'll come back ~, don't worry volverá bien, no te preocupes; ~, ~, don't get angry! ¡vale, vale, no te enfades!; ~, it was a difficult task but … sí, fue difícil, pero…; ~, it's not the best ever, but still … de acuerdo *or* es cierto que no es lo mejor pero todavía … **II** *n* aprobación *f*

old [oʊld] **I** *adj* **1** viejo; an ~ man / wo•man un anciano / una anciana, un viejo / una vieja; how ~ are you / is he? ¿cuántos años tienes / tiene?; he's get•ting ~ está haciéndose mayor **2** (*previous*) anterior, antiguo; in the ~ days antiguamente **3**: any ~ disk cualquier disquete; he is not just any ~ designer no es un diseñador cualquiera **II** *npl*: the ~ los ancianos

old 'age vejez *f*; in one's ~ en la vejez;

die of *or* from ~ morirse de viejo

old-age 'pen•sion *Br* pensión *f* de jubilación; old-age 'pen•sion•er *Br* pensionista *m*/*f*, jubilado(-a) *m*(*f*); old-'fash•ioned *adj clothes, style, ideas* anticuado, pasado de moda; *word* anticuado; old 'flame viejo amor *m*; old 'guard vieja guardia *f*; old 'hand experto(-a) *m*(*f*)

old•ie ['oʊldɪ] *person* viejo(-a) *m*(*f*); *joke* chiste *m* viejo; *song* canción *f* antigua

old 'maid vieja *f* solterona; old 'mas•ter *painter* clasico *m*; Old 'Test•a•ment Antiguo Testamento *m*; old 'wives' tale cuento *m* de viejas

ol•fac•to•ry [ɑːl'fæktɔːrɪ] *adj* olfativo

ol•i•gar•chy ['ɑːlɪgɑːrkɪ] oligarquía *f*

ol•ive ['ɑːlɪv] aceituna *f*, oliva *f*; hold out an ~ branch *fig* hacer un gesto de paz

'ol•ive oil aceite *m* de oliva

O•lym•pi•ad [ə'lɪmpɪæd] Olimpiada *f*

O•lym•pic [ə'lɪmpɪk] *adj* olímpico; ~ champion campeón(-ona) *m*(*f*) olímpico(-a)

O•lym•pic 'Games *npl* Juegos *mpl* Olímpicos

O•lym•pics [ə'lɪmpɪks] *npl* Juegos *mpl* Olímpicos

OMB [oʊem'biː] *abbr* (= Office of Management and Budget) Ministerio *m* de Economía

om•buds•man ['ɑːmbʊdzmən] POL defensor *m* del pueblo

om•e•let, *Br* om•e•lette ['ɑːmlɪt] tortilla *f* (francesa)

om•i•nous ['ɑːmɪnəs] *adj* siniestro

om•i•nous•ly ['ɑːmɪnəslɪ] *adv* siniestramente

o•mis•sion [oʊ'mɪʃn] omisión *f*

o•mit [ə'mɪt] *v/t* (*pret & pp* -ted) omitir; ~ to do sth no hacer algo

om•nip•o•tence [ɑːm'nɪpətəns] omnipotencia *f*

om•nip•o•tent [ɑːm'nɪpətənt] *adj* omnipotente

om•nis•ci•ence [ɑːm'nɪsɪəns] omnisciencia *f*

om•nis•ci•ent [ɑːm'nɪsɪənt] *adj* omnisciente

on [ɑːn] **I** *prep* en; ~ the table / wall en la mesa / la pared; ~ the bus / train en el autobús / el tren; ~ TV / the radio en la televisión / la radio; ~ Sunday el do-

mingo; ~ *the 1st of* ... el uno de ...; *this is ~ me* (*I'm paying*) invito yo; *have you any money ~ you?* ¿llevas dinero encima?; *what's he ~!* ¿se ha metido algo? F; ~ *his arrival / departure* cuando llegue / se marche; ~ *hearing this* al escuchar esto
**II** *adv*: *be ~ of light, TV, computer etc* estar encendido *or L.Am.* prendido; *of brake, lid, top* estar puesto; *of meeting etc*: *be scheduled to happen* haber sido acordado; *it's ~ at 5am of TV program* lo dan *or Span* ponen a las cinco; *what's ~ tonight? on TV etc* ¿qué dan *or Span* ponen esta noche?; (*what's planned?*) ¿qué planes hay para esta noche?; *with his hat ~* con el sombrero puesto; *you're ~* (*I accept your offer etc*) trato hecho; ~ *you go* (*go ahead*) adelante; *walk / talk ~* seguir caminando / hablando; *and so ~* etcétera; ~ *and ~ talk etc* sin parar
**III** *adj*: *the ~ switch* el interruptor de encendido

**once** [wʌns] **I** *adv* (*one time, formerly*) una vez; ~ *again, ~ more* una vez más; *at ~* (*immediately*) de inmediato, inmediatamente; *all at ~* (*suddenly*) de repente; (*all*) *at ~* (*together*) al mismo tiempo; ~ *upon a time there was ...* érase una vez ...; ~ *in a while* de vez en cuando; ~ *and for all* de una vez por todas; *for ~* por una vez; ~ *or twice* una o dos veces; *not ~* ni una sola vez; *this ~* por esta vez
**II** *conj* una vez que; ~ *you have finished* una vez que hayas acabado
**'once-o•ver**: *give sth a ~* look at, check* examinar algo de arriba a abajo; *clean* dar un repaso a algo

**'on•com•ing** *adj*: ~ *traffic* tráfico que viene de frente

**one** [wʌn] **I** *n number* uno *m* **II** *adj* un(a); ~ *day* un día; *he's ~ good runner* es un corredor fenómeno **III** *pron* uno(-a); *which ~?* ¿cuál?; ~ *by ~* enter, deal with* uno por uno; *we help ~ another* nos ayudamos mutuamente; *what can ~ say / do?* ¿qué puede uno decir / hacer?; *the little ~s* los pequeños; *I for ~* yo personalmente
**one-and-'one** *in basketball* uno más uno *m*
**one-eyed** [wʌn'aɪd] *adj* tuerto; **one-**

**-horse 'town** F ciudad *f* de mala muerte; **one-leg•ged** [wʌn'legɪd] *adj* cojo; **one-man 'band** hombre *m* orquesta; *fig*: *business* empresa *f* de una sola persona; **one-man 'show** espectáculo *m* en solitario
**one•ness** ['wʌnnɪs] (*concord, union*) unidad *f*
**one-night 'stand 1** THEA representación *f* única **2** F *sexual relationship* relación *f* de una noche; **one-'off1** (*unique event, person*) hecho *m* aislado **2** (*exception*) excepción *f*; **one-on-'one I** *adj* de uno a uno **II** *n in basketball* uno contra uno *m*; **one-par•ent 'fam•i•ly** familia *f* monoparental
**on•er•ous** ['ɑːnərəs] *adj* oneroso (*to* para)
**one'self** *pron* uno(-a) mismo(-a) *m(f)*; *do sth by ~* hacer algo sin ayuda; *look after ~* cuidarse; *be by ~* estar solo
**one-sid•ed** [wʌn'saɪdɪd] *adj discussion, fight* desigual; **'one•time** *adj* antiguo; **one-to-'one** *adj correspondence* de uno a uno; **one-track 'mind** *hum*: *have a ~* ser un obseso; **one-'two** *in soccer* pared *f*; **'one-way street** calle *f* de sentido único; **'one-way tick•et** billete *m* de ida
**'on•go•ing** *adj* en curso
**on•ion** ['ʌnjən] cebolla *f*
**'on-line** *adv* en línea; *go ~ to* conectarse a
**'on-line serv•ice** COMPUT servicio *m* en línea
**'on•look•er** espectador(a) *m(f)*, curioso(-a) *m(f)*
**on•ly** ['oʊnlɪ] **I** *adv* sólo, solamente; *he was here ~ yesterday* estuvo aquí ayer mismo; *not ~ ... but also ...* no sólo *or* solamente ... sino también ...; ~ *just* por poco; *I've ~ just arrived* acabo de llegar ahora mismo; *it ~ just fitted* entró justísimo **II** *adj* único; ~ *son* hijo *m* único
**o.n.o.** *abbr* (= *or nearest offer*): *$50 ~* 50 dólares negociables
**'on-ramp** *to highway* carril *m* de aceleración
**'on-screen** *adj instructions etc* en pantalla
**'on•set** comienzo *m*
**'on•shore** *adj* en tierra firme
**'on•side** *adv* SP en posición reglamenta-

ria

**on•slaught** ['ɑːnslɔːt] acometida *f*

**on-the-job 'train•ing** formación *f* continua

**on•to** ['ɑːntuː] *prep* **1**: *put sth ~ sth on top of* poner algo encima de algo **2**: *the police are ~ him* la policía le sigue la pista; *the tenants have been ~ him about getting the pipe fixed* los inquilinos han estado persiguiéndole para que les arregle la tubería; *how did we get ~ that subject?* ¿cómo hemos llegado a este tema?; *they are already ~ the next chapter* ya van por el capítulo siguiente

**o•nus** ['oʊnəs]: *the ~ is on you to prove it* te incumbe a ti probarlo

**on•ward** ['ɑːnwərd] *adv* hacia adelante; *from ... ~* de ... en adelante

**oo•dles** ['uːdlz] *npl* F montonadas *fpl* (*of* de)

**oomph** [ʊmf] F (*dynamism*) garra *f*

**ooze** [uːz] **I** *v/i of liquid, mud* rezumar **II** *v/t* rezumar; *he~s charm* rezuma *or* rebosa encanto

◆ **ooze out** *v/i of liquid* rezumar

**o•pal** ['oʊpəl] ópalo *m*

**o•paque** [oʊ'peɪk] *adj glass* opaco; *fig: style, prose* oscuro

**OPEC** ['oʊpek] *abbr* (= **Organization of Petroleum Exporting Countries**) OPEP *f* (= Organización *f* de Países Exportadores de Petróleo)

**o•pen** ['oʊpən] **I** *adj* abierto; (*honest*) abierto, franco; *in the ~ air* al aire libre; *hold the door ~ for s.o.* abrir la puerta a alguien; *keep one's eyes ~ fig* mantener los ojos abiertos; *keep an ~ mind about sth* no tener prejuicios con respecto a algo; *~ to the public* abierto al público; *we're ~ to suggestions* estamos abiertos a sugerencias; *on the ~ market* en el mercado libre; *~ to question* cuestionable; *that is ~ to argument* eso es discutible

**II** *v/t* abrir

**III** *v/i of door, shop* abrir; *of flower* abrirse; *we ~ at the City Lights on Monday* THEA estrenamos la obra en el City Lights el lunes

**IV** *n* **1** *in golf, tennis* open *m*, abierto *m* **2**: *in the ~* (*in the ~ air*) al aire libre; *bring sth into the ~ fig* sacar algo a la luz; *come out into the ~ about sth fig* revelar algo, hacer público algo

◆ **open out I** *v/t map etc* desplegar **II** *v/i of countryside* abrirse

◆ **open up** *v/i of person, market* abrirse; *of artillery* abrir fuego; *of new business, storekeeper* abrir

**o•pen-'air** *adj meeting, concert* al aire libre; *pool* descubierto; **o•pen'cast** *adj* a cielo abierto; **'o•pen day** *Br* jornada *f* de puertas abiertas; **o•pen-'end•ed** *adj contract etc* abierto

**o•pen•er** ['oʊpnər] **1** *for cans* abrelatas *m inv* **2** (*opening number*) primer número *m*

**o•pen-eyed** [oʊpən'aɪd] *adj* con los ojos abiertos; *look at s.o. in ~ amazement* mirar a alguien con los ojos abiertos de asombro; **o•pen-hand•ed** [oʊpən'hændɪd] *adj* generoso; **o•pen-heart 'sur•ger•y** cirugía *f* a corazón abierto; **o•pen 'house** **1** jornada *f* de puertas abiertas **2**: *it's ~ here* aquí la puerta está abierta a todo el mundo

**o•pen•ing** ['oʊpənɪŋ] **1** *in wall etc* abertura *f* **2** (*beginning of film, novel etc*) comienzo *m* **3** (*job*) puesto *m* vacante

**'o•pen•ing hours** *npl* horario *m* de apertura

**o•pen 'let•ter** carta *f* abierta

**o•pen•ly** ['oʊpənlɪ] *adv* (*honestly, frankly*) abiertamente

**o•pen-'mind•ed** *adj* de mentalidad abierta; **o•pen-mouthed** [oʊpən'maʊðd] *adj* boquiabierto; **o•pen-necked** [oʊpən'nekt] *adj shirt* desabrochada

**o•pen•ness** ['oʊpənnɪs] *of countryside, layout* lo abierto; *frankness* franqueza *f*; *her ~ to new ideas* lo abierta que es a nuevas ideas

**o•pen 'plan of•fice** oficina *f* de planta abierta; **'o•pen sea•son** temporada *f* de caza; **o•pen 'se•cret** secreto *m* a voces; **'o•pen tick•et** billete *m* abierto; **'o•pen tour•na•ment** (torneo *m*) abierto *m*; **O•pen U•ni'ver•si•ty** *Br* universidad a distancia británica

**op•e•ra** ['ɑːpərə] ópera *f*

**op•er•a•ble** ['ɑːpərəbl] *adj* MED operable

**'op•e•ra glass•es** *npl* gemelos *mpl*, prismáticos *mpl*; **'op•e•ra house** (teatro *m* de la) ópera *f*; **'op•e•ra sing•er** cantante *m/f* de ópera

**op•er•ate** ['ɑːpəreɪt] I v/i *of company* operar, actuar; *of airline, bus service,* MED operar; *of machine* funcionar (**on** con) II v/t *machine* manejar
♦ **operate on** v/t MED operar; **they operated on his leg** le operaron de la pierna

**op•er•at•ic** [ɑːpə'rætɪk] adj MUS operístico

**op•er•at•ing costs** ['ɑːpəreɪtɪŋ] pl costos *mpl or Span* costes *mpl* de explotación; '**op•er•at•ing in•struc•tions** npl instrucciones *fpl* de funcionamiento; '**op•er•at•ing mar•gin** margen *m* de explotación; '**op•er•at•ing prof•it** beneficio *m* de explotación; '**op•er•ating room** MED quirófano *m*; '**op•er•at•ing sys•tem** COMPUT sistema *m* operativo; '**op•er•at•ing ta•ble** mesa *f* de operaciones; '**op•er•at•ing the•a•tre** *Br* quirófano *m*

**op•er•a•tion** [ɑːpə'reɪʃn] MED operación *f*; *of machine* manejo *m*; **~s** *of company* operaciones *fpl*, actividades *fpl*; **have an ~** MED ser operado; **I have to have an ~ on my hip** me tienen que operar de la cadera

**op•er•a•tion•al** [ɑːpər'eɪʃənl] adj: **be ~** estar operativo

**op•er•a•tive** ['ɑːpərətɪv] adj vigente; **become ~** *esp* LAW entrar en vigor; **the ~ word** la palabra clave

**op•er•a•tor** ['ɑːpəreɪtər] TELEC operador(a) *m(f)*; *of machine* operario(-a) *m(f)*; (*tour ~*) operador *m* turístico; **he's a clever** *or* **smooth ~** F consigue lo que quiere

**op•er•et•ta** [ɑːpə'retə] MUS opereta *f*

**oph•thal•mic** [ɑːf'θælmɪk] adj oftálmico

**oph•thal•mol•o•gist** [ɑːfθæl'mɑːlədʒɪst] oftalmólogo(-a) *m(f)*

**o•pin•ion** [ə'pɪnjən] opinión *f*; **in my ~** en mi opinión; **have a high / low ~ of s.o.** tener buena / mala opinión de alguien, tener un mal / buen concepto de alguien

**o•pin•ion•at•ed** [ə'pɪnjəneɪtɪd] adj dogmático

**o'pin•ion poll** encuesta *f* de opinión

**o'pin•ion poll•ster** encuestador(a) *m(f)*

**o•pi•um** ['oʊpjəm] opio *m*

**o•pos•sum** [ə'pɑːsəm] ZO zarigüeya *f*

**op•po•nent** [ə'poʊnənt] oponente *m/f*, adversario(-a) *m(f)*

**op•por•tune** ['ɑːpərtuːn] adj *fml* oportuno

**op•por•tun•ism** [ɑːpər'tuːnɪzəm] oportunismo *m*

**op•por•tun•ist** [ɑːpər'tuːnɪst] oportunista *m/f*

**op•por•tun•is•tic** [ɑːpərtuːn'ɪstɪk] adj oportunista

**op•por•tu•ni•ty** [ɑːpər'tuːnətɪ] oportunidad *f*; **take the ~ to do sth** aprovechar la oportunidad para hacer algo

**op•pose** [ə'poʊz] v/t oponerse a; **be ~d to** estar en contra de; **John, as ~d to George …** John, al contrario que George …

**op•pos•ing** [ə'poʊzɪŋ] adj *team, views* contrario

**op•po•site** ['ɑːpəzɪt] I adj contrario; *views, characters, meaning* opuesto; **the ~ side of town / end of the road** el otro lado de la ciudad / extremo de la calle; **the ~ sex** el sexo opuesto II n: **the ~ of** lo contrario de; **they are complete ~s** son dos polos opuestos III prep enfrente de; **they live ~ me** viven enfrente mío IV adv enfrente

**op•po•site 'num•ber** homólogo(-a) *m(f)*

**op•po•si•tion** [ɑːpə'zɪʃn] *to plan,* POL oposición *f*

**op•po'si•tion par•ty** partido *m* de la oposición

**op•press** [ə'pres] v/t *the people* oprimir

**op•pres•sion** [ə'preʃn] opresión *f*

**op•pres•sive** [ə'presɪv] adj **1** *rule, dictator* opresor **2** *weather* agobiante

**op•pres•sor** [ə'presər] opresor(a) *m(f)*

**opt** [ɑːpt] v/t: **~ to do sth** optar por hacer algo

**op•tic** ['ɑːptɪk] adj óptico

**op•ti•cal** ['ɑːptɪkl] adj óptico

**op•ti•cal 'char•ac•ter re•cog•ni•tion** reconocimiento *m* óptico de caracteres; **op•ti•cal 'fi•ber,** *Br* **op•ti•cal fi•bre** fibra *f* óptica; **op•ti•cal il'lu•sion** ilusión *f* óptica

**op•tic 'fi•ber ca•ble** cable *m* de fibra óptica

**op•ti•cian** [ɑːp'tɪʃn] óptico(-a) *m(f)*

**op•tics** ['ɑːptɪks] nsg óptica *f*

**op•ti•mal** ['ɑːptɪml] adj óptimo

**op•ti•mism** ['ɑːptɪmɪzm] optimismo *m*

op•ti•mist ['ɑːptɪmɪst] optimista *m/f*

op•ti•mist•ic [ɑːptɪ'mɪstɪk] *adj* optimista

op•ti•mist•ic•al•ly [ɑːptɪ'mɪstɪklɪ] *adv* con optimismo

op•ti•mize ['ɑːptɪmaɪz] *v/t* optimizar

op•ti•mum ['ɑːptɪməm] **I** *adj* óptimo **II** *n*: **the ~** lo ideal

op•tion ['ɑːpʃn] opción *f*; *at university* optativa *f*; **keep one's ~s open** tener abiertas varias opciones; **I had no ~ but to** ... no tuve otra opción que...; **~ to buy** opción de compra

op•tion•al ['ɑːpʃnl] *adj* optativo

op•tion•al 'ex•tras *npl* accesorios *mpl* opcionales

op•tions mar•ket ['ɑːpʃnz] mercado *m* de opciones

op•u•lence ['ɑːpjʊləns] opulencia *f*

op•u•lent ['ɑːpjʊlənt] *adj* opulento

o•pus ['oʊpəs] *esp* MUS opus *m inv*

or [ɔːr] *conj* or; *before a word beginning with the letter o* u

or•a•cle ['ɑːrəkl] oráculo *m*

o•rac•u•lar [ə'rækjʊlər] *adj* del oráculo

o•ral ['ɔːrəl] **I** *adj exam, sex* oral; *hygiene* bucal **II** *n exam* examen *m* oral

o•ral•ly ['ɔːrəlɪ] *adv* **1** *examine student* oralmente **2** *take medicine* por vía oral

or•ange ['ɔːrɪndʒ] **I** *adj color* naranja **II** *n* **1** *fruit* naranja *f* **2** *color* naranja *m*

or•ange•ade ['ɔːrɪndʒeɪd] naranjada *f*

'or•ange juice *Span* zumo *m* or *L.Am.* jugo *m* de naranja

o•rang-u•tan [ɔːræŋuː'tæn] ZO orangután *m*

o•ra•tion [ɔː'reɪʃn] discurso *m*

or•a•tor ['ɔːrətər] orador(a) *m(f)*

or•a•tor•i•cal [ɔːrə'tɔːrɪkl] *adj* oratorio

or•a•to•ri•o [ɔːrə'tɔːrɪoʊ] MUS oratorio *m*

or•bit ['ɔːrbɪt] **I** *n of earth* órbita *f*; **put sth into ~** poner algo en órbita **II** *v/t the earth* girar alrededor de

or•chard ['ɔːrtʃərd] huerta *f* (de frutales)

or•ches•tra ['ɔːrkɪstrə] **1** MUS orquesta *f* **2** THEA platea *f*

or•ches•tral [ɔːr'kestrəl] *adj* orquestal

'or•ches•tra pit foso *m* de la orquesta

or•ches•trate ['ɔːrkɪstreɪt] *v/t* orquestar

or•chid ['ɔːrkɪd] orquídea *f*

or•dain [ɔːr'deɪn] *v/t* ordenar

or•deal [ɔːr'diːl] calvario *m*, experiencia *f* penosa

or•der ['ɔːrdər] **I** *n* **1** (*command*) orden *f*; **by ~ of the city council** por orden del ayuntamiento; **be under ~s to do sth** tener órdenes de hacer algo; **take ~s** aceptar órdenes; **that's a tall ~** va ser dificilísimo

**2** (*sequence, being well arranged*) orden *m*; **in ~ of importance** en orden de importancia; **in ~** (*in the right ~*) en orden; **out of ~** (*not in sequence*) desordenado

**3** *for goods* pedido *m*; **take s.o.'s ~ in** *restaurant* preguntar a alguien lo que va a tomar; **an ~ of French fries** unas patatas fritas

**4**: **out of ~** (*not functioning*) estropeado; **in good working ~** en buen estado de funcionamiento

**5**: **in ~ to** para

**6**: **on the ~ of** (*approximately*) del orden de

**7**: **is it in ~ for me to leave now?** *permissible* ¿me podría ir ahora?

**8** REL orden *f*

**II** *v/t* **1** (*put in sequence, proper layout*) ordenar **2** *goods* pedir, encargar; *meal* pedir **3**: **~ s.o. to do sth** ordenar a alguien hacer algo *or* que haga algo

**III** *v/i in restaurant* pedir

♦ **order around** *v/t* dar órdenes continuamente

'or•der book libro *m* de pedidos; **the ~s are full** el libro de pedidos está lleno

'or•der form hoja *f* de pedido

or•der•ly ['ɔːrdərlɪ] **I** *adj lifestyle* ordenado, metódico **II** *n in hospital* celador(a) *m(f)*

or•di•nal num•ber ['ɔːrdɪnl] (número *m*) ordinal *m*

or•di•nar•i•ly [ɔːrdɪ'nerɪlɪ] *adv* (*as a rule*) normalmente

or•di•nar•y ['ɔːrdɪnerɪ] **1** *adj* común, normal **II** *n*: **out of the ~** extraordinario; **nothing out of the ~** nada extraordinario

ore [ɔːr] mineral *m*, mena *f*

or•gan ['ɔːrgən] ANAT, MUS órgano *m*

'or•gan grind•er organillero(-a) *m(f)*

or•gan•ic [ɔːr'gænɪk] *adj* **1** *food* ecológico, biológico **2** *fertilizer* orgánico; **~ chemistry** química *f* orgánica

or•gan•i•cal•ly [ɔːr'gænɪklɪ] *adv grown* ecológicamente, biológicamente

or•gan•ism ['ɔːrgənɪzm] organismo *m*

or•gan•ist ['ɔːrgənɪst] MUS organista *m/*

*f*

**or•gan•i•za•tion** [ɔːrgənaɪˈzeɪʃn] organización *f*

**or•gan•i'za•tion chart** organigrama *m*

**or•gan•ize** [ˈɔːrgənaɪz] *v/t* organizar; *essay etc* estructurar

**or•gan•ized 'crime** crimen *m* organizado

**or•gan•iz•er** [ˈɔːrgənaɪzər] *person* organizador(a) *m(f)*; *electronic* organizador *m*, agenda *f* electrónica

**or•gas•m** [ˈɔːrgæzm] orgasmo *m*; **have an ∼** tener un orgasmo; **he was having ∼s** P estaba muy exaltado *or* emocionado

**or•gy** [ˈɔːrdʒɪ] orgía *f*; **an ∼ of color** un festival de color

**O•ri•ent** [ˈɔːrɪənt] Oriente *m*

**o•ri•ent** [ˈɔːrɪənt] *v/t* (*direct*) orientar; **∼ o.s.** (*get bearings*) orientarse

**O•ri•en•tal** [ɔːrɪˈentl] **I** *adj* oriental **II** *n* oriental *m/f*

**o•ri•en•tate** [ˈɔːrɪenteɪt] ☞ **orient**

**o•ri•en•ta•tion** [ɔːrɪenˈteɪʃn] orientación *f*; **political / sexual ∼** orientación política / sexual

**or•i•fice** [ˈɑːrɪfɪs] orificio *m*

**or•i•gin** [ˈɑːrɪdʒɪn] origen *m*; **country of ∼** país *m* de origen

**o•rig•i•nal** [əˈrɪdʒənl] **I** *adj* (*not copied, first*) original **II** *n painting etc* original *m*; **she can read it in the ∼** puede leerlo en el idioma original

**o•rig•i•nal•i•ty** [ərɪdʒənˈælətɪ] originalidad *f*

**o•rig•i•nal•ly** [əˈrɪdʒənəlɪ] *adv* originalmente; (*at first*) originalmente, en un principio

**o•rig•i•nal 'sin** pecado *m* original

**o•rig•i•nate** [əˈrɪdʒɪneɪt] **I** *v/t scheme, idea* crear **II** *v/i of idea, belief* originarse; *of family* proceder

**o•rig•i•na•tor** [əˈrɪdʒɪneɪtər] *of scheme etc* creador(a) *m(f)*; **he's not an ∼** no es un creador nato

**Ork•neys** [ˈɔːrknɪz] *npl* Orcadas *fpl*

**or•na•ment** [ˈɔːrnəmənt] adorno *m*

**or•na•men•tal** [ɔːrnəˈmentl] *adj* ornamental

**or•na•men•ta•tion** [ɔːrnəmenˈteɪʃn] ornamentación *f*

**or•nate** [ɔːrˈneɪt] *adj style, architecture* recargado

**or•ni•thol•o•gist** [ɔːrnɪˈθɑːlədʒɪst] ornitólogo(-a) *m(f)*

**or•ni•thol•o•gy** [ɔːrnɪˈθɑːlədʒɪ] ornitología *f*

**or•phan** [ˈɔːrfn] **I** *n* huérfano(-a) *m(f)* **II** *v/t*: **be ∼ed** quedar huérfano

**or•phan•age** [ˈɔːrfənɪdʒ] orfanato *m*

**or•tho•don•tist** [ɔːrθəˈdɑːntɪst] ortodontista *m/f*

**or•tho•dox** [ˈɔːrθədɑːks] *adj* REL, *fig* ortodoxo

**or•tho•pe•dic** [ɔːrθəˈpiːdɪk] *adj* ortopédico

**or•tho•pe•dics** [ɔːrθəˈpiːdɪks] *nsg* ortopedia *f*

**or•tho•pe•dist** [ɔːrθəˈpiːdɪst] ortopeda *m/f*

**os•cil•late** [ˈɑːsɪleɪt] *v/i* PHYS, *fig* oscilar (**between** entre)

**os•cil•la•tion** [ɑːsɪˈleɪʃn] *esp* PHYS oscilación *f*

**OSHA** [ˈoʊʃə] *abbr* (= **Occupational Safety and Health Administration**) Sanidad *f* y Seguridad Laboral

**os•mo•sis** [ɑːzˈmoʊsɪs] ósmosis *f inv*

**os•ten•si•ble** [ɑːˈstensəbl] *adj* aparente

**os•ten•si•bly** [ɑːˈstensəblɪ] *adv* aparentemente

**os•ten•ta•tion** [ɑːstenˈteɪʃn] ostentación *f*

**os•ten•ta•tious** [ɑːstenˈteɪʃəs] *adj* ostentoso

**os•ten•ta•tious•ly** [ɑːstenˈteɪʃəslɪ] *adv* de forma ostentosa

**os•te•o•ar•thri•tis** [ɑːstɪoʊɑːrˈθraɪtɪs] osteoartritis *f inv*

**os•te•o•path** [ˈɑːstɪəpæθ] osteópata *m/f*

**os•te•op•a•thy** [ɑːstɪˈɑːpəθɪ] osteopatía *f*

**os•te•o•po•ro•sis** [ɑːstɪoʊpəˈroʊsɪs] osteoporosis *f inv*

**os•tra•cism** [ˈɑːstrəsɪzəm] ostracismo *m*

**os•tra•cize** [ˈɑːstrəsaɪz] *v/t* condenar al ostracismo

**os•trich** [ˈɑːstrɪtʃ] ORN avestruz *f*

**oth•er** [ˈʌðər] **I** *adj* **1** otro; **∼ people might not agree** puede que otros no estén de acuerdo; **the ∼ day** (*recently*) el otro día; **every ∼ day / person** cada dos días / personas

**2**: **∼ than** aparte de; **do you have anything ∼ than these red ones?** ¿tiene otros además de los rojos?; **I'd do anything ∼ than go back there again** haría cualquier otra cosa antes de volver ahí otra vez; *it was none ~ than the president himself who ...* fue nada más y nada menos que el propio presidente quien ...

**II** *n*: *the ~* el otro; *the ~s* los otros

**oth•er•wise** ['ʌðərwaɪz] **I** *conj* de lo contrario, si no **II** *adv* (*differently*) de manera diferente; *be ~ engaged* *fml* tener otros asuntos que abordar; *think ~* pensar de otra manera; *X, ~ known as Y* X, conocido también como Y

**ot•ter** ['ɑːtər] nutria *f*

**ouch** [aʊtʃ] ¡ay!

**ought** [ɔːt] *v/aux*: *I / you ~ to know* debo / debes saberlo; *you ~ to have done it* deberías haberlo hecho

**ounce** [aʊns] onza *f*

**our** [aʊr] *adj* nuestro *m*, nuestra *f*; *~ brother* nuestro hermano; *~ books* nuestros libros

**ours** [aʊrz] *pron* el nuestro, la nuestra; *~ are red* los nuestros son rojos; *that book is ~* ese libro es nuestro; *a friend of ~* un amigo nuestro

**our•selves** [aʊr'selvz] *pron reflexive* nos; *emphatic* nosotros mismos *mpl*, nosotras mismas *fpl*; *we hurt ~* nos hicimos daño; *when we saw ~ in the mirror* cuando nos vimos en el espejo; *we saw it ~* lo vimos nosotros mismos; *by ~* (*alone*) solos; (*without help*) nosotros solos, nosotras mismas

**oust** [aʊst] *v/t from office* derrocar

**out** [aʊt] **I** *adv*: *be ~ of light, fire* estar apagado; *of flower* estar en flor; (*not at home, not in building*), *of sun* haber salido; *of calculations* estar equivocado; (*be published*) haber sido publicado; (*no longer in competition*) estar eliminado; (*no longer in fashion*) estar pasado de moda; *the secret is ~* el secreto ha sido revelado; *~ here in Dallas* aquí en Dallas; *he's ~ in the garden* está en el jardín; (*get*) *~!* ¡vete!; *that's ~!* (*~ of the question*) ¡eso es imposible!; *he's ~ to win* (*fully intends to*) va a por la victoria

**II** *v/t homosexual* revelar la homosexualidad de

**out-and-'out** *adj lie* como una casa; *liar* redomado; *disgrace* total

**out'bid** *v/t* (*pret & pp -bid*) hacer mejor oferta que

**out•board 'mo•tor** motor *m* de fueraborda

**'out•break** *of violence, war* estallido *m*

**'out•build•ing** edificio *m* anexo

**'out•burst** *emotional* arrebato *m*, arranque *m*

**'out•cast** paria *m/f*

**out'class** *v/t* superar con creces

**'out•come** resultado *m*

**'out•cry** protesta *f*

**out'dat•ed** *adj* anticuado

**out'dis•tance** *v/t* dejar atrás

**out'do** *v/t* (*pret -did, pp -done*) superar

**out'door** *adj toilet, activities, life* al aire libre; *~ shoes pl* zapatos *mpl* para el aire libre; *~ shot* PHOT foto *f* en exteriores

**out'doors** *adv* fuera; *go* afuera

**out•er** ['aʊtər] *adj wall etc* exterior; *~ garments pl* prendas *fpl* exteriores

**out•er 'space** espacio *m* exterior

**'out•field** *in baseball* jardín *m* exterior

**'out•field•er** *in baseball* jardinero(-a) *m(f)*

**'out•fit 1** *clothes* traje *m*, conjunto *m* **2** *company, organization* grupo *m*

**'out•flow** salida *f*

**out'fox** *v/t* aventajar en astucia

**'out•go•ing I** *adj* **1** *flight, mail* saliente **2** *personality* extrovertido **II** *npl* FIN gastos *mpl*

**out'grow** *v/t* (*pret -grew, pp -grown*) *old ideas* dejar atrás; *he's outgrown his pants* se le han quedado pequeños los pantalones

**'out•house** dependencia *f*

**out•ing** ['aʊtɪŋ] **1** (*trip*) excursión *f* **2** *of homosexual* revelación *f* de la homosexualidad

**out•land•ish** [aʊt'lændɪʃ] *adj* estrafalario

**out'last** *v/t* durar más que

**'out•law I** *n* proscrito(-a) *m(f)* **II** *v/t activity* prohibir; *person* declarar fuera de la ley

**'out•lay** desembolso *m* (*on* en; *for* para)

**'out•let 1** *of pipe* desagüe *m* **2** *for sales* punto *m* de venta **3** ELEC enchufe *m*

**'out•line I** *n* **1** *of person, building etc* perfil *m*, contorno *m* **2** *of plan, novel* resumen *m* **II** *v/t plans etc* resumir

**out'live** *v/t* sobrevivir a

**'out•look** (*prospects*) perspectivas *fpl*

**'out•ly•ing** *adj areas* periférico

**out•ma'neu•ver**, Br **out•ma'noeu•vre** v/t MIL, fig superar estratégicamente

**out•mod•ed** [aʊt'moʊdɪd] adj anticuado

'**out•most**: **at the ~** como mucho

**out•num•ber** v/t superar en número; **we were ~ed** nos superaban en número

**out of** prep **1** motion fuera de; (**get**) **~ my room!** ¡fuera de mi habitación!; **run ~ the house** salir corriendo de la casa; **it fell ~ the window** se cayó por la ventana **2** position: **20 miles ~ Detroit** a 20 millas de Detroit **3** cause por; **~ jealousy / curiosity** por celos / curiosidad **4** without: **we're ~ gas / beer** no nos queda gasolina / cerveza **5** from a group de cada; **5 ~ 10** 5 de cada 10

**out-of-'date** adj anticuado, desfasado

**out-of-the-'way** adj apartado

'**out•pa•tient** paciente m/f externo(-a)

'**out•pa•tients' (clin•ic)** clínica f ambulatoria

'**out•per•form** v/t superar a

'**out•play** v/t jugar mejor que

'**out•post** MIL enclave m; fig reducto m

**out•pour•ing** ['aʊtpɔːrɪŋ] manifestación f desbordada

'**out•put I** n **1** of factory producción f **2** COMPUT salida f **II** v/t (pret & pp **-ted** or **-put**) (produce) producir

'**out•put de•vice** COMPUT periférico m de salida

'**out•rage I** n **1** feeling indignación f **2** act ultraje m, atrocidad f **II** v/t indignar, ultrajar; **I was ~d to hear that ...** me indignó escuchar que ...

**out•ra•geous** [aʊt'reɪdʒəs] adj acts atroz; prices escandaloso

'**out•right I** adj **1** winner absoluto **2** lie, disaster total, absoluto; nonsense rotundo, claro **II** adv **1** win completamente **2** kill, buy sth en el acto

**out'run** v/t (pret **-ran**, pp **-run**) correr más que

**out'sell** v/t (pret & pp **-sold**) vender más que

'**out•set** principio m, comienzo m; **from the ~** desde el principio or comienzo

**out'shine** v/t (pret & pp **-shone**) eclipsar

'**out•side I** adj surface, wall exterior; lane de fuera; **~ chance** posibilidad f remota **II** adv sit, go fuera **III** prep **1** fuera de **2** (apart from) aparte de **IV** n **1** of building, case etc exterior m **2**: **at the ~** a lo sumo

**out•side 'broad•cast** emisión f desde exteriores

**out•side 'left** in soccer extremo(-a) m(f) izquierdo(-a)

**out•sid•er** [aʊt'saɪdər] in life forastero (-a) m(f); **be an ~** in election, race no ser uno de los favoritos

**out•side 'right** in soccer extremo(-a) m(f) derecho(-a)

'**out•size** adj clothing de talla especial

'**out•skirts** npl afueras fpl

**out'smart** ☞ **outwit**

'**out•source** v/t subcontratar

**out'spo•ken** adj abierto

**out'stand•ing** adj **1** success, quality destacado, sobresaliente; writer, athlete excepcional **2** FIN: invoice, sums pendiente

**out'stay** v/t: **~ one's welcome** quedarse alguien más tiempo del debido

**out•stretched** ['aʊtstretʃt] adj hands extendido

**out'strip** v/t (pret & pp **-ped**) superar

'**out-tray** bandeja f de salida

**out'vote** v/t: **be ~d** perder la votación

**out•ward** ['aʊtwərd] adj **1** appearance externo **2**: **~ journey** viaje m de ida

**out•ward•ly** ['aʊtwərdlɪ] adv aparentemente

**out'weigh** v/t pesar más que

**out'wit** v/t (pret & pp **-ted**) mostrarse más listo que

**o•va** ['oʊvə] pl ☞ **ovum**

**o•val** ['oʊvl] adj oval, ovalado

**o•var•i•an** [oʊ'veɪrɪən] adj ovárico

**o•va•ry** ['oʊvərɪ] ovario m

**o•va•tion** [oʊ'veɪʃn] ovación f; **give s.o. a standing ~** aplaudir a alguien de pie

**ov•en** ['ʌvn] horno m

'**ov•en glove**, '**ov•en mitt** manopla f para el horno; '**ov•en•proof** adj refractario; '**ov•en-read•y** adj listo para el horno

**o•ver** ['oʊvər] **I** prep **1** (above) sobre, encima de **2** (across) al otro lado de; **she walked ~ the street** cruzó la calle; **travel all ~ Brazil** viajar por todo Brasil **3** (more than) más de; **~ and above**

además de **4** (*during*) durante; *let's talk ~ a drink / meal* hablemos mientras tomamos una bebida / comemos **5**: *we're ~ the worst* lo peor ya ha pasado

‖ *adv*: *be ~* (*finished*) haber acabado; *there were just 6 ~* sólo quedaban seis; *~ to you* (*your turn*) te toca a ti; *~ in Japan* allá en Japón; *~ here / there* por aquí / allá; *it hurts all ~* me duele por todas partes; *painted white all ~* pintado todo de blanco; *it's all ~* se ha acabado; *~ and ~ again* una y otra vez; *do sth ~* (*again*) volver a hacer algo

o•ver'act *v/i* sobreactuar

o•ver•all ['ouvərɔːl] ‖ *adj length* total ‖ *adv* (*in general*) en general; *it measures six feet ~* mide en total seis pies

o•ver•alls ['ouvərɔːlz] *npl* overol *m*, *Span* mono *m*

o•ver'anx•ious *adj* excesivamente ansioso

o•ver'awe *v/t* intimidar; *be ~d by s.o. / sth* sentirse intimidado por alguien / algo

o•ver'bal•ance *v/i* perder el equilibrio

o•ver'bear•ing *adj* dominante, despótico

'o•ver•board *adv* por la borda; *man ~!* ¡hombre al agua!; *go ~ for s.o. / sth* entusiasmarse muchísimo con alguien / algo

o•ver'book *v/t*: *the flight is ~ed* el vuelo tiene overbooking

'o•ver•cast *adj day* nublado; *sky* cubierto

o•ver'charge *v/t customer* cobrar de más a

'o•ver•coat abrigo *m*

o•ver'come *v/t* (*pret -came*, *pp -come*) *difficulties, shyness* superar, vencer; *be ~ by emotion* estar embargado por la emoción

o•ver'cook *v/t* cocinar demasiado

o•ver'crowd•ed *adj train* atestado; *city* superpoblado

o•ver'do *v/t* (*pret -did*, *pp -done* ) **1** (*exaggerate*) exagerar **2** *in cooking* recocer, cocinar demasiado; *you're ~ing things* te estás excediendo

o•ver'done *adj meat* demasiado hecho

'o•ver•dose sobredosis *f inv*

'o•ver•draft descubierto *m*; *have an ~* tener un descubierto

'o•ver•draft fa•cil•i•ty facilidad *f* de descubierto

o•ver'draw *v/t* (*pret -drew*, *pp -drawn*) *account* dejar al descubierto; *be $800 ~n* tener un descubierto de 800 dólares

o•ver'dressed *adj* demasiado trajeado

'o•ver•drive MOT superdirecta *f*; *go into ~ fig* alcanzar un buen ritmo, F agilizarse

o•ver'due *adj*: *his apology was long ~* se debía haber disculpado hace tiempo

o•ver'eat *v/i* (*pret -ate*, *pp -eaten*) comer demasiado

o•ver•es•ti•mate *v/t abilities*, *value* sobreestimar

o•ver•ex'cit•ed *adj* sobreexcitado; *get ~* sobreexcitarse

o•ver•ex'pose *v/t photograph* sobreexponer

o•ver'fish•ing sobrepesca *f*

'o•ver•flow[1] *n pipe* desagüe *m*, rebosadero *m*; *~ valve* válvula *f* de desagüe

o•ver'flow[2] *v/i of water* desbordarse

o•ver'grown *adj garden* abandonado, cubierto de vegetación; *he's an ~ baby* es como un niño

'o•ver•hang *on rock face* saliente *m*

o•ver'haul *v/t engine, plans* revisar

'o•ver•head ‖ *adj lights*, *railroad* elevado ‖ *n* FIN gastos *mpl* generales; *travel ~* gastos de viaje ‖‖ *adv* en lo alto

'o•ver•head kick *in soccer* chilena *f*

'o•ver•head pro•jec•tor retroproyector *m*

o•ver'hear *v/t* (*pret & pp -heard*) oír por casualidad

o•ver'heat *v/i* TECH, *of economy* recalentarse

o•ver'heat•ed *adj* recalentado

o•ver•in'dulge ‖ *v/t person* consentir; *own preferences* dejarse arrastrar por ‖ *v/i in food*, *drink* empacharse

o•ver•joyed [ouvər'dʒɔid] *adj* contentísimo, encantado

'o•ver•kill: *that's ~* eso es exagerar

'o•ver•land ‖ *adj route* terrestre ‖ *adv travel* por tierra

o•ver'lap *v/i* (*pret & pp -ped*) *of tiles etc* solaparse; *of periods of time* coincidir; *of theories* tener puntos en común

o•ver'leaf *adv*: *see ~* véase al dorso

o•ver'load *v/t vehicle*, ELEC sobrecargar

**ovulate**

o•ver'look v/t **1** of tall building etc dominar **2** (not see) pasar por alto

o•ver•ly ['oʊvərlɪ] adv excesivamente, demasiado

o•ver'much adv excesivamente

'o•ver•night adv travel por la noche; **stay ~** quedarse a pasar la noche

o•ver•night 'bag bolso m de viaje

o•ver'paid adj: **be ~** cobrar demasiado

'o•ver•pass paso m elevado

o•ver•pop•u•lat•ed [oʊvə'pɑ:pjʊleɪtɪd] adj superpoblado

o•ver'pow•er v/t physically dominar

o•ver•pow•er•ing [oʊvər'paʊrɪŋ] adj smell fortísimo; sense of guilt insoportable

o•ver•priced [oʊvər'praɪst] adj demasiado caro

o•ver•pro'duc•tion superproducción f

o•ver•rat•ed [oʊvə'reɪtɪd] adj sobrevalorado

o•ver'reach v/t: ~ o.s. extralimitarse

o•ver•re'act v/i reaccionar exageradamente (**to** ante)

o•ver•re'ac•tion reacción f exagerada (**to** ante)

o•ver'ride v/t (pret -rode, pp -ridden) anular

o•ver'rid•ing adj concern primordial

o•ver'rule v/t decision anular

o•ver'run v/t (pret -ran, pp -run) **1** country invadir; **be ~ with** estar plagado de **2** time superar

o•ver'seas **I** adv live, work en el extranjero; go al extranjero **II** adj extranjero

o•ver'see v/t (pret -saw, pp -seen) supervisar

o•ver•sexed [oʊvər'sekst] adj libidinoso

o•ver'shad•ow v/t fig eclipsar

o•ver'shoot v/t (pret & pp -shot) **1** runway salirse de **2** production target pasarse de

'o•ver•sight descuido m

o•ver•sim•pli•fi'ca•tion simplificación f excesiva

o•ver'sim•pli•fy v/t (pret & pp -ied) simplificar en exceso

o•ver'size(d) ['oʊvərsaɪz(d)] adj enorme

o•ver'sleep v/i (pret & pp -slept) quedarse dormido

o•ver'spend v/i (pret & pp -spent) gastar de más

o•ver'staffed [oʊvər'stæft] adj con demasiado personal

o•ver'state v/t exagerar

o•ver'state•ment exageración f

o•ver'stay v/t: **~ one's welcome** quedarse alguien más tiempo del debido

o•ver'step v/t (pret & pp -ped) fig traspasar; **~ the mark** propasarse, pasarse de la raya

o•vert [oʊ'vɜrt] adj ostensible, claro

o•ver'take v/t (pret -took, pp -taken) in work, development adelantarse a; Br MOT adelantar

o•ver'tax v/t **1** FIN cobrar más impuestos de los debidos a **2** patience, strength etc poner a prueba

o•ver'throw¹ v/t (pret -threw, pp -thrown) derrocar

'o•ver•throw² n derrocamiento m

'o•ver•time **I** n **1** SP: **in ~** en la prórroga; **the game went into ~** hubo que jugar una prórroga **2** at work horas fpl extra **II** adv: **work ~** hacer horas extras; **my imagination was working ~** mi imaginación se disparó

o•vert•ly [oʊ'vɜrtlɪ] adv ostensiblemente, claramente

o•ver•tones npl tono m; **there were ~ of disbelief in his remark** su comentario tenía un tono de incredulidad

o•ver•ture ['oʊvərtʃur] MUS obertura f; **make ~s to** establecer contactos con

o•ver'turn **I** v/t **1** vehicle volcar; object dar la vuelta a **2** government derribar **II** v/i of vehicle volcar

o•ver•use **I** v/t [oʊvər'juːz] abusar de **II** n [oʊvər'juːs] abuso m

'o•ver•view visión f general

o•ver•weight adj con sobrepeso; **be ~** estar demasiado gordo

o•ver•whelm [oʊvər'welm] v/t with work abrumar, inundar; with emotion abrumar; **be ~ed by** response estar abrumado por

o•ver•whelm•ing [oʊvər'welmɪŋ] adj feeling abrumador; majority aplastante

o•ver•whelm•ing•ly [oʊvər'welmɪŋlɪ] adv vote en su (inmensa) mayoría

o•ver•work **I** n exceso m de trabajo **II** v/i trabajar en exceso **III** v/t hacer trabajar en exceso

o•ver•write v/t (pret -wrote, pp -written) COMPUT sobreescribir

ov•u•late ['ɑːvjʊleɪt] v/i ovular

ov•u•la•tion [ɑːvjʊˈleɪʃn] ovulación f
o•vum [ˈoʊvəm] (pl ovums or ova [ˈoʊvə]) BIO óvulo m
owe [oʊ] v/t deber; ~ s.o. $500 deber a alguien 500 dólares; how much do I ~ you? ¿cuánto te debo?
ow•ing to [ˈoʊɪŋ] prep debido a
owl [aʊl] búho m
own¹ [oʊn] v/t poseer; who ~s the restaurant? ¿de quién es el restaurante?, ¿quién es el propietario del restaurante?
own² [oʊn] I adj propio II pron: a car / an apartment of my ~ mi propio coche / apartamento; on my / his ~ yo / él solo III n: come into one's ~ demostrar lo que vale uno
◆ own up v/i confesar
own 'brand marca f propia
own•er [ˈoʊnər] dueño(-a) m(f), propietario(-a) m(f)
own•er-'oc•cu•pi•er Br ocupante m/f propietario(-a)

own•er•ship [ˈoʊnərʃɪp] propiedad f
own 'goal gol m en propia meta or puerta, autogol m; score an ~ marcar en propia meta; fig tirar piedras contra su propio tejado
ox [ɑːks] (pl oxen [ˈɑːksn]) buey m
Ox•bridge [ˈɑːksbrɪdʒ] universidades de Oxford y Cambridge
ox•en [ˈɑːksn] pl ☞ ox
ox•ide [ˈɑːksaɪd] óxido m
ox•i•dize [ˈɑːksɪdaɪz] I v/t oxidar II v/i oxidarse
ox•y•gen [ˈɑːksɪdʒən] oxígeno m
'ox•y•gen mask MED mascarilla f de oxígeno
'ox•y•gen tent MED tienda f de oxígeno
oys•ter [ˈɔɪstər] ostra f; the world's your ~ el mundo es tuyo, tienes el mundo a tus pies
'oys•ter bed criadero m de ostras
oz abbr (= ounce(s)) onza(s) f(pl)
o•zone [ˈoʊzoʊn] ozono m
'o•zone lay•er capa f de ozono

# P

PA [piːˈeɪ] abbr (= personal assistant) secretario(-a) m(f) personal
pace [peɪs] I n 1 (step) paso m 2 (speed) ritmo m II v/i: ~ up and down pasear de un lado a otro
'pace•mak•er 1 MED marcapasos m inv 2 SP liebre f
Pa•cif•ic [pəˈsɪfɪk]: the ~ (Ocean) el (Océano) Pacífico
pac•i•fi•er [ˈpæsɪfaɪər] chupete m
pac•i•fism [ˈpæsɪfɪzm] pacifismo m
pac•i•fist [ˈpæsɪfɪst] pacifista m/f
pac•i•fy [ˈpæsɪfaɪ] v/t (pret & pp -ied) tranquilizar; country pacificar
pack [pæk] I n 1 (back~) mochila f 2 of cereal, food, cigarettes paquete m 3 of cards baraja f II v/t item of clothing etc meter en la maleta; goods empaquetar; groceries meter en una bolsa; ~ one's bag / suitcase hacer la bolsa / la maleta III v/i hacer la maleta
◆ pack in v/t F job, girlfriend dejar; pack it in, will you! stop that ¡para ya! or ¡ya vale!(, ¿no?)
◆ pack off v/t to bed, school etc mandar

◆ pack up v/i hacer las maletas
pack•age [ˈpækɪdʒ] I n paquete m II v/t 1 in packs embalar 2 idea, project presentar
'pack•age deal for holiday paquete m; 'pack•age hol•i•day Br viaje m organizado; 'pack•age store tienda f de bebidas alcohólicas; 'pack•age tour viaje m organizado
pack•ag•ing [ˈpækɪdʒɪŋ] 1 of product embalaje m 2 of idea, project presentación f; it's all ~ fig es sólo imagen
'pack an•i•mal bestia f de carga
packed [pækt] adj (crowded) abarrotado
packed lunch [pækt'lʌntʃ] Br almuerzo m para llevar
pack•et [ˈpækɪt] paquete m; it'll cost you a ~ Br F te va a costar un dineral or una fortuna
pack•et switch•ing [ˈpækɪtswɪtʃɪŋ] TELEC conmutación f de paquetes
'pack horse caballo m de carga
'pack ice banco m de hielo
pack•ing [ˈpækɪŋ] 1 act empaquetado

*m*; **do one's** ~ hacer el equipaje **2** *material* embalaje *m*

'**pack•ing case** cajón *m* para embalar

**pact** [pækt] pacto *m*

**pad**[1] [pæd] **I** *n* **1** *for protection* almohadilla *f* **2** *for absorbing liquid* compresa *f* **3** *for writing* bloc *m* **II** *v/t* (*pret & pp* **-ded**) **1** *with material* acolchar **2** *speech, report* meter paja en

◆ **pad out** *v/t essay* rellenar, meter paja en F

**pad**[2] *v/i* (*pret & pp* **-ded**) (*move quietly*) caminar silenciosamente

**pad•ded shoul•ders** ['pædɪd] hombreras *fpl*

**pad•ding** ['pædɪŋ] **1** *material* relleno *m* **2** *in speech etc* paja *f*

**pad•dle** ['pædəl] **I** *n for canoe* canalete *m*, remo *m* **II** *v/i* **1** *in canoe* remar **2** *in water* chapotear

'**pad•dle steam•er** barco *m* de vapor de ruedas

**pad•dling pool** ['pædlɪŋpuːl] *Br* piscina *f* hinchable

**pad•dock** ['pædək] potrero *m*

**pad•dy** ['pædɪ] *for rice* arrozal *m*

'**pad•dy wag•on** F furgón *m* policial

**pad•lock** ['pædlɑːk] **I** *n* candado *m* **II** *v/t gate* cerrar con candado; **I ~ed my bike to the railings** até mi bicicleta a la verja con candado

**pa•gan** ['peɪɡən] **I** *n* pagano(-a) *m(f)* **II** *adj* pagano

**pa•gan•ism** ['peɪɡənɪzəm] paganismo *m*

**page**[1] [peɪdʒ] *n of book etc* página *f*; ~ **number** número *m* de página

**page**[2] [peɪdʒ] *v/t* (*call*) llamar; *by PA* llamar por megafonía; *by beeper* llamar por el buscapersonas *or Span* busca

'**page•boy 1** paje *m* **2** *haircut* corte *m* estilo paje

'**page proof** prueba *f*

**pag•er** ['peɪdʒər] buscapersonas *m inv*, *Span* busca *m*

**pag•i•nate** ['pædʒɪneɪt] *v/t* paginar

**pag•i•na•tion** [pædʒɪ'neɪʃn] paginación *f*

**paid** [peɪd] *pret & pp* ☞ **pay**

**paid em•ploy•ment** empleo *m* remunerado

**paid-up 'share cap•i•tal** capital *m* descubierto desembolsado

**pail** [peɪl] cubo *m*

**pain** [peɪn] dolor *m*; **be in** ~ sentir dolor; **take** ~**s to do sth** tomarse muchas molestias por hacer algo; **a** ~ (**in the neck**) F *person* un(-a) pesado(-a) F; *thing, situation* una lata F; **he's a** ~ **in the butt** P es un coñazo V

**pain•ful** ['peɪnfəl] *adj* **1** dolorido; *blow, condition, subject* doloroso; **my arm is still very** ~ me sigue doliendo mucho el brazo **2** (*laborious*) difícil

**pain•ful•ly** ['peɪnfəlɪ] *adv* (*extremely, acutely*) extremadamente

**pain•kill•er** ['peɪnkɪlər] analgésico *m*

**pain•less** ['peɪnlɪs] *adj* indoloro; **be completely** ~ doler nada

**pains•tak•ing** ['peɪnzteɪkɪŋ] *adj* meticuloso

**pains•tak•ing•ly** ['peɪnzteɪkɪŋlɪ] *adv* meticulosamente

**paint** [peɪnt] **I** *n* pintura *f* **II** *v/t* pintar

'**paint•box** caja *f* de acuarelas

'**paint•brush** brocha *f*; *small* pincel *m*

**paint•er** ['peɪntər] **1** *decorator* pintor(a) *m(f)* (de brocha gorda) **2** *artist* pintor(a) *m(f)*

'**pain thresh•old** umbral *m* del dolor

**paint•ing** ['peɪntɪŋ] **1** *activity* pintura *f* **2** *picture* cuadro *m*

'**paint strip•per** decapante *m*

'**paint•work** pintura *f*

**pair** [per] *of shoes, gloves, objects* par *m*; *of people, animals* pareja *f*

◆ **pair off** *v/i* emparejarse

**pa•ja•ma jack•et** [pədʒɑːməˈdʒækɪt] camisa *f* de pijama

**pa•ja•ma 'pants** *npl* pantalón *m* de pijama

**pa•ja•mas** [pəˈdʒɑːməz] *npl* pijama *m*

**Pa•ki•stan** [pɑːkɪˈstɑːn] Paquistán *m*, Pakistán *m*

**Pa•ki•sta•ni** [pɑːkɪˈstɑːnɪ] **I** *n* paquistaní *m/f*, pakistaní *m/f* **II** *adj* paquistaní, pakistaní

**pal** [pæl] F (*friend*) amigo(-a) *m(f)*, *Span* colega *m/f* F; **hey** ~, **got a light?** oye amigo *or Span* tío, ¿tienes fuego?

**pal•ace** ['pælɪs] palacio *m*

**pal•at•a•ble** ['pælətəbl] *adj food* apetitoso; *proposal etc* aceptable; **make sth** ~ **to s.o.** hacer algo más aceptable para alguien

**pal•a•tal** ['pælətl] LING **I** *n* sonido *m* palatal **II** *adj* palatal

pal•ate ['pælət] paladar *m*
pa•la•tial [pə'leɪʃl] *adj* palaciego
pa•lav•er [pə'lɑːvər] F follón *m*
pale [peɪl] *adj person* pálido; **she went ~**
palideció; **~ pink / blue** rosa / azul claro
pale•ness ['peɪlnɪs] palidez *f*
pa•le•o•lith•ic [pælɪoʊ'lɪθɪk] *adj* paleolítico
pa•le•on•tol•o•gy [pælɪɑːn'tɑːlədʒɪst] paleontología *f*
Pal•e•stine ['pæləstaɪn] Palestina *f*
Pal•e•stin•i•an [pælə'stɪnɪən] I *n* palestino(-a) *m(f)* II *adj* palestino
pall [poːl] *n on coffin* paño *m* mortuorio; **a ~ of smoke** una cortina de humo
pall² [poːl] *v/i* desvanecerse
'pall•bear•er portador(a) *m(f)* del féretro
pal•let ['pælɪt] palé *m*
'pal•let truck carretilla *f* elevadora
pal•li•a•tive ['pælɪətɪv] MED paliativo *m*
pal•lid ['pælɪd] *adj* pálido
pal•lor ['pælər] palidez *f*
pal•ly ['pælɪ] *adj* F: **they are very ~** se han hecho muy amigos; **get ~ with s.o.** hacerse amigo de alguien
palm [pɑːm] 1 *of hand* palma *f* 2 *tree* palmera *f*
◆ palm off *v/t*: **palm sth off on s.o.** endosar algo a alguien
palm•ist ['pɑːmɪst] quiromántico(-a) *m(f)*
palm•is•try ['pɑːmɪstrɪ] quiromancia *f*
Palm 'Sun•day REL Domingo *m* de Ramos
'palm tree BOT palmera *f*
'palm•top computadora *f* de mano, *Span* ordenador *m* de mano
pa•lo•mi•no [pælə'miːnoʊ] alazán *m* de crin blanca
pal•pa•ble ['pælpəbl] *adj fig*: *clear, obvious* claro
pal•pa•bly ['pælpəblɪ] *adv* (*manifestly*) claramente
pal•pi•tate ['pælpɪteɪt] *v/i* palpitar
pal•pi•ta•tions [pælpɪ'teɪʃnz] *npl* MED palpitaciones *fpl*
pal•try ['poːltrɪ] *adj* miserable
pam•pas ['pæmpəs] *npl* pampa *f*
'pam•pas grass hierba *f* de las pampas
pam•per ['pæmpər] *v/t* mimar
pam•phlet ['pæmflɪt] *for information*

folleto *m*; *political* panfleto *m*
pan¹ [pæn] I *n for cooking* cacerola *f*; *for frying* sartén *f*; **have s.o. on the ~** F poner a alguien de vuelta y media F II *v/t* (*pret & pp -ned*) F (*criticize*) poner por los suelos F
◆ pan out *v/i* F (*develop*) salir
pan² [pæn] I *n in filming* plano *m* general II *v/i* hacer un plano general
pan•a•ce•a [pænə'sɪə] panacea *f*
pa•nache [pə'næʃ] gracia *f*, salero *m*
Pan•a•ma ['pænəmɑː] Panamá *m*
Pan•a•ma Ca'nal *the* ~ el Canal de Panamá
Pan•a•ma 'Cit•y Ciudad *f* de Panamá
Pan•a•ma•ni•an [pænə'meɪnɪən] I *adj* panameño II *n* panameño(-a) *m(f)*
Pan-A'mer•i•can *adj* panamericano
pan•a•tel•la [pænə'telə] panatela *f*
'pan•cake crepe *m*, *L.Am.* panqueque *m*
pan•cre•as ['pæŋkrɪəs] ANAT páncreas *m inv*
pan•da ['pændə] (*oso m*) panda *m*
pan•de•mo•ni•um [pændɪ'moʊnɪəm] pandemónium *m*, pandemonio *m*
◆ pan•der to ['pændər] *v/t* complacer
pane [peɪn] *of glass* hoja *f*
pan•el ['pænl] 1 panel *m* 2 *people* grupo *m*, panel *m*
pan•el•ist *Br* pan•el•list ['pænəlɪst] miembro *m* de un panel
pan•el•ing ['pænəlɪŋ] paneles *mpl*; *of ceiling* artesonado *m*
pang [pæŋ]: **~s of hunger** retortijones *mpl*; **~s of remorse** remordimientos *mpl*
'pan•han•dle *v/i* F mendigar
pan•ic ['pænɪk] I *n* pánico *m*; **I was in a real ~** me entró el pánico II *v/i* (*pret & pp -ked*) ser preso del pánico; **get agitated** perder la calma; **don't ~!** ¡tranquilo! III *v/t* (*pret & pp -ked*) entrarle el pánico a alguien; **don't let them ~ you in making a decision** no dejes que te hagan tomar una decisión precipitada
pan•ic buy•ing ['pænɪkbaɪɪŋ] FIN compra *f* provocada por el pánico
pan•ick•y ['pænɪkɪ] *adj* F de pánico; **he got ~** le entró el pánico
'pan•ic sel•ling FIN venta *f* provocada por el pánico
'pan•ic sta•tions: **it was ~ all around** F

cundió el pánico

'pan•ic-strick•en *adj* preso del pánico

pan•nier ['pænɪər] alforja *f*

pan•o•ra•ma [pænə'rɑːmə] panorama *m*

pa•no•ra•mic [pænə'ræmɪk] *adj view* panorámico

pan•sy ['pænzɪ] *flower* pensamiento *m*

pant [pænt] *v/i* jadear

pan•the•is•tic[pænθɪ'ɪstɪk] *adj* panteísta *m/f*

pan•ther ['pænθər] ZO pantera *f*

pan•ties ['pæntɪz] *npl Span* bragas *fpl*, *L.Am.* calzones *mpl*

pan•ti•hose ☞ **pantyhose**

pan•to•mime ['pæntəmaɪm] **1** pantomima *f* **2** *Br:* comedia musical navideña basada en los cuentos de hada

pan•try ['pæntrɪ] despensa *f*

pants [pænts] *npl* pantalones *mpl*

'pant•suit traje *m* pantalón

pant•y•hose ['pæntɪhoʊz] *npl* medias *fpl*, pantis *mpl*

'pant•y lin•er protege-slip *m*, salva-slip *m*

pap [pæp] papilla *f*

pa•pa•cy ['peɪpəsɪ] papado *m*

pa•pal ['peɪpəl] *adj* papal

pa•pa•ya [pə'paɪə] BOT papaya *f*

pa•per['peɪpər] I *n* **1** papel *m*; *a piece of ~* un trozo de papel **2** (*news-*) periódico *m* **3** *academic* estudio *m*; *at conference* ponencia *f*; (*examination ~*) examen *m* **4**: *~s* (*documents*) documentos *mpl*; *of vehicle*, (*identity ~s*) papeles *mpl*, documentación *f* II *adj* de papel III *v/t room, walls* empapelar

◆ **paper over** *v/t fig* tapar, camuflar

'pa•per•back libro *m* en rústica; pa•per 'bag bolsa *f* de papel; 'pa•per boy repartidor *m* de periódicos; 'pa•per clip clip *m*; pa•per 'cup vaso *m* de papel; 'pa•per feed alimentador *m* de papel; pa•per 'hand•ker•chief pañuelo *m* de papel; pa•per 'mon•ey papel *m* moneda; pa•per 'plate plato *m* de papel; 'pa•per prof•it ganancias *fpl* por realizar; 'pa•per round ronda *f* de reparto a domicilio del periódico; 'pa•per-thin *adj* finísimo; pa•per 'tis•sue pañuelo *m* de papel; 'pa•per•weight pisapapeles *m inv*; 'pa•per•work papeleo *m*

pa•pier-mâ•ché [pæpjeɪ'mæʃeɪ] cartón *m* piedra

pa•pri•ka ['pæprɪkə] pimentón *m*

par [pɑːr] *in golf* par *m*; *be on a ~ with* ser comparable a; *feel below ~* sentirse en baja forma

para ['pærə] MIL paracaidista *m/f*

par•a•ble ['pærəbl] parábola *f*

pa•rab•o•la[pə'ræbələ] MATH parábola *f*

par•a•bol•ic [pærə'bɑːlɪk] *adj* MATH parabólico

par•a•cet•a•mol [pærə'siːtəmɑːl] paracetamol *m*

par•a•chute ['pærəʃuːt] I *n* paracaídas *m inv* II *v/i* saltar en paracaídas III *v/t troops, supplies* lanzar en paracaídas

par•a•chut•ist ['pærəʃuːtɪst] paracaidista *m/f*

pa•rade [pə'reɪd] I *n procession* desfile *m* II *v/i* **1** desfilar **2** (*walk about*) pasearse III *v/t knowledge, new car* hacer ostentación de

pa'rade ground MIL patio *m* de armas

par•a•digm ['pærədaɪm] paradigma *m*

par•a•dise ['pærədaɪs] paraíso *m*

par•a•dox ['pærədɑːks] paradoja *f*

par•a•dox•i•cal [pærə'dɑːksɪkl] *adj* paradójico

par•a•dox•i•cal•ly [pærə'dɑːksɪklɪ] *adv* paradójicamente

par•af•fin ['pærəfɪn] **1** *wax* parafina **2** *Br* queroseno *m*

par•a•glid•ing ['pærəglaɪdɪŋ] parapente *m*

par•a•gon ['pærəgən]: *~ of virtue* dechado *m* de virtudes

par•a•graph ['pærəgræf] párrafo *m*

Par•a•guay ['pærəgwaɪ] Paraguay *m*

Par•a•guay•an [pærə'gwaɪən] I *adj* paraguayo II *n* paraguayo(-a) *m(f)*

par•a•keet ['pærəkiːt] periquito *m*

par•al•lel['pærəlel] I *n* GEOM paralela *f*; GEOG paralelo *m*; *fig* paralelismo *m*; *draw a ~* establecer un paralelismo; *do two things in ~* hacer dos cosas al mismo tiempo; *an event without ~* un acontecimiento sin paralelo *or* comparación II *adj also fig* paralelo III *v/t* (*match*) equipararse a

par•al•lel 'bars (barras *fpl*) paralelas *fpl*

par•al•lel•ism ['pærəlelɪzəm] paralelismo *m*

par•al•lel•o•gram [pærəl'eləgræm] MATH paralelogramo *m*

par•al•lel 'port COMPUT puerto m paralelo

**Par•a•lym•pics** [pærə'lɪmpɪks] *npl* juegos *mpl* paraolímpicos

**pa•ral•y•sis** [pə'ræləsɪs] (*pl* **paralyses** [pə'ræləsiːz]) parálisis *f*

**par•a•lyt•ic** [pærə'lɪtɪk] *adj* **1** MED paralítico **2** *Br* F (*drunk*) pedo, mamado

**par•a•lyze** ['pærəlaɪz] *v/t also fig* paralizar

**par•a•med•ic** [pærə'medɪk] auxiliar *m/f* sanitario(-a)

**pa•ram•e•ter** [pə'ræmɪtər] parámetro *m*

**par•a•mil•i•tar•y** [pærə'mɪlɪterɪ] **I** *adj* paramilitar **II** *n* paramilitar *m/f*

**par•a•mount** ['pærəmaunt] *adj* supremo, extremo; **be ~** ser de importancia capital

**par•a•noi•a** [pærə'nɔɪə] paranoia *f*

**par•a•noid** ['pærənɔɪd] *adj* paranoico

**par•a•nor•mal** [pærə'nɔːrməl] *adj* paranormal

**par•a•pet** ['pærəpet] parapeto *m*

**par•a•pher•na•li•a** [pærəfər'neɪlɪə] parafernalia *f*

**par•a•phrase** ['pærəfreɪz] *v/t* parafrasear

**par•a•ple•gi•a** [pærə'pliːdʒə] MED paraplejia *f*

**par•a•ple•gic** [pærə'pliːdʒɪk] parapléjico(-a) *m(f)*

**par•a•psy•chol•o•gy** [pærəsaɪ'kɑːlədʒɪ] parapsicología *f*

**par•as•cend•ing** ['pærəsendɪŋ] parapente *m* con lancha motora

**par•a•site** ['pærəsaɪt] *also fig* parásito *m*

**par•a•sit•ic** [pærə'sɪtɪk] *adj* parásito

**par•a•sol** ['pærəsɑːl] sombrilla *f*

**par•a•troop•er** ['pærətruːpər] paracaidista *m/f* (*militar*)

**par•a•troops** ['pærətruːps] *npl* tropas *fpl* paracaidistas

**par•boil** ['pɑːrbɔɪl] *v/t* cocer a medias

**par•cel** ['pɑːrsl] paquete *m*

◆ **parcel up** *v/t* empaquetar

**'par•cel bomb** paquete *m* bomba

**'par•cel post** servicio *m* de paquete postal

**parch** [pɑːrtʃ] *v/t* secar; **be ~ed** F *of person* estar muerto de sed F

**parch•ment** ['pɑːrtʃmənt] pergamino *m*

**par•don** ['pɑːrdn] **I** *n* **1** LAW indulto *m* **2**: **I beg your ~?** (*what did you say?*) ¿cómo ha dicho?; **I beg your ~** (*I'm sorry*) discúlpeme **II** *v/t* **1** perdonar; **~ me?** ¿perdón?, ¿qué?; **~ me for saying so, but ...** perdóneme pero ..., permítame que le diga que ... **2** LAW indultar

**par•don•a•ble** ['pɑːrdnəbl] *adj* perdonable

**pare** [per] *v/t* (*peel*) pelar

◆ **pare down** *v/t* recortar

**par•ent** ['perənt] *father* padre *m*; *mother* madre *f*; **my ~s** mis padres; **each ~ must ...** todos los padres deben...

**par•ent•age** ['perəntɪdʒ] origen *m*

**pa•ren•tal** [pə'rentl] *adj* de los padres

**'par•ent com•pa•ny** empresa *f* matriz

**pa•ren•the•sis** [pə'renθəsɪs] (*pl* **parentheses** [pə'renθəsiːz]) paréntesis *m inv*; **in ~** entre paréntesis

**par•ent•hood** ['perənthud] paternidad *f*

**par•ent•ing** ['perəntɪŋ]: **what can they learn about ~?** ¿qué pueden aprender sobre cómo ser buenos padres?; **their ~ skills** su capacidad para ser padres

**par•ent•less** ['perəntlɪs] *adj* sin padres

**'par•ents' eve•ning** reunión *f* de padres

**'par•ents-in-law** *npl* padres *mpl* políticos

**par•ent-'teach•er as•so•ci•a•tion** asociación *f* de padres de alumnos

**Par•is** ['pærɪs] París *m*

**par•ish** ['pærɪʃ] parroquia *f*

**pa•rish•ion•er** [pə'rɪʃənər] REL feligrés (-esa) *m(f)*

**par•i•ty** ['pærətɪ] igualdad *f* (**with** con)

**park**[1] [pɑːrk] *n* parque *m*

**park**[2] [pɑːrk] *v/t & v/i* MOT estacionar, *Span* aparcar

**par•ka** ['pɑːrkə] parka *f*

**par•king** ['pɑːrkɪŋ] MOT estacionamiento *m*, *Span* aparcamiento *m*; **no ~** prohibido aparcar; **there's plenty of ~ around here** hay muchos sitios para aparcar por aquí

**'par•king brake** freno *m* de mano; **'par•king disc** disco *m* de estacionamiento *or Span* aparcamiento; **'par•king fee** tarifa *f* del párking; **'par•king ga•rage** párking *m*, *Span* aparcamiento *m*; **'par•king lot** estacionamiento *m*, *Span* aparcamiento *m* (*al aire libre*); **'par•king me•ter** parquímetro *m*; **par•king of'fense** estacionamiento *m* indebido; **'par•king place, par•king**

**space** (plaza *f* de) estacionamiento *m or Span* aparcamiento *m*, sitio *m* para estacionar *or Span* aparcar; '**par•king tick•et** multa *f* de estacionamiento

**Par•kin•son's dis•ease** ['pɑːrkɪnsnz] MED enfermedad *f* de Parkinson

'**park•keep•er** guarda *m/f* del parque

**par•lance** ['pɑːrləns]: *in common* ~ en el habla común; *in legal* ~ en la jerga legal

**par•lia•ment** ['pɑːrləmənt] parlamento *m*

**par•lia•men•tar•i•an** [pɑːrləmen'terɪən] parlamentario(-a) *m(f)*

**par•lia•men•ta•ry** [pɑːrlə'mentərɪ] *adj* parlamentario

**par•lor**, *Br* **par•lour** ['pɑːrlər] **1** *in house* salón *m* **2** (*beauty* ~) salón de belleza **3** (*ice-cream* ~ ) heladería *f*

'**par•lor game** juego *m* de salón

**Par•me•san** ['pɑːrməzæn] parmesano *m*

**pa•ro•chi•al** [pə'roukjəl] *adj* parroquial; *fig* provinciano

**par•o•dy** ['pærədɪ] **I** *n* parodia *f* (*of* de) **II** *v/t* parodiar

**pa•role** [pə'roul] **I** *n* libertad *f* condicional; *be on* ~ estar en libertad condicional **II** *v/t* poner en libertad condicional; *be ~d* salir en libertad condicional

**par•quet** ['pɑːrkeɪ] **1** parqué *m* **2** THEA platea *f*

**par•quet 'floor** suelo *m* de parqué

**par•rot** ['pærət] **I** *n* loro *m* **II** *v/t* repetir como un loro

'**par•rot-fash•ion** *adv learn, repeat* como un loro

**par•ry** ['pærɪ] *v/t* (*pret & pp* **-ied**) *blow* desviar; *question* esquivar

**par•si•mo•ni•ous** [pɑːrsɪ'mounjəs] *adj* mezquino

**par•si•mo•ny** ['pɑːrsəmounɪ] mezquindad *f*

**pars•ley** ['pɑːrslɪ] perejil *m*

**pars•nip** ['pɑːrsnɪp] BOT pastinaca *f*

**par•son** ['pɑːrsn] párroco *m*

**part** [pɑːrt] **I** *n* **1** (*portion, area*) parte *f* **2** (*episode*) parte *f*, episodio *m* **3** *of machine* pieza *f* (de repuesto) **4** *in play, film* papel *m* **5** *in hair* raya *f* **6**: *take* ~ *in* tomar parte en

**II** *adv* (*partly*) en parte; ~ *American*, ~ *Spanish* medio americano medio español; ~ *fact*, ~ *fiction* con una parte de realidad y una parte de ficción **III** *v/i* separarse; *we* ~*ed good friends* quedamos como amigos **IV** *v/t*: ~ *one's hair* hacerse la raya

◆ **part with** *v/t* desprenderse de

'**part ex•change**: *take sth in* ~ llevarse algo como parte del pago

**par•tial** ['pɑːrʃl] *adj* **1** (*incomplete*) parcial **2**: *be* ~ *to* tener debilidad por

**par•ti•al•i•ty** [pɑːrʃɪ'ælətɪ] **1** (*bias*) parcialidad *f* **2** (*liking*) afición *f* (*for* por)

**par•tial•ly** ['pɑːrʃəlɪ] *adv* parcialmente

**par•ti•ci•pant** [pɑːr'tɪsɪpənt] participante *m/f*

**par•ti•ci•pate** [pɑːr'tɪsɪpeɪt] *v/i* participar

**par•ti•ci•pa•tion** [pɑːrtɪsɪ'peɪʃn] participación *f*

**par•ti•ci•ple** ['pɑːrtɪsɪpl] GRAM participio *m*

**par•ti•cle** ['pɑːrtɪkl] **1** PHYS partícula *f* **2** (*small amount*) pizca *f*

**par•tic•u•lar** [pər'tɪkjələr] *adj* **1** (*specific*) particular, concreto; *this* ~ *morning* precisamente esta mañana; *in* ~ en particular; *it's a* ~ *favorite of mine* es uno de mis preferidos **2** (*demanding*) exigente; *about friends, employees* selectivo; *pej* especial, quisquilloso; *you know how* ~ *she is* ya sabes lo especial que es

**par•tic•u•lar•ly** [pər'tɪkjələrlɪ] *adv* particularmente, especialmente

**par•tic•u•late e•mis•sions** [pɑːrtɪkjulətɪ'mɪʃnz] *npl* emisión *f* de partículas

**part•ing** ['pɑːrtɪŋ] **I** **1** partida *f* **2** *Br: in hair* raya *f* **II** *adj*: ~ *kiss* beso *m* de despedida

'**part•ing shot** *remark* comentario *m* desagradable

**par•ti•san** ['pɑːrtɪzæn] **I** *n* **1** partidario(-a) *m(f)* **2** MIL partisano(-a) *m(f)* **II** *adj* **1** parcial **2** MIL partisano

**par•ti•tion** [pɑːr'tɪʃn] **I** *n* **1** (*screen*) tabique *m* **2** *of country* partición *f*, división *f* **II** *v/t country* dividir

◆ **partition off** *v/t* dividir con tabiques

**part•ly** ['pɑːrtlɪ] *adv* en parte

**part•ner** ['pɑːrtnər] COM socio(-a) *m(f)*; *in relationship* compañero(-a) *m(f)*; *in tennis, dancing* pareja *f*

**part•ner•ship** ['pɑːrtnərʃɪp] COM sociedad *f*; *in particular activity* colabora-

ción *f*

**part of 'speech** (*pl* **parts of speech**)
parte *f* de la oración

**'part own•er** copropietario(-a) *m(f)*

**par•tridge** ['pɑːrtrɪdʒ] perdiz *f*

**'part-time I** *adj* a tiempo parcial **II** *adv*
*work* a tiempo parcial

**part-'tim•er: be a ~** trabajar a tiempo
parcial

**par•ty** ['pɑːrtɪ] **I** *n* **1** (*celebration*) fiesta *f*;
**have** *or* **give a ~** hacer *or* dar una fiesta;
*I* **met her at a ~** la conocí en una fiesta **2**
POL partido *m* **3** (*group of people*) grupo *m* **4: be a ~ to** tomar parte en **II** *v/i*
(*pret* & *pp* **-ied**) F salir de marcha **II**

**par•ty 'line** POL linea *f* del partido;
**par•ty poop•er** ['pɑːrtɪpuːpər] F aguafiestas *m/f inv*; **par•ty 'wall** pared *f* me-
dianera

**pass** [pæs] **I** *n* **1** *for entry*, SP pase *m* **2** *in
mountains* desfiladero *m* **3: make a ~ at**
tirarle los tejos a

**II** *v/t* **1** (*hand*) pasar **2** (*go past*) pasar
por delante de; (*go beyond*) sobrepasar
**3** (*overtake*) adelantar **4** (*approve*) aprobar **5: ~ an exam** aprobar un examen; **~
sentence** LAW dictar sentencia; **~ the
time** pasar el tiempo

**III** *v/i* **1** *of time*, SP pasar; *I'll just mention in ~ing that …* sólo mencionaré de
pasada que … **2** *in exam* aprobar **3** (*go
away*) pasarse

◆ **pass around** *v/t* repartir

◆ **pass away** *v/i euph* fallecer, pasar a
mejor vida

◆ **pass by I** *v/t* (*go past*) pasar por **II** *v/i*
(*go past*) pasarse

◆ **pass for** *v/t*: *he could pass for 40* podría pasar por alguien de 40 años

◆ **pass off I** *v/t* hacer pasar, colar (*as*
como) **II** *v/i* (*take place*) tener lugar

◆ **pass on I** *v/t information*, *book* pasar;
**~ the savings to …** *of supermarket etc*
revertir el ahorro en … **II** *v/i* (*euph: die*)
fallecer, pasar a mejor vida

◆ **pass out** *v/i* **1** (*faint*) desmayarse **2**
*from police or military academy* graduarse **II** *v/t* (*distribute*) pasar

◆ **pass over** *v/t person* pasar por encima

◆ **pass through** *v/t town* pasar por

◆ **pass up** *v/t* F *opportunity* dejar pasar

**pass•a•ble** ['pæsəbl] *adj* **1** *road* transitable **2** (*acceptable*) aceptable

**pas•sage** ['pæsɪdʒ] **1** (*corridor*) pasillo
*m* **2** *from poem, book* pasaje *m* **3** *of
time* paso *m*

**'pas•sage•way** pasillo *m*

**pas•sen•ger** ['pæsɪndʒər] pasajero(-a)
*m(f)*

**'pas•sen•ger seat** asiento *m* de pasajero

**'pas•sen•ger train** tren *m* de pasajeros

**pas•ser-by** [pæsər'baɪ] (*pl* **passers-by**)
transeúnte *m/f*

**pass•ing** ['pɑːsɪŋ] **I** *n of an era* paso *m*;
(*death*) fallecimiento *m*; **with the ~ of
time** con el paso del tiempo; **in ~** de pasada **II** *adj thought, glance* de pasada

**pas•sion** ['pæʃn] pasión *f*; **a crime of ~**
un crimen pasional

**pas•sion•ate** ['pæʃnət] *adj* **1** *lover* apasionado **2** (*fervent*) fervoroso

**pas•sion•ate•ly** ['pæʃnətlɪ] *adv* apasio-
nadamente

**'pas•sion fruit** BOT fruta *f* de la pasión,
maracuyá *f*

**pas•sive** ['pæsɪv] **I** *adj* pasivo **II** *n* GRAM
(voz *f*) pasiva *f*; **in the ~** en pasiva

**'pas•sive smok•ing** (el) fumar pasiva-
mente

**pas•siv•i•ty** [pæs'ɪvətɪ] pasividad *f*

**'pass•key** llave *f* maestra; **'pass mark**
EDU nota *f* mínima para aprobar;
**'Pass•o•ver** REL Pascua *f* de los he-
breos; **pass•port** ['pæspɔːrt] pasaporte
*m*; **'pass•port con•trol** control *m* de
pasaportes; **'pass•word** contraseña *f*

**past** [pæst] **I** *adj* (*former*) pasado; **his ~
life** su pasado; **the ~ few days** los últimos días; **that's all ~ now** todo eso es
agua pasada

**II** *n* pasado; **in the ~** antiguamente

**III** *prep in position* después de; **it's half
~ two** son las dos y media; **it's ~ seven
o'clock** pasan de las siete; **it's ~ your
bedtime** hace rato que tenías que haberte ido a la cama

**IV** *adv*: **run / walk ~** pasar

**pas•ta** ['pæstə] pasta *f*

**paste** [peɪst] **I** *n* (*adhesive*) cola *f* **II** *v/t*
(*stick*) pegar

**pas•tel** ['pæstl] **I** *n color* pastel *m* **II** *adj*
pastel

**pas•teur•ize** ['pɑːstʃəraɪz] *v/t* pasteuri-
zar

**pas•tille** [pæ'stiːl] pastilla *f*

**pas•time** ['pæstaɪm] pasatiempo *m*

pas•tor ['pæstər] vicario *m*

pas•to•ral ['pæstərəl] *adj* **1** pastoril **2** REL pastoral

past par'ti•ci•ple GRAM participio *m* pasado

pas•tra•mi [pæ'strɑːmɪ] pastrami *m*, *carne de vaca ahumada con especias*

pas•try ['peɪstrɪ] **1** *for pie* masa *f* **2** *small cake* pastel *m*

'past tense GRAM (tiempo *m*) pasado *m*

pas•ture ['pæstʃər] pasto *m*

pas•ty ['peɪstɪ] *adj complexion* pálido

pat[1] [pæt] **I** *n* palmadita *f*; *give s.o. a ~ on the back fig* dar una palmadita a alguien en la espalda **II** *v/t (pret & pp -ted)* dar palmadas a

pat[2] [pæt] *adv: have or know sth off ~* saber algo de memoria

Pat•a•gon•i•a [pætə'gouniə] Patagonia *f*

Pat•a•gon•i•an [pætə'gouniən] *adj* patagónico

patch [pætʃ] **I** *n* **1** *on clothing* parche *m*; *not be a ~ on fig* no tener ni punto de comparación con **2** *(area)* mancha *f*; *a bad ~ (period of time)* un mal momento, una mala racha; *~es of fog* zonas *fpl* de niebla **II** *v/t clothing* remendar

◆ patch up *v/t (repair temporarily)* hacer un remiendo a, arreglar a medias; *quarrel* solucionar

patch•work ['pætʃwɜːrk] **I** *n needlework* labor *f* de retazo **II** *adj* hecho de remiendos

patch•y ['pætʃɪ] *quality* desigual; *work, performance* irregular

pâ•té ['pɑːteɪ] paté *m*

pa•tent ['peɪtnt] **I** *adj* patente, evidente **II** *n for invention* patente *f* **III** *v/t invention* patentar

pa•tent 'leath•er charol *m*

pa•tent•ly ['peɪtntlɪ] *(clearly)* evidentemente, claramente

pa•ter•nal [pə'tɜːrnl] *relative* paterno; *pride, love* paternal

pa•ter•nal•ism [pə'tɜːrnlɪzm] paternalismo *m*

pa•ter•nal•is•tic [pətɜːrnl'ɪstɪk] *adj* paternalista

pa•ter•ni•ty [pə'tɜːrnɪtɪ] paternidad *f*

pa'ter•ni•ty leave baja *f* por paternidad; *be on ~* estar de baja *or* tener la baja por paternidad

pa'ter•ni•ty suit LAW litigio *m or* querella *f* por paternidad

path [pæθ] *also fig* camino *m*

pa•thet•ic [pə'θetɪk] *adj* **1** *invoking pity* patético; **2** F *(very bad)* lamentable F

path•o•gen ['pæθədʒən] patógeno *m*

path•o•log•i•cal [pæθə'lɑːdʒɪkl] *adj* patológico

pa•thol•o•gist [pə'θɑːlədʒɪst] patólogo(-a) *m(f)*

pa•thol•o•gy [pə'θɑːlədʒɪ] patología *f*

pa•thos ['peɪθɑːs] patetismo *m*

path•way ['pæθweɪ] camino *m*

pa•tience ['peɪʃns] paciencia *f*

pa•tient ['peɪʃnt] **I** *n* paciente *m/f* **II** *adj* paciente; *just be ~!* ¡ten paciencia!

pa•tient•ly ['peɪʃntlɪ] *adv* pacientemente

pat•i•na ['pætɪnə] pátina *f*

pat•i•o ['pætɪou] patio *m*

pa•tri•arch ['peɪtrɪɑːrk] patriarca *m*

pa•tri•ar•chal [peɪtrɪ'ɑːrkl] *adj* patriarcal

pa•tri•ot ['peɪtrɪət] patriota *m/f*

pa•tri•ot•ic [peɪtrɪ'ɑːtɪk] *adj* patriótico

pa•tri•ot•ism ['peɪtrɪətɪzm] patriotismo *m*

pa•trol [pə'troul] **I** *n* patrulla *f*; *be on ~* estar de patrulla **II** *v/t (pret & pp -led)* *streets, border* patrullar

pa'trol car coche *m* patrulla; pa'trol•man policía *m*, patrullero *m*; pa'trol wag•on furgón *m* policial

pa•tron ['peɪtrən] **1** *of store, movie theater* cliente *m/f* **2** *of artist, charity etc* patrocinador(a) *m(f)*

pa•tron•age ['pætrənɪdʒ] *support* patronazgo *m*; *of artist etc* patrocinio *m*; *under the ~ of* bajo el patronazgo de

pa•tron•ize ['pætrənaɪz] *v/t person* tratar con condescendencia *or* como a un niño

pa•tron•iz•ing ['pætrənaɪzɪŋ] condescendiente

pa•tron 'saint santo(-a) *m(f)* patrón(-ona), patrón(-ona) *m(f)*

pat•ter ['pætər] **I** *n* **1** *of rain etc* repiqueteo *m*; *of feet* golpeteo *m*; *soon there'll be the ~ of tiny feet hum* pronto habrá pasitos de niño **2** F *of salesman* parloteo *m* F **II** *v/i* repiquetear

pat•tern ['pætərn] **I** *n* **1** *on wallpaper, fabric* estampado *m* **2** *for knitting, sewing* diseño *m*; *(model)* modelo *m* **3** *in* *behavior, events* pauta *f* **II** *v/t:* ~ *sth on sth* hacer algo tomando como modelo algo

**pat•terned** ['pætərnd] *adj* estampado

**pat•ty** ['pætɪ] empanadilla *f*

**paunch** [pɒːntʃ] barriga *f*

**pau•per** ['pɔːpər] pobre *m/f*

**pause** [pɒːz] **I** *n* pausa *f* **II** *v/i* parar; *when speaking* hacer una pausa **III** *v/t tape* poner en pausa

'**pause but•ton** (botón *m* de) pausa *f*

**pave** [peɪv] *with concrete* pavimentar; *with slabs* adoquinar; ~ *the way for fig* preparar el terreno para

**pave•ment** ['peɪvmənt] **1** (*roadway*) calzada *f* **2** *Br* (*sidewalk*) acera *f*

**pav•ing stone** ['peɪvɪŋ] losa *f*

**paw** [pɒː] **I** *n of animal* pata *f*, F (*hand*) pezuña *f* F; *keep your ~s off, you!* F ¡oye tú, mantén lejos tus manazas *or* zarpas! **II** *v/t* F sobar F

**pawn**[1] [pɒːn] *n in chess* peón *m; fig* títere *m*

**pawn**[2] [pɒːn] *v/t* empeñar

'**pawn•bro•ker** prestamista *m/f*

'**pawn•shop** casa *f* de empeños

**pay** [peɪ] **I** *n* paga *f*, sueldo *m; in the ~ of* a sueldo de **II** *v/t* (*pret & pp paid*) *employee, sum, bill* pagar; ~ *attention* prestar atención; ~ *s.o. a compliment* hacer un cumplido a alguien **III** *v/i* (*pret & pp paid*) **1** pagar; ~ *for purchase* pagar; *you'll ~ for this! fig* ¡me las pagarás! **2** (*be profitable*) ser rentable; *it doesn't ~ to ...* no conviene ...

♦ **pay back** *v/t person* devolver el dinero a; *loan* devolver

♦ **pay in** *v/t to bank* ingresar

♦ **pay off I** *v/t* **1** *debt* liquidar **2** (*bribe*) sobornar **3** *employee* despedir **II** *v/i* (*be profitable*) valer la pena

♦ **pay up** *v/i* pagar

**pay•a•ble** ['peɪəbl] *adj* pagadero

'**pay check** cheque *m* del sueldo; '**pay•day** día *m* de paga; '**pay•dirt:** *hit ~* F encontrar un chollo, tocar la lotería

**pay•ee** [peɪ'iː] beneficiario(-a) *m(f)*

'**pay en•ve•lope** sobre *m* con la paga

**pay•er** ['peɪər] pagador(a) *m(f); they are good ~s* pagan puntualmente

**pay•ing** ['peɪɪŋ] *adj* **1** (*profitable*) rentable **2:** ~ *guest* huésped *m/f* de pago

**pay-'in slip** resguardo *m* de ingreso

**pay•load** ['peɪloʊd] carga *f* útil

**pay•ment** ['peɪmənt] pago *m*

'**pay•ment ad•vice** aviso *m* de pago

'**pay•off 1** (*bribe*) soborno *m* **2** (*final outcome*) desenlace *m* **3** *of joke* desenlace *m;* '**pay•out** pago *m;* '**pay pack•et** *Br* sobre *m* con la paga; **pay-per-view** T'V televisión *f* de pago por visión; '**pay phone** teléfono *m* público; '**pay rise** *Br* subida *f* de sueldo; '**pay•roll** *money* salarios *mpl; employees* nómina *f; be on the ~* estar en nómina; '**pay•slip** nómina *f* (*papel*); '**pay sta•tion** TELEC teléfono *m* de monedas; **pay T'V** televisión *f* de pago

**PC** [piː'siː] *abbr* **1** (= *personal computer*) PC *m, Span* ordenador *m or L.Am.* computadora *f* personal **2** (= *politically correct*) políticamente correcto

**PCB** *abbr* (= *printed circuit board*) placa *f* impresa

**pda** [piːdiː'eɪ] *abbr* (= *personal digital assistant*) pda *m*, organizador *m* personal

**PE** [piː'iː] *abbr* (= *physical education*) educación *f* física

**pea** [piː] arveja *f, Mex* chícharo *m, Span* guisante *m*

**peace** [piːs] **1** paz *f* **2** (*quietness*) tranquilidad; *can we have a bit of ~!* ¡silencio, por favor!

**peace•a•ble** ['piːsəbl] *adj person* pacífico

'**Peace Corps** organización *f* gubernamental estadounidense de ayuda al desarrollo

**peace•ful** ['piːsfl] *adj* tranquilo; *demonstration* pacífico

**peace•ful•ly** ['piːsfəlɪ] *adv* pacíficamente

'**peace•keep•ing** *adj:* ~ *force* fuerza *f* de pacificación; '**peace-lov•ing** *adj* pacifista; '**peace•time** tiempo *m* de paz

**peach** [piːtʃ] *fruit* melocotón *m, L.Am.* durazno *m; tree* melocotonero *m, L.Am.* duraznero *m*

**pea•cock** ['piːkɑːk] pavo *m* real

**peak** [piːk] **I** *n of mountain* cima *f; mountain* pico *m; fig* clímax *m; when the crisis was at its ~* cuando la crisis estaba en su punto culminante *or* álgido **II** *v/i* alcanzar el máximo; *it has ~ed* lo peor ya ha pasado

**peaked** [piːkt] *adj:* ~ *cap* gorra *f* con visera

**'peak hours** *npl* horas *fpl* punta

**peal** [pi:l]: **~of bells** repique *m* de campanas; **~ of thunder** trueno *m*; **~ of laughter** carcajadas *fpl*

**pea•nut** ['pi:nʌt] cacahuete *m, L.Am.* maní *m, Mex* cacahuate *m*; **get paid ~s** F cobrar una miseria F; **that's ~s to him** F eso es calderilla para él F

**pea•nut 'but•ter** crema *f* de cacahuete

**pear** [per] pera *f*

**pearl** [pɜːrl] perla *f*; **~s of wisdom** perlas de sabiduría

**pearl 'bar•ley** cebada *f* perlada

**'pearl div•er** pescador(a) *m(f)* de perlas

**pearl•y 'gates** ['pɜːrlɪ] *npl* F puertas *fpl* del cielo

**pear-shaped** ['perʃeɪpt] *adj*: **go ~** F salir mal, torcerse

**peas•ant** ['peznt] campesino(-a) *m(f)*

**peat** [pi:t] turba *f*

**peb•ble** ['pebl] guijarro *m*

**pe•can** ['pi:kən] pacana *f*

**pe•can 'pie** tarta *f* de pacana

**pec•ca•dil•lo** [pekə'dɪloʊ] (*pl -lo(e)s* [pekə'dɪloʊz]) desliz *m*

**peck** [pek] **I** *n* **1** *bite* picotazo *m* **2** *kiss* besito *m* **II** *v/t* **1** *bite* picotear **2** *kiss* dar un besito a

◆ **peck at** *v/t*: **peck at one's food** picotear la comida

**pec•to•ral** ['pektərəl] *adj* pectoral

**pe•cu•liar** [pɪ'kjuːljər] *adj* **1** (*strange*) raro **2**: **~ to** (*special*) característico de

**pe•cu•li•ar•i•ty** [pɪkjuːlɪ'ærətɪ] **1** (*strangeness*) rareza *f* **2** (*special feature*) peculiaridad *f*, característica *f*

**pe•cu•li•ar•ly** [pɪ'kjuːljərlɪ] *adv* (*especially*) particularmente

**pe•cu•ni•ar•y** [pɪ'kjuːnjərɪ] *adj* pecuniario; **~ difficulties** dificultades *fpl* económicas

**ped•a•gog•i•cal** [pedə'gɑːdʒɪkl] *adj* pedagógico

**ped•al** ['pedl] **I** *n of bike* pedal *m* **II** *v/i* **1** (*pret & pp -ed, Br -led*) (*turn ~s*) pedalear **2** (*cycle*) recorrer en bicicleta

**'ped•al bin** cubo *m* de basura con pedal

**ped•ant** ['pedənt] puntilloso(-a) *m(f)*

**pe•dan•tic** [pɪ'dæntɪk] *adj* puntilloso

**ped•ant•ry** ['pedəntrɪ] meticulosidad *f*

**ped•dle** ['pedl] *v/t drugs* traficar *or* trapichear con

**ped•er•ast** ['pedəræst] pederasta *m/f*

**ped•es•tal** ['pedəstl] *for statue* pedestal *m*

**pe•des•tri•an** [pɪ'destrɪən] **I** *n* peatón (-ona) *m(f)* **II** *adj* pedestre

**pe•des•tri•an 'cros•sing** *Br* paso *m* de peatones

**pe•des•tri•a•nize** [pɪ'destrɪənaɪz] *v/t* hacer peatonal

**pe•des•tri•an 'pre•cinct** zona *f* peatonal

**pe•di•at•ric** [pi:dɪ'ætrɪk] *adj* pediátrico

**pe•di•a•tri•cian** [pi:dɪə'trɪʃn] pediatra *m/f*

**pe•di•at•rics** [pi:dɪ'ætrɪks] *nsg* pediatría *f*

**ped•i•cure** ['pedɪkjʊr] pedicura *f*

**ped•i•gree** ['pedɪgriː] **I** *n* pedigrí *m*; *of person* linaje *m* **II** *adj* con pedigrí

**pe•do•phile** ['pi:dəfaɪl] pedófilo(-a) *m(f)*, pederasta *m/f*

**pe•do•phil•i•a** [pi:də'fɪlɪə] pedofilia *f*, pederastia *f*

**pee** [pi:] *v/i* F hacer pis F, mear F

**peek** [pi:k] **I** *n* ojeada *f*, vistazo *m* **II** *v/i* echar una ojeada *or* vistazo

**peel** [pi:l] **I** *n* piel *f* **II** *v/t fruit, vegetables* pelar **III** *v/i of nose, shoulders* pelarse; *of paint* levantarse

◆ **peel off I** *v/t wrapper etc* quitar; *jacket etc* quitarse **II** *v/i of wrapper* quitarse

**peel•er** ['pi:lər] *for potatoes* pelapatatas *m inv*

**peel•ings** ['pi:lɪŋz] *npl* peladuras *fpl*

**peep** [pi:p] ☞ **peek**

**peep•ers** ['pi:pərz] *npl* F (*eyes*) ojos *mpl*

**peep•hole** ['pi:phoʊl] mirilla *f*

**Peep•ing Tom** [pi:pɪŋ'tɑːm] mirón (-ona) *m(f)*

**'peep show** peepshow *m*, espectáculo *m* pornográfico

**peer**[1] [pɪr] *n* (*equal*) igual *m*

**peer**[2] [pɪr] *v/i* mirar; **~ through the mist** buscar con la mirada entre la niebla; **~ at** forzar la mirada para ver

**peer•age** ['pɪrɪdʒ] *Br* título *m* de par; **be raised to the ~** obtener el título de par

**'peer group** grupo *m* paritario

**peer•less** ['pɪrlɪs] *adj* sin igual

**'peer pres•sure** la influencia de las compañías

**peeved** [pi:vd] F mosqueado F

**pee•vish** ['pi:vɪʃ] *adj* malhumorado

**peg** [peg] *for hat, coat* percha *f*; *for tent* clavija *f*; **off the ~** de confección pe•jo•ra•tive [pɪ'dʒɑːrətɪv] adj peyorativo

pe•kin•ese [piːkə'niːz] (pl **pekinese**) pequinés m

pel•i•can ['pelɪkən] pelícano m

pel•let ['pelɪt] **1** pelotita f **2** (bullet) perdigón m

pelt[1] [pelt] **I** v/t: ~ **s.o. with sth** tirar algo a alguien **II** v/i: **they ~ed along the road** F fueron a toda mecha por la carretera F; **it's ~ing down** F está diluviando F

pelt[2] [pelt] n piel f

pel•vic ['pelvɪk] adj ANAT, MED pélvico

pel•vis ['pelvɪs] pelvis f

pen[1] [pen] (ballpoint ~) bolígrafo m; (fountain ~) pluma f (estilográfica)

pen[2] [pen] (enclosure) corral m

pen[3] [pen] ☞ **penitentiary**

pe•nal ['piːnl] adj penal; ~ **reform** reforma f penal

'pe•nal code código m penal

pe•nal•ize ['piːnəlaɪz] v/t penalizar

pen•al•ty ['penəltɪ] sanción f; SP penalti m; **take the ~** in soccer lanzar el penalti; **award** or **give a ~** SP señalar or pitar penalti; **score a ~** marcar de penalti; **win on penalties** ganar por penalties

'pen•al•ty ar•e•a SP área f de castigo; 'pen•al•ty clause LAW cláusula f de penalización; 'pen•al•ty kick SP (lanzamiento m de) penalti m; pen•al•ty 'shoot-out SP tanda f de penaltis; 'pen•al•ty spot SP punto m de penalti, punto m fatídico

pen•ance ['penəns] REL penitencia f; **do ~ for sth** hacer penitencia por algo

pen-and-'ink draw•ing dibujo m a la pluma

pence [pens] pl ☞ **penny**

pen•chant ['penʃənt] inclinación f (**for** a, por)

pen•cil ['pensɪl] lápiz m

◆ pencil in v/t apuntar provisionalmente

'pen•cil case estuche m, plumier m

'pen•cil sharp•en•er sacapuntas m inv

pen•dant ['pendənt] necklace colgante m

pend•ing ['pendɪŋ] **I** prep en espera de **II** adj pendiente; **be ~** awaiting a decision estar pendiente; about to happen ser inminente

pen•du•lum ['pendjʊləm] péndulo m

pen•e•trate ['penɪtreɪt] v/t (pierce) penetrar; market penetrar en

pen•e•trat•ing ['penɪtreɪtɪŋ] adj stare, scream penetrante; analysis exhaustivo

pen•e•tra•tion [penɪ'treɪʃn] penetración f; of defenses incursión f; of market entrada f

'pen friend amigo(-a) m(f) por correspondencia

pen•guin ['peŋgwɪn] pingüino m

pen•i•cil•lin [penɪ'sɪlɪn] penicilina f

pe•nin•su•la [pə'nɪnsʊlə] península f

pe•nin•su•lar [pə'nɪnsʊlər] adj peninsular

pe•nis ['piːnɪs] pene m

pen•i•tence ['penɪtəns] (remorse) arrepentimiento m

pen•i•tent ['penɪtənt] adj arrepentido

pen•i•tent•ia•ry [penɪ'tenʃərɪ] prisión f, cárcel f

'pen name seudónimo m

pen•nant ['penənt] banderín f

pen•ni•less ['penɪlɪs] adj sin un centavo

pen•ny ['penɪ] (pl **-ies**, **pence** [pens]) penique m; **at last the ~ has dropped** F al final se dio cuenta / me di cuenta etc; **a ~ for your thoughts** F ¿en qué estabas pensando?

pen•ny-pinch•ing ['penɪpɪntʃɪŋ] adj F rácano

'pen pal amigo(-a) m(f) por correspondencia

'pen push•er pej chupatintas m/f inv

pen•sion ['penʃn] pensión f

◆ pension off v/t jubilar

pen•sion•a•ble ['penʃənəbl] adj: **of ~ age** en edad de jubilación

pen•sion•er ['penʃənər] pensionista m/f, jubilado(-a) m(f)

'pen•sion fund fondo m de pensiones

'pen•sion scheme plan m de jubilación

pen•sive ['pensɪv] adj pensativo

Pen•ta•gon ['pentəgɑːn]: **the ~** el Pentágono

pen•tag•o•nal [pen'tægənl] adj pentagonal

pen•tath•lete [pen'tæθliːt] pentatleta m/f

pen•tath•lon [pen'tæθlən] pentatlón m

Pen•te•cost ['pentɪkɑːst] Pentecostés m

pent•house ['penthaʊs] ático m (de lujo)

**pent-up** ['pentʌp] *adj* reprimido

**pe•nul•ti•mate** [pe'nʌltımət] *adj* penúltimo

**pe•o•ny** ['pıənı] BOT peonía *f*

**peo•ple** ['pi:pl] **1** *npl* gente *f*; (*individuals*) personas *fpl*; **the ~** (*citizens*) el pueblo, los ciudadanos; **a lot of ~ think** ... muchos piensan que ...; **~ say** ... se dice que ..., dicen que ... **2** *nsg* ( *race*, *tribe*) pueblo *m*; **the Spanish ~** los españoles

**pep** [pep] F energía *f*

◆ **pep up** *v/t* (*pret & pp* **-ped**) F *person* animar; *food* alegrar; **pep things up** animar las cosas

**pep•per** ['pepər] **1** *spice* pimienta *f* **2** *vegetable* pimiento *m*

'**pep•per•corn** grano *m* de pimienta; **pep•per•corn** '**rent** alquiler *m* simbólico; '**pep•per•mill** molinillo *m* de pimienta; '**pep•per•mint** *candy* caramelo *m* de menta

**pep•per•o•ni** ['pepərounı] pepperoni *m*

'**pep•per pot** pimentero *m*

**pep•per•y** ['pepərı] *adj taste* a pimienta

'**pep pill** F estimulante *m*

'**pep talk give a ~** decir unas palabras de aliento

**pep•tic** ['peptık] *adj*: **~ ulcer** MED úlcera *f* péptica

**per** [pɜːr] *prep* por; **~ annum** al año, por año

**per cap•i•ta** [pər'kæpıtə] *adj & adv* per cápita

**per•ceive** [pər'si:v] *v/t* **1** *with senses* percibir **2** (*view*, *interpret*) interpretar; **how do you ~ your role in this?** ¿cuál consideras que es tu papel en esto?

**per•cent** [pər'sent] *adv* por ciento; **a 5 ~ increase** un incremento del 5 por ciento

**per•cen•tage** [pər'sentıdʒ] porcentaje *m*, tanto *m* por ciento

**per•cep•ti•ble** [pər'septəbl] *adj* perceptible

**per•cep•ti•bly** [pər'septəblı] *adv* visiblemente

**per•cep•tion** [pər'sepʃn] **1** *through senses, of situation etc* percepción *f* **2** (*insight*) perspicacia *f*

**per•cep•tive** [pər'septıv] *adj* perceptivo

**perch**¹ [pɜːrtʃ] **I** *n for bird* percha *f* **II** *v/i of bird* posarse; *of person* sentarse

**perch**² [pɜːrtʃ] *n fish* perca *f*

**per•co•late** ['pɜːrkəleıt] *v/i of coffee* filtrarse

**per•co•la•tor** ['pɜːrkəleıtər] cafetera *f* de filtro

**per•cus•sion** [pər'kʌʃn] percusión *f*

**per'cus•sion in•stru•ment** instrumento *m* de percusión

**per•cus•sion•ist** [pər'kʌʃnıst] percusionista *m/f*

**per'cus•sion sec•tion** sección *f* de percusión

**per•emp•to•ry** [pə'remptərı] *adj person* autoritario; *tone of voice, command* perentorio

**pe•ren•ni•al** [pə'renıəl] **I** *n* BOT árbol *m* de hoja perenne **II** *adj* **1** BOT perenne **2** (*endless*) eterno

**per•fect I** *n* ['pɜːrfıkt] GRAM pretérito *m* perfecto **II** *adj* perfecto; **I was a ~ stranger to them** era un completo extraño para ellos **III** *v/t* [pər'fekt] perfeccionar

**per•fec•tion** [pər'fekʃn] perfección *f*; **do sth to ~** hacer algo a la perfección

**per•fec•tion•ism** [pər'fekʃnızəm] perfeccionismo *m*

**per•fec•tion•ist** [pər'fekʃnıst] perfeccionista *m/f*

**per•fect•ly** ['pɜːrfıktlı] **1** perfectamente **2** (*totally*) completamente

**per•fid•i•ous** [pər'fıdıəs] *adj* pérfido

**per•fi•dy** ['pɜːrfıdı] perfidia *f*

**per•fo•rate** ['pɜːrfəreıt] *v/t* perforar

**per•fo•rat•ed** ['pɜːrfəreıtıd] *adj line* perforado

**per•fo•ra•tions** [pɜːrfə'reıʃnz] *npl* perforaciones *fpl*

**per•form** [pər'fɔːrm] **I** *v/t* **1** (*carry out*) realizar, llevar a cabo **2** *of actor, musician etc* interpretar, representar **II** *v/i of actor, musician, dancer* actuar; *of machine* funcionar

**per•form•ance** [pər'fɔːrməns] *by actor, musician etc* actuación *f*, interpretación *f*; *of play* representación *f*; *of employee* rendimiento *m*; *of official, company, in sport* actuación *f*; *of machine* rendimiento *m*

**per'form•ance car** coche *m* de gran rendimiento

**per•form•er** [pər'fɔːrmər] intérprete *m/f*

**per•form•ing arts** [pərfɔːrmıŋ'ɑːrts] *npl* artes *fpl* escénicas *or* interpretativas

**per•fume** ['pɜːrfjuːm] perfume *m*

**per•func•to•ry** [pər'fʌŋktərɪ] *adj* superficial

**per•haps** [pər'hæps] *adv* quizá(s), tal vez; **~ *it's not too late*** puede que no sea demasiado tarde

**per•il** ['perəl] peligro *m*

**per•il•ous** ['perələs] *adj* peligroso

**pe•rim•e•ter** [pə'rɪmɪtər] perímetro *m*

**pe'rim•e•ter fence** cerca *f*

**pe•ri•od** ['pɪrɪəd] **1** periodo *m*, período *m*; **~ *of grace*** periodo de gracia **2** (*menstruation*) periodo *m*, regla *f*; ***have one's ~*** tener el periodo; **~ *pains*** dolores *mpl* menstruales **3** *punctuation mark* punto *m*; ***I don't want to, ~!*** F ¡no me da la gana y punto! F

**pe•ri•od•ic** [pɪrɪ'ɑːdɪk] *adj* periódico

**pe•ri•od•i•cal** [pɪrɪ'ɑːdɪkl] publicación *f* periódica

**pe•ri•od•i•cal•ly** [pɪrɪ'ɑːdɪklɪ] *adv* periódicamente, con periodicidad

**pe•riph•e•ral** [pə'rɪfərəl] **I** *adj* (*not crucial*) secundario **II** *n* COMPUT periférico *m*

**pe•riph•e•ry** [pə'rɪfərɪ] periferia *f*

**pe•ri•scope** ['perɪskoʊp] periscopio *m*

**per•ish** ['perɪʃ] *v/i* **1** *of rubber* estropearse, picarse **2** *of person* perecer

**per•ish•a•ble** ['perɪʃəbl] *adj food* perecedero

**per•i•to•ni•tis** [perɪtə'naɪtɪs] MED peritonitis *f inv*

**per•jure** ['pɜːrdʒər] *v/t:* **~ *o.s.*** perjurar

**per•ju•ry** ['pɜːrdʒərɪ] perjurio *m*

**perk** [pɜːrk] *of job* ventaja *f*

♦ **perk up** F **I** *v/t* animar **II** *v/i* animarse

**perk•y** ['pɜːrkɪ] F (*cheerful*) animado

**perm** [pɜːrm] **I** *n* permanente *f* **II** *v/t* hacer la permanente; ***she had her hair ~ed*** se hizo la permanente

**per•ma•nence** ['pɜːrmənəns] permanencia *f*

**per•ma•nent** ['pɜːrmənənt] *adj* permanente; **~ *contract*** contrato *m* fijo *or* indefinido

**per•ma•nent•ly** ['pɜːrmənəntlɪ] *adv* permanentemente

**per•me•a•ble** ['pɜːrmɪəbl] *adj* permeable

**per•me•ate** ['pɜːrmɪeɪt] *v/t* impregnar

**per•mis•si•ble** [pər'mɪsəbl] *adj* permisible

**per•mis•sion** [pər'mɪʃn] permiso *m*; ***ask s.o.'s ~ to do sth*** pedir permiso a alguien para hacer algo; ***give s.o. ~ to do sth*** dar a alguien permiso para que haga algo

**per•mis•sive** [pər'mɪsɪv] *adj* permisivo

**per•mit** ['pɜːrmɪt] **I** *n* licencia *f* **II** *v/t* (*pret & pp -ted*) [pər'mɪt] permitir; **~ *s.o. to do sth*** permitir a alguien que haga algo

**per•ni•cious** [pər'nɪʃəs] *adj* pernicioso

**per•nick•et•y** [pər'nɪkətɪ] *adj* F quisquilloso

**per•pen•dic•u•lar** [pɜːrpən'dɪkjʊlər] *adj* perpendicular

**per•pe•trate** ['pɜːrpətreɪt] *v/t crime* perpetrar

**per•pe•tra•tor** ['pɜːrpətreɪtər] autor(a) *m(f)*

**per•pet•u•al** [pər'petʃʊəl] *adj* perpetuo; *interruptions* continuo

**per•pet•u•al•ly** [pər'petʃʊəlɪ] *adv* constantemente

**per•pet•u•ate** [pər'petʃʊeɪt] *v/t* perpetuar

**per•pe•tu•i•ty** [pɜːrpə'tjuːətɪ]: ***in ~*** a perpetuidad

**per•plex** [pər'pleks] *v/t* dejar perplejo

**per•plexed** [pər'plekst] *adj* perplejo

**per•plex•i•ty** [pər'pleksɪtɪ] perplejidad *f*

**per•se•cute** ['pɜːrsɪkjuːt] *v/t* perseguir; (*hound*) acosar

**per•se•cu•tion** [pɜːrsɪ'kjuːʃn] persecución *f*; (*harassment*) acoso *m*

**per•se•cu•tor** [pɜːrsɪ'kjuːtər] perseguidor(a) *m(f)*

**per•se•ver•ance** [pɜːrsɪ'vɪrəns] perseverancia *f*

**per•se•vere** [pɜːrsɪ'vɪr] *v/i* perseverar

**Per•sian Gulf** ['pɜːrʃən] Golfo *m* Pérsico

**per•sist** [pər'sɪst] *v/i* persistir; **~ *in*** persistir en; ***if you will ~ in doing it that way*** si insistes en hacerlo así *or* de esa forma

**per•sis•tence** [pər'sɪstəns] **1** (*perseverance*) perseverancia *f* **2** (*continuation*) persistencia *f*

**per•sis•tent** [pər'sɪstənt] *adj* **1** *person, questions* perseverante **2** *rain, unemployment etc* persistente

**per•sis•tent•ly** [pər'sɪstəntlɪ] *adv* (*continually*) constantemente

**per•son** ['pɜːrsn] persona *f*; ***in ~*** en persona

**per•son•a•ble** ['pɜːrsənəbl] *adj* agradable

**per•son•age** ['pɜːrsənɪdʒ] personaje *m*

**per•son•al** ['pɜːrsənl] *adj* (*private*) personal; *life* privado; *don't make ~ remarks* no hagas comentarios personales

**per•son•al ap'pear•ance:** *make a ~* aparecer en persona; **per•son•al as-'sist•ant** secretario(-a) *m(f)* personal; **'per•son•al col•umn** sección *f* de anuncios personales; **per•son•al com'put•er** *Span* ordenador *m* personal, *L.Am.* computadora *f* personal; **'per•son•al foul** *in basketball* falta *f* personal, personal *f*; **per•son•al 'hy-giene** higiene *f* personal

**per•son•al•i•ty** [pɜːrsə'næləti] **1** personalidad *f* **2** (*celebrity*) personalidad *f*, personaje *m*

**per•son•al•ize** ['pɜːrsənəlaɪz] *v/t* personalizar

**per•son•al 'loan** préstamo *m* personal

**per•son•al•ly** ['pɜːrsənəlɪ] *adv* **1** (*for my part*) personalmente **2** (*in person*) en persona **3:** *don't take it ~* no te lo tomes como algo personal

**per•son•al 'or•gan•iz•er** organizador *m* personal; **per•son•al 'pro•noun** pronombre *m* personal; **per•son•al 'ster-e•o** walkman *m* ®

**per•son•i•fi•ca•tion** [pərsɑːnɪfɪ'keɪʃn] personificación *f*

**per•son•i•fy** [pɜːr'sɑːnɪfaɪ] *v/t* (*pret & pp -ied*) *of person* personificar

**per•son•nel** [pɜːrsə'nel] *employees, department* personal *m*

**per•son'nel man•a•ger** director(a) *m(f)* de personal

**per•spec•tive** [pər'spektɪv] PAINT perspectiva *f*; *get sth into ~* poner algo en perspectiva; *try to keep things in ~* trata de no sacar las cosas de su contexto

**per•spi•ra•tion** [pɜːrspɪ'reɪʃn] sudor *m*, transpiración *f*

**per•spire** [pɜːr'spaɪr] *v/i* sudar, transpirar

**per•suade** [pər'sweɪd] *v/t person* persuadir; *~ s.o. to do sth* persuadir a alguien para que haga algo; *he didn't need much persuading* no hubo que insistirle mucho

**per•sua•sion** [pər'sweɪʒn] persuasión *f*

**per•sua•sive** [pər'sweɪsɪv] persuasivo

**pert** [pɜːrt] *adj* coqueto

**per•tain** [pər'teɪn] *v/i fml*: *~ to sth* pertenecer a algo

**per•ti•nent** ['pɜːrtɪnənt] *adj fml* pertinente

**per•turb** [pər'tɜːrb] *v/t* perturbar

**per•turb•ing** [pər'tɜːrbɪŋ] *adj* perturbador

**Pe•ru** [pə'ruː] Perú *m*

**pe•ruse** [pə'ruːz] *v/t fml* leer atentamente

**Pe•ru•vi•an** [pə'ruːvɪən] **I** *adj* peruano **II** *n* peruano(-a) *m(f)*

**per•vade** [pər'veɪd] *v/t* impregnar

**per•va•sive** [pər'veɪsɪv] *adj influence, ideas* dominante

**per•verse** [pər'vɜːrs] *adj* (*awkward*) terco; *sense of humor* retorcido; *just to be ~* sólo para llevar la contraria

**per•ver•sion** [pər'vɜːrʃn] *sexual* perversión *f*

**per•vert I** *n* ['pɜːrvɜːrt] *sexual* pervertido(-a) *m(f)* **II** *v/t* [pər'vɜːrt] **1** (*deprave*) pervertir **2** (*distort*) distorsionar; *~ the course of justice* obstaculizar el curso de la justicia

**pe•se•ta** [pe'seɪtə] peseta *f*

**pes•ky** ['peskɪ] *adj* F pesado

**pe•so** ['peɪsoʊ] FIN peso *m*

**pes•sa•ry** ['pesərɪ] MED pesario *m*

**pes•si•mism** ['pesɪmɪzm] pesimismo *m*

**pes•si•mist** ['pesɪmɪst] pesimista *m/f*

**pes•si•mist•ic** [pesɪ'mɪstɪk] *adj* pesimista

**pest** [pest] plaga *f*; F *person* tostón *m* F

**pes•ter** ['pestər] *v/t* acosar; *~ s.o. to do sth* molestar *or* dar la lata a alguien para que haga algo

**'pes•ter pow•er** *in advertising* táctica *f* del machaqueo

**pes•ti•cide** ['pestɪsaɪd] pesticida *f*

**pet** [pet] **I** *n* **1** *animal* animal *m* doméstico *or* de compañía **2** (*favorite*) preferido(-a) *m(f)*; *teacher's ~* el ojito derecho de la maestra **II** *adj* preferido, favorito **III** *v/t* (*pret & pp -ted*) *animal* acariciar **IV** *v/i* (*pret & pp -ted*) *of couple* magrearse F

**pet•al** ['petl] pétalo *m*

◆ **pe•ter out** ['piːtər] *v/i of rain* amainar; *of rebellion* irse extinguiendo; *of path* ir desapareciendo

**'pet food** comida *f* para mascotas

**pet 'hate:** *it's one of his ~s* es una de las

cosas que más odia

**pe•tite** [pə'tiːt] *adj* chiquito; *size* menudo

**pe•ti•tion** [pə'tɪʃn] petición *f*

**pe•ti•tion in 'bank•rupt•cy** notificación *f* de bancarrota

**'pet name** nombre *m* cariñoso

**pet•ri•fied** ['petrɪfaɪd] *adj person* petrificado; *scream, voice* aterrorizado

**pet•ri•fy** ['petrɪfaɪ] *v/t (pret & pp -ied)* dejar petrificado

**pet•ro•chem•i•cal** [petroʊ'kemɪkl] *adj* petroquímico

**pet•rol** ['petrl] *Br* gasolina *f*, *Rpl* nafta *f*

**'pet•rol bomb** cóctel *m* Molotov

**pe•tro•le•um** [pɪ'troʊlɪəm] petróleo *m*

**'pet•rol sta•tion** *Br* gasolinera *f*

**'pet shop** pajarería *f*, tienda *f* de animales

**pet•ti•coat** ['petɪkoʊt] enaguas *fpl*

**pet•ting** ['petɪŋ] magreo *m* F

**pet•ty** ['petɪ] *adj* 1 *person, behavior* mezquino 2 *details, problem* sin importancia

**pet•ty 'cash** dinero *m* para gastos menores

**pet•u•lant** ['petʃələnt] *adj* caprichoso

**pe•tu•ni•a** [pə'tuːnɪə] BOT petunia *f*

**pew** [pjuː] banco *m (de iglesia)*

**pew•ter** ['pjuːtər] peltre *m*

**pha•lanx** ['fælæŋks] *(pl -lanxes* ['fælæŋksɪs], *-langes* [fæ'lændʒiːz]) ANAT, MIL falange *f*

**phal•li** ['fælaɪ] *pl ☞ phallus*

**phal•lic** ['fælɪk] *adj* fálico; **~ symbol** símbolo *m* fálico

**phal•lus** ['fæləs] *(pl phalli* ['fælaɪ]) falo *m*

**phan•tom** ['fæntəm] fantasma *m*; **~ pain** dolor *m* fantasma; **~ pregnancy** embarazo *m* psicológico; **~ withdrawal** *from bank account* reintegro *m* ficticio

**phar•i•see** ['færɪsiː] fariseo(-a) *m(f)*

**phar•ma•ceu•ti•cal** [faːrmə'suːtɪkl] *adj* farmacéutico

**phar•ma•ceu•ti•cals** [faːrmə'suːtɪklz] *npl* fármacos *mpl*

**phar•ma•cist** ['faːrməsɪst] *in store* farmacéutico(-a) *m(f)*

**phar•ma•cy** ['faːrməsɪ] *store* farmacia *f*

**phar•yn•gi•tis** [færɪn'dʒaɪtɪs] MED faringitis *f inv*

**phase** [feɪz] fase *f*; **go through a difficult ~** atravesar una mala etapa

◆ **phase in** *v/t* introducir gradualmente

◆ **phase out** *v/t* eliminar gradualmente

**pH-bal•anced** [piːeɪtʃ'bælənsd] *adj* con el pH neutro

**PhD** [piːeɪtʃ'diː] *abbr* (= **Doctor of Philosophy**) doctorado *m*

**pheas•ant** ['feznt] ORN faisán *m*

**phe•nom•e•na** [fɪ'naːmɪnə] *pl ☞ phenomenon*

**phe•nom•e•nal** [fɪ'naːmɪnl] *adj* fenomenal

**phe•nom•e•nal•ly** [fɪ'naːmɪnlɪ] *adv* extraordinariamente; *stupid* increíblemente

**phe•nom•e•non** [fɪ'naːmɪnaːn] *(pl phenomena)* fenómeno *m*

**phew** [fjuː] *int* uf

**pH fac•tor** [piːeɪtʃ'fæktər] pH *m*

**phi•al** ['faɪəl] vial *m*

**Phi Be•ta Kap•pa** [faɪbiːtə'kæpə] *sociedad de universitarios estadounidenses distinguidos*

**phi•lan•der•er** [fɪ'lændərər] mujeriego *m*

**phil•an•throp•ic** [fɪlən'θraːpɪk] *adj* filantrópico

**phi•lan•thro•pist** [fɪ'lænθrəpɪst] filántropo(-a) *m(f)*

**phi•lan•thro•py** [fɪ'lænθrəpɪ] filantropía *f*

**phi•lat•e•list** [fɪ'lætəlɪst] filatélico(-a) *m(f)*

**phi•lat•e•ly** [fɪ'lætəlɪ] filatelia *f*

**Phil•ip•pines** ['fɪlɪpiːnz] *npl*: **the ~** las Filipinas

**phil•is•tine** ['fɪlɪstaɪn] I *n* filisteo(-a) *m(f)* II *adj* filisteo

**Phil•lips screw** ['fɪlɪps] tornillo *m* de cruz

**'Phil•lips screw•driv•er** destornillador *m* de cruz

**phil•o•log•i•cal** [fɪlə'laːdʒɪkl] *adj* filológico

**phi•lol•o•gist** [fɪ'laːlədʒɪst] filólogo(-a) *m(f)*

**phi•lol•o•gy** [fɪ'laːlədʒɪ] filología *f*

**phi•los•o•pher** [fɪ'laːsəfər] filósofo(-a) *m(f)*

**phil•o•soph•i•cal** [fɪlə'saːfɪkl] *adj* filosófico

**phi•los•o•phize** [fɪ'laːsəfaɪz] *v/i* filosofar (**about, on** sobre)

**phi•los•o•phy** [fɪ'laːsəfɪ] filosofía *f*

**phlegm** [flem] PHYSIO, *fig* flema *f*

**phleg•mat•ic** [fleg'mætɪk] *adj* flemático

**pho•bi•a** ['foʊbɪə] fobia *f*; *have a ~ about sth* tener fobia a algo

**phone** [foʊn] **I** *n* teléfono *m*; *be on the ~ have a ~* tener teléfono; *be talking* estar hablando por teléfono **II** *v/t* llamar (por teléfono) a **III** *v/i* llamar (por teléfono)

'**phone book** guía *f* (de teléfonos); '**phone booth** cabina *f* (de teléfonos); '**phone call** llamada *f* (telefónica); '**phone card** *Br* tarjeta *f* telefónica; '**phone-in** *Br* programa *m* con llamadas

**pho•neme** ['foʊniːm] LING fonema *m*

'**phone num•ber** número *m* de teléfono

**pho•net•ic** [fə'netɪk] *adj* fonético

**pho•net•ics** [fə'netɪks] *nsg* fonética *f*

**pho•n(e)y** ['foʊnɪ] **F I** *adj* falso **II** *n person* farsante *m/f*; *thing* falsificación *f*

**phos•phate** ['fɑːsfeɪt] CHEM fosfato *m*

**phos•pho•res•cent** [fɑːsfə'resnt] *adj* fosforescente

**phos•pho•rus** ['fɑːsfərəs] CHEM fósforo *m*

**pho•to** ['foʊtoʊ] foto *f*

'**pho•to al•bum** álbum *m* de fotos; '**pho•to•cell** ELEC célula *f* fotoeléctrica; '**pho•to•cop•i•er** fotocopiadora *f*; '**pho•to•cop•y I** *n* fotocopia *f* **II** *v/t* (*pret & pp -ied*) fotocopiar; **pho•to 'fin•ish** SP fotofinish *f*; '**Pho•to-fit**® retrato *m* robot

**pho•to•gen•ic** [foʊtoʊ'dʒenɪk] *adj* fotogénico

**pho•to•graph** ['foʊtəgræf] **I** *n* fotografía *f* **II** *v/t* fotografiar

**pho•tog•ra•pher** [fə'tɑːgrəfər] fotógrafo(-a) *m(f)*

**pho•to•graph•ic** [foʊtə'græfɪk] *adj* fotográfico; *~ studio* estudio *m* fotográfico

**pho•tog•ra•phy** [fə'tɑːgrəfɪ] fotografía *f*

**pho•to'jour•nal•ist** reportero(-a) *m/f* gráfico(-a)

**pho•to•mon'tage** fotomontaje *m*

**pho•ton** ['foʊtɑːn] PHYS fotón *m*

**pho•to'sen•si•tive** *adj* fotosensible; '**pho•to•shoot** sesión *f* de fotografías; **pho•to'syn•the•sis** BIO fotosíntesis *f inv*

**phras•al** ['freɪzl] *adj*: *~ verb* LING verbo *m* con partícula

**phrase** [freɪz] **I** *n* frase *f* **II** *v/t* expresar '**phrase•book** guía *f* de conversación

**phra•se•ol•o•gy** [freɪzɪ'ɑːlədʒɪ] fraseología *f*

**phys•i•cal** ['fɪzɪkl] **I** *adj* físico **II** *n* MED reconocimiento *m* médico

**phys•i•cal ed•u'ca•tion** educación *f* física; **phys•i•cal 'hand•i•cap** minusvalía *f* física; '**phys•i•cal in•ven•to•ry** inventario *m* físico

**phys•i•cal•ly** ['fɪzɪklɪ] *adv* físicamente; *~ impossible* físicamente imposible

**phys•i•cal•ly 'hand•i•cap•ped** *npl*: *the ~* los disminuídos físicos

**phy•si•cian** [fɪ'zɪʃn] médico(-a) *m(f)*

**phys•i•cist** ['fɪzɪsɪst] físico(-a) *m(f)*

**phys•ics** ['fɪzɪks] *nsg* física *f*

**phys•i•og•no•my** [fɪzɪ'ɑːnəmɪ] fisonomía *f*, fisionomía *f*

**phys•i•o•log•i•cal** [fɪzɪə'lɑːdʒɪkl] *adj* fisiológico

**phys•i•ol•o•gy** [fɪzɪ'ɑːlədʒɪ] fisiología *f*

**phys•i•o•ther•a•pist** [fɪzɪoʊ'θerəpɪst] fisioterapeuta *m/f*

**phys•i•o•ther•a•py** [fɪzɪoʊ'θerəpɪ] fisioterapia *f*

**phy•sique** [fɪ'ziːk] físico *m*

**pi•a•nist** ['pɪənɪst] pianista *m/f*

**pi•an•o** [pɪ'ænoʊ] piano *m*

**pi•an•o ac'cor•de•on** acordeón *m*

**pi'an•o play•er** pianista *m/f*

**pi'an•o stool** taburete *m* (para el piano)

**pick** [pɪk] **I** *n*: *take your ~* elige el que prefieras **II** *v/t* **1** (*choose*) escoger, elegir **2** *flowers, fruit* recoger; *~ one's nose* meterse el dedo en la nariz **III** *v/i*: *~ and choose* ser muy exigente

◆ **pick at** *v/t*: *pick at one's food* comer como un pajarito

◆ **pick on** *v/t* **1** (*treat unfairly*) meterse con **2** (*select*) elegir

◆ **pick out** *v/t* **1** (*identify*) identificar **2** *tune* tocar de oído

◆ **pick over** *v/t* triar

◆ **pick up I** *v/t* **1** *object* recoger, *Span* coger; *telephone* descolgar; *pick up the tab* F pagar **2** *illness* contraer, *Span* coger **3** *habit* adquirir, *Span* coger; *language, skill* aprender **4** *in car, from ground, from airport etc* recoger **5** (*buy*) comprar **6** *criminal* detener **7**: *pick s.o. up sexually* ligar con alguien **8** RAD sintonizar; *hear* entender, pillar F

II *v/i* (*improve*) mejorar

◆ **pick up on** *v/t* *details, what s.o. said etc* darse cuenta de 2: **pick s.o. up on sth** corregir algo a alguien

**pick•a•back** ['pɪkəbæk] I *adv:* **carry s.o. ~** llevar a alguien a cuestas II *n:* **give s.o. a ~** llevar a alguien a cuestas

'**pick•ax(e)** pico *m*

**pick•er** ['pɪkər] recolector(a) *m(f)*

**pick•et** ['pɪkɪt] I *n of strikers* piquete *m* II *v/t* hacer piquete delante de

'**pick•et fence** valla *f* de estacas

'**pick•et line** piquete *m*

**pick•ings** ['pɪkɪŋz] *npl:* **there are easy ~ in this job** en este trabajo es muy fácil obtener beneficios

**pick•le** ['pɪkl] *v/t* encurtir; *fish* poner en escabeche; *meat* poner en adobo

**pick•led** ['pɪkld] *adj* **1** en vinagre **2** F (*drunk*) bolinga

**pick•les** ['pɪklz] *npl* (*dill ~*) encurtidos *mpl*

'**pick-me-up** F reconstituyente *m*; '**pick•pock•et** carterista *m/f*; '**pick•up** *of car* aceleración *f*; '**pick•up (truck)** camioneta *f*

'**pick-up game** juego *m* callejero

**pick•y** ['pɪkɪ] *adj* F tiquismiquis F

**pic•nic** ['pɪknɪk] I *n* picnic *m* II *v/i* (*pret & pp* **-ked**) ir de picnic

**pic•to•gram** ['pɪktəgræm] pictograma *m*

**pic•to•ri•al** [pɪk'tɔːrɪəl] *adj* gráfico

**pic•ture** ['pɪktʃər] I *n* **1** (*photo*) fotografía *f*; (*painting*) cuadro *m*; (*illustration*) dibujo *m* **2** (*movie*) película *f* **3** *on TV* imagen *f* **4:** **keep s.o. in the ~** mantener a alguien al día; **be in the ~** *know what's going on* estar al tanto de lo que pasa; **ok, I get the ~** vale, ya me doy cuenta, vale, ya lo capto; **her face was a ~!** ¡vaya cara que puso!; **he's not exactly the ~ of health** no es exactamente la viva imagen de la salud II *v/t* imaginar; **I can just ~ it** me lo puedo imaginar perfectamente

'**pic•ture book** libro *m* ilustrado; '**pic•ture frame** marco *m*; '**pic•ture gal•ler•y** pinacoteca *f*; **pic•ture 'post•card** postal *f*

**pic•tur•esque** [pɪktʃə'resk] *adj* pintoresco

'**pic•ture win•dow** ventanal *m*

**pid•dle** ['pɪdl] *v/i* F hacer pis

**pid•dling** ['pɪdlɪŋ] *adj* F mísero

**pidg•in Eng•lish** ['pɪdʒɪn] inglés mezclado con un dialecto local

**pie** [paɪ] pastel *m*

**piece** [piːs] (*fragment*) fragmento *m*; *component, in board game* pieza *f*; **a ~ of pie / bread** un trozo de pastel / una rebanada de pan; **a ~ of advice** un consejo; **go to ~s** derrumbarse; **take to ~s** desmontar

◆ **piece together** *v/t broken plate* recomponer; *facts, evidence* reconstruir

**piece•meal** ['piːsmiːl] *adv* poco a poco

'**piece•work** trabajo *m* a destajo

'**pie chart** gráfico *m* circular *or* de sectores

**pied-a-terre** [pjeɪdɑː'ter] *segunda vivienda en la ciudad*

**pie-eyed** [paɪ'aɪd] *adj* F (*drunk*) ciego

**pier** [pɪr] *at seaside* malecón *m*

**pierce** [pɪrs] *v/t* **1** (*penetrate*) perforar **2** *ears* agujerear

**pierc•ing** ['pɪrsɪŋ] **1** *adj scream* desgarrador; *gaze* penetrante; *wind* cortante II *n of lips, nose etc* piercing *m*

**pi•e•ty** ['paɪətɪ] piedad *f*

**pif•fle** ['pɪfl] F bobadas *fpl*

**pig** [pɪg] *also fig* cerdo *m*; **make a ~ of o.s.** ponerse como un cerdo

◆ **pig out** *v/i* ponerse como un cerdo

◆ **pig out on** *v/t* ponerse como un cerdo comiendo

**pi•geon** ['pɪdʒɪn] paloma *f*

'**pi•geon•hole** I *n* casillero *m* II *v/t* **1** *person* encasillar **2** *proposal* archivar

**pi•geon-toed** [pɪdʒɪn'toʊd] *adv:* **walk ~** caminar con las puntas de los pies hacia dentro

**pig•gish** ['pɪgɪʃ] *adj* cerdo

**pig•gy•back** ['pɪgɪbæk] ☞ **pickaback**

**pig•gy•bank** ['pɪgɪbæŋk] hucha *f*

'**pig•head•ed** *adj* F cabezota F

'**pig i•ron** arrabio *m*

**pig•let** ['pɪglɪt] cerdito *m*

**pig•ment** ['pɪgmənt] pigmento *m*

**pig•my** ☞ **pygmy**

'**pig•pen** *also fig* pocilga *f*; '**pig•skin** piel *f* de cerdo; '**pig swill** bazofia *f*; '**pig•tail** coleta *f*

**pike¹** [paɪk] *fish* lucio *m*

**pike²** [paɪk] ☞ **turnpike**

**pil•chard** ['pɪltʃərd] sardina *f*

**pile¹** [paɪl] montón *m*, pila *f*; **a ~ of work** F un montón de trabajo F

◆ **pile up I** *v/i of work, bills* acumularse **II** *v/t* amontonar

**pile²** [paɪl] *stake, in ground* estaca *f*

**pile³** [paɪl] *of carpet* pelo *m*

'**pile driv•er** martinete *m*

**piles** [paɪlz] *nsg* MED hemorroides *fpl*

'**pile-up** MOT choque *m* múltiple

**pil•fer** ['pɪlfər] *v/t & v/i* hurtar

**pil•fer•ing** ['pɪlfərɪŋ] hurtos *mpl*

**pil•grim** ['pɪlgrɪm] peregrino(-a) *m(f)*

**pil•grim•age** ['pɪlgrɪmɪdʒ] peregrinación *f*

**pill** [pɪl] pastilla *f*; *contraceptive* píldora *f*; **be on the ~** tomar la píldora

**pil•lage** ['pɪlɪdʒ] **I** *v/t & v/i* saquear **II** *n* saqueo *m*, pillaje *m*

**pil•lar** ['pɪlər] pilar *m*; **a ~ of society** uno de los pilares de la sociedad

**pil•lion** ['pɪljən] *of motor bike* asiento *m* trasero; **ride ~** ir de paquete

**pil•lo•ry** ['pɪlərɪ] **I** *n* HIST picota *f* **II** *v/t fig* vituperar

**pil•low** ['pɪloʊ] almohada *f*

'**pil•low•case**, '**pil•low•slip** funda *f* de almohada; '**pil•low fight** pelea *f* de almohadas; '**pil•low talk** secretos *mpl* de alcoba

**pi•lot** ['paɪlət] **I** *n of airplane* piloto *m/f*; *for ship* práctico *m* **II** *v/t airplane* pilotar

'**pi•lot light** piloto *m*; '**pi•lot plant** planta *f* piloto; '**pi•lot scheme** plan *m* piloto; '**pi•lot stud•y** estudio *m* piloto

**pi•men•to** [pɪ'mentoʊ] pimiento *m* morrón

**pimp** [pɪmp] proxeneta *m*, *Span* chulo *m* F

**pim•ple** ['pɪmpl] grano *m*

**pim•ply** ['pɪmplɪ] *adj* con muchos granos

**PIN** [pɪn] (= *personal identification number*) PIN *m*, número *m* de identificación personal

**pin** [pɪn] **I** *n* **1** *for sewing* alfiler *m* **2** *in bowling* bolo *m* **3** *badge* pin *m* **4** ELEC clavija *f* **II** *v/t* (*pret & pp* **-ned**) **1** (*hold down*) mantener **2** (*attach*) sujetar

◆ **pin down** *v/t reason, exact nature of sth* precisar; **pin s.o. down to a date** forzar a alguien a concretar una fecha; **be pinned down** *trapped* estar atrapado

◆ **pin up** *v/t notice* sujetar con chinchetas

**pin•a•fore** ['pɪnəfɔːr] **1** delantal *m* **2** *Br*:

~ (**dress**) pichi *m*

'**pin•ball** flíper *m*; **play ~** jugar al flíper

'**pin•ball ma•chine** flíper *m*

'**pin•cer move•ment** *also fig* movimiento *m* de tenaza

**pin•cers** ['pɪnsərz] *npl of crab* pinzas *fpl*; *tool* tenazas *fpl*; **a pair of ~** unas tenazas

**pinch** [pɪntʃ] **I** *n* pellizco *m*; *of salt, sugar etc* pizca *f*; **at a ~** si no queda otro remedio; *with numbers* como máximo **II** *v/t* pellizcar **III** *v/i of shoes* apretar

'**pin•cush•ion** acerico *m*

**pine¹** [paɪn] *n tree* pino *m*; *wood* (madera *f* de) pino *m*

**pine²** [paɪn] *v/i*: ~ **for** echar de menos

'**pine•ap•ple** piña *f*, *L.Am.* ananá(s) *f*

'**pine mar•ten** marta *f*; '**pine nee•dle** aguja *f* de pino; '**pine tree** pino *m*

**ping** [pɪŋ] **I** *n* sonido *m* metálico **II** *v/i* hacer un sonido metálico

**ping-pong** ['pɪŋpɑːŋ] pimpón *m*, ping-pong *m*

**pin•ion** ['pɪnjən] TECH piñón *m*

**pink** [pɪŋk] **I** *adj* rosa **II** *v/i of engine* atascarse

**pin•kie** ['pɪŋkɪ] F meñique *m*

'**pin•kie ring** anillo *m* para el meñique

'**pin mon•ey** dinero *m* extra

**pin•na•cle** ['pɪnəkl] *fig* cima *f*

'**pin•point I** *v/t* determinar **II** *adj*: **with ~ accuracy** con precisión milimétrica

**pins and 'nee•dles** *npl* hormigueo *m*

'**pin•stripe** *adj* a rayas

**pint** [paɪnt] pinta *f*, *medida equivalente a 0,473 litros en Estados Unidos o a 0,568 litros en Gran Bretaña*

'**pin ta•ble** flíper *m*

'**pin-up** modelo *m/f* de revista

**pi•o•neer** [paɪə'nɪr] **I** *n fig* pionero(-a) *m(f)* **II** *v/t* ser pionero en

**pi•o•neer•ing** [paɪə'nɪrɪŋ] *adj work* pionero

**pi•ous** ['paɪəs] piadoso

**pip** [pɪp] *of fruit* pepita *f*

**pipe** [paɪp] **I** *n* **1** *for smoking* pipa *f* **2** *for water, gas, sewage* tubería *f* **II** *v/t* conducir por tuberías

◆ **pipe down** *v/i* F cerrar el pico F

◆ **pipe up** *v/t* F *of person* soltar

'**pipe clean•er** desatascador *m*

**piped mu•sic** [paɪpt'mjuːzɪk] hilo *m* musical

'**pipe dream** sueño *m* imposible

'pipe•line *for oil* oleoducto *m*; *for gas* gasoducto *m*; *in the ~ fig* en trámite

pip•er ['paɪpər] gaitero(-a) *m(f)*

'pipe smok•er fumador(a) *m(f)* en pipa

pip•ing hot [paɪpɪŋ'hɑːt] *adj* muy caliente

pi•quant ['piːkənt] *adj* picante

pique [piːk] **I** *v/t* molestar; **be ~d** estar molesto (*at* por) **II** *n*: **in a fit of ~** en una rabieta

pi•ra•cy ['paɪrəsɪ] *also of software etc* piratería *f*

pi•rate ['paɪrət] **I** *n* pirata *m/f* **II** *v/t software* piratear

pi•rat•ed cop•y ['paɪrətɪdkɑːpɪ] copia *f* pirata

'pi•rate e•di•tion edición *f* pirata; pi•rate 'rad•i•o sta•tion radio *f* pirata; 'pi•rate ship barco *m* pirata

pir•ou•ette [pɪrʊ'et] pirueta *f*; **do a ~** hacer una pirueta

Pis•ces ['paɪsiːz] ASTR Piscis *m/f inv*; **be (a) ~** ser Piscis

piss [pɪs] **I** *v/i* P (*urinate*) mear P **II** *n* P (*urine*) meada *f* P; **take the ~ out of s.o.** *Br* P tomar el pelo a alguien

◆ piss off P **I** *v/t* (*annoy*) cabrear **II** *v/i* *Br* largarse

piss•ant ['pɪsænt] P **I** *adj* maldito, puñetero F **II** *n* canalla *m/f* F

pissed [pɪst] *adj* P **1** (*annoyed*) cabreado P **2** *Br* (*drunk*) borracho, pedo F

piss•poor ['pɪspʊr] *adj* P chapucero

pis•tach•i•o [pɪ'stɑːʃiʊ] BOT pistacho *m*

piste [piːst] pista *f*

pis•til ['pɪstɪl] BOT pistilo *m*

pis•tol ['pɪstl] pistola *f*

'pis•tol-whip *v/t* (*pret & pp -ped*) golpear con una pistola a

pis•ton ['pɪstən] pistón *m*

'pis•ton ring anillo *m* de pistón

'pis•ton rod biela *f* del pistón

pit [pɪt] **1** (*hole*) hoyo *m* **2** (*coal mine*) mina *f* **3** *in fruit* hueso *m*

pit•bull 'ter•ri•er pitbull *m* terrier

pitch[1] [pɪtʃ] *n* **1** MUS tono *m* **2** *of roof* pendiente *f* **3** (*throw*) lanzamiento *m* **4** SP *field* campo *m* **5**: **the tension had reached such a ~ that** ... la tensión había crecido tanto que... **6** *when trying to sell sth etc* charla *f*, discurso *m*

pitch[2] [pɪtʃ] **I** *v/i in baseball* lanzar la pelota **II** *v/t* **1** *tent* montar **2** *ball* lanzar

◆ pitch in *v/i* echar una mano

'pitch-black *adj* negro como el carbón

'pitch-dark *adj* oscuro como boca de lobo

pitched bat•tle [pɪtʃt'bætl] batalla *f* campal

pitch•er[1] ['pɪtʃər] *baseball player* lanzador(a) *m(f)*, pí(t)cher *m/f*

pitch•er[2] ['pɪtʃər] *container* jarra *f*

'pitch•fork **I** *n* horca *f* **II** *v/t hay etc* aventar; **be ~ed into sth** *fig* verse metido de repente en algo

pit•e•ous ['pɪtɪəs] *adj* patético

'pit•fall dificultad *f*, peligro *m*

pith [pɪθ] *of citrus fruit* piel *f* blanca

pith•y ['pɪθɪ] *adj remark* sucinto

pit•i•a•ble ['pɪtɪəbl] ☞ **pitiful**

pit•i•ful ['pɪtɪfəl] *adj sight* lastimoso; *excuse, attempt* lamentable

pit•i•ful•ly ['pɪtɪflɪ] *adv* lastimosamente

pit•i•less ['pɪtɪləs] *adj* despiadado

pit•i•less•ly ['pɪtɪləslɪ] *adv* despiadadamente

pits [pɪts] *npl* **1** *in motor racing* boxes *mpl* **2**: **this is the ~** P esto es de pena *or* de lo peor

'pit stop *in motor racing* parada *f* en boxes

pit•ta bread ['pɪtə] pan *m* pitta

pit•tance ['pɪtns] miseria *f*

pi•tu•i•tar•y (gland) [pɪ'tjʊɪterɪ] ANAT glándula *f* pituitaria

pit•y ['pɪtɪ] **I** *n* pena *f*, lástima *f*; **it's a ~ that** es una pena *or* lástima que; **what a ~!** ¡qué pena!; **take ~ on** compadecerse de **II** *v/t* (*pret & pp -ied*) *person* compadecerse de

pit•y•ing ['pɪtɪɪŋ] *adj* compasivo

piv•ot ['pɪvət] *v/i* pivotar

piv•ot•al ['pɪvətl] *adj role etc* central

'piv•ot foot *in baseball* pie *m* de pivote

pix•el ['pɪksl] TYP, COMPUT píxel *m*

pix•ie, pix•y ['pɪksɪ] duende *m*

piz•za ['piːtsə] pizza *f*

piz•ze•ri•a [piːtsə'riːə] pizzería *f*

plac•ard ['plækɑːrd] pancarta *f*

pla•cate [plə'keɪt] *v/t* aplacar

place [pleɪs] **I** *n* sitio *m*, lugar *m*; *in race, competition* puesto *m*; (*seat*) sitio *m*, asiento *m*; **I've lost my ~** *in book* no sé por dónde iba; **at my / his ~** en mi / su casa; **in ~ of** en lugar de; **feel out of ~** sentirse fuera de lugar; **take**

~ tener lugar, llevarse a cabo; *in the first* ~ *(firstly)* en primer lugar; *(in the beginning)* en principio; *I know my* ~ sé cuál es mi sitio; *he needs putting in his* ~ necesita que alguien lo ponga en su sitio

**II** *v/t (put)* poner, colocar; *I know you but I can't quite* ~ *you* te conozco pero no recuerdo de qué; ~ *an order* hacer un pedido

**pla•ce•bo** [plə'siːbəʊ] *(pl* **-bo(e)s** [plə-'siːbəʊz]) MED placebo *m*

'**place card** tarjeta *f* con el nombre

'**place mat** mantel *m* individual

**place•ment** ['pleɪsmənt] *for training* colocación *f* en prácticas

'**place name** topónimo *m*

**pla•cen•ta** [plə'sentə] placenta *f*

**plac•id** ['plæsɪd] *adj* apacible

**pla•gia•rism** ['pleɪdʒərɪzm] plagio *m*

**pla•gia•rist** ['pleɪdʒərɪst] plagiario(-a) *m(f)*

**pla•gia•rize** ['pleɪdʒəraɪz] *v/t* plagiar

**plague** [pleɪg] **I** *n* plaga **II** *v/t (bother)* molestar

**plaice** [pleɪs] *(pl* **plaice)** platija *f*

**plaid** [plæd] tela *f* escocesa

**plain**[1] [pleɪn] *n* llanura *f*

**plain**[2] [pleɪn] **I** *adj* **1** *(clear, obvious)* claro **2** *(not elaborate)* simple; *(not patterned)* liso; ~ *chocolate* chocolate *m* amargo; *it's all* ~ *sailing from here on* a partir de ahora todo va a ser pan comido **3** *(not pretty)* feíllo **4** *(blunt)* directo **II** *adv* verdaderamente; *it's* ~ *crazy* es una verdadera locura

'**plain-clothes:** *in* ~ de paisano; ~ *po-liceman* policía *m/f* de paisano

**plain•ly** ['pleɪnlɪ] *adv* **1** *(clearly)* evidentemente; *he's* ~ *upset* está claro que está enfadado **2** *(simply)* con sencillez **3** *(bluntly)* directamente

**plain•ness** ['pleɪnnɪs] **1** *(obviousness)* claridad *f* **2** *(simplicity)* sencillez *f* **3** *(unattractiveness)* falta *f* de atractivo

**plain 'spo•ken** *adj* directo

**plain•tiff** ['pleɪntɪf] demandante *m/f*

**plain•tive** ['pleɪntɪv] *adj* quejumbroso

**plait** [plæt] **I** *n* trenza *f* **II** *v/t* trenzar

**plan** [plæn] **I** *n (project, intention)* plan *m*; *(drawing)* plano *m*; *what are your* ~*s for the future?* ¿qué planes tienes para el futuro?; *wedding* ~*s* preparaciones *fpl* para la boda; *there are no*

~*s to change anything* no está previsto cambiar nada

**II** *v/t (pret & pp* **-ned)** *(prepare)* planear; *(design)* hacer los planos de; ~ *to do sth,* ~ *on doing sth* planear hacer algo

**III** *v/i (pret & pp* **-ned)** hacer planes

**plane**[1] [pleɪn] AVIA avión *m*; *we went by* ~ fuimos en avión

**plane**[2] [pleɪn] *tool* cepillo *m*

**plan•et** ['plænɪt] planeta *f*

**plan•e•tar•i•um** [plænɪ'terɪəm] *(pl* **-iums, planetaria** [plænɪ'terɪə]) planetario *m*

**plan•e•tar•y** ['plænɪterɪ] *adj* planetario

**plank** [plæŋk] *of wood* tablón *m*; *fig: of policy* punto *m*

**plank•ing** ['plæŋkɪŋ] tablas *fpl*

**plank•ton** ['plæŋktən] ZO plancton *m*

**plan•ner** ['plænər] responsable *m/f* de la planificación

**plan•ning** ['plænɪŋ] planificación *f*; *at the* ~ *stage* en fase de estudio

'**plan•ning per•mis•sion** licencia *f* de obras

**plant**[1] [plænt] BOT **I** *n* planta *f* **II** *v/t* plantar

**plant**[2] [plænt] *n* **1** *(factory)* fábrica *f*, planta *f* **2** *(equipment)* maquinaria *f*

**plan•ta•tion** [plæn'teɪʃn] plantación *f*; *sugar* cañaveral *m*; ~ *worker* sugar cañero(-a) *m(f)* L.Am.

**plant•er** ['plɑːntər] **1** *machine* sembradora *f* **2** *pot* maceta *f*

**plaque** [plæk] *on wall, teeth* placa *f*

**plas•ma** ['plæzmə] plasma *m*

**plas•ter** ['plæstər] **I** *n on wall, ceiling* yeso *m* **II** *v/t wall, ceiling* enyesar; *be* ~*ed with* estar recubierto de

'**plas•ter works** *sg* yesera *f*

'**plas•ter cast** escayola *f*

**plas•tered** ['plæstərd] *adj* F ciego; *get* ~ ponerse ciego

**plas•tic** ['plæstɪk] **I** *n* **1** plástico *m* **2** F *(credit card)* tarjeta *f* **II** *adj (made of* ~) de plástico

**plas•tic 'bag** bolsa *f* de plástico; **plas•tic 'bul•let** bala *f* de plástico; **plas•tic ex•plo•sive** explosivo *m* plástico; '**plas•tic mon•ey** plástico *m*, tarjetas *fpl* de pago

'**plas•tics in•dus•try** industria *f* del plástico

**plas•tic 'sur•geon** cirujano(-a) *m(f)*

plástico(-a)

**plas•tic 'sur•ge•ry** cirugía *f* estética

**plate** [pleɪt] **1** *for food* plato *m*; *have a lot on one's ~* F llevar un montón de cosas entre manos; *he had it handed to him on a ~* F se lo puso en bandeja **2** (*sheet of metal*) chapa *f* **3** PHOT placa *f*

**pla•teau** ['plætoʊ] meseta *f*

**'plate rack** escurreplatos *m inv*

**plat•form**['plætfɔːrm] **1** (*stage*) plataforma *f*; *fig*: *political* programa *m* **2** *of railroad station* andén *m*

**plat•i•num** ['plætɪnəm] **I** *n* platino *m* **II** *adj* de platino

**plat•i•num 'blonde** rubia *f* platino

**plat•i•tude** ['plætɪtuːd] tópico *m*

**pla•ton•ic** [plə'tɑːnɪk] *adj relationship* platónico

**pla•toon** [plə'tuːn] *of soldiers* sección *f*

**plat•ter** ['plætər] *for meat, fish* fuente *f*

**plau•si•ble** ['plɔːzəbl] *adj* plausible

**play** [pleɪ] **I** *n* **1** *in theater, on TV* obra *f* (de teatro) **2** *of children, in match* juego *m*; **3** TECH juego *m* **4**: *the different forces at ~ here* las diferentes fuerzas que intervienen aquí; *that's where your idea comes into ~* ahí es dónde tu idea entra en juego

**II** *v/i* **1** jugar **2** *of musician* tocar

**III** *v/t* **1** *musical instrument* tocar; *piece of music* intepretar, tocar **2** *game* jugar; *tennis, football* jugar a; *opponent* jugar contra; *~ a joke on* gastar una broma a; *the game on Sunday is being ~ed at home* el partido del domingo se juega en casa **3** (*perform: Macbeth etc*) representar; *particular role* interpretar, hacer el papel de

◆ **play along I** *v/i* seguir la corriente **II** *v/t* (*deceive*) tomar el pelo

◆ **play around** *v/i* F (*be unfaithful*) acostarse con otras personas

◆ **play at** *v/t* jugar a; *what do you think you're playing at?* F ¿a qué juegas?

◆ **play back** *v/t tape etc* volver a poner

◆ **play down** *v/t* quitar importancia a

◆ **play off** *v/t*: *play one person off against another* enfrentar a dos personas

◆ **play on** *v/i* continuar el juego, seguir *or* continuar jugando

◆ **play up** *v/i of machine* dar problemas; *of child* dar guerra

◆ **play up to** *v/t* hacer la pelota a

**play•a•ble** ['pleɪəbl] *adj* SP en condiciones de ser jugado

**'play•act** *v/i* (*pretend*) fingir; **'play•back** playback *m*; **'play•boy** playboy *m*

**play•er** ['pleɪr] **1** SP jugador(a) *m(f)* **2** (*musician*) intérprete *m/f* **3** (*actor*) actor *m*, actriz *f*

**play•ful** ['pleɪfəl] *adj punch etc* de broma

**'play•ground** zona *f* de juegos; **'play•group** guardería *f*; **'play•house** *for children* casita *f* de juguete

**play•ing card** ['pleɪɪŋkɑːrd] carta *f*

**'play•ing field** campo *m* de deportes

**'play•mak•er** SP base *m/f*; **'play•mate** compañero(-a) *m(f)* de juego; **'play-off** SP play-off *m*, eliminatoria *f*; **'play-pen** parque *m*; **'play•room** cuarto *m* de juegos; **'play•school** guardería *f*; **'play•thing** *also fig* juguete *m*; **'play-time** *Br* EDU recreo *m*; *at ~* en el recreo, en la hora del recreo; **'play•wright** ['pleɪraɪt] autor(a) *m(f)*

**pla•za** ['plɑːzə] *for shopping* centro *m* comercial

**plc** [piːel'siː] *abbr Br* (= *public limited company*) S.A. *f* (= sociedad *f* anónima)

**plea** [pliː] súplica *f*; *make a ~ for help* suplicar *or* implorar ayuda

**plead** [pliːd] *v/i* (*pret & pp* **-ed, pled**): *~ for mercy* pedir clemencia; *~ guilty / not guilty* declararse culpable / inocente; *she ~ed with me not to go* me suplicó que no fuera

**pleas•ant** ['pleznt] *adj* agradable

**please** [pliːz] **I** *adv* por favor; *more tea? - yes, ~* ¿más té? - sí, por favor; *~ do* claro que sí, por supuesto **II** *v/t* complacer; *~ yourself!* ¡haz lo que quieras!; *there's no pleasing him* es imposible complacerle; *he's easy to ~* se contenta con cualquier cosa **III** *v/i* **1** agradar **2**: *and then, if you ~, they demand ...* y después, para que veas, piden que ...

**pleased** [pliːzd] *adj* contento; (*satisfied*) satisfecho; *~ to meet you* encantado de conocerle; *I'm very ~ to be here* estoy muy contento de estar aquí

**pleas•ing** ['pliːzɪŋ] *adj* agradable

**pleas•ur•a•ble** ['pleʒərəbl] *adj* agradable

**pleas•ure** ['pleʒər] (*happiness, satisfac-*

*tion, delight*) satisfacción *f; as opposed to work* placer *m; it's a ~ (you're welcome*) no hay de qué; *with ~* faltaría más

'**pleas•ure boat** barco *m* de recreo; '**pleas•ure prin•ci•ple** PSYCH principio *m* del placer; '**pleas•ure trip** viaje *m* de placer

**pleat** [pliːt] *in skirt* tabla *f*

**pleat•ed skirt** ['pliːtɪd] falda *f* de tablas

**pleb** [pleb] F ordinario(-a) *m(f)*

**ple•be•ian** [pləˈbiːən] I *adj* plebeyo II *n* plebeyo(-a) *m(f)*

**pleb•i•scite** ['plebɪsɪt] plebiscito *m*

**plec•trum** ['plektrəm] púa *f*

**pled** [pled] *pret & pp* ☞ **plead**

**pledge** [pledʒ] I *n* 1 (*promise*) promesa *f*; *Pledge of Allegiance* juramento de lealtad a la bandera estadounidense 2 (*guarantee*) compromiso *m* 3 (*money*) donación *f* II *v/t* 1 (*promise*) prometer 2 (*guarantee*) comprometerse 3 *money* donar

**ple•na•ry** ['pliːnərɪ] *adj: ~ session* sesión *f* plenaria; *~ powers* plenos poderes *mpl*

**plen•ti•ful** ['plentɪfəl] *adj* abundante

**plen•ty** ['plentɪ] 1 (*abundance*) abundancia *f; that's ~* es suficiente; *there's ~ for everyone* hay (suficiente) para todos 2: *~ of books / food* muchos libros / mucha comida; *we have ~ of room* tenemos espacio más que suficiente

**pleth•o•ra** ['pleθərə]: *a ~ of* una plétora de

**pleu•ri•sy** ['plʊrəsɪ] MED pleuresía *f*

**pli•a•ble** ['plaɪəbl] *adj* flexible

**pli•ers** ['plaɪərz] *npl* alicates *mpl; a pair of ~* unos alicates

**plight** [plaɪt] situación *f* difícil

**plinth** [plɪnθ] *n Br* pedestal *m*

**plod** [plɑːd] *v/i* (*pret & pp -ded*) (*walk*) arrastrarse

◆ **plod on** *v/i with a job* avanzar laboriosamente

**plod•der** ['plɑːdər] *at work, school:* persona no especialmente lista pero muy trabajadora

**plonk**[1] [plɑːŋk] *v/t* ☞ **plunk**

**plonk**[2] [plɑːŋk] *n Br F* vino *m* peleón

**plot**[1] [plɑːt] *n land* terreno *m*

**plot**[2] [plɑːt] I *n* (*conspiracy*) complot *m; of novel* argumento *m; lose the ~* F *fig*

perder el hilo II *v/t* (*pret & pp -ted*) tramar III *v/i* (*pret & pp -ted*) conspirar

**plot•ter** ['plɑːtər] 1 conspirador(a) *m(f)* 2 COMPUT plóter *m*

**plow**, *Br* **plough** [plaʊ] I *n* arado *m* II *v/t & v/i* arar

◆ **plow back** *v/t profits* reinvertir

**ploy** [plɔɪ] estratagema *f*

**pluck** [plʌk] *v/t eyebrows* depilar; *chicken* desplumar

◆ **pluck up** *v/t: pluck up courage to do sth* reunir el valor para hacer algo

**pluck•y** ['plʌkɪ] *adj* valiente

**plug** [plʌg] I *n* 1 *for sink, bath* tapón *m* 2 *electrical* enchufe *m* 3 (*spark ~*) bujía *f* 4: *give a book a ~* dar publicidad a un libro II *v/t* (*pret & pp -ged*) 1 *hole* tapar 2 *new book etc* hacer publicidad de

◆ **plug away at** *v/t* F trabajar con esfuerzo en

◆ **plug in** *v/t* enchufar

'**plug•hole** desagüe *m*

**plum** [plʌm] I *n fruit* ciruela *f; tree* ciruelo *m* II *adj* F: *a ~ job* un chollo de trabajo

**plum•age** ['pluːmɪdʒ] plumaje *m*

**plumb** [plʌm] *adj* vertical

◆ **plumb in** *v/t washing machine* conectar a la red del agua

**plumb•er** ['plʌmər] *Span* fontanero(-a) *m(f)*, *L.Am.* plomero(-a) *m(f)*

**plumb•ing** ['plʌmɪŋ] *pipes* tuberías *fpl*

'**plumb line** plomada *f*

**plume** [pluːm] *n* (*feather*) pluma *f; of smoke* nube *f*

**plum•met** ['plʌmɪt] *v/i of airplane, prices* caer en picado

**plump** [plʌmp] *adj* rellenito

◆ **plump for** *v/t* F decidirse por

◆ **plump up** *v/t cushions* ahuecar

**plum 'pud•ding** pudin *m* de pasas

**plun•der** ['plʌndər] *v/t* saquear

**plun•der•er** ['plʌndərər] saqueador(a) *m(f)*

**plunge** [plʌndʒ] I *n* salto *m; in prices* caída *f; take the ~* dar el paso II *v/i* precipitarse; *of prices* caer en picado III *v/t* hundir; *into water* sumergir; *the city was ~d into darkness* la ciudad quedó inmersa en la oscuridad; *the news ~d him into despair* la noticia lo hundió en la desesperación

**plung•er** ['plʌndʒər] *for drains* desatascador *m*

**plung•ing** ['plʌndʒɪŋ] *adj neckline* escotado

**plunk** [plʌŋk] F *v/t* poner; **she ⁓ed herself right in front of the TV** se apalancó *or* apoltronó delante de la tele

◆ **plunk down** *v/t* F dejar de golpe

**plu•per•fect** ['pluːpɜːrfɪkt] GRAM pluscuamperfecto *m*

**plu•ral** ['plʊrəl] **I** *n* plural *m*; **in the ⁓** en plural **II** *adj* plural

**plu•ral•ism** ['plʊrəlɪzəm] pluralismo *m*

**plu•ral•is•tic** [plʊrəl'ɪstɪk] *adj* pluralista

**plus** [plʌs] **I** *prep* más; **I want John ⁓ two other volunteers** quiero a John y a otros dos voluntarios **II** *adj* más de; **$500 ⁓** más de 500 dólares **III** *n* **1** *symbol* signo *m* más **2** (*advantage*) ventaja *f* **IV** *conj* (*moreover, in addition*) además

**plush** [plʌʃ] *adj* F lujoso

**'plus sign** signo *m* más

**plu•to•ni•um** [pluː'toʊniəm] CHEM plutonio *m*

**ply** [plaɪ] **I** *v/i* (*pret & pp* **-ied**) *of ship, ferry* realizar la ruta (**between** entre) **II** *v/t* (*pret & pp* **-ied**): **⁓ s.o. with drink** ofrecer bebida constantemente a alguien

**ply•wood** ['plaɪwʊd] madera *f* contrachapada

**PM** [piː'em] *abbr Br* (= **Prime Minister**) Primer(a) *m(f)* Ministro(-a)

**p.m.** [piː'em] *abbr* (= **post meridiem**) p.m.; **at 3 ⁓** a las 3 de la tarde; **at 11 ⁓** a las 11 de la noche

**pneu•mat•ic** [nuː'mætɪk] *adj* neumático

**pneu•mat•ic 'drill** martillo *m* neumático

**pneu•mo•ni•a** [nuː'moʊnɪə] pulmonía *f*, neumonía *f*

**poach**[1] [poʊtʃ] *v/t* (*cook*) hervir

**poach**[2] [poʊtʃ] *v/t & v/i* (*hunt*) cazar furtivamente; *fish* pescar furtivamente

**poached egg** [poʊtʃt'eg] huevo *m* escalfado

**poach•er** ['poʊtʃər] *of game* cazador(a) *m(f)* furtivo(-a); *of fish* pescador(a) *m(f)* furtivo(-a)

**P.O. Box** [piː'oʊbɑːks] apartado *m* de correos

**pock•et** ['pɑːkɪt] **I** *n* bolsillo *m*; **line one's own ⁓s** llenarse los bolsillos; **be $10 out of ⁓** salir perdiendo 10 dólares; **a ⁓ of resistance** un foco de re-

sistencia **II** *adj* *radio, dictionary* de bolsillo **III** *v/t* meter en el bolsillo

**'pock•et•book 1** (*purse*) bolso *m*; (*billfold*) cartera *f* **2** *book* libro *m* de bolsillo; **pock•et 'cal•cu•la•tor** calculadora *f* de bolsillo; **'pock•et•knife** navaja *f*; **'pock•et mon•ey** *Br: for kids* paga *f*; **'pock•et ve•to** *veto por la falta de la firma presidencial para la aprobación de una ley antes de la disolución del Congreso*

**pock•mark** ['pɑːkmɑːrk] marca *f* de viruela

**pock•marked** ['pɑːkmɑːrkd] *adj* con marcas de viruela

**pod** [pɑːd] **1** BOT vaina *f* **2** AVIA *for fuel* tanque *m*

**po•di•um** ['poʊdɪəm] podio *m*

**po•em** ['poʊɪm] poema *m*

**po•et** ['poʊɪt] poeta *m/f*, poetisa *f*

**po•et•ic** [poʊ'etɪk] *adj* poético

**po•et•ic 'jus•tice** justicia *f* divina

**po•et•ic 'li•cense** licencia *f* poética

**po•et•ry** ['poʊɪtrɪ] poesía *f*

**poign•ant** ['pɔɪnjənt] *adj* conmovedor

**poin•set•ti•a** [pɔɪn'setɪə] BOT flor *f* de Pascua

**point** [pɔɪnt] **I** *n* **1** *of pencil, knife* punta *f* **2** *in competition, argument* punto *m*; **the ⁓ I'm trying to make ...** lo que estoy intentando decir ...; **that's beside the ⁓** eso no viene a cuento; **I take your ⁓** entiendo lo que quieres decir; **get to the ⁓** ir al grano; **the ⁓ is ...** la cuestión es que ...

**3** (*purpose*) objetivo *m*; **what's the ⁓ of telling him?** ¿qué se consigue diciéndoselo?; **there's no ⁓ in waiting / trying** no vale la pena esperar / intentarlo; **make a ⁓ of doing sth** considerar importante hacer algo

**4** (*moment*) momento *m*; **at one ⁓** en un momento dado

**5** *in decimals* coma *f*

**6**: **be on the ⁓ of** estar a punto de **II** *v/i* señalar con el dedo

**III** *v/t*: **he ⁓ed the gun at me** me apuntó con la pistola

◆ **point out** *v/t* *sights* indicar; *advantages etc* destacar

◆ **point to** *v/t* *with finger* señalar con el dedo; *fig* (*indicate*) indicar

**'point-blank I** *adj* *refusal, denial* categórico; **at ⁓ range** a quemarropa **II** *adv* re-

*fuse, deny* categóricamente

**point•ed** ['pɔɪntɪd] *adj remark* mordaz

**point•er** ['pɔɪntər] **1** *for teacher* puntero *m* **2** (*hint*) consejo *m* **3** (*sign, indication*) indicador *m*

**point•less** ['pɔɪntləs] *adj* inútil; *it's ~ trying* no sirve de nada intentarlo

**'point of sale 1** *place* punto *m* de venta **2** *promotional material* material *m* promocional; **'point-of-sale dis•play** expositor *m* en el punto de venta; **'point-of-sale pro•mo•tion** promoción *f* en el punto de venta; **'point of view** punto *m* de vista

**poise** [pɔɪz] confianza *f*

**poised** [pɔɪzd] *adj person* con aplomo

**poi•son** ['pɔɪzn] **I** *n* veneno *m* **II** *v/t* envenenar

**poi•son 'gas** gas *m* tóxico

**poi•son•ing** ['pɔɪzənɪŋ] envenenamiento *m*, intoxicación *f*

**poi•son 'i•vy** zumaque *m* venenoso

**poi•son•ous** ['pɔɪznəs] *adj* venenoso

**poke** [poʊk] **I** *n* empujón *m* **II** *v/t* (*prod*) empujar; (*stick*) clavar; *he ~d his head out of the window* asomó la cabeza por la ventana; *~ fun at* reírse de; *~ one's nose into* F meter las narices en F

◆ **poke around** *v/i* F husmear

**pok•er**[1] ['poʊkər] *card game* póquer *m*

**pok•er**[2] ['poʊkər] *for fire* atizador *m*

**pok•er-faced** ['poʊkərfeɪst] *adj* con cara de póquer

**pok•y** ['poʊkɪ] *adj* F (*cramped*) enano, minúsculo

**Po•land** ['poʊlənd] Polonia *f*

**po•lar** ['poʊlər] *adj* polar

**po•lar 'bear** oso *m* polar *or* blanco

**po•lar•i•za•tion** [poʊlərɑɪˈʒeɪʃn] polarización *f*

**po•lar•ize** ['poʊlərɑɪz] *v/t* polarizar

**pole**[1] [poʊl] *for support* poste *m*; *for tent, pushing things* palo *m*

**pole**[2] [poʊl] *of earth* polo *m*; *they're ~s apart* están en polos opuestos

**Pole** [poʊl] polaco(-a) *m(f)*

**'pole•cat** ZO turón *m*

**po•lem•ic** [pəˈlemɪk] *adj* polémico

**'pole po•si•tion** pole-position *f*; **'pole star** estrella *f* polar; **'pole•vault** salto *m* con pértiga; **'pole-vault•er** saltador(a) *m(f)* de pértiga

**po•lice** [pəˈliːs] **I** *n* policía *f* **II** *v/t area* vi-

gilar, patrullar; *measures* supervisar

**po•lice car** coche *m* de policía; **po•lice dog** perro *m* policía; **po•lice force** cuerpo *m* de policía; **po•lice•man** policía *m*; **po•lice of•fi•cer** agente *m/f* de policía; **po•lice pro•tec•tion** protección *f* policial; **po•lice rec•ord** ficha *f* policial; **po•lice state** estado *m* policial; **po•lice sta•tion** comisaría *f* (de policía); **po•lice•wo•man** (mujer *f*) policía *f*

**pol•i•cy**[1] ['pɑːlɪsɪ] política *f*; *you should make it a ~ always to check* deberías acostumbrarte a comprobar

**pol•i•cy**[2] ['pɑːlɪsɪ] (*insurance ~*) póliza *f*

**'pol•i•cy hold•er** asegurado(-a) *m(f)*

**po•li•o** ['poʊlɪoʊ] polio *f*

**po•li•o•my•e•li•tis** [poʊlɪoʊmɑɪəˈlɑɪtɪs] MED poliomelitis *f inv*

**Pol•ish** ['poʊlɪʃ] **I** *adj* polaco **II** *n* polaco *m*

**pol•ish** ['pɑːlɪʃ] **I** *n* abrillantador *m*; (*nail ~*) esmalte *m* de uñas **II** *v/t* dar brillo a; *speech* pulir

◆ **polish off** *v/t food* acabar, comerse

◆ **polish up** *v/t skill* perfeccionar

**pol•ished** ['pɑːlɪʃt] *adj performance* brillante

**po•lite** [pəˈlɑɪt] *adj* educado

**po•lite•ly** [pəˈlɑɪtlɪ] *adv* educadamente

**po•lite•ness** [pəˈlɑɪtnɪs] educación *f*

**po•lit•i•cal** [pəˈlɪtɪkl] *adj* político

**po•lit•i•cal a'sy•lum** asilo *m* político; *ask for ~* pedir asilo político

**po•lit•i•cal e'con•o•my** economía *f* política

**po•lit•i•cal•ly cor•rect** [pəlɪtɪklɪkəˈrekt] políticamente correcto

**po•lit•i•cal 'pris•on•er** preso(-a) *m(f)* político(-a); **po•lit•i•cal 'sci•ence** ciencias *fpl* políticas; **po•lit•i•cal 'sci•en•tist** politólogo(-a) *m(f)*

**po•lit•i•cian** [pɑːlɪˈtɪʃn] político(-a) *m(f)*

**po•lit•i•cize** [pəˈlɪtɪsɑɪz] *v/t* politizar

**po•lit•i•co** [pəˈlɪtɪkoʊ] F politicastro(-a) *m(f)*

**pol•i•tics** ['pɑːlətɪks] **1** *nsg* política *f*; *I'm not interested in ~s* no me interesa la política **2** *npl*: *what are his ~?* ¿cuáles son sus ideas políticas?

**pol•ka** ['pɑːlkə] MUS polka *f*

**'pol•ka-dot** *adj* con lunares

**poll** [poʊl] **I** *n* **1** (*survey*) encuesta *f*, son-

deo *m* 2: *the* ~*s* (*election*) las elecciones; *go to the* ~*s* (*vote*) acudir a las urnas **ll** *v/t* 1 *people* sondear 2 *votes* obtener

**pol•len** ['pɑːlən] polen *m*

'**pol•len count** concentración *f* de polen
en el aire

**pol•li•nate** ['pɑːləneɪt] *v/t* polinizar

**poll•ing booth** ['poʊlɪŋ] cabina *f* electoral; '**poll•ing day** día *m* de las elecciones; '**poll•ing place** colegio *m* electoral

**poll•ster** ['pɑːlstər] encuestador(a)
*m(f)*

**pol•lu•tant** [pə'luːtənt] contaminante *m*

**pol•lute** [pə'luːt] *v/t* contaminar

**pol•lut•er** [pə'luːtər] contaminador(a)
*m(f)*

**pol•lu•tion** [pə'luːʃn] contaminación *f*

**po•lo** ['poʊloʊ] SP polo *m*

'**po•lo neck** *sweater* suéter *m* de cuello
alto

'**po•lo shirt** polo *m*

**pol•y•es•ter** [pɑːlɪ'estər] poliéster *m*

**pol•y•eth•yl•ene** [pɑːlɪ'eθɪliːn] polietileno *m*

**po•lyg•a•mous** [pə'lɪɡəməs] *adj* polígamo

**po•lyg•a•my** [pə'lɪɡəmɪ] poligamia *f*

**pol•y•glot** ['pɑːlɪɡlɑːt] *adj* políglota

**pol•y•gon** ['pɑːlɪɡɑːn] MATH polígono
*m*

**pol•y•graph** ['pɑːlɪɡræf] detector *m* de
mentiras; ~ *test* prueba *f* con un detector de mentiras

**pol•y•mer** ['pɑːlɪmər] polímero *m*

**Pol•y•ne•sia** [pɑːlɪ'niːʒə] Polinesia *f*

**pol•yp** ['pɑːlɪp] MED, ZO pólipo *m*

**pol•y•sty•rene** [pɑːlɪ'staɪriːn] poliestireno *m*

**pol•y•syl•lab•ic** [pɑːlɪsɪ'læbɪk] *adj*
LING polisílabo

**pol•y•tech•nic** [pɑːlɪ'teknɪk] *Br* escuela
*f* politécnica

**pol•y•thene** ['pɑːlɪθiːn] *Br* polietileno
*m*; ~ *bag* bolsa *f* de plástico

**pol•y•un•sat•u•rat•ed** [pɑːlɪʌn'sætʃə-
reɪtɪd] *adj* poliinsaturado

**pol•y•u•re•thane** [pɑːlɪ'jʊrəθeɪn] poli-
uterano *m*

**pol•y•va•lent** [pɑːlɪ'veɪlənt] *adj* CHEM
polivalente

**po•made** [pə'meɪd] pomada *f*

**po•me•gran•ate** ['pɑːmɪɡrænɪt] BOT
granada *f*

**pomp** [pɑːmp] pompa *f*

**pom•pous** ['pɑːmpəs] *adj* pomposo

**pond** [pɑːnd] estanque *m*

**pon•der** ['pɑːndər] *v/i* reflexionar

**pon•der•o•sa** (*pine*) [pɑːndər'oʊsə] pino *m* ponderosa

**pon•der•ous** ['pɑːndərəs] *adj* 1 *prose*
pesado 2 *decision-making* lento

**pone** [poʊn] pan *m* de maíz

**pong** [pɑːŋ] *Br* F peste *f*

**pon•tiff** ['pɑːntɪf] pontífice *m*

**pon•toon** [pɑːn'tuːn] pontón *m*

**pon•toon 'bridge** puente *m* de ponto-
nes

**pon•y** ['poʊnɪ] poni *m*

'**pon•y•tail** coleta *f*

**poo•dle** ['puːdl] caniche *m*

**poof, poof•ter** [puf, puftər] *Br pej* maricón *m*

**pooh** [puː] *int* puaj

**pooh-'pooh** *v/t* burlarse de

**pool**[1] [puːl] *n* 1 (*swimming* ~) piscina *f*,
*L.Am.* pileta *f*, *Mex* alberca *f* 2 *of
water, blood* charco *m*

**pool**[2] [puːl] *n game* billar *m* americano

**pool**[3] [puːl] I *n* (*common fund*) bote *m*,
fondo *m* común **ll** *v/t resources* juntar

'**pool hall** sala *f* de billares

'**pool table** mesa *f* de billar americano

**poop** [puːp] F **I** *n* caca *f* **ll** *v/i* hacer caca

'**poop deck** NAUT toldilla *f*

**poop•ed** [puːpt] *adj* F hecho polvo F

**poop•er-scoop•er** ['puːpərskuːpər] F
*utensilio para recoger los excrementos
de los perros*

**poor** [pʊr] **I** *adj* pobre; (*not good*) malo;
*be in* ~ *health* estar enfermo; ~ *old
Tony!* ¡pobre(cito) Tony! **ll** *npl*: *the* ~
los pobres

**poor•ly** ['pʊlɪ] **I** *adv* mal **ll** *adj* (*unwell*):
*feel* ~ encontrarse mal

**pop**[1] [pɑːp] **I** *n noise* pequeño ruido *m* **ll**
*v/i* (*pret & pp -ped*) *of balloon etc* estallar **lll** *v/t* (*pret & pp -ped*) *cork* hacer
saltar; *balloon* pinchar

**pop**[2] [pɑːp] **I** *n* MUS pop *m* **ll** *adj* pop

**pop**[3] [pɑːp] *n* F (*father*) papá *m* F

**pop**[4] [pɑːp] *v/t* (*pret & pp -ped*) F (*put*)
meter; *he finally* ~*ed the question* finalmente le pidió que se casara con él

◆ **pop up** *v/i* F (*appear suddenly*) aparecer

'**pop con•cert** concierto *m* (de música)
pop

'pop•corn palomitas *fpl* de maíz

Pope [poup] papa *m*

Pope•mo•bile ['poupməbi:l] papamóvil *m*

'pop group grupo *m* (de música) pop

'pop•gun pistola *f* de juguete con corchos

pop•py ['pɑ:pɪ] amapola *f*

Pop•sicle® ['pɑ:psɪkl] polo *m* (*helado*)

'pop sing•er cantante *m/f* pop; 'pop song canción *f* pop; 'pop star estrella *f* del pop; 'pop tune canción *f* pop

pop•u•lar [pɑ:pjʊlər] *adj* popular; ***contrary to ~ belief*** contrariamente a lo que se piensa

pop•u•lar 'front frente *m* popular

pop•u•lar•i•ty [pɑ:pjʊ'lærətɪ] popularidad *f*

pop•u•lar•ize ['pɑ:pjʊləraɪz] *v/t* **1** popularizar **2** (*make understandable*) divulgar

pop•u•lar•iz•er ['pɑ:pjʊləraɪzər] divulgador(a) *m/f*

pop•u•lar•ly ['pɑ:pjʊlərlɪ] *adv* (*generally*) popularmente

pop•u•lar 'mu•sic música *f* popular

pop•u•lar 'press prensa *f* de masas

pop•u•late ['pɑ:pjʊleɪt] *v/t* poblar

pop•u•la•tion [pɑ:pjʊ'leɪʃn] población *f*

pop•u•list ['pɑ:pjʊlɪst] populista *m/f*

pop•u•lous ['pɑ:pjʊləs] *adj* populoso

porce•lain ['pɔ:rsəlɪn] **I** *n* porcelana *f* **II** *adj* de porcelana

porch [pɔ:rtʃ] porche *m*

por•cu•pine ['pɔ:rkjʊpaɪn] puercoespín *m*

pore [pɔ:r] *of skin* poro *m*

◆ pore over *v/t* estudiar detenidamente

pork [pɔ:rk] cerdo *m*

pork 'chop chuleta *f* de cerdo; pork 'cut•let chuleta *f* de cerdo; pork 'pie empanada *f* de cerdo; pork 'rinds *npl* cortezas *fpl* de cerdo

porn [pɔ:rn] F **I** *adj* porno F **II** *n* porno *m* F

por•no ['pɔ:rnou] *adj* F porno F

por•no•graph•ic [pɔ:rnə'græfɪk] *adj* pornográfico

porn•og•ra•phy [pɔ:r'nɑ:grəfɪ] pornografía *f*

po•rous ['pɔ:rəs] *adj* poroso

por•poise ['pɔ:rpəs] ZO marsopa *f*

por•ridge ['pɔrɪdʒ] gachas *fpl* de avena

port[1] [pɔ:rt] *n town, area* puerto *m*

port[2] [pɔ:rt] *adj* (*left-hand*) a babor

port[3] [pɔ:rt] *n wine* oporto *m*

port[4] [pɔ:rt] *n* COMPUT puerto *m*

port•a•ble ['pɔ:rtəbl] **I** *adj* portátil **II** *n* COMPUT portátil *m*; *TV* televisión *f* portátil

por•tal ['pɔ:rtl] **1** *gate* pórtico *m* **2** COMPUT portal *m*

por•tent ['pɔ:rtənt] augurio *m*

por•ter ['pɔ:rtər] *for luggage* mozo(-a) *m(f)*

port•fo•li•o [pɔ:rt'fouliou] **1** (*briefcase*) cartera *f* **2** *of artist, designer* carpeta *f* **3**: ***investment ~*** cartera *f* de inversiones; ***~ of shares*** cartera de valores

port'fo•li•o man•age•ment administración *f* de carteras

port•hole ['pɔ:rthoul] NAUT portilla *f*

por•ti•co ['pɔ:rtikou] (*pl* ***-co(e)s*** ['pɔ:rtikouz]) pórtico *m*

por•tion ['pɔ:rʃn] parte *f*; *of food* ración *f*

◆ portion out *v/t* racionar

port•ly ['pɔ:rtlɪ] *adj* corpulento

por•trait ['pɔ:rtreɪt] **I** *n* retrato *m* **II** *adv* *print* en formato vertical

por•trait•ist ['pɔ:rtreɪtɪst] retratista *m/f*

por•trai•ture ['pɔ:rtrətʃər] retrato *m*

por•tray [pɔ:r'treɪ] *of artist, photographer* retratar; *of actor* interpretar; *of author* describir

por•tray•al [pɔ:r'treɪəl] *by actor* interpretación *f*, representación *f*; *by author* descripción *f*

Por•tu•gal ['pɔ:rtʃʊgl] Portugal *m*

Por•tu•guese [pɔ:rtʃʊ'gi:z] **I** *adj* portugués **II** *n* **1** *person* portugués(-esa) *m(f)* **2** *language* portugués *m*

pose [pouz] **I** *n* (*pretense*) pose *f*; ***it's all a ~*** no es más que una pose **II** *v/i for artist, photographer* posar; ***~ as*** hacerse pasar por **III** *v/t*: ***~ a problem / a threat*** representar un problema / una amenaza

pos•er ['pouzər] F *pej: person* presumido(-a) *m(f)*

posh [pɑ:ʃ] *adj Br* F elegante; *pej* pijo

po•si•tion [pə'zɪʃn] **I** *n* **1** posición *f*; (*stance, point of view*) postura *f*; (*status*) posición *f* (social); ***what would you have done in my ~?*** ¿qué hubieses hecho tú en mi situación *or* lugar? **2** (*job*) puesto *m*, empleo *m* **II** *v/t* situar, colocar

**pos•i•tive** ['pɑːzətɪv] *adj* positivo; **test∼ for drugs / Aids** dar positivo en una prueba antidopaje / del sida; **be ∼** (*sure*) estar seguro; **it was a ∼ disaster** fue un auténtico *or* verdadero desastre

**pos•i•tive•ly** ['pɑːzətɪvlɪ] *adv* **1** (*decidedly*) verdaderamente, sin lugar a dudas **2** (*definitely*) claramente

**pos•sess** [pə'zes] *v/t* poseer

**pos•ses•sion** [pə'zeʃn] posesión *f;* **∼s** posesiones *fpl;* **be in ∼ of sth** tener algo; **be in full ∼ of one's faculties** estar en posesión de sus facultades; **take ∼ of sth** tomar posesión de algo

**pos•ses•sive** [pə'zesɪv] *adj person,* GRAM posesivo

**pos•si•bil•i•ty** [pɑːsə'bɪlətɪ] posibilidad *f;* **there is a ∼ that ...** cabe la posibilidad de que ...; **as a proposal, it has possibilities** como propuesta, tiene potencial

**pos•si•ble** ['pɑːsəbl] *adj* posible; **the shortest / quickest route ∼** la ruta más corta / rápida posible; **the best ∼ ...** el mejor ...

**possibly** ['pɑːsəblɪ] *adv* (*perhaps*) puede ser, quizás; **that can't ∼ be right** no puede ser; **they're doing everything they ∼ can** están haciendo todo lo que pueden; **could you ∼ tell me ...?** ¿tendría la amabilidad de decirme ...?

**pos•sum** ['pɑːsəm] F ☞ **opossum; play ∼** (*pretend to be dead*) hacerse el muerto

**post**[1] [poʊst] **I** *n of wood, metal* poste *m* **II** *v/t notice* pegar; *on notice board* poner; *profits* presentar; **keep s.o. ∼ed** mantener a alguien al corriente

**post**[2] [poʊst] **I** *n* (*place of duty*) puesto *m* **II** *v/t* **1** *soldier, employee* destinar **2** *guards* apostar

**post**[3] [poʊst] *Br* **I** *n* (*mail*) correo *m* **II** *v/t letter* echar al correo

**post•age** ['poʊstɪdʒ] franqueo *m*

'**post•age stamp** *fml* sello *m, L.Am.* estampilla *f, Mex* timbre *m*

**post•al** ['poʊstl] *adj* postal

'**post•box** *Br* buzón *m;* '**post•card** (tarjeta *f*) postal *f;* '**post•code** *Br* código *m* postal; '**post•date** *v/t* posfechar

**post•er** ['poʊstər] póster *m, L.Am.* afiche *m*

**poste res•tante** [poʊstres'tɑ:nt] *Br* **I** *n* lista *f* de correos **II** *adv send* para la lista de correos

**pos•te•ri•or** [pɑ:'stɪrɪər] (*hum: buttocks*) trasero *m*

**pos•ter•i•ty** [pɑ:'sterətɪ] posteridad *f;* **for ∼** para la posteridad

**post•grad•u•ate** ['poʊstgrædʒuət] **I** *n* posgraduado(-a) *m(f)* **II** *adj* de posgrado

**post•hu•mous** ['pɑːstʊməs] *adj* póstumo

**post•hu•mous•ly** ['pɑːstʊməslɪ] *adv* póstumamente

**post•ing** ['poʊstɪŋ] (*assignment*) destino *m*

**post•man** ['poʊstmən] *Br* cartero *m*

'**post•mark** matasellos *m inv*

**post•mod•ern•ism** [poʊst'mɑːdərnɪzəm] posmodernismo *m*

**post•mod•ern•ist** [poʊst'mɑːdərnɪst] **I** *adj* posmoderno **II** *n* posmoderno(-a) *m(f)*

**post-mor•tem** [poʊst'mɔːrtəm] autopsia *f; fig* análisis *m*

**post•na•tal** [poʊst'neɪtl] *adj* posparto; **∼ depression** depresión *f* posparto

'**post of•fice** oficina *f* de correos

**post•pone** [poʊst'poʊn] *v/t* posponer, aplazar

**post•pone•ment** [poʊst'poʊnmənt] aplazamiento *m*

**post•script** ['poʊstskrɪpt] posdata *f; to a speech* epílogo *m*

**post•struc•tur•al•ism** [poʊst'strʌktʃərəlɪzəm] posestructuralismo *m*

**post•struc•tur•al•ist** [poʊst'strʌktʃərəlɪst] **I** *adj* posestructuralista **II** *n* posestructuralista *m/f*

**pos•tu•late** **I** *v/t* [poʊst'jʊleɪt] postular **II** *n* ['pɑːstjʊlət] postulado *m*

**pos•ture** ['pɑːstʃər] postura *f*

'**post-war** *adj* de posguerra

**pot**[1] [pɑːt] **1** *for cooking* olla *f* **2** *for coffee* cafetera *f; for tea* tetera *f* **3** *for plant* maceta *f*

**pot**[2] [pɑːt] F (*marijuana*) maría *f* F

**po•tas•si•um** [pə'tæsɪəm] CHEM potasio *m*

**po•ta•to** [pə'teɪtoʊ] (*pl* **-oes**) *Span* patata *f, L.Am.* papa *f*

**po•ta•to bee•tle, po•ta•to bug** ZO escarabajo *m* de la patata; **po•ta•to chips,** *Br* **po•ta•to 'crisps** *npl Span* patatas *fpl* fritas, *L.Am.* papas *fpl* fritas; **po'ta•to peel•er** *Span* pelapatatas *f inv,*

L.Am. pelapapas f inv; po•ta•to 'salad ensalada f de Span patatas or L.Am. papas

pot•bel•ly ['pɑːtbelɪ] barriga f

po•ten•cy ['poʊtənsɪ] potencia f; PHYSIO fuerza f

po•tent ['poʊtənt] adj potente

po•ten•tate ['poʊtənteɪt] soberano m absoluto

po•ten•tial [pə'tenʃl] I adj potencial II n potencial m

po•ten•tial•ly [pə'tenʃəlɪ] adv potencialmente

'pot•hole 1 in road bache m 2 underground sima f; pot•hol•er ['pɑːthoʊlər] espeleólogo(-a) m(f); pot•hol•ing ['pɑːthoʊlɪŋ] espeleología f

po•tion ['poʊʃn] poción f

pot'luck: take ~ aceptar lo que haya; 'pot plant planta f de interior; 'pot•roast estofado m de carne; 'pot shot: take a ~ at disparar al azar contra

pot•ter¹ ['pɑːtər] v/i entretenerse

◆ potter around v/i entretenerse

pot•ter² ['pɑːtər] n alfarero(-a) m(f)

pot•ter•y ['pɑːtərɪ] alfarería f

pot•ty¹ ['pɑːtɪ] adj esp Br F majareta

pot•ty² ['pɑːtɪ] n for baby orinal m

pot•ty-trained ['pɑːtɪtreɪnd] adj que ya no necesita pañales

pouch [paʊtʃ] bag bolsa f; for tobacco petaca f; for amunition cartuchera f; for mail saca f

poul•tice ['poʊltɪs] MED cataplasma f

poul•try ['poʊltrɪ] birds aves fpl de corral; meat carne f de ave

pounce [paʊns] v/i of animal saltar; fig echarse encima

pound¹ [paʊnd] n weight libra f (453,6 gr)

pound² [paʊnd] n for strays perrera f; for cars depósito m

pound³ [paʊnd] v/i of heart palpitar con fuerza; ~ on (hammer on) golpear en

pound•ing ['paʊndɪŋ]: the ~ of the waves el embate de la mar; the ship took a ~ el barco sufrió el embate de la mar; the dollar took a ~ el dólar sufrió un fuerte descenso

pound 'ster•ling libra f esterlina

pour [pɔːr] I v/t into a container verter; spill derramar; ~ s.o. some coffee servir café a alguien; ~ yourself a drink sírvete or ponte algo de beber II v/i: it's ~ing (with rain) está lloviendo a cántaros

◆ pour out v/t liquid servir; troubles contar

pout [paʊt] v/i hacer un mohín

pov•er•ty ['pɑːvərtɪ] pobreza f

'pov•er•ty line umbral f de la pobreza

'pov•er•ty-strick•en depauperado

POW [piːoʊ'dʌbljuː] abbr (= prisoner of war) prisionero(-a) m(f) de guerra

pow•der ['paʊdər] I n polvo m; for face polvos mpl, colorete m; snow nieve f en polvo II v/t face empolvarse

'pow•der keg fig polvorín m; 'pow•der puff borla f; 'pow•der room servicio m de señoras

pow•der•y ['paʊdərɪ] adj arenoso; snow en polvo

pow•er ['paʊər] I n (strength) fuerza f; of engine potencia f; (authority) poder m; in ~ POL en el poder; fall from ~ POL perder el poder; he did everything within his ~ to help us hizo todo lo que estuvo en su mano para ayudarnos; it is beyond our ~s of imagination rebasa los límites de nuestra imaginación 2 (energy) energía f; (electricity) electricidad f

II v/t: be ~ed by estar impulsado por

'pow•er-as•sist•ed steer•ing dirección f asistida; 'pow•er cut apagón m; 'pow•er fail•ure apagón m; 'pow•er•boat lancha f motora; 'pow•er dress•ing estilo de vestir que comunica profesionalidad y seguridad; 'pow•er for•ward in basketball ala m/f pívot

pow•er•ful ['paʊərfəl] adj poderoso; car potente; drug fuerte

pow•er•less ['paʊərlɪs] adj impotente; be ~ to do sth ser incapaz de hacer algo

'pow•er line línea f de conducción eléctrica; pow•er of at'tor•ney poder m (notarial); pow•er out•age ['paʊəraʊtɪdʒ] apagón m; 'pow•er pack 1 ELEC transformador m 2 engine motor m; 'pow•er plant central f eléctrica; 'pow•er point Br ELEC toma f de corriente; pow•er 'serve in tennis servicio m potente; 'pow•er show•er ducha f de hidromasaje; 'pow•er sta•tion central f eléctrica; 'pow•er steer•ing dirección *f* asistida; '**pow•er tool** herramienta *f* eléctrica; '**pow•er u•nit** fuente *f* de alimentación; '**pow•er walk•ing** marcha *f* atlética

**pow•wow** ['pauwau] F asamblea *f*; *chat* charla *f*

**pox** [pɑːks] MED (*syphillis*) sífilis *f inv*

**PR** [piːˈɑːr] *abbr* (= *public relations*) relaciones *fpl* públicas

**prac•ti•ca•ble** ['præktɪkəbl] *adj* viable

**prac•ti•cal** ['præktɪkl] *adj* práctico; *lay-out* funcional

**prac•ti•cal** '**joke** broma *f* (*que se gasta*)

**prac•tic•al•ly** ['præktɪklɪ] *adv* **1** *behave, think* de manera práctica **2** (*almost*) prácticamente, casi

**prac•tice** ['præktɪs] **I** *n* práctica *f*; (*rehearsal*) ensayo *m*; (*custom*) costumbre *f*; **in ~** (*in reality*) en la práctica; **be out of ~** estar desentrenado; **~ makes perfect** la práctica hace al maestro **II** *v/i* practicar; *of musician* ensayar; *of footballer* entrenarse **III** *v/t* practicar; *law, medicine* ejercer

**prac•ticed** ['præktɪsd] *adj* experto

**prac•tise** *Br* ☞ **practice** *v/i* & *v/t*

**prac•tised** *Br* ☞ **practiced**

**prag•mat•ic** [præɡ'mætɪk] *adj* pragmático

**prag•ma•tism** ['præɡmətɪzm] pragmatismo *m*

**prag•ma•tist** ['præɡmətɪst] pragmático(-a) *m(f)*

**Prague** [prɑːɡ] Praga *f*

**prai•rie** ['prerɪ] pradera *f*

'**prai•rie dog** perro *m* de las praderas

'**prai•rie schoon•er** carromato *m*

**praise** [preɪz] **I** *n* elogio *m*, alabanza *f* **II** *v/t* elogiar

'**praise•wor•thy** *adj* elogiable

**prance** [præns] *v/i* (*walk proudly*) caminar dando saltitos; (*jump*) dar saltos

**prank** [præŋk] travesura *f*

**prat•tle** ['prætl] *v/i* F parlotear F

**prawn** [prɔːn] ZO gamba *f*

**pray** [preɪ] *v/i* rezar

**prayer** [prer] oración *f*; **not have a ~** *fig* F no tener ninguna posibilidad (de tener éxito)

'**prayer book** devocionario *m*

**pray•ing man•tis** [preɪɪŋ'mæntɪs] mantis *f inv* religiosa

**preach** [priːtʃ] **I** *v/i in church* predicar; (*moralize*) sermonear **II** *v/t sermon* predicar

**preach•er** ['priːtʃər] predicador(a) *m(f)*

**pre•am•ble** [priːˈæmbl] preámbulo *m*

**pre•ar•range** [priːəˈreɪndʒ] *v/t* acordar de antemano

**pre•car•i•ous** [prɪ'kerɪəs] *adj* precario

**pre•car•i•ous•ly** [prɪ'kerɪəslɪ] *adv* precariamente

**pre•cau•tion** [prɪ'kɔːʃn] precaución *f*; **as a ~** como precaución

**pre•cau•tion•a•ry** [prɪ'kɔːʃnrɪ] *adj measure* preventivo

**pre•cede** [prɪ'siːd] *v/t* **1** *in time* preceder **2** (*walk in front of*) ir delante de

**prec•e•dence** ['presɪdəns] prioridad *f*; **take ~ over s.o. / sth** tener prioridad sobre alguien / algo

**prec•e•dent** ['presɪdənt] precedente *m*

**pre•ced•ing** [prɪ'siːdɪŋ] *adj week, chapter* anterior

**pre•cinct** ['priːsɪŋkt] (*district*) distrito *m*

**pre•cious** ['preʃəs] *adj* preciado; *gem* precioso

**prec•i•pice** ['presɪpɪs] precipicio *m*

**pre•cip•i•tate** [prɪ'sɪpɪteɪt] *v/t crisis* precipitar

**pre•cip•i•ta•tion** [prəsɪpɪ'teɪʃn] *rainfall etc* precipitación *f*

**pre•cip•i•tous** [prə'sɪpɪtəs] *adj* **1** *cliffs* empinado **2** *action* precipitado

**pré•cis** ['preɪsiː] resumen *m*

**pre•cise** [prɪ'saɪs] *adj* preciso

**pre•cise•ly** [prɪ'saɪslɪ] *adv* exactamente

**pre•ci•sion** [prɪ'sɪʒn] precisión *f*

**pre•clude** [prɪ'kluːd] *v/t* excluir; **~ s.o. from doing sth** impedir a alguien que haga algo

**pre•co•cious** [prɪ'kouʃəs] *adj child* precoz

**pre•co•cious•ness** [prɪ'kouʃəsnɪs] precocidad *f*

**pre•con•ceived** ['priːkənsiːvd] *adj idea* preconcebido

**pre•con•cep•tion** [priːkən'sepʃn] idea *f* preconcebida

**pre•con•di•tion** [priːkən'dɪʃn] condición *f* previa

**pre•cook** [priː'kʊk] *v/t* precocinar

**pre•cur•sor** [priː'kɜːrsər] precursor(a) *m(f)*

**pre•date** [priː'deɪt] *v/t* anteceder a

**pred•a•tor** ['predətər] *animal* depredador(a) *m(f)*

**pred•a•to•ry** ['predətɔːrɪ] *adj* depreda-

dor
**pre•de•ces•sor** ['priːdɪsesər] *in job*
predecesor(a) *m(f)*; *of machine* modelo *m* anterior
**pre•des•ti•na•tion** [priːdestɪ'neɪʃn]
predestinación *f*
**pre•des•tined** [priː'destɪnd] *adj*: **be ~ to**
estar predestinado a
**pre•dic•a•ment** [prɪ'dɪkəmənt] apuro
*m*
**pred•i•cate** ['predɪkət] LING predicado
*m*
**pred•i•ca•tive** [prɪ'dɪkətɪv] *adj* predicativo
**pre•dict** [prɪ'dɪkt] *v/t* predecir, pronosticar
**pre•dict•a•ble** [prɪ'dɪktəbl] *adj* predecible
**pre•dic•tion** [prɪ'dɪkʃn] predicción *f*,
pronóstico *m*
**pre•di•gest** [priːdaɪ'dʒest] *v/t food* digerir de antemano; *information* simplificar
**pred•i•lec•tion** [priːdɪ'lekʃn] predilección *f* (**for** por)
**pre•dis•pose** [priːdɪ'spouz] *v/t* predisponer (**in favor of** a favor de)
**pre•dis•po•si•tion** [priːdɪspə'zɪʃn] predisposición *f* (**to** a)
**pre•dom•i•nance** [prɪ'dɑːmɪnəns] predominio *m*
**pre•dom•i•nant** [prɪ'dɑːmɪnənt] *adj*
predominante
**pre•dom•i•nant•ly** [prɪ'dɑːmɪnəntlɪ]
*adv* predominantemente
**pre•dom•i•nate** [prɪ'dɑːmɪneɪt] *v/i* predominar
**pre•em•i•nent** [priː'emɪnənt] *adj* preeminente
**pre•empt** [priː'empt] *v/t* adelantarse a
**pre•emp•tive** [priː'emptɪv] *adj*: **~ strike**
MIL ataque *m* preventivo
**preen** [priːn] *v/t*: **~ o.s.** *of bird* arreglarse
las plumas; *of person* acicalarse
**pre•fab•ri•cat•ed** [priː'fæbrɪkeɪtɪd] *adj*
prefabricado
**pref•ace** ['prefɪs] I *n* prólogo *m*, prefacio
*m* II *v/t speech etc* comenzar
**pre•fer** [prɪ'fɜːr] *v/t* (*pret & pp* **-red**) preferir; **~ X to Y** preferir X a Y; **~ to do**
preferir hacer
**pref•e•ra•ble** ['prefərəbl] *adj* preferible;
**anywhere is ~ to this** cualquier sitio es
mejor que éste

**pref•e•ra•bly** ['prefərəblɪ] *adv* preferentemente
**pref•e•rence** ['prefərəns] preferencia *f*,
**I'll take this one in ~ to that one** prefiero este antes que ese otro
**pref•er•en•tial** [prefə'renʃl] *adj* preferencial; **get ~ treatment** recibir tratamiento preferencial; **~ rate** tasa *f* preferencial
**pre•ferred cred•i•tor** [prɪ'fɜːrdkredɪtər] FIN acreedor(a) *m(f)* privilegiado(-a)
**pre•fix** ['priːfɪks] prefijo *m*
**preg•nan•cy** ['pregnənsɪ] embarazo *m*
**preg•nant** ['pregnənt] *adj woman* embarazada; *animal* preñada; **make s.o.**
**~** dejar a alguien embarazada *or* preñada F
**pre•heat** ['priːhiːt] *v/t oven* precalentar
**pre•his•tor•ic** [priːhɪs'tɑːrɪk] *adj* prehistórico
**pre•in•stalled** [priːɪn'stɔːld] *adj software* preinstalado
**pre•judge** [priː'dʒʌdʒ] *v/t* prejuzgar,
juzgar de antemano
**prej•u•dice** ['predʒʊdɪs] I *n* prejuicio *m*
II *v/t person* predisponer, influir;
*chances* perjudicar
**prej•u•diced** ['predʒʊdɪst] *adj* parcial,
predispuesto
**prej•u•di•cial** [predʒʊ'dɪʃl] *adj* perjudicial; **be ~ to sth** ser perjudicial para algo
**pre•lim•i•na•ry** [prɪ'lɪmɪnerɪ] *adj* preliminar
**prel•ude** ['preljuːd] MUS, *fig* preludio *m*
(**to** a)
**pre•mar•i•tal** [priː'mærɪtl] *adj* prematrimonial
**pre•ma•ture** ['priːmətʊr] *adj* prematuro
**pre•ma•ture 'ba•by** bebé *m* prematuro
**pre•ma•ture•ly** [priːmə'tʊrlɪ] *adv* prematuramente
**pre•med•i•tat•ed** [priː'medɪteɪtɪd] *adj*
premeditado
**pre•men•stru•al ten•sion** [priːmenstruəl'tenʃn] tensión *f* premenstrual
**prem•i•er** ['premɪr] (*prime minister*) primer(a) ministro(-a) *m(f)*
**prem•i•ère** ['premɪer] estreno *m*
**prem•ise** ['premɪs] *of an argument* premisa *f*
**prem•is•es** ['premɪsɪz] *npl* local *m*
**pre•mi•um** ['priːmɪəm] *in insurance* pri-

ma *f*; *be at a ~* escasear; *put a ~ on sth* conceder mucho valor a algo

**pre•mo•ni•tion** [premə'nɪʃn] premonición *f*, presentimiento *m*

**pre•na•tal** [priː'neɪtl] *adj* prenatal

**pre•oc•cu•pa•tion** [priːɑːkjʊ'peɪʃn] preocupación *f* (*with* con)

**pre•oc•cu•pied** [prɪ'ɑːkjʊpaɪd] *adj* preocupado

**pre•or•dain** [priːɔːr'deɪn] *v/t* predestinar

**pre-owned** [priːoʊnd] *adj euph* usado, de segunda mano

**pre•paid** [priː'peɪd] *adj*: *~ envelope* sobre *m* franqueado

**prep•a•ra•tion** [prepə'reɪʃn] preparación *f*; *in ~ for* como preparación a; *~s* preparativos *mpl*

**pre•par•a•to•ry** [prɪ'pærətɔːrɪ] *adj* preparatorio; *~ to* en preparación para; *~ to doing sth* antes de hacer algo

**pre'par•a•to•ry school** *colegio privado de secundaria*; *Br.* colegio privado para niños de entre 7 y 12 años

**pre•pare** [prɪ'per] I *v/t* preparar; *be~d to do sth* (*willing*) estar dispuesto a hacer algo; *be~d for sth* (*be expecting, ready*) estar preparado para algo; *~ yourself for a shock* prepárate II *v/i* prepararse

**pre•pon•der•ance** [prɪ'pɑːndərəns] preponderancia *f*

**prep•o•si•tion** [prepə'zɪʃn] preposición *f*

**pre•pos•sess•ing** [priːpə'zesɪŋ] *adj* atractivo

**pre•pos•ter•ous** [prɪ'pɑːstərəs] *adj* ridículo, absurdo

**pre•pro•gram** [priː'proʊgræm] *v/t* (*pret & pp -med*) preprogramar; *be ~med to do sth* estar programado para hacer algo

**prep school** ['prepskuːl] F ☞ *preparatory school*

**pre•re•cord•ed** [priːrɪ'kɔːrdɪd] *adj* pregrabado

**pre•req•ui•site** [priː'rekwɪzɪt] requisito *m* previo

**pre•rog•a•tive** [prɪ'rɑːgətɪv] prerrogativa *f*; *that's your ~* está en su derecho

**Pres•by•te•ri•an** [prezbɪ'tɪrɪən] I *adj* presbiteriano II *n* presbiteriano(-a) *m(f)*

**pre•school** ['priːskuːl] I *adj* preescolar; *of ~ age* en edad preescolar II *n* prees-

colar *m*

**pre•scribe** [prɪ'skraɪb] *v/t of doctor* recetar

**pre•scrip•tion** [prɪ'skrɪpʃn] MED receta *f*

**pres•ence** ['prezns] presencia *f*; *in the ~ of* en presencia de, delante de

**pres•ence of 'mind** presencia *f* de ánimo

**pres•ent**[1] ['preznt] I *adj* (*current*) actual; *be ~* estar presente II *n*: *the ~ also* GRAM el presente; *at ~* en este momento

**pres•ent**[2] ['preznt] *n* (*gift*) regalo *m*

**pres•ent**[3] [prɪ'zent] *v/t also* TV, RAD presentar; *award* entregar; *~ s.o. with sth*, *~ sth to s.o.* entregar algo a alguien

**pres•ent•a•ble** [prɪ'zentəbl] *adj* presentable; *make o.s. ~* ponerse presentable

**pres•en•ta•tion** [prezn'teɪʃn] *to audience* presentación *f*; *of prizes* entrega *f*

**pres•ent-day** [preznt'deɪ] *adj* actual

**pres•ent•er** [prɪ'zentər] presentador(a) *m(f)*

**pre•sen•ti•ment** [prɪ'zentɪmənt] presentimiento *m*

**pres•ent•ly** ['prezntlɪ] *adv* 1 (*at the moment*) actualmente 2 (*soon*) pronto

**'pres•ent tense** tiempo *m* presente

**pres•er•va•tion** [prezər'veɪʃn] conservación *f*; *of standards, peace* mantenimiento *m*

**pre•ser•va•tive** [prɪ'zɜːrvətɪv] conservante *m*

**pre•serve** [prɪ'zɜːrv] I *n* 1 (*domain*) dominio *m* 2 *to eat* conserva *f* II *v/t* 1 *standards, peace etc* mantener 2 *food, wood* conservar

**pre•side** [prɪ'zaɪd] *v/i at meeting* presidir; *~ over meeting* presidir

**pres•i•den•cy** ['prezɪdənsɪ] presidencia *f*

**pres•i•dent** ['prezɪdnt] POL, *of company* presidente(-a) *m(f)*; *yes, Mr President* sí, señor presidente

**pres•i•den•tial** [prezɪ'denʃl] *adj* presidencial

**press** [pres] I *n* 1: *the ~* la prensa 2 *in basketball* presión *f* II *v/t* 1 *button* pulsar, presionar 2 (*urge*), *in basketball* presionar 3 (*squeeze*) apretar 4 *clothes* planchar III *v/i* presionar; *~ for* presionar para obtener

◆ **press on** *v/i* proseguir

'**press a•gen•cy** agencia *f* de prensa; '**press box** tribuna *f* de prensa; '**press card** carnet *m* de prensa; '**press clip•ping** recorte *m* de prensa; '**press con•fer•ence** rueda *f or* conferencia *f* de prensa

**press•ing** ['presıŋ] *adj* urgente

'**press of•fice** oficina *f* de prensa; '**press of•fi•cer** jefe(-a) *m(f)* de prensa; '**press pho•tog•ra•pher** reportero(-a) *m(f)* gráfico(-a); '**press re•lease** nota *f* de prensa; '**press-up** *Br* flexión *f* (de brazos)

**pres•sure** ['preʃər] **I** *n* presión *f*; **be un•der ~** estar sometido a presión; **he is under ~ to resign** lo están presionando para que dimita **II** *v/t* presionar; **~ s.o. into doing sth** presionar a alguien para que haga algo

'**pres•sure cook•er** olla *f* a presión; **pres•sure gauge** manómetro *m*; **pres•sure group** POL grupo *m* de presión; '**pres•sure-sen•si•tive** *adj* MED *etc* sensible a la presión; '**pres•sure suit** traje *m* presurizado

**pres•sur•ize** ['preʃəraız] *v/t fig esp Br* presionar (**to do sth** para hacer algo) **2:** **~d cabin** AVIA cabina *f* presurizada

**pres•tige** [pre'stiːʒ] prestigio *m*

**pres•ti•gious** [pre'stıdʒəs] *adj* prestigioso

**pres•to** ['prestoʊ] *adv:* **hey ~** y ya está

**pre•sum•a•ble** [prı'zjuːməbl] *adj* presumible

**pre•sum•a•bly** [prı'zuːməblı] *adv* presumiblemente, probablemente

**pre•sume** [prı'zuːm] *v/t* **1** suponer; **they were ~d dead** los dieron por muertos **2: ~ to do sth** *fml* tomarse la libertad de hacer algo

**pre•sump•tion** [prı'zʌmpʃn] *of inno•cence, guilt* presunción *f*

**pre•sump•tu•ous** [prı'zʌmptʊəs] *adj* presuntuoso

**pre•sup•pose** [priːsə'poʊs] *v/t* presuponer

**pre•sup•po•si•tion** [priːsʌpə'zıʃn] suposición *f*

**pre-tax** ['priːtæks] *adj* antes de impuestos

**pre•tence** *Br* ☞ **pretense**

**pre•tend** [prı'tend] **I** *v/t* **1** fingir, hacer como si; **~ to be s.o.** hacerse pasar por alguien; **the children are ~ing to be spacemen** los niños están jugando a que son astronautas **2** *claim* pretender **II** *v/i* fingir

**pre•tense** [prı'tens] farsa *f*

**pre•ten•tious** [prı'tenʃəs] *adj* pretencioso

**pre•ten•tious•ness** [prı'tenʃəsnıs] pretenciosidad *f*

**pret•er•ite** ['pretərət] LING pretérito *m*

**pre•text** ['priːtekst] pretexto *m*; **under the ~ of being ill** con el pretexto de estar enfermo

**pret•ty** ['prıtı] **I** *adj village, house, fabric etc* bonito, lindo; *child, woman* guapo, lindo **II** *adv (quite)* bastante; **it's ~ much finished** está prácticamente acabado; **are they the same? – yeah, ~ much** ¿son lo mismo? – sí, casi, casi

**pre•vail** [prı'veıl] *v/i (triumph)* prevalecer (**over** sobre)

**pre•vail•ing** [prı'veılıŋ] *adj* predominante

**prev•a•lence** ['prevələns] predominio *m*

**prev•a•lent** ['prevələnt] *adj* frecuente

**pre•var•i•cate** [prı'værıkeıt] *v/i* dar rodeos

**pre•var•i•ca•tion** [prıværı'keıʃn] rodeos *mpl*

**pre•var•i•ca•tor** [prı'værıkeıtər]: **he's a terrible ~** siempre se anda con rodeos

**pre•vent** [prı'vent] *v/t* impedir, evitar; **~ s.o. (from) doing sth** impedir que alguien haga algo

**pre•vent•a•tive** [prı'ventətıv] *adj* ☞ **preventive**

**pre•ven•tion** [prı'venʃn] prevención *f*

**pre•ven•tive** [prı'ventıv] *adj* preventivo

**pre•view** ['priːvjuː] **I** *n of movie, exhibition* preestreno *m* **II** *v/t* hacer la presentación previa de

**pre•vi•ous** ['priːvıəs] *adj* anterior, previo; **have a ~ engagement** tener un compromiso previo

**pre•vi•ous•ly** ['priːvıəslı] *adv* anteriormente, antes

**pre-war** ['priːwɔːr] *adj* de preguerra, de antes de la guerra

**prey** [preı] presa *f*; **~ to** presa de

◆ **prey on** *v/t* atacar; *fig: of con man etc* aprovecharse de; **it is preying on my mind** me preocupa, no paro de darle vueltas F

**prez•zie** ['prezɪ] F regalo *m*

**price** [praɪs] **I** *n* precio *m*; **go up / down in ~** subir / bajar de precio; **that's the ~ you have to pay** *fig* ése es el precio que hay que pagar; **he achieved his ambition, but at a ~** consiguió su ambición, pero pagó un precio muy caro **II** *v/t* COM poner precio a; **it was ~d at $9.99** valía $9.99

'**price-con•scious** *adj* ahorrador; '**price cut** bajada *f* de precios; **price / 'earn•ings ra•tio** FIN proporción *f* precio-beneficio; **price fix•ing** ['praɪsfɪksɪŋ] fijación *f* de precios; '**price freeze** congelación *f* de precios; '**price in•fla•tion** inflación *f* de precios

**price•less** ['praɪslɪs] *adj* **1** que no tiene precio **2** F *amusing* divertidísimo

'**price list** lista *f* de precios; '**price range** escala *f* de precios; **that's out of my ~** se sale de mi presupuesto; '**price tag** etiqueta *f* del precio; '**price tick•et** etiqueta *f* del precio; '**price war** guerra *f* de precios

**price•y** ['praɪsɪ] *adj* F carillo F

**prick**[1] [prɪk] **I** *n pain* punzada *f* **II** *v/t* (*jab*) pinchar

**prick**[2] [prɪk] *n* V **1** (*penis*) polla *f* V, carajo *m* V **2** *person Span* gilipollas *m inv* P, *L.Am.* pendejo *m* V

◆ **prick up** *v/t*: **prick up one's ears** *of dog* aguzar las orejas; *of person* prestar atención

**prick•le** ['prɪkl] *on plant* espina *f*

**prick•ly** ['prɪklɪ] *adj* **1** *beard, plant* que pincha **2** (*irritable*) irritable

'**pri•cy** ☞ **pricey**

**pride** [praɪd] **I** *n* **1** *in person, achievement* orgullo *m* **2** (*self-respect*) amor *m* propio **II** *v/t*: **~ o.s. on** enorgullecerse de

**priest** [priːst] sacerdote *m*; (*parish ~*) cura *m*

**priest•ess** ['priːstes] sacerdotisa *f*

**priest•hood** ['priːsthʊd] sacerdocio *m*

**prig** [prɪg] puritano(-a) *m(f)*

**prig•gish** ['prɪgɪʃ] *adj* puritano

**prim** [prɪm] *adj*: **~ (and proper)** remilgado

**pri•ma•cy** ['praɪməsɪ] **1** primacía *f* (**over** sobre) **2** REL primado *m*

**pri•ma don•na** [priːmə'dɑːnə] diva *f*, *fig* persona *f* quisquillosa

**pri•mae•val** [praɪm'iːvl] *esp Br* ☞ **pri-**

**meval**

**pri•ma fa•cie** [praɪmə'feɪʃɪ] *adv* a primera vista

**pri•mal** ['praɪml] *adj* primario

**pri•ma•ri•ly** [praɪ'merɪlɪ] *adv* principalmente

**pri•ma•ry** ['praɪmerɪ] **I** *adj* (*main*) principal **II** *n* POL elecciones *fpl* primarias

'**pri•ma•ry col•or** color *m* primario

'**pri•ma•ry school** *Br* escuela *f* primaria

**prime** [praɪm] **I** *n*: **be in one's ~** estar en la flor de la vida **II** *adj* *example, reason* primordial; **of ~ importance** de suprema importancia

**prime 'min•is•ter** primer(a) ministro(-a) *m(f)*

**prime 'num•ber** número *m* primo

**prim•er** ['praɪmər] **1** *paint* tapaporos *m inv* **2** *for explosive* cebo *m*

**prime 'sus•pect** principal sospechoso(-a) *m(f)*

'**prime time** TV horario *m* de mayor audiencia

**pri•me•val** [praɪ'miːvl] *adj* primigenio

**prim•i•tive** ['prɪmɪtɪv] *adj* primitivo

**pri•mor•di•al** [praɪ'mɔːrdɪəl] *adj* primigenio

**prim•rose** ['prɪmroʊs] BOT primavera *f*

**prim•u•la** ['prɪmjʊlə] BOT prímula *f*

**prince** [prɪns] príncipe *m*

**prince•ly** ['prɪnslɪ] *adj* magnífico; **the ~ sum of ...** la bonita suma de...

**prin•cess** [prɪn'ses] princesa *f*

**prin•ci•pal** ['prɪnsəpl] **I** *adj* principal **II** *n of school* director(a) *m(f)*; *of university* rector(a) *m(f)*

**prin•ci•pal•i•ty** [prɪnsɪ'pælətɪ] principado *m*

**prin•ci•pal•ly** ['prɪnsəplɪ] *adv* principalmente

**prin•ci•ple** ['prɪnsəpl] principio *m*; **on ~** por principios; **in ~** en principio

**print** [prɪnt] **I** *n* **1** *in book, newspaper etc* letra *f*; **out of ~** agotado **2** (*photograph*) grabado *m* **3** *of painting* lámina *f* **II** *v/t* **1** imprimir **2** *use block capitals* escribir en mayúsculas

◆ **print out** *v/t* imprimir

**print•ed cir•cuit board** [prɪntɪd'sɜːrkɪtbɔːrd] placa *f* impresa

'**print•ed mat•ter** impresos *mpl*

**print•er** ['prɪntər] *person* impresor(a) *m(f)*; *machine* impresora *f*; *company* imprenta *f*

**print•ing press** ['prɪntɪŋpres] imprenta f

'**print•ing works** imprenta f

'**print•out** copia f impresa; '**print run** tirada f; '**print•shop** imprenta f

**pri•or** [praɪr] I adj previo II prep: ~ **to** antes de

**pri•or•i•tize** [praɪ'ɔːrətaɪz] v/t 1 (put in order of priority) ordenar atendiendo a las prioridades 2 (give priority to) dar prioridad a

**pri•or•i•ty** [praɪ'ɑːrətɪ] prioridad f; **have** ~ tener prioridad

**prism** ['prɪzəm] MATH, PHYS etc prisma m

**pris•on** ['prɪzn] prisión f, cárcel f

'**pris•on camp** campo m de prisioneros

'**pris•on cell** celda f

**pris•on•er** ['prɪznər] prisionero(-a) m(f); **take s.o.** ~ hacer prisionero a alguien

**pris•on•er of 'war** prisionero(-a) m(f) de guerra

**pris•on 'guard** carcelero(-a) m(f)

'**pris•on sen•tence** pena f de prisión

**pris•sy** ['prɪsɪ] adj F remilgado

**pris•tine** ['prɪstiːn] adj: **be in** ~ **condition** estar en un estado inmaculado

**priv•a•cy** ['prɪvəsɪ] intimidad f

**pri•vate** ['praɪvət] I adj privado II n 1 MIL soldado m/f raso 2: **in** ~ en privado

**pri•vate 'en•ter•prise** empresa f privada

'**pri•vate life** vida f privada

**pri•vate•ly** ['praɪvətlɪ] adv (in private) en privado; **with one other** a solas; (inwardly) para sí; ~ **owned** en manos privadas

'**pri•vate sec•tor** sector m privado

**pri•va•tion** [praɪ'veɪʃn] privación f

**pri•va•ti•za•tion** [praɪvətaɪz'eɪʃn] privatización f

**pri•va•tize** ['praɪvətaɪz] v/t privatizar

**priv•i•lege** ['prɪvəlɪdʒ] 1 (special treatment) privilegio m 2 (honor) honor m; **it's a** ~ **to be invited** es un honor haber sido invitado

**priv•i•leged** ['prɪvəlɪdʒd] adj privilegiado

**priv•y** ['prɪvɪ] adj: **be** ~ **to sth** estar enterado de algo

**prize** [praɪz] I n premio m II v/t apreciar, valorar

◆ **prize off** v/t lid arrancar

◆ **prize open** v/t forzar

'**prize•fight•er** boxeador m profesional; '**prize•fight•ing** boxeo m profesional; **prize•giv•ing** ['praɪzgɪvɪŋ] Br entrega f de premios; '**prize mon•ey** premio m (dinero); '**prize•win•ner** premiado(-a) m(f); '**prize•win•ning** adj premiado

**pro**[1] [proʊ] n: **the** ~**s and cons** los pros y los contras

**pro**[2] [proʊ] ☞ **professional**

**pro**[3] [proʊ] prep: **be** ~ ... estar a favor de; **the** ~ **Clinton Democrats** los demócratas partidarios de Clinton

**pro•ac•tive** [proʊ'æktɪv] adj proactivo

**pro-am** [proʊ'æm] adj golf de profesionales y aficionados

**prob•a•bil•i•ty** [prɑːbə'bɪlətɪ] probabilidad f; **in all** ~ con toda probabilidad

**prob•a•ble** ['prɑːbəbl] adj probable

**prob•a•bly** ['prɑːbəblɪ] adv probablemente

**pro•ba•tion** [prə'beɪʃn] 1 in job periodo m de prueba 2 LAW libertad f condicional; **be given** ~ ser puesto en libertad condicional

**pro•ba•tion•ar•y** [prə'beɪʃnrɪ] adj: ~ **period** in job periodo m de prueba

**pro•ba•tion•er** [prə'beɪʃnər] persona f en periodo de prueba; LAW condenado(-a) m(f) en libertad provisional

**pro'ba•tion of•fi•cer** oficial encargado de la vigilancia de los que están en libertad condicional

**pro'ba•tion pe•ri•od** in job periodo m de prueba

**probe** [proʊb] I n (investigation) investigación f; scientific sonda f II v/t examinar; (investigate) investigar III v/i: **you should** ~ **a little deeper** escarba un poco más; ~ **into a person's past** hurgar en el pasado de alguien

**prob•ing** ['proʊbɪŋ] adj question perspicaz; gaze escrutinador

**pro•bi•ty** ['proʊbɪtɪ] probidad f

**prob•lem** ['prɑːbləm] problema m; **no** ~**!** ¡claro!; **I'll fix it, that's no** ~ lo arreglaré, por supuesto; **I have no** ~ **with that** (don't object) para mí eso no es ningún problema; **have a drink** ~ tener un problema de alcoholismo

**prob•lem•at•ic** [prɑːblə'mætɪk] adj problemático

**pro•ce•dur•al** [prə'siːdʒərəl] adj de pro-

cedimiento; LAW procesal
**pro•ce•dure** [prə'siːdʒər] procedimiento *m*
**pro•ceed** [prə'siːd] *v/i* (*go: of people*) dirigirse; *of work etc* proseguir, avanzar;
**~ to do sth** pasar a hacer algo
**pro•ceed•ings** [prə'siːdɪŋz] *npl* (*events*)
actos *mpl*
**pro•ceeds** ['prɑːsiːdz] *npl* recaudación
*f*
**pro•cess** ['prɑːses] **I** *n* proceso *m*; **in the**
**~** (*while doing it*) al hacerlo **II** *v/t food*
tratar; *raw materials, data* procesar; *application* tramitar
**pro•cess•ing** ['prɑːsesɪŋ] procesado *m*;
**~ industry** industria *f* de procesado
**pro•ces•sion** [prə'seʃn] desfile *m*; *religious* procesión *f*
**pro•ces•sor** ['prɑːsesər] procesador *m*
**pro-choice** [proʊ'tʃɔɪs] *adj* con derecho
a decidir (*sobre el embarazo*)
**pro•claim** [prə'kleɪm] *v/t* declarar, proclamar
**proc•la•ma•tion** [prɑːklə'meɪʃn] proclamación *f*
**pro•cliv•i•ty** [prə'klɪvətɪ] propensión *f*
**pro•cras•ti•nate** [proʊ'kræstɪneɪt] *v/i*
andarse con dilaciones
**pro•cras•ti•na•tion** [proʊkræstɪ'neɪʃn]
dilaciones *fpl*
**pro•cre•ate** ['prɑːkrɪeɪt] *v/i* procear
**pro•cre•a•tion** [prɑːkrɪ'eɪʃn] procreación *f*
**pro•cure** [prə'kjʊr] *v/t* conseguir
**pro•cure•ment** [prə'kjʊrmənt] *of supplies etc* obtención *f*
**prod** [prɑːd] **I** *n* empujoncito *m*; **he**
**needs a little ~ now and again** necesita que lo espoleen de vez en cuando **II**
*v/t* (*pret & pp -ded*) dar un empujoncito a; *with elbow* dar un codazo a
**prod•i•gal** *son* [prɑːdɪgl'sʌn] hijo *m*
pródigo
**pro•di•gious** [prə'dɪdʒəs] *adj* prodigioso
**prod•i•gy** ['prɑːdɪdʒɪ]: (*infant*) **~** ni-
ño(-a) *m(f)* prodigio(-a)
**prod•uce**[1] ['prɑːduːs] *n* productos *mpl*
del campo
**pro•duce**[2] [prə'duːs] *v/t* **1** producir;
(*manufacture*) fabricar **2** (*take out*) sacar
**pro•duc•er** [prə'duːsər] productor(a)
*m(f)*; (*manufacturer*) fabricante *m/f*

**prod•uct** ['prɑːdʌkt] producto *m*
**pro•duc•tion** [prə'dʌkʃn] producción *f*
**pro•duc•tion ca•pac•i•ty** capacidad *f*
de producción; **pro'duc•tion costs**
*npl* costos *mpl* de producción; **pro-
'duc•tion di•rect•or** director(a) *m(f)*
de producción; **pro'duc•tion line** cadena *f* de producción; **pro'duc•tion**
**man•ag•er** jefe(-a) *m(f)* de producción
**pro•duc•tive** [prə'dʌktɪv] *adj* productivo
**pro•duc•tiv•i•ty** [prɑːdʌk'tɪvətɪ] productividad *f*
**'prod•uct man•ag•er** jefe(-a) *m(f)* de
producto; **'prod•uct mix** combinación
*f* de estrategias de productos; **'product range** gama *f* de productos
**prof** [prɑːf] **F** ☞ **professor**
**pro•fane** [prə'feɪn] *adj language* profano
**pro•fan•i•ty** [prə'fænətɪ] grosería *f*
**pro•fess** [prə'fes] *v/t* manifestar
**pro•fessed** [prə'fesd] *adj* declarado
**pro•fes•sion** [prə'feʃn] profesión *f*;
**what's your ~?** ¿a qué se dedica?
**pro•fes•sion•al** [prə'feʃnl] **I** *adj* profesional; **turn ~** hacerse profesional **II** *n*
profesional *m/f*
**pro•fes•sion•al•ism** [prə'feʃnəlɪzəm]
profesionalismo *m*
**pro•fes•sion•al•ly** [prə'feʃnlɪ] *adv* **1**
*play sport* profesionalmente **2** (*well,
skillfully*) con profesionalidad
**pro•fes•sor** [prə'fesər] catedrático(-a)
*m(f)*
**pro•fes•sor•ship** [prə'fesərʃɪp] cátedra
*f*
**prof•fer** ['prɑːfər] *v/t fml*: **~ sth to s.o.**
ofrecer algo a alguien
**pro•fi•cien•cy** [prə'fɪʃnsɪ] competencia
*f*
**pro•fi•cient** [prə'fɪʃnt] competente;
(*skillful*) hábil
**pro•file** ['proʊfaɪl] **I** *n* **1** *of face* perfil *m*;
**see sth in ~** ver algo de perfil **2** *biographical* reseña *f* **II** *v/t in newspaper article
etc* hacer un monográfico sobre
**prof•it** ['prɑːfɪt] **I** *n* beneficio *m*; **make a**
**~** obtener beneficios (**on** con); **sell sth**
**at a ~** vender algo con beneficios **II** *v/i*: **~**
**by, ~ from** beneficiarse de
**prof•it•a•bil•i•ty** [prɑːfɪtə'bɪlətɪ] rentabilidad *f*, **~ ratio** proporción *f* de rentabilidad

**prof•i•ta•ble** ['prɑːfɪtəbl] *adj* rentable

**prof•it and 'loss state•ment** cuenta *f* de resultados

**'prof•it cen•ter** centro *m* de beneficios

**prof•it•eer•ing** [prɑːfɪt'ɪrɪŋ] especulación *f*

**'prof•it mar•gin** margen *m* de beneficios

**prof•it shar•ing** ['prɑːfrɪʃerɪŋ] participación *f* en los beneficios

**prof•li•gate** ['prɑːflɪgət] *adj* derrochador

**pro for•ma** (in•voice) [proʊ'fɔːrmə] factura *f* proforma

**pro•found** [prə'faʊnd] *adj* profundo

**pro•found•ly** [prə'faʊndlɪ] *adv* profundamente, enormemente

**pro•fuse** [prə'fjuːs] *adj* profuso; *apologies* efusivo

**pro•fuse•ly** [prə'fjuːslɪ] *adv bleed* profusamente; *thank, apologize* efusivamente

**pro•fu•sion** [prə'fjuːʒn] profusión *f* **(of** de)

**prog•no•sis** [prɑːg'noʊsɪs] pronóstico *m*

**pro•gram** ['proʊgræm] **I** *n* programa *m* **II** *v/t* (*pret & pp* **-med**) COMPUT programar; **be ~med to do sth** estar programado para hacer algo

**pro•gram•er, pro•gram•ing** ☞ **pro•grammer, programming**

**pro•gramme** *Br* ☞ **program**

**pro•gram•mer** ['proʊgræmər] COMPUT programador(a) *m(f)*

**pro•gram•ming** ['proʊgræmɪŋ] programación *f*

**'pro•gram•ming lang•uage** lenguaje *m* de programación

**pro•gress I** *n* ['prɑːgres] progreso *m*; **make ~** hacer progresos; **in ~** en curso **II** *v/i* [prə'gres] (*advance in time*) avanzar; (*move on*) pasar; (*make ~*) progresar; **how is the work ~ing?** ¿cómo avanza el trabajo?

**pro•gres•sion** [prə'greʃn] evolución *f*; MATH progresión *f*

**pro•gres•sive** [prə'gresɪv] *adj* **1** (*enlightened*) progresista **2** (*which progresses*) progresivo

**pro•gres•sive•ly** [prə'gresɪvlɪ] *adv* progresivamente

**pro•hib•it** [prə'hɪbɪt] *v/t* prohibir

**pro•hi•bi•tion** [proʊhɪ'bɪʃn] prohibición *f*; **during Prohibition** durante la ley seca

**pro•hib•i•tive** [prə'hɪbɪtɪv] *adj prices* prohibitivo

**proj•ect**[1] ['prɑːdʒekt] *n* **1** (*plan, undertaking*) proyecto *m* **2** EDU trabajo *m* **3** *housing area* barriada *f* de viviendas sociales

**pro•ject**[2] [prə'dʒekt] **I** *v/t* **1** *movie* proyectar **2** *figures, sales* prever, estimar; **~ed sales revenue** ingresos *mpl* por ventas previstos **II** *v/i* (*stick out*) sobresalir

**pro•jec•tile** [prə'dʒektəl] proyectil *m*

**pro•jec•tion** [prə'dʒekʃn] (*forecast*) previsión *f*

**pro•jec•tion•ist** [prə'dʒekʃnɪst] proyeccionista *m/f*

**project 'lead•er** director(a) *m(f)* de proyecto; **pro•ject 'man•age•ment** dirección *f* de proyecto; **proj•ect 'man•ag•er** director(a) *m(f)* de proyecto

**pro•jec•tor** [prə'dʒektər] *for slides* proyector *m*

**pro•le•tar•i•an** [proʊlə'terɪən] **I** *adj* proletario **II** *n* proletario(-a) *m(f)*

**pro•le•tar•i•at** [proʊlə'terɪət] proletariado *m*

**pro-'life** *adj* pro vida

**pro•lif•er•ate** [prə'lɪfəreɪt] *v/i* proliferar

**pro•lif•er•a•tion** [prəlɪfər'eɪʃn] proliferación *f*

**pro•lif•ic** [prə'lɪfɪk] *adj writer, artist* prolífico

**pro•log,** *Br* **pro•logue** ['proʊlɑːg] prólogo *m*

**pro•long** [prə'lɔːŋ] *v/t* prolongar

**prom** [prɑːm] (*school dance*) baile de fin de curso

**prom•e•nade deck** [prɑːme'neɪddek] NAUT cubierta *f* de paseo

**prom•i•nence** ['prɑːmɪnəns] *also hill* prominencia *f*; **come to ~** empezar a destacar

**prom•i•nent** ['prɑːmɪnənt] *adj* **1** *nose, chin* prominente **2** (*significant*) destacado; **play a ~ part in sth** desempeñar un papel destacado en algo

**prom•i•nent•ly** ['prɑːmɪnəntlɪ] *adv positioned* en un lugar prominente

**prom•is•cu•i•ty** [prɑːmɪ'skjuːətɪ] promiscuidad *f*

**pro•mis•cu•ous** [prə'mɪskjʊəs] *adj* promiscuo

**prom•ise** ['prɑːmɪs] **I** *n* promesa *f*; *it's a ~* lo prometo; *~s!, ~s!* F ¡promesas, promesas! **II** *v/t* prometer; *she ~d to help* prometió ayudar; *~ sth to s.o.* prometer algo a alguien **III** *v/i*: *do you ~?* ¿lo prometes?

**prom•is•ing** ['prɑːmɪsɪŋ] *adj* prometedor

**prom•is•so•ry note** ['prɑːmɪsɔːrɪ] COM pagaré *m*

**prom•on•to•ry** ['prɑːməntɔːrɪ] promontorio *m*

**pro•mote** [prə'moʊt] *v/t* **1** *employee* ascender **2** (*encourage, foster*) promover; COM promocionar

**pro•mot•er** [prə'moʊtər] *of sports event* promotor(a) *m(f)*

**pro•mo•tion** [prə'moʊʃn] **1** *of employee* ascenso *m*; *~ prospects* perspectivas *fpl* de ascenso **2** *of scheme, idea,* COM promoción *f*

**pro•mo•tion•al** [prə'moʊʃənl] *adj* promocional

**prompt** [prɑːmpt] **I** *adj* **1** (*on time*) puntual **2** (*speedy*) rápido **II** *adv*: *at two o'clock ~* a las dos en punto **III** *v/t* **1** (*cause*) provocar **2** *actor* apuntar **IV** *n* COMPUT mensaje *m*; *go to the c ~* ir a c:\

**prompt•er** ['prɑːmptər] THEA apuntador(a) *m(f)*

**prompt•ly** ['prɑːmptlɪ] *adv* **1** (*on time*) puntualmente **2** (*immediately*) inmediatamente

**prone** [proʊn] *adj*: *be ~ to* ser propenso a

**prong** [prɑːŋ] diente *m*; *three-~ed* con tres dientes

**pro•noun** ['proʊnaʊn] pronombre *m*

**pro•nounce** [prə'naʊns] *v/t* **1** *word* pronunciar **2** (*declare*) declarar

**pro•nounced** [prə'naʊnst] *adj accent* marcado; *views* fuerte

**pro•nounce•ment** [prə'naʊnsmənt] declaración *f*

**pron•to** ['prɑːntoʊ] *adv* F ya, en seguida

**pro•nun•ci•a•tion** [prənʌnsɪ'eɪʃn] pronunciación *f*

**proof** [pruːf] **1** prueba(s) *f(pl)*; *~ of identity* documento *m* de identidad; *~ of purchase* justificante *m* de compra **2** *of book* prueba *f* **3**: *8% ~ alcohol* de 8 grados

**'proof•read•er** corrector(a) *m(f)* de pruebas

**prop** [prɑːp] **I** *v/t* (*pret & pp -ped*) apoyar **II** *n* THEA accesorio *m*

◆ **prop up** *v/t* apoyar

**prop•a•gan•da** [prɑːpə'gændə] propaganda *f*

**prop•a•gate** ['prɑːpəgeɪt] *v/t species, views etc* propagar

**prop•a•ga•tion** [prɑːpə'geɪʃn] propagación *f*

**pro•pane** ['proʊpeɪn] CHEM propano *m*

**pro•pel** [prə'pel] *v/t* (*pret & pp -led*) propulsar

**pro•pel•lant** [prə'pelənt] *in aerosol* propelente *m*

**pro•pel•ler** [prə'pelər] *of boat* hélice *f*

**pro•pen•si•ty** [prə'pensəti] propensión (*for* a); *have a ~ for doing sth* tener propensión a hacer algo

**prop•er** ['prɑːpər] *adj* **1** (*real*) de verdad; *he's not a ~ doctor* no es un doctor de verdad; *put it back in its ~ place* vuelve a ponerlo en su sitio; *that's not the ~ cover for this* esta no es la tapa adecuada; *in Mexico City ~* en la Ciudad de México propiamente dicha **2** (*fitting*) adecuado; *it's not ~* no está bien; *it's the ~ thing to do* es lo que se hace en estos casos

**prop•er•ly** ['prɑːpərlɪ] *adv* **1** (*correctly*) bien **2** (*fittingly*) adecuadamente

**prop•er•ty** ['prɑːpərtɪ] **1** propiedad *f* **2** (*land*) propiedad(es) *f(pl)*; **'prop•er•ty de•vel•op•er** promotor(a) *m(f)* inmobiliario(-a); **'prop•er•ty mar•ket** mercado *m* inmobiliario; **'prop•er•ty tax** impuesto *m* sobre la propiedad

**proph•e•cy** ['prɑːfəsɪ] profecía *f*

**proph•e•sy** ['prɑːfəsaɪ] *v/t* (*pret & pp -ied*) profetizar

**proph•et** ['prɑːfɪt] profeta *m*; *~ of doom* agorero *m*

**pro•phet•ic** [prə'fetɪk] *adj* profético

**pro•phy•lac•tic** [prɑːfɪ'læktɪk] **I** *adj esp* MED profiláctico **II** *n* MED, *condom* profiláctico *m*

**pro•po•nent** [prə'poʊnənt] partidario(-a) *m(f)* (*of* de)

**pro•por•tion** [prə'pɔːrʃn] proporción *f*; *a large ~ of North Americans* gran parte de los norteamericanos; *~s* (*dimensions*) proporciones; *the reaction was out of all ~* la reacción fue desproporcionada

**pro•por•tion•al** [prə'pɔːrʃnl] *adj* proporcional

**pro•por•tion•al    rep•re•sen'ta•tion** POL representación *f* proporcional

**pro•por•tion•ate** [prə'pɔːrʃnət] *adj* proporcional (*to* a)

**pro•pos•al** [prə'poʊzl] **1** (*suggestion*) propuesta *f* **2** *of marriage* proposición *f*

**pro•pose** [prə'poʊz] **I** *v/t* **1** (*suggest*) sugerir, proponer **2** (*plan*) proponerse **II** *v/i* (*make offer of marriage*) pedir la mano (*to* a)

**prop•o•si•tion** [prɑːpə'zɪʃn] **I** *n* propuesta *f*; *I've got a ~ to put to you* quiero proponerte algo **II** *v/t woman* hacer proposiciones a

**pro•pri•e•tar•y** [prə'praɪəterɪ] *adj brand, goods* registrado, de marca registrada

**pro•pri•e•tor** [prə'praɪətər] propietario(-a) *m(f)*

**pro•pri•e•tress** [prə'praɪətrɪs] propietaria *f*

**pro•pri•e•ty** [prə'praɪətɪ] decoro *m*; *the proprieties pl* las convenciones

**pro•pul•sion** [prə'pʌlʃn] TECH propulsión *f*

**pro ra•ta** [proʊ'rɑːtə] **I** *adj* prorrateado **II** *adv* de forma prorrateada

**pro•rogue** [proʊ'roʊg] *v/t* posponer

**pro•sa•ic** [proʊ'zeɪɪk] *adj* prosaico

**pro•scribe** [prə'skraɪb] *v/t* (*forbid, exile*) proscribir

**pro•scrip•tion** [prə'skrɪpʃn] proscripción *f*

**prose** [proʊz] prosa *f*

**pros•e•cute** ['prɑːsɪkjuːt] *v/t* LAW procesar

**pros•e•cu•tion** [prɑːsɪ'kjuːʃn] LAW procesamiento *m*; *lawyers* acusación *f*; *he's facing ~* lo van a procesar

**pros•e•cu•tor** ☞ *public prosecutor*

**pros•pect** ['prɑːspekt] **I** *n* **1** (*chance, likelihood*) probabilidad *f* **2** (*thought of something in the future*) perspectiva *f*; *~s* perspectivas (de futuro) **II** *v/i*: *~ for gold* buscar

**pro•spec•tive** [prə'spektɪv] *adj* potencial

**pros•pec•tor** ['prɑːspektər] buscador(a) *m(f)*

**pros•per** ['prɑːspər] *v/i* prosperar

**pros•per•i•ty** [prɑː'sperətɪ] prosperidad *f*

**pros•per•ous** ['prɑːspərəs] *adj* próspero

**pros•tate (gland)** ['prɑːsteɪt] ANAT próstata *f*

**pros•the•sis** [prɑːs'θiːsɪs] prótesis *f inv*

**pros•ti•tute** ['prɑːstɪtuːt] prostituta *f*; *male ~* prostituto *m*

**pros•ti•tu•tion** [prɑːstɪ'tuːʃn] prostitución *f*

**pros•trate** ['prɑːstreɪt] *adj* postrado; *be ~ with grief* estar postrado por el dolor

**pro•tag•o•nist** [prə'tægənɪst] THEA *etc* protagonista *m/f*

**pro•tect** [prə'tekt] *v/t* proteger

**pro•tec•tion** [prə'tekʃn] protección *f*

**pro•tec•tion•ism** [prə'tekʃnɪzəm] proteccionismo *m*

**pro'tec•tion mon•ey** *dinero pagado a delincuentes a cambio de obtener protección*; *paid to terrorists* impuesto *m* revolucionario

**pro'tec•tion rack•et** red *f* de extorsión

**pro•tec•tive** [prə'tektɪv] *adj* protector

**pro•tec•tive 'cloth•ing** ropa *f* protectora

**pro•tec•tive 'cus•to•dy** prisión *f* preventiva

**pro•tec•tor** [prə'tektər] protector(a) *m(f)*

**pro•tec•tor•ate** [prə'tektərət] POL protectorado *m*

**pro•té•gé(e)** ['prɑːtəʒeɪ] protegido(-a) *m(f)*

**pro•tein** ['proʊtiːn] proteína *f*

**pro•test I** *n* ['proʊtest] protesta *f*; *in ~ at these changes* en (señal de) protesta por estos cambios **II** *v/t* [prə'test] protestar, quejarse de; (*object to*) protestar contra **III** *v/i* [prə'test] protestar

**Prot•es•tant** ['prɑːtɪstənt] **I** *n* protestante *m/f* **II** *adj* protestante

**Prot•es•tant•ism** ['prɑːtɪstəntɪzəm] protestantismo *m*

**prot•es•ta•tion** [prɑːtes'teɪʃn] proclamación *f*; *~s pl of innocence* declaración *f* de inocencia

**pro•test•er** [prə'testər] manifestante *m/f*

**pro•to•col** ['proʊtəkɑːl] protocolo *m*

**pro•ton** ['proʊtɑːn] PHYS protón *m*

**pro•to•type** ['proʊtətaɪp] prototipo *m*

pro•tract [prə'trækt] *v/t* prolongar

pro•tract•ed [prə'træktɪd] *adj* prolongado, largo

pro•trac•tor [prə'træktər] MATH transportador *m*

pro•trude [prə'truːd] *v/i* sobresalir

pro•trud•ing [prə'truːdɪŋ] *adj* saliente; *ears, teeth* prominente

pro•tru•sion [prə'truːʒn] protuberancia *f*

pro•tu•ber•ance [proʊ'tuːbərəns] protuberancia *f*

pro•tu•ber•ant [proʊ'tuːbərənt] *adj* protuberante

proud [praʊd] *adj* orgulloso; **be ~ of** estar orgulloso de

proud•ly [ˈpraʊdlɪ] *adv* con orgullo, orgullosamente; **we ~ present** tenemos el orgullo de presentar

prov•a•ble [ˈpruːvəbl] *adj* que se puede probar

prove [pruːv] *v/t* demostrar, probar

prov•en [ˈpruːvn] **I** *pp* ☞ **prove II** *adj* probado

prov•erb [ˈprɑːvɜːrb] proverbio *m*, refrán *m*

pro•ver•bi•al [prə'vɜːrbɪəl] *adj* proverbial

pro•vide [prə'vaɪd] *v/t* proporcionar; **~ sth to s.o., ~ s.o. with sth** proporcionar algo a alguien

◆ provide for *v/t* **1** *family* mantener **2** *of law etc* prever

pro•vid•ed (that) [prə'vaɪdɪd] *conj* (*on condition that*) con la condición de que, siempre que

prov•i•dence [ˈprɑːvɪdəns] providencia *f*

prov•i•den•tial [prɑːvɪ'denʃl] *adj* providencial

pro•vid•er [prə'vaɪdər] proveedor(a) *m(f)*; (*Internet service ~*) proveedor *m*

pro•vid•ing [prə'vaɪdɪŋ] *conj* siempre que

prov•ince [ˈprɑːvɪns] provincia *f*

pro•vin•cial [prə'vɪnʃl] *adj city* provincial; *pej: attitude* de pueblo, provinciano

pro•vi•sion [prə'vɪʒn] **1** (*supply*) suministro *m* **2** *of law, contract* disposición *f*

pro•vi•sion•al [prə'vɪʒnl] *adj* provisional

pro•vi•sion•al•ly [prə'vɪʒənlɪ] *adv* provisionalmente

pro•vi•so [prə'vaɪzoʊ] condición *f*

prov•o•ca•tion [prɑːvə'keɪʃn] provocación *f*

pro•voc•a•tive [prə'vɑːkətɪv] *adj* provocador; *sexually* provocativo

pro•voke [prə'voʊk] *v/t* (*cause, annoy*) provocar

prow [praʊ] NAUT proa *f*

prow•ess [ˈpraʊɪs] proezas *fpl*

prowl [praʊl] *v/i of tiger, burglar* merodear

'prowl car coche *m* patrulla

prowl•er [ˈpraʊlər] merodeador(a) *m(f)*

prox•im•i•ty [prɑːk'sɪmətɪ] proximidad *f*

prox•y [ˈprɑːksɪ] *authority* poder *m*; *person* apoderado(-a) *m(f)*

prude [pruːd] mojigato(-a) *m(f)*

pru•dence [ˈpruːdns] prudencia *f*

pru•dent [ˈpruːdnt] *adj* prudente

pru•dent•ly [ˈpruːdntlɪ] *adv* prudentemente

prud•er•y [ˈpruːdərɪ] mojigatería *f*

prud•ish [ˈpruːdɪʃ] *adj* mojigato

prune¹ [pruːn] *n* ciruela *f* pasa

prune² [pruːn] *v/t plant* podar; *fig* reducir

pru•ri•ence [ˈprʊrɪəns] lascivia *f*

pru•ri•ent [ˈprʊrɪənt] *adj* lascivo

prus•sic ac•id [prʌsɪk'æsɪd] CHEM ácido *m* prúsico

pry¹ [praɪ] *v/i* (*pret & pp* **-ied**) entrometerse

◆ pry into *v/t* entrometerse en

pry² [praɪ] *v/t* (*pret & pp* **-ied**) ☞ **prize**

pry•ing [ˈpraɪɪŋ] *adj* fisgón

PS [ˈpiːes] *abbr* (= **postscript**) PD (= posdata *f*)

psalm [sɑːm] salmo *m*

pseud [suːd] F pretencioso(-a) *m(f)*

pseu•do•nym [ˈsuːdənɪm] pseudónimo *m*

pso•ri•a•sis [sə'raɪəsɪs] soriasis *f*

◆ psych out [saɪk] *v/t* F poner nervioso

◆ psych up *v/t* F mentalizar

psy•che [ˈsaɪkɪ] psique *f*

psy•che•del•ic [saɪkə'delɪk] *adj drug, color* psicodélico

psy•chi•at•ric [saɪkɪ'ætrɪk] *adj* psiquiátrico

psy•chi•a•trist [saɪ'kaɪətrɪst] psiquiatra *m/f*

psy•chi•a•try [saɪ'kaɪətrɪ] psiquiatría *f*

psy•chic ['saɪkɪk] *adj research* para-normal; *I'm not* ~ no soy vidente

psy•cho•a•nal•y•sis [saɪkouən'æləsɪs] psicoanálisis *m*

psy•cho•an•a•lyst [saɪkou'ænəlɪst] psicoanalista *m/f*

psy•cho•an•a•lyze [saɪkou'ænəlaɪz] *v/t* psicoanalizar

psy•cho•bab•ble ['saɪkoubæbl] F charla *fpl* pseudopsicológica

psy•cho•log•i•cal [saɪkə'lɑːdʒɪkl] *adj* psicológico

psy•cho•log•i•cal•ly [saɪkə'lɑːdʒɪklɪ] *adv* psicológicamente

psy•chol•o•gist [saɪ'kɑːlədʒɪst] psicólogo(-a) *m(f)*

psy•chol•o•gy [saɪ'kɑːlədʒɪ] psicología *f*

psy•cho•met•ric [saɪkə'metrɪk] *adj*: ~ *testing* pruebas *fpl* psicométricas

psy•cho•path ['saɪkoupæθ] psicópata *m/f*

psy•cho•sis [saɪ'kousɪs] (*pl psy-choses* [saɪ-'kousiːz]) MED psicosis *f inv*

psy•cho•so•mat•ic [saɪkousə'mætɪk] *adj* psicosomático

psy•cho•ther•a•pist [saɪkou'θerəpɪst] psicoterapeuta *m/f*

psy•cho•ther•a•py [saɪkou'θerəpɪ] psicoterapia *f*

psy•chot•ic [saɪ'kɑːtɪk] *adj* psicótico

PTA [piːtiː'eɪ] *abbr* (= *parent-teacher association*) APA *f* (= asociación *f* de padres de alumnos)

PTO [piːtiː'ou] *abbr* (= *please turn over*) véase al dorso

pub [pʌb] *Br* bar *m*

'pub crawl: *go on a* ~ *Br* F salir de co-pas

pu•ber•ty ['pjuːbərtɪ] pubertad *f*

pu•bic ['pjuːbɪk] *adj* ANAT púbico

'pu•bic hair vello *m* púbico

pub•lic ['pʌblɪk] I *adj* público II *n*: *the* ~ el público; *in* ~ en público

pub•lic-ad'dress sys•tem sistema *m* de megafonía

pub•li•ca•tion [pʌblɪ'keɪʃn] publicación *f*

pub•lic ex'pen•di•ture gasto *m* público

pub•lic 'hol•i•day día *m* festivo

pub•li•cist ['pʌblɪsɪst] publicista *m/f*

pub•lic•i•ty [pʌb'lɪsətɪ] publicidad *f*

pub'lic•i•ty cam•paign campaña *f* publicitaria; pub'lic•i•ty de•part•ment departamento *m* de publicidad; pub-'lic•i•ty ma•te•ri•al material *m* publicitario; pub'lic•i•ty of•fi•cer publicista *m/f*, publicitario(-a) *m(f)*; pub'lic•i•ty stunt truco *m* publicitario

pub•li•cize ['pʌblɪsaɪz] *v/t* (*make known*) publicar, hacer público; COM dar publicidad a

pub•lic li•a•bil•i•ty in•sur•ance seguro *m* de responsabilidad civil; pub•lic 'li-bra•ry biblioteca *f* pública; pub•lic lim•it•ed 'com•pa•ny *Br* sociedad *f* anónima

pub•lic•ly ['pʌblɪklɪ] *adv* públicamente

pub•lic o'pin•ion opinión *f* pública; pub•lic 'pros•e•cu•tor fiscal *m/f*; pub-lic re'la•tions *npl* relaciones *fpl* públicas; 'pub•lic school 1 colegio *m* público 2 *Br* colegio *m* privado; 'pub•lic sec•tor sector *m* público; pub•lic-'spir•it•ed *adj* cívico; pub•lic 'trans-port *Br* transporte *m* público; pub•lic u'til•i•ty empresa *f* de servicios públicos

pub•lish ['pʌblɪʃ] *v/t* publicar

pub•lish•er ['pʌblɪʃər] *person* editor(a) *m(f)*; *company* editorial *f*

pub•lish•ing ['pʌblɪʃɪŋ] industria *f* editorial

'pub•lish•ing com•pa•ny editorial *f*

puce [pjuːs] *adj* morado oscuro

puck [pʌk] *in ice hockey* disco *m*

puck•er ['pʌkər] *v/t lips* fruncir

pud•ding ['pudɪŋ] 1 budín *m* 2 *Br* postre *m*

pud•dle ['pʌdl] charco *m*

pu•er•ile ['pjuːrɪl] *adj* pueril

Puer•to Ri•can [pwertou'riːkən] I *adj* portorriqueño, puertorriqueño II *n* portorriqueño(-a) *m(f)*, puertorriqueño(-a) *m(f)*

Puer•to Ri•co [pwertou'riːkou] Puerto Rico *m*

puff [pʌf] I *n* 1 *of wind* racha *f* 2 *from cigarette* calada *f* 3 *of smoke* bocanada *f* II *v/i* 1 (*pant*) resoplar 2: ~ *on a cigar-ette* dar una calada a un cigarrillo

puffed [pʌft] *adj* F (*out of breath*) sin aliento

puf•fin ['pʌfɪn] frailecillo *m*

puff 'paste, puff 'pas•try *Br* hojaldre *m*

puff•y ['pʌfɪ] *adj eyes, face* hinchado *m*

pug [pʌg] *dog* dogo *m*

pug•na•cious [pʌgˈneɪʃəs] *adj* combativo

pug•nac•i•ty [pʌgˈnæsətɪ] combatividad *f*

puke [pjuːk] P **I** *n substance* vomitona *f* P **II** *v/i* echar la pota P

pull [pʊl] **I** *n on rope etc* tirón *m*; **she gave the door a good ~** dió un buen portazo **2** F (*appeal*) gancho *m* F **3** F (*influence*) enchufe *m* F

**II** *v/t* **1** (*drag*) arrastrar **2** (*tug*) tirar de; *tooth* sacar; **~ a muscle** sufrir un tirón en un músculo **3**: **~ a face** hacer una mueca; **not ~ one's punches**, **~ no punches** no andarse con chiquitas

**III** *v/i* tirar

◆ **pull ahead** *v/i in race, competition* adelantarse

◆ **pull apart** *v/t* **1** (*separate*) separar **2** (*criticize*) hacer trizas

◆ **pull away** **I** *v/t* apartar **II** *v/i of vehicle* apartarse; *in race* escaparse (**from** de)

◆ **pull down** *v/t* **1** (*lower*) bajar **2** (*demolish*) derribar

◆ **pull for** *v/t* (*cheer on*) animar a

◆ **pull in** *v/i of bus, train* llegar

◆ **pull off** *v/t* **1** quitar; *item of clothing* quitarse **2** F conseguir; **he finally pulled it off** al final lo consiguió

◆ **pull on** *v/t item of clothing* ponerse

◆ **pull out** **I** *v/t* sacar; *troops* retirar **II** *v/i* retirarse; *of ship* salir

◆ **pull over** *v/i* parar en el arcén

◆ **pull through** *v/i from an illness* recuperarse

◆ **pull together** **I** *v/i* (*cooperate*) cooperar **II** *v/t*: **pull o.s. together** tranquilizarse

◆ **pull up** **I** *v/t* (*raise*) subir; *item of clothing* subirse; *plant, weeds* arrancar **II** *v/i of car etc* parar

pul•ley [ˈpʊlɪ] polea *f*

pull•o•ver [ˈpʊloʊvər] suéter *m*, *Span* jersey *m*

'pull-up flexión *f* (*en barra*)

pul•mo•nar•y [ˈpʌlmənerɪ] *adj* ANAT, MED pulmonar

pulp [pʌlp] *of fruit* pulpa *f*; *for papermaking* pasta *f*; **beat s.o. to a ~** hacer papilla a alguien

'pulp fic•tion literatura *f* barata

pul•pit [ˈpʊlpɪt] púlpito *m*

'pulp nov•el novela *f* barata

pul•sate [pʌlˈseɪt] *v/i of heart, blood* palpitar; *of music* vibrar

pulse [pʌls] pulso *m*

pul•ver•ize [ˈpʌlvəraɪz] *v/t* pulverizar

pu•ma [ˈpjuːmə] ZO puma *m*

pum•ice [ˈpʌmɪs]: **~ stone** piedra *f* pómez

pum•mel [ˈpʌml] *v/t* (*pret & pp* **-ed**, *Br* **-led**) aporrear

pump [pʌmp] **I** *n* bomba *f*; (*gas ~*) surtidor *m* **II** *v/t* bombear; **~ money into** *fig* inyectar dinero en; **~ s.o.'s stomach** MED hacer a alguien un lavado de estómago; **~ s.o. for information** F tratar de sonsacar *or* sacar información a alguien

◆ **pump up** *v/t* inflar

pump•kin [ˈpʌmpkɪn] calabaza *f*

pun [pʌn] juego *m* de palabras

punch[1] [pʌntʃ] **I** *n* **1** *blow* puñetazo *m* **2** *implement* perforadora *f* **II** *v/t* **1** *with fist* dar un puñetazo a **2** *ticket* agujerear; **~ a hole in sth** agujerear algo

punch[2] [pʌntʃ] *n drink* ponche *m*

'punch-bag saco *m* de boxeo; 'punch card tarjeta *f* perforada; 'punch line golpe *m*, punto *m* culminante; 'punch-up *Br* F pelea *f*

punc•til•i•ous [pʌŋkˈtɪlɪəs] *adj* puntilloso

punc•tu•al [ˈpʌŋktʃʊəl] *adj* puntual

punc•tu•al•i•ty [pʌŋktʃʊˈælətɪ] puntualidad *f*

punc•tu•al•ly [ˈpʌŋktʃʊəlɪ] *adv* puntualmente

punc•tu•ate [ˈpʌŋktʃʊeɪt] *v/t* puntuar

punc•tu•a•tion [pʌŋktʃʊˈeɪʃn] puntuación *f*

punc•tu•a•tion mark signo *m* de puntuación

punc•ture [ˈpʌŋktʃər] **I** *n* perforación *f* **II** *v/t* perforar

pun•dit [ˈpʌndɪt] experto(-a) *m(f)*

pun•gen•cy [ˈpʌndʒənsɪ] fuerza *f*

pun•gent [ˈpʌndʒənt] *adj* fuerte

pun•ish [ˈpʌnɪʃ] *v/t person* castigar

pun•ish•a•ble [ˈpʌnɪʃəbl] *adj* punible; **~ offense** delito *m* punible; **murder is ~ by death** el asesianto está castigado con la pena de muerte

pun•ish•ing [ˈpʌnɪʃɪŋ] *adj schedule* exigente; *pace* fuerte

pun•ish•ment [ˈpʌnɪʃmənt] castigo *m*

pu•ni•tive [ˈpjuːnətɪv] *adj* punitivo; ~

**damages** daños *mpl* punitivos

punk ['pʌŋk], 'punk rock MUS (música *f*) punk *m*

punk 'rock•er MUS punki *m/f*

pun•ster ['pʌnstər] *persona a la que gusta hacer juegos de palabras*

punt [pʌnt] *boat* batea *f*

pu•ny ['pjuːnɪ] *adj person* enclenque

pup [pʌp] cachorro *m*

pu•pil[1] ['pjuːpl] *of eye* pupila *f*

pu•pil[2] ['pjuːpl] (*student*) alumno(-a) *m(f)*

pup•pet ['pʌpɪt] *also fig* marioneta *f*

pup•pet•eer [pʌpɪ'tɪr] marionetista *m/f*

'pup•pet gov•ern•ment gobierno *m* títere

'pup•pet show espectáculo *m* de guiñol

pup•py ['pʌpɪ] cachorro *m*

'pup•py love F amor *m* de adolescente

pur•chas•a•ble ['pɜːrtʃəsəbl] *adj* adquirible

pur•chase[1] ['pɜːrtʃəs] **I** *n* adquisición *f*, compra *f* **II** *v/t* adquirir, comprar

pur•chase[2] ['pɜːrtʃəs] *n* (*grip*) agarre *m*; *I can't get any ~ on it* no consigo agarrarme a ello

'pur•chase in•voice factura *f* de compra; 'pur•chase ledg•er libro *m* mayor de cuentas; 'pur•chase or•der orden *f* de compra; 'pur•chase price precio *m* de compra

pur•chas•er ['pɜːrtʃəsər] comprador(a) *m(f)*

pur•chas•ing (de•part•ment) ['pɜːrtʃəsɪŋ] departamento *m* de compras

'pur•chas•ing power COM poder *m* de compra

pure [pjʊr] *adj* puro; *~ new wool* pura lana *f* virgen

'pure•bred **I** *adj* purasangre **II** *n* purasangre *m*

pu•ree ['pjʊreɪ] **I** *n* puré *m* **II** *v/t* hacer puré

pure•ly ['pjʊrlɪ] *adv* puramente

pur•ga•to•ry ['pɜːrgətɔːrɪ] purgatorio *m*

purge [pɜːrdʒ] **I** *n of political party* purga *f* **II** *v/t* purgar *f*

pu•ri•fi•ca•tion [pjʊrɪfɪ'keɪʃn] purificación *f*

pu•ri•fy ['pjʊrɪfaɪ] *v/t* (*pret & pp* **-ied**) *water* depurar

pur•ism ['pjʊrɪzəm] purismo *m*

pur•ist ['pjʊrɪst] purista *m/f*

Pu•ri•tan ['pjʊrɪtən] **I** *adj* puritano **II** *n* puritano(-a) *m(f)*

pu•ri•tan ['pjʊrɪtən] puritano(-a) *m(f)*

pu•ri•tan•i•cal [pjʊrɪ'tænɪkl] *adj* puritano

Pu•ri•tan•ism ['pjʊrɪtənɪzəm] puritanismo *m*

pu•ri•ty ['pjʊrɪtɪ] pureza *f*

pur•loin [pɜːr'lɔɪn] *v/t* sustraer

pur•ple ['pɜːrpl] *adj* morado; *he went ~ with embarrassment* se puso rojo; *with anger* se puso encendido

Pur•ple 'Heart MIL *medalla concedida a los soldados heridos en combate*

pur•port [pɜːr'pɔːrt] *v/t*: *~ to be* pretender ser

pur•port•ed•ly [pɜːr'pɔːrtɪdlɪ] *adv* supuestamente

pur•pose ['pɜːrpəs] (*aim, object*) propósito *m*, objeto *m*; *on ~* a propósito; *what is the ~ of your visit?* ¿cuál es el objeto de su visita?

pur•pose•ful ['pɜːrpəsfəl] *adj* decidido

pur•pose•ly ['pɜːrpəslɪ] *adv* decididamente

purr [pɜːr] *v/i of cat* ronronear; *of engine* zumbar

purse [pɜːrs] **1** (*pocketbook*) bolso *m* **2** *Br for money* monedero *m*

purs•er ['pɜːrsər] NAUT, AVIA sobrecargo *m*

pur•su•ance [pər'suəns]: *in (the) ~ of one's duty* en el cumplimiento del deber

pur•sue [pər'suː] *v/t person* perseguir; *career* ejercer; *course of action* proseguir

pur•su•er [pər'suːər] perseguidor(a) *m(f)*

pur•suit [pər'suːt] **1** (*chase*) persecución *f*; *of happiness etc* búsqueda *f*; *those in ~* los perseguidores **2** (*activity*) actividad *f*

pus [pʌs] pus *m*

push [pʊʃ] **I** *n* (*shove*) empujón *m*; *at the ~ of a button* apretando un botón; *give s.o. a ~* dar un empujón a alguien; *in car* empujar el coche de alguien; *she got the ~ Br from job, in relationship* la pusieron / la puso de patitas en la calle; *when it comes to the ~* F, *when ~ comes to shove* F cuando las cosas se ponen feas; *at a ~* F apurando

**II** *v/t* **1** (*shove*) empujar; *button* apretar,

pulsar; *the reporter ~ed a microphone into his face* el periodista le metió un micrófono en la cara; **~ one's way through** abrirse paso a empujones **2** (*pressurize*) presionar; *he was ~ed into it into job etc* le hicieron hacerlo; *~ s.o. to do sth* presionar a alguien para que haga algo **3** F *drugs* pasar F, mercadear con **4**: *be ~ed for cash* F estar pelado F, estar sin un centavo; *be ~ed for time* F ir mal de tiempo F; *be ~ing 40* F rondar los 40 **III** *v/i* empujar

◆ **push ahead** *v/i* seguir adelante
◆ **push along** *v/t cart etc* empujar
◆ **push around** *v/t* F (*boss around*) abusar de, mangonear a
◆ **push away** *v/t* apartar
◆ **push for** *v/t* (*try to get*) insistir en
◆ **push in** *v/i* colarse
◆ **push off** I *v/t lid* destapar II *v/i* largarse; **push off!** ¡lárgate!
◆ **push on** *v/i* (*continue*) continuar
◆ **push past** *v/t*: **push past s.o.** adelantar a alguien a empujones
◆ **push up** *v/t prices* hacer subir

'push but•ton botón *m*
'push-but•ton *adj* de botones; **~ telephone** teléfono *m* de botones
'push•cart carro *m*
push•er ['puʃər] F *of drugs* camello *m* F
'push•o•ver F: *it was a ~* era pan comido F; *I'm a ~ for ...* no sé decir que no a...; 'push-start *v/t* arrancar empujando; 'push-up flexión *f* (de brazos)
push•y ['puʃɪ] *adj* F avasallador, agresivo
puss, pus•sy (cat) [pus, 'pusɪ] F minino *m* F
◆ pus•sy•foot around ['pusɪfut] *v/i* F andarse con rodeos

put [put] I *v/t* (*pret & pp put*) **1** poner; *~ the cost at ...* estimar el costo en ...; *stay ~* no moverse; *~ sth before sth fig* poner algo antes que algo; *~ a tax on sth* poner un impuesto sobre algo **2** (*say*) poner, decir; *question* hacer; *let me ~ it this way* pongámoslo así; *and that's ~ting it mildly* y eso por decirlo suavemente; *~ it to s.o. that ...* proponer a alguien que ... II *v/i*: *~ to sea* NAUT zarpar

◆ **put about** *v/i* NAUT cambiar de rumbo
◆ **put across** *v/t idea etc* hacer llegar
◆ **put ahead** *v/t in competition* poner por delante
◆ **put aside** *v/t money* apartar, ahorrar; *work* dejar a un lado
◆ **put away** *v/t* **1** *in closet etc* guardar; *in institution* encerrar; F (*consume*) consumir, cepillarse F; *money* apartar, ahorrar **2** *animal* sacrificar
◆ **put back** *v/t* **1** (*replace*) volver a poner **2** *clocks* retrasar, atrasar
◆ **put by** *v/t money* apartar, ahorrar
◆ **put down** *v/t* **1** dejar; *deposit* entregar; *put one's foot down in car* apretar el acelerador; (*be firm*) plantarse; *put one's name down for sth* apuntarse a algo **2** F (*belittle*) dejar en mal lugar **3** *rebellion* reprimir **4**: *put down in writing* poner por escrito **5** (*attribute*): *put sth down to sth* atribuir algo a algo
◆ **put forward** *v/t idea etc* proponer, presentar
◆ **put in** *v/t* meter; *time* dedicar; *request, claim* presentar
◆ **put in for** *v/t* (*apply for*) solicitar
◆ **put off** *v/t* **1** *light, radio, TV* apagar **2** (*postpone*) posponer, aplazar **3** (*deter*) desalentar **4** (*repel*) desagradar; *I was put off by the smell* el olor me quitó las ganas; *that put me off shellfish for life* me quitó las ganas de volver a comer marisco
◆ **put on** *v/t* **1** *light, radio, TV* encender, *L.Am.* prender; *tape, music* poner; *put on make-up* maquillarse; *put on the brake* frenar; *put on weight* engordar **2** *jacket, shoes, eye glasses* ponerse **3** (*perform*) representar **4** (*assume*) fingir; *she's just putting it on* está fingiendo
◆ **put out** *v/t* **1** *hand* extender **2** *fire, light* apagar **3**: *don't put yourself out on my account* por mí no te molestes, no te tomes ninguna molestia por mí
◆ **put over** ☞ **put across**
◆ **put past** *v/t*: *I wouldn't put it past him* sería muy capaz de hacerlo
◆ **put through** *v/t*: *put s.o. through to s.o. on phone* poner a alguien con alguien; *I'll put you through* le paso
◆ **put together** *v/t* (*assemble, organize*)

montar
◆ **put up** *v/t* **1** *hand, fence, building* levantar; **put your hands up!** ¡arriba las manos! **2** *person* alojar **3** (*erect*) levantar **4** *prices* subir **5** *poster, notice* colocar **6** *money* aportar **7: put up for sale** poner en venta
◆ **put up with** *v/t* (*tolerate*) aguantar
**pu•ta•tive** ['pju:tǝtɪv] *adj fml* presunto
**'put-down** F comentario *m* (*para dejar en ridículo*)
**'put-on** F fingimiento *m*
**put-'out** *adj* molesto, contrariado
**pu•tre•fy** ['pju:trɪfaɪ] *v/i* pudrirse
**pu•trid** ['pju:trɪd] *adj* putrefacto; F horrible
**putsch** [pʊtʃ] POL pronunciamiento *m*
**putt** [pʌt] SP I *v/i* golpear con el putter II *n* putt *m*
**putt•er** ['pʌtǝr] *in golf* putter *m*
◆ **put•ter around** *v/i* entretenerse
**put•ty** ['pʌtɪ] masilla *f*; **she is (like) ~ in his hands** es una marioneta en sus manos
**'put-up job** F apaño *m*

**'put-up•on** *adj*: **feel ~** sentirse utilizado
**puz•zle** ['pʌzl] I *n* (*mystery*) enigma *m*; *game* pasatiempos *mpl*; (*jigsaw ~*) puzzle *m*; (*crossword ~*) crucigrama *m* II *v/t* desconcertar; **one thing ~s me** hay algo que no acabo de entender
◆ **puzzle out** *v/t* averiguar
**puz•zler** ['pʌzlǝr] F *problem* enigma *m*
**puz•zling** ['pʌzlɪŋ] *adj* desconcertante
**PVC** [pi:vi:'si:] *abbr* (= *polyvinyl chloride*) PVC *m* (= cloruro *m* de polivinilo)
**pyg•my** ['pɪgmɪ] pigmeo(-a) *m(f)*
**py•ja•mas** *Br* ☞ *pajamas*
**py•lon** ['paɪlǝn] torre *f* de alta tensión
**pyr•a•mid** ['pɪrǝmɪd] pirámide *f*
**'pyr•a•mid sell•ing** ventas *fpl* piramidales
**pyre** ['paɪǝr] pira *f*
**py•ro•ma•ni•ac** [paɪrou'meɪnɪæk] pirómano(-a) *m(f)*
**py•ro•tech•nics** [paɪrou'teknɪks] *npl* pirotecnia *f*
**Pyr•rhic vic•to•ry** [pɪrɪk'vɪktǝrɪ] victoria *f* pírrica
**py•thon** ['paɪθɑːn] pitón *f*

# Q

**quack¹** [kwæk] I *n of duck* graznido *m* II *v/i* graznar
**quack²** [kwæk] *n* F (*bad doctor*) medicucho(-a) *m(f)* F; *hum* (*doctor*) matasanos *m/f inv* F
**quad•ran•gle** ['kwɑːdræŋgl] **1** *figure* cuadrángulo *m* **2** *courtyard* patio *m*
**quad•ran•gu•lar** [kwɑːd'ræŋgjulǝr] *adj* cuadrangular
**quad•rat•ic e•qua•tion** [kwɑːdrætɪkɪ'kweɪʃn] ecuación *f* de segundo grado
**quad•ru•ped** ['kwɑːdruped] cuadrúpedo *m*
**quad•ru•ple** ['kwɑːdrʊpl] *v/i* cuadruplicarse
**quad•ru•plets** ['kwɑːdrʊplɪts] *npl* cuatrillizos(-as) *mpl(fpl)*
**quads** [kwɑːdz] *npl* F cuatrillizos(-as) *mpl(fpl)*
**quag•mire** ['kwɑːgmaɪr] *fig* atolladero *m*
**quail** [kweɪl] *v/i* temblar (**at** ante)
**quaint** [kweɪnt] *adj* **1** *cottage* pintoresco

**2** (*slightly eccentric: ideas etc*) extraño
**quake** [kweɪk] I *n* (*earth~*) terremoto *m* II *v/i* *of earth, with fear* temblar
**Quak•er** ['kweɪkǝr] REL cuáquero(-a) *m(f)*
**qual•i•fi•ca•tion** [kwɑːlɪfɪ'keɪʃn] **1** *from university etc* título *m*; **have the right ~s for a job** estar bien cualificado para un trabajo **2: I'd like to add one ~ to that remark** me gustaría matizar ese comentario
**qual•i•fied** ['kwɑːlɪfaɪd] *adj* **1** *doctor, engineer, plumber etc* titulado; **I am not ~ to judge** no estoy en condiciones de poder juzgar **2** (*restricted*) limitado
**qual•i•fi•er** ['kwɑːlɪfaɪǝr] SP **1** eliminatoria *f* **2** *person, team* clasificado(-a) *m(f)*
**qual•i•fy** ['kwɑːlɪfaɪ] I *v/t* (*pret & pp -ied*) **1** *of degree, course etc* habilitar **2** *remark etc* matizar II *v/i* (*pret & pp -ied*) **1** (*get degree etc*) titularse, *L.Am.* egresar; *in competition* calificar-

se 2: *that doesn't ~ as ...* eso no cuenta como ...

**qual•i•ta•tive** ['kwɑːlɪtətɪv] *adj* cualitativo

**qual•i•ty** ['kwɑːlətɪ] **1** calidad *f*; *~ of life* calidad de vida; *~ wine* vino de calidad **2** (*characteristic*) cualidad *f*

**'qual•i•ty as•sur•ance** garantía *f* de calidad; **qual•i•ty con'trol** control *m* de calidad; **'qual•i•ty goods** *pl* productos *mpl* de calidad; **'qual•i•ty news•pa•per** periódico *m* no sensacionalista; **'qual•i•ty time** *tiempo de disfrute de familia, amigos etc*

**qualm** [kwɑːm]: *have no ~s about doing sth* no tener reparos en hacer algo

**quan•da•ry** ['kwɑːndərɪ] dilema *m*; *be in a ~ about what to do* estar en un dilema sobre qué hacer

**quan•go** ['kwæŋgoʊ] *Br organismo público independiente del gobierno*

**quan•ti•fy** ['kwɑːntɪfaɪ] *v/t* (*pret & pp -ied*) cuantificar

**quan•ti•ta•tive** ['kwɑːntɪtətɪv] *adj* cuantitativo

**quan•ti•ty** ['kwɑːntətɪ] cantidad *f*; *in small quantities* en pequeñas cantidades

**quan•tum leap** [kwɑːntəm'liːp] paso *m* gigante

**quan•tum 'phys•ics** *nsg* física *f* cuántica

**quar•an•tine** ['kwɑːrəntiːn] cuarentena *f*; *put in ~* poner en cuarentena

**quark** [kwɑːrk] PHYS quark *m*

**quar•rel** ['kwɑːrəl] **I** *n* pelea *f*; *have no ~ with sth* no tener nada en contra de algo **II** *v/i* (*pret & pp -ed, Br -led*) pelearse (*with* con)

**quar•rel•some** ['kwɑːrəlsʌm] *adj* peleón

**quar•ry**[1] ['kwɑːrɪ] *in hunt* presa *f*

**quar•ry**[2] ['kwɑːrɪ] *for mining* cantera *f*

**quart** [kwɔːrt] cuarto *m* de galón; *you can't put a ~ into a pint pot* F no pidas peras al olmo

**quar•ter** ['kwɔːrtər] **1** cuarto *m*; (*25 cents*) cuarto *m* de dólar; *a ~ of an hour* un cuarto de hora; *a ~ of 5* las cinco menos cuarto, *L.Am.* un cuarto para las cinco; *a ~ after 5* las cinco y cuarto **2** (*part of town*) barrio *m*; *from all ~s* de todas partes; *from official ~s* de

fuentes oficiales

**'quar•ter•back** SP quarterback *m, en fútbol americano, jugador que dirige el juego de ataque*; **'quar•ter•deck** NAUT cubierta *f* de popa; **quar•ter-'fi•nal** cuarto *m* de final; **quar•ter-'fi•nal•ist** cuartofinalista *m/f*

**quar•ter•ly** ['kwɔːrtərlɪ] **I** *adj* trimestral **II** *adv* trimestralmente

**'quar•ter•note** MUS negra *f*

**quar•ters** ['kwɔːrtərz] *npl* MIL alojamiento *m*

**quar•tet** [kwɔːr'tet] cuarteto *m*

**quar•tile** ['kwɔːrtaɪl] cuartil *m*

**quartz** [kwɔːrts] cuarzo *m*

**quartz 'clock** reloj *m* de cuarzo

**quash** [kwɑːʃ] *v/t rebellion* aplastar, sofocar; *court decision* revocar

**qua•ver** ['kweɪvər] **I** *n* **1** *in voice* temblor *m* **2** *Br* MUS corchea *f* **II** *v/i of voice* temblar

**quay** [kiː] NAUT muelle *m*

**quea•sy** ['kwiːzɪ] *adj* mareado; *get ~* marearse; *I feel ~* estoy mareado

**queen** [kwiːn] **1** reina *f*; *~ of hearts* reina de corazones **2** F *homosexual* loca *f*

**queen 'bee** abeja *f* reina

**queen•ly** ['kwiːnlɪ] *adj* de reina

**queen 'moth•er** reina *f* madre

**queer** [kwɪr] *adj* (*peculiar*) raro, extraño

**queer•ly** ['kwɪrlɪ] *adv* de manera extraña

**quell** [kwel] *v/t protest, crowd* acallar; *riot* aplastar, sofocar

**quench** [kwentʃ] *v/t thirst* apagar, saciar; *flames* apagar

**que•ry** ['kwɪrɪ] **I** *n* duda *f*, pregunta *f* **II** *v/t* (*pret & pp -ied*) (*express doubt about*) cuestionar; (*check*) comprobar; *~ sth with s.o.* preguntar algo a alguien

**quest** [kwest] busca *f* (*for* de)

**ques•tion** ['kwestʃn] **I** *n* **1** pregunta *f*; *raise a ~* plantear una pregunta **2** (*matter*) cuestión *f*, asunto *m*; *in ~* (*being talked about*) en cuestión; (*in doubt*) en duda; *it's a ~ of money / time* es una cuestión de dinero / tiempo; *that's out of the ~* eso es imposible; *that's not the point in ~* no se trata de eso; *there is no ~ that ..., it is beyond that ...* no hay duda que...; *without ~* sin duda; *call into ~* poner en duda **II** *v/t person* preguntar a; LAW interro-

gar; (*doubt*) cuestionar, poner en duda
**ques•tion•a•ble** ['kwestʃnəbl] *adj* cuestionable, dudoso
**ques•tion•er** ['kwestʃənər] interrogador(a) *m(f)*
**ques•tion•ing** ['kwestʃnɪŋ] **I** *adj look, tone* inquisitivo **II** *n* interrogatorio *m*
**'ques•tion mark** signo *m* de interrogación; ***there's a big ~ over the future of the organization*** el futuro de la organización está en el aire
**ques•tion•naire** [kwestʃə'ner] cuestionario *m*
**quet•zal** ['ketzəl] FIN quetzal *m*
**queue** [kjuː] *Br* **I** *n* cola *f*; ***there was a big ~ for tickets*** había mucha cola *or* fila para los billetes **II** *v/i* hacer cola
◆ **queue up for** *v/t Br* hacer cola para
**quib•ble** ['kwɪbl] *v/i* discutir (*por algo insignificante*); ***now you're just quibbling*** ahora estás discutiendo por discutir
**quick** [kwɪk] **I** *adj* rápido; ***be ~!*** ¡date prisa!; ***let's have a ~ drink*** vamos a tomarnos algo rápidamente; ***can I have a ~ look?*** ¿me dejas echarle un vistazo?; ***that was ~!*** ¡qué rápido!; ***how about a ~ swim?*** ¿qué tal si nos damos un chapuzón?; ***be ~ to learn*** aprender rápidamente **II** *n*: ***cut s.o. to the ~*** herir a alguien en donde más duele
**'quick-act•ing** *adj* de efecto rápido
**quick•en** ['kwɪkən] *v/i* acelerarse
**'quick-fire** *adj questions* rápido
**quick•ie** ['kwɪkɪ] F *drink* copa *f* rápida; *sex* polvo *m* rápido; *question* pregunta *f* rápida
**quick•ly** ['kwɪklɪ] *adv* rápidamente, rápido, deprisa
**'quick•sand** arenas *fpl* movedizas; **'quick•sil•ver** azogue *m*; **quick-tempered** [kwɪk'tempərd] *adj* irascible; **quick-wit•ted** [kwɪk'wɪtɪd] *adj* agudo
**quid** [kwɪd] *Br* F libra *f*
**qui•et** ['kwaɪət] *adj* tranquilo; *engine* silencioso; ***keep ~ about sth*** guardar silencio sobre algo; ***~!*** ¡silencio!; ***on the ~*** F a escondidas
◆ **qui•et•en down** ['kwaɪətn] **I** *v/t children, class* tranquilizar, hacer callar **II** *v/i of children* tranquilizarse, callarse; *of political situation* calmarse
**quiet•ly** ['kwaɪətlɪ] *adv* (*not loudly*) silenciosamente; (*without fuss*) discreta-

mente; (*peacefully*) tranquilamente; ***speak ~*** hablar en voz baja
**quiet•ness** ['kwaɪətnɪs] *of voice* suavidad *f*; *of night, street* silencio *m*, calma *f*
**quilt** [kwɪlt] *on bed* edredón *m*
**quilt•ed** ['kwɪltɪd] *adj* acolchado
**quince** [kwɪns] BOT membrillo *m*
**quin•ine** ['kwɪniːn] quinina *f*
**quint•es•sen•tial** [kwɪntɪ'senʃəl] *adj* prototípico
**quin•tet** [kwɪn'tet] MUS quinteto *m*
**quin•tu•plets** ['kwɪntjuplets] quintillizos(-as) *mpl(fpl)*
**quip** [kwɪp] **I** *n joke* broma *f*; *remark* salida *f* **II** *v/i* (*pret & pp -ped*) bromear
**quirk** [kwɜːrk] peculiaridad *f*, rareza *f*; ***by some ~ of fate*** por un capricho del destino
**quirk•y** ['kwɜːrkɪ] *adj* peculiar, raro
**quit** [kwɪt] **I** *v/t* (*pret & pp* **quit**) *job* dejar, abandonar; ***~ doing sth*** dejar de hacer algo **II** *v/i* (*pret & pp* **quit**) (*leave job*) dimitir; COMPUT salir
**quite** [kwaɪt] *adv* **1** (*fairly*) bastante; ***that's ~ nice*** está bastante bien; ***it was only ~ hot*** hacía calor pero no demasiado; ***I ~ like it*** me gusta algo **2** (*completely*) completamente; ***you're ~ right*** tienes toda la razón; ***these two are ~ different*** estas dos son totalmente diferentes; ***not ~ ready*** no listo del todo; ***not ~ the same*** no exactamente lo mismo; ***I didn't ~ understand*** no entendí bien; ***you haven't ~ understood*** no lo acabas de entender; ***is that right? – not ~*** ¿es verdad? – no exactamente; ***are you ready? – not ~*** ¿estás listo? – no del todo; ***~ !*** ¡exactamente! **3**: ***~ a lot*** bastante; ***~ a few*** bastantes; ***it was ~ a surprise*** fue toda una sorpresa; ***$500 is ~ a lot to pay*** 500 dólares son muchos dólares; ***it was ~ a sight*** era todo un espectáculo; ***she's ~ a girl*** es toda una niña; ***she looks ~ the New York socialite*** es todo un personaje de la vida neoyorquina
**quits** [kwɪts] *adj*: ***be ~ with s.o.*** estar en paz con alguien; ***let's call it ~*** quedemos en paz
**quit•ter** ['kwɪtər] F: ***he's no ~*** no es de los que abandona
**quiv•er**[1] ['kwɪvər] *v/i* estremecerse
**quiv•er**[2] ['kwɪvər] *n for arrows* carcaj *m*

**quix•ot•ic** [kwɪk'sɑːtɪk] *adj* quijotesco

**quiz** [kwɪz] **I** *n* concurso *m* (*de preguntas y respuestas*) **II** *v/t* (*pret & pp* **-zed**) interrogar (*about* sobre)

'**quiz mas•ter** presentador *m* (*de un concurso de preguntas y respuestas*)

'**quiz pro•gram**, *Br* '**quiz pro•gramme** programa *m* concurso (*de preguntas y respuestas*)

**quiz•zi•cal** ['kwɪzɪkl] *adj* dubitativo

**quo•rum** ['kwɔːrəm] quórum *m inv*; **have a ~** haber quórum

**quo•ta** ['kwoʊtə] cuota *f*

**quo•ta•ble** ['kwoʊtəbl] *adj remark* reproducible

**quo•ta•tion** [kwoʊ'teɪʃn] **1** *from author* cita *f* **2** (*price*) presupuesto *m*

**quo'ta•tion marks** *npl* comillas *fpl*

**quote** [kwoʊt] **I** *n* **1** *from author* cita *f* **2** (*quotation mark*) comilla *f*; **in ~s** entre comillas **3** (*price*) presupuesto *m* **II** *v/t* **1** *text* citar; **he was ~d as saying that** se le atribuye haber dicho que; **don't ~ me on this, but …** no me hagas mucho caso, pero … **2** *price* dar **3** FIN: **be ~d on the stock market** cotizar en bolsa; **be ~d at** cotizar a **III** *v/i*: **~ from an author** citar de un autor; **he is ~ … unquote** es … entre comillas; **it was described as, and I ~, …** lo describieron como, y cito textualmente,… **2**: **~ for a job** dar un presupuesto para un trabajo

'**quote marks** *npl* comillas *fpl*; **put sth in ~** poner algo entre comillas

**quo•tient** ['kwoʊʃnt] MATH cociente *m*

# R

**rab•bi** ['ræbaɪ] rabino *m*

**rab•bit** ['ræbɪt] conejo *m*

'**rab•bit punch** colleja *f*

**rab•ble** ['ræbl] chusma *f*, multitud *f*

**rab•ble-rous•er** ['ræblraʊzər] agitador(a) *m(f)*

'**rab•ble-rous•ing** *adj* inflamatorio

**rab•id** ['ræbɪd] *adj* (*fanatical*) furibundo

**ra•bies** ['reɪbiːz] *nsg* rabia *f*

**rac•coon** [rə'kuːn] mapache *m*

**race¹** [reɪs] *n of people* raza *f*

**race²** [reɪs] **I** *n* SP carrera *f*; **the ~s horses** las carreras; **take your time, it's not a ~** tómate el tiempo que necesites, ésto no es una carrera a contrarreloj **II** *v/i* (*run fast*) correr; **he ~d through his meal / work** acabó su comida / trabajo a toda velocidad **III** *v/t* correr contra; **I'll ~ you** te echo una carrera

'**race•course** *Br* hipódromo *m*; '**race•horse** caballo *m* de carreras; '**race meet•ing** *Br* carreras *fpl* de caballos

**rac•er** ['reɪsər] *horse* caballo *m* de carreras; *car* coche *m* de carreras; *bicycle* bicicleta *f* de carreras; *motorbike* moto *f* de carreras; *runner* corredor(a) *m(f)*

'**race ri•ot** disturbios *mpl* raciales

'**race•track** circuito *m*; *for horses* hipódromo *m*

**ra•cial** ['reɪʃl] *adj* racial

**ra•cial dis•crim•i'na•tion** discriminación *f* racial

**ra•cial e'qual•i•ty** igualdad *f* racial

**ra•cial•ism** ['reɪʃəlɪzəm] racismo *m*

**ra•cial seg•re'ga•tion** segregación *f* racial

**rac•ing** ['reɪsɪŋ] carreras *fpl*

'**rac•ing bi•cy•cle** bicicleta *f* de carreras; '**rac•ing car** coche *m* de carreras; '**rac•ing driv•er** piloto *m* de carreras

**rac•ism** ['reɪsɪzm] racismo *m*

**ra•cist** ['reɪsɪst] **I** *n* racista *m/f* **II** *adj* racista

**rack¹** [ræk] **I** *n for bikes*: barras para aparcar bicicletas; *for bags on train* portaequipajes *m inv*; *for CDs* mueble *m* **II** *v/t*: **~ one's brains** devanarse los sesos

**rack²** [ræk] *n*: **go to ~ and ruin** arruinarse

**rack•et¹** ['rækɪt] SP raqueta *f*

**rack•et²** ['rækɪt] **1** (*noise*) jaleo *m*; **make a ~** armar mucho jaleo **2** *criminal activity* negocio *m* sucio

**rack•et•eer** [rækə'tɪr] extorsionista *m/f*, mafioso(-a) *m/f*

**rack•et•eer•ing** [rækə'tɪrɪŋ] extorsión *f*

'**rack rate** *in hotel* tarifa *f* oficial

**ra•coon** [rə'kuːn] ZO mapache *m*

**rac•y** ['reɪsɪ] *adj* atrevido

ra•dar ['reɪdɑːr] radar *m*

'ra•dar screen pantalla *f* de radar; ra•dar 'speed check control *m* de velocidad por radar; 'ra•dar trap control *m* de velocidad por radar

ra•di•al ['reɪdɪəl] neumático *m* radial

ra•di•al 'tire, *Br* ra•di•al 'tyre neumático *m* radial

ra•di•ance ['reɪdɪəns] esplendor *m*, brillantez *f*

ra•di•ant ['reɪdɪənt] *adj smile, appearance* resplandeciente, brillante

ra•di•ate ['reɪdɪeɪt] *v/i of heat, light* irradiar

ra•di•a•tion [reɪdɪ'eɪʃn] PHYS radiación *f*

ra•di•a•tor ['reɪdɪeɪtər] *in room, car* radiador *m*

'ra•di•a•tor core núcleo *m* del radiador

rad•i•cal ['rædɪkl] **I** *adj* radical **II** *n* POL radical *m/f*

rad•i•cal•ism ['rædɪkəlɪzm] POL radicalismo *m*

rad•i•cal•ize ['rædɪklaɪz] *v/t* radicalizar

rad•i•cal•ly ['rædɪklɪ] *adv* radicalmente

ra•di•i ['reɪdɪaɪ] *pl* ☞ **radius**

ra•di•o ['reɪdɪoʊ] radio *f*; *on the* ~ en la radio; *by* ~ por radio

ra•di•o'ac•tive *adj* radiactivo; ra•di•o•ac•tive 'waste residuos *mpl* radiactivos; ra•di•o•ac•tiv•i•ty radiactividad *f*; ra•di•o a'larm radiodespertador *m*; 'ra•di•o bul•le•tin boletín *m* radiofónico; 'ra•di•o cab radiotaxi *m*; ra•di•o 'cas•sette play•er radiocasete *m*; 'ra•di•o con•tact contacto *m* por radio; *be in* ~ *with* estar en contacto por radio con; *lose* ~ *with* perder el contacto por radio con; ra•di•o-controlled [reɪdɪoʊkən'troʊld] *adj* teledirigido; 'ra•di•o dra•ma drama *m* radiofónico

ra•di•og•ra•pher [reɪdɪ'ɑːɡrəfər] técnico(-a) *m(f)* de rayos X

ra•di•og•ra•phy [reɪdɪ'ɑːɡrəfɪ] radiografía *f*

'ra•di•o ham radioaficionado(-a) *m(f)*

'ra•di•o link enlace *m* por radio

ra•di•ol•o•gist [reɪdɪ'ɑːlədʒɪst] radiólogo(-a) *m(f)*

ra•di•ol•o•gy [reɪdɪ'ɑːlədʒɪ] radiología *f*

'ra•di•o mes•sage mensaje *m* por radio; 'ra•di•o op•er•a•tor operador(a) *m(f)* de radio; 'ra•di•o pro•duc•er productor(a) *m(f)* de radio; 'ra•di•o pro-

gram, *Br* 'ra•di•o pro•gramme programa *m* de radio; 'ra•di•o re•port•er periodista *m/f* radiofónico(-a); 'ra•di•o sat•el•lite satélite *m* radiofónico; 'ra•di•o sig•nal señal *f* de radio; 'ra•di•o sta•tion emisora *f* de radio; 'ra•di•o tax•i radiotaxi *m*; ra•di•o-'ther•a•py radioterapia *f*; ra•di•o 'tel•e•phone radioteléfono *m*; 'ra•di•o traf•fic tráfico *m* radiofónico; 'ra•di•o wave onda *f* de radio

rad•ish ['rædɪʃ] rábano *m*

ra•di•us ['reɪdɪəs] (*pl* **radii**) radio *m*

raf•fle ['ræfl] rifa *f*

raft [ræft] **1** balsa *f* **2** F: *a whole* ~ *of ...* una colección *or* caterva de ...

raf•ter ['ræftər] viga *f*

rag [ræɡ] *for cleaning etc* trapo *m*; *in* ~*s* con harapos

rag•bag ['ræɡbæɡ] F batiburrillo *m*

rage [reɪdʒ] **I** *n* ira *f*, cólera *f*; *be in a* ~ estar encolerizado; *be all the* ~ F estar arrasando F **II** *v/i of storm* bramar

rag•ged ['ræɡɪd] *adj* andrajoso

raid [reɪd] **I** *n* **1** *by troops* incursión *f*; *by police* redada *f* **2** *by robbers* atraco *m* **3** FIN ataque *m*, incursión *f* **II** *v/t* **1** *of troops* realizar una incursión en; *of police* realizar una redada en **2** *of robbers* atracar; *fridge, orchard* saquear

raid•er ['reɪdər] *on bank etc* atracador(a) *m(f)*; *corporate* ~ tiburón *m* de bolsa

rail[1] [reɪl] *n* **1** *on track* riel *m*, carril *m*; *by* ~ en tren **2** (*hand~*) pasamanos *m inv*, baranda *f* **3** *for towel* barra *f*

rail[2] [reɪl] *v/i* protestar airadamente (*against, at* contra)

'rail•freight: *send sth* ~ enviar algo por vía férrea

rail•ings ['reɪlɪŋz] *npl around park etc* verja *f*

'rail pass abono *m* de tren; rail•road ['reɪlroʊd] ferrocarril *m*; 'rail•road sta•tion estación *f* de ferrocarril *or* de tren; rail•way ['reɪlweɪ] *Br* ferrocarril *m*

rain [reɪn] **I** *n* lluvia *f*; *in the* ~ bajo la lluvia; *the* ~*s pl* las lluvias; *come* ~ *or shine* pase lo que pase **II** *v/i* llover; *it's* ~*ing* llueve **III** *v/t*: ~ *blows on s.o* hacer llover golpes sobre alguien

◆ rain down on *v/t of blows* llover sobre

◆ rain off *v/t: Br. be rained off* suspenderse por la lluvia

◆ **rain out** v/t: *be rained out* suspenderse por la lluvia

'rain•bow arco *m* iris; 'rain•check *can I take a ~ on that?* F ¿lo podríamos aplazar para algún otro momento?; 'rain•coat impermeable *m*; 'rain•drop gota *f* de lluvia; 'rain•fall pluviosidad *f*, precipitaciones *fpl*; 'rain for•est selva *f*; 'rain•proof *adj fabric* impermeable; 'rain•storm tormenta *f*, aguacero *m*; 'rain•wa•ter agua *f* de lluvia

rain•y ['reɪnɪ] *adj* lluvioso; *it's ~* llueve mucho

'rain•y sea•son estación *f* de las lluvias

raise [reɪz] I *n in salary* aumento *m* de sueldo II *v/t* 1 *shelf etc* levantar 2 *offer* incrementar 3 *children* criar 4 *question* plantear 5 *money* reunir

rai•sin ['reɪzn] pasa *f*

rake [reɪk] *for garden* rastrillo *m*

◆ **rake in** v/t F *huge profits* amasar; *he's raking it in* se está forrando

◆ **rake up** v/t *leaves* rastrillar; *fig* sacar a la luz

'rake-off F tajada *f*

rak•ish ['reɪkɪʃ] *adj behavior, grin* licencioso

ral•ly ['rælɪ] 1 (*meeting, reunion*) concentración *f*; *political* mitin *m* 2 MOT rally *m* 3 *in tennis* peloteo *m*

◆ **rally round** I *v/i* (*pret & pp -ied*) acudir a ayudar II *v/t* (*pret & pp -ied*): *rally round s.o.* acudir a ayudar a alguien

RAM [ræm] *abbr* (= *random access memory*) COMPUT RAM *f* (= memoria *f* de acceso aleatorio)

ram [ræm] I *n* carnero *m* II *v/t* (*pret & pp -med*) *ship, car* embestir

ram•ble ['ræmbl] I *n walk* caminata *f*, excursión *f* II *v/i* 1 *walk* caminar 2 *in speaking* divagar; *of sick person* delirar

ram•bler ['ræmblər] *walker* senderista *m/f*, excursionista *m/f*

ram•bling ['ræmblɪŋ] I *n* 1 *walking* senderismo *m* 2 *in speech* divagaciones *fpl* II *adj speech* inconexo

ram•i•fi•ca•tion [ræmɪfɪ'keɪʃn] ramificación *f*

ram•i•fy ['ræmɪfaɪ] *v/i* ramificarse

ramp [ræmp] rampa *f*; *for raising vehicle* elevador *m*

ram•page ['ræmpeɪdʒ] I *v/i* pasar arrasando con todo II *n*: *go on the ~* pasar arrasando con todo

ramp•ant ['ræmpənt] *adj inflation* galopante

ram•part ['ræmpɑːrt] muralla *f*

'ram raid *irrupción de un vehículo en una tienda para cometer un robo*

ram•shack•le ['ræmʃækl] *adj* destartalado, desvencijado

ran [ræn] *pret* ☞ **run**

ranch [ræntʃ] rancho *m*

ranch•er ['ræntʃər] ranchero(-a) *m(f)*

ranch•lands *npl* dehesa *f*

ran•cid ['rænsɪd] *adj* rancio

ran•cor ['ræŋkər] rencor *m*

ran•cor•ous ['ræŋkərəs] *adj* rencoroso

R & D [ɑːrən'diː] *abbr* (= *research and development*) I+D *f* (= investigación *f* y desarrollo)

ran•dom ['rændəm] I *adj* al azar; *~ sample* muestra *f* aleatoria II *n*: *at ~* al azar

ran•dom ac•cess 'mem•o•ry memoria *f* de acceso aleatorio

ran•dy ['rændɪ] *adj Br* F cachondo F; *it makes me ~* me pone cachondo

rang [ræŋ] *pret* ☞ **ring²**

range [reɪndʒ] I *n* 1 *of products* gama *f* 2 *of gun, airplane* alcance *m*; *of voice* registro *m*; *at close~* de cerca 3 *of mountains* cordillera *f* II *v/i*: *~ from X to Y* ir desde X a Y

range find•er ['reɪndʒfaɪndər] PHOT *etc* telémetro *m*

rang•er ['reɪndʒər] guardabosques *m/f inv*

rank¹ [ræŋk] I *n* MIL, *in society* rango *m*; *the ~s* MIL la tropa; *the ~ and file* MIL la tropa; *fig: of political party* las bases; *close ~s also fig* cerrar filas; *break ~s also fig* romper filas; *top ~ fig: hotel, player, company* de primera línea *or* clase; *join the ~s of the unemployed* engrosar las filas del paro; *pull ~ on s.o.* aprovecharse de alguien (*por estar en un puesto superior*); *rise from the ~s* pasar de soldado raso a oficial II *v/t* clasificar

III *v/i* clasificarse

◆ **rank among** v/t figurar entre

rank² [ræŋk] *adj* 1 (*foul-smelling*) pestilente 2 *outsider, beginner, nonsense* total

rank•ing ['ræŋkɪŋ] *adj officer* de mayor rango

rank•ings ['ræŋkɪŋz] *npl* SP clasifica-

ción *f*

**ran•kle** ['ræŋkl] *v/i* doler; *it still ~s (with him)* todavía le duele

**ran•sack** ['rænsæk] *v/t* saquear

**ran•som** ['rænsəm] rescate *m*; *hold s.o. to ~* pedir un rescate por alguien

**'ran•som mon•ey** (dinero *m* del) rescate *m*

**rant** [rænt] *v/i*: *~ and rave* despotricar

**rap**[1] [ræp] **I** *n* **1** *at door etc* golpe *m*; *give s.o. a ~ over the knuckles fig* echar un rapapolvo a alguien **2** MUS rap *m* **II** *v/t* (*pret & pp -ped*) *table etc* golpear

◆ **rap at** *v/t window etc* golpear

**rap**[2] [ræp] *n* P: *take the ~ for sth* cargar con las culpas por algo; *I had to take the ~ for him* yo tuve que cargar con las culpas

**rap**[3] [ræp] *n*: *I don't care a ~* me importa un pimiento

**rape**[1] [reɪp] **I** *n* violación *f* **II** *v/t* violar

**rape**[2] [reɪp] *n* BOT colza *f*

**'rape•seed oil** aceite *m* de colza

**'rape vic•tim** víctima *m/f* de una violación

**rap•id** ['ræpɪd] *adj* rápido

**'rap•id-fire** *adj* MIL, *fig*: *questioning* rápido

**ra•pid•i•ty** [rə'pɪdətɪ] rapidez *f*

**rap•id•ly** ['ræpɪdlɪ] *adv* rápidamente

**rap•ids** ['ræpɪdz] *npl* rápidos *mpl*

**rap•ist** ['reɪpɪst] violador(a) *m(f)*

**rap•port** [ræ'pɔːr] relación *f*; *we have a good ~* nos entendemos muy bien

**rap•proche•ment** [ræprəʃ'mɑːn] POL acercamiento *m* (*between* entre)

**rapt** [ræpt] *adj*: *with ~ attention* absorto

**rap•ture** ['ræptʃər]: *go into ~s over* extasiarse con

**rap•tur•ous** ['ræptʃərəs] *adj* clamoroso

**rare** [rer] *adj* **1** (*not common*) raro **2** *steak* poco hecho

**rar•e•fied** ['rerəfaɪd] *adj also fig* enrarecido

**rare•ly** ['rerlɪ] *adv* raramente, raras veces

**rar•ing** ['rerɪŋ] *adj*: *be ~ to do s.th.* F estar muerto de ganas de hacer algo; *we're all ~ to go* F nos morimos por empezar

**rar•i•ty** ['rerətɪ] rareza *f*

**ras•cal** ['ræskl] pícaro(-a) *m(f)*

**rash**[1] [ræʃ] *n* MED sarpullido *m*, erupción *f* cutánea

**rash**[2] [ræʃ] *adj action, behavior* precipitado

**rash•er** ['ræʃər] *Br* loncha *f*

**rash•ly** ['ræʃlɪ] *adv* precipitadamente

**rasp** [rɑːsp] *noise* chirrido *m*

**rasp•ber•ry** ['ræzberɪ] frambuesa *f*

**rasp•ing** ['rɑːspɪŋ] *adj noise, voice* áspero

**Ras•ta•far•i•an** [ræstə'ferɪən] rastafari *m/f*

**rat** [ræt] rata *f*; *smell a ~ fig* intuir *or* olerse algo sospechoso

◆ **rat on** *v/t* (*pret & pp -ted*) F chivarse de

**rate** [reɪt] **I** *n* **1** *of exchange* tipo *m*; *of pay* tarifa *f*; *~ of interest* FIN tipo *m* de interés **2** (*price*) tarifa *f*, precio *m* **3** (*speed*) ritmo *m*; *at this ~* (*at this speed*) a este ritmo; (*if we carry on like this*) si seguimos así **4**: *at any ~* (*anyway*) en todo caso; (*at least*) por lo menos

**II** *v/t*: *~ s.o. as ...* considerar a alguien (como) ...; *~ s.o. highly* tener buena opinión de alguien

**rate of re'turn** tasa *f* de rentabilidad

**rather** ['ræðər] *adv* **1** (*fairly, quite*) bastante **2**: *I would ~ stay here* preferiría quedarme aquí; *or would you ~ ... ?* ¿o preferiría ...?; *I'd do anything ~ than stay home* haría cualquier cosa antes que quedarme en casa

**rat•i•fi•ca•tion** [rætɪfɪ'keɪʃn] ratificación *f*

**rat•i•fy** ['rætɪfaɪ] *v/t* (*pret & pp -ied*) ratificar

**rat•ings** ['reɪtɪŋz] *npl* índice *m* de audiencia

**'rat•ings war** guerra *f* de audiencia

**ra•tio** ['reɪʃɪoʊ] proporción *f*

**ra•tion** ['ræʃn] **I** *n* ración *f* **II** *v/t supplies* racionar

**ra•tion•al** ['ræʃənl] *adj* racional

**ra•tion•ale** [ræʃə'nɑːl] lógica *f* (*for, behind* de)

**ra•tion•al•ism** ['ræʃnəlɪzəm] racionalismo *m*

**ra•tion•al•ist** ['ræʃnəlɪst] **I** *n* racionalista *m/f* **II** *adj* racionalista

**ra•tion•al•i•ty** [ræʃə'nælɪtɪ] racionalidad *f*

**ra•tion•al•i•za•tion** [ræʃənəlaɪ'zeɪʃn] racionalización *f*

**ra•tion•al•ize** ['ræʃənəlaɪz] **I** *v/t* racionalizar II v/i buscar una explicación racional

ra•tion•al•ly ['ræʃənlɪ] adv racionalmente

'rat poi•son matarratas m inv

'rat race vida frenética y competitiva

rat•tle ['rætl] I n 1 noise traqueteo m, golpeteo m 2 toy sonajero m II v/t 1 chains etc entrechocar 2 person inquietar; he looks a bit ~d parece un poco inquieto III v/i of chains etc entrechocarse; of crates traquetear

◆ rattle off v/t poem, list of names decir rápidamente

◆ rattle on v/i parlotear

◆ rattle through v/t hacer rápidamente

'rat•tle•snake serpiente f de cascabel

'rat•trap also fig ratonera f

rat•ty ['rætɪ] adj F 1 (irritable) susceptible; (annoyed) mosqueado 2 sweater etc sobado, gastado

rau•cous ['rɔːkəs] adj laughter, party estridente

raun•chy ['rɔːntʃɪ] adj novel, style picante; person, laugh provocativo

rav•age ['rævɪdʒ] I n: the ~s of time los estragos del tiempo II v/t arrasar; ~d by war arrasado por la guerra

rave [reɪv] I v/i (talk deliriously) delirar; (talk wildly) desvariar; ~ about sth (be very enthusiastic) estar muy entusiasmado con algo II n party fiesta f tecno

ra•ven ['reɪvn] cuervo m

rav•e•nous ['rævənəs] adj (very hungry) famélico; have a ~ appetite tener un hambre canina

rav•e•nous•ly ['rævənəslɪ] adv con voracidad

rave re'view crítica f muy entusiasta

ra•vine [rə'viːn] barranco m

rav•ing ['reɪvɪŋ] adv: ~ mad chalado

rav•i•o•li [rævɪ'oʊlɪ] ravioli m

rav•ish ['rævɪʃ] v/t (rape) forzar

rav•ish•ing ['rævɪʃɪŋ] adj encantador, cautivador

raw [rɔː] adj meat, vegetable crudo; sugar sin refinar; iron sin tratar; get a ~ deal F no ser tratado con justicia

raw ma'te•ri•als npl materias fpl primas

ray¹ [reɪ] of sun, light etc rayo m; a ~ of hope un rayo de esperanza

ray² [reɪ] fish raya f

ray•on ['reɪɑːn] rayón m

raze [reɪz] v/t: ~ to the ground arrasar or asolar por completo

ra•zor ['reɪzər] maquinilla f de afeitar

'ra•zor blade cuchilla f de afeitar; 'ra•zor edge: be on a ~ fig pender de un hilo; 'ra•zor-sharp adj blade afilado; mind agudo

raz•zle ['ræzl]: go on the ~ F salir de marcha

razz•ma•tazz [ræzmə'tæz] F parafernalia f

re [riː] prep COM con referencia a

reach [riːtʃ] I n: within ~ al alcance; out of ~ fuera del alcance II v/t llegar a; decision, agreement, conclusion alcanzar, llegar a; can you ~ it? ¿alcanzas?, ¿llegas?

◆ reach out v/i extender el brazo

re•act [rɪ'ækt] v/i reaccionar

re•ac•tion [rɪ'ækʃn] reacción f

re•ac•tion•ar•y [rɪ'ækʃnrɪ] I n POL reaccionario(-a) m(f) II adj POL reaccionario

re•ac•ti•vate [rɪ'æktɪveɪt] v/t reactivar

re•ac•tive [rɪ'æktɪv] adj CHEM reactivo

re•ac•tor [rɪ'æktər] nuclear reactor m

read¹ [riːd] I v/t (pret & pp read [red]) also COMPUT leer II v/i (pret & pp read [red]) leer; ~ to s.o. leer a alguien; your essay ~s well tu trabajo está bien escrito

◆ read into v/t: read sth into sth interpretar algo a partir de algo

◆ read out v/t aloud leer en voz alta

◆ read through v/t leer

◆ read up on v/t leer mucho sobre, estudiar

read² [red] pret & pp ☞ read¹

rea•da•ble ['riːdəbl] adj 1 handwriting legible 2 book ameno

read•er ['riːdər] person lector(a) m(f)

'read er•ror COMPUT error m de lectura

read•er•ship ['riːdərʃɪp] lectores mpl

'read head COMPUT cabeza f lectora

read•i•ly ['redɪlɪ] adv admit, agree de buena gana

read•i•ness ['redɪnɪs]: in a state of ~ preparado par actuar; their ~ to help la facilidad con la que ayudaron

read•ing ['riːdɪŋ] activity lectura f; take a ~ from the meter leer el contador

'read•ing glass•es gafas fpl para leer; 'read•ing lamp lámpara f para leer; 'read•ing mat•ter lectura f; 'read•ing room sala *f* de lectura

re•ad•just [riːəˈdʒʌst] I *v/t equipment, controls* reajustar II *v/i to conditions* volver a adaptarse

re•ad•just•ment [riːəˈdʒʌstmənt] reajuste *m*

'read-me doc•u•ment COMPUT documento *m* léeme; read-'on•ly file COMPUT archivo *m* sólo de lectura; read-'on•ly mem•o•ry COMPUT memoria *f* sólo de lectura; 'read•out COMPUT visualización *f*; 'read-through *of script* lectura *f*; 'read-write head COMPUT cabeza *f* lectora-grabadora

read•y ['redɪ] *adj* 1 *(prepared)* listo, preparado; get *(o.s.)* ~ prepararse; get sth ready preparar algo 2 *(willing)* dispuesto

read•y 'cash dinero *m* contante y sonante; read•y-cooked [redɪˈkʊkt] *adj* precocinado; read•y-'made *adj stew etc* precocinado; *solution* ya hecho; read•y-to-'wear *adj* de confección

re•af•firm [riːəˈfɜːrm] *v/t* reafirmar

re•af•fir•ma•tion [riːæfərˈmeɪʃn] reafirmación *f*

re•af•for•est [riːəˈfɑːrɪst] *v/t* reforestar

re•af•for•est•a•tion [riːəfəˈrɪsˈteɪʃn] reforestación *f*

re•a•gent [riˈeɪdʒənt] CHEM reactivo *m*

real [riːl] I *adj* real; *surprise, genius* auténtico; he's a ~ idiot es un auténtico idiota; get ~! F ¡abre los ojos!, ¡baja de las nubes! II *adv* F muy; I'm ~ sorry lo siento muchísimo 2: this time it's for ~ esta vez va en serio *or* es de verdad

'real es•tate bienes *mpl* inmuebles

'real es•tate a•gent agente *m/f* inmobiliario(-a)

re•al•ism ['rɪəlɪzəm] realismo *m*

re•al•ist ['rɪəlɪst] realista *m/f*

re•al•is•tic [rɪəˈlɪstɪk] *adj* realista

re•al•is•ti•cal•ly [rɪəˈlɪstɪklɪ] *adv* realísticamente

re•al•i•ty [rɪˈælətɪ] realidad *f*

're•al•i•ty show reality show *m*

re•al•i•za•tion [rɪəlaɪˈzeɪʃn]: the ~ dawned on me that ... me di cuenta de que ...

re•al•ize ['rɪəlaɪz] *v/t* 1 darse cuenta de; I ~ now that ... ahora me doy cuenta de que ... 2 FIN *(yield)* producir; *(sell)* realizar, liquidar

real-'life *adj story etc* de la vida real

real•ly ['rɪəlɪ] *adv* 1 *in truth* de verdad; I am ~ ~ sorry lo siento en el alma; ~? ¿de verdad?; not ~ *as reply* la verdad es que no 2 *big, small* muy

realm [relm] *of monarch* reino *m*; *fig* ámbito *m*; be within the ~s of possibility entrar dentro de lo posible

'real time COMPUT tiempo *m* real

'real-time *adj* COMPUT en tiempo real

re•al•tor ['riːltər] agente *m/f* inmobiliario(-a)

re•al•ty ['riːltɪ] bienes *mpl* inmuebles

reap [riːp] *v/t* cosechar; ~ the benefits of sth cosechar los beneficios de algo

re•ap•pear [riːəˈpɪr] *v/i* reaparecer

re•ap•pear•ance [riːəˈpɪrəns] reaparición *f*

re•ap•prais•al [riːəˈpreɪzl] revaluación *f*

re•ap•praise [riːəˈpreɪz] *v/t* reconsiderar

rear[1] [rɪr] I *n* parte *f* de atrás II *adj legs* de atrás; *seats, wheels, lights* trasero

rear[2] [rɪr] *v/t* 1 *children, animals* criar 2 *head* levantar; ~ its ugly head *fig* aparecer

◆ rear up *v/i of horse* encabritarse

rear 'ax•le eje *m* trasero; rear 'end I *n* F *of person* trasero *m* II *v/t* MOT F dar un golpe por atrás a; rear 'ex•it salida *f* trasera; 'rear•guard MIL retaguardia *f*; fight a ~ action MIL luchar en la retaguardia; *fig* hacer un último esfuerzo desesperado; rear 'light *of car* luz *f* trasera

re•arm [riːˈɑːrm] I *v/t* rearmar II *v/i* rearmarse

re•ar•ma•ment [riˈɑːrməmənt] rearme *m*

'rear•most *adj* último

rear-mount•ed 'en•gine motor *m* trasero

re•ar•range [riːəˈreɪndʒ] *v/t flowers* volver a colocar; *furniture* reordenar; *schedule, meetings* cambiar

rear-view 'mir•ror espejo *m* retrovisor

rear•ward ['rɪrwərd] I *adj* trasero II *adv* hacia atrás

rear-wheel 'drive tracción *f* trasera

rea•son ['riːzn] I *n* 1 *faculty* razón *f*; see / listen to ~ atender a razones 2 *(cause)* razón *f*, motivo *m*; I don't know the ~ why desconozco el porqué II *v/i*: ~ with s.o. razonar con alguien

rea•son•a•ble ['riːznəbl] *adj* 1 *person*

razonable 2: *a ~ number of people* un buen número de personas

**rea•son•a•bly** ['riːznəblɪ] *adv* 1 *act, behave* razonablemente 2 (*quite*) bastante

**rea•son•ing** ['riːznɪŋ] razonamiento *m*

**re•as•sem•ble** [riːə'sembl] *v/t* TECH volver a montar

**re•as•sur•ance** [riːə'ʃɔːrəns] garantía *f*

**re•as•sure** [riːə'ʃʊr] *v/t* tranquilizar; *she ~d us of her continued support* nos aseguró que continuábamos contando con su apoyo

**re•as•sur•ing** [riːə'ʃʊrɪŋ] *adj* tranquilizador

**re•bate** ['riːbeɪt] *money back* reembolso *m*

**reb•el¹** ['rebl] *n* rebelde *m/f*; *~ troops* tropas *fpl* rebeldes

**re•bel²** [rɪ'bel] *v/i* (*pret & pp -led*) rebelarse

**reb•el•lion** [rɪ'beliən] rebelión *f*

**reb•el•lious** [rɪ'beliəs] *adj* rebelde

**reb•el•lious•ly** [rɪ'beliəslɪ] *adv* con rebeldía

**reb•el•lious•ness** [rɪ'beliəsnɪs] rebeldía *f*

**re•birth** [riː'bɜːrθ] resurgimiento *m*

**re•boot** [riː'buːt] I *v/t & v/i* reinicializar II *n* reinicio *m*

**re•bound** [rɪ'baʊnd] I *v/i of ball etc* rebotar II *n* rebote *m*

**re•bound•er** [rɪ'baʊndər] *in basketball* reboteador(a) *m(f)*

**re•buff** [rɪ'bʌf] I *n* desaire *m*, rechazo *m* II *v/t* rechazar

**re•build** ['riːbɪld] *v/t* (*pret & pp -built*) reconstruir

**re•buke** [rɪ'bjuːk] *v/t* reprender

**re•but** [rɪ'bʌt] *v/t* (*pret & pp -ted*) refutar

**re•but•tal** [rɪ'bʌtl] refutación *f*

**re•cal•ci•trant** [rɪ'kælsɪtrənt] *adj fml* recalcitrante

**re•call** [rɪ'kɔːl] *v/t* 1 *goods* retirar del mercado 2 (*remember*) recordar

**re•cap** ['riːkæp] *v/i* (*pret & pp -ped*) recapitular

**re•ca•pit•u•late** [riːkə'pɪtjʊleɪt] *v/t & v/i* recapitular

**re•ca•pit•u•la•tion** [riːkəpɪtjʊ'leɪʃn] recapitulación *f*

**re•cap•ture** [riː'kæptʃər] *v/t* 1 MIL reconquistar; *criminal* volver a detener

2 *mood, atmosphere* recobrar, recuperar

**re•cast** [riː'kɑːst] *v/t* (*pret & pp -cast*) 1 (*restructure*) reestructurar 2 THEA volver a realizar el reparto de

**re•cede** [rɪ'siːd] *v/i of flood waters* retroceder

**re•ced•ing** [rɪ'siːdɪŋ] *adj forehead, chin* hundido; *have a ~ hairline* tener entradas

**re•ceipt** [rɪ'siːt] 1 *for purchase* recibo *m*; *acknowledge ~ of sth* acusar recibo de algo 2: *~s* FIN ingresos *mpl*

**re•ceive** [rɪ'siːv] *v/t* recibir

**re•ceiv•er¹** [rɪ'siːvər] 1 *of letter* destinatario(-a) *m(f)* 2 TELEC auricular *m*; *for radio* receptor *m*

**re•ceiv•er²** [rɪ'siːvər] FIN administrador(a) *m(f)* judicial

**re•ceiv•er•ship** [rɪ'siːvərʃɪp]: *be in ~* estar en suspensión de pagos

**re•ceiv•ing** [rɪ'siːvɪŋ] 1 *of stolen goods* receptación *f* 2: *be on the ~ end of sth* F ser víctima de algo

**re•cent** ['riːsnt] *adj* reciente

**re•cent•ly** ['riːsntlɪ] *adv* recientemente

**re•cep•ta•cle** [rɪ'septəkl] receptáculo *m*

**re•cep•tion** [rɪ'sepʃn] recepción *f*; (*welcome*) recibimiento *m*

**re•cep•tion desk** recepción *f*

**re•cep•tion•ist** [rɪ'sepʃnɪst] recepcionista *m/f*

**re•cep•tive** [rɪ'septɪv] *adj*: *be ~ to sth* ser receptivo a algo

**re•cess** ['riːses] 1 *in wall etc* hueco *m* 2 EDU recreo *m*; *of legislature* periodo *m* vacacional

**re•ces•sion** [rɪ'seʃn] *economic* recesión *f*

**re•charge** [riː'tʃɑːrdʒ] *v/t battery* recargar; *~ one's batteries fig* recargar las pilas

**re•charge•a•ble** [riː'tʃɑːrdʒəbl] *adj* recargable

**re•cid•i•vist** [rɪ'sɪdɪvɪst] reincidente *m/f*

**re•ci•pe** ['resəpɪ] receta *f*

**'re•ci•pe book** libro *m* de cocina, recetario *m*

**re•cip•i•ent** [rɪ'sɪpiənt] *of parcel etc* destinatario(-a) *m(f)*; *of payment* receptor(a) *m(f)*

**re•cip•ro•cal** [rɪ'sɪprəkl] *adj* recíproco

**re•cip•ro•cate** [rɪ'sɪprəkeɪt] I *v/t invita-*

*tion, affections* corresponder a **II** *v/i* corresponder

**re•cip•ro•ca•tion** [rɪsɪprə'keʃn] correspondencia *f*

**re•cit•al** [rɪ'saɪtl] MUS recital *m*

**rec•i•ta•tion** [resɪ'teɪʃn] recitación *f*

**rec•i•ta•tive** [resɪtə'tiːv] MUS recitativo *m*

**re•cite** [rɪ'saɪt] *v/t* **1** *poem* recitar **2** *details, facts* enumerar

**reck•less** ['reklɪs] *adj* imprudente; *driving* temerario

**reck•less•ly** ['reklɪslɪ] *adv* con imprudencia; *drive* con temeridad

**reck•less•ness** ['reklɪsnɪs] imprudencia *f*, *of driving* temeridad *f*

**reck•on** ['rekən] *v/t* (*think, consider*) estimar, considerar; *I ~ it won't happen* creo que no va a pasar

◆ **reckon on** *v/t* contar con

◆ **reckon with** *v/t*: *have s.o. / sth to reckon with* tener que vérselas con alguien / algo

**reck•on•ing** ['rekənɪŋ] estimaciones *fpl*, cálculos *mpl*; *by my ~* según mis cálculos

**re•claim** [rɪ'kleɪm] *v/t* **1** *land from sea* ganar, recuperar **2** *lost property, rights* reclamar

**rec•la•ma•tion** [reklə'meɪʃn] recuperación *f*

**re•cline** [rɪ'klaɪn] *v/i* reclinarse

**re•clin•er** [rɪ'klaɪnər] *chair* sillón *m* reclinable

**re•cluse** [rɪ'kluːs] solitario(-a) *m(f)*

**re•clu•sive** [rɪ'kluːsɪv] *adj* solitario

**rec•og•ni•tion** [rekəg'nɪʃn] *of state, s.o.'s achievements* reconocimiento *m*; *in ~ of* en reconocimiento a; *be changed beyond ~* estar irreconocible

**rec•og•niz•a•ble** [rekəg'naɪzəbl] *adj* reconocible

**rec•og•nize** ['rekəgnaɪz] *v/t* reconocer; *it can be ~d by ...* se le reconoce por ...

**re•coil** [rɪ'kɔɪl] *v/i* echarse atrás, retroceder

**rec•ol•lect** [rekə'lekt] *v/t* recordar

**rec•ol•lec•tion** [rekə'lekʃn] recuerdo *m*; *I have no ~ of the accident* no me acuerdo del accidente

**rec•om•mend** [rekə'mend] *v/t* recomendar

**rec•om•mend•a•ble** [rekə'mendəbl] *adj* recomendable

**rec•om•men•da•tion** [rekəmen'deɪʃn] recomendación *f*

**rec•om•mend•ed re•tail price** [rekəmendɪd'riːteɪlpraɪs] precio *m* de venta al público recomendado

**rec•om•pense** ['rekəmpens] **I** *n* recompensa *f* **II** *v/t*: *~ s.o. for sth* recompensar a alguien por algo

**rec•on•cile** ['rekənsaɪl] *v/t people* reconciliar; *differences, facts* conciliar; *~ o.s. to ...* hacerse a la idea de ...; *be ~d of two people* haberse reconciliado

**rec•on•cil•i•a•tion** [rekənsɪlɪ'eɪʃn] *of people* reconciliación *f*; *of differences, facts* conciliación *f*

**rec•on•dite** ['rekəndaɪt] *adj* abstruso

**re•con•di•tion** [riːkən'dɪʃn] *v/t* reacondicionar

**re•con•di•tioned en•gine** [riːkəndɪʃnd'endʒɪn] MOT motor *m* reacondicionado

**re•con•nais•sance** [rɪ'kɑːnɪsns] MIL reconocimiento *m*

**re'con•nais•sance flight** vuelo *m* de reconocimiento

**re'con•nais•sance plane** avión *m* de reconocimiento

**rec•on•noi•ter,** *Br* **rec•on•noi•tre** [rekə'nɔɪtər] *v/t* MIL reconocer

**re•con•quer** [riː'kɑːŋkər] *v/t* reconquistar

**re•con•quest** [riː'kɑːŋkwest] reconquista *f*

**re•con•sid•er** [riːkən'sɪdər] **I** *v/t offer, one's position* reconsiderar **II** *v/i*: *won't you please ~?* ¿por qué no lo reconsideras, por favor?

**re•con•sid•er•a•tion** [riːkənsɪdər'eɪʃn] reconsideración *f*

**re•con•struct** [riːkən'strʌkt] *v/t* reconstruir

**re•con•struc•tion** [riːkən'strʌkʃn] reconstrucción *f*; *~ of a crime* reconstrucción de un crimen

**rec•ord**[1] ['rekɔːrd] *n* **1** MUS disco *m* **2** SP *etc* récord *m* **3** *written document etc* registro *m*, documento *m*; *in database* registro *m*; *~s* archivos *mpl*; *say sth off the ~* decir algo oficiosamente; *have a criminal ~* tener antecedentes penales; *have a good ~ for sth* tener un buen historial en materia de algo

**re•cord**[2] [rɪ'kɔːrd] *v/t electronically* grabar; *in writing* anotar

'rec•ord-break•ing *adj* récord

re•cord•ed high•lights [rɪkɔːrdɪd 'haɪlaɪts] *npl* TV momentos *mpl* más destacados

re•cor•der [rɪ'kɔːrdər] MUS flauta *f* dulce

'rec•ord hold•er plusmarquista *m/f*

re•cord•ing [rɪ'kɔːrdɪŋ] grabación *f*

re'cord•ing en•gi•neer ingeniero(-a) *m(f)* de grabación; re'cord•ing head cabeza *f* grabadora; re'cord•ing stu•di•o estudio *m* de grabación

'rec•ord play•er tocadiscos *m inv*

re•count [rɪ'kaʊnt] *v/t (tell)* relatar

re-count ['riːkaʊnt] **I** *n of votes* segundo recuento *m* **II** *v/t (count again)* volver a contar

re•coup [rɪ'kuːp] *v/t financial losses* resarcirse de

re•course [rɪ'kɔːrs]: *have ~ to* recurrir a

re•cov•er [rɪ'kʌvər] **I** *v/t sth lost, stolen goods* recuperar; *composure* recobrar **II** *v/i from illness* recuperarse

re•cov•er•y [rɪ'kʌvərɪ] recuperación *f*; *he has made a good ~* se ha recuperado muy bien

rec•re•a•tion [rekrɪ'eɪʃn] ocio *m*

rec•re•a•tion•al [rekrɪ'eɪʃnl] *adj done for pleasure* recreativo; *~ drug* droga *f* recreativa

re•crim•in•a•tion [rɪkrɪmɪn'eɪʃn] recriminación *f*

re•cruit [rɪ'kruːt] **I** *n* MIL recluta *m/f*; *to company* nuevo(-a) trabajador(a) *m(f)* **II** *v/t new staff* contratar

re•cruit•ment [rɪ'kruːtmənt] MIL reclutamiento *m*; *to company* contratación *f*

re'cruit•ment drive MIL campaña *f* de reclutamiento; *to company* campaña *f* de contratación

rec•tan•gle ['rektæŋgl] rectángulo *m*

rec•tan•gu•lar [rek'tæŋgjʊlər] *adj* rectangular

rec•ti•fi•ca•tion [rektɪfɪ'keɪʃn] rectificación *f*

rec•ti•fy ['rektɪfaɪ] *v/t (pret & pp -ied)* rectificar

rec•ti•lin•e•ar [rektɪ'lɪnɪər] *adj* rectilíneo

rec•ti•tude ['rektɪtjuːd] rectitud *f*

rec•tor ['rektər] **1** REL párroco *m* **2** *of school* rector(a) *m(f)*

rec•to•ry ['rektərɪ] rectoría *f*

rec•tum ['rektəm] ANAT recto *m*

re•cu•pe•rate [rɪ'kuːpəreɪt] *v/i* recuperarse

re•cur [rɪ'kɜːr] *v/i (pret & pp -red) of error, event* repetirse; *of symptoms* reaparecer

re•cur•rence [rɪ'kʌrəns] *of error, event* repetición *f*; *of symptoms* reaparición *f*

re•cur•rent [rɪ'kʌrənt] *adj* recurrente

re•cy•cla•ble [riː'saɪkləbl] *adj* reciclable

re•cy•cle [riː'saɪkl] *v/t* reciclar

re•cy•cling [riː'saɪklɪŋ] reciclado *m*

re'cy•cling plant planta *f* de reciclado

red [red] **I** *adj* rojo; *~ alert* alerta *f* roja; *go ~* ponerse rojo, ruborizarse **II** *n* rojo *m*; *in the ~* FIN en números rojos; *see ~* ponerse furioso

red 'card tarjeta *f* roja; *he got a ~* le sacaron la tarjeta roja; red 'car•pet: *give s.o. the ~ treatment* tratar a alguien a cuerpo de rey; Red 'Cross Cruz *f* Roja; red'cur•rant BOT grosella *f* roja

red•den ['redn] *v/i (blush)* ponerse colorado

red•dish ['redɪʃ] *adj* rojizo

re•dec•o•rate [riː'dekəreɪt] *v/t with paint* volver a pintar; *with paper* volver a empapelar

re•deem [rɪ'diːm] *v/t* **1** *debt* amortizar **2** REL redimir

Re•deem•er [rɪ'diːmər] REL Redentor *m*

re•deem•ing fea•ture [rɪdiːmɪŋ'fiːtʃər]: *his one ~ is that ...* lo único que lo salva es que ...

re•de•fine [riːdɪ'faɪn] redefinir

re•demp•tion [rɪ'dempʃn] REL redención *f*

re•de•ploy [riːdɪ'plɔɪ] *v/t* redistribuir

re•de•ploy•ment [riːdɪ'plɔɪmənt] redistribución *f*

re•de•sign [riːdɪ'zaɪn] *v/t* rediseñar

re•de•vel•op [riːdɪ'veləp] *v/t part of town* reedificar

re•de•vel•op•ment [riːdɪ'veləpmənt] *of part of town* reconversión *f*

'red eye PHOT ojos *mpl* rojos; 'red-eye (flight) F vuelo *m* nocturno; red--hand•ed [red'hændɪd] *adj*: *catch s.o. ~* coger a alguien con las manos en la masa; 'red•head pelirrojo(-a) *m(f)*; 'red-head•ed *adj* pelirrojo; red 'her•ring *fig* señuelo *m*; 'red-hot *adj* **1** al rojo vivo **2**: *be ~ at sth* F ser un(a) fiera en algo

**re•di•al** [riːˈdaɪəl] *v/t & v/i* volver a marcar

**re•di•rect** [riːdɪˈrekt] *v/t letter* reexpedir; *phone call* desviar

**re•dis•cov•er** [riːdɪˈskʌvər] *v/t* redescubrir

**re•dis•cov•er•y** [riːdɪˈskʌvərɪ] redescubrimiento *m*

**re•dis•trib•ute** [riːdɪˈstrɪbjuːt] *v/t* redistribuir

**re•dis•trib•u•tion** [riːdɪstrɪˈbjuːʃn] redistribución *f*

**red-'let•ter day** día *m* señalado; **red 'light** *at traffic light* semáforo *m* (en) rojo; **red 'light dis•trict** zona *f* de prostitución; **red 'meat** carne *f* roja; **'red-neck** F *individuo racista y reaccionario, normalmente de clase trabajadora*

**red•ness** [ˈrednɪs] rojez *f*

**re•do** [riːˈduː] *v/t* (*pret* **-did**, *pp* **-done**) volver a hacer

**re•dou•ble** [riːˈdʌbl] *v/t:* **~ one's efforts** redoblar los esfuerzos

**re•doubt•a•ble** [rɪˈdaʊtəbəl] *adj* formidable

**red 'pep•per** *vegetable* pimiento *m* rojo

**red 'tape** F burocracia *f*, papeleo *m*

**re•duce** [rɪˈduːs] *v/t* reducir; *price* rebajar

**re•duced-e•mis•sion** [rɪduːsdɪˈmɪʃn] *adj* MOT de emisión reducida

**re•duc•tion** [rɪˈdʌkʃn] reducción *f*; *in price* rebaja *f*

**re•dun•dan•cy** [rɪˈdʌndənsɪ] **1** redundancia *f* **2** *Br: at work* despido *m* (*por falto de trabajo*)

**re•dun•dant** [rɪˈdʌndənt] *adj* **1** (*unnecessary*) innecesario **2** *Br:* **be made ~** *at work* ser despedido

**re•du•pli•cate** [rɪˈduːplɪkeɪt] *v/t* repetir

**red 'wine** vino *m* tinto

**re-ech•o** [riːˈekoʊ] *v/i* resonar (**with** con)

**reed** [riːd] **1** BOT junco *m* **2** MUS lengüeta *f*

**re-ed•u•cate** [riːˈedʒʊkeɪt] *v/t* reeducar

**reed•y** [ˈriːdɪ] *adj voice, note* agudo

**reef** [riːf] *in sea* arrecife *m*

**'reef knot** *Br* nudo *m* de rizos, nudo *m* marinero

**reek** [riːk] *v/i* apestar (**of** a)

**reel**[1] [riːl] *n of film* rollo *m*; *of thread* carrete *m*

♦ **reel off** *v/t* soltar

**reel**[2] [riːl] *v/i:* **my head ~ed** me daba vueltas la cabeza; **the room ~ed before my eyes** la habitación me daba vueltas

**re-e•lect** [riːɪˈlekt] *v/t* reelegir

**re-e•lec•tion** [riːɪˈlekʃn] reelección *f*

**reel-to-reel 'tape re•cord•er** casete *m* de carretes

**re-en•ter** [riːˈentər] *v/t building, earth's atmosphere* volver a entrar en

**re-en•try** [riːˈentrɪ] *of spacecraft* reentrada *f*

**ref** [ref] F árbitro(-a) *m(f)*, trencilla *m* F

**ref.** [ref] *abbr* (= *in or with reference to*) ref.

**re•fec•to•ry** [rɪˈfektərɪ] EDU comedor *m*

**re•fer** [rɪˈfɜːr] *v/t* (*pret & pp* **-red**): **~ a decision / problem to s.o.** remitir una decisión / un problema a alguien

♦ **refer to** *v/t* **1** (*allude to*) referirse a **2** *dictionary etc* consultar

**ref•e•ree** [refəˈriː] **I** *n* **1** SP árbitro(-a) *m(f)*, *L.Am.* referí *m* **2** (*for job*) *persona que pueda dar referencias* **II** *v/t* SP arbitrar

**ref•er•ee•ing** [refəˈriːɪŋ] SP arbitraje *m*

**ref•er•ence** [ˈrefərəns] referencia *f*; **with ~ to** con referencia a

**'ref•er•ence book** libro *m* de consulta; **'ref•er•ence li•bra•ry** biblioteca *f* de consulta; **'ref•er•ence num•ber** número *m* de referencia

**ref•e•ren•dum** [refəˈrendəm] (*pl* **referenda** [mɔːrəˈtɔːrɪə] *or* **-dums**) referéndum *m*

**re•fill** [ˈriːfɪl] *v/t tank, glass* volver a llenar

**'re•fill pack** paquete *m* de recambio

**re•fi•nance** [riːˈfaɪnæns] *v/t* refinanciar

**re•fine** [rɪˈfaɪn] *v/t* **1** *oil, sugar* refinar **2** *technique* perfeccionar

**re•fined** [rɪˈfaɪnd] *adj manners, language* refinado

**re•fine•ment** [rɪˈfaɪnmənt] *to process, machine* mejora *f*

**re•fin•e•ry** [rɪˈfaɪnərɪ] refinería *f*

**re•fla•tion** [ˈriːfleɪʃn] reflación *f*

**re•flect** [rɪˈflekt] **I** *v/t light* reflejar; **be ~ed in** reflejarse en **II** *v/i* (*think*) reflexionar

**re•flec•tion** [rɪˈflekʃn] **1** *in water, glass etc* reflejo *m* **2** (*consideration*) reflexión *f*

**re•flec•tive** [rɪ'flektɪv] *adj surface* reflectante

**re•flec•tor** [rɪ'flektər] reflectante *m*

**re•flex** ['riːfleks] *in body* reflejo *m*

**'re•flex ac•tion** acto *m* reflejo

**'re•flex cam•er•a** cámara *f* réflex

**re•flex•ive** [rɪ'fleksɪv] *adj* GRAM reflexivo; **~ pronoun** pronombre *m* reflexivo; **~ verb** verbo *m* reflexivo

**re•flex•ol•o•gy** [riːflek'sɑːlədʒɪ] MED reflexología *f*

**re•flex re•ac•tion** acto *m* reflejo

**re•for•est** [riː'fɑːrɪst] ☞ **reafforest**

**re•for•est•a•tion** [riːfɑːrɪs'teɪʃn] ☞ **reafforestation**

**re•form** [rɪ'fɔːrm] **I** *n* reforma *f* **II** *v/t* reformar

**re•for•mat** [riː'fɔːrmæt] *v/t (pret & pp -ted) disk* volver a formatear; *page* volver a diseñar; *TV program* cambiar el formato de

**ref•or•ma•tion** [refər'meɪʃn] reforma *f*; **the Reformation** REL la Reforma

**re•form•er** [rɪ'fɔːrmər] reformador(a) *m(f)*

**re•fract** [rɪ'frækt] *v/t* PHYS refractar

**re•frac•tion** [rɪ'frækʃn] PHYS refracción *f*

**re•frac•to•ry** [rɪ'fræktɔːrɪ] *adj (stubborn)* obstinado

**re•frain¹** [rɪ'freɪn] *v/i fml* abstenerse; **please ~ from smoking** se ruega no fumar

**re•frain²** [rɪ'freɪn] *n in song, poem* estribillo *m*

**re•fresh** [rɪ'freʃ] *v/t person* refrescar; **feel ~ed** sentirse fresco

**re•fresh•er course** [rɪ'freʃər] curso *m* de actualización *or* reciclaje

**re•fresh•ing** [rɪ'freʃɪŋ] *adj* **1** *drink* refrescante **2** *experience* reconfortante

**re•fresh•ing•ly** [rɪ'freʃɪŋlɪ] *adv*: **~ honest** con una honestidad que da gusto

**re•fresh•ments** [rɪ'freʃmənts] *npl* refrigerio *m*

**re'fresh rate** COMPUT velocidad *f* de refresco

**re•frig•er•ate** [rɪ'frɪdʒəreɪt] *v/t* refrigerar; **keep ~d** conservar refrigerado

**re•frig•er•a•tion** [rɪfrɪdʒər'eɪʃn] refrigeración *f*

**re•frig•er•a•tor** [rɪ'frɪdʒəreɪtər] frigorífico *m*, refrigerador *m*

**re•fu•el** [riː'fjuəl] **I** *v/t (pret & pp -led)* de airplane reabastecer de combustible a **II** *v/i (pret & pp -led) of airplane* repostar

**ref•uge** ['refjuːdʒ] refugio *m*; **take ~ from storm etc** refugiarse

**ref•u•gee** [refjʊ'dʒiː] refugiado(-a) *m(f)*

**ref•u•gee camp** campo *m* de refugiados

**re•fund I** *n* ['riːfʌnd] reembolso *m*; **give s.o. a ~** devolver el dinero a alguien **II** *v/t* [rɪ'fʌnd] reembolsar

**re•fur•bish** [riː'fɜːrbɪʃ] *v/t* renovar

**re•fur•bish•ment** [riː'fɜːrbɪʃmənt] renovación *f*

**re•fus•al** [rɪ'fjuːzl] negativa *f*

**re•fuse¹** [rɪ'fjuːz] **I** *v/i* negarse **II** *v/t help, food* rechazar; **~ s.o. sth** negar algo a alguien; **~ to do sth** negarse a hacer algo

**ref•use²** ['refjuːs] *n* basura *f*

**ref•use dump** ['refjuːsdʌmp] vertedero *m*

**ref•use skip** ['refjuːsskɪp] *Br* contenedor *m* de basuras

**re•fut•a•ble** [rɪ'fjuːtəbl] *adj* refutable

**ref•u•ta•tion** [refjʊ'teɪʃn] refutación *f*

**re•fute** [rɪ'fjuːt] *v/t* **1** refutar **2** *(deny)* negar

**re•gain** [rɪ'geɪn] *v/t* recuperar

**re•gal** ['riːgl] *adj* regio

**re•ga•li•a** [rɪ'geɪlɪə] *npl* galas *fpl*

**re•gard** [rɪ'gɑːrd] **I** *n*: **have great ~ for s.o.** sentir gran estima por alguien; **in this ~** en este sentido; **with ~ to** con respecto a; *(kind)* **~s** saludos; **give my ~s to Paula** dale saludos *or* recuerdos a Paula de mi parte; **with no ~ for** sin tener en cuenta **II** *v/t*: **~ sth / s.o. as sth** considerar algo / a alguien como algo; **I ~ it as an honor** para mí es un honor; **as ~s** con respecto a

**re•gard•ing** [rɪ'gɑːrdɪŋ] *prep* con respecto a

**re•gard•less** [rɪ'gɑːrdlɪs] *adv* a pesar de todo; **~ of** sin tener en cuenta; **they just carried on ~** a pesar de todo, siguieron adelante

**re•gat•ta** [rɪ'gætə] SP regata *f*

**re•gen•cy** ['riːdʒənsɪ] regencia *f*

**re•gen•er•ate** [rɪ'dʒenəreɪt] *v/t* regenerar

**re•gen•er•a•tion** [rɪdʒenər'eɪʃn] regeneración *f*

**re•gent** ['riːdʒənt] regente *m/f*

**reg•gae** ['regeɪ] MUS reggae *m*

**re•gime** [reɪ'ʒiːm] (*government*) régimen *m*

**re•gi•ment** ['redʒɪmənt] **I** *n* regimiento *m* **II** *v/t* controlar estrictamente

**reg•i•men•tal** [redʒɪ'mentl] *adj* MIL de regimiento

**reg•i•men•ta•tion** [redʒɪmen'teɪʃn] control *m* estricto

**re•gion** ['riːdʒən] región *f*; *in the ~ of* del orden de

**re•gion•al** ['riːdʒənl] *adj* regional

**reg•is•ter** ['redʒɪstər] **I** *n* registro *m*; *at school* lista **II** *v/t* **1** *birth*, *death* registrar; *vehicle* matricular; *letter* certificar; *send a letter ~ed* enviar una carta por correo certificado **2** *emotion* mostrar **III** *v/i at university*, *for a course* matricularse; *with police* registrarse

**reg•is•tered let•ter** [redʒɪstərd'letər] carta *f* certificada; **reg•is•tered 'of•fice** domicilio *m* social; **reg•is•tered 'trade•mark** marca *f* registrada

**reg•is•trar** [redʒɪ'strɑːr] *Br* doctor(a) *m(f)*

**re•gis•tra•tion** [redʒɪ'streɪʃn] registro *m*; *at university*, *for course* matriculación *f*

**re•gis'tra•tion num•ber** *Br* MOT (número *m* de) matrícula *f*

**reg•is•try** ['redʒɪstrɪ] registro *m*

**'reg•is•try of•fice** *Br* registro *m* civil; *get married at a ~* casarse por lo civil

**re•gress** [rɪ'gres] *v/i* involucionar

**re•gres•sion** [rɪ'greʃn] regresión *f*

**re•gres•sive** [rɪ'gresɪv] *adj* regresivo

**re•gret** [rɪ'gret] **I** *v/t* (*pret & pp -ted*) lamentar, sentir **II** *n* arrepentimiento *m*, pesar *m*

**re•gret•ful** [rɪ'gretfəl] *adj* arrepentido

**re•gret•ful•ly** [rɪ'gretfəlɪ] *adv* lamentablemente

**re•gret•ta•ble** [rɪ'gretəbl] *adj* lamentable

**re•gret•ta•bly** [rɪ'gretəblɪ] *adv* lamentablemente

**re•group** [riː'gruːp] *v/i* reagruparse

**reg•u•lar** ['regjʊlər] **I** *adj* **1** regular; *be in ~ employment* tener un trabajo regular **2** (*normal*, *ordinary*) normal **II** *n at bar etc* habitual *m/f*

**reg•u•lar 'cus•tom•er** cliente *m/f* habitual

**reg•u•lar 'gas•o•line** gasolina *f* súper

**reg•u•lar•i•ty** [regjʊ'lærətɪ] regularidad *f*

**reg•u•lar•ize** ['regjʊləraɪz] *v/t* regularizar

**reg•u•lar•ly** ['regjʊlərlɪ] *adv* regularmente

**reg•u•late** ['regjʊleɪt] *v/t* regular

**reg•u•la•tion** [regjʊ'leɪʃn] (*rule*) regla *f*, norma *f*

**reg•u•la•tor** ['regjʊleɪtər] TECH, FIN regulador *m*

**reg•u•la•to•ry** [regjʊ'leɪtərɪ] *adj* regulador

**re•hab** ['riːhæb] F rehabilitación *f*

**re•ha•bil•i•tate** [riːhə'bɪlɪteɪt] *v/t ex-criminal* rehabilitar

**re•ha•bil•i•ta•tion** [riːhəbɪlɪ'teɪʃn] rehabilitación *f*; *~ center* centro *m* de rehabilitación

**re•hash** **I** *v/t* [riː'hæʃ] *old data etc* reutilizar **II** *n* ['riːhæʃ] refrito *m* F

**re•hears•al** [rɪ'hɜːrsl] ensayo *m*

**re•hearse** [rɪ'hɜːrs] *v/t & v/i* ensayar

**reign** [reɪn] **I** *n* reinado *m* **II** *v/i* reinar

**re•im•burse** [riːɪm'bɜːrs] *v/t* reembolsar

**re•im•burse•ment** [riːɪm'bɜːrsmənt] reembolso *m*

**rein** [reɪn] rienda *f*; *keep a tight ~ on fig* controlar de cerca; *take the ~s fig* tomar las riendas; *give free ~ to one's imagination fig* dar rienda suelta a la imaginación

◆ **rein in** *v/t horse* frenar; *emotions* controlar; *budget deficit* tirar las riendas de

**re•in•car•nate** [riːˈɪnkɑːrneɪt] *v/t*: *be ~ed* reencarnarse

**re•in•car•na•tion** [riːɪnkɑːr'neɪʃn] reencarnación *f*

**rein•deer** ['reɪndɪr] (*pl reindeer*) ZO reno *m*

**re•in•force** [riːɪn'fɔːrs] *v/t structure* reforzar; *belief* reafirmar

**re•in•forced con•crete** [riːɪn'fɔːrst] hormigón *m* armado

**re•in•force•ments** [riːɪn'fɔːrsmənts] *npl* MIL refuerzos *mpl*

**re•in•state** [riːɪn'steɪt] *v/t person in office* reincorporar; *paragraph in text* volver a colocar

**re•in•sur•ance** [riːɪn'ʃʊrəns] COM reaseguro *m*

**re•in•sure** [riːɪn'ʃʊr] *v/t* reasegurar

**re•in•vent** [riːɪn'vent] *v/t*: *~ o.s.* reinventarse

re•is•sue [riː'ɪʃuː] v/t *recording* reeditar; *stamps etc* volver a emitir; *warning* volver a lanzar

re•it•er•ate [riː'ɪtəreɪt] v/t *fml* reiterar

re•ject [rɪ'dʒekt] v/t rechazar

re•jec•tion [rɪ'dʒekʃn] rechazo m; **he felt a sense of ~** se sintió rechazado

're•ject shop tienda f de productos defectuosos

re•joice [rɪ'dʒɔɪs] v/i alegrarse (**at, over** de); **~!** REL ¡alegría!

re•joic•ing [rɪ'dʒɔɪsɪŋ] alegría f

re•join [riː'dʒɔɪn] v/t volver a unirse a; *regiment* reincorporarse a

re•join•der [riː'dʒɔɪndər] réplica f

re•ju•ve•nate [rɪ'dʒuːvəneɪt] v/t rejuvenecer

re•ju•ve•na•tion [rɪdʒuːvə'neɪʃn] rejuvenecimiento m

re•key v/t *text* volver a escribir

re•kin•dle [riː'kɪndl] v/t *fig passions, interest etc* reavivar

re•lapse ['riːlæps] MED recaída f; **have a ~** sufrir una recaída

re•late [rɪ'leɪt] I v/t 1 *story* relatar, narrar 2 *connect:* **~ sth to sth** relacionar algo con algo II v/i: **~ to** *be connected with* estar relacionado con; **he doesn't ~ to people** no se relaciona fácilmente con la gente

re•lat•ed [rɪ'leɪtɪd] adj *by family* emparentado; *events, ideas etc* relacionado; **are you two ~?** ¿sois parientes?

re•la•tion [rɪ'leɪʃn] *in family* pariente m/f; *(connection)* relación f; **business / diplomatic ~s** relaciones fpl comerciales / diplomáticas

re•la•tion•al da•ta•base [rɪ'leɪʃnl] base f de datos relacional

re•la•tion•ship [rɪ'leɪʃnʃɪp] relación f; **have a good ~ with** tener una buena relación con

rel•a•tive ['relətɪv] I n pariente m/f II adj 1 *(comparative)* relativo 2: **X is ~ to Y** X está relacionado con Y

rel•a•tive•ly ['relətɪvlɪ] adv relativamente

rel•a•tiv•i•ty [relə'tɪvɪtɪ] relatividad f; **theory of ~** PHYS teoría f de la relatividad

re•launch ['riːlɔːntʃ] I v/t *product* relanzar II n relanzamiento m

re•lax [rɪ'læks] I v/i relajarse; **~!, don't get angry** ¡tranquilízate!, no te enfades

II v/t *muscle, pace* relajar

re•lax•a•tion [riːlæk'seɪʃn] relajación f; **what do you do for ~?** ¿qué haces para relajarte?

re•laxed [rɪ'lækst] adj relajado

re•lax•ing [rɪ'læksɪŋ] adj relajante

re•lay ['riːleɪ] I v/t *message* pasar; *radio, TV signals* retransmitir II n: **~ (race)** carrera f de relevos

re-lay [riː'leɪ] v/t (*pret & pp* -**laid**) *cable, carpet* volver a colocar

re•lease [rɪ'liːs] I n 1 *from prison* liberación f, puesta f en libertad 2 *of CD etc* lanzamiento m; *CD, record* trabajo m; **be on general ~** *of movie* estar en cartelera

II v/t 1 *prisoner* liberar, poner en libertad; **~ s.o. from a contract** librar a alguien de las obligaciones de un contrato 2 *parking brake* soltar 3 *information* hacer público; *CD etc* sacar

rel•e•gate ['relɪgeɪt] v/t relegar; **be ~d** *Br* SP descender

rel•e•ga•tion [relɪ'geɪʃn] *Br* SP descenso m

re•lent [rɪ'lent] v/i ablandarse, ceder

re•lent•less [rɪ'lentlɪs] adj *(determined)* implacable; *rain etc* que no cesa

re•lent•less•ly [rɪ'lentlɪslɪ] adv implacablemente; *rain* sin cesar

rel•e•vance ['reləvəns] pertinencia f

rel•e•vant ['reləvənt] adj pertinente

re•li•a•bil•i•ty [rɪlaɪə'bɪlətɪ] fiabilidad f

re•li•a•ble [rɪ'laɪəbl] adj fiable; *information* fiable, fidedigna

re•li•a•bly [rɪ'laɪəblɪ] adv: **I am ~ informed that** sé de buena fuente que

re•li•ance [rɪ'laɪəns] confianza f, dependencia f; **~ on s.o. / sth** confianza en alguien / algo, dependencia de alguien / algo

re•li•ant [rɪ'laɪənt] adj: **be ~ on** depender de

rel•ic ['relɪk] reliquia f

re•lief [rɪ'liːf] 1 alivio m; *pain* **~** alivio del dolor; **that's a ~** qué alivio; **to my great ~** para alivio mío 2: **in ~** *in art* en relieve

re'lief bus autobús m de apoyo; re'lief fund fondo m de ayuda; re'lief map mapa m de relieve; re'lief road carretera f auxiliar; re'lief staff personal m de apoyo; re'lief train tren m de apoyo

re•lieve [rɪ'liːv] v/t 1 *pressure, pain* aliviar; **be ~d** *at news etc* sentirse aliviado

**2** (*take over from*) relevar

re•li•gion [rɪ'lɪdʒən] religión *f*

re•li•gious [rɪ'lɪdʒəs] *adj* religioso

re•li•gious•ly [rɪ'lɪdʒəslɪ] *adv* (*conscientiously*) religiosamente

re•lin•quish [rɪ'lɪŋkwɪʃ] *v/t* renunciar a

rel•ish ['relɪʃ] **I** *n* **1** *sauce* salsa *f* **2** (*enjoyment*) goce *m* **II** *v/t idea, prospect* gozar con; *I don't ~ the idea* la idea no me entusiasma

re•live [riː'lɪv] *v/t the past, an event* revivir

re•load [riː'loʊd] **I** *v/t gun, camera* recargar **II** *v/i* recargarse

re•lo•cate [riːlə'keɪt] *v/i of business, employee* trasladarse

re•lo•ca•tion [riːlə'keɪʃn] *of business, employee* traslado *m*

re•lo•ca•tion al•low•ance subsidio *m* por traslado

re•luc•tance [rɪ'lʌktəns] reticencia *f*; *because of his ~ to change his mind* ya que era reacio a cambiar de opinión

re•luc•tant [rɪ'lʌktənt] *adj* reticente, reacio; *be ~ to do sth* ser reacio a hacer algo

re•luc•tant•ly [rɪ'lʌktəntlɪ] *adv* con reticencia; *he finally ~ accepted* al final, aceptó a regañadientes

◆ re•ly on [rɪ'laɪ] *v/t* (*pret & pp -ied*) depender de; *rely on s.o. to do sth* contar con alguien para hacer algo

re•main [rɪ'meɪn] *v/i* **1** (*be left*) quedar **2** (*stay*) permanecer

re•main•der [rɪ'meɪndər] **I** *n also* MATH resto *m* **II** *v/t* vender como saldo

re•main•ing [rɪ'meɪnɪŋ] *adj* restante

re•mains [rɪ'meɪnz] *npl of body* restos *mpl* (mortales)

re•make ['riːmeɪk] *of movie* nueva versión *f*

re•mand [rɪ'mænd] **I** *v/t*: *~ s.o. in custody* poner a alguien en prisión preventiva **II** *n*: *be on ~ in prison* estar en prisión preventiva; *on bail* estar en libertad bajo fianza

re•mark [rɪ'mɑːrk] **I** *n* comentario *m*, observación *f* **II** *v/t* comentar, observar

re•mark•a•ble [rɪ'mɑːrkəbl] *adj* notable, extraordinario

re•mark•a•bly [rɪ'mɑːrkəblɪ] *adv* extraordinariamente

re•mar•ket [rɪ'mɑːrkɪt] *v/t* lanzar de nuevo

re•mar•riage [riː'mærɪdʒ] nuevo *m* matrimonio

re•mar•ry [riː'mærɪ] *v/i* (*pret & pp -ied*) volver a casarse

re•mas•ter [riː'mæstər] *v/t recording* remasterizar

re•me•di•al [rɪ'miːdɪəl] *adj* corrector; *~ classes pl* clases *fpl* especiales; *~ exercises pl* ejercicios *mpl* de rehabilitación

rem•e•dy ['remədɪ] MED, *fig* remedio *m*

re•mem•ber [rɪ'membər] **I** *v/t s.o., sth* recordar, acordarse de; *~ doing sth* acordarse de hacer algo; *~ to lock the door* acuérdate de cerrar la puerta; *~ me to her* dale recuerdos de mi parte; *~, I'll be watching* no te olvides de que te estoy vigilando **II** *v/i* recordar, acordarse; *I don't ~* no recuerdo, no me acuerdo

re•mem•brance [rɪ'membrəns] recuerdo *m* (*of* de); *in ~ of* en recuerdo de; *Remembrance Day* or *Sunday* Br domingo de homenaje a los caídos en las guerras mundiales

re•mind [rɪ'maɪnd] *v/t*: *~ s.o. of sth* recordar algo a alguien; *~ s.o. of s.o.* recordar alguien a alguien; *you ~ me of your father* me recuerdas a tu padre; *that ~s me, I have to ...* eso me recuerda que tengo que...

re•mind•er [rɪ'maɪndər] recordatorio *m*; *for payment* recordatorio *m* de pago

rem•i•nisce [remɪ'nɪs] *v/i* contar recuerdos

rem•i•nis•cence [remɪ'nɪsns] recuerdo *m*

rem•i•nis•cent [remɪ'nɪsənt] *adj*: *be ~ of sth* recordar a algo, tener reminiscencias de algo

re•miss [rɪ'mɪs] *adj fml* negligente, descuidado

re•mis•sion [rɪ'mɪʃn] remisión *f*; *go into ~* MED remitir

re•mit [rɪ'mɪt] *v/t* (*pret & pp -ted*) **1** *sins* perdonar **2** COM (*pay*) remitir (*to* a)

re•mit•tance [rɪ'mɪtəns] COM pago *m*

re•mit•tance ad•vice COM notificación *f* de pago

rem•nant ['remnənt] resto *m*

re•mod•el [riː'mɑːdl] *v/t* (*pret & pp -eled*, Br *-elled*) remodelar; *~ sth on sth* rediseñar algo tomando como modelo algo

re•mon•strance [rɪ'mɑːnstrəns] queja *f*

**re·mon·strate** ['remənstreɪt] v/i discutir (**with** con)

**re·morse** [rɪ'mɔːrs] remordimientos *mpl*

**re·morse·ful** [rɪ'mɔːrsfʊl] adj lleno de remordimientos

**re·morse·less** [rɪ'mɔːrsləs] adj *person* despiadado; *pace, demands* implacable

**re·morse·less·ly** [rɪ'mɔːrsləslɪ] adv implacablemente

**re·mote** [rɪ'moʊt] adj **1** *village, possibility* remoto; *ancestor* lejano **2** (*aloof*) distante

**re·mote 'ac·cess** COMPUT acceso *m* remoto; **re·mote con'trol** control *m* remoto; *for TV* mando *m* a distancia; **re·mote-con'trolled** adj teledirigido; **re·mote da·ta en·try** COMPUT introducción *f* remota de datos

**re·mote·ly** [rɪ'moʊtlɪ] adv *related, connected* remotamente; *it's just ~ possible* es una posibilidad muy remota

**re·mote·ness** [rɪ'moʊtnəs]: *the ~ of the house* la lejanía *or* lo aislado de la casa

**re·mount** [riː'maʊnt] v/t *horse, bike* volver a montarse en

**re·mov·a·ble** [rɪ'muːvəbl] adj de quita y pon

**re·mov·al** [rɪ'muːvl] eliminación *f*

**re·move** [rɪ'muːv] v/t eliminar; *top, lid* quitar; *coat etc* quitarse; *doubt, suspicion* despejar; *growth, organ* extirpar

**re·mu·ner·ate** [rɪ'mjuːnəreɪt] v/t remunerar

**re·mu·ner·a·tion** [rɪmjuːnə'reɪʃn] remuneración *f*

**re·mu·ner·a·tive** [rɪ'mjuːnərətɪv] adj bien remunerado

**Ren·ais·sance** [rə'neɪsəns] Renacimiento *m*

**Ren·ais·sance 'man** renacentista *m*

**re·nal** ['riːnl] adj ANAT renal; *~ failure* MED insuficiencia *f* renal

**re·name** [riː'neɪm] v/t cambiar el nombre a

**ren·der** ['rendər] v/t **1** *service* prestar **2**: *~ s.o. helpless / unconscious* dejar a alguien indefenso / inconsciente **3** *wall* enyesar

**ren·der·ing** ['rendərɪŋ] *of piece of music* interpretación *f*

**ren·dez·vous** ['rɑːndeɪvuː] *romantic* cita *f*; MIL encuentro *m*

**ren·di·tion** [ren'dɪʃn] interpretación *f*

**ren·e·gade** ['renɪgeɪd] **I** *n* renegado(-a) *m(f)* **II** adj renegado

**re·nege** [rɪ'neɪg] v/i: *~ on sth* incumplir algo

**re·new** [rɪ'nuː] v/t *contract, license* renovar; *discussions* reanudar; *feel ~ed* sentirse como nuevo

**re·new·a·ble** [rɪ'nuːəbl] adj renovable; *~ resources* recursos *mpl* renovables

**re·new·al** [rɪ'nuːəl] *of contract etc* renovación *f*; *of discussions* reanudación *f*

**re'new·al clause** cláusula *f* de renovación

**re·nounce** [rɪ'naʊns] v/t *title, rights* renunciar a

**ren·o·vate** ['renəveɪt] v/t renovar

**ren·o·va·tion** [renə'veɪʃn] renovación *f*

**re·nown** [rɪ'naʊn] renombre *m*

**re·nowned** [rɪ'naʊnd] adj renombrado; *be ~ for sth* ser célebre por algo

**rent** [rent] **I** *n* alquiler *m*; *for ~* se alquila **II** v/t *apartment, car, equipment* alquilar, *Mex* rentar

**'rent-a-car (serv·ice)** alquiler *m* de coches

**rent·al** ['rentl] *for apartment, TV* alquiler *m*, *Mex* renta *f*

**'rent·al a·gree·ment** acuerdo *m* de alquiler; **'rent·al a·part·ment** apartmento *or Span* piso arrendado; **'rent·al car** coche *m* de alquiler

**rent·er** ['rentər] arrendatario(-a) *m(f)*

**rent-'free** adv sin pagar alquiler

**re·nun·ci·a·tion** [rɪnʌnsɪ'eɪʃn] renuncia *f*

**re·o·pen** [riː'oʊpn] **I** v/t reabrir; *negotiations* reanudar **II** v/i *of theater etc* volver a abrir

**re·or·gan·i·za·tion** [riːɔːrgənaɪz'eɪʃn] reorganización *f*

**re·or·gan·ize** [riː'ɔːrgənaɪz] v/t reorganizar

**rep**[1] [rep] COM representante *m/f*, comercial *m/f*

**rep**[2] [rep] *fabric* canalé *m*; *~ tie* corbata *f* de canalé

**re·pack·age** ['riːpækɪdʒ] v/t *product* reempaquetar

**re·paint** [riː'peɪnt] v/t repintar

**re·pair** [rɪ'per] **I** v/t *fence, TV* reparar; *shoes* arreglar **II** *n to fence, TV* reparación *f*; *of shoes* arreglo *m*; *in a good / bad state of ~* en buen / mal estado

**re'pair·man** técnico *m*

**rep•a•ra•tion** [repər'eɪʃn] compensación f; **make ~s for sth** compensar por algo

**rep•ar•tee** [repɑ:r'ti:] respuestas fpl ingeniosas

**re•pa•tri•ate** [ri:'pætrɪeɪt] v/t repatriar

**re•pa•tri•a•tion** [ri:'pætrɪ'eɪʃn] repatriación f

**re•pay** [ri:'peɪ] v/t (pret & pp **-paid**) money devolver; person pagar

**re•pay•a•ble** [ri:'peɪəbl] adj pagadero

**re•pay•ment** [ri:'peɪmənt] **1** of money devolución f **2** installment plazo m

**re•peal** [rɪ'pi:l] v/t law revocar

**re•peat** [rɪ'pi:t] **I** v/t repetir; **am I ~ing myself?** ¿me estoy repitiendo? **II** n TV program etc repetición f

**re•peat busi•ness** COM negocio m que se repite

**re•peat•ed** [rɪ'pi:tɪd] adj repetido

**re•peat•ed•ly** [rɪ'pi:tɪdlɪ] adv repetidamente, repetidas veces

**re•peat 'or•der** COM pedido m repetido

**re•peat pur•chase** compra f persistente

**re•pel** [rɪ'pel] v/t (pret & pp **-led**) **1** invaders, attack rechazar; insects repeler, ahuyentar **2** (disgust) repeler, repugnar

**re•pel•lent** [rɪ'pelənt] **I** n (insect ~) repelente m **II** adj repelente, repugnante

**re•pent** [rɪ'pent] v/i arrepentirse

**re•per•cus•sions** [ri:pər'kʌʃnz] npl repercusiones fpl

**rep•er•toire** ['repərtwɑ:r] repertorio m

**rep•e•ti•tion** [repɪ'tɪʃn] repetición f

**re•pet•i•tive** [rɪ'petɪtɪv] adj repetitivo

**re•pet•i•tive 'strain in•ju•ry** lesión f por movimiento repetitivo

**re•phrase** [rɪ'freɪs] v/t reformular; **sorry, I'll ~ that** perdón, lo diré de otra manera

**re•place** [rɪ'pleɪs] v/t **1** (put back) volver a poner **2** (take the place of) reemplazar, sustituir

**re•place•ment** [rɪ'pleɪsmənt] person sustituto(-a) m(f); thing recambio m, reemplazo m

**re•place•ment 'part** (pieza f de) recambio m

**re'place•ment val•ue in•sur•ance** seguro m por el valor de reposición

**re•plant** [ri:'plænt] v/t replantar

**re•play** ['ri:pleɪ] **I** n **1** recording repetición f (de la jugada) **2** match repetición f (del partido) **II** v/t match repetir

**re•plen•ish** [rɪ'plenɪʃ] v/t container rellenar; supplies reaprovisionar

**re•plete** [rɪ'pli:t] adj **1** after eating repleto **2**: **~ with** fml repleto de

**rep•li•ca** ['replɪkə] réplica f

**re•ply** [rɪ'plaɪ] **I** n respuesta f, contestación f **II** v/t & v/i (pret & pp **-ied**) responder, contestar

**re•ply-'paid en•ve•lope** sobre m con el franqueo pagado

**re•port** [rɪ'pɔ:rt] **I** n (account) informe m; by journalist reportaje m **II** v/t **1** facts informar; **~ one's findings to s.o** dar a conocer a alguien los hallazgos de algo; **he is ~ed to be in Washington** se dice que está en Washington **2** to authorities informar de, dar parte de; **~ s.o. to the police** denunciar a alguien a la policía **III** v/i **1** of journalist informar **2** (present o.s.) presentarse (**to** ante)

♦ **report to** v/t in business trabajar a las órdenes de

**re'port card** boletín m de evaluación

**re•port•er** [rɪ'pɔ:rtər] reportero(-a) m(f)

**re'port form** COMPUT informe m

**re•pose** [rɪ'poʊz] lit **I** n reposo m **II** v/i reposar

**re•pos•sess** [ri:pə'zes] v/t COM embargar

**rep•re•hen•si•ble** [reprɪ'hensəbl] adj recriminable

**rep•re•sent** [reprɪ'zent] v/t representar

**re-pres•ent** [ri:prɪ'zent] v/t FIN check volver a presentar

**rep•re•sen•ta•tion** [reprɪzen'teɪʃn] **1** representación f **2**: **make ~s to** fml presentar una protesta a (**about** por)

**rep•re•sen•ta•tion•al** [reprɪzen'teɪʃnl] adj art figurativo

**rep•re•sen•ta•tive** [reprɪ'zentətɪv] **I** n representante m/f; POL representante m/f, diputado(-a) m(f) **II** adj (typical) representativo

**re•press** [rɪ'pres] v/t revolt reprimir; feelings, laughter reprimir, controlar

**re•pres•sion** [rɪ'preʃn] POL represión f

**re•pres•sive** [rɪ'presɪv] adj POL represivo

**re•prieve** [rɪ'pri:v] **I** n LAW indulto m; fig aplazamiento m **II** v/t prisoner indultar

**rep•ri•mand** ['reprɪmænd] *v/t* reprender

**re•print** ['riːprɪnt] **I** *n* reimpresión *f* **II** *v/t* reimprimir

**re•pri•sal** [rɪ'praɪzl] represalia *f*; *take ~s* tomar represalias; *in ~ for* en represalia por

**re•proach** [rɪ'prouʧ] **I** *n* reproche *m*; *be beyond ~* ser irreprochable **II** *v/t*: *~ s.o. for sth* reprochar algo a alguien

**re•proach•ful** [rɪ'prouʧfəl] *adj* de reproche

**re•proach•ful•ly** [rɪ'prouʧfəlɪ] *adv look* con una mirada de reproche; *say* con tono de reproche

**re•proc•ess** [riː'prouses] *v/t* reprocesar

**re•proc•ess•ing plant** [riː'prousesɪŋplænt] planta *f* de reprocesado

**re•pro•duce** [riːprə'duːs] **I** *v/t atmosphere, mood* reproducir **II** *v/i* BIO reproducirse

**re•pro•duc•tion** [riːprə'dʌkʃn] reproducción *f*

**re•pro•duc•tion 'fur•ni•ture** reproducciones *mpl* de muebles antiguos

**re•pro•duc•tive** [rɪprə'dʌktɪv] *adj* reproductivo

**re•pro•gram** *v/t* (*pret & pp* **-med**) reprogramar

**re•prove** [rɪ'pruːv] *v/t* reprobar (*for* por)

**rep•tile** ['reptaɪl] reptil *m*

**re•pub•lic** [rɪ'pʌblɪk] república *f*

**re•pub•li•can** [rɪ'pʌblɪkn] **I** *n* republicano(-a) *m(f)*; *Republican* POL Republicano(-a) *m(f)* **II** *adj* republicano

**re•pu•di•ate** [rɪ'pjuːdɪeɪt] *v/t* (*deny*) rechazar

**re•pug•nance** [rɪ'pʌgnəns] repugnancia *f*

**re•pug•nant** [rɪ'pʌgnənt] *adj* repugnante

**re•pulse** [rɪ'pʌls] *v/t fml: attack, enemy* rechazar

**re•pul•sion** [rɪ'pʌlʃn] repulsión *f*

**re•pul•sive** [rɪ'pʌlsɪv] *adj* repulsivo

**re•pur•chase** [riː'pɜːrʧəs] **I** *v/t* recomprar **II** *n* recompra *f*

**rep•u•ta•ble** ['repjʊtəbl] *adj* reputado, acreditado

**rep•u•ta•tion** [repjʊ'teɪʃn] reputación *f*; *have a good / bad ~* tener una buena / mala reputación; *she has a ~ for being rather difficult* tiene fama de ser una persona bastante difícil

**re•pute** [rɪ'pjuːt]: *of ~* de prestigio; *be*

*held in high ~* estar muy bien considerado

**re•put•ed** [rep'jʊtəd] *adj*: *be ~ to be* tener fama de ser

**re•put•ed•ly** [rep'jʊtədlɪ] *adv* según se dice

**re•quest** [rɪ'kwest] **I** *n* petición *f*, solicitud *f*; *on ~* por encargo **II** *v/t* pedir, solicitar

**re'quest pro•gram**, *Br* **re'quest programme** *programa de petición de canciones, música etc*

**re•qui•em** ['rekwɪəm] MUS réquiem *m*

**re•quire** [rɪ'kwaɪr] *v/t* (*need*) requerir, necesitar; *it ~s great care* se requiere mucho cuidado; *as ~d by law* como estipula la ley; *guests are ~d to ...* se ruega a los invitados que ...; *~ s.o. to do sth* requerir a alguien que haga halgo

**re•quired** [rɪ'kwaɪrd] *adj* (*necessary*) necesario; *if ~d* si fuera necesario

**re•quired 'read•ing** lectura *f* obligatoria

**re•quire•ment** [rɪ'kwaɪrmənt] (*need*) necesidad *f*; (*condition*) requisito *m*

**req•ui•site** ['rekwɪzɪt] **I** *adj* necesario (*for* para) **II** *usu pl* requisito *m*

**req•ui•si•tion** [rekwɪ'zɪʃn] *v/t* requisar

**re-route** [riː'ruːt] *v/t airplane etc* desviar

**re•run** ['riːrʌn] **I** *n* *of TV program* reposición *f* **II** *v/t* (*pret* **-ran**, *pp* **-run**) *tape* volver a poner

**re•sale** ['riːseɪl]: *not for ~* prohibida su venta

**'re•sale val•ue** valor *m* de reventa

**re•sched•ule** [riː'ʃeduːl] *v/t* volver a programar

**re•scind** [rɪ'sɪnd] *v/t* LAW derogar

**res•cue** ['reskjuː] **I** *n* rescate *m*; *come to s.o.'s ~* acudir al rescate de alguien **II** *v/t* rescatar

**'res•cue op•er•a•tion** FIN operación *f* de rescate; **'res•cue pack•age** FIN paquete *m* de rescate; **'res•cue par•ty** equipo *m* de rescate

**res•cu•er** ['reskjʊər] salvador(a) *m(f)*

**re•search** [rɪ'sɜːrʧ] **I** *n* investigación *f* **II** *v/t* investigar; *a well ~ed thesis* una tesis bien documentada

♦ **research into** *v/t* investigar

**re•search and de'vel•op•ment** investigación *f* y desarrollo

**re'search as•sist•ant** ayudante *m/f* de investigación

**re•search•er** [rɪ'sɜːrtʃər] investigador(a) *m(f)*

**re'search proj•ect** proyecto *m* de investigación

**re•sem•blance** [rɪ'zembləns] parecido *m*, semejanza *f*

**re•sem•ble** [rɪ'zembl] *v/t* parecerse a

**re•sent** [rɪ'zent] *v/t* estar molesto por; *I ~ the implication* me molesta *or* ofende la implicancia; *I ~ that remark* me ofende ese comentario

**re•sent•ful** [rɪ'zentfəl] *adj* resentido

**re•sent•ful•ly** [rɪ'zentfəlɪ] *adv* con resentimiento

**re•sent•ment** [rɪ'zentmənt] resentimiento *m*

**res•er•va•tion** [rezər'veɪʃn] reserva *f*; *I have a ~ in hotel, restaurant* tengo una reserva

**re•serve** [rɪ'zɜːrv] **I** *n* reserva *f*; SP reserva *m/f*; **~s** FIN reservas *fpl*; *keep sth in ~* tener algo en la reserva **II** *v/t seat, table* reservar; *judgment* reservarse

**re'serve cur•ren•cy** moneda *f* de reserva

**re•served** [rɪ'zɜːrvd] *adj table, manner* reservado

**re•serv•ist** [rɪ'zɜːrvɪst] MIL reservista *m/f*

**res•er•voir** ['rezərvwɑːr] *for water* embalse *m*, pantano *m*

**re•set** [riː'set] *v/t (pret & pp -set)* **1** *jewel* volver a engastar **2** *clock* ajustar; *counter etc* poner a cero **3** *(re-typeset)* volver a componer

**re•set•tle•ment** [riː'setlmənt] *of refugees etc* reasentamiento *m*

**re•shuf•fle** ['riːʃʌfl] POL **I** *n* remodelación *f* **II** *v/t* remodelar

**re•side** [rɪ'zaɪd] *v/i fml* residir

**res•i•dence** ['rezɪdəns] **1** *(fml: house etc)* residencia *f* **2** *(stay)* estancia *f*

**'res•i•dence per•mit** permiso *m* de residencia

**'res•i•dent** ['rezɪdənt] **I** *n* residente *m/f* **II** *adj (living in a building)* residente

**res•i•den•tial** [rezɪ'denʃl] *adj district* residencial

**re•sid•u•al** [rɪ'zɪdjuəl] *adj* residual

**res•i•due** ['rezɪduː] residuo *m*

**re•sign** [rɪ'zaɪn] **I** *v/t* **1** *position* dimitir de **2**: *~ o.s. to* resignarse a **II** *v/i from job* dimitir

**res•ig•na•tion** [rezɪg'neɪʃn] **1** *n from* job dimisión *f* **2** *mental* resignación *f*

**re•signed** [re'zaɪnd] *adj* resignado; *we have become ~ to the fact that ...* nos hemos resignado a aceptar que ...

**re•sil•i•ence** [rɪ'zɪlɪəns] *of personality* fortaleza *f*; *of material* resistencia *f*

**re•sil•i•ent** [rɪ'zɪlɪənt] *adj personality* fuerte; *material* resistente

**res•in** ['rezɪn] resina *f*

**res•in•ous** ['rezɪnəs] *adj* resinoso

**re•sist** [rɪ'zɪst] **I** *v/t* resistir; *new measures* oponer resistencia a **II** *v/i* resistir

**re•sist•ance** [rɪ'zɪstəns] resistencia *f*

**re•sis•tant** [rɪ'zɪstənt] *adj material* resistente; *~ to heat / rust* resistente al calor / a la oxidación

**re•sis•tor** [rɪ'zɪstər] ELEC resistencia *f*

**re•sit** *Br* EDU **I** *v/t (pret & pp -sat)* [riː'sɪt] *exam* presentarse de nuevo a **II** *n* ['riːsɪt] repesca *f*, exámen *m* de recuperación

**re•sole** [riː'soʊl] *v/t* poner suela a

**res•o•lute** ['rezəluːt] *adj* resuelto

**res•o•lu•tion** [rezə'luːʃn] **1** resolución *f* **2** *made at New Year etc* propósito *m*

**re•solve** [rɪ'zɑːlv] *v/t* **1** *problem, mystery* resolver **2**: *~ to do sth* resolver hacer algo

**res•o•nance** ['rezənəns] resonancia *f*

**res•o•nant** ['rezənənt] *adj* **1** PHYS, *voice, sound* resonante **2**: *be ~ of sth lit* recordar a algo

**re•sort** [rɪ'zɔːrt] **1** *place* centro *m* turístico **2**: *as a last ~* como último recurso

◆ **resort to** *v/t violence, threats* recurrir a

◆ **re•sound with** [rɪ'zaʊnd] *v/t* resonar con

**re•sound•ing** [rɪ'zaʊndɪŋ] *adj success, victory* clamoroso

**re•source** [rɪ'sɔːrs] recurso *m*

**re•source•ful** [rɪ'sɔːrsfəl] *adj person* lleno de recursos; *attitude, approach* ingenioso

**re•spect** [rɪ'spekt] **I** *n* **1** respeto *m*; *show ~ to* mostrar respeto hacia; *have ~ for* respetar; *have no ~ for* no respetar en absoluto; *out of ~ for* por respeto hacia; *pay one's last ~s to s.o.* decir el último adiós a alguien

**2**: *with ~ to* con respecto a; *in this / that ~* en cuanto a esto / eso, en este / ese respecto; *in some / many ~s* en algunos / muchos aspectos

**II** *v/t* respetar

**re•spect•a•bil•i•ty** [rɪspektə'bɪlətɪ] respetabilidad *f*

**re•spect•a•ble** [rɪ'spektəbl] *adj* respetable

**re•spect•a•bly** [rɪ'spektəblɪ] *adv* respetablemente

**re•spect•ful** [rɪ'spektfəl] *adj* respetuoso

**re•spect•ful•ly** [rɪ'spektfəlɪ] *adv* respetuosamente, con respeto

**re•spec•tive** [rɪ'spektɪv] *adj* respectivo

**re•spec•tive•ly** [rɪ'spektɪvlɪ] *adv* respectivamente

**res•pi•ra•tion** [respɪ'reɪʃn] respiración *f*

**res•pi•ra•tor** [respɪ'reɪtər] MED respirador *m*

**res•pi•ra•to•ry** [rɪ'spɪrətɔːrɪ] *adj* respiratorio; **~ tract** ANAT vía *f* respiratoria; **~ failure** MED insuficiencia *f* respiratoria

**res•pi•ra•to•ry sys•tem** aparato *m* respiratorio

**re•spite** ['respaɪt] respiro *m*; **without ~** sin respiro

**re•splend•ent** [rɪ'splendənt] *adj* resplandeciente

**re•spond** [rɪ'spɑːnd] *v/i* responder

**re•spond•ent** [rɪ'spɑːndənt] **1** LAW demandado(-a) *m(f)* **2** *to questionnaire* encuestado(-a) *m(f)*

**re•sponse** [rɪ'spɑːns] respuesta *f*; **in ~ to your letter of** en respuesta a su carta de

**re•spon•si•bil•i•ty** [rɪspɑːnsɪ'bɪlətɪ] responsabilidad *f*; **accept ~ for** aceptar responsabilidad de; **a job with more ~** un trabajo con más responsabilidad

**re•spon•si•ble** [rɪ'spɑːnsəbl] *adj* reponsable (**for** de); *job* de responsabilidad

**re•spon•sive** [rɪ'spɑːnsɪv] *adj brakes* que responde bien; **a ~ audience** una audiencia que muestra interés

**re•spray** [riː'spreɪ] *v/t* volver a pintar

**rest**[1] [rest] **I** *n* descanso *m*; **he needs a ~** necesita descansar; **set s.o.'s mind at ~** tranquilizar a alguien **II** *v/i* **1** descansar; **~ on** *of theory, box* apoyarse en **2**: **it all ~s with him** todo depende de él **III** *v/t* (*lean, balance*) apoyar

**rest**[2] [rest] *n*: **the ~** el resto

**re•start** [riː'stɑːrt] **I** *v/t computer, talks* reiniciar; *engine* volver a arrancar **II** *v/i* reiniciarse; *of engine* volver a arrancar

**res•tau•rant** ['restrɑːnt] restaurante *m*

**'res•tau•rant car** vagón *m or* coche *m* restaurante

**res•tau•ra•teur** [restɔːræ'tɜːr] hostelero(-a) *m(f)*

**'rest cure** cura *f* de reposo *or* descanso

**rest•ful** ['restfəl] *adj* tranquilo, relajante

**'rest home** residencia *f* de ancianos

**rest•ing place** ['restɪŋ]: (*last*) **~** última morada *f*

**res•ti•tu•tion** [restɪ'tjuːʃn] restitución *f*

**res•tive** ['restɪv] *adj* inquieto

**res•tive•ness** ['restɪvnɪs] inquietud *f*

**rest•less** ['restlɪs] *adj* inquieto; **have a ~ night** pasar una mala noche

**rest•less•ly** ['restlɪslɪ] *adv* sin descanso

**re•stock** [riː'stɑːk] *v/t farm* llenar de reservas; *shelves, store* reabastecer

**res•to•ra•tion** [restə'reɪʃn] restauración *f*

**re•store** [rɪ'stɔːr] *v/t* **1** *building etc* restaurar **2** (*bring back*) devolver

**re•stor•er** [rɪ'stɔːrər] **1** *of painting, building* restaurador(a) *m(f)* **2** *for hair* regenerador *m*

**re•strain** [rɪ'streɪn] *v/t* contener; **~ o.s.** contenerse

**re•strained** [rɪ'streɪnd] *adj behavior* comedido; *color* sobrio

**re•straint** [rɪ'streɪnt] (*moderation*) moderación *f*, comedimiento *m*

**re•strict** [rɪ'strɪkt] *v/t* restringir, limitar; **I'll ~ myself to …** me limitaré a …

**re•strict•ed** [rɪ'strɪktɪd] *adj view* limitado

**re•strict•ed 'ar•e•a** MIL zona *f* de acceso restringido

**re•stric•tion** [rɪ'strɪkʃn] restricción *f*, limitación *f*; **place ~s on s.o.** imponer restricciones *or* limitaciones a alguien

**re•stric•tive** [rɪ'strɪktɪv] *adj* restrictivo

**'rest room** aseo *m*, servicios *mpl*

**re•struc•ture** [riː'strʌktʃər] *v/t* reestructurar

**re•struc•tur•ing** [riː'strʌktʃərɪŋ] reestructuración *f*

**re•sult** [rɪ'zʌlt] *n* **1** resultado *m*; **as a ~ of this** como resultado de esto **2** *in exam* nota *f*; **she got good ~s** ha sacado buenas notas

◆ **result from** *v/t* resultar de

◆ **result in** *v/t* tener como resultado

**re•sume** [rɪ'zuːm] **I** *v/t* reanudar **II** *v/i* continuar

**ré•su•mé** ['rezʊmeɪ] currículum *m* (vitae)

**re•sump•tion** [rɪ'zʌmpʃn] reanudación *f*

**re•sur•face** [riː'sɜːrfɪs] **I** *v/t roads* volver a asfaltar **II** *v/i* (*reappear*) reaparecer

**re•sur•gence** [rɪ'sɜːrdʒəns] resurgimiento *m*

**re•sur•gent** [rɪ'sɜːrdʒənt] *adj* resurgente

**res•ur•rect** [rezə'rekt] *v/t custom, old problem etc* resucitar

**res•ur•rec•tion** [rezə'rekʃn] REL resurrección *f*

**re•sus•ci•tate** [rɪ'sʌsɪteɪt] *v/t* resucitar, revivir

**re•sus•ci•ta•tion** [rɪsʌsɪ'teɪʃn] resucitación *f*

**re•tail** ['riːteɪl] **I** *adv*: **sell sth ~** vender algo al por menor **II** *v/i*: **it retails at …** su precio de venta al público es de …

**re•tail•er** ['riːteɪlər] minorista *m/f*

**'re•tail out•let** punto *m* de venta; **'re•tail park** *Br* centro *m* comercial; **'re•tail price** precio *m* de venta al público; **re•tail 'price in•dex** índice *m* de precios al consumo

**re•tain** [rɪ'teɪn] *v/t* conservar; *heat* retener

**re•tain•er** [rɪ'teɪnər] FIN anticipo *m*

**re•take** [riː'teɪk] **I** *v/t* (*pret* **-took**, *pp* **-taken**) **1** MIL recuperar **2** *TVetc: scene etc* volver a filmar **3** EDU: *exam* volver a presentarse a **II** *n of scene* toma *f* nueva

**re•tal•i•ate** [rɪ'tælɪeɪt] *v/i* tomar represalias

**re•tal•i•a•tion** [rɪtælɪ'eɪʃn] represalias *fpl*; **in ~ for** como represalia por

**re•tal•i•a•to•ry** [rɪ'tælɪətɔːrɪ] *adj* en represalia

**re•tard•ed** [rɪ'tɑːrdɪd] *adj mentally* retrasado mental

**retch** [retʃ] *v/i* tener arcadas

**re•ten•tion** [rɪ'tenʃn] (*keeping*) conservación *f*; *of information, body fluids* retención *f*; **powers** *pl* **of ~** poder *m* de retención

**re•ten•tive** [rɪ'tentɪv] *adj memory* retentivo

**re•think** [riː'θɪŋk] *v/t* (*pret & pp* **-thought**) replantear

**re•ti•cence** ['retɪsns] reserva *f*

**re•ti•cent** ['retɪsnt] *adj* reservado

**ret•i•na** ['retɪnə] ANAT retina *f*

**ret•i•nue** ['retɪnjuː] comitiva *f*

**re•tire** [rɪ'taɪr] *v/i* **1** *from work, with pension* jubilarse; *of soldier, admiral, sportsman, from politics* retirarse **2** *from race* retirarse **3** *fml: to bed* retirarse

**re•tired** [rɪ'taɪrd] *adj with pension* jubilado; *soldier, sportsman etc* retirado

**re•ti•ree** [rɪtaɪ'riː] jubilado(-a) *m(f)*, pensionista *m/f*

**re•tire•ment** [rɪ'taɪrmənt] *with pension* jubilación *f*; *of soldier, admiral etc* retiro *m*; *of sportsman, from politics etc* retirada *f*

**re'tire•ment age** edad *f* de jubilación

**re•tir•ing** [rɪ'taɪrɪŋ] *adj* retraído, reservado

**re•tort**[1] [rɪ'tɔːrt] **I** *n* réplica *f* **II** *v/t* replicar

**re•tort**[2] [rɪ'tɔːrt] *n* CHEM retorta *f*

**re•touch** [riː'tʌtʃ] *v/t* PHOT retocar

**re•trace** [rɪ'treɪs] *v/t*: **they ~d their footsteps** volvieron sobre sus pasos

**re•tract** [rɪ'trækt] *v/t* **1** *claws* retraer; *undercarriage* replegar **2** *statement* retirar

**re•tract•a•ble** [rɪ'træktəbl] *adj undercarriage* replegable

**re•trac•tion** [rɪ'trækʃn] **1** *of claws* retracción *f*; *of undercarriage* repliegue *m* **2** *of statement* retractación *f*

**retrain** [riː'treɪn] *v/i* reciclarse

**re•train•ing** [riː'treɪnɪŋ] reciclaje *m*; **~ course** curso *m* de reciclaje

**re•tread** ['riːtred] neumático *m* recauchutado

**re•treat** [rɪ'triːt] **I** *v/i* retirarse **II** *n* **1** MIL retirada *f* **2** *place* retiro *m*

**re•trench** [rɪ'trentʃ] *v/i* recortar gastos

**re•tri•al** ['riːtraɪəl] LAW nuevo juicio *m*

**ret•ri•bu•tion** [retrɪ'bjuːʃn] represalias *fpl*

**re•triev•al** [rɪ'triːvl] recuperación *f*; **beyond ~** *situation, work* irreparable

**re•trieve** [rɪ'triːv] *v/t* recuperar

**re•triev•er** [rɪ'triːvər] *dog* perro *m* cobrador

**ret•ro•ac•tive** [retroʊ'æktɪv] *adj law etc* retroactivo

**ret•ro•ac•tive•ly** [retroʊ'æktɪvlɪ] *adv* con retroactividad

**ret•ro•grade** ['retrəgreɪd] *adj move, decision* retrógrado

**ret•ro•gres•sive** [retrə'gresɪv] *adj* retrógrado

**ret•ro•spect** ['retrəspekt]: *in ~* en retrospectiva

**ret•ro•spec•tive** [retrə'spektɪv] **I** *n* retrospectiva *f* **II** *adj* retrospectivo

**ret•ro•spec•tive•ly** [retrə'spektɪvlɪ] *adv* retrospectivamente

**ret•ro•vi•rus** ['retrouvaɪrəs] MED retrovirus *m inv*

**re•try** [riː'traɪ] **I** *v/t* LAW volver a juzgar **II** *v/i* COMPUT intentar de nuevo

**re•turn** [rɪ'tɜːrn] **I** *n* **1** *to a place* vuelta *f*, regreso *m*; *on his ~* a su vuelta
**2** (*giving back*) devolución *f*; *in ~ for* a cambio de; *by ~ (of post)* a vuelta de correo
**3** COMPUT retorno *m*
**4** *in tennis* resto *m*
**5** (*profit*) rendimiento *m*; *~ on capital / on investment* rendimiento del capital / de la inversión
**6** *Br* ticket billete *m or L.Am.* boleto *m* de ida y vuelta
**7**: *many happy ~s (of the day)* feliz cumpleaños
**II** *v/t* devolver; (*put back*) volver a colocar; *~ to sender* devolver al remitente
**III** *v/i* (*go back, come back*) volver, regresar; *of good times, doubts etc* volver

**re•turn•a•ble** [rɪ't3ːrnəbl] *adj: the books are ~ within ...* hay que devolver los libros en ...

**re•turn 'flight** vuelo *m* de vuelta; **return 'jour•ney** viaje *m* de vuelta; **re•'turn key** COMPUT tecla *f* (de) retorno

**re•u•ni•fi•ca•tion** [riːjuːnɪfɪ'keɪʃn] reunificación *f*

**re•u•ni•fy** [riː'juːnɪfaɪ] *v/t* (*pret & pp -ied*) reunificar

**re•u•nion** [riː'juːnjən] reunión *f*

**re•u•nite** [riːjuː'naɪt] *v/t* reunir

**re•us•a•ble** [riː'juːzəbl] *adj* reutilizable

**re•use** [riː'juːz] *v/t* reutilizar

**rev** [rev] revolución *f*; *~s per minute* revoluciones por minuto
◆ **rev up** *v/t* (*pret & pp -ved*) *engine* revolucionar

**re•val•u•a•tion** [riːvæljʊ'eɪʃn] revaluación *f*

**re•vamp** ['riːvæmp] *v/t* renovar

**re•veal** [rɪ'viːl] *v/t* (*make visible*) revelar; (*make known*) revelar, desvelar

**re•veal•ing** [rɪ'viːlɪŋ] *adj remark* revelador; *dress* insinuante, atrevido
◆ **rev•el in** ['revl] *v/t* (*pret & pp -ed, Br -led*) deleitarse con; *like it?, he revels in it* ¿que si le gusta?, le encanta

**rev•e•la•tion** [revə'leɪʃn] revelación *f*

**rev•el•er** ['revələr] juerguista *m/f*

**rev•el•ry** ['revlrɪ] jolgorio *m*

**re•venge** [rɪ'vendʒ] venganza *f*; *take one's ~* vengarse; *in ~ for* como venganza por

**re•venge•ful** [rɪ'vendʒfʊl] *adj* vengativo

**rev•e•nue** ['revənuː] ingresos *mpl*

**re•ver•ber•ate** [rɪ'vɜːrbəreɪt] *v/i of sound* reverberar

**re•ver•ber•a•tion** [rɪvɜːrbə'reɪʃn] reverberación *f*

**re•vere** [rɪ'vɪr] *v/t* reverenciar

**rev•er•ence** ['revərəns] reverencia *f*

**Rev•er•end** ['revərənd] REL Reverendo *m*

**rev•er•ent** ['revərənt] *adj* reverente

**rev•er•en•tial** [revə'renʃl] *adj* reverente

**rev•er•ie** ['revərɪ] ensoñación *f*

**re•ver•sal** [rɪ'vɜːrsl] *of decision* revocación *f*; *of sequence* inversión *f*; *suffer a ~* sufrir un revés

**re•verse** [rɪ'vɜːrs] **I** *adj sequence* inverso; *in ~ order* en orden inverso **II** *n* **1** (*back*) dorso *m* **2** MOT marcha *f* atrás
**3**: *the ~* (*the opposite*) lo contrario **III** *v/t* **1** *sequence* invertir **2**: *~ a vehicle* marcha atrás con un vehículo **IV** *v/i* MOT hacer marcha atrás
◆ **reverse out** *v/t in printing* invertir

**re•vers•i•ble** [rɪ'vɜːrsəbl] *adj* **1** *n garment* reversible **2** *decision* revocable

**re•vert** [rɪ'vɜːrt] *v/i: ~ to* volver a

**re•view** [rɪ'vjuː] **I** *n* **1** *of book, movie* reseña *f*, crítica *f* **2** *of troops* revista *f* **3** *of situation etc* revisión *f* **II** *v/t* **1** *book, movie* reseñar, hacer una crítica de **2** *troops* pasar revista a **3** *situation etc* revisar; EDU repasar

**re•view•er** [rɪ'vjuːər] *of book, movie* crítico(-a) *m(f)*

**re•vise** [rɪ'vaɪz] *v/t opinion, text* revisar

**re•vi•sion** [rɪ'vɪʒn] *of opinion, text* revisión *f*

**re•vi•tal•ize** [riː'vaɪtəlaɪz] *v/t* revitalizar

**re•viv•al** [rɪ'vaɪvl] **1** *of custom, old style etc* resurgimiento *m* **2** *of patient* reanimación *f*

**re•vive** [rɪ'vaɪv] **I** *v/t* **1** *custom, old style etc* hacer resurgir **2** *patient* reanimar **II**

v/i *of business, exchange rate etc* reactivarse

**rev•o•ca•ble let•ter of cred•it** [rɪ'voʊkəbəl] carta *f* de crédito revocable

**re•voice** [riː'vɔɪs] *v/t movie* doblar

**re•voke** [rɪ'voʊk] *v/t law* derogar; *license* revocar

**re•volt** [rɪ'voʊlt] **I** *n* rebelión *f* **II** *v/i* rebelarse

**re•volt•ing** [rɪ'voʊltɪŋ] *adj (disgusting)* repugnante

**rev•o•lu•tion** [revə'luːʃn] **1** POL revolución *f* **2** *(turn)* vuelta *f*, revolución *f*

**rev•o•lu•tion•ar•y** [revə'luːʃnerɪ] **I** *n* POL revolucionario(-a) *m(f)* **II** *adj* revolucionario

**rev•o•lu•tion•ize** [revə'luːʃnaɪz] *v/t* revolucionar

**re•volve** [rɪ'vɑːlv] *v/i* girar (*around* en torno a)

**re•volv•er** [rɪ'vɑːlvər] revólver *m*

**re•volv•ing door** [rɪ'vɑːlvɪŋ] puerta *f* giratoria

**re•volv•ing let•ter of cred•it** carta *f* de crédito renovable

**re•vue** [rɪ'vjuː] THEA revista *f*

**re•vul•sion** [rɪ'vʌlʃn] repugnancia *f*

**re•ward** [rɪ'wɔːrd] **I** *n* recompensa *f* **II** *v/t financially* recompensar

**re•ward•ing** [rɪ'wɔːrdɪŋ] *adj experience* gratificante

**re•wind** [riː'waɪnd] *v/t (pret & pp -wound) film, tape* rebobinar

**re•wire** [riː'waɪər] *v/t* cambiar la instalación eléctrica de

**re•word** [riː'wɜːrd] *v/t* reformular

**re•write** [riː'raɪt] *v/t (pret -wrote, pp -written)* reescribir, volver a escribir

**re•write•a•ble** [riː'raɪtəbl] *adj CD etc* regrabable

**rhap•so•dy** ['ræpsədɪ] MUS rapsodia *f*; *go into rhapsodies fig* deshacerse en elogios (*about, over* sobre)

**rhe•sus fac•tor** ['riːsəs] MED factor *m* Rh

**rhe•to•ric** ['retərɪk] retórica *f*

**rhe•to•ric•al ques•tion** [rɪ'tɑːrɪkl] pregunta *f* retórica

**rheu•mat•ic** [ruː'mætɪk] *adj* reumático; *~ fever* fiebre *f* reumática

**rheu•ma•tism** ['ruːmətɪzm] reumatismo *m*

**rhi•no** ['raɪnoʊ] rinoceronte *m*

**rhi•no•ce•ros** [raɪ'nɑːsərəs] rinoceronte *m*

**rhi•no•plas•ty** ['raɪnoʊplæstɪ] rinoplastia *f*

**rho•do•den•dron** [roʊdə'dendrən] BOT rododendro *m*

**rhom•bus** ['rɑːmbəs] (*pl -buses, rhombi* ['rɑːmbaɪ]) MATH rombo *m*

**rhu•barb** ['ruːbɑːrb] ruibarbo *m*

**rhyme** [raɪm] **I** *n* rima *f*; *do sth without ~ or reason* hacer algo sin venir a cuento; *there's no ~ or reason to it* no tiene ni pies ni cabeza **II** *v/i* rimar

**rhythm** ['rɪðm] ritmo *m*; *~ and blues* MUS rhythm and blues *m*

**rhyth•mic, rhyth•mi•cal** ['rɪðmɪk(l)] *adj* rítmico

**rib** [rɪb] ANAT costilla *f*

**rib•bon** ['rɪbən] cinta *f*

**'rib cage** ANAT caja *f* torácica

**rice** [raɪs] arroz *m*

**'rice pad•dy** arrozal *m*; **'rice pa•per** papel *m* de arroz; **rice 'pud•ding** *Br* arroz *m* con leche

**rich** [rɪtʃ] **I** *adj* **1** *(wealthy)* rico **2** *food:* con mucha grasa o azúcar; *it's too ~* es muy pesado **3**: *~ in vitamin C* rico en vitamina C **4** F: *that's ~!* ¡genial!; *it's ~ that they are now ...* tiene gracia que ahora sean ellos los que ... **II** *npl*: *the ~* los ricos

**rich•es** ['rɪtʃɪz] *npl* riquezas *fpl*

**rich•ly** ['rɪtʃlɪ] *adv*: *be ~ deserved* ser muy merecido

**rich•ness** ['rɪtʃnɪs] *(wealth)* riqueza *f*

**rick•ets** ['rɪkɪts] *nsg* MED raquitismo *m*

**rick•et•y** ['rɪkətɪ] *adj* desvencijado

**ric•o•chet** ['rɪkəʃeɪ] *v/i* rebotar

**rid** [rɪd]: *get ~ of* deshacerse de

**rid•dance** ['rɪdns] F: *good ~ to her!* ¡espero no volver a verla nunca!

**rid•den** ['rɪdn] *pp* ☞ *ride*

**rid•dle** ['rɪdl] **I** *n* acertijo *m* **II** *v/t*: *be ~d with* estar lleno de

**ride** [raɪd] **I** *n on horse, in vehicle* paseo *m*, vuelta *f*; *(journey)* viaje *m*; *do you want a ~ into town?* ¿quieres que te lleve al centro?; *take s.o. for a ~* F tomar el pelo a alguien
**II** *v/t (pret rode, pp ridden) horse* montar a; *bike* montar en
**III** *v/i (pret rode, pp ridden)* **1** *on horse* montar; *can you ~?* ¿sabes montar?; *those who were riding at the back of the bus* los que iban en la parte

de atrás del autobús 2: *let sth ~* dejar algo estar; *there's a lot riding on this* hay muchas cosas que dependen de ello

◆ **ride up** *v/i of skirt etc* subirse

**rid•er** ['raɪdər] *on horse* jinete *m*, amazona *f*; *on bicycle* ciclista *m/f*; *on motorbike* motorista *m/f*

**ridge** [rɪdʒ] *raised strip* borde *m*; *of mountain* cresta *f*; *of roof* caballete *m*

**rid•i•cule** ['rɪdɪkjuːl] **I** *n* burlas *fpl* **II** *v/t* ridiculizar, poner en ridículo

**ri•dic•u•lous** [rɪ'dɪkjʊləs] *adj* ridículo

**ri•dic•u•lous•ly** [rɪ'dɪkjʊləslɪ] *adv expensive, difficult* terriblemente; *it's ~ easy* es facilísimo

**rid•ing** ['raɪdɪŋ] *on horseback* equitación *f*

**'rid•ing boots** *npl* botas *fpl* de montar; **rid•ing breech•es** ['raɪdɪŋbrɪtʃəs] *npl* pantalones *mpl* de montar; **'rid•ing school** escuela *f* de equitación

**rife** [raɪf] *adj*: *~ with disease, corruption, in-fighting* plagado de; *crime is ~* impera el crimen

**riff** [rɪf] MUS riff *m*

**riff•raff** ['rɪfræf] gentuza *f*

**ri•fle** ['raɪfl] rifle *m*

◆ **rifle through** *v/t* rebuscar en

**'ri•fle range** campo *m* de tiro

**rift** [rɪft] **1** *in earth* grieta *f* **2** *in party etc* escisión *f*

**rig** [rɪg] **I** *n* **1** (*oil ~*) plataforma *f* petrolífera **2** (*truck*) camión *m* **II** *v/t* (*pret & pp* **-ged**) *elections* amañar

◆ **rig up** *v/t* montar

**rig•ging** ['rɪgɪŋ] NAUT cordaje *m*

**right** [raɪt] **I** *adj* **1** (*correct*) correcto; *it's not ~ to treat people like that* no está bien tratar así a la gente; *it's the ~ thing to do* es lo que hay que hacer; *be ~ of answer* estar correcto; *of person* tener razón; *of clock* ir bien; *put things ~* arreglar las cosas; *that's ~!* ¡eso es! **2** (*suitable*) adecuado, apropiado **3** (*not left*) derecho **4**: *that's all ~ doesn't matter* no te preocupes; *when s.o. says thank you* de nada; *is quite good* está bastante bien; *I'm all ~ not hurt* estoy bien; *have got enough* no, gracias; *all ~, that's enough!* ¡ahora sí que ya está bien! ☞ **alright**
**II** *adv* **1** (*directly*) justo; *~ now* ahora

mismo; *they arrived ~ after me* llegaron justo después de mí; *I'll be ~ back* vuelvo ahora mismo; *it broke ~ down the middle* se rompió justo por la mitad
**2** (*correctly*) correctamente
**3** (*not left*) a la derecha
**4** (*completely*) completamente; *he broke it ~ off* lo rompió por completo; *it goes ~ around the house* va alrededor de toda la casa; *~ back in 1982* allá en 1982; *~!, that does it!* ¡hasta aquí hemos llegado!
**III** *n* **1** *civil, legal etc* derecho *m* **2** *not left*, POL derecha *f*; *on the ~* also POL a la derecha; *turn to the ~, take a ~* gira a la derecha **3**: *be in the ~* tener razón; *know ~ from wrong* distinguir lo que está bien de lo que está mal

**right-'an•gle** ángulo *m* recto; *at ~s to* en *or* formando ángulo recto con

**right-an•gled** ['raɪtæŋgld] *adj* rectángulo

◆ **right-click on** *v/t* cliquear con el botón derecho en

**right•eous** ['raɪtʃəs] *adj* **1** *person* honrado **2** *anger* justificado

**right•ful** ['raɪtfəl] *adj heir, owner etc* legítimo

**'right-hand** *adj*: *on the ~ side* a mano derecha; **right-hand 'drive** MOT vehículo *m* con el volante a la derecha; **right-hand•ed** [raɪt'hændɪd] *adj person* diestro; **right-hand•er** [raɪt'hændər] diestro(-a) *m(f)*; **right-hand 'man** mano *f* derecha

**right•ly** ['raɪtlɪ] *adv* (*correctly*) correctamente; (*justifiably*) justificadamente; *accuse, complain* con (toda la ) razón; *assume* con toda seguridad; *~ or wrongly* para bien o para mal; *I don't ~ know* F no sé muy bien; *I can't ~ say* F no puedo decir

**right of 'way** *in traffic* preferencia *f*; *across land* derecho *m* de paso

**'rights is•sue** FIN emisión *f* con derechos para los accionistas

**right 'wing** POL derecha *f*; SP banda *f* derecha; **right-'wing** *adj* POL de derechas; **right-'wing•er** POL derechista *m/f*; **right-wing ex'trem•ism** POL extremismo *m* de derechas

**rig•id** ['rɪdʒɪd] *adj* rígido

**ri•gid•i•ty** [rɪ'dʒɪdɪtɪ] rigidez *f*

**rig•ma•role** ['rɪgməroʊl] F engorro *m*

**rig•or** ['rɪgər] *of discipline* rigor *m*; *the ~s of the winter* los rigores del invierno

**rig•or mor•tis** [rɪgər'mɔːrtɪs] MED rigor *m* mortis

**rig•or•ous** ['rɪgərəs] *adj* riguroso

**rig•or•ous•ly** ['rɪgərəslɪ] *adv check, examine* rigurosamente

**rig•our** *Br* ☞ **rigor**

**rile** [raɪl] *v/t* F fastidiar, *Span* mosquear F

**rim** [rɪm] *of wheel* llanta *f*; *of cup* borde *m*; *of eye glasses* montura *f*

**rind** [raɪnd] *on bacon, cheese* corteza *f*

**ring**[1] [rɪŋ] *n* **1** (*circle*) círculo *m* **2** *on finger* anillo *m* **3** *in boxing* cuadrilátero *m*, ring *m*; *at circus* pista *f*

**ring**[2] [rɪŋ] **I** *n of bell* timbrazo *m*; *of voice* tono *m*; *give s.o. a ~ Br* TELEC dar un telefonazo a alguien; *that has a familiar ~ to it* me suena; *have a hollow ~* no sonar muy convincente

**II** *v/t* (*pret* **rang**, *pp* **rung**) *bell* hacer sonar, tocar; *doorbell* tocar

**III** *v/i* (*pret* **rang**, *pp* **rung**) *of bell* sonar; *please ~ for attention* toque el timbre para que lo atiendan; *~ing tone* TELEC tono *m* de llamada

◆ **ring back** *v/t & v/i Br* llamar más tarde, volver a llamar

◆ **ring in** *v/i Br* llamar

◆ **ring off** *v/i Br* colgar

◆ **ring out** *v/i of bell, voice* resonar

◆ **ring up** *v/t & v/i Br* llamar (por teléfono)

**'ring bind•er** bloc *m* de anillas; **'ring--fence** *v/t fig: make secure* proteger; **'ring fin•ger** dedo *m* anular; **'ring-lead•er** cabecilla *m/f*; **'ring-pull** anilla *f*; **'ring road** *Br* carretera *f* de circunvalación; **'ring•side**: *at the ~ in boxing* en primera fila; *~ seat* asiento *m* de primera fila

**rink** [rɪŋk] pista *f* de patinaje

**rinse** [rɪns] **I** *n for hair color* reflejo *m* **II** *v/t* aclarar

**ri•ot** ['raɪət] **I** *n* disturbio *m*; *read s.o. the ~ act* cantar a alguien las cuarenta; *run ~ of kids, the imagination* desbocarse **II** *v/i* causar disturbios

**ri•ot•er** ['raɪətər] alborotador(a) *m(f)*

**ri•ot•ous** ['raɪətəs] *adj* **1** *behavior, crowd* descontrolado **2**: *we had a ~*

*time* nos lo pasamos de maravilla

**ri•ot•ous•ly** ['raɪətəslɪ] *adv*: *it was ~ funny* era desternillante

**'ri•ot po•lice** policía *f* antidisturbios

**rip** [rɪp] **I** *n in cloth etc* rasgadura *f* **II** *v/t* (*pret & pp* **-ped**) *cloth etc* rasgar; *~ sth open* romper algo rasgándolo

◆ **rip apart** *v/t also fig* destrozar

◆ **rip off** *v/t* F *customers* robar F, clavar F; (*cheat*) timar

◆ **rip up** *v/t letter, sheet* hacer pedazos

**'rip cord** cordón *m* de apertura

**ripe** [raɪp] *adj* fruit maduro

**rip•en** ['raɪpn] *v/i of fruit* madurar

**ripe•ness** ['raɪpnɪs] *of fruit* madurez *f*

**rip-off** F **1** *n* robo *m* F; *the concert was a ~* el concierto fue un timo **II** *adj*: *~ prices* precios *mpl* escandalosos

**rip•ple** ['rɪpl] *on water* onda *f*

**rise** [raɪz] **I** *v/i* (*pret* **rose**, *pp* **risen**) **1** *from chair etc* levantarse **2** *of sun* salir; *of rocket* ascender, subir **3** *of price, temperature, water* subir **II** *n* **1** *in price, temperature* subida *f*, aumento *m*; *in water level* subida *f*; *Br: in salary* aumento *m* **2**: *give ~ to* dar pie a

**ris•en** ['rɪzn] *pp* ☞ **rise**

**ris•er** ['raɪzər]: *be an early ~* ser un madrugador; *be a late ~* levantarse tarde

**ris•ing** ['raɪzɪŋ] **I** *n* (*rebellion*) revuelta *f* **II** *adj* **1** *generation* venidera **2** *politician etc* en alza; *a ~ star in the company* un valor en alza en la empresa

**risk** [rɪsk] **I** *n* riesgo *m*, peligro *m*; *take a ~* arriesgarse; *put sth at ~* poner algo en peligro; *run the ~ of doing sth* correr el riesgo de hacer algo **II** *v/t* arriesgar; *let's ~ it* arriesguémonos

**'risk a•nal•y•sis** análisis *m inv* de riesgos; **'risk man•age•ment** gestión *f* de riesgos; **'risk-tak•er**: *he's a ~* le gusta tomar riesgos

**risk•y** ['rɪskɪ] *adj* arriesgado

**ri•sot•to** [rɪ'zɑːtoʊ] risotto *m*

**ris•qué** [rɪ'skeɪ] *adj* subido de tono

**ris•sole** ['rɪsoʊl] GASTR bola frita de carne o pescado

**rite** [raɪt] rito *m*; *perform the last ~s over s.o.* REL administrar la extrema unción a alguien

**rit•u•al** ['rɪtʃʊəl] **I** *n* ritual *m* **II** *adj* ritual

**rit•u•al•ist•ic** [rɪtʃʊə'lɪstɪk] *adj* ritualista

**ritz•y** ['rɪtsɪ] *adj* F lujoso

**ri•val** ['raɪvl] **I** *n* rival *m/f* **II** *v/t* (*pret & pp*

**-ed**, *Br* **-led**) rivalizar con; *I can't ~ that* no puedo rivalizar con eso

**ri•val•ry** ['raɪvlrɪ] rivalidad *f*

**riv•er** ['rɪvər] río *m*

'**riv•er•bank** ribera *f*; '**riv•er•bed** lecho *m*; **Riv•er 'Plate:** *the* ~ el Río de la Plata; '**riv•er•side** *I adj* a la orilla del río **II** *n* ribera *f*, orilla *f* del río

**riv•et** ['rɪvɪt] *I n* remache *m* **II** *v/t* remachar; ~ *sth to sth* unir algo a algo con remaches

**riv•et•ing** ['rɪvɪtɪŋ] *adj* fascinante

**RNA** [ɑːren'eɪ] *abbr* (= **ribonucleic acid**) ARN *m* (= ácido *m* ribonucleico)

**roach** [roʊtʃ] F *insect* cucaracha *f*

**road** [roʊd] *in country* carretera *f*; *in city* calle *f*; *it's just down the* ~ está muy cerca; *be on the* ~ *traveling* estar de viaje; *of theater group* estar de gira; *when we get our car back on the* ~ cuando el coche vuelva a funcionar; *the car's been off the* ~ *for a year* hace un año que no conducimos el coche; *let's get this project on the* ~ F pongamos este proyecto en marcha; *on the* ~ *to recovery* en vías de recuperación; *and one more for the* ~ F y la penúltima (copa); *be on the right* ~ *fig* ir por el buen camino; *hit the* ~ F largarse

'**road ac•ci•dent** accidente *m* de carretera; '**road•block** control *m* de carretera; '**road hog** *conductor(a)* temerario(-a); '**road-hold•ing** *of vehicle* adherencia *f*, agarre *m*; '**road•house** taberna *f* (*al lado de la carretera*); '**road map** mapa *m* de carreteras; '**road noise** MOT ruido *m* de la carretera; '**road rage** *Br* cólera *f* al volante, agresividad *f* en la carretera; '**road re•pairs** *npl* obras *fpl*; **road 'safe•ty** seguridad *f* vial; '**road•show** exhibición *f* itinerante; '**road•side** *n* al borde de la carretera; '**road•sign** señal *f* de tráfico; '**road tax** impuesto *m* de circulación; '**road test** MOT prueba *f* en carretera; '**road-test** *v/t car* probar en carretera; '**road toll** peaje *m*; **road 'traf•fic ac•ci•dent** accidente *m* de tráfico por carretera; '**road us•er** usuario(-a) *m(f)* de las carreteras; '**road•way** calzada *f*; '**road•wor•thy** *adj* en condiciones de circular

**roam** [roʊm] *v/i* vagar

**roar** [rɔːr] *I n of traffic, engine* estruendo *m*; *of lion* rugido *m*; *of person* grito *m*, bramido *m* **II** *v/i of engine, lion* rugir; *of person* gritar, bramar; ~ *with laughter* reírse a carcajadas

**roar•ing** ['rɔːrɪŋ] *adj*: ~ *success* F éxito *m* clamoroso; ~ *drunk* F borracho como una cuba F

**roast** [roʊst] *I n of beef etc* asado *m* **II** *v/t* asar **III** *v/i of food* asarse; *we're* ~*ing* nos estamos asando

**roast 'beef** rosbif *m*

**roast•ing** ['roʊstɪŋ] *adj* F *day, weather* abrasador; *I'm* ~ me estoy asando

'**roast•ing dish** plato *m* para asar

**roast 'pork** cerdo *m* asado

**rob** [rɑːb] *v/t* (*pret & pp* **-bed**) *person* robar a; *bank* atracar, robar; *I've been* ~*bed* me han robado

**rob•ber** ['rɑːbər] atracador(a) *m(f)*

**rob•ber•y** ['rɑːbərɪ] atraco *m*, robo *m*

**robe** [roʊb] **1** *of judge* toga *f*; *of priest* sotana *f* **2** (*bath*~) bata *f*

**rob•in** ['rɑːbɪn] petirrojo *m*

**ro•bot** ['roʊbɑːt] robot *m*

**ro•bust** [roʊ'bʌst] *adj person, structure* robusto; *material* resistente; *defense* sólido; *attitude* firme; *be in* ~ *health* tener una salud de hierro

**rock** [rɑːk] *I n* **1** roca *f*; *on the* ~*s of drink* con hielo; *their marriage is on the* ~*s* su matrimonio está en crisis **2** MUS rock *m* **II** *v/t* **1** *baby* acunar; *cradle* mecer **2** (*surprise*) sorprender, impactar **III** *v/i on chair* mecerse; *of boat* balancearse

**rock-and-'roll** MUS rock and roll *m*; '**rock band** grupo *m* de rock; **rock 'bot•tom:** *reach* ~ tocar fondo; '**rock-bot•tom** *adj prices* mínimo; '**rock climb•er** escalador(a) *m(f)*; '**rock climb•ing** escalada *f* (en roca)

**rock•er** ['rɑːkər] **1** (*rocking chair*) mecedora *f* **2** *Br: person* roquero(-a) *m(f)* **3**: *off one's* ~ F pirado F

'**rock•er arm** MOT balancín *m*

**rock•er•y** ['rɑːkərɪ] jardín *m* de rocalla

**rock•et** ['rɑːkɪt] *I n* cohete *m*; *give s.o. a* ~ F echar la bronca a alguien **II** *v/i of prices etc* dispararse

'**rock•et sci•ence** F: *it's hardly* ~*!* ¡no hace falta ser un genio!

'**rock•et sci•en•tist** F listillo(-a) *m(f)*, sabiondo(-a) *m(f)* 'rock face pared f; 'rock•fall caída f de rocas; 'rock gar•den jardín m de rocalla; 'rock-hard adj duro como una piedra

rock•ing chair ['rɑːkɪŋ] mecedora f

'rock•ing horse caballito m de juguete

'rock mu•sic música f rock; rock 'n' roll [rɑːkn'roʊl] rock and roll m; 'rock salt sal f gema; rock-'sol•id adj structure, fig: support etc sólido como una piedra; 'rock star estrella f del rock

rock•y[1] ['rɑːkɪ] adj beach, path pedregoso

rock•y[2] ['rɑːkɪ] adj (unsteady) inestable

ro•co•co [rə'koʊkoʊ] rococó m

rod [rɑːd] 1 vara f 2 for fishing caña f

rode [roʊd] pret ☞ ride

ro•dent ['roʊdnt] roedor m

ro•de•o ['roʊdɪoʊ] rodeo m

roe[1] [roʊ] of fish huevas fpl

roe[2] [roʊ] deer corzo m

'roe•buck corzo m

'roe deer corzo m

rog•er ['rɑːdʒər] int RAD recibido

rogue [roʊg] granuja m/f, bribón(-ona) m(f)

ROI abbr (= return on investment) rendimiento m de la inversión

role [roʊl] papel m

'role mod•el ejemplo m; be a ~ for ser un modelo a seguir para; 'role play juego m de roles; role re'ver•sal cambio m de papeles; role-swap•ping ['roʊl-swɑːpɪŋ] intercambio m de papeles

roll [roʊl] I n 1 (bread ~) panecillo m 2 of film rollo m 3 of thunder retumbo m 4 (list, register) lista f II v/i 1 of ball etc rodar 2 of boat balancearse III v/t 1: ~ sth into a ball hacer una bola con algo 2: ~ sth along the ground hacer rodar algo por el suelo 3: ~ one's own liarse los cigarrillos

◆ roll around v/i: they were rolling around laughing F se desternillaban de risa

◆ roll back v/t carpet etc enrollar; if we could roll back the years si pudiéramos retroceder en el tiempo

◆ roll down v/t shades bajar

◆ roll in v/i of contributions, letters llover; F of person llegar

◆ roll out v/t 1 pastry extender 2 new product introducir

◆ roll over I v/i darse la vuelta II v/t 1 person, object dar la vuelta a 2 (renew) renovar; (extend) refinanciar

◆ roll up I v/t sleeves remangar II v/i F (arrive) llegar

'roll bar MOT barra f antivuelco

'roll call lista f; have a ~ pasar lista

roll•er ['roʊlər] for hair rulo m

'roll•er blade® patín m en línea; 'roll•er blind Br persiana f; 'roll•er coast•er montaña f rusa; 'roll•er skate patín m (de ruedas); 'roll•er-skate v/i patinar (sobre ruedas); 'roll•er skat•er patinador(a) m(f) (sobre ruedas); 'roll•er--skat•ing patinaje m sobre ruedas; 'roll•er tow•el toalla f de rodillo

roll•ing mill ['roʊlɪŋ] TECH laminadora f, laminador m; 'roll•ing pin rodillo m de cocina; 'roll•ing stock RAIL material m rodante

ROM [rɑːm] abbr (= read only memory) COMPUT ROM f (= memoria f de sólo lectura)

Ro•man ['roʊmən] I adj romano II n romano(-a) m(f)

Ro•man 'Cath•o•lic I n REL católico(-a) m(f) romano(-a) m(f) II adj católico romano

ro•mance[1] [rə'mæns] n 1 (affair) aventura f (amorosa) 2 novel novela f rosa; movie película f romántica

Ro•mance[2] [rə'mæns] adj language romance, románico

Ro•man•esque [roʊmə'nesk] adj románico

Ro•ma•ni•a [ruː'meɪnɪə] Rumanía f

Ro•ma•ni•an [ruː'meɪnjən] I adj rumano II n 1 rumano(-a) m(f) 2 language rumano m

ro•man•tic [roʊ'mæntɪk] adj romántico

ro•man•tic•al•ly [roʊ'mæntɪklɪ] adv: be ~ involved with s.o. tener un romance con alguien

ro•man•ti•cism [roʊ'mæntɪsɪzəm] romanticismo m

ro•man•ti•cize [roʊ'mæntɪsaɪz] v/t idealizar

Rom•a•ny ['roʊmənɪ] 1 (gypsy) romaní m/f 2 language romaní m

Rome [roʊm] Roma f; ~ was not built in a day Zamora no se ganó en una hora; all roads lead to ~ todos los caminos llevan a Roma; when in ~ (do as the Romans do) allá donde fueres, haz lo que vieres

**romp** [rɑːmp] **I** *v/i* juguetear; **~ around** juguetear; **~ through** F *exam etc* pasar con mucha facilidad **II** *n*: **have a ~** juguetear

**roof** [ruːf] techo *m*, tejado *m*; **have a ~ over one's head** tener un techo donde dormir

'**roof box** caja *f* portaequipajes para baca; '**roof gar•den** azotea *f* con jardín; '**roof-rack** MOT baca *f*; '**roof•top** tejado *m*; **scream** *or* **shout sth from the ~s** *fig* proclamar algo a los cuatro vientos

**rook**[1] [ruk] *v/t* F (*cheat*) camelar F

**rook**[2] [ruk] *n in chess* torre *f*

**rook•ie** [ˈrukɪ] F novato(-a) *m(f)*

**room** [ruːm] **1** habitación *f* **2** (*space*) espacio *m*, sitio *m*; **there's no ~ for ...** no hay sitio para ..., no cabe ...; **leave little ~ for doubt as to ...** no dejar lugar a dudas de que ...

'**room clerk** recepcionista *m/f*

**room•er** [ˈruːmər] húesped *m/f*

'**room•ing house** [ˈruːmɪŋ] pensión *f*

'**room•mate** *sharing room* compañero(-a) *m(f)* de habitación; *sharing apartment* compañero(-a) *m(f)* de apartamento; '**room ser•vice** servicio *m* de habitaciones; **room 'tem•per•a•ture** temperatura *f* ambiente

**room•y** [ˈruːmɪ] *adj house, car etc* espacioso; *clothes* holgado

**roost** [ruːst] **I** *n* percha *f* **II** *v/i of bird* posarse; **his mistakes have come home to ~** ahora está pagando sus errores

**roost•er** [ˈruːstər] gallo *m*

**root** [ruːt] raíz *f*; **~s** *of person* raíces *fpl*
◆ **root around** *v/i* rebuscar
◆ **root for** *v/t* F apoyar
◆ **root out** *v/t* **1** (*get rid of*) cortar de raíz **2** (*find*) encontrar

'**root beer** bebida efervescente no alcohólica hecha a partir de hierbas y especias; '**root crop** tubérculo *m*; '**root di•rec•to•ry** COMPUT directorio *m* raíz

**root•ed** [ˈruːtɪd] *adj*: **be ~ in** *fig* tener raíces en; **stand** *or* **be ~ to the spot** quedarse de una pieza

**rope** [roup] cuerda *f*; *thick* soga *f*; **show s.o. the ~s** F poner a alguien al tanto; **he doesn't know the ~s yet** F todavía no está al tanto; **jump ~** saltar a la combapara; **give s.o. plenty of ~** *fig* dar libertad de acción a alguien
◆ **rope off** *v/t* acordonar

'**rope lad•der** escalera *f* de cuerda

**rop•e(•)y** [ˈroupɪ] *adj Br* F flojo; **I'm still feeling a bit ~** estoy pachucho

**ro•sa•ry** [ˈrouzərɪ] REL rosario *m*

**rose**[1] [rouz] *n* BOT rosa *f*

**rose**[2] [rouz] *pret* ☞ **rise**

**ro•sé** [rouˈzeɪ] rosado *m*

'**rose•bud** BOT capullo *m*; '**rose•bush** BOT rosal *m*; **rose-col•ored**, *Br* **rose-col•oured** [ˈrouzʌlərd] *adj* rosado; **see things through ~ glasses** *fig* ver las cosas de color de rosa; '**rose•hip** BOT escaramujo *m*; **rose•ma•ry** [ˈrouzmerɪ] romero *m*

**ro•sette** [rouˈzet] *worn* escarapela *f*

**ros•in** [ˈrɑːzɪn] colofonia *f*

**ros•ter** [ˈrɑːstər] lista *f*

**ros•trum** [ˈrɑːstrəm] estrado *m*

**ros•trum cam•er•a•man** TV cámara *m* de primeros planos

**ros•y** [ˈrouzɪ] *adj cheeks* sonrosado; *future* de color de rosa

**rot** [rɑːt] **I** *n in wood* putrefacción *f* **II** *v/i* (*pret & pp* **-ted**) *of food, wood* pudrirse; *of teeth* cariarse

**ro•ta** [ˈroutə] turnos *mpl*; *actual document* calendario *m* con los turnos

**ro•ta•ry** [ˈroutərɪ] **I** *adj* rotatorio **II** *n* MOT rotonda *f*

**ro•tate** [rouˈteɪt] **I** *v/i of blades, earth* girar **II** *v/t* **1** hacer girar **2** *crops* rotar

**ro•ta•tion** [rouˈteɪʃn] *around the sun etc* rotación *f*; **do sth in ~** hacer algo por turnos rotatorios

**rote** [rout]: **learn sth by ~** aprender algo de memoria

**ro•tor** [ˈroutər] TECH, ELEC rotor *m*

'**ro•tor blade** pala *f* del rotor

**rot•ten** [ˈrɑːtn] *adj food, wood etc* podrido; F *weather, luck* horrible; F **that was a ~ trick** ¡qué mala idea!

**rott•weil•er** [ˈrɑːtwailər] rottweiler *m*

**ro•tund** [rouˈtʌnd] *adj* rollizo

**rouge** [ruːʒ] colorete *m*

**rough** [rʌf] **I** *adj* **1** *surface, ground* accidentado; *hands, skin* áspero; *voice* ronco

**2** (*violent*) bruto; *crossing* movido; *seas* bravo; **be ~ with s.o.** ser duro con alguien

**3** (*approximate*) aproximado; **~ draft** borrador *m*; **~ estimate** cálculo *m* aproximado; **at a ~ guess** a ojo; **I have a ~ idea where it is** tengo una vaga idea de dónde está

**II** *adv*: **sleep ~** dormir a la intemperie; **play** (**it**) **~** SP jugar duro

**III** *n* **1** *in golf* rough *m* **2**: **take the ~ with the smooth** estar a las duras y a las maduras

**IV** *v/t*: **~ it** apañárselas

◆ **rough up** *v/t* F dar una paliza a

**rough•age** ['rʌfɪdʒ] *in food* fibra *f*

**rough-and-'read•y** *adj estimate, method, repair job* rudimentario; **rough--and-'tum•ble** rifirrafe *m*; **have a ~** tener un rifirrafe; **'rough•cast** ARCHI mortero *m* grueso; **rough 'di•a•mond**: **be a ~** ser buena persona aunque se tengan malos modales

**rough•ly** ['rʌflɪ] *adv* **1** (*approximately*) aproximadamente; **~ speaking** aproximadamente **2** (*harshly*) brutalmente

**'rough•neck** F matón(-ona) *m(f)*

**rough•shod** ['rʌfʃɑːd] *adv*: **ride ~ over sth** *l s.o.* pisotear algo / a alguien

**rou•lette** [ruː'let] ruleta *f*

**round** [raʊnd] **I** *adj* redondo; **in ~ fig•ures** en números redondos

**II** *n* **1** *of mailman, doctor, drinks, competition* ronda *f*; *in championship* jornada *f*; *in boxing match* round *m*, asalto *m*; **go the ~s** *of rumor, illness* correr; **the daily ~** *fig* las tareas cotidianas; **it's my ~** me toca pagar a mí **2** *of toast* rebanada *f*

**III** *v/t corner* doblar

**IV** *adv, prep* ☞ **around**

◆ **round down** *v/t sum* redondear a la baja

◆ **round off** *v/t* **1** *edges* redondear **2** *meeting, night out* concluir

◆ **round up** *v/t* **1** *figure* redondear (hacia la cifra más alta) **2** *suspects, criminals* detener

**round•a•bout** ['raʊndəbaʊt] **I** *adj route, way of saying sth* indirecto; **in a ~ way** *fig* dando muchos rodeos **II** *n Br: on road* rotonda *f*, *Span* glorieta *f*

**round•ly** ['raʊndlɪ] *adv criticize, condemn* rotundamente

**'round-ta•ble** *adj*: **~ discussion** mesa *f* redonda; **'round-the-clock** *adj & adv* 24 horas al día; **'round-the-world** *adj* alrededor del mundo; **round 'trip** viaje *m* de ida y vuelta; **round trip 'tick•et** billete *m or L.Am.* boleto *m* de ida y vuelta; **'round-up 1** *of cattle* rodeo

*m*; *of suspects, criminals* redada *f* **2** *of news* resumen *m*

**rouse** [raʊz] *v/t* **1** *from sleep* despertar **2** *interest, emotions* excitar, provocar

**rous•ing** ['raʊzɪŋ] *adj speech, finale* emocionante

**rout** [raʊt] MIL **I** *n* debacle *f* **II** *v/t* aplastar

**route** [ruːt] ruta *f*, recorrido *m*; **is this his normal ~ home?** ¿es éste el camino que toma normalmente para ir a casa?

**rou•tine** [ruː'tiːn] **I** *adj* habitual **II** *n* rutina *f*; **as a matter of ~** como rutina

**rou•tine•ly** [ruː'tiːnlɪ] *adv* habitualmente

**row**¹ [rəʊ] *n* (*line*) hilera *f*; **5 days in a ~** 5 días seguidos

**row**² [rəʊ] **I** *v/t boat* llevar remando **II** *v/i* remar

**row**³ [raʊ] F *Br* **I** *n* **1** *noise* follón *m* **2** (*quarrel*) bronca *f* **II** *v/i* (*quarrel*) pelearse

**RoW** [ɑːrəʊ'dʌbljuː] *abbr* (= **Rest of World**) resto *m* del mundo

**row•boat** ['rəʊbəʊt] bote *m* de remos

**row•dy** ['raʊdɪ] *adj* alborotador, *Span* follonero

**row house** ['rəʊhaʊs] casa *f* adosada

**roy•al** [rɔɪəl] *adj* real

**roy•al•ist** ['rɔɪəlɪst] **I** *adj* monárquico **II** *n* monárquico(-a) *m(f)*

**roy•al•ty** ['rɔɪəltɪ] **1** *royal persons* realeza *f* **2** *on book, recording* derechos *mpl* de autor

**RSI** [ɑːres'aɪ] *abbr* (= **repetitive strain injury**) lesión *f* por movimiento repetitivo

**RSVP** [ɑːresviː'piː] *abbr* (= **répondez s'il vous plaît**) se ruega contestación

**RTA** [ɑːrtiː'eɪ] *abbr* (= **road traffic accident**) accidente *m* de tráfico por carretera

**rub** [rʌb] *v/t* (*pret & pp -bed*) frotar; **~ sth dry** secar algo (frotándolo); **~ one's hands** (**together**) frotarse las manos; **~ one's hands with glee** frotarse las manos; **~ s.o.'s nose in sth** F restregarle a alguien algo por las narices; **~ shoulders with** F codearse con

◆ **rub down** *v/t to clean* lijar

◆ **rub in** *v/t cream, ointment* extender, frotar; **don't rub it in!** *fig* ¡no me lo restriegues por las narices!

◆ **rub off I** *v/t dirt* limpiar frotando; *paint etc* borrar **II** *v/i*: **it rubs off on**

**you** se te contagia

♦ **rub up** v/t: **rub s.o. up the wrong way** F caer mal a alguien

**rub•ber** ['rʌbər] **I** n **1** material goma f, caucho m **2** P (condom) goma f **P II** adj de goma or caucho

**rub•ber 'band** goma f elástica; **rub•ber 'bul•let** bala f de goma; **rub•ber 'din•ghy** lancha f neumática; **rub•ber gloves** [rʌbər'glʌvz] npl guantes mpl de goma; **'rub•ber•neck** F **I** n curioso(-a) m(f) **II** v/i curiosear; **'rub•ber plant** BOT ficus m inv; **rub•ber 'stamp** sello m de caucho; **rub•ber-'stamp** v/t sellar; fig F dar el visto bueno a

**rub•ber•y** ['rʌbərɪ] adj correoso

**rub•bish** ['rʌbɪʃ] Br **1** garbage, poor quality basura f **2** (nonsense) tonterías fpl

**rub•ble** ['rʌbl] escombros mpl

**ru•bel•la** [ru'belə] MED rubeola f

**ru•by** ['ruːbɪ] jewel rubí m

**ruck•sack** ['rʌksæk] mochila f

**ruck•us** ['rʌkəs] F trifulca f

**ruc•tions** ['rʌkʃnz] npl F jaleo m

**rud•der** ['rʌdər] timón m

**rud•dy** ['rʌdɪ] adj complexion rubicundo

**rude** [ruːd] adj person, behavior maleducado, grosero; language grosero; **it is ~ to ...** es de mala educación ...; **I didn't mean to be ~** no pretendía faltar al respeto; **~ awakening** sorpresa f desagradable

**rude•ly** ['ruːdlɪ] adv (impolitely) groseramente

**rude•ness** ['ruːdnɪs] mala f educación, grosería f

**ru•di•men•ta•ry** [ruːdɪ'mentərɪ] adj rudimentario

**ru•di•ments** ['ruːdɪmənts] npl rudimentos mpl

**rue** [ruː] v/t: **~ the day ...** lit lamentar el día ...

**rue•ful** ['ruːfəl] adj arrepentido, compungido

**rue•ful•ly** ['ruːfəlɪ] adv con arrepentimiento

**ruff** [rʌf] golilla f

**ruf•fi•an** ['rʌfɪən] rufián m

**ruf•fle** ['rʌfl] **I** n on dress volante m **II** v/t **1** hair despeinar; clothes arrugar **2** person alterar, enfadar; **get ~d** alterarse

**rug** [rʌg] **1** alfombra f; **pull the ~ (out)**

**from under s.o.** fig ponerle la zancadilla a alguien; **sweep sth under the ~** fig ocultar algo **2** (blanket) manta f (de viaje)

**rug•by** ['rʌgbɪ] rugby m

**'rug•by match** partido m de rugby; **'rug•by play•er** jugador(a) m(f) de rugby; **'rug•by-tack•le** v/t hacer un placaje a

**rug•ged** ['rʌgɪd] adj **1** scenery, cliffs escabroso, accidentado **2** face de rasgos duros; resistance decidido; build, equipment resistente

**ru•in** ['ruːɪn] **I** n **1** ruina f; **~s** ruinas fpl; **in ~s** city, building en ruinas; plans, marriage arruinado; **fall into ~** quedarse en ruinas **II** v/t arruinar; **be ~ed** financially estar arruinado or en la ruina; **~ one's eyesight** arruinarse la vista

**ru•in•a•tion** [ruːɪn'eɪʃn]: **be the ~ of s.o.** ser la ruina de alguien

**ru•in•ous** ['ruːɪnəs] adj ruinoso

**ru•in•ous•ly** ['ruːɪnəslɪ] adv: **~ expensive** increíblemente caro

**rule** [ruːl] **I** n **1** of club, game regla f, norma f; **as a ~** por regla general; **make it a ~ to do sth** tener por norma hacer algo; **against the ~s** contra las normas; **work to ~** esp Br hacer huelga de celo **2** of monarch reinado m **3** for measuring regla f; **as a ~ of thumb** por regla general

**II** v/t **1** country gobernar; **he's ~d by self-interest** se deja llevar por su propio interés **2**: **the judge ~d that ...** el juez dictaminó que ... **3**: **~ the roost** fig ser el amo del cottaro

**III** v/i of monarch reinar

♦ **rule out** v/t descartar; **I wouldn't rule it out** no lo descartaría

**rul•er** ['ruːlər] **1** for measuring regla f **2** of state gobernante m/f

**rul•ing** ['ruːlɪŋ] **I** n fallo m, decisión f **II** adj party gobernante, en el poder

**rum** [rʌm] drink ron m

**Ru•ma•ni•a** etc ☞ **Romania**

**rum•ble** ['rʌmbl] v/i of stomach gruñir; of train in tunnel retumbar

**'rum•ble strip** MOT banda f sonora

**rum•bus•tious** [rʌm'bʌstʃəs] adj bullicioso

**ru•mi•nant** ['ruːmɪnənt] ZO rumiante m

**ru•mi•nate** ['ruːmɪneɪt] v/i of animal rumiar; **~ over sth** fig rumiar algo

◆ **rum•mage around** ['rʌmɪdʒ] *v/i* buscar revolviendo

'**rum•mage sale** rastrillo *m* benéfico

**ru•mor** ['ru:mər] **I** *n* rumor *m* **II** *v/t*: *it is ~ed that ...*, *~ has it that ...* se rumorea que ...

**ru•mor•mon•ger** ['ru:mərmʌŋɡər]: *he's a ~* le gusta hacer correr rumores

**ru•mor•mon•ger•ing** ['ru:mərmʌŋɡərɪŋ] rumorología *f*

**rump** [rʌmp] *of animal* cuartos *mpl* traseros

**rum•ple** ['rʌmpl] *v/t clothes, paper* arrugar

**rump 'steak** filete *m* de lomo

**run** [rʌn] **I** *n* **1** *on foot, in baseball* carrera *f*; *in car* viaje *m*; *go for a ~* ir a correr; *go for a ~ in the car* ir a dar una vuelta en el coche; *at a ~* corriendo; *make a ~ for it* salir corriendo; *a criminal on the ~* un criminal fugado; *have the ~ of a place* moverse libremente por un sitio **2** *in pantihose* carrera *f*
**3** THEA: *of play* temporada *f*; *it has had a three year ~ of play* lleva tres años en cartel; *~ of good / bad luck* racha *f* de buena / mala suerte
**4**: *in the short / long ~* a corto / largo plazo
**5**: *a ~ on the dollar* un movimiento especulativo contra el dólar
**6**: *have the ~s Br* F tener cagalera
**II** *v/i* (*pret* **ran**, *pp* **run**) **1** *of person, animal* correr
**2** *of river* correr, discurrir; *don't leave the water ~ning* no dejes el grifo abierto; *his nose is ~ning* le moquea la nariz; *her eyes are ~ning* le lloran los ojos
**3** *of paint, make-up* correrse
**4** *of play* estar en cartel
**5** *of engine, machine, software* funcionar; *with the engine ~ning* con el motor en marcha; *the trains ~ every ten minutes* pasan trenes cada diez minutos; *this train doesn't ~ on Saturdays* no hay servicio de este tren los sábados; *it runs on electricity* va con electricidad
**6** *in election* presentarse; *~ for President* presentarse a las elecciones presidenciales
**7**: *it ~s in the family fig* es cosa de familia, viene de familia

**III** *v/t* (*pret* **ran**, *pp* **run**) **1** *race* correr
**2** *business, hotel, project etc* dirigir
**3** *software* usar; (*start*) ejecutar
**4** *car* tener; (*use*) usar
**5**: *can I ~ you to the station?* ¿te puedo llevar hasta la estación?; *he ran his eye down the page* echó una ojeada a la página
**6**: *~ an errand* hacer un recado; *~ a temperature* tener fiebre; *~ s.o. a bath* preparar un baño a alguien

◆ **run across** *v/t* (*meet*) encontrarse con; (*find*) encontrar

◆ **run after** *v/t* **1** correr detrás de **2** *look after a lot* ir detrás de; *you won't have me to run after you all the time* F no me vas a tener pendiente de tí todo el tiempo

◆ **run against** *v/t* POL enfrentarse contra

◆ **run along** *v/i*: *run along!* ¡marchaos!

◆ **run around with** *v/t* andar con

◆ **run away** *v/i* salir corriendo, huir; *from home* escaparse

◆ **run away with** *v/t*: *don't run away with the idea that ...* no te pienses que...

◆ **run back I** *v/i* volver corriendo **II** *v/t tape, film* rebobinar

◆ **run down I** *v/t* **1** (*knock down*) atropellar **2** (*criticize*) criticar **3** *stocks* reducir **II** *v/i of battery* agotarse

◆ **run for** *v/t*: *run for it!* ¡corre!; *run for one's life* poner pies en polvorosa

◆ **run into** *v/t* (*meet*) encontrarse con; *difficulties* tropezar con

◆ **run off I** *v/i* salir corriendo **II** *v/t* **1** (*print off*) tirar **2**: *run another car off the road* sacar a un coche de la carretera

◆ **run out** *v/i of contract* vencer; *of supplies* agotarse; *time has run out* se ha acabado el tiempo

◆ **run out of** *v/t time, supplies* quedarse sin; *I ran out of gas* me quedé sin gasolina; *I'm running out of patience* se me está acabando la paciencia

◆ **run over I** *v/t* **1** (*knock down*) atropellar **2**: *can we run over the details again?* ¿podríamos repasar los detalles otra vez? **II** *v/i of water etc* desbordarse

◆ **run through** *v/t* **1** (*rehearse, go over*) repasar **2**: *run through s.o.'s mind* pasar por la cabeza de alguien

◆ **run up** *v/t* **1** *debts, large bill* acumular **2** *clothes* coser

'run•a•bout MOT coche *m* pequeño; 'run•a•round: *give s.o. the ~* F tomar el pelo a alguien, jugar con alguien; 'run•a•way **I** *n* persona que se ha fugado de casa **II** *adj:* ~ *child* niño *m* fugado; ~ *inflation* COM inflación *f* galopante; run-'down *adj person* débil, apagado; *part of town, building* ruinoso; 'run-down *in baseball* corre-corre *m*

rung¹ [rʌŋ] *n of ladder* peldaño *m*

rung² [rʌŋ] *pp* ☞ **ring²**

'run-in: *have a ~ with s.o.* F tener un encontronazo con alguien

run•ner ['rʌnər] *athlete* corredor(a) *m(f)*

run•ner 'beans *npl* judías *fpl* verdes, *L.Am.* porotos *mpl* verdes, *Mex* ejotes *mpl*

run•ner-'up subcampeón(-ona) *m(f)*

run•ning ['rʌnɪŋ] **I** *n* **1** SP el correr; *(jogging)* footing *m*; *make the ~* SP, *fig* ir en primera posición; *be out of the ~ fig* no tener posibilidades de ganar; *be still in the ~ fig* tener todavía posibilidades de ganar **2** *of business* gestión *f* **II** *adj:* *for two days ~* durante dos días seguidos

run•ning 'bat•tle: *be fighting a ~ against disease / inflation* mantener una lucha incesante contra la enfermedad / inflación; 'run•ning costs *npl* gastos *mpl* de mantenimiento; run•ning 'head *on page* folio *m*; 'run•ning mate candidato(-a) *m(f)* a la vicepresidencia; 'run•ning shoes *npl* zapatillas *fpl* de deporte; run•ning 'wa•ter agua *f* corriente

run•ny ['rʌnɪ] *adj* **1** *mixture* fluido, líquido **2** *nose* que moquea

'run-off eliminatoria *f*

run-of-the-'mill *adj usu pej* corriente; 'run-up SP carrerilla *f*; *in the ~ to* en el periodo previo a; 'run•way **1** AVIA pista *f* (de aterrizaje / despegue) **2** *for models* pasarela *f*

rup•ture ['rʌptʃər] **I** *n* ruptura *f* **II** *v/i of pipe etc* romperse

ru•ral ['rʊrəl] *adj* rural; ~ *population* población *f* rural; ~ *exodus* éxodo *m* rural

ruse [ruːz] artimaña *f*

rush¹ [rʌʃ] **I** *n* prisa *f*; *do sth in a ~* hacer algo con prisas; *be in a ~* tener prisa; *what's the big ~?* ¿qué prisa tenemos?

**II** *v/t person* meter prisa a; *meal* comer a toda prisa; ~ *s.o. to the hospital* llevar a alguien al hospital a toda prisa; *be ~ed off one's feet* no parar ni un instante **III** *v/i* darse prisa; ~ *into sth fig* precipitarse a algo

◆ **rush at** *v/t* **1** *job, task* precipitarse en **2** *(attack) person* atacar

◆ **rush through** *v/t:* *rush a bill through* aprobar un proyecto de ley a toda prisa

rush² [rʌʃ] *n* BOT junco *m*

rush•es ['rʌʃɪz] *npl of movie* primeras pruebas *fpl*

'rush hour hora *f* punta; ~ *traffic* tráfico *m* de hora punta

rusk [rʌsk] *galleta seca y crujiente*

Rus•sia ['rʌʃə] Rusia *f*

Rus•sian ['rʌʃən] **I** *adj* ruso **II** *n* ruso(-a) *m(f)*; *language* ruso *m*

Rus•sian rou'lette ruleta *f* rusa

rust [rʌst] **I** *n* óxido *m* **II** *v/i* oxidarse

rus•tic ['rʌstɪk] **I** *adj* rústico; ~ *furniture* mobiliario *m* rústico **II** *n* campesino(-a) *m(f)*

rus•tle ['rʌsl] **I** *n of silk, leaves* susurro *m* **II** *v/i of silk, leaves* susurrar **III** *v/t cattle* robar

◆ **rustle up** *v/t* F *meal* improvisar

rus•tler ['rʌslər] ladrón(-ona) *m(f)* de ganado

'rust-proof *adj* inoxidable

rust re•mov•er ['rʌstrɪmuːvər] desoxidante *m*

rust•y ['rʌstɪ] *adj* oxidado; *my French is pretty ~* tengo el francés muy abandonado; *I'm a little ~* estoy un poco falto de forma

rut¹ [rʌt] *n in road* rodada *f*; *be in a ~ fig* estar estancado; *get into a ~* apalancarse

rut² [rʌt] ZO **I** *n* celo *m* **II** *v/i* estar en celo

ru•ta•ba•ga [ruːtə'beɪɡə] nabo *m* sueco

ruth•less ['ruːθlɪs] *adj* implacable, despiadado

ruth•less•ly ['ruːθlɪslɪ] *adv* sin compasión, despiadadamente

ruth•less•ness ['ruːθlɪsnɪs] falta *f* de compasión

RV [ɑːr'viː] *abbr* (= *recreational vehicle*) autocaravana *f*

rye [raɪ] centeno *m*

'rye bread pan *m* de centeno; 'rye grass centeno *m*; rye 'whis•key whisky *m* de centeno

# S

**Sab•bath** ['sæbəθ] REL *Jewish* sábado *m*; *Christian* domingo *m*

**sab•bat•i•cal** [sə'bætɪkl] *year* año *m* sabático; *a 6 month ~* 6 meses de excedencia; *be on ~* estar en excedencia

**sa•ber** ['seɪbər] sable *m*

**sab•o•tage** ['sæbətɑːʒ] **I** *n* sabotaje *m* **II** *v/t* sabotear

**sab•o•teur** [sæbə't3:r] saboteador(a) *m(f)*

**sa•bre** *Br* ☞ **saber**

**sac•cha•rin** ['sækərɪn] sacarina *f*

**sa•chet** [sæ'ʃeɪ] *of shampoo, cream etc* sobrecito *m*

**sack¹** [sæk] **I** *n bag* saco *m*; *for groceries* bolsa *f*; *hit the ~* F irse a la piltra, irse a planchar la oreja; *he got the ~ Br* F le echaron F **II** *v/t Br* F echar

**sack²** [sæk] *v/t city* saquear

**sac•ra•ment** ['sækrəmənt] REL sacramento *m*

**sa•cred** ['seɪkrɪd] *adj* sagrado; *be a ~ cow fig* ser sagrado *or* intocable

**sac•ri•fice** ['sækrɪfaɪs] **I** *n* sacrificio *m*; *make~s fig* hacer sacrificios **II** *v/t* sacrificar

**'sac•ri•fice hit** *in baseball* batazo *m* de sacrificio

**sac•ri•fi•cial** [sækrɪ'fɪʃl] *adj* expiatorio; *~ lamb fig* chivo *m* expiatorio

**sac•ri•lege** ['sækrɪlɪdʒ] sacrilegio *m*

**sac•ri•le•gious** [sækrɪ'lɪdʒəs] *adj* sacrílego

**sac•ris•ty** ['sækrɪstɪ] REL sacristía *f*

**sad** [sæd] *adj person, face, song* triste; *state of affairs* lamentable, desgraciado; *~ to say* lamentablemente, desgraciadamente; *you ~ man* F que patético, eres patético

**sad•den** ['sædn] *v/t* entristecer; *we were all ~ed to hear of the death of ...* estábamos todos apenados al enterarnos de la muerte de ...

**sad•dle** ['sædl] **I** *n* silla *f* de montar; *be in the ~ fig* estar al mando **II** *v/t horse* ensillar; *~ s.o. with sth fig* endilgar algo a alguien; *be ~d with sth fig* tener que apechugar *or* cargar con algo

◆ **saddle up I** *v/t* ensillar **II** *v/i* ensillar el caballo

**'sad•dle bag** *on bike, horse* alforja *f*

**'sad•dle soap** grasa *f* de caballo

**sa•dism** ['seɪdɪzm] sadismo *m*

**sa•dist** ['seɪdɪst] sádico(-a) *m(f)*

**sa•dis•tic** [sə'dɪstɪk] *adj* sádico

**sad•ly** ['sædlɪ] *adv* **1** *look, say etc* con tristeza **2** *(regrettably)* lamentablemente; *be ~ mistaken* estar muy equivocado

**sad•ness** ['sædnɪs] tristeza *f*

**sad•o•mas•o•chism** [seɪdoʊ'mæsəkɪzəm] sadomasoquismo *m*

**sad•o•mas•o•chis•tic** [seɪdoʊmæsə'kɪstɪk] *adj* sadomasoquista

**s.a.e.** [eseɪ'iː] *abbr* (= *stamped addressed envelope*) sobre *m* franqueado a nombre del destinatario

**sa•fa•ri** [sə'fɑːrɪ] safari *m*; *go on ~* ir de safari, hacer un safari

**sa'fa•ri park** safari-park *m*

**safe** [seɪf] **I** *adj* seguro; *driver* prudente; *(not in danger)* a salvo; *is it ~ to walk here?* ¿se puede andar por aquí sin peligro?; *be in ~ hands* estar en buenas manos; *~ sex* sexo *m* seguro; *to be on the ~ side, just to be ~* para mayor seguridad, por si acaso; *it is ~ to say that ...* se puede decir con toda seguridad que ...; *keep sth in a ~ place* guardar algo en (un) lugar seguro **II** *n* caja *f* fuerte

**'safe•break•er, 'safe•crack•er** ladrón(-ona) *m(f)* de cajas fuertes; **safe-de'pos•it box** *in bank, hotel* caja *f* de seguridad; **'safe•guard I** *n* garantía *f*; *as a ~ against* como garantía contra **II** *v/t* salvaguardar; **safe 'ha•ven** lugar *m* seguro, cobijo *m*; **'safe•keep•ing:** *give sth to s.o. for ~* dar algo a alguien para que lo custodie

**safe•ly** ['seɪflɪ] *adv arrive* sin percances; *(successfully)* sin problemas; *drive* prudentemente; *assume* con certeza

**safe•ty** ['seɪftɪ] seguridad *f*; *jump / swim to ~* saltar / nadar para salvarse *or* ponerse a salvo; *there's ~ in numbers* es más seguro en grupo

**'safe•ty belt** cinturón *m* de seguridad;

'safe•ty catch *on gun* seguro *m*; 'safe•ty-con•scious *adj*: *be ~* tener en cuenta la seguridad; 'safe•ty cur•tain *in theater* telón *m* de seguridad; safe•ty 'first prevención *f* de accidentes; 'safe•ty glass cristal *m or* vidrio *m* de seguridad; 'safe•ty is•land *on road* isla *f*; 'safe•ty lock cierre *m* de seguridad; 'safe•ty mar•gin margen *m* de seguridad; 'safe•ty meas•ure medida *f* de seguridad, medida *f* preventiva; 'safe•ty net *at circus* red *f* de seguridad; 'safe•ty pin imperdible *m*; 'safe•ty pre•cau•tion precaución *f* de seguridad; 'safe•ty ra•zor maquinilla *f* (de afeitar); 'safe•ty valve **1** TECH válvula *f* de seguridad **2** *fig* válvula *f* de escape

saf•fron ['sæfrən] azafrán *m*

sag [sæg] **I** *n in ceiling etc* combadura *f* **II** *v/i* (*pret & pp* **-ged**) *of ceiling* combarse; *of rope* destensarse; *of tempo* disminuir; *of spirits* decaer, flaquear

sa•ga ['sɑːgə] saga *f*

sage [seɪdʒ] *herb* salvia *f*

'sage•brush artemisa *f*

Sa•git•tar•i•us [sædʒɪ'terɪəs] ASTR Sagitario *m/f inv*, *L.Am.* sagitariano(-a) *m(f)*; *be (a) ~* ser Sagitario, *L.Am.* ser sagitariano

Sa•ha•ra [sə'hɑːrə]: *the ~* el Sáhara

said [sed] *pret & pp* ☞ **say**

sail [seɪl] **I** *n* **1** *of boat* vela *f* **2** *trip* viaje *m* (en barco); *go for a ~* salir a navegar **II** *v/t yacht* manejar **III** *v/i* **1** navegar **2** *depart* zarpar, hacerse a la mar **3** *fig*: *she ~ed into the room* entró en la habitación con mucha seguridad; *~ through an examination* aprobar un examen fácilmente; *my cigar went ~ing out the window* mi cigarro salió volando por la ventana

'sail•board **I** *n* tabla *f* de windsurf **II** *v/i* hacer windsurf; 'sail•board•er windsurfista *m/f*; 'sail•board•ing windsurf *m*; 'sail•boat barco *m* de vela, velero *m*

sail•ing ['seɪlɪŋ] **1** SP vela *f*; *go ~* ir *or* salir a navegar; *everything was plain ~ fig* fue todo muy fácil, (todo) fue pan comido **2** *departure* salida *f*; *when is the next ~ to …?* ¿cuándo sale el próximo barco para …?

'sail•ing boat *Br* barco *m* de vela, velero *m*

'sail•ing ship buque *m* de vela

sail•or ['seɪlər] *in the navy* marino *m/f*; *in the merchant navy*, SP marinero(-a) *m(f)*; *I'm a good / bad ~* no me mareo / me mareo con facilidad

'sail•or's knot nudo *m* marinero

'sail•plane planeador *m*

saint [seɪnt] santo *m*; *he has the patience of a ~* tiene más paciencia que un santo

saint•ly ['seɪntlɪ] *adj* angelical, cándido

'saint's day REL (día *m* del) santo *m*

sake [seɪk]: *for my ~* por mí; *for the ~ of peace* por la paz; *for God's or heaven's ~* F ¡por (el amor de) Dios!; *for the ~ of simplicity* para simplificar las cosas

sal•a•ble ['seɪləbl] *adj* vendible

sal•ad ['sæləd] ensalada *f*; *ham / cheese ~* ensalada *f* de jamón / queso

'sal•ad cream *aliño para ensalada muy parecido a la mayonesa pero con un sabor más avinagrado*

'sal•ad dress•ing aliño *m or* aderezo *m* para ensalada

sal•a•man•der ['sæləmændər] salamandra *f*

sa•la•mi [sə'lɑːmɪ] salami *m*

sal•a•ried ['sælərɪd] *adj*: *~ employee* trabajador(a) *m(f)* asalariado(-a)

sal•a•ry ['sælərɪ] sueldo *m*, salario *m*

'sal•a•ry scale escala *f* salarial

sale [seɪl] venta *f*; *reduced prices* rebajas *fpl*; *be on ~* estar a la venta; *at reduced prices* estar de rebajas; *for ~ sign* se vende; *is this for ~?* ¿está a la venta?; *it's not for ~* no está a la venta; *be up for ~* estar en venta; *~ price reduced* precio *m* rebajado *or* de rebaja

'sale•a•ble ['seɪləbl] *adj* ☞ **salable**

'sale a•gree•ment acuerdo *m* de venta

sales [seɪlz] *npl also department* ventas *fpl*

'sales clerk *in store* vendedor(a) *m(f)*, dependiente(-a) *m(f)*; 'sales en•gi•neer ingeniero(-a) *m(f)* de ventas; 'sales fig•ures *npl* cifras *fpl* de ventas; 'sales force plantilla *f or* personal *m* de ventas; 'sales•girl dependienta *f*; 'sales•man vendedor *m*; 'sales man•ag•er jefe(-a) *m(f)* de ventas

sales•man•ship ['seɪlzmənʃɪp] habilidad *f* para la venta

'sales meet•ing reunión *f* del departamento de ventas; 'sales pitch F charla *f*, discurso *m*; **'sales pro•mo•tion** promoción *f* de ventas; **'sales rep•re•sent•a•tive** representante *m/f* de ventas; **'sales slip** *from store* tique *m* (de compra); **'sales tax** impuesto *m* de ventas; **'sales team** equipo *m* de ventas; **'sales tech•ni•cian** vendedor(a) *m(f)* técnico(-a)-comercial; **'sales-wo•man** vendedora *f*

**sa•lient** ['seɪlɪənt] *adj* sobresaliente, destacado

**sa•line** ['seɪliːn] *adj* salino; **~ solution** solución *f* salina

**sa•li•va** [sə'laɪvə] saliva *f*

**sal•i•var•y** ['sæləverɪ] *adj*: **~ gland** glándula *f* salivar

**sal•i•vate** ['sælɪveɪt] *v/i* salivar; *at sight of food* hacerse la boca agua; *at sight of pretty girl etc* babear

**sal•low** ['sæloʊ] *adj complexion* amarillento, pajizo

**salm•on** ['sæmən] (*pl* **salmon**) salmón *m*

**sal•mo•nel•la** [sælmə'nelə] MED salmonela *f*, salmonelosis *f*

**sal•on** ['sælɑːn] *of hairdresser, beautician etc* salón *m* de belleza

**sa•loon** [sə'luːn] **1** (*bar*) bar *m* **2** *Br* MOT turismo *m*

**sal•sa** ['sælsə] MUS, GASTR salsa *f*

**salt** [sɒːlt] **I** *n* sal *f*; *take sth with a pinch of ~* fig no tomarse algo al pie de la letra; *no composer worth his ~ ...* ningún compositor que se precie ... **II** *v/t food* salar

◆ **salt away** *v/t* F *money* guardar, poner a buen recaudo

**'salt•cel•lar** salero *m*;

**'salt-free** *adj* sin sal; **'salt•shak•er** salero *m*; **salt 'wa•ter** agua *f* salada; **'salt--wa•ter fish** pez *m* de agua salada

**salt•y** ['sɒːltɪ] *adj* salado

**sa•lu•bri•ous** [sə'luːbrɪəs] *adj district, neighborhood* salubre

**sal•u•tar•y** ['sæljʊterɪ] *adj experience* beneficioso

**sal•u•ta•tion** [sælju:'teɪʃn] *also in letter* saludo *m*

**sa•lute** [sə'luːt] **I** *n* MIL saludo; *take the ~* presidir un desfile; *a 21-gun ~* una salva de 21 cañonazos **II** *v/t* saludar; *fig (hail)* elogiar **III** *v/i* MIL saludar

**Sal•va•dor(e)•an** [sælvə'dɔːrən] **I** *adj* salvadoreño **II** *n* salvadoreño(-a) *m(f)*

**sal•vage** ['sælvɪdʒ] *v/t from wreck* rescatar

**'sal•vage ves•sel** barco *m* de salvamento

**sal•va•tion** [sæl'veɪʃn] *also fig* salvación *f*

**Sal•va•tion 'Ar•my** Ejército *m* de Salvación

**sal•ver** ['sælvər] bandeja *f*, *C.Am.*, *Mex* charola *f*

**sal•vo** ['sælvoʊ] salva *f*, saludo *m*

**Sa•mar•i•tan** [sə'mærɪtən]: **good ~** buen(a) *m(f)* samaritano(-a)

**sam•ba** ['sæmbə] **I** *n* samba *f* **II** *v/i* bailar la samba

**same** [seɪm] **I** *adj* mismo; *amount or come to the ~ thing* venir a ser lo mismo

**II** *pron*: *the ~* lo mismo; *Happy New Year – the ~ to you* Feliz Año Nuevo – igualmente; *he's not the ~ any more* ya no es el mismo; *life isn't the ~ without you* la vida es distinta sin ti; *all the ~ (even so)* aun así; *men are all the ~* todos los hombres son iguales; *it's all the ~ to me* me da lo mismo, me da igual; *(the) ~ again, please* lo mismo por favor

**III** *adv*: *the ~* igual; *~ as* F lo mismo que, igual que

**'same-day de•liv•er•y** entrega *f* en el mismo día

**same•y** ['seɪmɪ] *adj Br* F muy parecido

**sam•ple** ['sæmpl] **I** *n* muestra *f*; **~ bottle** frasco *m* de muestra **II** *v/t* probar, degustar; *fig* descubrir

**sam•pling** ['sæmplɪŋ] muestreo *m*

**sanc•ti•mo•ni•ous** [sæŋktɪ'moʊnɪəs] *adj* mojigato

**sanc•tion** ['sæŋkʃn] **I** *n* **1** (*approval*) consentimiento *m*, aprobación *f* **2** (*penalty*) sanción *f*; *impose ~s on a country* imponer sanciones a un país **II** *v/t* (*approve*) sancionar

**sanc•ti•ty** ['sæŋktətɪ] carácter *m* sagrado

**sanc•tu•a•ry** ['sæŋktʃʊerɪ] santuario *m*

**sand** [sænd] **I** *n* arena *f* **II** *v/t with ~paper* lijar

◆ **sand down** *v/t* lijar, pulimentar

**san•dal** ['sændl] sandalia *f*

**'sand•bag** saco *m* de arena; **'sand•bank** banco *m* de arena; **'sand•blast** *v/t* arenar; **'sand box** caja *f* de arena;

'sand-cas•tle castillo *m* de arena; 'sand dune duna *f*

sand•er ['sændər] *tool* lijadora *f*

'sand•pa•per I *n* lija *f* II *v/t* lijar; 'sand-stone arenisca *f*; 'sand storm tormenta *f* de arena

sand•wich ['sænwɪtʃ] I *n Span* bocadillo *m*, *L.Am.* sandwich *m* II *v/t*: **be ~ed between two ...** estar encajonado entre dos ...

sand•y ['sændɪ] *adj* 1 *soil* arenoso; *feet, towel etc* lleno de arena; **~ beach** playa *f* de arena 2 *hair* rubio oscuro

sane [seɪn] *adj* cuerdo

sang [sæŋ] *pret* ☞ **sing**

san•gri•a [sæŋ'griːə] sangría *f*

san•guine ['sæŋgwɪn] *adj fml* optimista

san•i•tar•i•um [sænɪ'terɪəm] sanatorio *m*

san•i•ta•ry ['sænɪterɪ] *adj conditions* salubre, higiénico; **~ installations** instalaciones *fpl* sanitarias

'san•i•ta•ry nap•kin compresa *f*, *L.Am.* toalla *f* femenina

san•i•ta•tion [sænɪ'teɪʃn] (*sanitary installations*) instalaciones *fpl* sanitarias; (*removal of waste*) saneamiento *m*

san•i'ta•tion de•part•ment servicio *m* de limpieza

san•i•tize ['sænɪtaɪz] *v/t* 1 *make hygienic* higienizar 2 *make less offensive* expurgar

san•i•ty ['sænətɪ] razón *f*, juicio *m*; **he started to doubt his own ~** comenzó a tener dudas sobre su propia cordura

sank [sæŋk] *pret* ☞ **sink**

San•ta Claus ['sæntəklɔːz] Papá Noel *m*, Santa Claus *m*

sap [sæp] I *n in tree* savia *f* II *v/t* (*pret & pp* **-ped**) *s.o.'s energy* consumir

sap•ling ['sæplɪŋ] BOT árbol *m* joven

sap•phire ['sæfaɪr] *jewel* zafiro *m*

sar•casm ['sɑːrkæzm] sarcasmo *m*

sar•cas•tic [sɑːr'kæstɪk] *adj* sarcástico

sar•cas•tic•al•ly [sɑːr'kæstɪklɪ] *adv* sarcásticamente

sar•coph•a•gus [sɑːr'kɑːfəgəs] (*pl* **sarcophagi** [sɑːr'kɑːfəgaɪ], **-guses** [sɑːr-'kɑːfəgəsəz]) sarcófago *m*

sar•dine [sɑːr'diːn] sardina *f*; **be packed in like ~s** F estar (apiñados) como sardinas en lata

Sar•din•i•a [sɑːr'dɪnɪə] Cerdeña *f*

Sar•din•i•an [sɑːr'dɪnɪən] I *adj* sardo II *n*

sardo(-a) *m*(*f*)

sar•don•ic [sɑːr'dɑːnɪk] *adj* sardónico

sar•don•ic•al•ly [sɑːr'dɑːnɪklɪ] *adv* sardónicamente

sark•y ['sɑːrkɪ] *Br* F ☞ **sarcastic**

sash [sæʃ] *on dress* faja *f*; *on uniform* fajín *m*

sash 'win•dow ventana *f* corredera *or* de guillotina

sass•y ['sæsɪ] *adj* F *person* atrevido, insolente; *dress* atrevido

sat [sæt] *pret & pp* ☞ **sit**

SAT [eseɪ'tiː] *abbr* (= **scholastic aptitude test**) test *m* de aptitud escolar

Sa•tan ['seɪtn] Satán, Satanás *m*

sa•tan•ic [sə'tænɪk] *adj* satánico

satch•el ['sætʃəl] cartera *f* (de colegio)

sat•el•lite ['sætəlaɪt] satélite *m*

'sat•el•lite dish antena *f* parabólica; 'sat•el•lite state estado *m* satélite; sat•el•lite T'V televisión *f* por satélite

sa•ti•ate ['seɪʃɪeɪt] *v/t fml* saciar

sat•in ['sætɪn] I *adj* satinado II *n* satín *m*

sat•ire ['sætaɪr] sátira *f*

sa•tir•i•cal [sə'tɪrɪkl] *adj* satírico

sat•ir•ist ['sætərɪst] escritor(a) *m*(*f*) de sátiras

sat•ir•ize ['sætəraɪz] *v/t* satirizar

sat•is•fac•tion [sætɪs'fækʃn] satisfacción *f*; **to s.o.'s ~** para satisfacción de alguien; **is everything to your ~, sir?** *fml* ¿está todo a su gusto señor?; **I get great ~ out of listening to this music** disfruto mucho escuchando esta música

sat•is•fac•to•ry [sætɪs'fæktərɪ] *adj* 1 satisfactorio 2 (*just good enough*) suficiente

sat•is•fy ['sætɪsfaɪ] *v/t* (*pret & pp* **-ied**) satisfacer; *conditions* cumplir; **I am satisfied** (*had enough to eat*) estoy lleno; **be satisfied with sth** estar satisfecho con algo; **I am satisfied that ...** (*convinced*) estoy convencido *or* satisfecho de que ...; **I hope you're satisfied!** ¡estarás contento!; **a satisfied smile** una sonrisa de satisfacción

sat•su•ma [sæt'suːmə] (naranja *f*) mandarina *f*

sat•u•rate ['sætʃəreɪt] *v/t* 1 saturar (**with** con); **be absolutely ~d** *soaking wet* estar calado hasta los huesos 2 *fig*: **~ o.s. in a subject** empaparse *or* imbuirse de un tema

**sat•u•ra•tion** [sætʃə'reɪʃn] *also fig* saturación *f*; **reach ~ point** alcanzar el punto de saturación

**Sat•ur•day** ['sætərdeɪ] sábado *m*; **on ~** el sábado; **on ~s** los sábados

**Sat•urn** ['sætərn] ASTR Saturno *m*

**sauce** [sɔːs] salsa *f*

**'sauce•pan** cacerola *f*

**sau•cer** ['sɔːsər] plato *m* (*de taza*)

**sauc•y** ['sɔːsɪ] *adj person, dress* descarado

**Sa•u•di A•ra•bi•a** [saʊdɪə'reɪbɪə] Arabia *f* Saudí *or* Saudita

**Sa•u•di A•ra•bi•an** [saʊdɪə'reɪbɪən] **I** *adj* saudita, saudí **II** *n* saudita *m/f*, saudí *m/f*

**sau•na** ['sɔːnə] sauna *f*; **have a ~** tomar una sauna

**saun•ter** ['sɔːntər] *v/i* andar sin prisas; **she ~ed up to me** se acercó tranquilamente hacia mí, se me acercó tranquilamente

**saus•age** ['sɔːsɪdʒ] salchicha *f*; **~ roll** rollito de hojaldre con una salchicha dentro

**sau•té** [soʊ'teɪ] *v/t* saltear; **~d potatoes** patatas *fpl* salteadas

**sav•age** ['sævɪdʒ] **I** *adj animal, attack* salvaje; *criticism* feroz **II** *n* salvaje *m/f* **III** *v/t of lion etc* atacar ferozmente *or* salvajemente

**sav•age•ry** ['sævɪdʒrɪ] crueldad *f*

**save** [seɪv] **I** *v/t* **1** (*rescue*) rescatar, salvar; REL salvar; **~ s.o.'s life** salvarle la vida a alguien
**2** *money, time, effort* ahorrar; **~ sth for s.o.** guardarle algo a alguien; **~ s.o. doing sth** evitar a alguien (tener que) hacer algo; **~ one's strength** guardar las fuerzas; **you can ~ your excuses** puedes guardarte tus excusas
**3** (*collect*) guardar
**4** COMPUT guardar
**5** *goal* parar
**II** *v/i* **1** (*put money aside*) ahorrar **2** SP hacer una parada
**III** *n* SP parada *f*
♦ **save on** *v/t electricity, gas etc* ahorrar, economizar
♦ **save up for** *v/t* ahorrar para

**sav•er** ['seɪvər] *person* ahorrador(a) *m(f)*; **be a real time ~** ser un verdadero ahorro de tiempo

**sav•ing** ['seɪvɪŋ] *amount saved, activity*

ahorro *m*

**sav•ing 'grace: his only ~** lo único que le salva

**sav•ings** ['seɪvɪŋz] *npl* ahorros *mpl*

**'sav•ings ac•count** cuenta *f* de ahorros; **sav•ings and 'loan** caja *f* de ahorros; **'sav•ings bank** caja *f* de ahorros

**sa•vior**, *Br* **sa•viour** ['seɪvjər] REL salvador *m*

**sa•vor** ['seɪvər] *v/t* saborear

**sa•vor•y** ['seɪvərɪ] *adj not sweet* salado

**sa•vour** *etc Br* ☞ **savor** *etc*

**sav•vy** ['sævɪ] **I** *n* cabeza *f* F, sentido *f* comun **II** *adj* astuto **III** *v/t & v/i* entender

**saw**[1] [sɔː] **I** *n tool* serrucho *m*, sierra *f* **II** *v/t* (*pret* **-ed**, *pp* **sawn**) aserrar
♦ **saw off** *v/t* cortar (con un serrucho)

**saw**[2] [sɔː] *pret* ☞ **see**

**'saw•dust** serrín *m*, aserrín *m*

**'saw•mill** aserradero *m*, serrería *f*

**sawn** [sɔːn] *pp* ☞ **saw**[1]

**sax** [sæks] F saxo *m* F

**sax•o•phone** ['sæksəfoʊn] saxofón *m*

**sax•o•phon•ist** [sæks'ɑːfənɪst] saxofonista *m/f*

**say** [seɪ] **I** *v/t* (*pret & pp* **said**) decir; *poem* recitar; **that is to ~** es decir; **what do you ~ to that?** ¿qué opinas de eso?; **what does the note ~?** ¿qué dice la nota?, ¿qué pone en la nota?; **they ~ he is rich, he is said to be rich** dicen que es rico, se dice que es rico; **what does your watch ~?** ¿qué hora tienes tú?; **you can ~ that again!** ¡ya que lo digas!; **~, isn't that Carlos?** F oye, ¿no es ése Carlos?; **(let's) ~ this happens** digamos *or* supongamos que ocurre esto; **a sum of, ~, $500** una suma de, digamos *or* vamos a suponer, 500 dólares **II** *v/i* (*tell*) decir; **it's hard to ~** es difícil de decir; **I can't ~** no lo sé; **I couldn't ~** no sabría decir; **you don't ~!** ¡no me digas!, ¡qué me dices!; **it goes without ~ing** ni que decir tiene
**III** *n*: **have one's ~** expresar una opinión; **they have no ~ in the matter** no tienen nada que decir *or* opinar sobre este asunto; **have a ~ in sth** tener voz y voto en algo

**say•ing** ['seɪɪŋ] dicho *m*; **as the ~ goes** como dice *or* reza el dicho

**'say-so** F: **just on his ~** sólo porque él lo dice *or* diga; **on his ~ with his permission** con su permiso *or* aprobación

**scab** [skæb] *on skin* costra *f*

**sca•bies** ['skeɪbiːz] MED sarna *f*

**scaf•fold•ing** ['skæfəldɪŋ] *on building* andamiaje *m*

**scal•a•wag** ['skæləwæg] F (*rascal*) granuja *m/f*

**scald** [skɒːld] *v/t* escaldar

**scald•ing** ['skɒːldɪŋ] *adj* ardiendo, hirviendo

**scale**[1] [skeɪl] *n on fish, reptile* escama *f*

**scale**[2] [skeɪl] I *n* (*size*) escala *f*, tamaño *m*; *on thermometer, map*, MUS escala *f*; **on a larger ~** a gran escala; **on a smaller ~** a pequeña escala; **drawn to ~** (hecho) a escala II *v/t cliffs etc* escalar

◆ **scale down** *v/t* disminuir, reducir

**scale 'draw•ing** dibujo *m* a escala

**scale 'mo•del** maqueta *f* a escala

**scales** [skeɪlz] *npl for weighing* báscula *f*, peso *m*; **pair of ~** báscula *f*, peso *m*

**scal•lion** ['skælɪən] cebollino *m*

**scal•lop** ['skæləp] *shellfish* vieira *f*

**scal•ly•wag** ['skælɪwæg] Br F granuja *m/f*

**scalp** [skælp] I *n* cuero *m* cabelludo II *v/t* arrancar la cabellera a

**scal•pel** ['skælpl] bisturí *m*

**scalp•er** ['skælpər] *for tickets etc* revendedor(a) *m(f)*

**scam** [skæm] F chanchullo *m* F

**scamp** [skæmp] granuja *m/f*, pilluelo(-a) *m(f)*

**scam•per** ['skæmpər] *v/i of children, mice* corretear

**scam•pi** ['skæmpɪ] gambas *fpl* rebozadas

**scan** [skæn] I *v/t* (*pret & pp* **-ned**) *horizon* otear; *page* ojear; COMPUT escanear II *n of brain* escáner *m*; *of fetus* ecografía *f*, **have a ~** *when pregnant* hacerse una ecografía; **have a quick ~ of the newspapers** echar un vistazo a los periódicos

◆ **scan in** *v/t* COMPUT escanear

**scan•dal** ['skændl] escándalo *m*

**scan•dal•ize** ['skændəlaɪz] *v/t* escandalizar; **he was ~d to hear ...** se escandalizó al oír ...

**scan•dal•mon•ger** ['skændlmʌŋgər] cotilla *m/f*, chismoso(-a) *m(f)*

**scan•dal•ous** ['skændələs] *adj affair, prices* escandaloso

**Scan•di•na•vi•a** [skændɪ'neɪvɪə] Escandinavia *f*

**Scan•di•na•vi•an** [skændɪ'neɪvɪən] I *n* escandinavo(-a) *m(f)* II *adj* escandinavo

**scan•ner** ['skænər] MED, COMPUT escáner *m*; *for fetus* ecógrafo *m*

**scant** [skænt] *adj* escaso

**scant•i•ly** ['skæntɪlɪ] *adv*: **be ~ clad** andar ligero de ropa

**scant•y** ['skæntɪ] *adj skirt* cortísimo; *bikini* mínimo

**scape•goat** ['skeɪpgoʊt] cabeza *f* de turco, chivo *m* expiatorio

**scar** [skɑːr] I *n* cicatriz *f* II *v/t* (*pret & pp* **-red**) cicatrizar; **he was ~red for life by the experience** esta experiencia le dejó cicatrices de por vida

**scarce** [skers] *adj in short supply* escaso; **make o.s. ~** desaparecer

**scarce•ly** ['skerslɪ] *adv*: **he had ~ said it when ...** apenas lo había dicho cuando ...; **there was ~ anything left** no quedaba casi nada; **I ~ know her** apenas la conozco

**scarce•ness** ['skersnɪs] escasez *f*

**scar•ci•ty** ['skersətɪ] escasez *f*

**scare** [sker] I *v/t* asustar, atemorizar; **be ~d of** tener miedo de II *v/i*: **he doesn't ~ easily** no se asusta fácilmente *or* con facilidad III *n* (*panic, alarm*) miedo *m*, temor *m*; **give s.o. a ~** dar a alguien un susto; **you gave me such a ~** me diste un buen susto; **new typhoid ~** *headline* nuevo temor a una fiebre tifoidea

◆ **scare away** *v/t* ahuyentar

**'scare•crow** espantapájaros *m inv*

**scare•mon•ger** ['skermʌŋgər] alarmista *m/f*

**scarf** [skɑːrf] (*pl* **scarves**) *around neck, over head* pañuelo *m*; *woollen* bufanda *f*

**scar•let** ['skɑːrlət] *adj* escarlata

**scar•let 'fe•ver** escarlatina *f*

**scarred** [skɑːrd] *adj* con cicatrices

**scarves** [skɑːvz] *pl* ☞ **scarf**

**scar•y** ['skerɪ] *adj sight* espeluznante; **~ music** / **movie** música *f* / película *f* de miedo

**scath•ing** ['skeɪðɪŋ] *adj* feroz; **they were ~ in their comments** fueron muy mordaces en *or* con sus comentarios

**scat•ter** ['skætər] I *v/t leaflets* esparcir; *seeds* diseminar; **be ~ed all over the room** estar esparcido por toda la habi-

tación **‖** v/i *of people* dispersarse
'scat•ter•brain F despistado(-a) *m(f)*,
cabeza *m/f* de chorlito F
scat•ter•brained ['skætərbreɪnd] *adj*
despistado
scat•tered ['skætərd] *adj showers, family, villages* disperso
scat•ter•ing ['skætərɪŋ]: *a ~ of houses*
unas cuantas casas dispersas
scav•enge ['skævɪndʒ] *v/i* rebuscar; *~
for sth* rebuscar en busca de algo
scav•eng•er ['skævɪndʒər] *animal, bird*
carroñero *m*; *(person)* persona que busca comida entre la basura
sce•na•ri•o [sɪ'nɑːrɪoʊ] situación *f*
scene [siːn] **1** escena *f; of accident,
crime etc* lugar *m; ~s* THEA decorados
*mpl; change of ~* cambio *m* de decorado; *fig* cambio *m* de aires; *behind the
~s* entre bastidores; *be on the ~* llegar
al lugar de los hechos; *come on the ~*
aparecer, entrar en escena; *a ~ of destruction met our eyes* ante nuestros
ojos se hallaba una escena de destrucción; *jazz / rock ~* mundo *m* del jazz /
rock; *... isn't my ~* F ... no es lo mío
**2** *(argument)* escena *f*, número *m*;
*make a ~* hacer una escena, montar
un número
sce•ne•ry ['siːnərɪ] THEA escenario *m*
sce•nic ['siːnɪk] *adj countryside* pintoresco; *~ route* ruta *f* pintoresca
scent [sent] olor *m; (perfume)* perfume
*m*, fragancia *f; be on the ~ of fig* seguir
la pista a
scep•ter ['septər] cetro *m*
scep•tic *etc Br* ☞ **skeptic** *etc*
scep•tre *Br* ☞ **scepter**
sched•ule ['skedʒuːl] **l** *n of events, work*
programa *m; of exams* calendario *m;
for train, work, of lessons* horario *m;
be on ~ of work* ir según lo previsto;
*of train* ir a la hora prevista; *be behind
~ of work, train etc* ir con retraso; *be
three months ahead of ~ of builders,
project* llevar tres meses de adelanto
**‖** *v/t (put on ~)* programar; *it's ~d for
completion next month* está previsto
que se complete el próximo mes; *~d
departure* hora *f* de salida prevista
sched•uled flight ['skedʒuːld] vuelo *m*
regular
sche•mat•ic [skɪ'mætɪk] *adj* esquemático

scheme [skiːm] **l** *n (plan)* plan *m*, proyecto *m; (plot)* confabulación *f* **‖** *v/i
(plot)* confabularse
schem•er ['skiːmər] maquinador(a)
*m(f)*
schem•ing ['skiːmɪŋ] *adj* maquinador
schiz•oid ['skɪtsɔɪd] *adj* esquizoide
schiz•o•phre•ni•a [skɪtsə'friːnɪə] esquizofrenia *f*
schiz•o•phren•ic [skɪtsə'frenɪk] **l** *n* es-
quizofrénico(-a) *m(f)* **‖** *adj* esquizofrénico
schlep [ʃlep] *v/t (pret & pp* **-ped)** F llevar a rastras F
schmal(t)z [ʃmɑːlts] F sentimentalismo
*m*, sensiblería *f*
schmal(t)z•y ['ʃmɑːltsɪ] *adj* F sentimental, sensiblón
schmooze [ʃmuːz] *v/i* F charlotear, cotorrear
schmuck [ʃmʊk] P subnormal *m/f* F, gilipollas *m/f inv* P
schnit•zel ['ʃnɪtsl] GASTR escalope *m*,
*L.Am.* escalopa *f*
schnoz•zle ['ʃnɑːzl] P *(nose)* tocha *f* P,
napia *f*
schol•ar ['skɑːlər] erudito(-a) *m(f)*
schol•ar•ly ['skɑːlərlɪ] *adj* erudito
schol•ar•ship ['skɑːlərʃɪp] **1** *scholarly
work* estudios *mpl* **2** *financial award*
beca *f*
school¹ [skuːl] **l** *n* escuela *f*, colegio *m;
(university)* universidad *f; in ~* en la escuela / universidad; *go to ~* ir a la escuela / universidad; *there is no ~ today* hoy no hay escuela **‖** *v/t person* formar, instruir (*in* en)
school² [skuːl] *n of dolphins etc* grupo
*m*, banco *m*
'school age edad *f* escolar; *be of ~* estar
en edad escolar; 'school-age *adj* de *or*
en edad escolar; 'school bag *(satchel)*
cartera *f;* 'school•boy escolar *m;*
'school bus autobús *m* escolar;
'school•chil•dren *npl* escolares *mpl;*
'school days *npl: do you remember
your ~?* ¿te acuerdas de cuándo ibas
al colegio?; 'school dis•trict distrito
*m* escolar; 'school friend amigo(-a)
*m(f)* del colegio; 'school•girl escolar *f*
school•ing ['skuːlɪŋ] educación *f* escolar
'school kid colegial(a) *m(f);* 'school-
mate *Br* compañero *m* de colegio;

'school•teach•er maestro(-a) *m(f)*, profesor(a) *m(f)*; 'school•work trabajo *m* escolar; 'school yard patio *m* del colegio, recreo *m*

schoon•er ['skuːnər] NAUT goleta *f*

sci•at•i•ca [saɪˈætɪkə] ciática *f*

sci•ence ['saɪəns] ciencia *f*

sci•ence 'fic•tion ciencia *f* ficción

'sci•ence park parque *m* tecnológico, parque *m* científico

sci•en•tif•ic [saɪənˈtɪfɪk] *adj* científico

sci•en•tist ['saɪəntɪst] científico(-a) *m(f)*

sci-fi ['saɪfaɪ] F ciencia *f* ficción

scin•til•lat•ing ['sɪntɪleɪtɪŋ] *adj* wit, *conversation* chispeso, brillante

scis•sors ['sɪzərz] *npl* tijeras *fpl*; **a pair of ~** unas tijeras

'scis•sors kick *in soccer* chilena *f*

scle•ro•sis [skləˈroʊsɪs] MED esclerosis *f*

scoff[1] [skaːf] *v/t* F *(eat fast)* zamparse F

scoff[2] [skaːf] *v/i (mock)* burlarse, mofarse

◆ scoff at *v/t* burlarse de, mofarse de

scold [skoʊld] *v/t* child, husband regañar

scold•ing ['skoʊldɪŋ] regañina *f*, sermoneo *m*; **give s.o. a ~** echar a alguien un rapapolvo F

scone [skaːn] *bollito pequeño, a veces con frutas secas, que se suele comer untado con mantequilla o mermelada*

scoop [skuːp] I *n* 1 *implement* cuchara *f*; *for mud* pala *f* 2 *(story)* exclusiva *f* II *v/t*: **~ sth into sth** recoger algo para meterlo en algo

◆ scoop up *v/t* recoger

scoot [skuːt] *v/i* F largarse, salir zumbando

scoot•er ['skuːtər] 1 *with motor* escúter *m* 2 *child's* patinete *m*

scope [skoʊp] alcance *m*; *(freedom, opportunity)* oportunidad *f*; *of enquiry* límites *mpl*; **he wants more ~ to do his own thing** quiere más libertad para hacer lo que quiere; **be within / beyond the ~ of** *issue etc* estar dentro / más allá del alcance de

scorch [skɔːrtʃ] *v/t* quemar

scorch•er ['skɔːrtʃər] F día *m* abrasador

scorch•ing ['skɔːrtʃɪŋ] *adj* abrasador

score [skɔːr] I *n* 1 SP resultado *m*; *in competition* puntuación *f*; **what's the ~?** SP ¿cómo van?; **keep (the) ~** llevar el tanteo; **the ~ was 2-1 when ...** iban 2 a 1 cuando ...; **the final ~** el resultado final

2 *matter*: **on that ~** a ese respecto, en ese sentido; **have a ~ to settle with s.o.** tener una cuenta pendiente con alguien

3 *(written music)* partitura *f*; *of movie etc* banda *f* sonora, música *f*

4 *twenty* veintena *f*; **~s of ...** montones de ...

II *v/t* 1 *goal* marcar; *point* anotar; *in basketball* encestar 2 *(cut: line)* marcar

III *v/i* 1 SP marcar; *in basketball* encestar; **~ from a free kick** marcar de falta 2 *(keep the ~)* llevar el tanteo 3: **that's where he ~s** ése es su punto fuerte; **~ with a girl** ligarse a una chica F

◆ score off *v/t* 1 *from list* borrar (**from** de) 2: **score points off s.o.** poner por los suelos a alguien

◆ score out *v/t* tachar

'score•board marcador *m*

'score•line resultado *m* final

scor•er ['skɔːrər] 1 *of goal* goleador(a) *m(f)*; *of point* marcador(a) *m(f)*; *in basketball* encestador(a) *m(f)* 2 *(official score-keeper)* encargado del marcador

scorn [skɔːrn] I *n* desprecio *m*; **pour ~ on sth** despreciar algo, menospreciar algo II *v/t* idea, suggestion despreciar

scorn•ful ['skɔːrnfəl] *adj* despreciativo

scorn•ful•ly ['skɔːrnfəlɪ] *adv* con desprecio

Scor•pi•o ['skɔːrpioʊ] ASTR Escorpio *m/f inv*; **be (a) ~** ser Escorpio

scor•pi•on ['skɔːrpiən] escorpión *m*

Scot [skaːt] escocés(-esa) *m(f)*

Scotch [skaːtʃ] *(whiskey)* whisky *m* (escocés)

Scotch 'tape® celo *m, L.Am.* Durex® *m*

scot-'free *adv*: **get off ~** salir impune

Scot•land ['skaːtlənd] Escocia *f*

Scots•man ['skaːtsmən] escocés *m*

Scots•wom•an ['skaːtswʊmən] escocesa *f*

Scot•tish ['skaːtɪʃ] *adj* escocés

scoun•drel ['skaʊndrəl] canalla *m/f*

scour[1] ['skaʊər] *v/t (search)* rastrear, peinar

scour[2] ['skaʊər] *v/t* pans fregar

**scourge** [skɜːrdʒ] *fig* tormento *m*, martirio *m*

**scout** [skaʊt] **1** (*boy ~*) boy-scout *m* **2** *for talent* ojeador(a) *m(f)*

◆ **scout around** *v/i* hacer un reconocimiento

◆ **scout around for** *v/t* buscar, rebuscar

**scowl** [skaʊl] **I** *n* ceño *m* **II** *v/i* fruncir el ceño

◆ **scowl at** *v/t* mirar con el ceño fruncido

**scrab•ble** ['skræbl]*v/i* hurgar, escarbar

**scrag•gy** ['skrægɪ] *adj* escuálido, raquítico

**scram** [skræm] *v/i* (*pret & pp* **-med**) F largarse F; *~!* ¡largo!

**scram•ble** ['skræmbl] **I** *n* (*rush*) prisa *f*; *in the ~ to sell off stocks* en el barullo para liquidar existencias **II** *v/t message* cifrar, codificar **III** *v/i* (*climb*) trepar; *he ~d to his feet* se levantó de un salto

**scram•bled eggs** [skræmbld'egz] *npl* huevos *mpl* revueltos

**scram•bler** ['skræmblər] *for messages* aleatorizador *m*, mezclador *m*

**scrap**[1] [skræp] **I** *n* **1** *metal* chatarra *f*; *sell sth for ~* vender algo a la chatarra **2** *of food* trocito *m*; *of common sense* pizca *f*; *there is not a ~ of evidence* no existe el más mínimo indicio; *there is not a ~ of truth in it* no hay ni un ápice de verdad en esto **II** *v/t* (*pret & pp* **-ped**) *plan, project* abandonar; *paragraph* borrar

**scrap**[2] [skræp] *n* F *fight* pelea *f*

**'scrap•book** álbum *m* de recortes

**scrape** [skreɪp] **I** *n on paintwork etc* arañazo *m*; *be in a ~* F estar en un lío **II** *v/t paintwork* rayar; *~ a living* apañarse, ir tirando **III** *v/i* rozar (*against* con, contra); *~ along the ground* arrastrarse por el suelo

◆ **scrape along, scrape by** *v/i fig* arreglárselas, subsistir

◆ **scrape off** *v/t* raspar

◆ **scrape through** *v/i in exam* aprobar por los pelos

◆ **scrape together** *v/t money* juntar (con dificultad)

**scrap•er** ['skreɪpər] espátula *f*, raspador *m*

**'scrap heap: be good for the ~** *of person* estar para el arrastre; *of object* estar para tirar; **scrap 'met•al** chatarra *f*; **scrap 'pa•per** papel *m* usado

**scrap•py** ['skræpɪ] *adj work, writing* desorganizado

**'scrap val•ue** precio *m* como chatarra

**'scrap•yard** desguace *m*, chatarrería *f*

**'scratch pad** bloc *m* de notas

**'scratch pa•per** papel *m* de *or* para borrador

**scratch** [skrætʃ] **I** *n mark* marca *f*; *have a ~ to stop itching* rascarse; *start from ~* empezar de cero; *your work isn't up to ~* tu trabajo es insuficiente **II** *v/t* (*mark: skin*) arañar; (*mark: paint*) rayar; *because of itch* rascarse; *~ one's arm on a nail* arañarse el brazo con un clavo; *~ one's head because of itch* rascarse la cabeza; *in puzzlement* comerse la cabeza **III** *v/i of cat etc* arañar; *because of itch* rascarse

◆ **scratch off** *v/t* rascar

**scratch•y** ['skrætʃɪ] *adj* **1** *noise* chirriante; *old record* rayado **2** *wool* que pica

**scrawl** [skrɔːl] **I** *n* garabato *m* **II** *v/t* garabatear

**scraw•ny** ['skrɔːnɪ] *adj* escuálido

**scream** [skriːm] **I** *n* grito *m*; *~s of laughter* carcajadas *fpl*; *be a ~* F ser graciosísimo(-a), ser un punto F **II** *v/i* gritar; *of jet plane* rugir; *~ with laughter* reírse a carcajadas, reírse a mandíbula batiente

◆ **scream down** *v/t*: *scream the place down* F chillar *or* gritar hasta desgañitarse

◆ **scream out** *v/t orders etc* vocear

**scree** [skriː] peñascal *m*

**screech** [skriːtʃ] **I** *n of tires* chirrido *m*; (*scream*) chillido *m* **II** *v/i of tires* chirriar; (*scream*) chillar; *~ to a halt* parar en seco con un chirrido

**screed** [skriːd] *n* rollo *m*; *she writes ~s and ~s* escribe hojas y hojas

**screen** [skriːn] **I** *n* **1** *in room, hospital* mampara *f*; *protective* cortina *f*; *in basketball* bloqueo *m* **2** *in movie theater* pantalla *f*; COMPUT monitor *m*, pantalla *f*; *adapt a novel for the ~* adaptar una novela para la gran pantalla **II** *v/t* **1** (*protect, hide*) ocultar; *in basketball* bloquear **2** *movie* proyectar **3** *for security reasons* investigar

◆ **screen off** *v/t part of room* separar, dividir

'screen dis•play COMPUT pantalla *f*; 'screen i•dol ídolo *m* de la pantalla; 'screen•play guión *m*; 'screen sav•er COMPUT salvapantallas *m inv*; 'screen test *for movie* prueba *f*; 'screen-writ•er guionista *m/f*

screw [skru:] **I** *n* **1** tornillo *m*; *he has a ~ loose* F le falta un tornillo F; *put the ~s on s.o.* *fig* apretarle las tuercas a alguien **2** V (*sex*) polvo *m* V **II** *v/t* **1**: *~ sth to sth* atornillar algo a algo **2** V (*have sex with*) echar un polvo con V **3** F (*cheat*) timar F **III** *v/i* V echar un polvo

◆ screw up **I** *v/t* **1** *eyes* cerrar **2** *piece of paper* arrugar **3** F (*make a mess of*) fastidiar F **II** *v/i* F (*make a bad mistake*) meter la pata F

'screw•ball **1** F excéntrico(-a) *m(f)*, chiflado(-a) *m(f)* F **2** *in baseball* tirabuzón *m*

'screw•driv•er destornillador *m*

screwed up [skru:d'ʌp] *adj* F *psychologically* acomplejado

'screw top *on bottle* tapón *m* de rosca

screw•y ['skru:ɪ] *adj* F chiflado F; *idea, film* descabellado F

scrib•ble ['skrɪbl] **I** *n* garabato *m* **II** *v/t & v/i* garabatear

scrib•bler ['skrɪblər] *hum, pej* escritorzuelo(-a) *m(f)*

scrim•mage ['skrɪmɪdʒ] *in football* melé *f*

scrimp [skrɪmp] *v/i*: *~ and scrape* pasar apuros, pasar estrecheces

scrip [skrɪp] *representing stock* bono *m* social

script [skrɪpt] **1** *for movie, play* guión *m*, *L.Am.* libreto *m* **2** *form of writing* caligrafía *f*

'script girl *in the movies* chica *f* del guión

scrip•ture ['skrɪptʃər] escritura *f*; *the* (*Holy*) *Scriptures* las Sagradas Escrituras

'script•writ•er guionista *m/f*, *L.Am.* libretista *m/f*

scroll [skroʊl] (*manuscript*) manuscrito *m*

◆ scroll down *v/i* COMPUT avanzar

◆ scroll up *v/i* COMPUT retroceder

'scroll bar COMPUT barra *f* de desplazamiento

scrooge [skru:dʒ] F agarrado(-a) *m(f)*, tacaño(-a) *m(f)*

scro•tum ['skroʊtəm] (*pl* -tums, scrota ['skroʊtə]) ANAT escroto *m*

scrounge [skraʊndʒ] *v/t* gorronear (*from* de)

scroung•er ['skraʊndʒər] gorrón(-ona) *m(f)*

scrub[1] [skrʌb] *n type of countryside* matorral *m*

scrub[2] [skrʌb] **I** *v/t* (*pret & pp* -bed) *floors* fregar; *hands* frotar **II** *n*: *give sth a ~* dar un fregado a algo

'scrub•bing brush ['skrʌbɪŋ] cepillo *m* para fregar

scrub•by ['skrʌbɪ] *adj countryside* de matorrales, cubierto de maleza

scruff [skrʌf]: *grab s.o. by the ~ of the neck* agarrar a alguien del pescuezo

scruff•y ['skrʌfɪ] *adj* andrajoso, desaliñado

scrum [skrʌm] *in rugby* melé *f*

scrump•tious ['skrʌmpʃəs] *adj* F de muerte *or* rechupete F

◆ scrunch up [skrʌntʃ] *v/t plastic cup etc* estrujar

scru•ples ['skru:plz] *npl* escrúpulos *mpl*; *have no ~s about doing sth* no tener escrúpulos a la hora de hacer algo

scru•pu•lous ['skru:pjələs] *adj* **1** *with moral principles* escrupuloso **2** (*thorough*) meticuloso; *attention to detail* minucioso

scru•pu•lous•ly ['skru:pjələslɪ] *adv* (*meticulously*) minuciosamente

scru•ti•nize ['skru:tɪnaɪz] *v/t* (*examine closely*) estudiar, examinar

scru•ti•ny ['skru:tɪnɪ] escrutinio *m*; *come under ~* ser objeto de investigación

scu•ba div•er ['sku:bə] submarinista *m/f*

'scu•ba div•ing submarinismo *m*

scuff [skʌf] *v/t shoes, paintwork* raspar, arañar

scuf•fle ['skʌfl] riña *f*

sculpt [skʌlpt] *v/t* esculpir

sculp•tor ['skʌlptər] escultor(a) *m(f)*

sculp•ture ['skʌlptʃər] escultura *f*

scum [skʌm] **1** *on liquid* película *f* de suciedad **2** (*pej: people*) escoria *f*; *the ~ of the earth* la escoria del mundo

scur•ri•lous ['skʌrələs] *adj* (*defamatory*) difamatorio

scur•ry ['skʌrɪ] *v/i of mice* corretear; *of*

*people* salir corriendo, apresurarse
**scythe** [saɪð] guadaña *f*
**scyth•ing tack•le** ['saɪðɪŋ] *in soccer* segada *f*
**sea** [si:] mar *m or f*; **by the ~** junto al mar; **at ~** en el mar; **be all at ~** *fig* estar totalmente desorientado *or* perdido; **by ~** en barco; **go to ~** *of person* hacerse marinero; **put to ~** hacerse a la mar; **a ~ of faces** un mar de caras
'**sea an•i•mal** animal *m* marino; '**sea•bed** fondo *m* marino; '**sea•bird** ave *f* marina; '**sea•board** costa *f*, ensenada *f*; '**sea breeze** brisa *f* marina; **sea•far•ing** ['si:fɛrɪŋ] *adj nation* marinero; '**sea•food** marisco *m*; '**sea•front** paseo *m* marítimo; '**sea•go•ing** *adj vessel* de altura; '**sea•gull** gaviota *f*; '**sea horse** caballito *m* de mar
**seal**[1] [si:l] *n animal* foca *f*
**seal**[2] [si:l] **I** *n on document* sello *m*; TECH junta *f*, sello *m*; **~ of approval** *fig* aprobación *f*, visto *m* bueno **II** *v/t container* sellar; **~ed envelope** sobre *m* sellado; **~ed bid** COM oferta *f* en sobre cerrado; **my lips are ~ed** mis labios están sellados, no diré nada; **~ s.o.'s fate** decidir irrevocablemente el futuro de alguien
◆ **seal off** *v/t area* aislar
**seal•ant** ['si:lənt] material *m* de sellado, pasta *f* para sellar
'**sea lev•el: above ~** sobre el nivel del mar; **below ~** bajo el nivel del mar
'**sea li•on** león *m* marino
**seam** [si:m] **1** *on garment* costura *f*; **be bursting at the ~s** *fig* estar a reventar, estar hasta los topes **2** *of ore* filón *m*
**sea•man** ['si:mən] marinero *m*
**seam•stress** ['si:mstrɪs] modista *f*
**seam•y** ['si:mɪ] *adj area, bar* sórdido, sucio; **the ~ side of life** el lado sórdido de la vida, la cara miserable de la vida
'**sea•plane** hidroavión *m*; '**sea•port** puerto *m* marítimo; '**sea pow•er** *nation* potencia *f* marítima
**search** [sɜ:rʧ] **I** *n* búsqueda *f*; **be in ~ of** estar en busca de; **do a ~** COMPUT hacer una búsqueda, buscar; **do a ~ and replace** COMPUT buscar y sustituir **II** *v/t baggage, person* registrar; **~ a place for s.o.** buscar a alguien en un lugar; **~ me!** F ¡(y) yo qué sé!, ¡(y) a mí que me cuentas!

◆ **search for** *v/t* buscar
◆ **search through** *v/t desk, papers, files* buscar entre
**search•ing** ['sɜ:rʧɪŋ] *adj look* escrutador; *question* difícil
'**search•light** reflector *m*; '**search par•ty** grupo *m* de rescate; '**search war•rant** orden *f* de registro
'**sea•shore** orilla *f*; '**sea•sick** *adj* mareado; **get ~** marearse; '**sea•sick•ness** mareo *m*; '**sea•side** costa *f*, playa *f*; **at or by the ~** en la costa *or* playa; **go to the ~** ir a la costa *or* playa; **~ resort** centro *m* de veraneo costero
**sea•son** ['si:zn] **I** *n (winter, spring etc)* estación *f*; *for tourism etc* temporada *f*; **plums aren't in ~ at the moment** ahora no es temporada de ciruelas; **Season's Greetings!** ¡Felices Pascuas!, ¡Felices Fiestas! **II** *v/t* **1** *food* condimentar **2** *wood* curar
**sea•son•al** ['si:znl] *adj fruit, vegetables* del tiempo; *employment* temporal
**sea•soned** ['si:znd] *adj* **1** *wood* seco **2** *traveler, campaigner* experimentado
**sea•son•ing** ['si:znɪŋ] condimento *m*
'**sea•son tick•et** abono *m*
**seat** [si:t] **I** *n in room, bus, airplane* asiento *m*; *in theater* butaca *f*; *of pants* culera *f*; POL escaño *m*, *Mex* curul *m*; **please take a ~** por favor, siéntese; **do sth by the ~ of one's pants** F hacer algo sobre la marcha **II** *v/t* **1** *(have seating for)*: **the hall can ~ 200 people** la sala tiene capacidad para 200 personas **2**: **please remain ~ed** *fml* por favor, permanezcan sentados; **please be ~ed** *fml* por favor tome asiento
'**seat belt** cinturón *m* de seguridad; **fasten one's ~** abrocharse el cinturón de seguridad
**seat•ing** ['si:tɪŋ] **I** *n* aforo *m* **II** *adj*: **a ~ capacity of 200** un aforo de 200 personas
'**sea ur•chin** erizo *m* de mar; **sea 'wall** espigón *m*, escollera *f*; '**sea•weed** alga(s) *f(pl)*; '**sea•wor•thy** *adj* en condiciones para navegar
**sec** [sek] F ☞ **second**[1] **I 1**
**SEC** [esi:'si:] *abbr* (= **Securities and Exchange Commission**) Comisión *f* de Valores y Bolsas
**sec•a•teurs** [sekə'tɜ:rz] *npl Br* tijeras

*fpl* de podar

**se•cede** [sɪ'siːd] *v/i* POL separarse (*from* de)

**se•ces•sion** [sɪ'seʃn] POL secesión *f* (*from* de)

**se•clud•ed** [sɪ'kluːdɪd] *adj* apartado

**se•clu•sion** [sɪ'kluːʒn] aislamiento *m*

**sec•ond**[1] ['sekənd] **I** *n* **1** *of time* segundo *m*; *just a* ~ un segundo; *I won't be a* ~ no tardaré nada, no tardaré ni un segundo; *do you have a* ~? ¿tienes un segundo? **2** *in sequence* segundo(-a) *m(f)* **3**: ~*s out! in boxing* ¡segundos fuera! **II** *adj* segundo; *he's going through a* ~ *childhood* está pasando por una segunda infancia; ~ *home* segunda vivienda *f*; *it has become a* ~ *home to me* es como mi segunda casa; *it has become* ~ *nature for him* se ha convertido en una costumbre para él; *a* ~ *Lorca* otro Lorca; *be* ~ *to none* ser insuperable *or* inigualable **III** *adv* **come in** en segundo lugar **IV** *v/t motion* apoyar

**se•cond**[2] [sɪ'kɑːnd] *v/t*: *be* ~*ed to* ser asignado a

**sec•ond•a•ry** ['sekəndərɪ] *adj* secundario; *of* ~ *importance* de menor importancia

**sec•ond•a•ry ed•u•ca•tion** educación *f* secundaria

'**sec•ond base** segunda base *f*; '**sec•ond base•man** segunda base *m/f*, jugador(a) *m(f)* de segunda base; **sec•ond 'best** *adj*: *be* ~ ser el segundo mejor; *inferior* ser un segundón; *come off* ~ quedar segundo; **sec•ond 'big•gest** *adj*: *it is the* ~ *company in the area* es la segunda empresa más grande de la zona; **sec•ond-'class** *adj ticket* de segunda clase; **sec•ond 'cous•in** primo(-a) *m(f)* segundo(-a); **sec•ond-de'gree** *adj burns* de segundo grado; **sec•ond 'floor** primer piso *m*, *Br* segundo piso *m*; **sec•ond-'guess** *v/t* adelantar, anticipar; '**sec•ond hand** *on clock* segundero *m*; **sec•ond-'hand I** *adj* de segunda mano; ~ *bookstore* tienda *f* de libros usados *or* libros de segunda mano **II** *adv buy* de segunda mano

**sec•ond•ly** ['sekəndlɪ] *adv* en segundo lugar

**sec•ond-'rate** *adj* inferior

**sec•ond 'thoughts:** *I've had* ~ he cambiado de idea; *on* ~ ... pensándolo mejor ...

**se•cre•cy** ['siːkrəsɪ] secretismo *m*; *in or amid great* ~ entre *or* en medio de un gran secretismo; ~ *of the confessional* REL secreto *m* de confesión

**se•cret** ['siːkrət] **I** *n* secreto *m*; *in* ~ en secreto; *have no* ~*s from s.o.* no tener secretos con alguien; *make no* ~ *of sth* no guardar algo en secreto **II** *adj* secreto; *keep sth* ~ mantener *or* guardar algo en secreto; *keep sth* ~ *from s.o.* ocultar algo a alguien

**se•cret 'a•gent** agente *m/f* secreto(-a)

**sec•re•tar•i•al** [sekrə'terɪəl] *adj tasks, job* de secretario

**sec•re•tar•y** ['sekrəterɪ] **1** secretario(-a) *m(f)* **2** POL ministro(-a) *m(f)*

**sec•re•tar•y-'gen•er•al** secretario(-a) *m(f)* general

**Sec•re•tar•y of 'State** *in USA* Secretario(-a) *m(f)* de Estado

**se•crete** [sɪ'kriːt] *v/t* **1** (*give off*) segregar **2** (*hide away*) esconder

**se•cre•tion** [sɪ'kriːʃn] secreción *f*

**se•cre•tive** ['siːkrətɪv] *adj* reservado (*about* acerca de)

**se•cret•ly** ['siːkrətlɪ] *adv* en secreto

**se•cret po'lice** policía *f* secreta

**se•cret 'ser•vice** servicio *m* secreto

**sect** [sekt] secta *f*

**sec•tar•i•an** [sek'terɪən] *adj fighting, violence, attitudes* sectario

**sec•tion** ['sekʃn] *of book, company, text* sección *f*; *of building* zona *f*; *of apple* parte *f*

**sec•tor** ['sektər] sector *m*

**sec•u•lar** ['sekjələr] *adj* laico

**sec•u•lar•ize** ['sekjələraɪz] *v/t* secularizar

**se•cure** [sɪ'kjʊr] **I** *adj shelf etc* seguro; *job, contract* fijo; *financially* ~ seguro económicamente **II** *v/t* **1** *shelf etc* asegurar **2** *s.o.'s help* conseguir

**se'cured cred•i•tor** acreedor(a) *m(f)* asegurado(-a); **se'cured debt** deuda *f* garantizada; **se'cured loan** préstamo *m* garantizado

**se•cu•ri•ties mar•ket** FIN mercado *m* de valores

**se•cu•ri•ty** [sɪ'kjʊrətɪ] **1** seguridad *f*; *go through* ~ *at airport etc* pasar por segu-

ridad; **will you call ~?** ¿va a llamar a seguridad?; **for ~ reasons** por razones de seguridad **2** *for investment* garantía *f*
**se'cu•ri•ty a•lert** alerta *f*; **se'cu•ri•ty check** control *m* de seguridad; **se'cu•ri•ty-con•scious** *adj* consciente de la seguridad; **Se'cu•ri•ty Coun•cil** *of UN* Consejo *m* de Seguridad; **se'cu•ri•ty forces** *npl* fuerzas *fpl* de seguridad; **se'cu•ri•ty guard** guardia *m/f* de seguridad; **se'cu•ri•ty risk** *person* peligro *m* (para la seguridad)
**se•dan** [sɪˈdæn] MOT turismo *m*
**se•date**[1] [sɪˈdeɪt] *v/t* sedar
**se•date**[2] [sɪˈdeɪt] *adj person, tempo* tranquilo, pausado
**se•da•tion** [sɪˈdeɪʃn]: **be under ~** estar sedado; **put s.o. under ~** sedar a alguien, dar un sedante a alguien
**sed•a•tive** [ˈsedətɪv] sedante *m*
**sed•en•ta•ry** [ˈsedənterɪ] *adj job* sedentario
**sed•i•ment** [ˈsedɪmənt] sedimento *m*
**se•duce** [sɪˈduːs] *v/t* seducir
**se•duc•tion** [sɪˈdʌkʃn] seducción *f*
**se•duc•tive** [sɪˈdʌktɪv] *adj dress* seductor; *offer* tentador
**see** [siː] **I** *v/t* (*pret* **saw**, *pp* **seen**) ver; (*understand*) entender, ver; *romantically* ver, salir con; **can I ~ the manager?** ¿puedo ver al encargado?; **you should ~ a doctor** deberías ir a que te viera un médico; **~ s.o. home** acompañar a alguien a casa; **~ you!** F ¡hasta la vista!, ¡chao! F; **I don't ~ that working** no veo que se vaya a funcionar; **what do you ~ in him?** ¿qué es lo que ves en él?; **I saw him arrive** or **arriving** lo ví llegar; **as I ~ it** tal y como yo lo veo or entiendo
**II** *v/i* ver; **you'll ~** (ya) verás; **you ~** ves, sabes; **I ~** ya veo; **let me ~** déjame ver; **we'll ~** ya veremos; **~!, I told you it wouldn't work** ¡ves!, te dije que no funcionaría
◆ **see about** *v/t* (*look into*): **I'll see about getting it repaired** me encargaré de que lo arreglen; **we'll see about that!** F ¡eso ya lo veremos! F
◆ **see in** *v/i to room etc* ver (dentro)
◆ **see off** *v/t* **1** *at airport etc* despedir **2** (*chase away*) espantar
◆ **see out** *v/t*: **see s.o. out** acompañar a alguien a la puerta; **I'll see myself out**

no hace falta que me acompañes
◆ **see over** *v/t new house* visitar, echar un vistazo a
◆ **see through** *v/t* **1** *person* conocer **2**: **see s.o. through a difficult time** ayudar *or* apoyar a alguien en un momento difícil
◆ **see to** *v/t*: **see to sth** ocuparse de algo; **see to it that something gets done** asegurarse de que algo se haga
**seed** [siːd] **1** semilla *f*; **go to ~** *of person* descuidarse; *of district* empeorarse **2** *in tennis* cabeza *f* de serie
**seed•ed** [ˈsiːdɪd] *adj player* cabeza de serie; **he is ~ 15th in the world** ocupa el puesto decimoquinto a nivel mundial
**seed•less** [ˈsiːdlɪs] *adj* sin semillas *or* pipas
**seed•ling** [ˈsiːdlɪŋ] planta *f* de semillero
**seed•y** [ˈsiːdɪ] *adj bar, district* de mala calaña
**see•ing (that)** [ˈsiːɪŋ] *conj* dado que, ya que
**see•ing 'eye dog** perro *m* lazarillo
**seek** [siːk] *v/t* (*pret & pp* **sought**) buscar
**seem** [siːm] *v/i* parecer; **it ~s that ...** parece que ...; **it ~s as if** *or* **though** parece como si; **strange as it may ~** por extraño que parezca *or* pueda parecer; **it seems like it** eso (es lo que) parece; **how does she ~ to you?** ¿cómo la encuentras?, ¿cómo la vés?
**seem•ing** [ˈsiːmɪŋ] *adj* aparente
**seem•ing•ly** [ˈsiːmɪŋlɪ] *adv* aparentemente
**seen** [siːn] *pp* ☞ **see**
**seep** [siːp] *v/i of liquid* filtrarse
◆ **seep out** *v/i of liquid* filtrarse
**see•saw** [ˈsiːsɔː] subibaja *m*, balancín *m*
**seethe** [siːð] *v/i*: **be seething with anger** estar a punto de estallar (de cólera)
**'see-through** *adj dress, material* transparente
**seg•ment** [ˈsegmənt] segmento *m*
**seg•ment•ed** [segˈməntɪd] *adj* segmentado, dividido
**seg•re•gate** [ˈsegrɪgeɪt] *v/t* segregar
**seg•re•ga•tion** [segrɪˈgeɪʃn] segregación *f*
**seis•mic** [ˈsaɪzmɪk] *adj* **1** sísmico **2** *fig*: *consequences, significance* colosal, cuantioso

**seis•mo•graph** ['saɪzməgrɑːf] sismógrafo *m*

**seis•mol•o•gy** [saɪz'mɑːlədʒɪ] sismología *f*

**seize** [siːz] *v/t s.o., s.o.'s arm* agarrar; *opportunity* aprovechar; *of Customs, police etc* incautarse de

◆ **seize on** *v/t idea, opportunity* aferrarse a, aprovecharse de

◆ **seize up** *v/i of engine* atascarse

**sei•zure** ['siːʒər] **1** MED ataque *m* **2** *of drugs etc* incautación *f*; *amount seized* alijo *m*

**sel•dom** ['seldəm] *adv* raramente, casi nunca; *~, if ever, has there been ...* pocas veces, si es que alguna vez ha habido ...

**se•lect** [sɪ'lekt] **I** *v/t* seleccionar **II** *adj (exclusive)* selecto

**se•lec•tion** [sɪ'lekʃn] selección *f*; *(choosing)* elección *f*

**se•lec•tion pro•cess** proceso *m* de selección

**se•lec•tive** [sɪ'lektɪv] *adj* selectivo

**self** [self] (*pl* **selves** [selvz]) ego *m*; *my other ~* mi otro yo; *his / my true ~* su / mi verdadero yo; *he's back to his old ~ again* ya ha vuelto a ser el de antes

**self-ad•dressed en•ve•lope** [selfədrest'envəloʊp]: *send us a ~* envíenos un sobre con sus datos; **self-ad'he•sive** *adj stamps* autoadhesivo; **self-ap•point•ed** [selfə'pɔɪntɪd] *adj* autoproclamado, autoeregido; **self-as'sur•ance** confianza *f* en sí mismo; **self--as'sured** *adj* seguro de sí mismo; **self-'ca•ter•ing a•part•ment** *Br* apartamento *m or Span* piso *m* sin servicio de comidas; **self-'cen•tered**, *Br* **self--'cen•tred** [self'sentərd] *adj* egoísta; **self-'clean•ing** *adj oven* con autolimpieza; **self-con'fessed** *adj*: *he's a ~ megalomaniac* se confiesa megalómano; **self-'con•fi•dence** confianza *f* en sí mismo; **self-'con•fi•dent** *adj* seguro de sí mismo; **self-'con•scious** *adj* tímido; **self-'con•scious•ness** timidez *f*; **self--'con•tained** [selfkən'teɪnd] *adj apartment* independiente; **self con'trol** autocontrol *m*; **self-'crit•i•cal** *adj* autocrítico; **self-'crit•i•cism** autocrítica *f*; **self-de'fense**, *Br* **self-de'fence** autodefensa *f*, *in ~* en defensa propia; **self-de•struct** [selfdɪ'strʌkt] *v/i* auto-

destruirse, destruirse automáticamente; **self-de•ter•mi•na•tion** POL autodeterminación *f*; **self-'dis•ci•pline** autodisciplina *f*; **self-'doubt** inseguridad *f*; **self-'ed•u•cat•ed** *adj*: *~ person* persona *f* autodidacta; **self-ef•fac•ing** [selfɪ'feɪsɪŋ] *adj* recatado, modesto; **self--em•ployed** [selfɪm'plɔɪd] *adj* autónomo, *L.Am.* cuentapropista; **self--es'teem** autoestima *f*; **self-'ev•i•dent** *adj* obvio, evidente; **self-ex'pres•sion** autoexpresión *f*; **self-ex'tract•ing** archive COMPUT archivo *m* autoextraíble; **self-'gov•ern•ment** autogobierno *m*; **self-'help** autoayuda *f*; **self--im'por•tance** soberbia *f*, humos *mpl*; **self-im'por•tant** *adj* soberbio, engreído; **self-in'dul•gent** *adj* excesivo, sin moderación; **self-'in•terest** interés *m* propio

**self•ish** ['selfɪʃ] *adj* egoísta

**self•less** ['selflɪs] *adj* desinteresado

**self-made 'man** hombre *m* hecho a sí mismo; **self-'pit•y** autocompasión *f*; **self-'por•trait** autorretrato *m*; **self--pos'sessed** [selfpə'zest] *adj* sereno; **self-pres•er'va•tion** supervivencia *f*; **self-pro•claimed** [selfprə'kleɪmd] *adj* autoproclamado; **self-re'li•ant** *adj* autosuficiente; **self-re'spect** amor *m* propio; **self-re•spect•ing** [selfrɪ'spektɪŋ] *adj*: *no ~ businessman ...* ningún hombre de negocios con amor propio ...; **self-'right•eous** *adj pej* santurrón, intolerante; **self-'ris•ing** *adj flour* con levadura; **self-'rule** POL autogobierno *m*; **self-'sac•ri•fice** autosacrificio *m*; *in a spirit of ~* haciendo un autosacrificio, como autosacrificio; **self-sat•is•fied** [self'sætɪsfaɪd] *adj pej* pagado de sí mismo; **self-seal•ing** [self'siːlɪŋ] *adj envelope* con auto-pegado, autoadhesivo; **self-'ser•vice** *adj* de autoservicio; **self-ser•vice 'res•tau•rant** (restaurante *m*) autoservicio *m*; **self-suf•fi•cient** *adj* autosuficiente, independiente; *be ~ in oil* autoabastecerse de petróleo; **self-sup'port•ing** *adj* **1** FIN independiente, autónomo **2** *structure* independiente, aparte; **self--'taught** *adj* autodidacta

**sell** [sel] (*pret & pp sold*) **I** *v/t* vender; *~ o.s.* venderse (a sí mismo); *you'll never manage to ~ them that idea* nunca

conseguirás venderles esa idea; **be completely sold on sth** enthusiastic *about* estar absolutamente entusiasmado *or* emocionado con algo
‖ *v/i* (*pret & pp* **sold**) vender; *of goods* venderse; **~ by ... on** label vender antes de ...; **they are ~ing at $5 each** se venden a 5 dólares cada uno
◆ **sell off** *v/t* liquidar, deshacerse de
◆ **sell out** *v/i* **1** *of product* agotarse; **we've** *or* **we are sold out** se nos ha(n) agotado **2** *of idealist* venderse
◆ **sell out of** *v/t* agotar las existencias de
◆ **sell up I** *v/i* vender todo ‖ *v/t* *business etc* vender, liquidar
'**sell-by date** fecha *f* límite de venta; **be past its ~** haber pasado la fecha límite de venta; **she's well past her ~** F hace tiempo que se le pasó el arroz
**sell•er** ['selər] *person* vendedor(a) *m(f)*; **it's a ~'s market** es un mercado favorable para el vendedor; **be a good ~ of** *product* venderse muy bien
**sell•ing** ['selɪŋ] COM ventas *fpl*
'**sell•ing point** COM ventaja *f*
**Sel•lo•tape®** ['seləteɪp] *Br* celo *m*, *L.Am.* Durex® *m*
'**sell•out** *success* éxito *m* de taquilla
**selves** [selvz] *pl* ☞ **self**
**se•man•tic** [sɪ'mæntɪk] *adj* semántico
**se•man•tics** [sɪ'mæntɪks] *nsg: subject* semántica *f*; **that's just ~** eso es pura palabrería
**sem•blance** ['sembləns] indicio *m*, atisbo *m*; **without the slightest ~ of fear** sin el mínimo indicio de miedo
**se•men** ['siːmən] semen *m*
**se•mes•ter** [sɪ'mestər] semestre *m*
**sem•i** ['semɪ] *truck* camión *m* semirremolque
**sem•i•breve** ['semɪbriːv] *Br* MUS semibreve *f*; '**sem•i•cir•cle** semicírculo *m*; **sem•i'cir•cu•lar** *adj* semicircular; **sem•i-'co•lon** punto *m* y coma; **sem•i•con'duc•tor** ELEC semiconductor *m*; **sem•i•de•tached** '**house** *casa unida a la casa contigua por un mismo muro*; **sem•i'fi•nal** semifinal *f*; **sem•i•'fi•nal•ist** semifinalista *m/f*; **sem•i•man•u•'fac•tured prod•uct** producto *m* semimanufacturado
**sem•i•nar** ['semɪnɑːr] seminario *m*
**sem•i•nar•y** ['semɪnerɪ] REL seminario

*m* (conciliar)
**sem•i•of'fi•cial** *adj* semioficial; **sem•i•pre•cious** '**stone** piedra *f* semipreciosa; **sem•i'skilled** *adj* semicualificado; **sem•i•skimmed** '**milk** *Br* leche *f* semidesnatada
'**sem•i•tone** MUS semitono *m*
'**sem•i•trail•er** MOT semitráiler *m*
**sem•o•li•na** [semə'liːnə] sémola *f*
**Sem•tex®** ['semteks] Semtex *m*
**sen•ate** ['senət] senado *m*
**sen•a•tor** ['senətər] senador(a) *m(f)*; **Senator George Schwarz** el Senador George Schwarz
**sen•a•to•ri•al** [senə'tɔːrɪəl] *adj* senatorial
**send** [send] *v/t* (*pret & pp* **sent**) **1** enviar, mandar; **~ her my best wishes** dale recuerdos de mi parte; **~ s.o. after s.o.** mandar a alguien en busca a alguien **2**: **~ s.o. mad** volver a alguien loco; **the news sent him into fits of laughter** las noticias le hicieron partirse de la risa; **the explosion sent the car flying through the air** la explosión hizo volar el coche por los aires
◆ **send away** *v/t* **1** *person* despedir, echar **2** *letter etc* enviar, mandar
◆ **send away for** *v/t*: **send away for sth** escribir solicitando algo
◆ **send back** *v/t* devolver
◆ **send down** *v/t* **1** *prices, stock values* hacer bajar **2** *Br* EDU expulsar (*from de*)
◆ **send for** *v/t* mandar buscar
◆ **send in** *v/t* *troops, application* enviar, mandar; *next interviewee* hacer pasar
◆ **send off** *v/t* **1** *letter, fax etc* enviar, mandar **2** *Br* SP expulsar
◆ **send on** *v/t* **1** *baggage in advance* enviar con antelación **2** *letter* reenviar, reexpedir
◆ **send out** *v/t* **1** *invitations, application forms* mandar, echar **2** *heat etc* despedir, echar **3** *person: to a place, country* mandar, enviar ‖ *v/i*: **send out for a pizza** pedir una pizza (por teléfono)
◆ **send up** *v/t* **1** *rocket* lanzar **2** *prices, temperature* hacer subir **3** *Br* F (*satirize*) caricaturizar
**send•er** ['sendər] *of letter* remitente *m/f*
**send•ing-off** [sendɪŋ'ɑːf] *Br: in soccer* expulsión *f*
'**send-off** despedida *f*; **give s.o. a good**

~ dar a alguien una buena despedida

**se•nile** ['si:naɪl] *adj* senil

**se•nil•i•ty** [sɪ'nɪlətɪ] senilidad *f*

**se•ni•or** ['si:njər] **I** *adj* (*older*) mayor; *in rank* superior; ~ **partner** COM socio(-a) *m(f)* principal; ~ **high** (**school**) instituto *m* de bachillerato **II** *n* **1** (*older person*) persona *f* más mayor; **he is my ~ by two years, he is two years my ~** me lleva dos años, es dos años más mayor que yo **2** *at school* estudiante *m/f* de último año

**se•ni•or 'cit•i•zen** persona *f* de la tercera edad

**se•ni•or•i•ty** [si:nj'ɑːrətɪ] *in job* antigüedad *f*

**sen•sa•tion** [sen'seɪʃn] sensación *f*; **a burning ~** una sensación de calor; **cause** *or* **create a ~** causar *or* producir una sensación

**sen•sa•tion•al** [sen'seɪʃnl] *adj* sensacional

**sen•sa•tion•al•ism** [sen'seɪʃnəlɪzəm] *of press, reports* sensacionalismo *m*

**sen•sa•tion•al•ize** [sen'seɪʃnəlaɪz] *v/t* tratar con sensacionalismo

**sense** [sens] **I** *n* **1** (*hearing etc*) sentido *m*; ~ **of hearing** / **smell** sentido del oído / olfato; ~ **of direction** sentido de la orientación; ~ **of duty** / **of humor** sentido de la obligación / del humor; **come to one's ~s** entrar en razón; **bring s.o. to his ~s** hacer que entre alguien en razón

**2** (*meaning, point etc*) sentido *m*; **it doesn't make ~** no tiene sentido; **there's no ~ in waiting** no tiene sentido que esperemos; **in a ~** en cierto sentido

**3** (*feeling*) sentimiento *m*; ~ **of security** sensación *f* de seguridad

**4** (*common sense*) sentido *m* común, sensatez *f*; **talk ~, man!** ¡no digas tonterías!; **have the ~ to do sth** tener cabeza para hacer algo; **I couldn't make any ~ of it** no hubo manera de entenderlo; **where's the ~ in that?** ¿qué sentido tiene eso?; **it makes good economic ~** es aconsejable desde el punto de vista económico

**II** *v/t s.o.'s presence* sentir, notar; **I could ~ that something was wrong** tenía la sensación de que algo no iba bien

**sense•less** ['senslɪs] *adj* (*pointless*) absurdo

**'sense or•gan** órgano *m* sensorial

**sen•si•bil•i•ty** [sensɪ'bɪlətɪ] sensibilidad *f*

**sen•si•ble** ['sensəbl] *adj* sensato; *clothes, shoes* práctico, apropiado

**sen•si•bly** ['sensəblɪ] *adv* con sensatez; **she wasn't ~ dressed** no llevaba ropa apropiada

**sen•si•tive** ['sensətɪv] *adj* *skin, person* sensible; **be ~ to the cold** / **to criticism** ser sensible al frío / a las críticas; **heat-** / **light-~** sensible al calor / a la luz; **it's a rather ~ issue at the moment** es un asunto bastante delicado en estos momentos

**sen•si•tiv•i•ty** [sensə'tɪvətɪ] *of skin, person* sensibilidad *f* (**to** a); ~ **to heat** / **light** sensibilidad al calor / a la luz

**sen•si•tize** ['sensɪtaɪz] *v/t material, person* sensibilizar

**sen•sor** ['sensər] sensor *m*

**sen•so•ry** ['sensərɪ] *adj* sensorial

**sen•su•al** ['senʃʊəl] *adj* sensual

**sen•su•al•i•ty** [senʃʊ'ælətɪ] sensualidad *f*

**sen•su•al•ly** ['senʃʊəlɪ] *adv* sensualmente

**sen•su•ous** ['senʃʊəs] *adj* sensual

**sent** [sent] *pret & pp* ☞ **send**

**sen•tence** ['sentəns] **I** *n* **1** GRAM oración *f* **2** LAW sentencia *f*; **pass ~** pronunciar sentencia (**on** a) **II** *v/t* LAW sentenciar, condenar; **he was ~d to 6 months** / **to death** se le condenó a 6 meses / a pena de muerte

**sen•ten•tious** [sen'tenʃəs] *adj* sentencioso

**sen•ti•ment** ['sentɪmənt] **1** (*sentimentality*) sentimentalismo *m* **2** (*opinion*) opinión *f*

**sen•ti•men•tal** [sentɪ'mentl] *adj* sentimental; ~ **value** valor *m* sentimental

**sen•ti•men•tal•i•ty** [sentɪmen'tælətɪ] sentimentalismo *m*

**sen•try** ['sentrɪ] centinela *m*

**'sen•try box** puesto *m* de vigilancia

**'sen•try du•ty** servicio *m* de vigilancia; **be on ~** estar de servicio *or* guardia

**sep•a•rate¹** ['sepərət] *adj* separado; **keep sth ~ from sth** guardar algo separado de algo

**separate²** ['sepəreɪt] **I** *v/t* separar; ~ **sth**

**from sth** separar algo de algo ‖ v/i of *couple* separarse

**sep•a•rat•ed** ['sepəreɪtɪd] adj *couple* separado

**sep•a•rate•ly** ['sepərətlɪ] adv *pay, treat* por separado

**sep•a•ra•tion** [sepə'reɪʃn] separación f

**sep•a•ra•tism** ['sepərətɪzəm] POL separatismo m

**sep•a•ra•tist** ['sepərətɪst] POL **I** n separatista m/f **II** adj separatista

**Sep•tem•ber** [sep'tembər] septiembre m

**sep•tic** ['septɪk] adj séptico; **go ~** of *wound* infectarse

**'sep•tic tank**, pozo m séptico *or* negro

**se•quel** ['siːkwəl] continuación f

**se•quence** ['siːkwəns] secuencia f; **in ~** en orden; **out of ~** en desorden; **the ~of events** la secuencia de hechos

**se•quen•tial** [sɪ'kwenʃl] adj secuencial

**se•quen•tial•ly** [sɪ'kwenʃəlɪ] adv secuencialmente

**se•quin** ['siːkwɪn] lentejuela f

**se•quoi•a** [sɪ'kwɔɪə] BOT secuoya f, secoya f

**Serb** [sɜːrb] serbio(-a) m(f)

**Ser•bi•a** ['sɜːrbɪə] Serbia f

**Ser•bi•an** ['sɜːrbɪən] **I** adj serbio **II** n serbio(-a) m(f)

**ser•e•nade** [serə'neɪd] **I** n serenata f **II** v/t *person* dar una serenata a

**se•rene** [sɪ'riːn] adj sereno

**se•ren•i•ty** [sə'renɪtɪ] serenidad f, tranquilidad f

**ser•geant** ['sɑːrdʒənt] sargento m/f

**se•ri•al** ['sɪrɪəl] *on TV, radio* serie f, serial m; *in magazine* novela f por entregas

**'se•ri•al in•ter•face** COMPUT interfaz m de serie

**se•ri•al•ize** ['sɪrɪəlaɪz] v/t *novel on TV* emitir en forma de serie; *in newspaper* publicar por entregas

**'se•ri•al kill•er** asesino(-a) m(f) en serie; **'se•ri•al num•ber** *of product* número m de serie; **'se•ri•al port** COMPUT puerto m (en) serie; **'se•ri•al print•er** impresora f en serie

**se•ries** ['sɪriːz] nsg serie f

**se•ri•ous** ['sɪrɪəs] adj **1** *situation, damage, illness* grave **2** (*earnest: person, company*) serio; **I'm ~** lo digo en serio; **we'd better take a ~ look at it** debería-

mos examinarlo seriamente; **be ~ about doing sth** hablar en serio de hacer algo; **you can't be ~!** ¡estás de broma?

**se•ri•ous•ly** ['sɪrɪəslɪ] adv **1** *injured* gravemente; **~ ill** enfermo de gravedad **2**: **~ intend to ...** tener intenciones firmes de ...; **~?** ¿en serio?; **take s.o. ~** tomar a alguien en serio

**se•ri•ous•ness** ['sɪrɪəsnɪs] **1** *of person* seriedad f; **in all ~** en serio, de verdad **2** *of situation* seriedad f, gravedad f; *of illness* gravedad f

**ser•mon** ['sɜːrmən] sermón m

**ser•rat•ed** [sə'reɪtɪd] adj *edge, knife* serrado, dentellado

**se•rum** ['sɪrəm] suero m

**ser•vant** ['sɜːrvənt] sirviente(-a) m(f)

**serve** [sɜːrv] **I** n *in tennis* servicio m, saque m **II** v/t *food, meal* servir; *customer in shop* atender; *one's country, the people* servir a; **it ~s you right** ¡te lo mereces!; **are you being ~d?** *in store* ¿le atienden? **III** v/i servir; *in tennis* servir, sacar; **~ on a committee** servir en un comité; **the crate ~d as a table** la caja sirvió *or* hizo de mesa; **that simply ~s to prove that ...** eso sólo sirve para demostrar que ...

◆ **serve up** v/t *meal* servir

**serv•er** ['sɜːrvər] **1** *in tennis* jugador(a) m(f) al servicio **2** COMPUT servidor m **3**: *salad ~s* pl paletas fpl para servir ensalada

**ser•vice** ['sɜːrvɪs] **I** n **1** *to customers, community* servicio m; **can I be of ~ to you?** fml ¿te puedo ayudar en algo?; **do s.o. a ~** hacer un favor a alguien; **have given good ~** *of machine* haber sido de mucho provecho; **the elevator is out of ~** el ascensor no funciona **2** *for vehicle, machine* revisión f; **put one's car in for a ~** hacer una revisión *or* puesta a punto al coche **3** *in tennis* servicio m, saque m **4**: **~s** pl (**~ sector**) el sector servicios; **the ~s** MIL las fuerzas armadas **II** v/t *vehicle, machine* revisar; **my car is being ~d** me están revisando el coche

**ser•vice•a•ble** ['sɜːrvɪsəbl] adj (*usable*) servible

**'ser•vice ar•e•a** área f de servicio; **'service charge** *in restaurant* servicio m (*tarifa*); **'ser•vice con•tract** contrato *m* de mantenimiento; **'ser•vice en•gi•neer** técnico(-a) *m(f)* de mantenimiento; **'ser•vice in•dus•try** industria *f* de servicios; **'ser•vice•man** MIL militar *m*; **'ser•vice man•u•al** manual *m* de mantenimiento; **'ser•vice pro•vid•er** COMPUT proveedor *m* de servicios; **'ser•vice sec•tor** sector *m* servicios; **'ser•vice sta•tion** estación *f* de servicio

**ser•vi•ette** [sɜːrvi'et] *esp Br* servilleta *f*

**ser•vile** ['sɜːrvəl] *adj pej* servil

**serv•ing** ['sɜːrvɪŋ] *of food* ración *f*

**ser•vo-brake** ['sɜːrvoʊbreɪk] servofreno *m*

**ses•a•me** ['sesəmɪ] sésamo *m*; **~ seeds** semillas *fpl* de sésamo

**ses•sion** ['seʃn] sesión *f*; **be in ~** *of committee etc* estar reunido (en sesión); **I had a three-hour ~ on the Net** estuve metido en Internet tres horas

**set** [set] **I** *n* **1** *of tools* juego *m*; *of books* colección *f*; *(group of people)* grupo *m*; MATH conjunto *m*; **a ~ of dishes** una vajilla; **a ~ of glasses** una cristalería **2** (THEA: *scenery*) decorado *m*; *where a movie is made* plató *m* **3** *in tennis* set *m* **4**: **television~** televisor *m*, televisión *f*

**II** *adj* **1** *views, ideas* fijo; **be very ~ in one's ways** ser de ideas fijas; **~ meal** menú *m* (del día); **~ books** EDU libros *mpl* de texto obligatorios **2** *(ready)* preparado; **we were all ~ to leave** estábamos todos listos para irnos **3**: **be dead~ on doing sth** estar empeñado en hacer algo; **be dead ~ against sth** oponerse rotundamente a algo

**III** *v/t* (*pret & pp* **set**) **1** *(place)* colocar; *movie, novel etc* ambientar

**2** *date, time, limit* fijar

**3** *mechanism, alarm* poner; *clock* poner en hora; *broken limb* recomponer; **~ the table** poner la mesa

**4** *jewel* engastar

**5** *(type~)* componer

**6**: **~ s.o. free** liberar a alguien, dejar libre a alguien; **~ sth in motion** poner algo en marcha; **~ s.o. thinking** hacer pensar a alguien, dar a alguien que pensar

**IV** *v/i* (*pret & pp* **set**) **1** *of sun* ponerse **2** *of glue* solidificarse

◆ **set about** *v/t task* empezar; **~ doing sth** empezar a hacer algo

◆ **set against** *v/t*: **set s.o. against s.o.** enemistar a alguien con alguien; **set two countries against each other** enemistar a dos países

◆ **set apart** *v/t* distinguir

◆ **set aside** *v/t material, food* apartar; *money* ahorrar

◆ **set back** *v/t* **1** *in plans etc* retrasar **2**: **it set me back $400** me salió por 400 dólares

◆ **set down** *v/t* **1** *load, bags* colocar, dejar en el suelo **2** *of cab driver* dejar, parar **3** *in writing* redactar, poner por escrito

◆ **set forth** *v/t* exponer

◆ **set in** *v/i of winter* establecerse, afincarse

◆ **set off I** *v/i on journey* salir **II** *v/t explosion* provocar; *bomb* hacer explotar; *chain reaction* desencadenar; *alarm* activar

◆ **set out I** *v/i on journey* salir (**for** hacia) **II** *v/t* **1** *ideas, goods* exponer **2**: **set out to do sth** *(intend)* tener la intención de hacer algo

◆ **set to** *v/i (start on a task)* empezar a trabajar

◆ **set up I** *v/t* **1** *new company* establecer; *equipment, machine* instalar; *market stall* montar; **set o.s. up in business as ...** montarse un negocio de ... **2** *meeting* organizar **3** F *(frame)* tender una trampa a; **I've been set up** F se me ha tendido una trampa **II** *v/i in business* emprender un negocio

**'set•back** contratiempo *m*; **'set de•sign•er** THEA escenógrafo(-a) *m(f)*; **set 'piece** SP jugada *f* a balón parado; **set 'point** *in tennis* punto *m* de set; **'set square** escuadra *f*

**set•tee** [se'tiː] *(couch, sofa)* sofá *m*

**'set the•o•ry** MATH teoría *f* de los conjuntos

**set•ting** ['setɪŋ] *of novel etc* escenario *m*; *of house* ubicación *f*

**set•tle** ['setl] **I** *v/i of bird, dust* posarse; *of building* hundirse; *to live* establecerse **II** *v/t dispute, uncertainty* resolver, solucionar; *debts* saldar; *nerves, stomach* calmar; **that ~s it!** ¡está decidido!

◆ **settle back** *v/i* sentarse, repantingarse

◆ **settle down I** *v/i (stop being noisy)* tranquilizarse; *(stop wild living)* sentar

la cabeza; *in an area* establecerse **II** *v/t*
**settle o.s. down** (*calm down*) tranquilizarse, calmarse
♦ **settle for** *v/t* (*take, accept*) conformarse con; **we'll settle for nothing
less** no nos conformaremos con menos
♦ **settle in** *v/i to new apartment, new
area* adaptarse, acostumbrarse
♦ **settle on** *v/t* (*decide on*) ponerse de
acuerdo en
♦ **settle up** *v/i* (*pay*) pagar; **settle up
with** sacar cuentas con
**set•tled** ['setld] *adj weather, life* estable
**set•tle•ment** ['setlmənt] **1** *of claim* resolución *f; of debt* liquidación *f; of dispute* acuerdo *m;* **reach a ~** alcanzar un
acuerdo **2** (*payment*) suma *f* **3** *of building* hundimiento *m* **4** *village etc* asentamiento *m*
**set•tler** ['setlər] *in new country* colo-
no(-a) *m(f)*
'**set-to** F *argument, fight* pelea *f,* riña *f*
'**set-up 1** (*structure*) estructura *f;* (*relationship*) relación *f* **2** F (*frameup*) trampa *f*
**sev•en** ['sevn] siete
**sev•en•teen** [sevn'ti:n] diecisiete
**sev•en•teenth** [sevn'ti:nθ] *n & adj* dé-
cimoséptimo
**sev•enth** ['sevnθ] *n & adj* séptimo
**sev•en•ti•eth** ['sevntɪɪθ] *n & adj* septuagésimo
**sev•en•ty** ['sevntɪ] setenta
**sev•er** ['sevər] *v/t* cortar; *relations*
romper
**sev•er•al** ['sevrl] **I** *adj* varios **II** *pron* va-
rios(-as) *mpl(fpl);* **~ of you** varios de
vosotros
**sev•er•ance** ['sevərəns] *of relations*
ruptura *f*
'**sev•er•ance pay** indemnización *f* por
despido
**se•vere** [sɪ'vɪr] *adj illness* grave; *penalty,
winter, weather* severo; *teacher* estricto
**se•vere•ly** [sɪ'vɪrlɪ] *adv punish, speak*
con severidad; *injured, disrupted* gravemente
**se•ver•i•ty** [sɪ'verətɪ] severidad *f; of illness* gravedad *f*
**Se•ville** [sə'vɪl] Sevilla *f*
**sew** [soʊ] *v/t & v/i* (*pret* **-ed,** *pp* **sewn**)
coser
♦ **sew on** *v/t button* coser
♦ **sew up** *v/t* **1** *hem etc* remendar, coser

**2** *fig* F: **we've got it all sewn up** lo tenemos en el bote
**sew•age** ['su:ɪdʒ] aguas *fpl* residuales
'**sew•age plant** planta *f* de tratamiento
de aguas residuales, depuradora *f*
**sew•er** ['su:ər] alcantarilla *f,* cloaca *f*
**sew•er•age** ['su:ərɪdʒ] *system* (sistema
*m* de) alcantarillado *m*
**sew•ing** ['soʊɪŋ] *skill* costura *f; that
being sewn* labor *f*
'**sew•ing ma•chine** máquina *f* de coser
**sewn** [soʊn] *pp* ☞ **sew**
**sex** [seks] (*act, gender*) sexo *m;* **have ~
with** tener relaciones sexuales con,
acostarse con; **the opposite ~** el sexo
opuesto
'**sex ap•peal** atractivo *m,* sex appeal *m;*
'**sex change** cambio *m* de sexo; '**sex
change op•er•a•tion** operación *f* de
cambio de sexo; '**sex crime** delito *m* sexual; **sex ed•u•ca•tion** educación *f* sexual
**sex•ism** ['seksɪzəm] sexismo *m*
**sex•ist** ['seksɪst] **I** *adj* sexista **II** *n* sexista
*m/f*
'**sex life** vida *f* sexual; '**sex ma•ni•ac** ma-
níaco(-a) *m(f)* sexual; '**sex ob•ject** objeto *m* sexual; '**sex of•fend•er** delincuente *m/f or* agresor(a) *m(f)* sexual;
'**sex or•gan** órgano *m* sexual; '**sex
shop** sex shop *f;* '**sex sym•bol** sex
symbol *m/f*
**sex•tant** ['sekstənt] NAUT sextante *m*
'**sex tour•ism** turismo *m* sexual
**sex•tu•plet** [seks'tu:plət] sextillizo(-a)
*m(f)*
**sex•u•al** ['sekʃʊəl] *adj* sexual
**sex•u•al as•sault** agresión *f* sexual;
**sex•u•al ha•rass•ment** acoso *m* sexual;
**sex•u•al 'in•ter•course** relaciones *fpl*
sexuales
**sex•u•al•i•ty** [sekʃʊ'ælətɪ] sexualidad *f*
**sex•u•al•ly** ['sekʃʊlɪ] *adv* sexualmente;
**~ transmitted disease** enfermedad *f*
de transmisión sexual
**sex•y** ['seksɪ] *adj* sexy *inv*
**SF** [es'ef] *abbr* (= **science fiction**) ciencia *f* ficción
**shab•bi•ly** ['ʃæbɪlɪ] *adv* **1** *dressed* con
desaliño **2** *treat* muy mal, de manera
muy injusta
**shab•by** ['ʃæbɪ] *adj* **1** *coat etc* desgastado, raído **2** *treatment* malo, muy injusto

shack [ʃæk] choza f
◆ shack up v/i F: *they shacked up to-gether* se arrejuntaron F
◆ shack up with v/t F arrejuntarse con F
shack•les ['ʃæklz] *pl chains* cadenas *fpl*, grillos *mpl*; *fig* cadenas *fpl*, ataduras *fpl*
shade [ʃeɪd] I n 1 *for lamp* pantalla *f*; *on window* persiana *f* 2 *of color* tonalidad *f*; *~ of meaning* matiz *m*; *a ~ lower / higher* un poco más arriba / abajo 3: *in the ~* a la sombra; *put s.o. / sth in the ~ fig* hacer sombra a alguien / algo II v/t *from sun, light* proteger de la luz
shad•ow ['ʃædoʊ] I n sombra *f*; *be only a ~ of one's former self* ser sólo la sombra de lo que se era; *cast a ~ over sth fig* estropear *or* deslustrar algo; *there isn't a ~ of doubt about it* no existe ni la menor duda sobre eso II v/t *person* seguir, rastrear
shad•ow 'cab•i•net *Br* POL gabinete *m* fantasma
shad•ow•y ['ʃædoʊɪ] *adj* 1 *spot* oscuro, tenebroso 2 *blurred*: *outline* borroso 3 *character* triste, lánguido
shad•y ['ʃeɪdɪ] *adj* 1 *spot* umbrío 2 *character, dealings* sospechoso
shaft [ʃæft] TECH eje *m*, árbol *m*; *of mine* pozo *m*
shag•gy ['ʃægɪ] *adj hair, dog* greñudo
shake¹ [ʃeɪk] I n sacudida *f*; *give sth a good ~* agitar algo bien; *he declined with a ~ of his head* dijo que no moviendo la cabeza; *he's got the ~s* F le dan tembleques F, tiene temblores II v/t (*pret* shook, *pp* shaken) agitar; *emotionally* conmocionar; *he shook his head* negó con la cabeza; *~ hands* estrechar *or* darse la mano; *~ hands with s.o.* estrechar *or* dar la mano a alguien; *~ one's fist at s.o.* levantar el puño a alguien
III v/i (*pret* shook, *pp* shaken) 1 *of voice, building, person* temblar; *~ with fear* temblar del miedo 2: *let's ~ on it* zanjémoslo con un apretón de manos
◆ shake down F I v/i *of people, new system* arreglárselas II v/t 1 (*rip off*) sacar, limpiar 2 *search, frisk* cachear, registrar
◆ shake off v/t *dust* sacudir; *pursuers* escapar, librarse de; *cold, fever* curar, librarse de
◆ shake out v/t *rug, blankets etc* sacudir
◆ shake up v/t 1 *bottle etc* agitar 2 *upset* conmover, impresionar 3 *jolt out of complacency* despabilar, despertar
shake² [ʃeɪk] n *wood for building* tablilla *f* de madera
'shake•down F 1 *bed, place to sleep* piltra *f*, catre *m* 2 (*rip-off, extortion*) robo *m*, timo *m* 3 *search* rastreo *m*
shak•en ['ʃeɪkən] I *adj emotionally* conmocionado II *pp* ☞ shake¹
'shake•out *in company, department* reestructuración *f*
shak•er ['ʃeɪkər] *for drinks* coctelera *f*
'shake-up 1 *in company, department* reestructuración *f* 2: *it gave her a bit of a ~* le produjo una cierta impresión
'shak•y ['ʃeɪkɪ] *adj table etc* inestable; *after illness* débil; *after shock* conmocionado; *grasp of sth, grammar etc* flojo; *voice, hand* tembloroso
shale [ʃeɪl] GEOL esquisto *m*
shall [ʃæl] v/aux 1 *future*: *I ~ do my best* haré todo lo que pueda 2 *suggesting*: *~ we go?* ¿nos vamos?
shal•low ['ʃæloʊ] I *adj water* poco profundo; *person* superficial II *npl*: *~s* aguas *fpl* poco profundas, banco *m*
sham [ʃæm] I n (*pretense*) farsa *f*, patraña *f*; *person* farsante *m/f*, hipócrita *m/f* II *adj emotions* fingido, falso; *jewels* falso
sham•bles ['ʃæmblz] *nsg* caos *m*; *the room was (in) a ~* la habitación era un caos
shame [ʃeɪm] I n vergüenza *f*, Col, Mex, Ven pena *f*; *bring ~ on* avergonzar, Col, Mex, Ven apenar; *~ on you!* ¡debería darte vergüenza!; *have you no ~?* ¿no tienes vergüenza?; *put s.o. to ~* poner a alguien en evidencia; *what a ~!* ¡qué pena *or* lástima!; *it's a ~ you can't make it tomorrow* es una pena que no puedas mañana
II v/t avergonzar, Col, Mex, Ven apenar; *~ s.o. into doing sth* avergonzar a alguien para que haga algo
shame•faced ['ʃeɪmfeɪst] *adj* avergonzado
shame•ful ['ʃeɪmfəl] *adj* vergonzoso
shame•ful•ly ['ʃeɪmfəlɪ] *adv* vergonzosamente

**shame•less** ['ʃeɪmlɪs] *adj* desvergonzado

**shame•less•ly** ['ʃeɪmlɪslɪ] *adv* descaradamente, tranquilamente

**sham•poo** [ʃæm'puː] **l** *n* champú *m* **ll** *v/t customer* lavar la cabeza a; *hair* lavar

**shan•dy gaff** ['ʃændɪgæf] cerveza *f* con limón

**shan't** [ʃɑːnt] ☞ **shall not**

**shan•ty town** ['ʃæntɪ] *Span* barrio *m* de chabolas, *L.Am.* barriada *f*, *Arg* villa *f* miseria, *Chi* callampa *f*, *Mex* ciudad *f* perdida, *Urug* cantegril *m*

**shape** [ʃeɪp] **l** *n* forma *f*; *in the ~ of* consistente en; *triangular in ~* con forma triangular; *out of ~ object* deforme; *person: not fit* en baja forma; *take ~ fig: of new play, plan etc* concretarse, tomar forma; *be in good / bad ~ of person, boxer etc* estar en forma / baja forma; *of building, machine* estar en buenas / malas condiciones, estar en buen / mal estado
**ll** *v/t clay* modelar; *person's life, character* determinar; *the future* dar forma a; *~d like a ...* con forma de ...
◆ **shape up** *v/i* F: *how's the new guy shaping up?* ¿como va el nuevo?; *he's shaping up well* va bien; *if you don't shape up* como no espabiles; *things are shaping up nicely* las cosas marchan bien

**shape•less** ['ʃeɪplɪs] *adj dress etc* amorfo

**shape•ly** ['ʃeɪplɪ] *adv figure* esbelto

**share** [ʃer] **l** *n* **1** parte *f*; *I did my ~ of the work* hice la parte del trabajo que me correspondía **2** FIN acción *f* **ll** *v/t feelings, opinions* compartir; *they ~d second place* compartieron el segundo puesto **lll** *v/i* compartir
◆ **share out** *v/t* repartir

'**share cap•i•tal** capital *m* en acciones; '**share cer•tif•i•cate** bono *m* social; '**share•crop•per** aparcero(-a) *m(f)*, colono(-a) *m(f)*

**shared** [ʃerd] *adj kitchen, shower etc* comunitario

'**share•hold•er** accionista *m/f*; *~s' equity* capital *m* contable; '**share is•sue** emisión *f* de acciones; '**share-out** reparto *m*; '**share own•er•ship** accionariado *m*; '**share price in•dex** índice *m* de cotización; '**share•ware** COMPUT shareware *m*, programa *m* compartido

**shark** [ʃɑːrk] **1** *fish* tiburón *m* **2** F *crook* ladrón(-a) *m/f*, timador(a) *m/f*

**sharp** [ʃɑːrp] **l** *adj* **1** *knife* afilado **2** *mind* vivo; *that was pretty ~ of him* eso fue muy perspicaz por su parte **3** *pain, tone of voice* agudo; *taste* ácido **4** *curve* pronunciado, acentuado **ll** *adv* **1** MUS demasiado alto **2**: *at 3 o'clock ~* a las tres en punto **3**: *look ~* F darse prisa

**sharp•en** ['ʃɑːrpn] *v/t* **1** *knife* afilar; *pencil* sacar punta a **2** *skills* perfeccionar

**sharp•en•er** ['ʃɑːrpnər] afilador *m*, sacapuntas *mpl*

**sharp•ly** ['ʃɑːrplɪ] *adv* **1** *say* tajantemente, de manera arisca **2** *brake* bruscamente; *curve: of road* acentuadamente

**sharp•ness** ['ʃɑːrpnɪs] **1** *of knife* agudeza *f* **2** *of mind* perspicacia *f* **3** *of taste* acidez *f*, intensidad *f*; *of tone of voice* agudeza *f* **4** *of curve in road* lo pronunciado, brusquedad *f*

**sharp 'prac•tice** triquiñuelas *fpl*, tejemanejes *mpl*

**sharp•shoot•er** ['ʃɑːrpʃuːtər] tirador(a) *m(f)* de primera

**shat** [ʃæt] *pret & pp* ☞ **shit**

**shat•ter** ['ʃætər] **l** *v/t glass* hacer añicos; *illusions* destrozar; *silence* romper **ll** *v/i of glass* hacerse añicos

**shat•tered** ['ʃætərd] *adj* F *(exhausted)* destrozado F, hecho polvo F; *(very upset)* destrozado F

**shat•ter•ing** ['ʃætərɪŋ] *adj news, experience* demoledor, sorprendente

'**shat•ter•proof** *adj* irrompible

**shave** [ʃeɪv] **l** *v/t* afeitar **ll** *v/i* afeitarse **lll** *n* afeitado *m*; *have a ~* afeitarse; *that was a close ~* ¡le faltó un pelo!
◆ **shave off** *v/t beard* afeitar; *from piece of wood* rebajar

**shav•en** ['ʃeɪvn] *adj head* afeitado

**shav•er** ['ʃeɪvər] *electric* máquinilla *f* de afeitar (eléctrica)

**shav•ing brush** ['ʃeɪvɪŋ] brocha *f* de afeitar; '**shav•ing foam** espuma *f* de afeitar; '**shav•ing soap** jabón *m* de afeitar

**shawl** [ʃɔːl] chal *m*

**she** [ʃiː] *pron* ella; *~ is German / a student* es alemana / estudiante; *you're funny, ~'s not* tú tienes gracia, ella no

**sheaf** [ʃiːf] (*pl* **sheaves** [ʃiːvz]) **1** AGR paca *f* **2** *of paper* fajo *m*

**shear** [ʃɪr] v/t (pret **-ed**, pp **shorn**) sheep esquilar

◆ **shear off** v/i (break off) ceder, romperse

**shears** [ʃɪrz] npl for gardening tijeras fpl (de podar); for sewing tijeras fpl (grandes)

**sheath** [ʃiːθ] **1** for knife funda f **2** contraceptive condón m

'**sheath knife** cuchillo m de monte

**sheaves** [ʃiːvz] pl ☞ **sheaf**

**she•bang** [ʃɪˈbæŋ]: **the whole ~** F todo el asunto m, todo el tinglado F

'**she-bear** osa f

**shed**[1] [ʃed] v/t (pret & pp **shed**) blood, tears derramar; leaves perder; **~ light on** fig arrojar luz sobre; **~ its skin** mudar su piel; **~ a few pounds** perder unos kilos

**shed**[2] [ʃed] n cobertizo m

**she'd** [ʃiːd] = **she had**; **she would**

**sheen** [ʃiːn] brillo m

**sheep** [ʃiːp] (pl **sheep**) oveja f

'**sheep•dog** perro m pastor

**sheep-herd•er** [ˈʃiːphɜːrdər] pastor m

**sheep•ish** [ˈʃiːpɪʃ] adj avergonzado

'**sheep•skin** adj lining (de piel) de borrego

**sheer** [ʃɪr] adj **1** madness, luxury puro, verdadero; hell verdadero; **by ~ coincidence** de pura casualidad **2** drop, cliffs escarpado

**sheet** [ʃiːt] **1** for bed sábana f; (**as**) **white as a ~** (tan) blanco como el papel **2** of paper hoja f; of metal chapa f, plancha f; of glass hoja f, lámina f; **the rain was coming down in ~s** llovía a raudales, cayó una sábana de agua

'**sheet light•ning** relámpago m difuso

'**sheet mu•sic** partitura f

**sheik(h)** [ʃeɪk] jeque m

'**sheik(h)•dom** [ˈʃeɪkdəm] tierra gobernada por un jeque

**shelf** [ʃelf] (pl **shelves** [ʃelvz]) estante m; **shelves** estanterías fpl; **she has been left on the ~** fig F se ha quedado para vestir santos F; **buy sth off the ~** comprar algo en el acto

'**shelf life** (of food product) duración de un producto perecedero

**shell** [ʃel] I n **1** of mussel etc concha f; of egg cáscara f; of tortoise caparazón m; **come out of one's ~** fig salir del caparazón **2** MIL proyectil m II v/t **1** peas pe-

lar **2** MIL bombardear (con artillería)

◆ **shell out** F I v/t soltar F, enterar Mex II v/i soltar F, enterar Mex

**she'll** [ʃiːl] = **she will**

'**shell•fire** fuego m de artillería; **come under ~** sufrir un bombardeo; '**shellfish** marisco m; '**shell suit** Span chándal m, Arg buzo m, Mex pants mpl

**shel•ter** [ˈʃeltər] I n refugio m; (bus ~) marquesina f; **provide ~ for** dar cobijo a; **run for ~** ir en busca de refugio; **take ~ refugiarse** II v/i from rain, bombing etc refugiarse III v/t (protect) proteger

**shel•tered** [ˈʃeltərd] adj place resguardado; **lead a ~ life** llevar una vida protegida

**shelve** [ʃelv] v/t fig posponer

**shelves** [ʃelvz] pl ☞ **shelf**

**shelv•ing** [ˈʃelvɪŋ] estanterías fpl

**she•nan•i•gans** [ʃɪˈnænɪgənz] npl F artimañas fpl, triquiñuelas fpl F

**shep•herd** [ˈʃepərd] I n pastor m II v/t people guiar, acompañar

**sher•iff** [ˈʃerɪf] sheriff m/f

**sher•ry** [ˈʃerɪ] jerez m

**shield** [ʃiːld] I n escudo m; sports trophy trofeo m (en forma de escudo); TECH placa f protectora; of policeman placa f II v/t (protect) proteger

**shift** [ʃɪft] I n **1** cambio m **2** period of work turno m; **be on night ~** trabajar en el turno de noche II v/t (move) mover; stains etc eliminar III v/i (move) moverse; (change) trasladarse, desplazarse; of wind cambiar; **he was ~ing!** F iba a toda mecha F

'**shift key** COMPUT tecla f de mayúsculas; '**shift work** trabajo m por turnos; '**shift work•er** trabajador(a) m(f) por turnos

**shift•y** [ˈʃɪftɪ] adj pej sospechoso

**shil•ly-shal•ly** [ˈʃɪlɪʃælɪ] v/i vacilar

**shim•mer** [ˈʃɪmər] v/i brillar; of roads in heat reverberar

**shin** [ʃɪn] espinilla f

◆ **shin up** v/t (pret & pp **-ned**) tree etc trepar

'**shin•bone** tibia f

**shine** [ʃaɪn] I v/i (pret & pp **shone**) brillar; fig: of student etc destacar (**at** en) II v/t (pret & pp **shone**): **could you ~ a light in here?** ¿podrías alumbrar aquí?; **the cop shone a flashlight in my face** el policía me deslumbró con una linterna en la cara **III** *n* **1** *on shoes etc* brillo *m*; **give one's shoes a ~** limpiarse los zapatos **2**: *the kids took a ~ to her* F a los niños les cayó bien

**shin•gle**¹ ['ʃɪŋgl] *on beach* guijarros *mpl*; **~ beach** playa *f* de guijarros *or* piedras

**shin•gle**² ['ʃɪŋgl] **1** *for roof etc* lámina *f* de madera **2** *(sign)* placa *f*; *he put up his ~ (as a dentist)* abrió una consulta (de dentista)

**shin•gles** ['ʃɪŋglz] *nsg* MED herpes *m*

**shin•gly** ['ʃɪŋglɪ] *adj beach* de guijarros *or* piedras

'**shin pad** espinillera *f*

**shin•y** ['ʃaɪnɪ] *adj surface* brillante

**ship** [ʃɪp] **I** *n* barco *m*, buque *m*; **by ~** en barco **II** *v/t (pret & pp -ped) (send)* enviar; *by sea* enviar por barco **III** *v/i of product* distribuirse

'**ship•build•er** *(shipyard)* astillero *m*; *person* constructor(a) *m(f)* de barcos

'**ship•build•ing** industria *f* astillera

**ship•ment** ['ʃɪpmənt] *(consignment)* envío *m*

'**ship•own•er** naviero(-a) *m(f)*, armador(a) *m(f)*

**ship•per** ['ʃɪpər] COM consignador *m*

**ship•ping** ['ʃɪpɪŋ] **1** *(sea traffic)* navíos *mpl*, buques *mpl* **2** *(sending)* envío *m*; *(sending by sea)* envío *m* por barco

'**ship•ping a•gent** agente *m/f* marítimo; '**ship•ping com•pa•ny** (compañía *f*) naviera *f*; '**ship•ping costs** *npl* gastos *mpl* de envío; '**ship•ping fore•cast** parte *m* de navegación; '**ship•ping lane** ruta *f* de navegación

**ship•shape** *adj* ordenado, organizado; '**ship•wreck I** *n* naufragio *m* **II** *v/t*: **~ed** naufragar; '**ship•yard** astillero *m*

**shirk** [ʃɜːrk] *v/t* eludir

**shirk•er** ['ʃɜːrkər] vago(-a) *m(f)*

**shirt** [ʃɜːrt] camisa *f*; *in his ~ sleeves* en mangas de camisa; *keep your ~ on!* ¡tranquilo, hombre!, ¡no te piques! F

**shirt•y** ['ʃɜːrtɪ] *adj Br* F: *get ~ with s.o.* enfadarse con alguien

**shish ke•bab** ['ʃɪʃkəbæb] *pincho de carne con verduras asado en el grill*

**shit** [ʃɪt] P **I** *n* **1** mierda *f* P; *I need a ~* tengo que cagar P; *the ~* *fig* estar jodido; *talk a load of ~* decir muchas gilipolleces F; *don't give me that ~!* ¡sí hombre! F, ¡y una mierda! V; *piece*

*of ~ person* hijo(-a) *m(f)* de puta V, *Mex* hijo(-a) *m(f)* de la chingada V **2**: *he's a real ~* es un mierda V **II** *int* mierda P **III** *v/i (pret & pp shat)* cagar P **IV** *v/t (pret & pp shat)*: *~ o.s.* cagarse encima P; *they were ~ting themselves with fear* se estaban cagando de miedo P

**shit•ty** ['ʃɪtɪ] *adj* F asqueroso F; *I feel ~* me encuentro de pena F

**shiv•er** ['ʃɪvər] **I** *v/i* tiritar **II** *n* escalofrío *m*; *the sight sent ~s down my spine* lo que vi me dio escalofríos

**shoal**¹ [ʃoʊl] *of fish* banco *m*

**shoal**² [ʃoʊl] *shallow water* banco *m*

**shock**¹ [ʃɑːk] **I** *n* shock *m*, impresión *f*; ELEC descarga *f*; *be in ~* MED estar en estado de shock; *come as a ~ to s.o.* impresionar a alguien, dejar sin respiración a alguien **II** *v/t* impresionar, dejar boquiabierto; *I was ~ed by the news* la noticia me impresionó *or* dejó boquiabierto; *an artist who tries to ~ his public* un artista que intenta escandalizar a su público

**shock**² [ʃɑːk] *n*: *~ of hair* mata *f* de pelo

**shock ab•sorb•er** ['ʃɑːkəbsɔːrbər] MOT amortiguador *m*

**shock•ing** ['ʃɑːkɪŋ] *adj behavior, poverty* impresionante, escandaloso; F *prices* escandaloso; F *weather, spelling* terrible

**shock•ing•ly** ['ʃɑːkɪŋlɪ] *adv behave* escandalosamente

'**shock•proof** *adj* resistente, a prueba de golpes

'**shock wave** *from explosion* onda *f* expansiva; *fig* impacto *m*, consecuencia *f*; *send ~s through* *fig* impactar, conmocionar

**shod** [ʃɑːd] *pret & pp* ☞ **shoe**

**shod•dy** ['ʃɑːdɪ] *adj goods* de mala calidad; *behavior* vergonzoso

**shoe** [ʃuː] **I** zapato *m*; *I wouldn't like to be in your ~s* no me gustaría estar en tu pellejo *or* situación **II** *v/t (pret & pp shod) horse* herrar

'**shoe•box** caja *f* de zapatos; '**shoe•horn** calzador *m*; '**shoe-lace** cordón *m*; '**shoe•mak•er** zapatero(-a) *m(f)*; **shoe mend•er** ['ʃuːmendər] zapatero(-a) *m(f)*, remendón(-ona) *m(f)*; '**shoe-shine boy** (chico *m*) limpiabotas *m* *inv*; 'shoe•store zapatería *f*; 'shoe-string: **do sth on a ~** hacer algo con cuatro cuartos; 'shoe•tree horma *f* de zapatos

shone [ʃɑːn] *pret & pp* ☞ shine

◆ shoo away [ʃuː] *v/t* espantar

shook [ʃuk] *pret* ☞ shake¹

shoot [ʃuːt] I *n* BOT brote *m*

II *v/t* (*pret & pp* shot) 1 disparar; *and kill* matar de un tiro; **~ s.o. in the leg** disparar a alguien en la pierna; **~ s.o. dead** matar a alguien de un disparo *or* tiro, matar a alguien a disparos *or* tiros; **~ o.s. deliberately** pegarse un tiro; **he accidentally shot himself** se le disparó la pistola accidentalmente

2 *movie* rodar

3: **~ a glance at s.o.** lanzar una mirada a alguien; **~ questions at s.o.** bombardear con preguntas a alguien

III *v/i* 1 *with gun* disparar 2 *in soccer* chutar, rematar; **~ at goal** SP tirar *or* rematar a puerta 3 *go quickly* dispararse; **~ to fame** saltar a la fama

◆ shoot down *v/t airplane* derribar; *fig: suggestion* echar por tierra

◆ shoot off I *v/i* (*rush off*) irse deprisa II *v/t* F: **shoot one's mouth off** irse de la boca F

◆ shoot up *v/i* 1 *of prices* dispararse; *of children* crecer mucho; *of new suburbs, buildings etc* aparecer de repente 2 F *of drug addict* chutarse F

shoot•ing ['ʃuːtɪŋ] 1 disparos *mpl* 2 *murder* tiroteo *m* 3 *of movie* rodaje *m*

'shoot•ing gal•ler•y *for guns* galería *f* de tiro; 'shoot•ing guard *in basketball* escolta *m/f*; 'shoot•ing match: **the whole ~** F todo el asunto *m*, todo el tenderete F; 'shoot•ing range campo *m* de tiro; shoot•ing 'star estrella *f* fugaz

'shoot-out 1 tiroteo *m* 2 *in soccer* tiro *m* de penalti

shop [ʃɑːp] I *n* tienda *f*; **talk ~** hablar del trabajo; **shut up ~** F cerrar II *v/i* (*pret & pp* -ped) comprar; **go ~ping** ir de compras III *v/t esp Br* P delatar

◆ shop around *v/i* buscar y comparar

◆ shop around for *v/t* tantear, indagar

'shop as•sist•ant *Br* dependiente(-a) *m(f)*; shop 'floor *workers* trabajadores *mpl*; **the reaction on the ~** la reacción de los trabajadores; 'shop•keep•er ten-

dero(-a) *m(f)*; shop•lift•er ['ʃɑːplɪftər] ladrón(-ona) *m(f)* (*en tienda*); shop•lift•ing ['ʃɑːplɪftɪŋ] hurtos *mpl* (*en tiendas*)

shop•per ['ʃɑːpər] *person* comprador(a) *m(f)*

shop•ping ['ʃɑːpɪŋ] *items* compra *f*; **I hate ~** odio hacer la compra; **do one's ~** hacer la compra

'shop•ping bag bolsa *f* de la compra; 'shop•ping bas•ket cesta *f* de la compra; 'shop•ping cart carro *m* de la compra; 'shop•ping cen•ter, *Br* 'shop•ping cen•tre centro *m* comercial; 'shop•ping list lista *f* de la compra; 'shop•ping mall centro *m* comercial; shop 'stew•ard representante *m/f* sindical; shop 'win•dow escaparate *m*; 'shop•worn manoseado

shore [ʃɔːr] orilla *f*; **on ~** (*not at sea*) en tierra; **~ leave** permiso *m* para bajar a tierra

◆ shore up *v/t building* apuntalar; *fig: economy, currency* fortalecer, reanimar

shorn [ʃɔːrn] *pp* ☞ shear

short [ʃɔːrt] I *adj* 1 corto; **it's just a ~ walk away** está a poca distancia a pie; **time is ~** hay poco tiempo; **a ~ time ago** no hace mucho tiempo; **well that was ~ and sweet** F lo bueno si breve, dos veces bueno F; **Jo is ~ for ...** Jo es la forma corta de ...; **be in ~ supply** COM escasear

2 *in height* bajo

3: **we're ~ of fuel** nos queda poco combustible; **he's not ~ of ideas** no le faltan ideas

II *adv* 1: **cut ~** *vacation, meeting* interrumpir; **stop a person ~** hacer pararse a una persona; **in ~** en resumen; **sell s.o. ~** no hacer justicia a alguien; **run ~ of commodity** escasear, agotarse; **he is called Brin for ~** le llaman Brin para abreviar

2: **go ~ of** pasar sin; **stop ~ of doing sth** no llegar a hacer algo; **fall ~ of the target** *of shell* quedarse corto; *of production* quedarse por debajo del objetivo; **three miles ~ of the airport** a tres millas del aeropuerto; **we are running ~ of bread** nos estamos quedando sin pan; **we are running ~ of ideas** se nos agotan las ideas; **~ of selling up I don't know what to do** aparte de ven-

derlo todo, no sé qué hacer
**III** *v/t* ELEC F producir un cortocircuito
**short•age** [ˈʃɔːrtɪdʒ] escasez *f*, falta *f*;
*he has no ~ of ideas* no le faltan ideas
ˈ**short•bread** galleta a base de harina,
*azúcar y mucha mantequilla*; short-
-ˈ**change** *v/t in store* sisar; short ˈ**cir•cuit I** *n* cortocircuito *m* **II** *v/t* **1** ELEC
producir un cortocircuito **2** *fig: bypass*
eludir, evadir **III** *v/i* ELEC producirse un
cortocircuito; **short•com•ing** [ˈʃɔːrt-
kʌmɪŋ] defecto *m*; ˈ**short•cut** atajo
*m*; *take a ~* tomar un atajo; COMPUT
utilizar un shortcut *or* un acceso directo; ˈ**short-dat•ed bill** COM letra *f* a corto plazo
**short•en** [ˈʃɔːrtn] *v/t dress, hair, vacation*
acortar; *chapter, article* abreviar; *work
day* reducir
**short•en•ing** [ˈʃɔːrtnɪŋ] grasa utilizada
para hacer masa de pastelería
ˈ**short•fall** déficit *m*; **short-haired**
[ˈʃɔːrtherd] *adj* de pelo corto; ˈ**shorthand** taquigrafía *f*; *take sth down in
~* escribir algo taquigráficamente;
**short-hand•ed** [ʃɔːrtˈhændɪd] *adj* falto
de personal
**short•ie** [ˈʃɔːrtɪ] F *person* persona *f* ba-
jita; *hey, ~!* ¡tú enano! F
ˈ**short list** *Br* lista *f* de preseleccionados;
*be on the ~* estar en la lista de preseleccionados
**short-lived** [ˈʃɔːrtlɪvd] *adj* efímero
**short•ly** [ˈʃɔːrtlɪ] *adv* (*soon*) pronto; *~
before / after* justo antes / después
**short ˈmes•sage sys•tem** COMPUT
servicio *m* de mensajes cortos
**short•ness** [ˈʃɔːrtnɪs] **1** *of visit* brevedad *f* **2** *in height* baja *f* estatura
ˈ**short or•der cook** cocinero(-a) de platos sencillos
ˈ**short-range** *adj* **1** MIL, AVIA de corto
alcance **2** *forecast* a corto plazo
**shorts** [ʃɔːrts] *npl* **1** pantalones *mpl* cortos, shorts *mpl*; *a pair of ~* un par de
pantalones cortos **2** *underwear* calzoncillos *mpl*
**short•sight•ed** *adj* miope; *fig* corto de
miras; **short-sleeved** [ˈʃɔːrtsliːvd] *adj*
de manga corta; **short-staffed** [ʃɔːrt-
ˈstæft] *adj* falto de personal; ˈ**shortstop** *in baseball* shortstop *m*; short
ˈ**sto•ry** relato *m* *or* cuento corto;
**short-tem•pered** [ʃɔːrtˈtempərd] *adj*

irascible; ˈ**short-term** *adj* a corto plazo;
ˈ**short time:** *be on ~ of workers* trabajar
a jornada reducida; ˈ**short wave** onda *f*
corta
**shot**[1] [ʃɑːt] *n* **1** *from gun* disparo *m*; *he
accepted like a ~* aceptó al instante; *he
ran off like a ~* se fue como una bala; *it
was just a ~ in the dark* *fig* solo fue
una suposición; *call the ~s* F llevar
la voz cantante F, mangonear F **2**
(*photograph*) fotografía *f* **3** (*injection*)
inyección *f* **4**: *be a good / poor ~* tirar
bien / mal **5** SP tiro *m*; *~s on goal* disparos *mpl* a puerta **6** (*attempt*) intento
*m*; *at the first ~* en el primer intento;
*it's my ~* me toca a mí; *I'll have a ~
at it* lo probaré *or* intentaré
**shot**[2] [ʃɑːt] **I** *pret & pp* ☞ **shoot II** *adj
Br*: *be* | *get ~ of s.o.* | *sth* F librarse
de alguien / algo, quitarse de encima
a alguien / algo
ˈ**shot•gun** escopeta *f*; ˈ**shot•gun wedding** F boda *f* de penalti; ˈ**shot put**
*sports event* lanzamiento *m* de peso;
ˈ**shot-put•ter** [ˈʃɑːtputər] lanzador(a)
*m(f)* de peso
**should** [ʃʊd] *v/aux*: *what ~ I do?* ¿qué
debería hacer?; *you ~n't do that* no deberías hacer eso; *that ~ be long enough* debería ser lo suficientemente
largo; *you ~ have heard him!* ¡tendrías
que haberle oído!; *he ~ be home by
then* debería estar en casa para entonces; *I ~ think so!* ¡espero *or* creo que sí!
**shoul•der** [ˈʃoʊldər] **I** *n* ANAT hombro
*m*; *a ~ to cry on* un paño de lágrimas;
*give s.o. the cold ~* volver a alguien la
espalda; *put one's ~ to the wheel* *fig*
arrimar el hombro **II** *v/t fig costs, responsibility* asumir
ˈ**shoul•der bag** bolso *m* (de bandolera);
ˈ**shoul•der blade** omóplato *m*, omoplato *m*; ˈ**shoul•der-length** *adj hair*
por los hombros; ˈ**shoul•der pad** hombrera *f*; ˈ**shoul•der strap** *of brassiere,
dress* tirante *m*; *of bag* correa *f*
**should•n't** [ˈʃʊdnt] = **should not**
**shout** [ʃaʊt] **I** *n* grito *m*; *give me a ~
when we get there* avísame cuando lle-
guemos **II** *v/t & v/i* gritar; *~ o.s. hoarse*
gritar hasta quedarse ronco; *if you
want anything, just ~* F si quieres algo,
lo dices
◆ **shout at** *v/t* gritar a

◆ **shout down** v/t *speaker* callar, arrumbar

**shout•ing** ['ʃaʊtɪŋ] *n* griterío *m*; **it's all over bar the ~** Br F está decidido

**shove** [ʃʌv] **I** *n* empujón *m* **II** v/t & v/i empujar; **when push comes to ~** cuando las cosas se ponen feas

◆ **shove in** v/i *in line* meterse empujando

◆ **shove off** v/i F (*go away*) largarse F

**shov•el** ['ʃʌvl] **I** *n* pala *f* **II** v/t (*pret & pp* **-ed**, *Br* **-led**): **~ snow off the path** retirar a paladas la nieve del camino; **~ food into one's mouth** atiborrarse de comida

**show** [ʃoʊ] **I** *n* **1** THEA espectáculo *m*; TV programa *m*; **steal the ~** robar el protagonismo (**from** a); **run the ~** *be the boss* dirigir el cotarro F, mandar; **put up a poor ~** no desenvolverse bien **2** *of emotion* muestra *f*; **on ~** *at exhibition* expuesto, en exposición; **on a ~ of hands** por votación a mano alzada; **make a ~ of being interested** fingir interés

**II** v/t (*pret* **-ed**, *pp* **shown**) *passport etc* enseñar, mostrar; *interest, emotion* mostrar; *at exhibition* exponer; *movie* proyectar; **~ s.o. sth, ~ sth to s.o.** enseñar *or* mostrar algo a alguien; **~ s.o. how to do sth** enseñar a alguien a hacer algo; **I'll ~ him!** ¡se va a enterar!; **I'll show him who's the boss!** ¡se va a enterar quién manda!; **~ o.s. to be sth** demostrar que se es algo

**III** v/i (*pret* **-ed**, *pp* **shown**) **1** (*be visible*) verse **2**: **what's ~ing at …?** *at movie theater* qué ponen en el …?

◆ **show around** v/t enseñar; **he showed us around** nos enseñó la casa / el edificio *etc*

◆ **show in** v/t hacer pasar

◆ **show off I** v/t *skills* mostrar **II** v/i *pej* presumir, alardear

◆ **show out** v/t *visitor etc* acompañar a la salida

◆ **show up I** v/t *shortcomings etc* poner de manifiesto; **don't show me up in public** (*embarrass*) no me avergüences en público **II** v/i **1** (*be visible*) verse **2** F (*arrive, turn up*) aparecer

**show biz** ['ʃoʊbɪz] F el mundo del espectáculo; '**show busi•ness** el mundo del espectáculo; '**show•case** vitrina *f*;

*fig* escaparate *m*; '**show•down** enfrentamiento *m*

**show•er** ['ʃaʊər] **I** *n* **1** *of rain* chaparrón *m*, chubasco *m* **2** *to wash* ducha *f*, *Mex* regadera *f*; **take a ~** ducharse **3** (*party*) fiesta con motivo de un bautizo, una boda etc., en la que los invitados llevan obsequios **II** v/i ducharse **III** v/t: **~ s.o. with compliments / praise** colmar a alguien de cumplidos / alabanzas

'**show•er cap** gorro *m* de baño; '**show•er cur•tain** cortina *f* de ducha; '**show•er gel** gel *m* de ducha; '**show•er•proof** *adj* impermeable

'**show•girl** cabaretera *f*; '**show jump•er** *person, horse* jinete *m/f* de saltos; **show•jump•ing** ['ʃoʊdʒʌmpɪŋ] concurso *m* de saltos; **show•man** ['ʃoʊmən] **1** *who puts on shows* representante *m*, empresario *m* **2** *who does things for effect* entretenedor *m*, showman *m*

**show•man•ship** ['ʃoʊmənʃɪp] **1** *of person, act* espectáculo *m*, entretenimiento *m* **2** *fig pej*: **it's all ~** es puro teatro

**shown** [ʃoʊn] *pp* ☞ **show**

'**show-off** *pej* fanfarrón(-ona) *m(f)*; '**show•piece** modelo *m*, tesoro *m*; '**show•room** sala *f* de exposición *f*; **in ~ condition** como nuevo

**show•y** ['ʃoʊɪ] *adj jacket, behavior* llamativo

**shrank** [ʃræŋk] *pret* ☞ **shrink**[1]

**shrap•nel** ['ʃræpnəl] metralla *f*; **~ wound** herida *f* de metralla

**shred** [ʃred] **I** *n of paper etc* trozo *m*; *of fabric* jirón *m*; **there isn't a ~ of evidence** no hay prueba alguna; **there's not a ~ of truth in the story** la historia no tiene nada de verdadera; **be in ~s** estar malogrado; *fig: of reputation, theory* estar por los suelos; **tear to ~s** *fig*: *argument* poner por los suelos **II** v/t (*pret & pp* **-ded**) *paper* hacer trizas; *in cooking* cortar en tiras

**shred•der** ['ʃredər] *for documents* trituradora *f* (de documentos)

**shrewd** [ʃruːd] *adj person* astuto; *judgement, investment* inteligente

**shrewd•ness** ['ʃruːdnɪs] *of person* astucia *f*; *of decision* inteligencia *f*

**shriek** [ʃriːk] **I** *n* alarido *m*, chillido *m*; **~ of terror** grito *m* de terror; **~s pl of laughter** carcajadas *fpl* de risa **II** v/i chillar; **~ with laughter** reírse a carcajadas

**shrift** [ʃrɪft]: **give s.o. short ~** no hacer caso a alguien

**shrill** [ʃrɪl] *adj* estridente, agudo

**shrimp** [ʃrɪmp] **1** gamba *f*; *larger: Span* langostino *m*, *L.Am.* camarón *m* **2** F *little person* enano(-a) *m(f)*

**shrine** [ʃraɪn] santuario *m*

**shrink**[1] [ʃrɪŋk] *v/i* (*pret* **shrank**, *pp* **shrunk**) **1** *of material* encoger(se); *of level of support etc* reducirse **2**: **~ from doing sth** acobardarse de hacer algo

**shrink**[2] [ʃrɪŋk] *n* F (*psychiatrist*) psiquiatra *m/f*

**shrink•age** [ʃrɪŋkɪdʒ] COM *through pilferage* merma *f*

**shrink•ing** [ʃrɪŋkɪŋ] *adj*: **be a ~ violet** F ser poquita cosa F *or* un infeliz F

**'shrink-wrap** *v/t* (*pret & pp* **-ped**) envolver en plástico adherente

**'shrink-wrap•ping** *material plástico adherente para envolver*

**shriv•el** [ʃrɪvl] *v/i* (*pret & pp* **-ed**, *Br* **-led**) *of skin* arrugarse; *of leaves* marchitarse

**shroud** [ʃraʊd] **I** *n for corpse* sudario *m* **II** *v/t*: **be ~ed in mist** estar cubierto de neblina; **be ~ed in mystery / secrecy** estar envuelto en el misterio / secretismo

**shrub** [ʃrʌb] arbusto *m*

**shrub•ber•y** [ʃrʌbərɪ] arbustos *mpl*

**shrug** [ʃrʌg] **I** *n*: ... **he said with a ~** ... dijo encogiendo los hombros **II** *v/i* (*pret & pp* **-ged**) encoger los hombros **III** *v/t* (*pret & pp* **-ged**): **~ one's shoulders** encoger los hombros

◆ **shrug off** *v/t fig* ignorar, restar importancia a

**shrunk** [ʃrʌŋk] *pp* ☞ **shrink**[1]

**shuck** [ʃʌk] **I** *n of peas, corn etc* vaina *f*, cáscara *f* **II** *v/t peas, corn* pelar, descascarar

**shucks** [ʃʌks] F *mild annoyance* ¡caramba!F; **~, it was nothing** ¡huy!, no era nada

**shud•der** [ʃʌdər] **I** *n of fear, disgust* escalofrío *m*; *of earth, building* temblor *m* **II** *v/i with fear, disgust* estremecerse; *of earth, building* temblar; **I ~ to think what ...** me entran escalofríos sólo de pensar que ...

**shuf•fle** [ʃʌfl] **I** *v/t cards* barajar **II** *v/i in walking* arrastrar los pies

**shun** [ʃʌn] *v/t* (*pret & pp* **-ned**) rechazar

**shut** [ʃʌt] *v/t & v/i* (*pret & pp* **shut**) cerrar

◆ **shut away** *v/t in closet etc* encerrar, guardar; **shut o.s. away** encerrarse, secluirse

◆ **shut down I** *v/t business* cerrar; *computer* apagar **II** *v/i of business* cerrarse; *of computer* apagarse

◆ **shut off** *v/t* cortar

◆ **shut out** *v/t light, sunshine, view: of trees, clouds* bloquear, tapar; *thoughts* apartar, ahuyentar; **it will help to shut out the noise / the light** ayudará a no dejar pasar el ruido / la luz

◆ **shut up** *v/i* F (*be quiet*) callarse; **shut up!** ¡cállate!

**'shut•down** *of factory, mine* cierre *m*; *of computer* apagamiento *m*

**'shut-eye** F sueñecito *m* F; **get some ~** echarse un sueñecito F

**shut•ter** [ʃʌtər] **1** *on window* contraventana *f* **2** PHOT obturador *m*

**'shut•ter speed** PHOT tiempo *m* de exposición

**shut•tle** [ʃʌtl] *v/i*: **~ between** *of bus* conectar; *of airplane* hacer el puente aéreo entre

**'shut•tle•bus** *at airport* autobús *m* de conexión; **'shut•tle•cock** SP volante *m*; **'shut•tle ser•vice** servicio *m* de conexión

**shy** [ʃaɪ] **1** *adj* tímido **2**: **fight ~ of sth** evitar algo; **fight ~ of doing sth** evitar hacer algo

◆ **shy away** *v/i* (*pret & pp* **shied**) *fig* evadir, eludir; **~ from doing sth** evadir hacer algo

**shy•ness** [ʃaɪnɪs] timidez *f*

**shy•ster** [ʃaɪstər] F *crook* ladrón(-ona) *m(f)*, sinvergüenza *m/f*; *crooked lawyer* granuja *m/f*

**Si•a•mese twins** [saɪəmiːz'twɪnz] *npl* siameses *mpl* (*fpl*)

**Si•ber•i•a** [saɪ'bɪrɪə] Siberia *f*

**Si•ber•i•an** [saɪ'bɪrɪən] *adj* siberiano

**sib•ling** [sɪblɪŋ] *esp fml* hermano(-a) *m(f)*

**Si•cil•i•an** [sɪ'sɪlɪən] **I** *adj* siciliano **II** *n* siciliano(-a) *m(f)*

**Sic•i•ly** [sɪsɪlɪ] Sicilia *f*

**sick** [sɪk] **I** *adj* **1** enfermo; **be off ~** estar de baja; **call in ~** telefonear al trabajo para avisar de que se está enfermo; **be**

*worried* ~ estar preocupadísimo **2** *Br*: **be ~** (*vomit*) vomitar **3** F *sense of humor* morboso, macabro; *society* enfermo **4**: **be ~ of** (*fed up with*) estar harto de; **it makes me ~** F me pone enfermo *or* malo **II** *npl*: **the ~** los enfermos *mpl*

'**sick bag** *in airplane* bolsa *f* para el mareo

'**sick bay** MIL, NAUT enfermería *f*

**sick•en** ['sɪkn] I *v/t* **1** (*disgust*) poner enfermo **2** (*make ill*) hacer enfermar, hacer caer enfermo **II** *v/i*: **be ~ing for sth** estar incubando algo

**sick•en•ing** ['sɪknɪŋ] *adj stench* nauseabundo; *behavior, crime* repugnante

**sick•le** ['sɪkl] AGR hoz *f*

'**sick leave** baja *f* (por enfermedad); **be on ~** estar de baja

**sick•ly** ['sɪklɪ] *adj person* enfermizo; *color* pálido

**sick•ness** ['sɪknɪs] **1** enfermedad *f* **2** (*vomiting*) vómitos *mpl*

'**sick pay** subsidio *m* por enfermedad

**side** [saɪd] **1** *of box, house, field* lado *m*; *of mountain* ladera *f*, vertiente *f*; *of person* costado *m*; **at the ~ of the road** al lado de la carretera; **at** *or* **by s.o.'s ~** al lado de alguien, con alguien; **~ by** juntos, uno al lado del otro; **on the ~** *earn extra money* aparte; *have an affair* en secreto; **his ~ of the story** su versión de la historia; **there are two ~s to every story** siempre hay dos versiones de una misma historia; **be on the wrong ~ of 50** tener más de 50 años; **put to one ~** *money* apartar, reservar; **take s.o. to one ~** llevar a alguien a un lado

**2** SP equipo *m*; **take ~s** (*favor one ~*) tomar partido (**with** por); **I'm on your ~** estoy de parte tuya

**3**: **on the big / small ~** un poco grande / pequeño

◆ **side with** *v/t* tomar partido por

'**side•board** aparador *m*; '**side•burns** *npl* patillas *fpl*; '**side•car** sidecar *m*; '**side dish** plato *m* de acompañamiento; '**side door** puerta *f* secundaria; '**side ef•fect** efecto *m* secundario; '**side im•pact pro•tec•tion** MOT protección *f* lateral; '**side is•sue** asunto *m* secundario; '**side•light** MOT luz *f* de posición; '**side•line** I *n* actividad *f* complementaria **II** *v/t*: **feel ~d** sentirse marginado;

'**side•long** *adj*: ~ **glance** mirada *f* de reojo; **take a ~ glance at s.o. / sth** mirar de reojo a alguien / algo; '**side road** carretera *f* secundaria; '**side•sad•dle** I *n* silla *f* de amazona *or* mujer **II** *adv ride* a la amazona, a mujeriegas; '**side show** barracón *m* de feria, atracción *f*; **side--split•ting** ['saɪdsplɪtɪŋ] *adj* desternillante, gracioso; '**side•step** I *v/t* (*pret & pp* **-ped**) SP regatear; *fig* evadir **II** *n* regate *m*; '**side street** bocacalle *f*; '**side•swipe** I *n*: **take a ~ at** F meterse de pasada con F **II** *v/t* MOT arañar; '**side•track** *v/t* distraer; **get ~ed** distraerse; '**side•walk** acera *f*, *Rpl* vereda *f*, *Mex* banqueta *f*; **side•walk 'caf•é** terraza *f*

'**side•ways** *adv* de lado

**sid•ing** ['saɪdɪŋ] **1** RAIL vía *f* muerta **2** TECH revestimiento *m*

◆ **si•dle up** ['saɪdl] *v/i*: **sidle up to s.o.** abordar discretamente a alguien

**SIDS** [esaɪdiː'es] *abbr* (= **sudden infant death syndrome**) síndrome *m* de muerte súbita del lactante

**siege** [siːdʒ] sitio *m*; **lay ~ to** sitiar

**si•es•ta** [sɪ'estə] siesta *f*; **have** *or* **take a ~** echarse una siesta

**sieve** [sɪv] I *n* tamiz *m*; **he has a memory like a ~** F es flaco de memoria F **II** *v/t flour* tamizar

**sift** [sɪft] *v/t flour* tamizar; *data* examinar a fondo

◆ **sift out** *v/t fig* seleccionar (**from** de)

◆ **sift through** *v/t details, data* pasar por el tamiz

**sigh** [saɪ] I *n* suspiro *m*; **heave a ~ of relief** suspirar de alivio **II** *v/i* suspirar

**sight** [saɪt] I *n* **1** vista *f*; (*power of seeing*) vista *f*, visión *f*; **~s of city** lugares *mpl* de interés; **he can't stand the ~ of blood** no aguanta ver sangre; **I caught ~ of him just as ...** lo vi justo cuando ...; **know by ~** conocer de vista; **be (with)in ~** estar a la vista; **within ~ of** a la vista de; **come into ~** aparecer, dejarse ver; **lose ~ of** *objective etc* olvidarse de; **at the ~ of** al ver a; **at first ~** a primera vista; **what a ~ you look!** ¡qué pintas llevas!; **you're a ~ for sore eyes** F dichosos los ojos que te ven F; **hate the ~ of sth / s.o.** odiar algo / a alguien a muerte; **buy sth ~ unseen** COM comprar algo sin verlo antes; **there wasn't**

*a soul in* ~ no había ni un alma; *I disliked her on* ~ me cayó mal desde el primer momento en que la vi; *keep out of* ~*!* ¡escóndete!; *let s.o. out of one's* ~ perder a alguien de vista; *be out of* ~ F (*unattainable*) ser un imposible; *once we're out of his* ~ cuando ya no pueda vernos; *as soon as the car was out of* ~ en cuanto se dejó de ver el coche; *get out of my* ~*!* ¡fuera de mi vista!

**2** *of gun, also* ~*s* mirilla *f*; *set one's* ~*s on sth fig* marcarse algo como meta **II** *v/t submarine, rhinoceros, missing child etc* ver

'sight bill COM efecto *m* a la vista
sight•ed ['saɪtɪd] *adj* vidente
sight•ing ['saɪtɪŋ] avistamiento *m*
'sight-read MUS *v/t & v/i* (*pret & pp -read* [red]) repentizar; 'sight•see•ing: *we like* ~ nos gusta hacer turismo; *go* ~ hacer turismo; 'sight•see•ing bus bus *m* turístico; 'sight•see•ing tour visita *f* turística
sight•seer ['saɪtsiːər] turista *m/f*
sign [saɪn] **I** *n* señal *f*; *outside shop, on building* cartel *m*, letrero *m*; *it's a* ~ *of the times* es un signo de los tiempos que corren; ~*s of the zodiac* signos *mpl* del zodíaco; *all the* ~*s are that ...* todo indica que ...; *there was no* ~ *of him* no había rastro de él; *be showing* ~*s of sth* presentar indicios de algo; *at midnight they were still showing no* ~*s of leaving* a medianoche aún no parecían tener ninguna prisa por irse

**II** *v/t* firmar
**III** *v/i* **1** firmar **2** (*use sign language*) emplear el lenguaje de signos

◆ **sign away** *v/t rights, inheritance* renunciar a
◆ **sign for** *v/t:* *I signed for it* firmé yo
◆ **sign in** *v/i* registrarse
◆ **sign off** *v/i* **1** RAD hacer el cierre **2** *in letter writing* despedirse
◆ **sign over** *v/t possessions* ceder (*to* a)
◆ **sign up I** *v/i* (*join the army*) alistarse **II** *v/t player* fichar

sig•nal ['sɪɡnl] **I** *n* señal *f*; *send out all the wrong* ~*s* dar a una impresión equivocada **II** *v/i* (*pret & pp -ed, Br -led*) **1** *of car driver* poner el intermitente **2:** ~ *to s.o. to do sth* hacer señas

a alguien para que haga algo **III** *v/t* (*pret & pp -ed, Br -led*) *of driver: intentions* señalar, indicar; *readiness* avisar
sig•na•to•ry ['sɪɡnətɔːrɪ] signatario(-a) *m(f)*, firmante *m/f*; *the signatories to the treaty* los firmantes del tratado
sig•na•ture ['sɪɡnətʃər] firma *f*
sig•na•ture 'tune sintonía *f*
sig•net ring ['sɪɡnɪt] sello *m* (*anillo*)
sig•nif•i•cance [sɪɡ'nɪfɪkəns] importancia *f*, relevancia *f*; *be of great* ~ *to* ser de suma importancia para
sig•nif•i•cant [sɪɡ'nɪfɪkənt] *adj* **1** *event etc* importante, relevante **2** (*quite large*) considerable
sig•nif•i•cant•ly [sɪɡ'nɪfɪkəntlɪ] *adv* larger, *more expensive* considerablemente
sig•ni•fy ['sɪɡnɪfaɪ] *v/t* (*pret & pp -ied*) significar, suponer
sign•ing ['saɪnɪŋ] *for soccer team etc* fichaje *m*
'sign lan•guage lenguaje *m* por señas
'sign•post señal *f*
si•lence ['saɪləns] **I** *n* silencio *m*; *in* ~ *work, march* en silencio; *observe a one-minute* ~ guardar un minuto de silencio; *buy s.o.'s* ~ comprar el silencio de alguien **II** *v/t* hacer callar
si•lenc•er ['saɪlənsər] *on gun, Br: on car* silenciador *m*
si•lent ['saɪlənt] *adj* silencioso; *movie* mudo; *stay* ~ (*not comment*) permanecer callado; *the* ~ *majority* la mayoría que no expresa sus opiniones públicamente; *they watched in* ~ *admiration as ...* miraban pasmados con gran admiración cómo ...
si•lent 'part•ner COM socio(-a) *m(f)* capitalista
sil•hou•ette [sɪluː'et] **I** *n* silueta *f* **II** *v/t:* *be* ~*d against* perfilarse *or* recortarse sobre
sil•i•con ['sɪlɪkən] silicio *m*
sil•i•con 'chip chip *m* de silicio
sil•i•cone ['sɪlɪkoʊn] silicona *f*; ~ *breast implants* implantes *mpl* de silicona para pechos
Sil•i•con 'Val•ley Silicon Valley *m*
sil•i•co•sis [sɪlɪ'koʊsɪs] MED silicosis *f*
silk [sɪlk] **I** *n* seda *f* **II** *adj shirt etc* de seda
'silk•worm ZO gusano *m* de seda
silk•y ['sɪlkɪ] *adj hair, texture* sedoso
sill [sɪl] **1** *of window* repisa *f* **2** *of car chassis* umbral *m* de la puerta

**sil•li•ness** ['sɪlɪnɪs] tontería *f*, estupidez *f*

**sil•ly** ['sɪlɪ] *adj* tonto, estúpido

**si•lo** ['saɪloʊ] *for grain, missiles* silo *m*

**silt** [sɪlt] cieno *m*

◆ **silt up** *v/i* encenagarse

**sil•ver** ['sɪlvər] **I** *n metal, medal* plata *f*; (~ *objects*) (objetos *mpl* de) plata *f* **II** *adj* **1** *ring* de plata; *be born with a ~ spoon in one's mouth* ser de familia rica **2** *hair* canoso

**sil•ver 'foil** papel *m* de plata; **sil•ver--haired** ['sɪlvərherd] *adj* canoso; **sil•ver 'ju•bi•lee** vigésimoquinto aniversario *m*; **sil•ver 'med•al** medalla *f* de plata; **sil•ver 'med•a•list**, *Br* **sil•ver 'med•al•list** medallista *m/f* de plata; **'sil•ver mine** mina *f* de plata; **'sil•ver 'pa•per** papel *m* plateado; **sil•ver--plat•ed** [sɪlvər'pleɪtɪd] *adj* plateado; **sil•ver 'screen** séptimo arte *m*; *actual screen* pantalla *f* grande; **'sil•ver smith** platero(-a) *m(f)*; **sil•ver•ware** ['sɪlvərwer] plata *f*; **sil•ver 'wed•ding** bodas *fpl* de plata

**Sim card** ['sɪmkɑːrd] tarjeta *f* Sim

**sim•i•lar** ['sɪmɪlər] *adj* parecido, similar; *be ~ to* ser parecido a, parecerse a

**sim•i•lar•i•ty** [sɪmɪ'lærətɪ] parecido *m*, similitud *f*; *there are similarities between the two cases* los dos casos presentan analogías

**sim•i•lar•ly** ['sɪmɪlərlɪ] *adv* de la misma manera

**sim•i•le** ['sɪmɪlɪ] símil *m*

**sim•mer** ['sɪmər] *v/i* **1** *in cooking* cocer a fuego lento **2**: *be ~ing (with rage)* estar a punto de explotar

◆ **simmer down** *v/i* tranquilizarse

**sim•per** ['sɪmpər] *v/i* soltar risitas

**sim•ple** ['sɪmpl] *adj* (*easy, not elaborate*) sencillo; *person* simple; *for the ~ rea-son that ...* simplemente porque ...; *wouldn't it be ~r to start again?* ¿no sería más fácil empezar de nuevo?

**sim•ple-'mind•ed** *adj pej* simplón

**sim•pli•ci•ty** [sɪm'plɪsətɪ] *of task, design* sencillez *f*, simplicidad *f*; *it's ~ it-self* es facilísimo

**sim•pli•fi•ca•tion** [sɪmplɪfɪ'keɪʃn] simplificación *f*

**sim•pli•fy** ['sɪmplɪfaɪ] *v/t* (*pret & pp -ied*) simplificar

**sim•plis•tic** [sɪm'plɪstɪk] *adj* simplista

**sim•ply** ['sɪmplɪ] *adv* sencillamente; *it is ~ the best* es sin lugar a dudas el mejor; *to put it ~* en un lenguaje más sencillo; *I was ~ trying to help* sólo trataba de ayudar

**sim•u•late** ['sɪmjʊleɪt] *v/t* simular

**sim•u•la•tion** [sɪmjʊ'leɪʃn] simulación *f*

**sim•u•la•tor** ['sɪmjʊleɪtər] TECH simulador *m*

**si•mul•cast** ['saɪmlkæst] **I** *n* retransmisión *f* simultánea por radio y televisión **II** *v/t* (*pret & pp -cast*) retransmitir por radio y televisión simultáneamente

**sim•ul•ta•ne•ous** [saɪml'teɪnɪəs] *adj* simultáneo; *~ translator* intérprete *m/f* simultáneo

**sim•ul•ta•ne•ous•ly** [saɪml'teɪnɪəslɪ] *adv* simultáneamente

**sin** [sɪn] **I** *n* pecado *m*; *live in ~ hum* vivir en pecado; *as ugly as ~* más feo que Picio **II** *v/i* (*pret & pp -ned*) pecar

**'sin bin I** *n* banquillo *m* **II** *v/t* (*pret & pp -ned*) mandar al banquillo

**since** [sɪns] **I** *prep* desde; *~ last week* desde la semana pasada **II** *adv* desde entonces; *I haven't seen him ~* no lo he visto desde entonces **III** *conj* **1** *in ex-pressions of time* desde que; *~ you left* desde que te marchaste; *~ I have been living here* desde que vivo aquí **2** (*see-ing that*) ya que, dado que; *~ you don't like it* ya que *or* dado que no te gusta

**sin•cere** [sɪn'sɪr] *adj* sincero

**sin•cere•ly** [sɪn'sɪrlɪ] *adv* sinceramente; *I ~ hope he appreciates it* espero de verdad que lo aprecie; *Sincerely yours*, *Br* *Yours ~* atentamente

**sin•cer•i•ty** [sɪn'serətɪ] sinceridad *f*; *in all ~* con el corazón en la mano

**sine** [saɪn] MATH seno *m*

**si•ne qua non** [sɪneɪkwɑː'noʊn] *fml* condición *f* sine qua non

**sin•ew** ['sɪnjuː] ANAT tendón *m*

**'sin•ew•y** *adj* (*strong, muscular*) fibroso

**sin•ful** ['sɪnfəl] *adj person* pecador; *things* pecaminoso; *it is ~ to ...* es pecado ...

**sing** [sɪŋ] *v/t & v/i* (*pret sang, pp sung*) cantar; *~ s.o. sth* cantar algo a alguien; *~ a baby to sleep* acunar *or* mecer a un bebé; *~ s.o.'s praises* elogiar a alguien

◆ **sing along** *v/i* cantar (*with* con)

**Sin•ga•pore** ['sɪŋəpɔːr] Singapur *m*

**singe** [sɪndʒ] *v/t* chamuscar

**sing•er** ['sɪŋər] cantante *m/f*

**sing•er-'song•writ•er** cantautor(a) *m(f)*

**sing•ing** ['sɪŋɪŋ] **I** *n* canto *m*; **we could hear ~ coming from ...** oímos a gente cantando en ... **II** *adj*: **~ lesson** clase *f* de canto; **~ voice** voz *f* para cantar

**sin•gle** ['sɪŋgl] **I** *adj* **1** (*sole*) único, solo; **there wasn't a ~ mistake** no había ni un solo error; **every ~ day** absolutamente todos los días; **~ currency** moneda única **2** (*not double*) único; **in ~ file** en fila india **3** (*not married*) soltero *m*
**II** *n* **1** MUS sencillo *m* **2** (*~ room*) habitación *f* individual **3** *person* soltero(-a) *m(f)*; **holidays for ~s** vacaciones *fpl* para gente sin pareja **4** *Br: ticket* billete *m or L.Am.* boleto *m* de ida **5**: **~s** *in tennis* individuales *mpl*; **a ~s match** un partido de individuales; **men's ~s** individuales *mpl* masculinos
♦ **single out** *v/t* **1** (*choose*) seleccionar **2** (*distinguish*) distinguir

**sin•gle-breast•ed** [sɪŋgl'brestɪd] *adj* recto, con una fila de botones; **sin•gle 'file: in ~** en fila india; **sin•gle-'hand•ed** [sɪŋgl'hændɪd] *adj & adv* en solitario; **sin•gle-'mind•ed** *adj* determinado, resuelto; **Sin•gle 'Mar•ket in Europe** Mercado *m* Único; **sin•gle 'moth•er** madre *f* soltera; **sin•gle 'pa•rent** padre *m /* madre *f* soltero(-a); **sin•gle pa•rent 'fam•i•ly** familia *f* monoparental; **sin•gle 'room** habitación *f* individual

**'sin•gles bar** *bar para los que buscan pareja*

**sin•gu•lar** ['sɪŋgjʊlər] GRAM **I** *adj* singular **II** *n* singular *m*; **in the ~** en singular

**sin•gu•lar•ly** ['sɪŋgjʊlərlɪ] *adv* extraordinariamente

**sin•is•ter** ['sɪnɪstər] *adj* siniestro; *sky* amenazador

**sink** [sɪŋk] **I** *n in kitchen* fregadero *m*; *in bathroom* lavabo *m*
**II** *v/i* (*pret* **sank**, *pp* **sunk**) *of ship, object* hundirse; *of sun* ponerse; *of interest rates, pressure etc* descender, bajar; **he sank onto the bed** se tiró a la cama; **leave s.o. to ~ or swim** *fig* dejar que alguien se las arregle como pueda; **how could you ~ so low as to ...?** *also*

*iron* ¿cómo pudiste caer tan bajo como para ...?; **my heart sank** me dio un vuelco el corazón
**III** *v/t* (*pret* **sank**, *pp* **sunk**) **1** *ship* hundir; **we're sunk!** F ¡nos vamos a pique! F **2** *funds* investir **3** SP *golfball, snooker ball* meter **4**: **~ one's teeth into sth** hincar los dientes en algo
♦ **sink in** *v/i* **1** *of liquid* penetrar **2**: **it gradually sank in that ... I realized** me di cuenta de que ...; **it still hasn't really sunk in** *of realization* todavía no lo he asumido

**sink•ing** ['sɪŋkɪŋ] *adj*: **I got that ~ feeling when ...** F se me puso mal cuerpo cuando ...

**sin•ner** ['sɪnər] pecador(a) *m(f)*

**si•nus** ['saɪnəs] seno *m* (*nasal*)

**si•nus•i•tis** [saɪnə'saɪtɪs] MED sinusitis *f*

**sip** [sɪp] **I** *n* sorbo *m*; **take a ~ of wine** tomar un sorbo de vino **II** *v/t* (*pret & pp* **-ped**) sorber
♦ **sip at** *v/t* beber a sorbos; **he ~ped at his wine** tomó un sorbo de vino

**si•phon** ['saɪfn] *also soda ~* sifón *m*
♦ **siphon off** *v/t liquid* extraer a presión; *fig: profits, personnel* desviar furtivamente

**sir** [sɜːr] **1** señor *m*; **excuse me, ~** perdone, caballero; **to teacher** perdone *,* profesor **2**: **Sir** *Br* Caballero Británico *,* Sir

**si•ren** ['saɪrən] sirena *f*

**sir•loin** ['sɜːrlɔɪn] solomillo *m*

**sis** [sɪs] F tata *f* F, hermana *f*

**sis•sy** ['sɪsɪ] F llorica *m* F

**sis•ter** ['sɪstər] **1** hermana *f* **2** *in movement* compañera *f*, camarada *f* **3** REL: **Sister Mary** la Hermana María, Sor María **II** *adj* gemelo; **~ company** compañía *f* afiliada; **~ ship** buque *m* gemelo

**sis•ter•hood** ['sɪstərhʊd] **1** *togetherness of women* fraternidad *f* **2** *other women* hermandad *f*, sociedad *f*

**'sis•ter-in-law** (*pl* **sisters-in-law**) cuñada *f*

**sis•ter•ly** ['sɪstərlɪ] *adj* fraternal

**sit** [sɪt] *v/i* (*pret & pp* **sat**) **1** estar sentado **2** (*~ down*) sentarse
♦ **sit around** *v/i* estar sentado sin hacer nada
♦ **sit back** *v/i* **1** sentarse **2** *fig: now we*

can all sit back and relax ahora ya podemos sentarnos y relajarnos; you can't just sit back and do nothing! ¡no te puedes quedar ahí de brazos cruzados!

◆ sit by v/i: I am not going to ~ while ... no me voy a quedar de brazos cruzados mientras ...

◆ sit down I v/i sentarse; eat sitting down comer sentado; they won't take that sitting down fig opondrán resistencia a eso; sit down and discuss sth sentarse y hablar algo II v/t: sit s.o. down invitar a alguien sentarse

◆ sit for v/t painter posar para; sit for one's portrait posar para hacerse un retrato

◆ sit in for v/t hacer de suplente de
◆ sit in on v/t acudir de oyente a
◆ sit on v/t 1 fig (not deal with) documents etc evitar despachar 2 (suppress) facts, idea etc reprimir; person hacer callar 3: sit on a committee ser miembro de un comité

◆ sit out v/t 1 dance no bailar 2 crisis etc esperar el fin de

◆ sit up I v/i 1 in bed incorporarse 2 (straighten back) sentarse derecho; make s.o. sit up (and take notice) F llamar la atención de alguien; sit up at table sentarse a la mesa 3 (wait up at night) esperar levantado II v/t patient in bed incorporar

sit•com ['sɪtkɑːm] telecomedia f, comedia f de situación

'sit-down 1: ~ (protest) sentada f 2: have a ~ sentarse para descansar

site [saɪt] I n emplazamiento m; of battle lugar m II v/t new offices etc situar; be ~d estar emplazado or colocado

sit•ter ['sɪtər] (baby ~) 1 Span canguro m/f, L.Am. babysitter m/f 2 for painter modelo m/f

sit•ting ['sɪtɪŋ] of committee, court, for artist sesión f; for meals turno m; read sth at a single ~ leer algo de una sentada

'sit•ting 'duck fig blanco m fácil
'sit•ting room sala f de estar, salón m
sit•u•at•ed ['sɪtʊeɪtɪd] adj situado; be well ~ to do sth estar en buena situación para hacer algo

sit•u•a•tion [sɪtʊ'eɪʃn] situación f
sit•u•a•tion 'com•e•dy ☞ sitcom

sit-ups ['sɪtʌps] abdominales fpl
six [sɪks] seis; be all at ~es and sevens F of person estar confundido; of place estar patas arriba F

'six-pack of beer pack m de seis
six•teen [sɪks'tiːn] dieciséis
six•teenth [sɪks'tiːnθ] n & adj decimosexto

sixth [sɪksθ] n & adj sexto; ~ sense fig sexto sentido m; the ~ of May, May the ~ el seis de mayo

six•ti•eth ['sɪkstɪɪθ] n & adj sexagésimo
six•ty ['sɪkstɪ] sesenta; be in one's sixties tener sesenta y tantos; in the sixties en los (años) sesenta

six-'yard box soccer área f pequeña
size [saɪz] tamaño m; of loan importe m; of jacket, dress, shirt etc talla f, of shoes número m; what ~ is your room? ¿cómo es de grande tu habitación; what ~ do you take? qué talla / número llevas?; I'll cut it down to ~ F le voy a parar los pies F; that's about the ~ of it fig eso es; the only building of any ~ el único edificio de un tamaño considerable

◆ size up v/t evaluar, examinar
size•a•ble ['saɪzəbl] adj house, order considerable; meal copioso

siz•zle ['sɪzl] chisporrotear
skate [skeɪt] I n patín m; get your ~s on! F ¡ponte las! F, ¡date prisa! II v/i patinar

◆ skate around, skate over v/t fig evitar, esq...
'skate•board monopatín m; 'skate-board•er skater m/f; 'skate•board•ing patinaje m, monopatín

skat•er ['skeɪtər] patinador(a) m(f)
skat•ing ['skeɪtɪŋ] patinaje m
'skat•ing rink pista f de patinaje
ske•dad•dle [skɪ'dædl] v/i F pirarse F, abrirse F

skeet shoot•ing ['skiːtʃuːtɪŋ] tiro m al plato

skel•e•tal ['skelətl] adj (emaciated) esquelético, raquítico

skel•e•ton ['skelɪtn] esqueleto m; have a ~ in the closet fig tener algo que ocultar; ~ service / crew servicio m / personal m mínimo

'skel•e•ton key llave f maestra
skep•tic ['skeptɪk] escéptico(-a) m(f)
skep•ti•cal ['skeptɪkl] adj escéptico; be

**~ about sth** ser escéptico acerca de algo

**skep•ti•cism** ['skeptɪsɪzm] escepticismo *m*

**sketch** [sketʃ] **I** *n* **1** boceto *m*, esbozo *m* **2** THEA sketch *m* **II** *v/t* bosquejar
◆ **sketch in** *v/t fig* añadir, adjuntar
◆ **sketch out** *v/t fig* bosquejar

'**sketch•book** cuaderno *m* de dibujo

'**sketch pad** cuaderno *m* de dibujo

**sketch•y** ['sketʃɪ] *adj knowledge etc* básico, superficial; *description, memory etc* incompleto, fragmentario

**skew** [skjuː] *v/t* torcer; *fig: data, facts* desvirtuar, manipular

**skew•er** ['skjʊər] **I** *n* brocheta *f* **II** *v/t fish* espetar

**ski** [skiː] **I** *n* esquí *m* **II** *v/i* esquiar; **we ~ed down to the chalet** bajamos esquiando hasta la cabaña

'**ski boots** *npl* botas *fpl* de esquí

**skid** [skɪd] **I** *n of car* patinazo *m*; *of person* resbalón *m*; **~ marks** *pl* MOT marcas *fpl* de patinazo; **he's on the ~s** F va de mal en peor F **II** *v/i* (*pret & pp* **-ded**) *of car* patinar; *of person* resbalar

**ski•doo**® [skɪ'duː] ☞ *snowmobile*

**skid 'row** [skɪd'roʊ] calles *fpl* de mala muerte; **finish up on ~** acabar en la miseria

**ski•er** ['skiːər] esquiador(a) *m(f)*

**skiff** [skɪf] NAUT esquife *m*

**ski gog•gles** ['skiːgɑːglz] *npl* gafas *fpl* de esquiar

**ski•ing** ['skiːɪŋ] esquí *m*

'**ski in•struc•tor** monitor(a) *m(f)* de esquí

'**ski jump** salto *m*; *structure* pista *f* de salto

**skil•ful** *etc Br* ☞ *skillful etc*

'**ski lift** remonte *m*

**skill** [skɪl] destreza *f*, habilidad *f*; **game of ~** juego *m* de destreza; **learn a new ~** aprender una habilidad nueva

**skilled** [skɪld] *adj* capacitado, preparado; *worker* cualificado; *work* especializado

**skilled 'work•er** trabajador(a) *m(f)* cualificado

**skil•let** ['skɪlɪt] sartén *f*

'**skill•ful** ['skɪlfəl] *adj* hábil, habilidoso

**skill•ful•ly** ['skɪlfəlɪ] *adv* con habilidad *or* destreza

**skim** [skɪm] *v/t* (*pret & pp* **-med**) **1** *sur-*

*face* rozar; *document* leer por encima **2** *milk* desnatar, descremar
◆ **skim off** *v/t the best* escoger
◆ **skim through** *v/t text* leer por encima

'**ski mask** pasamontañas *mpl*

'**skim milk**, '**skimmed milk** [skɪmd] leche *f* desnatada *or* descremada
◆ **skimp on** [skɪmp] *v/t* escatimar

**skimp•y** ['skɪmpɪ] *adj account etc* superficial; *dress* cortísimo; *bikini* mínimo

**skin** [skɪn] **I** *n* piel *f*; **by the ~ of one's teeth** F por los pelos F; **be all ~ and bone(s)** estar en los huesos; **it's no ~ off my nose** F no es de mi incumbencia; **be drenched** *or* **soaked to the ~** estar calado hasta los huesos; **get under s.o.'s ~** F (*annoy*) sacar a alguien de quicio F; (*fascinate*) hechizar a alguien; **save one's ~** F salvar el pellejo F

**II** *v/t* (*pret & pp* **-ned**) despellejar, desollar; **keep one's eyes ~ned** F estar con cien ojos F

'**skin can•cer** cáncer *m* de piel; '**skin care** cuidado *m* de la piel; **skin-'deep** *adj fig* superficial, fútil; '**skin div•er** buceador(a) *m(f)* en bañador; '**skin div•ing** buceo *m* (en bañador); '**skin flick** F peli *f* porno F

**skin•flint** ['skɪnflɪnt] F agarrado(-a) *m(f)* F, roñoso(-a) *m(f)*

**skin•ful** ['skɪnfʊl]: **he's had a ~** F lleva una buena castaña F

'**skin game** F engañifa *f* F, timo *m*; '**skin graft** injerto *m* de piel; '**skin•head** skinhead *m/f*, cabeza rapada *m/f*

**skin•ny** ['skɪnɪ] **I** *adj* escuálido **II** *n* canijo(-a) *m(f)*

**skin•ny-dip•ping** ['skɪnɪdɪpɪŋ] F: **go ~** bañarse en pelotas F

'**skin test** prueba *f* del parche, prueba *f* epicutánea

'**skin-tight** *adj* ajustado

**skip** [skɪp] **I** *n* (*little jump*) brinco *m*, saltito *m* **II** *v/i* (*pret & pp* **-ped**) brincar **III** *v/t* (*pret & pp* **-ped**) (*omit*) pasar por alto; *lunch, lecture etc* saltarse; **~ it!** ¡no pasa nada!, ¡no importa!
◆ **skip off** *v/i* F largarse F, pirarse F

'**ski pants** *npl* mallas *fpl* de esquiar

'**ski pole** bastón *m* de esquí

**skip•per** ['skɪpər] NAUT patrón(-ona) *m(f)*, capitán(-ana) *m(f)*; *of team* capitán(-ana) *m(f)*

**skip•ping rope** ['skɪpɪŋ] *Br* comba *f*

'**ski re•sort** estación *f* de esquí

**skir•mish** ['skɜːrmɪʃ] MIL contienda *f*

**skirt** [skɜːrt] **I** *n* falda *f* **II** *v/t* **1** (*border*) bordear, rodear **2** *in order to avoid* esquivar

◆ **skirt around** *v/t fig* esquivar, evitar

'**skirt•ing board** *Br* rodapié *m*

'**ski run** pista *f* de esquí

**skit** [skɪt] sketch *m* (cómico); *do a ~ on* hacer un sketch (cómico) de

'**ski tow** telesquí *m*

◆ **skive off** [skaɪv] *v/t Br* F: *skive off school* hacer novillos F *or* pellas F

**skiv•vies** ['skɪvɪz] *npl* F calzoncillos *mpl*

**skul•dug•ger•y** [skʌl'dʌgərɪ] F chanchullo *m*, trapicheo *m*

**skulk** [skʌlk] *v/i* esconderse, rondar

◆ **skulk off** *v/i* esconderse

**skull** [skʌl] cráneo *m*; *the ~ and cross-bones* las dos tibias y la calavera; *can't you get it into that thick ~ of yours that...?* F ¿no te entra en esa cabezota que ...? F

**skunk** [skʌŋk] mofeta *f*

**sky** [skaɪ] cielo *m*; *in the ~* en el cielo; *the ~'s the limit* F no hay límites, no hay nada imposible

**sky-'blue** *adj* azul cielo; '**sky•cap** mozo(-a) *m(f)* de equipajes; '**sky•div•er** paracaidista *m/f*; '**sky•div•ing** paracaidismo *m*; **sky-'high** *adv*: *blow ~ building* volar por los aires; *theory, argument* echar por tierra; '**sky•light** claraboya *f*; '**sky•line** horizonte *m*; *the New York ~* la silueta de los edificios de Nueva York en el horizonte; '**sky•scrap•er** rascacielos *m inv*

**slab** [slæb] *of stone* losa *f*, *of cake etc* trozo *m* grande

**slack** [slæk] *adj rope* flojo; *work* descuidado; *period* tranquilo; *discipline is very ~* no hay disciplina

**slack•en** ['slækn] *v/t rope, pace* aflojar

◆ **slacken off** *v/i of trading, pace* disminuir

**slack•er** ['slækər] holgazán(-ana) *m(f)*, vago(-a) *m(f)*

**slacks** [slæks] *npl* pantalones *mpl*

**slag** [slæg] *in furnace* escoria *f*

◆ **slag off** *v/t* (*pret & pp* **-ged**) *Br* F meterse con F, echar pestes de F

**slain** [sleɪn] *pp* ☞ **slay**

**slake** [sleɪk] *v/t*: *~ one's thirst* apagar la sed

**sla•lom** ['slɑːləm] slalom *m*, carrera *f* de obstáculos

**slam** [slæm] **I** *v/t* (*pret & pp* **-med**) **1** *door* cerrar de un golpe **2** F *criticize* triturar, vapulear **II** *v/i* (*pret & pp* **-med**) *of door* cerrarse de golpe

◆ **slam down** *v/t* estampar; *phone* colgar de golpe

◆ **slam on** *v/t*: *slam on the brakes* frenar bruscamente

'**slam-dunk** *v/t* rematar

**slam•mer** ['slæmər] P trena *f* P

**slan•der** ['slændər] **I** *n* difamación *f* **II** *v/t* difamar

**slan•der•ous** ['slændərəs] *adj* difamatorio

**slang** [slæŋ] argot *m*, jerga *f*, *of a specific group* jerga *f*

'**slang•ing match**: *they had a ~ Br* F se tiraron los trastos a la cabeza F

**slant** [slænt] **I** *v/i* inclinarse **II** *v/t* **1** *line, post* torcer **2** *story, report* desvirtuar; *be ~ed toward sth* ser parcial acerca de algo **III** *n* **1** inclinación *f* **2** *given to a story* enfoque *m*

**slant•ing** ['slæntɪŋ] *adj* **1** *roof* inclinado **2** *eyes* rasgado

**slap** [slæp] **I** *n* (*blow*) bofetada *f*, cachete *m*; *a ~ in the face* una bofetada en la cara; *fig* una bofetada, un golpe; *a ~ on the wrist fig* un toque de atención **II** *v/t* (*pret & pp* **-ped**) dar una bofetada *or* un cachete a; *~ s.o. in the face* dar una bofetada a alguien; *just ~ a bit of paint on it!* ¡dale un poco de pintura a eso!; *the company was ~ped with a fine / a lawsuit* a la empresa le encasquetaron una multa / un pleito **III** *adv* F de plano F, de sopetón F; *I walked ~ into him* me di de sopetón con él

◆ **slap around** *v/t* F zurrar a F

**slap-'bang** *adv Br* F de plano F, de sopetón F

'**slap•dash** *adj* chapucero

'**slap•stick** *comedia de humor básico consistente en caídas, bofetadas, etc*

**slash** [slæʃ] **I** *n* **1** *cut* corte *m*, raja *f* **2** *in punctuation* barra *f* **II** *v/t* **1** *skin etc* cortar; *~ one's wrists* cortarse las venas **2** *prices, costs* recortar drásticamente

**slat** [slæt] *in blinds* tablilla *f*

**slate** [sleɪt] I *n* **1** pizarra *f*; *put sth on the*
~ *Br* F *fig* poner algo en cuenta; *wipe
the* ~ *clean fig* hacer borrón y cuenta
nueva **2** POL (*list of candidates*) lista *f*
de candidatos II *v/t* **1** (*designate*) designar *or* elegir como candidato **2** (*schedule*) programar **3** *Br* (*criticize*) poner
verde F

**slaugh•ter** ['slɔːtər] I *n of animals* sacrificio *m*; *of people, troops* matanza *f* II
*v/t animals* sacrificar; *people, troops*
masacrar

'**slaugh•ter•house** *for animals* matadero *m*

**Slav** [slɑːv] *adj* eslavo

**slave** [sleɪv] esclavo(-a) *m(f)*

◆ **slave away** *v/i* sudar sangre

◆ **slave away at** *v/t* sudar sangre con

'**slave-driv•er** F negrero(-a) *m(f)* F

**slave 'la•bor** *also fig* **1** esclavos *mpl* **2**
*work* explotación *f*

**slav•er•y** ['sleɪvərɪ] esclavitud *f*; *be sold
into* ~ ser vendido como esclavo

'**slave trade**, '**slave traf•fic** tráfico *m*
de esclavos

**slav•ish** ['sleɪvɪʃ] *adj* exacto, al pie de la
letra

**Sla•von•ic** [slə'vɑːnɪk] *adj* eslavo

**slaw** [slɔː] *ensalada de col, cebolla, zanahoria y mayonesa*

**slay** [sleɪ] *v/t* (*pret* **slew**, *pp* **slain**) asesinar

**slay•er** ['sleɪər] asesino(-a) *m(f)*

**slay•ing** ['sleɪɪŋ] (*murder*) asesinato *m*

**sleaze** [sliːz] POL corrupción *f*

**slea•zy** ['sliːzɪ] *adj bar* sórdido; *person*
de mala calaña

**sled, sledge** [sled, sledʒ] trineo *m*

'**sledge ham•mer** mazo *m*

**sleek** [sliːk] *adj* **1** *lines, profile* elegante,
armonioso **2** *hair, animal's coat* lustroso

**sleep** [sliːp] I *n* sueño *m*; *go to* ~ dormirse; *I need a good* ~ necesito dormir
bien; *I couldn't get to* ~ no pude dormirme; *in one's* ~ mientras se duerme;
*I wouldn't lose any* ~ *over it if I were
you* si yo fuera tú no dejaría que eso
me quitara el sueño; *put an animal
to* ~ sacrificar a un animal; *my leg
has gone to* ~ se me ha dormido la
pierna

II *v/i* (*pret & pp* **slept**) dormir; ~ *late*
dormir hasta tarde; ~ *like a log* dormir
como un lirón *or* tronco

III *v/t* (*pret & pp* **slept**): *this tent* ~*s
four* en esta tienda de campaña pueden
dormir cuatro

◆ **sleep around** *v/i* F acostarse con
otras personas F

◆ **sleep in** *v/i Br* (*sleep late*) dormir hasta tarde

◆ **sleep off** *v/t*: *sleep it off* dormirla

◆ **sleep on** *v/t*: *sleep on sth decision*
consultar algo con la almohada

◆ **sleep over** *v/i* quedarse a dormir

◆ **sleep through** *v/t* dormir sin enterarse de

◆ **sleep together** *v/i* acostarse

◆ **sleep with** *v/t* (*have sex with*) acostarse con

**sleep•er** ['sliːpər] **1** *Br* RAIL *on track*
traviesa *f* **2** *Br* RAIL (*sleeping car*) coche *m* cama **3**: *be a light / heavy* ~ tener el sueño ligero / pesado

**sleep•i•ly** ['sliːpɪlɪ] *adv*: *say sth* ~ decir
algo medio dormido

**sleep•ing bag** ['sliːpɪŋ] saco *m* de dormir; '**sleep•ing car** RAIL coche *m* cama; '**sleep•ing part•ner** *Br* COM so-
cio(-a) *m(f)* capitalista; '**sleep•ing pill**
somnífero *m*, pastilla *f* para dormir;
'**sleep•ing sick•ness** MED enfermedad *f* del sueño

**sleep•less** ['sliːplɪs] *adj*: *have a* ~ *night*
pasar la noche en blanco

'**sleep•o•ver**: *have a* ~ *at s.o.'s house*
quedarse a dormir en casa de alguien;
'**sleep•walk** *v/i* andar sonámbulo;
'**sleep•walk•er** sonámbulo(-a) *m(f)*;
'**sleep•walk•ing** sonambulismo *m*

**sleep•y** ['sliːpɪ] *adj* adormilado, somnoliento; *town* tranquilo; *I'm* ~ tengo sueño

'**sleep•y•head** F dormilón(-ona) *m(f)* F

**sleet** [sliːt] aguanieve *f*

**sleeve** [sliːv] *of jacket etc* manga *f*; *have
sth up one's* ~ *fig* tener algo planeado
en secreto

**sleeve•less** ['sliːvlɪs] *adj* sin mangas

**sleigh** [sleɪ] trineo *m*

**sleight of 'hand** [slaɪt] juegos *mpl* de
manos

**slen•der** ['slendər] *adj figure, arms* esbelto; *income, margin* escaso; *chance*
remoto

**slept** [slept] *pret & pp* ☞ *sleep*

**sleuth** [sluːθ] F *detective m/f*

**slew**[1] [sluː] *pret* ☞ *slay*

**slew**[2] [sluː] *n*: **a (*whole*) ~ of** F un montón de F, una caterva de F

**slice** [slaɪs] **I** *n of bread* rebanada *f*; *of cake* trozo *m*; *of salami, cheese* loncha *f*; *fig: of profits etc* parte F **II** *v/t loaf etc* cortar (en rebanadas)

◆ **slice off** *v/t* cortar

◆ **slice up** *v/t* cortar (en rebanadas, trozos, lonchas etc)

**sliced bread** [slaɪst'bred] pan *m* de molde en rebanadas; **it's not exactly the greatest thing since ~** F no es la octava maravilla F

**slick** [slɪk] **I** *adj performance* muy logrado; *(pej: cunning)* con mucha labia **II** *n of oil* marea *f* negra

**slick•er** ['slɪkər] *coat* chaquetón *m* impermeable

**slid** [slɪd] *pret & pp* ☞ *slide*

**slide** [slaɪd] **I** *n* **1** *for kids* tobogán *m* **2** PHOT diapositiva *f* **II** *v/i (pret & pp slid)* deslizarse; *of exchange rate etc* descender; **let things ~** *fig* dejar que las cosas vayan a la deriva **III** *v/t (pret & pp slid)* deslizar

**'slide pro•jec•tor** proyector *m* de diapositivas

**slid•ing door** [slaɪdɪŋ'dɔːr] puerta *f* corredera; **slid•ing 'scale** escala *f* móvil; **'slid•ing tack•le** *in soccer* entrada *f* en plancha

**slight** [slaɪt] **I** *adj* **1** *person, figure* menudo **2** *(small)* pequeño; *accent* ligero; **I have a ~ headache** me duele un poco la cabeza; **no, not in the ~est** no, en absoluto; **I haven't the ~est idea** no tengo ni la más remota idea **II** *n* desaire *m* **III** *v/t* desestimar; **feel ~ed** sentirse menospreciado

**slight•ly** ['slaɪtlɪ] *adv* un poco

**slim** [slɪm] **I** *adj* delgado; *chance* remoto **II** *v/i (pret & pp -med)*: **I'm ~ming** estoy a dieta

◆ **slim down I** *v/t fig: administration, bureaucracy etc* reducir, recortar **II** *v/i of person* adelgazar

**slime** [slaɪm] *(mud)* lodo *m*; *of slug etc* baba *f*

**'slime•ball** *pej* P granuja *m/f* P, bribón(-ona) *m(f)* P

**slim•ming** ['slɪmɪŋ] **I** *n* adelgazamiento *m* **II** *adj*: **that dress is very ~** ese vestido estiliza mucho

**slim•y** ['slaɪmɪ] *adj* **1** *liquid* viscoso; *river bed* lleno de lodo **2** *pej* F *person*, grin pillo F

**sling** [slɪŋ] **I** *n for arm* cabestrillo *m*; *for baby* canguro *m* **II** *v/t (pret & pp slung)* F *(throw)* tirar

◆ **sling out** *v/t garbage* arrojar, lanzar; *drunk from bar* echar a patadas

**'sling•backs** *npl* zapatos con el talón abierto y con tira

**slink** [slɪŋk] *v/i (pret & pp slunk)* moverse a hurtadillas

**slink•y** ['slɪŋkɪ] *adj little dress* ceñido

**slip** [slɪp] **I** *n* **1** *on ice etc* resbalón *m*; **2** *(mistake)* desliz *m*; **a ~ of the tongue** un lapsus **3**: **a ~ of paper** un trozo de pape **4**: **give s.o. the ~** dar esquinazo a alguien **5** *woman's undergarment* combinación *f*
**II** *v/i (pret & pp -ped)* **1** *on ice etc* resbalar; MOT *of clutch* patinar; **let an opportunity ~ (through one's fingers)** dejar escapar una oportunidad **2** *of quality etc* empeorar **3**: **a ~ped out of the room** se fue de la habitación sigilosamente **4**: **he let ~ that …** *fig* dejó caer que…
**III** *v/t (pret & pp -ped)* **1** *(put)*: **he ~ped it into his briefcase** lo metió en su maletín sigilosamente; **~ s.o. $10** dar a alguien 10 dólares con disimulo **2**: **it ~ped my mind** se me olvidó; **it may have ~ped your attention, but …** puede que no te hayas dado cuenta, pero … **3**: **he has ~ped a disk** MED tiene una hernia discal

◆ **slip away** *v/i* **1** *of time* pasar; *of opportunity* esfumarse **2** *(die quietly)* morir tranquilamente

◆ **slip by** *v/i of time* pasar volando

◆ **slip in** *v/i to a room* entrar (sigilosamente)

◆ **slip off** *v/t jacket etc* quitarse

◆ **slip on** *v/t jacket etc* ponerse

◆ **slip out** *v/i* **1** *(go out)* salir (sigilosamente) **2**: **it just slipped out** me ha salido sin pensarlo

◆ **slip up** *v/i (make mistake)* equivocarse

**'slip•cov•er** funda *f*

**slip-ons** ['slɪpɑːnz] *npl shoes* zapatos *mpl or* zapatillas *fpl* sin cordones

**slip•page** ['slɪpɪdʒ] atraso *m*

**slipped disc** [slɪpt'dɪsk] hernia *f* discal

**slip•per** ['slɪpər] zapatilla *f* (*de estar por casa*)

**slip•per•y** ['slɪpərɪ] *adj* surface, road resbaladizo; *fish* escurridizo; **be a ~ customer** ser muy escurridizo; **you're on a ~ slope** *fig* estás perdido

**'slip road** *Br* vía *f* de acceso; *exit* salida *f*

**'slip•shod** *adj* chapucero

**'slip•stream I** *n of runner, vehicle* estela *f*, rastro *m* **II** *v/t* pisar los talones a

**'slip-up** (*mistake*) error *m*

**slit** [slɪt] **I** *n* (*tear*) raja *f*; (*hole*) rendija *f*; *in skirt* corte *m* **II** *v/t* (*pret & pp* **slit**) abrir; **~ s.o.'s throat** degollar a alguien

**slith•er** ['slɪðər] *v/i* deslizarse

**sliv•er** ['slɪvər] *of soap, garlic* trocito *m*; *of wood, glass* astilla *f*

**slob** [slɑːb] *pej* dejado(-a) *m(f)*, guarro(-a) *m(f)*

**slob•ber** ['slɑːbər] *v/i* babear

**slog** [slɑːg] **1** *effort, hard work* paliza *f* **2** *walk*: **the long ~ back to town** la larga caminata de vuelta a la ciudad

◆ **slog away at** *v/t* (*pret & pp* **-ged**) sudar la gota gorda con

**slo•gan** ['slougən] eslogan *m*

**slop** [slɑːp] *v/t* (*pret & pp* **-ped**) derramar

**slope** [sloup] **I** *n of roof, handwriting* inclinación *f*; *of mountain* ladera *f*; **built on a ~** construido en una pendiente **II** *v/i* inclinarse; **the road ~s down to the sea** la carretera baja hasta el mar

**slop•py** ['slɑːpɪ] *adj* **1** descuidado **2** *too sentimental* sensiblero

**sloshed** [slɑːʃt] *adj Br F* borracho, pedo *F*

**slot** [slɑːt] ranura *f*; *in schedule* hueco *m*

◆ **slot in I** *v/t* (*pret & pp* **-ted**) introducir; **I can slot you in at 2pm** te puedo dar cita a las 2 de la tarde **II** *v/i* (*pret & pp* **-ted**) encajar

**'slot ma•chine 1** *for cigarettes, food* máquina *f* expendedora **2** *for gambling* máquina *f* tragaperras

**slouch** [slautʃ] *v/i*: **don't ~** ponte derecho

◆ **slough off** [slʌf] *v/t skin* mudar

**Slo•vak** ['slouvæk] **I** *adj* eslovaco **II** *n* eslovaco(-a) *m(f)*

**Slo•va•ki•a** [slə'vækɪə] Eslovaquia *f*

**Slo•vene** ['slouviːn] ☞ **Slovenian**

**Slo•ve•ni•a** [slə'viːnɪə] Eslovenia *f*

**Slo•ve•ni•an** [slə'viːnɪən] **I** *adj* esloveno **II** *n* **1** *person* esloveno(-a) *m(f)* **2** *language* esloveno *m*

**slov•en•ly** ['slʌvnlɪ] *adj* descuidado

**slow** [slou] *adj* lento; **be ~** *of clock* ir retrasado; *mentally* ser torpe; **be five minutes ~** ir cinco minutos retrasado; **be ~ to do sth** tardar mucho tiempo en hacer algo; **he wasn't ~ to accept** aceptó en seguida; **business is very ~ at the moment** en estos momentos hay muy poca actividad en el negocio; **I was doing a ~ burn** se me estaba encendiendo la sangre

◆ **slow down I** *v/t work, progress* restrasar; *traffic, production* ralentizar **II** *v/i in walking, driving* reducir la velocidad; *of production etc* relantizarse; **you need to slow down** *in lifestyle* tienes que tomarte las cosas con calma; **she's slowed down a lot** *because of age, illness* se ha entorpecido bastante

**'slow•coach** *Br F* tortuga *f F*; **'slow-down** *in production* ralentización *f*; **'slow lane** *MOT* carril *m* lento

**slow•ly** ['soulɪ] *adv* despacio, lentamente; **~ but surely** sin prisa pero sin pausa

**slow 'mo•tion**: **in ~** a cámara lenta; **slow-mo•tion 're•play** repetición *f* en cámara lenta; **'slow-mov•ing** *adj traffic, movie* lento

**slow•ness** ['slounɪs] lentitud *f*

**'slow•poke** *F* tortuga *f F*

**sludge** [slʌdʒ] (*mud*) limo *m*

**slug**[1] [slʌg] *n animal* babosa *f*

**slug**[2] [slʌg] *F* **1** (*bullet*) bala *f* **2** *of whiskey etc* lingotazo *m F*, trago *m*; **he took another ~ from the bottle** se echó otro trago de la botella

**slug**[3] [slʌg] **I** *v/t* (*pret & pp* **-ged**) *hit* dar un puñetazo a **II** *n punch* puñetazo *m*

◆ **slug out** *v/t*: **slug it out** pelearse, enzarzarse

**slug•gish** ['slʌgɪʃ] *adj* lento

**sluice** [sluːs] canal *m*

◆ **sluice down** *v/t* lavar con agua

◆ **sluice out** *v/t* lavar con abundante agua

**'sluice gate** compuerta *f*

**slum** [slʌm] *area* suburbio *m*, arrabal *m*; *house* cuchitril *m*

**slum•ber par•ty** ['slʌmbər] *fiesta en la*

*que los invitados acaban pasando la noche el la casa del anfitrión*

**slump** [slʌmp] **I** *n in trade* desplome *m*; ~ **in prices** caída *f* de los precios **II** *v/i* **1** *economically* desplomarse, hundirse **2** (*collapse: of person*) desplomarse; **he ~ed into a chair** se dejó caer en una silla; **he sat ~ed over the keyboard** estaba postrado sobre el teclado

**slung** [slʌŋ] *pret & pp* ☞ **sling**

**slunk** [slʌŋk] *pret & pp* ☞ **slink**

**slur** [slɜːr] **I** *n on s.o.'s character* difamación *f* **II** *v/t* (*pret & pp* **-red**) *words* arrastrar

**slurp** [slɜːrp] *v/t* sorber

**slurred** [slɜːrd] *adj*: **his speech was ~** habló arrastrando las palabras

**slush** [slʌʃ] **1** nieve *f* derretida **2** (*pej: sentimental stuff*) sensiblería *f*

'**slush fund** fondo *m* para corruptelas

**slush•y** ['slʌʃɪ] *adj* **1** *snow* derretido **2** *movie, novel* sensiblero

**slut** [slʌt] *pej* fulana *f*

**sly** [slaɪ] **I** *adj* ladino; **you're a ~ one!** ¡estás hecho un zorro! **II** *n*: **on the ~** a escondidas

**smack**[1] [smæk] **I** *n*: **a ~ on the bottom** un azote; **a ~ in the face** una bofetada **II** *v/t child* pegar; *bottom* dar un azote en; **~ one's lips** lamerse los labios **III** *adv* F justamente, justo; **the ball landed ~ on top of the ...** la pelota cayó justo encima de ...

◆ **smack of** *v/t fig* oler a

**smack**[2] [smæk] *n* P *heroin* caballo *m* P

**smack•er** ['smækər] F **1** *big kiss* besazo *m* **2** *dollar* pavo *m* F

**smack•ing** ['smækɪŋ] *Br* azotaina *f*; **get a ~** llevarse una azotaina

**small** [smɔːl] **I** *adj* pequeño, *L.Am.* chico; **feel ~** *of person* sentirse insignificante *or* poca cosa **II** *n*: **~ of the back** riñones *mpl*

'**small arms** *pl* armas *fpl* ligeras; **small 'bus•i•ness** pequeño negocio *m*; **small 'caps** *npl in printing* letra *f* versalita; **small 'change** cambio *m*, suelto *m*, *L.Am.* sencillo *m*; **small 'hours** *npl* madrugada *f*; **in the ~** a altas horas de la madrugada; **small-'mind•ed** *adj narrow, petty* cerrado, mezquino; '**small•pox** viruela *f*; '**small print** letra *f* pequeña; '**small talk**: **make ~** hablar de banalidades *or* trivialidades;

'**small-time** *adj crook* de poca monta; *operation, outfit* de poca importancia; '**small-town** *adj* provincial

**smarm•y** ['smɑːrmɪ] *adj Br pej* F halagador, zalamero

**smart**[1] [smɑːrt] *adj* (*elegant*) elegante; (*intelligent*) inteligente; *pace* rápido; **get ~ with** hacerse el listillo con

**smart**[2] [smɑːrt] *v/i* (*hurt*) escocer

**smart al•eck** [smɑːrt'ælɪk] F, '**smart ass** F sabelotodo *m/f* F; '**smart bomb** bomba *f* inteligente; '**smart card** tarjeta *f* inteligente

◆ **smart•en up** ['smɑːrtn] *v/t appearance* mejorar; *room* arreglar

**smart•ly** ['smɑːrtlɪ] *adv dressed* con elegancia

**smash** [smæʃ] **I** *n* **1** *noise* estruendo *m* **2** (*car crash*) choque *m* **3** *in tennis* smash *m*, mate *m* **II** *v/t break* hacer pedazos *or* añicos; **he ~ed the toys against the wall** estrelló los juguetes contra la pared; **~ sth to pieces** hacer algo añicos **III** *v/i* **1** *break* romperse **2**: **the driver ~ed into ...** el conductor se estrelló contra ...

◆ **smash down** *v/t door* echar abajo; *fig: barriers* derribar

◆ **smash up** *v/t place* destrozar

**smashed** [smæʃt] *adj* F *drunk* pedo F; **get ~ on sth** ponerse ciego con algo F

**smash 'hit** F exitazo *m* F; **be a ~ with s.o.** ser todo un éxito con alguien

**smash•ing** ['smæʃɪŋ] *adj esp Br* F genial F, estupendo

**smat•ter•ing** ['smætərɪŋ]: **have a ~ of English** saber muy poco de inglés

**smear** [smɪr] **I** *n* **1** *of ink* borrón *m*; *of paint, on window, glass* mancha *f* **2** *MED* citología *f* **3** *on character* difamación *f* **II** *v/t* **1** *character* difamar **2**: **~ X over Y** untar *or* embadurnar Y de X; **~ed with blood** manchado de sangre

'**smear cam•paign** campaña *f* de difamación

'**smear test** *MED* citología *f*, *L.Am.* papanicolau *m*

**smell** [smel] **I** *n* olor *m*; **it has no ~** no huele a nada; **sense of ~** sentido *m* del olfato; **there's a ~ of gas** huele a gas; **there's a ~ of garlic in here** aquí huele a ajo; **have a ~ of sth** oler a algo; *sniff at* oler algo

**II** *v/t* (*pret & pp* **-ed** *or* **smelt**) oler; **~**

*trouble* olerse *or* barruntar problemas
**III** *v/i* (*pret & pp* **-ed** *or* **smelt**) **1** *have a
smell* oler; **you ~ of beer** hueles a cerveza; **it ~s good** huele bien; **his breath
~s** le huele el aliento **2** (*sniff*) olfatear
smell•y ['smelɪ] *adj* apestoso; **she had ~
feet** le olían los pies
smelt¹ [smelt] *pret & pp* ☞ **smell**
smelt² [smelt] *v/t* ore fundir
smile [smaɪl] **I** *n* sonrisa *f*; **give a ~** sonreír; **give s.o. a ~** sonreír a alguien;
**they're all ~s again** todos estan de buenas otra vez **II** *v/i* sonreír
◆ **smile at** *v/t* sonreír a
smirk [smɜːrk] **I** *n* sonrisa *f* maligna **II** *v/i*
sonreír malignamente
smith [smɪθ] ☞ **blacksmith**
smith•er•eens [smɪðə'riːnz] *npl*:
**smash sth to ~** hacer algo añicos
smith•y ['smɪðɪ] herrería *f*
smit•ten ['smɪtn]: **she has been ~ with
flu** le ha aquejado la gripe; **be ~ with
s.o.** estar perdidamente enamorado
de alguien
smog [smɑːg] niebla *f* tóxica
smoke [smoʊk] **I** *n* **1** humo *m*; **go up in ~**
*of building, objects* quedar reducido a
cenizas; **all our plans have gone up in
~** todos nuestros planes se han quedado en agua de borrajas **2**: **have a ~** fumarse un cigarrillo **II** *v/t* **1** *cigarettes* fumar **2** *bacon* ahumar **III** *v/i* *of person*
fumar
◆ **smoke out** *v/t* person in hiding hacer
aparecer
'smoke a•larm detector *m* de humo
smoked [smoʊkt] *adj* **1** *meat* ahumado
**2**: ~ *glass* cristal *m* esmerilado
'smoke de•tec•tor ☞ **smoke alarm**;
smoke-'free *adj* zone de no fumadores; 'smoke gre•nade granada *f* de humo; 'smoke jump•er bombero *m/f* paracaidista
smok•er ['smoʊkər] *person* fumador(a)
*m(f)*; ~**'s cough** tos *f* de fumador
'smoke•screen *fig* tapadera *f*
'smoke•stack chimenea *f*; ~ **industries**
industria *f* pesada
smok•ing ['smoʊkɪŋ]: ~ **is bad for you**
fumar es malo; **no ~ sign** prohibido fumar
'smok•ing com•part•ment RAIL compartimento *m* de fumadores
smok•ing 'gun *fig* pruebas *fpl* conclu-

yentes
smok•y ['smoʊkɪ] *adj* room, air lleno de
humo
smol•der ['smoʊldər] *v/i* **1** *of fire* arder
(*sin llama*); **the fire was still ~ing** todavía ardían los rescoldos **2** *fig*: with anger arder de rabia; with desire arder en
deseos
smooch [smuːtʃ] *v/i* F besuquearse F
smooth [smuːð] **I** *adj* surface, skin liso,
suave; sea en calma; (*peaceful*) tranquilo; ride, drive sin vibraciones; transition
sin problemas; *pej*: person meloso **II** *v/t*
hair alisar
◆ **smooth down** *v/t* with sandpaper etc
alisar
◆ **smooth out** *v/t* paper, cloth alisar
◆ **smooth over** *v/t*: **smooth things
over** suavizar las cosas
smooth•ie ['smuːðɪ] *pej* F hombre elegantemente vestido y con mucha labia
smooth•ly ['smuːðlɪ] *adv* without any
problems sin incidentes
'smooth-talk•ing *adj* con mucha labia
smoth•er ['smʌðər] *v/t* flames apagar,
sofocar; person asfixiar; opposition,
dissent acallar, contener; **be ~ed in
sth** estar cubierto *or* inundado de algo;
**~ s.o. with kisses** comerse a alguien a
besos
smoul•der *v/i* Br ☞ **smolder**
SMS [esem'es] *abbr* (= **short message
system**) SMS *m*
smudge [smʌdʒ] **I** *n* of paint mancha *f*;
of ink borrón *m* **II** *v/t* ink emborronar;
paint difuminar
smug [smʌg] *adj* engreído
smug•gle ['smʌgl] *v/t* pasar de contrabando; **the kids had ~d a rabbit into
class** los niños habían metido un conejo en la clase a escondidas; **they ~d him
out of the country** le sacaron clandestinamente del país
smug•gler ['smʌglər] contrabandista
*m/f*
smug•gling ['smʌglɪŋ] contrabando *m*
smug•ly ['smʌglɪ] *adv* con engreimiento *or* suficiencia
smut [smʌt] *fig* obscenidades *fpl*
smut•ty ['smʌtɪ] *adj* joke, sense of humor obsceno
snack [snæk] tentempié *m*, aperitivo *m*;
**have a ~** tomar un tentempié
'snack bar cafetería *f*

**sna•fu** ['snæfuː] F *mess* chapuza *f*

**snag** [snæg] **I** *n (problem)* inconveniente *m*, pega *f* **II** *v/t (pret & pp -ged) sweater, pantyhose* enganchar

**snail** [sneɪl] caracol *m; at a ~'s pace* a paso de tortuga

**'snail mail** F: *send sth by ~* enviar algo por correo tradicional *or* por snail-mail

**snake** [sneɪk] **I** *n* serpiente *f; ~ in the grass fig* traidor(a) *m(f)* **II** *v/t: ~ its way through the jungle* avanzar haciendo eses por la selva

**'snake•bite** mordedura *f* de serpiente; **'snake charm•er** encantador(a) *m(f)* de serpientes; **'snake•skin** piel *f* de serpiente

**snap** [snæp] **I** *n* **1** chasquido *m* **2** PHOT foto *f*
**II** *v/t (pret & pp -ped)* **1** *break* romper **2**: *none of your business, she ~ped* no es asunto tuyo, saltó **3**: *~ one's fingers* dar un chasquido con los dedos
**III** *v/i (pret & pp -ped)* **1** *break* romperse; F *crack up* perder los papeles F; *my patience ~ped* se me acabó la paciencia **2**: *~ at s.o.* chillar a alguien, hablar bruscamente a alguien **3**: *~ shut* cerrarse de golpe; *~ out of it!* F ¡anímate! F; *the guards ~ped to attention* los guardias se cuadraron
**IV** *adj decision, judgement* rápido, súbito

◆ **snap off** *v/t twig etc* arrancar; *snap s.o.'s head off* F echar un rapapolvo a alguien F

◆ **snap up** *v/t bargains* llevarse

**'snap fast•en•er** automático *m*, corchete *m*

**snap•py** ['snæpɪ] *adj* **1** *person, mood* irascible **2** *decision, response* rápido; *make it ~!* F ¡acelera! F, ¡los he visto más rápidos! F **3** *(elegant)* elegante; *title, phrase* ingenioso, con chispa

**'snap•shot** foto *f*

**snare** [sner] cepo *m*, lazo *m; fig* trampa *f*

**snarl¹** [snɑːrl] **I** *n of dog* gruñido *m* **II** *v/i* gruñir; *~ at s.o.* renegar a alguien

**snarl²** [snɑːrl] **I** *n in hair, wool* enredo *m* **II** *v/t hair, wool* enredar

◆ **snarl up** *v/t: the traffic was completely snarled up* el tráfico estaba totalmente inmovilizado

**'snarl-up** embotellamiento *m*, congestión *f*

**snatch** [snætʃ] **I** *v/t* **1** arrebatar; *~ sth from s.o.* arrebatar algo a alguien **2** *(steal)* robar; *(kidnap)* secuestrar **II** *v/i: don't ~* no lo agarres **III** *n* **1**: *make a ~ at sth* intentar arrebatar algo **2**: *~es of conversation* trozos *mpl* de conversación **3** F *kidnap* secuestro *m* **4** P *female genitals* coño *m* P

◆ **snatch at** *v/t* intentar agarrar

**snaz•zy** ['snæzɪ] *adj* F vistoso, *Span* chulo F

**sneak** [sniːk] *(pret & pp -ed or* F *snuck)*
**I** *v/t (remove, steal)* llevarse; *~ a glance at* mirar con disimulo **II** *v/i: ~ into the room* entrar disimuladamente en la habitación; *I snuck out the back way* salí sigilosamente por detrás

◆ **sneak up on** *v/t* pillar por sorpresa a

**sneak•ers** ['sniːkərz] *npl* zapatillas *fpl* de deporte

**sneak•ing** ['sniːkɪŋ] *adj: have a ~ suspicion that ...* sospechar que ...; *have a ~ admiration for s.o.* admirar con reticencia a alguien

**sneak 'pre•view** *of film, exhibition* preestreno *m; of TV, radio program* adelanto *m; have a ~ of sth* tener un avance *or* anticipo de algo

**sneak•y** ['sniːkɪ] *adj* F *(crafty)* ladino, cuco F

**sneer** [snɪr] **I** *n* mueca *f* desdeñosa **II** *v/i* burlarse *(at* de)

**sneeze** [sniːz] **I** *n* estornudo *m* **II** *v/i* estornudar; *it's not to be ~d at* F no es moco de pavo F

**snick•er** ['snɪkər] **I** *n* risita *f* **II** *v/i* reírse *(en voz baja)*

**snide** [snaɪd] *adj comments* malicioso, rebuscado

**sniff** [snɪf] **I** *v/i* **1** *to clear nose* sorberse los mocos **2** *of dog* olfatear **II** *v/t (smell)* oler; *of dog* olfatear

**'sniff•er dog** ['snɪfər] perro *m* policía

**snif•fle** ['snɪfl] F *light cold* resfriado *m* leve; *he's got a ~ or the ~s* tiene un catarro

**snif•fy** ['snɪfɪ] *adj* F despectivo, desdeñoso

**snif•ter** ['snɪftər] copa *f* de coñac

**snig•ger** ['snɪgər] ☞ **snicker**

**snip** [snɪp] *Br* F *(bargain)* ganga *f*

◆ **snip off** *v/t (pret & pp -ped)* tijeretear

◆ **snipe at** [snaɪp] *v/t* MIL disparar *(desde un lugar escondido)*

**snip•er** ['snaɪpər] francotirador(a) *m(f)*

**snip•pet** ['snɪpɪt]: **~ of conversation** fragmento *m* de conversación

**snip•py** ['snɪpɪ] *adj* F (*rude*) borde F, grosero

**snitch** [snɪtʃ] F **I** *n* (*telltale*) chivato(-a) *m(f)* **II** *v/i* chivarse

**sniv•el** ['snɪvl] *v/i* (*pret* & *pp* **-ed**, *Br* **-led**) gimotear

**snob** [snɑ:b] presuntuoso(-a) *m(f)*

**snob•ber•y** ['snɑ:bərɪ] presuntuosidad *f*

**snob•bish** ['snɑ:bɪʃ] *adj* presuntuoso

**snog** [snɑ:g] *Br* **F I** *v/i* (*pret* & *pp* **-ged**) besuquearse F **II** *v/t* (*pret* & *pp* **-ged**) besuquear F, *Span* liarse con F

**snook•er** ['snu:kər] **I** *n* billar *m* inglés **II** *v/t* F (*deceive, cheat*) timar; *Br* **be ~ed in a difficult situation** estar en un aprieto F

**snoop** [snu:p] *person* fisgón(-ona) *m(f)*

◆ **snoop around** *v/i* fisgonear

**snoot•y** ['snu:tɪ] *adj* presuntuoso

**snooze** [snu:z] **I** *n* cabezada *f*; **have a ~** echar una cabezada **II** *v/i* echar una cabezada

**snore** [snɔ:r] *v/i* roncar

**snor•ing** ['snɔ:rɪŋ] ronquidos *mpl*

**snor•kel** ['snɔ:rkl] snorkel *m*, tubo *m* para buceo

**snor•kel•ing**, *Br* **snor•kel•ling** ['snɔ:rklɪŋ] buceo *m* con snorkel; **go ~** hacer buceo con snorkel

**snort** [snɔ:rt] **I** *v/i of bull, person* bufar, resoplar **II** *v/t* F *cocaine* esnifar **III** *n* F *of whiskey* trago *m*

**snot** [snɑ:t] F mocos *mpl*

**snot•ty** ['snɑ:tɪ] *adj* F **1** *nose, handkerchief* mocoso **2** (*stuck-up*) estirado

**snot•ty-nosed** ['snɑ:tɪnouzd] *adj*: **~ kid** *also fig* mocoso(-a) *m(f)*, crío(-a) *m(f)*

**snout** [snaut] *of pig, dog* hocico *m*

**snow** [snou] **I** *n* nieve *f* **II** *v/i* nevar

◆ **snow in** *v/t*: **be snowed in** estar aislado por la nieve

◆ **snow under** *v/t*: **be snowed under** estar desbordado

'**snow•ball I** bola *f* de nieve **II** *v/i fig* agrandarse, intensificarse; '**snow•ball fight** pelea *f or* lucha *f* de bolas de nieve; '**Snow Belt** *área de Estados Unidos desde la frontera con Canadá hasta el Medio Oeste*; '**snow•bird** F *persona del norte que pasa los inviernos en zonas cálidas*; **snow blow•er** ['snou-blouər] máquina *f* quitanieves; '**snow-board** snowboard *m*; '**snow•board•er** *persona que hace snowboard*; '**snow-bound** *adj* aislado por la nieve; **snow-capped** ['snoukæpt] *adj* coronado de nieve; '**snow chains** *npl* MOT cadenas *fpl* para la nieve; '**snow•drift** nevero *m*; '**snow•drop** campanilla *f* de invierno; '**snow•fall**: **the average ~ in April** la media de nieve en abril; **a heavy ~** una buena nevada; '**snow•flake** copo *m* de nieve; '**snow line** límite *m* de las nieves perpetuas; '**snow•man** muñeco *m* de nieve; **snow•mo•bile** ['snouməbi:l] moto *f* de nieve; '**snow•plow**, *Br* '**snow•plough** quitanieves *f inv*; '**snow•shoe** raqueta *f* de nieve; '**snow•storm** tormenta *f* de nieve; '**snow tires** *npl* ruedas *fpl* antideslizantes; '**Snow White** Blancanieves *f*

**snow•y** ['snouɪ] *adj weather* de nieve; *roads, hills* nevado

**snub** [snʌb] **I** *n* desaire **II** *v/t* (*pret* & *pp* **-bed**) desairar

**snub-nosed** ['snʌbnouzd] *adj person* con la nariz respingona

**snuck** [snʌk] F *pret* & *pp* ☞ **sneak**

**snuff** [snʌf] *v/t candle* apagar; **~ it** *Br* P diñarla P

'**snuff mov•ie** película *f* snuff (*película porno en la que se asesina a alguien*)

**snug** [snʌg] *adj* **1** (*tight-fitting*) ajustado; **be a ~ fit** ajustarse *or* adaptarse al cuerpo; *too tight* ser demasiado ceñido **2**: **we are nice and ~ in here** aquí se está muy a gusto

◆ **snug•gle down** ['snʌgl] *v/i* acurrucarse

◆ **snuggle up to** *v/t* acurrucarse contra

**so** [sou] **I** *adv* **1** tan; **it was ~ easy** fue tan fácil; **I'm ~ cold** tengo tanto frío; **that was ~ kind of you** fue muy amable de tu parte; **not ~ much** no tanto; **~ much easier** mucho más fácil; **you shouldn't eat / drink ~ much** no deberías comer / beber tanto; **I miss you ~** te echo tanto de menos

**2**: **~ am / do I** yo también; **~ is she / does she** ella también

**3** *like this* así, de esta manera; **and ~ on** etcétera

**4**: **~ what?** F ¿y qué? F; **is that ~?** ¿y qué? F

**II** *pron*: **I hope / think ~** eso espero / creo; **you didn't tell me – I did ~** no me lo dijiste – sí que lo hice; **50 or ~** unos 50; **a mile or ~** una milla más o menos

**III** *conj* **1** *for that reason* así que; **I got up late and ~ I missed the train** me levanté tarde así que perdí el tren **2** *in order that* para que; **~ (that) I could come too** para que yo también pudiera venir; **I did it ~ as to make things easier for you** lo hice para facilitarte las cosas

soak [souk] **I** *v/t* (*steep*) poner en remojo; *of water, rain* empapar **II** *v/i*: **~ in the tub** darse un baño

◆ soak up *v/t liquid* absorber; *atmosphere* empaparse de; **soak up the sun** tostarse al sol

soaked [soukt] *adj* empapado; **be ~ to the skin** estar calado hasta los huesos

soak•ing (wet) ['soukɪŋ] *adj* empapado

so-and-so ['souənsou] F (*unknown person*) fulanito *m*; (*euph: annoying person*) canalla *m/f*

soap [soup] **1** *for washing* jabón *m* **2** (*~ opera*) telenovela *f*

'soap dish jabonera *f*; 'soap op•e•ra telenovela *f*; 'soap pow•der detergente *m* para la ropa; 'soap•suds *npl* espuma *f* de jabón

soap•y ['soupɪ] *adj water* jabonoso

soar [sɔːr] *v/i of rocket etc* elevarse; *of prices* dispararse

sob [saːb] **I** *n* sollozo *m* **II** *v/i* (*pret & pp* **-bed**) sollozar

sob, SOB [esouˈbiː] *abbr* F (= *son of a bitch*) hijo *m* de puta V, *Mex* hijo *m* de la chingada V

so•ber ['soubər] *adj* **1** (*not drunk*) sobrio **2** (*serious*) serio

◆ sober up **I** *v/i*: **he sobered up** se le pasó la borrachera **II** *v/t* despejar, espabilar

so•ber•ing ['soubərɪŋ] *adj*: **have a ~ effect on s.o.** *fig* hacer reflexionar a alguien, impactar a alguien

'sob sto•ry F desgracias *fpl*, tragedia *f*

so-'called *adj* (*referred to as*) así llamado; (*incorrectly referred to as*) mal llamado

soc•cer ['saːkər] fútbol *m*

'soc•cer hoo•li•gan hincha *m* violento

so•cia•ble ['souʃəbl] *adj* sociable

so•cial ['souʃl] *adj* social; **be a ~ drinker** beber (alcohol) sólo en ocasiones especiales

so•cial 'climb•er arribista *m/f*

so•cial 'dem•o•crat socialdemócrata *m/f*

so•cial•ism ['souʃəlɪzm] socialismo *m*

so•cial•ist ['souʃəlɪst] **I** *adj* socialista **II** *n* socialista *m/f*

so•cial•ite ['souʃəlaɪt] *persona de la alta sociedad*

so•cial•i•za•tion [souʃəlaɪˈzeɪʃn] *of children* socialización *f*

so•cial•ize ['souʃəlaɪz] **I** *v/i* socializar (**with** con); **I don't ~ much** no hago mucha vida social **II** *v/t child* socializar

'so•cial life vida *f* social; **have a busy ~** tener una gran vida social

so•cial•ly ['souʃəlɪ] *adv*: **I don't know him ~** sólo le conozco del trabajo

so•cial 'sci•ence ciencia *f* social; so•cial se'cur•i•ty *Br* seguridad *f* social; so•cial ser'vi•ces *pl* asistencia *f* social; 'so•cial work trabajo *m* social; 'so•cial work•er asistente(-a) *m(f)* social

so•ci•e•ty [səˈsaɪətɪ] sociedad *f*

so•ci•o•e•co•nom•ic [sousjouɪkəˈnaːmɪk] *adj* socioeconómico

so•ci•o•log•i•cal [sousɪəˈlaːdʒɪkl] *adj* sociológico

so•ci•ol•o•gist [sousɪˈaːlədʒɪst] sociólogo(-a) *m(f)*

so•ci•ol•o•gy [sousɪˈaːlədʒɪ] sociología *f*

sock[1] [saːk] *n for wearing* calcetín *m*; **pull one's ~s up** *Br* F espabilarse F, esforzarse; **put a ~ in it!** *Br* P ¡cierra el pico! F

sock[2] [saːk] **I** *n* (*punch*) puñetazo *m* **II** *v/t* (*punch*) dar un puñetazo a; **~ s.o. on the jaw** dar un puñetazo a alguien en la mandíbula; **~ it to him!** F ¡déjaselo todo bien clarito!

sock•et ['saːkɪt] **1** *for light bulb* casquillo *m* **2** *of arm* cavidad *f*; *of eye* cuenca *f* **3** *Br* ELEC enchufe *m*

sod [saːd] *Br* P **I** *n* (*bastard*) cabrón (-ona) *m(f)* P; **poor ~** pobre infeliz *m/f* II *v/t*: **~ it!** ¡mierda! P

so•da ['soudə] **1** (*~ water*) soda *f*; **two whiskey ~s** dos whiskies con soda **2** (*soft drink*) refresco *m*; (*ice-cream ~*) refresco con helado

'so•da foun•tain *mostrador de refrescos y helados*; 'so•da jerk *persona que tra-*

*baja en una 'soda fountain'*; **'so•da wa•ter** soda *f*

**sod•den** ['sɑːdn] *adj* empapado

**so•di•um** ['soudɪəm] CHEM sodio *m*

**so•do•my** ['sɑːdəmɪ] sodomía *f*

**so•fa** ['soufə] sofá *m*

**'so•fa-bed** sofá cama *m*

**soft** [sɑːft] *adj voice, light, color, skin* suave; *pillow, attitude, water* blando; **have a ~ spot for** tener una debilidad por; **be ~ in the head** F ser un memo F; **be a ~ touch** ser un blando; **get ~ of** *fruit etc* reblandecerse; **be ~ on** *crime, terrorism etc* no tener mano dura con; **be ~ on s.o.** *(be lenient with)* ser poco severo con alguien; *(have a crush on)* estar loco por alguien

**'soft•ball** *game* softball *m (tipo de béisbol que se juega en campo más pequeño y con pelota más blanda)*; **soft-boiled** ['sɑːftbɔɪld] *adj egg* pasado por agua; **'soft cur•ren•cy** divisa *f* débil; **'soft drink** refresco *m*; **'soft drug** droga *f* blanda

**soft•en** ['sɑːfn] I *v/t* **1** *position* ablandar **2** *impact, blow* amortiguar II *v/i of butter, ice cream* ablandarse, reblandecerse

◆ **soften up** *v/t* F ablandar

**soft•en•er** ['sɑːfnər] *for fabrics* suavizante *m*

**soft•heart•ed** ['sɑːftˈhɑːrtɪd] *adj* sensible

**soft•ie** ['sɑːftɪ] F **1** *(crybaby)* quejica *m/f* F **2** *(softhearted person)* blanducho(-a) *m(f)*

**'soft loan** préstamo *m* a interés reducido

**soft•ly** ['sɑːftlɪ] **1** *adv* suavemente II *adj*: **a ~~ approach** *in a hostage taking incident etc* una aproximación con tiento

**'soft-ped•al** *v/t (pret & pp -ed, Br -led)* F quitar importancia a; **'soft porn** porno *m* blando; **'soft porn mov•ie** película *f* erótica; **'soft sell** venta *f* no agresiva; **'soft-soap** *v/t* F hacer la pelota a F; **'soft-spo•ken** *adj* de voz suave; **soft 'toy** peluche *m*; **soft•ware** ['sɑːftwer] software *m*; **'soft•ware pack•age** paquete *m* de software; **'soft wood** madera *f* blanda

**soft•y** F ☞ **softie**

**sog•gy** ['sɑːgɪ] *adj* empapado

**SOH** [esouˈeɪtʃ] *abbr (= sense of hu-*

*mor)* sentido *m* del humor

**soil** [sɔɪl] I *n (earth)* tierra *f* II *v/t* ensuciar

**sol** [sɑːl] FIN sol *m*

**sol•ace** ['sɑːləs] consuelo *m*

**so•lar cell** [soulərˈsel] placa *f* solar; **so•lar e'clipse** eclipse *m* de sol; **so•lar 'en•er•gy** energía *f* solar

**so•lar•i•um** [səˈlerɪəm] *(pl **solaria** [səˈlerɪə], **-iums**)* solarium *m*

**'so•lar pan•el** panel *m* solar; **so•lar plex•us** [soulərˈpleksəs] ANAT plexo *m* solar; **'so•lar sys•tem** sistema *m* solar

**sold** [sould] *pret & pp* ☞ **sell**

**sol•der** ['sɑːldər] *v/t* soldar

**sol•dier** ['souldʒər] soldado *m*

◆ **soldier on** *v/i* seguir adelante; **we'll have to soldier on without her** nos las tendremos que arreglar sin ella

**sole**[1] [soul] *n of foot* planta *f*; *of shoe* suela *f*

**sole**[2] [soul] *adj* único

**sole**[3] [soul] *n fish* lenguado *m*

**'sole a•gen•cy** representación *f* exclusiva

**'sole a•gent** agente *m/f* exclusivo(-a)

**sole•ly** ['soullɪ] *adv* únicamente

**sol•emn** ['sɑːləm] *adj* solemne; **I give you my ~ word that** te doy mi palabra de honor de que

**so•lem•ni•ty** [səˈlemnətɪ] solemnidad *f*

**sol•emn•ly** ['sɑːləmlɪ] *adv* solemnemente

**so•lic•it** [səˈlɪsɪt] I *v/i of prostitute* abordar clientes II *v/t help* solicitar

**so•lic•i•tor** [səˈlɪsɪtər] *Br* abogado(-a) *m(f) (que no aparece en tribunales)*

**so•lic•i•tous** [səˈlɪsɪtəs] *adj* solícito, atento

**sol•id** ['sɑːlɪd] I *adj* sólido; *(without holes)* compacto; *gold, silver, oak* macizo; **a ~ hour** una hora seguida; **a ~ gold watch** un reloj de oro macizo II *n* **1** MATH cuerpo *m* sólido **2**: **~s** *pl* comida *f* sólida

**sol•i•dar•i•ty** [sɑːlɪˈdærətɪ] solidaridad *f*; **in ~ with** en solidaridad con

**so•lid•i•fy** [səˈlɪdɪfaɪ] *v/i (pret & pp -ied)* solidificarse

**sol•id•ly** ['sɑːlɪdlɪ] *adv* **1** *built* sólidamente **2** *in favor of sth* unánimemente

**so•lil•o•quy** [səˈlɪləkwɪ] soliloquio *m*

**sol•i•taire** [sɑːlɪˈter] *card game* solitario *m*; **play ~** jugar al solitario

**sol•i•ta•ry** ['sɑːlɪterɪ] *adj* **1** *life, activity* solitario **2** (*single*) único

**sol•i•ta•ry con•fine•ment** prisión *f* incomunicada

**sol•i•tude** ['sɑːlɪtuːd] soledad *f*

**so•lo** ['soʊloʊ] **I** *n* MUS solo *m* **II** *adj flight, voyage* en solitario **III** *adv* MUS, *fly, sail* en solitario

**so•lo•ist** ['soʊloʊɪst] solista *m/f*

**sol•stice** ['sɑːlstɪs] AST solsticio *m*

**sol•u•ble** ['sɑːljʊbl] *adj substance, problem* soluble

**so•lu•tion** [sə'luːʃn] *also mixture* solución *f*

**solv•a•ble** ['sɑːlvəbl] *adj problem* resoluble

**solve** [sɑːlv] *v/t problem* solucionar, resolver; *mystery* resolver; *crossword* resolver, sacar

**sol•ven•cy** ['sɑːlvənsɪ] COM solvencia *f*

**sol•vent** ['sɑːlvənt] **I** *adj financially* solvente **II** *n* CHEM disolvente *m*; **~ abuse** adicción *f* a los disolventes

**som•ber**, *Br* **som•bre** ['sɑːmbər] *adj* **1** (*dark*) oscuro **2** (*serious*) sombrío

**som•bre•ro** [sɑːm'breroʊ] sombrero *m* mejicano

**some** [sʌm] **I** *adj*: **would you like ~ water / cookies?** ¿quieres agua / galletas?; **~ countries** algunos países; **I gave him ~ money** le di (algo de) dinero; **~ people say that ...** hay quien dice ...; **have ~ more** toma (un poco) más; **would you like ~ more cake?** ¿quieres más tarta?; **~ more coffee?** ¿más café? **II** *pron*: **~ of the group** parte del grupo; **would you like ~?** ¿quieres?; **milk? – no thanks, I already have ~** ¿leche? – gracias, ya tengo

**III** *adv* (*a bit*): **we'll have to wait ~** tendremos que esperar algo *or* un poco; **~ 30 people** alrededor de 30 personas

**some•bod•y** ['sʌmbədɪ] *pron* **1** alguien **2**: **be ~** ser alguien importante *or* destacable

**'some•day** *adv* algún día

**'some•how** *adv* **1** (*by one means or another*) de alguna manera **2** (*for some unknown reason*) por alguna razón; **I've never liked him ~** por alguna razón u otra nunca me cayó bien

**'some•one** *pron* ☞ **somebody**

**'some•place** *adv* ☞ **somewhere**

**som•er•sault** ['sʌmərsɔːlt] **I** *n* voltereta *f*; *in the air* salto *m* mortal; **do a ~** dar una voltereta / un salto mortal **II** *v/i* dar una voltereta; *in the air* dar un salto mortal; *of vehicle* dar una vuelta de campana

**'some•thing I** *pron* algo; **would you like ~ to drink / eat?** ¿te gustaría beber / comer algo?; **is ~ wrong?** ¿pasa algo?; **~ funny / sad** algo divertido / triste; **or ~** F o algo así F; **he really thinks he's ~** se cree que es alguien (especial); **that was really ~!** eso estuvo muy bien *or* genial; **the price of gas in Europe is ~ else** F el precio de la gasolina en Europa está por las nubes F; **your brother is ~ else** F tu hermano es de lo que no hay F

**II** *adv*: **~ like $5,000 / six months** algo así como 5.000 dólares / seis meses; **look ~ like** parecerse algo a; **~ over $200** poco más de 200 dólares; **be ~ of a pianist** tener bastante talento como pianista; **it was ~ of a shock** fue un shock de alguna manera; **he's ~ of a local hero here** aquí se le considera *or* es considerado un héroe

**III** *n*: **a little ~** una chuchería *or* tontería; **a certain ~** ese no sé qué

**'some•time** *adv*: **let's have lunch ~** quedemos para comer un día de éstos; **~ last year** en algún momento del año pasado

**'some•times** ['sʌmtaɪmz] *adv* a veces

**'some•way** *adv* de alguna manera

**'some•what** *adv* un tanto; **it was ~ of a shock** fue un shock en cierto modo

**'some•where I** *adv* en alguna parte *or* algún lugar; **~ between 30 and 40 people** entre 30 y 40 personas; **we're finally getting ~!** ¡por fin parece que avanzamos!; **~ in the region of $100 dollars** alrededor de los 100 dólares

**II** *pron*: **let's go ~ quiet** vamos a algún sitio tranquilo; **I was looking for ~ to park** buscaba un sitio donde aparcar

**son** [sʌn] hijo *m*

**so•nar** ['soʊnɑːr] NAUT sonar *m*

**so•na•ta** [sə'nɑːtə] MUS sonata *f*

**song** [sɒŋ] canción *f*; **I got it for a ~** F me ha salido tirado de precio F; **make a ~ and dance about sth** armar un follón *or* pitote por algo F

**'song•bird** pájaro *m* cantor

**'song•writ•er** cantautor(a) *m(f)*

**son•ic** ['sɑːnɪk] *adj* PHYS sonoro; **~ bang** *or* **boom** AVIA bang *m or* estampido *m* supersónico

**'son-in-law** (*pl* **sons-in-law**) yerno *m*

**'son•net** ['sɑːnɪt] soneto *m*

**son of a 'bitch** V hijo *m* de puta V, *Mex* hijo *m* de la chingada V

**son of a 'gun** F sinvergüenza *m/f* F, granuja *m/f* F

**so•no•rous** ['sɑːnərəs] *adj lit* sonoro, resonante

**soon** [suːn] *adv* pronto; **how ~ can you be ready to leave?** ¿cuándo estarás listo para salir?; **he left ~ after I arrived** se marchó al poco de llegar yo; **can't you get here any ~er?** ¿no podrías llegar antes?; **as ~ as** tan pronto como; **as ~ as possible** lo antes posible; **~er or later** tarde o temprano; **the ~er the better** cuanto antes mejor; **I don't want to speak too ~** no quiero adelantarme a los acontecimientos; **I wouldn't speak too ~ if I was you** yo que tú no estaría tan seguro; **no ~er had he mentioned her name than she appeared** antes la llega a nombrar y antes aparece; **no ~er said than done** dicho y hecho; **I would ~er go to the movies than …** antes iba al cine que …

**soot** [sʊt] hollín *m*

**soothe** [suːð] *v/t* calmar

**soot•y** ['sʊtɪ] *adj ceiling, walls* cubierto de hollín

**sop** [sɑːp]: **as a ~ to** para apaciguar *or* tranquilizar

**so•phis•ti•cat•ed** [sə'fɪstɪkeɪtɪd] *adj* sofisticado

**so•phis•ti•ca•tion** [sə'fɪstɪkeɪʃn] sofisticación *f*

**soph•o•more** ['sɑːfəmɔːr] estudiante *m/f* de segundo año

**sop•o•rif•ic** [sɑːpə'rɪfɪk] *adj*: **the ~ effect of …** el efecto soporífero de …

**sop•ping** ['sɑːpɪŋ] *adj or adv*: **~ (wet)** F ensopado, empapado

**sop•py** ['sɑːpɪ] *adj* F sensiblero

**so•pra•no** [sə'prænoʊ] *singer* soprano *m/f, voice* voz *f* de soprano

**sor•bet** ['sɔːrbeɪ] sorbete *m*

**sor•cer•er** ['sɔːrsərə] brujo *m*

**sor•cer•y** ['sɔːrsərɪ] brujería *f*

**sor•did** ['sɔːrdɪd] *adj affair, business* sórdido

**sore** [sɔːr] **I** *adj* **1** (*painful*) dolorido; **is it ~?** ¿duele?; **I'm ~ all over** me duele todo el cuerpo; **my legs are ~** tengo las piernas cansadas; **I have a ~ stomach** me duele estómago; **stick out like a ~ thumb** F destacar mucho, *Span* dar el cante F; **it's a ~ point with him** eso es ponerle el dedo en la llaga **2** F (*angry*) enojado, *Span* mosqueado F **II** *n* llaga *f*

**sore•ly** ['sɔːrlɪ] *adv*: **you'll be ~ missed** se te echará muchísimo de menos; **you're ~ needed** se te necesita desesperadamente

**so•ror•i•ty** [sə'rɑːrətɪ] *in college* fraternidad *f* femenina

**sor•row** ['sɑːroʊ] pena *f*

**sor•row•ful** ['sɑːroʊfʊl] *adj* apenado, consternado

**sor•ry** ['sɑːrɪ] *adj* **1** *day* triste; **be a ~ sight** ofrecer un espectáculo lamentable; **I was so ~ to hear of his death** me dio mucha pena oír lo de su muerte; **I won't be ~ to leave here** no me arrepentiré de irme de aquí; **you'll be ~** te arrepentirás; **I feel ~ for her** siento pena *or* lástima por ella; **I am ~ to say that he is neglecting his work** siento tener que decir que está descuidando su trabajo

**2**: **(I'm) ~!** *apologizing* ¡lo siento!; **I'm ~ (that) I didn't tell you sooner** lamento no habértelo dicho antes; **(I'm) ~ but I can't help** lo siento pero no puedo ayudar; **say ~** pedir perdón, disculparse

**sort** [sɔːrt] **I** *n* **1** clase *f*, tipo *m*; **all ~s of things** muchas cosas; **some ~ of virus** una especie de virus; **I said nothing of the ~** no dije nada por el estilo; **what ~ of (a) man is he?** ¿qué clase de hombre es?; **he's my ~ of drummer** es la clase de batería que me gusta; **I had a ~ of (a) feeling that** presentí como que

**2**: **be out of ~s** F estar para pocas fiestas F; **he's a poet of ~s** es un poeta de poca monta; **make a curtain of ~s** confeccionar una especie de cortina

**3** COMPUT: **do a ~** ordenar

**II** *adv*: **~ of** F un poco, algo; **is it finished? – ~ of** F ¿está acabado? – más o menos; **I ~ of expected it** F más bien me lo esperaba F; **I feel ~ of lonely** me siento algo solo

**III** *v/t* ordenar, clasificar; COMPUT ordenar

◆ **sort out** *v/t papers* ordenar, clasificar;

*problem* resolver, arreglar; ***sort one-self out*** organizarse; ***I'll sort him out!*** *Br F* ¡ya lo arreglo yo!

◆ **sort through** *v/t* organizar, ordenar

**sort•a** ['sɔːrtə] *F* = ***sort of***

**sor•tie** ['sɔːrtiː] MIL incursión *f*; AVIA combate *m* aéreo

**SOS** [esoʊ'es] SOS *m*; *fig* llamada *f* de auxilio; **~ *message*** mensaje *m* de socorro

**so-'so** *adv* *F* así así *F*

**souf•flé** ['suːfleɪ] suflé *m*

**sought** [sɔːt] *pret & pp* ☞ **seek**

**'sought-af•ter** *adj* solicitado

**soul** [soʊl] REL, *fig: of a nation etc* alma *f*, *character* personalidad *f*; ***the poor ~*** el pobrecillo; ***I didn't see a ~*** no vi ni un alma; ***be the ~ of kindness*** ser la amabilidad en persona

**soul-de•stroy•ing** ['soʊldɪstrɔɪɪŋ] *adj* tedioso, pesado

**soul•less** ['soʊlləs] *adj* deprimente

**'soul mate** alma *f* gemela; **'soul mu•sic** soul *m*, música *f* soul; **'soul-search•ing** reflexión *f*, meditación *f*

**sound**¹ [saʊnd] I *adj* **1** (*sensible*) sensato **2** (*healthy*) sano **3** *sleep* profundo II *adv*: **be ~ asleep** estar profundamente dormido

**sound**² [saʊnd] I *n* sonido *m*; (*noise*) ruido *m*; ***I don't like the ~ of it*** *fig* no me gusta ni un pelo; ***by the ~ of things*** *fig* por lo visto II *v/t* **1** (*pronounce*) pronunciar **2** MED auscultar **3**: **~ one's horn** tocar la bocina; **~ a warning** dar un aviso III *v/i* parecer; ***that ~s interesting*** parece interesante

◆ **sound off** *v/i* *F* (*complain*) protestar (**about** por)

◆ **sound out** *v/t*: ***I sounded her out about the idea*** sondeé a ver qué le parecía la idea

**'sound bar•ri•er** PHYS barrera *f* del sonido; **'sound bite** *frase breve pero expresiva extraída de un discurso político*; **'sound card** COMPUT tarjeta *f* de sonido; **'sound ef•fects** *npl* efectos *mpl* sonoros

**sound•ing board** ['saʊndɪŋ]: **use s.o. as a ~** pedir consejo *or* asesoramiento a alguien

**sound•ly** ['saʊndlɪ] *adv* **1** *sleep* profundamente **2** *beaten* rotundamente

**sound•ness** ['saʊndnɪs] sensatez *f*

**'sound•proof** I *adj* insonorizado II *v/t* insonorizar; **sound•proof•ing** ['saʊndpruːfɪŋ] insonorización *f*; **'sound sys•tem** equipo *m* *or* sistema *m* de sonido; **'sound•track** banda *f* sonora

**soup** [suːp] sopa *f*; **be in the ~** *F* estar en un lío *F*

◆ **soup up** *v/t* *F* trucar *F*

**'soup bowl** cuenco *m*

**souped-up** ['suːptʌp] *adj* *F* trucado

**'soup kitch•en** comedor *m* de la caridad; **'soup plate** plato *m* sopero; **'soup spoon** cuchara *f* sopera

**sour** [saʊr] *adj* *apple, orange* ácido, agrio; *milk* cortado; *comment* agrio; **go ~** *of milk* cortarse; *fig* echarse a perder

**source** [sɔːrs] I *n* fuente *f*; *of river* nacimiento *m*; ***from a reliable ~*** de una fuente veraz II *v/t* (*obtain*) obtener

**'source file** COMPUT archivo *m* fuente

**'source lan•guage** LING lengua *f* de origen

**sour 'cream**, *Br* **soured 'cream** nata *f* agria; **sour 'grapes** *npl*: ***that's just ~*** las uvas están verdes: ***it's just ~ on his part*** está disimulando que se muere de la envidia; **'sour•puss** *F* cascarrabias *m/f F*

**south** [saʊθ] I *adj* sur, del sur II *n* sur *m*; ***to the ~*** al sur de; ***in the ~ of*** en el sur de; ***the South*** *of the US* el Sur III *adv* al sur; **~ *of*** al sur de

**South 'Af•ric•a** Sudáfrica *f*; **South 'Af•ri•can** I *adj* sudafricano II *n* sudafricano(-a) *m(f)*; **South A'mer•i•ca** Sudamérica *f*, América *f* del Sur; **South A'mer•i•can** I *adj* sudamericano II *n* sudamericano(-a) *m(f)*; **'south•bound** *adj* hacia el sur, en dirección al sur; **south•east** I *n* sudeste *m*, sureste *m* II *adj* sudeste, sureste III *adv* al sudeste *or* sureste; **~ *of*** al sudeste *or* sureste de; **South•east 'A•sia** sudeste *m* de Asia; **south•east•ern** *adj* del sudeste *or* sureste

**south•er•ly** ['sʌðərlɪ] *adj* *wind* sur, del sur; *direction* sur

**south•ern** ['sʌðərn] *adj* sureño

**south•ern•er** ['sʌðərnər] sureño(-a) *m(f)*

**South•ern 'Hem•i•sphere** hemisferio *m* sur

**'south•ern•most** *adj* más al sur

'south•paw F zurdo(-a) *m(f)*
South 'Pole Polo *m* Sur
south•ward ['saυθwərd] *adv* hacia el sur
south'west I *n* sudoeste *m*, suroeste *m* II *adj* sudoeste, suroeste III *adv* al sudoeste *or* suroeste; **~ of** al sudoeste *or* suroeste de
south'west•ern *adj* del sudoeste *or* suroeste
sou•ve•nir [su:və'nɪr] recuerdo *m*
sov•er•eign ['sɑ:vrɪn] *adj state* soberano
sov•er•eign•ty ['sɑ:vrɪntɪ] *of state* soberanía *f*
So•vi•et ['soυvɪət] HIST I *adj* soviético II *npl*: **the ~s** los soviéticos
So•vi•et 'U•nion HIST Unión *f* Soviética
sow¹ [saυ] *n* (*female pig*) cerda *f*, puerca *f*
sow² [soυ] *v/t* (*pret* **sowed**, *pp* **sown**) *seeds* sembrar; *suspicion* infundir; **~ doubt in s.o.'s mind** *fig* sembrar la duda en alguien; **~ the seeds of sth** *fig* sembrar algo
sown [soυn] *pp* ☞ **sow²**
'soy bean [sɔɪ] semilla *f* de soja
'soy sauce salsa *f* de soja
soz•zled ['sɑ:zəld] *adj* F bebido F, mamado F
spa [spɑ:] *in hotel* balneario *m*
space [speɪs] I *n* espacio *m*; **stare into ~** tener la mirada perdida II *v/t* espaciar, separar; **~ the chairs two feet apart** separar las sillas dos pies las unas de las otras
◆ space out *v/t* espaciar
'space age I *n* futuro *m* II *adj* futurista;
'space bar COMPUT barra *f* espaciadora; 'space ca•det F colgado(-a) *m(f)* F; 'space cap•sule cápsula *f* espacial; 'space•craft nave *f* espacial
spaced-out [speɪst'aυt] *adj* F colgado F; **look ~** parecer un zombi
'space•flight vuelo *m* espacial; 'space heat•er estufa *f* eléctrica; 'space•lab laboratorio *m* espacial; 'space•man ['speɪsmæn] astronauta *m*; 'space probe sonda *f* espacial; 'space•ship nave *f* espacial; 'space shut•tle transbordador *m* espacial; 'space sta•tion estación *f* espacial; 'space•suit traje *m* espacial; 'space trav•el viajes *mpl* espaciales; 'space•walk paseo *m* espacial

spac•ing ['speɪsɪŋ] espacio *m*
spa•cious ['speɪʃəs] *adj* espacioso
spade [speɪd] *for digging* pala *f*; **~s** *in card game* picas *fpl*; **call a ~ a ~** *fig* llamar al pan, pan, y al vino, vino; **in ~s** F de sobra F, para dar y vender F
'spade•work *fig* trabajo *m* preliminar
spa•ghet•ti [spə'getɪ] *nsg* espaguetis *mpl*
spa•ghet•ti 'west•ern spaghetti western *m*
Spain [speɪn] España *f*
spam [spæm] COMPUT propaganda *f* electrónica
span [spæn] I *v/t* (*pret & pp* **-ned**) abarcar; *of bridge* cruzar II *n* **1** AVIA, ORN envergadura *f* **2** *of time* periodo *m*
span•gle ['spæŋgl] I *v/t* recamar con lentejuelas; **be ~d with stars** estar plagado de estrellas II *n* lentejuela *f*
Spang•lish ['spæŋglɪʃ] F espanglés *m*
Span•iard ['spænɪərd] español(a) *m(f)*
span•iel ['spænɪəl] ZO spaniel *m*
Span•ish ['spænɪʃ] I *adj* español II *n* **1** *language* español *m* **2** *npl*: **the ~** los españoles
spank [spæŋk] *v/t* azotar
spank•ing ['spæŋkɪŋ] I *n* azotaina *f* II *adj pace* rápido, veloz III *adv* F: **~ clean** como los chorros del oro F, como una patena F; **~ new** completamente nuevo
span•ner ['spænər] *Br* llave *f*
spar [spɑ:r] I *v/i* (*pret & pp* **-red**) SP entrenarse (**with** con); *fig* pelearse (**with** con) II *n of wood* poste *m*
spare [sper] I *v/t* **1**: **can you ~ me $50?** ¿me podrías dejar 50 dólares?; **we can't ~ a single employee** no podemos prescindir ni de un solo trabajador; **can you ~ the time?** ¿tienes tiempo?; **I have time to ~** me sobra el tiempo; **there were five to ~** sobraban cinco; **can you ~ me a cigarette / 10 minutes?** ¿me das un cigarrillo / 10 minutos?; **~ s.o. sth** evitarle *or* ahorrarle a alguien algo; **~ me the details** ahórrate (contarme) los detalles
**2**: **~ s.o.'s life** perdonar la vida a alguien
II *adj pair of glasses, set of keys* de repuesto; **do you have any ~ cash?** ¿no te sobrará algo de dinero?
III *n* recambio *m*, repuesto *m*

**spare 'part** pieza *f* de recambio *or* repuesto; **spare 'ribs** *npl* costillas *fpl* de cerdo; **spare 'room** habitación *f* de invitados; **spare 'time** tiempo *m* libre; **spare 'tire**, *Br* **spare 'tyre** MOT rueda *f* de recambio *or* repuesto

**spar•ing** ['sperɪŋ] *adj* moderado; **be ~ with** no derrochar

**spar•ing•ly** ['sperɪŋlɪ] *adv* con moderación

**spark** [spɑːrk] **I** *n* chispa *f*; **the ~s fly** *fig* saltan chispas **II** *v/i* resplandecer **III** *v/t* despertar

◆ **spark off** *v/t* desatar, desencadenar

**spar•kle** ['spɑːrkl] **I** *v/i* destellar; *fig* brillar, sobresalir **II** *n* brillo *m*; *fig* gracia *f*, duende *m*

**spar•kler** ['spɑːrklər] **1** *firework* bengala *f* **2**: **~s** *pl* F (*diamonds*) pedruscos *mpl* F

**spar•kling** ['spɑːrklɪŋ] *adj* **1** resplandeciente **2** *fig* brillante, sobresaliente

**spar•kling 'wine** vino *m* espumoso

**'spark plug** bujía *f*

**spar•ring** ['spɑːrɪŋ] *adj*: **~ partner** SP compañero(-a) *m(f)* de entrenamiento; *fig* adversario(-a) *m(f)*

**spar•row** ['spærou] gorrión *m*

**sparse** [spɑːrs] *adj vegetation* escaso

**sparse•ly** ['spɑːrslɪ] *adv*: **~ populated** poco poblado

**spar•tan** ['spɑːrtn] *adj room* espartano

**spasm** ['spæzəm] MED espasmo *m*

**spas•mod•ic** [spæz'mɑːdɪk] *adj* intermitente

**spat**[1] [spæt] *pret & pp* ☞ **spit**[1]

**spat**[2] [spæt] *n* F *argument* rebote *m* F

**spate** [speɪt] *fig* oleada *f*

**spa•tial** ['speɪʃl] *adj* espacial

**spat•ter** ['spætər] *v/t*: **the car ~ed mud all over me** el coche me salpicó de barro

**spat•u•la** ['spætjulə] espátula *f*, paleta *f*

**spawn** [spɔːn] **I** *n* ZO huevos *mpl* **II** *v/i* ZO desovar **III** *v/t fig* engendrar

**spay** [speɪ] *v/t* extirpar los ovarios a

**speak** [spiːk] **I** *v/i* (*pret* **spoke**, *pp* **spoken**) hablar (**to**, **with** con); (*make a speech*) dar una charla; **we're not ~ing** (*to each other*) (*we've quarreled*) no nos hablamos; **~ing** TELEC al habla; **so to ~** digamos, (por decirlo) de alguna manera; **no-one / nothing to ~ of** nadie / nada que merezca la pena des-

tacar

**II** *v/t* (*pret* **spoke**, *pp* **spoken**) *foreign language* hablar; **she spoke her mind** dijo lo que pensaba

◆ **speak for** *v/t on behalf of* hablar en nombre de; **speak for yourself!** ¡habla por ti!; **it speaks for itself** habla por sí solo, lo dice todo

◆ **speak out** *v/i*: **speak out against injustice** denunciar la injusticia

◆ **speak up** *v/i* (*speak louder*) hablar más alto

◆ **speak up for** *v/t* defender

**'speak•eas•y** F *lugar donde se podía comprar alcohol ilegalmente durante los años 20 y 30 en EE.UU.*

**speak•er** ['spiːkər] **1** *at conference* conferenciante *m/f* **2** *of language* hablante *m/f*; **an English ~** un anglohablante **3** (*orator*) orador(a) *m(f)* **4** *of sound system* altavoz *m*, *L.Am.* altoparlante *m*

**speak•ing** ['spiːkɪŋ] *adj*: **we are not on ~ terms** no nos hablamos; **~ tour** gira *f* de conferencias

**spear** [spɪr] **I** *n* **1** *weapon* lanza *f* **2** *of asparagus* punta *f* **II** *v/t piece of food* pinchar

**spear•head** ['spɪrhed] *v/t also fig* ir al frente de, encabezar

**spear•mint** ['spɪrmɪnt] hierbabuena *f*

**spec** [spek]: **on ~** F a la aventura F

**spe•cial** ['speʃl] *adj* especial; **~ offer** COM oferta *f* especial; **be on ~ offer** estar de oferta

**spe•cial ef'fects** *npl* efectos *mpl* especiales

**spe•cial•ist** ['speʃlɪst] especialista *m/f*

**spe•ci•al•i•ty** [speʃɪ'ælətɪ] *Br* ☞ **specialty**

**spe•cial•i•za•tion** [speʃələɪ'zeɪʃn] *subject* especialidad *f*

**spe•cial•ize** ['speʃəlaɪz] *v/i* especializarse (**in** en)

**spe•cial•ly** ['speʃlɪ] *adv* ☞ **especially**

**spe•cial•ty** ['speʃəltɪ] especialidad *f*; **the house ~** la especialidad de la casa

**spe•cies** ['spiːʃiːz] *nsg* especie *f*

**spe•cif•ic** [spə'sɪfɪk] **I** *adj* específico; **~ gravity** gravedad *f* específica **II** *npl*: **the ~s** las particularidades

**spe•cif•i•cal•ly** [spə'sɪfɪklɪ] *adv* específicamente

**spec•i•fi•ca•tions** [spesɪfɪ'keɪʃnz] *npl of machine etc* especificaciones *fpl*

**spe•ci•fy** ['spesıfaı] *v/t* (*pret & pp* **-ied**) especificar

**spe•ci•men** ['spesımən] muestra *f*

'**spe•ci•men sig•na•ture** muestra *f* de firma

**spe•cious** ['spi:ʃəs] *adj* especioso, engañoso; *argument* capcioso

**speck** [spek] *of dust, soot* mota *f*

**speck•led** ['spekld] *adj egg* moteado

**specs** [speks] *npl* F **1** *Br* (*spectacles*) gafas *fpl, L.Am.* lentes *mpl* **2** (*specifications*) especificaciones *fpl*

**spec•ta•cle** ['spektəkl] **1** (*sight*) espectáculo *m*; **make a ~ of o.s.** dar el espectáculo **2**: (**a pair of**) ~**s** unas gafas, *L.Am.* unos lentes

**spec•tac•u•lar** [spek'tækjʊlər] **I** *adj* espectacular **II** *n movie* megaproducción *f; on TV* gala *f*

**spec•ta•tor** [spek'teɪtər] espectador(a) *m(f)*

**spec'ta•tor sport** deporte *m* espectáculo

**spec•ter** ['spektər] *tb fig* espectro *m*, fantasma *m*

**spec•tral** ['spektrəl] *adj* **1** *figure* espectral **2** PHYS espectral

**spec•tre** *Br* ☞ **specter**

**spec•trum** ['spektrəm] PHYS, *fig* espectro *m*; **a broad ~ of opinion** una amplia gama de opiniones

**spec•u•late** ['spekjʊleıt] *v/i also* FIN especular

**spec•u•la•tion** [spekjʊ'leıʃn] *also* FIN especulación *f*; **idle ~** conjeturas *fpl*

**spec•u•la•tive** ['spekjʊlətıv] *adj* **1** FIN especulativo **2** *look* reflexivo

**spec•u•la•tor** ['spekjʊleıtər] FIN especulador(a) *m(f)*

**sped** [sped] *pret & pp* ☞ **speed**

**speech** [spi:tʃ] **1** (*address*) discurso *m; in play* parlamento *m*; **give a ~** dar un discurso (**to** a) **2** (*ability to speak*) habla *f*, dicción *f*; (*way of speaking*) forma *f* de hablar

'**speech de•fect**, '**speech im•ped•i•ment** defecto *m* del habla

**speech•less** ['spi:tʃlıs] *adj with shock, surprise* sin habla; **I was left ~** me quedé sin habla

'**speech rec•og•ni•tion** reconocimiento *m* del habla; '**speech syn•the•siz•er** sintetizador *m* de voz; '**speech ther•a•pist** logopeda *m/f*; '**speech ther•a•py**

logopedia *f*; '**speech writ•er** redactor(a) *m(f)* de discursos

**speed** [spi:d] **I** *n* **1** velocidad *f*; (*promptness*) rapidez *f*; **at a ~ of 150 mph** a una velocidad de 150 millas por hora; **at full** *or* **top speed** a toda velocidad; **five-~ gearbox** caja *f* de cambios de cinco velocidades **2** F *drug* speed *m*
**II** *v/i* (*pret & pp* **sped**) **1** *run* correr; **we were ~ing along** íbamos a toda velocidad **2** *drive too quickly* sobrepasar el límite de velocidad

◆ **speed by** *v/i* pasar a toda velocidad

◆ **speed up I** *v/i of car, driver* acelerar; *when working* apresurarse **II** *v/t process* acelerar

'**speed•boat** motora *f*, planeadora *f*

'**speed bump** resalto *m* (*para reducir la velocidad del tráfico*), *Arg* despertador *m, Mex* tope *m*

**speed•i•ly** ['spi:dılı] *adv* con rapidez

**speed•ing** ['spi:dıŋ]: **fined for ~** multado por exceso de velocidad

'**speed•ing fine** multa *f* por exceso de velocidad

'**speed lim•it** *on roads* límite *m* de velocidad

**speed•om•e•ter** [spi:'dɑːmıtər] velocímetro *m*

'**speed trap** control *m* de velocidad por radar

**speed•y** ['spi:dı] *adj* rápido

**speed•y Gon•za•lez** [gɑːnˈzɑːlez] F: **he's a real ~** es (como) una bala F

**spe•le•ol•o•gy** [spi:liˈɑːlədʒı] espeleología *f*

**spell**[1] [spel] **I** *v/t word* deletrear; **how do you ~ ...?** ¿cómo se escribe ... ? **II** *v/i* deletrear

◆ **spell out** *v/t*: **spell sth out** explicar algo con pelos y señales (**for s.o.** a alguien)

**spell**[2] [spel] *n* (*period of time*) periodo *m*, temporada *f*; **I'll take a ~ at the wheel** te relevaré un rato al volante; **I'll wait a ~** esperaré un ratito F; **cold ~** METEO periodo de frío

**spell**[3] [spel] *n* encantamiento *m*, hechizo *m; fig* hechizo *m*, embrujo *m*; **be under s.o.'s ~** *fig* estar bajo el hechizo de alguien; **cast a ~ on s.o.** hechizar or encantar a alguien; *fig* cautivar a alguien

'**spell•bind•ing** *adj* cautivador

'**spell•bound** *adj* hechizado; **hold s.o. ~**

embelesar a alguien; **'spell•check**
COMPUT: **do a ~ on** pasar el corrector
ortográfico a; **'spell•check•er** COM-
PUT corrector *m* ortográfico
**spell•er** ['spelər]: **be a good / bad ~** ser
bueno / malo en ortografía
**spell•ing** ['spelɪŋ] ortografía *f*; **~ mistake** falta *f* de ortografía
**spend** [spend] *v/t* (*pret & pp* **spent**)
*money* gastar; *time* pasar; **~ an hour
doing sth** pasar *or* estar una hora haciendo algo
**spend•er** ['spendər]: **he's a big ~** es un
gastador
**spend•ing** ['spendɪŋ] gastos *mpl*; **public ~** gasto *m* público; **~ cut** recorte
*m* de gastos
**'spend•ing mon•ey** dinero *m* para gastos personales
**'spend•thrift** *pej* derrochador(a) *m(f)*
**spent** [spent] *pret & pp* ☞ **spend**
**sperm** [spɜrm] espermatozoide *m*; (*semen*) esperma *f*
**'sperm bank** banco *m* de esperma;
**'sperm count** recuento *m* espermático;
**'sperm whale** cachalote *m*
**spew** [spju:] *v/i* P (*vomit*) potar P
◆ **spew out** I *v/t* arrojar, expulsar II *v/i*
salir violentamente (**from** de)
**sphere** [sfɪr] *also fig* esfera *f*; **~ of influence** ámbito *m* de influencia; **in the ~
of** en el campo de
**spher•i•cal** ['sferɪkl] *adj* esférico, redondo
**sphinc•ter** ['sfɪŋktər] ANAT esfínter *m*
**spice** [spaɪs] (*seasoning*) especia *f*
◆ **spice up** *v/t food* especiar; *fig: story,
speech* aderezar
**'spice rack** especiero *m*
**spick-and-span** [spɪkən'spæn] *adj* como los chorros del oro
**spic•y** ['spaɪsɪ] *adj food* con especias;
(*hot*) picante
**spi•der** ['spaɪdər] araña *f*
**'spi•der•web** telaraña *f*, tela *f* de araña
**spiel** [ʃpi:l] F sermón *m* F, parrafada *f* F
**spike** [spaɪk] I *n* pincho *m*; *on running
shoe* clavo *m* II *v/t*: **~ s.o.'s drink** adulterar la bebida de alguien
**'spike heel** tacón *m* de aguja; **~s shoes**
zapatos *mpl* de tacón de aguja
**spikes** [spaɪks] *npl* zapatillas *fpl* de correr
**spik•y** ['spaɪkɪ] *adj* **1** pinchudo **2** *Br* F

irritable
**spill** [spɪl] I *v/t* derramar; **I've ~ed coffee
over my pants** me he tirado café por
los pantalones II *v/i* derramarse III *n*
**1** *of oil* derrame *m* **2**: **have a ~** sufrir
una caída
◆ **spill out** *v/i of liquid* derramarse
◆ **spill over** *v/i of liquid* desparramarse; **spill over into** *of war* extenderse *or*
propagarse hasta
**'spill•way** *of dam* canal *m* desagüe
**spin**[1] [spɪn] I *n* **1** (*turn*) giro *m*; **put ~ on
a ball** SP hacer girar una pelota **2** *given
by ~ doctor* enfoque *m* arbitrario; **put a
different ~ on sth** darle la vuelta a algo
II *v/t* (*pret & pp* **spun**) **1** *turn* hacer girar
**2**: **~ s.o. a yarn** tomar el pelo a alguien
III *v/i* (*pret & pp* **spun**) *of wheel* girar,
dar vueltas; **my head is ~ning** me da
vueltas la cabeza
◆ **spin around** *v/i of person, car* darse
la vuelta
**spin**[2] [spɪn] *v/t wool, cotton* hilar; *web*
tejer
◆ **spin out** *v/t* alargar
**spin•ach** ['spɪnɪdʒ] espinacas *fpl*
**spin•al** ['spaɪnl] *adj* de la columna vertebral
**spin•al 'col•umn** columna *f* vertebral
**spin•al 'cord** médula *f* espinal
**spin•dle** ['spɪndl] TECH eje *m*
**spin•dly** ['spɪndlɪ] *adj person, legs, tree*
escuálido; *chair* endeble
**'spin doc•tor** F asesor encargado de dar
la mejor prensa posible a un político o
asunto; **'spin-dry** *v/t* centrifugar; **spin-
-'dry•er** centrifugadora *f*
**spine** [spaɪn] **1** *of person, animal* columna *f* vertebral; *of book* lomo *m* **2** *on
plant, hedgehog* espina *f*
**spine-chill•ing** ['spaɪntʃɪlɪŋ] *adj* espeluznante
**spine•less** ['spaɪnlɪs] *adj* (*cowardly*) débil
**spin•na•ker** ['spɪnəkər] NAUT spinna-
ker *m*
**spin•ning wheel** ['spɪnɪŋwi:l] rueca *f*
**'spin-off** producto *m* derivado
**spin•ster** ['spɪnstər] solterona *f*
**spin•ster•ish** ['spɪnstərɪʃ] *adj* melindroso
**spin•y** ['spaɪnɪ] *adj* espinoso
**spi•ral** ['spaɪrəl] I *n* espiral II *v/i* (*rise
quickly*) subir vertiginosamente; **and**

**inflation ~s out of control again** y la inflacción se dispara de nuevo desmesuradamente

**spi•ral 'stair•case** escalera *f* de caracol

**spire** [spaɪr] aguja *f*

**spir•it** ['spɪrɪt] espíritu *m*; (*courage*) valor *m*; **in a ~ of cooperation** con espíritu de cooperación; **I'll be with you in ~** estaré contigo en mis pensamientos; **get into the ~ of things** ambientarse

◆ **spirit away** *v/t* retirar disimuladamente

**spir•it•ed** ['spɪrɪtɪd] *adj* (*energetic*) enérgico

'**spir•it lev•el** nivel *m* de burbuja

**spir•its** [spɪrɪts] *pl* (*morale*) la moral; **be in good** or **high** / **poor ~** tener la moral alta / baja; **lift** or **raise s.o.'s ~** levantar los ánimos a alguien, animarse a alguien

**spir•it•u•al** ['spɪrɪtʃʊəl] **I** *adj* espiritual **II** *n* MUS espiritual *m*

**spir•it•u•al•ism** ['spɪrɪtʃəlɪzm] espiritismo *m*

**spir•it•u•al•ist** ['spɪrɪtʃəlɪst] espiritista *m/f*

**spit**[1] [spɪt] **I** *v/i* (*pret & pp* **spat**) *of person* escupir; **it's ~ting with rain** está chispeando; **~ at s.o.** escupir a alguien; **"get out!" she spat at him** "¡fuera!" le gritó enfurecida **II** *v/t* escupir

◆ **spit out** *v/t food, liquid* escupir; **spit it out!** *fig* F ¡suéltalo! F

**spit**[2] [spɪt] *n* **1** *for meat* pincho *m*, brocheta *f* **2** GEOG lengua *f*

**spite** [spaɪt] **1** rencor *m*; **out of pure ~** por pura malicia **2**: **in ~ of** a pesar de **II** *v/t* fastidiar

**spite•ful** ['spaɪtfəl] *adj* malo, malicioso

**spite•ful•ly** ['spaɪtfəlɪ] *adv* con maldad or malicia

'**spit•fire** furia *f*

**spit•ting** ['spɪtɪŋ] *adj*: **be within ~ distance** F estar a un paso F

**spit•ting 'im•age**: **be the ~ of s.o.** ser el vivo retrato de alguien

**spit•tle** ['spɪtl] babas *fpl*

**splash** [splæʃ] **I** *n small amount of liquid* chorrito *m*; *of color* mancha *f*; **make (quite) a ~** F causar sensación F **II** *v/t person* salpicar; **~ cold water over one's face** refrescarse la cara con agua fría; **it was ~ed all over the newspapers** *fig* fue noticia de primera plana

en todos los periódicos **III** *v/i* chapotear; *of water* salpicar

◆ **splash about** *v/t*: **splash one's money about** *Br* F malgastar el dinero F

◆ **splash down** *v/i of spacecraft* amerizar

◆ **splash out** *v/i Br* F: *in spending* gastarse una fortuna

◆ **splash out on** *v/t Br* F derrochar en F

'**splash•down** amerizaje *m*

**splat** [splæt] *adv*: **go ~** hacer chof

**splat•ter** ['splætər] ☞ **spatter**

**splay** [spleɪ] *v/t* abrir, extender

◆ **splay out** *v/t* ☞ **splay**

**spleen** [spliːn] ANAT bazo *m*

**splen•did** ['splendɪd] *adj* espléndido

**splen•dor**, *Br* **splen•dour** ['splendər] esplendor *m*

**splice** [splaɪs] *v/t* **1** empalmar **2** F: **get ~d** casarse

**spliff** [splɪf] *cannabis joint* porro *m*

**splint** [splɪnt] MED tablilla *f*

**splin•ter** ['splɪntər] **I** *n* astilla *f* **II** *v/i* astillarse

'**splin•ter group** grupo *m* escindido

**split** [splɪt] **I** *n* **1** *damage* raja *f* **2** (*disagreement*) escisión *f* **3** (*division, share*) reparto *m* **4**: **do the ~s** hacer el spagat **II** *v/t* (*pret & pp* **split**) **1** *damage* rajar; *logs* partir en dos; **~ one's sides** F partirse de risa F **2** (*cause disagreement in*) escindir; **be ~** *fig* discrepar (**on** sobre) **3** (*share*) repartir; **~ sth three ways** dividir algo para tres; **~ the difference** partir la diferencia

**III** *v/i* (*pret & pp* **split**) **1** (*tear*) rajarse **2** (*disagree*) escindirse **3** F (*leave*) largarse F

◆ **split up** **I** *v/i of couple* separarse **II** *v/t* (*divide*) dividir

**split 'ends** *npl* puntas *fpl* abiertas; **split-'lev•el** casa *f* de dos plantas; **split-'lev•el co•lo•ni•al** casa *f* de estilo colonial de dos plantas; **split per•son•al•i•ty** PSYCH doble personalidad *f*; **split 'screen** COMPUT pantalla *f* dividida; **split 'sec•ond** F instante *m*

**split•ting** ['splɪtɪŋ] *adj*: **~ headache** dolor *m* de cabeza atroz

**splodge** [splɒdʒ] *esp Br*, **splotch** [splɒtʃ] pegote *m*, mancha *f*

**splurge** [splɜːrdʒ] F **I** *n*: **have a ~** tirar la

casa por la ventana (**on** en) F **II** v/i despilfarrar (**on** en)

**splut•ter** ['splʌtər] v/i farfullar

**spoil** [spɔɪl] **I** v/t (pret & pp **spoiled** or **spoilt**) **1** estropear, arruinar **2** child consentir, mimar **II** v/i **1** echarse a perder **2**: **be ~ing for a fight** estar buscando bronca **III** npl: **the ~s (of war)** el botín de guerra

**spoil•er** ['spɔɪlər] MOT alerón m

**'spoil•sport** F aguafiestas m/f inv F

**spoilt** [spɔɪlt] **1** adj child consentido, mimado; **be ~ for choice** tener mucho donde elegir; **~ ballot (paper)** POL papeleta f inválida **II** pret & pp ☞ **spoil**

**spoke**[1] [spouk] n of wheel radio m; **put a ~ in s.o.'s wheel** fig poner la zancadilla a alguien

**spoke**[2] [spouk] pret ☞ **speak**

**spo•ken** ['spoukən] **I** pp ☞ **speak II** adj: **in ~ English** en inglés hablado

**spokes•man** ['spouksmən] portavoz m

**spokes•per•son** ['spoukspɜːrsən] portavoz m/f

**spokes•wom•an** ['spoukswumən] portavoz f

**sponge** [spʌndʒ] esponja f; **throw in the ~** fig tirar la toalla

◆ **sponge down** v/t humedecer

◆ **sponge off, sponge on** v/t F vivir a costa de

**'sponge cake** bizcocho m

**spong•er** ['spʌndʒər] F gorrón(-ona) m(f) F

**spong•y** ['spʌndʒɪ] adj **1** (waterlogged) anegado **2** in texture esponjoso; pej: bread etc abizcochado

**spon•sor** ['spɑːnsər] **I** n patrocinador(a) m(f) **II** v/t patrocinar

**spon•sor•ship** ['spɑːnsərʃɪp] patrocinio m

**spon•ta•ne•i•ty** [spɑːntə'neɪətɪ] espontaneidad f

**spon•ta•ne•ous** [spɑːn'teɪnɪəs] adj espontáneo

**spon•ta•ne•ous•ly** [spɑːn'teɪnɪəslɪ] adv espontáneamente

**spoof** [spuːf] F parodia f (**of** de; **on** sobre)

**spook** [spuːk] F **I** n **1** (ghost) fantasma m **2** (spy) espía m/f **II** v/t asustar

**spook•y** ['spuːkɪ] adj F espeluznante, terrorífico

**spool** [spuːl] carrete m

**spoon** [spuːn] cuchara f

**'spoon•feed** v/t (pret & pp **-fed**) fig dar todo mascado a

**spoon•ful** ['spuːnful] cucharada f

**spo•rad•ic** [spə'rædɪk] adj esporádico

**spo•rad•i•cal•ly** [spə'rædɪklɪ] adv esporádicamente

**spore** [spɔːr] BIO espora f

**sport** [spɔːrt] **1** deporte m **2**: **be a good ~** F ser buena gente F; **be a ~ and let me borrow your car** no seas aguafiestas y déjame el coche

**sport•ing** ['spɔːrtɪŋ] adj deportivo; **a ~ gesture** un gesto deportivo; **give s.o. a ~ chance** dar ventaja a alguien

**'sports car** [spɔːrts] (coche m) deportivo m; **'sports•cast** noticias fpl deportivas; **'sports cen•ter**, Br **'sports cen•tre** polideportivo m; **'sports•coat**, Br **'sports jack•et** chaqueta f de sport; **sports 'jour•nal•ist** periodista m/f deportivo(-a); **'sports•man** deportista m

**sports•man•like** ['spɔːrtsmənlaɪk] adj deportivo, correcto

**sports•man•ship** ['spɔːrtsmənʃɪp] deportividad f

**'sports med•i•cine** medicina f deportiva; **'sports news** nsg noticias fpl deportivas; **'sports page** página f de deportes; **'sports•wear** ropa f de deporte; **'sports•wom•an** deportista f

**sport•y** ['spɔːrtɪ] adj person deportista; clothes deportivo

**spot**[1] [spɑːt] n (pimple etc) grano m; (part of pattern) lunar m; **a ~ of ...** (a little) algo de ..., un poco de ...

**spot**[2] [spɑːt] n (place) lugar m, sitio m; **on the ~** (in the place in question) en el lugar; (immediately) en ese momento; **put s.o. on the ~** F poner a alguien en un aprieto F; **be in a ~** F estar en un apuro or aprieto F; **that hit the ~!** ¡era justo lo que necesitaba!; **earn a ~ on the team** hacerse con un puesto en el equipo

**spot**[3] [spɑːt] v/t (pret & pp **-ted**) (notice) ver; (identify) ver, darse cuenta de

**'spot buy•ing** FIN compra f al contado

**spot 'check** control m al azar; **carry out ~s** llevar a cabo controles al azar

**spot•less** ['spɑːtlɪs] adj inmaculado, impecable

**'spot•light** foco m; **be in the ~** fig estar en el candelero; **spot-'on** adj Br: **he**

**was ~** dio en el clavo; '**spot price** FIN precio *m* al contado

**spot•ted** ['spɑːtɪd] *adj fabric* de lunares

**spot•ty** ['spɑːtɪ] *adj with pimples* con granos

**spouse** [spaʊs] *fml* cónyuge *m/f*

**spout** [spaʊt] **I** *n* pitorro *m*; **be up the ~** *Br* F *machine* estar en las últimas; *person, company* estar en la cuerda floja F; **she's up the ~** *Br* P (*pregnant*) está preñada P **II** *v/i of liquid* chorrear **III** *v/t* F soltar F

**sprain** [spreɪn] **I** *n* esguince *m* **II** *v/t* hacerse un esguince en

**sprang** [spræŋ] *pret* ☞ **spring**[2]

**sprawl** [sprɔːl] *v/i* despatarrarse; *of city* expandirse; **send s.o. ~ing** *with punch* derribar alguien de un golpe

**sprawl•ing** ['sprɔːlɪŋ] *adj city* extendido

**spray** [spreɪ] **I** *n of sea water, from fountain* rociada F; *for hair* spray *m*; *container* aerosol *m*, spray *m* **II** *v/t* rociar; *crops* fumigar; **~ sth with sth** rociar algo con algo

'**spray can** aerosol *m*

'**spray•gun** pistola *f* pulverizadora

**spread** [spred] **I** *n* **1** *of disease, religion etc* propagación *f* **2** F (*big meal*) comilona *f* F **II** *v/t* (*pret & pp* **spread**) **1** (*lay*) extender; *butter, jelly* untar **2** *news, rumor* difundir; *disease* propagar **3** *arms, legs* extender **III** *v/i* (*pret & pp* **spread**) **1** *of disease, fire* propagarse; *of rumor, news* difundirse **2** *of butter* extenderse, untarse

◆ **spread around** *v/t news etc* extender; **don't spread this around, but ...** no lo cuentes por ahí, pero ...

◆ **spread out I** *v/t* abrir, extender **II** *v/i of people* distribuirse, separarse

**spread-ea•gled** [spred'iːgld] *adj* con las manos y las piernas abiertas

'**spread•sheet** COMPUT hoja *f* de cálculo

**spree** [spriː] F: **go (out) on a ~** ir de juerga; **go on a shopping ~** salir a comprar a lo loco

**sprig** [sprɪg] ramita *f*

**spright•ly** ['spraɪtlɪ] *adj* lleno de energía

**spring**[1] [sprɪŋ] **I** *n season* primavera *f*; *in* (*the*) **~** en (la) primavera **II** *adj* de primavera

**spring**[2] [sprɪŋ] *n device* muelle *m*

**spring**[3] [sprɪŋ] **I** *n* **1** (*jump*) brinco *m*, salto *m* **2** (*stream*) manantial *m* **II** *v/i* (*pret* **sprang**, *pp* **sprung**) saltar; **~ from** proceder de; **he sprang to his feet** se levantó de un salto; **~ into action** ponerse manos a la obra de inmediato; **~ open** *of lid etc* abrirse de golpe **III** *v/t* (*pret* **sprang**, *pp* **sprung**) **1**: **~ sth on s.o.** F soltar algo a alguien de buenas a primeras F **2**: **~ a leak** agrietarse **3**: **~ s.o.** (*from prison*) F sacar a alguien de la cárcel

◆ **spring from** *v/t* originarse en; **where did you spring from?** ¿de dónde sales?

◆ **spring up** *v/i of wind* levantarse; *of coffee shops, new houses etc* multiplicarse

'**spring•board** *also fig* trampolín *m*; **spring 'chick•en** *hum*: **she's no ~** no es ninguna niña; **spring-'clean** *v/t & v/i* limpiar a fondo; **spring-'clean•ing** limpieza *f* a fondo; **spring 'on•ion** *Br* cebollino *m*; **spring 'roll** GASTR rollito *m* de primavera; **spring 'tide** marea *f* viva; '**spring•time** primavera *f*

**spring•y** ['sprɪŋɪ] *adj mattress, ground* mullido; *walk* ligero; *piece of elastic* elástico

**sprin•kle** ['sprɪŋkl] *v/t* espolvorear; **~ sth with sth** espolvorear algo con algo

**sprin•kler** ['sprɪŋklər] *for garden* aspersor *m*; *in ceiling* rociador *m* contra incendios

**sprin•kling** ['sprɪŋklɪŋ]: **a ~ of** un poco de; *people* un puñado de

**sprint** [sprɪnt] **I** *n* esprint *m*; SP carrera *f* de velocidad **II** *v/i* (*run fast*) correr a toda velocidad; *of runner* esprintar

**sprint•er** ['sprɪntər] SP esprínter *m/f*, velocista *m/f*

**spritz** [sprɪts] *v/t* (*spray*) rociar

**spritz•er** ['sprɪtsər] *vino blanco con soda*

**sprog** [sprɑːg] *Br* F pequeño(-a) *m(f)* F

**sprout** [spraʊt] **I** *v/i of seed* brotar **II** *n*: (*Brussels*) **~s** coles *fpl* de Bruselas **III** *v/t*: **~ a beard** F dejarse barba

◆ **sprout up** *v/i* surgir

**spruce**[1] [spruːs] *adj* pulcro

◆ **spruce up** *v/t house etc* dejar como una patena; **spruce o.s. up** F recomponerse F, arreglarse F spruce² [spru:s] *n* BOT picea *f*

sprung [sprʌŋ] *pp* ☞ **spring²**

spry [spraɪ] *adj* lleno *m* de energía

spud [spʌd] F patata *f*

spun [spʌn] *pret & pp* ☞ **spin¹III**

spunk [spʌŋk] F (*courage*) valor *m*

spunk•y ['spʌŋkɪ] *adj* F valiente

spur [spɜːr] I *n* espuela *f*; *fig* incentivo; **on the ~ of the moment** sin pararse a pensar II *v/t* (*pret & pp -red*): **~ s.o. into action** empujar a alguien a actuar

◆ spur on *v/t* (*encourage*) espolear

spu•ri•ous ['spjʊrɪəs] *adj emotion* fingido; *argument* falaz

spurn [spɜːrn] *v/t* rechazar; **a ~ed lover** un amante repudiado

spur-of-the-'mo•ment *adj* repentino

spurt [spɜːrt] I *n in race* arrancada *f*; **put on a ~** acelerar II *v/i of liquid* chorrear

sput•ter ['spʌtər] *v/i of engine* chisporrotear

spy [spaɪ] I *n* espía *m/f* II *v/i* (*pret & pp -ied*) espiar III *v/t* (*pret & pp -ied*) (*see*) ver

◆ spy on *v/t* espiar

'spy mov•ie película *f* de espías

squab•ble ['skwɑːbl] I *n* riña *f* II *v/i* reñir

squad [skwɑːd] **1** MIL pelotón *m* **2** *in police* brigada *f*; **the vice ~** la brigada antivicio **3** SP plantilla *f*

'squad car coche *m* patrulla

squad•ron ['skwɑːdrən] MIL, AVIA escuadrón *m*; NAUT escuadra *f*

squal•id ['skwɒlɪd] *adj* inmundo, miserable

squall¹ [skwɔːl] I *v/i* berrear II *n* berreo *m*

squall² [skwɔːl] *n* ráfaga *f*

squall•y ['skwɔːlɪ] *adj day, weather* ventoso

squal•or ['skwɒlər] inmundicia *f*; **live in ~** vivir en la inmundicia *or* miseria

squan•der ['skwɒndər] *v/t money* despilfarrar

square [skwer] I *adj* **1** *in shape* cuadrado; **~ miles** millas *fpl* cuadradas **2**: **be (all) ~** F estar en paz F

II *n* **1** *also* MATH cuadrado *m* **2** *in town* plaza *f*; *in board game* casilla *f*; **we're back to ~ one** volvemos al punto de partida

III *v/t* **1** *number* elevar al cuadrado; **4 ~d** 4 al cuadrado **2** F: **~ sth with one's conscience** no tener cargo de conciencia por algo; **I'll need to ~ it with the boss first** necesitaré primero el visto bueno del jefe

◆ square up *v/i* (*pay*) hacer cuentas

◆ square up to *v/t opponent* plantar cara a; *problem* hacer frente a

'square dance *baile típico estadounidense en grupos de cuatro parejas*

squared 'pa•per [skwerd] papel *m* cuadriculado

square•ly ['skwerlɪ] *adv*: **face a problem ~** afrontar un problema directamente

square 'meal comida *f* substanciosa

square 'root raíz *f* cuadrada

squash¹ [skwɑːʃ] *n vegetable* calabacera *f*

squash² [skwɑːʃ] *n game* squash *m*

squash³ [skwɑːʃ] *v/t* (*crush*) aplastar; **~ flat** chafar

'squash court pista *f* de squash

'squash rack•et raqueta *f* de squash

squash•y ['skwɑːʃɪ] *adj* blando, maduro

squat [skwɑːt] I *adj person, build* chaparro; *figure, buildings* bajo II *v/i* (*pret & pp -ted*) *sit* agacharse; **~ in a building** ocupar ilegalmente un edificio III *n building* casa *f* okupa *Span* F

◆ squat down *v/i* acuclillarse

squat•ter ['skwɑːtər] ocupante *m/f* ilegal, *Span* okupa *m/f* F

squaw [skwɔː] nativa *f* norteamericana

squawk [skwɔːk] *v/i* F refunfuñar (*about* por)

squeak [skwi:k] I *n of mouse* chillido *m*; *of hinge* chirrido *m*; **I don't want to hear a ~ from you guys** no quiero oíros ni respirar; **that was a narrow ~!** F ¡por los pelos! F II *v/i of mouse* chillar; *of hinge* chirriar; *of shoes* crujir

◆ squeak through *v/i* F aprobar por los pelos

squeak•y ['skwi:kɪ] *adj hinge* chirriante; *shoes* que crujen; *voice* chillón

'squeak•y clean *adj* F *hair* bien limpio; *fig*: *politician* honesto

squeal [skwi:l] I *n* chillido; **there was a ~ of brakes** se oyó una frenada estruendosa II *v/i* **1** chillar; *of brakes* armar un estruendo **2** F *of informant* chivarse F; **~ on s.o.** F delatar a alguien

squeam•ish ['skwi:mɪʃ] *adj* aprensivo

squee•gee ['skwi:dʒi:] limpiacristales

*m* de goma

**squeeze** [skwi:z] **I** *n of hand, shoulder* apretón *m*; **give sth a ~** apretujar algo; **put the ~ on s.o.** F apretarle los tornillos a alguien F **II** *v/t* **1** (*press*) apretar **2** (*remove juice from*) exprimir

◆ **squeeze in I** *v/i to a car etc* meterse a duras penas **II** *v/t* hacer hueco para

◆ **squeeze out** *v/t* exprimir

◆ **squeeze up** *v/i to make space* apretarse

**squelch** [skweltʃ] *v/i* chapotear

**squib** [skwɪb] petardo *m*

**squid** [skwɪd] calamar *m*

**squig•gle** ['skwɪɡl] (*scribble*) garabato *m*

**squint** [skwɪnt]: **she has a ~** es estrábica, tiene estrabismo

**squirm** [skwɜ:rm] *v/t* retorcerse

**squir•rel** ['skwɪrl] ardilla *f*

**squir•rel•ly** ['skwɪrəlɪ] *adj* F majareta F

**squirt** [skwɜ:rt] **I** *v/t* lanzar un chorro de **II** *n* F *pej* canijo(-a) *m(f)* F, mequetrefe *m/f* F

**Sri Lan•ka** [sri:'læŋkə] Sri Lanka *m*

**St** *abbr* **1** (= *saint*) male Sto; *female* Sta (= *santo m*; *santa f*) **2** (= *street*) c / (= *calle f*)

**stab** [stæb] **I** *n* **1** puñalada *f*; **~ wound** puñalada *f*; **~ in the back** *fig* puñalada por la espalda; **feel a ~ of pain / remorse** sufrir un ataque de dolor / remordimientos **2** F intento *m*; **have a ~ at sth** intentar algo

**II** *v/t* (*pret & pp* **-bed**) *person* apuñalar; **he was ~bed in the stomach** recibió una puñalada en el estómago; **~ s.o. in the back** *fig* clavar a alguien un puñal por la espalda

**stab•bing** ['stæbɪŋ] **I** *adj pain* punzante **II** *n* puñalada *f*

**sta•bil•i•ty** [stə'bɪlətɪ] estabilidad *f*

**sta•bi•li•za•tion** [steɪbəlaɪ'zeɪʃn] estabilización *f*

**sta•bi•lize** ['steɪbəlaɪz] **I** *v/t prices, boat* estabilizar **II** *v/i of prices etc* estabilizarse

**sta•bi•liz•er** ['steɪbəlaɪzər] TECH estabilizador *m*

**sta•ble¹** ['steɪbl] *n for horses* establo *m*

**sta•ble²** ['steɪbl] *adj* estable; *patient's condition* estacionario

**stack** [stæk] **I** *n* **1** (*pile*) pila *f*; **be in the ~** *of airplane* estar en espera de recibir permiso para aterrizar; **~s of** F montones de F **2** (*smoke~*) chimenea *f* **3** *for CDs* estantería *f* **II** *v/t* apilar; **the odds are ~ed against us** el viento no sopla a nuestro favor

◆ **stack up** *v/t* ☞ **stack II**

◆ **stack up against** *v/t* F comparar con

**sta•di•um** ['steɪdɪəm] (*pl stadia* ['steɪdɪə], **-ums**) estadio *m*

**staff** [stæf] *npl* (*employees*) personal *m*; (*teachers*) profesorado *m*; **~ are not allowed to ...** los empleados no tienen permitido ...; **be on the ~** formar parte de la plantilla **II** *v/t* proporcionar personal a

**staf•fer** ['stæfər] empleado(-a) *m(f)*

**'staff of•fi•cer** MIL oficial *m* del Estado Mayor

**'staff•room** *in school* sala *f* de profesores

**stag** [stæg] ciervo *m*

**stage¹** [steɪdʒ] *n in life, project etc* etapa *f*; **in (easy) ~s** por partes; **at a later ~** posteriormente

**stage²** [steɪdʒ] **I** *n* THEA escenario *m*; **go on ~** salir a escena; **go on the ~** *become an actor* hacerse actor / actriz; **set the ~ for** ultimar los preparativos para **II** *v/t* **1** *play* escenificar, llevar a escena **2** *demonstration* llevar a cabo; **it was all specially ~d** *not spontaneous* no fue algo espontáneo

**'stage di•rec•tion** acotación *f*; **stage 'door** entrada *f* de artistas; **'stage fright** miedo *m* escénico; **'stage hand** tramoyista *m/f*; **'stage-man•age** *v/t* organizar entre bastidores; **'stage manag•er** director(a) *m(f)* de escena; **'stage name** nombre *m* artístico; **'stage-struck** *adj* apasionado de la interpretación

**stage•y** ['steɪdʒɪ] *adj gesture* teatral, exagerado

**stag•ger** ['stæɡər] **I** *v/i* tambalearse **II** *v/t* **1** (*amaze*) dejar anonadado; **I was ~ed to see so many people** me quedé estupefacto al ver a tanta gente **2** *coffee breaks etc* escalonar

**stag•ger•ing** ['stæɡərɪŋ] *adj* asombroso

**stag•nant** ['stæɡnənt] *adj also fig* estancado

**stag•nate** [stæɡ'neɪt] *v/i fig* estancarse

**stag•na•tion** [stæɡ'neɪʃn] estancamiento *m*

'stag par•ty despedida *f* de soltero

staid [steɪd] *adj* aburrido, soso

stain [steɪn] **I** *n* **1** (*dirty mark*) mancha *f* **2** *for wood* tinte *m* **II** *v/t* **1** (*dirty*) manchar **2** *wood* teñir **III** *v/i* **1** *of wine etc* manchar, dejar mancha **2** *of fabric* mancharse

stained-glass 'win•dow [steɪnd] vidriera *f*

stain•less steel ['steɪnlɪsstiːl] acero *m* inoxidable

stain re•mov•er ['steɪnrɪmuːvər] quitamanchas *m inv*

stair [ster] escalón *m*; *the ~s* la(s) escalera(s); *two flights of ~s* dos tramos de escalera

'stair car•pet alfombra *f* para escaleras

'stair•case, 'stair•way escalera(s) *f(pl)*

stake [steɪk] **I** *n* **1** *of wood* estaca *f* **2** *when gambling* apuesta *f*; *be at ~* estar en juego; *play for high ~s* jugarse mucho **3** (*investment*) participación *f*; *have a ~ in sth* tener intereses en algo **II** *v/t* **1** *tree* arrodrigar **2** *money* apostar; *reputation* jugarse **3** *person* ayudar (*económicamente*) **4**: *~ a or one's claim to sth* *fig* reclamar el derecho sobre algo

◆ stake out *v/t* F vigilar

'stake•out F vigilancia *f*

sta•lac•tite ['stæləktaɪt] GEOL estalactita *f*

sta•lag•mite ['stæləgmaɪt] GEOL estalagmita *f*

stale [steɪl] *adj bread* rancio; *air* viciado; *fig: news* viejo

'stale•mate *in chess* tablas *fpl* (*por rey ahogado*); *fig* punto *m* muerto; *end in ~* quedar tablas

stalk[1] [stɔːk] *n of fruit, plant* tallo *m*

stalk[2] [stɔːk] *v/t* (*follow*) acechar; *person* seguir

stalk•er ['stɔːkər] persona que sigue a otra obsesivamente

stall[1] [stɔːl] *n* **1** *at market* puesto *m* **2** *for cow, horse* casilla *f*

stall[2] [stɔːl] **I** *v/i* **1** *of vehicle, engine* calarse; *of plane* entrar en pérdida **2** (*play for time*) intentar ganar tiempo **II** *v/t* **1** *engine* calar **2** *person* retener

stal•li•on ['stæljən] semental *m*

stalls [stɔːlz] *npl* THEA patio *m* de butacas

stal•wart ['stɔːlwərt] *adj support, sup-*

*porter* incondicional

stam•i•na ['stæmɪnə] resistencia *f*

stam•mer ['stæmər] **I** *n* tartamudeo *m*; *have a ~, speak with a ~* tartamudear **II** *v/i* tartamudear

◆ stammer out *v/t* mascullar

stam•mer•er ['stæmərər] tartamudo(-a) *m(f)*

stamp[1] [stæmp] **I** *n* **1** *for letter* sello *m*, *L.Am.* estampilla *f*, *Mex* timbre *m* **2** *device* tampón *m*; *mark made with device* sello *m* **II** *v/t* sellar; *~ed addressed envelope* sobre *m* franqueado con la dirección

stamp[2] [stæmp] *v/t*: *~ one's feet* patear

◆ stamp out *v/t* (*eradicate*) terminar con

'stamp al•bum álbum *m* filatélico; 'stamp col•lect•ing filatelia *f*; 'stamp col•lec•tion collección *f* de sellos *or L.Am.* estampillas *or Mex* timbres; 'stamp col•lec•tor coleccionista *m/f* de sellos *or L.Am.* estampillas *or Mex* timbres

stam•pede [stæmˈpiːd] **I** *n of cattle etc* estampida *f*; *of people* desbandada *f* **II** *v/i of cattle etc* salir de estampida; *of people* salir en desbandada **III** *v/t cattle, horses* hacer salir de estampida; *~ s.o. into doing sth* presionar a alguien para que haga algo

'stamp•ing ground ['stæmpɪŋ] *fig* F lugar *m* favorito

stance [stæns] (*position*) postura *f*

stand [stænd] **I** *n* **1** *at exhibition* puesto *m*, stand *m* **2** (*witness ~*) estrado *m*; *take the ~* subir al estrado **3** (*support, base*) soporte *m* **4**: *~s pl* SP graderío *m* **5**: *make or take a ~* adoptar una postura **6** MIL resistencia *f*

**II** *v/i* (*pret & pp stood*) **1** *as opposed to sit* estar de pie; (*rise*) ponerse de pie **2** *of building* encontrarse, hallarse; *there was a large box ~ing in the middle of the floor* había una caja muy grande en mitad del suelo; *the house ~s at the corner of ...* la casa se encuentra en la esquina de ...; *~ still of person* quedarse quieto; *don't just ~ there, do something!* ¡no te quedes ahí parado or quieto, haz algo!

**3**: *where do you ~ with Liz?* ¿cual es tu situación con Liz?; *where do you ~ on this?* ¿de qué lado estás?; *at least I*

*know now where I* ~ al menos sé a que atenerme; *as things* ~ tal y como están las cosas; *my offer still* ~*s* mi oferta todavía está en pie; *it* ~*s at 5%* asciende al 5%
**4** *for election etc* presentarse
**III** *v/t* (*pret & pp* **stood**) **1** (*put*) colocar **2** (*tolerate*) aguantar, soportar **3:** *you don't* ~ *a chance* no tienes ninguna posibilidad; ~ *one's ground* mantenerse firme; ~ *s.o. a drink* F invitar a alguien a tomar algo F
♦ **stand around** *v/i:* *just standing around on the corner* rondando por la esquina
♦ **stand back** *v/i* echarse atrás
♦ **stand by I** *v/i* **1** (*not take action*) quedarse sin hacer nada; *stand idly by* quedarse de brazos cruzados **2** (*be ready*) estar preparado **II** *v/t person* apoyar; *decision* atenerse a
♦ **stand down** *v/i* (*withdraw*), LAW retirarse
♦ **stand for** *v/t* **1** (*tolerate*) aguantar **2** (*represent*) significar **3:** *stand for election* Br presentarse como candidato a unas elecciones
♦ **stand in for** *v/t* sustituir
♦ **stand on** *v/t* **1** subirse a; *stand on one's hands / head* L.Am. pararse de cabeza, *Span* hacer el pino con las manos / la cabeza; *be able to do sth standing on one's head* F poder hacer algo con los ojos cerrados F
♦ **stand out** *v/i* destacar
♦ **stand out against** *v/t* **1** (*resist*) oponerse a **2** (*be silhouetted against*) resaltar sobre
♦ **stand over** *v/t* estar encima de
♦ **stand up I** *v/i* **1** levantarse **2** *fig: of argument, claim* estimarse **II** *v/t* F plantar
♦ **stand up for** *v/t* defender; *stand up for yourself!* ¡defiéndete!
♦ **stand up to** *v/t* hacer frente a; *use, pressure* aguantar
'**stand•a•lone** *adj computer, workstation* independiente
**stan•dard**¹ ['stændərd] **I** *adj* **1** *size etc* estándar; *it is* ~ *for applicants to …* por norma los solicitantes deben …
**2** (*usual*) habitual
**II** *n* (*level of excellence*) nivel *m*; TECH estándar *m*; *be up to* ~ cumplir el nivel

exigido; *not be up to* ~ estar por debajo del nivel exigido; *my parents set very high* ~*s* mis padres exigen mucho; *by present-day* ~*s* según los criterios de hoy en día
**stan•dard**² ['stændərd] *n flag* estandarte *m*
**stan•dard de•vi•a•tion** desviación *f* típica
**stan•dard•i•za•tion** [stændərdaɪˈzeɪʃn] estandarización *f*
**stan•dard•ize** ['stændərdaɪz] *v/t* normalizar
♦ **standardize on** *v/t* estandarizar
'**stan•dard lamp** *Br* lámpara *f* de pie
**stan•dard of 'liv•ing** nivel *m* de vida
'**stand•by I** *n* **1** AVIA *ticket* billete *m* stand-by; *be on* ~ estar en stand-by *or* en lista de espera **2:** *be on* ~ *to deal with crisis* estar en alerta **3:** *canned to-matoes are a useful* ~ los tomates en lata son un recurso muy socorrido **II** *adv fly* con un billete stand-by
'**stand•by pas•sen•ger** pasajero(-a) *m(f)* en stand-by *or* en lista de espera
'**stand-in** sustituto(-a) *m(f)*
**stand•ing** ['stændɪŋ] *in society etc* posición *f*; (*repute*) reputación *f*; *a musi-cian / politician of some* ~ un reputado músico / político; *a relationship of long* ~ una relación establecida hace mucho tiempo
'**stand•ing com•mit•tee** comisión *f* permanente; **standing 'or•der** *Br* FIN orden *f* de pago; '**stand•ing room:** ~ *only* no quedan asientos
'**stan•dings** *npl* SP tabla *f* de clasificación, clasificación *f*
'**stand•off** punto *m* muerto
**stand•off•ish** [stændˈɑːfɪʃ] *adj* distante
'**stand•point** punto *m* de vista; '**stand-still:** *be at a* ~ estar paralizado; *bring to a* ~ paralizar; **stand-up 'com•ic** cómico(-a) *m(f)*; **stand-up 'fight** pelea *f* en toda regla
**stank** [stæŋk] *pret* ☞ **stink**
**stan•za** ['stænzə] estrofa *f*
**sta•ple**¹ ['steɪpl] *n foodstuff* alimento *m* básico
**sta•ple**² ['steɪpl] **I** *n fastener* grapa *f* **II** *v/t* grapar
**sta•ple 'di•et** dieta *f* básica
'**sta•ple gun** grapadora *f* industrial
**sta•pler** ['steɪplər] grapadora *f*

**star** [stɑːr] **I** *n also person* estrella *f;* ***see***
*~s* ver las estrellas; ***thank one's lucky***
*~s* F dar las gracias a la providencia;
***the ~ of the show*** la estrella del espectáculo
**II** *adj player etc* estrella
**III** *v/t* (*pret & pp* **-red**) *of movie* estar
protagonizado por
**IV** *v/i* (*pret & pp* **-red**) *in movie:* ***Tom***
***Hanks ~red in ...*** Tom Hanks protago-
nizó ...
'star•board *adj* de estribor
starch [stɑːrtʃ] *in foodstuff* fécula *f*
starch•y ['stɑːrtʃɪ] *adj* **1** *foodstuff* fecu-
lento **2** *fig* F rígido, recto
star•dom ['stɑːrdəm] estrellato *m*
stare [ster] **I** *n* mirada *f* fija **II** *v/i* mirar
fijamente; *~ at* mirar fijamente **II** *v/t:*
***it's staring you in the face!*** *fig: object*
¡lo tienes justo delante!; *situation* ¡está
más claro que el agua!
'star•fish estrella *f* de mar
stark [stɑːrk] **I** *adj landscape* desolado;
*reminder, picture etc* desolador; *in ~*
*contrast to* en marcado contraste
con **II** *adv:* *~ naked* completamente
desnudo; *be ~ staring or raving mad*
estar como una cabra F
star•let ['stɑːrlət] *pej* actriz *f* de cine
principiante
'star•light luz *f* de las estrellas
star•ling ['stɑːrlɪŋ] estornino *m*
'star•lit *adj* iluminado por las estrellas
star•ry ['stɑːrɪ] *adj night* estrellado
star•ry-eyed [stɑːrɪ'aɪd]] *adj person*
cándido, ingenuo
Stars and 'Stripes *la bandera estadou-*
*nidense;* 'star•sign signo *m* del zodiaco; Star-Span•gled Ban•ner [stɑːr-
spæŋgld'bænər] **1** *song* himno *m* nacional estadounidense **2** *flag* bandera *f* estadounidense
start¹ [stɑːrt] **I** *n* (*beginning*) comienzo
*m,* principio *m; of race* salida *f;* ***get off***
***to a good / bad ~*** empezar bien / mal;
***well, it's a ~!*** bueno, ¡algo es algo!; ***it's***
***a good ~*** es un buen comienzo; ***at the ~***
al principio; *of race* a la salida; *for a ~*
para empezar; ***from the ~*** desde el principio; *from ~ to finish* de principio a
fin; ***we want to make an early ~*** que-
remos salir temprano *or* pronto; ***make***
***a fresh ~*** (*in life*) empezar desde cero;
***make a ~ on sth*** emprender algo

**II** *v/i* empezar, comenzar; *of engine, car*
arrancar; ***if you ~ from city hall and***
***head ...*** si sales del ayuntamiento y
te diriges a ...; ***~ing from tomorrow***
a partir de mañana; ***don't you ~!*** ¡no
empieces!; ***to ~ with*** (*for a start*) en primer lugar; (*in the beginning*) al principio; *~ back for home* volver para casa
**III** *v/t* empezar, comenzar; *engine, car*
arrancar; *business* montar; *~ to do*
*sth, ~doing sth* empezar *or* comenzar
a hacer algo; ***he ~ed to cry, he ~ed cry-***
***ing*** se puso a llorar
◆ **start in on** *v/t* meterse con F
◆ **start off I** *v/i* **1** empezar, comenzar **2**
*on journey* salir (*for* hacia) **II** *v/t* **1** *pro-*
*ceedings* empezar, iniciar **2:** ***don't start***
***him off again!*** ¡no le des cuerda otra
vez!
◆ **start out** *v/i* partir, salir
◆ **start up I** *v/t engine, machine* arrancar; *business* montar, abrir **II** *v/i of*
*storm* empezar; *of business*
poner en marcha, montar
start² [stɑːrt] *n of fright, surprise* sobresalto *m;* ***wake up with a ~*** despertarse
dando un bote
start•er ['stɑːrtər] **1** *part of meal* entrada
*f,* entrante *m; and that's just for ~s* F y
eso es sólo para empezar **2** *of car* motor
*m* de arranque **3** *of race* juez *m/f* de salida
start•ing blocks ['stɑːrtɪŋblɑːks] *npl* SP
tacos *mpl* de salida; 'start•ing gate parrilla *f* de salida; 'start•ing line línea *f*
de salida; 'start•ing point punto *m* de
partida; 'start•ing sal•a•ry sueldo *m*
inicial
start•le ['stɑːrtl] *v/t* sobresaltar
start•ling ['stɑːrtlɪŋ] *adj* sorprendente,
asombroso
'start-up cap•i•tal capital *m* inicial
'start-up costs *npl of company* costes
*mpl or Span* costos *mpl* de puesta en
marcha
star•va•tion [stɑːr'veɪʃn] inanición *f,*
hambre *f; die of ~* morir de inanición;
*~ diet* dieta *f* deficiente y escasa; *~*
*wage* sueldo *m* ínfimo
starve [stɑːrv] **I** *v/i* pasar hambre; *~ to*
*death* morir de inanición *or* hambre;
***I'm starving*** F me muero de hambre F
**II** *v/t* hacer pasar hambre; *~ s.o. to*
*death* hacer morir de hambre a al-

guien; **she ~d herself to death** se mataba de hambre; **be ~d of** *fig* estar necesitado de; **~ the enemy into surrender** hacer pasar hambre al enemigo hasta que se rinda

'**Star Wars** MIL F la Guerra *f* de las Galaxias

**stash** [stæʃ] **I** *n* reserva *f* secreta **II** *v/t* ocultar, esconder

◆ **stash away** *v/t* ☞ **stash**

**state**[1] [steɪt] **I** *n* (*condition, country*) estado *m*; **the States** (los) Estados Unidos; **~ of affairs** situación *f*, coyuntura *f*; **~ of mind** estado *m* de ánimo; **be in a ~ of war with ...** estar en guerra abierta con ...; **get in(to) a ~** F perder los estribos; **turn ~'s evidence** testificar en contra de los otros reos **II** *adj capital etc* estatal, del estado; *banquet etc* de estado

**state**[2] [steɪt] *v/t* declarar; **on the ~d date** en la fecha establecida

'**State De•part•ment** Departamento *m* de Estado, *Ministerio de Asuntos Exteriores*

**state•less** ['steɪtlɪs] *adj* POL sin patria

**state•ly** ['steɪtlɪ] *adj* armonioso, elegante; **~ home** *Br* palacio *m*, mansión *f*

**state•ment** ['steɪtmənt] **1** declaración *f*; **make a ~** hacer una declaración (**to** ante) **2** (*bank* ~) extracto *m*

**state•ment of ac'count** extracto *m* de cuenta

**Stat•en Is•land** [stætn'aɪlənd] la Isla Staten

**state of e'mer•gen•cy** estado *m* de emergencia; **state-of-'play re•port** informe *m* de la situación; **state-of--the-'art** *adj* modernísimo; **state-of--the-art tech'no•lo•gy** tecnología *f* punta; **State of the 'Un•ion Mes•sage** discurso *m* al Congreso sobre el estado de la nación; '**state•side** *adv* F *go, travel* a Estados Unidos

**states•man** ['steɪtsmən] hombre *m* de estado

**states•man•like** ['steɪtsmənlaɪk] *adj* de hombre de estado

**state 'troop•er** policía *m/f* estatal

**state 'vis•it** visita *f* de estado

**stat•ic** ['stætɪk] **I** *adj* **1** PHYS estático **2** *fig: image* fijo; *amount* invariable **II** *n* **1** ELEC electricidad *f* estática **2:** **take a lot of ~ about sth** F recibir duras crí-

ticas por algo F

**stat•ic e•lec'tric•i•ty** electricidad *f* estática

**sta•tion** ['steɪʃn] **I** *n* **1** RAIL estación *f* **2** RAD emisora *f*; TV canal *m* **II** *v/t guard etc* apostar; **be ~ed in** *of soldier* estar destinado en

**sta•tion•a•ry** ['steɪʃnerɪ] *adj* parado

**sta•tion•er** ['steɪʃənər] papelería *f*

**sta•tion•er•y** ['steɪʃənerɪ] artículos *mpl* de papelería

'**sta•tion house** *for policemen* comisaría *f* de policía; *for firefighters* parque *m* de bomberos; **sta•tion 'man•ag•er, 'sta•tion mas•ter** RAIL jefe *m* de estación; '**sta•tion wag•on** ranchera *f*

**sta•tis•tic** [stə'tɪstɪk]: **we're just another ~ to them** para ellos sólo somos otro número más

**sta•tis•ti•cal** [stə'tɪstɪkl] *adj* estadístico

**sta•tis•ti•cal•ly** [stə'tɪstɪklɪ] *adv* estadísticamente

**sta•tis•ti•cian** [stætɪs'tɪʃn] estadístico(-a) *m(f)*

**sta•tis•tics** [stə'tɪstɪks] **1** *nsg science* estadística *f* **2** *npl: figures* estadísticas *fpl*

**stat•ue** ['stætʃuː] estatua *f*

**Stat•ue of 'Lib•er•ty** Estatua *f* de la Libertad

**stat•ure** ['stætʃər] **1** *physical* estatura *f* **2** *fig* prestigio *m*, mérito *m*

**sta•tus** ['steɪtəs] categoría *f*, posición *f*; **women want equal ~ with men** las mujeres quieren igualdad con los hombres

'**sta•tus bar** COMPUT barra *f* de estado; **sta•tus quo** [steɪtəs'kwoʊ] statu quo *m*; '**sta•tus re•port** informe *m* de la situación; '**sta•tus sym•bol** símbolo *m* de estatus

**stat•ute** ['stætuːt] estatuto *m*; **~ of limitations** ley *f* de prescripción

'**stat•ute book** código *m* fundamental

**stat•u•to•ry** ['stætjutɔːrɪ] *adj* **1** (*fixed by statute*) establecido por la ley, estatutario **2** *offense* normalizado

**stat•u•to•ry re'serves** reservas *fpl* estatutarias

**stat•u•to•ry 'rights** *npl* derechos *mpl* estatutarios

**staunch** [stɔːntʃ] *adj supporter* incondicional; *friend* fiel

◆ **stave off** [steɪv] *v/t* evitar, esquivar

**stay** [steɪ] **I** *n* estancia *f*, *L.Am.* estadía *f*; **~ in the hospital** estancia en el hospital; *he was given or granted a ~ of execution* se suspendió su ejecución

**II** *v/i in a place* quedarse; *in a condition* permanecer; *~ in a hotel* alojarse en un hotel; *~ right there!* ¡quédate ahí!; *~ put* no moverse; *~ for or to lunch* quedarse a comer; *~ home (not go out)* quedarse en casa; *of wife, mother* dedicarse a sus labores

**III** *v/t*: *~ the course* SP, *fig* aguantar hasta el final

◆ **stay away** *v/i*: *tell the children to stay away* diles a los niños que no se acerquen

◆ **stay away from** *v/t* no acercarse a

◆ **stay behind** *v/i* quedarse

◆ **stay down** *v/i in school* repetir (curso)

◆ **stay in** *v/i at home* quedarse en casa

◆ **stay on** *v/i*: *stay on as chairman* seguir de presidente; *stay on for another year at school* quedarse un año más

◆ **stay out** *v/i at night* salir

◆ **stay out of** *v/t argument etc* mantenerse al margen de; *you stay out of this!* ¡no te metas en esto! F, ¡mantente al margen!

◆ **stay up** *v/i (not go to bed)* quedarse levantado

'**stay-at-home** casero, hogareño

**stay•ing pow•er** ['steɪɪŋ] resistencia *f*

**STD** [estiː'diː] *abbr (= sexually transmitted disease)* ETS *f (= enfermedad f de transmisión sexual)*

**stead** [sted]: *in s.o.'s ~* en lugar de alguien

**stead•fast** ['stedfæst] *adj* tenaz, perseverante

**stead•i•ly** ['stedɪlɪ] *adv improve etc* constantemente

**stead•y** ['stedɪ] **I** *adj* **1** *(not shaking)* firme **2** *(continuous)* continuo; *beat* regular; *boyfriend* estable **II** *adv*: *they've been going ~ for two years* llevan saliendo dos años; *~ on!* ¡un momento! **III** *v/t (pret & pp -ied)* afianzar; *voice* calmar

**steak** [steɪk] filete *m*

'**steak•house** asador *m*

'**steak knife** cuchillo *m* de sierra

**steal** [stiːl] **I** *v/t (pret stole, pp stolen)* **1** *money etc* robar; *in basketball* recuperar; *~ s.o.'s girlfriend* quitarle la novia a alguien **2**: *~ a glance at s.o.* echar

una mirada furtiva a alguien **II** *v/i (pret stole, pp stolen)* **1** *(be a thief)* robar **2**: *he stole into the bedroom* entró sigilosamente en la habitación **III** *n in basketball* recuperación *f*

**stealth** [stelθ] sigilo *m*; *by ~* a escondidas

'**stealth bomb•er** bombardero *m* invisible

**stealth•y** ['stelθɪ] *adj* sigiloso

**steam** [stiːm] **I** *n* vapor *m*; *full ~ ahead!* NAUT ¡a toda máquina!; *under one's own ~ fig* por sí mismo, por medios propios; *let off ~ fig* desahogarse; *by taking exercise etc* desfogarse; *run out of ~ fig* quedarse sin gas **II** *v/t food* cocinar al vapor; *~ open letter* abrir con vapor

◆ **steam up** *v/i of window* empañarse

**steamed up** [stiːmd'ʌp] *adj* F *(angry)* enojado, *Span* mosqueado F

'**steam en•gine** máquina *f* de vapor

**steam•er** ['stiːmər] *for cooking* olla *f* para cocinar al vapor

'**steam i•ron** plancha *f* de vapor

'**steam roll•er** *v/t*: *~ s.o. into doing sth fig* forzar a alguien a que haga algo; *~ a bill through* conseguir que se apruebe un proyecto de ley a la fuerza

'**steam ship** barco *m* de vapor

**steam•y** ['stiːmɪ] *adj fig* F tórrido

**steel** [stiːl] **I** *n* acero *m* **II** *adj (made of ~)* de acero **III** *v/t*: *~ o.s. for* armarse de coraje para

**steel 'band** *banda de instrumentos de percusión del Caribe;* **steel 'wool** estropajo *m* de acero; '**steel•work•er** trabajador(a) *m(f)* del acero; '**steel•works** *nsg* acería *f*

**steel•y** ['stiːlɪ] *adj* **1** *blue, gray* acero **2** *look* duro; *refusal, determination* acerado, firme

**steep**[1] [stiːp] *adj* **1** *hill etc* empinado **2** F: *prices* caro

**steep**[2] [stiːp] *v/t (soak)* poner en remojo; *~ed in history* rebosante de historia

**stee•ple** ['stiːpl] torre *f*

'**stee•ple•chase** *in athletics* carrera *f* de obstáculos

'**stee•ple•jack** *persona encargada del mantenimiento de torres, chimeneas, etc.*

**steep•ly** ['stiːplɪ] *adv*: *climb ~ of path* subir pronunciadamente; *of prices* dispararse

**steer**[1] [stɪr] *n animal* buey *m*

**steer**[2] [stɪr] *v/t car* conducir, *L.Am.* manejar; *boat* gobernar; *person* guiar; *conversation* llevar

**steer•age** ['stɪrɪdʒ] HIST: *travel* ~ viajar en tercera clase

**steer•ing** ['stɪrɪŋ] MOT dirección *f*

**'steer•ing col•umn** MOT columna *f* de dirección

**'steer•ing wheel** volante *m*, *S.Am.* timón *m*

**stel•lar** ['stelər] *adj fig* (*excellent*) estelar, magnífico

**stem**[1] [stem] *n* **1** *of plant* tallo *m* **2** *of glass* pie *m*; *of pipe* tubo *m* **3** *of word* raíz *f*

♦ **stem from** *v/t* (*pret & pp -med*) derivarse de

**stem**[2] [stem] *v/t* (*pret & pp -med*) (*block*) contener

**'stem•ware** ['stemwer] cristalería *f*

**stench** [stentʃ] peste *f*, hedor *m*

**sten•cil** ['stensɪl] **I** *n* plantilla *f* **II** *v/t* (*pret & pp -ed*, *Br -led*) *pattern* estarcir

**ste•nog•ra•pher** [stə'nɑːɡrəfər] taquígrafo(-a) *m(f)*

**step** [step] **I** *n* **1** (*pace*), *of dance* paso *m*; ~ *by* ~ paso a paso; *take a* ~ dar un paso; *be one* ~ *ahead of s.o. fig* adelantarse a alguien; *fight s.o. / sth every* ~ *of the way* oponerse a alguien / algo infatigablemente; *a* ~ *in the right direction* un paso adelante; *watch one's* ~ tener cuidado de dónde se pisa; *fig* andarse con cuidado; *be in / out of* ~ MIL seguir / no seguir el paso; *of chorus dancer* seguir / no seguir el ritmo; *be out of* ~ *with fig* no armonizar con **2** (*stair*) escalón *m*; ~*s Br pl*, *pair of* ~*s* ☞ **stepladder**

**3** (*measure*) medida *f*; *take* ~*s to do sth* tomar medidas para hacer algo

**II** *v/i* (*pret & pp -ped*): ~ *on sth* pisar algo; ~ *into a puddle* pisar un charco; *I* ~*ped back* di un paso atrás; ~ *forward* dar un paso adelante; ~ *on it* MOT F meterle (gas) F

♦ **step aside** *v/i* **1** apartarse **2** *fig* renunciar (*in favor of* en favor de)

♦ **step down** *v/i from post etc* dimitir

♦ **step forward** *v/i fig: of witness etc* ofrecerse voluntario

♦ **step in** *v/i fig* intervenir

♦ **step out** *v/i* (*go out for a short time*) salir un momento

♦ **step up** *v/t* (*increase*) incrementar; *step up the pace* acelerar el paso

**'step•broth•er** hermanastro *m*; **'step•child•ren** *pl* hijastros *mpl*; **'step•daugh•ter** hijastra *f*; **'step•fa•ther** padrastro *m*; **'step•lad•der** escalera *f* de tijera; **'step•moth•er** madrastra *f*

**step•ping stone** ['stepɪŋ] pasadera *f*; *fig* trampolín *m*

**'step•sis•ter** hermanastra *f*

**'step•son** hijastro *m*

**ster•e•o** ['sterɪoʊ] **I** *n* (*sound system*) equipo *m* de música; *in* ~ en estéreo **II** *adj* estéreo; ~ *unit* equipo *m* de música

**ster•e•o•type** ['sterɪoʊtaɪp] estereotipo *m*

**ster•e•o•typed** ['sterɪoʊtaɪpt], **ster•e•o•typ•i•cal** [sterɪoʊ'tɪpɪkl] *adj* estereotipado

**ster•ile** ['sterəl] *adj* estéril

**ste•ril•i•ty** [stə'rɪlətɪ] esterilidad *f*

**ster•i•li•za•tion** [sterəlaɪ'zeɪʃn] MED esterilización *f*

**ster•i•lize** ['sterəlaɪz] *v/t woman*, *equipment* esterilizar

**ster•ling** ['stɜːrlɪŋ] **I** *n* FIN libra *f* esterlina **II** *adj* formidable

**ster•ling 'sil•ver** plata *f* de ley

**stern**[1] [stɜːrn] *adj* severo

**stern**[2] [stɜːrn] *n* NAUT popa *f*

**stern•ly** ['stɜːrnlɪ] *adv* con severidad

**ster•num** ['stɜːrnəm] ANAT esternón *m*

**ster•oids** ['sterɔɪdz] *npl* esteroides *mpl*

**steth•o•scope** ['steθəskoʊp] fonendoscopio *m*, estetoscopio *m*

**Stet•son®** ['stetsn] sombrero *m* de vaquero

**ste•ve•dore** ['stiːvədɔːr] estibador *m*

**stew** [stuː] **I** *n* guiso *m* **II** *v/t meat* guisar; *fruit* confitar **III** *v/i of meat* guisar; *of fruit* confitar; *let s.o.* ~ *in their own juice* dejar que alguien se saque las castañas del fuego

**stew•ard** ['stuːərd] *on plane* auxiliar *m* de vuelo; *on ship* camarero *m*; *at demonstration*, *meeting* miembro *m* de la organización

**stew•ard•ess** [stuːər'des] *on plane* auxiliar *f* de vuelo; *on ship* camarera *f*

**stew•ard•ship** ['stuːərdʃɪp] intendencia *f*, gobierno *m*

**stewed** [stuːd] *adj apples, plums* en compota

**stick**[1] [stɪk] *n* **1** palo *m; of policeman* porra *f; (walking ∼)* bastón *m;* **get hold of the wrong end of the ∼** F entender al revés **2** *of celery, rhubarb* tallo *m; of dynamite* cartucho *m;* **∼ of butter** barra de mantequilla de dos onzas de peso; **∼ of furniture** F trasto *m* F **3:** **live out in the ∼s** F vivir en el quinto pino F, vivir en el campo

**stick**[2] [stɪk] **I** *v/t (pret & pp* **stuck**) **1** *with adhesive* pegar **2** F *(put)* meter **II** *v/i (pret & pp* **stuck**) **1** *(jam)* atascarse **2** *(adhere)* pegarse; **∼ in s.o.'s mind** *fig* quedarse grabado en la memoria de alguien

◆ **stick at** *v/t* **1: stick at nothing** hacer cualquier cosa **2** *(persevere):* **stick at sth** persistir en algo

◆ **stick around** *v/i* F quedarse

◆ **stick by** *v/t* F apoyar, no abandonar

◆ **stick out** *v/i (protrude)* sobresalir; *(be noticeable)* destacar; **his ears stick out** tiene las orejas salidas **II** *v/t* **1: stick one's tongue out** sacar la lengua *(at* a); **stick one's head out of the window** sacar la cabeza por la ventana **2: stick sth out** *until the end* aguantar *or* sobrellevar algo

◆ **stick out for** *v/t* insistir en

◆ **stick to** *v/t* **1** *of sth sticky* pegarse a **2** F *plan etc* seguir; *(trail, follow)* pegarse a F

◆ **stick together** *v/i* mantenerse unidos; *when lost* seguir juntos

◆ **stick up** *v/t poster, leaflet* pegar; **stick 'em up!** F ¡manos arriba! F

◆ **stick up for** *v/t* F defender

◆ **stick with** *v/t* F quedarse *or* seguir con

**stick•er** ['stɪkər] *label* pegatina *f*

'**stick•er price** precio *m* de venta recomendado

**stick•ing plas•ter** ['stɪkɪŋ] *Span* tirita *f, L.Am.* curita *f*

'**stick•ing point** *fig* inconveniente *m,* traba *f*

'**stick-in-the-mud** F aburrido(-a) *m(f)* F, soso(-a) *m(f)*

**stick•ler** ['stɪklər]: **be a ∼ for** estar obsesionado con

'**stick-on** *adj:* **∼ label** etiqueta *f* adhesiva; '**stick•pin** *for man* pisacorbatas *m*

*inv; for woman* prendedor *m;* '**stick shift** MOT palanca *f* de cambios

**stick-to-it-ness** [stɪk'tuːɪtnɪs] F persistencia *f,* empeño *m*

'**stick•up** F atraco *m* a mano armada

**stick•y** ['stɪkɪ] *adj hands, surface, weather* pegajoso; *label* adhesivo; **have ∼ fingers** F tener las manos largas F; **he'll come to a ∼ end** acabará mal

**stiff** [stɪf] **I** *adj* **1** *cardboard, manner* rígido; *brush* duro; *muscle, body* agarrotado; *mixture, paste* consistente; **beat until ∼** batir a punto de nieve; **have a ∼ neck** tener tortícolis **2** *competition, penalty* duro **3** *drink* cargado **II** *adv:* **be scared ∼** F estar muerto de miedo F; **be bored ∼** F aburrirse como una ostra F; **be frozen ∼** F estar helado **III** *n* P *corpse* fiambre *m* P; **a working ∼** F un(a) trabajador(a) **IV** *v/t* P tomar el pelo a F

**stiff•en** ['stɪfn] *v/i of person* agarrotarse

◆ **stiffen up** *v/i of muscle* agarrotarse

**stiff•ly** ['stɪflɪ] *adv* con rigidez; *fig* forzadamente

**stiff•ness** ['stɪfnəs] *of muscles* agarrotamiento *m; fig: of manner* rigidez *f*

**sti•fle** ['staɪfl] *v/t yawn, laugh* reprimir, contener; *criticism, debate* reprimir

**sti•fling** ['staɪflɪŋ] *adj* sofocante; **it's ∼ in here** hace un calor sofocante aquí dentro

**stig•ma** ['stɪgmə] estigma *m*

**stig•ma•ta** [stɪg'mɑːtə] REL estigmas *mpl*

**stig•ma•tize** ['stɪgmətaɪz] *v/t fig:* **they were ∼d as ...** los tacharon *or* tildaron de ...

**sti•let•to heel** [stɪletou'hiːl] *Br* tacón *m* de aguja

**sti•let•tos** [stɪ'letoʊz] *npl Br shoes* zapatos *mpl* de tacón de aguja

**still**[1] [stɪl] **I** *adj (not moving)* quieto; *with no wind* sin viento; **it was very ∼** *no wind* no soplaba nada de viento **II** *adv:* **keep ∼!** ¡estáte quieto!; **stand ∼!** ¡no te muevas!

**still**[2] [stɪl] *adv* **1** *(yet)* todavía, aún; **do you ∼ want it?** ¿todavía *or* aún lo quieres?; **she ∼ hasn't finished** todavía *or* aún no ha acabado; **I ∼ don't understand** sigo sin entenderlo; **she might ∼ come** puede que aún venga; **∼ more** *(even more)* todavía más **2** *(neverthe-*

*less*) de todas formas; **they are ~ my parents** siguen siendo mis padres

still³ [stɪl] *n* CHEM alambique *m*

'still•birth *nacimiento de un bebé muerto*; 'still•born *adj*: **be ~** nacer muerto; still 'life naturaleza *f* muerta, bodegón *m*

stilt•ed ['stɪltɪd] *adj* forzado

stilts [stɪlts] *npl* **1** zancos *mpl* **2** ARCHI pilotes *mpl*

stim•u•lant ['stɪmjʊlənt] estimulante *m*

stim•u•late ['stɪmjʊleɪt] *v/t person* estimular; *growth, demand* estimular, provocar

stim•u•lat•ing ['stɪmjʊleɪtɪŋ] *adj* estimulante

stim•u•la•tion [stɪmjʊ'leɪʃn] estimulación *f*

stim•u•lus ['stɪmjʊləs] (*pl* **stimuli** ['stɪmjʊlaɪ], **-uses**) (*incentive*) estímulo *m*

sting [stɪŋ] **I** *n from bee, jellyfish* picadura *f*; **take the ~ out of sth** *fig* quitar hierro a algo; **have a ~ in the tail** tener un final insospechado **II** *v/t* (*pret & pp* **stung**) **1** *of bee, jellyfish* picar **2**: **they stung me for $95** F me clavaron *or* sangraron 95 dólares F **III** *v/i* (*pret & pp* **stung**) *of eyes, scratch* escocer

sting•ing ['stɪŋɪŋ] *adj remark, criticism* punzante

sting•y ['stɪndʒɪ] *adj* F agarrado F, rácano F; **be ~ with sth** racanear con algo

stink [stɪŋk] **I** *n* **1** (*bad smell*) peste *f*, hedor *m*; **there's a ~ of garlic in here** aquí apesta a ajo **2** F (*fuss*) escándalo F; **make a ~** F armar un escándalo F **II** *v/i* (*pret* **stank**, *pp* **stunk**) **1** (*smell bad*) apestar; **~ to high heaven** oler a rayos **2** F (*be very bad*) dar asco

◆ stink up *v/t* F *room* apestar

stink•ing ['stɪŋkɪŋ] **I** *adj* espantoso, apestoso F **II** *adv*: **~ rich** F asquerosamente rico F

stint [stɪnt] temporada *f*; **do a ~ in the army** pasar una temporada en el ejército

◆ stint on *v/t* F racanear F

stip•u•late ['stɪpjʊleɪt] *v/t* estipular

stip•u•la•tion [stɪpjʊ'leɪʃn] estipulación *f*

stir [stɜːr] **I** *n*: **give the soup a ~** darle vueltas a la sopa; **cause a ~** causar revuelo **II** *v/t* (*pret & pp* **-red**) remover,

dar vueltas a **III** *v/i* (*pret & pp* **-red**) *of sleeping person* moverse; **don't ~ from this spot** no te muevas de aquí

◆ stir up *v/t* **1** *crowd* agitar **2** *bad memories* traer a la memoria

stir-'cra•zy *adj* F majareta F

'stir-fry *v/t* (*pret & pp* **-ied**) freír rápidamente y dando vueltas

stir•ring ['stɜːrɪŋ] *adj music, speech* conmovedor

stir•rup ['stɪrəp] estribo *m*

stitch [stɪtʃ] **I** *n* **1** *in sewing* puntada *f*; *in knitting* punto *m*; **~es** MED puntos *mpl*; **be in ~es laughing** partirse de risa; **he had his ~es out** le quitaron los puntos; **drop a ~** perder un punto; **he hadn't got a ~ on** F iba en cueros F **2** *in the side*: **have a ~** tener flato **II** *v/t sew* coser

◆ stitch up *v/t wound* coser, suturar

stitch•ing ['stɪtʃɪŋ] (*stitches*) cosido *m*

stock [stɑːk] **I** *n* **1** (*reserves*) reservas *fpl*; COM *of store* existencias *fpl*; *animals* ganado *m*; **in ~** en existencias; **out of ~** agotado; **have sth in ~** tener algo en existencias; **take ~** hacer balance **2** FIN acciones *fpl* **3** *for soup etc* caldo *m* **II** *v/t* COM (*have*) tener en existencias; (*sell*) vender; **be well ~ed with** *fish, game* estar bien lleno de; *goods, preserves* estar bien provisto de

◆ stock up on *v/t* aprovisionarse de

'stock•breed•er ganadero(-a) *m(f)*; 'stock•breed•ing ganadería *f*; 'stock-brok•er corredor(a) *m(f)* de bolsa; 'stock car *coche reforzado para carreras de choque*; 'stock cer•tif•i•cate COM título *m* de acciones; 'stock com•pa•ny COM sociedad *f* anónima; 'stock con•trol control *m* de inventario; 'stock cube *Br* pastilla *f* de caldo concentrado; 'stock ex•change bolsa *f* (de valores); 'stock•hold•er accionista *m/f*

stock•ing ['stɑːkɪŋ] media *f*

'stock•ing cap gorro *m* con pompón

'stock•ing mask media *f* de ladrón

stock in 'trade: **be part of s.o.'s ~** *fig* ser típico de alguien

stock•ist ['stɑːkɪst] distribuidor(a) *m(f)*

'stock mar•ket mercado *m* de valores; 'stock•mar•ket crash crack *m* bursátil; 'stock•mar•ket trans•ac•tion operación f bursátil; **stock•mar•ket 'val•ue** valor m en bolsa; **stock out•age** ['stɑːkaʊtɪdʒ] agotamiento m de existencias; **'stock•pile I** n of food, weapons reservas fpl **II** v/t acumular; **'stock•room** almacén m; **'stock shrink•age** pérdida f de existencias; **stock-'still** adv: **stand ~** quedarse inmóvil; **stock-tak•ing** ['stɑːkteɪkɪŋ] inventario m

**'stock•y** ['stɑːkɪ] adj bajo y robusto

**stodg•y** ['stɑːdʒɪ] adj food pesado

**sto•i•cal** ['stoʊɪkl] adj estoico

**sto•i•cism** ['stoʊɪsɪzm] estoicismo m

**stoke** [stoʊk] v/t ☞ **stoke up**

◆ **stoke up** v/t fire avivar; fig encender, estimular

**stole**[1] [stoʊl] pret ☞ **steal**

**stole**[2] [stoʊl] n piel m

**stol•en** ['stoʊlən] pp ☞ **steal**

**'stol•en base** in baseball base f robada

**stol•id** ['stɑːlɪd] adj apático, desapasionado

**stom•ach** ['stʌmək] **I** n estómago m, tripa f; **on an empty ~** con el estómago vacío; **turn s.o.'s ~** revolver el estómago a alguien **II** v/t (tolerate) soportar

**'stom•ach-ache** dolor m de estómago

◆ **stomp on** [stɑːmp] v/t pisotear

◆ **stomp off** v/t F salir violentamente

**stone** [stoʊn] **I** n **1** piedra f; **it's only a ~'s throw (away) from …** está a tiro de piedra de …; **have a heart of ~** no tener corazón; **leave no ~ unturned** fig remover el cielo y la tierra; **throw ~s at** apedrear **2** Br unidad de peso (= 6,35kg) **II** v/t: **~ (to death)** matar a pedradas

**'Stone Age** Edad f de Piedra; **stone-'broke** F sin blanca F; **stone-'cold I** adj helado **II** adv: **~ sober** F completamente sereno

**stoned** [stoʊnd] adj F (on drugs) colocado F

**stone-'deaf** adj: **be ~** estar más sordo que una tapia; **'stone•ma•son** picapedrero(-a) m(f), cantero(-a) m(f); **'stone•wall** v/i F andarse con evasivas; **'stone•work** estructura f de piedra

**ston•y** ['stoʊnɪ] adj ground, path pedregoso

**ston•y-'broke** adj Br ☞ **stone-broke**

**stood** [stuːd] pret & pp ☞ **stand**

**stooge** [stuːdʒ] F **1** (of comedian) personaje cómico del que los otros se ríen en el escenario **2** pej (underling) monigote m/f

**stool** [stuːl] seat taburete m

**stool•ie** [stuːlɪ] F, **'stool pi•geon** F soplón(-ona) m(f) F

**stoop**[1] [stuːp] **I** n: **have a ~** estar encorvado **II** v/i (bend down) agacharse

◆ **stoop down** v/i ☞ **stoop**[1]

◆ **stoop to** v/t fig rebajarse or degradarse a; **stoop to doing sth** rebajarse a hacer algo

**stoop**[2] [stuːp] n (porch) porche m

**stop** [stɑːp] **I** n **1** for train, bus parada f; **come to a ~** detenerse; **put a ~ to** poner fin a **2** on organ registro m; **pull out all the ~s** fig tocar todos los registros **3** in soccer parada f

**II** v/t (pret & pp **-ped**) (put an end to) poner fin a; (prevent) impedir; (cease) parar; person in street parar; car, bus, train, etc: of driver detener; check bloquear; **~ doing sth** dejar de hacer algo; **it has ~ped raining** ha parado or dejado de llover; **I ~ped her from leaving** impedí que se fuera

**III** v/i (pret & pp **-ped**) (come to a halt) pararse, detenerse; in a particular place: of bus, train parar; **~ at nothing** hacer cualquier cosa (**to do sth** por hacer algo)

◆ **stop by** v/i (visit) pasarse

◆ **stop off** v/i hacer una parada

◆ **stop over** v/i hacer escala

◆ **stop up** v/t sink atascar

**'stop•cock** TECH llave f de paso; **'stop•gap** solución f intermedia; **'stop•light** (traffic light) semáforo m; (brake light) luz f de freno; **'stop•o•ver** parada f; in air travel escala f

**stop•page** ['stɑːpɪdʒ] **1** (strike) paro m **2** TECH (blockage) obstrucción f

**stop•per** ['stɑːpər] for bath, bottle tapón m

**stop•ping** ['stɑːpɪŋ]: **no ~ sign** prohibido estacionar

**'stop sign** (señal f de) stop m

**'stop•watch** cronómetro m

**stor•age** ['stɔːrɪdʒ] almacenamiento m; **put sth in ~** almacenar algo; **be in ~** estar almacenado

**'stor•age ca•pac•i•ty** COMPUT capacidad f de almacenamiento; **'stor•age heat•er** estufa f de acumulación; **'stor•age space** espacio m para guardar cosas

**store** [stɔːr] **I** *n* **1** tienda *f* **2** (*stock*) reserva *f*; **there was a shock in ~ for us** nos esperaba una buena sorpresa; **have a surprise in ~ for s.o.** tener preparada una sorpresa a alguien **3** (*~house*) almacén *m* **4**: **set great ~ by** *fig* dar valor a **II** *v/t* almacenar; COMPUT guardar

◆ **store up** *v/t* acumular

'**store•card** tarjeta *f* de compra; '**store de•tec•tive** vigilante *m/f* de seguridad; '**store•front** fachada *f* de tienda; '**store•house** almacén *m*; '**store•keep•er** tendero(-a) *m(f)*; '**store•room** almacén *m*; **store 'win•dow** escaparate *m*, L.Am. vidriera *f*, *Mex* aparador *m*

**sto•rey** *Br* ☞ **story²**

**stork** [stɔːrk] cigüeña *f*

**storm** [stɔːrm] **I** *n* **1** tormenta *f*; **a ~ of protest** un aluvión de quejas; **a ~ in a teapot** *or Br* **a teacup** *fig* una tempestad en un vaso de agua **2**: **take by ~** MIL asaltar; *fig* conquistar **II** *v/t* MIL tomar **III** *v/i* **1** *speak* bramar **2**: **~ into / out of a room** entrar / salir violentamente de una habitación

'**storm cloud** nubarrón *m*; **the ~s are gathering** *fig* se está preparando una tormenta; '**storm drain** canal *m* de desagüe; '**storm warn•ing** aviso *m* de tormenta; '**storm win•dow** contraventana *f*

**storm•y** ['stɔːrmɪ] *adj weather, relationship* tormentoso

**sto•ry¹** ['stɔːrɪ] (*tale*) cuento *m*; (*account*) historia *f*; (*newspaper article*) artículo *m*; F (*lie*) cuento *m*; **it's the same old ~** es la historia de siempre; **to cut a long ~ short** en resumidas cuentas; **tell s.o. a ~** contar un cuento / una historia a alguien; **it's a long ~** es una larga historia; **a hard-luck ~** una tragedia

**sto•ry²** ['stɔːrɪ] *of building* piso *m*, planta *f*; **a six-~ building** un edificio de seis pisos

'**sto•ry book I** *n* libro *m* de cuentos **II** *adj* de cuento de hadas

'**sto•ry line** argumento *m*

**stout** [staʊt] *adj person* relleno, corpulento; *boots* resistente; *defender* valiente

**stove** [stoʊv] *for cooking* cocina *f*, Col, *Mex*, *Ven* estufa *f*; *for heating* estufa *f*

**stow** [stoʊ] *v/t* guardar

◆ **stow away** *v/i* viajar de polizón

'**stow•a•way** polizón *m/f*

**strad•dle** ['strædl] *v/t river, wall* cruzar, extenderse por; *chair* sentarse a horcajadas en; *fig* abarcar

**strag•gle** ['strægl] *v/i*: **~ in** llegar poco a poco

**strag•gler** ['stræglər] rezagado(-a) *m(f)*

**strag•gly** ['strægli] *adj hair* despeinado

**straight** [streɪt] **I** *adj* **1** *line, back* recto; *hair* liso; **keep a ~ face** contener la risa; **let's get this ~** a ver si nos aclaramos; **set** *or* **put s.o. ~ about sth** *fig* dejar algo claro a alguien

**2** (*honest, direct*) franco

**3** *whiskey* solo

**4** (*tidy*) en orden

**5** (*conservative*) serio

**6** (*not homosexual*) heterosexual

**7**: **be a ~ A student** sacar sobresaliente en todas las asignaturas; **win / lose in ~ sets** *tennis* ganar / perder los dos / tres sets seguidos; **his third ~ win** su tercera victoria consecutiva

**II** *adv* **1** (*in a straight line*) recto; **stand up ~!** ¡ponte recto!; **go ~** F *of criminal* reformarse; **give it to me ~** F dímelo sin rodeos; **~ ahead** *be situated* todo derecho; *walk, drive* todo recto; *look* hacia delante; **carry ~ on** *of driver etc* seguir recto

**2** (*directly, immediately*) directamente; **look s.o. ~ in the eye** mirar a los ojos de alguien; **~ away** *or* **off** en seguida; **~ out** directamente

**3** (*clearly*) con claridad

**4**: **~ up** *without ice* solo

**III** *n* **1** SP recta *f* **2**: **keep to the ~ and narrow** ir por el buen camino

**straight•en** ['streɪtn] *v/t* enderezar; *hair* alisar

◆ **straighten out I** *v/t situation* resolver; F *person* poner por el buen camino **II** *v/i of road* hacerse recto

◆ **straighten up** *v/i* ponerse derecho

**straight'for•ward** *adj* **1** (*honest, direct*) franco **2** (*simple*) simple

'**straight•line de•pre•ci•a•tion** FIN amortización *f* constante

'**straight man** personaje del que el cómico principal se burla

**strain¹** [streɪn] **I** *n on rope* tensión *f*; *on engine, heart* esfuerzo *m*; *on person* agobio *m*; **take the ~ on rope** aguantar el peso; **put a great ~ on s.o.** someter a alguien a gran estrés emocional; **be under a lot of ~** soportar mucha tensión **II** *v/t fig: finances, budget* crear presión en; **~ one's back** hacerse daño en la espalda; **~ one's eyes** forzar la vista; **~ one's ears** aguzar las orejas; **~ a muscle** distenderse un músculo

◆ **strain at** *v/t:* **strain at the leash to do sth** *fig* no ver la hora de hacer algo

**strain**² [streɪn] *v/t vegetables* escurrir; *oil, fat etc* colar

**strain**³ [streɪn] *n of virus* cepa *f*

**strained** [streɪnd] *adj relations* tirante; **look ~** parecer tenso *or* estresado

**strain•er** ['streɪnər] *for vegetables etc* colador *m*

**strait** [streɪt] GEOG estrecho *m*; **be in dire ~s** *fig: financially* andar apurado

**'strait•jack•et** camisa *f* de fuerza

**strait•laced** [streɪt'leɪst] *adj* mojigato

**strand**¹ [strænd] *n of wool, thread* hebra *f*; **a ~ of hair** un pelo

**strand**² [strænd] *v/t* abandonar; **be ~ed** quedarse atrapado *or* tirado

**strange** [streɪndʒ] *adj* **1** *(odd, curious)* extraño, raro **2** *(unknown, foreign)* extraño

**strange•ly** ['streɪndʒlɪ] *adv (oddly)* de manera extraña; **~ enough** aunque parezca extraño

**strang•er** ['streɪndʒər] **1** *(person you don't know)* extraño(-a) *m(f)*, desconocido(-a) *m(f)* **2**: **I'm a ~ here myself** yo tampoco soy de aquí; **be no ~ to** *fig* estar hecho a

**stran•gle** ['stræŋgl] *v/t person* estrangular

**'stran•gle•hold** agarrón *m* por el cuello; **have a ~ on sth** *fig* tener control absoluto sobre algo

**stran•gu•la•tion** [stræŋgjʊ'leɪʃn] estrangulamiento *m*

**strap** [stræp] *of purse, watch* correa *f*; *of brassiere, dress* tirante *m*; *of shoe* tira *f*

◆ **strap in** *v/t (pret & pp -ped)* poner el cinturón de seguridad a

◆ **strap on** *v/t* ponerse

◆ **strap up** *v/t Br ankle etc* vendar

**'strap•hang•er** F *usuario del transporte público que permanece de pie*

**strap•less** ['stræplɪs] *adj* sin tirantes

**strapped** [stræpt] *adj* F: **~ (for cash)** escaso de dinero

**stra•ta** ['strɑːtə] *pl* ☞ **stratum**

**strat•a•gem** ['strætədʒəm] estratagema *f*

**stra•te•gic** [strə'tiːdʒɪk] *adj* estratégico

**strat•e•gist** ['strætədʒɪst] estratego(-a) *m(f)*

**strat•e•gy** ['strætədʒɪ] estrategia *f*

**strat•i•fied** ['strætɪfaɪd] *adj society* estratificado

**strat•o•sphere** ['strætəsfɪr] METEO estratosfera *f*

**stra•tum** ['streɪtəm] *(pl strata* ['streɪtə]*)* estrato *m*

**straw**¹ [strɔː] *material* paja *f*; **that's the last ~!** ¡es la gota que colma el vaso!; **clutch at ~s** *fig* forjarse ilusiones en vano

**straw**² [strɔː] *for drink* pajita *f*

**straw•ber•ry** ['strɔːberɪ] *fruit* fresa *f*, *S.Am.* frutilla *f*

**'straw•ber•ry mark** marca *f* de nacimiento

**straw 'hat** sombrero *m* de paja; **'straw man** *of little importance* don nadie *m*; **straw 'poll** POL sondeo *m* informal

**stray** [streɪ] **I** *adj animal* callejero; *bullet* perdido **II** *n dog* perro *m* callejero; *cat* gato *m* callejero **III** *v/i of animal, child* extraviarse, perderse; *fig: of eyes, thoughts* desviarse

**streak** [striːk] **I** *n of dirt, paint* raya *f*; *in hair* mechón *m*; *fig: of nastiness etc* vena *f*; **like a ~ of lightning** como un rayo; **be on a winning / losing ~** estar de buena / mala racha; **be on a lucky ~** estar de suerte **II** *v/i move quickly* pasar disparado

**streak•er** ['striːkər] *persona que corre desnuda en actos públicos*

**streak•y** ['striːkɪ] *adj* veteado

**stream** [striːm] **I** *n* riachuelo *m*; *fig: of people, complaints* oleada *f*; **come on ~** entrar en funcionamiento **II** *v/i:* **there were tears ~ing down my face** me bajaban ríos de lágrimas por la cara; **people ~ed out of the building** la gente salía en masa; **his face was ~ing with sweat** el sudor corría a chorros por su cara

**stream•er** ['striːmər] serpentina *f*

**stream•ing** ['striːmɪŋ] *adj:* **he's got a ~ cold** tiene un buen catarro

**'stream•line** *v/t fig* racionalizar

**'stream•lined** *adj car, plane* aerodiná-

mico; *fig*: *organization* racionalizado
**street** [striːt] calle *f*; **on the** ~, *Br* **in the** ~ en la calle; **be right up s.o.'s** ~ *fig* venir como anillo al dedo a alguien; *I'm* ~*s ahead of him* F le doy mil vueltas F; *walk the* ~*s* vagar por las calles; *live on the* ~*s* vivir en la calle

'street•car tranvía *f*; 'street cred ['striːtkred] F *buena imágen de acuerdo a la cultura urbana*; 'street kid niño *m* / niña *f* de la calle; 'street lamp, 'street light farola *f*; 'street light•ing alumbrado *m* público; 'street map plano *m*; 'street mu•si•cian músico(-a) *m(f)* callejero(-a); 'street peo•ple *npl* los sin techo; 'street val•ue *of drugs* valor *m* en la calle; 'street vend•or vendedor(a) *m(f)* callejero(-a); 'street•walk•er F prostituta *f*; 'street•wise *adj* espabilado

**strength** [streŋθ] **1** fuerza *f*, *of friendship etc* solidez *f*, *of emotion* intensidad *f*, *of currency* fortaleza *f*; ~ *of character* entereza *f*; **on the** ~ **of** en virtud de; **go from** ~ **to** ~ ir viento en popa; **show of** ~ alarde *m* de poder; **in** ~ *be present* a raudales; **be at full** ~ contar con todo el personal; **be below** ~ no disponer de todo el personal **2** *fig* (*strong point*) punto *m* fuerte

**strength•en** ['streŋθn] **I** *v/t muscles*, *currency* fortalecer; *bridge* reforzar; *country*, *ties*, *relationship* consolidar; ~ *s.o.'s resolve* afianzar la decisión de alguien **II** *v/i* of *bonds*, *ties* consolidarse; *of currency* fortalecerse

**stren•u•ous** ['strenjʊəs] *adj* agotador

**stren•u•ous•ly** ['strenjʊəslɪ] *adv deny* tajantemente

**strep throat** [strep'θrout] F infección *f* de garganta

**stress** [stres] **I** *n* **1** (*emphasis*) énfasis *m*; *on syllable* acento *m*; **put the** ~ **on** *fig* hacer hincapié en **2** (*tension*) estrés *m*; **be under** ~ estar estresado; *the* ~*es and strains of modern life* el estrés y la tensión de la vida moderna; ~*related illnesses* enfermedades *fpl* relacionadas con el estrés **II** *v/t* (*emphasize: syllable*) acentuar; *importance etc* hacer hincapié en; *I must* ~ *that* ... quiero hacer hincapié en que ...

**stressed** [strest], **stressed out** [strest-'aut] *adj* F estresado

'**stress-free** *adj* relajado, sin estrés

**stress•ful** ['stresfəl] *adj* estresante

**stretch** [stretʃ] **I** *n* **1** *of land*, *water* extensión *f*, *of road* tramo *m*; **at a** ~ (*non-stop*) de un tirón; **do a three-year** ~ F *in prison* estar tres años entre rejas **2**: *have a* ~ estirarse; **be at full** ~ *fig* estar saturado (de trabajo); *not by any* ~ *of the imagination* de ninguna de las maneras **II** *adj fabric* elástico **III** *v/t material*, *income* estirar; F *rules* ser flexible con; *my job* ~*es me* mi trabajo me obliga a esforzarme; **be fully** ~*ed fig unable to take on more work* estar saturado (de trabajo) **IV** *v/i* **1** *to relax muscles*, *reach sth* estirarse **2** (*spread*) extenderse **3** *of fabric* estirarse, dar de sí

◆ **stretch out I** *v/i* **1** *to reach something* estirarse **2** (*lie down*) tumbarse **II** *v/t hand etc* estirar

**stretch•er** ['stretʃər] camilla *f*

'**stretch lim•o** F limusina *f* grande

'**stretch marks** *npl* estrías *fpl*

**stretch•y** ['stretʃɪ] *adj* elástico

**strick•en** ['strɪkən] *adj parents*, *face* desolado; *country*, *city* asolado; ~ *with* arrasado por

**strict** [strɪkt] *adj* estricto; **in** ~ *confidence* en total confianza

**strict•ly** ['strɪktlɪ] *adv* con rigor; *it is* ~ *forbidden* está terminantemente prohibido; ~ *speaking* propiamente hablando

**strid•den** ['strɪdn] *pp* ☞ **stride**

**stride** [straɪd] **I** *n* zancada *f*; *take sth in one's* ~ *fig* tomarse algo con tranquilidad; *make great* ~*s fig* avanzar a pasos agigantados; *get into one's* ~, *hit one's* ~ *fig* coger la marcha **II** *v/i* (*pret* **strode**, *pp* **stridden**) caminar dando zancadas

**stri•dent** ['straɪdnt] *adj also fig* estridente

**strife** [straɪf] conflicto *m*, polémica *f*

**strike** [straɪk] **I** *n* **1** *of workers* huelga *f*; **be on** ~ estar en huelga; **go on** ~ ir a la huelga **2** *in baseball* strike *m*, *L.Am.* ponche *m* **3** *of oil* descubrimiento *m* **II** *v/i* (*pret & pp* **struck**) **1** *of workers* hacer huelga **2** (*attack*) atacar; *of disaster* sobrevenir **3** *of clock* dar las horas; *the clock struck three* el reloj dio las tres

**III** v/t (pret & pp **struck**) **1** (hit) golpear **2** fig: of disaster sacudir **3** match encender **4** oil descubrir **5**: **didn't it ever ~ you that …?** ¿no se te ocurrió que …?; **she struck me as being …** me dio la impresión de ser …; **I was struck by …** me impactó …; **how does the house ~ you?** ¿qué te parece la casa?

◆ **strike back** v/i contraatacar

◆ **strike down** v/t fig golpear, sacudir

◆ **strike off** v/t Br suspender

◆ **strike out I** v/t **1** (delete) tachar **2** in baseball eliminar, L.Am. ponchar; **be struck out** estroquear L.Am. **II** v/i **1** in baseball quedar eliminado, L.Am. poncharse **2** F (fail) fracasar **3**: **strike out on one's own** fig irse por libre; **strike out in a new direction** tomar otro rumbo

◆ **strike through** v/t tachar

◆ **strike up I** v/t **1** entablar (**with** con) **2** MUS empezar a tocar **II** v/i MUS empezar a tocar

'strike bal•lot votación por la que un sindicato convoca una huelga; 'strike-bound adj cerrado (por acciones reivindicativas); 'strike•break•er esquirol(a) m(f); 'strike•out in baseball strikeout m; 'strike pay subsidio m de huelga

strik•er ['straɪkər] **1** (person on strike) huelguista m/f **2** in soccer delantero(-a) m(f)

'strike zone in baseball zona f de strike

strik•ing ['straɪkɪŋ] adj **1** (marked) sorprendente, llamativo; (eye-catching) deslumbrante **2**: **be within ~ distance of** fig estar muy cerca de

string [strɪŋ] **I** n also of violin, racket etc cuerda f; **the ~s** musicians la sección de cuerda; **pull ~s** mover hilos; **pull the ~s** fig tirar de la manta; **a ~ of** (series) una serie de; **with no ~s attached** fig sin compromiso alguno; **he has more than one ~ to his bow** fig es muy polifacético; **with girlfriends** tiene muchas novias

**II** adj MUS de cuerda

**III** v/t (pret & pp **strung**) **1** beads engarzar **2** tennis racket encordar

◆ **string along I** v/i F apuntarse F **II** v/t F: **string s.o. along** dar falsas esperanzas a alguien

◆ **string out** v/t **1** make last longer alar-

gar **2**: **the crowd was strung out the whole length of the course** el público se extendía a lo largo de todo el circuito

◆ **string together** v/t articular

◆ **string up** v/t F colgar

string 'bean BOT judía f verde, L.Am. poroto m verde, Mex ejote m

stringed in•stru•ment [strɪŋd'ɪnstrəmənt] instrumento m de cuerda

strin•gent ['strɪndʒnt] adj riguroso

'string play•er instrumentista m/f de cuerda

string•y ['strɪŋɪ] adj hebroso, fibroso

strip [strɪp] **I** n **1** of land franja f; of cloth tira f **2** (comic ~) tira f cómica **3**: **do a ~** hacer un striptease **II** v/t (pret & pp **-ped**) **1** (remove) quitar; **~ s.o. of sth** despojar a alguien de algo **2** (undress) desnudar **III** v/i (pret & pp **-ped**) (undress) desnudarse; of stripper hacer striptease; **~ to the waist** quitarse la parte de arriba

◆ **strip down** v/t desmontar

◆ **strip off** v/i desvestirse, desnudarse

strip car'toon Br tira f cómica

'strip club club m de striptease

stripe [straɪp] **1** raya f **2** indicating rank galón m

striped [straɪpt] adj a rayas

'strip joint F ☞ **strip club**; 'strip lighting fluorescentes mpl; 'strip mall calle comercial a las afueras de la ciudad; 'strip min•ing explotación f a cielo abierto

strip•per ['strɪpər] artista m/f de striptease

strip 'pok•er strip poker m; 'strip-search v/t registrar sin ropa; 'strip show espectáculo m de striptease; strip'tease striptease m

strive [straɪv] v/i (pret **strove**, pp **striven**) esforzarse; **~ to do sth** esforzarse por hacer algo; **~ for** luchar por

striv•en ['strɪvn] pp ☞ **strive**

strobe [stroʊb], 'strobe light luz f estroboscópica

strode [stroʊd] pret ☞ **stride**

stroke [stroʊk] **I** n **1** MED derrame m cerebral **2** in writing trazo m; in painting pincelada f; **with a ~ of the pen** de un plumazo **3** (style of swimming) estilo m

4: ~ *of luck* golpe de suerte; *she never does a* ~ (*of work*) no pega ni golpe; *a* ~ *of genius fig* un momento de inspiración; *at a* (*single*) ~ *fig* de (un) golpe; *on the* ~ *of ten* a las diez en punto; *put s.o. off their* ~ desconcentrar a alguien **II** *v/t cat etc* acariciar

**stroll** [stroʊl] **I** *n* paseo *m*; *go for a* ~, *take a* ~ ir a dar un paseo, dar un paseo **II** *v/i* caminar

**stroll•er** ['stroʊlər] *for baby* silla *f* de paseo

**strong** [strɒːŋ] **I** *adj* **1** fuerte; *structure* resistente; *candidate* claro, con muchos posibilidades; *support, supporter, views, objection* firme; *tea, coffee* cargado, fuerte **2**: ~ *language* lenguaje *m* enérgico; (*swearing*) palabrotas *fpl* **3**: *a twenty-~ expedition* una expedición de veinte miembros; *an 8,000-~ community* una comunidad de 8.000 personas **II** *adv*: *be still going* ~ seguir en buen estado; *of person* seguir en buena forma

**'strong•box** caja *f* fuerte

**'strong•hold** *fig* baluarte *m*

**strong•ly** ['strɒːŋlɪ] *adv* fuertemente, rotundamente; *I* ~ *advised him against it* se lo desaconsejé contundentemente

**strong-'mind•ed** *adj* decidido; **'strong point** (punto *m*) fuerte *m*; **'strong-room** cámara *f* acorazada; **strong-willed** [strɒːŋ'wɪld] *adj* tenaz

**stron•ti•um** ['strɑːntɪəm] CHEM estroncio *m*

**strop•py** ['strɑːpɪ] *adj Br* F: *get* ~ ponerse impertinente F

**strove** [stroʊv] *pret* ☞ **strive**

**struck** [strʌk] *pret & pp* ☞ **strike**

**struc•tur•al** ['strʌktʃərl] *adj* estructural

**struc•tur•al•ly** ['strʌktʃərəlɪ] *adv* estructuralmente; *be* ~ *sound* tener una estructura sólida

**struc•ture** ['strʌktʃər] **I** *n* (*something built*) construcción *f*; *of novel, society etc* estructura *f* **II** *v/t* estructurar

**strug•gle** ['strʌgl] **I** *n* lucha *f*; ~ *for survival* lucha por la supervivencia **II** *v/i with a person* forcejear; (*have a hard time*) luchar; *he was struggling with the door* tenía problemas con la puerta; ~ *to do sth* luchar por hacer algo; *he*

*was struggling for words* le costó expresarse; ~ *to one's feet* ponerse en pie con mucho esfuerzo

◆ **struggle on** *v/i* proseguir con dificultad

**strum** [strʌm] *v/t* (*pret & pp* **-med**) guitar rasguear

**strung** [strʌŋ] *pret & pp* ☞ **string**

**strung 'out** *adj* P **1** *through drugs* colgado P **2** *exhausted* reventado P **3** *nervous* alterado F

**strut**[1] [strʌt] **I** *v/i* (*pret & pp* **-ted**) pavonearse **II** *v/t* (*pret & pp* **-ted**) F: ~ *one's stuff* lucirse F

**strut**[2] [strʌt] *n* TECH montante *m*

**strych•nine** ['strɪkniːn] CHEM, PHARM estricnina *f*

**stub** [stʌb] **I** *n* **1** *of cigarette* colilla *f* **2** *of check* matriz *f*; *of ticket* resguardo *m* **II** *v/t* (*pret & pp* **-bed**): ~ *one's toe* darse un golpe en el dedo (del pie)

◆ **stub out** *v/t* apagar (apretando)

**stub•ble** ['stʌbl] *on man's face* barba *f* incipiente

**stub•bly** ['stʌblɪ] *adj* con barba incipiente

**stub•born** ['stʌbərn] *adj person* testarudo, terco; *defense, refusal, denial* tenaz, pertinaz

**stub•by** ['stʌbɪ] *adj* regordete

**stuc•co** ['stʌkoʊ] ARCHI estuco *m*

**stuck** [stʌk] **I** *pret & pp* ☞ **stick**[2] **II** *adj*: *be* ~ *of door, drawer* estar atrancado; *of person in elevator etc* estar atrapado; *fig* F estar atascado F; *be* ~ *on s.o.* F estar colado por alguien F; *get* ~ *in elevator etc* quedarse atrapado; *fig* F atascarse F; *be* ~ *with not be able to get away from* F no poderse librar de; *get* ~ *into Br* F *task* ponerse (las pilas) con F

**stuck-'up** *adj* F engreído

**stud**[1] [stʌd] **I** *n* **1** *metal knob* tachuela *f* **2** *earring etc* pendiente *m* de bolita **3** *on boot* taco *m* **II** *v/t* (*pret & pp* **-ded**): *be* ~*ded with* estar cubierto de

**stud**[2] [stʌd] *n* **1** *for horses* cuadra *f* **2** F *man* semental *m* F

**stu•dent** ['stuːdnt] estudiante *m/f*; *at high school* alumno(-a) *m(f)*

**stu•dent 'driv•er** *persona que está aprendiendo a conducir*; **stu•dent 'loan** préstamo *m* para estudiantes; **stu•dent 'nurse** estudiante *m/f* de enfermería;

stu•dent 'teach•er profesor(a) *m(f)* en prácticas

'stud farm cuadra *f*

stud•ied ['stʌdɪd] *adj* estudiado, artificial

stu•di•o ['stu:dɪəo] **1** *of artist, sculptor* estudio *m*; *(film ~, TV ~)* estudio *m*, plató *m* **2** ☞ **studio apartment**

'stu•di•o apart•ment estudio *m*; studio 'au•di•ence público *m* en el plató; 'stu•di•o couch sofá cama *m*; 'stu•di•o flat *Br* estudio *m*

stu•di•ous ['stu:dɪəs] *adj* estudioso

stud•y ['stʌdɪ] **I** *n* **1** estudio *m*; *make or carry out a ~ of* realizar un estudio sobre **2** *(room)* despacho *m* **3**: *she's a quick ~* es capaz de aprender de memoria rápidamente **II** *v/t & v/i (pret & pp -ied)* estudiar; *~ to be a doctor* estudiar medicina

'stud•y hall sala *f* de estudio; *period* hora *f* de estudio

stuff [stʌf] **I** *n (things)* cosas *fpl*; *be good ~* ser de calidad; *once you've done your ~* cuando hayas hecho la parte que a ti te corresponde; *know one's ~* saber lo que se hace / dice; *I have to get ready and ~* P me tengo que preparar y tal F

**II** *v/t turkey* rellenar; *~ sth into sth* meter algo dentro de algo; *~ed full of* repleto de; *~ o.s.* F atiborrarse F; *get ~ed!* *Br* P ¡piérdete! P, ¡vete a paseo!

◆ **stuff up** *v/t hole* rellenar; *I'm ~ed up* tengo la nariz tapada

stuffed [stʌft] *adj*: *~ shirt* F persona *f* pomposa F

stuffed 'toy muñeco *m* de peluche

stuff•ing ['stʌfɪŋ] relleno *m*; *knock the ~ out of s.o.* F dejar hecho polvo a alguien F

stuff•y ['stʌfɪ] *adj* **1** *room* cargado **2** *person* anticuado, estirado

stum•ble ['stʌmbl] *v/i* tropezar

◆ **stumble across** *v/t* toparse con

◆ **stumble over** *v/t* tropezar con; *words* trastrabillarse con

◆ **stumble through** *v/t* hacer a trompicones F

stum•bling-block ['stʌmblɪŋ] escollo *m*

stump [stʌmp] **I** *n* **1** *of tree* tocón *m* **2** POL F: *be on the ~* hacer campaña **II**

*v/t of question, questioner* dejar perplejo; *I'm ~ed, you've got me ~ed* no sé que responder, me has dejado sin respuesta

◆ **stump up** *v/t* F aflojar, *Span* apoquinar F

stump•y ['stʌmpɪ] *adj* achaparrado, rechoncho

stun [stʌn] *v/t (pret & pp -ned) of blow* dejar sin sentido; *of news* dejar atonito *or* de piedra; *there was a ~ned silence* hubo un silencio total por el shock

stung [stʌŋ] *pret & pp* ☞ **sting**

'stun gun pistola *f* paralizante

stunk [stʌŋk] *pp* ☞ **stink**

stun•ner ['stʌnər]: *be a real ~* ser una verdadera preciosidad *or* belleza

stun•ning ['stʌnɪŋ] *adj* **1** *(amazing)* increíble, sorprendente **2** *(very beautiful)* imponente

stunt[1] [stʌnt] *n for publicity* truco *m*; *in movie* escena *f* peligrosa; *pull a ~* hacer una estupidez

stunt[2] [stʌnt] *v/t* ralentizar el crecimiento de; *~ed* desmirriado

stunt•man ['stʌntmæn] *in movie* doble *m*, especialista *m*

'stunt wom•an *in movie* doble *f*, especialista *f*

stu•pe•fy ['stu:pɪfaɪ] *v/t (pret & pp -ied)* dejar perplejo

stu•pen•dous [stu:'pendəs] *adj* extraordinario

stu•pid ['stu:pɪd] *adj* estúpido; *what a ~ thing to say / do!* ¡qué estupidez!

stu•pid•i•ty [stu:'pɪdətɪ] estupidez *f*

stu•por ['stu:pər] aturdimiento *m*; *in a drunken ~* en estado de estupor a causa del alcohol

stur•dy ['stɜ:rdɪ] *adj person* robusto; *table, plant* resistente

stut•ter ['stʌtər] **I** *v/i* tartamudear **II** *v/t* tartamudear **III** *n* tartamudeo *m*

stut•ter•er ['stʌtərər] tartamudo(-a) *m(f)*

sty [staɪ] *for pig* pocilga *f*

style [staɪl] **I** *n* estilo *m*; *(fashion)* moda *f*; *go out of ~* pasarse de moda; *~ of leadership* tipo *m or* forma *f* de liderazgo; *in ~* a lo grande; *that's not my ~* F eso no va conmigo F; *she has ~* tiene estilo; *cramp s.o.'s ~* cohibir a alguien **II** *v/t hair* peinar

**styl•ing mousse** ['staɪlɪŋ] espuma *f* moldeadora

**styl•ish** ['staɪlɪʃ] *adj* elegante

**styl•ist** ['staɪlɪst] (*hair ~*) estilista *m/f*

**sty•lis•tic** [staɪ'lɪstɪk] *adj* estilístico

**styl•ize** ['staɪlaɪz] *v/t* estilizar

**sty•lus** ['staɪləs] aguja *f*

**sty•mie** ['staɪmɪ] *v/t* F frustar

**Sty•ro•foam®** ['staɪrəfoʊm] poliestireno *m*

**suave** [swɑːv] *adj person* cortés, sofisticado; *pej* zalamero

**sub** [sʌb] F **1** (*submarine*) submarino *m* **2** (*subscription*) suscripción *f* **3** SP suplente *m/f* **II** *v/i* ☞ **substitute III**

**sub•a•tom•ic** [sʌbə'tɑːmɪk] *adj* subatómico

**sub•com•mit•tee** ['sʌbkəmɪtɪ] subcomité *m*

**sub•com•pact** (**car**) [sʌb'kɑːmpækt] *utilitario de pequeño tamaño*

**sub•con•scious** [sʌb'kɑːnʃəs] *adj* subconsciente; **the ~** (*mind*) el subconsciente

**sub•con•scious•ly** [sʌb'kɑːnʃəslɪ] *adv* inconscientemente

**sub•con•ti•nent** [sʌb'kɑːntɪnənt] subcontinente *m*

**sub•con•tract** [sʌbkɑːn'trækt] *v/t* subcontratar

**sub•con•trac•tor** [sʌbkɑːn'træktər] subcontratista *m/f*

**sub•cul•ture** ['sʌbkʌltʃər] subcultura *f*

**sub•cu•ta•ne•ous** [sʌbkju:'teɪnɪəs] *adj* subcutáneo

**sub•di•vide** [sʌbdɪ'vaɪd] *v/t* subdividir

**sub•di•vi•sion** ['sʌbdɪvɪʒn] subdivisión *f*

**sub•due** [səb'du:] *v/t rebellion, mob* someter, contener

**sub•dued** [səb'du:d] *adj* apagado

**sub•ed•i•tor** ['sʌbedɪtər] *Br* redactor(a) *m(f)*

**sub•head•ing** ['sʌbhedɪŋ] subtítulo *m*

**sub•hu•man** [sʌb'hju:mən] *adj* inhumano

**sub•ject I** *n* ['sʌbdʒɪkt] **1** (*topic*) tema *m*; (*branch of learning*) asignatura *f*, materia *f*; *change the ~* cambiar de tema; *on the ~ of* (*about*) sobre; *be the ~ of* ser objeto de; *that's a ~ for the specialists* eso es materia de especialista **2** GRAM sujeto *m* **3** *of monarch* súbdito(-a) *m(f)*

**II** *adj* ['sʌbdʒɪkt]: *be ~ to* have tendency to ser propenso a; *be regulated by* estar sujeto a; *~ to availability goods* promoción válida hasta fin de existencias; *prices ~ to change* precios con tendencia al cambio

**III** *v/t* [səb'dʒekt] someter (**to** a)

**sub•jec•tion** [səb'dʒekʃn] **1** (*subjugation*) subyugación *f*, sometimiento *m* **2:** *~ to* (*exposure to*) exposición *f* a

**sub•jec•tive** [səb'dʒektɪv] *adj* subjetivo

**'sub•ject mat•ter** tema *m*

**sub•ju•gate** ['sʌbdʒʊgeɪt] *v/t* subyugar, someter

**sub•junc•tive** [səb'dʒʌŋktɪv] GRAM subjuntivo *m*

**sub•lease** [sʌb'li:s] *v/t to s.o.* realquilar (**to** a); *from s.o.* realquilar (**from** de)

**sub•let** [sʌb'let] *v/t* (*pret & pp -let*) ☞ **sublease**

**sub•lime** [sə'blaɪm] *adj iron: disregard, ignorance* sumo, supremo

**sub•lim•i•nal** [sʌb'lɪmɪnl] *adj* PSYCH subliminal

**sub•ma•chine gun** [sʌbmə'ʃi:ngʌn] metralleta *f*

**sub•ma•rine** ['sʌbməri:n] **I** *n* submarino *m* **II** *adj world, life* submarino

**sub•ma•rin•er** [sʌb'mærɪnər] submarinista *m/f*

**sub•merge** [səb'mɜːrdʒ] **I** *v/t* sumergir **II** *v/i of submarine* sumergirse

**sub•mis•sion** [səb'mɪʃn] **1** (*surrender*) sumisión *f* **2** *to committee etc* propuesta *f*

**sub•mis•sive** [səb'mɪsɪv] *adj* sumiso

**sub•mit** [səb'mɪt] **I** *v/t* (*pret & pp -ted*) *plan, proposal* presentar; *I ~ that ...* sostengo *or* mantengo que ... **II** *v/i* (*pret & pp -ted*) someterse

**sub•nor•mal** [sʌb'nɔːrml] *adj* subnormal

**sub•or•di•nate** [sə'bɔːrdɪneɪt] **I** *adj employee, position* subordinado (**to** a); *~ clause* LING oración *f* subordinada **II** *n* subordinado(-a) *m(f)*

**sub•plot** ['sʌbplɑːt] trama *f* secundaria

**sub•poe•na** [sə'pi:nə] **I** *n* citación *f* **II** *v/t person* citar

**sub•rou•tine** ['sʌbru:ti:n] COMPUT subrutina *f*

◆ **sub•scribe to** [səb'skraɪb] *v/t* **1** *magazine etc* suscribirse a **2** *theory* suscribir

**sub•scribed cap•i•tal** [səb'skraɪbd] capital *m* suscrito

**sub•scrib•er** [səb'skraɪbər] *to magazine* suscriptor(a) *m(f)*

**sub•scrip•tion** [səb'skrɪpʃn] suscripción *f*; *take out a ~ to* suscribirse a

**sub•sec•tion** ['sʌbsekʃn] subapartado *m*

**sub•se•quent** ['sʌbsɪkwənt] *adj* posterior

**sub•se•quent•ly** ['sʌbsɪkwəntlɪ] *adv* posteriormente

**sub•ser•vi•ence** [səb'sɜːrvɪəns] servilismo *m*

**sub•ser•vi•ent** [səb'sɜːrvɪənt] *adj* **1** *person* servil **2**: *be ~ to* (*less important than*) estar por debajo de

**sub•side** [səb'saɪd] *v/i* **1** *of flood waters* bajar; *of high winds* amainar; *of fears, panic* calmarse **2** *of building* hundirse

**sub•sid•ence** ['sʌbsaɪdəns] hundimiento *m*

**sub•sid•i•a•ry** [səb'sɪdɪerɪ] filial *f*; *~ company* empresa *f* filial

**sub•si•dize** ['sʌbsɪdaɪz] *v/t* subvencionar

**sub•si•dy** ['sʌbsɪdɪ] subvención *f*

◆ **sub•sist on** [sʌb'sɪst] *v/t* subsistir a base de

**sub•sist•ence** [səb'sɪstəns] subsistencia *f*

**sub•sist•ence farm•er** agricultor(a) *m(f)* de subsistencia; **sub•sist•ence farm•ing** agricultura *f* de autoabastecimiento; **sub•sist•ence lev•el** nivel *m* mínimo de subsistencia

**sub•spe•cies** ['sʌbspiːʃiːz] *nsg* subespecie *f*

**sub•stance** ['sʌbstəns] (*matter*) sustancia *f*; *in ~* en esencia

**sub•stan•dard** [sʌb'stændərd] *adj* *performance* deficiente; *shoes, clothes* con tara

**sub•stan•tial** [səb'stænʃl] *adj* sustancial, considerable

**sub•stan•tial•ly** [səb'stænʃlɪ] *adv* **1** (*considerably*) considerablemente **2** (*in essence*) sustancialmente, esencialmente

**sub•stan•ti•ate** [səb'stænʃɪeɪt] *v/t* probar

**sub•stan•tive** [səb'stæntɪv] *adj* significativo

**sub•sti•tute** ['sʌbstɪtuːt] **I** *n for person*

sustituto(-a) *m(f)*; SP suplente *m/f*; *for commodity* sustituto *m*; *there's no ~ for …* no hay nada como …; *~'s bench* SP banquillo *m* **II** *v/t* sustituir, reemplazar; *~ X for Y* sustituir Y por X **III** *v/i*: *~ for s.o.* sustituir a alguien

**sub•sti•tu•tion** [sʌbstɪ'tuːʃn] (*act*) sustitución *f*; *make a ~* SP hacer un cambio *or* una sustitución

**sub•struc•ture** ['sʌbstrʌktʃər] ARCHI infraestructura *f*

**sub•ten•ant** [sʌb'tenənt] subarrendatario(-a) *m(f)*

**sub•ter•fuge** ['sʌbtərfjuːdʒ] subterfugio *m*, escapatoria *f*

**sub•ter•ra•ne•an** [sʌbtə'reɪnɪən] *adj* subterráneo

**sub•ti•tle** ['sʌbtaɪtl] subtítulo *m*

**sub•tle** ['sʌtl] *adj* sutil

**sub•tle•ty** ['sʌtltɪ] sutileza *f*

**sub•to•tal** ['sʌbtoʊtl] subtotal *m*

**sub•tract** [səb'trækt] *v/t* *number* restar

**sub•trac•tion** [səb'trækʃn] sustracción *f*, resta *f*

**sub•trop•i•cal** [sʌb'trɑːpɪkl] *adj* subtropical

**sub•urb** ['sʌbɜːrb] zona *f* residencial de la periferia; *live in the ~s* vivir en las afueras

**sub•ur•ban** [sə'bɜːrbən] *adj* *housing* de la periferia; *attitudes, lifestyle* aburguesado

**sub•ur•bi•a** [sə'bɜːrbɪə] (*suburbs*) zona *f* residencial de la periferia

**sub•ver•sion** [səb'vɜːrʃn] POL subversión *f*

**sub•ver•sive** [səb'vɜːrsɪv] **I** *adj* subversivo **II** *n* subversivo(-a) *m(f)*

**sub•way** ['sʌbweɪ] metro *m*

**sub 'ze•ro** [sʌb'zɪroʊ] *adj* bajo cero

**suc•ceed** [sək'siːd] **I** *v/i* **1** (*be successful*) tener éxito; *~ in doing sth* conseguir hacer algo **2** *to throne* suceder en el trono; *~ to a position* suceder en un puesto **II** *v/t* (*come after*) suceder; *~ s.o. as* suceder a alguien como

**suc•ceed•ing** [sək'siːdɪŋ] *adj* siguiente

**suc•cess** [sək'ses] éxito *m*; *be a ~ of* *book, play, idea* ser un éxito; *of person* tener éxito; *without ~* sin éxito, en vano

**suc•cess•ful** [sək'sesfəl] *adj* *person* con éxito; *be ~ in business* tener éxito en los negocios; *be ~ in doing sth* lograr hacer algo

**suc•cess•ful•ly** [sək'sesfəlɪ] *adv* con éxito

**suc•ces•sion** [sək'seʃn] sucesión *f*; **three days in ~** tres días seguidos; **in quick ~** uno detrás de otro, sin parar

**suc•ces•sive** [sək'sesɪv] *adj* sucesivo; **on three ~ days** en tres días consecutivos

**suc•ces•sor** [sək'sesər] sucesor(a) *m(f)*

**suc'cess sto•ry** éxito *m*, triunfo *m*

**suc•cinct** [sək'sɪŋkt] *adj* sucinto

**suc•cu•lent** ['ʃʌkjulənt] *meat, fruit* suculento

**suc•cumb** [sə'kʌm] *v/i* (*give in*) sucumbir

**such** [sʌtʃ] **I** *adj* **1** (*of that kind*) tal; **~ men are dangerous** los hombres así son peligrosos; **I know of many ~ cases** conozco muchos casos así **2**: **don't make ~ a fuss** no armes tanto alboroto; **I never thought it would be ~ a success** nunca imaginé que sería un éxito tal **3**: **~ as** como; **there is no ~ word as …** no existe la palabra …; **there is no ~ thing as …** … no existe **II** *adv* tan; **as ~** como tal; **~ a nice day** un día tan bueno; **~ a long time** tanto tiempo **III** *pron* tal; **~ is life** así es la vida

**'such•like I** *adj* parecido, por el estilo **II** *pron* cosas por el estilo

**suck** [sʌk] **I** *v/t candy etc* chupar; **~ one's thumb** chuparse el dedo **II** *v/i* P: **it ~s** (*is awful*) es una mierda P

◆ **suck under** *v/t* absorber

◆ **suck up I** *v/t* absorber **II** *v/i* F: **suck up to s.o.** hacer la pelota a alguien

**suck•er** ['sʌkər] F **1** *person* primo(-a) *m(f)* F, ingenuo(-a) *m(f)*; **be a ~ for** tener debilidad por **2** *candy* piruleta *f*

**suck•le** ['sʌkl] *v/t young* dar de mamar a

**suck•ling pig** [sʌklɪŋ'pɪg] lechón *m*

**su•cre** ['suːkreɪ] FIN sucre *m*

**suc•tion** ['sʌkʃn] succión *f*

**'suc•tion pump** TECH bomba *f* aspirante

**Su•dan** [suː'dɑːn]: **the ~** el Sudán

**sud•den** ['sʌdn] *adj* repentino; **all of a ~** de repente; **be very ~** ser muy súbito

**sud•den death 'play-off** desempate *m*

**sud•den in•fant 'death syn•drome** síndrome *m* de muerte súbita del lac-

tante

**sud•den•ly** ['sʌdnlɪ] *adv* de repente

**suds** [sʌdz] *npl* (*soap ~*) espuma *f*

**sue** [suː] *v/t & v/i* demandar (**for** por)

**suede** [sweɪd] ante *m*; **~ shoes / jacket** zapatos *mpl* / chaqueta *f* de ante

**Su•ez Ca•nal** [suːezkə'næl]: **the ~** el canal de Suez

**suf•fer** ['sʌfər] **I** *v/i* (*be in great pain*) sufrir; (*deteriorate*) deteriorarse; **be ~ing from** sufrir **II** *v/t loss, setback, heart attack* sufrir

**suf•fer•er** ['sʌfərər]: **migraine / rheumatism ~s** aquellos que padecen de migraña / reumatismo

**suf•fer•ing** ['sʌfərɪŋ] sufrimiento *m*

**suf•fice** [sə'faɪs] **I** *v/i* ser suficiente (**for** para) **II** *v/t*: **~ it to say that…** basta con decir que …

**suf•fi•cient** [sə'fɪʃnt] *adj* suficiente

**suf•fi•cient•ly** [sə'fɪʃntlɪ] *adv* suficientemente

**suf•fix** ['sʌfɪks] LING sufijo *m*

**suf•fo•cate** ['sʌfəkeɪt] **I** *v/i* asfixiarse **II** *v/t* asfixiar

**suf•fo•ca•tion** [sʌfə'keɪʃn] asfixia *f*

**suf•frage** ['sʌfrɪdʒ] POL sufragio *m*

**suf•fuse** [sə'fjuːz] *v/t*: **be ~d with** estar bañado en *or* teñido de

**sug•ar** ['ʃugər] **I** *n* azúcar *m or f*; **how many ~s?** ¿cuántas cucharadas de azúcar? **II** *v/t* echar azúcar a; **is it ~ed?** ¿lleva azúcar? **III** *int euph* cariño, cielo

**'sug•ar bowl** azucarero *m*; **'sug•ar cane** caña *f* de azúcar; **'sug•ar cube** terrón *m* de azúcar; **'sug•ar dad•dy** F hombre rico que mantiene a una amante más joven; **'sug•ar plan•ta•tion** cañaveral *m*

**sug•ar•y** ['ʃugərɪ] *adj* **1** *drink, breakfast cereal* dulce **2** *fig*: *person, smile* sentimental, dulzón

**sug•gest** [sə'dʒest] *v/t* sugerir; **I ~ going home, I suggest that we go home** propongo ir a casa, sugiero que vayamos a casa; **~ that** *of evidence, event, situation* dar a entender que; **I'm not ~ing that you're to blame** no estoy insinuando que la culpa sea tuya

**sug•gest•i•ble** [sə'dʒestəbl] *adj* influenciable

**sug•ges•tion** [sə'dʒestʃən] sugerencia *f*; **at José's ~** a sugerencia de José; **make a ~** hacer una sugerencia; **be open to**

**~s** admitir sugerencias

**sug•ges•tive** [sə'dʒestɪv] *adj* **1** *remark* provocativo **2**: *be ~ of* sugerir

**su•i•ci•dal** [suɪ'saɪdl] *adj* suicida, temerario; *be feeling ~* pensar en el suicidio

**su•i•cide** ['suːɪsaɪd] suicidio *m*; *commit ~* suicidarse; *~ attempt* intento *m* de suicidio

**'su•i•cide bomb•er** terrorista *m/f* suicida

**'su•i•cide pact** *pacto de suicidio colectivo entre dos o más personas*

**suit** [suːt] I *n* **1** traje *m* **2** *in cards* palo *m*; *follow ~ fig* hacer lo mismo, hacer otro tanto II *v/t of clothes, color* sentar bien a; *~ yourself!* F ¡haz lo que quieras!; *be ~ed for or to sth* estar hecho para algo; *that ~s me fine* eso me viene bien; *they are well ~ed* (*to each other*) están hechos el uno para el otro

**suit•a•ble** ['suːtəbl] *adj partner, words, clothing* apropiado, adecuado; *time* apropiado

**suit•a•bly** ['suːtəblɪ] *adv* apropiadamente, adecuadamente

**'suit•case** maleta *f*, *L.Am.* valija *f*

**suite** [swiːt] *of rooms*, MUS suite *f*; *furniture* tresillo *m*

**sul•fate** ['sʌlfeɪt] sulfato *m*

**sul•fide** ['sʌlfaɪd] sulfuro *m*

**sul•fur** ['sʌlfər] azufre *m*

**sul•fur di'ox•ide** dióxido *m* de azufre

**sul•fu•ric ac•id** [sʌlfjuːrɪk'æsɪd] ácido *m* sulfúrico

**sul•fu•rous** ['sʌlfərəs] *adj* sulfuroso, sulfúreo

**sulk** [sʌlk] I *v/i* enfurruñarse; *be ~ing* estar enfurruñado II *npl*: *have the ~s* estar de morros

**sulk•y** ['sʌlkɪ] *adj* enfurruñado

**sul•len** ['sʌlən] *adj* malhumorado, huraño

**sul•phate, sul•phide, sul•phur** *Br* ☞ **sulfate** *etc*

**sul•try** ['sʌltrɪ] *adj* **1** *climate* sofocante, bochornoso **2** *sexually* sensual

**sum** [sʌm] **1** (*total*) total *m*, suma *f*; *the ~ total of his efforts* la suma de sus esfuerzos **2** (*amount*) cantidad *f*; *a large ~ of money* una gran cantidad de dinero; *~ insured* suma *f* asegurada **3** *in arithmetic* suma *f*; *do ~s* sumar, hacer sumas

◆ **sum up** I *v/t* (*pret & pp -med*) **1** (*summarize*) resumir **2** (*assess*) catalogar II

*v/i* (*pret & pp -med*) LAW recapitular

**sum•mar•ize** ['sʌməraɪz] *v/t* resumir

**sum•ma•ry** ['sʌmərɪ] I *n* resumen *m* II *adj justice* sumario

**sum•mer** ['sʌmər] I *n* verano *m*; *in* (*the*) *~* en (el) verano II *adj* estival, veraniego

**'sum•mer camp** campamento *m* de verano; **sum•mer 'hol•i•days** *npl Br* ☞ *summer vacation*; **'sum•mer house** cenador *m*; **'sum•mer school** curso *m* de verano; **'sum•mer•time** *season* (estación *f* de) verano *m*; *in* (*the*) *~* en (el) verano; **sum•mer va'ca•tion** vacaciones *fpl* de verano

**sum•mer•y** ['sʌmərɪ] *adj* veraniego

**sum•ming-up** [sʌmɪŋ'ʌp] *by judge* sumario *m*

**sum•mit** ['sʌmɪt] **1** *of mountain* cumbre *f*, cima *f* **2** POL cumbre *f*

**'sum•mit meet•ing** cumbre *f*

**sum•mon** ['sʌmən] *v/t staff, ministers* llamar; *meeting* convocar

◆ **summon up** *v/t*: *he summoned up his strength* hizo acopio de fuerzas; *summon up the courage to do sth* armarse de valor para hacer algo

**sum•mons** ['sʌmənz] *nsg* LAW citación *f*

**sump** [sʌmp] *for oil* cárter *m*

**sump•tu•ous** ['sʌmptʃuəs] *adj* espléndido, suntuoso

**sun** [sʌn] sol *m*; *in the ~* al sol; *out of the ~* a la sombra; *he has had too much ~* le ha dado demasiado el sol II *v/t*: *~ o.s.* tomar el sol

**'sun•bathe** *v/i* tomar el sol; **'sun•bed** cama *f* de rayos UVA; **'Sun Belt** *estados del sur y suroeste de EE.UU.*; **'sun•block** crema *f* solar de alta protección; **'sun•burn** quemadura *f* (del sol); **'sun•burnt** *adj* quemado (por el sol); **'sun•cream** crema *f* bronceadora

**sun•dae** ['sʌndeɪ] helado *m* en copa (*con frutas, jarabe, etc.*)

**Sun•day** ['sʌndeɪ] domingo *m*; *on ~* el domingo; *on ~s* los domingos

**Sun•day 'best**: *I was dressed in my ~* llevaba puestas mis mejores galas

**'Sun•day school** *catequismo dominical para niños*

**'sun•dial** reloj *m* de sol; **'sun•down** ☞ *sunset*; **'sun-dried** *adj* secado al sol

**sun•dries** ['sʌndrɪz] *npl* varios *mpl*

**sun•dry** ['sʌndrɪ] *adj*: *all and ~* todo el

mundo

'sun•flow•er BOT girasol *m*

sung [sʌŋ] *pp* ☞ *sing*

'sun•glass•es *npl* anteojos *mpl or Span* gafas *fpl* de sol; *a pair of ~* unos anteojos *or Span* unas gafas de sol; 'sun god dios *m* solar; 'sun hat sombrero *m* para el sol

sunk [sʌŋk] *pp* ☞ *sink*

sunk•en ['sʌŋkn] *adj* ship, cheeks hundido

'sun•lamp lámpara *f* de rayos UVA; 'sun•light luz *f* solar; 'sun•lit *adj* iluminado por el sol

sun•ny ['sʌnɪ] *adj* 1 day soleado; *it is ~* hace sol; *~ side up* frito sólo por un lado 2 *disposition* alegre, optimista

'sun•rise amanecer *m*; *at ~* al amanecer; 'sun•roof MOT techo *m* solar *or* correrizo; 'sun•screen pantalla *f* solar; 'sun•set atardecer *m*, puesta *f* de sol; *at ~* al atardecer; 'sun•shade sombrilla *f*; 'sun•shine sol *m*; 'sun•spot AST mancha *f* solar; 'sun•stroke insolación *f*; 'sun•tan bronceado *m*; *get a ~* broncearse; 'sun•tan lo•tion bronceador *m*; 'sun•tanned *adj* bronceado, moreno; 'sun•tan oil aceite *m* bronceador; 'sun•trap sitio resguardado donde da el sol de lleno; 'sun•up ☞ *sunrise*; 'sun vi•sor MOT visera *f* antideslumbrante

su•per ['suːpər] I *adj* F genial F, estupendo F II *n* (*janitor*) portero(-a) *m(f)*

su•per•a'bun•dant *adj* superabundante

su•perb [sʊ'pɜːrb] *adj* excelente

'su•per•bug F súper virus *m*

su•per•cil•i•ous [suːpər'sɪlɪəs] *adj* altivo, soberbio

su•per•con'duc•tor superconductor *m*

su•per•fi•cial [suːpər'fɪʃl] *adj* superficial

su•per•fi•ci•al•i•ty [suːpərfɪʃɪ'ælətɪ] superficialidad *f*

su•per•fine 'sug•ar azúcar *m* extrafino

su•per•flu•ous [sʊ'pɜːrfluəs] *adj* superfluo

'su•per•glue® superglue *m*

su•per'hu•man *adj* efforts sobrehumano

su•per•im'pose *v/t* superponer (*on* sobre)

su•per•in•tend•ent [suːpərɪn'tendənt]

*of apartment block* portero(-a) *m(f)*

su•pe•ri•or [suː'pɪrɪər] I *adj* (*better, greater*) superior; *pej*: *attitude* arrogante; *be ~ to* ser superior a II *n in organization* superior *m*

su•pe•ri•or•i•ty [suːpɪrɪ'ɑːrətɪ] 1 superioridad *f*, *numerical ~* superioridad en número 2 *pej* superioridad *f*, arrogancia *f*

su•per•la•tive [suː'pɜːrlətɪv] I *adj* superb excelente II *n* GRAM superlativo *m*

'su•per•man supermán *m*, superhombre *m*

'su•per•mar•ket supermercado *m*; *~ trolley* Br carrito *m*

'su•per•mod•el supermodelo *m/f*

su•per'nat•u•ral I *adj* powers sobrenatural II *n*: *the ~* lo sobrenatural

'su•per•pow•er POL superpotencia *f*

su•per•sede [suːpər'siːd] *v/t* reemplazar

su•per•son•ic [suːpər'sɑːnɪk] *adj* flight, aircraft supersónico

'su•per•star superestrella *f*

su•per•sti•tion [suːpər'stɪʃn] superstición *f*

su•per•sti•tious [suːpər'stɪʃəs] *adj* person supersticioso

'su•per•struc•ture ARCHI, NAUT superestructura *f*

'su•per•tank•er NAUT superpetrolero *m*

su•per•vise ['suːpərvaɪz] *v/t* class vigilar; *workers* supervisar; *activities* dirigir

su•per•vi•sion [suːpər'vɪʒn] supervisión *f*, vigilancia *f*; *under s.o.'s ~* bajo la supervisión de alguien

su•per•vi•sor ['suːpərvaɪzər] *at work* supervisor(a) *m(f)*

su•per•vi•so•ry [suːpər'vaɪzərɪ] *adj* de supervisión

sup•per ['sʌpər] cena *f*, L.Am. comida *f*, *have ~* cenar, L.Am. comer

sup•plant [sə'plɑːnt] *v/t* reemplazar, sustituir

sup•ple ['sʌpl] *adj* person ágil; limbs, material flexible

sup•ple•ment I *n* ['sʌplɪmənt] (*extra payment*), *in newspaper* suplemento *m* II *v/t* ['sʌplɪment] income complementar (*with* con)

sup•ple•men•ta•ry [sʌplɪ'mentərɪ] *adj* adicional, complementario

**sup•pli•er** [sə'plaɪər] COM proveedor(a) *m(f)*

**sup•ply** [sə'plaɪ] **I** *n* suministro *m*, abastecimiento *m*; **~ and demand** la oferta y la demanda; **supplies** *of food* provisiones *fpl*; **office supplies** material *f* de oficina **II** *v/t* (*pret & pp* **-ied**) *goods* suministrar; **~ s.o. with sth** suministrar algo a alguien; **be supplied with** venir con

**sup'ply teach•er** *Br* profesor(a) *m(f)* suplente

**sup'ply volt•age** tensión *f* de alimentación

**sup•port** [sə'pɔːrt] **I** *n* **1** *for structure* soporte *m* **2** (*backing*) apoyo *m*; **in~** of en apoyo *or* defensa de **II** *v/t* **1** *building*, *structure* soportar, sostener **2** *financially* mantener **3** (*back*) apoyar; *soccer team* ser de

**sup•port•er** [sə'pɔːrtər] partidario(-a) *m(f)*; *of football team etc* seguidor(a) *m(f)*

**sup'port group** asociación *f*, grupo *m* de apoyo (for de)

**sup•port•ing** [sə'pɔːrtɪŋ] *adj* **1**: **~ actor** actor *m* secundario ; **~ actress** actriz *f* secundaria; **~ role** papel *m* secundario **2**: **~ wall** pared *f* maestra

**sup•port•ive** [sə'pɔːrtɪv] *adj* comprensivo; **be ~** apoyar (**toward**, **of** a)

**sup'port ser•vi•ces** *npl* servicios *mpl* de apoyo

**sup'port staff** personal *m* de apoyo

**sup•pose** [sə'pouz] *v/t* **1** (*imagine*) suponer; **I ~ so** supongo (que sí); **I ~ I must have fallen asleep** supongo que me he quedado dormido **2**: **you are not ~d to ...** (*not allowed to*) no deberías ...; **it is ~d to be delivered today** (*is meant to be*) se supone que lo van a entregar hoy; **aren't you ~d to be at work?** ¿no tendrías que estar trabajando?; **it's ~d to be very beautiful** (*is said to be*) se supone que es hermosísimo; **what's that ~d to mean?** ¿qué se supone que quiere decir eso? **II** *conj*: **~ we went home?** ¿y si nos vamos a casa?

**sup•posed** [sə'pouzd] *adj* supuesto, presunto

**sup•pos•ed•ly** [sə'pouzɪdlɪ] *adv* supuestamente

**sup•pos•ing** [sə'pouzɪŋ] *conj* ☞ **sup-pose** II

**sup•po•si•tion** [sʌpə'zɪʃn] suposición *f*, presunción *f*

**sup•pos•i•to•ry** [sə'pɑːzɪtɔːrɪ] MED supositorio *m*

**sup•press** [sə'pres] *v/t rebellion etc* reprimir, sofocar

**sup•pres•sion** [sə'preʃn] represión *f*

**su•prem•a•cy** [suː'preməsɪ] supremacía *f*

**su•preme** [suː'priːm] *adj* supremo

**Su'preme Court** Tribunal *m* Supremo, *L.Am.* Corte *f* Suprema

**su•preme•ly** [suː'priːmlɪ] *adv* extremadamente

**sur•charge** ['sɜːrtʃɑːrdʒ] recargo *m*

**sure** [ʃur] **I** *adj* seguro; **I'm not ~** no estoy seguro; **be ~ about sth** estar seguro de algo; **make ~ that ...** asegurarse de que ...; **make ~ of sth** asegurarse de algo; **~ of o.s.** seguro de sí mismo; **~ thing!** F ¡claro! F; **be a ~ thing** estar asegurado *or* garantizado; **you're ~ to like this play** seguro que te gusta esta obra; **be ~ to lock the door!** ¡asegúrate de cerrar bien la puerta!; **I can't say for ~** no lo puedo decir con seguridad; **one thing's for ~** una cosa es segura; **and to be ~, he ...** y, por supuesto, ... **II** *adv*: **~ enough** efectivamente; **it ~ is hot today** F vaya calor que hace F; **~!** F ¡claro!

**'sure-fire** *adj* F seguro, infalible

**sure-foot•ed** [ʃur'futɪd] *adj* con los pies firmes

**sure•ly** ['ʃurlɪ] *adv* **1** (*gladly*) claro que sí **2**: **~ you don't mean that!** ¡ no lo dirás en serio!; **~ somebody knows** alguien tiene que saberlo

**sur•e•ty** ['ʃurətɪ] *for loan* aval *m*, fianza *f*; **stand ~ for s.o.** avalar a alguien

**surf** [sɜːrf] **I** *n on sea* surf *m* **II** *v/t*: **~ the Net** navegar por Internet **III** *v/i on sea* hacer surf

**sur•face** ['sɜːrfɪs] **I** *n of table*, *object*, *water* superficie *f*; **on the ~** *fig* a primera vista; **~ tension** PHYS tensión *f* de superficie **II** *v/i* **1** *of swimmer*, *submarine* salir a la superficie **2** (*appear*) aparecer **III** *v/t roads* revestir

**'sur•face mail** correo *m* terrestre; **sur-face-to-'air** *adj* tierra-aire; **sur•face--to-'sur•face** *adj* tierra-tierra; **'sur•face trans•port** transporte *m* por superficie

**sur•fac•tant** [sɜːrˈfæktənt] CHEM tensioactivo *m*

'**surf•board** tabla *f* de surf

**sur•feit** [ˈsɜːrfɪt] exceso (*of* de)

**surf•er** [ˈsɜːrfər] *on sea* surfista *m/f*

**surf•ing** [ˈsɜːrfɪŋ] surf *m*; *go* ~ ir a hacer surf

**surge** [sɜːrdʒ] **I** *n in electric current* sobrecarga *f*; *in demand etc* incremento *m* repentino; *there was a sudden* ~ *forward* la gente se abalanzó de repente **II** *v/i*: *the mob* ~*d toward the palace* la muchedumbre se precipitó hacia el palacio

◆ **surge forward** *v/i of crowd* avanzar atropelladamente

◆ **surge up** *v/i*: *anger surged up in her* la rabia se adueñó de ella

**sur•geon** [ˈsɜːrdʒən] cirujano(-a) *m(f)*

**Sur•geon 'Gen•e•ral** (*in government*) *máximo responsable de la sanidad pública*

**sur•ge•ry** [ˈsɜːrdʒərɪ] **1** cirugía *f*; *undergo* ~ ser intervenido quirúrgicamente; *he needs* ~ requiere una operación **2** *Br. doctor's office* consulta *f*; ~ *hours pl* horas *fpl* de consulta

**sur•gi•cal** [ˈsɜːrdʒɪkl] *adj* quirúrgico; ~ *stocking* media *f* ortopédica

**sur•gi•cal•ly** [ˈsɜːrdʒɪklɪ] *adv* quirúrgicamente

**Su•ri•name** [ˈsʊrɪnæm] Suriname *m*

**Su•ri•nam•ese** [sʊrɪnæmˈiːz] **I** *adj* surinamés **II** *n* surinamés(-esa) *m(f)*

**sur•ly** [ˈsɜːrlɪ] *adj* arisco, hosco

**sur•mise** [sɜːrˈmaɪz] *v/t* inferir, deducir

**sur•mount** [sərˈmaʊnt] *v/t difficulties* superar

**sur•mount•a•ble** [sərˈmaʊntəbl] *adj* superable

**sur•name** [ˈsɜːrneɪm] apellido *m*

**sur•pass** [sərˈpæs] *v/t* superar

**sur•plus** [ˈsɜːrpləs] **I** *n* excedente *m* **II** *adj* excedente; *be* ~ *to requirements* ser superfluo *or* prescindible

**sur•prise** [sərˈpraɪz] **I** *n* sorpresa *f*; *it came as no* ~ no me sorprendió; *in* ~ sorprendido; *take s.o. by* ~ pillar a alguien por sorpresa **II** *v/t* sorprender; *be / look* ~*d* quedarse / parecer sorprendido (*at* ante; *by* por); *I wouldn't be* ~*d if* no me sorprendería si

**sur•prise 'par•ty** fiesta *f* sorpresa

**sur•pris•ing** [sərˈpraɪzɪŋ] *adj* sorpren-

dente; *it's not* ~ *that* ... no me sorprende que ...

**sur•pris•ing•ly** [sərˈpraɪzɪŋlɪ] *adv* sorprendentemente; ~ (*enough*) sorprendentemente, aunque parezca sorprendente

**sur•re•al** [səˈriːəl] *adj* surrealista, extraño

**sur•re•al•ism** [səˈriːəlɪzəm] *in art* surrealismo *m*

**sur•re•al•ist** [səˈriːəlɪst] **I** *adj* surrealista **II** *n* surrealista *m/f*

**sur•re•al•is•tic** [səriːəlˈɪstɪk] *adj* surrealista

**sur•ren•der** [səˈrendər] **I** *v/i of army* rendirse; *to police* entregarse **II** *v/t weapons, passport etc* entregar **III** *n* **1** rendición *f* **2** (*handing in*) entrega *f*

**sur•rep•ti•tious** [sʌrəpˈtɪʃəs] *adj* furtivo, disimulado

**sur•rep•ti•tious•ly** [sʌrəpˈtɪʃəslɪ] *adv* furtivamente, disimuladamente

**sur•ro•ga•cy** [ˈsʌrəgəsɪ] *embarazo por encargo de terceros*

**sur•ro•gate moth•er** [sʌrəgətˈmʌðər] madre *f* de alquiler

**sur•round** [səˈraʊnd] **I** *v/t* rodear; ~*ed by* rodeado de *or* por **II** *n of picture etc* marco *m*

**sur•round•ing** [səˈraʊndɪŋ] *adj* circundante

**sur•round•ings** [səˈraʊndɪŋz] *npl* **1** *of village* alrededores *mpl* **2** (*environment*) entorno *m*

**sur'round sound** sonido *m* surround

**sur•veil•lance** [sɜːrˈveɪləns] vigilancia *f*; *be / keep under* ~ *person, premises* estar / mantener bajo vigilancia

**sur•vey** [ˈsɜːrveɪ] **I** *n* [ˈsɜːrveɪ] **1** *of modern literature etc* estudio *m* **2** *of building* tasación *f*, peritaje **3** (*poll*) encuesta *f* **II** *v/t* [sərˈveɪ] **1** (*look at*) contemplar **2** *building* tasar, peritar

**sur•vey•or** [sɜːrˈveɪr] tasador(a) *m(f) or* perito(-a) *m(f)* de la propiedad

**sur•viv•al** [sərˈvaɪvl] supervivencia *f*; ~ *of the fittest* la ley del más fuerte; ~ *suit* traje *m* de supervivencia; ~ *training course* curso *m* de supervivencia

**sur•vive** [sərˈvaɪv] **I** *v/i* sobrevivir; *how are you? – I'm surviving* ¿cómo estás? – voy tirando; *his two surviving daughters* las dos hijas que aún viven **II** *v/t accident, operation* sobrevivir a;

(*outlive*) sobrevivir; *he is ~d by his second wife* le survive su segunda esposa

**sur•vi•vor** [sər'vaɪvər] superviviente *m/f*; *he's a ~ fig* es incombustible

**sus•cep•ti•ble** [sə'septəbl] *adj emotionally* sensible, susceptible; *be ~ to the cold / heat* ser sensible al frío / calor

**su•shi** ['su:ʃi] sushi *m*

**sus•pect I** *n* ['sʌspekt] sospechoso(-a) *m(f)* II *v/t* [sə'spekt] 1 *person* sospechar de; *~ s.o. of doing sth* sospechar que alguien ha hecho algo; *be ~ed of sth / doing sth* ser sospechoso de algo / haber hecho algo 2 (*suppose*) sospechar III *adj* ['sʌspekt] dudoso; *a ~ package* un paquete sospechoso; *his motives are ~* sus motivos son sospechosos

**sus•pect•ed** [sə'spektɪd] *adj murderer* presunto; *cause, heart attack etc* supuesto

**sus•pend** [sə'spend] *v/t* 1 (*hang*) colgar 2 *from office, duties* suspender; *he was given a two-year ~ed sentence* recibió una condena condicional de dos años; *~ed animation* animación *f* suspendida

**sus•pend•er belt** [sə'spendər] *Br* liguero *m*

**sus•pend•ers** [sə'spendərz] *npl* 1 *for pants* tirantes *mpl*, *S.Am.* suspensores *mpl* 2 *Br. for stockings* ligas *fpl*

**sus•pense** [sə'spens] *Span* suspense *m*, *L.Am.* suspenso *m*; *keep s.o. in ~* dejar a alguien en vilo

**sus'pense ac•count** cuenta *f* provisional

**sus•pen•sion** [sə'spenʃn] MOT, *from duty* suspensión *f*; *he received a two-game ~* le han penalizado con dos partidos sin jugar

**sus'pen•sion bridge** puente *m* colgante

**sus•pi•cion** [sə'spɪʃn] sospecha *f*; *be above ~* estar libre de toda sospecha; *be under ~ of murder* ser sospechoso de asesinato; *with ~* con desconfianza

**sus•pi•cious** [sə'spɪʃəs] *adj* 1 (*causing suspicion*) sospechoso 2 (*feeling suspicion*) receloso, desconfiado; *be ~ of* sospechar de

**sus•pi•cious•ly** [sə'spɪʃəslɪ] *adv* 1 *behave* de manera sospechosa 2 *ask* con recelo *or* desconfianza

**sus•tain** [sə'steɪn] *v/t* sostener

**sus•tain•a•ble** [sə'steɪnəbl] *adj* sostenible

**sus•tain•a•ble de'vel•op•ment** desarrollo *m* sostenible

**sus•tained** [sə'steɪnd] *adj* sostenido

**sus•te•nance** ['sʌstənəns] sustento *m*

**su•ture** ['su:tʃər] MED I *n* sutura *f* II *v/t wound* suturar

**SUV** [esju:'vi:] *abbr* (= *sport utility vehicle*) SUV *m*, todoterreno *m* ligero

**svelte** [svelt] *adj* elegante, estiloso

**SVGA** [esvi:dʒi:'eɪ] *abbr* (= *Super Video Graphics Array*) SVGA *m*, super adaptador *m* de gráficos de vídeo

**swab** [swɑ:b] 1 *n material* torunda *f* 2 *test* muestra *f*; *take a ~* extraer una muestra (*from* de) II *v/t* (*pret & pp -bed*) *wound* limpiar

**swag•ger** ['swægər] I *n*: *walk with a ~* caminar pavoneándose II *v/i* caminar pavoneándose

**swal•low[1]** ['swɑ:loʊ] I *v/t* 1 *liquid, food* tragar, tragarse; *~ one's words* desdecirse 2 F *story, lie* tragar, tragarse F; *find sth hard to ~* no tragarse algo F II *v/i* tragar III *n* trago *m*
◆ **swallow up** *v/t* absorber; (*engulf*) devorar

**swal•low[2]** ['swɑ:loʊ] *n bird* golondrina *f*

**swam** [swæm] *pret* ☞ **swim**

**swamp** [swɑ:mp] I *n* pantano *m* II *v/t*: *be ~ed with* estar inundado de

**swamp•y** ['swɑ:mpɪ] *adj* pantanoso

**swan** [swɑ:n] cisne *m*

**swank•y** ['swæŋkɪ] *adj* F pijo F

**'swan song** *fig* canto *m* del cisne

**swap** [swɑ:p] I *v/t* (*pret & pp -ped*) cambiar (de); *~ sth for sth* cambiar algo por algo; *~ places* cambiarse el sitio; *~ places with s.o.* cambiarse por alguien II *v/i* (*pret & pp -ped*) hacer un cambio III *n* intercambio *m*; *do a ~* cambiar
◆ **swap around, swap over** *v/i* (*exchange seats*) cambiar

**'swap meet** *feria en la que se intercambian objetos*

**swarm** [swɔ:rm] I *n of bees* enjambre *m* II *v/i*: *the town was ~ing with ...* la ciudad estaba abarrotada de ...

**swar•thy** ['swɔ:rðɪ] *adj face, complexion* moreno

**swash•buck•ling** ['swɑːʃbʌklɪŋ] *adj hero, movie* de capa y espada

**swat** [swɑːt] *v/t (pret & pp **-ted**) insect, fly* aplastar, matar

**swatch** [swɑːtʃ] muestra *f* de tela

**swat•ter** ['swɑːtər] (*fly*~) matamoscas *m inv*

**sway** [sweɪ] **I** *n (influence, power)* dominio *m* **II** *v/i* tambalearse

**swear** [swer] **I** *v/i (pret **swore**, pp **sworn**)* **1** (*use ~word*) decir palabrotas *or* tacos; ~ **at s.o.** insultar a alguien **2** LAW, *fig* jurar; **I** ~ lo juro; **I couldn't** ~ **to it** no estoy seguro del todo **II** *v/t (pret **swore**, pp **sworn**) (promise)*, LAW jurar; ~ **sth to s.o.** jurar a alguien algo; **I was sworn to secrecy** se me hizo prometer que no diría nada

◆ **swear by** *v/t fig* F tener mucha fe en

◆ **swear in** *v/t witnesses etc* tomar juramento a

◆ **swear off** *v/t* prometerse dejar

**'swear•word** palabrota *f*, taco *m*

**sweat** [swet] **I** *n* sudor *m*; **covered in** ~ empapado de sudor; **break out in a cold** ~ dar sudores fríos; **no** ~! F ¡nada hombre! F, ¡no importa! F; **I can do that, no** ~ F puedo hacerlo, no te preocupes; **get in(to) a** ~ *fig* F estar agobiado (*about* por) **II** *v/i* sudar; **let them** ~ **for a bit** F déjales que sufran un poco **III** *v/t:* ~ **blood** F sudar sangre F

◆ **sweat out** *v/t:* **sweat it out** F esperar, aguantar

**'sweat•band** banda *f* (en la frente); *on wrist* muñequera *f*

**sweat•er** ['swetər] suéter *m*, *Span* jersey *m*

**'sweat gland** ANAT glándula *f* sudorípara

**sweats** [swets] *npl* chándal *m*

**'sweat•shirt** sudadera *f*

**'sweat•shop** *taller donde se explota a los trabajadores*

**sweat•y** ['swetɪ] *adj hands* sudoroso

**Swede** [swiːd] sueco(-a) *m(f)*

**Swe•den** ['swiːdn] Suecia *f*

**Swe•dish** ['swiːdɪʃ] **I** *adj* sueco **II** *n* sueco *m*

**sweep** [swiːp] **I** *v/t (pret & pp **swept**) floor, leaves* barrer; ~ **the board** *in competition* arrasar; ~ **a woman off her feet** *fig* hacer perder la cabeza a

una mujer; **be swept to power** llegar al poder por un margen de votos amplio **II** *v/i (pret & pp **swept**)* **1** barrer **2:** ~ **past s.o.** *of person* pasar por delante de alguien con aires de grandeza **III** *n* **1** barrida *f*; **give the floor a** ~ dar una barrida al suelo **2** (*long curve*) curva *f* **3:** **make a clean** ~ *in competition* arrasar

◆ **sweep along** *v/t of wind, tide* arrastrar

◆ **sweep aside** *v/t objections* desoír, ignorar

◆ **sweep away** *v/t* **1** *boat, swimmer* arrastrar; **be swept away by** *fig* ser arrastrado por **2** *obstacles, restrictions* eliminar

◆ **sweep up** *v/t mess, crumbs* barrer

**sweep•er** ['swiːpər] **1** *person* barrendero(-a) *m(f)* **2** *machine* cepillo *m* (mecánico) **3** *in soccer* líbero *m/f*

**sweep•ing** ['swiːpɪŋ] *adj statement* demasiado generalizado; *changes* radical

**sweet** [swiːt] *adj* **1** *taste, tea, smile* dulce; **whisper** ~ **nothings to each other** decirse cosas románticas al oído; **revenge is** ~ la venganza es dulce; **have a** ~ **tooth** ser laminero *or* goloso; **keep s.o.** ~ F tener a alguien contento F **2** F (*kind*) amable **3** F (*cute*) mono **II** *n Br* **1** (*piece of candy*) caramelo *m* **2** (*dessert*) postre *m*

**sweet and 'sour** *adj* agridulce

**'sweet•corn** maíz *m*, *S.Am.* choclo *m*

**sweet•en•er** ['swiːtnər] *for drink* edulcorante *m*; *fig (incentive)* soborno *m*, incentivo *m*

**sweet•en** ['swiːtn] *v/t drink, food* endulzar

◆ **sweeten up** *v/t* F *person* camelar F

**'sweet•heart** novio(-a) *m(f)* **2:** **hi,** ~! ¡hola cielo!; **be a** ~ **and get me a beer** anda cariño, traeme una cerveza

**sweet•ie** ['swiːtɪ] **F** **1** ☞ **sweetheart** **2** *Br* caramelo *m*

**sweet•ly** ['swiːtlɪ] *adv smile* dulcemente

**sweet 'pea** arvejo *m*, *CSur* arveja *f*; **sweet po•ta•to** BOT boniato *m*, *Andes, C.Am., Mex* camote *m*; **'sweet talk** halagos *mpl*, adulación *f*; **'sweet-talk** F: ~ **s.o. into doing sth** pelotear *or* embelesar a alguien para que haga algo

**swell** [swel] **I** *v/i (pret **-ed**, pp **swollen**)**

*of wound, limb* hincharse **II** *v/t* (*pret -ed, pp* **swollen**) *numbers* aumentar **III** *adj* F (*good*) genial F, fenomenal F **IV** *n of the sea* oleaje *m*; *a heavy* ~ una marejada

◆ **swell up** *v/i* MED hincharse

**swell•ing** ['swelɪŋ] MED hinchazón *f*

**swel•ter** ['sweltər] *v/i* asarse de calor

**swel•ter•ing** ['sweltərɪŋ] *adj heat, day* sofocante

**swept** [swept] *pret & pp* ☞ **sweep**

**swerve** [swɜːrv] **I** *v/i of car, person walking* girar *or* apartarse bruscamente; *of driver* dar un volantazo; *of football player* regatear **II** *n of car, person walking* giro *m* brusco; *of driver* volantazo *m*; *of football player* regateo *m*

**swift**[1] [swɪft] *adj* rápido; *be* ~ *to do sth* no tardar en hacer algo

**swift**[2] [swɪft] *n bird* vencejo *m* común

**swift•ly** ['swɪftlɪ] *adv* rápidamente

**swift•ness** ['swɪftnɪs] rapidez *f*

**swig** [swɪg] F **I** *v/t* (*pret & pp* **-ged**) *drink* beber a tragos **II** *n*: *take a* ~ *from the bottle* echarse un trago de la botella

**swill** [swɪl] *v/t pej: drink* pimplar F, *L.Am.* tomar

**swim** [swɪm] **I** *v/i* (*pret* **swam**, *pp* **swum**) nadar; *go* ~*ming* ir a nadar; *my head is* ~*ming* me da vueltas la cabeza **II** *n* baño *m*; *go for a* ~ ir a darse un baño

**swim•mer** ['swɪmər] nadador(a) *m(f)*

**swim•ming** ['swɪmɪŋ] natación *f*

'**swim•ming cap** gorro *m* de natación; '**swim•ming hole** *lugar apto para el baño en un río*; '**swim•ming pool** piscina *f*, *Mex* alberca *f*, *Rpl* pileta *f*; '**swim•ming trunks** *npl esp Br* bañador *m* (*para caballero*)

'**swim•suit** traje *m* de baño, bañador *m*

'**swim•wear** trajes *mpl* de baño, bañadores *mpl*

**swin•dle** ['swɪndl] **I** *n* timo *m*, estafa *f* **II** *v/t* timar, estafar; ~ *s.o. out of sth* estafar algo a alguien

**swin•dler** ['swɪndlər] timador(a) *m(f)*, estafador(a) *m(f)*

**swine** [swaɪn] F *person* cerdo(-a) *m(f)* F

**swing** [swɪŋ] **I** *n* **1** oscilación *f* **2** *for child* columpio *m* **3**: ~ *to the Democrats* giro *m* favorable a los Demócratas **4**: *be in full* ~ estar en pleno apogeo; *get into the* ~ *of things* coger el ritmo *or* la marcha

**II** *v/t* (*pret & pp* **swung**) balancear; *hips* menear

**III** *v/i* (*pret & pp* **swung**) **1** balancearse; ~ *shut* cerrarse **2** (*turn*) girar; *of public opinion etc* cambiar

◆ **swing around** *v/i* girarse de golpe

**swing-'door** puerta *f* basculante *or* de vaivén

**swing•ing** ['swɪŋɪŋ] *adj* F **1** *party, city* animado **2** *having casual sex* que va de flor en flor

**swipe** [swaɪp] F **I** *n physical* golpe *m*; *verbal* crítica *f*; *take a* ~ *at physically* dar un golpe a; *verbally* criticar F **II** *v/t* **1** *credit card* pasar por el lector **2** F (*steal*) robar **III** *v/i of credit card* pasar por el lector

◆ **swipe at** *v/t physically* dar un golpe a; *verbally* criticar F

**swirl** [swɜːrl] **I** *v/i* hacer remolinos **II** *n* remolino *m*; *of cream* espiral *f*

**swish** [swɪʃ] **I** *v/i of silk* crujir; *of tires* rechinar **II** *v/t tail* agitar, menear **III** *n of silk* crujido *m*; *of tires* rechinamiento *m*; *of curtains* roce *m* **IV** *adj esp Br* F elegante, fino F

**Swiss** [swɪs] **I** *adj* suizo **II** *n person* suizo(-a) *m(f)*; *the* ~ los suizos

**switch** [swɪtʃ] **I** *n* **1** *for light* interruptor *m* **2** (*change*) cambio *m* **II** *v/t* (*change*) cambiar (de); ~ *places with s.o.* cambiarse por alguien **III** *v/i* (*change*) cambiar

◆ **switch around** *v/t* cambiar de sitio

◆ **switch off** **I** *v/t lights, engine, PC, TV* apagar **II** *v/i* F *of person* desconectar

◆ **switch on** *v/t lights, engine, PC, TV* encender, *L.Am.* prender

◆ **switch over** *v/i* cambiarse (*to* a)

'**switch•blade** navaja *f* automática; '**switch•board** centralita *f*, *L.Am.* conmutador *m*; ~ *operator* telefonista *m/f*; '**switch•o•ver** *to new system* cambio *m* (*to* a)

**Swit•zer•land** ['swɪtsərlənd] Suiza *f*

**swiv•el** ['swɪvl] *v/i* (*pret & pp* **-ed**, *Br* **-led**) *of chair, monitor* girar

◆ **swivel around** *v/i* girar

'**swiv•el chair** silla *f* giratoria

**swol•len** ['swoʊlən] **I** *pp* ☞ **swell** **II** *adj* hinchado

**swol•len-head•ed** [swoʊlən'hedɪd] *adj fig* engreído

**swoon** [swuːn] *v/i* perder el sentido

(**over** por)

**swoop** [swuːp] *v/i of bird* volar en picado

◆ **swoop down on** *v/t prey* caer en picado sobre

◆ **swoop on** *v/t of police etc* hacer una redada contra

**swop** ☞ **swap**

**sword** [sɔːrd] espada *f*; *cross ~s fig* ponerse a mal (**with** con)

'**sword•fish** pez *f* espada

**swore** [swɔːr] *pret* ☞ **swear**

**sworn** [swɔːrn] **I** *pp* ☞ **swear II** *adj* **1**: ~ **enemies** *pl* enemigos *mpl* encarnizados **2** LAW jurado

**swot** [swɑːt] *Br* F **I** *v/i* (*pret & pp* **-ted**) empollar F **II** *n* empollón(-ona) *m(f)* F

**swum** [swʌm] *pp* ☞ **swim**

**swung** [swʌŋ] *pret & pp* ☞ **swing**

**syc•a•more** ['sɪkəmɔːr] plátano *m*

**syc•o•phan•tic** [sɪkə'fæntɪk] *adj* halagador

**syl•la•ble** ['sɪləbl] sílaba *f*

**syl•la•bus** ['sɪləbəs] plan *m* de estudios

**sym•bi•o•sis** [sɪmbaɪ'oʊsɪs] BIO simbiosis *f*

**sym•bi•ot•ic** [sɪmbaɪ'ɑːtɪk] *adj* BIO simbiótico

**sym•bol** ['sɪmbəl] símbolo *m*

**sym•bol•ic** [sɪm'bɑːlɪk] *adj* simbólico; *be ~ of sth* ser el símbolo de algo, simbolizar algo

**sym•bol•i•cal•ly** [sɪm'bɑːlɪklɪ] *adv* simbólicamente

**sym•bol•ism** ['sɪmbəlɪzm] simbolismo *m*

**sym•bol•ist** ['sɪmbəlɪst] simbolista *m/f*

**sym•bol•ize** ['sɪmbəlaɪz] *v/t* simbolizar

**sym•met•ric, sym•met•ri•cal** [sɪ'metrɪk(l)] *adj* simétrico

**sym•me•try** ['sɪmətrɪ] simetría *f*

**sym•pa•thet•ic** [sɪmpə'θetɪk] *adj* (*showing pity*) compasivo; (*understanding*) comprensivo; *be ~ toward a person / an idea* simpatizar con una persona / idea

◆ **sym•pa•thize with** ['sɪmpəθaɪz] *v/t person, views* comprender

**sym•pa•thiz•er** ['sɪmpəθaɪzər] POL simpatizante *m/f*

**sym•pa•thy** ['sɪmpəθɪ] **1** (*pity*) compasión *f*; *in ~* mis condolencias; *go on strike* en solidaridad; *I have no ~ for him* no me da ninguna pena; *don't ex-*

*pect any ~ from me* no esperes que te compadezca **2** (*understanding*) comprensión *f*; *be in ~ with* simpatizar con **3**: *my sympathies lie with* mis simpatías están con

'**sym•pa•thy strike** huelga *f* por solidaridad

**sym•phon•ic** [sɪm'fɑːnɪk] *adj* MUS sinfónico

**sym•pho•ny** ['sɪmfənɪ] sinfonía *f*

'**sym•pho•ny or•ches•tra** orquesta *f* sinfónica

**sym•po•si•um** [sɪm'poʊzɪəm] (*pl* **-siums, symposia** [sɪm'poʊzɪə]) *conference* simposio *m*, congreso *m*

**symp•tom** ['sɪmptəm] *also fig* síntoma *f*

**symp•to•mat•ic** [sɪmptə'mætɪk] *adj*: *be ~ of fig* ser sintomático de

**syn•a•gogue** ['sɪnəgɑːg] sinagoga *f*

**syn•chro•nize** ['sɪŋkrənaɪz] *v/t* sincronizar

**syn•chro•nized swim•ming** [sɪŋkrə-naɪzd'swɪmɪŋ] natación *f* sincronizada

**syn•di•cate** ['sɪndɪkət] COM corporación *f*, consorcio *m*

**syn•drome** ['sɪndroʊm] MED síndrome *m*

**syn•er•gy** ['sɪnərdʒɪ] sinergia *f*

**syn•o•nym** ['sɪnənɪm] sinónimo *m*

**sy•non•y•mous** [sɪ'nɑːnɪməs] *adj* sinónimo; *be ~ with fig* ser sinónimo de

**syn•op•sis** [sɪ'nɑːpsɪs] (*pl* **synopses** [sɪ'nɑːpsiːz]) sinopsis *f*

**syn•tac•tic** [sɪn'tæktɪk] *adj* LING sintáctico

**syn•tax** ['sɪntæks] sintaxis *f inv*

**syn•the•sis** ['sɪnθəsɪs] (*pl* **syntheses** ['sɪnθəsiːz]) síntesis *f*

**syn•the•size** ['sɪnθəsaɪz] *v/t* CHEM sintetizar

**syn•the•siz•er** ['sɪnθəsaɪzər] MUS sintetizador *m*

**syn•thet•ic** [sɪn'θetɪk] *adj* sintético

**syph•i•lis** ['sɪfɪlɪs] *nsg* sífilis *f*

**sy•phon** ☞ **siphon**

**Syr•i•a** ['sɪrɪə] Siria *f*

**Syr•i•an** ['sɪrɪən] **I** *adj* sirio **II** *n* sirio(-a) *m(f)*

**sy•ringe** [sɪ'rɪndʒ] jeringuilla *f*

**syr•up** ['sɪrəp] almíbar *m*

**syr•up•y** ['sɪrəpɪ] *adj* **1** almibarado **2** *fig* empalagoso

**sys•tem** ['sɪstəm] *also* COMPUT sistema *m*; *the braking ~* el sistema de frenado;

***the digestive*** ~ el aparato digestivo; ~ ***of government*** sistema de gobierno; ~ ***crash*** COMPUT bloqueo *m* del sistema; ~ ***error*** COMPUT error *m* del sistema; ~ ***failure*** fracaso *m* del sistema; ~***s engi-neer*** ingeniero(-a) *m(f)* de sistemas; ***get sth out of one's*** ~ *fig* sacarse una espina

**sys•tem•at•ic** [sɪstə'mætɪk] *adj* sistemático

**sys•tem•at•i•cal•ly** [sɪstə'mætɪklɪ] *adv* sistemáticamente

**sys•tem•a•tize** ['sɪstəmətaɪz] *v/t* sistematizar

**sys•tems 'an•a•lyst** COMPUT analista *m/f* de sistemas

# T

**T** [tiː]: ***that's him to a*** ~ F ése es justamente él

**tab** [tæb] **1** *for pulling* lengüeta *f* **2** *in text* tabulador *m* **3** *bill* cuenta *f*; ***pick up the*** ~ pagar (la cuenta) **4**: ***keep*** ~***s on s.o.*** F seguir la pista a alguien

**'tab key** tecla *f* de tabulación

**ta•ble** ['teɪbl] **I** *n* **1** mesa *f*; ***at the*** ~ a la mesa; ***put sth on the*** ~ *fig* poner algo sobre el tapete; ***set the*** ~ poner la mesa; ***turn the*** ~***s on s.o.*** *fig* volver las tornas a alguien; ***drink s.o. under the*** ~ aguantar bebiendo mucho más que alguien **2** *of figures* cuadro *m* **II** *v/t* **1** *bill, amendment* posponer, aplazar **2** *Br: bill, amendment* presentar

**'ta•ble•cloth** mantel *m*; **'ta•ble lamp** lámpara *f* de mesa; **'ta•ble man•ners** *npl* modales *mpl*; **'ta•ble•mat** salvamanteles *m inv*; **ta•ble of 'con•tents** índice *m* (de contenidos); **'ta•ble•spoon** *object* cuchara *f* grande; *quantity* cucharada *f* grande

**tab•let** ['tæblɪt] MED pastilla *f*

**'ta•ble ten•nis** tenis *m* de mesa

**ta•ble•ware** ['teɪblwer] vajilla *f*

**'ta•ble wine** vino *m* de mesa

**tab•loid** ['tæblɔɪd] *newspaper* periódico *m* sensacionalista *(de tamaño tabloide)*

**tab•loid 'press** prensa *f* sensacionalista

**ta•boo** [tə'buː] **I** *adj* tabú *inv* **II** *n* tabú *m*

**tab•u•lar** ['tæbjʊlər] *adj* tabular; ***in*** ~ ***form*** en forma tabular

**tab•u•late** ['tæbjʊleɪt] *v/t* tabular

**tach•o•graph** ['tækəgræf] MOT tacógrafo *m*

**ta•chom•e•ter** [tæk'ɑːmɪtər] MOT tacómetro *m*

**tac•it** ['tæsɪt] *adj* tácito

**tac•i•turn** ['tæsɪtɜːrn] *adj* taciturno

**tack** [tæk] **I** *n* **1** *(nail)* tachuela *f* **2**: ***change*** ~ *fig* cambiar de táctica **II** *v/t (sew)* hilvanar **III** *v/i of yacht* dar bordadas

♦ **tack on** *v/t* añadir posteriormente (***to*** a)

**tack•le** ['tækl] **I** *n* **1** *(equipment)* equipo *m*; ***fishing*** ~ aparejos *mpl* de pesca **2** SP entrada *f*, placaje *m*; ***make a*** ~ ***on s.o.*** hacer una entrada a alguien **II** *v/t* SP entrar a, placar; *problem* abordar; *intruder* hacer frente a

**tack•y** ['tækɪ] *adj* **1** *paint, glue* pegajoso **2** F *(cheap, poor quality)* chabacano, *Span* hortera F; *behavior* impresentable

**tact** [tækt] tacto *m*

**tact•ful** ['tæktfəl] *adj* diplomático

**tact•ful•ly** ['tæktfəlɪ] *adv* diplomáticamente

**tac•ti•cal** ['tæktɪkl] *adj* táctico

**tac•ti•cian** [tæk'tɪʃn] táctico(-a) *m(f)*

**tac•tics** ['tæktɪks] *npl* táctica *f*

**tact•less** ['tæktlɪs] *adj* indiscreto

**tad•pole** ['tædpoʊl] renacuajo *m*

**taf•fe•ta** ['tæfɪtə] tafetán *m*

**taf•fy** ['tæfɪ] caramelo *m* de melaza

**tag**[1] [tæg] **I** *n* *(label)* etiqueta *f* **II** *v/t (pret & pp -ged) (label)*, COMPUT etiquetar

♦ **tag along** *v/i* pegarse; ***tag along be-hind s.o.*** pegarse a alguien

♦ **tag on** *v/t* añadir posteriormente (***to*** a)

**tag**[2] [tæg] *n*: ***play*** ~ jugar al corre que te pillo

**ta•glia•tel•le** [tæljə'telɪ] tallarines *mpl*

**tail** [teɪl] **I** *n* **1** *of bird, fish* cola *f*; *of mammal* cola *f*, rabo *m* **2**: ***put a*** ~ ***on s.o.*** F hacer seguir alguien de cerca **II** *v/t* F *(follow)* seguir por todas partes

◆ **tail back** v/i MOT esp Br: **traffic was tailed back all the way to the bridge** el tapón de tráfico llegaba hasta el puente

◆ **tail off** v/i disminuir

'tail•back MOT esp Br caravana f; 'tail coat frac m; 'tail end final m; 'tail•gate MOT **I** n puerta f trasera **II** v/t conducir pegado a; 'tail light luz f trasera

tai•lor ['teɪlər] **I** n sastre m **II** v/t fig adaptar (**to** a)

tai•lor-'made adj suit, solution hecho a medida

'tail•pipe of car tubo m de escape

'tail•wind viento m de cola

taint•ed ['teɪntɪd] adj food contaminado; reputation empañado

Tai•wan [taɪ'wɑːn] Taiwán m

Tai•wan•ese [taɪwɑːn'iːz] **I** adj taiwanés **II** 1 taiwanés(-esa) m(f) 2 dialect taiwanés m

take [teɪk] **I** v/t (pret **took**, pp **taken**) 1 llevar, Span coger; **I'll ~ it** when shopping me lo llevo; **~ s.o. by the arm** agarrar or Span coger a alguien del brazo; **be ~n** of seat, table estar ocupado 2 (steal) llevarse 3 (transport, accompany) llevar 4 (accept: money, gift, credit cards) aceptar; **you can ~ it from me that ...** hazme caso cuando te digo que... 5 (study: maths, French) hacer, estudiar 6 photograph, photocopy hacer, sacar; exam, degree hacer; shower darse; stroll dar 7 medicine, s.o.'s temperature, taxi tomar 8 (endure) aguantar 9 with expressions of time: **it took him two hours to do it** le costó or llevó dos horas hacerlo; **how long does it ~?** ¿cuánto tiempo lleva? 10 (require) requerir; **it ~s a lot of courage** se requiere or necesita mucho valor; **he's got what it ~s** F tiene lo que hay que tener 11: **be ~n by** or **with** quedarse encantado con **II** n in movies toma f

◆ **take after** v/t parecerse a

◆ **take along** v/t llevar

◆ **take apart** v/t 1 (dismantle) desmontar 2 F (criticize) hacer pedazos; F (reprimand) echar una bronca a F 3 F in physical fight machacar F

◆ **take aside** v/t llevar a un lado

◆ **take away** v/t 1 pain hacer desaparecer; (remove: object) quitar; **take sth away from s.o.** quitar algo a alguien; **... to take away** Br ... para llevar 2 MATH restar (**from** a); **15 take away 5** 15 menos 5

◆ **take back** v/t 1 (return: object) devolver; person llevar de vuelta 2 (accept back: husband etc) dejar volver 3 in time: **that takes me back** of music, thought etc me trae recuerdos

◆ **take down** v/t 1 from shelf bajar; scaffolding desmontar; trousers bajarse 2 (write down) anotar, apuntar

◆ **take in** v/t 1 (take indoors) recoger; (give accommodation to) acoger 2 (make narrower) meter 3 (deceive) engañar; **be ~n by** ser engañado por 4 (include) incluir

◆ **take for** v/t: **what do you take me for?** ¿por quién me tomas?

◆ **take off I** v/t 1 clothes, hat quitarse; 10% etc descontar 2 (mimic) imitar 3 (cut off) cortar 4: **take a day / week off** tomarse un día / una semana de vacaciones **II** v/i 1 of airplane despegar, L.Am. decolar 2 (become popular) empezar a cuajar

◆ **take on** v/t job aceptar; staff contratar

◆ **take out** v/t 1 from bag, pocket, money from bank sacar; tooth sacar, extraer; word from text quitar, borrar; **he took her out to dinner** la llevó a cenar; **take the dog out** sacar al perro a pasear; **take the kids out to the park** llevar a los niños al parque; **take s.o. out of himself** animar a alguien 2 insurance policy suscribir 3: **don't take it out on me!** ¡no la pagues conmigo!

◆ **take over I** v/t company etc absorber, adquirir; **tourists took over the town** los turistas invadieron la ciudad **II** v/i of new management etc asumir el cargo; of new government asumir el poder; (do sth in s.o.'s place) tomar el relevo

◆ **take to** v/t 1 (like): **how did they take to the new idea?** ¿qué les pareció la nueva idea?; **I took to him immediately** me cayó bien de inmediato 2: **he has taken to getting up early** le ha dado por levantarse temprano; **she took to drink** se dio a la bebida; **take to one's bed** meterse en la cama

◆ **take up** *v/t* **1** *carpet etc* levantar; (*carry up*) subir **2** (*shorten: dress etc*) acortar **3** *hobby* empezar a hacer; *subject* empezar a estudiar **4** *offer* aceptar; *new job* comenzar; *I'll take you up on your offer* aceptaré tu oferta **5** *space, time* ocupar

◆ **take up with** *v/t* entablar amistad con

'**take•a•way** *Br* ☞ **takeout**; '**take-home pay** salario *m* neto; '**take•off 1** *of airplane* despegue *m*, *L.Am.* decolaje *m* **2** (*impersonation*) imitación *f*;

**tak•en** ['teɪkən] *pp* ☞ **take**

'**take•out 1** *restaurant* restaurante *m* de comida para llevar **2** *meal* comida *f* para llevar; '**take•o•ver** COM absorción *f*, adquisición *f*; '**take•o•ver bid** oferta pública de adquisición, OPA *f*

**tak•er** ['teɪkər]: *there weren't many ~s* no había mucha gente interesada

'**take•up** *of offer, share issue etc* nivel *m* de aceptación

**tak•ings** ['teɪkɪŋz] *npl* recaudación *f*

**talc** [tælk] ☞ **talcum powder**

**tal•cum pow•der** ['tælkəmpaʊdər] polvos *mpl* de talco

**tale** [teɪl] cuento *m*, historia *f*; **tell ~s** (*lie*) contar mentiras

**tal•ent** ['tælənt] talento *m*; **have a great ~ for music** tener mucho talento para la música

**tal•ent•ed** ['tæləntɪd] *adj* con talento; **she's very ~** tiene mucho talento

'**tal•ent scout** cazatalentos *m/f inv*

**talk** [tɔːk] **I** *v/i* hablar; **can I talk to ...?** ¿podría hablar con ...?; **I'll ~ to him about it** hablaré del tema con él; **~ about sth** hablar de algo; **you're getting yourself ~ed about** estás haciendo que la gente hable de ti; **~ing of ...** hablando de...; **you can ~!, look who's ~ing!, you're a fine one to ~!** F ¡ quién fue a hablar!; **now you're ~ing** así se habla

**II** *v/t English etc* hablar; **~ business / politics** hablar de negocios / de política; **~ s.o. into sth** persuadir a alguien para que haga algo; **~ s.o. out of sth** persuadir a alguien para que no haga algo; **~ one's way out of sth** salir con palabras de algo; **and we're ~ing big money here** y hablamos *or* estamos hablando aquí de mucho dinero

**III** *n* **1** (*conversation*) charla *f*, *C.Am.*, *Mex* plática *f*; **I had a long ~ with him about it** hablé con él un buen rato sobre ello **2** (*lecture*) conferencia *f*; **give a ~ on sth** dar una conferencia sobre algo **3**: **~s** *pl* negociaciones *fpl* **4**: **there has been a lot of ~ about it** se ha hablado mucho de eso; **he's all ~** *pej* habla mucho y no hace nada; **be the ~ of the town** ser la comidilla local

◆ **talk back** *v/i* responder, contestar

◆ **talk down** *v/t airplane* dar instrucciones para el aterrizaje

◆ **talk down to** *v/t* hablar con aires de superioridad a

◆ **talk over** *v/t* hablar de, discutir

◆ **talk around** *v/t* persuadir (**to** para)

◆ **talk through** *v/t problem etc* discutir (**with** con); **talk me through it** enséñamelo

**talk•a•tive** ['tɔːkətɪv] *adj* hablador

**talk•er** ['tɔːkər]: **be a good ~** ser un buen conversador

**talk•ing** ['tɔːkɪŋ] **I** *n*: **let me do the ~** déjame hablar a mí **II** *adj*: **~ doll** muñeca *f* habladora

'**talk•ing point** tema *m* de conversación

'**talk•ing-to** sermón *m*, rapapolvo *m*; **give s.o. a good ~** echar a alguien un buen sermón *or* rapapolvo

'**talk show** programa *m* de entrevistas

**tall** [tɔːl] *adj* alto; **it is ten meters ~** mide diez metros de alto

**tall 'or•der**: **that's a ~** eso es muy difícil

**tal•low** ['tæloʊ] sebo *m*

**tall 'sto•ry** cuento *m* chino

**tal•ly** ['tælɪ] **I** *n* cuenta; **keep a ~ of** llevar la cuenta de **II** *v/i* (*pret & pp -ied*) cuadrar, encajar

◆ **tally with** *v/t* cuadrar con, encajar con

**tal•on** ['tælən] ORN garra *f*

**tam•bou•rine** [tæmbə'riːn] MUS pandereta *f*

**tame** [teɪm] **I** *adj* **1** *animal* manso, domesticado **2** *joke etc* soso **II** *v/t animal* domesticar

◆ **tam•per with** ['tæmpər] *v/t lock* intentar forzar; *brakes* tocar

'**tam•per-proof** *adj lock etc* imposible de manipular

**tam•pon** ['tæmpɑːn] tampón *m*

**tan** [tæn] **I** *n* **1** *from sun* bronceado *m*; **get a ~** ponerse moreno **2** *color* marrón claro **II** *v/i* (*pret & pp -ned*) *in sun* broncearse **III** v/t (*pret & pp* **-ned**) *leather* curtir

**tan•dem** ['tændəm] **1** *bike* tándem *m* **2:** *in* **~** *with* conjuntamente con

**tang** [tæŋ] *taste* sabor *m* fuerte

**tan•gent** ['tændʒənt] MATH tangente *f*; **go off at a ~** *fig* irse por las ramas

**tan•ge•rine** [tændʒə'ri:n] mandarina *f*

**tan•gi•ble** ['tændʒɪbl] *adj* tangible

**'tan•gi•ble as•sets** *npl* activos *mpl* materiales

**tan•gle** ['tæŋgl] lío *m*, maraña *f*

◆ **tangle up:** *get tangled up of string etc* quedarse enredado

◆ **tangle with** v/t F meterse en líos con

**tan•go** ['tæŋgou] **I** *n* tango *m* **II** v/i bailar el tango; *it takes two to* **~** *fig* es cosa de dos

**tank** [tæŋk] *for water* depósito *m*, tanque *m*; *for fish* pecera *f*; MOT depósito *m*; MIL, *for skin diver* tanque *m*

**tank•er** ['tæŋkər] *truck* camión *m* cisterna; *ship* buque *m* cisterna; *for oil* petrolero *m*

**'tank top** camiseta *f* sin mangas

**tan•ned** [tænd] *adj* moreno, bronceado

**Tan•noy®** ['tænɔɪ] megafonía *f*

**tan•ta•liz•ing** ['tæntəlaɪzɪŋ] *adj* sugerente

**tan•ta•mount** ['tæntəmaʊnt] *adj:* **be** **~** **to** equivaler a

**tan•trum** ['tæntrəm] rabieta *f*; *have or throw a* **~** coger una rabieta

**Tan•za•nia** [tænzə'nɪə] Tanzania *f*

**Tan•za•ni•an** [tænzə'nɪən] **I** *adj* tanzano **II** *n* tanzano(-a) *m(f)*

**tap** [tæp] **I** *n* (*faucet*) grifo *m*, *L.Am.* llave; *have sth on* **~** *fig* tener algo disponible **II** v/t (*pret & pp* **-ped**) **1** (*knock*) dar un golpecito en; **~** *s.o.* *on the shoulder* dar un toque en el hombro a alguien **2** *phone* intervenir

◆ **tap into** v/t *resources* explotar

**'tap dance** claqué *m*

**'tap-danc•ing** claqué *m*

**tape** [teɪp] **I** *n* cinta **II** v/t **1** *conversation etc* grabar **2** *with sticky tape* pegar con cinta adhesiva

◆ **tape up** v/t *ankle, knee* vendar

**'tape deck** pletina *f*; **'tape drive** COMPUT unidad *f* de cinta; **'tape meas•ure** cinta *f* métrica

**ta•per** ['teɪpər] v/i estrecharse

◆ **taper off** v/i *of production, figures* disminuir

**'tape-re•cord** v/t grabar en cinta; **'tape re•cor•der** magnetofón *m*, *L.Am.* grabador *m*; **'tape re•cord•ing** grabación *f* (magnetofónica)

**ta•pes•try** ['tæpɪstrɪ] **1** *cloth* tapiz *m* **2** *art* tapicería *f*

**'tape•worm** tenia *f*, solitaria *f*

**'tap wa•ter** agua *f* del grifo

**tar** [tɑːr] alquitrán *m*

**ta•ran•tu•la** [tə'ræntjʊlə] ZO tarántula *f*

**tar•dy** ['tɑːrdɪ] *adj* tardío

**tare** [ter] COM tara *f*

**tar•get** ['tɑːrgɪt] **I** *n* *in shooting* blanco *m*; *for sales, production* objetivo *m*; *set o.s. a* **~** *of doing sth* proponerse como objetivo hacer algo; *meet a* **~** alcanzar un objetivo **II** v/t *market* apuntar a; *be* **~***ed at* *fig* estar dirigido a

**tar•get 'au•di•ence** audiencia *f* a la que está orientado el programa; **'tar•get date** fecha *f* fijada; **tar•get 'fig•ure** cifra *f* objetivo; **'tar•get group** COM grupo *m* estratégico; **'tar•get lan•guage** lengua *f* de destino; **'tar•get mar•ket** mercado *m* objetivo

**tar•iff** ['tærɪf] **1** *price* tarifa *f* **2** *tax* arancel *m*

**'tar•iff bar•ri•er** barrera *f* arancelaria

**tar•mac** ['tɑːrmæk] **1** *for road surface* asfalto *m* **2** *at airport* pista *f*

**tar•nish** ['tɑːrnɪʃ] **I** v/t *metal* deslucir, deslustrar; *reputation* empañar **II** v/i *metal* empañarse

**ta•rot** ['tærou] tarot *m*

**tar•pau•lin** [tɑːr'pɔːlɪn] lona *f* (*impermeable*)

**tar•ra•gon** ['tærəgɑːn] BOT estragón *m*

**tar•ry** ['tærɪ] v/i *lit* demorarse

**tart¹** [tɑːrt] *n* tarta *f*, pastel *m*

**tart²** [tɑːrt] *adj fig* agrio

◆ **tart up** v/t *Br* F remodelar

**tar•tan** ['tɑːrtn] tartán *m*

**tar•tar** ['tɑːrtər] CHEM sarro *m*

**tar•tar(e) sauce** [tɑːrtər'sɔːs] GASTR salsa *f* tártara

**task** [tæsk] **1** tarea *f* **2:** *take s.o. to* **~** *fig* reprender a alguien (*for* por)

**'task force** *for a special job* equipo *m* de trabajo; MIL destacamento *m*

**'task mas•ter:** *be a hard* **~** ser muy exigente

**tas•sel** ['tæsl] borla *f*

**taste** [teɪst] **I** *n* **1** gusto *m*; *he has no* **~**

tiene mal gusto; **be in bad** or **poor ~** ser de mal gusto **2** *of food etc* sabor *m*; **it has no ~** no sabe a nada; **leave a bad ~ in s.o.'s mouth** *fig* dejar un mal sabor de boca; **would you like to have a ~ of …?** ¿quieres probar un poco de …?; **a ~ of her temper** una muestra de su mal genio; **a ~ of things to come** un anticipo de lo que va a pasar

**II** *v/t also fig* probar

**III** *v/i* saber

◆ **taste of** *v/t* saber a

'**taste buds** *npl* papilas *fpl* gustativas

**taste•ful** ['teɪstfəl] *adj* de buen gusto

**taste•ful•ly** ['teɪstfəlɪ] *adv* con buen gusto

**taste•less** ['teɪstlɪs] *adj* **1** *food* insípido **2** *remark* de mal gusto

**tast•ing** ['teɪstɪŋ] *of wine* cata *f*, degustación *f*

**tast•y** ['teɪstɪ] *adj* sabroso, rico

**ta-ta** [tæ'tɑː] *int Br* F chao F, hasta luego

**tat•tered** ['tætərd] *adj clothes* andrajoso; *book* destrozado

**tat•ters** ['tætərz]: **in ~** *clothes* hecho jirones; *reputation, career* arruinado

**tat•too** [tə'tuː] tatuaje *m*

**tat•ty** ['tætɪ] *adj Br* F sobado, gastado

**taught** [tɔːt] *pret & pp* ☞ **teach**

**taunt** [tɔːnt] **I** *n* pulla *V/t* mofarse de

**Tau•rus** ['tɔːrəs] ASTR Tauro *m/f inv*, *L.Am.* taurino(-a) *m(f)*; **be (a) ~** ser Tauro, ser taurino

**taut** [tɔːt] *adj* tenso

**taut•en** ['tɔːtn] **I** *v/t* tensar **II** *v/i* tensarse

**taw•dry** ['tɔːdrɪ] *adj* barato, cursi

**taw•ny** ['tɔːnɪ] *adj* leonado

**tax** [tæks] **I** *n* impuesto *m*; **before** / **after ~** sin descontar / descontando impuestos **II** *v/t people* cobrar impuestos a; *product* gravar

**tax•a•ble** '**in•come** ingresos *mpl* gravables

'**tax al•low•ance** desgravación *f* fiscal

'**tax as•sess•ment** determinación *f* del impuesto

**tax•a•tion** [tæk'seɪʃn] **1** *(act of taxing)* imposición de impuestos **2** *(taxes)* fiscalidad *f*, impuestos *mpl*

'**tax au•thor•i•ties** *npl* administración *f* fiscal; '**tax a•void•ance** elusión *f* legal de impuestos; '**tax ben•e•fit** beneficio *m* fiscal; '**tax brack•et** banda *f* impositiva; '**tax break** ventaja *f* fiscal; '**tax**

**bur•den** carga *f* fiscal; '**tax col•lec•tion** recaudación *f* de impuestos; '**tax con•sult•ant** asesor(a) *m(f)* fiscal; '**tax de•duct•i•ble** *adj* desgravable; '**tax disc** *Br* justificante *m* del impuesto de circulación; '**tax eva•sion** evasión *f* fiscal; '**tax ex•empt** *adj* libre de impuestos; '**tax ex•ile** exiliado(-a) *m(f)* fiscal; '**tax ex•pert** experto(-a) *m(f)* fiscal; '**tax-free** *adj* libre de impuestos; '**tax haven** paraíso *m* fiscal

**tax•i** ['tæksɪ] **I** *n* taxi *m* **II** *v/i of airplane* rodar

'**tax•i driv•er** taxista *m/f*

**tax•ing** ['tæksɪŋ] *adj* difícil, arduo

'**tax in•spect•or** inspector(a) *m(f)* de Hacienda

'**tax•i rank**, '**tax•i stand** parada *f* de taxis

'**tax law** derecho *m* fiscal; '**tax loop•hole** vacío *m* fiscal; **tax•man** ['tæksmæn] F Hacienda *f*; '**tax pay•er** contribuyente *m/f*; '**tax re•bate** devolución *f* de impuestos; '**tax re•duc•tion** reducción *f* fiscal; '**tax re•fund** devolución *f* de impuestos; '**tax re•lief** desgravación *f* fiscal; '**tax re•turn** *form* declaración *f* de la renta; '**tax rev•e•nue** ingresos *mpl* fiscales; '**tax year** año *m* fiscal

**TB** [tiː'biː] *abbr* (= **tuberculosis**) tuberculosis *f*

**T-bone steak** [tiːboʊn'steɪk] chuletón *f* *(en forma de T)*

**tea** [tiː] **1** *drink* té *m* **2** *meal* merienda *f*

'**tea•bag** bolsita *f* de té

**teach** [tiːtʃ] **I** *v/t (pret & pp taught)* *person, subject* enseñar; **~ s.o. to do sth** enseñar a alguien a hacer algo; **~ s.o. a lesson** *fig* dar una lección a alguien; **that'll ~ him!** ¡eso le enseñará!, ¡así aprenderá!; **that'll ~ you to be so aggressive** eso te enseñará a no ser tan agresivo

**II** *v/i (pret & pp taught)*: **I taught at that school** di clases en ese colegio; **he always wanted to ~** siempre quiso ser profesor

**teach•er** ['tiːtʃər] *at elementary school* maestro(-a) *m(f)*; *at secondary school, university* profesor(a) *m(f)*

**teach•er 'train•ing** formación *f* pedagógica, magisterio *m*

**teach•ing** ['tiːtʃɪŋ] *profession* enseñanza *f*, docencia *f* 'teach•ing aid material *m* didáctico

'tea•cloth paño *m* de cocina; 'tea•co•zy, *Br* 'tea• co•sy cubretetera *m*; 'tea•cup taza *f* de té; 'tea drink•er bebedor(a) *m(f)* de té

teak [tiːk] teca *f*

'tea leaf hoja *f* de té

team [tiːm] equipo *m*

◆ **team up** *v/i* unirse (**with** a)

team 'ef•fort trabajo *m* de equipo; 'team game juego *m* de equipo; 'team•mate compañero(-a) *m(f)* de equipo; team 'spirit espíritu *m* de equipo

team•ster ['tiːmstər] camionero(-a) *m(f)*

'team•work trabajo *m* en equipo

'tea par•ty *Br* té *m* (*de media tarde*)

'tea•pot tetera *f*

tear[1] [ter] **I** *n in cloth etc* desgarrón *m*, rotura *f* **II** *v/t* (*pret* **tore**, *pp* **torn**) *paper, cloth* rasgar; **be torn between two alternatives** debatirse entre dos alternativas; **~ a muscle** desgarrarse un músculo **III** *v/i* (*pret* **tore**, *pp* **torn**) (*run fast, drive fast*) ir a toda velocidad

◆ **tear away** *v/t* arrancar (**from** de)

◆ **tear down** *v/t poster* arrancar; *building* derribar

◆ **tear into** *v/t* F (*verbally*) arremeter contra

◆ **tear off** *v/t* arrancar

◆ **tear out** *v/t* arrancar

◆ **tear up** *v/t paper* romper, rasgar; *agreement* romper

tear[2] [tɪr] *n in eye* lágrima *f*; **burst into ~s** echarse a llorar; **be in ~s** estar llorando; **~s of joy** lágrimas de alegría

tear•a•way ['terəweɪ] *Br* F alborotador(a) *m(f)*

tear•drop ['tɪrdrɑːp] lágrima *f*

tear•ful ['tɪrfəl] *adj* lloroso

'tear gas gas *m* lacrimógeno

tear•ing ['terɪŋ] *adj*: **be in a ~ hurry** F tener muchísima prisa

tear-jerk•er ['tɪrdʒɜːrkər] F dramón *m*

tear•off ['terɑːf] *adj*: **~ calendar** calendario *m* de taco

'tea•room salón *m* de té

tease [tiːz] **I** *v/t person* tomar el pelo a, burlarse de; *animal* hacer rabiar **II** *v/i*: **he is only teasing** está bromeando **III** *n* bromista *m/f*

'tea ser•vice, 'tea set servicio *m* de té

'tea•spoon **1** *object* cucharilla *f* **2** *quantity* cucharadita *f*

teat [tiːt] teta *f*

'tea•tow•el *Br* paño *m* de cocina

'tea trol•ley *Br*, 'tea wag•on carrito *m*

tech•ie ['tekɪ] F COMPUT entendido(-a) *m/f* en informática; *technical expert* técnico(-a) *m(f)*

tech•ni•cal ['teknɪkl] *adj* técnico; **he got too ~ for me** hablaba con demasiados tecnicismos (para yo entenderlo); **~ foul** *in basketball* falta *f* técnica, técnica *f*; **~ knockout** *in boxing* K.O. *m* técnico; **~ term** término *m* técnico

tech•ni•cal•i•ty [teknɪ'kælətɪ] **1** (*technical nature*) tecnicismo *m* **2** LAW detalle *m* técnico

tech•ni•cal•ly ['teknɪklɪ] *adv* técnicamente

tech•ni•cian [tek'nɪʃn] técnico(-a) *m(f)*

tech•nique [tek'niːk] técnica *f*

tech•no ['teknoʊ] MUS tecno *m*

tech•no•crat ['teknəkræt] tecnócrata *m/f*

'tech•no•junk tecnología *f* obsoleta

tech•no•log•i•cal [teknə'lɑːdʒɪkl] *adj* tecnológico

tech•no•lo•gy [tek'nɑːlədʒɪ] tecnología *f*

tech'no•lo•gy park parque *m* tecnológico

tech'no•lo•gy trans•fer transferencia *f* de tecnología

tech•no•phobe ['teknəfoʊb]: **he's a ~** rechaza la tecnología

tech•no'phob•i•a rechazo *m* de las nuevas tecnologías

ted•dy bear ['tedɪber] osito *m* de peluche

te•di•ous ['tiːdɪəs] *adj* tedioso

te•di•um ['tiːdɪəm] tedio *m*

tee [tiː] *in golf* tee *m*

◆ **tee off** *v/i* salir del primer tee

teem [tiːm] *v/i*: **be ~ing with rain** llover a cántaros; **be ~ing with tourists / ants** estar abarrotado de turistas / lleno de hormigas

teen•age ['tiːneɪdʒ] *adj fashions* adolescente, juvenil; **a ~ boy / girl** un adolescente / una adolescente

teen•ag•er ['tiːneɪdʒər] adolescente *m/f*

teens [tiːnz] *npl* adolescencia *f*; **be in one's ~** ser un adolescente; **reach one's ~** alcanzar la adolescencia

**tee•ny** ['tiːnɪ] *adj* F chiquitín F

**tee•ny-bop•per** ['tiːnɪbɑːpər] niña *f* en la edad del pavo

**tee•ny-wee•ny** [tiːnɪ'wiːnɪ] *adj* F pequeñín

**'tee shirt** camiseta *f*

**tee•ter** ['tiːtər] *v/i* tambalearse

**'tee•ter-tot•ter** balancín *m*

**teeth** [tiːθ] *pl* ☞ **tooth**

**teethe** [tiːð] *v/i* echar los dientes

**teeth•ing prob•lems** ['tiːðɪŋ] *npl* problemas *mpl* iniciales

**tee•to•tal•er**, *Br* **tee•to•tal•ler** [tiː'toutlər] abstemio(-a) *m (f)*

**tel•e•cast** ['telɪkɑːst] emisión *f* televisiva

**tel•e•com•mu•ni•ca•tions** [telɪkəmjuːnɪ'keɪʃnz] telecomunicaciones *fpl*

**tel•e•com•mu•ni•ca•tions link** enlace *m* de telecomunicaciones

**tel•e•com•mu•ni•ca•tions sat•el•lite** satélite *m* de telecomunicaciones

**tel•e•com•mute** ['telɪkəmjuːt] *v/i* teletrabajar

**tel•e•com•mut•er** ['telɪkəmjuːtər] teletrabajador(a) *m(f)*

**tel•e•com•mut•ing** ['telɪkəmjuːtɪŋ] teletrabajo *m*

**tel•e•gram** ['telɪgræm] telegrama *m*

**tel•e•graph pole** ['telɪgræf] poste *m* telegráfico

**tel•e•path•ic** [telɪ'pæθɪk] *adj* telepático; *you must be~!* ¡debes tener telepatía!

**te•lep•a•thy** [tɪ'lepəθɪ] telepatía *f*

**tel•e•phone** ['telɪfoun] **I** *n* teléfono *m*; *be on the ~ (be speaking)* estar hablando por teléfono; *(possess a phone)* tener teléfono; *by~* por teléfono **II** *v/t person* telefonear, llamar por teléfono **III** *v/i* telefonear, llamar por teléfono

**'tel•e•phone bank•ing** banca *f* telefónica; **'tel•e•phone bill** factura *f* del teléfono; **'tel•e•phone book** guía *f* telefónica, listín *m* telefónico; **'tel•e•phone booth** cabina *f* telefónica; **'tel•e•phone call** llamada *f* telefónica; **'tel•e•phone con•ver•sa•tion** conversación *f* por teléfono *or* telefónica; **'tel•e•phone di•rec•to•ry** guía *f* telefónica, listín *m* telefónico; **'tel•e•phone ex•change** central *f* telefónica, centralita *f*; **'tel•e•phone mes•sage** mensaje *m* telefónico; **'tel•e•phone num•ber** número *m* de teléfono; **'tel•e•phone sell•ing** ven-

ta *f* por teléfono

**tel•e•phon•ist** [tə'lefənɪst] *Br* telefonista *m/f*

**te•leph•o•ny** [tə'lefənɪ] telefonía *f*

**tel•e•pho•to lens** [telɪ'foutou] teleobjetivo *m*

**tel•e•pro•cess•ing** [telɪ'prousesɪŋ] COMPUT teleprocesado *m*

**tel•e•sales** ['telɪseɪlz] televentas *fpl*

**tel•e•scope** ['telɪskoup] telescopio *m*

**tel•e•scop•ic** [telɪ'skɑːpɪk] *adj* telescópico

**tel•e•scop•ic an'ten•na** antena *f* telescópica; **tel•e•scop•ic 'sight** mira *f* telescópica; **tel•e•scop•ic um'brel•la** paraguas *m inv* telescópico

**tel•e•shop•ping** ['telɪʃɑːpɪŋ] telecompra *f*

**tel•e•text** ['telɪtekst] teletexto *m*

**tel•e•thon** ['telɪθɑːn] maratón *m* benéfico televisivo

**tel•e•vise** ['telɪvaɪz] *v/t* televisar

**tel•e•vi•sion** ['telɪvɪʒn] televisión *f*; *set* televisión *f*, televisor *m*; *on ~* en *or* por (la) televisión; *what's on ~ tonight?* ¿qué hay *or* ponen esta noche en la televisión?; *watch ~* ver la televisión; *work in ~* trabajar en la televisión

**'tel•e•vi•sion au•di•ence** audiencia *f* televisiva; **'tel•e•vi•sion mov•ie** telefilm *m*; **'tel•e•vi•sion net•work** red *f* televisiva; **'tel•e•vi•sion news** *nsg* noticiario *m* televisivo, telediario *m*; **'tel•e•vi•sion pro•gram** programa *m* televisivo; **'tel•e•vi•sion set** televisión *f*, televisor *m*; **'tel•e•vi•sion stu•di•o** estudio *m* de televisión

**tel•e•work•er** ['telɪwɜːrkər] teletrabajador(a) *m(f)*

**tel•e•work•ing** ['telɪwɜːrkɪŋ] teletrabajo *m*

**tel•ex** ['teleks] télex *m inv*

**tell** [tel] **I** *v/t (pret & pp **told**)* **1**: *story* contar; *lie* decir, contar; *~ s.o. sth* decir algo a alguien; *don't ~ Mom* no se lo digas a mamá; *could you ~ me the way to ...?* ¿me podría decir por dónde se va a ...?; *you're~ing me!* F ¡a mí me lo vas a contar!; *I can't ~ you how relieved ...* no te puedes imaginar el alivio...; *I told you so* te lo dije; *to~ you the truth* para decirte la verdad **2**: *I can't ~ the difference* no veo la diferencia; *I can't ~ one from the other, I* *can't ~ them apart* no los distingo; *be able to ~ the time* saber *or* ser capaz de decir la hora; *it's hard to ~ what will happen* es difícil decir que pasará **3**: *~ s.o. to do sth* decir a alguien que haga algo

‖ *v/i* (*pret & pp* **told**) **1**: *who can ~?* ¿quién sabe?; *you can never ~, you never can ~* nunca se sabe **2** (*have effect*) hacerse notar; *time will ~* el tiempo lo dirá; *~ against* perjudicar

◆ **tell off** *v/t* F echar la bronca F (*for* por)

◆ **tell on** *v/t* **1** *to teacher etc* chivarse de **2**: *the heat is ~ing on him* el calor está empezando a afectarle

**tell•er** ['telər] *in bank* cajero(-a) *m(f)*

**tell•ing** ['telɪŋ] *adj* contundente

**tell•ing-'off** F regañina *f* F; *give s.o. a (good) ~* F echar una bronca a alguien (*for* por) F

**tell•tale** ['telteɪl] **I** *adj signs* revelador **II** chivato(-a) *m(f)*

**tel•ly** ['telɪ] *Br* F tele *f*

**te•mer•i•ty** [tə'merətɪ] osadía *f*; *he had the ~ to ...* tuvo la osadía de...

**temp** [temp] **I** *n employee* trabajador(a) *m(f)* temporal **II** *v/i* hacer trabajo temporal

**tem•per** ['tempər] **1** (*bad ~*) mal humor *m*; *be in a ~* estar de mal humor; *lose one's ~* perder los estribos; *have a quick or terrible ~* tener mal genio; *fly into a ~* ponerse hecho una furia; *~, ~!* F ¡cálmate!, ¡no te sulfures! **2**: *keep one's ~* mantener la calma **II** *v/t* TECH *steel* templar

**tem•per•a•ment** ['tempramənt] temperamento *m*

**tem•per•a•men•tal** [temprə'mentl] *adj* (*moody*) temperamental

**tem•per•a•men•tal•ly** [temprə'mentəlɪ] *adv* temperamentalmente; *be ~ unsuited to the job* no tener el temperamento adecuado para el trabajo

**tem•per•ate** ['tempərət] *adj* templado

**tem•per•a•ture** ['temprətʃər] **1** temperatura *f*; *take s.o.'s ~* tomar la temperatura a alguien **2** (*fever*) fiebre *f*; *have a ~* tener fiebre

**'tem•per•a•ture gauge** calibrador *m* de temperatura

**tem•pest** ['tempɪst] tempestad *f*; *a ~ in a teapot* una tormenta en un vaso de agua

**tem•pes•tu•ous** [tem'pestjʊəs] *adj fig* tempestuoso

**tem•pi** ['tempɪ] *pl* ☞ **tempo**

**tem•plate** ['templeɪt] COMPUT, TECH plantilla *f*

**tem•ple¹** ['templ] REL templo *m*

**tem•ple²** ['templ] ANAT sien *f*

**tem•po** ['tempoʊ] tempo *m*

**tem•po•ral¹** ['tempərəl] *adj of this world* temporal

**tem•po•ral²** ['tempərəl] *adj* ANAT temporal

**tem•po•rar•i•ly** [tempə'rerılı] *adv* temporalmente

**tem•po•ra•ry** ['tempərerı] *adj* temporal; *~ replacement* suplencia *f*

**tempt** [tempt] *v/t* tentar; *be ~ed to do sth* sentirse tentado de hacer algo; *~ s.o. into doing sth* tentar a alguien para que haga algo; *~ fate* tentar a la suerte

**temp•ta•tion** [temp'teɪʃn] tentación *f*

**tempt•er** ['temptər] tentador *m*

**tempt•ing** ['temptɪŋ] *adj* tentador

**tempt•ress** ['temptres] seductora *f*

**ten** [ten] diez; *~s of thousands* decenas *fpl* de miles

**ten•a•ble** ['tenəbl] *adj* sostenible

**te•na•cious** [tɪ'neɪʃəs] *adj* tenaz

**te•nac•i•ty** [tɪ'næsɪtɪ] tenacidad *f*

**ten•an•cy** ['tenənsɪ] tenencia *f*

**ten•ant** ['tenənt] *of building* inquilino(-a) *m(f)*; *of farm, land* arrendatario(-a) *m(f)*

**tend¹** [tend] *v/t* (*look after*) cuidar (de)

**tend²** [tend] *v/i*: *~ to do sth* soler hacer algo; *~ toward sth* tender hacia algo

**ten•den•cy** ['tendənsɪ] tendencia *f*; *have a ~ to or toward sth* ser propenso a algo; *have a ~ to do sth* tener tendencia a hacer algo

**ten•den•tious** [ten'denʃəs] *adj* tendencioso

**ten•der¹** ['tendər] *adj* **1** (*sore*) sensible, delicado **2** (*affectionate*) cariñoso, tierno **3** *steak* tierno

**ten•der²** ['tendər] **I** *n* COM oferta *f* **II** *v/i* COM hacer una oferta (*for* para) **III** *v/t*: *~ one's resignation* presentar la dimisión

**'ten•der doc•u•ments** *npl* documentos *mpl* de oferta

**ten•der•er** licitador(a) *m(f)*; *success-*

**ful** ~ adjudicatario(-a) *m(f)*

'**ten•der•foot** F novato(-a) *m(f)*

**ten•der•heart•ed** [tendər'hɑːrtɪd] *adj* bondadoso

**ten•der•ize** ['tendəraɪz] *v/t meat* ablandar

'**ten•der•loin** solomillo *m*

**ten•der•ness** ['tendərnɪs] **1** (*soreness*) dolor *m* **2** *of kiss* cariño *m*, ternura *f*

**ten•don** ['tendən] tendón *m*

**ten•dril** ['tendrəl] BOT zarcillo *m*

**ten•e•ment** ['tenəmənt] bloque *m* de viviendas

**ten•fold** ['tenfould] **I** *adj* multiplicado por diez **II** *adv increase* diez veces

**ten-foot 'pole** *I wouldn't touch him / it with a ~!* F *if I were you* yo lo dejaría estar

'**ten-gallon hat** sombrero *m* jarano *or* de cowboy

**ten•ner** ['tenər] F *Br* diez libras

**ten•nis** ['tenɪs] tenis *m*

'**ten•nis ball** pelota *f* de tenis; '**ten•nis court** pista *f* de tenis, cancha *f* de tenis; **ten•nis 'el•bow** MED codo *m* de tenista; '**ten•nis play•er** tenista *m/f*; '**ten•nis rack•et** raqueta *f* de tenis; '**ten•nis shoe** zapatilla *f* de tenis

**ten•or** ['tenər] MUS tenor *m*

**ten•pin 'bowl•ing** *Br* bolos *mpl*

**tense**[1] [tens] *n* GRAM tiempo *m*

**tense**[2] [tens] *adj muscle, moment* tenso; *voice, person* tenso, nervioso

◆ **tense up** *v/i* ponerse tenso

**ten•sile** ['tensəl] *adj*: ~ *strength* resistencia *f* a la tracción

**ten•sion** ['tenʃn] **1** *of rope* tensión *f* **2** *fig: in atmosphere, voice* tensión *f*, tirantez *f*; *in film, novel* tensión *f*

**tent** [tent] tienda *f*

**ten•ta•cle** ['tentəkl] tentáculo *m*

**ten•ta•tive** ['tentətɪv] *adj move, offer* provisional

**ten•ta•tive•ly** ['tentətɪvlɪ] *adv suggest etc* con precaución, cautelosamente; *he ~ put his hand on ...* puso la mano encima … para probar

**ten•ter•hooks** ['tentərhuks]: *be on ~* estar sobre ascuas; *keep s.o. on ~* tener a alguien sobre ascuas

**tenth** [tenθ] **I** *adj* décimo **II** *n* décimo *m*, décima parte *f*; *of second, degree* décima *f*; *the ~ of May* el diez de mayo

'**tent•peg** clavija *f*

'**tent•pole** mástil *m*

**ten•u•ous** ['tenjʊəs] *adj* **1** *thread etc* delgado **2** *fig: connection* tenue; *proof etc* poco sólido, poco convincente

**ten•ure** ['tenjər] *of office* ocupación *f*; *during his ~ of president* durante su presidencia

**tep•id** ['tepɪd] *adj water, reaction* tibio

**term** [tɜːrm] **I** *n* **1** *in office etc* mandato *m*; ~ *of imprisonment* LAW periodo *m* de reclusión; ~ *of office* mandato *m*; *in the long / short ~* a largo / corto plazo **2** *Br* EDU trimestre *m*

**3** (*condition*) término *m*, condición *f*; ~*s of payment* COM condiciones *fpl* de pago; *I accept the offer, but on my own ~s* acepto la oferta, pero pongo yo las condiciones; *be on good / bad ~s with s.o.* llevarse bien / mal con alguien; *come to ~s with sth* llegar a aceptar algo

**4** (*word*) término *m*; ~ *of abuse* insulto *m*; *in no uncertain ~s* en términos claros

**5**: *in ~s of* en lo referente a; *a good movie in ~s of storyline* una buena película en cuanto al argumento se refiere

**II** *v/t* (*describe as*) llamar

'**term de•pos•it** FIN depósito *m* a plazo

**ter•mi•nal** ['tɜːrmɪnl] **I** *n* **1** *at airport, for buses, for containers* terminal *f* **2** ELEC, COMPUT terminal *m*; *of battery* polo *m* **II** *adj illness* terminal

**ter•mi•nal•ly** ['tɜːrmɪnəlɪ] *adv*: ~ *ill* en la fase terminal de una enfermedad

**ter•mi•nate** ['tɜːrmɪneɪt] **I** *v/t contract* rescindir; *pregnancy* interrumpir **II** *v/i* finalizar; *this train ~s here* éste es el final del recorrido de este tren

**ter•mi•na•tion** [tɜːrmɪ'neɪʃn] *of contract* rescisión *f*; *of pregnancy* interrupción *f*

**ter•mi•na•tion clause** cláusula *f* de rescisión

**ter•mi•nol•o•gy** [tɜːrmɪ'nɑːlədʒɪ] terminología *f*

**ter•mi•nus** ['tɜːrmɪnəs] *for buses* final *m* de trayecto; *for trains* estación *f* terminal

**ter•mite** ['tɜːrmaɪt] ZO termita *f*

**ter•race** ['terəs] terraza *f*

**ter•raced house** ['terəsd] *Br* casa *f* adosada

**ter•ra cot•ta** [terə'kɑːtə] *adj* de terracota

**ter•ra fir•ma** [terə'fɜːrmə] tierra *f* firme

**ter•rain** [te'reɪn] terreno *m*

**ter•ra•pin** ['terəpɪn] tortuga *f* acuática

**ter•res•tri•al** [te'restrɪəl] **I** *n* terrestre *m/f* **II** *adj* television por vía terrestre; **~ broadcasting** emisión *f* por vía terrestre

**ter•ri•ble** ['terəbl] *adj* terrible, horrible

**ter•ri•bly** ['terəblɪ] *adv* (*very*) tremendamente

**ter•ri•er** ['terɪər] ZO terrier *m*

**ter•rif•ic** [tə'rɪfɪk] *adj* estupendo

**ter•rif•i•cal•ly** [tə'rɪfɪklɪ] *adv* (*very*) tremendamente

**ter•ri•fy** ['terɪfaɪ] *v/t* (*pret & pp* **-ied**) aterrorizar; **be terrified** estar aterrorizado; **spiders ~ me, I'm terrified of spiders** me dan terror las arañas

**ter•ri•fy•ing** ['terɪfaɪɪŋ] *adj* aterrador

**ter•rine** [tə'riːn] terrina *f*

**ter•ri•to•ri•al** [terɪ'tɔːrɪəl] *adj* territorial; **~ claims** reivindicaciones *fpl* territoriales

**ter•ri•to•ri•al•i•ty** [terɪtɔːrɪ'ælɪtɪ] territorialidad *f*

**ter•ri•to•ri•al 'wa•ters** *npl* aguas *fpl* territoriales

**ter•ri•to•ry** ['terɪtɔːrɪ] territorio *m*; *fig* ámbito *m*, territorio *m*

**ter•ror** ['terər] terror *m*; **in ~** aterrorizado; **I have a ~ of ...** ... me da terror; **she's a little ~** F es un pequeño diablo, es un diablillo

**ter•ror•ism** ['terərɪzm] terrorismo *m*

**ter•ror•ist** ['terərɪst] terrorista *m/f*

**'ter•ror•ist at•tack** atentado *m* terrorista

**'ter•ror•ist or•gan•i•za•tion** organización *f* terrorista

**ter•ror•ize** ['terəraɪz] *v/t* aterrorizar

**ter•ry (cloth)** ['terɪ(klɑːθ)] toalla *f* de rizo

**terse** [tɜːrs] *adj* tajante, seco

**ter•ti•ar•y sec•tor** ['tɜːrʃerɪ] sector *m* terciario

**test** [test] **I** *n* prueba *f*; *academic, for driving* examen *m*; **take a ~** hacer una prueba; **put sth / s.o. to the ~** poner algo / a alguien a prueba; **stand the ~ of time** resistir la prueba del tiempo; **pass / fail a ~** superar / no superar una prueba; **carry out ~s on sth** efec-

tuar pruebas en algo **II** *v/t* probar, poner a prueba (**on** con)

**tes•ta•ment** ['testəmənt] *to s.o.'s life etc* testimonio *m*; **Old / New Testament** REL Viejo / Nuevo Testamento *m*

**'test case** LAW juicio *m* que sienta jurisprudencia

**'test-drive I** *v/t* (*pret* **-drove**, *pp* **-driven**) *car* probar en carretera **II** *n* prueba *f* de conducción; **go for a ~** ir a hacer una prueba de conducción

**tes•ti•cle** ['testɪkl] testículo *m*

**tes•ti•fy** ['testɪfaɪ] *v/i* (*pret & pp* **-ied**) LAW testificar, prestar declaración; **~ to** atestiguar **II** *v/t*: **~ that** LAW, *fig* testificar que

**tes•ti•mo•ni•al** [testɪ'mounɪəl] **1** referencias *fpl* **2** *for sportsman etc* partido *m* de homenaje

**tes•ti•mo•ny** ['testɪmənɪ] LAW testimonio *m*; **be ~ of** *fig* ser testimonio de

**test•ing** ['testɪŋ] *adj*: **~ times** tiempos *mpl* difíciles

**'test pi•lot** AVIA piloto *m/f* de pruebas; **'test tube** tubo *m* de ensayo, probeta *f*; **'test-tube ba•by** niño(-a) *m(f)* probeta

**tes•ty** ['testɪ] *adj* irritable

**te•ta•nus** ['tetənəs] tétanos *m*

**tetch•y** ['tetʃɪ] *adj* irritable

**teth•er** ['teðər] **I** *v/t horse* atar **II** *n* correa *f*; **be at the end of one's ~** estar al punto de perder la paciencia

**Teu•ton•ic** [tjuː'tɑːnɪk] *adj* teutón

**text** [tekst] **I** *n* **1** texto *m* **2** (**~ message**) mensaje *m* **II** *v/t* mandar un mensaje a

**'text•book I** *n* libro de texto **II** *adj*: **~ example** ejemplo *m* de libro

**tex•tile** ['tekstaɪl] **I** *n* textil *m*; **~s** industria *f* textil **II** *adj* textil

**'text mes•sage** mensaje *m* de texto

**text mes•sag•ing** ['tekstmesədʒɪŋ] envío *m* de mensajes de texto

**tex•tu•al** ['tekstjuəl] *adj* textual

**tex•ture** ['tekstʃər] textura *f*

**Thai** [taɪ] **I** *adj* tailandés **II 1** *person* tailandés(-esa) *m(f)* **2** *language* tailandés *m*

**Thai•land** ['taɪlænd] Tailandia *f*

**tha•lid•o•mide** [θə'lɪdəmaɪd] PHARM talidomida *f*

**Thames** [temz]: **the ~** el Támesis

**than** [ðæn] *adv* que; *bigger / faster ~ me* más grande / más rápido que yo; *more than 50* más de 50

**thank** [θæŋk] *v/t* dar las gracias a; *~ you* gracias; *no, ~ you* no, gracias; *he's only got himself to ~* es culpa suya

**thank•ful** ['θæŋkfəl] *adj* agradecido; *we have to be ~ that …* tenemos que dar gracias de que …

**thank•ful•ly** ['θæŋkfəlɪ] *adv* (*luckily*) afortunadamente

**thank•less** ['θæŋklɪs] *adj task* ingrato

**thanks** [θæŋks] *npl* gracias *fpl*; *~!* ¡gracias!; *~ to* gracias a; *many ~, ~ very much* muchas gracias; *no, ~* no, gracias; *with ~* con agradecimiento

**Thanks•giv•ing** (**Day**) [θæŋks'gɪvɪŋ] Día *m* de Acción de Gracias

**'thank-you** gracias

**'thank-you let•ter** carta *f* de agradecimiento

**that** [ðæt] **I** *adj* ese *m*, esa *f*; *more remote* aquel *m*, aquella *f*; *~ one* ése

**II** *pron* ése *m*, ésa *f*; *more remote* aquél *m*, aquella *f*; *what is ~?* ¿qué es eso?; *who is ~?* ¿quién es ése?; *~'s mine* ése es mío; *~'s tea* es té; *~'s very kind* qué amable; *~ is (to say)* es decir; *at ~* además; *just let it go at ~* F déjalo estar F; *and ~'s ~* ¡ya está!

**III** *rel pron* que; *the person / car ~ you see* la persona / el coche que ves

**IV** *adv* (*so*) tan; *~ big / expensive* tan grande / caro

**V** *conj* que; *I think ~ …* creo que …

**thatch** [θætʃ] paja *f*; *a ~ of red hair* una mata de pelo rojizo

**thatched** [θætʃt] *adj cottage* con techo de paja; *roof* de paja

**thaw** [θɔː] **I** *v/i of snow* derretirse, fundirse; *of frozen food* descongelarse **II** *n also fig* deshielo *m*

**the** [ðə] *stressed* [ðiː] el *m*, la *f*; *plural* los *m*, las *f*; *~ sooner ~ better* cuanto antes, mejor; *it's ~ place to go* es el sitio de moda

**the•a•ter** ['θɪətər] **1** teatro *m*; *be in the ~* trabajar en el teatro **2**: *~ of war* escenario *m* de guerra

**'the•a•ter crit•ic** crítico(-a) *m(f)* teatral

**the•a•ter•go•er** ['θɪətərɡoʊər] aficionado(-a) *m(f)* al teatro

**the•a•tre** *etc Br* ☞ **theater** *etc*

**the•at•ri•cal** [θɪ'ætrɪkl] *adj also fig* tea-

tral

**theft** [θeft] robo *m*

**their** [ðer] *adj* su; (*his or her*) su; *~ brother* su hermano; *~ books* sus libros

**theirs** [ðerz] *pron* el suyo *m*, la suya *f*; *~ are red* los suyos son rojos; *that book is ~* ese libro es suyo; *a friend of ~* un amigo suyo

**them** [ðem] *pron direct object* los *mpl*, las *fpl*; *indirect object* les; *after prep* ellos *mpl*, ellas *fpl*; *I know ~* los / las conozco; *I gave ~ the keys* les di las llaves; *I sold it to ~* se lo vendí; *he lives with ~* vive con ellos / ellas; *they looked behind ~* miraron detrás suyo; *we are younger than ~* somos más jóvenes que ellos; *if a person asks for help, you should help ~ him / her* si una persona pide ayuda, hay que ayudarla

**theme** [θiːm] tema *m*

**'theme mu•sic** tema *m* musical; **'theme park** parque *m* temático; **'theme song** tema *m* musical; **'theme tune** tema *m* musical

**them•selves** [ðem'selvz] *pron reflexive* se; *emphatic* ellos mismos *mpl*, ellas mismas *fpl*; *they hurt ~* se hicieron daño; *when they saw ~ in the mirror* cuando se vieron en el espejo; *they saw it ~* lo vieron ellos mismos; *by ~* (*alone*) solos; (*without help*) ellos solos, ellos mismos

**then** [ðen] *adv* **1** (*at that time*) entonces; *by ~* para entonces; *from ~ on* desde entonces **2** (*after that*) luego, después **3** *deducing* entonces **4**: *but ~, you did promise* pero tú lo prometiste

**the•o•lo•gi•an** [θɪə'loʊdʒɪən] teólogo *m*

**the•o•log•i•cal** [θɪə'lɑːdʒɪkl] *adj* teológico; *~ college* facultad *f* de teología

**the•ol•o•gy** [θɪ'ɑːlədʒɪ] teología *f*

**the•o•rem** ['θɪərəm] *MATH* teorema *m*

**the•o•ret•i•cal** [θɪə'retɪkl] *adj* teórico

**the•o•ret•i•cal•ly** [θɪə'retɪklɪ] *adv* en teoría

**the•o•rist** ['θɪərɪst] teórico(-a) *m(f)*

**the•o•rize** ['θɪəraɪz] *v/i* teorizar (*about, on* sobre)

**the•o•ry** ['θɪrɪ] teoría *f*; *in ~* en teoría

**ther•a•peu•tic** [θerə'pjuːtɪk] *adj* terapéutico

**ther•a•pist** ['θerəpɪst] terapeuta *m/f*

**ther•a•py** ['θerəpɪ] terapia *f*; *be in ~*

estar recibiendo tratamiento terapéutico

**there** [ðer] *adv* allí, ahí, allá; *over* ~ allí, ahí, allá; *down* ~ allí *or* ahí *or* allá abajo; ~ *is / are ...* hay ...; ~ *is / are not ...* no hay ...; ~ *you are* giving sth aquí tienes; finding sth aquí está; completing sth ya está; ~ *and back* ida y vuelta; *it's 5 miles* ~ *and back* entre ida y vuelta hay cinco millas; ~ *he is!* ¡ahí está!; ~, ~*!* ¡venga!; ~ *and then* en el acto; ~ *you go!* F that's for you ¡aquí tienes!; *see what I mean* ¡ya te lo decía yo!; ~ *you go again!* F ¡otra vez!; *you'll get* ~ *one day* F succeed al final lo conseguirás; ~*'s a good boy!* ¡bien hecho!; *we've all been* ~ F todos hemos pasado por eso

**there•a•bouts** [ðerə'baʊts] *adv* aproximadamente; *fifty dollars or* ~ cincuenta dólares, más o menos

**there•af•ter** [ðer'æftər] *adv* en lo sucesivo

**there•by** [ðer'baɪ] *adv* así

**there•fore** ['ðerfɔːr] *adv* por (lo) tanto

**there•up•on** [ðerə'pɑːn] *adv* acto seguido

**ther•mal** ['θɜːrml] **I** *n* corriente *f* térmica **II** *adj* térmico

**ther•mal in•su•la•tion** aislamiento *m* térmico; **ther•mal 'pa•per** papel *m* térmico; **ther•mal 'print•er** impresora *f* térmica; **ther•mal 'spring** fuente *f* termal; **ther•mal 'un•der•wear** ropa *f* interior térmica

**ther•mom•e•ter** [θər'mɑːmɪtər] termómetro *m*

**ther•mo•nu•cle•ar** [θɜːrmoʊ'nuːkliːər] *adj*: ~ *device* dispositivo *m* termonuclear

**ther•mos flask** ['θɜːrməs] termo *m*

**ther•mo•stat** ['θɜːrməstæt] termostato *m*

**these** [ðiːz] **I** *adj* estos(-as) **II** *pron* éstos *mpl*, éstas *fpl*

**the•sis** ['θiːsɪs] (*pl* **theses** ['θiːsiːz]) tesis *f* inv

**they** [ðeɪ] *pron* ellos *mpl*, ellas *fpl*; ~ *are Mexican* son mexicanos; ~*'re going, but we're not* ellos van, pero nosotros no; *if anyone looks at this,* ~ *will see that ...* si alguien mira esto, verá que ...; ~ *say that ...* dicen que ...; ~ *are going to change the law* van a cam-

biar la ley

**they'd** [ðeɪd] F = *they had*; *they would*

**they'll** [ðeɪl] F = *they will*

**they're** [ðer] F = *they are*

**they've** [ðeɪv] F = *they have*

**thick** [θɪk] **I** *adj* **1** soup espeso; fog denso; wall, book grueso; hair poblado; crowd compacto; *it's 3 cm* ~ tiene 3 cm de grosor; *give s.o. a* ~ *ear Br* F dar un sopapo a alguien; ~ *with smoke* lleno de humo; *the furniture was* ~ *with dust* los muebles estaban llenos de polvo; *they're* ~ *on the ground* F hay muchos; *they're* (*as*) *thick as thieves* F son uña y carne; *that's a bit* ~*! Br* F ¡eso es una pasada!
**2** F (stupid) corto

**II** *adv*: *lay it on* ~ F cargar las tintas; *come* ~ *and fast* llover

**III** *n*: *in the* ~ *of ...* en pleno ...; *in the* ~ *of the fight* en primera línea de batalla; *through* ~ *and thin* contra viento y marea

**thick•en** ['θɪkən] **I** *v/t* sauce espesar **II** *v/i* espesarse

**thick•et** ['θɪkɪt] matorral *m*

**thick•head•ed** [θɪk'hedɪd] *adj* F zoquete

**thick•ie** ['θɪkɪ], **thick•o** ['θɪkoʊ] *Br* P torpe *m(f)*, zoquete *m(f)*

**thick•ness** ['θɪknɪs] **1** grosor *m* **2** F (stupidity) estupidez *f*

**thick•set** ['θɪkset] *adj* fornido

**thick•skinned** [θɪk'skɪnd] *adj* fig insensible

**thief** [θiːf] (*pl* **thieves** [θiːvz]) ladrón(-ona) *m(f)*

**thigh** [θaɪ] muslo *m*

**thim•ble** ['θɪmbl] dedal *m*

**thin** [θɪn] **I** *adj* person delgado; hair ralo, escaso; soup claro; coat, line fino; *disappear into* ~ *air* fig desaparecer como por arte de magia; *produce sth out of* ~ *air* fig crear algo por arte de magia; *this is just the* ~ *end of the wedge* fig pej esto es sólo el principio; *be* ~ *on the ground* F ser escaso; *he's getting* ~ *on top* se está quedando calvo **II** *v/t* (*pret & pp* -*ned*) sauce etc aclarar **III** *v/i* (*pret & pp* -*ned*) of mist despejarse; *his hair is starting to* ~ está empezando quedarse sin pelo

**thing** [θɪŋ] cosa *f*; ~*s* (belongings) cosas *fpl*; *how are* ~*s?* ¿cómo te va?; *it's a* *good* ~ *you told me* menos mal que me lo dijiste; *what a* ~ *to do / say!* ¡qué barbaridad!; *I couldn't see a* ~ no veía nada; *an amusing* ~ algo divertido; *the* ~ *is that ...* lo que pasa es que ...; *first* ~ *tomorrow* mañana a primera hora; *for one* ~ ..., *and for another* para empezar..., y para continuar; *be on to a good* ~ estar en una buena situación; *know a* ~ *or two about* saber bastante sobre; *just the* ~ *for ...* justo lo que hace falta para ...

**thing•um•a•jig** ['θɪŋʌmədʒɪg] F *object* chisme *m*; *person* fulanito *m*

**think** [θɪŋk] **I** *v/t* & *v/i* (*pret* & *pp* **thought**) pensar; *hold an opinion* pensar, creer; *I* ~ *so* creo que sí; *I don't* ~ *so* creo que no; *I* ~ *so too* pienso lo mismo; *what do you* ~? ¿qué piensas *or* crees?; *what do you* ~ *of it?* ¿qué te parece?; *I can't* ~ *of anything more* no se me ocurre nada más; *I can't* ~ *of his name* no me sale su nombre; *she doesn't* ~ *that's funny* no cree *or* piensa que sea divertido; ~ *hard!* ¡piensa más!; *I'll* ~ *about it* me lo pensaré; *I'm* ~*ing about emigrating* estoy pensando en emigrar; *he* ~*s he's clever* se cree muy listo; *I can't* ~ *why ...* no veo por qué...; *try to* ~ *where ...* intenta recordar dónde...; *come to* ~ *of it ...* ahora que lo pienso ...; *it makes you* ~ te da que pensar
**II** *n* F: *have a* ~ *about sth* pensarse algo; *he's got another* ~ *coming* está muy equivocado
◆ **think back** *v/i* recordar (*to sth* algo)
◆ **think out** *v/t* reflexionar
◆ **think over** *v/t* reflexionar sobre
◆ **think through** *v/t* reflexionar
◆ **think up** *v/t* plan idear

**think•er** ['θɪŋkər] pensador(a) *m(f)*
**think•ing** ['θɪŋkɪŋ] **I** *adj*: *a newspaper for* ~ *people* un periódico para la gente que piensa **II** *n*: *do some* ~ pensar; *to my way of* ~ en mi opinión
**'think tank** grupo *m* de expertos
**thin•ner** ['θɪnər] disolvente *m*
**thin-skinned** [θɪn'skɪnd] *adj fig* sensible
**third** [θɜːrd] **I** *adj* tercero; ~ *time lucky* a la tercera va la vencida **II** tercero(-a) *m(f)*; *fraction* tercio *m*, tercera parte *f*; *the* ~ *of May* el tres de mayo

**'third base** tercera base *f*; **'third base•man** tercera base *f*, jugador(a) *m(f)* de tercera base; **'third-class** *adj* de tercera; **'third-de•gree** *adj burns* de tercer grado; **third de'gree**: *give s.o. the* ~ interrogar a alguien con dureza
**third•ly** ['θɜːrdlɪ] *adv* en tercer lugar
**third 'par•ty** tercero *m*; **third-par•ty in-'sur•ance** seguro *m* a terceros; **third 'per•son** GRAM tercera persona *f*; **'third-rate** *adj* de tercera, de pacotilla
**F**; **Third 'World** Tercer Mundo *m*
**thirst** [θɜːrst] sed *f*, ~ *for knowledge fig* sed de conocimientos
**thirst-quench•ing** ['θɜːrstkwenʃɪŋ] *adj* que quita la sed
**thirst•y** ['θɜːrstɪ] *adj* sediento; *be* ~ tener sed; *gardening is* ~ *work* la jardinería da mucha sed
**thir•teen** [θɜːr'tiːn] trece
**thir•teenth** [θɜːr'tiːnθ] *n* & *adj* decimotercero
**thir•ti•eth** ['θɜːrtɪɪθ] *n* & *adj* trigésimo
**thir•ty** ['θɜːrtɪ] treinta; *be in one's thir-ties* tener treinta y tantos años; *in the thirties* en los (años) treinta
**'thirt•y-some•thing** *adj* treinta y tantos
**this** [ðɪs] **I** *adj* este *m*, esta *f*, ~ *one* éste **II** *pron* esto *m*, esta *f*, ~ *is good* esto es bueno; ~ *is ... introducing s.o.* éste / ésta es ...; TELEC soy ...; *like* ~ así; ~ *is what I expected* es lo que esperaba; *after* ~ después de esto; *before* ~ antes de esto **III** *adv*: ~ *big / high* así de grande / de alto
**this•tle** ['θɪsl] BOT cardo *m*
**thong** [θɒːŋ] **1** *on whip* tralla *f*; *on clothing* correa *f* **2** *underwear, bikini bottom* tanga *m* **3** *sandal* chancla *f*
**tho•rax** ['θɔːræks] ANAT tórax *m inv*
**thorn** [θɔːrn] espina *f*; *be a* ~ *in s.o.'s side fig* no dejar en paz a alguien
**thorn•y** ['θɔːrnɪ] *adj also fig* espinoso
**thor•ough** ['θɜːroʊ] *adj search* minucioso; *knowledge* profundo; *person* concienzudo
**'thor•ough•bred** *horse* purasangre *m*
**thor•ough•fare** ['θɜːroʊfer] vía *f* pública; *no* ~ camino *m* privado; (*dead end*) sin salida
**thor•ough•ly** ['θɜːroʊlɪ] *adv* completamente; *clean up* a fondo; *search* minuciosamente; *I'm* ~ *ashamed* estoy aver-

gonzadísimo; **I ~ enjoyed it** lo disfruté muchísimo

**those** [ðouz] **I** adj esos mpl, esas fpl; more remote aquellos mpl, aquellas fpl **II** pron ésos mpl, ésas fpl; more remote aquéllos mpl, aquéllas mpl

**though** [ðou] **I** conj (although) aunque; **as ~** como si **II** adv sin embargo; **it's not finished ~** pero no está acabado

**thought**[1] [θɔːt] n single idea f; collective pensamiento m; **that's a ~!** worth bearing in mind no hay que olvidarse de eso; **on second ~** or Br **~s** ahora que lo pienso otra vez; **with no ~ for** sin pensar en

**thought**[2] [θɔːt] pret & pp ☞ **think**

**thought•ful** ['θɔːtfəl] adj **1** pensativo; book serio **2** (considerate) atento

**thought•less** ['θɔːtlɪs] adj desconsiderado

**thou•sand** ['θauznd] mil m; **~s of** miles de; **a ~ and ten** mil diez

**thou•sandth** ['θauzndθ] n & adj milésimo

**thrash** [θræʃ] v/t golpear, dar una paliza a; SP dar una paliza a

◆ **thrash around** v/i with arms etc revolverse

◆ **thrash out** v/t solution alcanzar

**thrash•ing** ['θræʃɪŋ] also SP paliza f; **give s.o. a ~** dar una paliza a alguien

**thread** [θred] **I** n hilo m; of screw rosca; **lose the ~** (of the conversation) perder el hilo de la conversación **II** v/t needle enhebrar; beads ensartar; **~ one's way through** abrirse paso por

**thread•bare** ['θredbeər] adj raído

**threat** [θret] amenaza f; **under ~ of** bajo amenaza de; **death ~s** amenazas fpl de muerte

**threat•en** ['θretn] v/t amenazar; **~ s.o. with sth** amenazar a alguien con algo; **~ to do sth** amenazar con hacer algo; **be ~ed with extinction** estar en peligro de extinción

**threat•en•ing** ['θretnɪŋ] adj amenazador; **~ letter** carta f con amenazas

**three** [θriː] tres; **~ of hearts** tres de corazones

**three-di•men•sion•al** [θriːdaɪ'menʃnəl] adj fig tridimensional

**'three•fold I** adj triple **II** adv tres veces; **increase ~** triplicarse

**three-piece 'suit** terno m; **three-piece**

**'suite** tresillo m; **three-'point•er** in basketball canasta f or lanzamiento m de tres puntos; **'three-point line** in basketball línea f de seis veinticinco; **three-quart•ers** [θriː'kwɔːrtərz] tres cuartos mpl; **three-se•conds vi•o•la•tion** in basketball tres segundos m, zona f

**thresh** [θreʃ] v/t corn trillar

**thresh•ing ma•chine** ['θreʃɪŋ] trilladora f

**thresh•old** ['θreʃhould] of house, new age umbral m; **on the ~ of** en el umbral de, en puertas de; **pain ~** tolerancia f del dolor

**threw** [θruː] pret ☞ **throw**

**thrift** [θrɪft] ahorro m

**thrift•y** ['θrɪftɪ] adj ahorrativo

**thrill** [θrɪl] **I** n emoción f, estremecimiento m; **it was such a ~ for us all to visit you again** nos hizo mucha ilusión volver a visitarte; **he gets some sort of ~ out of annoying people** disfruta or goza de alguna manera molestando a la gente **II** v/t **be ~ed** estar entusiasmado

**thrill•er** ['θrɪlər] movie película de Span suspense or L.Am. suspenso; novel novela de Span suspense or L.Am. suspenso

**thrill•ing** ['θrɪlɪŋ] adj emocionante

**thrive** [θraɪv] v/i (pret **throve** or **thrived**, pp **thrived**) of plant medrar, crecer bien; of business, economy prosperar

◆ **thrive on** v/t adversity crecerse ante

**throat** [θrout] garganta f; **force sth down s.o.'s ~** fig hacer tragar algo a alguien

**'throat loz•enge** pastilla f para la garganta

**throat•y** ['θroutɪ] adj voice ronco

**throb** [θrɑːb] **I** n of heart latido m; of music zumbido m **II** v/i (pret & pp **-bed**) of heart latir; of music zumbar; **my head is still ~bing** todavía siento que me va a estallar la cabeza

**throes** [θrouz] npl: **be in the ~ of** (doing) sth estar luchando con algo; **the company was in the ~ of reorganization** la empresa estaba en medio de una compleja reorganización

**throm•bo•sis** [θrɑːm'bousɪs] trombosis f

**throne** [θroun] trono m; **come to the ~** acceder al trono

**throng** [θrɑːŋ] muchedumbre f

**throt•tle** ['θrɑːtl] **I** *n on motorbike* acelerador *m*; *on boat* palanca *f* del gas; *on motorbike* mango *m* del gas **II** *v/t* (*strangle*) estrangular

◆ **throttle back** *v/i* desacelerar

**through** [θruː] **I** *prep* **1** (*across*) a través de; **go ~ the city** atravesar la ciudad **2** (*during*) durante; **~ the winter / summer** durante el invierno / verano; **Monday ~ Friday** de lunes a viernes **3** (*by means of*) a través de, por medio de; **arranged ~ him** acordado por él **II** *adv*: **wet ~** completamente mojado; **watch a film ~** ver una película de principio a fin; **read a book ~** leerse un libro de principio a fin; **~ and ~** de los pies a la cabeza **III** *adj*: **be ~** *of couple* haber terminado; (*have arrived: of news etc*) haber llegado; **you're ~** TELEC ya puede hablar; **I'm ~ with ...** (*finished with*) he terminado con ...

'**through bill** COM conocimiento *m* de embarque directo

'**through flight** vuelo *m* directo

**through'out I** *prep* durante, a lo largo de; **~ the night** durante toda la noche; **~ the country** por todo el país **II** *adv* (*in all parts*) en su totalidad

'**through route** vía *f* de paso; '**through traf•fic** tráfico *m* de paso; '**through train** *Br* tren *m* directo; '**through•way** autopista *f*

**throw** [θrou] **I** *v/t* (*pret* **threw**, *pp* **thrown**) **1** tirar; *of horse* tirar, desmontar; **~ s.o. sth** tirar algo a alguien; **~ open** *door etc* echar abajo; **~ o.s. at s.o.** *fig: in romantic sense* echarse en brazos de alguien; **~ o.s. into sth** tirarse a algo; *fig* entregarse a algo, meterse de lleno en algo **2** (*disconcert*) desconcertar **3** *party* dar **II** *n* lanzamiento *m*; **it's your ~** te toca tirar

◆ **throw about, throw around** *v/t*: **throw one's money about** derrochar el dinero

◆ **throw away** *v/t* tirar, *L.Am.* botar

◆ **throw back** *v/t* devolver

◆ **throw down** *v/t* tirar al suelo; **throw down a challenge to s.o.** lanzar un desafío a alguien, desafiar *or* retar a alguien

◆ **throw in** *v/t* tirar; **throw the ball in** in *soccer* sacar de banda; **throw sth in** (**for free**) añadir algo (de regalo)

◆ **throw off** *v/t jacket etc* quitarse rápidamente; *cold etc* deshacerse de

◆ **throw on** *v/t clothes* ponerse rápidamente

◆ **throw out** *v/t old things* tirar, *L.Am.* botar; *from bar, job, home* echar; *from country* expulsar; *plan* rechazar

◆ **throw over** *v/t friend etc* dejar colgado *F* (**for** por)

◆ **throw together** *v/t* **1** *make in a rough and ready way* pergeñar **2**: **a group of people thrown together by fate** un grupo de gente a los que había unido el destino

◆ **throw up I** *v/t* **1** *ball* lanzar hacia arriba; **throw up one's hands** echarse las manos a la cabeza **2** (*vomit*) vomitar **II** *v/i* (*vomit*) vomitar

'**throw-a•way** *adj* **1** *remark* insustancial, pasajero **2** (*disposable*) desechable

**throw•er** ['θrouər]: **be a good ~** ser un buen lanzador

'**throw-in** SP saque *m* de banda

**thrown** [θroun] *pp* ☞ **throw**

**thru** [θruː] ☞ **through**

**thrush**[1] [θrʌʃ] *bird* zorzal *m*

**thrush**[2] [θrʌʃ] MED candidiasis *f inv*

**thrust** [θrʌst] **I** *v/t* (*pret & pp* **thrust**) (*push hard*) empujar; *knife* hundir; **~ sth into s.o.'s hands** poner algo en las manos de alguien; **~ one's way through the crowd** abrirse paso a empujones entre la multitud **II** *n with knife etc* cuchillada *f*; MIL ofensiva *f*; PHYS, *of rocket* empuje *m*

'**thru•way** F ☞ **throughway**

**thud** [θʌd] golpe *m* sordo

**thug** [θʌg] matón *m*

**thumb** [θʌm] **I** *n* pulgar *m*; **be all ~s** F ser un torpe; **give sth the ~s up / down** dar / no dar el visto bueno a algo; **stick out like a sore ~** F llamar la atención, cantar **II** *v/t*: **~ a ride** hacer autoestop

'**thumb in•dex** uñero *m*; **thumb•nail 'sketch** reseña *f*; '**thumb•screw 1** TECH palomilla *f* **2** *for torture* empulguera *f*; '**thumb•tack** chincheta *f*

**thump** [θʌmp] **I** *n* **1** *blow* porrazo *m* **2** *noise* golpe *m* sordo **II** *v/t person* dar un porrazo a; **~ one's fist on the table** pegar un puñetazo en la mesa **III** *v/i of heart* latir con fuerza; **~ on the door**

aporrear la puerta
◆ **thump out** *v/t tune on the piano* aporrear

**thump•ing** ['θʌmpɪŋ] **I** *adj headache* horrible **II** *adv:* ~ **great** F supergrande

**thun•der** ['θʌndər] **I** *n* truenos *mpl*; **steal s.o.'s** ~ *fig* quitar el protagonismo a alguien **II** *v/i also fig* tronar **III** *v/t* vociferar

'**thun•der•bolt** rayo *m*; '**thun•der•clap** trueno *m*; '**thunder•cloud** nubarrón *m* de tormenta

**thun•der•ous** ['θʌndərəs] *adj applause* ensordecedor

'**thun•der•storm** tormenta *f (con truenos)*

'**thun•der•struck** *adj* atónito

**thun•der•y** ['θʌndərɪ] *adj weather* tormentoso

**Thurs•day** ['θɜːrzdeɪ] jueves *inv*; **on** ~ el jueves; **on** ~**s** los jueves

**thus** [ðʌs] *adv* **1** *(in this way)* así **2**: ~ **far** hasta el momento

**thwart** [θwɔːrt] *v/t person, plans* frustrar

**thyme** [taɪm] tomillo *m*

**thy•roid gland** ['θaɪrɔɪd] (glándula *f*) tiroides *m inv*

**ti•ar•a** [tɪ'ɑːrə] diadema *f*

**Ti•bet** [tɪ'bet] Tíbet *m*

**Ti•bet•an** [tɪ'betən] **I** *adj* tibetano **II** *n* tibetano(-a) *m(f)*

**tic** [tɪk] MED tic *m*

**tick**[1] [tɪk] *n* **1** *of clock* tictac *m* **2** *(checkmark)* señal *m* de visto bueno **3** *Br* F: **in a** ~ en un santiamén F **II** *v/i* **1** *of clock* hacer tictac **2**: **what makes him** ~? ¿qué es lo que le va?

◆ **tick away** *v/i* pasar

◆ **tick off** *v/t* **1** *entry in list etc* marcar **2** *Br* F *(tell off)* echar una bronca a

◆ **tick over** *v/i* MOT estar al ralentí

**tick**[2] [tɪk] *n* ZO garrapata *f*

**tick•er** ['tɪkər] F *(heart)* corazón *m*

**tick•et** ['tɪkɪt] **1** *for bus, train, lottery* billete *m*, *L.Am.* boleto *m*; *for airplane* billete *m*, *L.Am.* pasaje *m*; *for theater, concert, museum* entrada *f*, *L.Am.* boleto *m* **2** *for speeding etc* multa *f*; **he got a speeding** ~ le multaron por exceso de velocidad

'**tick•et col•lec•tor** revisor(a) *m(f)*

**tick•et•ing** ['tɪkɪtɪŋ] billetaje *m*

'**tick•et in•spec•tor** revisor(a) *m(f)*;
'**tick•et ma•chine** máquina *f* expende-

dora de billetes; '**tick•et of•fice** *at station* mostrador *m* de venta de billetes; THEA taquilla *f*, *L.Am.* boletería *f*

'**tick•et tout** *Br* revendedor(-a) *m(f)*

**tick•ing** ['tɪkɪŋ] *noise* tictac *m*

**tick•ing 'off** *Br* F bronca *f* F; **give s.o. a** ~ echar una bronca a alguien F

**tick•le** ['tɪkl] **I** *v/t person* hacer cosquillas a **II** *v/i of material* hacer cosquillas; **stop that, you're tickling!** ¡para ya, me haces cosquillas!

**tickl•ish** ['tɪklɪʃ] *adj:* **be** ~ *person* tener cosquillas

**tid•al** ['taɪdl] *adj sea* con mareas

'**tid•al wave** maremoto *m*

**tid•dly•winks** ['tɪdlɪwɪŋks] *nsg juego consistente en introducir fichas en un contenedor*

**tide** [taɪd] marea *f*; **high** ~ marea alta; **low** ~ marea baja; **the** ~ **is in / out** la marea está alta / baja; **against the** ~ *also fig* a contra corriente; **go with the tide** *fig* dejarse llevar por la corriente

◆ **tide over** *v/t*: **20 dollars will tide me over** 20 dólares me bastarán

**ti•di•ness** ['taɪdɪnɪs] orden *m*

**ti•dy** ['taɪdɪ] *adj* ordenado; **that's a** ~ **sum** F es una cantidad considerable

◆ **tidy away** *v/t (pret & pp -ied)* guardar

◆ **tidy up I** *v/t room, shelves* ordenar; **tidy o.s. up** arreglarse **II** *v/i* recoger

**tie** [taɪ] **I** *n* **1** *(neck~)* corbata *f* **2** SP *(even result)* empate *m*; **end in a** ~ acabar en empate **3**: **he doesn't have any** ~**s** no está atado a nada

**II** *v/t* **1** *knot* hacer, atar; *hands* atar; ~ **two ropes together** atar dos cuerdas; **my hands are tied** *fig* tengo las manos atadas; **be** ~**d to sth** *fig* estar relacionado con algo **2**: **the game was** ~**d** iban iguales

**III** *v/i* SP empatar; **they** ~**d for second place** empataron y compartieron el segundo puesto

◆ **tie down** *v/t also fig* atar

◆ **tie in with** *v/t* encajar con

◆ **tie up** *v/t person, laces* atar; *boat* amarrar; *hair* recoger; **I'm tied up tomorrow** *(busy)* mañana estaré muy ocupado; **I got tied up at the office** me demoré *or* entretuve en la oficina; **be tied up** *of capital etc* estar inmobilizado

'tie•break, 'tie•break•er *in tennis* tie-break *m*, muerte *f* súbita
'tie•pin alfiler *m* de corbata
tier [tɪr] **1** *of hierarchy* nivel *m* **2** *in stadium* grada *f*
'tie-up conexión *f* (**between** entre)
tiff [tɪf] riña *f*
ti•ger ['taɪgər] tigre *m*
tight [taɪt] **I** *adj* **1** *clothes* ajustado, estrecho **2** *security* estricto **3** (*hard to move*) apretado; (*properly shut*) cerrado **4** (*not leaving much time*) justo de tiempo **5** F (*drunk*) como una cuba F **II** *adv* hold fuerte; *shut* bien; *sit ~ fig* esperar; **sleep ~!** ¡que duermas bien!
tight•en ['taɪtn] *v/t screw* apretar; *control* endurecer; *security* intensificar; **~ one's grip on sth** *on rope etc* asir algo con más fuerza; *on power etc* incrementar el control sobre algo; **~ one's belt** *fig* apretarse el cinturón
◆ tighten up *v/i in discipline, security* ser más estricto
tight•fist•ed [taɪt'fɪstɪd] *adj* agarrado; tight•fit•ting *adj* ajustado; tight'knit *adj community* unido; tight-lipped [taɪt'lɪpt] *adj*: **be ~ about sth** no decir ni mu sobre algo
tight•ly ['taɪtlɪ] *adv* ☞ tight
'tight•rope cuerda *f* floja; **walk a ~** *fig* estar en la cuerda floja
'tight•rope walk•er funambulista *m/f*
tights [taɪts] *npl Br* medias *fpl*, pantis *mpl*
'tight•wad F rácano(-a) *m(f)*, roñoso(-a) *m(f)*
ti•gress ['taɪgrɪs] tigresa *f*
tile [taɪl] **I** *n on floor* baldosa *f*; *on wall* azulejo *m*; *on roof* teja *f*; **have a night on the ~s** F ir de parranda F **II** *v/t floor* embaldosar; *wall* alicatar; *roof* tejar
'til•er *of wall* alicatador(-a) *m(f)*; *of floor / roof*: albañil *que pone el suelo / el tejado*
till¹ [tɪl] ☞ until
till² [tɪl] *n (for cash)* caja *f* (registradora)
till³ [tɪl] *v/t soil* labrar
tilt [tɪlt] **I** *v/t* inclinar **II** *v/i* inclinarse **III** *n*: **at full ~** F a toda pastilla F
tim•ber ['tɪmbər] madera *f* (de construcción)
'tim•ber yard almacén *m* de madera
time [taɪm] **I** *n* **1** tiempo *m*; **~ is up** se acabó (el tiempo); **for the ~ being**

por ahora, por el momento; **have a good ~** pasarlo bien; **have a good ~!** ¡que lo paséis bien!; **all the ~** todo el rato; **two / three at a ~** de dos en dos / de tres en tres; **at the same ~** *speak, reply etc* a la vez; (*however*) al mismo tiempo; **in ~** con tiempo; **on ~** puntual; **in no ~** en un santiamén; **some ~ ago** hace algún tiempo; **at the ~** en ese momento; **by the ~ you receive this** para cuando recibas esto; **for a ~** durante un tiempo; **from ~ to ~** de vez en cuando; **in two years'~** dentro de dos años; **all in good ~** todo a su tiempo; **be ahead of one's ~** ser un adelantado; **be behind the ~s** no andar con los tiempos; **keep up with the ~s** estar al día; **do ~** F *in jail* estar en la sombra F (**for** por); **take your ~** tómate el tiempo; **there's no ~ to lose** no hay tiempo que perder; **I don't have much ~ for him** no me cae muy bien
**2** (*occasion*) vez *f*; **the first ~** la primera vez; **four ~s** cuatro veces; **~ and again** una y otra vez; **~ after ~** una y otra vez; **every ~ I ...** cada vez que ...; **how many ~s?** ¿cuántas veces?; **next ~** (*I ...*) la próxima vez (que ...); **this ~** esta vez; **at ~s** a veces
**3** *of clock*: **what's the ~?, do you have the ~?** ¿qué hora es?; **what ~?** ¿a qué hora?; **this ~ tomorrow** mañana a esta hora
**4** MUS: **in ~** *march, play* con el ritmo (**with** de), al compás (**with** de); **beat ~** llevar el compás; **keep ~** ir al ritmo; **in 3 / 4 ~** en tiempo 3 / 4
**5** MATH: **three ~s four equals** *or* **is twelve** tres por cuatro (igual a) doce **II** *v/t* **1** *runner* cronometrar; *worker* controlar el tiempo de; **he was ~d at 20 seconds** hizo un tiempo de 20 segundos **2** *event* programar; **~ sth well** hacer algo en el momento exacto
'time bomb bomba *f* de relojería; 'time cap•sule cápsula *f* del tiempo; 'time-card tarjeta *f*; 'time clock *in factory* reloj *m* registrador; 'time-con•sum•ing *adj* que lleva mucho tiempo; 'time dif•fer•ence diferencia *f* horaria; time-hon•ored, *Br* time-hon•oured ['taɪmɑːnərd] *adj* ancestral; 'time-keep•er *in sport* cronometrador(a) *m(f)*; **be a good ~** *of watch* ser preciso;

'time-lag intervalo *m*; time-lapse pho'tog•ra•phy fotografía *f* en intervalos

time•less ['taɪmlɪs] *adj* eterno

'time lim•it plazo *m*

time•ly ['taɪmlɪ] *adj* oportuno

'time ma•chine máquina *f* del tiempo

'time•out SP tiempo *m* muerto; **take ~** hacer un descanso

tim•er ['taɪmər] **1** *device* temporizador *m* **2** *person* cronometrador(a) *m(f)*

'time•sav•ing ahorro *m* de tiempo; 'time•scale *of project* plazo *m* (de tiempo); 'time share *apartment* apartamento *m* en multipropiedad; time shar•ing ['taɪmʃerɪŋ] multipropiedad *f*; 'time sig•nal señal *f* horaria; 'time sig•na•ture MUS llave *f* de tiempo; 'time switch temporizador *m*; 'time•ta•ble *for train etc* horario *m*; EDU *Br* horario *m*; *for events* programa *m*; 'time warp salto *m* en el tiempo; 'time zone huso *m* horario

tim•id ['tɪmɪd] *adj* tímido

tim•ing ['taɪmɪŋ] *of dancer* sincronización *f*; *of actor* utilización *f* de las pausas y del ritmo; **the ~ of the announcement was perfect** el anuncio fue realizado en el momento perfecto

tin [tɪn] **1** *metal* estaño *m* **2** *Br (can)* lata *f*

tin•foil ['tɪnfɔɪl] papel *m* de aluminio

tinge [tɪndʒ] **I** *n of color, sadness* matiz *m* **II** *v/t*: **be ~d with** *fig* estar teñido de

tin•gle ['tɪŋgl] **I** *n* hormigueo **II** *v/i* estremecerse (**with** de)

tin 'hat MIL F casco *m*

◆ tin•ker with ['tɪŋkər] *v/t* enredar con

tin•kle ['tɪŋkl] **I** *n of bell* tintineo **II** *v/i* tintinear

tinned [tɪnd] *adj Br* enlatado, en conserva

tin•ni•tus [tɪ'naɪtəs] zumbido *m*

tin•ny ['tɪnɪ] *adj sound* metálico

'tin o•pen•er *Br* abrelatas *m inv*

tin•sel ['tɪnsl] espumillón *m*

tint [tɪnt] **I** *n of color* matiz *m*; *in hair* tinte *m*; **have a ~ of red** tener un matiz rojo **II** *v/t hair* teñir

tint•ed ['tɪntɪd] *glasses* con un tinte; *paper* coloreado

ti•ny ['taɪnɪ] *adj* diminuto, minúsculo

tip¹ [tɪp] *n* **1** *of stick, finger* punta *f*; *of mountain* cumbre *f*; **it's on the ~ of my tongue** *fig* lo tengo en la punta de la lengua **2** *of cigarette* filtro *m*

tip² [tɪp] **I** *n* **1** *advice* consejo *m*; **take a ~ from me and ...** hazme caso *or* sigue mi consejo y... **2** *money* propina *f* **II** *v/t* (*pret & pp* **-ped**) *waiter etc* dar propina a

◆ tip in *v/t in basketball* palmear

◆ tip off *v/t* F avisar

◆ tip over **I** *v/t jug* volcar; *liquid* derramar; **he tipped water all over me** derramó agua encima mío **II** *v/i* volcarse

'tip-in *in basketball* palmeo *m*

'tip-off **1** F soplo *m* **2** *in basketball* salto *m* inicial

tipped [tɪpt] *adj cigarettes* con filtro

Tip•pex® ['tɪpeks] *Br* Tipp-Ex *m*

tip•ple ['tɪpl] F *alcoholic* bebida *f* alcohólica

tip•py-toe ['tɪpɪtoʊ]: **on ~** de puntillas

tip•sy ['tɪpsɪ] *adj* achispado

'tip•top *adj* F perfecto

ti•rade [taɪ'reɪd] diatriba *f* (**against** contra)

tire¹ [taɪr] *n* neumático *m*, *L.Am.* llanta *f*

tire² [taɪr] **I** *v/t* cansar, fatigar **II** *v/i* cansarse, fatigarse; **he never ~s of telling the story** nunca se cansa de contar la historia

◆ tire out *v/t* agotar, cansar

tired [taɪrd] *adj* cansado, fatigado; **be ~ of s.o. / sth** estar cansado de alguien / algo; **~ out** agotado

tired•ness ['taɪrdnɪs] cansancio *m*, fatiga *f*

tire•less ['taɪrlɪs] *adj efforts* incansable, infatigable

tire•some ['taɪrsəm] *adj* (*annoying*) pesado

tir•ing ['taɪrɪŋ] *adj* agotador

ti•ro ☞ **tyro**

tis•sue ['tɪʃuː] **1** ANAT tejido *m* **2** *handkerchief* pañuelo *m* de papel, Kleenex® *m*

'tis•sue pa•per papel *m* de seda

tit¹ [tɪt] *bird* herrerillo *m*

tit² [tɪt]: **give s.o. ~ for tat** pagar a alguien con la misma moneda

tit³ [tɪt] V (*breast*) teta *f* V; **get on s.o.'s ~s** P cabrear a alguien F

ti•tan•ic [taɪ'tænɪk] *adj* titánico

ti•tan•i•um [taɪ'teɪnɪəm] titanio *m*

titch [tɪtʃ] *Br* renacuajo(-a) *m(f)*

tit•il•late ['tɪtɪleɪt] *v/t* excitar

ti•tle ['taɪtl] **1** *of novel, person etc* título *m* **2** LAW título *m* de propiedad

'ti•tle deed LAW escritura *f* de propiedad; 'ti•tle fight combate *m* por el título; 'ti•tle•hold•er SP campeón(-ona) *m(f)*; 'ti•tle page portada *f*; 'ti•tle role *personaje que da título a una obra*

tit•ter ['tɪtər] *v/i* reírse tontamente

tit•tle-tat•tle ['tɪtltætl] F chismorreos *mpl*

tiz•zy ['tɪzɪ] F: **be in a ~** ponerse histérico

tlc [tiːel'siː] *abbr* (= *tender loving care*) cariño *m* y cuidados

to [tuː] *unstressed* [tə] **I** *prep* a; **~ Japan / Chicago** a Japón / Chicago; **let's go ~ my place** vamos a mi casa; **walk ~ the station** caminar a la estación; **~ the north / south of ...** al norte / sur de ...; **give sth ~ s.o.** dar algo a alguien; **from Monday ~ Wednesday** de lunes a miércoles; **from 10 ~ 15 people** de 10 a 15 personas

**II** *with verbs:* **~ speak, ~ shout** hablar, chillar; **learn ~ swim** aprender a nadar; **~ be honest with you ...** para ser sincero ...; **nice ~ eat** sabroso; **too heavy ~ carry** demasiado pesado para llevarlo; **~ be able to do that you will need ...** para poder hacer eso necesitarás ...; **easy ~ understand** fácil de entender; **he only does it ~ earn money** lo hace únicamente por dinero; **he was the first ~ arrive** él llegó primero, fue el primero en llegar; **~ hear her talk** escuchándola hablar

**III** *adv:* **~ and fro** de un lado para otro

toad [toʊd] ZO sapo *m*

'toad•stool seta *f* venenosa

toad•y ['toʊdɪ] *pej* **I** *n* adulador(a) *m(f)* **II** *v/i* (*pret & pp* **-ied**): **~ to s.o.** adular a alguien

toast [toʊst] **I** *n* **1** pan *m* tostado; **a piece of ~** una tostada **2** *drinking* brindis *m inv*; **propose a ~ to s.o.** proponer un brindis en honor de alguien **II** *v/t* **1** *bread* tostar **2** *drinking* brindar por

toast•er ['toʊstər] tostador(a) *m(f)*

to•bac•co [tə'bækoʊ] tabaco *m*

to•bac•co•nist [tə'bækənɪst] *Br* estanquero(-a) *m(f)*

to•bog•gan [tə'bɑːgən] tobogán *m*

tod [tɑːd]: **on one's ~** *Br* F más solo que la una

to•day [tə'deɪ] *adv* hoy; **a week ~, ~ week** de hoy en ocho; **~'s paper** el periódico de hoy

tod•dle ['tɑːdl] *v/i of child* dar los primeros pasos

tod•dler ['tɑːdlər] niño(-a) *m(f)* pequeño(-a)

tod•dy ['tɑːdɪ] *una bebida alcohólica, agua, azúcar, especias y zumo*

to-do [tə'duː] F revuelo *m*

toe [toʊ] **I** *n* dedo del pie; *of shoe* puntera; **be on one's ~s** *fig* estar alerta; **keep s.o. on his ~s** *fig* no dejar en paz a alguien; **tread on s.o.'s ~s** *fig* meterse en el terreno de alguien **II** *v/t:* **~ the line** acatar la disciplina

'toe•nail uña *f* del pie

tof•fee ['tɑːfɪ] *Br* tofe *m*

'tof•fee ap•ple manzana *f* de caramelo

tof•fee-nosed ['tɑːfɪnoʊzd] *adj Br* F presumido

to•fu ['tɑːfuː] tofu *m*

to•geth•er [tə'geðər] *adv* juntos(-as); **mix two drinks ~** mezclar dos bebidas; **don't all talk ~** no hablen todos a la vez

to•geth•er•ness [tə'geðərnɪs] unión *f*

tog•gle ['tɑːgl] *fastener* botón *m* de trenca

◆ toggle between *v/t* COMPUT pasar de entre

'tog•gle key COMPUT *tecla que activa o desactiva una función*

'tog•gle switch ELEC tecla *f* de conmutación

toil [tɔɪl] **I** *n* esfuerzo *m* **II** *v/i* esforzarse (**at** en)

toi•let ['tɔɪlɪt] *place* cuarto de baño, servicio *m*; *equipment* retrete *m*; **go to the ~** ir al baño

'toi•let bag *Br*, 'toi•let kit bolsa *f* de aseo

'toi•let pa•per papel *m* higiénico

toi•let•ries ['tɔɪlɪtrɪz] *npl* artículos *mpl* de tocador

'toi•let roll rollo *m* de papel higiénico

to•ken ['toʊkən] **I** *n* **1** (*sign*) muestra *f*; **as a ~ of** como muestra de **2** *for gambling* ficha *f* **3** (*gift ~*) vale *m* **II** *adj* simbólico

'to•ken strike huelga *f* de advertencia

told [toʊld] *pret & pp* ☞ **tell**

tol•er•a•ble ['tɑːlərəbl] *adj* **1** *pain etc* soportable **2** (*quite good*) aceptable

tol•er•a•bly ['tɑːlərəblɪ] *adv* aceptablemente

tol•er•ance ['tɑːlərəns] tolerancia *f*

**tol•er•ant** ['tɑːlərənt] *adj* tolerante

**tol•er•ate** ['tɑːləreɪt] *v/t noise, person* tolerar; **I won't ~ it!** ¡no lo toleraré!

**toll**¹ [toʊl] *v/i of bell* tañer

**toll**² [toʊl] *n (deaths)* mortandad *f*, número *m* de víctimas

**toll**³ [toʊl] *n for bridge, road* peaje *m*; TELEC tarifa *f*; **take its ~ on** *fig* haber hecho estragos en

'**toll booth** cabina *f* de peaje; '**toll bridge** puente *m* de peaje; '**toll-free** *adj* TELEC gratuito; '**toll-free num•ber** teléfono *m* gratuito, *Span* número *m* 900; '**toll road** carretera *f* de peaje

**tom** [tɑːm] ZO gato *m*

**to•ma•to** [təˈmeɪtoʊ] *(pl -oes)* tomate *m*, *Mex* jitomate *m*

**to•ma•to juice** zumo *m* de tomate; **to•ma•to 'ketch•up** ketchup *m*; **to•ma•to 'sauce** *for pasta etc* salsa *f* de tomate

**tomb** [tuːm] tumba *f*

'**tom•boy** niña *f* poco femenina

'**tomb•stone** lápida *f*

'**tom•cat** gato *m*

**tome** [toʊm] tomo *m*

**tom•fool•er•y** [tɑːmˈfuːlərɪ] tonterías *fpl*

**to•mog•ra•phy** [təˈmɑːgrəfɪ] MED tomografía *f*

**to•mor•row** [təˈmɔːroʊ] **I** *adv* mañana; **the day after ~** pasado mañana; **~ morning / night** mañana por la mañana / noche; **a week ~**, **~ week** de mañana en ocho **II** *n*: **~'s paper** el periódico de mañana; **he's spending money like there's no ~** está gastando dinero como si se fuera a acabar el mundo

**ton** [tʌn] tonelada *f (907 kg)*; **~s of** F montones de

**tone** [toʊn] *of color, conversation* tono *m*; *of musical instrument* timbre *m*; *of neighborhood* nivel *m*; **~ of voice** tono de voz

◆ **tone down** *v/t demands, criticism* bajar el tono de

◆ **tone up** *v/t* tonificar

**ton•er** ['toʊnər] tóner *m*

'**ton•er cart•ridge** cartucho *m* de tóner

**tongs** [tɑːŋz] *npl* tenazas *fpl*; *for hair* tenacillas *fpl* de rizar

**tongue** [tʌŋ] lengua *f*; **~ in cheek** en broma; **bite one's ~** *also fig* morderse la lengua; **hold one's ~** cerrar la boca; **stick one's ~ out at s.o.** sacar la lengua a alguien

'**tongue twist•er** trabalenguas *m inv*

**ton•ic** ['tɑːnɪk] MED tónico *m*; **be a real ~** ser realmente tonificante; **a gin and ~** un gin-tonic

'**ton•ic (wa•ter)** (agua *f*) tónica *f*

**to•night** [təˈnaɪt] **I** *adv* esta noche **II** *n*: **~'s television programs** los programas de televisión para esta noche

**ton•sil** ['tɑːnsl] amígdala *f*

**ton•sil•li•tis** [tɑːnsəˈlaɪtɪs] amigdalitis *f*

**too** [tuː] *adv* **1** *(also)* también; **me ~** yo también **2** *(excessively)* demasiado; **~ big / hot** demasiado grande / caliente; **~ much rice** demasiado arroz; **eat ~ much** comer demasiado

**took** [tuːk] *pret* ☞ **take**

**tool** [tuːl] herramienta *f*; **the ~s of the trade** *fig* las herramientas de trabajo

'**tool•bag** bolsa *f* de herramientas; '**tool•bar** COMPUT barra *f* de herramientas; '**tool•box** caja *f* de herramientas; '**tool•kit** juego *m* de herramientas; '**tool•shed** cobertizo *m* para las herramientas

**toot** [tuːt] F **I** *v/t* tocar **II** *v/i* tocar la bocina **III** *n*: **a ~ on the horn** un bocinazo

**tooth** [tuːθ] *(pl teeth* [tiːθ]*)* diente *m*; *(back ~)* muela *f*; **in the teeth of** *fig* a pesar de; **fight ~ and nail** luchar con uñas y dientes; **get one's teeth into sth** hincarle el diente a algo

'**tooth•ache** dolor *m* de muelas

'**tooth•brush** cepillo *m* de dientes

**tooth•less** ['tuːθlɪs] *adj* desdentado

'**tooth•paste** pasta *f* de dientes, dentífrico *m*

'**tooth•pick** palillo *m*

**toot•sie, toot•sy** ['tʊtsɪ] *children's language* dedito *m* del pie

**top** [tɑːp] **I** *n* **1** *of mountain* cima *f*; *of tree* copa *f*; *of wall, screen, page* parte *f* superior; **at the ~ of the page** en la parte superior de la página; **at the ~ of the mountain** en la cumbre; **at the ~ of one's voice** a grito pelado; **be ~ of the class / league** *person, team* ser el primero de la clase / de la liga; **get to the ~ of** *company, mountain* llegar a la cumbre; **from ~ to toe** de la cabeza a los pies; **from ~ to bottom** de arriba abajo

**2** *(lid: of bottle etc)* tapón *m*; *of pen* capucha *f*

**3** *clothing* camiseta *f*, top *m*
**4** (MOT: *gear*) directa *f*
**5:** **on ~** arriba, en la parte de arriba; **on ~ of** encima de, sobre; **on ~ of each other** uno encima del otro; **on ~ of that** *fig* además de eso; **are things getting on ~ of you?** F ¿te estás agobiando demasiado? F; **come out on ~** resultar victorioso; **be over the ~** (*exaggerated*) ser una exageración

**II** *adj branches* superior; *floor* de arriba, último; *management, official* alto; *player* mejor; *speed, note* máximo; **~ scorer** pichichi *m*; **the ~ dog** F el mandamás; **~ gear** directa *f*; **at ~ speed** a toda velocidad

**III** *v/t* (*pret & pp* **-ped**): **~ped with ... of** *cake etc* con una capa de ... por encima; **and to ~ it all ...** y para colmo ...; **~ the bill** encabezar el cartel

◆ **top off** *v/t evening etc* rematar (**with** con)

◆ **top up** *v/t Br glass, tank* llenar

'top cop•y *not photocopy* original *m*; 'top•flight *adj* F de altos vuelos F; top 'hat sombrero *m* de copa; 'top heav•y *adj* sobrecargado en la parte superior

top•ic ['tɑːpɪk] tema *m*
top•i•cal ['tɑːpɪkl] *adj* de actualidad
top•less ['tɑːplɪs] *adj* en topless
top-'lev•el *adj* de alto nivel
'top•most *adj branches, floor* superior
top-'notch *adj* F de primera F
to•pog•ra•phy [tə'pɑːɡrəfɪ] topografía *f*

top•ping ['tɑːpɪŋ] *on pizza* ingrediente *m*; **with a ~ of whipped cream** y con nata montada encima

top•ple ['tɑːpl] **I** *v/i* derrumbarse **II** *v/t government* derrocar

◆ **topple over** *v/i* venirse abajo

top-'qual•i•ty *adj* de primera; top 'se•cret *adj* altamente confidencial; 'top•soil capa *f* superficial del suelo; 'top•spin *in tennis etc*: efecto resultado de golpear la pelota por arriba

top•sy-tur•vy [tɑːpsɪ'tɜːrvɪ] *adj* (*in disorder*) desordenado; *world* al revés

'top-up card *Br.* for cell phone tarjeta *f* de recarga

torch [tɔːrtʃ] **1** *with flame* antorcha *f* **2** *Br* (*flashlight*) linterna *f*

'torch•light: **by ~** con luz de antorchas;

**~ procession** procesión *f* de antorchas
tore [tɔːr] *pret* ☞ **tear**[1]
tor•ment **I** ['tɔːrment] **I** *n* tormento **II** *v/t* [tɔːr'ment] *person, animal* atormentar; **~ed by doubt** atormentado por la duda
torn [tɔːrn] *pp* ☞ **tear**[1]
tor•na•do [tɔːr'neɪdoʊ] tornado *m*
tor•pe•do [tɔːr'piːdoʊ] **I** *n* (*pl* **-oes**) torpedo **II** *v/t also fig* torpedear
tor'pe•do boat torpedero *m*
tor•por ['tɔːrpər] letargo *m*
torque [tɔːrk] PHYS par *m* de torsión
tor•rent ['tɑːrənt] *also fig* torrente *m*; *of lava* colada *f*
tor•ren•tial [tə'renʃl] *adj rain* torrencial
tor•rid ['tɑːrɪd] *adj heat* tórrido; *passion* apasionado
tor•sion ['tɔːrʃn] PHYS torsión *f*
tor•so ['tɔːrsoʊ] torso *m*
tor•toise ['tɔːrtəs] tortuga *f*
'tor•toise•shell carey *m*
tor•tu•ous ['tɔːrtʃʊəs] *adj route, procedures* tortuoso
tor•ture ['tɔːrtʃər] **I** *n* tortura; **it was ~ not knowing** fue un suplicio estar sin saber nada **II** *v/t* torturar
'tor•ture cham•ber cámara *f* de torturas
To•ry ['tɔːrɪ] *Br* POL **I** *n* tory *m/f*, conservador(a) *m(f)* **II** *adj* tory, conservador
toss [tɑːs] **I** *v/t ball* lanzar, echar; *rider* desmontar; *salad* remover; **~ a coin** echar a cara o cruz; **~ s.o. for sth** echar algo a cara o cruz con alguien **II** *v/i* **1:** **~ and turn** dar vueltas **2:** **~ for sth** echarse algo a cara o cruz **III** *n:* **win the ~** SP ganar el sorteo inicial; **I don't give a ~ about it** *Br* F me importa un pimiento
tot [tɑːt] F **1** *child* crío(-a) *m(f)* **2** *of brandy etc* dedal *m*
◆ **tot up** *v/t* F sumar
to•tal ['toʊtl] **I** *n* total; **in ~** en total **II** *adj sum, amount* total; *disaster* rotundo, completo; *idiot* de tomo y lomo; *stranger* completo **III** *v/t* (*pret & pp* **-ed**, *Br* **-led**) **1:** **~ing 500 ...** sumando 500 ... **2** F *car* cargarse *m*; **the truck was ~ed** el camión quedó destrozado
to•tal•i•tar•i•an [toʊtælɪ'terɪən] *adj* totalitario
to•tal•ly ['toʊtəlɪ] *adv* totalmente
tote [toʊt] F *in betting* totalizador *m*
'tote bag bolsa *f* grande
to•tem pole ['toʊtəmpoʊl] tótem *m*

**tot•ter** ['tɑːtər] v/i *of person* tambalearse

**tot•ter•y** ['tɑːtərɪ] *adj* tambaleante

**touch** [tʌtʃ] **I** *n* **1** toque *m*; *sense* tacto *m*; **be soft to the ~** ser blando al tacto; **at the ~ of a button** apretando un botón; **put the finishing ~es to** dar los últimos toques a; **a personal ~** un toque personal

**2**: **get in ~ with s.o.** ponerse en contacto con alguien; **lose ~ with s.o.** perder el contacto con alguien; **keep in ~ with s.o.** mantenerse en contacto con alguien; **we kept in ~** seguimos en contacto; **be out of ~** no estar al corriente; **the leader was out of ~ with the people** el líder estaba desconectado de lo que pensaba la gente

**3** SP: **in ~** fuera

**4**: **a ~ of flu** una gripe ligera

**II** v/t **1** tocar; **~ wood!** ¡toca madera! **2** *emotionally* conmover

**III** v/i tocar; *of two lines etc* tocarse

◆ **touch down** v/i **1** *of airplane* aterrizar **2** SP marcar un ensayo

◆ **touch off** v/t *crisis etc* desencadenar

◆ **touch on** v/t *(mention)* tocar, mencionar

◆ **touch up** v/t **1** *photo* retocar **2** *Br sexually* manosear

**touch-and-'go** *adj*: **it was ~ whether** no era seguro si

**touch•down** ['tʌtʃdaʊn] **1** *of airplane* aterrizaje *m* **2** SP touchdown *m*, ensayo *m*

**tou•ché** ['tuːʃeɪ] *int* ¡touché!

**touched** [tʌtʃt] *adj* **1** *(moved )* conmovido **2** F *(crazy)* tocado del ala

**touch•ing** ['tʌtʃɪŋ] *adj* conmovedor

**'touch•line** SP línea *f* de banda; **'touch screen** pantalla *f* táctil; **'touch-sen•si•tive** *adj* screen táctil; **'touch-stone** piedra *f* de toque **(of** de); **touch-tone 'tel•e•phone** teléfono *m* de tonos; **'touch-type** v/i escribir a máquina al tacto

**touch•y** ['tʌtʃɪ] *adj person* susceptible

**tough** [tʌf] *adj* **1** *person, meat, punishment, competition* duro; **get ~ with s.o.** ponerse duro con alguien; **that's ~ on them** eso es injusto para con ellos; **well, that's ~, I can't help it** mala suerte, no puedo evitarlo **2** *question, exam* difícil **3** *material* resistente, fuerte

**tough•en** ['tʌfn] v/t *material, person* endurecer

◆ **toughen up** v/t *person* hacer más fuerte

**'tough guy** F tipo *m* duro F

**tou•pee** [tuː'peɪ] bisoñé *m*

**tour** [tʊr] **I** *n of museum etc* recorrido *m*; *of area* viaje *m* **(of** por); *of band etc* gira *f*; **give s.o. a ~ of sth** hacer con alguien un recorrido de algo; **be on ~** estar de gira **(in** por) **II** v/t area recorrer **III** v/i *of band etc* estar de gira

◆ **tour around** v/i hacer turismo

**'tour group** grupo *m* de turistas

**'tour guide** guía *m/f* turístico(-a)

**tour•ism** ['tʊrɪzm] turismo *m*

**tour•ist** ['tʊrɪst] turista *m/f*

**'tour•ist at•trac•tion** atracción turística; **'tour•ist board** oficina *f* de turismo; **'tour•ist class** AVIA, NAUT clase *f* turista; **'tour•ist in•dus•try** industria *f* turística; **tour•ist in•for•ma•tion of•fice** oficina *f* de turismo; **'tour•ist sea•son** temporada *f* turística; **'tour•ist trade** sector *m* turístico

**tour•ist•y** ['tʊrɪstɪ] *adj* turístico

**tour•na•ment** ['tʊrnəmənt] torneo *m*

**'tour op•er•a•tor** operador(a) *m(f)* turístico(-a)

**tou•sled** ['taʊzld] *adj hair* revuelto

**tout** [taʊt] **I** v/i: **~ for business** intentar hacerse con negocio **II** *n Br* revendedor(a) *m(f)*

**tow** [toʊ] **I** v/t car, boat remolcar **II** *n*: **give s.o. a ~** remolcar a alguien; **with his children in ~** F con sus niños a cuestas

◆ **tow away** v/t car llevarse

**to•ward** [tɔːrd] *prep* hacia; **we are working ~ a solution** estamos intentando encontrar una solución; **they gave me something ~ it** me dieron una ayuda; **a contribution ~ sth** una contribución para algo

**'tow•bar** barra *f* de remolque

**tow•el** ['taʊəl] toalla *f*; **throw in the ~** *also fig* tirar la toalla

**'tow•el rail** toallero *m*

**tow•er** ['taʊər] torre *m*

**'tow•er block** *Br* bloque *m* *(de pisos, oficinas etc)*

◆ **tower over** v/t *of building* elevarse por encima de; *of person* ser mucho más alto que

**tow•er•ing** ['taʊərɪŋ] *adj fig* imponente;

*be in a* ~ *rage* estar enfadadísimo

**town** [taʊn] ciudad *f; small* pueblo *m;* **go to** ~ ir al centro; *really go to* ~ *on sth* F dejarse la piel en algo F; *be out on the* ~ F estar de parranda F

**town 'cen•ter,** *Br* **town cen•tre** centro *m* de la ciudad / del pueblo; **town 'coun•cil** ayuntamiento *m;* **town 'hall** ayuntamiento *m;* **'town house** casa *f* adosada; **town plan•ning** [taʊn'plænɪŋ] urbanismo *m*

**towns•folk** ['taʊnzfoʊk] *npl* ciudadanos *mpl*

**town•ship** ['taʊnʃɪp] municipio *m*

**towns•peo•ple** ['taʊnzpiːpl] *npl* ciudadanos *mpl*

**'tow•rope** cuerda *f* para remolcar

**'tow truck** grúa *f*

**tox•ic** ['tɑːksɪk] *adj* tóxico

**tox•ic 'waste** residuos *mpl* tóxicos

**tox•in** ['tɑːksɪn] BIO toxina *f*

**toy** [tɔɪ] juguete *m*

◆ **toy with** *v/t object* juguetear con; *idea* darle vueltas a

**'toy store** juguetería *f*, tienda *f* de juguetes

**trace** [treɪs] **I** *n of substance* resto *m;* *without (a)* ~ sin dejar rastro **II** *v/t* **1** *(find)* localizar; *he was* ~*d to* ... se le localizó en ...; ~ *a call* localizar una llamada **2** *(follow: footsteps of)* seguir el rastro a **3** *(draw)* trazar

◆ **trace back** *v/t:* *we can trace our fa-mily back to* ... nuestra familia se remonta a ...; *trace the origins / the cause of sth back to sth* encontrar los orígenes / la causa de algo en algo

**'trace el•e•ment** CHEM oligoelemento *m*

**tra•che•a** ['treɪkɪə] ANAT tráquea *f*

**trac•ing pa•per** ['treɪsɪŋ] papel *m* de calco

**track** [træk] **1** *(path)* senda *f,* camino *m;* *be on the wrong* ~ ir por el mal camino; *be on* ~ *for* ... ir bien encaminado para ...
**2** *for horses* hipódromo *m; for dogs* canódromo *m; for cars* circuito *m; for athletics* pista *f*
**3** *on CD* canción *f,* corte *m*
**4** RAIL vía *f;* ~ *10* via 10
**5** *of animal etc* rastro *m;* *keep* ~ *of sth* llevar la cuenta de algo; *lose* ~ *of* perder la cuenta de; *it's time we were*

*making* ~*s* es hora de largarse

◆ **track down** *v/t* localizar

**track-and-'field e•vents** *npl* atletismo *m*

**'track•ball** COMPUT trackball *m,* ratón *m* de bola

**tracked** [trækt] *adj:* ~ *vehicle* vehículo *m* oruga

**track•er dog** ['trækər] perro *m* rastreador

**'track e•vents** *npl* atletismo *m* en pista

**track•ing sta•tion** ['trækɪŋ] estación *f* de seguimiento

**track 'rec•ord** *fig* historial *m;* *have a good* ~ tener un buen historial; *what's her* ~ *like?* ¿qué historial tiene?

**'track•suit** *Br* chándal *m*

**tract**[1] [trækt] **1** *of land* tramo *m* **2** ANAT: *digestive* ~ tubo *m* digestivo; *respira-tory* ~ vías *fpl* respiratorias

**tract**[2] [trækt] *written* panfleto *m*

**trac•ta•ble** ['træktəbl] *adj* dócil

**trac•tion** ['trækʃn] **1** MOT tracción *f* **2**: *his leg is in* ~ MED tiene la pierna en alto

**trac•tor** ['træktər] tractor *m*

**trade** [treɪd] **I** *n* **1** *(commerce)* comercio *m* **2** *(profession, craft)* oficio *m;* *be a plumber by* ~ ser un fontanero de profesión **II** *v/i (do business)* comerciar; ~ *in sth* comerciar en algo **III** *v/t (ex-change)* intercambiar (*for* por)

◆ **trade in** *v/t when buying* entregar como parte del pago

◆ **trade on** *v/t pej* aprovecharse de

**'trade a•gree•ment** acuerdo *m* comercial; **'trade as•so•ci•a•tion** asociación *f* profesional; **'trade bar•ri•er** barrera *f* comercial; **'trade def•i•cit** déficit *m* comercial; **'trade di•rec•to•ry** directorio *m* comercial; **'trade dis•count** descuento *m* comercial; **'trade ex•hi•bi-tion** feria *f* de muestras; **'trade fair** feria *f* de muestras; **'trade jour•nal** revista *f* profesional; **'trade•mark** marca *f* registrada; **'trade mis•sion** misión *f* comercial; **'trade name** nombre *m* comercial; **'trade-off:** *there's always a* ~ *between speed and quality* más rapidez siempre significa peor calidad; **'trade price** precio *m* al por mayor

**trad•er** ['treɪdər] comerciante *m/f*

**trade 'se•cret** secreto *m* de la casa, secreto *m* comercial

**trades•man** ['treɪdzmən] (*plumber etc*) *electricista, fontanero* / *plomero etc*

**trade 'un•ion** *Br* sindicato *m*; **trade 'un•ion•ist** *Br* sindicalista *m/f*; **'trade wind** viento *m* alisio

**trad•ing part•ner** ['treɪdɪŋ] socio(-a) *m(f)* comercial

**tra•di•tion** [trə'dɪʃn] tradición *f*

**tra•di•tion•al** [trə'dɪʃnl] *adj* tradicional

**tra•di•tion•al•ly** [trə'dɪʃnlɪ] *adv* tradicionalmente

**traf•fic** ['træfɪk] *on roads, in drugs* tráfico *m*

♦ **traffic in** *v/t* (*pret & pp* **-ked**) *drugs* traficar con

**'traf•fic calm•ing** medidas *fpl* viales para reducir la velocidad del tráfico; **'traf•fic cha•os** caos *m inv* circulatorio; **'traf•fic cir•cle** rotonda *f*, *Span* glorieta *f*; **'traf•fic cone** cono *m* de señalización; **'traf•fic cop** *F* poli *m/f* de tráfico *F*; **'traf•fic is•land** isleta *f*; **'traf•fic jam** atasco *m*

**traf•fick•er** ['træfɪkər] *esp in drugs* traficante *m/f*

**'traf•fic light** semáforo *m*; **'traf•fic po•lice** policía *f* de tráfico; **'traf•fic sign** señal *m* de tráfico; **'traf•fic vi•o•la•tion** infracción *f* de tráfico; **'traf•fic war•den** *Br. agente que pone multas por aparcamiento indebido*

**trag•e•dy** ['trædʒədɪ] tragedia *f*

**trag•ic** ['trædʒɪk] *adj* trágico

**trag•i•cal•ly** ['trædʒɪklɪ] *adv* trágicamente

**trag•i•com•e•dy** [trædʒɪ'kɑːmədɪ] tragicomedia *f*

**trag•i'com•ic** *adj* tragicómico

**trail** [treɪl] **I** *n* **1** (*path*) camino *m*, senda *f* **2** *of blood, dust, destruction* rastro *m*; **be hot on s.o.'s ~** estar tras la pista de alguien **II** *v/t* **1** (*follow*) seguir la pista de **2** (*tow*) arrastrar **III** *v/i* (*lag behind*) ir a la zaga

**trail•er** ['treɪlər] **1** *pulled by vehicle* remolque *m* **2** (*mobile home*) caravana *f* **3** *of movie* avance *m*, tráiler *m*

**train**[1] [treɪn] *n* **1** tren *m*; **go by ~** ir en tren; **on the ~** en el tren; **~ set** tren *m* de juguete **2**: **~ of thought** pensamientos *mpl*

**train**[2] [treɪn] **I** *v/t team, athlete* entrenar; *employee* formar; *dog* adiestrar **II** *v/i of team, athlete* entrenarse; *of teacher etc*

formarse

**train•ee** [treɪ'niː] aprendiz(a) *m(f)*

**train•er** ['treɪnər] *SP* entrenador(a) *m(f)*, preparador(a) *m(f)* físico(-a); *of dog* adiestrador(a) *m(f)*

**train•ers** ['treɪnərz] *npl Br shoes* zapatillas *fpl* de deporte

**train•ing** [treɪnɪŋ] *of new staff* formación *f*; *SP* entrenamiento *m*; **be in ~** *SP* estar entrenándose; **be out of ~** *SP* estar desentrenado

**'train•ing course** cursillo *m* de formación; **'train•ing pe•ri•od** periodo *m* de formación; **'train•ing pro•gram** programa *m* de formación; **'train•ing scheme** plan *m* de formación

**'train sta•tion** estación *f* de tren

**traipse** [treɪps] *v/i F* dar vueltas

**trait** [treɪt] rasgo *m*

**trai•tor** ['treɪtər] traidor(a) *m(f)*

**tra•jec•to•ry** [trə'dʒektəːrɪ] trayectoria *f*

**tramp** [træmp] **I** *v/i* marchar **II** *n* **1** *pej: loose woman* fulana *f* **2** *Br* (*hobo*) vagabundo(-a) *m(f)*

**tram•ple** ['træmpl] *v/t* pisotear; **be ~d to death** morir pisoteado; **be ~d underfoot** ser pisoteado

♦ **trample on** *v/t person, object* pisotear

**tram•po•line** ['træmpəliːn] cama *f* elástica

**trance** [træns] trance *m*; **go into a ~** entrar en trance

**tran•quil** ['træŋkwɪl] *adj* tranquilo

**tran•quil•i•ty** [træŋ'kwɪlətɪ] tranquilidad *f*

**tran•quil•iz•er** ['træŋkwɪlaɪzər] tranquilizante *m*

**trans•act** [træn'zækt] *v/t deal* negociar

**trans•ac•tion** [træn'zækʃn] **1** *action* transacción *f* **2** *deal* negociación *f*

**trans•at•lan•tic** [trænzət'læntɪk] *adj* transatlántico

**trans•ceiv•er** [træn'siːvər] transceptor *m*

**tran•scen•den•tal** [trænsen'dentl] *adj* trascendental

**trans•con•ti•nen•tal** [trænzkɑːntɪ'nentl] *adj* transcontinental

**tran•scribe** [træn'skraɪb] *v/t* transcribir

**tran•script** ['trænskrɪpt] transcripción *f*

**tran•scrip•tion** [træn'skrɪpʃn] transcripción *f*

**tran•sept** ['trænsept] *ARCHI* transepto

*m*, crucero *m*

**trans•fer I** *v/t* [træns'fɜːr] (*pret & pp* **-red**) transferir **II** *v/i* [træns'fɜːr] (*pret & pp* **-red**) *in traveling* hacer transbordo; *from one language to another* pasar **III** *n* ['trænsfɜːr] transferencia *f; in travel* transbordo *m*

**trans•fer•a•ble** [træns'fɜːrəbl] *adj ticket* transferible

'**trans•fer ad•vice** FIN comunicación *f* de transferencia; '**trans•fer fee** *for football player* traspaso *m;* '**trans•fer or•der** FIN orden *f* de transferencia

**trans•fig•ure** [træns'fɪgər] *v/t* transfigurar

**trans•fix** [træns'fɪks] *v/t* paralizar (**with** con)

**trans•form** [træns'fɔːrm] *v/t* transformar

**trans•form•a•tion** [trænsfər'meɪʃn] transformación *f*

**trans•form•er** [træns'fɔːrmər] ELEC transformador *m*

**trans•fu•sion** [træns'fjuːʒn] transfusión *f*

**tran•si•ent** ['trænzɪənt] **I** *adj* pasajero **II** *n* transeúnte *m/f*

**tran•sis•tor** [træn'zɪstər] transistor *m;* (*radio*) transistor *m*, radio *f* transistor

**trans•it** ['trænzɪt]: **in ~** en tránsito

'**trans•it bill** COM certificado *m* de paso

**tran•si•tion** [træn'sɪʒn] transición *f*

**tran•si•tion•al** [træn'sɪʒnl] *adj* de transición

**tran•si•tive** ['trænsətɪv] *adj* LING transitivo

'**trans•it lounge** *at airport* sala *f* de tránsito

**tran•si•to•ry** ['trænsɪtɔːrɪ] *adj* ☞ **transient**

'**trans•it pas•sen•ger** pasajero(-a) *m(f)* en tránsito

**trans•lat•a•ble** [træns'leɪtəbl] *adj* traducible

**trans•late** [træns'leɪt] **I** *v/t* traducir **2**: **~ words into action** convertir palabras en hechos **II** *v/i* traducir

**trans•la•tion** [træns'leɪʃn] traducción *f*

**trans•la•tion com•pa•ny** agencia *f* de traducciones

**trans'la•tion soft•ware** software *m* de traducción

**trans•la•tor** [træns'leɪtər] traductor(a) *m(f)*

**trans•mis•sion** [trænz'mɪʃn] **1** *of news, program* emisión *f; of disease* transmisión *f* **2** MOT transmisión *f*

**trans•mit** [trænz'mɪt] *v/t* (*pret & pp* **-ted**) *news, program* emitir; *disease* transmitir

**trans•mit•ter** [trænz'mɪtər] RAD, TV emisora *f*

**trans•par•en•cy** [træns'pærənsɪ] PHOT diapositiva *f*

**trans•par•ent** [træns'pærənt] *adj* **1** transparente **2** (*obvious*) obvio

**tran•spire** [træns'paɪər] *v/i* **1** (*emerge*) saberse **2** (*happen*) ocurrir

**trans•plant** MED **I** *v/t* [træns'plænt] transplantar **II** ['trænsplænt] transplante *m*

**trans•pond•er** [træns'pɑːndər] transponedor *m*

**trans•port I** *v/t* [træns'pɔːrt] *goods, people* transportar **II** *n* ['trænspɔːrt] *of goods, people* transporte *m*

**trans•por•ta•tion** [trænspɔːr'teɪʃn] *of goods, people* transporte *m;* **means of ~** medio *m* de transporte; **public ~** transporte *m* público; **Department of Transportation** Ministerio *m* de Transporte

**trans•port•er** [træns'pɔːrtər] MOT camión *m* de transporte; *aircraft* avión *m* de transporte

**trans•pose** [træns'pouz] *v/t* **1** invertir **2** MUS transportar

**trans•sex•u•al** [træns'sekʃuəl] transexual *m/f*

**trans•ship•ment** ['trænsʃɪpmənt] COM transbordo *m*

**trans•verse** ['trænsvɜːrs] *adj* transversal

**trans•verse•ly** ['trænsvɜːrslɪ] *adv* transversalmente

**trans•ves•tite** [træns'vestaɪt] travestí *m*, travestido *m*

**trap** [træp] **I** *n* **1** trampa *f;* **set a ~ for s.o.** tender una trampa a alguien **2**: **keep one's ~ shut** P mantener cerrado el pico **II** *v/t* (*pret & pp* **-ped**) atrapar; **be ~ped** *by enemy, flames, landslide etc* quedar atrapado; **~ s.o. into doing sth** engañar a alguien para que haga algo

'**trap•door** trampilla *f*

tra•peze [trə'piːz] trapecio *m*
tra'peze ar•tist trapecista *m/f*
trap•per ['træpər] trampero(-a) *m(f)*
trap•pings ['træpɪŋz] *npl of power* parafernalia *f*
trash [træʃ] I *n* (*garbage*) basura *f*; (*poor product*) bazofia *f*; (*despicable person*) escoria *f* II *v/t* (*destroy*) destrozar; *by criticism* poner por los suelos
'trash•can cubo *m* de la basura
'trash i•con COMPUT icono *m* de la papelera
trash•y [træʃɪ] *adj goods, novel* barato
trau•ma ['trɔːmə] PSYCH trauma *f*
trau•mat•ic [trə'mætɪk] *adj* traumático
trau•ma•tize ['trɔːmətaɪz] *v/t* traumatizar
trav•el ['trævl] I *n* viajes *mpl*; *do you like ~?* ¿te gusta viajar?; *on my ~s* en mis viajes II *v/i* (*pret & pp* -ed, Br -led) viajar; *be really ~ing* F ir a toda pastilla F 2 *in basketball* hacer pasos III *v/t miles* viajar, recorrer
'trav•el a•gen•cy agencia *f* de viajes;
'trav•el a•gent agente *m/f* de viajes;
'trav•el al•low•ance dietas *fpl* de desplazamiento; 'trav•el bag bolsa *f* de viaje
trav•el•er, Br trav•el•ler ['trævələr] viajero(-a) *m(f)*
'trav•el•er's check, Br 'trav•el•ler's cheque cheque *m* de viaje
'trav•el ex•pen•ses *npl* gastos *mpl* de viaje
trav•el•ing, Br trav•el•ling ['trævlɪŋ] 1 viajes *mpl* 2 *in basketball* pasos *mpl*
trav•el•ing 'sales•man, Br trav•el•ling 'sales•man viajante *m*
'trav•el in•sur•ance seguro *m* de asistencia en viaje
trav•e•log, Br trav•e•logue ['trævəlɑːg] documental *m* sobre viajes
'trav•el pro•gram, Br 'trav•el programme *on TV etc* programa *m* de viajes
'trav•el•sick *adj* mareado
'trav•el•sick•ness mareo *m*
trav•erse ['trævərs] *v/t* atravesar
trav•es•ty ['trævəstɪ] parodia *f*, *a ~ of justice* una parodia de la justicia
trav•o•la•tor ['trævəleɪtər] pasillo *m* móvil
trawl ['trɔːl] *v/i* 1 NAUT hacer pesca de arrastre 2: *~ for information* rastrear en busca de información; *~ through documents* rastrear documentos
trawl•er ['trɔːlər] (*barco m*) arrastrero *m*
tray [treɪ] bandeja *f*
treach•er•ous ['tretʃərəs] *adj* traicionero
treach•er•y ['tretʃərɪ] traición *f*
trea•cle ['triːkl] Br melaza *f*
tread [tred] I *n* 1 pasos *mpl* 2 *of staircase* huella *f* (del peldaño) 3 *of tire* dibujo *m* II *v/i* (*pret* **trod**, *pp* **trodden**) andar; *mind where you ~* cuida dónde pisas; *~ carefully* andar con cuidado; *fig* andar con pies de plomo
◆ tread on *v/t s.o.'s foot* pisar
trea•son ['triːzn] traición *f*
trea•sure ['treʒər] I *n also fig* tesoro *m* II *v/t gift etc* apreciar mucho
trea•sur•er ['treʒərər] tesorero(-a) *m(f)*
Trea•sur•y De•part•ment ['treʒərɪ] Ministerio *m* de Hacienda
treat [triːt] I *n* placer *m*; *it was a real ~* fue un auténtico placer; *I have a ~ for you* tengo una sorpresa agradable para ti; *it's my ~* (*I'm paying*) yo invito II *v/t* 1 tratar; *he's being ~ed for arthritis* MED le están tratando la artrosis 2: *~ s.o. to sth* invitar a alguien a algo; *~ o.s. to sth* darse el capricho de algo
trea•tise ['triːtɪs] tratado *m* (*on* sobre)
treat•ment ['triːtmənt] tratamiento *m*
treat•y ['triːtɪ] tratado *m*
tre•ble¹ ['trebl] *n* MUS soprano *m*
tre•ble² ['trebl] I *adv*: *~ the price* el triple del precio II *v/i* triplicarse
tree [triː] árbol *m*
'tree line límite *m* del bosque; tree--lined [triː'laɪnd] *adj* bordeado de árboles; 'tree sur•geon arboricultor(a) *m(f)*; 'tree trunk tronco *m* de árbol
trek [trek] I *v/i* (*pret & pp* -ked): *we ~ked all the way out to his ranch* recorrimos un camino largo y penoso hasta su rancho II *n* caminata *f*
trel•lis ['trelɪs] *for plants* espaldar *m*
trem•ble ['trembl] *v/i* temblar
tre•men•dous [trɪ'mendəs] *adj* 1 (*very good*) estupendo 2 (*enormous*) enorme
tre•men•dous•ly [trɪ'mendəslɪ] *adv* 1 (*very*) tremendamente 2 (*a lot*) enormemente
trem•or ['tremər] *of earth* temblor *m*
trench [trentʃ] trinchera *f*

'**trench coat** trinchera *f*

**trend** [trend] tendencia *f*; (*fashion*) moda *f*

**trend•set•ter** ['trendsetər] pionero(-a) *m(f)*

**trend•y** ['trendɪ] *adj* de moda; *views* moderno

**tres•pass** ['trespæs] *v/i* entrar sin autorización; *no ~ing* prohibido el paso

◆ **trespass on** *v/t land* entrar sin autorización en; *privacy* entrometerse en

**tres•pass•er** ['trespæsər] intruso(-a) *m(f)*; *~s will be prosecuted* prohibido el paso

**tri•al** ['traɪəl] **1** LAW juicio *m*; *be on ~* estar siendo juzgado; *~ by jury* juicio con jurado; *stand ~* ser procesado (*for* por) **2** *of equipment* prueba *f*; *have sth on ~ equipment* tener algo a prueba; *by ~ and error* por ensayo y error

'**tri•al bal•ance** FIN balance *m* de comprobación; '**tri•al of•fer** oferta *f* de prueba; **tri•al 'pe•ri•od** periodo *m* de prueba; **tri•al 'run** TECH, MOT ensayo *m*; **tri•al sep•a'ra•tion** separación *f* de prueba

**tri•an•gle** ['traɪæŋgl] triángulo *m*; *the eternal ~* el triángulo amoroso

**tri•an•gu•lar** [traɪ'æŋgjʊlər] *adj* triangular

**tri•ath•lon** [traɪ'æθlən] SP triatlón *m*

**trib•al** ['traɪbl] *adj* tribal

**tribe** [traɪb] tribu *f*

**tribes•man** ['traɪbzmən] miembro *m* de una tribu

**trib•u•la•tion** [trɪbjʊ'leɪʃn]: *trials and ~s* tribulaciones *fpl*

**tri•bu•nal** [traɪ'bjuːnl] tribunal *m*

**tri•bu•ta•ry** ['trɪbjətərɪ] *of river* afluente *m*

**trib•ute** ['trɪbjuːt]: *be a ~ to* ser motivo de orgullo para; *pay ~ to* rendir tributo a

**trice** [traɪs]: *in a ~* F en un periquete

**tri•ceps** ['traɪseps] *npl* tríceps *mpl*

**trick** [trɪk] I *n* **1** (*to deceive, knack*) truco *m*; (*practical joke*) broma *f*; *play a ~ on s.o.* gastar una broma a alguien; *how's ~s?* F ¿qué tal va todo?; *dirty ~* jugarreta *f*; *be up to one's old ~s* volver a las andadas; *that should do the ~* F con eso debería servir **2**: *take or win a ~ in cards* ganar una baza

II *v/t* engañar; *~ s.o. into doing sth* engañar a alguien para que haga algo

**trick•er•y** ['trɪkərɪ] engaños *mpl*; *by ~* con engaños

**trick•le** ['trɪkl] I *n* hilo *m*, reguero *m*; *fig: of money* goteo *m* II *v/i* gotear, escurrir

**trick 'ques•tion** pregunta *f* con trampa

**trick•ster** ['trɪkstər] embaucador(a) *m(f)*

**trick•y** ['trɪkɪ] *adj* (*difficult*) difícil

**tri•cy•cle** ['traɪsɪkl] triciclo *m*

**tri•fle** ['traɪfl] **1** (*triviality*) nadería *f* **2** *Br*: postre con gelatina de frutas, bizcocho y nata

◆ **trifle with** *v/t fig* jugar con; *he is not to be trifled with* hay que tenerle mucho respeto

**tri•fling** ['traɪflɪŋ] *adj* insignificante

**trig•ger** ['trɪgər] *on gun* gatillo *m*; *on camcorder* disparador *m*; *pull the ~* apretar el gatillo

◆ **trigger off** *v/t* desencadenar

'**trig•ger-hap•py** *adj* de gatillo ligero

**trig•o•nom•e•try** [trɪgə'nɑːmətrɪ] MATH trigonometría *f*

**trike** [traɪk] F triciclo *m*

**tril•by** ['trɪlbɪ] sombrero *m* de fieltro

**tril•lion** ['trɪljən] billón *m*; *Br* trillón *m*

**tril•o•gy** ['trɪlədʒɪ] trilogía *f*

**tri•ma•ran** ['traɪməræn] NAUT trimarán *m*

**trim•ming** ['trɪmɪŋ] *on clothes* adorno *m*; *with all the ~s dish* con la guarnición clásica; *car* con todos los extras

**trim** [trɪm] I *adj* (*neat*) muy cuidado; *figure* delgado II *v/t* (*pret & pp -med*) *hair, hedge* recortar; *budget, costs* recortar, reducir; (*decorate: dress*) adornar III *n* **1** (*light cut*) recorte *m*; *just a ~, please* to hairdresser corte sólo las puntas, por favor **2**: *in good ~* en buenas condiciones

◆ **trim off** *v/t* recortar

**Trin•i•ty** ['trɪnɪtɪ]: *the Holy ~* la Santísima Trinidad

**trin•ket** ['trɪŋkɪt] baratija *f*

**tri•o** ['triːoʊ] MUS trío *m*

**trip** [trɪp] I *n* (*journey*) viaje; *he's away on a ~* está de viaje II *v/i* (*pret & pp -ped*) (*stumble*) tropezar III *v/t* (*pret & pp -ped*) **1** (*make fall*) poner la zancadilla a **2** TECH hacer saltar

◆ **trip up** I *v/t* **1** (*make fall*) poner la zancadilla a **2** (*cause to go wrong*) confundir II *v/i* **1** (*stumble*) tropezar **2** (*make a* *mistake*) equivocarse

tripe [traɪp] *to eat* mondongo *m*, *Span* callos *mpl*

trip•le ['trɪpl] ☞ **treble²**

'trip•le jump triple salto *m*

'trip•le jump•er saltador(-a) *m(f)* de triple salto

trip•lets ['trɪplɪts] *npl* trillizos *mpl*

trip•li•cate ['trɪplɪkət]: *in ~* por triplicado

tri•pod ['traɪpɑːd] PHOT trípode *m*

'trip•wire *cable para hacer tropezar a alguien*

trite [traɪt] *adj* manido

tri•umph ['traɪʌmf] triunfo *m*

tri•um•phal [traɪ'ʌmfl] *adj* triunfal

tri•um•phant [traɪ'ʌmfənt] *adj* triunfante; *be ~* salir triunfante

triv•i•al ['trɪvɪəl] *adj* trivial

triv•i•al•i•ty [trɪvɪ'ælətɪ] trivialidad *f*

trod [trɑːd] *pret* ☞ **tread**

trod•den ['trɑːdn] *pp* ☞ **tread**

trol•ley ['trɑːlɪ] (*streetcar*) tranvía *m*

trom•bone [trɑːm'boʊn] trombón *m*

trom•bon•ist [trɑːm'boʊnɪst] trombonista *m/f*

'troop carr•i•er AVIA, NAUT transporte *m* de tropas

troop•er ['truːpər] MIL soldado *m*; (*policeman*) policía *m/f*; *swear like a ~* jurar como un carretero

troops [truːps] *npl* tropas *fpl*

tro•phy ['troʊfɪ] trofeo *m*

trop•ic ['trɑːpɪk] trópico *m*

trop•i•cal ['trɑːpɪkl] *adj* tropical

trop•i•cal 'for•est bosque *m* tropical

trop•i•cal 'rain•for•est selva *f* tropical

trop•ics ['trɑːpɪks] *npl* trópicos *mpl*

trot [trɑːt] I *v/i* (*pret & pp* -**ted**) trotar II *n* trote *m*; *on the ~* F uno tras otro

◆ trot out *v/t* F salir con

trou•ble ['trʌbl] I *n* **1** (*difficulties*) problema *m*, problemas *mpl*; *get into ~* meterse en líos; *be in ~* estar en un lío; *make ~* causar problemas; *there'll be ~* va a haber problemas; *run into ~* tropezar con problemas; *have ~ with* tener problemas con; *have ~ doing sth* tener problemas haciendo algo **2** (*inconvenience*) molestia *f*, *go to a lot of ~ to do sth* complicarse mucho la vida para hacer algo; *no ~!* no es molestia; *put s.o. to ~* causar problemas a alguien; *take the ~ to do sth* molestarse

en hacer algo **3** (*disturbance*) conflicto *m*, desorden *m* II *v/t* **1** (*worry*) preocupar, inquietar **2** (*bother, disturb*) molestar

'trou•ble-free *adj* sin complicaciones; 'trou•ble•mak•er alborotador(a) *m(f)*; trou•ble•shoot•er ['trʌblʃuːtər] (*mediator*) persona encargada de resolver problemas; 'trou•ble•shoot•ing resolución *f* de problemas

trou•ble•some ['trʌblsəm] *adj* problemático

'trou•ble spot POL zona *f* conflictiva

trough [trɑːf] **1** *for animals* abrevadero *m* **2** *atmospheric* frente *m* de bajas presiones

trounce [traʊns] *v/t* SP machacar

troupe [truːp] THEA compañía *f*

trou•sers ['traʊzərz] *npl Br* pantalones *mpl*

'trou•ser suit *Br* traje *m* de chaqueta y pantalón

trous•seau ['truːsoʊ] (*pl* -**seaux** ['truːsoʊ], -**seaus** ['truːsoʊz]) ajuar *m*

trout [traʊt] (*pl* **trout**) trucha *f*

trow•el ['traʊəl] paleta *f*

tru•ant ['truːənt]: *be ~*, *Br play ~* hacer novillos, *Mex* irse de pinta, *S.Am.* hacerse la rabona

truce [truːs] tregua *f*

truck¹ [trʌk] camión *m*

truck² [trʌk]: *have no ~ with* no querer nada que ver con

'truck driv•er camionero(-a) *m(f)*

truck•er ['trʌkər] camionero(-a) *m(f)*

'truck farm huerta *f*

'truck farm•er horticultor(a) *m(f)*

truck•ing ['trʌkɪŋ] transporte *m* por carretera

'truck stop restaurante *m* de carretera

truc•u•lent ['trʌkjʊlənt] *adj* agresivo

trudge [trʌdʒ] I *v/i* caminar fatigosamente II *n* caminata *f*

true [truː] *adj* **1** verdadero, cierto; *come ~ of hopes, dream* hacerse realidad; *be ~* ser verdad **2** *friend, American* auténtico; *~ love* amor *m* verdadero; *stay ~ to one's principles* ser fiel a los principios de uno; *~ to life* fiel a la realidad

'true cop•y copia *f* conforme

truf•fle ['trʌfl] BOT trufa *f*

tru•ism ['truːɪzəm] perogrullada *f*

trul•y ['truːlɪ] *adv* verdaderamente, realmente; **Yours ~** le saluda muy atentamente

**trump** [trʌmp] **I** *n* triunfo *m*; **play one's ~ card** *fig* jugar la mejor baza de uno **II** *v/t* ganar con un triunfo

◆ **trump up** *v/t pej* falsificar

**trum•pet** ['trʌmpɪt] trompeta *f*

**trum•pet•er** ['trʌmpɪtər] trompetista *m/f*

**trun•cate** [trʌŋ'keɪt] *v/t also fig* truncar

**trun•cheon** ['trʌntʃən] *Br* porra *f*

**trun•dle** ['trʌndl] *v/t cart* empujar lentamente

**trunk** [trʌŋk] **1** *of tree, body* tronco *m* **2** *of elephant* trompa *f* **3** (*large case*) baúl *m* **4** *of car* maletero *m, C.Am., Mex* cajuela *f, Rpl* baúl *m* **5**: **pair of ~s** *Br* bañador *m*

**'trunk road** *Br* carretera *f* troncal

**truss** [trʌs] MED braguero *m*

◆ **truss up** *v/t* atar

**trust** [trʌst] **I** *n* **1** confianza *f*, **place or put one's ~ in** depositar la confianza de uno en; **take sth on ~** dar algo por cierto; **position of ~** puesto *m* de confianza **2** FIN fondo *m* de inversión; **hold sth in ~** tener algo en fideicomiso (**for** para) **II** *v/t* confiar en; **~ s.o. to do sth** confiar en que alguien haga algo; **~ him!** *that's typical of him* ¡típico de él!

◆ **trust in** *v/t* tener confianza en

◆ **trust to** *v/t* confiar en

**'trust com•pa•ny** *f* fiduciaria

**trusted** ['trʌstɪd] *adj* de confianza

**trust•ee** [trʌs'tiː] fideicomisario(-a) *m(f)*

**trust•ful** ['trʌstfʊl] *adj* confiado

**'trust fund** fondo *m* fiduciario

**trust•ing** ['trʌstɪŋ] *adj* confiado

**'trust•wor•thy** *adj* de confianza

**truth** [truːθ] verdad *f*, **there is some / no ~ in it** hay algo / no hay nada de verdad en ello; **to tell (you) the ~** a decir verdad

**truth•ful** ['truːθfəl] *adj person* sincero; *account* verdadero

**try** [traɪ] **I** *v/t* (*pret & pp* **-ied**) **1** probar; **~ to do sth** intentar hacer algo, tratar de hacer algo; **~ not to be stupid!** ¡no seas tonto! **2** LAW juzgar **II** *v/i* (*pret & pp* **-ied**): **he didn't even ~** ni siquiera lo intentó; **you must ~ harder** debes esforzarte más **III** *n* intento *m*; **can I have a ~?** *of food* ¿puedo probar?; *at doing sth*

¿puedo intentarlo?

◆ **try for** *v/t* intentar conseguir

◆ **try on** *v/t clothes* probar; **try it on** F poner a prueba F

◆ **try out** *v/t new machine, new method* probar

◆ **try out for** *v/t team* competir por una posición en

**try•ing** ['traɪɪŋ] *adj* (*annoying*) molesto, duro

**'try•out**: **give sth a ~** probar algo

**T-shirt** ['tiːʃɜːrt] camiseta *f*

**tub** [tʌb] **1** (*bath*) bañera *f, L.Am.* tina *f* **2** *for liquid* cuba *f, for yoghurt, ice cream* envase *m*

**tub•by** ['tʌbɪ] *adj* rechoncho

**tube** [tuːb] **1** tubo *m* **2** *Br* (*subway*) metro *m, Rpl* subte *m*

**tube•less** ['tuːblɪs] *adj tire* sin cámara de aire

**tu•ber** ['tuːbər] BOT tubérculo *m*

**tu•ber•cu•lo•sis** [tuːbɜːrkjə'loʊsɪs] tuberculosis *f*

**tu•bu•lar** ['tuːbjələr] *adj* tubular

**tuck** [tʌk] **I** *n in dress* pinza **II** *v/t* (*put*) meter

◆ **tuck away** *v/t* (*put away*) guardar; F (*eat quickly*) zamparse F; **be tucked away** *of house etc* estar escondido

◆ **tuck in** *v/t children* arropar; *sheets* remeter **II** *v/i* (*start eating*) ponerse a comer

◆ **tuck into** *v/t esp Br* F papear

◆ **tuck up** *v/t* **1** *sleeves etc* remangar **2**: **tuck s.o. up in bed** meter a alguien en la cama

**Tues•day** ['tuːzdeɪ] martes *inv*; **on ~** el martes; **on ~s** los martes

**tuft** [tʌft] *of hair* mechón *m; of grass* mata *f*

**tug** [tʌg] **I** *n* **1** (*pull*) tirón *m* **2** NAUT remolcador *m* **II** *v/t* (*pret & pp* **-ged**) (*pull*) tirar de **III** *v/i* (*pret & pp* **-ged**) tirar

**tug of 'war** *juego en el que dos bandos tiran de una soga*

**tu•i•tion** [tuː'ɪsn] clases *fpl*

**tu•lip** ['tuːlɪp] tulipán *m*

**tum•ble** ['tʌmbl] *v/i* caer, caerse

◆ **tumble to** *v/t* F (*realize*) darse cuenta de

**'tum•ble•down** *adj* destartalado

**'tum•ble-dry•er** secadora *f*

**tum•bler** ['tʌmblər] **1** *for drink* vaso *m* **2**

*in circus* acróbata *m/f*

'tum•ble•weed bledo *m* blanco

tum•my ['tʌmɪ] F tripa F, barriga F

'tum•my ache dolor *m* de tripa *or* barriga

tu•mor ['tu:mər] tumor *m*

tu•mult ['tu:mʌlt] tumulto *m*

tu•mul•tu•ous [tu:'mʌltʃʊəs] *adj* tumultuoso

tu•na ['tu:nə] atún *m*

tune [tu:n] I *n* melodía *f*; **be in ~** *of instrument* estar afinado; **sing in ~** cantar sin desafinar; **be out of ~** *of singer* desafinar; *of instrument* estar desafinado; **to the ~ of $6000** F por valor de 6.000 dólares II *v/t instrument* afinar

◆ tune in *v/i* RAD, TV sintonizar

◆ tune in to *v/t* RAD, TV sintonizar (con)

◆ tune up I *v/i of orchestra, players* afinar II *v/t engine* poner a punto

tune•ful ['tu:nfəl] *adj* melodioso

tune•less ['tu:nlɪs] *adj* sin melodía

tun•er ['tu:nər] hi-fi sintonizador *m*

'tune-up *of engine* puesta *f* a punto

tun•ing fork ['tu:nɪŋfɔːrk] diapasón *m*

Tu•ni•si•a [tu:'nɪzɪə] Túnez *m*

Tu•ni•si•an [tu:'nɪzɪən] I *adj* tunecino II *n* tunecino(-a) *m (f)*

tun•nel ['tʌnl] túnel *m*; SP túnel *m* de vestuarios

◆ tunnel through *v/t* (*pret & pp* -ed, *Br* -led) abrir un túnel por

tun•ny ['tʌnɪ] ☞ **tuna**

tur•bine ['tɜːrbaɪn] turbina *f*

tur•bo ['tɜːrbou] turbo *m*

tur•bo•charged ['tɜːrboutʃɑːrʒd] *adj*: ~ **engine** motor *m* turbo

'tur•bo•charg•er MOT turbo *m*; 'tur•bo•jet turborreactor *m*; 'tur•bo•prop turbopropulsor *m*

tur•bot ['tɜːrbət] rodaballo *m*

tur•bu•lence ['tɜːrbjələns] *in air travel* turbulencia *f*

tur•bu•lent ['tɜːrbjələnt] *adj* turbulento

turd [tɜːrd] P **1** cagada P *f* **2** *person* gilipollas P *m/f inv*

tu•reen [təˈriːn] sopera *f*

turf [tɜːrf] (*pl* **turves** [tɜːrvz]) césped *m*; *piece* tepe *m*

◆ turf out *v/t Br* F echar

tur•gid ['tɜːrdʒɪd] *adj* **1** MED hinchado **2** *style, language* ampuloso

Turk [tɜːrk] turco(-a) *m(f)*

Tur•key ['tɜːrkɪ] Turquía *f*

tur•key ['tɜːrkɪ] pavo *m*

Turk•ish ['tɜːrkɪʃ] I *adj* turco II *language* turco *m*

Turk•ish 'bath baño *m* turco

Turk•ish de'light delicia *f* turca

tur•mer•ic ['tɜːrmərɪk] GASTR cúrcuma *f*

tur•moil ['tɜːrmɔɪl] desorden *m*, agitación *f*

turn [tɜːrn] I *n* **1** (*rotation*) vuelta *f* **2** *in road* curva *f*; *junction* giro *m*; **make a right ~** girar *or* torcer a la derecha **3** *in vaudeville* número *m* **4**: **take ~s doing sth** turnarse para hacer algo; **it's my ~** me toca a mí; **it's not your ~ yet** no te toca todavía; **miss a ~** *in game* perder un turno; **take a ~ at the wheel** turnarse para conducir *or L.Am.* manejar; **in ~** a su vez; **and he, in his ~, ...** y él, a su vez,... **5**: **do s.o. a good ~** hacer un favor a alguien **6**: **at the ~ of the century** a principios de siglo; **take a ~ for the better / worse** cambiar a mejor / peor

II *v/t* **1** *wheel* girar; **~ one's back on s.o.** dar la espalda a alguien **2** *corner* dar la vuelta a

III *v/i* **1** *of driver, car, wheel* girar; *of person: turn around* volverse; **~ left / right here** gira aquí a la izquierda / a la derecha **2** (*become*) volverse, ponerse; **it has ~ed sour / cold** se ha cortado / enfriado; **it ~ed blue** se volvió *or* puso azul; **he has ~ed 40** ha cumplido cuarenta años; **he ~ed violent** se puso violento; **~ professional** hacerse profesional **3**: **~ to s.o.** *fig: for help* acudir a alguien; **not know where to ~** no saber que rumbo tomar

◆ turn against *v/t person* volverse contra; **turn s.o. against s.o.** volver a alguien contra alguien

◆ turn around I *v/t* **1** *object, car* dar la vuelta a **2** *company* dar un vuelco a **3** (COM: *deal with*) procesar, preparar II *v/i of person* volverse, darse la vuelta; *of driver* dar la vuelta

◆ turn away I *v/t* (*send away*) rechazar; **the doorman turned us away** el portero no nos dejó entrar II *v/i* **1** (*walk away*) marcharse **2** (*look away*) desviar la mirada

◆ **turn back I** *v/t edges, sheets* doblar; *turn back the clock* retrasar el reloj; *fig* cambiar el pasado **II** *v/i of walkers etc* volver; *in course of action* echarse atrás

◆ **turn down** *v/t* **1** *offer, invitation* rechazar **2** *volume, TV, heating* bajar **3** *edge, collar* doblar; *turn down the bed* abrir la cama

◆ **turn in I** *v/i (go to bed)* irse a dormir **II** *v/t to police* entregar; *turn oneself in* entregarse

◆ **turn off I** *v/t TV, engine* apagar; *faucet* cerrar; *heater* apagar; *it turns me off* F *sexually* me quita las ganas **II** *v/i of car, driver* doblar

◆ **turn on I** *v/t TV, engine, heating* encender, *L.Am.* prender; *faucet* abrir; F *sexually* excitar **II** *v/i of machine* encenderse, *L.Am.* prenderse

◆ **turn out I** *v/t lights* apagar **II** *v/i: it turned out well* salió bien; *as it turned out* al final; *he turned out to be ...* resultó ser ...

◆ **turn over I** *v/i in bed* darse la vuelta; *of vehicle* volcar, dar una vuelta de campana; *please* ~ dese la vuelta, por favor **II** *v/t* **1** *(put upside down)* dar la vuelta a **2** *page* pasar **3** FIN facturar **4**: *turn sth over in one's mind* dar vueltas a algo

◆ **turn up I** *v/t* **1** *collar* subirse **2** *volume, heating* subir **II** *v/i (arrive)* aparecer

'turn•a•bout, 'turn•a•round vuelco *m*

'turn•coat chaquetero(-a) *m(f)*

turn•ing ['tɜːrnɪŋ] giro *m*

'turn•ing cir•cle MOT giro *m*

'turn•ing point punto *m* de inflexión

tur•nip ['tɜːrnɪp] nabo *m*

'turn•key fábrica *f* llave en mano; 'turn•off **1** *from road* salida *f* **2**: *it / he is a real* ~ es lo menos excitante del mundo; 'turn-on F *sexual or non-sexual*: *it / he is a real* ~ me excita enormemente; 'turn•out *of people* asistencia *f*; 'turn•o•ver **1** FIN facturación *f*; *staff* ~ rotación *f* de personal **2** *in basketball* pérdida *f*; 'turn•pike autopista *f* de peaje; 'turn sig•nal *on car* intermitente *m*; 'turn•stile torniquete *m* (*de entrada*); 'turn•ta•ble *of record player* plato *m*

tur•pen•tine ['tɜːrpəntaɪn] CHEM trementina *f*

tur•quoise ['tɜːrkwɔɪz] *adj* turquesa

tur•ret ['tʌrɪt] **1** *of castle* torrecilla *f* **2** *of tank* torreta *f*

tur•tle ['tɜːrtl] tortuga *f* (marina); *turn* ~ NAUT volcar

tur•tle•neck 'sweat•er suéter *m* de cuello alto

turves [tɜːrvz] *pl* ☞ **turf**

tusk [tʌsk] colmillo *m*

tus•sle ['tʌsl] pelea *f*

tu•tor ['tuːtər] *at university* tutor *m*; (*private*) ~ profesor(a) *m(f)* particular

tux [tʌks] F ☞ **tuxedo**

tux•e•do [tʌk'siːdoʊ] esmoquin *m*

TV [tiː'viː] tele *f*, televisión *f*; *on* ~ en la tele; *watch* ~ ver la tele

T'V din•ner menú *m* precocinado; T'V guide guía *f* televisiva; T'V mov•ie telefilm *m*; T'V pro•gram programa *m* de televisión

twad•dle ['twɑːdl] F tonterías *fpl*

twang [twæŋ] **I** *n in voice* entonación *f* nasal **II** *v/t guitar string* puntear

tweak [twiːk] *v/t* **1** *pull* pellizcar **2** *make fine adjustment to* ajustar, retocar

tweed [twiːd] *material* tweed *m*

tweet [twiːt] *v/i* piar

tweet•er ['twiːtər] tweeter *m*

tweez•ers ['twiːzərz] *npl* pinzas *fpl*

twelfth [twelfθ] *n & adj* duodécimo

twelve [twelv] doce

twen•ti•eth ['twentɪɪθ] *n & adj* vigésimo

twen•ty ['twentɪ] veinte; *be in one's twenties* tener veintitantos años; *in the twenties* en los (años) veinte

twerp [twɜːrp] F besugo(-a) *m(f)*

twice [twaɪs] *adv* dos veces; ~ *as much* el doble; ~ *the amount* el doble; *you should think* ~ *before ...* piénsatelo dos veces antes de ...

twid•dle ['twɪdl] *v/t* dar vueltas a; ~ *one's thumbs* holgazanear

twig¹ [twɪg] *n* ramita *f*

twig² [twɪg] *Br* F **I** *v/t* (*pret & pp* -**ged**) darse cuenta de **II** *v/i* (*pret & pp* -**ged**) *understand* caer

twi•light ['twaɪlaɪt] crepúsculo *m*

twin [twɪn] **I** *n* gemelo *m*; ~ *brother / sister* hermano gemelo / hermana gemela **II** *v/t*: *be* ~*ned with* estar hermanado con

'twin beds *npl* camas *fpl* gemelas

twine [twaɪn] **I** *n* cordel *m* **II** *v/i* enroscarse (**around** alrededor de)

**twin-en•gined** ['twɪnendʒɪnd]   *adj*
AVIAT bimotor

**twinge** [twɪndʒ] *of pain* punzada *f*; ***a ~
of conscience** un remordimiento de
conciencia

**twin•kle** ['twɪŋkl] **I** *v/i of stars* parpadeo
*m*; *of eyes* brillo *m* **II** *n*: **with a~ in one's
eye** con un brillo en los ojos

**twin•kling** ['twɪŋklɪŋ]: **in the~ of an eye**
en un abrir y cerrar de ojos

**twin•ning** ['twɪnɪŋ] emparejamiento *m*

**twin 'room** habitación *f* con camas gemelas

**'twin town** ciudad *f* hermana

**twirl** [twɜːrl] **I** *v/t* hacer girar **II** *of cream
etc* voluta *f*

**twist** [twɪst] **I** *v/t* retorcer; ***~ one's ankle**
torcerse el tobillo; ***his face was ~ed
with pain** tenía el rostro retorcido de
dolor; **be able to ~ s.o. around one's
little finger** *fig* tener totalmente domi-
nado a alguien **II** *v/i of road, river* serpentear **III** *in rope, road* vuelta *f*; *in plot,
story* giro *m* inesperado

◆ **twist off** *v/t lid* desenroscar y quitar

**twist•er** ['twɪstər] F (*tornado*) tornado
*m*

**twist•y** ['twɪstɪ] *adj road* serpenteante

**twit** [twɪt] *Br* F memo(-a) *m(f)* F

**twitch** [twɪtʃ] **I** *n nervous* tic *m* **II** *v/i* (*jerk*)
moverse (ligeramente)

**twit•ter** ['twɪtər] *v/i of birds* gorjear

**two** [tuː] dos; **the ~ of them** los dos, ambos; **in a day or ~** en un día o dos;
**break / cut sth in ~** partir / cortar algo
por en dos; **~ of hearts** dos de corazones; **in ~s** en pares; **put ~ and ~ together** atar cabos

**'two-bit** *adj* F de tres al cuarto

**two-faced** ['tuːfeɪst] *adj* falso

**'two•fold** **I** *adj* doble **II** *adv* dos veces

**two-hand•ed** [tuːˈhændɪd] *adj* con las
dos manos; **two•pence** ['tʌpəns] *Br*
moneda *f* de dos peniques; **'two-piece**

(*woman's suit*) traje *m*; **'two-point•er**
*in basketball* canasta *f or* lanzamiento
*m* de dos puntos, tiro *m* de dos; **two-
-seat•er** ['tuːsiːtər] AVIA, MOT biplaza
*m*; **'two-stroke** *adj engine* de dos tiempos; **'two-time** *v/t* F *girlfriend etc* pegársela a (**with** con); **two-way** **'traf•fic**
tráfico *m* en dos direcciones

**ty•coon** [taɪˈkuːn] magnate *m*

**tym•pa•num** ['tɪmpənəm] ANAT tímpano *m*

**type** [taɪp] **I** *n* (*sort*) tipo *m*, clase *f*; **what
~ of ...?** ¿qué tipo *or* clase de ...?;
**she's not my ~** F no es mi tipo **II** *v/i*
(*use a keyboard*) escribir a máquina
**III** *v/t with a typewriter* mecanografiar,
escribir a máquina

**'type•cast** *v/t* (*pret & pp* **-cast**) encasillar; **'type•face** tipo *m*; **'type•script** copia *f* mecanografiada; **'type•set** *v/t*
componer; **type•set•ter** ['taɪpsetər] ti-
pógrafo(-a) *m(f)*; **'type•writ•er** máquina *f* de escribir; **'type•writ•ten** *adj* escrito a máquina

**ty•phoid** ['taɪfɔɪd] fiebre *f* tifoidea

**ty•phoon** [taɪˈfuːn] tifón *m*

**ty•phus** ['taɪfəs] tifus *m*

**typ•i•cal** ['tɪpɪkl] *adj típico*; **that's ~ of
you / him!** ¡típico tuyo / de él!

**typ•i•cal•ly** ['tɪpɪklɪ] *adv* típicamente; **~
American** típicamente americano

**typ•i•fy** ['tɪpɪfaɪ] *v/t* tipificar

**typ•ing** ['taɪpɪŋ] mecanografía *f*

**'typ•ing er•ror** error *m* mecanográfico

**typ•ist** ['taɪpɪst] mecanógrafo(-a) *m(f)*

**ty•po•graph•ic** [taɪpəˈɡræfɪk] *adj* tipográfico

**ty•pog•ra•phy** [taɪˈpɑːɡrəfɪ] tipografía
*f*

**ty•ran•ni•cal** [tɪˈrænɪkl] *adj* tiránico

**ty•ran•nize** ['tɪrənaɪz] *v/t* tiranizar

**ty•ran•ny** ['tɪrənɪ] tiranía *f*

**ty•rant** ['taɪrənt] tirano(-a) *m(f)*

**tyre** *Br* ☞ **tire**[1]

**ty•ro** ['taɪrəʊ] principiante *m/f*

# U

u•biq•ui•tous [juːˈbɪkwɪtəs] *adj* ubicuo
ud•der [ˈʌdər] ZO ubre *f*
UEFA [juːˈeɪfə] *abbr* (= *Union of European Football Associations*) UEFA *f* (= Unión *f* Europea de Fútbol Asociación); **~ Cup** Copa *f* de la UEFA
UFO [juːefˈou, ˈjuːfou] *abbr* (= *unidentified flying object*) ovni *m* (= objeto *m* volante no identificado)
ugh [ʌx] *int* ¡uf!, ¡uh!
ug•li•ness [ˈʌglɪnɪs] fealdad *f*
ug•ly [ˈʌglɪ] *adj* feo
UHT [juːeɪˈtiː] *abbr* (= *ultra-heat-treated*): **~ milk** leche *f* uperizada
UK [juːˈkeɪ] *abbr* (= *United Kingdom*) RU *m* (= Reino *m* Unido)
U•kraine [juːˈkreɪn]: **the ~** Ucrania *f*
ul•cer [ˈʌlsər] úlcera *f*; *in mouth* llaga *f*
ul•te•ri•or [ʌlˈtɪrɪər] *adj*: **~ motive** móvil *m* oculto
ul•ti•mate [ˈʌltɪmət] *adj* (*final*) final; (*basic*) esencial; **the ~ car** (*best, definitive*) lo último en coches
ul•ti•mate•ly [ˈʌltɪmətlɪ] *adv* (*in the end*) en última instancia
ul•ti•ma•tum [ʌltɪˈmeɪtəm] ultimátum *m*; **give s.o. an ~** dar un ultimátum a alguien
ul•tra•high [ʌltrəˈhaɪ] *adj*: **~ frequency** ELEC alta frecuencia *f*
ul•tra•light [ˈʌltrəlaɪt] *aircraft* ultraligero *m*
ul•tra•son•ic [ʌltrəˈsɑːnɪk] *adj* ultrasónico
ul•tra•sound [ˈʌltrəsaʊnd] MED ultrasonido *m*; (*scan*) ecografía *f*
ul•tra•vi•o•let [ʌltrəˈvaɪələt] *adj* ultravioleta
um•bil•i•cal cord [ʌmˈbɪlɪkl] cordón *m* umbilical
um•brage [ˈʌmbrɪdʒ]: **take ~ at** disgustarse *or* ofenderse por
um•brel•la [ʌmˈbrelə] paraguas *m inv*
um•brel•la or•gan•i•za•tion organización que reúne a varios grupos
um•brel•la stand paragüero *m*
um•pire [ˈʌmpaɪr] árbitro *m*; *in tennis* juez *m/f* de silla
ump•teen [ʌmpˈtiːn] *adj* F miles de F

ump•teenth [ʌmpˈtiːnθ] *adj*: **for the ~ time** F por enésima vez F
UN [juːˈen] *abbr* (= *United Nations*) ONU *f* (= Organización *f* de las Naciones Unidas)
un•a•bashed [ʌnəˈbæʃt] *adj* desvergonzado
un•a•bat•ed [ʌnəˈbeɪtəd] *adv*: **continue ~** continuar con todas sus fuerzas
un•a•ble [ʌnˈeɪbl] *adj*: **be ~ to do sth** (*not know how to*) no saber hacer algo; (*not be in a position to*) no poder hacer algo
un•a•bridged [ʌnəˈbrɪdʒd] *adj* íntegro
un•ac•cept•a•ble [ʌnəkˈseptəbl] *adj* inaceptable; **it is ~ that** es inaceptable que
un•ac•com•pa•nied [ʌnəˈkʌmpənɪd] *adj* solo
un•ac•count•a•ble [ʌnəˈkaʊntəbl] *adj* inexplicable
un•ac•count•ed [ʌnəˈkaʊntɪd] *adj*: **be ~ for** estar en paradero desconocido
un•ac•cus•tomed [ʌnəˈkʌstəmd] *adj*: **be ~ to sth** no estar acostumbrado a algo
un•ac•knowl•edged [ʌnəkˈnɑːlɪdʒd] *adj* negado, no reconocido
un•ac•quaint•ed [ʌnəˈkweɪntɪd] *adj*: **be ~ with** desconocer
un•a•dul•ter•at•ed [ʌnəˈdʌltəreɪtɪd] *adj fig* (*absolute*) absoluto
un•af•fect•ed [ʌnəˈfektɪd] *adj* 1 (*natural*) llano, sencillo 2: **be ~ by** no ser afectado por
un•a•fraid [ʌnəˈfreɪd] *adj* impávido; **be ~ of sth** no tener miedo a algo
un•aid•ed [ʌnˈeɪdɪd] *adj*: **do sth ~** hacer algo sin ayuda
un•al•tered [ʌnˈɒːltərd] *adj*: **his will remained ~ until 1984** su testamento no sufrió cambio alguno hasta 1984
un•am•big•u•ous [ʌnæmˈbɪgjʊəs] *adj* inequívoco
un•am•bi•tious [ʌnæmˈbɪʃəs] *adj* conformado
un-A•mer•i•can [ʌnəˈmerɪkən] *adj* poco americano; *activities* antiamericano
u•na•nim•i•ty [juːnəˈnɪmɪtɪ] unanimi-

dad f

u•nan•i•mous [juːˈnænɪməs] adj verdict unánime; be ~ on ser unánime respecto a

u•nan•i•mous•ly [juːˈnænɪməslɪ] adv vote, decide unánimemente

un•an•nounced [ʌnəˈnaʊnst] I adj inesperado II adv de manera inesperada

un•an•swer•a•ble [ʌnˈænsərəbl] adj 1 question sin respuesta 2 argument irrefutable

un•an•swered [ʌnˈænsərd] adj sin respuesta

un•ap•peal•ing [ʌnəˈpiːlɪŋ] adj poco atractivo

un•ap•pe•tiz•ing [ʌnˈæpɪtaɪzɪŋ] adj poco apetitoso

un•ap•proach•a•ble [ʌnəˈproʊtʃəbl] adj person inaccesible

un•armed [ʌnˈɑːrmd] adj person desarmado; ~ combat combate m sin armas

un•asked [ʌnˈɑːskt] adj question no formulado

un•as•sist•ed [ʌnəˈsɪstɪd] adv sin ayuda, independientemente

un•as•sum•ing [ʌnəˈsuːmɪŋ] adj sin pretensiones

un•at•tached [ʌnəˈtætʃt] adj (without a partner) sin compromiso, sin pareja

un•at•tain•a•ble [ʌnəˈteɪnəbl] adj inalcanzable

un•at•tend•ed [ʌnəˈtendɪd] adj desatendido; leave sth ~ dejar algo desatendido

un•at•trac•tive [ʌnəˈtræktɪv] adj poco interesante

un•au•thor•ized [ʌnˈɒːθəraɪzd] adj no autorizado

un•a•vail•a•ble [ʌnəˈveɪləbl] adj no disponible

un•a•void•a•ble [ʌnəˈvɔɪdəbl] adj inevitable

un•a•void•a•bly [ʌnəˈvɔɪdəblɪ] adv: be ~ detained entretenerse sin poder evitarlo

un•a•ware [ʌnəˈwer] adj: be ~ of no ser consciente de

un•a•wares [ʌnəˈwerz] adv desprevenido; catch s.o. ~ agarrar or Span coger a alguien desprevenido

un•bal•anced [ʌnˈbælənst] adj also PSYCH desequilibrado

un•bear•a•ble [ʌnˈberəbl] adj insoportable

un•beat•a•ble [ʌnˈbiːtəbl] adj team invencible; quality insuperable

un•beat•en [ʌnˈbiːtn] adj team invicto

un•be•com•ing [ʌnbɪˈkʌmɪŋ] adj poco favorecedor

un•be•known(st) [ʌnbɪˈnoʊn(st)] adv: ~ to her sin que ella lo supiera

un•be•liev•a•ble [ʌnbɪˈliːvəbl] adj also F increíble; he's ~ F (very good / bad) es increíble

un•be•liev•a•bly [ʌnbɪˈliːvəblɪ] adv increíblemente

un•bend [ʌnˈbend] (pret & pp -bent) v/i fig distenderse

un•bend•ing [ʌnˈbendɪŋ] adj intransigente

un•bi•as(s)ed [ʌnˈbaɪəst] adj imparcial

un•blem•ished [ʌnˈblemɪʃt] adj impecable

un•block [ʌnˈblɑːk] v/t pipe desatascar

un•born [ʌnˈbɔːrn] adj no nacido

un•break•a•ble [ʌnˈbreɪkəbl] adj plates irrompible; world record inalcanzable

un•bri•dled [ʌnˈbraɪdld] adj irrefrenable

un•bro•ken [ʌnˈbroʊkən] adj intacto; fig: silence ininterrumpido; world record no superado

un•buck•le [ʌnˈbʌkl] v/t desabrochar

un•bur•den [ʌnˈbɜːrdn] v/t: ~ o.s to s.o. explayarse con alguien

un•but•ton [ʌnˈbʌtn] v/t desabotonar

un•called-for [ʌnˈkɒːldfɔːr] adj: be ~ estar fuera de lugar

un•can•ny [ʌnˈkænɪ] adj resemblance increíble, asombroso; skill inexplicable; (worrying: feeling) extraño, raro

un•ceas•ing [ʌnˈsiːsɪŋ] adj incesante

un•cer•e•mo•ni•ous•ly [ʌnserɪˈmoʊnɪəslɪ] adv sin miramientos, rudamente

un•cer•tain [ʌnˈsɜːrtn] adj future, origins incierto; be ~ about sth no estar seguro de algo; what will happen? – it's ~ ¿qué ocurrirá? – no se sabe

un•cer•tain•ty [ʌnˈsɜːrtntɪ] incertidumbre f; there is still ~ about his health todavía hay incertidumbre en torno a su estado de salud

un•chain [ʌnˈtʃeɪn] v/t desencadenar, desatar

un•changed [ʌnˈtʃeɪndʒd] adj: even after all these years the village was ~ incluso después de tantos años el pueblo seguía igual

**un•chang•ing** [ʌn'tʃeɪndʒɪŋ] *adj* invariable

**un•char•ac•ter•is•tic** [ʌnkærɪktə'rɪstɪk] *adj* impropio

**un•char•i•ta•ble** [ʌn'tʃærɪtəbl] *adj* ingrato, desconsiderado

**un•checked** [ʌn'tʃekt] *adj*: **let sth go ~** no controlar algo

**un•chris•tian** [ʌn'krɪstʃən] *adj* poco cristiano

**un•civ•il** [ʌn'sɪvl] *adj* grosero

**un•civ•i•lized** [ʌn'sɪvɪlaɪzd] *adj* incivilizado

**un•claimed** [ʌn'kleɪmd] *adj* no reclamado

**un•cle** ['ʌŋkl] tío *m*

**un•clear** [ʌn'klɪr] *adj* impreciso, confuso; *I'm still ~ about what I have to do* no acabo de entender qué es lo que tengo que hacer

**Un•cle Sam** [ʌŋkl'sæm] tío Sam

**un•com•for•ta•ble** [ʌn'kʌmftəbl] *adj* *chair* incómodo; *feel ~ about sth about decision etc* sentirse incómodo con algo; *I feel ~ with him* me siento incómodo con él

**un•com•mit•ted** [ʌnkə'mɪtɪd] *adj* no comprometido

**un•com•mon** [ʌn'kɑːmən] *adj* poco corriente, raro; *it's not ~* no es raro *or* extraño

**un•com•mu•ni•ca•tive** [ʌnkə'mjuːnɪkətɪv] *adj* reservado

**un•com•plain•ing** [ʌnkəm'pleɪnɪŋ] *adj* sumiso

**un•com•plain•ing•ly** [ʌnkəm'pleɪnɪŋlɪ] *adv* sumisamente

**un•com•pli•cat•ed** [ʌn'kɑːmplɪkeɪtɪd] *adj* sencillo

**un•com•pro•mis•ing** [ʌn'kɑːmprəmaɪzɪŋ] *adj* inflexible

**un•con•cerned** [ʌnkən'sɜːrnd] *adj* indiferente; *be ~ about s.o. / sth* no preocuparse por alguien / algo

**un•con•di•tion•al** [ʌnkən'dɪʃnl] *adj* incondicional

**un•con•firmed** [ʌnkən'fɜːrmd] *adj* sin confirmar

**un•con•scious** [ʌn'kɑːnʃəs] *adj* MED, PSYCH inconsciente; *knock ~* dejar inconsciente; *be ~ of sth (not aware)* no ser consciente de algo

**un•con•sti•tu•tion•al** [ʌnkɑːnstə'tuːʃənl] *adj* inconstitucional

**un•con•trol•la•ble** [ʌnkən'troʊləbl] *adj* *anger, children* incontrolable; *desire* incontrolable, irresistible

**un•con•trolled** [ʌnkən'troʊld] *adj* descontrolado

**un•con•ven•tion•al** [ʌnkən'venʃnl] *adj* poco convencional

**un•con•vinced** [ʌnkən'vɪnst] *adj*: *be ~* tener dudas (*about* acerca de)

**un•con•vinc•ing** [ʌnkən'vɪnsɪŋ] *adj* dudoso, poco convincente

**un•cooked** [ʌn'kʊkt] *adj* no cocinado

**un'cool** *adj* F *L.Am.* no chévere F, *Span* no guay F

**un•co•op•er•a•tive** [ʌnkoʊ'ɑːpərətɪv] *adj*: *be ~* no estar dispuesto a colaborar

**un•cork** [ʌn'kɔːrk] *v/t bottle* descorchar

**un•count•a•ble** [ʌn'kaʊntəbl] *adj* LING no contable

**un•couth** [ʌn'kuːθ] *adj* burdo

**un•cov•er** [ʌn'kʌvər] *v/t (remove cover from)* destapar; *plot, ancient remains* descubrir

**un•crit•i•cal** [ʌn'krɪtɪkl] *adj* *person* con poca capacidad crítica

**unc•tion** ['ʌŋkʃn] REL unción *f*; *extreme ~* extrema unción

**un•cut** [ʌn'kʌt] *adj* **1** *grass* sin cortar **2** *movie* íntegro **3** *diamond* en bruto

**un•dam•aged** [ʌn'dæmɪdʒd] *adj* intacto

**un•dat•ed** [ʌn'deɪtɪd] *adj* sin fecha

**un•daunt•ed** [ʌn'dɔːntɪd] *adj* impertérrito; *carry on ~* seguir impertérrito

**un•de•cid•ed** [ʌndɪ'saɪdɪd] *adj* *question* sin resolver; *be ~ about s.o. / sth* estar indeciso sobre alguien / algo

**un•de•mand•ing** [ʌndɪ'mændɪŋ] *adj* *job* que requiere poco esfuerzo; *person* poco exigente

**un•dem•o•crat•ic** [ʌndemə'krætɪk] *adj* antidemocrático

**un•de•ni•a•ble** [ʌndɪ'naɪəbl] *adj* innegable

**un•de•ni•a•bly** [ʌndɪ'naɪəblɪ] *adv* innegablemente

**un•der** ['ʌndər] **I** *prep (beneath)* debajo de, bajo; *(less than)* menos de; *~ the water* bajo el agua; *it is ~ review / investigation* está siendo revisado / investigado **II** *adv (anesthetized)* anestesiado

**un•der•age** *adj*: *~ drinking* el consumo de alcohol por menores de edad

**'un•der•arm** *adv*: *throw a ball ~* lanzar

una pelota soltándola por debajo de la altura del hombro

**'un•der•brush** ☞ **undergrowth**

**un•der•cap•i•tal•ized** [ʌndərˈkæpɪtlaɪzd] *adj* sin suficiente capital

**'un•der•car•riage** tren *m* de aterrizaje

**un•der'charge** *v/t person* cobrar de menos a; **~ s.o. by $10** cobrar a alguien 10 dólares de menos

**'un•der•class** clase *f* marginal

**'un•der•class•man** estudiante de primer o segundo año de educación secundaria

**'un•der•clothes** *npl* ☞ **underwear**

**'un•der•coat** primera mano *f*

**'un•der•cov•er** *adj agent* secreto

**'un•der•cur•rent** *fig* sentimiento *m* subyacente

**un•der'cut** *v/t* (*pret & pp* **-cut**) COM vender más barato que

**un•der•de•vel•oped** [ʌndərdɪˈveləpt] *adj* subdesarrollado

**'un•der•dog: support the ~** apoyar al más débil

**un•der'done** *adj meat* poco hecho

**un•der'es•ti•mate** *v/t* subestimar

**un•der•ex'pose** *v/t* PHOT subexponer

**un•der•ex'posed** [ʌndərɪkˈspouzd] *adj* PHOT subexpuesto

**un•der'fed** *adj* malnutrido

**'un•der•floor** *adj:* **~ heating** calefacción *f* subterránea

**un•der'foot** *adv:* **the grass was wet ~** la hierba del suelo estaba mojada; **be trampled ~** ser pisoteado

**un•der'go** *v/t* (*pret* **-went**, *pp* **-gone**) *surgery, treatment* ser sometido a; *experiences* sufrir; **the hotel is ~ing refurbishment** se están efectuando renovaciones en el hotel

**un•der•grad** [ˈʌndərgræd] F, **un•der•'grad•u•ate** estudiante *m/f* universitario(-a) (*todavía no licenciado(a)*)

**'un•der•ground** I *adj passages etc* subterráneo; POL *resistance, newspaper etc* clandestino II *adv work* bajo tierra; **go ~** POL pasar a la clandestinidad

**'un•der•growth** maleza *f*

**un•der'hand** *adj* (*devious*) poco honrado

**un•der'lie** *v/t* (*pret* **-lay**, *pp* **-lain**) (*form basis of*) sostener

**un•der'line** *v/t text* subrayar

**un•der•ling** [ˈʌndərlɪŋ] subordinado(-a)

*m(f)*

**un•der•ly•ing** [ʌndərˈlaɪɪŋ] *adj causes, problems* subyacente

**un•der•manned** [ʌndərˈmænd] *adj* sin suficiente personal

**un•der•men•tioned** [ʌndərˈmenʃnd] *adj Br* susodicho

**un•der'mine** *v/t s.o.'s position, theory* minar, socavar

**un•der•neath** [ʌndərˈniːθ] I *prep* debajo de, bajo II *adv* debajo

**un•der•nour•ished** [ʌndərˈnʌrɪʃd] *adj* desnutrido

**un•der'paid** *adj* mal pagado

**'un•der•pants** *npl* calzoncillos *mpl*

**'un•der•pass** *for pedestrians* paso *m* subterráneo

**un•der'pay** *v/t* (*pret & pp* **-paid**) pagar mal

**un•der'play** *v/t fig* quitar importancia a

**un•der•priv•i•leged** [ʌndərˈprɪvɪlɪdʒd] *adj* desfavorecido

**un•der'rate** *v/t* subestimar, infravalorar

**un•der•rep•re•sent•ed** [ʌndərepri'zentɪd] *adj* sin suficiente representación; **women are ~ in Congress** las mujeres no están suficientemente representadas en el Congreso

**un•der'score** *v/t fig* poner de relieve

**'un•dersea** ☞ **underwater I**

**un•der•sec•re•tar•y** 1 POL subsecretario(-a) *m(f)* 2 *Br.* civil servant funcionario(-a) *m(f)*

**un•der'sell** *v/t* (*pret & pp* **-sold**) ☞ **undercut**

**'un•der•shirt** camiseta *f*

**'un•der•shorts** ☞ **underpants**

**'un•der•side** base *f*

**un•der•signed** [ʌndərˈsaɪnd] : **I, the ~, ...** yo, el abajo firmante, ...

**un•der•sized** [ʌndərˈsaɪzd] *adj* demasiado pequeño

**'un•der•skirt** enaguas *fpl*

**un•der•staffed** [ʌndərˈstæft] *adj* sin suficiente personal

**un•der•stand** [ʌndərˈstænd] I *v/t* (*pret & pp* **-stood**) entender, comprender; *language* entender; **I ~ that you ...** tengo entendido que ...; **they are understood to be in Canada** se cree que están en Canadá II *v/i* (*pret & pp* **-stood**) entender, comprender

**un•der•stand•able** [ʌndərˈstændəbl] *adj* comprensible

**un·der·stand·a·bly** [ʌndər'stændəblɪ] *adv* comprensiblemente

**un·der·stand·ing** [ʌndər'stændɪŋ] **I** *adj person* comprensivo **II** *n* **1** *of problem, situation* interpretación *f* **2** *(agreement)* acuerdo *m*; **on the ~ that ...** *(condition)* a condición de que ...

**un·der'state** *v/t production etc figures, costs* recortar; **~ the extent of the problem** atenuar la magnitud del problema

**un·der·stat·ed** [ʌndər'steɪtɪd] *adj* moderado, comedido

**'un·der·state·ment** *that's an ~!* ¡y te quedas corto!

**'un·der·stud·y** THEA **I** *n* suplente *m/f* **II** *v/t* ser el suplente de

**un·der'take** *v/t (pret -took, pp -taken) task* emprender; **~ to do sth** *(agree to)* encargarse de hacer algo

**un·der·tak·er** ['ʌndər·teɪkər] *Br* encargado *m* de una funeraria

**'un·der·tak·ing 1** *(enterprise)* proyecto *m*, empresa *f* **2**: **give an ~ to do sth** comprenterse a hacer algo

**un·der-the-'count·er** *adj* F ilegal

**'un·der·tone 1** tono *m* **2**: **in an ~** (en un tono) muy bajo

**un·der'val·ue** *v/t* infravalorar

**un·der'wa·ter I** *adj* subacuático **II** *adv* bajo el agua

**un·der'way** *adj* en curso; **get ~** comenzar

**'un·der·wear** ropa *f* interior

**'un·der·weight** *adj*: **be ~** pesar menos de lo normal

**'un·der·world 1** *criminal* hampa *f* **2** MYTH Hades *m*

**un·der'write** *v/t (pret -wrote, pp -written)* FIN asegurar, garantizar

**un·de·served** [ʌndɪ'zɜːrvd] *adj* inmerecido

**un·de·serv·ed·ly** [ʌndɪ'zɜːrvɪdlɪ] *adv* injustamente

**un·de·sir·a·ble** [ʌndɪ'zaɪrəbl] *adj features, changes* no deseado; *person* indeseable; **~ element** *person* persona *f* problemática

**un·dies** ['ʌndɪz] *npl* F ropa *f* interior

**un·dig·ni·fied** [ʌn'dɪgnɪfaɪd] *adj* indigno

**un·dis·ci·plined** [ʌn'dɪsɪplɪnd] *adj* indisciplinado

**un·dis·cov·ered** [ʌndɪ'skʌvərd] *adj* sin descubrir

**un·dis·guised** [ʌndɪs'gaɪzd] *adj* evidente, abierto

**un·dis·put·ed** [ʌndɪ'spjuːtɪd] *adj champion, leader* indiscutible

**un·dis·turbed** [ʌndɪs'tɜːrbd] *adj* **1** intacto **2**: **be ~ by** no inquietarse *or* sobresaltarse por

**un·di·vid·ed** [ʌndɪ'vaɪdɪd] *adj*: **give s.o. / sth one's ~ attention** prestar a alguien / algo total atención

**un·do** [ʌn'duː] *v/t (pret -did, pp -done) parcel, wrapping* abrir; *buttons, shirt* desabrochar; *shoelaces* desatar; *s.o. else's work* deshacer

**un·done** [ʌn'dʌn] *adj*: **leave sth ~** dejar algo sin hacer; **come ~** desatarse

**un·doubt·ed** [ʌn'daʊtɪd] *adj* indudable

**un·doubt·ed·ly** [ʌn'daʊtɪdlɪ] *adv* indudablemente

**un·dreamt-of** [ʌn'dremtəv] *adj riches* inimaginable

**un·dress** [ʌn'dres] **I** *v/t* desvestir, desnudar; **get ~ed** desvestirse, desnudarse **II** *v/i* desvestirse, desnudarse

**un·due** [ʌn'duː] *adj (excessive)* excesivo

**un·du·lat·ing** ['ʌndjʊleɪtɪŋ] *adj hills, countryside* ondulante

**un·du·ly** [ʌn'duːlɪ] *adv* **1** *punished, blamed* injustamente **2** *(excessively)* excesivamente

**un·dy·ing** [ʌn'daɪɪŋ] *adj* eterno

**un·earth** [ʌn'ɜːrθ] *v/t* descubrir; *ancient remains* desenterrar

**un·earth·ly** [ʌn'ɜːrθlɪ] *adv*: **at this ~ hour** a esta hora intempestiva

**un·eas·i·ness** [ʌn'iːzɪnɪs] inquietud *f*, intranquilidad *f*

**un·eas·y** [ʌn'iːzɪ] *adj relationship, peace* tenso; **feel ~ about** estar inquieto por

**un·eat·a·ble** [ʌn'iːtəbl] *adj* incomible

**un·e·co·nom·ic** [ʌniːkə'nɑːmɪk] *adj* antieconómico, no rentable

**un·ed·u·cat·ed** [ʌn'edʒəkeɪtɪd] *adj* inculto, sin educación

**un·e·mo·tion·al** [ʌnɪ'moʊʃənl] *adj* frío, indiferente

**un·em·ploy·a·ble** [ʌnɪm'plɔɪəbl] *adj* no apto para trabajar

**un·em·ployed** [ʌnɪm'plɔɪd] **I** *adj* desempleado, *Span* parado **II** *npl*: **the ~** los desempleados

**un·em·ploy·ment** [ʌnɪm'plɔɪmənt] desempleo *m*, *Span* paro *m* un•end•ing [ʌn'endɪŋ] adj interminable

un•en•dur•a•ble [ʌnɪn'dʊrəbl] adj insoportable

un•en•vi•a•ble [ʌn'envɪəbl] adj: **have the ~ task of doing sth** tener (ante sí) la indeseable tarea de hacer algo

un•e•qual [ʌn'iːkwəl] adj desigual; **be ~ to the task** no estar a la altura de lo que requiere el trabajo

un•e•qual•ed, Br un•e•qual•led adj [ʌn'iːkwəld] inigualable, sin igual

un•e•quiv•o•cal [ʌnɪ'kwɪvəkl] adj inequívoco

un•er•ring [ʌn'erɪŋ] adj judgement, instinct infalible

un•eth•i•cal [ʌn'eθɪkl] adj poco ético

un•e•ven [ʌn'iːvn] adj quality desigual; surface, ground irregular

un•e•ven•ly [ʌn'iːvnlɪ] adv distributed, applied de forma desigual; **be ~ matched** of two contestants no estar en igualdad de condiciones

un•e•vent•ful [ʌnɪ'ventfəl] adj day, journey sin incidentes

un•ex•pec•ted [ʌnɪk'spektɪd] adj inesperado

un•ex•pec•ted•ly [ʌnɪk'spektɪdlɪ] adv inesperadamente, de forma inesperada

un•ex•plained [ʌnɪk'spleɪnd] adj inexplicado

un•ex•plored [ʌnɪk'splɔːrd] adj por descubrir or explorar

un•ex•posed [ʌnɪk'spoʊzd] adj PHOT sin revelar

un•fail•ing [ʌn'feɪlɪŋ] adj inquebrantable; support firme

un•fair [ʌn'fer] adj injusto; **that's ~** eso no es justo; **~ competition** competencia f desleal

un•fair•ness [ʌn'fernɪs] injusticia f

un•faith•ful [ʌn'feɪθfəl] adj husband, wife infiel; **be ~ to s.o.** ser infiel a alguien

un•fal•ter•ing [ʌn'fɔːltərɪŋ] adj loyalty, love etc constante

un•fa•mil•i•ar [ʌnfə'mɪljər] adj desconocido, extraño; **be ~ with sth** desconocer algo

un•fash•ion•a•ble [ʌn'fæʃnəbl] adj area impopular; idea pasado (de moda), obsoleto

un•fas•ten [ʌn'fæsn] v/t belt desabrochar

un•fa•vo•ra•ble, Br un•fa•vou•ra•ble [ʌn'feɪvərəbl] adj desfavorable

un•feel•ing [ʌn'fiːlɪŋ] adj person insensible

un•fin•ished [ʌn'fɪnɪʃt] adj inacabado; **leave sth ~** dejar algo sin acabar

un•fit [ʌn'fɪt] adj: **be ~** physically estar en baja forma; **be ~ to eat** no ser apto para el consumo; **be ~ to drink** no ser potable; **he's ~ to be a parent** no tiene lo que se necesita para ser padre

un•fix [ʌn'fɪks] v/t part soltar, desmontar

un•flag•ging [ʌn'flægɪŋ] adj invariable, absoluto

un•flap•pa•ble [ʌn'flæpəbl] adj impasible

un•flat•ter•ing [ʌn'flætərɪŋ] adj poco favorecedor

un•fold [ʌn'foʊld] I v/t sheets, letter desdoblar; one's arms descruzar II v/i of story etc desarrollarse; of view abrirse

un•fore•seen [ʌnfɔːr'siːn] adj imprevisto

un•for•get•ta•ble [ʌnfər'getəbl] adj inolvidable

un•for•giv•a•ble [ʌnfər'gɪvəbl] adj imperdonable; **that was ~ of you** eso ha sido imperdonable

un•for•tu•nate [ʌn'fɔːrtʃənət] adj people desafortunado; event desgraciado; choice of words desafortunado, desacertado; **that's ~ for you** has tenido muy mala suerte

un•for•tu•nate•ly [ʌn'fɔːrtʃənətlɪ] adv desgraciadamente

un•found•ed [ʌn'faʊndɪd] adj infundado

un•friend•ly [ʌn'frendlɪ] adj person antipático; place desagradable; welcome hostil; software de difícil manejo

un•ful•filled [ʌnfʊl'fɪld] adj election promises incumplido; potential desaprovechado; **she feels ~** no se siente realizada

un•funk•y adj P L.Am. no chévere F, Span no guay F

un•furl [ʌn'fɜːrl] v/t flag desenrollar; sails desplegar

un•fur•nished [ʌn'fɜːrnɪʃt] adj sin amueblar

un•gain•ly [ʌn'geɪnlɪ] adj torpe

un•gen•tle•man•like [ʌn'dʒentlmənlaɪk], un•gen•tle•man•ly [ʌn'dʒentlmənlɪ] adj poco caballeroso

**un•god•ly** [ʌn'gɑːdlɪ] *adj*: *at this ~ hour* a esta hora intempestiva

**un•gov•ern•a•ble** [ʌn'gʌvərnəbl] *adj* ingobernable

**un•grate•ful** [ʌn'greɪtfəl] *adj* desagradecido

**un•guard•ed** [ʌn'gɑːrdɪd] *adj* **1** *building, prisoner* sin vigilancia **2** *fig*: *in an ~ moment* en un momento de descuido

**un•hap•pi•ness** [ʌn'hæpɪnɪs] infelicidad *f*

**un•hap•py** [ʌn'hæpɪ] *adj person, look* infeliz; *day* triste; *customer etc* descontento

**un•harmed** [ʌn'hɑːrmd] *adj* ileso; *be ~* salir ileso

**un•health•y** [ʌn'helθɪ] *adj person* enfermizo; *conditions, food, economy* poco saludable; *it's an ~ sign* es una mala señal

**un•heard** [ʌn'hɜːrd] *adj*: *go ~* ser desoído *or* desestimado

**un•heard-of** [ʌn'hɜːrdəv] *adj* inaudito

**un•help•ful** [ʌn'helpfl] *adj person* poco cooperativo; *comment* inservible

**un•hes•i•tat•ing** [ʌn'hezɪteɪtɪŋ] *adj* decidido

**un•hinge** [ʌn'hɪndʒ] *v/t*: *~ s.o. or s.o.'s mind fig* perturbar (mentalmente) a alguien

**un•ho•ly** [ʌn'hoʊlɪ] *adj* F maldito F

**un•hurt** [ʌn'hɜːrt] *adj*: *be ~* salir ileso

**un•hy•gi•en•ic** [ʌnhaɪ'dʒiːnɪk] *adj* antihigiénico

**u•ni** ['juːnɪ] *Br* F ☞ *university*

**un•i•den•ti•fied** [ʌnaɪ'dentɪfaɪd] *adj* no identificado; *caller* anónimo

**un•i•den•ti•fied fly•ing 'ob•ject** objeto *m* volante no identificado

**u•ni•fi•ca•tion** [juːnɪfɪ'keɪʃn] unificación *f*

**u•ni•form** ['juːnɪfɔːrm] **I** *n* uniforme *m* **II** *adj* uniforme

**u•ni•formed** ['juːnɪfɔːrmd] *adj* uniformado

**u•ni•form•i•ty** ['juːnɪfɔːrmətɪ] uniformidad *f*

**u•ni•fy** ['juːnɪfaɪ] *v/t* (*pret & pp -ied*) unificar

**u•ni•lat•e•ral** [juːnɪ'lætərəl] *adj* unilateral

**un•i•ma•gi•na•ble** [ʌnɪ'mædʒɪnəbl] *adj* inimaginable

**un•i•ma•gi•na•tive** [ʌnɪ'mædʒɪnətɪv] *adj* sin imaginación

**un•im•por•tant** [ʌnɪm'pɔːrtənt] *adj* poco importante

**un•im•pressed** [ʌnɪm'prest] *adj* poco impresionado (*by* por); *I was ~ by his performance* su actuación no me dejó boquiabierto; *be ~ by threats* no ser intimidado por las amenazas

**un•in•hab•i•ta•ble** [ʌnɪn'hæbɪtəbl] *adj* inhabitable

**un•in•hab•it•ed** [ʌnɪn'hæbɪtɪd] *adj building* deshabitado; *region* desierto

**un•in•hib•it•ed** [ʌnɪn'hɪbɪtɪd] *adj* desinhibido

**un•in•jured** [ʌn'ɪndʒərd] *adj*: *be ~* salir ileso

**un•in•spir•ing** [ʌnɪn'spaɪrɪŋ] *adj view, performance* sin nada de particular

**un•in•sured** [ʌnɪn'ʃʊrd] *adj* sin asegurar

**un•in•tel•li•gi•ble** [ʌnɪn'telɪdʒəbl] *adj* ininteligible

**un•in•tend•ed** [ʌnɪn'tendɪd] *adj insult* impensado; *outcome* imprevisto

**un•in•ten•tion•al** [ʌnɪn'tenʃnl] *adj* no intencionado; *sorry, that was ~* lo siento, ha sido sin querer

**un•in•ten•tion•al•ly** [ʌnɪn'tenʃnlɪ] *adv* sin querer

**un•in•ter•est•ed** [ʌn'ɪntrəstɪd] *adj* indiferente (*in* a)

**un•in•te•rest•ing** [ʌn'ɪntrəstɪŋ] *adj* sin interés

**un•in•ter•rupt•ed** [ʌnɪntə'rʌptɪd] *adj sleep, two hours' work* ininterrumpido

**un•in•vit•ed** [ʌnɪn'vaɪtɪd] *adj*: *he asked the ~ guests to leave* pidió a los invitados que no tenían invitación que se fueran

**un•ion** ['juːnjən] **1** unión *f* **2** (*labor ~*) sindicato *m*

**un•ion•ist** ['juːnjənɪst] sindicalista *m/f*

**un•ion•ize** ['juːnjənaɪz] **I** *v/t* sindicar **II** *v/i* sindicarse

**u•nique** [juː'niːk] *adj* único

**u•ni•sex** ['juːnɪseks] *adj* unisex

**u•ni•son** ['juːnɪsn]: *in ~* al unísono

**u•nit** ['juːnɪt] unidad *f*; *~ of measurement* unidad *f* de medida; *power ~* fuente *f* de alimentación

**u•nit 'cost** COM costo *m or Span* coste *m* unitario *or* por unidad

**u•nite** [juː'naɪt] **I** *v/t* unir **II** *v/i* unirse

**u•nit•ed** [juː'naɪtɪd] *adj* unido

**U•nit•ed 'King•dom** Reino *m* Unido; **U•nit•ed 'Na•tions** Naciones *fpl* Unidas; **U•nit•ed 'States (of A'mer•i•ca)** Estados *mpl* Unidos (de América)

**u•nit 'price** precio *m* unitario

**u•nit 'trust** sociedad *f* de inversión de capital variable

**u•ni•ty** ['ju:nəti] unidad *f*

**u•ni•ver•sal** [ju:nɪ'vɜːrsl] *adj* universal

**u•ni•ver•sal 'bar code** COM código *m* de barras universal

**u•ni•ver•sal•ly** [ju:nɪ'vɜːrsəlɪ] *adv* universalmente

**u•ni•verse** ['ju:nɪvɜːrs] universo *m*

**u•ni•ver•si•ty** [ju:nɪ'vɜːrsətɪ] **I** *n* universidad *f*; *he is at* ~ está en la universidad **II** *adj* universitario; *if you have a* ~ *education* si has cursado estudios universitarios

**un•just** [ʌn'dʒʌst] *adj* injusto

**un•jus•ti•fi•a•ble** [ʌndʒʌstɪ'faɪəbl] *adj cost, price increase etc* inexcusable, imperdonable

**un•kempt** [ʌn'kempt] *adj appearance* descuidado; *hair* revuelto

**un•kind** [ʌn'kaɪnd] *adj* desgradable, cruel; *don't be so* ~ *to her* no la trates tan mal

**un•known** [ʌn'noʊn] **I** *adj* desconocido; *she's an* ~ *quantity* es una incógnita **II** *n* **1**: *a journey into the* ~ un viaje hacia lo desconocido **2** MATH incógnita f

**un•la•dy•like** [ʌn'leɪdɪlaɪk] *adj* poco femenino

**un•law•ful** [ʌn'lɔːfʊl] *adj* ilegal

**un•lead•ed** [ʌn'ledɪd] *adj* sin plomo

**un•learn** [ʌn'lɜːrn] *v/t (pret & pp* **-ed** *or* **-learnt***) old habits* desaprender

**un•leash** [ʌn'liːʃ] *v/t* **1** *dog* desatar **2** *fig anger, violence* descargar (**on** contra)

**un•less** [ən'les] *conj* a menos que, a no ser que; *don't say anything* ~ *you're sure* no digas nada a menos que *or* a no ser que estés seguro

**un•like** [ʌn'laɪk] *prep (not similar to)* diferente de; *it's* ~ *him to drink so much* él no suele beber tanto; *that photograph is so* ~ *you* has salido completamente diferente en esa fotografía

**un•like•ly** [ʌn'laɪklɪ] *adj (improbable)* improbable; *explanation* inverosímil; *he is* ~ *to win* es improbable *or* poco probable que gane

**un•lim•it•ed** [ʌn'lɪmɪtɪd] *adj* ilimitado

**un•list•ed** [ʌn'lɪstɪd] *adj: be* ~ no aparecer en la guía telefónica

**un'list•ed mar•ket** FIN mercado *m* sin cotización oficial

**un•lit** [ʌn'lɪt] *adj street* a oscuras

**un•load** [ʌn'loʊd] *v/t* descargar

**un•lock** [ʌn'lɑːk] *v/t* abrir

**un•looked-for** [ʌn'lʊktfɔːr] *adj* inesperado

**un•loved** [ʌn'lʌvd] *adj* no querido *or* amado

**un•luck•i•ly** [ʌn'lʌkɪlɪ] *adv* desgraciadamente, por desgracia

**un•luck•y** [ʌn'lʌkɪ] *adj day, choice* aciago, funesto; *person* sin suerte; *that was so* ~ *for you!* ¡qué mala suerte tuviste!

**un•made** [ʌn'meɪd] *adj bed* sin hacer

**un•man•age•a•ble** [ʌn'mænɪdʒəbl] *adj* indomable, rebelde

**un•man•ly** [ʌn'mænlɪ] *adj* poco masculino

**un•manned** [ʌn'mænd] *adj spacecraft* no tripulado; *reception desk* sin personal

**un•marked** [ʌn'mɑːrkt] *adj* **1** *face* indemne; *police car* de incógnito **2** SP desmarcado

**un•mar•ried** [ʌn'mærɪd] *adj* soltero

**un•mask** [ʌn'mɑːsk] *v/t fig* desenmascarar

**un•matched** [ʌn'mætʃt] *adj* inigualable, extraordinario; *be* ~ no tener igual

**un•men•tion•a•ble** [ʌn'menʃnəbl] *adj* innombrable; *be* ~ ser tabú

**un•mer•ci•ful•ly** [ʌn'mɜːrsɪfʊlɪ] *adv tease* despiadadamente, sin compasión

**un•mis•tak•a•ble** [ʌnmɪ'steɪkəbl] *adj* inconfundible

**un•mit•i•gat•ed** [ʌn'mɪtɪgeɪtɪd] *adj: be an* ~ *disaster* ser un desastre total y absoluto

**un•moved** [ʌn'muːvd] *adj: he was* ~ *by her tears* sus lágrimas no lo conmovieron

**un•mu•si•cal** [ʌn'mjuːzɪkl] *adj person* sin talento musical; *sounds* estridente

**un•named** [ʌn'neɪmd] *adj* no identificado

**un•nat•u•ral** [ʌn'nætʃrəl] *adj* anormal; *it's not* ~ *to be annoyed* es normal estar enfadado

**un•ne•ces•sa•ry** [ʌn'nesəserɪ] *adj* innecesario

**un•nerve** [ʌn'nɜːrv] *v/t* aturdir, desconcertar

un•nerv•ing [ʌn'nɜːrvɪŋ] adj desconcertante

un•no•ticed [ʌn'nəʊtɪst] adj: it went ~ pasó desapercibido

un•num•bered [ʌn'nʌmbərd] adj page, check sin numerar

un•ob•tain•a•ble [ʌnəb'teɪnəbl] adj goods no disponible; TELEC desconectado

un•ob•tru•sive [ʌnəb'truːsɪv] adj discreto

un•oc•cu•pied [ʌn'ɑːkjʊpaɪd] adj building, house desocupado; post vacante

un•of•fi•cial [ʌnə'fɪʃl] adj no oficial; this is still ~ but ... esto todavía no es oficial, pero ...

un•of•fi•cial•ly [ʌnə'fɪʃlɪ] adv extraoficialmente

un•o•pened [ʌn'əʊpənd] adj packet of cereal, jar of coffee etc sin abrir or empezar; envelope sin abrir

un•or•tho•dox [ʌn'ɔːrθədɑːks] adj poco ortodoxo

un•pack [ʌn'pæk] I v/t deshacer II v/i deshacer el equipaje

un•paid [ʌn'peɪd] adj work no remunerado; ~ leave baja f sin sueldo

un•pal•at•a•ble [ʌn'pælətəbl] adj food incomible; fig: truth amargo, duro

un•par•al•leled [ʌn'pærəleld] adj inigualable

un•par•don•a•ble [ʌn'pɑːrdnəbl] adj imperdonable

un•per•turbed [ʌnpər'tɜːrbd] adj impasible

un•play•a•ble [ʌn'pleɪəbl] adj SP ball, shot etc imposible (de devolver, chutar etc); the field is ~ es imposible jugar en este campo

un•pleas•ant [ʌn'pleznt] adj desagradable; he was very ~ to her fue muy desagradable con ella

un•pleas•ant•ness [ʌn'plezntnɪs] (arguments) disputas fpl

un•plug [ʌn'plʌg] v/t (pret & pp -ged) TV, computer desenchufar

un•pol•lut•ed [ʌnpə'luːtɪd] adj no contaminado, limpio

un•pop•u•lar [ʌn'pɑːpjələr] adj poco popular; this decision was very ~ with the school esta decisión no fue bien recibida or acogida en el colegio

un•prac•ti•cal [ʌn'præktɪkl] adj poco práctico

un•pre•ce•den•ted [ʌn'presɪdentɪd] adj sin precedentes; it was ~ for a woman to ... no tenía precedentes que una mujer ...

un•pre•dict•a•ble [ʌnprɪ'dɪktəbl] adj person, weather imprevisible, impredecible

un•prej•u•diced [ʌn'predʒʊdɪst] adj imparcial

un•pre•pared [ʌnprɪ'perd] adj: be ~ for sth no estar preparado para algo

un•pre•ten•tious [ʌnprɪ'tenʃəs] adj person, style, hotel modesto, sin pretensiones

un•prin•ci•pled [ʌn'prɪnsɪpld] adj sin principios

un•print•a•ble [ʌn'prɪntəbl] adj impublicable; language vergonzoso, escandaloso

un•pro•duc•tive [ʌnprə'dʌktɪv] adj meeting, discussion infructuoso; soil improductivo

un•pro•fes•sion•al [ʌnprə'feʃnl] adj poco profesional

un•prof•it•a•ble [ʌn'prɑːfɪtəbl] adj no rentable

un•prompt•ed [ʌn'prɑːmptɪd] adj voluntario, espontáneo

un•pro•nounce•a•ble [ʌnprə'naʊnsəbl] adj impronunciable

un•pro•tect•ed [ʌnprə'tektɪd] adj borders desprotegido, sin protección; ~ sex sexo m sin preservativos

un•pro•vid•ed [ʌnprə'vaɪdɪd] adj: leave s.o. ~-for dejar a alguien sin medios para mantenerse

un•pro•voked [ʌnprə'vəʊkt] adj attack no provocado

un•pub•lished [ʌn'pʌblɪʃt] adj no publicado

un•pun•ished [ʌn'pʌnɪʃt] adj impune; go ~ quedar impune

un•put•down•a•ble [ʌnpʊt'daʊnəbl] adj F: be ~ of book enganchar

un•qual•i•fied [ʌn'kwɑːlɪfaɪd] adj worker, doctor etc sin titulación

un•ques•tion•a•bly [ʌn'kwestʃnəblɪ] adv (without doubt) indiscutiblemente

un•ques•tion•ing [ʌn'kwestʃnɪŋ] adj attitude, loyalty incondicional

un•rav•el [ʌn'rævl] v/t (pret & pp -ed, Br -led) string, knitting desenredar;

*mystery, complexities* desentrañar

un•read [ʌn'red] *adj* sin leer

un•read•a•ble [ʌn'riːdəbl] *adj book* ilegible

un•re•al [ʌn'rɪəl] *adj* irreal; *this is ~!* F ¡esto es increíble! F

un•re•al•is•tic [ʌnrɪə'lɪstɪk] *adj* poco realista

un•rea•son•a•ble [ʌn'riːznəbl] *adj person* poco razonable, irrazonable; *demand, expectation* excesivo, irrazonable; *you're being ~* no estás siendo razonable

un•rec•og•niz•a•ble [ʌn'rekəgnaɪzəbl] *adj* irreconocible

un•re•cov•ered debt [ʌnrɪ'kʌvərd] *adj*: *~ debt* deuda *f* impagada

un•re•fined [ʌnrɪ'faɪnd] *adj sugar* sin refinar

un•re•lat•ed [ʌnrɪ'leɪtɪd] *adj issues* no relacionado; *people* no emparentado

un•re•lent•ing [ʌnrɪ'lentɪŋ] *adj* implacable

un•rel•i•a•ble [ʌnrɪ'laɪəbl] *adj car, machine* poco fiable; *person* informal

un•re•lieved [ʌnrɪ'liːvd] *adj* incesante

un•re•mit•ting [ʌnrɪ'mɪtɪŋ] *adj* ininterrumpido

un•rep•re•sent•a•tive [ʌnreprɪ'zentətɪv] *adj* poco representativo, atípico

un•re•quit•ed [ʌnrɪ'kwaɪtɪd] *adj love* no correspondido

un•re•served [ʌnrɪ'zɜːrvd] *adj seat, table* no reservado

un•re•serv•ed•ly [ʌnrɪ'zɜːrvɪdlɪ] *adv* sin reservas

un•rest [ʌn'rest] malestar *m*; (*rioting*) disturbios *mpl*

un•re•strained [ʌnrɪ'streɪnd] *adj emotions* incontrolado

un•re•strict•ed [ʌnrɪ'strɪktɪd] *adj* ilimitado

un•re•ward•ing [ʌnrɪ'wɔːrdɪŋ] *adj* poco gratificante

un•ripe [ʌn'raɪp] *adj fruit* verde

un•ri•val•ed, *Br* un•ri•val•led [ʌn'raɪvld] *adj* inigualable, único

un•road•wor•thy [ʌn'roʊdwɜːrðɪ] *adj* que no está en condiciones de circular

un•roll [ʌn'roʊl] *v/t carpet, scroll* desenrollar

un•ruf•fled [ʌn'rʌfld] *adj person* tranquilo, calmado

un•ru•ly [ʌn'ruːlɪ] *adj* revoltoso; *hair* in-

domable

un•sad•dle [ʌn'sædl] *v/t horse* desensillar

un•safe [ʌn'seɪf] *adj* peligroso; *it's ~ to drink / eat* no se puede beber / comer

un•said [ʌn'sed] *adj*: *leave sth ~* dejar algo en el tintero; *be left ~* callarse, omitirse; *some things are better left ~* algunas cosas es mejor callarlas *or* no decirlas

un•sal(e)•a•ble [ʌn'seɪləbl] *adj* invendible

un•salt•ed [ʌn'sɔːltɪd] *adj* sin sal

un•san•i•tar•y [ʌn'sænɪterɪ] *adj conditions, drains* insalubre

un•sat•is•fac•to•ry [ʌnsætɪs'fæktərɪ] *adj* insatisfactorio

un•sat•is•fied [ʌn'sætɪsfaɪd] *adj* insatisfecho (*with* con)

un•sat•is•fy•ing [ʌn'sætɪsfaɪɪŋ] ☞ *unsatisfactory*

un•sa•vo•ry [ʌn'seɪvərɪ] *adj person, reputation* indeseable; *district* desagradable

un•scathed [ʌn'skeɪðd] *adj* (*not injured*) ileso; (*not damaged*) intacto

un•sci•en•tif•ic [ʌnsaɪən'tɪfɪk] *adj* poco científico

un•screw [ʌn'skruː] *v/t top* desenroscar; *shelves, hooks* desatornillar

un•script•ed [ʌn'skrɪptɪd] *adj* improvisado

un•scru•pu•lous [ʌn'skruːpjələs] *adj* sin escrúpulos

un•sea•son•a•ble [ʌn'siːznəbl] *adj weather* inusual

un•seat [ʌn'siːt] *v/t* POL destituir a

un•se•cured cred•i•tor [ʌnsɪ'kjʊrd] FIN acreedor(a) *m(f)* no asegurado(-a)

un•se•cured loan préstamo *m* sin garantía

un•seed•ed [ʌn'siːdɪd] *adj* SP que no es cabeza de serie

un•seem•ly [ʌn'siːmlɪ] *adj* impropio

un•seen [ʌn'siːn] *adj* **1** *not visible* invisible; *do sth ~* hacer algo sin ser visto **2** *translation* a la vista

un•self•ish [ʌn'selfɪʃ] *adj* generoso

un•sen•ti•men•tal [ʌnsentɪ'mentl] *adj* poco sentimental

un•set•tle [ʌn'setl] *v/t* agitar, excitar

un•set•tled [ʌn'setld] *adj issue* sin decidir; *weather, stock market, lifestyle* inestable; *bills* sin pagar

**un•shak(e)•a•ble** [ʌn'ʃeɪkəbl] *adj* total, absoluto

**un•shav•en** [ʌn'ʃeɪvn] *adj* sin afeitar

**un•sight•ly** [ʌn'saɪtlɪ] *adj* horrible, feo

**un•signed** [ʌn'saɪnd] *adj* sin firmar

**un•skill•ful**, *Br* **un•skil•ful** [ʌn'skɪlful] *adj* torpe, desmañado

**un•skilled** [ʌn'skɪld] *adj* no cualificado

**un•so•cia•ble** [ʌn'souʃəbl] *adj* insociable

**un•so•cial** [ʌn'souʃl] *adj*: **work~ hours** *Br* trabajar fuera del horario habitual

**un•sold** [ʌn'sould] *adj* no vendido

**un•so•lic•it•ed** [ʌnsə'lɪsɪtɪd] *adj* que no ha sido pedido

**un•solved** [ʌn'sɑːlvd] *adj* sin resolver

**un•so•phis•ti•cat•ed** [ʌnsə'fɪstɪkeɪtɪd] *adj person*, *beliefs* sencillo; *equipment* simple

**un•sound** [ʌn'saund] *adj fig advice* poco sensato; *argument* poco sólido

**un•spar•ing** [ʌn'sperɪŋ] *adj*: **be~ in one's efforts** no escatimar esfuerzos (**to do sth** a la hora de hacer algo)

**un•speak•a•ble** [ʌn'spiːkəbl] *adj* vergonzoso, incalificable

**un•spec•i•fied** [ʌn'spesɪfaɪd] *adj* indeterminado, desconocido

**un•spoiled** [ʌn'spɔɪld], **un•spoilt** [ʌn'spɔɪlt] *adj* intacto

**un•spo•ken** [ʌn'spoukən] *adj* no expresado (oralmente)

**un•sport•ing** [ʌn'spɔːrtɪŋ], **un•sports•man•like** [ʌn'spɔːrtsmənlaɪk] *adj* poco deportivo; **~ foul** falta *f* antideportiva

**un•sta•ble** [ʌn'steɪbl] *adj* inestable

**un•stead•y** [ʌn'stedɪ] *adj hand* tembloroso; *ladder* inestable; **be~ on one's feet** tambalearse

**un•stint•ing** [ʌn'stɪntɪŋ] *adj* generoso; **be~ in one's efforts / generosity** no escatimar esfuerzos / generosidad

**un•stop** [ʌn'stɑːp] *v/t (pret & pp **-ped**) blocked pipe*, *sink* desatascar

**un•stop•pa•ble** [ʌn'stɑːpəbl] *adj* imparable

**un•stressed** [ʌn'strest] *adj* LING inacentuado

**un•stuck** [ʌn'stʌk] *adj*: **come~** *of sticky label* despegarse; *fig: of person* fracasar; *of plan* frustrarse

**un•suc•cess•ful** [ʌnsək'sesfəl] *adj writer etc* fracasado; *candidate* perdedor; *party*, *attempt* fallido; **he tried but was ~** lo intentó sin éxito

**un•suc•cess•ful•ly** [ʌnsək'sesfəlɪ] *adv try*, *apply* sin éxito

**un•suit•a•ble** [ʌn'suːtəbl] *adj partner*, *film*, *clothing* inadecuado; *thing to say* inoportuno

**un•suit•a•bly** [ʌn'suːtəblɪ] *adv* dressed de manera inadecuada

**un•sure** [ʌn'ʃɔːr] *adj*: **be~ of sth** no estar muy seguro acerca de algo; **be ~ of o.s.** carecer de seguridad en uno mismo

**un•sur•passed** [ʌnsər'pæst] *adj* incomparable, único

**un•sus•pect•ed** [ʌnsə'spektɪd] *adj talent*, *difficulties* insospechado, inesperado; **he remained ~ for years** of *spy*, *terrorist* no levantó sospechas durante años

**un•sus•pect•ing** [ʌnsəs'pektɪŋ] *adj* confiado

**un•sweet•ened** [ʌn'swiːtnd] *adj without sweeteners* sin endulzorantes; *without sugar* sin azúcar

**un•swerv•ing** [ʌn'swɜːrvɪŋ] *adj loyalty*, *devotion* inquebrantable

**un•sym•pa•thet•ic** [ʌnsɪmpə'θetɪk] *person* insensible, poco compasivo; *character in book etc* desagradable; **be~ to sth** oponerse a algo

**un•tan•gle** [ʌn'tæŋgl] *v/t* desenredar

**un•tapped** [ʌn'tæpt] *adj resources* sin explotar

**un•teach•a•ble** [ʌn'tiːtʃəbl] *adj child* incapaz de aprender; *subject* imposible de enseñar

**un•ten•a•ble** [ʌn'tenəbl] *adj* insostenible, indefendible

**un•think•a•ble** [ʌn'θɪŋkəbl] *adj* impensable

**un•think•ing•ly** [ʌn'θɪŋkɪŋlɪ] *adv* inconscientemente

**un•ti•dy** [ʌn'taɪdɪ] *adj room*, *desk* desordenado; *hair* revuelto

**un•tie** [ʌn'taɪ] *v/t knot*, *laces*, *prisoner* desatar

**un•til** [ən'tɪl] **I** *prep* hasta; **from Monday ~ Friday** desde el lunes hasta el viernes; **I can wait ~ tomorrow** puedo esperar hasta mañana; **not ~ Friday** no antes del viernes; **it won't be finished ~ July** no estará acabado hasta julio **II** *conj* hasta que; **can you wait ~ I'm ready?** ¿puedes esperar hasta que esté listo?;

*they won't do anything ~ you say so* no harán nada hasta que (no) se lo digas

un•time•ly [ʌn'taɪmlɪ] *adj death* prematuro

un•tir•ing [ʌn'taɪrɪŋ] *adj efforts* incansable

un•told [ʌn'toʊld] *adj suffering* indecible; *riches* inconmensurable; *story* nunca contado

un•touched [ʌn'tʌtʃt] *adj* 1 *by hand* sin tocar; *building* intacto; *leave a meal ~* dejar una comida en el plato 2 *emotionally* indiferente, impasible (*by* ante)

un•to•ward [ʌntə'wɔːrd] *adj: nothing ~ happened* no hubo ningún contratiempo

un•trans•lat•a•ble [ʌntræns'leɪtəbl] *adj* intraducible

un•treat•ed [ʌn'triːtɪd] *adj* 1 *illness, injury* sin recibir tratamiento 2 *effluent* sin depurar *or* tratar

un•trou•bled [ʌn'trʌbld] *adj: be ~ by* no preocuparse por; *by war, natural catastrophe etc* no quedar afectado por

un•true [ʌn'truː] *adj* falso

un•trust•wor•thy [ʌn'trʌstwɜːrðɪ] *adj* de poca confianza

un•used[1] [ʌn'juːzd] *adj goods* sin usar

un•used[2] [ʌn'juːst] *adj: be ~ to sth* no estar acostumbrado a algo; *be ~ to doing sth* no estar acostumbrado a hacer algo

un•u•su•al [ʌn'juːʒl] *adj* poco corriente; *it is ~ ...* es raro *or* extraño ...

un•u•su•al•ly [ʌn'juːʒəlɪ] *adv* inusitadamente; *the weather's ~ cold* hace un frío inusual

un•var•nished [ʌn'vɑːrnɪʃt] *adj surface* sin barnizar; *fig: truth* sin tapujos

un•var•y•ing [ʌn'verɪɪŋ] *adj* invariable

un•veil [ʌn'veɪl] *v/t memorial, statue etc* desvelar

un•versed [ʌn'vɜːrst] *adj* no versado (*in* en)

un•voiced [ʌn'vɔɪst] *adj* LING sordo

un•want•ed [ʌn'wɑːntɪd] *adj* no querido *or* deseado

un•war•rant•ed [ʌn'wɑːrəntɪd] *adj* injustificado

un•wa•ver•ing [ʌn'weɪvərɪŋ] *adj stare* fijo; *loyalty* constante; *belief* firme

un•wel•come [ʌn'welkəm] *adj* mal recibido

un•well [ʌn'wel] *adj* indispuesto, mal; *be ~* sentirse indispuesto *or* mal

un•whole•some [ʌn'hoʊlsəm] *adj company, influence* poco saludable; *diet* insano, nocivo

un•wield•y [ʌn'wiːldɪ] *adj* difícil de manejar

un•will•ing [ʌn'wɪlɪŋ] *adj* poco dispuesto, reacio; *be ~ to do sth* no estar dispuesto a hacer algo, ser reacio a hacer algo

un•will•ing•ly [ʌn'wɪlɪŋlɪ] *adv* de mala gana, a regañadientes

un•wind [ʌn'waɪnd] I *v/t* (*pret & pp -wound*) *tape* desenrollar II *v/i* (*pret & pp -wound*) 1 *of tape* desenrollarse; *of story* irse desarrollando 2 (*relax*) relajarse

un•wise [ʌn'waɪz] *adj* imprudente

un•wit•ting [ʌn'wɪtɪŋ] *adj* inintencionado

un•wit•ting•ly [ʌn'wɪtɪŋlɪ] *adv* inintencionadamente, sin darse cuenta

un•wont•ed [ʌn'woʊntɪd] *adj* inusitado

un•work•a•ble [ʌn'wɜːrkəbl] *adj* inviable

un•wor•thy [ʌn'wɜːrðɪ] *adj: be ~ of sth* no ser digno de algo

un•wrap [ʌn'ræp] *v/t* (*pret & pp -ped*) *gift* desenvolver

un•writ•ten [ʌn'rɪtn] *adj law, rule* no escrito

un•yield•ing [ʌn'jiːldɪŋ] *adj resistance* firme, inexorable

un•zip [ʌn'zɪp] *v/t* (*pret & pp -ped*) 1 *dress etc* abrir la cremallera de 2 COMPUT descomprimir

up [ʌp] I *adv position* arriba; *movement* hacia arriba; *~ in the sky / on the roof* (arriba) en el cielo / en el tejado; *~ here / there* aquí / allí arriba; *be ~* (*out of bed*) estar levantado; *of sun* haber salido; (*be built*) haber sido construido, estar acabado; *of shelves* estar montado; *of prices, temperature* haber subido; (*have expired*) haberse acabado; *what's ~?* F ¿qué pasa?; *~ to the year 1989* hasta el año 1989; *he came ~ to me* se me acercó; *what are you ~ to these days?* ¿qué es de tu vida?; *what are those kids ~ to?* ¿qué están tramando esos niños?; *be ~ to something (bad)* estar tramando algo; *I don't feel*

**~ to it** no me siento en condiciones de hacerlo; **it's ~ to you** tú decides; **it is ~ to them to solve it** (*their duty*) les corresponde a ellos resolverlo; **be ~ and about** *after illness* estar recuperado **II** *prep*: **further ~ the mountain** más arriba de la montaña; **he climbed ~ a tree** se subió a un árbol; **they ran ~ the street** corrieron por la calle; **the water goes ~ this pipe** el agua sube por esta tubería; **we traveled ~ to Chicago** subimos hasta Chicago **III** *n*: **~s and downs** altibajos *mpl*

up-and-com•ing[ʌpən'kʌmɪŋ] *adj* prometedor

'up•beat *adj* F positivo, optimista

up•bring•ing ['ʌpbrɪŋɪŋ] educación *f*

up•com•ing ['ʌpkʌmɪŋ] *adj* (*forthcoming*) próximo

up'date¹ *v/t file, records* actualizar; **~ s.o. on sth** poner a alguien al corriente de algo

'up•date² *n* actualización *f*; **can you give me an ~ on the situation?** ¿me puedes poner al corriente de la situación?

up'end *v/t* (*stand on end*) poner derecho; (*turn upside down: desk, sofa etc*) poner boca arriba; *drawer, purse etc* poner boca abajo

up'front **I** *adj* **1** (*honest*) franco **2** *payment* por adelantado **II** *adv* por adelantado; **be paid ~** cobrar por adelantado

up'grade *v/t computers etc* actualizar; (*replace with new versions*), *product* modernizar; **~ s.o. to business class** cambiar a alguien a clase ejecutiva

'up•grade² *n to software package* actualización *f*

up•heav•al [ʌp'hiːvl] *emotional* conmoción *f*; *physical* trastorno *m*; *political, social* sacudida *f*

up•hill¹ *adv* [ʌp'hɪl] *walk* cuesta arriba **II** *adj* ['ʌphɪl] *struggle* arduo, difícil

up'hold *v/t* (*pret & pp* **-held**) **1** *traditions, rights* defender, conservar **2** (*vindicate*) confirmar

up•hol•stered [ʌp'hoʊlstərd] *adj* tapizado

up•hol•ster•y [ʌp'hoʊlstərɪ] (*coverings of chairs*) tapicería *f*; (*padding of chairs*) relleno *m*

'up•keep *of buildings, parks etc* mantenimiento *m*

up•lift•ing[ʌp'lɪftɪŋ] *adj experience, sermon* edificante

'up•load *v/t* COMPUT cargar

up'mar•ket *adj restaurant, hotel* de categoría

up•on [ə'pɑːn] *prep* ☞ **on**

up•per ['ʌpər] *adj part of sth* superior; *stretches of a river* alto; *deck* superior, de arriba

'up•per•case *adj*: **~ B** B mayúscula

up•per-'class *adj accent, family* de clase alta

up•per 'clas•ses *npl* clases *fpl* altas

'up•per•cut *punch* gancho *m* (hacia arriba)

'up•per•most **I** *adj* superior, de arriba; (*facing upward*) hacia arriba; **be ~ in a pile** estar arriba; (*face upward*) estar hacia arriba; **be ~ in s.o.'s mind** *fig* ser lo que más preocupa a alguien **II** *adv* arriba; (*facing upward*) hacia arriba

up•pi•ty ['ʌpətɪ] *adj* F creído F

'up•right **I** *adj citizen* honrado **II** *adv sit* derecho **III** *n* piano *m* vertical

up•right pi'an•o piano *m* vertical

'up•ris•ing levantamiento *m*

'up•roar (*loud noise*) alboroto *m*; (*protest*) tumulto *m*

up'root *v/t also fig* desarraigar

UPS [juːpiː'es] *abbr* (= **uninterruptible power supply**) SAI *m* (= sistema *m* de alimentación ininterrumpible)

'up•scale *adj restaurant etc* de categoría

up'set **I** *v/t* (*pret & pp* **-set**) **1** *drink, glass* tirar **2** *emotionally* disgustar **II** *adj emotionally* disgustado; **get ~ about sth** disgustarse por algo; **have an ~ stomach** tener el estómago mal

up'set•ting *adj* triste

'up•shot F (*result, outcome*) resultado *m*

up•side 'down *adv* boca abajo; **turn sth ~** *box etc* poner algo al revés *or* boca abajo

up'stairs **I** *adv* arriba **II** *adj room* de arriba

'up•start advenedizo(-a) *m(f)*

up'stream *adv* río arriba

'up•surge *brote m*; *of enthusiasm, interest etc* oleada *f*

'up•swing subida *f*

'up•take **1** FIN respuesta *f* (**of** a) **2**: **be quick / slow on the ~** F ser / no ser muy espabilado F up'tight *adj* F (*nervous*) tenso; (*inhibited*) estrecho

up-to-'date *adj information* actualizado; *fashions* moderno

up-to-the-'min•ute *adj news* de última hora

'up•town I *adv away from the center*: *walk* hacia las afueras de la ciudad; *live* en las afueras de la ciudad; *toward the center*: *walk* hacia el centro de la ciudad; *live* en el centro de la ciudad II *adj* de las afueras de la ciudad; *in ~ New York* en las afueras de Nueva York

'up•turn *in economy* mejora *f*

up•turned [ʌp'tɜːrnd] *adj* 1 (*upside down*) boca arriba 2: *~ nose* nariz *f* respingona

up•ward ['ʌpwərd] *adv fly, move* hacia arriba; *~ of 10,000* más de 10.000

u•ra•ni•um [juˈreɪniəm] uranio *m*

ur•ban ['ɜːrbən] *adj* urbano

ur•bane [ɜːr'beɪn] *adj* refinado, sofisticado

ur•ban•i•za•tion [ɜːrbənaɪ'zeɪʃn] urbanización *f*

ur•chin ['ɜːrtʃɪn] golfillo(-a) *m(f)*

urge [ɜːrdʒ] I *n* impulso *m*; *I felt an ~ to hit her* me entraron ganas de pegarle; *I have an ~ to do something new* siento la necesidad de hacer algo nuevo II *v/t*: *~ s.o. to do sth* rogar a alguien que haga algo

◆ urge on *v/t* (*encourage*) animar

ur•gen•cy ['ɜːrdʒənsɪ] *of situation* urgencia *f*

ur•gent ['ɜːrdʒənt] *adj job, letter* urgente; *be in ~ need of sth* necesitar algo urgentemente; *is it ~?* ¿es urgente?

u•ri•nal ['jʊrənl] 1 *fitting* urinario *m* 2 *place* servicios *mpl*

u•ri•nar•y ['jʊrənərɪ] *adj* urinario

u•ri•nate ['jʊrəneɪt] *v/i* orinar

u•rine ['jʊrɪn] orina *f*

URL [juːɑːr'el] *abbr* (= *uniform resource locator*) COMPUT URL *f*

urn [ɜːrn] urna *f*

u•rol•o•gist [jʊ'rɑːlədʒɪst] MED urólogo(-a) *m(f)*

U•ru•guay ['jʊrəgwaɪ] Uruguay *m*

U•ru•guay•an [jʊrə'gwaɪən] I *adj* uruguayo II *n* uruguayo(-a) *m(f)*

us [ʌs] *pron* nos; *after prep* nosotros (-as); *they love ~* nos quieren; *she gave ~ the keys* nos dio las llaves; *he sold it to ~* nos lo vendió; *that's for ~* eso es para nosotros; *who's that? – it's ~* ¿quién es? – ¡somos nosotros!; *all of ~ agree* todos (nosotros) estamos de acuerdo

US [juː'es] *abbr* (= *United States*) EE.UU. (= Estados Unidos)

USA [juːes'eɪ] *abbr* (= *United States of America*) EE.UU. (= Estados Unidos)

us•a•ble ['juːzəbl] *adj* utilizable; *it's not ~* no se puede utilizar

us•age ['juːzɪdʒ] uso *m*

USDA [juːesdiː'eɪ] *abbr* (= *United States Department of Agriculture*) Ministerio *m* de Agricultura

use I *v/t* [juːz] *tool, word* utilizar, usar; *skills, knowledge, car* usar; *a lot of gas* consumir; *pej*: *person* utilizar; *I could ~ a drink* F no me vendría mal una copa

II *n* [juːs] uso *m*, utilización *f*; *be of great ~ to s.o.* ser de gran utilidad para alguien; *it's of no ~* no me sirve; *is that of any ~?* ¿eso sirve para algo?; *it's no ~* no sirve de nada; *it's no ~ trying / waiting* no sirve de nada intentarlo / esperar

◆ use up *v/t* agotar

used[1] [juːzd] *adj car etc* de segunda mano

used[2] [juːst] *adj*: *be ~ to s.o. / sth* estar acostumbrado a alguien / algo; *get ~ to s.o. / sth* acostumbrarse a alguien / algo; *be ~ to doing sth* estar acostumbrado a hacer algo; *get ~ to doing sth* acostumbrarse a hacer algo

used[3] [juːst] *v/aux*: *I ~ to like him* antes me gustaba; *they ~ to meet every Saturday* solían verse todos los sábados

use•ful ['juːsfəl] *adj* útil; *~ life* vida *f* útil

use•ful•ness ['juːsfʊlnɪs] utilidad *f*

use•less ['juːslɪs] *adj* inútil; *machine, computer* inservible; *be ~* F *person* ser un inútil F; *it's ~ trying* (*there's no point*) no vale la pena intentarlo

use•less•ness ['juːslɪsnɪs] inutilidad *f*

us•er ['juːzər] *of product* usuario(-a) *m(f)*

us•er-'friend•ly *adj* de fácil manejo

ush•er ['ʌʃər] (*at wedding*) persona que se encarga de indicar a los asistentes dónde se deben sentar

◆ **usher in** v/t *new era* anunciar
**ush•er•ette** [ʌʃə'ret] *Br* acomodadora *f*
**USSR** [ juːeses'ɑːr] *abbr* (= **Union of So•
viet Socialist Republics**) URSS *f*
(= Unión *f* de las Repúblicas Socialis•
tas Soviéticas)
**u•su•al** ['juːʒl] *adj* habitual, acostum•
brado; **as** ~ como de costumbre; **the**
**~, please** lo de siempre, por favor
**u•su•al•ly** ['juːʒəlɪ] *adv* normalmente; **I**
**~ start at 9** suelo empezar a las 9
**u•surp** [ juː'zɜːrp] v/t *power, throne* usur•
par
**u•su•ry** ['juːʒʊrɪ] usura *f*
**u•ten•sil** [ juː'tensl] utensilio *m*
**u•te•rus** ['juːtərəs] útero *m*

**u•til•i•tar•i•an** [ juːtɪlɪ'terɪən] *adj* (*func•
tional*) funcional, práctico
**u•til•i•ty** [ juː'tɪlətɪ] **1** (*usefulness*) utili•
dad *f* **2**: **public utilities** servicios *mpl*
públicos
**u'til•i•ty pole** poste *m* telegráfico
**u•til•ize** ['juːtɪlaɪz] v/t utilizar
**ut•most** ['ʌtmoʊst] **I** *adj* sumo **II** *n*: **do**
**one's ~** hacer todo lo posible
**ut•ter** ['ʌtər] **I** *adj* completo, total **II** v/t
*sound* decir, pronunciar
**ut•ter•ly** ['ʌtərlɪ] *adv* completamente,
totalmente
**U-turn** ['juːtɜːrn] cambio *m* de sentido;
**do a ~** *fig: in policy etc* dar un giro de
180 grados

# V

**V** ['viː] *abbr* (= **volts**) V (= voltios *mpl*)
**va•can•cy** ['veɪkənsɪ] *esp Br* **1** *job* va•
cante *f*; **fill a ~** llenar una vacante **2**:
*in hotel* **vacancies** habitaciones dispo•
nibles; '**no vacancies**' 'completo'
**va•cant** ['veɪkənt] *adj building* vacío;
*position* vacante; *look, expression* vago,
distraído; **~ on** *toilet door* libre; **situa•
tions ~** *Br* ofertas *fpl* de empleo, colo•
caciones *fpl*
**va•cant•ly** ['veɪkəntlɪ] *adv look etc* dis•
traídamente
**va•cate** [veɪ'keɪt] v/t *room* desalojar
**va•ca•tion** [veɪ'keɪʃn] **I** *n* vacaciones *fpl*;
**be on ~** estar de vacaciones; **go to ...**
**on ~** ir de vacaciones a ...; **take a ~** to•
marse vacaciones **II** v/i ir de vacaciones
**va•ca•tion•er** [veɪ'keɪʃənər] turista *m/f*;
*in summer* veraneante *m/f*
**vac•cin•ate** ['væksɪneɪt] v/t vacunar; **be**
**~d against ...** estar vacunado contra ...
**vac•cin•a•tion** [væksɪ'neɪʃn] *action* va•
cunación *f*; (*vaccine*) vacuna *f*
**vac•cine** ['væksiːn] vacuna *f*
**vac•il•late** ['væsɪleɪt] v/i vacilar, dudar
(**between** entre)
**vac•il•la•tion** [væsɪ'leɪʃn] vacilación *f*,
titubeo *m*
**vac•u•ous** ['vækjʊəs] *adj* vacuo, vacío
**vac•u•um** ['vækjʊəm] **I** *n* PHYS, *fig* va•
cío *m* **II** v/t *floors* pasar el aspirador por,
aspirar

**'vac•u•um bot•tle** termo *m*; **'vac•u•um**
**clean•er** aspirador *m*, aspiradora *f*;
**'vac•u•um flask** *Br* termo *m*; **vac•
u•um-'packed** *adj* envasado al vacío
**vag•a•bond** ['vægəbɑːnd] vagabun•
do(-a) *m(f)*
**va•gar•ies** ['veɪgəriːz] *npl of weather*
antojos *mpl* (**of** de); *of financial mar•
kets* altibajos *mpl* (**of** de)
**va•gi•na** [və'dʒaɪnə] vagina *f*
**va•gi•nal** ['vædʒɪnl] *adj* vaginal
**va•gran•cy** ['veɪgrənsɪ] LAW vagancia *f*
**va•grant** ['veɪgrənt] vagabundo(-a)
*m(f)*
**vague** [veɪg] *adj* vago; **he was very ~**
**about it** no fue muy preciso
**vague•ly** ['veɪglɪ] *adv answer*, (*slightly*)
vagamente; *possible* muy poco
**vain** [veɪn] **I** *adj* **1** *person* vanidoso **2**
*hope* vano **II** *n*: **in ~** en vano; **their ef•
forts were in ~** sus esfuerzos fueron
en vano
**va•lence** ['veɪləns] CHEM, LING valen•
cia *f*
**va•len•cy** ['veɪlənsɪ] *Br* ☞ **valence**
**val•en•tine** ['væləntaɪn] *card* tarjeta *f*
del día de San Valentín; **Valentine's**
**Day** día *m* de San Valentín *or* de los
enamorados
**val•et** **I** *n* ['væleɪ] *person* mozo *m* **II** v/t
['vælət] *car* lavar y limpiar
**'val•et park•ing** servicio *m* de aparca•

coches

**val•et ser•vice** *for clothes* servicio *m* de planchado; *for cars* servicio *m* de lavado y limpiado

**val•iant** ['væljənt] *adj* valiente, valeroso

**val•iant•ly** ['væljəntlɪ] *adv* valientemente, valerosamente

**val•id** ['vælɪd] *adj* válido

**val•i•date** ['vælɪdeɪt] *v/t with official stamp* sellar; *s.o.'s alibi* dar validez a

**va•lid•i•ty** [və'lɪdətɪ] validez *f*

**Val•i•um®** ['vælɪəm] Valium *m*

**val•ley** ['vælɪ] valle *m*

**val•or** ['vælər] valentía *f*, coraje *m*

**val•our** *Br* ☞ **valor**

**val•u•a•ble** ['væljubl] **I** *adj* valioso **II** *n:* **~s** objetos *mpl* de valor

**val•u•a•tion** [vælju'eɪʃn] tasación *f*, valoración *f*

**val•ue** ['væljuː] **I** *n* valor *m*; **be good ~** ofrecer buena relación calidad-precio; **get ~ for money** recibir una buena relación calidad-precio; **rise / fall in ~** aumentar / disminuir de valor **II** *v/t s.o.'s friendship, one's freedom* valorar; **I ~ your advice** valoro tus consejos; **have an object ~d** pedir la valoración *or* tasación de un objeto

**val•ue-'ad•ded tax** *Br* impuesto *m* sobre el valor añadido

**val•ued** ['væljuːd] *adj* valorado, apreciado

**'val•ue judg(e)•ment** juicio *m* de valor

**val•ue•less** ['væljulɪs] *adj* carente de valor

**val•u•er** ['væljuər] tasador(a) *m(f)*

**valve** [vælv] válvula *f*

**vamp** [væmp] vampiresa *f*, mujer *f* fatal

**vam•pire** ['væmpaɪr] vampiro *m*

**'vam•pire bat** vampiro *m* del Uruguay

**van** [væn] camioneta *f*, furgoneta *f*

**van•dal** ['vændl] vándalo *m*, gamberro(-a) *m(f)*

**van•dal•ism** ['vændəlɪzm] vandalismo *m*

**van•dal•ize** ['vændəlaɪz] *v/t* destrozar *(intencionadamente)*

**vane** [veɪn] *of propeller* aspa *f*, paleta *f*

**van•guard** ['vængɑːrd] vanguardia *f*; **be in the ~ of** *fig* estar a la vanguardia de

**va•nil•la** [və'nɪlə] **I** *n* vainilla *f* **II** *adj* de vainilla

**van•ish** ['vænɪʃ] *v/i* desaparecer

**van•i•ty** ['vænətɪ] *of person* vanidad *f*

**'van•i•ty case** neceser *m*; **'van•i•ty pub•lish•ing** publicación de una obra financiada por el propio autor; **'van•i•ty ta•ble** tocador *m*

**van•quish** ['væŋkwɪʃ] *v/t* conquistar, derrotar

**van•tage point** ['væntɪdʒ] *on hill etc* posición *f* aventajada

**va•por** ['veɪpər] vapor *m*

**va•por•ize** ['veɪpəraɪz] *v/t of atomic bomb, explosion* vaporizar

**'va•por trail** *of airplane* estela *f*

**va•pour** *Br* ☞ **vapor**

**var•i•a•ble** ['verɪəbl] **I** *adj* variable **II** *n* MATH, COMPUT variable *f*

**var•i•ance** ['verɪəns]: **be at ~ with** estar en desacuerdo con

**var•i•ant** ['verɪənt] variante *f*

**var•i•a•tion** [verɪ'eɪʃn] variación *f*

**var•i•cose vein** ['værɪkoʊs'veɪn] variz *f*

**var•ied** ['verɪd] *adj* variado

**var•i•e•gat•ed** ['verɪəgeɪtɪd] *adj* variopinto

**va•ri•e•ty** [və'raɪətɪ] *(variedness, type)* variedad *f*; **a ~ of things to do** *(range, mixture)* muchas cosas para hacer; **~ is the spice of life** en la variedad está el gusto

**va•ri•fo•cal** ['verɪfoʊkl] *adj lens* progresivo

**var•i•ous** ['verɪəs] *adj* **1** *(several)* varios **2** *(different)* diversos

**var•nish** ['vɑːrnɪʃ] **I** *n* **1** *for wood* barniz *m* **2** *for fingernails* esmalte *m* **II** *v/t* **1** *wood* barnizar **2** *fingernails* poner esmalte a, pintar

**var•y** ['verɪ] **I** *v/i (pret & pp -ied)* variar; **it varies** depende **II** *v/t (pret & pp -ied)* variar

**vase** [veɪz] jarrón *m*

**vas•ec•to•my** [və'sektəmɪ] vasectomía *f*

**Vas•e•line®** ['væsəliːn] vaselina *f*

**vast** [væst] *adj desert, knowledge* vasto; *number, improvement* enorme; **the ~ majority** la gran mayoría

**vast•ly** ['væstlɪ] *adv* enormemente; *different* totalmente; *superior* infinitamente

**VAT** [viːeɪ'tiː, væt] *abbr Br* (= **value-added tax**) IVA *m* (= impuesto *m* sobre el valor añadido)

**vat** [væt] barril *m*, tanque *m*

**Vat•i•can** ['vætɪkən]: **the ~** el Vaticano

**vau•de•ville** ['vɔːdvɪl] vodevil *m*

**vault**[1] [vɔːlt] *n* **1** *in roof* bóveda *f* **2**: *~s* (*cellar*) sótano *m*; *of bank* cámara *f* acorazada

**vault**[2] [vɔːlt] **I** *n* SP salto *m* **II** *v/t beam etc* saltar

**vault•ed** ['vɔːltɪd] *adj* convexo, abombado

**vault•ing horse** ['vɔːltɪŋ] potro *m*

**vCJD** [viːsiːdʒeɪ'diː] *abbr* (= **new variant Creutzfeldt-Jakob Disease**) nueva variante *f* de la enfermedad de Creutzfeldt-Jakob

**VCR** [viːsiː'ɑːr] *abbr* (= **video cassette recorder**) aparato *m* de Span vídeo *or* L.Am. video

**VD** [viː'diː] *abbr* (= **venereal disease**) enfermedad *f* venérea

**VDU** [viːdiː'juː] *abbr* (= **visual display unit**) monitor *m*

**veal** [viːl] ternera *f*

**vec•tor** ['vektər] MATH vector *m*

**veer** [vɪr] *v/i* girar, torcer; *~ to the right* POL dar un giro a la derecha

♦ **veer off** *v/i* girar, torcer

**ve•gan** ['viːgn] **I** *n* vegetariano(-a) *m(f)* estricto(-a) (*que no come ningún producto de origen animal*) **II** *adj* vegetariano estricto

**veg•e•burg•er**® ['vedʒɪbɜːrgər] hamburguesa *f* vegetariana

**veg•e•ta•ble** ['vedʒtəbl] hortaliza *f*; *~s pl* verduras *fpl*

**veg•e•tar•i•an** [vedʒɪ'terɪən] **I** *n* vegetariano(-a) *m(f)* **II** *adj* vegetariano

**veg•e•tar•i•an•ism** [vedʒɪ'terɪənɪzm] vegetarianismo *m*

**veg•e•tate** ['vedʒɪteɪt] *v/i* vegetar

**veg•e•ta•tion** [vedʒɪ'teɪʃn] vegetación *f*

**veg•gie•bur•ger** ['vedʒɪbɜːrgər] hamburguesa *f* vegetariana

**ve•he•mence** ['viːəməns] vehemencia *f*

**ve•he•ment** ['viːəmənt] *adj* vehemente

**ve•he•ment•ly** ['viːəməntlɪ] *adv* vehementemente

**ve•hi•cle** ['viːɪkl] *also fig* vehículo *m*

**veil** [veɪl] *n* velo *m*; *draw a ~ over sth fig* correr un tupido velo sobre algo **II** *v/t* cubrir con un velo; *~ed in secrecy* envuelto en secretismo

**vein** [veɪn] ANAT vena *f*; *in this ~ fig* en este tono

**Vel•cro**® ['velkroʊ] velcro *m*

**ve•loc•i•ty** [vɪ'lɑːsətɪ] velocidad *f*

**vel•vet** ['velvɪt] terciopelo *m*

**vel•vet•y** ['velvɪtɪ] *adj* aterciopelado

**vend•er** ☞ **vendor**

**ven•det•ta** [ven'detə] vendetta *f*

**vend•ing ma•chine** ['vendɪŋ] máquina *f* expendedora

**ven•dor** ['vendər] LAW parte *f* vendedora

**ve•neer** [və'nɪr] *on wood* chapa *f*; *fig: of politeness etc* apariencia *f*, fachada

**ven•er•a•ble** ['venərəbl] *adj* venerable

**ven•er•ate** ['venəreɪt] *v/t* venerar

**ven•er•a•tion** [venə'reɪʃn] veneración *f*

**ve•ne•re•al dis•ease** [vɪ'nɪrɪəl] enfermedad *f* venérea

**ve•ne•tian 'blind** persiana *f* veneciana

**Ven•e•zue•la** [veniz'weɪlə] Venezuela *f*

**Ven•e•zue•lan** [veniz'weɪlən] **I** *adj* venezolano **II** *n* venezolano(-a) *m(f)*

**ven•geance** ['vendʒəns] venganza *f*; *with a ~* con ganas

**venge•ful** ['vendʒfʊl] *adj* vengativo

**ven•i•son** ['venɪsn] venado *m*

**ven•om** ['venəm] *also fig* veneno *m*

**ven•om•ous** ['venəməs] *adj* snake venenoso; *fig* envenenado

**vent** [vent] **I** *n for air* respiradero *m*; *give ~ to feelings* dar rienda suelta a **II** *v/t*: *~ one's anger on s.o.* descargarse con alguien

**ven•ti•late** ['ventɪleɪt] *v/t* ventilar

**ven•ti•la•tion** [ventɪ'leɪʃn] ventilación *f*

**ven•ti•la•tion shaft** pozo *m* de ventilación

**ven•ti•la•tor** ['ventɪleɪtər] ventilador *m*; MED respirador *m*

**ven•tri•cle** ['ventrɪkl] ventrículo *m*

**ven•tril•o•quism** [ven'trɪləkwɪzəm] ventriloquia *f*

**ven•tril•o•quist** [ven'trɪləkwɪst] ventrilocuo(-a) *m(f)*

**ven•ture** ['ventʃər] **I** *n* (*undertaking*) iniciativa *f*; COM empresa *f* **II** *v/i* aventurarse **III** *v/t*: *~ to do sth* aventurarse a hacer algo; *~ an opinion* aventurar una opinión (*on* sobre)

**'ven•ture cap•i•tal** capital *m* de riesgo

**'ven•ture cap•i•tal•ist** capitalista *m/f* de riesgo

**ven•ue** ['venjuː] *for meeting* lugar *m*; *for concert* local *m*, sala *f*

**Ve•nus** ['viːnəs] ASTR Venus *m*

**ve•ran•da** [və'rændə] porche *m*

**verb** [vɜːrb] verbo *m*

**ver•bal** ['vɜːrbl] *adj* (*spoken*) verbal

**ver•bal•ize** ['vɜːrbəlaɪz] *v/t* expresar, exteriorizar con palabras

**ver•bal•ly** ['vɜːrbəlɪ] *adv* de palabra

**ver•ba•tim** [vɜːr'beɪtɪm] *adv* literalmente

**ver•bi•age** ['vɜːrbɪɪdʒ] verbosidad *f*, verborragia *f*

**ver•bose** [vɜːr'bəʊs] *adj* verboso, recargado

**ver•dict** ['vɜːrdɪkt] LAW veredicto *m*; **what's your ~?** ¿qué te parece?, ¿qué opinas?

**ver•di•gris** ['vɜːrdɪgrɪ] verdete *m*

**verge** [vɜːrdʒ] *of road* arcén *m*; **be on the ~ of ruin** estar al borde de; *tears* estar a punto de
◆ **verge on** *v/t* rayar en

**ver•i•fi•a•ble** [verɪ'faɪəbl] *adj* demostrable, comprobable

**ver•i•fi•ca•tion** [verɪfɪ'keɪʃn] **1** (*checking*) verificación *f* **2** (*confirmation*) confirmación *f*

**ver•i•fy** ['verɪfaɪ] *v/t* (*pret & pp* **-ied**) **1** (*check*) verificar **2** (*confirm*) confirmar

**ver•i•ta•ble** ['verɪtəbl] *adj* auténtico, verdadero; **a ~ labyrinth** un verdadero laberinto

**ver•mi•cel•li** [vɜːrmɪ'tʃelɪ] *nsg* fideos *mpl*

**ver•mil•ion** [vər'mɪlɪən] *adj* bermellón

**ver•min** ['vɜːrmɪn] *npl* bichos *mpl*

**ver•min•ous** ['vɜːrmɪnəs] *adj* sarnoso, cochambroso

**ver•mouth** [vɜːr'muːθ] vermut *m*

**ver•nac•u•lar** [vər'nækjələr] lenguaje *m* de la calle

**ver•sa•tile** ['vɜːrsətəl] *adj* polifacético, versátil

**ver•sa•til•i•ty** [vɜːrsə'tɪlətɪ] polivalencia *f*, versatilidad *f*

**verse** [vɜːrs] verso *m*

**versed** [vɜːrst] *adj*: **be well ~ in a subject** estar muy versado en una materia

**ver•sion** ['vɜːrʃn] versión *f*

**ver•sus** ['vɜːrsəs] *prep* SP, LAW contra

**ver•te•bra** ['vɜːrtɪbrə] vértebra *f*

**ver•te•brate** ['vɜːrtɪbreɪt] vertebrado (-a) *m(f)*

**ver•tex** ['vɜːrteks] (*pl* **-tices** ['vɜːrtɪsiːz], **-texes**) vértice *m*

**ver•ti•cal** ['vɜːrtɪkl] *adj* vertical

**ver•ti•go** ['vɜːrtɪgəʊ] vértigo *m*

**verve** [vɜːrv] entusiasmo *m*, garbo *m*

**ver•y** ['verɪ] **I** *adv* muy; **was it cold? – not ~** ¿hizo frío? – no mucho; **the ~ best** el mejor de todos **II** *adj*: **at that ~ moment** en ese mismo momento; **that's the ~ thing I need** (*exact*) eso es precisamente lo que necesito; **the ~ thought** (*mere*) sólo de pensar en; **right at the ~ top / bottom** arriba / al fondo del todo

**ver•y large-scale in•te•gra•tion** integración *f* a gran escala

**ves•i•cle** ['vesɪkl] vesícula *f*

**ves•sel** ['vesl] **1** NAUT buque *m* **2** *dish* vasija *f*, cuenco *m*

**vest** [vest] **1** chaleco *m* **2** *Br* camiseta *f* interior

**vest•ed in•ter•est** [vestɪd'ɪntrəst] **1**: **the ~s** *pl* los intereses establecidos *or* creados **2**: **have a ~ in sth** tener verdadero interés en algo

**ves•ti•bule** ['vestɪbjuːl] vestíbulo *m*

**ves•tige** ['vestɪdʒ] vestigio *m*

**ves•try** ['vestrɪ] REL sacristía *f*

**vet**[1] [vet] *n* (*veterinary surgeon*) veterinario(-a) *m(f)*

**vet**[2] [vet] *v/t* (*pret & pp* **-ted**) *applicants etc* examinar, investigar

**vet**[3] [vet] *n* MIL veterano(-a) *m(f)*

**vet•e•ran** ['vetərən] **I** *n* veterano(-a) *m(f)* **II** *adj* veterano

**vet•e•ri•nar•i•an** [vetərə'nerɪən] veterinario(-a) *m(f)*

**vet•er•i•nar•y** ['vetərɪnerɪ] *adj* veterinario

**'vet•er•i•nar•y med•i•cine** veterinaria *f*

**'vet•er•i•nar•y sur•geon** *Br* veterinario(-a) *m(f)*

**ve•to** ['viːtəʊ] **I** *n* (*pl* **-oes**) veto *m* **II** *v/t* vetar

**vex** [veks] *v/t* (*concern, worry*) molestar, irritar

**vexed** [vekst] **1** *adj* (*worried*) molesto, irritado **2**: **the ~ question of** la polémica cuestión de

**VHF** [viːeɪtʃ'ef] *abbr* (= **Very High Frequency**) VHF *m* (= frecuencia *f* muy alta)

**vi•a** ['vaɪə] *prep* vía

**vi•a•ble** ['vaɪəbl] *adj* viable

**vi•a•duct** ['vaɪədʌkt] viaducto *m*

**vi•al** ['vaɪəl] frasco *m*

**vibes** [vaɪbz] *npl* F **1** *vibraphone* vibráfono *m* **2** *fig* vibraciones *fpl*; **I was getting positive ~ from her** (ella) me dio buenas vibraciones

**vi•brant** ['vaɪbrənt] *adj* **1** *color, voice* penetrante, vivo **2** *personality* dinámico, entusiasta

**vi•bra•phone** ['vaɪbrəfoʊn] MUS vibráfono *m*

**vi•brate** [vaɪ'breɪt] *v/i* vibrar

**vi•bra•tion** [vaɪ'breɪʃn] vibración *f*

**vi•bra•tor** [vaɪ'breɪtər] vibrador *m*

**vic•ar** ['vɪkər] *Br* REL vicario *m*

**vic•ar•age** ['vɪkərɪdʒ] *Br* REL vicaría *f*

**vi•car•i•ous** [vaɪ'keɪrɪəs] *adj* indirecto

**vice**¹ [vaɪs] vicio *m*; *the problem of ~* el problema del vicio

**vice**² *Br* ☞ *vise*

**vice 'pres•i•dent** vicepresidente(-a) *m(f)*

**'vice squad** brigada *f* antivicio

**vi•ce ver•sa** [vaɪs'vɜːrsə] *adv* viceversa

**vi•cin•i•ty** [vɪ'sɪnətɪ] zona *f*; *in the ~ of ... the church etc* en las cercanías de ...; *$500 etc* rondando ...

**vi•cious** ['vɪʃəs] *adj dog* fiero; *attack, temper, criticism* feroz

**vi•cious 'cir•cle** círculo *m* vicioso

**vi•cious•ly** ['vɪʃəslɪ] *adv* con brutalidad

**vi•cis•si•tudes** [vɪ'sɪsɪtuːdz] *npl fml* vicisitudes *fpl*

**vic•tim** ['vɪktɪm] víctima *f*

**vic•tim•ize** ['vɪktɪmaɪz] *v/t* tratar injustamente

**vic•tor** ['vɪktər] vencedor(a) *m(f)*

**Vic•to•ri•an** [vɪk'tɔːrɪən] *adj* HIST victoriano

**vic•to•ri•ous** [vɪk'tɔːrɪəs] *adj* victorioso

**vic•to•ry** ['vɪktərɪ] victoria *f*; *win a ~ over ...* obtener una victoria sobre ...

**vid•e•o** ['vɪdɪoʊ] **I** *n Span* vídeo *m, L.Am.* video *m*; *have X on ~* tener a X en *Span* vídeo *or L.Am.* video **II** *v/t* grabar en *Span* vídeo *or L.Am.* video

**'vid•e•o ar•cade** salón *m* de juegos recreativos; **'vid•e•o cam•e•ra** videocámara *f*; **vid•e•o•cas'sette** videocasete *m*; **vid•e•o•cas'sette re•cord•er** aparato *m* de video *or Span* vídeo; **'vid•e•o clip** videoclip *m*, vídeo *m* musical; **'vid•e•o con•fer•ence** TELEC videoconferencia *f*; **'vid•e•o•disk** videodisco *m*, video disk *m*; **'vid•e•o game** videojuego *m*; **vid•e•o 'nas•ty** *Br.* película *f* de contenido violento o pornográfico; **'vid•e•o•phone** videoteléfono *m*; **'vid-**

**e•o re•cord•er** aparato *m* de *Span* vídeo *or L.Am.* video; **'vid•e•o re•cord•ing** grabación *f* en *Span* vídeo *or L.Am.* video; **'vid•e•o screen** of TV pantalla *f* del televisor; **'vid•e•o sig•nal** señal *f* de *Span* vídeo *or L.Am.* video; **'vid•e•o•tape I** *n* cinta *f* de video *or Span* vídeo **II** *v/t* grabar en video *or Span* vídeo

**vie** [vaɪ] *v/i* competir

**Vi•et•nam** [vɪet'nɑːm] Vietnam *m*

**Vi•et•nam•ese** [vɪetnə'miːz] **I** *adj* vietnamita **II** *n* **1** *person* vietnamita *m/f* **2** *language* vietnamita *m*

**view** [vjuː] **I** *n* **1** vista *f*; *in ~ of* teniendo en cuenta; *be on ~ of paintings* estar expuesto al público; *be hidden from ~* estar oculto *or* escondido; *in full ~ of the crowd* a la vista de todos; *you're blocking my ~* no me dejas ver **2** *of situation* opinión *f*; *with a ~ to* con vistas a **II** *v/t events, situation* ver, considerar; *TV program, house* ver **III** *v/i* (*watch TV*) ver la televisión

**view•er** ['vjuːər] TV telespectador(a) *m(f)*

**'view•find•er** PHOT visor *m*

**view•ing fig•ures** ['vjuːɪŋ] *npl* índice *m* de audiencia

**'view•point** punto *m* de vista

**vig•il** ['vɪdʒɪl] vigilia *f*; *keep ~* velar (*by* por)

**vig•i•lance** ['vɪdʒɪləns] vigilancia *f*

**vig•i•lant** ['vɪdʒɪlənt] *adj* vigilante, en alerta

**vig•i•lan•te** [vɪdʒɪl'æntɪ] vigilante *m/f*

**vig•or** ['vɪgər] (*energy*) vigor *m*

**vig•or•ous** ['vɪgərəs] *adj shake* vigoroso; *person* enérgico; *denial* rotundo

**vig•or•ous•ly** ['vɪgərəslɪ] *adv shake* con vigor; *deny, defend* rotundamente

**vig•our** *Br* ☞ *vigor*

**Vi•king** ['vaɪkɪŋ] **I** *n* vikingo(-a) *m(f)* **II** *adj* vikingo

**vile** [vaɪl] *adj smell* asqueroso; *thing to do* vil

**vil•i•fy** ['vɪlɪfaɪ] *v/t* difamar, desacreditar

**vil•la** ['vɪlə] chalet *m*; *in the country* villa *f*

**vil•lage** ['vɪlɪdʒ] pueblo *m*

**vil•lag•er** ['vɪlɪdʒər] aldeano(-a) *m(f)*

**vil•lain** ['vɪlən] malo(-a) *m(f)*

**vin•ai•grette** [vɪnɪ'gret] GASTR vinagreta *f*

**vin•di•cate** ['vɪndɪkeɪt] v/t (show to be correct) dar la razón a; (show to be innocent) vindicar; **I feel ~d** los hechos me dan ahora la razón

**vin•dic•tive** [vɪn'dɪktɪv] adj vengativo

**vin•dic•tive•ly** [vɪn'dɪktɪvlɪ] adv vengativamente

**vine** [vaɪn] vid f

**vin•e•gar** ['vɪnɪgər] vinagre m

**vine•yard** ['vɪnjɑːrd] viñedo m

**vi•no** ['viːnoʊ] F vino m

**vin•tage** ['vɪntɪdʒ] **I** n of wine cosecha f **II** adj (classic) clásico m

**vint•ner** ['vɪntnər] **1** (wine merchant) vinatero(-a) m(f) **2** (wine maker) vinicultor(a) m(f)

**vi•nyl** ['vaɪnl] vinilo m

**vi•o•la** [vɪ'oʊlə] MUS viola f

**vi•o•late** ['vaɪəleɪt] v/t violar

**vi•o•la•tion** [vaɪə'leɪʃn] violación f; (traffic ~) infracción f

**vi•o•lence** ['vaɪələns] violencia f; **outbreak of ~** estallido m de violencia

**vi•o•lent** ['vaɪələnt] adj violento; **have a ~ temper** tener muy mal genio

**vi•o•lent•ly** ['vaɪələntlɪ] adv react violentamente; object rotundamente; **fall ~ in love with s.o.** enamorarse perdidamente de alguien; **he was ~ ill** vomitó mucho

**vi•o•let** ['vaɪələt] **1** color violeta m **2** plant violeta f

**vi•o•lin** [vaɪə'lɪn] violín m

**vi•o•lin•ist** [vaɪə'lɪnɪst] violinista m/f

**VIP** [viːaɪ'piː] abbr (= **very important person**) VIP m

**vi•per** ['vaɪpər] snake víbora f

**vi•ral** ['vaɪrəl] adj infection vírico, viral

**Vir•gin** ['vɜːrdʒɪn]: **the ~** (**Mary**) la Virgen (María)

**vir•gin** ['vɜːrdʒɪn] virgen m/f

**vir•gin•i•ty** [vɜːr'dʒɪnətɪ] virginidad f; **lose one's ~** perder la virginidad

**Vir•go** ['vɜːrgoʊ] ASTR Virgo m/f inv; **be (a) ~** ser Virgo

**vir•ile** ['vɪrəl] adj man viril; prose vigoroso

**vi•ril•i•ty** [vɪ'rɪlətɪ] virilidad f

**vi•rol•o•gy** [vaɪ'rɑːlədʒɪ] virología f

**vir•tu•al** ['vɜːrtʃʊəl] adj virtual

**vir•tu•al•ly** ['vɜːrtʃʊəlɪ] adv (almost) virtualmente, casi

**vir•tu•al re'al•i•ty** realidad f virtual

**vir•tue** ['vɜːrtʃuː] virtud f; **in ~ of** en vir-

tud de; **make a ~ of necessity** hacer de la necesidad virtud

**vir•tu•o•so** [vɜːrtʃuː'oʊzoʊ] MUS virtuoso(-a) m(f)

**vir•tu•ous** ['vɜːrtʃʊəs] adj virtuoso

**vir•u•lent** ['vɪrʊlənt] adj virulento

**vi•rus** ['vaɪrəs] MED, COMPUT virus m inv

**'vi•rus de•tec•tion pro•gram** programa m detector de virus; **'vi•rus e•lim•i•na•tion pro•gram** programa m antivirus; **'vi•rus pro•tec•tion** COMPUT antivirus m; **'vi•rus scan•ner** COMPUT scanner m antivirus

**vi•sa** ['viːzə] visa f, visado m

**vis-à-vis** [viːzɑː'viː] prep contra, de cara a

**vis•cer•a** ['vɪsərə] npl ANAT vísceras fpl

**vis•cer•al** ['vɪsərəl] adj visceral

**vis•cos•i•ty** [vɪs'kɑːsətɪ] viscosidad f

**vis•cous** ['vɪskəs] viscoso, glutinoso

**vise** [vaɪs] torno m de banco

**vis•i•bil•i•ty** [vɪzə'bɪlətɪ] visibilidad f

**vis•i•ble** ['vɪzəbl] adj object, difference visible; anger evidente; **not be ~ to the naked eye** no ser visible a simple vista

**vis•i•bly** ['vɪzəblɪ] adv different visiblemente; **he was ~ moved** estaba visiblemente conmovido

**vi•sion** ['vɪʒn] also REL visión f; **I had ~s of having to rekey the whole thing** ya me veía teniendo que teclear todo otra vez

**vi•sion•ar•y** ['vɪʒnerɪ] **I** adj (far-sighted) previsor, precavido **II** n **1** (far-sighted person) previsor(a) m(f), precavido(-a) m(f) **2** REL visionario(-a) m(f)

**vis•it** ['vɪzɪt] **I** n visita f; **pay a ~ to the doctor / dentist** visitar al doctor / dentista; **pay s.o. a ~** hacer una visita a alguien **II** v/t visitar

◆ **visit with** v/t **1** (visit) visitar **2** (chat to) platicar or Span conversar con

**vis•it•a•tion** [vɪzɪ'teɪʃn] **1** REL aparición f **2** hum (visit) visita f

**vis•it•ing card** ['vɪzɪtɪŋ] tarjeta f de visita

**'vis•it•ing hours** npl at hospital horas fpl de visita

**vis•i•tor** ['vɪzɪtər] (guest) visita f; (tourist), to museum etc visitante m/f

**'vis•i•tors' book** libro m de visitas

**vi•sor** ['vaɪzər] visera f

**vis•ta** ['vɪstə] vista *f* (*of* de)
**vis•u•al** ['vɪʒʊəl] *adj* visual
**vis•u•al 'aid** medio *m* visuale; '**vis•u•al arts** *npl* artes *fpl* plásticas; **vis•u•al dis'play u•nit** monitor *m*
**vis•u•al•ize** ['vɪʒʊəlaɪz] *v/t* visualizar; (*foresee*) prever
**vis•u•al•ly** ['vɪʒʊlɪ] *adv* visualmente
**vis•u•al•ly im'paired** *adj* con discapacidad visual
**vi•tal** ['vaɪtl] *adj* (*essential*) essencial, fundamental; *piece of evidence, clue* clave; *it's absolutely ~ that …* es imprescindible que …; *of ~ importance* de vital importancia
**vi•tal•i•ty** [vaɪ'tælətɪ] *of person, city etc* vitalidad *f*
**vi•tal•ly** ['vaɪtəlɪ] *adv*: *~ important* de importancia vital
**vi•tal 'or•gans** *npl* órganos *mpl* vitales
**vi•tal sta'tis•tics** *npl of woman* medidas *fpl*
**vit•a•min** ['vaɪtəmɪn] vitamina *f*
**'vit•a•min pill** pastilla *f* vitamínica
**vit•ri•ol•ic** [vɪtrɪ'ɑːlɪk] *adj* virulento
**vi•va•cious** [vɪ'veɪʃəs] *adj* vivaz
**vi•vac•i•ty** [vɪ'væsətɪ] vivacidad *f*
**viv•id** ['vɪvɪd] *adj color* vivo; *memory, imagination* vívido
**viv•id•ly** ['vɪvɪdlɪ] *adv* **1** (*brightly*) vivamente **2** (*clearly*) vívidamente
**viv•i•sec•tion** [vɪvɪ'sekʃn] BIO vivisección *f*
**vix•en** ['vɪksən] ZO zorra *f*
**VLSI** [viːeles'aɪ] *abbr* (= *very large-scale integration*) integración *f* a gran escala
**V-neck** ['viːnek] cuello *m* de pico
**vo•cab** ['voʊkæb] F ☞ *vocabulary*
**vo•cab•u•la•ry** [voʊ'kæbjʊlerɪ] vocabulario *m*
**vo•cal** ['voʊkl] *adj* **1** *to do with the voice* vocal **2** *expressing opinions* ruidoso; *a ~ opponent* un declarado adversario
**'vo•cal cords** *npl* cuerdas *fpl* vocales
**'vo•cal group** MUS grupo *m* vocal
**vo•cal•ist** ['voʊkəlɪst] MUS vocalista *m/f*
**vo•ca•tion** [voʊ'keɪʃn] (*calling*) vocación *f*; (*profession*) profesión *f*
**vo•ca•tion•al** [voʊ'keɪʃnl] *adj guidance* profesional
**vo•cif•er•ous** [və'sɪfərəs] *adj* vociferante, vehemente

**vod•ka** ['vɑːdkə] vodka *m*
**vogue** [voʊg] moda *f*; *be in ~* estar en boga
**voice** [vɔɪs] **I** *n* voz *f* **II** *v/t opinions* expresar
**voice-ac•ti•vat•ed** ['vɔɪsæktɪveɪtɪd] *adj* activado por voz
**'voice box** ANAT laringe *f*
**voiced** [vɔɪst] *adj* LING sonoro
**voice•less** ['vɔɪslɪs] *adj* LING sordo
**'voice mail** correo *m* de voz; '**voice-o•ver** voz *f* en off; '**voice rec•og•ni•tion** reconocimiento *m* de voz; '**voice vote** voto *m* oral
**void** [vɔɪd] **I** *n* vacío *m* **II** *adj*: *~ of* carente de
**vol•a•tile** ['vɑːlətl] *adj personality, moods* cambiante; *markets* inestable
**vol-au-vent** ['vɑːloʊvɑːn] GASTR vol-au-vent *m*, tartaleta *f*
**vol•can•ic** [vɑːl'kænɪk] *adj* volcánico
**vol•ca•no** [vɑːl'keɪnoʊ] (*pl -o(e)s*) volcán *m*
**vole** [voʊl] ZO ratón *m* de campo
**vo•li•tion** [və'lɪʃn]: *of one's own ~* por decisión *or* elección propia
**vol•ley** ['vɑːlɪ] **I** *n* **1** *of shots* ráfaga *f* **2** *in tennis, soccer* volea *f* **II** *v/t* volear, golpear en el aire
**'vol•ley•ball** voleibol *m*, balonvolea *m*
**volt** [voʊlt] voltio *m*
**volt•age** ['voʊltɪdʒ] voltaje *m*
**vol•u•ble** ['vɑːljʊbl] *adj* elocuente, expresivo
**vol•ume** ['vɑːljəm] **1** *of sound* volumen *m* **2** *of container* capacidad *f* **3** *of book* volumen *m*, tomo *m*; *speak ~s about s.o.* decir mucho de alguien; *her silence spoke volumes* su silencio lo dijo todo
**vol•ume con'trol** control *m* del volumen
**vo•lu•mi•nous** [və'luːmɪnəs] *adj* **1** *item of clothing* amplio, voluminoso **2** *writing* profuso, detallado
**vol•un•tar•i•ly** [vɑːlən'terɪlɪ] *adv* voluntariamente
**vol•un•ta•ry** ['vɑːlənterɪ] *adj* voluntario; *on a ~ basis* como voluntario
**vol•un•teer** [vɑːlən'tɪr] **I** *n* voluntario(-a) *m(f)* **II** *v/i* ofrecerse voluntariamente
**vo•lup•tu•ous** [və'lʌptʃʊəs] *adj woman, figure* voluptuoso

**vom•it** ['vɑːmət] **I** n vómito m **II** v/i vomitar

◆ **vomit up** v/t vomitar

**voo•doo** ['vuːduː] vudú m

**vo•ra•cious** [vəˈreɪʃəs] adj appetite voraz

**vo•ra•cious•ly** [vəˈreɪʃəslɪ] adv also fig vorazmente

**vor•tex** ['vɔːrteks] (pl **vortexes** ['vɔːrteksɪs], **vortices** ['vɔːrtɪsiːz]) METEO vórtice m; fig torbellino m, espiral f

**vote** [voʊt] **I** n voto m; **have the ~** (be entitled to vote) tener el derecho al voto **II** v/i POL votar; **~ for / against** votar a favor / en contra **III** v/t: **they ~d him President** lo votaron presidente; **they ~d to stay behind** votaron (a favor de) quedarse atrás

◆ **vote in** v/t new member elegir en votación

◆ **vote on** v/t issue someter a votación

◆ **vote out** v/t of office rechazar en votación

**vot•er** ['voʊtər] POL votante m/f

**vot•ing** ['voʊtɪŋ] POL votación f

**'vot•ing booth** cabina f electoral

◆ **vouch for** [vaʊtʃ] v/t truth of sth dar fe de; person responder por

**vouch•er** ['vaʊtʃər] vale m

**vow** [vaʊ] **I** n voto m **II** v/t: **~ to do sth** prometer hacer algo

**vow•el** ['vaʊl] vocal f

**voy•age** ['vɔɪɪdʒ] viaje m

**voy•eur** [vɔɪˈɜːr] voyeur m/f, mirón (-ona) m(f)

**VP** [viːˈpiː] abbr (= **Vice President**) vicepresidente(-a) m(f)

**vul•can•ized rub•ber** ['vʌlkənaɪzd] goma f vulcanizada

**vul•gar** ['vʌlgər] adj person, language vulgar, grosero

**vul•gar•i•ty** [vʌlˈgærɪtɪ] vulgaridad f, ordinariez f

**vul•ner•a•bil•i•ty** [vʌlnərəˈbɪlətɪ] vulnerabilidad f

**vul•ner•a•ble** ['vʌlnərəbl] adj to attack, criticism vulnerable

**vul•ture** ['vʌltʃər] buitre m

# W

**wack•o** ['wækoʊ] F majareta m/f, grillado(-a) m/f

**wack•y** ['wækɪ] adj F estrambótico

**wad** [wɑːd] of paper, absorbent cotton etc bola f; **a ~ of $100 bills** un fajo de billetes de 100 dólares

**wad•ding** ['wɑːdɪŋ] relleno m

**wad•dle** ['wɑːdl] v/i of duck caminar; of person anadear

**wade** [weɪd] v/i caminar en el agua

◆ **wade in** v/i Br F to conversation entrometerse

◆ **wade through** v/t book, documents leerse

**wad•er** ['weɪdər] ORN zancuda f

**wad•er** ['weɪdər] boot bota f de agua

**wad•ing pool** ['weɪdɪŋpuːl] piscina f hinchable

**wa•fer** ['weɪfər] **1** cookie barquillo m **2** REL hostia f

**'wa•fer-thin** adj muy fino

**waf•fle** ['wɑːfl] n to eat gofre m

**waf•fle** ['wɑːfl] v/i F andarse con rodeos

**waft** [wɑːft] **I** v/i of smell flotar; **the sound of a guitar ~ed in from ...** una música agradable de guitarra venía de ... **II** v/t llevar

**wag** [wæg] **I** v/t (pret & pp **-ged**) tail, finger menear **II** v/i (pret & pp **-ged**) of tail menearse

**wag** [wæg] n payaso m

**wage** [weɪdʒ] v/t: **~ war** hacer la guerra

**wage** [weɪdʒ] n salario m, sueldo m; **~s** salario m, sueldo m

**'wage claim, 'wage de•mand** reivindicación f salarial; **'wage earn•er** asalariado(-a) m(f); **'wage freeze** congelación f salarial; **'wage ne•go•ti•a•tions** npl negociación f salarial; **'wage pack•et** fig salario m, sueldo m

**wa•ger** ['weɪdʒər] **I** n apuesta f; **have a ~ on sth** apostar por algo **II** v/t: **I'll ~ that ...** apuesto a que...

**wag•gle** ['wægl] v/t hips menear; ears, loose screw etc mover

**wag•on**, Br **wag•gon** ['wægən] **1** horse-drawn carro m; covered carromato m **2**

*Br* RAIL vagón *m* 3: *be on the ~* F haber dejado la bebida

**waif** [weɪf] niño(-a) *m/f* desamparado(-a); *~s and strays* niños desamparados

**wail** [weɪl] **I** *n of person, baby* gemido *m*; *of siren* sonido *m*, aullido *m* **II** *v/i of person, baby* gemir; *of siren* sonar, aullar

**wain•scot•ting** ['weɪnskɑːtɪŋ] revestimiento *m*

**waist** [weɪst] cintura *f*

**'waist•band** cinturilla *f*; **'waist•coat** *Br* chaleco *m*; **waist-'deep** *adj*: *the water was ~* el agua cubría hasta la cintura; **waist-'high** *adj*: *the grass was ~* la hierba llegaba hasta la cintura; **'waist•line** cintura *f*; *watch one's ~* F cuidar la línea

**wait** [weɪt] **I** *n* espera *f*; *I had a long ~ for a train* esperé mucho rato el tren; *it was worth the ~* mereció la pena esperar; *lie in ~ for s.o.* acechar a alguien **II** *v/i* esperar; *have you been ~ing long?* ¿llevan mucho rato esperando? **II** *v/t*: *don't ~ supper for me* no me esperéis a cenar; *~ table* trabajar de camarero(-a)

◆ **wait for** *v/t* esperar; *wait for me!* ¡esperame!

◆ **wait on** *v/t* 1 (*serve*) servir 2 (*wait for*) esperar

◆ **wait up** *v/i* esperar levantado

**wait•er** ['weɪtər] camarero *m*

**wait•ing** ['weɪtɪŋ] espera *f*; *no ~ sign* señal *f* de prohibido estacionar

**'wait•ing list** lista *f* de espera

**'wait•ing room** sala *f* de espera

**wait•ress** ['weɪtrɪs] camarera *f*

**waive** [weɪv] *v/t right* renunciar; *requirement* no aplicar

**waiv•er** ['weɪvər] LAW renuncia *f*

**wake¹** [weɪk] **I** *v/i* (*pret woke*, *pp woken*): *~ (up)* despertarse **II** *v/t* (*pret woke*, *pp woken*): *~ (up)* despertar

◆ **wake up I** *v/i* 1 *from sleep* despertarse 2 *fig* espabilarse **II** *v/t* 1 *from sleep* despertar 2 *fig* espabilar

**wake²** [weɪk] *n of ship* estela *f*; *in the ~ of fig* tras; *missionaries followed in the ~ of the explorers* a los exploradores siguieron los misioneros

**wake•ful** ['weɪkful] *adj* (*unable to sleep*) desvelado; *she spent a ~ night* pasó la noche en vela

**wak•en** ['weɪkən] *v/t* despertar

**'wake-up call**: *could I have a ~ at 6.30?* ¿me podrían despertar a las 6.30?

**wak•ing** ['weɪkɪŋ] *adj*: *he spends all his ~ hours studying* pasa todas las horas que está despierto estudiando

**Wales** [weɪlz] Gales *m*

**walk** [wɔːk] **I** *n* 1 paseo *m*; *longer* caminata *f*; *it's a long / short ~ to the office* hay una caminata / un paseo hasta la oficina; *go for a ~* salir a dar un paseo, salir de paseo; *it's a five-minute ~* está a cinco minutos a pie 2 (*path*) camino *m* 3: *from all ~s of life* de toda condición 4 *in baseball* base *f* por bolas **II** *v/i* caminar, andar; *as opposed to driving* ir a pie; *she ~ed over to the window* se acercó a la ventana; *I ~ed over to her place* fui a su casa **III** *v/t* 1 *dog* sacar a pasear 2: *~ the streets* (*walk around*) caminar por las calles 3 *in baseball*: *he was ~ed* hizo una base por bolas

◆ **walk in** *v/i* entrar

◆ **walk into** *v/t* 1 *room* entrar 2 (*collide with*) chocarse con

◆ **walk off I** *v/i* marcharse, irse **II** *v/t headache* ir a dar un paseo para librarse de

◆ **walk off with** *v/t prize* hacerse con

◆ **walk out** *v/i of spouse* marcharse; *from theater etc* salir; (*go on strike*) declararse en huelga

◆ **walk out on** *v/t*: *walk out on s.o.* abandonar a alguien

◆ **walk over** *v/t*: *walk all over s.o.* F (*defeat*) derrotar *or* aplastar alguien; (*treat badly*) pisotear a alguien F

**'walk•a•bout** *Br* F: *go on a ~ of politician* dar un paseo entre la multitud; *go ~* (*disappear*) desaparecer

**'walk•a•way** F (*easy win*) paseo *m*

**walk•er** ['wɔːkər] 1 (*hiker*) excursionista *m/f* 2 *for baby, old person* andador *m* 3: *be a slow / fast ~* caminar *or* andar despacio / rápido

**walk•ie-'talk•ie** [wɔːkɪ'tɔːkɪ] walkie--talkie *m*

**walk-in 'clos•et** vestidor *m*, armario *m* empotrado

**walk•ing** ['wɔːkɪŋ] (*hiking*) excursionismo *m*; *~ is one of the best forms of exercise* caminar es uno de los mejores ejercicios; *it's within ~ distance* se

puede ir caminando *or* andando
'**walk•ing stick** bastón *m*
'**walk•ing tour** visita *f* a pie
'**Walk•man**® walkman *m*; '**walk-on part**
papel *m* de figurante; '**walk•out** (*strike*)
huelga *f*; '**walk•o•ver** (*easy win*) paseo
*m*; '**walk-up** apartamento en un edificio
sin ascensor; '**walk•way** pasarela *f*
**wall** [wɔ:l] external, fig muro *m*; of room
pared *f*; in soccer barrera *f*; **go to the ~**
of company quebrar; **drive s.o. up the
~** F hacer que alguien se suba por las
paredes
**wal•la•by** ['wɑ:ləbɪ] wallaby *m*
'**wall•chart** gráfico *m* mural
**wal•let** ['wɑ:lɪt] (*billfold*) cartera *f*
**wall•eyed** ['wɒːlaɪd] adj bizco
'**wall•flow•er** fig F: **she was tired of
being a ~** estaba harta de no tener
con quién bailar
**wal•lop** ['wɑ:ləp] I *n* F blow tortazo *m* F,
galletazo *m* F II *v/t* dar un golpetazo a
F; opponent dar una paliza a F
**wal•lop•ing** ['wɑ:ləpɪŋ] adj & adv: **a ~**
(*great*) **hole** F un agujero enorme F
**wal•low** ['wɑ:loʊ] *v/i*: **~ in mud** revolcarse en; **~ in luxury** nadar en la abundancia; **~ in self-pity** recrearse en la autocompasión
'**wall paint•ing** pintura *f* mural; '**wall-
pa•per** I *n* papel *m* pintado II *v/t* empapelar; '**Wall Street** Wall Street *m*, la
bolsa de Nueva York; **wall-to-wall**
'**car•pet** Span moqueta *f*, L.Am. alfombra *f*
**wal•nut** ['wɒːlnʌt] nuez *f*, tree, wood nogal *m*
**wal•rus** ['wɒːlrəs] ZO morsa *f*
**wal•rus** '**mus•tache**, Br **wal•rus**
'**mous•tache** bigote *m* largo
**waltz** [wɒːlts] I *n* vals *m* II *v/i* bailar un
vals
**wan** [wɑ:n] adj face pálido *m*
**wand•er** ['wɑ:ndər] *v/i* (*roam*) vagar,
deambular; (*stray*) extraviarse; **my attention began to ~** empecé a distraer-
me
◆ **wander around** *v/i* deambular, pasear
**wan•der•ings** ['wɑ:ndərɪŋz] npl andanzas fpl; **she's off on her ~ again** está
otra vez viajando
'**wand•er•lust** pasión *f* por viajar
**wane** [weɪn] I *v/i* of interest, enthusiasm

decaer, menguar; of moon menguar II
*n*: **be on the ~** estar decayendo
**wan•gle** ['wæŋgl] *v/t* F agenciarse F
**wan•na** ['wɑ:nə] F = want to; want a
**wan•na•be** ['wɑ:nəbɪ] F I adj **a ~ actor /
writer** un aprendiz de actor / escritor II
*n*: **an Oprah ~** una persona que aspira a
ser como Oprah
**want** [wɑ:nt] I *n*: **for ~ of** por falta de
II *v/t* querer; (*need*) necesitar; **~ to do
sth** querer hacer algo; **I ~ to stay here**
quiero quedarme aquí; **do you ~ to
come too? – no, I don't ~ to** ¿quieres
venir tú también? – no, no quiero; **you
can have whatever you ~** toma lo que
quieras; **it's not what I ~ed** no es lo que
quería; **she ~s you to go back** quiere
que vuelvas; **he ~s a haircut** necesita
un corte de pelo
III *v/i*: **he ~s for nothing** no le falta nada
'**want ad** anuncio *m* por palabras (*buscando algo*)
**want•ed** ['wɑ:ntɪd] adj by police buscado por la policía
**want•ing** ['wɑ:ntɪŋ] adj: **the team is
~ing in experience** al equipo le falta
experiencia
**wan•ton** ['wɑ:ntən] adj gratuito
**WAP phone** ['wæpfoʊn] teléfono *m*
WAP
**war** [wɔ:r] also fig guerra *f*; **be at ~** estar
en guerra; **go to ~ with s.o.** entrar en
guerra con alguien
**war•ble** ['wɔ:rbl] *v/i* of bird trinar
'**war chest** POL fondos mpl; '**war crime**
crimen *m* de guerra; '**war crim•i•nal**
criminal *m/f* de guerra; '**war cry** also
fig grito *m* de guerra
**ward** [wɔ:rd] **1** in hospital sala *f* **2** child
pupilo(-a) *m(f)* **3** of city circunscripción *f* electoral
◆ **ward off** *v/t* blow parar; attacker rechazar; cold evitar
**war•den** ['wɔ:rdn] of prison director(-a)
*m(f)*, alcaide(sa) *m(f)*; Br of hostel vigilante *m/f*
'**ward•robe** for clothes armario *m*;
(*clothes*) guardarropa *m*
**ware•house** ['werhaʊs] almacén *m*
**wares** [werz] npl mercancías fpl
'**war•fare** guerra *f*; '**war film** película *f*
bélica; '**war•head** ojiva *f*
**war•i•ly** ['werɪlɪ] adv cautelosamente

'war•like *adj* belicoso

'war•lord señor *m* de la guerra

warm [wɔːrm] *adj* **1** *hands, room, water* caliente; *weather, welcome* cálido; **it's ~er than yesterday** hace más calor que ayer; **get ~** calentarse; **you're getting ~** *in game* caliente, caliente **2** *coat* de abrigo

◆ **warm over** *v/t* calentar

◆ **warm up I** *v/t* calentar **II** *v/i* calentarse; *of athlete etc* calentar

warm•blood•ed [wɔːrm'blʌdɪd] *adj* ZO de sangre caliente

warmed-o•ver [wɔːrmd'oʊvər] *adj* recalentado; *fig* manido

'war me•mo•ri•al monumento *m* a los caídos en la guerra

warm•heart•ed ['wɔːrmhɑːrtɪd] *adj* cariñoso, simpático

warm•ly ['wɔːrmlɪ] *adv welcome, smile* calurosamente; **~ dressed** abrigado

war•mon•ger ['wɔːrmʌŋgər] belicista *m/f*

'war mov•ie película *f* bélica

warmth [wɔːrmθ] calor *m*; *of welcome, smile* calor *m*, calidez *f*

'warm-up SP calentamiento *m*

warn [wɔːrn] *v/t* advertir, avisar; **~ s.o. against doing sth** advertir a alguien para que no haga algo

◆ **warn off** *v/t* advertir, prevenir

warn•ing ['wɔːrnɪŋ] advertencia *f*, aviso *m*; SP amonestación *f*; **without ~** sin previo aviso

War of In•de•pen•dence HIST Guerra *f* de la Independencia (Americana)

war of 'nerves guerra *f* de nervios

warp [wɔːrp] **I** *v/t wood* combar; *character* corromper **II** *v/i of wood* combarse

'war paint *of warrior* pintura *f* de guerra; **she's putting on her ~** *hum* se está pintando

'war•path: **be on the ~** estar en pie de guerra

warped [wɔːrpt] *adj fig* retorcido

'war•plane avión *m* de guerra

war•rant ['wɔːrənt] **I** *n* orden *f* judicial **II** *v/t* (*deserve, call for*) justificar

war•ran•ty ['wɔːrəntɪ] (*guarantee*) garantía *f*; **be under ~** estar en garantía

'war•ran•ty cer•tif•i•cate certificado *m* de garantía

war•ren ['wɔːrən] madriguera *f*; *fig* laberinto *m*

war•ri•or ['wɔːrɪər] guerrero(-a) *m(f)*

'war•ship buque *m* de guerra

wart [wɔːrt] verruga *f*; **~s and all** F con todas las imperfecciones

'war•time tiempos *mpl* de guerra

war•y ['werɪ] *adj* cauto, precavido; **be ~ of** desconfiar de

was [wʌz] *pret* ☞ **be**

wash [wɑːʃ] **I** *n* lavado *m*; **have a ~** lavarse; **that shirt needs a ~** hay que lavar esa camisa; **my blue shirt is in the ~** mi camiseta azul está con la ropa sucia **II** *v/t* lavar **III** *v/i* lavarse

◆ **wash down** *v/t* **1** *clean* lavar con abundante agua **2** *medicine, meal* bajar

◆ **wash up** *v/i* **1** (*wash one's hands and face*) lavarse **2** *Br* (*wash dishes*) lavar los platos

wash•a•ble ['wɑːʃəbl] *adj* lavable

'wash•bag *Br* neceser *m*; 'wash•ba•sin, 'wash•bowl lavabo *m*; 'wash•cloth toallita *f*; 'wash•day día *m* de hacer la colada

washed-out [wɑːʃt'aʊt] *adj* agotado

washed-up [wɑːʃt'ʌp] *adj* F *actor, artist* acabado F

wash•er ['wɑːʃər] **1** *for faucet etc* arandela *f* **2** ☞ **washing machine**

wash•ing ['wɑːʃɪŋ] (*clothes washed*) ropa *f* limpia; (*dirty clothes*) ropa *f* sucia; **do the ~** lavar la ropa, hacer la colada

'wash•ing line cuerda *f* para tender

'wash•ing ma•chine lavadora *f*

'wash•out F *disaster* fracaso *m*

'wash•room lavabo *m*, aseo *m*

was•n't ['wɑːznt] = **was not**

WASP [wɑːsp] *abbr* (= **White Anglo-Saxon Protestant**) blanco, anglosajón y protestante

wasp [wɑːsp] *insect* avispa *f*

wasp•ish ['wɑːspɪʃ] *adj remark, comment* mordaz

waste [weɪst] **I** *n* desperdicio *m*; *from industrial process* desechos *mpl*; **it's a ~ of time / money** es una pérdida de tiempo / dinero **II** *adj* residual; **~ land** erial *m* **III** *v/t* derrochar; *money* gastar; *time* perder

◆ **waste away** *v/i* consumirse

'waste•bas•ket papelera *f*

wast•ed ['weɪstɪd] *adj* P como una cuba F

'waste dis•pos•al (unit) trituradora *f* de basuras

**waste•ful** ['weɪstfəl] *adj* despilfarrador, derrochador

'**waste•land** erial *m*; waste'pa•per papel *m* usado; waste•pa•per 'bas•ket papelera *f*; 'waste pipe tubería *f* de desagüe; 'waste prod•uct desecho *m*

**wast•er** ['weɪstər] F inútil *m/f*

**watch** [wɑːtʃ] I *n timepiece* reloj *m*; ***keep*** *~* hacer la guardia, vigilar II *v/t* mirar; *film*, *TV* ver; (*look after*) vigilar; *~ me!* ¡mírame!; *~ s.o. doing sth* mirar a alguien hacer algo *or* cómo hace algo; *~ it* ten cuidado; *you want to ~ it with him* ten cuidado con él III *v/i* mirar, observar

◆ **watch for** *v/t* esperar

◆ **watch out** *v/i* (*be careful*) tener cuidado; ***watch out!*** ¡cuidado!

◆ **watch out for** *v/t* (*be wary of*) tener cuidado con

'**watch•band** correa *f* de reloj

'**watch•dog 1** *dog* perro *m* guardián **2** *fig* organismo *m* regulador

**watch•ful** ['wɑːtʃfəl] *adj* vigilante

'**watch•mak•er** relojero(-a) *m(f)*; **watch•man** ['wɑːtʃmən] vigilante *m*; 'watch•strap *Br* correa *f* de reloj; 'watch•tow•er atalaya *f*; 'watch•word consigna *f*

**wa•ter** ['wɔːtər] I *n* agua *f*; *~s* NAUT aguas *fpl* II *v/t plant* regar III *v/i*: *my eyes are ~ing* me lloran los ojos; *my mouth is ~ing* se me hace la boca agua

◆ **water down** *v/t drink* aguar, diluir

'**wa•ter bed** cama *f* de agua; 'wa•ter bird ave *f* acuática; 'wa•ter bot•tle *for drinking water* cantimplora *f*; 'wa•ter can•non cañón *m* de agua; 'wa•ter•col•or, *Br* 'wa•ter•col•our acuarela *f*; 'wa•ter cool•er dispensador *m* de agua; 'wa•ter•course curso *m* de agua; 'wa•ter•cress berro *m*

**wa•tered-down** [wɔːtərd'daʊn] *adj fig* dulcificado

'**wa•ter•fall** cascada *f*, catarata *f*; 'wa•ter•front: *a hotel on the ~* un hotel en primera línea de mar; *walk along the ~* pasear por la orilla; 'wa•ter hole abrevadero *m*; 'wa•ter ice *Br* sorbete *m*

**wa•ter•ing can** ['wɔːtərɪŋ] regadera *f*; 'wa•ter•ing hole *hum* bar *m*; 'wa•ter•ing pot regadera *f*

'**wa•ter jump** SP foso *m* de agua; 'wa•ter lev•el nivel *m* del agua; 'wa•ter lil•y ne-

núfar *m*; 'wa•ter•line línea *f* de flotación; wa•ter•logged ['wɔːtərlɑːgd] *adj earth*, *field* anegado; *boat* lleno de agua; 'wa•ter main tubería *f* principal; 'wa•ter•mark filigrana *f*; 'wa•ter•mel•on sandía *f*; 'wa•ter me•ter contador *m* del agua; 'wa•ter pipe **1** *for water supply* cañería *f* de agua **2** *for smoking* pipa *f* de agua; 'wa•ter pis•tol pistola *f* de agua; 'wa•ter pol•lu•tion contaminación *f* del agua; 'wa•ter po•lo waterpolo *m*; 'wa•ter•proof *adj* impermeable; 'wa•ter•shed *fig* momento *m* clave; 'wa•ter short•age escasez *f* de agua; 'wa•ter•side orilla *f*; *at the ~* en la orilla; 'wa•ter-ski *v/i* hacer esquí acuático; 'wa•ter-ski•ing esquí *m* acuático; 'wa•ter sup•ply suministro *m* de agua; 'wa•ter ta•ble capa *f* freática; 'wa•ter•tight *adj compartment* estanco; *fig* irrefutable; 'wa•ter•way curso *m* de agua navegable; 'wa•ter wheel noria *f*; 'wa•ter•wings *npl* flotadores *mpl* (*para los brazos*); 'wa•ter•works depuradora *f*; *turn on the ~* F ponerse a llorar como una magdalena F

**wa•ter•y** ['wɔːtəri] *adj* aguado

**watt** [wɑːt] *n* vatio *m*

**wave**[1] [weɪv] *n in sea* ola *f*; ***don't make ~s!*** *fig* ¡no montes un cirio! F

**wave**[2] [weɪv] I *n* **1** *of hand* saludo *m* **2** *at sports etc event* ola *f* (mexicana) II *v/i with hand* saludar con la mano; *~ to s.o.* saludar con la mano a alguien III *v/t flag etc* agitar

'**wave band** RAD banda *f* de frecuencia

'**wave•length** RAD longitud *f* de onda; *be on the same ~ fig* estar en la misma onda

**wa•ver** ['weɪvər] *v/i* vacilar, titubear

**wav•y** ['weɪvi] *adj hair*, *line* ondulado

**wax**[1] [wæks] I *n for floor*, *furniture* cera *f*; *in ear* cera *f*, cerumen *m*; *for legs* cera *f* depilatoria II *v/t legs* depilar (con cera)

**wax**[2] [wæks] *v/i* crecer; *~ lyrical about sth* hablar poéticamente de algo

'**wax bean** frijolillo *m*

**waxed pa•per** [wækst'peɪpər] papel *m* encerado

**wax•en** ['wæksən] *adj fig* céreo

'**wax mu•se•um** museo *m* de cera

'**wax•work 1** *model* figura *f* de cera **2**: *~s sg o pl museum* museo *m* de cera

**wax•y** ['wæksɪ] *adj* céreo

**way** [weɪ] **I** *n* **1** (*method*) manera *f*, forma *f*; (*manner*) manera *f*, modo *m*; **I don't like the ~ he behaves** no me gusta cómo se comporta; **it's just the ~ you said it** es la manera en que lo dijiste; **this ~** (*like this*) así; **in a ~** (*in certain respects*) en cierto sentido; **have one's** (*own*) **~** salirse con la suya; **OK, we'll do it your ~** de acuerdo, lo haremos a tu manera; **OK, have it your ~** de acuerdo, como tú digas *or* quieras **2** (*route*) camino *m*; **can you tell me the ~ to ...?** ¿me podría decir cómo se va a ...?; **this ~** (*in this direction*) por aquí; **lead the ~** abrir (el) camino; *fig* marcar la pauta; **lose one's ~** perderse; **be in the ~** (*be an obstruction*) estar en medio; **it's on the ~ to the station** está camino de la estación; **I was on my ~ to the station** iba camino de la estación; **on my ~ to school I met ...** de camino al colegio me encontré con...; **which ~ did you come?** ¿por dónde viniste?; **Easter's still a long ~ off** todavía falta mucho para Semana Santa; **it's a long ~ to Rochester** Rochester queda muy lejos; **I went the wrong ~** tomé el camino equivocado; **3**: **by the ~** (*incidentally*) por cierto, a propósito; **by ~ of** (*via*) por; (*in the form of*) a modo de; **be under ~** haber comenzado, estar en marcha; **give ~** *Br* MOT ceder el paso; (*collapse*) ceder; **give ~ to** (*be replaced by*) ser reemplazado por; **no ~!** ¡ni hablar!, ¡de ninguna manera!; **there's no ~ he can do it** es imposible que lo haga **II** *adv* F (*much*): **it's ~ too soon to decide** es demasiado pronto como para decidir; **they are ~ behind with their work** van atrasadísimos en el trabajo

**'way•bill** COM conocimiento *m* de embarque; **way 'in** entrada *f*; **way'lay** *v/t* (*pret & pp* **-laid**) **1** *attack* asaltar **2** *fig* abordar; **way of 'life** modo *m* de vida; **way 'out** *also fig* salida *f*; **'way-out** *adj* P estrambótico F; **way•side**: **fall by the ~** ser abandonado

**way•ward** ['weɪwərd] *adj* rebelde

**WC** [dʌblju:'si:] *abbr Br* (= **water closet**) váter *m*

**we** [wi:] *pron* nosotros *mpl*, nosotras *fpl*; **~ are the best** somos los mejores;

**they're going, but ~'re not** ellos van, pero nosotros no

**weak** [wi:k] *adj* **1** débil; **get** *or* **become ~** debilitarse **2** *tea, coffee* poco cargado

**weak•en** ['wi:kn] **I** *v/t* debilitar **II** *v/i* debilitarse

**weak-kneed** [wi:k'ni:d] *adj* F gallina

**weak•ling** ['wi:klɪŋ] *morally* cobarde *m/f*; *physically* enclenque *m/f*

**weak•ly** ['wi:klɪ] *adv* débilmente

**weak•ness** ['wi:knɪs] debilidad *f*; **have a ~ for sth** (*liking*) sentir debilidad por algo

**weal** [wi:l] *mark* señal *f*

**wealth** [welθ] riqueza *f*; **a ~ of** abundancia de; **'wealth tax** FIN impuesto *m* sobre el patrimonio

**wealth•y** ['welθɪ] *adj* rico

**wean** [wi:n] *v/t* destetar; **~ s.o. off sth** desenganchar a alguien de algo

**weap•on** ['wepən] arma *f*

**weap•on•ry** ['wepənrɪ] armamento *m*

**'weap•ons of mass de•struc•tion** *npl* armas *fpl* de destrucción masiva

**wear** [wer] **I** *n* **1**: **~** (**and tear**) desgaste *m* **2**: **clothes for everyday / evening ~** ropa *f* de diario / de noche **II** *v/t* (*pret* **wore**, *pp* **worn**) **1** (*have on*) llevar **2** (*damage*) desgastar **III** *v/i* (*pret* **wore**, *pp* **worn**) **1** (*~ out*) desgastarse **2** (*last*) durar

◆ **wear away I** *v/i* desgastarse **II** *v/t* desgastar

◆ **wear down** *v/t* agotar

◆ **wear off** *v/i* of effect, feeling pasar

◆ **wear on** *v/i* of time pasar

◆ **wear out I** *v/t* **1** (*tire*) agotar **2** *shoes* desgastar **II** *v/i* of shoes, carpet desgastarse

**wea•ri•ly** ['wɪrɪlɪ] *adv* cansinamente

**wear•ing** ['werɪŋ] *adj* (*tiring*) agotador

**wea•ri•some** ['wɪrɪsəm] *adj* (*tiring*) fatigoso; (*boring*) aburrido; (*annoying*) pesado

**wear•y** ['wɪrɪ] **I** *adj* cansado; **get** *or* **become ~** cansarse **II** *v/t* cansar **III** *v/i*: **~ of** (*doing*) **sth** cansarse de (hacer) algo

**wea•sel** ['wi:zl] **1** ZO comadreja *f* **2** *fig* raposo(-a) *m(f)*

◆ **weasel out of** *v/t* F *task* escaquearse de

**weath•er** ['weðər] **I** *n* tiempo *m*; **what's the ~ like?** ¿qué tiempo hace?; **not in this ~!** ¡no con este tiempo!; **be feeling**

*under the* ~ estar pachucho **II** *v/t crisis* capear, superar

'weath•er-beat•en *adj* curtido; 'weather chart mapa *m* del tiempo; 'weather-bound *adj*: *the planes / ships were* ~ los aviones / barcos no pudieron salir por culpa del mal tiempo; 'weath•er cock veleta *f* (*en forma de gallo*); 'weath•er eye: *keep a* ~ *open for sth* estar atento a algo; 'weath•er fore•cast pronóstico *m* del tiempo; 'weath•er man hombre *m* del tiempo; 'weath•er map mapa *m* del tiempo; 'weath•er proof **I** *adj* impermeable **II** *v/t* impermeabilizar; 'weath•er sat•el•lite satélite *m* meteorológico; 'weath•er sta•tion estación *f* meteorológica; 'weath•er vane veleta *f*

weave [wi:v] **I** *v/t* (*pret wove, pp woven*) tejer **II** *v/i* (*pret wove, pp woven*) *move* zigzaguear

weav•er ['wi:vər] tejedor(a) *m(f)*

web [web] **1** *of spider* tela *f* **2**: *the Web* COMPUT la Web

webbed 'feet [webd] *npl* patas *fpl* palmeadas

'web•mas•ter webmaster *m/f*; 'web page página *f* web; 'web site sitio *m* web

wed [wed] *v/t* (*pret & pp wed or wedded*) casarse con; *they were* ~ *in 1921* se casaron en 1921; *be* ~*ded to an idea / a principle* estar aferrado a una idea / un principio

we'd [wi:d] F = *we had*; *we would*

wed•ding ['wedɪŋ] boda *f*

'wed•ding an•ni•ver•sa•ry aniversario *m* de boda; 'wed•ding cake pastel *m* or tarta *f* de boda; 'wed•ding day día *m* de la boda; 'wed•ding dress vestido *m* de boda or novia; 'wed•ding ring anillo *m* de boda

wedge [wedʒ] **I** *n* **1** *to hold sth in place* cuña *f* **2** *of cheese etc* trozo *m* **II** *v/t*: ~ *a door open* calzar una puerta para que se quede abierta

wed•lock ['wedlɑːk] matrimonio *m*; *be born out of* ~ nacer fuera del matrimonio

Wed•nes•day ['wenzdeɪ] miércoles *m inv*

wee¹ [wi:] *adj* F pequeñín; *a* ~ *bit* un poquito; *the* ~ (*small*) *hours* la madrugada

wee² [wi:] F **I** *v/i* hacer pipí **II** F *n*: *do or have a* ~ hacer pipí F

weed [wi:d] **I** *n* mala hierba **II** *v/t* escardar

◆ weed out *v/t* (*remove*) eliminar; *candidates* descartar

'weed-kill•er herbicida *m*

weed•y ['wi:dɪ] *adj* F esmirriado, enclenque

week [wi:k] semana *f*; *a* ~ *Tuesday* del martes en ocho

'week•day día *m* de la semana; week•end fin *m* de semana; *on the* ~ el fin de semana; 'week•long *adj* que dura una semana; week•ly ['wi:klɪ] **I** *adj* semanal **II** *n magazine* semanario *m* **III** *adv* semanalmente

'week•night noche *f* de entre semana

wee•ny ['wi:nɪ] *adj* F pequeñín

weep [wi:p] *v/i* (*pret & pp wept*) llorar

'weep•ing wil•low sauce *m* llorón

weep•y ['wi:pɪ] *adj*: *be* ~ estar lloroso

wee•vil ['wi:vl] gorgojo *m*

'wee-wee F **I** *n* pipí *m* F; *do a* ~ hacer pipí F **II** *v/i* hacer pipí F

weft [weft] trama *f*

weigh¹ [weɪ] **I** *v/t* pesar **II** *v/i* pesar; *how much do you* ~? ¿cuánto pesas?

◆ weigh down *v/t* cargar; *be weighed down with bags* ir cargado con; *worries* estar abrumado por

◆ weigh in *v/i* **1** *of jockey, boxer* pesarse **2** *at airport* facturar el equipaje

◆ weigh on *v/t* preocupar

◆ weigh up *v/t* (*assess*) sopesar

weigh² [weɪ] *v/t*: ~ *anchor* levar anclas

weight [weɪt] **I** *n* peso *m*; *put on* ~ engordar, ganar peso; *lose* ~ adelgazar, perder peso **II** *v/t figures etc* ponderar; ~*ed average* media *f* ponderada

◆ weight down *v/t* sujetar (*con pesos*)

'weight cat•e•go•ry, 'weight di•vi•sion SP peso *m*

'weight•less ['weɪtləs] *adj* ingrávido

'weight•less•ness ['weɪtləsnəs] ingravidez *f*

'weight•lift•er levantador(a) *m(f)* de pesas; 'weight•lift•ing halterofilia *f*, levantamiento *m* de pesas; 'weight train•ing levantamiento *m* de pesas

weight•y ['weɪtɪ] *adj fig* (*important*) serio

weir [wɪr] presa *f* (*rebasadero*)

weird [wɪrd] *adj* extraño, raro

**weird•ly** ['wɪrdlɪ] *adv* extrañamente

**weird•o** ['wɪrdou] F bicho *m* raro F

**wel•come** ['welkəm] **I** *adj* bienvenido; **you're ~!** ¡de nada!; **you're ~ to try some** prueba algunos, por favor **II** *n* bienvenida *f* **III** *v/t guests etc* dar la bienvenida a; *fig: decision etc* acoger positivamente

**weld** [weld] *v/t* soldar

**weld•er** ['weldər] soldador(a) *m(f)*

**wel•fare** ['welfer] **1** bienestar *m* **2** *financial assistance* subsidio *m* estatal; **be on ~** estar recibiendo subsidios del Estado; **'wel•fare check** *cheque con el importe del subsidio estatal*; **wel•fare 'state** estado *m* del bienestar; **'wel•fare work** trabajo *m* social; **'wel•fare work•er** asistente *m/f* social

**we'll** [wiːl] **= we will**

**well**[1] [wel] *n for water, oil* pozo *m*

**well**[2] **I** *adv* bien; **as ~** *(too)* también; **as ~ as** *(in addition to)* así como; **it's just as ~ you told me** menos mal que me lo dijiste; **how ~ is she doing in English?** ¿qué tal le va en inglés?; **very ~** muy bien; **I couldn't very ~ change my mind** me era imposible cambiar de opinión; **it's all very ~ for you to laugh but** ... te puedes reír todo lo que quieras pero ...; **~, ~!** *surprise* ¡caramba!; **~** ... *uncertainty, thinking* bueno ...; **you might as ~ spend the night here** ya puestos quédate a pasar la noche aquí; **you might as ~ throw it out** yo de ti lo tiraría
**II** *adj*: **be ~** estar bien; **how are you? – I'm very ~** ¿cómo estás? – muy bien; **feel ~** sentirse bien; **get ~ soon!** ¡ponte bueno!, ¡que te mejores!

**well-ad'vised** *adj* sensato; **well-ap-'point•ed** *adj* bien acondicionado; **well-'bal•anced** *adj person, diet* equilibrado; **well-be'haved** *adj* educado; **well-'be•ing** bienestar *m*; **well-'born** *adj* de buena familia; **well-'built** *adj* also euph fornido; **well-dis'posed** *adj*: **be ~ toward s.o.** tener buena disposición hacia alguien; **well-'done** *adj meat* muy hecho; **well-'dressed** *adj* bien vestido; **well-'earned** *adj* merecido; **well-'found•ed** *adj* fundado; **well-'groomed** *adj* arreglado; **well-'heeled** *adj* F adinerado, *Span* con pasta F; **well-in'-formed** *adj* bien informado; **well-in'-**

ten•tioned bienintencionado; **well-'kept** *adj* **1** *garden, building* cuidado **2** *secret* bien guardado; **well-'known** *adj fact* conocido; *person* conocido, famoso; **well-'made** *adj* bien hecho; **well--'man•nered** *adj* educado; **well-'mean•ing** *adj* bienintencionado; **well-'meant** *adj* bienintencionado; **well-nigh** ['wel-naɪ] *adv* casi; **~ impossible** prácticamente imposible; **well-'off** *adj* acomodado; **well-'paid** *adj* bien pagado; **well--pro'por•tioned** *adj* proporcionado; **well-'read** *adj*: **be ~** haber leído mucho; **well-'thought-of** *adj* prestigioso; **be ~** tener prestigio; **well-'timed** *adj* oportuno; **well-to-'do** *adj* acomodado; **well--'versed** *adj*: **be ~ in sth** estar versado en algo; **'well-wish•er** admirador(a) *m(f)*; **well-'worn** *adj* gastado

**Welsh** [welʃ] **I** *adj* galés **II** *n* **1** *language* galés **2** *npl*: **the ~** los galeses

♦ **welsh on** *v/t* F **1** *debt* no pagar **2** *(betray)* traicionar

**Welsh•man** ['welʃmən] galés *m*

**'Welsh•wom•an** galesa *f*

**welt** [welt] señal *f*

**wel•ter•weight** ['weltərweɪt] SP peso *m* welter

**went** [went] *pret* ☞ **go**

**wept** [wept] *pret & pp* ☞ **weep**

**were** [wer] *pret* ☞ **be**

**we're** [wɪr] **= we are**

**weren't** [wɜːrnt] **= were not**

**were•wolf** ['werwulf] hombre *m* lobo

**west** [west] **I** *n* oeste *m*; **the West** *(Western nations)* el Occidente *m*; *(western part of a country)* el oeste **II** *adj* del oeste; **West Africa** África occidental **III** *adv travel* hacia el oeste; **~ of** al oeste de

**'west•bound** *adj* en dirección oeste

**West 'Coast** *of USA* Costa *f* Oeste

**west•er•ly** ['westərlɪ] *adj wind* del oeste; *direction* hacia el oeste

**west•ern** ['westərn] **I** *adj* occidental; **Western** occidental **II** *n movie* western *m*, película *f* del oeste

**West•ern•er** ['westərnər] occidental *m/f*

**west•ern•ized** ['westərnaɪzd] *adj* occidentalizado

**'west•ern•most** *adj* más occidental

**West 'In•di•an I** *adj* antillano **II** *n* antillano(-a) *m(f)*

**West In•dies** ['ɪndiːz] *npl*: **the ~** las

Antillas

**west•ward** ['westwərd] *adv* hacia el oeste

**wet** [wet] *adj* mojado; (*damp*) húmedo; (*rainy*) lluvioso; **get** *or* **become ~** mojarse; **~ paint** *as sign* recién pintado; **be ~ through** estar empapado

'**wet•back** mojado(-a) *m(f) Mex*

'**wet•back la•bor** mano *f* de obra espaldamojada

**wet 'blan•ket** F aguafiestas *m/f inv*

'**wet suit** *for diving* traje *m* de neopreno

**we've** [wiːv] = **we have**

**whack** [wæk] F **I** *n* **1** (*blow*) porrazo *m* F **2** (*share*) parte *f* **II** *v/t* dar un porrazo a F

**whacked** [wækt] *adj* F hecho polvo F

**whack•ing** ['wækɪŋ] F *adj & adv:* **a ~** (*great*) **hole** un agujero enorme F

**whack•y** ['wækɪ] *adj* F estrambótico

**whale** [weɪl] **1** ballena *f* **2: have a ~ of a time** F pasarlo bomba

**whal•er** ['weɪlər] *boat* ballenero *m*

**whal•ing** ['weɪlɪŋ] caza *f* de ballenas

**wharf** [wɔːrf] (*pl* **wharves** [wɔːrvz]) embarcadero *m*

**what** [wɑːt] **I** *pron* qué; **~ is that?** ¿qué es eso?; **~ is it?** (*what do you want*) ¿qué quieres?; **~?** (*what did you say*) ¿qué?; (*what do you want*) ¿qué?; (*how*) ¿cómo?; *astonishment* ¿qué?; **~ about some dinner?** ¿os apetece cenar?; **~ about heading home?** ¿y si nos fuéramos a casa?; **~ for?** (*why*) ¿para qué?; **so ~?** ¿y qué?; **~ is the book about?** ¿de qué trata el libro?; **~ gave you that idea?** ¿ se puede saber qué te ha dado esa idea?; **take ~ you need** toma lo que te haga falta
**II** *adj* qué; **~ university are you at?** ¿en qué universidad estás?; **~ color is the car?** ¿de qué color es el coche?; **~ a house!** ¡vaya casa!; **~ a big ...!** ¡qué ... tan grande!

**what•ev•er** [wɑːt'evər] **I** *pron:* **I'll do ~ you want** haré lo que quieras; **~ gave you that idea?** ¿se puede saber qué te ha dado esa idea?; **~ the season** en cualquier estación; **~ people say** diga lo que diga la gente **II** *adj* cualquier; **you have no reason ~ to worry** no tienes por qué preocuparte en absoluto

**whats•it** ['wɑːtsɪt] F chisme *m*

**what•so•ev•er** [wɑːtsoʊ'evər] ☞ **whatever II**

**wheat** [wiːt] trigo *m*

'**wheat germ** germen *m* de trigo

**whee•dle** ['wiːdl] *v/t:* **~ sth out of s.o.** camelar algo a alguien

**wheel** [wiːl] **I** *n* rueda *f*; (*steering ~*) volante *m* **II** *v/t bicycle* empujar **III** *v/i of birds* volar en círculo

◆ **wheel around** *v/i* darse la vuelta

'**wheel•bar•row** carretilla *f*; '**wheelbase** MOT empate *m*; '**wheel brace** MOT llave *f* de cruz; '**wheel•chair** silla *f* de ruedas; '**wheel clamp** cepo *m*

**wheeled** [wiːld] *adj:* **two / four-~** de dos / cuatro ruedas

**wheel•er-deal•er** [wiːlər'diːlər] F chanchullero(-a) *m(f)*

**wheel•ie** ['wiːlɪ] F: **do a ~** hacer un caballito F

**wheel•ing and deal•ing** [wiːlɪŋən-'diːlɪŋ] F chanchullos *mpl*

**wheeze** [wiːz] **I** *n sound* resoplido *m* **II** *v/i* resoplar

**whelk** [welk] buccino *m*

**when** [wen] **I** *adv* cuándo; **~ do you open?** ¿a qué hora abren?; **say ~** ya dirás basta *or* cuándo **II** *conj* cuando; **~ I was a child** cuando era niño

**whence** [wens] *adv* de dónde

**when•ev•er** [wen'evər] *adv* (*each time*) cada vez que; **call me ~ you like** llámame cuando quieras; **I go to Paris ~ I can afford it** voy a París siempre que me lo puedo permitir

**where** [wer] **I** *adv* dónde; **~ from?** ¿de dónde?; **~ to?** ¿a dónde? **II** *conj* donde; **this is ~ I used to live** aquí es donde vivía antes

**where•a•bouts** [werə'baʊts] **I** *adv* dónde **II** *npl:* **nothing is known of his ~** está en paradero desconocido

**where'as** *conj* mientras que

**where'by** *adv* a través del cual

**where•up'on** *conj* tras lo cual

**wher•ev•er** [wer'evər] **I** *conj* dondequiera que; **sit ~ you like** siéntate donde prefieras **II** *adv* dónde

**where•with•al** ['werwɪðɔːl] medios *mpl*

**whet** [wet] *v/t* (*pret & pp* **-ted**) *appetite* abrir

**wheth•er** ['weðər] *conj* si; **I don't know ~ to tell him or not** no sé si decírselo o no; **~ you approve or not** te parezca bien o no

**whey** [weɪ] suero *m*

**which** [wɪtʃ] **I** *adj* qué; **~ one is yours?** ¿cuál es tuyo? **II** *pron* **1** *interrogative* cuál; **take one, it doesn't matter ~** toma uno, no importa cuál **2** *relative* que; **an idea ~ is ...** una idea que está ...

**which•ev•er** [wɪtʃ'evər] **I** *adj*: **~ color you choose** elijas el color que elijas **II** *pron*: **~ you like** el que quieras; **use ~ of the methods you prefer** utiliza el método que prefieras

**whiff** [wɪf] (*smell*) olorcillo *m*

**while** [waɪl] **I** *conj* **1** mientras **2** (*although*) si bien **II** *n* rato *m*; **a long ~** un rato largo; **for a ~** durante un tiempo; **I lived in Tokyo for a ~** viví en Tokio una temporada; **I'll wait a ~ longer** esperaré un rato más

◆ **while away** *v/t* pasar

**whilst** [waɪlst] ☞ **while I 1**

**whim** [wɪm] capricho *m*; **do sth on a ~** hacer algo por capricho

**whim•per** ['wɪmpər] **I** *n* gimoteo *m* **II** *v/i* gimotear

**whim•si•cal** ['wɪmzɪkl] *adj* curioso

**whim•sy** ['wɪmzɪ] capricho *m*

**whine** [waɪn] *v/i* **1** *of dog* gimotear **2** F (*complain*) quejarse

**whin•er** ['waɪnər] quejica *m/f*

**whinge** [wɪndʒ] *v/i* Br F quejarse (*about* de)

**whin•ny** ['wɪnɪ] **I** *v/i* relinchar **II** *n* relincho *m*

**whip** [wɪp] **I** *n* látigo *m* **II** *v/t* (*pret & pp* **-ped**) **1** (*beat*) azotar; *cream* batir, montar **2** F (*defeat*) dar una paliza a F

◆ **whip away** *v/t* retirar rápidamente

◆ **whip up** *v/t* (*arouse*) agitar

**'whip•cord** cuerda *f* de látigo

**'whip•lash** MED esguince *m* cervical

**'whipped cream** [wɪpt] nata *f* montada

**whip•pet** ['wɪpɪt] lebrel *m*

**whip•ping** ['wɪpɪŋ] **1** (*beating*) azotes *mpl* **2** F (*defeat*) paliza *f* F

**'whip•ping boy** cabeza *m/f* de turco

**'whip•ping cream** nata *f* para montar

**'whip•round** F colecta *f*; **have a ~** hacer una colecta

**whir** [wɜːr] *v/i* (*pret & pp* **-red**) zumbar

**whirl** [wɜːrl] **I** *n*: **my mind is in a ~** me da vueltas la cabeza **II** *v/i* dar vueltas

**'whirl•pool 1** *in river* remolino *m* **2** *for relaxation* bañera *f* de hidromasaje

**'whirl•wind I** *n* torbellino *m* **II** *adj*: **a ~ romance** un romance arrasador

**whirr** Br ☞ **whir**

**whisk** [wɪsk] **I** *n* kitchen implement batidora *f* **II** *v/t* eggs batir

◆ **whisk away** *v/t* retirar rápidamente; **he was whisked away to the airport** se lo llevaron rápidamente al aeropuerto

**whis•kers** ['wɪskərz] *npl of man* patillas *fpl*; *of animal* bigotes *mpl*

**whis•key** ['wɪskɪ] whisky *m*

**whis•per** ['wɪspər] **I** *n* **1** susurro *m*; **say sth in a ~** susurrar algo, decir algo en voz baja **2** (*rumor*) rumor *m* **II** *v/t & v/i* susurrar

**whis•per•ing cam•paign** ['wɪspərɪŋ] campaña *f* de difamación

**whist** [wɪst] whist *m*

**whis•tle** ['wɪsl] **I** *n* sound silbido *m*; SP pitido *m*; *device* silbato *m*, pito *m* **II** *v/t & v/i* silbar

**whis•tle-blow•er** ['wɪslbloʊər] denunciante *m/f*

**whis•tle-stop 'tour** gira *f* relámpago

**white** [waɪt] **I** *n* **1** *color* blanco *m* **2** *of egg* clara *f* **3** *person* blanco(-a) *m(f)* **II** *adj* blanco; **her face went ~** se puso blanca

**'white•bait** pescadito *m*; **'white•board** pizarra *f* blanca; **white 'Christ•mas** Navidades *fpl* blancas; **white 'cof•fee** Br café *m* con leche; **white-col•lar 'crime** delito *m* de guante blanco; **white-col•lar 'work•er** persona que trabaja en una oficina; **white 'el•e•phant** mamotreto *m*; **'white flag** bandera *f* blanca; **'white•goods** *npl* electrodomésticos *mpl*; **white-'hot** *adj* candente; **'White House** Casa *f* Blanca; **white 'knight** COM caballero *m* blanco; **white 'lie** mentira *f* piadosa; **white 'meat** carne *f* blanca

**whit•en** ['waɪtn] *v/t* blanquear

**'white•out** *for text* Tipp-Ex® *m*; **white 'sauce** besamel *f*; **white 'spir•it** Br aguarrás *m inv*; **white su•prem•a•cist** [waɪtsuː'preməsɪst] defensor(a) *m(f)* de la supremacía blanca; **white 'trash** F chusma *f* blanca; **'white•wash I** *n* cal *f*; *fig* encubrimiento *m* **II** *v/t* encalar; **white-wa•ter ca•noe•ing** [waɪtwɑːtərkə'nuːɪŋ] descenso *m* de aguas bravas en canoa; **white-wa•ter raft•ing** [waɪtwɑːtə'ræftɪŋ] descenso *m* de aguas bravas en bote; **white 'wed•ding** boda *f* de blanco; **white 'wine** vino *m* blanco

**whi•ther** ['wɪðər] *adv* adónde

**whit•ing** ['waɪtɪŋ] pescadilla *f*
**whit•ish** ['waɪtɪʃ] *adj* blanquecino
**Whit•sun** ['wɪtsn], **Whit Sun•day** [wɪt'sʌndeɪ] Pentecostés *m*
**whit•tle** ['wɪtl] *v/t wood* tallar
◆ **whittle down** *v/t* reducir
**whiz(z)** [wɪz]: *be a ~ at* F ser un genio de
◆ **whizz past** *v/i of car* pasar zumbando
'**whizz•kid** F prodigio *m/f*; *a computer~* un prodigio *or* as en computadoras
**who** [huː] *pron* **1** *interrogative* ¿quién?; *~ do you want to speak to?* ¿con quién quieres hablar?; *I don't know ~ to believe* no sé a quién creer **2** *relative* que; *an artist ~ tries to …* un artista que intenta …
**who'd** [huːd] = **who had**; **who would**
**who•dun•(n)it** [huː'dʌnɪt] *libro o película centrados en la resolución de un caso*
**who•ev•er** [huː'evər] *pron* quienquiera; *~ can that be calling at this time of night?* ¿pero quién llama a estas horas de la noche?
**whole** [hoʊl] **I** *adj* entero; *the ~ town / country* toda la ciudad / todo el país; *it's a ~ lot easier / better* es mucho más fácil / mucho mejor **II** *n* totalidad *f*; *the ~ of the USA* la totalidad de los Estados Unidos; *on the ~* en general
'**whole•food** alimentos *mpl* integrales; **whole-heart•ed** [hoʊl'hɑːrtɪd] *adj* incondicional; **whole-heart•ed•ly** [hoʊl-'hɑːrtɪdlɪ] *adv* incondicionalmente; **whole•meal 'bread** *Br* pan *m* integral; '**whole note** MUS semibreve *f*; '**whole-sale I** *adj* **1** al por mayor; *~ price* precio *m* al por mayor **2** *fig* indiscriminado **II** *adv* al por mayor; **whole•sal•er** ['hoʊl-seɪlər] mayorista *m/f*; **whole•some** ['hoʊlsəm] *adj* saludable, sano; '**whole-wheat** *adj* integral
**who'll** [huːl] = **who will**
**whol•ly** ['hoʊlɪ] *adv* completamente
**whol•ly owned sub'sid•i•ar•y** subsidiaria *f* en propiedad absoluta
**whom** [huːm] *pron fml* quién; *~ did you see?* ¿a quién vio?; *the person to ~ I was speaking* la persona con la que estaba hablando
**whoop** [wuːp] **I** *n* grito *m* **II** *v/i* gritar
**whoop•ing cough** ['huːpɪŋ] tos *f* ferina
**whoops** [wʊps] *int* huy

**whoosh** [wʊʃ] **I** *n* zumbido *m* **II** *v/i* pasar zumbando
**whop•per** ['wɑːpər] F **1** *something big*: *I caught a real ~ the other day* el otro día pesqué una pieza de campeonato; *the neighbors' cat is a real ~* el gato de los vecinos es una pasada de grande **2** *lie* trola *f*
**whop•ping** ['wɑːpɪŋ] *adj* F enorme
**whore** [hɔːr] prostituta *f*
'**whore•house** prostíbulo *m*
**whorl** [wɜːrl] espiral *f*
**who's** [huːz] = **who is**; **who has**
**whose** [huːz] **I** *pron* **1** *interrogative* de quién; *~ is this?* ¿de quién es esto? **2** *relative* cuyo(-a); *a country ~ economy is booming* un país cuya economía está experimentando un boom **II** *adj* de quién; *~ bike is that?* ¿de quién es esa bici?
**whup** [wʌp] *v/t* (*pret & pp -ped*) F dar un repaso a F
**why** [waɪ] *adv* por qué; *that's ~* por eso; *~ not?* ¿por qué no?
**wick** [wɪk] pabilo *m*
**wick•ed** ['wɪkɪd] *adj* **1** malvado, perverso **2** P (*brilliant*) dabuten P, *L.Am.* chévere F
**wick•er** ['wɪkər] *adj* de mimbre
**wick•er 'bas•ket** cesta *f* de mimbre; **wick•er 'chair** silla *f* de mimbre; '**wick•er•work** cestería *f*
**wick•et** ['wɪkɪt] **1** *in station, bank etc* ventanilla *f* **2** *Br* SP palos *mpl*
**wide** [waɪd] *adj* ancho; *experience, range* amplio; *be 12 feet ~* tener 12 pies de ancho
**wide-an•gle 'lens** PHOT gran angular *m*; **wide a'wake** *adj* completamente despierto; **wide-eyed** [waɪd'aɪd] *adj* **1** con los ojos abiertos de par en par **2** *fig* ingenuo
**wide•ly** ['waɪdlɪ] *adv* used, known ampliamente; *~ read* muy leído
**wid•en** ['waɪdn] **I** *v/t* ensanchar **II** *v/i* ensancharse
**wide-'o•pen** *adj* abierto de par en par; **wide-'rang•ing** *adj* amplio; '**wide screen** pantalla *f* panorámica; '**wide-spread** *adj* extendido, muy difundido
**wid•ow** ['wɪdoʊ] **I** *n* viuda *f* **II** *v/t*: *be ~ed by sth* quedarse viudo como resultado de algo
**wid•ow•er** ['wɪdoʊər] viudo *m*

**width** [wɪdθ] anchura *f*, ancho *m*
**wield** [wiːld] *v/t weapon* empuñar; *power* detentar
**wife** [waɪf] (*pl* **wives** [waɪvz]) mujer *f*, esposa *f*
**wig** [wɪg] peluca *f*
**wig•gle** ['wɪgl] *v/t* menear
**wig•wam** ['wɪgwæm] tipi *m*
**wild** [waɪld] **I** *adj animal* salvaje; *flower* silvestre; *teenager, party* descontrolado; (*crazy: scheme*) descabellado; *applause* arrebatado; **be ~ about sth** (*enthusiastic*) estar loco por algo; **go ~** (*express enthusiasm*) volverse loco; (*become angry*) ponerse hecho una furia; **run ~** *of children* desahogarse **II** *npl:* **the ~s** los parajes remotos
**wild 'boar** jabalí *m*; **'wild card** comodín *m*; COMPUT wildcard *m*, comodín *m*; **'wild•cat I** *n* gato *m* montés **II** *adj:* **~ strike** huelga *f* salvaje
**wil•de•beest** ['wɪldəbiːst] ñu *m*
**wil•der•ness** ['wɪldərnɪs] desierto *m*, yermo *m*
**'wild•fire:** **spread like ~** extenderse como un reguero de pólvora; **wild-'goose chase** búsqueda *f* infructuosa; **'wildlife** flora *f* y fauna; **~ program** TV documental *f* sobre la naturaleza
**wild•ly** ['waɪldlɪ] *adv applaud* enfervorizadamente; **I'm not ~ enthusiastic about the idea** la idea no me emociona demasiado
**'wild pitch** *in baseball* lanzamiento *m* malo
**wil•ful** *Br* ☞ **willful**
**will**[1] [wɪl] *n* LAW testamento *m*; **write or make one's ~** escribir *or* hacer el testamento
**will**[2] [wɪl] *n* (*willpower*) voluntad *f*; **the ~ to win** la voluntad para ganar; **where there's a ~ there's a way** querer es poder
**will**[3] [wɪl] *v/aux:* **I ~ let you know tomorrow** te lo diré mañana; **~ you be there?** ¿estarás allí?; **I won't be back until late** volveré tarde; **you ~ call me, won't you?** me llamarás, ¿verdad?; **I'll pay for this – no you won't** esto lo pago yo – no, ni hablar; **the car won't start** el coche no arranca; **~ you tell her that …?** ¿le quieres decir que …?; **~ you have some more tea?** ¿quiere más té?; **~ you stop that!** ¡basta ya!

**will•ful** ['wɪlfəl] *adj person* tozudo, obstinado; *action* deliberado, intencionado
**wil•lies** ['wɪlɪz] *npl:* **give s.o. the ~** F dar canguelo a alguien F
**will•ing** ['wɪlɪŋ] *adj* dispuesto; **be ~ to do sth** estar dispuesto a hacer algo
**will•ing•ly** ['wɪlɪŋlɪ] *adv* gustosamente
**will•ing•ness** ['wɪlɪŋnɪs] buena disposición *f*
**wil•low** ['wɪloʊ] BOT sauce *m*
**wil•low•y** ['wɪloʊɪ] *adj* esbelto
**'will•pow•er** fuerza *f* de voluntad
**wil•ly-nil•ly** [wɪlɪ'nɪlɪ] *adv* (*at random*) a la buena de Dios
**wilt** [wɪlt] *v/i of plant* marchitarse
**wi•ly** ['waɪlɪ] *adj* astuto
**wimp** [wɪmp] F enclenque *m/f* F, blandengue *m/f* F
**wimp•ish** ['wɪmpɪʃ] *adj* F blandengue F
**win** [wɪn] **I** *n* victoria *f*, triunfo *m* **II** *v/t & v/i* (*pret & pp* **won**) ganar
◆ **win back** *v/t* recuperar
**wince** [wɪns] *v/i* hacer una mueca de dolor
**winch** [wɪntʃ] **I** *n* torno *m*, cabestrante *m* **II** *v/t* elevar con cabestrante
**wind**[1] [wɪnd] **I** *n* viento *m*; (*flatulence*) gases *mpl*; **get ~ of sth** enterarse de algo **II** *v/t:* **be ~ed** quedarse sin respiración; **he was ~ed by the ball** se quedó sin aliento *or* respiración cuando le golpeó la pelota
**wind**[2] [waɪnd] **I** *v/i* (*pret & pp* **wound**) zigzaguear, serpentear; **~ around** enrollarse en **II** *v/t* (*pret & pp* **wound**) enrollar
◆ **wind down I** *v/i of party etc* ir finalizando **II** *v/t* **1** *car window* bajar, abrir **2** *business* ir reduciendo
◆ **wind up I** *v/t* **1** *clock* dar cuerda a **2** *car window* subir, cerrar **3** *speech, presentation* finalizar; *business, affairs* concluir; *company* cerrar **4** *Br* F: *tease* tomar el pelo a **II** *v/i* (*finish*) concluir; **wind up in hospital** acabar en el hospital; **I wound up agreeing with him** terminé *or* acabé dándole la razón
**'wind-bag** F cotorra *f* F; **'wind•break** parapeto *m* (*contra el viento*); **'windfall** *fig* dinero *m* inesperado; **'wind farm** parque *m* de energía eólica
**wind•ing** ['waɪndɪŋ] *adj* zigzagueante, serpenteante

'wind in•stru•ment instrumento *m* de viento

wind•lass ['wɪndləs] TECH torno *m*

wind•less ['wɪndlɪs] *adj* sin viento

'wind•mill molino *m* de viento

win•dow ['wɪndoʊ] *also* COMPUT ventana *f; of car* ventana *f,* ventanilla *f; in the* ~ *of store* en el escaparate *or* L.Am. la vidriera

'win•dow box jardinera *f;* 'win•dow clean•er *person* limpiacristales *m/f inv;* 'win•dow dress•ing 1 escaparatismo *m* 2 *fig* cortina *f* de humo; 'win•dow en•ve•lope sobre *m* con ventana; 'win•dow•pane cristal *f (de una ventana);* 'win•dow seat *on plane, train* asiento *m* de ventana; 'win•dow shade persiana *f;* 'win•dow-shop *v/i (pret & pp* -ped): go ~ping ir de escaparates *or* L.Am. vidrieras; 'win•dow•sill alféizar *m*

'wind•pipe tráquea *f,* 'wind pow•er energía *f* eólica; 'wind pump bomba *f* eólica; 'wind•screen *Br,* 'wind•shield parabrisas *m inv;* 'wind•shield wip•er limpiaparabrisas *m inv;* 'wind•sock manga *f* catavientos; 'wind•surf•er *person* windsurfista *m/f; board* tabla *f* de windsurf; 'wind•surf•ing el windsurf; wind-swept ['wɪndswept] *adj* golpeado por el viento; 'wind tun•nel túnel *m* de viento; 'wind tur•bine turbina *f* eólica

wind•up ['waɪndʌp] *Br* tomadura *f* de pelo

wind•ward ['wɪndwərd] NAUT *adv* hacia barlovento

wind•y ['wɪndɪ] *adj* ventoso; *a* ~ *day* un día de mucho viento; *it's very* ~ *today* hoy hace mucho viento; *it's getting* ~ está empezando a soplar el viento

wine [waɪn] I *n* vino *m* II *v/t:* ~ *and dine s.o.* agasajar a alguien

'wine bar *Br* bar *especializado en vinos;* 'wine bot•tle botella *f* de vino; 'wine cel•lar bodega *f;* 'wine glass copa *f* de vino; 'wine list lista *f* de vinos; 'wine mak•er viticultor(a) *m(f);* 'wine mer•chant comerciante *m/f* de vinos

win•er•y ['waɪnərɪ] bodega *f* vinícola

wing [wɪŋ] 1 ala *f* 2 SP *position* ala *f; player* extremo *m/f*

wing•er ['wɪŋər] SP extremo *m/f*

'wing mir•ror retrovisor *m* lateral *or* exterior; 'wing nut TECH palomilla *f;* 'wing•span envergadura *f*

wink [wɪŋk] I *n* guiño *m; I didn't sleep a* ~ F no pegué ojo II *v/i of person* guiñar, hacer un guiño; ~ *at s.o.* guiñar *or* hacer un guiño a alguien

win•kle ['wɪŋkl] bígaro *m*

◆ winkle out *v/t: winkle sth out of s.o.* sonsacar algo a alguien

win•ner ['wɪnər] ganador(a) *m(f),* vencedor(a) *m(f); of lottery* acertante *m/f*

win•ning ['wɪnɪŋ] *adj* ganador

'win•ning post meta *f*

win•nings ['wɪnɪŋz] *npl* ganancias *fpl*

◆ win•now out ['wɪnoʊ] *v/t weaker teams etc* apartar

win•o ['waɪnoʊ] F borrachín(-ina) *m(f)* F

win•ter ['wɪntər] I *n* invierno *m* II *v/i* pasar el invierno

win•ter•ize ['wɪntəraɪz] *v/t* MOT preparar para el invierno

win•ter sports [wɪntər'spɔːrts] *npl* deportes *mpl* de invierno

'win•ter•time invierno *m; in (the)* ~ en invierno

win•try ['wɪntrɪ] *adj* invernal

wipe [waɪp] *v/t* limpiar; *tape* borrar

◆ wipe out *v/t (kill, destroy)* eliminar; *debt* saldar

wip•er ['waɪpər] ☞ *windshield wiper*

wire [waɪr] I *n* alambre *m;* ELEC cable *m; get one's* ~*s crossed fig* confundirse II *v/t* ELEC cablear

'wire cut•ters *npl* cizallas *fpl*

wire•less ['waɪrlɪs] radio *f*

wire 'net•ting tela *f* metálica; 'wire•tap escucha *f* telefónica; wire 'wool estropajo *m* de aluminio

wir•ing ['waɪrɪŋ] ELEC cableado *m*

'wir•ing di•a•gram diagrama *m* de la instalación eléctrica *or* de conexiones

wir•y ['waɪrɪ] *adj person* fibroso

wis•dom ['wɪzdəm] *of person* sabiduría *f, of action* prudencia *f,* sensatez *f*

'wis•dom tooth muela *f* del juicio

wise [waɪz] *adj* sabio; *action, decision* prudente, sensato

◆ wise up *v/i* F abrir los ojos; *wise up to sth* F darse cuenta de algo

'wise•crack F chiste *m,* comentario *m* gracioso

'wise guy *pej* F sabelotodo *m*

wise•ly ['waɪzlɪ] *adv act* prudentemente, sensatamente

**wish** [wɪʃ] **I** *n* deseo *m*; *best ~es* un saludo cordial; *make a ~* pedir un deseo **II** *v/t* desear; *~ s.o. well* desear a alguien lo mejor; *I ~ed him good luck* le deseé buena suerte; *I ~ that you could stay* ojalá te pudieras quedar **III** *v/i: ~ for* desear

'**wish•bone** espoleta *f*

**wish•ful 'think•ing** ['wɪʃfəl] ilusiones *fpl*; *that's ~ on her part* que no se haga ilusiones

**wish•y-wash•y** ['wɪʃɪwɑːʃɪ] *adj person* anodino; *color* pálido

**wisp** [wɪsp] *of hair* mechón *m*; *of smoke* voluta *f*

**wist•ful** ['wɪstfəl] *adj* nostálgico

**wist•ful•ly** ['wɪstfəlɪ] *adv* con nostalgia

**wit** [wɪt] **1** (*humor*) ingenio *m*; *person* ingenioso(-a) *m(f)* **2**: *be at one's ~s' end* estar desesperado; *keep one's ~s about one* mantener la calma; *be scared out of one's ~s* estar aterrorizado

**witch** [wɪtʃ] bruja *f*

'**witch•craft** brujería *f*; '**witch doc•tor** hechicero *m*; '**witch•hunt** *fig* caza *f* de brujas

**with** [wɪð] *prep* con; *shivering ~ fear* temblando de miedo; *a girl ~ brown eyes* una chica de ojos castaños; *are you ~ me?* (*do you understand*) ¿me sigues?; *~ no money* sin dinero

**with•draw** [wɪð'drɔː] **I** *v/t* (*pret* **-drew**, *pp* **-drawn**) *complaint, money, troops* retirar **II** *v/i* (*pret* **-drew**, *pp* **-drawn**) *of competitor, troops* retirarse

**with•draw•al** [wɪð'drɔːəl] *of complaint, application, troops* retirada *f*; *of money* reintegro *m*

**with'draw•al symp•toms** *npl* síndrome *m* de abstinencia

**with•drawn** [wɪð'drɔːn] *adj person* retraído

**with•er** ['wɪðər] *v/i* marchitarse

**with•er•ing** ['wɪðərɪŋ] *adj fig* fulminante

**with'hold** *v/t* (*pret & pp* **-held**) *information* ocultar; *payment* retener; *but his parents withheld their consent* pero sus padres no le dieron el consentimiento

**with'in** *prep* (*inside*) dentro de; *in expressions of time* en menos de; *~ five*

*miles of home* a cinco millas de casa; *we kept ~ the budget* no superamos el presupuesto; *it is well ~ your capabilities* lo puedes conseguir perfectamente; *~ reach* al alcance de la mano

**with'out** *prep* sin; *~ looking / asking* sin mirar / preguntar; *~ an umbrella* sin paraguas

**with'stand** *v/t* (*pret & pp* **-stood**) resistir, soportar

**wit•less** ['wɪtlɪs] *adj* estúpido; *scare s.o. ~* dar un susto morrocotudo a alguien

**wit•ness** ['wɪtnɪs] **I** *n* testigo *m/f* **II** *v/t accident, crime* ser testigo de; *I ~ed his signature* firmé en calidad de testigo

'**wit•ness stand** estrado *m* del testigo

**wit•ti•cism** ['wɪtɪsɪzm] comentario *m* gracioso *or* agudo

**wit•ty** ['wɪtɪ] *adj* ingenioso, agudo

**wives** [waɪvz] *pl* ☞ **wife**

**wiz•ard** ['wɪzərd] **1** mago *m* **2** *fig* genio *m*; *financial ~* genio de las finanzas

**wiz•ened** ['wɪznd] *adj* arrugado

**WLTM** [dʌbljuːeltiː'em] *abbr* (= *would like to meet*) me gustaría conocer

**WMD** [dʌbljuːem'diː] *abbr* (= *weapons of mass destruction*) armas *fpl* de destrucción masiva

**wob•ble** ['wɑːbl] *v/i* tambalearse

**wob•bly** ['wɑːblɪ] *adj* tambaleante

**woe** [woʊ] desgracia *f*; *~ betide you if you're late* ay de ti si llegas tarde; *his tale of ~ hum* sus desgracias

**woe•ful** ['woʊfəl] *adj* espantoso

**wok** [wɑːk] wok *m*, sartén típica de la cocina china

**woke** [woʊk] *pret* ☞ **wake**[1]

**wok•en** ['woʊkn] *pp* ☞ **wake**[1]

**wolf** [wʊlf] **I** *n* (*pl* **wolves** [wʊlvz]) *animal* lobo *m*; *fig* (*womanizer*) don juan *m* **II** *v/t: ~* (*down*) engullir

'**wolf whis•tle** silbido *m*

'**wolf-whis•tle** *v/i: ~ at s.o.* silbar a alguien (*como piropo*)

**wolves** [wʊlvz] ☞ **wolf**

**wom•an** ['wʊmən] (*pl* **women** ['wɪmɪn]) mujer *f*

**wom•an 'doc•tor** médica *f*; **wom•an 'driv•er** conductora *f*; **wom•an hat•er** ['wʊmənheɪtər] misógino *m*

**wom•an•hood** ['wʊmənhʊd] feminidad *f*

**wom•an•ize** ['wʊmənaɪz] *v/i* ir detrás de mujeres

**wom•an•iz•er** ['wʊmənaɪzər] mujeriego(-a) *m(f)*

**wom•an•kind** [wʊmən'kaɪnd] las mujeres

**wom•an•ly** ['wʊmənlɪ] *adj* femenino

**wom•an 'priest** mujer *f* sacerdote

**womb** [wuːm] matriz *f*, útero *m*

**wom•en** [wɪmɪn] *pl* ☞ **woman**

**wom•en's lib** [wɪmɪnz'lɪb] la liberación de la mujer; **wom•en's lib•ber** [wɪmɪnz'lɪbər] partidario(-a) *m(f)* de la liberación de la mujer; **wom•en's room** ['wɪmɪnzruːm] baño *m* de mujeres

**won** [wʌn] *pret & pp* ☞ **win**

**won•der** ['wʌndər] **I** *n* (*amazement*) asombro *m*; **no ~!** ¡no me sorprende!; **it's a ~ that ...** es increíble que ... **II** *v/i* preguntarse; **I've often ~ed about that** me he preguntado eso a menudo **III** *v/t* preguntarse; **I ~ if you could help** ¿le importaría ayudarme?

**won•der•ful** ['wʌndərfəl] *adj* maravilloso

**won•der•ful•ly** ['wʌndərfəlɪ] *adv* (*extremely*) maravillosamente

**'won•der•land** paraíso *m*

**won•ky** ['wɑːŋkɪ] *adj Br* F cojo

**wont** [woʊnt] *esp lit* **I** *adj*: **be ~ to do sth** acostumbrar a hacer algo **II** *n*: **as was his ~** como era costumbre suya

**won't** [woʊnt] ☞ **will**³

**woo** [wuː] *v/t woman* cortejar; *supporters* atraer

**wood** [wʊd] **1** madera *f*; *for fire* leña *f* **2** (*forest*) bosque *m*

**'wood•cock** ORN chocha *f* perdiz

**'wood•cut** grabado *m* sobre madera

**'wood•cut•ter** leñador(a) *m(f)*

**wood•ed** ['wʊdɪd] *adj* arbolado

**wood•en** ['wʊdn] *adj* **1** (*made of wood*) de madera **2** *performance, tone* acartonado

**wood•land** ['wʊdlənd] bosque *m*; **'wood•louse** cochinilla *f*; **wood•peck•er** ['wʊdpekər] pájaro *m* carpintero; **'wood•pile** montón *m* de leña; **'wood•shed** leñera *f*; **'wood•wind** MUS sección *f* de viento de madera; **'wood•work** carpintería *f*; **'wood•worm** ZO carcoma *f*

**wood•y** ['wʊdɪ] *adj hillside* boscoso; *plant* leñoso

**woof** [wʊf] *int* guau

**woof•er** ['wʊfər] woofer *m*

**wool** [wʊl] lana *f*

**wool•en**, *Br* **wool•len** ['wʊlən] **I** *adj* de lana **II** *n* prenda *f* de lana

**wool•y**, *Br* **wool•ly** ['wʊlɪ] *adj* **1** de lana **2** (*vague*) vago

**woo•zy** ['wuːzɪ] *adj* F atontado

**word** [wɜːrd] **I** *n* palabra *f*; **I didn't understand a ~ of what she said** no entendí nada de lo que dijo; **is there any ~ from ...?** ¿se sabe algo de ...?; **I've had ~ from my daughter** (*news*) he recibido noticias de mi hija; **you have my ~** tienes mi palabra; **have ~s** (*argue*) discutir; **have a ~ with s.o.** hablar con alguien; **the ~s of song** la letra **II** *v/t article, letter* redactar

**word•ing** ['wɜːrdɪŋ]: **the ~ of a letter** la redacción de una carta

**'word•play** juegos *mpl* de palabras; **word 'pro•cess•ing** procesamiento *m* de textos; **word 'pro•ces•sor** *software* procesador *m* de textos

**word•y** ['wɜːrdɪ] *adj* verboso

**wore** [wɔːr] *pret* ☞ **wear**

**work** [wɜːrk] **I** *n* (*job*) trabajo *m*; (*employment*) trabajo *m*, empleo *m*; **out of ~** desempleado, *Span* en el paro; **be at ~** estar en el trabajo; **I go to ~ by bus** voy al trabajo en autobús **II** *v/i of person* trabajar; *of machine,* (*succeed*) funcionar; **how does it ~?** *of device* ¿cómo funciona? **III** *v/t* **1** *employee* hacer trabajar **2** *machine* hacer funcionar, utilizar **3**: **you'll have to ~ your way back to fitness** tendrás que trabajar duro para volver a estar en forma

◆ **work off** *v/t bad mood, anger* desahogarse de; *flab* perder haciendo ejercicio

◆ **work out** *v/t problem, puzzle* resolver; *solution* encontrar, hallar **II** *v/i* **1** *at gym* hacer ejercicios **2** *of relationship etc* funcionar, ir bien

◆ **work out to** *v/t* (*add up to*) sumar

◆ **work up** *v/t appetite* abrir; **work up enthusiasm** entusiasmarse; **work up a sweat** sudar; **get worked up** (*get angry*) alterarse; (*get nervous*) ponerse nervioso

◆ **work up to** *v/t*: **have you told her yet? – I'm working up to it** ¿se lo has dicho ya? – estoy en ello

**work•a•ble** ['wɜːrkəbl] *adj solution* viable

**work•a•day** ['wɜːrkədeɪ] *adj* de todos los días

**work•a•hol•ic** [wɜːrkə'hɑːlɪk] F *persona obsesionada con el trabajo*

'**work•bench** TECH banco *m* de carpintero; '**work•book** EDU libro *m* de ejercicios; '**work camp** campo *m* de trabajo; '**work•day** (*hours of work*) jornada *f* laboral; (*not a holiday*) día *m* de trabajo

**work•er** ['wɜːrkər] trabajador(a) *m(f)*; **she's a good ~** trabaja bien

**work•ers' 'comp** subsidio *m* de enfermedad

'**work•force** trabajadores *mpl*

'**work hours** *npl* horas *fpl* de trabajo

**work•ing** ['wɜːrkɪŋ] funcionamiento *m*

'**work•ing cap•i•tal** capital *m* circulante; '**work•ing class** clase *f* trabajadora; '**work•ing-class** *adj* de clase trabajadora; '**work•ing con•di•tions** *npl* condiciones *fpl* de trabajo; **work•ing 'day** ☞ **workday**; '**work•ing hours** ☞ **work hours**; **work•ing 'knowledge** conocimientos *mpl* básicos; '**work•ing lunch** almuerzo *m* de trabajo; **work•ing 'moth•er** madre *f* que trabaja; '**work•ing pop•u•la•tion** población *f* activa

'**work•load** cantidad *f* de trabajo; '**work•man** obrero *m*; '**work•man•like** *adj* competente; '**work•man•ship** factura *f*, confección *f*; '**work•mate** compañero(-a) *m(f)* de trabajo; **work of 'art** obra *f* de arte; '**work•out** sesión *f* de ejercicios; '**work per•mit** permiso *m* de trabajo; '**work•place** lugar *m* de trabajo; '**work•room** taller *m*; '**work sheet** hoja *f* de ejercicios; '**work•shop** *also seminar* taller *m*; '**work•shy** *adj* perezoso; '**work•sta•tion** estación *f* de trabajo; '**work sur•face** encimera *f*; '**work•top** encimera *f*; **work-to-'rule** *Br* huelga *f* de celo

**world** [wɜːrld] mundo *m*; **the ~ of computers / of the theater** el mundo de la informática / del teatro; **out of this ~** F sensacional

**world-'class** *adj* de categoría mundial; **World 'Cup** Mundial *m*, Copa *f* del Mundo; **world•'fa•mous** *adj* mundialmente famoso

**world•ly** ['wɜːrldlɪ] *adj* mundano

**world 'pow•er** potencia *f* mundial; **world 're•cord** récord *m* mundial *or* del mundo; **World 'Se•ries** *nsg in baseball* Serie *f* Mundial; **world 'war** guerra *f* mundial; **world•wide I** *adj* mundial **II** *adv* en todo el mundo; '**world(•wide) rights** *npl* derechos *mpl* de explotación mundiales

**worm** [wɜːrm] gusano *m*

'**worm-eat•en** *adj* carcomido

'**worm•hole 1** agujero *m* de gusano **2** *in space* picadura *f* de gusano

**worn** [wɔːrn] *pp* ☞ **wear**

**worn-'out** *adj shoes, carpet, part* gastado; *person* agotado

**wor•ried** ['wʌrɪd] *adj* preocupado

**wor•ried•ly** ['wʌrɪdlɪ] *adv* con preocupación

**wor•ri•some** ['wʌrɪsəm] *adj* preocupante

**wor•ry** ['wʌrɪ] **I** *n* preocupación *f* **II** *v/t* (*pret & pp* **-ied**) preocupar **III** *v/i* (*pret & pp* **-ied**) preocuparse; **don't ~, I'll get it!** ¡no te molestes, ya respondo yo!

**wor•ry•ing** ['wʌrɪɪŋ] *adj* preocupante

**worse** [wɜːrs] **I** *adj* peor; **get ~** empeorar; **and to make things ~ ...** y por si fuera poco... **II** *adv* peor

**wors•en** ['wɜːrsn] *v/i* empeorar

**wor•ship** ['wɜːrʃɪp] **I** *n* culto *m* **II** *v/t* (*pret & pp* **-ped**) adorar, rendir culto a; *fig* adorar

**wor•ship•(p)er** ['wɜːrʃɪpər] fiel *m*

**worst** [wɜːrst] **I** *adj & adv* peor **II** *n*: **the ~** lo peor; **if (the) ~ comes to (the) ~** en el peor de los casos

**worst-case scen•a•ri•o** el peor de los casos

**worth** [wɜːrθ] *adj*: **$20 ~ of gas** 20 dólares de gasolina; **be ~ ... in monetary terms** valer ...; **the book's ~ reading** valer la pena leer el libro; **be ~ it** valer la pena

**worth•less** ['wɜːrθlɪs] *adj person* inútil; **be ~ of** *object* no valer nada

**worth'while** *adj* que vale la pena; **be ~** valer la pena

**wor•thy** ['wɜːrðɪ] *adj* digno; *cause* justo; **be ~ of** (*deserve*) merecer

**would** [wʊd] *v/aux*: **I ~ help if I could** te ayudaría si pudiera; **I said that I ~ go** dije que iría; **I told him I ~ not leave unless ....** le dije que no me iría a no ser que ...; **~ you like to go to**

*the movies?* ¿te gustaría ir al cine?; ~ *you mind if I smoked?* ¿le importa si fumo?; ~ *you tell her that ...?* ¿le podrías decir que ...?; ~ *you close the door?* ¿podrías cerrar la puerta?; *I ~ have told you but ...* te lo habría dicho pero ...; *I ~ not have been so angry if* ... no me habría enfadado tanto si ...

'**would-be** *adj:* ~ *authors* los aspirantes a escritores

**would•n't** ['wʊdnt] = *would not*

**wound**[1] [wuːnd] I *n* herida *f* II *v/t with weapon, remark* herir

**wound**[2] [waʊnd] *pret & pp* ☞ *wind*[2]

**wound•ed** ['wuːndɪd] *adj* herido

**wove** [woʊv] *pret* ☞ *weave*

**wo•ven** ['woʊvn] *pp* ☞ *weave*

**wow** [waʊ] I *int* ¡hala! II *v/t* F *impress* deslumbrar

**wran•gle** ['ræŋgl] I *v/i* discutir, pelear (*with* con; *over* por) II *n* discusión *f*, pelea *f*

**wrap** [ræp] *v/t* (*pret & pp* **-ped**) *parcel, gift* envolver; *he ~ped a scarf around his neck* se puso una bufanda al cuello

◆ **wrap up** *v/i against the cold* abrigarse

**wrap•per** ['ræpər] *for candy etc* envoltorio *m*

**wrap•ping** ['ræpɪŋ] envoltorio *m*

'**wrap•ping pa•per** papel *m* de envolver

'**wrap-up** *summary* resumen *m*

**wrath** [ræθ] ira *f*

**wreak** [riːk] *v/t:* ~ *havoc* hacer estragos; ~ *revenge* vengarse

**wreath** [riːθ] corona *f* de flores

**wreathe** [riːð] *v/t:* ~*d in mist / smoke* envuelto en niebla / humo

**wreck** [rek] I *n* restos *mpl; be a nervous* ~ ser un manojo de nervios II *v/t ship* hundir; *car* destrozar; *plans, marriage* arruinar

**wreck•age** ['rekɪdʒ] *of car, plane* restos *mpl; of marriage, career* ruina *f*

**wreck•er** ['rekər] grúa *f*

**wreck•ing com•pa•ny** ['rekɪŋ] empresa *f* de auxilio en carretera

**wren** [ren] ORN chochín *m*

**wrench** [rentʃ] I *n tool* llave *f* II *v/t* (*pull*) arrebatar; ~ *one's wrist* hacerse un esguince en la muñeca

**wrest** [rest] *v/t:* ~ *sth from s.o.* arrebatar algo a alguien

**wres•tle** ['resl] *v/i* luchar

◆ **wrestle with** *v/t problems* combatir

**wres•tler** ['reslər] luchador(a) *m(f)* (de lucha libre)

**wres•tling** ['reslɪŋ] lucha *f* libre

'**wres•tling con•test** combate *m* de lucha libre

**wretch** [retʃ]: *poor* ~ pobre desgraciado(-a) *m(f)*

**wretch•ed** ['retʃɪd] *adj* **1** (*unhappy*) desdichado **2** *headache, weather* horrible

**wrig•gle** ['rɪgl] *v/i* (*squirm*) menearse; *along the ground* arrastrarse; *into small space* escurrirse

◆ **wriggle out of** *v/t* librarse de

◆ **wring out** [rɪŋ] *v/t* (*pret & pp* **wrung**) *cloth* escurrir

**wring•ing** ['rɪŋɪŋ] *adv:* ~ *wet* empapado

**wrin•kle** ['rɪŋkl] I *n* arruga *f* II *v/t clothes* arrugar III *v/i of clothes* arrugarse

**wrin•kly** ['rɪŋklɪ] F viejarrón(-ona) *m(f)* F

**wrist** [rɪst] muñeca *f*

'**wrist•band** muñequera *f*

'**wrist•watch** reloj *m* de pulsera

**writ** [rɪt] LAW mandato *m* judicial

**write** [raɪt] I *v/t* (*pret* **wrote**, *pp* **written**) escribir; *check* extender II *v/i* (*pret* **wrote**, *pp* **written**) escribir

◆ **write away for** *v/t* solicitar por escrito

◆ **write down** *v/t* escribir, tomar nota de

◆ **write off** *v/t* **1** *debt* cancelar, anular **2** *Br* F *car* destrozar **3** (*regard as unimportant: person*) tener a menos

◆ **write out** *v/t* **1** *name etc* escribir; *check, receipt* hacer **2** (*make a clean copy of*) pasar a limpio **3**: *he was written out of the series* suprimieron el papel que tenía en la serie

◆ **write up** *report* redactar

'**write-down** FIN depreciación *f*

'**write-off 1** COM condonación *f* **2** *Br* F siniestro *m* total

**writ•er** ['raɪtər] escritor(a) *m(f); of book, song* autor(a) *m(f); he's a neat* ~ su letra es muy clara

'**write-up** reseña *f*

**writhe** [raɪð] *v/i* retorcerse

**writ•ing** ['raɪtɪŋ] **1** *words, text* escritura *f; I like his* ~ me gusta cómo escribe; *in* ~ por escrito; *that's a good piece of* ~ está muy bien escrito **2** (*hand*~) letra *f*

'**writ•ing desk** escritorio *m*

'**writ•ing pa•per** papel *m* de escribir

**writ•ings** ['raɪtɪŋz] *npl* obra *f*
**writ•ten** ['rɪtn] *pp* ☞ *write*
**wrong** [rɒŋ] **I** *adj answer, information* equivocado; *decision, choice* erróneo; *be* ~ *of person* estar equivocado; *of answer* ser incorrecto; *morally* ser injusto; *what's* ~? ¿qué pasa?; *there is something* ~ *with the car* al coche le pasa algo; *you have the* ~ *number* TELEC se ha equivocado
**II** *adv* mal; *go* ~ *of person* equivocarse; *of marriage, plan etc* fallar
**III** *n* mal *m*; *right a* ~ deshacer un entuerto; *he knows right from* ~ sabe distinguir entre el bien y el mal; *be in the* ~ tener la culpa

**'wrong•do•er** malhechor(a) *m(f)*; **wrong•do•ing** ['rɒŋduːɪŋ] fechoría *f*; **wrong'foot** *v/t* sorprender
**wrong•ful** ['rɒŋfəl] *adj* ilegal
**wrong•ly** ['rɒŋlɪ] *adv* erróneamente
**wrote** [rout] *pret* ☞ *write*
**wrought i•ron** [rɔːt'aɪərn] hierro *m* forjado
**wrought-'i•ron** *adj* de hierro forjado
**wrung** [rʌŋ] *pret & pp* ☞ *wring out*
**wry** [raɪ] *adj* socarrón
**WWW** ['dʌbljuːdʌbljuːdʌbljuː] *abbr* (= *World-Wide Web*) WWW *f*
**WYSIWYG** ['wɪzɪwɪg] *abbr* (= *What You See Is What You Get*) WYSIWYG, *se imprime lo que ves*

# X

**xen•o•pho•bi•a** [zenou'foubɪə] xenofobia *f*
**xen•o•pho•bic** [zenə'foubɪk] *adj* xenófobo
**X•mas** ['eksməs, 'krɪsməs] F ☞ *Christmas*

**X-rat•ed** ['eksreɪtɪd] *adj* no recomendable a menores de 18 años
**X-ray** ['eksreɪ] **I** *n* rayo *m* X; *picture* radiografía *f* **II** *v/t* radiografiar, sacar una radiografía de
**xy•lo•phone** [zaɪlə'foun] xilofón *m*

# Y

**Y** [waɪ] *abbr* F ☞ *YMCA, YWCA*
**yacht** [jɑːt] yate *m*
**yacht•ing** ['jɑːtɪŋ] vela *f*
**yachts•man** ['jɑːtsmən] navegante *m* (*en embarcación de vela*)
**yachts•wom•an** ['jɑːtswumən] navegante *f* (*en embarcación de vela*)
**yak** [jæk] *v/i* (*pret & pp* -**ked**) F parlotear F
**yam•mer** ['jæmər] *v/i* F (*yell*) gritar; (*nag*) dar la lata F
**Yank** [jæŋk] F yanqui *m/f*
**yank** [jæŋk] *v/t* tirar de
**Yan•kee** ['jæŋkɪ] F yanqui *m/f*
**yap** [jæp] *v/i* (*pret & pp* -**ped**) **1** *of small dog* ladrar (*con ladridos agudos*) **2** F (*talk a lot*) parlotear F, largar F
**yard¹** [jɑːrd] **1** *of prison, institution etc* patio *m*; *behind house* jardín *m* **2** *for storage* almacén *m* (*al aire libre*)

**yard²** [jɑːrd] *measurement* yarda *f*
**yard•man** ['jɑːrdmən] RAIL obrero *m* ferroviario; **'yard•sale** chamarileo en el jardín de un particular; **'yard•stick** patrón *m*
**yarn** [jɑːrn] **1** (*thread*) hilo *m* **2** F (*story*) batallita *f* F
**yawn** [jɔːn] **I** *n* **1** bostezo *m* **2**: *be one big* ~ F ser un aburrimiento F **II** *v/i* bostezar
**yawn•ing** ['jɔːnɪŋ] *adj*: *a* ~ *gap* un abismo
**yeah** [je] *int* F sí
**year** [jɪr] año *m*; *I've known her for* ~*s* la conozco desde hace años; *we were in the same* ~ Br: at school éramos del mismo curso; *be six* ~*s old* tener seis años (de edad); ~ *in,* ~ *out* todos los años, año tras año; ~ *after* ~ todos los años, año tras año; *all* ~ *round* du-

rante todo el año

**'year•book** EDU anuario *m* escolar; **'year-end ac•counts** *npl* cuentas *fpl* de fin de ejercicio; **'year•long** *adj* de un año

**year•ly** ['jɪrlɪ] **I** *adj* anual **II** *adv* anualmente

**yearn** [jɜːrn] *v/i* anhelar

◆ **yearn for** *v/t* ansiar

**yearn•ing** ['jɜːrnɪŋ] anhelo *m*

**yeast** [jiːst] levadura *f*

**yell** [jel] **I** *n* grito *m* **II** *v/i & v/t* gritar

**yel•low** ['jeloʊ] **I** *n* amarillo *m* **II** *adj* amarillo; **F** (*cowardly*) cobarde

**yel•low 'card** tarjeta *f* amarilla; *show s.o. the* ~ sacarle la tarjeta amarilla a alguien; **yel•low 'fe•ver** fiebre *f* amarilla; **yel•low 'pag•es** *npl* páginas *fpl* amarillas

**yelp** [jelp] **I** *n* aullido *m* **II** *v/i* aullar

**yep** [jep] *int* F sí

**yes** [jes] **I** *int* sí; *she said* ~ dijo que sí **II** *n* sí *m*; *is that a* ~ *or a no?* ¿eso es que sí o que no?

**'yes•man** *pej* pelotillero *m*

**yes•ter•day** ['jestərdeɪ] **I** *adv* ayer; *the day before* ~ anteayer; ~ *afternoon* ayer por la tarde; *I wasn't born* ~ no nací ayer **II** *n* ayer *m*

**yet** [jet] **I** *adv* todavía, aún; *as* ~ aún, todavía; *have you finished* ~? ¿has acabado ya?; *he hasn't arrived* ~ todavía *or* aún no ha llegado; *is he here* ~? – *not* ~ ¿ha llegado ya? – todavía *or* aún no; ~ *bigger / longer* aún más grande / largo; *the fastest one* ~ el más rápido hasta el momento; *he has* ~ *to win a major title* todavía le queda por ganar un título importante **II** *conj* sin embargo; ~ *I'm not sure* sin embargo no estoy seguro

**yew** [juː] BOT tejo *m*

**Y-fronts** ['waɪfrʌnts] *npl* Br calzoncillos *mpl*

**Yid•dish** ['jɪdɪʃ] LING yídish *m*

**yield** [jiːld] **I** *n from fields etc* cosecha *f*; *from investment* rendimiento *m* **II** *v/t fruit, good harvest* proporcionar; *interest* rendir, devengar **III** *v/i* (*give way*) ceder; *of driver* ceder el paso

**yip•pee** [jɪ'piː] *int* yupi

**YMCA** [waɪemsiː'eɪ] *abbr* (= *Young Men's Christian Association*) YMCA *f* (= Asociación *f* de Jóvenes Cristianos)

**yob** [jɑːb] Br gamberro *m*

**yo•ga** ['joʊɡə] yoga *m*

**yog•hurt** ['joʊɡərt] yogur *m*

**yolk** [joʊk] yema *f*

**you** [juː] *pron singular* tú, *L.Am.* usted, *Rpl, C.Am.* vos; *formal* usted; *plural: Span* vosotros, vosotras, *L.Am.* ustedes; *formal* ustedes; ~ *are clever* eres / es inteligente; *do* ~ *know him?* ¿lo conoces / conoce?; ~ *go, I'll stay* tú ve / usted vaya, yo me quedo; ~ *never know* nunca se sabe; ~ *have to pay* hay que pagar; *exercise is good for* ~ es bueno hacer ejercicio

**young** [jʌŋ] **I** *adj* joven **II** *npl: the* ~ los jóvenes, la juventud

**young•ish** ['jʌŋɪʃ] *adj* bastante joven

**young•ster** ['jʌŋstər] joven *m/f*

**your** [jʊr] *adj singular* tu, *L.Am.* su; *formal* su; *plural: Span* vuestro, *L.Am.* su; *formal* su; ~ *house* tu / su casa; ~ *books* tus / sus libros

**you're** [jʊr] F = *you are*

**yours** [jʊrz] *pron singular* el tuyo, la tuya, *L.Am.* el suyo, la suya; *formal* el suyo, la suya; *plural* el vuestro, la vuestra, *L.Am.* el suyo, la suya; *formal* el suyo, la suya; *a friend of* ~ un amigo tuyo / suyo / vuestro; ~ *...* *at end of letter* un saludo

**your•self** [jʊr'self] *pron reflexive* te, *L.Am.* se; *formal* se; *emphatic* tú mismo *m*, tú misma *f*, *L.Am.* usted mismo *m*, usted misma *f*, *Rpl, C.Am.* vos mismo *m*, vos misma *f*; *formal* usted mismo *m*, usted misma *f*; *did you hurt* ~? ¿te hiciste / se hizo daño?; *when you see* ~ *in the mirror* cuando te ves / se ve en el espejo; *by* ~ (*alone*) solo; (*without help*) tú solo, tú mismo, *Rpl, C.Am.* vos solo, vos mismo, *L.Am.* usted solo, usted mismo; *formal* usted solo, usted mismo

**your•selves** [jʊr'selvz] *pron reflexive* os, *L.Am.* se; *formal* se; *emphatic* vosotros mismos *mpl*, vosotras mismas *fpl*, *L.Am.* ustedes mismos *mpl*, ustedes mismas *fpl*; *formal* ustedes mismos *mpl*, ustedes mismas *fpl*; *did you hurt* ~? ¿os hicisteis / se hicieron daño?; *when you see* ~ *in the mirror* cuando os veis / se ven en el espejo; *by* ~ (*alone*) solos; (*without help*) vosotros

solos, *L.Am.* ustedes solos, ustedes mismos; *formal* ustedes solos, ustedes mismos
**youth** [ju:θ] **1** juventud *f* **2** (*young man*) joven *m*
**'youth club** club *m* juvenil
**youth•ful** ['ju:θfəl] *adj* joven; *fashion, idealism* juvenil
**'youth hos•tel** albergue *m* juvenil
**you've** [ju:v] F = **you have**
**yo-yo** ['joʊjoʊ] yoyó *m*
**yuck** [jʌk] *int* F buaj F
**yuck•y** ['jʌkɪ] *adj* F asqueroso

**Yu•go•slav** [ju:goʊ'slɑ:v] HIST **I** *adj* yugoslavo **II** *n* yugoslavo(-a) *m(f)*
**Yu•go•slav•i•a** [ju:gə'slɑ:vɪə] HIST Yugoslavia *f*
**Yule•tide** ['ju:ltaɪd] Navidad(es) *f(pl)*
**yum•my** ['jʌmɪ] *adj* F rico F, delicioso; *he's so ~* es un encanto
**yup** [jʌp] F sí
**yup•pie** ['jʌpɪ] F yupi *m/f* F
**YWCA** [waɪdʌblju:si:'eɪ] (= *Young Women's Christian Association*) YWCA *f* (= Asociación *f* de Jóvenes Cristianas)

# Z

**Zam•bi•a** ['zæmbɪə] Zambia *f*
**za•ny** ['zeɪnɪ] *adj* loco, excéntrico
**zap** [zæp] F *v/t* (*pret & pp* **-ped**) **1** (COMPUT: *delete*) borrar **2** (*kill*) liquidar F **3** (*hit*) golpear **4** (*send*) mandar rápidamente **5** *Br:* ~ *channels* hacer zapping, cambiar de canal **6:** ~ *sth in the microwave* meter algo en el microondas **II** *v/i*: ~ *along the motorway* ir a toda velocidad por la autopista
◆ **zap along** *v/i* F (*move fast*) volar F
◆ **zap up** *v/t* animar, alegrar
**zapped** [zæpt] *adj* F (*exhausted*) hecho polvo F
**zap•per** ['zæpər] *Br:* *for TV channels* telemando *m*, mando *m* a distancia
**zap•py** ['zæpɪ] *adj* F *car, pace* rápido; (*lively, energetic*) vivo
**zeal** [zi:l] celo *m*
**zeal•ous** ['zeləs] *adj* ferviente, entusiasta
**ze•bra** ['zebrə] cebra *f*
**ze•bra 'cross•ing** *Br* paso *m* de cebra
**ze•ro** ['zɪroʊ] (*pl* **-o(e)s**) cero *m*; *10 degrees below* ~ 10 bajo cero
◆ **zero in on** *v/t* (*identify*) centrarse en
**ze•ro-e'mis•sion** *adj* que no emite gases contaminantes; **ze•ro 'growth** crecimiento *m* cero; **ze•ro-'tol•er•ance** tolerancia *f* cero
**zest** [zest] entusiasmo *m*
**zig•zag** ['zɪgzæg] **I** *n* zigzag *m* **II** *v/i* (*pret & pp* **-ged**) zigzaguear
**zilch** [zɪltʃ] F nada de nada
**zil•lion** ['zɪlɪən] F: *I've a* ~ *things to do* tengo tropecientas cosas que hacer F
**zinc** [zɪŋk] cinc *m*
**zip** [zɪp] *Br* cremallera *f*
◆ **zip up** *v/t* (*pret & pp* **-ped**) **1** *dress, jacket* cerrar la cremallera de **2** COMPUT compactar
**'zip code** código *m* postal
**'zip fas•ten•er** *Br* cremallera *f*
**zip•per** ['zɪpər] cremallera *f*
**zit** [zɪt] F *on face* grano *m*, espinilla *f*
**zo•di•ac** ['zoʊdɪæk] zodiaco *m*; *signs of the* ~ signos *mpl* del zodiaco
**zom•bie** ['zɑ:mbɪ] F (*idiot*) estúpido(-a) *m(f)* F; *feel like a* ~ (*exhausted*) sentirse como un zombi
**zone** [zoʊn] *n* zona *f* **II** *v/t area* destinar; *be* ~*d for* destinarse a
**'zone de•fense** *in basketball* defensa *f* en zona
**zon•ing re•stric•tions** ['zoʊnɪŋrɪstrɪkʃnz] *npl* reglamentación *f* urbanística
**zonked** [zɑ:ŋkt] *adj* P (*exhausted*) molido P
**zoo** [zu:] zoo *m*
**zo•o•log•i•cal** [zu:ə'lɑ:dʒɪkl] *adj* zoológico
**zo•ol•o•gist** [zu:'ɑ:lədʒɪst] zoólogo(-a) *m(f)*
**zo•ol•o•gy** [zu:'ɑ:lədʒɪ] zoología *f*
**zoom** [zu:m] *v/i* F (*move fast*) ir zumbando F
◆ **zoom in on** *v/t* PHOT hacer un zoom sobre
**'zoom lens** zoom *m*
**zuc•chi•ni** [zu:'ki:nɪ] calabacín *m*

# Spanish verb conjugations

In the following conjugation patterns verb stems are shown in normal type and verb endings in *italic* type. Irregular forms are indicated by **bold** type.

**Notes on the formation of tenses.**

The following stems can be used to generate derived forms.

| Stem forms | Derived forms |
|---|---|

**I.** From the **Present indicative**, *3rd pers sg* (mand*a*, vend*e*, recib*e*)

**Imperative** *2nd pers sg* (¡mand*a*! ¡vend*e*! ¡recib*e*!)

**II.** From the **Present subjunctive**, *2nd* and *3rd pers sg* and all plural forms (mand*es*, mand*e*, mand*emos*, mand*éis*, mand*en* – vend*as*, vend*a*, vend*amos*, vend*áis*, vend*an* – recib*as*, recib*a*, recib*amos*, recib*áis*, recib*an*)

**Imperative** *1st pers pl, 3rd pers sg* and *pl* as well as the negative imperative of the *2nd pers sg* and *pl* (no mand*es*, mand*e* Vd., mand*emos*, no mand*éis*, mand*en* Vds. – no vend*as*, vend*a* Vd., vend*amos*, no vend*áis*, vend*an* Vds. – no recib*as* *etc*)

**III.** From the **Preterite**, *3rd pers pl* (mand*aron*, vend*ieron*, recib*ieron*)

**a)** **Imperfect Subjunctive I** by changing ...ron to ...*ra* (mand*ara*, vend*iera*, recib*iera*)
**b)** **Imperfect Subjunctive II** by changing ...ron to ...*se* (mand*ase*, vend*iese*, recib*iese*)
**c)** **Future Subjunctive** by changing ...ron to ...*re* (mand*are*, vend*iere*, recib*iere*)

**IV.** From the Infinitive (mand*ar*, vend*er*, recib*ir*)

**a)** **Imperative** *2nd pers pl* by changing ...r to ...*d* (mand*ad*, vend*ed*, recib*id*)
**b)** **Present participle** by changing ...ar to ...*ando*, ...er and ...ir to ...*iendo* (or sometimes ...*yendo*) (mand*ando*, vend*iendo*, recib*iendo*)
**c)** **Future** by adding the *Present* tense endings of **haber** (mand*aré*, vend*eré*, recib*iré*)
**d)** **Conditional** by adding the *Imperfect* endings of **haber** (mand*aría*, vend*ería*, recib*iría*)

**V.** From the **Past participle** (mand*ado*, vend*ido*, recib*ido*)

all **compound tenses** by placing a form of **haber** or **ser** in front of the participle.

## First Conjugation

⟨1a⟩ **mandar.** No change to the written or spoken form of the stem.

### Simple tenses

### Indicative

|  | **Present** | **Imperfect** | **Preterite** |
|---|---|---|---|
| *sg* | mando | mandaba | mandé |
|  | mandas | mandabas | mandaste |
|  | manda | mandaba | mandó |
| *pl* | mandamos | mandábamos | mandamos |
|  | mandáis | mandabais | mandasteis |
|  | mandan | mandaban | mandaron |

|  | **Future** | **Conditional** |
|---|---|---|
| *sg* | mandaré | mandaría |
|  | mandarás | mandarías |
|  | mandará | mandaría |
| *pl* | mandaremos | mandaríamos |
|  | mandaréis | mandaríais |
|  | mandarán | mandarían |

### Subjunctive

|  | **Present** | **Imperfect I** | **Imperfect II** |
|---|---|---|---|
| *sg* | mande | mandara | mandase |
|  | mandes | mandaras | mandases |
|  | mande | mandara | mandase |
| *pl* | mandemos | mandáramos | mandásemos |
|  | mandéis | mandarais | mandaseis |
|  | manden | mandaran | mandasen |

|  | **Future** | **Imperative** |
|---|---|---|
| *sg* | mandare | — |
|  | mandares | manda (no mandes) |
|  | mandare | mande Vd. |
| *pl* | mandáremos | mandemos |
|  | mandareis | mandad (no mandéis) |
|  | mandaren | manden Vds. |

**Infinitive**: mandar
**Present participle**: mandando
**Past participle**: mandado

## Compound tenses

1. **Active forms**: the conjugated form of **_haber_** is placed before the *Past participle* (which does not change):

### Indicative

| | | | |
|---|---|---|---|
| **Perfect** | *he* mand*ado* | **Future perfect** | *habré* mand*ado* |
| **Pluperfect** | *había* mand*ado* | **Past conditional** | *habría* mand*ado* |
| **Past anterior** | *hube* mand*ado* | | |
| **Past infinitive** | *haber* mand*ado* | **Past gerundive** | *habiendo* mand*ado* |

### Subjunctive

| | | | |
|---|---|---|---|
| **Perfect** | *haya* mand*ado* | **Future perfect** | *hubiere* mand*ado* |
| **Pluperfect** | *hubiera* mand*ado* | | |
| | *hubiese* mand*ado* | | |

2. **Passive forms**: the conjugated form of **_ser_** (or **_haber_**) is placed before the *Past participle* (which does not change):

### Indicative

| | | | |
|---|---|---|---|
| **Present** | *soy* mand*ado* | **Past anterior** | *hube sido* mand*ado* |
| **Imperfect** | *era* mand*ado* | **Future** | *seré* mand*ado* |
| **Preterite** | *fui* mand*ado* | **Future perfect** | *habré sido* mand*ado* |
| **Perfect** | *he sido* mand*ado* | **Conditional** | *sería* mand*ado* |
| **Pluperfect** | *había sido* mand*ado* | **Past conditional** | *habría sido* mand*ado* |

| Infinitive | | Gerundive | |
|---|---|---|---|
| **Present** | *ser* mand*ado etc* | **Present** | *siendo* mand*ado* |
| **Past** | *haber sido* mand*ado* | **Past** | *habiendo sido* mand*ado* |

### Subjunctive

| | | | |
|---|---|---|---|
| **Present** | *sea* mand*ado* | **Pluperfect** | *hubiera sido* mand*ado* |
| | | | *hubiese sido* mand*ado* |
| **Imperfect** | *fuera* mand*ado* | | |
| | *fuese* mand*ado* | | |
| **Future** | *fuere* mand*ado* | **Future perfect** | *hubiere sido* mand*ado* |
| **Past** | *haya sido* mand*ado* | | |

| Infinitive | Present Indicative | Present Subjunctive | Preterite |
|---|---|---|---|
| ⟨**1b**⟩ **cambiar.** Model for all *...iar* verbs, unless formed like *variar* ⟨1c⟩. | | | |
| | camb*io* | camb*ie* | camb*ié* |
| | camb*ias* | camb*ies* | camb*iaste* |
| | camb*ia* | camb*ie* | camb*ió* |
| | camb*iamos* | camb*iemos* | camb*iamos* |
| | camb*iáis* | camb*iéis* | camb*iasteis* |
| | camb*ian* | camb*ien* | camb*iaron* |

| Infinitive | Present Indicative | Present Subjunctive | Preterite |
|---|---|---|---|

⟨1c⟩ **variar.** *i* becomes *í* when the stem is stressed.

| | varío | varíe | varié |
|---|---|---|---|
| | varías | varíes | variaste |
| | varía | varíe | varió |
| | variamos | variemos | variamos |
| | variáis | variéis | variasteis |
| | varían | varíen | variaron |

⟨1d⟩ **evacuar.** Model for all ...*uar* verbs, unless formed like *acentuar* ⟨1e⟩.

| | evacuo | evacue | evacué |
|---|---|---|---|
| | evacuas | evacues | evacuaste |
| | evacua | evacue | evacuó |
| | evacuamos | evacuemos | evacuamos |
| | evacuáis | evacuéis | evacuasteis |
| | evacuan | evacuen | evacuaron |

⟨1e⟩ **acentuar.** *u* becomes *ú* when the stem is stressed.

| | acentúo | acentúe | acentué |
|---|---|---|---|
| | acentúas | acentúes | acentuaste |
| | acentúa | acentúe | acentuó |
| | acentuamos | acentuemos | acentuamos |
| | acentuáis | acentuéis | acentuasteis |
| | acentúan | acentúen | acentuaron |

⟨1f⟩ **cruzar.** Final *z* in the stem becomes *c* before *e*. Model for all ...*zar* verbs.

| | cruzo | cruce | crucé |
|---|---|---|---|
| | cruzas | cruces | cruzaste |
| | cruza | cruce | cruzó |
| | cruzamos | crucemos | cruzamos |
| | cruzáis | crucéis | cruzasteis |
| | cruzan | crucen | cruzaron |

⟨1g⟩ **tocar.** Final *c* in the stem becomes *qu* before *e*. Model for all ...*car* verbs.

| | toco | toque | toqué |
|---|---|---|---|
| | tocas | toques | tocaste |
| | toca | toque | tocó |
| | tocamos | toquemos | tocamos |
| | tocáis | toquéis | tocasteis |
| | tocan | toquen | tocaron |

| Infinitive | Present Indicative | Present Subjunctive | Preterite |
|---|---|---|---|

**⟨1h⟩** **pagar.** Final *g* in the stem becomes *gu* (*u* is silent) before *e*. Model for all ...*gar* verbs.

| | | |
|---|---|---|
| pag*o* | pa**gu***e* | pa**gu***é* |
| pag*as* | pa**gu***es* | pag*aste* |
| pag*a* | pa**gu***e* | pag*ó* |
| pag*amos* | pa**gu***emos* | pag*amos* |
| pag*áis* | pa**gu***éis* | pag*asteis* |
| pag*an* | pa**gu***en* | pag*aron* |

**⟨1i⟩** **fraguar.** Final *gu* in the stem becomes *gü* before *e* (*u* with dieresis is pronounced). Model for all ...*guar* verbs.

| | | |
|---|---|---|
| frag*uo* | fra**gü***e* | fra**gü***é* |
| frag*uas* | fra**gü***es* | frag*uaste* |
| frag*ua* | fra**gü***e* | frag*uó* |
| frag*uamos* | fra**gü***emos* | frag*uamos* |
| frag*uáis* | fra**gü***éis* | frag*uasteis* |
| frag*uan* | fra**gü***en* | frag*uaron* |

**⟨1k⟩** **pensar.** Stressed *e* in the stem becomes *ie*.

| | | |
|---|---|---|
| p**ie**ns*o* | p**ie**ns*e* | pens*é* |
| p**ie**ns*as* | p**ie**ns*es* | pens*aste* |
| p**ie**ns*a* | p**ie**ns*e* | pens*ó* |
| pens*amos* | pens*emos* | pens*amos* |
| pens*áis* | pens*éis* | pens*asteis* |
| p**ie**ns*an* | p**ie**ns*en* | pens*aron* |

**⟨1l⟩** **errar.** Stressed *e* in the stem becomes *ye* (because it comes at the beginning of the word).

| | | |
|---|---|---|
| **ye**rr*o* | **ye**rr*e* | err*é* |
| **ye**rr*as* | **ye**rr*es* | err*aste* |
| **ye**rr*a* | **ye**rr*e* | err*ó* |
| err*amos* | err*emos* | err*amos* |
| err*áis* | err*éis* | err*asteis* |
| **ye**rr*an* | **ye**rr*en* | err*aron* |

**⟨1m⟩** **contar.** Stressed *o* of the stem becomes *ue* (*u* is pronounced).

| | | |
|---|---|---|
| c**ue**nt*o* | c**ue**nt*e* | cont*é* |
| c**ue**nt*as* | c**ue**nt*es* | cont*aste* |
| c**ue**nt*a* | c**ue**nt*e* | cont*ó* |
| cont*amos* | cont*emos* | cont*amos* |
| cont*áis* | cont*éis* | cont*asteis* |
| c**ue**nt*an* | c**ue**nt*en* | cont*aron* |

| Infinitive | Present Indicative | Present Subjunctive | Preterite |
|---|---|---|---|

⟨1n⟩ **agorar.** Stressed *o* of the stem becomes *üe* (*u* with dieresis is pronounced).

| | agüero | agüere | agoré |
|---|---|---|---|
| | agüeras | agüeres | agoraste |
| | agüera | agüere | agoró |
| | agoramos | agoremos | agoramos |
| | agoráis | agoréis | agorasteis |
| | agüeran | agüeren | agoraron |

⟨1o⟩ **jugar.** Stressed *u* in the stem becomes *ue*; final *g* of the stem becomes *gu* before *e* (*see* ⟨1h⟩); *conjugar, enjugar* and *enjugarse* are regular.

| | juego | juegue | jugué |
|---|---|---|---|
| | juegas | juegues | jugaste |
| | juega | juegue | jugó |
| | jugamos | juguemos | jugamos |
| | jugáis | juguéis | jugasteis |
| | juegan | jueguen | jugaron |

⟨1p⟩ **estar.** *Present indicative 1st pers sg in …oy, otherwise regular, but note the stressed a; the Present subjunctive has a stress on the e in the endings (apart from 1st pers pl); Preterite etc as* ⟨21⟩. *Otherwise regular.*

| | estoy | esté | estuve |
|---|---|---|---|
| | estás | estés | estuviste |
| | está | esté | estuvo |
| | estamos | estemos | estuvimos |
| | estáis | estéis | estuvisteis |
| | están | estén | estuvieron |

⟨1q⟩ **andar.** *Preterite and derived forms like estar as in* ⟨21⟩. *Otherwise regular.*

| | ando | ande | anduve |
|---|---|---|---|
| | andas | andes | anduviste |
| | anda | ande | anduvo |
| | andamos | andemos | anduvimos |
| | andáis | andéis | anduvisteis |
| | andan | anden | anduvieron |

⟨1r⟩ **dar.** *Present indicative 1st pers sg in …oy, otherwise regular. Present subjunctive 1st and 3rd pers sg takes an accent. Preterite etc follow the regular second conjugation. Otherwise regular.*

| | doy | dé | di |
|---|---|---|---|
| | das | des | diste |
| | da | dé | dio |
| | damos | demos | dimos |
| | dáis | deis | disteis |
| | dan | den | dieron |

## Second Conjugation

⟨2a⟩  **vender.** No change to the written or spoken form of the stem.

### Simple tenses

### Indicative

|  | **Present** | **Imperfect** | **Preterite** |
|---|---|---|---|
| *sg* | vend*o* | vend*ía* | vend*í* |
|  | vend*es* | vend*ías* | vend*iste* |
|  | vend*e* | vend*ía* | vend*ió* |
| *pl* | vend*emos* | vend*íamos* | vend*imos* |
|  | vend*éis* | vend*íais* | vend*isteis* |
|  | vend*en* | vend*ían* | vend*ieron* |

|  | **Future** | **Conditional** |
|---|---|---|
| *sg* | vend*eré* | vend*ería* |
|  | vend*erás* | vend*erías* |
|  | vend*erá* | vend*ería* |
| *pl* | vend*eremos* | vend*eríamos* |
|  | vend*eréis* | vend*eríais* |
|  | vend*erán* | vend*erían* |

### Subjunctive

|  | **Present** | **Imperfect I** | **Imperfect II** |
|---|---|---|---|
| *sg* | vend*a* | vend*iera* | vend*iese* |
|  | vend*as* | vend*ieras* | vend*ieses* |
|  | vend*a* | vend*iera* | vend*iese* |
| *pl* | vend*amos* | vend*iéramos* | vend*iésemos* |
|  | vend*áis* | vend*ierais* | vend*ieseis* |
|  | vend*an* | vend*ieran* | vend*iesen* |

|  | **Future** | **Imperative** |
|---|---|---|
| *sg* | vend*iere* | — |
|  | vend*ieres* | vend*e* (no vend*as*) |
|  | vend*iere* | vend*a* Vd. |
| *pl* | vend*iéremos* | vend*amos* |
|  | vend*iereis* | vend*ed* (no vend*áis*) |
|  | vend*ieren* | vend*an* Vds. |

**Infinitive**: vend*er*
**Present participle**: vend*iendo*
**Past participle**: vend*ido*

## Compound tenses

Formed with the *Past participle* together with **haber** and **ser**, see ⟨1a⟩.

| Infinitive | Present Indicative | Present Subjunctive | Preterite |
|---|---|---|---|

⟨2b⟩ **vencer.** Final *c* of the stem becomes *z* before *a* and *o*. Model for all ...*cer* verbs where the ...*cer* is preceded by a consonant.

| | venzo | venza | vencí |
|---|---|---|---|
| | vences | venzas | venciste |
| | vence | venza | venció |
| | vencemos | venzamos | vencimos |
| | vencéis | venzáis | vencisteis |
| | vencen | venzan | vencieron |

⟨2c⟩ **coger.** Final *g* of the stem becomes *j* before *a* and *o*. Model for all ...*ger* verbs.

| | cojo | coja | cogí |
|---|---|---|---|
| | coges | cojas | cogiste |
| | coge | coja | cogió |
| | cogemos | cojamos | cogimos |
| | cogéis | cojáis | cogisteis |
| | cogen | cojan | cogieron |

⟨2d⟩ **merecer.** Final *c* of the stem becomes *zc* before *a* and *o*.

| | merezco | merezca | merecí |
|---|---|---|---|
| | mereces | merezcas | mereciste |
| | merece | merezca | mereció |
| | merecemos | merezcamos | merecimos |
| | merecéis | merezcáis | merecisteis |
| | merecen | merezcan | merecieron |

⟨2e⟩ **creer.** Unstressed *i* between two vowels becomes *y*. Past participle: *creído*. Present participle: *creyendo*.

| | creo | crea | creí |
|---|---|---|---|
| | crees | creas | creíste |
| | cree | crea | creyó |
| | creemos | creamos | creímos |
| | creéis | creáis | creísteis |
| | creen | crean | creyeron |

⟨2f⟩ **tañer.** Unstressed *i* is omitted after *ñ* and *ll*; compare ⟨3h⟩. Present participle: *tañendo*.

| | taño | taña | tañí |
|---|---|---|---|
| | tañes | tañas | tañiste |
| | tañe | taña | **tañó** |
| | tañemos | tañamos | tañimos |
| | tañéis | tañáis | tañisteis |
| | tañen | tañan | **tañeron** |

| Infinitive | Present Indicative | Present Subjunctive | Preterite |
|---|---|---|---|

⟨2g⟩ **perder.** Stressed *e* in the stem becomes *ie*; model for many other verbs.

| | pierdo | pierda | perdí |
|---|---|---|---|
| | pierdes | pierdas | perdiste |
| | pierde | pierda | perdió |
| | perdemos | perdamos | perdimos |
| | perdéis | perdáis | perdisteis |
| | pierden | pierdan | perdieron |

⟨2h⟩ **mover.** Stressed *o* in the stem becomes *ue*. ...*olver* verbs form their *Past participle* with ...*uelto*.

| | muevo | mueva | moví |
|---|---|---|---|
| | mueves | muevas | moviste |
| | mueve | mueva | movió |
| | movemos | movamos | movimos |
| | movéis | mováis | movisteis |
| | mueven | muevan | movieron |

⟨2i⟩ **oler.** Stressed *o* in the stem becomes *hue*... (when it comes at the beginning of the word).

| | huelo | huela | olí |
|---|---|---|---|
| | hueles | huelas | oliste |
| | huele | huela | olió |
| | olemos | olamos | olimos |
| | oléis | oláis | olisteis |
| | huelen | huelan | olieron |

⟨2k⟩ **haber.** Many irregular forms. In the *Future* and *Conditional* the *e* after the stem *hab*... is dropped. Future: *habré*. Imperative *2nd pers sg*: *he*.

| | he | haya | hube |
|---|---|---|---|
| | has | hayas | hubiste |
| | ha | haya | hubo |
| | hemos | hayamos | hubimos |
| | habéis | hayáis | hubisteis |
| | han | hayan | hubieron |

⟨2l⟩ **tener.** Irregular in most forms. In the *Future* and *Conditional* the *e* coming after the stem is dropped and a *d* is inserted. Future: *tendré*. Imperative *2nd pers sg*: *ten*.

| | tengo | tenga | tuve |
|---|---|---|---|
| | tienes | tengas | tuviste |
| | tiene | tenga | tuvo |
| | tenemos | tengamos | tuvimos |
| | tenéis | tengáis | tuvisteis |
| | tienen | tengan | tuvieron |

| Infinitive | Present Indicative | Present Subjunctive | Preterite |
|---|---|---|---|

⟨2m⟩ **caber.** Irregular in many forms. In the *Future* and *Conditional* the *e* coming after the stem is dropped. Future: *cabré.*

| | | | |
|---|---|---|---|
| | que**p**o | que**p**a | cu**p**e |
| | cab**e**s | que**p**as | cu**p**iste |
| | cab**e** | que**p**a | cu**p**o |
| | cab**e**mos | que**p**amos | cu**p**imos |
| | cab**é**is | que**p**áis | cu**p**isteis |
| | cab**e**n | que**p**an | cu**p**ieron |

⟨2n⟩ **saber.** Irregular in many forms. In the *Future* and *Conditional* the *e* coming after the stem is dropped. Future: *sabré.*

| | | | |
|---|---|---|---|
| | s**é** | se**p**a | su**p**e |
| | sab**e**s | se**p**as | su**p**iste |
| | sab**e** | se**p**a | su**p**o |
| | sab**e**mos | se**p**amos | su**p**imos |
| | sab**é**is | se**p**áis | su**p**isteis |
| | sab**e**n | se**p**an | su**p**ieron |

⟨2o⟩ **caer.** In the *Present* ...*ig*... is inserted after the stem. Unstressed *i* between vowels changes to *y* as with ⟨2e⟩. Past participle: *caído.* Present participle: *cayendo.*

| | | | |
|---|---|---|---|
| | ca**ig**o | ca**ig**a | ca**í** |
| | ca**e**s | ca**ig**as | ca**í**ste |
| | ca**e** | ca**ig**a | ca**y**ó |
| | ca**e**mos | ca**ig**amos | ca**í**mos |
| | ca**é**is | ca**ig**áis | ca**í**steis |
| | ca**e**n | ca**ig**an | ca**y**eron |

⟨2p⟩ **traer.** In the *Present* ...*ig*... is inserted after the stem. The *Preterite* ends in ...*je*. In the *Present participle i* changes to *y*. Past participle: *traído.* Present participle: *trayendo.*

| | | | |
|---|---|---|---|
| | tra**ig**o | tra**ig**a | tra**j**e |
| | tra**e**s | tra**ig**as | tra**j**iste |
| | tra**e** | tra**ig**a | tra**j**o |
| | tra**e**mos | tra**ig**amos | tra**j**imos |
| | tra**é**is | tra**ig**áis | tra**j**isteis |
| | tra**e**n | tra**ig**an | tra**j**eron |

⟨2q⟩ **valer.** In the *Present* ...*g*... is inserted after the stem. In the *Future* and *Conditional* the *e* coming after the stem is dropped and a ...*d*... inserted. Future: *valdré.*

| | | | |
|---|---|---|---|
| | val**g**o | val**g**a | val**í** |
| | val**e**s | val**g**as | val**i**ste |
| | val**e** | val**g**a | val**i**ó |
| | val**e**mos | val**g**amos | val**i**mos |
| | val**é**is | val**g**áis | val**i**steis |
| | val**e**n | val**g**an | val**i**eron |

| Infinitive | Present Indicative | Present Subjunctive | Preterite |
|---|---|---|---|

⟨2r⟩ **poner.** ...*g*... is inserted in the *Present*. Irregular in the *Preterite* and *Past participle*. In the *Future* and *Conditional* the *e* coming after the stem is dropped and a ...*d*... inserted. Future: *pondré*. Past participle: *puesto*. Imperative *2nd pers sg*: *pon*.

| | | |
|---|---|---|
| pon*go* | pon*ga* | **pu**se |
| pon*es* | pon*gas* | **pu**si*ste* |
| pon*e* | pon*ga* | **pu**so |
| pon*emos* | pon*gamos* | **pu**si*mos* |
| pon*éis* | pon*gáis* | **pu**si*steis* |
| pon*en* | pon*gan* | **pu**si*eron* |

⟨2s⟩ **hacer.** In the *1st* person of the *Present Indicative* and *Subjunctive* *g* replaces *c*. Irregular in the *Preterite* and *Past participle*. In the *Future* and *Conditional* the *ce* is dropped. In the *Imperative sg* just the stem is used with ...*c* changing to ...*z*. Future: *haré*. Imperative *2nd pers sg*: *haz*. Past participle: *hecho*.

| | | |
|---|---|---|
| ha*go* | ha*ga* | **hi**ce |
| ha*ces* | ha*gas* | **hi**ci*ste* |
| ha*ce* | ha*ga* | **hi**zo |
| ha*cemos* | ha*gamos* | **hi**ci*mos* |
| ha*céis* | ha*gáis* | **hi**ci*steis* |
| ha*cen* | ha*gan* | **hi**ci*eron* |

⟨2t⟩ **poder.** Stressed *o* in the stem changes to ...*ue*... in the *Present* and the *Imperative*. Irregular in the *Preterite* and *Present participle*. In the *Future* and *Conditional* the *e* coming after the stem is dropped. Future: *podré*. Present participle: *pudiendo*.

| | | |
|---|---|---|
| **pue**d*o* | **pue**d*a* | **pu**de |
| **pue**d*es* | **pue**d*as* | **pu**di*ste* |
| **pue**d*e* | **pue**d*a* | **pu**do |
| pod*emos* | pod*amos* | **pu**di*mos* |
| pod*éis* | pod*áis* | **pu**di*steis* |
| **pue**d*en* | **pue**d*an* | **pu**di*eron* |

⟨2u⟩ **querer.** Stressed *e* in the stem changes to *ie* in the *Present* and *Imperative*. Irregular in the *Preterite*. In the *Future* and *Conditional* the *e* coming after the stem is dropped. Future: *querré*.

| | | |
|---|---|---|
| qui*ero* | qui*era* | **qui**se |
| qui*eres* | qui*eras* | **qui**si*ste* |
| qui*ere* | qui*era* | **qui**so |
| quer*emos* | quer*amos* | **qui**si*mos* |
| quer*éis* | quer*áis* | **qui**si*steis* |
| qui*eren* | qui*eran* | **qui**si*eron* |

1138

| Infinitive | Present Indicative | Present Subjunctive | Preterite |
|---|---|---|---|

⟨2v⟩ **ver.** *Present indicative 1st pers sg, Present subjunctive* and *Imperfect* are formed on the stem *ve...*, otherwise formation is regular using the shortened stem *v...* Irregular in the *Past participle*. Past participle: *visto*.

| | | |
|---|---|---|
| ve**o** | ve**a** | **vi** |
| ve**s** | ve**as** | *viste* |
| ve | ve**a** | *vio* |
| ve**mos** | ve**amos** | *vimos* |
| ve**is** | ve**áis** | *visteis* |
| ve**n** | ve**an** | *vieron* |

| Infinitive | Present Indicative | Present Subjunctive | Imperfect Indicative | Preterite |
|---|---|---|---|---|

⟨2w⟩ **ser.** Totally irregular with several different stems being used. Past participle: *sido*. Imperative *2nd pers sg*: *sé*. *2nd pers pl*: *sed*.

| | | | |
|---|---|---|---|
| so**y** | se**a** | er**a** | **fu**i |
| er**es** | se**as** | er**as** | **fu**iste |
| e**s** | se**a** | er**a** | **fue** |
| so**mos** | se**amos** | ér**amos** | **fu**imos |
| so**is** | se**áis** | er**ais** | **fu**isteis |
| so**n** | se**an** | er**an** | **fue**ron |

⟨2x⟩ **placer.** Used almost exclusively in the *3rd pers sg*. Irregular forms: *Present subjunctive* pl**ega** and pl**egue** as well as *pla*z*ca*; *Preterite* pl**ugo** (or *plació*), pl**ugieron** (or *placieron*); *Imperfect subjunctive* pl**uguiera**, pl**uguiese** (or *placiera*, *placiese*); *Future subjunctive* pl**uguiere** (or *placiere*).

⟨2y⟩ **yacer.** Used mainly on gravestones and so used primarily in the *3rd pers*. The *Present indicative 1st pers sg* and *Present subjunctive* have three forms. The *Imperative* is regular; just the stem with *c* changing to *z*. *Present indicative*: ya**z**c**o**, ya**z**g**o**, ya**g**o, yaces etc; *Present subjunctive*: ya**z**c**a**, ya**z**g**a**, ya**g**a etc; *Imperative* yace and ya**z**.

⟨2z⟩ **raer.** The regular forms of the *Present indicative 1st pers sg* and *Present subjunctive* are less common than the forms with inserted *...ig...* as in ⟨2o⟩: ra**i**go, ra**i**ga; but also ra**y**o, ra**y**a (less common). Otherwise regular.

⟨2za⟩ **roer.** As well as their regular forms the *Present indicative 1st pers sg* and *Present subjunctive* have the less common forms: ro**i**go, ro**i**ga, ro**y**o, ro**y**a.

## Third Conjugation

⟨3a⟩   **recibir.** No change to the written or spoken form of the stem.

### Simple tenses

### Indicative

|  | **Present** | **Imperfect** | **Preterite** |
|---|---|---|---|
| *sg* | recibo | recibía | recibí |
|  | recibes | recibías | recibiste |
|  | recibe | recibía | recibió |
| *pl* | recibimos | recibíamos | recibimos |
|  | recibís | recibíais | recibisteis |
|  | reciben | recibían | recibieron |

|  | **Future** | **Conditional** |
|---|---|---|
| *sg* | recibiré | recibiría |
|  | recibirás | recibirías |
|  | recibirá | recibiría |
| *pl* | recibiremos | recibiríamos |
|  | recibiréis | recibiríais |
|  | recibirán | recibirían |

### Subjunctive

|  | **Present** | **Imperfect I** | **Imperfect II** |
|---|---|---|---|
| *sg* | reciba | recibiera | recibiese |
|  | recibas | recibieras | recibieses |
|  | reciba | recibiera | recibiese |
| *pl* | recibamos | recibiéramos | recibiésemos |
|  | recibáis | recibierais | recibieseis |
|  | reciban | recibieran | recibiesen |

|  | **Future** | **Imperative** |
|---|---|---|
| *sg* | recibiere | — |
|  | recibieres | recibe (no recibas) |
|  | recibiere | reciba Vd. |
| *pl* | recibiéremos | recibamos |
|  | recibiereis | recibid (no recibáis) |
|  | recibieren | reciban Vds. |

**Infinitive**: recibir
**Present participle**: recibiendo
**Past participle**: recibido

### Compound tenses

Formed with the *Past participle* together with **haber** and **ser**, see ⟨1a⟩.

| Infinitive | Present Indicative | Present Subjunctive | Preterite |
|---|---|---|---|

⟨3b⟩ **esparcir.** Final *c* of the stem becomes *z* before *a* and *o*.

| | esparzo | esparza | esparcí |
|---|---|---|---|
| | esparces | esparzas | esparciste |
| | esparce | esparza | esparció |
| | esparcimos | esparzamos | esparcimos |
| | esparcís | esparzáis | esparcisteis |
| | esparcen | esparzan | esparcieron |

⟨3c⟩ **dirigir.** Final *g* of the stem becomes *j* before *a* and *o*.

| | dirijo | dirija | dirigí |
|---|---|---|---|
| | diriges | dirijas | dirigiste |
| | dirige | dirija | dirigió |
| | dirigimos | dirijamos | dirigimos |
| | dirigís | dirijáis | dirigisteis |
| | dirigen | dirijan | dirigieron |

⟨3d⟩ **distinguir.** Final *gu* of the stem becomes *g* before *a* and *o*.

| | distingo | distinga | distinguí |
|---|---|---|---|
| | distingues | distingas | distinguiste |
| | distingue | distinga | distinguió |
| | distinguimos | distingamos | distinguimos |
| | distinguís | distingáis | distinguisteis |
| | distinguen | distingan | distinguieron |

⟨3e⟩ **delinquir.** Final *qu* of the stem becomes *c* before *a* and *o*.

| | delinco | delinca | delinquí |
|---|---|---|---|
| | delinques | delincas | delinquiste |
| | delinque | delinca | delinquió |
| | delinquimos | delincamos | delinquimos |
| | delinquís | delincáis | delinquisteis |
| | delinquen | delincan | delinquieron |

⟨3f⟩ **lucir.** Final *c* of the stem becomes *zc* before *a* and *o*.

| | luzco | luzca | lucí |
|---|---|---|---|
| | luces | luzcas | luciste |
| | luce | luzca | lució |
| | lucimos | luzcamos | lucimos |
| | lucís | luzcáis | lucisteis |
| | lucen | luzcan | lucieron |

⟨3g⟩ **concluir.** A *y* is inserted after the stem unless the ending begins with *i*. Past participle: *concluido*. Present participle: *concluyendo*.

| | concluyo | concluya | concluí |
|---|---|---|---|
| | concluyes | concluyas | concluiste |
| | concluye | concluya | concluyó |
| | concluimos | concluyamos | concluimos |
| | concluís | concluyáis | concluisteis |
| | concluyen | concluyan | concluyeron |

| Infinitive | Present Indicative | Present Subjunctive | Preterite |
|---|---|---|---|

⟨3h⟩ **gruñir.** Unstressed *i* is dropped after *ñ*, *ll* and *ch*. Likewise *mullir*: *mulló*, *mulleron*, *mullendo*; *henchir*: *hinchó*, *hincheron*, *hinchendo* Present participle: *gruñendo*.

| | | |
|---|---|---|
| gruño | gruña | gruñí |
| gruñes | gruñas | gruñiste |
| gruñe | gruña | gruñó |
| gruñimos | gruñamos | gruñimos |
| gruñís | gruñáis | gruñisteis |
| gruñen | gruñan | gruñeron |

⟨3i⟩ **sentir.** Stressed *e* of the stem becomes *ie*; unstressed *e* remains unchanged before endings starting with *i*, but before other endings it changes to …*i*…; likewise *adquirir*: stressed *i* of the stem becomes *ie*; unstressed *i* remains unchanged in all forms. Present participle: *sintiendo*.

| | | |
|---|---|---|
| siento | sienta | sentí |
| sientes | sientas | sentiste |
| siente | sienta | sintió |
| sentimos | sintamos | sentimos |
| sentís | sintáis | sentisteis |
| sienten | sientan | sintieron |

⟨3k⟩ **dormir.** Stressed *o* of the stem becomes *ue*; unstressed *o* is unchanged when the ending starts with *i*; otherwise it changes to …*u*… Present participle: *durmiendo*.

| | | |
|---|---|---|
| duermo | duerma | dormí |
| duermes | duermas | dormiste |
| duerme | duerma | durmió |
| dormimos | durmamos | dormimos |
| dormís | durmáis | dormisteis |
| duermen | duerman | durmieron |

⟨3l⟩ **medir.** The *e* of the stem is kept if the ending contains an *i*. Otherwise it changes to …*i*… whether stressed or unstressed. Present participle: *midiendo*.

| | | |
|---|---|---|
| mido | mida | medí |
| mides | midas | mediste |
| mide | mida | midió |
| medimos | midamos | medimos |
| medís | midáis | medisteis |
| miden | midan | midieron |

| Infinitive | Present Indicative | Present Subjunctive | Preterite |
|---|---|---|---|

⟨3m⟩ **reír.** As *medir* ⟨3l⟩; when *e* changes to *i* any second *i* belonging to the ending is dropped. Past participle: *reído*. Present participle: *riendo*.

| | | |
|---|---|---|
| río | ría | reí |
| ríes | rías | reíste |
| ríe | ría | rió |
| reímos | riamos | reímos |
| reís | riáis | reísteis |
| ríen | rían | rieron |

⟨3n⟩ **erguir.** As *medir* in the *Present indicative*, *Subjunctive* and *Imperative*. Other forms follow *sentir* with initial *ie...* changing to *ye...* Present participle: *irguiendo*. Imperative: *irgue, yergue*.

| | | |
|---|---|---|
| irgo, yergo | irga, yerga | erguí |
| irgues, yergues | irgas, yergas | erguiste |
| irgue, yergue | irga, yerga | irguió |
| erguimos | irgamos, yergamos | erguimos |
| erguís | irgáis, yergáis | erguisteis |
| irguen, yerguen | irgan, yergan | irguieron |

⟨3o⟩ **conducir.** Final *c* of the stem, as with *lucir* ⟨3f⟩, becomes *zc* before *a* and *o*. Preterite is irregular with *...je*.

| | | |
|---|---|---|
| conduzco | conduzca | conduje |
| conduces | conduzcas | condujiste |
| conduce | conduzca | condujo |
| conducimos | conduzcamos | condujimos |
| conducís | conduzcáis | condujisteis |
| conducen | conduzcan | condujeron |

⟨3p⟩ **decir.** In the *Present* and *Imperative e* and *i* are changed, as with *medir*; in the *Present indicative 1st pers sg* and in the *Present subjunctive c* becomes *g*. Irregular *Future* and *Conditional* based on a shortened *Infinitive*. Preterite has *je*. Future: *diré*. Past participle: *dicho*. Present participle: *diciendo*. Imperative *2nd pers sg*: *di*.

| | | |
|---|---|---|
| digo | diga | dije |
| dices | digas | dijiste |
| dice | diga | dijo |
| decimos | digamos | dijimos |
| decís | digáis | dijisteis |
| dicen | digan | dijeron |

| Infinitive | Present Indicative | Present Subjunctive | Preterite |
|---|---|---|---|

⟨3q⟩ **oír.** In the *Present indicative 1st pers sg* and *Present subjunctive* ...*ig*... is inserted after the *o*... of the stem. Unstressed ...*i*... changes to ...*y*... when coming between two vowels. Past participle: *oído*. Present participle: *oyendo*.

| | | |
|---|---|---|
| o**ig**o | o**ig**a | o**í** |
| o**y**es | o**ig**as | o**í**ste |
| o**y**e | o**ig**a | o**y**ó |
| o**í**mos | o**ig**amos | o**í**mos |
| o**í**s | o**ig**áis | o**í**steis |
| o**y**en | o**ig**an | o**y**eron |

⟨3r⟩ **salir.** In the *Present indicative 1st pers sg* and the *Present subjunctive* a ...*g*... is inserted after the stem. In the *Future* and *Conditional* the *i* is replaced by *d*. Future: *saldré*. Imperative: *2nd pers sg: sal*.

| | | |
|---|---|---|
| sal**g**o | sal**g**a | sal**í** |
| sal**e**s | sal**g**as | sal**i**ste |
| sal**e** | sal**g**a | sal**i**ó |
| sal**i**mos | sal**g**amos | sal**i**mos |
| sal**í**s | sal**g**áis | sal**i**steis |
| sal**e**n | sal**g**an | sal**i**eron |

| Infinitive | Present Indicative | Present Subjunctive | Imperfect Indicative | Preterite |
|---|---|---|---|---|

⟨3s⟩ **venir.** In the *Present* two changes: either a ...*g*... is inserted after the stem or *e, ie* and *i* follow the same changes as *sentir*. In the *Future* and *Conditional* the *i* is dropped and replaced by *d*. Future: *vendré*. Present participle: *viniendo*. Imperative *2nd pers sg: ven*.

| | | | |
|---|---|---|---|
| ven**g**o | ven**g**a | ven**í**a | v**i**ne |
| v**ie**nes | ven**g**as | ven**í**as | v**i**niste |
| v**ie**ne | ven**g**a | ven**í**a | v**i**no |
| ven**i**mos | ven**g**amos | ven**í**amos | v**i**nimos |
| ven**í**s | ven**g**áis | ven**í**ais | v**i**nisteis |
| v**ie**nen | ven**g**an | ven**í**an | v**i**nieron |

⟨3t⟩ **ir.** Totally irregular with several different stems being used. Present participle: *yendo*

| | | | |
|---|---|---|---|
| **voy** | **vay**a | **ib**a | **fui** |
| **vas** | **vay**as | **ib**as | **fui**ste |
| **va** | **vay**a | **ib**a | **fue** |
| **vamos** | **vay**amos | **íb**amos | **fui**mos |
| **vais** | **vay**áis | **ib**ais | **fui**steis |
| **van** | **vay**an | **ib**an | **fue**ron |

*Imperative*: **ve** (no **vayas**), **vaya** Vd, **vamos**, *id* (no **vayáis**), **vayan** Vds.

# Notas sobre el verbo inglés
## a) Conjugación

1. **El tiempo presente** tiene la misma forma que el infinitivo en todas las personas menos la 3ª del singular; en ésta, se añade una -s al infinitivo, p.ej. *he brings*, o se añade -es si el infinitivo termina en sibilante (ch, sh, ss, zz), p.ej. *he passes*. Esta *s* tiene dos pronunciaciones distintas: tras consonante sorda se pronuncia sorda, p.ej. *he paints* [peɪnts]; tras consonante sonora se pronuncia sonora, *he sends* [sendz]; -es se pronuncia también sonora, sea la *e* parte de la desinencia o letra final del infinitivo, p.ej. *he washes* ['wɑːʃɪz], *he urges* ['ɜːrdʒɪz]. Los verbos que terminan en -y la cambian en -ies en la tercera persona, p.ej. *he worries, he tries*, pero son regulares los verbos que en el infinitivo tienen una vocal delante de la -y, p.ej. *he plays*. El verbo *to be* es irregular en todas las personas: *I am, you are, he is, we are, you are, they are*. Tres verbos más tienen forma especial para la tercera persona del singular: *do-he does, go-he goes, have-he has*.

   En los demás tiempos, todas las personas son iguales. **El pretérito** y **el participio del pasado** se forman añadiendo -ed al infinitivo, p.ej. *I passed, passed*, o añadiendo -d a los infinitivos que terminan en -e, p.ej. *I faced, faced*. (Hay muchos verbos irregulares: v. abajo). Esta -(e)d se pronuncia generalmente como [t]: *passed* [pæst], *faced* [feɪst]; pero cuando se añade a un infinitivo que termina en consonante sonora o en sonido consonántico sonoro o en *r*, se pronuncia como [d]: *warmed* [wɔːrmd], *moved* [muːvd], *feared* [fɪrd]. Si el infinitivo termina en -d o -t, la desinencia -ed se pronuncia [ɪd]. Si el infinitivo termina en -y, ésta se cambia en -ie, antes de añadirse la -d: *try-tried* [traɪd], *pity-pitied* ['pɪtiːd]. **Los tiempos compuestos del pasado** se forman con el verbo auxiliar *have* y el participio del pasado, como en español: **perfecto** *I have faced*, **pluscuamperfecto** *I had faced*. Con el verbo auxiliar *will* (*shall*) y el infinitivo se forma **el futuro**, p.ej. *I shall face*; y con el verbo auxiliar *would* (*should*) y el infinitivo se forma **el condicional**, p.ej. *I should face*. En cada tiempo existe además una forma continua que se forma con el verbo *be* (= estar) y el participio del presente (v. abajo): *I am going, I was writing, I had been staying, I shall be waiting*, etc.

2. **El subjuntivo** ha dejado casi de existir en inglés, salvo en algún caso especial (*if I were you, so be it, it is proposed that a vote be taken*, etc.). En el presente, tiene en todas las personas la misma forma que el infinitivo, *that I go, that he go*, etc.

3. **El participio del presente** y **el gerundio** tienen la misma forma en inglés, añadiéndose al infinitivo la desinencia -ing: *painting, sending*. Pero **1)** Los verbos cuyo infinitivo termina en -e muda la pierden al añadir -ing, p.ej. *love-loving, write-writing* (excepciones que conservan la -e: *dye-dyeing, singe-singeing*); **2)** El participio del presente de los verbos *die, lie, vie*, etc. se escribe *dying, lying, vying*, etc.

**4.** Existe una clase de verbos ligeramente irregulares, que terminan en consonante simple precedida de vocal simple acentuada; en éstos, antes de añadir la desinencia *-ing* o *-ed*, se dobla la consonante:

| | | | | | |
|---|---|---|---|---|---|
| lob | lob*bed* | lob*bing* | compel | compel*led* | compel*ling* |
| wed | wed*ded* | wed*ding* | control | control*led* | control*ling* |
| beg | beg*ged* | beg*ging* | bar | bar*red* | bar*ring* |
| step | step*ped* | step*ping* | stir | stir*red* | stir*ring* |
| quit | quit*ted* | quit*ting* | | | |

Los verbos que terminan en *-l*, *-p*, aunque precedida de vocal átona, tienen doblada la consonante en los dos participios en el inglés escrito en Gran Bretaña, aunque no en el de Estados Unidos:

| | |
|---|---|
| travel | traveled, traveling, |
| | *Br* travel*led*, *Br* travel*led* |

Los verbos que terminan en *-c* la cambian en *-ck* al añadirse las desinencias *-ed*, *-ing*:

| | | |
|---|---|---|
| traffic | traffi*cked* | traffi*cking* |

**5.** **La voz pasiva** se forma exactamente como en español, con el verbo *be* y el participio del pasado: *I am obliged, he was fined, they will be moved*, etc.

**6.** Cuando se dirige uno directamente a otra(s) persona(s) en inglés se emplea únicamente el pronombre *you*. *You* se traduce por el *tú*, *vosotros*, *usted* y *ustedes* del español.

### b) Los verbos irregulares ingleses

Se citan las tres partes principales de cada verbo: infinitivo, pretérito, participio del pasado.

**alight -** alighted, alit - alighted, alit
**arise -** arose - arisen
**awake -** awoke - awoken, awaked
**be (am, is, are) -** was (were) - been
**bear -** bore - borne
**beat -** beat - beaten
**become -** became - become
**begin -** began - begun
**behold -** beheld - beheld
**bend -** bent - bent
**beseech -** besought, beseeched - besought, beseeched
**bet -** bet, betted - bet, betted
**bid -** bid - bid
**bind -** bound - bound
**bite -** bit - bitten
**bleed -** bled - bled

**blow -** blew - blown
**break -** broke - broken
**breed -** bred - bred
**bring -** brought - brought
**broadcast -** broadcast - broadcast
**build -** built - built
**burn -** burnt, burned - burnt, burned
**burst -** burst - burst
**bust -** bust(ed) - bust(ed)
**buy -** bought - bought
**cast -** cast - cast
**catch -** caught - caught
**choose -** chose - chosen
**cleave** (*cut*) - clove, cleft - cloven, cleft
**cleave** (*adhere*) - cleaved - cleaved

**cling** - clung - clung
**come** - came - come
**cost** (*v/i*) - cost - cost
**creep** - crept - crept
**crow** - crowed, crew - crowed
**cut** - cut - cut
**deal** - dealt - dealt
**dig** - dug - dug
**do** - did - done
**draw** - drew - drawn
**dream** - dreamt, dreamed - dreamt, dreamed
**drink** - drank - drunk
**drive** - drove - driven
**dwell** - dwelt, dwelled - dwelt, dwelled
**eat** - ate - eaten
**fall** - fell - fallen
**feed** - fed - fed
**feel** - felt - felt
**fight** - fought - fought
**find** - found - found
**fit** - fitted, fit - fitted, fit
**flee** - fled - fled
**fling** - flung - flung
**fly** - flew - flown
**forbear** - forbore - forborne
**forbid** - forbad(e) - forbidden
**forecast** - forecast(ed) - forecast(ed)
**forget** - forgot - forgotten
**forgive** - forgave - forgiven
**forsake** - forsook - forsaken
**freeze** - froze - frozen
**get** - got - got, gotten
**give** - gave - given
**go** - went - gone
**grind** - ground - ground
**grow** - grew - grown
**hang** - hung, (*v/t*) hanged - hung, (*v/t*) hanged
**have** - had - had
**hear** - heard - heard
**heave** - heaved, NAUT hove - heaved, NAUT hove
**hew** - hewed - hewed, hewn
**hide** - hid - hidden
**hit** - hit - hit
**hold** - held - held
**hurt** - hurt - hurt

**keep** - kept - kept
**kneel** - knelt, kneeled - knelt, kneeled
**know** - knew - known
**lay** - laid - laid
**lead** - led - led
**lean** - leaned, leant - leaned, leant
**leap** - leaped, leapt - leaped, leapt
**learn** - learned, learnt - learned, learnt
**leave** - left - left
**lend** - lent - lent
**let** - let - let
**lie** - lay - lain
**light** - lighted, lit - lighted, lit
**lose** - lost - lost
**make** - made - made
**mean** - meant - meant
**meet** - met - met
**mow** - mowed - mowed, mown
**pay** - paid - paid
**plead** - pleaded, pled - pleaded, pled
**prove** - proved - proved, proven
**put** - put - put
**quit** - quit(ted) - quit(ted)
**read** - read [red] - read [red]
**rend** - rent - rent
**rid** - rid - rid
**ride** - rode - ridden
**ring** - rang - rung
**rise** - rose - risen
**run** - ran - run
**saw** - sawed - sawn, sawed
**say** - said - said
**see** - saw - seen
**seek** - sought - sought
**sell** - sold - sold
**send** - sent - sent
**set** - set - set
**sew** - sewed - sewed, sewn
**shake** - shook - shaken
**shear** - sheared - sheared, shorn
**shed** - shed - shed
**shine** - shone - shone
**shit** - shat, shitted - shat, shitted
**shoe** - shod - shod
**shoot** - shot - shot
**show** - showed - shown
**shrink** - shrank - shrunk

**shut** - shut - shut
**sing** - sang - sung
**sink** - sank - sunk
**sit** - sat - sat
**slay** - slew - slain
**sleep** - slept - slept
**slide** - slid - slid
**sling** - slung - slung
**slink** - slunk - slunk
**slit** - slit - slit
**smell** - smelt, smelled - smelt, smelled
**smite** - smote - smitten
**sneak** - sneaked, snuck - sneaked, snuck
**sow** - sowed - sown, sowed
**speak** - spoke - spoken
**speed** - sped, speeded - sped, speeded
**spell** - spelt, spelled - spelt, spelled
**spend** - spent - spent
**spill** - spilt, spilled - spilt, spilled
**spin** - spun, span - spun
**spit** - spat - spat
**split** - split - split
**spoil** - spoiled, spoilt - spoiled, spoilt
**spread** - spread - spread
**spring** - sprang, sprung - sprung
**stand** - stood - stood
**stave** - staved, stove - staved, stove
**steal** - stole - stolen
**stick** - stuck - stuck

**sting** - stung - stung
**stink** - stunk, stank - stunk
**strew** - strewed - strewed, strewn
**stride** - strode - stridden
**strike** - struck - struck
**string** - strung - strung
**strive** - strove - striven
**swear** - swore - sworn
**sweep** - swept - swept
**swell** - swelled - swollen
**swim** - swam - swum
**swing** - swung - swung
**take** - took - taken
**teach** - taught - taught
**tear** - tore - torn
**tell** - told - told
**think** - thought - thought
**thrive** - throve, thrived - thrived
**throw** - threw - thrown
**thrust** - thrust - thrust
**tread** - trod - trodden
**understand** - understood - understood
**wake** - woke, waked - woken, waked
**wear** - wore - worn
**weave** - wove - woven
**wed** - wed(ded) - wed(ded)
**weep** - wept - wept
**wet** - wet(ted) - wet(ted)
**win** - won - won
**wind** - wound - wound
**wring** - wrung - wrung
**write** - wrote - written

# Currículum vitae

**JULIE DELGADO**

201-331-1289
c/ Garrison 19, Oakland, Nueva Jersey 07436
juliedelgado@yahoo.com

## EXPERIENCIA LABORAL

*Escritora y correctora freelance*: septiembre de 2001-actualmente
Clientes destacados:
**Scholarly Books Inc.**, Nueva York, Nueva York.
**FotoTravels**, Little Falls, Nueva Jersey.
**Children of Bellevue, Bellevue Hospital**, Nueva York, Nueva York.

*Profesora de inglés*: septiembre de 2000-marzo de 2001
**The English Language School**, Tczew, Polonia.
**Benedict-Schule**, Hamm, Alemania.
Enseñanza de inglés para nivel principiante, intermedio y avanzado.
Preparación de clases atractivas y dinámicas, con actividades en el aula.

*Correctora de producción*: octubre de 1999-septiembre de 2000
**The Tipps Company**, Nueva York, Nueva York.
Corrección de tarjetones de deportes y espectáculos, y del empaquetado.
Aprobación de elementos de texto y diseño de los productos de la empresa.

*Editora y redactora publicitaria*: marzo de 1998-junio de 1999
**Americana Book Clubs**, Mahwah, Nueva Jersey.
Escritura de ejemplar de catálogo y de notas de ventas para clubs de lectura
americanos y canadienses.
Redacción mensual de las hojas informativas de las publicaciones *Girl
Connection* y *Ready to Read*.
Corrección y edición de todas las páginas del catálogo.

*Asistente creativa*: 1997-1998
**New Entertainment Inc.**, Nueva York, Nueva York.
Redacción de borradores para campañas publicitarias de espectáculos.
Asistencia creativa y administrativa del presidente y director creativo.

## FORMACIÓN

*Brooklyn College*, Brooklyn, Nueva York.
Master de Escritura Creativa, Poesía.

*Fairleigh Dickinson University*, Teaneck, Nueva Jersey.
Licenciada en Filología Inglesa, especialización en Escritura.

## INFORMÁTICA

Excelente dominio de Microsoft Word, WordPerfect, QuarkXPress,
FilemakerPro.
Nociones generales de Excel.

# Résumé

**JULIE DELGADO**

201-331-1289
19 Garrison Street, Oakland, New Jersey 07436
juliedelgado@yahoo.com

## EXPERIENCE

*Freelance Writer and Proofreader: September 2001-Present*
Clients include:
**Scholarly Books Inc.**, New York, New York
**FotoTravels**, Little Falls, New Jersey
**Children of Bellevue**, Bellevue Hospital, New York, New York

*English Language Instructor: September 2000-March 2001*
**The English Language School**, Tczew, Poland
**Benedict-Schule**, Hamm, Germany
Taught beginner-, intermediate- and advanced-level English language classes
Created dynamic and engaging lesson plans and classroom activities

*Production Proofreader: October 1999-September 2000*
**The Tipps Company**, New York, New York
Proofread sports and entertainment cards and packaging
Approved text and design elements on company products

*Editor and Copywriter: March 1998-June 1999*
**Americana Book Clubs**, Mahwah, New Jersey
Wrote catalog copy and sales pieces for American and Canadian Book Clubs
Authored monthly *Girl Connection* and *Ready to Read* newsletters
Proofread and edited all catalog pages

*Creative Assistant: 1997-1998*
**New Entertainment Inc.**, New York, New York
Drafted copy for entertainment advertising campaigns
Provided creative and administrative assistance for President and Creative Director

## EDUCATION

*Brooklyn College*, Brooklyn, New York
Master of Fine Arts in Creative Writing, Poetry

*Fairleigh Dickinson University*, Teaneck, New Jersey
Bachelor of Arts in English, Writing Concentration

## COMPUTER SKILLS

Proficient in Microsoft Word, WordPerfect, QuarkXPress, FilemakerPro
Familiarity with Excel

# Numerals – Numerales

## Cardinal Numbers – Números cardinales

| | | | |
|---|---|---|---|
| **0** | cero *zero, Br tb nought* | **50** | cincuenta *fifty* |
| **1** | uno, una *one* | **60** | sesenta *sixty* |
| **2** | dos *two* | **70** | setenta *seventy* |
| **3** | tres *three* | **80** | ochenta *eighty* |
| **4** | cuatro *four* | **90** | noventa *ninety* |
| **5** | cinco *five* | **100** | cien(to) *a hundred, one hundred* |
| **6** | seis *six* | | |
| **7** | siete *seven* | **101** | ciento uno *a hundred and one* |
| **8** | ocho *eight* | **110** | ciento diez *a hundred and ten* |
| **9** | nueve *nine* | **200** | doscientos, -as *two hundred* |
| **10** | diez *ten* | **300** | trescientos, -as *three hundred* |
| **11** | once *eleven* | **400** | cuatrocientos, -as *four hundred* |
| **12** | doce *twelve* | | |
| **13** | trece *thirteen* | **500** | quinientos, -as *five hundred* |
| **14** | catorce *fourteen* | **600** | seiscientos, -as *six hundred* |
| **15** | quince *fifteen* | **700** | setecientos, -as *seven hundred* |
| **16** | dieciséis *sixteen* | **800** | ochocientos, -as *eight hundred* |
| **17** | diecisiete *seventeen* | **900** | novecientos, -as *nine hundred* |
| **18** | dieciocho *eighteen* | **1000** | mil *a thousand, one thousand* |
| **19** | diecinueve *nineteen* | **1959** | mil novecientos cincuenta y nueve *one thousand nine hundred and fifty-nine* |
| **20** | veinte *twenty* | | |
| **21** | veintiuno *twenty-one* | | |
| **22** | veintidós *twenty-two* | **2000** | dos mil *two thousand* |
| **30** | treinta *thirty* | **1 000 000** | un millón *a million, one million* |
| **31** | treinta y uno *thirty-one* | | |
| **40** | cuarenta *forty* | **2 000 000** | dos millones *two million* |

**Notes:**

i)    In Spanish numbers a comma is used for decimals:

1,25 **one point two five** uno coma veinticinco

ii)   A period is used where, in English, we would use a comma:

1.000.000 = 1,000,000

Numbers like this can also be written using a space instead of a comma:

1 000 000 = 1,000,000

## Ordinal Numbers – Números ordinales

| | | | |
|---|---|---|---|
| 1° | primero | **1st** | *first* |
| 2° | segundo | **2nd** | *second* |
| 3° | tercero | **3rd** | *third* |
| 4° | cuarto | **4th** | *fourth* |
| 5° | quinto | **5th** | *fifth* |
| 6° | sexto | **6th** | *sixth* |
| 7° | séptimo | **7th** | *seventh* |
| 8° | octavo | **8th** | *eighth* |
| 9° | noveno, nono | **9th** | *ninth* |
| 10° | décimo | **10th** | *tenth* |
| 11° | undécimo | **11th** | *eleventh* |
| 12° | duodécimo | **12th** | *twelfth* |
| 13° | decimotercero | **13th** | *thirteenth* |
| 14° | decimocuarto | **14th** | *fourteenth* |
| 15° | decimoquinto | **15th** | *fifteenth* |
| 16° | decimosexto | **16th** | *sixteenth* |
| 17° | decimoséptimo | **17th** | *seventeenth* |
| 18° | decimoctavo | **18th** | *eighteenth* |
| 19° | decimonoveno, decimonono | **19th** | *nineteenth* |
| 20° | vigésimo | **20th** | *twentieth* |
| 21° | vigésimo prim(er)o | **21st** | *twenty-first* |
| 22° | vigésimo segundo | **22nd** | *twenty-second* |
| 30° | trigésimo | **30th** | *thirtieth* |
| 31° | trigésimo prim(er)o | **31st** | *thirty-first* |
| 40° | cuadragésimo | **40th** | *fortieth* |
| 50° | quincuagésimo | **50th** | *fiftieth* |
| 60° | sexagésimo | **60th** | *sixtieth* |
| 70° | septuagésimo | **70th** | *seventieth* |
| 80° | octogésimo | **80th** | *eightieth* |
| 90° | nonagésimo | **90th** | *ninetieth* |
| 100° | centésimo | **100th** | *hundredth* |
| 101° | centésimo primero | **101st** | *hundred and first* |
| 110° | centésimo décimo | **110th** | *hundred and tenth* |
| 200° | ducentésimo | **200th** | *two hundredth* |
| 300° | trecentésimo | **300th** | *three hundredth* |
| 400° | cuadringentésimo | **400th** | *four hundredth* |
| 500° | quingentésimo | **500th** | *five hundredth* |
| 600° | sexcentésimo | **600th** | *six hundredth* |
| 700° | septingentésimo | **700th** | *seven hundredth* |
| 800° | octingentésimo | **800th** | *eight hundredth* |
| 900° | noningentésimo | **900th** | *nine hundredth* |
| 1000° | milésimo | **1000th** | *thousandth* |
| 2000° | dos milésimo | **2000th** | *two thousandth* |
| 1 000 000° | millonésimo | **1,000,000th** | *millionth* |
| 2 000 000° | dos millonésimo | **2,000,000th** | *two millionth* |

1152

**Note:**

Spanish ordinal numbers are ordinary adjectives and consequently must agree:

**her 13th granddaughter**
su decimotercera nieta

## Fractions and other Numerals – Números quebrados y otros

| | | |
|---|---|---|
| ¹/₂ | medio, media | *one half, a half* |
| 1¹/₂ | uno y medio | *one and a half* |
| 2¹/₂ | dos y medio | *two and a half* |
| ¹/₃ | un tercio, la tercera parte | *one third, a third* |
| ²/₃ | dos tercios, las dos terceras partes | *two thirds* |
| ¹/₄ | un cuarto, la cuarta parte | *one quarter, a quarter* |
| ³/₄ | tres cuartos, las tres cuartas partes | *three quarters* |
| ¹/₅ | un quinto | *one fifth, a fifth* |
| 3⁴/₅ | tres y cuatro quintos | *three and four fifths* |
| ¹/₁₁ | un onzavo | *one eleventh, an eleventh* |
| ⁵/₁₂ | cinco dozavos | *five twelfths* |
| ¹/₁₀₀₀ | un milésimo | *one thousandth, a thousandth* |
| | siete veces más grande | *seven times as big, seven times bigger* |
| | doce veces más | *twelve times more* |
| | en primer lugar | *first(ly)* |
| | en segundo lugar | *second(ly)* |
| 7 + 8 = 15 | siete y (or más) ocho son quince | *seven and (or plus) eight are (or is) fifteen* |
| 10 − 3 = 7 | diez menos tres resta siete, de tres a diez van siete | *ten minus three is seven, three from ten leaves seven* |
| 2 x 3 = 6 | dos por tres son seis | *two times three is six* |
| 20 ÷ 4 = 5 | veinte dividido por cuatro es cinco | *twenty divided by four is five* |

## Dates – Fechas

| | | |
|---|---|---|
| **1996** | mil novecientos noventa y seis | *nineteen ninety-six* |
| **2005** | dos mil cinco | *two thousand (and) five* |

**el diez de noviembre, el 10 de noviembre**
(on) the 10th of November, (on) November 10

**el uno de marzo**, *L.Am.* **el primero de marzo, el 1° de marzo**
(on) the 1st of March, (on) March 1

# Abbreviations
# Abreviaturas

| | | | | | | |
|---|---|---|---|---|---|---|
| and | *&* | y | | electronics, electronic engineering | EL | electrónica, electrotecnia |
| see | ☞ | véase | | electronics, electronic engineering | ELEC | electrónica, electrotecnia |
| registered trademark | ® | marca registrada | | Spain | *Esp* | España |
| abbreviation | *abbr* | abreviatura | | especially | *esp* | especialmente |
| abbreviation | *abr* | abreviatura | | euphemistic | *euph* | eufemismo |
| adjective | *adj* | adjetivo | | familiar, colloquial | F | familiar |
| adverb | *adv* | adverbio | | feminine | *f* | femenino |
| agriculture | AGR | agricultura | | feminine noun and adjective | *f/adj* | sustantivo femenino y adjetivo |
| anatomy | ANAT | anatomía | | railroad | FERR | ferrocarriles |
| architecture | ARCHI | arquitectura | | figurative | *fig* | figurativo |
| Argentina | *Arg* | Argentina | | financial | FIN | finanzas |
| architecture | ARQUI | arquitectura | | physics | FÍS | física |
| article | *art* | artículo | | formal | *fml* | formal |
| astronomy | AST | astronomía | | photography | FOT | fotografía |
| astrology | ASTR | astrología | | feminine plural | *fpl* | femenino plural |
| attributive | *atr* | atributivo | | feminine singular | *fsg* | femenino singular |
| motoring | AUTO | automóvil | | gastronomy | GASTR | gastronomía |
| civil aviation | AVIA | aviación | | geography | GEOG | geografía |
| biology | BIO | biología | | geology | GEOL | geología |
| Bolivia | *Bol* | Bolivia | | geometry | GEOM | geometría |
| botany | BOT | botánica | | grammar | GRAM | gramática |
| British English | *Br* | inglés británico | | historical | HIST | histórico |
| Central America | *C.Am.* | América Central | | humorous | *hum* | humorístico |
| Caribbean | *Carib* | Caribe | | IT term | INFOR | informática |
| chemistry | CHEM | química | | interjection | *int* | interjección |
| Chile | *Chi* | Chile | | interrogative | *interr* | interrogativo |
| Colombia | *Col* | Colombia | | invariable | *inv* | invariable |
| commerce, business | COM | comercio | | ironic | *iron* | irónico |
| comparative | *comp* | comparativo | | ironic | *irón* | irónico |
| computers, IT term | COMPUT | informática | | law | JUR | jurisprudencia |
| conjunction | *conj* | conjunción | | Latin America | *L.Am.* | América Latina |
| Southern Cone | *CSur* | Cono Sur | | law | LAW | jurisprudencia |
| Cuba | *Cu* | Cuba | | linguistics | LING | lingüística |
| sports | DEP | deporte | | literary | *lit* | literario |
| contemptuous | *desp* | despectivo | | masculine | *m* | masculino |
| determiner | *det* | determinante | | masculine noun and | *m/adj* | sustantivo masculino y |
| Ecuador | *Ecuad* | Ecuador | | | | |
| education (schools, universities) | EDU | educación, enseñanza (sistema escolar y universitario) | | | | |